JN410865

사회복지학소사전

• 이 책을 지금은 천국에 계신 故 심재호 교수님의 영전 앞에, 그리고 지금 이 시간에도 현장에서 묵묵히 일하시는 모든 워커들과 미래 한국사회복지를 책임질 젊은 사회복지학도들에게 두 손 모아 바친다.

사회복지학소사전

■ 발행일 / 2006년 8월 20일
■ 기획 / 높이깊이
■ 공저 / 이철수
■ 교정 / 높이깊이
■ 편집디자인 / 편집부
■ 표지디자인 / 조성준

■ 발행처 : 높이깊이
■ 발행인 : 김 덕 중
■ 출판등록 : 제4-183호
■ 주소 : 서울 성동구 성수1가동 22-6
■ 전화 : (02)463-2023(대), 2024
■ 팩스 : (02)2285-6244
■ E-mail : nopikipi@shinbiro.com

서 문

고백하건대 사회복지학의 학술용어나 혹은 필드의 사회복지사들이 접하는 실무용어를 정리하는 작업은 소위 '사회복지학의 대가'만이 능히 할 수 있다. 또한 그분들이 앞장서서 해야 할 일이고 반드시 여러 명의 대가들이 공동으로 장기간 논의와 타협을 통해 열매를 맺은 '결정체'여야만 한다.

따라서 이 책처럼 사회복지학의 용어에 대한 정의를 요약하는 작업은 학문적 대가(Grand Professor)가 해야만 한다. 하지만 유감스럽게도 필자는 사회복지학의 대가가 아니다. 다만 마음만 앞선 가운데, 얄팍한 지식을 갖춘 채 표표히 흐르는 조용한 필부일 뿐이다.

이러한 한계에도 불구하고 필자가 이 책을 저술한 동기는 크게 두 가지이다. 하나는 필자의 경험을 근거로 할 때, 학부나 대학원 시절의 사회복지학에 대한 학습에 꼭 필요한 책 중의 하나가 바로 해당 분야의 사전-명쾌하진 않더라도 단어의 개념과 정의를 쉽게 설명해서 학습자의 이해를 돕는 책-이라는 것이다. 다른 하나는 지금 현재 사회복지학술용어에 대해 참조할 만한 이렇다 할 책이 출판되지 않았다는 것이다.

물론 필자보다 몇 배나 훌륭한 학자들이 출간한 사전들이 있지만 하나는 소유하기엔 너무 크고 값이 비싸며, 다른 하나는 다소 오래 전에 출판되어 그 동안의 변화를 반영하지 못한 한계가 있다. (물론 이 작업을 하신 분들은 모두들 대가들이시다) 더욱이 최근에 발간된 책은 영문과 일문용어를 번역한 약어 정리집 수준이다. 또 한편으로는 사회복지학의 전공영역에 따라 너무 세분화되어 있는 경우도 있다.

이러한 배경 하에 필자는 학부생, 대학원생, 사회복지사 그밖에 조금이라도 사회복지에 관심있는 분들을 위해 쉽고, 시사적이며 간략히 정리된 사전을 제공하고자 했다. 또한 여타 학문의 다양한 사전에 비해 상대적으로 척박한 사회복지학계의 이른바 학문적 자존심을 살리는데 미력하나마 기여하고자 저술에 임하게 되었다.

하지만 막상 일을 벌리고 나니 사회복지학 사전의 경우, 동종으로는 약 10여년 만에 출판되는 것이라 심적인 부담 또한 만만치 않았다. 또한 언제나 탈고를 끝낼 무렵 자연스럽게 생기는 현상이지만, '아...조금만 더 할 걸'하는 자문과 '이 정도면 되겠지'하는 자답속의 마음 한구석에 아쉬움 또한 감출 수 없다. 또 한편으로 사회복지학의 세부영역에 따라 파편화되어있는 용어를 한 곳에 모아 결집시킨다면 얼마나 좋은 일인가하는 자조적인 생각도 하게 된다.

누군가 해야 할 일을 아무도 하지 않을 때의 답답함은 뭐라 표현할 수 없을 만큼 지루하고 따분하다. 지금 우리에겐 적어도 잘 정리되지는 않았지만, 전공영역의 용어에 대한 사전 정도는 꼭 필요하다고 판단된다. 왜냐하면 학문적 탐색에서 가장 중요한 초기단계의 인지는 용어의 개념과 정의에서 시작하기 때문이다. 또한 이러한 학문적 트랙이 점차 그 외연을 넓혀가는 계기가 된다면 나날이 좋은 저서들이 나오리라 기대한다.

사회복지학의 경우 인접학문과의 중첩성 내지는 학문적 근친성으로 인해 그 영역이 극히 방대하고 심오하다. 아울러 속칭 '사전'이라 지칭하고자 하면 해당 분야의 모든 신구용어와 관련 분야의 단어 또한 체계적으로 정리해야만 그야말로 명실상부한 사전이다. 하지만 이러한 작업은 특정인이 혼자 감당할 수 있는 성질의 것이 아니다. 더욱이 필자에겐 그만한 능력이 현재도 없고 미래에도 없을 것이다. 따라서 이러한 여러 가지 이유로 학술용어에 대한 정리를 일정부문 통제할 필요성이 필자에게 제기되었다.

당초 700단어로 시작한 이 책은 1년간의 수집과 정리를 통해 총 5,300여 단어로 집약되었으며, 이는 전적으로 필자의 판단 하에 필자가 생각하는 '중요용어'만을 정리하였다. 이러한 이유로 세부 전공영역에 일정한 지식을 갖춘 연구자들에겐 큰 도움이 되지는 않는다. 그래서 이 책이 '사전'이 아니라 '소사전'인 것이다. 그러나 앞서 언급한 바와 같이 학부생이나, 대학원생들 다시 말해 사회복지학을 거시-구조적 차원에서 이해하고자 하는 분들에게는 일정한 지식과 정보를 제공하리라 기대한다. 또 이 책은 응용학문인 사회복지학의 성격으로 인해 인접학문의 용어를 가능한 한 많이 수록하였다. 따라서 이를테면 다소 잡종(?)-필자는 이른바 학문적 '잡종강세론'의 신봉자이다-적인 색채를 갖게 하였다. 아울러 부록에서는 변화한 시대상황을 반영, 남북한 의학용어를 수록하였다.

한편 앞서 언급했다시피 헤아릴 수 없을 만큼 수많은 사회복지용어를 모두 담아 두기엔 필자의 능력에 한계가 있고, 시간상·지면상의 한계 또한 분명히 있다. 또한 각 개별독자의 인식 수준과 정도에 따라 각기 다른 수준의 내용을 요구할 수도 있다. 따라서 지극히 자연스러운 현상의 하나로 이 책에 대한 평가 역시 각양각색으로 나누어질 것이다.

더욱이 1년 동안의 작업기간 동안 변화해버린 최신 내용을 미쳐 정확히 반영하지 못한 부문도 있다. 또 외국의 사회복지용어에 대한 정리도 힘겨운 작업이다. 아울러 요즘 같은 정보화시대에 인터넷에 떠돌아다니는 자료가 때로는 더 정확한 경우도 있다. 따라서 이 책의 부족한 점은 또 다른 분들이 추후에 도전하리라 고대한다. 부족하고 모자란 이 책에 대한 따가운 질책을 기꺼이 수용하고자 한다. 학문적 초년병인 필자에게 겸손말고 또 무엇이 있겠는가.

마지막으로 이 책의 작성에 대해 좋은 말씀을 주신 김진수 선생님, 이 책의 집필에 도전의 단초를 제공한 김대근 선생님께 머리 숙여 깊은 감사의 마음을 전하며, 부족한 시간을 내어서 필자를 기꺼이 믿고 도와준 제자님들에게도 감사드린다. 이 책을 기화로 향후 보다 더 양질의 사회복지학 사전이 탄생하기를 진심으로 기원한다.

2006년 8월
저자

일러두기

1. 모든 용어는 국문표기에 따라 '가 나 다'순으로 정리하였다.
2. 단어가 많은 관계로 별도의 목차를 구성하지 않았다.
3. 외국어, 외래어, 영문약어의 경우 대체로 국문으로 번역·원어를 실었다. 이에 본문에서는 국문표기와 영문표기(또는 영문약어)를 혼용하였다.
4. 명확한 번역을 삼가할 필요가 있다고 판단될 경우 영문식 표현을 국문으로(소리나는대로) 표기하였다.
5. 뜻은 비슷하지만 용어가 다른 경우(예 : 사전조사/사전검사) 원전에 입각하여 변형하지 않고 수록하였다. 이 경우 다소 중복된 설명이나 내용도 있다.
6. 본문에서 일부 용어에 대한 영문, 라틴어, 희랍어, 독문표기를 병행하였다.
7. 본문에 수록된 모든 단어 앞에 아라비아 숫자가 표기되어 있는데, 이는 용어의 순번을 나타내는 것임에 따라 큰 의미가 없다.
8. 간혹 동일한 용어지만 두 가지 이상으로 정리된 경우도 있는데, 이는 경제학, 사회학, 철학, 법학, 보건학, 심리학, 재활의학, 특수교육학 등 인접학문에서 각각 해당 용어에 대해 독립적으로 정의한 것이다. 이에 대해서는 독자 스스로 판단하기 바란다.
9. 동일한 용어지만 영문의 경우 번역하기에 따라 다른 단어로 복수 적용이 가능하기에 동시에 표기하였다.
10. 본문 용어설명의 경우 문어체와 구어체가 혼용하였다.
11. 동의어나 반의어, 혹은 비슷하거나 참조해야할 용어는 해당 단어의 모두나 설명문의 말미에 기호(→, ↔)로 표기함과 동시에 관련 단어를 명시해 놓았다.
12. 간혹 독자들의 편의를 위해 동의어와 반의어를 동시에 한 지면을 통해 설명한 경우도 있다.
13. 한자·한문표기로 쉽게 뜻을 전달할 수도 있지만, 독자들의 세대를 감안하여 가급적 한자·한문표기를 배제하였다.
14. 공공·민간기관, 시민단체, 비정부기구(NGO)의 경우 간략히 설립취지나 주요 업무, 연도, 위치만을 설명하였다.
15. 최근 논쟁의 대상이나 이슈가 될 만한 용어는 간략히 설명하였다.
16. 관련 단어의 설명을 위해 법조문을 인용한 경우, 해당 법령의 조항을 명시한 경우도 있다.
17. 사회복지학에 대한 '미시 용어'가 다소 부족한데, 이에 대해서는 해당 분야의 전문서적에서 정의한 다양한 내용을 참조하기 바란다.

18. (중요 단어지만) 저자가 독단적으로 정의하기에 곤란한 용어는 참고용어로 대신하였다.
19. 지면상 본문에 인용한 용어의 출처를 밝히지 않았는데, 이에 대해서는 넓은 마음으로 양지해주시고 뒷면의 참고문헌을 참고하기 바란다.
20. 최근 변화한 내용을 정확히 옮기지 못한 부문도 있는데, 이 또한 필자의 능력의 한계이고, 부덕이니 널리 양해를 부탁드린다.

[ㄱ]

0001 가(家)

호주를 중심으로 호주와 가족 상호간의 권리의무에 의해 법률상 연결된 관념적인 호적상의 가족집단을 의미한다. 법률제도로서의 가는 호적부에 일가로서 등록되어 호주에 의해 통제되는 전혀 추상적인 것으로 한 집안에서 공동생활을 영위하고 있는 가족단체 즉, 세대나 가구를 의미하는 것은 아니다. 고려시대와 조선시대에 실시되었던 호적 편성에 그 기원을 둔 가족제도는 원래 동일 가족에서 실제로 공동생활을 영위하는 자를 단위로 하여 구성되었던 것인데 오늘날 가족제도가 부부 내지 친자단위의 소가족단위로 옮겨짐에 따라가는 점차 관념상의 제도로 되어가고 있다. 이와 같은 가의 현실과의 불일치를 되도록 줄이기 위한 제도가 분가제도이다. 가의 동일여부는 상속·부양 등에 크게 영향을 미치고 친족이라도 가가 상이함에 따라서 법률상의 관계는 약화된다. 이 「가」 사상은 절대복종과 순종을 강요하고 지배하는 전통적 사상으로서 현재의 가족은 과거에서 미래로 이어지는 교량적인 역할을 하는 것으로 친자중심이 우위이고, 부부중심은 약한 것이 그 특징이다.

0002 가구(household) 01

가구는 주거 및 생계를 공동으로 하는 생활단위이다. 세대구성에 따라 1친족가구 1가구주와 친족관계를 갖는 세대원 1비친족가구 1가구주와 동거인 및 친족과 관계없는 가사사용인 또는 영업사용인 등을 포함하며 1단독가구 1독신자 등의 분류도 보여진다. 또한 보통가구, 준가구 등으로도 분류할 수도 있다. 가구의 개념은 가족의 개념과 달리 주로 통계적인 편의, 특히 특정시점에서 인간의 생활 공동의 단위를 알려주는 유효한 개념이다.

0003 가구 02

관계가 있든 없든 동일한 거주단위에서 사는 모든 사람에게 해당되는 미국 인구통계청의 용어이다. 이는 집단을 이루는 사람들뿐만 아니라 개인과 독신가족(1인 가족)도 포함한다.

0004 가구주민협의회(block organizations)

이웃해 살고 있는 사람들의 공식적 혹은 비공식적 사회집단을 말한다. 공통의 가치, 문제, 취약성을 가지며 공통된 목표를 달성하기 위한 조직이다.

0005 가계도(genogram) 01

적어도 3세대 이상에 걸친 가족관계를 묘사한 가족치료(family therapy)에서 사용되는 도표로 결혼을 표시하는 수평선을 비롯하여, 여성을 원으로 묘사하고 남성은 사각형으로 나타낸다. 수직선은 결혼 선에서 아동을 나타내는 다른 원과 사각형까지 그려진다. 이 도표는 사망, 이혼 및 재혼 등과 같은 중대한 사건을 표시하고 재발된 행동양식을 나타내기 위한 다른 기호 또는 문자해설을 포함하고 있다.

0006 가계도 02

가족체계이론의 한 부분으로서 M. Bowen에 의해 개발된 가계도는 가족치료에 있어서 가족관계를 최소한 3세대까지 확장해서 가족성원에 관한 정보와 그들 간의 관계를 그림으로 기록하는 작성법이다. 가계도는 대체로 3단계로 작성되는데, 가족구조를 도식화하고, 가족에 대한 정보를 기록하며 가족관계를 기술하는 것 등이다. 가계도는 기본적으로 서로 관련된 각 성원을 나타내는데, 여성은 원으로, 남성은 사각형으로 나타내고 결혼관계는 가로 선으로 나타낸다. 그리고 죽은 사람은 기호 속에 X를 표시하고 왼쪽 위에는 출생연도와 오른쪽 위에는 사망연도를 기입한다. 이밖에 이혼, 재혼 등과 사건이나 반복되는 행동양식 등 가족에 관한 정보는 글로 쓰거나 표시로 나타낸다. 서울장애인종합복지기관 등에서는 사회진단 시 가계도를 작성하여, 가족에 대한 정보를 얻고 있다. 가계도에 기록되어야 할 사항으로는 ① 각 가족의 이름, 별명, 애칭 등 ② 출생, 사망, 질병, 결혼에 관한 연월일 ③ 동거여부 ④ 접촉의 유형 ⑤ 가족간의 기본적인 표현체계 ⑥ 친밀 또는 소원한 관계 ⑦ 가족관계의 특성 ⑧ 정서적 단절 ⑨ 종교 ⑩ 사회경제적 수준 ⑪ 정서적 관심을 가지고 있는 이슈 등이다.

0007 가계소득(Household income)

가계는 가정생활을 영위하기 위하여 수입과 지출을 운영하는 경제주체로서, 가계 규모는 수입의 크기에 의해 규정되는데, 여기에는 가족이 일하여 얻은 근로수입, 장사를 하여 얻은 사업수입, 집세·토지세·이자·배당금 등의 재산수입 등이 포함된다. 지출은 생활필수품 등의 구입에 따른 소비지출과 물품이나 서비스의 유입을 수반하지 않는 지출인 저축으로 구성되며, 가정 경제의 합리적인 경영을 위해서는 수입과 지출을 합리적으로 배분하여 균형이 이루어지도록 해야 한다. 따라서 가계의 수입과 지출의 명세나 균형을 측정하기 위한 가계조사가 이루어지는데, 이를 통해 국민 소비생활의 실태와 생활수준, 지역적 차이 등을 파악하여 국민 경제정책 등의 기초자료로 삼는다. 일반적으로 가계의 소득 수준이 높아질수록 필수재(필수재)를 구입하는 가계소득에 대한 기초적 지출은 낮아지는 반면 내구적 소비재나 피복비 등은 점점 고급화한다.

0008 가계 정신지체(familial mental retardation)

임상적으로 진단되거나, 또는 뇌(腦)의 상태로 인한 정신지체가 아닌, 문화적 계승요인 때문에 나타나는 정신지체 현상. 문화적 계승 요인으로는 한 민족이나 종족 또는 가계가 공통적으로 당면하는 사회적 관습, 유해유전인자의 계승, 경제적 빈곤과 관련된 모든 요인과 사회구조와 관련된 요인이 있다.

0009 가계조사
(family household income and expenditure survey)
가계(가구)의 수입과 지출의 실태와 생활수준의 변동사항을 파악하여 ① 경제정책 및 사회정책의 수립에 필요한 기초자료 ② 국민소득추계자료 ③ 물가지수편제에 필요한 가중치자료 ④ 소비수준변화의 측정 및 분석에 필요한 자료 등을 얻고자 하는 조사이다. 우리나라의 경우 조사 대상별로 도시가계조사, 농가경제조사, 어민경제조사 등이 시행되고 있다.

0010 가급연금액
국민연금법의 연금급여액 산정시 계산의 기초가 되는 배우자 또는 자녀에 대해 가산되는 연금액을 말한다. 가급연금액은 수급권 취득 당시 가입자 또는 수급권자에 의해 생계를 유지하던 배우자, 자녀(18세 미만 또는 장애2급 이상) 또는 부모(60세 이상 또는 장애2급 이상, 배우자의 부모 포함)가 있는 경우에 지급하는 일종의 가족수당 성격의 부가급여이다. 2000년 국민연금법 개정으로 노령연금·장애연금의 경우에는 연금수급권을 취득한 후에 새로이 수급권자에 의해 생계를 유지하는 가급대상자가 있는 경우에도 가급연금액이 지급된다.

0011 가능자 역할(enabler role)
사회사업에서 클라이언트가 지속적인 압박상태나 상황에 잘 대처할 수 있는 능력을 갖출 수 있도록 도와야 할 책임을 말한다. 이런 목표를 성취하는데 사용되는 구체적 기술은 희망이 무엇인지 조사하고, 저항과 양가감정을 감소시키는 등 감정들을 인지하고 다룰 수 있어야 한다. 또한 개인적인 강점들과 사회적인 자질을 확인시켜 주고 지지해주며 좀 더 지속적으로 해결될 수 있도록 문제들을 각 부분으로 나누어 주고, 목표에 초점을 맞추게 하고, 그것들을 성취할 수 있는 방법을 지속시켜 주는 것 등이 포함된다.

0012 가동인구(utilization population)
일해서 수입을 얻고 있는 인구부분을 의미한다. 이것은 통계용어라 하기 보다는 이론적 내지는 일반적 용어라 할 수 있다. 특별히 이 용어를 사용하는 것은 전체 인구 중에서 가득력을 가진 부분, 다시 말해, 전체사회의 부양관계를 상정할 경우에 부양력을 가지는 부분을 표시하기 위해서이다.

0013 가두보도활동(street guidance)
청소년의 비행, 탈선 및 범죄를 예방하고 재범의 방지를 위하여 비행, 탈선, 범죄에 노출되기 쉬운 장소 등에서 보도활동을 행하는 것으로 유관기관들이 연합하여 행하는 범죄합동단속도 가두보도활동 중의 하나이다.

0014 가두직업소년
생활상의 어려움으로 인해 직접 가두에서 생업을 위해 활동하는 소년을 말한다. 이들은 대개 가정적인 문제를 지니고 있으며 이로 인해 사회악에 감염되기 쉬운 요소가 많다.

0015 가부장제(patriarchal family system) 01
장자가 가장으로서 권력을 가지는 가족제도이며, 가부장제 가족에서는 가족성원을 지배하는 권리와 가족성원의 행위를 책임지는 의무 그리고 가족을 포함한 재산을 관리하고 상속하는 권리가 최고 세대의 최고 연장자인 남자에게 있다. 이런 남자는 가장인 동시에 아버지이기 때문에 그가 소유한 모든 권한을 가부장권이라 하며 가부장제에 의해 운영되는 가족을 가부장제 가족이라 한다. 또한 이는 가족의 존속 유대를 우선시하는 법제도와 이데올로기를 말하기도 한다. 가부장제 하에서의 가장은 모든 재산을 관리하고 가족원에게 복종을 요구하는 대신 가족원이 자력으로 생계를 영위할 수 없게 되었을 때 생활을 보장하는 의무도 있다.

0016 가부장제 02
부계장자의 가장권을 중심으로 하는 가족 집단제에 있어서의 가장권은 절대적·배타적·종신적·전제적으로 가족을 통솔하는 가족형태이다. 균분상속제에 대한 가독상속제이고 남녀동등권에 대한 여자의 무능력제도이며 민주적인 가족평등에 대한 봉건적인 호주권 등 개개의 가족원의 행복추구보다도 집의 존속유지를 우선시 하는 법제도이다. 가장은 모든 재산을 관리하고 가족원에 복종을 요구하는 대신 가족원의 생활을 보장하는 책임을 가지게 된다. 모계제가 무너진 뒤 고대와 중세의 가족은 정도의 차이는 있으나 가부장제적인 요소를 가지고 있었다.

0017 가사노동(domestic labor)
가정은 인간이 최초로 소속하는 1차 집단으로서 이 집단에서 성적기능, 출산을 통한 사회구성원의 재생산 기능, 아동의 양육 및 사회화의 기능, 노동력 재생산의 기능 등을 수행하며 가정은 이러한 기능을 수행함으로써 국가의 생산에 필요한 노동력을 공급하는 사회의 기본 단위가 되고 있다. 가족의 이러한 기능은 가족원의 노동으로서 수행되는데, 이 때의 노동을 가사노동이라 한다. 가사노동은 그 내용에 따라 일반적으로 의·식·주, 가족관리, 경영 및 장보기 등으로 구분되며 육아나 고령자의 보호 등을 위해 행해지는 노동을 포함한다. 이러한 가사노동은 인간이 생활하는데 있어서 불가항의 것임에도 불구하고 경제적으로는 무상무가치의 것으로 취급되어 왔으며, 주로 주부에게 맡겨져 왔다. 근래에 취업 여성 증가와 핵가족화 등에 따라 취업여성에게는 가사노동이 큰 과제로서 대두되게 되었다.

0018 가사소송법
인격의 존엄과 남녀의 평등을 기본으로 하고 가정평화와 친족상조의 미풍양속을 유지·향상하기 위해 가사에 관한 소송과 비송 및 조정에 대한 절차의 특례를 규정함을 목적으로 한다. 가사사건은 가정법원의 전속관할로 한다. 가사소송사건은 민법의 규정을 전제로 하여, 주로 무효에 대한 가류사건, 주로 취소에 대한 나류사건, 주로 손해배상 및 원상회복의 청구에 대한 다류사건, 주로 무능력·부재·실종의 선고 또는 후견과 상속에 대한 라류사건, 주로 혼인생활과 친권에 대한 마류사건으로 구분된다. 가정법원에서 처리하는 사건에 관해 본인임을 추지할 수 있는 사실이나 사진을 신문·잡지·기타 출판물에 게재하거나 방송할 수 없다. 가사소송절차에 관해서는 민사소송법의 규정에 따른다. 가정법원이 가류 또는 나류 가사소송사건을 심리함에 있어서는 직권으로 사실조사 및 필요한 증거조사를 해야 한다. 가류 또는 나류 가사소송사건의 청구를 인용한 확정판결은 제3자에게도 효력이 있다. 혼인관계소송, 부모와 자 관계소송으로서 친생자관계와 입양관계, 호주승계관계소송 등에 대해서는 각각 관할, 당사자 등의 세부적인 규정이 있다. 가사비송절차에 관해서는 비송사건절차법의 규정을 준용한다. 가사비송사건의 심판의 청구는 서면 또는 구술로 할 수 있다. 가사비송사건에 대한 제1심 종국재판은 심판으로써 한다. 심판은 이를 받을 자가 고지받음으로써 효력을 발생한다. 라류 가사비송사건의 심판은 사건관계인을 심문하지 않고 할 수 있으나, 마류 가사비송사건은 특별한 사정이 없는 한 사건관계인을 심문하여 하여야 한다. 가사조정에 관해서는 민사조정법의 규정을 준용한다. 나류 및 다류 가사소송사건과 마류 가사비송사건에 대해 소(所)의 제기나 심판을 청구하고자 하는 자는 먼저 조정을 신청해야 한다. 가사조정사건은 조정위원회가 처리한다. 조정위원회가 조정을 함에 있어서는 당사자의 이익 외에 조정으로 인해 영향 받게 되는 모든 이해관계인의 이익을 고려하고 분쟁의 평화적·종국적 해결을 이룩할 수 있는 방안을 마련하여 당사자를 설득해야 한다. 조정 또는 확정된 조정에 갈음하는 결정은 재판상 화해와 동일한 효력이 있다. 조정신청된 민사사건의 청구에 관해 이의신청이 있는 경우에는 소송으로 이행된다. 6편 72조와 부칙으로 되어 있다.

0019 가석방(parole) 01

징역이나 금고집행 중에 있는 자가 개전이 현저한 때에는 형기 만료 전에 행정처분으로 석방하는 것으로 가석방은 이미 개심하고 있는 자에 대한 무용의 구금을 가급적 피함으로써 수형자에게 장래의 희망을 가지도록 하여 개선을 촉진하기 위한 형사정책적인 제도이다. 그 행형적 의의는 형의 집행유예제 등과 같은 것이다.

0020 가석방 02

교도소에서 선행 또는 선행하기로 약속하거나, 교도소 밖에서 법적 체계의 직원(사회사업가 등)에 의한 지속적인 감독 등의 이유로 선고기간을 채우기 전에 구제되는 것을 말한다.

0021 가석방 03

범죄를 저질러 교도소나 소년원 등에서 수감생활을 하고 있는 사람을 복역기간이 끝나지 않은 시점에서 조건부로 석방시켜 사회로 돌아가도록 하는 것 또는 그러한 제도를 지칭하며 가출옥이라고도 한다.

0022 가석방 심의위원회(parole board)

형법에 따라서 법무부장관에게 가석방을 구신하기 위하여 교도소에 설치하는 것으로서 동 위원회는 3인 이상 5인 이내의 위원으로 구성되며 가석방 구신의 절차는 법무부령 가석방 심사규정에 의한 심사기준과 절차에 따른다.

0023 가설(hypothesis) 01

가정된 학설이란 뜻으로, 상식적 의미의 가설은 사건의 원인을 추리해 보는 것으로 단순히 가정의 뜻을 가진다. 이론적인 의미의 가설은 과학연구에서 쓰이는 가정을 뜻하며 어떤 현상을 기존의 지식으로 충분히 설명할 수 없을 때 잠정적으로 가정된 학설을 의미한다. 가설이 관찰·실험 등의 방법을 통하여 사실과 일치되는 것으로 검증되는 경우에 과학적 법칙으로 성립하며 객관적 진리로 인정된다. 물론 과학적 법칙도 새로운 반증에 의해서 부정될 수 있다는 점에서 엄격한 의미로는 가설에 불과하다. 따라서 가설은 과학이 발전하기 위한 필연적인 단계라 할 수 있으며 개개의 문제뿐만 아니라 어떤 대상영역 전체에 관한 것도 있다. 이때의 가설은 많은 경험적 법칙을 하나의 연역적 체계로 통일하기 위하여 요구되며 그 자신은 실험 또는 경험에 의해 증명될 수 없는 근본적인 전제이다. 가설은 그것이 단순한 직관이 아닌 일단의 체계적인 관념의 연역적 귀결에 근거를 둘 때 과학의 발전에 공헌하게 된다.

0024 가설 02

억설 또는 가정이라고도 한다. 그러나 일상용어에서는 가정은 가설보다도 가벼운 의미로 사용된다. 가설은 과학 연구에서 사용되는 가정을 말한다. 가설은 일련의 현상을 통일적으로 설명하기 위하여 행하여지는 추측이며 이러한 추측을 하는 추리는 미지의 인자가 관계하고 있기 때문에 어떤 점에서는 불완전한 것이다. 따라서 어떤 가설이 제출될 때의 과학의 발전 단계에 있어서는 충분한 논증을 받은 객관적 진리로는 인정하기 곤란한 개연적인 것이다. 가설과 그 밖의 미지의 진리와를 조합하여 그것으로부터 도출된 결론이 사실과 일치하느냐 안하느냐를 관찰과 실험에 의해 확인함으로서 가설의 진위가 검증된다. 모든 면에서 검증을 받은 가설은 과학상의 정설(theory)이 되어 객관적 진리로 인정된다. 따라서 가설은 과학 발전의 필연적인 단계로 생각된다. 두 개의 대립하는 가설의 진위 또는 일반적으로 어떤 가설의 진위를 검증한 후에 결정적인 역할을 하는 실험을 결정적 실험이라고 한다. 가설은 자연과학에서 뿐만 아니라 사회과학에 있어서도 중요한 역할을 하고 있다. 가설은 어떤 대상영역의 전체에 관한 것도 있는가 하면 개개의 좁은 문제에만 관한 것도 있다. 과학 연구에 있어 가설을 세울 때에 주의해야 할 점은 다음과 같다. ① 사실에 입각해서 세우지 않으면 안된다. ② 이미 검증되어 있는 다른 명제와 일치할 수 있는 것이 아니면 안된다(단, 새로운 가설이 가지는 명제와 외견상 충돌하는 것처럼 보이는 경우도 있다). ③ 가설은 그것으로부터 연역된 결론을 사실과 대조하여 검증할 수 있는 것이 아니면 안된다. ④ 가설은 필요하고도 충분한 것이 아니면 안된다. 가설의 이와 같은 요건을 만족시키는 데는 약간 소원하지만 연구를 진행시키는데 있어서의 수단으로서 유효한 가설을 작업가설(working hypothesis, Arbeits hypothese)이라고 한다.

0025 가설 03

관찰되고 측정될 수 있는 사실들 간의 잠재적 관계를 묘사하기 위한 임시적인 명제이다. 명제는 흔히 영가설(null-hypothesis)과 같이 부정적인 형태로 진술된다.(예를 들면, "측정한 바에 따르면 석사학위 소지자의 사회사업과 학사학위 소지자의 사회사업이 아무런 차이가 없다"와 같은 가설)

0026 가설연역법(hypothetical deductive method)

과학 이론의 성립에 관해 오늘날 거의 정설이 되어 있는 견해로 이에 따르면 과학 이론은 다음의 네 가지 단계를 거쳐서 성립된다고 한다. ① 가설의 설정. ② 그 가설로부터 실험 관찰이 가능한 명제의 연역. ③ 그 명제의 실험 관찰에 의한 테스트. ④ 그 결과가 만족할 만한 것이면 앞의 가설의 수용하고 결과가 불만족한 것이면 앞의 가설은 수정되거나 또는 폐기. ①은 퍼스(Peirce, C.S.)에 의하여 애부덕션(abduction)이라고 일컬어지는 것으로 연역처럼은 형식화하지 못하는 부분이다. 발견의 심리 또는 발견의 논리로 일컫는 연구는 주로 이 부분을 다루는 것이다. 또 ④에서 가설이 수용되면 그것은 넓은 의미에서는 일종의 귀납이지만, 그러나 이것은 일반적으로 생각되어온 같은 사실의 집적에 입각하는 귀납은 아니다.

0027 가성불량소년(pseudo delinquent)

일시적 감정의 변화로 인해 순간적 비행을 저지르던가 아니면 거기에 가담하는 소년으로서 시간이 흐르면 비행을 중지하게 되는 소년을 일컫는다.

0028 가이던스(guidence)

→ 생활지도

0029 가정(assumption)

논리적 추리를 전개할 때 그 추리의 기반이 되는 명제, 혹은 그 명제를 제시하는 행위를 말한다. 어떤 명제를 가정으로 채택할 때 그 명제가 진리이거나 진리일 가능성이 있다는 믿음에 의하는 경우도 있고 논리적 추리를 전개할 목적으로 단순히 진리 여부에 상관없이 일단 채택해주는 경우도 있다. 가정은 때때로 공리 혹은 공준과 동의어로 사용되기도 한다. → 공리

0030 가정(home) 01

가정은 가족의 공동생활이 이루어지는 장소를 뜻할 뿐 아니라 가족성원이 몸과 마음을 쉴 수 있는 안식처의 개념을 포함한다. 즉 가정은 물질적인 환경(place)만을 의미하는 것이 아니라 심신의 긴장을 풀고 휴식과 안정을 얻을 수 있으며 사랑이 있는 따뜻한 보금자리를 뜻한다. 가정은 인간이 태어나고 자라면서 접하는 최초의 사회적 환경이며 인간에게 가정은 친밀한 가족관계를 통해서 서로 애정과 신뢰, 위안과 존경 등 심리적이고 정서적인 만족을 얻을 수 있는 곳이다. 그러므로 가정이란 공간적 장소와 함께 그 속에서 가족들이 신념이나 애정을 주고받으며 정서적 만족을 얻는 등 심리적 분위기를 포함하는 개념이라고 할 수 있다.

0031 가정(house keeping) 02

가정생활의 욕구충족을 위해 합리적으로 가정을 운영하고 관리하는 것을 말하며 구체적으로는 조리, 피복, 세탁, 청소, 육아 등에 관한 의사결정이나 행동을 가리킨다. 이러한 가정관리의 행위는 가정 경영 즉 가족의 역할배분, 시간배분, 가득소비 배분의 균형을 이루고 여가시간의 최대한 활용을 목적으로 보다 조직적으로 가정을 운영하기 위해서 이루어진다.

0032 가정건강서비스(home health service)

환자의 집에서 환자를 위한 의료, 간호, 사후보호를 제공하는 프로그램으로 이런 서비스의 대부분은 제3부문 지불(third-party payment)로 유료의 보건서비스 또는 사설 간호서비스 등으로 제공된다. 환자의 가정에서는 이러한 서비스를 제공받을 수 있는데 이는 입원 또는 요양원 보호보다 환자에게 더 안락하고 경제적인 체계를 제공하기도 한다.

0033 가정 내 폭력(domestic violence) 01

가정 외의 학교나 사회에서는 온화하여 순종하는 소년이 주로 사춘기 이후 갑자기 가정 내에서 양친에 대해 폭력을 휘두르는 현상을 말한다. 원인으로는 수험경쟁에서 보게 되는 관리사회에 대한 저항, 반발, 특히 가정생활의 문제 등이 거론되고 있다. 그 배경에는 부모가 자녀를 온실에서 키우는 것과 같은 과잉보호의 경향, 부권의 상실, 아동의 자신감 상실, 욕구불만, 인내심 저하, 곤란 상황에서 회피하는 경향 등을 지적할 수 있다.

0034 가정 내 폭력 02

가정 내 폭력은 가족구조 내에서 이루어지는 폭력으로 이는 의도적인 힘을 사용하여 고통과 상해를 주는 표현적 폭력과

또 한편으로는 처벌이라는 맥락에서 고통과 상해와 신체적 구속을 하는 도덕적 폭력으로 구분한다. 일반적으로 폭력은 사람을 신체적으로 위협하거나 손상을 일으키는 행위를 말하며 힘이 상대적으로 강한 남편이 힘이 약한 아내에게, 아버지가 자녀에게, 어머니가 어린자녀에게, 성인자녀가 노인부모에게 행하는 것을 포함한다. 최근 가정 내 폭력으로서 아내구타와 아동구타가 사회문제로 대두되고 있다. 장기간의 폭력은 심리적, 정서적, 성격적 장애를 초래하기도 하며 특히 아동의 경우 성장발달장애는 물론 심한 경우 정신장애를 유발하기도 한다.

0035 가정방문(home visits) 01

사회사업활동에 있어서 전문적인 서비스를 제공하기 위해 클라이언트의 가정을 방문하는 행위로 1870년대의 우애방문자(friendly visitor)사업 이래 사회사업활동의 일부분을 이루고 있다. 사회사업가는 장애가 심하거나 또는 다른 이유 등으로 사회복지기관을 방문하지 못하는 클라이언트의 가정을 방문하게 된다. 사회사업가는 가족치료 보통 기관의 사무실에서 얻을 수 없는 가족의 역동성과 물리적 생활양식을 파악하기 위해 탐색기간 중에 가정을 방문하게 된다. 특히 클라이언트가 어린 아동일 경우 아동이 기관(사무실)의 제한적 상황을 견디지 못할 때나 기타 문화적, 개인적 이유로 기관을 이용하기 힘든 개인이나 가족의 경우에도 가정에서 치료서비스를 제공한다. 이와 같이 가정방문은 클라이언트의 문제해결을 위해 클라이언트와 그가 속한 가정의 여러 환경을 보다 깊이 이해할 필요가 있을 때 방문하게 된다. 즉 그 가족의 분위기, 경제적 상황, 문화적 수준, 가족의 상호 역동성, 가족의 권위(power)관계, 가족 간의 의사소통, 가족갈등 및 가족균형 등을 파악함으로써 클라이언트의 문제해결을 돕게 된다. 이러한 가정방문은 가족의 동의가 있은 후 이뤄져야 하며 사전에 충분한 준비가 뒤따라야 한다.

0036 가정방문(home visiting) 02

사회복지사, 간호사, 상담자, 교사 등이 서비스 대상자 혹은 아동의 가정을 방문하는 것을 말한다. 사회복지사의 경우 가정환경과 가족관계를 사정하거나 서비스대상의 자격심사를 목적으로 방문하기도 한다. 그리고 중증 장애인, 거동이 불편한 노인, 산모, 환자 등에 대해 서비스를 제공하기 위하여 방문한다.

0037 가정방문 프로그램(HVP : home visiting program)

가족구성원들 중 일부 또는 전체의 건강, 재정, 자녀양육 및 교육 등의 문제를 돕기 위해 가정을 직접 방문하여 이루어지는 절차 또는 프로그램을 지칭한다.

0038 가정법원(family court)

1963년 10월 1일에 설립되었으며, 지방법원과 동격의 법원으로서 한국에는 현재 서울가정법원밖에 없다. 설립취지는 소년보호를 실효성 있게 하기 위해서는 우선 가정환경부터 조정할 필요가 있고, 가사에 관한 사건과 소년에 관한 사건을 전문적으로 취급하는 기관의 설립이 바람직하다는데 있다. 가정에서 생기는 분쟁은 개인의 사생활영역에 속하는 것이어서 그 해결점을 모색하면서 윤리적·사회적 측면을 깊이 고려해야 하는 등 일반 민사소송과는 다른 점이 많고, 소년사건 또한 가사사건과 밀접한 관계가 있기 때문에 이들 사건을 다루기 위해 특별히 가정법원을 설치했다. 서울가정법원은 소년심판부 5개부와 가사심판부 5개부로 구성되며, 소년심판부는 20세 미만의 소년으로서 범죄소년·우범소년인 자에 대해 보호사건을 관장하며, 그 환경의 조정과 성행(성행)의 교정에 관한 보호처분을 한다. 소년심판부는 조사·심리를 함에 있어 정신과의사·심리학자·사회사업가·교육가 및 기타 전문가의 진단 및 소년분류심사원(少年分類審査院)의 분류심사결과와 의견을 참작해야 한다. 가사심판부는 가사조정(家事調停)과 가사심판을 한다. 가사조정은 재판절차가 아니라 당사자의 합의에 따라 가정분규를 자주적으로 해결하게 하는 특별절차이다. 가사조정을 위하여 정신과의사·심리학자·사회사업가 및 기타 학식과 덕망이 있는 자 중에서 선임된 조정위원으로 구성된 조정위원회를 둔다. 그러나 심판에서는 조정위원회의 의견을 들어야 하며, 사실의 인정과 법의 해석·적용에는 당사자 쌍방을 위하여 사회정의와 형평의 이념을 고려하여 모든 사정을 참작해야 한다. 가정법원 및 가정법원지원의 합의부는 다음 사건을 제1심으로 심판한다. ① 가사소송법에서 정한 가사소송과 마류(類) 가사비송사건 중 대법원규칙으로 정하는 사건, ② 가정법원 판사에 대한 제척(除斥)·기피사건, ③ 다른 법률에 의해 가정법원 합의부의 권한에 속하는 사건이 그것이다. 가정법원 합의부(항소부)는 가정법원 단독판사의 판결·심판·결정·명령에 대한 항고사건을 제2심으로 심판한다. 가정법원의 판사는 ① 사법시험에 합격하여 사법연수원의 소정과정을 마친 자, ② 검사 또는 변호사의 자격이 있는 자로써 임명한다. 원장은 10년 이상, 부장은 7년 이상의 법조 경력이 있는 자로써 보한다. 가정법원 및 그 지원이 설치되지 아니한 지역에 있어서의 가정법원의 권한에 속하는 사항은 가정법원 및 그 지원이 설치될 때까지 해당 지방법원 및 그 지원이 이를 관할한다.

0039 가정법원 소년부

가정법원에서 소년보호사건을 전담하는 부서이다. 부장은 7년 이상의 법조경력이 있는 판사로써 보한다. 소년법에 의하면, 소년보호사건은 가정법원 소년부 또는 지방법원 소년부에 속하게 되어 있다. 소년보호사건의 심리와 처분의 결정은 소년부 단독판사가 행한다. 소년부가 보호사건으로 심리하는 대상 소년은 ① 죄를 범한 소년 ② 형벌법령에 저촉되는 행위를 한 12세 이상 14세 미만의 소년 ③ 보호자의 정당한 감독에 복종하지 않는 성벽이 있거나, 정당한 이유 없이 가정에서 이탈하거나, 범죄성이 있는 자 또는 부도덕한 자와 교제하거나, 자기 또는 타인의 덕성을 해롭게 하는 성벽이 있거나 하는 등의 사유가 있고, 성격 또는 환경에 비추어 장래 형벌법령에 저촉되는 행위를 할 우려가 있는 12세 이상의 소년이다(소년법 4조 1항). 소년부는 조사 또는 심리(審理)의 결과 금고(禁錮) 이상의 형에 해당한 범죄사실이 발견된 경우에, 그 동기와 죄질로 보아 형사처분의 필요가 있다고 인정한 때에는 사건을 관할지방법원에 대응하는 검찰청 검사에게 송치할 수 있으며(49조 2항), 보호처분에 해당하는 사유가 있다고 인정되어 송치받은 사건을 조사 또는 심리한 결과 20세 이상인 것이 판명된 때에는 송치한 법원에 다시 이송해야 한다(51조). 소년부에는 소년사건을 조사하기 위하여 조사관을 두는데, 이 조사관은 소년부 판사의 명을 받아 본인·보호자 또는 참고인을 심문하고, 또 필요한 사항을 조사할 수 있다. 소년부는 조사 또는 심리를 함에 있어서 정신과의사·심리학자·사회사업가·교육자 기타 전문가의 진단 및 소년원의 분류심사결과와 의견을 참작해야 한다.

0040 가정법원 조사관

가정법원은 가사사건과 소년사건을 취급하는데 가사사건은 가사심판부가, 소년사건은 소년심판부가 각기 관할한다. 가사심판부의 가사사건은 심판사항과 조정사항으로 구분하는데 조정사항을 공정하게 하기 위해 조사관을 두어 병류사항에 해당하는 가사분쟁사건과, 소년비행사건 등을 조사하도록 한다. 조사관은 행동과학적 입장에서 조사와 진단을 하고 서면으로 의견을 붙여 조정장에게 조사내용을 제출해야 한다. 조사관은 조정장의 명을 받아 조정신청을 받은 날로부터 2개월 이내에 문서작성, 자료수집, 기타 필요한 조사를 완료해야 하며 조사관은 조사 과정에서 필요하다고 판단될 경우 당사자, 참고인 또는 이해관계인을 소환할 수 있다.

0041 가정보육실

일본의 지방자치에서 가정복지지원제도 프로그램 중 한 형태로 명칭은 보육실 이외에도 여러 가지가 있다. 일본 동경에서는 보육을 받는 아동이 6명 이상인 경우 보육실의 아동 1인당 1개 65m 이상의 공간이 있어야 하며 시설장이 보모 등 일정 자격을 갖추어야 하는 등의 조건을 규정하고 있다. 보육실 경영에 대해 지방정부가 필요한 경비를 지불하고 도가 이에 대한 보조금을 교부한다. 보육실은 보육소에 대한 보완적인 것으로 평가되고 있다.

0042 가정보호(home care)

가정 내에 있는 클라이언트에게 건강, 가정조성자 역할, 사회적 서비스를 제공하는 것을 의미한다.

0043 가정봉사원(home maker)

저소득가정 중 심신장애인이나 요보호노인이 있을 경우 해당 가정을 돕기 위해 파견되는 사람을 말한다. 파견횟수는 1세대에 주 2회 이상으로 하며 업무는 거택보호서비스의 일환으로 식사, 세탁, 청소, 통원조력 그리고 일상생활과 신상에 관한 상담·조언 등이다. 국가에 따라 홈 헬퍼(home helper) 또는 케어 테이커(care taker)라고도 한다.

0044 가정봉사원서비스(homemaker service)

클라이언트 자신의 가정에서 행해지는 건강 또는 사회복지 서비스 프로그램으로 1~2명의 봉사원이 음식수발, 준비, 세탁, 청소와 약간의 간호서비스를 제공하는 것을 말한다. 가정봉사원은 보통 공공단체·기관에 고용된 사람이며 이들이 제공하는 서비스는 종종 클라이언트가 과중하게 느끼는 의료비용이나 요양원시설이용을 대체해 주기도 한다.

0045 가정불화(family trouble)

→ 가족갈등

0046 가정붕괴(family down) 01

이혼, 가출 등의 이유로 가족의 중요한 역할을 감당할 사람이 없어 생활의 장으로서의 가정이 제 기능을 상실한 것을 말한다. 현대사회의 가정의 기능은 성 해방의 풍조, 전쟁, 경제적 곤궁, 도박, 음주, 향락적 문화 등의 영향을 받아 약화되고 있다. 특히 부부와 자녀 간에 가족의 공동목표보다 개인의 목적 실현이 우선시되고 다른 가족원에 대한 배려와 서비스가 소홀히 되는 경향이 많은데 이러한 상황이 가정을 붕괴시킨다. → 가족해체

0047 가정붕괴 02

이혼, 별거, 가출, 유기 등의 이유로 가정의 주된 역할을 수행할 사람이 없어 가족이 그 본래의 기능을 수행할 수 없는 것을 말한다. 현대사회에서의 가족기능으로서 부부간의 성적 욕구충족, 자녀출산 및 양육, 경제적 협동, 정서적 지지, 사회화교육 등이 대표적으로 열거되는데 이와 같은 가족의 기본적인 기능을 수행할 수 있는 남편 혹은 아버지, 부인 혹은 어머니가 이혼, 별거, 가출 등의 이유로 가족으로부터 유기되어 가족구조가 해체되는 상태를 말한다.

0048 가정상담원(parent supporter)

장애인 자녀를 가진 부모들 중 복지관에서 실시하는 상담원 교육을 이수한 사람으로 자녀가 장애진단을 받은 부모들에게 상담·조언, 정보제공 등을 해줌으로서 부모들의 심리적인 안정과 함께 자녀의 올바른 양육 방법을 원조하는 인력을 의미한다. 복지관 등에서는 다운증후군 자녀들 둔 부모들을 대상으로 상담원 교육과정을 거친 후 사회복지사의 지

도 아래 다운증후군 진단을 받은 부모들에게 자신의 경험을 바탕으로 한 상담을 제공하도록 하고 있다. 가정상담원의 자격으로는 첫째, 자녀의 장애에 대한 올바른 수용태도를 지닌 자, 둘째, 상담·조언, 정보제공 등에 있어서 기본적 능력을 구비한 자, 셋째, 다운증후군 자녀를 둔 부모로서 복지관의 가정상담원 교육을 이수한 자로 하고 있다. 가정상담원의 상담효과로 가장 큰 장점은 장애인 자녀를 양육하고 있는 부모가 직접 상담을 하기 때문에 심리적 안정 및 공감대 형성이 빨리 이루어질 수 있다.

0049 가정생활기술(domestic skills/home living skills)

가정에서 일상적으로 수행되는 제반 활동들이 모두 포함되는 광범위한 영역으로 주요 내용은 가정에서의 안전 관리, 집안 청소, 의복 관리, 개인 청결, 화장실 이용, 침실 정리, 주방일, 가족과의 대화, 가정에서의 여가 활동 등이 포함된다. 이 중에서 화장실의 이용, 청소하기 등과 같이 가정뿐만 아니라 가정 이외의 장소에서도 수행이 요구되는 활동들은 이 영역에 포함되지만 교통수단 이용, 여가시설 활용 등과 같이 유사한 활동일지라도 가정 이외의 장소에서만 이루어지는 활동들은 이 영역에 포함되지 않는다.

0050 가정양육(child rearing in the family)

가정이란 자녀가 태어나 성장하며 성인이 되면 떠나는 곳이다. 가정양육의 역할은 생활의 기반인 가정생활을 통해 부모의 애정을 받고 사회규범이나 생활의 제 기술을 배우며 가족집단속에서 역할 분담을 통해 장차 새로운 가정생활을 만들기 위한 기초적 능력을 형성하는데 있다. 따라서 부모는 자녀의 대인접촉 범위를 가정 내에만 제한시키지 말고 지역의 보육시설(예를 들면 지역탁아소 등)에서 집단보육을 체험시키면서 보육자와 협력해 자녀의 자립성, 사회성이 형성될 수 있도록 노력해야 한다.

0051 가정위탁(foster care)

친부모와의 생활이 불가능한 아동에게 신체적 보호와 가정환경을 제공해주는 것이다. 미국의 전형적인 가정위탁은 각 주정부의 담당부서에서 행정적 처리를 하며 사회사업가는 당국이 아동의 배치를 결정하는 것을 돕기 위해 아동과 가정을 평가하고 특정의 아동이 적절한 위탁을 위해 배치되었나를 평가하여 배치기간 동안의 생활을 감독하고 언제 아동이 본래의 가정으로 돌아가는 것이 적절한가를 당국에서 판단하는 것을 돕는다.

0052 가정의(family doctor)

의사 1명이 가족단위로 병력과 건강을 1차로 진료·관리하게 하는 제도를 말한다. 가정의 개업을 위한 전문의 수련 및 자격인정 등에 관한 시행규칙이 1984년 12월 고시됨으로써 가정의가 전문의로서 자리를 차지하게 되었다. 이것은 감기에만 걸려도 종합병원을 찾는 비정상적인 의료전달체계를 개선하고자 실시된 제도로서 지난 1981년 이후 전국 13개 대학병원에 도입되었고 1986년부터는 가정의의 인턴, 레지던트 과정과 시험이 실시되고 있다. 단 6년 이상 개업한 의사 가운데 의학협회가 인정한 기관에서 300시간의 연수교육을 받았을 때에는 레지던트 과정을 밟은 것으로 인정하고, 9년 이상 개업한 의사가 보수 교육을 받았을 때에는 1차 필기시험을 면제한다. 이 제도는 의료 전달체제의 정상화 외에도 전문의에 편재된 의료인력 재배치, 의료 인력의 대도시 집중현상 해소에도 도움을 줄 것으로 기대되고 있다. → 가정주치의

0053 가정조성서비스(homemaker services)

클라이언트가 자신의 집에서 머무르고 생활화하도록 돕기 위한 건강이나 사회서비스 프로그램으로서 보통 한 명이나 그 이상의 조력자들은 예정된 시간표에 따라 클라이언트의 집을 방문하여 식사준비, 빨래, 집안청소와 같은 활동을 수행하고, 수송과 약간의 간호를 해준다. 이러한 가정조성자들은 보통 공공의 고용인이며, 그들의 서비스는 대개 클라이언트들을 비용이 많이 드는 병원이나 요양원 시설에서 벗어나도록 돕는다.

0054 가정조성자(homemaker)

가족에게 편안하고 안전한 생활환경을 유지해주는 역할과 활동을 우선으로 하는 사람을 말한다.

0055 가정주치의

각 가정별로 주치의를 등록, 가족의 건강 상담 및 진료를 전담하도록 하는 것으로 일정액의 등록료를 내는 대신 의료보험 본인부담금의 일부는 경감혜택을 받게 된다.

0056 가정지원서비스(the living at home service)

지역사회 재활사업의 한 프로그램으로, 장애로 인해 일상생활에 어려움이 많은 장애인에게 재활지식, 정보 등을 제공하고, 봉사자가 필요한 가정에 방문하여 서비스를 제공하는 것이다. 그 대상으로는 ① 대부분의 시간을 혼자 지내며 가족의 보호를 받기 어려운 장애인 ② 부모의 장애로 인해 자녀를 돌보기 어려운 가정 ③ 의료적인 치료나 교육, 정보가 필요한 장애인 등이다. 한편 제공되는 서비스는 ① 가사활동(집안 청소, 부엌일, 장보기 대행, 세탁 등) ② 대인적 활동상담, 목욕, 이발, 미용, 말벗, 학습지도 등) ③ 사회적 활동(외출동반, 차량지원, 관공서 업무대행 등) ④ 전문적 활동(의료진단, 물리치료, 복용약 지원 등)이다.

0057 가정폭력(domestic violence)

대개 가정성원이나 다른 동거인이 가정의 어린이, 어른, 배우자, 기타 사람들을 학대하는 행위를 말한다. 또한 이 용어는 다른 식구의 고의적 행위의 결과로 재산, 건강, 생활이

위협을 받거나 해를 입는 사회문제를 가리킨다.

0058 가정환경(home environment) 01

가정 내에 있는 여러 가지 자극·조건·상황 등을 총괄한 것을 말하며 가정환경의 구성을 물리적 환경과 심리적 환경으로 구분하는 것이 일반적인 방법이다. 그러므로 가정의 문화시설이나 가옥 등은 가정환경이라고 할 수 있으며, 부모와 자녀의 관계와 같은 심리적인 상태도 이에 포함된다. 가정환경의 중요성은 인간발달에 미치는 영향이 크기 때문에 일찍부터 인정되어 왔다. 지금까지의 연구결과에 의하면 가정환경이 성격형성에만 작용하는 것이 아니라 개인의 지적 발달에도 상당한 영향을 미치는 것으로 알려져 있다. 가정환경을 분석적으로 연구하기 위하여 이를 하위개념으로 세분해서 고찰하는 것은 유익한 일이다. 가정환경을 지위·구조 및 과정으로 세분화하는 것은 그와 같은 시도의 예라고 할 수 있다. 지위환경이라는 개념에 포함되는 것은 부모의 상태, 거주지의 생태적 조건, 가정의 사회경제적 지위 등이며, 구조환경의 개념 속에는 가정 내의 문화적 상태·위생상태·언어모형·가치지향성 등이 포함된다. 그리고 과정환경은 가족 간의 상호관계와 상호작용의 상태를 의미한다. 이러한 가정환경의 하위개념은 각기 그 나름의 교육적 의미를 내포하고 있다. → 구조환경, 과정환경

0059 가정환경(family environment) 02

가정환경은 가족구성원 각자에게는 생활환경으로서의 기능을 의미한다. 가정환경은 남편, 아내, 부모, 자녀, 형제, 친척 등이 상호간에 만들어내는 인간관계나 가치관 등으로 이루어지는 심리 정서적 환경과, 가정의 경제상태, 주거의 공간, 통풍, 채광, 위생상태, 편리함 등으로 이루어지는 물리적 환경의 두 가지 측면을 동시에 말한다. 가정환경은 단순한 주거공간으로서 존재할 뿐 아니라 가족원의 안전 확보, 지속적이고 안정된 인간관계, 자녀의 성격발달, 가족원의 생활 활동이나 인격형성, 사회화교육 등 가족 내의 기능과 사회적 기능을 수행하기 위하여 필수적인 조건이다.

0060 가족(family) 01

가족은 인간의 기본적인 욕구를 충족시켜주는 기능을 수행하며 사회의 유지와 존속기능을 하는 사회의 기본단위이다. 가족은 결혼, 혈연, 입양에 의해 형성되며 법적으로 보호를 받는 인류의 보편적인 사회집단이다. 가족 내의 노동은 분업되어 있는데 남자는 주로 대외적인 경제활동을 하고 여자는 대내적인 자녀양육 및 정서적인 기능을 담당한다. 가족성원들은 대부분 동거, 동고, 동락하는 공동운명체이기 때문에 가족은 어떠한 사회집단보다도 구성원간의 유대관계가 친밀하다. 가족은 법적우대, 경제적 협조 등으로 통합되어 있다. 그리고 가족 관계는 대부분 일생동안 영구히 계속되는 관계이며, 일반적으로 남성이 여성보다 높은 지위를 갖고 있다. 가족은 동거동사의 생활공동체이며 집, 가풍, 가문 등을 포함하는 넓은 의미의 개념을 갖고 있는 문화집단이다. 가족은 자녀에게 인격형성과 사회화 교육을 시켜주는 훈련장이며, 사회와의 교량역할을 해주는 사회집단이기도 하다.

0061 가족 02

부부와 그 자녀를 중심으로 하는 혈연공동체로서 인류의 보편적인 사회집단이다. 가족은 가계를 함께 하고 주거를 공동으로 하면서 애정을 그 기저로 하여 영속적인 성관계와 생식에 따라 결합된 사회의 기본단위이다. 가족관계는 이해타산을 초월하는 무조건적 관계이며, 상대편을 위해서 지배하고 복종하며, 특정한 사항만을 계기로 맺어지는 관계가 아니고 모든 사항에 복합적으로 관여하게 되는 전인적 관계이다. 가족은 국가, 도시, 마을 등의 지연적 집단에 대해 혈연적 집단의 대표적인 것이다. 원래 인류는 다만 무리를 이루어 사는데 그쳤으나 부부관계, 부모와 자식관계, 형제관계가 차차 뚜렷하게 인식되어 사회구성의 한 단위로서의 가족을 이루었으며 경제단위로서의 중요성을 띠게 되어 중세의 대가족, 방계가족제도를 이루게 된 것이다. 혈연적 집단에는 가족 외에 씨족이 있어서 일반적으로 모계씨족 또는 부계씨족으로서 존재하여 친족관계가 단계인 것을 특색으로 하는데 반하여 가족은 쌍계인 것을 특색으로 한다. 고대 중세로 이어져 오는 가운데 가족은 방계가족의 성격을 띤 가부장제 확대가족으로 생산과 소비가 가족 내에서 자급자족되었으며, 모든 문제가 그 가족 내에서 해결되었고, 따라서 사회적 구제의 대상은 호적이 없는 개인(부랑자)이나 의식주를 제공할 수 없는 가족에 한정되었다. 이러한 가부장제 확대가족은 산업혁명에 의해 부부평등을 원칙으로 하는 핵가족으로 변천되어 왔다. 가족은 혈연을 기본으로 한다는 점에서 가구 혹은 세대(household)와 구별된다. 가족의 크기를 기준으로 할 때 대가족, 소가족이라 하고 가족의 세대수를 기준으로 부부와 그 자녀로 된 2세대가족을 핵가족이라 하며, 조부모를 포함한 3세대가족 이상의 혈연가족을 확대가족이라 한다. 우리나라 민법은 확대가족의 성격을 내포하고 있는데, 가족의 범위를 보면 호주의 배우자 혈족과 그 배우자, 기타 동법의 규정에 의해 그 가(家)에 입적한 자는 가족이 된다고 규정하고 있다. 또한 우리 민법은 직계가족(호주상속, 재산상속)과 핵가족을 동시에 포용하고 있다. 산업화가 극도로 진전되는 현대에 있어서는 가족이 서로 헤어져 생활하는 경우가 많고 부부가 공동으로 직장을 가지는 경우가 많으므로 가족문제가 많이 발생하며, 특히 친자간의 갈등과 자녀양육에 따른 심리적인 문제가 발생하므로 가족을 보호하고 강화하는 제도적·정책적 배려가 있어야 하겠다.

0062 가족간호휴가제

가족이 아플 때 여성근로자에게 3개월 이상 최장 1년간 휴가를 주어 가족을 돌볼 수 있게 하는 제도이다. 미국·일본

등은 여성의 지속적인 고용보장을 위해 이미 이 제도를 권장사항으로 실시하고 있다.

0063 가족갈등(family conflict) 01
가족성원간의 불화·대립을 말한다. 부부는 각기 상이한 가정에서 자랐기 때문에 성격과 가치관이 다르다. 애정으로 이러한 간격을 메울 수 있고 극복할 수 있지만 양가족의 외적 압력이나 내적 압력 등의 복잡한 환경의 변화 등으로 가족갈등을 가지게 된다. 또 민주적인 가족에서는 가족원이 자기주장을 하게 됨으로 부부싸움과 감정 대립을 가져오며, 이러한 과정을 통하여 자기의 욕구를 집단성원의 승인 하에 만족시킬 수가 있지만 한편 문제해결기능(problem-solving function)이 없는 가정에서의 불화·대립은 잠재적 갈등으로 변하기 쉽다.

0064 가족갈등 02
가족갈등은 가족 내에 문제가 발생하였을 경우 이를 기능적으로 처리, 적응, 해결과정에서 발생하는 역기능적인 현상을 의미한다. 가족 문제의 성격과 발생원인은 다양하지만 가족갈등은 가족관계를 중심으로 설명하기도 한다. 가족생활 주기상의 일상생활에서 부부관계, 부모－자녀관계, 자녀 간의 관계, 친척과의 관계, 노부모와의 관계 등에서 가치와 주장이 대립되고 문제해결을 위한 합의 내지는 조정과정에서 혹은 적응상의 문제에서 가족갈등이 발생할 수 있다. 가족원간의 갈등은 전체 가족에게 영향을 주며, 특히 부모의 갈등은 자녀들에게 많은 영향을 주어 심리적 압박감, 저항감, 긴장감 등을 유발시키므로 또 다른 가족문제를 발생시키는 원인이 되기도 한다.

0065 가족계획(family planning)
가족 내에서의 가족계획은 부부가 출산아 수와 그 출산 문제를 인위적, 계획적으로 조절하는 것을 말한다. 그리고 국가적 차원에서는 복지사회 여건에 알맞은 인구규모 및 구조 등을 도출하여 인구의 적정수를 결정하고, 그에 따른 가족보건사업 추진방향을 수립하고 실시하는 것을 말한다. 과거에는 인구증가 억제에만 역점을 두고 피임실천의 생활화, 청소년의 건전한 성의식 고취, 모자보건증진, 저소득층 불임수술 등을 실시하였다. 프랑스, 독일을 비롯한 유럽 여러 나라에서는 출산율의 감소로 출산율 증가 즉 인구증가 정책에 역점을 둔 가족계획을 실시하고 있다.

0066 가족계획지도(family planning guidance)
부부에게 출산자녀의 수와 출산간격의 조절방법을 교육하고 지도하는 것을 의미한다.

0067 가족관계(family relationship) 01
일반적으로 가족관계는 가족구조 내의 가족성원 상호관계를 말하고 친족관계도 포함한다. 가족관계는 부부, 자녀, 형제라는 하위체계로 이루어지고, 하위체계 간의 모든 가족관계를 포함한다. 가족관계는 비교적 고정되어 있으며 장기적 혹은 영구적으로 지속된다. 가족들이 갖는 각각의 사회적, 문화적, 시간적, 지역적, 경제적 조건에 따라 가족관계의 성격이 다르며, 가족관계는 가족의 성장과 발전단계에 따라 변화한다. 가족관계는 어떤 다른 인간관계보다도 일찍 시작되고 오랫동안 지속되지만 지나치게 밀접하고 요구적이며 보상적일 수 있으므로 가족관계에 문제가 발생할 수도 있다.

0068 가족관계 02
가계도 작성의 세 번째 단계로 가족의 보고와 치료자의 직접적 관찰에 근거하여 가족성원 간의 관계를 묘사하는 것이다. 가계도에서 가족성원 간의 다양한 관계는 각각의 선으로 나타내게 된다.

0069 가족권(family right)
일반적으로 실정법 체계에는 가족의 권리라는 용어는 보이지 않는다. 그러나 통상적으로 가족은 부부와 자녀를 중심으로 의·식·주를 공동으로 해결하며, 생활유지를 위해 심리 정서적으로 애정과 소속감을 기초로 결속된 집단이다. 따라서 가족성원들은 건강, 복지, 직업 등을 유지하기 위해 필요한 의·식·주와 의료를 포함한 충분한 생활수준을 보유할 권리를 가지고 있다. 또한 가족구성원이 소득의 상실 혹은 감퇴, 불의의 사고, 신체적 혹은 정신적 질병 등의 문제로 도움이 필요한 상황에 노출될 경우에 가족은 필요한 사회적 제 서비스를 받을 권리를 갖고 있다.

0070 가족규칙(family rules)
어떤 가족 내에서 반복된 행동유형과 어떤 행동을 규제하는 상호기대를 말하는 가족치료의 용어이다. 예컨대 어떤 가족은 구성원들이 애정을 겉으로 표출해서는 안된다는 상호기대를 가질 수도 있고, 또 다른 가족은 모든 불화에는 체벌은 가한다고 위협하거나 실제로 체벌하는 규범을 지닌 경우도 있을 것이다.

0071 가족기능(family function)
가족은 사회의 기본 단위이며 사회제도로서의 목적과 기능을 가지고 있다. 가족은 개인에 대해서는 생활과 생존, 성적 욕구충족, 보호자 지지, 사회화 및 사회적 일체감을 제공하는 기능을 수행한다. 그리고 사회에 대해서는 종족의 유지, 성의 통제, 문화의 보존과 전승, 신분귀속 등의 기능을 한다. 이와 같은 가족의 기능은 현대사회에서 사회문화단체, 사회교육기관 등의 사회집단이 지원적, 보조적, 대리적 기능으로 가족의 기능을 강화하기도 하지만 가족의 고유기능이 약화되거나 상실되어 가고 있는 면도 적지 않다. 가족의 기능 상태는 기준이 되기도 한다.

0072 가족긴장(family tention)
현재적 갈등(overt conflict)은 없지만 가족원이 어떤 이유로 그의 욕구불만을 표현할 수 없는 상황에 처해있는 일촉즉발의 위기적인 분위기를 말하며, 부부 간의 상호이해가 부족하거나 친자관계에서 양친이 너무 엄할 경우에도 가족긴장이 유발된다. 가족 중에 다툼이나 가출 등의 표출적인 문제는 없으나 가족긴장이 있는 가족에서는 잠재적 갈등(covert conflict)이 있을 수 있다.

0073 가족대체기능
사회복지기능의 한 형태로서 보호, 사회화, 정서안정 등의 가족기능과 동일한 기능을 가족성원에 대행하여 주는 것을 말한다. 가족이 여러 가지 사정으로 그 가족기능을 수행할 수 없는 경우에 가족성원이 가족생활의 유지와 가정적 경험 등을 통하여 올바른 성장과 발달을 할 수 있도록 원조하는 것으로 양부모, 양호시설, 유아원, 양호노인 홈 등의 사회복지시설서비스와 거택복지서비스 등이 있다.

0074 가족도(family map)
어떤 가족이 특정 문제나 관심사를 중심으로 구조화되는 방식을 그림으로 표현한 것을 말한다. 가족 구성원들은 원이나 네모로 표시되고, 구성원들의 관계유형은 다양한 형태의 선으로 나타낸다.

0075 가족력(family history)
가족이 형성되어 현재까지 지내온 과정에 대한 서술이다. 개인이 태어난 후 살아온 과정이 있듯이 가족도 남녀 두 사람이 만나 결혼하여 가족을 형성하고 첫 자녀가 태어나면서 입학, 취직, 결혼, 배우자의 사망과 같이 생활주기에 따른 단계가 있다. 그 발전단계에서 가족구성, 생활수준, 가족단계의 경향, 가족의 사회적 욕구나 활동 등 제반측면의 변화를 찾아볼 수 있다. 사회사업 실천에서 개개인의 가족에 대한 정상적인 발전모델과 비교하면서 발생적이며 발달적인 진단을 하는데 중요한 자료가 된다.

0076 가족면접(family interview)
일반적으로 클라이언트에 대한 직접치료과정에서 간접치료인 환경조정의 수단을 적용하기 위해 가족과 면접하는 경우를 말한다. 이는 개인치료와 다른 입장을 취하고 있는 가족치료 즉 가족집단을 하나의 병리체계로 이해하고 개입하기 위해서 사용되는 경우와는 전적으로 다르다. 따라서 개인의 증상형성에 깊은 관련이 있을 때 가족과 면접하게 된다. 아동 치료의 경우 증상형성이 가족과 깊은 관련이 있을 때 아동을 1차적 클라이언트(primary client)라고 하고 부모를 2차적 클라이언트(secondary client)라고 한다.

0077 가족문제(family problem)
가족생활을 지속하는데 필요한 가족기능에 장애를 가져오는 문제는 물론 아직 가족기능장애는 없지만 생활상에 어려움이 있는 가족의 모든 문제를 말한다. 가족의 문제 성향과 심각정도는 다양하지만 크게 세 가지 차원에서 분류할 수 있다. ① 개인과 가족의 기능과 가족관계에 관한 문제-부부갈등, 별거, 이혼, 부모-자녀관계, 자녀문제, 직장부적응, 일탈행동, 미혼모문제, 아동학대 혹은 유기, 가족유기 등 ② 빈곤이나 사회자원의 결핍에 관련된 문제-경제문제, 직업문제, 주택문제, 건강문제, 만성질환, 신체장애, 세대주 사망, 편부모가족문제, 청소년 가장 가족문제, 노인문제 등 ③ 일시적 긴장에 의한 문제-일시적으로 긴급하거나 긴장상황 때문에 역할수행의 어려움을 초래하는 문제로서 실직, 질병, 사업실패, 이민, 이주, 불의의 사고, 가족원의 자살, 수감 등을 들 수 있다.

0078 가족법(family law)
민법의 친족법과 상속법을 흔히 가족법이라 한다. 1984년에 가족법에 내포된 전근대적 요소를 철폐하려는 여성연합회가 결성되어 동성동본불혼제와 호주제를 제외한 가족법 개정안이 1989. 12. 19 통과함으로써 남녀평등의 새로운 전기를 맞이하였고, 1991. 1. 1부터 시행된 가족법의 주요골자는 다음과 같다. ① 친족범위부계, 모계 모두 8촌 이내, 인척은 4촌 이내 ② 호주제는 그대로 두되 호주상속제를 호주승계제로 하고 남녀불평등 조항을 대폭 삭감 ③ 이혼시 재산분할청구할 때 재산형성의 기여도에 따라 재산분할청구 가능 ④ 상속제도성별, 출가여부와 무관 ⑤ 입양제도미성년자의 입양시 후견인의 동의 외에 가정법원의 허가를 받도록 하고 후견인이 피후견인을 양자로 삼는 경우에는 가정법의 허가를 받아야 한다는 것 등이다.

0079 가족병리(family pathology)
여러 원인에 의해 가족관계가 파괴되고, 가족기능에 장애가 발생한 경우 가족병리라고 불리는 현상이 나타난다. 이제까지 병리라고 하는 용어가 갖고 있는 이미지나 제 현상의 명칭은 발생 원인이나 메커니즘에 관해 논쟁의 여지가 많았다. 그러나 가족해체를 초래한 경우 기능회복(가족치료)이나 발생예방을 위한 실천적 대책이 요구되고 가족사회사업의 과학화가 요망된다.

0080 가족복지(family welfare) 01
가족복지는 가족생활을 보호 및 강화하며, 가족 내 상호관계 그리고 사회적응상의 문제를 가진 개인과 가족을 원조하며, 가족의 사회적 기능을 향상시키기 위하여 정부와 민간기관이 제공하는 사회적 서비스를 말한다. 가족복지서비스는 국가차원의 제도적 정책적인 것과 민간기관의 전문적인 원조 방법들이 있다. 가족복지사업은 일시적 혹은 장기적으로 당면하고 있는 생활상의 곤란함, 즉 빈곤, 질병, 실업, 가족관계의 붕괴, 행동상의 문제, 신체적 혹은 정신적 장애 등으로 가족의 기능이 상실되어 중대한 위기에 처한 가족을 대상으로 한다. 가족복지사업과 다른 사회복지분야의 차이점으로서 아동복지, 청소년복지, 장애인복지, 부녀복지, 노인복지 등은 문제를 가지고 있는 개인을 서비스 대상으로 하고 있는데 비하여 가족복지는 가족전체를 서비스 대상으로 하고 있다.

0081 가족복지 (family service/family social welfare) 02

가족복지는 사회복지의 한 분야로서 인간다운 생활을 할 권리를 가진다는 헌법의 기본 이념에 입각하여 가족생활을 보장하는 사회적 제 노력을 말한다. 구체적으로는 가족이 빈곤, 질병, 실업, 가족관계의 붕괴 등으로 가족원 개개의 존엄성이 상실되고 가족의 복지가 현저히 저해된 상태에 대해서 문제해결과 원조를 위한 사회적 조직 활동이다. 노인복지, 아동복지, 부녀복지는 그 대상이 되는 특정인을 원조하는데 비하여 가족복지는 가족을 전체로서 한 단위로 취급하는 것이 그 특징이다. 가족복지의 목적은 가족생활의 유지와 강화 및 가족기능의 회복과 이행이며 가족원의 사회적 기능 수행이다. 가족복지의 주체는 국가, 지방자치단체, 민관기관이며 그 대상은 빈곤가족, 정신적 갈등이 있는 가족, 반사회적 및 사회부적응가족, 장애인가족, 다문제가족 등이 포함된다고 하겠으나 제도적·정책적 제 시책에 있어서 모든 가족이 대상이 된다고 하겠다. 가족복지사업의 기능은 직접적 원조기능과 간접적 원조기능으로 구분하는바 직접적 원조기능은 가족의 문제를 직접 원조·치료하는 회복적 기능이고 간접적 원조기능에는 ① 의뢰적 기능 ② 개발적 기능 ③ 조정적 기능 ④ 예방적 기능이 있다. 가족복지를 실현하기 위해서 가족을 진단하고 치료하는 기관을 많이 설치해야 하며, 모자복지법 제정 등의 제도적 장치와 민간기관의 설치 및 지역사회의 협력 등이 요망된다.

0082 가족상담(family counseling)

흔히 개인상담의 문제로만 고려하기 쉬운 한 개인의 고민이나 심리적 또는 행동상의 부적응 그리고 대인관계(특히 가족관계)에서의 갈등과 같은 문제들은 그 원인이 당사자에게만 있다기보다는 전체 가족구성원들 간의 관계문제에서 비롯된다는 가정 하에 가족구성원 전체 혹은 다수를 대상으로 상담을 진행해가는 접근방법을 지칭한다.

0083 가족복지기관(family welfare service center)

가족의 욕구와 문제를 해결하기 위하여 민간기관이 서비스를 제공하는 경우가 있는데 이때 민간기관이 제공하는 서비스를 가족복지사업이라 할 수 있으며 민간기관을 가족복지기관이라 한다. 우리나라의 경우 국가가 운영하는 가족복지기관이나 사회복지기관은 소수인 반면에 대부분의 사회복지기관은 민간에 의해 운영되고 있다. 따라서 국가는 제도적으로 공공복지기관 내에 가정복지부서의 설립 또는 민간기관에 대한 지원과 장려를 제공해야 할 것이다.

0084 가족복지시설(institution of family welfare)

가족이 어떤 곤란이나 위기에 직면할 경우 그 가족생활을 보다 강화하고 정상적인 가족생활을 유지하도록 하는 것을 목적으로 설립된 사회복지시설을 의미한다. 모자가족보호시설, 노인복지시설, 장애인복지시설과 각종 상담서비스기관 등을 들 수 있다.

0085 가족봉사기관(family service organizations)

특히 동거부부, 가족, 확대가족에게 다양한 대인서비스를 제공하는 사회기관. 기관들은 흔히 보조금과 사적 기부금을 통해서 재원을 마련하고, 독자적으로 선출되거나 임명된 이사회에서 결정된 정책을 따른다. 서비스에는 가족치료(family therapy)와 부부치료(martial therapy), 가정생활교육 그리고 건강한 가족발전을 강화하기 위한 지역사회활동이 포함된다. 이들 기관은 대부분 미국가정복지기관협회(FSA : family service america), 유대인 가족봉사회, 그리고 LDS사회서비스 등 전국조직에 가입되어 있다.

0086 가족부양(family care)

가족성원 상호간에 가족생활을 중심으로 이루어지는 전체적인 협조를 말하며, 경제적인 협조, 가족성원 상호간의 심리정서적인 지지와 격려 그리고 물리적인 보호와 양육 등을 의미한다. 전통적인 가족에서는 장남은 가족의 기둥으로서 노부모의 부양은 물론 미혼의 형제들을 돌봐야 하는 책임도 지고 있었다. 그러나 현대사회에서 핵가족화로 인한 가족구조의 변화와 독립적인 생활형태, 민주적, 독립적, 이기적 사고와 가치관의 영향으로 장남의 부모형제에 대한 부양의식은 약화되고 있다. 그리고 부양개념에는 공적부조나 노인보호, 아동보호, 장애인보호, 보호시설에의 수용 등에 의한 가족부양, 친족부양, 사회적 부양 등이 포함된다.

0087 가족부조계획(FAP : family assistance plan)

미국에서 모든 노동자 가족이 적정 생활수준을 유지하는 데 필요하다고 여겨지는 특정액 이상의 연간소득을 보장하도록, 사회복지제도의 일부를 개혁하려는 제안을 말한다. 이러한 의도를 가진 입법은 1969년에 닉슨 행정부가 입안했으나 의회에서 거부되었다.

0088 가족비밀(family secrets)

일부 혹은 모든 가족구성원이 가지고 있거나 공유하고 있는, 혹은 어떤 가족관계 목적을 얻기 위해서 서로서로 비밀로 하는 신념과 지각을 일컫는 가족치료(family therapy)의 용어이다.

0089 가족 상호작용(family interaction)

가족구성원간의 인간관계를 통하여 서로 특정한 영향을 미치는 것을 뜻한다. 이러한 상호작용에 있어서 교육적으로 대단히 중요한 것은 모자간의 상호작용이다. 모자간의 상호작용을 통하여 어린이들은 언어를 습득하고, 생활습관과 사회생활에 필요한 기본태도를 학습하게 된다. 부자관계나 형제자매 간의 상호작용도 교육적으로 대단히 중요하다. 부자간의 상호작용에 의해서 생활규범을 배우고 형제자매 간에 있어서는 사회성을 서로 배우게 된다. 이러한 가족 상호작용이 반드시 긍정적인 결과만 수반하는 것은 아니다. 경우에 따라서 가족 간의 갈등과 긴장이 일어나는 것도 이러한 가족 상호작용을 통해서이다. 반면 가족 상호작용이 치료적인 효과를 가져오기도 한다.

0090 가족생활주기(family life cycle) 01

결혼과 혈연관계로 형성되고 지속되는 가족은 각 구성원들과 함께 성장하며 일련의 발달과정을 거치게 된다. 확대가족이든 핵가족이든 간에 가족생활주기는 비슷한 과정과 단계를 거친다고 본다. 가족생활주기는 가족생활에서 경험하는 결혼 전, 결혼, 출산, 육아, 노후의 각 단계에 걸친 시간적 연속을 말한다. 가족은 결혼으로 형성되고, 자녀의 출산으로 발전하며 확대되었다가 자녀의 결혼, 분가로서 축소되면서 종말에는 결혼으로 시작한 부부가 사망하면서 가족생활주기는 끝나게 된다. 이와 같이 되면 부모의 생활주기는 끝이 나고 자녀들의 가족생활주기는 결혼과 동시에 시작된다고 본다.

0091 가족생활주기 02

결혼을 통해 형성된 가족은 자녀가 출생하고 이들이 성장하여 출가하게 되는 시기를 맞게 된다. 또한 부부는 중년기를 지나 노년기로 접어들면서 직장으로부터 은퇴하게 되는 시기를 맞게 된다. 이처럼 한 가족이 일정한 단계를 거쳐 순차적으로 변화·발달해가는 과정을 지칭하여 가족생활주기라 한다. '가족주기'라고도 한다.

0092 가족수당(family allowance)

임금에 부가해서 지불하는 여러 수당 중의 하나로서 부양가족이 있는 근로자에 대해 지급된다. 실질임금의 보충을 위한 방편으로 사용되어지기도 했다. 유럽 여러 나라에서는 모든 기업에서 의무적으로 지급되고 있으며 사회보장제도의 한 부문으로서 아동수당제도로 발전했다.

0093 가족신화(family myths)

사실이나 역사의 화곡에 기초하여, 가족구성원들이 공유하는 일단의 신념을 말하는 가족치료(family therapy) 용어이다. 이러한 신념은 가족구성원이 상호작용하는 방식에 영향을 주고 가족의 일체감과 안정성을 보장하는 가족규칙(family rules)을 강화하는데 기여한다(예컨대, 어떤 가족은 남자식구가 여자식구보다 덜 독단적이라는 시각을 믿고 이야기할 것이다). 그 가족성원은 이러한 이데올로기가 불명확하다는 것을 알지라도, 현재의 가족 구조를 보존하기 위해서 그것들을 문제삼지 않고 허용한다.

0094 가족역동성(family dynamics)

가족역동성은 가족구조 내의 가족성원 간에 발생하는 상호작용을 의미한다. 가족의 상호작용에 영향을 주는 요인으로는 가족구조, 가족관계, 권력구조, 역할구조 등이 있다. 한국과 같은 부계가족은 부자관계가 가족 구성원간의 모든 대인관계의 중심이 되어 있다. 부부와 자녀와의 관계에서 부를 중심으로 한 것을 권력구조라 한다면 모를 중심으로 한 것은 심리정서구조라 할 수 있다. 가족구조 내의 가족관계는 이와 같은 가족 문화적 요인을 근거로 관계형태가 형성되며, 가족 역동성의 형태는 가족관계 형태를 근거로 발생한다고 본다.

0095 가족역할(family role)

가족 성원에게 기대되는 역할을 가족성원이 상호적으로 실현하고 수행하는 것을 가족역할이라 한다. 가족성원의 지위는 출생, 성별, 연령 등의 생득적인 것과 혼인, 양친자 등의 획득적인 것으로 나누어 볼 수 있는데 이러한 가족성원의 지위는 역할기대와 수행에 영향을 미치며 역할기대와 수행이 항상 비례하고 균형을 유지하는 보완적, 협력적 관계에 있을 때 가족집단의 통합이 이루어진다.

0096 가족요법(family therapy)

→ 가족치료

0097 가족요양비

피부양자의 질병 또는 부상의 치료를 목적으로 급여하는 의료보험으로 피보험자의 부양가족의 질병에 대해서 급여된다. 본인은 그가 부담할 비용의 반액 혹은 그 이하의 금액을 보험 의료기관의 창구에 지불하면 된다. 급여기간에 제한은 없다.

0098 가족저항(family resistance)

가족치료 과정에서 가족이 치료자에게 협력하지 않거나 방해와 같은 행동이나 반응을 나타내는 것을 말한다. 가족저항은 방어기제인 억압을 보여주는 개개인의 저항과 달리 이것이 저항일지라도 하나의 가족집단의 반응 혹은 대처방식이라는 점이 중요하다. 가족원이 심한 싸움을 할 때 사회사업가가 중재하면 가족원은 자신의 행동에 대한 잘잘못의 심판적인 역할을 요구하기 때문에 한 쪽의 가족원으로부터 거부당하는 계기를 만들게 된다. 따라서 치료를 원하지 않는 가족원의 의도적 행동과 맞물려 치료가 진행되지 않을 수도 있다.

0099 가족정책(family policy) 01

가족정책은 가족제도, 가족문제를 전체사회의 제도 및 구조

ㄱ

와 관련하여 파악하고 국가가 개입하는 사회정책을 의미한다. 가족정책은 가족기능의 사회적 의미, 가족과 지역사회와의 관계, 개인과 가족문제에 대한 국가와 사회의 개입증가, 모든 사회제도와의 상호의존적인 관계 등에 관한 가치를 근거로 하고 있다. 따라서 가족정책은 가족구성원의 복지를 증진시킬 수 있는 핵심적인 사회제도가 되며 이것은 현대가족의 사회적 기능을 유지, 보완, 대치하기 위한 사회적 노력이라고 할 수 있다. 더 확대하면 가족정책이란 정부가 가족에게 그리고 가족을 위하여 실시하는 모든 활동을 말하는데 그 활동은 각 사회, 경제, 정치, 도덕적 가치 등에 따라 대상, 분야, 내용, 정도가 다르고 다양하다. 유럽의 가족정책은 첫째로 대가족을 위한 소득 재분배 정책의 일환으로 가족수당, 소득세 정책 등이 실시되었고, 둘째로 인구정책과 장기적 인구계획에 대한 관심에서 실시되었으며, 셋째로 고아, 장애아, 빈곤자, 무주택자와 같은 피부양자와 가족성원으로서의 역할과 기능수행이 부적절한 가족성원에게 지원적, 보조적, 대리적 서비스를 제공하는 공공정책으로 나타났다. 이러한 정책은 산업사회에 있어서 사회문제를 예방하기 위한 개념인데 특히 영국, 미국, 캐나다에서 볼 수 있는 보완적 정책이다. 최근에는 가족정책의 관심이 아동, 부녀 및 노인에게 확대되고 있다.

0100 가족정책 02

현재의 가족생활양식에 영향을 주거나 변화를 주려고 의도한 국가적 원리와 계획된 절차를 말한다. 기술적으로, 한 나라의 모든 사회정책(예컨대 소득유지, 주택, 교육, 방위정책 등)은 가족에 영향을 준다. 그런데 일반적으로 '가족정책'이란 낱말은 출산율, 가족크기, 일하는 부모를 위한 아동보호, 노인보호, 양연보호 프로그램, 가족수당(family allowance)과 같이 가족을 위한 소득유지 프로그램 등과 같은 사안에 보다 더 초점을 맞춘다. 한 국가의 가족정책은 명시적이거나 함축적일 수 있다.

0101 가족제도

광의로는 가족생활에 관한 사회규범의 체계. 즉 공동생활을 영위하는 혈족 및 가족단체를 규율하는 법적제도를 의미하여 협의로는 민법상에서 규정하고 있는 가부장제 가족의 유지를 위한 법적·사회적 제도를 말한다.

0102 가족조각(family sculpting)

가족구성원에게 어떤 위치에 있게 하고, 그들이 의사소통과 관계유형을 어떻게 지각하는지를 명백히 보여주기 위해서 다른 가족성원들의 움직임을 안무하는 choreograph도 가족치료(family therapy)의 한 기법이다.

0103 가족주의(familism) 01

사회 구성원의 주관심사가 가족집단의 유지에 국한되어 모든 가치가 이를 중심으로 결정되는 가족 이기주의를 말한다. 이 가족주의 속에서는 개인이 가족에 종속되고, 권위주의와 사회생활의 모델이 되고, 가족외의 지속적인 집단 형성은 어렵다. 이러한 가족주의는 급변하는 공업화 사회에 문제점이 되고 있다.

0104 가족주의 02

가족생활양식을 규율하는 원리 및 이데올로기의 하나로서 가족생활이 집(家)을 중심으로 영위되어야 하고 개인의 권리보다 집(家)의 존속을 최우선하는 사상과 사회규범을 말한다. 민법에서의 입양제도를 채택하는 것은 가계를 이어가기 위함이며 상속도 가산의 흩어짐을 방지하는 「가족상속제」이다. 사회의 구성단위는 개인이 아닌 가족이며, 기업경영에 있어서도 경영자는 부모이고 종업원은 자녀로서 취급하는 것을 「경영가족주의」라고 하고 있다.

0105 가족중심 케이스워크(family centered casework)

신경증, 비행, 정서장애 등의 문제해결을 위해 가족의 전체 구조나 상호 작용의 개선을 목적으로 하는 케이스워크의 한 가지 방법이다. 문제를 지니고 있는 클라이언트도 가족의 일원이라는 점에서 가족에 초점을 둔 원조가 유효하며 불가피하다는 점을 강조한다.

0106 가족진단(family diagnosis)

개인과 가족을 분리해서 보지 않고 하나의 단위로 보며, 전체로서의 가족을 중시하면서 가족의 문제를 이해하려는 것이다. 개인의 성격과 사회부적응 문제는 가족체계와 밀접한 관계를 가진다고 하는 정신의학적 임상경험에 기초하여 개인의 문제를 그 개인이 속해있는 가족을 이해함으로써 개인을 치료하는 가족복지의 방법이다.

0107 가족치료(family therapy) 01

가족 내에 문제가 발생했 경우 그 문제가 표면상으로는 특정 가족성원의 행동상의 문제로 나타나지만 이것은 가족 전체의 문제를 표현하고 있는 것으로 보는 것이다. 그리고 가족에 관한 견해는 가족이 가족성원들의 성장과 발전을 위해 가장 적절한 기능을 하는 것과 동시에 가족은 개인에게 가장 효과적인 치료 장소이며 가족원들이 상호간에 치료자가 된다는 것이다. 다른 한편 가족은 개인과 가족에게 문제를 제공하기도 하고, 문제를 악화시키기도 한다. 가족 치료적 관점에서는 가족문제를 가족구조, 가족기능, 가족역사, 가족생활주기, 의사소통형태, 가족을 중심으로 하는 생태체계 등과의 관계 속에서 이해하려고 한다. 가족치료의 서비스 대상은 가족전체가 되며, 가족치료에는 한 가족원 또는 관련된 가족성원들 그리고 전체가족이 필요한 계획에 따라 참여하기도 한다.

0108 가족치료 02

개인의 심리적 장애와 문제가 가족 간의 부적응으로 인해서 생긴다는 전제하에 가족 간의 상호작용에서 발달되는 여러 가지 부적응 현상을 치료하는 집단치료의 일종이다. 가족상담이라고도 한다. 이는 많은 독립적인 가족치료사들에 의해서 발전되기 시작하였으며, 특히 1960년대 이후에는 심리치료의 혁명적 발전으로 평가되기도 한다. 일반적으로 가족치료는 가족들이 서로 지니고 있는 감정을 명백히 하고 이를 표현하여 서로의 이해를 증진하게 하며, 공동의 문제를 합리적이고 현실적으로 해결할 수 있도록 하는 것을 목표로 하고 있다. 가족치료는 모든 심리적 장애와 문제를 가족의 체제(system)의 문제로 보는 점에서는 공통이라고 할 수 있으나, 그것을 가족의 어떤 요소의 체제로 보느냐는 이론적 견해에 따라서 크게 달라지고 있다. 따라서 정신분석적 가족치료·행동주의적 가족치료·현상주의적 가족치료 등으로 분류된다. 또 치료대상의 유형에 따라 중다 가족집단치료·동시 가족치료·중다처치 가족집단치료·친족망 치료 등으로 구별되기도 한다.

0109 가족투사 과정(family projection process)

보웬(Murray Bowen)이 개발한 가족치료 용어로서, 어떤 가족성원, 특히 부모가 갈등의 근원을 가족의 다른 성원, 특히 아동에게 돌리는 것을 말한다. 이러한 과정은 흔히 가족 중 한 사람 이상의 아동이 가족 병의 증상을 보이기도 한다.

0110 가족폭력(family violence)

상해, 굴욕, 때로는 죽음의 결과를 가져오게 되는 가족구성원들 사이의 공격적이고 적대적 행동을 말한다. 이들 행동은 육체적 학대, 강간, 기물파손, 인간의 기본적 욕구의 박탈 등을 포함한다.

0111 가족항상성(family homeostasis)

가족이 기존의 평형상태의 균형을 유지하려고 변화에 저항하는 성향을 뜻한다.

0112 가족해체(family disorganization) 01

가족집단이 이혼, 가출, 유기 등에 의해 가족구성원을 상실하게 됨으로써 가족구조가 붕괴되는 것을 말한다. 그리고 가족해체는 넓게는 결속감, 소속감, 충성심, 합의, 가족단위의 정상적 기능 등의 파괴를 의미하고, 협의로는 별거, 이혼, 유기, 사망 등으로 갈등혼인관계가 파괴되거나 또는 부부 가운데 한 사람이 장기간 혹은 영구적으로 부재하여 결손가족이 됨으로써 가족이 구조적, 기능적으로 불안정하거나 불완전한 상태에 놓여 있음을 의미한다.

0113 가족해체 02

가족이 부부불화, 이혼, 가출, 비행, 유기 등에 의하여 가족성원을 잃어버리거나 분리되는 것이며, 가족성원의 인간관계가 상호 협조적이고 통합체적으로 유지되지 않고 서로 소외(alienation)시키며, 가족의 전체관련성(configuration)에 있어서 애정의 결핍 등의 눈에 보이지 않은 파탄을 포함한다. 보통 가족 이외의 사회집단에 있어서는 구성원이 집단에 참가하는 목적과 의의를 가지지 않으면 해체하게 된다. 가족의 경우는 그 목적이 단일적인 것이 아니고 전인격적이며 법이 그 유지의 강화를 도모하고 있는 점이 특색이다.

0114 가중치(weight)

측정의 오차를 최소화하고 전집을 잘 대표하는 통계치나 변산의 영향을 균형 있게 고려한 모수치를 추정하기 위하여 각 사례의 측정치 또는 이를 통하여 얻은 통계치에 부가적으로 곱해주는 값을 말한다. 전집의 대표적 측정치의 추정은 주로 표집의 크기의 비율이 가중치가 된다. 예를 들어 남녀 구성 비율이 3 : 7일 때 어떤 학교 학생들의 키를 알아보기 위하여 남녀가 각각 20명을 표집하고 그 표집을 통하여 전교생들의 키의 평균을 다음과 같이 구한다고 가정하자. 첫째, 그 학교의 남녀 구성 비율에 관계없이 무조건 20명의 키의 합을 40으로 나누어 평균키를 구하는 경우이다. 이 경우는 남녀의 구성 비율을 무시하고 표집된 각자에게 똑같이 1씩의 가중치를 주어 평균을 구한 것으로서, 실제의 전교생의 평균보다는 과소평가된 평균치를 구하게 될 것이다. 둘째, 남자 표집의 평균과 여자 표집의 평균을 따로 구하고, 남자의 평균치에는 0.3을 곱하고, 여자의 평균치에는 0.7을 곱한 후 서로 더하여 전교생의 키의 평균을 구할 것이다. 이 경우는 남자와 여자 표집으로부터 얻은 표집치 각각 0.3과 0.7이라는 가중치를 곱하여 줌으로써 전집을 잘 대표할 수 있게 하여 표집의 오차를 줄이려는 것이다. 이와 같은 결과에 도달하는 가중치 부여 방법은 표집된 남자 키에는 0.3씩을, 여자 키에는 0.7씩을 곱한 값들을 모두 더한 값을 가중된 전체표집 크기 20 (=0.3×20+0.7×20)으로 나누어 주어도 된다. 이는 각 사례의 측정치에 직접 가중치를 주는 경우이다. 변산의 영향을 균형 있게 고려한 모수치의 추정을 위한 가중치는 주로 변산의 크기의 역수에 비례하여 주어진다. 예를 들어 남자와 여자의 국어와 외국어 성적을 이용하여 언어 적성을 예언하기 위한 회귀 공식을 최소자승화의 원리에 의해 구하고자 할 때, 남자와 여자의 적성점수들에 그들 각각의 적성검사 점수분포의 변량의 역수에 비례하는 가중치를 곱해 준 경우에 최적의 회기 계수를 추정할 수 있다. 컴퓨터 통계 프로그램(예 : SAS)에 나타나는 명령어로서의 가중치는 대표표집을 만드는 역할 외에 이 역할도 한다. 즉 가중치라는 명령어는 각 사례의 관찰치의 상대적 비중을 나타내 주기 위한 하나의 변인을 만들기 위한 것이다.

0115 가출(run away from home)

미성년자인 청소년이 부모나 보호자의 승인없이 거주지를 이탈하는 경우로, 가출은 결코 바람직한 일이 아니며 흔히 그것은 비행과 직결된다는데 문제가 있다. 이러한 가출의 원인은 심리적 발달상의 특징으로 청소년기의 심리적 특징인 부모의 속박에서 벗어나려는 경향 때문이다. 이 시기는 심리적 이유기로 횡적관계를 종적관계 못지않게 중요시 하며 새로운 친구관계 형성 즉 동배집단(peer group, 또래집단)이 형성된다. 이러한 청년기의 심리적 특징은 가정으로부터 이탈행동을 유발한다. 그러나 현실적 제약 때문에 실행이 곤란하지만 충동이 강하면 가출한다. 부모 또는 가족원간의 갈등, 그 외의 가출 원인은 가족원 간의 의견의 불일치, 세대 간의 격차 등이 있다. 가족 간의 갈등은 쉽게 소화되는 특징을 가지고 있지만 갈등상태가 높아지면, 적극적 갈등해소행동으로서 충동행동으로 되어 언쟁, 싸움이 있게 된다. 소극적 갈등해소 행동인 도피행동은 부모·자녀간의 갈등 등으로 가출을 유도된다. 또한 부모에 대한 반항 심리로 이유없는 반항을 하며 심리적으로 안정되지 못해 방황하고 기존체제를 인정하지 못하고 세상을 어둡게 보며, 기존의 가치 체제에 무조건 반항한다. 그 동기에 대해서는 아직 적절한 원인 근거를 학술적인 근거로 찾진 못하고 있다. 반항 심리의 행동은 직접적 반항행동으로 부모나 성인에게 반항적 언동을 직접 나타내며 간접적 반항행동으로 언동을 직접 나타내지 않고 어떤 심리적 부담을 안겨 줌으로서 괴로움을 주는 가출이 있다. 이것은 누구의 속박도 받지 않는 자유로움을 향유하려는 심리도 있지만 부모에게 심적 부담과 고통을 안겨주려는 간접적 반항심리라 할 수 있다. 자녀가 가정에서 수용되지 못하고 거부되는 경우에 이 경우의 거부는 한 가정에서 자녀로서 인정을 받지 못하는 것을 의미하는데 이러한 거부현상은 모든 관계가 단절되고 가정에서 설 땅을 잃어버리게 하여 자녀는 새로운 관계를 다른 곳에서 찾으려고 가출한다. 특히 계부·계모 밑에서 이런 일이 자주 일어나며 자녀를 수용하거나 거부하는 현상은 분명한 언동으로 표시되기도 하지만 은연중의 행동으로 표시되는 것이 상례이므로 이에 대한 착각이 있을 수 있다. 성별로 볼 때 여자가 남자보다 1.3배의 높은 충동률을 보이며 연령상으로 볼 때는 18~21세에서 가장 높은 충동률을 보이고 있다. 가출동기별 순위는 가정문제, 교우문제, 무작정 상경, 직장문제, 학업실패의 요인 순으로 높은 비율을 나타내고 있다. 가출은 아주 사소한 갈등, 몰이해, 일시적 충동과 반항 등의 심리에서 발생하는 경우가 허다하기 때문에 부모와 자녀간의 상호이해 증진이 요구되는데, 부모는 청년기의 심리적 특성을 이해하고 그들의 충동적 행동을 받아들일 수 있는 아량과 대화를 통한 문제 핵심에 대한 이해가 필요하며, 자녀는 일시적·충동적 생각을 억제할 수 있는 자기통제와 자신이 생각하는 문제나 갈등을 대화를 통해서 해소하려는 기본적 태도의 함양이 요구된다.

0116 가출옥(provisional release)

모범죄수가 그 형기의 3분의 1을 경과하였을 때, 출옥을 시키는 일로 징역 또는 금고의 집행 중에 있는 자가 행장이 양호하여 개전의 정이 현저한 때에는 유기징역에 있어서는 그 형기의 3분의 1, 무기징역에 있어서는 10년을 경과한 후 행정관청의 처분으로써 가석방을 허용할 수 있게 되었으며, 또 소년법에 의하면 징역 또는 금고의 선고를 받은 소년에 대해 무기징역에는 7년, 15년의 유기형에는 3년, 부정기형에는 단 3분의 1을 경과하면 가석방을 하게 되어 있다.

0117 가출자(runaway)

자신들의 요구나 희망과는 대조적으로 부모 또는 법적 보호자의 가정을 떠나거나 그들의 통제에서 벗어나 독립적인 생활을 유지하고자 하는 미성년자를 말한다. 미 연방정부는 이들 청소년을 돕고 가능한 한 그들의 부모들과 재결합시켜 주기 위해 전국가출자연락망(national runaway hotline)을 운용하고 있다.

0118 가치([영] values) 01

문화, 집단 또는 개인이 바람직하다고 생각하는 관습, 행동규범과 원칙들을 말한다. 하나의 집단으로서 사회사업가들은 그들의 전반적인 가치들을 "전국사회사업가협회(NASW : national association of social workers) 사회사업실천 분류기준(standards for the classification of social work practice)"에 다음과 같이 구체화해 놓았다. ① 사회내 개인의 우선적 중요성에 대한 의무 ② 클라이언트와의 관계의 비밀보장 존중 ③ 사회적으로 인식된 욕구를 충족시키기 위한 사회변화에 대한 의무 ④ 전문적인 관계로부터 사적인 감정과 욕구를 분리시키는 태도 ⑤ 타인들에게 지식과 기술을 전달하려는 태도 ⑥ 개인과 집단의 상이성에 대한 존중과 이해 ⑦ 클라이언트 스스로를 돕기 위한 클라이언트의 능력을 개발하는 의무 ⑧ 좌절에도 불구하고 클라이언트를 위한 노력을 지속하는 태도 ⑨ 사회정의와 사회의 모든 성원들의 경제적, 신체적, 정신적 복지에 대한 위무 ⑩ 개인적이고, 전문적 행동규범에 대한 높은 수준의 의무.

0119 가치([독] Wert) 02

산물이나 행위가 바람직한 특성을 가지고 있음을 나타내는 말이다. 추상적 명사로서는 바람직한 사물이나 행위의 특성을 나타내는 말이며, 구체적 명사로서는 그러한 특성을 가진 사물이나 행위를 나타내는 말이다. 바람직하다는 것은 시인 혹은 추구의 대상이 된다는 것이며, 바람직하다는 것은 거부 혹은 기피의 대상이 된다는 것이다. 구체적 명사로서의 가치는 다른 것과의 관계에 의해서 본질적 가치, 수단적 가치, 내재적 가치, 궁극적 가치 등으로 구분될 수 있다. 즉 어떤 가치 vm이 다른 가치 ve를 목적으로 하는 수단이기 때문에 가치를 인정받을 수 있다면, 그때 vm은 ve를 목적으로 하는 수단이기 때문에 가치를 인정받을 수 있다면, 그때 vm은 ve에 대해 수단적(instrumental)가치이고, ve는 vm에 대해 본질적(intrinsic) 가치이다. 어떤 가치 vu

에 대해 수단적 가치들은 있으나 vu 그 자체는 어떤 다른 가치의 수단이 되지 않을 때 vu는 궁극적(ultimate) 가치라고 한다. 내재적 가치도 일종의 본질적 가치라고 할 수 있으나, 수단적 가치와의 관계에 의해서 성립되는 것이 아니라는 점에서 독특하다. 윤리학에서는 가치를 나타내는 기본적인 개념으로서 선(善)과 의(義)의 개념이, 미학에서는 미(美)의 개념이 사용되고 있다. 사회과학에서는 가치라는 말을 개인이나 집단의 필요, 혹은 욕구의 만족을 가리키는 것으로, 경제학에서는 상품이나 용역이 소비자의 필요를 만족시키는 정도를 나타내는 말로 사용한다.

0120 가치관(value system)
생활의 여러 국면과 과정에서 가치판단이나 가치선택을 행사할 때 일관하게 작용하는 가치기준과 그것을 정당화하는 근거, 혹은 신념의 체계적 형태를 말한다. 인간생활의 여러 국면과 과정에 따라서 세계관·인간관·사회(국가)관·역사관·예술관·교육관·직업관 등의 어느 하나 혹은, 전체를 통칭하기는 말로 사용되기도 한다. → 가치기준

0121 가치 명료화(values clarification)
사람들이 그들의 의견과 가치관을 함께 나누도록 함으로써 발생하는 도덕과 윤리 원칙의 교육방식을 말한다. 이것은 참여자들을 다양한 생각에 노출시키고자 가치의 상대성을 이해하도록 한다.

0122 가치법칙(law of value)
생산수단의 사적소유라는 역사적인 생산관계 하에서 상품의 생산과 교환을 지배하는 기본적 경제법칙을 말한다. 교환되는 상품가치의 크기(값)는 사회적 필요노동시간 즉 현존의 사회적 표준적인 생산자 조건과 평균적인 숙련 및 노동 강도를 전제로 한 노동시간에 의해 결정된다. 여기에서 인간의 노동은 그 자체로서가 아니고 교환의 대상으로서 사회적 사용가치를 가지는 노동생산물에 대상화되었을 경우에만 그 자체의 가치로 평가된다.

0123 가치 있는 빈민(worthy poor)
한때 과부, 장애인이나 기대하지 않은 경제적 변화 때문에 가난했던 사람들을 묘사하는데 사용된 용어이다. 그들은 정직했으며, 기본적으로 근면했다고 생각되었다. 이 용어는 20세기 이전에 원조를 받을 만한 가치가 있는 사람들과 그렇지 못한 사람들 혹은 무가치한 빈민(unworthy poor)을 구별하기 위해 이용되었다. 비록 이 용어가 거의 사용되지 않는다 할지라도 많은 사람들은 아직까지도 그 개념을 믿고 있다. → 피해자 책임전가(victim blaming)

0124 가치 지향(value orientation)
개인이나 집단이 자신과 타인의 행동기준, 도덕원리, 사회관습을 보는 특정적인 방식을 말한다.

0125 가치체제(value system)
제가치가 상호의존 관계를 유지하며, 특정한 유형으로 배열되어 있는 상태의 가치질서를 말한다. 일정사회에서 공인되는 제가치의 높고 낮은 배열은 그 사회의 특정한 가치체제로 작용한다. 현대사회에서 가치체제의 보존 및 개조의 역할을 맡고 있는 것은 교육제도와 종교제도이며, 일반대중을 상대로 하는 매스 미디어도 크게 관여하고 있다. 가치체제는 사회구조와 유리되어 존재하는 것이 아니기 때문에 그것은 결국 특정사회의 사상체계로 집결된다.

0126 가치판단(value judgment)
어떤 사람, 집단, 장소나 사건의 가치에 대해서 이루어지는 가정을 의미한다.

0127 가치합리성
→ 목적합리성

0128 가학성 성격장애(sadistic personality disorder)
정신의학자 또는 정신과 계통의 전문인들이 사용하는 진단용어이다. 이것은 타인에게 정신적, 신체적 고통을 줄 기회를 찾는 사람의 성격장애(personality disorder)를 설명할 때 쓴다.

0129 가학성애(sadistic)
상대방에게 고통을 가함으로써 쾌락을 얻는 성격을 말한다.

0130 가학피학성애(sadomasochism)
한 개인 또는 부부 사이에 내재하는 처벌적인 행동 또는 자아 파멸적인 행동을 말한다. 예를 들면, 가학피학성의 관계에서 파트너 가운데 하나는 상대방에게 계속 고통을 가하고 그 고통의 대상자(또는 피해자)는 관계를 계속 유지시킬 뿐만 아니라 가해자가 더 심한 고통을 가하도록 조장하는 경우이다. → 피학성(masochism)

0131 각본(scripts)
특정한 사회적 상황 또는 관계를 동반하며, 개인의 명백한 목표와 일치하지 않는 결과를 야기할 수도 있는 독특한 행동양식을 말한다. 이 용어는 이러한 양식, 그것들이 발생한 상황, 결과에 대한 조사와 분석을 통해 부분적으로 확립된 의사거래(TA : transactional analysis) 이론에서 비롯되었다.

0132 각성(arousal)
행동을 자극하는 상태를 말한다. 지역사회 조직의 활동에서 사회사업가들은 때때로 클라이언트 집단에게 관련문제와 그것의 잠재적인 해결책을 인식시킴으로서 그들을 각성시키려 한다. 인간의 성적 측면에서 볼 때, 이 용어는 성적 자극과 유인에 대한 생리적, 심리적인 변화를 말한다. 마스터스(William Masters)와 존슨(Virginia Johnson)은 각성

을 4단계의 성적 반응(흥분, 고조, 오르가슴, 환원) 중 첫 단계에서 발생하는 것으로 보았다. 그들은 혈관 팽창이 시작되고 심장 및 맥박의 박동 수가 늘고, 피부가 홍조를 띠게 되는 흥분단계에서 각성이 시작된다고 지적하였다.

0133 각성제(stimulant drug/uppers)

중추신경 및 교감신경(交感神經)을 흥분시키는 의약품이다. 암페타민(amphetamine – 밤새우거나 경계를 하려고, 또는 몸무게를 줄이려는 사람들에게 의사가 처방해온 각성제 혹은 흥분제)의 속어이다. 오랫동안 과도한 양을 복용하였거나 정맥 주사하는 등 불법 사용했을 때는 매우 위험하며 생리적, 심리적으로 중독된다. 일반적으로 '각성 아민'을 가리킨다. 화학구조가 에페드린과 흡사하고 아드레날린 등과 마찬가지로 교감신경에 작용하는데, 특히 중추신경계에 대한 흥분작용이 강한 점이 특색이다. 마취제·최면제와는 반대로 수면을 방해하고, 혈압을 올리며, 피로감을 없앤다. 신경증·우울증의 치료제로서 쓰이기는 하지만, 일종의 도취감을 일으켜서 습관성이 되어 만성중독으로서 환각을 일으켜 정신분열증에 가까운 증세가 된다. 제2차 세계대전 중 독일 공군이 런던을 공습할 때, 조종사의 졸음을 쫓기 위해 벤제드린을 사용한 데서 유행하기 시작하였다. 각성제가 사회문제화되자 한국에서는 1970년에 '습관성 의약품 관리법'이 제정되어 각성제를 비롯한 여러 가지 습관성 의약품에 대한 제조·판매·사용 등에 관한 규제가 있었고, 그 후 1979년 12월에 새로 '향정신성 의약품관리법'이 제정되었다. 향정신성 의약품이란, LSD(lysergic acid diethylamide)·암페타민·바르비탈·메프로바메이트·프로폭시팬 및 이것들과 유사한 작용을 하는 습관성 또는 중독성이 있는 물질을 가리킨다. 이 법에서 말하는 각성제로는 주로 암페타민이 있고, 그 밖에도 덱스암페타민·레브암페타민·메스암페타민·하이드록시암페타민·메틸페니데이트·펜메트라진·메크로라론·메타라론·펜사이크리딘·티리딘 등이 있다. 이와 같은 각성작용이 있는 향정신성 의약품의 취급허가를 받지 아니한 사람이 향정신성 의약품을 매매·수수·소지·소유·사용·관리·조제·투약 및 교부를 하게 되면 처벌받는다.

0134 각인(ilmprinting)

성장·발달의 결정적 시기 또는 감수성이 예민한 시기에 그 종(種)의 특유한 추종 반응을 학습하는 것을 말한다. 조류에게서 많이 나타나는 특성이기도 하다. 로렌츠(K Lorenz)에 의하면 이는 불가역적이며, 개별적 특징이 아닌 종의 특성이 학습된다고 했다. 각인은 언제나 정향(orientation)에만 영향을 미치며, 행동의 변화를 일으키는 것은 없다. 즉 각인된 동물은 다른 종과 어울리면서도 자신의 종에 독특한 동작을 계속한다. 각인이 이루어지는 과정은 분명치 않다. 따라서 현재까지는 각인과 학습의 차이를 명확히 구분하기는 어렵다. 그러나 결정적 시기를 놓치면 그에 따라 어떤 학습이 이루어지지 않는다는 것을 보여준 것은 성장·발달과 학습과의 관계를 밝힌 고전적인 예이다.

0135 간결입원

환자가 만성병으로 장기요양을 필요로 할 때 입원치료를 필요로 하는 기간만 입원시킨 뒤 지역사회(가정)에 보내고 또 그 뒤에는 필요에 따라 입원·퇴원을 되풀이하는 방법이다. 장기의 입원생활이 환자의 자립심을 손상시키는 경우가 많으므로 환자가 되도록이면 생활의 장을 오랫동안 떠나지 않고 요양을 하는 것이 좋을 것이라는 전제로 실시하는 것이다.

0136 간염(hepatitis)

간의 팽창과 염증을 일으키는 바이러스성 질병이다. 증상은 메스꺼움, 열, 허약, 식욕상실 및 종종 황달 등이 나타난다. 치료는 오랜 기간의 자리보전 및 식이요법이 중심이 된다. 이 바이러스는 오염된 음식물이나 물과의 접촉으로(전염성 간장염) 또는 오염된 혈액의 주입 또는 오염된 주사바늘의 사용에 의해(혈청간장염) 확산된다. 그것은 때때로 간경변, 단핵증 및 이질 등과 같은 합병증을 유발한다.

0137 간접비(indirect cost)

즉시 예상되거나 분명하게 쓰이지 않는 결과나 산출, 지출 또는 어떤 행동을 일으킨 사람들에 의해 쓰이지 않은 결과나 산출, 또는 지출을 말한다. 예를 들면 미국 마약 문제에 따른 직접비용의 대부분은 법적 강제와 처리를 위한 자금조달이지만 간접비용은 많은 희생자들로 인한 생산성의 결핍이다.

0138 간접적 질문(indirect questions)

클라이언트가 압력이나 질문 공세를 덜 느끼고, 그들이 원한다면 대답하지 않을 수도 있으며 대답하는 방법에 있어 더 융통성을 가지는 질문법이다. 예를 들면, 사회사업가가 클라이언트에게 "하루 종일 일하고 저녁 내내 아이들을 돌보아야 하니 힘드시겠네요."라고 말하는 표현이다.

0139 간접질문(questions/indirect)

클라이언트가 대답을 하는데 심리적 압박과 충격을 덜 받도록 해주며, 응답을 원하지 않을 경우 이를 허용해 주는 유연성 있는 질문방법이다. 예를 들면 사회사업가가 "하루 종일 일하고 밤새도록 어린아이를 돌보는 것은 틀림없이 매우 어려운 일이지요"라고 클라이언트에게 코멘트하는 경우이다.

0140 간접처우(indirect treatment)

사회복지의 실천방안의 하나인 케이스워크에서 간접처우(요법)는 케이스워커가 대상자를 둘러싸고 있는 인적·물적·제도적 환경에 작용해 문제해결을 도모하거나 적응을 개선시키는 활동과 원조를 의미한다. 그러나 이 말은 오히려 시설처우에서 직접처우에 대응해서 잘 쓰여지며 클라이언트에게 주거의 제공과 생활에 필요한 제반서비스를 포함한다. 여기에는 급식서비스, 세탁서비스, 청소, 보수영선, 입가자의 금전·물품의 관리 등이 포함된다. 이들 대부분은 직접처우에 종사하는 직원 이외의 직원에 의해 행해진다.

0141 간접처우직원(indirect treatment staff)
간접처우직원은 사회복지관이나 시설에서 클라이언트를 직접적으로 접하지 않고 업무를 수행한다. 조리사, 영양사, 사무직원 등의 직종이 여기에 속한다. 그러나 직접처우직원처럼 명확한 행정상의 규정은 없다. 간접처우라고 해서 시설 내 업무의 이차적 역할만 갖는다는 오해도 있으나 조리원, 영양사를 비롯해서 시설처우에선 불가피한 역할을 담당하는 직종이며 대단히 중요한 종사자다.

0142 간접치료(indirect treatment)
개별사회 사업가들이 클라이언트를 대신하여 환경 내의 업무를 묘사하기 위해 사용하는 용어이다. 그러한 업무는 중재(mediation), 교육, 옹호(advocacy), 자원배치 같은 것이다. 이러한 활동은 사실상 직접적인 사회사업 기법에서 필요한 것과 같은 기술과 방법을 요구한다.

0143 간접활동(indirect practice)
관리, 연구, 정책개발, 교육과 같이 서비스를 받는 클라이언트와 즉각적이고 개인적인 접촉을 포함하지 않는 전문적인 사회사업활동을 말한다. 간접활동은 직접실천(direct practice)을 가능하게 하고 효과적으로 만들게 하므로, 필수적으로 고려되어야 하는 것이며 전문직의 임무에서 똑같이 중요하다.

0144 간주관성
→ 상호주관성

0145 간질(epilepsy) 01
뇌에서의 발작적 이상방전현상이라고 하며, 증상은 의식장애다. 소질적인 것을 직성간질이라 하며 소질적 발작 외에 두부외상이나 종양, 출혈에 의해 일어나는 일도 있다. 발작의 모양으로는 경련을 수반한 대발작, 극히 단시간(10수초 내외)의 의식 중단을 수반하는 소발작, 경련은 없고 수 분간의 몽롱상태를 나타내는 정신운동발작 등이 있다. 임체뇌파검사는 간질진단에는 불가결한 것이다. 항간질체에 의해 대부분의 발작은 억제될 수 있다.

0146 간질 02
가장 흔한 만성신경질환 중의 하나로 신경계를 침범하는 여러 질환의 결과로 일어나는 중추신경계 기능의 갑작스럽고 일시적인 장애이며 질환이기보다는 하나의 증상이다. 이는 체내 외에서 오는 여러 자극에 의한 뇌세포의 전기 생리작용의 장애이며, 이 생리적 장애가 뇌파의 변화, 의식장애, 자율신경계의 기능장애 및 경련운동과 정신증상을 일으킨다. 그 분류는 원인에 따라 원발성 간질과 증후성 간질로 나누는데 전자는 반복되는 간질발작으로 그 원인이 현재까지 밝혀지지 않고 있으며, 후자는 그 원인이 밝혀진 것으로 어떤 질환의 2차적 증상으로 나타난다.

0147 간헐적 강화(intermittent reinforcement)
행동수정(behavior modification)에서 한 유형의 반응이 어떤 때는 강화되고 다른 순간에는 강화되지 않는 강화(reinforcement)의 스케줄이다.

0148 간호보조사(practical nurse)
환자를 돌보는 준전문가(paraprofessional)를 말한다. 이들은 1년 또는 그 이상의 훈련을 마친 뒤 투약, 검사기록, 환자급식 및 청결유지 등 전문기술이 요구되지는 않으나 중요한 간호업무를 수행한다. 공인된 자격증을 가진 간호보조사를 LPN(licensed practical nurse)이라고 한다.

0149 간호사(nurse)
보건복지부장관의 면허를 받아 부상자 또는 임산부에 대해 요양상의 보살핌 또는 진료의 보조를 하는 전문직이다. 특히 병원의 개방적 치료사회화, 사회생활화, 사회복귀화도 간호사의 협조와 영향이 크게 작용한다.

0150 갈등(conflict) 01
인간의 정신활동을 힘의 방향과 힘의 양으로 보는 역학적 개념은 갈등을 힘의 방향이 상반되고 힘의 양이 같을 경우 정신활동이 정체되고 내부압력이 높아져 정신적인 긴장이 해소되지 않고 불안정도가 높아질 때 발생하는 것이라 본다. 이때 억압하느냐 공격적 행동을 취하느냐가 문제이며 욕구불만이 상황과 같게 나타난다. 자살 등 이론아의 정신적 통제력이 약한 자에게 일어나기 쉽다.

0151 갈등 02
모순이 되거나 서로 양립할 수 없는 동기·태도·가치·목적 등이 동시에 유발되어 있는 상태를 말한다. 갈등에는 다음과 같은 특징이 있다. ① 갈등의 선행 조건으로서, 상반되는 반응을 유발하는 외적 또는 내적 자극이 존재한다. ② 겉으로 표현된 행동은 경쟁적인 다른 반응경향의 간섭에서 완전하게 벗어날 수 없기 때문에 사람의 모든 행동은 갈등적인 면을 지니고 있다. ③ 갈등적 반응경향이 있을 때 일어나는 겉으로 표현된 행동은 반응경향의 상대적 힘, 상반성의 정도, 이들의 상호작용에 의해서만 설명될 수 있다. 레빈(K. Lewin)은 갈등을 유발하는 상황을 다음의 세 가지, 즉 ① 접근 – 접근(approach–approach), ② 접근 – 회피(approach–avoidance), ③ 회피 – 회피(avoidance–avoidance)로 나누었다.

0152 갈등관리(conflict management)

조직의 발전단계에서 갈등을 해결하는 절차를 말한다. 여기에서는 조직 성원들이 그들의 상호관계 성격을 규정하고, 의사소통의 장벽을 제거하며 그들의 상호 의존적인 곳을 규정하고, 문제와 자원을 확인하며, 특별한 문제를 해결하기 위해 함께 노력하도록 도움을 받는다.

0153 갈등유발(conflict induction)

사회사업가가 주로 지역사회 조직(community organization)이나 가족치료(family therapy)에서 사용하는 기법으로서 집단성원들에게 활발한 대결, 논쟁, 혹은 새로운 연합을 형성하도록 쟁점과 상이한 가치를 도입시키는 것이다. 이 기법이 효과적인 집단은 습관적으로 갈등과 사회적 불편함을 피함으로써 그들 가족 일부 혹은 전부를 불건전한 교착상태에 빠지게 한다.

0154 갈등이론(conflict theory) 01

사회적 갈등의 생성, 발전, 연속성을 설명하는 이론으로 칼 맑스(Karl Marx), 죠지 짐멜(Georgy Simmel), 루이스 코저(Lewis Coser)같은 탁월한 이론가들에 의해 발전되어 왔다. 맑스는 갈등에 의해 궁극적으로 권력집단의 전복이 이루어져 계급과 갈등이 없는 사회가 온다고 가정하였다. 짐멜과 코저는 갈등은 원래 나쁜 것이 아니고 집단내부를 단결시키고 집단의 응집력을 강화하고 집단 구성원의 에너지를 동원하는 등 갈등이 갖는 중요한 기능들을 개진했다.

0155 갈등이론 02

사회의 여러 집단 간에 존재하는 갈등현상을 중요시하고 그것의 개념화 및 일반화를 통해 사회현상을 분석·설명하려는 사회학 이론이다. 본래 갈등현상은 사회학의 모든 이론에 있어서 이론적인 관심의 대상이 되어 왔으나 근세에 들어와 모든 사회현상을 사회 통합적 관점에서 설명하려는 구조기능주의(structural functionalism)가 사회학 이론의 주류를 이루게 되자, 이 이론이 갈등 현상을 제대로 보고 있지 못하다는 비판과 함께 갈등현상을 보다 적극적으로 인식하고 이론화하려는 노력이 나타나게 되었다. 맑스(K. Marx)·베버(M. Wever)·짐멜(G. simmel) 등이 이러한 갈등이론의 선구자이다. 맑스는 혁명주의자로서 인간의 역사를 계급 간의 갈등의 역사로 보았으며, 모든 사회변화는 생산수단의 소유 집단과 그것을 쟁취하려는 비소유 집단 간의 갈등과 투쟁의 결과라고 보았다. 이러한 그의 관점은 오늘날 맑스주의적 입장의 사회학적 이론의 근간을 이룬다. 한편 베버는 집단 간의 권력 분배의 불평등에서 기인하는 권력 갈등론을 성립시켰으며, 이것은 다렌도르프(R. Dahrendorf)에 이르러 권위의 차별적 분배로 인한 이해관계의 차이로 갈등현상을 설명하는 갈등이론을 성립시켰다. 이와는 달리 심리적 전제 위에서 갈등의 사회적 기능을 중시하는 짐멜의 이론은 코저(L. A. Coser)에 이르러 기능적 갈등이론으로서 성립되었다. 이러한 갈등론적 시각은 교육에 있어서 귀족의 기능론적 시각을 비판하면서 교육현상에 대해 새롭게 사회학적 설명을 시도하였다. 즉 교육은 사회계층·계급 간 이동을 활성화시키기보다는 기존의 불평등한 계층·계급구조를 정당화하고 재생산하고 있으며, 학교 지식의 선정과 분배가 특정 계층·계급을 중심으로 이루어지고 있다는 재생산이론과 교육과정 사회학의 발전을 가져왔다.

0156 갈등해결(conflict resolution)

여러 파벌이나 집단이 제한된 목적을 놓고 서로 경쟁할 때 발생하는 문제들을 제거하거나 최소화하기 위한 과정이다. 이 과정은 대개 일반적으로 타협을 조장하거나 순응하게 하고, 때로는 한 집단을 다른 집단에 완전히 복속시킴으로써 발생한다. 사회사업가는 종종 일부 공동의 목적으로 경쟁하는 클라이언트 혹은 클라이언트 체계에 대해 타협이나 대안적인 해결방법을 명백히 하고, 가르치며, 조정하고 제안할 때 이 과정에 관여한다.

0157 갈락토세미아(galactosemia)

우유의 유당의 일부인 갈락토스(galactose)를 우리 신체에 유용한 글루코스(포도당)로 바꾸지 못하는 유전적 질환의 하나이다. 조기에 발견하여 식이요법을 통해 치료를 하지 않을 경우 정신지체가 되며, 때로는 백내장과 간장 질환을 유발하기도 한다.

0158 갈톤(galton francis)

다윈(Darwin, C.)의 영향을 받은 영국의 유전학자. 우생학의 창시자이기도 하다. 통계적 방법을 심리학에도 적용했다. 갈톤의 개인차의 연구는 차이심리학에 공헌한 바 크다. 갈톤은 우생학이란 장래의 민족의 신체 또는 정신상의 성질을 개선하거나 또는 인지하는 등의 인위적 방법을 연구하는 과학이라고 정의했다. 1904년 런던대학에 우생학연구소를 창립했다.

0159 감각([영] sensation [독] Empfindung)

심리학에서는 감각 기관이 어떤 자극을 받음으로써 생기는 의식 현상을 말한다. 눈·귀·코·혀·피부·점막·근육·내장 등의 기관에 따라 시각·청각·후각·미각·촉각·온도 감각·압각·유기 감각 등으로 구별된다. 감각은 지각의 기초인데 현실적으로 특수한 경우를 제외하고는 순수한 감각이라는 것은 없다. 현실적으로 있는 것은 외계의 대상의 인지 작용으로서의 지각이며, 지각에는 기억이나 어느 정도의 사고가 포함되어 있다. 지각에서 기억이나 사고를 제거한 것, 즉 외계의 자극에 의해 생긴 것이 감각이다. 철학사상에서는 고대·중세를 통하여 감각의 인식적 의의가 경시되었고, 이러한 사고는 근세의 이성론에도 남아 있었는데, 주로 영국의 경험론에 의해 감각의 존재가 인정된 이후로는, 일반적으로 인식의 원천으로서의 감각의 의의가 인정되고 있다. 그러나 감각과 외계의 실재와의 관계를 어떻게 보느냐에 따라 유물론과 관념론이나 불가지론이 구별된다. 유물론은 감각이 어느 정도는 객관적 실재의 성질을 반영하는 것을 인정하지만, 주관적 관념론은 의식 사실로서의 감각을 궁극적인 것으로 간주하고, 그것에 대응하는 실재를 부정한다. 불가지론은 그와 같은 실재를 부정하지 않지만, 감각은 실재의 반영이 아니라 실재로부터 분리된 현상에 지나지 않는다고 주장한다. → 감성적 인식

0160 감각간 통합(intersensory integration)

여러 감각양상(sensory modalities) 간에 상호 의존적(interdependent)이며 상호 촉진적인 관계를 이루게 하여 한 감각 기관만으로 기능을 발휘했을 때보다 훨씬 우수한 감각정보 처리능력을 가져오게 하는 과정이다.

0161 감각교육(sensory education)

감각적 훈련을 통하여 형태·크기·색·무게·온도·소리 등에 대한 시각·촉각·청각 등의 감각 변별기술이나 개념 등을 파악하게 하는 교육을 말하며, 감각교육의 주창자는 코메니우스라고 볼 수 있으며, 감각교육을 위한 교구를 별도로 만들어 유아의 감각적 기술증진을 꾀한 사람은 몬테소리이다. 몬테소리는 감각의 발달은 고차적 지력의 선행요인으로서 점차적 자극의 제공으로 이루어질 수 있다고 보았다. 또 그는 아동의 주의가 주변의 관찰에 향해 있는 3세에서 6세 사이가 감각의 형성기라고 보았다. 감각교육은 예리한 관찰자를 만들고 현실의 문화에 적응하게 하며 실제 생활에 직접적인 준비가 된다. 몬테소리는 유아는 무의식적·의식적 집중현상(absorbent mind)을 통해서 감각교육을 발달시킨다고 하였다. 감각교육을 위한 몬테소리 교구로는 분홍탑·원기둥틀·색판·소리상자·온각판·촉각판·도형틀 등을 들 수 있다. 감각교육을 통하여 같은 것을 인식하고 짝을 맞출 수 있는 능력, 일련의 연속된 물체의 차이점을 인식하는 능력·형태·크기·무게 기타 다른 속성에 있어서 아주 비슷한 사물들을 변별하는 능력을 길러준다. 또한 감각교육을 통해 학교에서 유의하지 못하는 결함을 발견하고 교정시켜 줄 수 있다.

0162 감각여건

→ 소여

0163 감각운동기(sensorimotor stage)

피아제 이론(Piagetian theory)에 따르면 출생에서 약 18개월까지의 1단계에 해당하는 인간성장의 발달기를 말한다. 이 단계는 점차 발달된 감각기능과 운동신경으로써 유아가 환경에 잘 적응해 나가는 단계이다.

0164 감각적 인식

→ 감성적 인식·이성적 인식

0165 감득욕구(felt needs)

→ 느낀 욕구

0166 감별(assessment)

비행소년의 요보호성을 과학적으로 진단하고 그의 교정치료를 위한 구체적 지침을 제시하는 일련의 업무로 ① 소년비행의 개체적인 요인해명 ② 소년비행의 개체적인 치료 ③ 소년비행의 동향에 관한 실증적 자료제공 ④ 비행소년의 재비행 위험성 및 요보호성 여부를 판별하여 심리자료로 제공하는 것을 말하는데 소년원에 대해서는 이들에 대한 교정처우 방향을 제시하는데 그 목적을 두고 있다. 대상자의 심리적 측면의 특징 및 이상여부와 환경과의 관계를 심리검사, 면담, 환경조사, 행동관찰 등의 방법으로 진단, 측정, 평가하여 비행의 원인을 규명하고 그에 따른 처우지침을 제시하는 것이다.

0167 감별자문위원회

감별업무의 기술향상 및 전문성을 제고시키기 위하여 행동과학의 전문가가 참여하는 자문위원회를 말한다. 위원회는 위원장을 포함한 5~10인으로 구성하고 위원회의 조직으로는 위원장인 소장과 소내 위원으로 과장, 감별관이 있고 외부전문위원이 있다. 위원회의 자문사항은 감별기술의 타당성 및 능률화, 감별과정의 합리화, 새로운 감별방법 및 기술도입, 기타 전진적인 감별업무의 전문성 등이 있다. 위원회는 매월 2회의 정기회의를 개최한다.

0168 감별판정위원회

감별판정위원회 감별결과를 객관적 종합적으로 판정하여 감별의 정확도와 신뢰도를 높이는데 목적을 둔 위원회를 말한다. 위원회는 위원장(소장)을 포함한 8~11인으로 구성한다. 위원회는 매주 1회 정기회를 개최한다.

0169 감봉(Salary Reduction)

징계처분의 일종으로 1개월 이상 3개월 이하의 기간으로 하고 보수의 1/3을 감하는 것. 사학연금의 경우, 징계처분의 집행이 종료된 날로부터 12개월 동안 승급이 제한되며 징계처분이 종료된 날로부터 5년이 경과하게 되면 승급기간의 특례에 의해 징계처분기간을 제외하고 승급의 제한을 받은 기간은 승급기간에 재산입한다.

0170 감사(audit)

회계기록의 정확도와 완벽함을 증명하기 위해 개인 또는 조직의 회계에 대해 점검하는 것을 말한다. 사회복지기관의 경우 매년 재원을 제공하는 자들의 대표자들에 의해 회계감사를 받아야만 한다.

0171 감성적 인식/이성적 인식
([독] sinnliche Erkenntnis / Vernunfterkenntnis)

감성적 인식이란 감각기관을 통해 얻어지는 인식이며, 이성적 인식이나 개념적 사고에 의한 인식을 말한다. 그리스 철학 이래 중세를 통하여 양자는 대립적으로 생각되어, 전자는 단지 현상의 세계에 관한 저차원의 인식, 후자는 실재의 세계에 관한 고차원의 인식으로 간주되어 왔다. 근세에 이르러 이 대립은 경험론과 이성론과의 대립으로서, 서로 그 주장을 위해 싸웠다. 칸트는 선험적 관념론의 입장에서 양자의 통일을 시도했는데, 맑스주의의 유물론적 인식론에 있어서는 이 양자는 변증법적으로 통일되었다. 이 양자의 관계를 보다 명확히 설명한 것은 모택동의 〈실천론〉이다. 그에 의하면, 실천을 통하여 사물에 접함으로써 생기는 감성적 인식은 인식의 원천이자 제일보지만, 아직 일면적·표면적인 것이다. 이것을 쌓아 올림으로써 인식 과정에 비약이 생기고, 이성적 인식에 도달한다. 이것은 개념·판단·추리에 의해 감각적 재료를 종합·정리·가공함으로써 사물의 전체·본질·내적 연관을 파악한다. 이것이 실천에 의해 검증됨으로써 인식 과정은 일단 완료된다. 감성적 인식과 이성적 인식은 인식 과정의 한 단계이며, 인식은 부단히 발전하는 것이므로, 언제나 이 두 단계의 과정이 반복된다.

0172 감수성 훈련집단(sensitivity group)

심리사회적이나 정신적 장애를 해결하기 위해서라기보다는 의식화 또는 일정한 훈련을 목적으로 조직된 집단을 말한다. 이러한 집단은 10~20여 명이 하나의 지도자 또는 촉진자를 중심으로 구성된다. 성원들은 토론 또는 각종 실험활동에 참여함으로써 그룹이 어떻게 작용하는지 또는 그룹의 성원들이 어떻게 타인에게 영향을 주는지 등에 대한 이해를 높이고, 타인의 행동과 감정에 대해 이해하는 것을 배운다.

0173 감옥개량운동

18세기 영국의 J. 하워드(howard, john 1726~1790)는 유럽각국의 감옥 시설을 둘러보고 범죄자와 채무자의 분리수용 및 완전한 보안조치, 시설개량, 독립된 행정관청에의 통제·개량을 제창했다. 이 같은 운동은 엘리자베스 후라이의 런던감옥개량협회(1815년), 하와드협회(1866년) 등에 이어져 미국이나 서구에 큰 영향을 끼쳤다. 이후 1955년 UN 국제연합에서 감독자의 처우에 관한 최저기준의 채택 등 감옥 근대화운동은 국제적으로 확산되었다.

0174 감정([영] Feeling [독] Gefuhl)

좁은 뜻으로 쾌·불쾌의 반응을 의미하며, 넓은 뜻으로는 전통적으로 생각되어온 지(知)·정(情)·의(意) 중, 정적 측면을 의미하는 주관적 의식현상을 말한다. 넓은 뜻의 감정은 좁은 뜻의 감정과 기분·정조·격정을 포함한 넓은 뜻의 정서로 대별되나 이들은 서로 다른 종류의 반응영역을 가진 것이 아니라, 정적 반응을 어떻게 파악하는가에 따른 구성·개념·설정 방법상의 구별일 뿐이다. 감정에 관한 연구 방법은 인상법과 표출(표정)법으로 나뉠 수 있다. 감정에 관한 이론은 주로 네 가지 입장에서 해명되고 있다. 즉 내관적 입장, 역학적 입장, 행동주의적 입장, 생리적 입장이 그것이다.

0175 감정반사(reflection of feeling)

사회사업 면접에서 사용되는 시술로서 사회사업가가 클라이언트의 감정이 그 순간에 어떠하였는가를 분류해 보여주며, 더 나은 감정표현과 이 감정을 이해할 수 있도록 격려해주는 기술을 말한다. 사회사업가는 의역(paraphrasing), 착행증(parapraxis)에서 나타나는 점, 신체언어(body language), 숨은 감정의 주변언어학(paralinguistic) 표현 등을 통하여 종종 클라이언트의 감정을 알아낸다.

0176 감정방산(emotional release)

→ 환기법

0177 감정이입([영]empathy [독] Einfühlung) 01

상대방의 감정 상태를 받아들이고 이해하며 경험하는 능력이다. 케이스워크에 있어 사회사업가는 상담 장면에서 자신이 이해한 것을 클라이언트에게 감정이입을 시켜 줌으로써 감정이입을 경험한 클라이언트는 상담 관계에서 자신을 자유롭게 드러내고 싶은 심정이 발생하여 치료의 효과를 한층 높일 수 있게 된다. 감정이입의 경험은 클라이언트를 판단하거나 설교하지 않고 돕겠다는 상담자의 의욕 및 감수성과 깊은 관계가 있게 된다. 한편 감정이입은 대체적으로 이론적인 학문적 방법을 통해 배워지는 것보다는 오히려 다른 사람을 돕는 과정 속에서 경험이 이뤄지게 되는데 사이코드라마나 역할연기는 때때로 감정이입의 능력을 향상시키는 경험이 될 수 있다. 상대방의 경험, 감정, 사고, 신념 등을 상대방의 관점과 입장에서 듣고 이해하는 능력이다. 상담 장면에서는 상담자가 이해한 바를 내담자에게 전달하는 것까지를 포함한다. 감정이입의 소통은 설교가 아닌 인간적 이해, 무조건적, 긍정적 존중 또는 수용을 바탕으로 한다. 상담자가 내담자의 감정을 공감하고 있음을 내담자에게 전달할 때 내담자는 자신이 이해받고 있다는 느낌을 갖게 된다. 이런 과정에서 내담자는 상담자를 신뢰하고 자신을 드러내 보임으로써 자기 탐색과 자기 이해의 길로 들어서게 된다. 공감이라고도 하는 것으로 상대방의 경험, 감정, 사고, 신념 등을 상대의 준거체제에서 자신이 상대인 것처럼 듣고 이해하는 능력이다. 상담 장면에서는 치료의 효과를 높이기 위하여 상담자가 이해한 것을 클라이언트에게 전달해야 한다. 공감의 소통은 클라이언트를 판단하거나 설교하지 않고 돕겠다는 상담자의 의욕 및 감수성과 관계된다. 공감을 받는 클라이언트는 상담관계에서 자유롭게 자신을 드러내고 싶은 심정이 된다.

0178 감정이입 02

다른 사람의 표정·몸짓 등을 보면, 그 사람의 감정에 공감하는 직접적인 작용이 일어난다. 이것은 자기가 자기의 감정을 다른 사람에게 투입하는 일이라고 할 때, 이 작용을 감정이입이라고 말한다. 이와 같이 인간에 대한 것을 본래적 감정이입, 풍경 등에 대한 경우에는 상징적 감정이입이라고 한다. 이 작용은 미적 감정이입이라고 말한다. 립스나 폴켈트(J. Volkelt)는 이것을 미의식의 기본원리로 삼았다.

0179 감정이입 03

회화 등의 예술적 작품 속에 자신의 감정을 투사시켜 느끼거나 어떤 사람이 생각하고 있는 것을 자기 속에 옮겨 놓고 그 사람의 내적세계와 같은 것을 공유하는 것을 말한다. 감정이입은 정신치료의 중요한 전제가 되는데 상대방의 감정을 자기 자신에 이입시켜 짐작하는 능력은 인간관계의 개선에 중요한 요소가 되기 때문이다. 다만 치료나 지도에 있어서 감정이입이 지도자의 공평하고 객관적인 판단을 흐리지 않도록 주의해야 한다.

0180 감정의 양면성(amvivalance)

감정의 양면성이란 인간이 마음속에 반대되는 두 가지 감정, 욕망, 집착 사이를 왕래하는 것으로 언뜻 보기에 모순된 감정이다. 상반감정, 양향감정이라고도 하며 애증이 그 대표적인 예다. 청소년의 경우 육체가 성장 발달함에 따라 생리적 불안정·불균형이 생기게 된다. 부모나 교사는 흔히 양면감정의 일면만 보고 또는 일면만 강조하여 청년을 오해하고 오도하는 경우가 많다. 지도교사나 카운셀러제는 이런 상황을 구제하려는데 목적이 있다. 우리나라 청소년에게는 집단 활동의 기회 및 지도자시설이 부족한 실정이다. 지도의 방향은 양면감정을 받아들일 뿐만 아니라, 도리어 권장해 강제검진서 넓은 양 폭 속에서 스스로의 안정감을 찾도록 해야 한다.

0181 감정전이(transference)

주로 정신분석학에서 사용되는 용어로 환자가 치료자에 대해 호감, 의존, 적대 등 복잡한 기분을 갖는 것이다. 즉 환자가 아동기 때의 부모에 대한 감정이 표현되는 것이다. 이 전이는 치료가 진행되면 필연적으로 나타나는 것이며 치료자는 이 전이의 의미를 환자에게 이해시키는 것이 필요하다. 즉 환자의 내면이 치료자와의 관계 속에 투사되어 객관적으로 인지되게 되면 증상이 개선되는 것이다.

0182 감호(guardianship)

자녀를 감독·보호·교육하는 것을 말한다. 아동복지법, 소년법에서는 현재 감호하는 자를 보호자로 하고 보호자가 아닌 아동 또는 보호자에게 감호되는 것이 부적당하다고 인정되는 아동을 요보호아동이라고 하며 보호자에 따른 감호에 현저한 문제가 있는 경우는 학대아동이라 한다. 이들 아동조치를 받은 아동복지시설의 장은 아동복지법의 친권대행규정에 따라 입소 중의 아동에게 적절한 감호교육을 행해야 한다.

0183 감화교육(correctional education)

범죄소년 등을 보호교육이라 하며 그 개선을 도모하는 감화교육사업은 오래 전부터 우리나라에 소개되어 감화원의 설립도 시도되었다. 구미 감화사업의 내용을 보면 ① 초등학교 정도의 교육 ② 근로 작업 ③ 체육 ④ 종교를 주축으로 구체적 방안을 보이고 있다.

0184 감화사업(correctional relief activities)

불량소년을 감옥에서 교육하고자 하는 사업을 말한다. 일본에서는 명치 초부터 구미의 예가 소개되어 1883년(명치 1월) 개인이 최초의 감화시설을 설립하였고, 1899년 가정학교를 설립했으나 다음 해에 감화법이 실효되었다. 구제사업과 함께 강화구제사업으로서 자선구제 조직화하였지만 정책상 중요시 되지 않았다가 1933년 소년교호법으로 개정되어 교호의 명칭이 사용되자 전후에는 아동복지사업의 하나로 되었다.

0185 감화원(reformatory)

범죄나 비행으로 인해 유죄판결을 받은 사람들을 수용하여 그들이 반사회적 행동경향을 극복할 수 있도록 하기 위해 특별지도, 치료, 교육 등을 제공하는 시설을 말한다.

0186 값싼 정부(cheap government)

산업자본주의의 지도 원리로서 자유방임주의 하에서는 시민의 자유스런 활동·경영이 기대되고 실천되는데 그를 위해서는 시민생활에 대한 정부의 간섭이나 관리는 최소한도에 그쳐야 한다는 것이다. 따라서 정부는 외국의 침략을 막고 국내치안질서를 유지할 정도의 최소한의 정부가 최선의 정부라는 것이며, 국민경제질서는 아담 스미스의 이른바 보이지 않는 손(invisible hand)에 의해 자동조절 되어간다는 것이다. 이 때문에 사회문제나 사회정책에 대한 국비지출은 불필요한 비용이라고 생각한다.

0187 강간(rape)

성관계에 동의하지 않은 사람과 강제로 성적 접촉의 형태로 관계하는 범죄행위를 말한다. 이러한 무력은 폭력적인 강간이나 실제 또는 암시적인 위협의 형태를 띤다. 이러한 강간의 희생자는 남성이나 소년이 될 수도 있으나 대부분은 여성이나 소녀들이며, 가해자는 대부분이 남성이다.

0188 강박(compulsion)

특정방법으로 행동하려는 강하고 반복적인 충동이다. 강

박은 직접 표현되지 않는 갈등적인 생각·욕망으로 나타나는 불안을 덜기 위해 자주 사용되는 방법이다. 또한 이 용어는 타인의 뜻에 따라 행동하도록 강요하는 것을 의미하기도 한다.

0189 강박관념(obsession)
개인의 의도와는 관계없이 지속적으로 반복되는 비합리적인 생각 혹은 관념을 지칭한다. 강박사고 혹은 강박적 사고라고도 한다.

0190 강박장애(obsessive-compulsive disorder)
개인이 원치 않는 반복적이고 지속적인 생각이나 충동 또는 심상을 경험하거나, 의례적으로 수행되는 외견상 의도적인 행위에 관계하는 정서불안의 한 형태를 말한다.

0191 강박적 성격장애(compulsive personality disorder)
다음과 같은 성격들의 전부 혹은 다수를 지니는 성격장애(personality disorders)의 한 형태를 말하며, 완벽주의적 행위, 남에게 어떤 행동양식을 따르도록 강요하는 것, 부드러운 감정이나 온화함을 표현할 능력이 부족한 것, 사소한 규정에만 집착하는 것, 인색함, 대인관계에서 지나친 형식성, 결정능력의 부족 등이 있다.

0192 강박증(obsession)
화를 삭이고 절제하는 심리구조와 같이 충분히 있을 수 있는 반복적이고 지속적인 사상이나 행동 또는 관습을 말한다. 심리분석가들은 이것을 두고 개인이 무의식적인 갈등을 처리하는 한 방법일 수 있다고 한다.

0193 강박행동(compulsion)
스스로 하면 안 되겠다고 느끼면서도 저항할 수 없이 반복적으로 하게 되는 행동을 말한다.

0194 강임(demotion)
직제 또는 정원의 변경이나 예산의 감소 등으로 인해 동일한 직열 내에서 하위의 직급에 임명하거나 하위직급이 없어 다른 직열의 하위직급으로 임명하는 것을 말한다. → 강등

0195 강제(coercion)
개인이나 집단에게 어떤 행위를 하도록(또는 멈추도록) 강요하는 것을 말한다. 이것은 폭력적 위협을 통해서 뿐만 아니라 법적 행위, 정부 개입, 사회적 영향력, 정치적 압력을 통해 발생할 수도 있다. 특히 지역사회 조직에서 사회사업가의 중요한 역할은 그 지역 주민들이 원하지 않은 행위를 강요하는 사람들에게 저항할 수 있도록 서로 단결하게 하는 것이다.

0196 강제가입제도
법이 보험에의 가입을 강제로 하도록 규정한 것을 말한다. 사회보험은 인적보험이므로 일정한 자 즉 노동자에 대한 강제가입이 원칙이다. 그러나 현행법은 일정규모 이상의 사업소에 대해서는 강제가입을 적용하는 방법을 취하나 그 외의 사업소에는 임의가입을 적용하고 있다. ↔ 임의가입제도

0197 강제검진
강제검진은 성병예방법에 의해 성병에 걸릴 우려나 이미 걸렸다고 보이는 자, 또는 매음상습자로 의심이 가는 자에 대해 의사의 건강진단을 받도록 명하는 검진명령과 기초생활보장법의 실시기관이 보호의 결정, 실시를 위해 필요에 따라 요보호자에게 보호 실시기관이 지정하는 의사의 검진을 받도록 명하고 있는데 이러한 것을 모두 강제검진이라 한다. 특히 기초생활보장법의 경우에는 명령 전의 행사에 있어서 신중한 자세가 요구된다.

0198 강제 버스통학(busing)
인종 간 평등을 위해 학교와 지역 간에 버스로 학생을 수송하는 것을 말한다.

0199 강제보험(compulsory insurance)
보험관계의 성립이 법으로 강제되는 것을 말하며 사회보험은 세계적으로 강제보험이 원칙이다. 임의보험은 노동자보호라는 사회정책목적을 달성할 수 없었을 때, 경험에 연유한다. 강제보험의 효용은 역선택의 방지, 환언하면 보험자에 따른 손해보험(bad risks)과 보험자에 따른 이득보험(good risks)의 문제를 발생시키지 않는데 있다. 또 적용범위를 모든 노동자에게로 전면화하면 할수록 수급요건은 그만큼 엄격함을 필요로 하지 않아도 된다.

0200 강제적 성도착장애(paraphilic coercive disorder)
일차적으로 다른 사람에게 야만적인 힘 또는 폭력적으로 위협하거나 강요받는 사람을 보면서 성적 만족을 찾는 성도착(paraphilia)을 말한다. 희생자에게 성적 행위를 함께 하도록 강요할 때는 성도착 강간(paraphilic rapism)이라는 용어를 사용하는데, 즉 성적으로 타인을 강요할 때만 자극을 받는 남성의 성도착증이다.

0201 강제조치(compulsory measure)
조치라는 개념은 원래 위생법규에 따른 입소명령, 입원조치 등의 행정상 즉시강제에 유래하는 것이다. 사회복지에 있어서는 직권에 의한 보호의 개시(공공부조법), 직권에 의한 시설에의 입소조치(노인복지법) 등의 규정은 있지만 강제조치라는 용어는 없다. 직권에 따른 이들 규정은 오히려 조치실시기관 스스로가 요원호자의 실태를 파악하고 적극적으로 조치를 요하는 원호자를 발견하는데 노력해야 한다.

0202 강제징수(forcible execution)
공법 금전급여의 의무에 대한 강제집행을 말한다. 일반적

으로 국세징수에 있어서 조세체납처분의 규정이 상기되지만 사회복지관계에 있어서는 조치에 요하는 비용의 징수에 대해 지정기한 내에 납부하지 않는 자는 국세체납처분의 예에 의해 처분을 명할 수 있도록 아동 복지법에 규정되어 있다. 이 경우에 징수금의 선취득권의 순위는 국세 및 지방세 다음이 된다.

0203 강제피보험자

법률상 당연히 피보험자의 자격을 가지는 자를 말한다. 사회복지학적으로 접근하면, 사회보험입법의 규정에 의해 본인의 의사이어야 함에도 불구하고 해당 사회보험의 피보험자로 되는 자이다.

0204 강화(reinforcement) 01

행동수정(behavior modification)에서 반응의 경향을 반복하도록 강화시키는 절차를 말한다. 마틴 선델(Martin Sundel)과 샌드라 스톤 선델(Sandra Stone Sundel)에 의하면, 만약 강화제가 행동에 따라 주어지면, 그 행동을 반복하게 될 가능성이 높아진다는 것이다. 마찬가지로 마약 어떤 반응의 수행이 혐오스러운 것을 제거해 준다면 그 행동도 반복할 가능성이 높아진다.

0205 강화 02

일반적으로 어떤 행동이 계속되거나 증가되도록 격려, 지지하는 것으로 고전적 조건 형성에서는 조건자극에 뒤따라 무조건 자극이 제시되며 조작적 조건 형성에서는 조작적 반응에 유관하게 자극이 제시된다.

0206 강화계획(schedule of reinforcement)

행동수정(behavior modification)에서 실험대상자가 강화될 수 있도록 하는 계획이다. 이것은 규칙적인 시간간격 또는 실험대상자가 나타내는 반응의 횟수와 형태에 따라 설정해야 한다.

0207 강화물/강화제

일반적으로 일차적 강화물과 이차적 강화물로 나눈다. 일차적 강화물이란 학습되지 않고서도 강화물 자체가 무조건 동기를 높일 수 있는 힘을 가진 것을 말하는데, 음식, 장난감, 과자, 쥬스와 같은 음료수 등의 강화물이 이에 속한다. 일차적 강화물이 효과적이기 위해서는 아동이 그 강화제에 대해서 박탈 상태에 있어야 한다. 예를 들어 사탕 한 봉투를 다 먹은 아동에게는 사탕이 더 이상 강화제가 되지 못하기 때문에 아동에게 강화제를 사용하기 전에 얼마 동안 주지 않아야 효과가 있다. 행동지도 기간 동안 강화제를 계속 받게 되면 더 이상 강화제를 필요로 하지 않는 포화상태가 되므로 이런 경우를 사전 예방하기 위해서는 아동이 금방 먹을 수 있는 것으로 하고 소량의 강화물을 주는 것이 필요하다. 이것은 행동지도에 필요한 시간을 최대화시킨다는 점에서도 필요하다. 이차적 강화물은 강화물 자체가 무조건적으로 행동을 유발시킬 수 있는 힘을 가진 것은 아니고 그 강화물이 과거의 즐거운 경험을 연상시켜서 좋은 결과가 올 것을 기대하기 때문에 행동의 증가를 가져오는 자극을 말하는데 칭찬, 미소와 같은 사회적 자극, 강화제와 교환이 가능한 토큰이나 이와 비슷한 표(토큰강화), 좋아하는 활동을 하게 하는 것(활동강화) 등이 이에 속한다. 강화물의 선정은 보상을 받는 아이의 과거 경험, 물건의 희소성, 강화물의 크기, 받는 빈도 등에 따라 동기를 일으키는 정도가 다르기 때문에 강화물이 갖는 개인차를 신중히 고려해서 한다. 그리고 일차적 강화물은 적절한 행동을 빠르게 습득하게 하는데 궁극적으로는 점차 이차적 강화물로 대치시켜 주는 것이 필요하다. 일차적 강화제(Primary reinforcers)와 이차적 강화제(secondary reinforcers)로 나뉜다. 일차적 강화제는 우리의 생명 유지에 꼭 필요한, 즉 학습되지 않고서도 강화제 자체가 무조건 동기를 높일 수 있는 힘을 가진 것을 말한다. 예를 들면, 물이나 음식 종류이다. 이차적 강화제는 강화제 자체가 무조건적으로 행동을 유발시킬 수 있는 힘을 가진 것이 아니고, 그 강화제가 과거의 즐거운 경험(학습된)을 연상시켜서 좋은 결과가 올 것을 기대하기 때문에 행동의 증가를 가져오는 자극을 말한다. 예를 들면, 칭찬이나 미소, 돈 등이다.

0208 갹출제(contributory scheme)

사회보장제도에 있어서 재원의 주요부분을 피보험자나 사업주에 의한 갹출금(보험금)으로 충당하여 일정의 피보험기간에 갹출한 보험료를 기초로 급여하는 방식을 말한다. 갹출조건을 충족시킨 자가 일정의 급여를 권리로 해서 자금조사 없이 수급할 수 있는 특징이 있다. 또 무갹출제와 달리 안정된 특정재원을 확보할 수 있다는 이유로 오늘날 각국에서 사회보장제도의 중심을 이루고 있다.

0209 갹출제/무갹출제연금

사회보장제도의 하나로 연금보험제에 있어서 적용대상자로부터 사전에 갹출보험료의 불입을 요구하는가 않는가에 따라 갹출제와 무갹출제가 구분된다. 갹출제의 경우 제1종 가입자에 대해서는 노사가 일정비율로 갹출하여 보험사고(노령·장애 등)의 발생시에 연금급여를 지급한다. 무갹출제의 경우는 영국 등에서 발달된 것으로 노령 기타의 객관적 조건만 충족되면 균일급여가 행해지는 것으로서 사무적으로는 간편하지만 재정압박을 초래하기 쉽다. 사회보장제도가 미성숙한 국가에서는 공적부조와 혼합하는 경우가 많다.

0210 개괄
([영] generalization [독] Verallgemeinerung)

보편화, 일반화라고도 한다. ① 몇 개의 대상(또는 개념)의 공통적인 특징을 추상하여 개념(또는 보다 상위의 개념)을 만드는 사고의 작용. ② 어떤 부류에 속하는 몇 개의 한정된 수의 사례에 관해 관찰된 것을, 동일한 부류 전체에 확대시키는 사고 작용.

0211 개념([영] concept [독] Begriff) 01

사고나 판단의 결과로서 형성된 여러 생각의 공통된 요소를 추상화하여 종합한 보편적인 관념이다. 경험론에서는 감각적 자료에 의해서 형성된 경험적 표상(idea)들의 공통된 내용을 추상적으로 파악하여 획득된 것이라 주장하고, 합리론에서는 인간의 선천적 이성 혹은 오성의 소산일 수도 있다고 주장한다. 개념이 형성되는 원천에 따라서 경험적(혹은, 감각적) 과정을 통하여 획득된 경험적 개념과 경험에는 관계없이 순수한 사유의 과정을 통하여 획득된 순수개념으로 구별될 수 있고, 지시하는 대상의 성격에 따라서 구체물을 가리키는 구체적 개념과 추상적 특성을 나타내는 추상적 개념으로도 구별된다. 비트겐슈타인(L. Wittgenstein)은 시간적·공간적 상황에 의존하여 성립된 생각으로서의 관념(conception)들이 가지고 있는 「가족유사성」(family resemblances)이 개념형성의 내용이 된다고 하였다. 즉 개념은 그것이 성격상 시간적·공간적 상황을 초월한다는 것을 일단 상정할 때 성립되는 것이라는 뜻이다.

0212 개념 02

통소거적으로는 사물의 개략적 지식의 의미로 오용되는 일이 있지만, 개념은 사물의 본질적인 특징(→ 징표)을 파악하는 사고형식이다. 예를 들면 금속이라는 개념은 고체, 불투명, 광택, 전성, 열·전기의 양도체, 산소·염소·유황 등의 화학적 친화성 등을 본질적인 징표로 하는 화학원소를 가리킨다. 이 같은 징표의 총괄을 개념의 내포라고 한다. 금속의 개념은 동(銅)·철(鐵)·금·은 등 많은 원소에 적용되는데, 개념이 적용되는 사물의 범위를 개념의 외연이라고 한다. 따라서 개념에 있어서는 많은 사물에 공통적인 특징이 집약되며 (추상), 그 밖의 성질은 도외시(사상)되고 있다. 그러나 다만 하나의 대상에만 적용되는 것도 있다(→단독개념). 개념은 언어와 함께 발생한 것으로서, 언어에 의해 표현된다(→명사). 개념의 구성에 관해서는 유리한 사물을 비교하여 공통의 특징을 끄집어내는 것으로서 설명되는 것이 보통이지만, 과학적 개념은 이와 같은 간단한 절차만으로 되는 것은 아니다. 사물의 성질을 분석, 여러 성질의 상호(연관)의 작용, 다른 사물과의 상호의 관계·작용 등의 연구에 의해 사물의 본질이 파악되는 것이다. 위의 금속의 예에 있어서도 직접적인 지각으로 파악되지 않는 마지막의 두 개의 징표가 중요한 것이다. 자본주의의 본질을 파악하는데는 적어도 맑스의 〈자본론〉이 필요했다. 또 원자의 개념과 같이 먼저 가설로서 제출되고 후에 사실에 의해 확정되는 수도 있다. 과학적 개념은 연구 성과의 총괄이며, 추상적이기는 하지만 단순한 지각보다도 대상을 깊이 파악한다. 개념의 내포는 연구의 진보에 따라 깊어지며, 대상의 발전에 의해 풍부하게 된다. 예를 들면, 자본주의가 제국주의 단계에까지 발전하면 자본주의 개념도 보다 풍부하게 된다.

0213 개념론(conceptualism)

유개념이나 종개념으로 파악되고 있는 보편적인 것이 실재하고 있는가 아닌가에 관해, 스콜라학자 사이에 논쟁이 벌어졌다. 개념론은 보편자의 실재를 인정하지 않고, 보편은 마음이 만든 개념이라고 생각하는 입장이다. 유명론에 가깝다.

0214 개념적 인식([독] Begriffser-kenntnis)

감각적 혹은 직관적 인식에 대한 말이다. 개념의 능력으로서의 사유(이성, 오성)에 의거한 인식을 가리키며, 인식론상의 합리론은 이것만을 참된 인식으로 본다. 고대에 있어서는 수학적 인식이 이 범형이라고 생각되었다.

0215 개념적 판단([독] Begriffsu-rteil)

개념을 주체로 하는 판단, 혹은 개념과 개념의 관계를 표현하는 판단을 말한다. 직관판단에 대립하는 관념이다.

0216 개념학습(Conceptual Learning)

새로운 개념의 학습 또는 기존개념의 수정이다. 우리가 특정한 책을 손으로 가리키면서 "저것은 책이다"라고 기술하는 경우 「책」과 같은 일반어는 일정한 부류에 속하는 모든 구성요소들, 또는 일정한 집합에 포함되는 모든 요소들에게 공통적인 특성을 그 의미로 포함하기 때문이다. 일반어가 가지는 이러한 공통적 의미가 바로 개념이다. 이처럼 개념학습은 언어와 의미에 의존하기 때문에 인간에게만 고유한 학습이라고 볼 수 있다. 또한 학교교육을 통하여 학생들이 배우는 내용의 대부분은 개념학습에 해당한다. 새로운 개념의 학습을 지도하기 위해서는 학생들이 이미 알고 있는 말들을 사용하는 정의와 설명이 필요하나 개념이 적용되는 범위를 예시하기 위하여 실물·사진·그림 등을 이용하면 더욱 효과적인 경우도 많다. 학생들은 일상생활을 통하여 개념을 잘못 학습할 수도 있다. 예컨대, 고래를 물고기의 일종으로 잘못 생각할 수도 있다. 학교교육에서는 새로운 개념을 가르치는 동시에 잘못된 기존개념을 수정해 주어야 한다. 심리학에서 연구하는 개념형성(concept formation)도 개념학습의 한 예이기는 하지만 지나치게 인위적이고 임의적이어서 학교교육에 별 도움이 되지 않는다.

0217 개량주의(reformism)

자본주의가 잉태한 제 모순을 체제변혁을 통하여 근본적으로 제거해 가는 것이 아니고, 자본주의의 틀 내에서 부분적인 개량을 행해 사회문제의 해결을 도모하자는 이데올로기이다. 페이비언 사회주의(fabian socialism)는 그

한 예이다. 또 부분적 개량을 쌓아감에 따라 사회주의로 이행할 수 있다고 하는 입장도 여기에 포함된다. 사회 민주주의인 우파의 개량주의적 방향이 그것이며, 베른스타인(Bernstein)이 주장한 조정주의는 노동자계급의 생활향상과 노동자정당이 의회에의 진출을 배경으로 하여 맑스주의를 개량주의로 수정한 것이다. 또 밑으로부터의 개량주의에 대해 후 수정자본주의는 위로부터의 개량주의라고 할 수 있다.

0218 개발도상국(developing countries)

주로 1차 산업에 의존하고 있는 저개발국, 아시아, 아프리카, 라틴아메리카의 여러 나라는 1960년대에 들어와 후진국 또는 저개발국이 라는 용어를 기피하고 스스로를 개발도상국 또는 발전도상국이라 일컫게 되었다. 개발도상국은 1964년 G77(77개국 그룹)을 결성하였고, 가맹국은 점차 증가하여 약 130개국에 달하고 있다. G77 가맹국의 1인당 국민소득에는 격차가 심하여 2만 달러에 이르는 산유국이 있는 반면, 100달러 정도의 최빈국도 있어 국민소득을 기준으로 개발도상국을 규정하기는 어렵다.

0219 개발적 사회복지(developmental social welfare)

근대개발도상국에서 행해지고 있는 종합적 개발계획안의 사회복지기능을 말한다. 그것은 사회발전에서의 탈락자를 대상자로 한 것이 아니고 발전계획의 입안이나 실시에 지역주민을 참가시키고 주민의 생활요구를 반영시키는 것을 목적으로 한다. 따라서 발전적 사회복지는 주민의 생활주체로서의 자각을 사회적 시책으로 실현될 수 있게 주민을 원조함과 동시에 전문분업화된 개발시책이 생활자가 갖는 시점에 따라 통합화 되도록 각 분야의 전문가를 원조하는 기능을 하는 것이다.

0220 개방 교육과정(open curriculum)

1960년대의 후반에 발달되어 70년대에 진행되어 오고 있는 영국의 초등학교의 개혁운동이 미국에 파급된 인간 중심적인 교육개혁 운동의 한 갈래이다. 이 운동이 전개되는 모습은 다양하지만 「개방」이라는 말은 기존의 사고의 틀에 얽매이지 않고 자유롭게 새로운 가능성을 탐색하고자 하는 경향을 일컫는다. 그리하여 유아학교에서의 놀이 위주의 생활과정, 초등학교에서의 교과의 통합, 교실 이외의 공간(복도·현관 등)의 활용 등의 모습으로 표현되기도 한다. 모든 가능한 자원을 활용하고 교사와 아동은 자유롭게 움직이면서 돕고, 충고하고, 토론함으로써 다양한(통합된) 목적을 성취하고자 한다. 20세기 초엽의 듀이(J. Dewey)에 의한 교육과정의 통합과, 민주적인 사회화과정을 강조했던 사조와는 상당히 다르다.

0221 개방병원(attending system)

2, 3차 의료기관으로써 유휴시설(병상)과 장비 및 인력 등을 개원의와 계약에 의해 동 자원을 이용하도록 개방하는 병원을 말한다.

0222 개방병원 담당자

개방병원의 개방환자 전담 의료인(전공의 등)또는 직원을 말한다.

0223 개방성

개인 또는 집단의 행동을 통제하는데 따르는 고도의 인내력을 뜻한다. 개방성은 다른 부모들은 용납할 수 없다고 생각되는 행동을 아이들에게 허락해주는 부모들에게서 보인다. 이는 자유방임(laissezfaire) 사회에서도 볼 수 있는데, 이러한 국가의 정부당국은 대중의 행동을 규제하는 법칙이나 규범의 통제나 강화를 거의 실시하지 않는다.

0224 개방의

개방의원의 의사로서 개방병원의 시설(병상)·장비·인력을 이용하여 진료하는 의사를 말한다.

0225 개방의원

의원급 의료기관으로서 개방병원 이용계약에 의해 개방병원의 시설, 장비, 인력을 이용하여 진료할 것을 내용으로 체결한 의료기관 [개방의원 참여기준]- 원칙적으로 개방병원에 설치되어 있는 전문 과목에 한함 – 개방병원에 전속전문의가 없는 진료과목에 대해서도 개방진료에 참여하고자 하는 개원의의 경우 의료사고 등 위험요소가 적은 전문 과목에 한하여 개방병원장의 책임 하에 개방진료계약을 할 수 있음(치과, 안과, 이비인후과, 피부과, 비뇨기과 등) – 수술 등 진료능력이 높고 자신의 환자에 대한 책임의식이 강한 자 – 개방병원과 인접하여 회진 가능한 위치에 소재한 개원의.

0226 개방입양(open adaption)

입양이 진행되기 이전이나 진행되는 동안 그리고 그 이후 입양된 사람의 생활에 이르기까지 낳아준 부모와 입양부모 사이에 정보가 교환되고 접촉이 이루어지는 것을 뜻한다. 그 개방의 정도는 매우 다양하여 이름, 신상명세, 건강기록 등을 교환할 수 있고, 대면하거나 지속적인 만남을 가질 수도 있다. 이러한 절차의 궁극정인 장점과 단점에 대해서는 상당한 논쟁이 있다.

0227 개방진료

개방의원의 의사(개방의)가 자신의 환자를 개방병원의 시설, 장비 및 인력 등을 이용하여 개방병원과 공동으로 진료 및 관리하는 것을 말한다.

0228 개방집단(open-ended group)

집단사회사업(social group work)과 집단 심리치료(group psycho therapy)에서 집단을 떠난 회원 대신 새로운 회원을 받아들이는 집단의 유형을 말한다. 어떤 사회사업가들은 종결 시기를 미리 정해놓지 않은 집단 상담을 실시할 때 이 용어를 사용하기도 한다.

0229 개방체계(open system)

체계이론(system theory)에서 외부로부터 투입을 받아들이고 상이한 조건에 기반을 둔 변화에 순응하는 체계를 말한다. 예를 들어 개방가족 체계가 구조화되면 가족 성원들이 외부인들과 접촉하고 그들의 생각을 가족에 끌어들여 가족구성원이 상호작용하는 방법에 변화를 가져오게 한다.

0230 개방형 질문(open-ended questions)

체계적인 설문조사뿐만 아니라 사회사업 면접에서 응답자가 그가 원하는 어떤 방식으로든 대답할 수 있도록 하는 질문 유형이다. 이것은 클라이언트가 예-아니오 또는 사지선택형과 같이 주어진 선택지 중에서 고르는 것만을 허용하는 폐쇄형 질문과 대조된다. 예를 들면, 사회사업가는 "당신은 직업을 구하는 것이 어렵습니까?"라고 묻는 대신 "왜 당신은 직업을 구하는 것이 어렵다고 생각하십니까?"라고 묻거나 또는 "그것에 대해 당신은 어떻게 생각하십니까?"라고 물을 수 있다. 물론 두 가지 유형 모두 사회사업적 목표에 따라 유용하게 사용된다. 그러나 개방적 질문을 하게 되면 답변자는 자연적으로 자신의 평소의 생각을 말하게 되며, 특히 집단 내에서 구성원에게 이 질문을 사용하면 많은 사람이 자기의 말에 귀를 기울이고 있음을 알게 됨으로써 자기 가치를 새삼 발견할 수 있게 된다.

0231 개방형 집단(open-ended group)

집단지도와 집단 심리요법 시 집단을 떠나는 구성원을 대신하는 새로운 구성원의 가입이 허용되는 집단의 유형이다. 때때로 이 개방적 집단을 종결 시간을 미리 정하지 않고 모이는 집단으로 보기도 한다.

0232 개별사회사업(casework) 01

사회사업실천에서 행해지는 고유한 전문적 방법의 하나이다. 개별사회사업, 개별처우, 개별지도 등으로 번역하여 사용하기도 한다. 사회복지기관과 시설에서 개인이나 가족이 사회생활에서 직면하는 문제의 해결을 개별적으로 원조하는데 사용하고 있으며 그 적용분야는 광범위하다. 가정 케이스워크 등으로 불리고 있는 각기 특유한 측면을 갖고 있다. 케이스워크는 종래에 카운셀링이나 치료에 중점을 두는 개인연금 치료적 기능이 강조되면서 한정된 느낌도 있지만, 최근에는 매개적, 의뢰적, 대변적 기능도 중요시되고 또 자문 등의 기능이 포함되면서 각각의 기능에 대한 의의와 특성을 충분히 이해하고 상호연관시키면서 전개해갈 필요가 대두되었다.

0233 개별사회사업 02

케이스워크(casework)라 불리는 개별사회사업은 그룹워크(group work), 지역사회조직(community organization)과 함께 사회사업방법의 한 유형으로서 사회 심리적, 행동적, 체계적 개념을 바탕으로 개인과 가족에 관한 사회심리적인 문제, 개인 간의 문제, 사회경제적 문제, 환경적 문제들을 직접적인 일대일 관계를 통해 접근하는 사회사업의 한 분야이다.

0234 개별사회사업가(caseworker)

사회생활의 곤란이나 문제로 전문적인 서비스를 필요로 하는 클라이언트에 대해 사회복지 입장에서 그 개별 사정에 따라 구체적 원조를 주는 케이스워크의 전문가이다. 일반적으로 케이스워커는 공사의 시설, 기관에 소속하며 단독 또는 다른 전문가와 팀을 이루어 업무를 관장하지만 일의 성질상 고도의 전문적 지식과 기술이 요구되어 사회복지전문교육(양성·훈련·연수 등)이 중요시된다. 미국에서는 복지계의 대학원 2년 이상의 전문교육을 요건으로 하지만 우리나라에서는 아직 그 단계에 미치지 못하고 있다. 한편, 오늘날 복지의 다양화에 대응하여 사회사업가의 새로운 기능이 요청되어지고 있지만 그 양성·훈련·연수로는 ① 클라이언트의 인권존중과 옹호 ② 사회사업가의 자기지각 ③ 문제에 대한 과학적 인식 ④ 대인관계의 지식, 기술의 습득이라는 기본적인 시점이 확고해야만 한다.

0235 개별사회사업사전 치료의 유형학 (typology of casework treatment)

개별적인 클라이언트와 직접 활동하는 사회사업가가 사용하는 분류기업을 말한다. 이것은 홀리스(Florence Hollis)와 우즈(Mary E. Woods)가 공식화했다. 이 기법은 지지절차, 직접적인 영향, 감정표출, 개인 환경의 형태에 대한 세심한 고려, 각 유형과 경향의 역동성 고려, 그러한 유형들의 역사적 발전에 대한 사고로 구성되어 있다. 유형학은 내부 영향뿐만 아니라 환경 영향에 대한 검사를 가능하게 한다.

0236 개별이해(individual understanding)

원래 인간은 같은 생활환경속에 있을지라도 객관적 사실과 사회관계를 맺을 때 나타나는 행동, 태도, 반응은 모두 다르다. 또 개인이 경험하는 여러 가지 생활상황, 인격, 문제해결 능력 등에도 차이(개별성, 독자성)가 있다. 따라서 개개인의 인간평등과 존엄 등 민주주의의 대원칙에 근거한 사회복지와 그 실천에서는 개별화에 의한 이해와 태도가 기본적인 출발점이 된다. 즉 개별화, 수용, 비심판적태도, 자기결정 등이 케이스워크의 기본이 되는 것과 밀접한 관련성을 갖는다.

0237 개별적 조정(individual manipulation)

리치몬드가 케이스워크를 사람과 그의 사회 환경 간에 개별적으로 효과를 의식해서 행하는 조정과정이라고 정의한 이후 케이스워크의 독특한 관점을 갖는 용어로 사용되어 왔다. 그 조정의 진행방법은 사람과 그의 사회 환경 및 다양한 과학의 진보에 따라 변화해 오고 있으나 최근에는 체계이론이나 생태학의 성과에 따라 적극적인 개입을 시도하는 방법으로 발전하고 있다.

0238 개별지도(individual guidance)

사회복지시설에 있어서 처우의 기본원리는 개인의 개개욕구를 해결하기 위한 처우를 행하는 것이다. 따라서 개별지도를 행하는 것이 원칙적이다. 방법론으로서의 개별지도는 집단적 처우와 개별적 처우가 있는데 개별적 처우는 그 한 방법으로서 중요한 위치를 갖는다. 개인의 욕구에 의한 대응으로서 ① 개인의 자각화된 요구 ② 개인생활이나 발달에 따라 객관적으로 필요하게 된 당면요구 ③ 장래적인 과제나 전망에 따른 요구 등의 개별욕구에 맞게 계획된 프로그램을 기준으로 삼아 지도, 실시되는 것이다.

0239 개별처우(individual treatment)

개별원조의 한 가지 전문기술인 케이스워크와 동의어로 사용되는 일도 있다. 일반적으로 일괄 처리하는 법령적 혹은 제도적 처우에 상대되는 개념을 말한다. 대상자 또는 클라이언트가 갖고 있는 개별적인 문제를 인간적인 현실로서 파악하여 그 통합적인 전체성을 개별적으로 이해하여 그것에 대해 구체적으로 보호 원조해가는 법령적, 제도적 처우나 전문 기술적 원조 등의 총체이다.

0240 개별화(individualization) 01

케이스워크에서 활용되는 기본원리의 하나이다. 인간은 같은 환경 속에서도 그 상황과 객관적 사실에 대해 갖고 있는 기분이나 반응은 제각기 상이하다. 동일한 인물이 있을 수 없듯이 사회사업가가 클라이언트의 문제를 이해하고 문제해결을 위한 계획을 생각할 때에 클라이언트를 둘러싼 생활상황, 그의 인격, 문제해결능력 등의 독자성, 개별성에 주목하여 처우하도록 개별화 원리를 강조하고 있다.

0241 개별화 02

개별사회사업에 있어서 사회사업가가 클라이언트와 관계를 이루는 7대 기본원칙의 하나로서 개인이나 집단을 단순히 전형적인 개인의 성격을 띤 일원으로서 여기기보다는 클라이언트를 유일하면서도 독특한 개인 또는 집단으로 이해하는 것이다. K. Biestek에 의하면 "개별화는 개인으로서 취급받기를 바라는 클라이언트의 욕구를 사회사업가가 이해하고 적절히 반응하는 것이다."라고 정의하면서 편견과 선입관으로부터 해방, 인간 행동에 대한 이해, 경청하고 관찰하는 능력, 클라이언트의 보조를 맞추어 나가는 능력 등을 개별화를 위한 조건으로 제시하고 있다. 개별화 이외에 케이스워크의 관계를 이루는 원칙들로는 의도적인 감정표현, 통제된 정서적 관여, 수용, 비심판적 태도, 자기결정 및 비밀보장 등이 있다. 학습자 개개인의 특성에 따라 적절한 수업 방법을 적용하는 일. 전통적으로는 교사 1명이 학생 1명을 대상으로 하는 개별교수(수업)의 상황이었으나 공교육 정신에 따라 교육의 규모가 점차 증대하게 되자 1대1 관계에 의한 개별 교수는 어렵게 되었다. 오늘날 이질적인 학생을 한 교실에 수용하여 교육하는 다인수 학급의 형태가 일반화되었으나 개별교수의 이상이 사라진 것은 아니어서 다인수 학급의 상황에서 일제수업(획일수업)을 하면서도 수업의 개별화를 기하기 위한 여러 가지 방법이 개발되고 있다. 첫째는 일제교수를 하면서 학습 부진아와 우수아에 대해서는 개별적인 특수지도를 하는 형식으로 일제교수와 개별교수를 병행하는 형태이며, 둘째는 능력별 학급편성을 하는 방법이며, 셋째는 능력별 편성을 변형한 것으로서 능력별·진도별 학급편성을 통한 교수의 개별화이다. 이는 능력에 따른 학습편성을 함과 더불어 학급의 계통에 따라 진도를 달리하는 것이다. 넷째는 능력별로 편성하되 지망 계통에 따라 목표 수준을 달리하고 방법도 달리하는 형태이다. 마지막으로 위내트카 플랜(Winnetka plan)에서 볼 수 있듯이 일제 학급식의 편제를 버리고 전통적인 개별교수의 형태를 취하는 방법이다.

0242 개별화 교육프로그램
(IEP : individualized education program)

특수아동 각 개인별로 작성된, 아동의 현(現) 성취 수준, 장기 목표, 단기 목표, 학생의 강점과 약점을 고려해서 제공되어야 하는 서비스, 교육 후 평가 방법 등을 포함하는 기술양식을 총칭해서 말하며, 문서로 작성한 것을 말한다. 특수교육을 받는 학생은 누구나 IEP를 갖고 있어야 하며, 미국에서는 PL 94-142에서 법으로 요구되고 있고, 한국에서는 아직 법적 구속력이 있는 것은 아니지만 아동을 위한 어떤 교육 목적을 제안하고, 그것을 어떻게 도달할 것이며, 학습결과를 어떻게 평가할 것인가를 공식화해야 한다. IEP 작성은 교사, 부모 이외의 전문가가 하고, 부모의 서명이 있어야만 효력을 발생할 수 있고, 아동을 가르치는 수업만이 개별 학생을 위한 교육프로그램이 문서화됨으로써 교육의 질을 높이는데 기여하는 것이 되었다. IEP에는 ① 아동의 현재 교육적인 성취 수준, ② 단기 목표를 포함한 장기 목표, ③ 제공해야 하는 특수한 교육 서비스와 정규 학급에 참여할 수 있는 정도, ④ 프로그램의 시작 일자와 마치는 일자, 학습의 평가 절차와 일정, 적절한 목표 준거 등을 포함시켜야 한다.

0243 개별화 수업(individualized instruction)

개별화 원리에 따라 전개되는 수업형태이다. 일제수업·획일수업의 반대가 되는 수업형태로서 그 원리의 다양성만큼 많은 형태로 전개될 수 있다. 이 수업의 예로는 개별처 방식 수업(IPI : individuality prescribed instruction), 프로그

ㄱ

램 수업 등이 있다. → 개별처 방식 수업.

0244 개선명령

사회복지에 있어서 개선명령은 사회복지시설의 구조 및 설비가 일정기준에 부적합할 때, 또 피보호자 등에 대한 처우방법이 법률 또는 이에 의거하는 명령 등에 위반하였을 때 그 설치자에 대해 기준에 적합한 조치를 취하도록 보건복지부장관 또는 시·도지사가 명하는 것을 말한다. 이 개선명령은 보통 지도·권고를 겸한 후에 취해지는 경우가 많지만 변명의 기회도 부여되고 있다.

0245 개인 내 차이(intra-individual difference)

개인의 여러 기능이나 특성들 간에서 나타나는 차이로, 개인의 여러 가지 능력들 사이의 불균형 상태를 가리킨다. 예를 들어, 지능검사의 소검사 점수들 간의 차이는 개인 내 기능의 차이로 볼 수 있다. 이런 정보는 개인의 능력을 이해하는데 좋은 정보가 된다.

0246 개인부담금(Personal Contribution)

사회보험 재정에 소요되는 비용으로 가입자가 이 부담하는 금액. 사회보험제도마다 부담률이 동일하지 않다. 사학연금의 경우, 부담율 = 보수월액의 85/1,000.

0247 개인상담(individual counseling)

개인이 지니고 있는 여러 가지 형태의 문제를 개별적 면담을 통해서 해결하는 상담의 한 형태이다. 흔히 집단상담과 대비되어 사용된다. 개인상담에서는 단순히 정보나 지식을 제공하기보다는 감정·태도·동기·행동성향 등의 명료화와 변화의 촉진이 그 초점이 된다.
→ 상담, 집단상담, 개인 심리치료

0248 개인연금(individual pension) 01

개인을 대상으로 하는 임의계약의 사적연금으로 기업연금과 함께 사회보장으로서의 공적연금을 보완하는 개인적 커뮤니케이션 역할을 한다. 생명보험회사, 우체국, 농협, 은행, 신탁은행, 증권회사 등이 다양한 상품을 발매하고 있지만 대별하면 개인연금형저축(저축형)과 개인연금보험(보험형)의 두 종류가 있다.

0249 개인연금(personal pension) 02

개인이 임의로 가입하는 사적연금으로 생활수준의 향상과 노령인구의 급격한 증가로 노후소득보장제도의 필요성이 증가함에 따라 1994년 6월 20일부터 도입되었다. 이 제도는 국민연금, 공무원연금, 기업의 퇴직금제도 등 공적연금의 결점을 보완하고 국민의 장기 저축에 대한 관심을 증가시켜 금융기관의 장기 수입 기반을 확충하는데도 기여하고 있다. 만 20세 이상의 국내거주자는 누구나 가입할 수 있으며, 10년 이상 월 100만원 이내로 적립한 후 만 55세 이후부터 5년 이상 연 단위 연금 형태로 지급된다. 월납이 원칙이지만 3개월마다 내는 분기납도 가능하다. 한도 내에서는 1만원 단위로 자유롭게 낼 수 있으며 계약 금액을 미리 내는 선납도 허용된다. 또한 연간 72만원 한도 내에서 불입액의 40%까지 소득공제 및 이자소득 비과세의 혜택이 주어지고 있다. 취급기관으로는 은행, 생명보험, 손해보험, 투자신탁, 농협, 수협, 축협, 우체국 등이 있다.

0250 개인적 상대주의([영] individual relativism [독] individueller Relativismus)

→ 개인적 주관주의

0251 개인적 주관주의([영] individual subjectivism [독] individueller Subjektivismus)

주관을 기초로 해서 인식이나 실천의 문제를 생각하는 경우에 있어서 그 주관을 개인적 주관으로 삼는 입장을 말한다. 특히 진리나 가치에 대해 개인적 주관성을 강조하는 입장은 개인적 상대주의(individual relativism)라고 한다. 고대에서는 프로타고라스(Protagoras)에 의한 인식의 개인적 상대성의 주장 〈인간은 만물의 척도이다〉가 이에 속하고, 근대에서는 특히 헤겔(Hegel) 이후에 나타났다. 슈티르너(Stirner, M.)의 자아의 철학, 키에르케고르(Kierkegaard) 등의 실존철학이 그 대표적인 것이다.

0252 개인적 커뮤니케이션(personal communication)

개인적인 의사소통활동을 말한다. 개인과 개인의 회화는 기호로서의 언어로 의미를 전하고 대화에서는 상호의 얼굴표정이나 몸짓동작이 의미전달의 중요한 역할을 한다. 개인적 커뮤니케이션은 매스컴에 비해 직접적·인간적이며 상호적이어서 생각전달이 용이하다. 이 같은 직접적 커뮤니케이션 외에 문서 등에 의해 행해지는 간접적인 것도 개인적 커뮤니케이션에 포함된다.

0253 개인주의(individualism) 01

공동이나 집단의 이익보다는 개인 자신의 이익추구를 강조하는 사회정치적이며 철학적인 개념을 말한다. 구체적으로 프랑스의 사상가 A.C. 토크빌이 1840년에 최초로 사용한 이래 오늘날에는 국가주의나 사회주의에 대칭되는 말로 사용되고 있으며, 자유주의가 발전한 토대를 이루고 있다.

0254 개인주의 02

사회 구성의 기초단위를 개인에 두고, 개인의 욕망, 의지, 행위를 우선적으로 실현하려는 사고방식을 말한다. 서구 근대사상의 근간이 되는 것으로서, 인권 존중 사상에 연결되어 있다. 신국가, 민족을 위해 개인이 봉사한다는 사고방식을 배제하고, 자립하고 자주적으로 판단하며, 능동적으로 살아가는 자아 형성을 전제로 하며, 근대사회의 인간상의 모델로 되어 있다. 그러나 이기주의와는 달라서, 개인주의에서는 개인과 전체의 관계가 항시 고려되고 있음을 간과해서는 안된다.

0255 개인지도(individual guidance)

생활지도의 한 가지 형태이다. 개인이 지니고 있는 신체적·정서적·사회적 문제를 해결할 수 있도록 필요한 조치를 취하거나, 성장과 발달을 촉진할 수 있도록 하기 위해 학생 개인을 독립적 대상으로 하여 수행하는 생활지도를 말한다.

0256 개인차(individual difference)

넓은 의미로는 개인과 개인들 간의 차이를 말하며, 좁은 의미로는 유사한 특성을 가진 구성원들 사이에서 나타나는 지속적인 차이를 말한다. 개인차는 유전적 소질, 환경적 자극 즉 개인의 성장 발달에 영향을 미치는 교육, 사회환경들과 개인이 형성한 가치화 등에 의하여 발생한다. 개인차에는 개인 간 차(inter-individual difference)와 개인 내 차(intra-individual difference)의 두 종류로 분류할 수 있는데 개인 간 차는 한 학급의 구성인원 또는 또래 집단 가운데서 개별학생이 나타나는 특성을 말하고, 개인내 차는 한 개인의 정신기능의 여러 가지 요소들이 불규칙적이거나 불균형적으로 발달한 것으로 그 개인이 갖고 있는 능력들 간의 차이를 설명하는 개념이다. 예를 들어 어떤 아동이 셈하기, 자연, 예체능은 잘하는 반면, 읽기에는 어려움을 갖고 있다거나 혹은 미술, 체육, 읽기 등은 잘하나 셈하기를 못하는 경우가 그 예이다. 특히 특정학습장애 학생들은 여러 가지 요소로 이루어진 능력의 하위 능력이 골고루 발달하지 못해 개인 내 능력들의 차가 심한 것으로 알려져 있다. 개인과 개인 간에서 발견되는 능력·성격 등의 차이. 개인 내 차의 반대 개념이며 개인 간 차(inter-individual difference)라고도 한다. 이러한 개인 간의 차이는 교육의 이론과 실제에 주는 시사점이 크기 때문에, 이 분야에 대한 탐색과 연구는 오래 전부터 중요한 연구 과제가 되었다. 인간의 개인차에 관한 조직적인 연구는 인간의 정신적인 능력을 측정하기 위한 심리 검사의 제작과 더불어 본격화되기 시작되었으며, 이 점에서 최초의 지능검사를 제작한 프랑스의 비네(A. Binet)나 정신측정 운동의 선구자인 캐넬(G. M. Cattell)은 이 분야에서 중요한 공헌을 하였다. 개인차 연구의 초기 작업은 대부분 인간의 지능에서의 차이를 밝혀내는데 집중되었다. 그러나 후기에 들어서면서부터 개인차의 연구의 측면이 확대되어 인간의 능력적인 측면뿐만 아니라 성격적인 측면, 지각적인 측면에까지 확대되었다. 이 문제에 대해 교육에서 특히 관심을 가지게 되는 까닭은 개인 간에는 신체적인 면에 있어서 차이가 현저할 뿐만 아니라, 심리적인 특성에 있어서도 개인차가 현저하다는 사실 때문이다. 최근의 연구 결과에 의하면, 지능과 성격에 있어서는 물론 감각기능·지각기능·가치관 등에 있어서도 개인 간의 차이가 뚜렷하다고 하며, 그것은 교육에서 결코 무시될 수는 없을 것이다.

0257 개인파산

최소한의 기초생활 자산을 제외한 다른 재산이 없어 도저히 채무를 갚을 수 없는 사람을 구제하기 위한 제도이다. 파산 후 면책을 받으면 채무에 대해 책임이 없다. 개인회생이나 개인워크아웃은 일정 기간 후 채무를 갚아야 한다는 점에서 다르다.

0258 개입(intervention)

집단, 사건, 기획활동 또는 개인의 내적 갈등 사이에 개입하는 것을 말한다. 사회사업에서 개입이란 의사의 '치료'라는 말과 유사하다. 많은 사회사업가들은 개입이 치료를 포함하고, 또한 사회사업가들이 문제를 해결하거나 예방하기 위해 또는 사회 개선을 위한 목표를 달성하기 위해 사용하는 다른 활동들도 포함하기 때문에 개입활동을 선호한다. 그래서 개입은 심리치료(psychotherapy), 옹호(davocacy), 중재(mediation), 사회계획(social planning), 지역사회 조직(community organization), 자원을 조사, 개발하는 것과 많은 다른 활동에 관련된다.

0259 개입초점(unit of attention)

사회사업가가 효과적인 변화에 도움을 제공하기 위해 직접 노력을 쏟는 개입의 초점을 말한다. 예를 들면, 정신분석적 치료를 지향하는 임상사회사업가에게는 개인의 정신 내면의 과정이 개입초점이 될 것이며, 지역사회 조직가의 개입초점은 주어진 지역사회에 존재하는 사회적 힘을 상호작용시키는 것이 될 것이다. 집단사회사업가의 개입초점은 개인-상황 유형이 된다. 특수한 행동은 행동지향적인 사회사업가를 위한 개입 초점으로 간주될 것이며, 의회에 제안된 법안은 사회활동가에게 개입초점이 될 것이다. → 표적행동(target behavior), 기획대상 집단(target segments of society), 표적체계(target system) 참조.

0260 개정구빈법(the poor law reformed)

16세기 영국의 구빈법은 1834년에 크게 개정되었다. 공적 구빈제도는 빈곤을 해결할 수 없다는 주장으로 빈곤의 자조해결을 요구하며 원외구제를 폐지했다. 산업혁명의 진행에 의해 자본노동자에 대한 착취가 자유롭게 추구되어 이 요구가 반영된 것으로, 말사스의 이론이나 자유주의사상을 사용하여 이 같은 주장을 합리화했다. 그러나 자본주의의 모순과 사회문제의 심각화, 1948년의 국가부조법의 성립으로 폐지되었다. → 구빈법

0261 개혁자(reformer)

제도적 구조나 인간행위를 변화시키고자 노력하는 사회행동가(social activist)를 말한다.

0262 개호인 파견사업

일본의 재가복지대책사업의 하나로 노인개호인 파견사업과 신체장애인 개호인 파견사업이 있다. 전자는 1976년 사노28호의 통지 재가노인복지대책사업의 실시 및 추진에 근거해서 실시된 것이다. 실시주체는 시·정·촌이며, 일시적인 질병으로 일상생활을 영위하는데 지장이 있는 65세 이상의 저소득노인을 대상으로 노인 간호원을 파견하여 간호를 한다. 노인개호인은 대상노인의 인근에 거주하는 자 중에서 시·정·촌이 미리 선정, 등록해 두고 노인의 질병상황에 따라 지시에 의해 간호에 임한다. 개호의 내용은 식사의 시중, 주거의 청소, 쇼핑, 의료기관과의 연락 등이다. 개호인은 간호일수에 따라 수당이 지급된다. 그리고 후자는 1973년 사경 제72호의 통지 신체장애인 개호인 파견사업의 실시에 관해 시·정·촌이 실시주체가 되며 대상은 일시적인 질병 등으로 일상생활을 영위하는데 지장이 있는 저소득장애인이다. 개호인의 선정, 등록, 개호의 내용은 전자의 것과 같다.

0263 객관성(objectivity)

어떤 상황이나 사회현상을 평가하거나, 편견이나 주관적 왜곡 없이 사람을 평가하는 능력을 말한다.

0264 객관식 평가(objective evaluation)

객관식 검사문항에 의한 평가. 객관식 검사문항에는 간단히 답을 제시하는 단답형과 완결형이 있으며, 주어진 답지 중에서 선택을 요구하는 진위형·선다형 및 배합형이 있다. 객관식 검사 중에 가장 많이 쓰이고 또 대표적인 것은 선다형이므로 객관식 평가는 바로 선다형을 의미하기도 한다. 객관식 평가는 일반적으로 채점에 주관성이 배제된 평가를 의미한다. 객관식 평가는 채점의 객관성과 학습내용을 광범위하게 표집하여 평가할 수 있는 장점을 가진 반면에 너무 이러한 평가의 일변도가 될 때는 학생들의 학습은 단편적이고 표현력이나 조직력의 위축을 가져올 위험성이 있다. 또한 객관식 문항의 제작은 특히 상위수준의 능력을 평가하기 위해서는 상당한 전문적 지식과 경험이 필요하게 된다. 한편 주관식 검사는 학생들의 학습에 끼치는 장기적인 영향이라는 측면에서는 비록 객관식 검사에 비하여 유리한 입장에 있다고는 하겠지만 채점의 객관도나 문항표집의 제한성이라는 측면에서 볼 때 결정적인 약점을 가지고 있다.

0265 객관적 욕구(objective needs)

일정기준에서 벗어난 사회적인 욕구 상황이 개인·국가나 집단·지역주민 등 그 담당한 사람에 의해 자각되어 있는지 또는 현재화되어 있는지의 여부와 상관없이 그것이 현실에 존재하고 그 사회적 해결이 필요하다고 인정되는 상태를 말한다. 조사활동에 의해 객관적 욕구의 실태가 명확하게 파악되고 사회적으로 제기되는 것이 문제 해결의 기초가 된다.

0266 객관주의([영] objectivism [독] Objectivismus)

우리들의 주관주의적인 의식과 관계하지 않는 객관적인 진리만을 인정하는 입장이다. 그러나 그것은 가끔 인간의 인식에 있어서의 주체적인 실천의 의의와 역할을 망각하고, 예를 들면 자본주의의 발전법칙을 이 사회의 자동적인 붕괴로 해석하는 것과 같은 방관주의가 되는 일이 있다.

0267 객체([영] object [독] Object)

주체와 대립되는 말이다. 거의 객관과 같다. 특히 존재론이나 이에 준하는 경우에 사용되는 말이다.

0268 갠트 도표(GANT chart)

조직의 각각의 활동들과 그들 각자를 완성하는데 쓰인 시간을 사실적으로 나타내기 위해 사회사업과 사회계획에서 보통 사용되는 작성기술, 각각의 활동을 위해 달력 날짜 밑에 가로선이 그려져 있으며, 가로선 막대가 과업에 소요된 기간을 나타낸다. 갠트 도표가 활동 사이의 상호연결을 나타내기 못하기 때문에, 더 복잡한 계획에는 프로그램 평가 및 검토기법 PERT 도표가 사용되는 경향이 있다

0269 갬블(gamble)

현재 갬블의 종류는 화투, 트럼프, 마작, 경마, 빠칭코, 룰렛 등 대단히 많고 갬블 인구 또한 방대한 수이다. 본래 유희인 동시에 도박이 며 모험인 갬블이 비윤리적요소임에도 불구하고 왜 현대사회에 넓게 퍼지느냐에 대해서는 사행심의 만족, 현실에서의 도피, 도박의 매력, 관리사회적 일상성에서의 탈피 등 여러 가지 동기가 열거되고 있으나 갬블의 병리성 자체를 무시할 수는 없다.

0270 갱년기(climacteric)

여성의 생식기 마지막 시기에 내분비나 정신적, 신체적 변화에 의해 생기는 증후군으로 남성에 있어서는 성 능력의 정상적인 감퇴를 수반하는 수도 있다.

0271 갱생(regeneration)

개인이 상실한 생활능력을 회복 또는 획득하여 현실사회의 활동에 복귀하는 것을 말한다. 혹은 그 갱생과정을 원조하는 활동을 말한다. 법률적으로는 장애인복지법에 의한 신체장애인의 사회복지의 원조 또는 빈곤자의 생활을 새롭게 하기 위한 자금대부나 능력습득의 원조 또는 범죄자가 사회인으로서 정상적으로 사회에 복귀할 수 있도록 자금·숙소를 제공하는 원조 등을 나타내는 용어로서 사용되고 있다.

0272 갱생법

보호법의 한 분야로 비행범죄 등의 행동에 기인한 형벌 또는 보호처분 등 사법적 처우를 받은 자에 대해 정상적인 시민생활에의 복귀와 형사 정책적으로는 재범이나 재비행의

방지를 목적으로 행해지는 보호를 갱생보호라 하고 이에 관한 법체계를 갱생법이라 한다. 이 갱생보호에는 본인의 의사에 불문하고 행해지는 보호관찰과 본인의 의사를 전제로 행해지는 갱생보호가 있다.

0273 갱생보호(after care) 01

사회에서 행하는 범죄자 및 위험자에 대한 교정사업을 말하는 것으로 이들의 지역사회에 대한 복귀와 회복과정에서 사회적 지원과 신체적 안전을 위해 계속적 치료를 해주는 것이다. 현재 우리나라에서 형 종료 후 그리고 본인의 신청에 의해 이루어지는 갱생보호제도와 형벌 이전의 재판단계에서 법원에 의해 실시되거나 혹은 그 후 형벌의 집행단계에서 유권적으로 실시되는 보호관찰제도와는 엄연히 구별된다.

0274 갱생보호 (after care for discharged prisoners) 02

갱생보호는 갱생보호법의 적용을 받는 대상자들에 대해 선행을 장려하고 환경을 조성시켜 재범을 방지하는 관찰보호와 친족연고자들로부터 원조를 얻을 수 없는 경우에 자활을 위한 생업의 지도, 취업을 보호 알선하는 등의 직접보호를 부여하는 것을 말하며 직접보호에는 수용보호와 귀주보호가 있다. 갱생보호조치를 취함에 있어서 본인의 개선 및 갱생을 위하여 상담하고 적절한 한도 내에서 본인의 연령, 경력, 능력, 장래, 가족상황 기타 환경을 충분히 참작하여 적합한 방법을 취하며, 취업의 알선을 위주로 하여 근로에 의한 자활독립을 성취시킴을 기본으로 하고, 보호방법으로는 관찰보호와 직접보호의 두 가지 방법이 있다. 우리나라에서 출소자에 대한 갱생보호제도가 처음 나타나기 시작한 것은 1911년 서울에서 설립된 「재단법인 사법보호위원회」에 비롯되는 것 같다. 그러다가 1963년도에 법 개정시 기구 면에서 전국적으로 흩어져 있던 독립적인 재단법인체 갱생보호회들을 중앙에 한 개의 「갱생보호회」로 통합하고 그 밖의 것은 그 산하에 예속시키면서 그 지부·지소로 운영되게 하고 중앙의 갱생보호회는 법무부장관의 지휘·감독을 받도록 하였다. 이는 우리나라의 갱생보호제도를 국가적 차원에서 발전시키게 되는 것이었다.

0275 갱생보호법 01

형벌 또는 보호처분을 받은 자에 대한 갱생보호사업에 관한 사항을 규정하기 위해 제정한 법률(1961. 9. 30, 법률 제730호). 갱생보호대상자의 자립의식을 고취하고 경제적 자립기반을 조성시켜 건전한 사회복귀를 촉진함으로써 재범의 위험을 방지하는 한편 갱생보호사업의 건전한 육성을 도모할 목적으로 개정되었다.

0276 갱생보호법 02

갱생보호대상자의 자립의식을 고취하고, 경제적 자립기반을 조성시켜 건전한 사회복귀를 촉진함으로써 재범의 위험을 방지하는 한편, 갱생보호사업의 건전한 육성을 도모함을 목적으로 한다. 갱생보호대상자는 징역 또는 금고의 형의 집행이 종료되거나 그 형의 집행이 면제된 자, 가석방된 자, 형의 집행유예 또는 선고유예의 선고를 받은 자, 공소제기의 유예처분을 받은 자, 소년법의 규정에 의한 보호처분을 받은 자, 소년원법 또는 보호관찰법의 규정에 의하여 퇴원 또는 가퇴원된 자, 사회보호법에 의한 보호감호 또는 치료감호의 집행이 종료되거나 가출소 또는 치료위탁된 자로 한다. 국가와 지방자치단체는 보호대상자의 건전한 사회복귀를 위해 보호사업을 육성할 책임을 진다. 모든 국민은 그 능력에 따라 보호사업에 협력해야 한다. 갱생보호는 보호대상자의 의사에 반하지 않는 경우에 한하여, 보호대상자의 연령·학력·가정·교우 및 장래계획 등 제반환경을 충분히 고려하여 자립에 필요한 범위 안에서 행하며, 관찰보호와 직접보호의 방법으로 한다. 보호사업을 담당하기 위해 법무부장관의 감독 아래 갱생보호회를, 서울특별시, 직할시 및 도에 보호회지부를, 기타의 곳에 보호회지소를 각각 둔다. 보호회는 법인으로 한다. 보호회의 장은 법무부장관의 승인을 얻어 직업훈련소를 둘 수 있다. 지부에 자문위원회를 둔다. 법무부장관은 보호회를 지휘·감독한다. 관찰보호업무에 종사하고 기타 보호사업을 지원하기 위해 지부에 갱생보호위원을 둔다. 보호위원은 법무부장관이 위촉하고, 그 임기는 3년으로 한다. 보호회 외의 자로서 보호사업을 하고자 하는 자는 법무부장관의 허가를 받아야 한다. 보호회 또는 사업자가 보호사업을 위해 수익사업을 하고자 하는 때에는 사업마다 법무부장관의 승인을 얻어야 한다. 28조와 부칙으로 되어 있다. 보호관찰 등에 관한 법률(1995. 1. 5, 법률 제4933호)에 의하여 폐지·대체되었다.

0277 갱생보호사업

이 사업은 출소자의 재범의 위험을 방지하고 그 자활독립의 경제적 기반을 조성시켜 사회를 보호하고 개인 및 공공의 복리를 증진함을 목적으로 하는 형사정책 분야인데 이 사업을 담당하는 기구로서 중아에 갱생보호회를 설치하고 있으며 그 산하에 서울특별시, 부산광역시, 그리고 각 도에 보호회 지부를 두고 있다. 출소자의 갱생보호방법은 관찰보호와 직접보호로 나누어지는데 이 보호방법 중 관찰보호를 담당하게 하기 위하여 지역사회의 독지가인 보호위원을 두고 있다.

0278 갱생보호회

갱생보호회는 보호 사업을 담당하게 하기 위하여 1963년에 전국적으로 흩어져 있던 독립적인 재단법인체 갱생보호회들을 중앙의 갱생보호회로 통합하고, 그 밖의 것은 그 산하에 예속시키면서 그 지부·지소로 운영하게 한 단체이다. 중앙의 갱생보호회는 법무부장관의 지휘·감독을 받는다.

0279 갱생협회

정서적 문제나 정신적인 질병으로부터 회복하고자 서로를 돕기 위해 정기적으로 모임을 갖는 사람들로 구성된 미국의 전국적 자조조직(self-help organization)을 말한다. 이 기구는 규모가 큰 지역사회에 지부를 두고 있다.

0280 갱에이지(gang age)

생리적·정신적으로 불안정한 상황에 있는 13세~17·18세의 세대를 말한다. 이 시기에는 주로 동성의 비슷한 연령끼리 집단을 이루고 집단적인 놀이를 즐긴다. 이 연령층의 놀이집단은 일정한 리더쉽에 의해 통제되고 연대의식과 결합성을 가진다. 때로는 반사회적 폭력적 행동을 취하기도 하는데 갱에이지라는 말은 여기에서 비롯된 것이며 저연령화하는 경향을 보이고 있다.

0281 거부(denial) 01

수용할 수 없는 사고, 감정, 희망 등을 부인하거나 무시함으로서 불안이나 죄의식에서 인성을 보호하는 방어기제(defence mechanism)를 말한다.

0282 거부(rejection) 02

어떤 것이나 어떤 사람을 인정, 승인, 인지하는 것을 거부하는 것이다. 한 개인이 그의 생각과 요구, 존재가 다른 사람에게 받아들여지지 않을 때 이러한 거부를 경험하게 된다. 자존심과 자신감이 약한 클라이언트는 자신이 쓸모없는 존재로 취급당하거나, 즉 무시당하거나 자신이 원하는 것을 얻지 못할 때 이 거부를 경험한다는 것을 사회사업가는 종종 발견한다.

0283 거시적 실천(macro practice)

보편적인 사회에서 개선과 변화를 초래하는데 적합한 사회사업 실천. 이러한 활동들에는 정치적 행위(political action), 지역사회 조직(community organization), 공공교육 캠페인, 종합사회서비스 기관이나 공공복지부서 행정의 일부 유형들이 있다.

0894 거시적 지향(macro orientation)

사회사업에서 모든 인간의 조건과 개인들에게 문제를 유발하는 것, 또는 개인의 자기완성과 평등을 위한 기회를 제공하는데 영향을 주는 사회정치 역사, 경제, 환경의 힘을 강조하는 입장이다. 이러한 관점은 사회사업의 미시적 지향(micro orientation)과 대조를 이룬다.

0285 거실집단제

아동복지시설에서 동일건물 내의 각 방마다 소수의 아동과 그 담당자인 직원이 거주하며 하나하나의 방이 한 가족같은 생활단위를 구성하고 가정 같은 양호형태를 취하는 제도를 말하며 가정제라고도 불린다. 집단은 남녀연령혼합으로도 이루어지며 동질적으로 편성되기도 한다. 경제적이며 간편한 제도로 시설전체의 통제는 쉬우나 그만큼 홈의 독자성은 잃기 쉽다. 보다 좋은 양호와 직원 동무체제를 고려한 여러 가지 시도가 전개되고 있다.

0286 거주지주의

생활보장법에 의하면 생활보장은 피보호자의 거주지에서 행하며 보호는 요보호자의 거주지에서 시장·군수가 행하도록 되어 있다. 여기에서 말하는 거주란 것은 거주사실의 연속성 또는 그 기대성이 구비되어 있으면 되며 형식적인 요건은 필요 없다. 거주사실이 분명하지 않은 경우는 사실과 본인의 의사를 고려하여 결정한다. 민법에서 말하는 거소, 거주의 개념과는 다른 생활보장법상의 관념이다.

0287 거치기간(Deferment Period)

대여금의 상환개시를 일정기간 유예해주는 것.

0288 거택보호

생활보장법은 6종류의 보호에 대해 각각 보호방법을 규정하고 있다. 그 전제로서 거택보호와 수용보호의 구분이 있다. 거택보호란 자택에서 생활원조를 받는 것이고 통원에 의한 의료부조, 수산시설에서의 생업부조는 거택보호에 포함되는 것이 일반적이다. 영국의 구빈법에서는 큰 비중을 차지하고 있었지만 17세기 후반부터 인도주의사상의 확장과 더불어 거택보호가 원칙으로 되었다. 우리나라에서도 거택보호를 원칙으로 하고 수용보호를 병용하고 있다.

0289 거택보호의 원칙

사회복지를 건강 관리차원에서 실천할 때 그것이 시설(수요)에서 행해지는가 거택에서 행해지는가는 중요한 쟁점이 되며 오래 전부터 원내보호(indoor relief)와 원외보호(outdoor relief)라는 것이 논의되어 왔다. 거택보호의 원칙의 필요는 대상자의 자유, 사생활의 확보 등을 내용으로 하는 인격존중의 입장, 종전의 시설보호에서 가끔 볼 수 있었던 호스피탈리즘, 인스티튜션나리즘 등의 반성, 자원의 효율적 배분 등의 이유에서 주장되었다. 거택보호원칙은 대상자보호를 제1차적으로 거택에서 행한다는 것이며 이때 재가복지서비스의 내실이 요구된다. 한편 사회복지시설의 역할도 다시 한번 재검토될 필요가 있다.

0290 거택복지서비스

사회복지의 새로운 운동의 하나로서 사회복지욕구의 변화에 상응한 새로운 사회복지서비스가 요구되어 왔다. 이는 거택처우의 원칙에 기초해서 대상자를 가능한 한 거택에서 처우하게 되는 사회복지서비스를 의미한다. 이에 유사한 개념으로 지역보호가 있다. 거택복지서비스가 효과적으로 전개되기 위해서는 소득보장, 주택, 환경의 정비, 그 외 일반시설의 확충·정비가 필요하지만 이와 아울러 각 지역에 적합한 서비스와 사회복지시설의 추진방법으로는 일상생활에 필요한 물품의 제공, short stay, day care 등의 시설기능을 활용하는 것 외에 home help, 배식서비스, 입욕서비스 이외 필요한 서비스를 해주는 방문·파견의 방법들이 있다. 우리나라에서도 거택복지서비스의 필요가 명확하게 되고 그의 확충이 시급히 요구되고 있다.

0291 거택케어

→ 거택보호

0292 건강(health)

세계보건기구(World Health Organization)에 따르면, 단순히 질병 또는 쇠약의 부재만이 아닌 육체적, 정신적 및 사회적으로 완전히 평안한 상태를 말한다.

0293 건강가정지원법

건강한 가정생활의 영위와 가족의 유지 및 발전을 위한 국민의 권리·의무와 국가 및 지방자치단체 등의 책임을 명백히 하고, 가정문제의 적절한 해결방안을 강구하며 지원정책을 강화함으로써 건강가정 구현에 기여하기 위해 제정한 법(2004. 2. 9, 법률 제7166호). 건강가정이란 가족 구성원의 욕구가 충족되고 인간다운 삶이 보장되는 가정으로 정의한다. 가족 구성원은 부양·자녀양육·가사노동 등 가정생활의 운영에 동참해야 하고 서로 존중하며 신뢰해야 한다. 국가와 지방자치단체는 출산과 육아의 사회적 책임을 인식하고 모성보호와 태아의 건강보장 등 적절한 출산환경을 조성하는데 적극적으로 지원해야 한다. 가정의 중요성을 고취하고 개인·가정·사회의 적극적인 참여 분위기를 조성하기 위해 매년 5월을 가정의 달로, 5월 15일을 가정의 날로 정한다. 건강가정에 관한 주요시책을 심의하기 위해 국무총리에 소속되는 중앙건강가정정책위원회와 건강가정실무기획단을 둔다. 특별시·광역시·도에는 건강가정위원회를 둔다. 보건복지부 장관은 5년마다 가정의 자립증진 대책 등이 포함된 건강가정기본계획을 세워야 한다. 관계 중앙행정기관장 및 시·도지사는 매년 기본계획에 따라 시행계획을 세워 시행해야 한다. 국가와 지방자치단체는 5년마다 가족실태조사를 실시하고 그 결과를 발표해야 한다. 또 가정이 원활한 기능을 수행하도록 가족 구성원의 정신적·신체적 건강과 소득보장 등 경제생활의 안정, 안정된 주거생활 등을 지원해야 한다. 자녀양육의 지원을 강화하고, 가족의 건강증진, 가족부양의 지원, 민주적이고 양성평등한 가족관계의 증진 등에 힘써야 한다. 이밖에 가사·육아·산후조리·간병 등을 돕는 가정봉사원을 지원할 수 있다. 이혼조정을 내실화하고, 이혼의 의사가 정해진 가족이 자녀양육·재산·정서 등의 제반 문제를 준비할 수 있도록 지원해야 한다. 중앙과 특별시·광역시·도 및 시·군·구에 건강가정지원센터를 두고 전문가로서 건강가정사를 두어야 한다. 5장으로 나누어진 전문 36조와 부칙으로 구성되어 있다.

→ 건강가정지원센터

0294 건강관리(health care)

신체적·정신적 장애를 치료·예방·발견하고 사람들의 신체적·심리적·사회적 안녕을 도모하기 위해 고안된 활동과 관련된 용어이다. 건강관리체계에는 서비스를 제공하는 의사·간호사·사회사업가와 함께 서비스를 제공하는 시설, 서비스 제공을 위해 조사·연구하는 기관 등 무수한 조직과 사람들이 포함된다. 예방의학의 원리에 따라 건강을 유지하고 증진하는 계획적·계속적인 실천 활동이다. 정기적인 건강진단 등에 의해 병원의 조기발견에 중점을 둔다. 유병자에게는 악화방지와 회복의 촉진을 도모할 목적으로 의료진을 촉구하고 노동의 조정이나 생활개선 등을 위해 보건지도를 한다. 직장에서의 건강관리는 직업병예방을 위한 특수건강진단이나 유해환경의 측정도 추가된다. 또 개인의 건강상태에 따라 훈련 등에 의해 건강증진을 도모한다.

0295 건강보험(health insurance)

넓은 의미로는 피보험자가 상해·질병·임신·출산·사망 등 인간의 생물학적 사고로 활동능력을 잃거나, 의료처치로 인해 불이익을 받거나 수입 감소가 있을 경우, 그 치료를 위한 비용이나 수입 감소액을 보상하는 것을 목적으로 하는 보험의 총칭이다. 따라서 일반보험의 상해·질병보험 및 사회보험으로서의 재해·질병·건강보험도 이 개념에 포함된다.

0296 건강보험관리공단

국민의 질병·부상에 대한 예방·진단·치료·재활·출산·사망 및 건강 증진에 대한 보험급여를 실시함으로써 국민건강 향상과 사회보장 증진에 이바지할 목적으로 1998년 1월 설립된 보건복지부 산하 법인이다. 우리나라의 공적의료보장제도를 수행하는 대표적인 기구이다. 국민의 질병·부상에 대한 예방·진단·치료·재활·출산·사망 및 건강 증진에 대한 보험급여를 실시함으로써 국민건강 향상과 사회보장 증진에 이바지할 목적으로 국민건강보험법과 같은 법 시행령에 따라 설립된 특수 공법인이다. 1963년 12월 16일 의료보험법이 제정된 뒤, 1977년 7월 1일부터 500인 이상의 사업자를 대상으로 의료보험법을 적용하였다. 이어 1979년 1월부터 공무원 및 사립학교 교직원, 1988년 1월부터 농어촌 지역 주민, 1989년 7월부터 도시 지역 주민으로 각각 의료보험을 확대 적용하는 한편, 1989년 1월부터는 약국의료보험을 실시하였다. 그러다 1998년 10월 1일 공무원 및 사립학교 교직원 의료보험관리공단과 227개 지역조합을 통합한 국민의료보험관리공단이 출범한 뒤, 2000년 7월 1일 다시 국민의료보험관리공단과 139개 직장조합을 통합해 지금의 명칭으로 바꾸고, 2003년 7월 보험재정을 통합하였다. 조직은 이사장을 중심으로 재정운영위원회·이사회·상임감사·상임이사(총무·관리·업무)와 2본부(경영전략본부·기획조정본부) 10실(감사실·총무관리실·노사협력실·홍보실·재정관리실·보험급여실·급여관리실·자격부과실·징수관리실·정보관리실) 1센터(건강보험연구센터)로 구성되어 있고, 산하에 6개 지역본부와 227개 지사가 있다. 주요 사업은 가입자 및 피부양자의 자격 관리, 보험료 및 기타 국민건강보험법에 의한 징수금의 부과·징수, 보험급여의 관리, 가입자 및 피부양자의 건강 유지·증진을 위해 필요한 예방 사업, 보험급여비용의 지급, 자산의 관리·운영 및 증식 사업, 의료시설의 운영, 건강보험에 관한 교육 훈련 및 홍보, 건강보험에 관한 조사·연구 및 국제협력, 국민건강보험법 또는 다른 법령에 의하여 위탁받은 업무, 기타 건강보험과 관련해 보건복지부장관이 필요하다고 인정하는 사업 등이다. 본부는 서울 마포구 염리동에 있다.

0297 건강보험제도(medicare system)

미국의 사회보장법 제18항에 근거하여 65세 이상의 노인과 신체장애인에 대해 연방정부가 운영하는 건강보험제도이다. 1965년에 제정되어 목적세인 사회보장세와 수급대상자로부터의 보험료를 주재원으로 하고 있다. 이 제도의 A부문은 입원보험이며 질병에 대해 90일까지 급여를 한다. B부문은 임의급여로 이것을 희망하는 자에 대해서는 추가적 보험료의 반대급여로서 의료급여를 하는 제도이다.

0298 건강보호(health care)

육체적 및 정신적 장애를 다루고, 예방하고, 발견하며 사람들의 육체적 및 심리사회적 안녕을 증진시키기 위해 계획된 활동과 관련된 용어이다. 건강보호제도는 필요한 서비스를 제공하는 사람(의사, 간호사, 병원직원, 건강보호 사회사업가 등), 그러한 서비스를 제공하는 시설(병원, 의료원, 요양원, 호스피스(hospice), 외래환자(outpatient) 진료소 등), 발견, 연구 및 기획을 위한 실험실과 연구소, 질병을 예방하기 위한 환경적 설비 및 건강의 증진, 유지, 회복 또는 건강 악화의 최소화를 위해 사람들을 돕는 무수한 다른 조직과 사람들을 포함하고 있다.

0299 건강보호재정국 (health care financing administration)

국민건강보호 프로그램과 그 재정을 평가하고, 사회보장청(SSA : social security administration)에서 담당하고 있는 의료보험(medicaid)과 주의 공적 부조 담당부서에서 관장하는 의료보호(Medicaid)를 감독하는 보건 및 인간봉사(department of health and human services) 안에 있는 기구이다.

0300 건강사정(health assessment)

건강에 대한 종합평가를 행하는 것이다. 종전의 건강진단이 질병 면에서만 평가한 것에 비해 일상생활기능, 정신기능 및 생활환경문제를 포함해서 다면적으로 건강상태를 파악하는 것으로 의사, 간호사, 사회사업가 등의 팀으로 진행된다. 노인, 장애인, 만성질환자 등에 대해 치료, 간호, 기능회복훈련, 환경개선, 생활원조 등을 종합적으로 행할 때 이들 상호간의 관련성을 강화할 필요가 있으며 앞으로 실천이 요망되는 부문이라 하겠다.

0301 건강염려증(hypochondria)

사람의 신체적인 기능의 세부사항에 열중하는 것 또는 질병에 걸릴까봐 지나치게 걱정하는 것을 말한다. 히포콘드리증(hypochondriasis)으로 불리기도 한다. 일반적으로 그 원인은 신경과민이라고 생각한다. 히포콘드리 환자는 실제적으로 신체적 증상은 보이나 신체적 기능에 실제 장애는 없다. 그들은 종종 여러 의학전문가들에게 도움을 구하며, 이상이 없다는 확신을 받아들이기를 꺼린다.

0302 건강장애(health impairment)

만성 혹은 급성 건강 문제로 신체적 장애를 가지거나 제한된 힘, 제한된 활력(vitality) 혹은 기민도(alertness) 등으로 인해 아동이나 청소년들의 교육 수행에 영향을 미치는 신체 상태를 말한다. 심장병, 결핵, 류우머티즘열, 신, 천식, 악성빈혈, 혈우병, 간질, 납중독, 백혈병, 당뇨병 등이 이에 포함되며 아동의 교육적 수행에 악영향을 미치는 것으로 미국에서는 특수교육 대상 학생의 범주에 넣고 있다.

0303 건강진단(health examination)

예방의학의 원리에 의하여 건강을 유지하고 증진하기 위한 계획적·지속적인 활동으로 정기적인 진찰 등에 의해 질병의 조기발견에 중점을 둔다. 근로자를 위한 정기건강진단은 근로보건관리규정상 유해한 업무에 종사하는 근로자는 매년 2회 이상, 이외 업무에 종사하는 근로자는 매년 1회 이상으로 규정하고 있다. 학교보건법에서는 매년 학생과 교직원의 신체검사를 하도록 하며, 결핵예방법에서는 모든 국민이 연 1회 이상 결핵에 관한 건강진단을 받도록 하고 있으며, 모자보건법에서는 임산부와 영유아에 대한 건강진단을 규정하고 있다. 이외 접객업소 종사자에 대해서도 전염병, 피부병에 관한 건강진단을 받아야 한다는 규정이 업종별로 정해져 있다.

0304 검사(Test)

한 개인의 행동을 관찰하고 숫자척도나 분류척도를 가지고 그 행동을 기술하려는 체계적 과정이다. 숫자척도는 한 사람의 시력이 20/100이라든가 하는 경우이고, 분류척도는 그가 적청색 색맹이라고 진단되는 경우 등이다. 이러한 정의는 자기보고 양식의 성격검사에서의 질문, 사회적 행동관찰을 위한 과정, 운동기능을 측정하는 검사기구, 또는 생산과정을 점검하는 체계적인 기록방법 등이 이에 포함된다. 심리검사는 인간의 심리적 특성을 재기 위한 검사로서 그 특징에 따라 여러 가지로 분류된다. 예를 들어 지필검사와 도구검사, 개인용 검사와 집단용 검사, 최대능력검사와 대표적 행동표현검사 그리고 그 측정 영역에 따라 지능검사·적성검사·흥미검사·성격검사·가치관검사 등으로 분류되기도 한다.

0305 검사편견(test bias)
부정확한 결과를 초래하는 검사를 발전시키려는 경향을 말한다. 예를 들어, 한 적성검사에서 어떤 소수가 다른 조사자가 행한 것보다 더 낮은 점수를 얻는 경향이 있을 때 그들은 문화적으로 편견되었다고 말한다.

0306 검사 프로파일(test profile)
개인에게 실시한 검사의 점수들을 하나의 공통 척도 상에서 평행되는 열들에 나열하고 점수들을 선으로 연결시켜서 높은 점수와 낮은 점수가 쉽게 눈에 띌 수 있도록 그린 도표를 말한다.

0307 검증(verification)
한 명제의 진위를 판별하는 과정, 특히 어떤 가설로부터 유도되는 결론을 사실의 관찰, 실험의 결과와 비교하여 그 사설의 진위를 밝히는 일을 뜻한다. 논리실증주의가 언어의 논리적 분석을 방법으로 하여 형이상학적 및 윤리학을 배격할 때 적용한 원리가 바로 검증원리라는 기준이었다. 슐릭크(M. Schlick)는 "한 명제의 의미는 그 명제의 검증방법"이라는 말로 이 원리를 내세웠다. 검증에 관한 견해는 학자에 따라 다르며, 비인학파의 내부에서도 두 가지 의견으로 구별된다. 슐릭크와 비트겐슈타인(L. Wittgenstein) 등은 관찰적 명제와 관찰대상의 비교조합(比較組合)에 의하여 검증이 이루어진다고 보며, 노이라트(O. Neurath)와 카드납(R. Carnap) 등은 검증은 명제나 언어 내의 과정으로, 복합적 문장으로부터 집적 관찰 가능한 프로토콜(protocol) 명제가 형식적으로 도출되는가의 확인에 불과하다고 주장한다. 현재 과학적 경험주의에 있어서는 확증의 이론이 이를 대치하게 되었다. → 과학적 경험주의, 검증가능성

0308 검진명령
행정기관이 특정인에 대해 건강진단을 받도록 의무로 과해진 명령행위이다. 사회복지에 있어서 생활보장의 실시기관은 보호의 결정 또는 실시가 필요한 때에는 해당 요보호자에게 지정한 의사 또는 치과의사의 검진을 받도록 명할 수 있다. 명령에 따르지 않을 때는 보호의 개시 또는 변경의 신청을 각하하고 보호의 변경, 정지 또는 폐지의 조치를 취할 수 있다.

0309 격률([영] maxim [독] Maxime)
준칙이라고도 한다. 옛날에는 논리상의 주요 명제([라] maxima propositio)의 뜻이다. 근세에 이르러서도 증명없이 인용되는 명제(로크), 자명한 공리(라이프니쯔)의 뜻으로 사용되었는데, 칸트는 개인이 자기를 위해 이용하는 행위의 규칙이라는 뜻으로 사용하고, 이것을 보편적인 도덕법칙과 구별했다. 오늘날에는 행위의 규칙, 논리의 원칙 등을 간단히 표현한 것을 말한다.

0310 격리(segregation)
사회적 인가(sanctions), 법률적 규제 또는 또래집단의 압력, 개인의 선택 등의 요인이 결부되어 하나의 집단을 격리 또는 별거시키는 것을 말한다. 자발적인 격리는 공통 특성을 가진 집단에 자신을 스스로 귀속시킴으로써 발생한다. 비자발적인 격리는 대개 지배계층이 설립해놓은 법적, 정치적, 또는 규범적인 요구가 비교적 힘이 약한 계층에 부과됨으로써 발생한다.

0311 격차축소방식
예산편성직전에 정부에서 발표하는 다음 년도의 경제전망중에 국민의 소비수준의 증가율에 피보호층과 인접한 저소득층 또는 평균소득층간의 소비수준의 격차를 축소시키기 위해 약간 상승시켜 개정율로 하는 방식이다. 1965년~1983년까지 생활부조기준의 산정방식으로서 채용된 바 있다.

0312 견책(Reprimand)
징계처분의 한가지로 잘못을 꾸짖고 회개하게 만드는 것. 사학연금의 경우, 징계처분일로부터 6개월 동안 승급이 제한되며 징계처분일로부터 3년이 경과하게 되면 승급기간의 특례에 의해 승급의 제한을 받은 기간은 승급기간에 재산입한다.

0313 결과(consequence) 01
행동주의에서 행동 재발의 가능성을 증가 혹은 감소시킬 수 있는 행위에 의하여 발생하는 사건이다. 하나의 결과는 행위에 어떠한 영향도 미치지 않을 수 있다.

0314 결과(effect) 02
존재하는 사물이나 발생한 현상 또는 원인에 관련시켜볼 때 원인에서 유래한 어떤 행위이다. 고전적인 형이상학에서는 원인을 실체(entity)라고 보면 그 실체의 작용이 결과이며, 원인을 본질(essence)로 보면 그 본질이 구현되는 현상이 결과라고 하였다. 근대의 경험주의적 사고에서는 원인을 상정하여 그것에서 결과를 설명하려고 하지 않고, 어떤 현상을 결과로 보고 그것에서 원인을 탐구하는 방식을 취한다. 흄(D. Hume)과 밀(J.s. Mill) 등의 경험주의자들은 원인과 결과의 관계를 두 개의 사건이나 변화의 관계로 파악

하고, 선행하는 사건 혹은 변화가 충분조건이 될 때 후속한 사건, 혹은 변화를 결과라고 한다. → 원인, 인과율

0315 결론(conclusion)

전제와 상대적으로 성립되는 명제·주장, 혹은 판단이다. 전제에서 도출된 결과로서의 명제·주장, 혹은 판단을 말한다.

0316 결사체(association)

미국의 사회학자 맥키버(Maciver R. M.)가 주장한 사회집단 유형의 하나로서 인간의 특정한 생활요구를 충족시키기 위해 인위적으로 조직되어 뚜렷한 이해의식을 가진 사회를 말한다. 인간은 특정한 생활요구를 충족시키기 위해서 참여하여 그 곳에서 요구하는 역할을 수행한다. 이는 생활의 특수한 일면에 결합되어 있을 뿐 생활의 전반적인 면을 담고 있지 않으며 특정한 목적달성을 위해 생산성 향상을 그 원리로 하고 있다.

0317 결속(bonding)

다른 사람에게 애착을 가지는 사람이 발달시키는 것을 말한다. 어느 한 개인이 다른 사람이 정규적으로 충족시켜야 하는 욕구를 느끼고 상호관계 속에서 부분적으로 자신의 정체감을 만들어 나갈 때 이러한 과정이 시작된다.

0318 결손가정(broken family) 01

부부중심의 가족을 기준으로 할 때 결손가족은 모자가정, 부자가정, 청소년 가장가족 등 가족 중에 부모 혹은 양친이 없는 가정을 말한다. 결손원인으로는 배우자가 질병·사고·산업재해 등으로 사망하였을 경우, 이혼, 별거, 가출 등으로 결혼관계가 해소되었거나 부양의 의무를 하지 않는 경우, 장기간 입원 혹은 수감으로 인해 동거할 수 없는 경우 또는 미혼모 가족 등을 들 수 있다. 결손가족은 구조적인 결손만을 의미하지 않고, 가족관계와 가족기능상에 장애가 있는 비구조적 결손가정까지도 의미할 수 있다.

0319 결손가정 02

모자가정, 부자가정, 아동세대 등 가정에 아버지나 어머니 혹은 양친이 없는 가정을 말한다. 결손원인으로는 이혼, 가출, 사망, 장기복역 등이며 이러한 결손된 가족에 있어서는 어떤 결손된 역할을 대체해서 남은 가족으로 하여금 정상적인 가족생활이 지속되도록 해야 한다. 예를 들면 모자가정에 있어서 어머니 혹은 장남이 아버지의 역할을 감당해야 되는데, 이럴 경우 이중의 역할부담에 대한 역할 갈등(role conflict)이 문제가 된다. 또 결손가정에서는 심리적 동일시가 문제되는데, 아버지가 없을 경우 남자아동에게 아버지를 동일시 할 수 없고 어머니가 없을 경우는 여자 아동에게 어머니 즉 여성적인 동일시의 기회가 없게 된다. 비행소년 및 문제아의 원인이 되는 경우가 많으므로 정책적·제도적 보호시책이 강구되어야 한다.

0320 결손처분(Deficits Disposal)

부담금을 징수하거나 급여액을 환수함에 있어 특정한 사유의 발생으로 인해 부과한 부담금 또는 환수금을 징수할 수 없다고 인정될 경우에 그 납부의무를 소멸시키는 행정처분을 말한다.

0321 결연사업(sponsorship services) 01

결연사업이란 도와줄 자를 찾아 도움이 필요한 사람에게 연결시켜 주는 조직적 활동으로서 어려운 처지에 있는 요보호대상자 및 시설과 남을 돕고자 하는 후원자(개인 또는 단체)와의 결연을 통하여 요보호대상자 및 시설이 필요로 하는 물질적·정신적 원조를 받도록 알선하는 사업이다. 우리나라는 1950년대에 선교 및 구호단체에 의해서 시작되었으나 정부차원에서는 1972년에 한국사회사업시설 연합회와 전국경제인연합회의 주선으로 기업체와 사회복지시설 간에 자매결연형식으로 접근하였으며, 1973년에는 전국적으로 확대 실시하였다. 1976년 보건복지부는 불우아동결연사업을 실시하여 결연사업을 정착시켰으며, 1981년 아동결연사업을 한국어린이재단에 위탁하여 업무를 수행하게 하였다. 1986년 한국사회복지협의회의 노인결연사업 실시로 결연사업 대상자가 점차 확대되었고 1990년부터는 한국 장애인복지시설협회에서도 장애인을 대상으로 결연사업을 실시하고 있다.

0322 결연사업 02

결연사업이란 도와줄 자를 찾아 도움이 필요한 대상에게 연결시켜주는 조직적 활동으로서 어려운 처지에 있는 요보호대상자 및 시설과 남을 돕고자 하는 후원자(개인 또는 단체)와의 결연을 통하여 요보호대상자 및 시설이 필요로 하는 물질적·정신적 원조를 받도록 알선하는 사업이다. 즉 결연사업이란 사회사업가가 도와줄 후원자를 찾아 도움을 필요로 하는 수혜자와의 결연을 통하여 인간애를 바탕으로 한 자주적인 후원이 이루어지도록 하는 사회사업의 한 방법이다. 이러한 결연사업은 1930년대의 미국의 아동구호연맹(Save the Children Foundation), 양친회(Foster Parent Plan), 중화아동복지회(China Children's Fund, Inc)에서 실시하였으며, 우리나라는 1950년대에 선교 및 구호단체에 의해서 시작되었고 특히 6·25사변으로 인해 그 활동이 전개되었다. 이후 대한사회복지회(1965년), 대구가정복지회(1970년), Holt 아동 복지회와 한국사회봉사회(1972년), 한국아동복지회(1976년), 기독교 아동복지회(1977년) 등이 국내 결연사업을 펴므로 본격화되었다. 그러나 정부차원에서는 1972년에 한국사회사업시설연합회와 전국경제인연합회의 주선으로 기업체와 사회복지시설 간에 자매결연형식으로 접근하였으며, 1973년에 전국적으로 확대·실시하였다. 그러나 이러한 자매결연 사업은 사실상 형식화에 그쳤다. 따라서

보건복지부는 1976년에 이르러 불우아동결연사업으로 명칭을 바꾸어 각 시·도별로 실시하게 하였다. 실시 초년도에는 성과를 보았으나 사회사업의 전문성이 결여되어 점차 후원자가 줄어갔다. 이에 보건복지부는 결연사업의 정착을 위해서 전문사회사업기관인 한국어린이재단(1981)에 의뢰하여 업무를 대행하게 하여 오늘에 이르고 있다.

0323 결정론(determinism)

모든 사물현상들을 필연적으로 연관되고 인과적으로 제약되어 있다고 보는 철학이론이다. 고대유물론 철학자들의 사상에서 표현되었으며, 근대유물론자들, 특히 18세기 프랑스 유물론자들에 의하여 발전되었다. 결정론자들은 사람들의 행동과 의지를 포함한 모든 사물현상들이 객관적, 인과적 합법칙성에 의하여 제약되어 있다고 주장한다.

0324 결정적 지능(crystallized intelligence)

세상의 여러 사살들에 대한 지식과 같이 교육이나 경험을 통해 습득 및 축적되는 특징을 갖는 다양한 정보나 지식, 인지적 기술이나 능력 및 문제해결책략의 목록 등을 지칭하는 것으로, 흔히 연령증가에 따라 증가되는 것으로 알려지고 있다. 결정화된 지능 또는 결정지능이라고도 한다. 유동적 지능(fluid intelligence)과 구분하여 사용되는 개념이다.

0325 결핵(tuberculosis)

막대균(간균)인 결핵균의 감염에 의해 모든 장기에 발병할 수 있는 만성전염병으로 폐결핵이 대부분이다. 폐결핵의 주된 증세는 미열, 체중감소, 식은땀, 기침, 가래, 흉통, 호흡곤란, 권태감, 식욕부진 등의 경우도 있다. 투베르클린 반응으로 결핵균의 감염여부를 판독할 수 있으며 X선 검사, 객담검사, 혈침 등으로 진단될 수 있다.

0326 결핵대책

결핵은 중대한 전염병으로 오래 전부터 사회방어의 입장에서 대책이 강구되어 왔다. 오늘날 공중위생의 향상이나 의료의 진보로 결핵의 질병상태가 변모하여 이에 대응하는 대책전환이 시도되고 있다. 현행 결핵대책으로는 결핵예방법에 의한 정기건강진단, 예방접종(BCG), 환자관리, 의료비 공비부담 등의 대책 외에 아동복지법에 따른 결핵 아동에 대한 요양비의 급여나, 심폐기능 장애인에 대한 장애연금, 장애인복지법에 결핵예방법에 의한 복지조치, 생활보장법에 의한 부조 등이 있다.

0327 결핵예방법

1967년 법률 1881호로 제정되어 1979년 법률 3218호로 개정되었다. 제정목적은 결핵을 예방하고 결핵환자에 대한 적절한 의료를 실시함으로써 결핵으로 인해 생기는 개인적·사회적 피해를 방지하고 공공복지의 증진과 국민 보건향상에 기여하기 위함이다.

0328 결핵요양소(sanatorium)

결핵환자를 격리 입원시켜 치료하는 의료시설, 결핵새너토리엄(sanatorium)이라고도 한다. 대기 안정, 영양에 의한 치료를 목적으로 하고 있으며, 결핵 환자만을 수용함으로써 예방과 치료 그리고 병원 운용과 환자의 심리적 안정에 효율을 높일 수 있다. 우리나라에는 국립마산 및 공주 결핵원이 있고 목포도립 아동결핵요양소가 있다. 기타 시립, 종교 단체 등에 의한 사립요양소가 있다.

0329 결핵환자(tuberculosis patient)

폐결핵 호흡기질환에 걸린 사람을 말한다. 결핵은 국민 병으로 불려 하나의 사회문제였었다. 노·농간을 불문하고 빈곤과 결핵에 의한 생활파괴가 진행되었으나, 화학요법을 비롯하여 예방대책 등의 정비로 치료·완쾌의 경우도 많고, 환자도 감소추세에 있지만 노인의 결핵환자 증가 등이 문제로 되고 있다

0330 결혼계약(marital contracts)

가족치료자들이 각 배우자를 결혼에 이르게 하는 기대와 동기를 가리키는데 사용되는 용어이다. 이러한 기대와 동기는 이를 갖고 있는 사람에게서 의식적일 수도 있고 무의식적일 수도 있으며, 배우자에게 알려질 수도 있고 그렇지 않을 수도 있다. 건전한 결혼에서 각 배우자의 계약은 서로에게 알려지고, 남편과 부인의 개인적 계약이 공유되도록 동의가 이루어진다. 계약이 감추어지고 분리된 채로 있는 결혼에서 부부는 서로 혼란스럽고, 의심하고, 실망하기가 쉽다. 결혼계약이란 용어는 또한 보통 각 배우자가 맡아야 할 재정조건과 의무를 구체화하기 위해, 결혼하는 부부간에 이루어지는 공식적으로 문서화되고, 법적으로 강제된 동의를 가리키는데 사용된다.

0331 결혼상담(marriage counseling)

결혼 전의 남녀교제에서 일어나는 문제는 물론 결혼 후의 부부생활에서 생기는 생리, 심리적인 문제, 결혼적응문제, 친인척관계를 포함하는 인간관계 등의 문제해결을 도와주며, 부부를 중심으로 하는 상담의 한 방법이다. 결혼상담은 가정복지기관이나 가정법원 등 가족 문제를 취급하는 기관에서 실시되고 있다. 최근에는 가족치료분야에서 결혼 상담을 다루고 있다.

0332 결혼상담소(marriage counseling center)

미국, 영국 등의 결혼상담소는 혼전·후의 배우자간의 적응문제를 상담하는 기관이지만 우리나라와 일본에서는 주로 미혼남녀가 결혼을 위해 선을 볼 수 있도록 상대방을 소개하는 기관이다. 주목적은 우생상담, 올바른 결혼관 지도, 좋지 못한 폐습의 시정, 결혼생활의 적응상담, 결혼소개이

다. 사회복지서비스로서 신체장애 등 결혼에 불리한 조건을 가진 사람을 위한 결혼상담소를 확충할 필요가 있다.

0333 결혼왜곡(marital skew)

남편이나 부인이 서로를 지배하고 관계를 통제하려 하고, 건전하거나 비건전한 관계를 유지하는데서 서로 우위에 서서 리드하려는 것을 가리키는 가족치료 용어이다.

0334 겸상 적혈구성 빈혈(sickle-cell anemia)

다량의 적혈구가 낫 모양을 한 유전성 혈액장애이다. 이 장애는 서인도 출신의 흑인들에게 주로 발생한다. 미국에서는 전국에 겸상 적혈구성 빈혈을 무료 검사하는 보건소의 설립을 위해 정부가 보조금을 제공하고 있다.

0335 겸업농가

농가의 세대원이 자가의 농업 이외의 일을 해서 수입을 얻는 것을 겸업이라 하고 겸업자가 있는 농가를 겸업농가라 한다. 겸업농가에는 농업소득과 타업의 소득이 많고 적음에 따라, 겸업하고 있는 일의 종류에 따라, 겸업에 종사하는 세대원의 관계에 따라 상당한 차이가 인정된다. 오늘날 신종겸업농가가 현저하게 증가됨으로써 농촌의 겸업농가를 어떻게 규정짓느냐 하는 문제가 제기되고 있다.

0336 경계(boundaries)

두 가지 심리적 혹은 사회적 체계로 분리되는 지역을 말한다. 어떻게 가구원 혹은 하위체계가 서로 그리고 다른 사람들과 관련되도록 기대되는가를 결정하는 암묵적인 규칙을 포함하는 가족체계이론의 중심개념이다. 살아 있는 세포의 얇은 막과 비슷한 경계의 기능은 체계와 그것들의 하위체계를 구별하고 정체성을 개발하는 것이다. 건강한 가족기능은 대개 명백한 경계를 갖고 있고, 별로 건강하지 못한 가족기능은 경제적인 하위체계가 부적절하게 경직되어 있거나 일관되게 명백하지 못한 곳 혹은 망상가족에서 찾아볼 수 있다.

0337 경계선(borderline) 01

두 범주 사이에 위치한 어떤 현상을 설명하는 용어이다. 사회사업가와 정신건강 직원은 흔히 비공식적으로 이 용어를 정신병과 비정신병 혹은 정상과 정신병의 분할선 사이 근처에 있는 사람들을 가리키는데 사용한다. 경계선 성격장애와 혼동되서는 안된다.

0338 경계선(boundaries) 02

S. Minuchin의 가족치료이론의 중심 개념의 하나로서, 가족 성원들이나 하위 체계간에 서로에게, 그리고 비가족 성원들과 기대되는 관계를 어떻게 맺을 것인가를 결정하는 함축적인 규칙과 상관있다. 즉 살아 있는 세포막과 유사한 것으로서 경계선의 기능은 체계들과 그들의 하위 체계 간을 구별하고, 정체성의 개발을 가능하게 한다. 가족 구조 내에 있는 하위 체계의 경계선은 누가 어떻게 참여하는가 하는 것을 규정하는 가족 규칙으로 가족이 적절한 기능을 유지하기 위해서는 하위 체계의 경계선을 분명히 해야 하며 심한 방해 없이 가족 성원들이 기능을 발휘할 수 있도록 명확히 규정해주어야 한다. S. Minuchin은 가족 구조 내에서 경계선의 명확성은 가족 기능을 평가하기 위한 유용한 척도가 된다고 주장하고 있다. 그리고 그는 모든 가족들은 밀착된 경계선(enmeshed boundary)과 유리된 경계선(disengaged boundary)을 양극으로 하는 연속선상의 어느 지점에 위치한다고 보았다. 가족 체계에 있어 넓고 명확한 경계선을 수반한 가족의 경우 그 가족의 기능은 바람직하다고 볼 수 있으며, 반면 하위 체계간의 경계선이 부정확하고 불분명하거나 딱딱한 경우에는 그 가족의 기능이 바람직하지 못하다고 볼 수 있다.

0339 경계선급 지능(borderline level intelligence)

지능검사에 의해 산출된 지능지수가 71에서 84범위에 해당되는 경우로서 전 인구의 약 6~7%가 해당된다. 이들은 한글 해독이 거의 가능하며 간단한 돈 계산 등도 가능하다. 그러나 적응 능력이 부족하여 사회적, 직업적 기능을 수행하기 어렵다. 따라서 뚜렷한 정신장애가 없더라도 쉽게 좌절하거나 혼란되기 쉽다. 그러나 적절한 지도로 이러한 정서적 혼란을 경감시킬 수 있다. 또 특정 분야에서 능력을 잘 발휘하도록 이끌 수도 있다.

0340 경계선 성격장애(borderline personality disorder)

성격장애의 일반적 형태 중 한 가지로 다음과 같은 증상을 보인다. 다른 사람과 깊은 관계를 맺거나 부적응 관계를 맺는 유형으로, 종종 자기 파괴적이고 충동적이고 예측 불가능한 행동, 화를 통제하지 못하는 것, 심각한 감정 변화, 일관성 없는 자아개념, 다른 사람을 속이는 것, 만성적인 지루함과 공허감 등을 나타낸다.

0341 경계선층(borderline class)

세대의 소득이 생활보장기준액과 같은 정도에서 다소 상회하는 정도의 저소득상태에 있다고 인식되는 생활상황의 사람들을 말한다. 그 소득상황이 생활보장기준액과 경계(border)를 칭할 정도의 생활수준에 있음으로 붙여진 명칭이다. 명확한 정의는 없으나 실제에서는 생활보장기준액 이상 약 1.5내지 2배정도의 소득세대를 말하며 생활상의 변화로 피보호자가 될 위험을 안고 있는 계층이기도 하다. 불안정취업계층, 저소득계층과 동의어이다.

0342 경과기록(progress record)

케이스기록에서 케이스워크의 전개과정에 따라 쓰이는 부분으로 일반적으로 경과기록용지로 구별되고 있다. 이 기록양식에는 전개과정의 상황을 있는 그대로 기재하는 서술

기록(예 : 압축기록과 과정기록)과 개괄해서 기재하는 요약 기록(예 : 항목기록)이 있다. 6하 원칙을 사용하여 정확하고 알기 쉽도록 표현하는 것이 필요하다.

0343 경력

현재까지 직업상의 어떤 일을 해 오거나 어떤 직위나 직책을 맡아 온 경험 또는 그 내용을 말함. 사학연금의 경우, 교원은 임용전 시간강사, 연구경력, 주식회사 근무경력 등이 인정되며, 사무직원은 국가기술자격증(기술사, 각종기사, 기능사 등)을 취득하고 학교기관에서도 해당 자격증과 관련된 업무수행을 하는 경우에만 인정된다.

0344 경로분석(path analysis)

사회조사 연구에서 변수 간의 직·간접적 관계를 분석하고 그 변수들을 도표에 나타내는 통계기법을 말한다.

0345 경로사상(respect for the aged)

노인을 사회발전에 기여한 자로서 경애하는 사상이다. 역사적으로는 유교도덕 하에 미풍양속으로 여겨왔으나 오늘날에는 핵가족화로 경로사상이 희석되는 경향이 있다.

0346 경로우대제

보건복지부가 사회복지시책의 일환으로 노인의 복지를 증진하고자 실시한 고령자에 대한 우대제도이다. 종래에는 70세 이상의 노인을 대상으로 하였으나, 1982년부터 65세로 낮추어 실시하고 있다. 노인복지법에 의하면 국가나 자치단체는 법률이 정하는 바에 따라 65세 이상의 노인에게 국가나 자치단체의 운송시설, 기타 공공시설을 무료 또는 할인된 요금으로 이용하게 할 수 있으며, 노인의 일상생활에 관련되는 사업을 경영하는 자에게는 65세 이상의 노인에 대한 할인우대를 하도록 권유할 수 있고, 그와 같은 할인우대를 행하는 사업자에게는 적절한 지원을 할 수 있도록 되어 있다. 할인우대를 적용한 사업의 종류와 할인율은 보건복지부장관이 관계 중앙행정기관의 장과 협의 후 공고하는데, 현재 시행하고 있는 내용은 다음과 같다. 국공립공원, 고궁, 능원, 국공립박물관, 전철, 지하철 등은 무료로 이용할 수 있고, 철도운임(통일호까지)은 50% 할인된다. 경로우대를 받고자 하는 65세 이상의 노인은 관할 읍, 면, 동장에게 경로우대증 발급을 신청하면 된다.

0347 경범죄(minor offence)

사회에 있어서는 형법에 저촉되지 않아도 일상생활에 있어서 눈에 거슬리는 많은 반사회적 행위, 반도의적 행위가 상당히 많이 행하여지고 있다. 그러나 이와 같은 모든 행동을 형법을 적용하여 처벌하기에는 다소의 가혹함이 없지 않다 할 것이다. 그리하여 법률은, 형법 죄와 같은 큰 도의범 외에 용서할 수 없는 반도의적 행위를 열거하여 처벌의 대상을 만든 법이 곧 경범죄처벌법이다. 즉 일상생활상 일견 사소한 것으로 보이고 느껴지지만 이런 행위를 인하면 결국에는 보다 큰 반사회적, 반도의적 행위 예컨대 형법범과 같은 것으로 발전할 소지가 있다. 그러나 본법에 규정된 행위는 법률의 벌칙으로 이것을 지켜야 된다는 것을 강제한 최저선이며 용서할 수 없는 반도의범의 최소한도의 것이다.

0348 경상비(recurrent expenditures)

사회기관과 같은 조직이 봉급(급료), 소모품비, 대여금 이자 등 정규적으로 지불해야 하는 총금액을 말한다.

0349 경영참가(management participation)

종업원 또는 노동조합이 경영방침, 경영조직, 생산계획, 안전위생, 노무관리 등의 문제에 그들의 의사를 반영시키거나 의사결정에 참가하는 제도를 말한다. 이 제도는 19세기부터 기업경영 분야에 도입되기 시작하였으며, 최근 산업사회에서는 노사관계의 제도적 정비가 진행되는 속에서 단체교섭시스템과 더불어 경영참가시스템으로 발전했다. 기업 내지 경영(사업소)의 경우에 있어서 노사가 점차적으로 노동권과 경영권 사이에 상호작용시스템을 다변화하고 확대하여 가는 것은 당연하다고 할 수 있다. 경영참가시스템은 단체교섭의 경우와 똑같이 갈등의 처리, 교섭을 위한 것이어서 반드시 노사협력이라는 카테고리로 취급해야 하는 것은 아니다.

0350 경조병(hypomania)

양극장애가 있는 개인에게서 관찰되고, 조증과 유사하지만 정도가 덜한 행동을 말한다. 이러한 상태에 있는 사람은 행복하고, 정열적이고, 창조적으로 보이지만, 참을성이 없고 과장되기도 하며, 판단력이 서툴다.

0351 경쟁(competition)

금전, 권력, 사회적 지위 등과 같이 희소하거나 희소하다고 생각되는 목적물을 서로 소유하기 위해 투쟁하는 인간의 상호작용이다. 경쟁은 대개 규범에 의해 규제되며, 직접적 또는 간접적일 수 있고, 개인적 또는 비개인적일 수 있으나 폭력의 사용은 일반적으로 제외된다. 19세기 말과 20세기 초에 사회학자, 경제학자, 생물학자들에 의해서 이 개념이 발전했다. → 갈등, 교육경쟁

0352 경제개발국
(OED : office of economic development)

미국 보건 및 인간봉사성 안에 있는 연방기구로서 실업률이 높은 지역에서 민간사업체의 성장을 자극하기 위하여 1969년에 설립되었다. 이 기구는 도시와 농촌에 지역사회 개발단체를 설립하기 위한 자금을 지원한다.

0353 경제교육(economic education)

경제정보, 경제체제를 움직이는 제도, 주요 경제개념 및 데

이터에 대한 이해와 분석 등 경제에 대한 이해를 높임으로써 국민들로 하여금 경제세계에 대해 이해하도록 도와주는 것을 의미한다. 미국의 경우 1949년부터 경제교육 연합회(the joint council on economic education)에 의해 실시되었고 일본은 경제사회의 당면과제를 국민에게 이해시키고 성장과 복지사회실현을 위한 국민적 합의를 유도하여 국민의 경제의식을 높이기 위한 목적으로 1960년대 후반부터 주로 민간차원에서 실시해오고 있다. 우리나라는 1979년 4월 17일 이른바 경제안정화 시책의 추진과 함께 관·민의 합의를 모색하기 위하여 경제교육이 거론된 후 노동자, 학생, 군인, 주부 등에게 확대하고 있다.

0354 경제기회국
(OEO : office of economic opportunity)

1964년에 존슨 대통령의 빈곤과의 전쟁을 수행하기 위한 경제기회법에 의해 만들어진 기구이다. 원래는 이 기구 내에 조기교육, 미국빈민지구봉사단, 직업단 등을 포함하는 다양한 프로그램이 있었다. 그러나 1969년까지 경제기회기획국은 축소되어 많은 프로그램들이 다른 연방부서로 이전되었으며, 나머지 부서들은 지역사회 서비스 프로그램으로 바뀌어 남게 되었다.

0355 경제기회법(economic opportunity act)

존슨 대통령의 빈곤과의 전쟁 때의 주요법안. 1964년에 입법되어 경제기회국을 설치하여 미국빈민지구봉사단, 직업단, 조기교육, 상향이동 프로그램, 지역청소년단, 지역사회 행동프로그램과 같은 프로그램을 창설하는데 도움을 주었다. 이후 이 프로그램은 많이 소멸되었다.

0356 경제발전(economic development)

경제적, 사회적인 구조변화를 수반하면서 국민소득 및 1인당 소득이 증가하는 과정이다. 여기에서 경제·사회의 구조변화는 공업비중의 증대, 공업화지역에로의 노동력 이동, 수입의존도의 감소, 투자재원의 외국의존도 감소 등 자력성장능력을 갖추어 나가는 경제구조의 변화와 함께 사회적·경제적 평등화, 사회조직과 행동양식의 개선, 사회복지의 추구, 정치발전 등의 변화를 의미한다. 이러한 변화를 통한 궁극적인 목표는 국민의 생활수준 및 복지수준의 향상이다.

0357 경제불황(depression economic)

산업 활동이 상당 기간 동안 저하되고, 실업률이 높으며, 구매력이 크게 감소되는 사회경제적 상태를 말한다. → 스태그플레이션(stagflation)과 일시적 경기침체(recession).

0358 경제사회발전 5개년계획

제7차 경제사회발전 5개년 계획(92~96년)의 주요골자는 연평균 경제성장률 7.5%, 소비자 물가상승률 5% 수준으로 성장의 내실을 다지는데 주력한다는 것이다. 1인당 국민소득은 91년의 6,316달러에서 7차 계획기간이 끝나는 96년에는 1만 908달러로 끌어올린다. 국제수지는 93년에 균형을 이루게 하고 94년부터 흑자 기조를 정착시켜 95년도부터는 대외자산이 외채보다 많은 순채권국으로 발돋움한다는 계획이다.

0359 경제사회이사회(economic & social council)

안전보장이사회에 맞먹는 국제연합의 주요기관이다. 인권존중, 사회적 진보와 생활수준의 향상 등 경제사회적 사항에 관해 국제연합 총회에 대해 책임을 지며, 국제연합 휘미리라 불리우는 전문기관인 세계보건기구(WHO), 세계식량기구(FAO), 국제연합교육과학문화기구(UNESCO) 등과 협력하고 있다. 나아가 기타 조직인 유니세프(UNICEF), 국제연합난민고등판무관사무소(UNHCR) 등과도 협력하여 활동한다. 그리고 개발, 세계무역, 공업화, 자연자원, 인권, 여성의 지위, 인구, 사회복지, 과학과 기술, 범죄방지, 마약 등에 관한 상설위원회 및 지역위원회 등을 통해 활동을 추진하고 있다.

0360 경제성장률(economic growth rate) 01

일반적으로 물가변동의 영향을 제외한 국민총생산(실질 GNP)의 연간증가율을 말하며, 실질국민총생산 또는 실질국민소득의 연간 또는 연도 간 증가율로 이를 나타낸다. 경제성장률은 GNP계열에서 국민경제의 양적성장을 나타내는데 불과하나 국민총생산(GNP)의 성장 = 경제발전이라고 본다. 또 그 성장이 국민의 복리후생의 증대를 뜻한다는 의미로 GNP와 경제성장률은 가장 중요한 경제지표로 간주된다. 그러나 고도경제성장 말기부터 경제적 자유주의까지 이러한 시각에 대해서 재검토의 소리가 높아지고 있다.

0361 경제성장률 02

한 나라의 경제가 일정기간(보통 1년 간)에 얼마나 성장했는가를 나타내는 지표이다. 실질국민총생산 또는 실질국민소득의 연간 또는 연도 간 증가율로 이를 나타낸다. 경제성장률은 실질액의 증가율이므로 실질성장률이라고도 한다. 때에 따라 명목국민총생산의 전년대비도 사용되기 때문에 이와 혼동하지 않기 위해 경제성장률을 일반적으로 실질성장률이라 부른다.

0362 경제적 자유주의(economic liberalism)

개인과 기업의 경제활동에 대한 정부의 보호·간섭이나 동업조합적인 통제를 철폐하려는 정책동향이다. 구체적으로는 무역의 자유화, 매점·고리대금도 포함하는 국내영업의 자유화를 지칭한다. 18세기말부터 19세기말까지의 영국에서는 정치상의 자유주의와 결부되어 있었으나 경제정책 그 자체로서는 기존의 사회질서에 저촉되지 않는 한 정치적 보수주의와도 결합될 수 있다. 국내영업의 자유방안은 현대에는 오히려 보수주의자의 정책주장이 되고 있다.

0363 경제질서 외적존재

자본주의경제의 정상적인 순환과정에서 이탈되어 있는 사회사업의 대상을 규정짓기 위하여 사용되는 말이다. 사회정책을 생산위주의 정책으로 본다면 사회사업은 사회정책의 보완수단이 되어 그 대상은 현역노동자층에서 탈락한 자로 규정된다는 것이다. 그러나 이 같은 대상규정은 관점에 따라 달리할 수 있는데, 예를 들면, 사회문제가 지닌 본질에서 보면 사회정책은 노동문제로써, 사회사업은 노동문제에서 관련·파생되는 문제로써 그 대상을 구분할 수도 있다. 엄밀한 의미에서 사회복지의 대상의 구분에는 많은 논의를 남기고 있다.

0364 경제활동인구

일국의 노동력을 인적 견지에서 집계 파악하는 개념으로서, 총인구 중 경제활동이 가능한 일정연령 이상의 인구를 말한다. 경제활동인구의 하한연령은 각국마다 다소의 차이는 있으나(예 : 일본 15세 이상, 우리나라 14세 이상)일반적으로 14~15세 연령에 그 기준을 두는 것이 통례이다. 우리나라의 경우는 만 14세 이상 인구 중 재화 또는 서비스를 생산하기 위하여 노동을 제공할 의사와 능력이 있는 사람을 경제활동인구로 정의한다. 다만 현역군인, 전투경찰, 방위병, 기결수는 제외한다. 그렇지 못한 사람 즉 가정주부, 학생, 연로자, 불구자 및 자선사업종사자, 성직자 등을 비경제활동인구라 한다.

0365 경제활동인구/비경제활동인구/경제활동참가율

군인과 재소자를 제외한 만 15세 이상의 인구를 생산활동가능인구라 하며 이 중에서 취업 능력과 의사를 동시에 갖춘 사람을 경제활동인구라 한다. 경제활동인구는 취업 여부에 따라 취업자와 실업자로 구분된다. 취업자란 매월 15일이 포함된 1주일 동안에 수입을 목적으로 1시간 이상 일한 사람을 말하며, 본인이나 가족이 소유, 경영하는 사업장에서 주장 18시간 이상 일한 무급 가족종사자도 포함된다. 그 밖에 일정한 직장이나 사업장을 가지고 있으나 일시적인 질병·휴가, 노동쟁의 등의 이유로 조사 기간 중에 일을 하지 않은 사람도 취업자로 분류된다. 생산활동 가능인구 중 경제활동인구에 포함되지 않은 사람은 비경활동인구로 분류된다. 비경제활동인구 사람은 비경제활동인구로 분류된다. 비경제활동인구에는 가정주부, 학생, 연로자와 심신장애인, 구직단념자 등이 포함된다. 한편 생산활동 가능인구에 대한 경제활동인구의 비율을 경제활동참가율이라 한다.

0366 경조금제도
(congratulations and condolences program)

기업복지 혹은 직장복지의 일환으로서 종업원의 길흉경사에 있어서 종업원 또는 가족에 대해 위로금 또는 축하금을 지급하는 제도이다. 이와 유사한 제도로 공제제도가 있는데 이것은 종업원에게서 일정액을 거출하여 그 기금에 의해서 급여되는 것인데 반해서, 이 경조금제도는 모두 회사 측의 재원에 의존하고 있다. 경조금이 지급되는 경우는 일반적으로 종업원 또는 가족의 사망, 상해, 종업원의 결혼, 가족의 출산, 입학 또는 재해 때인데 금액으로서는 생활의 보장을 확보하는 액수가 지급되지 않고 형식적 의례적인 경우가 많아, 기업 측의 종업원에 대한 온정주의로 되어있는 경우가 많다. 따라서 진정한 의미의 생활보장은 사회보험제도에 의존할 수밖에 없다.

0367 경찰사회사업(police social work)

경찰서, 법정 그리고 교도소 내에서 피해자, 범죄자 그리고 그들의 가족에게 여러 가지 사회서비스를 제공하는 전문적인 사회사업실천이다. 이 분야의 사회사업가는 직업에서 스트레스를 받는 경찰관 또는 그들의 가족을 상담하며, 때때로 경찰들을 위한 옹호자, 홍보자 그리고 경찰과 여러 지역사회 집단들을 중재하는 역할을 한다. 주요한 활동은 경찰을 불러야 하는 지역 내의 문제들을 해결하는데 도움을 주는 것이다. 경찰사회사업가는 시민, 전문사회사업가뿐만 아니라 경찰 등으로 구성된다.

0368 경찰청 소년상담실

비행의 예방, 조기발견을 목적으로 직접비행에 관한 상담 외에 등교 거부, 자폐증 등의 교육상담, 가정상담도 받는다. 경험이 풍부한 경찰관 외에 심리감별기능관이 배치되어 있다. 소년경찰활동요강에 의한 소년보도활동을 구현한 것으로서 소년지도센터, 아동상담소 등의 관계기관, BBS나 직친 등의 단체, 개인과 밀접하게 연락하여 활동하고 있다.

0369 경향분석(trend analysis)

변량분석의 모형 속에서 독립변인과 종속변인간의 관계를 다차원적 관계로 분석하는 방법이다. 변량분석에서 간자승화(between-group sum of squares)를 직선적·2, 3차원적 곡선관계 등으로 분할하여 독립변인이 직선적 관계로 설명될 수 없는 나머지 변량을 2차원 이상의 곡선적 관계로 어느 정도 설명할 수 있는가를 검토해 줌으로써 독립변인과 종속변인간의 관계를 좀 더 다양성 있게 파악해 주는데 도움을 준다. 이 방법을 적용하기 위해서는 독립변인이 동간척도 이상이라는 것과 원칙적으로 계산의 편리를 위하여 동간격으로 실험조건이 분할되었다는 것을 전제로 하고 있다. J개의 실험조건으로 분할된 경우, 즉 J개의 실험집단이 있는 경우에 J-1 수준의 곡선적 관계로 나누어 검증할 수 있다. 예를 들어 4개의 실험집단이 있는 경우에는 직선적·2차원 및 3차원의 관계로 나누어 검증할 수 있다. 이 경향분석방법은 변량분석에서 집단 간에 의의 있는 차가 있다고 하였을 때 이 관계가 직선적 관계에 의해서 또 2, 3차원 등의 곡선적 관계에 의해서 어떻게 설명될 수 있느냐의 정보를 주고 있다.

0370 경험([영] experience [독] Erfahrung) 01

어떤 사건을 직접적으로 관찰하거나 행동에 참가함으로써 얻어진 결과로서의 기술·지식·실천 등으로 개인의 삶을 형성하는 의식적인 사실이다. 경험에는 경험하는 주체로서의 마음과 경험되는 대상으로서의 객체인 사물이 다 포함된다. 그러나 경험에 대한 정의는 학자에 따라 차이가 있다. 플라톤(Platon)은 경험을 관념과 완전 분리하여 물질적 현상의 세계에 한하고 경험의 세계를 일시적 환상으로 보고 참 지식의 대상에서 제외하였다. 반대로 경험론자 로크(J. Locke)는 천부적인 선험적 표상(idea)을 부정하고 모든 지식과 관념은 감각, 또는 그것에 토대된 반성적 경험을 통해서 얻어진 것이라고 했다. 헤겔(G. W. F .Hegel)은 경험 안에 감각적인 것과 정신적인 것이 다 포함되므로 위의 양자를 종합한 감이 있다. 듀이(J. Dewey)는 경험을 행동과 그것에서 얻어진 결과의 앞뒤를 연결함으로써 얻어진 것이라 하여 마음과 육체적 행동의 연속성을 주장하고 마음과 몸을 분리하는 이원론을 배격했다. 경험은 항상 실제 세계에서 일어난 것이고 그것의 주체는 개인이다. 아동이 불에 손을 대는 자체가 경험이 아니고 그 결과로 받은 고통에 연결될 때 경험이 된다. 교육에 있어서 경험을 통해 배운다는 것은, 마음의 훈련이 육체적인 행동을 수반하는 것으로, 결코 마음을 억제하는 것이 아니다.

0371 경험 02

① 무엇인가를 실제로 해봄으로써 생활 내용이 확대되는 것. ② 능력을 사용함으로써 그 능력이 유리한 변화를 받는 것(예를 들면, 경험을 쌓은 선장 등등이라고 말하는 경우). ③ a) 우리들의 외계 인식의 원천으로서의 감각 내지 지각의 작용 및 그것에 의해서 주어지는 내용(외적 경험). b) 마음속에서 일어나고 있는 일에 관한 의식(내부 감각, 내적 경험). 이 양자는 다같이 기억·상상·사고와 대립하는 것으로 생각된다. 이 의미의 경험에서 사고에 의한 부가물을 완전히 제거한 것, 사려 분별이 조금도 가해져 있지 않은 경험을 상정하여, 그것을 순수경험이라고 말하는 학자도 있다. 경험은 이 경우에는 주관·객관, 심적·물적의 구별 이전의 중립적인 것으로 간주된다. ④ 개인의 행동을 통해 얻어진 조직되어 있지 않은 단편적인 지식. ⑤ 지각적인 경험에 사고에 의한 통일이 주어진 지식으로서 경험과학과 거의 같은 의미의 것(칸트 등의 특수 용법). ⑥ 인간은 행동을 통해서 환경에 작용하고 있는 그것에 변화를 가함과 동시에 자기도 변화를 받는데, 이와 같은 인간과 환경과의 교호 작용을 인간의 편에서 본 것이 가장 포괄적·기본적인 경험의 개념이다. 이 의미에서의 경험의 충실한 형태는 계획적인 실천, 실험이다. 상술한 여러 가지의 의미는 이 포괄적인 경험 개념의 여러 측면에서 파악한 것이라고 말할 수 있다.

0372 경험과학([영] empirical science [독] Empirische Wissenschaft)

경험적 사실을 대상으로 하는 과학이다. 수학이나 형식논리학 등과 같은 학문과 대립되는 말이다.

0373 경험요율(experience rating)

① 회사에서 종업원을 고용—일시 해고하는 비율이다. 이 비율이 높은 고용주(유사한 산업에서 경쟁자들보다 종업원을 덜 해고시킨 사람)는 근로소득세에서 보상을 받을 것이다. ② 어떤 특정 집단에서 위험의 가능성을 표시하기 위해서 보험 산업에서 사용되는 측정을 말하기도 한다.

0374 경험의(empirical)

직접관찰 또는 경험에 기초하는 것이다.

0375 경험주의(empiricism)

인식론에 있어서, 모든 지식의 기원을 경험에 두고 경험적 인식을 절대시하는 학설이다. 이 학설의 기본원리는 ① 단어나 개념이 가지고 있는 의미는 그것이 실제적인 경험과 연결되었을 때만 파악될 수 있으며, ② 어떤 명제나 신념의 정당성은 반드시 경험에 의존한다는 것이다. 이성적인 것이 인식에 있어서 가장 중요하다고 보는 이성주의와 반대되는 입장에서는 경험주의는, 권위나 직관 또는 상상적 억측 따위를 신념의 근원으로 하는 것을 반대한다. 근대 경험론의 선구를 이룬 것은 17세기 영국의 베이컨(F. Bacon)과 로크(J. Locke) 등이다. 베이컨은 참다운 학문은 경험에서 출발해야 한다고 했으며, 현실 세계에 대한 경험적 지식을 절대시하였다. 로크는 "감각은 지식의 시작이요, 첫째 단계이다"라고 했으며, 백지와 같이 아무 성질도 없는 마음에 여러 가지 지식을 공급할 수 있는 것을 경험이라고 하였다. 그의 경험론적 철학체계는 버클리(G. Berkeley)·흄(D. Hume)에 영향을 주었으며 프랑스의 실증론·유물론에도 영향을 끼쳤다. 또한 교육학에 있어서는 코메니우스(J. Comenius)·루소(J. J. Rousseau)·페스탈로찌(J. pestalozzi) 등이 경험주의적 입장에 서며, 특히 20세기 진보주의 교육사상은 경험주의적 경향이 강하다.

0376 경험중심 교육과정 (experience-centered curriculum)

학생이 교육의 중심적 존재가 되어야 한다는 입장에서 교육과정의 중심이 되는 내용을 학생이 행해야 할 경험으로 구성하는 교육과정이다. 이는 루소(J. J. Rousseau) 이후 연면하게 제창되어온 주장이며, 1930년대에는 1950년대 말까지 미국에서 영향력을 가졌던 교육과정의 사조(思潮)로서 종래의 「교과중심 교육과정」에 대한 비판으로 대두된 것이다. 교과중심 교육과정에서는 교육과정이 「학교에서 전통적으로 가르쳐 오던 교과」로 정의되는데 비하여, 이 사조에서는 교육과정이 「학생들이 생활 사태에서 가지는 교육적 경험」으로 정의된다. 여기서 교과는 생활의 문제 사태를 해결하는 데에 도움을 줄 때 비로소 진정한 가치를 가진다. 그러므로 교육과정은 반드시 국어·수학·과학 등, 전통적인 교과 구분에 따라 조직될 필요가 없이 생활의 문제 사태를 중핵으로 하여 그것에 관련된 여러 교과들을 통합하여 가르칠 수도 있으며(중핵 교육과정), 전통적인 교과 구분을 따르는 경우에도 그 내용은 주로 생활의 문제를 해결하는 데에 도움이 될 수 있도록 선정되고 조직된다. 이 점에서 「경험중심 교육과정」은 「생활중심 교육」과 거의 동일한 것으로 이해된다. 또한 이러한 교과 간의 전환에 따라 흔히 「아동중심 교육」이라고 불리는 방법상의 원리가 대두된다. 즉 교육의 과정 전체에서 아동의 흥미와 능동적인 참여가 중요시되어야 한다는 것이다. 경험중심 교육과정은 아동중심 교육과 함께 듀이(J. Dewey)의 교육철학에 기초를 두고 있는 것으로 알려져 있다.

0377 경험치료(experiential therapy)

활동, 갈등과 상황 밖의 행동, 역할연기, 대결, 클라이언트의 현재 생활경험과 유사한 상황설정을 강조하는 심리사회적 개입 혹은 임상치료의 형태이다. 경험치료는 '지금 이곳'(here and now)에 초점을 두고 클라이언트를 단지 과거 상황으로만 기술하는 것을 경시한다. 경험치료는 흔히 집단치료나 가족치료에서 행해진다.

0378 경화증(cirrhosis)

신체 조직, 흔히 간에 생긴 상처, 경화증에 가장 쉽게 걸리는 사람들은 알코올 중독으로 영양(단백질) 섭취가 부족한 중년 남성들이다. 간의 손상은 쇠약, 황달, 위장 장애, 간장염, 간과 비장의 확대, 정맥의 팽창과 같은 증상을 초래한다. 이에 대한 치료는 일반적으로 적당한 양의 단백질, 비타민 보충, 수혈, 지나친 분비약의 제거와 함께 음식조절을 통해서 이루어진다. 알코올 중독을 포함한 사회심리 치료는 보통 증상의 재발을 막기 위해 행해진다.

0379 게마인샤프트(gemeinschaft)

→ 공동사회

0380 게스 후 테스트(guess who test)

인격검사의 일종이며 어떤 인격특성을 나타내는 말에 대해 그 특성을 지니고 있다고 생각되는 사람의 이름을 쓰게 해서 그룹 내에서 상호 평정시키는 테스트 방법이다. 많은 사람의 인격특성의 평정을 앎으로서 그 사람의 인격을 알고 개인적인 인상이나 평가를 시정한다. 이 직장에서 가장 상냥한 사람은 누구냐 등의 질문항목이 쓰인다. H. 하드숀이나 I. B. 밀라 등에 의해 고안되었다. 집단의 역학을 분석하는 데도 유효하다.

0381 게스탈트 심리학(gestalt psychology)

유기체 또는 환경의 부분보다는 전체를 강조하고 정신적인 인식의 상호관계에 초점을 두는 이론집단이다. 이것은 게슈탈트 치료(gestalt therapy)에 영향을 받았지만 그것과 동의어는 아니며 레빈과 쾰러에게 영향을 받은 심리학의 한 학파이다.

0382 게스탈트 치료(gestalt therapy)

정신요법적 개입의 한 형태이다. 그 접근방법은 개인들이 사고, 감정 및 행동을 통합하도록 돕고, 현재의 인식과 경험에 비추어 더욱 현실적으로 그들이 위치를 올바로 알도록 돕는 것이다. 이것은 그들 자신의 행동에 대한 책임을 인식하고 떠맡는 것, 감정적 표현과 인식의 자발성, 자신의 사고의 결함과 왜곡의 존재에 대한 인정 등을 강조하고 있다.

0383 게인 프로그램(GAIN Program)

미국 캘리포니아주에서 시작한 주 복지프로그램으로써, 공적부조 수급인 개인 훈련, 교육, 직업상담 및 직업소개 등을 제공하는 것을 말한다. 만일 이 서비스가 요부양 아동가족 부조를 지급받을 수 있는 세대주의 노동력을 활용하도록 하는데 실패한다면 수급인은 1년 간 공공서비스직과 관련된 고용을 제공받는다.

0384 게젤샤프트(gesellschaft)

→ 이익사회

0385 계급(class)

생산수단에 대한 소유관계를 통해서 생산과정에서 차지하는 각각의 지위가 다름으로 인해서 구별되는 인간집단을 말한다. 일정한 사회에 있어서 사람들의 지위의 상위는 생산관계에서 차지하는 상위의 상위에 기초하는 것이며, 이것은 생산수단이 누구에 의해서 소유되어 있는가에 따라 규정된다. 따라서 계급은 정치적·사회적 체제에서의 사람들의 지위가 아니고 경제제도 혹은 생산은 사회적 체제에 서의 지위를 가리킨다. 생산수단을 사유·독점하는 사람은 다른 사람의 노동을 지배하고 착취할 수 있다. 이 착취·피착취관계는 바로 생산수단에 대한 소유·비소유의 관계로부터 발생하는 것이며 이것이 계급의 본질적 관계이다. 따라서 계급관계는 모순적이며 대립적이다.

0386 계급분화

생산수단의 사적소유에 기초한 상품경제에서 소생산자들의 사회경제적 처지가 변화되어 다른 계급 또는 계층으로 전환되는 것을 말한다. 상품경제에서 소생산자의 사회경제적 처지는 고정불변하지 않는다. 여기서 소생산자들의 처지를 변화시키는 기본요인은 가치법칙의 작용과 경쟁이다. 생산수단에 대한 사적소유와 상품생산은 노예사회와 봉건사회에도 있었으나, 거기에서는 자연경제가 지배적이고 신분적 예속관계가 강하였던 관계로 계급분화는 제한된 범위에서 서서히 진행되었다. 봉건사회가 무너져 가던 때에 상품화폐 관계가 발전함에 따라 계급 분화는 빠른 속도로 진행되었고, 자본주의 사회의 두 계급인 부르주아 계급과 노동계급에로의 분열을 촉진하였다. 특히 농촌에서 농민들의 계급분화는 극소수의 부농으로의 전환과 대다수의 빈농, 고용 농민 또는 도시 노동자로의 전환을 가져온다. 기본 생산수단이 사회적소로 되어야 이러한 계급분화를 완전히 없앨 수 있다.

0387 계급투쟁

사회계급간의 경제적, 정치적, 문화적인 특권이나 기회, 지배권을 둘러싼 싸움을 말한다. 자본주의사회에 이르기까지의 인간의 역사를 계급투쟁의 연속이라고 보는 것이 맑스주의의 견해이다. 그러나 20세기 특히 제2차 대전 이후부터는 의회제 민주주의의 보급이 정착되고, 사회국가의 형성과 신중간층의 증대 및 대중사회의 진전의 초래, 산업민주주의의 확충 등을 계기로 계급투쟁의 제도화가 진척되어, 이데올로기의 종언과 더불어 노동자계급의 부르주아도 생겨나고 있다.

0388 계량경제학(econometrics)

이론경제학(理論經濟學)의 성과와 수리통계학(數理統計學)의 지식을 결합시켜 경제통계자료를 사용하고, 현실의 경제실태를 수량적으로 파악하여 장래에 대한 예측과 계획에 도움을 주고자 하는 근대경제학. 근대경제학의 경제이론은 수학적 형식을 사용하여 일반적·추상적 형태로 그 내용을 풍부하게 만들어 왔으나, 순수이론이 경제의 경험적 현실의 어떤 본질을 파악하려고 하는 한, 이 이론을 실제로 관찰할 수 있는 통계를 사용하여 검증(檢證)하려는 욕구가 일어나는 것은 당연한 일이다. 이리하여 이론경제학과 수리통계학을 결합시켜 경제이론에 수량적 내용을 부여할 목적으로, 1930년에 J. A.슘페터와 I.피셔 등에 의해 미국에서 계량경제학회가 설립되었다. 경제 법칙의 통계적 실증연구(實證研究)는 상당히 오래 전부터 H. L.무어, H. 슐츠, R. A. K.프리시 등에 의해 이루어져 왔으나, 이들의 연구의 주된 것은 경제제량(經濟諸量)에 관련되는 통계자료를 정리 통합하여, 여기에 비교적 간단한 통계적 조작(操作)을 곁들여 경제실태를 양적으로 이해하려 하였던 것으로서, 경제 모델을 사용할 경우에도 2개 이상의 방정식을 연립시키지 않고 단일 방정식을 따로 추정하는 방법이었다. 이윽고 제2차 세계대전 이후, 확률론을 기초로 하는 수리통계학(또는 추측통계학)의 발달과 통계자료의 정비 및 컴퓨터의 출현은 계량경제학을 급속도로 발전시켰으며, 앞으로도 그 성과가 가장 기대되는 분야로 주목되고 있다. 그 내용은 초기의 단일 방정식 모델에서 진보하여 경제 전체를 서로 관련을 맺게 하는 경제 제변량(諸變量)의 체계로서의 연립 모델을 만들어내고, 이 모델에 현실의 통계자료를 적용시켜서 현실의 관측값을 낳게 한 경제구조를 찾아내려고 하는 것이다. 이때 경제구조의 추정을 위하여 쓰이는 통계학의 수법으로는 초기의 최소제곱법 대신 큰 규모의 최대법(最大法)이 쓰이게 되었는데, 이것은 컴퓨터의 발전 없이는 도저히 불가능한 일이었다. 경제이론 모델을 수량적 연립체계로서 설정할 경우, 특히 문제가 되는 것은 식별(識別 : identification)이 가능한지의 여부이다. 이것은 이론 모델에서 추정되는 경제구조가 단 한 가지의 것으로 결정될 수 없는 가능성이 있기 때문에 일어나는 문제이다. 이 같은 연립체계에 의한 대규모적인 계량분석과 다시 그 결과를 예측에 활용할 수 있도록 하는 연구가 오늘날의 계량경제학의 중심적 내용이며, 이 연구는 특히 미국의 비영리법인(非營利法人) 콜스 커미션(Cowles Commission)에 의해 활발하게 추진되어 1950년대까지는 일단 기초가 확립되었다.

0389 계모자관계

부가 처와 이혼 또는 사별한 뒤 후처와 재혼한 경우에 전처 출생 자녀와 후처와의 관계를 말한다. 자녀는 후처의 계자녀가 되고 후처는 자녀의 계모가 되는 것이다. 이러한 관계를 반혈연가족 혹은 법정혈족관계라고 하는데, 이는 친생모자관계와 법률상 동일하지만 다만 계모가 친권을 행사하는 경우에 후견인에 관한 규정이 적용된다는 제한이 있다. 계모자관계는 부와 계모와의 이혼이나 혼인의 취소로 인해 소멸하고 또 부가 사망한 후에 계모가 친가에 복적하거나 재혼할 경우에 소멸한다.

0390 계선조직(line organization)

조직이 설정한 목표가 목적을 직접 수행하고 책임을 지며 명령복종의 권한관계로서 계층화된 조직을 말한다. 계선조직은 행정조직 단위의 장으로부터 국장, 가장, 계장, 계원에 이른 복종 관계를 가진 수직적인 조직형태로서 명령적, 집행적 기능을 가지고 있다. 즉 조직의 최고 책임자를 정점으로 하여 수직적 권한 관계로 이어지는 집행조직으로서 구체적인 집행 및 명령권을 행사하고 조직의 전체적 집행 및 명령권을 행사하고 조직의 전체적 집행에 대해 직접적인 책임을 지게 되며, 권한의 계열화 내지 등급화는 모든 조직 속에 간단없이 이어지는 사다리꼴의 단계적 연속으로 나타난다. 계선조직은 권한의 책임과 한계가 명확하여 업무수행이 능률적이고, 단일 기관으로 구성되어 있으므로 단순하고 운영비용이 적게 드는 소규모 조직에 적합하고 강력한 통솔력을 행사할 수 있다는 장점이 있다. 그러나 대규모 복합조직에 있어서는 계선기관의 총괄적인 지휘, 감독으로 인해 업무량이 과중하고, 기관책임자가 주관적, 독단적 조치를 취할 가능성이 있고, 한 곳이라도 사고가 나면 연쇄적으로 그 기능이 마비당하며, 각 부서 간에 효과적인 조정이 곤란하다. 그리고 특수 분야에 전문가의 지식과 경험을 이용할 수 없고 조직이 융통성보다 경직성을 띠게 된다는 단점이 있다.

0391 계속성(continuity)

계열성과 함께 교육과정의 종적조직에 관계되는 원칙으로서, 한 가지 교육내용이 학년이 올라감에 따라 단절됨이 없이 계속적으로 취급되어야 한다는 원칙이다. 이 원칙을 교육과정 조직에 실지로 적용하는 데에는 「교육내용」의 성격이 반드시 문제된다. 예컨대, 중학교 1학년에서 3학년까지 역사가 계속 가르쳐지고 있으면 계속성이 보장된다고 말할 때 역사라는 교과를 교육내용으로 보는 것이다. 그러나 역사라는 교과안에도 여러 가지 교육내용이 있을 수 있다. 근래 지식의 구조를 가르치는 교육과 정조직 형태로서의 「나선형 교육과정」에 의하면 학년 수준이 높아짐에 따라 계속적으로 취급되어야 할 교육내용은 각 학문의 「핵심적 아이디어」이다. 나선형 교육과정은 이 동일한 교육내용이 계속적으로 더욱 심화되어 가르쳐야 한다는 것을 나타낸다. → 나선형 교육과정, 계열성

0392 계약(contract)

개입과정 동안 충족되어야 할 목표, 방법, 일정, 상호의무에 대해 클라이언트와 사회사업가가 문서, 구두 혹은 암시적으로 동의하는 것을 말한다.

0393 계약수립(contracting)

치료의 목표 및 방법 상호간의 의무를 언어적으로 분명히 이해시키거나 그에 대한 공식적인 합의를 얻기 위해 치료의 목표, 방법, 상호의무에 대해 클라이언트와 함께 토론하는 치료절차이다.

0394 계약자유의 원칙

한 인간이 사회생활을 해나가는 데 있어 자기의 의사에 따라서 자유로 계약을 체결하고 사법관계를 규율할 수 있는 것이며, 국가는 되도록 여기에 간섭해서는 안되는 근대법의 원칙으로서의 '사적자치의 원칙'이 계약에 나타난 것이다. 이에는 계약 자유의 원칙, 상대방 선택의 자유, 내용 결정의 자유, 방식의 자유 등 네 가지의 원칙이 포함된다.

0395 계열성(sequence)

계속성과 함께 교육과정의 종적 조직에 관계되는 원칙으로서, 교육내용을 조직할 때 어느 것을 먼저 가르치고 어느 것을 나중에 가르치는가를 말하는 것이다. 계열성을 보장하는 방법으로서는 「논리적 조직」과 「심리적 조직」이 있는 것으로 알려져 왔다. 전자는 교과 자체의 논리적 순서에 따라 조직하는 것이며, 후자는 학습자의 심리에 가까운 것에서 먼 것으로 나아가는 것이다. 예컨대, 역사과에서 고대 – 중세 – 근세 – 현대로 조직하는 것은 교과의 논리적 순서를 따른다고 볼 수 있으나, 학습자의 심리에는 현대가 더 가깝다고 볼 수도 있다. 계열성은 교육내용의 선후 관계를 나타낸다는 뜻에서 「나선형 교육과정」과 동일한 것으로 해석되는 경우가 있으나, 나선형 교육과정은 계열성(계속성)을 특별한 방식으로 해석하는 관점을 나타낸다고 보아야 한다. → 나선형 교육과정, 계속성

0396 계절보육소(seasonal day nursery)

농번기 등 일정 시기에 보호자의 바쁜 취로상황으로 아동보육에 지장이 있는 경우 이들 아동을 보육하며 보호자의 생산 활동을 원조하는 보육소로 농촌에 인가보육소가 설치되어 있다.

0397 계절성 정서장애 (SAD : seasonal affective disorder)

많은 우울증 증상들이 특징이며 1년 중 춥고 음산한 계절 동안 어떤 개인에게 나타나는 정서적 장애를 말한다. 이러한 환자들의 치료방법으로는 햇볕이 충분한 지역으로 이주시키거나, 정규적인 인공 태양 볕에 접할 수 있도록 설비를 제공하면 된다.

0398 계절적 실업(seasonal unemployment)

네 가지 형태(구조적, 주기적 및 마찰 실업을 포함하여)의 실업 중 하나로서 계절의 변동, 변화에 의해 야기되는 실업을 말한다. 예를 들면, 농장노동자, 구조대원, 제설작업자, 토목 및 건설 노동자들이 특정 지역의 계절조건 때문에 취업할 수 없게 되는 경우이다.

0399 계층(social stratum) 01

어떤 지표에 의하여 구별된 일정한 사회적 지위를 공유하는 한 무리의 사람들을 의미한다. 이들의 기준으로는 직업 등과 같은 질적 분류범주와 소득과 같은 연속적인 양의 분류범주 두 종류가 있다. 층을 구분하고 결정하는 요인은 각 사회에서 각기 다르지만, 현대사회에서 중요하다고 간주되는 것으로는 소득수준, 소득의 원천, 직업상의 지위, 직업, 생활양식, 지식수준, 사회적 참여 등이다.

0400 계층 02

어떤 지표에 의하여 구별된 일정한 사회적 지위를 공유하는 한 무리의 사람들을 의미한다. 이들의 기준으로서는 직업 등과 같은 질적 분류범주와 소득과 같은 연속적인 양의 두 종류가 있다. 층을 구분하고 결정하는 요인은 각 사회에서 각기 다르지만, 현대 사회에서 중요하다고 간주되는 것으로는 소득수준, 소득의 원천, 직업상의 지위, 직업, 생활양식, 지식수준, 사회적 참여 등이다.

0401 계층분화

사회의 성원을 부(소득과 자산), 사회적 권력, 위신 등으로 인해 구성되는 사회적 지위에 해당하는 것이 사회계층이다. 이 사회계층이 몇 개의 집단으로 분화하여 가는 상태 또는 가는 것을 계층분화라 한다. 즉 소득, 노동형태, 직업 등으로 또는 근로자계급 내부에는 기사, 사무종사자, 숙련, 단순근로자 등으로 나누어지며, 농민내부에는 부농, 중농, 빈농, 소작농 등으로 나누어지는 것이 그 예이다.

0402 계통추출법(systematic sampling)

모집단을 몇 개의 그룹으로 분류하여 그 그룹에서 임의 추출하여 표본을 정하는 방법이다. 다음에 2번, 12번, 22번과 같이 통계단위의 순차를 따라서 표본을 정하는 방법을 계통추출법 또는 순차추출법이라 한다. 이 때 순차를 정하는 것은 임의추출에 의거한 것이다. 이 방법은 모집단이 주기성을 지니고 있는 경우에는 지극히 위험한 방법이다.

0403 계획([영] plan [독] Entwurf)

어떤 일을 하기에 앞서서, 방법·순서·규모 등을 미리 생각하여 세운 내용·계획을 수립하는 과정을 기획이라고 하고, 이 과정을 통해서 얻는 결과적 산출을 계획이라고 한다. 계획이라는 용어는 두 가지의 경우에 통용되지만 반면에 기획은 계획하는 과정에 한하여 사용된다. 계획은 목적·내용·기간·포괄지역·이용 빈도에 따라 다양하게 분류된다.

0404 고난(grief work)

점차 적응과 회복을 가능하게 하는 중대 손실 뒤에 오는 연속적인 정서적 단계 또는 국면, 개인은 전형적으로 감정을 회사 아하고 표현하며, 새로운 상황을 받아들이고 적응하며, 새로운 관계를 형성한다.

0405 고도경제성장정책

1950년대 후반부터 1970년대 초에 걸쳐 기술혁신과 중화학공업화에 따라 산업구조의 전환을 도모하고 급격한 경제발전을 실현하기 위하여 취해진 정책이다. 경제성장률은 달성했지만 공해, 환경파괴 등을 가져왔다.

0406 고도산업사회(high industrialized society)

로스토우(Rostow, W. W), 커어(Kerr, Clark), 벨(Bell, D), 갈브레이드(Galbraith, J. K) 등이 조금씩 다른 뉘앙스를 갖고 논하고 있는 동서 체제를 일괄하는 현대사회의 메크로 모델(macro model)이다. 공업은 성숙기에 있고 대기업이 사회체제의 지배적인 우위에 있는 사회이며, 국가 활동과 계획화의 경제적비중이 높으며, 지식사회의 양상을 드러낸다는 점에서는 여러 학자들이 일치하고 있다.

0407 고대 비네 지능검사(Kodae-Binet intelligence test)

Alfred Binet가 1905년 처음 제작한 이래로 많은 개정을 통하여 발달된 검사이다. 고려대학에서 표준화한 한국판 고대비네 검사는 지능이 연령에 따라 발달한다는 이론에 의거하여 문항이 선정되었다. 만 4세부터 14세 아동에게 실시할 수 있는 개인검사이다. 검사 내용은 어휘, 기억, 추상 추리, 수개념, 시지각 기능, 사회능력과 같은 다양한 능력을 평가하도록 되어 있으며, 연령에 따라 각 문항에 대한 정답의 빈도를 백분율로 계산하였다. 각 문항에 대한 정답의 빈도는 연령이 낮을수록 적고 연령이 높아질수록 많아진다. 특정 연령의 피험자 중 50% 가량이 어떤 문항에 정답을 했다면 그 문항을 그 연령에 해당하는 문항으로 선정하였다. 이런 방식으로 각 연령에 해당하는 문항 6개씩을 선정하여 각 문항이 2개월 정도의 정신연령에 해당하는 것으로 간주했다. Binet 지능검사를 통해서는 지능지수나 정신연령 이외의 다른 정보를 얻어내기 어렵다. 똑같이 지능지수가 낮은 아동일지라도 사고가 전반적으로 모두 뒤떨어지는 아동이 있는데 반해, 어떤 아동은 특정 사고는 떨어지지만 다른 사고는 상당한 수준에 달하는 경우가 있다. 이와 같은 경우, 지능지수가 같다고 하여 그러한 아동들을 동일시하는 것은 타당치 못하다. 보다 효과적인 치료나 교육계획을 세우기 위해서는 타 검사와 병행하여 사용해야 아동의 지능 구조를 파악할 수 있다.

0408 고령자교실

→ 노인교실

0409 고령자 무료직업소개소

일본에서는 65세 이상자를 대상으로 허가를 받은 사회복지협의회에서 직업알선을 행하고 있는데, 1963년 동경사회복지회가 처음으로 무료직업소개소를 설치한 이후 지금까지 계속 늘어나 1980년에는 그 수가 전국에 137개 소에 이르렀다. 취업알선센터는 65세 이상의 노인에게 취업희망신청서를 받아 취업을 알선하고 직업훈련 및 사회 교육을 실시한다.

0410 고령자세대

보건복지부 행정기초 조사에 따른 세대유형의 하나로 남자 65세 이상, 여자 60세 이상의 자로 구성된 세대 또는 여기에 18세 이하의 자녀로 이루어진 세대를 말한다. 이들 조사의 약 반수가 노인단독세대로 홀로 사는 노인이다. 소외된 지역 및 대도시지역에서 특히 증가하는 경향을 보이고 있다.

0411 고령화사회(aging society) 01

인구의 고령화는 여러 지표로 볼 수 있으나 대개는 총인구에서 차지하는 고령자인구의 비율로 나타낼 수 있다. 고령화사회란 인구의 고령화가 진전되는 사회를 말하며 이는 출생율과 사망률이 동시에 감소하는 인구전환현상(population transition)에서 온다. 93년 통계청이 발표한 자료에 따르면 우리나라에서 60세 이상 고령자가 총인구에서 차지하는 비율은 90년 현재 7.6%이다. 이는 스웨덴(23.5%), 프랑스(19.1%), 일본(17.5%), 미국(16.8%) 등 이미 고령화 사회가 된 선진국보다 낮으나 태국(6.0%), 말레이시아(5.8%) 등 개발도상국보다 높은 수준이다. 2000년 이후 고령화율이 13~15%로 급증하였다. 고령화 사회에서는 고령인구의 절대 수도 많아지고 젊은 연령에 비해 상대적 비율도 증가하므로 이들에 대한 노후생활의 안정과 적절한 복지대책이 중요하다.

0412 고령화사회 02

노령인구의 비율이 다른 사회와 비교할 때 현저히 높아져 가는 사회를 말한다. 의학의 발달, 생활수준과 생활환경의 개선이 평균 수명을 높임으로써 고령화사회가 급속히 다가오고 있다. 이에 대해 노령인구의 비율이 높은 수준에서 상당한 정도로 안정된 사회를 고령사회(aged society)라고 한다. 고령화사회는 앞으로 크나큰 사회문제를 가져올 것이라는 비관론도 있다. 그러나 많이 낳고 많이 죽는 '젊은 사회'보다는 훨씬 복지적인 사회일 것이라는 반론도 있다. 이러한 견지에서 장수사회라는 용어를 쓰자는 의견도 있다. 문제는 노동력의 부족과 부양해야 할 노인의 증가 등에 있다.

0413 고립(isolation)

타인과 분리되어 멀어진 상태를 말한다. 심리적으로 타인에 대한 반감이나 접촉공포를 말한다. 정신역학(psycho-dynamic) 이론에서는 기억이 한때 가지고 있었던 감정에서 멀어지는 방어기제(defense mechanism)라고 표현된다. 예를 들면, 클라이언트는 아동 학대를 당하고 있을 때는 두려워했을지 모르지만, 20년 후에 사회사업가에게 그 사건이 관련되면 그것에 대해 무관심한 것처럼 보일 수 있다.

0414 고발(whistle-blowing)

불법적이고 낭비적이고 위험하거나, 조직의 명시된 정책에 위배되는 일들을 하는 조직에서 높은 권위직에 있는 사람들을 경계하는 것이다. 미국 정부와 같은 일부 조직들은 익명의 정보제공자들을 위해 무료 직통전화를 운영하고 고발 직원들을 그들 상관의 보복으로부터 보호함으로써 고발을 장려한다.

0415 고복지·고부담
(high level funding for high level welfare service) 01

고복지·고부담이라 함은 복지사회를 실현하기 위해서는 국민의 높은 부담에 의존하여 복지수준을 높일 수 밖에 없다는 것을 뜻한다. 고복지·고부담은 고도경제성장정책으로부터 저성장정책의 이행 및 「고령화의 도래」라는 사회보장을 둘러싸고 이중의 엄격한 조건의 변화를 배경으로 하여 나왔다. 고도성장은 확실히 복지재원을 풍부히 하며 고복지의 기초조건(의료보험의 급여개선, 노인의료의 무료화, 연금슬라이드제도의 도입) 등을 정비했다. 그러나 노령자의 증가 및 저성장하의 재정난 때문에 국민부담의 증대가 요구되고 있다. 이 고부담의 근거의 하나로 복지수준의 유지를 위해서는 급여에 걸맞는 적정한 부담이 필요하다고 하는 서구제국의 착실한 부담증가 경향을 들 수 있다. 고복지의 전제로서의 고부담을 생각하지 않을 수 없는 것으로서 복지의 틀을 재정밸런스만으로는 논할 수 없다. 고복지의 내용, 부담의 공평, 소득 재분배기능의 재검토 등을 전제로 하여 사회보장의 재편성론에까지 나아가고 있다.

0416 고복지·고부담 02

고복지국가로 알려진 스웨덴·덴마크·미국 등에서는 같은 선진국인 일본보다도 조세부담률이 2~3배나 높다. 그러나 이들 복지국가에서는 국민의 생활보장이 철저히 되어 있다. 예를 들면 스웨덴의 경우, 병원에 가는 택시요금도 보험에서 지불하는 등 고부담에서 오는 혜택이 생활의 사소한 부분까지 미치고 있다. 또한 부담은 고소득자일수록 누진도가 높으며 어떤 사람에게나 탈세는 공정하게 단속되고 있으므로 부담에 대한 불만은 없다. 고복지를 위해서 고부담은 불가피한 것이지만 대개의 나라에서는 그것을 국민에게 납득시키는 데 어려움을 겪고 있다

0417 고부갈등(conflict between mother in law and daughter in law)

부계가족에서 여자인 시어머니와 며느리는 열세와 불리한 지위를 갖고 있으며, 며느리는 딸보다 더욱 불리한 조건을 가지고 있다. 시어머니와 며느리는 동일한 조건과 비슷한 입장에 있으면서 상호 간에 화목하지 못하거나 온정적이고 못하고 불화 내지 불신적인 관계로 발전하는 경우가 흔한데 이러한 불화와 마찰 상태를 고부갈등이라 한다. 고부관계가 근본적인 부정관계와 원천적인 대립관계의 성격을 갖게 되는 것은 아들을 중요시하는 부계가족의 구조적 특성에 원인이 있다고 본다. 한국의 고부관계는 구조적 측면에 변화가 없는 한 부계사회의 큰 과제로 남을 것이다.

0418 고살죄(manslaughter)

법을 위반한 행위이나 우연히 다른 사람을 죽인 죄이다. 대부분 사법에서는 고의적 살인과 비고의적 살인을 구별한다. 비고의적 유형은 무모한 운전과 같이 형사상 부주의한 행위로 사망을 초래하는 것과 관련된다. 고의적 살인은 억제할 수 없는 분노나 공포를 야기시킨 사람을 죽이는 것과 같이 정상을 참작하거나 정당화할 수 없는 상황에서 이루어진 의도적인 살인(homicide)을 말한다.

0419 고아(orphans)

친부모로부터 버림받거나 친부모가 사망 혹은 행방불명되

어 부모와 헤어져 살아야 하는 어린아이를 말한다. 고아는 빈곤, 경제공황, 전쟁, 교통사고 등에 의해 사회적, 인위적으로도 만들어진다. 발생 원인에 따라 전쟁고아, 천재고아, 난민고아, 교통고아 등으로 불리기도 한다.

0420 고아원(orphanage)

→ 보육원

0421 고엽제(agent orange)

적이 숨어 있을 것이라고 여겨지는 장소를 고엽(枯葉)시키기 위해 베트남전에서 주로 사용된 제초제의 일종이다. 일부 군인들은 이것에 노출되면 암과 같은 병에 걸린다고 주장한다.

0422 고용(employment) 01

돈과 노동력의 교환으로 일하는 상태를 말한다.

0423 고용 02

인간의 노동 용역을 경제적 재화 및 서비스 생산에 투입하는 것을 한 사회, 또는 한 나라 전체적으로 총칭한 것이다. 개인의 입장에서 보면 취업이 된다. 우리나라에서는 14세 이상의 남녀, 일본에서는 15세 이상의 남녀, 그리고 미국의 경우에는 16세 이상의 남녀를 노동가능 인구(eligible population)라고 부른다. 이 노동가능 인구는 취업자·실업자 그리고 비경제활동 인구의 세 가지로 구분되며, 취업자와 실업자를 합해서 경제활동 인구(economically active population)라고 한다. 국제 노동기구(ILO)는 일정기간 임금이나 수입을 위해 어떤 일을 한 사람, 또는 실제로는 근로하지 않았지만 병·노사분쟁·휴가·결근·일기불순·기계고장 등의 이유로 일시 직장에서 이탈해 있었던 사람, 또는 가족단위에서 경영하는 사업체에 종사하는 무급종사자가 평소 근무시간의 1/3 이상을 일했을 경우에 한해서 취업자로 간주한다. 이에 반하여 우리나라는 조사기간 중 소득·이윤·봉급·임금 등, 수입을 목적으로 1시간 이상 일한 사람 또는 무급 가족 종사자 또는 일시 휴직자를 모두 취업자로 간주하고 있다. 경제이론에 있어서 고용은 여가와 대체적인 것으로 파악되며, 한 나라 전체적으로 보아 고용수준은 불경기 때 낮아지고 호경기 때 높아진다. → 실업

0424 고용기회(employment opportunities)

일정 시점에 있어서의 한 나라나 사업체 내의 노동수요량, 또는 일자리 수를 말한다. 한 나라의 총 노동수요 구조는 그 나라의 산업구조와 기술적 구비요건 및 교육과 훈련 요건을 가늠하는 척도가 되며, 이것은 궁극적으로 각 사업체의 고용기회의 질적 및 양적 구조에 의해 결정된다.

0425 고용계약서(indenture)

한 종이에 정·부 2통을 써서 톱니 꼴로 쪼갠 계약서로, 한 개인이 특정 기간 동안 봉사하거나 타인을 위해 일한다는 의무이자 책임이다. 식민시대의 아메리카에서는 고용예속이 관행이었으며 이민자들은 수년간 노력봉사의 대가로 그들의 새로운 거주지로 이주할 수 있었다. 그 후에 이 관행은 관리인에게 예속되도록 강요당한 부모 없는 아동들에게 종종 적용되었다. 이런 관행으로부터, 양연보호(foster care)의 많은 원칙들이 유래된 도제(apprenticing)가 생겼다. 이민자나 밀입국자(undocumented alien)라는 처지를 악용하는 일부 사람들에 의해 고용증서는 여전히 불법적으로 은밀히 계속 실행되고 있다.

0426 고용계획(employment programs)

더 많은 사람들에게 더 많은 일자리를 확보하고, 그 일자리에 상당하는 임금과 동등한 기회를 확보해주도록 마련된 연방, 주, 시·군 단위와 사기업 차원의 프로그램을 말한다. 미국에서는 이 프로그램에 실업보험(unemployment insurance) 이외에 직업훈련협력법(job training partnership act), 직업단(job corps)과 지역청소년단(neighborhood youth corps) 등이 있다.

0427 고용보장

고용보장이란 취업기회의 보장과 해고제한제도 등을 의미한다. 자본주의 사회에서 고용보장은 고용 즉, 취업에 관해 정책적으로 완전 고용정책의 도입에 의한 고용창출과 함께 사회보장의 과제로서 어떠한 형태이든 노동능력을 가진 자에 대해 적정한 직업선택과 직업보장을 가능한 실현시키는데 반해 사회주의 계획경제 하에서는 실업을 낳지 않는 사회이므로 고용보장이라는 측면에서는 제도적 실현이 시도되고 있다. 우리나라에서 사용자는 원칙적으로 해고의 자유를 갖고 있으며 근로기준법에 의해 약간의 제약을 받고 있는데 그친다. 그러나 독일 등에서는 해고제한법(1951)이 제정되어 있어서 이에 의해 고용보장이 행해지고 있다. 또 국제적인 기준의 대표적인 것으로서는 1982년 제68회 ILO총회에서 채택한 사용자의 발의에 의한 고용의 종료에 관한 조약이 있다.

0428 고용보험(employment insurance)

감원 등으로 직장을 잃은 실업자에게 실업보험금을 주고, 직업훈련 등을 위한 장려금을 기업에 지원하는 제도. 의료보험·국민연금·산업재해보상보험과 함께 4대 사회보장제도의 하나로, 1995년 7월 1일부터 시행되었다. 이에 따라 사업주와 근로자는 각각 월정급여액의 일정비율(0.3%)을 보험료로 납부해야 하며, 전국적인 고용보험 전산망 구축에 따라 지방노동사무소와 시·군·구에서 구인·구직 정보를 제공받게 된다. 근로자는 나이와 보험 가입기간에 따라, 실업시 복리후생(福利厚生) 성격의 수당을 제외한 임금 총액의 50%를 1996년 7월부터 30~210일 동안 매달 실업급

여로 받을 수 있다. 급여액은 하루 최고 3만 5000원, 최저 4,680원이다. 실업급여는 5인 이상 사업장에 적용되며, 70인 이상 사업장의 사업주는 고용안정 및 직업능력개발을 위한 고용보험료를 추가로 내야 한다. 단, 실직 후 노동청에 구직신청을 해야 하며, 본인의 큰 잘못이나 불법행동 등으로 해고를 당하였을 경우, 정당한 사유가 없이 직장을 스스로 옮기려 할 경우 등에는 급여혜택을 받을 수 없다.

0429 고용보험법

고용보험의 시행에 관해 필요한 사항을 정한 법률. 고용보험의 시행을 통하여 실업의 예방, 고용의 촉진 및 근로자의 직업능력의 개발·향상을 도모하고, 국가의 직업 지도·직업 소개 기능을 강화하며, 근로자가 실업한 경우에 생활에 필요한 급여를 실시함으로써, 근로자의 생활의 안정과 구직 활동을 촉진하여 경제·사회 발전에 이바지함을 목적으로 하는 법률이다(1993. 12. 27, 법률 제4644호). 고용보험은 노동부장관이 관장한다. 고용보험법은 근로자를 고용하는 모든 사업에 적용한다. 사업의 사업주와 근로자는 당연히 보험의 가입자가 된다. 고용보험 사업으로서 고용안정 사업 · 직업능력 개발 사업 및 실업급여를 실시한다. 고용안정 사업은 국내외 경기의 변동, 산업구조의 변화 기타 경제상의 이유 등으로 인력이 부족하게 되거나 고용 기회가 감소하여 고용 상태가 불안하게 되는 경우에 피보험자 등의 실업의 예방, 재취직의 촉진, 고용 기회의 확대 기타 고용 안정을 위하여 실시하고, 고용조정·지역 고용의 촉진·노령자 등의 고용 촉진·건설근로자 등의 고용안정·고용 촉진시설의 지원을 하며, 고용 정보의 제공 및 직업 지도를 한다. 직업능력 개발 사업은 피보험자 등에게 직업생활의 전 기간을 통하여 자신의 직업능력을 개발·향상시킬 수 있는 기회를 제공하고, 직업능력의 개발·향상을 지원하기 위하여 실시하고, 사업주에 대한 직업능력 개발 훈련의 지원, 피보험자 등에 대한 직업능력 개발의 지원, 직업능력 개발 훈련시설에 대한 지원, 직업능력 개발의 촉진, 건설 근로자 등에 대한 직업능력 개발의 지원을 한다. 실업급여는 구직급여와 취직 촉진 수당으로 구분한다. 구직급여는 피보험자가 이직한 경우에 지급하며, 임금일액을 기초로 하여 산정된다. 구직급여의 수급기간과 일수는 제한되며, 훈련 연장 급여·개별 연장 급여·특별 연장 급여가 인정된다. 취직 촉진수당은 조기 재취직 수당·직업능력 개발 수당·광역 구직 활동비·이주비 등으로 한다. 보험료는 보험 사업에 소요되는 비용에 충당하기 위하여 사업주와 피보험자인 근로자로부터 징수한다. 보험료율은 보험 수지의 추이와 경제 상황 등을 고려하여 고용안정 사업의 보험료율, 직업능력 개발 사업의 보험료율 및 실업급여의 보험료율로 구분하여 정한다. 노동부장관은 고용보험 기금을 설치하며, 이 기금은 보험료와 징수금·적립금·기금 운용 수익금 등으로 조성한다. 피보험자격의 취득·상실에 대한 확인 또는 실업급여에 관한 처분에 이의가 있는 자는 고용보험 심사관에게 심사청구를 할 수 있고, 그 결정에 이의가 있는 자는 고용보험 심사위원회에 재심사청구를 할 수 있다. 10장 87조 부칙으로 되어 있다.

0430 고용보험제도(employment insurance)

고용보험제도는 근로자가 실직했을 경우 실업수당만 지급하는 실업보험과 달리 실업수당 뿐 아니라 구인구직정보망 운용, 취업알선 등을 통해 고용안정에 기여하는 적극적인 고용안정 정책이다. 산업구조조정기나 경기 침체기에 효율적으로 대응할 수 있는 고용안정 대책으로 평가받고 있다. 기본 급여는 실직일 이전 18개월 동안에 12개월 이상 피보험자로 근무하다가 이직하여 재취업을 위한 노력과 능력이 있음에도 실직자로 남아 있을 때 실직 전 임금의 50%를 연령별, 보험 가입기간별로 30~210일 동안 지급한다. 직업훈련을 받을 시에는 2년까지 연장 지급된다. 피보험자인 근로자는 이러한 실업급여를 받기 위해서는 2주마다 지방노동관서에 출석해 지난 2주 동안 적극적인 구직 활동을 했음에도 취업을 하지 못했음을 입증하는 실업인증을 받아야 한다. 19세기 중반 유럽에서 노조의 실업에 대비한 자구책으로 생겨난 이 제도는 현재 미국, 일본, 독일 등 대부분의 선진국들은 고용보험제도를 실시하고 있다.

0431 고용승수(employment multiplier)

일정 산업의 고용증가가 임금과 이윤의 증가로 연결되어 수요를 증대시킴으로써 전 산업에 어느 정도의 고용증가를 유발할 것인가 하는 비율을 말한다. 일정 산업의 고용증가를 N1, 전 산업에 있어서의 고용증가를 N이라고 한다면, N = k·N1이 되는데 이때 k를 고용승수라고 한다.

0432 고용인원조계획
(EAPs : employee assistance programs)

직업만족도나 생산성에 부정적 영향을 미칠지도 모르는 문제를 극복하도록 고용인에게 제공되는 서비스이다. 서비스는 외부의 제공자에 의해서 직접 또는 계약으로 마련될 수 있을 것이다. 음주와 약물의존(drug dependence)에 대한 상담, 결혼 및 가족치료(family therapy), 직업상담(career counseling) 등이 있다.

0433 고용정책(employment policy)

한 국가 또는 기관이 실제적 또는 잠재적으로 노동인구(work force)를 다루는 방법에 관한 원리, 지침, 목표와 규정. 고용정책의 양상들에는 고용과 해고규칙 및 절차, 급료와 급여구조, 직업의 안정과 건강시설, 더 많은 일자리의 창출을 자극하는 경제적 계획 등이 있다. 실업대책으로는 실업보험제도에 의한 구제 이외에 실업자의 구직활동을 돕는 직업소개, 기술교육 등이 있다. 이와 같은 적극적인 대책은 구조적 실업에 대한 고용정책으로 각국이 중요시하고 있다.

0434 고용조정수당

고용촉진사업단이 등록일고항만 노동자에 대해 지급되는 수당을 말한다. 지급대상은 공공직업안정소에 출두해 본인에게 부적합사유가 없음에도 불구하고 항만운송의 소개를 못 받았거나 받았음에도 불구하고 사업자에 고용되지 않았던 자, 또는 항만 운송업무에 종사하는 데 필요한 지식, 기능습득훈련자로서 수당은 일고로 지급된다.

0435 고용훈련 프로그램(ET프로그램)

공적 부조 수혜자들에게 일자리를 얻고 업무를 수행하도록 훈련시킴으로써 경제적 자립을 돕게 하고, 시장성 있는 기술을 배우도록 하는 것으로 여러 주에서 시행되는 고용훈련 프로그램을 말한다. 고용훈련 프로그램이 있는 주에서, 수혜자의 자녀들은 부모가 훈련을 받고 있는 동안에 보건서비스와 탁아서비스를 받는다.

0436 고의적 자산 축소(spending down)

특정 자산 조사에 의한 사회보험급여의 자격을 얻기 위해 전체 자산이나 수입(소득)을 감소시키려는 한 개인의 의도적인 노력이다. 예를 들면, 은행에 많은 돈을 넣어둔 사람은 의료보호에서 부적격자이므로 적격자가 되기 위해 그 돈을 처분한다.

0437 고전적 빈곤

자본주의사회에서 19세기의 빈곤을 의미한다. 즉 19세기 후반에 영국에서 저임금, 열악한 노동조건하에서 대다수의 노동자가 생활필수품의 부족으로 가족의 육체적 생존이 근근이 유지됐던 빈곤상태를 말한다. 이 같은 빈곤은 라운트리(Rowntree, S.)에 의한 영국 요크(york)시의 빈곤가구조사에서 분명하게 드러났는데, 이에 따르면 빈곤원인의 비중은 저임금과 실업이 1899년에 각각 52.0%, 5.1%로 나타났다. 그러나 1950년의 조사에서는 이들의 비중이 각각 32.8%, 38.1%로 나타났고, 제3차 조사에서는 저임금의 비중이 1.0%, 노령이 68.1%로 나타나고 있어 빈곤의 원인은 역사적으로 저임금, 실업, 노령으로 이행되는 사례로 볼 수 있다. 고전적 빈곤은 사회입법, 사회정책 등으로 감소되어 왔으나 제2차대전 이후에는 노령, 상대빈곤 등 현대적인 빈곤문제가 등장하고 있다.

0438 고전적 조건화(classical conditioning)

→ 반응적 조건화(respondent conditioning)

0439 고정관념(stereotype) 01

사람들의 전체 집단이 공통으로 지니고 있는 개인적 속성들에 대한 일련의 신념들이다.

0440 고정관념(fixed idea) 02

집단을 범주화하는 단순화된 도식의 하나이다. 특정 개인의 독특한 개성이나 개인차 혹은 능력을 무시한 채, 단순히 그 개인이 특정 집단의 구성원이라는 이유만으로 그 개인의 개성이나 특성 혹은 능력을 특정하게 또는 특정 범주로 귀속시키는 관념이나 기대를 말한다.

0441 고정관념([독] fixe idee) 03

고착관념이라고도 한다. 반복적으로 의식이나 표상으로 떠오르고, 그 사람의 정신생활을 지배하는 관념 또는 사고의 흐름을 말한다. 고착관념은 어떤 종류의 신경증(예컨대 강박 신경증)의 징후의 경우가 있으나 반드시 병적인 것만은 아니고 정상적인 관념일 수 있다.

0442 고정자산(fixed assets)

즉시 현금화될 수 없는 땅, 건물, 재산과 같은 조직이나 사회기관의 자산을 말한다. 고정자산에서 현금, 직원의 전문성, 기관의 명성을 또는 신용은 제외된다.

0443 고정처리기관

→ 고충처리기관

0444 고착(fixation) 01

어떤 사람이 현재 여건에 대해 부적절한 행동을 하는 것으로, 사고를 유지하거나 부적절한 정서적 반응에 집착하는 것을 말한다. 정신역학(psychodynamic) 이론에서는 정신성적(psychosexual)의 한 단계에서 성격 발달이 부분적으로 또는 완전히 멈춰버리는 것을 말한다.

0445 고착 02

정신분석이론의 용어로서, 특정단계에서 과다한 심리적 만족이나 좌절을 경험하여 심리성적 발달의 초기단계를 원만하게 거치지 못했거나 애착 대상을 바꾸지 못함으로써 특정 발달 단계와 대상에 머물러 있는 상태를 말한다. 이성과 연애를 해야 할 연령이 되었는데도 유아기 때의 사랑의 대상(어머니)에 특히 애착을 갖는 경우가 그 예이다. 퇴행은 일단 발달한 것이 이전의 단계로 되돌아가는 경우지만, 고착은 미발달된 상태를 가리킨다.

0446 고충처리

고충이란 사용자의 처우에 대해 근로자가 품은 불평·비난 등이며, 이것을 방치하면, 즉시 분쟁의 염려가 있는 것을 말한다. 보통 단체협약의 협정사항의 해석이나 그 실시적용에 관한 불평, 불만이 고충처리의 대상이 된다. 고충처리의 방법에는 제3자의 중재에 따르는 것과 노사 간의 직접해결에 따르는 것이 있으나, 보통 고충처리기관을 두기도 하는데 이는 당사자의 자유이며, 협약 또는 노사의 협의로 마련된다. 제3자에 의한 고충의 중재기관으로서는 상임중재자, 임시중재자, 중재위원회 등이 있다. 또 당사자에 의한 고충의 직접해결을 도모하는 기관 내지 제도로서는 직장위원제도, 직장 내지 공장위원회, 경영협의회 등이 있다. 우리나라의 노사협의회법 제24조는 고충처리위원을 모든 사업장에 두도록 하고, 노사대표 3인 이내로 구성하도록 되어 있다. 고충처리위원은 근로자로부터 고충을 청취한 때로부터 10일 이내에 조치사항 기타 처리결과를 당해 근로자에게 통보하도록 있다.

0447 고충처리기관

행정상의 불만에 관해 그 진술을 수리하여 필요한 조치를 취하는 기관으로 과거 총무처의 종합민원실이나 지방공공단체의 시민상담실 등이 그 예이다. 이들은 법적판단기관이 아니라 행정조직의 내부통제를 위한 기관으로서 직접적인 법적효과는 없으나 복잡한 수속과 시일을 요하지 않으며 일상적 불만을 신속히 처리하므로 행정소송제도를 보충하는 효과가 있다. 우리나라에는 중앙정부차원의 국민고충처리위원회, 각종 지방자치단체의 '신문고' 형태로 있다. → 옴부즈만

0448 고한산업(sweating industry)

장시간 노동, 저임금, 열악한 노동환경 등으로 대표되는 좋지 않은 노동조건하에서 자본가의 착취에 그대로 복종하여 반노예적 상태로 하는 노동을 고한노동이라 하고, 이 고한노동에 의해 경제적·육체적·정신적으로 과도한 노동에 따른 노동착취제도를 고한제도(sweating system)라 하는데, 고한산업이란 이공감 같은 고한제도가 산업자체에서 성립기반으로 되어 광범하게 형성되어 있는 산업을 말한다. 원래는 수공업제도에서 산업 자본주의시대로 옮아오는 과정에 있었던 노동조직이며 19세기 영국에서 성행하였다. 사회입법 중 대표적인 것이 최저임금법과 노동기준법이다.

0449 골드칼라(gold collar)

정보사회를 이끌어 가는 인재들을 지칭하는 말로서, 자발성과 창의력을 가지고 스스로 좋아하는 일에 새로운 가치를 창출해내는 사람이다. 대학졸업장 없이 컴퓨터 업계의 최고 자리에 오른 빌 게이츠나, 쥬라기 공원 등의 영화를 만들어 세계적으로 강력한 문화적 영향력을 행사하고 있는 스티븐 스필버그 감독 같은 사람들을 골드칼라에 속하는 대표적인 사람이다.

0450 골트(Gault)

형사법원 소송 절차에서 성인과 동일한 법적 보호를 받을 소년의 권리를 승인한 미국 연방대심원 In re Gault의 1967년 판결이다. 이것은 소년들이 적절한 죄과에 대한 사전통고를 받을 권리, 조언과 자기 귀죄로부터의 자유에 대한 권리 및 증언과 대결하는 조언을 얻을 기회 등을 제공하였다. 골트 이전에, 소년소송절차는 형사사항이 아닌 민사사항으로 간주되었으며, 주에서는 대개 아동에게 관심을 갖는 측면에서 실행하였다. 그 판결의 결과, 사회사업가 및 다른 비법률적인 일에 종사하는 사람들은 종종 아동의 권리와 자유를 고려해 판결을 내리도록 하거나 이에 영향을 미친다.

0451 공감(empathy)

상대방의 경험, 감정, 사고, 신념을 상대의 준거체제에서 자신이 상대인 것처럼 듣고 이해하는 능력이다. 상담이나 케이스워크에 있어서는 치료의 효과를 높이기 위하여 상담자나 케이스워커가 이해한 것을 클라이언트에게 전달해야 한다. 공감의 소통은 클라이언트를 판단하거나 설교하지 않고 돕겠다는 상담자와 케이스워커의 의욕이 전달될 수 있게 하고 이로 인해 클라이언트는 도움을 받는 전문적 관계에서 자유롭게 자신을 드러내고 싶은 심정이 되게 한다.

0452 공격(aggression)

다른 사람과의 강한 접촉 또는 의사소통을 특징으로 하는 행동. 인간의 공격은 직접적으로는 언어 또는 신체적 공격과 같은 표현으로, 간접적으로는 경쟁, 운동경기, 기타 유사한 상황에서 나타난다. 공격은 적절할 수도 있으며, 자기방어 또는 자기 고취를 위해서 사용될 수 있다. 또는 자신과 타인에게 파괴적이 될 수도 있다. 일부 사회과학자들은 공격이라는 용어를 단지 해로운 행동이라고 말하고, 자기주장이라는 용어는 다른 사람을 해칠 의도가 없는 행동이라고 말한다.

0453 공격기제(aggressive mechanism)

자아의 방어기제로서 타인에게 적의 있는 행위를 취하는 것이다. 잠재적인 충동과 현실의 규제, 초자아의 억제력 사이에 갈등이 있을 때 단지 억제하는 것만으로는 갈등이 해결되지 않는다. 따라서 충동에너지가 강하면 자아가 위기에 놓이게 된다. 이 위기감이 바로 불안이며 불안에 대응하여 자아는 방어하게 된다. 공격은 현실의 규제를 후퇴시켜 불안을 감소하고, 자아를 지키는 강력한 수단이다. 그밖에 공격을 본능적인 것으로 보는 입장과 강화학습에 의해 획득된 것으로 보는 입장이 있다

0454 공격동기(aggression)

타인에게 해를 입히는 행동을 하는 동기이다. 경우에 따라서는 자기 자신에 위험이 되거나 해가 되는 행동을 하는 동기를 가리키기도 한다. 공격 동기는 개인의 내적인 상태와 외적 상황에 의해 유발되며, 일반적으로 공격적 행동은 더욱 공격적 행동을 하도록 하는 원인이 되는 경향이 있다.

0455 공격성(aggression)

다른 사람이나 사물에 대해 파괴나 상해를 목적으로 의도적으로 행하여지는 행동 또는 거칠게 표현되는 정서반응 혹은 성향을 말한다. 공격성의 원인에 대한 이론적 설명으로는 프로이드의 정신분석이론과 사회학습이론이 중심이 된다.

정신분석이론에서 공격성은 좌절된 욕구의 표현이고, 사회학습이론에서는 대리학습, 혹은 모방에 의해 학습되고 강화된 행동 유형으로 본다. 특히 폭력의 시청과 폭력적 놀이는 성인이 된 이후의 폭력적 행동의 발생과 깊이 연관된 것으로 밝혀진다.

0456 공격적 아동(aggressive child)
→ 퇴보형 아동

0457 공공관계시설
광의로는 인간이 공동생활에서 필요로 하고 공통으로 이용하는 생활수단이나 소비수단을 말한다. 가령 학교, 소방시설, 상·하수도, 오물처리시설, 공원, 녹지, 병원 등이 그것이다. 이러한 의미에서 볼 때 시설이란 공동생활의 산물이며 사회적 활동이 만들어낸 것이라 할 수 있다. 협의로는 이들 시설 중 공동단체가 설치하거나 경영의 주체가 되고 있는 것을 말하며, 민간시설의 대칭용어로 쓰이고 있다.

0458 공공복지(public welfare)
국가가 시민들을 보호하고 성취감을 주는 정책을 수행함으로써 현시적으로 나타나는 사회와 그 구성원들의 상대적 안녕을 말한다. 대부분의 사람들에게 이 용어는 이제 사회복지 및 공적부조와 동의어가 되었다.

0459 공공사업(public works)
국가 또는 지방자치단체가 사회자본인 도로, 항만 등을 건설하고 유지하는 일이다. 이와 비슷한 용어로는 공익사업이 있는데, 이것은 서비스 물자를 정상적으로 공급하는 것이다. 공공사업에 의하여 산출되는 사회 자본은 그 이용자와 수익자가 불특정 다수이고, 또한 모든 비용을 이용자 부담으로 하기가 곤란하여, 민영 또는 독립채산제의 공영사업으로 그 채산을 맞출 수 없기 때문에, 국가나 지방자치단체의 사업으로 하여 전액 또는 대부분을 공공사업비로 지출한다. 이 지출을 공공투자라고 한다. 그러나 엄밀히 말하면 공공투자는 자본적 지출만을 가리키는데 반해, 공공사업비는 조사비, 계획비 등 자본적 지출로 볼 수 없는 것도 포함하고 있다. 공공사업은 그 목적에 따라 ① 생산의 향상을 목적으로 하는 것(산업기반 관계), ② 국민 생활의 향상을 목적으로 하는 것(생활기반 관계), ③ 국토의 보전을 목적으로 하는 것(국토보전 관계)으로 대별된다. ①의 예로는 일반적으로 도로, 항만, 철도, 통신시설 등의 정비, ②의 예로는 공원, 상수도, 하수도 등의 정비, 병원, 주택 등의 건설, 도시의 개조 등, ③의 예로는 치산, 치수, 도시의 방재 등을 들 수 있다.

0460 공공사업청(PWA : public works administration)
1935년에 설립된 뉴딜(new deal) 프로그램 중의 하나로서 침체에 빠진 산업을 자극시키고, 공원, 레크리에이션 센터, 우체국 및 정부기관 건물 등과 같은 공공시설을 건립하는데 민간 조직체와 계약을 맺어 실직상태에 있는 노동자들의 문제를 해결하기 위한 프로그램이다.

0461 공공의 복지([영] public welfare/common good) 01
사회구성원 전체에 공동되는 복지를 의미하지만 헌법상에서는 개인의 권리를 제한하는 근거로 사용된다. 공공이라는 말과 복지라는 말이 지시하는 구체적 사항이 애매해 불명확하기 때문에 여러 가지로 해석되어 사용되고 있다. 따라서 헌법론에서도 이것을 엄격히 제한하는 학자나 반대로 광범위하게 적용하자고 하는 정치가도 있어 일정하지 않다.

0462 공공의 복지([라] bounm commune [독] das gemeine Beste) 02
공공의 복지라는 이념은 아리스토텔레스나 토마스 아퀴나스, 특히 후자의 유기체적 단체주의의 사상으로 거슬러 올라간다. 전체는 부분에 성행하여 우월하다는 것이 그 본래의 근본 사상이나 반드시 유기체설이나 전체주의에 결합되어 있는 것이 아니며, 순수한 이념으로서는 근대 개인주의 안에도 모습을 달리하여 나타나고 있다. 루소의 공공의 복지(bien commun)나 벤담의 최대 다수의 최대 행복(the greatest happiness of the greatest number)이란 사상도 넓은 뜻이 공공의 복지를 가리킨 것이라고 하여도 무방하다. 우리나라에서는 헌법에서 처음 사용된 이래 널리 쓰이게 되었다. 그 개념은 명백하지 않으나 대체로 서로 모순하는 개개의 이익의 올바른 조화를 뜻한다. 보통 헌법은 기본적 인권을 공공의 복지에 위배되지 않는 한 보장한다고 하나 만일 그렇게 해석한다면 공공의 복지라는 이름 밑에서 온갖 기본적 인권의 침해가 시인되게 되므로 부당하다는 반대론도 있다. 그러나 이 사회에 있어서 각 개인의 이익이 서로 모순되는 이상, 또는 어떤 개인의 기본적 인권을 보장하는 것이 타인(특히 그 다수)의 기본적 인권을 무시함을 시인하는 것이 아닌 이상 이러한 뜻의 공공의 복지의 개념을 모조리 부정함은 허용되지 않는다. 그러나 그 경우도 「공공의 복지」라는 뜻은 민주주의의 원리와 기본권의 뜻에 비추어 엄격하게 해석해야 하며, 이것을 유기체적 전체주의의 경향으로 왜곡해서는 안된다. 그리고 이 말은 public welfare라고 해석되고 있으나 그것은 특히 미국에 있어서 빈민구제·위생 등의 사회 후생사업을 국가·공공단체가 담당하는 경우를 가리키고, 독일어의 Wohlfahtspflege에 해당하는 뜻에 쓰이는 일이 많다. 우리 헌법에서 말하는 「공공의 복지」는 미국에서 말하는 public policy의 관념에 접근하고 있음을 주의해야 한다.

0463 공공직업안내소
무료의 국영직업소개기관으로 일반적으로 직업안정소라고 한다. 직업소개·직업지도 등 직업안정소의 고유목적을 달성하기 위해 필요한 사항을 행하는 외에 고용보험의 적용사업 및 피보험자에 관한 사무, 실업급여에 관한 사무, 고용안정사업 등의 급여금의 결정사무를 담당한다. 또한 공공직업안내소는 어떠한 구직의 신청도 받아야 하며 구직자의 능력에 적합한 직업을 소개하여 구인자에게 그 고용조건에 적합한 구직자를 소개하도록 되어 있다.

0464 공공투자정책

국가에 의한 경기 대책의 하나로서 국가가 직접 공공사업에 투자함으로써 정부 자금을 광범위하게 분산해서 일반의 구매력을 조장시키고(유효수요의 확대), 나아가 생산 활동을 활발하게 하자는 것을 말하며, 대표적인 예가 뉴딜(new deal) 정책의 하나인 TVA(테네시 강 유역 개발공사)이다.

0465 공급보조금(supply subsidy)

정부가 단체에 제공하는 기금 또는 새로 설립되는 단체에 배당하는 기금을 말한다. 이것은 욕구를 가진 개인과 가족들이 현재의 서비스 - 공급 시장에서 상품과 서비스를 구매할 수 있도록 현금이나 상품권을 제공해주는 수요보조금 개념과는 대치되는 것이다. 공공주택은 재정보조 개념의 한 예이고, 식품구입권은 생계보조금의 한 예이다.

0466 공급체계(provision systems)

사람들이 필요로 하는 상품 및 용역을 상호 공급하는 사회조직이다. 또는 개인이나 집단이 필요로 하는 상품 및 용역의 종류를 식별하여 필요한 천연 및 사회자원을 개발하고 분배하며 그 영향을 평가하는 사회관계이다. 공급체계는 사회에 따라 경쟁적이며 이기적인 성향을 띨 수도 있고 협조적인 평등관계의 성향을 띨 수도 있다.

0467 공동결정법(the law of codetermination)

노동자에 의한 기업경영참가를 규정한 법률로 서독, 스웨덴 등에서 제정되어 있다. 소위 산업민주화가 그 목적이다. 서독의 확대공동결정법(1976년 성립)은 종업원 2,000명 이상의 대기업에 대해 설비투자 등의 경영전략이나 임원인사에 결정권을 갖는 감사역회 멤버의 반수를 종업원이나 노조대표 등 노동자 측에서 구성하도록 규정했다. 다만 감사역회의 의견이 가부동수인 경우는 주주 측에서 선임하는 의장의 의결권을 행사할 수 있어 형태상으로는 노사가 대등하지만 사실상 경영자 측에 유리하다.

0468 공동경제협력위원회(joint economic committee)

1946년에 설립됐으며, 정보를 수집하고 미국의 경제와 국민들의 경제적 복지에 관한 실행 가능한 입법 활동에 대하여 국회에 충고하기 위한 미국 상원과 하원의 합동 위원회이다.

0469 공동규범

지역사회의 가치체계는 구성원 개개인의 가치체계의 합계가 아니라, 개개인이 추구하는 가치가 조정되고 통합되어서 형성된다. 집단적 가치체계가 있으므로 구성원 행동을 규율하고 질서도 유지된다. 이 질서유지를 위해서 인적자원을 동원하고 이는 가치체계의 잠재적인 힘이 활용되어, 사회적 장치, 즉 제도를 두게 된다. 이 제도는 지역사회에 있어서 구성원들의 행위를 조직화하는 규범, 시설 그리고 기관의 일체적 구조를 의미한다.

0470 공동기금(joint funding)

둘 혹은 그 이상의 서비스 제공자들이나, 두 개 혹은 그 이상의 기금 서비스가 협력하여 어떤 사회계획이나 진행 중인 일에 자금을 제공하는 각 기관의 연계를 말한다. 예를 들면, 그들 자신의 지부 프로그램을 설정하는 능력이 없는 기관이나 재단은 함께 원조계획을 세울 수 있다.

0471 공동면접(joint interview)

한 명 이상의 면접자와 단독 피회견자가 만나는 면접형식의 변형이다. 한 가지 형에는 사회사업가나 다른 전문가가 클라이언트와 관련된 타인, 예를 들면 교사, 지도상담자, 반 친구 같은 사람과 함께 회동한다. 또 다른 하나는 사회사업가가 서로는 전혀 관계가 없을 수도 있는 몇 명의 다른 클라이언트를 동시에 만난다. 마지막 것은 클라이언트가 동시에 둘 이상의 사회사업가와 만난다.

0472 공동모금(united way) 01

역사적으로는 1913년 미국의 클리블랜드시에 처음으로 모금전문단체가 탄생해, 지금처럼 많은 복지시설·단체가 제각기 모금활동을 하는 대신 이들의 자금수요를 이 단체가 일괄해서 맡는 것이 성공했고 또 그 뒤 이 방법이 미국 각지에서 행해지게 되었다. 1918년 로체스카 시에서 이 활동을 커뮤니티 체스트라 명명하면서부터 각지에서 커뮤니티 체스트라 부르게 되었다. 미국에서는 그 뒤 적십자사, 군인원호 단체, 심장병협회, 대암협회 등 각종의 독립모금이 일어났으나 1960년대부터 1970년대에 걸쳐 각지에서 이들을 포함한 모금의 일원화가 행해졌고 명칭도 유나이티드 웨이(united way)로 변경되었다.

0473 공동모금(community chest) 02

특별시, 광역시, 도 단위로 행해지고 있는 기부금의 모금으로서 그 지구 내에서 사회복지사업 또는 재활보호사업을 경영하는 자(국가 및 지방공공단체를 제외)에게 기부금을 배당하는 것을 말한다. 공동모금의 목적은 민간사회복지사업 또는 재활보호사업의 각 분야에서 별도 각기 행하는 폐단을 없애기 위하여 일괄적으로 자금을 모금하려는 것이다. 이 모금은 자금수요에 상응해서 목표액을 정해서 기부금을 모금하는 계획모금이다. 기부금의 모금은 가구별모금, 지역모금, 집중모금, 가두모금 등 다양한 방법으로 행한다.

0474 공동모금배당금

공동모금운동에 의해서 모여진 기부금은 민간사회복지사업, 또는 재활을 말한다. 보호 사업을 하는 시설 및 단체에 배당되기 때문에 이것을 배당금이라 한다. 공동모금회는 배당을 적정하게 하기 위하여 제3자로 구성된 배당위원회를 설치한다. 배당은 시설배당과 지역배당으로 구별되고 시설배당은 시설의 신·증·개축, 수리 등의 공사비, 시설비 등에 배당하고 지역배당은 사회복지협의회 등이 중심이 되어 지역의 복지서비스 등을 대상으로 배당한다.

0475 공동모금회(community chest)

지역사회조직사업 중에 시민이 광범위하게 참여할 수 있는 것으로 시민과 사회복지지관간의 협동적인 조직이라고 볼 수 있다. 공동모금의 주요한 기능은 ① 지역사회전반에 걸쳐서 공동모금에 가입된 단체를 위하여 모금을 하고 그 모금한 금액을 체계적으로 예산절차에 따라 배분을 실시하는 것이고, ② 지역사회의 사회복지, 보건, 레크리에이션 등 서비스에 협동적인 계획, 조정 및 관리를 추진하는 것이다. 이런 모금운동이 활발한 것은 미국이지만 이 운동의 기원은 영국에서 찾을 수 있는데, 1873년 리버풀시(Liverpool)에서 이곳 유지들이 기부금모집의 중복과 강제적 권유를 피하기 위해서 자진하여 기부금 적립을 시행할 것을 협의했으며 이에 따라 자선단체를 원조하게 되었다. 그런데 우리나라와 일본은 공동모금이 가입자 공동모금제가 아니고 전 국민을 대상으로 모금하고 전국사회복지단체에 적절히 배분하도록 되어 있다. 우리나라에서는 사회복지공동모금회라 하고 약칭으로 공동모금회라 부른다.

0476 공동보건계획

지방자치단체단위의 보건계획으로 지역보건문제의 발전부터 계획, 실시까지의 공동계획기법에 의하여 추진하고자 하는 것이다. 그 지역이 주체가 되어 구역을 단위로 위생당국, 국민건강보험 기타 관계기관, 단체가 협력해 국민의 참여하에 종합적인 보건계획을 수립하고 이를 실시하는 것이다.

0477 공동보육소

주택단지 등에서 보육에 결함을 갖는 아동(요보육아동)인데도 불구하고 보육소가 설치되어 있지 않거나, 보육소의 부족 등으로 인가보육소에서 보육을 받아들일 수 없는 경우 이를 대신 보육하기 위하여 보호자와 기타의 사람들이 공동으로 설립·운영하고 있는 무인가보육소를 말한다. 운영주최는 보급자의 대표, 주민의 대표 및 보모 등으로 구성된 운영위원회에서 운영하고 있는 경우가 많다.

0478 공동보호양육원(joint custody)

이혼한 남편과 아내가 자녀의 보호를 위해 가지게 될 책임감에 관련되는 법적 결정을 말한다. 전형적인 예로, 양부모는 아동을 위한 집을 유지해야 하고, 아이들은 비교적 동일한 시간 동안 각 부모와 살아야 한다.

0479 공동사회(community)

독일의 사회학자인 퇴니스(Tonnies, F.)가 설정한 사회집단 유형의 하나로서 이익사회와 대조적인 개념이다. 인간에 있어서 실제적이고 자연적인 본질의지에 의해 결합한 통일체이고 그 자체가 유기적인 생명을 가진다고 생각한다. 또한 개개인이 전인격을 갖고 상호의존적인 생활과 공동노동, 공유감정, 연대감에 쌓여있는 성원으로 이루어진 일종의 운명공동체(community of fate)이기도 하다. 목적으로는 자기목적물의 영속적인 사회에 있다. 예로는 혈연에 근거한 가족, 지연으로 인한 촌락, 정신에 의거한 도시 등을 들 수 있다. 혈연에 의한 가족, 지연에 의한 촌락, 정신에 기인한 도시 등을 들고 있다. 퇴니스의 시대인식은 "공동사회에서 이익사회로"라는 도식에 있었다. 그러나 이익사회 지배의 현 대사회에서는 오히려 고전개념인 공동사회에 대한 재구성·재해석이 시도되어 공동사회의 현대적 재발견에 초점이 모아지고 있다.

0480 공동생활공간

공동성과 지역성에 뒷받침된 기초생활공간, 또는 커뮤니티 생활공간을 말한다. 제1차 생활요구로서의 사회적 공동생활수단을 충족시키는 기초성생활공간군이지만 생활요구의 다양화에 의한 개별생활수단의 전개는 사람들의 본질적(일차적) 커뮤니티 감정과도 상응하는 기초적 생활공간의 실질을 잃어버리게 했다. 그에 대신해서 사회계획, 설계의 대상이 되는 사회시스템으로서의 공동생활공간이 초점이 되고 있다.

0481 공동생활체

공동체나 생활공동체와 유사한 개념으로 자본주의 성립 이전의 촌락사회에서 전형적으로 볼 수 있으며, 토지의 공동점유를 기반으로 한 생산 활동의 공동, 상호부조, 기타 생활상의 연대와 집단규제 등을 주된 기능으로 하는 공동체를 말한다. 산업화, 도시화와 함께 그것이 붕괴되어 왔으나 자본주의가 고도화한 오늘날에는 생활환경파괴나 공동생활수단의 부족 문제 등이 심각하게 되고 있다. 여기서 볼 때 생활방위의식이나 인권의식에 입각한 새로운 공동사회 형성이 과제로 제기되고 있다.

0482 공동숙박소

주택을 가지고 있지 않는 독신근로자나 불안정취업자, 실업자 등의 저소득자를 저렴한 요금 또는 무료로 숙박시키기 위하여 공동단체 또는 공익단체가 설치한 시설이다. 이는 경제보호 사업에 속하는 사업의 하나로서 일반적으로

도서실, 오락실, 식당, 목욕탕 등을 부설해서 경제상, 위생상의 편의를 도모함과 아울러 이용자의 교양과 취업의욕의 증진을 목적으로 하고 있다.

0483 공동예산책정(joint budgeting)

둘 혹은 그 이상의 서비스 제공자가 이미 시행되고 있는 서비스나 새로운 사회서비스의 재정에 관한 결정사항을 공유하는, 각 기관 사이의 연계형태를 말한다. 예를 들면, 두 기구는 중복되는 서비스를 제거하여 각자의 비용을 줄이기로 결정할 수 있다.

0484 공동요법

→ 협동치료

0485 공동의식

일상생활 모든 생산 활동을 같이함으로써 획득되는 주민의 상호경험의 공통성으로서 공동생활이 중복될수록 공동경험의 폭이 넓어지고 깊이가 커져서 응집성이 강하게 되어 타 집단과 구별될 수 있는 습관이나 전통을 따라 안정 상태를 유지하게 된다. 그러나 대도시에는 끊임없는 이주로 공동경험과 이익관계의 기회를 별로 가질 수 없어 안정성이 약화되어 문제시되고 있다.

0486 공동치료(conjoint therapy)

치료자 혹은 치료자 팀이 정기적인 시간을 갖고 회원들과 만나면서 가족을 치료하는 개입형태를 말한다. 또한 남편과 아내가 한 단위로서 치료되거나 부부치료자 혹은 치료팀과 함께 면담하는 개입 형태이기도 하다.

0487 공동체(community)

멕키버(R. M. MacIver)가 사회유형의 이론으로 분류한 결사체와 상대되는 개념이다. 공동체란 인간의 공동생활이 실시되는 일정한 지역을 말한다. 인간들이 함께 살고, 함께 소속함으로써 자연히 다른 지역과 구별되는 사회적 특징이 나타난다. 그리고 그곳에 사는 사람들의 생활전체에 관심을 갖게 되는데 이것이 공동체 감정이다. 즉 공동체의 기초는 지역성(locality)과 공동체 감정(community sentiment)이다. 그러나 공동체의 개념은 사회학의 기초개념으로서 명백한듯하면서도 사실은 확립이 끝났다고 보기는 힘든 면이 있다. 대체로 공동체를 지역사회 개념으로 파악하는 경향이 공통된 경향이지만, 이 지역사회 개념 그 자체도 이념형으로서는 이해되는 듯하다가도 실체개념으로는 여러 가지 문제가 생기곤 한다. 예컨대 촌락공동체에 있어서는 지역성과 공동성이 잘 부합되지만, 도시사회에 있어서는 교통·통신 등의 발달로 지역성이나 공동체감정에 변질을 가져왔다. 그러나 도시사회에 있어서도 공동체 개발, 지역사회 조직 등에 의해 지역성과 공동성을 재조직하려는 경향도 나타났다. 대체로 공동체 개념에의 접근은 복합적인 것으로 생태학적인 지리적 영역, 정치권·행정권·경제권 영역, 심리적 관심권·문화권 등 여러 가지가 있고, 향토·지구·국가·국제사회 등을 다루는 경우도 있다.

0488 공동체 네트워크(community network)

도, 시, 군 혹은 면 등과 같은 행정구역 혹은 공동체가 인터넷 등과 같은 네트워크로 연결된 체계를 말한다.

0489 공리주의(utilitarianism)

행동의 옳고 그름이 그것의 결과가 유익한가 유익하지 않은가의 여부에 의해 결정되는 윤리철학이다.

0490 공립공영

공립공영은 국가·지방자치단체가 직접 시설을 건설하여 경영관리를 하는 것으로 공적책임의 수행, 최저기준보장, 경영안정, 노동조건 보장에 의한 이용자의 처우수준의 보편화 등의 특색을 갖고 있다. 민간에게 부담지우지 않으며 고도로 시장성을 가질 수 없는 서비스를 제공하지만 행정직 경영, 상하관계에 의한 경영으로 주민의 복지욕구에 적극적으로 대응하지 못해서 창조성·적극성·탄력성·자립성이 결여되어 있다는 비판도 있다.

0491 공립민영
(government funding and private administration)

공립민영은 지방공공단체가 시설을 건설하여 민간에 경영을 위탁하는 것으로 사회복지사업단 내지는 사회복지법인 등에 의지하는 것을 말한다. 따라서 공사협동 및 시설설치의 공적책임수행능력을 갖는 장점이 있는 한편 사회복지사업단 등의 설립 및 운영기준에 있어서 효율화원칙과 인사규정에서 민간성을 일관하기에 곤란한 면을 갖고 있다. 이것은 직원노동조건의 저하, 민간자금도입에 따른 공비부담의 제약, 무자격직원의 저임금채용 등의 사회복지사업단에의 비판으로 보여져 사회복지사업의 규정 및 헌법, 지방자치법에도 저촉된다고 하는 법적견해도 있다.

0502 공립시설(public institution)

국립·시·도·군 등 국가 및 지방자치단체에 의해 설치·운영되고 있는 시설을 말한다. 따라서 그 설치주체 및 경영주체는 쌍방 모두가 보건복지부장관 및 지방자치단체장이다. 시설장을 비롯하여 관리직을 중심으로 배치전환에 의해 사회복지나 시설에 관한 지식경험이 적은 자가 운영하는 경우도 많고, 민간시설에 비하여 건물, 설비는 정비되어 있어도 처우에 있어서의 여러 문제가 지적되어 있다.

0503 공무원(civil servants) 01

선출직이나 정책결정직보다 낮은 지위를 갖는 정부에 고용된 사람들로서 이들은 전문적이고 필수적인 기술을 지녔고 어떤 의무를 수행하기 위해 고용되었다.

0494 공무원(Government Employee) 02

국가공무원법 및 지방공무원법에 의한 공무원과 대통령령이 정하는 국가 또는 지방자치단체의 기타의 직원을 말하며 공무원연금법 적용을 받는다. 단, 군인과 선거에 의해 취임하는 공무원은 제외된다.

0495 공무원보수규정 (Government Employees' Salary Regulation)

공무원의 보수에 관한 필요한 사항을 정한 규정

0496 공무원수당규정 (Government Employees' Allowances Regulation)

공무원에게 지급하는 수당 및 실비변상 등에 관한 사항을 정한 규정. → 공무원보수규정

0497 공무원연금관리공단

공무원 및 그 가족의 생활안정과 복리향상을 위한 사업추진을 목적으로 하는 공무원연금제도를 효율적으로 운영하기 위하여 1983년 설립된 법인이다. 공무원연금제도를 효율적으로 운영하기 위하여 설립된 특별법인이다. 1982년 공무원연금 특별회계 및 기금의 설치·운영 등에 관한 법률(1983년 공무원연금법으로 흡수·통합)에 의거하여 설립되었으며, 1983년 정부로부터 연금 집행 업무를 인수하여 사업을 시작하였다. 사업은 연금관리 업무와 기금운용 사업으로 크게 나눈다. 연금관리 업무는 기여금·부담금 등 비용징수 관리 업무와 각종 급여의 지급 업무를 수행하고, 기금운용 사업으로는 후생복지를 위한 대부·주택·복지시설 사업과 기금증식사업을 추진한다. 징수관리 업무는 공무원 개인이 매월 월보수액의 일정량을 불입하는 기여금과 국가 또는 자치단체에서 보수 예산의 일정량씩 부담하는 부담금을 징수하여 각종 급여의 재원을 마련하는 일이다. 급여관리 업무는 공무원이 퇴직 또는 사망하거나 공무로 인한 부상·질병·폐질(廢疾)을 입은 경우에 본인 또는 유족에게 각종 급여를 지급하는 일이다. 급여에는 질병 및 부상과 재해 등에 대해 지급하는 단기급여와 퇴직 및 폐질과 사망에 대하여 지급하는 장기급여가 있다. 대부사업은 공무원연금기금을 재원으로 공무원의 생활안정에 필요한 자금을 대부해 주고 있으며, 국가와 지방자치단체의 재원으로 공무원 및 자녀에게 학자금 대부를 실시하고 있다. 또한 시중은행과 연계하여 다양한 대출을 받을 수 있는 대부도 시행하고 있다. 주택사업은 공무원들의 주거안정을 위하여 독신자 숙소 운영, 임대주택 운영, 주택 건립 분양, 국민주택 특별공급 알선 등 주택지원 사업을 중점사업의 하나로 추진하고 있다. 후생복지사업은 전현직 공무원의 여가선용과 복리증진 등을 위하여 운영하고 있다. 운영시설은 천안 상록리조트, 수안보 상록호텔, 부안 상록해수욕장 등이 있으며, 제휴시설사업으로 숙박시설(콘도, 호텔), 경찰병원 장례식장 등과 업무제휴를 맺고 있다. RL금 증식사업은 각종 급여를 지급하고 남은 잉여금과 기금 자체의 운용수익으로 조성되는 연금기금을 증식시키기 위하여 채권 · 주식 등의 유가증권에 투자하고 있다. 서울특별시 강남구 역삼동에 본청이 있으며, 서울, 대전, 대구, 부산, 광주, 전주, 제주, 강원 지역에 지방사무소가 있다.

0498 공무원연금(법)/제도

공무원의 퇴직 또는 사망과 공무로 인한 부상·질병·폐질에 대해 급여를 실시하기 위한 법률. 공무원의 퇴직 또는 사망과 공무로 인한 부상·질병·폐질에 대해 적절한 급여를 실시함으로써, 공무원 및 그 유족의 생활안정과 복리향상에 기여함을 목적으로 하는 법률이다(1982. 12. 28. 법률 제3586호). 공무원 연금제도의 운영에 관한 사항은 행정자치부장관이 관장한다. 공무원 연금사업을 위하여 공무원연금관리공단을 설립하며, 행정자치부장관이 감독한다. 공무원의 공무로 인한 질병·부상과 재해에 대해서는 단기급여를 지급하고, 공무원의 퇴직·폐질 및 사망에 대해서는 장기급여를 지급한다. 각종 급여는 그 급여를 받을 권리를 가진 자가 당해 공무원이 소속하였던 기관장의 확인을 얻어 신청하는 바에 의하여 행정자치부장관의 결정으로 공무원연금관리공단이 지급한다. 급여액은 보수월액을 기초로 하여 산정한다. 급여를 받을 권리는 양도·압류하거나 담보에 제공할 수 없다. 다만, 연금을 받을 권리는 금융기관에 담보로 제공할 수 있고, 국세징수법·지방세법 기타 법률에 의한 체납처분의 대상으로 할 수 있다. 단기급여는 공무상 요양비, 공무상 요양 일시금, 재해부조금, 사망조위금으로 하고, 장기급여는 퇴직급여, 장해급여, 유족급여, 퇴직수당으로 한다. 연금은 공무원이 20년 이상 재직하고 퇴직한 때에 지급하며, 일시금은 공무원이 20년 미만 재직하고 퇴직한 때에 지급한다. 공무원 연금급여를 받을 권리의 소멸시효 기간은 단기급여는 1년, 장기급여는 5년으로 한다. 급여에 소요되는 비용은 그 비용의 예상액과 기여금·부담금 및 예정 운용 수익금의 합계액이 장래에 있어서 재정적 균형이 유지되도록 해야 한다. 공무원 연금의 급여에 충당하기 위하여 적립금 및 결산상 잉여금과 기금 운용 수익금으로 조성한 공무원연금기금을 둔다. 행정자치부에 공무원연금기금 운용 심의회를 둔다. 행정자치부장관은 회계연도마다 공무원 연금기금의 운용 상황을 대통령에게 보고해야 한다. 급여에 관한 결정 등에 관해 이의가 있는 자는 행정자치부의 공무원 연금급여 재심위원회에 그 심사를 청구할 수 있다. 8장 90조와 부칙으로 되어 있다.

0499 공무원연금법의 준용(The Application of the Government Employee Pension Act)

국·공립학교 교직원과 처우형편을 동등하게 하기 위해 급여의 종류, 급여의 사유, 급여액 및 급여의 제한 등에 관한 사항은 공무원연금법과 같이 적용함을 말한다.

0500 공무원평균보수인상율(The Increased Average Rate of Government Employees' Monthly Salary)

전전년도 10월 말 현재 전체 공무원의 보수월액의 총액을 전체공무원의 수로 나눈 금액에 대비한 전년도 10월 말 현재 전체공무원의 보수월액의 총액을 전체공무원의 수로 나눈 금액의 변동율을 말함.

0501 공비부담의료

국가나 지방공공단체가 일반재원에서 의료비를 조달하는 제도를 말한다. 공비부담의료를 대별하면 복지적 의료(의료부조 및 장애인복지법에 의한 의료), 국가보상적인 것(전쟁부상자 원호 등), 사회 방위적인 것(결핵, 정신병 등)으로 분류된다. 이외에 공비부담의료와 같은 기능을 갖는 것으로 난병대책의 소아 및 성인의 특정질환에 대한 공비부담의료가 있다. 공비부담의료 중에서 현재 가장 큰 비중을 점하고 있는 것은 의료부조이다. 의료보험에 있어서 가족급여율 개선 및 고액요양비 지급제도 등에 따라 의료보험의 확충이 시도되기 위해서는 공비부담의료원칙의 명확화, 보험 의료와의 조정 등 의료제도 전체의 재편성 및 재검토가 필요하다.

0502 공사격차 (gap between public and private practice)

일반적으로 민간사회복지시설과 공립시설과의 사이에 존재하는 노동 조건의 격차를 가리킨다. 임금, 직원배치, 노동시간 등의 문제도 있지만 특히 직원확보·정확과 관련한 임금수준의 격차가 논의되고 있다. 임금문제에 대한 격차 시정은 서울시 기타 지방자치제에서 조치 비중에서 사무비(인건비)의 보조가 행해지고 있다.

0503 공사분리의 원칙

국민의 최저생활보장에 관한 국가책임을 전제로 하고 공사 사회복지 사업의 관계와 본연의 상태를 규정한 원칙이다. 우리나라의 사회복지 사업법 등에는 공사분리의 원칙이 명시되어 있기 때문에 공사협력의 원칙이 별도로 명문화되어 있지는 않지만, 보건복지부장관과 서울특별시장, 광역시장, 도지사는 검사감독권을 발동할 수 있으며 이에 의해 민간사회복지사업에 대한 공공의 재원협조의 구실이 열려있어 사실상은 공사협력의 원칙이 전제로 되고 있다.

0504 공사사회복지사업

국가의 최저생활에 관한 원칙을 구체화하기 위해 법에 의해 조세를 재원으로 보편적서비스를 행하는 공적사회복지사업의 발달에 맞춰 사회복지사업에 있어서 공·사관계가 논의되어져 왔다. 역사적으로 민간사회복지사업은 자선사업에서 발전해 자주성, 창조성의 특징을 갖고 복지적 관점에서 공적사업을 비판하면서 사회적 문제해결에 실험적으로 활동하고 새로운 분야를 개척해 공적사회복지사업에 대해 선구적 역할을 해왔다.

0505 공사협력의 원칙

이 원칙은 첫째로 국민의 생존권의 통합적 보장을 위해 공사 사회복지사업이 각기 독자적 기능을 완수하면서 협동해 가야 한다는 원칙이다. 지역사회의 다양한 복지 문제의 효과적인 해결을 위해서는 여러 가지 공사기관이 사회복지사업 동원에 참가하고 복지대상자와 일반 주민의 참가, 협력이 불가결하다는 원칙이다. 공사협동의 원칙은 최저한의 공적책임의 확립을 전제로 하여 성립되는 것이다.

0506 공산주의(communism)

생산수단·생산물의 공동소유와 평등한 소비에 기초해서 무계급사회의 수립을 추구하는 사상과 운동. 그와 같은 운동의 성과로 성립된 사회체제를 공산주의사회라고 한다. 근대 공산주의 사상은 자본주의 사회를 근본적이고도 전면적으로 비판한 맑스·엥겔스에 의해 확립되었다. 이런 의미에서 공산주의는 맑스주의와 동의어이다. 좁은 의미의 공산주의사회는 전체 사회구성원에게 남아돌아갈 만큼의 재화와 문화수준을 보장하는 높은 수준의 생산력이 실현되어 있고 생산수단은 전체 인민적 소유로 되고, 계급도 사회적 차이도 없이 모든 인간의 사회적 평등이 달성되어, 노동이 제일의 생활욕구로 되며, 개인은 능력에 따라 일하고 필요에 따라 충족되는 원칙이 실현되어지는 사회를 의미한다. 그러한 사회에서는 사회적 분업이 근본적인 변화를 가져와 정신노동과 육체노동, 도시와 농촌, 노동자·농민 그리고 지식인간의 본질적인 차이가 제거된다. 이상의 경제과정에 대응해서 국가는 계급 억압이라는 임무를 완전히 끝내는 한편, 사회 및 경제를 관리하는 임무 또한 끝냄으로써 사멸하게 된다. 그러한 사회가 실제적으로 달성 가능한지 여부, 그리고 인간의 정신적 측면을 개조시키지 않고 공산주의사회를 실현시킬 수 있는가는 현재 크게 의문시 되고 있다.

0507 공상적 사회개량가(do-gooder)

업무 또는 개인적 양심이 그들로 하여금 법령, 사회의 윤리적 가치를 견지하고 불우한 사람들이 특권자로부터 약탈당하는 것을 보호하기 위한 일을 꼭 해야만 하는 사회사업가를 말한다. 또는 다른 사람들을 흔히 경멸적으로 부르는 용어이기도 하다.

0508 공생(symbiosis)

생물적 또는 심리적으로 상호 의존관계에 있는 두 유기체 사이의 관계를 말한다. 이것은 다른 종(種)들 사이에서 (꽃은 이화수분을 하기 위해서 곤충들에게 의존하며 곤충들의 생존에 필요한 영양분을 공급한다, 또는 같은 종 사이에서 발생한다(흰개미들은 생존하기 위해서 서로 돕는다).

공생은 부모와 자기 간에 그리고 서로 유익한 사회관계에 있는 성인들 사이에서도 종종 발생한다. 이 용어는 한 사람의 독립된 정체성을 방해할 만큼 자신을 다른 사람과 동일시하는 것을 말한다.

0509 공식적 조직(formal organization)

일반적으로 조직구성원의 사회적인 지위나 역할 등을 기반으로 한 사회적 접촉관계에 의해 성문규칙을 매개로 형성되는 합리적, 정형적 조직을 말한다. 지역사회 내에 존재하는 이들 조직은 지역행정과 정착되어 행정기능을 하청하는 것에 의해 독한 영향력을 갖는 경향이 있다. 그러나 이들 조직의 자주적 민주적인 재 조직화를 지향하면서 이들 조직과 각 비공식적 조직과의 협동을 촉진하는 것이 주민전체의 지역조직화운동 전개의 열쇠가 될 것이다.

0510 공업화(industrialization)

산업구조가 제1차 산업의 농업 중심형에서 제2차 산업의 공업 중심형으로 이행, 변화하는 것을 말하며 산업화란 용어로 대치될 때도 있다. 일반적으로 자본주의국가에서의 공업화는 고도의 기술발전과 그에 병행하는 도시화, 근대화를 하나의 굵은 선으로 하고 있다. 공업도시에 집적하는 도시문제, 환경문제도 공업화에 수반하는 현상이다.

0511 공유성 편집장애(shared paranoid disorder)

망상의 하나로서 편집장애를 가지고 있는 사람들과 긴밀한 관계를 맺음으로써 유발되는 증상을 말한다. 이것은 다른 말로 이인정신병이라고도 하며 경우에 따라서는 1대1이 아닌 몇 사람이 함께 포함될 수도 있다.

0512 공익법인·비영리법인(public service corporation)

학술, 종교, 자선, 기예, 사교 기타 영리 아닌 사업을 목적으로 하는 법인을 말하며 사단법인과 재단법인의 2종류가 있다. 비영리법인에는 공익 즉 사회전반의 이익을 목적으로 하되 영리를 목적으로 하지 않는 이른바 공익법인과 공익을 목적으로 하는 것도 아니고 영리를 목적으로 하는 것도 아닌 비공익 영리법인 두 가지가 있다. 공익법인에 출연 또는 기부한 재산에 대해서는 각종 세재 상 혜택을 주는 외에 공익상 견지에서 감독을 강화하고 있다. 또 비영리법인은 설립에 허가주의를 취한다.

0513 공익신탁(charitable trust)

개인이나 법인이 재산을 어떤 일정한 공익목적에 사용하기 위하여 신탁하는 것을 말한다. 이에 반하여 개인의 재산을 늘리기 위한 신탁을 사익신탁이라고 한다.

0514 공인사회사업가(certified social worker)

전문가협회나 사법기구에 의해 특정한 수준의 학력, 지식, 기술을 보유하고 있음을 인정받은 사회사업 종사자를 말한다. 공인사회사업가라는 명칭은 사법당국의 법규정이나 전문가협회의 보호를 받으며, 자격을 지닌 사람만이 그 명칭을 사용할 수 있다.

0515 공인사회사업가학회 (ACSW : academy of certified social workers)

1962년 전국사회사업가협회에서 사회사업가 개인의 실행능력을 평가하고 증명하기 위해 설립한 프로그램이다. 공인받은 학교에서 MSW 또는 박사학위를 딴 사회사업가가 2년 동안 정규직으로 감독을 하였거나 파트타임으로 3,000시간의 실무경험을 갖고, 3개의 전문보고서를 제출하고, ACSW 시험을 통과하면 이 학회의 회원자격을 갖는다. NASW 회원은 학회 가입과 학회에 계속 참여할 것을 요청받는다. 몇몇 특별한 경우에는 예외일 수 있다.

0516 공장법(factory act)

산업혁명의 진행에 수반하는 노동문제의 심각화에 대해, 영국에서 근로자와 지식인의 노력으로 19세기 전반에 걸쳐 부인, 아동노동을 보호하기 위해 입법화되었다. 우리나라에서는 일제 하에서 1911년에 공장법이 만들어 졌으나 극히 불충분하고 심야노동이 금지된 것은 1929년이지만 당시 우리나라에서는 실제 제대로 적용을 받지 못했다. 정부수립 후 1953년에 근로기준법이 만들어져 비로소 국제적 수준에 가까워지고 노동조합법 등과 함께 근로자의 근로조건과 권리보장을 위한 중심적 지주가 되어온 것이다. 초기 공장법은 자본주의 고유의 노동문제가 심각해지고 자본가와 노동자의 계급대립이 격화하여 자본주의의 유지가 곤란하게 된 사태에 대한 대책으로서 자본주의의 안정화를 도모하는데 중점을 두었다.

0517 공적노인요양제도(long-term care system)

45세 이상의 국민 중 중풍, 치매 등 노인성 질환으로 인해 간병, 수발 등이 필요한 사람에게 가족을 대신하여 각종 서비스를 국가 책임으로 제공하는 제도를 말한다.

→ 노인수발보험

0518 공적부조(public assistance) 01

공적책임에 근거하여 공비부담으로 생활 곤궁자에 대해 행해지는 소득보장 제도를 공적부조라 한다. 소득보장 제도의 하나인 사회보험과의 차이는 보험이 각출제에 의한 상호부조의 원리에서 법정의 특정보험사고를 요건으로 자산조사 없이 획일적으로 급여되는데 반해 공적부조는 개개의 생활 곤궁자들을 대상으로 자산조사를 실시해 공비 부담으로 보족적으로 급여한다는 점이다. 또 양자의 중간에 사회부조로 불리는 분야가 있다. 그것은 무갹출인 공비에 의한 정형적 급여이다. 무갹출노인연금, 아동수당, 특별 장애인수당 등이 그것이다. 공적부조의 역사는 자본주의 초기의 영국 엘리자베스 구빈법에 소급할 수 있다. 당시에는 빈곤원인을 개인적 결함에 돌리고 빈민은 종종 범죄자와 같이 취급되었다. 산업혁명 전·후의 자유방임(laissez faire)시대에는 1834년 개정구빈법이 탄생했으나 빈민의 생활수준은 자활 노동자의 최저생활이여야 한다는 열등처우의 원칙(less eligibility)이 확립되어 원외구제는 최소한으로 축소하고 작업장(work house)에 수용, 보호하는 것을 원칙으로 했다. 산업혁명을 거쳐 자본주의의 경제적 불황이 주기적으로 오게 되자 구조적 실업자가 발생하고 사회문제가 심각해지면서 빈곤을 사회가 책임져야 한다는 인식이 일어났다. 이에 객관적인 사회조사, 빈곤조사의 뒷받침과 민간사회사업의 조직화를 거쳐 비로소 현대적인 공공부조법이 성립하게 되었다. 그 원칙으로는 국가책임의 명확화, 최저생활보장의 원리(national minimum), 무차별평등의 일반부조주의, 현금급여의 원칙, 재택보호의 원칙이 있다.

0519 공적부조 02

공적부조란 사적부조에 대응하는 용어로 개인이 아닌 국가나 지방자치단체의 이전지출금(transfer expenditure)에 의해서 운용되는 것으로 사회보험과 더불어 사회보장의 중심을 이루고 있다. 그러나 공적부조에 대한 용어는 사회보장의 의미가 내용 및 범위에 있어서 통일된 용어를 갖지 못한 것과 마찬가지로 미국은 공적부조(public assistance), 영국은 국민부조 혹은 무갹출급여(non-contributory benefits) 서독과 프랑스는 사회부조로 사용하고 있어 국제적으로 통일된 용어가 없다. 이러한 공적부조가 사회보험으로 보호할 수 없는 극빈자, 즉 단기 유고자에 대한 건강하고 문화적인 최저 생활보장임에도 불구하고 선진국이든 개발도상국이든 공히 저축형의 사회보험만을 지향하고 공적부조를 경원시하고 있다. 물론 공적부조에 대해서 여러 가지 비판이 가해지고 있다. 사회학자들은 복지계급(welfare class)의 개인적 선택이나 생활양식으로서 형태를 잘 이해하고 있는지, 그리고 개인적, 경제적 변화에 따라 그들의 형태가 단기간에 수정될 수 있을 것인지에 대한 문제점을 제시하고, 자기보고(self-reporting)에 의하지 않고 자산조사(means test)에 의함으로써 수혜자의 수치욕을 조장시키며 복지심리(welfare psychology)가 후대에까지 전도되며 이중 노동시장(dual labor market)이 형성되는 문제 등을 지적하고 있으며, 경제학자들은 근로의욕(work incentive)의 저해를 우려하고 있다. 그러나 어느 국가든 빈곤자가 존재하는 한 이들의 최저생활보장을 위해서는 공적부조가 존립해야 하며, 개발도상국은 더욱 힘써야 되리라 본다. 따라서 사회보험과 공적부조는 상호보완적으로 활용되어야 한다.

0520 공적부조 심사제도

생활보장에 관한 처분에 불복이 있는 경우 행정불복심사에 따른 불복신립의 심사제도를 말한다. 행정사건소송법에 의한 제소는 원칙적으로 즉시 할 수 있지만 사회사업법에서는 생활보장법만이 특례에 따른다. 그러므로 권리침해를 소송으로 제기한 경우 행정불복심사에 의해 불복신립을 행한다. 그러나 처분청의 상급청이 심사청 또는 재심사청으로 되기 때문에 재결과정의 객관성, 민주성의 문제가 제기되고 있고 실제적으로도 신립건수를 억제하는 결과를 보이고 있다.

0521 공적부조 케이스워크(public assistance casework)

생활보장제도를 중심으로 하는 공적부조 분야에서 적용되는 케이스워크를 말한다. 생활보장제도는 최저생활의 보장과 자립지원에 있어서 요보호자의 인격을 존중하고 경제적 급여를 행하는 과정에서 케이스워크의 제반원칙을 적용하는 것이 중요하다. 공적부조 케이스워크는 빈곤이 경제적 생활뿐만 아니라 인간의 정신적, 신체적 면에서도 영향을 주기 때문에 보호대상자가 생활문제를 과학적으로 파악하고 분석하여 공중보건의 그것을 극복할 수 있도록 도와주는데 있어서 요보호자의 차별과 권리침해를 차단하는 것을 목적으로 한다.

0522 공공부조행정/공적부조행정

생활보장법에 의한 사회보장제도의 일환으로 국가책임 하에서 생활 곤궁자의 건강하고 문화적인 최저한도의 생활을 보장하기 위해 중앙 및 지방자치단체가 행하는 생활보장행정을 말한다. 국민의 세금이나 중앙 지방자치제의 수입을 재원으로 생활 곤궁이라는 사실을 수급자격으로 하여 자산조사를 통하여 무기한, 무상의 보호가 권리로서 주어지는 최종적인 보호행정이다. 낮은 생활보장기준의 책정, 관료적 성격이 문제로 지적되는 등 공공부조행정은 여러 가지 모순과 과제를 안고 있다.

0523 공적 사회복지사업(public social welfare service)

국가나 지방공공단체가 주체가 되어 조세를 재원으로 하여 법률에 의거해 시행하는 사회복지사업이다. 19세기말부터 20세기초엽에 걸쳐 특히 제1차 대전 후 국민의 사회적 빈곤에 대한 공적대응의 필요성에서 공적 사회복지사업은 세계적인 조류가 되었다. 공적 사회복지사업은 엄밀하게 국가가 행하는 것과 지방공공단체가 행하는 것으로 분류되며 국가가 행하는 사회복지사업은 법률에 의거 국가 스스로가 행함과 동시에 지방공공단체가 국가의 기관으로서 그것을 행하게 한다. 지방공공단체가 행하는 사회복지사업은 상기와 같이 국가의 기관으로서 행하는 것과 지방공공단체의 행정구역 내에서 주체적으로 필요에 따라 행하는 경우가 있다. 그 어느 경우에도 전 국민, 전 주민을 대상으로 하고 그 권리성을 인정하며 사회복지에서의 공적책임과 자각을 내용으로 하며 무차별평등과 공평을 원칙으로 한다.

ㄱ

0524 공적연금제도

법률에 의해서 정해지며 정부나 공법인에 의해서 실시되는 연금제로서 사적연금제도에 대립되는 개념이다. 우리나라의 공적연금제도로는 군인연금법(1963. 1. 1), 공무원연금법(1960. 1. 1), 사립학교 교직원원연금법(1973. 1. 1 제정, 1975. 1. 1 시행)이 시행되어 오다가 1986. 12. 31 법률 제3902호로 국민연금법이 제정되어 현재 국민의 생활안정과 복지증진에 기여함을 목적으로 국민연금제도가 실시되고 있다. 군인연금은 국방부 연금국에서, 공무원연금은 행정자치부 산하 공무원연금관리공단에서, 사립학교교직원연금은 교육부인적자원부의 감독 하에 사립학교 교원연금관리공단에서 관장하고 있다. 이상의 3가지 연금제도를 3대 공적연금제도라 한다. 공적연금제도의 반대 개념으로 사적연금제도가 있다.

0525 공적의료기관

의료법에 의한 시·도, 기타 보건복지부장관이 정하는 자가 개설하는 병원 또는 진료소를 말한다. 의료의 보급을 위하여 보건복지부장관은 시·도 등에 대해 공적의료기관의 설치, 명령을 행하며 보건복지부장관 또는 시·도지사는 공적의료기관의 건물설비 등을 의사, 치과의사에게 이용시키도록 명령을 행하고 운영에 관한 지시를 하는 등 특별한 배려가 이루어지고 있다.

0526 공정(equity)

집단 혹은 사회의 조직적 생활과정에서 여러 인격에 대한 대우 또는 복리의 배분 등을 기준에 따라 공평히 하는 것을 말한다. 대우 혹은 배분의 대상들이 같으면 같이 대한다는 「동일성」(same-ness)의 모형과 대상들의 이질성, 동질성의 여하에 관계없이 주어진 규정 혹은 규칙에의 적합성에 따라 대하는 「적합성」(fittingness)의 모형이 있다.

0527 공제(public health)

질병을 예방하고, 생명을 연장하고, 건강을 증진시키는 것을 목적으로 하는 프로그램을 말한다. 정책, 건강보호 요원으로 구성된 체계, 이러한 목적을 달성하기 위해 다양한 노력들이 이루어지는데 위생설비 점검, 전염성 질병의 통제, 보건위생에 대한 대민교육, 조기진단 및 질병예방을 위한 의료 및 간호 서비스 조직의 운영, 건강보호시설의 개발과 이들 시설의 이용방법 등과 같은 공중보건 조치를 통해 이루어진다. 공중보건 프로그램들은 다양한 차원에서 이루어지는데, 즉 연방, 주, 지방정부 등이 관리한다.

0528 공제제도
(mutual relief system/mutual benefit provision)

기업복지 및 근로자자주복지의 일환으로 시행되는 제도의 하나로 상호부조의 정신에 입각하여, 종업원 및 가족의 경제적 후생복지를 증진하기 위하여 종업원 자신의 상호부조를 위한 제도를 말하며, 경영으로부터의 재정적 원조를 받는 경우가 많다. 종업원의 사망, 퇴직, 질병, 결혼, 출산, 화재, 수해 등에 구제를 한다. 또 나라에 따라서는 결근의 경우에도 질병 기타 일정한 사유에 따라 결근하여, 급료가 지급되지 않을 때에 상당액의 상병수당, 휴업수당 등이 지급되기도 한다. 영국에 있어서는 우애조합(friendly society)이라는 공제제도가 발전하여 노동조합이 되었는데 따라서 초기노동조합은 공제적 기능이 중심이었다. 노동조합에서 공제제도를 도입한 후 노동조합의 가장 중요한 기능을 했던 공제적 기능은 1890년대에 경제적 기능에 그 제1차적 기능의 자리를 내어주고, 공제적 기능은 지금까지 노동조합의 제2차적 기능으로 되어 내려오고 있다. 노동조합의 공제적 기능은 이를 쟁의공제와 일반 공제로 나누어 볼 수 있다. 전자는 노동조건에 관해 노사분쟁이 일어났을 때 파업의 비용을 지불하거나 쟁의 중 쟁의단원의 생활비를 보증하고, 후자는 조합원의 질병, 상해, 양로, 사망, 실업 등 여러 경우에 있어서 부조와 공제를 하는 것이다. 공제제도는 사회보장제도의 초기적 형태로서 공적구제제도와 더불어 요구제자의 자주적 운동으로 전개된 것이다. 오늘날 사회보장제도와 노동법의 발달로 공제제도는 그 기능이 축소된 감이 없지 않으나 노동조합중심의 근로자 자주복지(노동자복지)로 의연히 살아 있다.

0529 공제조합(friendly society)

동일직업 또는 동일직장에 종사하는 사람들이 조합원이 되어 상부상조를 목적으로 만든 조직이다. 영국에서 18세기 이래 발달했던 우애조합(friendly society)에서 그 기원을 찾아 볼 수 있는 것으로 조합원이 상호 부조하는 조직으로서 미리 일정액을 각출하고, 일정한 사고가 발생하였을 경우에 일정한 조건에 따라 일정금액의 급여로서, 조합원의 재해를 구제하고자 하는 조직을 말한다. 공제조합은 조합원의 질병, 상해 등의 사고에 부딪쳤을 때에 부조금을 교부하고, 사망하였을 경우에는 그 유족에게 매장료, 부조금을 지급하고 또한 천재, 사변, 혼인, 출산 등의 경우에도 일정한 급여를 하는 것이다. 그러므로 공제조합은 서로 타인의 위험을 부담하는 일종의 상호보험단체로 간주할 수 있다. 공제조합은 강제로 가입하는 것과 임의적인 것, 두 가지가 있으나 강제가입의 경우가 많고, 공제조합이 설치되어 있는 곳에 고용되는 자는 반드시 조합원이 될 의무를 부과받고 있다. 공제조합은 비단 조합원의 공제뿐만 아니라 근속직공에 대한 장려금 또는 연금을 급여하고 오락시설의 설치, 의무실 등 근로자의 복지시설도 설치한다. 최근 들어 조합원과 사업주의 갹출로 기금을 조성하여 의료보험부문과 연금보험부문의 사고에 대해 급여하고 있는 공제조합도 증가하고 있다.

0530 공중보건서비스청(public health service)

1870년에 설립된 연방기구로서 지금은 미국보건 및 인간봉사성(HHS : U.S. department of health and human service) 내에 설치되어 있으며, 국민들의 보건 및 건강보호를 유지, 증진시키고자 하는 국가의 노력들을 주도 내지 조정하는 기구이다. 서비스로는 위생 및 교육, 일차 예방, 식품 및 약물처리와 취급에 대한 기준 설정 및 강화, 수입동식물 검사, 유행성 전염병 통제, 보건연구의 감독 및 지도 등이 있다. 공중보건서비스청 내에는 질병통제센터, 식량 및 약물청, 보건재원국, 보건서비스국, 국립보건원, 알코올, 약물남용, 정신건강국 등이 설치되어 있다.

0531 공중보건의(public health doctor)

1979년부터 실시된 국민보건의료를 위한 '특별조치공중위생법'에 따라 병역의무 대신 3년 동안 무의촌에 들어가 활동하는 의사를 말한다. 의료 인력이 대도시에 편중되어 있는 불균등한 의료배분구조를 시정하려는 고육책으로서 시행된 이 제도는 나름대로 농촌의료에 기여한 것이 사실이지만 기존의 자유방임형 보건의료구조를 근본적으로 혁신하는 것과는 거리가 먼 부분적 보완에 머물고 있다. 그 문제점으로는 ① 공중보건의가 의과대학 졸업 후 임상수련 경험이 전혀 없거나 도립 병원에서 형식적인 실습만을 거쳤다는 자질의 문제 ② 70%가 6개월 미만 근무하는 잦은 근무지 이동이 주민과의 유대형성에 장애가 되고 있다. 의료장비, 보조요원이 부족하고 후송시설과의 연계가 부족하다. 의료보장제도의 확대가 시급하다. 공중보건의의 근무의욕이 미약하다는 점 등이 거론되고 있다.

0532 공중위생(public health)

질병을 예방하고 수명을 연장하며 그 사람 나름으로 신체적, 정신적, 사회적으로 양호한 활동을 하는 것을 목적으로 하는 과학기술의 실천이다. 가족이나 지역사회의 건강을 높임과 동시에 개인의 건강도 지킨다. 활동범위는 적극적인 건강유지(1차 예방)로서 조기발견·조기치료, 적절하고 신속한 치료와 중병화의 방지(2차 예방), 사회복귀(3차 예방)까지를 포함한다.(건강과 질병의 자연사 레프래 및 크라크, 1958) 건강장해는 인간, 환경, 치료인자의 상호작용 이상에서 일어나므로 대인·대환경·대병원인자에 관한 전문적, 합리적인 대책을 추진하는 전문인력과 시설, 제도와 예산, 행정, 지역주민의 참가가 없어서는 안된다. 지역사회의 독특한 욕구를 발견, 현재화하여 지역조직 활동의 강화를 도모하는 것도 중요하다.

0533 공청회(public hearing)

중요한 안건이나 국민의 관심의 대상이 되는 안건 등을 심의하기 이전에 국회나 행정관청, 공공단체 등이 해당분야의 학식과 경험이 풍부한 전문가나 이해당사자들의 의견을 듣기 위하여 개최하는 회의이다. 공청회의 의견은 법적 구속력은 갖지 못하나 정치적·도의적인 구속을 갖는다고 할 수 있다. 최근 통일논의에 관한 문제와 농수산물 수입개방, 대학입시, 토지공개념 등 현안에 대한 국가의 공청회가 열린 바 있다.

0534 공포장애(phobic disorder)

일명 공포노이로제 또는 공포신경증이라고도 하며, 두려움 때문에 나타나는 불안장애의 한 유형이다. 이 장애의 특징은 특정한 물체나 상황에 대해 지속적이며 비정상적인 두려움을 갖게 되어 그러한 물체나 상황을 회피하려는 것이다. 이 공포장애에는 익숙한 환경으로부터 떠나는 것을 두려워하는 광장공포증, 대중의 주시를 두려워하는 사회공포증, 동물이나 고공 등 측정한 물체 또는 상황을 두려워하는 단순공포증의 세 가지 유형이 있다.

0535 공포증(phobia)

대상이나 상황에 대한 강하고 지속적인 두려움으로 실제적인 위험이나 위협에 기인하는 것은 아니다. 정신사회이론가들은 이를 무의식적인 갈등이 외적인 대상으로 전치되면서 발생한다고 생각하는데 찬반이 엇갈리고 있다. 반면에 행동이론가들은 다양한 부정적 자극의 연속적인 연합에 따른 결과라고 주장한다. 공포증은 공포장애의 주요 증상이며 이론적으로 파악될 수 있는 공포증은 무한하다. 대체로 일반적인 유형은 광장공포증(친숙한 환경을 떠나는 데 대한 두려움), 고소공포증(높은 곳에 대한 두려움), 야경공포증(어두움에 대한 두려움), 외국인공포증(외국인에 대한 두려움) 및 동물공포증(동물에 대한 두려움) 등이 있다.

0536 공해(pollution)

도시화나 산업화 과정에서 기업이 유해배출물의 정화와 위험방지의 비용을 절감하기 위한 행위가 주요한 원인이 되어 발생하는 자연환경, 생활환경, 생산수단의 파괴 현상과 그 결과로 야기되는 인간의 쾌적한 생활의 침해, 건강의 파괴, 생명에 대한 위협 등의 현상을 말한다. 고도 경제성장기의 가장 심각한 문제 중 하나이다.

0537 공해대책

공해문제의 발생을 미연에 방지하거나, 이미 발생된 문제에 대해 사후처리나 피해구제를 행하는 등 공해문제에 관한 중앙 및 지방공공단체의 시책을 말한다.

0538 공해추방운동

공해와 핵을 추방하여 민중의 생명과 건강을 지키고 우리 민족의 삶의 터전을 올바르게 세우기 위한 시민, 주민운동, 변혁운동의 한 영역이다. 우리나라의 공해문제는 1960년~1970년대의 급속한 산업화과정에서 공해산업의 적극적인 도입에 의해 문제가 발생하기 시작했다. 특히 정부, 기업들이 경제성장을 위해서는 공해가 불가피하다는 논리를 내세워 환경오염과 핵의 위협에 대한 대책을 거의 세우지 않음으로써 공해문제는 날로 심각해져 왔다. 산업폐수, 농축산폐수, 생활하수 등에 의한 수질오염, 자동차 배기가스, 공장에서 유출되는 유독가스 등에 의한 대기오염은 이미 극심한 상태이며, 세계적으로 규제되고 있는 원자력 발전소를 경제성의 원칙만을 가지고 계속 건설함에 따라 방사능사고의 위협이 가중되고 있어서 국민대중의 환경권이 크게 위협받고 있는 실정이다. 이러한 상황 속에서 1982년 한국공해문제연구소가 창립되고 공해피해 주민들의 자발적 주민운동이 활성화되면서 공해추방운동이 시작되었다. 그러나 공해추방, 반핵운동의 이념적, 조직적 통일이 이루어지고, 단순한 피해보상의 차원을 뛰어 넘어 변혁운동으로까지 발전한 것은 1988년 9월 공해반대시민운동협의회와 공해추방운동청년협의회가 통합되어 공해추방운동연합을 결성하면서부터이다. 그리하여 공해 추방운동은 피해보상, 공장이전, 공해산업설치 반대뿐만 아니라 법, 제도의 개선을 통해 공해를 보다 근본적으로 퇴치하는 방향으로 전개되고 있다.

0539 공활
공장 활동의 준말로서 대학생들이 노동현장의 실정을 배우고자 방학이나 휴학기간을 이용하여 일정 기간 공장에 취업하는 것을 말한다. 70년대 초반만 해도 노동운동의 목적을 가지고 노동현장에 뛰어드는 대학출신 지식인들은 소수에 불과했다. 그러나 80년대 들어 산업사회의 모순이 심화되고 노동운동을 통한 노동자계급의 정치적, 사회적 각성·단결만이 사회문제를 해결할 수 있다는 인식이 보편화됨에 따라 대학출신의 기득권을 포기하고 노동자로서의 삶을 살아가려는 사람이 늘어났다. 노동현장훈련, 노동현장 학습훈련, 현장경험 등 여러 용어로 불리는 이 공활은 형태면에서 대학내 팀 또는 야학교사 팀에 의한 활동, 개인적 공활 등 다양한 모습을 띠었다.

0540 공황(crisis)
자본주의적 생산관계의 확립이래, 생산의 발전은 주기적인 공황에 의해 중단되고 경제체제 전체가 일시적 마비상태에 빠져왔다. 이로 인해 생산과잉에 의한 상품의 투매, 물가하락, 신용의 수축, 기업도산, 실업증대 등의 현상이 발생했다. 이 같은 상태를 수반하는 생산력의 파괴를 과정중심주의 공황이라 하며 경제순환의 한 과정을 이룬다. 공황의 근본원인은 생산의 사회적 성격과 취득의 사적 자본주의적 성격과의 모순에 있다하나 그 이론적 전개는 여러 가지 설로 나뉘어 있다.

0541 과다행동(hyperactive/hyperactivity)
비정상적으로 과도하게 활동하거나 움직이는 행동을 말한다. 이러한 활동은 아동의 학습을 방해하며 행동통제에 심각한 문제를 야기한다. 스트라우스(A. A. Strauss) 등은 특히 두뇌손상을 받은 사람들이 이러한 행동성을 드러낸다고 주장하고 있다.

0542 과다호흡(hyperventilation)
짧고 빠르고 과도하게 호흡을 하는 것을 말한다. 심하면 의식을 상실할 위험성이 있다. 이런 경우 일시적이나마 혈액의 이산화탄소의 비정상적 손실이 온다. 발작이나 쇼크가 생겼을 때 많이 일어나며 비닐봉지를 입에 대주어 한정된 산소 흡입을 하도록 도와주어야 한다.

0543 과보호(over protectiveness of children) 01
부모가 아동에 대해 취하는 양육태도 유형의 하나이다. 심리학자인 사이먼스는 지배와 복종, 수용과 거부가 상호 교착하는 두 개의 축에 의해 부모의 양육태도를 유형화해 그 중에서 지배와 수용이 동시적으로 나타나는 유형을 과보호형이라 불렀다. 이 같은 유형을 나타내는 부모는 오히려 아동의 성장을 방해하고 생활경험의 확대나 자주성의 발달을 저해하는 경향을 갖는다. 등교거부, 가정 내 폭력의 행동문제와 상관성이 높다.

0544 과보호(overprotection) 02
아동에 대한 부모의 과도한 보살핌이나 지나친 통제, 과보호로 말미암아 아동은 지나친 의존성 및 의타심을 갖게 되어 부모뿐만 아니라 주위의 모든 사람들에게 의존하게 된다. 따라서 아동은 자신감이 없어지고 매사에 쉽게 좌절하게 된다.

0545 과부공제(reduction of taxes for widow)
모자복지를 위한 조치로서 세법상 인정받고 있는 조치를 말한다. 소득세법에 과부는 부와 사별·이혼 후 혼인하지 않은 자 또는 부의 생사불명의 자로서 정책령에 정한 자 중에 부양친족을 가진 자, 전술한 외에 부와 사별 후 혼인 안한 자 또는 부의 생사가 불분명한 자로서 정책령에 정한 자 중 합격소득금액이 – 이하인 자를 말한다.(단 노령자는 제외) 이자에 대해서는 소득에서 – 을 공제한 액수가 피과세소득액으로 된다.

0546 과부연금(widow's pension)
국민연금 중 독자급여의 일종으로 피용자 연금 시 유족연금에 포함되는 것으로 과부연금이란 독자적 명칭은 없다. 보험료납부요건을 충족시키고 있는 부(夫)가 연금을 받지 못하고 사망한 때에 10년 이상 혼인을 계속한 처에 대해 60세부터 65세에 달한 때까지 지급된다. 연금액은 부의 노령기초연금액의 4분의 3이다. → 유족연금

0547 과소·과밀문제
인구이동에 의한 지역상황의 변화이며 과소는 농촌, 산촌, 어촌, 군부의 읍면 등에서 인구의 과도한 유출로 생활의 기반, 공동체적인 지역의 유대가 허물어져 생산·생활을 지탱

하는 제 조건이 손상되는 상태이다. 과밀은 그의 대극으로서 도시로의 인구의 과도한 유입, 생산, 교통, 소비, 그리고 모든 도시생활의 과열과 모순이 집중적으로 출현 해 생활환경의 악화로 나타난다. 고도성장정책의 부산물로 이 같은 양극의 격화가 생겼다.

0548 과시행위(demonstrative)
감정을 밖으로 표현하는 행동이나 그러한 행동을 보이는 사람에게 적용되는 용어를 말한다.

0549 과식증(bulimia)
병리학적으로 볼 때 지나치게 왕성한 식욕을 말하며, 때때로 과식증에 걸린 사람은 자기 유도의 구토, 설사약 남용, 체중을 줄이는 약 혹은 이뇨제와 같은 방법으로 해결하려고 한다. 과식증은 보통 음식조절 방법으로부터 시작된다. 그러다가 배가 고프면 먹게 되고, 죄의식을 느끼고, 대변을 보고, 그러다가 더 많이 먹게 되고, 더 체중조절을 시도하게 된다.

0550 과업중심(initiating structure)
조직의 지도자가 집단 활동을 조직, 결정하거나 또는 지도자와 집단과의 관계를 명백히 하는 것이다. 지도자가 구성원 각자에게 기대되는 역할을 분명히 해주고, 임무를 배정하고, 미리 계획을 세우며, 처리하는 방법과 절차를 세우며, 결실을 보기 위해 일을 추진하는 것이다. 즉 지도자와 구성원의 모두에게 조직형태나 맡은 바 일을 분명하게 만들도록 노력하고, 명령계통을 세우고, 과업완수를 분명히 하도록 노력하는 것이다. 지도자와 구성원의 기구, 제도적인 면, 책무의 배정, 의사소통, 정보교환의 길, 조직 활동의 효과 측정, 권한의 계통 등을 통해 조직 목표 달성을 하고, 생산성 향상을 꾀하는데 중점을 두는 행정유형으로서 구조성차원, 과업만족, 과업위주, 기관 중심적인 면, 과업성취, 목표달성이라는 용어는 모두 이 개념의 동의어로 사용되고 있다.

0551 과업중심치료(task-centered treatment)
사회사업가와 클라이언트가 ① 특정문제를 확인하고 ② 이 문제들을 변화시키는데 필요한 특정과업을 확인하고 ③ 지정된 시기에 발생하는 다양한 활동들에 대한 계약을 발달시키고 ④ 그들이 성취하기 위한 동기를 확립하고 ⑤ 확인된 장애요소들을 분석, 해결하는 사회사업의 단기 개입모델을 말한다. 클라이언트는 또한 그들이 일주일 동안 독립적으로 과업을 수행하기 전에 사회사업가의 사무실에서 자극과 사회사업가의 지도에 따라 과업을 수행하는 원조를 받을 것이다.

0552 과잉병상(over bedding)
지역사회가 필요로 하는 것보다 병원시설이 더 많은 경우를 말하는데, 이는 전체 병상이 비어 있는 병상의 비용을 부담해야 하기 때문에 입원하고 있는 환자가 부담해야 할 비용이 많아지는 결과를 낳는다.

0553 과잉보상(overcompensation)
실제 혹은 상상된 결손을 메우기 위한 개인의 지독한 노력으로 그것이 무의식 중에 생길 때 정신분석 이론가들은 그것을 하나의 방어기제로 간주한다.

0554 과잉보호(over protectiveness)
부모나 대리 부모가 심리적 혹은 신체적으로 해가 있다고 생각되는 상황을 피하게 하려고 지나치게 아이들을 보호하려는 경향을 말한다. 그 결과 종종 이런 아이들은 독립적인 인간이 되는 것을 충분히 배우지 못하게 되는 것을 볼 수 있다. 이러한 과잉보호는 부부 사이 혹은 다른 가족구성원 사이에서도 발생할 수 있다.

0555 과잉애(overloving)
'자기 자신을 위해 타인을 통제하려는 것'을 비롯하여 타인에게 강하게 애정을 쏟는 것을 말한다. 이 용어는 프로이트가 만들었는데, 그는 이 과잉애가 사랑으로 경험되는 감정의 상태이지만 사랑의 본질에서 벗어난 것이기 때문에 결국은 자기 자신에 대한 사랑에서부터 유발된 것이라고 지적한다.

0556 과잉인구(overpopulation)
기아나 빈곤 등의 사회문제를 인구과잉과 관련시켜 설명하는 경우가 있다. 말사스의 인구론은 인구증가와 식물공급의 불균형을 중심으로 절대적, 생물학적인 과잉인구의 존재를 지적했다. 맑스는 자본론에서 자본의 축적, 운동법측하에 생산되는 상등적 과잉인구 이산업무 비군의 존재형태에 사회문제와 궁핍화의 구조를 분석했다. 국부적으로는 현대 도시사회에서의 과밀상황과 인구동태에 관해 설명할 때 사용되기도 한다.

0557 과정기록(process record) 01
케이스기록 양식의 하나이며 사회사업가와 클라이언트 간의 대화내용, 관찰 등 접촉의 결과를 그 경과에 따라서 기록하거나 혹은 이와 같은 방식으로 쓰인 기록을 말한다. 케이스 기록의 양식으로는 조사표처럼 가족관계, 생활사 등 항목기록도 있으나 이것만으로는 면접내용 등 케이스의 전개과정을 알 수 없기 때문에 일반적으로 위의 두 가지 기록을 함께 사용하고 있다. 과정기록은 케이스 연구나 슈퍼비젼의 경우 사회사업가 - 클라이언트간의 교섭적인 관계를 파악하기 위해서 필수적인 기록 방법이다.

0558 과정기록(process recording) 02
개입과정 동안 사회사업가와 클라이언트간의 상호작용하는 내용을 기록하는 한 방법이다. 이와 같은 형태를 사용하는 사례기록은 face sheet에 클라이언트에 대한 사실적인 자료(정보)와 관련된 사회, 환경, 경제 및 물리적, 신체적 요인들을 적는 것으로 시작한다. 그 다음 현재의 문제를 적고, 그 문제에 대한 정보기록을 포함한다. 사회사업가는 그때의 목표의 수준, 목표 도달의 장애물, 어디에다 적용할 것인지 등을 포함하여 목표 도달에 필요한 수단과 함께 클라이언트와 사회사업가 간의 계약 서명란에 서명한다. 그 기록에는 클라이언트와 사회사업가 또는 기관과 만든 각각의 계약의 내용, 다른 가족들로부터 온 메시지와 전화 내용을 포함하여 구성한다. 또한 방문의 시간과 사회사업가가 개발한 어떠한 주관적 인상이나 획득된 사실적인 정보의 요약까지도 표시된다. 이와 같은 기재 사항들은 아주 정교하지는 않지만 문제중심기록(problem-oriented records)이나 개인중심기록(person-oriented records)보다는 좀 더 연대기적인 기록이라 볼 수 있다.

0559 과정모형(process model)

주로 지역사회조직(community organization)에서 사용되는 개념으로 지역사회에 대한 원조과정을 순서 있게 단계별로 배열하여 설명한 것을 말한다. 이 과정모형은 지금까지 여러 가지의 모형으로 제시되었지만, 기본적으로 문제의 파악, 계획수립, 계획실시, 평가의 4가지 단계가 대체로 일치된 준거 틀로 되어 있다. 단계를 많이 가진 모형이 있지만, 그것은 이러한 기본적인 4가지 단계를 세분화시킨 것에 지나지 않는다.

0560 과정중심주의(process-centered social work)

사회사업실천방법의 전개과정에서 그 과정을 중요시하는 방법을 과정중심주의라 하며 문제해결과 과제중심에 초점을 둔 방법을 과제중심주의라고 한다. 사회사업실천방법은 개인과 집단의 생활문제를 해결하기 위하여 주체가 대상에게 작용하는 것이기 때문에 과정중심 주의일지라도 문제해결을 도외시하는 것은 아니다. 과정중심주의는 그 방법의 전개에 있어서 최종적으로는 과제의 해결을 목표로 하지만 그 해결과정에서 더욱 면밀하게 소과제를 설정하여 해결을 도모하면서 최종과제의 해결을 노린다. 과제중심주의는 상대적으로 과정에 역점을 적게 두면서 과제해결을 꾀한다. 과정중심주의가 방법과 과정에 역점을 두는 이유는 무엇보다 그런 각 국면에 있어서 정확한 대응을 하는 것이 최종과제의 해결을 보다 용이하게 한다는 인식에 있다.

0561 과정평가(process evaluation)

프로그램의 운영 및 활동을 분석하는 것으로, 이를 근거로 보다 효율적인 집행 전략을 분석하고 프로그램 내용을 수정·변경하거나, 프로그램의 중단, 축소, 유지, 확대 여부를 결정하는데 도움을 준다. 또한 경로를 밝혀서 총괄 평가를 보완하는 기능을 하게 된다. 예를 들면, 과정평가는 ① 원래 운영 계획대로 활동들이 이루어졌는가? ② 계획된 양질의 자원(인적, 물적)이 계획된 시간에 투입되었는가? ③ 원래 의도한 프로그램 대상 집단을 상대로 실시되었는가? ④ 관련된 법규나 규정에 순응하였는가? 등을 통해 운영 과정상의 활동들을 평가할 수 있게 된다.

0562 과제(tasks) 01

개인이나 가족이 각각의 발달단계에 있어 달성하지 않으면 안되는 과제를 발달과제(developmental tasks)라 한다. 그리고 개인이나 가족이 지금까지의 발달과제의 달성을 통하여 습득하게 된 수습기제(coping mechanisms)로 대응하지 못하는 위기상황을 맞게 될 때 그것을 극복하기 위하여 달성하지 않으면 안되는 특정과제를 문제해결과제(problem-solving tasks)라 부르고 있다. 이러한 개념은 개인이나 가족의 행동을 이해하고 원조하기 위하여 최근 케이스워크에 도입되고 있다.

0563 과제(assignment) 02

정규시간 외에 가정·도서관 등에서 학습하도록 과(課)해진 일정 양의 문제를 말한다. 최근에는 문제·프로젝트(project)·리포트(report)라는 말까지 과제를 나타내는 말로 사용되기도 한다. 과제는 일반적으로 ① 학생들의 문제해결력 증진 ② 정규 수업시간의 학습부족 보충 ③ 예습·복습의 자극으로 학교의 수업효과 증진 ④ 자율적인 학습태도와 습관의 증진 ⑤ 비교육적 활동에 소비하는 시간의 감소 ⑥ 학교에서 행하기 어려우나 가정 등 학교 이외의 기관에서 할 수 있는 것의 실행 ⑦ 가정·사회·산업·학교의 협력관계 향상 등의 목적을 갖는다. 과제물의 종류는 내용·기간·형식·학생 반응의 성질 등의 기준에 따라 여러 가지로 분류할 수 있다.

0564 과제분석(task analysis)

하나의 과제를 그 구성 요소로 나누어 분석하는 과정이다. 과제분석은 숙련된 작업자가 실제로 특정의 작업을 수행하는 것을 관찰하여 각 작업 단계를 순서적으로 기록함으로써 이루어진다. 가르칠 하나의 행동을 단계별로 잘게 나누어 놓은 것(예를 들면, 10단계 20단계)으로서 교수 목표들이 성취될 수 있도록 분석되어 있으면서도 계열화된 일련의 하위 목표들로 구성되어 있는 교수 전략을 말한다. 과제분석은 특정한 기술이나 과제에 대해 각 학생의 개별 기능 수준에 맞게 교사가 목표를 정확하게 설정하도록 도와줌으로써 효과적인 진단적 기능을 하며, 각 아동의 학습속도에 맞게 계획될 수 있기 때문에 계열성 있는 연속적 교수를 하기 위한 기초를 제공해 준다. 특수아동을 담당하고 있는 교사들은 읽기, 쓰기, 산수, 자조기술 영역 등에 상업적으로 나온 교재들이 과제분석되어 있어 유효하다 하더라도 각 장애아동의 요구에 맞추기 위해서는 재과제분석이 필요하며, 과제의 특정 기술에 대한 분석 또한 필요하다. 또한 효과적인 과제분석을 위해서는 그 영역에 대한 충분한 지식과 시간과 브레인스토밍(brain storming : 차례로 낸 아이디어 중 최선책을 결정하는 방법)이 요구된다. 과제분석에는 절차적 접근(procedural approach)과 위계적 접근(hierarchical approach) 그리고 이 두 접근을 결합한 방법이 있다. 절차적 접근은 특정한 행동이 특정 목적에 도달하기 위해 연속적으로 가르쳐질 때 사용된다. 절차적 분석에 포함된 행동들은 서로 독립되어 있어 흔히 교체될 수 있는 것들이며, '접시 닦는 기술' 등이 대표적 예이다. 즉 접시 닦는 것을 가르치기 위해 어떤 교사는 모든 접시를 닦은 후에 헹구게 할 수 있고 어떤 교사는 각 접시를 닦고 이용단계로 넘어가기 전에 헹구게 할 수 있다. 따라서 각 단계는 독립적이고 그것은 교사의 결정이나 학생의 요구에 따라 바뀔 수 있다. 위계적 접근은 선행 기술을 확실히 포함하고 있어 바람직한 목표 달성을 위해서는 반드시 위계적 순서를 따라 밟아 가야 하는 것을 뜻한다. 일반적으로 학습 기술들은 이 접근을 사용하게 되는데 일련의 단계의 각 기술들은 이전의 기술 습득에 의존한다. 마지막으로 두 접근을 결합해서 사용하는 것으로 정신운동과 인지기술을 요구하는 행동을 가르칠 때 유용하다. 예를 들면 버스 타기와 같은 행동을 가르칠 때 이 접근을 사용한다. Moyer and Darding은 과제 분석을 계획하고 수행하기 위한 지침으로 ① 주요 과제의 범위를 한정한다. ② 관찰할 수 있는 용어로 하위 과제를 사용한다. ③ 사용할 사람이 이해할 수 있는 수준의 용어를 사용한다. ④ 학습자가 하게 될 것이 무엇인지에 대한 과제를 기술한다. ⑤ 학습자보다는 과제에 역점을 두어 계획하는 것 등을 들 수 있다.

0565 과제중심접근방법(task-centered approach)

1970년대 이후 라이드(Reid. W)와 에프스타인(Epstein. L) 등에 의해 사회복지 실제의 모형 중의 하나로서 급속히 발전되어 왔다. 이것은 목표(표적)로 하는 문제를 확정함과 동시에 구체적인 과제를 설정하고 계약에 근거해 의도적으로 단기간에 수행하는 특색이 있다. 처음에는 과제중심 케이스워크로서 체계화되었지만 그 후 점차 확대되어 광범위한 분야에서 적용을 시도하여 효과를 거두고 있다.

0566 과학(science) 01

보편적인 지식이나 원리를 밝히는데 목적을 두고 있는 체계적인 지식 혹은 연구 활동을 말한다.

0567 과학([독] Wissenschaft) 02

원어는 학일반을 의미하며, 영어의 science는 특히 자연과학을 가리키는 경우가 많다. 과학이란 자연 및 사회의 사실을 많은 분야로 구분하여 그의 각각에 관해 행해지는 실증적·합리적인 인식 및 그 성과를 말한다. 따라서 과학은 사실의 관찰로부터 출발하고, 분석·종합, 연역, 귀납, 가설 구성, 실험 등 모든 논리적 수단을 구사하여 사물의 구조나 사상 간의 법칙을 파악하고, 각 분야마다 계통적인 인식을 수립한다. 과학적 인식은 일정한 논리적인 절차를 밟으면 누구라도 확인할 수 있는 객관적인 지식이며, 각 분야마다 역사적으로 축적된 지식은 사회의 공공적인 재산으로서의 의의를 갖고 있다. 과학의 대상인 사실의 세계는 완전히 파악될 수 없는 이상이며, 과학은 부단히 진보 발전하지만 완결되지는 않는다. 따라서 한 시대의 과학적 지식은 이런 의미에서 상대적인데, 그것은 객관적, 절대적인 것으로 항상 끊임없이 접근해 가고 있는 것을 의미한다. 많은 과학을 어떤 식으로 분류하느냐 하는 문제는 인간의 정신능력에 관한 F. 베이컨의 분류이래, 여러 가지 시도가 행해졌다. 그 대다수는 제창한 자연과학(법칙 정립의 학(學))과 역사과학, 문화과학(다 같이 개성기술의 학)이라는 연구 방법에 따른 분류는, 한때 여러 나라에서 유행했지만, 자연에도 역사가 있고, 사회는 자연으로부터 발전해 온 이상, 과학을 자연과학과 사회과학으로 대별하는 것이 타당하다. 자연과학도 사회과학도 연구의 진보와 함께 점점 특수화·세분화되어 가고 있는 것이 현재의 실정이며, 그것들을 어떻게 통합하느냐가 오늘날의 당면 문제이다. 과학은 여러 각도에서 사실을 구분하여 연구하는 것이지만 현실을 구체적으로 파악하는데는 불충분하며, 오늘날에는 갖가지 과학 사이의 학제적(interdisciplinary)인 연구가 진행되고 있다. → 사회과학

0568 과학적 방법(scientific method) 01

사실을 얻기 위한 사회적, 물리적 조사에서 사용되는 일련의 엄밀한 절차이다. 이런 절차는 문제를 정의하고, 사전에 문제 측정방법을 조작적으로 진술하고, 가설을 기각할 기준을 미리 정하고, 타당성과 신뢰도를 가진 측정도구를 사용하고, 모든 사례 혹은 표본을 관찰하고 측정하며, 반복실험이 가능하도록 세밀하게 축적도나 사실발견과 방법에 관한 공적 조사를 제시하고, 사실발견에 의해 뒷받침된 요소의 결론을 제안한다.

0569 과학적 방법 02

지식이나 원리를 발견하기 위하여 자료를 수집하고, 가설을 설정하며, 나아가 그 가설을 경험적인 활동을 통해 검증해가는 객관적이고 정밀하며 체계적인 접근방법, 이와 같은 과학적 방법을 적용하는 연구 또는 연구 활동을 지칭하여 과학적 연구(scientific research)라 한다.

0570 과호흡증(hyperventilation)

신체가 처리해낼 수 있는 양보다 더욱 많은 공기를 받아들이는 것으로 이것은 혈액에 있는 이산화탄소의 정도를 낮춘 결과이다. 보통 이러한 증상은 흥분의 결과이며, 종종 현기증이 나고, 아찔아찔하며, 기절할 것 같은 느낌을 받는다.

0571 관계(relationship) 01

사회사업에서 작업 및 원조 분위기를 창출하는 사회사업가와 클라이언트 사이의 상호 정서교류, 역동적 상호작용,

그리고 감정적, 인지적 및 행동적인 연관을 말한다. 사회사업가인 비에스텍은 사회사업가가 클라이언트에 대해 수용, 비밀보장, 개별화, 비심판적 태도와 같은 특정한 윤리적 행동을 해야 하며, 동시에 클라이언트에게 최대한 자기결정, 의도적 감정표현, 통제된 정서적 관여 등을 허용해 줌으로서 관계력이 생겨난다는 것을 발견하였다. 관계력이라는 용어는 사회사업가 로빈슨이 처음 사용하였다.

0572 관계(relation) 02

한 사물이나 생각이 다른 사물에 미치는 영향, 혹은 교섭의 양상을 뜻한다. 「갑은 을의 형이다」와 같은 연결의 관계만이 아니라 「A는 B보다 크다」 혹은 「P와 Q는 같다」와 같은 비교의 관계를 포함해서, 연상, 소속, 대조, 지표, 인과 등의 여러 양상이 있다. 사유, 명제, 개념, 이론들 사이의 필연적 관계를 의미하는 논리적 관계와 사건, 사상, 변화, 실체들 사이의 물리적, 역동적, 기능적, 인과적 관계를 의미하는 사실적 관계로 나누어 생각할 수 있다.

0573 관계망(network)

자료, 기술, 지식이나 연락 등을 공유하고 있는 조직이나 사람들의 공식, 비공식 결연을 말한다. → 네트워크

0574 관계망 치료(network therapy)

개인이나 핵가족에게 중요성을 띤 많은 사람들 모두가 기존의 문제들을 해결하는데 어떻게 도움이 될 수 있는지 논의하기 위해 그 가족과 함께 모이는 가족 단위의 치료 절차, 대가족의 식구들이나, 이웃들, 급우, 직장동료, 전문가들이나 목사 또한 그 모임에 포함될 수 있다.

0575 관계망 형성(networking)

클라이언트와 그 관계자들, 즉 가족이나 친구, 동료들 사이에 존재하는 사회적 결연을 고양하고 발전시키려고 그 연결망 안에는 클라이언트의 목적을 달성하는데 도움이 되는 효과적인 사람들이 있을 수 있다. 이 용어는 전문가들이 사회체계를 통한 행위를 촉진하기 위해 다른 전문가들과 함께 이루어내는 관계를 지칭하여 사용하는 말이다.

0576 관계사고(ideas of reference)

타인의 행동 또는 환경현상이 자신에게 어떤 영향을 주기 위해 일어난다는 불확실한 믿음을 말한다. 예를 들면, 우연히 대화하고 있는 낯선 사람들과 마주쳤을 때 그들이 자신에 대해 이야기 하고 있는 중이라고 추측하는 사람의 경우이다. 이것은 망상의 한 형태이며 때때로 편집장애, 정신분열증, 연기성 성격장애, 심한 부정감을 갖고 있는 사람에게서 하나의 징후로서 나타난다.

0577 관계요법(relationship therapy)

정신분석학파에 속하는 알렌(Allen, F. H.)에 의해 대표되는 심리요법이다. 이 치료이론은 정신분석에서 분석자와 환자와의 치료관계에 초점을 맞추고 있다. 특히 현재의 치료자와 환자가 대면해서 현실로 전개되고 있는 실제 관계 속에서 환자의 창조성이 발휘되어 자기실현이 이루어지는 것이 바람직하다는 것을 강조한다. 이 같은 생각은 많은 심리치료의 기본으로 도입되고 있으나 근래 행동요법이 성행함에 따라 이 요법은 새롭게 인식되고 있다.

0578 관념(idea)

→ 연구와 변인

0579 관념화(ideation)

신념을 발전시키는 과정을 말한다. 예를 들면, 자살성 사고를 가진 사람은 죽음, 죽음에 대한 욕구와 그 목표에 도달하도록 돕는 특별한 행동에 대해 생각하기 시작하는 사람이다.

0580 관련전문가 팀(inter-professional team)

각자는 다른 전문적인 분야에서 훈련받고 자신의 기술과 방침을 가지고서 공통 문제를 해결하거나 공동 목표를 성취하기 위해 함께 일하는 작은 규모의 조직화된 집단이다. 팀 구성원들은 지속적인 의사소통, 재심사, 개인별 노력의 평가를 통해서 최종 결과에 대한 집단적 책임감을 가지고 자신의 특별한 재능이 팀의 목표에 도움이 되게 한다. 관련전문가팀은 정신병의사, 심리학자, 사회사업가, 정신과 간호사 등의 정신건강 팀을 포함할 수 있지만 이들에게만 제한되는 것은 아니다. 예를 들면, 지역사회가 재난에 대처하도록 돕는데 참여할 수 있는 팀은 의사, 간호사, 경제학자, 건축가, 공학자, 위생 전문가, 정치학자뿐만 아니라 다양한 전문성을 가진 사회사업가들로 구성할 수 있다.

0581 관료제(bureaucracy) 01

조직의 거대화에 따라 조직목표를 공정하고 효율적인 달성하기 위한 합리적인 조직관리·운영체계를 말한다. 합리적 규칙, 권한위계구조, 비인격적 직무집행, 직무전문화 등의 조직특성을 갖는다. 행정 관료제뿐만 아니라 기업, 정당, 노동조합, 군대, 대학 등 여러 곳에서 볼 수 있다. 그러나 이 관료제는 형식주의, 파벌주의, 책임회피, 비밀주의, 문서주의 등 수많은 조직병리를 낳기 쉽다.

0582 관료제 02

노동력이 특수한 업무별로 나뉘어 있으며, 권력이 상층에 집중된 수직적인 위계질서, 명확히 규정된 규칙, 의사소통의 공식화된 통로, 전문적인 능력에 따른 채용, 승진, 보상, 보류를 특징으로 하는 사회조직의 한 형태를 말한다.

0583 관료제 03

사회적 집단 조직의 효율적인 운영 방식을 대표하는 개념이

다. 이 말은 원래 프랑스 혁명 이전 자유주의자들이 좁은 안목을 가지고 번거로운 형식적 절차에 집착하는 독단적인 관료들을 비판하는데서 비롯되었으며, 근대에 이르기까지 그와 같은 부정적인 의미가 보편화되어 이른바 조직체의 복잡화에 따른 책임 분담의 불명확성이나 특수 사례를 고려하지 않는 상투적이고 고답적인 사고방식, 업무 지연이나 책임전가, 지시계통의 갈등, 노력의 중복성 그리고 소수의지에 따른 통치력 등을 비난할 때 사용되는 대명사로 되었다. 그러나 이런 의미는 「관료주의」로 표현되는 것이 상례이며, 「관료제」는 현대사회의 효율적인 조직과 통치를 가리키는 기술적 의미로 받아들여지고 있다. 거시적 수준에서 관료제는 조직의 능률을 최고도로 달성할 수 있는 조직 형태라고 할 수 있다. 현대적 의미에서 관료제는 조직의 대형화에 따른 내부 관리의 문제를 기술적으로 해결하기 위하여 조직 관리의 상·하 관계 구조를 명백한 권리 및 의무의 관계로 규정하여 모든 직무는 공식적인 명령 계통을 가진 위계적 질서에 의하여 배분, 수행하는 제도를 뜻한다. 이러한 공식적인 행동에 관한 규정은 불평을 야기하기도 하지만 비교적 표준화된 행동을 할 수 있게 하고, 전문화와 권한의 서열 그리고 규칙의 체계라는 특징을 갖는다. → 관료주의

0584 관료주의(bureaucracy)

조직의 공정성, 합리성, 효율성을 기할 수 있도록 위계적 질서를 형성하고 있는 전문적 관료들의 체계이다. 「관료주의」라는 말은 본래 관료들이 사용한 책상보(bureau)에서 유래한 것이며, 처음에는 18세기의 프랑스 정부 관료들의 업무상의 불성실성, 안목의 협소성 그리고 오만한 자세를 빈정대는 경멸적 용어로 사용된 것이다. 그러나 19세기의 유럽 여러 나라에서 이 말이 사용되면서 다소 그 의미가 확대되기도 하였다. 특히 자유주의자들은 정부의 관리들이 책임 소재를 불확실하게 함으로써 업무의 처리를 지연시키고 책임을 전가하며, 관리들 간에 정책의 방향에 혼선과 갈등이 생기고, 일을 중복해서 하며, 통제력을 집중시킴으로써 결정권을 중앙에서 독점하고, 규칙과 관행을 경직되게 운영하는 등의 태도와 성향을 꼬집는 말로 사용되기도 하였다. 그리고 세계대전 후에는 절대적 지배권을 구축하거나, 자원을 무책임하게 낭비하거나, 업무의 성격에 비추어 인력의 규모를 과다하게 보유하는 타성을 비난하는데에 그 말이 사용되기도 하였다. 그러나 맑스 베버(Max Weber)는 「관료주의」라는 말을 그러한 경멸적 용어로서가 아니라 일종의 이론적인 기술적 용어로 사용하였다. 그는 이 말을 성문화된 법규에 의하여 합법적으로 임명된 관직자와 그 하위 관료의 위계적 관직 관계를 나타내는데에 사용하였다. 관료주의적 관직관계는 권리와 의무의 배분에 관한 규정이 있고, 계약적 방법에 의하여 임용, 승진, 보수, 훈련 등에 관한 조건이 결정되며, 공과 사의 엄격한 분별을 지키는 등의 윤리를 요청받는다. 관료주의의 긍정적 측면을 보면, 업무의 처리에 있어서 능률성을 추구하고, 공평무사주의적 원칙에 따른 합리성을 실현하며, 임용과 보수에 있어서 능력주의를 적용하고, 통제력의 집중과 위계적 질서에 의하여 능률성을 발휘하며, 봉사정신과 단체정신을 지키면서 사회적 책무를 다하는 것 등을 규범적 특징으로 하고 있다. 그러나 관료주의는 이와는 오히려 반대로 연상되는 경향도 없지 않다. 「관료적」 혹은 「관료주의적」이라는 말은 획일성에 지배되어 특수한 사례나 개인적 사정을 전혀 고려하지 않으며 비인간적이고 기계적인 비정함을 암시하고 있다. 그리고 관료주의는 규칙을 경직되게 적용함으로써 융통성을 결하고 있으며, 능률성을 겨냥한 획일성은 창의성을 말살시키고, 통제력의 집중은 자발성과 자율성을 제약하기도 한다. 다른 한편 동양 전통 사회의 체제에도 「관료주의」라는 말을 적용하고 있다. 그러나 동양 전통 사회에서의 관료는 조직 운영의 기술적 전문성보다는 인문적, 도덕적 자질을 더 중요시하는 것이 그 특징이므로 서양 학자들 간에는 관료주의 혹은 관료체제의 전형이라고 할 수 없다는 주장도 있다. 그러나 관료주의는 관료들의 자질적 특성이라기보다는 조직의 구조와 운영의 특징이므로 동양 전통사회의 경우도 관료주의의 한 사례라고 하지 않을 수 없다. → 관료제

0585 관료화(bureaucratization)

사회기관과 조직이 엄격히 규정된 규칙과 의사소통 통로에 따르도록 더 집중화된 통제와 강요된 복종으로 나아가려는 경향이다.

0586 관리과업(management tasks)

사회복지 행정가나 관리자의 주요 활동들을 말한다. 패티에 의하면 관리과업에는 6가지 기복적 과업이 있다. ① 프로그램의 계획과 개발 ② 재정적 자원과 지원을 얻기 ③ 조직구조와 과정의 고안 ④ 직원의 능력 개발과 유지 ⑤ 기관 프로그램의 사정 ⑥ 기관 프로그램의 변경 등이 있다.

0587 관리사회

현대사회를 비판적, 비관주의적으로 성격지우는 하나의 견해이다. 조직의 거대화·관료제화, 과학기술이나 정보산업의 발달 등을 배경으로 현대인의 생활양식이나 구조가 일부의 과학자 출신의 행정관에 의해 관리되고 있다고 주장한다. 현대사회를 인간 본래의 자유스러운 의사와 행동이 억압되고 선택의 폭이 좁아진 사회로 규정하였으며 기능합리화가 전체사회를 지배하고 합리성이 손상된 사회라고도 한다.

0588 관리자훈련계획
(MTP : management training program)

미국에서 발달된 것으로 관리자 훈련계획으로 통칭. 우리

나라에서는 부, 과, 계장급을 대상으로 6부 편성, 20회 합, 40시간으로 되어 있다. 제1부는 관리의 기초, 제2부는 직무의 개선, 제3부는 직무의 관리, 제4부 부하의 훈련, 제5부 인간관계, 제6부 관리의 기관으로 되어 있으며 내용적으로는 TWI(training within Industry)보다는 범위가 넓고 보다 체계적이다.

0589 관리정보체계
(MIS : management information systems)
사회기관이 조직의 목표를 효율적으로 수행하는데 유용한 자료를 얻고, 처리하고, 분석하고, 보급하는데 흔히 사용되는 관리방식을 말한다. 관리정보체계는 클라이언트에게 제공된 직원의 활동과 서비스를 추적하는데 이용될 수 있다.

0590 관선 변호인(public defender)
범죄자로 기소 당했거나 법률서비스를 필요로 하지만 상담의뢰비를 지불할 능력이 없는 사람들을 변호해주는 사람을 말한다. 관선변호인 제도는 가난한 피고인에게는 반드시 법정 대리인을 제공해야 한다는 대법원의 기드온 대 웨인라이트 판례를 결과로 대부분의 주에서 실시되고 있다. → 국선변호인

0591 관음증(voyeurism)
옷을 벗고 있거나 성행위를 하는 사람을 반복적으로 보는 특징이 있는 정신성적 장애를 말한다. 일반적으로 엿보기로 알려진 이러한 행동은 관음증이 있는 사람들이 성적 흥분을 일으키는 좋은 자원이 된다. 보통 때에 다른 사람을 보거나 관찰하는 것을 즐기는 사람은 종종 비공식적으로 관음증이 있는 사람으로 언급된다.

0592 관절염(arthritis)
관절에 고통을 주는 염증을 말한다. 이것은 내분비선의 기능장애나 신경손상, 혹은 전염병 및 노령으로 인한 퇴화에 기인한다. 주요 유형으로는 류머티즘성 관절염, 골관절염, 통풍 등이 있다. 미국에서는 다른 어떤 장애보다도 관절염 때문에 많은 사람들이 불구가 되고 있다.

0593 관찰([영] observation [독] Beobachtung)
어떤 대상·과정이 어떻게 되어 있으며, 어떻게 해서 생기는가의 사실을 있는 그대로 확인하는 것이다. 넓은 의미에서는 실험을 포함시킬 수 있는데, 보통은 실험처럼 대상이나 과정에 인위적인 간섭을 가하지 않는 경우를 말한다. 관찰은 감각기관만으로 행해지는 경우, 관찰을 위한 기구(망원경·현미경·한란계 등)를 사용하는 경우, 또는 사회 현상을 연구할 때와 같은 통계적 수단을 사용하는 경우가 있다. 관찰에는 질적인 것과 양적인 것이 있으며, 양적 관찰은 관측이라고 한다. 관찰은 일정한 목적없이 되는대로 행해지는 것이 아니고, 대상의 목적에 따라 일정한 방침 아래 선택적으로 행해진다. 사실의 관찰은 모든 과학 연구의 출발점이다. 과학에는 관찰을 주요한 수단으로 하는 것과 실험이 중요한 역할을 하는 것이 있는데 오늘날 자연과학은 관찰에만 그치는 것이 아니고, 어느 정도는 실험에 기초를 두고 있다.

0594 관찰법(method of observation) 01
연구방법의 한 형태이며, 자연적 조건이나 상태에서 연구대상의 행동을 관찰하고 기록하는 절차를 통해 연구 자료를 수집하는 방법을 말한다.

0595 관찰법 02
현지조사방법의 하나로서, 조사자의 시각을 통해 직접적으로 피조사자의 언어나 행동, 또는 상황전체를 과학적으로 관찰해 기록·분석하는 방법을 말한다. 관찰법에는 대상의 제 조건을 의도적으로 통제하고 관찰수단을 표준화해서 시행하는 통제적 관찰과 대상을 있는 그대로의 상태로 보는 비통제적 관찰이 있다.

0596 관찰보호
갱생보호의 한 방법으로 출소하여 사회에 복귀한 자 중에서 사회적응 능력이 부족하여 정상적인 사회생활이 곤란하거나 재범의 우려가 있는 자에 대해 갱생보호위원이 그들을 방문하거나 또는 면접 또는 서신 등의 방법으로 정신적 지도를 실시하여 재범의 위험성을 제거시켜주고 한편, 극빈자와 무직자에 대해서는 생업보조금의 지급, 생산도구대여 및 취업알선 등으로 자활자립을 조성해 주는 보호방법이다. 보호의 개시와 해제는 갱생보호회 지부장이 결정하고 이를 본인 및 친권자에게 통지하는데 보호기교육심리학간은 2년 이내로 하며 필요하다고 인정할 때에는 그 기간을 연장할 수 있다.

0597 관찰연구
(observational research/observational study)
관찰을 통해 변인들 간의 관계성을 알아보는 연구를 말한다. 흔히 연구자는 변인을 조작하지 않으며, 다만 자연스러운 상황에서 발생하는 변인들을 관찰하고, 그 관계를 분석하게 된다. 관찰연구의 주요 목적은 변인들 간에 관계성이 있는지, 나아가 만일 관계성이 있다면 그 관계의 정도는 얼마나 되는지를 알아보는데 있다. 그러나 관찰연구의 결과만을 가지고서는 변인들 사이의 인과적인 관계가 있는지를 결정하기 어렵다는 한계가 있다.

0598 관찰에 기초한 실천(empirically based practice)
사회사업가가 조사연구의 실천과 문제해결의 도구로 사용하는 전문 사회사업 개입기술의 한 형태이다. 개입을 하기 위하여 자료를 체계적으로 모으는 것, 문제 분류 및 기술 그리고 결과를 측정할 수 있는 항목으로 특정화하는 것, 사용된 개입방법을 체계적으로 평가하는 것 등이 있다.

0599 관찰학습(observational learning)
사회적 학습이론의 형태를 적용한 관찰학습은 다른 사람이나 사물의 모델링을 통해서 정상 혹은 비정상적인 행동을 관찰함으로써 자극이 되어 이루어지는 학습을 말한다. 아이들이 격렬한 행동을 관찰한 경우 다른 친구들과 놀 때 공격적인 행동을 보이는 것이 그 예이다. 이 용어는 모방학습, 모델링 혹은 관찰 학습으로 다양하게 불리어져 왔으며 현재는 '관찰학습'이란 용어를 더 선호해서 쓴다. 가장 광범위하게 연구한 사람으로 Bandura를 들 수 있는데, Bandura는 모델링은 항상 생각과 행동의 가치, 태도 그리고 패턴을 전환하는데 가장 강력한 수단 중 하나라고 하였고, Miller & Dollard는 새로운 행동의 습득과 이전에 학습된 행동의 억제 혹은 용이성, 둘 다의 측면에서 모방의 역할을 강조하였다. 그만큼 인간 발달에 있어 모방은 기본이며 중요한 것이다. 관찰학습은 다양한 면에서 관찰자의 행동에 영향을 미칠 수 있는데 살펴보면 다음과 같다. ① 새롭게 독특한 행동의 습득을 용이하게 해준다. ② 이전에 습득된 행동을 감소시키거나 증가시킬 수 있다. ③ 특별한 행동에 대한 단서를 제공해 줌으로써 반응 레파토리가 정지 상태에 있는 것을 활성화시켜 반응을 용이하게 해주고 다양한 반응 양식을 갖게 한다. ④ 관찰학습에서 관찰자는 특수한 반응보다는 특수한 자극에 관련 있기 때문에 특수한 음식 먹는 모델을 관찰하면 다른 음식 대신 그 음식을 먹게 되는 것처럼 환경적인 자극의 풍부성도 제공해 준다. ⑤ 만일 관찰학습의 모델이 감정적 반응을 표출하는 것이라면 관찰자들에게 그러한 감정을 불러일으킬 수 있어 각성의 효과(arousal effects), 관찰학습을 통해 습득된 행동이 모든 상황에서 일어나는 것은 아니므로 직접, 간접 그리고 스스로 만든 자신의 동기부여가 필요한 동기화 과정(motivational processes) 등을 거치게 된다. 이 관찰학습은 정신지체의 경우 문제해결시 외부 단서에 의존하는 외부 지향성과 사회접촉을 유지하기 위해 기꺼이 수행하는 경향 때문에 관찰학습은 이들에게 중요한 학습방법 중 하나이며 이 효과는 비장애인들과 같은 정도로 행동관찰의 효과가 있는 것으로 지적되고 있다. 그러나 정신지체인들은 주의집중이 부족하고 우연적인 학습이 비장애인보다 덜 효과적이기 때문에 좀 더 두드러진 모델이 필요하다고 한다. 심한 정신지체에게서도 관찰학습의 효과가 발견되는데 이 경우에는 모델링을 보여줄 때 언어교수를 함께 병행해야만 효과가 나타난다고 보고하고 있다. 행동적인 반응을 하지 않고 관찰을 통해서만 하는 학습을 말하며, 특정한 반응을 하면 즉각 강화하는 절차에 의하여 행동변화를 통제하는 작동적 조건화의 이론에 의하면 반응을 하지 않고 따라서 강화도 없는 관찰학습이란 있을 수가 없다. 그러나 인간의 학습은 상당한 부분이 관찰학습에 해당한다. 기능의 학습을 위해서는 연습 또는 실습이 필요하지만 처음부터 시행착오적인 행동을 해서는 안되고 여러 단계에서 교사나 훈련자가 시범하는 동작을 관찰하고 모방해야 한다. 또한 영화나 TV를 시청하여 배우는 것은 모두가 관찰학습이다. 어린이들의 관찰학습에 관한 연구에는 영화가 많이 사용되었다. 관찰학습은 행동주의가 주장하는 행동의 변화로서의 학습과는 그 성질이 근본적으로 다르다. 고양이 정도의 영리한 동물도 관찰을 통하여 모방할 수 있다는 사실이 확인되었다.

0600 관호조치(detention and classification)
소년법에 의해 가정재판소가 비행사건의 심판을 위해 소년의 신병을 보전하여 조사·감별 등을 행하고자 취하는 조치를 말한다. 관호조치에는 가정재판소 조사관의 관찰보호하에 두는 신병불구속과 소년감별소에 송치하는 신병구속의 2종류가 있으나 전자는 활용되고 있지 않다. 후자는 형사구속의 구류와 대비되나 이유개시나 이의신립 등의 보장이 없으며, 인권감각에 따른 운용이 필요하다. 후자의 수용기간은 2주 이내로 1회에 한해 갱신할 수 있다.

0601 광기(insanity)
개인의 심각한 정신장애를 이적하는 데 쓰이는 법률적인 또는 일반적인 용어이다. 이것이 법률상의 용어로 사용될 경우, 정신장애는 범죄행위와 같은 어떤 행위에 대한 개인의 책임을 무효로 할 만큼 신중하게 고려된다. 법적으로 미친 것으로 선고받은 사람은 범죄행위의 불법 여부를 평가하거나 법의 요구에 따라 행동할 실제적인 능력이 부족하다고 생각된다. 일반적인 용어는 사용될 경우, 정신이상은 대체로 미치광이 또는 정신병자와 동의어이다. 그것은 정신건강전문가들의 진단상 전문용어로는 쓰이지 않는다.

0602 광장공포증(agoraphobia)
낯선 장소에 있거나 집을 떠나 있기 때문에 느끼는 비이성적이고 지속적인 공포를 말한다. 이런 불안정한 심리를 가진 사람은 복잡한 공간, 공공 수송시설, 터널, 도망치기 어렵게 보이는 환경, 도움을 받을 수 없는 장소 등에서 도망치려고 한다. 광장공포증은 공포장애 중에서 가장 심하고 파괴적인 것이다.

0603 교구빈민구제(parish poor rate)
빈곤의 영향범위를 줄이기 위해 직업을 비롯한 사회적 조건들을 자격을 갖춘 빈민에게 원조해주는 초기의 전국적 조세체계로 1572년 영국에서 시작되었다.

0604 교과과정정책설명서(curriculum policy statement)
교육 목적과 제반 기준 그리고 관련기관들이 요구하는 자격을 공식적으로 규정한 문건이다. 사회사업에서는 지난 50년간 다양한 사회사업교육 단체에서 교과과정 정책설명서를 발간해왔다. 현재 대부분의 사회사업 교육가들은 1982년 사회사업교육협의회가 채택한 교과과정 정책설명서를 지칭할 때 이 용어를 사용한다. 1982년에 채택된 CSWE의 문서에는 사회사업 프로그램의 MSW와 BSW 자격에 대한 공식 기준이 자세히 규정되어 있다. 이 문서에는 구체적인 교과과정을 규정하지 않았지만 포괄되어야할 특정 영역과 각 영역들의 상호 관련성, 사회사업의 가치와 목적, 다양한 전문 프로그램의 임무 및 재원 그리고 교육내용에 대해 명시해 놓았다. 교과과정 정책설명서는 주기적으로 갱신된다.

0605 교과목표(subject matter objectives)

일반적으로 교육과정을 구성함에 있어 해당 학교수준별 교육의 일반목표를 달성하기 위해 각 교과별로 성취해야 할 목표를 말한다. 교과목표는 교육과정의 구성이라는 과제에서 보면 일반목표의 달성을 위한 하위목표가 되지만 교과교육의 관점에서 보면 교과목표와 일반목표의 관계가 그리 뚜렷하지 않은 경우도 있으며, 실지로 교육과정 구성이 이루어지는 단계에서도 교과 나름의 독특성 때문에 교과목표가 별개로 설정될 가능성이 높다. 우리나라의 현행 교육과정에서는 일반 목표의 아래에 교과목표를 설정·제시하고 있다.

0606 교과중심 교육과정(subject centered curriculum)

교육과정의 중심이 되는 내용을 교과로 하는 교육과정 형태이다. 역사적으로 가장 오랜 전통을 가지고 있는 교육과정이다. 특히, 1930년대 미국에서 학생들이 일상생활의 문제사태를 당하여 겪는 교육적 경험을 교육내용으로 삼아야 한다는 주장이 대두되었을 때, 그 이전의 교육과정관을 일컬어 붙인 이름이다. 따라서 교과중심 교육과정과 대비하여 규정된다. 교육내용은 생활과는 유리된, 교과서에 적혀 있는 지식이었으며, 이때 지배적인 교육방법은 맹목적인 반복·암송이었다. 학생들의 개별적인 흥미와는 관계없이 교육내용은 대부분의 경우에 획일적인 것이었으며, 교육의 과정은 거의 전적으로 교사의 권위와 주도권에 맡겨져서 학생들의 자발적인 참여나 독립적인 사고의 기회가 심하게 제한되어 있었다. 학생들의 학습태도는 수동적이었고 학습에 대한 흥미의 수준도 낮았다. 교육의 내용이 일상생활과 상태에 적용되는 경우는 매우 드물었으며, 또한 그것이 중요시되지도 않았다. 그러나 이 모든 특징은 교과중심 교육과정에서 「주장된」 것이라기보다는 경험중심 교육과정을 표방한 사람들이 종래의 교육에다가 「귀속시킨」 것이라고 보아야 한다. 다시 말하면, 경험중심 교육과정을 주장한 사람들은 그들의 주장의 정당성을 내세우기 위하여 종래의 교육이 그러한 특징들을 나타내고 있었던 것으로 규정한 것이다. 경험중심 교육과정에 대한 비판으로 나타난 학문중심 교육과정은 교과중심 교육과정의 긍정적인 측면을 새로운 형태로 발전시킨 것이라고 볼 수 있다. → 형식도야 이론

0607 교도작업

작업을 통하여 수형자의 근로정신을 함양하고 일인일기(一人一技)기술을 습득하여 건전한 국민으로 사회에 복귀하게 함을 목적으로 수형자에게 목공·인쇄공·철공·자동차공 등 30여 직종에 걸쳐 작업을 부과하고 있고, 생산품은 교도작업 관용법의 뒷받침으로 국가기관, 지방공공단체, 국영기업체 및 일반사회에 공급하고 있다. 또한 교도작업의 효율화를 기하기 위하여 1962년부터 교도작업특별회계법에 의해 교도작업에 독립채산제를 도입하고 또한 동년의 교도작업관용법의 제정·실시에 따라 교도작업에서 생산되는 물건 및 자재는 국가 또는 지방공공단체의 기관이나 국영기업체 또는 정부관리 기업체 등에서 우선적으로 구매하도록 하여 교도작업의 능률향상과 일관성 있고 계속적인 작업량 확보를 위하여 노력하고 있다.

0608 교도행정

우리나라의 교도행정제도는 조선말엽(1894년 갑오경장)까지는 고대 이래의 봉건적 형벌 사상 하에서, 복수적이며 응보적인 형벌 즉 생명형, 태장형, 도형 및 유형제도가 형벌집행의 중심이 되었다. 그렇기 때문에 이를 집행하기 위한 소박한 구금제도가 있는데 불과하였다. 그러나 1894년 갑오경장 이후 새로운 형벌의 근대화 사상이 제도화되기 시작하여 한일합방에 이르러 일본의 모든 제도를 따르게 되었다. 그러나 일본의 행형제도 자체가 전 근대적인 봉건적 전통을 많이 이어받아 낡은 제도에 불과하였던 것이므로 8·15해방을 맞아 미군정실시로 말미암아 우리의 행형제도는 미국의 행형제도와 행형사상을 본받아서 발전을 보게 되었다. 그러나 행형사상의 발전과정에 있어서 인도주의형 시대는 역시 과거의 낡은 사상으로 후퇴하고, 오늘날은 과학형 시대에 돌입하고 있다. 이러한 시대에 있어서 우리의 행형제도와 사상이 인도주의형 시대에 들어왔다가 미군정이 끝남으로서 오히려 주춤하고, 과학형 시대로의 발전이 정지되고 있는 현실이다. 이는 중대한 문제라 아니할 수 없다. 특히 전술한 바와 같이 범죄현상은 날이 갈수록 더욱 험악하여 가고 있는 것은 바로 범죄와의 투쟁에서 패배하고 있다는 명백한 증거라 할 수 있다. 그렇다면 우리는 오늘날 선진제국의 이상적인 행형제도와 사상을 관념적으로 또는 추상적으로 연구하는데 앞서서 우리의 현행 교정행정의 현황을 냉정하고 착실하게 고찰하여 그가 과연 어느 정도의 효과를 기대할 수 있는 것일까 또 그에 결함이나 미비점이 없는 가를 면밀히 검토해야 할 것이다. 현재의 교정행정조직은 정책결정과 집행을 담당하는 중앙기구로서의 법무부 교정국과 일선기관으로서 구치소, 교도소, 소년교도소 및 소년원이 있다. 교정행정의 중추는 교정국이며 교정국은 교정행정의 기획 및 감독기관으로서 교도소 및 소년원의 보안경비, 예산 및 기획업무의 실시와 연구, 시설의 개량, 수형자 및 원생의 교화 및 교육관리, 교도작업의 운영 및 직업훈련, 교정직원의 양성 및 배치와 교정시설 등 교정행정의 전반적인 업무를 지휘·감독한다. 여기서 한 가지 지적해야 할 것은 석방자를 수용

보호하고 관찰보호하며 귀주보호를 담당하는 갱생보호기구인 과가 없고 소수의 관리과 직원이 고유 업무 외에 갱생보호업무까지 담당하고 있는 것은 분업과 전문화의 원리에 어긋날 뿐만 아니라 갱생보호의 실효를 기할 수 없으므로 독립의 담당부서를 둘 것이 요청된다. 교정행정시설로는 1976년 12월 31일 현재 총 행형시설의 수는 42개소로서, 그 가운데 교도소 본소 24개소, 지소 1개소, 소년교도소 2개소, 구치소 3개소, 소년원 본원 10개소·분원 2개소 등이다. 그리고 일선 행형시설의 기구를 간단히 살펴보면, 구치소, 교도소 및 소년교도소의 조직 및 분과는 이들 시설의 대소에 따라 약간의 차이를 나타내고 있으며, 특히 대 시설은 부소장을 두고 있다. 구치소에는 서무·보안·출정·명적·접견영치·용도 및 의무과를 두고, 교도소에는 서무·보안·작업·용도·의무 및 교무과를 두어 교정행정의, 집행을 담당하고 있다. 이 밖에 교정 작업을 효율적으로 수행하기 위하여 각종 위원회를 일선 행형담당 기관에 두고 있다. 이에는 분류처우회의 지방급식관리위원회, 귀휴심사위원회, 가석방심사위원회 및 징벌위원회가 있다. 교정을 위한 교과교육은 수형자 중에 문맹자 및 교육과정을 이수하지 않은 자에 대해 수형자 교육과정을 제정하여 기본 교육과정인 공민과 교육과정인 교양과, 초등학교과정인 초등과를 두었고, 중·고등교육과정은 소년교도소에 중등과, 고등과를 두어 필요한 교육을 시행하고 있다. 그 밖에 수형자에 대하여 학교교육의 보장 및 종교교육을 위하여 통신교육을 실시하고 있으며, 자유가 제한되고 일반사회로부터 격리·구금되어 건전한 정서관념의 형성이 결여되기 쉬운 수형자들에 대하여 원만한 소 내 공동생활의 영위 및 교화목적의 원활한 달성과 출소 후의 사회적응을 위한 협동 정신의 배양, 체위의 향상, 명랑한 분위기 조성을 위하여 개별 또는 집단 활동에 의한 각종 정서교육이 실시되고 있다. 이밖에 교양지 또는 각 소단위의 소 내 신문을 발행하여 수형자의 사회복귀를 위한 준비를 담당하고 있으며, 수형자의 자발적인 지식개발과 정신수양을 위한 자기교육 수단으로서 도서의 열람을 권장하고, 열람도서의 허가범위를 규정하여 실시하고 있다.

0609 교류(transactions)

서로 영향을 주고, 변화시키는 두 실체 간의 상호교환을 말한다.

0610 교류분석(transactional analysis)

어떠한 자아 상태에서 인간관계가 교류되고 있는가를 분석하여 자기 통제를 돕는 심리요법의 하나이다. 번(Bern)에 의해 창시되었으며 정신분석의 언어적 재구성으로 평가된다. 부모, 어른, 아동의 자아상태에서 이루어지는 인격의 구조분석과 기능이론에 근거하지만 관찰 가능한 현실의 수준으로 분석하는 것이 다르다. 심리게임인 교류의 성립, 아동기의 부모자녀관계를 통해 정해지는 행동유형 등을 주요한 개념으로 한다.

0611 교보제대자(Teacher Reservists)

정교사 단기현역병제도에 의거 1년 재영 후 귀휴한 자를 말한다.

0612 교섭(bargaining)

지역사회 조직과 계획에서 파벌들 간에 타협과 공정한 교환을 할 수 있도록 여러 파벌 간의 합의를 이루기 위한 협상을 말한다. 이러한 협상에 수반되는 계획을 교섭전략이라 한다.

0613 교생실습(teaching practice)

교사가 되려고 하는 학생이 자기가 학교에서 배운 지식을 실제 경험을 통하여 익히고 연습하기 위하여 교사의 역할을 실제로 수행하는 것이다. 대개 교원양성 기관이나 대학에서 교직과의 이수과정으로서 일정기간 실무에 종사하여 관찰·참가·실습의 단계를 통하여 학습지도·생활지도·특별활동·교육과정 운영·학급경영 등 실제적 수련을 파악하게 함으로써 교직생활의 의미를 파악하고 교사로서의 지도능력을 배양하는 기회를 제공한다. 이러한 교생실습은 교직자로서 재직 중에 연수를 받음으로써 그 자질향상과 실제적 응용의 기회로 활용되는 현직연수(in-service training)와는 구별된다. 우리나라에서는 사범대학·교육대학, 또는 일반 대학에서 교직과정을 이수한 학생들이 학교현장에서 6~8주 정도 실습을 하는 경우가 많고, 다른 국가에서도 6주~6개월 또는 1년 정도의 실습기간을 가지는 나라도 있다.

0614 교수개발(instructional development)

효과적·효율적인 교수방법을 창안해내는 기술을 이해하고 개선하고 적용해보는 것이다. 「전문적인 활동」으로서의 교수개발은 설계자의 청사진으로부터 건물을 직접 짓는 것과 같다. 교수개발은 주어진 상황에서 교수방법을 창안해 내기 위한 최적의 절차를 처방하고 활용하는 과정이다. 전문적인 활동으로서의 교수개발의 결과는 마치 건물이 사용될 수 있는 만큼 지어진 것처럼 교수자료와 강의 노트 그리고 교수계획들이 활용될 수 있을 만큼 개발된 상태를 말한다. 동전의 이면과 같이, 「연구 분야」로서의 교수개발은 다양한 개발절차, 각 절차들 간의 최적의 조화(즉 전체모형), 그리고 그러한 개발모형들이 각각 적절히 적용될 수 있는 상황 등에 관한 지식을 산출해내는 데에 관심을 둔다. 최근에는 체제적 교수개발 모형들이 많이 제시되고 있는데, 그러한 예로는 딕과 커리(Dick & Carey)모형, 켐프(Kemp)모형, 유네스코 ISD 모형, IPISD 모형 등 다양하다. 현재까지 제시된 체제적 교수개발 모형들에서 공통적으로 고려하고 있는 것은 분석·설계·실행·평가·수정의 단계로 구성한다는 것이다. 분석단계에서는 수업을 위한 결정적 요구 조건을 알아보고자 요구분석을 한다. 설계단계에서는 학습체제의 개요를 정리한다. 실행단계와 평가단계에서는 물리적 환경을 구비하고 교사를 훈련시키며, 소규모 현장적용 및 대규모 현장적용을 실시한다. 그리고 현장적용과정에서 발견된 문제점들을 수정·보완한다. 체제적 교수개발의 효과성은 다양한 학습자와 다양한 상황에서의 실증적 연구를 통하여 입증된 바 있고, 교육의 질적 고양을 위한 접근방법임이 밝혀졌다.

0615 교수 단계설(formal steps in teaching)

교육 목표는 올바른 교수에 의해서 달성되어야 한다고 보고, 이를 위해 심리학적 계열 또는 교과 내용의 논리적 계열을 고려하여 교수는 단계적으로 이루어져야 한다는 입장이다. 헤르바르트(Herbart, 1776~1841)의 교수 단계설이 가장 대표적인 예이다. 헤르바르트는 교육의 주요 목적을 도덕적 품성을 기르는 데에 두고, 교수의 과정은 학생들이 흥미를 가지고 정신을 집중할 수 있도록 구성되어야 하며(정신집중 원리), 그러기 위해서는 모든 교수 내용들이 통일성 있게 하나로 상호 연계되어야 한다고 생각했다(연계성의 원리). 이러한 입장을 그의 추종자들이 발전시켜, 준비 – 제시 – 연상 – 일반화 – 적용의 5단계 교수 단계설을 제안하였다. 헤르바르트의 교수 단계설은 교수의 과정을 하나의 구조로 체계화한 것으로서 교수 이론과 실제에 있어서 뿐만 아니라 교육 과정의 내용 선정, 자료의 위계화, 내용의 조직 방법에 대해서도 많은 영향을 주었다. 손다이크(Thorndike)의 과학적 학습심리의 발달로 헤르바르트의 형식적 교수 단계설은 1950년도 이후 퇴조하였지만, 교수방법의 이론과 실제에서 중요한 영향을 남겼다. 단계별 명칭은 다르지만 단원 학습법을 제창한 모르슨(Morrisom)도 헤르바르트와 유사한 교수 단계를 설정한 바 있다. 행동주의의 영향을 받은 체제적 접근의 입장에서 제안된 다양한 수업 절차 모형들에서 흔히 볼 수 있는 진단평가 – 수업전개 – 형성평가 – 심화학습 – 총괄평가와 같은 절차 또는 도입 – 전개 – 정리와 같은 수업의 절차에 관한 아이디어들은 헤르바르트의 교수 단계설과 상응하는 부분이 많은 것이다.

0616 교수설계(instructional design)

교수활동의 전개과정을 최적의 조건으로 구성함으로써 교수효과를 증진시켜 보려는 교수계획의 수립활동을 말한다. 교수설계란 교수의 과정을 이해하고 개선하려는데 그 목적을 두고 있으며, 특히 학습자의 요구와 교수목표를 분석하고, 그러한 요구와 교수목표를 효과적·효율적으로 성취시킬 수 있도록, 수업관련 변인 및 요소들을 체계적으로 조직·운영하며 또한 적절한 교수방법을 처방해주기 위한 교수계획을 수립하는 과정이다. 즉 교수설계는 교사 특성·학생특성·교과내용 특성·물리적 환경특성·심리적 환경특성·교수방법의 유형 등 다양한 변인들이 유기적으로 상호작용할 수 있도록 구성함으로써 기대하는 교육성취를 효과적·효율적으로 달성시키려는 체제적 접근과정이다. 교수설계는 학업성취를 증진시키기 위하여 교수과정 또는 교수활동과 관련된 제반 사태들을 기술·설명·처방·예언하는데 관심을 둔다. 수업과 관련된 제반 사태들을 얼마나 총체적으로 충실하게 고려하고 있느냐에 따라서 교수설계의 목적은 이루어질 수도 있고 그렇지 않을 수도 있다. 그러므로 교수설계의 목적을 성취시키려면「교수의 체제적 설계」또는「교수개발」의 원리와 기법을 알아야만 한다. 이들의 내용에 관해서는 해당 용어를 찾아보기 바란다. 교수설계의 목적을 살펴보면 다음과 같다. 첫째, 체제적 접근의 특성인 문제해결과정과 피이드백(feed back) 과정을 통하여 학습활동과 교수활동을 개선시키고자 한다. 둘째, 체제적 접근의 특성이라고 할 수 있는 심사감독 기능과 통제기능을 통하여 교수설계 및 교수개발의 과정에 대한 관리를 개선시키고자 한다. 셋째, 교수사태와 관련된 구성요소들과 교수사태의 계열성에 따라서 평과 과정을 개선시키려고 한다. 넷째, 교수력과 학습력을 증진시키기 위하여 학습자들의 개인차를 최대한으로 고려한 수업을 제공하려고 한다. 끝으로 교수설계에서는 새롭게 연구·개발되고 있는 수업프로그램, 소프트웨어, 코스웨어, 교수매체, 첨단 교수공학 매체 등을 교수 – 학습과정에 적극적으로 활용하고자 한다. 교수설계에서 고려해야만 하는 점들은 다음과 같다. 첫째, 학습자 개개인의 학습이 활성화되도록 도와주는 일에 초점을 두어야 한다. 둘째, 단기 교수계획과 장기 교수계획을 각각 별도의 작업으로 수립해야 한다. 셋째, 체계적 교수설계의 원리를 따라야 하며 체제적 접근에 의하여 행해져야 한다. 끝으로 인간이 여하히 학습하게 되는가에 관한 지식에 기초를 두어야 한다.

0617 교우도식(sociogram)

미국의 정신과 의사인 모레노(Moreno, J. L.)가 인간관계상황을 측정하기 위한 방법으로 소시오메트리(sociometry)를 창안했다. 소시오그램은 소시오메트리로 얻은 집단의 인간관계와 결부되는 상황을 선을 그어 도식화한 것이다. 이것은 집단 내의 호감 또는 반감을 사는 리더쉽의 유형이나 소그룹의 상황 등 내면적인 인간관계를 쉽게 이해하는데 사용된다.

0618 교원(Teaching Staff)

사립학교법 제54조의 규정에 의하여 그 임명에 관해 관할 관청에 보고된 자를 말한다.

0619 교육가능한(educable)

배움에 대한, 특히 정식교육과 기본생존 기술에 대한 가능성을 갖는 것을 말한다. 전문가들은 흔히 그 지체도가 어떤 사회적 또는 학문적 기능을 배우는 것을 가로막고 있지 않은 정신적 지체부자유자를 지칭하는데 이 말을 사용한다.

0620 교육계획(educational planning)
국가수준에서의 미래의 교육활동에 대한 일련의 결정을 준비하는 과정, 즉 교육과 정치·경제·사회·문화 등의 여러 영역과의 관계 속에서 미래의 교육의 목표와 수단을 결정하는 연구 활동을 말한다. 교육계획은 1960년대의 저개발 국가를 중심으로 국가발전과 경제성장을 위한 교육의 역할을 규정하고 그 기능을 계획하는 일에서 출발되었다. 교육계획은 계획기간에 따라 장기계획과 중기계획으로 구분되기도 한다. 교육계획의 접근 방법으로, ① 교육에 대한 사회의 개인적 욕구를 파악·충족시키려는 사회수요 접근(social demand approach) ② 인력수요와 공급 간의 불균형을 완화하려는 인력수요 접근(manpower requirement approach) ③ 교육투자의 효율성을 높이기 위한 투자수익률 접근(rate of return approach) 등으로 나눌 수 있다.

0621 교육과정(curriculum)
일정한 교육기관에서 교육의 모든 과정을 마칠 때까지 요구되는 교육목표, 교육내용, 그리고 그 내용을 학습하기에 필요한 연한과 연한 내에 있어서의 학습시간 배당을 포함한 교육의 전체 계획이다. 바꾸어 말하면 학교의 교육목적을 달성하기 위하여 선택한 문화 또는 생활경험을 교육적인 관점에서 편성하고 그들 학습활동이 언제, 어디서, 어떻게 행해질 것인가를 종합적으로 묶은 교육의 전체 계획이라 할 수 있다. 그러므로 종전에 사용하던 교과과정, 또는 학과과정과는 엄연히 그 뜻을 달리하게 된다. 즉 교과과정이란 학교의 지도하에 이루어지는 교과학습의 영역을 뜻하는 것임에 반하여, 교육과정은 학교의 지도하에 이루어지는 교과학습 및 생활영역의 총체를 뜻하게 된다.

0622 교육과정 개발(curriculum development)
새로운 교육과정안(案)을 만들어 내는 것을 말한다. 이는 새로운 철학이나 관점 하에서 교육과정의 성격, 기초, 구성, 전개, 평가 등의 전반에 미치는 새로운 안을 개발해내는 것과 기성안 가운데서 어느 특정 부분, 예컨대 평가영역 또는 평가 영역 중의 일부분에 한하여 새로 개발한 것으로 대체하는 것의 두 가지로 구분된다. 전자는 대개 특정연구 팀이 조직되어 일정기간 동안 원안입안 → 적용 → 원안수정의 과정을 거쳐서 개발된다. BSCS(biological science curriculum study)안은 그 대표적인 예이다. 후자는 개발된 안을 교육현장에서 계속 활용하는 과정에서 부분적인 문제점들이 야기되어 그런 문제점들을 해결하려고 할 때 나타난다. PSSC(physical science study committee)안에 대해 몇 년 간격으로 부분적인 수정을 가한 것은 그 예의 하나이다.

0623 교육과정 구성
(curriculum construction/curriculum-making)
설정된 일반적인 교육목표를 달성하기 위해, 교육목표를 구체적인 것으로 세목화하고 학습내용 및 경험을 선정, 조직하는 것을 말한다. 여기에는 일반 교육목표의 분석에 의한 구체적 목표의 진술, 영역(scope)과 계열(sequence)의 설정, 학습내용 및 경험의 선정과 조직, 단원의 구성 등을 행하는 작업이 수반된다. 구성된 교육과정을 일반적으로 사회, 학습자, 지식 중에서 어느 것에 중점을 두고 있으며, 목표, 영역, 계열, 학습내용, 경험의 조직형태, 단원이라는 여러 요소들이 어떤 관계를 맺고 있느냐에 따라 그 특징이 나타나게 된다. 이런 구성은 교육과정의 전개 및 평가보다 그 작업이 선행되며, 교육과정안(案)을 개발하기 위해서 조직된 여러 위원회 가운데 구성위원회가 주체적 역할을 수행하게 된다.

0624 교육과정 설계(curriculum design)
하나의 교육과정을 새로이 만들기 위해 이에 관련되는 제 자원을 고려하여 교육의 목표를 설정하고, 이 목표를 달성하기 위해 적절한 내용을 선정, 조직하며, 이의 교육을 도울 단원을 조직하는 등의 일련의 체계적 작업. 교육과정 설계의 과정은 교육과정 이론이나 교육과정 유형에 따라 다른 모양으로 전개된다.

0625 교육과정 평가(curriculum evaluation)
제정된 교육과정의 질 또는 효과의 평가를 말한다. 일정한 교육과정을 평가하는데는 교육과정 체계의 내용적, 논리적 일관성이나 통합성을 평가하는 방법이 있는가 하면 외부적 기준에 입각해서 평가하는 방법이 있다. 즉 교육의 목표 또는 국가적인 이념의 실천에 해당 교육과정이 얼마나 공헌하고 있는가를 경험적으로 평가하는 것이다. 평가기간의 측면에서 보면 단기적 평가와 장기적인 평가가 있다. 학교의 교육과정은 학교의 제도적 성격 때문에 최소한 3년(중학교나 고교) 또는 6년(초등학교) 간의 교육을 행한 후라야 그 평가가 가능하다는 특징을 보인다. 또 다른 측면에서는 한 교육과정의 운영을 위해 투입되는 변인에 대한 분석을 통한 평가가 있다.

0626 교육권
헌법 제31조에 의해 보장된 사회권의 하나로 국민이 교육을 받을 권리를 말할 때와 교육내용의 결정 및 실시의 권한을 일컬을 경우도 있다. 전자는 아이들이 보유하는 능력을 전개, 발전시키고 그 능력을 창출시키기 위해 교육을 보장하는 권리를 말하며 학습권이라고도 할 수 있다. 한편 국가의 책임에 의한 교육기능이라 할 수 있는 것은 이 권리보장과 대응한다.

0627 교육목적(educational goals · purpose)
① 교육의 여러 가지 조건을 고려하면서 교육을 성취하려고 하는 궁극적인 표적. ② 교육목표와 동의어로 사용하는 경우로서 교육을 통해 성취하려는 구체적인 지향점. 그 미래성과 가치성을 보다 강조하는 경우에는 교육의 이상이라고

도 표현된다. 교육에 관한 모든 활동, 조직이라든가 운영은 모두가 무엇인가의 목적을 향해 유도된다. 교육내용·방법은 말할 것도 없고 학교제도·교육행정·교육재정 등도 모두 교육목적을 능률적이며 효율적으로 달성하기 위해서 계획, 실시되는 것이다. 우리는 흔히 교육목적·교육목표라는 용어를 사용하고 있는데 목적의 개념은 목표보다 넓고 포괄적으로 사용된다. 교육목적은 다분히 추상적·개념적인 성격을 띠는 것임에 반하여 교육목표는 목적을 이루기 위한 구체적인 내용을 이루게 된다. 그러나 어떤 교육목적인가를 불문하고 교육이 추구하는 가치관을 기반으로 성립되는 것이므로 이상적인 인간상으로 구체화되는데, 가치관은 시대나 장소에 따라 또 논자에 따라 다르므로 교육목적도 다양하게 진술되는 경우가 많다.

0628 교육방법(instructional method)

교육목적을 달성하기 위하여 준비된 교육내용을 구체적으로 실천하는 방식이다. 어떻게 가르칠 것인가에 해당하는 개념이다. 종래의 교육방법은 교수·양호·훈련을 뜻하였는데, 근래에는 주로 학습지도 및 생활지도의 영역으로 나누어 생각한다. 학교생활의 주종을 이루고 있는 학습지도 및 생활지도 이외에 교육과정은 물론이요 학급경영방법의 기본적 원리, 시청각적 방법까지 포함하여 광범위하게 해석하기도 한다. 교육방법은 다양하고 다채롭게 연구 개발되고 있으나 아직 하나의 학문적인 체계는 수립되어 있지 않으며, 인간의 신체적·정신적인 구조가 복잡한 만큼이나 교육방법도 일정한 개념으로 규정지을 수는 없다. 왜냐하면 공장에서 물품을 생산하거나 농장에서 농산물을 재배하듯 일정하고 기계적인 방법은 있을 수 없기 때문이다.

0629 교육법

1949년 법률 86호로 제정되어 1991년 법률 4347호로 개정되었다. 제정목적은 모든 국민으로 하여금 인격을 완성하고 자주적 생활능력과 공민으로서의 자질을 보유하게 하여 민주국가발전에 봉사하며, 인류 공영의 이상실현에 기여하게 하기 위함이다.

0630 교육보호

교육보호는 보호대상자에게 수업료 혹은 교육에 필요한 기타 보조를 위해 보호금품을 지원하는 것으로 피보호자의 친권자나 후견인 및 본인이나 피보호자가 재학하고 있는 학교장에게 현금 또는 현물로 지급한다. 특히 사회복지시설의 수용아동에 대한 교육비 지원이나 영세민의 자활지원을 위한 영세민자녀의 교육보호는 수업료 전액과 학용품비를 지급하고 있다.

0641 교육부조

생활보장법에 의한 보호의 일종으로 곤궁한 국민으로 당연히 받아야 할 최저의 교육을 받을 수 없는 자를 대상으로 한다. 부조의 범위는 의무교육에 필요한 교과서 기타 학용품, 통학용품, 학교급식 등에 한정하여 원칙적으로 금전급여로 행해진다. 오늘날 비용의 자기지불과 자립효과를 요건으로 동일세대 내에서 고등학교에의 통학이 인정되었다. 그러나 교육부조의 수준이 낮기 때문에 실제로는 요보호아동의 건전발달을 충분히 보장하지 못하는 면도 있다.

0632 교육실습(student teaching)

교사양성 과정에서 배운 교육 이론과 방법을 적용하고 정렬하고 재구성하도록 도와주기 위해 예비 교사들에게 의도적으로 제공되는 일련의 전문적인 경험을 말한다. 이것은 교사 교육 프로그램 중에서 가장 핵심적인 과정으로 인식되고 있다. 중세의 도제 제도의 형태를 벗어나지 못하고 있다는 비판을 받고는 있지만, 현대적인 테크놀로지와 관련 분야의 연구결과들에 기반을 두고, 보다 체계화되는 추세에 있다. 자이크너(K. M. Zeichner)는 교육실습에 대한 접근법을 4가지로 구분한다. 학생의 교육에 관한 구체적이고 가시적인 기능의 개발을 강조하는 행동주의적 접근법, 교육실습생의 심리적 성숙도 향상을 강조하는 개인적 접근법, 교육실습을 가르치는 일에 관한 도제 훈련으로 보는 전통적 기예적 접근법, 가르치는 일과 그것이 일어나는 상황에 대한 탐구력을 강조하는 탐구 지향적 접근법 등이 그것이다. 우리나라에서는 교육대학과 사범대학에서 초등학교 교사 혹은 중등교사 양성 교육을 받는 학생 그리고 일반 대학 학생으로서 교사자격 취득 희망자들에게 제공되는 교직과정을 이수하는 학생들은 교육실습을 필하도록 되어 있다. 교육 대학 학생의 교육실습은 3학년의 참관 실습 2주 그리고 4학년의 수업 실습 4주 및 실무 실습 2주 등 총 8주간 4학점으로 편성, 운영된다. 사범대학과 교직과정에서는 4학년 때 4주가 교육실습이 이루어지며 2학점으로 편성되어 있다. 교사양성 교육과정에서 교육실습이 차지하는 중요성에 비해 그 기간과 배당학점이 부족하고 운영 또한 비체계적이고 형식적이라는 비판을 받고 있다.

0633 교육심리학(educational psychology)

교육의 실천에 효과있는 심리학의 제 분야를 종합해 조직화하는 학문체계이며 발달(아동심리, 청년심리), 인격, 학습, 적응, 집단, 측정 등의 영역이 포함된다. 최근에는 프로그램학습 등의 기법개발, 원업분석을 통해서 교육과정의 과학화 등의 경향도 나타나고 있다.

0634 교육위원회

교육위원회라 함은, 교육의 전문성과 지방교육의 특수성을 살리기 위하여 교육·학예에 관한 사무의 집행기관으로서 서울특별시·직할시·도에 설치한 합의제 행정기관을 말한다. 여기서 교육·학예에 관한 사무라 함은, 교육·과학·기술·학예·체육·출판 기타 학예행정사무를 말한다. 교육위원회는 교육·학예에 관해 당해지방 자치단체를 대표하며, 서울특별시와 광역시에 있어서는 대통령령이 정하는 바에 따라 교육위원회의 하급보행기관을 둘 수 있다. 교육위원회는 당해 지방의회에서 선출하는 5인의 위원(선출위원이라 한다)과 당해 지방자치단체의 장 및 교육감(당연직위원이라 한다)으로서 조직되며, 선출위원의 선출에 관한 필요한 사항은 대통령령으로 정한다. 선출위원의 임기는 4년으로 하되, 중임할 수 있다.

0635 교육이념(ideals of education)
교육목적 및 목표의 원천이 되는 교육적 성과에 대한 이상적 관념을 말한다. 듀이(J. Dewey)는 이념(ideals)이란 "존재의 선결적인 조건들을 구체적으로 재구성하는데 영향을 주는 예견적 계획 및 구상"이라고 하였으며, 오천석(吳天錫)은 교육이념은 교육의 "지향할 바"라고 규정하고 다음과 같은 조건들을 갖춰야 한다고 주장한다. ① 포괄성 : 교육이념은 반드시 대소개념을 모순 없이 포함하는 총괄적인 것이 되지 않으면 안된다. ② 보편성 : 어느 일부분에만 반영, 실천될 수 있는 것이라면 이것은 교육이념으로서는 부적당하다. ③ 기본성 : 모든 교육 활동을 정당화하는 근거가 되어야 한다는 것이다. ④ 일관성 : 온갖 교육활동은 이념에 의거한 원리로 운영되기 때문에 그들 사이에 모순이 있을 수 없으며 시간과 장소에 따라 변하지 않는다. ⑤ 지속성 : 이성작용에 의하여 도달된 교육이념은 설혹 절대성은 없더라도 비교적 장기간 계속된다. ⑥ 긍정성 : 어느 사상을 막론하고 그것이 확고한 기초에 놓여지고 항구성을 지니려면 부정적인 것보다 긍정적인 것이 바람직하다. 한편 정범모(鄭範謨)는 이념의 수준을 단계적으로 고려하여 표언명문한 수준의 이념, 논의수준의 이념, 합의 수준의 이념, 토착문화 수준의 이념 등으로 설명하고 있다. 교육법 제1조에 우리나라의 교육이념은 「홍익인간」임을 명시해 놓고 있다. → 교육목적

0636 교육자 역할(educator role)
사회사업에서 클라이언트에게 필요한 적응기술을 가르치는 책임을 말한다. 이는 클라이언트가 이해할 수 있도록 적절한 정보를 마련함으로써, 충고와 제안을 제시함으로서, 선택의 대안과 그 가능한 결과를 구별하게 함으로써, 행동의 모형을 만듦으로써, 문제해결 기술을 가르치고 인식지각을 분명히 함으로서 이루어진다. 다른 사회사업역할에는 촉진자 역할, 조정자 역할과 동원자 역할이 있다.

0637 교육적 재활(educational rehabilitation) 01
1959년 유엔총회에서 채택된 아동권리선언 제5조에 신체적, 정신적 또는 사회적으로 장애가 있는 아동은 그 특수한 치료, 교육 그리고 보호를 하지 않으면 안된다고 규정했다. 이것을 실현하기 위해서 행해지는 것이 교육적 재활이다. 우리가 특수교육이라 부르는 것과 거의 같은 의미이다. 이를 위해서는 가족, 학교, 사회 등의 관심과 전문가 양성 등의 과제해결이 요구된다.

0638 교육적 재활 02
장애인 재활사업의 한 분야로 장애인에 대한 교육을 효과적으로 실시하므로 장애인의 사회인으로서 삶을 살아갈 수 있도록 함이 교육재활이다. 1959년 국제연합총회에서 채택된 아동권리선언 제5조에 신체적, 정신적 또는 사회적으로 장애가 있는 아동에게 특수한 치료, 교육 및 보호를 부여하지 않으면 안된다고 규정하여 세계 각국의 특수교육발전에 힘이 되고 있다. 우리나라는 1977년도에 특수교육진흥법의 제정으로 심신장애아동들의 특수교육을 중심으로 특수학교에서의 침구, 물리치료 등의 의료적 치료를 병행하면서 점자도서관 운영, 직업기술 훈련 등을 동시에 실시하므로 통합적 재활이 되도록 하고 있다. 교육적 재활의 중심영역인 특수교육의 대상은 시각장애인, 청각장애인, 언어장애인, 기타 심신 장애인이며, 이들을 위한 교육기관은 특수학교와 특수학급이다. 교육적 재활에 있어서 전문종사자는 4년제 대학 특수교육학과를 졸업한 특수교사를 비롯한 특수교육요원, 교육카운슬러, 사회교육지도자, 레크레이션 사회사업가이며, 이의 전문가 양성이 중요한 과제가 된다.

0639 교육지표(educational indicators)
삶의 여건·질, 사회변동의 상황과 정도를 체계적으로 파악하기 위한 사회지표의 일부이다. 1960년대 중반부터 지표의 체계화와 측정연구가 시작되었다. 사회지표가 사회의 복지향상을 위한 산출 혹은 결과에 대한 측정치가 되어야 한다는 입장과, 사회의 삶의 질에 대한 심층적인 보고(social reporting)에 관한 모든 것이 되어야 한다는 두 입장이 있듯이, 교육지표도 ① 사회의 복지향상을 위한 교육적 노력의 결과에 대한 측정치와, ② 복지향상에 관련된 교육위상황에 관한 모든 정보로 규정하는 입장이 있다. 전자에 속하는 교육지표는 주로 교육에 관한 성과와 노력을 표시하는 통계치가 주가 되며, 후자의 경우에는 모든 양적·질적인 정보들이 교육지표로 규정된다. 경제협력 개발기구(OECD)에서 제안하는 교육지표는 목표에 따른 노력과 성과의 정도를 측정하는 것을 지표로 삼고, ① 지식과 기술의 전달 ② 교육과 경제의 관계 ③ 기회의 균등성 ④ 개인의 교육욕구의 충족 ⑤ 교육과 삶의 조건·질 등의 영역에서 교육의 지표를 체계화하고 그 측정방법을 논의하고 있다.

0640 교육평가(educational evaluation)
교육목적의 달성도에 관한 증거 및 교육목적의 달성에 영향을 미치는 변인에 관한 증거를 수집하고 그에 대해 교육적 의사결정을 내리는 과정이다. 교육평가 과정에서 가장 핵

ㄱ

심이 되는 것은 교육목표의 달성에 관한 의사결정으로서의 성적평가· 태도 평가· 신체운동 평가 등이지만, 이에 못지 않게 이 같은 목표달성에 영향을 미치는 교육과정 평가· 교수평가· 학교평가· 환경평가도 중요한 문제로 다루어진다. 교육평가를 위해 사용되는 방법은 필답검사· 표준화검사· 질문지· 관찰· 면접· 평정법· 각종 심리검사 등이 있으며, 이러한 도구는 타당도· 신뢰도· 객관도를 갖추어야 하는 것이 필요조건이다.

0641 교육행정

교육행정이라 함은, 국가 또는 지방자치단체가 교육의 목적을 달성하기 위하여 행하는 행정을 말한다. 교육은 본래 국가고유의 사업은 아니었으나, 현대국가에 있어서는 가장 중요한 국가사업의 하나로 되어 있어, 교육행정은 행정 중에서도 중요한 내부행정의 일부를 차지하게 되었다. 헌법은 교육의 자주성· 전문성 및 정치적 중립성 보장을 선언하고, 교육법에서 국가와 지방자치 단체는 교육의 자주성을 확보하며, 공정한 민의에 따라 각기 실정에 맞는 교육 행정을 하기 위하여 필요 적절한 기구와 시책을 수립· 실시해야 한다고 규정하여 교육행정의 대강을 정하고 있다. 교육 행정의 내용은 교육의 목적을 달성하기 위하여 필요한 조건, 즉 교육행정조직, 교육시설· 교직원에 관한 제도를 확립하는 것이다. 교육행정의 민주화, 지방분권화의 경향에 따라 국가사무이었던 교육행정 이 광범하게 지방자치단체에 이권되어 있다. 교육행정기관으로는 국가의 중앙기관으로 교육부장관이 있고, 지방자치단체의 기관으로서 특별시, 광역시, 도와 시, 군에 교육위원회 및 교육장이 있다.

0642 교육형주의

형벌은 피해법익의 경중에 의해 결정하는 응보형 주의인데 반해 교육형 주의는 형벌을 과하는 목적은 범죄인의 갱생이나 사회복귀를 위한 교육에 있다고 주장하는 주의다. 목적형주의의 하나이며 일벌백계적인 일반처우에 대해 인도주의적, 복지적인 관점에서 범죄인의 특성에 따른 특별예방의 입장에 서며 부정기형, 누진처우의 도입 등을 주장한다. 독일의 리프만 등에 의해 주장되었다.

0643 교의([희]·[라]·[영] dogma)

교리라고 한다. ① 카톨릭 교회가 초자연적인 계시에 근거하는 종교적 진리로서 정식으로 인정한 것이다. 불변의 진리로 인정되고, 신도는 무조건적으로 그것을 승인하지 않으면 안 된다. ② 프로테스탄트 교회에서는 위의 의미에서의 교의는 존재하지 않지만, 성서나 교회의 최고의 신앙 고백에 의거하여 교의를 조직하는 경우도 있다. ③ 일반적으로 기성의 종교에서 진리로 공인되고 있는 신앙 내용. → 독단론

0644 교정(corrections) 01

투옥 또는 집행유예, 보호관찰 그리고 이상적으로는 교육 프로그램과 사회서비스를 통해 형을 선고받은 법위반자들의 행동을 변화하거나 개선하기 위해 노력하는 전문적인 특수 분야이다. → 교정복지

0645 교정 02

교정은 소년원· 교도소와 같은 기관에서 갱생을 목적으로 환경조절과 심리요법에 의한 사회적 치료를 행하는 기능을 말한다. 이러한 기능을 주로 교정시설에서 사회사업가가 행하고 있는데 그 주요 역할은 ① 피조자의 사회관계를 전체적으로 조사하여 지도와 감독을 행하고 ② 법률이 정하는 범위에서 자기 결정의 권리로서 교정대상자를 다루고 생활적응의 교육을 행하며 ③ 교정 과정에 있어서 피조자의 행동을 규제하여 치료하도록 하며 ④ 피조자의 생활에 책임이 있는 개인· 집단· 기관을 움직여서 그의 자원을 활용하여 조정을 꾀하고 ⑤ 피조자의 가치관에 영향을 미치는 문화유형을 변용, 조정하는 것이라 말할 수 있다.

0646 교정교육

교정의 임무를 「수형자를 격리하여 교정· 교화하며 건전한 국민사상과 근로정신을 함양하고 기술교육을 실시하여 사회에 복귀시키는 것」을 의미한다. 교정교육에는 지식의 개발을 위한 학과교육과 국가가 요구하는 산업역군을 양성하기 위하여 기술연마를 위한 직업훈련과 새로운 가치관 정립을 위한 전인교육으로서 정서생활의 순화와 생활지도가 있다. 이러한 교정교육을 실시하고 있음에도 불구하고 출소자가 갱생의 길을 걷지 못하고 재범의 늪에 빠지고 있는 요인은 교정행정에도 문제가 있지만, 출소자가 상당기간 사회와 격리됨으로서 사회현실에 대한 지식이 부족하고 사회적응력이 불완전하여 사회적 이단자로 규정되어 사회적 적응을 포기 또는 게을리 하는데도 있다. 그렇지만 출소자를 받아들여야 할 사회가 그들을 전과자로 낙인을 찍어 거부하는 자세에 문제가 있다. 특히 소년범에 대한 교정교육은 성년과 달리 특별한 노력을 경주해야 하는데, 비행소년의 그릇된 성격과 품성을 교정하고 성장기에 있는 소년들의 심신을 건전하게 육성함과 아울러 자주적 생활능력과 국민적 자질을 배양하는데 목적을 두어야 한다. 이를 구체적으로 실현하기 위하여 애국· 애족과 향토애를 고취하고, 준법정신과 도의심을 배양하며, 근로정신과 자주정신을 배양한다. 그리고 정서순화와 신체단련 및 체위의 향상을 방침으로 교과교육 또는 직업훈련과 생활지도 특별활동을 통한 비행성의 치료로 과거의 훈계적이고 징계적이던 방법을 벗어나 소년보호정신에 입각한 인격치료로 소년원생들이 건전한 청소년으로 사회복귀를 할 수 있는 능력을 배양시키는데 중점을 두어야 한다.

0647 교정누진처우제도

교도소 내의 수형자에 대한 처우에 있어 그 처우의 단계를

여러 단계로 나누고 각 단계에서의 수형성적에 따라 1계급씩 승급 또는 강등케 하는 방법으로 그 처우효과를 증진시키고자 하는 제도를 가리킨다. 이때 각 단계에서의 처우조건을 서로 다르게 규정함으로써 교도소 측의 처우시책에 적극 호응하게 하고, 교정행정의 효과를 증진시키고자 하는 것이 이 제도의 기본이념이다. 간단히 누진제 또는 누진처우제라고도 불린 이 제도는 1840년경 영국의 식민지이며 유형지였던 호주의 노오크섬 교도소에서 처음 실시되었다.

0648 교정정신의학(orthopsychiatry)
초기 아동기부터의 정신건강 발달, 정신질환 예방 및 소아 정신장애 치료 등을 강조하는 다학문적 분야이다.

0649 교정제도심의위원회
대통령령 제3784호로 제정 공포된 교정제도심의위원회 규정에 의하여 설치된 법무부장관의 자문에 응하는 기구로서, 교정제도 및 교정행정의 개선 및 운영에 관한 사항을 심의·건의한다. 동 위원회는 법무부차관을 위원장으로 교정국장을 부위원장으로 하여 변호사, 대학의 법률학 및 행정학 교수, 문화·종교·언론단체의 간부 기타 교정행정에 관한 경험과 학식이 풍부한 자 중에서 법무부장관이 임명 또는 위촉하는 위원으로 구성하도록 되어 있다.

0650 교조주의([영] dogmatism [독] Dogmatismus)
맑스주의의 용어이다. 경험주의와 함께 주관주의의 일종. 일반적으로 맑스주의의 고전적 문헌 속에 기술되어 있는 것을 불변의 교조(도그마)와 같이 생각하여, 맑스의 이론을 과학적으로 발전하는 것으로 보지 않고, 또 맑스나 레닌의 하나하나의 말을 때와 조건을 가리지 않고 어디에서나 적용시키는 태도를 말한다.

0651 교차계획(inter-sectoral planning)
포괄적인 방법으로 문제나 집단을 조사하기 위하여 사회사업 기획가들이 하는 시도이다. 이것은 한 가지 문제에 노력을 집중시키는 단일문제기구들 간의 노력을 통합하고 조화시키는 것을 가능하게 한다. 예를 들면, 관련분야별 기획은 복지협의회와 지역사회 행동기구와 인적자원위원회에서 이루어진다.

0652 교차표(cross-tabulation)
표를 사용하여 두 개의 변수 사이의 결합관계를 평가하는 방법이다.

0653 교통·통신서비스
거택 병약 노인은 지역사회나 이웃으로부터 고립되기 쉬우므로 이를 방지하고 의사교환의 필요를 충족시키기 위해 노인 가정에 전화를 설치하여 사회복지전문위원이나 자원봉사자와 정기적으로 전화를 교환하는 서비스를 말한다.

0654 교호사업
부랑행위를 한 아동 또는 우려되는 아동을 입원시켜 교육, 보호를 하는 아동복지사업, 감화사업을 원류로 한다. 생활지도, 학과지도, 직업 지도를 포함한 시설 내 처우이며 소년법의 보호처분의 하나이다. 여기에서 아동지도를 하는 전문직원을 교호라 하며 아동의 보호를 맞는 여자직원을 교모라 한다. 교호, 교모 중 적어도 한사람은 아동과 기거를 같이하게 되어 있다. 퇴소아동에 있어서는 아동의 사회생활에의 적응을 용이하게 하기 위하여 퇴소 후 대개 1년 기간 내에 아동의 방문지도, 고용주의 협력촉진 등 사후서비스사업도 실시되어 왔다.

0655 교호시설
아동복지법에 의한 아동복지시설의 일종으로 불량행위를 하거나 우려가 있는 아동을 입원시켜 교육과 보호를 하는 시설을 말한다. 입원조치는 시·도지사의 위임을 받은 아동상담소장이 담당한다. 직원으로는 교호와 교모가 설치되어져 있다. 교육 즉 학과지도는 지역학교가 아닌 시설 내에서 행해져 양호시설 등과는 구분된다.

0656 교호작용
([영] reciprocal action [독] Wechselwirkung)
상호작용이라고도 한다. 사물이 서로 원인도 되고 결과도 되어, 서로 작용하는 일을 말한다. 역학에서의 작용과 반작용, 생물체에서의 제 기능의 교호작용, 사회 현상에서의 토대와 상부구조와의 교호작용 등은 그 현저한 예인데, 우주 속의 사물은 모두 서로 관련하고 제약하고, 교호작용의 관계에 있다. 개개의 현상을 이해하기 위해서는, 그것들을 보편적인 연관으로부터 고립시켜서 관찰할 필요가 있는데, 이 경우에 교대하고 변전하는 현상의 한 쪽이 원인, 다른 쪽이 결과로서 나타난다.

0657 교화
가르치며 감화시킨다는 뜻이다. 위정자로서 깊게 유의해야 할 일이며 서민교육의 보급으로 도덕을 가르치고 학업을 가르치는 것이다. 또 문고의 설치, 효행, 우애를 권하는 등 유교정신의 고취와 선행을 행한다. 상부상조의 인보정신을 우선으로 하는 구빈 행정 하에 개인 또는 집단을 교화해 향상시키는 사회교화사업도 출현했다.

0658 구개열
구개열이란 발어기관의 일부인 구개가 전후방향으로 찢어진 선천성 기형이다. 일반적으로 말하는 언청이다. 그 결과 들어 마시는 공기가 코로 빠지기 때문에 비강공명과잉이 되어 파열음, 마찰음, 파찰음 등의 발음에 필요한 구강내압을 만들 수 없게 된다. 다시 말하면 구개열에 따른 언어장애는 개비성과 이상구음(잘못된 구음조작이 습관화된 것으로 성문파열음, 인두마찰음, 인두파열음 등이 있다)을 2대 특징으로 하고 있다. 그러나 1세에서 1세 6개월 사이에 구개열의 폐쇄수술을 행하면 당초부터 정상언어를 얻을 확률이 높다. 또 언어장애가 생긴 경우에도 적절한 언어치료에 의해 치유하는 예가 많다.

0659 구루병(rickets)

비타민 D의 결핍으로 발생하는 병으로서 아동들이 이 병에 걸리면 뼈가 약해지고, 연골이 확장되며, O형 다리와 가슴과 골반의 기형이 나타난다. 우유에 있는 비타민 D의 섭취와 비타민 강화제의 사용으로 구루병의 예방은 미국에서 실효를 거두어왔다.

0660 구분([영] division [독] Einteilung)

삼각형을 부등변·등변·이등변으로 나누는 것처럼, 어떤 개념의 외연(外延)을 몇 개로 나누는 것을 논리학에서는 구분이라고 한다. 유개념을 그것에 종속하는 종개념으로 나누는 것이다. 위의 예에서는 변이 같으냐 안 같으냐를 기준으로 하여 구분을 하고 있는데, 이와 같은 기준을 구분원리 또는 구분의 기초([라] principium divisionis, fundamentum d.)라 하고, 종개념을 구분지라고 한다. 구분원리는 구분되는 개념과 관계있는 것이면 무엇이나 취해도 좋지만, 구분은 하나의 원리에 의해 행하여지지 않으면 안된다. 이 규칙을 어기면 구분지가 교차하는 교차구분(cross division)이 된다. 또 구분이 완전한 것이 되기 위해서는 구분지의 총화는 구분되는 개념의 외연과 같지 않으면 안된다. 구분지를 두 개로 하여 계속 구분하는 방식을 이분법(dichotomy), 세 개로 하는 방식을 삼분법(trichotomy)이라고 한다. 수목을 뿌리·줄기·가지로 나누는 것과 같은 사고 작용은 분할(partition)이며, 분할과 구분을 혼동해서는 안된다.

0661 구빈법(poor law) 01

→ 엘리자베스구빈법

0662 구빈법 02

수백 년의 역사를 가진 영국의 구빈입법이다. 교구(敎區)를 단위로 구빈세를 받아 노동능력을 갖은 빈민, 무능력빈민, 피부양 아동에게 처우했다. 작업장의 설치 등 복잡한 법 개정을 하였으나 국가 부조법(1948)이 제정됨으로써 폐지되었다. 1834년대 개정 전을 구 구빈법 그 후를 신 구빈법으로 구분한다. 사회보장의 시발점이었으며 원류이다.

0663 구빈법위원

1834년 영국에서는 개정구빈법(신 구빈법)이 성립되자 그 효과적인 실시를 목표로 구빈법위원회가 3인의 위원을 중심으로 발족되었다. 이 위원회는 거택보호의 폐지를 단행하고 현물급여로 전환해 구빈비의 삭감에 성공했다. 구호억압정책인 작업장(workhouse)을 각지에 설치하여 시설 이외의 구제를 금지하고 열등처우원칙을 철저하게 실행했다. 이 같은 구빈행정 실시에 대해 반대가 있었으나 1847년 그 역할을 다하고 구빈청의 설치와 함께 폐지되었다.

0664 구빈사업

구빈사업이란 빈곤상태에 있는 자를 구제하는 행위의 총칭이나 거기에는 국가정책, 사회제도 개인적인 독지행위까지가 포함된다. 역사적으로 구빈사업 시기는 확실하게 확정짓기 어려운 다의적인 성격을 갖고 있지만 일반적으로 근대자본주의의 발전과정 속에서 공적구제의 필요성이 제창되고, 구빈입법이 성립되고 운용되면서이다. 이 후에 이 같은 사후적 구제에 대해 예방적 방빈사업이 일어나 사회보장, 사회보험제도로 이어진다.

0665 구빈세(poor rate)

중세에서의 교회세는 구빈세적 성격이 포함되어 있었으나 세제로 확립된 것은 절대왕제 하의 공적구제제도의 성립과 빈곤문제의 국민적인 확산을 배경으로 하고 있다. 구빈경비를 교구주민의 세금으로 충당하도록 강제 부과해 이것을 재원으로 충당했다. 영국은 이 공적구제의 확립에 의해 민간자선사업 및 지방자치행정의 독자적 활동을 더욱 발전시켰다.

0666 구빈원(poorhouse) 01

20세기 이전에 널리 유행한 원내구호 형태의 빈민을 위한 시설이다. 박애주의자들이 기금을 모아 설립한 이 보호소는 빈곤 가족이나 개인에게 피난처를 제공하였다. 최근 수십 년이 지나면서 구빈원은 원회구호 프로그램으로 바뀌었고, 이 프로그램으로, 빈민들은 자신의 집에 머물면서 돈, 재화, 서비스 등을 제공받는다.

0667 구빈원 02

가난한 사람에게 일시적 혹은 영구적으로 거주할 장소를 제공하여 돌봐주는 원내구호의 한 형태로 정부기관 또는 민간자선단체가 재정을 지원한다.

0668 구빈원 03

유럽 중세 말 교회·수도원 등이 구빈원의 계보를 갖고 있었으나 17세기말 작업장(workhouse)이 창설되어 수용시설과 수산사업이 통합되면서 1722년의 워크하우스·테스트에 의해 구호억제를 목적으로 하는 시설로 보급되었다. 1834년의 신 구빈법에서 빈곤을 죄악시하는 당시 사상의 반영으로 워크하우스가 이용되어 빈곤자에게는 공포의 집이었다.

0669 구빈제도

자본주의 발전에 따라 사회문제로 출현된 빈곤문제에 대해 공적부조를 중심으로 한 구빈제도를 지칭할 때가 많다. 서구근대에서는 구빈법의 성립과 개정에 이르는 역사가 구빈제도의 전개와 일치한다. 따라서 자본주의사회의 발전에 합목적인 자조, 타민 방지 관념을 기반에 갖고 있어 사회문제로서의 실업대책에 대해 공적책임을 명확히 하고 국가에 의한 보장으로 정책화하는 방향으로는 좀처럼 진행되지 않았다.

0670 구상권(A Right to Indemnity)
급여의 사유가 제3자의 가해행위로 발생한 경우 급여수급자가 제3자(손해배상의무자)에 대해 가지는 손해배상청구권리를 공단이 대위 취득한 권리를 말한다.

0671 구세군(salvation army)
영국의 멘지스트파 목사인 윌리엄 부스(William Booth 1829~1912)에 의해 전도를 목적으로 시작되었으나 그 뒤 자선사업을 추가하여 조직적 활동을 펼치고 있다. 당시 군대의 조직형태를 원용하여 산업혁명하의 생활고에 허덕이는 빈민에 대해 전도와 자선사업활동을 전개했다. 이후 전 세계적인 조직으로 확대되었다.

0672 구순기(oral phase)
성격의 정신성적 발달의 첫 단계로서 0~2세에 해당한다. 이 단계에 유아는 입과 구강을 자극함으로써 만족을 찾고, 주위에서 들려오는 언어나 스스로의 정신적인 활동을 통하여 세상을 경험한다. 프로이트 이론에 따르면 이 기간에 성적 쾌락의 장소는 구강에 있는데, 이것은 유아가 젖을 빠는 행위에서 얻는 강한 만족감을 설명해준다. 자아개념과 개인적 가치감은 보통 이 단계에서 발달한다.

0673 구순성격(oral character)
이미 구강기성격으로 잘 알려진 바와 같이 정신분석이론에서 말하는 용어로서 지나치게 의존적이거나 욕심이 많고, 이른바 가득 채워지기를 요구하는 경향을 보이는 성격을 말한다. 이러한 사람들은 먹기, 담배피우기, 마시기, 말하기와 같은 행위로부터 커다란 만족감을 얻는다. 보통 이런 사람은 성격발달의 초기단계에서 고착되었다고 여겨진다.

0674 구심적 가족구조(centripetal family structure)
가족체계이론에 의하면, 각 성원이 가족에 소속되어 있고 상대적으로 외부인과는 격리되어 있는 가족관계 형태를 말한다. 예를 들면 가족의 자녀는 어른이 되어서도 아이같이 행동하며 이런 가족구성원들은 서로 높은 의존심을 갖고 있다. 또한 이 구조는 가족관계 이외의 사회관계에서도 발생할 수 있다.

0675 구음장애(articulation disorder) 01
마비성 조음장애라고도 한다. 중추성 혹은 말초성 신경마비로 나타나는 운동마비성 발음장애를 말하며, 뇌간(brain-stem)과 이와 인접한 핵(nucleus) 또는 섬유로(fiber tract)의 질환이나 외상으로 구화근육의 운동부전으로 발생한다. 들은 것을 이해는 잘하며 단어선택도 잘하고 문법적으로 어렵지 않게 배열한다. 그러나 단어나 소리를 적절한 강세나 크기와 고저의 조절로서 정확히 표현하는데 어려움이 있다. 유형으로는 이오나성 발음장애, 경련성 발음장애, 실조성 발음장애, 저운동성 발음장애, 과운동성 발음장애, 혼합형 발음장애가 있다.

0676 구음장애 02
특정의 어음을 올바르게 발음할 수 없는 상태를 말한다. 구음의 잘못에는 생략, 치환, 뒤틀림, 부가 등이 있다. 발달도상에서 생기는 구음장애 중 기질적인 요인이 아닌 것을 기능적 구음장애라 한다. 기질적 요인에 의한 구음장애에는 발성발어기관 형태상의 이상에 의 한 것(구개열에 따른 구음장애 등), 발성 발어운동에 관여하는 신경근질환의 기획 장애에 의한 것(발어실행에 따른 구음장애) 등이 있다.

0677 구조(relive/rescue/save)
재해를 당한 자를 구출, 혹은 사망자의 매장을 비롯하여 재해에 의해 갑작스럽게 생기는 생활 곤궁에 대해 주거, 식료, 의류, 의료 등의 기본적 서비스와 상황을 제공하는 활동과 그 위에 생활을 회복하는데 필요한 물건, 서비스, 상황을 제공하는 활동을 말한다. 보호, 원조 등과 다른 점은 대상자의 생활능력의 장애를 문제국가 독점자본주의로 삼지 않는 것, 그리고 빈곤 등 원인이 공통인 것으로 원조에 개별화원칙이 없는 점과 원조가 일시적인 점이다.

0678 구조적 가족치료(structural family therapy)
부적합한 제도와 상호작용 그리고 가족의 하부체계와 영역의 내부 조직을 명확히 하고 변화시키는 가족치료지향과 절차이다. 구조적 가족치료는 미누친이 발전시켰고, 그것은 하나의 단위로서 그리고 이방인으로서 가족성원과 그 성원간의 규칙과 역할을 습득해온 방법을 가족에게 이해시킴으로써 가족을 돕는 것을 강조한다.

0679 구조적 사회변동(structural social change)
개혁, 정치적 대변동, 전재지변에 의한 사회제도와 사회가치의 근본적이고 비교적 빠른 변화이다. 이는 점진적 사회변화의 반대개념이다.

0680 구조적 사회사업(structural social work)
부적절한 사회제도는 많은 클라이언트들의 문제에 책임이 있다고 간주하여, 사람들이 기능수행을 저해하는 사회적 상황을 극복할 수 있도록 돕기 위해 조직된 실천모델을 말한다. 예를 들면, 클라이언트들과 필요한 자원들을 연결시켜주고, 어려운 상황을 극복하게 하고, 현재의 제한적인 사회구조를 변화시키는 것들이다.

0681 구조주의(structuralism)

연구의 한 방법 혹은 몇몇 형식화에서 리얼리즘과 유사성을 가지며 경험론과 실증주의에 대항하는 학문의 보다 일반적인 하나의 원리이다. 언어학, 문학비평, 문학사회학, 미학, 사회과학 그 중에서도 특히 인류학과 맑스주의에서 주된 연구방법론이다. 구조주의 방법론의 주요 특징은 연구대상을 「체계」 (system) 즉 고립되어 있는 특수한 사실들보다는 일련의 사실 사이의 상호관계로 보는데 있다. 피아제(J. Piaget)에 따르면 체제의 기본 개념은 총체성, 자율적 규제, 변형이다. 언어학에서 소쉬르(Saussure)는 언어의 잠재적 체계로서 랑그(langue)와 개인적 행위로서 파롤(parole)을 구별하고 전자를 체계로서 언어학의 탐구대상으로 정립하였다. 인류학에서 레비 스트로스(Levi Strauss)는 사회생활의 무의식의 구조를 탐구 대상으로 정립하였다. 맑스주의 사상에서 구조주의의 주요 조류는 알뛰세(L. Althusser)에 그 근원을 두고 있다. 알뛰세에 따르면 맑스는 사회이론에서 인가 주체를 배제시켰고 사회 전체에 구조화된 인간의 실천이라는 수준의 「새로운 과학」을 건설하였다. 따라서 맑스주의 이론은 본질적으로 사회 전체의 구조 분석이다. 이 분석의 주요 목적은 직접 관찰할 수 있는 사회적 생활현상의 기초를 이루며 이 현상을 창출하는 「심층 구조」를 밝히는 것이다. 구조는 직접 볼 수 있거나 관찰할 수 있는 실체가 아니라 인간이 볼 수 있는 한계를 넘어서 존재하는, 그리고 그 기능이 사회체계의 더욱 심화된 논리를 구성하는 수준의 실체이다. 구조주의는 사회 생활에서 인간의 의식과 행동의 역할을 강조하고 역사에 진보의 개념이 내재해 있다고 보는 루카치(Lukacs), 그람시(Antonio Gramsci) 및 프랑크푸르트학파의 견해와 대립한다. 따라서 넓은 의미에서 구조주의는 맑스주의 사상의 양극 사이의 오래된 긴장을 새롭게 표현한 것이다. 여기서 양극이란 한 극단으로는 맑스주의 사상을 사회에 대한 엄격한 과학으로, 또 다른 한 극단에서는 '사회의 통합적 실제 조직에 생명을 부여하는' 휴머니즘적 신조로 이해하는 것이다.

0682 구제남용

생활보장제도에서 보호의 필요가 없는데 보호되고 있거나 허위의 신청임에도 보호되고 있는 등의 현상을 말한다. 이는 보호의 실시기관이 보호 이전에 충분한 조사없이 서비스를 제공하는데서 발생하게 된다. 욕구파악과 서비스의 제공이 조직적, 체계적으로 된 근래에는 별로 없는 현상이지만 역사적으로는 19세기 후반 자선사업이 무질서 하게 난립했던 시대에 많이 있었다. 이에 구제남용현상을 개선하고자 자선조직협회를 설립했다.

0683 구제누락

생활보장제도에서 보호를 요하는 자가 수급요건을 갖추었는데도 보호되지 못하는 상태를 말한다. 구제누락이 발생하는 직접적인 이유로는 신청보호를 원칙으로 하고 있기 때문이며 이 원칙 하에서는 보호를 서면으로 요구하지 않는 한 적용받지 못하게 된다. 그 유인으로서는 제도에 관한 정보부족, 수급에 대한 낙인에 기인하는 거부감에 의해 생기는 경우가 있다. 또 정보의 미공개, 상담원의 부족, 보호내용에서의 열등처우 등 실시기관 측의 생활보장제도에 대한 자세가 원인이 되고 있다.

0684 구제명령

구제명령이라 함은 노동위원회에서 노동조합·근로자 기타의 자의 신청에 따라서 사용자의 부당노동행위의 사실을 인정하고 이것을 구제하기 위해서 발하는 명령을 말한다. 부당노동행위가 성립된다는 판결과 이를 구제하기 위한 명령은 서면으로 해야 하며, 이를 당해 사용자와 신청자에게 각각 교부해야 한다. 지방노동위원회의 명령에 대해서는 10일 이내에 중앙노동위원회에 그 재심을 신청할 수 있으며, 중앙노동위원회의 명령에 대해서는 15일 이내에 행정소송을 제기할 수 있다.

0685 구제사업(relief work)

사회사업이라는 개념이 일반화하기 이전 시기에 사용되어진 말로서 그 이전까지는 감화사업과 같이한 감화 구제사업이 행정개념으로 사용되어 왔다. 감화가 정신적측면의 교육을 의미한 것에 대해 구제사업은 당시의 생활 곤궁자에 대한 물적 구제의 면을 주로 표현한 개념이지만 반드시 그와 같은 사용방법으로 사용되어진 것은 아니고 물적 정신면에서 빈곤자 구제사업이라 막연히 부른 경우도 많았다.

0686 구조법

보호법의 한 분야로 재해 이재민 기타 응급적 요보호상태에 있는 자에 대해 필요한 보호를 신속히 행하는 것을 목적으로 하는 활동에 관한 법을 말한다. 현행법으로 재해구조법, 재해조위금의 지급에 관한 법률, 행려병인 및 행려사망인 취급법 등이 있다. 구조법의 특징은 신속·응급·보호라는 법의 목적 하에 현재 응급보호를 요하는 자에게는 현재를 원칙으로 충족시켜야 한다.

0687 구조적 실업(structural unemployment)

현대자본주의 하에서는 불황기에 발생한 실업자가 호황기가 되어서도 산업에 흡수되지 않는 현상이 자주 발생하는데, 이것은 국민경제에 이들을 흡수할 유효수요가 결여되어 있기 때문에 나타나는 것이다. 이러한 현상을 단순히 경기변동에 따라 흡수되기도 하고 반발되기도 하는 실업현상인 경기적 실업과 구별하여 구조적 실업이라고 칭한다. 이 용어는 19C 중엽의 특징이었던 경기적 실업에 대해 현대 자본주의 하에서의 실업을 특징짓기 위해 쓰여지고 있다. 이러한 구조적 실업에 대처하기 위해 현대에는 국가의 경제정책의 역할이 중요시 되고 있다.

0688 구체적(concrete)
특수한 것으로 존재하는 개체를 언급할 때 사용하는 말로서, 「추상적」 (abstract) 혹은 「일반적」 (general)에 반대되는 말이다. 구체적 개념은 추상적 개념이 지칭하는 속성 혹은 특징을 포함하고 있는 개체 혹은 사물을 나타내는, 또는 일반화에 의해서 분류되지 않은 사물 혹은 개체를 나타내는 개념이다. → 추상적

0689 구체적 경험(concrete experience)
아동이 직접적으로 활동과 사건에 참여하여 그곳에서 일어나는 여러 현상을 직접 관찰하며 실제상황이나 사건, 교구에 활동적으로 개입하는 것으로 유아교육현장에서는 유아의 학습효과를 높이기 위해 늘 강조되어 왔었지만 특히 피아제(J. Piaget)의 인지이론이 나온 후부터 아동의 사고과정을 형성시키기 위해서는 될수록 구체적·직접적으로 여러 가지 경험을 시킬 것을 강조하고 있다.

0690 구체적 조작(concrete operation)
피아제(J. Piaget)의 지적 발달 이론에서, 약 7세를 전후하여 나타나는 조작을 가리킨다. 이 단계에서 아동은 분류와 관계에 관한 논리적 사고를 할 수 있다. 예컨대, 아동은 두 개의 대등한 범주를 합한 상위의 범주가 있다는 것을 상상할 수 있으며, 크기가 차례대로 된 세 개의 막대기 A, B, C에서 A와 C를 직접 비교해 보지 않더라도 A = C라는 결론을 얻을 수 있다. 분류와 관계에 관한 사고를 구체적 조작이라고 부르는 이유는 그러한 사고가 반드시 구체적인 물건(꽃·막대기 등)에서 「시작하는」 것이기 때문이다. → 형식적 조작

0691 구체적 조작기(concrete operations stage) 01
인지발달의 단계로서 피아제 이론에 의하면 이 단계는 7~11세 때이다. 이 단계에서는 개인이 관찰과 조작이 가능한 신체적 관계에 논리를 적용한 것을 배우게 된다.

0692 구체적 조작기 02
피아제(J. Piaget)의 네 가지 주요 발달단계 중 세 번째 단계. 7~8세에서부터 약 11~12세까지 계속되는데, 이 단계의 특징은 아동의 구체적인 문제들, 또는 구체적인 의미에서 쉽게 상상될 수 있는 사물이나 문제들을 다룰 수 있는 능력이 증가하는 것이다. 즉 아동은 인과단계에 대한 일련의 추리를 할 수 있게 되며, 분명하게 관찰할 수 있는 물량의 변화에 대해 보존의 개념을 형성하게 된다. 그러나 구체적 조작은 순수하게 추상적인 내용에는 적용될 수 없다.

0693 구체적 조작적 사고
(concrete operational thinking)
Jean piaget의 인지발달이론의 세 번째 단계인 구체적 조작기(약 7세부터 11, 22세경까지의 시작)의 아동들이 보이는 사고능력을 지칭한다. 즉 이 시기의 아동들은 구체적인 대상, 행동 및 경험에 대해 체계적이고 논리적인 사고를 하는 것이 가능하며, 그 적용범위는 구체적인 사상에 국한된다. 반면에 추상적인 문제나 과제에 대한 조작적 사고는 하지 못하며, 이러한 사고능력은 Piaget 인지발달 이론의 마지막 네 번째 단계인 형식적 조작기(약 11, 12세 이후)에 가서야 가능해진다.

0694 구타(battery)
물리적 혹은 상해를 포함하는 비합법적인 학대의 한 형태를 말한다.

0695 구호시설(relief institution)
생활보장법에 의한 보호시설의 일종으로 각 시·도의 자치제 단위로 설치되어 있다. 입소자는 신체 및 정신적으로 심한 결함을 갖고 있어 자립할 수 없는 요보호자로서 수용 및 생활부조를 목적으로 하는 시설이다. 또한 수용 전원이 신체장애와 정신장애가 있는 자로서 중복장애를 가진 자도 많으며 장애별 분류수용이 아닌 혼합수용이다. 입소자 태반이 가족해체 또는 가족으로부터 버림받아 고립화된 사람들로 자립, 자활할 수 있도록 생활지도 및 작업지도를 행하고 있다. 그러나 장애에 맞는 분류처우적인 대응수준이 낮아 시설개선이 특히 요망된다.

0696 구호법(the relief law)
본 법은 은혜적인 혈구규칙에 대신하여 빈곤하여 생활불가능한 자를 국가의 의무로 구호한다는 입장을 취했으나 보호청구권은 당국에 의해 부정되어 실업자 대량속출의 세계공황임에도 불구하고 노동능력이 있는 곤궁자를 배제하는 제한구조주의가 계승되었다. 또 가족제도의 미풍유지 하에 능력 있는 부양의무자의 존재가 결격조건으로 되었다.

0697 구획계획(sectoral planning)
전반적인 사회계획의 테두리 안에서 특수계층 또는 집단만을 대상(예를 들면, 노인, 영양부족의 산모, 범죄청소년, 장기실업의 이민 집단, 슬럼 거주인 등)으로 하는 계획을 말한다.

0698 구화법(oral method)
청각장애에 대한 언어교수법의 하나이며 비장애인과 같은 수단에 의하여 의사전달을 도모한다는 원리에 입각한 음성언어의 사용방법으로서 종래의 수화법에 대비되는 새로운 방법이다. 언어 이해 면에서는 독화를 사용하여 시각적 상대방의 말을 읽고 표출 언어 면에서는 시각, 촉각, 근운동감각 등을 종합적으로 사용해서 발화를 학습한다. 근래에 구화법과 청능법 잔존청력을 활용하는 방법 및 수화법을 병용하는 방법을 사용하고 있다. 오늘날 각 농아학교에서 수화법을 지양하고 구화법을 위주로 하는 의사전달체계를 확립하려고 노

력하고 있으나 농아자 자신들의 의사전달수단으로 대개 수화법을 사용함으로 구화법의 발전에 많은 애로가 있다. 농아학교교육에 있어서 통합교육의 도입은 바로 구화법의 발전에 기초해야 하므로 이에 대한 연구가 더욱 긴요하다 하겠다.

0699 국가(nation)

사회복지학에서 보는 국가란 국가는 사회보장, 시회복지의 증진에 노력할 의무를 진다고 헌법 제34조에서 규정하고 있다. 국가는 광범위한 사회복지의 각 영역에서 사회복지서비스를 할 책임을 갖고 있다. 국가는 공적부조비 및 사회복지비용을 지방공공단체와 분담하고 있으나 그 사회복지제도에 따라 분담율은 다양하다.

0700 국가계약설

국가 또는 사회는 개인의 일반의사(general will)에 의한 동의, 즉 개인의 합의에 의해 이루어진 계약으로 성립되었다는 입장으로, J. J. 루소에 의하여 주장되었다. 이 사상은 루소의 유명한 저서 '사회계약론'(민약론)에서 표명되었다.
→ 사회계약설

0701 국가공무원법

국가공무원법이라 함은 각급기관에서 근무하는 모든 국가공무원에게 적용할 인사행정의 근본기준을 확립하여 그 공정을 기함과 아울러 국가공무원으로 하여금 국민전체의 봉사자로서 행정의 민주적이며 능률적인 운영을 기하게 함을 목적으로 제정된 법률(1963년 법률 제1325호)을 말한다. 2002년 12월 18일 법률 제6788호로 18차 개정되었다. 본법은 총칙·중앙인사관장기관·직위분류제·임용과 시험·보수·능률·복무·신분보장·권익의 보장·징계·벌칙·보칙 등으로 구성되어 있다.

0702 국가독점자본주의(state monopolistic capitalism)

1929년의 세계대공황 이후 국가유기체사상 주요 자본주의 국가에서는 사적자본의 자동조절기능이 무력화되어 장기정체에서의 탈출이 불가능한 상태에 이르렀다. 이 위기로부터의 탈출과정에서 수요창립정책 효과를 대표하는 국가재정의 역할증대와 관리통화제도를 기둥으로 하는 경제 관리의 강화 및 투자의 컨트롤 등이 자본주의경제에 항상적 요인으로 정착했었다. 이것은 국가의 개입을 통해 국민경제에 중요한 구조적 변화가 생긴 것을 의미한다. 이와 같이 자본주의가 새로운 발전단계에 달한 것을 국가독점자본주의라 칭한다.

0703 국가부담금(Contribution By Government)

재정과 급여에 소요되는 비용으로 국가가 부담하는 금액.

0704 국가보호

스스로 돌볼 수 없는 사람들을 보호해주는 국가의 역할을 뜻하는 법적 이념을 말한다. 예를 들어 아동양육보호권, 이혼, 양연보호가정 아동의 탈선 등에 개입하는 법정에서 흔히 사용되는 개념이며, 이러한 권위를 사용함으로써 아동은 부모의 절대적인 소유물이 아니며 국가라는 부모가 맡아야 할 하나의 책임이라고 일반대중들은 말한다.

0705 국가유기체사상

국가가 국민사회보다 우위에 존재한다고 이해할 뿐 아니라 인간의 전존재까지도 포괄하는 공동체적 통일자로 보는 생각이다. 나치즘을 포함한 독일·로만주의에 의해 주장된 것이며 유기적전체인 국가는 그 존속과 발전을 위해서는 개인의 권리를 박탈하고 개인의 희생과 봉사를 강요할 수 있다고 생각한다. 국가의 존재가 있음으로 해서 비로소 사회가 있고 개인이 있다고 것이다. 국가기관설, 다원적국가론 등의 생각과 대립관계에 있다.

0706 국가주의(nationalism)

국가적 이익의 옹호를 우선 시켜 개개인의 모든 행위와 사상을 거기에 종속시키는 사고 또는 정책을 말한다. 기본적으로는 국민국가의 형성과 함께 성립한 것으로서 근대자본주의의 전개가 이것과 굳게 연결되어 있다. 개인주의, 민주주의와는 대항적 관계에 있으며 권력의 집중현상과 사상의 통제가 계속되어 국가권력 즉 지배층의 자의에 의해서 생활상의 규제도 강화된다. 국민통합을 위한 상층의 조작도 가능해진다.

0707 국가책임

사회복지에 있어서 생존권보장에 관한 규정을 헌법 제34조에서 국가책임으로 명시하고 있으며 책임주체는 국가만이 아닌 지방자체단체도 포함되고 있다. 사회복지는 개인 및 민간단체에 의한 자선사업에서부터 국가, 지방자치단체에 의한 공적책임에 의해 부담된다. 최근에는 복지영역에 실버산업 등 새로운 민간사업의 참여가 많아 국가 책임이 이들과 어떻게 조화할 것인가가 문제시 되고 있다.

0708 국가행정조직법

내각의 통괄 하에 둔 행정기관의 조직기준을 정해 국가 행정사무의 능률적인 수행과 국가행정조직정비를 도모하기 위해 입법되었다. 국가의 행정조직으로서 부, 과, 위원회, 청이 구체적으로 열거되어 행정기관의 조직, 장관, 그 외 인사담당 등이 총체적으로 정해져 있고, 각 기관의 소관사무범위, 권한은 각 기관에 관한 보치 법에 정해져 있다.

0709 국경 없는 의사회
(MSF : Medecins Sans Frontieres)

1968년 나이지리아 비아프라 내전에 파견된 프랑스 적십자사의 대외구호 활동에 참가한 청년의사와 언론인들이 1971년 파리에서 결성한 긴급의료단체. 세계 어느 지역이든 전쟁·기아·질병·자연재해 등이 발생해 의사의 구조를 필요로 하는 상황이 발생하면 국경을 돌파하고서라도 주민들의 구호에 임한다는 활동방식에 그 특징이 있다. 이는 중립과 공평을 원칙으로 하는 적십자사연맹에 대한 비판이기도 하다. 국경 없는 의사회의 운동은 점차 국외로 퍼져나가 1980년대에 스위스·벨기에·네덜란드·룩셈부르크·스페인에 지부가 발족되었고 국경 없는 의사회 국제 사무국 본부가 벨기에의 브뤼셀에 설치되었다. 또한 캐나다와 미국·그리스·일본에도 사무국이 설치되었다. 이 단체는 48시간 이내에 구호활동에 임할 수 있는 태세를 갖추고 있는데 이러한 긴급출동에 필요한 휴대품목은 세계보건기구가 주목하고 있는 부분이기도 하다. 1995년 북한에서 3년 정도 구호활동을 했으나 구호품 배분의 투명성이 보장되지 않아 철수했다. 세계 최대의 국제적 긴급의료단체로 성장하고 있다. 북한에서 구호활동을 펼친 공로로 1997년 서울특별시로부터 서울평화상을 받았으며 1999년에는 노벨 평화상을 수상했다.

0710 국고보조금(state subsidy)

국고에서 지출되는 보조금을 말한다. 국가가 추진하는 정책을 장려하기 위해 그 재원의 일부를 교부하는 것으로서 국고부담금과는 구별된다. 과학기술의 연구비 보조금이나 무역진흥보조금, 공공사업에의 보조금 등 여러 가지가 있다. 국고보조금은 특정사업의 장려가 주목적이지만 지방자치단체에 대한 중앙정부의 통제력 강화를 위한 수단으로 활용되기도 한다.

0711 국고학자금대여(Loan for School Expenses)

국가의 부담으로 정규대학 및 이에 준하는 각종 학교에 입학 또는 재학 중인 교직원 본인 및 그 자녀(대학원과정 및 배우자 제외)에게 실 등록금 납부액 범위 내에서 무이자로 대여하는 것을 말한다.

0712 국내총생산(GDP : gross domestic product)

국민총생산(GNP)이 '국민'이라는 사람에 착안한 통계인데 반해 국내총생산(GDP)은 나라라는 지역에 한정해서 경제활동을 파악한다. 외국인이나 외국기업이 한국에서 생산을 했을 경우 한국의 GDP에는 계산되지만 GNP에는 포함되지 않는다. 거꾸로 한국인(기업)이 외국에서 생산활동을 하면 한국의 GNP에는 포함되지만 GDP에는 포함되지 않는다. 즉 국내총생산의 계산은 GNP에서 해외로부터의 요소소득수취를 공제하고 여기에 해외로의 요소소득지불을 가산한다. 유럽제국의 경우 노동인구의 이동이 격심하여 GNP의 파악이 어려워 GDP와의 차이가 크다. 이 때문에 세계은행(IBRD)과 경제협력개발기구(OECD)의 통계조사는 GDP를 채용하고 있다.

0713 국립보건원(national institute of health)

1912년 10월 1일 조선총독부 경무국 위생과 소속기관으로 세균검사 업무와 천연두 예방을 위한 두묘생산업무를 담당하던 세균실이 전신이다. 1935년 보건양성소를 설립하고, 1949년 세균실을 국립방역연구소로, 보건양성소를 모범보건소로 개편하였다. 1959년 모범보건소를 중앙보건원으로 개편하고, 1960년 8월 보건복지부 소속 국립보건원으로 개칭하였다. 1963년 12월 국립방역연구소, 국립보건원, 국립화학연구소, 국립생약시험소를 국립보건원으로 통합하였다. 1977년 3월 마산 분원을 신설하고, 1996년 4월 직제 개정으로 식품·의약품 관련 검정업무를 식품의약품안전청에 이관하였다. 2003년 국립보건원이 폐지되고 질병관리본부로 확대개편되었다. 각종 질병의 원인을 규명하기 위한 연구와 보건·복지 분야 종사자를 훈련교육 하는데 역점을 두고 있다. 조직은 원장 아래 서무과, 기획연구과, 전염병관리부, 보건복지연수부, 세균부, 바이러스부, 생명의학부로 구성되어 있다. 전염병관리부는 전반적인 기획 및 조직업무를 담당하는 부서로, 보건소·검역소 등 전국의 공공 보건기관과의 협력체계 및 모니터링 체계를 구축하여 감염병 발생정보를 수집·분석·통계화한다. 보건복지연수부는 보건복지 전문인력 양성을 목표로 교육훈련을 실시하며, 세균훈련부는 전염병 병원체에 대한 실험실을 운영하는 등 감염질환에 대한 예방·진단·관리가 주업무이다. 바이러스부는 소화기 바이러스·신경계 바이러스·호흡기 바이러스 같은 주요 전염성 바이러스질환과, 원충질환, 매개곤충에 의한 감염증, 후천성면역결핍증(AIDS) 등을 주로 연구하며, 생명의학부는 암과 퇴행성 질환을 비롯한 주요 비감염성 만성질환을 대상으로 새로운 진단·치료 및 예방법을 개발하는 데 목적을 두고 있다. 서울특별시 은평구 녹번동에 있다.

→ 질병관리본부

0714 국립보건통계조사청(NCHSR : national center for health statistics research)

국가 보건에 관련된 자료들을 수집, 해석, 보급하는 미국보건 및 인간봉사성의 연방기관이다. 이곳에는 다양한 질병의 발생빈도, 전염률뿐만 아니라 보건, 의료, 사회봉사를 위한 인력자원 등에 관한 연구 자료가 있다.

0715 국립부흥청 (NRA : national recovery administration)

경제위기 때 생기는 여러 문제들에 대해 즉각적인 조처를 취하기 위해 루스벨트 대통령의 첫 임기 때인 1933년에 설립된 연방기관이다. 대체로 산업과 노동을 관장하는 새 법안을 만드는데 관련되며 1936년까지는 다른 기관에 흡수되었다.

0716 국립사회복지연수원 (NAP : national academy of practice)

1981년에 설립된 전문적이고 학문적인 교육기관, 국립과학

학교를 본 딴 것으로 사회사업을 포함한 주요 보건기관 출신의 전문가들로 구성되어 있었다. 동 기관의 모든 국민들에게 혜택을 주기 위해 전문적인 훈련의 질을 우수하게 향상시키고 정부나 사회가 공공정책의 관심을 보건 쪽으로 돌리도록 토론의 장소를 제공하는 것이었다. 지금 현재 폐지되었고 이러한 기능을 국립보건복지연수원에서 대행하고 있지만 지난 시기 사회복지에 관한 국가가 직접 교육을 시도한 대표기관으로 그 의의가 크다.

0717 국립아동학대 및 방임예방센터(national center on child abuse and neglect)

미국 보건 및 인간봉사성 산하 아동, 청소년, 가정복지국 내의 연방조직으로 그 임무는 아동을 학대하고 소홀히 하는 문제를 예방하고, 통제하고, 치료하기 위한 국가적 노력을 동원하는 것이다. 워싱턴 D.C에 본부를 둔 이 기관은 전국 도시마다 사무소가 있다. 이 기관은 연구를 돕고 기초자료를 보관하며, 보건활동가들이나 교육자, 연구원 등 관련자들에게 정보를 모아서 보급한다.

0718 국립정신보건연구원 (NIMH : national institute of mental health)

미국 보건 및 인간봉사성 산하의 연방조직으로서 정신질환자들의 보호와 치료를 위한 계획과 연구, 교육 등을 지원하고, 국민 전체의 정신보건을 향상하기 위한 프로그램을 만든다.

0719 국민건강보험법

국민의 질병·부상에 대한 예방과 치료 및 건강증진을 위한 보험급여를 정한 법률. 국민의 질병·부상에 대한 예방·진단·치료·재활과 출산·사망 및 건강증진에 대하여 보험급여를 실시함으로써 국민보건을 향상시키고 사회보장을 증진하기 함을 목적으로 하는 법률이다(1999. 2. 8, 법률 제5854호). 의료보험제도의 통합 운영에 따라 종전의 의료보험법과 국민의료보험법을 대체하여 제정되었다. 국민건강보험 사업은 보건복지부장관이 관장한다. 국민건강보험에 관한 주요 사항을 심의하기 위하여 보건복지부장관 소속하에 건강보험 심의조정위원회를 둔다. 국민건강보험은 의료보호 대상자를 제외한 대한민국에 거주하는 모든 국민을 지역가입자와 직장가입자로 하고 그 가족 등을 피부양자로 하여 적용된다. 국민건강보험의 보험자는 국민건강보험 공단으로 한다. 국민건강보험공단은 가입자 및 피부양자의 자격관리, 보험료의 부과·징수, 보험급여의 관리, 가입자 및 피부양자의 건강의 유지·증진을 위하여 필요한 예방사업, 의료시설의 운영, 건강보험에 관한 교육 훈련 및 홍보 등의 업무를 수행한다. 가입자 및 피부양자의 질병·부상·출산 등에 대해 진찰·검사, 약제·치료 재료의 지급, 처치·수술 기타의 치료, 예방·재활, 입원, 간호, 이송을 위한 요양급여가 실시된다. 그리고 임의급여로서 장제비·상병수당 기타의 급여가 실시될 수 있다. 일정한 사유가 있으면 급여가 제한 또는 정지된다. 국민건강보험료는 직장가입자는 표준보수월액을 기준으로 정하며, 지역가입자는 소득·재산·생활수준·직업·경제활동참가율 등을 참작한 부과표준소득을 기준으로 세대단위로 정한다. 국민건강보험료는 국세 및 지방세를 제외한 기타의 채권에 우선하여 징수된다. 요양급여의 비용과 적정성을 심사·평가하기 위하여 건강보험 심사평가원을 둔다. 국민건강보험 공단이나 건강보험 심사평가원의 처분에 이의가 있는 자는 당해 기관에 이의신청을 할 수 있고, 이의신청에 대한 결정에 불복이 있는 자는 보건복지부장관 소속 하의 건강보험 분쟁 조정위원회에 심사청구를 할 수 있다. 처분이나 이의신청 또는 심사청구에 대해서는 행정소송을 제기할 수 있다. 9장 100조와 부칙으로 되어 있다.

0720 국민기초생활보장법/제도

생활이 어려운 자에게 필요한 급여를 행하여 이들의 최저생활을 보장하고 자활을 조성하는 것을 목적으로 제정된 법률(1999. 9. 7, 법률 6024호). 빈곤선 이하의 저소득 국민에게 국가가 생계·교육·의료·주거·자활 등에 필요한 경비를 주어 최소한의 기초생활을 제도적으로 보장해 줄 목적으로 제정된 법으로, 헌법 제34조에 근거하여 생활보호법을 폐지하고 새로 제정하였다. 총칙, 급여의 종류와 방법, 보장기관, 급여의 실시, 보장시설, 수급자의 권리와 의무, 이의신청, 보장비용, 벌칙 등 9장으로 나뉜 전문 51조와 부칙으로 구성되며 주요 내용은 다음과 같다. 이 법의 보호대상은 가족의 소득 합계가 최저생계비 이하인 가구이다. 최저생계비는 국민이 건강하고 문화적인 생활을 유지하기 위하여 소요되는 최소한의 비용으로서, 관계전문가·공익대표·관련공무원들로 구성되는 중앙생활보장위원회에서 매년 가계지출, 생활실태, 물가상승률 등 객관적인 지표를 고려하여 결정한다. 이 법에 의하여 지급되는 급여에는 생계급여·주거급여·의료급여·교육급여·해산급여·장제급여 및 자활급여의 7종이 있다. 급여는 원칙적으로 금전으로 지급한다. 그러나 최저생계비가 전액 지급되는 것은 아니며, 가구의 소득과 의료비·주민세·전화세 등 다른 법령에 의해 지원받는 금액을 뺀다. 해산비와 장제비는 최저생계비와 별도로 지급된다. 급여를 받는 자에 대해서는 매년 1회 이상 소득 및 재산, 부양의무자 등의 사항을 조사하여 소득·재산이 늘었거나 부양을 받게 되어 더 이상 요건에 적합하지 않으면 보호대상에서 제외한다. 근로능력이 있는 사람에게는 고용안정센터를 통해 직업훈련·취업알선·자활공동체사업·공공근로사업·창업지원·자원봉사 등의 고용서비스를 제공하며, 취업이 어려운 사람에게는 자활후견기관의 자활공동체사업이나 자활공공근로사업 등을 통해 자활능력을 키울 수 있도록 지원한다. 단, 허위 사실의 신고 기타 부정한 방법에 의하여 급여를 받거나 타인으로 하여금 급여를 받게 한 자는 1년 이하의 징역, 500만원 이하의 벌금, 구류 또는 과료에 처한다.

0721 국민보건보험(national health insurance)
기존 의료시장에서 의료비를 모든 시민이 부당하도록 도와주기 위해 제안된 프로그램이다. 이러한 제안은 무척 다양하지만, 기본적으로 기존의 건강보험을 이용하고 보충해서 모든 사람에게 확대하려는 것이다. 지불총액은 이 보험으로 충당될 것이며 개인은 가능하다면 정부에서 지급하는 나머지 부분으로 건강보호 공급자의 청구서에 대한 수수료를 지불한다. 이 프로그램은 국민보건서비스와 혼동하기 쉽다.

0722 국민보건서비스
전 국민을 대상으로 질병예방에서부터 재활에 이르는 포괄적인 보건 서비스를 국가가 공급하는 제도를 말한다. 이 제도는 1948년 영국 사회보장제도의 일환으로 창설되어 전 국민에게 소액의 부담으로 일반의의 처방에 의한 약제, 치과, 안경의 서비스 병원, 전문의에 의한 서비스, 지방위생부의 방문간호, 환자이송서비스 등을 공급하는 것이었다. 서방제국으로는 이탈리아가 1979년 국민보건서비스로 이행했다.

0723 국민복지지표(NNW : net national welfare) 01
국민복지에 돌려진 국내순생산을 나타내는 지표이다. NNW의 발상은 경제성장의 척도로 쓰이는 국민총생산(GNP)이 환경파괴 등을 무시한 지표였다는 반성에서 나온 것이다. 즉 GNP개념에서는 시장거래의 모든 것을 생산물이라 보기 때문에 국민복지에 쓸모없는 공해의 방지나 통근 비용 등이 GNP의 플러스 측에 책정된다. 그래서 이것들은 GNP에서 공제되는 반면 시장기능의 국제가정단체연맹 대상은 되지 않지만 국민복지에 불가결인 여가나 주부의 가사노동을 화폐액으로 환산해 GNP에 가산한다는 것이다. 플러스항목과 마이너스항목의 구성이 아직 확정되지 않아 아직은 그 산정이 곤란하다. NNW의 크기는 계산상으로 이와 같이 GNP를 수정한 결과에서 오는 자본 감모비, 대외격상수지차, 투자를 공제한 액과 동일하다.

0724 국민복지지표 02
순국민복지, 국민후생지표 혹은 후생국민소득이라고도 한다. GNP가 주로 경제활동수준, 유효수요수준 지표로서의 성격이 강하고 경제후생지표로서의 성격이 명확하지 못한데 반해 NNW는 후생지표에 가까운 형태로 GNP를 보완하기 위해 만들어진 개념이다. NNW개발방법은 GNP를 기초로 하여 ① 개인소비 ② 재정지출 ③ 공해방지 ④ 여가 등 4개 항목을 주축으로 추진되고 있다. 구체적으로는 GNP에서 공해, 방위비, 통근시간 등 복지에 관계되지 않는 항목을 삭감하고 여가, 주부노동을 GNP에 가산하여 화폐가치로 나타낸다.

0725 국민생활백서
재정경제원이 매년 발행하는 국민생활에 관한 백서이다. 당초에는 급변하는 가계소비의 실태를 분석하여 국가의 경제계획책정에 이바지하는 것을 목적으로 하였다. 그러나 고도경제성장의 차질이 문제화함에 따라 가계 소비면 만이 아닌 주택과 노후생활 등 국민생활전반에 관한 문제를 다루어서 그 현황과 해결방향을 제시하는 방향으로 변화하였다.

0726 국민생활지표(NSI : new social indicator)
경제가 발전하고 국민의 생활수준이 향상되면 사람들의 생활관이 다양해지기 때문에 GNP 등과 같은 경제지표만으로는 생활수준을 나타내기가 곤란하다. 이 때문에 생활을 둘러싼 여러 가지 시도가 여러 나라에서 이루어지고 있는데 이를 사회지표(social indicator)라고도 부른다.

0727 국민소득(national income)
국민순생산은 시장가격으로 평가되는데 시장가격은 소요비용에 간접세를 더하고 보조금을 공제한 것과 같다. 국민소득은 요소비용(factor cost)으로 평가된 국민순생산이다. 즉 시장가격표시의 국민순생산에서 간접세(마이너스 보조금)를 공제한 것이다. 국민소득은 생산·분배·지출의 3면에서 파악할 수 있다.

0728 국민연금 01
가입자가 퇴직 등으로 소득원을 잃을 경우 일정한 소득을 보장하는 제도로 88년 1월 1일부로 실시됐다. 연금은 18세 이상 국민이 일정기간 가입, 만 60세부터 혜택을 받는 것이 기본이며, 대표적인 연금급여종류는 노령연금·장해연금·유족연금·반환일시금 등 4가지. 연금액은 하후상박 구조로 되어 있어 소득이 많은 사람의 연금액 백분율이 소득이 적은 사람보다 낮으며, 평균액은 20년 가입 기준 최종 보수의 약 40% 수준이다.

0729 국민연금 02
일반근로자 등 가입자가 노령으로 퇴직하거나 질병 등 기타 사유로 소득원을 잃을 경우, 일정한 소득을 보장하는 제도로 1988년 1월 1일부로 실시됐다. 가입대상은 18세 이상 60세 미만의 모든 국민. 5인 이상 사업장에 근무하는 근로자는 의무적으로 가입해야 하며 1~4인 사업장의 근로자와 농어민, 자영업자는 원하는 경우 가입할 수 있다. 다만 5인 이상 사업장의 근로자라도 일용직 또는 3개월 미만의 기한부 근로자, 계절적·일시적 사업장의 근로자는 대상에서 제외된다. 연금기금 마련을 위한 각출료는 1992년까지는 표준 보수월액의 3%를 근로자와 사용자가 각각 1.5%씩 부담했다. 또 1993년부터 1997년까지는 근로자－사용자－퇴직전환금에서 각 2%씩 6%를, 1998년 이후는 각 3%씩 9%를 내게 된다. 연금은 20년 이상 가입하거나 60세 이상 되어야 혜택을 받는 것이 기본이며, 종류는 노령연금·장해연금·유족연금·반환일시금 등 네 가지가 있다.

0730 국민연금관리공단

1987년 10월 19일 국민연금법에 의거하여 설립하였다. 국민이 나이가 들어 생업에 종사할 수 없게 되거나 불의의 사고로 사망 또는 장해를 입었을 경우 안정된 생활을 할 수 있도록 연금을 지급하고 아울러 각종 복지사업을 실시함으로써 국민복지 증진에 기여함을 목적으로 한다. 주요업무는 국민연금 가입자의 이력 관리, 연금보험료 징수, 연금급여 지급, 기금운용, 가입자와 연금 수급권자를 위한 복지사업 실시 등이다. 1988년 1월 상시근로자가 10인 이상인 직장을 대상으로 첫 시행에 들어간 이후 1992년 1월 5인 이상 사업장까지 확대 시행되고, 1995년 7월 농어민 및 농어촌 지역 주민까지 그 범위가 확대되었으며, 12년 만인 1999년 4월 도시지역까지 확대 적용됨으로써 전 국민이 가입하게 되었다. 2003년 7월 1일부터는 5인 미만의 사업장으로 확대되었으며, 2004년 7월부터는 건강보험·고용보험 가입사업장에 확대·적용된다. 설립 당시 본부 6부 15과 14개 지부에 총인원 656명 규모였던 것이, 국민연금 적용 대상의 확대와 특례노령연금 지급, 농어촌지역 국민연금 확대 실시 등으로 업무량이 대폭 증가하고 전문화됨에 따라 2004년 현재 본부 7실 2팀 1연구센터, 1기금운용본부, 80개 지사, 5개 통합지원센터, 9개 상담소로 인력과 조직이 확충되었다. 본부는 서울특별시 송파구 신천동에 있다.

0731 국민연금법

국민의 노령, 폐질 또는 사망에 대해 연금제도를 실시하기 위한 법률. 국민의 노령·폐질 또는 사망에 대해 연금급여를 실시함으로써 국민의 생활 안정과 복지 증진에 기여함을 목적으로 하는 법률이다(1986. 12. 31. 법률 제3902호). 국민연금사업은 보건복지부장관이 관장한다. 국민연금의 급여수준 및 연금 보험료는 국민연금 재정의 장기적인 균형이 유지되도록 조정되어야 한다. 보건복지부에 국민연금에 관한 사항을 심의할 국민연금 심의위원회를 둔다. 국내에 거주하는 18세 이상 60세 미만의 국민은 공무원·군인 및 사립학교 교직원을 제외하고 국민연금의 가입대상이 된다. 가입자는 사업장 가입자·지역 가입자·임의 가입자 및 임의계속 가입자로 구분한다. 국민연금 관리 공단은 가입자에 대한 기록의 관리 및 유지, 연금 보험료의 징수, 급여의 결정 및 지급, 복지증진사업, 기금증식을 위한 자금의 대여사업 등을 수행한다. 급여의 종류는 노령연금, 장애연금, 유족연금, 반환일시금으로 한나. 연금액은 지급 사유에 따라 기본 연금액과 가급 연금액을 기초로 하여 산정한다. 급여를 받을 권리는 양도·압류하거나 담보에 제공할 수 없다. 연금 보험료는 가입자 및 사용자로부터 가입 기간 동안 매월 징수한다. 연금 보험료는 원천공제 납부해야 하며, 연금 보험료 기타 징수금의 징수 순위는 국민건강보험법에 의한 보험료와 동순위로 한다. 국민연금 기금은 보건복지부장관이 연금 보험료, 기금 운용 수익금, 적립금 및 공단의 결산상 잉여금으로 조성하고, 관리·운용한다. 가입자의 자격, 표준소득월액, 연금 보험료 기타 징수금과 급여에 관한 국민연금 관리공단의 처분에 이의가 있는 자는 심사청구를 할 수 있고, 심사청구에 대한 결정에 불복이 있는 자는 재심사청구를 할 수 있다. 심사청구와 재심사청구 사항을 처리하기 위하여 국민연금관리공단에 국민연금 심사위원회를, 보건복지부에 국민연금 재심사위원회를 둔다. 사용자는 근로자가 가입자로 되는 것을 방해하거나 부담금의 증가를 기피할 목적으로 정당한 사유 없이 근로자의 승급 또는 임금 인상을 하지 아니하거나 해고 기타 불이익한 대우를 해서는 안된다. 9장 108조와 부칙으로 되어 있다.

0732 국민총생산(GNP : gross national product) 01

일정기간 중에 일국전체에서 생산된 총생산액에서 생산을 위해 사용한 원료·재료비 등의 중간생산물의 가액을 차한 부가가치액의 총계다. 한 나라의 경제활동수준을 나타내는 가장 포괄적인 지표이다. 이것은 생산 면에서 보면 제1차 산업, 제2차 산업 및 제3차 산업의 부가가치액의 지배 면에서 보면 임금봉급, 자본수익 및 이윤 등 요소비용의 합계이며 지출 면에서 보면 개인소비, 정부소비, 투자 등의 합계이나 이들 삼자는 똑같다. 이것을 삼면등가원칙이라 한다.

0733 국민총생산 02

한 나라가 일정기간(보통 1년)에 생산한 재화와 용역을 시장가격으로 평가하고 여기에서 중간생산물을 뺀 최종 생산물의 총액을 말한다. 즉 중간생산물은 원료와 최종생산물인 제품 중 제품만이 GNP에 계산된다. 시장가격으로 평가된 이 GNP가 명목국민총생산인데, 가격은 매년 변동되므로 이 두 가지의 성장률이 각각 명목경제성장률, 실질경제성장률이다. GNP에서 고정자본재의 소모분(감가상각비 등)을 뺀 것이 NNP(국민순생산)이다.

0734 국민총지출(GNE : gross national expenditures)

국민총생산(GNP)을 소비하는 제 지출의 총계를 말한다. 국민총생산을 생산 면에서 파악한 것이 산업별 국민총생산이며, 분배 면에서 파악한 것이 국민총생산비의 구성으로 표시한 것이고, 지출 면에서 파악한 것은 국민총지출인 최종생산물의 수요구성, 즉 국민경제의 최종생산물에 대한 지출합계로서 표시된다. 국민총지출이란 국민총생산이 지출되는 면에서 파악된 것이므로 개인·정부의 소비지출 해외경상잉여 등의 합계로 구성된다. 국민총지출은 자본감모분의 보전부분을 포함한 총개념이므로 지출국민소득에 비해 자본감모보전부분·간접세만큼 커져서 국민총생산과 동액이며 사회 전체의 유효수요와 균등하다.

0735 국민후생지표

순국민복지·국민후생지표 혹은 후생국민소득이라고도 한다. GNP가 주로 경제활동수준, 유효수요수준 지표로서의 성격이 강하고 경제후생지표로서의 성격이 명확하지 못한데 반해 NNW는 후생지표에 가까운 형태로 GNP를 보완하기 위해 만들어진 개념이다. NNW개발방법은 GNP를 기초로 하여 ① 개인소비 ② 재정지출 ③ 공해방지 ④ 여가 등 4개 항목을 주축으로 추진되고 있다. 구체적으로는 GNP에서 공해, 방위비, 통근시간 등 복지에 관계되지 않는 항목을 삭감하고 여가, 주부노동을 GNP에 가산하여 화폐가치로 나타낸다.

0736 국세조사(census)

국내인구의 상황을 파악하고자 하는 조사를 말한다. 조사실시기관은 행정자치부 통계국이며 조사대상은 전 국민·전 세대이다. 조사는 5년마다 실시되며, 조사사항은 성씨, 성별, 출생년월일, 국적, 배우관계 외에 취업관계항목(취업상태, 산업, 직업, 직위, 근무지) 통학지역, 세대종류, 주거관계항목(주거종류, 거주실수, 양수) 등으로 이루어진다.

0737 국세체납처분(Disposal of the Delinquent Taxes)

국세체납자에 대해 세무행정관청에서 국세징수법에 따라 행하는 강제징수 처분 또는 그에 부수되는 절차를 말하며 그 절차는 첫 단계로 미리 독촉을 하고, 그래도 기한 내에 이행하지 않을 때에는 재산압류·매각 및 청산의 3단계 절차로 행하여지는 것을 말한다.

0738 국유재산특별조치법

국유재산의 취득, 유지, 보존, 운용, 처분에 관한 국유재산법의 특례 조치를 정한 법이다. 특례조치로서 지방공공단체가 사회복지시설의 사용에 이바지할 때, 사회복지법인이 시·도지사 또는 지방자치단체장으로부터 위탁을 받아 행하는 위탁에 관한 보호 또는 조치사용에 주로 이바지하는 등의 무상대부 내 지방공공단체의 법으로 정한 사용에 이바지할 때 사회복지법인 등에 대한 대부 등의 조치가 있다.

0739 국적(nationality)

국적이라 함은, 어느 개인이 법률상 국민으로서 어느 국가에 소속하는 관계, 즉 일정한 국가의 구성원이 되는 자격을 말한다. 일정한 국적을 가진 사람은 그 국토 외에서도 그 나라의 주권에 복종하는 반면에 본국에 의하여 보호를 받게 되어 있다.

0740 국제가정단체연맹
(international union of family organization)

국제회의나 국제적인 출판물을 통해 가정생활에 영향을 미치는 사회 프로그램의 교환을 장려하고 있는 민간단체다. 목적은 인종, 신조와는 관계없이 가정의 행복을 위해 활동하는 공사의 모든 단체를 결속시킨다. 가족문제에 관한 모든 조사에 협력한다. 가족문제에 관한 정보의 수집과 보급을 한다. 항구평화달성을 위한 환경을 전 세계의 가정에 만든다. 국제가족계획연맹 등으로 되어 있다. 설립은 1947년, 본부는 파리에 있다.

0741 국제가족계획연맹
(international planned parenthood federation)

1952년 미국의 마가렛트·산카부인을 중심으로 인도의 라마·라우여사 등의 제창으로 조직되어 국제연합비정부기관 중에서도 일반적 협의 자격을 갖는 국제연합협력단체의 카테고리에 속해 있는 단체다. 가족계획의 지식은 인간의 기본적 권리라는 입장에서 가족계획의 조성이나 인구문제에의 이해를 깊게 하는 것을 목적으로 한다. 본부는 런던에 있고 그 밖에 6개소의 지역사무국이 있다.

0742 국제개발기구
(AID : agency for international development)

다른 나라에 경제적 원조, 사회복지 원조를 집행하고 협력하는 다른 국제 원조 조직과의 통합으로 1961년에 세워진 미국 정부 프로그램이다.

0743 국제노년학회
(international association of gerontology)

1938년 설립된 노령연구회가 발전해 1950년에 제1회 국제노년학회가 개최된 것을 계기로 결성되었다. 각국의 노년학단체의 국제협력을 통해서 생물학적, 의학적, 사회적 노년학 연구와 전문가의 교육훈련촉진 및 노인문제에 대한 관심의 환기를 촉구하는 활동을 하고 있다. 본부는 이스라엘에 있으며 세계 34개국의 국내조직이 가맹되어 있으며 3년마다 국제회의가 개최된다.

0744 국제노동기구
(ILO : international labour organization) 01

제1차 세계 대전 후 베르사이유조약에 입각해서 1919년 6월 28일에 설립되었다. 현재는 WHO, UNESCO 등과 같이 국제연합(UN)의 전문 기구로서 중요한 지위를 차지하고 있다. 그 목적은 국제적으로 근로자의 노동조건을 개선하고 사회정의를 확립하여 세계평화에 공헌 하는 것과 노동자 생활의 동향, 완전, 노동협조, 사회보장의 실현 등을 조장 촉진하는 것의 두 가지 점이며 1992년 말 현재 가맹국은 161개국이다. ILO 조직으로는 최고기관인 ILO총회, 관리기관인 ILO 이사회 및 ILO사무국(International Labour Office)이 설치되어 있으며, 이 외에 보조기관으로서 지역회의, 산업별 노동위원회 등이 설치되어 있다. 사무국은 제네바에 있으며, 본부 외에 방콕 등 4개소에 지역사무소, 마닐라 등 22개소에 지구사무소, 도쿄 등 9개소에 지국이 설치되어 활동하고 있다.

0745 국제노동기구 02

제99호 권고(신체장애인직업재활권고) 1955년 ILO 제38회 총회에서 채택된 신체장애인의 직업재활에 관한 권고(제99호)를 가리킨다. 신체장애인의 직업지도, 직업훈련, 직업소개 등 직업적 재활을 취급하는 중요한 국제기준이다. 이들의 서비스 원칙과 방법, 운영조직, 이용촉진의 방법, 관계단체와의 협력, 고용기회의 확대방법, 보호고용의 적용 등으로 나누어 상세한 기준이 정해져 있다. 예를 들면 보호고용에서는 고용 시장에 있어서 통상 경쟁에 견디기 곤란한 신체 장애인을 위하여 보호된 상태 하에 행해지는 훈련 및 고용의 시설이 정해져 있다. 또 임금 및 근로조건에 관한 일반법규는 보호고용 하의 신체 장애인에게도 적용해야 하는 것으로 되어 있다.

0746 국제노동기구 03

제102호(사회보장 최저기준조약) 1952년 국제노동기관(ILO) 제35회 총회에서 채택된 사회보장의 최저기준에 관한 조약(제102호)을 말한다. 전문에는 사회보험에 관한 제 조약·권고가 있었다. 전후의 국제기준으로서 1944년의 의료권고(제69호)와 소득보장권고(제67호)를 받아들여 이 조약은 의료·상병급여·실업급여·노령급여·업무화재급여·가족급여·출산급여·발병급여·유족급여의 9개 부문별로 최저기준을 정하고 있다.

0747 국제노동기구 04

제103호(출산보호조약) 1952년 6월 제35회 총회에서 채택, 1955년 5월에 효력 발생된 것으로 우리나라는 비준국이다. 본 조약은 공업적 기업, 비공업적 기업 및 농업적 업무에 사용되는 여자(가내에서 노동하는 여자원전노동자를 포함한다)에 적용되는 것으로, 분만하는 여자의 출산휴가(3-1), 휴업 중에 있어서 금전 및 의료급여(4-1), 육아시간(5-1) 출산휴가 중의 해고제한(6) 등을 규정하고 여자근로자의 출산에 따른 모성보호를 목적으로 한 국제노동조약이다. 특히 출산휴가로 12주간 그중 산후 6주간은 강제휴가), 출산휴가 중의 휴업·보상(현회급여)과 의료급여는 강제적 사회보험 또는 공공기금에서 집행하도록 되어 있다. 이같이 사용자에 의한 도의적 급여가 금지되어 있는 것은 취직에서의 악영향을 고려하고 있기 때문이다. 또 이 조약에 관련하여 출산보장에 관한 권고(1952년 ILO활동 95호)가 있어 조약의 보충사항으로서 출산휴가의 연장, 모성급여, 육아·탁아 시설 등에 대해 규정하고 있다.

0748 국제노동기구 05

제121호 조약(산업재해 급여조약) 제48회 총회(1964년)에서 채택되고 1967년에 효력을 발생한 사무재해의 경우에 있어서 급여에 관한 조약(제121호)을 말한다. 그 내용은 산업재해보장의 통용범위, 급여사고, 업무상 사무의 범위, 급여내용 등 제도전반에 걸쳐 상세하게 그 기준 등을 규정하고 있는데 그 수준은 ILO 102호 조약의 업무재해부문에 정한 수준보다도 한층 상회하는 것으로 되어 있다. 특히 통근도중의 재해도 업무상 재해의 범주에 포함시켰으며, 급여의 내용으로는 의료 및 관련급여, 현재급여로서 일시적 또는 장기적 노동 불가능 또는 소득의 전반적 상실은 물론 유족급여와 장례비 지급을 규정하고 있다.

0749 국제노동기구 06

제128호(장애, 노령, 유족 급여조약) 1967년 제51회 총회에서 채택된 장애·노령 및 유족 급여에 대한 조약(128호)를 말한다. 그 때까지는 1933의 연금보험의 제 조약이 있었으나 ILO 102호 조약과 그 뒤의 사회보장 전개에 비추어 개정된 연금조약이다. 급여수준은 장애급여가 임금 수준의 50% (처와 두 자녀가 있는 남자의 경우), 노령급여가 45% (연금수급연령의 처가 있는 남자의 경우) 유족급여가 45%(두 자녀가 있는 과부의 경우)로 되어 있고, 급여비례제, 정년제, 사회부조의 선택 규정으로 되어 있다. 그 어느 것이나 임금수준의 40%로 정한 ILO 102호 조약보다도 높다.

0750 국제노동기구 07

제130호(의료·상병 급여조약) 1969년 제53회 총회에서 의결된 의료 및 상병급여에 관한 조약(제130호)을 말한다. 1952년의 ILO 102호 조약의 관계규정과 그 후의 사회보장의 전개에 비추어 1927년의 질병보험조약을 개정한 것이다. 의료급여는 그 보호범위에 연금이나 실업급여의 수급자도 포함하고, 급여내용에 치과진료, 의학적 재활(再活)도 포함하는 등 그 내용이 102호 조약보다는 개선되었다. 상병급여란 휴업보상을 말하며, 그 내용은 임금수준기준으로 260% 선이며, 급여비례제, 정액제, 사회부조의 선택규정으로 되어 있다. 1983년 제69회 총회에서 채택된 신체장애인의 직업 재활 및 고용에 관한 조약(159호)을 말한다. 동총회는 1955년의 권고(신체장애인 직업 재활) 99호의 채택과 1981년의 완전참가와 평등을 주제로 한 국제 장애인의 해를 받아들여 이 조약과 동시에 같은 명칭의 신 권고 168호도 채택했다. 신 권고는 구 권고 99호를 보완하는 내용이다. 더욱이 전년 총회의 제1차 토의에서는 권고만이 예정되어 있었던 일도 있어 내용면에서는 신 권고쪽이 실질적이라 할 수 있다. 이들 하나의 조약과 두 개의 권고는 심신장애인의 직업재활을 취급한 중요한 국제노동 기준이다.

0751 국제노동조건

협약(convention)과 권고(recommendation)의 형식으로 국제노동기준의 설정과 그의 국내 실시의 감독, 개발도상국에의 기술협력, 조사연구가 주된 활동수단이다. 기술 특히 노동조합권이나 사회보장의 세계적 보급에 공헌했으나 노동생활의 질(quality of working life)의 향상에도 크게 기여했다.

0752 국제맹예방협회(international agency for the prevention of blindness)

1929년 설립된 협회로서 시각장애의 예방과 대책, 시각장애인 복지의 지식과 기술의 보급을 목적으로 국제적 조사와 연구, 정보센터, 홍보자료의 대출 등의 활동을 하고 있다. 본부는 호놀룰루에 있으며 세계 39개국의 국내위원회와 개인이 가맹하고 있다. 국제안과학회와 국제도라코마예방회 공동으로 국제회의를 개최하고 있다.

0753 국제무주택자를 위한 시설의 해
(IYSH : international year of shelter for the homeless)

국제연합은 1982년 총회에서 1987년을 국제무주택자를 위한 시설의 해라 할 것을 정했다. 그 주된 목적은 개발도상국을 중심으로 열악한 주민환경을 장기적 전망에서(2000년까지) 개선해 가난한 사람들의 주거 및 주거환경의 개선 그리고 집이 없는 사람들에게 주거시설을 제공하는 것이었다. 이미 1980년의 국제연합총회는 세계인구국제여성의 날 48억 인구 중 4분의 1은 적절한 주거를 갖지 못하고 대단히 비위생적이며 불건강한 생활을 하고 있는 것을 지적하고 설정해 국제사회의 환기를 촉구해야 한다는 견해를 발표했다.

0754 국제사회보장협회
(international social security association)

1927년 설립되었으며, 사회보장의 기술적, 관리적 개선을 통해 발전과 옹호를 도모하는 국제적 수준에서의 협력기관이며 사회보장의 조사연구, 국제세미나, 원탁토론 개최 등의 활동을 하고 있다. 제네바에 본부가 있으며 세계 104개국의 245기관이 가맹하고 있다. 3년마다 총회와 지역회의를 개최하고 국제사회보장 평론(계간), 세계 사회보장 문헌목록(계간)을 발행하고 있다.

0755 국제사회보장회의
(international social security conference)

1945년 파리에서 설립된 세계노동조합연맹은 1953년 빈에서 국제사회 보장회의를 열고 사회보장총액을 채택했다. 그 후 세계 각국의 사회보장확충을 목표로 동연맹이 소집하는 국제회의를 국제사회보장회의라 한다. 이 국제회의는 1961년에 사회보장헌장을 채택해 국제노동운동에 맞는 사회보장개선운동을 전개하고 있다. 또 ILO(국제노동기구)가 관련 국제조직과 협력해서 개최하는 사회보장회의도 국제사회보장회의라 부르고 있다.

0756 국제사회복지(international social welfare)

일반적으로 사회복지를 추진하는 구체적인 국제적 제 기구와 그 활동을 지칭한다. 그러나 그 사상적 기반을 간과해서는 안된다. 사회복지의 이념은 국내, 국제를 통틀어 세계인권선언에 집약되어 있고 그 같은 이념은 상대적으로 정치가 안정된 한 나라 내에서는 상당한 현실가능성을 갖고 있다(복지국가의 이념). 그러나 국제사회에서는 사상, 정치, 편견, 이해 등 여러 가지 장해 때문에 그 현실화가 크게 저지되어 있으며 복지사회로의 길은 아직 멀기만 하다. 과학기술이 진보되고 통신·교통의 수단이 비약적으로 발달한 현대에서도 국제사회복지의 현실은 아직 특정조난자의 최저한의 기본적 욕구에 대한 대응에 국한되어 실정이나 사회복지는 초보적 단계에 있다 해도 과언이 아니다. 오늘날 인류 65억 중 5~6억은 영양부족상태에 있으며 기아상태의 아동만도 수백만이고 또 1000만을 넘는 난민이 세계도처에서 기본적 욕구박탈 위협에 직면해 있다. 세계평화는 국제사회복지에 의존하고 있으나 국제사회복지 또한 세계평화(정치)가 그 전제조건이다. 국제사회복지는 국제적십자사연맹 등의 선구적인 활동, 혹은 국제연맹의 상설위원회나 보건기구 등의 활동에서 볼 수 있었으나 전 세계적으로 그것이 전개된 것은 제2차 대전 후의 국제연합의 성립이후라 해도 좋다. 제2차 대전 중인 1943년부터 전후 1946년까지 활약한 UN부여구제기관(UNRRA)은 그 뒤 사회복지에 있어 국제협력의 묘상이 되었다. 국제연합은 각 국정 부의 연합체로서 제2차 대전 후의 국제정치의 영역(area)인 동시에 국제사회복지추진의 중심열세이기도 한다. 광의와 협의의 사회복지에 관해서는 경제사회이사회가, 총회의 사회복지에 관해서는 경제사회이사회가 총회에 대해 책임을 지며 각종의 위원회와 관련 제 전문기관을 산하에 두고 또 국제사회복지협의회(ICSW)를 비롯해 민간의 제 기관과도 협력해 광범한 활동을 하고 있다.

0757 국제사회복지대회
(international conference on social welfare)

국제사회복지협의회가 격년으로 개최하는 국제대회로서 세계 각국의 사회복지에 대한 정보나 경험의 교류 및 국제적 논의를 위한 가장 광범위하며 종합적인 대회이다. 이 대회는 국제사회복지협의회에 가맹한 각국을 순회하며 개최되고 있다.

0758 국제사회복지협의회
(ICSW : international council on social welfare)

1928년 설립. 사회복지에 관한 국제적인 논의와 정보와 경험의 교류, 국제협력의 촉진을 목적으로 국제회의와 지역사회 및 세미나를 개최하고 있다. 본부는 빈에 있으며 세계 주요지역 5개소에 지역사무국제연합난민의 지위에 관한 조약국을 두고 세계 76개국의 국내위원회가 가맹하고 있다. 회의록, 국제사회복지사업(계간), 서장신문(계간)외에 서적도 발행하고 있다.

0759 국제사회복지협회
(ICSW : international council on social welfare)
사회복지 프로그램의 발전과 지속을 위하여 국가 간의 협력을 증진시키는 국제기구를 말하며, 오스트리아 빈에 본부를 두고 있다. ICSW는 국가간 복지활동을 조화시키고, 연구를 돕는다. 그리고 정보를 보급시키고, 다른 나라의 사회복지 지도자 간의 회의를 후원한다.

0760 국제사회사업(복지)대학협의회(IASS : international association of schools of social work)
1929년 설립되었으며, 사회사업 교육수준의 국제적 향상을 목표로 세미나가 개최, 연구 집단 원조, 교육자료, 용어, 교과과정, 교수법에 관한 위원회활동정보의 수집과 교환 사회사업(복지)학교에 조언제공, 국제연합에 협력활동을 하고 있다. 빈에 본부를 두고 세계 6개국의 500개교가 가맹하고 있다. 격년에 국제회의를 개최하는 외에 지역 세미나도 개최하며 국제사회사업복지(계간) 등을 발행하고 있다.

0761 국제사회사업가연맹
(international federation of social workers)
1928년 파리에서 국제사회사업가 상설사무국으로 설립되었다가 1950년 조직개편과 함께 현재의 명칭이 되었다. 제네바에 본부를 두고 국제협력에 의한 전문사회사업가의 수준, 교육 훈련, 윤리, 노동조건의 향상, 국제노력에 의한 사회복지계획과 국내조직의 형성과 발전에 대한 원조활동을 하고 있다. 세계 46개국의 국내조직이 가맹하고 있으며 적어도 2년마다 총회를 개최하고 있다.

0762 국제사회사업가 훈련프로그램협의회
(CIP : council on international programs)
외국의 사회사업가가 미국에 와서 미국 사회사업대학이나 다른 교육시설에서 훈련을 받도록 해주는 사회사업 조직이다.

0763 국제사회사업대학협의회(IASSW : international association of schools of social work)
전 세계에 걸친 사회사업 교육가와 사회사업학교로 구성된 국제기구로서 이들이 임무는 훈련을 개선시키고 사회사업 교육을 위한 일관된 기준을 확고히 하는 것이다.

0764 국제아동복지연맹
(IUCW : international union for child welfare)
스위스 제네바에 본부를 두고 세계 아동의 복지에 관련된 많은 나라의 정부, 공공, 민간기구를 포괄하는 국제기구이다. 이 연맹은 연구를 돕고 훈련을 제공하고 아동에게 이로운 정보를 유포한다.

0765 국제아동복지연합
(international union for child welfare)
1920년에 설립되었으며 아동권리선언의 보급과 수인, 아동복지의 촉진, 아동문제의 조사와 필요한 개혁에의 제언을 목적으로 하고 있다. 국제협력에 의한 세계 각국의 아동복지수준의 향상에의 원조, 정보의 수집과 교환, 각국의 아동복지의 비교연구, 난민아동의 구제 등의 활동을 하고 있다. 쥬네브에 본부를 두고 세계 69개국의 단체가 가맹하고 있다. 격년으로 총회와 세계아동복지대회를 개최한다. 국제아동평론을 발행하고 있다.

0766 국제여성의 해(international women's year)
1972년 12월 18일 제27회 국제연합총회 결의안 3010에서 1975년을 국제부인의 해로 한다는 것이 선언되었다. 특히 남녀 간의 평등에 관해 권리, 기회, 책임뿐만 아니라 인간으로서의 존엄과 가치 면에서도 평등한 것을 인식하고 발전과 조화 있는 행동을 통해 세계평화의 강화를 위한 부인의 공적을 강화하는 활동의 해로 정했다. 1975. 6. 19~9. 2에 멕시코시티에서 국제부인의 해에 국제회의가 열려 목적 실행을 위한 세계행동계획이 채택되었다.

0767 국제여성의 날(international women's day)
1904. 3. 8. 미국의 부인들이 뉴욕에서 데모를 한 것에서 비롯된 국제적인 부인행사이다. 1910년 8월 코펜하겐에서 열린 제2차 국제대회에서 미국에서의 운동을 기념해서 매년 3월 8일을 국제 부인의 날로 하자는 제안이 승인되었다.

0768 국제연합(the united nations)
제2차 대전 말기인 1945년 6월 26일 51개의 가맹국에 의해 설립되어 1986년 현재 159개국이 가입하고 있다. 국제연합 헌장전문에 나타난 목표는 국제평화의 유지, 기본적 인권의 존중, 국제법질서의 유지, 사회적 진보와 생활수준의 향상 등이다. 국제연합총회, 안전보장이사회, 경제사회이사회, 신탁통치이사회, 국제사법재판소, 국제연합사무국 등이 주요기관이다. 광의, 협의의 사회복지를 포함한 경제·사회적 사항에 관해서는 경제사회이사회가 책임을 지고 있다.

0769 국제연합교육과학문화기구(united nations educational, scientific and cultural organization)
국제연합의 전문기관 중의 하나로서 1946년 설립되었고, 파리에 본부를 둔다. 그 목적은 유네스코헌장에 근거하여 교육, 과학, 문화부문에서 세계 각국의 협동을 통해 세계의 평화와 안정에 공헌하는 것이다. 회의, 세미나, 출판, 조사, 기술고문파견 등에 의해 교육의 확대(문맹의 박멸), 자원 활용이나 과학기술의 적용, 문화유산보존에 의한 각 민족의 아이덴티티의 옹호, 지식의 정보센터, 인권·정의·평화실현에 유용한 사회과학의 발전 등을 지향하고 있다.

0770 국제연합난민고등판무관사무소(UNHCR : office of the united nations high commissioner for refugees)
연합국부흥구제기관의 일을 일부 계승한 국제난민기구(IRO)

를 또다시 계승해서 1951년 국제연합회에 의해 설립되었다. 제네바에 본부를 두고 있으며 그 임무는 새로운 거주지에서 정상적 생활을 되찾을 때까지 국제난민을 정치적, 법적으로 보호하고 물질적 원조도 하는 것이다. 1951년의 국제연합난민조건과 1967년의 의정서에 근거하여 활동하고 전후 현재까지 2500만인 이상의 난민을 구제했다. 1953년과 1981년에 노벨평화상을 수상했다. 팔레스타인 난민은 별개조직(UNRWA)이 취급한다.

0771 국제연합난민의 지위에 관한 조약(the united nations convention relating to the status of refugees)

1951년 7월 국제연합에 의해 채택되었다. 주로 제2차 대전 후의 정치혁명에 의해 무국적이 된 망명자, 난민의 권리와 처우의 최저한을 국제법적으로 확인하는 포괄적인 조약이다. 난민을 정의하고, (난민의)시행증명서에 관한 규정을 비롯하여 가입국은 난민의 의지에 반해서 추방하거나 자국의 국가로 되돌릴 수 없는 것 등을 규정하고 있다. 1951년 이후의 난민에게 적용하기 위해 1967년 1월 인정서가 체결되었다. 1986년 8월 현재 조약 내지 인정서에 100개국이 가입하고 있다.

0772 국제연합자원봉사단

청년 남녀에게 건설적인 국제협력의 기회를 주며 아울러 국제기술 교류와 개발에 기여하는 것을 목적으로 1971년에 개설되었다. 국제 연합계획(UNDP)의 일부이며 일정의 자격을 갖춘 21세 이상의 남녀를 대상으로 하고 있다. 자원봉사자는 수입국의 요청과 승인에 의해서만 파견된다. 활동분야는 예를 들면 농업실연, 현지의 자재를 이용한 건축, 소규모댐 건설, 수도부설, 성인식자 교육 등이다.

0773 국제연합헌장

1945년 제2차 대전 종료직전, 샌프란시스코에서 개최된 연합국회의는 국제연합의 설치를 정한 이 헌장을 채택했다. 제1조에서 국제연합의 목적, 제2조에서 가맹국의 주권평등 등의 원칙, 제7조에서 국제연합의 제 기관에 관해 규정했다. 전전의 국제연맹과는 달리, 인권과 복지의 증진을 중시해 경제사회이사회가 설치되었다. 보건, 사회보장, 사회복지의 분야에서는 직속의 UNICEF(국제아동기금), UNDP(국제개발계획국)의 활동 외에 전문기관인 WHO(세계보건기구), ILO(국제노동기구) 등에 대한 권고와 운휴가 중시된다.

0774 국제인권규약

세계인권선언(1948년)에서 제창한 이상을 실현하기 위한 조약이다. 1966년 제21회 유엔총회에서 채택되어 76년 발효. '경제적 사회적 문화적 권리에 관한 규약'(A규약)과 '시민적 정치적 권리에 관한 규약'(B규약)으로 나뉘는데, A규약에서는 '노동자의 단결권'과 '사회보장', B규약에서는 '비인도적 처우의 금지'와 '소수민족의 권리' 등을 보장받을 권리로서 명시하고 있다. A규약의 제 권리의 실현은 점진적으로 이루어져도 좋으나 B규약의 제 권리에 대해서는 체약국이 된 순간부터 실현할 의무를 진다. 단 '국가의 안전', '공공질서' 등을 위해 제한받는 권리도 있다. 체약국은 유엔사무총장에게 실시상황을 보고할 의무가 있으며 B규약의 경우 규약위반만을 따지는 조정제도도 있다.

0775 국제인도법(international humanitarian law)

1970년대 초부터 쓰이기 시작한 말로 좁은 의미에서는 국제적인 교전 법규 중에서 제네바 4조약에 명시된 전쟁 희생자의 보호를 위한 국제법을 의미하며 넓은 의미에서는 교전법규뿐만 아니라 평상시 개인의 기본적 인권을 보장하는 조약에 따른 인권법까지 포함하는 것으로 여겨진다. 전쟁법이나 무력분쟁법을 대신하여 이 말이 쓰이게 된 배경에는 현대의 무력 전쟁이 인간의 생존권뿐만 아니라 인류의 생존까지 위협하는 성질을 띠고 있기 때문이다.

0776 국제인보사업연맹(international federation of settlements and neighborhood centers)

1926년 설립. 국제협력을 통해 세계 각국의 지역사회사업가의 발단촉진을 목적으로 문서센터, 지역사회사업가의 국제교류, 각국 내 조직의 육성, 전문사회사업가와 자원봉사자 훈련 등의 활동을 하고 있다. 본부는 네덜란드로 세계 13개국의 국내조직이 가맹하며 있으며 격년제로 총회를 개최하고 있다.

0777 국제자유노동조합연맹(ICFTU : international confederation of free trade unions) 01

국제자유노련은 공산주의 계열의 세계노련에 대항하여 1월 1949년 영국, 미국, 네덜란드 등에 의해 결성되었다. 결성방침은 근로자의 생활조건, 확보를 위한 생산증강, 사회보장의 확립, 소련 및 소련권의 근로자의 강제노동의 조사, 세계 경제발전을 위해 종합적인 경제정책의 지지, 유엔 및 ILO와의 적극적인 협력 등을 내걸고 있다. 우리나라는 전대한노총이 당시에 가입하였다.

0778 국제자유노동조합연맹 02

1949년 11월 세계노조연맹(WFTU)에 가맹하고 있었던 영국의 TUC와 미국의 CIO 그리고 세계노조연맹에 가맹하지 않고 있던 AFL(후에 CIO와 합병) 등이 중심이 되어 세계노조연맹과는 별도로 런던에서 결성한 국제노동조합조직이다. WFTU에 대항하여 냉전 무드의 일환으로 설립된 이 연맹은 결성된 후 10여 년 간은 반공주의 노사 협조주의의 입장을 강하게 나타냈으나 60년대 후반에 들어와 68년 5월 파리혁명 등의 영향으로 유럽의 가맹조합들이 이 노선으로부터 벗어나기 시작하자 이에 반발한 AFL·CIO가 69년에 탈퇴했

ㄱ

다가 82년에 복귀하였다. 86년 11월에는 폴란드의 비합법 노조인 '연대(連帶)'의 정식가입을 발표, 국제자유노련은 벨기에의 브뤼셀에 본부를 두고 있으며 우리나라는 1949년 12월 7일에 가입했다.

0779 국제장애인의 해 (international year of disabled persons)

국제연합은 1972년에 정신지체아에 대해 인권선언을 하고 1975년에는 장애인의 권리선언을 공표했다. 오늘날 세계의 심신장애인 4억5천만 명의 생활에 아직까지도 차별과 불평등이 단절되지 않았다는 현상의식에 근거하여 1976년 12월 제31회 국제연합회에서 세계적 규모의 계몽활동을 위한 국제장애인의 해를 1981년으로 결의했다. 그 슬로건은 장애인의 완전참가와 평등이었다. 그 이념을 달성하기 위해서 장애인의 사회적 통합을 저지하는 물리적, 법·행정적, 정신적 장애를 가능한 한 제거하고, 지체부자유·시각장애·청각장애·정신발달지체·정신병 등에 유래하는 모든 장애인에게 사회 일반시민과 대등한 권리와 기회를 가지도록 할 것을 주창한다. 그 운동의 주체를 장애인 자신으로 하자는 것이 과제가 되었다. 그러나 이 목적은 1년에 달성될 수 있는 것이 아니기 때문에 국제연합 스스로도 장애인의 10년(1983~1992)을 설정해서 계획적으로 과제해결에 노력해왔다. 또 국제장애인의 해 자문위원회 하에 있는 사무국은 세계 각국이 장기계획을 입안에서 10년간의 운동과제를 설정하고 각국 실정에 상응한 행동계획을 설계할 것을 호소하고 있다. 이에 응해 국내위원회를 조직한 국가는 45개국이다.

0780 국제장애인재활협회

1922년 설립된 협회로서 각국이 장애인 재활정보의 수집과 교환, 장애원인의 연구와 장애의 제거, 국민단체의 창설과 활동의 촉진을 목적으로 하며 국제정보서비스, 원서관, 장애인복지의 상담과 조언 등의 활동을 하고 있다. 뉴욕에 본부를 두고 세계 66개국의 단체가 가맹하고 있다. 3년 마다 세계회의를 개최, 국제재활평론(계간)을 발행하고 있다.

0781 국제적십자사연맹(league of red cross societies) 01

1919년 미국적십자사 전시구제협의회장 데비슨의 발의에 의해 설립되어 국제적 인도활동의 촉진, 각국 적십자사 설립과 독립의 원조, 국제간의 연락조정과 연구를 목적으로 재해긴급구호, 각국 적십자에 정보 및 기술의 제공과 활동에 대한 원조를 하고 있다. 본부는 제네바이며 세계 122개국이 가맹하고 있다. 국제회의와 이사회를 개최하고 파노라마지(년 8회), 연보, 소책자 등을 발행하고 있다.

0782 국제적십자사연맹(IFRC : international federation of the red cross and crescent societies) 02

ICRC의 역할이 주로 분쟁과 관련된 반면, 연맹은 평시의 활동을 맡고 있는 기구이다. 연맹은 '인도주의를 통한 평화달성'이라는 모토 아래 각국 적십자사의 활동을 격려하고 지원하며 이러한 활동을 통해 국제적십자운동의 결속을 다지며 평화를 유지, 증진시킨다. 또한 각국 적십자사간에 조정자로서의 역할을 맡아 각국 적십자사의 경험과 아이디어 교환의 매체 역할을 하기도 하며 새로 설립되는 신생 적십자사의 발전을 위해 전문기술 및 재정지원도 하고 있다. 1919년 창립되었으며, 주요활동으로는 긴급구호사업, 보건 및 사회사업, 청소년사업 등 주로 평화와 관련된 활동을 한다.

0783 국제질병분류법 (ICD : international classification of diseases)

세계보건기구가 집계한 정신병을 포함한 모근 인간의 질병을 통계학적으로 분류한 것이다. 일반적으로 국제질병분류법 ICD으로 칭하고 간행 숫자가 매겨지는 이 출판물은 거의 10년마다 발행된다. 1900년에 국제 사인 일람표로 불리는 초판이 완성되었다.

0784 국제청년의 해(international year of youth)

국제연합(UN)은 1978년 총회에서 1985년을 국제청년의 해할 것으로 정했다. 그리고 그 테마를 참가, 개발, 평화로 결정했다. 국제청년의 해의 4대목적은 청년의 상태, 권리, 포부에 관해 정책 결정자나 여론의 인식과 승인을 구한다. 청년에 관한 정책, 계획을 사회적, 경제적 발전에 있어 불가결한 것으로 추진한다. 청년과 청년단체의 적극적인 사회참가, 특히 개발과 평화에의 사회참가를 확대한다. 청년에게 평화와 인간 상호간의 존경과 이해의 이념을 보급시킨다.

0785 국제카리타스(international confederation of catholic organizations for charitable and social action)

1950년 로마교황 피오 7세에 의해 인가된 세계 각국의 카리타스로 이뤄진 연합체이다. 카톨릭 내에서는 COR. UNUM(로마교황청 사회문제 심의위원회)이 구성원이다. 그리고 국제연합의 경제사회이사회(ECOSOC)와 세계보건기구(WHO) 등의 고문역도 맡고 있다. 그 목적에는 목회적인 배려의 틀안에서 적극적인 인해의 행위에 의해 인간사회 개발이나 가장 혜택받지 못한 사람들의 생활 향상을 위해 각국의 카리타스가 참가하는 것을 장려하고 원조한다. 다른 국제기구와 함께 세계에서 빈곤으로부터 생기는 제 문제에 대해 그 원인을 조사하고 정의와 인간의 존경에 상응하는 해결책을 제안하기 위한 연구를 한다. 재해 시나 위급원조를 필요로 할 때 또는 지역에 마땅한 조직이 없을 경우 즉시 원조하도록 각 단체의 구조 활동을 촉진하고 그를 조정하기 위함이다. 카리타스 국제회의는 4년에 1회 로마에서 열린다.

0786 국제평화의 해(international year of peace)

1982년 11월 국제연합회는 1986년을 국제평화의 해로 정했다. 그 주된 목적은 국제연합헌장에 근거해서 평화, 국제적 안정과 협력을 추진하기 위한 협조적·효과적인 활동의 추진, 국제연합의 강화, 평화에 불가결한 조건에 대한 사회 관심의 야기였다. 특히 평화와 경제관계 그리고 사회 발전 사이에 볼 수 있는 상호 관련성, 인종차별과 인종격리정책 철폐, 평화의 기본적 조건인 인권의 존중과 자유의 행사, 식료·주택·보건·교육·노동·적합한 환경·인간다운 생활을 누리는데 기본적 조건인 평화, 여성·고령자 등의 적극적인 참가 등에서의 유의점을 들고 있다.

0787 국친사상(parent patriot)

소년법 운용의 배경에 있는 법이념을 표시하는 말이며, 법을 범한 소년에 대해 국가가 피고에 대항하는 원고(대립당사자)로서 행동하는 것이 아니고 흡사 어버이(親)같은 입장에서 행동하고 보호한다는 원칙을 나타내고 있다. 고도로 전문화되어 있어 미국 소년사건은 민사이며 보호처분이 소년의 복지를 위해 시행하고 있다.

0788 국회예산국(CBO : congressional budget office)

국회에 기본적인 예산 자료와 대안적인 회계정책 프로그램을 제공하는 정부의 입법부 내에 있는 조직이다. 예산국은 지출과 세입수준 및 할당의 대안에 관한 토의를 담은 연간 예산보고서를 준비해서 국회에 제출한다. 예산국은 개인적인 권한과 충당금에 대한 국회 조치의 결과를 감시하고 세금과 지출에 대한 현 정책의 계속되는 비용에 대한 5년간의 계획을 제공한다.

0789 군대사회사업(military social work)

현역군인과 그 가족을 위해 개입하는 전문 사회사업을 말한다. 미국 육군 및 공군에는 사회사업가 장교들이 주로 이 서비스를 제공받고 있다. 또한 민간 전문사회사업가들도 육군, 해군, 공군 등에서 서비스를 제공한다. 군대사회사업가들은 정서적으로 문제를 지닌 군인이나 그 가족을 치료하거나 평가해주며, 사회자원을 발견하고 개발해주고, 군인들 간의 의사소통과 군인들과 다른 지역에 사는 친지들과의 의사소통을 원활하게 해준다. 최근 군사회복지사에 대한 반향이 일고 있다.

0790 군비축소(disarmament)

한 국가나 집단이 소유한 무기의 감소 또는 제거를 초래하는 국제적 결정과 행동을 말한다. 사회사업가들은 평화운동에 적극 참여한 사람이 많았고 그 운동에서 국가들은 무기를 포기하거나 다른 나라에 무기 공급을 중단하도록 권유받는다.

0791 군인연금법/제도

군인의 연금에 관한 사항을 규율하기 위해서 제정한 법률(1963. 1. 28, 법률 제1260호). 군인이 상당한 연한을 성실히 복무하고 퇴직하거나 심신의 장애로 인하여 퇴직 또는 사망한 때 또는 공무상의 질병·부상으로 요양하는 때에 본인이나 그 유족에게 급여를 지급함으로써 본인 및 그 유족의 생활안정과 복리향상에 기여함을 목적으로 한다. 급여를 받을 권리는 양도·압류하거나 담보로 제공할 수 없다. 급여를 받을 권리의 소멸시효기간은 5년으로 하나, 사망조위금·재해부조금 및 공무상요양비에 대해서는 1년으로 한다. 각종 급여는 그 급여를 받을 권리를 가진 자가 당해 군인이 소속하였던 군의 참모총장의 확인을 얻어 청구하는 바에 따라 국방부장관이 결정하여 지급한다. 퇴직연금은 군인이 20년 이상 복무하고 퇴직한 때에 그때부터 사망할 때까지 지급한다. 퇴직연금일시금은 본인이 원하는 때에 퇴역연금에 갈음하여 지급하며, 퇴직연금일시공제금은 20년을 초과하는 복무기간 중 본인이 원하는 기간에 대해 퇴역연금에 갈음하여 지급한다. 퇴직일시금은 군인이 20년 미만 복무하고 퇴직한 때에 지급한다. 상이연금은 군인이 공무상 질병 또는 부상으로 인하여 폐질상태로 되어 퇴직한 때에 그때부터 사망할 때까지 급별에 따라 지급한다. 유족연금은 퇴역연금이나 상이연금을 받을 권리가 있는 자가 사망한 때, 공무상 질병 또는 부상으로 인하여 복무 중에 사망한 때에 그 유족에게 지급한다. 유족연금부가금은 군인이 20년 이상 복무 중 사망한 경우에 그 유족에게 지급한다. 유족연금일시금은 퇴역연금을 받을 권리가 있는 자가 군복무 중 사망한 경우에 유족이 원하는 때에 그 유족에게 유족연금과 유족연금부가금에 갈음하여 지급한다. 유족일시금은 군인이 20년 미만 복무하고 사망한 때에 그 유족에게 지급한다. 유족연금특별부가금은 퇴역연금 또는 상이연금을 받을 권리가 있는 자가 퇴직한 날의 전날이 속하는 달의 다음달부터 3년 이내에 사망한 때에 지급한다. 퇴직수당은 군인이 1년 이상 복무하고 퇴직 또는 사망한 때에 지급한다. 공무상요양비는 군인이 공무상 질병 또는 부상으로 인하여 진단, 약제·치료재 및 보철구의 교부, 처치·수술 기타의 치료, 병원 또는 요양소에의 수용, 간호, 이송 등의 요양을 하는 때에 지급한다. 재해보상금은 군인이 질병에 걸리거나 부상을 당할 경우 또는 사망한 경우에 지급한다. 사망조위금은 군인이나 군인의 배우자 또는 직계존속이 사망한 때에는 지급한다. 재해부조금은 군인이 수재·화재 등 기타 재해로 인해 재산에 손해를 입은 때에 지급한다. 각 급여 금액의 계산에 대해서는 자세한 규정이 있다. 군인연금기금을 조성하며, 군인연금을 위해 특별회계를 설치한다. 4장 43조와 부칙으로 되어 있다.

0792 군중심리(mob psychology)

군중 속에서 일반적으로 개인적 특성이나 사회적 관계는 소멸되고 사람들이 쉽게 동질화되는 심리현상을 말한다. 이것은 심리학에서는 독자적 연구 분야로 취급되기도 한다. 프로이드는 군중심리를 지도자와의 동일시 개념으로 설명하고 있고 달트는 육체적 접촉에서 생기는 결합체라 했다. 근대에는 감정, 태도, 행동이 무비판으로 받아들여지면서 획일적인 반응패턴이 성립한다는 감염설이나 수감설, 규범 창출설 등으로 군중심리를 설명하는 시도가 전개되고 있다.

0793 굿 네이버스(good neighbors)
기독교 정신에 입각하여 가난하고 소외된 지구촌 이웃들의 문제에 관심을 가지며 전문적으로 해결해야 한다는 사회적 요청에 따라 한국에서 1991년 3월 설립된 민간구호단체이다.

0794 궁핍화이론(theory of deterioration)
맑스의 자본론의 제7편 제23장 자본주의적유축적의 일반적 법칙에 따라서 이름 붙여진 것이다. 당초에 자본축적이 계속됨에 따라 노동자는 법칙적으로 빈곤해진다고 해석한 것을 독일의 베른슈타인이 사실에 맞지 않는다고 반론했고 또 제2차 대전 후에도 각국에서 논란이 되고 있다. 오늘날에는 점점 더 가난해지는 것이 아니고, 전체적인 노동의 상태가 고소비수준 하에서 더 여러 가지 생활상의 파괴가 계속되는 것 그리고 자본축적 하에서는 빈곤이 없어지지 않는다는 것으로 해석된다.

0795 권력(power/authority)
권력이라 함은 국가의 기관이 행하는 합법적 강제력을 말한다. 현행 대한민국 헌법 제1조 2항은 모든 권력은 국민으로부터 나온다고 규정하고 있는데 이것은 국가의 최고의 의사, 국가정치형태를 최종적으로 결정하는 권력을 의미하는 것이다.

0796 권력집단(power group)
사회적 신분이나 지위를 이용하여 지역사회의 어떤 결정에 영향력을 발휘하거나 여러 가지 자원을 손쉽게 얻을 수 있는 구성원들을 말한다. 권력집단의 구성원들로는 정치지도자, 금융 및 산업계의 중역, 성직자 또는 지방유지 등을 들 수 있다.

0797 권리(rights) 01
사회의 각 구성원들에게 주어지는 사회의 의무를 말한다. 권리는 또한 개인이 도덕적 또는 법적으로 정당하게 주장할 수 있는 권한이며, 이러한 것들로는 시민권, 평등권, 인권 등이 있다.

0798 권리/자격(entitlement) 02
특별한 상태로 인해서 개인에게 지불되기로 한 서비스, 재화, 돈 등이 있다.

0799 권리 03
① 자기의 의지를 자유로이 행사할 수 있는 능력 혹은 자격. ② 법에 의해 보호되는 것으로 이익에 관해 인정되는 힘의 범위 등을 들 수 있다. 윤리학적으로는 주장이나 요구의 합리적 필연성, 즉 법칙에 준하는 것임을 뜻하며, 법률적으로는 법에 의해서 인정된 타인에 대한 요구를 뜻한다. 정치적 원리는 정부의 구성이나 행정에서 일정한 기능을 수행할 수 있는 자격이며, 자유를 향유할 권리, 노동할 수 있는 권리, 행복을 추구하거나 자기를 발전시킬 수 있는 권리이다.

0800 권리로서의 사회보장(social security as a right)
생존권, 노동권을 기초로 하는 개념이다. 사회보장의 권리가 용어로 사용되어진 것은 세계인권선언에서 유래한다. 우리나라에서는 헌법 제34조가 생존권적 기본권의 총론적 위치와 사회보장의 권리를 기초로 하고 있다.

0801 권리부여(empowerment)
지역사회조직과 사회행동 사회사업에서 한 집단 및 지역사회로 하여금 정치적 영향력 또는 적법한 법적 권위를 달성하도록 도와주는 과정이다.

0802 권위(authority) 01
전문적인 기술 혹은 권력을 말한다.

0803 권위 02
공적으로 인정되는 특별한 형태의 힘(power). 복종 또는 순응을 정당화하는 지배력이라고 규정한 베버(M. Weber)는 카리스마적(charismatic) 권위, 합리적·합법적 권위, 전통적 권위로 구분하고 있는데 비해서, 에치오니(A. Etzioni)는 강압적 권위, 공리적 권위, 규범적 권위 및 혼합된 형태로서 규범적-강압적, 공리적-규범적, 공리적-강압적 권위로 구분하고 있다. 권위가 없이는 사람을 다스릴 수 없는데 남보다 많은 사람을 다스리면 보다 높은 권위를 가졌다고 하고 가장 높은 권위를 가진 사람을 집단 또는 조직의 지도자라고 부른다. → 권력

0804 권위적인(authoritarian)
의사결정과 역할 수행과정에서 비교적 민주적이지 못하고 조직 내의 상급자에 대한 복종을 요구하는 것으로 특징지어지는 사회조직과 행정 내의 한 체계에 속하는 것이다. 명령에 순응하지 않는 조직 내의 성원들에게는 처벌 혹은 제재가 가해지고 명령에 순응하는 성원들에게는 상이 주어진다.

0805 권위적인 관리(authoritarian management)
사회복지기관에서 지도자들이 일방적으로 의사결정을 행하고, 조직 성원들이 그 결정을 수용하고 지지하도록 하기 위해 권력을 사용하면서 때때로 나타나는 하나의 행정 유형을 말한다.

0806 권위형지도
K. 레빈의 연구에 의해 집단의 사기와 관련된 지도의 성질이 규명되었다. 권위형지도란 집단의 방침일체가 지도자에 의해 결정되며 진행방법이나 순서도 그때그때 결정되며 권

위적으로 명령되는 지도형태를 말한다. 과제나 작업상태도 지도자가 정하고 각 성원의 작업수행에 따르는 보상이나 비판도 지도자의 개인적 주관에 의해 행해진다. 결과적으로 집단은 지도자에 대한 의존성이 높아지고 창조적, 개인적 표현과 발현은 적어진다. 성원들의 불만은 집단 밖의 것을 공격함으로 나타나는데 이것이 권력에의 헌신으로 복종하는 형태로 각 성원들의 동일성을 유지시키는 경향을 갖게 된다.

0807 궐석재판(default judgement)

법정 심리에 출석하지 않은 피고에게 결정을 내리는 것을 말한다.

0808 귀가조치(homebound)

질병이나 신체장애로 몸져 누워 있어야만 하거나, 가정이나 시설 또는 바로 인접한 곳에서 머물러 있어야만 하는 병자나 사람과 관련된 용어이다.

0809 귀납([영] induction [독] Induktions)

연역에 대하는 말이다. 정식으로는 귀납적 추리(inductive inference, i. syllogism)라고 불린다. 개개의 특수한 사실로부터 일반적 결론을 이끌어내는 추리이다. 귀납적 추리는 아리스토텔레스이후 인정되어 왔던 추리 형식인데, 중세 말에 이르기까지 연역보다 가치가 떨어지는 것으로 생각되었다. 과학 연구에서의 귀납의 의의와 가치가 명백해진 것은 근세가 되면서부터, 특히 갈릴레이나 베이컨 이래의 일이다. 이 추리를 삼단논법의 형식으로 나타내면, 〈M1, M2, M3, ……는 P이다(지구·수성·화성 등은 구형(求刑)이다). M1, M2, M3,……은 S이다(지구·수성·화성 등은 유성이다). 그러므로 모든 S는 P이다(모든 유성은 구형이다)〉라는 전칭적인 형이 된다. 이 형식의 삼단논법은 특칭적인 결론밖에 내지 못하므로, 위의 추리는 형식으로는 오류이다. 그러나 M1, M2, M3 등이 S의 외연의 전부를 포함하는(지구·화성 등이 유성의 전부로서 열거되는) 경우에는 이 추리는 옳다. 이와 같은 경우의 추리를 완전 귀납(perfect induction)이라고 한다. 이것은 이미 알고 있는 지식을 일괄하는 점에서 의미가 있지만 귀납의 본래의 의의는 이미 알고 있는 비교적 소수의 사례로부터 일반적 결론을 도출하는데 있다. 따라서 M1, M2, M3 등이 S의 전부를 열거하지 않는 경우, 즉 불완전 귀납(imperfect induction)이 중요하다. 불완전 귀납에 의한 결론은 개연적인 것이지만, 표면적으로 일치하는 성질을 가지는 몇 개의 사례를 열거하여 일반적 결론을 도출하는 단순 열거에 의한 귀납([라] inductio perenumerationem simplicem)은 오류에 빠질 위험이 많고, 하나라도 그것과 모순되는 사례가 발견하면 반박받는다. 과학 연구에서 불완전 귀납을 사용하기 위해서는 사물의 본질적인 성질이나 연관(인과관계 및 기타)을 파악하지 않으면 안된다. 그렇게 함으로써 비교적 소수의 사례로부터 일반적 결론을 도출할 수 있다. J, S 밀은 귀납적으로 인과관계를 확립하기 위한 다섯 가지의 연구법을 제시하고 있다(→ 귀납법). 불완전 귀납이 가능하게 되는 것은 자연히 법칙적인 연관이 보편적으로 지배하고 있기 때문이다. 밀은 귀납의 근본 전제로서 〈자연의 균일성〉을 가정했다. 귀납의 경우 빠지기 쉬운 허위는 관찰의 불충분과 경솔한 개괄에 기인하는 것이다.

0810 귀납적 추론(inductive reasoning)

일련의 특정한 관찰들로부터 전개된 이론과 일반화의 과정을 말한다. 특정한 관찰들은 더 큰 일련의 현상에 대한 성명들을 만들어내기 위하여 선정될 수도 있다.

0811 귀납적 추리

→ 귀납

0812 귀납법(inductive method)

귀납에 의한 과학적 연구법을 말한다. 특히 사물 사이의 인과관계를 확정하는 연구법으로 이것은 이미 F. 베이컨에 의해 그 윤곽이 제시되었는데, J. S. 밀이 과학 연구에서 행해지고 있는 주요한 귀납법을 다섯 가지로 분류한 것은 유명하다. ① 일치법(method of agreement) : 연구하고자 하는 현상에 발생하는 몇 개의 사례의 전부에 공통적인 어떤 유일한 사정이 있으며, 이것은 그 현상의 원인 또는 결과이다. 이것은 인과관계를 암시하는 예비적인 방법이다. ② 차이법(method of difference) : 연구하고자 하는 현상이 일어나는 사례와 일어나지 않는 사례에 있어서, 전자에 나타나고 있는 하나의 사정을 제외한 그 밖의 모든 사정이 공통적인 경우, 그 하나의 사정이 그 현상의 원인 또는 결과이다. 이것은 일치법에서 암시된 인과관계를 실험적으로 확정하는데 도움이 되는 방법이다. ③ 일치 차이 병용법(joint method of agreement and difference) : 어떤 현상이 일어나는 몇 개의 사례에 있어서는 유일한 사정이 공통이며, 그 현상이 일어나지 않는 몇 개의 사례에서는 그 사정이 존재하지 않는다는 것 이외에는 공통점이 없는 경우에, 그 사정이 그 현상의 원인 또는 결과이다. 이것은 일치법을 적극적 및 소극적 양면으로부터 이용한 것이라고 볼 수 있다. ④ 잉여법(method of residues) : 어떤 복잡한 현상 A가 다른 복잡한 현상 B의 결과라는 것이 알려져 있고, 더욱이 B의 한 부부인 b가 A의 일부인 a의 원인이라는 것이 알려져 있는 경우, A에서 a를 빼고 난 나머지는 B에서 b를 뺀 나머지의 결과이다. 이 방법을 조금 변경하여 응용한다면, 어떤 복잡한 현상에 이미 알려져 있는 원인의 결과로서 설명할 수 없는 부분이 남아 있는 경우, 그것에 대한 미지의 원인을 암시하는데 도움이 된다(해왕성의 발견은 이 방법으로 행해졌다). ⑤ 공변법(method of concomitant variations) : 어떤 현상이 일정한 방식으로 변화함에 따라 다른 현상도 또 일정한 방식으로 변화한다고 하면, 향자는 인과관계를 가지든가, 또는 공통의 원인의 결과이다. ④, ⑤는 양적 관계의 연구에 적합하다.

0813 귀농

농촌을 떠나 제2차·제3차 산업에 취업했던 사람이 농업에 환류하거나 환류시키는 것을 말한다. 일반적으로 불황으로 인해 실업한 노동력의 환류나 고령화로 퇴직한 자의 농촌복귀 등이다.

0814 귀화(naturalization)

한 나라의 시민이 되거나 국적을 공식으로 취득하는 것을 말한다.

0815 규모의 경제(economic of scale)

늘어난 산출량보다 비율적으로 더 적게 늘어나는 특정 서비스의 제공비용에 대한 경향을 의미한다. 예로 어떤 상황에서는 사회사업기관의 예산은 단지 2배로 늘었지만 서비스의 산출량은 3배로 할 수 있을 것이다.

0816 규범([영] norms [독] Norn) 01

어떤 문화나 집단, 단체, 사회가 집단적으로 소유하고 있는 공식, 비공식 행위나 기대척도를 말한다.

0817 규범 02

간단한 사실에 대해 우리들이 이것은 올바르다든가, 좋다든가, 아름답다든가 하는 평가를 할 때의 평가 기준이다. 따라서 그와 같은 것을 만들기 위해서도 따라야 할 척도이다. 규범을 취급하는 학문은 규범학(normative science)으로서, 논리학·윤리학·미학 등을 이 이름으로 부르는 사람도 있다. 당위로서의 규범은, 단지 〈존재〉로부터 구별되는 것에 그치지 않고, 사회적 인간으로부터도 분리되어, 독자의 초월적이고 선험적인 가치의 세계에서 유래한다고 생각되고 있다. 확실히 규범은 개인의 자의 이상의 것이지만, 그것은 인식에 있어서는 존재와 의식과의 관계로부터, 도덕에 있어서는 인간의 사회생활로부터 생기는 것이며, 인간은 필요로 하는 것을 경험 속에서 골라내어, 이것에 의해서 자기의 활동을 규율하는 것에 지나지 않는다.

0818 규범적(normative)

어떤 집단이나 지역사회의 평균 또는 기대행동 양식을 말한다.

0819 규제약물(controlled substances)

약물남용과 중독 가능성 때문에 사용이 제한되어왔고, 또한 엄격히 규제되거나 법으로 금지된 약이다. 이러한 종류의 약물로는 마리화나, 마취제, 흥분제, 진정제, 환각제가 있다.

0820 규제행정

법령에 근거해 국가나 지방자치단체가 국민의 행위, 불행위 그 밖의 생활관계에 관해 그 권리나 자유를 제한하는 행정을 말하며 통제 급여행정과 대비되어 쓰여진다. 동의어로서 역해행정, 질서행정이 있다.

0821 규준집단(norm group)

표준화 검사를 제작함에 있어서 규준의 설정을 위하여 사용되는 집단을 말한다. 규준을 설정하기 위하여서는 전집을 대표할 수 있는 많은 표본집단을 선정하고, 이들에게 검사를 실시하여 나타난 점수를 통계적으로 처리하여 변환점수로 만든다. 이 변환점수가 곧 규준이 된다. 각 개인은 이와 같은 규준집단에서 얻은 점수에 비추어 보아 자기가 어떤 위치에 있는지를 알 수 있으며 또한 여러 검사에서 얻은 점수들을 직접 비교할 수 있다.

0822 규칙([영] rule [독] Regal)

규칙이란 생활·실천·인식 등을 잘하기 위해서 따르지 않으면 안되는 일정한 방식이며, 또 그것을 명확히 표현한 것이다. 그러나 그것은 당연히 지켜지지 않을 수도 있다. 여기서 객관적 사상에 있어서도. 예외를 허용하는 것과 같은 일의 성이 규칙이라고 불리어진다. 그것은 다양한 현상 속에서 외면적으로 관찰되는 일의성으로서, 내면적인 의미에서의 법칙과는 구별된다.

0823 규폐

광산 등과 같이 공기의 유통이 나쁜 곳에서 암석채굴작업에 종사하는 사람에게 생기는 직업병의 일종이다. 우리나라에서도 강원도지역 등 광산촌의 탄광 근로자들이 광물 성분진을 다수 흡입하여 규폐 혹은 진폐 환자가 많이 발생하고 있어 근로복지공단 산하 동해병원에 규폐 센터를 설치 운영하고 있다.

0824 균일제(flat rate scheme)

사회보장 특히 사회보험에 있어서 급여나 기여 피보험자의 소득에 관계없이 균일액으로 하는 것을 말한다. 비버리지의 사회보장계획은 균일기여, 균일급여의 원칙에 근거해서 설계되었다. 균일제는 모든 사람에게 최저 생활수준을 보장할 것과 평등주의를 근거로 하고 있다. 각국의 사회보험은 점차 균일제에서 소득비례제로 옮겨가는 경향이 있다.

0825 균형(equilibrium)

① 꼿꼿한 자세를 유지하는 것. 속도의 변화에서의 균형은 평형석(statolith)에 의해서, 원운동을 했을 때에 균형은 속귀의 세반고리관에 의해서 이루어진다. 균형감각은 의식의 영향을 받지 않고 의식과는 무관하게 작용한다. ② 신체의 각 부분의 힘이나 긴장상태가 다른 부분들과 조화를 이루는 상태를 말한다. 많은 동기이론에서 동기의 근원은 기존의 조화를 파괴하려는 경향을 갖고 있으며 다시 그 조화를 회복하려는 행위를 하게 된다고 상정한다. 균형이란 이 경우

의 조화와 같은 의미이다. 균형은 여러 가지 다양한 상황에 적용될 수 있는 추상적인 개념이다. 예컨대 정신분석학, 캐논(W. B. Cannon)의 균형유지성의 개념, 코퍼(C. B. Cofer), 애플리(M. H. Appley)의 동기이론 등에서 사용되고 있다. ③ 피아제(J. Piaget)의 인지 발달이론에서 사용되는 개념으로서 어린이가 동화(Assimilation) 또는 조절(Accommodation)을 통해서 자신의 인지구조를 현실에 적응시켜 나아가는 과정. 어린이의 인지발달은 균형화(equilibration)의 과정으로서 그 과정은 다음과 같다. ① 낮은 수준의 인지적 균형 상태에서, ② 모순, 불일치, 조절 불가능한 자료에 접하여 인지적 불균형 또는 갈등을 겪고 나서,③ 인지적 불균형을 해소하는 더 높은 수준의 인지적 균형 상태를 나아간다. 따라서 균형은 계속적으로 자기 통제적인 과정이다.

0826 그레이 팬서(Gray Panthers)

노인의 사회적, 경제적 욕구를 대신하여 일하기 위해 1970년에 설립한 옹호집단이다. 이 집단의 주요 활동은 노인에게 영향을 미치는 주와 국가의 법률 및 법률 이행을 감시하는 활동에 두고 있다.

0827 그룹워크(group work)

→ 집단사회사업

0828 그룹워크 기록(group work recording)

집단사회사업의 원조과정을 명시하는 기록으로 회합마다의 기록은 통계 자료적 부문, 처우과정, 사회사업가의 명령 등 세 부분을 포함하는 것이 보통이다. 통계적 자료로서 최소한 필요한 항목은 기입란을 사전에 한 장의 기록용지에 인쇄하여 두는 것이 좋다. 처우과정에 있어서 구성원이나 집단 상태는 시간경과에 따라 기술하는 것이 기본이며, 구성원 상호간 또는 사회사업가에 대한 반응, 사회사업가 자신의 판단이 구성원에게 미친 영향을 쓴다. 집단전체의 움직임이나 개인의 변화는 체크 리스트 관찰표를 사용하여 기록하기도 한다. 또한 명령부분에는 회합에 대한 사회사업가의 평가, 특정인의 행동에 대한 사회사업가의 관찰이나 이견을 기록하여 둔다.

0829 그룹워크의 기술(skill of group work)

원조가 순서 있게 전개되는 과정 중 필요로 하는 과정적 기술과 그 같은 과정기반을 일괄해서 필요로 하는 사회사업가의 전달기술이다. 그룹사회사업가의 원조적 과정은 일반적으로 대상자 선정, 원조문제나 직업과제의 명확화, 원조계획 책정, 개시·작업·종결기에 있어서 구성원 개인과 집단전체에 대한 원조, 성과의 평가, 서비스종결이라고 하는 일련의 과정으로 된다. 각 단계에서 사회사업가는 항상 자기 행위의 원조적 목적을 인식하여 행동해야 하는데 이 실행능력이 기술이다.

0830 그룹워크의 분야(field of group work)

그룹워크는 사회사업가의 주요한 방법의 하나로 모든 사회복지 및 관련분야에 활용되고 있다. 즉 심신장애인, 비행, 범죄자, 노인 기타 재활을 필요로 하는 자들에 대해 그룹워크방법이 사용되어 왔다. 프로그램도 레크레이션을 부각시켜 인간관계 훈련, 작업, 자원봉사 등의 사회참가활동, 사회적 행동 등 다양한 범주를 보이고 있다. 의료·보건·교육·산업 등의 분야에서 그룹워크는 다직종 간의 팀워크 체제내에서 진전시키기 않으면 안되기 때문에 그룹워크 개념의 보급과 원조 기술의 근로여성복지 발달이 더욱 큰 과제로 되고 있다.

0831 그룹워크의 사회자원 (social resource of group work)

사회자원이란 사회복지사업의 실시에 있어 활용 가능한 인적, 물적, 제도적 자원의 총칭으로 각종 법률, 시설, 기관, 단체, 설비, 자금, 전문가, 자원봉사자, 시민의 이해 등 유형·무형의 자원이 포함된다. 즉 그룹워크의 활동내용을 풍부히 하고 효과적 원조를 하기 위해 당해 기관, 시설의 대외에 있는 사회자원이 활용된다. 기관시설의 사회자원으로서는 그룹을 원조하고 협력하여 주는 전문적 지식·기술을 가진 사람, 자원봉사자활동이 행해지는 시설과 활동을 뒷받침하는 자금 등이 해당된다. 이러한 사회자원을 최대한 활용하기 위하여 광범위한 지식을 갖추고 새로운 것을 개발하여 가는 것이 필요하다.

0832 그룹 홈(group home system) 01

사회생활에 적응하기 힘든 장애인이나 노숙자 등이 자립할 때까지 소규모 시설에서 공동으로 생활할 수 있게 하는 제도이다. 그룹 홈은 소규모 시설 또는 장애인이 공동으로 생활하는 가정을 뜻한다. 사회생활에 적응하기 어려운 아동, 청소년, 노인들을 각각 소수의 그룹으로 묶어 가족적인 보호를 통해 지역사회에 적응할 수 있도록 도와주는 프로그램이나 제도를 일컫는다. 학교생활의 적응도가 낮아 어려움을 겪는 아동, 가정과 사회생활에 적응하지 못하는 청소년, 정신적, 신체적으로 장애가 있어 타인의 도움을 필요로 하는 노인, 실업 등으로 인해 발생하는 노숙자 등이 주요 대상이다. 각 그룹 홈은 별개의 시설로 운영되며, 최종 목적은 입주자들의 자립과 사회적인 통합이다. 전문 지도교사는 미리 짜여진 프로그램에 따라 가족적인 환경 속에서 독립적인 생활기술을 습득시키고, 장애 정도에 따라 개개인의 잠재능력을 높일 수 있도록 돕는 역할을 한다. 선진국에서는 1960년대부터 일반화되었으나, 한국에는 1990년대 중반에 도입되었다. 자치단체들을 중심으로 그룹 홈이 권장되고는 있지만, 활발하지는 않다. 그룹 홈의 장점은 열등의식이 없어지고, 성격이 밝아지며, 여러 가지 능력이 향상되고, 부모나 형제들도 부담 없이 자기 생활을 할 수 있다는 점 등이다. 문제점으로는 개별화된 서비스 및 지역사회 통합 프로그램, 홍보와 지원기관, 전문 인력 등의 부족과 운영시설의 제한성 등이 지적된다.

0833 그룹 홈(group home) 02

대규모 수용시설을 중심으로 실시되었던 기존의 장애인 거주 프로그램에 대한 비판으로, 정상화 원리(normalization)에 입각하여 새롭게 형성된 장애인 거주 프로그램이다. 그룹 홈은 장애인의 가치회복과 일탈 방지를 위하여 보다 쉽게 지역사회에 통합될 수 있도록 물리적 환경을 제공하는 프로그램이다. 그룹 홈은 장애인의 가치 회복과 일탈 방지를 위하여 보다 쉽게 지역사회에 통합될 수 있도록 물리적 환경을 제공하는 프로그램으로, 장소는 지역사회 내에 존재할 것, 일반 가정과 유사한 규모와 형태를 갖출 것, 이용자는 모두 낮 동안에 일정한 직장이나 시설의 프로그램에 소속되어 있을 것, 지역사회에 접근이 용이하도록 교통이 편리할 것 등의 조건이 갖추어져 있어야 한다.

0834 그린닥터스(green doctors)

국제적 재난지역과 국가재해나 대형인명사고 등 응급의료 구호체계가 시급히 필요한 곳이나 의료시설이 부족한 곳에 정치, 인종, 국가를 뛰어넘어 범 인류의 건강 행복을 위하여 의료인을 긴급 파견하여 구제활동사업을 목적으로 2003년 설립된 전 세계적인 민간구호단체이다. 부산에 본부가 있고, 개성공단과 금강산에서 무료로 진료활동을 하고 있다.

0835 그린라이닝(greenlining)

동등한 대여의 기회를 제공하지 않거나 적색지대(대부의 제공에서 어떤 지역주민을 제외하는 것)를 행하는 은행으로부터 그들의 자금을 회수하기 위하여 근린지역의 거주자들을 동원하는, 지역사회 조직가가 활용하는 하나의 전법이다.

0836 그린피스(green peace)

국제적인 자연보호단체이다. 남태평양 폴리네시아에서의 프랑스의 핵실험에 항의하기 위한 선박을 출항시킨 운동을 계기로 1970년에 조직되었다. 네덜란드의 암스테르담에 본부를 두고 있으며 회원은 유럽 각국 외에 미국 캐나다 오스트레일리아 뉴질랜드 등이 중심이다. 운동의 중심은 핵문제와 멸종의 위기에 처한 야생동물의 보호이다. 핵문제에서는 원·수폭 반대뿐 아니라 원자력발전의 반대, 핵폐기물 처리 관계 등에 걸쳐 폭넓은 활동을 벌이고 있다.

0837 그림지능검사(PTI : pictorial test of intelligence)

미국의 임상심리학사인 Joseph L. French가 제작한 그림 지능 검사를 한국아동에게 사용할 수 있도록 표준화한 것이다. 만 4세부터 7세까지의 아동에게 실시할 수 있는 검사로, 어휘능력, 형태변별, 상식 및 이해, 유사성 찾기, 크기와 수개념, 회상능력 등의 6개의 소검사로 이루어져 있다. 따라서 이 소검사 프로파일에 의해 피검사자의 지적 능력 이상의 강점과 약점을 파악할 수 있다. 검사문항의 질문이 간단하고 그에 대한 응답은 손가락이나 눈짓으로 해도 되기 때문에 제시된 문제를 이해할 수 있는 아동이면 다소 언어나 동작에 장애가 있어도 검사 실시가 가능하다. 이 검사에서는 편차 시능지수와 그에 해당하는 백분위 순위를 산출할 수 있다.

0838 극렬개인주의(rugged individualism)

일련의 경제학자, 정치가 또는 철학자들이 추종하는 이데올로기로서 욕구충족의 모든 책임은 개인에게 전가되어야 한다는 입장으로 이 견해에 의하면 설사 어떠한 문제를 해결하는 과정에서 다소 어려움이 따른다 할지라도 그것은 장래의 문제를 효과적으로 해결할 수 있는 성격을 형성시켜 주고 능력을 키워준다는 것이다.

0839 극복(coming out)

레즈비언 여성이나 게이남성의 자아확립 과정으로서 이것은 한 사람이 다른 사람에게 성적 지향을 노출시킴으로써 이루어진다.

0840 극형(capital punishment)

살인, 강간, 반역과 같은 중대한 범죄를 저지른 범죄자들에게 정부가 허가한 사형의 집행을 말한다.

0841 근로감독관

근로감독관이라 함은, 노동관계법상의 근로조건을 확보하기 위하여 노동부 및 그 소속기관에 배치된 제1선 감독관을 말한다. 근로감독관은 서기관, 행정사무관, 행정주사, 보건기사, 화공기사, 기계기사, 행정주사보, 보건기사보, 화공기사보 또는 기계기사보 중에서 노동부장관이 임명한다. 또한 근로기준법 위반의 범죄에 대해서는 형사소송법에 규정된 사법경찰관의 직무를 행한다. 또 근로감독관은 수비의무를 부담한다.

0842 근로계약

노동자가 노동력을 제공하는 대신에 자본가는 그 대가(임금)를 지불한 것을 서로 약속하는 것을 말한다. 근로계약은 당사자 간의 합의에 의해 성립하지만 그 내용은 근로기준법 단체협약 취업규칙 등에 의해 일정한 구속을 받는다. 그 내용이 위의 규정들에 위반될 때 그 부분은 무효가 된다. 원칙적으로 근로계약은 1년을 넘는 기간을 정하여 계약할 수 없다. 다만 일정한 사업의 완료를 기한으로 하는 경우는 예외로 인정된다. 또 근로계약의 불이행에 대한 위약금 강제저축 전차금과 임금의 상쇄를 강제하는 봉건적 착취는 법적으로 금지되어 있다. 노동자가 불리한 근로계약을 맺는 것을 막기 위해 근로계약의 내용이 모집할 때

제시된 조건과 다르다든가 실제의 노동조건과 다를 때 노동자는 계약을 거부하거나 해약할 수 있고 귀향을 위한 비용 등 손해배상을 청구할 수 있다.

0843 근로권

근로권이라 함은 노동을 할 능력이 있는 자가 노동을 할 기회를 사적으로 요구할 수 있는 권리를 말한다. 실제로는 노동을 할 능력을 가지고 있으면서도 일반기업에 취업할 수 없는 자에 대해 국가 또는 공공단체가 최소한도의 보통 임금으로 노동의 기회를 제공하고, 만약 그것이 불가능한 경우에는 상당한 생활비를 부여할 것을 요구하는 권리라고 할 수 있다.

0844 근로기본권(basic legal right of labor)

헌법이 보장하고 있는 근로권 및 단결권·단체교섭권·단체행동권(노동3권)을 말한다.

0845 근로기준법 01

근로기준법이라 함은 헌법 제32조 3항에 의거하여 근로조건의 기준을 정함으로써 근로자의 기본적 생활을 보장, 향상시키며, 균형 있는 국민경제의 발전을 목적으로 제정된 법률을 말한다. 이 법률은 1953년 5월 10일 법률 제286호로 제정·공포되어 그 후 몇 차례의 개정을 거쳐 오늘에 이르고 있다. 이 법률은 총 12장과 부칙으로 되어 있다. 즉 제1장(총칙), 제2장(근로계약), 제3장(임금), 제4장(근로시간과 휴식), 제5장(여자와 소년), 제6장(안전과 보건), 제7장(기능습득), 제8장(재해보상), 제9장(취업규칙), 제10장(기숙사), 제11장(근로감독관), 제12장(벌칙)으로 되어 있다. 이 법률의 특색으로서는 통일적·총체적이라는 점, 보호의 정도가 거의 국제적 수준에 도달되어 있다는 점, 강력한 전국적 감독 기관이 설치되어 있다는 점 등을 들 수 있다. 이 법은 상시 5인 이상의 근로자를 사용하는 모든 사업 또는 사업장에 적용하고, 동거의 친족만을 사용하는 사업 또는 사업장 가사 사용인에 대해서는 적용하지 하지 않는다. 그러나 4인 이하의 근로자를 사용하는 사업과 대통령령의 규정에 따라 일부규정을 적용할 수 있다.

0846 근로기준법 02

노동자의 생활을 보장·향상시키기 위해 기본적 노동조건을 규정한 법률을 말한다. 1952년 한국전쟁 중 발생한 조선방직(부산 소재)쟁의를 직접적 계기로 하여 1953년 5월에 공포, 8월부터 시행되었다. 12장 11조로 이루어진 근로기준법은 제1, 2조에서 이 법률의 목적이 근로자의 기본적 생활보장에 있으며 이 법에서 정하는 근로조건은 최저기준임을 명시하고 있다. 즉 근로조건을 개선하려는 주체적인 요구가 헌법의 정신에 부합되는 합법적인 것임을 간접적으로 뒷받침하고 또한 이 법이 정한 최저기준을 악용하여 노동조건을 악화시켜선 안 됨을 못 박고 있다. 근기법은 또한 단체교섭의 뒷받침에 의한 노사 간 대등결정의 원칙, 노동자의 국적·신앙·사회적 신분을 이유로 차별대우를 못한다고 규정한 균등대우의 원칙, 남녀 간 동일노동 동일임금의 원칙, 중간착취의 배제, 강제노동의 금지, 폭행의 금지도 명시했다. 그러나 이 법은 아직 노동자의 기본생활을 보장한다는 제1조의 법 취지가 그 구체적 내용이 되는 임금수준의 규정에 반영되지 않고 있다.

0847 근로기준법 03

1953년 법률 268호. 헌법 32조 3항의 「근로조건의 기준은 법률로서 정한」라는 규정에 의해 제정된 통일적인 근로보호법이다. 본 법은 근로조건의 기준을 정함으로써 근로자의 기본적 생활을 보장, 향상시키며 균형있는 국민경제의 발전을 기함을 목적으로 한다. 본 법의 특색으로는 첫째 통일적·망라적이라는 것, 둘째 보호의 정도가 거의 국제적 수준에 이른 것, 셋째 강력한 감독기관이 존재하고, 벌칙이 비교적 무거운 것 등을 열거할 수 있다.

0848 근로보호법([영] protective labour legislation [독] Arbeiterschutzrecht)

넓은 뜻에 있어서는 근로자의 보호를 목적으로 하는 법규의 전부를 말하며, 구빈법, 사회보험·실업규제 따위에 관한 법도 포함한다. 그러한 보통은 근로계약 관계에 수반하는 폐해의 제거를 목적으로 하는 법을 말한다. 이것은 근로계약의 내용에 국가가 직접 간섭하고, 최저한의 근로조건을 정하는 법이므로 계약 자유의 원칙을 제한하는 것이다. 이 뜻에 있어서의 근로보호법에는 근로기준법, 선원보험법이 있다. → 근로기준법, 선원보험법

0849 근로복지

임금, 근로시간 등 기본적 근로조건 이외에 근로자와 그 가족의 생활의 질을 향상시킬 목적으로 실시하는 모든 시책 또는 사업을 말한다.

0850 근로복지공단

산업재해보상보험법에 의거, 근로자의 업무상 재해를 신속 공정하게 보상하고 이에 필요한 보험시설을 설치·운영하며, 재해근로자의 복지후생 사업, 중소기업근로자 복지진흥법에 의한 복지사업을 행함으로써 근로자의 복지증진에 이바지할 목적으로 1995년 5월 설립되었다. 1963년 산업재해보상보험법이 제정 공포(법률 제1438호)되었고, 1976년 근로복지공사법이 공포(법률 제2913호)되어 1977년 6월 공단의 전신인 근로복지공사의 설립 등기(자본금 10억 원)가 완료되었다. 그 후 1978년 장성병원, 1979년 산업재활원과 창원병원을 인수, 운영하였으며, 1983년 중앙병원과 동해병원, 1984년 진폐연구소, 1985년 반월병원·순천병원·안산재

활훈련원, 1987년 재활훈련센터, 1988년 정선병원, 1989년 직업병연구소를 각각 설치하였다. 1982년 12월과 1991년 1월에 근로복지공사법이 개정되어 자본금이 2,000억 원으로 늘었으며, 1995년 4월 공단의 출연기관으로 의료 및 직업재활사업을 수행하기 위해 재단법인 산재의료관리원이 설립되었다. 1995년 5월 산업재해보상보험법에 따라 공단이 설립되어 산재근로자 및 일반근로자의 복지사업을 수행하기 시작하였고, 1998년 제주청소년수련원을 운영하였다. 1998년 실업자대부사업을 시작하고, 1999년 고용보험 적용징수업무를 이관하였으며, 2000년 산업재해보상보험(산재보험)을 5인 미만 사업장으로까지 확대 적용하였다. 이사회의 의결을 거쳐 필요한 곳에 지사 또는 출장소를 둘 수 있으며, 공단의 자본금은 전액 정부가 출자하고, 노동부의 산하단체이므로 노동부장관은 필요한 범위에서 공단의 업무를 지도·감독한다. 조직은 이사장 밑에 4실(기획조정실, 정보시스템실, 산재심사실, 감사실), 6국(총무국, 보험관리국, 보험징수국, 보험급여국, 복지사업국, 임금고용국), 20부가 있으며, 6개의 지역본부와 40개 지사, 2개의 훈련원이 있다. 주요 활동은 산업재해보상보험 사업, 중소기업근로자 복지사업, 실업자 생활안정지원 사업, 임금채권보장 및 고용보험 적용 징수, 종합적인 실업대책, 근로자 재활훈련 실시, 진폐연구소 및 제주청소년수련원 운영 등이다. 본부는 서울특별시 영등포구 영등포에 있다.

0851 근로빈곤층(working poor)

가족 구성원 가운데 1명 이상이 취업을 해 현재 일을 하고 있음에도 불구하고 소득이 육체적 능률을 유지하는데 필요한 최소한의 생활수준인 빈곤선(貧困線)을 넘지 못하는 계층을 말한다. 분류상 생활에 꼭 필요한 필수품을 얻을 수 없어 최저 생활수준도 유지하지 못하는 절대적 빈곤층의 차상위(次上位)계층에 해당한다. 가족을 부양하는 가구원이 있어도 가난에서 벗어나지 못하는 계층, 쉽게 말해 일을 하더라도 소득이 충분하지 않아 계속 빈곤에 허덕이는 계층이 근로빈곤층이다. 경제학자들은 근로빈곤층이 생기는 가장 큰 원인으로 경기침체를 꼽는다. 즉 경기침체로 인해 안정적인 일자리가 줄어드는 대신, 임시직·일용직이 늘어나게 되면 상용직과 임시직의 임금격차가 커져 일을 해도 가난에서 벗어나지 못하는 근로빈곤층이 늘어나게 된다는 것이다. 근로빈곤층 문제를 해결하기 위한 방안으로는 크게 정부의 간접지원과 직접지원 방식 두 가지가 있다. 간접 지원의 대표적인 방식은 근로소득보전세제(EITC)를 들 수 있다. 근로빈곤층의 소득이 일정 수준에 이를 때까지 정부가 세금을 되돌려 주고, 취업할 경우 소득이 증가하도록 유도하는 방식으로, 미국·영국·뉴질랜드·호주 등이 채택하고 있다. 직접 지원 방식으로는 근로 유무와 상관없이 정부가 급여를 제공해, 모든 빈곤층의 최저 생활을 보장하는 최저 소득보장제도(GI)가 가장 많이 채택되고 있다. 독일·프랑스를 비롯해 대부분의 유럽 국가들이 채택하고 있다.
→ 차상위계층

0852 근로소득세

근로의 대가로 받는 소득에 부과하는 조세로서 소득세법상 갑·을종으로 구분한다. 갑종 소득에는 ① 근로제공으로 받는 봉급, 보수, 상여금, 수당 등의 모든 급여 ② 법인의 주주총회, 사원총회 또는 이에 준한 의결기관의 결의에 의해 상여로 받는 소득 ③ 법인세법에 의해 상여로 처분된 금액 ④ 퇴직으로 인해 지급받는 소득으로서 퇴직소득에 속하지 않는 소득이 있다. 을종 소득에는 ① 외국기관 또는 국제연합군에서 받는 급여 ② 국외의 외국인, 외국법인(국내지점·영업소 제외)에게서 받는 급여가 있다. 갑종은 일반급여, 일용근로자의 급여로 구분되며 전자는 급여액에서 보험료공제·의료비공제·근로학생공제·근로소득공제를 한 금액, 후자는 일(日)급여액에서 근로소득공제를 한 금액이 근로소득액이 된다. 단, 상여소득이 있는 경우, 갑·을종 모두 상여특별공제액을 공제한 금액을 근로소득금액으로 한다. 이렇게 산출된 근로소득액을 과세표준으로 하여 일정 세율을 적용함으로써 산출된 것이 근로소득세이다. 이것은 원천징수가 원칙이며 연말에 종합소득으로서 정산하지만 일용근로소득자의 근로소득은 종합소득에서 제외된다.

0853 근로소득 보전세제(EITC)

일정수준 이하의 근로소득이 있는 저소득층에 대하여 환급가능한 세액공제(refundable tax credit)를 통해 소득을 추가 지원하는 제도를 말한다.

0854 근로시간

근로기준법상의 근로시간이라 함은 근로자가 사용자의 지휘·감독 아래 근로계약상의 근로를 제공하는 시간을 말하며, 노동시간, 근무시간, 취업시간이라고도 한다. 근로기준법상 근로시간이라 함은 근로자가 사용자의 지휘감독 하에 근로계약상의 근로를 제공하는 시간을 말한다. 근대노동법의 역사는 근로시간 단축의 역사라고 해도 과언이 아닐 만큼 근로시간은 근로자의 생활 자체와 직접 관련되어 있다. 그러나 오늘날에는 8시간 근로제가 확립되어 있으며 ILO는 1935년 제19회 총회에서 근로시간을 1주 40시간으로 단축하는 것에 관한 조약을 제47호 조약으로 채택한 바 있다. 우리나라 노동보호입법은 근로시간에 대하여 세 가지 원칙 내지 기준을 채택하고 있다. 1일 8시간 1주 44시간의 기본원칙(근기법1 42-1), 유해위험작업에 있어서 1일 6시간 1주 34시간의 기준(산위보법1 46) 및 당년에 대한 1일 7시간 1주 42시간 원칙(근기법1 55)이 그것이다. 근기법에서 근로시간은 작업의 개시에서 종료까지의 시간에서 휴게시간을 제외한 실근로시간이다.

0855 근로여성복지(working women's welfare)
고용되어 일하는 여성의 증가에 따라 나타난 제도나 활동을 말한다. 국연부인의 10년이나 국제부인의 해의 영향으로 남녀고용평등법이 개정되었다. 그 기본적 이념은 여성노동자는 경제 및 사회발전에 기여하며 다음 세대의 출산과 양육에 중요한 역할을 담당하는 자이므로 모성을 보호받으면서 성별에 의한 차별 없이 그 능력을 직장생활에 최대한 발휘할 수 있어야 한다고 되어 있다. 구체적 사업으로는 직업지도, 임신 중 및 출산 후 근로청소년교육의 건강관리에 관한 배려와 조치, 육아에 관한 편의제공, 상담, 강습 등을 행하고 있다.

0856 근로자파견제
취업 희망자가 파견업체와 고용계약을 한 후 원하는 사용업체에 일정기간 파견되어 임무를 수행하는 형식. 노동시장의 유연성을 위해 98년 7월부터 시행되었다. 임금은 정식직원의 80% 수준이며, 퇴직금 의료보험 산재보상 주택자금 융자 등의 복지혜택도 받는다. 근로시간, 휴일 등 기본 근로조건은 사용주가 보장해 주어야 한다. 한편 노동부는 기존 근로자 보호를 위해 파견 가능한 사업을 전문적이고 기술 경험을 요구하는 업무로 제한하고, 파견기간도 1년 이내로 하되, 근로자의 동의가 있을 경우 1회 연장이 가능하다.

0857 근로조건
근로자가 사용자에게 근로계약에 의하여 근로를 제공하는 데 있어서의 제 조건 내지 공장, 사업장 등 근로자가 근로를 하는 장소의 제 조건을 말한다. 임금, 근로시간, 휴일, 퇴직금, 취업의 장소 등이 여기에 포함된다. 고용조건, 노동조건이라고도 한다. 근로조건은 근로자와 사용자가 동등한 지위에서 자유의사에 의하여 결정해야 하며, 사용자는 근로계약 체결 시에 근로자에 대하여 이를 명시해야 한다. 명시된 근로조건이 사실과 다를 경우에 근로자는 근로조건 위반으로 인한 손해의 배상을 청구할 수 있으며 또는 즉시 근로계약을 해제할 수 있다. 이때 근로자가 손해배상을 청구할 경우에는 노동위원회에 신청할 수 있으며 근로계약이 해제되었을 경우에는 사용자는 취업을 목적으로 거주를 변경하는 근로자에게 귀향여비를 지급해야 한다. 단체협약이나 취업규칙에서도 근로조건을 규정하고 있다. 단체협약이나 취업규칙이 있는 경우에는 근로조건에 대해서는 원칙적으로 근로계약에 우선하여 적용된다.

0858 근로조건위반
근로기준법은 근로조건의 최저기준을 정한 것이므로 근로관계 당사자가 이 기준을 이유로 근로조건을 저하시키지 못하며, 이 법정기준에 이르지 못하는 근로조건을 정한 근로계약은 그 부분에 한하여 무효로 되고, 무효로 된 부분은 법정기준에 의한다(→ 규범적 효력). 또 사용자는 근로계약 체결 시에 근로자에게 근로조건을 명시함을 요한다. 이 명시된 근로조건이 사실과 상위가 있을 때에는 근로자는 근로조건위반으로 인한 손해배상을 청구할 수 있으며 또 근로계약을 즉시 해제할 수 있다. 배상청구는 노동위원회에 신청할 수 있고 해약할 경우에도 사용자로부터 귀향여비 등을 받을 수 있다. → 「귀향여비」

0859 근로청소년교육
(education for youth in labor force)
생애에 있어서 가장 중요한 시기에 있는 청소년이 노동에 종사하고 있는 경우 정상적 교육을 받는데 장애를 안게 된다. 이러한 문제점을 해결하기 위해 사회가 다양한 형태의 교육을 실시한다. 내용·방법으로 제공하는 각종 교육인 야간, 정시제 및 통신제의 학교교육, 각종법인, 기업 및 노동단위 등에 의한 사회교육, 직업교육 훈련 등을 말한다. 앞으로 대학개방, 고등학교교육 등의 개혁 등에 관련해 근로청소년의 교육을 위한 노동조건 개선과 정비가 필요하다.

0860 근로청소년복지(working youth welfare)
근로청소년복지라 함은 청소년근로자에게 신체적, 정신적, 사회적으로 조화할 수 있는 발달을 보장하고 근로청소년의 복지실현을 위하여 보호자, 사업주, 국가 및 지방자치단체, 사회일반에 의해 지원하는 활동, 서비스의 체계를 말한다. 근로청소년복지의 기본원칙으로 보편성의 원칙, 선정성의 원칙, 종합성의 원칙, 개발지향의 원칙, 포괄성의 원칙, 전문성의 원칙, 참가의 원칙 등이 있다. 근로청소년 복지의 내용으로는 야간특별학급, 산업체부설학교 등의 교육복지, 건강진단 등 건강복지, 기숙사, 독신자아파트 등 주거복지, 교양레크리에이션, 체육 등 문화, 여가복지, 직업훈련, 직업소개, 직업안정 등 고용과 관련된 복지, 산업카운슬링 등을 들 수 있다. 일본에서는 근로청소년복지법이라는 독립입법을 갖고 있다. 우리나라에서도 이에 대한 종합적인 대책이 요구되고 있다.

0861 근린(neighborhood)
살고 있는 주민들이 어떠한 공통적인 특성이나 가치, 상호관심사, 생활방식 등을 공유하고 있는 지역이나 장소를 말한다.

0862 근린정보센터(neighborhood information)
칸(Alfred J. kahn)과 여러 사회복지 전문가들이 제안한 사회프로그램으로 매우 쉽고 지리적으로 편리한 기관들이 속해 있어서 총체적인 사회봉사체계로 들어가는 관문으로 쓰이는 사회프로그램이다. 이곳은 정보를 제공하고 조언하며 이송하지만, 사회기관의 접수평가 기능은 변경하지 않고 있다. 본부는 따로 없고, 우체국이나 도서관, 시 소유의 건물, 쇼핑센터 같은 곳에 자리잡고 있다.

0863 근면성 대 열등감(industry versus inferiority)
에릭슨에 의해, 대략 6세에서 12세 사이에 일어나는 심리사회발전의 네 번째 단계로서 아이는 성인세계에서 효과적으로 생존하는데 필요한 기본적인 사회적 기술이나 능력을 습득하고자 하거나, 이러한 과업을 달성하기에는 쓸모없고 자신과 동등한 사람보다도 능력이 부족한 인간이라고 느끼기도 한다.

0864 근육위축증(muscular dystrophy)
어린 시절에 흔히 시작되는 골격근육의 진행성 질병이다. 환자가 사춘기가 될 때까지 휠체어를 타야만 하는 경우도 있고, 중년까지 살 가망이 아직은 낮다. 초기 증상으로는 근육이 약해지거나 걸음걸이가 비틀거리고, (근육)조정능력에 문제가 생기며, 때때로 학습 불능이나 정신적인 지체 증상을 나타나기도 한다. 병의 원인을 모든 경우에 적용할 수는 없으나 남성 환자들의 경우 다수는 그 원인이 유전적인 것이며, 어머니를 통해 전달된다.

0865 근육이완법(muscle relaxation technique)
긴장이나 화를 누그러뜨리는 자가치료법이다. 집중적으로 사용하는 어떤 근육을 환자 스스로 수축시켰다 이완시켰다 하는 것이다. 이 과정은 매우 다양하지만 기본 구성은 간단하다. 우선 조용한 곳에 앉아서 예정된 순서에 따라(예를 들어, 오른손, 오른팔, 오른쪽 어깨 등) 모든 근육집단이 풀릴 때까지 계속해서 서로 다른 근육 집단을 몇 초씩 웅크렸다 풀었다 한다. 이 방법은 체계적 탈감각화 같은 다른 치료법과 연결해서 사용하기도 한다.

0866 근친상간(incest)
가까운 친척끼리의 성관계. 즉 너무 가까운 혈연관계이므로 결혼이 법적으로 금지된 이른바 친족간의 성관계.

0867 근친상간욕망(incestuous desire)
개인이 의식적으로 인식하든 그렇지 않든 간에 가까운 친척과 성적인 행위를 하려는 충동을 말한다.

0868 글로벌리즘(globalism)
세계통합주의라고 한다. 제2차 세계대전 후의 자유세계 경제운영의 지도이념인, '세계를 일체로'라는 이념 하에 정치, 군사, 경제의 모든 분야에서 절대적 위치에 있었던 미국이 중심이 되어 추진되어 왔다. 이를 지탱하고 있는 기둥은 달러에 의해 뒷받침되고 있는 국제통화기금(IMF) 체제와 자유 무차별 다각 호혜무역을 목표로 하는 GATT체제. 그러나 1960년대에 들어와 유럽의 지역주의(regionalism)가 대두되어 동요되기 시작, 이 때문에 케네디라운드(Kennedy Round)로 불리는 GATT의 관세일관인하교섭이 행해졌는데, 1967년의 타결은 글로벌리즘과 리저널리즘의 산물이었다. IMF체제도 유럽제국과 일본의 경제력이 향상됨에 따라 차츰 모순을 드러냈다. 1973년 3월 주요 선진국이 고정환율제를 버리고 플로트제(변동환율제)를 채용하게 된 것도 그 결과에 따른 것이다. 1980년대의 보호무역주의의 대두도 글로벌리즘에 대한 도전이라 할 수 있다.

0869 글룩 비행예측법
미국 하버드 대학 법학부교수인 글룩(Glueck)부처가 1950년 보스톤에서 상습비행소년과 비행력이 없는 소년 각 500인을 대조해서 개발한 비행예측의 방법이다. 소년비행의 해명에 소개되고 있다. 그 방법의 특색은 비교 항목 수 402라는 대규모인 점, 대조군의 사용, 사회학, 정신의학 등 다면적 접근에 의한 보험 통계적 예측법으로 친자관계에 현저한 차가 있다는 것이 입증되고 있다.

0870 금단증상(withdrawal symptom) 01
의존상태에 있는 특정한 약물이나 물길 또는 활동을 적절하게 공급받지 못하거나 중단하게 됨에 따라 나타나는 일시적인 고통스러운 신체적 장애 또는 증상들을 지칭한다.

0871 금단증상 02
일반적으로는 알콜, 마약 등 약물에 대한 의존자 또는 상습자가 그것을 중단함으로서 발생하는 증상을 말한다. 알콜중독의 금단증상을 예로 들면 손이나 혀의 떨림, 환각, 한기나 경련 등 주로 신경적·정신적 증상이 나타난다. 중증인 경우에는 호흡곤란, 전신의 경직, 불면 등이 있다. 의사의 지도, 관찰이나 치료에 의해 수일에서 수개월 정도면 금단증상이 없어지는 경우도 많다. 치료는 입원하여 약물과의 격리, 진정제·강심제의 투여, 지속적 수면요법, 인슐린요법, 전기쇼크 등을 병행한다.

0872 금전보상기법(token economy)
행동수정, 환경치료 그리고 다양한 시설에서 사용되는 치료 절차를 말한다. 이것은 클라이언트가 특정 과업을 수행하거나, 특정 기준에 따라 행동할 때마다 보상물을 준다. 그러므로 이 보상물들은 클라이언트가 어떤 물품이나 특권을 선택하는데 따라 바뀌어 사용될 수 있다.

0873 금지명령(injunction)
법정 피고인이 특정한 행동을 취하는 것을 금지하거나 특정한 행동을 삼가도록 만드는 법적 과정과 법적 명령을 말한다(예를 들면, 다른 사람의 집에 들어가는 것, 소송 중인 재산을 파는 것, 마지못해 이전의 배우자를 방문하는 것). 이 명령은 일시적일 수도 있고 영구적일 수도 있으며, 지속기간이 분명히 정해져 있을 수도 있다.

0874 금치산자 01
자기행위의 결과를 합리적으로 판단할 능력, 즉 '의사능력'이 없는 상황에 있기 때문에 자기 자신, 배우자, 사촌이내의 친족, 호주, 후견인 검사의 청구에 의해 법원으로부터 금치산 선고를 받은 자(제12조). 정도가 약한 정신병자라 해도 한번 선고를 받았다면 치료되더라도 선고를 취소받을 때까지는 금치산자이다.

0875 금치산자 02
심신상실의 상황에 있기 때문에 일정한 사람의 청구에 따라 법원에서 금치산의 선고를 받은 자를 말한다. 심신상실의 상황에 있다 함은 가끔 평상의 정신 상태로 돌아갈지라도 대체로 자기의 행위의 성질을 판단할 능력이 없는 것을 말한다. 청구권자는 본인 또는 그와 일정한 신분에 관계있는 자 및 검사이다. 금치산자에게는 보호기관으로서 후견인을 둔다. 또 금치산자는 무능력자의 하나로서 행위능력의 제한이 가장 강하고 후견인에 의해 대리될 뿐 후견인의 사전 동의에 의하여 능력을 보충할 방도가 없으며 그 법률행위는 항상 취소할 수 있다고 한다. 그리고 혼인·인지 등의 신분행위는 후견인의 동의를 얻어 행할 수 있다. 또한 금치산자에게는 선거권, 피선거권이 없는 것 등 민법 이외에도 제한이 있다. 금치산의 원인이 소멸되면 선고가 취소된다.

0876 급성(acute)
상대적으로 짧은 기간 내의 혼란이나 격렬한 상태를 이르는 용어이다. 6개월 이하로 지속되는 정신병은 급성으로, 6개월 이상 지속되는 정신병은 만성으로 간주된다.

0877 급성환자치료(acute care)
단기간의 도움을 요하는 개인에게 전달되는 보건, 인적, 사회적 서비스, 급성환자 치료는 장기간 보호와 같은 광범위한 치료를 기대할 수 없는 지역사회기관이나 병원에서 제공한다.

0878 급식 서비스
노인이 나이가 들어감에 따라 시장보기나 요리하기가 어려우므로 식사준비가 힘들어 음식을 잘 먹지 못하고 영양부족이 되는 경우가 많다. 이에 대응해서 노인복지관이나 경노회관에 노인들이 함께 모여 같이 식사하거나 또는 순회급식차로 매일 필요한 식사를 배달받는 서비스이다. 이 급식서비스는 노인들의 영양섭취 및 건강관리의 계기도 되고 자원봉사자나 이웃을 동원하여 홀로 사는 노인을 방문하여 인보관계를 맺는 계기도 된다.

0879 급여(benefits)
① 현금이나, 현물을 구입할 수 있는 증표의 형태로 지급하는 현금급여와 ② 서비스나 재화와 같은 현물급여, 현물급여는 식료품, 농산물, 주택, 개별상담, ③ 증서(무료식권) 등을 포함한다.

0880 급여비용액
건강보험에 있어서 보험급여비용이 차지하는 금액.

0881 급여수급권의 보호(Protection of Benefiter's Right)
급여를 받을 권리는 양도 또는 압류하거나 담보에 제공할 수 없다는 것. 단, 연금인 급여를 받을 권리는 대통령령이 정하는 금융기관에 담보로 제공하거나 국세징수법의 규정에 의해 체납처분을 할 수 있으며, 대통령령이 정하는 바에 의해 관리공단에 대한 채무의 담보로 제공할 수 있다.

0882 급여심의회(Deliberative Council for Benefits)
연금의 경우, 직무상 재해보상에 관련된 급여의 결정에 있어서 그 신중을 기하기 위하여 설치된 심의회를 말하며 위원장을 포함한 위원 5인 이상 7인 이내의 공무원, 교직원, 의료업무 및 법무에 종사하는 자로 구성되어 있음.

0883 급여액 산정기초
(The Basis of Benefit Calculation)
연금의 경우, 급여의 사유가 발생한 날(퇴직으로 급여의 사유가 발생하거나 퇴직 후에 급여의 사유가 발생한 경우에는 퇴직한 날의 전날로 함)이 속하는 달의 보수월액을 기초로 한다.

0884 급여의 제한
(Restrictions on Paying One's Benefit)
연금의 경우, 고의, 중과실, 진단 불응 등으로 급여의 사유를 발생하게 하거나, 형벌, 파면 등을 받은 경우에는 급여액의 전부 또는 일부를 감액 지급한다.

0885 급여의 환수(Benefit Redemption)
사회보험공단은 허위 기타 부정한 방법으로 급여를 받은 경우 또는 급여를 받은 후 그 급여의 사유가 소멸된 경우 및 급여가 과오급된 경우에는 그 급여를 환수함을 의미한다.

0886 급여재심위원회
(B.R.C : Benefit Re-examination Committee)
사학연금의 경우, 급여에 관한 결정, 개인부담금의 징수 기타 이 법에 의한 처분 또는 급여에 관한 이의신청에 대한 구제기구. 위원장 1인을 포함하여 위원 9인으로 구성되며 위원은 공무원, 의료계, 법조계, 사회보장에 관한 학식과 경험이 풍부한자 중에서 교육인적자원부장관이 임명 또는 위촉하고 임기는 3년으로 한다.

0887 급여주택
일반적으로 사택, 관사, 기숙사 등의 명칭으로 불리며 관청, 회사, 공장 등에서 고용하는 직원, 근무자 등의 거주용으로 제공하는 주택을 말한다. 주택을 제공함으로써 사업의 정상적인 운영을 도모하려고 하는 것이기 때문에 개인의 지가나 임대가옥 등과는 다른 성격을 갖고 있다. 사회, 공장 등은 기업복지의 일환으로서 근로자의 복리 후생시설로 설치하는 것이 일반적이다. 따라서 기숙사 등의 입거비를 징수하는 경우는 드물지만 사택인 경우 유지관리비에 충당하는 매우 저렴한 집세를 징수하는 예가 있다. 근래에는 비용부담이나 관리 운영 면에서 문제가 많은 주택은 종업원의 내 집 마련 방향으로 전환되고 있다. 독신근로자용의 기숙사는 그대로 유지되고 있으며 중소기업은 근로복지회사가 지은 임대아파트, 대기업은 사원아파트가 보급되어 있다.

0888 급여행정
국민의 생존을 적극적으로 배려하기 위해 국민의 경제생활이나 사회생활에 필요한 보호를 주는 행정을 말한다. 가령 사회복지행정, 사회보험행정, 전기, 가스, 수도 등 공기업에 관한 행정, 기타 자금의 조성, 교부 등의 행정이 포함된다. 급여의 내용은 금전 기타 물건의 급여나 요양의 급여처럼 역무의 제공일 수도 있다.

0889 급진적 사회사업(radical social work)
영국이나 미국에서 1960년대 이후에 사회복지를 둘러싸고 전개된 여러 가지 혁신적인 사상운동과 함께 등장한 입장이다. 그 이해는 반드시 통일된 것이 아니나 주류로나 사회주의의 관점에서 사회복지의 정책, 제도와 실천을 철저하게 비판하고 변혁해 가려는 특징을 갖고 있다. 이미 성과는 연구논문에 보고되고 있으며 사회사업가의 조직화도 고려하고 있다.

0890 긍정(affirmation)
어떤 주장이나 명제를 참이라고 시인하는 것이다. 긍정의 형태로 표현된 명제를 긍정명제라고 하며, 이를 양(量)의 개념에 따라서 분류하면, “모든 사람은 죽는다”와 같은 전칭 긍정과 “몇몇 사람(적어도 한 사람)은 죽는다”와 같은 특칭 긍정이 있다.

0891 긍정적 강화(positive reinforcement) 01
반응에 따라 자극을 줌으로써 기대했던 행동이나 반응을 강화시키는 것이다. 강화제는 원하는 물건이 칭찬 등을 비롯한 반응을 더욱 강화시킬 수 있는 여러 자극이 될 수 있다.

0892 긍정적 강화 02
바람직한 행동을 할 때마다 보상을 주어 그 행동의 발생을 증가시키는 방법을 말한다. 치료 절차에서는 먼저 바람직한 행동을 세부적으로 조사하고 내담자 개인에게 보상이 될 수 있는 것을 찾아낸다. 그런 후에 내담자가 바람직한 행동을 할 때마다 체계적으로 보상하여 준다.

0893 긍정적 내포(positive connotation)
특히 가족치료에서 사용되는 치료기법의 일종으로 특히 가족치료에 사용된다. 즉 사회사업가가 가족 간의 결속력 및 서로 도와 일하려는 의도를 증진시키기 위해 클라이언트의 행동에 긍정적인 동기를 부여하는 것이다.

0894 긍정적 전이(positive transference)
클라이언트가 심리치료자나 그를 상담해주는 사람에게 애정, 사랑, 성적 욕망, 온정 또는 친근감을 갖는 전이를 말한다.

0895 긍정적 행동(affirmative action)
장애인의 고용을 촉진하기 위하여 1973년 미국의 직업 재활법에 규정된 장애인의 고용에 관한 행동 계획으로, 주요 목적은 장애인의 채용, 승진, 해고 등에 관한 차별을 금지시키기 위한 것이다. 동법에는 정부산하기관, 연방정부와 연간 2,500달러 이상의 직간접 거래가 있는 기업, 연방 정부로부터 보조금을 받는 기관에서는 장애인의 고용에 긍정적인 행동을 취하도록 의무화되어 있다. 긍정적 행동은 장애인의 고용만을 대상으로 하는 것이 아니라, 고용 후의 승진이나 훈련에 대해서도 장애인에게 균등한 기회를 보장하도록 요구하고 있는 것이 특징이다.

0896 기관개발기금(sunk costs)
사회기관 행정과 사회기획에서 조직 구성원들의 관계유형, 지위와 권력서열(권력제도), 전통적 업무처리 방식을 발전, 유지, 촉진시키기 위해 조직의 성원들이 투자하는 노력과 시간을 말한다.

0897 기관번호(The Codes for Classification)
사학연금의 경우, 공단이 학교기관 및 법인에 대하여 연금업무의 효율성을 높이기 위해 부여한 기관(법인, 학교 등)의 고유번호를 말한다.

0898 기관장 위원회(board of directors)
직원들의 활동을 감시하는 권한을 부여받았고 기관의 목적과 정책을 세우며 그러한 정책을 실행할 책임을 지고 있는 사람들의 집단. 사회기관의 기관장 위원회는 보통 지역사회에서 영향력이 있고 지역사회의 보편적인 의견을 반영할 수 있는 무급비상임자들로 구성된다.

0899 기금(fund)
특정한 공공사업 수행을 위해 정부나 공공단체가 설치한 자금이다. 경제상황의 변화에 탄력적으로 대응하기 위해 정부 예산과 구분되는 자금을 조성, 운용하는 것을 말한다. 관리 주체에 따라 정부관리기금과 정부 이외의 기관에서 관리하는 민간관리기금으로 나뉜다.

0900 기금조성(funding)
어떤 기간에 어떤 조직의 프로그램을 수행하기 위해서 사용될 돈 중 할당된 일정량을 말한다.

0901 기노
생활이 어렵거나 주위환경이 노부모를 부양하기 힘들 때 생활능력이 없는 노인을 버리는 행위를 말한다. 이 풍습은 장소를 옮겨 다니며 사냥이나 물고기를 잡던 수렵시대에 많았고 농경사회에 와서는 거의 없어졌다. 근래에 와서는 가족이 노인을 버리거나, 폭력을 가하거나, 착취를 할 때는 법에 의해 처단하며 버려진 노인을 국가나 민간단체가 경영하는 시설에 수용하여 보호한다.

0902 기능 교육과정(functional curriculum)

학습자의 생활·경험·흥미·활동 등을 중심으로 구성된 교육과정을 말한다. 학습내용보다 학습과정, 정적 학습보다 동적 학습, 지식보다 활동, 지식의 논리보다 학습자의 심리 등에 강조점을 두고 있다. 지식 또는 교과위주의 교육과정에 반대되는 것으로서 분과형보다 통합형을 취하는 교육과정들이다. "행함으로써 배운다."는 원리 하에서 학습자의 흥미로운 활동이나 작업을 통해, 생활인이 필요로 하는 모든 기능을 개발하는데 이론적 근거를 두고 있다.

0903 기능대학

노동부 산하 한국산업 인력공단이 직접 운영하는 2년제 특수대학이다. 개설학과는 주거인테리어, 건축기술, 섬유디자인, 패션디자인, 정보기술, 메카트로닉스, 환경관리기술, 자동차기술 등 22개 학과로 이론과 실기를 함께 갖춘 고급기능 인력을 양성하기 위해 산업현장 위주의 교육을 실시한다. 국가에서 운영하므로 학비부담이 거의 없고 대부분 기숙사를 갖추고 있다. 전형방법은 고교 학생부 성적이나 대입수능시험 성적 중 본인이 자신 있는 성적을 제출하면 이를 심사, 신입생을 선발한다. 77년에 창원기능대학이 가장 먼저 생겼다. 95년 12월 개정된 기능대학법에 따라 기능대학 졸업자도 전문대학 학력을 인정하면서 새롭게 주목받기 시작했다. 지금 현재는 전국적으로 다양하게 분포되어 있다.

0904 기능사정(functional assessment)

특히 의료보호와 시설에서 클라이언트가 스스로 보호와 복지를 제공할 수 있는지의 능력을 판단하기 위해서, 사회사업가와 다른 전문가들이 사용하는 체계적인 절차와 기준, 클라이언트는 일상생활에 필요한 활동을 할 수 있는 능력이 있는지와 이러한 활동을 하는데 필요한 도구를 가지고 있는지에 의해서 평가받는다.

0905 기능상실주부(displaced homemaker)

가족을 돌보는 사람으로서 수년을 보낸 후 과부가 되거나 이혼한 여자로서 경제적 독립을 수월하게 하기 위한 시장성 있는 다른 기술을 발전시키지 못한 여자를 말한다.

0906 기능손상(functional impairment)

일시적이거나 영구적인 신체적 혹은 정신적 무능력 때문에 어떤 기대나 책임을 충족시키지 못하는 개인의 무능력을 말한다. 이 용어는 일부 사회사업가에 의해서 개인이 단지 부분적으로만 장애가 있고 정상적으로 기대된 모든 기능을 수행하지는 못하더라도 대부분을 효과적으로 수행하는 상황을 언급하는 말이다. 또한 이 용어는 어떤 사람이 어떤 치명적인 기능을 통제하는 능력이 결여된 경우에도 사용된다.

0907 기능자원봉사자

점역이나 수화, 낭독서비스, 생명의 전화 등의 자원봉사활동은 기본적 조건으로 전문적 지식과 기술을 구사할 수 있어야 한다. 또 일상의 직업으로 일하는 사람(전문직, 기술직), 가령 이발, 목수, 사회사업가, 의사, 간호사, 보건부, 교사, 취미선생 등이 자격을 충분히 살려서 직업이외의 시간이나 장소에서 그 기술을 제공하는 사람을 말한다.

0908 기능장애(functional disturbance)

광의로는 신체운동기능 내지 정신기능에 장애가 보이는 경우를 말하지만 협의로는 유기체(organism)를 조직하고 있는 제 기관(구조)에는 아무런 손상도 보이지 않는데 소위 동작기능(function)에 장애가 나타날 경우를 말한다. 가령 정신장애 중의 신경증(neurosis)이나, 히스테리성의 신체증상, 직성간질의 발작증상 등이 그것이다. 이들은 신경계의 기능장애로 생각되고 있다.

0909 기능적 문맹(illiterate functional)

조금은 읽고 쓸 수 있으나, 정상적인 사회, 경제적 관계 내에서 그것들을 사용할 수 있는 충분한 자질을 갖추지 못한 사람을 말한다.

0910 기능적 언어(functional language)

한 개인이 자신의 욕구를 타인에게 알릴 수 있는 의사소통체제를 말한다. 이 용어는 주로 장애의 정도가 심한 사람의 경우 교사가 발달시켜 주고자 하는 언어 목표 또는 기능을 뜻하는데 사용된다.

0911 기능적 이상

기질적 병변이 없는 정신적 변화, 신경증, 심인성 정신병 혹은 정신 분열증이나 조울증, 소위 내인성 정신병을 말한다. 정신기능변화의 예로는 심인반응으로서의 경악반응 등이 그 전형적 예이며 폭발, 대지진 등의 돌발적 재해에 조우했을 때 받은 쇼크가 원인으로 설 수도 없고 걸을 수도 없는 상태가 되기도 하며 의식도 몽롱해질 때가 있다. 이것은 뇌에 이질적 병변이 있어서 나타나는 의식장애와는 상이한 것이 특징이다.

0912 기능적 자율성(functional autonomy)

올포트(G. W. Allport)가 인간 동기의 복잡하고 논란 많은 문제에 접근하면서 소개한 개념을 말한다. 특정한 활동이나 행동방식은 그것이 원래 다른 이유 때문에 끌어들여진 것이라 해도 그 자체가 목적이나 목표가 된다는 것이다. 그래서 단순한 행동이든 복잡한 행동이든 그것이 원래는 유기체적 혹은 부분적 긴장에서 유래되었다 하더라도 생물학적인 강화 없이도 그 자체는 무한히 유지될 수 있다는 것이다.

0913 기능적 정신병(functional mental illness)
어떤 분명한 신체적, 유기체적 근거가 없는 심리적 장애를 이르는 용어이다.

0914 기능주의(functionalism) 01
제임스(W. james)와 듀이(J. Dewey)의 실용주의에 입각하여 19세기 말엽 시카고 대학에서 형성되었던 미국의 한 심리학파이다. 의식의 내용을 원자적인 요소들로 분석하여 종합하는 분트 학파의 구조주의에 반대하여 의식의 기능을 강조했다. 여기에는 「기능」이라는 용어는 정적인 구조와 대조되는 능동적인 작용 또는 활동을 뜻한다. 진화론의 영향으로 이러한 기능 또는 활동은 유기체가 환경에 적응하는 문제해결적인 행동으로 간주되었다. 이에 따라 기능주의는 의식 또는 정신을 유기체가 환경에 적응하는 데 공헌하는 유용성이라는 각도에서 파악해야 한다고 주장했고, 의식이 "무엇이냐"의 문제를 회피하고 의식이 "무엇 때문에 어떻게 활동하느냐"의 문제를 실험적으로 연구할 것을 강조했다. 적응에 대한 관심 때문에 개인의 적응능력의 차이와 그 측정에 중점을 두어 각종의 심리검사들을 제작하였다. 기능주의의 기수는 듀이이지만 안겔(J. R. Amgell)과 카아(H. A. Carr) 등에 의해 체계화되었다. 기능주의는 의식을 인정하나 심리학의 방법으로 과학적 실험을 강조했기 때문에 결국에는 행동주의에 흡수되고 말았다. 우리가 해방 이후 미국에서 받아들었던 새 교육은 실용주의적 교육으로 심리학인 기능주의가 주도적인 역할을 하였다.

0915 기능주의(functional casework) 02
개별사회사업 랭크(Rank, Otto)의 의지심리학을 기초로 하며 그 독자성은 다음과 같다. ① 사회사업가의 책임 하에 전개되는 과정을 부정하고 클라이언트의 자유의지로 전개되며 원조기관의 기능을 중시 ② 클라이언트가 케이스워크 관계를 건전하게 활용 이용하는 것을 촉진하는 과정을 중시 서비스의 활용이나 그 결과 등은 클라이언트의 통제 하에 두고 또 클라이언트 자신이 결정하는 경험의 기회를 가질 수 있게 한다. 사회사업가의 기능은 클라이언트의 특정한 잠재능력을 개발하게끔 원조한다.

0916 기능지역사회(functional community)
특정의 기능영역에 따라 목적적, 한정적으로 결성되는 지역사회로 전 기능영역에 관해 기초지역사회와 구별된다. 도시사회에서는 지역사회의 지주인 공동성, 지역성만 해도 개인의 전 생활과정을 포섭, 통합하는 것은 불가능하다. 또한 다핵심화, 다층화된 생활의 현실에 착안해서 부분적 영역에 관한 지역사회를 설정한다. 유한책임형 지역사회(community of limited liability)도 그 일례다.

0917 기능집단(functional group)
사람들을 결합하고 일정목적의 달성을 위해 기능적으로 구성된 인위적 집단으로 이익사회, 2차 집단이라 부르기도 한다. 정치적 목적이나 목표를 달성하기 위한 정당, 경제적 이득 옹호를 목적으로 하는 조합이나 경영자단체, 문화적 요구를 충족시키기 위한 학교나 예술인 연합회 등이 그 예이다. 근대사회에서는 기능집단의 역할이 증대되어 조직화된 사회집단으로서 중추적 위치를 차지하고 있다. 기능적 집단에 기능주의 개별사회사업서의 구성원간의 관계는 비교적 형식적이고, 공식적 집단에 비해 약하다.

0918 기능학습(skill learning)
적절한 반응에 강화 자극이 연결될 때 일어나는 인간의 학습을 말한다. 자극 – 반응 학습은 주로 동물실험을 기초로 한 것이지만 인간에게도 적용된다. 기능학습은 인간을 조작적으로 조건 형성한 것으로서, 모스(Morse) 신호학습·인간 미로학습·원판추적 학습 등이 이에 속한다.

0919 기능회복훈련(restorative training)
손상된 신체기능의 회복을 도모하는 훈련이다. 기능회복의 첫째는 생물학적 기능장애의 회복, 즉 뇌졸중, 뇌 외상, 신경근질환 등에 의한 마비, 골절 후 관절염, 기타 수족의 기능회복을 위한 훈련이다. 여기에는 운동용법이나 기능적 작업요법에서의 훈련방법이 쓰여지며 잃어버린 근력, 관절가동력, 운동속도, 내구성, 교치성의 회복을 도모한다. 기능회복의 둘째는 개체로서의 기능회복이다. 생물학적 기능장애가 영속적인 것이 되었을 경우 신체에 남아있는 건전한 기능을 개발해서 개체로서의 기능회복을 도모하게 한다. 주된 것은 일상생활 동작훈련이다. 뇌졸중 후의 한쪽 마비자에 대해서는 한 손으로 섭식, 정용, 착탈의, 배변 등 필요한 수발을 할 수 있도록 훈련하고 또 오른쪽 마비자에 대해서는 왼손으로 글씨를 쓰고, 수저를 쓸 수 있도록 훈련하는 것 등이다.

0920 기대분석(expectation analysis)
예견되는 행동(anticipated behavior)이 무엇인가를 조사하여 분석하는 것을 말한다. 인간의 행동은 일반적으로 다른 사람과의 관계에서 무엇을 기대하느냐에 의하여 많은 영향을 갖는다. 인간의 상호작용 상황에서 기대는 대상·장소·시간에 따라 상대적으로 기대하는 내용과 수준이 달라진다. 특히 교육에는 교사와 학생의 기대가 일치될 때 교육효과가 증대된다. 따라서 교사는 학생의 기대 분석을 해야 하며, 학생도 교사의 기대가 무엇인가를 인식할 때 행동에 영향을 미치기 때문이다.

0921 기대이론(expectancy theory of motivation)
어떤 행동을 할 때, 개인은 자신의 노력의 정도에 따른 결과를 기대하게 되며 그 기대를 실현하기 위하여 어떤 행동을 결정한다는 동기이론이다. 브룸(Victor H. Vroom)은 종래의 내용이론이 동기의 복합적인 과정을 설명하기에는 부적절하다고 생각하고 그 대안으로 기대이론을 제안하였다. 기대이론에서 개인은 행동의 결과로 나타날 수 있는 성과에 관한 기대를 가지고 있으며, 사람마다 성과에 대한 선호는 다른 것으로 가정한다. 브룸의 기대이론은 유인가(Valence), 수단(Instrumentality), 기대(Expectancy)의 세 요인으로 구성되며, 첫 글자를 따서 VIE 모형이라고도 한다. 기대란 어떤 행동이나 노력의 결과에 따라 나타나는 성과에 관한 신념으로 자기 자신에게 가져올 결과에 대한 기대감이다. 과업을 날 것이라는 기대에 의해 좌우된다. 성과가 있다고 믿으면 노력을 계속할 것이고 그렇지 않으면 노력을 그만둘 것이다. 기대는 노력과 제1수준의 성과인 과업수행을 연결하며, 그 강도는 노력의 결과 성과가 전혀 없을 것으로 믿는 1까지이다. 수단이란 제1의 성과와 제2의 결과간의 관련성을 지각하는 정도를 말한다. 즉 제1의 성과 또는 과업의 수행은 제2의 성과인 보상을 획득하기 위한 수단의 역할을 한다는 것이다. 수단의 제1의 성과가 제2의 성과를 가져오게 될 것이라는 확률치로서 −1에서 +1까지로 나타난다. 유인가는 제2수준의 성과인 승진, 급료, 인정과 같은 보상에 대한 열망의 강도를 말하는데, 개인의 욕구에 따라 그 중요성과 가치가 달라진다. 어떤 결과를 얻는 것이 좋다고 생각할 때는 +1에서, 결과를 얻지 않는 것이 좋다고 생각할 때는 −1까지로 수량화된다. 브룸의 기대이론을 그림으로 나타내면 다음과 같다.

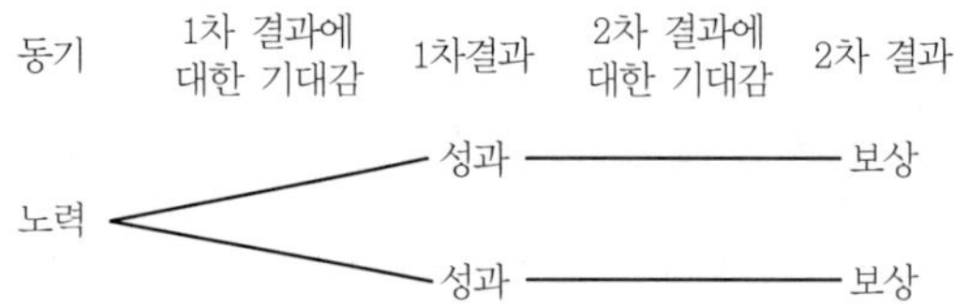

0922 기대 수단

어떤 사람의 기대, 유인가가 높으면 그의 동기는 높을 것이다. 그러나 셋의 결합 정도가 처음부터 낮으면 과업수행을 위한 동기는 나타나지 않을 것이며, 노력을 시작한 다음에도 처음의 기대가 잘못이었음을 알게 되면 역시 동기가 약화될 것이다. 개인의 동기화 정도는 기대, 수단, 유인가의 곱에 의해 수량화할 수 있다. 제1수준의 성과에 대한 개인의 기대는 작업 상황, 타인과의 의사소통, 경험, 자존심 자신감 등에 영향을 받는다. 수단은 과업수행과 보상체제의 영향을 받는데, 여기에는 지도성 행위, 급료, 승진에 관한 회사의 정책이 작용한다. 제2수준의 성과인 부상의 중요성은 개인에 따라 달라진다. 즉 급료, 승진, 인정, 자율성 등에 대한 선호에는 개인차가 존재한다.

0923 기독교세계봉사회(church world service)

1946년에 전미기독교교회협의회의 일부로 설립되어 1950년에 세계교회협의회의 일부에 편입되었다. 국제협력에 의한 선교와 복음운동을 목적으로 해서 정의와 봉사(교육상호원조, 난민구제와 복지활동, 지역 개발원조, 의료봉사)활동을 하고 있다. 본부는 뉴욕에 있고 세계 100개국 이상이 가맹하고 있다. 6년마다 총회 외에 특별의제에 대한 국제회의도 개최하고 있다.

0924 기독교여자청년회(YWCA)

여자 청년을 회원으로 하는 국제조직(young women's christian association)을 약칭하여 YWCA라고 한다. 그 목적과 조직 및 사업은 대체로 YMCA와 같다. 1857년 영국에서 조직되었으며 한국에서는 1922년 김활란, 김필례, 유각경 등에 의해서 창설된 한국 YWCA는 그간 반세기에 걸쳐 명실공히 한국부녀자 운동에 앞장서 왔다. 그 활동상황을 보면 전국에 18개 지부를 두고 상호 유기적으로 협조하여 각종 지도자훈련, 교육활동, 복지사업, 봉사활동, 간행물출판 등의 눈부신 활약을 하고 있으며, 일의 능률과 수준이 가히 국제적이라 할 수 있다. 경기도 소사에 현대식 캠프장을 가지고 있으며, 자체 내지 도자 훈련은 물론 관련되는 타 단체에 대여도 함으로써 사회교육 발전에 이바지하는 바가 크다.

0925 기록(recording)

사회사업에서 클라이언트, 문제, 예측(진단), 개입계획, 치료의 진전사항, 클라이언트의 상황에 영향을 주고 있는 사회적, 경제적 및 건강상의 요인들 그리고 종결이나 다른 기관 의뢰를 위한 절차 등에 관한 정보를 기록하고 그 서류를 보존하는 과정을 말한다. 기관의 요구사항, 사회사업가의 스타일, 개입의 형태에 따라 기록에는 여러 가지 형태들이 있다. 기록의 종류로는 서술적 요약체, 심리사회적 사정, 행동사정, 문제 중심기록, 소프 기록방법 등이 있다.

0926 기말수당(Quarterly Allowance)

공무원에게 예산 범위 안에서 매년 3월, 6월, 9월, 12월의 보수지급일에 지급하는 수당. 보수월액 산정에 포함되는 수당.

0927 기본기능(basic skills)

① 개념과 원리의 적용과 같은 기본적인 기능. ② 기본이 되는 신체적 기능. 보통은 신체적 기능에서 여러 가지 기능활동에 기초가 되는 기능을 말한다. 기술교육을 행함에 있어 모든 기능을 다 소유하도록 하기보다는, 가장 널리 활용되며 어느 기능의 수행에서도 기초적으로 나타나는 기본 기능을 소유하는 것이 강조된다. 그러나 기본 기능을 기술의 내용적(교과적) 측면에서 선정되어야 한다는 주장이 있는가 하면, 심리학적 관점에서 인간이 보이는 기본적 운동 기능을 선정해야 한다는 주장이 서로 엇갈리고 있다.

0928 기본연금 /가급연금

국민복지연금법 등의 연금급여액의 산정방식으로 기본연금은 연금 및 수당 계산의 기초로서, 통상 정액연금과 보수비례부분을 합산한 것이다. 기본연금은 통상 배우자와 자녀(18세 미만, 불구폐질자)에 대하여 가산하게 된다. 기본연금과 가급연금의 합계가 연금액이 된다.

0929 기본적 생활습관(fundamental habits)

식사, 수면, 배설, 청결, 의복의 착탈 등 아동의 생활 중 기본적 욕구 충족방법에 관한 습관을 말한다. 유아기의 가정생활이나 집단생활을 통해 심신의 성장발달단계에 따른 교육에 의해 이들 습관의 자립이 달성되는 것이다. 정신지체아 등 심신 장애아에 대해서는 특히 이의 배려가 중요하다. 시설보호에서는 일상생활지도를 통해 아동의 기본적 생활습관 외에 대인관계나 지역사회생활에서 필요한 보다 넓은 기본적 생활기술의 습득에 노력하고 있다.

0930 기본적 수업모형(basic model of instruction)

수업을 전개하는 절차적 측면에서 기본적인 단계에는 절차를 묘사하고 있는 모형을 말한다. 이 모형으로 가장 널리 인용되고 있는 것은 글레이저(R. Glaser)의 수업 모형이다. 글레이저는 ① 수업목표→② 출발점행동의 진단→③ 수업→④ 수업평가의 네 단계를 선정하고 수업평가의 결과에 따라 수업평가는 물론, 수업·출발점 행동의 진단 그리고 수업목표를 조정하는 피드백(feedback)을 아울러 설정하고 있다. 이러한 네 요소는 어떤 학습과제의 수업에서나 어떤 학습자를 대상으로 한 수업에서도 포함되는 것이다. 즉 수업방법과 평가가 설정된 수업목표와 대상 학습자의 수준 또는 특성에 따라 결정되는 유기적 관계가 잘 나타나 있는 모형이다. → 수업모형

0931 기본적 욕구(basic needs)

개체로서의 개인의 생명, 생존유지에 필요불가결한 욕구, 배고픔, 갈증, 배설, 성, 휴식 등의 생물적, 생리적 욕구와 안전, 애정, 소속, 승인, 성취 등의 사회적, 인격적 욕구가 있다. 다 같은 기본적 욕구라도 전자를 일차적 욕구, 후자를 이차적 욕구로 구별하기도 한다. 원래 기본적 욕구의 의미는 일차적 욕구에 있으나, 양자를 나누기 힘들어 일체성을 이루고 있다. 이것은 사회적 존재로서의 욕구가 포함된데 의미가 있다.

0932 기본적 인권

인간이 인간으로서 고유하게 가지고 있는 천부불가침의 기본적인 권리를 말하며 자연적 상태에서 인간이 갖는 자유를 의미한다. 이처럼 국가일지라도 제약할 수 없는 권리를 말하는 것으로 자연권이라고도 불린다. 이 자연권, 자유권중심의 법 원리에서는 재산권의 존중, 결사의 자유 등을 축으로 인간의 해방을 의미하는 것이지만 한편 이 자유는 사회적 약자에게는 역으로 빈곤의 자유를 낳게 되었다. 20세기에 들어와 근대사회에서는 자유권 이외에 사회적 약자의 생존권, 생활권 보장을 위해 국가의 적극적인 권리실현을 내용으로 하는 사회권적 기본권의 창출과 함께 이것도 포함하게 되었다. 국제연합의 인권선언(1948년), 국제인권규약(1966년)은 모두 자유권적 기본권, 사회권적기본권을 포함하는 것으로 되어 있다.

0933 기부재산

재단법인 혹은 사회복지법인에 기부된 재산을 말한다. 이 재산은 언제부터 해당법인에 기속하는가가 문제된다. 사회복지사업법은 이 문제에 대해 민법규정에 준용한다고 함으로써 기부재산은, 생전처분으로 기부행위가 행해진 경우는 법인의 설립허가가 있을 때부터 또 유언에 의해 기부행위가 행해진 때에는 유언이 효력을 발생하였을 때부터 법인에 귀속되는 것이다.

0934 기부행위(donation practice)

재단법인의 설립행위 즉, 재단법인을 설립할 목적으로 일정의 재산을 제공하고 그 법인목적 기타 조직 및 운영에 필요한 기본규칙을 정하는 의사표시를 말한다. 생전처분 및 유언에 의해서도 가능하다. 또 기부행위가 표시된 서면 혹은 서면에 기재된 재단법인의 기본규칙을 기부행위라고도 한다. 민법상의 재단법인은 아니지만 학교법인 및 의료법인도 재단으로서의 본질을 가질 수 있기 때문에 그 설립행위는 기부행위라고 말한다.

0935 기생충 질환예방법

기생충 질환의 예방과 이의 근절을 기함으로써 국민보건향상과 증진을 목적으로 1966년 법률 제1789호로 제정된 법률이다. 기생충 질환이란 회충병, 십이지장충병, 간디스토마병, 폐디스토마병, 촌충병, 기타 보건복지부령으로 정하는 기생충 질환을 말한다. 기생충 질환에 감염되기 쉬운 지역주민이나 업무상 대중과 접촉이 많은 직업에 종사하는 사람은 연 1회 이상 검사 및 치료를 받아야 하며 각급 학교 학생은 연 2회 이상의 검사 및 치료를 받도록 규정하고 있다.

0936 기소대상면제(decriminalization)

법률의 무효화 혹은 채택으로서, 그 결과는 이전에 범죄로 규정된 행위가 더 이상 범죄로 취급되지 않으며, 법적 처벌이 부과되지 않는다.

0937 기소유예제도

현행 형사소송법은 기소편의주의를 취하여 검사는 범인의 연령, 성행, 지능과 환경, 피해자에 대한 관계, 범행의 동기, 수단과 결과, 범행 후의 정황 등의 사항을 참작하여 소추가 필요없다고 생각되면 기소하지 않도록 되어 있다. 이와 같이

소위 형사정책상의 고려에서 기소하지 아니하는 처분을 기소유예라 한다. 이에 대해 범죄가 특히 경미하여 기소할 것까지는 없다고 생각되기 때문에 기소하지 않는 처분을 미죄처분이라 하여 구분하고 있는 것이 실제이다.

0938 기숙사(dormitory)

학교나 공장 등에 딸려 있어 학생이나 직원 등이 숙박할 수 있도록 저렴하게 제공하는 시설을 말한다. 학교부설 기숙사는 큰 건물에 다수의 학생을 일제히 수용하는 시설양호의 형태를 취하며 남녀학생이 구분되어 큰 방에 수명씩 투숙시킨다. 획일적, 규제적 처우가 중심이 되며, 가정적 분위기의 결핍과 직원과의 인간적 접촉, 인간관계의 희박 등이 개선되어야 할 과제이다. 산업체 부설 기숙사는 광의로는 다수인이 기거 및 식사를 함께 하고 있는 숙사를 총칭하지만, 협의로는 근로기준법의 규제를 받는 사업체 부속 기숙사를 말한다.

0939 기술철학(philosophy of technology)

기술이란 인간이 자연에 작용해 사물을 생산하는 방법 또는 목적을 실현하는 수속을 의미한다. 인간은 의도적으로 기술을 매개로 하여 생산적으로 활동하는 것을 특징으로 한다. 여기에는 객관적 법칙성에 관한 과학적 지식과 함께 문화를 창조하려는 인간적 의욕이 기술의 성격을 결정하는데 중요한 역할을 한다. 따라서 기술의 체계적 이해에는 사회과학적 구명과 함께 철학적으로도 그 의미를 구해야 한다.

0940 기술혁신(innovation)

컴퓨터혁명, 제2차 산업혁명 등과 같은 때의 혁명(revolution)이라는 말이 갖는 공포감이나 살벌한 이미지를 불식하기 위해 경제학자 슘페터(Schumpeter, J.A.)가 도입하여 일반에게 널리 알려진 개념이다. 구체적 수단으로서는 전자공학, 기계공학 등의 기술도입에 의해 인력으로 수행하고 있는 업무를 대체시키는 것이 일반적이다. 기술혁신이 진일보한 개념이 기술혁명(technical revolution) 혹은 과학 기술혁명이라고 하여 현대사회의 특질의 하나로 보고 있다. 기술혁신은 기계화, 자동화를 기반으로 하여 유통과정의 변화, 판매노동의 변화, 사무노동의 변화, 노동조건 및 생활조건의 변화를 초래하여 사회변동(social change)의 원동력이 된다. 이와 같은 기계화, 자동화는 인간의 기계 부품화, 부속물화를 가져와 노동의 자기소외에서 인간의 자기소외, 나아가서는 인간성의 상실이라는 결과가 나타나게 된다.

0941 기아보호소(foundling hospitals)

버려진 아동을 보호하는 시설을 말한다. 전통적으로 이러한 시설들은 자선적 기부에 의해서 운영되고 후에는 지방세로 운영되었다. 1856년에 설립된 성 빈센트의 기아보호소는 미국에서 최초로 생긴 기아보호소였다. 많은 고아원들은 대부분 양연보호 프로그램으로 대체되었다.

0942 기억상실증(amnesia)

과거 경험의 일부 또는 전부를 기억하지 못하는 현상을 말한다. 이것은 정서적, 신체적 요인, 혹은 양자의 결합요인으로 발생한다. 퇴행성 기억상실증은 특정 시간 이전에 일어난 사건을 기억하지 못하는 증상이며, 반퇴행성 기억상실증은 특정 시간 이후에 일어나는 사건에 대한 기억 무능력 증세로 보통 기억상실이 시작된 이후를 말한다.

0943 기업 내 교육(on-the-job training)

직장 내의 상사가 구체적·실제적인 입장에 서서 직접 가르치는 교육을 말한다. 종래 교육훈련은 전문가가 담당하는 직장 외 훈련이 대부분이었다. 이의 목적은 노동자의 직무수행에 필요한 지식·기능의 향상뿐만 아니라 기업에 대한 충성심이나 근로 의욕을 높이고 새로운 능력개발 또는 관리, 감독자의 지도력 육성을 목적으로 한다. → 직업훈련

0944 기업연금/기업연금제도

종업원의 퇴직 후 생활을 안정시키기 위해 기업이 지급하는 퇴직연금제도 중의 일종이다. 이 제도가 전 세계적으로 광범위하게 보급된 것은 제2차 세계대전 후 복지국가가 확산되면서부터이다. 이 시기의 기업연금은 공적 연금의 한계를 보충하는 형태로부터 시작되었다. 기업의 입장에서 이 제도는 고령으로 능률이 저하된 종업원에게 일정의 수입을 공여함으로써 원만하게 퇴직하게 하고 이것이 종업원 집단의 근로의욕을 향상시켜 기업의 활력을 유지하기 위한 방편이 된다. 노동의 대가라는 측면에서 보면, 기업연금이란 임금의 일부가 이연되어 퇴직 후 지급되는 이연임금이다. 기업연금의 급부는 노후의 전 생애에 걸쳐 지급되는 노령연금이 대부분이고, 이외에 유족연금·장애연금 등도 지급되고 있다. 외국의 경우 나라에 따라 이러한 기업연금의 제도화가 기업에 강제되었다. 미국의 경우 적격퇴직연금제(適格退職年金制)는 이에 대한 기업의 부금(賦金)은 손비처리되고 종업원에 대한 과세는 실제로 급부를 받을 때까지 이연된다. 영국의 경우 조정연금제(調整年金制)라는 형태로 후생연금의 일부 급부를 대행하는 동시에 독자적 연금 급부를 부가하여 지급한다. 일본에서는 적격연금과 조정연금을 병행하여 실시한다. 이러한 기업연금의 운영에는 보통 적립방식과 비적립방식이 있는데, 대체로 적립방식을 채용하고 있다. 우리정부는 현행 퇴직금제는 직장이동성 증가, 중간정산제 확산 등으로 노후소득보장 기능이 크게 약화되자 1999년부터 근로자의 노후보장과 자본시장 활성화의 일환으로 기업연금제도를 확충하는 방안을 검토해왔다. 2001년 7월부터 노사정위원회에서 기업연금제 도입방안을 논의하였으나, 노사간에 입장차이가 지속되어 도입이 미뤄지고 있다가 2003년 7월 노사정위원회가 노사간 입장을 정리한 보고서를 노동부

ㄱ

에 이송했다. 이에 따라 정부는 2005년 12월 도입에 도입했지만, 기업의 가입율이 저조한 실정이다. 그러나 향후에는 점차 증가할 것이라 예상된다. → 퇴직연금

0945 기업복지

기업복지란 기업의 책임과 비용부담 하에 그의 종사원이 직장 내외의 생활을 통해서 물질적, 정신적 욕구를 충족할 수 있도록 지속적 복지를 실현하는 것을 목적으로 직장이 제공하는 임금 등 근로조건 이외의 제 급여시설 및 활동의 종합적 체계를 말한다. 따라서 기업복지의 주체는 기업의 사용자이며 객체는 종업원과 그의 가족이다. 구현 방법은 복지수요, 즉 종업원 등의 물질적(경제적) 정신적 욕구를 최대한 반영시켜, 복지공급, 즉 기업이 제공할 수 있는 가용자원이나 서비스를 적정하게 배분시켜서 목적개념인 지속적 복지 상태를 실현하는 것이다. 종래 복리후생이란 용어가 사용되어졌으나 이 용어는 온정적, 은혜적, 임의적 성격이 강하다. 구미의 경우 2차 대전을 전후하여 기업의 사회적 책임, 노동조합의 정착과 단체 교섭력의 증대, 근로조건의 법제화, 산업민주주의의 확대, 경영사회정책의 발달 기술철학 등에 힘입어 기업이 제공하는 복지서비스가 사용자의 자발적, 임의적, 온정적인 것임에도 불구하고 계약적, 협약적, 준법률적 성격이 증대되었으며 단체협약중심의 권리의 무적 성격이 증대됨에 따라 종래의 복리 후생이라는 말 대신에 기업복지라는 신 용어를 사용하게 되었다. 우리나라도 1970년대부터 산발적으로 사용해 오다가 1980년대에 용어의 시민권을 획득했다고 할 수 있다. 그 내용은 사택·기숙사·내 집 마련 등 주택시책, 급식·구매·탁아·육영 등 생활원조시책, 공제·금융(저축, 대부) 등 공제금융시책, 문화, 체육, 레크리에이션시책, 의료·보건시책, 정신적 복지를 위한 산업상담, 산업사회사업시책, 기타 사회보장 보완복지시책 등을 들 수 있다. 기업복지의 일반적 기능으로는 노동력의 확보 및 정착화, 노동력 재생산과 노사관계의 안정, 근로의욕 향상, 노동능률 증진 및 기업 활동의 원활화 등을 들 수 있다. 앞으로 급식, 주택 등의 생활원조중심의 시책과 재산형성, 사업카운슬링 등의 정신적 복지로 전환시켜가는 것과 사내 근로복지기금법에 따른 기금의 육성 및 산업사회사업가 등 복지전문가의 배치, 활용, 대기업과 중소기업 간의 복지격차, 즉 기업 복지의 이중구조화 현상의 극복 등이 과제로 남아 있다.

0946 기업복지시설

기업 내 근로자의 복지를 도모할 목적으로 각 기업이 제공하는 복지시설이다. 여기에는 주택시설로서의 사원아파트, 기숙사, 사택을 비롯해 진료소, 병원, 보육원, 체육시설, 도서관, 오락시설, 보건소 등이 있다. 또 복지사업으로서는 생활·법률상담, 퇴직 후 시책, 각종 자금의 대부 등 광범위하다. 근로자의 복지향상과 함께 기업에의 근로자의 귀속의식강화, 생산성향상, 근로관계의 안정을 목적으로 하고 있으며 대기업일수록 정비되어 있고 기업간 격차가 심하다.

0947 기업 인턴

대학 졸업예정자 중 대학의 추천 등 일정한 인원의 사원후보를 대상으로 일정기간 인턴(intern : 실습사원)으로 수련케 한 다음, 적격자를 사원으로 채용하는 사원 채용제도를 말한다. 이 과정을 거쳐 선발된 사원은 입사 후, 수련 기간만큼 수습기간을 단축받게 된다. 이 제도는 입사 후 수습과정을 입사 전에 밟게 함으로써 기업으로서는 입사 전에 사원 개개인의 적성과 능력을 미리 파악, 사원의 배치에 효율적일 뿐 아니라 애사심을 미리 키울 수 있다. 또 기업인턴제의 실시로 기업의 이미지를 높여 유능한 인력을 사전에 발굴할 수 있다. 또한 대학생들로서는 사회진출 이전에 자기개발 사회적응력을 배양하고 수습기간이 생략되는 이점과 아르바이트 기회도 가지게 된다.

0948 기여금(Contribution)

공무원연금법에 의해 공무원이 부담하는 금액으로 급여에 소요되는 비용. 공단의 부담금과 동일하다.

0949 기원가족(family of origin)

혈통이나 유전적 유사성으로 묶인 친척집단을 말한다.

0950 기제(mechanism)

적응이론에서 쓰이는 용어이며 적응기제 혹은 방어기제로 사용된다. 이것은 심리적 파국을 피하고 자아의 붕괴를 막기 위해 이루어지는 심리적 메커니즘의 활동이라 할 수 있다. 근도반응, 공격, 퇴보, 대상, 도피 등이 열거되고 있다. 프로이드(Freyd, S.)는 퇴행, 억압, 반동형성, 격리, 취소, 투사, 자기애적 내향, 전도, 승화 등의 방어기제를 제시했다.

0951 기준간호(standard nursing care)

입원환자가 자비로 따로 간호부를 두지 않아도 전문 간호부가 돌봐 주는 간호체제를 가리킨다. 진료보수에 있어서는 보험 의료기관이 일정의 간호요원을 확보해 환자의 간호를 행하고 있으면 입원료 외에 간호료에 기준 간호료가 가산된다. 그러나 현실적으로는 기준간호의 의료기관에서도 별도의 간호가 묵인되어져 차액실료와 함께 환자의 큰 부담의 하나로 되고 있다.

0952 기준변인(criterion variable)

하나 또는 일련의 예언변인(또는 독립변인)들로서 예언하고자 하는 연구자의 관심의 변인을 말한다. 실험적 연구에서는 이를 종속변인이라고 부르고 있으나 기술적인 연구에서는 연구자의 조작이 없이 단순히 예언의 기준이 된다는 점에서 이를 기준변인이라고도 부른다. 과거에는 하나의 기준변인과 하나의 예언변인과의 관계 또는 하나의 기준변인 또는 여러 개의 예언변인에 대하여 하나의 기준변인과의

관계의 연구에만 국한되었다. 그러나 현재는 컴퓨터의 활용으로 여러 개의 기준변인과 여러 개의 독립변인을 동시에 관련을 짓는 연구가 활발해지고 있다. 분석에 있어서 하나의 기준변인만 고려하는 것은 현상을 너무 단순화했다고 볼 수 있으므로 다수의 기준변인을 동시에 이용하는 방법은 필요하고 바람직한 방향으로의 발전이라고 볼 수 있다.

0953 기질성 정신장애(organic mental disorders)
뇌의 병변 내지는 손상에 의해 일어나는 정신병을 말한다. 본래적으로는 뇌기질성 정신병이라는 것으로 소위 외인성 정신병의 범주에 들어간다. 주증상은 급성증상으로서의 의식장해(집중곤란, 실견당식, 간질성 발작, 몽롱상태 등)가 보인다. 만성증상으로서는 전반적인 지적능력의 저하가 보이며 치매가 나타난다. 장해가 경도인 경우에는 건망증(특히 기억력장해)이 주된 증상이다. 일반적으로 원상회복은 곤란하다.

0954 기질적 장애(organic disturbance)
광의로는 유기체(organism)를 조직하고 있는 제 기관(구조)에 손상을 받았기 때문에 생기는 행동내지는 정신면의 장애를 말한다. 협의로는 뇌수의 손상으로 생기는 인지, 언어, 사고, 지능, 정서 내지는 행위의 장애를 말한다. 지각, 운동, 기억, 언어의 장애에 대응하는 뇌수의 손상부위는 어느 정도 해명되었으나 뇌수의 어느 부위에 어떠한 손상을 받았을 경우 어떠한 기질적 장애가 발생하는지는 연구과제다.

0955 기질적 정신장애(organic mental disorders)
뇌의 영구적 혹은 일시적 손상에 의해 야기된 정신적 혼란으로서 이 장애는 노화과정, 알코올이나 다른 중독성약물의 복용 혹은 어떤 생리적 역기능과 관련될 수도 있다. 이러한 장애 중에서 기질적 뇌증후군으로는 섬망, 치매, 기억상실증, 기질적 망상, 기질적 환각, 기질적 정동증후군, 기질적 인성증후군, 비정형 혹은 혼합형 기질적 뇌증후군 등이 있다.

0956 기초공제
생활보장의 수입인정에서 노동수입부터 공제되는 근로공제의 일종이다. 당초에는 업종별 기초공제만 해당되었으나 근로공제의 확대로 수입금액별 기초공제가 성립되었다. 이는 업종별 기초공제가 주로 음식물품으로서 ①의 직종(경노동) ②의 직종(중노동) ③의 직종(중노동)별 공제로 구분하고 그 위에 수입별 공제에 의해 근로의욕 향상을 도모하고자 한 것이다.

0957 기초선(baseline)
행동수정 프로그램 또는 실험처지를 시작하기 전에 일어나는 행동의 빈도로서 행동수정 프로그램의 효과를 평가하는 데에 사용되는 행동수준을 말한다. 복합적 기초선(multiple baseline)은 기초선 기간 동안의 시간선상의 다른 시점에 다른 행동, 다른 사람, 다른 상황에 걸쳐 실험조건을 도입함으로써 그 조건의 효과를 알아보는 것으로 반전기간 없이도 실험조건(강화)의 효과를 알 수 있다. → 반전기간

0958 기초연구(basic research)
실용적 또는 실제적인 문제해결을 목적으로 하는 것이 아니라 연구대상 또는 연구영역 그 자체를 이해하고 지식을 발견할 목적으로 진행하는 연구 또는 연구 활동을 지칭한다.

0959 기초연금(basic pension)
2층 연금체계에서 전 국민 공통의 1층 부분의 연금을 말한다. 전 국민을 적용대상으로 하고 급여는 균일이라는 형태를 취하나, 재원에 관해서는 전액조세로 지급하는 국가(북구제국, 캐나다 등)와 사회보험을 주체로 하는 국가(영국, 일본 등)에서 행해지고 있다. 즉 모든 국민에게 노후에 정액의 연금을 지급하는 것을 목적으로 하는 공적연금을 말한다. 지급방식은 여러 가지이나 이전의 소득 수준, 직업에 관계없이 같은 금액의 연금을 지급한다.

0960 기초훈련(basic training)
산업훈련이라 한다. 직업훈련 또는 기술훈련에서 훈련 초기에 해당 직종 또는 직업 분야의 직무수행에 바탕이 되는 기초적이고 기본적인 내용의 지식과 능력과 태도를 훈련시키는 것이다. 대부분의 양성훈련에 있어서 초기 단계 훈련은 기초훈련이며 기초훈련 이후에는 전문훈련·응용훈련, 또는 고급훈련의 개념을 갖는 훈련이 뒤따른다. → 양성훈련

0961 기회균등(equal opportunity)
→ 교육의 기회균등

0962 기회비용(opportunity cost)
어떤 기회를 포기 혹은 상실함으로써 발생하는 비용을 말한다. 개인이나 조직을 막론하고 어떤 일 혹은 사업을 한다는 것은 다른 수많은 일, 혹은 사업을 할 수 있는 기회를 포기하거나 희생하게 된다. 기회비용을 규정하는 이론적 입장에 따라 주관적인 효용개념과 객관적인 기술적 대체관계에서 보는 입장으로 구분되나 요즘에 와서는 최선의 대체관계에 있는 기회의 상실 비용으로 기회비용을 규정하고 있다. 교육에서 기회비용은 흔히 교육을 받게 됨으로써 포기 내지 희생해야만 되는 취업과 이에 따른 소득발생의 기회상실 비용을 가리키고 있다. 다양한 용도가 있는 재화가 어떤 한 가지 목적을 위해 사용되었을 때 다른 목적을 위해 사용되었더라면 얻었을 가치를 포기하게 된다. 이 경우 포기된 가치를 기회비용이라 한다. 일반적으로 일정량의 생산요소로 동시에 A와 B의 두 가지 재화를 생산하는 경우 A재(財)를 추가로 몇 단위 생산하려면 B재의 생산단위를 어느 정도 희생치 않으면 안되며 이런 한계점에서 대체되는 비용이 기회비용이다.

0963 기회이론(opportunity theory)
일탈 행동은 특정한 집단(예를 들어서 청소년비행을 저지를 위험에 놓인 청소년)들 사이에서 더 발생하기 쉽다는 가설을 말한다. 즉 사회적으로 용납될 수 있는 목표를 성취할 수 있는 기회가 제한되어 있을 때 사회적으로 용납될 수 없는 방법으로 행동하기가 훨씬 더 쉽다는 것이다. 이 이론은 미국 뉴욕의 청소년을 위한 이동사업과 같은 프로그램에서 검증되었다.

0964 기획([영] planning [독] planung)
경쟁 목표의 달성을 위하여 합리적인 여러 정책 방안을 준비하는 과정이다. 기획의 기능은 문제 해결의 과정, 관리 기능의 한 단계 또는 국가 발전의 도구 등으로 파악되며 기획 과정은 목표설정·문제 상황의 분석과 진단, 기획 전제의 설정, 대안의 작성과 평가, 최종안의 채택, 관련된 파생 계획의 수립 등의 절차를 거친다. 합리적인 기획은 정책 수행과 행정의 타당성·효율성을 높인다. → 계획

0965 기획예산제도
(PPBS : planning programming budgeting system)
비용과 전략적 목표의 결과를 합리적이고 체계적으로 결부시키고(planning), 전략적 목표 달성을 위하여 필요한 인적·물적 자원을 재정소요로 전환시키는(budgeting) 예산제도이다. 기획사업 예산제도라고도 보다 정확하게는 기획프로그램 예산제도로 알려져 있다. 이 제도는 1961년에 미국의 맥나라마 국방장관에 의하여 국무성에 도입되어 실효를 거둔 이래, 1965년 존슨 미국 대통령이 모든 연방정부의 기관에서 기획예산 제도를 채택하도록 지시함으로써 이제는 모든 행정부에 적용되기 시작하였다. 광범한 정책 결정을 위한 거시적 경제분석에 주목적이 있으며, 세부적인 계획과 수행보다는 산출을 강조하며, 단기계획보다는 장기 계획과 밀접한 관계가 있다. 이러한 제도를 미국 행정부에서 채택하도록 한 근본적인 이유를 보면 ①보다 정확하게 국가 목표를 탐색하여 우선순위를 결정하고, ② 목표 달성을 위한 대안을 분석·개발하고, ③ 각 프로그램의 비용과 수익을 장기적으로 추정하고, ④ 진술된 목표 달성을 위하여 수년 전에 그 목표에 대한 세부 계획을 수립하고, ⑤ 프로그램의 성과를 개선된 측정·분석을 통하여 수립함으로써 프로그램과 예산 통제를 강화하는데 있었다. 그러나 이제는 수행상 많은 문제가 야기되어 연방정부에서 기대했던 것만큼 소기의 성과를 거두지 못하였을 뿐만 아니라 많은 불만을 초래하였고, 주정부와 지방정부에서도 제도로 정착화하지 못하고 실패하였다.

0966 기회프로그램(opportunity programs)
다른 사람들을 위해서 존재하는 기회에 클라이언트 집단이 더 가까이 접근할 수 있도록 준비해주는 방향으로 방침을 정한 사회복지 프로그램과 조직을 말한다. 이 프로그램의 목표는 반드시 클라이언트가 적응하거나 통찰을 얻도록 도와주는 것이다. 예를 들면, 청소년을 위한 아동사업 프로그램은 소년범죄를 일으키기 쉬운 청소년에게 사회적, 경제적 그리고 기업적 기술을 익히도록 하여 그들이 경제의 주요한 흐름에 편승할 수 있는 기회를 갖도록 하기도 한다.

0967 긴급통보시스템
홀로 사는 노인이 가정 내에서 질병 등 긴급사태가 발생했을 경우에 통보 및 구조를 위해 제도화시킨 것으로 일본에서 취해지고 있다. 복수의 연락선에 순차적으로 통보하는 전송방식과 제1차 통보선을 24시간 체제화시키는 통보센터 방식이 있다. 두 가지 다 휴대용 무선발신기의 단추를 누름으로써 연락이 취해진다. 센터방식으로는 수신과 동시에 대상자의 기초자료나 구원협력자 등의 통보가 컴퓨터에 표시되어 구원자에게 연락이 된다.

0968 긴장(tension)
외부자극에 대해 심신에 반응이 나타나는데 역동적 심리학에서는 행동을 일으키는 심리체제를 설명하는 경우에 심리적 긴장이라는 역동적 개념을 쓴다. 또 일반에 인정되어 있는 역동적 체제의 긴장은 행동발견 직전의 상황을 말하고 있다. 긴장이 높아지면 신체적으로는 문제발생의 근원이 되며 끝내는 신경증적 행동이 생기게 된다. 긴장해소의 방법으로는 자극흡수의 제한과 외부압력을 이겨내도록 내성을 강화시키는 자율훈련 등이 있다.

0969 길드([영] gild/guild [독] gilde)
11세기 이래 유럽 여러 도시에서 주로 호상이 당해 도시에 있어서 상거래 독점을 목적으로 하여 자주적으로 조직한 맹약단체인 「상인길드」([영] gild merchant [독] Kaufmanns gilde)는 도시가 도시영주의 지배를 벗어나 자치시로 발전하는데 중요한 정치적 역할을 다했다. 그 후에 시참사회의 내부에 세력을 뻗쳤고, 한편으로는 12세기 전반 이래 수공업자나 중소상인이 「상인길드」를 모방하여 조직한 직업별의 「동업길드」([영] craft gild [독] Zunft)가 자급자족을 취지로 표방하는 도시경제의 사실상의 실력자로서 세력을 얻어, 13~14세기에는 어느 정도의 자치권을 획득함과 동시에 호상을 중심으로 하는 도시귀족에 대항하여 시참사회의 조직을 개혁시키고, 「동업길드」의 구성원은 참정권을 얻기에 이르렀다. 보통 길드는 이 「동업길드」를 말한다. 「동업길드」는 총합인 혹인 법인이며, 그 장·위원회·구성원 전체의 집회를 기관으로 한다. 그리고 그것은 시참사회에 의하여 영업판매의 독점권(Zunftzwang)을 인정하고, 시참사회의 감독 하에 영업 경찰권, 성원에 대한 과세권, 내부사건의 재판권을 행사했다. 14세기 이래 「동업길드」는 차츰 변질하여 그 후 자본주의적 경영이 발달함에 이르러서는 겨우 기득한 특권에 의지하여 여명을 부지하다가 16세기에 영업자유의 원

칙을 내세운 각국의 입법은 길드의 특권을 폐지시켜 버렸다.

0970 깽(gang)

유아기가 지나고 8, 9세가 되면 동성끼리의 강한 어린이클럽으로 어린이 집단이 생기기 시작한다. 11세로부터 14세경이 가장 심하며, 이러한 집단은 가끔 다른 집단을 습격한다든지 도둑질 등 반사회적 행동을 하게 되는데 이들은 깽(gang)이라 하고 이 시기를 깽 에이지(gang age)라 하며, 일명 도당시대의 소년이라고도 말한다. 이것은 소위 불량패거리와 같은 영속적인 집단이 아니고 일시적 현상으로 청년기에 들어가면 점차 없어진다.

[ㄴ]

0971 나르시즘(narcissism)

자기 자신에게 애착하는 일. 자신이 리비도의 대상이 되는 정신분석학적 용어로, 자기애(自己愛)라고 번역한다. 물에 비친 자신의 모습에 반하여 자기와 같은 이름의 꽃인 나르키소스, 즉 수신화(水仙花)가 된 그리스 신화의 미소년 나르키소스와 연관지어, 독일의 정신과 의사 네케가 1899년에 만든 말이다. 자기의 육체를 이성의 육체를 보듯 하고, 또는 스스로 애무함으로써 쾌감을 느끼는 것을 말한다. 예컨대 한 여성이 거울 앞에 오랫동안 서서 자신의 얼굴이 아름답다고 생각하며 황홀하여 바라보는 것은 이런 의미에서의 나르시시즘이다. 그러나 이 말이 널리 알려진 것은 S.프로이트가 이를 정신분석 용어로 도입한 뒤부터이다. 그에 의하면 자기의 육체, 자아, 자기의 정신적 특징이 리비도의 대상이 되는 것, 즉 자기 자신에게 리비도가 쏠려 있는 상태이다. 보다 쉽게 말하면 자기 자신이 관심의 대상이 되는 것이다. 정신분석에 따르면 유아기에는 리비도가 자기 자신에게 쏠려 있다. 그래서 프로이트는 이 상태를 1차적 나르시시즘이라고 하였다. 나중에 자라면서 리비도는 자기 자신으로부터 떠나 외부의 대상(어머니나 이성)으로 향한다[對象愛]. 그러나 애정생활이 위기에 직면하여 상대를 사랑할 수 없게 될 때, 유아기에서처럼 자기 자신을 사랑하는 상태로 되돌아간다. 이것이 2차적 나르시시즘이다. 프로이트는 정신분열병(精神分裂病)이나 파라노이아[偏執病]는 극단적인 예라고 생각하였다. → 자기애

0972 나병(leprosy)

피부, 점막, 말초신경계에 여러 가지의 육아종양병변을 형성하는 나균에 의해 일어나는 만성의 전염성 질환이다. 나종라와 결핵양라의 두 종류가 있으며 양쪽형의 중간에 속하는 나병을 경계군라 또는 중간군라라고 한다.

0973 나예방법

복지를 도모하고자 나예방과 환자의 치료를 행해 올바른 지식을 보급하는 것을 목적으로 한다. 이 법에서는 한센씨병의 환자를 발견한 즉시 신고해서 입소격리와 감염예방을 행하도록 정하고 있다. 환자 또는 환자의 친족관계에 있는 자에 대해서 부당한 차별적 취급을 금하고 의사 및 의사이외의 의료관계자의 비밀유지를 의무화하고 있다. 또한 지정외에 따른 진찰과 국립요양소의 입소도 정해져 있다. 위생보호법에 따라 위생수술, 인공임신 중절적용질환이 있다.

0974 나요양소

나병으로 진단되어 치료하는 환자를 격리해 요양시키는 시설을 말한다. 이러한 원호는 화학요법제나 외과수술로 증상을 밝혀 쇠퇴시키고 감염원으로서의 위험을 감소시키며 필요시에는 입소환자의 복지증진과 갱생지도 및 교육도 행해지고 있다. 입소환자는 외출을 제한하고 요양에 전념하는 규율을 지키지 않으면 안된다. 소장이 미성년 입소환자로 필요한 자에 대해서는 친권을 행하여 진찰, 치료, 보호 등의 교육에 필요한 조치를 취한다.

0975 나이트 시터(night sitter)

베이비 시터(baby sitter)가 사적인 계약에 의한 주간탁아 보호인데 비해 나이트 시터는 야간에 아기를 돌보는 곳이다. 아기의 부모 특히 어머니의 취업 시간이 야간인 경우에 필연적으로 베이터 시터가 필요하게 된다. 그러나 현재의 탁아보호는 주간 8시간의 탁아를 원칙으로 하며, 야간탁아소는 거의 없는 실정이다. 점차 보육에 관한 욕구가 다양해지므로 이에 대한 대비책이 필요하다. 일본 등 선진국에서는 베이비 호텔이란 이름으로 운영되는 곳도 있다.

0976 나이팅게일(Nightingale, Florence)

기술로서의 간호를 주창하여 간호교육의 확립에 공헌한 영국 여성이다. 1854년 크리미아전쟁 시 영국 국군병원의 간호업무에 종사하면서 병원의 위생관리와 식사 등을 전반적으로 개선하였다. 1860년에는 나이팅게일 간호학교를 창설하여 간호교육의 기초를 세웠다. 그 밖에 병원간호의 개혁, 육군의 위생관리, 인도의 위생문제, 위생통계 등의 분야에서 활약하였다. 주저로 간호각서, 병원각서 등이 있다.

0977 낙인이론(labelling theory)

일탈 혹은 범죄행동이 행위자의 심리적 성향이나 환경적 조건 때문에 객관적으로 발단된다기보다 특정행동에 대한 사회 문화적 평가와 소외의 결과로 규정된다고 보는 이론이다. 또 종래의 일탈연구가 일탈행도이나 일탈행위자를 판정하는 객관적이고도 보편적인 기준을 전제하고 있음을 비판한다. 낙인이론은 「일탈」 개념이 한 사회의 문화적 구성물이며 「일탈행동」을 규정하는 사회적 과정 자체를 문제시하는 데서 일탈연구가 출발해야 한다고 주장한다. 즉 종래의 일탈연구가 "사람들이 왜 일탈행동을 하게 되는가"를 밝히기 위해 일탈행동의 심리적 동기, 그 동기를 유발하는 환경적 요인, 일탈행위자의 사회적 지위 등에 주된 관심을 가져왔던데 비해 낙인이론은 "어떤 사람의 어떤 행동이 왜 「일탈」로 규정되는가"를 밝히기 위해 개인의 행동에 대한 사회적 반응, 사회적 낙인이 행위자의 정체(正體)형성에 미치는 영향, 일탈의 증폭과정 등에 관심을 기울인다. 일탈연구의 이러한 접근은 1960년대 미국에서 레머트(E. Lemert), 베커(H. Becker), 키추스(J. Kitsuse), 메차(D. Matza) 등을 중심으로 이루어지기 시작했다. 낙인이론의 이러한 문제의식 이면에는 현대사회에 대한 다원적인 사회관이 자리잡고 있다. 고도로 분화되고 복잡한 현대사회에는 다양한 집단과 상호 모순된 집단과 규칙이 대립적으로 존재하고 있

으며, 따라서 일탈행동과 일탈행위자에 대한 판단은 맥락에 따라 달리 이루어져야 한다는 것이다. 특히 낙인이론은 일탈의 예방과 치유를 위해 설립된 교도소, 소년원, 정신병원, 복지갱생시설 등이 흔히 그 본래 임무를 저버리고 일탈을 영속화하고 있음을 비판한다. 학교 역시 학생들의 생활과 진로를 지도하는 과정에서 일부 집단에게 부당한 낙인을 부여하는 경향이 있음이 낙인이론에 입각한 최근의 연구에서 밝혀지고 있다.

0978 낙인화(stigmatization)

본래의 의미는 낙인을 찍는다. 오명을 씌운다. 모멸된 취급을 한다는 뜻이다. 영국 구빈법사에서 16세기항의 잔입법안에 신체 건장한 빈민·부랑인에 대한 본보기로 혹은 취급편의를 위해 인두로 S(Slave)나 V(Vagabond)자로 피부를 태운 것을 말한다. 그 뒤 구빈법이나 빈민처우에서 가혹하고 인권을 침범하는 구제의 대상이나 차별적 취급에 관해, 빈민의 각인으로서의 취급, 거기에 대한 억압, 거부감을 말한다.

0979 낙태(abortion)

→ 유산

0980 난민조약
(convention relating to the status of refugees)

본국의 보호를 받지 못하는 난민을 일반적인 '외국인'과 구별하여 인도주의적 목적에서 그 권리를 보장해주는 조약을 말한다. 이 조약은 유입된 난민에 대해 체재국은 그들의 귀화, 동화를 촉진함과 아울러 여러 종류의 권리를 적극적으로 인정할 것을 명시하고 있다. 난민을 반드시 수용할 것을 규정하지는 않았지만 불법 입국한 난민일지라도 일정한 조건을 갖추면 사법적(司法的) 규제로부터 제외시킬 것을 보장했다. 1951년 7월 제네바에서 26개국이 '난민의 지위에 관한 조약'을 체결하였고 1954년 4월 발효되었다.

0981 난병대책

광의의 난병대책은 난병대책요강에 의해 소아만성질환 등을 포함해 보건복지부를 중심으로 행해지고 있다. 협의의 난병대책은 보건복지부생활위생국 난병대책과에 의해 추진되고 있다. 그 내용은 조사연구 의료시설의 정비, 의료비 부담의 경감 등이다. 요강에서는 그 외에 복지서비스 면에 배려해 가는 것으로 한다고 하고 있지만 구체적인 복지 서비스의 내용이나 공급체제는 명백하지 않고 지방자치단체의 난병대책으로서 시·도에 의한 의료비 공비부담대상 질환의 추가나 상담사업, 지방에 따라 수당·후원금이 있다.

0982 난병환자

의학 각 분야의 꾸준한 진보에도 불구하고 아직까지도 불분명한 환자로 놓여있는 사람이다. 베첼트병, 대발성경화증, 재생불량성빈혈, 스몬 병, 네후로제 등 약 60종류의 난병대책 대상 질병이 지정되어 있다. 의료행정으로서 난병환자의 네이버후드, 길드치료 상의 부담, 원인규명 등 환자집단에서도 강한 요청이 있어 실태조사, 치료법의 연수, 의료비의 공비부담 등으로 맞서고 있다.

0983 난수표(table of random numbers)

난수표란 0에서 9까지의 10개 숫자를 주사위에 적어놓고 계속 주사위를 던져서 나오는 숫자들을 가지고 배열해 둔 수표이다. 이 때 10개의 숫자는 모두 동일한 확률(1/10)로 뽑힐 기회가 주어지고 어떤 숫자를 추출할 경우 그 숫자는 추출하는 사람의 개인적인 숫자의 편견이나 개인적 주관의 개입이 없이 무작위적으로 추출되는 것이다.

0984 난청(hard of hearing)

청각훈련·구화(speech)·순독(lip reading)·언어치료 또는 보조 청각기 등이 특수서비스가 필요할 정도로 청력이 감소된 상태를 말한다. 적절한 조치가 이루어지면 많은 난청자도 일반아동과 같이 효율적으로 교육을 받을 수 있다.

0985 난치병(intractable disease)

종래 난치성 질환의 총칭이었지만 최근에는 원인이 불분명해 치료법이 미확립되어 장기간 가족에게 큰 부담을 주는 질환이 난치병이라고 불리게 되었다. 1972년 일본 후생성은 종합적인 난병대책에 착수함에 즈음하여 난병을 다음과 같이 정의했다. 원인불명, 치료법이 미확립되어 있고 또 후유증을 남기는 질병.(예를 들면, 스몬·베첼트병·중증근무력증·전신성 오리테마도·데스) 만성적 질환으로 개호 등에 사람을 요하기 때문에 가족의 경제적 부담이 무거우며 정신적으로도 부담이 큰 질병이다.

0986 난치성 간염

난치성 간염에는 극증간염, 만성간염 및 간경변이 포함된다. 극증간염은 간염바이러스 또는 약물로 인해 급속하게 진전되어 간부전증상이 나타나 경과가 좋지 않다. 만성간염도 간염 바이러스에 기인한 간염으로 1년 이상 간염이 지속되어 있는 것으로 거의 B형간염 바이러스로 불린다. 간경변도 만성간염에서 진전한 것으로 간부전 및 문맥압항진에 의한 각종의 증상이 보인다.

0987 남녀고용기회균등법

고용분야에서 남녀의 균등한 대우의 확보를 위한 법률이다. 1979년 제34회 유엔총회에서 채택되고 이듬해 1980년 코펜하겐의 유엔여성 10년 세계대회에서 서명(52개국), 1981년 9월에 발효된 여성 차별철폐 협약을 배경으로 한 법적 조치이다.

0988 남녀고용평등법

헌법의 평등이념에 따라 고용에 있어서 남녀의 평등한 기회 및 대우를 보장하는 한편, 모성을 보호하고 직업능력을 개발하여 근로여성의 지위향상과 복지증진에 기여함을 목적으로 '87. 12. 4 법률 제3989호로 제정된 후, 법률 제4126호로 개정되었다. 동 법시행령은 '88. 7. 7 대통령령 제12489호로 제정된 후 '89. 12. 13 대통령령 제12850호로 개정되었으며, 동법 시행규칙은 '88. 9. 9 노동부령 제48호로 제정된 후, '90. 3. 24노동부령 제58호로 개정되었다.

0989 남북어린이 어깨동무

남북의 어린이들이 평화를 사랑하는 성숙한 시민으로 성장하고, 따로 또는 함께 서로 친구로서 협력을 실천하는 기회들을 통하여 평화와 통일에 이바지하는 일꾼으로 성장할 수 있도록 제반 문화, 교육, 교류 사업들을 전개하고자 1996년 6월 설립된 법인이다.

0990 낮병원(day hospital)

→ 주간병동

0991 내담자(client)

→ 클라이언트

0992 내담자중심 상담(client-centered counseling)

→ 비지시적 상담

0993 내담자중심 치료(client-centered therapy)

로저스(C. Rogers)에 의해서 발전된 상담과 심리치료의 이론 및 방법이다. 진단하거나 설득하는 것과 같은 의도적 통제를 배격하여, 흔히 비지시적인 상담과 심리치료라고 불리기도 한다. 이의 목적은 내담자에게 일치·공감·수용의 분위기를 조성함으로써 내담자 자신이 잠재능력을 활용할 수 있도록 하여 통찰을 얻도록 하는 것이다. 카운셀러 또는 정신치료자의 역할은 내담자의 태도·생각·행위의 부정적 특징에도 불구하고 내담자가 무조건적인 존경을 받을 만하다는 점을 진심으로 느끼고 이 느낌을 전달하며, 내담자의 사고·감정·행위를 분명하게 이해하는 것이다. 이는 진로지도, 삶의 갈등 문제의 해결, 신경증의 치료, 정신병의 치료 등에 광범하게 적용되고 있다. 이는 또한 감수성 훈련의 이론적 기초가 되고 있으며, 상담과 정신치료 영역 이외에도 산업체의 인사관리, 학교교육 등에 광범한 영향을 미쳐오고 있다. 특히 미국에서 광범위하게 활용되고 있으며, 한국의 상담과 정신치료 분야에도 지대한 영향을 미치고 있다.

0994 내면화(internalization)

어떤 개인이 태도·가치·규범·사고·지식 등을 자신의 것으로 수용하는 것을 말한다.

0995 내부장애

내부장애에는 호흡기 기능장애, 심장 기능장애, 위장 기능장애 등의 세 가지 종류가 있고, 2000년 장애인복지법 개정때 장애범주에 포함되었다.

0996 내부장애인복지

1967년 8월 일본의 신체장애인복지법의 개정에 따라 내부장애인의 규정이 이루어졌다. 이 개정에서 신체장애의 범위에 심장 및 호흡기의 기능 장애인이 법에 의한 원호의 대상으로 됨과 동시에 신체장애인 갱생원호시설의 일종으로서 내부장애인 갱생시설이 첨가되었다. 내부장애인 갱생시설의 발족에 의해 종래 생활보장법에 의한 갱생시설 또는 결핵회복자 보호시설로서 운영되어 왔던 시설의 전환으로 신제도의 적용을 받았다. 심장장애인에 대해서는 1970년부터 심장수술에 대해 갱생의료가 적용되었다. 또 1972년부터 인공수술료법이 갱생의료의 적용을 받았고 1979년부터는 장이식수술도 갱생의료의 적용을 받았다. 1984년에는 직장기능 장애인에게 스토마장구의 지급이 1986년부터는 장기능장애인에게 갱생의료가 적용되었다.

0997 내생변수(endogenous variable)

경제학에서 볼 때, 현실적인 경제 움직임을 계량경제학으로 정리할 때 상품 가격, 거래 수량 노동 고용량과 같은 시장 수급 관계에서 결정되는 대상을 내생변수라 하고 시장 밖에서 경제에 영향을 주는 것을 외생변수라 한다.

↔ 외생변수(exogenous variable)

0998 내재적 가치(inherent value)

대상의 내재적 속성, 즉 구조적 또는 핵심적 특징이 가지는 가치, 예컨대 우리가 예술작품이나 자연경관을 가치 있게 여기는 것은 그 대상의 내재적 속성인 "아름다움" 때문이며, 이때 "아름다움"을 그 대상의 내재적 가치라고 부른다.

0999 내재적 교육과정(internal curriculum)

학교 안에, 또는 교실 안에 내재되어 깔려 있는 사회·심리적인 분위기가 학습자의 행동의 변화에 영향은 끼치지만, 교사와 학습자 자신이 의식하지 못하기 때문에 사전에 처방하거나 통제하기가 지극히 어렵다. 이와 같은 분위기와의 장기간에 걸친 상호작용 과정은 학습자의 행동, 특히 정의적인 특성의 변화에 강력하고도 지속적인 힘을 발휘하므로 「교육과정」이라고 말할 수 있다.

→ 잠재적 교육과정, 외재적 교육과정

1000 내재적 행동(covery behavior)

외부에서 직접적으로 관찰하기 어려우며, 인간의 내부에 내재해 있을 것으로 추정하는 행동을 말한다. 예컨대, 상상·사고·태도·가치관 등을 들 수 있다. 학교교육에서 추구하는 목표 중에는 이런 내재적 행동에 관련된 것들이 많다. 외부에서 직접적으로 관찰할 수 없으므로, 고사나 심리측정법 등에 의해 간접적으로 추정할 수밖에 없다. → 외현적 행동

1001 내적 동기(internal motive)
지시나 강제 또는 성취의 결과가 주는 보상을 기대하는 것과 같이 학습과제를 성취해야 할 이유가 유기체의 외부에 있는 것이 아니라 학습자 스스로 어떤 과제를 성취하고자 하는 동기이다. 예를 들어 학습과제 그 자체를 해결하는 것이 긴장의 해소에 도움을 줄 수 있는 것과 같이 학습행동 그 자체가 보수를 제공해주는 것이다. 일반적으로 외적 동기는 내적 동기에 비해 강도가 약하며, 행동을 비정상적으로 유도할 수 있으므로 효과적인 동기의 유발방법으로는 외적 동기보다 내적 동기를 유발하는 것이 효과적이다. → 외적동기

1002 내적 타당도(internal validity)
실험적 연구에 있어서 주어진 실험처치(experimental treatments)가 정말로 실험효과를 가져 왔느냐 하는 정도를 말한다. 이 내적 타당도에서는 주어진 실험처치가 이 실험에서 정말로 어느 정도 실험효과를 가져왔느냐에 대한 질문의 답이 된다. 이에 대해 외적 타당도란 이 실험결과를 어느 정도 일반화할 수 있느냐에 대한 답이 된다. 한 실험연구의 내적 타당도는 필수적인 요건이 되며, 이러한 내적 타당도를 높이기 위해서는 다른 잡다한 요인들이 종속변인에 우연적으로 영향을 주는 일이 없도록 실험연구를 잘 통제해야 될 것이다. 이러한 내적 타당도에 위협을 주는 외적 요인으로 8가지를 들 수 있는데, 이런 외적 요인들은 실험처치 효과와 중복되어 실험결과로 나타날 가능성이 있으므로 이를 통제해야 할 것이다. 이 8가지 외적 요인은 자연적인 성숙, 실험기간 동안에 다른 사건이 개입되는 역사성, 사전검사 영향, 측정과정의 변화, 통계적 희귀현상, 비교집단 선정에서의 편파성, 실험대상의 편파적 제외 그리고 이러한 외적 요인들 간의 상호작용에 의한 영향을 들 수 있다.

1003 너싱홈(nursing home)
→ 요양원

1004 네이버후드 길드(neighborhood guild)
→ 인보관

1005 네트워킹(networking)
사회복지처우에서 욕구충족을 위해 필요로 하는 서비스는 다양한 서비스의 조합에 의한 것이 많다. 따라서 다양한 서비스가 효과를 발휘하기 위해서는 상호의 서비스가 유기적으로 결부되어 있을 필요가 있다. 또 서비스를 담당하는 인적자원도 전문직부터 자원 봉사자·근린주민까지 다양하며 영역도 사회복지뿐만 아니라 보건 의료, 혹은 기타의 공적, 사적의 서비스가 합해야 될 필요가 있다. 특히 지역복지서비스의 경우 이 같은 서비스 네트워크의 형성이 중요하다. 또 서비스정보의 제공, 욕구발견에서 사후조치에 이르는 일련의 과정에서의 네트워크 활동이 중요하다. 이처럼 네트워크를 구축·형성하는 활동을 의식화하기 위해 네트워킹이라는 용법을 쓰게 되었다.

1006 노년개발(development of the aged)
노인이 존경되는 존재로서 사회에 의존해 간다는 것만이 아니라 그 능력을 살려 사회의 일원으로 참여하는 의의를 가진다. 사회적 부양력의 한계가 있겠지만 노인들의 능력개발, 주체성 향상에 힘써야 한다는 것이다. 노인개발 내용에는 중고령자의 재교육, 재고용의 촉진으로 취업알선사업과 각종 삶의 보람을 위한 대책으로 노인클럽, 고령자교육, 직업 재설계 등이 있다.

1007 노년근로복지(industrial welfare for the aged)
노년기는 향로기(56~60세), 초로기(61~65세), 점로기(66~70세), 노쇠기(71세 이상)로 나눌 수 있는데 이 시기에 있는 노인들의 복지문제를 산업과 관련하여 다루는 것이다. 정년연장문제, 기업연금, 레크리에이션, 평생교육재취업 문제, 기타 서비스 문제 등의 중심적 과제가 있다.

1008 노년인구지수
인구 노령화를 측정하는 하나의 지표, 생산연령인구(15~64세)에 대한 노년인구(65세 이상)의 비율로, 사회가 노인을 양육할 경우 그 부담도를 나타낸다. 이 비율은 노년부양비라고도 한다. → 노년화 지수

1009 노년학(gerontology)
노년학은 인간의 노화현상을 과학적이고 종합적으로 연구하는 학문이다. 노화의 원인을 규명하고 분석하며 노화결과로 생기는 제반 문제에 대한 적절한 대책을 강구하는 학문이다. 그 영역은 노년생물학, 노년심리학, 노년경제학, 노년사회학, 노년사회복지학, 노년간호학, 노년의학 등 다양하다. 노년학이라는 용어가 일반적으로 쓰이게 된 것은 1944년 미국노년학회(gerontological society of america)가 결정되고 그 기관지(journal of gerontology)가 1946년에 간행된 때부터이다.

1010 노년화 지수
인구 노령화를 측정하는 지표로서 연소인구(0~14세의 인구)에 대한 노인인구(65세 이상)의 비율을 말한다. 이 지수는 인구고령화의 요인으로 출생율의 동향을 중요시 하는데에 특징이 있다. 이를 노령화 지수라고도 한다.

1011 노동([영] labour [독] Arbeit)
인간이 자기가 만든 도구(노동 수단)를 사용하여 자연물을 채취·포획한다든지, 자연의 소재를 개조한다든지 하여 생활에 도움이 되게 하는 활동을 말한다. 인간의 노동의 특징은 합목적 활동과 노동수단의 사용에 있다. 꿀벌은 건축가를 부끄럽게 할 정도로 훌륭한 벌집을 만들지만 인

간의 노동과 같이 목적을 의식한 활동은 아니다. 프랭클린(B. Franklin)이 인간을 〈도구를 만드는 동물〉이라고 정의한 것과 같이 노동 수단의 사용은 인간 노동을 발전시킨 것이며, 갖가지의 노동 수단은 각각 노동력의 발달 정도를 보여준다. 노동은 〈인간 생활의 영구적인 자연 조건이며, 인간 생활의 모든 사회 형태에 공통적인 것이다〉(맑스). 노동을 통하여 인간은 외적 자연을 변화시킴과 동시에, 인간의 잠세력을 발현시키고, 사회 자체도 변화시켜 왔을 뿐만 아니라, 노동은 인간을 원숭이로부터 분화시킨 기본 조건이었다. 노동을 위한 손·뇌수·언어는 노동과 함께 노동에 의해 탄생되었다. 노동을 원죄로 인한 저주라고 한 유태 신화 이래, 여러 노동관이 있지만, 계급 사회의 존속을 통해 변하지 않는 기본적 사실은, 생산자가 노동의 성과를 착취당해 온 사실이다. 또 계급 사회와 함께, 육체적 노동과 정신적 노동과의 분업이 행해져 왔다. 현대의 과학·기술혁명은 오토메이션의 도입 등에 의해, 노동의 질을 변화시켰고, 또 분업을 소멸시키는 조건을 만들어내고 있는데, 그런 일이 실현되기 위해서는 착취 제도의 근절을 기다리지 않으면 안된다. 맑스는 이른바 공산주의의 고도의 단계에서, 맑스는 이른바 공산주의의 고도의 단계에서, 정신적 노동과 육체적 노동의 대립이 없어지고, 〈노동은 단순히 생활을 위한 수단이 아니고, 생활 자체를 위하여 필요한 것이 된다.〉고 말하고 있지만 여기에는 비관의 여지가 많다.

1012 노동가능인구(eligible population)

→ 노동력

1013 노동계약(employment contract)

자본주의사회에서 노동자와 사용자는 평등한 인격체로서 자유롭게 계약을 맺을 수 있도록 되어 있지만 사회적·경제적 지위의 격차로부터 노동자 계약체결의 자율은 실질적으로 제약되고 있다. 노동자 보호를 위한 근로기준법에서는 사용자는 노동계약의 체결 시 노동자에 대해 임금, 노동시간 그 밖의 노동조건을 명시하지 않으면 안된다고 하고, 또 그것이 사실과 다를 경우 노동자는 즉시 노동계약을 해제할 수 있다고 규정해 사용자에게 일정의 규제를 가하고 있다.

1014 노동권(right of labor)

노동을 할 능력이 있는 자가 노동을 할 기회를 사회적으로 요구할 수 있는 권리를 말한다. 실제로는 노동을 할 능력을 가지고 있으면서도 일반기업에 취직할 수 없는 자에 대해 국가 또는 공공단체가 최소한도 보통의 임금으로 근로의 기회를 제공하고, 만약 그것이 불가능한 경우에는 상당한 생활비를 부여할 것을 요구하는 권리라고 할 수 있다. 노동권에 관해서는 근본적으로 다른 두 가지의 개념이 있다. 개인이 자유롭게 근로의 기회 노동3권을 얻음을 국가가 침범하지 못한다는 소극적 의미의 자유권적 기본권으로 이해하는 17·8세기의 개인주의, 자유주의를 바탕으로 하는 자연법적 기본권리의 개념과, 국민의 균등한 생활을 보장하고, 경제적 약자인 근로자의 인간다운 생활을 보장하는 것을 내용으로 하는 적극적 의미의 생존권적 기본권으로 이해하는 20세기의 복리·후생주의적 노동권의 개념이 그것이다. 이러한 의미의 노동권은 멩거 이래 유력한 사회사상으로서, 주로 독일에서 제창되어 바이마르헌법에서 채택되기 시작하였다. 우리 헌법의 노동권(근로권)의 조항은 단순한 직업선택의 자유 이상으로 일종의 20세기적인 적극적 의미의 생존권적 기본권으로서의 노동권을 인정하는 동시에, 국가는 사회적·경제적 방법으로 근로자의 고용증진과 적정임금 보장에 노력해야 하며, 법률이 정하는 바에 의하여 최저임금제를 실시해야 하는 것과 국가는 사회보장, 사회복지의 증진에 노력할 의무를 진다는 것을 아울러 선언하고 있다.

1015 노동귀족(a labor aristocrat)

산업기술의 고도화와 노무관리의 합리화가 진행되면서 노동자 중에서도 높은 급료와 특권적 지위를 부여받는 기술전문직이 생겨나 이들은 노동자로서의 계급적인 자각을 잃어버리고 자본 측에 협조적이게 되었다. 이들을 노동귀족이라고 한 것이 그 어원이다. 현재는 노동조합의 간부가 하부 조합원과 의식이 달라져 조합원의 이익대표자로서의 책임을 저버리고 업주 측과 이면에서 야합하는 부패현상을 가리키는 경우에 많이 쓰인다. 한마디로 노동자 계급 중에서, 높은 임금을 받으며 유리한 노동 조건 하에서 일하는 특권적인 노동자를 말한다.

1016 노동기본권

근로자가 자신의 의사와 능력에 따라 직업 또는 근로를 선택할 수 있는 근로의 권리와 노동 3권을 한데 묶은 말이다. 즉 노동자의 인간다운 생활을 보장하기 위하여 헌법에서 정한 노동권·단결권·단체교섭권·단체행동권의 총칭이다.

1017 노동기준감독관(labor standards inspector)

→ 근로감독관

1018 노동기준감독서(labor standards inspection office)

→ 지방노동사무소

1019 노동기준법

→ 근로기준법

1020 노동력(labor force)

일반적으로 취업 중이거나 취업 가능한 인구를 의미하나 용어자체로서는 큰 의미가 없고 조사 상으로 나타난 취업자와 실업자를 합한 인구량을 대변한다. 이 용어는 미국에서 1930년대의 공황 하에 실업자 수를 측정하고 노동의 유효공급량을 파악하려는 정책적 목적에서 생겨났지만 실제적으로는 노동가능 인구 또는 생산가능 인구를 지칭한다.

우리나라는 14세 이상 인구수를, 미국은 16세 이상, 일본은 15세 이상을 노동력 인구로 본다. 노동력 인구는 보통 취업자, 실업자, 비경제활동 인구로 구분하는데, 이때 취업자와 실업자를 합한 것이 경제활동인구가 된다.

1021 노동력 인구

경제활동인구를 통계적으로 파악하기 위한 개념의 하나이다. 특정일 또는 일주일 내의 특정한 기간에 경제활동의 형태나 종류 여하에 관계없이 취업한 사람, 또는 일을 찾고 있는 사람 전부를 말한다. 14세 이상의 인구(생산연령인구)는 경제활동 인구와 질병, 노령 등의 이유로 경제활동에 참가하지 않는 비경제활동인구로 대별된다. 노동력 인구가 14세 이상 인구에서 차지하는 비율을 노동력율이라고 한다.

1022 노동문제(labor problem)

노동문제라 함은 근로자의 사회적·경제적 지위의 개선향상에 관련된 문제를 말한다. 산업혁명으로 공장제 생산체제(자본제 생산체제)가 확립됨에 따라 모든 상품은 기계와 동력에 의하여 대량으로 생산되었기 때문에, 종래 수공업적 생산 내지는 가내공업적 생산에 종사하던 사람은 부득이 몰락하게 되어 대공장을 중심으로 공장근로자로서 일하게 되었다. 공장제 생산체제는 다수의 근로자가 동일한 장소에서 동일한 상품을 생산하는 체제이므로 이곳에서 자연히 저임금문제, 장기간 노동문제 또는 근로자의 재해문제 등이 야기되었다. 이러한 문제를 그대로 방치하기에는 너무나 큰 국가적 문제·사회적 문제였기 때문에 국가는 이 문제의 해결에 적극적으로 관여를 하게 되었다. 따라서 이것은 노동법이 생성되어지는 계기가 되었던 것이다.

1023 노동부

노동부는 근로조건의 기준, 복지후생, 노사관계의 조정, 노동조합의 지도, 고용정책, 고용보험, 직업능력개발훈련, 고용평등, 산업안전보건, 산업재해보상보험, 기타 노동에 관한 사무를 관장할 목적으로, 종래 노동청에서 1981년 4월 현재의 노동부로 승격된 중앙행정기관이다. 조직은 장관과 차관 각 1인이 있고, 하부조직으로 정책홍보관리본부·고용정책본부·노사정책국(4팀)·근로기준국(4팀)·산업안전보건국(3팀)·국제협력국(2팀)이 있고, 차관 직할로는 감사관 및 총무과가 있다. 정책홍보관리본부에는 홍보관리관·재정기획관이 있으며 직할로 6개팀이 있다. 고용정책본부에는 고용정책심의관(3팀)·노동보험심의관(3팀)·직업능력개발심의관(2팀)·고용평등심의관(3팀)이 있으며 직할의 3팀이 있다. 소재지는 경기도 정부과천청사에 있다. 소속기관으로는 산재보험심사위원회·최저임금위원회·종합상담센터가 있고, 6개 지방노동청과 40개 지방노동사무소, 1개 중앙노동위원회 및 12개 지방노동위원회를 두고 있다. 산하단체로는 근로복지공단, 한국산업인력공단, 한국산업안전공단, 한국노동교육원, 한국장애인고용촉진공단, 산재의료관리원, 학교법인 기능대학, 한국기술교육대학교가 있다.

1024 노동분배율

국민소득 가운데서 임금소득이 차지하는 비율 또는 부가가치 중에서 임금비율로 표시되는 노동성과의 노동 측에 대한 분배율. 일종의 상대임금으로 노동분배율이 낮을수록 자본의 착취가 심하다고 할 수 있다. 이 같은 노동분배율에는 임금수준 상승이 증가요인으로 작용하고, 부가가치를 전체적으로 증대시키는 노동생산성 향상이 감소요인으로 작용한다.

1025 노동3권

우리나라 헌법 제33조에서 노동권을 보장하고 있는데 이 노동권 이외의 3권을 노동3권이라 한다. 근로자의 인간다운 생활을 보장하기 위해 헌법에서 정한 단결권, 단체교섭권, 단체행동권을 말한다. 우리나라에서는 단체행동권의 행사는 법률이 정하는 바에 따르게 되어 있어 제한을 받고 있으며 공무원인 근로자는 법률로 인정된 자를 제외하고는 노동3권을 가질 수 없도록 되어 있다. 또한 국가, 지방자치단체, 국공영기업체, 방위산업체, 공익사업체 또는 국민경제에 중대한 영향을 미치는 사업체에 종사하는 자의 단체행동권은 법률이 정하는 바에 따라 이를 제한하거나 인정치 않을 수 있다고 규정되어 있다.

1026 노동3법(three acts concerning with labor) 01

노동관계를 규제하기 위해 입법된 노동관계 기본법인 노동조합법, 노동쟁의조정법 및 근로기준법 등을 총칭하는 말이다. 노동조합법은 노동자가 단결하여 단체교섭이나 쟁의 기타 단체행동을 할 수 있는 권리를 인정하고 구체적으로 그것을 보장하는 방법 등을 규정한 법률이며, 노동쟁의 조정법은 노동쟁의를 공정하게 조정하여 노사 간의 분규, 즉 노동쟁의를 예방 내지 해결함으로써 산업의 안정을 유지하고 나아가서 산업 및 경제의 안정적 발전에 기여하도록 할 것을 목적으로 제정된 것이다. 근로기준법은 노동자의 노동조건, 즉 임금·노동시간·휴게·휴일 및 연차유급휴가·안전위생 및 재해보상 등에 관한 최저기준을 규정한 것이다.

1027 노동3법/노동3권 02

노동조합법, 노동쟁의조정법 및 근로기준법을 노동3법이라고 말한다. ① 노동조합법은 노동자가 단결하여 단체교섭이나 기타 단체행동을 할 수 있는 권리를 인정하고 구체적으로 그것을 보장하는 방법 등을 규정한 법률을 말한다. ② 노동쟁의조정법은 노동쟁의를 공정하게 조정하여 노사 간의 분규를 사전에 예방 또는 해결함으로써 산업을 안정시키고 나아가서 산업 및 경제의 안정적 발전에 기여하기 위한 목적으로 제정되었다. ③ 근로기준법은 노동자의 노동조건 즉 임금, 노동시간, 휴가, 연차, 안전위생 및 재해보상 등에 관한 최저기준을 규정하고 있다. 노동3권은 근로권이라고도 하는데 노동자의 ① 단결권 ② 단체교섭권 ③ 단체행동권을 말한다.

1028 노동생산성(labor productivity)

어떤 생산부문 또는 어떤 생산자의 노동의 생산력을 특히 규정하는 것은 노동자의 숙련의 평균정도, 과학 및 그 기술적인 응용가능성의 발전단계, 생산과정의 사회적 결합, 제 생산수단의 범위 및 작용능력, 자연적 제 사정(인종, 농산물의 풍흉, 광물의 매장량 등)이다. 노동의 생산력이 변하여도 일정기간 내에 생산되는 상품의 총 가치는 영향이 없다. 그러나 일정기간 내에 생산되는 상품의 수량이 변하기 때문에 개개의 상품가치의 크기는 변하지 않을 수 없다. 상품의 가치크기는 노동의 생산력에 역비례하여 변동한다.

1029 노동시장(labor market)

자본가적 생산제도의 한 가지 특징으로서는 노동력도 또한 인격과 분리된 하나의 상품으로서 매매의 대상이 된다는 것이다. 노동력이 하나의 상품으로서 매매의 대상이 된다는 것은 필연적으로 노동시장의 존재를 조건지워 주는데 노동시장은 자본시장 또는 그 밖의 상품시장과는 판이한 특성을 가진다. 즉 상품시장이나 자본시장이 일정한 공간을 점유하여 조직된 통일적인 공급자를 중심으로 형성되어 일물일가의 법칙이 비교적 신속히 국제적인 규모로 달성되는데 반해 노동시장은 일정한 공간을 차지하지 않고 조직된 수요자를 상대로 하여 다수의 독립적인 공급자가 대응하여 노동의 가동성이 사회적 제도적 억제에 의해 크게 제한됨으로써 일물일가의 법칙의 관철이 늦다. 그러므로 만약 제본스(Jevons W. S.)의 정의에 따라 일물일가의 법칙이 작용하는 곳을 시장이라고 한다면 노동시장은 일작업장 단위의 극단적인 불완전시장을 형성하는 것이다. 그러나 거시적으로 고찰한다면 노동에 대해서도 한편으로는 이를 수요하는 사용자가 있고 그에 대응하여 다른 면에는 노동력을 공급하고자 하는 취업희망자, 즉 맑스(Marx, K)가 말하는 방대한 산업예비군이 존재하여 수요가 공급보다 큰 경우(이때를 노동의 판매자시장 seller's market이라 한다), 완전고용 또는 과잉고용과 임금상승이 실현되고 공급이 수요보다 큰 경우(노동의 판매자시장 buyer's market)가 불완전고용상태이며 이러한 경우에는 취업자의 노동조건도 악화되는 경향이 있다.

1030 노동시장의 특수성

시장경제체제에서 노동은 다른 상품처럼 시장에서 거래된다. 그러나 노동은 다른 상품들과 몇 가지 면에서 구별된다. ① 노동은 근로자 자신이 직접 생산 현장에서 노동의 구매자인 고용주에게 인도되어야 한다는 특수성을 지닌다. 이때 노동자는 하나의 인격체로서 고용주의 지휘와 감독 하에 노동을 한다. ② 일반적으로 근로자들은 노동력 이외 다른 생활 수단을 가지고 있지 않으며, 노동은 그 사용 여부와 관계없이 시간의 경과에 따라 소멸되어 저장이 불가능하다. ③ 노동의 가격인 임금이 다른 상품 가격과는 달리 수급 조절 기능이 미약하다. ④ 보통 다른 상품의 경우 가격이 상승하면 공급이 그에 비례해서 증가하는 것이 일반적이지만, 노동공급의 경우 일정 수준 이상으로 임금이 높아지면 오히려 공급이 감소하는 현상을 보인다.

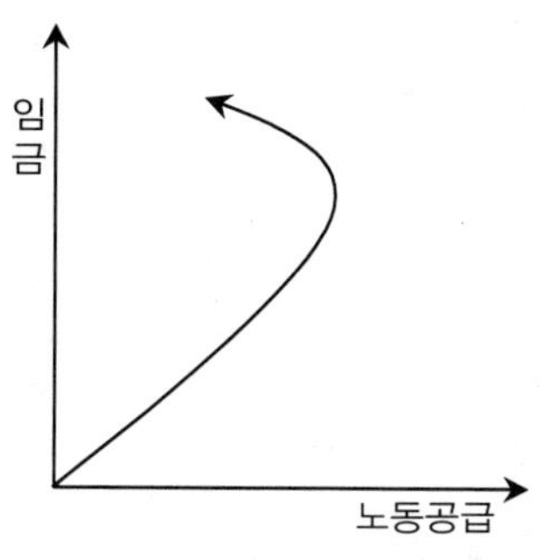

〈노동의 공급곡선〉

1031 노동위원회(labor relation commission)

노동위원회법에 의해 설치되는 특수한 행정기관으로, 중앙부의 중앙노동위원회와 각 시·도의 지방노동위원회 및 필요에 따라 해당 주무부에 설치되는 특별노동위원회가 있다. 노동위원회는 노동쟁의의 조정, 부당노동행위의 심사, 구제명령의 발령, 노동조합의 자격 심사, 노동협약의 지역적 구속력의 협의 등을 통해, 노동행정의 민주화와 노사관계의 공정한 조정을 그 목적으로 한다.

1032 노동자 재해보상보험법 (worker's compensation insurance law)

→ 산업재해보상보험법

1033 노동자 파견법

노동자공급시스템연구회의 제언을 받아 1986년 일본에서 성립했다. 인재파견 사업은 정보처리나 어음중개 또는 사무처리 서비스에 이르기까지의 광범위한 분야로 최근 급성장하고 있다. 동법은 노동자 파견이라는 시대 요청에 따라 급증한 현실을 직시해 그 일부를 노동자 파견사업으로 인용해 노동자보호의 관점에서 규제를 가하는 것으로 한다.

1034 노동쟁의(labor dispute)

노동쟁의라 함은, 일반적으로 노동조합 내지는 근로자의 단체와 사용자 내지는 그 단체 사이의 분쟁상태를 말한다. 노동쟁의조정법 제2조도 노동관계당사자간의 노동조합임금·근로시간·후생·해고 기타 대우 등 근로조건에 관한 주장의 불일치로 인한 분쟁상태를 말한다고 규정하고 있다. 노동관계의 당사자라는 것은, 근로자 측으로는 근로자의 단체(노동조합)만 당사자가 될 수 있는 것이고, 개인으로서의 근로자는 이와 같은 자격이 없는 것으로 해석된다. 사용자측으로는 단체가 당사자가 되는 경우가 있고, 또 사용자가 당사자가 되는 경우도 있다. 또한 노동쟁의는 근로관계의 당사자 사이의 주장이 서로 일치하지 않았기 때문에 발생하는 것이어서, 이 쟁의는 단체교섭이 행하여졌다는 것을 전제로 하는 것이다. 단체교섭이 행하여지지 않았던 쟁의는 노동쟁의 조정법에 있어서 노동쟁의라고는 볼 수 없다. 분쟁상태는 분쟁행위가 발생할 우려가 있는 상태라고 해석하는 것이 타당할 것이다. 원래 노동쟁의는 노사 간의 자주적 해결에 맡겨서, 노사관계의 안정과 산업평화를 도모하기 위하여 노동쟁의를 예방하고 조정하는 기구가 노사 간에 자주적으로 구성되어야 하는 것이 이상이지만, 노동쟁의조정법이 노동쟁의를 문제로 하고 있는 목적은 국가기관 또는 행정기관의 관여로 분쟁을 신속하고 원만하게 해결하려는 것에 있는 것이다.

1035 노동정책(labor policy)

경제자원의 효율적 배분을 촉진하면서 생활안정과 복지의 향상을 목적으로 하는 정책의 총칭이다. 노동정책의 주요행위자인 정부의 활동 면에서 보면 ① 최저 근로기준의 법제적 설정, 특히 최장근로시간과 최저임금의 규제는 노동시장이 저임금 다취업의 악순환에 빠져들어 한없이 열악해지는 것을 방지하는 역할을 한다. ② 최저생활의 보장, 즉 경제적으로 자립능력이 없는 등 특별한 원조를 필요로 하는 사람들에게 소득보장이나 의료서비스를 제공하고, 이러한 생존의 확보에 의해서 노동시장으로 하여금 정상적인 경쟁기능을 확보·유지하게 한다. 관련제도로서는 생활보장, 공적연금, 실업보험, 의료보험, 의료급여 등이 있다. ③ 각종 고용정책, 직업소개 기구의 정비, 직업훈련 등에 의한 인적자원개발정책의 추진이다. 정부는 이러한 정책을 통해 노동시장의 적절한 수급밸런스를 달성하여, 효율적인 자원배분의 기능을 유지할 수 있게 된다. 이러한 정부의 역할은 선진국은 물론 우리나라에서도 각 행정 분야에서 법제화되어 있다.

1036 노동조건(working conditions)

노동자가 노동에 종사함으로써 받게 되는 각종 조건으로 임금을 말한다. 노동시간, 휴가, 안전위생 등의 고용조건을 의미한다. 이것은 근대 법 하에서는 노동자와 사용자가 대책의 입장에서 결정해야 할 것으로 규정되어 있다. 현실적으로 국가 및 경제적 제 조건에 따라 기본적으로 규정하며 노사 간의 세력관계에 의해 그 수준여하가 결정된다.

1037 노동조정위원

원칙적으로 노사관계당사자의 쌍방 간에 노동쟁의조정의 신청이 이루어진 경우 그 조정을 위해 노동위원회 중에서 노동조정위원회가 설정되는데 동위원회를 구성하는 위원을 말한다. 사용자를 대표하는 조정위원, 노동자를 대표하는 조정위원, 공익을 대표하는 조정위원이 있다. 조정위원회의 사용자대표조정위원과 노동자대표조정위원은 동수로 해야 하며 공익대표의 조정위원도 이와 동수로 되어 있다. 조정위원은 노동위원회의 회장이 지명하는 것으로 되어 있다.

1038 노동조정위원회(a labor relations board)

노동쟁의의 조정을 위해 노동위원회 중에서 설정된 위원회 노·사·공익의 각각을 대표하는 조정위원으로 구성된다. 관계당사자간의 쌍방으로 노동위원회에 대해 조정의 신청이 성립된 경우, 조정위원회는 당사자 간에 개입해 쌍방의 주장을 듣고 조정안을 작성해 그 외 수락을 권고하고 이유를 달아 공표함으로써 노동쟁의 해결에 노력한다. 노사가 함께 조정안을 수락할 의무는 없지만 3자구성에 따른 위원회의 조정안이라는데 일정의 중요성이 있다.

1039 노동조합(trade union) 01

노동조합이라 함은 근로자가 주체가 되어 자주적으로 단결하여 근로 조건의 유지·개선과 근로자의 복지증진 기타 경제적·사회적 지위의 향상을 도모함을 목적으로 조직하는 단체 또는 그 연합단체를 말한다. 노동조합은 반드시 법인이 될 것을 요하는 것은 아니지만, 단체로서의 계속적 통일체(이른바 권리능력 없는 사단)일 것을 요한다. 따라서 근로자의 일시적인 종합방식에 불과한 쟁의단은 노동조합으로서 인정할 수 없다. 노동조합은 단체로서 종합규약을 가져야 한다는 것은 당연한 일이나, 법은 주로 조합민주화라는 견지에서 이 종합규약의 내용으로서 정해야 할 약간의 사항을 법정노동조합법하고, 위에서 설명한 조합 요건과 이 조합규약 요건을 충족시키지 못하는 노동조합, 이른바 법외조합에 대해서는 노동조합법과 노동쟁의조정법에 정하여진 절차와 구제 예컨대, 노동위원회에 의한 노동쟁의의 조정, 부당노동행위의 구제를 인정하지 않기로 했다. 이것은 노동조합에 대한 국가의 계몽적 입장에서의 조치라고 하나, 근로자의 권리를 부당하게 제약할 염려가 있어서 일반적으로 타당치 않다는 견해가 많다. 그러나 노동조합으로서의 단결의 방식은 자유이며, 근로자는 기업별로(기업별조합·우리나라에서는 이것이 상태이다) 혹은 직종별로(직업별 노동조합·외국에서는 이것이 상태이다) 조합을 결성할 수 있으며, 또한 조합(단위조합)을 단위로 하는 연합체, 혹은 조합 및 개인근로자의 구성되는 단일조합이라도 무방하다. 조합의 조직·해산 및 조합의 가입탈퇴도 원칙적으로 자유이다.

1040 노동조합(labor union) 02

근로자가 주체가 되어 자주적으로 단결하여 근로조건을 유지·개선, 기타 근로자의 경제적·사회적 지위의 향상을 도모함을 목적으로 조직하는 단체 또는 그 연합단체를 말한다. 주로 사용자와의 단체교섭을 통해 노동 협약을 체결하는데 목적이 있으나 노동 조건의 합의가 이루어지지 않을 경우에는 파업 등 쟁의를 벌인다. 또한 조합의 교섭력을 강화하기 위해 조합원 이외의 고용을 인정하지 않는 클로즈드숍(closed shop)이나 종업원을 자동적으로 조합에 가입시키는 유니언숍(union shop) 등의 방법을 촉진하기도 한다.

1041 노동조합법(the trade union law)
헌법에 의한 근로자의 단결권·단체교섭권 및 단체행동권을 보장하여 근로조건의 유지·개선과 근로자의 경제적·사회적 지위향상을 도모하고 노동관계를 공정하게 조정하여 노동쟁의를 예방·해결함으로써 산업평화의 유지와 국민경제의 발전에 이바지하고자 제정된 법률이다. 1996년 12월 31일 법률 제5244호로 제정되어 1997년 3월 13일 법률 5306호로 폐지되었다가 같은 날 법률 제5310호로 다시 제정되었다. 그뒤 2001년 3월 28일 법률 제6456호로 2차 개정되었다. 이에 따라 노동조합법과 노동쟁의조정법은 함께 폐지되었다. 총칙, 노동조합, 단체교섭 및 단체협약, 쟁의행위, 노동쟁의의 조정, 부당노동행위, 보칙, 벌칙의 8장으로 나누어진 전문 96조와 부칙으로 이루어져 있다.

1042 노동조합주의(trade unionism)
노동조합주의라 함은 노동조합운동의 모국인 영국의 노동조합주의를 가리킨다. 그러나 널리 노동조합운동, 즉 근로자가 노동조합의 단결력을 배경으로 하여 경제적·사회적 지위의 향상을 실현하려고 하는 단체운동의 방식을 의미하는 경우도 있다. 영국에서의 노동조합주의는 사상적으로는 약간의 변천을 보이고 있지만, 기본적으로는 마르크시즘을 부정하고 소련의 공산주의와 구별된다. 영국에서는 근로자를 위한 여하한 시책도 이 노동조합주의와 조화되지 않는 것은 인정되지 않는다. 특히 우리나라에서는 노동조합주의(trade unionism)를 노동조합운동을 파악할 때는 정치, 경제, 사회 등 노동조합의 외적 환경문제에 관심을 갖지 아니하고, 자본주의의 경제체제를 인정하며, 한 나라의 제도와 정책의 테두리 안에서 단순히 고용제조건(conditions of employment)의 유지, 개선이란 경제활동에만 중점을 두는 개량주의적, 노사 협조적 노동조합운동은 신노동조합주의(new trade unionism)에 대응하는 개념이다. 영국에서는 TUC의 생성과 더불어 이 주의가 채택되었고 19세기 말엽에 신 노동조합주의로 대체된다.

1043 노동지향적 개별경제학([독] AOEWL : Arbeitsorientierte Einzel Wirtschafts Lehre)
독일노동총연맹(DGB)의 경제로서 사회과학연구소(WSI)의 프로젝트 그룹에 의하여 만들어진 새로운 경영학 구상을 말한다. 이 프로젝트 그룹에 의하면 모든 경영적 직능영역이 기본적으로 근로자의 이해라는 관점에서 구성되어야 하며 한편 관계참가자의 요구가 소비자로서의 요구 내지 역할로서 고려되어야 할 것이라고 주장했다. 그리고 이 경우 근로자로서의 요구 및 역할과 소비자로서의 역할과의 사이에는 장기적으로 갈등은 없다는 것 또 이 같은 각종 요구 내지 역할의 총괄적 해결을 위해서는 시스템이론 및 의사결정론을 사용해야 한다는 것이 주장되고 있다. 다만 이 노동지향적 개별경제학은 아직 연구의 발단에 불과하며 그 구체적 전개에 대해서는 아직 분명치 않은 점이 많다. 1977년에는 이 연구가 중지되었다.

1044 노동집약도(labor intensity)
생산물 한 단위의 생산물을 산출하는데 투입된 노동의 비율을 나타낸 것으로, 산업별로 볼 때, 본래 나타나는 집약도의 차이와 기계화의 진행 상황의 차에 의한 집약도가 있으나, 보통은 전자의 뜻이 크다. 노동집약도를 내리는 것이 생산성의 향상을 가져올 수 있는 것이며, 또 노동집약도가 낮은 산업구조로 바꾸는 것이 경제의 고도화와 연결된다.

1045 노동현장학습훈련
→ 공활

1046 노동환경
근로자를 둘러싼 직장환경, 즉 작업환경 등을 말한다. 작업환경조건으로는 작업장 기후, 건물의 설비상태, 작업장에 발생하는 분진, 유해방사선, 가스 및 증기, 소음 등이 있다. 이들은 각각 단독 혹은 서로 관련을 맺으면서 근로자의 건강과 작업능률을 좌우한다. 작업장의 기후조건, 특히 온도, 습도는 생산기술상의 조건과 불일치하는 경우가 있다. 예를 들면, 방적업 등의 직포작업에서는 온도, 습도를 높이면 섬유의 장력을 늘리고 생산량은 증가하지만 이것은 작업자의 심신기능에 현저한 영향을 미친다. 더욱이 근로시간의 길이도 근로자의 건강에 장애를 미친다. 또 ME 등 기술혁신의 진전에 따른 VDP(video display terminal : 단말표시장치) 작업에 의한 건강에의 영향 등 노동환경 속에서 새로운 문제가 생기고 있다. 노동환경이 위험하고 비위생적인 경우, 그 영향이 거기서 일하는 근로자에게 미치는 것은 당연하지만 작업장 밖의 지역까지 미쳐 공해를 유발하여 사회 문제화하는 경우도 있다.

1047 노령수당
국가 또는 지방자치단체는 65세 이상의 자 중 소득수준 등을 참작하여 보건복지부 장관이 정하는 일정소득 이하의 자에게 지급하는 수당을 말한다. 지급수준은 노인복지 등을 참작하여 매년 예산의 범위 안에서 보건복지부장관이 정해 현금으로 지급한다. 노령수당은 노령수당을 지급하기로 결정한 달의 다음 달부터 노령수당을 지급하지 아니하기로 결정한 달까지 매월 지급한다.

1048 노령연금(old age pension)

우리나라 국민연금법에서 연금급여는 노령연금, 장해연금, 유족연금, 반환일시금이 있는데 그 중의 하나가 노령연금이다. 국민연금법 제56조에 의하면 가입기간이 20년 이상인 가입자 또는 가입자이었던 자가 60세(대통령령이 정하는 직종에 종사하거나 종사하였던 근로자의 경우는 55세)에 달한 때에는 그때부터 그가 생존하는 동안 지급. 가입기간이 15년 이상 20년 미만인 가입자 또는 가입자이었던 자가 60세에 달한 때에는 그때부터 그가 생존하는 동안 제1항의 규정에 의한 노령연금액에서 일정한 금액을 감액한 연금을 지급한다. 가입기간이 20년 이상인 자로서 보수 또는 소득이 있는 업무에 종사하고 있는 경우 60세 이상 65세 미만의 기간(특수직종 근로자의 경우에는 55세 이상 60세 미만의 기간)동안에는 일정한 금액의 연금을 지급한다. 가입기간이 20년 이상인 가입자 또는 가입자이었던 자로서 55세 이상인 자가 보수 또는 소득이 있는 업무에 종사하지 아니하는 경우에는 제1항의 규정에도 불구하고 60세에 달하지 아니하더라도 본인의 희망에 의하여 그가 생존하는 동안 일정한 금액의 연금을 지급받을 수 있다. 제3항 제4항의 규정에 의한 보수 또는 소득이 있는 업무의 범위는 대통령령으로 정한다. → 국민연금

1049 노멀라이제이션(normalization)

노멀라이제이션이라는 말은 우리나라 말로 일상화, 보편화, 정상화, 상태화 등으로 번역되는데 어느 것도 정확한 표현이라고 보기 어렵다고 하여 그대로 노멀라이제이션으로 쓰는 경우가 많다. 이 말은 원래 장애인복지 서비스에 대한 대등생활의 원칙에 따른 정책을 나타내는 말로서 스웨덴이나 덴마크에서 사용되어 왔었는데, 현재는 노인복지 서비스도 포함한 복지정책의 새로운 사고방식으로서 보다 넓게 사용되어지고 있다. 노멀라이제이션의 개념을 최초로 사용한 것은 덴마크의 정신장애인협회 회장인 뱅크 밋켈센이며, 이어서 스웨덴의 정신장애인협회 사무국장 벤트 니르제 등에 의하여 체계화되어 그것이 1967년에는 스웨덴에서 장애인복지정책에 도입되게 되었다. 나아가 1977년에는 사회복지심의회의에서 노인복지서비스를 포함한 복지정책의 일반적 원리로서 공인되고, 이 후 사회서비스 입법에 구체화되게 되었다. 그러나 이 용어의 유대와는 상관없이 실천면에서는 사실상 노멀라이제이션의 이념에 이어지는 정책이 스웨덴이나 덴마크의 자치제에서는 1960년대 전후부터 도입되고 있었다. 노멀라이제이션이라 함은 사회복지사업의 대상자를 특수하게 보고 격리하여 처우하려는 사고방식을 고쳐, 장애인이나 신체가 자유롭게 기능하지 못하는 노인, 장기요양의 병자도 될 수 있는 한 학교에 가서 보통의 생활을 보내는 것이 본인의 복지와 행복으로서 바람직하다는 사고방식이다. 이러한 사고방식의 배후에는 신체가 건전하여 만원버스나 건널목도 이용할 수 있는 이른바 비장애인만으로 구성된 사회가 사실상 비정상적 사회(abnormal society)이고 신체 장애인이나 신체가 부자유스런 노인 등이 얼마쯤은 혼재하고 있는 상태, 그것이 정상적이라고 하는 생각이 밑받침하고 있다. 이는 장애인이나 노인의 각종 의사결정에의 참가는 물론, 일상생활, 나아가서는 공공시설에 엘리베이터설치, 장애인 등이 쓸 수 있는 화장실시설, 휠체어를 타고 비장애인과 더불어 보도를 갈 수 있는 도로시설, 기타 주택시설 등이 포함된 하나의 복지이념이라고 할 수 있다. 스웨덴의 노인복지에 관한 최근의 보고서는 노멀라이제이션으로서 시설에서 보통의 주거에 사는 가능성을 높일 것, 옮겨서 사는 물적 및 사회적 인근환경으로부터 이전할 필요성을 될 수 있는 한 적게 할 것, 사회적 교류와 상호원조를 촉진할 것, 필요한 경우에는 특별히 배려된 주택과 케어(개호)를 제공하여 통상의 생활 어매너티(생활의 쾌적성과 주거의 편의) 속에 보여지는 바와 같은 생활의 질(quality of life)을 될 수 있는 한 반영시킬 것 등을 들고 있다.

1050 노무관리(labor management)

노무관리라 함은 기업목적달성에 의한 경영의 유지 발전을 위해 경영에서 일하는 종업원의 존재방식을 가장 적당한 상태로 만들어 가는 일련의 관리시책을 말한다. 노무관리론이라 함은 그러한 시책을 대상으로 하여 경영능률 또는 효과와의 관계 등을 연구하는 과학 분야를 말한다. 실무계나 경영학에서는 종래 일반적으로 기업목표(예를 들면, 이윤의 극대화)의 달성을 위해 거기에서 일하는 근로자의 유효한 이용에 쓰이는 관리기법의 총체 등으로 해석해 왔다. 이 경우 특히 세 개의 관점이 구별되고 있다. ① 근로자를 대상으로 하는 것 특히 그의 노동력(manpower)으로서의 국면에 초점을 맞추려고 하는 부분이어서 협의의 인사관리라고 부르는 것이 그것이다. ② 근로자 중에서 인간적 측면을 발견하고 우선 복지목표나 인간화 목표를 드는 부분이 있는데 협의의 노무관리가 그것이다. 그러나 그들 목표의 추구는 우회적으로 기업목표의 달성에 유익하게 된다. ③ 노사관계 관리는 근로자 중에 조직근로자를 인정하는 것으로 그 전개는 기업과 단체로서의 근로자 즉 노동조합과의 관계 이른바 노사관계의 문제로 되어 있다. 그런데 최근에는 행동과학이나 조직 이론, 시스템 이론의 발전에 따라서 노무관리를 포착하려는 움직임이 표면화되고 있다.

1051 노브랜드(no brand)

가정 식품· 일용 잡화품 등을 중심으로 하여 브랜드명을 전혀 붙이지 않고 그 상품의 일반 명칭과 법률로 정해진 사항만이 기재되어 있는 상품으로 염가인 것이 특징이다. 포장비를 줄이고 광고비를 없앰으로써 제품의 원가를 낮추는 것이 목적이다. 제네릭 브랜드(generic brand)라고도 한다.

ㄴ

1052 노사관계
(labor management relations, industrial relations)

일반적으로 부림받는 자(근로자)와 부리는 자(사용자)와의 사이에서 생기는 상호관계를 말한다. 이 관계는 단지 기업 수준에 그치지 않고 지역수준, 산업수준, 국가수준 및 세계 레벨에 있어서도 관찰할 수 있다. 관계의 성격은 다음과 같은 양면성을 갖고 각각 파악된다. 경영과 노동력의 관계와 경영자와 노동자의 관계, 경영과 종업원의 관계와 경영자와 노동조합원의 노사협의회관계, 경영자와 종업원 개인이라는 개별적 관계와 경영과 노동조합이라는 집단적 관계, 협동 관계와 대립관계, 경제관계와 사회관계, 종속관계와 민주적 대등 관계, 이들 노사관계는 경영자와 경영자단체, 노동자와 그의 노동조합 혹은 그 상부단체 및 정부와의 사이에서 수평적으로, 대각선적으로 삼화음(triad)을 이루면서 형성되어 있다. 노사관계의 주체는 이상과 같은 노·사·정 이외에 노동위원이나 법원, 지역사회를 포함하며 국제적으로 ILO도 중요한 역할을 담당하고 있다. 노사관계는 산업사회의 제 관계를 종합적으로 파악하려는 것도 필요로 되고 있으며, 이것을 광의의 노사관계로서 산업관계(industrial relations)라고 부를 경우가 많다. 노사관계는 통상 노사 양자의 힘 관계에 의해서 결정되는 것이 보통인데 그것은 시대에 따라 변화한다. 영국의 경우를 보면 산업혁명이 시작된 1760년대에서 1800년대까지는 전제적 노사관계가 지배적이었으며, 1800년 이후 1880년까지는 온정적 노사관계, 1880년에서 1919년까지 완화적 노사관계가, 1920년 이후에는 민주적 노사관계가 지배적이었다. 또 커어(Kerr, Clark)는 노사관계의 유형을 절대적 노사관계(소련), 친권적 노사관계(독일), 계급투쟁적 노사관계(프랑스, 이탈리아, 일본의 좌경노조), 경쟁적 노사관계(영·미) 등으로 구분하고 있다.

1053 노사정위원회

노사정 당사자가 대등한 입장에서 근로자의 고용안정과 근로조건에 관한 노동정책 등에 관해 협의하는 기구로서 국가경쟁력 강화 및 사회통합의 실현을 통한 국민경제의 균형발전을 꾀하기 위하여 1998년 1월에 설치된 위원회이다.

1054 노사협의회(labor management committee)

노사협의회라 함은, 근로자와 사용자가 상호협조하며 근로자의 복지 증진과 기업의 건전한 발전을 도모함을 목적으로 구성된 협의기구를 말한다. 노사협의회는 근로조건의 결정권이 있는 사업 또는 사업장 단위로 설치해야 한다. 다만 대통령령으로 정하는 사업 또는 사업장은 예외이다. 하나의 사업에 지역을 달리하는 사업장이 있을 경우에는 그 사업장에 대해서도 설치할 수 있다. 노사협의회는 근로자와 사용자를 대표하는 동수의 위원으로 구성하되, 각 3인 이상 10인 이내로 한다. 근로자 위원은 근로자가 선출하되, 노동조합이 위촉하는 자로 하고, 사용자 위원은 당해 사업 또는 사업장의 대표자와 그 대표자가 위촉하는 자로 하되, 동일사업 내의 지역을 달리하는 사업장의 경우에는 그 사업장의 최고책임자와 그 최고책임자가 위촉하는 자로 한다.

1055 노이로제(neurose)

→ 신경증

1056 노인(the old aged) 01

출생 후 한 평생을 사는 동안 성장기, 청년기, 장년기를 거쳐 노년기에 접어든 사람을 말한다. 노년기는 생물학적, 생리학적, 심리학적으로 개인 간에 서로 차이는 있지만 젊은 세대에 비해 육체적, 정신적 기능이 쇠퇴하는 시기이다. 나이가 몇 살부터 노인으로 보느냐 하는 것은 각 사회와 시대에 따라 다르다. 보통 60세 혹은 65세 이상을 노인으로 보고 있으나 이는 심신의 건강이나 기능 상태를 나타내기 보다는 법적 규정이나 통계 또는 노인복지 대상의 기준으로 더 의미가 있다.

1057 노인(the old/old person/aged person) 02

연령을 기준으로 노인을 구분할 때, 인구학, 사회학 및 심리학 등의 분야에서는 일반적으로 65세 이상 된 사람들을 지칭한다. 흔히 연령 증가에 따라 신체적, 생리적, 심리적 및 행동상의 기능 약화와 함께 사회적인 역할의 축소 경향을 나타낸다.

1058 노인건강 상담사업

일본에서 1978년부터 실시한 노인보건의료 종합대책 개발사업 중재가 노인에 대한 가정간호, 방문지도와 더불어 새로이 부가된 사업으로 노화에 따른 건강실조, 만성질환에 걸린 65세 이상의 노인과 그 가족에 대해 의사 및 보건의료원이 주 2일 이상 직접 면담하여 건강의 유지, 질병의 예방, 재가요양방법 등에 관한 상담을 하고 건강에 대한 불안의 해소, 건강관리 등에 관한 자각을 드높이기 위해 적절한 조언과 지도를 행하는 사업이다.

1059 노인건강진단
(medical examinations for the aged)

노인에게 매년 수진의 기회를 부여하고 질병을 조기 발견하여 노인의 건강유지를 도모하려는 노인복지시책의 하나이다. 일본에서는 노인복지법 제10조를 근거로 65세 이상인 자에게 무료로 일반검사와 일부 자기부담의 정밀검사를 받도록 되어 있다. 또한 저소득층 노인에게는 의사를 파견하여 방문건강진단을 받도록 하고 있으나 수진율은 전국적으로 평균 20%이다. 그러나 1978년 노인보건의료 종합대책 개발사업의 일환으로 이 사업이 더욱 활발해질 것으로 기대되고 있다. 우리나라에서는 노인복지법 제9조의 규정에 의한 65세 이상의 자에 대한 건강진단은 2차에 1회 이상 국

·공립병원, 보건소 또는 보건복지부령이 정하는 건강진단 기관에서 실시한다.

1060 노인교실

일본의 문부성은 사회교육사노인보호용주택업의 일환으로 고령자교육을 실시하고 있다. 이 사업은 1965년부터 1970년까지 시행된 고령자 학습의 시·정·촌에의 위탁과 1973년부터 현재까지 실시하고 있는 노인교실의 두 종류가 있다. 문부성은 65세 이상자를 대상으로 1학급당 20인 이상의 인원으로 연간 학습시간이 20시간 이상인 노인교실에 대해서는 지방시회 교육활동 보조금 교부요강에 근거하여 집단학습 장려비를 교부하고 있다. 그리고 노인교실의 학습내용으로는 사회변화의 이해, 젊은 세대의 이해, 건강의 유지, 취미, 교양의 충실, 사회봉사활동의 참여 등이다. 우리나라에서도 각급 학교에 노인교실을 설치하는 경우가 많다.

1061 노인문제(the problem of the aged)

노인은 노화과정을 통해 심신기능의 쇠퇴와 사회적 지위의 변동과 경제적 자원의 감소로 생활상 여러 문제를 갖게 된다. 건강문제와 아울러 생계문제, 취업, 주택, 교통, 교육, 여가활동문제 등 노인문제는 실로 복잡하고 다양하다. 노인인구가 급격히 증가하는 현대사회에서 허약노인을 위한 사적부양능력은 약해지고 사회적 부양능력은 아직 미성숙하다는데서 노인문제의 심각성이 있다.

1062 노인병(the disease of the aged)

신체적 또는 노화과정에서 오는 질병들 즉 노인들이 걸리기 쉬운 고혈압, 뇌졸중, 심장병, 당뇨병, 관절염, 노인병, 폐렴, 치매증 등을 말한다. 이들은 중년기 이후부터 발병하는 경우가 많으므로 성인병이라고도 한다. 노인병의 특성은 많은 질병이 복합해서 나타나거나 돌발적으로 악화되거나 병으로 인한 생활기능이 저하되어 이차적 장애가 생기기 쉬워 장기치료 및 요양을 필요로 한다. 노인병은 치료만 아니라 질병악화, 합병증, 기능장애 등의 방지에도 목표를 두어 적절한 간호, 요양, 재활서비스 등을 제공해야 한다.

1063 노인병원

노인을 대상으로 하는 병원을 말하는데 노인복지시설과 같이 법제도상의 규정이나 규제는 없다. 노령인구의 증가와 노인의 질병상의 특성으로부터 장기입원, 간호를 필요로 하는 만성질환의 노인(기동불능의 노인)이 증가하지만 이들은 가정에서의 간호가 어렵기 때문에 노인병원의 증설이 강하게 요구되고 있다. 노인의 의료에 대한 규제가 없기 때문에 문제도 적지는 않다.

1064 노인보건사업(health service of the aged)

질병의 예방, 치료, 기능훈련에 이르는 각종 보건사업을 종합적으로 행하는 것을 말한다. 노인보건사업은 노인의료와 의료 이외의 노인보건사업으로 크게 구분되는데 의료 이외의 사업을 협의의 노인보건사업으로 부르는 경우도 있다. 의료이외의 노인보건사업은 40세 이상의 자에 대해 시·군·구가 실시주체로 되는 것을 원칙으로 건강교육, 건강 상담, 건강진단, 기능훈련, 방문지도 등의 사업을 전개한다. 기본 건강진단 외에 위·자궁·폐·호흡 등의 각종 검진사업이 있다.

1065 노인보건시설(health institution for the aged)

질병, 부상 등에 의해 누워있는 상태에 있는 노인 또는 이것에 준하는 상태에 있는 노인에 대해 간호, 의학적 관리 하에 간호 및 기능훈련 그 외에 필요한 의료를 행함과 함께 일상생활을 보살펴 주는 것을 목적으로 시·도지사의 허가를 받은 시설을 말한다. 이 시설들은 입소서비스와 재가서비스를 행하는 시설로 노인의 자립지원과 가정에의 복귀를 목표로 밝은 가정적 분위기로 지역이나 가족과의 결합을 중시한 운영이 요구된다.

1066 노인보건심의회

노인보건심의회는 보건복지부장관의 자문에 응해 노인보건에 관한 중요 사항(의료 등 이외의 보건사업, 특정요양비 관계, 노인보건시설 요양비액, 시설요양의 취급에 관한 기준은 제외)을 조사·심의한다. 또 노인보건에 관한 중요사항에 대해 관계행정기관에 의견을 진술할 수 있다.

1067 노인보건학교

노인의 건강유지에 따른 중요한 자기관리를 조장하는 관점에서 65세 이상의 노인 및 가족에 대해 일본의 시·정·촌이 노인복지법 제13조에 의해 1975년도부터 실시하고 있는 건강교육의 강습회를 하는 곳이다. 단, 본 사업은 1983년 2월의 노인보건법 실시에 따라 건강교육사업의 일환으로 만들어져 40세 이상을 대상으로 의사, 보건부 등을 강사로 성인병 예방을 위해 일상생활의 소양, 식생활방식 등의 교육으로 행해진다.

1068 노인보호용주택

노인보호 홈이라 불리기도 한다. 1970년 일본의 중앙사회복지심의회 답신(노인문제에 관한 종합적 제 시책)에서 제기된 서비스의 하나로 주택사정이나 주택환경상 가족과 동거하기가 곤란할 뿐 아니라 경제적, 신체적, 정신적인 이유에서 완전히 자활할 수 없는 노인수의 증가에 따라 상담, 급식, 보호 등의 서비스를 필요에 따라 제공하는 주택을 말한다. 이는 현재 제도화된 시책은 아니다.

1069 노인복지(welfare for the aged)

노인복지에는 두 가지 뜻이 있다. 넓은 의미로는 노인의 건강과 복지를 위한 여러 제도, 시책, 서비스 등을 총칭한다. 그 내용으로는 노후생활에 필요한 소득, 보건의료, 취업, 주택, 교통, 여가선용, 사회복지서비스 등을 종합적으로 포함한다. 좁은 의미의 노인복지는 정상적인 사회생활을 영위하지 못하는 노인에게 일상생활을 유지할 수 있도록 구제, 보호, 회복 등의 지원을 제공하는 사회복지서비스를 말한다.

1070 노인복지법

노인의 보건과 복지에 관한 사항을 규정한 법률(전문개정 1997. 8. 22, 법률 제5359호). 노인의 질환을 사전예방 또는 조기발견하고 질환상태에 따른 적절한 치료·요양으로 심신의 건강을 유지하고, 노후의 생활안정을 위하여 필요한 조치를 강구함으로써 노인의 보건복지증진에 기여함을 목적으로 한다. 노인은 후손의 양육과 국가 및 사회의 발전에 기여하여 온 자로서 존경받으며 건전하고 안정된 생활을 보장받는다. 그리고 능력에 따라 적당한 일에 종사하고 사회적 활동에 참여할 기회를 보장받으며, 노령에 따르는 심신의 변화를 자각하여 항상 심신의 건강을 유지하고 그 지식과 경험을 활용하여 사회의 발전에 기여하도록 노력해야 함을 기본이념으로 한다. 국가와 국민은 경로효친의 미풍양속에 따른 건전한 가족제도가 유지·발전되도록 노력해야 하며 노인의 보건 및 복지증진의 책임을 지고 그 시책을 강구하여 추진해야 한다. 해마다 10월 2일을 노인의 날로, 10월을 경로의 달로 하며, 5월 8일을 어버이날로 한다. 시·군·구에 노인복지상담원을 둔다. 국가 또는 지방자치단체는 65세 이상의 생활보호대상자, 65세 이상의 소득이 기준금액 이하인 자에게 경로연금을 지급한다. 연금수급권은 양도·압류하거나 담보에 제공할 수 없다. 국가 또는 지방자치단체는 노인의 지역봉사활동 기회를 넓히고 노인에게 적합한 직종의 개발과 그 보급을 위한 시책을 강구하며 근로능력 있는 노인에게 일할 기회를 우선적으로 제공하도록 노력해야 한다. 국가 또는 지방자치단체는 65세 이상의 자에 대하여 경로우대를 하고 건강진단과 보건교육을 실시할 수 있다. 보건복지부장관, 시·도지사, 시장·군수·구청장은 필요한 때에는 노인의 상담·입소 등의 조치를 해야 한다. 국가 또는 지방자치단체는 치매예방 및 치매퇴치를 위하여 치매연구 및 관리사업을 실시해야 하며, 노인을 위한 재활요양사업을 실시할 수 있다. 노인복지시설의 종류는 노인주거복지시설, 노인의료복지시설, 노인여가복지시설, 재가노인복지시설로 하며 다시 세분한다. 노인복지시설은 국가 또는 지방자치단체가 설치할 수 있으며, 국가 또는 지방자치단체 이외의 자는 그 설치를 시장·군수·구청장에게 신고해야 한다. 다만 노인전문병원에 관해서는 의료법의 규정을 준용한다. 가정봉사원 교육기관을 설치하고자 하는 자는 시·도지사에게 신고해야 한다. 7장 61조와 부칙으로 되어 있다.

1071 노인복지상담원(counsellor for the aged)

노인의 불안을 완화하고 사회적 고립을 방지하며 나아가 노인에게 삶의 보람을 주고 노후의 풍부한 생활설계를 갖도록 원조하는 방문원이다. 자격요건은 사회복지자격소지자, 전문대학 이상에서 보건복지부령이 정하는 학과과정이수자, 초·중고등학교 교사로 2년 이상 근무한 자, 고등학교 이상의 학력소지자로 사회복지행정에 2년 이상 근무한 경력이 있는 자, 중학교 졸업자로서 사회복지행정에 5년 이상 근무한 경력이 있는 자이다.

1072 노인복지센터(welfare center for the aged)

일본 노인복지법 제13조에 근거한 노인 복지시설의 하나로 지역사회의 노인의 건강증진, 문화교양의 향상, 레크레이션의 서비스를 목적으로 일반노인을 대상으로 한다. 일본의 노인복지센터는 크기에 따라 세 가지로 구분된다. 대규모형(특A형)에서는 생활상담, 건강상담, 건강증진지도, 취로지도, 기능회복훈련, 교양강좌, 노인클럽에 대한 원조 등을 실시하며 보통규모형(A형)에서는 대규모형의 기능을 약간 축소한 것이고, 소규모형(B형)은 A형을 보완하는 역할을 한다. 일반적으로 구·시·정·촌에서 설립·운영하고 있으며, 전임직원을 배치하여 재활, 교양, 취미, 오락 활동을 전개한다. 우리나라에서도 서울, 대구, 구미에 노인복지회관이 설립되어 있으나 그 기능은 매우 약하다.

1073 노인복지수당

→ 노령수당

1074 노인복지시설(welfare institution for the aged)

우리나라의 노인복지법에 의하면 노인복지시설은 무료양로시설, 무료노인요양시설, 실비양로시설, 실비노인요양시설, 유료양로시설, 유료노인요양시설, 노인복지관, 노인복지주택으로 되어 있다. 일본의 노인복지법에 의하면 양로노인 홈, 특별양로노인 홈, 경비노인 홈, 노인복지센터 등이 있다. 그리고 유료노인 홈, 노인휴게의 집, 휴양노인 홈 및 지방자치제가 제공하는 노인아파트, 민간인이 만든 노인여인숙도 광의의 노인복지시설이라 할 수 있다. 이들 시설은 양로, 요양시설과 같은 입소시설과 노인복지관과 같은 이용시설로 구분되며, 복지의 조치방법에 따라 동사무소에서의 조치결정에 의해 입소되는 것(양로시설, 노인요양시설), 노인 본인과 가족 그리고 경영자 간의 계약에 의해 입소되는 것(실비양로, 실비노인요양시설, 유료양로, 유료요양시설), 자유의사로 동원하는 것(노인복지관, 주관보호센터, 노인 복지주택)으로 구분된다.

1075 노인복지시설 부설 작업소

일본의 노인홈 등 노인복지시설에 부설된 작업소로 노인이 그 경험이나 기능을 살리는 작업 활동으로서 건강이나 삶의 보람의 증진을 도모하려는 목적으로 세워졌다. 1977년부터 국가의 보조 사업화되고 1979년 말에는 64개소에 설치되었다. 작업내용은 도예, 목공, 서예 등이 많으며, 일반 지역주민에게도 개방된 곳이 있다. 비용은 당초의 건물정비나 설비비에 대하여 국가와 도도부현이 각각 3분의 1을 보조하고 나머지 3분의 1과 운영비는 설치자가 부담하도록 되어 있으나 현재 크게 보급되지는 못했다고 볼 수 있다. 노인촌노인복지시책 광의로는 연금, 보건의료, 취로, 주택 등을 포함한 노인을 위한 모든 사회적 시책을 가리키고 있으며, 보통은 협의로 사용한다. 노인복지법을 중심으로 한 국가 및 지방공공단체가 행하는 노인복지시책은 주로 거동이 불편한 노인이나 독신노인을 대상으로 하는 보호적 시책과 비교적 건강하고 사회적 활동이 가능한 노인을 대상으로 한 예방적, 개발적 시책으로 나눠진다. 보호적 시책은 노인홈에서의 수용서비스와 다양한 주택복지서비스, 통원 시설서비스로 나누어진다. 최근에 지역복지가 강조되어 후자가 강조되는 경향이 있는데 여기에는 노인의 사회활동과 참여의 기회확대를 위한 시책이 이에 속한다. 노인복지에서의 그룹워크 노년기에 들어서면 직업이나 가정살림에서 물러나 대인관계나 사회활동이 줄어드는 경우가 많으므로 새로운 유형의 그룹을 필요로 하게 된다. 동년배의 노인들과 함께 모여 봉사활동이나 여가시간을 즐기고 또 지역사회의 일원으로 활약하며 사회적 인정도 받을 수 있는 그룹 활동이 필요하다. 노인을 위한 그룹워크가 행해지는 곳은 양로원, 요양원, 노인복지센터, 노인클럽, 노인학교 등 다양하다.

1076 노인복지시책

노인생활은 경제적 측면, 육체적 측면, 정신적 ·사회적 측면 등의 다양한 측면을 내포하고 있기 때문에 이를 감안하여 노인생활 일부만의 충족을 위한 것이 아니라 전(全)생활적 측면에서의 욕구를 충족할 수 있도록 노인복지 서비스와 그 시책이 계획되고 종합적인 것으로 파악·이해되어야 한다. 이러한 노인의 복된 생활의 보장을 위한 복지시책 등의 요청으로, 1981년 6월 노인복지법이 공포되었다. 이 법에서는 노인복지, 즉 노인의 건강유지와 생활안정 시책을 위하여 필요한 조치를 취하게 하고, 국가와 지방 공공단체의 책임을 명시하여 상시 노인복지 향상과 보전을 위하여 건강진단·수용시설·노인정 및 복지관 운영 지원, 사회복지법인의 노인복지시설 설치 권장, 경로주간의 설치, 복지기관(각 시·도)의 감독 등을 규정하여 강력한 노인복지 정책과 행정감독을 실시할 기틀을 마련하였다.

1077 노인복지 그룹워크

노년기에 들어서면 직업이나 가정살림에서 물러나 대인관계나 사회활동이 줄어드는 경우가 많으므로 새로운 유형의 그룹을 필요로 하게 된다. 동년배의 노인들과 함께 모여 봉사활동이나 여가시간을 즐기고 또 지역사회의 일원으로 활약하며 사회적 인정도 받을 수 있는 그룹 활동이 필요하다. 노인을 위한 그룹워크가 행해지는 곳은 양로원, 요양원, 노인복지센터, 노인클럽, 노인학교 등 다양하다.

1078 노인부양
(financial support for dependant aged person)

노후생활에 있어 물질적, 신체적, 정신적 문제에 대해 원조하는 것으로 주체는 개인인 경우와 공행정인 경우가 있다. 전자를 사적 부양, 후자를 사회적 부양이라 한다. 사적 부양은 민법 제974조의 직계혈족 및 그 배우자간에는 서로 부양할 의무가 있다는 조항을 중핵으로 하며, 사회적 부양은 생활보장법, 노인복지법, 각종 연금에 의한 소득보험이나 사회적 원조에 의한 대인서비스 보장을 주로 한다. 사회적 부양은 행정기관이 담당하는 것 외에 지역주민이 담당하는 부분이 있다.

1079 노인세대

→ 고령자세대

1080 노인에 대한 백악관회의
(White House conference on aging)

미국에서 노인문제에 대한 계획적이고 일관성 있는 국가의 정책을 수립하고 이를 실현하기 위한 대책을 결정하기 위해 열리는 회의이다. 여기에서 결정된 권고내용은 연방정부의 행정활동으로 채택된다. 1961년 제1회 회의가 개최된 이래 10년마다 열리는데 대통령이 소집하고 각 주정부의 대표, 노인복지단체대표, 외국으로부터의 옵저버가 참가한다.

1081 노인요양보험/제도

공적 노인요양보장제도(long-term care system)라고도 한다. 치매·중풍 등 노인성 질환 등으로 타인의 도움 없이는 혼자 살기 어려운 노인에게 간병·수발, 목욕, 간호·재활 등의 서비스를 국가가 책임지고 제공하는 제도이다. 오늘날 우리나라는 노인인구의 급격한 증가로 인해 치매, 중풍 등 노인성 질환이 무서운 속도로 늘어나고 있는 반면, 그동안 노인들을 돌보았던 여성의 사회진출과 핵가족화에 따라 가족단위로 노인들을 보호하는 데는 한계에 이르렀다. 또한 노인이 이용할 수 있는 시설이 절대적으로 부족하고 잔여시설도 유료시설의 경우 1인당 월 100~250만원에 달해 과중한 비용료로 인해 시민층이 이용하기에는 한계가 있기 때문에 국가의 책임 하에 이러한 노인들을 보호하여 노후불안을 해소하고 활력있는 장수사회를 만드는 것이 시급하다. 현재 노인요양보험제도가 전면적으로 실시되고 있지는 않으나, 2007년 도입예정이다. 가입자는 전 국민(건강보험 가입자 및 공공부조자), 보호 대상자는 65세 이상 노인, 45세~64세의 노인성 질환자, 2007년부터는 치매·중풍 등 중증노인(65세 이상)부터 시작하여 단계적으로 확대할 예정이다. 재원 조달은 보험료+정부지원+이용자 부담(20%), 급여서비스는 간병·수발, 방문간호 등 재가서비스와 요양시설 서비스가 있고, 관리운영자는 국민건강보험공단(시·군·구가 일정역할 보완)이다. 그 동안 정부는 2005년 7월부터 1, 2차에 걸쳐 시범사업을 전국 6개 시·군·구(광주남구, 수원시, 안동시, 강릉시, 부여군, 북제주군)를 대상으로 실시하였다.

1082 노인의 동거/별거

노부모와 자녀가 한 집에서 사는가 또는 각각 다른 집에 떨어져 사는가는 그 시대와 문화에 따라 다르다. 우리나라는 구미 여러 나라에 비해 동거율이 높다고 하지만 산업화, 도시화가 계속되면서 별거의 노인세대가 증가하고 있다. 별거는 분거와 산거로 분류하는 경우도 있는데 분거는 노부모와 자녀가 이웃에 가까이 살면서 매일 왕래가 가능한 거주 형태이고 산거는 멀리 떨어져 살기 때문에 일상 왕래가 어려운 상태를 말한다.

1083 노인의 종말간호(terminal care)

→ 임종간호

1084 노인주택(congregate housing for the aged)

노인을 위한 주택을 총칭하여 사용하는 용어로 주택문제가 있는 노인을 위한 대책의 하나이며 일본에 있어서는 공영주택법에 의한 노인을 위한 주택이나 지방자치제가 실시하는 노인주택 또는 독신자를 위한 주택, 노인아파트, 전용거실 제공사업 등이 있다. 또 일본 주택공단에서 노인세대우선 입주, 페어주택(pair house)이나 주택금융 금고의 노인동거세대우대 등도 노인주택대책의 일환이다. 앞으로의 노인주택에는 동거세대를 위한 페어주택, 노인세대의 집단주택에 대한 보호서비스가 중요과제이다.

1085 노인촌(silver city)

(은빛같이 흰 머리칼을 가진) 노인들이 모여 사는 새로운 도시를 말하며 미국, 스웨덴 등 여러 나라에 발달되어 있다. 노인들 노인취로 알선사업이 모여 사는 이 도시는 노후생활에 적당한 생활환경과 문화시설을 갖추고 오락시설, 의료기관, 각종 복지서비스가 준비되어 있다. 주택이나 교통기관도 허약한 노인들이 편리하고 안전하게 살 수 있도록 계획되었다. 한 가지 약점은 젊은 세대와 떨어져 노인들만 고립해서 산다는 것이다.

1086 노인취로알선사업

일본 사회복지협의회 등에서 설치, 운영하고 있는 고령자 무료직업 소개소에 대하여 일본 후생성은 1968년부터 노인 취업알선사업비로서 1/2의 보조를 주고 있다. 1978년부터는 이 소개소에 설치되어 있는 고령자 능력 활용 추진협의회에서도 같은 보조를 주고 있다. 이는 노인의 삶의 보람을 위한 대책으로 실시되고 있는 것으로 고령사회에 있어서 중요시책의 하나로서 노동성에 의한 다른 고령자 취로사업과의 관련이 과제시 되고 있다. 1983년 현재 일본에서 노인을 위한 무료직업소개소가 148개소, 고령자 능력 활용 추진협의회가 78개소 있다. 제14조에도 직종의 개발이라 하여 국가 또는 지방자치단체는 노인에게 적합한 직종의 개발과, 근로능력이 있는 노인에게 일할 기회를 제공하도록 하고 있다.

1087 노인케어 주택

심신기능의 약화로 약간의 도움을 받아야 일상생활을 할 수 있는 노인들을 위해 마련한 주택단지를 말한다. 노인케어 주택 내에 혹은 인접해서 노인들을 위한 서비스 센터가 있어 필요한 도움을 집에서 또는 노인자신이 센터에 직접 가서 받을 수 있다. 스웨덴의 서비스 하우스(service house)나 영국의 보호주택(sheltered housing)을 들 수 있다.

1088 노인클럽

소지역을 범위로 하여 대체로 60세 이상의 노인을 회원으로 하는 자주적인 조직을 말한다. 그 조직의 목표는 회원 상호 간의 친근감을 깊게 하고, 교양을 익히며 사회성을 함양하여 삶의 보람을 드높여 밝고 풍요한 생활을 기하고 나아가 자기가 가진 능력을 활용하여 사회에 공헌함에 있다. 우리나라의 경우는 6·25전쟁 이후 대도시에 자주적이고 자연발생적인 경로당이 증설되고 이를 기반으로 노인구락부도 발생, 증가되었다. 이들의 명칭은 명노회, 희노회, 장락회, 수경회, 재춘회, 장생구락부, 낙생회 등이다. 이들 조직들은 운영에 관한 정보교환 등을 목적으로 서로 연락을 갖게 되었으며, 1963년에 이르러서는 사회단체 성격을 띤 노인회조직의 기운이 싹트기 시작했다. 1969년에는 전국노인단체연합회를 창립했으며, 그 해 4월 15일에는 연합회를 해체, 대한노인회를 창립하기에 이르렀다.

1089 노인홈(home for the aged)

노인복지시설의 중심이 되는 시설로서, 노인복지시책 중에서도 가장 중요한 역할을 맡고 있는 것이 양로원이라 할 수 있다. 우리나라의 양로원은 1921년에 시작되었으나 그 수는 49개소(3,510명)에 이르며, 노인복지법과는 달리 아직 전문화되지 못하고 있다. 일본에서는 노인홈이라고 하며, 노인복지법에 규정된 양호노인홈, 특별양호 노인홈, 경비노인홈이 있으며, 노인복지법의 규제를 받지 않는 유료 노인홈이 있다. 전자의 2개소는 복지조치의 시설이며, 후자의 2개소는 자유계약시설이다. 양호노인홈은 946개소(69,963명), 특별양호노인홈 1,311개소(98,903명), 경비노인홈(A)은 208개소(12,871명), 경비노인 홈(B)은 38개소(1,810명), 유료노인홈은 90개소(6,813명)에 이르고 있다.

1090 노인홈의 설비·운영기준

노인홈의 기본방침으로서 건전한 환경으로 열의와 능력이 있는 직원에 의한 적절한 처우를 행하는 것과 구조설비의 일반원칙으로는 보건위생상의 충분한 배려와 재해방지설비, 직원의 자격요건, 홈의 관리규정, 비상재해대책 등을 필요조건으로 한다. 규모로는 양호노인 홈은 50인 이상의 수용능력을 필요로 하고 있다. 건축상 불에 잘 견디는 설비로 필요한 거실과 규모, 정양실, 식당, 집회실, 욕실을 기초로 의무실, 사무관계 등 20항에 따른 기준을 제시하고 있다. 특별양호노인홈은 의료와 수발에 대한 배려로 신체부자유를 전제로 하여 나타내고 있으며 직원 수도 양호노인홈보다 많이 필요로 하며 야간 체제를 취하는 등 특히 의료적인 면이 중시되고 있다.

1091 노인휴양홈(rest home for the aged)

1965년 일본에서 노인의 건전한 휴양을 목적으로 설치된 보양소이다. 이는 광의의 노인복지시설로 생각되며, 그 설비나 운영은 설치 운영요강에 의해 규정되고 있다. 노인휴양홈은 대체로 지방 공공단체가 관광지, 온천 등 휴양지에 설치하며, 그 설비에는 후생연금보험적립금 환원융자나 국민연금특별융자가 활용되고 있다. 이용료는 1박 2식에 최고농촌과잉인구 4,500엔 정도이며, 1983년 일본 전국에 76개소가 설치되어 있다.

1092 노작(occupation)

프뢰벨(F. W. A. Frobel)이 1838년 은물과 함께 고안해낸 것으로 작업 또는 수기라고도 불린다. 어린이들의 놀이를 풍부하게 할 뿐 아니라 손 운동의 민첩성을 길러주고 작업을 통하여 자연의 법칙을 가르치는 것을 목적으로 한다. 노작에는 다음과 같은 것이 포함된다. ① 디자인을 할 수 있는 정방형 및 삼각형 모양의 나무 패 ② 한 변이 10cm인 정방형 색종이와 커다란 흰 종이 및 색도화지로 종이 접기 ③ 위의 자료로 종이 오리기 ④ 종이 엮기(종이를 가늘게 잘라 서로 엮기) ⑤ 종이를 넓이가 다르게 길게 잘라 서로 엮기 ⑥ 25cm길이의 연하고 부드러운 나무줄 엮기 ⑦ 30cm 길이의 나무 막대기를 늘어놓기 ⑧ 콩을 불려서 부드럽게 한 후 꿰서 3차원적인 형태를 만들어 보기 ⑨ 뾰족한 막대기나 철사로 나무와 코르크를 꿰기 ⑩ 크기가 각각 다른 고리를 늘어놓으며 놀기 ⑪ 30cm 및 45cm의 무명실을 가지고 여러 가지의 형태를 만들어 보기 ⑫ 네모난 종이나 책을 준비하여 그림 그리기 ⑬ 두꺼운 흰 종이 또는 색도화지에 송곳으로 구멍 뚫기 ⑭ 털실·무영실·명주실을 이용해서 바느질하기 ⑮ 그림·모양·글자·지도 등의 외형을 바늘로 뚫은 후 바늘로 실을 꿰어 그림에 수를 놓게 하는 방법 등이 있다.

1093 노작교육(work-oriented-education)

종래의 학교교육이 주지성을 강조하는 서적학교로서 타율적이고 수동적이며 비활동적인 성격을 띠고 있었음에 반하여, 학생들의 자기 활동을 통한 노작적 학습을 전개시키려는 것을 강조하는 교육을 말한다. 학생들의 노작활동을 중심으로 하는 것이므로 작업교육 또는 근로교육이라는 말로도 표현된다. 이것은 1908년 쮜리히의 페스탈로찌 기념제에서 케르셴슈타이너(G. Kerschensteiner)가 노작학교라는 말을 처음으로 사용한 이후 노작학교·노작교수의 문제가 교육계·교육 사상계의 중심문제로 부각되었다. 노작교육은 크게 두 가지 관점에 따라 해석된다. 즉 좁은 뜻으로는 신체적 활동, 주로 손의 활동을 중심으로 하는 수공적 활동을 뜻하며, 넓은 뜻으로는 신체적 활동을 주로 하는 기술상의 일이라든가 자연을 다루는 것에 그치는 것이 아니라 정신적 활동을 강조함으로써 교육의 개선을 기도하려는 것이다.

1094 노화(aging)

나이가 들어가며 일어나는 신체적 위축이나 기능의 변화를 말한다. 노화의 범위나 속도는 개인의 특성과 환경에 따라 다르게 나타난다. 또한 모든 사람이 겪는다는 점에서 노화는 질병과 다르다. 노화의 증상은 심신쇄약, 기능장애, 방어능력의 감퇴, 회복력의 저하, 적응력 감소 등을 들 수 있다. 노화는 모든 인간이 갖는 자연적 특성으로 피할 수는 없지만 노화과정에 대한 적응과 그 결과에 대한 생활관리 대책을 세우는 것이 중요하다.

1095 노후보장

노후의 생활보장으로 일본에서 많이 사용되는 용어다. 평균수명의 연장, 라이프 사이클의 변화 등에 의해 노후기간이 현저히 연장됨에 따라 제3의 인생이라 할 수 있는 노후생활의 안정과 복지확보의 과제가 중요시되기에 노후보장이라는 용어가 일반적으로 사용된다고 볼 수 있다. 노후의 생활보장은 경제적 안정뿐만 아니라 보건·의료의 확보, 생활환경시설의 정비, 교육, 취로 등의 기회확보 그리고 사회복지욕구에 맞는 각종 사회복지시설, 사회복지서비스의 정비 등 종합적인 시책. 제도의 정비와 확보를 뜻하는 경우가 많다. 그런 의미에서 보면 노인복지, 노인대책과 맥을 같이 하고 있다고 볼 수 있다.

1096 노후생활보장기금제도

1981년 4월 일본의 동경도 무사시노시(武藏野市)가 실시한 유산노인에 대한 노후보장제도로 이는 시내에 집을 가지고 연금정도의 소득 밖에 없는 독거노인을 대상으로 그 자산을 담보로 계약에 의해 시 및 복지공사가 노인의 욕구에 따른 일체의 노후 서비스를 제공하는 유료의 복지서비스 제도이다. 이 제도는 고령화 사회의 대응책으로 주목되며, 유산을 조건으로 하기 때문에 약자우선의 복지, 평등원리에 의한 복지와는 거리가 있어 비판의 대상이 되기도 한다. 앞으로 이러한 비판에 어떻게 대응하는가가 주목된다.

1097 녹색의료보호수첩(green medical care card)

녹색의료보호수첩은 제2종 의료보호수혜자에게 발급되는 일부유료진료권(진료비의 50%를 분할징수)으로서 수첩의 표지가 녹색으로 되어 있다. 따라서 green card로 칭하고 있다.

1098 놀이치료(play therapy) 01

아이들의 정신안정과 발달회복을 도모하기 위해 고안된 심리요법의 일종이다. 아이는 자발적으로 자기의 의지나 감정, 욕구를 적당하게 표현할 수 없기 때문에 대화에 의한 정신치료법은 부적합하다. 이에 놀이가 갖는 자기 표현적, 카타르시스적 성질에 주목해 인형놀이, 그림놀이 등 여러 가지 놀이를 내체로 한 요법이 개발되었다. 레비 등에 의해 정서적 긴장의 해결을 구하고자 출발해 정신분석학파에서 아이들의 정신분석치료방법으로 메라니 크라인이나 안나 프로이드에 의해 쓰여지게 되었다. 특히 근래에 비지시적 카운슬링으로 유명한 로저스의 제자인 아그스라인에 의해 비지시적 심리요법의 이론에 근거해 놀이를 매개로 해서 심리적 안정 및 행동적 문제의 해결을 위한 놀이치료가 행해졌다.

1099 놀이치료 02

어린이의 마음에 축적된 긴장·좌절·불안·공격성·당혹감·공포 등의 감정을 놀이를 함으로써 발산할 수 있게 하여 정서적 안정감·신뢰감을 갖도록 하는 방법을 말한다. 심리적 문제를 가진 학령 전기 어린이들을 돕는 방법으로 각광을 받고 있다. 행동주의 심리치료와는 달리 인본주의 심리학에 근거한 놀이 치료에서는 치료자가 시기를 하거나 암시를 하는 것이 아니라 피치료자인 어린이가 주체가 되어 놀이를 이끌어가고 있다. 치료자는 어린이의 있는 그대로를 받아들이고 이해해주며, 안정감을 주어야 한다. 놀이는 자기표현의 중요한 매체이며 어린이는 자기 스스로 바르게 성장하려는 욕구가 있다는 것이 놀이치료의 기본전제이기 때문이다. 놀이치료를 위한 교구 및 자료는 다양하지만 그중 가족 인형, 가구, 포유병, 점토, 물감, 그림종이, 크레용, 장난감, 군인인형, 자동차, 인형극을 위한 인형과 정화는 필수품으로 보고 있다.

1100 농아시설(institution for the deaf mute children)

농아(난청아를 포함)를 입소시켜 보호함과 동시에 독립자활에 필요한 지도, 원조를 하는 시설이다. 입소조치는 시·도지사의 위임을 받은 아동상담소장이 행한다. 농아가 말할 수 없는 것은 물론 청각기능 장애가 있기 때문에 시각기능의 활용을 도모하기 위해 영사설비가 필요하다. 귀머거리는 장님에 비해 가벼운 장애로 생각되지만 반드시 그렇지는 않다. 커뮤니케이션의 장애이기 때문에 소외감이나 심리적 문제도 일으키기 쉬워 건전한 성장발달을 위해 충분한 배려가 필요하다.

1101 농아자(the deaf-mute)

음성기능 또는 언어기능을 상실했거나 그 기능에 영속적인 현저한 장애가 있는 자를 말한다.

1102 농아학교(school for the deaf-mute)

커뮤니케이션의 수단으로 현저한 장애를 가지고 있기 때문에 사회생활 내에서 곤란한 상황에 처해 있는 농아에 대해 사회생활에 필요한 지식의 흡수나 의견, 정보교환 등의 연수의 장을 만들어 복지증진을 도모하는 것을 목적으로 한다. 학습의 내용도 커뮤니케이션의 방법, 인간관계 등 사회생활 내에서 필요한 사항이다.

1103 농어민연금제

농어민의 생활안정과 복지증진의 일환으로 실시된 연금제도. 농어민의 소득감소와 노후생활의 불안감 등을 해소하기 위해 1995년 7월 1일부터 실시된 제도이다. 가입대상은 18세 이상 60세 미만의 전국 농어민과 군 지역 자영업자들로 일정기간 보험료를 내면 60세 이후 연금 혜택을 받을 수 있다. 이 제도의 특징은 가입대상을 확대한 것으로 고령 농어민은 65세까지 가입이 가능하다. 300평 이상의 농지를 경작하거나 직종별로 농축산물, 임산물 또는 수산물의 연간 판매액이 100만 원을 넘으면 당연 가입된다. 또 농지경작이나 판매실적이 없더라도 농업 및 임업에 종사한 기간이 연간 90일 이상이거나 어업 종사기간이 연 60일 이상이 되는 농어촌 품팔이 가구도 가입할 수 있다. 연금보험료는 1995년 7월에서 2000년 6월까지는 일제 신고시 자신이 신고한 표준소득등급(45등급)에 의해 결정된 소득월액의 3%에 해당하는 금액을 내야 한다. 2000년 7월에서 2005년 6월까지는 표준소득월액의 6%, 2005년 이후부터는 9%를 적용한다. 다만 자영업자를 제외한 순수 농어민 가입자의 경우 매월 2,200원씩 국고에서 지원된다. 또한 일반 국민연금 가입자와는 달리 연금 보험료율이 낮고 국고보조 혜택이 큰 점을 감안하여, 가입대상이라도 기타소득이 농, 축, 임, 수산업 소득을 초과할 경우 가입자격이 없다.

1104 농촌과잉인구(rural over population)

농촌에서의 저소득인구의 체류를 말한다. 자본주의체제 하에서 농촌 문제의 한 표현으로 많이 사용되며 여러 가지 형태를 포함하고 있다. 농업생산이 계절성이 강하고 농한기에 취업부족이 생기는 것도 그 하나지만 오히려 농촌에는 일반적으로 도시공업에로의 진입을 노리는 대량의 잠재적 과잉인구가 있으며, 또 경기변동에 따라 공업부문에서 유휴화한 노동력이 유동적 과잉인구로 유입된다. 또한 현대의 자본주의 하에서는 농공업의 불균형발전이 격화되어 농민대다수가 농업소득으로 생활을 지탱하지 못해 농촌인구의 과잉선업화가 생긴다.

1105 농촌문제(rural problem)

일반적으로 농촌지역에서 볼 수 있는 사회문제를 총칭해서 농촌문제라고 하는 경우가 많으나 자본주의가 농업문제에 기인하는 농촌의 사회문제를 지칭한다. 자본주의체제에서 영세한 농업경영은 농공간의 불균형발전에 따라 정체적 과잉인구로서 체류한다. 상향적인 발전도 억제되어 하강분해도 겸업화된 채 소농민으로 남아 과중한 노동과 낮은 생활수준으로 방치된다. 이 같은 농업문제에 의해 생기는 지역적, 사회적 문제를 농촌문제라 부른다. 근년에는 고도성장 과정에서의 생산력의 발전에 의해 생산수준이 상승되어 복잡한 양상을 보이고 있으나 농공간의 불균형발전은 극에 달해 생계유지불능농가가 증가하는 속에서 산업화에 기인하는 노동과중이나 후계자확보의 곤란, 신부부족 등과 함께 고령자화가 나타나고 과소문제 등의 농촌해체가 심각하게 나타나고 있다.

1106 뇌성마비(CP : cerebral palsy) 01

뇌성마비는 요약해서 CP라 한다. 과거에는 뇌성소아마비라 불리였으나 이것은 대인의 뇌성마비와 증상은 같다. 그러나 뇌성마비아라 하면 타인에게는 없는 수반증상이 포함된 인간이라는 견해가 있기 때문에 교육이나 복지적 관점에서 이 용어가 자주 쓰이고 있다. 수반되는 증상은 간질발작이며 다음으로 지능장애이다. CP자는 운동장애, 지체부자유, 심신장애의 증상을 나타내는 자가 많으며 그 원인은 주기적장애에 의한 것이 많다.

1107 뇌성마비 02

미성숙 뇌의 결손이나 병변에 의한 운동이나 자세의 이상으로 정의되는데 뇌의 기능장애로 나타나는 신경결함증상 중에서 신경운동장애가 주로 나타나며 그 손상 정도에 따라 감각, 지각, 청각, 시각, 언어 및 인지능력 등의 복합 증상을 가지는 증상군이다. 출현율은 살아서 태어난 아기 1000명 중 1~3명의 비율이다. 원인은 출생 전, 출생 시, 출생 후로 나눌 수 있으며 분류는 경련성, 무정위운동성, 경직성, 실조성, 진전, 혼합형으로 한다. 85%가 선천성이며 1/3에서는 원인이 뚜렷치 않다. 신경손상이 나타나는 지체별로는 양하지마비, 편마비, 삼지마비, 사지마비로 나누고 정도에 따라 경도, 중등도, 중증으로 분류한다. 관련된 동반 장애로는 간질, 운동능력저하, 청력장애, 시력장애, 감각장애, 지각장애, 의사전달장애, 정신지체, 감정장애, 학습장애 등이 있다. 치료로는 비정상적인 패턴을 감소시키고 정상 패턴을 중단시키는 운동요법(NDT), 중추신경에 자극을 보내어 정상 반응을 유도하는 Vojta법, 작업치료 등이 있으며 그 외에 변형의 방지 및 교정을 위한 보조기, 수술요법, 근육이완제 사용, 경기조절, 사시교정, 보청기, 뇌수술, 치과 처치와 기타 재활 프로그램으로 교육, 오락, 직업훈련, 상담, 사회서비스 프로그램 등이 있다.

1108 뇌성마비에 따른 언어장애

뇌성마비의 65~95%가 언어장애를 동반한다. 장애의 정도는 발음조차 곤란한 중증에서 실용적인 발화능력을 갖는 경증까지 다양하다. 뇌성마비아의 언어장애는 호흡·발성발어기관의 운동장애(경성마비, 부수의 운동, 기타)에 의한 마비성구음장애가 주이나 동시에 감각·지각이상, 지능장애, 경련발작 등의 합병증이 발생하는 경우가 많다. 따라서 언어증상으로 음성, 구음, 프로소디(prosody억양, 리듬, 엑센트, 유창함) 등, 발화면의 장애뿐만 아니라 청각장애, 언어 발달의 지연, 말하는 태도의 이상(가령 발화시의 긴장이나 말할 의욕의 저하)등 복수의 증상을 함께 가지는 예가 많다. 이처럼 복잡한 문제를 안고 있는 뇌성마비아에 대한 언어치료는 전문가집단에 의한 접근 형태로 한기에 개시하는 것이 바람직하다.

1109 뇌성발작

→ 발작

1110 뇌성소아마비 대책

뇌성소아마비는 임신 중이나 출산 시에 일어난 뇌손상으로 운동 기능면인 경직, 부수의, 실조 등의 마비가 생기는 장애이나 지능, 언어, 청각, 시각 등에도 중복해서 장애를 갖는 경우가 많다. 따라서 그 대책은 예방차원에서 임부의 정기검진이나 미숙아에 대한 초조기 진단·조기치료가 가장 효과적이라 한다. 그러나 마비가 남으면 교육이나 직업지도에 있어 자립곤란의 경우가 많다. 따라서 중도장애인을 위한 보호고용 등의 충실이 요망된다.

1111 뇌손상(brain damage)

내적 또는 외적인 여러 이유로 뇌의 신경조직에 이상이 생겨 행동 또는 기능상에 이상이 오는 상태를 말한다. 뇌의 어느 부위에 이상이 생기느냐에 따라 나타나는 장애도 다양하다. 기억장애, 지적 기능의 약화, 방향감각의 상실, 학습판단 등의 장애를 가져올 수도 있다.

1112 뇌장애(brain damage) 01

뇌의 혈관장애나 종양, 뇌염, 뇌막염, 진행마비 등 뇌 자체의 손상에 의한 이질적 장애를 비롯해 두부외상이나 각종의 중독 혹은 산결상태에 의해 장애가 일어나는 것도 있다. 급성의 경우에는 의식장애가 현저하나 관성적인 상태에서는 지적능력의 저하가 보이며 비교적 경증의 경우에는 건망증이 나타난다. 실어증처럼 언어중추라는 뇌의 특정부위에 장애가 한정되어 일어나는 것도 있다. 환각, 망상 등은 일시적으로 보이지 않는다.

1113 뇌장애 02

뇌 기능의 손상과 관련되거나 그에 따라 야기되는 장애를 말한다. 방향감각 상실, 기억력 장애, 수리 이해, 학습 등 지적 기능의 장애, 판단력 부족, 정서 취약 등의 증세를 나타낸다.

1114 뇌졸증(cerebrovascular accident)

원인은 출혈·색전·혈전 혹은 동맥류 파열 등과 같은 뇌의 급성 혈관 병변에 의하여 일어나는 급격한 발병상태로서, 편마비·부전 편마비·부분적 지각탈실·실어증·구어장애 등을 특징으로 하는 증후군이다. 때로 영구적인 신경장애로 이행하기도 한다.

1115 눈-손-발의 협응(eye-hand-foot coordination)
시각적인 자극에 따라 손과 발이 서로 협응하여 움직이는 능력을 말한다. 이러한 적성이 요구되는 직무로는, 악기를 다루는 일, 야구나 축구 등 스포츠 활동, 비행기·자동차·중장비 등을 운전하는 일, 대형 구조물을 설치하거나 조립하는 일, 페달이나 스위치를 조작하는 일 등이 있다.

1116 눈과 손의 협응(eye-hand coordination)
손을 사용하여 조작하는 활동을 수행하는데 있어서 눈의 기능과 손을 잘 연결하여 서로 잘 협응하도록 하는 능력을 말한다. 뇌성마비나 두뇌손상의 경우 눈과 손의 협응이 잘 이루어지지 않는다. 학습장애 아동의 경우에도 좌우 구별이나 눈과 손의 협응이 잘 이루어지지 않는 경우가 많다.

1117 뉴딜정책(new deal policy)
미국의 제32대 대통령인 루즈벨트가 1932년에 당선된 이후, 당시의 세계대공황에 대한 대책으로 내놓은 정책 뉴딜이란 "심기일전" 또는 "재출발"의 의미인데, 지금까지의 자유경쟁 원리를 버리고, 정부가 적극적으로 경제활동에 대한 통제와 간섭에 나서서 자본주의의 무계획성에 일정한 제재를 가하기 위해 제창한 것이다. 구체적으로는 은행에 대한 정부의 감독 강화, 금본위제의 정지 및 평가절하 등의 금융조작을 위시하여 1933년의 연방긴급구제법, 농업조정법, 전국상업부흥법, 1935년의 와그너법, 사회보장법 니드 등을 제정했다. 또 TVA(테네시계곡 개발공사)의 설립에 의해 국토개발과 실업구제를 도모하는 등, 이제까지의 자본주의 국가와는 아주 다른 새로운 정책을 실현하였다. 그러나 1937~38년 후에는 새로운 공황이 발생하여 그 효과가 충분한 결실을 보지 못한 채 제2차 세계대전을 맞게 되었다.

1118 느낀 욕구(felt needs)
주관적 욕구(현재적 욕구)의 일종으로 이는 사회적인 욕구상황이 개인·가족이나 집단·지역주민 등 그 담당자에 의해 사회적 해결의 필요성을 포함해서 느끼게 된 상태를 말한다. 그러나 이것은 아직 욕구의 존재가 감성적 수준에서 자각되고 있는 단계에 머물러 있는 것이며 해결에의 주체적 행동에 결부되는 것은 아니다. 후자에는 또 다른 매개항(전문사회복지사의 동기부여)을 필요로 한다.

1119 능력(ability/faculty/capacity)
어떤 행위를 실제로 수행하는 신체적·심리적 힘을 말한다. 이는 학습된 것일 수도 있고, 생득적인 것일 수도 있다. 능력은 흔히, 지능과 유사한 개념으로 각종 과제(특히 인지적 또는 지적)를 수행하는데 관련된 일반적·공통적 능력과 특정과제의 수행에 관련된 특수 능력으로 구분된다. 능력(ability)과 관련된 개념으로는 적성·성능(capacity)·재능(talent)·역량(competence) 및 능력(faculty) 등이 있다. 능력이란 특별한 훈련이 없이도 외적 상황이 허용되는 범위내에서 일정한 과제를 수행할 수 있는 힘을 말하고, 적성이란 일정한 훈련에 의해서 특정 수준에 도달할 수 있는 개인의 능력을 지칭한다. 성능은 적성이란 용어와 유사하게 사용되나 특정 기능을 수행할 수 있는 개체의 잠재력을 말하고 최적의 훈련조건 하에서 개체가 달성하는 최대의 효율성을 말한다. 재능이란 고도의 능력이나 적성 수준을 말하고, 역량이란 어떤 과제에 대한 개체의 적합성을 의미하며, 능력(faculty)이란 능력심리학에서 유래된 말로 인지·의지·상상·기억력 등과 같은 일종의 정신기능을 가정한 개념으로 사용되었으나 최근에는 거의 사용되지 않는다. 한편 능력이란 때로 퍼스낼리티(personality)와 대비되는 개념으로 사용되나 넓은 의미에서 능력은 퍼스낼리티의 일부로 간주된다. → 적성, 지능

1120 능력부담성/수익부담성
조세나 사회보장비의 부담에 있어서 각자의 지불능력에 따라 부담해야 한다는 능력부담설과 각자의 수익정도에 따라 부담해야 한다는 수익부담설이 있다. 전자 같은 성격을 능력부담성이라 하며, 재분배효과가 큰데 비해 후자인 수익부담성은 자원배분효과가 적다.

1121 니드(need)
→ 욕구

1122 님비(nimby)
'not in my backyard'(우리 거주 지역에는 안 됨이라는 의미로 해석되며, 직역을 하면 '나의 뒷마당에는 안 됨'으로 번역됨)의 줄임말이다. → 님비증후군(NIMBY syndrome)

1123 님비증후군(nimby syndrome)
지역이기주의 현상의 하나로서 NIMBY는 'not in my backyard'(우리 거주 지역에는 안 됨이라는 의미로 해석되며, 직역을 하면 '나의 뒷마당에는 안 됨'으로 번역됨)의 줄임말이다. 현대 사회에서 증가하고 있는 다양한 사회적 요구나 문제들을 해결하기 위한 시설물들(예를 들면, 핵폐기물이나 산업폐기물 처리시설, 화장장, 마약 등의 약물 중독자를 위한 수용 및 치료시설 등)이 대체로 불쾌하거나 혐오적이라는 이유로 이를 특정 지역에 건축하거나 배치하는 것에 대해 해당 거주지역의 주민들 혹은 지방자치단체가 나서서 강력하게 반대하는 현상을 지칭한다. '님비현상'이라고도 한다. 이와 반대되는 현상으로 임피증후군(IMFY syndrome)이 있다. → 바나나증후군

[ㄷ]

1124 단기급여(Short-term Benefit)

사학연금의 경우, 교직원이 재직 중에 직무로 질병, 부상을 당하거나 화재, 홍수 등으로 주택에 재해를 입었을 때 또는 배우자나 직계존속이 사망했을 때 지급되는 급여. 직무상 요양비, 직무상 요양 일시금, 재해부조금, 사망조위금.

1125 단서(cue)

① 행동을 유발하는 신호.
② 유기체가 학습을 통하여 반응하게 된 지각범위 속의 특수한 부분 또는 자극형태를 말한다.
③ 어떤 자극을 식별 또는 인지하게 하는 표식.
④ 스키너(B. F Skinner)에 의하면 작동작용(operant response)을 생성, 유발하는 것.

1126 단신자용 임대주택

매입임대를 활용하여 자활의욕을 가진 노숙인과 쪽방거주자 등에게 단신자용으로 임대하는 주택을 말한다.

1127 당연가입제도

가입자의 의지와 상관없이 보험에 강제가입하는 것으로 의무가입이라고도 함. 사회보험은 인적보험이기 때문에 근로자에 대하여 당연가입이 원칙이다. 그러나 우리나라의 현행법은 일정 규모 이상의 사업소에 대해 강제 적용하는 방법(당연적용사업소)을 취하고, 거기에 일하는 근로자에게는 강제가입을 적용하고 그의 사업소에는 임의로 적용하고 있다. 당연가입이라 함은 현행법에서는 적용사업소와 피보험자 쌍방에 대해서 말하는 것이다. ↔ 임의가입제도

1128 당연적용기관(The School or School Foundation Obligatorily Applied by the Private School Personnel Pension Act)

연금법의 당연(의무)적용기관으로서, 사학연금의 경우, 사립학교법 제 3조에 규정된 사립학교 및 초·중등교육법 제 2조 5호의 특수학교 중 사립학교와 이를 설치, 경영하는 학교경영기관을 말한다. → 의무가입

1129 단원(unit)

교수-학습장면에 있어서 일정한 과제를 해결하는데 필요한 학습내용 및 경험을 전체성과 통일성을 지니도록 조직해 놓은 분절이다. 전체성과 통일성의 기초를 학습되는 내용에 두고 있느냐, 학습자의 경험에 두고 있느냐 혹은 내용과 경험에 균등히 두고 있느냐에 따라 교과형 단원·경험형 단원·학문형 단원으로 나누어진다.

1130 단원목표(unit objectives)

단원을 학습했을 때 학습자가 지녀야 할 바람직한 성과를 구체적인 용어에 의해 『내용+행동』 형식으로 진술해 놓은 것이다. 이런 목표는 학년목표, 교과 또는 생활영역의 목표, 타 단원의 목표 등과 유기적인 관련을 맺고 있으며, 교수-학습 과정 및 그 결과를 평가할 수 있는 준거를 마련해 준다.

1131 단원전개(unit development)

계획된 단원 내용을 실천해 나가는 과정이다. 단원이란 일반적으로 어느 포괄적인 주제에 초점이 맞춰짐으로써 상호 밀접하게 관련된 일련의 학습경험이나 활동을 의미한다. 한 단원이 지속되는 시간은 보통 10~15시간이며 2주에서 4주 정도에 걸쳐 가르쳐진다. 또한 하나의 단원에는 단원 나름대로의 분명한 목표와 목표달성정도를 확인하는 평가 단계가 포함되어 있다. 일반적으로 10~15시간에 걸쳐 지속되는 학습활동이 하나의 통합된 경험의 단위로서 운영, 전개되기 위해서는 치밀한 사전의 계획이 있어야 하는데 이러한 계획을 단원계획이라고 한다. 그리고 이러한 단원계획에 따라 단원을 실제로 운영, 전개하는 것을 단원전개라고 한다. 일반적인 경우 단원의 전개 양식은 전적으로 단원의 내용에 의하여 결정된다. 그러나 때에 따라서는 전개 양상이 계획의 내용과 일치하지 않는 수도 있다. 따라서 단원전개의 가장 효율적인 방식은 단원의 계획 단계에서 대부분 처방되지만 그 실제의 모습은 전개의 과정에서 구현될 수밖에 없다. 그러므로 단원을 성공적으로 전개, 운영하기 위하여 교사는 단원의 성격, 단원내용들의 배열, 계획된 지도방법 및 교사와 학생 간 상호작용의 특징 등과 같은 요소에 항상 주의를 기울여야 한다.

1132 단원학습(learning of unit)

단원계획에 의한 학습을 말한다. 이런 학습에 있어서는 활동성·통합성·현실성·과제성이 강조된다. 따라서 학습자들은 스스로 다양한 학습활동을 하되 그런 활동이 어떤 핵심을 중심으로 해서 집약되어 당면과제의 해결과정을 학습하게 된다. 논제학습·문제학습·생활학습 등이 활동성·통합성·현실성·과제성의 모든 성질을 지니지 아니하고 어느 한 두 개의 성질에 집중되는 반면, 단원학습은 이런 모든 성질을 포괄하고 있다는 것이 그 특징이다.

1133 단체교섭(collective bargaining)

근로자가 근로조건을 유지, 개선하기 위하여 단결에 의해서 사용자와 교섭하는 것을 말한다. 우리 헌법은 명문으로 이 권리를 보장하고 있으며, 노동조합법 제1조도 이것을 확인하고, 사용자가 정당한 이유 없이 이것을 거절하는 것을 부당노동행위라고 하여 금지하고 있다. 단체교섭은 근로자가 단체의 위력을 발휘하여 사용자와 대등한 입장에서 교섭하는 것으로, 단체행동권에 관해서는 마찬가지로 그것 자체가 위법이 되는 일은 없다. 단체교섭의 결과, 일정기간 그 조건을 확보하는 수단으로서 단체협약이 체결되는 것이

보통이지만, 현재 각국에 있어서는 노사쌍방의 조직이 확대되어 감에 따라 그 기본적인 단체교섭사항은 근로조건뿐만 아니라, 복리시설 등 광범위에 걸치고 있으며, 또한 그 교섭방법도 각 조직의 중앙부에서 집중적으로 해결되어 나가는 경향이 있다.

1134 단체보험(group life insurance)
종업원 또는 가족이 질병, 부상, 사망, 화재, 도난, 실업 등의 재해에 부닥친 경우에 국가의 보상이나 공제제도를 확충하는 의미에서 기업이 보험료를 부담하는 기업복지(복리후생)제도의 일환이다. 이 제도는 기업복지시설 중에서도 비교적 새로운 것으로 우리나라에도 현재 도입되어 있으나 외국처럼 활성화된 것은 아니다. 우리나라는 기업부담이 아닌 자기 부담이며 의료보험 등에 단체 가입하여 단체보험이라는 말을 사용하고 있으나 이는 개념을 달리 하는 것이다. 단체보험에서 기업은 매월 보험회사에 일괄하여 보험료를 납입해야 하고 종업원의 재해 때에는 불시의 다액의 경비를 부담하게 된다. 이같이 단체보험은 공제제도의 보완제도로서 담당하는 역할은 큰 것이다.

1135 단체협약(labor collective agreement)
종래에는 근로자의 임금 기타 근로조건은 개개의 근로자와 사용자 간의 개별적인 계약에 의하여 규율되는 것이 사적 자치를 기반으로 하는 계약자유의 원칙에 적합한 것으로 보았다. 그러나 개개의 근로자가 사용자와 대등한 입장에서 근로계약을 체결한다는 것은 현실적으로 불가능한 일이라 할 수 있다. 그러므로 근로자들은 노동조합의 단결력을 이용, 사용자와 단체교섭을 행하고 평화적인 교섭에 실패할 때는 쟁의행위를 단행하여 근로조건에 관한 주장을 관철함으로써 실질적인 평등을 도모하게 되었다. 이 단체협약이 자치적 노동법규로서 강제력을 가지는 것은 단체로서의 근로자의 단결을 인정하고 노동조합의 단체교섭행위를 예정하고 있는 이상 사용자와 노동조합의 구성원을 모두 구속하는 것이 당연하기 때문이다. 따라서 단체교섭의 결과로 맺어지는 단체협약은 개개의 근로계약에 대하여 지배력을 가지고 협약에 위반한 근로계약을 무효화하며, 무효부분에 대해서는 협약이 정하는 바에 따르도록 강제한다. 또한 노동조합이 발달 초기에는 근로조건의 개선을 위한 쟁의행위를 중심으로 하는 단체에서 점차 근로조건의 개선을 위한 노사 간의 협정을 체결하는 단체로 발전된 점을 보면, 이 단체협약이 차지하는 비중이 크다는 것을 쉽게 알 수 있다. 그러나 단체협약에 대한 입법태도는 국가에 따라 달라서 단순히 신사협정으로 보고 법원을 구속하지 않는 나라(영국)도 있고, 반면 단체협약을 법률로 규율하여 법원을 구속하는 나라(유럽 제국, 미국)도 있다. 영국의 입장은 자치적 규범의 준수를 노사 대항관계 속에 방임하는 것이고, 유럽제국의 법제도는 자치적 규범을 국가법의 체계 중에 흡수하려는 입장이다. 한국의 노동조합법은 후자의 입장을 취하여 제3장에서 단체협약의 성립, 존속, 기간, 효력에 관해 규정하고 단체협약에 일정한 법률상의 효력을 부여하고 있다. 단체협약은 일정기간에 걸쳐서 일정한 근로조건을 규율하려는 것이므로 근로자단체라 하더라도 노동조합이 아닌 일시적 단체(쟁의단)나 협약 당사자로서의 적격성이 없는 어용조합은 단체협약을 체결할 능력이 없다. 단체협약은 반드시 서면으로 작성, 양 당사자들이 서명날인하고 행정관청에 신고해야 한다. 노동조합법은 공익성의 확보를 위하여 단체협약의 내용 중에 위법 부당한 사실이 있는 경우에는 노동위원회의 의결을 거쳐 이를 변경, 취소할 수 있도록 하고 있는데, 인사와 경영에 관한 사항이 단체교섭사항 또는 협약이 될 것인가가 주요 쟁점으로 부각되고 있다. 단체협약의 유효기간은 임금협약의 경우에는 1년, 그 외의 사항에 관한 협약의 경우에는 2년을 초과할 수 없다. 단체협약에서 정한 근로조건 기타 근로자의 대우에 관한 기준에 위반하는 취업규칙 또는 근로계약의 부분은 무효이며, 그 무효부분은 단체협약에 정한 기준에 의하고 근로계약에 규정되지 아니한 사항의 경우에도 동일하다. 그 밖에 동법은 단체협약의 효력확장에 관해 일반적 구속력과 지역적 구속력으로 나누어 규정하고 있다.

1136 당뇨병(diabetes)
췌장에 랑게르한스섬의 베타세포에서 분비되는 인슐린이라는 혈당강하작용을 지닌 호르몬 부족으로 발현하는 질병이다. 인슐린 의존형(고연령형 당뇨병)과 비인슐린 의존형(성인형 당뇨병)으로 대별된다. 인슐린 의존형 당뇨병은 전형적으로 약년(25세 이하)에 케토시스(켄톤 체혈증)를 수반하여 급격히 발증하며, 처음부터 인슐린치료를 필요로 한다. 한편 비인슐린 의존형 당뇨병은 전형적으로 중년 이후에 비만을 동반하여 발증하며 식사요법·운동요법, 경구혈당강하제가 유효하다. 당뇨병의 증상은 구갈, 다식, 다음, 다뇨, 체중감소 등이며 치료하지 않고 방치해 두면 갖가지 혈관합병증, 즉 망막증(실명), 신증(신부전), 신경증·동맥경화증(협심증, 당뇨병성 괴저) 등을 병발한다. 섭취 칼로리의 증가에 따라 발증 빈도가 증가하는 경향이 있다.

1137 대가족제도(gross family)
한 가족의 구성원이 3대 이상이 되며, 결혼한 자녀들이 분가하지 않고 함께 사는 가족형태이다. 대체로 가족 구성원의 수가 많고 엄격한 가부장적 권위로 다스려진다. 주로 근세 이전의 가족형태이며 특히 우리나라에서는 과거 양반들의 가족형태가 대가족제도였다. 흔히 가족구성원의 수가 상대적으로 많다는 점에서 우리나라 가족제도를 대가족제도로 보기도 하나, 혼인한 자녀 중 한 사람만이 부모와 함께 가족을 이루는 제도로 보아 직계가족(stem family)이라고

하여 구별한다. → 확대가족

1138 대개념([영] major concept [독] Oberbegriff)
정언적 삼단논법에서 결론의 술어가 되는 개념을 말한다. 이에 대해 결론의 술어가 되는 개념을 소개념([영] minor concept [독] Unterbegriff [프] mineur)이라 하고, 두 개의 전제에 포함되어 소개념과 대개념을 매개하여 결론을 성립시키는 개념을 매개념 또는 중개념([영] middle concept [독] Mittlebegriffm [프] moyen terme)이라고 한다.

1139 대근육 운동(gross-motor)
신체의 목이나 팔, 다리 등 사지와 관계된 행동을 대근육 운동이라고 하는데 운동기능(locomotion skill)과 비운동기능(nonlocomotion skill)으로 나뉜다. 운동 기능에는 기기, 걷기, 달리기, 뛰기(jump), 구르기, 나르기, 오르내리기 등이 속하고 비운동 기능에는 들기, 밀기, 끌어당기기, 던지기, 받기, 차기 등이 이에 포함된다. 대근육 운동은 큰 근육들의 협응 능력을 꾀하여 운동기능을 발달시키고, 신체의 균형적 발달, 눈과 손의 협응력 그리고 균형 있는 바른 자세 유지를 그 목표로 하고 있다. 또한 신체 전체를 사용하는 운동을 시키는 것은 심신의 정상적인 발달에 필요한 신체의식 능력과 감각운동 기능의 토대를 정확히 획득할 수 있도록 도와준다.

1140 대기오염(air pollution)
주로 인간의 산업 활동에 의해 발생한 물질이 대기로 확산되어, 그 물질의 농도와 존속시간이 인간 및 동식물의 생활을 방해하게 되어 있는 상태를 말한다. 역사적으로는 1948년 미국의 드노라 대기오염사건, 1952년 영국의 런던 스모그사건이 단기적·국지적 대기오염으로 유명한데, 모두 오존층 아래에서 황산화물이나 부유입자 물질이 정체하여 발생하였다. 과거 대표적 대기오염 물질은 석탄의 연소산물이었으나, 최근 공업생산규모의 거대화와 대도시화에 따라 석유의 연소산물이 주를 이루고 있다. 대기오염은 그 발생 원인에 따라 1차 오염과 2차 오염으로 분류되며, 대표적인 오염물질로서는 이산화황·질소산화물·일산화탄소·탄화수소·부유입자상물질 등이 있다. 우리나라의 배출 기준은 암모니아가 배출구 허용농도 2501 이하, 일산화탄소 401 이하, 염화수소 251 이하, 염소 101 이하 등이다. 또한 1993년부터는 일기예보와 비슷한 개념의 대기오염 예보제를 시행하고 있다.

1141 대뇌증(hydrocephalus)
뇌수액의 집적이 지나칠 정도로 많은 상태를 말한다. 두뇌에 필요 없는 압박을 주어 두뇌신경 조직의 발달을 저해하며 한편으로는 두개골이 커지는 결과를 낳는다. 때로는 수두(waterhead)라고 불리어지기도 한다. 지름술(shunting)이라는 수술방법을 사용하여 뇌수액을 어느 정도 막을 수 있다. 사전에 조처를 취하지 않으면 정신지체를 불러일으킬 가능성이 많다. 나이가 적을수록 두개골이 굳어져 있지 않기 때문에 비대해지게 되며 나이가 들어 두개골이 굳어져 있을 때는 압력에 의하여 두뇌신경 조직의 성숙과 발달이 방해를 받게 된다.

1142 대리보호(substitute care)
대리보호는 가정을 대리할 수 있는 보호로서 시설보호와 가정위탁 보호(foster home care)로 나눌 수 있다. 따라서 어떠한 종류의 대리보호가 아동의 건전성장과 발달에 적합한 것인가를 판별해야 한다. 그러나 아동들의 욕구변화에 따라 시설수용으로는 욕구를 충족시킬 수 없어 점차 가정위탁보호로 변천되어 가고 있다. 오늘날 선진제국에서는 가정위탁보호가 가능치 못한 경우에 한해서만 시설에서 보호하도록 정책을 수립. 시행하고 있다. 그러나 가정위탁보호에도 많은 단점이 지적되고 있어 아동복지를 위한 유일한 제도라고는 할 수 없다. 이에 양 프로그램에 대한 찬반양론이 계속되고 있으며, 오늘날에 와서는 사례와 상황에 따라서 양 프로그램을 유효적절하게 활용하고 있다.

1143 대리인(Proxy)
대리권을 가지고 본인을 대신하여 의사표시를 하거나, 의사표시를 받을 권한이 있는 사람을 말한다.

1144 대립
→ 직면

1145 대면집단(face to face group)
사회집단에서 대집단이 기구화 됨으로써 개인성원들의 직접적 교류가 이루어지지 못하는 경우도 있는데 반해, 대면집단은 일상적, 직접적인 교류가 있고 집단성원들 간에 상호 관련된 밀접한 집단을 말한다. 이 집단은 구성원도 소수이며 개인적인 접촉이 가능하다. 기초적 사회집단은 대면집단일 경우가 많다.

1146 대변자(advocator)
사회사업가가 대상자(특히 빈곤자)의 이해·권리를 대신해서 관계기관, 단체에 그 사업계획, 운영·처우·방침의 개폐를 요구하는 활동을 펼칠 때 그때의 사회사업가 역할이 바로 대변자이다. 기대되는 활동에는 효과적인 대상자집단의 조직화를 원조하는 활동도 포함된다. 미국에서는 사회사업가의 전통적인 치료자로서의 역할에 대한 비판 즉 생활문제의 사회성 인식을 기초로 한 활동의 유효성에서 새로운 사회사업가의 사회적 역할에 대한 대변자활동을 주장하는 경향이었으나 이론적으로 그것이 왜 사회복지고유의 활동에 처하느냐의 과제가 남는다.

1147 대부금제도(employee credit system)
기업복지의 일환으로 비교적 반제기간이 긴 주택구입대부

금과 반제기간이 짧은 일시적 금융이 있다. 전자는 모든 종업원에 대부하는 경우(은행 등)도 있지만 근무연수나 퇴직금을 기준(공무원 연금관리 공단 등)으로 하기도 한다. 후자는 일시적인 생활필수품 등의 구입이나 결혼, 출산, 여행, 장제, 진학, 화재, 상해 등에 부딪쳐서 받는 대부이며, 반제방식도 매월의 급료 등을 기준으로 하거나 일정기간 거치 후 분할 혹은 일시불 등의 여러 가지가 있다. 양자 공히 이자는 시중금리보다도 저율이거나 혹은 갈도록 되어 있다. 육영자금(장학자금) 결혼축하금 등의 대부금 형태를 취하는 것도 있는데 이것은 반환을 요하지 않는 경축금으로 되는 경우도 있다. 또 기업에 따라서는 사내저축제도를 활성화함과 더불어 그 기금을 갖고 충당하는 경우도 있다. 대부금의 운영에 있어서는 대부위원회에 의해 공정한 처치를 취하는 것이 바람직하다.

1148 대사제(dormitory system)
입소시설에서 입소자가 큰 건물에 함께 거주하며 소집단의 홈. 조에 편성됨이 없이 공동의 생활공간·설비·프로그램 하에 생활하는 시스템을 말한다. 대개 대사제라 할 경우에는 성인시설보다는 아동시설의 큰 방제를 말할 때가 많다. 관리하기 쉬운 반면 입소자의 사생활의 침해 등의 문제도 있다.

1149 대상([라] objectum [영] object [독] Objekt, Gegenstand)
모든 것은 그것에 인식이나 의지 등의 주관적 활동이 주어질 때, 그 대상이 된다. 이 의미에서 대상이란 주관적 활동의 상관물이다. 유물론에서는 객관적 사물은 주관적 활동과의 교섭에 의해 그것의 대상이 되기는 하지만 이것에 의해 비로소 존재하는 것은 아니라고 생각한다. 이에 반해 주관적 관념론은 작용의 면도 대상의 면도 다 같이 의식의 내재적 구조에 속하는 것이 된다.

1150 대상자의 권리성
사회복지대상자의 추이나 다양화에 따른 권리성의 내용. 권리보장의 양태를 단정지어 규정할 수 없다. 생존권보장에 대해서도 단지 공적부조에 따라 최저한도의 생활을 유지하는 것만으로는 충분하지 않다. 생활보장법에서는 피보호세대의 자립을 조장하는데 법의 목적을 두고 있다. 특히 장애인의 자립갱신은 장애아(자)로의 권리보장으로서 소득보장과 병행해 의료, 재활, 그 외 과정에서 취로, 가족관계, 사회복귀에 이르는 서비스과정에서 확보된다. 연금, 복지서비스, 노동보장, 교육 등의 포괄적·계통적인 서비스체제에 따라 권리로서의 자립갱생이 가능하게 된다.

1151 대상자참여
사회복지의 대상자가 그 요구의 실현을 도모하거나 타자의 이해를 얻기 위해 서로 연계해서 참여하는 행동으로 넓게는 시민참여 속에 포함된다. 본래 의미는 대상자 자신이 그 과제의 해결을 위해 취하는 자발적인 활동이며 수동적이고 비호 받던 입장에서 스스로의 요구를 적극적으로 호소하며 행정요구, 집단 활동, 정보화에의 대처, 각종 캠페인에 참여·행동·호소를 취하는 것이다. 특히 장해아(자), 생활빈곤자, 고령자 등이 대처를 요구하는 참여가 활발해지고 있다.

1152 대안학교(alternative school)
학교 중도탈락자 등 부적응 학생들에게 다시 한 번 정상적인 사회생활로 복귀할 수 있는 기회를 주기 위해 일반학교와는 달리 전인교육과 체험학습 등에 중점을 둔 별도의 교육프로그램을 운영하도록 고안된 학교이다. 대안학교는 중·고교 교육과정을 마치면 이에 맞는 학력을 인정받게 되며, 일반학교에 재학 중 탈락한 학생을 대상으로 1년 이내 단기과정을 이수시켜 원래 학교로 복위시킨다. 이러한 의미 외에도 일반 학교에서 거의 배우지 못하는 창의성 교육을 부모가 대신 시키자는 취지 하에 주로 방학 중에 운영하는 계절학교 형태의 대안학교도 있다. 이는 '창의적이고 주체적이며 더불어 살아갈 줄 아는 아이'로 자라게 하기 위해 부모가 교육의 주체로 참여해 교육의 본령에 충실함으로써 그릇된 경쟁의식의 악순환에서 벗어날 수 있다는데서 출발하고 있다.

1153 대여상환기간(Redemption Period)
사학연금의 경우, 생활자금은 대여금액별 정규상환기간 이내에서 상환기간을 선택할 수 있으며, 국고학자금의 경우는 졸업 익월부터 2년 거쳐 4년(수업연한 4년 이상) 또는 3년(수업 연한 3년 미만)간 원금균등분할 상환한다.

1154 대여연체금리 (The Interest Rate on Over-due Loan)
사학연금의 경우, 대여상환 의무자가 정기상환 또는 즉시상환을 지체한 때에는 지체한 금액에 대하여 해당 대여 이자율의 2배와 시중은행이 적용하는 대출 연체이율(가장 높은 금리)중 낮은 금리를 적용함.

1155 대인사회 서비스
→ 개별적 사회서비스

1156 대적간 발작(grand mal)
간질 발작 등 아주 심한 상태, 의식이 상실되고 심한 경련이 수반된다. 발작 정도에 따라 주기적으로 발작 방제약을 복용함으로써 방지할 수 있으며 이러한 진정제의 발달로 이들에 대한 교육 및 일상생활 적응 훈련이 가능하게 되었다.

1157 대조(contrast)
미적대상에 있어서 두 개의 요소가 대립을 통해서 상호간에 통일을 형성하는 것으로 큰 것과 작은 것, 흑색과 백색 등과 같이 서로 형상과 성질이 다른 것이, 한 쪽을 부정함으로써 다른 쪽을 강조하는 관계에 있을 때 대조가 성립된다. 다만 이 강조관계는 교호적이며, 두 요소의 교호작용에 형식적 통일이 이루어지지 않으면 안된다. 균형·대칭(symmetry) 등과 같이 미적 형식원리의 하나로 되어 있다.

1158 대중매체(mass media)
대중매체는 신문, 잡지, 각종 서적, 라디오, 텔레비전, 영화, 연극 등을 포함한다. 이러한 대중매체가 윤리성이 높은 내용을 전달할 때 국민 대중에게 지식, 문화의 효과적 전달과 대중문화를 형성하는데 좋은 역할을 하지만 반면에 흥미본위의 색정적, 저속적, 범죄적 내용을 전달할 때 감수성이 예민한 청소년에게 비교육적인 악영향을 주어 비행으로 유도하는 수가 많다. 오늘날 각종 대중매체들은 성범죄, 비행, 사치풍조, 퇴폐풍조를 흥미위주로 꾸미거나 인간의 갈등관계, 저속한 유행어, 은어 등을 자주 취급함으로써 교육성이 고려되지 않은 경우가 많은데, 청소년들의 비행예방을 위해서는 이의 시정이 시급하다.

1159 대중사회(mass society) 01
공업화, 도시화, 핵가족화, 대중매체 등의 발달로 사회성원이 수동적, 획일적 그리고 익명적인 존재가 된 사회를 말한다. 대중사회는 전통적인 사회적 유대를 지탱해온 제1차 집단의 기능이 약화되고 이것에 대신해 제2차 집단(학교, 기업, 노동조합, 정당, 국가 등)이 우위에 서게 되어 이들 거대집단이나 조직에 대한 개인의 과동조가 생기기 쉬우며 조직, 엘리트, 정보 등에 의한 대중조작이 나타나는 사회로도 보인다.

1160 대중사회([독] Massengesellschaft) 02
현대 사회의 구조적 특징을 나타내는 모델 개념의 하나로서 19세기 말부터 20세기에 걸쳐서, 자본주의의 독점 단계에의 이행, 민주화와 공업화의 진전은 구래의 근대 사회(시민사회)의 구조에 어떤 종류의 질적인 변화를 가져오고, 대중을 사회의 전면에 등장시켰다. 이 같은 변화에 착안하고 이 개념을 사용하여, 현대 사회의 특질, 가치, 발전 방향 등을 고찰하려고 하는 것이 대중사회론이다. 이 개념의 파악 방식은 반드시 일반적으로 한결 같지는 않지만, 사회의 동향에 대한 대중의 세력의 증대와는 반대로, 소수의 엘리트에 의한 대중조종의 가능성도 증대하고 있는 사회로 해석되고 있다. 바꾸어 말하면, 중간적 집단의 해체에 의해, 개인 레벨에서의 원자화 = 확산화, 비합리화 = 정서화와 전체 사회 레벨에서의 조직화 = 수렴화, 합리화 = 관료화가 동시에 진행되고 있는 사회로 생각되고 있다. 이 같은 견지에서의 고찰은, 현대 사회에 특유한 병리 현상(파시즘 등)이나 인간 소회 상황(반드시 계급 사회적 소외에 환원할 수 있는 것은 아닌 대중화적 비인간화)을 이론적으로 구명하는 길을 열었다. 그러나 그것들을 극복해 가는 방향을 찾기 위해서는, 대중이 가지는 수동성과 능동성, 체제의 논리와 변혁의 논리의 연관 구조가 더욱 깊이 검토되지 않으면 안될 것이다.

1161 대중여가(mass leisure)
여가(leisure)가 자본의 이윤추구의 대상으로 되고 사람들이 기업에 의해 대중동원되고 대중소비가 행해지는 것과 같은 여가활동의 형태를 말한다. 현대 매스 레저의 성립은 근로시간의 감소나 소득수준의 향상에 의하여 가능하게 되었다. 자유시간의 증대는 사람들에게 자율시간을 향유하는 욕구 내지 필요를 낳게 하였는데, 다른 한편 대중의 여가활동은 기업 이윤추구의 대상으로 되고 레저산업, 매스 미디어 산업의 발달과 더불어 레저의 대중시장이 형성되었다. 레저가 시장으로서 성립하면 대량생산, 대량소비의 논리가 레저의 영역에도 침투하여 획일적인 소비가 생겨난다. 여기에 생산의 영역과 별개의 또 하나의 관리와 조작이 지배하는 세계가 성립하며, 사람들이 창조적 여가활동으로부터 소외될 위험성이 있다.

1162 대체적 기능
일반적인 사회제도나 사회시책이 갖추어지지 못했으므로 사회복지가 그들을 대신하여 사람들에게 생활상 필요한 급여나 서비스를 제공하고 있는 경우 사회복지는 대체적 기능을 담당하고 있다고 말한다.

1163 대치(substitution)
정신분석 이론에서 외적(外的) 상황이나 내적 방어 때문에 충족하기 어려운 동기나 욕구를 현실적으로 가능한 대상이나 동기 또는 욕구로 바꾸는 것을 말한다. 정신분석 이론에 의하면 억압된 동기는 계속적으로 대치의 대상을 추구하면서 끊임없이 지속되는 것으로 보고 있다.

1164 대포냐 버터냐(guns or butter)
국가정책 중에서 군비(대포)냐 사회보장비(버터)냐 어느 것을 중시하는가라는 의미에서 사용되어졌다. 영국에서는 제2차 대전 후의 경제 변동과 사회불안 속에서 국민생활의 저하에 대해 사회보험을 중심으로 보건서비스, 공적부조 등의 사회보장정책을 추진하여 국가재정의 약 20%를 사회보장재정에 충당했다. 그러나 일찍이 1947년 경제위기에 부딪쳐 1949년에 파운드절하를 하지 않을 수 없게 되고, 한국전쟁의 발발로 거액의 군사비부담을 짊어지게 되었다. 거기에서 군사비의 일부에 충당하기 위해 국민보건비(1946년 국민보건서비스법에 의해 다액의 국고 부담을 구성했다)를 삭감하고, 나아가 이용자부담(의치, 안경, 처방전료)으로 충당했다. 즉 군사비를 위해 사회보장비를 삭감했던 것 때문이다. 그래서 대포냐 버터냐의 논의가 일어났고 당시 노동장관 페반은 사회보장의 후퇴에 반대하여 사임했는데 이 사건을 계기로 하여 각국에서 이 표어 하에 군사비의 증대에 의한 사회보장비의 삭감에 반대하는 여론과 운동이 전개되게 되었다.

1165 대한가족계획협회

주요사업내용으로는 가족계획의 계몽선전 및 보급, 가족계획에 수반되는 입법촉진, 피임시술사업의 육성, 해외가족계획 제 단체와의 연락 및 협력, 기타 협회 목적달성에 필요한 사업 등을 위해 1961년 창립하여 각 시·도지부를 두고, 부속의원을 개설하여 가족계획사업을 추진하고 있다.

1166 대한간호협회

국민건강증진을 위한 사업 및 권익옹호와 국제교류를 통한 국가간호사업 발전에 기여하기 위하여 설립된 한국의 협회. 1923년 조선간호부회로 발족되어, 1929년 국제간호협회(ICN)에 대표단을 파견하였으며, 1948년 대한간호협회로 개칭하였고, 1949년에는 국제간호협의회(ICN)에 정회원국으로 가입하였다. 1953년 7월 회지 〈대한간호〉를 발간하였다. 1970년 산하에 대한간호학회를 설립하였으며, 같은 해 협회회관(연건평 395.16평, 지하 1층 지상 5층)을 신축하였다. 1972년 5월 한국 간호사의 윤리강령을 선포하였으며, 1976년 12월 기관지 역할을 하는 주간신문 〈간협신보〉를 창간하였다. 주요 사업에 ① 국민건강 증진사업, ② 간호윤리 앙양, ③ 간호업무 개선 및 향상, ④ 간호교육 연구 및 학술개발, ⑤ 간호업무 및 학술의 국제적 교류, ⑥ 회원의 권익옹호 및 경제복지를 위한 활동 등을 하고 있다. 한편, 국제관계에서는 ① 국제간호협의회 임원국으로서의 활동, ② F.나이팅게일기장수상 후보자 추천, ③ 국제세미나를 통한 학술교류사업, ④ ICN 회원국간의 교환간호사추진 등의 활동을 한다. 산하단체에 마취간호사회, 양호교사회, 보건진료원회, 대한간호학회, 산업간호사회, 보험심사간호사회, 가정간호사회가 있다. 기구는 사무총장 밑에 사무국(사무부·전산부·자료실)·기획정책국(정책부·조사연구부·섭외홍보부·복지사업부·국가고시부)·재무국(경리부·자산관리부)·편집국(편집부·취재부·광고부)이 있다. 2006년 7월 현재 협회 소재지는 서울특별시 중구 쌍림동에 있으며, 전국 각 시·도에 17지부를 두고 있다.

1167 대한결핵협회

결핵에 대한 조사·연구·예방·퇴치 등을 목적으로 1953년 11월 6일에 설립되었다. 1953년 크리스마스실을 발행하고 1954년 국제항결핵 및 폐질환연맹(The International Union Against Tuberculosis and Lung Disease)에 가입하였으며, 1965년 제1차 전국결핵실태조사를 실시하였다. 1974년 현 위치로 청사를 이전하였고, 1984년 국제결핵관리정보조사기구(TSRU : Tuberculosis Surveillance Research Unit)에 가입하였다. 1987년에 결핵예방백신(BCG) 생산시설(서울 서초구 우면동 소재)을, 1989년에 결핵연구원 청사(서울 서초구 우면동)를 준공하였다. 1995년에는 결핵연구원이 WHO(세계보건기구)의 결핵연구와 교육훈련 및 자문 검사소의 협력기관으로 지정되었고, 1998년에는 한국의 결핵 연혁을 알 수 있는 〈한국결핵사〉를 발간하였다. 부속기관에 1970년에 설립한 결핵연구원(서울 강남구 논현동 소재)이 있다. 주요 활동에 결핵환자의 조기 발견과 치료, 결핵예방백신 생산과 접종실시, 결핵에 대한 보건교육과 계몽지도, 결핵의 예방과 발견 및 진료 보건소 결핵관리요원의 기술지원, 이동X선 검진 등이 있으며, 국제교류, 조사 평가, 요원훈련, 기술지원, 학술연구 등 전문적인 사업을 전담하여 국가결핵관리사업을 효율적으로 관리하고 있으며, 회지인 월간 〈보건세계〉를 발행한다. 산하에 1979년 발족된 복십자부인봉사회가 있는데, 결핵환자 수용시설 위문, 극빈 환자 구호 및 진료를 지원하는 봉사단체이다. 조직은 회장, 이사회, 대의원이 있으며, 회장 밑에 사무총장이 있다. 사무총장 밑에 관리홍보부(총무과·기획지도과·홍보과)와 의료사업부(검진과·복십자의원)가 있다. 운영비용은 크리스마스실 등의 모금사업과 국가·지방자치단체·후원회원 등의 지원으로 조달한다. 크리스마스실은 결핵기금을 확보하기 위해 창립 첫해부터 발행하였는데, 이 사업은 해마다 벌이는 세계 공통의 결핵기금운동이다. 2006년 6월 현재 전국에 12개 지부와 10개의 부속의원(복십자의원)이 있고, 소재지는 서울특별시 영등포구 당산동에 있다.

1168 대한노인회
(the Korea senior citizen's association) 01

우리나라 미풍양속과 전통적 가족제도의 유지발전을 위하여 노인복지 증진에 힘쓰며 회원 상호간 친목을 도모함을 목적으로 설립된 사단법인 대한노인회는 1975. 8. 25 보건복지부로부터 법인허가를 받았다. 노인복지 증진을 위한 전통문화 창달과 충효사상 보급, 노인복지에 관한 정책건의, 노인복지를 위한 계몽·홍보 및 간행물 발간, 노인복지사업에 관한 조사연구, 노인직업의 개발 및 보급, 시범노인 복지시설 운영 및 노인문제연구소 운영 등 주요사업을 수행키 위하여 각 시·도에 지부를 두고 있으며, 263개의 지회와 3,911개소의 분회를 통해 전국 100만 여명 회원의 권익을 대변하고 있다.

1169 대한노인회 02

1969년 1월 전국노인정 회장이 중심이 되어 창립총회를 개최하여 연합회장에 황한영을 선출하였으며, 1969년 4월 단체의 명칭을 사단법인 대한노인회로 개칭하고 초대회장에 이용한을 선출하였다. 1970년 4월 사단법인 설립 허가를 받았다. 서울특별시에 중앙회를 두고, 각 시·도에는 시·도 연합회, 시·군·구에 지부, 읍·면·동에 분회를 두고 있으며, 초등학교 단위로 학구단위 노인회가 조직되어 있다. 마을과 동에는 노인정, 연합회 및 지부에는 노인복지회관, 연합회에는 노인대학, 지부에는 노인학교, 학구단위 노인회에는 노인교실을 설치·운영한다. 주요 활동에 노인복지에 관한 조사연구 및 정책개발, 노후생활의 권리보장과 복지증진, 노인여가시설의 개발과 운영관리, 청소년 선도, 노인능력은행 운영, 전통문화 선양, 노인능력의 개발과 무료직업(전국 70개소의 노인 취업알선센타) 소개, 경로효친사상의 보급, 거리질서 계도, 환경정화운동, 게이트볼 및 장기자랑대회, 유적지 견학, 고령화사회에 대비한 노인문제의 해결방안과 현대사회와 노인문제에 대한 세미나 개최 등이 있으며, 1975년 8월에 창간한 격월간 〈노인생활〉을 발행한다. 중앙회는 서울특별시 용산구 효창동에 있다.

1170 대한사회복지회

1954년 1월 정부에서 고아 및 혼혈아 입양을 위해 설립한 한국아동양호회를 모태로 하여 1961년 8월 이름을 대한양연회로 바꾸고 국내입양 및 가정위탁보호를 시작한 뒤 1971년 1월 사단법인 대한사회복지회, 1974년 1월 사회복지법인 대한사회복지회로 각각 이름을 바꾸었다. 1972년부터 미혼모 상담과 탁아사업을 시작하였으며, 1974~1976년 서울특별시와 전라남도 광주시에 영아일시보호소를 설치하였다. 1980년 7월에는 지역보건 향상을 위해 종합병원 한서병원을 개원하였다. 1986년 9월 대구광역시에 미혼모의 집인 혜림원을 개원하고, 1990년 5월 부산광역시에 남구종합사회복지관을 개관하였으며 1991년 4월과 1992년 6월, 2000년 10월에 송정어린이집과 암사재활원, 의정부영아원을 각각 개원하였다. 주요 활동은 아동·청소년·노인·지역·장애인 복지 및 후원사업과 소식지 〈마당넓은 집〉 간행, 손님의 집 운영 등이다. 아동복지 활동은 주로 국내외 입양을 위해 일시적으로 보호가 필요한 아동을 보호하고 양육하는 것으로 서울영아일시보호소·광주영아일시보호소·경기북부아동일시보호소·이화영아원 등에서 담당한다. 청소년복지 시설로는 광주광역시 동구 소태동 청소년 미혼모쉼터와 대구광역시 수성구 범어 2동 혜림원이 있고, 노인복지시설은 의정부시 노인복지회관(1999년 개관), 지역복지 시설은 부산광역시 남구종합사회복지관(1990년 개관), 장애인복지 시설은 서울특별시 강동구 암사3동에 암사재활원이 있다. 후원사업으로 의료지원, 해외 및 북한 동포 후원 등의 일을 한다. 부속기관에 1980년 7월 개원한 서울특별시 강남구 역삼동에 위치한 한서병원과 저소득층 가정을 위한 대한어린이집·송정어린이집이 있다. 소재지는 서울특별시 강남구 역삼동 718-35번지이며, 부산광역시·대구광역시·광주광역시·나주시·의정부시에 지방사무소가 있다.

1171 대한약사회

1928년 5월 설립된 고려약제사회를 모체로 하여 1945년 10월 조선약제사회를 설립하고 1949년 4월 대한약제사회로 이름을 바꾸었다. 1953년 12월 10개소에 전국 시·도 약사회를 설립하였다. 1954년 1월 대한약사회 창립총회를 열고 1955년 1월 법인설립인가를 받았다. 1956년 7월 약사휘장, 1965년 10월 약사윤리강령을 제정하였으며 1966년 2월 FAPA(아시아약학연맹), 1968년 8월 FIP(국제약학연맹)에 가입하였다. 1990년 3월 약사감시지도업무를 시작하였고, 1992년 7월에는 약사신고접수 업무를 맡았다. 주요 활동은 조제권 수호, 회원의 권익신장, 의료보장시대 약국의 위상확립, 의약분업 실현, 의료체계의 합리화와 법제 개선, 윤리의식 고양 및 홍보 강화 등이다. 기관지로 〈약사공론〉을 주2회 발행한다. 조직은 대의원총회·회장·감사·이사회·상임이사회의 기구로 구성된다. 하부조직으로 지부장회, 정책협의회, 자문위원회, 회장단회, 사무처, 15개 위원회가 있다. 산하기관으로 16개 지부와 227개 분회가 있으며 뉴욕·시카고·워싱턴·캘리포니아·필라델피아에 해외특별지부가 있다. 임원은 회장 1명, 부회장 7명, 위원장 15명, 사무총장 1명이고 회원은 5만여 명이다. 본부는 서울특별시 서초구 서초동에 위치해 있다.

1172 대한의료사회사업가협회

1973년 11월 10일 창립총회로 협회가 결성되어 주요사업내용은 의료 사회사업의 학술적 연구 및 전문지식과 기술보급, 회원 수련에 관한 일, 지역사회에 있어서 의료복지에 대한 계몽지도, 간행물 발간, 국제적 지식교류와 기술보급 및 유대강화, 각 단체 상호연락유대와 회원친목 및 권익옹호 등으로 되어 있다. 이를 위해 매년 세미나 및 친목회 등을 개최하며 전국 규모로 활동하고 있다.

1173 대한의사협회

의도(醫道)의 앙양, 의학·의술의 발전과 보급으로 사회복지를 증진시키고 국민보건의 향상과 인권옹호를 기할 목적으로 설립되었다. 1908년 11월 15일 한국의사회 창립총회를 기점으로 하고 있다. 1930년 한국에 체류하던 일본인 의사들로 구성되어 있던 조선의학회와 별도로 한국인 의사의 자주적 단체인 조선의사협회를 창립하였으며, 1939년 국제회의에 한국대표를 파견하였다가 일본 당국에 의해 해체되었다. 1945년 8월 건국의사회, 12월 조선의사회, 1947년 5월 조선의학협회를 창립하였고, 1948년 대한민국 정부수립과 동시에 대한의학협회로 바뀌었다가, 1993년 5월 대한의사협회로 개칭하였다. 1949년 7월 세계의학협회(WMA)에 가입하였으며, 1961년 5·16군사정변 기간 동안에는 잠시 해체되었다가 그 해에 새로이 활동을 전개하여 현재에 이르고 있다. 주요 활동으로는 의료정책 수립 및 연구, 학술활동 지원, 회원교육, 정기간행물 발간 등이 있으며, 본부는 서울시 용산구에 있다.

1174 대한적십자사
(the Republic of Korea national red cross)

1919년 7월 13일 대한민국 임시정부가 설립한 대한적십자회를 모체로 하여 출발하였다. 1947년 3월 15일 조선적십자사를 거쳐 1949년 10월 27일 대한적십자사로 재조직되었다. 1955년 5월 국제적십자위원회(ICRC : International Committee of The Red Cross)의 인가를 받고 9월 28일 국제적십자사연맹(IFRC : International Federation of Red Cross and Red Crescent Societies)의 회원국이 되었다. 1958년 2월 15일 국립혈액원을 인수하여 대한적십자사혈액원을 개원하였으며, 1971년 9월 남북회담 사무국을 설치하였다. 1983년 KBS방송사와 함께 남북 이산가족찾기운동을 벌였으며, 1989년 9월 사할린동포의 고국방문을 추진하였다. 1995년 서울에서 아시아·태평양 지역 적십자봉사원대회를 개최하였다. 1997년 5월 26일 중국 베이징에서 제2차 남북적십자실무대표접촉을 가졌다. 주요 활동은 전시(戰時)에는 제네바협약에 입각하여 국군의 의료보조기관으로서 부상자를 치료하는 것을 기본적 임무로 하고, 평시에는 다음과 같은 사업을 추진한다. ① 구호사업, ② 지역보건사업, ③ 사회봉사사업, ④ 혈액사업, ⑤ 청소년사업, ⑥ 국제사업, ⑦ 국내외 이산가족찾기사업, ⑧ 안전사업, ⑨ 남북적십자회담, ⑩ 원폭피해자 복지사업, ⑪ 인도주의이념 보급, ⑫ 병원사업, ⑬ 의료정보사업 등이다. 회원은 한국에 거주하는 자는 누구나 될 수 있으며, 일반회원과 특별회원으로 나뉜다. 대통령을 명예총재, 국무총리를 명예부총재로 추대하며 의결기관으로는 전국대의원총회·중앙위원회·운영위원회가 있다. 이 중 전국대의원총회는 대통령이 위촉하는 8명, 국회에서 위촉하는 12명, 특별시장·광역시장·도지사가 위촉하는 각 2명, 적십자사 각 지사에서 선출하는 각 6명으로 구성된다. 중앙위원회는 총재를 포함한 28명, 운영위원회는 총재를 포함한 7명으로 구성된다. 임원으로는 총재 1명, 부총재 2명, 재정감독 1명, 법률고문 1명을 두고 있다. 각 시·도에 지사를 두며, 사업기관으로 각 시·도의 13개 지사와 16개 혈액원, 7개 병원, 기타 교육원, 혈액제제연구소, 적십자간호전문대학 등을 운영하고 있다. 자원봉사조직으로는 일반지역직장봉사회, 전문봉사회, 청소년적십자(RCY), 각종 사업후원조직 등이 있다. 본부는 서울특별시 중구 남산동에 위치해 있다.

1175 데니슨(Denison Edword)

교회감독의 집에서 출생하여 옥스포드대학에서 법률을 전공, 이상주의 철학의 영향을 받아 사회문제 특히 런던 동부 하층 노동자의 비참한 생활상태에 큰 관심을 갖고 곤궁구제협회(Society for the Relief Distress)의 스테파니지구 담당원이 되었다. 단순한 자선사업의 시혜에 의문을 품고 1867년 런던 동부 빈민지역에 이주하여 노동자 교육을 행했고 인보(social settlement)사상을 개척하였다. 자선조직협회의 창립에도 조력하였으며, 1868년에는 국회의원으로 선출되었다.

1176 데이서비스(day service)

재가노인복지대책 사업의 하나로 1979년도부터 일본에서 실시되었다. 데이케어센터 당초에는 노인복지시설(데이서비스시설)을 서비스 제공의 장으로 행하는 동원서비스 사업으로 시작했지만, 1981년 개정에 따라 새로운 거택을 서비스제공의 장으로 행하는 방문서비스사업이 부가되어 2개의 제도로서 실시되었다. 동원서비스 사업은 재가허약노인의 생활자립, 사회적 고립감의 해소나 가족의 신체적, 정신적인 노고의 경감을 도모할 것을 목적으로 특별양호노인홈, 양호노인홈에 병설한 데이서비스시설에 재가허약노인을 주 1~2회 동원시켜 입욕, 식사, 일상동작훈련 등의 서비스를 제공하는 것이다. 데이서비스시설의 설치주체는 특별구를 포함한 시정촌 또는 시정촌이 위탁한 사회복지법인으로 각종 서비스의 제공에 필요한 설비를 정비함과 동시에 이용자의 동원, 운송서비스를 위한 버스가 배치되어 있다. 이용자는 각종 서비스와 훈련에 따르는 원재료비 등을 실비로 부담한다.

1177 데이케어센터(day care center)

→ 탁아보육시설

1178 데이호스피탈(day hospital)

→ 주간병동

1179 도그마([희] [라] [영] [독] dogma)

→ 교의, 독단론

1180 도덕성([독] Moralität)

칸트의 용어로서 그는 행위가 어떤 다른 목적의 수단으로서가 아니고, 오로지 도덕법칙에 대한 순응을 동기로 해서 행해지는 경우에만, 도덕적 가치를 가진다고 생각하고, 그 같은 행위에 도덕성을 인정했다. 이에 대해 동기야 어쨌든, 결과로서 외형적으로만 도덕법칙에 일치하는 행위는 단순히 적법성 또는 합법성([독] Legalität)을 가지는 것에 지나지 않는다고 한다.

1181 도덕적 해이(moral hazard)

윤리적으로나 법적으로 최선을 다하지 않고 일부러 게을리하는 것을 말한다. 관치금융시대에 부도가 잘 나지 않는 점을 이용해 마구잡이 대출을 하는 은행이 여기에 속한다. 또 부실금융기관에 돈을 맡기면 원리금을 떼일 수 있다는 걸 알면서도 정부의 원리금 보장만 믿고 무조건 찾아가는 예금주도 이런 종류다.

1182 도미노(domino)

한 나라의 정치체제가 붕괴되면 그 강한 파급효과가 이웃나라에 미친다는 이론이다. 54년 봄 프랑스가 인도차이나에서 베트민(베트남 공산주의 세력)에게 패전을 거듭하고 있을 때, 미국 지도층은 사태를 방치할 경우, 동남아 전체가 공산주의의 위협 아래 놓일 것이라는 두려움에 사로잡혔다. 아이젠하워 대통령은 이것을 도미노(일종의 서양 장기)에 비유해 최초의 (장기)말이 넘어지면 그것이 옆의 말을 쓰러뜨린다고 설명한데서 이 이론이 생겨났다. 이 이론에 입각해 미국 케네디 정부는 패퇴하는 프랑스군을 대신해 미군을 베트남에 파견했다.

1183 도시문제(urban social problem)

도시사회에서 일어나는 각종의 생활문제를 말한다. 고전적 도시문제는 엥겔스가 제시한 영국에서의 노동계급의 상태(1845)에서 보는 것처럼 하층노동자계층의 경제적 빈곤과 슬럼문제에 특정지어진다. 현대도시문제는 현대의 빈곤문제로 불리는 것처럼 도시주민의 기본욕구와 사회적(공공적)서비스의 불균형에서 보듯이 생활환경조건, 공해, 환경파괴를 포함하는 각종생활문제를 의미한다.

1184 도시형 재해

현대 도시가 갖는 취약성으로 인해 일어나는 재해를 말한다. 인구가 밀집해 있고, 공장이나 건물이 모여 있으므로 화재·사고·지진 등이 일어나면 위험물의 유출이나 폭발 등 2차 재해가 우려된다. 전기·수도·통신회선의 절단 등으로 일어나는 사고는 도시 전체의 기능을 마비시킬 수 있을 만큼 심각한 재해다.

1185 도시화(Urbanization)

크게는 인구학적 규정과 사회학적 규정의 두 가지 용법이 있다. 전자는 총인구에 점하는 도시인구의 비율의 변화이며 여기에는 전국적인 모임에서의 변화와 특정지역에서의 변화가 있다. 후자는 도시에 특유한 생활양식(도시적 생활양식)이나 생활태도가 누적하여 강화되거나 농촌으로 침투해가는 과정을 말한다. 도시화는 사회변동의 일측면으로 산업화의 고도화, 그에 수반되는 인구이동에 의해 일어난다. 도시적 생활양식에 관해서는 워즈(Wirth, Louis)의 고전적 논문 생활양식으로서의 대화가 있다. 그는 도시화는 인구량이 크고, 밀도가 높으며, 사회적으로 이질의 사람들이 집락의 형태로 도시에서 생긴다고 했으며 인간성 생태학, 사회조직, 사회심리학의 세 가지 측면에서 접근하고 있다. 사회복지 욕구의 제 변화, 특히 고차화와 다양화의 측면도 이 도시적 생활양식의 일반화와 분리해서는 생각할 수 없다.

1186 도착점 행동(terminal behavior)

한 수업단위가 끝날 때에 학습자가 성취해야 한다고 기대되는 행동을 말한다. 수업목표는 가능한 한 관찰할 수 있는 구체적 행동용어로 진술될 것이 권장되며, 이 같은 행동목표를 향하여 수업은 전개된다. 수업이 시작되는 시발점에 있는 학생의 기능과 기타 행동 특성을 출발점 행동이라 부른다면 수업목표는 도착점 행동 또는 종착점 행동이라고 할 수 있다. 이런 의미에서 무릇 수업목표는 바로 도착점 행동이라 할 수 있다. → 수업목표, 행동목표, 출발점 행동

1187 독단론([영] dogmatic [독] Dogmatismus)

원어는 원래 그리스 후기의 철학에서, 회의론에 대립하는 말로서, 특정한 학설([희] dogma)을 진리로서 주장한 철학을 가리킨 것이었지만, ① 칸트는 비난의 의미로 이 말을 사용하였다. 즉 그는 인식 능력의 한계나 본질에 관해 음미하지 않고, 순수한 이성에 의해 실재를 인식할 수 있다고 생각하는 형이상학설(당시의 볼프류의 형이상학)을 이 말로 부르고, 그의 비판주의를 이에 대립시켰다. ② 일반적으로 불완전한 점이나 오류가 있을지도 모른다는 것 등에 관한 반성 없이, 권위를 갖고 주장되는 설. → 교의, 교조주의

1188 독립변인(independent variable)

다른 변인에게 작용하거나 다른 변인을 예언하거나 설명해주는 변인이다. 실험연구의 경우는 독립변인은 실험자에 의하여 임의로 조작되고 통제된다. 따라서 실험변인(experimental variable) 또는 처치변인(treatment variable)이라고 한다. 예를 들면 시청각 교재의 사용이 학업 성취에 미치는 효과를 알고 싶을 때 시청각 교재는 독립변인이며, 이것은 실험자에 의해 임의로 조작되고 통제된다. 자연적인 상태에서는 일반적으로 다른 변인에 영향을 주는 변인을 독립변인이라고 한다. 예컨대 생물의 생활에 영향을 주는 계절의 변화, 성적에 영향을 주는 지능 등이 독립변인이다. → 종속변인

1189 독립성(independency)

타인의 의지나 관습에 맹종하지 않고 자신의 의지를 표현하며, 스스로를 통제하여 충동에 의하지 않고 자발적으로 행동하는 성격 특징을 말한다. 독립성은 성장·지도·훈련 등을 통해서 습득된다. 독립성 함양의 시기와 방법은 사회·문화적으로 결정된다. → 의존성

1190 독화(seech reading)

말하는 사람의 입술, 기타의 발언기관이나 얼굴표정, 전신의 움직임 관찰, 발화 장면이나 전후관계, 문맥 등의 종합적인 판단으로 상대의 발언을 이해하는 방법이다. 청력을 이용하기 곤란한 청각장애인의 의사 전달 수단의 한 방법으로서 중요하며 청각(잔존청력)과 상호 보조적으로 쓰인다. 당연한 일이지만 청력손실이 크게 됨에 따라 독화에 대한 의존도가 높아지게 되었다.

1191 돌보미바우처

차상위 중증 노인·장애인을 돌보고 있는 가족 구성원이 안심하고 사회 경제활동을 할 수 있도록 가구당 월 20만원 상당의 바우처를 제공하여 유료 방문도우미(가사·간병 등) 서비스를 이용할 수 있도록 돕는 제도를 말한다.

1192 돌연변이([영] mutation [독] Mutation)

원래는 생물에 나타나는 불연속적 및 유전적인 변이의 의미

로서, 브리스(Hugo de Vries)가 그 개념을 내세우고 그것을 진화의 근본 요인이라고 하여 돌연변이설을 세웠다(1901). 오늘날의 유전학에 있어서의 돌연변이의 개념은 드 브리스의 것과는 다르지만, 돌연변이와 자연도태를 결합한 설명은 현재까지 진화 요인론의 주류를 이루고 있다. 주요하면서도 기본적인 돌연변이는 유전자에 포함되어 있는 유전정보의 변화이다. 그러나 염색체의 갖가지의 이상도 특히 돌연변이의 이름으로 불리어진다. 돌연변이는 X선 등의 방사선이나 화학 약품으로 인위적으로 유발되지만, 돌연변이 형질이 일반적으로 생물의 생활에는 불리하며, 기형적·치사적인 것도 많다는 것은 진화 설명의 문제점이며, 또 원자력의 이용에 관한 중대한 문제이기도 하다. 한편 생물의 진화 과정에서는 유리하지도 않고 불리하지도 않은 중립적인 돌연변이가 종의 형질로서 수많이 형성되어 왔다는 것도 명백하게 밝혀지고 있다.

1193 동계체재 홈

일본에서의 사회복지시설의 일종으로 재가노인, 장애인이 월동을 목적으로 단기간 체재할 수 있는 집을 말한다. 겨울에 일시적인 체재 시설로 난방이나 재활의 설치를 갖추고 집안에서만 지내기 쉬운 재가노인을 대상으로 하고 있으며, 노인의 순환기병환이 다발하기 때문에 그 예방이나 뇌 장해의 사후보호 목적에도 이용되고 있다.

1194 동기(motive)

목표행동을 유발하고 유지시키는 개인 내의 긴장상태이며, 개인이 자기의 행동에 부여하는 의식적, 무의식적 이유이다. 동기화 등에 있어서의 동기는 의식적인 경우뿐만 아니라 널리 정신 활동의 요인이 되는 개체의 내적 상태(긴장상태)를 가리킨다. 동기를 낳은 것은 유기체의 결여 또는 필요(요구)이며 필요라는 관점에서 본 동기를 욕구라고도 부른다. 동인도 같은 뜻이지만 "행동으로 몰아대는 힘"이라는 면이 강조된 말이다.

1195 동기부여(motivation)

어떤 요구에 의해 활동을 시작하려는 상태를 동인이 걸린 상태라 하며 활동의 목표가 되는 것을 유인이라고 한다. 이 동인과 유인의 상태에 의해 동기부여가 성립된다. 동기부여는 행동을 개시시켜 행동을 유지하고 그것을 일정방향으로 유도하는 역할을 한다. 동기부여의 종류는 다양한데 기아 같은 일차적 동기부여, 금전욕구 등의 이차적동기부여, 또 달성 동기처럼 정신적인 동기부여도 생각할 수 있다. 또 동인과 목표, 혹은 보수와의 관계도 내인적 동기부여로 나누어 생각할 수도 있다.

1196 동기부여된 욕구(motivated needs)

주관적 욕구(잠재적 욕구)의 일종이며 어떤 사회적인 요원호상황이 개인·가족이나 집단·지역주민 등 그 담당자가 사회적 해결의 필요성을 느끼고 있을 뿐 아니라 스스로의 욕구 문제를 깊이 인식함으로써 그 해결을 위해 주체적 행동에 옮기려는 동기부여에 이르게 된 상태를 말한다. 그러기 위해서는 전문사회복지사 개입이 필요하게 된다.

1197 동기유발 교수설계 (motivational design of instruction)

학습동기를 유발시키고 유지시키기 위해 주의, 관련성, 자신감, 만족감 등의 네 가지 요소들을 중심으로 교수처방 방안을 설명하고 있는 캘러(Keller, J. M.)의 ARCS 이론으로 ARCS는 주의(attention), 관련성(relevance), 자신감(confidence), 만족감(satisfaction)의 영어단어 첫 자를 따서 붙인 것이다. ARCS이론은 다양한 교수자료의 동기적 측면을 향상시키기 위한 체계적 방법으로 제시된 것이다. 특히 이 이론은 교수－학습 상황에서 동기를 유발시키고 유지시키기 위한 구체적이고 처방적인 방략들을 제시하고 있고 또한 교수설계 모델들과 병행하여 활용될 수 있는 동기설계의 체계적 과정을 제시하고 있다. 동기유발 교수설계에 있어서 첫 번째 요소는 「주의」인데, 이것은 학습자의 관심을 학습자극에 집중시키는 것으로서 특히 지적인 호기심의 유발에 관심을 둔다. 「주의」를 촉진시키기 위하여 지각적 주의환기, 탐구적 주의환기, 그리고 다양성(예, 교수사태 전개순서의 다양화나 정보조직방식의 다양화를 의미함) 방략을 적용한다. 동기유발 설계의 두 번째 요소는 「관련성」으로서, 이것은 공부를 해야 하는 이유나 개인적 필요를 지각시키는 것을 말한다. 「관련성」과 관련된 처방방안으로는 친밀성 방략, 목적지향성 방략, 그리고 필요나 동기와의 부합성 방략 등 세 가지를 적용한다. 동기유발 교수설계의 세 번째 요소로는 「자신감」으로서, 이는 성공의 기회가 있다는 것을 인식시키는 것이다. 「자신감」과 관련된 처방방안으로는 ① 학습의 필요조건의 제시방략, ② 성공의 기회를 제시하는 방략, ③ 공정성 강조의 방략 등이 적용된다. 동기유발 교수설계의 마지막 요소는 「만족감」으로서, 이것은 학습자의 노력의 결과와 성취기대가 일치하게 되면 학습동기가 유지되는 것을 말한다. 「만족감」과 관련된 처방방안으로는 ① 자연적 결과 강조의 방략, ② 긍정적 결과 강조의 방략, ③ 공정성 강조의 방략 등을 적용한다. 동기유발 교수설계의 체계적 고정은 정의, 개발, 평가의 세 단계로 구분된다. 정의단계에서는 문제분석, 학습자 분석, 목표설정이 이루어지고, 개발단계에서는 동기를 유발시키기 위한 구체적 자료를 개발하게 되고, 평가단계에서는 동기방략을 도입한 교수자료의 효과성을 검토하게 된다.

1198 동기화(motivation)

욕구충족을 위한 행동을 일으키고 유지하고, 일정한 방향으로 이끌어 나가는 과정을 말한다. 따라서 동기화에는 유기체를 행동으로 이끌어 주는 모든 욕구와 이 행동을 구체적인 행동양식으로 이끌어 주는 동인, 그리고 행동의 목표이며, 행동을 종결시켜 주는 유인의 세 과정이 있다. 따라서 에너지의 작용이라는 기계론적 관점에서 보면 조직 내의 물리적 에너지의 방출에 의한 신체적 운동이라고 볼 수 있으며, 목적론적으로 보면 동기화는 목표에 대한 행동의 방향 지움이라고 할 수 있고, 발생적 과정에서 보면 동기화의 과정 즉 행동이 일어남과 그 경과를 살핀다는 세 가지 관점이 있다.

1199 동반자살

부모가 자녀들을 앞세워 자살하는 것을 말하며 빈곤, 가정불화, 질병 등 그 원인은 다양하다. 자녀를 독립된 개체로 인정하지 아니하고 부모의 종속물로 인식하기 때문이며 부모일지라도 자식의 생명을 좌우할 권리는 없는 것이다.

1200 동방사회복지회

1972년 7월 사회복지법인 설립허가를 얻고 1977년 보건복지부의 인가를 받아 같은 해 3월 동방영아일시보호소를 열고, 1977년 3월 15개의 지방아동상담소를 두어 운영하기 시작하였다. 1985년 5월 경기도 평택시에 장애인·영아·미혼모 보호시설인 동방어린이동산을 설립하고 1986년 1월 동방아동복지회 부속의원 및 동방영아일시보호소를 완공하였으며, 1986년 9월 특수학교인 동방학교를 세우고 초등부와 유치부를 개설하였다. 1992년 10월에는 서대문종합사회복지관을 개관하고 1998년 12월 별관을 마련하여 정신지체인 종합훈련시설로 사용하였다. 조직은 본부에 총무부·국내입양부·아동보호부·국제협력부·후원사업부 등의 부서가 있으며, 산하 시설로 의료기관인 어린이사랑의원, 신생아 임시보호소인 동방영아일시보호소, 게스트하우스, 서대문종합사회복지관 등이 있다. 주요 활동은 국내외 입양, 아동보호소 운영, 미혼모보호시설 운영, 장애인 대상 재활원 및 근로복지관 운영, 교육, 선교사업, 의료사업 등이다. 소재지는 서울특별시 서대문구 창천동에 있다.

1201 동서대비원

백성의 질병을 고치기 위하여 의술을 베푼 의료기관으로 고려시대와 조선왕조 태조 원년(1392)에 설치 후 태종 14년(1414)에 동서활인원으로 변경되었다.

1202 동서활인서

세조12년(1466)에 동서 활인원을 개칭한 것으로 백성의 질병을 고치기 위해 베푼 의료기관이다.

1203 동인(drive)

욕구와 거의 동의어로 사용되는 용어로서 엄격히 구분하면 욕구는 생리적 결핍 혹은 과잉에 의한 심리적 긴장상태를 의미하는 반면 동인은 욕구에 의한 잠재적 힘을 어떤 목표를 향해 실제로 특정한 행동양식으로 이끌어 가는 것을 의미한다. 즉 동인은 행동을 유발하는 직접적인 힘을 가리킨다. 한편 동인은 동기와 동의어로 사용되기도 하는데 동인은 보다 생득적이고 기계론적인 데 비해 동기는 이차적이고 목적론적인 것도 포함한다는 점에 차이가 있다.

1204 동일개념([영] identical concept [독] Identischer(gleicher) Begriff)

내포도 외연도 같고 명칭만이 다른 개념이다. 예를 들면 〈부모〉와 〈양친〉은 동일개념이다.

1205 동일법인(An Affiliated School Foundation)

동일한 학교법인에 여러 학교기관이 설치되어 있는 경우의 소속 법인을 지칭함.

1206 동일성

A가 다른 상황 하에서도 항상 동일하고 또 동일하다는 인정을 받았을 때 A는 자기 자신과 동일하다. 이때 A=A를 동일성의 성립이라고 한다. A=A로 표시되는 동일률이란, 여하한 개념도 일련의 사고과정에서는 엄밀한 의미로 동의일 것을 요구하는 논리학적 원리이다. 즉, 어떤 판단에서 사용되었던 개념적 표상이 불변의 의의를 유지할 것을 요구하는 것이라고 말할 수 있다. 동일성은 좁은 뜻으로는 사물이 자기 자신과 같아야 한다는 것(자기동일성)을 말하며, 복수의 사물 간에는 유사성 및 상등성이 성립될 뿐이다. 다만 현실에서는 사물은 변화하므로 자기동일을 유지하지 못한다.

1207 동일시(identification) 01

① 일반적으로 타인의 감정·사고·행위 등의 성향적 특징이나 지위·소속·집단특징 등의 상황적 특징을 복사하듯 따름으로써 자신의 성향적 또는 상황적 특징으로 간주하거나 인정하는 정상적 학습과정. ② 정신분석에서는 타인의 동기나 심리적 특징을 자신의 것으로 받아들임으로써 자신의 좌절된 동기나 결핍을 경험하고 있는 심리적 좌절을 감소시키려는 방어기제의 일종. ③ 지각연구에서는 망막의 영상들이 결합되는 것이나 깊이(depth)지각에서 새로운 현상이 산출되는 과정. 또한 두 개의 다른 심적 내용(psychic content)이 하나의 새로운 심적 내용을 이끌어 내게 되는 것을 가리키기도 한다.

1208 동일시 02

흔히 아동 또는 청소년이 자신이 좋아하거나 중요시하는 성인(흔히 부모)의 행동을 모방하는 과정을 통해 사회적 역할을 습득해 가는 과정을 말한다. 특히 Freud의 정신분석학에서는 항문기의 아동이 동성인 부모의 행동 및 태도를 모방하는 기제 또는 과정을 지칭한다.

1209 동일화(identification) 01

타인의 성격이나 태도를 자기 속에 간직하거나 타인과 자기를 일체감을 가지고 느낌으로서 통일화하여 받아들이는 현상을 동일화 혹은 동일시라 한다. 이것은 타인에 대해 공감을 갖거나 타인에 동정하는 능력과도 관계된다. 프로이드(Freud, S.)는 이것을 승부에서 이길 수 없는 상대의 위협에서 자아를 지키기 위한 방법으로 보고 있으나 사회적인 학습열을 주창하는 사람 중에는 동일시를 모방과 같은 의미로 생각하는 사람도 있다.

1210 동일화([독] Identifizierung) 02

동일시라고 한다. 일정한 대상의 성격, 태도, 속성 등을 자기의 내부에 수용하거나, 자기를 일정한 대상과 동일시하여 일체감을 얻게 하는 두 가지의 실리적 작용을 뜻한다. 전자를 부분적 동일화(partial identification), 후자를 전체적 동일화(total identification)라고 한다. 발생적으로는 유아기의 정신 발달에 있어서 수용(introjection)으로 시작되는데, 이것을 1차적 동일화(primary identification)라고 하지만 보다 발달한 대상관계 속에서 그 대상과의 사이에 상반병존적인 갈등·분리·불안 혹은 강한 애착이나 적의가 생길 경우, 그것에 대한 자아의 방위로서, 이 동일화의 작용이 발동하는 경우가 많다. 정상적인 상태에서도 이와 같은 퇴행적 동일화(regressive identification)가 일어나지만, 히스테리의 증상 형성, 울병의 발생 동기, 초자아 형성 등에 있어서 이 작용의 역할이 프로이드(Freud)에 의해 밝혀졌다. 또이 동일화의 능력은 타인에 대한 동정이나 공감, 혹은 학습을 지탱하는 심적 기제로서도 중요하다.

1211 동정(sympathy)

곤란한 처지에 있거나 고통을 받고 있는 다른 사람에게 관심을 가지고 그들과 어느 정도 비슷한 감정을 갖게 되는 것이다.

1212 동질성(homogeneity)

어떤 집단을 구성하는 성원의 질이 같거나 거의 비슷한 성질. 집단성원의 질에는 인종·성별·연령·학력·직업능력 등 여러 가지 요인을 들 수 있다. 이와 반대의 의미로는 이질성을 들 수 있는데 이것은 집단을 구성하고 있는 성원이 그 질적인 면에서 서로 차이가 있는 것을 의미한다.

1213 동질학급편성(homogeneous class grouping)

학습능력·적성·선행학습·성격·동기·장래희망·지역·성별 등의 학습관련 변인 중의 어느 하나 또는 다수의 기준에서 비교적 비슷한 성질의 학생으로 학급집단을 편성하는 방법으로 동질학급의 반대는 이질학급으로서 학급구성원간의 성질 차가 심한 집단을 말한다. 학교교육의 사태에서 흔히 사용하는 동질학급 집단은 교과별 선행학습 수준이 비슷한 학생끼리 편성하는 것이다.

1214 동화(assimilation)

이미 학습된 지식과 능력을 이용하여 자극상황에 순응하는 과정을 설명하는 피아제(J. Piaget)의 용어다. 동화될 수 있는 상황의 제 측면은 변화 또는 새로운 학습을 요구하지 않는 측면들이다. 동화한다는 것은 어떤 의미에서는 과거에 학습된 것을 흡수하고 사용하는 것으로서, 즉 과거에 학습된 반응들을 새로운 상황에 활용하는 것이라고 말할 수 있다.

1215 둘러쌓기운동(enclosure movement)

미국에서는 16~17세기에 대지주가 농민을 쫓아내고 목책을 쌓아 들어오지 못하게 했다. 이것은 양을 키워 새로이 일어나기 시작한 양모공업의 원료로 돈을 벌려는 동기에서 시작되었으며 후에 자본주의를 위한 토지의 구속에서 해방된 자유노동력(임금노동자)을 준비하는 계기가 되었다. 그러나 쫓겨난 농민은 비참한 상태에 놓이게 되었다. 이에 대해 토마스 모어는 양이 인간을 물어 죽인다.라고 표현했다.

1216 듀낭(Dunant, Jean Henni)

스위스 제네바의 명문가 출신으로서 일찍부터 종교운동이나 자선사업에 참여해서 1826년 이태리 통일 전쟁시 솔훼리노의 전장을 돌아보며 많은 전상자들이 치료도 받지 못한 채 수용되어 있는 현실에 충격을 받아 솔훼리노의 추억(1862)이란 저서를 발표. 1863년 적십자 창설에도 기여했고 1901년 노벨평화상을 수상하였다.

1217 듀이(Dewey John)

미국 버몬드에서 출생하여 버몬드대학을 졸업했다. 시카고대학 교수를 거쳐 콜럼비아대학 교수가 되어 다방면으로 활동하였다. 제임스 윌리암(James, William)의 실용주의에 심취해 이를 발전시켰으며 윌리엄의 사후, 미국을 대표하는 실용주의(pragmatism) 철학자이며 교육학자가 되었다. 시카고대학 교수시절 학교와 사회(1899), 민주주의와 교육(1919)을 저술하여 교육학뿐만 아니라 사회복지에도 많은 영향을 미쳤다.

1218 등교거부아(pupil rejecting school attendance)

정서장애의 일동이며 최근 증가하고 있는 문제이나 명확한 원인은 밝혀져 있지 않다. 유아기부터의 인간관계의 결핍이나 부친부재형의 가정생활 등을 요인으로 드는 사람도 많으나 이것은 치료방법의 검토과정에서 밝혀진 것이다. 증상으로서는 학교에 가지 않으면 안된다고 생각하면서도 불안이 강한 경우가 많으며, 최초에는 억압적인 태도가 많으나 점차 행동적, 폭력적이 되기 쉽다.

1219 등치([영] equivalence [독] Äquivaleuz)

두 개의 논리식 가운데의 어느 한 쪽이 다른 쪽을 함의할 때, 양자를 등치라고 한다. 예를 들면 〈p⊃q〉와 〈∾p∨q〉와는 등치이다. 이것에서 파생하여, 두 개의 명제의 요소 명제를 명제변항으로 대치하여 만들어진 두 개의 논리식이 등치일 때 원 명제를 등치라고 한다. 예를 들면 〈날씨가 좋다⊃

나는 외출한다〉는 〈∾(날씨가 좋다)∨(나는 외출한다)〉와 등치이다.

1220 등치개념(equipollent concept)

내포가 일치하지 않아도 그 외연(外延)이 서로 일치하는 개념이다. 예를 들면 〈한국의 수도〉와 〈한국의 최대의 도시〉와는 등치개념이다.

1221 디바인(Devine, Edward T)

미국의 사회사업가, 사회사업학자이다. 1892년 뉴욕 자선조직협회 사무국장이 되어 1898년 뉴욕박애학교(후에 콜럼비아대학 사회사업대학원)의 설립에 관여, 그 뒤 2회에 걸쳐 8년간 교장을 역임하였다. 미국 사회사업의 이론적, 실천적 지도자의 한사람으로서 많은 저서와 논문을 발표하였으며 국내외에 큰 영향을 주었다. 그 중에서도 1922년의 저서 social work는 사회사업을 체계적으로 논한 것으로 사회사업의 고전 중 하나로 평가받고 있다.

1222 딜레마(dilemma)/양도논법

논리학에서, 두 개의 가언명제를 대전제로 하고 선언명제를 소전제로 하는 일종의 삼단논법을 가리킨다. 소전제에서 전건을 긍정하는 것을 「구성적」, 후건을 부정하는 것을 「파괴적」이라 하며, 이끌어내진 결론이 정언 명제적인 것을 「단순하다」하고 선언명제인 것을 「복잡하다」고 한다. 이들을 짝지어 네 개의 형식으로 구분한다. 이를 기호로 표시하면,

① 단순구성적 : $(p\supset r)\cdot(q\supset r)$, $p\vee q$ $\therefore r$

② 단순파괴적 : $(p\supset q)\cdot(p\supset r)$, $\sim q\vee\sim r$ $\therefore\sim p$

③ 복잡구성적 : $(p\supset q)\cdot(r\supset s)$, $p\vee r$ $\therefore q\vee s$

④ 복잡파괴적 : $(p\supset q)\cdot(r\supset s)$, $\sim q\vee\sim s$ $\therefore\sim p\vee\sim r$

이 중에서도 복잡구성적 딜레마가 가장 기본적인 형식이다.

1223 또래집단(peer group) 01

리스만(Riesman, David)이나 아이젠슈타트(Eisenstad, S. N.) 등이 지적한 바와 같이 전통 지향적 사회구조가 붕괴되고 가족이나 친족집단의 유대가 약화되면 청소년들은 부락의 성인들이나 집안의 어른들에게서 벗어나서 자기 또래의 집단에게서 동일시의 대상을 찾으려고 친우집단을 형성하는데 이를 동년배집단이라 한다. 이들은 이러한 동년배집단을 통해서 그들의 집단규범을 따르려고 하고 이 집단 속에서 소속감을 희구하고 개인적 문제에 대한 상의 대상자를 찾으며, 친교와 취미활동을 위한 다양한 친구집단을 형성한다. 그러나 이러한 친구집단이 건전치 못할 때, 즉 비행집단을 형성할 때 청소년에게 문제가 발생할 우려가 높다.

1224 또래집단 02

어린이들이 지역사회나 형식적 집단 속에서 「놀이」를 중심으로 형성하는 비형식적 소집단. 때로는 넓게 해석하여 성인들이 사업·지위·취미·사상 등의 유사성에 따라 자연적으로 형성되는 놀이중심 집단을 가리킬 때도 있다. 그 집단 형태는 연령에 따른 생리적·심리적 성숙도에 따라 다르다. 그 어느 것에나 공통되는 점은 자발적 집단인데 있으며 대표적인 것이 플레이갱, 도당 등이다.

[ㄹ]

1225 라벨(label)
→ 명명

1226 라스파이레스(Laspeyres, Efienne)
독일출신의 통계학자이며, 1864년에 발표한 물가지수 계산식으로 라스파이레스식이 있는데, 이 식은 기준시의 물가에 대해 개별품목의 가격 변화를 종합하여 물가지수를 산정하기 때문에 기준시 고정웨스트방식이라고도 부른다.

1227 라우애 하우스(Raue Haus)
1833년 페스탈로치의 사상을 이어받은 빌헤른에 의해 함부르그 교외에 창설된 비행소년시설이다. 소기숙사제도를 도입하여 수용아동의 개성에 따른 보호 그리고 기도와 상담, 노동에 의해 갱생시키려 했다. 소위 가정제도와 개별적인 지도의 시작이었으며 후세에 큰 영향을 주었다. 또 이 사업의 효과를 올리기 위해서는 무엇보다도 우수한 인재가 필요하다해서 종사자의 양성에 노력했다.

1228 라이트 하우스(light house)
등대의 의미를 갖는 이 말을 맹인복지에 관한 시설의 명칭으로 창시한 것은 미국인 마더(Mather, Winifrred Holt)이다. 1906년 마더의 맹인행복을 위한 애망정신에 의해 세워진 뉴욕의 라이트·하우스는 그 뒤 세계 각국에 동명의 맹인복지시설을 보급시키는 계기가 되었다.

1229 라포(rapport) 01
면접장면에서 면접자와 피면접자의 상호신뢰관계를 말한다. 정신치료, 카운슬링, 심리테스트, 케이스워크 등 매개하는 일에서 기반이 되는 조건이다. 특히 케이스워크에서는 단순한 사무적인 접촉이나 언어적인 의사소통의 수준을 넘어 서로가 흉금을 털어놓고 개별적 세계 또는 정신세계가 서로 통하는 것이 중요하다. 이러한 의미에서 단순한 접촉(contact)이나 소통과는 구별된다.

1230 라포 02
면접에 있어서 면접자와 피면접자 간에 상호 신뢰관계를 기초로 한 대인관계를 의미한다. 일반적으로는 두 사람의 생각, 흥미, 감정 등이 일치해서 양자가 맺어질 때의 감정을 말한다. 특히 정신과 의사와 환자, 면접자와 피면접자, 검사자와 피검사자간에 인간적인 친화관계가 성립되는 것을 뜻한다. 특히 케이스워크에 있어서는 단순한 사무적 접촉이나 언어적인 의사소통을 넘어서 클라이언트와 사회사업가가 서로 흉금을 털어놓고 개별적 세계 내지는 정신세계에 접근하는 것이 중요하다. 상담자와 내담자 사이의 신뢰감 있는 관계 형성을 말한다. 심리검사에 있어서는 검사에 대한 피검사자들의 관심을 불러일으켜서 그들의 협조를 이끌어 내며 또 그들을 격리하여 검사의 목표에 적합한 태도로 반응하도록 하는 검사자의 노력을 말한다. 모든 상담의 "촉적적 관계"의 예비적 단계라고 볼 수 있다. 상호간에 신뢰하며, 감정적으로 친근감을 느끼는 인간관계, 상담과 정신치료에서 치료적 관계형성에 핵심이 되는 것으로 생각하는 경험이 있다. 최근의 연구들에서는 상담관계, 상담동맹, 혹은 작업동맹 등으로 표현되기도 한다.

1231 래디니스(readiness)
어떤 일을 하기 위해서는 일정한 발달수준에 도달해 있어야만 한다. 즉 생후 3개월 된 아이에게 아무리 말을 가르치려고 노력해도 성과가 나타나지 않는다. 그러나 일정한 신체적·정신적 발단단계에 이르면 용이하게 학습할 수가 있다. 이와 같이 래디니스란 학습이 일어나기 위하여 뺄 수 없는 일정한 단계의 신체적 발달, 성숙, 지식, 경험, 태도 등이 마련되어 있는 상태를 말한다. 케이스워크에 있어서는 클라이언트가 기관의 서비스를 받을 수 있는 마음의 준비가 되어 있고 그의 문제에 관해 사회사업가와 의논할 수 있는 마음의 준비가 되어 있을 때 도움을 주어야 효과가 있다는 것이다. 케이스워크의 초기과정에 있어서 래디니스는 그 클라이언트가 기관의 원조대상에 해당하는 것인지, 즉 적격성을 결정하는 중요한 요건이 된다.

1232 래디컬 소시얼 워크(radical social work)
→ 급진사회사업

1233 러셀세이지 재단(Russel Sage foundation)
1907년 미합중국의 사회상태, 생활상태의 개선을 위해 설립된 재단이다. 이 재단은 사회사업의 발달에 많은 공헌을 했다. 리치몬드 여사도 만년에 이 재단에서 활약했다.

1234 런던 자선조직협회
(the London charity organization society)
1896년 런던자선구제조직 걸식박멸협회를 결성, 그 이듬해 런던 자선조직협회(the London charity organization society)로 개칭하였다. 이 협회의 위원은 구빈신청서를 조사하고 빈곤가족의 체계적인 관찰을 행하였고 선택된 대상은 독지가에게 의뢰하여 독지가가 그들에게 끊임없는 충고와 감독을 행하여 가족이 독립하여 생계를 영위할 수 있도록 도와주려 했다.

1235 레스리스버가(Roethlisberger, Frits Jules)
미국의 산업사회학자이며, 하바드대학 경영학대학원에서 동대학의 메이요(Mayo. G. E)와 함께 호손공장에서 노동자에 관해 연구하여 인간관계론을 형성하였다. 그들의 주장은 경제인으로서의 인간관보다도 사회인으로서의 인간관을, 기술적인 조직관보다도 인간적인 조직을 중시하고, 인간적 유대를 위한 사회적 기능의 개발을 주장하고, 직장 집단레이 오프에 대한 귀속의식을 높이기 위해 경영자의 역할을 중시한 점에 특징이 있다.

1236 레인위원회 보고

렌(Lane, R. P)을 위원장으로 하여 작성된 1939년의 전미사회사업회의 제3부 회의보고서이다. 이 보고서는 지역사회조직을 연구하는데 기초적 체계를 이루었다. 즉 CO의 개념과 방법, 활동과 분야, 자격과 교육훈련 등을 명백히 하여 CO개념의 체계화를 도모. CO의 주기능을 욕구(needs) 자원조정으로 규정함으로써 사적인 구빈사업의 조직화에 집중하였던 CO의 대상영역을 지역사회의 욕구중심으로 확대, 사회사업 전문가를 중심으로 구성되어 있던 CO기관에 대해 욕구를 가진 지역주민대표가 참가해야 할 필요성을 명백히 함으로써 주민참가의 개념을 보급, 욕구측정을 위한 조사기술을 발달시키는 계기가 된 것 등이다. 물론 동이론에 일정의 한계가 있다고는 해도 동보고를 계기로 CO의를 전문사회사업의 기본영역의 하나로 정착시키는 노력이 시작되었던 것이다.

1237 레이 오프(lay-off)

기업의 내·외적 사정에 의하여 일시 해고되는 것이다. 실업중인 노동자가 복직할 때에 경력 년수가 많은 자에게 복직의 우선적 권리를 주게 된다. 이때 경력 년수는 반드시 동일기업이 아니더라도 해당직종의 경력 년수에 의하고 실업 중의 생활보장은 실업보험 또는 기업 내 복지제도로서 실업보조금 등에 의한다.

1238 렉추어·포룸(lecture forum)

강연식토의법이라고 한다. 강사의 강연을 들은 뒤 그 내용을 중심화제로 해서 추가토의하는 것으로 강연을 전제로 해서 문제점이나 해결방법을 탐구하는 경우에 적합하다. 강연내용에 대해 철저를 도모할 수가 있고 의문에 대해 충분한 답을 얻을 수 있는 것이 특징이다. 또 렉추어·포룸의 경우 강연내용을 문제제기에 국한해야 토의가 적합하며 강연시간을 짧게 잡는 것이 포인트다.

1239 로렌츠곡선(lorenz curve) 01

소득분포의 불평등도를 측정하기 위해 미국의 통계학자 M. O. 로렌쯔가 고안한 도표이다. 종좌표에 소득인원의 누적백분율, 횡좌표에는 이 인원에 대응하는 소득금액의 누적백분율을 넣고 이들 점을 연결해서 얻어지는 궁형의 곡선이 로렌쯔곡선이다. 도의 대각선은 소득 분포의 완전한 평등상태에 대응하므로 균등분포선이라 부르고 로렌쯔곡선이 거기에서 멀어지는 정도가 소득분포의 불평등도를 표시하게 된다.

1240 로렌츠곡선 02

미국 통계학자 로렌츠에 의해 소득분포 상태를 설명한 곡선이다. 그림에서 보는 바와 같이 완전 평등선과 로렌츠곡선의 거리가 멀고 클수록 소득 분포의 격차가 크고, 그 거리가 좁혀질수록 소득의 격차는 줄어지며, 따라서 소득의 분포 상태는 평등에 가까워진다는 것이다.

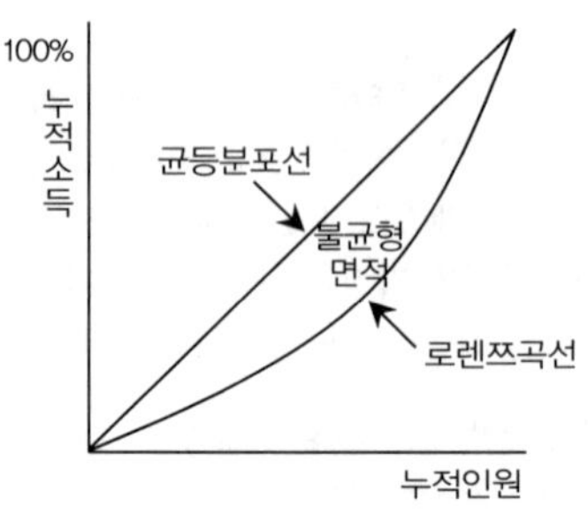

1241 로오샤크·테스트(Rerschach Test)

스위스의 정신과의 로오샤가 고안한 인성검사이다. 잉크의 얼룩을 종이를 통해 작성한 것으로 속칭 잉크브로트 테스트라고도 한다. 피험자는 좌우대칭 10매의 도판에 자유로이 반응하도록 한다. 지적소질, 정동적 측면, 인간관계 등 각 반응영역, 결정요인내용, 형태수준 등을 참고로 해 인격차원이 명백해진다. 투영법에 의한 인격테스트가 대표적인 것이다.

1242 로저스(Rogers, Carl Ransom)

미국의 임상심리학자로서, 비지시적 카운슬링의 창시자이다. 개별사회사업에도 큰 영향을 주었을 뿐만 아니라 인카운터 그룹 즉 집단체험에 의한 자기혁신 등 새로운 분야의 개척에도 주력하였다.

1243 로크, 죤(Locke, John)

영국의 철학자이며, 인식론적 경험론의 창시자이다. 옥스포드대학에서 의학, 철학을 공부했으며, 그의 생애는 영국 혁명기였고 정치, 교육에 새로운 사상을 주장하고 있다. 교육에서는 루소(프랑스)의 선구가 되고 정치사상에서는 홉스의 국가계약설 위에 입헌체제를 만들려고 생각했다. 1690년의 시민 정부론에서는 법 앞에 평등을 역설하고 근대국가의 기본원리를 처음으로 제창했다.

1244 론드 이그재큐티브(loaned executive)

미국의 공동모금운동을 지탱하고 있는 봉사제도의 형태로 주로 지역기업모금, 법인모금에 활용되고 있다. 매년 지역의 기업에서 업종 별로 선발된 사원을 2~5월간 공동 모금회에 파견하는 것으로 급료의 부단은 소속회사 부단이므로 직원대출제도라고도 한다. 파견된 사원은 공동 모금회에서 1개월 정도 연수를 받은 뒤 각자가 속해있는 회사와 동업종의 회사를 순회하며 기부를 호소한다.

1245 루소(Rousseau, Jean Jacques)

스위스의 제네바에서 출생한 그는 프랑스에 와서 과학급기술론을 발표해 유명해졌다. 〈사회계약론〉 및 〈에밀〉은 발간 후, 파리·제네바 등지에서 사회질서를 혼란하게 하고, 그리스도교의 가르침을 파괴한다는 이유로 금서처분을 받았고, 정부의 탄압을 받아, 그는 스위스·영국·프랑스 등 각지를 헤매었으며, 도망자로서의 방랑생활 끝에 사망하였다. 정열적인 천재로 인류의 평등이나 사회계약을 역설해 당시의 신분사회를 비판했다. 프랑스 계몽시대의 특이한 철학자이며 프랑스혁명의 유력한 원리를 제공하고 세계에 큰 영향을 주었다.

1246 루즈벨트(Roosevelt, F. D.)
세계대공황 때인 1932년에 민주당에서 당선된 미국 제32대 대통령이다. 뉴욕주지사 시절의 경험을 토대로 한(3R), 즉 구제(relief), 회복(recovery), 개혁(reform)의 슬로건으로 뉴딜정책을 추진했다. 그 과정에서 H. 홉킨스 등 사회사업가를 적극적으로 기용하였을 뿐 아니라, 특히 1935년의 사회보장법 제정에서는 공적구제에서 연방정부의 책임을 확립해 미국의 사회복지사에 커다란 영향을 미쳤다. 제2차 세계대전 중에도 대통령으로 있으면서 네 가지 자유를 제창, 대서양헌장의 발표 등 연합군의 지도자로서 활약했다.

1247 르프레이(Le play, Pierre Guillaume Frederie)
프랑스 사회개혁운동가이다. 광산 감독관이었던 그는 1855년 유럽의 노동자를 저작해 가족을 사회의 단위로 생각해 30년간에 걸친 관찰조사를 상세하게 보고했다. 가계를 기초로 한 모노그라프이나 이 수법은 엥겔을 비롯해 후세의 가계조사에 큰 영향을 주었으며 특히 사례연구를 처음으로 시도한 사람이다. 또 농촌사회학에 르프레이학파라 불리는 실증 연구파를 구축하는 선구가 되었다.

1248 리비도(libido)
프로이드(Freud, S.)는 인간의 생물학적인 성적에너지를 리비도라고 명명하였다. 이것은 구순기, 항문기, 남근기, 성기기의 단계로 발달되어간다. 모든 행위는 이 리비도의 에너지에 의한 것으로 행위가 장애를 만나면 리비도는 고착점까지 행해서 만점을 얻으려 하나 억압을 수반하면 노이로제가 생긴다고 생각했다. 융(Jung, C. G)은 이 리비도를 단순한 생활에너지나 심적인 에너지에 불과하다고 생각해 프로이드와 대립했다.

1249 리스프랑 관절(Lisfranc's disarticulation)
중족골을 횡으로 절단하거나 족근골과 중족골 사이에서 절단하는 경우를 말한다.

1250 리오가나이제이션(reoganization)
→ 재조직화

1251 리카드(Ricard David)
유태계 영국의 경제학자이다. 증권으로 성공한 후 은퇴하여 경제학을 연구, 만년에 대의원으로도 활동하였다. 아담 스미스를 계승 발전시킴으로써 고전경제학의 완성자로 평가받고 있다. 저서에 경제학과 과세의 원리(1821)가 있다. 이른바 투하노동가치론에 기초한 지대, 이윤, 임금의 3계급 3분배론이 그의 이론의 핵심이며, 임금도 노동자의 생활에 필요한 소비재의 생산에 투입되는 노동량에 의해 규정되는 것으로 보았다. 한때 맬더스의 인구론을 수용하여 임금 철칙적 해석(임금기금설)을 인정하였다.

[ㅁ]

1252 마비성 조음장애
뇌손상으로 인해 발음기관인 후두, 연구개, 인두, 혀, 입술, 턱을 조절하는 근육기제의 약화, 마비 또는 불협응을 초래하여 발음, 음질, 유창성 등에 장애를 가져오는 것이다. 뇌성마비 아동에게서 흔히 볼 수 있는 언어장애이며, 뇌손상을 입은 어른에게서도 보여진다.

1253 마슬로우(Maslow, Abraham. H)
1935년 전후에 유명하게 된 미국의 심리학자이며 주로 인간심리학의 영역을 개척했다. 인간의 동기, 자기실현, 창조성, 정신위생 등에 관한 연구를 해왔다. 이것은 동물행동이나 이상행동 등의 영역에서 심리학연구 등을 진행하려는 학파와 대조를 이루는 것이며, 건강한 인간의 정상적인 심리를 생각함으로써 마음의 활동을 체계적으로 가치 평가한 것이라 하겠다.

1254 마약(narcotic/drug narcotic/dope)
진통 및 마취작용이 강한 약물로, 중독성이 강하며 사용을 중단할 경우에는 심한 금단증세로 신체적 및 심리적으로 큰 고통 및 부적응을 초래하게 된다. 아편, 모르핀 및 코데인 등이 해당된다.

1255 마약법
1957년 4월 23일에 법률 제449호로 최초 제정, 1989년 동 법률 제4122호로 개정되었다. 마약의 해독을 방지하기 위하여 그 사용을 정당한 의료용과 과학용에 국한하며 그 취급의 적정을 기할 목적으로 제정된 법률로서 먼저 총칙적인 규정인 마약의 정의, 마약취급자의 정의 무면허 취급의 금지, 마약취급의 제한 등을 규정하고, 마약취급자 등에의 면허, 마약의 관리, 마약취급과 마약중독자, 감독과 단속, 잡칙 및 벌칙 등의 장별로 나누어 상세히 규정하고 있다.

1256 마약중독(drug addiction)
마약을 장기간 사용하여 마약을 사용하지 않고는 견딜 수 없는 상태를 말한다. 마약은 일반적으로 아편, 몰핀, 코카인 등을 말하며 통증이나 감수성을 잃고 도취상태를 가져오며 장기상습자가 사용을 중단하면 금단증상이 강하게 나타난다. 인격 망폐에 이어지는 중독으로 범죄와의 관련도 많다.

1257 마약중독심사
마약중독자로서 의료시설에 입소한 자에 대해 시·도지사가 정신위생 감정의가 정한 기간을 넘어서 입원을 지속할 필요가 있다고 인정될 때 그 적부를 심사하기 위해 시·도에 설치된 심사회이다. 위원은 5인으로 법률 또는 마약중독자의 의료에 관해 학식경험을 갖고 있는 자 중에서 시·도지사가 임명한다. 마약중독심사회는 심사를 함에 있어 조치 입원자 및 마약중독자 의료시설에서 그 의료를 담당한 의사의 의견을 듣지 않으면 안되도록 하고 있다.

1258 마이노리티 그룹(minority group)
→ 소수집단

1259 마켓·바스켓 방식(market basket method)
→ 최저생계비산정방식

1260 만곡(curvature)
척추는 네 부분에서 만곡이 형성되어 있는데, 경부만곡·흉부만곡·요부만곡·천미만곡 등이 그것으로 모두 생리적인 만곡이다. 이들 만곡은 사람이 바로 설 때 몸의 중력평형을 유지하기 위하여 이루어진 것이다.

1261 만성 신부전증(chronic renal failure)
수개월 혹은 수년에 걸쳐 진행되며 서서히 점차적으로 신기능이 상실되는 불가역적인 장애다.

1262 만성적 실업
제1차 대전 후에 만성적 불황에 수반하는 높은 실업률이 지속되었는데 이 상태가 호황이 되어도 회복되지 못하고 항상 존재하는 다량의 실업을 만성적 실업이라고 한다.

1263 말더듬이(stammerer)
말을 할 때 언어의 반복(연발), 말의 연결곤란, 말의 시작곤란, 말도중에 막히는 등, 말의 흐름에 이상이 있고, 유창하지 못한 증상을 일반적으로 말더듬이라고 한다. 이 같은 말더듬이 증상이 있고 또 본인이 말을 더듬는 것에 신경이 쓰여 말하기를 겁내거나, 심신의 긴장을 느끼는 등 정서면의 증상이 나타날 수 있다. 말더듬이 원인에 관해서는 많은 설이 있으며 현재로는 소인설, 신경병설, 학습설 등으로 대별된다.

1264 맑스(Marx, Karl)
과학적 사회주의 이론의 창시자이다. 독일 출생으로 본대학과 베를린대학에서 법률을 연구, 민주주의자로서 프러시아의 반동정부와의 투쟁을 통해 공산주의자가 되었다. 평생 동지인 엥겔스와 함께 독일의 고전철학, 영국의 경제학, 프랑스의 사회주의를 발전시켜 과학적 사회주의 이론을 완성하였으며 공산당선언(1848)을 저작하였다. 또 공산주의자 동맹, 국제노동자연맹을 창립하고 지도하는 등 실천적으로도 활약하였다. 주저는 자본론 전 3권(1868~1894 : 2, 3권은 그의 사후 엥겔스에 의해 정리, 발간되었다)으로, 사회문제와 사회복지 연구를 위해서도 빼놓을 수 없는 저작이다.

1265 망각(forgetting)
전에 학습했던 것을 상기하거나 재생할 수 있는 능력의 상실을 말한다. 망각현상을 설명하는 이론에는 여러 가지가 있다. 간섭이론에서는 선학습 또는 후학습이 간섭하기 때문에 망각이 일어난다고 주장한다. 형태심리학에서는 기억 흔적이 시간의 경과와 더불어 보다 좋은 형태로 재조되지 않으면 망각이 촉진된다고 주장한다. 정신분석 이론에서는 억압에 의한 동기적 망각(motivated forgetting)을 강조한다. 망각현상은 매우 복잡하기 때문에 어느 한 이론에 의하여 만족스럽게 설명될 수 없다.

1266 망상(delusion) 01

망상은 허망된 생각을 말하는데, 그 특성으로는 사실과는 다른 생각(false belief), 그 사람의 교육정도, 환경과 부합되지 않고 현실과 동떨어진 생각이며, 이성이나 논리적인 방법으로 교정되지 않는 사고장해이다. 그 유형에는 피해망상, 관계망상, 과대망상, 색정적 망상, 우울성 망상, 조정망상, 신체망상 등이 있다.

1267 망상 02

이론이나 그 밖의 증거에 의해 바꿀 수 없는 그릇된 확신, 논리적인 설득으로 교정되지 않거나 변하지 않는 잘못된 믿음이다. 현실적으로 타당한 증거가 없음이 명백함에도 불구하고 지니고 있는 허황된 생각. 착각은 상상력이나 그릇된 지각에 의해서 지니는 생각이지만 종국에는 그것이 거짓된 신념임을 인정할 수 있으나, 망상은 확고한 자기 기만적 성격을 띠고 있으며 흔히 정신병의 두드러진 증상으로 간주된다. 망상에는 피해망상·과대망상·관계망상·귀신망상 등 여러 가지가 있으며, 이들은 개인의 심리적 성장과정, 환경과 문화적 배경에 따라서 제각기 다르게 나타나는 경향이 있다. 망상을 치료하기 위해서는 망상만을 교정하려고 하기보다는 정신병 자체를 치료해야 된다.

1268 맞벌이가족(dual career family)

맞벌이부부라고도 하며 부와 처가 함께 고용근로자로서 취로하고 있는 가족을 말한다. 부부가 함께 임금수입을 얻고 있다는 의미에서 맞벌이가족이라고 부르고 있는데 취업은 단지 임금수입의 획득 또는 가계보충을 위한 것일 뿐 만 아니라 생활의 질 향상, 사회참여나 능력발휘(자기실현) 등 사회적·정신적 동기에 의해서도 행해진다. 맞벌이가족에게는 자녀교육문제를 위시하여 많은 문제가 있는데 직장에서의 모성보호, 남녀근로자의 가정책임수행의 보장, 부부의 역할공동부담 등이 해결되어야 할 과제이다.

1269 매개([영] mediation [독] Vermittlung)

직접성, 무매개성에 대립하는 말로서 특히 헤겔의 용어로서는, 무릇 직접적으로 존재하는 것은, 사실은 다른 것을 조건으로 하여 결정되며, 또 그 성립 과정의 결과라는 것이다. 그에 의하면 〈내가 베를린에 있다는 것, 즉 나의 이 직접적 현재는, 여기에 여행해서 왔다는 것 등등에 의해 매개되고 있다〉는 것이다. 이 의미에서, 모든 것은 직접성과 매개성을 포함하며, 〈매개성이란 어떤 것으로부터 출발하여 제2의 것에 도달하고 있다는 것이며, 따라서 이 제2의 것은 제2의 것과는 다른 것으로부터, 그것에 도달되고 있는 한에서만 존재한다.〉는 것이다.

1270 매개념(the middle concept)

→ 중개념

1271 매개법 그룹워크

W. 슈왈츠의 대표적 집단방법의 기법이며 상호작용모델이라고도 불린다. 이 모델에 따르면 지도자의 기능은 개인과 그 사회가 스스로의 존속과 성장발달을 위해 서로를 필요로 하며 상호작용하려는 과정을 매개하는 것이다. 집단과정에서 생기는 대인접촉에서 상호 원조적 측면적을 중시하여 지도자는 어디까지나 그 매개자의 역할을 할 뿐 복지대상자를 진단하거나 변화시키는 사람이 아니라는 입장을 취한다.

1272 매스커뮤니케이션(mass communication)

매스컴이라고도 하며 대중전달이라 번역된다. 커뮤니케이션은 개인과 개인 사이에 의사를 전달하는 과정이지만 그 과정의 매체가 언어나 몸짓이 아니고 기계화되어 대중화되면 매스컴이 된다. 대표적인 매체는 TV, 라디오, 신문, 잡지, 영화 등이다. 받는 측은 장소, 직업, 연령을 불문하고 양적, 실적으로 무한정이다. 이처럼 대중이 받는 쪽이 되는 것이 매스컴의 본질이기도 하다.

1273 매음(prostitution)

→ 윤락행위

1274 매음금지조약

1949년 UN 제4차 총회에서 채택되어 1951년에 발표된 인신매매 및 타인의 매음행위에 의한 착취금지에 관한 조약이다. 이 조약은 연령, 성별에 관계없이 인신매매를 금지하고, 매음의 권유, 매음에 의한 착취, 매음의 경영, 매음장소의 제공, 매음업자에 대한 융자와 같은 행위를 처벌하도록 규정하고 조약체결국 사이의 국제적 협력을 통하여 외국인 매음자에 대한 정보교환과 본국 송환조치에 대하여 규정하고 있다. 또한 매음자의 갱생과 선도에 대해서도 규정하고 있다. 우리나라는 1962년에 가입하였다.

1275 매장료

피보험자 또는 각 공제조합원의 사망으로 장제에 요하는 비용의 보충과 유족에 대한 조의를 위해 지급된다. 건강보험 및 각 공제조합에서는 매장료를 칭하고 선원보험에서는 장제료, 국민건강보험에서는 장제비로 하고 있다. 건강보험 및 각 공제조합에서는 표준보수월액의 1개월분, 선원보험에서는 표준보수월액의 2개월분, 국민건강보험에서는 조례 또는 규약이 정한 피부양자가 사망한 때는 장제에 요하는 비용의 일부의 보충해주는 가족 매장료, 가족장제료가 지급된다.

1276 매체(media)
사람들 사이에 의사전달을 할 때의 중개물을 말하며 홍보활동에 있어서 홍보지 등이 전달수단으로 특별히 쓰이는 것을 말한다. 시각매체(신문, 잡지 등), 청각매체(라디오 등), 시청각매체(TV, 영화 등)로 나누어진다. 매체의 활용은 이해를 도와 기억되기 쉽다는 장점이 있다. 토의를 유효하게 하기 위해 전제매체를 사용하기도 한다. TV, 신문, 잡지 등 대량으로 쓰이는 매체를 매스미디어(mass-media)라고 한다.

1277 매춘(prostitution)
→ 윤락행위

1278 매혈자(blood seller)
혈액을 유상으로 제공하는 사람들을 말한다. 전에 우리나라에서는 병원에 필요한 보존혈액 등 혈액제제의 제조, 공급은 매혈자에 의해 충당되어 왔다. 매혈제공에 의해 용이하게 현금 입수되니까 무직자, 일용노동자 중에는 직업적 상습 매혈자가 출현하여 빈번한 채혈에 의한 빈혈, 수혈 후의 혈정 간염발생 등의 폐해가 나타나 사회문제가 되기도 했다.

1279 맨손근력검사(manual muscle test)
손상근육의 힘을 평가하는 것은 장애 진단에 매우 중요한데 도수적 근육 검사법으로 저항을 달리하여 근육이 이겨내는 힘에 따라 근력의 정도를 나누는데, 중력, 저항, 관절운동범위의 세 가지 요인을 기초로 하여 다르게 응용하며 근력강도를 0에서 5까지 분류하였다.

1280 맬더스(Malthus, Thomas Robert)
영국의 경제학자이며 캠브리지대학을 졸업한 후 목사자격 취득. 1793년 모교의 특별연구원으로 있었다. 1805년부터 동인도대학의 근대사와 경제학 교수가 되어 평생 동안 재직하였다. 주저인 인구의 원리(1798)에서 산업혁명 과정 중 심각하게 대두된 빈곤의 원인을 인구의 자연적 증가가 생활자료의 증가를 상회하는데서 찾았으며, 인구의 도덕적 억제와 빈민법의 폐지를 역설하여 1834년 빈민법 대개정 즉 신빈민법의 제정에 이론적 기반을 제공하였다.

1281 맬더스주의(Malthusianism)
18C 말엽에 맬더스(Malthus, T. R.)가 제창한 인구원리와 인구대책을 받아들이는 것을 의미한다. 즉 인구는 기하급수적 맹아시설로 증가하고 식량은 산술급수적으로 증가하여 과잉인구가 발생하여 빈곤과 악덕이 필연적으로 발생하므로 인구와 식량과의 균형을 위해서는 인구증가의 억제가 요망된다. 이 경우 금욕생활과 혼인연기 등 도덕적 자제에 의한 인구증가의 둔화를 추구하는 것을 맬더스주의라고 한다. 한편, 19세기 후반에 들어와 도덕적 자제에 의한 인구억제가 실현성이 없음을 인식하게 되어 수태조절과 같은 인위적인 산아제한 등 예방적인 인구 억제를 제창하는 신맬더스주의(New Malthusianism)로 전환되었다.

1282 맹아시설(blind child institution)
맹아(강도의 약시아를 포함)를 입소시켜 보호함과 동시에 독립자활에 필요한 지도, 원조를 행하는 시설이다. 무거운 중증지체부자유아시설에 대해 의학적 조치 및 생활, 학습, 직업에 대한 지도, 훈련이 중심으로 된다. 직업지도에 필요한 설비나 음악설비 외에 아동지도원이 점자를 해석할 수 있는 능력이 필요하다. 맹아가 장애에 따른 운동기능의 제약으로 신체적 발달이 불충분한 경우에는 심신의 발달에 대한 배려가 특히 필요하다.

1283 맹인가이드 헬퍼 파견사업
가이드 헬퍼 파견사업 장애인 사회참가 촉진사업의 하나로 중도시각장애인이 사회생활상 외출해야 할 때 시중드는 자가 없기 때문에 지장이 있는 경우에 맹인가이드 헬퍼를 파견해 외출 시중을 들어주는 것으로 1974년부터 일본에서 제도적으로 실시되고 있다. 실시 주체는 시·도로서 관내에 거주하는 시각장애인의 복지에 이해와 열의를 갖고 있는 자를 맹인가이드 헬퍼로 선정해 적절한 자에게 의뢰를 행하는 것이다. 우리나라의 경우 자원봉사자들이 이 역할을 맡고 있으나 그 절대수가 부족한 실정이다.

1284 맹인안전지팡이
시각장애인의 보행을 돕는 백색의 지팡이로 백장 또는 맹인안전지팡이로 불리우고 있다. 맹인안전지팡이는 일견, 원시적인 것 같지만 현재로는 이보다 좋은 방법은 없다 한다. 재질은 글래스화이버, 목재, 금속성의 것이 있으며 휴대에 편리하도록 접는 방식의 것도 있다.

1285 머더링(mothering)
→ 모성적 양육

1286 메디케어(medicare)
→ 보험제도

1287 메디케이드(medicaid)
→ 의료부조

1288 메트레이(mettray)
1839년 라우애·하우스사업에 자극되어 프랑스에서는 도멧츠 드 구디유에 의해 메트레이 비행소년시설이 창설되었다. 이 시설에서는 라우애·하우스에서 행하고 있는 가정제도와 개성적인 지도 외에 토지는 사람을 바꾸고 사람은 토지를 바꾼다.라는 표어 아래 토지를 사랑하는 농업에 의한 지도도 병행했다. 이 사업은 영국의 레드힐에서도 시행하게 되어 후세에 큰 영향을 미치게 되었다.

1289 멘터링/멘토링(mentoring)
'멘토'는 그리스신화에 나오는 오디세우스의 친구 '멘토르'에서 따온 용어로, 현명하고 성실한 조언자·교사·후원자를 뜻하는데, 여기서는 그러한 역할을 하는 선배 여성들을 가리킨다. 이들 멘토는 사회에서 전문가로 활동하는 현명한 여성들로서 새로운 길을 걷고자 하는 어린 여성들에게 방향과 방법을 제시해주는 정신적 지주 역할을 하기도 하며, 이야기를 들어주고 위로해주는 대화자 또는 조언자 역할을 하기도 한다. 반대로 멘토로부터 다양한 조언을 듣고, 그들의 경험으로부터 다양한 지식과 지혜를 배우는 제자·학생·대화자는 '멘티'라고 한다. 최근에는 적용대상이 확대되는 추세인데, 아동, 청소년, 북한이탈주민까지도 포함한 프로그램이 적용되고 있다. → 사이버 멘터링

1290 면접(interview) 01
대인관계에서 커뮤니케이션을 촉진시키기 위해 의도적으로 이루어지는 대화이며 사회생활의 모든 영역에서 쓰이고 있으나 사회사업실천에서는 더욱 필수적인 수단이다. 사회사업실천에서의 면접은 구성요소(사람, 장소, 문제, 목적, 과정)에 의해 다양한 형태를 취하지만 공통적으로 개별화, 수용, 경청, 반사, 질문, 명확화의 방법을 취할 필요가 있다.

1291 면접 02
평가대상인에 대한 과거력과 현재의 상황에 대한 정보를 1대 1의 대인 과정을 통해 얻는 방법으로 가장 기본적인 정보를 손쉽게 얻을 수 있다. 면접은 구조화된 형식 또는 비구조화 된 형식을 따라 이루어질 수 있는데, 이를 통해 평가대상인은 자신의 강점과 약점을 파악할 뿐만 아니라 훈련 요건에 도움이 되거나 저해가 될 수 있는 요인들을 인식하게 된다. 특히 다른 평가기법의 적용이 어려운 중증의 장애를 가진 평가대상인의 경우에는 면접법이 재활계획의 수립에 필요한 정보를 효과적으로 얻을 수 있는 방법이 될 수 있다. 일반적으로 면접이란 목표들을 결정하기 위해 구체적이면서도 보편적으로 필요한 사람들 간의 대화로서 이뤄지는 만남이다. 사회사업가와 클라이언트 사이에서 이뤄지는 면접은 문제를 해결하기 위해 취해지는 가장 대표적인 형태로 볼 수 있다. 케이스워크에 있어서 면접의 목적은 해결되어야 할 문제를 알고, 그 문제를 효과적으로 해결할 수 있도록 문제를 가진 사람과 그 상황을 충분히 이해하여 도움을 주고자 하는데 있다. 면접의 방법에는 대개 관찰, 경청, 질문, 이야기, 사적 질문에 관한 응답, 통솔과 지도 및 해석 등이 있으며, 면접의 대상은 개인, 집단, 가족, 지역 사회 등과 이뤄지는데 대부분은 혼합해서 이뤄지게 된다. 어떤 내용에 관해 직접 대면하여 정보를 획득하는 양식. 교육·심리의 영역에서 이는 자료집의 기법이 되며 또한 카운슬링과 정신치료의 기법이 되고 있다. 자료수집의 방법으로서 면접은 문화인류학·사회학·심리학 등에서 여러 세기 전부터 광범하게 활용되어 왔으며 이를 체계적으로 발전시켜 방법론적으로 잘 통제된 관찰방법으로 그 가치가 인정된 것은 20세기에 들어와서의 일이다. 연구방법으로서의 표준화된 면접방법과 반표준화된 면접방법, 그리고 전혀 구조화되지 않은 개방적이고 심층적인 면접방법이 있다. 카운슬링과 정신치료에서의 면접은 정보를 제공하는 것과 같은 것에서부터 신경증이나 정신병을 치료하는 것에 이르는 광범위한 문제를 직접 대면하여 대화를 통해서 해결할 수 있도록 원조하는 것을 가리킨다. 여기에서는 어떤 사건이나 현상에 대한 태도·지식·가치·판단 등만이 아니라 개인이 주관적으로 느끼고 있는 감정이 중요시되며 의식적 감정만이 아니라 잠재되어 있거나 억압되어 있는 감정을 언어로 표현하는 것을 강조한다.

1292 면접조사(interview research)
배포조사, 집단조사, 우편조사와 같이 질문지를 피조사자가 읽고 자기가 응답을 기입하는 기계식에 의한 조사에 비해 면접조사는 조사대상을 조사원이 직접면접을 해서 구두에 의한 질문에 응답자가 구두로 답하는 방식이다. 질문자, 즉 조사원이 그 응답을 기입하는 타계식에 의한 현지조사법의 하나이다. 조사내용은 사실에 관한 것과 의견이나 태도에 관한 것의 양쪽을 충분히 소화할 수 있다. 신뢰할 수 있는 우수한 조사원을 다수 얻을 수 있는 경우에는 일반적으로 가장 훌륭한 조사법이라고 할 수 있다. 이 방법의 장점으로는 대상자 본인에게서 꼭 들을 수 있고 응답자의 오해를 최소한으로 줄일 수 있다는 점이며 단점으로는 조사원의 개인차에 의한 편견과 부정의 소지가 있다는 점이다.

1293 명목국민소득(nominal national income)
국민소득을 산출하는데 있어 측정시점의 시장가치에 의해 표시한 것을 말하며 화폐국민소득이라고도 한다. 이것을 물가지수로 나누어 물가변동을 제거한 것이 실질국민소득이다.

1294 명석·판명([영] clear·distinct [독] klar·deutlich)
형식논리학에서는 개념의 정확성을 나타내는 말이다. 내포가 충분히 분명치는 않더라도 그 대상을 다른 것으로부터 구별할 수 있는 개념을 명석이라고 하고, 내포가 완전히 분명하게 알려져 있는 개념을 판명이라고 한다. 이 용법은 라이프니쯔가 이 말에 준 의미를 대체로 계승하는 것이지만, 〈명석하면서 판명〉([라] clara et distincta)이라는 것을 진리의 규준으로 삼은 것은 데카르트이다. 그러나 데카르트에 있어서는 의심할 여지없이 정신에 명백하게 나타나고 있

는 인식을 명석이라 하고, 판명이란 다른 것으로부터 명확하게 구별되고 명석한 것 이외의 어떤 것도 포함하지 않는 것을 말한다.

1295 명시적 목표(explicit objectives)

진술된 교육목표가 학생이 학습 후 나타내어야 할 성과를 명백하게 관찰할 수 있는 행동으로 되어 있는 목표. 교육활동에 관련되어 있는 교사·학생·학부모·장학사 등이 누구나 서로 합의할 수 있게 구체적으로 목표를 진술했을 때 명시적 목표라 한다. 명시적 목표의 반대개념을 암시적(implicit) 목표라 한다. 암시적 목표는 의사소통에 방해를 주는 단점은 있으나 여러 가지 행동을 포괄하는 이점이 있다. 소단원의 수업계획에서는 명시적 목표의 진술이 효과적인 것으로 평가된다.

1296 명예퇴직제

공무원이나 회사원을 정년이 되기 전에 퇴직시키는 제도이다. 보통 정년을 5~10년 앞둔 사람 중 희망자에 한해 적용된다. 명예퇴직자는 여유를 가지고 정년 이후를 준비할 수 있고, 회사는 인건비를 절감하고 조직을 활성화시켜 경영합리화를 꾀할 수 있다. 명예퇴직 시 받게 되는 급여는 정상적인 퇴직금에 정년퇴직 때까지 남은 급여의 일정부분이 가산된다.

1297 명확화(clarification)

케이스워크나 카운슬링의 면접과정에서 클라이언트가 진술한 내용을 요약하여 분명히 하거나 애매한 내용은 다시 표현하게 하여 확인하여 클라이언트가 직면하고 있는 사태, 자기 자신을 올바르게 이해할 수 있도록 하는 기법이다. 그러기 위해서는 클라이언트에게 진술시키고 사회사업가 쪽에서 의도적으로 환류(feed back)하거나 적극적으로 명확하게 질문하는 것이 중요하다.

1298 모니터(monitor)

감시자, 권고자, 조언자라는 의미로 TV나 신문이 자기 수정 활동의 일환. 청취자나 독자에 의한 모니터제도를 실시하고 있으며 행정에서도 공청의 필요에 따라 이 제도를 채용하고 있다. 또 민간기업에서도 상품모니터를 운영하고 있다. 연구, 집회, 토의 등의 장에서 모니터를 두고 그 진행사항에 관해 평가·조언을 구하기도 한다. 모니터는 전문가가 아니기 때문에 강점도 있고 또한 약점도 있다.

1299 모답츠법(modapts system)

모답츠라 함은 modular arrangement of predetermind standards의 약자로 오스트레일리아의 PTS협회에서 개발한 PTS법(predetermind motion time standard system 작업동작표준시간측정법)의 일종이다. 모답츠법은 인간동작의 최소단위를 MOD라는 단위로 표시한다. 즉 12종류의 기본동작에 관계해서 일어난다. 인간의 신체동작에 필요한 시간치를 MOD(손가락을 보통으로 이동시키는 데에 필요한 시간 치로서 0.129초)를 단위로 하여 수치로 나타낸다. 한 동작의 기준 시간치를 측정기구로 이용하여 산출하고 장애인의 작업시간과의 비를 구함으로서 그 동작능력을 평가한다.

1300 모델링(modeling)

내담자가 획득해야 할 바람직한 행동의 실제적, 상징적, 본보기를 제공함으로써 모방 및 관찰을 통해 소기의 목표행동(사회 및 인지적 행동)을 학습하도록 하는 방법이다. 모델링의 유형은 묵시적인 것과 현시적인 것, 또는 직접적인 것과 대리적인 것으로 나눌 수 있다. 묵시적인 모델링은 학습자가 의식하지 못하는 사이에 본보기의 행동을 배우는 것이다. 예를 들면, 내담자의 문제가 타인과의 대화 능력이 부족한 것이라면 상담 장면에서의 상담자의 언어 행동을 모르는 사이에 학습하는 것이다. 이와 반대로 현시적인 모델링은 역할수행 연습과 같이 학습자가 스스로 모방하고 있음을 자각하는 것이다. 직접적인 모델링은 실제 환경장면에서 타인의 행동을 관찰하고 모방하는 것이며, 대리적인 모델링은 학습자로 하여금 필름이나 비디오테입을 통해 본보기가 되는 제3자의 행동을 관찰하고 본뜨게 하는 것이다. 남의 행동을 보고 이와 똑같은 행동을 취하는 현상의 총칭이다. 의식적 모방은 어린이가 어른이 쓴 글씨를 본떠서 쓰는 것과 같은 경우로서 이것은 고등동물에서도 볼 수 없는 전혀 인간적인 것이다. 인간에 있어서 모방의 영향을 극히 큰바 사회학자 타르드가 모방을 사회의 기초라 본 것은 이 때문이다. 무의식적으로 이루어지는 동적 모방은 하품의 전염과 같은 것이다. 이것을 본능이라고 보는 생각도 있었으나, 후천적인 것으로서 학습된 것이라 논하는 이가 많다.

1301 모방(imitation)

타인의 행동을 의도적·무의도적으로 정확하게 또는 비슷하게 닮게 행동하는 것으로 모방의 정도와 성질은 시범의 특징, 모방자의 특성과 경험 그리고 모방 행동에 대해서 주어지는 보상 또는 벌에 따라 좌우된다. 가치기준 또는 공격적 행동은 모방에 의하여 상당히 영향을 받는다.
→ 동일시

1302 모성보호(maternal care)

다음 세대를 짊어지는 자녀를 건전하게 출산·양육하기 위해서는 의학적·사회적으로도 열세한 위치에 처해 있는 여성, 특히 출산, 육아에 관한 모성의 건강이 확실히 지켜져야 할 필요가 있으며, 이를 위해 모성의 사회적 보호, 원조가 필요하다. 현행 법제 하로는 모자보건법, 아동 복지법, 남녀 고용평등법 등의 법률로 모성보호의 관점에서 여러 가지 조치가 규정되어 있다. 모성보호의 문제는 ILO103호(출산보호)조약에서 보여지듯이 국제적으로도 규정되어 있다.

1303 모성실조(maternal derivation)
아동의 발달과정에서 모성으로부터 받아야 할 적절한 심리적 발달상의 장애현상을 말한다. 이와 같은 현상이 일어나는 원인적인 상황을 대별하여 세 가지로 정리할 수 있다. ① 모성의 양육과 지도가 결핍되어 있는 경우. ② 모성으로부터의 이별, 즉 영구적인 이별, 재결합이 가능한 장기간의 이별, 단회의 단기간 분리, 또는 수회에 걸친 단기간의 분리, ③ 모성과의 부조화, 즉 모성과의 건전한 인간관계가 결여되어 있는 경우와 모성에 대한 기본신뢰감이 결핍되어 있는 경우 등이 그것이다. 모성실조는 심리적 발달상의 장애를 일으키는 것으로 보고되고 있는데 특히 지적 발달의 정체현상과 정서 발달의 장애를 초래하는 것으로 알려져 있다. 지금까지의 연구결과로 미루어 보아 감정통제력의 결핍, 공격적 행동의 무분별한 표현, 죄의식의 결여, 대인관계가 원만하지 못한 것 등이 두드러지게 나타나는 모성실조의 결과라고 할 수 있다. 복비(J. Bowlby)·야로우(L. Yarrow) 등이 이 분야의 연구에 있어서 선구적인 역할을 담당해왔다.

1304 모성적 양육(mothering)
유아에 대한 모성적인 양육행동을 의미하는 것으로 그 대표적인 행위로 피부접촉(skinship)을 들 수 있다. 볼비(Bowlby, John H)의 연구에 의하면, 생후 1년 사이에 모성적 양육자에게 친밀한 접촉을 상실한 경우 아이의 기본적 인격형성에 막대한 악영향을 주며, 지적 발달 뿐만 아니라 신체 면에서도 뒤떨어짐이 나타난다고 했다. 특히 정서적인면의 지체가 현저하며 무감동적, 정신병적인 경향을 나타낸다고 했다.

1305 모순([영] contradiction) 01
두 개의 주장 혹은 명제를 동시에 참 혹은 타당한 것으로 받아들일 수 없을 때 그 둘의 논리적 관계를 말한다. 두 명제 A와 B의 경우 A가 참이면 B가 거짓이고 B가 참이면 A는 거짓인 관계에 있을 때, A와 B는 서로 모순의 관계에 있다고 한다. → 정언적 명제

1306 모순([독] Widerspruch) 02
아리스토텔레스에 의해, 양립하지 않는 두 개의 판단의 관계에 대하여 사용된 이래, 모순이라는 개념은 주로 논리적 모순이라는 의미로 사용되고 있다. 그러나 현실 속에도, 비양립적인 것을 포함하는 사태가 존재한다. 냉전 체제를 유리한 것으로 생각하는 세력과 긴장완화를 이익으로 믿는 세력, 현존하는 사회 구조를 유지하는 방향으로 작용하는 제 요인과 그것을 새로운 것으로 변하게 하는 방향으로 작용하는 제 요인 등이다. 이것들은 현실적인 모순, 즉 현실적인 비양립성이다. 논리적 모순과 현실적 모순에 공통되는 일반적인 규정 비 양립성이지만, 양자 사이에는 또 차이도 있다. 논리적 모순은 어떤 것을 동시에 또 같은 의미로 규정도 하고 부정도 하는 것을 말하므로 이와 같은 사고는 잘못이며, 그것은 수미일관한 것으로 개작하지 않으면 안된다. 다른 한편 현실적 모순도 해결이 필요하지만 그러나 이것은 현실적 모순이 잘못이기 때문이 아니다. 우리들은 현실적 모순을, 논리적 모순을 범하는 일이 없이 사고에 의해 파악할 수가 있다. 헤겔에 있어서는 논리적 모순과 현실적 모순과의 구별이 명백하지 않고, 여기에서 많은 혼란도 생겼지만, 그러나 널리 모순의 의의를 분명히 하고, 모순이 우연적인 것이 아니고, 자연, 사회, 인식 속에 충만되어 있고, 모순이 변화와 발전의 원동력이라는 것을 명백히 한 것은, 헤겔의 변증법의 공적이다. 이 점에서 맑스주의 철학도 헤겔을 계승하고 있다. 대립과의 관계에 대해 말하면, 적어도 현실적 대립과 현실적 모순과는 같은 의미이다.

1307 모순개념([영] contradictory concept [독] kontradiktorischer Begriff)
서로 부정하여 그 중간에 제3자를 허용하지 않는 개념, 예를 들면 백(白)과 비백(非白), 인간과 비인간 등이 그것인데, 이 경우의 비백, 비인간은 각각 백 이외의, 인간 이외의 모든 것을, 또는 적어도 백 이외의 일체의 색깔, 인간 이외의 일체의 동물을 가리키는 것으로 해석하지 않으면 안된다. 비인간이라는 말이 대단히 악질적인 인간을 의미하는 경우도 있으므로, 이 점은 주의할 필요가 있다. → 반대개념

1308 모자가족(mother headed family)
모자가족이란 일반적으로 사별, 이혼, 유기, 별거, 미혼모 및 기타 사유로 인해 편모와 자녀로 구성된 가족을 지칭하며 그들이 갖는 특수한 어려움 때문에 여성복지의 주요한 관심 대상이 되어왔다. 일반적으로 모자가족의 편모는 통상적인 어머니와 가정주부로서의 역할 이외에도 경제적 가장으로서의 역할, 일반적으로 아버지가 수행하는 것으로 인식되는 가족을 대표하는 역할, 배우자의 부재로 인한 정서적 문제, 생계유지를 위한 취업과 이에 따른 자녀양육 및 훈련문제, 교육문제 등 심각한 문제를 갖고 있다. 우리나라의 경우 상당수의 모자가족이 기본적인 생존권마저 위협당하는 빈곤상태에 있으며, 이들은 거택보호 대상, 법적 영세민, 빈곤계층에 속하는 경우가 많고, 전체 여성세대주 가구의 30%정도가 경제적 도움을 필요로 하는 요보호대상자인 것은 한국만이 아니라 다른 국가에서도 비슷하다.

1309 모자문제(maternal and child problem)
모자가정에 놓여있는 생활문제의 총칭이다. 그 기본적 구조는 다음과 같다. 기저부분에 모친들이 직업생활에서 처해있는 열악한 노동조건, 특히 저임금 등의 수입이다. 이것은 빈곤문제를 가져온다. 또 장시간 노동으로 직업과 가사의 양쪽에 무리를 주어 모친의 건강파괴를 가져온다. 주택문제, 자녀의 진학곤란 등은 빈곤문제에서 파생한다. 이외에 모자가정의 차별, 모자의 심리적소외 등도 있다.

1310 모자보건(maternal and child health care)
모자보건은 임신 기간 중 모체의 건강 및 태아의 건강한 발육을 돕고, 출산과정에서 모자의 건강관리가 잘되도록 돕는 것이다. 그리고 시설분만이 불가능하더라도 최소한 의료인에 의한 안전분만이 이루어지면 합병증 예방 및 산모의 정신적 위안이 될 수 있다. 우리나라는 1960년대 이래 가족계획사업에 편중된 가족보건사업에서 탈피하여 1983년부터 군단위에 모자보건센터를 설치하고 운영하여 왔다. 모자보건센터에서는 산전 산후관리, 분만개조, 영아관리, 예방접종, 가족계획 시술, 보건교육 등을 실시하고 있다.

1311 모자보건법
모성의 생명과 건강을 보호하고 건전한 자녀의 출산과 양육을 도모함으로써 국민보건향상에 이바지함을 목적으로 한다. 국가와 지방자치단체는 모성과 영유아의 건강을 유지·증진하기 위하여 필요한 조치를 하고, 모자보건사업 및 가족계획사업에 관한 시책을 강구하여 국민보건향상에 이바지하도록 노력해야 한다. 모성은 임신·분만·수유 등에 있어서 자신의 건강에 대한 올바른 이해와 관심을 가지고 건강관리에 노력해야 한다. 영유아의 친권자·후견인 기타 보호자는 육아에 대한 올바른 이해를 가지고 영유아의 건강의 유지·증진에 적극적으로 노력해야 한다. 보건복지부장관은 모자보건사업 및 가족계획사업에 관한 시책을 종합·조정하고 그에 관한 기본계획을 수립하며, 관계 중앙행정기관의 장 및 지방자치단체의 장은 기본계획의 시행에 필요한 세부계획을 수립·시행해야 한다. 보건복지부에 모자보건심의회를 두며, 국가와 지방자치단체는 모자보건기구를 설치·운영할 수 있다. 보호를 받고자 하는 임산부는 본인 또는 보호자가 보건기관에 임신 또는 분만의 사실을 신고해야 한다. 보건기관의 장은 당해 보건기관에서 임산부가 사망하거나 사산한 때 또는 신생아가 사망한 때에는 시장·군수·구청장에게 보고해야 하며, 미숙아 또는 선천성이상아가 출생한 때에는 보건소장에게 보고해야 한다. 시장·군수·구청장은 모자보건수첩을 발급하며, 보건소장은 등록카드를 작성·관리해야 한다. 시장·군수·구청장은 임산부·영유아·미숙아 등에 대해 정기적으로 건강진단·예방접종을 실시하거나 보건관리에 필요한 조치를 해야 한다. 보건복지부장관 또는 시장·군수·구청장은 원하는 자에게 피임시술을 행하거나 피임약제를 보급할 수 있다. 의사는 불가피한 경우에 한하여 본인과 배우자의 동의를 얻어 인공임신중절수술을 할 수 있다. 모자보건사업 및 가족계획사업에 관한 업무를 행하기 위하여 대한가족보건복지협회를 둔다. 협회는 법인으로 한다. 모자보건사업 및 가족계획사업에 종사하는 자는 특별한 규정이 있는 경우를 제외하고는 그 업무수행상 알게 된 타인의 비밀을 누설하거나 공표해서는 안된다. 29조와 부칙으로 되어 있다.

1312 모자보건수첩제
장애아의 출생을 막고 임산부와 영아의 사망률을 낮추기 위해 임산부와 영·유아의 건강상태를 국가에서 직접 관리하는 제도이다. 보건복지부는 임산부가 보건소나 민간의료기관에서 임신확인진단을 받으면 이를 관할 읍·면·동사무소에 신고하도록 하고 이 같은 절차를 마친 경우 모자보건수첩을 발급하도록 해 임신·출산·영아의 건강관리, 3세 때까지의 각종 예방접종 이행 여부 등을 국가가 종합 관리하는 모자보건수첩제를 87년 1월부터 시행하고 있다.

1313 모자보호시설
(maternal and child public assistance institution)
모자복지법에서 규정한 모자복지시설 중의 하나로 생활이 어려운 모자가정을 일시 또는 일정기간 수용하여 생계를 보호하고 퇴소 후 자립기반을 조성하도록 지원하는 것을 목적으로 하고 있다.

1314 모자복지(maternal and child welfare)
모자복지는 현재 3가지로 규정할 수 있다. 즉 첫째, 모자복지법에 의해 행해지는 모자복지사업을 가리키는 협의의 규정. 둘째, 모자복지사업 외에 모자문제의 해소. 예방에 있어서 사회복지의 기존정책을 합해 규정하는 아동복지법에 의한 모자원이나 생활보장 등이 있다. 모자문제를 가능한 한 통합적으로 규정함으로써 그의 해소, 예방을 위해 구상된 정책, 운동, 실천 전부를 포함하는 광의의 규정이 있다. 이것도 취로보장, 소득보장을 기축으로 의료, 주택, 교육, 보육 및 홈헬퍼, 상담 등을 포함한다.

1315 모자복지법(law for maternal and child welfare)
모자가정(母子家庭)이 건강하고 문화적인 생활을 영위할 수 있게 함으로써 모자가정의 생활안정과 복지증진에 기여(寄與)함을 목적으로 제정된 법률(1989.4.1. 법률 4121호). 국가와 지방자치단체는 모자가정의 복지를 증진할 책임을 진다. 한편 모든 국민은 모자가정의 복지증진에 협력해야 할 의무가 있다(2조). 이 법에서 모자가정이라 함은 모(母)가 세대주인 가정을 말하는 것으로서 세대주가 아니더라도 세대원을 사실상 부양하는 자를 포함하는 개념이다. 이 법에 의한 보호대상자는 보건복지부령이 정하는 자로 한다. 본법의 보호대상자는 시장·군수·구청장이 매년 1회 이상 관할구역 안의 보호대상자를 조사하도록 되어 있으며, 이에 따라 보호대상자를 조사한 때는 그 조사결과를 시·도지사에게 보고해야 한다. 시·도지사가 그 보고를 받으면 이를 보건복지부장관에게 보고해야 한다. 한편 당해 보호기관은 보호대상자와 피보호자의 실태에 관한 대장을 작성 비치해야 한다. 기타의 사항에 관해서는 보건복지부령이 정한다. 총칙을 비롯, 복지의 내용과 실시, 모자복지시설, 비용, 보칙 등 5장으로 나뉜 전문 31조와 부칙으로 되어 있다.

1316 모자복지상담소

모자복지에 관한 사항을 상담하거나 지도하기 위하여 서울특별시장·광역시장·도지사와 시장·군수·구청장은 관할구역 안에 모자복지상담소를 설치할 수 있다. 이 경우 시장·군수·구청장은 시·도지사의 승인을 얻어야 한다며 모자복지상담소의 조직과 운영 등에 관한 필요한 사항은 대통령령으로 정한다.

1317 모자복지상담원
(counsellor for mothers and children welfare)

모자복지법과 관련해 모자가정 또는 부녀를 대상으로 상담지도를 행하는 것을 본래의 직무로 하는 직원으로 모자복지상담소에 배치되고 있다.

1318 모자복지센터(maternal and child welfare center)

일본에 있어서 모자복지시설의 하나로 지방 또는 사회복지법인 등에 의해 사회복지사업법에 따라 설치되었다. 모자 및 과부 복지법에 의하면 모자복지 센터는 무료 또는 저액인 요금으로 모자가정에 대해 각종의 상담에 응함으로써 그 생활지도 및 생업지도를 행하는 등 모자가정의 복지를 위한 편의를 총합적으로 제공함을 목적으로 하고 있다. 1982년도부터 정비 상의 조건이 개선되어 지방도 국고보조의 대상으로 되었다.

1319 모자복지시설
(maternal and child welfare facilities)

모자보호시설(생활이 어려운 모자가정을 일시 또는 일정기간 수용하여 생계를 보호하고 퇴소 후 자립기반을 조성하도록 지원하는 것을 목적으로 하는 시설), 모자자립시설(자립이 어려운 모자가정에 대해 주택편의만을 제공함을 목적으로 하는 시설), 미혼모시설 미혼여성이 임신을 하였거나 출산을 하였을 경우 안전하게 분만하게 하고 심신의 건강을 회복할 때까지 일정기간 보호함을 목적으로 하는 시설), 일시 보모자 훈련호시설배우자(사실혼관계에 있는 자를 포함한다)가 있으나 배우자의 생리적. 정신적 학대로 인해 아동의 건전양육 또는 모의 건강에 지장을 초래할 우려가 있을 경우 일시적으로 또는 일정기간 그 모와 아동 또는 모를 보호함을 목적으로 하는 시설, 부녀복지관모자가정에 대한 각종 상담을 실시하고 생활지도, 생업 지도, 탁아 및 직업보도를 행하는 등 모자가정의 복지를 위한 편의를 종합적으로 제공하는 것을 목적으로 하는 시설, 부녀상담소 모자가정에 대한 조사, 지도, 시설입소 등에 관한 상담업무를 수행할 것을 목적으로 하는 시설이다.

1320 모자복지연금(maternal and child pension)

일본 구 국민연금법의 복지연금법 중 복지연금급여의 하나였지만, 본법의 개정으로 1986년 4월부터 폐지되었으며, 법시행일 전 수급권이 발생하고 있는 경우 시행일에 유족기초현금으로 전환토록 했다.

1321 모자복지위원회

모자가정의 복지에 관한 사업의 기획, 조사, 실시 등에 관해 필요한 사항을 심의하기 위하여 보건복지부에 중앙모자복지위원회를, 서울특별시·광역시·도 및 시·군·구에 지방모자복지위원회를 둔다. 중앙 위원회는 15인 이내의 위원으로 구성하며 모자복지사업의 기본방향 및 정책수립, 보호기준에 관한 사항을 심의한다. 지방위원회는 10인 이내의 위원으로 시·도에 두는 지방위원회는 모자 복지사업의 기본방향 및 정책에 따르는 당해 시·도의 시행계획의 수립에 관한 사항을 심의한다. 시·군·구에 두는 지방위원회는 시·도의 시행계획에 따르는 당해 시·군·구의 시행계획의 수립에 관한 사항을 심의하고 보호대상자에 대한 보호의 결정, 피보호자에 대한 보호의 변경 및 중지에 관한 사항을 심의한다.

ㅁ

1322 모자복지자금대부제도(law concerning loans to mother with dependent children)

모자 및 부녀복지법에 의한 복지조치의 하나로 중요한 것이다. 시·도가 모자가정의 모친이나 모자복지단체에 대해 경제적 자립의 조성과 생활의욕의 조장을 도모해 아동복지를 증진하기 위해 행하는 자금대부제도이다. 모친에 대한 대부자금의 종류는 사업개시자금, 사업계속자금, 수학자금, 기능습득자금, 수업자금, 취직지도자금, 요양 자금, 생활자금, 주택자금 등이다. 이 제도의 현 과제는 취학률의 상승, 자영업의 고급화 경향 등 사회생활의 변화에 따라 대부금액의 인상 자금 활용을 위한 지도, 상담활동의 충실 등이 요구된다.

1323 모자세대

모자세대에 대한 규정은 조사일 현재 만 20세 미만의 자녀를 부양하고 있는 배우자가 없는 여자로서 그 자녀로 구성된 세대로 되어 있다. 이 배우자가 없는 여자로는 자녀의 모친으로 간주되는 자매, 조모, 숙(백)모 등도 포함된다.

1324 모자숙박훈련시설

신체에 장애를 갖고 있는 아동을 모친과 함께 단기간 입소시켜 아동의 기능훈련 등의 교육을 행하기 위한 시설로 일본에서 실시되고 있다. 아동복지법에 의한 지체부자유아시설로 설정된 모자입원부문이 그 활동의 장인 일상생활 중에서 신체장애아의 기능훈련 등을 자주적으로 지속되도록 지도와 원조를 행한다.

1325 모자원

아동복지법 제2조와 동시행령 제2조에 의한 모자보호시설로서 남편의 사망으로 13세 미만의 자녀가 둘 이상인 어머니가 오갈 곳 없어 가족이 해체될 상황에 직면했을 때 가족이 서로 헤어지지 않고 생활하며 자립할 수 있도록 돕기 위한 시설이다. 모자복지법에 의한 모자복지시설 중 하나이다.

1326 모자일체의 원리

모자복지 영역의 기초적인 이념의 하나로 되어온 것으로 아동생활이나 의식방식은 모친의 존재에 따라 규정되어지는 경우가 많고 아동복지는 기초적으로 모친과의 일체적 관계에서 실현하는 것으로 한다. 현재 이것에는 경험적 지지와 이념적 비판이 각각에서 일고 있다. 즉 이 원리는 남녀평등의 이념과 모순되며 여성의 사회적 해방을 막는다는 것이다. 평등이나 해방을 양립시키는 새로운 모자일체의 원리를 탐구하는 것이 필요하다.

1327 모자주택(housing for mothers and children)

일본에서 모자 및 부녀복지법에 의한 복지조치의 하나로 공영주택 공급에 관해 특별배려가 있다. 이것에 의하면 지방공공단체는 공영주택법에 의해 공영주택의 공급을 행하고 있고, 모자가정복지가 증진되도록 특별배려를 하지 않으면 안된다고 규정되어 있다. 그것도 공영주택의 일반 공모에 따라 특히 별도로 모집해 당선율을 높여 모자 세대주택을 확보하는 것이다.

1328 모자훈련
(institutionalization of a child with its mother)

모친과 심신장애아가 함께 훈련을 받는 것으로 입원 혹은 입소해 행할 때는 모자휴양홈 입원 또는 모자 입소라고 한다. 제도화되어 있지는 않지만 그때그때 입소해 행해지고 있다. 지체부자유아시설이나 병원에서 행해지는 것이 보통이고 모자입원부문을 병행하고 있는 시설은 상담 검사부문이 설치되어 가정에서도 훈련방법 등의 지도를 행하는 것으로 하고 있다. 이것은 모친이 훈련을 실지에서 느껴 자택에서 실시 가능하도록 하는 것을 목적으로 하지만 특별한 장소와 설비 등의 변화를 동반한 훈련도 심리적으로 큰 의의가 있다.

1329 모자휴양홈

일본의 모자복지시설의 하나이다. 무료 또는 저액의 요금으로 모자 가정에 대해 레크리에이션을 겸한 숙박여행, 그 외 휴양을 위해 편의를 제공하는 것을 목적으로 한 시설이다. 현실적으로는 국민숙사 등이 모자휴양홈으로 지정되어 있는 예가 많다. 이용방법은 동경의 경우 회수를 원칙으로 1인에게 1년에 2박까지이며 복지사무소에서 이용권의 교부를 받아 시설에 12일 전까지 예약해 이용하는 것으로 하고 있다.

1330 모집단(population)

'전집'이라고도 번역된다. 연구에서 결론을 내리고자 하는 피험자나 현상의 전체(모든) 집단이다. 흔히 연구에서 표본(sample)이 추출되는 전체 집단 혹은 집합을 말한다.

1331 목적([영] end/purpose [독] Zweck)

인간이 실현하고 싶어 하고, 그 때문에 행동의 목표로서 설정하는 것으로 그것은, 적어도 주관적으로는 실현 가능하다고 생각되는 것이다. 목적은 현실 속에서 실현되는 것이므로, 그것을 실현하는 방법은 현실의 법칙을 따르지 않으면 안되며, 수단([영] means [독] Mittel [프] moyen)도 포함하여 그것의 실현의 전조건과 달성되는 목적과의 관계는 인과관계를 이룬다. 그런데 목적은 처음에는 주관 속에서 관념으로서 존재하는 것이므로, 실현의 과정에 있어서만 객관적 존재와 교섭이 시작되는 것으로 보이지만, 목적은 실제로는 인간 생활 자체가 포함하고 있는 문제나 요구에 뿌리박고 있으며, 단순히 관념적인 것은 아니고, 목적의 설정은 인간의 생활 관계 자체의 객관적 인식 위에서만 비로소 이루어질 수 있는 것이다. 또 주관적·상대적인 목적에 대해 객관적·절대적인 목적 자체를 상정하는 사고방식도 있지만, 이것은 목적과 수단을 분리시키는 것이다. 수단이 목적에 의해 결정될 뿐만 아니라, 거꾸로 수단의 고려에 의해 목적이 결정되는 면도 있고, 수단과 목적이 결정되는 면도 있으므로, 수단과 목적은 상호적으로 규정하는 것으로 생각하지 않으면 안된다.

1332 목적론([영] teleology [독] Teleologie)

사물의 생성 변화나 질서를 목적의 견지에서 설명하려고 하는 사고방식을 말한다. 인간의 행동과 관계되는 문제에 대해서는 당연히 목적론적 견지를 취하지 않으면 안되는 경우가 많지만, 목적론적인 세계관은 이것을 모든 사상에 적용하는 것이다. 쥐는 고양이에게 먹히기 위해 있다는 것과 같은 사고방식은 논외로 하고, 세계, 자연이 하나의 목적에 지배되고 있다는 생각은 근세 초까지 인간을 지배하고 있었다. 이미 플라톤에게도 세계의 사상은 이데아를 목적으로 하고 있다는 사고방식이 있었지만, 이 세계관을 체계적으로 전개한 최초의 사람은 아리스토텔레스이다. 그는 세계를 질료가 형상을 실현해 나가는 단계적 과정으로 보고, 형상을 질료의 목적인(→ 원인)으로 생각했다. 여기에는 사물의 고유한 운동 형태, 자기 발전으로서 합리적으로 이해되는 면도 있지만, 형상은 종국적으로는 질료로부터 분리되고, 순수 형상으로서의 신이 스스로는 움직이지 않으면서 타(他)를 움직이는 종국적인 목적인으로 간주되었다. 목적론은 에피쿠로스 등이 기계적 유물론의 입장에서 반대했는데, 스토아학파에 있어서도 같은 경향을 엿볼 수 있으며, 또 중세의 스콜라학에서는 아리스토텔레스를 계승함과 동시에, 세계의 질서를 창조자로서의 신(神)의 지혜에 의해 설명하는 사고방식이 지배했다. 근세가 되어 데카르트, 스피노자, F. 베이컨, 18세기의 프랑스 유물론은 목적론을 배척했는데, 이것은 오로지 기계론의 입장에서의 비판이었으므로, 특수한 사물의 내적인 필연적인 발전의 합리성을 명백히 할 수가 없었다. 칸트도 목적론을 설명 원리로 삼는 것에 대해서는 반대했지만, 생물의 유기체에서 볼 수 있는 합목적성은 기계적으로 설명할 수 없는 것을 인정하고, 그러나 그것을 〈마치 합목적적으로 조직되어 있는 것처럼〉 고찰하는 것은 가능하다고 보고, 기계적 설명을 규제하는 원리 내지 그것의 발견적 원리로서 합목적성을 인정했다. 헤겔은 목적론 하에, 관념론의 입장에서 사물의 발전의 내재적 원인, 내적인 법칙성을 인정했다. 변증법적 유물론은 외적 원인을 조건, 내적 원인을 근거로 생각하고, 각각의 사물(운동 형태)의 특유한 발전 법칙을 인정하고, 목적론의 잘못을 비판함과 동시에, 목적은 속에 제기되어 있던 목적인의 문제에 참다운 해결 방향을 주려고 했다. → 판단력

1333 목적론적 증명([영] teleological argument [독] teleologische Bewwis)

→ 신의 존재의 증명

1334 목적세

특정경비에 충당할 목적으로 징수되는 세금 또는 수입의 용도가 특정지어 있는 세금을 말한다. 목적세는 국가 또는 지방자치단체의 사업이나 시설과 과세객체 또는 납세의무자 간에 무엇인가의 수익관계가 있는 것을 전제로 해서 과해지는 경우가 많다.

1335 목적의식성

→ 자연성장성과 목적의식성

1336 목적합리성([독] Zweckratio-naität)

베버는 사회적 행위를 이해하기 위하여 목적 합리적·가치 합리적·정서적·전통적이라는 4개의 이상형을 구별했다. 목적 합리적 행위는, 행위가 목적, 그것을 위한 수단, 부차적 결과뿐만 아니라, 목적과 수단, 목적과 부차적 결과, 이밖에 또 갖가지의 가능한 제 목적 등의 상호 관계를 합리적으로 비교 평량하여 행하여지는 경우를 말한다. 이에 대해 가치합리성([독] Wertrationalität)을 가지는 가치합리적 행위는, 예견할 수 있는 결과를 고려하지 않고, 종교적·정치적 및 기타의 자기가 신봉하는 가치에 대한 신념에 의해서만 인도되고, 무조건적인 자기의 의무로서 행해지는 행위를 말한다. 이 형의 행위는 전통적인 관습 등에 지배되지 않고, 그 결과의 성부에 좌우되지 않고, 행위에 내적인 정합성이 있고, 확신에 기초를 둔 행위만이 행해지는 점에서 합리적이라고 말할 수 있다.

1337 목표모형(objectives model)

교육과정의 구성에 있어서 목표의 설정 및 명료화를 중시하는 이론 또는 접근방법을 총칭하여 이르는 말이다. 목표에 근거해서 적절한 수업방법을 동원하고 그에 일관된 평가 방법을 동원해야 한다는 원칙을 강조하는 교육과정 모형이다. 타일러(R. Tyler)의 교육과정 모형이 목표모형의 대표적인 것으로 지적되고 있다. 그의 교육과정에서는 ① 목표의 설정, ② 적절한 학습경험의 선정, ③ 경험의 조직, ④ 학습성과 평가라는 네 가지 요소와 절차를 강조하고 있다. 즉 경험의 선정 및 조직과 평가단계는 설정된 목표를 기준으로 해서 이루어진다는 특징이 강하게 부각되는 모형이다.

1338 목표의 구조화(structure of learning objectives)

한 학습과제 또는 학습단원의 수업에서 학습자가 학습해야 할 여러 가지 학습목표를 수업해야 할 순서대로 위계화한 것으로 넓은 의미의 목표 구조화는 한 교화 내의 목표를 수업할 순서로 위계화하는 것을 의미하며, 그 방법에는 세 가지가 있다. 첫째는, 가네(R. M. Gagne)의 학습과제 분석법에서와 같이 단원의 최종적 목표를 달성하기 위해 선행해서 학습해야 할 것을 연역적으로 분석함으로써, 수직적인 위계화에 의해 목표를 구조화하는 방법이다. 둘째는, 학습과제에 따라서는 수직적인 위계성이 없는 과제에 대해 횡적인 수업순서를 정해서 목표의 구조화를 하는 수평적 구조화의 방법이다. 셋째는, 수직적 구조화와 수평적 구조화가 복합되어 있는 방식이다.

1339 목표지향타당도(criterion-referenced validity)

목표지향검사(criterion-referenced test) 문항의 타당성을 표현하기 위해 도입된 개념으로 검사문항들이 목표의 달성 및 미달성 여부를 어느 정도 충실히 재고 있는지를 나타냄. 목표타당도(criterion validity)라고도 하며, 설정된 목표에 따라 가르침을 받은 학생들이 그렇지 못한 학생들 보다 그 검사에서 더 좋은 성적으로 얻을 수 있는가에 대한 개념으로 이를 추정하기 위한 여러 가지 방법들이 제안되고 있다. 전통적인 측정이론에서의 타당도 추정방법들, 즉 내용타당도(content validity), 준거타당도(criterion-related validity) 그리고 구인타당도(construct validity) 등의 방법들도 모두 목표 지향검사에 적용될 수 있으나 그 방법들이 전통적인 측정이론의 관점에서가 아니라 목표의 달성 및 미달성에 관한 의사결정을 하는 목표지향검사의 관점에서 적용되고 해석되어야 한다는 차이가 있다. 목표지향타당도를 추정할 수 있는 방법으로는 우선 검사문항들이 검사가 재고자하는 내용(즉 교육목표)을 어느 정도 충실히 반영하고 있는가를 알아보기 위해 모든 문항들과 문항제작의 기초가 되는 목표 및 내용간의 대응관계를 논리적으로 분석해 보는 방법을 들 수 있다. 또한 논리적인 방법이외에도 두 사람 이상의 내용전문가들로 하여금 의도한 목적과 관련하여 문항들의 적절성을 판단하게 하여 판단자들 간의 합치도(예를 들면, 문항-목표 합치도 지수, 카파계수, 내용 타당도 지수 등)를 계산하거나, 피검사자의 반응에 기초해 각 문항에 대한 기대난이도와 관찰난이도의 수준을 비교하여 문항의 타당성을 검토하는 통계적인 방법들도 있다.

1340 몬테소리(Montessori, Maria)

이탈리아의 유아교육가이며 1907년 로마의 슬럼가에 아이들의 집(Casa dei Bambini)을 창설하였다. 독특한 교육(몬테소리법)을 실천했다. 그녀는 아이들의 자발성, 자기활동을 중시하고 교사의 임무는 환경정비와 아이들의 능력개발 조성에 있다고 했다. 교수의 관찰, 상벌, 훈계에 따른 자율적 행위의 억압을 반대하고 놀이작업을 중시하는 감각훈련을 위한 몬테소리교구를 고안, 프뢰벨주의의 극복에 노력했다. 주저서로 아이들 교육의 재건(1970)이 있다.

1341 몰개성화(de-individuation)

개인이 집단의 집합적 목표에 융해되어 버림으로써 자신에 대한 자각이 약화된 개인의 정체감을 의미한다. '몰독자성'으로도 번역된다.

1342 몽고리즘(mongolism)

정신지체의 임상분류 중의 하나로 1860년에 영국의 랑그돌드가 지은 명칭으로서 선천성이나 순수한 유전은 아니다. 따라서 우리나라 모자보건법 시행령 제15조에서는 유전성 정신지체자만을 인공임신중절하도록 규정하고 있다. 이들은 대개가 머리가 크고 턱이 앞으로 튀어나온 특징적인 얼굴형을 지니고 있어 국제형으로 일컫고 있다. 원인은 노령 산모의 마지막 자녀, 젊은 어머니의 첫 자녀, 많은 형제 중의 막내가 많으며 주로 태내조기고장이 주된 원인이 되고 있다.

1343 무갹출제(noncontributory scheme)

사회보장제도에서 보험료를 재원으로 하거나 보험료거출을 수급의 수건으로 하지 않고 일반적으로 국가나 지방자치단체의 조세에 의해 충당되는 시스템을 말한다. 이것은 일정의 소득상한선을 정해서 이 이하의 저소득자에게 급여를 하는 것과 소득에 관계없이 급여하는 것이 있다.

1344 무과실보상책임
(no-fault liability for compensation)

손해발생을 당하여 손해를 받은 사람의 고의나 과실이 없어도 이외 가해자로 생각되어지는 사람은 손해배상책임을 지는 것을 말한다. 과실이 없으면 책임이 없다고 하는 근대법의 과실책임주의원칙을 수정한 사고방식이다. 특히 기업의 노동재해나 직업성 질환의 발생에 대해 배상의 공평부담을 실현하고자 노동재해보상제나 보험에 따른 위험분담이 구체화되고 있다.

1345 무관심(apathy)

원래는 정신의학분야에서 무감동, 무신경을 의미하는 용어이다. 그러나 사회과학에서는 정치적 무관심의 뜻으로 사용된다. 정치적 무관심이란 정치적 상황에 대해 적극적인 반응을 나타내지 않고 주체적 행동도 결여된 의식이나 태도를 의미하고 있다. 그러나 최근에는 정치적 상황에만 국한한 것이 아니라 모든 사회적 상황이나 세상사에 대해 아무런 반응을 표시하지 않는 무감동, 무기력, 비행동적인 태도를 의미한다.

1346 무노동부분임금제

과업 기간 중의 무노동에 대해 기본급, 직무수당 등 교환적 임금을 지급하지 않는 대신 식비, 가족수당 등 최소한의 생계비를 지급하는 제도이다. 이 제도는 파업기간만큼 일체의 임금을 지급하지 않는 무노동 무임금의 종래 원칙을 수정하려는 측면에서 제기되었다.

1347 무능력(disability)

개인을 구성하고 있는 요소들이 신체적·심리적 혹은 신경학적으로 정상에서 벗어난 상태를 말한다. 이 무능력은 개인이 적응하는 것에 따라서 장애가 될 수도 있고 되지 않을 수도 있다. 무능력과 장애는 자주 동의어로 사용되고 있지만, 정확하게는 동일한 것이 아니며 장애는 무능력에 의하여 산출된 효과를 지칭한다.

1348 무단결근(absenteeism)

우리나라에서는 비교적 적지만 풍요한 사회를 실현한 선진공업국에서 자주 나타나는 현상이다. 본인의 질병, 부상에 의한 결근, 혹은 노동조합의 구속의 어떤 의사표시로서의 직장포기가 아니고 다만 오늘은 일하고 싶지 않다라는 단순한 기분(심리상태)에서 직장에 나오지 않는 것으로 완전 이직의 의사표시를 한 것도 아닌 상태를 말한다. 영국 업계 특히 자동차공업에서 가장 빈번히 일어나며 미국이 그 다음이다. 임금의 일정수준이 올라가면 근로자는 반드시 문제 가족이 매일 정각부터 일하지 않아도 (가령, 일하지 않는 날의 임금을 제할지라도) 사회보장제의 발달로 기본적 생활에는 불편이 없는 정도의 소득이 보장되기 때문에 발생하는 현상이다.

1349 무료숙박소

일본의 명치시대 때 농촌에서의 대량인구유출로 도쿄(東京), 오오사카(大阪)를 필두로 도시는 불안정한 취업노동자, 가출인, 부랑자, 전과자 등이 모여 싸구려 여인숙이 형성되었다. 범죄나 매춘의 발생지로 변화되고, 슬럼가가 형성되었지만 한편에선 각 자선단체에 의해 숙박시설도 형성되어 사회복지의 중간시설적 역할을 행했다. 특히 전과자의 면죄 보호사업으로서 무료숙박소가 설치되었으며 대정기에는 정부도 보조금을 지출해 교육과 직업보도의 원조기능을 가졌다.

1350 무상교육(free education)

교육을 받는 학생에게 일체의 부담을 주지 않고 무료로 하는 교육형태를 말한다. 일반적으로 의미 교육의 실시와 함께 무상교육이 추진되는 경우가 많다. 그러나 의무교육이 반드시 무상교육과 일치하는 것은 아니며 대개 공립초등학교는 무상화를 실현하는 경향이 지배적이다. 무상화의 정도는 해당 국가의 정치적·경제적·사회적·문화적 형편에 따라 다르다고 보겠으나 최소한 입학금과 수업료의 면제는 공통되는 것으로 보인다. 우리나라의 경우 초등교육은 무상으로 할 것을 규정하고 있으며, 현재 입학금·수업료 면제뿐만 아니라 교과서 무상공급, 육성회비 국고 선환이 이루어지고 있는 학교 급식도 실시하고 있다. → 의무교육

1351 무선페이징
거동불편 어르신이나 독거어르신을 위하여 안전 확보를 위해 위급상황에서 간단히 발신기(리모콘)의 버튼만 누르면 수혜자의 위치, 성명, 전화번호, 병상기록 등이 자동신고되면서 119구급대가 신속히 출동하여 응급처치 및 병원으로 이송할 수 있는 시스템을 말한다. 현재 보건복지부와 자치단체들이 소방서 등을 통하여 보급 중이다. 보건복지부는 1996년 처음 도입하여 1997년 '무선페이징 시스템 보급사업'을 추진, 오는 2007년까지 총 19만2549대를 보급한다는 계획이다.

1352 무소속 청소년
무소속 청소년은 이른바 방황하는 청소년이다. 이들은 초·중·고등학교 졸업 후 미진학자 가운데 취업을 하지 못한 사람들이며 학교 중퇴, 실직 등으로 무소속이 된 사람들도 포함된다. 이들은 구조적으로 사회적 관심권 밖에 있는 사람들로 불우청소년 집단이 되며 문제청소년으로 발전할 가능성을 많이 가지고 있다. 이들이 본래 일탈지향성이 높다는 의미가 아니라 일탈을 억제할 수 있는 환경적 혜택을 남들보다 적게 가지고 있기 때문이다. 그러므로 문제청소년을 감소시키기 위한 실제적 목적에서도 무소속 청소년들에 대한 정책의 관심은 증대되어야 한다.

1353 무의식(unconscious) 01
정신분석학에서 의식구조의 설명에 사용하는 개념으로 의식적 행동의 원인으로 되어 개인이 잊고 기억해 낼 수 없는 기억과 생각, 꿈, 환상 등을 통해서 무의식의 내용을 추적하고 해석한다.

1354 무의식 02
어떤 사물·사람·동기·태도 등을 일정한 시점에 경험하였으나 억압이나 망각 등에 의하여 감지할 수 없게 된 상태를 말한다. 이는 다음과 같이 폭넓게 쓰이고 있다. ① 정신분석이론에서는 의식화의 난이도에 따라서 의식·전의식·무의식으로 분류하며 흔히 본능적 충동이 무의식 속에 억압되어 있는 것으로 봄. ② 융(C. G. Jung)의 성격이론에서는 개인적 경험에 관련된 개인 무의식과 인간의 역사적 경험에 관련된 집단 무의식으로 구분한다. ③ 일반적으로는 지각하고 의식적으로 행동할 수 있는 능력을 상실할 상태를 가리키고 가장 깊은 무의식의 상태를 혼수라고 부르며, 열·심장마비·약물중독과 같은 전체 유기체의 위협이나 뇌기능의 장애 등에서 기인된다. → 개인 무의식, 집단 무의식

1355 무의식([독] Unbewußt) 03
개인의 마음속에서 일어나고 있는데도 불구하고 의식되지 않는 과정에 관해 말한다. 신체의 생리적 과정은 심적 과정이 아니므로, 의식외의 과정이다. ① 그것에 주의가 들려지지 않고, 그것으로서 명백하게 체험되지 않는 심적 과정, 이것은 노력에 의해 의식화될 수 있으며, 전의식(preconscious, 프로이드) 또는 하의식(subconscious)이라고도 한다. 의식적 행위가 반복되어 자동화하고, 이 의미에서 무의식적 행위가 되는 일이 있다. ② 마음의 심층에 자리 잡고 있고, 의식에 갖가지 작용을 미치지만, 의지적 노력으로도 의식화할 수 없는 심적 과정. 이것은 정신분석 등의 방법에 의해서만 엿볼 수 있다(→ 정신분석). 무의식적인 심적 과정의 존재는, 고대·중세의 철학자(플로티노스, 아우구스티누스, 토마스 아퀴나스, 신비주의자들)에 의해 인정되고 있었다. 근세에 이르러 17세기에 데카르트는 정신의 속성을 의식이라고 규정했는데, 이것은 무의식의 부정이며, 그의 학파도 그것에 따랐다. 한편, 17세기에 있어서도 컷워드(Cudworth), 라이프니쯔는 무의식을 인정했다. 18, 19세기를 통하여 헤르더, 괴테, 셀링, 쇼펜하우어, 하르트만, 니체, 페흐너 등은 무의식의 존재를 긍정하고, 그것의 의미를 인정했다. 그 결과, 이 생각은 상당히 널리 지지를 받게 되었는데, 이것이 크게 문제가 된 것은 프로이드 이후이다. 그러나 그의 영향을 받은 정신분석학자들 사이에서도 무의식에 관한 견해의 차이를 볼 수 있다. 융은 선조로부터의 유전에 근거하는 〈집단적 무의식〉의 존재를 주장했다.

1356 무정부주의(Anarchism)
일체의 권력이나 강제의 사회제도를 부정하고 개인(인간)의 완전한 자유를 실현하려고 하는 사회사상과 운동을 말한다. 권력기구로서의 정부의 폐지를 주장하는 것에서부터 무정부주의라고 번역되고 있는데 반드시 적당한 번역은 아니다. 러시아 혁명까지는 공산주의와 함께 세력을 가졌으나 그 후 공상적이라고 비판되어 후퇴를 계속하여 왔다. 현재에는 아직 잠재적인 정도의 영향력을 가진 신좌익운동에서 그 현대적 실현이 보여진다.

1357 무조건 반응(unconditioned response)
무조건 자극이 주어질 때 거의 자동적이며 동시적으로 일어나는 반사적 행동이다. 생득적인 것이기 때문에 학습될 수 없다는 특징이 있다. 예컨대 눈 깜박거림, 무릎반사, 파블로프(I. P. Pavlov)의 실험에서의 고깃가루에 대한 개의 타액분비 등이 있다. 무조건 반응에 대립되는 개념은 조건반응이다.

1358 무직청소년

가장 극단적인 구조적 주변성을 가진 집단이다. 그들은 자신의 장래나 직업에 대한 포부수준이 낮고 지적 능력이 낮은 집단이거나 포부수준은 높지만 그 포부를 달성할 수 있는 수단을 갖추지 못하여 인지부조화(cognitive dissonance) 상태에 빠져 있는 청소년들이다. 예로서 재수생이나 구직·가출 청소년들은 그러한 젊은이들이다. 무직청소년들은 인간관계나 자아관에서 생기는 소외감으로 인해 심리적 갈등을 가지기 쉬우며 다른 청소년 하위집단보다 높은 수준의 욕구불만을 안고 있어 부모나 가정과 심한 갈등관계를 갖기 쉽다. 이처럼 소외된 청소년들은 비슷한 처지의 동료들과 밀착된 인간관계를 통하여 만족감과 안정을 추구하거나, 자기 자신에 대해 은둔적 자아상을 형성하여 소외감을 느끼지 못하는 소외상태로 자신을 퇴영시켜 사회와 자신에 대해 아주 무관심해 버릴 수도 있을 것이다.

1359 무차별평등의 원리(the principle of equal justice and non-determination)

기본적으로 인간평등의 사상에서 발생한 것으로 법 아래의 평등으로 규정되어져 있고 현행 생활보장법과 보호청구권에서도 명기하고 있다. 즉 모든 국민도 본법의 요건을 만족하기 위해 무차별평등의 권리를 보장하고 인권, 신조, 성별, 사회적 지위, 신분 등에 따라 차별되면 안된다고 한다.

1360 무학년제(nongraded system)

학년이나 계열에 관계없이 개개 학생들의 능력과 흥미에 맞는 수준의 과정을 밟을 수 있도록 여러 가지 조건을 마련해 주는 학제다. 미국의 교육학자 굿레드(J. I. Goolad) 등에 의해 주장되고 있는 교육체제이다. 학생 집단의 수준표시는 학년으로서가 아니라 교육과정의 단위로 표시된다. 유치원 2년, 초등교육 6년, 중등교육 6년, 대학교육 4년에 걸치는 18년을 5구분하여 무학년 초등 전반기 교육과정, 무학년 초등 후반기 교육과정, 무학년 중학교 교육과정, 무학년 대학 교육과정으로 표시하는 것이 한 예이다. 이 체제의 목적은 동일한 학급 내에 존재하는 극심한 개인차를 해결하고 학생의 능력에 맞는 과정을 학생들이 자유롭게 이수할 수 있도록 함으로써 교육의 효과를 극대화하자는데 있다. 이 체제에서는 교육과정 계열에 따라 학생들이 무리 없이 계속적인 학습을 할 수 있도록 하는 것이기 때문에 학급편성 방식이 중요하게 된다. 학급편성은 보통 ① 능력별 집단편성 ② 성적수준별 집단편성 ③ 인성 및 학습경향별 학급편성 ④ 기타 준거에 의한 편성방법이 활용되고 있다. 또한 보통의 학년제와의 절충을 통해 일부의 교과목에서만 무학년제를 채택하는 경우가 많다. → 학년제

1361 문답법(소크라테스의 [희] diale-ktikē)

소크라테스의 진리 탐구 방법이다. 그는 상대방에게 질문을 던지고, 그의 답에 있는 모순을 지적하면서, 상대방의 무지를 자각시킴과 동시에, 사물의 올바른 개념에 도달시키려고 했다. 이 방법은 상대방에게 가르치는 것이 아니고, 상대방이 스스로 진리를 깨닫는 것을 도와주는 것에 불과한 것이라 하여, 그는 자기 어머니의 직업 이름을 따서, 이것을 산파술([희] maieutikē)이라고 불렀다.

1362 문제([영] problem [독] Problem)

혼란하거나, 애매하거나 또는 모순을 포함하거나 하는 불명확한 상황에 대처하지 않으면 안되는 경우에 우리는 문제에 당면한다고 한다. 다만 막연하고 의심스럽다는 단계에서는 문제가 성립하지 않고, 상황을 구성하는 요소를 조사하여 상황이 부분적으로 명확하게 되고 그것을 단서로 하여 해결이 구해질 때, 상황이 문제로서 파악된다. 문제는 근원적으로는 실천적인 것이지만, 이론적 문제도 기지와 미지와의 경계선에서 성립한다는 점에서는 같은 구조를 가진다.

1363 문제가족(problematic family)

문제가족이란 집단으로서 가족의 조직화가 약화되고, 기능상의 장애를 일으키고 있는 가족을 말하며, 그리고 문제가족을 병리가족, 이상가족, 부적응가족, 일탈가족, 가족아노미라고도 한다. 문제가 악화되어 장기적 해결하지 못할 때 가족은 붕괴되거나 해체현상이 나타난다. 문제가족 또는 부적응가족은 가족성원의 의식, 태도, 가치관, 이해관계가 대립되어 상호작용이 결여된 상태의 가족이다. 즉 가족의 성적, 생식적, 경제적, 보호적, 교육적, 정서 안정적, 지위 관계적 제 기능이 원만히 이루어지지 않고, 1차적 집단으로서의 전인적 상호관계가 결여된 가족이다. 따라서 가족성원 서로간의 밀착성이나 연대성이 없이 성원상호간의 역할기대와 역할수행이 이루어지지 않음으로서 여러 종류의 역할갈등, 부적응, 부조화문제 등이 있는 가족이다. 그리고 가족관계의 대립, 긴장, 갈등이 발생하여 가족성원 상호간에 의사소통이 이루어지지 않아 가족성원의 욕구불만이 해결되지 않고 전체성, 통일성, 응결성, 융합성이 없는 가족을 말한다.

1364 문제상황(problematic situation)

목적 지향적인 의도적 행위의 과정이 좌절이나 갈등 등에 의해 방해를 받는 상황을 말하며 문제 장면이라고도 번역된다. 이 문제 상황에는 두 가지 계열의 개념이 있다. 하나는 손다이크(E. L. Thorndike)의 문제상자로부터 유래되는 것으로 학습이론에 응용되는 것이다. 예컨대, 굶주린 고양이를 상자 속에 가두고 상자밖에 먹이를 놓아둔다. 상자는 고양이의 어떤 동작(끈을 당기거나 지렛대로 움직임)에 의해 열리도록 해 둔다. 이때 고양이에게 이 상자 안의 사정은 문제상황이다. 한편 듀이(J. Dewey)에 의하면 문제 상황이란 어떤 사태가 뒤엉켜서 물음표(?)가 붙는 장면 혹은 이미 가지고 있는 지식으로서 적당한 반응을 기대할 수 없는 장면,

지식이나 경험이 일어나기 전에 지도적 가설이 요청되는 장면을 말하며, 특히 탐구행위(inquiry)는 애매한 문제 상황으로부터 확실한 상황으로 이동하는 과정이라 한다.

1365 문제아(problem child)

정신적, 신체적인 제 기능이나 행동 등에 현저한 이상이 나타나 특별한 원조를 필요로 한다고 생각되는 아동을 말한다. 주로 정신장애 등으로 문제행동을 하는 아동을 말하며 비행아, 부적응아 등과 동의어로 쓰이는 경우가 많다. A. S. Y의 대표적 저서 문제의 아동(1926)에서 비롯된 용어라 하고 있으나 용어정의에 정설은 없다.

1366 문제해결능력(workability)

클라이언트의 기능하는 힘을 말한다. 클라이언트가 케이스워크 관계를 통해 제공되는 여러 가지 서비스를 통해 스스로가 문제를 해결해가는 정서적, 지적, 구체적 능력의 총체이다. 이것은 클라이언트가 목표에 따라 사회사업가나 관계자 또는 여러 가지 사회자원과 일정한 관계 유지를 해갈 때의 능력, 동기부여와 기회로 구성된다.

1367 문제해결모형(problem solving model)

인간의 생활은 문제해결과정이라는 시점에서 사회사업실천을 전개해 나가기 위한 모델로 발전해 왔다. 이 모델의 체계화작업에 가장 공헌한 펄만은 듀이(J. Dewey)의 견해를 토대로 자아심리학을 도입해 특히 동기부여-능력-기회라는 틀을 중심으로 구성한 특색을 갖고 있지만 최근에는 체계이론을 토대로 재체계화가 이루어지고 있다.

1368 문제해결 학습(problem solving learning)

학습 가운데서 가장 높은 수준 또는 위계에 해당되는 것으로서 둘 또는 셋 이상의 원리를 적용하여 주어진 과제를 새롭게 해결하는 지식이나 기능을 습득하는 것이다.

1369 문항분석(item analysis)

특정 시험 또는 검사의 제작 목적과 부합되는 양호한 문항을 선택하기 위하여 검사 실시 대상과 유사한 특징을 가진 집단에게 예비적으로 실시해서 얻은 자료를 토대로 하여 개개 문항들이 그 기능을 어느 정도 수행하고 있는지를 분석이라고도 한다. 검사의 구성과 문항의 형식 등이 상이함에 따라 문항분석 방법에 다소 차이가 있지만 일반적으로 문항분석에는 문항곤란도·문항변별도·문항반응분포가 분석된다.

1370 문화([영] culture [독] Kultur)

인간이 자연그대로의 상태에 그치지 않고 노동에 의해 자연에 인공을 가하고, 자신도 자연 상태로부터 벗어나서 형성되어 온 물심양면의 전 성과. 물질적 생산·의식주·학문·예술·종교·정치 등 모든 것을 포함한다. 독일에서는 특히 한 민족, 한 시대에 특징적인 정신의 표현을 의미하는 일이 있다. 감성적 노동과는 절단된 이성의 정신적 노동에 의해 인류사가 시작되었다는 데서(칸트 등), 생산 및 일체의 경제관계는 문화사(文化史)에 종속하는 것으로 간주되었지만, 사적 유물론에 있어서는 이 관계로 역전되고, 또 물질적 생산·사회제도를 포함하는 일체의 문화의 전 국민적 수준이 문화 진보의 지표가 된다. 또 훔볼트 이래 자주 물질적 문화가 문명, 정신적 문화가 문화라고 불리어진다. 또 빈델반트, 릭케르트 등에 있어서는 자연과 문화가 분리되어 〈법칙 정립적〉인 자연과학과 〈개성 기술적〉이 문화과학이 대치되었다.

1371 문화가치([독] Kulturwerte)

릭케르트를 대표자로 하는 바덴파(→신칸트파)에서는, 문화가치를 생활가치와는 다르게 선험적이고 보편타당한 것으로 보고, 따라서 구체적인 문화재로부터도 구별한다. 진(眞), 선(善), 미(美), 성(聖), 행복 등이 그것이다. 이것들이 한편으로는 형이상학적 존재와 구별되면서도 다른 한편으로, 자연과 인간에 대해서도 초월적인 것으로 생각되는데에 그 특색이 있다.

1372 문화인류학(cultural anthropology)

20세기에 들어올 무렵부터 세계의 제 사회, 문화의 비교연구가 진행되어 인류학, 민속학, 민족학 등의 분야가 개척되었다. 이러한 성과에 힘입어 미국에서 제 민족의 행동양식, 사회생활 등의 문화의 해명을 위한 한 분야로서 문화인류학이 생겼다. 당초에는 근대적 생활을 하지 못하는 사회나 민족의 생활을 대상으로 했으나 린든, 린도, 워나, 레드필드 등은 현대사회에 대해서도 행동양식을 중심으로 연구했다. 세계각지의 언어를 갖지 못한 제 민족 등의 실태를 밝힌 공적이 크게 평가되고 있다.

1373 문화지체(cultural lag)

물질문화와 정신문화 등 문화 각 영역의 발달이나 보급의 속도에 차가 있기 때문에 사회생활속의 불균형이 생기는 상태를 말한다. 미국의 사회학자 오그반이 제기한 개념이지만 산업기술의 눈부신 발전에도 불구하고 법률, 제도, 도덕 등이 거기에 따라 변화하지 못하는데서 사회의 여러 면에 뒤틀림이 생긴다. 지체라는 언어가 애매하다는 비판도 있으나 사회변화와 문제 상황을 포착하는 중요한 개념의 하나라 할 수 있다.

1374 물가지수(price index)

모든 상품의 가격변동을 대표하는 지표. 우리나라에서는 한국은행에서 도매물가, 재정경제부에서 소비자물가를 작성하고 있다. 도매물가는 각종 상품의 가격변동을 생산자의 판매 단계에서 848개 품목을 대상으로 조사하고 있는데 이발, 교통과 같은 서비스가격은 포함되지 않는다. 소비자

물가는 소비자가 구입하는 각종 상품과 서비스의 가격변동을 소비자 구입단계에서 470개 품목을 대상으로 조사한다. 소비자물가는 사용빈도가 많은 식료품에 높은 가중치를 두어 작성되고 도매물가는 식료품 이외의 상품에 더 큰 비중을 둔다.

1375 물리적 환경(physical environment)
학교의 지리적 조건과 설비, 가정의 경제적·사회적 지위 등 한 유기체가 속해 있는 외적인 조건. 물리적 환경은 심리적 환경과 함께 환경을 분류하는 전통적 분류 유목이나 그 개념의 애매성으로 인해 근래에 와서는 지위 환경과 구조 환경 등으로 개념화되고 있다. 이 용어에 대비되는 개념은 심리적 환경이다. → 구조 환경

1376 물리치료(physical therapy) 01
약물을 투여하기보다는 기계적인 방법, 즉 마사지·운동·물·빛·열·전기 등을 사용하여 환자를 치료하는 방법이다. 의사의 의뢰를 받아 전문적으로 훈련된 물리치료사가 물리치료를 실시한다.

1377 물리치료 02
의료재활의 중심적 영역으로서 기본적인 운동기능의 회복과 환자의 신체자립성을 높이기 위하여 열, 광선, 물, 전기와 같은 에너지를 이용한 온열요법, 한냉요법, 광선요법, 전기요법, 견인요법, 수욕치료, 치료적 운동 등의 물리적 효과를 치료에 적용하고 물질의 운동 원리나 법칙을 적용하는 것을 물리치료라고 한다.

1378 물리치료사(PT : physical therapist)
의료재활에 종사하는 전문직의 한 직종. 의료기사법 제2조의 의료기사의 종별에 물리치료사가 포함되어 있으며, 동법 제4조에 면허에 대하여 규정하고 있는바 전문대학 이상의 학교에서 보건의료에 관한 학문을 이수한 자와 전문대학 이상의 학문을 이수하고 보건복지부장관이 지정하는 보건기관 또는 의료기관에서 면허에 상응하는 보건의료 업무를 1년 이상 수득한 자 등이 국가시험에 합격하므로 그 자격이 인정된다. 물리치료사가 면허를 얻을 경우 보건복지부에 등록을 해야 하며 그 직무상 알게 된 비밀은 누설하지 못하고 업무상의 실태와 취업상황을 신고해야 하며 보건복지부령에 의하여 보수교육을 받아야 한다. 물리치료사는 장애정도를 측정검사하고 평가하며 물리치료팀의 일원으로서 협조 및 협동하는 능력이 있어야 하고 장애인이 의욕을 가지고 자주적으로 재활할 수 있도록 돕는 능력과 기술을 갖추고 있어야 한다.

1379 미국가정서비스협회
(family service association of america)
전신은 1911년에 M. 리치먼드, F. H 맥크란 등이 창립한 자선조직이다. 1919년에 미국가정사회사업조직화협회로 개칭 후 1946년에 현재의 명칭이 되었다. 미국 및 캐나다의 미성년자 약취·유인죄에 대한 보호로 300개의 지방 민간가정서비스협회가 가맹하고 있다. 가족사회사업가를 통해서 가정에서 발생한 문제해결을 도모하고, 가정 붕괴의 위기를 면하려는 것으로 협회의 활동은 특히 케이스워크의 발달에 많은 영향을 주었다. 지방협회에 대한 원조, 가족에 대한 조사·정보제공·가정문제에 대한 계획이나 연구를 행하고 월간지 소시얼케이스워크를 발간하고 있다.

1380 미국노인헌장(the senior citizen charter)
미국노인헌장은 1961년 워싱턴에서 개최된 제1회 백악관 노인문제회의(White House conference on aging)에서 입안되어 제정되었다. 이 헌장은 현재 노인이 된 사람들과 또는 앞으로 노인이 될 사람들이 어떻게 하면 노인으로서의 권리와 의무를 수행해 가느냐가 규정되고 있다.

1381 미국사회사업가협회
(NASW : national association of social workers)
미국의 단일 사회복지전문직단체로서, 1955년에 미국사회사업가협회(AASW)를 중심으로 다섯 개의 분야별, 기능별 전문직 단체가 통합, 결성된 것이다. 1976년 현재 주지부에 7만명이 등록되어 있으며, 기관지인 social work를 간행하고, 인정사회사업가(ACSW)의 자격부여를 하고 있다. 1970년 학부졸업사회사업가(BSW)를 회원으로 인정한 이래, 지금도 자격문제를 놓고, 현재 각 주 공인사회사업가에 대한 모델법운동을 추진하고 이 운동은 1981년 현재, 라이센스 제도를 확립하고 있는 주가 20여개이지만 그 수가 확대될 것을 예견하고 그 자격기준이나 연수제도 등을 전국적으로 동일하게 하려는 운동이다.

1382 미국아동복지연맹(children welfare league)
1909년 제1회 아동복지백악관회의 따라 1912년 공적기관으로 연방정부아동국이 창설되었고 1915년에 민간조직으로서 아동원조국제간 정보교환기구(exchange of information among child helping organizations)가 창설되어, 1920년에 표기의 명칭으로 개정되어 오늘에 이르고 있다. 사회사업 전문분야별의 유력한 전미 민간조직의 하나로서, 아동양호(보육, 수용, 양자알선, 아동보호 등)에 관한 기준의 설정, 보고, 수반 등의 활동을 하고 있다. 연맹의 재원은 공동모금에서 30%, 공적재원에서 46%(1972~73 회계년도)를 조달하여 공적재원에 의존하는 경향이 있으나 공적부조, 보건, 음식물 등 아동양호에 관한 모든 정부시책에 관해 활발한 활동을 하고 있다.

1383 미국아동헌장
1930년 후버대통령에 의해 소집되어 아동의 건강과 보호에

관한 제3회 아동복지 백악관회의에서 채택해 그 후 다른 나라의 아동헌장 성립에 영향을 끼쳤다. 아동복지에 대한 권리를 시민의 제일 권리로 인식하고 그것에 대한 국민적 도덕적 언약으로서 미국아동을 위해 19개조의 구체적 목표를 설정하고 있지만 개별적으로 특정의 권리를 조문화시킨 것은 아니다.

1384 미성년자(minor)

성인에 대응하는 용어이며 만 20세 미만인 자를 말한다. 신체적 성장발육이 왕성하며 민감한 감수성을 지닌 사춘기로, 청년전기를 말한다. 법적으로는 의사능력유무에 관계없고 성별·기혼여부도 불문하며, 친권자에게 보호되는 존재이다.

1385 미성년자 등에 대한 간음·추행죄

심신 미약자에 대해 위계 또는 위력으로 강간 또는 추행을 함으로서 성립한다. 본 죄의 객체는 미성년자 또는 심신미약자이고 추행의 경우에는 남녀를 불문하나 강간의 경우에는 부녀에 한한다. 미성년자는 만 20세 미만의 자를 말하고 심신 미약자는 연령을 불문한다. 다만 13세 미만의 자에 대해서는 제305조가 적용된다. 심신미약자라 함은 심신상실의 장애로 인해 정상적인 판단력이 미약한 자를 말한다.

1386 미성년자 약취·유인죄

미성년자를 자기 또는 타인의 지배 하에 두어, 정상적인 보호관계 또는 자유로운 생활 상태를 변경시키는 범죄이다. 약취라 함은 주로 폭행·협박에 의해서 사람을 자기 또는 제3자의 지배 하에 옮기는 것을 말한다. 그리고 폭행·협박은 미성년자에 가해지는 것만이 아니고 그 보호자나 감독자에 대하여 가해지는 경우도 포함된다. 유인은 약취와 달리 기만과 유혹에 의해 행해지는 것을 말한다. 즉 허위의 사실을 가지고 상대방을 착오에 빠뜨리게 하거나 사실을 가지고 상대방을 착오에 현혹시켜(이 경우에 미성년자는 승낙을 주고받을 만한 의사능력이 있어야 한다) 그의 판단의 적정이 그릇되게 된 사람을 자기 또는 제3자의 실력적 지배로 옮기는 경우는 물론, 현재 실력적 지배를 하고 있는 자가 불법으로 실력적 지배를 계속하는 경우까지 포함한다. 약취, 유인의 목적이 무엇이든 불문한다. 다만 추행, 간음, 영리, 국외이송 또는 결혼의 목적으로 한 때에는 제288조, 제289조 또는 제291조에 해당한다. 그리고 미성년자를 보호, 육성할 목적이 있는 경우에도 본죄가 성립한다.

1387 미성년자 음주금지법

미성년자의 음주금지를 목적으로 음주를 제지하지 않은 친권자나 감독자 및 주류 또는 기구를 판매·제공한 자는 형사처벌의 대상으로 한다. 또 미성년자가 음용목적으로 소유 또는 소지한 주류 및 기구는 행정적으로 몰수폐기의 대상으로 된다. 단 미성년자에 대한 음용행위금지규정 그 자체는 훈시구정에 그치고 있다.

1388 미숙아(premature child)

종래에는 출생 시 체중이 2500g 미만인 유아를 지칭했지만 저체중아가 반드시 미숙해 보이는 것은 아니기 때문에 현재는 저체중아로 부르며 특히 초산의 경우를 미숙아라 부르고 있다. 비장애아에 비해 나환율, 사망률, 심신장애의 발생률이 높고 임신중독증이나 모체의 저영양, 과로 등이 발생요인으로 되고 있다. 따라서 모자보건대책을 중시할 필요가 있어 행정적으로 특별한 조치를 강구하고 있다.

1389 미숙(아)망막증

임신 만 33주 이전의 조기출산아(특히 출산 시 체중 1500g 이상)에게 일어나기 쉬운 망막의 이상 현상이다. 구명을 위해 투여되는 산소영향으로 망막의 온관에 이상증식이 일어나 중증의 경우에는 실명이 되는 때도 있다. 망막발육이 미숙한 미숙아에게 많이 나타나기 쉬워 미숙아망막증이라고 하지 않고 미숙망막증이라 부른다. 실명예방을 위해서는 산소투여의 적정화와 안과의사에 의한 조기발견을 위해 안전 체크가 필요하다.

1390 미아(missing child)

미아는 3~12세의 아동이 길을 잃어 가족 또는 부양의무자 등으로부터 일시 이탈된 아동을 말한다. 미아는 교통이 복잡한 도시에서 발생률이 높으면 간혹 정신지체아 등이 지리를 몰라서 미아가 되는 경우도 있다. 이들에 대한 수배는 4시간 이내에 처리되고 있으며 보호자인계, 위탁보호, 일시보호, 시설인계 등으로 처리되고 있는데 대다수가 보호자를 찾아 연계되어진다.

1391 미조치 아동

복지조치가 필요함에도 불구하고 조치를 받지 못한 아동을 말한다. 일반적으로 보육소 입소를 신청했으나 결원이 없어 대기하고 있는 아동을 비롯해 아동상담소의 조치결정 후 시설에 차원이 없어 대기하고 있는 아동, 상담을 요구했으나 구체적인 복지조치가 정해져 있지 않은 아동 그리고 일시보호소에서 관찰, 조사, 진단 중인 아동을 모두 미조치아동이라 한다.

1392 미혼모(unmarried mother)

미혼여성이 아이를 출산해 모친이 되는 것을 말하고 있으나 보통 미성년자의 경우를 말한다. 산업화와 도시화가 급속도로 진전되면서 성 가치관의 타락과 성개방 등으로 인한 미혼모 발생이 우리사회에 심각한 문제로 야기되고 있으며, 정부는 미혼모 발생을 위하여 1982년부터 기업체 근로여성과 접객업소 종사자들을 대상으로 전국 규모로 교육을 실시하고 있다. 미혼모를 보호하는 시설은 전국에 10개 정도 있으며, 이들을 수용하여 생계보호를 행하는 한편 직업보도

교육을 실시하여 사회인으로 복귀하도록 도와주고 있다.

1393 민간단체(private agency)

민간단체란 국가 또는 지방자치단체의 경영과는 달리 개인이나 민간의 임의단체의 자유의지에 의한 기부금이나 기여금에 의해서 부분적으로 또는 전적으로 유지되거나 지원을 받는 조직체이다. 우리나라에는 국내지원에 의한 민간단체와 외원에 의한 민간단체 즉 외국 민간원조기관 한국연합회(Korea association of voluntary agencies) 산하기관이 있어 후생사업, 교육사업, 보건의료사업, 구호사업, 지역사회개발사업 등을 실시하고 있다. 그러나 외원의 감소와 정부시책의 전환으로 점차 외원기관은 줄어들고 국내자원에 의한 활동이 크게 기대되고 있는 실정이다.

1394 민간사회복지사업 (voluntary social welfare service)

민간단체 또는 개인이 행하는 사회복지사업(시설경영을 포함)으로 공적 사회복지사업에 앞서 생겼으며 개척적 역할을 담당해 왔다. 현재 민간이 자주적·임의적·창조적으로 행하는 경우와 국가·지방공공단체의 위탁을 받아 그의 지도감독 아래 행하는 경우, 공립민영의 형태를 취하는 경우 등이 있다. 사회복지사업법에 의하면 현행의 민간사회복지사업의 경영주체는 원칙적으로 사회복지법인으로 되어 있으며 민간사회복지사업의 법제상 조직으로 공동 모금회, 사회복지협의회, 민생위원 등이 규정되어 있다.

1395 민간사회복지사업의 재원

민간사회복지사업의 재원으로서는 국가 및 지방공공단체의 위탁비·보조금, 공동모금 이외 기부금, 경륜 등의 공영경기의 수익금에 따른 보조금, 수익사업부문의 수익, 조성 법인에서의 조성, 사회복지사업진흥회 등의 차입금 등이 있다. 이들 중 민간사회복지사업의 시설로 가장 큰 비중을 정하고 있는 것은 국가 및 지방공공단체로부터의 위탁비이지만 이는 순수한 의미로서 민간사회복지사업 재원은 아니다. 그러나 사회복지사업법에 조직위탁에 따른 위탁효과는 법적근거가 있기 때문에 안정 재원으로 되어 있는 것이 현실이다.

1396 민간사회복지시설

민간사회복지시설은 민간에 의하여 설치되어 운영되는 시설을 말한다. 사회복지법인, 재단법인 및 사회복지시설의 설립은 사단법인, 종교단체, 기타의 비영리법인, 개인, 국가 또는 지방자치단체가 할 수 있다. 사회복지법인을 제외하고는 설치주체, 경영주체는 공히 민간의 이사회 또는 개인이다.

1397 민간산업복지(private industrial welfare)

주체별로 본 산업복지의 한 영역으로 민간단체, 종교단체 등이 주체가 되어 근로자와 그의 가족이 복지증진을 위한 제 활동이나 서비스의 체계를 말한다.

1398 민생위원(community welfare volunteer)

→ 민생위원 아동위원

1399 민생위원 아동위원

일본의 민생위원법에 의해 각 시·정·촌에 설치된 민간봉사자이다. 위원은 도·도·부·현 지사의 추천을 받아 후생대신이 위촉하는 것으로서 보수를 목적으로 하지 않는 명예직으로 임기는 3년이다. 1947년 아동복지법의 제정에 의해 아동위원을 겸했다. 민생위원의 주요역할은 행정과 주민을 연결하는 파이프역이며 직무로는 조사를 행해 주민의 생활상태를 파악, 적절한 요보호자 지도, 사회복지설과 밀접하게 연락해 그 기능을 보조, 복지사무소 기타 관계행정기관의 업무와 협력 등으로 되어 있다.

1400 민생행정(public welfare administration)

일본의 지방자치행정상 사용되고 있는 용어로 지방자치법에 의하면 시·도 행정조직으로서 군. 도 및 인구 250만이상의 지역에 사회복지 및 사회보장에 관한 사항을 분담하기 위해 민생국 내지는 민생부를 두는 것으로 하고, 인구 100만 이상 250만 미만의 지역에 사회복리, 사회보장 및 노동에 관한 사항을 부담하기 위해 민생노동부를 두는 것으로 하고 있다.

1401 민주사회주의

20세기 초에 영국노동당을 중심으로 하여 제차된 이상주의적 사회주의를 말한다. 이 사상은 기본적으로 사회개량주의(social reformism)에 입각해 있으며 맑스주의적 계급투쟁이나 볼세비키의 폭력혁명을 부인하고 오로지 의회 민주주의적 방법에 의한 사회주의의 실현을 목적으로 한다. 특히 오늘날 복지국가지향의 정치사회노선으로 널리 알려져 있다.

1402 밀(Mill, John Stuart.)

런던출생. 부친은 James Mill. 부친의 좋은 교육을 받고 벤담 사상의 영향을 받았다. 런던 동인도회사의 중역이 되지만 1856년 이후에는 저술에 몰두하였다. 영국철학의 주류인 경험론, 심리주의를 계승, 논리학에서는 경험과 귀납을 중시해 밀의 귀납법을 창시하였고 심리학에서는 유신의 능동성을 인정하고, 경제학에서는 근대경제학의 경험적 업적인 경제학원리를 저술하였다.

[ㅂ]

1403 바이마르헌법(Weimarer Verfassung)

제1차 세계대전에 의한 독일제국의 붕괴를 계기로 1919년 8월11일 바이마르에서 열린 국민의회에서 제정된 독일 공화국 헌법이다. 통일적 경향이 강한 연방제 국가조직과 사회민주주의에 입각한 기본적 인권의 규정을 특색으로 한다. 즉 자본주의가 고도로 발전함에 따라 빈부의 차가 심해지고 국민대중의 생활이 위협을 느끼게 되자 국가는 국민에게 국가로부터의 자유를 의미하는 자유권의 보장에 그칠 수는 없게 되었고 국민의 인간다운 생활을 보장하기 위하여 경제적 기본권(생존권적 기본권)을 보장하게 되었다. 경제적 기본권을 포괄적으로 규정한 헌법이 바이마르헌법으로 근대의 새로운 민주주의 헌법의 전형이 되었으나, 1933년의 나치스 정권장악으로 소멸되었다.

1404 바이스테크의 7원칙(Biestek's principles)

케이스워크의 치료적 기능강화를 위해 1950년대 바이스테크(Biestek, F. P)가 도출한 원칙이다. 클라이언트의 기본적 욕구를 이해하고 이를 토대로 원조의 전체과정에서 사회사업가가 유지할 기본적인 원리·원칙이다. 즉 다음과 같이 사회사업가의 기능적 능력에 대한 전문적인 훈련이 필요하다. 개별화, 의도적인 감정표출, 통제된 정서적 관여, 수용, 비심판적태도, 클라이언트의 자기결정, 비밀의 보장 등 7원칙이다. 다시 말해 사회사업가의 순수성, 클라이언트의 인격존중, 감정이입, 태도 등이 중요하다.

1405 바커(Berker, Roger)

미국의 심리학자로 1941년 레빈(K. Lewin)과 함께 유아의 놀이행동의 퇴행을 실험적으로 명백히 하려했다. 2세~5세의 유아를 우선 실험실에서 장난감으로 놀게 한다. 다음으로 같은 방에서 훨씬 매력적인 장난감으로 단시간 동안 노는 것을 허락했다. 그 뒤 처음의 장난감을 주고 매력적인 장난감을 볼 수는 있지만 가지고 놀 수는 없는 좌절상태를 만들어 주었더니 놀이의 구성도가 현저하게 저하되었다고 한다. 이것을 목표저지에 의한 개인의 퇴행이라고 생각했다.

1406 바트레트(Bartlett, Harriet M.)

미국의 사회사업학자이며, 1921~1943년까지 메사추세츠 종합병원에서 의료사회사업 실무에 종사하였고, 그 이후에는 주로 미국사회사업가 협회나 사회사업교육협의회의 각종 위원회에서 사회사업 실천과 교육의 발전을 위해 활동하였다. 많은 저서와 논문을 발표했으나 그 중 1970년의 Common Base of Social Work Practice가 대표적이다.

1407 박애(philanthropy) 01

18세기 계몽주의 사상을 배경으로 하여 나타난 사상. 신의 사랑의 전통을 바탕으로 하고 있다. 인간은 이성을 부여받은 존재로 모두 자유로우며 평등하다. 이 모든 인간 사이를 결속시키는 것이 인류애 즉 박애이다. 18세기 후반부터 19세기에 걸쳐 영국에서 사회복지를 의미하는 새로운 말로서 자선(charity)과 함께 사용되었다.

1408 박애([독] Menschheitsliebe) 02

인간에 대한 사랑을 의미하는 것으로 그리스어 philanth-ōpia에서 나온 말이다. 독일어에서는 Menschenliebe라는 말도 사용되고 있다. 시대·국가의 구별을 초월한 인간·인류에 대한 사랑을 말한다. 이 말은, 고대에서는 코스모폴리티즘의 입장을 취한 스토아파에 의해 사용되었다. 근세 18세기에 바세도우(J. B. Basedow) 등에 의해 교육의 원칙으로 삼아졌지만, 19세기에는 이 말이 시들어지고 인도주의라는 말이 생겼다. 오늘날에는 philanthropy가 주로 자선을 의미하는 말로 되었다.

1409 반대([영] opposition [독] Opposition)

서로 배척하는 관계를 가리킨 말이다. 엄밀히 반대(contrary)는 예를 들면 백과 흑의 관계와 같은 것을 가리키며, 백과 비백과의 관계 즉 모순(contradictory)과 구별되지만(→ 반대개념, 모순개념), 보통은 막연하게 이 양쪽의 관계를 포함시켜서 말하는 경우가 많다. 대립이라는 말도 대체로 같은 의미. → 모순

1410 반대개념
([영] contrary concept [독] konträrer Begriff)

어떤 유개념에 종속하는 개념 중에서 그것의 내포면에 최대의 차이가 있는 개념을 말한다. 예를 들면 색이라는 유개념에 종속하는 갖가지 색의 개념 중에서 백과 흑은 최대의 차이를 가진다. 이와 같이 백과 흑, 현(賢)과 우(愚), 대와 소와 같은 종류의 개념이 반대개념인데, 이것들에게는 회색, 범용(凡庸), 중(中)이라는 식의 중간개념이 개입될 여지가 있다. → 모순개념

1411 반대의 일치

니콜라우스 쿠사누스의 용어다. 삼각형의 한 변을 무한히 커지게 하면 다른 두 변도 그것과 합치하는 직선이 되고 마는 것과 같이, 무한한 것으로의 신에 있어서는 유한한 세계에서의 모순이나 대립이 해소되고 만다는 그의 주장을 가리킨다. 이 사상은 브루노에 의해 범신론적인 의미로 계승되고 또 셸링의 동일철학에서도 볼 수 있다.

1412 반동형성(reaction formation)

어린이를 미워하고 있는 계모가 그 감정을 억누르고 오히려 그 반대로 지나친 애정을 쏟는 것과 같이 억압된 욕구와 반대되는 행동경향을 나타내는 것을 말한다. 예컨대 열등감을 가지고 있는 사람이 자만과 허세를 부리는 태도가 여기

에 해당된다. 억압된 경향이 다시 의식에 오르지 못하게 회피하는 것으로 자기 속에 있는 불안을 회피하는 수단으로 취해지는 것이다.

1413 반복연구(replication study)

선행 연구(특히 실험연구)를 통해서 나타난 결과 혹은 발견을 다시 확인하기 위하여 선행 연구에서 실행했던 방법에 따라 연구(혹은 실험)를 반복하는 것을 말한다. 반복 혹은 반복검증(replication)이라고도 한다.

1414 반사(reflection)

케이스워크나 카운슬링의 면접과정에서 클라이언트가 말한 사안이나 표현한 감정을 될 수 있는 한 클라이언트와 같은 말로 되풀이해 준다는 기법이다. 이것이 이루어지면 클라이언트는 수용되어 이해되었다고 느껴 사회사업가 대 클라이언트 관계가 깊어짐과 동시에 자기가 직면하고 있는 사태를 다시 한 번 생각하고 감정을 정리하거나 해서 현실적으로 대처해 갈 수 있게 된다.

1415 반사적 이익(reflection benefit)

반사적 이익이라 함은 법이 공익의 보호증진을 위하여 일정한 규율을 행하고, 또 법에 기하여 행정의 집행이 행하여지는 것의 반사적 효과로서 특정 또는 불특정의 사인에게 생기는 일정한 이익을 말한다. 사치주의 하에서는 행정주체와 사인간은 법에 의하여 규율된 관계이고, 이 행정주체와 사인간의 관계가 공법의 규율을 받는 경우에는, 그것은 공법관계라고 말하고, 그 내용을 이루는 권리를 말한다. 의무를 일반적으로 공권 의무라고 한다. 행정객체로서의 사인은 이와 같이 행정주체에 대하여 일정한 공권(개인적 공권)을 가지고 있는데, 이 개인적 공권은 자기를 위하여 법률적으로 일정한 이익의 주장을 할 수 있는 힘을 가지고 있다. 그러나 행정상의 관계에 있어서는 이와 같은 개인적 공권이라고는 말할 수 없는 사실상의 이익이 생기는 것이 적지 않다. 법이 공익의 보호증진을 위하여 일정한 규율을 행하고, 또 법에 기하여 행정의 집행이 행하여지는 것의 반사적 효과로서, 특정 또는 불특정의 사인에게 일정한 이익이 생기는 것이 있다. 이 경우에는 일정한 이익을 법적으로 주장할 수 없다고 되어 있고, 공권과 구별하여 반사적 이익이라고 한다. 즉 반사적 이익에 지나지 않는다고 간주된 경우에는 재판상의 보호를 받을 수 없다고 일반적으로 해석되고 있다. 그러나 구체적으로는 무엇이 공권이고, 무엇이 반사적 이익에 지나지 않는가에 대한 구별상의 난해점이 많다.

1416 반사회성(antisocial personality)

사회성은 사회에 공통하는 인간의 적응행동의 총칭으로 정의되지만 반사회성은 그 사회의 전통, 도덕, 규율, 조직 등에 대한 적의. 공격을 나타내는 것이다. 구체적으로는 사회의 질서에 대한 반항적 행동으로 표현되며 청소년의 비행 등이 이에 상당한다. 모두가 사회에 적응하는 것이 곤란한 상태에 놓여 있을 때 폭력이나 비행으로 자기표현의 장을 찾는 심리기제가 작용하고 있다.

1417 반사회적 집단(antisocial group)

집단으로서는 일단 조직이나 질서나 구속력을 갖고 있지만 그 집단의 목적이나 규범 등이 일반사회의 그것과 합치하지 않고 나아가서 일반사회의 질서유지를 위협하며 파괴하는 집단이다.

1418 반사회적 행동(antisocial behavior)

다른 사람 또는 다른 집단의 존재·규범·목적을 부정하거나 배척하는 행동과는 대조적으로 사회적 행동은 개인이나 집단에 행위를 말한다. 일반적으로 반사회적 행동이라는 개념은 사회의 보편타당한 가치·규범에 동조하지 않고 사회질서를 간접적이거나 직접적으로 파괴하는 행동으로 개인적·집단적·조직적으로 일으키는 행동을 말한다.

1419 번 아웃(burnout)

신체적, 정신적 그리고 정서적 측면에서 개인의 기력 혹은 에너지가 고갈된 상태를 지칭한다. 지속적 혹은 과도한 업무나 스트레스의 결과로 볼 수 있으며, '탈진' 혹은 '탈진상태'라고도 한다.

1420 반일휴가제

개인적으로 병원에 가거나 집안일을 볼 때 등 하루를 다 쓰기 아깝고 잠깐 나가서 일보기에는 눈치 보일 때 하루의 반 나절만 휴가를 내는 제도이다. 사무직과 정보통신 등 서비스 업종에서 요긴하게 활용된다.

1421 반정립([독] Antithese)

정립에 대립하는 말이다. 특정한 긍정적 주장에 대응하는 특정한 부정적 주장으로서, 정립에서 주장하는 것이 반정립에서는 부정된다. 헤겔은 개념을 실제로 보고, 이같이 대립하는 개념이 새로운 종합을 만들어낸다고 생각했다(예를 들면, 유–무–성). 그것은 주로 사고에 있어서의 일면성의 극복이다. 현실 속에는 현실적 모순이 있으며, 현존하는 것을 유지하려는 방향으로 작용하는 요인에 대해 그것을 부정하는 방향으로 작용하는 요인은 하나의 반정립이다.

1422 반항기(revolt stage) 01

성격발달과정에서 부모·교사 또는 그 밖의 권위적 인물이나 기존의 체제와 질서에 대해 반대·증오·파괴·무시 등의 공격적 태도를 지니는 시기이다. 흔히 3~5세를 제1반항기라고 하고 13~14세를 제2반항기라고 하는데, 이 시기에 반대적 행동증상(oppositional behavior syndrome)이 많이 나타나는 것을 볼 수 있다.

1423 반항기(rebellious stage) 02
인간은 정신전달과정에서 여러 가지의 자기주장을 하면서 성장하는 것이지만 특히 그 2세말에서 4세까지의 유아기 그리고 13세경부터 청년기에 반항적인 태도가 현저하기 때문에 이 시기를 각각 제1반항기, 제2반항기라 한다. 전자의 경우 부모에의 의존관계에서 자립하려는 자아가 눈을 뜨면서 반항으로 나타난다 하며 후자는 부모 뿐 아니라 사회적 권위에 대한 반항이 중심이 된다. 건전한 자아형성에는 반항기의 경험이 필요하다 하겠다.

1424 발달(development)
유기체가 그 생명활동에 있어서 환경에 적응하여 가는 과정이다. 동물과 인간의 발달은 생후부터 사망까지 전 기간에 걸쳐 일어나며, 인간의 경우에는 아동발달에 특히 중점을 둔다. 발달의 개념은 카마이클(L. Carmichael)이 주장하는 것처럼 성장과 양적인 증가로 발달을 간주하는 것이며, 둘째는 뷜러(K. Bühler)와 게젤(A. Gesell)의 입장과 같이 발달을 보다 나은 단계로 전개되는 질적인 변화로 이해하는 것이다. 셋째는 스턴(W. Stern)의 주장과 같이 발달의 개념에 결정적 요인, 즉 유전과 환경이 영향을 고려하는 것이다. 이러한 개념규정은 현재에는 그렇게 중요시되지 않는다. 발달과 학습의 차이는 발달이 학습의 특수한 유형이라는 점에 있다. 다른 각도에서 보면 발달은 보다 넓은 뜻으로 유기체의 성장과 성숙의 과정이며 학습과는 독립적인 것으로 간주될 수 있다. 발달과정은 다양한 연령수준을 종단적 또는 횡단적으로 비교함으로써 단기간의 효과를 규명할 수도 있다. 최근에는 전 생애 발달(life-span development)을 전후 맥락 속에서 연구하는 새경향이 나타나고 있다.

1425 발달과업(developmental task)
한 특정 문화권 또는 하위문화권내에서 발달하는 각 아동이 당면하게 되는 과업이다. 해비거스트(R. J Havighurst)는 발달과업의 개념을 발달전망의 측면에서 정상적인 인간 발달을 기술하는데 사용했다. 아동이 각 발달과업을 완수하게 될 때까지 각 발달과업들은 대체로 아동의 동기유발과 흥미의 핵심을 이루게 되며 과업이 완수된 후에는 아동을 묘사하고 각 아동들을 비교하는 데에 중요한 기점으로 사용하게 된다. 발달과업은 각 문화권에 따라 상당한 차이가 있으나 대개가 연령에 따라 계열화되어 있다.

1426 발달과제(developmental tasks)
인간의 형성과정에는 유아기부터 노년기에 이르기까지 각각의 발달단계에서 학습하고 익혀야 할 발달과제가 있다. 이 문제가 달성되지 않으면 사회적 승인을 얻을 수가 없고 후속되는 과제도 있어 적응에 곤란이 증대된다. 1950년대 하비가스트(R. J. Havighurst)에 의해 교육목표와 교육적 적기의 교육론으로 전개되어 발달연구에 중요한 시점을 가져오게 되었다.

1427 발달단계(developmental stage)
인간발달의 연속선상에서 현저하게 구분되는 어떤 기준에 다른 단계이다. 각 단계에 도달하기 전에는 나타나지 않았던 어떤 특징적인 행동이나 특성이 어떤 지점을 기준으로 하여 처음으로 나타나게 된다. 또한 하나의 단계는 새로운 단계로 들어가면서 끝나게 된다. 발달단계는 학자들에 따라 각각 다르게 구분되기도 한다. 즉 프로이드(S. Freud)는 성본능과 관련져서 인간의 발달단계를 구강기(oral stage)·항문기(anal stage)·성기기(phallic stage)·잠복기(latent stage)·성욕기(genital stage) 등의 5기로 구분한 반면, 피아제 (J. Piaget)는 사고와 동작이 통정된 심리적 도식의 내용이 변화함에 따라 발달단계를 감각운동기(sensory-motor stage)·전조작기(preoperational stage)·구체적 조작기(concrete operational stage) 및 형식적 조작기(concrete operational stage)의 4기로 구분하였다. 또한 헐로크(E. B. Hurlock)는 개인의 전발달과정을 10단계로 구분하였다. 즉 임신부터 출생까지를 출산전기, 출생부터 2주까지를 신생아기, 2주~2세를 유아기, 2~6세를 아동초기, 6~10세 또는 12세를 아동후기, 10(또는 12)~14세를 사춘기, 14~17세를 청년초기, 17~21세를 청년후기, 21~60세를 성년기, 60세 이후를 노년기라고 하였다.
→ 피아제의 인지발달 이론

1428 발달보장(development protection)
모든 인간은 그 사람 나름대로 발달의 가능성을 가지고 있으며 그 가능성을 최대한으로 추구해 개개인의 인격전달을 보장함으로써 그 사람 고유의 가치실현을 도모하는 것이 교육이나 사회복지의 목적이라고 생각하는 것이다. 이 관념은 1960년대 이후 특수교육이나 장애인복지 특히 중증장애아동에 대한 교육이나 사회복지의 활동에서 실천의 이념화 작업 등에 강한 자극을 받으면서 체계화된 것으로 장애의 유무가 인간의 사회적 가치를 시정하는 조건이 될 수도 있다는 존의 사회적 관념에 대한 정면도전이기도 하다. 따라서 발달보장에는 중증장애인이라도 발달을 보장받는 권리를 갖고 있다는 이념, 그리고 발달을 도출하는 과학적 방법론의 확립이라는 두 개의 중요한 과제가 포함되어 있다. 또 이 이념을 공유하는 클라이언트 장애인 교육, 사회복지의 실천가, 시민의 협동에 의한 사회적 운동이 중요한 의미를 갖는다고 하겠다.

1429 발달심리학(developmental psychology)
개인의 일생의 지적·정서적·사회적 과정의 전개에 관심을 두는 심리학의 한 분야이다. 발달원리는 신체적·지적 변화가 급속히 이루어지고 행동유형이 형성되는 생후 20세까지의 시기에 적용된다. 최근 동향은 발달심리학이 기술적인 데에서 어떤 현상을 설명하는 과학의 입장으로 변화되어 가고 있다. 따라서 발달심리학의 목표는 교육적이라기보다는 심리적 현상을 설명하는 것으로 볼 수 있다. 성장·발달·성숙 등의 용어는 주로 미숙한 유기체의 시간에 따른 변화를 지칭하는 개념으로서 발생심리학에서 취급되고 있다. 발달심리학의 연구 영역은 신체·지적·정의적·사회적 발달로 나누기도 하며 영아, 유아, 소년·소녀, 청년기, 장년기, 노년기로도 나눈다. 또는 어떤 특수영역, 예를 들어 뇌의 발달, 양심의 발달, 성격의 발달 등으로 나눌 수 있다.

1430 발달이론(developmental theory)

발달이론은 발달에 관한 원리이다. 원칙을 설명하는 것이지만 발달의 규정요인으로서 유전과 환경에 대한 생각이 문제가 된다. 셸든(W. H Shelden)은 내적인자로서의 유전과 외적 인자로서의 환경의 쌍방이 작용하는 제도를 문제로 삼아야 한다면서 폭주설을 제창했다. 현재는 유전과 환경의 2가지 요인으로 분리한 양자택일의 사고가 아닌 유전과 환경의 상호작용이라는 생각을 하고 있다. 한편 러시아심리학은 내적 조건의 작용을 인정하면서도 외적조건의 주도성을 중발달장애시한 상호영향을 주장하고 있다.

1431 발달장애(developmental disorder) 01

정상발달에 비교하여 사회성, 언어, 인지 등에 심각한 장애가 있어서 정상적인 발달을 이루지 못하는 경우를 말한다. 정신지체, 전반적 발달장애(자폐성장애 포함), 학습장애 등을 포함한다.

1432 발달장애 02

발달은 심신의 제 기능의 분화와 통합, 구조의 변화 등에 의해 표시되는 현상이지만 이들 과정은 일정의 한계에 따라 전개되어 간다. 발달장애는 어떤 원인으로 인해 다음 발달단계로 넘어가는 것이 곤란한 상태에 있는 것을 말하는 경우가 많다. 그러나 그것은 평균적 발달단계를 가정한 비교이며 종래의 발달기준의 시점을 바꾸는 것으로 발달장애의 내용이나 범위도 변화한다.

1433 발달지수(DQ : developmental quotient) 01

유유아의 정신발달척도를 기준으로 검사수단에서 얻어진 성숙점 내지는 발달연령(DA)과 생활연령(CA)의 비교(OA/CAX 100)로 표시한 것이다. 유유아의 발달장애를 조기 발견하는데 쓰여진다. 발달척도는 기젤(Gesell, A.)의 업적에 힘입은 바 크며 그는 운동행동, 적응행동, 언어, 개인적·사회적 행동의 각 영역에 걸쳐 척도화했다. 대부분의 검사는 발달척도에 의거해서 표준화되었다.

1434 발달지수 02

심리측정 방법에 의해서 산출된 발달연령과 생활연령의 비로 제시되는 개인의 성숙 정도에 대한 지수이다. 비장애아동의 경우에는 발달연령과 생활연령이 같다.

1435 발달지체(developmental delay)

성숙의 지체(maturational lag), 즉 발달이 느린 것을 언급하는 말로서 생활연령이 같은 비장애아동들에게 관찰되는 기능 수준보다 더 아래에 있는 아동을 뜻한다. 발달지체 아동들은 두뇌의 역기능이나 뚜렷한 구조적 손상이 없으면서도 지체아동에게서 나타나는 느린 발달이나 불균형적인 능력들을 보인다. 특수교육 분야에서 볼 때 발달지체는 정신지체, 학습장애, 주의력 결함 장애 등과 관련되어 있는 것으로 보고 있다. 특히 정신지체 영역에서는 정신지체 아동들의 인지 발달을 크게 결함론과 발달론으로 구분할 때 발달지체는 발달론의 입장과 동일한 개념이다. 발달론의 대표적인 학자로 Zigler를 들 수 있는데 Zigler는 발달지체를 정신지체아동의 지적기능과 관련시켰다. 그는 정상분포에서 지적으로 낮은 수준에 있는 아동이면서 정신지체의 75%를 차지하고 있는 아동들이 가계－문화적 정신지체라고 주장하였고, 기관의 손상으로 인한 정신지체와는 달리 이들은 인지적, 지적으로 볼 때 정상 아동처럼 발달한다고 주장하였다. 즉 아동들이 한 단계씩 연속적으로 발달해 나가는 것과 같은 단계 내에서의 인지기능은 비장애아동이나 가계－문화적인 정신지체 모두에게 존재한다는 것이다. 비장애아동과 정신지체가 차이가 있다면 그것은 발달율이 느리고, 최종적으로 습득하게 될 인지 수준의 상한선이 낮은 것이라고 하였다. 또한 비장애아동과 정신연령을 일치시킨 정신지체아동을 보면 생활연령이나 IQ의 차이와 관계없이 비슷한 인지기능을 갖고 있다고 하였다. 특정한 혹은 일반적인 지적 결함에 대한 설명으로서 발달지체는 많은 질문이 제기될 수 있다. 또한 비장애인과 정신지체인의 정신 연령을 일치시킨다 해도 질적인 차이가 존재할 수 있으며 정신지체인에게 생활연령이 가져다주는 효과 또한 무시할 수 없기 때문에 이론적으로 타당성이 있다 해도 문제가 있을 수 있다. 그러나 이렇게 논쟁적이지만 많은 연구들이 가계－문화적 정신지체에 관한 Zigler의 기본적인 발달 입장을 지지하였다.

1436 발병률(attack rate)

전염병이나 식중독과 같이 비교적 원인적인 인자가 분명한 어떤 요인에 폭로된 사람 중에서 병이 발생하는 상태를 측정할 때의 발생률을 말한다.

1437 발생률(incidence rate)

일정기간 관찰한 인구 중에 질병이 발생하는 빈도(확률)를 측정하는 지표이다. 위험에 폭로되는 기간이 아주 짧을 때에는 질병 유행의 양상을 완전히 파악할 수 있으므로 이러한 경우의 발생률을 발병률이라고도 한다.

1438 발전(development)

국가나 사회 또는 조직체를 막론하고 바람직한 방향을 지향하는 변화를 의도적으로 추진하는 과정 또는 그 결과, 사회발전·국가발전·조직체의 발전(또는 개발) 등이 있을 수 있다. 가장 포괄적인 것으로 오늘날 특히 강조되고 있는 것은 국가발전이다. 국가발전은 경제발전·정치발전·사회발전·문화발전·교육발전 등의 여러 측면을 가지고 국민공동사회, 즉 국가를 주축으로 방향성 있는 변화를 의도적으로 추진하려는 것이다. 예컨대 공업화의 추진, 민주화의 추진, 개방사회의 건설, 민족문화의 창달, 교육의 기회 균등 실현 등은 모두 국가발전에 연관되어 있다. 발전에 있어서는 발전의 목표와 방향 등이 문제시될 뿐만 아니라 발전의 속도, 발전을 위한 수단과 방법 등이 중요한 문제로 등장한다. 최근 전 세계는 국가발전을 촉진하는데 깊은 관심을 쏟아왔으며 UN은 1960년대를 「개발의 연대」(development decade)라 불렀고, 이어 1970년대를 「제2의 개발의 연대」(second development decade)로 불렀다. 그러나 자원의 고갈, 환경의 오염, 남북간·빈부국가간 격차의 심화가 부각됨에 따라 성장에 한계론이 크게 대두되었으며 균형적 발전의 문제가 부각되고 있다. 국가발전의 추진에 있어서 교육발전은 그 목표의 하나일 뿐만 아니라 원동력의 배양을 위한 수단으로도 강조되고 있다.

1439 밤병원(night hospital)

영국에서 처음으로 설립된 것으로 정신위생분야에서 지역사회 보호를 행하기 위한 하나의 시설형태로 낮에는 취로·교육 기타의 일로 지역사회에서 생활하고 밤에는 병원에서 치료·간호 혹은 재활 등의 의료적 처우를 받는 시설을 말한다. 주간병원에 대치되는 시설로 정신병환자를 가능한 한 사회에 접촉시킴으로서 사회복귀나 직장복귀를 촉진시키는 것을 목적으로 해서 만들어지고 있다.

1440 방계적 자료원(collateral sources of data)

케이스워크에서 클라이언트의 문제해결을 해결하기 위한 과정에서 필요한 자료(정보)를 수집해야 한다. 이 때 클라이언트 이외에 사람들로부터도 중요한 자료를 얻을 수 있으며 이러한 경우를 총괄하여 쓰여지고 있다. 이와 같은 방계적 자료원에서 자료를 수집할 경우 원칙적으로 그 필요성을 클라이언트에 설명하고 동의와 이해를 얻은 뒤에 진행해야 할 것이다. 최근에는 적절한 표현이 아니기 때문에 별로 사용하지 않는다.

1441 방문조사(visiting research)

면접원이 조사대상인 개인, 가정, 사업소 등을 개별적으로 방문하여 응답을 얻는 조사방법이다. 방문조사의 장점으로는 면접원과 피 조사자와의 관계를 적절히 조절하여 보다 정확한 결과를 얻을 수 있다. 조사대상으로서 본인여부를 파악하기 쉽고 본인이나 가족원의 일상생활을 있는 그대로 파악할 수 있다. 응답에서 제3자의 영향을 받지 않기 때문에 응답에 대한 확인이 가능하다는 점을 들 수 있다.

1442 방범교육(crime prevention education)

일반시민이 범죄의 피해를 받지 않기 위한 예방수단, 요령 등을 계발하는 것이며 때로는 직접피해를 당하는 경우, 상황인 범인에 대한 대처방법을 교육하는 것이다. 범죄의 근본원인인 가족생활이나 인격형성 등에 관해 교육하는 것이 아니고 문단속, 신변경제 등 직접피해를 받지 않기 위한 예방이며 그렇기 때문에 범죄수사를 통해서 범죄자의 수법에 정통한 경찰관이 담당하는 경우가 많다. 예방교육은 보복이 겁나 범죄를 목격하고도 무관심을 가장하는 시민 태도와도 깊은 관계가 있기 때문에 사회적 관심을 높이는 일이 중요하다.

1443 방법(method)

방법이란 넓은 의미에서는 일정한 목표에 도달하기 위한 길이며, 대개 맹목적이 아닌 행동, 창작, 참구는 모두 그의 방법을 가진다. 그러나 철학적인 의미에서의 방법이란 객관적인 진리에 도달하기 위한 것이며 단순히 임의의 목적을 실현하기까지의 일시적인 술(術) 또는 방편은 아니다. 진리인식(따라서 또 오류 적발)의 방법은 근세 철학사의 중심문제의 하나이며, 이미 데카르트의 〈방법서설〉, F. 베이컨의 〈노붐 오르가눔〉(신기관)도 그것을 출발점으로 했다. 우리들의 인식은 하나의 체계인 동시에 무한히 전진하는 과정이며, 따라서 진리로 향해 끊임없이 자기를 검토하고 혁신해 나가는 방법을 갖추고 있지 않으면 안된다. 이 의미에서, 세계관으로서의 철학도 자체의 방법을 갖지 않으면 안되며, 이것은 특히 인식론 또는 논리학에서 널리 볼 수 있다.

1444 방법론(methodology) 01

탐구의 방법에 관한 이론이다. 방법론이라는 말은 여러 가지의 형태로 사용되고 있다. 첫째, 특히 과학적 방법론인 경우에 가설을 설정하고 관찰이나 실험을 계획하여 실시한 결과로 얻어진 자료를 처리, 발표, 검토하는 과정의 원리들을 연구한 이론을 뜻한다. 또한 실험이나 관찰의 설계 혹은 통계적 방법에 관한 원리 등을 포함한다. 둘째, 위의 방법론에 의해서 획득된 결과와 관련된 가설이나 그 이론적 배경을 밝힘과 동시에 거기서 사용된 개념을 명료화하고 발견된 연구의 과제를 밝히는 등, 그 결과를 객관화하고자 할 때의 논리적 체계를 뜻하기도 한다. 셋째, 듀이(J. Dewey)의 반성적 사고(reflective thinking)나 데카르트(R. Descartes)의 인식원리와 같이 탐구행위의 심리적 과정을 설명하는 이론을 뜻하는 경우도 있다. 넷째, 어떤 과학적 탐구에서 쓰이는 특수한 기술을 뜻하기도 한다. 예컨대, 심리학에서 사용하는 로오르샤하(Rohrschach)의 테스트, 프로이드(S. Freud)

의 자유 연상법, 파블로프(I. Pavlov)의 조건반사법, 스키너(B. F. Skinner)의 강화반응법(reinforcement) 등의 기법이 그것이다.

1445 방법론([독] Methodologie) 02

진리에 이르는 정신의 합리적인 접근에 관한 고찰이다. 아리스토텔레스의 〈형이상학〉 중에서 존재의 카테고리론과 예비학으로서의 〈오르가논〉 중의 절차론은 그것의 고전적인 두 유형이다. 중세의 스콜라학에서는 교조의 논증의 술(術)로서 오직 후자가 제학의 방법론의 역할을 했는데, 근세 초기에 자연연구의 새 방법의 요구가 높아지자, 분석·종합·귀납법 등이 밝혀졌다(F. 베이컨, 데카르트). 이것은 당초 자연관의 변혁에 근거하는 것이었는데, 곧 종래의 형식논리학(그 원리론)과 더불어 주관적 측면의 규칙의 집대성으로 여겨졌다. 이 의미에서는 방법론은 이론체계에 대해 외적이다. 헤겔은 존재에 대해 외적인 반성으로서의 방법론을 배격하고, 방법은 내용의 내적 자기운동의 형식에 관한 의식이라고 했다. 맑스주의 세계관에 있어서도, 방법은 이론에 대해 그것의 외적인 보조수단이 아니고, 그것의 내용의 필연적인 발전의 길이다.

1446 방법론 통합화(integrating method)

사회사업실천의 3대 방법인 개별사회사업, 집단사회사업, 지역사회조직이 발달하는 과정에서 교육과 실천의 수준에서 점차적으로 전문화되어 방법 간에 서로 배타적이 되면서 전문적근시안이 되어버린 현실에 대한 반성과 비판이 나타나게 되었다. 특히 1960년대 이후의 여러 가지 동향 중에서 사회사업실천을 포괄적으로 통일하기 위한 공통 기반을 확인하면서 총체로서의 실천방법에 대한 의의를 갖고 이제까지 제기된 방법의 재편성을 도모하려는 시도가 이루어지고 있다. 그 중에서 핀커스와 미나한의 업적은 높이 평가되고 있다.

1447 방어기제(defense mechanism) 01

프로이드(Freud, S)는 마음을 이드, 자아, 초자아의 세 가지 영역으로 나누어 생각했다. 이드는 생물학적인 본능, 충동, 욕구이고 모든 심적 에너지의 원천이며, 초자아는 양심처럼 사회적으로 승인된 제한의 규범이다. 이드의 충동이 강하거나 초자아가 너무 강하면 자아는 상처받는다. 그래서 자아는 각종의 방어기제를 가지게 된다. 억압을 대표적 수단으로 해서 퇴행, 반동형성, 치환, 투영, 대리적 만족, 자기애적 내향부정 등의 방법이 있다.

1448 방어기제 02

자아를 불안으로부터 보호하기 위해 무의식적으로 채택하게 되는 현실왜곡의 전략이다. 개인이 발달과정의 어떤 시기에는 만족시킬 수 있던 어떤 충동이 「벌」이나 「사회적 조건」 때문에 억제되어야 할 경우에 생기게 된다. 따라서 이는 불안이나 위험을 통제하거나 회피하려는 것을 그 목적으로 한다. 방어기제에는 억압·투사·고립·부인·합리화 등이 있다. 인간의 이상행동의 이면에는 이러한 방어기제가 강력하게 작용하고 있으며 이는 현실에 대한 통찰의 달성에 큰 저해 요인이 되고 있다.

1449 방임적 지도성(laissez-faire leadership)

집단이나 조직의 구성원들이 스스로 문제를 해결하고 자신의 목표를 정할 능력을 가지고 있으며, 지도자의 관여는 오히려 그들의 효과를 제한한다는 신념을 전제로 하여 집단활동을 지도하려는 한 지도유형이다. 지도자는 구성원이나 그들의 목표를 평가하려거나 규정하려 하지 않으며, 그들의 행동내용이나 방법을 결정하는데 완전한 자유를 준다. 요구가 있을 때에만 필요한 정보를 제공해 줄 뿐이다.
→ 전제적 지도성, 민주적 지도성

1450 방임형 지도(laissez-faire type leadership)

게슈탈트 심리학파인 레빈의 지도에 의해 리핏토가 행한 집단적 도덕성의 연구에서 다음과 같은 것을 설명하고 있다. 즉 집단 활동에서 리더가 자유방임적이면 일반적으로 도덕성이 저하되고 활동의 성과도 높이기 힘들다는 것이다. 방임형지도는 전체적 지도, 민주적 지도와의 차이는 구성원의 자발적 참가가 인정되느냐에 달려있다.

1451 배설기능장애

배설작용을 하는 기관의 기능이 손상된 상태를 말한다. 보통은 배뇨기능을 갖는 기관의 장애와 배설 기능을 가진 기관의 장애 쌍방을 포함해서 말하는 것으로 전자에는 신장, 방광, 요도가 관련되며 후자에는 대장, 특히 직장이 관련되어 있다.

1452 배아줄기세포

배아줄기세포에서 배아(embryo)는 생식세포인 정자와 난자가 만나 결합된 수정란을 의미하며 일반적으로 수정된 후 조직과 기관으로 분화가 마무리되는 8주까지의 단계를 가리킨다. 배아는 보통 5~7일 동안 세포분열을 거쳐 100~200여개의 세포로 구성된 배반포기배아(blastocyst)로 발생돼 자궁에 착상하게 되며 계속해서 세포분열과 분화과정을 통해 인간 개체로 발생하게 된다. 배아줄기세포는 착상 직전 배반포기배아나 임신 8~12주 사이에 유산된 태아에서 추출한 줄기세포를 의미하는 것으로, 인간으로 발생하는 세포이기 때문에 인체를 구성하는 모든 세포로 분화가 가능하다. 이 과정에서 줄기세포의 분화를 억제시켜, 210여개 장기로 발달할 수 있는 능력을 가진 원시세포를 유지시켜준 상태를 배아줄기세포주(Stem Cell line)라고 한다.

1453 백악관 노인회의 (White House conference on aging)

이 회의는 미국의 노인문제를 종합적으로 분석, 토의하고 일관성 있는 국가정책을 확립해서 미국노인복지를 개발하고 실천해 나가는데 목적이 있다. 10년에 한 번씩 모이는 이 회의는 미국노인이 당면하고 있는 모든 문제를 검토하고, 회의에서 제인된 내용은 연방정부의 노인복지정책수립에 반영하고 있다. 대통령이 소집하는 이 회의는 1961년에 처음으로 시작하여 1971년, 1981년에 모였고 1993년에 제4회 회의가 열렸다. 회의에는 미국 내 각주의 정부대표, 노인복지단체 대표, 노인복지전문가와 외국의 옵져버들이 참가하고 있다.

1454 버즈세션(buzz session)

많은 사람이 시간이 별로 걸리지 않는 회의나 토론을 할 때 효과적으로 사용하는 방법이다. 전체구성원을 4~6명의 소그룹으로 나누고 각각의 소그룹이 개별적인 토의를 벌인 뒤 각 그룹의 결론을 패널형식으로 토론하고 최후의 리더가 전체적인 결론을 내리는 토의법이다. 최고 50명 정도가 이 회의에 참가할 수 있다. 전체사회자, 서기가 필요하며 참가자 전원이 발언할 수 있는 점이 특징으로, 각 그룹의 사회자를 빨리 정할 것, 시간 내에 각자의 의견을 빨리 취합할 것 등이 요구된다.

1455 버클레이보고

1982년 5월 전국사회사업 연구소(national institute for social work)에서 위원회 연구 성과인 "social workers-their role and tasks"를 출판해 위원장의 이름을 붙인 것이다. 이 보고서는 대전 후의 사회사업에 보편화와 통합의 방향을 준 영허즈번드보고(1959년)와 사회사업가들의 대인사회서비스의 새로운 특성 속에서 일하는 지방자치제의 사회서비스부의 설치로 의무화한 시봄보고(1968년)와 함께 영국에서 중요한 보고의 하나로 평가받고 있다. 버클레이보고의 기본적 관심은 공통관심을 가진 지역사회의 전 구성원이 일체가 되어 문제극복이나 생활상황의 개선에 노력하고 또 한편으로 공통감정, 지역사회의 연대, 능력을 향상시키는데 있다.

1456 범죄부란기간

출소자들이 출소 후 사회에 복귀하는 과정 중에 출소 후 2~3개월 사이가 특히 재범의 유혹과 갈등이 심하여 이 기간을 가장 넘기기 어려운 고비로 보아 흔히 "범죄부란기간"이라고 한다.

1457 범죄소년(juvenile offender)

14세 이상 20세 미만의 소년으로서 형벌법령에 저촉되는 행위를 한 자를 말하며 형사책임을 진다.

1458 범죄심리학(criminal psychology)

범죄와 범죄자를 심리학적으로 연구하는 과학을 말한다. 협의로는 범죄자의 성격, 인격형성, 범죄의 동기 등을 연구하는 학문영역을 말하지만 광의로는 정신감정 재판에 관한 심리학적 문제를 취급하는 재판심리학과 범죄자의 교정방법이나 처우 등을 연구하는 교정심리학을 포함한다. 범죄사회학, 범죄정신병리학 등과 함께 범죄학(criminology)을 구성한다. 아들러(Adler, A.), 알렉산더(Alexander, F.) 등이 선구적인 연구를 했다.

1459 범죄예측이론

범죄예측이론은 미국의 계량적 형사학의 선도자인 힐리(Healy)가 학술적으로 기술한 것인데 그는 개개 범죄자의 생활력을 추구하는 새로운 연구방법을 사용하여 생활력에 나타난 제 인자를 지능검사 및 기타 방법에 의해 계량적으로 파악, 기술하려고 했다. 그는 이렇게 해서 얻어진 범죄의 제 인자와 범죄와의 상관을 통계적으로 해명함으로서 범죄원인의 계량적 그리고 과학적인 탐구가 가능한 것을 시사했다. 그러나 힐리의 이와 같은 착상을 범죄 예측표라는 형태로 최초로 구체화한 것이 시카고의 버제스(Burgess)로서 두 사람의 업적은 각국 학자들로 하여금 범죄예측에 관한 많은 연구를 촉진시켰다.

1460 범죄예측인자

글류크부부는 잠재적인 범죄소년을 조기 발견하여 정신의학적·심리학적 치료를 함으로써 소년범죄를 조기에 예방하려는 목적으로 3개조 15개의 예측인자를 발견하였다. 그 내용의 3개조는 사회적 5인자, 성격특성의 5인자, 정신의학적 면접에 의한 퍼스넬리티 특성의 5인자이며, 사회적 5인자로는 소년에 대한 부의 훈육 태도, 소년에 대한 모의 감독, 소년에 대한 부의 애정, 소년에 대해 모의 애정, 가족의 결합 등이다. 성격특성의 5인자로는 사회적 주장, 반항성, 의혹성, 파괴성, 정서 이변성 등이 있고 퍼스낼리티 특성의 5인자로는 모험성, 행동의 외향성, 피암시성, 완고성, 정서 불안정성 등이 있다.

1461 범주(category) 01

존재자에 대한 가장 보편적인 술어다. 원래 소송을 의미하는 카테고리아(kategolia)라는 그리스어를 아리스토텔레스(Aristoteles)가 철학적 용어로 사용한 것이다. 그는, 무수한 개물들을 포섭하는 최고 유개념으로서의 범주로 실체, 분량, 성질, 관계, 장소, 시간, 능동, 수동, 소유의 10개를 들고 있다. 칸트(I. Kant)는 인식의 형식(감성과 오성, 직관과 사유)과 질료(質料)를 구별하여 사유의 선천적 형식(순수 오성형식)을 범주라고 하였다. 그는 전통적 형식논리학의 판단형식에 근거하여 다음과 같은 4강(綱) 12목(目)의 범주표, 즉 ① 분량(단일성, 수다성, 총체성), ② 성질(실재성, 부정성, 제한성), ③ 관계(실체성, 인과성, 상호성), ④ 양상(가능성, 현실성, 필연성)을 도출하였다. 그러나 범주를 칸트처럼 단순한 사유의 형식이 아닌 실재의 형식으로 보려는 형이상학적 입장에서 헤겔(G. W. F. Hegel)이며, 그에 있어서는 절대이념이 필연적으로 전개되는 발전단계가 범주이다. → 순수이성 비판

1462 범주 02

→ 카테고리

1463 법([범] dharma)

불교의 중심관념의 하나로서 어원적인 의미는 보존하는 것, 규범. 여기서 질서, 진리, 가르침, 경전, 더 나아가서는 사물 등의 의미가 파생했다. 현실을 있는 대로 관찰할 때, 현실을 현실답게 하는 것이 존재한다는 것을 알 수 있다. 그것을 법(다르마)이라고 한다. 법은 베다 시대에는 신들의 규율이라고 생각되었는데, 인간의 자각이 높아짐과 함께 인간의 현실에 뿌리박은 진리성이 부활되고 특히 형이상학적 독단을 배격하고, 현실 직시를 강조한 석존에 의해, 법은 인간에게 중심적인 관념으로서 이해되었다.

1464 법률부조(legal aid)

법률상담을 비롯하여 변호사에 의한 소송대리, 기타 법률사무에 관한 각종 지원을 통하여 피해발생을 예방하고 침해당한 권리를 구제함으로써 기본적 인권을 보호하는 사회복지제도이다. 1972년 7월 대한법률구조협회가 설립되어 법률구조사업이 시작되었으나 이 협회에 의한 법률구조사업이 주로 검찰업무의 부수적인 성격으로 추진되어 자연히 소극적인 범주를 벗어나지 못하였다. 1980년대에 들어와서 국민의 권리의식 향상과 법률구조에 대한 필요성의 증대로 법률구조의 활성화가 논의되어 1986년 12월 23일 법률 제 3862호로 '법률구조법'이 제정·공포됨으로써 대한법률구조공단(大韓法律救助公團)이 설립되었다. 이 공단 외에도 대한변호사협회 내에 법률구조사업회(法律救助事業會)가 있고 각 지방변호사회에 12개의 지부가 설치되어 있어서 법률구조를 해줌으로써 사회정의실현에 기여하고 있다.

1465 법률부조사업(legal aid service)

경제적 이유로 법률상의 권리획득이 곤란한 자에 대해 상담이나 소송비용, 보증공탁금, 변호사 수수료, 변호사 사례금 등의 부조를 행하는 사업을 말한다. 1952년 일본에는 재단법인법률부조협회가 발족되어 국고보조금을 기반으로 변호사회, 지방공공단체 등의 협력을 받아 이 사업을 전개하고 있다. → 법률부조

1466 법률상담(legal consultation)

법률상의 권리를 지키기 위하여 변호사에 의한 전문적 상담, 자력이 모자라는 사람을 위해 세틀먼트센터 등에서 무료상담이 행해졌는데 오늘날에는 가정재판소, 지방공공단체, 대학, 신문사, 변호사회, YMCA, YWCA, 여성단체, 법률구조공단 등이 일반시민을 위해 무료법률상담을 행하고 있다. 오늘날 변호사가 아닌 자가 보수나 이익을 얻을 목적으로 법률상담을 행하거나 행할 뜻을 표시하는 것은 변호사법에 의해서 금지되어 있다.

1467 법률행위적 행정행위

행정행위라 함은 행정권에 의하여 행정법규를 구체적으로 적용, 집행하는 행위를 말한다. 실정법상의 용어가 아니고, 실정법의 이론구성으로서 발달한 학문상의 개념이므로 그 내용은 학자에 따라 여러 가지의 차이가 있으나, 협의로는 행정주체가 법 아래에서 구체적 사실에 관한 법집행으로 행하는 권력적 단독행위인 공법행위(행정주체가 행하는 행위 중 사실행위, 사법행위, 통치행위, 입법행위, 사법행위를 제외)의 뜻으로 쓰여진다. 행정권의 행위는 그 성립, 효력 등에 있어서 사업의 원리와는 다른 공법상의 특수한 법원리가 적용된다. 여기에 행정행위의 개념을 구성하는 의의가 있다. 행정행위는 보통 그 행위의 요소인 정신작용이 효과의사냐 아니냐에 따라 법률 행위적 행정행위와 준법률 행위적 행정행위로 분류되며 전자는 명령적 행위(불명행위·허가·면제)와 형성적 행위(특허·대리·허가)가 있고, 후자에는 확인행위, 공증행위, 통지행위, 수리행위가 있다.

1468 법외원호 대부자금

특정의 법률이나 규칙 등이 적용되지 않는 사정으로의 대부나 긴급원조를 필요로 하는 문제에 대해 지방이나 민간단체의 입장에서 임의로 필요한 경비를 대부하는 자금이다. 특정의 법령, 규칙 등의 규정에 없는 사항이나 긴급한 원조를 필요로 하는 사항 등에 대응하기 위해 설정되어 있는 것으로 일본의 경우 이 법령, 규칙에 따르지 않는 대부자금도 이전에는 주로 민생위원활동으로 보였지만 오늘날에는 각 지방사회복지협의회에 두어 간단한 수속에 따라 행해지고 있다.

1469 법인(juridical person/corporation)

사람 또는 재산의 결합으로서 권리를 가지고 의무를 질 수 있는 주체다. 이러한 권리, 의무능력이 인정되는 전형은 자연인이지만 자연인에게 이 지위가 인정되는 것은 그가 사회에서 여러 가지 일을 하고 있고 그 때문에 법관계의 주체로서 권리, 의무를 가지게 함에 적합하기 때문이다. 그러나 사회에서 일을 함에는 반드시 육체를 가진 자연인만 한하는 것은 아니다. 일정한 목적을 가지고 모인 사람의 결합단체 사단과 일정한 목적에 바쳐진 재산의 단체 사단도 각각 사회에서 중요한 일을 행하므로 이를 법관계의 주체로 하는 것이 적당하다. 그래서 법은 자연인 외에 이러한 것에도 또한 권리·의무를 주어 법인격을 인정한 것이다. 국가, 공공단체, 각종의 회사, 사학 등의 대부분이 법인이다.

1470 법인부담금(School Foundation's Contribution)
급여에 소요되는 비용으로 학교경영기관이 부담하는 비용.

1471 법정고용률
장애인과 중·고령자 등 장애 또는 고령에 의하여 취업상 불이익을 받고 있는 사람들의 고용을 촉진하기 위하여 법률로서 일정배율 이상을 할당고용(quota system)하게 하는 것을 말한다. 우리나라의 경우 국가유공자예우에 관한 법률(91. 12. 27. 개정)은 5~8% 법정 고용률을, 장애인 고용촉진법(90. 9. 1. 제정)은 상시근로자 3백인 이상 사업장의 경우 2% 법정 고용률을, 고령자고용촉진법(91. 12. 31.)은 상시근로자 3백인 이상 사업장의 경우 3%의 법정 고용률을 규정하였다. 장애인의 경우 일본 1.6%, 프랑스 6%, 독일 6%, 영국 3%의 법정 고용률을 규정하고 있다. 우리나라는 2003년까지는 300인 이상 사업장이 의무고용자업장에 속했으나 2004년부터 50인 이상으로 대폭 강화되었다. 대신 장애인을 의무적으로 고용해야 하는 50인 이상 300인 미만 사업체는 당분간 의무고용비율을 지키지 못했을 경우 부담금 납부의무가 없다. 단, 의무고용 인원에 미달할 경우 매년 장애인 고용계획서를 제출해야 한다. 장애인 의무고용률 2%를 지키지 못할 경우 부담금은 2006년 200명 이상, 2007년 100명 이상 사업장으로 단계적으로 확대 적용된다. 100인 미만 사업체는 부담금을 내지 않아도 된다. 한편 국가 및 지방자치단체는 소속 공무원의 2% 이상을 장애인으로 고용하도록 의무화하고 있다.

1472 법정급여
사회보험의 각 법에 있어서 보험자가 행할 급여로서 법률에 의해 정해진 급여를 말한다. 이에 대하여 보험자가 자주적으로 행하는 급여를 임의급여(부가급여)라고 한다. 예를 들면 일본에서는 국민건강보험에 있어서 요양급여, 고액요양비의 지급, 조산비의 지급, 장제비의 지급 등은 법정급여이며 상병수당금은 임의급여이다. 우리나라의 의료보험에서는 임의급여제도를 부가급여라고 하여 보험급여 이외에 대통령이 정하는 기준에 따라 조합의 정관으로 정하는 장제비 기타의 급여를 할 수 있도록 규정하고 있다.

1473 법정전염병
콜레라, 이질, 장티프스, 발진, 선홍열, 디프테리아, 유행성 뇌척수막염, 페스트, 일본뇌염, 파라디프스, 천연두의 11종을 말한다. 전염력 및 그 중증도에 따라서는 긴급대책이 필요하다. 전염병 예방법에 의해 감염원 대책이나 전염경로대책을 강구하고 있다. 감염원 대책은 예방접종으로 행해진다.

1474 법정혈족
법정혈족이란 친자라고 하는 자연의 혈통의 연결이 없음에도 불구하고 친자라고 하는 혈통이 이어져 있다고 법적으로 의제되어, 이것을 통하여 기타의 친족관계를 가지게 되는 자를 말한다. 예컨대 양자를 한 경우에는 3대의 방계혈족이라는 혈통의 연결이 있으나, 새로이 친자 등의 혈연이 의제되어 이 경우에도 포함된다. 전처의 출생자와 계모 등 또는 혼인 외의 출생자와 부의 배우자 등 사이에는 자연의 혈연이 없음에도 불구하고 친자라고 하는 혈통이 이어져 있는 것으로 법적으로 의제되어 이 경우도 포함된다.

1475 법치국가([독] Rechtsstaat)
경찰국가(Polizeistaat)에 대립하는 말이다. 절대군주가 마음대로 행정을 하던 경찰국가에 대하여, 행정은 미리 정립된 법률에 의해서만 시행되어야 한다는 법치주의원칙에 의거하는 국가이다. 그러나 이 개념은 독일에서 발생하였기 때문에 그 내용에는 독일적인 특유한 문제점이 있다. 법치국가라는 말을 처음으로 사용한 것은 R. von 몰로서, 1829년의 저서에서 이 문제를 논하였다. 법치국가의 본질이, 행정은 의회가 정립한 법률에 의해야만 한다는 원칙에 있는 이상 이것이 프랑스혁명의 영향 아래 있던 그 시대의 독일에서 발생하였다는 것은 자연스러운 일이다. 1864년 O. 베르는 〈법치국가〉라는 저서에서, 행정이 법률에 적합한지의 여부를 사법재판소에서 재판을 하는 것이 법치국가의 본질이라고 논하였다. 그런데 이에 대하여 베트와 그나이스트는 역시 〈법치국가〉(1872)라는 저서에서, 행정은 사법재판소와는 별도의 행정재판소에서 재판되어야 한다고 주장하였다. 이러한 사고방식은 이론적으로나 제도적으로도 그 후 독일에서 지배적인 것이 되었다. 근대국가는 대개가 법치국가의 형태를 취하고 있다. 그러나 법치국가가 반드시 자유주의적 국가라는 보장은 없다. 법의 내용 여하에 따라서는 단순히 법치주의의 요구를 채우는 것에 지나지 않는 것도 있다. 특히 현대에서는 법의 이데올로기적 성격이 갖가지 비판을 받고 있는 시대인 만큼 실질적인 법치국가란 과연 무엇인가 하는 문제가 제기될 수 있다.

1476 법칙([영] law [독] Gesetz)
인간에 대해 명령의 의미를 가지는 일반적인 규정 그리고 사물 사이에 일반적으로 성립하는 필연적인 관계 및 그것들을 말로 표현하는 명제를 말한다. 전자는 규범적 법칙이며, 후자는 사실의 법칙이다. ① 규범적 법칙으로는 사고의 법칙, 도덕 법칙이 있다. law, Gesetz 등이 법률의 의미를 겸하는 것과 같이 법률의 규정, 관습이나 전통에 의해 정해져 있는 규범, 신의 의지를 나타내는 것이라고 하는 종교적인 규정도 규범적 법칙이다. ② 사실 또는 존재의 법칙세계(자연과 사회)에서의 사실 사이에 성립하는 필연적 관계이며, 동종의 사실에서 반복되는 일반성을 가지고 있는 것을 말한다. 그와 같은 관계를 보여주는 현상은 우연적 사정을 수반하는 일이 많은데, 그와 같은 현상의 본질적 내용이 법칙이다. 법칙의 토대를 이루는 것은 인과관계이며, 법칙은 주로 인과법칙이다. 인과관계를 확정하기 위해서는 귀납법, 가설, 연역, 실험, 검증 등의 논리적인 절차가 필요하다. 모든 법칙은 인과관계를 토대로 하는 것인데, 예를 들면, 생체의 법칙, 사회의 법칙은 갖가지 인관관계가 일정한 조건 내지 구조에 의해 결합되고, 서로 작용함으로써 성립하는 것이므로, 그 같은 조건이나 구조를 무시해서 단순한 인간관계에 환원시켜 버릴 수는 없다. 생물과 진화의 법칙이나 역사법칙 등도 그러하다. 법칙은 그 적용 범위의 광협에 의해 보편적 법칙과 특수법칙으로 구별할 수 있지만, 이 구별도 상대적인 것이다. ③ 필연적 관계를 확정할 수 없는 확률적인 법칙도 있다. ④ 법칙과 규칙의 구별에 관해서는, → 규칙, 법칙의 관념은 그리스어 노모스, 라틴어 Lex에서 나온 것인데, 고대에는 주로 규범적인 의미를 가지는 말이었다. 그리고 자연적인 질서도 신적 이성에 근거하는 것으로 믿어지고, 규범과 존재의 질서와는 구별되지 않았다. 예를 들면 스토아학파의 세계에는 신적인 세계법칙(로고스)에 의해 합목적적인 질서가 주어져 있다고 생각했는데, 이 법칙은 동시에 규범적 의미도 갖고 있었다. 중세에 있어서도, 자연계의 질서는 신의 의지에 근거한다는 생각이 지배적이었다. 신을 자연계의 입법자와 같이 생각하는 사살은 근세에 이르러서도 잔존했는데, 케플러나 코페르니쿠스에 의해 준비되고, 갈릴레이, 뉴튼에 의해 자연과학이 확립되는 과정에서 존재의 법칙의 개념으로부터 규범적 의미는 소실했다. 자연과학에 이이서 사회과학이 성립하고 발전함으로써, 사회현상의 법칙이라는 개념이 정착했다. 존재의 법칙을 인식론적으로 어떻게 파악하느냐는 각각의 철학적 입장에 따라 달라지지만, 이것을 현식 속에서 성립하는 객관적인 법칙으로 믿는 유물론적 견해와, 어떤 방식으로 주관에 의해 경험적 소여로서 주어지는 것으로 생각하는 관념론적 견해로 대별할 수 있다.

1477 베버리지(Beveridge M. William)

영국의 경제학자이며, 1091년 옥스퍼드 대학을 졸업했다. 실업문제에 관심을 가지고 웹의 소개로 상무성에 들어가 처칠을 알게 되었다. 양차 대전 사이에는 대학으로 돌아가 런던대학 경제대학원(LSE)의 학장을 맡았으나 2차 대전과 함께 관계로 복귀하여 1941년 노동성 차관이 되었다. 동년 사회보험과 관련 서비스에 관한 위원회의 의장으로 임명되어 이듬해 자신의 책임 하에 이른바 베버리지보고서를 발표함으로써 영국 사회보장의 설계자가 되었다. 만년에는 상원의원으로 선출되었다. → 베버리지보고서

1478 베버리지보고서(Beveridge report)

1942년 윌리암스 베버리지의 이름으로 영국정부에 제출된 사회보험과 관련서비스라는 제목의 보고서이다. 이것은 전후 재건구상의 하나인 사회보장계획을 제안한 것이다. 균일액 저생활 비급여, 균일액의 보편화, 행정의 일원화 등 여섯 개의 기본원칙에 입각한 사회보험을 중심으로 국민부조와 임의보험이 이를 보충하는 체계로 구상되었다. 그 전제조건으로 아동수당, 포괄적 보건서비스, 채용유지에 관한 제안도 포함되어 있다. 전후 영국의 사회보장의 확립은 이 보고서의 구상에 따라 시행되었다. 베버리지보고서는 역사적으로는 아직 명조이나 이념에만 머물고 있던 사회보장에 구체적 내용을 부여했다는 점에서 사회보장사상에 획기적 의의를 가지며 다른 나라에서도 큰 반향을 불러일으켰다. 그러나 그 뒤 균일급여, 균일거출의 원칙은 고도경제성장기에 들어오면서 조정이 불가피하게 되었다.

1479 베이비시터(baby sitter)

일반 탁아소와는 달리 사적인 계약에 의한 유아 탁아소로서 산휴가 끝난 유아로부터 생후 5~6개월 미만의 아기를 맡는 곳으로 규모는 자택을 사용하여 2~3명의 아기를 맡은 곳으로부터 탁아소와 같이 시설을 갖추고 전임을 배치하여 두는 곳도 있다. 미국, 일본 등지에서는 베이비 홈 혹은 가정보육실로 운영되고 있으나 한국에는 아직 공식적인 기관은 없다.

1480 변동금리 적용(The Fluctuating Interest Rate)

사학연금의 경우, 생활자금 대여에 있어서 매년 12월 익년도 대여이자율을 시중은행 금리를 감안하여 조정하고 있으며 변동이 있을 경우에는 신규대여는 물론 기존 대여도 이자율이 자동적으로 변동됨을 말한다.

1481 변별학습(discriminative learning)

몇 가지의 대안 중에서 적절한 것을 선택하는 학습을 말한다. 동물실험의 경우 먹이가 있는 곳으로 가기 위해서는 우회전을 하고 물이 있는 곳으로 가기 위해서는 좌회전을 하는 행동을 정확하게 하는 것 등이 변별학습의 예이다.

1482 변수

→ 변인

1483 변인(variable)

연구의 대상이 되고 있는 일련의 개체. 어떤 속성에 있어서 서로 구별될 수 있는 개체의 속성. 여기에서 개체라 함은 연구의 관심이 되는 분석의 단위를 말한다. 이때에 분석의 단위는 한 학교 또는 지역사회를 구성하고 있는 개개인이 될 수도 있고, 또는 특수한 경우에는 한 학교, 또는 지역사회가 분석단위의 한 개체를 이루는 경우가 있다. 변인은 그 특성에 따라 여러 가지로 분류될 수 있다. 예를 들어 양화할 수 있느냐의 여부에 따라 질적 변인과 양적 변인으로 구분되고, 또 양적 변인은 주어진 범위 내에 어떤 특정한 값만 갖게 되느냐, 또는 그렇지 않느냐에 따라 비연속적 변인과 연속적 변인으로 구분된다. 또한 그 측정의 수준에 따라 명명변인 서열변인·동간변인 및 비율변인으로 구분되기도 한다. 연구와 관련하여 연구자가 임의적으로 조작하는 변인을 독

립변인 그리고 이 독립변인에 영향을 받는다고 생각되는 연구자의 관심의 변인은 종속변인이라고도 부른다. 실험연구가 아닌 기술연구에 있어서는 독립변인 대신에 예언변인, 종속변인 대신에 기준변인이라고도 부른다. 변수가 개체에 대한 '수(數)'의 개념이라면 변인은 '질(質)'의 개념이다.

1484 변증법([영] dialectic [독] Dialektik)

그리스어 dialektike techne에서 나온 말로서, 원래는 대화·문답의 기술을 의미했다. 엘레아의 제논이 문답 기술의 개조로 알려지고 있는데, 특히 소크라테스가 유명하였다(→ 문답법). 그의 제자 플라톤은 논의의 대상이 되는 사항의 다양한 경우를 하나의 정의로 종합하거나, 여러 종류로 분할하거나 하여, 그 사실의 본질 즉 이데아에 도달하는 방법을 변증법이라고 불렀다. 아리스토텔레스는 많은 사람의 동의를 얻을 수 있는 명제를 전제로 하는 추리를 변증법이라고 하였고, 참다운 명제로부터 출발하는 학문적 논증과 구별했다. 중세에서는 변증법은 논리학과 거의 같은 뜻으로 사용되었다. 이 밖에 고대로부터, 미세하며 교묘한 무용지물과 같은 논의를 비난하는 뜻으로 변증법이라고 부르는 경우가 있었는데, 칸트는 그것을 계승하여 착각적인 공허한 추론을 변증법이라 이름붙이다. 변증법을 〈가상의 논리〉라고 했다. 그리고 순수이성이 경험의 범위를 넘어서 순수이성의 여러 원리를 형이상학적 문제에 적용하는 경우에 생기는 착오(선험적 가상)에 대한 비판을 그의 선험적 논리학의 제2부의 〈선험적 변증론〉의 과제로 삼았다. 헤겔은 칸트가 지적한 이성이 지니는 자기모순에 적극적인 의의를 인정하고, 일반적으로 유한한 것은 자기 자신 속에서 자기와 모순되고 그것에 의해서 자기를 지양하고 반대물로 이행하는 것을 주장했다. 이것이 그의 변증법이며, 이것을 〈현실세계의 일체의 운동, 일체의 생명, 일체의 갈등의 원리〉로 보았다. 그의 체계는 이 입장에서 자연·역사·정신의 전 세계가 부단한 운동·변화·발전 속에 있다는 것을 보여주고, 그들 운동·변화·발전의 내적인 연관을 분명히 밝힐 것을 시도했는데, 그것은 이데(idea)의 자기 발전이라는 관념론적, 신비적인 형태로 전개되었다. ② 유물변증법. 맑스, 엥겔스는 헤겔 변증법이 전면적이고 내용이 풍부한 심오한 발전학설이라는 것을 인정하고, 그의 관념론적 외피를 버리고, 유물론의 입장에서 그것의 〈합리적 핵심)〉을 강조하고, 변증법을 〈자연, 인간 사회 및 사고의 일반적인 운동 법칙과 발전 법칙에 관한 과학〉으로서 확립했다. 이 과학으로서의 변증법은 물론 유물론의 입장에서는, 현실의 세계의 변증법적인 운동·발전 법칙의 의식에 있어서의 반영이다. 따라서 변증법이라는 말은 이 두 가지 뜻을 사용되고 있다. 맑스주의의 유물변증법은 과학의 진보, 사회의 발전에 의해 발전된 동시에, 또 발전 중에 있지만, 그 원초는 엥겔스에 의하면, 고대에서는 그리스의 초기 철학자(특히 헤라클레이토스 등)나 아리스토텔레스, 근세에서는 데카르트, 스피노자, 디드로 등에서도 찾아볼 수 있다. 변증법은 형이상학적 사고방법과 같이, 세계를 완성된 고정적 사물의 복합체로 보지 않고, 제 과정의 복합체로서 파악한다. 더욱이, 세계 속에서 끊임없이 생성하고 소멸하고 발전하는 일체의 사물은 각각 주위의 사물과 연관되고 서로 영향을 주는데, 사물 발전의 근본원인은 사물의 내부에 있어서, 다른 사물과의 연관이나 상호의 영향은 사물 발전의 제2차적 원인(조건)에 지나지 않는 것이라고 생각한다. 그리고 사물의 발전의 내부적 원인으로 인정되는 것은, 일체의 사물의 발전 속에서, 더욱이 각 과정에서 처음부터 끝까지 존재하는, 서로 모순되고 서로 배제하는 대립적인 제 측면의 투쟁이다. 이것이 변증법의 가장 기본적인 법칙이다. 서로 모순되는 제 측면은 서로 의존하여 통일을 이루고 있는데, 그것들의 투쟁이 최고점에 달하면, 통일이 깨어지고 사물은 자기 자신의 대립물로 전화되고 새로운 사물의 과정이 생기고, 다시 그것에 내재하는 모순의 투쟁이 생긴다. 대립물의 통일은 조건적, 상대적, 일시적이고, 그것들의 투쟁은 무조건적, 절대적으로서, 운동·발전은 영원히 계속된다. 이것이 발전의 변증법적인 해석이며, 이것에 의해, 자기운동, 양의 질로의 전화, 비약, 낡은 것의 소멸과 새로운 것의 발생, 직선적이 아니고 나선적으로 행해지는 발전(→ 부정의 부정) 등이 이해된다. 사물을 이 같은 발전 과정으로써 파악하기 위해서는, 또 상기 외에 많은 법칙을 필요로 하는데, 그것들이 변증법의 카테고리이다. 그것들을 정확히 규정해 나가는 것이 오늘날의 변증법적 논리학의 중요 과제이다.

→ 필연성, 형식·내용, 교호작용.

1485 변증법적 유물론(dialectical materialism)

맑스주의의 철학 학설로서 맑스와 엥겔스가 창시한 공산주의의 세계관이다. 이 학설이 마르크에 의해 처음으로 형성된 것은 19세기의 40년대 중기이며, 그의 직접적인 발판이 된 것은 포이에르바하와 헤겔이었다. 포이에르바하의 유물론은 8세기의 프랑스 유물론을 계승하여 종교 및 신학과 싸우면서, 관념론의 가장 완성된 형태로서의 헤겔 철학을 비판하여, 유물론의 입장을 분명히 했다. 그러나 그의 유물론은 아직 기계적(역학적)인 것으로서, 당시의 자연과학의 성과(특히 에너지 전화의 법칙, 세포설, 생물진화론)을 고려하지 않고 자연에 관한 연관이나 발전의 의의를 결여하고 있었다. 따라서 그것은 인간을 고찰할 때에도 영원불변의 〈인간적 본질〉에 시종하고 인간의 사회적인 연관이나 역사적인 발전을 보지 않고 관념론에 빠지고 있었다. 헤겔은 변증법은 칸트 이후의 독일 관념론을 계승하고, 사물(자연과 역사)의 연관 및 발전의 법칙을 포괄적으로 서술하려고 한 최초의 시도였지만, 어디까지나 개념 또는 이데의 변증법이었으며, 현실 세계의 과정은 이 세계 창조 이전의 절대자

(이데)의 모사로 간주되고 있었다. 〈헤겔에 있어서는, 그가 이데의 이름 아래 독립적인 주체로까지 전화시키고 있는 사고 과정이 현실적인 것의 조물주이고……, 나에게 있어서는 그와 반대로, 관념적인 것은, 인간의 두뇌로 치환되고 번역된 물질적인 것에 지나지 않는다〉(맑스). 이리하여 맑스, 엥겔스는 포이에르바하의 유물론의 형이상학적(비변증법적)인 성격과 헤겔의 변증법의 관념적인 형태를 근본적으로 비판하여, 유물론의 최고 형태로서의 변증법적 유물론을 수립했다. 이에 의하면 세계의 본질은 스스로 운동하고 발전하는 물질이다. 의식(사고)은 그 하나의 발전 단계로서의 특정한 유기적 물질(뇌수)의 소산이며, 인식이란 인간의 실천을 통하여 얻어진 물질의 모사의 과정에 지나지 않는다. 세계는 이 인식 활동도 포함하여 서로 연관하는 모든 과정의 통일이며, 모순을 내포하고 질적인 비약을 포함하여, 저차의 것으로부터 고차의 것으로 향해 나아가는 무한한 발전 과정이다(→ 변증법). 변증법적 유물론은 인간사회에 적용되어 사적 유물론으로서 전개되었다.

1486 변형 8시간제도
사용자는 취업규칙 기타의 규칙으로 특별히 근로시간을 정한 때에는 4주간을 평균하여 그리고 1주간의 노동시간이 48시간을 넘지 않는 한도에서 어떤 날 또는 어떤 주의 한도에서 어떤 날 또는 어떤 주의 노동시간이 8시간 이상을 되거나 혹은 48시간을 넘어서 노동시키는 것이 허용될 수 있도록 하고 있다. 이 경우에는 취업규칙, 단체협약에서 정할 필요가 있다. 우리나라의 근로기준법에서는 휴식시간은 제외하고 1일 8시간 1주 48시간을 기준으로 하고, 다만 당사자의 합의에 의해 주 12시간은 한도로 노동할 수 있으며, 특별한 사정이 있는 때에는 노동부장관의 사전 또는 사후의 인가나 승병급세대인을 얻어 이 기준시간(주 44시간 또는 56시간)을 연장할 수 있는 바, 노동부장관이 이 근로시간연장이 부적당하다고 인정할 때에는 그 후 연장 시간에 상당한 휴식 또는 휴일을 줄 것을 명할 수 있다.

1487 병급세대
생활보장법에 의한 보호를 받고 있는 세대에 있어서 생계보호, 의료보호, 자활보호, 교육보호, 해산보호, 장제보호 중 두 종류 이상의 보호가 병급되고 있는 경우가 많은데 그 중에서도 의료부조의 병급세대가 많다. 이것은 피보호 세대에 고령자세대, 장애인세대가 많고 보호개시 이유에 있어서 세대주 등의 상병에 의한 세대가 많기 때문이다.

1488 병상규칙
일정지역의 병원병상수를 법률 등으로 규제하는 것을 말한다. 시·도지사가 각 시·도는 소수 지역의료계획을 정하도록 되어 있고, 의료법에서 이에 따라 해당 지역은 모두 병상의 규제를 받고 있지만, 개인 병원에 대해서는 권고라는 형태로 되어 있다.

1489 병아보육(care for sick children at the nursery)
보육시설에 들어가 있는 아동이 질병에 걸렸을 경우 쉬게 하지 않고 통원시키면서 하는 보육으로 가정에서의 경제적 이유 등에 따라 가족이 보육할 수 없는 경우 보육소 내에서 돌볼 수 있도록 하는 곳도 있다. 그러나 보육소에 교사나 간호사, 양호실은 있으나 진단, 치료를 위한 의사가 확보되어 있지 않고 아동심리가 불안정하다는 문제점이 지적되고 있다.

1490 병약노인
노인성 질환이나 심신장애, 기능저하로 건강한 일상생활을 할 수 없는 노인을 말한다. 병이 들고 허약한 노인은 정상적인 사회활동을 유지하기 어렵고 방에 누워있는 시간이 많으므로 삶에 대한 보람을 상실하기 쉬우며 우울증 또는 치매증에도 빠지기 쉽다. 이들을 위해서는 질병치료와 아울러 상담, 감호, 자원봉사자 방문, 급식, 가사 서비스, 주간보호소(day care center) 등 각자 환경에 알맞은 서비스를 제공함이 좋다. 인구의 고령화로 병약노인 수도 계속 증가될 것이 예상되므로 건강하지 못한 노인이 일상생활에 잘 적응해 나갈 수 있는 알맞은 가정환경과 지역사회서비스를 조성하는 것이 필요하다.

1491 병행치료(concurrent treatment)
가족치료(family treatment) 형태의 하나로서 1인의 사회사업가가 가족집단을 합동면접하고 병행해 가족원의 개인에 대해서도 면접을 행하는 것이다. 이 형태는 수회에 걸친 초기면접에서 가족문제에 대한 진단에 따라 가족구성원의 클라이언트를 별도로 면접하고 다른 시간에 가족을 면접하는 경우와 처음부터 클라이언트가 입원하였거나 분리되어 있어서 자연적으로 병행면접이 되는 경우가 있다. 이러한 형태를 취하는 것은 개인의 정신세계의 문제에 대해 깊은 내성(introspection)이 필요한 경우나 클라이언트가 가지고 있는 감정이나 생각의 표현에 비밀을 보장해 주어야 할 때 유효하다. 가족원 중의 클라이언트의 치료를 위해서 가족의 원조를 얻을 최상의 방법을 결정하거나 클라이언트의 진보를 방해하지 않기 위하여 취하는 방법이며, 클라이언트를 질병의 단위로 보고 가족성원을 건강단위로 보는 것이다. 사회사업가와 클라이언트가 직접 깊은 면접을 할 수 있기 때문에 클라이언트가 잘못 이해하는 것을 예방할 수 있으나 치료의 이중성에 대한 배려가 요구된다.

1492 보건복지부 01
국가의 보건·식품·의학 정책, 약학정책, 사회복지, 공적부조, 의료보험, 국민연금, 가정복지에 관한 업무를 관장하며 종합적이고 체계적인 정책을 개발·수립하여 국민의 '삶의 질'의 향상을 도모하는 등의 국민의 보건과 복지정책의 수립을 관장하는 1995년 조직된 중앙행정기관으로 사회부 – 보건부 – 보건사회부 – 보건복지부로 명칭이 개칭하였다.

1493 보건복지부 02

한국의 중앙행정기관 중의 하나로서 1921년에 사회과가 창설된 이래 보건후생국(1945, 군정법령 제18호), 보건후생부(1946, 법률 제1호), 보건부(1949, 법률 제22호)를 거쳐 1955년에 보건부와 사회부를 통합해 보건사회부로 개편했으며, 1994년 12월 정부조직법 개정에 따라 보건복지부로 명칭이 변경되었다. 보건복지부라 함은 보건복지부장관으로 하여금 보건위생, 방역, 의정, 약정, 구호, 자활지도, 부녀, 아동과 가족계획에 관한 사무를 관장하게 하기 위하여 설치된 중앙행정기관을 말한다.

1494 보건복지부 03

한국의 사회복지 업무는 1948년 정부수립과 함께 사회부(보건국·후생국·노동국·주택국·부녀국)가 신설되면서 시작되었다. 1949년에 보건부를 신설했고 1955년에 보건부와 사회부를 통합해 보건사회부로 개편했으며, 1994년 12월 정부조직법 개정에 따라 보건복지부로 명칭이 변경되었다. 조직은 장관, 차관 아래 2실(기획관리실·사회복지정책실), 3국(보건정책국·보건증진국·연금보험국), 8관(공보관·감사관·한방정책관·비상계획관·기초생활심의관·가정복지심의관·장애인보건복지심의관)으로 구성되고, 하부조직으로 9담당관과 24과가 있다. 소속기관으로는 국립의료원, 국립보건원, 국립정신병원(5), 국립소록도병원, 국립재활원, 국립결핵병원(2), 망향의 동산 관리소, 국립검역소(13), 식품의약품안전청 등이 있으며, 25개 위원회를 두고 있다. 주요기능으로 국가의 보건·식품·의학 정책, 약학정책, 사회복지, 공적부조, 의료보험, 국민연금, 가정복지에 관한 업무를 관장하며 종합적이고 체계적인 정책을 개발·수립하여 국민의 '삶의 질'의 향상을 도모한다. 경기도 과천시 정부과천청사 안에 있다.

1495 보건복지성
(the department of health and human service)

미국의 13개 중앙행정기관 중의 하나로 1953년 이래 보건교육복지부(HEW : department of health, education, welfare)가 독립되고, 보건복지부(DHHS)로 개편되어 보건업무와 복지업무만을 전담하고 있다. 운용단위기관으로는 사회복지업무를 담당하는 인간개발처(office of human development service), 공공보건처(Public Health Services), 사회보험을 담당하는 의료보장청(health care financing administration)을 두고 있으며, 10개소의 지역사무소(regional office)와 6개소의 서비스센터(program services center)를 두고 있다. 이외에 지구사무소(district offices)와 지소(branch offices)와 대민봉사소(contact station)를 두고 있다.

1496 보건복지위원회

국회 상임위원회의 하나로 보건복지위원회는 보건복지부 소관 및 식품의약품안전청 소관에 속하는 의안과 청원 등의 심사, 기타 법률에서 정하는 직무를 행하는 상임위원회를 말한다.

1497 보건소(health center)

보건소법에 의해 시·도 또는 정책령으로 정한 시에 설치되어 있으며, 여기에서 공중위생의 향상, 증진을 도모하기 위한 행정기관을 말한다. 주민의 건강증진, 질병예방, 치료, 시험검사, 환경위생, 보건교육, 보건사업 등의 업무를 행한다. 모자보건, 결핵, 정신위생 외에 노인보건사업도 일부 담당하고 있다.

1498 보건시설(health services)

기업복지(복지후생)제도의 일환으로 운동장, 운동시설, 요양소, 숙박소, 클럽. 바다의 집(해안휴양소), 산의 집(산간휴양소) 등을 말한다. 병원이나 진찰소는 광의의 보건시설이지만 의료시설에 들어갈 수도 있는 것이다. 운동관계의 시설로서 야구, 테니스, 탁구, 발레, 농구, 수영, 골프, 스케이트장 등이 있지만 널리 전종업원이 사용하는 것이어서 일부의 운동선수만의 사용이나 회사 명예를 높이는 의미에서의 이름을 파는 운동경기적인 시설은 보건시설이 아니다.

1499 보건위생(health hygiene)

공중위생(public health)과 동의어이나 공중위생보다 넓은 분야에서의, 보건, 즉 의료도 포함되는 개념이다. 급성질환이나 감염증의 예방·치료뿐만 아니라 만성질환에 대한 대책도 포함되며 때로는 넓게 재활까지 포함된다. 질병의 조기발견, 건강유지도 포함하는 개념이므로 포괄적 보건과 같은 사고라 할 수 있다. 역사적으로는 전염병 대책이나 환경개선(모기, 파리 없애는 것) 등이 주였으나 최근에는 건강증진, 건강관리, 건강생활 그리고 성인병예방, 질병조기발견 등으로 중점이 옮겨지고 있다. 행정의 노력뿐만 아니라 개인이나 가족, 각종의 지역적 조직이 협력해서 실시해 나간다면 보다 효과적인 사업이 될 것이다.

1500 보건지도(health guidance)

일반적으로 사람들이 건강을 유지·증진하거나 질병을 예방하는 등 건강을 관리하는데 있어 필요한 조언, 원조를 의사, 간호사 등의 전문가가 제공하고 또 사람들이 건강한 생활을 유지하도록 유도하는 것을 보건지도라 한다.

1501 보건지도원

법률 등으로 정해진 제도는 아니지만 지역에서의 자발적 활동으로 종사하는 자로서 이들을 설치하고 있는 지역도 있다. 주로 모자보건이나 성인병대책, 영양지도 등의 업무 협력자로 있는 경우가 많다. 주민 또는 주민조직 중에서 추천

선출된다. 지역주민과의 연락, 보건부와 공동의 활동 등을 주업무로 한다.

1502 보건진료원(CHP : community health practitioner)

1978년 WHO 국제회의에서 규정한 1차 보건의료의 개념에 입각, 그 업무를 수행하는 의료요원을 말한다. 이들의 역할은 ① 건강문제의 예방·통제방법에 관한 보건교육 ② 안전한 식수 공급과 환경위생유지 ③ 모자보건사업과 가족계획사업 ④ 주요 감염질환에 대한 예방접종 ⑤ 풍토병 예방 ⑥ 치료·약품공급 이외에 우리나라에서는 그 지역의 학교보건 업무까지 포함시키고 있다. 1981년도에 이 제도가 도입되어 정규대학과정(전문대 이상)의 간호교육을 수료한 간호사나 기타 조산원 자격증 등을 소지한 자로서 6개월의 교육기간을 경과한 사람들이 보건진료원으로서 지역사회에 배치되고 있다.

1503 보도(guidance)

사람을 올바른 방향으로 이끄는 것으로 윤락행위 등 방지법이 매춘권유 등의 죄를 범한 성인여자에 대해 보도처분을 정하고 범죄보도처분자 예방 갱생법이나 집행유예자 보호관찰법이 직업보도, 취직원조, 숙사나 의료의 제공 등 보호관찰에 따른 보호원 등의 방법을 정하고 있다. 또 소년에 대한 경찰활동을 소년보도라 부르며 범죄자, 비행소년에 대한 공적조치를 가리키는 등 많이 사용되어지고 있다.

1504 보도처분

윤락행위 등 방지법이 특히 보호조치의 일종으로 정한 처분이다. 매춘에 있어서 공공연한 권유행위를 한 경우를 처벌대상으로 하고 경찰서가 지방검찰청에 송치해 기소되면 재판소에 보내져 징역 또는 금고의 형을 언도받는다. 집행유예인 때는 판결과 동시에 보도처분에 대한 취지를 언도받는다. 만 20세 이하의 여자에게 적용되며 보도원에 송치된다. 오늘날 그 수는 감소되었으나 강제적 조치를 강구함과 동시에 인권옹호의 관점에서 재검토할 필요가 있다.

1505 보모(nursery teacher) 01

보모는 사회복지시설 종사자 중에서 양적으로 약 5할을 차지하고 있으며 아동복지법에 따라 아동복지시설에만 배치된다. 그러나 현실적으로는 정신지체자 원호시설에도 소수가 배치되고 있다. 보모는 아동복지 법시행령에서 아동의 보육에 종사하는 여자로 정하고 있는 바와 같이 여성의 직종이지만 남성에서도 문호를 열었다. 양성학교의 졸업, 또는 보모시험의 합격에 따라 자격이 부여되며 간호부, 의사, 영양사 등을 제외한 사회복지 고유직종 중에서 자격제도가 명확한 직종 중의 하나이다. 보모의 직무는 아동의 일상생활 개조, 생활지도, 놀이, 학습 지도, 보건지도 등 일상생활의 유지와 심신발달에 직접 관계하는 내용으로 직접처우직원 중에서도 가장 중요한 역할을 담당하고 있는 직종이다.

1506 보모(care mother) 02

아동의 보육에 종사하는 여자를 말한다. 탁아소·신체허약아보호시설·영아시설·아동보호 시설 등 아동복지시설에서 어머니를 대리하여 아동의 의식생활 관리·신체적 관리 등을 원활히 할 수 있도록 보살펴 주는 사람을 말한다. 5급 공무원 시험 합격자, 고등학교 졸업 후 2개월간 소정의 교육을 받은 자는 보모가 될 수 있다. 대학 2년, 4년 과정의 유아교육을 전공하여 자격을 갖추는 유치원 교사와는 그 역할이 다르다.

1507 보산케트(Bosanquet, Hellen)

철학자이자 대학 교수였던 남편 바나드(Barnard, Bosanquet 1843~1923)와 함께 자선조직운동에 참여하였다. 그녀는 자선조직협회지(charity organization review)의 편집진의 일원으로서 자선조직운동 이론가였으며, 1905년 빈민법과 실업구제에 관한 왕립위원회의 위원에 임명되었다. 이 위원회는 다수파와 소수파로 분열되어 다수파의 지도자가 되었다. 런던의 사회복지 1896~1912 등의 정서가 있다.

1508 보상(compensation)

비교적 자신 있는 행동이나 태도를 선택하여 그 방면에서 남을 능가함으로써 자신의 열등감, 무력감 등을 의식적으로 또는 무의식적으로 극복하려는 심리적 기제(기제)를 말한다.

1509 보상기능훈련(compensatory skill training)

장애의 보상 기능이 되면서 취업에 있어 중요한 개인의 기술을 개발하는 것을 말한다. 예를 들면 맹인을 위한 낭독, 걸음걸이 훈련, 보행훈련 등을 들 수 있다.

1510 보상적 손해배상 / 처벌적 손해배상

'보상적 손해배상'이 현실적으로 발생한 구체적인 손해, 주로 재산상의 손실보상인 데 비해 '처벌적 손해배상'은 불법행위의 악질성을 처벌하기 위해 부과하는 징벌적 성격의 배상이다. 처벌적 손해배상은 민사소송에서 소인이 된 불법행위의 반사회성과 비윤리성을 감안, 일반 공중의 입장에서 재발을 막기 위한 예방적 처방으로 볼 수 있다. 환경오염이나 독점금지 위반사례 또는 고의적 살인 등 중대한 불법행위에 대해 원고 측의 청구가 있거나 판사의 판단에 따라 배상여부를 결정한다. 이에 앞서 불법행위에 대한 피고의 책임이 인정돼야 하며 통상 '보상적 손해배상금'의 3배 정도를 청구하게 된다.

1511 보석(bail)

보석이란 일정한 보증을 조건으로 하여 구속의 집행을 정지하고 구속되었던 자를 석방하는 제도이다. 현행법상 보증은 일정한 보증금의 납입에 한정되고 또 기소 후의 구속(즉 피고인)에 대해서만 보석이 인정된다. 따라서 현행법상의 보석은 일정한 보증금의 납입을 조건으로 하여 구속의 집행을 정지하고 피고인을 석방하는 제도라 할 수 있다. 보석은 구속영장의 효력을 소멸시키는 것이 아니라 그 집행을 일단 정지시킬 뿐이라는 점에서 구속의 취소와 구별되고, 또 일정한 보증을 조건으로 하는 점에서 단순한 구속의 집행정지와도 그 성격이 다르다 그밖에 보석제도는 피고인 측으로서는 구속으로 인한 불이익을 감소시키고 국가 측으로서는 미결구금을 위한 시설 및 그 유지에 필요한 경비를 절약하게 하고, 형사 정책적 견지에서도 죄수간의 악감염의 폐단을 없애는 등의 기능을 가진다.

1512 보수(Salary)

봉급과 기타 각종 수당을 합한 금액.

1513 보수비례거출(earning related contribution)

사회보장 특히 사회보험의 재원조달을 위해 거출금을 징수하는 경우 본인의 소득에 비례해서 부과하는 것이다. 대다수가 이 방법에 의해 보험료 또는 보험세를 조달하고 있다. 이것은 종전생활수준을 유지하기 위한 소득비례급여에 대응하는 비용조달방법으로 일반화된 것이지만 보통은 이 보수에 시정되어 그 이하에서는 정률의, 그 이상에서는 정액의 보험료가 부과된다.

1514 보수연액(Yearly Salary)

보수월액의 12배에 상당하는 금액.

1515 보수월액(Monthly Salary)

교직원이 근무하는 학교 및 경영기관에서 실제로 받고 있는 보수액에 불구하고 공무원 보수 규정에 의해 당해 교직원의 직위, 자격 및 경력 등에 따라 산정되는 표준봉급월액과 공무원 수당규정으로 정하는 수당 중 기말, 정근, 정근수당가산금의 연지급액을 12월로 평균한 금액을 합한 금액으로 부담금 및 급여액 산정의 기초가 된다.

■보수월액 = 봉급월액 + (기말수당연액 + 정근수당연액 + 정근수당가산금연액) / 12

1516 보수평균(Average Salary)

사학연금의 경우, 승진, 강임이나 강등, 전직, 보직변경 또는 재임용으로 인해 보수월액이 증감된 후 1년 이내에 장기급여의 사유가 발생한 때에는 증감전후의 보수를 평균하여 급여액 산정의 기초로 한다.

1517 보수주의(conservatism)

좁은 뜻으로는 각국의 보수당의 신조, 또는 정치적 입장을 말하며, 넓은 뜻으로는 현재의 조직 체제를 유지하려는 입장 일반을 말한다. 인간은 자기 경험에 대한 신뢰로부터 변화를 꺼리는 경향을 가지는데 이것을 자연적 보수주의라고 한다. 그러나 이론적으로 체계화된 보수주의는 사회변혁에 대항하여 현상을 유지하려는 지배계층의 속성을 나타낸다. 근대적인 보수주의는 프랑스 혁명 뒤에 반혁명적인 봉건적 귀족계층에 의하여 형성되었는데 그 이론적 내용은 이 혁명의 중심사상이었던 계몽주의나 개인주의사상 등에 반대하는 것으로 나타났다. 이런 입장을 명확히 한 사람은 영국의 버크(E. Burke)이다. 20세기에 와서는 사회개혁을 시도하는 진보주의에 반대하는 태도를 가리킬 때가 많다. 교육에서의 보수주의 사상은 기존질서의 유지나 지식의 전달을 교육의 기능으로 보고 있다. 브루바허(J. S. Brubacher)나 오타웨이(A. K. C. Ottaway)가 이런 주장을 하고 있다. 사회가 정적일 때에는 교육은 보수적 기능만으로 족할 수 있다. 그러나 동적인 사회, 즉 모든 사회질서나 문화체제 등의 유동성이 강한 사회에서는 보수적 기능만으로는 부족하고 진보적 기능이 요청되기 마련이다. 또 한편으로는 진보적 기능이 필요한 때에도 진보만이 아니고 참된 보수를 전제로 할 필요가 있다.

1518 보안처분
(measure taken the preservation of public security)

사회적으로 위험한 행위를 할 우려가 있는 자에 대해 이들의 격리, 교정, 교화를 목적으로 과하는 처분을 말한다. 상습범이나 정치범에 대한 예방구금, 주벽 등의 교정처분, 정신장애인의 치료처분, 범죄소년에 대한 보호 처분 등이 있다. M. 안젤은 이것을 인도적 사회방위의 처분이라고 말하며 법학 상으로는 형벌과 이질의 것으로 되고 있으나 본질적으로는 형벌의 변종이다.

1519 보육(nursery care)

영유아를 대상으로 양호(보호), 교육하는 것으로 역사적으로는 가정교육의 보조적 기관으로서 유치원이 설치되었지만 그 기능을 표현하는데서 이 용어가 사용되었다. 예컨대 양호과보호, 보건위생, 건강 증진 등 주로 생존을 유지하고 신체적 발달을 육성하는 움직임을 보육사라 가리키고 있으며 보육은 이와 같은 양호기능과 함께 교육적 기능도 포함한 개념이다. 이 교육은 소학교의 교과를 중심으로 한 그것과는 다르며 영유아의 발달에 맞는 독자의 내용을 갖는다. 예를 들면 영유아교육 중 자발적 놀이 활동과 그 지도를 중심으로 기본적 생활습관의 자립을 기초로 하는 생활지도나 교과교육의 기초로서의 과업지도가 행해진다. 이러한 보육의 제활동도 여러 형태로 행해지지만 보육시설에서는 동 연령의 아이들은 중심으로 한 집단보육의 형태를 취하는 것이 일반적이다.

1520 보육계획(nursery care programing)

자치단체 등에서 만들어져 지역의 보육계획을 가리키는 경우도 있지만, 일반적으로는 보육소. 유치원 등의 보육시설에서 보육활동을 진행해가는 일정기간의 계획을 의미하고 있다. 보육커리큘럼이라 부르기도 한다. 보육계획 중 구체적인 실천지도에 관한 계획을 지도계획하며 그 계획의 기간에 따라 기간계획, 월안(月案), 주안(週案), 일안(日案) 등이 있다. 연간계획은 보육계획 중에서도 골자로 되어있다. 아이들의 발달상황을 근거로 연간보육목표를 정해 그것에 이르는 순서를 명확히 하지 않으면 안되지만 이것은 아이들의 여러 생활을 포함한 집단생활의 발전을 축으로 구상된다.

1521 보육단가(nursery unit cost)

보육소에 입소한 1인당 조치아동의 조치비인 월액단가를 기준으로 하여 국고부담의 기준을 정한다. 그 내용도 사업비-일반생활비와 아동용채원비, 인건비, 관리비가 포함된다. 그 구성은 지역별, 정원규모별, 연령별, 소장의 설치·미설치의 4개 항목이 기본분단가로 아동용대원비, 한냉지수당, 사무용채원비, 제실비, 보육소기능강화 추진비가 각 보육소의 요건에 따라 가산된다. 지방자치단체가 독자적으로 가산을 하는 것도 있지만 국가의 산정방법을 채용하고 있다.

1522 보육료 징수기준(standard for day nursery fees)

아동복지법에 의해 보육소 입소조치를 받은 아동의 부양의무자로부터 징수하는 비용의 기준을 가리키며 지방조례 또는 규칙에서 정하고 있다. 국가는 국고부담금산정에 사용하는 결제기준으로서 보육소 징수기준액표를 작성하고 있지만 이것은 동시에 지방이 비용징수기준을 정할 때 참고로 되는 가이드라인을 표시하는 것이다. 비용징수는 능력부담의 사고방식으로서 아동가정의 부담능력에 맞게 계층구분을 설정해 징수 기준액을 정하고 있다. 국가기준에 따른 계층구분은 생활보장에 의한 피보호 세대(제1계층), 전년도분의 지방세 비과세세대(제2계층), 전년도분 지방세 과세세대의(과세액에 따라 제3, 4계층으로 구분) 전년도의 소득세 과세세대(제5계층 내지 제10계층으로 세분화)로 되어있다. 또 3세 미만 아의 경우와 3세 이상 아의 경우 기준액이 바뀐다.

1523 보육목표

보육은 목적지향적인 운영으로 장래의 인간상이 확보됨과 동시에 일정기간에 도달해야 할 보육목표가 아이들 발달에 맞게 설정되지 않으면 안된다. 보육목표로는 장래의 목표와, 당면한 것을 실현해가는 가까운 목표가 있다. 활동목표인 가까운 목표는 아이들에 따라 다르게 설정하여 그것을 실현해가는 과정에서 적정 아이들의 의욕을 끌어내고 장래 목표를 향해서 그 목표의 수준을 높여가야 한다.

1524 보육부적아동(children requesting nursery care)

보육부적상황을 아이들의 심신발달과 부적합한 것을 받게 되는 상황으로 정의하고 재혼한 부모의 인격적 결합에 따른 것, 아이들의 심신 장애로 인한 것, 보호자 이외의 가정상황에 의한 것, 지역상황이 부적당한 것의 4개 항목을 제시하고 있다. 그러나 이것은 입소조치기준에 반영되지 않고 산업구조가 제3차 산업으로 이행해가고 있고 특히 서비스업의 점유비율이 증대하는 가운데 시간대나 요일 등 보육의 부적상황은 급속하게 다양화되어가고 있는 실정이다.

1525 보육사

아동복지시설 종사자의 일종으로서 보모로 일컬어 왔다. 그러나 1982년 아동복지법시행령의 개정으로 보육사로 개칭하였으며 이들의 자격을 세분화·전문화하여 보육사 1급, 보육사 2급, 보육사 3급으로 구분하여 칭하고 있다. 보육사 1급의 자격은 ① 대학(전문대학 포함) 또는 이와 동등 이상의 학교에서 보건복지부령이 정하는 사회복지에 관한 학과를 전공하여 졸업한 자 ② 대학 또는 이와 동등 이상의 학교에서 제1호 이외의 학과를 전공하여 졸업하고 보건복지부장관이 실시하는 양성교육과정을 이수하였거나 자격검정시험에 합격한 자 ③ 보육사 2급으로서 사회복지업무에 3년 이상 종사한 경력이 있고 소정의 보수교육 보육소아를 이수한 자 ④ 유치원 또는 초등학교 정교사로서 사회복지에 관한 소정의 보수교육을 이수한 자이며, 보육사 2급의 자격은 ① 고등학교 또는 이와 동등 이상의 학교를 졸업한 자로서 보건복지부장관이 실시하는 소정의 양성교육과정을 이수한 자 ② 보육사 3급으로서 3년 이상 사회복지업무에 종사한 경력이 있고 소정의 보수교육을 이수한 자 ③ 유치원 또는 초등학교 준교사로서 사회복지에 관한 소정의 보수교육을 이수한 자이며, 보육사 3급의 자격은 ① 고등학교 또는 이와 동등 이상의 학교를 졸업한 자 ② 보건복지부장관이 실시하는 자격검정시험에 합격한 자로 정하고 있다.

1526 보육소아

아동복지법에 의해 보육에 결한 유아를 말한다. 유아 중 보육소에 조치된 아동을 가르친다. 특히 필요한 때에는 그 외의 아동을 보육할 수 있다고 하고 있어 이 규정은 실제로는 소학교저학년이 대상으로 된다. 보육에 결한 내용은 보육소입소조치기준이 정하고 있다. 오늘날에는 빈곤이 반드시 입소조건으로 되는 것은 아니다. 소득에 관계없이 상기기준으로 조치되며 계층을 초월해 일반화하고 있다. 특히 0세 아, 1세 아에서는 맞벌이부부의 비율이 높아 가업종사자나 내직자는 입소가 곤란하다. 한편 영유아인구가 감소경향을 보여 지역에 따라서는 4세 아, 5세 아는 유치원, 3세 아와 3세 미만 아는 보육소로 규정하는, 연령에 따른 분할방식을 취하고 있는 곳도 있다.

1527 보육정책(day nursery policy)

국민의 요망에 의해 취해진 보육소에 관한 정책이다. 일반적으로 정부·여당에 의한 것이 현저하나 민간단체나 야당에서도 구상되어 실현이 기대된다. 보육이 필요한 아동을 위해 보육소를 정비해 보호자와 아동의 생활을 보장함과 동시에 아동심신의 건전한 성장발달을 도모하는 것이 보육정책의 목표이다. 보육정책이 국민의 보육욕구에 올바르게 대응하고 구현화되기 위해서는 국민의 보육제도에 대한 요구가 강력하게 표명되어져야 한다. 그러나 보육정책 중에는 여러 가지 대립적 견해가 있다. 즉 보육제도방식을 둘러싼 3세 미만 아 특히 유아에 대해 시설보육을 주장하는 견해와 가정보육을 취해 육아휴직의 충실 등을 주장하는 대립적 견해와 유보일원화를 둘러싼 대립이 계속되어 오고 있다.

1528 보육제도(day nursery system)
국가·지방자치단체에 의해서 유아, 유아의 건전한 성장발달을 도모하고자 법규에 성립되어진 보육에 관한 조직기관의 조직 및 그 작용의 총칭이다. 보호자가 노동 또는 질병 등의 이유로 보육에 부적합한 상황에 있는 유유아에 대해 1일 8시간의 보육을 행하는 보육소가 아동복지법에 따른 보건복지부소관으로서 제도화되어 있다. 한편 3세 이상의 유아에게 조직적인 유아교육을 행하는 유치원이 학교교육법에 의해 교육인적자원부 소관으로 제도화되어져 있다.

1529 보육커리큘럼(child day care curriculum)
커리큘럼이라 함은 교육목표를 달성하기 위해 조직된 교육내용을 의미하는 것으로 교과과정으로 해석되고 있다. 일반적으로는 보육계획, 지도계획 등과 같은 의미로 사용되어진다. 초기의 보육과정은 초등학교 교육의 영향을 받아 일반적으로 교화형적이었지만 미국의 영향으로 경험주의적으로 되었다. 그러나 과정으로서 계통성이 애매하여 새로운 방식이 실천적으로 추구되고 있다.

1530 보육행정의 기관
보육소를 소관하는 행정기관은 주로 보건복지부의 아동복지과로 법령에 관한 일, 운영 시 기본에 관한 행정지도, 예산편성과 집행에 관한 업무를 수행하고 있다. 시·도에 둔 기관은 시·군·구 가정복지과에서 최저기준의 실시상황을 감사하고 보육소의 설치폐지를 인가하기도 한다. 지방장은 보육소를 설치해 요보육 아동을 보육소에 입소시켜 그 조치에 필요한 경비를 예산에 책정하여 집행한다.

1531 보이스카우트 세계사무국(boy scouts world bureau)
세계스카우트회의와 세계스카우트 위원회가 그 기능을 수행하는데 필요로 하는 사무적인 원조를 목적으로 하고 있다. 1920년 런던에 설립될 당시는 보이스카우트 국제사무국이라 불렸다. 1960년 제네바에 본부를 설치하고 그 밖의 5개소에 지역사무국을 설치하였다. 사무총장, 각 지역 사무소장의 지휘 하에 세계잼버리의 준비, 걸스카우트와 걸스카우트 세계연맹과의 연휴 등의 활동도 하고 있다.

1532 보장구(prosthetic appliance)
장애인의 신체일부의 결손이나 기능의 장애를 보충하고 일상생활 등을 용이하게 하기 위해 그 기능을 돕는 장보편적 욕구기의 총칭이다. 보장구는 많이 있지만 그 개인의 특성에 알맞은 최적의 것을 선택해서 사용에 불편이 없도록 연습하는 것이 중요하다.

1533 보장구 제작시설(facilities or manufacturing prosthetic appliance and prosthetic)
장애인복지법에 의한 신체장애인 갱생원호시설의 일종이다. 정해진 보장구의 종목, 수탁 보수액 등에 관한 기준에 따라 보장구의 제작 또는 수리를 장애인 및 가족의 수입에 맞춰 무료 또는 저액으로 행하는 시설이다. 일본은 34개 제작소가 활동하고 있고 최근에는 대학연구소의 협력을 얻어 기술적으로도 장족의 진보를 이루었지만 장애의 다양성과 생활환경을 고려해 신기술의 개발이 요망되고 있다.

ㅂ

1534 보조금(subsidies) 01
판매자와 구매자 사이의 정상적인 경제적 거래의 외부에서 지불하는 무상의 공여금이나 교부금을 의미한다. 일반적으로 보조금은 구매자에게 값싸게 재화와 용역을 수취하도록 하며 보조금 수령자의 실질 소득을 높이는 효과가 있다. 보조금의 형태는 단순보조금(flat grant)과 일방적 보조금(matching grant)으로 나누어지는데, 전자는 종교적 헌금과 같은 민간의 자선적 공여이고, 조세감면, 연구보조비, 장학비 등은 후자에 해당한다. 우리나라의 경우 각 부처별로 시행되는 각종 국고보조금이 있고 사회보장관련사업인 영세민지원, 원호대상자의 생계보호, 근로자복지 등을 위한 보조금이 있다.

1535 보조금(subsidy) 02
상품생산이나 수출 자원, 산업 보호 등을 위해 제공하는 장려금이나 금융·세제 지원 등 모든 지원금을 말한다. UR협상에서 불공정 무역의 한 형태로 논란대상이 되어 축소 또는 폐지하기로 결정되었으나 각국은 보조금이 지급된 수입품에 통상 상계관세를 부과한다.

1536 보조사회사업가(case worker aide)
미국에서 사회복지 전문교육을 받은 전문사회사업가를 보조하기 위해 채용된 직원이다. 현재는 그 실무가 넓어져 소셜 서비스 에이드(social service aide) 혹은 소셜 워크 어시스턴트(social work assistant) 등으로 표현되고 있다. 종래 비전문가이며 잡무를 처리하는 임시적인 대리 직원으로 생각되어 왔으나 특히 1960년대 이후 중요한 역할을 담당하는 사람으로 재평가되어 직원으로서 위치를 잡고 있다.

1537 보청기(hearing aid)
난청자의 청력을 보충하기 위해서 마이크, 증폭기, 레시버로 이뤄지는 음의 증가장치이며 일상생활에 쓰이는 휴대용의 소형보청기에는 상자형, 귀거리형, 안경형, 답이형 등이 있으며 그밖에 교육용 보청기가 있다. 보청기는 귀에 사용하고 의사전달의 기능을 높이기 위해 있는 것이기 때문에 개인의 특성에 맞는 기기의 선정과 습숙의 훈련이 필요하다.

1538 보충급여제도(supplementary benefit scheme)
현행 영국의 공공부조제도로서 1948년 이래 국가부조제도에 대신해 1966년부터 실시된 자산조사를 수반한 급여제도이다. 이 제도로 이행된 주된 이유는 수급자격이 있으면서도 수급하지 못하는 자를 감소시키는데 있으며 이를 위해 수급수속의 간소화나 부조에 따라다니는 스티그마(낙인)를 불식하기 위해 보험행정과의 긴밀화가 도모되었다. 보충급여기준은 연금연령이상의 수급자 등을 대상으로 한 장기 기준과 그 이외의 자에 대한 일반기준이 있으며 전자 쪽이 약간 그 수준이 높다.

1539 보충적 개념(residual conception)
보충적(residual) 사회복지와 제도적(institutional) 사회복지는 윌렌스키(Wilensky, H. L)와 르보(Lebeaux, C. N)가 제시한 것으로 전자는 정상적인 공급구조 즉 가족이나 시장이 파괴될 때만 사회복지제도가 작동되어야 하며 후자는 현대산업사회에 있어서 사회복지서비스를 제일선(first line)의 기능으로서 간주하였다. 이 두 가지 개념의 차이를 페더리코(Federico Ronald C.)는 다음과 같이 구분하고 있다. 전자는 전산업 사회를 배경으로 하여 선별원칙 하에 빈곤자를 대상으로 한다. 빈곤의 책임은 개인에게 돌리고 사회보장 수단으로서는 공적부조(public assistance)로서 개별화된 일시구제라는 조치에 의존하는 개념이다. 후자는 현대산업사회를 배경으로 하여 보편원칙 하에 전 국민을 대상으로 한다. 생활책임을 빈곤자 개인이 아닌 사회에 돌리고 있으며, 사회보장수단으로는 사회보험(social insurance)이나 일반부조(demogrants)로서 표준화된 제도적 조치에 의존하는 개념으로 구분하고 있다.

1540 보편성(universality)
특수성을 가진 여러 개체들이 공유하고 있는 특성을 말한다. 그 특성에 의해서 여러 개체들이 하나의 집합을 성립시킨다. 그러므로 보편성은 한 집합을 성립시키는 원소들이 공통적으로 가지고 있는 특성이라고 할 수 있다. 그 집합의 개념을 우주에 적용할 때, 모든 존재하는 사물이 공유하고 있는 궁극적 특성을 일컫는 것이 된다. 플라톤(Platon)은, 보편성은 이데아이며 그것은 존재하는 실체라고 생각하였으나, 유명론자들은 보편성이란 일반성을 나타내는 개념에 불과할 뿐 결코 실체로 존재하는 것이 아니라고 하였다.
→ 특수성

1541 보편적 욕구(universal needs)
모든 인간생활에 보편적으로 있는 욕구를 의미하며 1949년 전미사회사업가협회가 발표한 것으로 노동의 기회와 경제적 안정, 가정의 보존, 정신적·신체적 건강, 적절한 교육, 종교적 표현의 기회, 여가의 만족한 이용 등을 말하며, 이것과 동종의 것으로 의·식·주의 충족, 신체적·경제적 보편주의적 사회복지보장, 건강, 자기표현, 집단참가, 신앙의 자유를 모든 인간에게 공통되는 기본적 욕구로 들고 있다.

1542 보편주의(universalism)
① 보편자를 개별자의 상위에 두고, 후자는 전자에 참여함으로써만 존재성과 의의를 갖게 된다는 입장. ② 특수주의에 대치되는 개념으로 합리적이고 보편적인 기준에 입각한 사회관계나 그 행동양식. 사회행동을 이해하기 위하여 파슨즈(T. Parsons)가 제시한 사회관계 행동유형 변수에서 보다 근대적 사회에 두드러지게 나타나는 행동유형이다. 즉 전근대적 사회에서는 사회관계에서 자기와 특별한 관계, 예컨대 친족·족벌·지연 등에 입각하여 행하던 것이 근대사회 이후에는 개인적 업적·훈련·교육 등에 의한 객관적이고 합리적인 근거에 의하여 행한다는 것을 뜻한다.
→ 보편자, 특수주의, 유형변수

1543 보편주의적 사회복지
사회복지서비스의 이용자를 일정한 계층으로 나누어 저소득층에 한정 하는 선별주의적 복지로부터 경제사회의 변동에 따른 사회복지의 필요가 다양화되면서 모든 계층의 사람들이 복지서비스의 이용자가 되는 것을 전제로 한 사회복지의 제도개혁을 지향한 개념이다. 이러한 사회복지의 전환은 1960년대 후반부터 70년대에 걸쳐 구미에서 일어난 사회복지 서비스제도이다. 즉 서비스와 소득보장을 분리하는 움직임에 근거하여 소득보장을 제외한 필요요건만을 중심으로 서비스를 제공하는 것에서 시작되었다 할 수 있다. 이와 같은 경향에 비추어 사회복지서비스는 개인사회서비스(personal social service)라는 명칭이 주어졌고 요구가 있는 시민이 그 요구에 따라 서비스를 이용할 수 있다는 이념하에서 서비스의 제공이 이루어지게 되었다.

1544 보편타당성
→ 타당

1545 보편화
→ 개괄

1546 보험시설
사회보험이 보험의 비용에 따라서 경영하는 보험복지시설을 말한다. 우리나라의 산재보상보험은 근로복지공사를 통하여 산재병원, 산업재활원, 반월신장자공작소 등 재활(rehabilitation) 시설과 온천보양소 등을 설치·운영하고 있으며, 보건복지부장관은 가입자, 가입자이었던 자 및 수급권자의 복지를 증진하기 위하여 대통령령으로 정하는 시설과 사업을 할 수 있도록 규정하고 있다. 의료 보험법에도 이러한 규정을 삽입하여 복지사업을 전개해야 할 것으로 본다. 선진국의 경우는 대체로 보양소, 노인 홈, 모성보호시설, 유아보호시설 등을 두고 있다.

1547 보험의료기관

시·도지사의 지정을 받아 건강보험법에 의해 요양의 급여를 담당하는 병원 또는 진료소를 말한다. 진료에 종사하는 의사, 치과의사, 조제에 종사하는 약제사는 시·도지사의 등록을 받은 자(보험의, 보험약제사)라야만 한다. 병원의료기관 또는 보험약국은 보험의 또는 보험약제사를 두어 진료 또는 조제를 행하도록 하는 외에 요양의 급여 등을 담당한다. 보험의료기관 및 보험약국은 선원보험법, 국가공무원등 공제조합법, 또는 지방공무원등 공제조합법에 따른 요양의 급여 등도 담당한다.

1548 보험진료방법

의료보험에 있어서 보험진료를 받고자 할 때는 피보험자증을 반드시 제시해야 하며 입원할 때는 입원신고서를 제출해야 한다. 자기부담 진료비는 직접 지불해야 한다. 일반적으로 의료기관은 의원급 의료기관과 병원급 의료기관으로 대별되는데 전자는 의원, 치과의원, 조산소가 그에 해당하는 것으로 병상 수 20미만인 곳을 말한다. 후자는 병원, 치과병원, 종합병원이 그에 해당하는 것으로 병원은 병상 수 20~80을, 종합병원은 병상 수 80개 이상을 말한다. 보험진료에 있어서 첫 단계는 의원급 의료기관에서 하는 것을 원칙으로 한다.

1549 보호(protection care)

생활능력 혹은 기능이 저하되어 있는 자, 미숙인 자를 외부의 환경으로부터 지키면서 일정수준의 생활과 능력의 유지, 성장을 기대해서 생활요구의 충족현실을 가능케 하는 서비스·상황·지도 또는 보도를 일체적으로 제공해가는 원조활동을 말한다. 원호가 지속적인 생활수준의 지지에 주안점이 있는데 대해 보호는 외부의 장애요인의 소멸될 때까지의 기간, 환경으로부터 지키는 것에 역점이 주어진다. 또 보호에는 외부압력에 의해 장애를 받은 능력의 회복을 촉진하는 지도가 강조된다. 보호는 일반적으로 그 형태에 따라 거택보호와 수용보호로 나누어진다.

1550 보호고용(sheltered employment)

고용부진대책을 행한다 해도 일반노동시장에서 경쟁을 통해 고용되기 곤란한 중도장애인에 대해 국가책임으로 장애인의 노동에 대한 권리를 보장하기 위해 특별한 취로의 제공을 목적으로 제2차 대전 후 서구 제국을 중심으로 발달해 온 제도이다.

1551 보호관찰부 가석방(parole)

미국의 보호관찰제도의 일종인데 parole이란 형사 또는 교정시설에서 선고형의 일부를 복역하고 마친 자를 종국적인 방면이 인정될 때까지 선행을 가지고 당해 시설 또는 주의 인가를 받은 타 기관의 감독 및 지시에 복종할 것을 조건으로 석방하는 행위 또는 석방되어 있는 상태를 말한다. parole는 probation과 마찬가지로 사회에서 생활하면서 태도나 습관이 변할 것으로 기대되는 범인을 개별적으로 선도하고자 하는 것이며 범죄 및 범죄성에 대한 치보호의 결정료적 반응을 구체적으로 시도하는 것이다.

1552 보호관찰부 선고(probation)

→ 집행유예

1553 보호서비스(protective service)

학대를 받거나 유기 혹은 적절한 보호와 지도 감독을 받을 수 없는 아동을 위한 특수적인 케이스워크 서비스이다. 이 프로그램은 사회단체나 시민의 호소로 시작되며 보호기관(protective agency)이 아동이전을 법원에 청원하여 아동과 부모에게 적절한 보호를 실시하여 부모에게 더 많은 책임을 지우고 아동보호를 가로막는 문제를 해결하고 아동을 재평가할 수 있는 기회를 부여하여 아동과 부모를 재결합시키는 프로그램이다. 아동은 바로 클라이언트가 되며, 부모는 치료의 초점이 되는 것으로 아동과 부모를 위한 프로그램으로서 우리나라에는 아직 시행되지 못하고 있다. 미국에서는 이 프로그램이 연방정부의 위임프로그램(mandated program)이며, 많은 예산이 투입되고 있다.

1554 보호소년

경찰관직무집행법에 의거 미아, 가출아동, 기아를 요보호대상으로 하여 응급의 구호를 요하는 경우에는 24시간의 범위 내에서 보호조치를 하고 있다. 이때, 보호 조치된 미아, 가출 아동 혹은 기아를 보호소년이라 한다. 따라서 보호소년의 가족, 친지, 기타의 연고자가 나타나지 않을 경우에는 공공사업기관, 병원, 기타 구호기관에 인계함으로써 비행에 빠지지 않도록 적절한 보호와 처우를 하고 있다.

1555 보호수탁자(vocational guidance parent)

아동복지법에 의해 의무교육을 완료하였으나 보호자가 없는 요보호아동으로서 장래에 자활을 필요로 함에 따라 사회생활에의 적응능력을 높임과 동시에 독립자활에 필요한 직업능력을 육성하는 것을 목적으로 아동을 위탁받을 자를 말한다. 양부모에 대해 통칭 직친이라고도 부르며 희망자는 시·도 아동복지심의회의를 거쳐 등록명부에 기재된다. 이 제도는 아동복지시설에 직업 지도적 기능을 기대하는 것이 곤란한 경우나 노동력으로 이용할 목적으로 양자를 수탁하는 등 양부모제도에 폐해가 발생해 창설되었지만 현재에는 활용되고 있지 않다.

1556 보호시설(public assistance institution)
헌법 제34조의 모든 국민은 인간다운 생활을 할 권리를 갖는다고 하는 규정을 제도상으로 구체화한 것 중의 하나로 생활보장법에 의하여 설치된 보호시설이다. 각 시설은 요보호자의 인권과 생활의 보장, 자립능력의 조장을 목적으로 하고 있다. 구호시설의 경우를 보면 신체 및 정신장애에 있어서 자립할 수 없는 요보호자를 수용하여 생활부조를 행하는 것이 일반적이다. 이 외에도 갱생시설, 의료보호시설, 수산시설, 숙소제공시설 등이 보호시설로 설치할 수 있는 것들이다. 우리나라에서는 이 보호시설이 미흡한 실정이어서 앞으로 연구과제라 할 수 있다.

1557 보호위원협의회
보호위원 상호간의 업무에 관한 협조 및 조정 등 보호업무를 원활히 수행하기 위하여 지방검찰청 또는 지방검찰청지청 단위로 보호위원협의회를 구성하도록 되어 있고, 현재 48개의 대상처 중 45개의 협의회가 구성·완료되었다. 일본의 예를 보면 보호위원제도와 비슷한 보호사제도를 두고 있다.

1558 보호율(public assistance ratio)
인구 1천명에 대한 피보호자의 비율을 말하는 것으로 1(퍼-미리)로 표시한다. 보호율이 반드시 총인구 중 빈곤자의 비율을 표시하는 것은 아니다. 보호율이 낮더라도 보더라인층이나 누구인구가 존재하고 있는 한 보호율은 보호 긴축의 엄격함을 나타내는 것이지 복지수준의 지표를 나타내는 것이 아니다.

1559 보호의 개시
생활보장의 신청이 있으면 보호실시기관은 보호여부와 정도를 판단하기 위해 조사를 행해 보호결정을 한다. 보호의 개시결정이 이루어진 경우 이유를 명시하고 14일 이내에 도착하도록 서면으로 본인에게 통지해야 한다. 일반적으로는 신청일을 보호개시일로 하지만 신청일 이전에 이미 요보호상태가 존재함이 확인됐을 때에는 그 요보호상태 발생 시 소급해서 보호를 개시할 수 있다.

1560 보호의 결정
시장·군수가 매년 1회 이상 관할구역안의 보호대상자를 조사하였거나, 보호대상자 또는 그 친족 기타 관계인이 보호대상자에 대한 보호를 관할 시장·군수에게 신청하였을 때 보호의 변경에는 지체 없이 보호여부를 결정해야 한다. 그 결정의 요지, 보호의 방법 및 보호개시 시기 등을 서면으로 보호대상자 또는 신청인에게 14일 이내에 통지해야 한다. 다만 부양의무자의 자산 상황 등의 조사에 시일을 요하는 특별한 사유가 있는 경우에는 신청일로부터 30일 이내에 통지할 수 있다. 이 경우 통지서에 그 사유를 명시해야 한다.

1561 보호의 변경
보호기관은 피보호자의 소득, 재산상황, 근로능력에 변동이 있는 경우에는 직권 또는 피보호자나 그 친족 기타 관계인의 신청에 의하여 그에 대한 보호의 종류·방법 등을 변경할 수 있으며 보호의 변경은 서면으로 그 이유를 명시하여 피보호자에게 통지해야 한다.

1562 보호의 신청
보호대상자 또는 그 친족 기타 관계인은 보호대상자에 대한 보호를 관할 시장·군수에게 신청할 수 있으며 보호를 신청하는 방법이다. 절차 등에 관한 필요한 사항은 보건복지부령으로 정한다.

1563 보호의 실시기관
생활보장법에 의한 보호실시기관은 보호대상자의 거주지를 관할하는 시장, 군수가 행한다. 시설에 수용되어 보호를 받는 자에 관한 보호실시기관은 수용 전 그 사람의 거주지 또는 현 소재지에 의해 정해진다. 보호실시기관인 지사나 지방장은 보호의 결정, 실시사무의 일부를 그 관리에 해당하는 행정청의 장에게 위임할 수 있고 위임을 받은 기관은 보호의 결정, 실시에 관한 현업을 행하는 실시기관으로 된다.

1564 보호의 정지/폐지(termination of public assistance)
보호의 정지는 피보호자에게 임시수입이 있어서 일시적으로 보호가 필요 없는 경우 행해진다. 또 보호의 실시기관의 문서에 따른 지도·지시에 따르지 않을 경우 생활보장법에 의해 변경, 정지, 폐지의 조치가 취해진다. 보호의 정지, 폐지는 그 이유와 기간을 명시한 문서로 통지되며 미리 변명의 기회를 주면 안된다. 정지 중에는 피보호자로서 취급되며 권리의무도 유보되어 있다.

1565 보호의 제재처분
생활보장의 실시기관이 그의 권한에 따라서 피보호자에게 명령할 수 있는 사항으로 생활보장법의 지도 및 지시 조사 및 검진 수용 보호의 결정이 있지만, 그 내용에 대해 피보호자에게 의무이행을 요구하고 이행을 안한 경우에 보호의 변경, 정지, 폐지라고 하는 제재 처분이 행해지도록 하고 있다. 그 경우에도 개인의 자유를 최대한 존중하여 행하도록 하고 불이익 처분에 대해 피보호자의 변명의 기회를 부여하고 있다.

1566 보호의 지휘기관/감독기관
생활보장의 시행에 대해 보건복지부는 시·도지사 및 지방장을, 시·도지사는 지방장을 지휘·감독한다. 시·도지사는 현업기관으로 복지사무소장에게 보호의 결정, 실시권한을 위임할 수 있다. 시·도지사의 지휘 감독 내용은 감시권, 훈령권, 취소권과 명령권이지만 사무를 위임한 복지사무소에 대해서는 감시권, 훈령권의 힘을 갖는다. 복지사무소장과 지방장과의 관계는 권력적 관계가 아닌 협력관계이다.

1567 보호의무자
(person responsible for protective custody or care)
정신 장애인으로서 입원치료가 필요한 경우, 본인의 동의가 반드시 필요한 것은 아니지만 치료를 위해 본인을 대신하여 동의를 행하는 등의 의무를 부담하는 자를 말한다. 보호의무자는 정신장애인의 후견인, 배우자, 친권자 및 부양의무자이다. 정신위생법에 의하면 정신장애인의 자해 및 타해의 사고가 일어나지 않도록 감독하거나 본인의 재산상의 이익을 보호하지 않으면 안된다고 되어 있다. 보호 의무자가 없을 때나 의무를 수행할 수 없을 때에는 지방장이 의무자로 된다.

1568 보호자(parent, guardian)
아동복지법에서 말하는 보호자라 함은 친권을 행하는 자, 후견인, 그 외의 자로서 아동을 현재 강요하는 자를 가리키고 있다. 이 규정은 양육관계에 대한 아동의 보호를 행하는 입장으로 반드시 동거하고 있을 필요는 없지만, 아동에 대한 감호상태의 지속이 객관적으로 인정됨과 동시에 감호의 의지를 갖고 있어야 한다는 것이 보호자 요건으로 된다. 따라서 친권자나 후견인도 아동의 양육을 타인에게 위임하고 있는 경우 생활비 제공은 보호자와는 무관하다.

1569 보호작업장
보호작업장이란 통제된 작업환경과 개별적 취업목표를 가진 작업 지향적 재활시설로서, 장애인들이 정상적인 생활과 생산적인 취업상태로 발전해 나가도록 도와주는 작업경험 및 관련 서비스를 제공해 주고, 노동시장으로 진출할 수 없는 장애인들에게 생산량에 따라 정규적인 보수를 제공해 준다. 주요 기능은 중증장애인의 사회적, 경제적 의존 수준을 감소시키는 것과 그들 자신의 생산 능력에 따라 일할 수 있도록 하는 것이며, 대상은 작업 능력이 일반인에 비해 상당히 떨어져 일반 기업체에 취업이 곤란하며, 경쟁 고용을 성취할 수 없는 중증장애인들이다. 우리나라의 경우 1989년 보호 작업장 설치 및 운영 방식을 규정한 보호작업장 운영지침에 의거하여, 시설의 설치, 요원 확보 및 배치, 대상장애인 근로자 선정 경위, 직업훈련 및 근로조건, 지도, 회계 및 임금, 관리 체계 등에 대해 규정하고 있으며, 대부분이 수용시설이나 장애인복지관 등 이용 시설에 부설된 형태로 운영되고 있다.

1570 보호주택(sheltered housing)
고령자를 위한 특별설계와 긴급통보장치가 구비되고 워든복지공장(Warden)이라고 불리는 주택관리자가 있는 고령자용 소규모주택들을 말한다. 영국에서는 1959년부터 1977년까지 잉글랜드와 웰즈에 이러한 보호주택을 약 22만호 건설했다. 주택관리자는 거주노인들의 일상생활을 돕고 긴급구호가 요구될 때는 즉시 적절한 지원을 제공한다.

1571 보호처분
① 보안처분의 일종으로, 지방법원 소년부가 심리의 결과 소년에 대해 언도하는 처분, 그 종류에는 보호자 또는 적당한 자의 감호에 위탁하는 것, 사원, 교회 그 밖의 소년 보호단체의 감호에 위탁하는 것, 감화원에 송치하는 것, 소년원에 송치하는 것 등 다섯 종류가 있다. ② 사회보호법상 재범의 위험성이 있고 특수한 교육, 개선 및 치료가 필요한 자에 대하여 사회복귀를 촉진하고 사회를 보호할 목적으로 하는 처분, 동법상의 보호처분에는 일정한 시설에 수용하여 감호·교화하고 사회복귀에 필요한 직업훈련과 근로를 과하는 보호감호, 일정한 시설에 수용하여 치료를 위한 조치를 하는 치료감호, 일정 장소에의 출입제한·특정물품의 사용금지 등의 준수사항을 부과하는 보호관찰 등 세 종류가 있다.

1572 보호청구권
생활 곤궁자가 생활보장을 받을 권리를 말한다. 공적부조의 역사는 청구권을 부정해왔지만, 생존권보장의 이념에 의해 현행 생활보장법 중에서 보호청구권이 인정되었다. 동법에서는 모든 국민은 이 법률이 정한 요건을 만족하는 한 이 법률에 의한 보호를 평등하게 받을 수 있다고 해 보호의 수급을 권리로 명기하고 있다. 그러나 생활보장법에 보호청구권이 실제적으로 보장되었는지에 대해서는 학설이 분분하다. 이 청구권의 행사는 보호의 신청 즉 보호를 받고 싶다고 하는 요보호자의 의사표시에 의해 시작된다. 따라서 신청에 의한 청구권의 행사가 행해지지 않으면 국가의 보호도 이행되지 않는다. 또 청구권은 일신전속성의 권리로서 차압, 권리의 양도, 상속대상으로 되지 않는다는 성격을 갖는다.

1573 보훈복지의료공단
1981년 4월 '한국원호복지공단법'에 의하여 한국원호복지공단으로 발족하였으나, 1984년 8월 근거법이 '한국보훈복지공단법'으로 개정됨에 따라 한국보훈복지공단으로 개편되었다. 2001년 근거법이 '한국보훈복지의료공단법'으로 개정됨에 따라 한국보훈복지의료공단으로 다시 명칭이 변경되었다. 사업은 ① 국가유공자아 유·가족 등의 진료 및 재활, ② 직업재활교육, ③ 국가유공자 등 단체의 운영지원, ④ 복지시설의 운영, ⑤ 국가유공자 및 그 자녀의 학비지원, ⑥ 호국정신의 함양 및 고취를 위한 사업 등이다. 한국보훈복지의료공단은 사업을 수행하기 위해 전국 주요 도시(서울·부산·광주·대구·대전)에 첨단시설을 보유한 종합병원인 보훈병원을 운영하고 있으며, 수원에 보훈복지타운과 보훈원 등 전문주거시설, 교육연수시설, 보훈연구원과 충주에

휴양원 등을 운영하고 있다. 수익사업으로는 복권사업 및 판매사업, 건제, 봉제사업을 진행하고 있다. 수익사업에서 발생하는 이익은 전액 목적사업을 위해 사용된다. 본사는 서울 서초구 반포동에 소재하고 있다.

1574 복리후생(employee welfare and services)
기업이 종업원 또는 종업원 가족의 소비생활을 신체적, 정신적으로 또는 경제적으로 직접 원조하여 복지를 꾀하는 일체의 체계를 말한다. 종래의 복리후생은 사용자의 온정적 색채가 짙었는데 오늘날에 와서는 기업의 사회적 책임에 입각하여 법적, 권리적 색채가 농후하여 감에 따라 기업복지라는 말로 고쳐 부르게 되었다. 또 노동(근로)복지라고 할 때 노·사·정 3자에 의한 복지를 의미하므로 이것과의 구분을 위해서도 사용자 중심의 노동(근로)복지를 기업복지로 명명하게 되었다. 임금과 복리후생은 경영자가 부담하면서도 근로자의 생활에 가장 관계가 깊은데 그 차이는 임금이 통상 화폐에 의해 지불되기 때문에 종업원은 화폐에 의해서 자유로이 자기의 욕망을 소비생활에 충족하는 것인데 복리후생시설은 기업 측에서 소비생활을 규제하는 경우도 많다. 예를 들면 주거시설과 같은 것은 현저히 낮은 집세로 임대함으로써 종업원이 회사 측의 주거정책에 의존하며 안도감을 갖게 될 것이다. 또 임금이 복리후생은 개별임금이며 기본적 근로조건인데 대하여 복리후생은 집단임금이며 부가적 근로조건이라고 할 수 있다. 복리 후생의 내용을 개관하면 생활원조관계로서 사택, 기숙사, 아파트 등의 거주설비와 급식, 욕탕, 미용실, 이발소, 일용품판매소, 매점, 세탁 등의 제 시설, 의료관계로서 의무실, 병원, 구급실, 문화 오락시설로서 학교, 도서관, 독서실, 공장잡지, 오락실, 영사실, 운동장, 레크리에이션시설, 금융관계로서 저축, 단체보험, 저리대부금 등, 안전위생시설로서 휴식설비, 탈의실, 화장실, 조명, 환기, 난방, 냉방 등의 설비, 화재방지시설, 안전장치시설, 보호구, 경제관계시설로서 공제제도, 기타 법정복리시설로서 사회보험, 노동보험, 질병 및 재해수당과 사회보험보완복지, 상담시설 등이 있다.

1575 복막투석(peritoneal dialysis)
복막 내로 투석액을 주입하여 혈액 내에 포함된 질소성 노폐물 과다한 전해질을 혈액으로부터 제거하는 신부전의 치료 방법이다.

1576 복지경제학(welfare economics)
복지개선을 위한 정책의 양과 질을 평가하려는 경제학으로 넓은 의미에서 후생경제학의 한 조류를 이루고 있으나 종래의 이 분야가 너무나도 추상적, 형식적이었다는 비판에서부터 출발하고 있다. 일부 학파의 주장으로는 후생경제학에 대한 복지경제학의 특징을 첫째, 복지개념의 확장, 둘째, 현실의 복지정책을 둘러싼 실천제이론의 흡수 등을 들 수 있다. 그러나 복지경제학은 공공경제학(시장구조 외의 자원배분, 소득분배를 구체적으로 취급한다)과 많은 공통점을 가진다고 볼 수 있다.

1577 복지공장(welfare workshop for the disabled)
일하려는 의사와 작업능력을 가지고 있으나 직장환경이나 설비, 통근교통사정 등 때문에 일반기업체에 고용되는 것이 곤란한 중증 신체 장애인에게 직장을 가지게 하여 자립적 시민으로서 사회생활을 영위하도록 하는 것을 목적으로 하는 시설이다. 신체장애인 수산시설의 일종으로서 설치되는데 기업적 색채가 강하고 장애인은 종업원으로서 사업주와 고용계약을 체결한다. 복지공장에 일하는 신체장애인의 대부분은 휠체어의 이용자이다. 일반장애인 및 중증장애인의 복지공장의 보호고용이 아직 제도화하지 않은 우리나라에 있어서는 장애인 복지시설이 정부 및 지방자치단체의 보조에 의하여 복지공장과 비슷하게 운영되고 있다.

1578 복지국가(welfare state) 01
어원으로서는 제2차 대전 중 독일, 이탈리아 등의 국가를 전쟁국가(warfare state)라 한데 대해 영국 캔터베리사원의 대승정 연설에서 영국 등을 복지국가라 칭한데 유래한다. 보통은 국민의 복지증진과 확보를 중요한 국가목표의 하나로 천명하고 완전고용과 사회보장, 사회복지 등의 정책을 실현하는 국가를 말하나 전후의 영국과 북구제국을 특정하는 경우도 있다. 맑스주의 이론에서는 자본주의체제의 유지를 도모하기 위해 독점자본과 국가권력이 유착한 국가독점자본주의의 한 형태로 간주하기도 하지만 일반적으로는 자본주의와 사회주의 중간적 형태로 보며 경제체제는 혼합경제체제, 정치체제는 자유주의와 사회주의의 공존 등을 특징으로 한다. 최근 복지국가에 대한 복지사회, 복지사회와 복지국가와의 연관성 등의 논의가 활발해지고 있다.

1579 복지국가 02
국민전체의 복지 증진과 확보 및 행복 추구를 국가의 가장 중요한 사명으로 보는 국가. 특히 자본주의국가에서는 완전고용·최저임금보장·사회보장제도 등이 가장 중요한 시책이다. 현재는 북유럽이 잘 발달되어 있다. 역사적으로는 "짐은 제1의 공복이다"라 불렀던 절대주의 혹은 전제주의 계몽국가에서부터 시작되었다. 또한 20세기의 국가사회주의적 사상을 배경으로 하는 직능국가(職能國家)도 복지국가로 볼 수 있다. ① 고전적 복지국가 : 근대국가의 초기에 절대군주는 "공공의 복지는 최고의 법"이라든가, "군주는 국민의 제1의 공복"이라고 칭하며, 국민의 복지실현이라는 미명 하에 중상주의(重商主義)정책을 취하였다. 이 때 국민의 복지내용은 군주 스스로가 임의로 결정하였고, 국민복지의 이름으로 국민생활의 구석구석까지 간섭하였으므로 경찰국가이기도 하였다. 따라서 현대의 사회복지국가와 구별하여 공공복지국가라고도 한다. ② 현대적 복지국가 : 현대의 사회복지국가는 자본주의적 생산양식과 결부되어 있어, 계급대립의 격화는 폭력혁명에 의한 체제변화를 초래하기 때문에 19세기 후반부터 민주사회주의나 사회민주주의 등의 자본주의 수정이론이 나타나 국민전체의 사회복지를 추구하고 있다. 북유럽 지역의 근대경제학, 영국의 페이비어니즘(Fabianism), J. M.케인스의 고용이론, A. C.피구의 후생경제학 등은 복지국가이론에 큰 몫을 한 이론들이다. 스웨덴·노르웨이·핀란드·덴마크 등의 북유럽 국가들은 각기 "국가를 국민의 집으로", "개인의 성공과 관계없는 생활의 안정을", "어린이의 성(城)" 등의 구호를 내걸고 거의 모든 국민이 소득을 가지게 하는, 일찍부터 잘 발달된 복지국가로 알려져 있다. 제2차 세계대전 이후 영국도 "요람에서 무덤까지"의 구호를 실현하게 되었다. 한국의 현행헌법도 전문과 제34조 등에서 복지국가건설을 목적으로 하고 있음을 천명하고 있다. 복지국가는 적당한 수준의 경제성장에 의하여 얻어지는 국민소득총액의 증대를 바탕으로 조세정책, 일부 산업의 국유화, 완전고용, 쾌적한 의식주의 확보, 질병자·실업자·노인과 모자의 사회보장, 국민연금 등에 의하여 국민들로 하여금 최저한의 건강하고 문화적인 생활을 보장하는 것이다. 여기에 덧붙여 언론·집회·결사의 자유 등과 같은 정신적 복지도 불가결한 것이다. 그러나 다른 한편에서 볼 때 국민이 체제에 지나치게 의존하거나 국가통제의 증대화를 촉진시킬 수 있다. 또 관리국가로서 관료들의 국민생활 간섭으로 소외감을 가져올 수 있고, 생활안정으로 노동자의 노동의욕이 감퇴되거나 노인자살과 비행청소년의 증대를 초래하기도 한다.

1580 복지국가의 기능

복지국가란 단어는 1941년 당시 영국 요크시의 대주교였던 윌리엄 템플(William Temple)이 제2차 대전의 전범 독일을 무력국가(the power state)라고 부르면서 이에 대치되는 의미로 복지국가라는 단어를 사용한데서 비롯되었다. C. W. Friedmann은 현대국가의 행정기능으로서 질서유지자(protector), 사회봉사자(dispenser of social services), 산업경영자(industrial manager), 경제적 통제자(economic controller), 대립의 중재자(arbitrator)의 기능을 들고 있으며, Marshall E. Dimock과 Louis W. Koeing은 보호기능(protection), 규제기능(regulation), 원호기능(assistance), 직접적 봉사기능(direct service)을 들고 있다. 그러나 이러한 복지국가 이념도 비판이 따르고 있다.

1581 복지권(welfare right)

아동복지영역을 중심으로 발달시켜 온 사회복지의 권리개념으로 사회 복지적 보호가 갖는 사후 구체적인 의미. 한계를 초월하여 아동의 곤란한 생활을 예방하고 생활의 향상과 건전한 발달을 보장하도록 급여, 서비스에 대한 요구를 내용으로 한다. 구체적으로 복지권은 충분한 보육서비스, 놀이 공간 등 아동의 건전한 발달을 보장하도록 서비스에 대한 요구를 확보하는 권리개념이다. 우리나라에서는 국민의 정부 출범이후 복지권에 대한 논쟁이 시작되었다. 복지권이 인간의 보편적 권리의 하나로 인식되기 시작하였다.

1582 복지기기

신체장애인 등 장애를 갖고 있는 사람을 위해 의학, 직업, 사회생활, 스포츠, 레크레이션 등의 분야에서 장애를 가능한 한 경감시키는 것을 목적으로 사용되어지는 기계 기구를 통칭한 개념으로 보장구로부터 복지시설의 성력기기까지를 포함하고 있다.

1583 복지넷

보건복지부 산하 한국사회복지협의회가 사회복지관련 정보를 제공하기 위하여 1995년에 만든 사회복지포탈 서비스이다.

1584 복지노동(welfare labor)

이 용어가 언제부터 사용되어졌는지는 확실하지 않지만 1960년대 후반의 사회복지시설 개선운동의 고양기에 사용되기 시작해 1970년대 전반에 정착되어졌다고 생각된다. 복지노동은 사회복지종사자를 분명히 노동자의 일부로 규정함으로서 종래의 처우, 업무의 개념을 노동으로 취급해 그 전문적 성격을 밝히기 위해 의도적으로 사용되어져 언제부터인가 복지노동(자)론이 제기되었지만 정확한 개념은 없다. 사회복지의 처우, 업무를 노동으로 규정해 그 노동과정을 과학화하고 실천 = 노동의 발전 가운데 노동대상을 보다 깊이 인식하고 노동의 내용을 높이며 노동의 전문성, 과학성을 명백히 하는 일 및 이들 사항과 노동자론을 결합시키는 것이 과제로 되고 있다.

1585 복지대상자의 권리

사회복지 대상자의 대상규정이 다양화 되어가는 추이이기 때문에 그 권리의 내용, 권리보장의 양태도 일괄해서 규정할 수 없다. 생존권 보장에 있어서도 단지 공적부조에 의한 최저한도의 생활 유지만으로는 충분하다고 할 수 없을 것이다. 자립이라는 것도 대상자가 타인의 원조 없이 스스로의 생활을 자율, 자립할 수 있는 것을 의미한다. 특히 장애인의 자립갱생은 장애아(인)의 권리보장으로서 소득보장과 함께 의료(재활의료), 사회적 재활 과정에서 취업, 가족관계, 사회복귀에 이르는 서비스과정에서 확보된다. 연금, 복지서비스, 노동보장, 교육 등의 포괄적·통계적인 서비스 체계에 의해 권리로서의 자립갱생이 가능해진다.

1586 복지문화(welfare culture)

복지문화는 사회화의 복지적 행위에 관련된 측면이지만 인간의 복지적 행위는 인간의 가치 지향적 행위에 대한 주체의 가치의식 내지 평가적 태도(value attitude)에 의하여 결정된다. 일반적으로 복지행위에 대한 가치의식, 평가적 태도를 복지의식(welfare consciousness)이라고 하여 복지의식에 의해 복지적 행위를 한다. 이렇게 볼 때 복지의식은 주체적 정신 내지 태도라고 볼 수 있다. 이에 대하여 복지문화는 객관적 가치 내지 창조물이라고 할 수 있다. 복지문화는 복지조직이나 시스템을 움직이는 원동력이 된다. 복지문화는 가변적인 복지환경(welfare environment)과 불변적인 복지풍토(welfare climate)로 나누어지는데, 이들 복지문화요인은 주체적인 복지의식과의 상호작용 속에서 복지적 행위가 결정된다. 이렇게 하여 결정된 복지적 행위는 장기간에 걸쳐서 복지규범(welfare norm)을 형성시켜 새로운 복지문화로 전환하게 된다.

1587 복지비(welfare expenditure)

복지비란 복지 경비를 말하며 성질상 이전지출(transfer expenditure)에 해당하는 것으로서 고소득층으로부터 저소득층으로 이전되며 국민소득의 일부분이 되지 않는다. 즉 공적부조는 순수이전(pure transfer)이며, 사회보험은 혼합이전(mixed expenditure)에 속한다. 이러한 복지비는 소득재분배기능, 자본축적기능, 경제성장 촉진기능, 경기변동에 대한 자동안전기능을 지니고 있다.

1588 복지사무소(welfare offices)

일본의 사회복지사업법 제13조에 의해 사회복지행정의 과학적이고도 합리적인 운영을 목표로 인구 10만 명에 1개소의 비율로 설치되는 복지에 관한 현업사무소이다. 주된 업무는 생활보장법, 아동복지법, 모자복지법, 노인복지법, 신체장애인복지법, 정신지체자복지법이 정한 원호, 육성 또는 재활에 관한 사무를 관장한다. 복지사무소는 1951년 10월에 발족하여 30여년을 거친 오늘날에 이르러서는 명실 공히 지역사회의 사회복지 제일선기관으로서 기능을 다하고 있다. 그러나 최근 사회복지행정의 확대강화를 바라는 여론에 따라서 1971년에는 복지사무소를 복지센터로 전환하자는 전국 사회복지협의회의 구상이 제기되기도 하였으나 아직 구체화되진 않았다. 이러한 구상은 최근 사회복지행정의 흐름이 공공부조중심의 복지서비스로부터 지역복지서비스로 전환해간다는 인식에서 복지사무소를 생활보장 사무소로부터 지역복지센터로 발전시켜야겠다는 의도이다.

1589 복지사회(welfare society)

복지사회에 대한 정설은 없지만 그 하나는 복지국가와 관련해서 말하는 주장이다. 영국, 북구제국을 복지국가라고 하는데 대하여 프랑스, 독일 등 서구선진제국을 복지사회라고 부르는 것으로 구별하거나, 복지국가가 정치행정의 과제인데 대하여 복지사회는 국민의 의식태도에 관한 것으로서 복지국가의 사회적 기반을 복지사회라고 부르거나 아직도 복지국가가 하나의 국가체제인데 대하여 복지사회는 보다 열려진 것으로서 복지세계와 동의어로 사용하는 예 등이 보여진다. 이것과는 별도로 발달단계를 규정하는 주장으로서 예를 들면 탈산업 사회의 하나라고 부르는 방식으로 하나의 산업사회의 일정한 수정으로서의 복지사회를 주장하는 경우가 있다. 그 경우에는 산업사회의 지배적 가치관계로 되는 업적주의(meritocracy)에 대한 연대주의(solidarism)를, 이기주의에 대한 이타주의를, 사적 또는 그 경제적 시장에 대한 사회적 시장을, 등가교환에 대한 시여, 증여를 축으로 하는 교환의 행동양식의 통합을 어떻게 도모하는가에 대해 문제삼고 있다.

1590 복지사회학(welfare sociology)

사회복지 제 관계법에 제시된 영역을 대상으로 하면서 각각의 욕구에 관한 질량을 그 사회적 배경, 형성과정에 따라서 해명하는 학문의 한 영역으로서 그 욕구에 대한 각종 서비스의 다원적인 공급구조와 과정을 분석하고 질과 양에 있어서 수급(자)과 그 원인을 관계주체의 사회적 존재와 그 행동양식에 소급하여 연구하는 사회학의 한 분야이다. 이 속에는 복지정책도 포함되며, 또한 사회보장, 가족, 지역 사회, 의료, 보건, 산업, 노동, 행·재정연구 등과 깊은 관련을 갖고 있다.

1591 복지수준(level of welfare)

일정 시점에서 개인이나 인구집단의 욕구에 대한 충족, 만족의 결과가 인지된 상태로서 복지수준은 육체적 발달복지시설수준인 신체 상태는 물론 정신적 발달수준인 교육상태, 나아가 사회 상태와도 관련이 깊은데, 이러한 여러 가지 상태가 복지수준의 결정소가 된다. 신체 상태는 영양상태, 건강상태, 여명, 육체적 적응성 등으로 파악되며, 교육 상태는 문맹률, 교육수준, 고용상태, 교육의 적합성, 성취 등에 의하여, 사회 상태는 국민전체, 사회계층, 가족의 일체감과 통합력 및 사회참여의 정도에 의하여 그 수준이 나타나는데 이들을 종합한 것이 바로 복지수준이다.

1592 복지시설(social welfare agency)

→ 사회복지시설

1593 복지연금(welfare pension)

적용대상에서 제외된 층에 대한 조치로 무거출제의 사회부조적인 국민연금법의 급여제도로 도입되었다. 노령복지연금, 장애복지연금, 모자복지연금, 준모자복지연금의 4가지 급여가 있었지만, 국민연금법 개정으로 노령복지연금을 제외하고 폐지되어 법시행일 전까지 수급권이 발생하고 있는 모자복지연금과 준모자복지연금은 시행일에 유족기초연금으로, 장애복지연금은 장애기초연금으로 전환되었다. 참고로 우리나라에서는 이 제도와 비슷한 형태로 우선 원호대상자를 위한 연금제와 공무원연금제를 실시하고 있다.

1594 복지위원

시장(서울특별시장 및 광역시장 포함), 군수는 사회복지사업을 원활하게 수행하도록 하기 위하여 동(구, 시에 한함), 읍, 면에 복지위원을 두는데 이들 복지위원은 장의 추천으로 서울특별시장, 광역시장 또는 시장, 군수가 위촉한다. 이들 복지위원은 ① 지역사회 실정에 밝고 사회복지 증진에 열의가 있는 자 ② 사회복지에 관한 학식과 경험이 풍부한 자로서 임기는 3년이며, 복지위원의 정수는 동, 읍, 면 별로 각 2인 이상으로 하되 지역여건을 감안하여 서울특별시, 광역시 또는 도의 조례로 정한다. 이들은 명예직으로 예산의 범위 안에서 수당을 지급받을 수 있으며, 이들의 직무는 ① 관할지역 안의 영세민, 아동, 노인, 심신장애인, 요보호 여자 등 사회복지사업에 의한 도움을 필요로 하는 자에 대한 선도 및 상담 ② 사회복지대상자를 위한 보호의 의뢰 및 사회복지시설이용의 알선 ③ 사회복지관계 행정기관, 사회복지시설 기타 사회복지 관계단체와의 협력 ④ 기타 관할지역 주민의 복지증진을 위하여 필요한 사항 등이다.

1595 복지재원(welfare funds)

복지재원이란 부담주체로 보면 국가나 지방자치단체, 고용주, 수혜자 본인, 기타 의연금으로 대별할 수 있으나 점차 국가나 지방자치단체의 부담을 줄이고 고용주와 수혜자 본인이 부담하는 사적연금제도를 권장하고 있는 듯하다. 복지재원의 종별로는 조세(taxes)로서 이는 복지재원의 확보, 소득재분배의 효과, 복지참여의욕 진작의 효과를 가져올 수 있다. 사용주 부담금으로서 이는 국가재정의 압박을 완화시킬 수 있고 노사협력 체제를 강화할 수 있는 이점과 기업이윤의 저하로 근로자의 임금수준의 저하란 단점을 지니고 있다. 갹출료로서 이는 노사 간의 호혜정신을 조장하고 부담선이 명백하기 때문에 제도설정유지가 용이하고 부담이 따르기 때문에 피용자의 낭비적 수요를 견제할 수 있고 당해 조직집단에서의 이탈을 방지할 수 있다. 수수료로서 우리나라의 의료보험은 갹출제와 수수료를 혼합사용한 것이다.

1596 복지재정계획

복지재정계획이란 설정된 사회복지정책을 능률적으로 달성하기 위한 수입과 지출의 체계화를 말한다. 사회복지계획을 구체적으로 추진해가기 위해서는 시책의 체계화와 대상자 및 종사자, 재원 등이 전체로서 어떻게 유효하게 체계화 되는가가 중요한 과제지만 사회복지계획뿐만 아니라 모든 행정계획은 재정적 뒷받침이 있어야 비로소 실시할 수 있는 것이다. 따라서 계획의 일부 간으로 재정계획이 명확해져야 한다. 재정계획은 보통 당해 연도의 예산이라는 형태를 취하기 때문에 장기적인 전망을 결하고 또 계획부문과 분리되기 쉽다. 따라서 이 폐해의 시정을 위한 방법의 개발이 검토되어야 할 것이다. 또 사회복지의 충실, 서비스의 확대에 따라 조세에 의할 것인가 수익자 부담에 의할 것인가의 재원조달의 방법에 대한 검토나 지방자치단체에 기반을 둔 사회서비스의 요청확대에 따른 지방분권적인 재정제도의 확립 등이 과제가 될 것이다.

1597 복지재평가론

복지재평가론은 1975년 전후부터 종래의 고도경제성장 하에서 복지에 대한 반성으로 논의되어진 것으로 그 논의로는 2가지가 있다. 하나는 성장률 저하의 상황 하에서 복지의 우선순위를 무시하거나 혹은 인기 취급적 시책이 보여지거나 함으로서 복지시책을 재평가해 보다 효율적으로 복지 상태를 구한다고 하는 것으로 주로 재정력으로 주장되어진 견해이다. 이에 대한 다른 견해는 경제동향에는 직접적으로 관계하지 않고 오히려 국민생활과 의식변화로부터 복지정책욕구가 변화해 그를 위한 복지상태가 개정되어 검토되지 않으면 안된다고 하는 주장으로 이 관점에서 새로운 사회복지로의 추구 등이 건설적으로 논의되고 있다.

1598 복지전화(welfare telephone)

복지전화는 일본에서 1971년도부터 1973년도에 걸쳐 9개시에서 모델로 실시된 노인전화 상담센터로부터 비롯된다. 이 전화 상담센터는 센터 직원이 독신노인이 희망하는 시각에 전화안부를 확인함과 더불어 지역노인에 대한 상담에 응하는 프로그램으로서 1974년도부터는 65세 이상의 저소득 독신노인 등에게 복지전화를 대여하고 노인복지전화를 제도화하였다. 우리나라에서는 한국사회복지협의회가 1978년도에 서울을 기점으로 1988년까지 전국에 확대, 사회복지관련 상담안내 역할을 수행하였다.

1599 복지행정(public welfare administration)

복지행정이란 복지개념과 행정개념의 복합개념으로서 행정학의 한 분야이며 복지행정현상을 사실적 측면에서 고찰하는 국가 혹은 지방자치단체의 책임있는 행정을 말한다. 이에 Mues Arthur P.는 그의 저서 an introduction to public welfare에서 곤궁자(the needy)를 구제하고 사회적으로 또는 정신적으로 부적응자를 치료하는 기교(art) 혹은 기술(technique)이라 하였고, White R. Clyde는 administration of Public Welfare에서 "복지행정을 빈곤자의 구제, 종속아동과 문제아의 보호, 범죄자와 비행자의 치료, 정신병자의 치료를 목적으로 하는 정부활동에 관한 기술이며, 과학이다."라고 하여 대상, 목적, 주체를 분명히 하고 있다.

1600 복지 6법

일본의 생활보장법(1946), 아동복지법(1947), 신체장애인복지법(1949), 정신지체자복지법(1963), 노인복지법(1963), 모자복지법(1964)의 6개 법률을 통상 '복지 6법'이라 부르고 있다. 이러한 복지 6법의 실시를 위한 최일선 기관이 바로 복지사무소이다.

1601 복직(Resumption Of One's Position)

휴직, 직위해제 또는 정직 중에 있는 자가 직위에 복귀하는 것을 말함.

1602 본능(instinct) 01

생득적으로 타고난 생리적 충동과 원시적 욕구를 지체 없이 즉각적으로 만족시키려는 성격구조의 한 단위. 정신분석 이론에서 쓰이는 용어이다. 본능은 쾌락을 추구하며 모든 본능의 과정은 무의식으로 되어 있다고 한다.

1603 본능 02

인간이나 동물의 행동 가운데 학습된 행동을 제외한 행동경향 혹은 행동양식을 총칭한다. 흔히 본능 혹은 본능적 행동은 목표 지향적이며 종에 따라 차이를 보인다.

1604 본능([영] instinct [독] Instinkt) 03

인간 및 동물의 본능의 정의에 관해 19세기부터, 종에 고유한 행동으로서 유전적인 것, 단순한 주성이나 반사가 아니고 연쇄적인 것, 종과 개체의 유지를 위해 적응적인 것, 내적 충동이 관여하는 것 등이 중요한 규범으로 생각되어 왔다. 그러나 본능의 엄밀한 정의에는 여러 가지 곤란이 따랐고, 행동의 설명에 본능이라는 말의 사용을 기피하는 경향이 강했다. 오늘날의 동물행동학에서는, 일반적으로 진화의 과정에서 종에 고유한 정형화된 행동 패턴으로서 유전적으로 확립된 것을 본능적 행동이라고 정의하고, 그 같은 행동을 그 의미에서 생득적(innate)이라고 말한다. 본능적 행동은 신호 자극(해발인)에 의해 개시되는데, 그 과정에 있어서는 학습이 참여하는 것도 가능하다. — 자연본능([라] instinctus naturalis)이라는 말은 고대부터 있었는데, 한편으로는 직각적인 평가·통찰의 능력으로 간주되고, 근세에도 이런 뜻으로 이해되었다(허버트). 또 다른 한편으로는 맹목적인 충동으로 생각되고, 이성이나 오성과 대립하는 것으로 이해되어, 그것보다 낮은 능력으로 생각되었다. 칸트는 인간의 역사는 본능의 보호로부터 탈피하는 것이라고 생각했다. 쇼펜하우어는 본능을 자연의 의지의 무의식적 - 합목적적 활동으로서 파악하고, 이 두 개의 견지를 통합하려고 했다. 또 니체는 이성에 비해 본능을 높이 평가했다. 20세기에 있어서도, 베르그송은 오성이 대상을 외부로부터 파악하고 물질을 인식하는데 적합한 능력인데 반해, 본능은 공감의 능력으로서, 생명의 내부에 접근할 수 있는 것으로 믿었다. 동물이 본능적으로 적응한다는 사실은 예부터 주목되었는데, 교회의 가르침에서는 이것은 신의 의한 창조에 근거하는 것이라고 하고, 신의 존재의 증명에 이용되었다. 이 관념은 오랜 동안 잔존했지만, 생물학, 특히 진화학설의 발전에 의해 극복되었다.

1605 본질([영] essence/nature [독] Wesen)

사물이나 현상을 성립시키는 궁극적인 특성이다. 본질은 다음의 세 가지 뜻으로 쓰인다. ① 형이상학적으로는 표면적·일시적인 것에 대하여 변하지 않는 것을 뜻한다. ② 실존에 대립되는 개념으로, 어떤 것이 존재할 때 그 존재의 본성을 구성하는 것. ③ 논리학적으로는 사유의 대상을 정의할 때 한정, 규정의 총체를 가리킨다.

1606 본질주의(essentialism)

문화적 유산의 가치가 모든 사람에게 전달되어야 한다고 주장하는 20세기 미국사회의 한 교육사조이다. 본질은 실존하며, 직관적으로 알 수 있고 구체적인 존재보다 우선한다는 철학적 학설로서 실재론과 관념론을 포괄하고 있다. 객관적 관념론자인 플라톤(Platon), 실재론자인 데모크리토스(Demokritos)와 아리스토텔레스(Aristoteles) 등에서 그 연원을 찾을 수 있으나 현대적 본질주의는 문예부흥기 이후 많은 관념론자와 실재론자들의 사상 속에서 발견될 수 있다. 그러나 이는 일반철학에 속한다기보다는 교육운동에 깊이 관련된 것으로, 문예부흥기부터 진보주의 교육이 나오기까지는 모든 세속학교를 지배한 사상이다. 20세기에 들어와 진보주의 교육의 그늘 아래 잠시 가렸으나, 1930년 버글리(W. C. Bagley)를 위시해 데미어쉬케비치(M. Demiashkevich), 혼(H. H. Horne), 피니(R. L. Finney), 칸델(I. L. Kandel), 브리드(F. S. Breed), 브릭만(W. Brickman), 베스토(A. Bestor), 스미드(M. Smith) 등에 의해 진보주의 교육이 공격받으면서 발전한 것이다. 개인의 가능성을 믿으나 아동의 자유나 흥미보다는 질서·노력·훈련·개념적 학습 및 교사의 권위가 강조된다. 항존주의와 같이 고전과 영원한 진리를 가르치되 그 자체를 위해서라기보다는 현재의 문제를 해결하기 위한 것이라는 점에서 방법 면에서는 진보주의 교육에 더 가깝다.

1607 볼런터리즘(voluntarism)

→ 자원봉사

1608 볼런티어(volunteer)

→ 자원봉사자

1609 볼런티어 활동(volunteer activity)

→ 자원봉사활동

1610 볼런티어 계획(volunteer plan)

→ 자원봉사계획

1611 볼런티어 뷰로(volunteer bureau)

→ 자원봉사국

1612 볼런티어 센터(volunteer center)
→ 자원봉사 센터

1613 볼런티어 스쿨(volunteer school)
→ 자원봉사학교

1614 볼비(Bowlby John M.)
영국의 정신과의사이다. 1951년 볼비는 유유아기에 체험하는 모성적 보육의 상실을 마터날 디프리베이션(maternal deprivation)이라 부르고 인격형성에 큰 영향력을 미친다고 지적했다. 즉 유유아와 모친과의 인간관계가 친밀하고 계속적인 것이 유유아의 발달이나 정신위생의 기초라고 생각한 것이다. 상실은 모친과의 관계에서 온화한 분위기가 없고 긍정적, 부정적 감정의 어느 쪽도 강하게 받지 못하여 보육의 양, 질, 일관성이 떨어져 사회적 자극, 청각자극, 시각자극이 적어질 때 생긴다고 했다.

1615 봉급(Basic Salary)
직무의 곤란성 및 책임의 정도에 따라 직책별로 구분되는 기본급여 또는 직무의 곤란성 및 책임의 정도와 재직기간 등에 따라 계급별, 호봉별로 지급되는 기본급여를 말한다.

1616 부가급여(fringe benefits)
근로자가 기본임금 외에 사용자로부터 받는 보수를 말한다. 부가적 급여란 1940년대에 미국에서 처음으로 사용되기 시작하였는데 오늘날은 그 범주 내에 다음과 같은 것을 광범위하게 포함시키고 있다. 실업수당, 노령, 유족보험과 같이 법적으로 청구할 수 있는 보수, 연금, 보험, 상품이나 서비스의 할인 등과 같은 종업원 서비스, 휴식시간, 식사시간, 세면시간 등에 대한 수당지급 휴가, 휴일, 병 가중 등 불취업 시간에 대한 수당지급, 이윤분배, 연말상여, 제안상 및 기타 수당 등이다.

1617 부가수입보장제
SSI는 종전의 노령부조(OAA), 맹인부조(AB), 장애인부조(AD)의 종합프로그램으로서 1972년 10월 PL92-603에 의거 부과방식 최저수입을 보장해주는 연방정부의 절대부조 프로그램이며, 미국의 50개주 외 콜롬비아 지역에서 실시되고 있다. 이 프로그램의 목적은 노령자, 맹인, 장애인의 적절한 수입을 보장하는 것으로서 연방정부로의 이전은 행정을 간소화하고 행정적, 재정적 제 문제를 해결하기 위한 것이었으나 프로그램이 여전히 쉽지 않고 연방정부와 주정부행정의 혼합 행정에 이르게 되었다. 현재 SSI프로그램은 보건복지성(dept. of health and human services) 산하의 사회보장청(social security administration)의 부가수입 보장국(bureau of supplemental security income)에서 관장하고 있다.

1618 부과방식(pension benefit imposition system)
공적연금의 재원조달방식의 하나로서 많은 유럽 선진제국은 제2차 대전부터 전후에 걸쳐 종래의 적립방식에서 부과방식으로 이행했다. 적립방식은 인플레나 화폐가치의 변동과 저하에 약한 반면 부과방식은 슬라이드방식의 도입이 쉽기 때문이다. 이것은 단기간(가령 1년간)에 연금수급자에게 지불되는 급여비를 그 기간 내의 보험료 등으로 지불하는 방식이며, 근로자, 사용자, 국가에서 어느 정도를 부과하느냐 하는 것이 내용으로 되어 적립금은 보유하지 않는다.

1619 부녀보호(protective care for women)
윤락행위 등 방지법에 따라 매춘을 한 요보호여성에 대해 보호갱생대책을 시작으로 미연방지대책이나 사회환경 정화를 위한 활동까지를 말한다. 또한 광의로 보면 가정복지, 모자복지 등 부녀가 당면한 생활상의 문제나 모순에의 대응을 포함한다. 그 경우 부녀복지와 동의로 취급된다. 또 근로부녀의 노동문제 등을 포함되면 적극적인 의미를 갖는 것으로 된다. 윤락행위 등 방지법에 의한 부녀보호는 현재도 행해지고 있지만, 매춘양태가 변화해 보호의 대상으로 되는 여성은 정신질환자나 정신지체자 등이 주로 되며 또 고령화되어 장기수용보호가 필요로 되는 등 과제가 많다.

1620 부녀보호시설(protective facility for women)
윤락 행위 등 방지법에 의한 시설로서 부녀보호시설에의 수용보호결정에 따라 요보호여성을 수용 보호한다. 사회복귀를 위해 급식, 생활지도, 직업지도 및 원조, 취직지도 등 자립생활을 행하는 것을 목적으로 한다. 매춘의 양태변화에 따라 전락 미연 방지를 요하는 매춘력이 없는 연소여자나, 정신질환자, 정신지체자 등 일상생활의 자립곤란한 자의 증가경향이 보여진다. 또 고령화하여 사회복귀가 곤란한 자가 증가하는 경향이다. 이러한 대상자를 위해 장기수용시설이 설치되어지고 있다.

1621 부녀복지(women's welfare)
일반적으로 부녀라고 하면 부인과 여자를 가리키는 말로서 부녀복지는 미혼과 기혼을 가리지 않고 모든 여성의 문제와 욕구를 해결하려는 복지대책의 전반을 포함한다. 그러나 현실적으로 사회복지의 분야로서 부녀복지는 근로여성, 모자가정, 미혼모, 윤락여성 등의 문제를 중요하게 취급하고 있다. 1980년대 여성운동과 여성학이 활발히 논의되고 수용됨에 따라 현재는 부녀복지라는 용어보다는 여성복지라는 용어가 더 많이 사용되고 있다.

1622 부녀복지상담원(counsellor for women)
윤락행위 등 방지법에 의해 요보호여자의 발견, 상담, 지도 등을 업무로 하는 비상근 특별지방공무원을 말한다. 도에서는 의무설치, 시는 임의설치이다. 원칙적으로 부녀상담소에 소속하지만 필요에 따라서 부녀상담소에 주재한다. 오늘날 부녀상담원은 매춘뿐만이 아닌 다양한 업무를 행해 관계기관과의 연락을 밀접하게 하여 부녀갱생자금대부, 부녀보호시설입소 등의 부녀보호사업에 적극적으로 관계하고 있다.

1623 부녀상담소(counselling center for women)

윤락행위 등 방지법에 의해 설치된 부녀보호사업의 중심적 기관, 그 설치는 도는 의무설치, 시는 임의설치로 되어 있다. 주된 기능은 성행 또는 환경에 비추어 요보호여자의 전락방지와 보호갱생을 위한 상담, 조사, 판정, 지도 및 일시보호 등이다. 부녀상담원, 부녀보호시설, 민생위원, 부녀단체 등 관련 있는 기관과 연휴하여 부녀보호사업의 적극적, 효과적인 실시를 도모하고 이를 위한 계몽활동 등도 행한다.

1624 부담금(Contribution for Pension Fund)

급여에 소요되는 주재원으로 사학연금의 경우, 개인부담금, 법인부담금, 국가부담금, 재해보상부담금 및 퇴직수당 부담금이 있다.

1625 부당노동행위(unfair labor practice)

사용자가 근로자의 단결활동을 방해하는 행위를 말한다. 노동조합법이 금지하는 사용자의 부당노동행위는 근로자가 노동조합에 가입 또는 가입하려고 부분입원하였거나, 노동조합을 조직하려고 하는 경우 기타 노동조합의 업무를 위한 정당한 행위를 한 것을 이유로, 그 근로자를 해고하거나 그 근로자에게 불이익을 주는 행위, 근로자가 노동조합에 가입하거나 탈퇴할 것을 고용조건으로 하거나, 특정의 노동조합에 가입할 것을 고용조건으로 하는 행위, 정당한 이유 없이 단체 교섭을 거부하거나 해체하는 행위, 노동조합의 결성, 운영에 지배, 개입하는 행위, 노동조합의 운영비를 보조하는 행위 등이다. 한편 노동위원회는 조사결과 사용자측의 부당노동행위가 인정되면, 지체 없이 그 제 명령을 발하여 그 근로자를 원상태로 복귀시켜야 한다. 오늘날에는 사용자 측의 부당노동행위뿐 아니라 근로자 측의 부당 노동행위(노동조합이 사용자나 제3자의 권리를 침해하는 행위)도 규제하기에 이르렀다. 그러나 우리나라에서는 부당노동행위란 헌법상의 단결권 등의 보장을 구체화한 것이라는 관념이 강해, 노동자 측의 부당노동행위는 성립의 여지가 없다고 보는 것이 지배적이다.

1626 부도덕가정(immoral family)

가족원 중에 범죄자, 부도덕자, 알콜 중독자 등이 있는 가정을 말하며 많은 학자들이 비행성의 원인으로 지목하고 있다. 버트(Burt Cyril)의 연구에서 비행자의 가정은 무비행자의 가정보다 부도덕성(vice)과 범죄기록을 가진 예가 5배나 더 많다고 주장했고 글류크 부부는 소년비행자의 연구에서 부도덕 가정의 출신자가 86.7%이었다고 주장했다. 결국 부모와 다른 가족원들의 행동 및 사고방식이 일정치 못하면 그만큼 자라나는 아이들의 행동방식도 올바르게 이끌 수 없고 사회적으로 문제를 일으키기 쉽다.

1627 부랑빈민

특정의 직업이나 주거 없이 사방을 배회하는 빈곤자를 말한다. 부랑의 형태는 나라와 시대에 따라 다르지만 대량으로 발생한 것은 16세기 이후의 일이다. 영국에서는 다수의 부랑빈민의 발생에 대해 빈곤원인을 제거하는 대책을 세우는 것이 아니고 부랑이나 거지를 금지한다는 억압정책을 써 처벌의 대상으로 했다. 1662년 정주법에서는 신체 건강한 부랑자와 합법적 여행자를 명확히 구별해 전자에 대해서는 엄하게 대처했다.

1628 부랑아(homeless child)

전쟁, 내란, 혁명, 경제공황 등에 의해 국민생활은 파괴되고 가족은 붕괴되어 부모와 가족과 떨어져 살 곳이 없어 굶주림과 추위에 떨며 가두에서 방랑하는 아동을 말한다. 1917년 러시아혁명과 내전시대에 집 없는 소년, 소녀가 200만 명을 넘었고 1929년 미국 공황 시에는 20만 명의 청소년이 거리에서 방황했다 한다.

1629 부메랑효과(boomerang effect)

흔히 경제학 분야에서 많이 사용되는 용어로, 선진국이 개발도상국에 자본투자나 기술제공 또는 경제원조를 한 결과, 그로 인한 생산이 수혜국가 자체의 수요를 충족시킬 뿐만 아니라 오히려 자본이나 기술 또는 경제 원조를 했던 선진국으로 역수출되어 선진국의 해당 산업분야 또는 업체와 경쟁을 벌이는 현상을 지칭한다. 한편, 심리학 분야, 특히 사회심리학 분야에서는 기존의 태도나 관점을 정반대로 바꾸는 행동이나 그러한 행동을 하는 사람을 지칭할 때 '부메랑효과'라는 용어를 사용하기도 한다.

1630 부모교육(parent education)

유치원 교육의 효과를 높이기 위해 부모들에게 아동발달·교육과정 등을 알려주고, 가정에서의 협력을 도모하고자 하는 목적으로 시작된 교육으로 1965년 미국 연방정부에서 저소득층의 어린이들을 위해 헤드스타아트 프로그램(Head Start Program)을 시작한 이후 유아교육 현장에 부모의 직접적·간접적인 참여가 강조되면서 더욱 연구되고 있는 분야이다. 부모의 참여를 위한 프로그램에 통합되기도 하지만 부모로서 효율적인 양육태도 및 방법을 지니도록 교육하는 것을 일컫는다. 신생아 교육법, 영아 및 유아를 위한 부모교육, 분만예정 산모를 위한 교육, 유아교육 현장에서 교사 보조자역할을 위한 교육, 청소년을 가진 부모를 위한 교육 등 발달단계에 따라 다양한 프로그램이 있다. 부모 됨을 생리적인 견지에서만 보지 않고 전문직으로 보고 있으며, 어린이들에게 미치는 부모의 영향을 바람직한 방향으로 이끌어가고자 하는 것을 그 목적으로 하고 있다.

1631 부모회 활동

장애아동이 입학하고 있는 각 특수학교에서 아동의 부모로 조직된 학부모회의 활동을 말한다. 장애아동의 효과적인 교육과 생활지도 및 학교와 가정과의 긴밀한 연락을 도모하고 자기 아동이 공부하고 있는 특수학교에 대해 물심양면의 지원을 하므로 학교발전과 교사의 사기양양을 고취시켜 학교에서의 물리치료, 직업교육, 사회적 재활 등에 도움을 주며 장애아동에 대한 사회적 인식의 개선에 힘쓰기도 한다. 이러한 부모회활동은 장애별로 조직되는 것이 바람직하며 전국적인 조직과 연합적인 조직을 강화함으로써 국가와 지방자치단체에 장애아의 복지, 교육증진을 위한 요구운동을 전개할 수 있으며 부모의 자기학습과 기관지의 발행 등 매스컴을 통한 사회의 이해증진에 노력할 수 있다.

1632 부부역할(marital role)

핵가족에 있어서 남편의 역할을 수단적 역할(instrumental role)이라 하고, 부인의 역할을 표현적 역할(expressive role)이라고 한다. 수단적 역할은 가족의 사회적, 경제적 균형유지와 대외적 목적을 위한 관계를 수단적으로 수립하는 역할이며, 표현적 역할은 가족 성원 내의 통합관계의 유지, 정서적 지지, 긴장완화의 역할을 이행하는 것이다. 부부간의 역할분담은 현대사회에서 많은 변화가 있으나 전체적으로 여성이 자녀를 출산하여 양육하고, 남성이 가족의 부양책임자로서 주로 직업에 종사하는 기본적인 분담이 있으나 현대에 와서는 기능적으로 융통성 있게 부부역할을 분담하기도 한다.

1633 부부연금

부부를 단위로 한 개인연금으로 부부 중 한 사람만 살아 있어도 연금이 지급되는 상품이다. 부부의 연령차에 일정한 제한이 있지만 따로따로 가입하는 것보다는 합리적이며 보험료도 훨씬 싸진다. 노령화시대를 대응해 다양한 종류의 부부연금 개발이 예상된다. → 연생보험

1634 부분강화(partial reinforcement)

원래의 강화조건의 일부분만을 제시함으로써 조건반응을 유지 또는 재생하는 절차이다. → 간헐강화

1635 부분발작(focal seizure)

뇌의 동작기능을 통제하는 부위와 관련되는 신체의 세부적인 부분(예 : 손가락)에서부터 경련이 시작되어 대 전간 발작(grand mal)으로 일반화되는 발작의 초기단계.
→ 작소니안 발작

1636 부분입원(partial hospital)

입원과 외래치료의 중간 형태로서 24시간 입원시키는 것이 아니라 하루의 일부만 병원에서 치료받게 하는 제도이다. 그 형태로는 낮 병원(day hospital) 근무시간 중인 주간에만 병원에서 치료받고 야간엔 귀가하는 출퇴근식의 제도, 밤 병원(night hospital) 근무시간에는 사회활동을 하고 야간에는 병원으로 돌아오는 병원에서 출퇴근하는 형, 저녁병원(evening hospital) 근무가 끝난 후 귀가 길에 병원에 들려 일정시간 치료받고 귀가하는 형, 주말 부분조사병원(weekend hospital) 즉, 주말에만 와서 치료받는 형이 있다.

1637 부분조사(partial enumeration)

통계조사에서 조사대상범위에 속하는 모든 조사단위를 조사하지 않고 일부분을 조사해서 전체를 추측하려는 조사로 전수조사와 대칭된다. 표본조사, 추출조사도 부분조사의 하나다. 사회현상을 연구하는 경우 거기에 관계되는 개인이나 집단을 전부 조사하는 것은 불필요하거나 또 경비나 시간, 인력관계상 전수조사가 불가능한 경우에 쓰여진다. 이러한 경우 선택된 부분이 전체를 대표할 수 있어야만 한다.

1638 부분화

사회사업실천에서 문제해결과정이 클라이언트가 직면하거나 제기한 모든 문제를 대상으로 하는 것이 아니고 문제 중에서 우선 취급해야 할 필요가 있는 부분을 선택하여 다루어 나가는 것을 말한다. 이것을 적절히 진행하기 위해서는 경청에 의해서 초점을 잡는 것(focusing)과 클라이언트를 참가시키는 것이 기본요건이다. 결코 과도한 단절화에 빠지지 않도록 유의하는 것이 중요하다.

1639 부양(support)

자신의 힘만으로는 생활을 유지할 수 없는 사람에 대한 생활상의 원조를 말한다. 넓은 뜻으로는 국가의 사회보장제도에 의한 공법적 부양도 포함되지만, 좁은 뜻으로는 사법(민법)상의 친족 부양을 의미한다. 민법은 부양에 관한 장을 두어 생계를 같이하는 일정한 친족관계에 있는 사람과 직계혈족 및 배우자 상호간에 부양의무를 지우고 있다.

1640 부양의무

법률상 일정한 친족 간에 인정되는 생활보장의 의무를 말한다. 부양의무는 성질상 생활유지 의무와 생활부조 의무로 나누어진다. 전자는 부부관계, 친자관계에서와 같이 현실적 공동체에 입각하여 당연히 요청되는 것인데 대하여 후자는 일반 친족 간에 있어서 자기의 생활에 여유가 있는 경우에 최소한도의 생존을 보장하는 의무이다. 보통 후자를 친족 간의 부양의무라고 한다.

1641 부양아동가족부조
(aid to families with dependent children)

부모의 적절한 보호를 받을 수 없는 아동을 위한 미국 연방, 주, 지방 정부의 프로그램이다. 자신의 집이나 친척집에서의 보호를 격려하기 위해 재정적 부조, 재활, 기타 서비스를 제공하고 그들의 부모나 친척을 자조할 수 있도록 도와 가족생활을 유지, 강화토록 한다. 1968년 이래 수령자가 급격히 증가하고 있다. 대다수의 가족이 모자가족, 부자가족 등 결손가정으로 구성되고 있으며, 종족별로는 흑인과 소수민족이 큰 혜택을 받고 있다. 재정은 연방정부가 50% 정도, 나머지는 주와 지방정부가 부담한다. 지급방법은 주로 현금이나 의료보호, 식품 구입권 등이다.

1642 부업(side job)

영세자영업자, 임금노동자 등이 수입부족을 보완하기 위하여 행하는 일을 말한다. 농업부문에서는 부업이 겸업의 형태를 띠는 양상을 보이고 있으며, 임금노동자의 경우는 가족에 의한 가내부업의 형태를 보인다.

1643 부의 소득세(NIT : negative income tax)

소득수준이 면세점에 미달하는 모든 저소득자에게 면세점과 과세 전 소득과의 차액의 일정비율을 정부가 지급하는 소득보장제도. 보통의 소득세는 납세자로부터 징수하는데 반해, 이것은 역으로 저소득자에게 지급하기 때문에 부의 소득세 또는 역소득세라 부른다. 여기에서 면세점을 Y1, 과세 전 소득을 Y, 부의 소득세를 합친 소득을 Y1, 소득이 전무할 때의 최저 보장액을 Y1, 부의 소득세율을 1이라 하면, Y1=Y+(Y1−Y)1=(1−1)Y+Y1 1=(1−1)Y+Y1이 된다. 이 제도가 적용되면 저소득자의 소득은 최저소득액에 세공제소득을 합한 것과 같게 된다. 부의 소득세는 ① 소득만을 기준으로 해서 급여를 정하기 때문에 자산조사(means test)에 따른 사회적 굴욕감이 없다, ② 면세점 이하의 모든 사람에게 적용되기 때문에 공평하다, ③ 공적부조와는 달리 행정상의 자유재량에 의한 자의성이 적다 등의 장점이 있다. 그러나 이것은 소득보장제도에 그쳐서 공적부조에 비해 사회보장범위가 좁다는 단점을 갖고 있다. 미국의 M. 프리드만이나 J. 토빈이 제창하였다.

1644 부인아동매매금지 국민위원회

영국인 알렉산더 노드에 의해 영토 확장운동을 목적으로 각국에 결성된 국제적인 부인아동매매방지단체이다. 1899년 런던에 사무국이 설치되고 1904년에는 구미 12개국이 가맹했다.

1645 부인의 차별철폐선언

국제연합 경제사회이사회의 기능 위원회 중 부인의 지위위원회에서 작성되어 1967년 제22회 국제연합총회에서 채택되었다. 부인에 대한 차별대우의 존재를 확인하고 일체의 차별철폐를 의도한 남녀평등의 원칙에 관해 법률상, 사실상의 전 세계적 승인을 얻는 것을 목적으로 선언되었다. 전문과 10개조로 이루어졌으며 1조에서는 부인에 대한 차별의 정의를 논하고 이하에 실질적인 조항이 규정되었다. 즉 피선거전, 투표권과 공직공무상황의 권리보장, 교육, 기회의 평등, 부인의 인신매매 및 매춘에 대한 대책, 경제적·사회적 생활분야에서의 남녀평등의 보장 등이 있다.

1646 부자가정(father-child family)

부모의 이혼 혹은 모의 사망으로 인해 아버지와 미혼의 자녀로만 구성된 결손가족을 의미한다. 모자가정이 일반적으로 경제적 곤궁의 문제를 내포하고 있는데 비하여 부자가정은 아동의 양육과 가사, 취사를 적절히 수행할 수 없는 문제를 가지게 된다. 가족역할에 있어서 어머니의 역할, 아내의 역할이 결여되고 애정의 기능을 비롯한 가족의 제 기능이 수행되지 못하므로 가정 분위기가 경직될 가능성이 있고 성격형성에도 문제가 있다. 부자수당제의 도입, 가정 봉사원의 파견, 유아원, 탁아소의 이용, 부자가정 회의조직 등 복지서비스의 제공이 이루어져야 한다.

1647 부재가정

부재가정이란 가정의 기본적 구성원인 부모가 장기간 주거를 이탈함으로서 일상생활에 중요 장애를 초래하고 있는 가정을 말한다. 부재가정도 따지고 보면 결손가정의 한 유형이지만 결손가정은 부모의 부재현상이 영구적인데 비하여 부재가정은 일시적이라는데 차이가 있다. 부재가정은 자녀들과 부모의 접촉기회가 적어 상호간의 의사소통, 모성애의 경주 등이 결여되고 자녀의 교육문제 및 건강관리가 방임되며 가정 내에서의 자녀들의 일상생활이 파괴하게 되어 반사회적 비행화의 우려가 잦다. 그러므로 부득이한 경제적 문제나 가정의 직장관계 등이 아니면 부재현상을 만들지 않도록 해야 한다.

1648 부적강화(negative reinforcement)

어떤 반응 또는 행동에 대하여 주어지던 자극을 제거함으로써 그 행동의 빈도나 강도를 증가시키는 것을 말한다. 흔히 어떤 행동에 대해 제공되던 혐오자극을 제거함으로써 그 행동을 증강시키는 것을 가리킨다. 간혹 부적 강화와 벌을 혼동하는 경우가 있으나 이는 잘못된 것이다. 벌은 어떤 자극의 제공에 의해 행동의 빈도가 감소되거나 강도가 약화된 것을 가리키나 부적강화는 행동의 강도나 빈도가 높아지는 것을 가리키며 자극의 제공이 아니라 자극의 제거에 의해서 이루어지는 것이다.

1649 부적응(maladjustment)

어떤 사람이 자신이 살아가고 있는 가정·사회·직장 그 밖의 환경적 요구에 자신을 적응시키지 못하고 있는 상태를 말한다. 이러한 부적응은 흔히 정신병·신경증·범죄 등 이상심리의 원인이 되며 또한 결과가 되기도 하기 때문에 상담과 심리치료 또는 생활지도에서 다루고 있는 중요한 현상 중의 하나이다. → 적응

1650 부적응 행동(maladjustment behavior)

목적행동이 저지되거나 적응행동이 좌절되거나 해서 사회적 규범을 무시하고 욕구 충족을 위해 일반적인 기준(정상)에서 일탈한 행동을 말한다. 적응장애와 동의어로 방어기제에 의한 인격체의 내성을 벗어나 이상한 적응과정에 의한 불건강한 반응이나 행동, 내적부적응, 외적부적응이 있으며 상황에 의한 일시적인 부적응행동, 사회적 부적응행동(비행), 인격적 부적응행동(정신장애)이 있으나 그 판별은 사회의 상대적 기준에 의해 이루어진다.

1651 부정(negation/denial)

주어진 주장이나 명제를 거짓이라고 말하는 것.

1652 부정기형(indeterminate sentence)

형기를 확정하지 않고 언급하는 자유형의 일종이다. 형기를 전혀 정하지 않는 것을 절대적 부정기형이라 하며 단기와 장기를 정해 그 기간 내에 교정교육의 효과에 따라 선방하는 것을 상대적 부정기형이라 한다. 형을 법익침해에 대한 응보로 생각하는 응보형주의에 대해 부정기형은 형을 특정범죄자의 범벌 경향을 제거하기 위해 필요한 교육기간이라 생각하는 교육형주의를 사상적 배경으로 한다. 절대적 부정기형은 죄형법정주의에 반한다.

1653 부정의 부정([독] Negation der negation)

헤겔의 관념론적인 변증법에서는, 사고의 흐름은 어떤 사고의 규정이 자신을 부정하여 그의 반대의 규정으로 이행하고, 이 양자의 모순은 다시 부정됨으로써 해결된다고 하는 세 단계의 진행형식을 취한다. 이것이 부정의 부정이며, 헤겔은 이것을 절대적 부정성(absolute Negativität)이라고 부르고 있다. 이 흐름은 〈그것은 장미이다〉를 부정한 〈그것은 장미가 아니다〉를 다시 부정하여 〈그것은 장미이다〉로 되돌아가는 것과 같은 지루한 절차가 아니고, 부정의 부정의 결과로 얻어지는 긍정은 최초의 정립과 그것의 부정인 반정립을 종합한 보다 높고 보다 풍부한 규정이다. 헤겔은 비판적으로 계승 발전시킨 맑스주의의 변증법에서도 부정의 부정은 〈자연, 역사, 사고의 지극히 보편적인, 중요한 발전 법칙〉이다. 예를 들면 전자본주의적인, 자기의 노동을 기초로 하는 개인적인 사적 소유는 자본주의적인 사적 소유에 의해 부정되고, 다음에 자본주의적 사적 소유가 부정되면, 생산자의 개인적 소유가 생산수단의 공유를 기초로 하여 회복된다. 이와 같이 부정의 부정은 옛 것으로의 복귀처럼 보이지만, 보다 낮은 단계의 어떤 특징이 보다 높은 단계에서 반복되므로, 말하자면 직선적이 아니고 나선형으로 행해지는 발전의 여러 단계의 매개, 연관을 의미한다. 그것은 아 프리오리한(선천적인) 증명 수단에 의해서가 아니고, 개개의 구체적 과정의 발전에 대한 연구에 의해 확증되어야 하는 것이다.

1654 부정적/부적 강화(negative reinforcement)

불쾌한 결과를 회피하기 위해서 시켜진 바람직한 행동을 하는 것을 말한다. 예를 들면, 선생님한테 꾸중 듣지 않기 위해 숙제를 열심히 하거나 혹은 자리를 잘 뜨는 아동에게 "자리 뜨면 매 맞는다"라고 하면 매 맞지 않기 위해서 자리에 앉아 있는 것 등이다. 부정적 강화는 간혹 벌과 착각하기 쉬운 용어이다. 부적강화는 위에서 언급한 것처럼 고통을 회피하기 위해 바람직한 행동을 하는 것으로 좋은 행동을 증가시키는 것이지만 벌은 아동에게 육체적 혹은 심리적 고통을 줌으로써 고통을 회피하기 위해 나쁜 행동을 하지 않게 하는 것 즉 문제 행동을 감소시키는 방법이다. 불쾌한 결과를 회피하기 위하여 행위를 함으로써 그 행동이 강화되는 것을 말한다. 예를 들면, 선생님으로부터 꾸중 듣지 않기 위해서 숙제를 열심히 하는 것 등이 부적 강화의 좋은 예이다.

ㅂ

1655 부정적 개념
([영] negative concept [독] Negativer begriff)

소극적 개념이라고도 한다. 긍정적 개념에 대립하는 말로서, 어떤 성질이 존재하지 않고 있는 것을 가리키는 개념, 예를 들면 무학, 불행 등이 그것인데, 부정적인 접두어가 붙어 있어도 내용은 오히려 적극적인 의미를 가지는 말도 있다. 예를 들면, 〈무례〉나 〈무구〉 등은 단순한 부정을 넘어서서 적극적인 의미를 가지고 있다.

1656 부조

경제적 요보호상태에 있는 자에 대해 공비로 행해지는 급여를 부조라 한다. 생활보장법을 공적 부조라 하기도 하고 생활보장법의 급여를 부조라 하기도 하며 은급 등의 급여금을 부조료라 하기도 한다. 구제, 구호보다는 좀 더 권리성을 함축하고 있지만 보장적인 측면에서는 권리성이 불명확하다. → 공적부조

1657 부조법(public assistance law)

보호법의 한 분야이며, 생활 곤궁자에 대하여 건강하고 문화적인 최소한의 생활을 보장할 것을 목적으로 하는 부조활동에 관한 법의 총칭으로 한국의 생활보장법 등 공적부조에 관한 법률, 독일, 프랑스의 사회부조법, 영국의 보조급여법 등이 이에 해당한다. 역사적으로 볼 때 주로 제2차 대전 전에는 일반적으로 구빈법이라고 총칭되던 것이 적지 않았다. 우리나라에서는 생활보장법이 그 대표적인 것이다. 이들 부조법의 특징은 보족성의 원리에 입각한 것이며, 이로부터 부조법연구의 착안점으로서는 주어진 부조법의 구조

가 부조를 권리로서 청구하도록 되어 있는가?, 부조의 요건은 무엇인가?, 노동 능력의 여하를 불문하고 부조를 받을 수 있는 일반 부조주의인가 아니면 노동무능력의 곤궁자에게 한정하는 제한부조주의인가?, 친족부양과의 관계, 급여의 종류와 방법, 곤궁외국인도 권리로서 부조를 받을 수 있는가? 등을 들 수 있다.

1658 부호화(coding)
수집된 조사 자료의 질문항목이나 분류범주에 각각의 부호를 부여하는 것이다. 조사표 작성 시 질문항목이나 회답의 선택지에 미리 코드를 부여한 경우 프로코딩이라고 하며, 이와 반대로 조사가 끝난 후 회답을 보면서 분류범주를 결정하여 코드를 부여하는 것을 애프터 코딩이라고 한다. 애프터코딩은 자유회답항목이나 기타라는 선택지에 기입된 회답에 쓰이는 경우가 많다. 코드에는 흔히 숫자나 알파벳이 쓰이는데, 수집계에서는 어떤 코드를 써도 된다.

1659 분류조사
소년원에서는 보호처분을 받고 송치된 소년에 대하여 교정교육과 개별처우에 필요한 각종 자료를 모집하기 위한 분류조사를 실시한다. 분류조사에서는 소년의 가족관계, 성장환경, 교육 및 직업경력 등 생활사를 중심으로 한 사회적 조사를 위시하여 지능, 성격, 적성, 흥미, 학력 등 각종 심리검사, 신체의 이상 유무를 밝히기 위한 신체검사, 행동관찰, 보호자상담을 하게 된다. 이렇게 하여 밝혀진 제 사실과 법원소년부 또는 소년감별소에서 송부된 참고자료는 원생처우심사위원회에서 종합 검토되어 보호소년 개개인의 처우소년원 지정, 교육과정, 분류수용, 교육 계획수립 등에 반영된다.

1660 분류처우회의
수용자를 합리적으로 처우하기 위하여 교도소 내에 설치되는 것으로서 분류처우예비회의와 분류처우회의로 나뉜다. 분류처우회의에서는 분류처우예비회의에서 예비 심의한 사항으로서 수영자의 분류심사 및 급별 사정에 관한 사항, 수형자의 소행, 작업, 상훈점수의 사정에 관한 사항 및 수형자의 계급의 편입, 진급, 진급정지, 강급의 심사에 관한 사항을 심사한다.

1661 북한보건의료네트워크
북한보건의료에 대해 이루어진 연구 성과들, 남북 교류협력에 관련한 정보, 최근의 북한 관련 정보들을 모아 누구나 쉽게 이용할 수 있도록 정리하여 북한의 보건의료에 관심이 있는 학자, 의료인, 시민 그리고 대북지원에 관계하는 일꾼들, 정부 관계자 등이 모여 자료를 이용하고 의견을 나눌 수 있도록 2003년에 만든 법인이다. 어린이 의약품지원본부와 동일한 기관이 운영한다.

1662 분열정동장애
정신분열병의 증상과 주요 우울증, 조증의 증상이 공존하는 경우이다.

1663 불기소처분
검사가 기소하지 않는다고 결정하는 것을 말한다. 기소편의주의에 의한 기소 유예의 경우 외에, 소송조건이 불비한 경우나 사건이 죄가 되지 않거나 증명이 되지 않는 경우 등 결국 유죄가 될 가망이 없는 경우를 포함한다. 일단 불기소처분을 한 후 새로이 기소하여도 지장은 없으나, 불기소처분을 한 때에는 그 취지를 피의자, 고소인, 고발인에게 통지해야 하며, 고소인 또는 고발인의 청구가 있는 경우에는 7일 이내에 그 이유를 서면으로 설명해야 한다.

1664 불량주택지역(slum area)
불량주택이 밀접하여 위생, 풍기, 보안 등에 유해 또는 위험이 있는 지구(슬럼 등)를 말한다. 정부는 불량위생지구개선의 긴급실시를 요망하는 여론에 따라 사회사업조사회에 개선책을 자문해 그 답변에 의해서 불량주택지구 개량법을 제정 공포했다.

1665 불량행위소년
20세 미만의 자로서 음주, 흡연, 흉기소지, 부녀자 희롱, 불량교우 등, 자기 또는 타인의 덕성을 해롭게 하는 행위를 한 자를 말한다.

1666 불복신청
아직 확정되지 아니한 재판에 대하여 상급법원에 불복을 신청하는 것을 말한다. 소송법상 재판이라 하면 판결 외에 결정 명령 등이 있는데, 재판이 행해진 경우에 이것을 곧 확정시키지 아니하고, 일정한 요건 하에 불복의 신청을 허용하는 것이 원칙이며, 이 불복신청이 곧 상소이다. 상소 중에서 항소와 상고는 판결에 대한 불복신청이고 항고는 결정·명령에 대한 불복신청이다. 재판에 대한 불복신청에는 그 밖에도 재심과 비상상고가 있으나, 양자가 모두 확정된 재판에 대한 불복신청인 점에서 상소와는 다르다.

1667 불송치 처분제도
검사 또는 사법경찰관이 형사처벌은 물론 보호처분조차 필요 없다고 판단할 때 소년부 송치를 하지 않는 제도이다. 우리나라는 이 제도를 채택하고 있는데 몇 가지 문제점이 있다. 즉 비행청소년의 요보호성의 인정은 전문가인 가정법원 또는 지방법원 소년부가 해야 합리적이라는 것이다. 그것은 경찰의 사건처리는 사회질서의 유지에 치중해야 하는 업무의 성질상 객관적, 외면적 행위나 결과의 대소를 기초로 하기 때문에 요보호성의 적정한 판단을 기대할 수 없으며, 불송치 처분으로 소년의 비행성을 조기에 발견하고도 적기에 필요한 조처를 강구할 기회를 잃기 쉽기 때문이다.

1668 불안(anxiety) 01
막연하고 대상이 불분명한 공포의 감정으로 정신적, 육체적으로도 불쾌한 상태를 말한다. 위험을 살펴서 알 수 있는 현실불안과 불합리하고 병적인 반응을 수반하는 신경 정신적 불안으로 구별된다. 무의식적으로 억압된 이별과 사별, 애정상실 등이 의식화하려는 위기의 신호로서 구동적으로는 개념화된다. 신경증상으로 고정화되는 경우가 있으나 이것을 학습된 반응으로 해서 조건부의 이론 등으로 처치하는 행동요법의 입장도 있다.

1669 불안 02
알려져 있거나 현실적으로 존재하는 대상이 없음에도 불구하고 막연하게 주관적으로 느끼는 불쾌한 감정을 말한다. 흔히 혈압·피부 등의 신체적 반응을 동반하고 있다. 생득적으로 지니고 있는 반응, 지나친 자극, 외부의 위협, 생존의 모험에 대한 실존적 인식 등이 원인이 되고 있다. 실제로 불안을 설명하는 이론은 다양하며 그 중 대표적인 것을 들면 내면적 심리의 갈등으로 보려는 정신분석적 이론, 조건화 과정으로 설명하려는 행동주의적 이론, 생리적 과정으로 설명하려는 생리학적 접근 등이 있다. 불안은 구체적 대상이 없다는 점에서 공포와 구별되며 현실적 위협에 대처하게 하는 경고와 같은 현실적 기능이 있는 반면에 현실적 위협과 하등의 관계도 없는 병리적인 신경증적 측면이 있기도 하다. 불안이 심화되어 하나의 신경증으로 발전되면 이를 불안신경증이라고 한다.

1670 불안정고용(underemployment)
→ 비사회성불완전취업

1671 불완전취업
어떤 형태로든지 취업은 하고 있으나 불안정한 것으로 불안정취업이라고도 한다. 잠재실업과 거의 같은 의미이지만 잠재실업이 무업자(15세 이상의 학생, 주부 등) 중 취업을 희망함에도 불구하고 구직하지 못한 자를 포함하는데 반해, 불완전취업은 이것을 포함하지 않는 점에서 다르다. 또 반실업과는 실태로서는 동일하다. 또 불완전고용과 비교해서 보면 영세농업자, 소경영주 등을 포함하기 때문에 범위는 보다 넓다. 완전취업 측정지표로서는 취업의식면에서 노동력조사나 취업구조기본조사에서 전직희망자, 진가 취업희망자류 및 위업희망자류 또는 소득 면에서 생활보장법에 의한 피보험자와 같은 정도 이하의 소득수준 또는 표준선계표 이하의 소득수준에 있는 자의 수, 또 취업시간 면에서는 극단적인 단기간 취업자 수가 사용되어진다.

1672 브레인스토밍(brainstorming) 01
어떤 구체적인 문제를 해결함에 있어서 그 해결방안을 생각할 때 판단이나 비판을 일단 중지하고 질을 고려함이 없이 머릿속에 떠오른 창의적인 아이디어를 얻는 방법이다. 후에 이 아이디어들을 결합시키거나 개선하도록 하여 자유연상을 요구했을 때보다 더 좋은 아이디어를 산출할 수 있다는 것이다. 이것은 1953년에 오스번(A. F. Osbarn)이 제안한 방법이다.

1673 브레인스토밍 02
특정한 주제나 문제(또는 그 해결방법)와 관련하여 참여자(또는 토론자)들이 자유롭게 가능한 한 많은 아이디어를 제시하는 것을 말한다.

1674 블록경제
수 개의 국민경제를 하나의 블록(block)으로 결성하고 다른 경제 영역에 대해서는 봉쇄적인 경제정책을 취하는 경제 체제를 말한다. OECD (경제협력개발기구), EEA(유럽경제지역), EFTA(유럽자유무역연합체), LAFTA(라킨아메리카 자유무역협회), EU(유럽연합), NAFTA(북미자유무역조합) 등이 있다.

1675 비공식보호(informal care)
공식적(제도적)보호에 대비해서 제도화되어 있지 않는 다양한 형태의 보호를 총칭한 것이다. 구체적으로는 이웃이나 지역사회 자원봉사자, 비영리단체 등에서 행하는 보호이며 인간적인 따뜻함이 있고, 세심하고, 서로 정이 통하는 서비스가 기대된다. 공식적인 보호는 공적기관의 제도에 의해 실시되어 사회복지서비스의 기초적인 부분을 형성하고 있으나 일정한 기준에 따르기 때문에 획일적인 면이 강하다. 여기에 비해 비공식적 보호는 개개인 요보호자의 처지나, 환경, 그리고 욕구를 제대로 파악할 수 있기 때문에 기동성 있고 탄력적인 서비스를 제공할 수 있게 된다. 비공식적 보호는 사회복지에 정상화의 이념과 주민참가, 지역사회주민의 관심이 보다 밀착되기를 강조하고 있다.

1676 비공식적 조직(informal organization)
조직 내에서 구성원간의 면접적인 관계를 통해서 이루어지는 표면화되지 않은 자연발생적 조직으로 자생조직·참고조직 또는 심리적 집단의 성격을 띤다. 1930년대 이후 바나드(C. Barnard), 뢰슬리버거(F. J. Roethlisberger), 사이먼(H. A. simon) 등에 의해 그 존재 이유와 존재방식이 강조되었다. 비공식조직은 자연스러운 의사소통, 자발적인 협력관계, 감정에 논리에 의거한 행동방식을 특색으로 하는 것이며 공식조직의 기능을 수행하는데 있어 건설적인 역할을 할 수도 있지만 파괴적인 역할을 하는 경우도 없지 않다. 이 조직은 내면적인·내재적 조직이고 전체적인 조직 속의 각 계층, 각 단위에서 자연발생적인 소집단으로 성립하는 부분적인 질서이다. 자유로운 의사소통과 긴밀한 협조와 인화의 유지를 위한 매개가 됨으로써 공식조직의 기능을 원활히 수행해 나갈 수 있도록 하는 것이 현대 조직운영에 있어 절대적인 요청인 것 같다. 비공식적인 조직은 심리적 안정감의 형성, 공식적의 경직성 완화, 업무의 능률적 수행, 구성원간의 행동규범 확립 등의 순기능과 적대감정, 정실행위, 비공식적 의사전달의 역기능도 갖고 있다.

1677 비공식집단(informal group)

조직적이고 기구적으로 편성된 공식적집단(formal group)에 비해 사적, 개인적 계기에 의해 구성되어 있는 집단을 말한다. 가령 A공장의 B부 C과로 편성되어 있는 공식적 집단 속에서 취미, 신조 등에 의해서 형성된 낚시회, 시조회, 혹은 동향회 등의 집단을 말한다. 공장, 학급, 지역집단 등의 내적구조를 파악해서 그 활동을 활성화하려는 경우에 유의해야 할 집단이다.

1678 비과세소득

본래는 과세소득이면서 정책상 과세권이 포기되어 당해 연도의 과세소득의 범위에 포함되지 않는 소득. 법인세법에서의 비과세소득은 국민저축조합 저축의 이자 및 공익신탁의 신탁재산에서 생기는 소득이다. 소득세법에서의 비과세소득은 이자소득, 부동산소득, 사업소득, 근로소득, 퇴직소득, 기타소득 및 양도소득 중 소득세법에서 특별히 비과세소득으로 규정한 소득으로 되어 있다.

1679 비교기준(criteria for comparison)

비교연구법에 있어서 상호 비교할 수 있는 준거척도이다. 예컨대, 진학률·취학률·중도 탈락률 같은 교육지표가 그러한 기준이 될 수도 있고 학교의 수업연한, 교육과정의 내용, 교육통제의 유형, 지방분권의 정도 등이 그와 같은 기준이 될 수도 있다. 비교 기준의 설정에 있어서는 같은 용어도 서로 개념이 다를 수 있으며 그 개념의 명료화가 선행되어야 한다. 통계치의 경우 그 표준화도 절실히 요청된다.

1680 비교연구법(comparative method)

교육연구에 있어서 광범위하게 사용되고 있는 한 접근방법으로서 유사점, 공통점, 차이점 등을 상호 비교하는 방법으로 비교 교육학(comparative education)에서는 이 방법이 핵심이 되고 있으나 광의의 비교연구법은 일반적으로 역사적 연구, 기술적 연구, 실험적 연구 등에서도 상용될 수 있는 것이다. 비교교육학에 있어서 국민교육 제도를 상호 비교·연구함에 있어서는 역사적 접근법, 사회과학적 접근법, 철학적 접근법, 문제접근법 등으로 구분되지만 그 어느 경우를 막론하고 국제간 또는 서로 다른 사회 간의 비교를 전제로 한다. 비교연구에 있어서는 구체적인 사실의 기술로서 만족할 수 없으며 역사적, 사회적, 철학적, 일반화(generalization)가 요청된다. 그러나 구체적 사실의 규명이 선행되어야 함은 물론이다.

1681 비교평가(comparative evaluation)

여러 가지 교육 프로그램이나 교육 목표의 대안들 사이에서 어느 것이 보다 우수하며 어떤 장점이 있는지, 또 그것의 효과는 무엇인지를 비교·제시해 줌으로써, 그것 중에 어느 것을 선택할 수 있는지의 의사결정에 필요한 정보를 제공해 주는 평가이다. 이 평가는 크론바하(Cronbach)가 제안한 기초 위에 스크리븐(Scriven)이 주장한 것으로 실제 어느 프로그램이 우수하다고 해도 왜 우수한지를 알 수 없는 경우가 있기 때문에 비교의 대상이 되는 다른 프로그램이나 교육 목표에 비해 그 프로그램이 우수하다는 판단을 할 수 있게 해 줌으로써 의사결정에 도움을 주는 평가이다. 이것은 엄밀히 말하면 평가로 모형이라기보다는 하나의 평가방법이라고 보는 것이 타당하다.

1682 비네·시몬 지능검사법(Binet-Simon test)

1905년 프랑스의 A. 비네와 T. 시몬은 정신지체아를 일반아동으로부터 구별하는 방법을 문부성에서 위탁받아 비네 시몬 지능검사법을 작성했다. 뒤에 미국에서는 이 검사법이 L. M. 타만에 의해 스탠포드-비네 지능검사법으로 개정되었다. A. 비네의 지능관은 이해, 구상, 방향잡기, 비판, 추리 등 광의의 것이었다. 1908년에는 연령척도가 도입되어 정신 연령이라는 개념이 만들어지게 되었다. 현재 사용되고 있는 비네 지능검사는 정신연령(MA)을 역연령(CA)에 제해서 IQ를 산출한다.

1683 비밀보장의 원칙

클라이언트가 진술한 사실을 비밀로 지켜야 하는 케이스워크 기본 원리의 하나이다. 모든 전문 직업에 공통되는 태도이기도 하며 클라이언트를 제1차적 정보원으로 하는 케이스워크나 사회사업에서는 인간성의 존엄이나 원조관계유지에 필요한 중요한 원칙이다. 클라이언트로부터의 정보수입, 케이스 기록의 경우에도 클라이언트가 불이익을 당하지 않도록 세심한 주의가 요구된다. 비밀보장은 원조의 목적에 부합하도록 치료적 신뢰관계를 연결하는 윤리적인 일이기도 하다.

1684 비버리지보고서(Beveridge report) 01

영국의 경제학자이며 사회보장제도, 완전고용제도의 주창자인 비버리지가 정부의 위촉을 받아 사회보장에 관한 문제를 조사·연구한 보고서이다. 이 보고서는 사회보장이나 사회사업이 당면하는 결핍, 질병, 불결, 무지, 태만의 5대 사회악을 지적하고 사회보장제도상의 6원칙을 제시했다. 이 보고서는 이른바 '요람에서 무덤까지' 국민들의 사회생활을 보장한다는 '복지국가' 이념의 대표적인 문헌이다.
→ 베버리지보고서

1685 비버리지보고서 02

영국의 '사회보험 및 관련 서비스 각 행정부의 연락위원회

(위원장 : W. H. Beveridge)'가 1942년에 제출한 보고서로, 정식명칭은 〈사회보험 및 관련서비스 social insurance and allied services, reported by William Beveridge〉이다. 이동수단·보건 서비스·고용 유지를 전제로 하여 사회보험을 주요 수단으로, 국가 부조를 보조수단으로 한 사회보장 계획을 구성하였다. 이 내용은 1948년까지 거의 제도화되어 제2차 세계대선 후의 영국 사회보장제도 확립의 기초가 되었고, 자본주의 국가들의 사회보장제도 확립에 큰 영향을 주었다.

1686 비사회성(unsocial behavior)

반사회성은 사회에 대한 공격적 자세를 적극적으로 행동화하는 데 반해 비사회성은 반대로 자기를 억제하고 사회와의 접촉을 회피해서 지극히 소극적인 존재가 됨으로써 그 부적응 상태를 표현하는 행동을 말한다. 아이들의 경우에는 침묵상태나 등교거부 등으로 주위로부터 철퇴(withdraw)하는 비사회적인 태도를 볼 수 있다. 일반적으로 자아형성의 미숙함이 원인이 되고 있으며, 고도경제성 장기 이후 비사회성의 강한 문제행동이 넓게 현재화되어 새로운 사회현상으로 주목받게 되었다.

1687 비수급 소득빈곤층

소득 인정액은 최저생계비 미만이나 부양의무자, 재산 기준으로 인해 수급자로 보호받지 못하는 계층을 말한다. 2003년 기준 177만 명으로 전체인구의 3.7%에 달한다.

1688 비숙련작업(unskilled work)

판단력이나 이해력이 거의 요구되지 않아 단기간(30일 이내)의 학습을 통하여 수행이 가능하며, 특별한 신체적 기능이나 힘이 요구되지 않는 단순한 수준의 작업을 말한다. 따라서 이 부류에 속하는 작업들은 아무리 숙달되어도 기능이 습득되었다고 말하지 않는다. 이 범주에 속하는 작업의 예를 들면, 종이접기 등 간단한 수작업, 자동으로 또는 다른 사람이 작동하는 기계에 연속적으로 재료를 공급하는 일, 기계를 사용 후 손질하는 일, 1~2공정의 단순한 부품을 분해·조립하는 일, 시각적으로 제품을 검사하여 선별하는 일 등이 있다.

1689 비스마르크(Bismarck, Otto Eduard Leopold)

독일제국의 철혈재상. 1848년 프러시아 의회의원이 된 이후, 1851년 독일연방회의 프로이센 사절, 1859년 주러시아 공사 등 외교관으로 활약, 1862년 프러시아 수상이 되어 독일의 통일을 지도하였다. 그 성공과 함께 1871년 독일제국의 초대 수상이 되었으며, 1890년에 퇴직하였다. 당시 독일의 사회주의 운동을 저지하기 위해 1878년 사회주의자 진압법을 제정하는 한편, 세계 최초로 사회보험제도를 실시하였다. 이를 당근과 채찍 정책이라고 한다. 비스마르크 사회보험은 사회정책의 발전에 획기적인 일이었다.

1690 비심판적 태도(nonjudgemental attitude)

클라이언트에 대응할 때 취해야 할 전문적 태도의 하나로 클라이언트를 일방적으로 비난하거나 힐난하지 않는 태도를 말한다. 이것은 사회사업가와 클라이언트 관계를 유지 발전시키는 기본요건이 되고 있으나 클라이언트의 언동에 대해 무관심, 냉담하거나 평가, 판단을 안한다는 태도와 혼동해서는 안된다.

1691 비어스(Beers, C. W.)

정신위생의 필요성을 제창한 미국인으로 그 자신 정신병에 걸렸으나 완쾌된 뒤, 신경증이나 정신병, 알콜 중독 등의 예방법과 이 같은 병의 조기발견, 보호, 처우의 구체적 방법을 연구하였다. 이에 공감한 아돌프 마이어와 함께 정신위생협회를 창립하였다.

1692 비언어성검사(non-verbaltest)

문항의 진술과 해답에 있어서 기호나 도형 및 그림 등과 같은 비언어적 내용으로 구성된 검사이다. 이것은 표준화 심리검사를 분류하는 하나의 방법으로 언어적 검사, 비언어적 검사 및 작동에 의한 검사로 구분 할 수 있다. 비언어적 검사의 가장 대표적인 것으로 군대용 베타(β) 지능검사를 들 수 있다. 이 검사는 문자의 해득과 언어구사능력을 요구하지 않는 기호와 도형으로만 구성된 검사이다. 군대용 알파(α) 지능검사는 언어에 의한 지능검사로 미국 군인의 선발과 배치를 위하여 제작된 검사이나 문맹자에게는 실시할 수 없으므로 이와 동등한 수준의 지능검사로서 문맹자에게 실시할 수 있도록 한 것이 군대용 베타 지능검사이다. 이외에도 초등학교 이전의 아동의 지능검사 그리고 일반 지능검사 속에도 공간지각, 도형추리 등의 능력을 재기 위한 비언어적 검사내용이 들어 있다. 단, 성격검사에도 올포-버논의 가치관 검사는 그림의 내용을 통하여 가치관을 잴 수 있도록 하는 그림형 가치관검사가 있고 또는 그림 좌절검사 등도 비언어성 검사의 한 예가 된다.

1693 비언어성 직업흥미검사(RFVⅡ : AAMD reading-free vocational interest inventory)

RFVⅡ는 AAMD에서 읽기 능력과 언어 이해력이 뒤떨어지는 중증 장애인들의 직업흥미를 효과적으로 검사하기 위해 고안한 그림으로 만들어진 직업흥미검사이다. 비언어적이란 언어적 기호나 문자를 해석하는 능력이 전혀 요구되지 않는다는 의미이다. RFVⅡ는 3개의 그림을 1조로 하여 모두 55조로 구성되어 있는데 피평가자는 3개의 그림으로 된 직업 활동 중에서 자신이 가장 좋아하는 활동을 선택한다.

1694 비영리단체의 복지활동

지방공공단체 또는 실버비지니스(영리단체)와는 다르게 주민참가를 주체로 해서 공사, 사회복지의회, 생활협동결합,

자원봉사단체 등 비영리를 취지로 하는 단체의 복지활동을 말한다. 재가복지서비스 활동을 다양한 형태로 전개하고 있는 것으로 총칭해서 주민주체에 의한 민간유료(비영리) 재가복지서비스 = 참가형 재가복지서비스라 하고 있다. 실시주체는 다양하며, 일반적으로 지역 재가복지서비스의 제공, 자원봉사자, 주민참가를 주축으로 한 이용자의 비용부담(유료)을 수반한다. 이들의 사업은 비영리, 공공성, 사회성을 기본으로 하고 있는 등의 특징이 있다.

1695 비영리법인

→ 공익법인

1696 비용부담의 원칙 (The Principle of Sharing Expenditure)

급여 기타 연금법을 운영하기 위하여 소요되는 비용은 그 비용의 예상액과 개인부담금, 국가부담금, 법인부담금, 재해보상부담금 및 그 예정 운용수익금의 합계액이 장래에 있어서 균형이 유지되도록 해야 하며, 이 경우 급여에 소요되는 비용은 적어도 5년마다 다시 계산해야 한다.

1697 비용분석(cost analysis)

보통 생산성 향상이나 기타 목적을 위하여 재화나 용역을 생산하는데 투입된 모든 비용을 분석하는 것으로 교육에서 비용분석은 주로 교육체제에 투입된 비용을 분석하여 교육의 생산성·효율성을 평가하는데 목적이 있다. 쿰즈(D. Coombs)와 헐락크(J. Hullak)는 비용분석의 주요목적으로, ① 교육계획의 경제적 실현가능성을 비용화하고 검사한다. ② 교육자원의 배분(예 : 교육수준별·교육 형태별)을 평가하고 개선한다. ③ 동일한 교육목표를 추구하는 여러 가지 대안 중 상대적 이점을 고찰한다. ④ 특수 사업의 장·단기 비용 상의 의의를 결정한다. ⑤ 주요 교육혁신의 도입비용과 장기적 비용 상의 영향 등을 추정한다. ⑥ 효율성과 생산성의 개선을 위한 일반적 탐색을 수행한다. ⑦ 특수 정책이 결정되기 전에 그 정책의 경제적 의의와 실현가능성을 검토하는 것 등 일곱 가지를 들어 설명하였다. 교육의 생산성과 효율성을 높이는 방안으로 쿰즈는 11개의 방법을 제안하고 있다. 즉 ① 교육시설비 절감, ② 시설공간의 집약적 관리와 재배치, ③ 라디오와 텔레비전을 통한 우수강의 실시, ④ 수업시간의 연장과 고가의 시설 및 유능한 교사의 공유, ⑤ 고가의 특수 교육 프로그램의 공유, ⑥ 교사보조 인력 및 기재의 활용, ⑦ 잘 조직된 자율학습의 강조, ⑧ 교과서 및 보조교재비 증액, ⑨ 학교경영에 근대적 경영 원리적용, ⑩ 소규모 학교의 통폐합, ⑪ 학교규모 및 교지결정의 합리화 등이다.
→ 비용 – 편익분석, 비용 – 효과분석, 비용 – 효용분석

1698 비용·편익분석(cost–benefit analysis)

프로그램 투자의 우선순위나 지원의 배분을 결정할 때 사용되는 분석방법으로 투입과 산출이 모두 시장가격 또는 화폐가치로 평가될 수 있는 경우에 적용된다. 이 방법은 장래 기대되는 편익의 현재 할인가치(present discounted value)를 그때까지의 투입비용의 현재 할인가치로 나누어 얻는 비로서 분석하는 것이다. 일반 공식은 다음과 같다. 이 공식으로 r(내부 수익률, internal rate of return)을 구하여 비용 – 편익분석을 한다. 예컨대, 대학교육에 관한 투자계획을 세울 때 대학 4년간의 총교육비와 대학졸업자의 평생소득(소득기간은 43년 가정)과 비교하여 결정할 수 있다. 이때 다음과 같은 공식을 사용할 수 있다. 이 공식에서 좌변은 4년간의 직접교육비와 대학을 다님으로써 상실하게 되는 기회비용(opportunity cost), 즉 포기소득(foregone earnings)을 합산한 총비용의 현재가치이며, 우변은 평생 동안 대학졸업자의 임금과 고교 졸업자의 임금의 차를 수익으로 보고 평생 수입차의 현재가치로 확산하는 것이다. 여기서 r은 내부수익률로서 높게 나올수록 대학 교육 투자가 유리하다.
→ 비용 – 효과분석, 비용 – 효용분석

1699 비용징수기준

사회복지시설 입소자 또는 이용자의 처우에 요하는 경비에 대해 본인 또는 보호자로부터 이를 징수할 것을 각 법은 원칙으로 정하고 있다. 이용하는 조건에 따라 필요로 하는 경비는 다르지만 입소자, 이용자측은 수입에 따라 지분되도록 구성되어 현재는 납세액에 따라 부당구분이 정해져 있다. 즉 보육소의 경우 국가는 각 보육소의 운영경비를 보육단가로서 일률적으로 지불함으로써 비용징수는 종래의 자산조사방식을 개정해 전년도의 소득에 따른 과세액으로 계층구분을 해 능력부담방식을 취하고 있다. 1987년부터 일본에서는 전 계층을 10단계로 구분해 계층구분 1에 해당하는 생활보장세대는 부담이 나눠지지만 계층구분 10단계는 보육단가를 전액 부담한다. 이 기준액은 매년 개정되어 조치비 중에서 국가의 부담액을 산정할 것이 기초로 되어 있다.

1700 비용·효과분석(cost–effectiveness analysis)

프로그램을 평가하거나 체제의 성과를 측정하는 분석방법, 프로그램에 대한 투자의 우선순위와 자원의 배분을 결정하기 위하여 이 방법을 사용한다. 프로그램이나 체제에 투입된 모든 요소를 비용으로 확산하고 비용을 산출된 효과와 대비하여 분석한다. 대체로 성과가 시장가격(금전)으로 평가될 수 없지만, 투입은 평가될 수 있을 때 사용된다. 교육계획이나 체제에서 효과의 지표가 되는 것은 성적·졸업 직후 취업률·중도 탈락자 등으로서 비교적 단기의 목적과 기준의 달성도로 볼 수 있다. 일정한 목표를 달성하는데 비용이 가장 적게 들거나, 같은 비용을 들여 가장 높은 또는 가장 좋은 성과를 가져오는 프로그램이 최선의 것이다. 예컨대, 비용 – 효과의 비율이 최소가 되는 안을 선정하고자 할 때의 경우를 생각해 보자. 읽기 성적에서 제1안은 60점에서

60점으로 올리는데 10,000원이 들고, 제2안은 60점에서 64점으로 올리는 데 5,000원이 든다고 가정하자. 1안의 비용-효과의 비율은 10,000원/10점=1,000원/단위점수이고 2안은 5,000원/4점=1,250원/단위점수가 될 것이다. 이때 보통 1안이 좋은 것으로 선정하게 된다. 그러나 6점을 더 올리기 위하여 5,000원을 더 투자할 것인지는 주어진 예산을 최적 배분할 때 신중히 고려할 문제이다.
→ 비용 - 편익분석, 비용 - 효용분석

1701 비용·효용분석(cost-utility)
프로그램 투자의 우선순위나 자원의 배분을 결정할 때 사용되는 분석으로 금전적 기대가치보다는 효용성을 극대화할 수 있는 의사결정을 내리는데 사용된다. 효용은 주관적 선호(subjective preference)이므로 의사결정자 개인마다 다를 수 있다. 효용은 총효용과 한계효용으로 구분한다. 총효용은 재화나 용역을 얻는 데서 나오는 전체적·심리적 수익을 말하며, 한계효용은 일정 수준의 재화나 용역을 초과하여 1단위 더 추가함으로써 얻게 되는 초과 효용을 말한다. 어떤 욕구충족에 있어서 총효용은 소비량에 따라 증가되지만 효용의 증가율은 오히려 감소하게 된다.
→ 비용 - 효과분석, 비용 - 편익분석

1702 비인과적 관계성(noncausal relationship)
변인들 간의 관계를 밝히고자 하는 연구에서 독립변인과 종속변인의 값이 상관이 있기는 하지만 인과적이지는 않은 관계를 지칭한다. 즉 두 변인간의 관계에서 독립변인이 종속변인 값을 초래하는 원인으로 작용하는 관계가 아님을 의미한다.

1703 비자발적 실업(involuntary unemployment)
유효수요의 부족에 따른 실업으로 J. M. 케인즈가 주창한 것이다. 즉 일할 능력을 가진 노동자가 현행의 임금수준으로 취업할 것을 희망하면서도 일자리를 찾지 못하고 있음을 말한다. 고전학파의 경제학에서는 임금은 노동력의 수급관계로 결정된다고 보았기 때문에, 수급균형이 잡혀 있을 때는 자발적 실업과 구조적 실업 이외의 실업은 없다고 했으나, 케인즈는 수요가 부족한데도 균형이 취해진다고 했다. 즉 과소고용균형으로 되는 경향이 강해, 이 경우와 완전고용 상태에서의 고용량과의 차를 비자발적 실업으로 규정했다. → 잠재적 실업

1704 비정부조직(non governmental organization)
원래 정부조직이 아닌 민간조직을 지칭하는 용어였으나 국제연합과의 관련으로 비정부국제조직(INGO : Interational Non. Governmental Organization)을 지칭하는 경우가 많다. INGO는 정당과 영리를 목적으로 하는 조직은 제외되며 그 사회적인 문제를 대상으로 활동영역이 국제적인 조직을 지칭한다. 국제연합헌장 제71조 빈곤에 규정되어 있고 특히 1960년 이후 개발도상국의 사회경제개발이 활발해져 경제사회위원회에서 다수의 INGO 사이에 협력관계가 확립되면서부터 NGO라는 표현이 빈번하게 쓰여지게 되었다. 국제사회복지협의회는 국제적십자연맹, 국제사회보장협회 등과 함께 카테고리 1에, 그리고 국제사회사업학교연맹, 국제사회사업가연맹은 카테고리 2에 포함되어 있다.

1705 비지시적 상담(nondirective effect)
로저스(C. Rogers)의 상담과 심리치료의 이론이다. 로저스 자신은 이론 발전과정의 초기에 자신의 이론적 입장을 비지시적 상담이라고 하였다가 후에 내담자중심 상담이라고 불렀다. → 내담자 중심치료

1706 비판([영] criticism [독] Kritik)
일반적으로는 인간의 지식이나 행동에 관해 그것의 진리성, 유효성 등을 식별하는 것으로 〈비평〉이라고도 한다. 그 철학적인 의의의 자각은 유럽에서는 18세기와 함께 시작되고, 〈체계의 시대〉로서의 17세기와 비교하여 18세기는 〈비판의 시대〉라고 불리어진다. 그 대표적인 것은 라이프니즈, 볼프의 형이상학체계에 대해 이성능력의 비판을 철학의 중심 과제로 삼은 칸트의 〈비판주의〉이었다. 후대의 신칸트파나 경험비판론도 철학의 과제를 지식·문화·경험의 비판에서 구했는데, 그러나 여기서는 칸트 자신에게 있었던 진보적인 비판정신은 이미 찾아볼 수 없었다. 이에 대해 맑스주의에서 말하는 비판은, 일반적으로 이론이나 행위나 제도를 물질적인 계급 관계로부터 해명함과 동시에, 이것을 계급 관계의 실천적 변혁으로 발전시키는데 있다. 맑스는 〈비판적이며 혁명적〉(kritisch und revolutionär)을 자기의 방법으로 삼았다.

1707 비판적 관념론([독] Kritischer Idealismus)
→ 선험적 관념론

1708 비판적 방법
→ 선험적 방법

1709 비판적 실재론(critical realism)
제1차 대전 직후 드레이크(Drake, D.), 러브죠이(Lovejoy, A. O.) 등 7인의 미국 철학자의 공동 연구 〈비판적 실재론 논집 : Essays in Critical Realism, 1920)에서 발표한 주장이다. 제1차 대전 전 페리(Perry, R. B) 등이 주장한 신실재론의 지나친 객관주의를 수정하고, 특히 주관적인 오류의 설명을 용이하게 하려고 하였다. 객관적 실재를 그대로 알 수는 없다. 알 수 있는 것은 지각 여건으로서의 〈성질복합 : Character Complex〉에 지나지 않는다. 다만 우리는 그것을 어떤 실재물의 성질로 믿고 그와 같이 반응할 따름이다. 따라서 객관적 실재는 〈실용주의적〉 견지에서 시인

ㅂ

된다는 것이다.

1710 비판적 합리주의(critical rationalism)
칼 포퍼(Karl R. Popper)와 알버트(Hans Albert)가 옹호한 과학이론이다. 이들은 이 비판적 합리주의는 자연과학과 사회과학에 동시에 적용될 수 있다고 생각한다. 비판적 합리주의는 인간의 오류 가능성에 근거하고 있다. 인간은 오류를 범할 수 있는 존재이기 때문에 항상 타인의 비판에 귀를 기울이고 그 비판을 통해서 자신의 잘못을 고쳐나가야 한다고 주장한다. 곧 비판적 합리주의란 오류를 통해서 배우려는 태도이다. 〈내가 잘못되었을 수도 있고, 당신이 옳을 수도 있다. 그리고 우리가 서로 노력만 한다면 진리에 가까이 갈 수 있다〉라는 포퍼의 말은 비판적 합리주의의 기본 정신을 잘 나타내주고 있다. 비판적 합리주의에 따르면 인간들 서로의 이해가 충돌할 때 폭력을 휘두르지 말고, 여러 가지 요구와 제안을 토의함으로써 타협에 도달할 수 있다. 이러한 비판적 합리주의는 역사법칙주의와 전체론적 사회공학에 반대하여 점진적 사회공학을 옹호하며 개방사회를 지지한다.

1711 비판주의([독] Kritizismus)
칸트가 말하는 비판에 기초를 두는 철학적 입장으로서, 독단론 및 회의론에 대립한다. 이 경우 비판은 논평이나 평가가 아니고 이성 능력의 음미 검토를 의미한다. 칸트에 의하면, 이것이 없으므로 이성론은 이성 능력을 과신하여 독단론으로 빠지고, 경험론은 이성에 대한 불신 때문에 회의론에 빠진다. 이것에 반해 비판주의는 이 음미에 의해 인식을 가능한 경험의 범위에 한정시키고, 이 한계 내에서 인식의 성립을 인정하지만 한계를 넘어서는 인식은 성립하지 않는다고 본다. 또 인식을 형식과 질료로 나누고, 이성적인 것을 형식, 경험적인 것을 질료로 봄으로써, 비판주의는 이성론 및 경험론의 주장을 부분적으로 인정하고 종합하는 입장에 선다. 또 경험의 한계를 넘었을 때는 완전히 무의미한 것이 되는 것이 아니라, 객관적인 인식은 성립하지 않지만 이념으로서 우리들의 인식을 규제하는 의미가 있다는 것은 인정되고 있다.

1712 비행(delinquency) 01
도리에 어긋나는 행위, 부정행위를 말하지만 일반적으로 범죄 내지 범죄적 행위를 지칭한다. 오늘날 많은 경우, 소년 비행의 뜻으로 쓰이고 있다. 범죄는 형벌법령에 규정되어 위법이며 책임 있는 행위로서 법에 의해 국가가 형벌을 과할 수 있는 행위이다. 이에 반해 비행은 반사회적, 반규범적 행위로 지칭되며 그 범위에는 탄력성이 있다.

1713 비행 02
도둑질, 살인과 같은 반사회적 행동이나 범법행위를 보이는 젊은이들(주로 18세 이하)의 행동을 일컫는 용어를 말한다. 일반적인 양상은 다음과 같다. ① 법이나 규칙의 잦은 위반 ② 절제의 부족 ③ 비정상적인 성적 패턴 ④ 욕구의 만족을 지연시킬 수 없음 ⑤ 피상적인 대인관계 ⑥ 남들에 대한 비난이나 원망 ⑦ 상습적이고 고치기 어려운 행동 ⑧ 거짓말 ⑨ 불경스러운 용어의 잦은 사용 ⑩ 관심 받고 싶은 욕구 ⑪ 부, 권력, 다른 사람에 대한 무시 ⑫ 지능과 의식발달의 부조화. 비행의 원인을 살펴보면, 개인과 관련되어 있는 환경적인 요인에 따른 비행이 있다. 비행자들은 어릴 때부터 바람직하지 못한 행동이나 태도를 받아들이는 환경에서 자랐다는 관점이다. 부모가 반사회적 행동을 자주 보임에 따라 그것을 학습하고 거기에 적응한 경우라고 할 수 있다. 두 번째의 경우는 반사회적 반동의 한 형태로 나타난 비행이다. 반사회적인 행동은 분노의 표현이거나 대인관계의 어려움의 표현이거나 무책임 혹은 충동의 표현으로 보는 것이 적합하다. 연구에 의하면, 비행의 발달적인 요인으로는, 신경계의 손상, 결손가정, 부모들 간의 갈등, 적절한 교육의 부재, 부모의 유기, 가정의 불안정, 과보호, 가난한 가정환경, 문화적 언어적 장애, 삶의 전망의 부재, 나쁜 친구와의 교제, 부족한 성지식, 매스컴의 영향, 정신적인 대화의 부재 등을 보고하고 있다. 치료적인 접근으로는 계속되는 불복종이나 난동 피우는 행동에 대한 즉각적인 관심을 표명하는 것이 중요하다. 교사와 부모, 그리고 전문가의 적극적인 노력이 초기에 가용하다면 매우 심각한 문제는 피할 수 있을 것이다. 비행치료의 가장 기초가 되는 것은 개인 내의 갈등에 직접 다가가는 접근이다. 제재나 벌은 오히려 적대감을 더욱 불러일으킬 수 있다. 그러나 대개의 노력이 성공적이기 어려운 것을 그들 스스로가 변화의 동기를 가지고 있지 못하기 때문이다. 가장 우선의 할 일은 그런 행동의 내적 동기를 이해하는 것이다. 그들 자신의 감정을 표현하고 이해할 수 있는 기회를 마련하는 것이 필요하다.

1714 비행성 예측자료표
소년범이 장래 재범을 할 것인가를 객관적 자료에 의하여 예측하는 측정법인데 동 예측법의 창시자는 글류크(Greuck) 박사 부처이다. 우리나라는 글류크박사 부처가 연구 발표한 예측법 중 사회적 예측법을 토대로 개개인의 실정을 참작하여 생계담당자, 가정결손, 의무교육, 장기결석, 교우관계, 가출경험, 재발비행 등 7개 인자를 중심으로 자료 표를 작성하여 활용하고 있다. 여기서 유의할 점은 글류크 박사 부처의 비행예측의 사회항목은 5개 인자인데 비하여 우리나라의 예측 자료 표는 7개 인자라는 것이다.

1715 비행 원인론(etiology of criminal behavior)
범죄 및 우범행위를 포함한 비행의 원인을 고려하는 범죄학의 일부이다. 맑스학파는 범죄를 자본주의사회에서는 필연적 소산이라는 사회경제적 요인을 중시하였으나 생태적 범죄이론을 주창한 롬브르소는 유전적·생물학적 요인을 강조하였다. 그러나 현대범죄학의 입장은 범죄행위를 환경과 개인의 상관함수로 보며 논자에 따라 생활학, 심리학, 사회학 등 강조점의 차이가 다르다.

1716 비행집단(delinquent gang)

소년갱(juvenile gang)이라고도 하며 청소년기에는 그들 각자가 품은 욕구불만, 특히 사회의 공식태도에 대한 불만감 내지 저항감에서 시작하여 이탈감을 느끼다가 비슷한 생각을 갖는 소년끼리 우연히 만나게 되는데 이때부터 그들은 그들 나름대로 새로운 세계를 형성하는 집단을 만든다. 이들 집단의 행동방향 결정은 그 지역의 특수조건, 즉 사회가 갖고 있는 가치관과 문화의 특성에 의해 영향을 받는다. 조직적인 움직임이 시작되면 그들 각자의 행동은 동료의 행동의 자극제가 되어 불량한 연쇄반응이 일어나게 되며, 그 소속원은 각기 타 소속원과 긴밀히 연결됨으로서 거기서 빠져나오지 못하고 태도 변경을 쉽게 할 수가 없게 된다. 비행집단은 소속집단에 충성하는 것을 가장 큰 덕으로 생각하여 비행행동에 대한 수치심이나 제어심은 완전히 사라지고 오히려 비행이 정당시되거나 영웅시되게 된다. 이것이 비행성을 더욱 가중시킬 것은 두말할 필요가 없고 계속되면 성인 범죄로 연결된다.

1717 비행하위문화(delinquent subculture)

A. K. 코헨의 비행소년-갱문화(1955)에서 제시된 개념으로 하나의 집단을 지배하는 하위문화 속에서 비행이 불가결한 요건으로 되어 있다는 것이다. 비행하위문화는 하류계층출신의 소년이 중류계층 문화에 대한 반동으로 비공리성, 파괴적 경향, 부정주의, 다변성, 극단적 쾌락주의, 집단자율성 등을 특징으로 하는 문화를 생성한 것으로 본다. 이 같은 비행하위문화는 코헨에 의하면 대도시 하류계층지역의 비행집단에 전형적인 것이며, 그는 비행을 개개 성원에 의해서 공통으로 지지된 사고, 신념, 가치관, 규범 등으로 규정한다. 이것은 비행을 비행소년의 특유한 심리적·정신적 특성의 귀결이라고 하는 입장과 현저히 대조를 이루는 것이 있다. 이 점에서 비행하위문화이론은 문화전파이론을 계승한 것이라고도 할 수 있다. 이 이론은 문화적 기회구조론이나 W. B밀러의 하류계층문화의 비행원인론 등의 전개 계기가 되었다.

1718 비형식적 교육(nonformal education)

교사나 교재를 정규적·공식적으로 하는 필요로 하지 않으면서 무의도적·자연발생적으로 이루어지는 교육활동, 가정교육이나 사회교육 등 각종 생활환경을 통해 인간의 행동변화에 영향을 미치게 되는 학교 이외의 모든 교육이라고 할 수 있다. 듀이(J. Dewey)에 의하면 사회생활·공동생활에 의하여 그 구성원인 인간이 서로 감화 영향을 주면서 어떠한 인간성에까지 도달하게 되는데 이러한 현상을 비형식적 교육으로 본다. 비형식적 교육은 인간·문화·자연의 모든 생활환경은 물론이요, 제반 생활의 요건이 인간을 형성하는 작용이라고 할 수 있으므로 오늘날의 교육은 학교 교육에만 의존하지 말고 정화를 통하여 바람직한 교육환경을 구성함으로써 비형식적 교육을 중시하는 경향이 강해지고 있다. → 형식교육·무형식교육

1719 비형식적 교육과정(informal curriculum)

형식적인 교육과정을 밟지 않은 교육과정이다. 여기에서 「형식적인 절차」란 교육 목표를 설정하여 상세화한 다음, 그 목표를 성취할 수 있는 학습 내용을 선택하고 조직하는 일련의 단계를 뜻한다. 그리고 이렇게 하여 구성된 바를 교실사태에서 전개하기 위한 여러 의도적이고 공식적인 절차를 뜻한다. 그러므로 「비형식적 교육과정」이란 위와 같은 절차를 밟지는 않았지만 실질적으로는 형식적인 교육 과정과 같거나 비슷한 기능을 발휘하는 교육 내용을 뜻한다.
→ 잠재적 교육과정

1720 비화폐적 요구

화폐적에 상대된 말로 금전급여로서는 해결할 수 없는 욕구를 말한다. 화폐적 욕구에 비해 개별적이고 다양하며 그 욕구도의 충족에는 물품·시설 혹은 인적서비스 등의 이상서비스가 필요하다. 구체적인 내용으로는 가사지원, 신변원조, 정서안정 등이다.

1721 빈곤(poverty)

빈곤은 일반적으로 기본수요의 부족현상으로 생활필수품의 결핍과 그것이 가져오는 육체적, 정신적 불안감을 포함하는 생활 상태이다. 종래에는 빈곤의 원인이 나태, 무지 등의 개인, 빈곤가정 책임이나 천재지변 등에 있다고 생각했으나 오늘날에는 자본주의의 진행과 함께 사회자체에 있다고 생각하게 되었다. 빈곤측정의 방법으로는 라운트리의 육체적 능률의 유지만을 내용으로 하는 절대적 빈곤에서 탈피해 노동자(the working poor)를 포함하여 가난하고 팽대한 상대적 빈곤의 존재를 문제 삼기에 이르렀다. 최근에 이르러 조금은 넓게 박탈된 상태, 다양화 속의 빈곤(deprivation)이라는 말이 쓰이고 있으나 그들은 사회참여가 불가능하고 고립적, 분산적이어서 자주적 조직이 없다.

1722 빈곤가정(poor family)

빈곤가정이란 경제적 빈곤현상 즉 실업 및 저소득, 노령, 불구 등으로 생계유지를 원만히 영위할 능력이 없는 가정을 말한다. 빈곤가정은 대개 저속한 문화 환경 속에 위치하게 됨으로써 그 자녀들의 불량문화에의 감염을 용이하게 한다. 그 밖에 과밀거주에 의한 갈등 내지 불안정성, 주부의 과중한 노동으로 가족원에 대한 원만한 애정 기능이 결여되어 가정결손의 위험까지 발생할 우려가 있는데 이러한 것을 빈곤 가정 내의 수반현상이라 한다.

1723 빈곤선(poverty line)
일반적으로는 소득의 저하와 빈곤에 의해서 노력의 재생산인 생활의 과정과 구조에 나타나는 상태를 하나의 수준(선)으로 표시한 것이다. 라운트리는 영국 요크시에서 수차에 걸쳐 빈곤조사를 하며 특정 가정의 총수입이 육체적 능률을 유지하는데 필요한 최소한도에도 못 미치는 생활 상태를 빈곤선이라 생각했으며 제1차 빈곤, 제2차 빈곤으로 구별했다. 공적부조의 부조기준의 설정과 깊은 관련이 있다.

1724 빈곤예방(prevention of poverty)
빈곤에 빠지는 것을 사전에 예방하는 것 또는 그 같은 생각을 의미하며 사후적인 의미를 갖는 구빈에 대비되는 용어이다. 그러나 구빈은 빈곤자에게 금품을 급여해서 그 생활을 구제수준까지 끌어올리기 때문에 구제가 계속되는 한 구제수준 이하로 저하되는 것을 방지하나 빈곤자 원조 면에서는 빈곤예방과 그 방법을 달리한다. 빈곤예방은 근면, 저축, 질병, 예방, 상호부조 또는 피구제자의 빈곤원인에 대응하는 사회적 시책을 강구하는 방법을 취하고 있다. 현대사회에서는 공적책임 하에 국민의 권리로서 생활보장의 체제가 점차 정비되어가는 실정에 있고 빈곤예방시책은 사회보장제도 특히 사회보험에 가치를 부여하고 있다.

1725 빈곤위험계층
소득 인정액이 최저생계비의 100~120%에 해당하는 저소득계층 2003년 기준 86만 명으로 전체인구의 1.8%를 차지한다.

1726 빈곤의 악순환
후진국은 소득이 적어 저축과 구매력이 낮고, 이는 또한 저투자의 현상을 가져오며 이에 따라 생산력은 저하되어 또다시 소득의 감소를 가져오는 악순환이 계속 반복되는 것을 말한다. 즉 빈곤의 악순환은 대체로 공급 면에서 저소득→저저축→저자본→저투자→저생산력→저소득의 과정으로 순환되고, 수요 면에서는 저소득→저구매력→저투자유인→저생산력→저소득의 과정으로 순환된다. 빈곤의 악순환(vicious circle of poverty)이란 용어는 미국의 국제경제학자 넉시(R. Nurkse)가 처음 사용한데서 비롯되었다.

1727 빈곤의 악순환설(vicious circle of poverty)
저개발국의 실질소득이 낮은 수준에서 악순환되는 관계를 넉시(Nurkse, R.)가 그의 저서 저개발국의 자본형성문제(Problems of Capital Formation in Underdeveloped Countries : 1953)에서 체계화한 이론이다. 저개발국은 자본축적수준이 낮아, 저생산성과 저소득 그에 따른 낮은 저축수준으로 자본부족이 악순환 된다. 한편, 저소득은 낮은 구매력과 함께 시장의 협소를 초래하고 기업의 투자 유인을 감소시켜 결과적으로 다시 저소득의 악순환이 된다. 이 과정에서 저임금, 실업, 인구증가, 질병, 생활필수품 등이 결핍하여 빈곤 상태를 순환시킨다는 것이다.

1728 빈곤의 유형(type of poverty)
빈곤은 사회구조에 기인한다고 보는 시각에서부터 문화적인 것에 기인한다고 보는 입장에 이르기까지 여러 가지 관점에서 파악되어 왔다. 그 유형을 보면 다음과 같다. 사회 구조형 빈곤은 사회구조상 반드시 존재하며 무능력자인 빈자는 사회발전상 자연 도태된다는 것으로 스펜서(Spencer, H) 등 다원학파의 주장이다. 내부 결함형 빈곤자신의 내부결함인 신체적·정신적 불구로 영구히 실업자가 되어야 하고, 미숙련자는 그만큼 사회에 뒤떨어지기 마련이라는 시각이다. 문화형 빈곤오스카 류이스(Lewis, Oscar)의 빈곤문화설에서처럼 문화양식을 형성하는데 뒤떨어짐으로 나타나는 빈곤을 말한다. 생활주기형 빈곤유아동기, 청년기, 중장년기, 노년기 등 개인의 생활주기 혹은 일생주기에 따라 생활유지가 어렵거나 불가능하게 되어 생명주기적 빈곤이 나타나 복지사회의 결함으로 나타난다는 파악이다. 불균형 분배형 상대적 빈곤자본주의적 소유관계와 생산관계에서 불균형적 분배가 원인이 되어 상대적 빈곤을 야기한다는 입장이다. 현대빈곤은 그 형성과정이 문화적인 면으로부터 더욱 영향받고 있다. 수입, 보건, 교육, 주택은 물론 노동참가, 사회활동 등의 소외감이나 차별감으로 나타나는 사회적 빈곤은 사회부조형태의 공동참여, 의식고양이나 정치적인 국민의사반영 등의 모든 방법과 수단을 동원하여 근절해야 할 것이다.

1729 빈곤층(the poor strata)
포괄적인 사회보장제도가 존재하는 속에서의 빈곤은 단순히 저소득자, 노동력을 잃었거나 혹은 없는 자만이 아니고, 현재 일을 하는 데도 빈곤 속에 있는 광범한 취업계층(working poor)까지를 포함하는 넓고 깊은 것이다. 그들은 집합해서 하나의 계층을 형성하며 고정화된다는 장기성, 고정성을 가지고 있다. 하나의 중핵인 사회계층의 생활개선을 통해 모든 사회의 생활안정을 확보하는 것이 의도되고 있다.

1730 빈민(the Poor)
일반적으로 빈곤생활에 허덕이는 사람들을 총칭한 것이지만 제1차 대전 후부터 빈곤자라는 명칭이 사용되었다. 건전한 노동의욕을 상실하고 정신적으로도 황폐해져 타인의 구호를 바라고 생활하는 궁민과는 구별된다. 따라서 빈민은 자활할 수 있는 경미한 사고나 우연한 경우를 당해 생활 곤란에 이르렀거나 개인이 속한 사회적 관계에서 육체적 및 정신적 유지발달에 필요한 제반조건과 인정되어진 물질을 얻지 못하는 자이다.

1731 빈민가(slum)
빈민들이 모여 사는 지역을 말한다. 이 지역의 특성으로는 인구구성의 이질성, 어두운 골목과 방임, 이민 집단의 불쾌한 요소, 빈곤 및 결손가정, 성공 못한 비숙련노동자들, 떠돌이와 범죄자들, 마약중독자와 주정뱅이들, 이동성과 익명성, 과밀거주와 지역적 통제력 상실, 건설적 영향물의 결여 등을 꼽을 수 있다. 이 지역에서는 공통으로 경험하는 실패감으로 인해 사해동포주의(cosmopolitanism)가 성행하기도 하나 다른 사람의 업적을 인정하는 고차원적인 그것과는 구별된다. 빈민하위문화가 있으며, 범죄가 배양되기 쉬운 지역이다.

1732 빈민감독관(overseers of the poor)

1601년 집대성된 엘리자베스 구빈법에서 종래의 빈민감독관이 통일되었다. 매년 부활제 주에 치안판사는 농지주인, 상점주, 제조업자 등 유력세대주 중에서 교구별로 2~4명을 임명했으며 이들은 무급이지만 과세권을 갖는다. 행정관으로서 미숙해 임기 1년을 다하지 못하고 단기교체가 많았다. 얼마 뒤 유급의 보조자를 고용하게 되었다. 1834년의 개정구빈법의 행정조직에서는 치안판사, 감독관의 권한은 실질상으로 빈민구제위원회(boards of guardians)에 넘어갔다.

1733 빈민구제위원(poor law guardians)

1834년의 개정구빈법에서는 각지의 교구연합에 빈민구제위원회(boards of guardians)가 생겼다. 치안판사와 납세자, 건물소유주 중에서 선거로 뽑혀 노역장의 건설관리, 구제신청의 인가 등을 행했다. 이에 따라 종말의 치안판사, 감독관의 권한은 유명무실하게 되었다. 1894년 지방자치법은 노동자나 여자의 당선을 가능하게 하여 구빈법의 민주화를 추진했다. 위원은 수급자의 입장에서 구빈재정의 증액을 요구한 예가 많았으며 투옥까지 된 1921년의 포푸러지구의 반란은 유명하다.

1734 빈민보호위원(poor law guardians)

개정구민법에 따라 종래 행정단위의 교구로부터 교구연합(parish union)으로 확대됨에 따라 치안판사에 대신하여 구빈행정의 책임을 맡았다. 교구연합은 치안판사로 임명된 자로 구성되었다.

1735 빈부격차시정위원회

'빈부격차 완화와 차별시정'을 위한 노력의 일환으로 1999년 7월 처음에는 '삶의 질 향상기획단'으로 조직된 대통령 직속기관으로 빈부격차를 완화하기 위한 정책개발, 사회적 차별을 시정하기 위한 정책개발, 주거복지 향상을 위한 정책을 개발하고, 추진하며 그 진행과정을 점검하는 위원회이다.

1736 빈도(frequency)

한 주어진 속성에 대한 측정결과인 측정치 또는 점수에서 어떤 동일한 점수에 대한 사례를 말한다. 주어진 집단에 대한 빈도분포는 주어진 속성에 대한 그 집단의 특성을 나타낸다. 빈도자료는 흔히 일정한 점수급간으로 묶어서 제시하는데 이러한 이유는, 첫째로 점수범위가 상당히 클 때는 자료를 일정한 급간(級間)으로 묶어서 제시하는 것이 분포의 여러 특징을 파악하는데 도움이 된다. 둘째 일정한 급간으로 묶음으로써 간편계산법을 적용할 수 있다. 셋째로 점수를 일정한 급간으로 묶어 제시함으로써 우연한 불규칙성을 제거해주기 때문에 전집분포와 보다 유사한 분포의 특징을 나타내 준다. 넷째로 자료를 묶음으로써 어떤 도표로서 제시하는데 보다 타당한 자료가 된다. 그러나 단점으로는 점수를 일정한 급간 내에 속하는 한 모든 사례는 동일하게 취급되므로 각 사례가 갖고 있는 원점 수에 관한 특수한 정보를 잃어버리게 된다.

1737 빈터(Vinter, Robert D.)

미국의 집단사회사업학자이며 미시간학파의 대표자인 그는 1954년부터 현재까지 미시간 대학 교수로 있다. 그의 집단사회 사업론은 일반적으로 치료모델이라 불리며, 그는 "집단사회사업을 대면적 소집단 안에서 또는 그 집단을 통해서 클라이언트가 바람직한 변화를 나타내도록 원조하는 하나의 방법이다."라고 정의하였다. 동료와 공저인 Individual Change Through Small Group은 미시간학파의 집단사회사업론을 집대성한 것이다.

[ㅅ]

1738 사경제/공경제

사경제란 개인 또는 사법적 단체의 경제를 말하며, 가정 경제 및 기업 경제가 이에 속한다. 공경제란 국가 또는 공공단체의 경제를 말하며 재정이 곧 이에 해당한다. 사경제와 공경제가 혼합되어 있는 경우를 혼합경제라고 한다.

1739 사기(morale)

개인이 소속하는 집단의 공통목표를 실현하기 위해 적극적으로 노력하려고 하는 태도로서, 조직이나 집단의 분위기, 특히 집단적 목표를 달성하는데 대한 의욕의 전체적인 고저로 나타난다. 즉 근로의욕, 전후의욕 등의 집단 활동성의 정도, 도덕정신의 강도를 나타내는 용어이다. 사기가 높은 집단은 대개 자기가 집단일원이라는 자각이 강한 성원으로 이루어져 있고, 성원의 목표의욕이 공통이며 좋은 지도자가 있는 경우가 많다. 또 조직내부에 분열이 없고 사람들 사이에 반목이 없는 것이 조건이 된다. 산업사회학에서 객관적 직장조건과 산업성을 매개로 하는 것으로서 중요시되어 왔다. 사기를 구성하는 것은 일에의 몰입정도, 일하는 의미의 자상 정도, 집단귀속의식의 높이 등을 들 수 있다.

1740 사내근로자 복지기금제도

스리랑카, 인도, 파키스탄과 중동지역제국에서는 기업순이익의 10%를 근로자복지를 위한 중앙사회서비스기금으로 적립하고 있는데 우리나라에서는 1982년에 노동부가 마련한 근로자의 향상을 위한 사내근로복지기금이다. 설치운영준칙을 만들어 행정지도로 기업복지기금을 설치 운용토록 하고 있으며 동 제도의 개요는 다음과 같다. 기금의 설치대상은 노사협의회의 설치 사업체로 하되 노사 간의 자율적 협의에 따라 그 설치여부를 결정한다. 기금의 출연은 당기 순이익의 100분의 5 내외에서 노사협의에 따라 정한다. 기금은 그 사업체의 영업재산으로부터 독립하여 운영되어야 하며, 사업운영자금으로 전용 또는 담보로 제공될 수 없다. 기금은 근로자의 주택마련 자사주식구입자금 등 재산형성 지원금 또는 장학, 공제 등 생활부조적 지원자금으로 사용한다. 기금의 운영은 노사협의회를 최고 의사결정기관으로 하여 노사대표자 명의로 사무 집행에 임하도록 한다. 그 밖에 기금의 운영, 관리 기타 법상의 지위에 대해서는 단체(재단)에 관한 법리에 준하도록 한다. 정부는 이 기금설치를 촉진하기 위하여 기업의 기금출연분에 대해서는 세법상 지정기부금으로 규정하여 손금인정하고 근로자의 수혜자금에 대해서도 증여세 등 면제의 혜택을 주도록 하고 있다.

1741 사내기업가제도

창의적인 아이디어를 갖고 창업을 원하는 사원들에게 사원 신분을 유지시키며 창업자금을 지원하는 제도이다.

1742 사닥다리이론(the extension ladder theory)

영국의 웹부부에 의해 제창된 이론이다. 행정에 의한 최저생활기준의 확립 외에 사닥다리를 밀어내듯이 행정에서 할 수 없는 독창적 고안이나 종교적·도덕적 감화 같은 기능적 독자성을 민간 활동이 맡아 그로 인해 행정의 일도 한층 충실해진다는 공리사회복지사업의 관계를 주장했다. 그레이(Grey) 평행봉이론(parallel bars theory)과 함께 공리사회서비스의 관계를 논한 이론으로서 유명하다.

1743 사단법인(composite juridical person)

자선사업이나 영리사업 등의 일정한 목적을 갖고 복수의 사람들이 모여 설립한 단체를 사단법인이라고 한다. 이에 대해 하나의 재산(그 재산은 여러 사람들로부터 기증되는 경우도 있고 한 사람이 기증하는 경우도 있다)을 운영할 것을 목적으로 한 단체를 재단법인이라 한다. 사단법인은 사원총회라는 의결기관 및 집행기관인 이사와 감사기관(감사)에 의해 운영된다. 한편 재단법인은 사원이 없으므로 사원총회가 없고 이사가 그 기관을 운영한다.

1744 사랑의 전화

전 세계 41개국 461센터와의 상담 네트워크를 형성하여 살아가면서 부딪히는 어려운 문제와 24시간 긴박하게 접수되는 위기상담을 통해 사회문제를 예방하고 접수되는 다각적인 사회문제를 보다 구체적이고 전문적으로 해결하기 위해 종합사회복지관을 운영하고 있으며 국내 최초 사회문제의 현장으로 직접 찾아가는 이동복지관을 운영, 적극적이고 해결중심적인 프로그램을 운영하는 1981년에 개설된 전문 사회복지기관이다.

1745 사례관리(case management) 01

장애인복지, 지역사회 정신보건, 노인복지, 의료·보건사업, 발달장애 등과 같은 인간을 대상으로 하는 서비스에 두루 쓰이는 실천양식으로 지역사회 세팅 내에서 만성 장애인이나 중증 장애 클라이언트에게 차츰 확대되고, 지속적인 보호를 제공하는 수단으로 여겨지고 있다. 사례관리기법의 실용적 정의는 광범위하고 포괄적이며 유동적이라고 할 수 있다. 사례관리의 본질적인 목적은 문제해결에 있다. 문제해결이란 지속적인 서비스를 제공하고 서비스체계의 경직성, 분산된 서비스, 서비스나 시설접근의 어려움 등을 극복함으로써 이루어지는 것을 말한다. 사례관리기법은 서비스체계 차원과 동시에 클라이언트 차원에서 생각할 수 있다. 즉 정부나 사회복지기관과 같은 서비스체계 차원에서의 사례관리기법은 체계 내의 클라이언트에 대한 서비스를 조장하는 전략으로 이해할 수 있고 클라이언트 차원에서의 사례관리는 클라이언트에 대한 특정한 서비스의 필요성과 그 필요한 서비스를 제공받을 수 있도록 하는 클라이언트 중심의 목적 지향적인 과정으로 정의되고 있다. 클라이언트나 클라이언트의 그룹을 위한 모든 원조 활동들이 조화를 이루도록 조정하는 절차들이다. 그 절차들은 그 기관 또는 다른 기관 내의 많은 사회사업가들이 전문적 팀워크를 통해 그들의 서비스가 서로 조화롭게 제공되도록 하고 그럼으로써 요구되는 서비스 폭도 넓히게 된다. 사례 관리는 여러 분야의 다른 전문가, 기간, 건강 관리소 및 휴먼 서비스 프로그램의 서비스로 필요로 하는 클라이언드를 일아내는 것도 포함할 수 있다. 또한 케이스 발견과 다양한 측면에서의 문제 사정과 빈번한 제 문제 사정도 여기에 포함된다. 사례 관리는 규모가 큰 기관이나 기관들 간에 서비스를 조정·연결하는 지역사회 프로그램에서 발생할 수 있다. 한편 사례 관리는 제공자들 간의 부적절한 것의 조정, 스텝의 교체, 스텝의 이동 및 서비스 분열로부터 발생하는 문제들을 최소한 줄이도록 하는 중요한 방법으로 여겨지고 있다.

1746 사례관리 02

사례관리는 복합적 원인으로 요보호상태에 있는 클라이언트에게 유효하고 다양한 지역사회자원을 연결시켜 관리하는 원조대책이다. 영미에서 발달한 새로운 보호방식으로서 정신장애인, 누워만 있는 노인, 치매성노인 등이 가지고 있는 여러 가지의 욕구를 조기에 적절하게 대응하는 지역보호체계이다. 사생아, 복지, 의료, 보건간의 독립된 체계를 없애고 되도록이면 재가봉사를 계속하는 것이다. 사례를 발견할 수 있는 체계를 확립하고 클라이언트의 자격여부와 욕구를 종합적인 접근으로 대처한다. 케이스계획(case plan)은 복지와 의료 그리고 보건문제를 종합적으로 해결하도록 고려하여 세운다. 그 실행하는 지역 내의 사회자원 모두가 관련되며 사례관리자는 케이스의 원조과정을 통해 자원을 연결시키는 역할을 한다. 이와 같은 일을 하는 사람은 복지계와 간호계의 교육을 받은 사람이며 각각 졸업 후의 전문교육이 필요하다. 팀웍과 자원연결이 관리의 특색이다.

1747 사례기록(case record)

케이스워크에서 클라이언트의 문제해결을 원조하기 위한 실천 활동의 과정을 기재한 기록이다. 기관의 관리향상 뿐만 아니라 전문직으로서의 실천 활동의 향상이나 케이스워커의 성장을 도모하는 면에서도 중요한 요건으로 생각된다. 케이스기록은 일반적으로, 페이스 시트(face sheet), 조사표, 경과기록, 기타서류 등으로 구성되며 케이스 파일에 기록하여 보관되고 있다. 그 중에서도 가장 중요하며 노력이 많이 드는 것은 경과기록이다. 사례기록은 클라이언트의 문제 해결을 원조하는데 중요한 도움을 준다는 점에서 부단히 검토하고 개선해가는 것이 필요하다. 또 기록으로 남기 때문에 클라이언트의 비밀을 지키는데 세심한 주의를 필요로 한다.

1748 사례사(case history)

클라이언트의 출생 시부터 현재까지의 생활사로서 진단주의 케이스워크의 진단과정에서 특히 중시한다. 라이프 히스토리 또는 생활사로 표현되며, 보호력, 학적조회 등 객관적 자료도 참고하지만 클라이언트의 자발적인 참가에 의해 사실적수집이 불가피하다. 기능주의 케이스워커나 위기이론에 의한 단기치료에서는 클라이언트의 과거는 중시하지 않는다.

1749 사례연구(case study) 01

심리학이나 사회학 등과 같은 사회과학에서 진행하는 연구는 흔히 다수의 피험자 또는 참여자들로 구성된 표본을 대상으로 하는 경우가 많지만, 경우에 따라서는 한 개인 또는 하나의 사례만을 대상으로 심도 있는 연구를 진행하기도 하는데, 이러한 경우를 지칭하여 사례연구라 한다.

1750 사례연구 02

일반적으로 양적 데이터에 근거한 통계적 조사, 연구에 대해 소수사례를 세밀히 조사함으로서 사례의 배경에 있는 법칙성을 찾아내는 사회조사의 방법을 말한다. 이 경우에 연구대상이 되는 것은 개인, 집단, 지역, 조직, 사업 등이다. 자료는 직접관찰에 근거한 기록, 일기, 면접, 기타의 기록 등이다. 자료수집방법과 내용 그리고 분석의 틀을 사전에 정해주는 방법과 정하지 않는 방법 등 여러 가지 수준의 연구방법이 있다. 한편 카운슬링, 케이스워크 등에서 대상자와 문제의 성질과 원조과정을 검토해 문제점을 명확히 찾아내고 원조방법의 자세를 발견하는 방법도 사례연구에 속한다. 어떤 경우에도 사례연구는 어떠한 사상, 상태에 관한 여러 가지 요인의 전체 관련성을 명확히 하고 시간적 경과, 작용에 의한 변화를 조사하는 방법으로서는 훌륭한 것이다. 수집된 자료를 주관적으로 분석하기 쉽다는 약점도 있다. 또한 여러 가지 직종의 훈련방법으로 사례검토가 사용되는 경우도 사례연구이다.

1751 사례연구법(case-study method)

아동 및 학생의 문제 행동의 특성과 원인을 찾아내어 거기에 대한 교육적 대책 또는 치료적 대책을 강구하기 위한 연구방법의 하나로 특정 아동이나 학생의 문제 행동의 소재를 밝혀내기 위해 출생에서부터 현재까지의 생활사를 기초로 해서 여러 가지 수단으로 총합적으로 또 조직적으로 자료를 수집하고 연구하는 방법이다. 또 이 방법은 특정 아동과 학생의 행동뿐 아니라 문제행동 일반에 관한 보편적 이론을 얻어내려는 목적도 가지고 있다. 개인의 생활사를 수집하는 방법이나 내용이 반드시 일정한 것은 아니다. 대체로 드러난 문제행동과 관련지어서 가계·가족관계·친구관계·물리적 환경·신체·기능·학업·성격 등의 여러 가지 사항에 대해 상세하게 조사하게 된다. 이 조사를 위해서는 전문조사원·심리학자·의학자·교사 등이 이들 항목에 대해 관찰·테스트·측정·면접 등을 실시하거나 일기나 자서전 등을 분석하며 이밖에도 도움이 된다고 생각하는 여러 가지 자료를 활용한다. 이들 자료를 총합적으로 분석하고 해석해서 문제행동 발생의 매커니즘(mechanism)과 이에 대응하는 처치 방법을 연구하게 된다. 이 방법은 학교뿐 아니라 각종 시설에 설치된 교육 및 심리 상담에서 널리 활용되고 있다. → 임상법

1752 사례회의(case conference)
본래의 뜻은 슈퍼비젼에서 사례기록을 토대로 슈퍼바이져에 의한 사회사업가의 개별적인 지도를 의미한다. 처우과정에서 케이스는 담당사회 사업가만이 알고 있고, 또 해결해야 하는 것은 현실의 근무체제에서 반드시 올바른 일은 아니기 때문에 슈퍼바이져의 지도감독 하에 대처하고 직원의 집단 교육 및 훈련을 강화하기 위해서 사례연구의 의의가 크다.

1753 사립학교교직원연금운영위원회
(The Steering Committee of Korea Teachers' Pension)
사학연금제도에 관한 사항, 연금재정에 관한 사항, 기금운용계획 및 결산에 관한 사항과 기금에 의한 교직원 후생복지사업에 관한 사항 등을 심의하기 위하여 공단에 설치된 운영위원회. 이 위원회에는 교직원 대표와 학교법인 경영자 대표, 정부 대표와 전문가 그리고 시민운동 대표자가 포함되어 있다.

1754 사립학교법(The Law on Private School)
1963년 제정된 뒤 2005년 법률 제7354호까지 36차례 개정되었다. 학교법인이 아닌 자는 사립학교를 설립할 수 없다. 단 초·중등교육법에 따라 산업체가 고용한 근로청소년의 교육을 위해 중학교 또는 고등학교를 설치·경영하는 경우는 예외로 한다. 사립대학교육기관 이외의 사립학교와 이를 설치·경영하는 학교법인 또는 사립학교 경영자는 그 주소지를 관할하는 특별시·광역시·도 교육감의 지도·감독을 받는다. 사립대학교육기관과 이를 설치·경영하는 학교법인은 교육인적자원부 장관의 지도·감독을 받는다. 학교법인은 설치·경영하는 사립학교에 필요한 시설·설비와 해당 학교의 경영에 필요한 재산을 갖추어야 한다. 학교법인은 사립학교의 경영에 충당하기 위해 수익사업을 할 수 있고, 그 회계는 해당 사립학교의 경영에 관한 회계와 구분해 별도회계로 해야 한다. 학교법인을 설립하고자 하는 자는 일정한 재산을 출연하고, 일정한 정관을 작성해 교육인적자원부 장관의 허가를 받아야 한다. 학교법인이 그 기본재산을 매도·증여·교환 또는 용도 변경하거나 담보에 제공하고자 할 때 또는 의무의 부담이나 권리의 포기를 하고자 할 때에는 관할청의 허가를 받아야 한다. 수업료와 그밖의 납부금을 받을 권리와 별도 계좌로 관리되는 수입에 대한 예금채권은 압류하지 못한다. 학교법인의 회계는 학교에 속하는 회계와 법인에 속하는 회계로 구분한다. 학교법인의 회계연도는 설치·경영하는 사립학교의 학년도에 따른다. 학교법인은 예산과 결산을 관할청에 제출해야 한다. 사립학교 교원의 자격은 국·공립학교 교원의 자격 규정에 따른다. 각급 학교장과 교원은 해당 학교를 설치·경영하는 학교법인 또는 사립학교 경영자가 임면한다. 임면권자는 해당 교원의 임용기간이 만료되기 4개월 전까지 만료 사실과 재임용 심의를 신청할 수 있음을 문서로 통지해야 한다. 통지를 받은 교원은 15일 안에 재임용 심의를 임면권자에게 신청해야 한다. 임면권자는 교원인사위원회의 재임용 심의를 거쳐 해당 교원의 재임용 여부를 결정하고, 그 사실을 임용 만료 2개월 전까지 통지해야 한다. 재임용을 하지 않기로 결정한 때에는 거부 사유를 명시해 통지해야 한다. 재임용 거부 처분에 불복하는 경우에는 그 처분을 안 날로부터 30일 안에 교원소청심사위원회에 심사를 청구할 수 있다. 이밖에 이사회와 이사 및 임원, 해산과 합병, 지원과 감독, 교원인사위원회, 기간제 교원, 신분보장 및 사회보장, 징계와 벌칙 등에 관한 규정이 있다. 6장으로 나누어진 전문 74조로 이루어져 있으며, 시행령이 있다. 또한 사립학교라 함은 학교법인 또는 공공단체 이외의 법인 기타 사인이 설치하는 초중등교육법 및 고등교육법 제2조에 규정된 학교를 말한다.

1755 사망률(death rate)
사망의 발생수를 비율로 나타낸 것이 사망률이며, 보통 특정기간(보통 1년)의 사망자수를 총인구로 나눈 것이다. 이는 작성이 쉽고 이해도가 높기 때문에 가장 많이 사용한다.

1756 사망일시금
국민연금의 독자적 급여의 하나로 피용자연금이 아니다. 국민연금 발족당시에는 사망일시금제도는 없었으나 국민연금개선의 국민운동을 배경으로 형성된 것이다. 보험료를 3년 이상 납부한 자가 연금을 받지 않고 사망한 경우에 유족에게 지급되어지는 일시금이다.

1757 사망조위금(Condolence Benefit)
사학연금의 경우, 교직원이 사망하거나 교직원의 배우자 또는 직계존속이 사망한 때에 지급하는 급여(급여의 사유가 발생한 날로부터 1년 이내에 신청).
※ 사망조위금액 = 교직원 본인이 사망한 경우 보수월액의 3배, 기타의 경우 보수월액의 1배

1758 사무관리(office management)
한 조직의 목적을 수행하는 과정에서 수반되는 제반 기록과 장부의 작성·보관, 공문서와 제 보고의 처리, 회계 및 경리 등을 처리하는 행위를 말한다. 이제까지는 주로 서면으로 업무를 집행하거나 처리하여 왔으나 이러한 사무관리는 각종 조직규모의 확대에 의한 사무량의 증대, 사무의 복잡화와 그 능률적 처리의 요청에 따라, 과학적이며 합리적인 방법과 절

차 및 도구를 사용할 필요가 증대되었다. 이에 따라 사무관리는 점차 기계화되어 왔으며 전자계산기의 발전과 더불어 더욱 큰 변혁을 가져왔다. 즉 모든 사무관리는 전산화되서 필요한 조직계층의 요청에 맞게 정보화되어 가고 있다.

1759 사무분장(job description)

한 개인이 가장 능률적이면서도 성공적으로 특정한 일을 수행할 수 있도록 기술된 직무의 주요 성격과 내용을 말하며, 여기에 기술된 내용은 주로 ① 직무 명, ② 해당직무의 포괄적 기술, ③ 직무수행에 필요한 도구, ④ 기계 및 특수 장치, ⑤ 협동관계에 있는 직무, ⑥ 필요한 훈련, ⑦ 작업조건, ⑧ 노동시간, ⑨ 급여액과 종류 등이 된다. 또 해당 직무에 종사할 개인의 인적 배경·교육경력·훈련경력·개성·특수기술 등을 기재하기도 한다. 관리직무의 경우 통제의 범위, 의무와 제한 등을 보태어 기재하기도 한다.

1760 사실(fact) 01

시간적-공간적 개체성을 가지고 존재하는 혹은 발생하는 사상으로 현대의 실증주의적 사고에서는 경험적 인식의 대상이 되는 것으로 필연적이 아니라 우연적인 것이라고 생각한다.

1761 사실([독] Tatsach/Faktum) 02

시간상·공간상 실재하는 것으로서 인식되는 존재 또는 사건, 그것은 ① 실제적인 것으로서 환상, 허구, 가능성과 대립하고, ② 개체적·경험적인 것으로서 논리적 필연성을 갖지 않고, 따라서 그 반대의 가능성을 배제하지 않으며, ③ 이미 거기에 주어져 있는 것으로서 당위적인 것과 대립한다. 직접명명하지 않은 사실을 확인하기 위해서는 엄밀한 논리적 절차를 필요로 한다.

1762 사생아(illegitimated child)

여자가 정당한 혼인관계 없이 낳은 비적출자를 그 모에 대하여 일컫는 명칭으로서 일반적으로 자기 아버지를 전혀 모르는 아이를 가리킨다. 한편 자기 아버지를 아는 아이는 서자라 하여 구별하고 있다. 법률적으로 사생아와 그 아버지의 관계는 아버지가 자진하여 인지하지 않는 한 친자관계가 성립되지 않으나 사생아는 자기 아버지에 대해 인지를 청구할 권리를 갖고 있고, 일단 인지가 되면 아버지의 서자로서 부양청구권을 가질 뿐만 아니라 상속에서는 상당한 대우를 받는다. 또 어머니와의 관계는 인지를 기다릴 필요가 없이 모자관계가 성립되나 어머니의 집에 들어가려면 호주의 동의를 받아야 하며 어머니에 대해 부양청구권을 가지는 것도 물론이다.

1763 사생활(privacy)

세계인권선언의 제12조는 개인도 자신의 개인적인 일, 가족, 주거 또는 통신에 대해 타인으로부터 간섭받거나 명예와 신용에 대해 공격받을 일은 없다. 사람은 누구나 간섭 또는 공격에 대해 법의 보호를 받을 권리를 갖는다. 라고 규정하고 있다. 이 조문 중의 개인적인 일이 바로 프라이버시이다. 이는 일반적으로 개인적 생활 또는 비밀이라는 의미를 갖는다. 그러나 법적으로 프라이버시권은 자기 혼자 있을 수 있는 권리(간섭제지권)와 자기에 관한 정보의 흐름을 통제하는 권리(자기정보지배권)가 포함된다. 사회복지정책은 프라이버시와 깊은 관련을 갖고 있다. 예를 들어 각종의 행정적인 조치를 수속하는 과정에서 프라이버시에 관여하는 일이 많다. 특히 수용시설에 수용된 클라이언트는 개인적 생활의 장소이기 때문에 프라이버시의 보호는 중요한 의미를 갖는다. 사회복지사나 보육사는 프라이버시가 기본적 인권이라는 것을 이해하고 침해하지 않도록 적절한 처우를 전개해야할 것이다.

1764 사이몬드(Symonds P. M.)

미국의 교육심리학자이며 주제통각검사법(TAT)의 세계적 권위자이다. 하와이대학 교육학과 심리학 교수를 거쳐 콜롬비아대학 교육학 교수, 명예교수가 되었다. 미국심리학회에서 교육심리학의 책임자이기도 했다. 그는 교육심리학에서 정신분석이론의 도입을 꾀하고 청년기나 부모의 양육태도를 연구해 왔다. 청년기의 공상이란 저서가 있다. 또 육아태도와 성격의 관련에 대한 연구에서는 부모의 육아태도를 지배 복종, 확보, 거부의 2차원 좌표축에 표시하여 유형화를 시도하였다.

1765 사이코드라마(psycho drama)

→ 심리극

1766 사이코 세라피(psycho therapy)

→ 심리치료

1767 사이키아트릭 그룹워크

→ 정신의료그룹워크

1768 사이키아트릭 케이스워커(psychiatric caseworker)

→ 정신의료사회사업가

1769 사이키아트릭 케이스워크

→ 정신의료케이스워크

1770 사적부조(private assistance)

공적부조에 대비되는 개념으로 사적인 개인 상호간에 이루어지는 생활의 원조로서 민법적 부양을 주로 하는데 법률상 부양의무관계가 없으면서도 친척, 기타 개인적인 관계로 임의로 행해지는 생활상의 원조를 말한다. ↔ 공적부조

1771 사전검사(pretest)

실험연구에 있어서 실험변인을 적용시키기 전에 실시하는

검사이다. 단일집단설계(single group design)에 있어서는 사후검사의 비교를 위한 준거검사(criterion test)적 성격을 지니고 있으며, 통제군 간의 질적인 차이를 알아보기 위하여 실시한다. 사전검사에 의하여 양 집단 간의 피험자의 질적 차이가 있으면 공변량분석(analysis of covariance)과 같은 통계적 방법을 써서 실험효과의 검증을 해야 하며 양 집단이 통계적으로 의미 없는 차가 나타나면 사후검사(post test)의 차만으로 실험의 효과를 검증한다. → 사후검사

1772 사전이전소득
부양의무자 또는 후원자 등으로부터 정기적으로 지원받는 금품을 말한다.

1773 사전조사(pre-test)
본 조사의 실시를 위하여 본 조사와 똑같은 조건 하에서 소규모에 걸쳐 구체적인 실제자료를 수집하는 조사이다. 가능한 사전조사를 철저히 할수록 타당성을 갖게 되어 잘못된 점을 시정할 수 있다. 그리고 사전조사를 함으로서 그 자료에 의한 표본설계(sampling design) 여부를 검토하고 조사도구(research tool)의 사용가능성 여부를 검토하며 잠정적인 research design을 이 과정에서 확정하여 본 조사의 계획으로 사용하게 된다. → 이전조사

1774 사정(assessment)
1970년대 이후 사회사업실천에서 의료모델에 대한 비판이 강해지면서 이때까지 사용하고 있던 진단이라는 용어 대신에 일반적으로 사정이라는 용어를 사용하고 있는데 이는 클라이언트가 직면하고 있는 문제와 상황을 확인하고 이해하기 위한 자료를 수집하여 분석함과 동시에 문제해결을 위한 계획을 확정해가는 과정을 말한다.

1775 사창
사창은 의창과 동일한 목적으로 중국에서 시작된 것이다. 즉 의창이 창설된 후 540년을 경과하여 수나라 문제 때 장손평의 창안으로 시작된 것이 송나라 석학인 주자에 의하여 완비되었다. 사회개발유교의 영향을 받아 조선시대에 사창제가 처음으로 소개되었다. 당시 의창, 환곡을 지방관이 직접 관리하였으므로 그 출납이 번잡함과 관리의 횡포 및 기타 폐단 등이 허다하였다. 이리하여 세종21년(AD 1439년)에 공조참판 이참이 의창의 단점과 사창의 이점을 들어 사창제의 실시를 제안하였고, 세종 26년(AD 1444년)에 이계순이 국내에 사창을 설립할 것을 제안하였으나 부결되었다. 사창은 의창과는 달리 사민의 공동저축으로 상부상조하여 연대 책임지는 자치적 운영을 하는 것이므로 구제의 적절과 신속을 기할 수 있고 또 관에 의하지 않으므로 보다 용이하게 혜택을 주었다. 그러나 당시의 사회, 경제적인 곤란 등으로 사창은 지방에 널리 보급되지 못하였고 대부분의 지역에 있어서는 여전히 관에 의한 환곡의 대출이 계속되어 이로 인한 관폐가 지속되었다.

1776 사춘기(adolescence)
사춘기란 라틴어의 adolescrere에서 온 말로 성숙에로의 접근(approach to maturity)으로서 과도기(transition age or between age)를 의미하고 있다. 이에 스텐리 홀(Hall Stanley)은 그의 저서 사춘기(Adolescence)에서 사춘기를 폭풍과 긴장(storm & stress)의 시기라고 표현하고 있으며, 디킨즈(Dichen Charls)는 두 도시의 이야기(a tale two cities)에서 광명과 암흑의 계절이요 희망의 봄인 동시에 절망의 겨울이라고 하였다. 이러한 사춘기는 학자에 따라 2, 3단계로 구분하고 있으나 일반적으로 중학교 시대를 사춘기 전기, 고등학교 시대를 사춘기 후기로 보는 것이 타당한 것 같다. 이 시기의 일반적 특성은 지식이 산만하여 사회에 적응키 어려우며 욕구불만이 많고, 우세한 성인에 대해서 동일시(identification)하려는 경향이 짙고, 소설, 일기, 편지, 악기, 시 등을 추상하고자 하며, 직업에 대한 관심에 지대하고, 고독을 즐기며, 자기 방을 갖고 싶어 하고, 반항심이 나타나고, 진, 선, 미, 성에 대한 가치추구와 비판을 하려고 하며 스포츠를 즐기며, 다독으로 심리적 고민에 대한 해답을 얻고자 하고, 신체적 변화에 따라 이성을 동경하게 된다.

1777 사립학교 교직원연금관리공단
사립학교직원 개인과 학교법인 및 국가가 분담하여 재원을 조성하고, 이를 효율적으로 관리·운영하여 사학교직원에게 퇴직연금을 비롯한 각종 급여와 복지후생 프로그램을 통해 환원하는 등의 교직원 및 그 유족의 경제적 생활안정과 복지향상을 목적으로 1974년에 설립된 법인이다.

1778 사립학교 교직원연금법
사립학교 교직원의 연금제도를 확립함으로써 교직원 및 그 유족의 경제적 생활안정과 복리 향상을 위해 제정한 법률(1973. 12. 20, 법률 제2650호). 사립학교교원 및 사무직원의 퇴직·사망 및 직무상의 질병·부상·폐질에 대해 적절한 급여제도를 확립함으로써 교직원 및 그 유족의 경제적 생활안정과 복리 향상에 기여함을 목적으로 한 법률이다. 이 법은 사립학교법에 규정된 사립학교 및 이를 설치·경영하는 학교경영기관, 초·중등교육법의 특수학교 중 사립학교 및 이를 설치·운영하는 학교경영기관, 기타 사립학교 및 학교경영기관 중 교육부 장관이 지정하는 사립학교와 이를 설치·경영하는 학교경영기관에서 근무하는 교직원에게 적용한다. 부담금의 징수, 제급여의 결정과 지급, 자산의 운용, 교직원 복지사업의 수행, 기타 연금에 관한 업무를 관장하기 위하여 사립학교 교직원연금관리공단을 설립한다. 관리공단은 법인으로 한다. 관리공단에 임원으로서 이사장 1명, 2명 이내의 상무이사, 6명 이내의 이사 및 감사 1명을 두되, 이

사 중에는 교직원 및 학교경영기관의 장이 포함되어야 한다. 이사장과 감사는 교육부 장관이 임명하며, 상무이사와 이사는 이사장의 제청에 의하여 교육부 장관이 임명하고, 임원의 임기는 3년으로 한다. 관리공단의 중요사항을 심의하기 위하여 이사장·상무이사와 이사로 이사회를 구성한다. 교육부 장관은 관리공단의 업무를 감독하며 감독상 필요한 명령을 발할 수 있다. 급여의 계산에 있어서 교직원의 재직기간은 임용 전 병역복무기간의 산입, 전재직기간의 합산 등이 인정되며, 세부적 규정이 있다. 교직원의 직무로 인한 질병·부상 및 재해에 대해서는 단기급여를 지급하고, 교직원의 퇴직·폐질 및 사망에 대해서는 장기급여를 지급한다. 각종 급여는 그 권리를 가질 자의 신청을 받아 관리공단이 결정하며, 급여를 받을 유족의 순위는 상속의 순위에 의한다. 허위 기타 부정한 방법 등으로 이루어진 급여는 환수된다. 그리고 급여를 받을 권리는 양도 또는 압류나 담보제공이 제한된다. 단기급여 및 장기급여에 관한 급여의 종류, 급여의 사유, 급여의 액 및 급여의 제한 등에 관한 사항은 공무원연금법의 규정을 준용한다. 급여 기타 소요되는 비용은 그 비용의 예상액과 개인부담금·국가부담금·법인부담금·재해보상부담금 및 그 예정운용수익금의 합계액이 장래에 있어서 균형이 유지되도록 해야 한다. 이 경우 급여에 소요되는 비용은 적어도 5년마다 다시 계산해야 한다. 국가는 사립학교 교직원 연금재정의 안정을 위하여 예산의 범위 안에서 책임준비금을 사립학교 교직원연금기금에 적립해야 한다. 재해보상부담금은 재해보상급여준비금으로 적립해야 한다. 재해보상급여준비금에서 지급되는 급여는 직무상요양비·직무상요양일시금·재해부조금·사망조위금·장해연금·장해보상금·유족연금 및 유족보상금으로 한다. 관리공단은 부담금 또는 환수금이 납부되지 아니한 때에는 교육부 장관의 승인을 얻어 국세체납처분의 예에 의하여 직접 체납처분을 할 수 있다. 급여에 관한 결정, 개인부담금의 징수 기타 처분 또는 급여에 관해 이의가 있는 자는 사립학교 교직원연금급여재심위원회에 그 심사를 청구할 수 있으며, 심사의 청구는 처분이 있은 날부터 180일, 그 사실을 안 날부터 90일 이내에 해야 한다. 사립학교 교직원연금급여에 충당하기 위한 책임준비금으로서 사립학교 교직원연금기금을 두며, 기금은 관리공단의 예산에 계상된 적립금과 결산상 잉여금 및 기금운용수익금으로 조성한다. 기금은 관리공단이 관리하며, 금융기관에의 예입 또는 신탁, 유가증권의 매입, 교직원 및 연금수급자에 대한 자금의 대여, 기금증식과 교직원의 후생복지를 위한 재산의 취득 및 처분, 기타 기금증식사업 또는 복지증진을 위한 사업을 운용하며, 그 중요사항에 대해서는 미리 교육부 장관의 승인을 얻어야 한다. 사립학교교직원연금에 관한 사항을 심의하기 위하여 관리공단에 사립학교 교직원연금운영위원회를 둔다. 급여를 받을 권리는 그 급여의 사유가 발생한 날로부터 단기급여에 있어서는 1년간, 장기급여에 있어서는 5년간 이를 행사하지 아니할 때에는 시효로 인해 소멸된다. 장기급여를 받을 권리가 시효로 인해 소멸된 때에는 부담금을 징수할 권리도 소멸한다. 일부 규정의 위반에 대해서는 과태료의 제재가 있다. 8장 62조와 부칙으로 되어 있다.

1779 사학연금 서비스 헌장(The Service Chart of KTP)
사학연금공단이 수행하는 제반 업무 중 학교기관 및 교직원을 대상으로 하는 모든 업무에 적용되며 특히 사학연금법에서 규정하는 연금제도의 운영과 직접 관련되는 업무, 즉 부담금의 징수, 제 급여의 결정과 지급, 교직원 복지 사업의 수행과 관련된 제반 업무 처리시 적용되는 구체적인 이행 표준.

1780 사형폐지운동
형벌로서 사형을 법률상으로 폐지하기 위한 운동을 말하며 토마스 모어, 벳카리어, 리프만 등이 주창했다. 사형폐지운동은 인도주의적 견지에 의한 것과 죄형이 반드시 살인 등의 중죄의 예방효과가 있는 것은 아니라고 하는 형사 정책적 견지에 의한 것이 있다. 독일, 영국 등에서는 이미 사형을 폐지했다.

1781 사회간접자본(SOC : social overhead capital)
도로, 항만, 철도 등 어떤 제품을 생산하는데 직접 사용되지는 않지만 생산 활동에 간접적으로 도움을 주는 시설을 말한다. 사회간접자본에 대한 투자를 소홀히 하게 되면 교통체증 항만적체 등을 유발해 생산과 수출에 애로를 겪게 되며 따라서 상품의 경쟁력이 저하되는 문제가 발생한다.

1782 사회개량(social reform)
자본주의체제의 모순, 특히 노동자계급의 빈곤화에 대해 체제의 근본적인 변혁(혁명)이 아닌 체제의 부분적 수정에 의해 해결해가는 것이다. 개량은 종종 혁명과 상반되는 개념으로 취급되지만 반드시 그렇지 않으며 사회주의를 목적으로 하는가, 안는가에 관계없이 단순히 사회적인 모순이나 결함의 시정을 도모하는 것에 불과하다. 단 사회주의 사회로의 이행이론에 관계하여 혁명을 부정하고 개량에 의한 점진적 이행을 주장하는 경우에 사회개량주의는 혁명과는 상반되는 개념으로 취급된다. 그러나 오늘날에는 생산관계의 변혁에 도달한 사회주의 사회의 실현을 주장하는 구조개혁이론이 나타나 단순히 개혁이냐, 개량이냐로 이행론을 전개하는 것은 불가능하게 되고 있다.

1783 사회개발(social development)
사회개혁으로 1962년의 유엔총회결의로 사회와 경제의 균형 있는 개발이라는 주장이 제기된 이래 경제발전이란 용어에 대치되어 사용되었다. 선진국과 개발도상국에서는 사회개발의 중점이 다르다. 선진국에서는 경제전개의 과정에서

ㅅ

생긴 나쁜 여파의 시정이나 국민복지의 향상을, 개발도상국에서는 사회구조, 종교, 교육수준 등 각종의 사회적 조건의 개선에 역점이 주어지고 있다.

1784 사회개혁

→ 사회개량

1785 사회경제구성체([영] economic social structure [독] Ökonomische Gesellachaftsformation)

경제적 사회구성체라고도 한다. 물질적 생산력의 진정한 발전 단계에 대응하는 생산관계의 총체(사회의 경제적 구조) 및 그것을 토대로 한 상부구조와를 총괄해서 말하는 개념이다. 그것은 사회 발전의 역사적 단계를 나타내는 것으로서, 원시 공동체·노예제·봉건제·자본주의·공산주의(사회주의는 그 1단계)의 5개의 구성체로 구별된다. 이들 중에서 처음과 마지막 것 이외는 절대적인 계급적 구성을 가진다. 각 구성체는 그들에게 공통된 일반 법칙에 지배될 뿐만 아니라, 각각에 특유한 발생적·가능적인 법칙 그리고 고도의 구성체로 이행하는 법칙을 가진다. 현실의 구성체는 순전히 특정한 형(型)의 생산관계만을 포함한다고는 할 수 없으며, 낡은 사회의 유물 또는 새로운 사회의 맹아로서의 생산관계를 포함하는 일이 많지만 특정한 형의 생산관계가 그곳에서 지배적이라는 것이 구성체로서의 요건이다. 이 의미에서 특정형의 생산관계 그 자체와 구성체와는 구별되며, 전자는 우클라드(경제 제도)라고 불리어진다. 따라서 여러 가지의 우클라드가 투쟁하고 있는 과도기의 사회는 구성체가 아니라고 한다.

1786 사회계급(social class)

일반적으로 특정의 역사적 발전단계에 있는 사회적 생산체계 또는 사회구성체 안에서 생산수단의 소유 또는 비소유에 의해서 지위, 자격, 기능, 소득원천, 소득액을 탈피하는 점에서 구별되며 서로 대립하는 집단, 계층을 뜻한다. 계층이나 지위, 경제적 지표에 의하여 분류된 인간집단(스미스, 리카도) 또는 같은 사회계급 상황에 있는 인간집단을 가리키는 경우도 있으나, 맑스주의 입장에서는 계급을 사적 소유의 성립, 노동과 소유의 분열로 인한 타인 노동의 영유에서 비롯된 것이라 본다.

1787 사회계약설([영] theory of social contract [독] Theorie von Gesell schaftsvertrag) 01

독립한 원자의 집합처럼 생각되는 개인들 위에 어떻게 해서 국가 권력이 생기는가를 설명하려고 하는 부르주아적 학설로, 개인들은 그들의 자주권의 일부 또는 전부를 국가에 양도하고, 이에 의해서 각 개인의 안전을 얻는다는 것이다. 〈개개인이 연합한 공동의 힘으로써 각 개인은 생명과 재산을 보호하고, 각 개인은 전체적으로 단합하고 있지만 역시 자기에게만 복종하는 것이다. 그러므로 이전과 같이 자유로운 하나의 연합 형태를 발견하는 일, 이것이 사회계약에 의해 해결되어야 할 근본문제이다〉라고 루소는 말한다. 사회계약설은 군주신권설이나 사회유기체설에 대립하지만 그 외에도 만은 견해를 가지며, 또 그 정체에 관한 결론도 사람에 따라 다르지만, 사회와 국가를 구별하지 않고, 국가와 계급과의 관계를 무시하며, 사유재산을 신성시하는 점 등은, 많은 사회계약설에 공통되는 특징이다. → 국가계약설

1788 사회계약설 02

17~18세기에 영국과 프랑스에서 전개된 사회이론이다. 자연법적 합리주의에 기본을 두고 인간은 자연 상태에서 시민사회로 이행하지만 시민 사회는 만인의 자유와 평등의 권리에 따라 개인 간의 계약에 의해 성립한다고 주장했다. 논지에 따라 차이가 있지만 왕권에 대해 사유 재산의 보호, 자연주의의 확립을 요구하는 사고는 입헌군주제 또는 공화제로 전환하는 정치사상적 의미를 갖는다. 홉스, 로크 특히 루소가 이 설의 주창자였다.

1789 사회계층(social strata)

독자적인 계급을 이루지 못한 사회적 집단. 대표적인 것은 인텔리이다. 인텔리는 독자적인 계급을 이루지 못하기 때문에 하나의 사회 정치세력을 이루지 못하고 주로 지식과 기술, 정신노동으로 일정한 계급에서 복무한다. 사회계층 가운데는 인텔리와 함께 룸펜프롤레타리아트도 있다. 룸펜프롤레타리아트는 노동계급으로부터 타락되어 기생적 생활을 하는 사회계층이다.

1790 사회계획(social planning)

광의로는 현존하는 사회구조를 장래에 실현 또는 지향해야 할 보다 나은 상태를 향해 의도적, 계획적으로 유도해가는 행위를 말하며 협의로는 기술적, 행정적 계획을 가리킨다. 정의상 경제계획을 그 하위 부내에 갖는다. 케인즈 정책의 도입 이후 제2차 대전 후에 출현한 것으로 현실적으로는 사회제 정책의 복합체라는 형태를 취하며 그 직접적인 책임부서는 행정부가 된다.

1791 사회고용(social employment)

1950년부터 적응고용이라는 장애인의 보호고용제도를 추진해 온 네덜란드는 그 표본을 보호고용의 선진국인 영국의 램플로이공사(Remploy Ltd.)에 두고 램플로이를 추월한다는 슬로건 하에 제도 확립에 노력하여 1967년 11월 사회고용법을 성립시켜 1969년 1월부터 그 실시에 들어갔다. 사회고용의 커다란 특색은 막대한 정부원조금과 장애인 고용의 책임을 지방자치단체에 부과하고 있다는 점이다. 동법의 전문은 사회고용의 개념과 목적을 기술하고 있는데 사회고용이라 함은 근로의 의사와 능력이 있지만 신체적 장해, 정

신적 장해, 기타 개인적 이유에 의해 일반노동시장에서 고용의 기회를 확보할 수 없는 자에 대해 고용의 형태에 입각한 근로의 장을 주고 또 그 자의 노동능력의 개발, 유지, 향상을 도모하는 것을 말한다. 사회고용은 보호고용의 네덜란드적인 개념이라고 할 수 있다.

1792 사회공학(social engineering)

시스템공학의 기법과 사회현상 간의 상호작용에 관한 경험적 규칙성을 응용해서 실천적으로 사회문제의 해결을 도모하는 것이 사회공학이다. 사회계획의 중요한 기법의 하나로 사회공학은 포괄적인 사회변혁이나 사회계획에 대해 부분적인 사회구조의 점진개혁을 중시하는 입장에 서있다. 가끔 사회계획, 사회정책, 사회개량, 응용사회학 등과 동의어로 쓰이기도 한다.

1793 사회과학([영] social science) 01

사회현상의 본질성과 합법칙성을 밝혀주는 학문으로 자연과학과 함께 과학의 한 분야를 이룬다. 철학, 정치경제학, 역사학, 법학, 문예학, 언어학 등이 이에 속한다. 사회과학은 과학이라는 견지에서 자연과학과 공통성을 가지며 자연이 아니라 사회의 여러 가지 현상들을 연구한다는 점에서는 그와 차이점을 가진다. 사회과학은 자연과학과 마찬가지로 오랜 역사를 가진 사회규범이 있으며, 그 발전과정에 수많은 부문들로 세분되었다. 사회과학의 가장 중요한 특징은 그것이 계급사회에서 철저히 계급적 성격을 띤다는데 있다.

1794 사회과학([독] Sozialmissenschaft) 02

사회를 대상으로 하는 과학. ① 사회현상은 복잡다기한 상호연관에 의해 결합되어 있으며, 이것은 여러 가지의 분야로 구분되어 연구가 행해지므로, 많은 사회과학이 성립한다. 경제학·정치학·법학·역사학·사회학 등이 그 대표적인 것이다. 사회는 자연에 비해 비교적 짧은 시간 내에 변화·발전하므로, 사회과학은 뚜렷하게 역사적 성격을 가진다. 자연과학과 마찬가지로, 사회과학도 사실의 관찰에서 출발하고, 모든 논리적인 수단을 사용하여 사회 현상의 객관적 법칙을 탐구하는데, 엄밀한 의미의 실험은 할 수 없다. 그러나 사회적 실천의 결과를 주의 깊게 검토함으로써 가설을 검증한다는 것은 불가능한 일이 아니다. 다만 자연과학의 경우와 같은 정확한 법칙을 확립한다는 것은 곤란하다. 또 사회현상이 역사성을 갖기 위해, 법칙의 적용이 시기적인 한정을 받는 경우가 많다. ② 사회과학의 맹아는 고대 그리스나 중세에서도 찾아볼 수 있는데, 그것이 근대과학으로서 확립된 것은 17~18세기이며, 자본주의 사회의 성립·발전과 결부되고 있다. 그것은 자본주의의 성립과 함께, a) 봉건적 질서가 지배한 시대와는 달리, 사회가 동적으로 복잡한 양상을 띠게 되어, 그 동태를 연구할 필요가 생겼다는 사실, b) 초자연적인 것을 인정하지 않으며 종교적 권위에 사로잡히지 않고, 사회를 관찰하는 인간의 능력이 싹텄다는 사실에 근거한다. 사회과학은 근대 시민사회의 확립과 시민사회 시대에 절대주의적 권력과의 투쟁을 위한 사상적 무기의 역할을 성취했다. 그리고 자본주의의 발전과 함께 발전했는데, 19세기가 되어서 자본주의적 모순이 노출되고 계급 대립이 격화되자, 자본주의 체제를 변혁하기 위한 맑스주의의 비판적 사회과학이 탄생했다. 사회과학자의 입장 자체가 여러 가지의 계급과 결부되어 있기 때문에, 사회과학은 많든 적든 계급적 성격을 띠고 있다. 특히 20세기에 이르러 사회주의 국가들이 출현한 이래, 현대의 사회과학은 이 문제와의 대결을 강요당하고, 여러 가지 방식으로 이런 사실을 반영하고 있다.

1795 사회관계(social relation)

사회적 존재인 사람들의 상호관계를 말한다. 사회의 운동 변화발전, 사람들의 생존과 활동과정에서 필연적으로 이루어진다. 사회관계에서 중요한 것은 정치, 경제, 문화, 도덕적 관계 등인데 여기에서 가장 중요한 것은 정치적 관계이다. 사람들의 정치적 관계는 국가주권의 소유관계에 따라서 규정되며, 경제적 관계는 생산수단의 소유관계에 의존된다. 문화, 도덕적인 관계를 비롯한 다른 모든 사회관계는 국가주권과 생산수단을 누가 장악하고 있는가 하는데 따라 결정된다. 착취사회에서는 착취계급과 피착취계급, 지배계급과 피지배계급 간의 계급적·대립적 투쟁이 사회관계의 기본으로 된다.

1796 사회교육(social education)

국민의 자유인 주체적 자기학습, 상호학습으로 그 활동의 발전은 저변에 민주주의와 테크놀로지에 좌우되어 있다. 사회교육은 국민교육의 중요한 일환으로 국민의 학문의 자유, 사상의 자유에 기인한 주체적 활동으로서 사회교육행정은 국민활동을 조장하는 등 중요한 이념이다. 현재의 고령화 사회, 정보화 사회, 기술혁신의 시대, 고학력사회, 혹은 지역붕괴 등의 이유로 과거보다 사회교육의 중요성이 요구되어져 공적책임을 갖는 사회교육행정의 방향이 모색되어지고 있다. 또한 사회복지와의 관계에서도 지역복지와의 관계, 장애인이나 고령자의 사회교육의 과제 등이 문제되고 있다.

1797 사회구조(social structure)

부(소득과 자산), 권력재, 사회 관계재(명예나 위신), 지식정보재, 인재 등 사회적자원이 분배법칙에 의해 분배되며 지속적으로 발생할 때 이 유형을 지적해서 사회구조라 부른다. 이 구조가 어떤 환경조건 하에서 존속해 가려면 얼마만큼의 기능적 요건을 충족하지 않으면 안된다. 그렇지 못하면 그 사회구조는 붕괴되므로 기능적 요건을 충족할 수 있도록 자원의 분배원칙이나 분배상태를 변경할 필요가 있다.

1798 사회국가

독일연방공화국 기본법 제20조 1항이 독일연방공화국은 민주적이고 사회적 연방국가이다. 라고 정하고 동 공화국을 사회국가라 칭하고 있다. 사회국가원칙의 의미에 대해서는 학설 및 판례 등도 분분하다. 전혀 무내용인 조항으로 하는 것만으로는 현실성이 없는 선언적 원칙이라고 하는 설, 윤리적 요청설, 재산권 등의 자유권 행사를 사회적으로 제한하는 근거로 하는 설, 입법자에 대한 프로그램설, 법의 해석, 집행의 원칙으로 하는 설, 직접적인 청구권의 기초가 된다고 하는 설 등이 있으며, 행정재판소의 판례는 이를 보호급여청구권의 법적기초로 하는 것이 많다. 또한 사회보장 관계자는 사회보장제도의 실현을 국가기관에 요청하는 헌법적 근거로 하는 견해가 있을 수도 있다. 사회국가의 전통은 바이마르헌법 아래 형성된 것이다.

1999 사회권(social right)

근대법이 시민법으로서 개개인의 권리를 주체로 하여 구성되어 있는데 대해 사람들의 단결권이라든가 환경권이라 불리는 근대법의 틀을 넘어선 제 권리의 확보를 향해 쓰이는 개념이다. 그러나 법학적으로 충분한 승인을 받고 있는 것은 아니다. 현대사회는 경제, 사회, 정치의 각 국면에서 공공성을 확대하고 있는 사태와 결합되어 있다. 사회복지, 사회보장에 대해서도 이것을 공적, 사회적인 것으로 법체계에 적용하려 할 때 이 용어가 쓰인다. 복지권도 사회권의 일종이다.

1800 사회규범(social norm)

어떤 사항에 관해 집단이나 사회가 성원들에게 기대하고 있는 의견, 태도, 행동의 비교적 지속적인 준칙을 뜻하며 사회적 기준이라고도 한다. 사회학에 있어서는 행위이론의 기초개념으로 인간에게 일정한 사회적 행위를 당위적으로 의무지울 것을 요구하는 관념을 말한다. 심리학에서는 집단 또는 사회에 있어서 그 집단의 표준이 되어 있는 태도나 행동의 형을 사회 문제적 규범이라 한다.

1801 사회기술(social skill)

숙달될 수 있는 것, 연습된 능력, 능숙이라는 개념으로 사용되며 사회기술은 학습될 수 있고 증진될 수 있는 것을 의미한다. 사회기술에 대한 정의는 이론적인 입장에 따라서 사회기술을 행동에 초점을 두고 정의하는 방안과 인지적인 측면을 포함하여 정의하는 방식이 있다. 사회기술은 언어적인 행동과 비언어적인 행동으로 이루어져 있을 뿐 아니라 본질적으로 인지적인 요인을 포함하고 있다. 예를 들면 대부분의 사람들은 어떤 상황에서 어떻게 행동해야 하는지에 관한 공통된 기준을 갖고 있다. 그러므로 사회적인 상황에서 적절하게 행동하기 위해서는 사회적으로 적절하다고 받아들여지는 사회기준을 이해할 수 있는 능력과 다양한 상황에서 효과적으로 사회기술을 사용할 수 있는 능력을 갖추고 있어야 한다. 따라서 사회기술을 정의할 때 인지적인 측면과 행동적인 측면을 동시에 고려하는 것이 타당하다. 사회기술이란 사회적 강화를 상실하지 않고서도 대인관계에서 긍정적이거나 부정적인 감정들을 적절하게 표현하는 능력이며 언어적, 비언어적 반응을 조절해서 전달하는 능력을 포함하고 있다. 또한 사회기술은 상호간에 나누는 일상의 대화 만남에서 요구되는 정보 나누기 태도, 의견 및 감정을 표현하는 능력을 포함하며 복장과 행동양상, 무슨 말을 해야 하고 하지 않아야 하는지의 규범, 사회적 강화, 대인관계의 밀접성 정도 등도 포함한다. 이상에서 언급한 사회기술을 광의로 생각해볼 때 사회기술은 두 가지 범주의 목적을 성취하기 위한 기능이 될 수 있다. 그 중 한 가지는 수단적 기능(instrumental function)으로 자기보호, 섭취, 직업, 재무, 교통, 지역사회 내에서의 의료시설, 공공기관, 다양한 사회기구들을 활용할 수 있는 생존에 필요한 능력이고 또 다른 기능은 사회 정서적 기능(social emotional function)으로서 친교, 지지, 온화함, 인정, 만족스러운 대인관계 형성에 필요한 기술을 의미한다.

1802 사회기술훈련

사회기술훈련은 1970년대 초부터 개발되어 왔는데 이는 "인간의 모든 행동은 학습되어지는 것이며 인간의 모든 주관적이고 생리적인 감정 역시 학습되어지는 것이다."라는 행동주의 학파의 사회학습이론의 원칙에 근거를 둔 재활치료의 중요한 전략 중의 한 형태로 현대 정신의학적 재활전략의 필수적인 요소로 보았다. 인간은 출생과 더불어 끊임없이 환경적 자극에 대하여 반응하고 개체의 제 조건, 제 특성을 환경적 조건에 적응하면서 성장·발달하게 된다. 적응이란 개념은 생물학에서 비롯된 것으로 1850년대 Darwin의 이론이 기초가 되어 있는 순응이란 개념을 심리학자들이 적응이라는 용어로 개정하여 사용하게 된 것이다.

1803 사회도 측정법(sociometry)

한 개인 또는 한 학생이 자기 동료에 의해서 어떻게 인식되고 받아들여지고 있는가를 평가하는데 사용되는 여러 방법, 한 학급이나 소집단 내의 역동적 사회관계를 이해하기 위해서, 또는 어떤 특정한 소집단을 구성하는데 학생간의 사회적 관계에 관한 자료를 얻기 위해서 사용되는 방법을 말한다. 여기에는 그 자료의 수집방법과 분석방법에 따라 동료평정법, 추인법("guess who" technique), 지명법, 사회도 분석 및 사회적 거리추정법 등이 있다. 이러한 사회도 측정법의 발달은 1934년에 모레노(J. A. Moreno)의 사회도 분석법(sociogram)에서 시작되었다고 할 수 있다. 이 방법은 우선 예를 들어 같이 일하고 싶은 사람, 공부하고 싶은 사람, 또는 둘 정도 써내 놓도록 한 다음, 선택이 제일 많이 된 인기학생(star)을 중앙에다 놓고 외톨박이(isolates)는 주변에 그 위치를 나타내고 그 이외의 학생들은 선택된 정도에 따라 중앙과 주변 사이에 그 위치를 나타낸다. 이러한 사회도 분석은 한 집단 내의 역동적 관계를 이해하는데 도움이 되지만 학생 수가 많을 때에는 이러한 사회도를 구성한다는 것은 상당히 복잡한 작업이 된다.

1804 사회문제(social problem) 01

사회질서의 유지존속을 위협하고 사회 그 자체의 해체를 초래할 듯한 제 문제가 사회에 넓게 생성되어 있을 경우 그것을 사회문제라 한다. 사회문제는 사회구조 그 자체의 모순에서 생기는 것으로 체제적 위기의 표현으로도 볼 수 있다. 산업혁명 후 이 같은 사회문제를 인식하게 된 초기에는 사회문제가 열악한 노동조건과 노동자의 빈곤과 관련한 범죄, 질병 등 생활문제였으며 그에 대한 노동자의 반항, 투쟁이 시작이었다. 그 뒤 사회적 모순으로서의 사회문제의 종류도 점차 증가해 오늘날에는 모든 계급, 계층을 휩쓰는 사회문제로 전개되게 되었다. 사회적 평가체계에서 일탈한 범죄, 비행, 폭력, 알콜 중독 등의 제 문제나 청소년을 해치는 저속한 퇴폐적 문화의 범람 등 사회병리현상이라는 것의 존재 자체도 간과할 수 없는 사회문제이다.

1805 사회문제 02

사람과 사람들 간의 조건 또는 사람과 환경간의 조건들에 의해 사람들의 가치 또는 규범에 부합되지 않는 사회 반응을 일으키거나 정서적, 경제적 고통의 원인이 되는 것으로 사회문제는 시대와 사회에 따라 또는 사람에 따라 달리 볼 수 있기 때문에 정확한 정의를 내리기는 어렵다. 따라서 학자마다 사회문제를 보는 관점이 다양한데, E. Rubington과 M. Weinberg의 관점에서 사회문제를 보면 ① 사회병리학, ② 사회해체, ③ 가치갈등, ④ 일탈행위, ⑤ 낙인 등으로 정리할 수 있다. 사회병리학적 개념은 바람직한 사회적 조건과 조직은 건강하고, 도덕적 기대에 벗어난 사람이나 상황은 질병, 즉 나쁘다는 것으로 보기 때문에 이 관점에서의 사회문제는 도덕적 기대에 어긋나는 것이다. 사회 해체적 개념은 사회의 부분간의 적응 결여 또는 허약과 관련 규칙의 실패로 인식되며, 해체의 주요한 형태는 무규범성(normlessness), 문화적 갈등(cultural conflict) 또는 와해(breakdown)이다. 가치 갈등은 집단 가치와 모순되는 사회 조건으로 사회문제의 원인은 가치 또는 이익의 갈등이다. 일탈 행위적 개념은 규범적 기대의 저촉으로 규범에서 벗어난 행위 또는 상황은 탈선인 것이다. 낙인적 개념은 규칙 또는 기대의 저촉 혐의자에 대한 사회적 상호작용에 의하여 규정된다. 이상의 다섯 가지 개념은 서로 다르지만 근본적으로 인간의 문제를 어떠한 관점에서 보느냐에 달려 있다. 사회병리학적 관점은 인간(person)에 관심이 집중되고, 사회 해체적 관점은 규칙(rules)을 강조하며, 가치 갈등적 관점은 가치와 이익을 관찰하고, 일탈 행위적 관점은 역할(roles)을 강조하며, 낙인적 관점은 사회적 상호작용(social interaction)을 중요시한다.

1806 사회민주주의

사회민주주의라는 어휘가 언제 시작되었는지는 분명하지 않지만, 독일에서는 라살(Lassalle)파의 사회주의자가 1865년 처음으로 기관지에 사회민주주의자라는 이름을 붙였고, 1869년 맑스파의 사회주의정당은 사회민주주의 노동당이란 이름을 썼다. 이후 정치적 민주주의를 주장하는 부르주아 정당을 대비시켜 사회주의적 노동자 정당의 대다수가 그 이름을 썼다. 그 중에서도 맑스주의자가 많았고, 일반에게는 맑스주의적 사회주의 운동이 사회민주주의로 생각되어 왔다. 그러나 러시아혁명 후 사회민주주의자의 좌파가 별도로 공산주의당을 결성한 까닭에 제1차 세계대전 후에는 공산주의와 대비된 사회주의 운동의 조류가 사회민주주의로 불리게 되었다. → 사민주의

1807 사회발전론(theory of social development)

사회변동을 고찰하는 사회이론의 하나로서, 사회현상을 역사적으로 고찰하고 그 전 과정을 추적함으로써 사회발전의 일반적인 법칙을 발견하려는 입장이다. 즉 사회전체에 대한 거시적이고 역사적인 변화를 고찰해 보려는 사회이론을 말한다. 고전적으로는 생시몽, 콩트가 인간의 신학적, 형이상학적, 실증적 단계를 따라 인류의 정신이 진보하며, 이에 대응해 사회도 군사적, 법률적, 산업적 단계로 발전한다는 3단계 설을 제시하였고, 맑스는 사회구성체의 발전단계를 아시아적, 고대적, 봉건적, 근대부르주아적 생산양식의 4단계로 구분하였다. 이 모두 진보사관이나 사회진화론이 중심이었지만 제2차 세계대전 후, 전후세계의 새로운 역사적 국면 하에서 여러 가지 발전이론이 전개되었다.

1808 사회법(social legislation)

시민법에 대한 수정적 기능을 기대해 성립시켜온 법의 분야를 일반적으로 사회법이라 한다. 자본주의사회는 소유권의 절대와 계약자유의 원칙을 기조로 하는 시민법을 법적지주로 해서 발전되어 왔으나 노동문제를 비롯한 많은 사회문제가 생겨나 소위 체제적 피해자라 할 수 있는 노동자 계급에 속하는 사람들의 실질적 자유, 평등의 회복으로서의 생존권 요구에 부응하기 위해 사회법이 요청되어 왔다. 노동관계법, 공해관계법, 사회보장관계법 등이 여기에 속한다.

1809 사회변동(social change)

사회구조의 전체 또는 부분이 변화하는 것을 말한다. 변동요인으로는 기후, 풍토, 자원 등의 자연적 요인, 인구 등의 생물학적 요인, 기술이나 생산력 등 갖가지 사회적, 문화적 조건 등을 들고 있다. 또 변동의 파악방법에 있어서도 스펜서, 뒤르껭, 퇴니스 등의 유형론이나 단계론, 파레토 등의 순환론, 도시화, 산업화, 관료제화 같은 양적변화의 파악, 맑스의 변혁 이론 등 여러 가지가 있다.

1810 사회병리(social pathology)

인간, 물자, 제도 등 사회의 구성요소에 부적응상태가 생겨 개인이나 집단의 욕구나 목적의 충족이 현저하게 저해되어 여러 가지 생활 곤란이 발생하는 상태를 말한다. 예를 들면, 계급대립, 빈곤, 실업, 반사회적 집단, 슬럼, 매춘, 범죄, 비행, 가정불화, 이혼, 자살, 친자동반자살, 정신병, 마약이나 알콜 중독 등이 그것이다. 이것들은 모두가 개인이나 집단 상호간의 불화, 반목, 대립, 적대 등의 사회적 긴장의 요인이기도 하며 또 그 결과이기도 하다.

1811 사회병리학(social pathology)

사회병리현상의 연구나 접근방법에는 여러 가지가 있으나 사회학이 정상상태에 관한 연구라면 사회병리학은 이상상태에 관한 학문이다. 즉 사회조직에 대해서의 사회해체, 순기능에 대해서의 역기능, 사회보장심의위원회제에 대해서의 아노미, 또는 어떤 기준에서 벗어난 사회적 일탈이나 일탈행동, 혹은 사회에 대한 부적응 현상처럼 현행의 사회질서나 연대, 기능 등이 위협받고, 마비되고, 파괴된다는 관점에서 파악하려고 한다.

1812 사회보장(social security)

빈곤상태에 빠지거나 생활수준이 대폭적으로 저하될 위험에 처했을 경우에 국가나 공공단체가 현금 또는 대인서비스를 급여, 최저한도의 생활수준을 보장하는 공적제도이다. 빈곤이나 생활수준을 저하시키는 원인은 실업 또는 상병에 의한 수입의 상실, 출산, 사망 등에 의한 특별지출 등이다. 사회보장이란 용어의 시초는 1935년 미국의 사회보장법(SSA : social security act)으로 대공황의 와중 속에 뉴딜정책의 일환으로 등장하였다. 사회(social)와 긴급경제보장위원회(emergency economic security committee)의 보장(security)의 합성어. 1938년 뉴질랜드의 사회보장법 제정과 1942년 영국 사회보장제도의 원형이 된 비버리지 보고서에 의해 사회보장·사회보장제도라는 용어는 국제적인 것이 되었다. 이 비버리지 사회보장계획 및 같은 해에 나온 ILO의 사회보장에의 길은 체계적이고 포괄적인 사회보장계획을 처음으로 제시하여, 사회보장이 대전 후에 전개된 현대복지국가의 공공정책 중에서도 가장 중요한 제도로서 정착하게 되었다. 제도적으로 공적부조, 사회보험, 사회복지, 공중위생의 4개 부문을 포함하고 있지만, 급여내용은 소득보장, 의료보장, 사회복지서비스보장의 세 가지로 구성되어 있다. 그 급여수준은 내셔널 미니멈을 원칙으로 하고 있는데, 국제적으로는 ILO의 사회보장최저기준조약(1952)과 장애·노령·유족 급여에 관한 조약(1967)이 기준이다. 우리나라에서는 제3공화국 헌법에서 사회보장조항이 설정된 후, 1963년 11월 5일 사회보장에 관한 법률이 제정되고 이어 산업재해보상보험법, 의료보험법, 생활보장법 등이 제정되면서 구체화되었다.

1813 사회보장권

우리나라 헌법 제34조의 인간다운 생활권보장, 사회보장, 사회복지에 대한 국가의무, 헌법 제10조의 행복추구권(쾌적한 생활권보장) 헌법 제11조의 보편적 평등보장의 이념 등의 실현을 위해 국가가 행하는 모든 생활부문에 대한 시책, 예를 들면 사회복지(개인적인 서비스), 사회보장(소득보장) 등을 받을 권리로 구성된다. 이 권리의 제도적 보장은 관계법에 의해서 정해지고 있는데 이들 보장을 위해서는 각종 사회적 급여를 받기 위한 수속관계의 권리, 각종 급여의 권리내용, 행정기관의 각종 사회보장 행정행위에 대해 불복중립이나 법원에 소송을 하는 권리, 사회보장행정에 관한 수익자의 행정운영에 참가할 권리의 4가지가 충분히 보장되지 않으면 안된다. 우리나라의 사회보장법제는 아직 고용보험제도의 미정립 등 부족한 면이 많으며, 기존법제 자체도 많은 과제를 안고 있다고 할 수 있다.

1814 사회보장 급여비

사회보장지출 중에서도 가장 중요한 항목으로 개인에 대하여 직접 지급되는 현금 및 현물급여비를 말한다. 사무비나 시설 정비비는 포함되지 않는다. 국민총생산(국민소득)에 대한 비율은 비용 면에서 본 사회보장의 중요한 지표로서 시계열적 국제적 비교로 사용되어진다.

1815 사회보장기본법

사회보장에 관한 국민의 권리와 국가 및 지방자치단체의 책임을 정하고 사회보장제도에 관한 기본적인 사항을 규정함으로써 국민의 복지증진에 기여함을 목적으로 한다. 사회보장은 모든 국민이 인간다운 생활을 할 수 있도록 최저생활을 보장하고 국민 개개인이 생활의 수준을 향상시킬 수 있도록 제도와 여건을 조성하여, 그 시행에 있어 형평과 효율의 조화를 기함으로써 복지사회를 실현하는 것을 기본이념으로 한다. 국가 및 지방자치단체는 사회보장제도를 확립하고 매년 필요한 재원을 조달하며, 가정이 건전하게 유지되고 그 기능이 향상되도록 노력하여야 한다. 모든 국민은 자신의 능력을 최대한 발휘하여 자립·자활할 수 있도록 노력하고 국가의 사회보장정책에 협력하여야 한다. 모든 국민은 사회보장수급권을 가진다. 국가는 모든 국민이 건강하고 문화적인 생활을 유지할 수 있도록 사회보장급여 수준의 향상에 노력하여야 한다. 국가는 최저생계비를 매년 공표하여야 하며, 최저생계비와 최저임금을 참작하여 사회보장급여의 수준을 결정하여야 한다. 사회보장수급권은 타인에게 양도하거나 담보로 제공할 수 없으며, 압류할 수 없다. 사회보장심의위원회를 둔다. 보건복지부장관은 사회보장증진을 위한 장기발전방향을 5년마다 수립하고, 관계중앙행정기관의 장 및 특별시장·광역시장·도지사는 소관주요시책의 추진방안을 매년 수립·시행하여야 한다. 국가 및 지방자치단체는 사회보장제도를 모든 국민에게 적용하여야 하며, 급여수준 및 비용부담 등에 있어서 형평성을 유지하여야 한다. 사회보험은 국가의 책임으로, 공공부조 및 사회복지서비스는 국가 및 지방자치단체의 책임으로 행함을 원칙으로 한다. 국가 또는 지방자치단체는 모든 국민이 쉽게 이용할 수 있도록 사회보장 전달체계를 마련하여야 하며, 사회보장에 관한 권리나 의무를 해당 국민에게 설명하도록 노력하고, 사회보장에 관한 상담에 응하며, 사회보장에 관한 사항을 해당 국민에게 통지하여야 한다. 4장 35조와 부칙으로 되어 있다.

1816 사회보장법([영] social security act) 01

1935년의 미국 연방노동법, 뉴딜 입법의 하나로서, 실업보험·양로보험·유족보험 그밖에 여러 사회사업 시설을 연방정부의 재정적 원조 하에 실시하려는 것이다. 사회보장의 명칭하의 최초의 실정법으로 사회보장제도의 구상 및 발전에 영향을 미친 바가 크다.

1817 사회보장법 02

현대의 독점자본주의 단계의 사회의 법체계에서 사회적 약자계층의 생존권보장에 관한 법을 말한다. 시민법을 수정하여 등장한 사회법의 한 영역을 차지하는 법의 총칭이다. 구체적으로 한국 헌법 제34조의 생존권, 헌법 제10조의 행복추구권, 헌법 제11조의 보편적 평등 등의 보장을 기본적 이념으로 하며 국민의 구체적인 생활보장을 위한 소득보장이나 사회복지서비스보장, 나아가서 건강이나 생활환경 보존을 위한 각종 관계입법을 그 대상으로 한 법의 총칭을 말한다. 사회보장에 관한 법률과 사회보험법으로서 의료보험법, 산업재해보상보험법, 국민복지연금법, 근로기준법에 의한 퇴직금규정, 공무원 및 군인연금법, 사립학교 교직원 의료보험법 및 연금법 등을 들 수 있으며, 공적부조법으로서 의료보호법, 생활보장법, 재해구호법, 군사원호법 등이 있다. 사회복지서비스로서는 사회복지사업 아래 장애인복지법, 노인복지법, 아동복지법, 모자복지법, 윤락행위 등 방지법 등이 있으며, 기타 건강 및 환경보존에 대한 여러 가지 법률이 있다.

1818 사회보장심의위원회(national advisory council on the social security system)

사회보장에 관한 중요사항의 자문에 응하게 하기 위하여 보건복지부장관 소속 하에 설치한 기관을 말한다. 보건복지부장관은 사회보장의 구성, 사회보장에 관한 계획을 수립하고자 할 때에 미리 이 위원회의 자문을 거쳐야 한다. 이 위원회는 위원장 1인과 부위원장 2인을 포함한 인원 11인 이내로 구성한다. 위원장은 보건복지부차관이 되고, 부위원장은 위원 중에서 호선한다. 위원은 다음의 자 중에서 보건복지부장관이 위촉한다. 관계행정부처의 2급 공무원이상의 자, 근로자를 대표하는 자 및 사용자를 대표하는 자, 사회보장에 관한 학식과 경험이 있는 자. 위원의 임기는 2년으로 한다. 다만, 공무원인 위원의 임기는 그 재직 기간으로 한다. 보궐위원의 임기는 전임자의 잔임 기간으로 한다. 이 위원회의 운영에 관해 필요한 사항은 대통령령으로 정한다.

1819 사회보장의 구성

사회보장은 그 기능에 따라 의료보장과 소득보장으로 나누어진다. 또 사회보장의 방법이나 제도의 종류라는 점에서 사회보험, 사회부조, 사회서비스 등으로 분류된다. 의료보장은 협의로는 의료서비스나 의료비의 보장을 가리키는데, 광의로는 질병시의 소득보장을 포함한다. 고용보장을 독립된 지주로서 세우려는 사고방식도 있는데 그것은 광의로 해석하면 실업시의 소득보장이 중심으로 된다.

1820 사회보장의 기관

사회보장(사회복지 제외)의 행정기관은 행정감독층인 각 부처를 위시하여 보험자의 기관 및 그 출장기관, 불복심사기관 및 자문기관으로 나누어 볼 수 있다. 이 중 보험자인 기관은 정부가 관장하는 보건복지부, 의료보험공단이며 산재보험은 노동부 직업안정국, 근로 기준국, 산재보험국, 근로복지공사 등이다. 이외의 공법인인 의료보험조합, 의료보험연합회 등이 있다.

1821 사회보장의 기능

사회보장의 기능은 정치적 기능, 경제적 기능, 사회적 기능으로 나누어 볼 수 있다. 사회보장의 정치적 기능은 체제유지 기능을 말하는 것으로 사회보장에 의해서 국민의 생활상의 욕구가 충족되고 있는 한 현존 정치경제체제에 대한 비판·반대가 완화되기 때문이다. 자본주의가 고도로 발달한 나라일수록 국가예산 중에서 사회보장비가 차지하는 비중이 큰 것은 사회보장이 생활보장으로서의 본래적 기능을 유지하는 외에 정치적 기능이 크다는 것을 말해 준다. 사회보장의 경제적 기능은 직접적으로는 소득재분배기능으로서 빈부의 격차를 상대적으로 감소시키고, 그것에 의해 소비수요를 신장시키고, 경기변동의 완화작용도 하기 때문에 경제체제의 자동안정 장치(built-in stabilizer)의 기능도 한다. 특히 사회보장비가 국민소득 속에서 상당한 부분을 차지하거나, 혹은 연금적립금이 크게 되어, 그 운영을 어떻게 하느냐에 따라 경제, 저축, 금융, 경기 등에 영향을 크게 미치고 있다. 사회보장의 사회적 기능은 국민최저생활(national minimum)을 보장함으로써 사회안정을 확보하려는 것이다.

1822 사회보장의 대상영역

사회보장은 많은 사람들의 생활안정을 위협하고 빈곤에 떨어지게 할 위험이 있는 일정한 사회적 사고에 대하여 사전에 준비하는 것을 주요 목적으로 한다. 사회보장의 대상영역을 형성하는 이들 사회적 사고 중 대표적인 것으로는 질병, 출산, 장애(폐질), 노령, 유족(생계중심자의 사망), 실업, 업무상의 재해, 가족부담(자녀의 부양)의 8가지가 있다. 현대적인 사회보장은 이러한 모든 사회적 사고에 대하여 보장을 행하는 것을 기본원칙으로 한다.

1823 사회보장의 수준

사회보장제도에 의하여 보장되는 급여수준을 말한다. 사회보장급여비와 국민소득 내지는 국민총생산(GNP)의 비는 그 하나의 지표이다. 사회보장수준은 사회보장에의 수요와 공급에 의해서 결정된다. 수요는 경제적 요인으로서 고용자비율의 상승 및 고령노동율의 저하, 인구동태적 요인으로서 인구노령화율의 상승, 사회적 요인으로서 핵가족화의 진행 등이며 이것은 수준인상의 압력요인으로 된다. 또 공급은 경제적 요인으로서 소득수준에 의한 재원의 확대, 정치사상적 요인으로서 생존권사상의 고양이며 이것은 수준인상을 가능하게 하는 조건으로 된다. 현재 선진제국의 사회보장기준을 사회보장급여비 대 GNP의 비로 볼 때 10~25%의 범위에 분포하고 있는데 소득비에 급여방식을 취하는 보험료 중심의 유럽대륙 제국이 상대적으로 높다. 또 최저보장형 급여방식을 취하는 공비부담중심의 앵글로섹슨 제국이 상대적으로 낮다.

1824 사회보장의 원리

사회보장의 조직원리를 보면, 현대적인 사회보장은 모든 사회구성원을 대상으로 하며 모든 사회적 사고에 대비한다는 보편성 원리에 입각하고 있다. 이 경우 조직을 일원화한다는 통일성 원칙, 당사자의 대표가 운영에 참가한다는 민주주의 원칙도 중시된다. 사회보장에 있어서 개인과 사회 또는 국가의 관계는 사회정의나 개인의 자유라는 기본적 사회원칙에 의해서 규정되는데 특히 개인과 사회가 상호결합관계를 갖고 그들 각자가 책임을 감당하고 있다는 사회연대의 원칙은 사회보장의 성립과 기능으로서 불가결한 원리이다.

1825 사회보장의 이념

인간의 존엄과 가치 및 행복추구권(헌법 제10조), 생존권보장과 국가의 의무(헌법 제34조)에서 보이는 바와 같이 생존권과 개인의 존중이 사회보장의 이념으로 되어 있다. 사회보장(social security)은 유럽에서 생겨난 사회보험(social insurance)과 미국의 긴급경제보장(economic security)과의 합성어로서 생겨났다. 1935년 세계대공황기인 미국에서는 루즈벨트 대통령의 네 가지 자유 중 결핍으로부터의 자유를 이념으로 하여 사회보장법(social security act)이 성립되었다. 영국에서는 1942년의 비버리지 보고서에 의해 결핍으로부터 자유에의 대책으로서 사회보장이 구상되었다. 대체로 많은 나라에서 사회 보장은 경제성장을 배경으로 양적으로 커다란 성장을 가져 왔지만 지나친 보장주의가 경제위기를 초래하여 1970년대 후반부터 반성기에 접어들고 있다. 사회보장의 위기는 단지 재정적 위기만은 아니고 지금까지 사회보장의 틀 그 자체에 차별되나 세대대립의 위기를 내포한 문제도 있다. 따라서 사회보장의 존재방식으로서 과도한 개인주의를 억제하는 휴머니즘의 윤리나 사회통합(social integration) 즉 보편주의가 원칙으로 된 것이다. 이 점에서 프랑스에서 태어난 사회연대의 이념도 중요하다고 할 수 있다.

1826 사회보장의 재정

이는 사회보장비의 재원조달을 말하는데 재원으로는 보험료와 조세의 두 가지 종류가 있다. 일반적으로 사회보장은 피보험자가 거출하는 보험료 또는 피보험자와 사업주가 공동 거출하는 노사보험료를 주된 재원으로 하는데 민간보험과는 달리 개인적인 공평과 아울러 사회적인 적정을 중시하는 소득재분배의 기능이 강하다. 그 때문에 조세부담의 비율도 높다. 이에 대하여 최저생활수준의 보장을 목적으로 하는 공적부조, 요보호자에 대한 사회서비스, 불특정다수를 대상으로 하여 사회적 편익을 주는 공중보건서비스 등은 일부 또는 정부가 조세로서 충당한다. 피보험자, 사업주, 국가의 3자에 의한 비용부담의 비율은 그 나라의 복지문화, 소득, 부의 분포상태, 소득수준 등에 따라 좌우된다. 소득이나 부의 분포가 불평등하면 할수록 또 사회수준이 낮으면 낮을수록 재분배의 효과가 큰 조세의존 비율이 높다. 역으로 분포가 비교적 평등화하고 소득수준이 높은 곳에서는 보험료 기여액의 비중이 높다.

1827 사회보장투쟁

일반적으로 사회보장의 개선, 향상을 목표로 하는 사회행동(social action)을 말한다. 이는 다양한 사회보장요구가 제기되는 과정에 제도의 소극적인 수익자적 입장에서 구체적인 권리요구로 사회보장의 과제에 대처하여 싸우는 운동으로 나타난다. 이것은 노동조합뿐만 아니라 광범한 시민 즉 주민운동으로 전개된다.

1828 사회보장헌장(social security charter)

세계노동조합연맹(WFTU)이 1961년 제5회 모스크바 대회에서 채택한 것으로 1982년의 제10회 하바나 대회에서 20년 만에 이것을 새롭게 했다. 신 헌장은 인권하의 사회적 보호, 사회보장의 지침이 될 기본적인 일반원칙, 사회보장에서 취급되는 사회적 책임과 리스크의 3장으로 되어 있다. 이 제3장은 위생, 보건, 직업안정에 대한 사용자와 국가의 책임을 상기한 외에 의료보험, 산업재해와 직업병, 출산보호, 가족수당, 장해와 노령(노령연금지급개시연금은 남 60세, 여 55세), 유족수당과 장례비 등을 언급하고 있다.

1829 사회보험(social insurance)

질병, 부상, 분만, 노령, 장애, 사망, 실업 등 생활 곤란을 초래하는 여러 가지 사고에 대해 일정한 급여를 행함으로써 피보험자의 생활안정을 도모하는 강제성 보험제도로 독일의 비스마르크에 의한 질병보험에서 비롯, 그 후 각국에 보급되었다. 산업재해보상보험, 의료보험, 실업보험, 연금보험 등 네 종류로 대별된다. 급여는 획일적으로 일정한 기준에 따라 정해져 있고, 비용은 피보험자의 보험료를 중심으로 하되 시업주와 국가의 경비부담 등에 의한다.

1830 사회보험 행정불복심사제도

사회보험에 관한 행정 불복 심사는 사회보험심사관 및 사회보험심사회에 의해 행해지는 한편, 국민건강보험의 보험료 및 보험급여에 의해 각 지역에 위치한 국민건강보험심사회가, 또 노동보험에 의한 노동보험심사관 및 노동보험심사회가 취급한다. 사회보험에 관한 그 외의 불복은 행정 불복심사법에 규정한 처분청의 상급행정청이 담당한다.

1831 사회보호법

죄를 범한 자에 대한 보호처분에 관한 사항을 규정하기 위해 제정한 법률(1980. 12. 18. 법률 제3286호)이나 2005년 8월 4일에 폐지되었다. 사회보호법은 죄를 범한 자로서 재범의 위험성이 있고 특수한 교육·개선 및 치료가 필요하다고 인정되는 자에 대하여 보호처분을 함으로써 사회복귀를 촉진하고 사회를 보호함을 목적으로 한다. 수 개의 형을 받거나 수 개의 죄를 범한 자, 심신장애자 또는 마약류·알코올 기타 약물중독자로서 죄를 범한 자를 보호대상자로 한다. 보호처분의 종류는 보호감호, 치료감호, 보호관찰로 한다. 보호대상자가 일정한 범죄에 해당하고 재범의 위험성이 있는 때에는 보호감호에 처한다. 피보호감호자에 대해서는 보호감호시설에 수용하여 감호·교화하고, 사회복귀에 필요한 직업훈련과 근로를 과할 수 있다. 보호감호시설에의 수용은 7년을 초과할 수 없다. 보호대상자가 심신장애 등에 해당하고 재범의 위험성이 있는 때에는 치료감호에 처한다. 피치료감호자에 대해서는 치료감호시설에 수용하여 치료를 위한 조치를 한다. 치료감호시설에의 수용은 피치료감호자가 치유되어 사회보호위원회의 치료감호의 종료결정을 받거나 가종료결정을 받을 때까지로 한다. 보호대상자가 가출소한 피보호감호자 또는 가종료한 피치료감호자에 해당하는 때에는 보호관찰이 개시된다. 보호관찰의 기간은 3년으로 한다. 감호의 청구는 검사가 감호청구서를 관할법원에 제출하여서 한다. 검사는 공소제기한 사건의 제1심 판결의 선고 전까지 감호청구를 할 수 있다. 법원은 검사에게 감호청구를 요구할 수 있다. 검사는 공소를 제기함이 없이 감호청구만을 할 수 있다. 감호사건의 판결은 피고사건의 판결과 동시에 선고해야 한다. 보호처분의 집행은 검사가 지휘한다. 보호감호와 형이 병과된 경우에는 형을 먼저 집행한다. 자격정지는 보호감호와 같이 집행한다. 치료감호와 형이 병과된 경우에는 치료감호를 먼저 집행한다. 법무부에 사회보호위원회를 둔다. 사회보호위원회는 피보호감호자에 대하여 정기적으로 집행면제 또는 종료 등의 여부를 심사·결정해야 한다. 사회보호위원회는 피보호관찰자가 관찰성적이 양호한 때에는 보호감호의 집행면제 또는 치료감호의 종료를 결정할 수 있다. 검사, 피치료감호자와 그 법정대리인 및 친족은 위원회에 심사·결정을 신청할 수 있다. 7장 43조와 부칙으로 되어 있었다. 2005년 8월 4일에 폐지되었다.

1832 사회보훈

국가유공자의 생활이 보장되도록 실질적인 보상을 행함으로써 생활안정과 복지향상을 도모하고, 그들이 국민으로부터 예우를 받을 수 있도록 하는 제도. 국가의 존립과 유지를 위해 공헌하거나 희생한 국가유공자의 생활이 보장되도록 실질적인 보상을 행함으로써 생활안정과 복지향상을 도모하고, 그들이 국민으로부터 예우를 받을 수 있도록 하며, 국민의 애국정신 함양에 이바지하는 제도이다. 보훈제도는 어느 나라든 국가가 형성되면서부터 필연적으로 발생한 제도이다. 한국의 경우에도 옛날부터 국가유공자를 지원하고 예우하는 관서가 있었는데, 신라 때 상사서(賞賜署), 고려시대 고공사(考功司), 조선시대 충훈부(忠勳府)라는 관청을 두어 국가를 위해 공훈을 세운 사람을 예우하였다. 그러나 체계적인 한국의 보훈제도의 효시는 1950년 공포된 군사원호법이라 할 수 있는데, 이 법이 시행됨에 따라 당시 사회부 사회국에 군사원호과가 설치되어 공비토벌 중 전사한 자 또는 군복무 중 순직한 자의 유족에 대한 원호업무가 실시되었다. 그 후 1961년 군사원호청이 설치되었고, 1984년 그동안 시행되어 오던 군사원호보상법, 국가유공자 등 특별보호법, 군사원호보상급여금법, 군사원호대상자녀의 교육보호법, 군사원호대상자임용법, 군사원호대상자고용법, 원호대상자정착대부법 등 7개 법령을 통합·일원화하여 법률 제3742호 '국가유공자예우 등에 관한 법률'을 제정·공포하여 85년 1월 1일부터 시행하기에 이르렀다. 현재 보훈제도의 대상자는 순국선열, 애국지사, 전몰·전상·순직·공상군경, 무공보국수훈자, 6·25참전 재일학도의용군인, 4·19혁명 사망·상이자, 순직·공상공무원, 국가사회발전특별공로순직·상이자 등이다. 보훈제도의 시책에는 ① 생계를 위한 생활보장시책 : 보상금지급제도, 직업보도, 대부지원사업, 의료시책, 교육보호 및 양로·양육보호, 단체지원사업 등 ② 사회적 예우를 위한 시책, 민족정기 선양사업과 기타 예우시책 등이 있다. 또, 제대군인관리 개선시책이 있다. → 보훈제도

1833 사회복귀

본래적으로 인간에게 맞는 권리, 자격, 권위의 회복을 의미한다. 사회복귀라고 하는 경우에는 다의성이 있지만, 사회적 복권에 가까운 사고방식으로 사용하는 것도 가능하다.

장애인을 예로 들면, 단순한 신체상의 운동기능장애의 회복 및 심리적, 경제적, 직업적 등의 장애를 전인간적인 입장에서 복권하는 것이 사회복귀의 일이다. 고령화 사회에 의한 노인 등에도 사용되어진다.

1834 사회복귀대책

장애인이 지역사회에 융합해 사회생활을 안정하게 영위할 때까지 자립, 자조를 위해 지원하는 대책을 말한다. 예를 들면 정신보건 분야에서 민간을 중심으로 지역에 정신병원을 두고 사회복귀를 위한 상담, 원조를 행하는 것, 또 지역의 정신장애인 사회복귀시설의 설치 등 법적근거 등을 손꼽을 수 있다.

1835 사회복지(social welfare)

우리나라 헌법 제34조에서는 사회복지를 사회보장과 구별하여 사용하고 있으나, 그 의미나 내용에 대한 언급은 없다. 따라서 사회복지의 의미는 사회복지를 사회보장의 일부로 보는 견해, 사회보장, 보건위생, 노동, 교육, 주택 등 생활과 관계되는 공공시책을 총괄한 개념으로 보는 견해, 생활에 관계되는 공공시책 그 자체가 아니라, 이 같은 시책을 국민 개인이 이용하고 개선하여 자신의 생활문제를 자주적으로 해결하게끔 원조함을 의미한다는 견해 등 여러 가지로 풀이되고 있다. 사회복지의 대표적인 예는 일본으로 사회복지란 국가부조를 받고 있는 자, 신체장애인, 아동, 기타 원호육성을 요하는 자가 자립하여 그 능력을 발휘할 수 있게끔 필요한 생활지도, 갱생보도, 기타 원호육성을 행함을 말한다고 한다. 사회복지는 미국과 영국 등 서구 여러 나라에서 볼 수 있는데, 사회복지의 대상자는 전 국민이고 그 범위도 생활과 관계되는 사회적 서비스 전부로 한다. 사회복지는 UN의 정의, 즉 사회복지란 개인, 집단, 지역사회 및 여러 제도와 전체사회 수준에서 사회인으로서의 기능이나 사회관계의 개선을 목적으로 한 개인의 복지(personal welfare) 증진을 위한 갖가지 사회적 서비스와 측면적 원조(enabling process)라는 것과 내용을 같이 한다. 그러나 사회복지가 사회보장이나 보건의료 등의 생활관련 시책과 다른 고유성으로 사회복지는 인간의 행동과 해결, 생활욕구의 충족 그리고 개인과 제도관계의 문제처리에 채용하는 전체적 종합적 접근법에 있다는 것이다.

1836 사회복지계획(social welfare plan)

사회복지의 욕구는 경제정세의 변화, 또 사회, 생활구조, 의식구조의 변화에 따라 큰 영향을 받는데 이 변동은 현대사회에서 정책의 소산이다. 이러한 사회복지의 과제에 대응해가기 위해서는 장래의 구상, 구체화가 도모되어져야 한다. 그 요건은 다음과 같다. 사회 복지의 기본적 시점의 확립, 이에 의한 사회복지정책 및 사회복지 계획의 체계화이다. 사회복지의 원조가 고유성, 필연성, 유효성을 갖기 위해서는 개혁적 개선과정을 거쳐야 한다. 사회복지의 원조는 계획적 변혁의 입장에서 문제의 명확화로부터 원조의 종결, 평가에 이르는 개입의 전 과정을 통일적으로 파악하는 방법론의 검토가 요청되어진다.

1837 사회복지공동모금회

사회복지 공동모금, 공동모금 재원의 배분·운용·관리, 사회복지 공동모금에 관한 조사·연구·홍보 및 교육훈련 등 국민의 성금으로 마련된 재원을 효율적이고 공정하게 관리·운용하기 위해 1999년 3월 설립된 단체이다.
→ 공동모금회

1838 사회복지공동모금회법

사회복지공동모금회에 의하여 모금된 재원의 관리·운용에 관해 규정한 법률(1999. 3. 31, 법률 5960호). 1998년에 제정된 사회복지공동모금법을 전면 개정한 것이다. 사회복지공동모금회의 공동모금을 통하여 사회복지에 대한 국민의 이해와 참여를 제고시키고, 국민의 자발적인 성금으로 조성된 재원을 효율적이고 공정하게 관리·운용함으로써 사회복지증진에 이바지함을 목적으로 한다. 기본원칙으로 기부자의 의사에 반한 모금의 금지, 공동모금한 재원의 공정한 관리·운용, 객관적 기준에 의한 배분과 그 결과의 공시 등을 규정하고 있으며, 공동모금사업을 관장하기 위한 사회복지법인으로 사회복지공동모금회를 설립하여 보건복지부장관의 인가를 받도록 하고 있다. 모금회는 사회복지 공동모금사업, 모금한 재원의 배분 및 운용·관리, 모금과 관련된 조사·연구·홍보·교육훈련 등의 사업과 지회의 운영 및 그 사업과 관련된 국제교류 및 협력증진사업 등을 수행한다. 모금회에는 임기 2년의 임원으로 회장 1인, 부회장 3인, 회장 및 부회장을 포함한 15인 이상 20인 이하의 이사와 감사 2인을 둔다. 모금회에는 정관에서 정하는 중요사항을 의결하기 위하여 이사회를 두고, 업무를 처리하기 위하여 사무총장 1인과 필요한 직원 및 기구를 둔다. 또, 모금회의 기획·홍보·모금·배분업무에 관한 사항을 심의하기 위하여 해당분야의 전문가와 시민대표 등으로 구성되는 기획·홍보분과실행위원회와 모금분과실행위원회 및 배분분과실행위원회를 둔다. 그밖에 지역 단위의 사회복지 공동모금사업을 관장하기 위하여 특별시·광역시·도에 사회복지공동모금지회를 둔다. 모금회의 조직·운영 등에 관해 이 법에서 규정하고 있는 사항 외에 필요한 사항은 정관으로 정한다. 모금회의 사업에 필요한 경비는 사회복지공동모금에 의한 기부금품과 기타 수입금으로 조성한다. 보건복지부장관은 모금회의 업무에 관해 지도·감독을 하며, 필요하다고 인정할 경우에는 관계서류의 제출을 명하거나 소속공무원으로 하여금 그 운영상황을 조사하게 하거나 장부 기타 서류를 검사하게 할 수 있다. 모금회의 운영이 이 법 또는 정관에 위반된다고 인정되는 경우에는 필요한 조치를 할 수 있다. 본문 36조와 부칙으로 이루어져 있다.

1839 사회복지관(community welfare center)
사회복지관은 사회관(community center), 인보관(settlement house), 근린관(neighborhood center) 등으로 불린다. 그 기원은 영국의 사회복지법인 토인비홀(Toynbee Hall), 미국의 헐하우스(Hull House), 우리나라의 태화사회관(1921년 감리회 선교사 마이너여사에 의해)이 개관된 데서 비롯된다. 이 사회복지관의 기본적인 성격은 ① 자주성 ② 지역성 ③ 복지성 ④ 다목적성 ⑤ 전문적인 방법을 채택해야 하는 전문성이 사회복지관의 주요기능으로는 ① 관료화 되지 않은 기관으로서 주민과의 접촉이 직접적이고 인간 전체면의 관계 속에 주민의 생활전체에 대하여 대화를 나눈다. ② 주민에 대하여 안정된 거주의 근거를 갖게 한다. ③ 생활문제를 처리하기 위한 새로운 지식과 기술의 응용에 대해 실험을 행한다. ④ 거주하고 있는 장소부근에서 원조를 필요로 하는 자에게 서비스를 제공한다. ⑤ 직접, 간접으로 문화적 활동을 촉진한다. ⑥ 도시계획에 의한 지역사회 개발사업의 입안과 실행에 관련해 중요한 서비스를 제공하는 것 등을 거론할 수 있다.

1840 사회복지교육(social welfare education)
광의로는 학교 교육에서 아동, 학생에 대한 활동, 사회교육 등에서 일반주민을 대상으로 하는 활동, 대학 등의 전문 교육기관에서 사회복지 전문 인력 배출을 위한 활동 등으로 대별된다. 협의로는, 사회복지에 대한 주민의 이해와 참가를 촉진하기 위하여, 사회복지행정, 사회복지협의회, 학교교육, 사회교육 분야에서 홍보매체, 학급, 강좌, 체험학습, 교류 등의 방법을 이용하여 행해지는 교육활동을 말한다. 그 내용은 주민이 사회복지제도에 대한 이해를 깊게 하며, 사회복지행정에 주민참가를 증진시키고 자원봉사활동에 주체적 참가를 촉진시키는 활동 등이다.

1841 사회복지기능(social welfare function)
사회복지의 기능이라 함은 사회복지의 목적을 효과적으로 실현하기 위한 노력, 즉 제도로서의 역할을 말한다. 따라서 사회복지의 목적에 대한 이해 여하에 따라 기능의 내용은 달라진다. 사회복지의 목적이 경제시장이나 자신의 가족에 의해 생활요구를 충족시킬 수 없는 특별한 악조건 하에 있는 개인에 대하여 생활요구를 충족할 수 있게 함에 있다고 규정짓는다면 사회복지의 핵심적 기능은 보호서비스의 제공에 있다. 이에 대해 생활자로서의 모든 국민이 사회제도를 이용함으로써 사회생활상의 요구를 충족시킬 수 없을 때 그 사회관계의 곤란을 문제 당사자가 자주적으로 해결할 수 있게 원조하는 것이라고 사회복지의 목적을 규정짓는다면 사회복지의 기능은 다음과 같이 복잡하다. ① 평가적 기능 : 사전평가와 사후평가로 나누어지는데 사전평가는 복지적 원조의 시초에 필요한 사회자원과 현실적으로 가능한 해결, 방법 등을 문제 당사자가 발견하도록 원조하는 것이며, 사후평가라 함은 원조 종료 시 또는 일단락되었을 때 지금까지의 문제해결 과정을 반성하며 효과판정, 결정, 미래예측 및 개선책 같은 것을 문제 당사자와 더불어 검토하는 기능이다. ② 조정적 기능 : 생활자로서의 그 개인이 갖는 다수의 상호관계가 서로 모순되지 않도록 개인, 가족, 제도적 기관에 작용하여 개인이 사회관계를 잃지 않도록 원조함과 동시에 지역사회에 있어서 각종 생활관련 시책운영이 생활자로서의 주민의 입장에 의해 제어될 수 있는 제도를 실현하는 기능이다. ③ 송치적 기능 : 모든 국민이 사회생활상의 요구를 충족하기 위해 적당한 제도나 자원을 선택하여 그것을 건설적으로 이용할 수 있게 원조하는 기능이다. ④ 개발적 기능 : 생활자로서의 국민이 갖는 문제해결 능력의 잠재적 가능성을 찾아내어 그것을 발전시켜 나갈 수 있게 원조하는 기능인데 이것은 개인에게도 또 집단에게도 적용될 수 있다. ⑤ 보호적 기능 : 이상의 네 기능에 의해서도 역시 그 생활상의 요구 충족이 이루어지지 않는 개인에 대하여 그 사회관계를 보호하는 서비스를 제공하나 동시에 1~4의 기능을 병행시키지 않으면 안된다.

ㅅ

1842 사회복지 모니터 활동
(social welfare monitoring activity)
일본에서 1967년에 민생위원 제도 50주년기념 전국 민생위원아동 위원 대회에서 결정한 민생위원 아동위원의 활동 강화요강에서 취급된 중점 활동의 하나이다. 민생위원이 지역사회의 생활문제를 신속히 발견하고 통보하는 사회복지 모니터로서 활동을 조직적으로 추진하려는 것이다. 매년 특정관계를 설정하여 전국이 일제조사를 하거나 메뉴 방식의 조사를 행함으로써 복지 대책의 측정에 영향을 주고 있다. 과거 10년간의 주요한 전국적 조사에는 기동불능노인(1968년), 노인의 보건과 의료(1971년), 임산부의 보건과 생활(1972년), 노인 케어(1977년) 등 4개가 있다.

1843 사회복지법인(social welfare juridical person)
사회복지사업을 행하는 것을 목적으로 사회복지사업법에 정해진 바에 따라 설립된 법인으로 보건복지부장관의 인가를 얻어 설립등기에 의해 사회복지사 설립되는 특수한 공익재단 법인이며 목적사업에 관해서는 면세이다.

1844 사회복지사(social worker)
사회복지사는 사회복지사업법 제5조와 동시행령 제11조에 의거 보건복지부장관이 사회복지사업에 관한 전문지식과 기술을 가진 자에게 교부하는 자격이다. 사회복지사 1급, 사회복지사 2급, 사회복지사 3급으로 구분하여 자격증을 발급하며, 이들은 사회복지를 위하여 헌신 봉사하고 맡은 바 책무를 성실히 수행해야 한다. 종전의 사회복지 종사자 자격증을 취득한 자는 1985년 2월 말일까지 사회복지사 자격기준에 따라, 해당 등급의 사회복지사 자격증을 교부받아야 했다. 사회복지사 1급은 국가고시자격제도로 시험을 통과해야만 하고, 그 이하는 일정교과목만 이수하면 자격증이 지급된다.

1845 사회복지사업(social welfare service)

협의로 사용할 때는 사회복지사업으로 사회복지사업법 제2조에 열거된 것만을 포괄적으로 표시한 말이다. 따라서 이 속에는 법무부 계통의 갱생보호사업 등은 포함되지 않는다. 광의의 사회복지사업은 사회복지를 목적으로 하는 사업으로 사회복지사업이라고 할 때는 광의의 용법에 의한 것이 많다. 다만 광의의 것도 협의의 사회복지사업을 중핵 부문으로 하여 성립된 것이 명확하다. 복지라는 말의 역사는 오래지만 사회복지사업이란 용어가 일반화된 것은 사회복지사업법이 제정되고 나서부터라 볼 수 있다. 이 사회복지사업은 그 본질적 내용이 종래의 사회사업과 크게 다른 것은 아니지만, 예방적인 면과 적극성을 중시하고 강조했다는 점에서 차이가 있다. 오늘날 제도로서의 사회복지를 그 기능면에서 서비스의 체계로 포착할 때 사회복지사업으로 표현하는 경우가 비교적 많다.

1846 사회복지사업법

사회복지사업에 관한 기본적 사항을 규정하기 위한 법률(전문개정 1997. 8. 22. 법률 제5358호). 사회복지사업에 관한 기본적 사항을 규정하여 사회복지를 필요로 하는 사람의 인간다운 생활을 할 권리를 보장하고 사회복지의 전문성을 높이며, 사회복지사업의 공정·투명·적정을 기함으로써 사회복지의 증진에 이바지함을 목적으로 한다. 국가와 지방자치단체는 사회복지를 증진할 책임을 진다. 복지업무에 종사하는 사람은 그 업무를 행함에 있어서 사회복지를 필요로 하는 사람을 위하여 차별 없이 최대로 봉사해야 한다. 특별시·광역시·도 및 시·군·구에 사회복지위원회를 둔다. 시장·군수·구청장은 읍·면·동단위에 복지위원을 위촉할 수 있다. 보건복지부장관은 사회복지에 관한 전문지식과 기술을 가진 자에게 1·2·3급의 사회복지사의 자격증을 교부할 수 있다. 사회복지법인 및 사회복지시설을 설치·운영하는 자는 사회복지사를 채용해야 한다. 시·도, 시·군·구 및 읍·면·동에 사회복지전담공무원을 둘 수 있으며, 복지사무를 전담하는 기구를 설치할 수 있다. 국가는 매년 9월 7일을 사회복지의 날로 하고 사회복지의 날부터 1주간을 사회복지주간으로 한다. 사회복지법인의 설립에는 보건복지부장관의 허가를 받아야 한다. 법인은 목적사업의 경비에 충당하기 위하여 법인의 설립목적 수행에 지장이 없는 범위 안에서 수익사업을 할 수 있다. 전국 단위의 한국사회복지협의회와 시·도 단위의 시·도사회복지협의회를 둔다. 국가 또는 지방자치단체는 사회복지시설을 설치·운영할 수 있다. 국가 또는 지방자치단체 외의 자가 시설을 설치·운영하고자 하는 때에는 시장·군수·구청장에게 신고해야 한다. 시설의 운영자는 화재로 인한 손해배상책임에 대비하여 책임보험에 가입해야 한다. 시설의 장은 시설에 대하여 정기 및 수시로 안전점검을 실시해야 하며, 상근해야 한다. 각각의 시설은 수용인원이 300인을 초과할 수 없다. 보건복지부장관 및 시·도지사는 시설을 정기적으로 평가하고 필요한 조치를 할 수 있다. 후원금은 수입·지출 내용과 관리에 명확성이 확보되어야 한다. 사회복지사는 법인으로 한국사회복지사협회를 설립한다. 보건복지부장관, 시·도지사 또는 시장·군수·구청장은 사회복지사업을 운영하는 자에 대한 지도·감독을 한다. 5장 58조와 부칙으로 되어 있다.

1847 사회복지사윤리강령

윤리강령(code of ethiecs)은 전문직(profession) 성립의 조건으로 전문직단체가 그 중핵적인 가치관을 명문화해서 스스로가 향할 자아상, 자기의 책무, 최소한의 행동준칙 등을 들어 자기규제의 기준을 제시한 것이다. 그 기능으로서는 가치지향적 기능, 교육·개발적 기능, 관리적 기능, 제재적 기능을 들 수 있다. 사회복지사 윤리강령은 사회복지사협회에서 제정하여 그 회원인 사회복지사가 준수토록 하는 것을 말한다. 현재의 사회복지사 윤리강령은 1993년 개정된 것으로 전문에는 사회복지의 이념과 사회복지사의 사명을 밝히고 이를 달성하기 위해 사회복지사가 준수해야 할 준칙들을 10개의 조문으로 명시하고 있다.

1848 사회복지시설의 기능

사회복지시설의 역할, 기능은 사회복지의 역사적 발달과 함께 변화해 왔다. 사회복지의 발전이 아직 충분하지 않은 시기에 사회복지시설은 주로 가정에서 요양·개호 등이 가능하지 않은 사람들을 수용해 가족기능을 대체, 보충하는 역할, 기능을 갖고 있었다. 현재는 사회복지시설 특히 입소시설이 가족을 대체하여 생활의 장을 제공하는 것만이 아닌 치료, 훈련, 재활 그 외 전문적 원조기능을 갖고 있다. 그 외에 입소시설기능의 지역개방, 시설을 중심으로 한 통원 혹은 이용시설 등의 중간시설(intermediate facility)이 증가하는 경향이 보여지고 있다. 사회복지욕구의 변화, 복지처우의 이념 및 방법의 변화로 사회복지시설기능은 변화해 가고 있으며 그것은 또 새로운 사회복지시설을 발생시킨다.

1849 사회복지시설의 노동조건관리

사회복지시설의 운영관리에 있어 불가피한 조건은 직원이다. 직원이 의욕을 갖고 창조성을 발휘하여 그 기능을 충분히 산출하느냐의 여부에 따라 시설운영의 효율성을 크게 좌우된다. 그 때문에 시설목적을 자각하고 역할의 목적의식성을 높이는 동시에 능력을 충분히 발휘할 수 있도록 노동조건의 정비가 필요하다. 노동조건 중에서 직원배치와 급여, 노동시간이 기본이지만, 휴일, 휴가 근무체제, 안전위생, 복리후생의 조건도 중요하다 하겠다. 이들 노동조건을 적절히 보장하고 직원의 노동력을 보전해 직원이 근로의욕을 갖도록 하는 역할이 노동조건관리이다. 그를 위해서는 노동조건의 수준명시와 그의 준수, 점검, 조정, 개선의 기능이 행해져야 한다. 그 노동조건의 기준을 법제적으로 나타내고 직원의 노동조건확보를 목적으로 하는 것이 조례기준법이고 이의 준수는 노동조건관리의 기본이다.

1850 사회복지시설의 업무관리

시설의 업무는 처우실천으로 이는 시설목적을 실현하는 구체적인 봉사로 시설활동의 중심이다. 그 업무관리의 위치는 계획, 실천, 평가에 미치는 업무과정의 통괄과 점검을 행하고 실시하도록 지도, 원조, 조정, 업무분담과 업무조직화가 잘 이루어지도록 점검. 개선 및 재편성하는 역할이다. 이를 위한 업무과정의 분석이나 업무분석은 중요한 방법이다. 또한 업무의 대인적, 정신적 성격은 업무실시과정에 둔지시, 명령보다도 목적과 계획의 자각을 통해서 동기를 갖는 것이 중요하고, 자율적 판단과 창의력을 개발해 의욕적으로 할 수 있도록 업무운영을 요구하고 있다.

1851 사회복지시설의 운영관리

20세기 초 미국에서 공장, 기업의 경영관리방법을 사회복지시설에 적용함으로써 각 국가에 시설의 분류수용이 정착했다. 사회복지시설의 운영관리는 시설의 목적을 달성하기 위한 활동의 과정과 그 과정이 효과적으로 전개되기 위한 조건인 효과적 운용의 방법을 포함한 개념이다. 사회복지시설이 그 목적을 실현하기 위해서는 생활의 조건을 정비하고, 구체적인 원조를 실시하는 것이 처우실천의 업무이다. 업무의 전개는 시설목적 및 이용자의 욕구에 따라 처우목표계획을 입안하고 실천해 평가하는 관정이다. 처우계 사회복지시설의 운영방침계획에 의한 업무가 양적. 질적으로 정해져 업무가 조직화되고 직원 조직이 형성되어 업무가 수행되지만 그것이 효과적으로 행해지기 위해서는 직원배치, 직원의 질적 조건, 직원의 노동조건, 건물, 설비, 재원, 지역자원 등을 적절히 조달, 정비하고 업무과정, 조직, 조건을 총괄해 지도·수정하는 기능과 방법이 중요하다.

1852 사회복지시설의 운영방침

사회복지시설의 운영관리의 기본은 시설목적으로 이용자의 욕구에 의한 처우목표이지만 그것을 실현하기 위한 운영관리활동 중에서 구체적인 계획입안과 그 외 실시에 따른 계획의 기본방향, 조직방식과 조건정비, 조달방식, 운영방법 등의 방향을 제시해야 한다. 이들의 방향(의지, 지침, 전망)이나 사고방식이 운영방침이고 업무전개과정을 구체적으로 전개시키는 기본적 의사이다.

1853 사회복지시설의 인사관리

인사관리는 노동조건관리와 함께 노무관리의 중심적 기능이다. 인사관리는 직원의 채용, 배치, 육성, 작업환경의 정비를 통해서 직원이 의욕을 갖고 업무에 전념할 수 있도록 체제를 조정하는 것을 말한다. 직원조직전체의 상황파악과 평가에 따른 채용을 합리적으로 하고 교육훈련을 실시하여, 업무분석 및 적정한 인사고과에 반영해 배치전환, 승진·승격을 실시하고 인간관계의 조정을 하는 등 다양하고 중요한 기능을 담당한다.

1854 사회복지시설의 재무관리

사회복지시설의 운영 관리 중에서 직원과 함께 중요한 것이 재원이다. 재정기반이 확립되어 있지 않으면 직원확보 및 정착과 보장이 불가능하다. 재무관리는 시설목적과 업무계획을 기초로 한 재원조달, 예산 관리, 재무 분석, 진단을 포함한 기능이다. 재원에 관해서는 종래 조치비로서 국가와 자치단체에 의해 보장되어져 왔기 때문에 재원조달의 필요성은 낮았으나, 조치비의 국가부담할당에 따른 재원조달의 과제는 커지고 있다. 공영시설인 사회복지법인 경영시설에 대해서는 건축. 개축비나 지역욕구에 따른 사업의 적극적 전개를 감안할 때 재원의 조달은 무시할 수 없다. 다음으로 예산관리는 목적과 계획에 따른 예산의 작성과 집행, 결산과정의 통제, 지도이다.

1855 사회복지시설의 직원집단

시설의 업무운영을 직접적으로 담당하는 자는 직원집단이다. 이용자 욕구의 다양화로 시설업무는 다양하고 총괄적이다. 다직종의 직원이 조직적인 집단으로 협동해 업무를 총괄적으로 충족시켜 이용자 욕구를 만족시켜 준다. 또 처우가 계획적·통일적으로 실천되어야 하고 교체제 근무에 있어서도 동일한 목적과 동일한 이념에 의해 협동한다고 하는 직원집단의 인식이 중요하다.

1856 사회복지시설의 처우

아동, 모자, 장애인, 노인복지시설 등의 사회복지시설은 각 연령 대상자 층의 다양한 욕구에 대응해 각 시설 고유의 기능을 가지고 서비스를 제공하고 있다. 그 서비스는 일상생활양호를 기본으로 케이스워크, 그룹워크, 상담 등 사회복지고유의 기술서비스로부터 시작해 OT, PT, ST나 심리요법, 치료 등의 치료서비스, 사회복지시설기능의 목표개념인 가정·사회에서의 정상생활에의 복귀를 원조, 촉진하는 사회적 재활서비스에까지 이른다.

1857 사회복지시설의 체계

사회복지시설은 생활보장법에 의한 보호시설, 노인복지법에 의한 노인복지시설, 장애인복지법에 의한 장애인복지시설, 아동복지법에 의 한 아동복지시설, 윤락행위 등 방지법

ㅅ

에 의한 직업보도시설, 모자복지법에 의한 모자복지시설 등이 있다. 사회복지시설은 각각의 목적, 기능이 세분되고, 그 종류는 다양하다. 이들 시설은 그 기능에 따라 입소시설과 통원시설로 구별된다. 최근 재가복지서비스가 중시되는 경향이 보여 통원시설의 증가가 두드러지고 단기거주(short stay) 입소시설의 일부 통원화 경향이 보이고 있다.

1858 사회복지시설의 후원회

사회복지시설을 경영, 운영하는데 있어서 경영조직의 이사회, 관리조직과 업무조직을 포함한 시설운영기구가 있지만 후원회는 그 양자에 대한 역할을 갖고 각각의 조직·기구의 일부로 되어 있다. 현재 경영조직에 둔 역할로서는 재정원조가 크고, 이사회운영에 대한 역할은 작다. 또 시설운영에서 처우운영에 대한 원조역할이 기대되지만 현실적으로 역할이 적다. 앞으로는 재정적 원조만이 아닌 운영전체에 대한 역할이 기대되며 주민의 시설운영참여의 형태도 중요하다.

1859 사회복지의 경영주체

경영은 그의 기관, 시설운영의 최고방침에 관한 결정, 중요인사, 운영감사를 총괄한 개념이지만 사회복지사업에 목표를 둔 공영시설에서는 국가나 지방공공단체의 장을 보좌하는 시설장이, 민간시설에서는 이사회와 그의 영향 아래 있는 시설장이 운영주체로서 활동한다. 특히 대인서비스를 중심으로 하는 사회복지사업에서는 경영을 단지 기술적 개념으로서 기계적으로 받아들이는 것이 아닌 종사자와 수익자가 생활공동체형성을 목표로 하고 경영참가의 방향을 존중하는 것으로 보는 경향이 높아지고 있다.

1860 사회복지의 계획

→ 사회복지 계획

1861 사회복지의 권리주체

사회복지는 국민의 기본적 인권옹호에 따라 전인적 인간의 통일적 인격 확립을 지향하는 활동인 점에서 그 정책입안과 운영에 둔 권리 주체는 언제나 지역주민이다. 따라서 사회복지 성립과정에서의 자본이해, 그것과 결부된 관료지배에 의한 관료주의적 복지행정의 경향은 행정권이 주민의 사회권을 억압한 상황을 발생시키기 때문에 민주화수준의 향상을 형성하고자 복지행정에 대한 주민참가운동이 활성화되어야 한다.

1862 사회복지의 대상

사회복지의 대상은 한마디로 생활 곤란이라 할 수 있다. 그 주된 대상은 다음과 같다. 생활보장대상자나, 그 가족으로 현금·현물 이외에 가정불화, 소득원부족, 자립의욕저하, 사회 심리적 취약성, 편부·편모가정 등으로 가정기능이 약화 내지 해체되어 빈곤의 악순환이 예측되는 가정과 주민, 생활보장대상으로 책정되어 있지 않으나, 가정불화, 직업, 의료, 자녀교육 문제 등으로 인해 생활보장대상자로 전락하거나 또는 빈곤의 악순환이 예측되는 가정과 주민, 특수문제 가정으로서 빈곤문제 이외에 심신 장애인문제, 가정갈등문제, 비행문제, 노인문제 등으로 가정의 결속력과 사회대처 능력이 저하되는 가정과 주민, 직업·부업훈련 및 알선의 필요성이 있는 가정과 주민, 유아보호 및 교육의 필요성이 있는 가정과 주민, 일반 지역주민으로서 생활정보·교양교육 및 주민결속력 강화를 필요로 하는 주민과 불우가정 등이다.

1863 사회복지의 보충성

생활에 관련된 공공시책이나 제도의 부족 또는 결함을 사회복지 서비스로 보충하는 것을 말한다. 대체적 보충 – 사회보장제도의 미발달이나 결함을 보충하기 위해 사회복지가 빈곤자에게 최저생활에 필요한 금품 등의 서비스를 제공하는 경우에 사회복지는 사회보장을 대체한다고 한다. 특수서비스에 의한 보충 – 생활관련 시책이 어느 정도 정비되어 있어도 특수조건을 가진 소수개인은 그 서비스에 해당되지 않는 경우가 있다. 사회복지는 이같이 누락된 사람들에게 특수한 서비스를 제공한다. 예를 들면, 일부 중증장애인 복지시설 등이 여기에 해당한다. 사회복지 고유의 기능에 의한 보충 – 분업화된 전문가에 의해 운영된다. 모든 생활관련 제도는 이것을 이용하는 개인의 생활조건 전체에 대하여 맹목적이기 때문에, 제도의 이용효과를 높이기 위해서는 사회복지 고유의 기능으로서 전체적·주체적 원조라는 사회복지의 실시 주체관점에서 보충되지 않으면 안된다. 예를 들면, 의료복지 등이다.

1864 사회복지의 실시계획

사회복지기관이나 시설에서 목표달성을 위해 책정된 계획을 구체적으로 실시하기 위한 실행계획을 말한다. 이는 구상계획, 과제계획에 이어지는 계획단계이며, 언제 누가, 어디서, 무엇을, 왜, 어떻게 진행하느냐의 소위 6하 원칙을 명확히 하는 것이 기본이다. 실시계획의 수행에는 유연성을 갖도록 하며 또 평가에 따라 계획의 변경이나 불확정요인에 대처하는 체제 확보가 필요하다.

1865 사회복지의 실시주체

사회복지 관계법에 따라 사회복지정책의 실시를 담당하는 주체는 국가, 지방자치단체 및 민간단체 등이 된다. 사회복지 실시주체자는 사회복지 근대화의 시대적 요청에 의하여, 사회복지 수요자(client) 및 주민본위의 운영, 지역사회 전체의 사회적제 요인의 통합적 관점, 전문직 처우의 고도화를 관리목표로 하여, 그 활동의 진행 관리, 내부 감사, 정보처리를 엄격히 하여 그것에 적합한 기동적 운영을 도모하기 위해 동태적인 조직의 확립과 그것에 필요한 직원의 육성에 노력해야만 한다. 관리체계의 확립과 능력개발을 위한 운영에는 집중적 관리와 분산적 통제의 균형이 필요한데, 사회복지의 실시주체가 공영적 성격을 더함에 따라 민간기업이 지닌 합리성이나 진보성에 뒤떨어지는 매너리즘이 발생하기 쉬운 면도 지적된다. 그래서 공립 민영조직을 육성하여 공영과 경쟁시키는 것이 필요하다는 주장이 생겼다.

1866 사회복지의 조직화

사회복지욕구의 발견과 설명이나 자원의 조정과 개발, 그리고 집단 활동의 조직화를 행하여 사회복지시설은 물론이고 다른 제도적 기능의 전문가와 일반주민, 또는 사회복지서비스 대상자가 함께 협동적인 대책행동을 취하도록 원조하는 것이다.

1867 사회복지의 조치

사회복지관계 법령에 근거하여 행정권한, 행정책임을 발동하기 위해 행정권한을 가진 자가 서비스의 필요성을 선별, 결정하여 사실행위를 발생시키는 것이다. 또는 그를 위한 공비부담행위를 가리킨다. 협의로는 사회복지시설의 입소결정과 그 계속 등에 대해 사용된다. 조치의 개념은 그 결정, 변경·해체 등의 수속이나 조치에 의해서 발생되는 권리성의 구체적 구조에서 문제로 된다. 따라서 사회복지의 조치는 광범한 정책노력이나 예산조치를 전제로 하진 복지서비스의 급여를 위한 동의, 신청 등에 입각하여 금전의 급여, 복지서비스(사실행위)의 급여내용의 결정 등 이들 행정행위를 중심으로 인식된다. 대개의 경우 복지서비스의 대부분은 사회보장제도적 국가운영에 따르기 때문에 개개의 권리가 법령에 근거하는 조치로서 결정되고 있다. 그만큼 권리성은 명확하나 입법 상으로는 집권주의나 임의규정인 경우가 많고 수속에 관한 규정(생활보장에 관한 규정은 예외)도 애매한 것이 많다. 따라서 일본은 대부분 행정 불복 심사법의 수속에 넘겨지고 있다.

1868 사회복지의 주체
(primary aspect of social welfare)

사회복지는 사회생활상의 기본적 욕구를 충족시키고 또는 사회관계의 부조적 현상을 극복, 예방하여 기본적 인권을 옹호하려고 하는 공사의 사회활동의 총체를 의미하는데 그것은 정책주체, 실천주체, 운동주체의 세 구성체에 의해 추진된다. 주체란 타인에 대해 자기의 의사를 펼치는 행동의 장본인을 말하는데 사회복지 주체의 목표나 설정은 사회복지의 행동의사를 실현하는 국가 및 지방 공공단체, 민간단체 및 지역주민이라고 하는 각기 다른 입장에 따라 그 기조를 달리한다.

1869 사회복지의 처우

처우는 대상자의 취급이나 대우방법을 결정하는 것을 의미한다. 사회복지에는 사회복지에 종사하는 직원의 처우와 사회복지서비스를 이용하는 대상자(client)의 처우 등 두 가지 사용법이 있으나, 주로 후자의 의미로 많이 사용된다. 복지서비스 이용자의 처우는 분류기준에 따라 여러 가지로 나뉜다. 예를 들면, 직접처우와 간접처우, 시설처우와 재택처우 또는 거택처우, 개별처우와 집단처우, 단독처우와 공통처우, 가시적 처우와 불가시적 처우 등이다. 어떤 처우법을 채택하는가는 케이스의 상황에 따라 정확한 사회진단에 근거하여 결정된다. 또 처우는 언제나 좋은 사회사업가·클라이언트 관계를 기초로 전개되지 않으면 안된다.

1870 사회복지의 날

국가는 국민의 사회복지사업에 대한 이해를 증진하고 사회복지사업종사자의 활동을 장려하기 위하여 매년 9월 7일을 사회복지의 날로 하고 사회복지의 날로부터 1주간을 사회복지주간으로 한다. 또한 2000년 9월 7일부터 매년 동일에 사회복지의 날 기념식을 갖는다.

1871 사회복지 전달체계
(social welfare service delivery system)

사회복지서비스를 구체적으로 추진하고 실천하기 위해 필요한 자원을 조달, 배분하여 서비스를 실시하는 조직체계를 의미한다. 이 체계는 여러 구성요소로 이루어진다. 즉 서비스자원에는 인력, 시설이나 기기, 재원, 지식·정보 등이 속하고 이들 자원을 조합하여 서비스가 조직화된다. 따라서 사회복지공급은 서비스의 직접공급수준, 자원개발과 조달수준, 재원조달수준으로 나눌 수 있다. 사회복지의 공급체계는 각각의 수준특성에 대응해 중앙정부, 지방자치단체, 전문직 집단, 기업 등의 다양한 주체와 기관, 조직이 관련 사회복지 정책되어 있다. 이것을 유형화하면, 먼저 사회복지서비스가 공공적으로 제공되느냐, 자발적 혹은 사적으로 제공되느냐, 또 공공적 경우에서도 행정이 직접 서비스를 제공하느냐, 행정의 인가에 의한 민간단체가 행정책임의 위탁계약에 의해서 제공하느냐로 대별된다. 그리고 사적서비스 제공의 경우에도 시장적 서비스의 제공과 지역사회를 형성하는 시민참가에 의한 서비스 제공으로 대별되어지는데 이것들이 서비스 전달유형을 이룬다.

1872 사회복지 전문요원

사회복지업무의 효율적 추진을 위해 지방자치단체의 장이 사회복지사 자격을 갖춘 사람 중에서 선발, 저소득층 밀집지역의 행정기관에 배치한 지방공무원. 주요 업무로는 생활보장대상자를 조사하는 것을 비롯하여 보호금품 지급과 생계보호, 직업훈련, 생업자금융자, 취업알선 등의 자립지원, 개별 상담 및 사후관리, 생활보장대상자를 위한 후원 금품이나 후원자 알선 등이다. 1987년부터 신규 임용되기 시작했다.

1873 사회복지전문직(social welfare profession)

사회복지 전문직의 개념이나 성립조건에 관한 연구를 정리해 보면 다음의 7가지 조건이 유출된다. 즉 고도의 이론적 체계, 전달 가능한 기술, 공이익과 복지목적, 전문직 단체의 조직화, 전문직으로서의 자율성과 그것을 지시하는 윤리강령, 전문직으로서의 하위문화 그리고 최종적으로 필요한 학력·시험 등으로 증명되어진 능력, 자격과 그에 대한 사회적 승인이다. 그러나 아직까지는 이와 같은 엄밀한 의미로서의 사회복지전문직은 아직 성립되기 어렵고, 자격의 법적근거도 직종에서 차이가 있다.

1874 사회복지정보(social welfare information)

사회복지정책형성이나 제도운영 혹은 현장 실천이 수행되는 과정에 서는 각각의 직무수준에 따른 여러 정보가 필요하게 된다. 첫째, 현장 실천의 수준에서는 사례처우에서 사례의 욕구정보가 중요하고, 욕구 충족을 정확히 파악해야 한다. 둘째, 제도운영수준에서는 제도이용자 에 관한 욕구정보, 서비스이용요건에 관한 정보, 서비스의 실시상황이나 서비스 자원상황 등에 관한 정보가 필요하다. 셋째, 정책 내지 계획책정의 수준에서는 사회복지욕구에 관한 질. 양의 예측, 혹은 서비스자원의 필요 조달량에 대한 정보 등이 중요하다. 이같이 사회복지의 각 수준에서 활동에 필요한 정보를 체계적으로 수집, 가공, 관리하는 것이 중요하기 때문에 이러한 일련의 과정을 취급하기 위한 사회복지정보 개념의 확립필요성이 요구되고 있다.

1875 사회복지정보센터

사회복지정보의 수집·가공·관리·제공의 일련과정을 전문적으로 담당하는 조직·기관이다. 그동안 사회복지관련 정보의 생산과 축적은 확대되어 왔으며 그 양은 매우 큰 것이므로 사회복지관련 정보를 분산 관리하는 것은 비능률적이고 중요한 정보의 누락도 있을 수 있기 때문에 사회복지 정보기능을 독립적으로 조직화하는 동향으로써 사회복지정보센터 등의 필요성이 대두되고 있다.

1876 사회복지정책(social welfare policy)

광의로 사용되는 경우는 광의의 사회복지와 같은 의미를 가지며 정책적 성질을 강조하는 경우에 사용된다. 협의의 경우에는 사회사업 또는 협의의 사회복지로의 국가 자치단체의 정치적 배려 및 정책을 의미하는 것으로 사용된다. 어느 것이나 민간 활동에서 비롯된 자선 사업이 사회사업으로 바뀌어져 자본주의의 고도화로서 국가 또는 자치단체가 국민, 주민의 복지를 중시한다고 하는 정치 자체의 변화 가운데 출현한 것이다. 원래는 민간사회사업에 관한 통제, 관리, 지도, 조성을 시작으로 하여 사회사업의 공영화, 국영화의 진전을 도모하였다. 오늘날에는 사회복지시책, 계획전반을 국가 또는 자치단체가 입법, 행정, 재정에 대한 지도 및 계획을 한다고 하는 적극적인 입장에 있다. 이러한 역사적 전개에 대응해 용어도 협의에서 광의로 이행해 가고 있다.

1877 사회복지정책의 구성요소

사회복지정책의 목적을 달성하기 위해 필요한 사회자원을 조달하고, 조직 및 제도의 유지 내지 개선을 행하는 것이지만, 사회복지의 정책운영상의 과제이다. 이 같은 입장에서 사회복지정책은 조작 가능한 체제로 보여진다. 즉 사회복지정책은 파악되어진 사회복지욕구의 충족상황인 사회복지목표의 체계와 그 목표를 달성하기 위한 시책의 체계화에 따라 구성되어진다. 시책의 체계는 사회복지 개개의 목표로 구성되지만, 그 내용은 서비스 이용자에 대한 직접서비스의 제공, 서비스 제공에 필요한 인적·물적 그리고 이들 시책을 실시하고 추진하는 수단으로서 서비스 실시의 대상요건, 서비스의 질적·양적 수준, 요원배치, 시설수준 등의 최저기준, 재정적인 규정으로서의 조치, 위탁비나 보조금 수준 등이다.

1878 사회복지정책의 목표설정

사회복지의 목적은 이념 및 가치판단과 결합된 것이 많아 그 내용은 추상적, 일반적이다. 그런데 목적이 추상적, 일반적이면 이 목적수행을 위한 정책실현은 여러 가지 문제를 발생하기 때문에 목적을 먼저 명확히 하고, 이를 구체적으로 달성해나갈 세분화된 목표가 필요하다. 그러나 사회복지정책을 보다 현실적, 유효적으로 이끌어가기 위해서는 이러한 것 외에 절차에 관해서도 연구할 필요가 있다.

1879 사회복지정책의 주체

사회복지의 목적과 수단을 결합하여 복지목적을 달성하는 수속을 사회복지정책이라 부르는데, 이 정책을 전개하는 기동력의 근원이 누구에게 있는가 하는 것이 정책주체의 문제이다. 국가 및 지방자치단체는 국민의 최저생활보장과 생활향상에 공적책임을 지는 입장에서 사회복지의 정책주체로서 복지계획의 입안과 집행을 행정관리의 과제로 한다. 지역주민은 이러한 정책주체에 대해 국민의 사회권을 들어 사회행동(social action)으로 적극적으로 정책수립에 참가하려 한다. 정치가 자본 이해에 편향하고 지역사회의 주민생활 실태로부터 유리하면, 관료주의에 빠져 정책주체를 향한 민주화 투쟁이 불가피하게 된다.

1880 사회복지정책의 책정과정

사회복지정책도 다른 정책현상과 같이 공공적 의사결정의 대상이다. 즉 사회복지에 관심과 이해를 갖고 있는 시민계층, 단체, 조직의 영향을 받아 정당, 정부, 행정기관, 입법부 등이 제반정책 우선순위 결정과정에 이를 반영해 결정해간다. 정책결정의 내용으로서 제도의 창설이나 제도개선 제도운용의 개선, 예산편성을 통한 제정조치의 책정 등이 주어진다.

1881 사회복지정책의 효과측정

사회복지정책의 당초 정책목표달성도를 아는 것이 효과측정의 목적이다. 이를 위해서는 효과측정을 위한 기준과 방법의 측정모델 개발이 불가피하다. 사회복지의 이념인 자립과 통합 그리고 정책평가기준으로서의 서비스효과, 효율, 공평성, 접근성, 권리성 등의 개념을 사회복지욕구 및 공급체계의 구성요소에 적용해 조작적인 지표를 구성하고 측정해야 한다. 더 나아가 사회복지정책의 효과측정은 그것만으로 부족하여 효율측정이 뒤따라야 한다. 사회복지에서 수행결과의 측정부분은 가장 미진한 부분이며 후에 개척이 도모되어야 할 영역이다.

1882 사회복지조사(social welfare research)

일정사회 혹은 사회집단에서의 사회복지현상을 현지조사(field work)에 의하여 관찰하고 기술하고 분석하는 과정으로서 사회복지학은 물론 사회학에 데이터를 제공하며 국가의 사회복지 정책결정에도 크게 이바지하고 있다. 이러한 사회복지조사는 사회복지방법론 중의 하나이며 보조수단으로 중요시 되고 있으며 사회복지학과 개설 대학에선 전공필수과목으로 이수하게 하고 있다.

1883 사회복지지표

사회복지에 관련한 여러 가지 측면, 제 활동의 성과를 나타낸 통계 데이터로서 목적의식에 의한 사회복지의 상태를 수량적으로 표시한 것이다. 각 계층별로 시책 및 수준, 평등화가 행해지고 있는가를 나타내는 것이 기대된다. 이 같은 지표는 사회복지의 방향인식, 사회복지의 상태평가, 장래의 예측, 공공당국의 계획책정에 활용된다. 구체적으로는 사회복지에 관련한 지표를 체계적으로 정비, 축적해 그 정책목표를 지표로 표시하고 미니멈 수준에서의 괴리를 나타낼 필요가 있을 때 이용된다.

1884 사회복지행정(social welfare administration)

사회복지행정은 사회복지와 행정의 복합어로 행정은 관리, 경영, 운영 등과 그 밖의 여러 가지 의미로 사용되고 있으며 단체나 조직에서 필요로 하는 기능이다. 사회복지행정의 발전과정을 보면 하나는 일반경영이론에 기초를 두고 시설관리론으로서 발전한 것과 다른 하나는 행정이 비대화하여 사회복지분야에 영향을 미치고 국민의 생존권보장에 대한 국가의 책임이 높아져 국가에 의한 복지행정이 강화되기에 이른 것이다. 전자는 1910년대에 발전한 것으로 이른바 사회사업방법으로서 사회사업가의 양성. 훈련과 관련하여 사용되었고 또한 사회사업기관 및 시설의 관리행정이 주가 되고 있다. 후자는 대상자원조에 관한 사회적 제서비스가 다양하여 국가 또는 지방자치단체의 행정과 관련을 갖게 됨으로써 보다 광범위한 의미를 갖는 사회복지행정이라는 광의의 개념으로 사용되고 있다. 사회복지분야에 있어서 행정은 어떤 경우에는 사회복지단체. 기관(사회복지시설기관)의 활동전체를 지칭할 때도 있으나 일반적으로는 사회 복지와 그에 관련된 단체·기관 등이 갖고 있는 목적을 달성하기 위한 방법이나 수단의 선택과 그 목적을 달성하기 위한 과정의 효과적. 효율적 추진을 도모하기 위한 접근방법이다. 수단으로 이해할 수 있다. 사회복지기관. 조직 중 특히 사회복지시설은 시설입소자의 처우를 어떻게 하느냐는 사회복지에서의 처우실천의 관리, 운영이 그 중요한 과제가 되기 때문에 일반 행정과 구별되는 경우가 있다.

1885 사회복지 행정계획

헌법은 34조 2항에서 국가는 사회보장, 사회복지의 증진에 노력할 의무를 진다하고 이 수행을 임무로 하는 보건복지부를 설치했다. 또 보건복지부 소관 사무에 관한 것을 관례적으로 보사행정이라 칭하고 사회복지행정 또는 자치제로 사용되어지는 민생행정 등도 이와 거의 유사하다. 따라서 사회복지행정계획으로는 보건복지부가 상기의 헌법규정에 의해 적극적인 행정활동을 추진하기 위해 책정한 행정계획을 말하며 방침이나 구상의 종류도 포함한다. 그 내용도 다양하여 사회복지 행정전반에 대한 장기 구상에서부터 특정의 노인보건시설 설치계획, 또는 각 부국에 따른 부문계획도 포함되며, 사회복지 행정계획의 효율화에는 전반적 장기계획과 부문계획과의 정비 및 통합이 불가피하다.

1886 사회복지 행정기구

사회복지 행정기구는 사회복지 행정조직과 동의어로 사용된다. 일반적으로 행정은 복잡다기할수록 그 기획, 조정, 통합 기능이 중요하게 된다. 종래의 조직론에서는 전문화원칙에 의한 능률증진의 방향이 강조되어 왔으나 인간 대상의 행정기구는 단순히 전문화에 의한 특수성의 존중성 뿐만 아니라 전인적 인간을 통일적으로 처우하는 입장에서 그것을 보편성존중의 조직원칙으로 통합할 필요가 인식되기 시작하였다. 이때부터 관청에서의 수직적 행정에 대한 진지한 반성이 일어나고 있다.

1887 사회복지 행정사무

사회복지행정사무는 주민의 복지와 관련된 행정사무를 말한다. 일반적으로 행정사무는 주민의 권리를 보장하고 생활을 안전하게 하는데 목적이 있지만 주민의 권리를 제한하고 자유를 규제하는 등 권력의 행사를 수반하는 사무도 있다. 예를 들면 벌칙 기타의 규제규정이다. 즉 미성년자 및 정신병자의 보호·양호를 위한 규제사무, 각종 생산물·가축 등의 검사·규제사무, 폭력행위의 조치 등 경찰적 규제사무가 있다. 사회복지행정사무를 처리함에 있어서 주민의 생존권과 권리의무에 미치는 영향을 고려하여 신중히 수행해야 할 것이다.

1888 사회복지 행정조직

사회복지 행정조직은 조직의 목적과 정책 및 계획을 형성하고 수행함에 있어 사람들의 활동이 가장 효과적으로 이루어지는 관계가 수립되는 구조와 과정을 의미한다. 일반적으로 국민이나 주민에 대해 행정 사무를 행하는 국가는 지방자치단체의 행정사무담당자를 행정기관이라 하고, 다수의 행정기관이 계통 지워진 기구를 행정조직이라 한다. 행정기관 중에서 행정주체의 구속력 있는 행정의사를 결정하고 이것을 외부에 대해 표시하는 권한을 갖는 기관을 행정청이라 하며 행정청의 내부국실로서 그 행정의사의 형성결정을 보조하는 권한을 갖는 기관을 보조기관이라 한다. 또한 행정객체에 대해 표시된 사상을 실시하는 권한을 갖는 기관을 집행기관 또는 실시기관이라 한다. 모든 행정조직은 이들 삼개기관을 구성요소로 하며, 그밖에 행정청에 대해 자문에 응하거나 또는 자발적으로 의견을 진술하는 권한을 갖는 자문기관이 설치되는 경우도 있다.

1889 사회복지 행정지도

사회복지 사회봉사교환소 분야의 행정지도를 말하며, 일반적으로 행정지도란 행정기관이 그 소관 사무에 관해 상대방의 자발적 협력이나 동 조를 얻기 위해 유도함으로서 일정의 행정목적을 달성하려는 행위를 한다. 여기에는 상대방의 이익을 조장하는 것을 내용으로 하는 조성적 행정지도와 공익상의 장애발생예방을 내용으로 하는 규칙적 행정지도가 있으며, 실무상으로는 지도, 지시, 권고, 요망, 경고, 조언, 주의, 알선 등의 용어가 쓰인다.

1890 사회봉사교환소(social service exchange)

지역사회조직기관의 하나로서 주요하고도 믿을 만한 등록과 협동적인 서비스를 행하는 사회복지 및 보건기관의 연합체이다. 사회봉사안내소의 중요한 기능으로는 사회사업기관의 등록교환, 성원기관의 요청으로 개인 또는 가족에 대한 정보교환, 새로운 조사 때문에 전에 도움을 받은 성원기관에 대한 통지, 그리고 조사연구를 위한 자료공급 등이다. 이것은 사회사업기관으로 하여금 보다 효율성을 실현하게 하는 지역사회의 자원이요, 기관들로 하여금 팀웍(team work)을 할 수 있게 한다. 그 기원적인 것은 1876년 보스톤 등기소(Boston Registration Bureau)에서 찾을 수 있는데, 1919~1925년까지는 전미 사회봉사교환소 연합회가 결정되었다. 우리나라에서는 한 국사회복지협의회 산하에 사회봉사안내소를 두고 있다.

1891 사회부조(social assistance)

본래는 사회보험에 대비해서 사용되는 용어이다. 사회보장급여의 조직화는 기술적으로 사회보험과 사회부조로부터 이루어진다고 하는 경우에 사용되어지는 개념으로 공적부조에 가깝다. 사회부조 내지 공적부조는 급여의 수급요건으로서 자산조사(means test) 또는 소득조사(income means test)에 복종하는 것을 요하는 점에서 사회보험이나 공적 서비스(예를 들면 영국의 국민보건 서비스 등)와는 다르다. 또 각종 아동수당, 무갹출복지연금, 원호 등을 사회부조라고 칭하는 입장도 있어서 우리나라에서는 용어로서 확립되어 있지 않다. → 부조

1892 사회불안(social unrest)

사회불안은 개인과 집단, 조직, 계급 등의 내부나 상호관계 상황에서 발생하는 사회적 긴장이나 투쟁의 위계감정이다. 그리고 사회의 복잡화나 거대화 등에 의해 개인의 무력감이 확대되고 소속집단의 분화나 갈등 등에 의해 소속감이나 종속감이 약화되거나 상실되면 사회불안은 더욱 가중된다.

1893 사회사업(social work)

사회복지 정책과 제도의 체계에서 하나의 전문직으로 전개되는 실천 체계로서 사회복지의 기술론적 입장을 강조한 것을 말한다. 사회사업은 전통적으로 방법을 중심으로 발달해 왔으며, 이 방법들이 전문화해서 체계를 이룬 개별지도, 집단지도, 지역사회조직 등의 방법으로 구성되었다. 그러나 근래 이 같은 분화는 전문직으로서 불가결한 실천의 공통기반을 발전시켜 나갈 수 없게 한다는 비판과 반성아래 1960년대부터 새로운 실천모델을 개발하는 시도가 활발히 전개되어 왔다. 여기에는 특히 Bartlett, Pincus, Minahan, Compton 등의 시도가 괄목할 만한 것이다.

1894 사회사업가(social worker)

사회복지종사자의 일반적인 명칭으로 쓰여지고 있으나 국제적으로는 고도의 이론과 기술을 습득한 사회복지전문직에 부여되는 자격에 기초한 명칭이며, 일상적인 케어·워커(개호직원)와는 구별되고 있다. 종래 이 전문분야에서 케이스워커라던가 그룹워커로 호칭되던 사람들도 미국의 사회복지방법론의 통합화나 영국의 시봄보고서 이래 단일사회복지전문직(a single social work profession)으로서 사회사업가로 불리는 경향이 강해지고 있다. 다만, 다른 고전적 삼대전문직(의사, 변호사, 성직자)에 비교해 전문교육기간이 짧고(5년 이하), 생명·인권에의 관여도가 낮으며 자율성이 낮고 비밀 보장이 엄격하지 않은 점에서 간호사나 교사처럼 준전문직(semi profession)으로 보는 견해(A. 애치오니)도 있다.

1895 사회사업가의 개인개업(private practice)

사회사업가가 사회복지기관이나 조직체에 소속하지 않고 독립해서 클라이언트와 개인적 계약관계로 전문적인 원조활동을 하는 형태이다. 미국에서 비롯됐지만 사회사업가의 전문직화의 전개와 관련하여 1960년대에서 70년대 이후에 급증을 보이고 있으며 80년대에는 겸임과 전임을 포함하여 약 3만 명의 사회사업가가 종사하고 있다. 이와 같은 동향에는 찬반이 있으며 신중하게 평가하고 검토되어야 할 것이다.

1896 사회사업교육(social work education)
사회사업분야에 종사 또는 종사하려는 사람에게 실시되는 교육을 말한다. 사회사업분야에 종사하는데 필요한 지식과 기술을 체계적으로 배우고, 실천 활동에 응용하도록 하는 교육체제의 필요성은 오래전부터 인식되어 왔다. COS운동의 역사에서 그 단서를 볼 수 있으며 1989년 뉴욕의 하기강습 이후에 체계적인 커리큘럼도 정비되었다. 오늘날 전문직 재확립의 기초가 되는 것으로 미국에서는 대학원 과정에서 고도의 교육지도가 행해지고 있다.

1897 사회사업조사(social work research)
광의의 사회조사에 포함될 수 있으나 사회복지라는 특정영역의 대상에게 시행하는 조사이며 사회사업실천의 과정에서 사용하는 전문적인 방법의 하나이다. 일반적으로 사회조사와 구별되는 특징은 그 대상이 문제해결을 위한 공헌이 요청되고 조사결과가 사회복지실천, 정책, 프로그램계획의 입안 등에 직접적으로 관련되어야 한다는 점이다. 구체적으로는 지역사회의 욕구측정이나 사회사업실천의 효과 측정을 위한 조사 등을 들 수 있다.

1898 사회/사회적 서비스(social services)
단수로 표현되는 사회서비스는 협의의 개념으로서 사회사업 또는 사회복지사업을 말한다. 복수의 사회서비스도 같은 개념이나 광의의 개념으로 사용될 때가 많다. 영국에서 많이 쓰였으나 오늘날에는 미국에서 더 사용되어진다. 영국에서의 사회서비스는 사회보험, 소득보장, 의료보장, 공중위생, 사회복지로부터 주택, 교육의 일반대책까지도 포함하지만 비행, 범죄관계의 갱생보호사업은 포함되지 않는 것이 보통이다. 이것은 특히 이론적 근거가 있는 것이 아닌 역사적으로 보는 관용적인 용법이 일반화한 것이다. 따라서 이들 단어 가 사용될 때는 구체적으로 무엇이 함축되어 있는가를 명백히 하는 것이 필요하다.

1899 사회성 기술(social skill)
타인과 사회적인 관계를 맺고 그 관계를 유지하기 위해서 반드시 필요한 것으로서 주어진 상황에서 효과적인 것으로 확인된 반응이나 상호작용하는 사람을 위해 긍정적인 효과를 산출 유지하거나 풍부하게 해줄 수 있는 가능성을 극대화 해주는 반응들로 타인과 생활하고 상호작용하는 적절한 행동들을 말한다. 역사적으로 볼 때, 특수교육분야에서는 장애 유형을 정의하고 이해하는 데에 있어서 사회적 능력을 강조해 왔다. 사회적 능력은 사회성 기술과 적응행동 둘 다를 포함하며, 사회적 능력은 특수한 대인관계에서 독특한 자극에 대한 반응으로 나오는 언어적 혹은 비언어적인 복잡한 행동세트를 말한다. 이러한 행동은 다른 사람이 있는 상황에서 일어날 수 있는 고립된 기술뿐만 아니라 다른 사람과의 상호작용을 요구하는 사회성 기술을 포함한다. 따라서 적응 행동의 초점은 자기 충족(self-sufficiency)인데 비해, 사회성 기술의 초점은 대인관계에서의 기능과 사회적 수용이라고 볼 수 있다. 장애아동들은 사회적으로 다양하게 적응 문제를 겪을 수 있고 또 부적응 행동을 보일 수 있다. 이러한 것들이 장애아동의 전반적인 발달을 방해하기도 한다. 사회성 기술을 주제로 한 연구들은 장애아동의 통합의 실패는 동료 집단의 수용에 중요한 것으로서 선행되어야 할 사회성 기술의 부족 때문임을 지적하고 있고, 또한 장애아동이 일단 통합이 되면 사회성 기술 발달을 계속해서 지지해 줄 수 있는 프로그램이 없는 것도 한 요인이 됨을 지적하고 있다. 따라서 장애인들에게는 다른 사람을 반가이 맞게 하는 것부터 이성 교제까지 개인이 사회적 능력을 얻게 할 수 있는 모든 사회성 기술, 즉 사회적 해독(관련 단서를 식별하는 능력), 사회적 의사소통, 비언어적 행동, 독립적인 사회성 기술(예, 공원에 혼자 앉아 있는 것)들을 모두 훈련시키는 것이 필요하다.

1900 사회성숙도(social maturity)
인간에게서 생산적인 욕구와 사회·정치적 생활의 초기적인 측면에 대한 인식이 나타나는 상태를 말한다. 이때 부모로부터의 이탈과 복잡한 성인세계로부터의 소외감이 극복된다. 신체적·지적·정신적으로 분화되어 있는 개인은 전인(whole person)으로서 통합되면서 지역사회와 문명세계 내에서 생활할 준비를 갖추게 되고, 소위 완전한 성인의 역할을 하게 된다. 고대에는 25세가 되어야 승려직·도제양성자·조합의 회원 등이 될 수 있었으며, 모든 사회에 이 성숙도에 달하게 되면 특별한 의식이 진행되었다고 한다. 각 문화권은 법으로 성인 연령을 정하여 두지만 역연령과 실제의 사회성숙도는 상관이 높지 않은 것으로 알려져 있다.

1901 사회성숙도 검사(social maturity scale)
1935년 미국의 Doll이 제작한 바인런드(Vineland) 사회성숙도 검사 제5판을 1965년 김승국, 김옥기 씨가 한국 실정에 맞게 표준화한 한국판 검사이다. 출생부터 30세까지의 자조능력, 이동능력, 작업능력, 의사소통, 자기관리능력, 사회화 등과 같은, 적응 행동의 표본이 된다고 할 수 있는 120개 문항으로 구성되어 있으며 동일한 척도의 문항들은 평균 곤란도 순으로 배열되어 있다. 검사실시시 피검사자가 검사장면에 참석하지 않아도 보호자나 지도하고 있는 교사의 보고에 의해서 실시할 수 있으며, 검사 문항을 행동 영역별로 검토하므로 피검사자의 영역별 행동 수준을 측정할 수 있을 뿐 아니라 수량화된 점수(SA, SQ)를 통하여 적응행동 수준을 종합적으로 평가할 수 있다. 또한 피검사자의 과거 발달력을 용이하게 추적할 수가 있어 미래의 예후를 비교적 정확하게 예측할 수 있다. 제한점으로는 대부분 보호자와의 인터뷰에 의존해야 하기 때문에 보호자의 반응에 따라 과대 또는 과소평가될 우려가 있으며, 뇌성마비나 지체장애인의 경우 그들의 잠재능력을 정확하게 평가하기 어렵다. 또한 SA/CA×100이라는 단순 통계 처리에 의해 SQ가 산출되기 때문에 특히 정신지체아의 경우 연령이 많아짐에 따라 사회지수(SQ)의 의미가 감소된다. 또 영역별 적응행동 규준이 없다는 제한점 등이 있다. 일반적 지적 능력의 측정이라는 견지를 떠나서 한 개인이 자신의 실제적 욕구를 만족시키고자 책임을 질 수 있는 개인적인 능력의 정도를 따지는 발달척도의 하나. 이 검사의 한 예로 돌(E. A. Doll)이 제작한 사회성숙도 검사를 들 수 있는데 이 검사는 출생 후부터 25세까지를 측정해 주고 있으나 주로 어린 아동과 정신지체아의 사회적 적응 발달을 측정하는데 적합하다. 이 척도는 117개의 문항으로 구성되고 이것을 각 연령단계로 묶어서 제시하고 있다, 이것은 피검사자와의 면접이나 보호자와의 면접을 통하여 그의 일상생활에서의 행동을 면접자가 표시하도록 되어 있다. 검사문항은 다음과 같다. ① 일반 자조능력, ② 독립적 식사 능력, ③ 외모, 치장의 능력, ④ 자발적 능력, ⑤ 작업 능력, ⑥ 의사소통, ⑦ 운동능력, ⑧ 사회화 정도의 8개의 영역으로 나누어진다. 이 척도로부터 사회적 연령수준과 사회성 지수가 계산될 수 있다. 1974년, 바인런드 사회성숙도 검사(Vineland social maturity scale)보다도 우수한 것으로 미국 정신지체아협회에 의해 제작된 적응 행동척도(ABS : the adaptive behavior scale)가 현재 많이 활용되고 있다.

1902 사회성숙도 척도(social maturity scale)

정신지체의 개념적 파악(1941년)에 영향을 준 돌이 1935년 바인런드 사회성숙도 척도로서 작성한 사회생활능력에 관한 측정척도. 성숙연령을 25세 정도로 하고 사회생활능력 지수(SQ)의 적용에 의한 분류처리나 지도의 평가기준 등으로 그 실천적 의의는 크다. 지능검사와 병용되는 것으로 ① 산변처리능력, ② 자기억제력, ③ 커뮤니케이션능력, ④ 사회화능력, ⑤ 이동능력, ⑥ 작업능력 등에 사용된다.

1903 사회성의 발달(social development)

사회에서 독립된 개인으로서 사회적 책임을 지는 능력이 연령 또는 발달단계에 따라 나타나거나 획득되는 것으로 다른 영역의 발달에서도 마찬가지이지만 이 사회성 발달은 인간이 인간의 사회에 접속될 때에 가능하다는 전제에서 출발한다. 예를 들어 유아기에는 모자관계의 형성, 학령전기에서는 공격성의 발달, 성(性) 역할의 학습, 또는 집단의 형성 등의 문제가 있고 소년·소녀기에는 도덕성의 발달, 사회관계의 상보성, 또래집단의 영향 등이 중요한 문제로 대두되며 청년기에 들어서면 가치관의 정의 등 여러 문제에 당면하게 된다. 일반적으로 사회성 발달은 자기와 타인과의 관계에 대한 꾸준한 재정의의 과정이라 할 수 있다.

1904 사회수당

각 국가에서는 일반적으로 사회보장의 전통적인 방법으로 사회보험 및 공적부조로 구분하는데 이것만으로 부족하여 양자의 중간적 성격의 현금 급여를 말할 때 이 용어를 사용한다. 사회보험과 다른 점은 사회수당이 거출을 조건으로 하지 않는 것이고 공적부조는 대상자를 반드시 빈곤자에 한정하여 자격제한이 있음에도 보족성의 원칙에 의하지 않고 있다. 노령복지연금, 아동수당, 아동부양수당, 가족수당, 특별아동부양수당 등이 해당된다.

1905 사회심리적 사정(psychosocial assessment)

클라이언트의 해결되어져야 할 문제에 대한 사회사업가의 요약, 판정으로 '사회 심리적 진단'이라고도 한다. 사회 심리적 사정은 ① 클라이언트가 현재 어떠한 곤란을 겪고 있는가, ② 그 곤란의 요인은 무엇인가, ③ 어떤 영역의 변화가 그의 곤란을 경감 또는 해소시킬 수 있는가, ④ 이 목적을 위해 사회사업가는 어떠한 단계를 취할 것인가 등의 적절한 자료를 갖고 추론하는 노력이 요구된다.

1906 사회심리적 재활(psychosocial rehabilitation)

심신의 장애를 가지고 있는 장애인과 그 가족들에게 필연적으로 따르게 되는 사회 심리적 제 문제를 찾아내어 해결해 주는 것이다. 장애인의 전인격적 측면에서 사회 심리적 요인의 파악과 장애로 수반되는 사회 심리적 장애를 스스로 인식하고 해결할 수 있도록 돕는 일이 사회적 서비스이다. 이러한 서비스의 결과 장애인이 자기의 장애를 현실적으로 받아들이는 것을 돕는다. 사회 심리적 재활 모델은 인간의 잠재성에 대하여 매우 긍정적이고, 낙관적인 관점을 갖고 있다. 이 모델의 목표 중 하나는 심하게 손상된 사람들로 하여금 지역 내에서 기능하는 것이 가능하도록 기술을 유지하고 발전시키는 것이 가능하도록 하는 것이다. 이 모델에서 중요한 개념은 '정상화'이다. 그들이 정상적으로 느끼고, 정상적으로 처우 받는다는 것을 의미한다. 더 나아가 평등주의적인 프로그램 구조를 통하고, 실제 경험적인 사회적 학습의 기회들이 주어지면서 그들에게 사회에 기여하고 적응할 수 있는 능력을 강화시키게 된다. 이같이 사회심리적 재활은 현재 클라이언트와 그 상황에서 관계하고 클라이언트가 도달할 수 있고, 기능을 유지하기 위하여 환경과 클라이언트 모두에게 개입을 시도하며 개인의 변화라는 것은 사회적 환경 안에서의 변화로 측정된다.

1907 사회심리적 조사(psychosocial study)

사회사업가가 개인, 가족, 집단, 지역사회와 같은 클라이언트를 돕기 위해 합리적인 계획을 개발하고 결정하는데 필요한 정보를 얻는 과정이다. 이러한 정보는 문제에 대한 클라이언트의 진술, 병원기록, 학교, 개인적 기록, 편지, 전화내용, 클라이언트의 가족들과 클라이언트를 아는 다른 사람들과의 직접적인 만남 등과 같은 다른 자원들로부터의 확인, 현재의 사회 심리적 내력, 클라이언트의 문화적 배경과

하위문화집단에 대한 정보, 클라이언트의 생활에서의 독특한 환경에 대한 정보 및 클라이언트를 돕기 위해 사용될 수 있는 다양한 자료들에 대한 정보 등이 포함된다. 사회심리적 조사에서 얻어진 정보는 결국 사회 심리적 진단을 얻어내는데 사용된다.

1908 사회심리적 진단(psychosocial diagnosis)

치료에 선행하는 단계로 클라이언트 체계의 본성에 관한 이해를 그 환경에서 이해하고 공식화하는데 필요한 사실들을 면밀히 조사하는 것으로 정의될 수 있다. 진단의 주요한 목표는 개인 혹은 그룹과 치료를 계획하고 행하기에 충분한 상황을 이해하는 것으로, 진단은 치료를 개별화하고 그룹의 목표, 구조, 과정이 개인적인 요구와 그룹 차원의 요구에 대처하는데 적절하다는 것을 확언하기 위해서 필수적인 과정이다. 진단의 내용은 서비스의 여러 측면, 특히 그 목적과 구조에 따라 다양해질 수 있다. 개인에 대한 진단의 경우, 사회사업가는 클라이언트의 개인적인 특성, 즉 연령, 성별, 가족 내에서의 역할 및 사회경제적인 상태를 통해 개인의 사회심리적인 발전을 이해하는 것이 중요하다. 그리고 개인과 가족의 생활사에 중요한 사건들은 문제와 목표를 정의하는 것과 관련성이 있게 된다. 특히 개인의 가족 내에서의 사회적 관계, 동년배들과의 사회적 관계, 그리고 다른 사회적 역할 속에서의 사회적 관계의 특성 등은 관련성이 깊을 것이다. 왜냐하면 사랑과 애정을 주고받을 수 있는 능력은 자신의 욕구 충족의 필요성과 개인적인 생활의 필요성 사이의 균형을 알게 해주며, 또한 다른 사람이 자신의 역할에 대한 인식, 그것을 해석하는 방법, 다른 사람들의 기대치에 대한 반응 그리고 다른 사람의 역할을 해석하고 반응하는 것 등을 포함하여 환경에 상호작용하는 개인성의 기능화를 설명할 수 있는 실마리를 제공해 줄 수 있게 된다. 이와 같이 개인에 대한 사실들은 그들 각각을 이해하는데 활용될 뿐 아니라 그룹에 있어서 성원들 간의 차별성과 동질성이 그룹의 상호작용과 발전에 영향을 미치게 될 방법을 드러내 줄 뿐 아니라 그룹의 프로필을 개발하는데 활동될 수 있다. 그래서 그룹에 대한 진단을 할 경우, 대개 그룹의 구조와 과정을 이해하는데 주의를 기울이게 된다. 특히 사회사업가와 그룹의 관계가 발전됨에 따라 사회사업가는 성원들이 다른 사람의 감정에 반응하는 능력, 욕구와 마주치는 상호성의 정도 그리고 개인의 성장과 그룹의 유지 및 발전, 양자에 공히 관계된 건설적인 목표와 파괴적인 목표를 위하여 사용된 관계형태, 역할 구조의 적절성, 역할 수행의 기대치에 대한 적합성이나 갈등의 수준, 권력과 권위의 배분, 그리고 역할의 유연성과 경직성을 주목하게 된다. 한편 가족체계 내에 사회사업가가 개입할 때 사회사업가는 체계의 상태가 분열되는 정도와 불균형을 이뤄내는 스트레스와 긴장의 특성을 파악하게 된다. 즉 체계 내 상호 감정, 욕구, 견해를 피력하는데 장애가 있는지 또는 말로 전하는 것과 말 이외의 방법으로 전달하는 것의 불일치성이나 다른 사람에게 귀기울일 수 있는 능력의 부족 등을 유념하면서 그것들에 대한 지식을 문제해결 노력과 개인 혹은 그룹의 발전 방향에 영향을 미치는 근거로 활용해야 한다.

1909 사회심리학(social psychology) 01

사회 환경, 집단 환경, 대인관계 사이에 나타나 기능하는 심적 과정을 취급하는 사회과학이 사회심리학이다. 사회적 행동은 여러 가지 입장에서 설명되어진다. 즉 본능에 의한 설명과 학습이나 지각, 적응의 관점, 문화인류학적인 입장, 집단행동(유행, 여론 등)을 취급하는 학파도 있다. 또 사회정신의학과 공통하는 분야, 집단역학, 리더십, 사회적 역할을 취급하는 분야도 있다. 일반적으로 사회와 개인의 관계를 생각해 보면 그 중핵이 되는 것은 사회에서 개인의 자아는 반드시 다른 사람에게 영향을 미치고 다시 개인 자신에게 되돌아온다는 것이다. 즉 타자에 의해 자기가 어떻게 평가되고 인지되어 있느냐를 타인의 반응에 의해 추측할 수 있는 과정이 사회적 관계 속에는 포함되어 있는 것이다. 1대 1의 치료적 관계나 군중의 이상심리에도 이것이 포함되고 있다.

ㅅ

1910 사회심리학 02

인간의 사회활동 및 생활에서 타인들과의 상호작용이 개인의 태도와 행동에 미치는 영향, 집단 내에서의 행동 그리고 기타 다양한 사회적 장면(혹은 상황)에서 발생하는 개인들의 행동을 연구하는 심리학의 한 분야이다. 이 분야에서 이루어지는 대표적인 연구주제로는 친사회적 행동, 이타행동, 동조, 설득, 갈등 및 집단행동 등이 있다.

1911 사회악(social evil)

사회내부에 발생해 기존질서나 가치를 침해하는 현상으로 범죄, 비행, 부도덕 등을 총칭하는 개념으로 사용되어진다. 사회악의 원천은 사회자체의 모순의 장으로서 또 시기적으로 사회악이라고 간주되는 중심으로 새로운 가치나 질서의 붕괴가 포함되어진 것이다.

1912 사회연대(social solidarity)

일반적으로 개인 간의 상호의존에 근거한 결합의 총칭을 의미하는 말이다. 그러나 프랑스의 사회학자 뒤르껭이 사회적 분야의 발달에 따라 동질의 구성원들 간의 결합체인 기계적 연대로서 사회관계가 이질자들의 기계적 연대에 근거한 긴밀한 조직적사회로 이행해간다는 사회연대의 변화를 설명한 이후부터 사회연대라는 개념은 뒤르껭의 생각을 상기시키는 것으로 평가되고 있다.

1913 사회연령(SA : social age)

사회생활을 해나가는데 있어 기본적으로 필요한 사회적 능력(예를 들면 자조능력, 자기관리능력 등)들이 있는데, 이것은 반드시 지적인 능력에 의해 지배된다기보다는 생활 지도나 훈련을 통해서 얻어지는 것으로, 이런 능력 등이 나타나는 평균 생활연령을 사회연령이라 한다.

1914 사회운동(social movement)
최근 사회학에서의 광의의 개념은 사회변동의 원인 내지 결과로 생기는 사회적 위기를 해결하려는 의도 하에 조직적으로 행해지는 집합 행동을 의미하고, 협의로는 자본주의사회에서 노동자계급이 사회문제의 해결을 통해 궁극적으로 체제의 변혁을 목표로 하는 운동을 의미한다. 가령 복지증진을 위해서 각종 제도의 개혁이나, 생활수준의 향상을 요구하는 대중이나 사회복지관계자의 조직적 행동과 같은 개별적인 요구에 뿌리를 둔 운동도 사회운동에 넣을 수 있겠다. 사회운동은 사회의 기구나 제도 등에 대한 변혁요구를 갖고 있으며, 각각의 운동이 행해지는 구조적 조건의 차이에 다라 운동형태가 상이할 뿐만 아니라 요구의 내용과 방향 및 변혁의 방법이 달라진다. 또한 노동운동, 부인운동, 주민운동처럼 운동참가주체에 따라서도 다양한 차이가 생긴다.

1915 사회유대(social bond)
개인과 개인 사이에 결합을 발생하게 하고 집단이나 사회를 성립시키는 계기가 된다. 일반적으로는 각각의 집단을 구성하고 있는 사람들 사이에 공통적인 특질을 이룬다. 혈연이나 지연 등이 거론되는 경우가 많으나 그밖에 이해의 공통성 등 경우에 따라서는 오히려 상호간에 자신에게 부족한 것을 서로 협력하고 보충, 보완하는 것처럼 이질적인 요소가 유대를 이루는 경우도 있다. 이 같은 점을 생각하면 이 개념은 포괄적이어 세분화가 필요하다.

1916 사회의식(social consciousness)
이데올로기, 사회심리, 애토스 등, 집단성원에 공통적인 의식을 총칭해서 사회의식이라 한다. 사회의식은 민족, 계급, 계층, 기타 사회집단 등의 각각의 존재조건에 따르지만 동시에 그들 성원의 주체적 행동을 규정하는 것으로서 존재조건의 유지와 변혁에 큰 힘이 된다. 오늘날에는 매스커뮤니케이션을 포함해서 의식에의 작용도 다양화되어 있어 존재와 의식의 연관성을 단순하게 파악할 수 없는 면도 있다.

1917 사회의학(social medicine)
사회적 차원에서 건강문제를 연구하는 의학. 유아. 모성. 노동자. 노인 등의 사회적 특성에 입각하여 보건상 의학상의 문제를 해명해 해결책을 추구한다. 빈곤, 노동, 사회 환경, 공해, 질병 등의 문제나 의료의 사회화, 공급체제, 의료보험제도, 의료복지 등에 관한 문제 등이 특히 중요하다. 공중위생이나 노동위생의 대책에 이론적 기초를 두고, 예방의학과도 밀접한 관계를 갖는다. 광의의 사회의학에는 범죄, 사고, 자발 등에 관한 법의학도 포함된다.

1918 사회이동(social mobility)
개인이나 집단이 어느 사회적 위치로부터 다른 사회적 위치로 이동·변화하는 것을 말하며 이 개념을 체계적으로 정리한 사람은 P. A. 소르킨이다. 소르킨은 사회이동을 수평적·수직적 이동으로 분류하였다. 수평적 사회이동은 사람들이 사회적 상하관계로 보아 동일수준에 있는 사회적 위치 사이를 이동하는 것을 말하며 수직적 사회이동은 상하로 다른 사회적 위치, 즉 사회계층간의 이동으로 상승과 하강의 두 가지로 나눌 수 있다. 소로킨 이후 사회이동의 연구는 사회의 불평등선이나 부정의 또는 사회의 경직성이나 비효율성을 측정하는 전략적 테마로서 진행되어 왔다. 사회이동은 생활의 기회를 확대하고 생활양식을 크게 변화시키지만, 그 결과로서 일어나는 여러 가지 문제나 영향에 주의할 필요가 있다.

1919 사회자본(social capital) 01
산업 활동에서 생산성을 높이거나 혹은 생산의 편의와 필요성에 의해서 정비되는 시설을 말하며 민간자본에 반해서 사용된다. 이들 사회 자본은 국가의 행정투자에 의한 것과 지방공공단체, 공동기업체에 의해 정비된 것이 있다. 산업기반 정비를 위한 도로, 항만, 철도 등이 있고 생활환경 정비를 위한 상·하수도, 학교, 의원, 공원 등이 있다. 오늘날에는 사회자본의 지역적 편재, 지역격차 등의 문제가 대두되고 있다. 통신, 우편, 공항, 등대, 하천이나 해안의 제방, 댐등도 여기에 속하며 경제성장의 촉진을 위해서도 사회자본 확충의 문제가 국가정책의 중요부분으로 되어 있다.

1920 사회자본 02
사회간접자본 또는 외부경제라고도 한다. 도로, 항만, 하수도, 공원, 통신, 우편, 공항, 등대, 하천이나 해안의 제방, 댐 등 특정인을 위한 것이 아니라 국민경제 전체의 기초로서 그 원활한 운영을 실현하기 위한 것의 총칭이다. 공공을 위한 것으로 그 지역의 독점적 성격이나 영리사업으로 성립되기 어려운 성격 등의 이유 때문에 정부나 공공기관에서 행하는 것이 보통이며 또한 경제성장을 촉진하기 위해서도 사회자본의 확충이 경제정책의 중요한 부문으로 되어 있다.

1921 사회자원(social resources)
사회욕구를 충족하기 위해 동원되는 시설. 설비, 자금이나 물자, 그 외에 집단이나 개인이 갖는 지식이나 기능을 총칭한 말이다. 개별사회사업, 집단사회사업 및 지역사회조직의 과정에서 사회사업가는 욕구를 명확히 함과 동시에 신속하고도 효과적으로 사회자원의 동원을 꾀하지 않으면 안된다. 사회자원은 그 질량이나 형태에 따라 접근성, 적응성, 효과성이 문제가 되므로 언제나 사회자원의 근원과 만전을 기하지 않으면 안된다.

1922 사회재활(social rehabilitation)
장애인의 사회적으로 불리한 입장을 유리한 입장으로 변화시킴으로써 사회적 통합(궁극적 목적)을 달성하고자 하는 활동의 총체라고 그 개념을 정의한다. 사회재활은 장애인의 정상적인 사회생활(사회통합)을 위한 사회적 기능을 수행할 수 있는 사회적 능력을 최대한으로 향상시키는 것이라 정의할 수 있다.

1923 사회적 강화(social reinforcement)
생득적 또는 무조건적 자극에 의한 것이 아니라 후천적 또는 사회적 학습에 의한 조건화된 자극을 제공함으로써 어떤 행동의 빈도나 강도가 증가되는 것. 사회적 강화의 역할을 할 수 있는 자극으로 돈·칭찬·명예·지위 등과 같은 것을 들 수 있다. 이차적 강화라고도 한다.

1924 사회적 거리(social distance)
개인 혹은 집단 간의 친근성 정도를 말한다. 이 경우 단순하게 좋고 나쁜 감정에 의한 것이 아닌 공감에 기인한 이해도가 친근성의 정도로 나타난다고 생각되고 있다. 이 경우 개인 간 또는 집단 간의 수평적 거리와 함께 사회계층이나 지위의 차이로 인한 수직적 거리도 존재한다. 긴밀하게 조직된 집단성원은 높은 친근감을 나타내지만 집단결합의 유대가 이완된다. 집단외적 감정이 많아지면 사회적 거리는 멀어져 집단과 조직의 해체를 갖고 온다.

1925 사회적 기본권(social rights)
국민이 생존을 유지하거나 생활을 향상시켜 인간다운 생활을 하기 위하여 국가에 대하여 적극적인 배려를 요구할 수 있는 권리로 사회권, 사회권적 수익권, 생활권적 기본권, 생존권적 기본권이라고 불리기도 한다. 우리의 현행 헌법은 제31조에 교육을 받을 권리, 제32조에 근로의 권리, 제33조에 노동 3권, 제34조에 인간다운 생활권, 제35조에 환경권 등 일련의 사회적 기본권을 규정하고 있다.

1926 사회적 기술(social skills)
사회적 기술은 개인이 지역사회나 직장에 통합되어 성공적으로 적응하는데 필요한 대인관계와 관련된 여러 가지 행동들로 구성된다. 일반적으로 사회적 기술은 다음의 4가지 성격을 특징으로 한다. 첫째, 개인이 다른 사람과의 상호작용에서 부정적인 반응을 피하고 긍정적인 반응을 이끌어 내는 사회적으로 통용될 수 있는 행동이다. 둘째, 다른 사람에게 현재 또는 미래에 어떤 영향을 미치기 위하여 표출되는 행동으로 목표 지향적이고 도구적이다. 셋째, 그 사회의 특수한 상황이 반영된 것으로 사회적 맥락에 따라 변화된다. 넷째, 관찰이 가능한 행동과 관찰되지 않는 의식적 감정적인 요소가 모두 포함된다.

1927 사회적 긴장(social tension)
개인 또는 집단 간에 잠재적, 현재적으로 존재하는 대립, 불화, 항쟁 등의 관계를 의미한다. 사회적 긴장의 요인으로 욕구불만, 편견, 공포, 증악, 권위주의적 성격의 심리적 요인과 경제적, 정치적 불평등 또는 경제 불안, 생활불안 등의 사회적 요인이 생각되고 있으나 양자를 대립관계로 보는 것이 아니라 역사적, 사회경제적 제조건 하에서 사회적 요인과 심리적 요인이 복잡하게 작용하여 사회적 긴장이 발생한다고 본다.

1928 사회적 보호(foster-child care)
가족 이외의 사회적 장소에서 아동의 양육과 보호의 제 프로그램을 내용으로 하는 개념이다. 아동양육은 가정양육을 기본으로 하나 현대사회의 가정양육 기능이 변화, 축소됨에 따라 보완적·대체적 기능으로 평가되고 있다. 모든 아동은 성장, 개발과정의 어느 시점에서, 국가·공동단체·민간조직 등에 의한 각종의 아동복지기관, 시설, 개인서비스제도가 제공하는 보호, 교육, 상담서비스를 받는 것이 필요불가결하게 되어 있다. 다양화하는 아동 양육보호의 전개과정은 국가 사회의 당연한 책임이고 그 구체적 실시에는 국가·공공단체의 자금 조치로 유지된다. 이 같은 사회공공에 의한 제 보호형태를 총칭해 사회적 보호라 한다. 이 같은 사회적 보호의 개념은 성인, 노인, 심신 장애인에 대한 복지 분야에도 정착되고 있다.

1929 사회적 부담비(social charge)
임금 이외에 근로자의 부가적 가치를 형성하는 것으로 사회적 부담비라고 불리며 임금, 교육비, 레크리에이션비, 보건위생비 등 이 외의 노무비용을 말한다. 예를 들면 사회보험관계의 기업부담비용, 해고수당, 퇴직금, 퇴직수당, 휴가일의 급여, 주택시설비, 급식비, 결혼 축하금, 탄생축하금 등이다.

1930 사회적 부양(social assistance)
사적부양에 비교되는 개념이지만 그 중심에는 국가책임에 근거해서 생활 곤궁자의 최저생활을 권리로 보장하는 생활보장제도가 있다. 근대에 들어와 생활의 곤궁은 개인적 책임에 의한 것이 아니라 사회적 원인에 의한 것으로 인식되게 되었다. 사회적 문제로서의 곤궁에 대해 사회적 부양으로 대응하기 위한 생활보장법 이외에도 각종 공적 원조나 사회복지의 민간단체에 의한 조직적 원조가 그것을 선도, 보충하고 있다.

1931 사회적 부적응(socially maladjusted)
사회에서 요구되는 최소의 행동기준 내에서 행동하기를 계속적으로 거부하고 있는 상태를 말한다. 사회적 부적응 아동은 학교기물을 파괴하고 특권을 남용하고 자기의 책임을 회피하고 교사나 동료 그리고 그와 접하게 되는 타인들을 놀려대는 등의 행동을 하는 경향이 많다.

1932 사회적 상호작용(social interaction)
둘 또는 그 이상의 사람·집단·사회단체들이 서로 영향을 주고받는 과정. 이러한 과정을 통하여 상호 이해하거나 어떤 반응을 나타내게 되는 것이다. 사회적 상호작용을 통하여 사람들은 같은 집단의 성원이라는 것을 알게 되고, 서로의 행동을 인정 또는 부정하기도 하고, 역할기대가 형성되며, 서로 신체적으로 떨어져 있어도 상호작용을 하고 있다는 것을 알게 된다. 현대사회에서는 여러 가지 상호작용의 형태가 있으나 그 중에서도 상징적 상호작용(symbolic interaction)은 중요한 개념의 하나이다.

1933 사회적 성격(social character)

프롬이 제창한 개념으로 그에 의하면, 인간은 본능에 의한 상황에의 적응력을 거의 상실한 생물이고, 일정한 상황 하에서 본능에 의한 것과 같은 행동을 할 수 있는 토대를 산출한다. 이것이 성격이며, 본능의 내용품으로서 제2의 본성이다. 성격은 사람에 따라 여러 가지인데 동시에 또 일정한 역사적인 사회와 그 속의 여러 계급 및 각 집단의 필요에 따라 성격이 형성된다. 이것이 사회적 성격이며, 개인적 성격 속에도 일반적인 사회적 요인이 동시에 부가되어 있다. 또 지배적인 사회적 성격과는 다른 〈반역적인〉 사회적 성격도 형성되고, 이것이 사회 변혁의 씨가 된다고 한다.

1934 사회적 수요(social demand)

사회적인 필요의 총재이다. 사회구성원들이 그들의 욕구충족, 혹은 목적 실현을 위해서 그에 상응하는 대가를 지불하려는 용의의 정도를 말한다. 예컨대 교육에 대한 사회적 수요는 사회성원들이 교육을 통하여 얻고자 하는 제반욕구이며, 이러한 수요는 교육계획이나 혁신의 과정에 반영된다.

1935 사회적 안전망(social safety net)

정부의 근로자에 대한 고용과 실업에 대한 각종 대책. 개인이 직장을 잃고 실업자가 된 뒤 다시 직장을 얻으려고 노력하는 대신 노숙자 같은 사회적 무기력층이 되는 것을 막기 위해 정부가 최소한의 생계를 유지할 수 있도록 해주는 제도를 말한다. 또 경제구조조정으로 불가피하게 발생한 실업자들에게 공공사업을 통해 일자리를 제공하거나 생계비를 보조해 주는 것을 말한다. 그러나 보다 넓은 의미로는 사회보장과 같은 뜻으로 노령 · 질병 · 실업 · 산업재해 등 사회적 위험으로부터 모든 국민을 보호하기 위한 제도적 장치를 가리킨다. 우리나라에서는 1997년 말 외환 · 금융위기를 계기로 실업자 수가 급증하면서 사회안전망을 갖춰야 한다는 논의가 사회적으로 일어나기 시작하였다.
→ 사회 안전망

1936 사회적 역할(social role)

인간의 행동을 설명하기 위하여 미드(G. Mead)가 적극적으로 전개한 개념이다. 자아와 타자와의 상호작용 과정에 있어서 각 행위자의 행위가 조직화·구조화되어 있을 경우에 그 일련의 시종일관된 행위의 계열을 가리켜 역할이라고 한다. 사회심리학자의 역할이론이 자아－타자 관계의 맥락에 강조점을 둔 데 대하여 사회학에서는 이 시각을 역할 행동과 사회구조의 수준으로 확정했다.

1937 사회적 연령(social age)

개인이 그의 사회화 과정을 통하여 사회적 행동을 발달시켜 나가는데서 사회관계의 의식, 사회적응성, 대인관계의 원만성 등이 그의 생활연령에 비추어 발달된 정도이다.

1938 사회적 욕구(social needs)

니즈(needs)는 욕구, 필요, 가난, 절박한 사태 등으로 번역된다. 일상적으로 쓰이는 말이지만 사회복지 분야에서 사회적 욕구라 할 경우에는, 인간이 사회생활을 영위하는데 필요불가결한 기본요건을 결한 상태를 말한다. 한편 사회복지정책, 사회복지행정, 사회행정의 차원에서는 사회복지 원조가 필요한 상태를 의미한다. 환원하면 어떤 결핍된 상황을 사실적 인식으로 파악할 뿐만 아니라 그 상태를 개선하지 않으면 안된다는 사회적 인식(가치인식도 포함)에 근거해서 정책적으로 취급되는 과제로 이해할 수 있다.

1939 사회적 장애(social handicapped)

건전한 사회생활을 영위하는데 있어 장애되는 사태를 넓게 사회적 장애라 한다. 사회적 장애를 일으키는 요인으로서는 실업, 노령, 질병, 심신장애, 화재 등 직접생활 장애를 유발하는 사고적 요인과 빈곤, 차별, 소득 등 자본주의적 생산관계에서 생겨나는 모순으로서의 사회적·경제적 요인이 생각된다. 양쪽 다 자립적인 사회생활의 영위와 정당한 사회생활의 충족을 손상시키는 사태를 갖고 오는 것으로 사회복지의 대상으로 생각되어야 할 문제를 갖고 있다.

1940 사회적 재활(social rehabilitation)

장애인이 정상적인 사회생활을 할 수 있도록 제도. 정책적 차원에서부터 개인처우를 위한 전문적서비스에 이르기까지의 일관된 지원체계이다. 사회적 재활의 변화대상인 장애는 개인적 장애와 사회 환경적 장애로 구성되는 사회적 불리(handicap)를 말한다. 개인적 장애는 신체장애(impairment)와 의식장애(despair)로 구성되는 능력 장애(disability)를 말하며 사회 환경적 장애는 물리적 장애(공공건축물, 주택, 교통시설 및 수단, 소득 등에 접근이 어려운 상태), 문화적 장애(상징적 문화와 규범문화에의 접근이 어려운 상태), 사회 심리적 장애(편견과 차별) 등으로 구성된다. 사회적 재활은 장애(개인적 장애와 사회 환경적 장애)를 변화(치료, 조치, 개선)시킴으로서 장애인 개인의 전인적 능력개발과 사회 환경 개선을 통해서 장애인의 정상적 사회생활(사회적 통합, 사회적 자립, 완전사회참가 등과의 동의개념) 실현을 궁극적인 목표로 한다.

1941 사회적 적응(social adjustment)

적응이란 생물유기체가 그 환경 속에서 균형을 유지하며 그 개체가 갖는 욕구를 충족시켜 생존을 유지하는 과정을 말한다. 사회적으로 용인된 방법에 의해 사람들은 그 욕구를 충족시키면서 사회적 환경과의 균형을 유지하며 생활을 전개해 간다. 개인이 사회적 환경에 규제되면서 사회를 만들어 간다는 주체적 태도가 요구되고 있다. 교육 지도, 여러 가지의 카운슬링, 케이스워크, 그룹워크, 사회복귀 등의 과정은 사회적 적응을 목적으로 하는 원조이다.

1942 사회적응성(social adaptation)

넓은 의미로는 생물체가 그가 속한 환경의 조건과 생활의 요구에 의한 변화에 적합하도록 자기 행동 및 태도를 변화시켜 순응하는 능력을 말한다. 좁은 의미로는 개인과 그 개인이 속하고 있는 사회와의 사이의 균형 조화의 상태로 이해되고 있다. 즉 개인과 개인이 속하고 있는 사회 환경과의 균형이고 통합이다. 사람들은 이런 일련의 적응 과정을 통하여 자기 개발, 인간관계 형성, 작업의 효율성 등의 의미있는 부분을 발전시켜 나간다. 정신지체인의 적응성이란 개인이 처해있는 환경과 그 연령에 부과된 개인적 자립성과 사회적 책임감에 대처하는 능력을 말한다. 표준화된 검사법과 임상적 판단에 의해서 평가되며 사회 지수(SQ)로 표시하기도 한다.

1943 사회적응훈련

사회적응훈련 프로그램이란 독립적으로 개인적, 사회적 생활을 영위하지 못하는 장애청소년들에게 다양한 기초생활 훈련을 실시함으로써 독립적인 사회생활이 가능하도록 돕는 훈련프로그램으로, 스스로 신변 처리나 대중교통 수단의 이용, 가정 내에서의 일상 활동 등을 가능하게 하며, 나아가 타인과의 관계형성 및 유지 기술을 습득하는데 목적을 둔다. 이 프로그램은 보통 3개월~1년 동안 주 3~5일 실시하며, 신변 처리와 스스로 출퇴근이 가능한 15~ 25세의 장애청소년 8~10명을 대상으로 하는 것이 바람직하다. 프로그램 내용으로는 ① 공공시설 이용, 대중교통수단이용, 시장보기, 견학 등 외부에서의 생활을 돕기 위한 사회생활훈련, ② 조리실습, 신변처리훈련 등 일상생활능력 향상을 위한 가정생활훈련, ③ 쓰기, 말하기, 셈하기 등의 기초교육훈련, ④ 음악, 미술, 연극 등 심리 정서적 측면의 강화를 위한 예능훈련, ⑤ 체육 및 오락 활동 등 신체적 기능향상 및 여가활동 활용을 위한 체육 및 레크레이션 훈련 등이 있다.

1944 사회적 의식([독] gesellschaftliches Bewußtsein)

사적 유물론의 용어로서 우리들의 모든 의식 활동은, 각 사람에게 고유한 개체적인 측면과 함께, 사회생활 속에서 역사적으로 형성되어 온 다소 공통적인 측면을 가지고 있다. 이 같은 사회적 각인을 띤 의식을 사회적 의식이라고 부른다. 실은 이것이야말로 인간 의식의 특징이며, 이에 의해 사람들 사이의 정신적인 교통도 가능하게 된다. 소위 민족성이나 사회 심리, 더욱 더 한층 가공되어 체계화된 소산(정치적, 법적, 도덕적, 종교적, 예술적, 철학적 등의 의식 형태)이 이것에 속한다. 사석 유물론은 이 사회 의식(예를 들면 정의, 선, 미 등의 관념)이 결코 선천적인 기원을 가지는 것이 아니고 인간 사회의 생산 관계(계급 관계)에 의해 규정된다는 것으로, 계급 사회에 있어서는 계급의식으로서 나타난다는 것을 분명히 했다. → 사회적 존재, 이데올로기

1945 사회적 재활(social rehabilitation)

심신장애인의 종합적 재활사업의 사회적인 측면으로서 장애인이 사회생활이나 가정생활에 적응하도록 원조하는 것을 말한다. 장애인이 의학적으로 치료되고 직업 기술을 습득한 것만으로는 충분한 재활이 이루어졌다고 할 수 없으며, 인간이 사회생활을 영위해 나가는데에 따르는 욕구 전반에 관심을 가지고 장애인이 일반 사회의 한 성원이 될 수 있도록 장애인과 사회의 관계를 물심양면으로 개선하는 것을 목표로 하고 있다. 이와 같이 사회적 재활은 사회의 장애인에 대한 태도가 수용적이어야 하며 물리적 환경 역시 장애인들의 일상생활상의 접근이 용이하게 되도록 해야 한다. 구체적으로 신체 혹은 정신적 장애를 가진 모든 사람의 사회적 생존을 보장하기 위해 사회 환경이 인간에게 불리하게 할 경우 사회구조 그 자체에 리허빌리테이션을 도모해서 장애인의 생활이 원활히 영위되도록 사회복지정책으로부터 개별 처우에 이르기까지의 원조 체계이다. 장애인을 둘러싼 사회 환경의 첫째의 과제는 물리적 환경이다. 공공건물, 가옥, 도로축조, 교통수단, 상수도 시설 등이 중도장애인까지 스스로 용이하게 활용될 수 있도록 되어져야 한다. 둘째의 과제는 경제적 환경이다. 노동능력과 의욕이 있는 장애인은 평등한 기회를 가질 수 있고 그가 거주하고 있는 지역사회의 수준에 비슷한 경제보호를 받을 수 있도록 하는 것이다. 셋째의 과제는 법적 환경인데 장애인도 모든 시민과 같이 법에 의한 보호를 받는 것은 물론 장애인의 특별한 욕구를 만족하게 하고 권리나 입장을 보호하도록 하는 법률제정과 사회적 계몽 등이다. 넷째의 과제는 장애인이 거주하고 있는 지역에 있어서 사회문화적 환경의 개선 즉 그 지역에 특유한 가치관이나 편견이 특정의 장애인을 사회로부터 소외시키지 않도록 하는 것이며 모든 장애인으로 하여금 사회가 그들을 수용하고 있다고 느껴지도록 사회적 환경을 향상시키는 것이다.

1946 사회적 존재

사적 유물론의 용어로서 사회의 경제적 구조를 이루는 생산관계의 총체를 말한다. 사적 유물론은 이것을 사회의 실재

적인 토대라고 부르고, 인간의 의식에 좌우되지 않는 물질적인 〈존재〉며 〈생활〉이라고 생각한다. 〈사람들의 의식이 그들의 존재를 규정하는 것이 아니고, 반대로 그들의 사회적 존재가 그들의 의식을 규정한다〉 (맑스 : 〈경제학 비판〉 서문). 〈의식이 생활을 규정한다.〉 (맑스·엥겔스 : 〈독일 이데올로기〉) → 사회적 의식

1947 사회적 지위(social status)
집단 내에 있어서의 개인 또는 한 집단이 다른 개인 혹은 집단과의 관계에서 갖는 서열 또는 위치를 말한다. 이 지위에 따라서 일반적으로 기대되는 행동을 역할이라고 하는데 지위와 역할은 사회학의 기본개념을 이룬다. 성별·연령과 같이 개인의 노력에 관계없이 사회에 의하여 주어지는 요인으로 얻어지는 지위가 귀속적 지위(ascribed status)이고, 개인의 노력에 의하여 얻어지는 지위가 획득적 지위(achieved status)이다. → 역할, 지위 불일치

1948 사회적 지원(social support)
→ 사회적 지지

1949 사회적 지위(social status)
사회적 위치관계로서의 지위는 단순한 공간적 배열현상에 그치지 않고 그 지위를 포함한 사회나 집단의 여러 가지 속성에 따른 사회적 성질을 부여한다. 첫째, 그 지위는 다른 지위를 점한 행위자와의 상호 작용 양식을 지위 점유자에게 지시하고, 일정의 행위를 요구하는 권리와 일정행동기대에 응하는 의무로서 행위자에게 인지되어 그것이 집단이나 사회에 인식되어지는 것이 보통이다. 특히 조직적 집단에서는 권리와 의무의 내용이 규정되어 있는 것을 직위라고도 부른다. 둘째, 이 지위에 따른 각종 자원처리능력에의 사회평가에 대한 상이는 지위배분의 성층구조를 발생시킨다.

1950 사회적 지지(social support) 01
대인관계를 통해 개인의 정서나 행동에 유리한 결과를 갖도록 정보 조언, 구체적인 원조를 포괄한 개념으로 신체적·정서적인 건강상의 문제, 위기 등에의 적응상의 문제, 사회적 분리. 독립 등으로 야기된 무력감의 문제 등을 이해하고 해결해가기 위한 불가결한 요인이다. 사회적 지원의 근본적 체제는 가족, 친구, 이웃 등의 자연발생적으로 존재하는 지원체제, 자원봉사집단 등의 의도적으로 형성된 지원체제 전문기관에 배치되어 있는 전문가 등의 사회제도화되어져 있는 지원체제가 포함되지만 이것들을 어떻게 동원, 활용하느냐가 중요한 과제로, 네트워크 접근방법의 추진이 시도되고 있다.

1951 사회적 지지 02
타인과의 관계를 통해 제공되는 심리적 및 물질적인 형태의 모든 긍정적인 지원을 총칭하는 말로, 여기에는 타인으로부터 제공되는 존경 및 애정 등의 정서적 지지, 정보 지식 형태의 인지적 지지 그리고 경제적 혹은 물질적 지지 등이 포함된다. 일반적으로 사회적 지지는 개인의 정신건강 및 적응에 대하여 직접 및 간접적으로 긍정적인 영향을 미치는 중요한 심리·사회적 변인으로 알려지고 있음. 사회적 지원이라는 표현으로도 사용된다.

1952 사회적 퇴행(social regression)
M. Bowen의 가족치료 용어로 가족이 만성적이고 지속적인 불안에 처해 있을 때 가족은 이성적으로 부모가족과 접촉하는 것을 피하기 시작하고 불만을 경감시키기 위하여 주로 감정적으로 결정하고 반응하게 된다. 이 개념은 가족에 대한 기본 이론을 보다 큰 사회적 영역으로 확장한 것으로 이는 부모와 사회 양쪽에 책임이 있는 범죄 청소년과 관련이 있고, 부모와 사회 기관이 문제를 다루는 방법과 관련이 있다.

1953 사회적 행위이론(theory of social action)
내면화 되어진 규범으로 다른 개인이나 집합체에 관계된 개인의 욕구충족 과정을 사회적 행위라고 한다. H. 웨버는 행위유형을 전통적, 정동적, 가치 합리적, 목적합리적의 4개로 구분했다. 또한 T. 파슨즈는 규범, 조건, 목적, 수단이라는 4개의 개념을 사용해 사회적 행위이론을 실증주의적 유형, 이상주의적 유형 그리고 주의주의적 유형의 3개로 구분했다.

1954 사회정책(social policy)
종래의 노동정책으로서의 사회정책을 구별하고, 현대사회서비스의 정책개념을 설명하기 위해 사회정책이란 용어를 사용했다. 복지국가적 상황에서는 종래의 노동정책의 범위에서 이해하기 힘든 각종 복지서비스가 확대일로에 있다. 즉 소득보장으로서의 사회보장, 보건의료, 사회복지, 교육, 주택 등을 사회서비스로 해서 그 정책입안, 운영관리의 문제를 대상으로 한 사회정책개념을 재구축하는 것이 이론적 과제이다.

1955 사회제도(social institution)
정치제도, 경제제도, 교육제도 혹은 가족제도, 사회보장제도 등과 같은 사용방법으로 다양한 사회의 분야나 영역에서 볼 수 있는 관습이나 규범, 법등의 복합체를 말한다. 이것은 인간의 행동양식을 보장하거나 한쪽에서 일탈하려는 행동에 대한 사회적 제제를 가하는 사회구조라 할 수 있다. 가령 가족제도에는 결혼이나 육아에 관한 관습이나 부조, 부양 등의 규범이나 가족의 권리의 무관계에 관한 법적 규정 등이 포함되어 있다.

1956 사회조사(social survey)
일정한 사회나 집단에서의 사회사상을 사회생활과 관련해서 주로 현지조사의 방법으로 직접 관찰하고, 기술하고, 분

석하는 과정 내지 기술을 말한다. 사회조사는 센서스의 계보에서 오는 통계조사기법의 발달, 사회사업, 사회개량의 목적으로 행해지는 사회답사에 의한 사례연구법이나 참여관찰법, 여론조사, 시장조사에서 오는 표본추출법의 개발, 사회·심리적 조사에 의한 규제 척도의 구성, 소시오메트리 등 그 방법 면에서 다양한 발달을 하고 있다.

1957 사회조사의 과정

사회조사의 과정은 크게 분류해 조사의 기획. 준비단계, 현지조사 실시의 단계, 조사결과의 정리, 분석, 보고의 세단계로 이루어진다. 상기의 기획·준비단계에서는 조사목적의 명확화, 가설작성, 조사지역 선정, 조사방법의 확정, 예산과 조사단 편성, 조사대상의 추출, 조사표 작성, 사전 조사 등이 포함된다. 현지조사를 거쳐, 조사결과의 회수, 점수, 집계, 제표, 분석, 보고서 제출로 하나의 조사과정이 완결된다.

1958 사회조직(social organization)

성원규모에서 개인 혹은 집단과 사회제도 혹은 전체사회의 중간에 위치하는 특정의 목적을 위해 만들어진 단체를 의미한다. 규모가 큰 조직이 되면 그 조직목표를 달성하기 위해 관료제의 발달을 필요로 한다. 현대사회에서 대표되는 사회조직으로 기업조직과 행정관료제를 들 수 있다. 조직 외부적으로는 이들 사회조직과 전체 사회와의 관련, 조직 내재적으로는 성원의 개인목표와 조직목표와의 결합을 어떻게 하느냐가 큰 문제로 되어 있다.

1959 사회주의(socialism)

19세기 초부터 나타난 사회체제를 표현하는 개념의 하나이다. 일반적으로는 자본주의를 넘어서 생산, 노동, 소비의 사회화가 진행되고 부, 권력 등이 개인에게 평등하게 분배되고 있는 사회를 의미한다. K. 맑스와 F. 엥겔스의 이론이 대표적이며, 러시아에서 처음으로 사회주의사회가 실현되었다. 사회주의사회는 착취와 계급대결의 소멸, 소유의 사적 성격과 생산의 사회적 성격과의 모순의 소멸, 계획적인 경제발전 등의 과정에서 공산주의 사회와 공동된 특징을 지니지만 아직 많은 점에서 이전 사회의 잔재가 남아 있다.

1960 사회지능(social intelligence)

사회성과 밀접한 개념으로, 사회적 관계 혹은 인간관계에서 타인을 이해하고 동시에 그 관계 속에서 적절하게 대치하고 행동하는 능력을 의미한다.

1961 사회지수(SQ : social quotient)

정신연령을 IQ로 환산하듯이 사회연령(SA)을 생활연령(CA)으로 나눈 다음 100을 곱하여 산출한다. SQ 100인 아동은 보통의 사회적응 수준이라고 볼 수 있다. 왜냐하면 실제 생활연령과 사회연령이 같을 때 100이란 숫자가 얻어지기 때문이다.

1962 사회지표(social indicator) 01

사회지표란 역사적 흐름 속에서 우리가 처해 있는 사회적 상태를 총체적이고도 집약적으로 나타내어 생활의 양적인 측면은 물론 질적인 측면까지도 측정함으로써 국민생활의 전반적인 복지정도를 파악가능하게 하여 주는 척도이다. GNP가 개인소비나 민간설비 투자 등 경제활동을 화폐량으로 집계하는데 비해 사회지표는 GNP계산에 직접 삽입되지 않는 항목, 즉 건강, 교육, 학습활동, 고용과 근로생활의 질(質), 여가, 물적 환경, 범죄와 법의 집행, 가족, 지역사회. 생활의 질 계층과 사회이동 등 국민생활과 관련된 통계로서 복지수준을 나타내는 것이 특징이다. 사회지표의 기능은 국민생활의 수준측정, 사회상태의 종합적인 측정, 사회변화의 예측, 사회개발정책의 성과측정 등이다. 우리나라는 92년 현재 인구, 소득·소비, 고용·노사, 교육, 보건, 주택·환경, 사회, 문화·여가, 공안 등 9개 부문에 총 275개의 사회지표가 작성되어 있다.

1963 사회지표 02

어떤 사회정책 당국이나 의사결정자에게 연속되는 사회현상의 정도를 제시해 줄 수 있는 자료나 명세목록으로 어떤 의미에서 사회지표란 단순한 경험적 의미를 살릴 수 있는 검사의 수치로 표시되기도 하고, 어떤 경우에는 그러한 통계적 숫자적 차원에서의 변화를 나타낸 복합치를 지적하기도 한다. 그러나 보다 좋은 의미에서는 사회의 주요 목표와 관련하여 사회정책에 관한 평가를 유지할 수 있는 연속적 자료목록을 나타내기도 한다. 복지수준을 측정하는 지표. GNP가 개인소비나 민간설비투자 등 경제활동을 화폐량으로 집계하는데 비해 사회지표는 GNP 계산에 직접 산입되지 않는 항목, 즉 건강·교육·학습활동, 고용과 근로생활의 질, 여가, 물적 환경, 범죄와 법의 집행, 가족, 커뮤니티, 생활의 질, 계층과 사회이동 등 국민생활과 관계되는 통계로서 복지수준을 나타내는 것이 특징이다.

1964 사후검사(post-test)

실험연구에 있어서 그 효과를 알기 위하여 실험변인을 작용시킨 후에 실시하는 검사. 단일집단 실험설계에 있어서는 사전검사와의 차(差)로 그 효과를 알 수 있고, 통제집단 실험설계에 있어서는 실험집단과 통제집단의 차로 그 효과를 알 수 있다. ↔ 사전검사

1965 사회진단(social diagnosis)

케이스워크 과정의 하나이다. 인테이크나 사회조사의 과정에서 수집된 자료나 정보를 분석하고 검토하여 문제의 인과관계를 종합하여 해석하고 문제의 본질을 해명하는 과정을 말한다. 협의의 진단 다음에 문제해결을 위한 치료, 처우의 계획입안을 하는 것을 평가(evaluation)라 부르고 있으나 통상적으로 진단과 평가를 합쳐서 사회진단이라 부르고 있

다. 케이스워크에서의 진단은 클라이언트의 참가를 통해 문제사회진화론의 명확도를 도모해나가는 것이 특색이다.

1966 사후지도(follow-up)
일정한 훈련이나 평가 과정을 마치고 취업한 후, 직업생활과 관련하여 발생하는 제반 문제들을 예방하거나 해결하기 위하여 일정기간 제공되는 전문가의 도움을 말한다. 사후지도의 목표의 대상인이 겪게 되는 직장 내에서의 불편한 관계를 확인하고 그것이 개선되도록 조정하는 역할을 수행함으로서 갈등적 요소를 제거해주고 나아가 만족스러운 직업생활을 영위할 수 있도록 지원하는데 있다. 사후 지도의 고려사항으로는 ① 직무를 올바르게 이해하도록 하고, ② 다양한 사회 환경에 적절하게 적응하도록 지도하며, ③ 자신의 노력으로 자립하도록 하며, ④ 신체적·지적·정서적·심리적인 면에서 조화있는 삶을 누릴 수 있게 하며, ⑤ 자신과 주위환경과의 이해를 바탕으로 생애를 설계하고 계획하게 지도한다.

1967 사회진화론(social evolution)
다윈이 종의 기원을 발간하면서 생물학적 법칙으로서의 동물의 진화론이 인정되기에 이르렀는데, 이것을 인간사회에 적용해 사회의 진화를 설명하려는 이론을 말하는 것으로 H. 스펜서가 다윈의 이론과는 별도로 사회진화론을 전개했다. 그는 적자생존과 자연도태에 의한 사회조직이나 규범도 진화해 사회가 하나의 유기체로 존재하고 있다고 주장했다. 19세기 말에는 이 같은 사고가 성행했으나 1980년대에는 또 다른 형태의 진화론이 일어나 사회의 발전이론에도 적용되고 있다.

1968 사회집단(social group)
사람들이 생활의 장으로 구성하고 있는 집단을 총괄한다. 사회집단에는 여러 가지의 유형, 형태가 존재하나 대별해서 조직적 사회집단과 비조직적 집단이 있다. 조직적 집단에는 주로 혈연. 지연에 의해 구성되는 기초적 사회집단과, 일정의 목적기능에 의해 만들어지는 기능적 사회집단으로 구별되며 기능적 집단에는 정치적, 경제적, 문화적인 기능을 갖는 제 집단이 포함된다. 비조직 집단에는 통계집단이나 군중, 청중, 대중 등의 지속성, 응집성, 조직성이 없는 군중이 포함된다.

1969 사회체제(social system)
주로 경제활동의 양식, 혹은 정치권력의 성격에 따라 전체 사회를 특징지울 때 이것을 사회체제라 표현한다. 보통 역사의 발전단계를 기술할 때 쓰인다. 자본주의체제나 사회주의체제 등이 대표적인 예이다. 사회체제론은 이 이론에서 알 수 있듯이 맑스주의 사회이론에 의해 개발되어 왔다. 따라서 사회체제의 분석에는 계급구조의 성립이나 계급대립의 설명이 불가결한 것으로 되어 있다.

1970 사회측정(sociometry)
미국의 정신과 의사인 J. L. Moreno가 창안한 집단 내의 인간관계를 파악하는 측정법이다. 집단 내의 각 성원간의 견인(attraction)과 배척(repulsion) 형태를 분석하고 그 강도나 빈도를 측정함으로써 어떤 개인이 집단에 대해 가지고 있는 관계나 위치 또는 집단자체의 구조나 발전 상태를 발견, 기술, 평가하는 방법을 말한다. 이 방법에 의해 개인의 성격, 지위, 적응성, 중심성 등을 알 수 있으며, 집단적 특성에 있어서 집단구조(하위집단의 분화, 층화, 지도성의 구조)는 응집성, 안정성, 외부압력에의 저항성 등이 밝혀진다. 성원이나 집단의 특성을 계산하는 것을 소시오 메트릭스(socio metrix)라고 한다.

1971 사회치료(social treatment)
케이스워크 과정의 하나이며 처우, 처치라고 하는 경우도 있다. 클라이언트가 스스로의 문제를 해결할 수 있도록 하는 여러 가지의 심리적, 사회적 원조활동을 말한다. 클라이언트의 문제의 내용에 따라 달라질 수도 있으나 구체적으로는 사회 환경의 조정, 수정 및 개선, 사회자원의 활용과 동원 등의 환경요법(간접요법)과 심리적인 원조에서의 지지요법이나 통찰요법 등의 직접요법을 포함한 광의의 치료적이고 원조적인 처치의 총체이다. 이러한 두 가지 요법은 실제에 밀접하게 관련된 형태로 실천된다.

1972 사회통계(social statistics)
사회현상에 관한 통계 또는 통계학적 처리의 방법을 뜻한다. 와그너 엥겔, 마이야 등을 대표로 하는 독일 사회통계학파의 연구는 사회집단을 연구대상으로 하고 대량관찰법을 기본적 방법으로 하며 사회생활에서 합법칙성을 추구하는 실질적인 과학으로 생각되었다. 사회생활에 직접 관계된 통계, 실업통계, 주택·위생상태 조사, 가계조사 등의 중요성이 특히 강조되었다. 오늘날에 와서는 일반적으로 사회조사에 응용되는 통계학적 기법의 체계를 말한다.

1973 사회통제(social control)
사회 및 그 내부의 집단이 질서를 유지하기 위하여 내적으로 발생 하는 일탈, 범죄, 긴장을 처리하여 균형을 확보하는 과정을 말한다. 사회에는 개인이나 집단에게 사회가 바라는 행동을 취하게 하는 작용이 있다. 그와 같은 작용일체를 사회통제라 하며, 그 목적 내지 기능은 사회의 기존질서를 유지하는데 있다.

1974 사회통합(social integration)
비통합적 상태에 있는 사회 안의 집단이나 또는 개인이 서로 적응함으로써 단일의 집합체로서 통합되어 가는 과정이다. 파슨즈(Parsons T.)는 통합을 일컬어 다음의 상태 또는 그 상태로 인도하는 과정이라고 하였다. 즉, 복수의 사람들 사이에 공통의 목표가 존재하며 그 목적을 달성하기 위한 각자의 역할이 분담되어 있고 그 역할 외 수행이 당연한 권리이자 의무임을 서로 인정하고 있으며 분담하고 사후 보호 있는 역할은 크든 작든 그 사람에게 욕구충족을 가져다주는 것으로 정의하고 있다.

1975 사회해체(social disorganization)

사회적, 경제적 변동 등에 의해 사회를 구성하는 개인, 집단, 지역사회 등의 조직이나 구조에 균열이 생기거나 여러 가지 기능장애가 일어나 붕괴하는 상태를 말한다. 인격해체, 가족해체와 같은 사회해체의 하나의 형태인 지역해체는 공업화. 도시화의 진행에 따라 지역성, 공동성 같은 종래의 지역사회 통합이 붕괴되는 것으로 지역사회에 대한 주민의 관심의 감소, 거기에서 생기는 각종 병리현상 등을 말하는 개념이다.

1976 사회행동(social action)

넓은 의미에서의 사회복지활동의 하나로 대상의 요구에 따라 복지관계자의 조직화를 도모하고 여론을 환기시켜 입법, 행정기관에 압력행동을 전개해 기존의 법제도의 개폐, 복지자원의 확충 및 창설 그리고 사회복지의 운영개선 등을 지향하는 조직 활동을 말한다. 또 지역 사회조직과 주민간의 상호 부조적 활동에 그치는 것이 아니라 지역사회의 공적인 복지수준의 향상에 공헌하는 데는 이것의 존립이 필요불가결한 요소이다. 이러한 사회행동에는 두 가지 흐름이 있는데 하나는 사회적 발언력이 약하고 신체적·정신적 장애를 가진 대상자를 대신해서 복지관계자나 전문사회사업가가 중심이 되어 행동하는 형태이며 또 하나는 대상자가 스스로의 장애를 극복하고 요구 실현을 위해 조직화를 도모하는 형태이다. 전자에서는 복지욕구의 구체적 충족이 그 목표가 되지만 후자에서는 그 위에 대상자의 권리주체자로서의 육성이나 정책결정과정에의 참가가 지향되고 있다.

1977 사회행정(social administration)

사회행정 또는 사회복지행정으로 번역되기도 했으나 최근에는 사회복지관리나 사회복지경영으로 번역하는 예도 있다. R. M. 티트머스는 사회행정을 정의하는 것은 어려운 일이라고 말하며 사회적 제서비스의 행정이라 부르고 그것은 단지 단체, 기관 혹은 시설의 행정과는 상이하여 사회적 제서비스의 정책형성과 그 관리·운영을 의미하는 경우가 많아 사회복지정책, 사회복지행정으로 취급하고 있다고 했다. 그가 제시한 내용들은 반드시 이론적 체계적으로 정비된 것은 아니지만 사회적 욕구와 그 욕구의 충족에 관한 제 문제가 포함되어 있다. 사회행정의 연구는 1920년대부터 영국에서 시작되었으나 특히 전후 영국에서의 복지국가의 건설과 결부되어 성행했다. 미국에서도 1960년대 이후 사회정책(social policy)에 대한 관심이 높아지면서 이 분야의 연구가 진행되고 있다.

1978 사회화(socialization)

사회심리학 중 행동이론의 경우에 사회화는 넓은 범위의 행동을 취할 가능성을 가지고 태어난 생물적 존재로서의 인간이 자기가 속한 사회의 행동기준에 규제되고, 또 관습 내지 생활양식에 허용되어 있는 한정된 범위의 행동을 취하거나 취하도록 이끌어지는 과정을 사회화라 한다. 사회화 과정은 지능, 정의적 특성, 체력 등의 생득적 소질과 사회화가 행해지는 직접적인 환경 특히 가정의 여러 조건 직접적인 환경배경으로서의 하위사회·하위문화라는 세 가지 수준에서 개인차가 생긴다.

1979 사회환경(social environment)

자연환경에 대응하는 사회적 제 조건의 총칭을 뜻한다. 일반적으로 풍토, 기후 등의 자연환경(물리적 환경)을 기초로 하여 인간이 만들어 낸 제도이다. 조직, 계급, 풍습, 규범 등을 말하며 사회적 인간을 형성하는 조건으로 여겨진다.

1980 사회활동

개인의 행동 중에서 가정 내부의 영역에 행해지는 사적활동에 대해 직장, 지역사회, 기타의 사회 제 영역에 행해져 사회에 영향을 주는 활동을 사회활동이라 한다. 경제학에서 직업노동이 사회적 유용노동이 된다는 것을 기저로 경제적 가치에 머물지 않고 사회적, 문화적, 제도적인 영향력을 넓게 보아 사회참가활동의 사회적 유용성을 지적한 것이지만 가정 내 영역의 가치평가나 사회적영역의 내부분화 등에는 애매한 점이 많다.

1981 사후보호(after care)

애프터케어로 쓰이는 경우가 많다. 의학적인 사후보호에는 외과수술 뒤나 중증질환의 회복기에 행해지는 건강관리, 정신병환자가 퇴원 후에 그 효과의 유지를 목적으로 행해지는 요양지도 등이 있으며 신체장애인의 재활과정에 있어서도 follow1 up과 같은 의미로 쓰여지고 있다. 재활은 후에 지체부자유를 남길 우려가 있는 질병이나 외상에 대해 발병 혹은 상처를 입은 후 초기부터 계속적인 치료를 필요로 한다. 또한 의학적 재활에 의해 일정 수준까지 산업민주주의 기능이 회복한 장애인이라도 방치해 두면 다시 퇴화하는 경우가 종종 있으며, 특히 노인에 있어서는 그 같은 경향이 현저하다. 이러한 기능의 후퇴를 방지하기 위해서는 수시로 사후보호가 실시되어야 한다.

1982 산소결핍증(anoxemia)

신체조직에 산소의 공급이 부적절하여 일어나는 증상으로 심한 경우에는 두뇌손상이나 기관(organ) 손상을 일으킨다. 특히 출산 시 탯줄이 엉키거나 분만시간이 긴 경우에 태아가 산소 결핍증에 걸릴 확률이 많으며 이로 인해 정신지체 현상을 낳는 수도 있다.

1983 산업노인학
→ 산업제론톨로지

1984 산업민주주의(industrial democracy)
산업체의 의사결정에 피용자가 제도적으로 참여하는 것을 말하며, 민주주의적으로 운영되어지는 하나의 노동조합을 산업사회의 구성원으로 승인함으로써 국민사회의 산업관계를 계급관계가 아닌 민주주의적 체제로 발전시켰다는 주장이 있다. 이 주장의 출발점은 19세기 말의 웹부처이지만 현대에서는 산업과 기업의 상태를 결정함에 즈음하여 노동자와 노동조합의 의사반영과 참가를 촉구하는 의지가 강하게 일어, 새로운 산업민주주의의 의미가 부각되어지고 있다.

1985 산업별조합(industrial union)
동일산업에 속하는 근로자를 숙련도나 직종 여하와는 관계없이 다만 동일산업에 속한다는 기반 위에 조직한 노동조합. 산업전체에 걸친 임금결정이나 노동조건은 당해 산업의 지도적 기업인 거대기업이 결정하게 되므로 전국적 규모로 단체교섭이 이루어지거나 혹은 노동협약의 표준화가 이루어지게 된다.

1986 산업사회학(industrial sociology)
산업을 구성하고 있는 기업, 사업소와 그곳에서 움직이는 인간을 둘러싸고 일어나는 행동양식 및 다른 사회영역과의 관계를 대상으로 연구하는 사회학의 한 부문이다. 미시적 영역으로서는 직장의 비공식적 인간관계와 노동자의 태도, 관리자의 리더십, 경영자의 사회적 성격 등이고, 중간적 영역으로서는 기업, 사업소나 노동조합의 조직, 제도, 행동양식 및 노사관계, 거시적 영역으로서는 산업과 사회와의 관련, 산업화와 사회적, 문화적 조건 및 영향 등이 취급되어진다. 호오손실험으로 시작된 초기 산업사회학은 비공식집단과 유형관계 등 주로 미시적 영역에서 관심을 가졌지만, 1950년대 후반에는 산업화와 사회변동, 문화변동이 관심을 불러일으켜 그 연구영역의 확대를 보였다.

1987 산업심리학(industrial psychology) 01
산업분야에 관계된 심리학의 전 분야를 포함한 명칭이다. 산업심리학에는 노동심리학, 직업심리학, 소비심리학으로 상징되어진 3개 측면이 있다. 초기산업심리학은 노동자의 작업동작, 능력적성, 피로현상이란 노동 과학적 연구가 많았었지만, 오늘날에는 사회심리학적인 연구 내지 행동과학적인 연구에 기인한 산업심리학의 분야가 크게 확대되어 왔다. 근로의욕의 연구, 매매동기의 연구 등을 함축한 경영심리학의 분야도 연구되어 오고 있다.

1988 산업심리학 02
기업체나 회사의 생산성, 인사, 직업훈련 또는 종업원훈련, 종업원의 사기증진 및 복지향상 등과 관련된 제반 문제를 연구하는 심리학 분야이다.

1989 산업안전보건법(industrial safety and health law)
산업안전·보건에 관한 기준의 확립과 그 유지·증진을 도모하기 위한 법률(전문개정 1990. 1. 13. 법률 제4220호). 산업안전·보건에 관한 기준을 확립하고 그 책임의 소재를 명확하게 하여 산업재해를 예방하고 쾌적한 작업환경을 조성함으로써 근로자의 안전과 보건을 유지·증진함을 목적으로 한다. 정부는 산업안전·보건에 관한 제반 사항을 성실히 이행할 책무를 진다. 사업주는 산업재해의 예방을 위한 기준을 준수하며, 사업장의 안전·보건에 관한 정보를 근로자에게 제공하고 적절한 작업환경을 조성함으로써 근로자의 생명보전과 안전 및 보건을 유지·증진하도록 하고, 국가의 산업재해 예방시책에 따라야 한다. 근로자는 산업재해 예방을 위한 기준을 준수하며, 국가와 사업주의 산업재해의 방지에 관한 조치에 따라야 한다. 노동부에 산업안전보건정책심의위원회를 둔다. 노동부장관은 산업재해예방에 관한 중·장기기본계획을 수립해야 한다. 사업주는 사업장의 유해 또는 위험한 시설 및 장소에 안전·보건표지를 설치·부착해야 한다. 사업주는 안전보건관리책임자와 산업보건의를 두고, 근로자·사용자 동수로 구성되는 산업안전보건위원회를 설치·운영해야 한다. 사업주는 단체협약 및 취업규칙에 맞도록 안전보건관리규정을 작성하고 근로자에게 알려야 한다. 노동부장관은 안전·보건조치에 관한 지침 또는 표준을 정하여 지도·권고할 수 있다. 노동부장관은 유해 또는 위험한 기계·기구 및 설비의 안전기준을 정할 수 있다. 근로자의 보건상 특히 유해한 물질은 제조·사용 등이 제한되며, 적절한 취급을 해야 한다. 사업주는 정기적으로 근로자에 대한 건강진단을 실시해야 한다. 유해 또는 위험한 작업에 종사하는 근로자에 대해서는 연장근로가 제한된다. 노동부장관은 감독을 위하여 필요한 조치를 할 수 있다. 근로자는 사업장에서의 법령위반사실을 노동부장관 또는 근로감독관에게 신고할 수 있다. 산업안전지도사와 산업위생지도사가 직무를 개시하고자 할 때에는 노동부에 등록해야 한다. 등록한 지도사는 법인을 설립할 수 있다. 정부는 산업재해예방기금을 설치하며, 그 기금은 노동부장관이 관리·운용한다. 노동부장관은 산업재해예방시설을 설치·운영하거나, 명예산업안전감독관을 위촉할 수 있다. 9장 72조와 부칙으로 되어 있다.

1990 산업재해(industrial accidents)
노동과정에서 작업환경 또는 직업행동 등 업무상의 사유로 발생하는 근로자의 부상, 질병, 사망, 직업 환경의 부실로 인한 직업병 등도 포함된다. 산업재해는 제조업의 노동과정에서뿐만 아니라 광업, 토목, 운수업 등 모든 산업분야에서 항상 발생할 가능성이 있다. 산업혁명 후 기계공업이 발달하면서 주로 제조업 중심으로 산업재해가 급속히 증가하였다. 산업재해의 발생 원인을 근로자 측에서 보면 근로자의 피로, 작업상 부주의나 실수, 숙련미달 등을 들 수 있고 사용자측에서 보면 주로 산업재해에 대한 안전대책이나 예방대책의 미비 또는 부실에 기인한다고 볼 수 있다.

1991 산업재해보상보험 (industrial accident compensation insurance)

근로자의 업무상 재해를 신속하고 공정하게 보상하기 위한 보험. 노동자의 재해보상을 보장하는 제도는 1884년 독일에서 처음 실시되었으며 현재 많은 나라에서 이를 채택하고 있다. 우리나라에서는 1963년에 산업재해보상보험법이 제정되어 이듬해부터 시행되어 오고 있다. 이 법이 시행됨으로써 근로기준법의 적용을 받는 모든 사업 또는 사업장의 노동자에 대한 업무상의 재해를 신속·공정하게 보상함과 동시에 이에 필요한 보험시설을 설치·운영해 노동자 보호에 기여하게 되었다. 보험급여의 종류에는 요양급여, 휴양급여, 장해급여, 유족급여, 유족특별급여, 장의비, 일시급여 등이 있다.

1992 산업재해보상보험법(workman's accident compensation insurance law)

산업재해에 있어서 근로자에게 보험 급여를 하기 위하여 필요한 사항을 정한 법률. 산업재해보상보험 사업을 행하여 근로자의 업무상의 재해를 신속하고 공정하게 보상하고, 재해근로자의 재활 및 사회복귀를 촉진하기 위하여 이에 필요한 보험시설을 설치·운영하며 재해 예방 기타 근로자의 복지증진을 위한 사업을 행함으로써 근로자 보호에 이바지함을 목적으로 하는 법률이다(1994. 12. 22. 법률 제4826호). 보험사업은 노동부장관이 관장하며, 보험은 근로자를 사용하는 모든 사업에 적용한다. 노동부에 산업재해보상보험 심의위원회를 둔다. 근로복지공단은 보험에 관한 기록의 관리·유지, 보험료 기타 징수금의 징수, 보험급여의 결정 및 지급, 보험시설의 설치·운영, 근로자의 복지증진 사업 등을 수행한다. 사업주는 당연히 보험의 보험 가입자가 된다. 보험급여는 업무상의 사유에 의한 것을 전제로 하여 요양급여, 휴업급여, 장해급여, 간병급여, 유족급여, 상병보상연금, 장의비로 한다. 요양 급여는 요양비 전액을 지급하며, 근로복지공단이 설치하거나 지정한 보험시설 또는 의료기관에서 하도록 하고, 범위는 진찰, 약제 또는 진료 재료와 의지 기타 보철구의 지급, 처치·수술 기타의 치료, 의료 시설에의 수용, 간병, 이송 등으로 한다. 휴업급여는 요양으로 인해 취업하지 못한 기간에 대하여 지급하며, 장해급여는 치유 후 신체 등에 장해가 있는 경우에 지급한다. 간병급여는 치유 후 간병이 필요하여 실제로 간병을 받는 자에게 지급한다. 유족급여는 유족에게 지급하며, 수급권자의 선택에 따라 유족보상연금 또는 유족보상일시금으로 한다. 요양 개시 후 2년 이후에 폐질 등의 상태가 계속되면 휴업급여 대신 상병보상연금을 당해 근로자에게 지급한다. 장의비를 지급한다. 손해배상청구권에 갈음한 장해 특별 급여나 유족 특별 급여가 인정될 수 있다. 근로자의 보험급여를 받을 권리는 퇴직으로 인해 소멸되지 않으며, 그 권리는 양도 또는 압류할 수 없다. 보험급여를 받을 권리는 3년간 행사하지 않으면 소멸시효가 완성된다. 보험료는 근로복지공단이 보험가입자로부터 징수한다. 보험료는 보험 가입자가 경영하는 사업의 임금 총액에 동종의 사업에 적용되는 보험료율을 곱한 금액으로 한다. 보험료율은 사업 종류별로 구분·결정된다. 보험료 기타 징수금의 강제집행은 국세 체납처분의 예에 의한다. 산업재해보상보험 기금은 보험료·기금운용수익금·적립금 등을 재원으로 노동부장관이 조성한다. 보험급여에 관한 결정에 대해 불복이 있는 자는 근로복지공단에 심사청구를 할 수 있고, 심사청구에 대한 결정에 불복이 있는 자는 산업재해보상보험 심사위원회에 재심사청구를 할 수 있다. 10장 106조와 부칙으로 되어 있다.

1993 산업재해보험

근로자의 재해보상을 보장하기 위한 제도는 1884년 독일의 재해보험법을 시작으로, 현재 많은 나라에서 채택하고 있다. 이는 사용자의 입장에서 보아도 산업재해로 인한 위험부담을 분산·경감해주고 안정된 기업 활동을 할 수 있도록 도와주는 이점이 있다. 산재보험의 시행 초기에는 근로기준법상의 보상 수준을 그대로 대행하는 책임보험의 영역에서 벗어나지 못했다. 경제 발전과 몇 차례의 법 개정을 통해 보험급여의 수준을 향상시켰고, 산재근로자를 위한 여러 복지시설을 설치·운영하는 등 사회보장 제도로서의 면모를 갖추었다. 근로자가 산재보상을 청구하기 위해서는 그 재해가 업무상 발생한 것이어야 한다.

1994 산업제론톨로지

제론톨로지(gerontology)는 노인학 또는 장수학으로 나이를 먹음에 따라 일어나는 제문제를 연구하는 학문을 말한다. 이를 산업에 응용한 것이 산업 제론톨로지. 미국에서 시작되었으며 연구대상은 장·노년층의 고용과 정년퇴직 등. 기본이념은 장·노년의 능력을 효과적으로 활용하는 것이며 이에 대한 적정한 평가법, 기술·지식의 진부화에 대비한 교육, 체력에 알맞은 작업내용, 환경의 재편성, 정년퇴직 후의 인생설계를 지원하는 방법이 구체적인 연구과제를 말한다.

1995 산업주의(industrialism)

생활력이론을 기초로 수렴이론의 입장에서 발달한 산업사회를 특징짓는 말로서 최초로 이 말을 사용한 사람은 상시몽(Simon Saint)이었다. 체제나 이데올로기의 차이를 넘어서서 산업화(industrialization)가 고도로 진행된 단계의 각종

ㅅ

사회에 나타나는 구성 원리를 가리킨다. 경제적으로는 소득의 평균화, 정치적으로는 복수의 이해집단(interest group)에 의한 권력의 분권화, 문화적으로 이데올로기에 대체되는 과학의 우위 그리고 사회적으로는 계층 간 차이의 소멸과 수직적 사회이동의 빈번함을 기초로 한 평등하고 다원적인 사회의 출현 등을 특징으로 하며 거기에서의 사람들의 지위를 결정짓는 주요한 요인은 교육과 직업선택이다.

1996 산업체 경력(Career In Companies)

사학연금의 경우, 교원의 실업계 분야 현장근무 경력으로 실업계 교원 자격증을 취득하고 법인 단체, 민간 기업체 등에서 담당과목과 동일한 분야의 업무에 정규직원으로 근무한 경력을 말한다.

1997 산업피해구제제도

특정한 물품의 수입급증으로 국내 산업이 피해를 입거나 입을 우려가 있을 경우 이를 조사해 국제규범이 허용하는 범위 내에서 국내산업의 피해를 없애기 위한 합당한 조치를 실시하는 제도. 반덤핑관세, 상계관세, 긴급관세 등 사후적 산업피해 구제조치만이 가능하다.

1998 산업 카운슬링(industrial counselling)

산업의 단위를 이루는 기업이나 사업장에서 직장의 부적응 문제에 대응해 이루어지는 카운슬링의 한 분야이다. 산업카운슬링의 목적은 종업원인 인간으로서 행복증진, 생산성의 향상, 재해사고의 방지, 노동이동의 방지, 비행범죄의 방지, 기업의 신뢰축적 등을 들 수 있으며, 산업 카운슬링의 기능은 동기부여기능과 복지적 기능을 들 수 있다. 산업 카운슬링의 유형을 주체별로 보면 국가기관의 상담, 기업에 의한 상담, 노조에 의한 상담 및 민간단체에 의한 상담을 들 수 있으며, 문제내용별로는 고충상담, 스트레스 상담, 퇴직상담, 성적차별, 학대상담, 정신건강 상담, 법률상담, 재정상담, 알코올 중독 상담, 경력개발계획상담 등이 있다.

1999 산업케이스워크(industrial casework)

기업에서의 인사상담, 노무상담, 고충처리, 직업적응 등의 방법으로서 전개되는 케이스워크의 활동영역을 말한다. 또 이것과 동일내용의 활동을 산업 카운슬링이라 부르는 것도 일반적이다. 주로 면접에 의해서 직장의 대인관계나 심리적 고민 등을 완화시키는 것이 일반적이다. 노무관리의 중요한 수단이 되고 노무자를 인간으로 처우하고 복지향상을 위해 절대로 필요한 기능이며 방법기술이다.

2000 산업혁명(industrial revolution) 01

근대 자본주의 확립 과정에서 공업기술의 대변혁을 매개로 공장제 공업의 출현 등 산업상의 제 변혁이 일어나 그에 따른 경제, 사회조직의 혁명적 변화를 말한다. 영국에서는 1760~1830년대에 프랑스는 1830~1870년, 독일에서는 1848~1870년, 미국에서는 1840~1870년에 걸쳐서 일어났다. 이에 따라 근대적인 노동자계급이 형성되고 동시에 소녀노동, 실업 등의 사회문제도 출현했다.

2001 산업혁명 02

1970년부터 시작된 영국을 중심으로 방적기계·증기기관 등의 발명으로 종래 수공업적 생산 방법에서 공장제 기계공업(factory)으로 전환되고 자본주의 사회가 완성되었던 경제상의 대변혁을 말한다.

2002 산업화(industrialization)

사회학에서는 근대산업의 발전에 의해 일어나는 사회적, 문화적인 변동의 과정이다. 라고 정의된다. 산업화는 공업화와 동의어로 인더스 트리얼리제이션의 역어로 쓰이고 있으나 이 정의에 따르면 산업화는 공업화까지도 포함한 광의의 개념이라 할 수 있다. 그리고 산업화의 결과로서 도달점인 사회적, 문화적 특성은 산업주의라 불린다.

2003 산재심사위원회

산재보험의 보험급여에 이의가 있는 경우 제1차적으로는 노동부관할 지방사무소의 산재심사관에게 심사를 청구하고 그 결정에 불복이 있는 경우 제2차적으로 노동부에 설치되어 있는 산재심사위원회에 재심사로 청구하도록 되어 있다. 심사위원회는 위원장 1인과 위원 7인 이내로 구성하며 위원은 1급 상당의 공무원으로 1년 이상 재직한 자, 2급 상당의 공무원으로 3년 이상 재직한 자, 판사, 검사, 군법무관, 또는 변호사의 직에 6년 이상 재직한 자, 공인된 대학에서 부교수 이상으로 6년 이상 재직한 자, 사회보험 또는 산업의학에 관한 학식과 경험이 있는 자 중에서 노동부장관이 자격이 있다고 인정하는 자 중에 노동부장관의 추천에 의해 대통령이 임명한다. 위원의 임기는 3년이며, 정치활동에 관여할 수 없다. 심사위원회의 재결에 불복이 있는 때에는 행정소송을 제기할 수 있도록 되어 있다.

2004 산전산후휴가(leave before and after delivery)

근로기준법에 의하면 산모에 대해 출산전후 60일의 유급보호휴가가 인정된다. 이 휴가는 산후에 30일 이상 확보되도록 하고 있다. 여기에서 출산이라 함은 임신 4개월 이후의 분만을 말한다. 국민의 정부에서 90일로 확대되었다.

2005 삼성복지재단

1989년에 설립되어 저소득층 가정을 위한 보육사업의 일환으로 전국적으로 삼성어린이집을 건립, 운영하고 나아가 청소년, 장애인, 노인 및 지역사회의 구성원들을 위한 다양하고 체계적인 사회복지 프로그램을 제공하는 복지재단이다.

2006 상관계수(correlation coefficient)

두 변인 또는 여러 변인 간의 관계의 정도를 나타내는 계수다. 수학에 있어서 지름과 원둘레와의 관계는 명료한 직선적 관계로 나타낼 수 있다. 그러나 사회과학 분야에 있어서 이러한 변인 간의 관계를 오차 없이 명료한 관계로 나타낼 수 없는 경우가 많다. 예를 들어 지능과 키와의 관계라든가 또는 지능과 학교성적과의 관계 등은 오차 없이 1대 1의 명료한 관계로 나타낼 수 없다. 그러나 이 관계를 정확한 공식에 의해서 나타낼 수는 없지만 확률적인 의미에서 수량적으로 그 관계의 정도를 나타내는 계수를 상관계수라고 부른다. 이러한 두 변인 간의 상관관계를 나타내는 수량적 지수로서 가장 대표적인 것이 피어슨의 적률 상관계수이고 그 이외의 두 변인의 특수성, 예를 들어 두 변인 중 어느 한 변인이 두 개의 질적인 유목변인인가 또는 두 개의 유목이지만 연속성을 가정할 수 있는가 등의 변인의 측정수준에 따라 양류 상관계수(point biserial correlation), 양분상관(biserial correlation), 사류상관(fourfold correlation), 사분상관(tetrachoric correlation), 유관계수(contingency coefficient), 등위상관(rankorder correlation), 켄달의 등위상관과 일치도 계수, 굿만-쿠르스칼의 계수 등이 있고 두 변인의 곡선적 관계를 나타내는 계수로 상관비(correlation ratio)가 있다. 두 변인간의 관계 이외에 한 변인과 다른 변인과의 관계를 나타내는 중다 상관계수(multiple correlation), 중다 상관계수와 같은 경우이지만 독립변인들이 질적인 유목변인인 경우에 적용되는 중다 유목상관(multiple classification analysis)이 있으며 일련의 두 쌍의 변인들 간의 상관관계를 나타내는 다원 집단 변인 상관(canonical correlation) 계수 등이 있다. → 적률 상관계수

2007 상관관계(correlation) 01

한 변인의 변화에 수반되어 다른 변인에서의 변화가 일어나는 경우와 같이, 두 변인이 서로 의존하고 있는 관계성 또는 두 변인간의 관계를 지칭한다. 흔히 두 변인 간 관계의 방향성에 따라 정적 상관과 부적 상관으로 구분된다. 또한 두 변인 간 관계의 정도 또는 크기를 나타내는 수치를 상관계수(correlation coefficient)라 하며, 그 범위는 최저 상관이라고 할 수 있는 영(零)의 상관, 즉 0에서부터 최고 상관이라고 할 수 있는 완전상관, 즉 1까지 분포된다. '상관'이라고도 한다.

2008 상관관계([독] Korrelation) 02

① 아버지와 아들, 위와 아래 등과 같이, 한 쪽이 다른 쪽과의 관계를 떠나서는 의미가 없는 것과 같은 것 사이의 관계로서 이와 같은 관계에 있는 개념을 상관 개념(correlative concepts)이라고 한다. ② 어떤 두 개의 현상이 상당한 정도의 규칙성을 사지고 동시에 변화해 가능 관계에 있는 경우, 그 관계를 말한다. 수학적 수단으로서 상관이 정도를 양적으로 나타내는 것이 상관 계수이다.

2009 상관성(correlation)

교육과정을 구성하는 교과 간에 또는 경험 내용 간에 서로 보이는 관계성 또는 공통성, 상관교육과정에서 교과를 서로 관련시킬 수 있는 상관성의 종류에는 ① 사실의 상관(factual correlation), ② 기술의 상관(descriptive correlation), ③ 규범의 상관(normatic correlation)을 들 수 있다. 사실의 상관은 역사적 사실을 배경으로 하는 문학 작품의 학습에서 역사와 문학을 상관시킨다든지 독립선언문을 통한 국어 학습에서 국사의 3·1운동과 관련시키는 등의 것이다. 기술의 상관은 두 가지 또는 그 이상의 교과나 교과목에서 공통적으로 활용될 수 있는 규칙이나 원리의 적용 시에 나타난다. 예를 들면 지리에서의 침식작용의 원리와 화학의 산(酸)-알칼리 작용의 원리는 서로 상관된다. 규범의 상관은 기술의 상관과 대동소이한 것인데 그 원리가 기술적이라기보다는 사회 도덕적인 면이 강조되는 것이다. 예를 들면 국어에서의 소녀 유관순(柳寬順)의 애국심과 서양사의 소녀 잔 다르크(Jeanne d'Arc)의 애국심과는 서로 규범적인 면에서 상관된다. → 상관 교육과정

2010 상관연구
(correlational research/correlational study)

둘 또는 그 이상의 변인들 간의 관계 정도와 방향성에 초점을 맞추어 진행되는 연구를 말한다.

2011 상관연구법(correlational method)

둘 이상의 변인들 간의 상관(관계)에 초점을 맞추어 진행하는 연구방법 또는 기법을 말한다. 즉 한 변인의 변화에 따라 다른 변인(들)에서 일어나는 변화의 정도나 방향성을 밝히기 위해 사용되는 연구방법으로 상관법이라고도 한다.

2012 상담(counseling) 01

카운슬러가 도움을 필요로 하는 사람에게 전문적 지식과 기능을 가지고 내담자 자신과 환경에 대한 이해를 증진시키며, 합리적이고 현실적이며 효율적인 행동양식을 증진시키거나 의사결정을 내릴 수 있도록 원조하는 활동. 상담에는 다음과 같은 특징이 있다. ① 모든 행동변화나 의사결정은 내담자가 원하는 것이어야 한다. ② 상담은 자발적 변화가 일어날 수 있는 조건을 제공하는 것이어야 하며 개인이 선택하고 결정할 권리를 존중해야 된다. ③ 합리적 계획, 문제해결, 의사결정, 환경적 압력에 대한 대응, 일상 행동습관 등과 같은 일상생활의 문제에 중점을 둔다. 상담은 흔히 심리치료와 같은 의미로도 쓰인다. 그러나 상담은 정신질환이 없는 정상적 사람을 대상으로 하는 것임에 반해서 심리치료는 신경증이나 정신병 같은 이상행동을 주대상으로 하고 있다. 심리치료와 같이 그 이론적 배경이 정신분석학·행동주의심리학·인지심리학·생태심리학 등의 발달과 밀접하게 관련되어 있으며 그 대상문제에 따라서 성격상담·

학업상담·진로상담 등으로 분류하기도 한다.
→ 카운슬링, 심리치료, 개인상담, 집단상담

2013 상담원(counselor)
→ 카운슬러

2014 상담심리학(counseling psychology)
임상심리학의 경우에 정신장애나 이상행동의 문제를 진단하고 원인을 밝히며 나아가 치료하는 등의 문제를 연구하는데 비해, 상담심리학은 대부분의 비장애인들이 맞게 될 수 있는 생활 속의 적응과 기능의 문제에 초점을 맞추어 연구하는 심리학 분야라고 할 수 있다. 보다 구체적으로, 상담심리학은 삶을 살아가는 과정에서 개인의 적응과 기능 및 대인관계를 촉진하는데 목표를 두고 있으며, 정서적, 행동적, 사회적, 직업적 측면 그리고 교육 및 건강 등의 영역에서의 적응, 기능 및 문제에 초점을 맞추어 연구를 진행한다. 또한 상담심리학에서는 상담의 목적이나 방법 및 과정 등의 문제를 연구한다.

2015 상대적([영] relative [독] Relativ)
절대적에 대해, 어떤 규정이 다른 것과의 관계에 의해서 결정되는 것이다. 〈대(大)〉라는 규정은, 다른 일정한 양과의 비교에 의해서만 성립하고, 〈아버지〉라는 규정은 다른 특정한 인간 〈아들〉과의 관계에 있어서만 성립한다. 따라서 어떤 상대적인 규정은, 보편적인 아닌 특정한 것과의 관계에 의존한다. 어떤 조건 하에서의 바른 행동도, 다른 조건 하에서의 바른 행동도, 다른 조건 하에서는 그렇지 않을 때, 그 바르다는 것은 상대적이다.

2016 상대적 과잉인구(relation over population)
산업예비군이라고 말하기도 한다. 자본주의 생산체제 하에서는 여러 가지 경제변동에 따라 변동하는 노동수요를 충족하기 위해 상당규모의 과잉노동자인구가 있어야 한다. 그렇지 않으면 노동공통의 제약에 의해 자본축적의 정체가 생기기 때문이다. 자본축적과정에는 자본의 유기적 구성을 고도화하고 노동자인구의 일부를 과잉화시키는 구조가 되어있고 이것에 의해 상대적 과잉인구가 유지된다. 맑스는 실업과 빈곤의 원인이 절대적 과잉인구에 기인한다는 생각을 비판하고 상대적 과잉인구의 누진적 축적에 그 원인이 있다는 것을 명백히 하고 있다.

2017 상대적 빈곤
→ 궁핍화이론

2018 상대적 진리
→ 절대적 진리와 상대적 진리

2019 상대주의([영] relativism [독] Relativismus)
인간의 인식이나 평가는 상대적인 것으로서, 그것은 인간 및 인간이 놓여 있는 여러 조건에 의존되고 제약되는 것이라고 주장하고, 여기에 어떤 절대적인 것을 인정하지 않는 학설을 말한다. 인식론 상의 상대주의는 객관적 진리를 부정하므로, 결국은 회의론이 되며 진리 개념의 부정에 도달한다(→ 절대적 진리와 상대적 진리), 평가 문제(윤리학·미학 등)에서는, 가치의 역사성을 주장하고, 또 초인간적인 가치의 원천을 부정하는 것은 옳지만, 절대적인 면을 모두 부정하므로, 가치 있는 문화유산의 계승이나, 인간적 요구에 있어서의 불변의 요소를 무시하는 결과가 된다. → 절대주의

2020 상대평가(normative evaluation)
한 학생이 받은 점수가 다른 학생들이 받은 점수에 의해 상대적으로 결정되는 평가방식을 말한다. 이 경우 개개 학생이 받은 점수는 그 시험에서 그가 속한 집단이 취득한 평균점수를 준거로 하여 평가되기 때문에 규준지향평가(規準指向評價)라고도 한다. → 규준지향적 평가

2021 상동증(stereotype)
특히 정신분열증이나 긴장형과 같은 정신 증에서 많이 볼 수 있으며 한 발로 오래도록 서 있거나 같은 보조로 왔다 갔다 한다던지, 또 한 없이 같은 말을 되풀이 하는 것 등으로 똑같은 태도, 몸짓, 행동, 말 들을 장시간에 걸쳐 지속하는 증상을 말한다. 지속한다는 것 동일한 형태를 지속한다는 것, 아무 가치가 없는 것, 주위에 적응이 되지 아니하는 것 등이 상동증의 특징이다.

2022 상드(sand)
벨기에 브러셀러대학의 교수이며 인간경제학의 제창자, 인간을 경제적인 가치로 인정하여 인간가치의 향상을 위한 투자는 장래의 효과를 기대해서 행하며, 노인, 신체장애인, 불치병자에 대한 투자도 장래 희망을 거는 생산적인 투자로서 비생산적인 지출이 아니라고 주장하였다. 사회복지 대상자들이 원하는 것은 휴머니즘에 의한 보호가 아니라 그들 스스로의 가치를 사회에 구현할 수 있는 기회라고 보는 등 인간의 가치를 중시하였다. 국제사회복지협의회의 전신인 국제사회 사업회의의 제창자 중 한 사람이었다.

2023 상병급여금(sickness benefit)
선원보험법에 따른 실업보험금의 수급자격을 가진 자가 구직신청을 한 후 질병 또는 부상으로 15일 이상 직장에 나갈 수 없을 때 지급 기간의 일에 대해 실업보험금에 맞는 액수가 지급되어지는데 이것을 상병급여금이라 한다. 고용보험법의 상병수당과 같은 취지의 제도이다.

2024 상병보상연금 01
상병보상연금은 산재를 인정받아 요양급여를 받는 노동자가 요양 개시 후 2년이 경과되어도 치유가 되지 않고 폐질등급(1~3급) 기준에 해당되는 경우와 장해보상연금을 받고 있던 노동자가 부상 또는 질병이 악화되어 재요양을 하는 경우

에 휴업급여(요양기간 중에 생계보호를 위해 임금대신 지급되는 평균임금 70% 상당의 보험급여) 대신에 지급하는 것을 말하며, 상병보상연금이 지급되는 경우에는 휴업급여나 장해보상연금은 지급이 중단된다. 상병보상연금제도는 업무상 재해로 인해 2년 이상 장기요양을 필요로 하는 폐질의 상태에 있는 노동자에게 장해보상연금과 동일한 수준의 급여를 지급함으로써 당해 노동자와 그 가족의 생활안정을 도모하기 위한 제도이다. 따라서 상병보상연금액은 폐질등급에 따라 차등 지급되며, 장해등급 제1급부터 제3급까지 장해보상연금의 금액과 같은데, 제1급인 경우 평균임금의 329일분, 제2급인 경우 평균임금의 291일분, 제3급인 경우 평균임금의 257일분이다. 상병보상연금 지급요건에 해당되는 산재노동자는 그 사유가 발생한 날부터 14일 이내에 상병보상연금 청구서에 폐질상태를 증명할 수 있는 의사의 진단서를 첨부하여 해당 의료기관을 관할하는 근로복지공단에 제출해야 한다. 상병보상연금은 연금을 받던 노동자가 만 65세에 도달한 이후에는 각 연금액의 93%로 감액 지급되며, 최저임금에 미달하는 임금을 받는 노동자의 평균임금은 최저임금액에 100분의 70을 곱한 금액이 되며 이를 기준으로 상병보상연금액이 산정된다. "요양개시 후 3년이 경과한 날 이후에도 상병보상연금을 받고 있는 경우에는 사용자가 일시보상을 한 것으로 보기 때문에 사용자는 근로자가 업무상 부상 또는 질병의 요양을 위한 휴업기간과 그 후 30일간 또는 산전·산후의 여성이 이 법에 규정된 휴업기간과 그 후 30일간은 해고하지 못한다"가 적용되지 않는다.

2025 상병보상연금 02

산업재해보상보험법에 의거, 업무상 재해 즉 부상 또는 질병에 걸린 근로자가 상병으로 인한 요양이 장기화되어 개시 후 2년이 경과된 날, 또는 그날 이후에 다음 요건에 해당되는 경우, 그 요건에 해당되는 달의 다음 달부터 지급된다. 즉 그 부상 또는 질병이 치유되지 않은 상태에 있고, 그 부상 또는 질병에 의한 폐질의 정도가 폐질 등급표의 폐질등급에 해당될 때. 이 연금의 수급권자에게는 필요한 요양보상급여가 계속 지급되지만 휴업급여는 지급되지 않는다. 또 요양기간 2년 경과 후 상병은 치유되지 않았으되 그 폐질의 정도가 폐질등급에 해당되지 않는 노동자에겐 계속 요양보상급여 외에 필요에 따라 휴업급여가 지급된다. 연금액수는 폐질등급 1급이 평균임금의 313일분, 2급이 272일분, 3급은 245일분이다.

2026 상병수당금(sickness and injury allowance)

피보험자 또는 각 공제 조합원이 질병이나 부상의 요양으로 노동 불능이 되어 수입을 상실, 생계보호의 보호비용하거나 감소된 경우에 수입의 일정비율에 따라 지급되어지는 것이 상병수당금이다. 일본의 국민건강보험에서는 임의급여로 국민건강보험조합의 약 65%가 실시하고 있는 한편, 건강보험 선원보험, 각 공제조합에서는 법정급여이고, 각각의 법에 수급요건, 수급기간이 정해져 있다. 입원하고 있는 경우에는 지급액이 감액된다.

2027 상승작용(synergism)

약물이나 생리학 관련 연구에서 많이 사용되는 용어로, 몇 가지 요인들이 겹쳐져서 동시에 작용하게 되면 각각이 독립적으로 작용하는 경우에서 나타나는 결과나 효과를 합한 것보다 더 큰 결과나 효과를 나타내는 현상을 지칭한다.

2028 상용노동자(regular employee)

근로자 중에서 1일 고용이 아니고 상시 고용되어 있는 자를 말한다. 다만 노동부에서 실시하는 매월 노동통계조사에서는 3개월을 통산하여 45일 이상 고용된 자까지를 상용근로자에 포함시키고 있다.

2029 상위개념(superordinate concept)

여러 종류의 개념을 포괄하는 개념으로, 예컨대, 참새·비둘기·꿩·잉꼬 등을 포괄하는 「새」, 삼각형·사각형·마름모·평행사변형·육각형 등을 포괄하는 「다각형」이라는 개념은 그 속에 포괄되는 개념에 비해 상대적으로 상위개념에 속한다. 삼각형은 다각형이라는 개념에 대해서는 하위개념이지만, 다시, 정삼각형·이등변삼각형·둔각삼각형·예각삼각형 등을 포괄하는 상위개념이 된다. → 하위개념

2030 상평창제

고려, 조선의 물가조절기관이였다. 933년(고려 성종 12년) 개성, 평양과 12목(주)에 설치되었다. 당시 포 32만 필을 미 6만4천섬으로 바꾸어 5천섬은 개성의 경시서에 저축하여 대부사와 사헌대에서 시기를 보아 매매하게 하고, 나머지는 평양 및 각 주(도)에 군창 15개소에 나누어 보관하되 평양은 그 곳의 사헌대에서, 지방은 그 곳의 장관이 주관하게 하였다. 이는 풍년에 곡가가 떨어지면 관청에서 시가보다 비싸게 미곡을 구입하여 저축하였다가 흉년에 곡가가 오르면 시가보다 싸게 방출함으로써 백성의 생활을 다소나마 안정시키려고 한 제도이다. 조선시대에도 그대로 존속하였으며, 1608년(선조41년)선혜청으로 개칭되었다.

2031 상호보험

보험을 하고자 하는 다수인이 직접 단체(상호회사)를 구성하여 사원에 의해 상호간에 행하는 보험이다. 이것은 영리보험과 달라 보험자가 없고 보험계약도 없으며 다만 단체 구성원인 사원들이 서로 보험자, 피보험자를 겸하는 지위에 있다. 상호보험은 일정액(5000만원) 이상의 기금을 가진 상호회사로서 재경부장관의 면허를 얻은 자가 아니면 이를 할 수 없다. 이것은 상법의 보험계약 규정이 적용되지는

않으나 사업운영에 있어 영리보험과 공통점이 많으므로 상법은 성격이 허락하는 범위에서 영리보험에 관한 규정을 상호보험에도 준용하고 있다.

2032 상호부조(mutual assistance)
사회집단에서 그 구성원에 생활상의 사고 또는 위험이 있을 때 상호 간에 서로 돕는 것을 말한다. 일차적 사회집단인 가족, 동족간의 상호구조가 그 원형이다. 고도산업사회로 오면서 전통적 사회집단의 상호부조기능이 저하되었다. 이것을 대체 또는 보완하는 것으로 요원호자 내지는 요원호집단에 대한 공동사회에서의 일방적인 원조를 나타내는 사회부조와 강제적인 상호원조에 기금을 두는 사회보험이 정형화되고 있다.

2033 상호작용
→ 교호작용

2034 상호작용효과(interaction effect)
두 가지 이상의 병인이 특이하게 결합되어 그들이 각각 독립적으로 갖는 영향력 이상의 어떤 효과를 가져오는 상태를 말한다. 가령, 어떤 연구자는 성별과 교수방법에 따라 학생들의 학업성적에 어떤 차이가 있는지 관심을 가지고, 남학생의 성적과 여학생의 성적을 비교한다거나 혹은 두 가지 교수방법, 즉 강의방법과 토론방법을 적용할 때의 성적차이를 각각 비교할지도 모른다. 이때 그는 성별과 교수방법이라는 변인의 효과를 따로 분리시켜 분석하고 있는 셈이다. 그러나 좀 더 세련된 연구자는 이 두 가지 독립변인들이 상호간에 조합되는 방식에 따라 각각 다른 효과를 얻게 될지도 모른다는 상호작용 효과에 관한 가설을 세운다. 즉 그는 남학생은 토론방법에 의해서 더욱 높은 성적을 올린다는 가설, 혹은 그 반대의 가설을 세울 수도 있다. 만약 이 연구에서 사실상 가설에서 부합한 결과가 나왔다면 우리는 성별에 따라 각각 다른 교수방법을 적용하여 좀 더 향상된 학업성적을 얻게 되는 것이다. → 적성처치 상호작용

2035 상황정의(definition of situation)
외부자에 의해 관찰될 수 있는 행위와 가공물로 이루어진 사회적 상황에 대해 내부자들이 부여하는 의미규정을 말한다. 인지인류학자들은 사회적 상황에 대한 내부자들의 상황정의를 문화적 장면(cultural scenic)이라고 부른다. 상황정의는 두 사람 이상이 공유하고 있는 의미 혹은 정보이다. 그러나 특정한 사회적 상황은 그것을 지각하는 사람에 따라 서로 다른 방식으로 정의될 수 있다. 특히 복잡한 사회에서는 동일한 상황에 대한 정의가 한 가지 이상이 될 수 있다. 즉 복잡한 사회에서는 모든 사람들이 특정한 상황정의를 공유하지 않으며, 사람들은 몇 개의 한정된 상황정의만을 공유한다.

2036 상호주관성([독] Intersubje-ktivität)
간주관성 또는 공동주관성이라고도 번역된다. 상호주관성([독] inter-subjektiv)이란, 많은 주관 사이에서 서로 공동으로 인정되는 것에 관해 하는 말로서, 카르납, N. 하르트만 등에 의해서도 사용되고 있지만, 특히 훗설은 그의 만년의 저작 〈데카르트적 성찰〉에서 상호주관성의 문제를 다루었다. 그는 주저 〈Ideen, I〉에서 현상학적 환원에 의해 근원적 현상으로서의 순수의식에 도달했는데, 이것은 어디까지나 자아의 의식이었다. 그러나 자연·사회·문화에 있어서의 대상은 모두 상호주관적인 의미를 갖고 있어서 타아를 전제로 하므로, 어떻게 해서 타아가 인식되는가가 문제인데, 그는 립스의 감정 이입을 모방하여, 타(他)의 신체에 〈자기이입〉([독] Einfühiung)을 행함으로써 타아가 인식된다고 주장했다. 이 의미에서의 타아에는 이입된 자아에 지나지 않는다는 난점이 있다. 그의 유고는 그 후에도 이 문제로 고민했다는 것을 보여주고 있다. 현상학파의 사람들에 의해 이 문제의 규명은 계속되고 있는데, 신체적 차원의 상호성으로부터 이 문제에 접근하려고 한 메를로 퐁티의 시도는 주목할 만한 일이다.

2037 상황([영] situation [독] Situation)
일반적으로 어떤 순간에 어떤 효과를 개체에서 주는 자극의 총체 또는 환경적 조건을 말한다. 이것을 철학의 기본적인 개념의 하나로 만든 것은 야스퍼스이다. 그에 의하면, 과학과 기술의 대상인 세계는 의식 일반의 대상이므로, 객체적·보편적인 것이어서 개개인의 생활에 대해 직접적인 의의를 갖지 않는다. 이 같은 세계가 다름 아닌 나의 세계로서 나의 생활에 불가분한 것이 되었을 때, 그것은 상황이라고 불리어진다. 상황은 사물의 공간적 배치에서 시작되어, 생물학적으로는 적응되어야 할 환경이며, 경제학적으로는 수급의 관계라든가 인구 상태 등이다. 이 같은 상황은 언제나 시간적으로 변동해가며, 또 기술적으로 변경할 수 있다. 그것이 불가능한 것이 한계상황이다.

2038 새니토리움(sanitarium)
광의로는 결핵, 정신신경질환 등 장기간의 치료와 생활의 규제를 요하는 병환을 위한 시설이나 협의로는 결핵요양소를 말한다. 결핵에 관해서는 기원 150년경 카레누스가 해안의 휴양지에서 안정, 영양, 생활지도를 행한 것을 시작으로 많은 의사에 의해 공기가 깨끗한 해안이나 고원에 요양원을 세워 생활양식이나 환경을 정비하여 자연치유력 증강을 기도하는 요법이 시도되었고 특히 19세기 후반에는 새니토리움 요법이 결핵치료의 주류가 되었다.

2039 새로운 빈곤/신빈곤
고전적 빈곤에 대하여 현대적 빈곤을 말한다. 경제 번영에 수반하여 표면적인 생활수준의 향상과 평준화로 빈곤은 소

멸해가는 것처럼 보인다. 그러나 실제로는 국가독점자본주의 하에서의 인플레이션이나 증세에 의해 근로자의 실질임금의 신장은 강하게 억제되고, 사회 보험료나 공공요금 등의 부담이 증가하고, 나아가 소비욕에 자극되어 월부 등의 반제를 위한 맞벌이나 내직을 하지 않을 수 없게 되는 등 새로운 형의 빈곤이 확산되고 있다. 3C(Color Television, Cooler, Car), 빈핍, 주택빈핍, 교육빈핍, 저축빈핍, 여가빈핍 등으로도 불리는 데서 그 구체적인 현상을 볼 수 있다. 이외에 빈곤문제를 한 나라에 국한시키지 않고 남북문제나 개발도상국의 기아문제 등 국제적 불균형에 눈을 돌린 새로운 시각에서 빈곤이 논해지기 시작하고 있다.

2040 생계보호(livelihood aid)

생계보호는 요보호자에 대해 최저한의 생활유지에 필요한 의복, 음식 기타 일상생활의 수요를 충족하기에 필요한 금품을 국가가 무상으로 급여하여 그 생계를 유지하도록 하는 생활보장법상의 중추적인 보호방법이다. 생계보호는 피보호자의 주거에서 행하는 거택보호를 원칙으로 하지만 경우에 따라 수용보호, 위임보호를 행할 수도 있다. 또 생계보호는 금전급여에 의해 행함을 원칙으로 하나 현물급여를 행할 수도 있다. 또한 보호금품은 1월분 이내를 한도로 전도하는데, 단 그것이 곤란할 때에는 1월분을 초과하여 전도할 수도 있다. 그리고 보호금품은 피보호자에게 직접 교부하도록 되어 있으며, 수용보호나 위탁보호의 경우에는 보호시설 또는 보호를 위탁받은 자에게 이를 교부할 수 있게 되어 있다.

2041 생계보호의 보호비용

생활보장법에 의하면 보호비용은 이 법에 의한 보호업무에 소요되는 인건비와 사무비, 생활보장위원회운영에 소요되는 경비, 보호대상자의 보호 및 자활조성 기타 이 법에 의한 보호업무에 소요되는 비용을 말한다. 또 보호비용의 부담은 보생계보호의 보호수준호 실시비용에 대해서는 국가가 80%, 당해도가 10% 이상, 시·군이 10% 이내를 부담해야 하며, 서울특별시의 경우는 국가가 50% 이내, 서울시 자체가 50% 이상을 부담하고 있다. 그리고 국가 또는 지방자치단체는 보호비용의 재원을 충당하기 위해 일정한 금액과 연한을 정하여 보호기금을 적립할 수 있다.

2042 생계보호의 보호수준

생활보장법에 의하면 보건복지부가 매년 생활보장의 보호수준을 결정하도록 되어 있다. 보호수준은 헌법 제34조 1항의 인간다운 생활권의 이념에 따라 생활보장법에서는 건강하고 문화적인 최저생활을 유지할 수 있을 정도를 기준으로 하고 있다. 1993년 현재 공적부조 생계보호수준은 거택보호자 1인당 월평균 5만6천원, 시설보호자 5만7천원으로서 이는 생계보호의 목적을 달성하는데 크게 미흡할 뿐만 아니라 한국보건사회연구원이 책정한 91년도 대도시 1인당 최저생계비 14만4천원의 2/5정도의 수준이다.

2043 생계비

생활에 필요한 비용. 일정기간(1개월)을 단위로 생활을 위해 구입한 생활수단의 질과 양을 화폐지출이라는 형태로 표시한 것이다. 이것은 이론생계비와 실태생계비로 나뉘는데 이론생계비란 일정 세대인원 수, 연령, 성에 따라 일정 소비내용을 이론적으로 설정하고 이것에 각 품목의 가격을 곱해 1개월의 생계비를 이론적으로 상정하는 것이다. 이 경우, 의·식·주 기타 생계비의 전 품목을 설정해서 산출하는 전물량방식과 음식품 만을 설정하여 엥겔계수를 이용해 산출하는 방식이 있다. 실태생계비란 소비자가 실제로 소비하는 생활 자료의 총계를 말하며 일정시기와 장소에서 그 사용목적에 적합한 대상 세대의 생활실태를 조사, 산정하는 것이다.

2044 생리적 욕구(psysiological needs)

인격체란 무엇인가의 원인으로 생리적 평형상태를 회복하려는 상황이다. 기본적 욕구라고도 불리며 욕구, 필요 등과 동의어적으로 사용된다. 동인으로서 배고픔, 갈증, 호흡, 체온조절, 수면, 배설 성욕, 통증 등이 있다. 이외에 사회적 욕구도 있으나 양자를 명확하게 구별할 수 없는 경우도 있다.

2045 생리휴가(leave of absence by menstruation)

여성근로자의 보호를 위해 생리일에 근무가 곤란한 자 또는 생리에 유해한 업무에 종사하는 여성의 청구에 의해 월 1일의 유급 생리휴가를 주도록 근로기준법 59조에서 규정하고 있다. 여성근로자에 대한 법적보호와 남녀균등대우의 요구가 모순인지 아닌지의 문제로서 이 규정이 종종 논란의 중심이 되지만 이것은 여자에 대한 우대가 아닌 생리적 특수성에 의한 필요한 보호로서 헌법규정의 성차별금지를 구체화한 것이다. 또한 휴가일의 임금은 유급이기 때문에 지급하는 것이 당연하지만 현실적으로 월경통을 참고 근무하는 경우가 많다. 따라서 단체협약에서 유급정도를 명확히 하는 것이 좋을 것이다.

2046 생명의 전화(life line)

생명의 전화는 소정의 훈련을 받은 자원봉사상담원이 24시간 대기하며 전화상담을 통해 인생문제를 해결해주는 사회봉사운동으로, 1963년 3월 오스트레일리아의 목사 A. 워커에 의해 처음 창시된 이후, 한 사람의 생명이 천하보다도 귀하다는 인간존중철학과, 도움은 전화처럼 가까운 곳에 있다는 긍정적 생의 신념과 더불어 세계적으로 확산되었다. 한국의 운동은 1969년 목사 이영민에 의해 시작되었다. 이영민은 1973년 6월 생명의 전화를 위한 아가페의 집을 개설하였으나 도시재개발사업으로 1973년 12월 문을 닫은 이후, 1976년 9월 1일 한국기독교연합회관에서 서울 생명의 전화

개통식을 가졌으며, 이것이 한국 생명의 전화의 모체가 되었다. 1977년 LLI(Life Line International : 생명의 전화 국제위원회)에서 정회원으로 인준을 받았으며, 1978년에는 사회복지법인 생명의 전화로 인허받고 부산 생명의 전화를 개통하였다. 1983년 충주, 1985년 인천·대구·대전의 생명의 전화를 개통하였으며, 1986년 생명의 전화 종합사회복지관을 개관하고, 한국생명의 전화 전국위원회를 조직하였다. 1992년 대구 생명의 전화 산격종합사회복지관, 1993년 대전 생명의 전화 생명종합사회복지관, 부산 생명의 전화 학장종합사회복지관을 개관하였다. 1994년 부천과 1997년 김해 생명의 전화 청소년 상담실, 1999년 울산 생명의 전화 가정폭력상담소와 성폭력상담소, 2000년 포항 생명의 전화 가정폭력상담소를 개관하였다. 2000년 현재 14개 도시 15개 센터에 5,600여 명의 자원봉사자들이 활동하고 있으며, 1976~1999년 전국 총상담건수 142만 789통이다. 서울·부산·대구·대전 4개 도시의 종합사회복지관과 부천·김해의 청소년상담실, 포항·울산의 가정폭력상담소, 성폭력상담소를 운영하고 있다. 상담자원봉사자들은 시민상담교실에서 50시간 이상의 카운슬링 교육을 받고, 인턴과정을 마친 후 상담현장에 배치된다. 이 밖의 교육과정으로는 상담봉사원교육·전문상담대학·상담대학원·소그룹학습·상담원계속교육·연구활동·성인학습상담이 있다. 생명의 전화 사업은 ① 전화상담·의료상담 등의 전문상담 ② 평생교육 ③ 전국대회 ④ 국제대회 ⑤ 홍보·출판 연구조사 등이며, 생명의 전화 종합사회복지관 사업은 ① 무의탁노인, 소년소녀가장 등을 위한 활동 ② 정신지체장애인을 위한 교육 ③ 실직가정을 위한 활동 ④ 이웃사랑 실천을 위한 운동 ⑤ 새싹어린이집 운영 ⑥ 청소년놀이문화 조성 ⑦ 사회교육프로그램 실시 ⑧ 초·중·고·대학생 자원 봉사교육 및 사회봉사지도 등이다. 출판도서로는 〈생명의 전화〉 〈도움은 전화처럼 가까운 곳에〉 〈함께 생각합시다〉 〈이름도 없이 얼굴도 없이〉 등이 있다. 본부는 서울특별시 종로구 연지동에 있다.

2047 생명표(mortality table)

특정 연령의 사람이 금후 몇 년이나 살 수 있는지를 각 연령에 따라 나타낸 일람표이다. 사망표, 사망생존표라고도 한다. 인간의 수명에 관한 본질적인 문제를 아는 중요한 통계표이며, 국민의 보건위생 상태의 지표가 된다. 생명보험료율은 이 표를 기초로 하여 산정된다. 국민전체에 대해 조사한 표는 국민생명표 또는 국민표라고 한다. 현재 국내 생명보험회사가 사용하고 있는 생명표는 경제기획원 통계국이 작성한 것을 근거로 해서 만든 조정국민생명표이다. 그리고 피보험자의 경험치를 토대로 산출한 경험생명표 제정 작업에 착수, 1988년부터 적용하고 있다.

2048 생산([영] production [독] Produktion)

인간의 생활에는 생활 자료(의·식·주 등)가 반드시 필요하다. 인간은 생산 용구(도구·기계)를 사용하여 집단적으로 이것들을 생산하고, 이 점에서 다른 동물과는 다르다. 사적 유물론의 입장에서 보면, 이 같은 물질적 생산이야말로 인간의 최초의 역사적 행위인 동시에, 인간 역사의 항구적인 기본조건인 것이다. 사회발전의 역사는 이 의미에서 생산자의 역사, 근로 대중의 역사, 인민의 역사이다.

2049 생산관계
([영] production relation [독] Produktionsverhältnis)

인간의 생산에는 생산력 및 생산관계라는 두 가지 면이 있다. 생산은 언제나 집단적·사회적인 것으로서, 생산하기 위해서는 인간은 서로 일정한 관계를 맺지 않으면 안된다. 생산력은 물질적 재화의 생산에 이용되는 자연물 또는 자연력에 대한 인간은 관계를 나타내는데, 생산관계는 생산과정에 있어서의 인간 상호의 관계이다. 이 복잡한 관계에 기초가 되어 있는 것은, 누가 생산수단을 소유하고 있느냐는 것, 즉 소유 형태이다. 이것은 사회의 생산력의 일정한 발전 단계에 대응하고, 인류의 역사상으로는 원시 공동체·노예제·봉건제·자본주의·사회주의라고 하는 다섯 개의 형이 알려져 있다. 이것들의 생산관계는 각각 생산력의 발전 단계와 그 기본 성격에 대응하는 것으로서, 하나의 생산관계에서 다른 생산관계로의 이행이 곧 사회변혁이다. 일반적으로 생산관계는 사람들의 의지에 따라 임의로 좌우되지 않는 물질적인 생활 관계이며, 이미 18세기의 영국이나 프랑스의 학자 또는 헤겔 등이 〈시민 사회〉라고 부르고 있던 것의 정체이며, 법제적 및 정치적인 제도나 사회적인 의식 형태의 현실적 토대를 이룬다.

2050 생산력(productivity) 01

노동의 생산성, 즉 단위노동시간에 생산되는 사용 가치량을 지칭하는 경우와 생산성을 규정하는 주체적, 객체적인 제 요인을 지칭하는 경우가 있다. 여기에서 주체적 요생존권 보장인이란 인간의 노동능력 그 자체를 의미하는 것으로, 그 정도는 숙련도에 따라 상이하다. 그리고 객관적 요인에는 노동수단(생산용구), 노동대상(원료 등), 노동 방법(분업과 협업의 제 형태 및 이것을 조직화하는 관리방법)이 포함된다. 생산성은 이들 제 요인의 발전정도, 성능 그리고 결합상태에 의해 규정된다.

2051 생산력([영] production force
[독] Produktivkraft/Produktionskraft) 02

① 물질적 재화를 생산하는 능력. 그 요소는, a) 생산 상의 일정한 경험과 숙련을 가진 노동력, b) 생산용구 및 기타 노동 수단, c) 노동 대상으로서의 자연물 및 원료이며, 이것들이 특정한 생산관계에 의해 결합되어 사회의 생산력이 된다. 이들 제력의 총체라는 의미에서 생산 제력이라고 일컬어지는 일도 있다. 맑스는 생산력의 요소로서 위의 세 개를 들었

다. 스탈린의 <그 도움을 빌어서 물질적 재화가 생산되는 생산 용구, 일정한 생산 상의 경험과 노동의 숙련의 덕택으로 생산 용구를 움직여 물질적 재화의 생산을 실현하는 인간-이들 모든 요소가 합쳐져서 사회의 생산 제력을 형성한다.>는 정의는, 노동 대상을 생략하고, 노동 수단으로서는 생산 용구만을 든 점에서 논의를 초래했지만, 생산력의 요소 중에서 결정적으로 주요한 것만을 든 것으로 해석할 수 있다. 생산력과 생산관계는 생산의 두 가지 면인데, 생산의 가장 핵심적인 요소는 생산력이며, 이것의 발전에 의존하여 인간의 생산관계, 따라서 사회의 상부 구조도 발전한다. 원시의 조석기에서 현대의 기계화된 대공업까지의 생산력의 모든 단계는 인류역사 발전의 여러 단계를 보여주고 있다. ② 노동의 생산력(Produktivkraft der Arbeit)이라고 하는 경우에는, 노동의 생산성(Produktivität)을 의미하며, 단위 노동시간 또는 노동자 한 사람당의 평균 생산량으로 표시된다.

2052 생산성(productivity)

생산재의 투입량과 산출량의 비율로서 이는 생산에 대한 합리성을 말한다. 즉 생산을 위하여 소비된 생산 요소와 양과 그 결과 생산된 생산물량의 비율을 말한다. 구체적으로는 원료 단위(예 : 1톤당)의 제품산출량, 노동력 단위(예 : 1인당)의 제품 산출량으로 표시한다.

2053 생산속도설

사고재해가 작업시각별로 볼 때 오전 10시경과 오후 16시경에 피크를 이루는 산형을 그리는데 대해 플로렌스(Florence P. S)는 생산 피로설을 주장했으나 영국의 심리학자 버논(Vernon H. M)은 생산 속도(생산밀도)에 기인한 것이라고 보았다. 그는 하루의 작업시간 경과와 사고재해율과의 관계를 17개 업종의 공장에서 분석하였다. 즉 작업시간의 경과에 따라서 작업에 익숙해지고 작업이 빨라지며 따라서 그것이 재해를 입는 기회를 증대시키며 동시에 작업속도가 빨라져 주의 집중력이 곤란하게 되면서 사고재해가 증가한다고 했다. 이 학설은 인간의 생리, 심리학적 분석으로는 가치가 있으나 근무상황이나 작업조건을 무시한 것이며, 어떤 사람은 다른 사람보다 사고를 잘 일으킨다고 하는 경우 설득력이 없다.

2054 생산수단(means of production) 01

생산에 필요한 노동대상(노동목적)과 도구·기계와 같은 노동수단 그리고 건물 공장과 같은 노동설비의 셋을 총칭하여 자본재 또는 생산재라고도 한다. 그리고 이들 생산 수단이 영리를 목적으로 사용될 때 이를 자본이라 한다.

2055 생산수단([독] Produktionsmittel) 02

인간이 물질적 재화를 생산하는 과정은 세 개의 단계로 나누어진다. a) 인간의 노동, b) 노동 대상, c) 노동 수단. 노동은 인간이 자연물이나 자연력에 변화를 주어서 자기의 욕망에 적응하는 것으로 만드는 합목적적인 활동이다. 노동대상은 이 노동이 작용하는 모든 대상으로서, 이것에는 삼림이나 지하 매장물과 같이 자연 그대로의 것과 공장 내의 고아석이나 변화와 같이 이미 가공된 것(원료)이 있다. 노동수단은 노동 대상에 작용하여 변화를 주기 위해서 사용되는 것으로서, 도구나 기계와 같은 생산 용구 외에, 토지나 건물, 교통 기관, 통신 기관 등도 포함된다. 생산수단이란 노동 대상과 노동 수단을 합친 것이며, 어떤 개인·집단·계급이 이들 생산수단을 소유하는가에 따라 생산관계의 성격이 정해진다.

2056 생산양식
([영] mode of production [독] Produktionsweise)

인간의 생존에 필요한 물질적 재화(의식주·연료·생산 용구 등)를 획득하는 양식. 사적 유물론은 인간 사회의 발전의 주동력을 이 생산양식에서 구하며, 이 변화에 의해 전사회제도·사회적 관념·정치적 견해·정치적 제도의 변화가 필연적으로 초래된다고 생각한다. 그리고 원시공동체·노예제·봉건제·자본주의·사회주의 아래에서는 각각 다른 생산양식이 있으며, 이에 대응하여 또 각각의 제도나 이데올로기가 있다. 생산양식은 사회의 생산력과 사람들의 생산관계와의 통일체이며, 생산력의 발전에 따라 생산관계가 발전하고, 이 생산관계는 다시 생산력의 발전을 촉진 또는 저지하면서 반작용을 미친다. 생산관계가 아무리 생산력의 발전보다 뒤지더라도, 결국은 그 발전 수준에 조응되지 않을 수 없다. 사회 발전의 역사는 기본적으로 말하면 생산양식의 역사라고는 할 수 없다.

2057 생산연령인구(productive age population)

현실적으로 취업하고 있는지의 여부를 불문하고 직업에 종사할 수 있는 인구 계층을 말한다. 보통 14세 이상 65세 미만의 인구를 말하나, 상한을 정하지 않으면서 14세 이상으로 하는 경우도 있다. 그리고 어떠한 형태로든 경제활동에 종사하고 있는 인구는 경제활동인구라 부르며, 그 중 특정의 날이나 1주일을 넘지 않는 특정의 기간에 취업하고 있는 사람 또는 일을 찾고 있는 사람을 노동력인구로 파악하고 있다. 노동력조사나 국제조사의 노동력인구가 바로 이것이다.

2058 생산의 3요소

생산의 필수 불가결한 요소인 토지, 노동, 자본을 말한다. 토지에는 토지 자체 외에 광석이나 석유와 같은 자연자원이 포함된다. 노동은 근대적 기술을 기반으로 하는 생산과정에서 불가결의 능동적 역할을 하는 인간의 능력과 의지가 포함된다. 자본에는 건물이나 기계, 설비 등 고정설비 외에 원료나 반제품 또는 완제품의 재고가 포함된다. 현대 자본주의 경제체제 하에서는 이상의 전통적인 구분 외에 생산

조직을 통제하는 경영(기업가의 능력)을 추가하여 '생산의 4요소'를 주장하기도 한다.

2059 생산피로설(production fatigue)

사고재해의 원인을 인간의 피로에 기인한 것이라고 보는 학설로 경제학자 플로렌스(P.S. Florence)에 의해 주장된 것이다. 일반적으로 작업시간별로 재해율의 데이터를 보면 사고재해는 오전 10시경에서 최대의 피크를 나타내어 상승하고 12시경에 이르러 저하하는 산형의 곡선을 이루며, 또 오후에도 오전과 유사한 경향을 보여 16시경에 다시 피크를 그리는 산형의 곡선을 이룬다. 이러한 시각별 재해곡선이 무엇을 나타내는 것인가에 대해서는 여러 가지 추측이 행해져 왔는데 경제학자 플로렌스는 자동차공장이나 기계공장에 대해 시각별 사고 재해율을 조사하고 생산피로설을 도출해냈다.

2060 생업부조(occupational aid)

생활보장법에 의한 보호의 일종. 궁핍해서 건강하고 문화적인 최저생활이 불가능한 자들을 대상으로 생업에 필요한 자금 기구 또는 재료, 생업에 필요한 기능습득, 취로에 필요한 것을 범주로 금전급여를 행하는 것을 말한다. 이 부조는 예방과 자립조장의 관점에서 탄력적으로 활용되어야 하지만 현실적으로 미흡하다.

2061 생업자금
(financial assistance for operating business)

모자복지자금대부제도, 세대갱생자금대부제도와 더불어 대부금제도의 하나로 모자세대, 저소득세대가 자립갱생사업을 개시하기 위해 필요한 자금을 저리로 대부하는 것을 말한다. 어느 것이나 스스로 사업을 개시하기에 필요한 설비비. 재료 등의 구입비 등에 해당하는 자금이다. 그 후 개정되어 이 명칭은 아니지만 현행 모자복지자금에서는 사업개시자금과 사업계속자금, 세대갱생자금에서는 갱생자금 내의 생업비에 해당한다.

2062 생존권

국민은 누구나 인간다운 생활, 생존을 계속할 권리가 있다는 것으로 건강하고 문화적인 생활을 할 권리와 함께 그 권리를 보장하는 사회복지, 사회보장의 사회제도를 요구할 권리가 있다는 것이다. 법학의 체계로서는 생존권과 같은 의미로 쓰이고 있으나 학문적으로는 미성숙하다. 그러나 공해, 환경파괴, 생활파괴 속에서 국민의제운동이 그 내실을 다져온 것이다.

2063 생존권 보장

생존권은 국민의 개인의 생존에 필요한 조건보장을 국가에 요구하는 권리로 헌법 제34조에 규정되어 있다. 구체적으로는 생존권을 공통의 이념적 기초로서, 노동법과 사회보장법의 체계로 전개하고 있다. 역사적으로 보면 자유권 체계를 근거로 한 시민사회에서 현실사회의 실질적 불평등을 매개로 하여 시민법의 수정원리인 사회법이 형성되었다. 그것은 사적자치의 원칙에 변혁을 가져와 생존을 위협받은 국민에 대해 은혜적으로 구제하는데 그치지 않고 인간의 직접생존을 권리로서 보장하도록 국가에 의무화하고 있다. 생존권은 세계인권선언사나 각국 헌법의 기본적 인권규정의 역사적 발전과 함께 생성되어 왔고, 국제연맹이 1948년에 세계인권선언을 채택하여 생존권 규정의 국제적 확립을 보였다.

2064 생존권적 최저생활

사회보장의 목적을 생존권 보장에서 구하고 있는 법학자가 많다. 헌법 제34조를 중시해 최저생활 확보는 국가의 책임이라고 한다. 따라서 공적부조에 의한 최저한도의 생활 확보가 중시되어진다. 구체적으로는 생활보장법에 의한 최저한도의 생활유지를 연령별, 성별, 세대구성별, 소재 지역별로 규정하여 보장하고 그 외에 인간다운 최저생활이 전 국민에게 평등하게 보장되어져야 한다.

2065 생태심리학(ecological psychology)

환경과 유기체의 관계를 연구하는 생태학적 이론을 적용하여 심리학의 문제들을 해결하려는 심리학의 한 분야이다.

2066 생태이론(ecological theory)

유기체와 환경의 관계를 연구하는 생태학의 이론으로, 교육학에서는 인간행동의 학습과 변화를 생태학적 이론을 적용하여 연구하는 이론을 뜻한다. 대표적인 예로 바아커(R.G. Barker)는 인간행동이 생활환경에서 주어진 행동무대에 의해 결정된다고 했다. 행동무대는 제각기 독특하고 지속적인 특성을 지니고 있으며, 사람으로 하여금 그것에 맞추어서 행동하도록 강요하기 때문에 행동은 그 무대에 따라서 달라진다. 아동의 부적응행동은 아동이 생활하고 있는 환경의 행동무대가 비정상적이거나 병리적 특징을 지니고 있을 때 그런 행동무대에 맞추어서 행동하는 것이다. 이 이론의 특징은 환경이 인간행동을 결정한다고 하는 점이다.
→ 생태심리학

2067 생태학적 접근(ecological approach)

인격체와 환경의 상호작용을 연구하는 과학으로 발전해온 생태학적 입장(ecological perspective)을 기초로 1970년대 이후 사회사업학계에 하나의 실천적 접근방법으로 체계화되고 있다. 이것은 인간과 환경의 상호작용 영역에 초점을 두고 양자의 적합을 도모하는 것을 의도하며, 사회복지 실천의 독자성을 구현해 가는데 공헌하고 있는 것으로 평가되고 있다. 그 대표적인 예가 생활모델이다.

2068 생활구조론

인간은 출생(가족), 성, 연령, 사망 등의 비선택이며 불가피적인 속성을 몸에 지닌 채 각자의 성장단계에 따라 일정한 생활양식을 만들어 가고 있다. 가족을 포함한 각종의 집단 혹은 조직, 지역사회, 전체사회와의 관련 속에서 형성해 가거나 혹은 형성되어가는 개개인의 생활양식의 유형을 생활구조라 한다. 생활자로서의 시점을 각 개인에 맞추면서 사회구조적 조건과 생활양식이 어떻게 관련되어 가는가를 설명하려는 것이 생활구조론의 과제이다. 가족구조나 생활주기, 생활시간구조의 성립 그리고 생활사의 분석이나 지역사회의 검토도 소홀히 할 수 없다.

2069 생활권

인간의 생활 욕구를 충족시키는 일정의 통합된 행동영역을 말하는 것이다. 생활욕구와 욕구충족에 필요한 자원 등 여러 가지의 범주가 있다. 일상적으로 발생하는 생활욕구와 생활공간을 일상생활권 또는 제1차 생활권이라 하는데 비교적 소지역이 상정되고 있다. 이에 대해 보다 넓은 범위에서 욕구의 충족이 행해지는 것을 광범위 생활권 또는 제2차 생활권이라 칭하는 경우도 있다. 최근에는 지역사회형성의 수단으로서도 주목되고 있다.

2070 생활기능(life skill)

사회생활을 하는데 효능을 발휘하는 여러 가지의 기술과 능력. 이 말은 흔히 교육과정의 내용을 결정하고자 할 때에 활용하는 한 가지 접근방법(approach)으로 「생활기능법」이라는 표현으로 쓰인다. 이 접근방법은, 학습내용은 그것을 학습한 어린이들이 장차 사회에 나아가서 생활할 때 쓸모가 있을 여러 가지의 기능들로 구성되어야 한다고 보고, 당장의 성인들의 사회생활의 모습을 조사한 바에 따라서 학습내용의 요소들을 결정한다. 적응을 통한 생존을 최고의 가치로 규정하는 진화론의 한 사상이 학교와 사회와의 관계에 적용된 것이며, 이는 사회는 변화하지 않는다는 것과 당장의 사회가 이상적인 것이라는 것을 전제로 한다.
→ 사회기능법

2071 생활단계(life stage)

생활주기의 단계이며, 개인의 생활주기단계는 유아기·아동기·청년기·중년기·고령기 등으로 나누어지며 가족의 생활주기는 신혼기·육아기·교육기·자녀독립기·자녀독립 후 부부기·노부부기·독신기 등으로 나눌 수 있다. 수명의 연장, 교육기간의 연장, 자녀감소 등에 따라 생활단계는 양적으로 변화해 왔다. 또 핵가족화, 도시화 등에 의해 각 단계의 생활구조와 생활과제도 변화하고 있다.

2072 생활력(life history)

클라이언트의 출생부터 현재까지의 생활과정을 말한다. 진단주의 케이스워크에서는 조사와 진단을 위해 특히 중요시한다. 케이스 히스토리 혹은 사례사로 표현되며 발생적 진단방법에서는 필수적이다. 학력조회 등 객관적 자료도 참고하고 있으나 클라이언트의 자발적인 진술에 의한 사실 수집이 더욱 중요하다. 기능주의 위기이론에 근거한 단기치료(short term treatment)에서는 클라이언트의 과거를 중요하게 여기지 않는다.

2073 생활모델(life model)

클라이언트와 그 환경간의 양면에 초점을 맞추기 위해 환경적 상관관계를 사용하는 사회사업 접근방법이다. 이 접근법을 사용하는 사회사업가는 생활가운데 심각한 문제를 개인이나 환경의 상호작용의 연속성으로서 간주한다(주생활 변화, 대인간 상호과정, 환경장애 등). 이 접근법은 개인능력을 향상시키고, 환경적인 스트레스를 감소시키며 상호의사거래를 증진하고 성장토록 회복시키는 통합적인 방법이다.

2074 생활모형(life model)

의료모델을 대신한 사회사업실천의 모델로서 1970년 이후 메이어(Meyer)와 저메인(Germain) 등에 의해서 의욕적으로 발전시킨 모델이다. 특색은 생태학과 자아심리학의 성과를 적극적으로 도입해서 인간과 환경의 상호작용에서 전개되는 인간의 성장과 발전에 관한 관점과 개념을 토대로 사회사업실천의 재편성을 도모하려는데 있으나 아직 설득력 있게 체계화된 것은 아니다.

2075 생활문제(livelihood problem)

건강하고 문화적인 사회생활의 영위를 저해하는 문제가 사회적으로 넓게 생성되어 있는 경우에 이것을 생활문제라 한다. 빈곤·실업·노동재해·질병·열악한 노생활보장대상자의 선정방법 동조건 등이 가장 전통적 일반적인 생활문제이나 최근에는 공해문제, 환경파괴문제 혹은 사회적 공간, 생활수단의 부족 등의 새로운 생활문제가 차례차례로 생겨나기에 이르렀다. 이들 생활문제는 사회적 제 모순이 개인생활에 장해가 되어 나타나는데 불과하나 소비생활, 가족관계, 지역사회 관계 등 여러 가지 국면에서 야기되고 있다.

2076 생활보장(public assistance)

노령, 질병 기타 근로능력의 상실로 인해 생활유지가 곤란한 상태에 있는 자를 구제하는 일을 말한다. 우리나라는 생활보장법상, 생계보호·의료보호·자활보호·교육보호·해산보호·장제보호 등 여섯 종류를 규정하고 있다.

2077 생활보장기준

생활보장법에 의한 보호는 헌법 제34조 1항의 규정을 실현하기 위하여 보장하는 생활수준은 인간다운 생활을 할 권리만으로는 안된다. 그것을 위해서는 무엇이 최저한도의 인간다운 생활수준인가를 척도로 하여 나타낼 필요가 있으며, 그 척도가 생활보장기준이다. 생활보장에서는 보호의 수준을 건강하고 문화적인 최저생활을 유지할 수 있는 것이라고 규정하고 보호기준의 결정은 보건복지부장관에게 위임되어 있으며 결정에 있어서는 보호대상자의 연령, 세대구성, 거주 지역, 기타 생활여건 등을 고려해야 한다고 되어 있다. 또 기준은 생계보호, 의료보호, 장제보호 등 6개 보호 종류별로 분류하여 실시하도록 되어 있다. 이 보호 중에서 가장 대표적인 것은 의식주에 대응하는 생계보호인데 이 기준은 국민의 소비수준 향상율 등을 기초로 하여 매년 결정이 행해진다.

2078 생활보장대상자
(the recipient of public assistance)

생활보장법에 의하면 보호대상자 부양의무자가 없거나 부양의무자가 있어도 부양할 능력이 없는 자로서 다음 각 호의 1에 해당하며 이 법에 의한 보호를 필요로 하는 자를 말한다고 되어 있다. 즉 65세 이상의 노령자, 18세 미만의 아동 임산부 질병 또는 심신장애로 인해 근로능력이 없는 자 및 기타 생활이 어려운 자로서 보호기관이 이 법에 의한 보호를 필요로 한다고 인정하는 자 등이다. 여기서 부양의무자가 부양능력이 없다고 함은 부양의무자가 부양을 하는 경우 그 생활수준이 보건복지부장관이 보호대상자의 연령, 세대구성, 거주 지역 기타 생활여건 등을 고려하여 보호의 기준에 미치지 못하는 경우를 말한다. 이밖에 18세 미만의 아동을 보호하는 경우에 그 아동의 양육을 위하여 필요하다고 인정될 때에는 아동과 함께 그의 어머니를 보호할 수 있다.

2079 생활보장대상자연명부

→ 의료보호대상자연명부

2080 생활보장대상자의 선정방법

생활보장법에 의해 원칙적인 보호대상자의 범위를 규정하고 있다. 이에 의하여 보건복지부는 매년 일정한 주거를 갖고 있는 요보호대상자 선정기준을 각 시·도에 시달하여 생활보장대상자를 조사하고 있다. 이에 따르면 생활보장대상자는 생활무능력자(생활보장대상자 1·2·4호에 해당)와 영세민(생활보장대상자 3·5호에 해당)으로 구분하고 있다. 생활무능력자는 거택보호 또는 수용보호를 해야 하는 사람으로서 국가에서 무상으로 보호하지 않으면 생계가 곤란한 경우를 말하고, 영세민은 생활보장대상자 3호, 5호에 해당하는 자로서 경작지, 재산, 소득 등이 일정수준에 미달하는 경우를 말하는데 이는 매년 보건복지부에서 그 기준을 각 시·도에 시달하고 있다. 1987년 이후 월 소득 재산액에 대한 지역구분 및 경작지 기준을 철폐하여 생활보장 대상자 책정기준으로서 1993년의 경우 1인당 월 소득 13만원(거택) 14만원(자활)로 되어 있고 세대 당 재산액은 1,300만 원으로 규정되어 있다. 81년도에 전인구의 5.4%인 2,090천명이었으나 영세민종합대책에 의거 의료보호 3종 대상자를 생활보장대상자에 포함시킴에 따라 3,420천명으로 대폭 증가하였다가 1993년에는 시설보호 83천명, 거택보호 338천명 자활보호는 158만 명으로 나타났다. 현재 생활보장위원회가 매년 생활보장대상자의 책정기준은 상향조정하고 있음에도 불구하고 점차 감소하는 추세에 있다.

2081 생활보호법(livelihood aid law)

생활유지의 능력이 없거나 생활이 어려운 자에게 필요한 보호를 행하여 이들의 최저생활을 보장하고 자활을 조성함으로써 사회복지의 향상에 기여함을 목적으로 82. 12. 31 법률 제3623호로 전문개정이 되었다. 동 법시행령은 83. 12. 30 대통령령 제11293로 전문개정된 후 90. 12. 1 대통령령 제13173호(장애인복지법시행령)로 개정되었으며, 동 법 시행규칙은 84. 3. 31 보건복지부령 제743호로 제정되었다. 국민의 정부에서 국민기초생활보장법이 제정됨에 따라 폐지·통합되었다.

2082 생활보장제도(public assistance system)

우리나라에서 생존권보장을 규정하는 헌법 제34조 1항의 이념에 의해 국가는 생활이 곤궁한 모든 국민에 대하여 곤궁의 정도에 따라 필요한 보호를 행하고 있는데 그 최저한도의 생활을 보장하는 것을 기본으로 하여 자립조장을 목적으로 한 시책의 체계를 생활보장제도라고 한다. 이는 우리나라 사회보장에 있어서 공공부조제도의 중핵을 형성하며 이때의 생활보장기준은 내셔널 미니멈(national minimum)의 역할을 맡고 있다.

2083 생활부조(livelihood assistance)

생활보장법에 의한 보호의 일종으로, 가난으로 인해 건강하고 문화적인 일상 의식생활이 불가능한 자를 대상으로 원칙적으로 거택에 대한 금전급여를 행하나 그렇지 않은 경우에는 시설에 수용해 현물로 급여된다. 또한 입원환자의 생활부조를 일용품비로 지급한다. 부조의 범위는 의식 그 외, 일상생활의 수요를 만족시키기에 필요한 것이다. 이송비로 임시적 개별적 수요에 대해서는 일시부조가 지급된다. 생활 부조액은 매년 개정되는 보호기준에 의한다.

2084 생활수준(standard of living)

인구집단의 평균적인 생활상태의 정도를 말한다. 경제사회의 발전에 따라 인구집단의 욕구위계는 상향 이동하므로 생활수준은 본질적으로 욕구위계와 이에 대한 충족과 관련이 깊다. 따라서 생활수준은 욕구에 대한 만족도 또는 충족도로 요약된다. 생활수준을 규정짓는 요건으로 영양, 의복, 주거, 건강, 교육, 가족, 개인 및 생활의 안정 생활과 관련되는 사회적·물리적 환경 등으로 나타나고 있다. 이렇게 생활수준을 구성하는 요건들을 통계적으로 파악하고 그 분포까지 종합화한 것이 드류노우스키(Drewnowski Jan)가 제안한 생활수준지수(level of living index)이다. 통상적으로 생활수준을 상·중·하류로 구분하는데 분석적인 관점에서는 한 경제사회가 규정하는 표준생계 또는 표준생활(standard of living)을 중심으로 그 이상, 그 이하로 대별한다.

2085 생활시설(living institution) 01
생활시설은 그 이용형태에 따라 수용시설, 통원시설 및 이용시설로 나눌 수 있으나 이중 수용시설의 기능에 주목해서 이것을 생활시설이라고 부르는 경우가 있다. 즉 수용시설에 입소하는 사람들은 비교적 장기간에 걸쳐 해당시설에서 모든 일상생활을 영위하게 되는데 그 생활과 관계, 또 그 생활 외에도 필요에 따라 교육, 훈련, 갱생, 원조, 기타의 서비스를 받게 된다. 그러나 그 시설기능은 어디까지나 생활이 기초가 된다는 의미에서 수용시설은 생활시설과 동의어로 사용된다.

2086 생활시설 02
상시 care를 필요로 하는 중증 장애인으로 가정에서 돌보는 것이 어려운 장애인이 입소하여, 의학적 관리 하에 필요한 보호를 받으며 생활하는 시설로 전국에 있는 148개 시설 중 5개 시설만이 지방자치단체가 운영하고 있으며 대부분은 민간법인이 설립하여 운영하고 있다.

2087 생활양식(way of life style) 01
사적 유물론의 용어로서, 사회적 존재로서의 인간의 사는 방식이며, 그 토대는 생산 양식이다. 맑스에 의하면, 〈생산양식은 여러 개인의 활동의 일정한 방식, 그들의 생활을 표현하는 일정한 방식, 그들의 생활양식이다〉.

2088 생활양식([독] Lebensweise) 02
특정의 서비스 기술사회, 집단의 사람에게 공통적으로 보여지는 생활 방식. 의·식·주의 양식이나 생활수단의 소유방식 등 소비생활의 물적인 양식뿐만 아니라 생활에 대한 생각이나 습관·규범 등도 포함되어 문화와 거의 같은 의미로 쓰이는 일도 적지 않다. 원래 이 개념은 세계 각 지역에 서로 다른 생활양식을 갖는 사회가 있다는 것에 주목되어 쓰여지게 되었으나 그 후 계층의 차이나 시대적인 차이도 중시하게 되었다.

2089 생활연령(CA : chronological age)
현재 날짜의 연월일에서 개인의 생년월일을 뺀 만 나이를 말한다.

2090 생활의 질(quality of life)
소득의 향상이나 부의 증대 등 생활수준의 양적인 개선만으로는 인간생활의 풍요함은 가져올 수 없다는 문제의식에서 생활의 질적인 충실에의 관심이 높여지게 되었다. 단 소비생활뿐만 아니라 노동생활, 여가생활 그리고 가족생활뿐만 아니라 직장이나 지역 생활 등도 포함한다. 그러면서도 물질적인 면뿐만 아니라 사회관계, 문화, 레크레이션 등 생활제 영역의 인간화가 거기에서 과제로 되고 있다. 이것을 지표화했을 때 생활의 질 지표로 나타난다.

2091 생활자금(living expense)
→ 생업자금

2092 생활자금 대여(Loan for Livelihood)
사학연금의 경우, 교직원 및 연금 수급자의 생활 안정을 위해 필요한 자금을 저리로 대여하는 것으로 퇴직급여의 1/2 범위 내에서 5000만원까지(연금 수급자는 1000만원까지) 대여해 준다.

2093 생활적응 교육(life adjustment education)
학교교육과 실생활과의 접근, 나아가서는 생활에 적응하는 교육을 강조함으로써 생활에 유용한 인간을 육성하려는 교육이다. 교육과정은 학습자의 흥미나 일상생활의 경험을 중심으로 종합적으로 구성되며, 학습자 스스로가 생활하고 행동하는 것을 통하여 학습하게 하는 것을 학습방법의 기본으로 삼는다. 이렇게 함으로써 학습자를 충실한 사회의 생활자로 육성하려는 -것을 목표로 하는 교육이다. 생활적응 교육에서의 생활경험은 그들이 살고 있는 지역사회에서 전개되므로 지역사회의 성격에 따라 결정되는 일이 많은데 그 중에서도 현재 학생들이 직면하고 있는 문제, 특히 학생들이 깊은 관심을 가지고 있는 문제가 중심이 되어야 한다. 왜냐하면 그들이 무관심하면 아무리 당면한 과제라 할지라도 학습문제로 성립될 수 없기 때문이다.

2094 생활주기(life cycle) 01
인간과 가족의 연속적인 세대형성과 그 발전을 하나의 생활주기로 보며 그것이 세대의 재생산을 위해 반복하는 현상을 가리킨다. 비록 모든 사람이 예정된 순서에서 똑같은 변화를 겪는다고는 할 수 없지만 이 개념은 특별한 선택을 포함한다.

2095 생활주기 02
개인이 출생에서 사망에 이르는 동안 연령과 관련되어 경험하는 체계적인 발달과 변화의 연속성으로 인생주기라고도 한다. 대부분의 사람들이 예견되는 단계에서는 비슷한 변화를 거친다고 말하지만 생활주기의 개념은 개인 특유의 선택들까지도 포함이 된다.

2096 생활중심 교육과정(life-centered curriculum)
교과중심 교육과정에 의한 전통적인 학교교육은 청소년들의 현실생활과 유리되는 흠이 있다는 비판 아래 생활교육의 이론을 바탕으로 학생들의 내적 요구와 생활경험의 체계에 따라 구성된 교육과정, 생활에서 사회의 운영이나 개인의 활동이 집중되어가는 것을 포착하여 그것을 기반으로 마련하는 교육과정이다. 그러므로 교육과정 구성의 기초자료를 마련하기 위해 사회조사와 아동조사를 실시한다.

사회조사는 어떤 생활경험이 갖는 사회적 가치를 추구하여 사회의 요구를 찾고, 아동조사는 개개 학생의 필요·욕구와 그들이 지니는 문제를 확실히 찾아내서 교육과정 구성에 직접적인 기초를 마련한다. 이와 같이 함으로써 주된 생활 영역을 영역(scope)으로 하고, 학생의 발달단계에 따라 계열(sequence)을 정해서 종횡이 맞는 교육과정을 구성하는 것이다. 이 유형의 교육과정은 1929년을 전후한 미국의 미증유의 경제공황 이후 1930년대에 완성되었다.

2097 생활지도(guidance) 01

학교교육이나 사회복지시설의 처우에 있어서 개인의 자주성을 존중하며 그에게 내재하는 가치의 실현에 조언을 주거나 지도하는 것을 말한다. 학교교육의 경우에는 학생지도 등의 말이 쓰여지고 있다. 생활지도 내용은 인테이크(intake) 본인의 적성, 생활지도, 인성검사 및 허가, 정보수집, 카운슬링, 진로방향의 결정에 의해 구성된다. 고도정보화 사회에 있어서 정확한 가이던스를 주는 것은 특히 중요하다.

2098 생활지도 02

• John & Hand : 개인으로 하여금 그들의 욕구(need)를 발견하도록 돕고 잠재력을 발견하며 그들의 생애목표를 개발시키고 이러한 목표를 도와주는데 행동계획을 형성하여 자아실현에 이르도록 특별하게 관심을 지닌 불가분의 교육적 과정의 분야이다. • Jones : 인간다운 생활과 종족 보존의 원리에 기초하며 인간욕구의 사실에 근거를 두고 있다. • Peter & Farwell : 미성숙하지만 성장하고 있는 학생에게 자신을 보다 잘 이해하도록 돕고 최적의 학업효과에 이르도록 충분히 생각하도록 하며 개인에게 존엄성을 표시하는 것 – 이것이 생활지도의 성격이다. • Van Hoose & Pietrofesa : 생활지도는 하나의 과정이요 마지막 결과는 아니다. 문제 해결 방법을 배우는 것이 특수한 문제 해결보다 더욱 중요하다. 생활지도는 하나의 학습과정이다. • Aubrey : 생활지도는 학생들이 개인발달과 심리적 능력에 영향을 주도록 고안된(계획된) 학교에서 기능과 봉사와 프로그램들의 종합적인 체계인 것이다. 교육학적 개념으로서 생활지도는 학생들로 하여금 발달적이고 교육적인 결과들을 성취하기 위해 고안되고 계획된 경험의 총화인 것이다. 교육활동으로서 교수(teaching)와 같이 생활지도는 학생들의 발전적이고 교육적인 결과를 얻기 위해 사용된 수많은 기능과 활동으로 구성되어 있다. 생활지도는 사람마다 다른 각도에서 의미를 달리하고 있다. 학교에서 학생들의 생활을 돕기 위한 활동 중에서 아동의 성장발달과 사회적 요구에 긴밀하게 관련을 맺고 있는 것이 생활지도이다. 생활지도는 그 용어가 가지는 뜻이 다양하고 사람에 따라 다른 해석을 하고 있기 때문에 한 마디로 정의를 내리기는 어려운 일이다. 생활지도는 학교와 가정과 지역사회에서 최대한으로 적응하기 위하여 필요한 자기이해(self-understanding)와 자기지도(self-direction)를 할 수 있도록 개인을 돕는 과정이다.(F. W. Miller) 이와 같은 목적을 달성하기 위하여 학교생활의 지도 프로그램은 학생들에 대한 조직적이고 포괄적인 연구를 해야 하며, 학생들에게 그들 자신에게 교육적, 직업적, 사회적 및 개인적 적응의 기회를 제공하고, 상담을 통하여 개인을 도울 수 있는 기회를 주며 학생들의 요구를 충족시키도록 하기 위하여 학교직원, 학부형, 지역사회 기관에 대한 조사연구, 정보활동 및 훈련을 쌓도록 해야 한다고 하였다. 생활지도는 학교 또는 학교 밖에서 일어나는 개인이 그들 자신의 세계를 보다 정확히 이해하고, 또 그를 둘러싼 환경을 바르게 이해하여 현명한 적응과 성장을 할 수 있도록 도모해 주어야 하며 사회생활에 필요한 지식, 기능, 태도, 가치 등을 습득시켜 효과적으로 사회에 공헌할 수 있는 자질을 길러 나가야 한다고 전제하면서, 생활지도는 교육적 활동의 두 가지 측면, 즉 가르치는 면(敎)과 지도하는 면(guide) 가운데에서 지도하는 면에 속한다. guide는 안내하다, 이끌다, 지도하다, 교도하다, 방향을 가리키다 등의 넓은 뜻을 가지고 있다. 이와 같은 용어는 주로 학생들의 성장, 발달과 성숙을 바람직한 방향으로 안내하고 지도하며 조언하는 뜻이 포함되는 내용이라 하겠다. 따라서 생활지도는 교육의 목적을 달성하기 위한 방법으로 학생들이 일상생활에서 해결해야 할 여러 가지 문제, 즉 교육적, 가정적, 사회적, 직업적, 신체적, 도덕적, 정서적 문제를 자력으로 해결할 수 있도록 도우며 저마다 가지고 있는 흥미, 적성, 능력, 성격 등 인격적 특성과 잠재력을 이해하고 발견하도록 하여 이를 최대한으로 발전시켜 나가며 개인에게 합리적인 사고와 의사결정을 통하여 현명한 선택과 적응을 위해 조직적이고 체계적인 봉사가 이루어지며 자유롭고 책임감 있는 민주사회의 육성과 자기지도 및 자아실현을 통한 올바른 행복한 삶의 추구가 가능하도록 지원해주는 계속적인 과정이라고 할 수 있다. 학교와 사회복지시설에 있어서 개인의 자주성을 존중하면서 그가 가진 가치의 실현에 조언을 주거나 지도하는 것과 취업준비 및 취업알선에 관한 내용을 중심으로 한 직업지도, 학교생활의 적응에 관한 교육지도, 사회 내의 바람직한 인간관계를 중심으로 하는 사회성지도, 신체적 정신적 건강에 관한 지도를 하는 건강지도, 여가를 보다 적절하게 활용케 하는 여가지도로 분류된다. 생활지도란 어디까지나 개인이며, 하나의 전인으로서 고려하여 통일적 과정으로 개인을 지도하는 것을 뜻한다.

2099 생활지도원(daily life guidance counselor)

생활보장법에 의한 보호시설, 노인복지법에 의한 노인복지시설, 장애 인복지법에 의한 장애인복지시설 등에서 입소자의 생활지도를 행하는 것을 직책으로 한 종사자로 1개 시설에 1~3인 정도가 배치되어지고, 아동지도원과 같은 형태로 주로 남성이 종사하고 있다. 생활지도원의 자격에 대해서는 각각의 설비·운영기준에 명기되어 있지만, 사회복지사업법에 의한 자격요건을 기본으로 한다. 오늘날에는 직원규모의 증가, 직종의 다양화 등으로 처우운영의 통괄·지도, 조정이라는 운영관리적직무도 기대되어지고 있다.

2100 샤프츠버리(Shaftesbury Anthony Ashley Cooper)

백작이며, 옥스퍼드대학 졸업, 1826~1846년까지 하원의원, 1848~1885년까지 상원의원. 10시간 노동법, 아동노동의 제한, 탄광노동자의 보호 등을 위해 의정활동을 펼쳤다. 1846년 곡물법 폐지에 반대하여 하야하였다. 야인 생활 2년 동안 슬럼을 시찰하였다. 정신병자보호협회, 빈곤아동 학교협회, 빈곤맹인방문협회의 회장을 수십 년간 역임하여 민간사회복지의 발전에 공헌, 민중의 양심으로 평가받았다.

2101 서비스 계약(service contract)

사회사업실천을 전개하는 과정에서 표적이 되는 문제, 목표, 진행방법, 참가자의 역할과 과제 등에 관해 사회사업가와 클라이언트 간에 확실한 합의를 하는 것을 말한다. 1970년대 이후 중요성이 강조되어 적극적으로 도입하게 되었다. 계약은 문서에 의한 경우와 구두에 의한 경우로 대별되나 어느 경우에도 형식적, 일방적이 되지 않도록 배려하면서 공동의 책임으로서 탄력적으로 체결하는 것이 중요하다.

2102 서비스 기술(service skill)

사회사업실천에서 목표달성을 위해 의도적으로 쓰이는 사회사업가의 행동 또는 능력을 말한다. 그 같은 기능은 사회사업가의 지식과 가치에 기초하고 있으며 이것은 계획적인 교육과 훈련에 의해 습득된다는 특질을 갖고 있으나 광범위하기 때문에 체계화하는 것은 많은 노력이 뒤따라야 한다. 가장 초보적이며 기본이 되는 기술은 면접, 관찰, 기록 및 의뢰 등이겠으나 핀커스와 미나한은 문제평가, 자료수집, 최초의 접촉 계약 체결, 행동체계 구성, 행동체계 유지조정 등에 영향을 끼친다. 변화노력을 종결한다는 기술을 제시하고 고찰하였다. 이들 기술을 향상 발전시키기 위해서는 슈퍼비젼, 자문 등을 활용하면서 끊임없이 수련할 필요가 있다.

2103 서울복지재단

사회복지현장의 목소리를 시정에 반영하고 서울시의 복지서비스 행정을 지원하며 서울 시민의 복지서비스 만족수준을 높이고 복지서비스의 수준 향상 및 선진화를 위해 노력하고 시정 방침에 따라 복지사회 실현을 위한 토대를 구축해 나가기 위해 2004년 설립된 공익재단이다.

2104 선도소년카드

주임검사는 선도유예처분을 할 때에는 선도소년카드를 작성하는데 동소년 카드에는 소년의 인적사항, 가족사항, 성장과정, 교유관계, 범죄사실요지, 선도적 유의사항과 선도상황, 선도보호의 해제, 연장, 취소선도의 성패와 평가 및 필요한 사항 등을 기재한다. 소년카드를 작성하는 것은 소년사건이 일부 구공판되고 일부는 선도 유예되는 경우는 물론이고 전부 선도 유예되는 경우에도 일단 보존창고에 보존되므로 필요사항은 기록에서 발췌하여 수록해 놓을 필요가 있기 때문이다.

2105 선도위원

선도위원은 위촉방법에 따라 상임선도위원과 비상임선도위원으로 구분된다. 상임선도위원은 법무부장관이 위촉하며 지역선도위원 협의회의 구성원이 되어 지역사회 정화활동을 주도하고 선도유예대상소년을 자진 인수할 권한이 부여된다. 임기는 2년으로 연임할 수 있고 정원은 인구 1만명당 1인의 범위 내에서 지방검찰청 검사장 또는 지청장이 지역사정을 참작하여 정한다. 비상임 선도위원은 소년사건을 배당받아 수사 처리하는 주임검사가 임시로 위촉하여 해당 사건에 한하여 선도위원으로 책무를 부여한다.

2106 선도유예

→ 선도조건부 기소유예

2107 선도조건부 기소유예
(suspension of the imposition of sentence)

선도조건부 기소유예란 일명 선도유예라고도 하며, 통상 시행하여 왔던 기소유예결정을 함에 있어 개전의 정이 현저하여 선도가 가능하다고 판단되는 범죄소년에 대하여 법무부장관이나 지방검찰청 검사장의 위촉을 받은 민간선도위원의 선도를 조건으로 기소유예의 결정을 하는 것이다. 이 제도의 목적은 개전의 정이 보이는 소년에 대해서는 선도위원에게 맡겨 필요한 경우에는 물질적 원조는 물론 훈화, 상담, 대화 등을 통한 정신수양으로 개별선도하게 함으로써 더 근본적인 개전의 효과를 거두게 하는데 있다. 이 제도는 1978년 4월 1일, 광주 지방검찰청에서부터 실시되어 그 범위를 확대 실시하고 있다. 선도 유예는 범죄 내용의 경중에 관계없이 재범가능성이 희박한 18세 미만의 범죄소년을 대상으로 하나, 다만 공안사범, 마약사범, 흉악범, 조직적 또 파렴치범으로 선도유예 대상에서 원칙적으로 제외된다.

2108 선별주의(selection)

사회보장 급여를 저소득층에 효과적으로 집중시키기 위해 소득, 자산조사, 기타 필요사항 조사에 바탕을 두고 수급자격요건이 해당하는 사람들에게만 선별적으로 급여를 행해야 한다는 사고방식, 생활보장이 선별주의의 좋은 예이다. 이에 대해 소득·자산조사를 하지 않고 보편적으로 평등한 급여를 원칙으로 삼아야 한다는 생각이 보편주의(universalism)이며, 그 전형적인 예로는 사회보험 급여를 들 수 있다.

↔ 보편주의, 조합주의

2109 선보호제도

노무현 대통령은 2005년 1월 13일 연두 기자회견에서 이의 개념을 "빈곤 소외계층이 곤경에 처했을 때 우선 보호조치를 하고 나중에 절차를 밟는 것"이라고 규정했다. 긴급한 도움이 필요한 빈곤층에 대해 우선 정부 지원을 하고 이후 조사를 거쳐 기초생활보장수급자나 차상위계층 등으로 편입, 항구적인 지원책을 강구토록 한다는 의미다. 이는 최근 보건복지부가 추진하고 있는 '찾아가는 복지'와도 맞물려 있다.

2110 선원보험법

선원에 대한 보험제도를 규정한 법률(1962. 1. 10, 법률 964호). 선원과 그 가족의 복리증진을 위하여 제정되었지만, 시행령과 시행규칙이 마련되지 않아 현재는 사문화되어 있는 법이다. 주요내용은 보면 다음과 같다. 선원보험에 관한 업무는 정부가 관장하며, 선원보험에 관한 중요기획·운영 등에 관한 사항의 자문을 위하여 자문기관으로서 선원보험중앙심의회와 지방심의회를 두도록 되어 있다. 피보험자는 선원법에 규정된 대한민국 국민인 선원으로서 국내에 선적항을 정한 선박에 승무하는 자이어야 한다. 선박에 승무한 날로부터 그 자격을 취득하고 사망한 날, 선박에 승무하지 아니하게 된 날의 다음 날로부터 그 자격을 상실한다. 보험급여기간의 계산은 피보험자이었던 기간은 피보험자의 자격을 취득한 달부터 가산하고, 그 자격을 상실한 달의 전월로서 종료한다. 보험금의 지급기간은 보험금을 지급할 사유가 발생한 달의 다음 달부터 개시하고 권리소멸의 달로서 종료한다. 보험급여의 종류는 요양조처, 상병수당금, 양로연금, 폐질연금, 폐질수당, 퇴직수당금, 사망수당금의 7종이고, 급여대상, 급여원인, 급여조처, 급여기간 등을 세부적으로 정하고 있다. 피보험자이었던 자가 요양을 위하여 노무에 취역할 수 없을 때에는 그 기간 중 상병수당금으로서 1일에 대하여 피보험자의 자격 상실 당시의 평균 보수일액의 100분의 60에 상당하는 금액을 지급한다. 15년 이상 피보험자이었던 자가 그 자격을 상실한 후 55세를 넘은 때 또는 56세를 넘어서 그 자격을 상실한 때에는 그가 사망할 때까지 양로연금을 지급한다. 피보험자의 자격상실 전 6년 간에 3년 이상 피보험자이었던 자의 자격상실 전에 발생한 질병 또는 부상 및 이로 인하여 발생한 질병이 있는 자에게는 그 정도에 따라 그 자가 사망할 때까지 질병연금을 지급하거나 일시금으로서 질병수당금을 지급한다. 3년 이상 15년 미만 피보험자이었던 자가 사망하거나 그 자격을 상실한 후 다시 피보험자로 되지 아니하고 1년 6월을 경과한 때에는 탈퇴수당금을 지급한다. 정부는 선원보험사업에 필요한 보험료를 징수한다. 국고는 요양조처 및 상병수당금을 제외하고 보험급여에 요하는 비용의 4분의 1을 부담하고, 피보험자 및 피보험자를 고용한 선박소유자는 각각 보험료의 2분의 1을 부담한다. 총칙, 피보험자, 보험급여 및 복지시설, 비용의 부담, 보칙, 벌칙의 6장으로 나뉜 전문 67조와 부칙으로 이루어져 있다.

2111 선택고용(selective placement)

장애인의 적직(適職)선택의 실현을 위해 직업재활, 카운슬링, 직업훈련에 이어지는 단계로 장애인이 갖는 신체적·정신적 가능성과 직업이 요청하는 성능과의 적합이 중시된다. 장애인은 일반적으로 직업동작의 일부에 결함이 있다고 인식되기 쉬우나 직무분석과 개성조사에 의해 적직을 선택하며 오히려 능력을 더 발휘할 수 있다. 고용능력으로서 그밖에 개인의 취미, 작업태도, 교육·훈련수준과 동작·기능면 등 종합적으로 고려하여 선택해야 한다.

2112 선택주의

→ 선별주의

2113 선험적([영]transcendental [독] Transzendental)

초월론적이라고도 번역된다. 칸트에서 시작된 용어로서, 초월적에 대립한다. 즉 (초월적인) 대상에 관해서가 아니고, 대상에 관한 우리들의 인식 방식, 가능한 경험의 제약에 관한 인식에 관해서 말한다. 또 선천적과도 다르며, 선천적 인식의 가능성을 문제로 삼는 인식에 관해서 말한다. 후에 신칸트파에서 이 말이 중시되었다. 또 훗설에 있어서는 이것과 달리, 순수의식의 영역에 관해 말한다.

2114 선험적 관념론([독] transzendentaler Idealismus)

비판적 관념론([독] kritischer Idealismus) 또는 형식적 관념론이라고도 하며, 칸트의 비판주의에 근거한다. 인식의 객관성의 근거를 객관(실재)속에서가 아니고, 주관에서 구하는 점에서 관념론이지만, 인식을 단순히 경험적 주관의 소산으로 보지 않는 점에서는 질료적 관념론으로부터 구별되며, 또 개개의 경험적 주관을 근거로 하지 않는 점에서, 버클리식의 주관적 관념론과도 구별된다. 즉 가능한 인식의 제약(원리)인 직관형식이나 카테고리 등은 결국은 선험적인 통각에 의한 종합적 통일에 근거하는 것이라고 하지만 그것은 오로지 인식의 형식에 관한 것이며, 그 주관은 개인적 주관은 아니고 선험적 주관이라고 하는 것이다. 이 점은 신칸트파에서 강조되는데, 선험적 관념론이라는 명칭은 피히테 및 셸링에서도 사용되고, 의식 또는 정신의 선험적인 원리를 자각적으로 전개하는 입장 및 철학을 말한다. 피히테에 있어서는 지식학의 입장을, 셸링에 있어서는 자연철학에 대하여 선험철학의 입장을 가리킨다. 신칸트파에서는 선험적 주관과 인식하는 경험적·개인적 주관과의 전기의 구별을 역설함으로써, 전자를 순수한 제약(원리)으로서 이해하려고 노력하고, 그 결과, 그 주관성을 청산하여, 객관주의(라스크)나 실재론에 가까운 입장(N. 하르트만)을 낳게 되었다.

2115 선험적 방법([독] transzendentale Methode)

칸트의 선험철학의 설문이나 권리문제 등의 사상에서 나온 신칸트파의 용어로서, 발생적 방법(genetische Methode) 또는 심리학적 방법에 대립한다. 인식 작용에 대한 사실적·심리학적 연구가 아니고, 선험적 문제 즉 인식 가능한 권리근거를 따지는 철학적 방법을 말한다. 그러나 근거에 의해 제약된 인식은 사실로서 주어지므로, 구체적으로는 이 방법은 사실로부터 거슬러 올라가서 인식의 원리를 구하는 것이 된다.

2116 설명([영] explanation [독] Erklärung)

기술에 대립하는 말로서, 단순한 사실의 확인이 아니고, 어떤 일이 어떤 법칙적인 연관에 의해서 생겼는가를 분명히 하는 것이며, 이와 같은 발달 단계에 도달해 있는 과학을 설명과학이라고 한다. 인식을 설명의 단계에 달해야만 비로소 예견이 가능하게 된다. 어떤 법칙 자체가 설명된다는 것은, 그것이 보다 포괄적인 법칙으로부터 도출되는 것을 의미한다.

2117 설명적 학습(expository model of instruction)

→ 설명식 수업

2118 설치자 지불방식

조치비 지불방식의 한 형태로 복지조치에 따른 비용을 지불하는 주체가 시설설치자인 방식을 말한다. 이것은 오직 국·공립시설에 관해서만 적용시키는 것으로 민간시설에는 적용시키지 않는다. 오늘날의 조치비 지불방식은 국립시설에의 조치를 제외한 것의 모두를 조치권 성인병자 지불방식에 따르고 있다.

2119 섬망(delirium)

광범위한 뇌 조직 기능의 저하에 의해 일어나는 인지기능의 손상으로 급성 뇌증후군에 해당되며, 다양한 증상 변동을 나타낸다. 주증상은 의식의 혼탁으로 집중력과 지각에 장애가 와서 착각, 환각, 해석 착오가 있고 사고의 흐름이 지리멸렬하고 체계가 없으며 말이 토막나고 보속증을 보이며 불면 또는 과수면, 악몽, 가위눌림 등을 보이기도 하고 행동 저하를 보이는 등 극단적인 변화가 많다. 기타 불안, 공포, 좌불안석, 분노, 우울, 다행감, 무감동 등 감정 변화가 심하다. 신경학적 증상이 동반되기도 하는데, 여러 형태의 경련(tremor)을 흔히 볼 수 있으며 자율신경계 증상들도 흔히 나타난다.

2120 성격(personality) 01

사람의 지속적인 경향이나 비교적 오랫동안 계속되는 행동 성향의 조직 내지 집합이며, 이는 인지적 사고나 가치 그리고 신체적 특성을 포괄하는 개념이기는 하나 감정적이거나 의지적 특징과 같은 정의적 측면을 주로 가리키며, 특히 어떤 사람의 독특하거나 두드러진 행위와 생각을 결정한다고 간주되는 심리적 복합이나 무의식적이거나 내현된 행동 성향을 의미한다. 성격은 염색체와 같은 유전적인 것과 생화학적 특징과 같은 생리적인 것에 따라서 결정되기도 하나 개인의 성장과 발달 과정에서 경험하는 학습에 따라서 크게 달라지기도 한다. 성격은 비교적 안정되고 지속적인 특징을 지니고 있으나 발달 단계에 따라서 또는 새로운 학습에 따라서 변화된다고 보는 경향이 우세하다. 성격을 설명하는 이론의 체계는 무척 다양하나 아직 성격의 모든 측면을 만족하게 설명할 만한 통일된 이론체계는 확립되어 있지 못하다. 대표적인 이론의 체계로는 문화 인류학이나 사회학에서 발전된 이론을 적용하려는 생리심리학적 이론이 있으며 생리학 영역에서 고유하게 발전된 이론의 체계로는 프로이드를 중심으로 한 정신분석 이론, 작동적 조건반사 이론을 발전시킨 행동주의 이론, 지각과 해석에 중점을 둔 형상학적 이론, 생리심리학적 이론 등을 들 수 있다.

2121 성격([영] character [독] Charakter) 02

① 개인에 특유하며, 어느 정도까지 지속적인 행동의 방식, 그 사람의 개개의 성질이 아니고, 그 사람의 전체로서의 심리적 특질을 가리키는 것으로서, 선천적인 기질에다가 후천적인 영향이 합쳐진 것으로 생각된다. 좁은 의미에서는 특히 개인의 의지적 방면의 특질을 가리킨다(이 경우는 품성이라고 한다). 약한 성격, 강한 성격이라고 하는 경우가 그것이다. ② 자기의 원칙에 충실하고 초지일관하여 움직이지 않는 의지적 태도. 어떤 사람에게 성격이 있다느니 없다느니 하는 경우는 이 의미. ③ 더 넓은 의미에서, 예를 들면 국민의 성격, 언어의 성격 등이라고 말하듯이, 사물의 전체적인 특질을 말하는 경우도 있다.

2122 성격 03

인격과 같은 의미로 쓰는 일도 있으나 행동의 통일성을 문제로 하는 인격보다는 오히려 행동의 정서적 측면을 말할 때 이 용어를 쓰는 경우가 많다. 성내기 쉽다 라는 것이 인격을 표현하는 것이라면 심하게 성낸다, 조금 화낸다 등의 반응의 성질은 성격이라 생각할 수 있다. 성격을 신경질, 감상성, 열정성, 흥분성 등으로 분류하고 어느 정도의 조화를 이루어야 한다.

2123 성격검사(personality test) 01

→ 인성검사

2124 성격검사 02

하나의 독립된 생리적·심리적·사회적 존재로서 개인 각자의 심리적 독자성을 규정짓는 그의 전형적 행동양식의 전체적인 체계에 관한 특징을 측정 또는 진단하기 위하여 만들어진 검사. 관찰이나 면접을 통하여 성격을 검사하는 경우도 있지만, 표준화해서 시판되고 있는 대부분의 성격검사처럼 특성론에 입각하여 적출 또는 목록을 이용한 자기보고를 통

ㅅ

해 성격을 검사하는 방법이 가장 많이 사용되고, 로오르샤하(Rohrschach) 검사나 주제통각검사처럼 개인이 가지고 있는 성격의 역동적 특징을 기술하고 진단하는 투사법도 널리 이용되고 있다. 개인이 일상생활에서 보여주는 행동이나 태도에는 일정한 항상적인 경향이 있으며 그것은 타인의 그것과도 구별되는 전체적인 특수성을 보이는 것이다. 이와 같은 개인의 성격을 밝히고자 하는 것이 성격검사이다. 성격검사 방법으로는 피험자가 자기 스스로를 관찰해서 질문에 대해 자기 보고의 형식을 취하는 질문지법(inventory)과 종이와 연필로 하는 검사만으로 불충분하기 때문에 전문가가 피험자의 행동을 관찰해서 그 정도를 척도치로 표시하는 평정법과 피험자에게 작업을 부과해서 이것을 수행하는 과정을 통해 성격을 테스트하는 작업검사법, 모호하면서도 자유로운 반응을 분석해서 성격을 파악하는 투사적 기법 등으로 나누어진다.

2125 성격구조(personality structure)
인간의 정신이 이드(id), 자아(ego), 초자아(superego)의 세 가지 부분으로 되어 있다는 가설을 프로이드가 최초로 사용한 후 지금은 정신 병리를 논할 때 이 생각의 방법이 필요 불가결하게 되었다. 이것으로 인해 성격의 각각 다른 부분이 상충하는 역동도 잘 이해될 수 있고 또 구조도 설명이 되지만, 이를 구체적인 현실로 잘못 인식해서는 안된다. 오히려 세 가지의 각기 다른 기능과 힘의 할거라고 하겠다.

2126 성격발달(personality development)
유기체의 생물학적 구조가 성숙과 발달의 과정을 거치게 되는 것과 같이 성격이 사람과 환경의 지속적인 상호작용의 과정을 통해서 성숙되고 발달되는 상태를 말한다. 성격발달의 과정을 설명하는 체계는 이론에 따라서 제각기 다르나 일반적으로 성격의 발달은 개인의 생득적 특성과 환경의 상호작용에 따라서 결정되는 것으로 간주하고 있다. 성격 발달의 이론의 대표적인 것으로 정신분석이론·행동주의이론 현상학적 이론 등이 있으나 발달의 단계를 분명하게 구분하여 놓은 것은 주로 정신분석학적 연구들이다. 프로이드는 성격의 발달이 아동기에 모두 이루어지는 것으로 보고 발달의 단계를 구강기·항문기·남근기·잠재기·성기기로 구별하였으며 각 시기에 독특한 성격적 발달이 이루어지는 것으로 보았다. 또한 에릭슨은 전 생애의 발달 단계를 위기와 그 극복의 과정 속에서 설명하고 있다.

2127 성격이상(personality disorder) 01
정신적 불안정 상태의 하나. 개인의 적응적 잠재력을 극심하게 제한하는 자기패배적 행동 특징을 나타내며 흔히 사회적으로 문제가 된다. 타인은 부적응적이라고 생각하지 못하며 특정의 이상 행동을 제외하고는 현실적 사고를 하고 있는 점에서 신경증이나 정신병과 구별된다.

2128 성격이상(character disorder) 02
성격신경증이라든가 정신질환과 유사한 의미로 유전과 관련이 있다는 설과 유아기 생활사에서 인성형성에 그 원인이 있다고 하는 설이 있다. 적응에 대한 시도가 정서장애 등 정신증상이나 신체증상으로서가 아니라 주로 행동이상의 형태를 취한다. 정신질환과 함께 의학적 개념이라기보다는 사회적 개념이라는 사람도 있으며 이것이 학문적 지위를 얻기 위해서는 사회적 역사적 상황과 대상과의 관계를 어떻게 파악하느냐가 문제라고 하겠다.

2129 성격지도(personality guidance)
학생들이 지니고 있는 성격 발달의 과정의 문제를 해결하고 긍정적인 성격 특징의 발달을 촉진하기 위한 생활지도 영역으로, 학생들의 성격지도 대상이 되는 문제는 다음과 같다. ① 긴장·불안·욕구좌절 등의 정서적 문제, ② 대인관계·사회활동·오락활동 등의 사회적 행동문제, ③ 신체적 질환·불구·허약 등의 신체적 문제에 대한 심리적 반응문제, ④ 부모·형제·친척 등의 가족과의 관계에 관련된 문제, ⑤ 경제적 조건·가치관 등에 관련된 문제 등이다. 주로 상담과 심리치료의 접근이 적용되고 있다. 그러나 최근에 와서 교육의 과정을 통해서 성격적 적응력을 향상시키는 경향이 나타나고 있다.

2130 성격진단법(personality diagnosis methods)
적응장애, 행동이상, 습벽의 기초인 인격을 파악하기 위해 성격의 유형, 특성, 구조를 분석, 판정, 평가하는 방법이다. 과학적 방법으로서의 심리검사 결과와 면접, 관찰, 성장력 조사의 종합과 임상경험에 근거한 판단이 요구된다. 검사는 평정법 목록법 작업검사법 투영법을 조합해서 사용한다. 진단에 대신해서 적응능력의 사정을 의미하는 아세스먼트가 용어화되는 경향이 있다.

2131 성교육(sex education)
아동, 젊은 남녀에게 성에 대한 생리적, 의학적 지식 등 성적 성숙이나 생식현상, 동성인, 이성의 특질을 과학적으로 이해시키는 것을 기본으로 하는 교육으로 성에 대한 무지와 성욕으로 말미암아 생기는 폐해를 없게 하려는 교육이다. 오늘날 체력의 향상에 따라 초경이 빨라졌고 포르노문화가 범람하기 때문에 성에 대한 올바른 판단력이나 태도의 형성이 중요한 과제로 되어 있다. 남녀평등의 사회나 민주적인 가정을 이룩하는데 있어서도 이성의 특성을 아는 것은 필요하다 하겠다.

2132 성반응검사(introversion extroversion test)
융의 외향성, 내향성이라는 성격유형을 보편적인 행동경향으로 해서 정량적으로 포착하는 목록법(성격특성을 목록화한 질문지)에 의한 검사를 말한다. 일반적으로 행동예측이 쉬운 사교적, 내성적 성격에 대한 파악방법이며 투영법 이전에는 성격검사로서 가장 오래되고 보편적이었던 목록법을 대표해 왔다.

2133 성범죄(sex crime)

성범죄는 성에 관련된 범죄로 성욕을 제어하지 못하여 생긴 범죄이기 때문에 협의로는 어느 특정한 성행위 등을 금지 또는 처벌하는 법률 에 저촉되었을 경우를 말하며, 광의로는 그 사회의 성 모레스에 위반되는 일체의 성행동을 말한다. 강간, 외설행위, 노출, 들여다보기 등의 공연외설과 성욕에 의한 절도, 상해, 주거침입 등이 있다. 매춘의 권유, 장소제공 등의 성에 관련된 범죄가 있으며 중혼도 특이의 성범죄가 된다.

2134 성숙(maturation)

발달단계에 따라 신체적, 지적, 정신적 분화의 통합이 이루어지는 과정으로, 이 결과로 개인의 성장은 완료되며 모든 면에서 적극성을 띠게 된다. 성숙이 너무 빠르거나 늦으면 지적, 신체적, 정신적 발달의 불균형과 부조화를 초래하게 된다.

2135 성역할(sex role)

사회집단이 한 개인에게 기대하는 것으로서 그 개인의 성에 따라 전형적인 행동 유형을 부과하는 것이다. 성적 행동 유형의 일부는 여성의 월경이나 임신과 같이 생리적으로 결정되며, 지배성과 복종·직업 선택과 같이 문화적인 영향에 따라 차이가 있으며, 현대 산업사회에서는 고정된 과거의 성역할이 변화되어 가는 양상을 띠고 있다.

2136 성역할의 고정화(sex role stereotyping)

부모·교사·형제·친구 등과의 관계에서 형성된 성적 역할. 사람은 한 사회에서 볼 수 있는 여러 가지 성적 역할 중에서 그 하나를 선택하여 자신의 성적 역할을 고정시킨다. 대체로 남자는 독립적이고, 활동적이고, 경쟁적이고, 논리적이고, 모험심이 강하고, 자신감이 있고, 야망 있는 존재로, 그리고 여성은 부드럽고, 다른 사람의 느낌에 민감하며, 깨끗하고 사랑스런 느낌을 표현할 수 있는 존재로 성역할을 고정시킨다.

2137 성인교육(adult education)

영국 미국의 성인교육의 역사는 오래되어 산업혁명 이래 시민사회발전 중에서 시민 노동자의 자기교육운동으로 발달했다. 그러나 우리나라에서는 성인교육이 사회교육의 일환으로 학교교육을 보충, 확장, 대치하는 기능을 갖고 있다. 구미의 성인교육은 독자영역을 갖고 발전했지만, 정보화사회, 노동시간단축으로 성인교육이 급속히 중시되어졌고 방송대학, 대학공개강좌 등에 대한 요구가 점증되고 있다.

2138 성인병(diseases of adult people)

노령에 따라 생기기 쉬운 병의 총칭을 말한다. 암, 뇌졸증, 심근경색 등 동맥 경화에 관련되는 것과 기타로 대별된다. 사망률이 높은 암, 심장병, 뇌졸증을 특히 3대 성인병이라고 한다. 일반적으로 생활습관 자체가 성인병의 소지가 되는 이상상태를 만들고, 그 연장으로서 병이 발생한다.

2139 성인병 대책

뇌혈관장해, 심장병, 암(악성신생물), 당뇨병 등이 중년 이후에 만성, 잠행성으로 진행되어 복합적인 성인병이 발생한다. 성인병은 개인위생, 식사, 기호품, 노동 등의 일상생활, 문화에 직결되기 때문에 중년 이전부터의 위생교육과 자기관리가 중요하다. 유병률이 높아 정기적인 집단검진에 의한 조기발견, 조기치료, 중증화방지에 중점을 두어야 한다.

2140 성장(growth)

① 유기체가 단세포의 접합자로부터 성인이 되기까지의 질적·양적 변화과정, 성장을 양적 변화, 발달(development)을 질적 변화로 보는 학자도 있으나 두 어휘를 서로 바꾸어 써도 크게 무리는 없다. 예를 들어 신체적 성장은 신체적 발달과 같은 의미를 갖는다. 경우에 따라서는 성장이라는 말이 어색할 때도 있다. 예컨대 성격발달을 성격 성장이라고 말하는 경우는 드물다. ② 인간의 성품, 능력, 신념, 태도, 지력 등이 자연적·문화적 환경에 적응하는 힘이 향상되고 내적으로 통합을 성취하면서 재구성되는 과정. 듀이(Dewey)는 교육에 의한 인간의 성장을 경험의 재구성으로 설명한다. → 경험의 재구성

2141 성적 발달(sexual development)

아동후기가 끝나기 직전에서부터 아동의 신체적 발달상에 성적인 변화가 일어나는 것이다. 즉 사춘기의 두드러진 신체적 변화를 말한다. 이 시기에는 성 기관에 1차적 성 특징의 발달이 현저해져서 성호르몬의 분비가 시작되고 체형이 변화되어 남자는 남성다워지고 여자는 여성다워지게 된다. 2차 성 특징은 남자의 경우 변성, 음모 발생, 골격구조와 근육이 단단해지고 수염이 생기는 등의 특징을 볼 수 있으며, 여자의 경우는 월경 개시. 유방의 융기, 음모의 발생, 골반의 확대, 피부의 광택, 곡선적 체형 등 여성적 특징이 나타나게 된다.

2142 성적희롱(sexual harassment)

남성의 여성에 대한 성적혐오행위를 말한다. 국제자유노련 부녀국에서는 섹슈얼 해러스먼트를 합의에 의하지 않고, 갖가지의 형태로 행해지는 성적혐오행위라고 넓게 정의를 내리고 있다. 직장에서 남성 상사나 동료가 성적인 요구를 하여 여성이 불응하면 직업상 불이익을 당하는 경우가 있다. 미국에서는 우먼 리브가 고조되었던 1970년 중엽부터 문제

시 되었다. → 성희롱

2143 성 정형화(sex typing)
어떤 문화권 내에서 특정한 행동을 남성적 또는 여성적인 것을 지칭하고, 이러한 역할을 수행하도록 아동들을 의도적으로 또는 무의도적으로 학습시켜 나가는 과정을 말한다.

2144 성질
→ 질(質)

2145 성차(sex difference)
남성과 여성간의 차이를 말한다. 성차는 생리·신체적인 차이에서 뿐만 아니라 행동·흥미·태도·능력의 차이에서도 나타난다. 유전적인 특성과 문화적인 배경에 따라 달라질 수 있다.

2146 성차별
여성이기 때문에 사회적 경제적 조건 또는 사회적 기회에서 주어지는 차별로, 여성이 남성보다도 무능력하고 열등하다고 하는 편견에 의해 일어난다. 역사적으로 사유재산이 성립했을 때부터 여성은 자손유지의 수단으로 취급되어졌다. 오늘날 우먼리브 등으로 사용되는 용어에서도 여성문제를 단지 체제상의 문제에 그치지 않고 편견에 의한 장기적과제로 취급하는 경우가 많다.

2147 성체줄기세포
성체줄기세포는 배아줄기세포와 달리 사람의 피부나 골수, 탯줄혈액(제대혈) 등에서 얻을 수 있다 성체줄기세포는 혈액을 구성하는 백혈구나 적혈구 세포처럼 정해진 방향으로만 분화하는 특성이 있다는 게 과학자들의 설명이다. 하지만 최근에는 뇌에서 채취한 신경 줄기세포를 근육세포, 간(肝)세포, 심장세포로 전환할 수 있음이 알려지면서 성체줄기세포를 이용해 다양한 질병을 치료할 가능성도 밝혀지고 있다. 성체줄기세포를 이용한 임상시험은 척수마비환자 등을 대상으로 활발히 진행되고 있다. 임상실적만 놓고 보면 배아줄기세포에 비해 훨씬 앞서가고 있는 형국이다. 특히 성체줄기세포는 면역거부반응 문제를 어느 정도 해결한데다 안전성 측면에서도 큰 문제가 없어 앞으로 임상적용이 더 확산될 전망이다. 그러나 성체줄기세포는 줄기세포만큼 오래 살아있지 못하는 데다 채취되는 양이 매우 적어 실험실에서 수많은 계대배양을 통해 증식을 유도해야 하는 단점 때문에 임상에서 성공을 장담하기 어렵다는 주장도 있다. 반면 배아줄기세포는 그 수가 충분하기 때문에 몇 번의 배양만으로도 충분한 개체를 확보할 수 있다.

2148 성취동기(achievement motivation)
어떤 것을 할 때 그것의 수월성 또는 탁월성의 기준에 도달하기 위해 가치가 있거나 중요한 일을 이룩하려는 사회적 동기이다.

2149 성취지수(achievement quotient)
한 학생의 지능지수에 대한 그의 교육지수를 백분율로 표시한 것이다. 이때 교육지수는 생활연령에 대한 교육연령의 백분율로 계산되고 교육연령은 학생이 표준학력검사에서 받은 점수에 해당되는 학년과 월수에 그 이전의 교육년수와 취학적령을 더한 것이다.

2150 성폭력특별법
성폭력사범의 처벌을 대폭 강화하고 피해자 보호장치를 마련한 법률로 93년 12월 17일 국회에서 통과되고 94년 4월 1일부터 시행에 들어갔다. 정식명칭은 '성폭력 범죄의 처벌 및 피해자보호 등에 관한 법률'. 시내버스·지하철 등 공중밀집장소에서의 추행, 전화·우편·컴퓨터 등 통신매체를 이용한 음란행위 등이 최고 징역 1년까지 형사 처벌된다. 성폭력이 여전히 '정조에 관한 죄'로 규정돼 있고 친고죄 역시 그대로 존속돼 있는 등 여성계 요구에 크게 못 미치지만 상담소의 설치 및 경비보조, 성폭력범죄의 예방과 피해자보호를 위한 국가적 차원의 지원 대책을 명시하는 등 기존 형법에 비해 진일보했다는 평가.

2151 성희롱(sexual harassment) 01
원래 미국에서 직장에서의 성폭력을 방지, 여성의 노동권을 보장하려는 취지에서 태동한 개념으로, 미연방평등고용기회위원회는 '직장이나 캠퍼스 등에서 직무 또는 고용관계에 있는 상사 또는 동료가 부하 직원 등에게 장기적이고 반복적인 성적 불쾌감을 주는 행위'라고 정의했다. 우리나라에서는 1994년 4월 서울대조교성희롱사건 담당재판부 '직장 내에 서 근로자의 임면, 지위, 근로조건 결정에 영향을 줄 수 있는 자가 근로자를 상대로 언동을 통해 불쾌감이나 성적 굴욕감을 주는 행위, 성 접근을 요구하거나 성적 접근을 하는 행위, 근무환경을 불쾌하고 열악하게 하기 위하여 성적인 언동을 하는 행위'라고 더욱 상세히 규정했다. 그러나 성희롱은 아직 확고한 개념정립이 안된 상태이고 분명한 법률적 정의가 없기 때문에 그 개념과 한계에 대한 논란이 분분하다.

2152 성희롱 02
원래 미국에서 직장에서의 성폭력을 방지, 여성의 노동권을 보장하려는 취지에서 태동한 개념으로 미연방고용평등위원회는 80년대 초 "직장이나 캠퍼스 등에서 직무 또는 고용관계에 있는 상사 또는 동료가 부하직원 등에게 장기적이고 반복적인 성적 불쾌감을 주는 행위"라고 정의했다. 94년 4월 17일 서울대조교 성희롱사건 담당재판부는 "직장 내에서 근로자의 임명 지위 근로조건 결정에 영향을 줄 수 있는 자가 근로자를 상대로 ▲ 언동을 통해 불쾌감이나 성적 굴욕감을 주는 행위 ▲ 성적 접근을 요구하거나 성적 접근을 하는 행위 ▲ 근무환경을 불쾌하고 열악하게 하기 위해 성적인 언동을 하는 행위"라고 더욱 상세히 규정했다. 한편 한국여성단체연합과 서울대조교성희롱사건 공동대책위원회가 공동으로 펴낸 자료집(침묵에서 외침으로)에서는 성희롱의 구체적인 사례와 대응법을 제시하고 있는데, 여기서는 성희롱을 고용상의 성차별로 파악하고 "노동현장에서 상대방의 의사에 반하는 성과 관련된 언동으로 불쾌하고 굴욕적인 느낌을 갖게 하거나 고용상의 불이익 등 유무형의 피해를 주는 것"으로 규정하고 있다. 그러나 성희롱은 아직 확고한 개념정립이 안된 상태이고 분명한 법률적 정의가 없기 때문에 그 개념과 한계에 대한 논란이 분분하다.

2153 세간(Seguin, E. O)
프랑스의 정신과 의사이며 교육자이기도 하다. 아베이론의 야생아를 교육한 이탈(Itard) 밑에서 중도정신지체아의 교육에 종사했다. 특히 감각기능과 지능의 발달적 관련을 중시했다. 이 감각훈련법은 제자인 몬테소리 여사의 교육방법의 기본이 되고 있다. 1842년에 미국으로 이주해 특수교육이론의 형성에 진력했다. 만년에 미국의 정신지체아 병원협회 회장을 맡았다.

2154 세계기독교여자청년회(World YWCA : world young women's christian association)
1855년 영국런던에서 로버트여사에 의한 기도단과 키나드 여사에 의한 간호부홈이 결합된 형식으로 시작되어 1894년 세계YWCA가 조직되었다. YWCA는 복음에 의한 부녀의 인격의 독립과 해방을 목표로 하고 제2차 대전 후에는 대전에 대한 반성으로 기본적 인권과 세계평화의 확립을 위해 노력하고 있다.

2155 세계기독교청년회동맹(World YMCA : world alliance of young men's christian associations)
1844년 죠지 윌리암스가 청년 12명과 함께 런던에서 창설했다. 1855년에 채택된 파리기준에 의해 YMCA는 예수 그리스도를 신으로 추앙하고 구세주로 받들며 신앙과 생활에서 그의 제자가 되기를 원하는 청년들을 하나로 묶어 기독교 정신이 청년사이에 자라나도록 하는 것을 각국의 YMCA 공통의 목적으로 하고 있다.

2156 세계노동조합연맹 (WFTU : world federation of trade unions)
전 세계의 노동조합을 결속하여 침략전쟁을 저지하고 영구적인 세계평화를 이룩할 것을 목적으로 1945년 10월 결성된 국제적인 노동조직이다. 당초에는 미·영·소 등 56개국 6700만의 조직노동자를 결집한 조직이었으나 냉전이라는 국제정세를 배경으로 분열, 미국 영국 등 서방측이 탈퇴하여 49년 국제자유노동조합연합을 결성했다. 본부는 프라하에 있고 대회는 4년마다 개최한다.

2157 세계맹인복지협의회 (world council of the welfare of the blind)
1951년 설립. 국제협력을 통해서 시각장해의 예방과 복지의 촉진을 목적으로 시각장애인의 교육, 점자와 심볼의 통일, 재활 직업훈련 고용, 발전도상국의 시각 장애인 원조 및 조정 등의 활동을 하고 있다. 본부는 파리에 있고 세계 68개국의 176단체가 가맹하고 있다. 5년마다 총회를 여는 외에 국제회의와 지역회의를 개최하고 서장신문(년 2회)과 각종 논문 등을 발행하고 있다

2158 세계보건기구(WHO : world health organization)
국제연합의 국제연합전문기구의 하나이며 국제연맹보건기구와 공중위생 국제사무소를 계승해서 1948년에 설립되어 제네바에 본부를 두고 있다. WHO의 일은 다음의 세 종류로 나눈다. 국제보건관리의 중 추로서의 정보수집, 조사연구, 기준설정(예 : 전염병격리의 기준 등) 전염병, 풍토병 박멸의 운동주체로서 항생물질, 예방접종, 환경위생, 수도공급, 보건교육 등에 관한 제사업 가맹국의 공중위생관리의 개선 향상에 여러 가지 기술원조를 행하는 것 등이다.

2159 세계보건기구헌장 (constitution of the world health organization)
1946년 뉴욕에서 개최된 국제보건회의에서 채택된 헌장. 그 뒤 1960년의 제20회 세계보건기관총회에서 수정 결의된 헌장은 세계보건기관의 목적, 기능, 구성, 조직, 총회, 이사회, 위원회, 지역위원회 예산 등을 명시했으며 총 19장 82항목에 이른다. 일종의 세계보세대단위의 원칙건기관의 규약 같은 내용이다. 그 전문에 건강에 관해 기재하고 있는데 이는 모든 인간의 행복, 조화, 안전과 일치한 이념을 말하고 있다. 5건강이란 육체적, 정신적, 사회적으로 완전히 양호한 상태에 있는 것이며 단지 질병 또는 허약이 아니라는 것은 아니다. 인종, 종교, 정치적 신조, 경제상태의 여하를 불문하고 가능한 한 최고의 건강 수준을 향수하는 것은 모든 인간의 기본적 권리다.

2160 세계여성의 해 10년 기금
1976년 제31회 유엔총회에서 76~85년의 유엔여성의 해 10년을 위해 임의각출금을 각국에 어필하는 것이 요청되었다. 이 기금개발은 여성의 참가를 촉진하기 위해 재정적, 기술적 지원에 의해 유엔의 제 기관과 협력하면서 세계적 수준에서 활동을 추진하는 것을 목적으로 한다.

2161 세계여성의 해와 유엔의 여성을 위한 10년(IWY : international women's year, united nations decade for women)
1972년 제29차 유엔총회는 1975년을 세계여성의 해로 할 것

을 만장일치로 결의했다. 유엔이 목적으로 하는 기본적 인권의 존중에 기초하여 각종 분야에 여성의 전면참가를 촉구하고 전 세계가 남녀평등을 목표로 하기 위한 해로서 1975년을 제정한다는 것이다. 슬로건은 평등, 발전, 평화, 국제평화를 목표로 하며 여성이 정치, 경제, 문화 전반에 참가하여 올바른 발전을 추진하고 남녀평등을 촉진하는 것이 목적이다. 75년에는 멕시코에서 국제회의가 열렸다. 이 세계여성의 해의 12월에 개최된 제30회 유엔총회에서 76년부터 85년의 10년간을 세계 여성의 10년으로 결정했다. 또 세계여성의 해 세계회의에서 채택된 세계행동 계획을 가맹 각국 정부에 긴급과제로서 검토할 것을 요청하고 있다. 80년의 유엔여성의 10년 중간 해에는 세계회의가 코펜하겐에서 개최되어 향후 15년의 행동계획을 책정하고 여상차별철폐조약의 서명식 등을 거행했다.

2162 세계인권선언
(universal declaration of human rights)

1948년 제3회 국제연합총회가 채택한 것이다. 전문에서 법의 지배에 의해 인권을 보호할 필요를 선언하고 본문에서는 인권의 내용으로 시민적 자유와 정치적 권리(소위 자유권) 외에 사회보장, 노동, 교육 등에의 권리(소위 사회권)도 포함하고 있다. 이것들은 1966년 경제적·사회적·문화적 권리에 관한 국제규약(국제인권A규약), 시민적·정치적 권리에 관한 국제규약(동B규약), 동선택 의정서(동C규약)을 내용으로 하는 것이다.

2163 세계인권의 날(world human rights day)

1948년 제3회 국제연합총회에서 세계인권선언이 채택된 것과 동시에 동선언의 보급에 관한 결의를 하고 특히 선언이 채택된 12월 10일을 정식으로 세계인권의 날로 정했다. 모든 인간은 태어나면서부터 자유로우며 존엄과 권리에 관해 평등하다는 세계인권선언의 정신을 이해하고 세계인의 인권을 지키기 위해 여러 가지 운동이나 기념행사를 행하고 있다.

2164 세계장애인의 해
(IYDP : international year of disabled persons)

UN은 1972년에 정신지체자의 인권선언을 공포하고 1975년에는 장애인의 권리선언을 공포함으로 장애인의 복지증진에 진일보의 계기를 마련했다. 그러나 그들의 생활과정에서 많은 차별과 불평등의 해소가 이루어지지 않았고 실제로 장애인을 위한 거국적이고 전사회적인 인식의 변화와 각종 프로그램의 마련이 필요하다고 느껴져 1976년 12월, 제31회 UN총회에서 5년 후인 1981년을 세계장애인의 해로 할 것을 결의하였다. 세계장애인의 해의 테마는 완전참가와 평등이며 목적은 장애를 입은 개인의 사회에 대한 완전참가와 평등한 목표의 실현이다. 이상과 같은 정신으로 세계는 1981년에 장애인을 위한 각종 대회, 세미나, 장애인 복지시설의 확충 등 장애인을 위한 각종 행사를 실시하였다.

2165 세계정신위생연맹
(world federation for mental health)

1948년의 제3회 국제정신위생회의를 계기로 설립되었다. 생물학적, 의학적, 교육학적, 사회적 제 영역에서 세계 각국의 정신위생수준의 향상을 목표로 국제기관과 국내단체와 협력해서 정신위생서비스의 개선, 정보의 수집·교환 등의 활동을 하고 있다. 뱅쿠버에 본부를 두고 세계 51개국의 35단체가 가맹하고 있다. 국제회의와 연차총회를 개최하며 세계정신위생지(계간)를 발행하고 있다.

2166 세뇌(brain washing)

정치적이거나 도덕적인 확신의 변화, 또는 어떤 견해나 행위를 변화시키기 위해서 신체적 고통이나 심리적 강압 수단을 적용하는 일. 비밀을 알아내기 위하여도 이 방법을 사용한다. 세뇌의 방법으로는 흔히 음식이나 수면의 박탈, 과도한 신체적 긴장, 의료적 처지의 중단, 고립화 등을 들 수 있으며 한국전쟁 이후에 심리학적 연구 대상이 되었다.

2167 세대격차(generation gap)

서로 다른 세대 사이에 나타나는 차이 세대란 모체로부터 유기체의 재생산에 이르는 20~30년의 간격을 가지고 있는 연령집단이나 시기를 말한다. 사회가 안정되어 있는 경우에는 세대격차는 별문제가 안 되지만 사회변동의 속도가 빨라서 세대 사이에 가치간의 갈등이 나타나는 경우에는 세대격차가 중요한 사회문제로서 등장한다. → 세대차

2168 세대단위의 원칙

급여청구권의 권리주체는 생활빈곤자 개인이고, 세대가 아니지만, 급여의 여부와 정도를 결정할 경우에는 세대를 단위로 하여 정하도록 하고 있다. 따라서 개인 등을 단위로 행하는 것은 이 원칙의 예외에 해당한다. 이 원칙은 부부, 친자의 범위를 넘어선 생활공동체가 있어서 이것을 부정하는 것은 적당치 않다는 이유에 입각하여 규정한 것인데, 그 후 생활상황이나 부양관계가 변화했기 때문에 실정에 맞지 않는 점이 생겨 세대분리를 통하여 이 원칙은 완화되어야 할 상황에 있다.

2169 세대분리

생활보장법 제5조 3항은 보호의 필요도나 정도를 결정함에 있어서 세대를 단위로 행하는 것을 원칙으로 하는 이른바 세대단위의 원칙을 채택하고 있는데, 세대분리는 이 원칙의 예외라고 할 수 있다. 세대는 거주와 생계를 공동으로 하는 것을 말하는데 동일세대로 인정하는데 무리가 있는 경우 또 분리가 그 세대의 자립을 위해 바람직한 경우에 있어서 요보호자를 세대로 분리하는 것이 낫다고 보고 개인단위로 하여 행할 수 있도록 하고 있다. 분리의 취급은 조금씩

완화되고 있으며, 동일세대인정 역시 확대되는 경향에 있지만, 세대분리의 경우는 아직도 엄격히 제한받고 있는 점이 문제라고 할 수 있다.

2170 세대차

고령화 사회를 맞이하여 각 세대 또는 동일연령 계층의 사람들이 공존하며 지내는 상황을 맞이하고 있다. 이에 따라 가정 내에서 고령자와의 동거에 수반해서 세대 간의 마찰이, 또는 기업 내에서 정년의 연장 등에 따라 세대 간의 갭이 상호의 사회 심리적 스트레스로 되기 시작하고 있다. 세대 간 갭이란 말은, 이질의 가치관을 가진 연령·세대 계층의 사람들이 상호 커뮤니케이션을 가지고, 가능하면 동질의 가치관이나 생활방법을 함께 하고 싶은 마음이 있음에도 불구하고, 실제로는 커뮤니케이션이 잘 되지 않거나 상호 이질적인 채로 단절을 경험하는 경우에 사용된다.

2171 세라피(therapy)

→ 치료

2172 세라피스트(therapist)

→ 치료자

2173 세이브더칠드런

1953년 한국에서 활동하기 시작한 세이브더칠드런은 지금까지 국내외 아동의 건강, 보건, 의료, 교육을 비롯해 아동학대 예방 치료 사업, 결손 빈곤 가정 어린이 지원 사업, 아동 권리 교육 사업 등의 국내 어린이들을 위한 지원은 물론이거니와 어린이 사랑을 아시아로 그리고 세계로 펼쳐 나아가는 대표적인 아동권리전문기관이다.

2174 세틀먼트(settlement)

→ 인보사업

2175 세틀먼트하우스(settlement house)

→ 인보관

2176 섹슈얼 해러스먼트(Sexual harassment)

→ 성적희롱, 성희롱

2177 소거(extinction)

→ 소멸

2178 소근육 운동(fine-motor skill)

몸의 전체를 움직여 큰 운동을 하는 대근육 운동과는 달리 몸의 상지, 특히 손과 손가락을 사용하는 작은 운동을 말한다. 소근육 운동은 눈과 손의 협응, 두 손 사용의 협응, 사물의 조작력 그리고 손가락의 민첩성과 힘의 4가지 주요 요소들로 구성되어 있고, 이들이 조화를 이룰 때 아동은 환경과의 관계에서 적절한 운동 계획을 짤 수 있다. 또한 소근육 운동은 아동의 지각능력, 모방 기능과 관련이 깊으며 신변처리 기술과 쓰기 학습에 필수적인 요소이다. 소근육 운동에는 잡기, 쥐기, 놓기, 협응, 조작하기, 집어 올리기, 종이접기, 말뚝판 꽂기, 용기 속에 물건담기, 쓰기, 형태판 끼우기, 블록 쌓기, 크기 순서대로 끼워 넣기, 구슬 끼우기, 색칠하기, 그리기, 자르기 등의 행동이 포함된다.

2179 소급통산의 종류 (Retroactive Career Summing-ups)

동일법인 내의 학교 기관에서 퇴직한 적이 없이 현재까지 계속 근무한 기간에 대한 소급통산(동일법인 소급통산)과 현재의 학교기관이 속하는 법인이 아닌 다른 법인의 학교기관에서 근무한 기간 또는 동일법인 내일지라도 한번 퇴직하고 재임용된 경우의 재임용 전의 근무기간에 대한 소급통산(타법인 소급통산)을 말한다.

2180 소년(minor)

아동복지법에서는 초등학교 취학 시기에서 만 18세에 달하기까지의 아동을 말하고, 소년법에서는 14세~20세 미만이다. 성장발달의 단계에서는 아동기에서 사춘기를 경과해 청년전기는 2차 성장기로 심신의 변화가 나타난다. 신체적발육과 정신적 발달의 불균형은 정서적 불안정의 상태를 증가시켜 압박감을 받기 쉽다. 성인기에 달하는 준비기로서, 법적인 혼인연령, 형사처분의 대상연령으로도 관계된다.

2181 소년감별소 (Juvenile detention and classification home)

소년감별소는 법원소년부로부터 송치된 가위탁생 및 보호자, 각종 단체로부터 의뢰된 소년 중 소년법원의 결정으로서 송치된 소년을 수용하고 의학, 심리학, 교육학, 사회학 등의 전문적인 지식이나 기술에 의해 심판 및 보호처분에 자료가 될 당해 소년의 성격, 소질 등을 감별하는 시설이다. 소년감별소의 감별업무 추진의 목적은 비행소년에 대한 과학적인 지식과 기술로 비행원인을 규명, 진단하여 합리적인 교정방법 및 처우지침을 제시하고자 함이다. 또한 소년감별소에 가위탁된 소년들에게 그릇된 사고방식과 행동양식을 교정시켜 사람다운 사람으로서 생활할 수 있도록 자주적 생활능력과 국민으로서 자질을 함양시켜 정의사회가 필요로 하는 바람직한 청소년을 육성하는데 있다.

2182 소년검찰(juvenile prosecution)

전체 소년사건을 담당한 소년계검사에 의한 검찰활동. 특히 대도시의 검찰청에는 전문소년계 조직이 있고, 교통, 마약, 풍기문란을 제외한 소년사건을 처리하고 있다. 통상, 검찰의 임무는 치안유지의 목적에서 범죄조사와 기소, 불기소결정, 재판소에서의 법의 정당한 적용청구, 재판의 집행감독에 있지만, 소년사건에 관해 현행 소년법에 따라 검찰의 관여를 배제하고 있다. 권한의 내용은 가정재판소에서 형사처분으로 송치된 소년사건의 수리, 범죄소년 및 우범소년의 가정재판소에의 송치와 이것에 따른 구류에 대한 조치청구, 성인의 형사사건에 관한 가정재판소년보도활동소로의 통지, 수리 등이다.

2183 소년경찰(juvenile police)
발견된 비행소년에 대한 처리는 비행의 내용, 소년의 연령, 소년사건의 양태, 원인, 동기, 재비행의 위험성 유무 등 소년의 장래, 심리, 환경 기타 특성을 깊이 이해하여 처우를 행한다. 따라서 범죄소년은 수사경찰에서 취급 처리하는 반면 촉법소년, 우범소년, 불량행위소년(풍기문란행위)은 소년경찰에서 취급, 처리하고 있다. 특히 소년의 보도와 처리는 소년의 성행 및 환경 기타 비행의 원인을 정확히 규명하여 개별적으로 타당한 보도 및 처우가 있어야 한다는 것이 전제되고 있으며 선도위주의 주의, 조언, 보호자에 대한 연락, 관계기관의 통보 등 소년을 건전하게 지도, 육성, 보호함을 기본정신으로 하고 있다.

2184 소년경찰제도(police work with juveniles)
소년경찰제도는 자라나는 청소년 중에서 범죄소년으로 전락할 우려가 있는 소년 또는 이미 그러한 우범지역에서 방황하는 청소년에 대해 경찰의 입장에서 특별지도활동을 전개하는 제도이다. 우리나라에서는 1960년대부터 치안본부와 각급 경찰관서에 보안과 소속으로 소년계를 발전시켜 왔다. 이러한 소년계는 여자경찰관이 1~2명씩 배치되는 것을 원칙으로 하는데 서울특별시의 경우 각 경찰서 소년반에는 평균 2명의 여자경찰관이 배치되고 있다.

2185 소년교도소(juvenile prison)
소년교도소는 형사처분을 받은 소년 범죄자를 성인범죄자와 분리수용하기 위하여 설치한 것으로 현재 인천과 김천에 두고 있다. 인천교도소는 집행할 형기가 6개월을 초과하는 소년 중 초등학교졸업 이상의 초범자를 주로 수용하고 있고, 김천소년교도소는 누범자와 초등학교 미수자를 수용하고 있으며, 소년교도소 수용 중 성인이 되면 일반소년교도소로 이관 수용하고 있다. 여자소년수형자는 별도의 시설이 마련되어 있지 않아 일반교도소에 성년 및 남자수형자와 분리수용되고 있다. 위 2개 교도소는 1969년 도에 노동부로부터 법무부 제10조 제17 공공직업훈련소로 허가받아 그간 청소년수형자에 대한 직업훈련을 매년 강화, 가구제작, 전기용 접 등 12개 직종의 훈련을 실시하여 왔으며, 원생중 상당수가 각급 기능사자격과 면허를 취득하여 국가기능인력 개발에도 일익을 담당하여 왔다.

2186 소년범 01
소년범이란 소년의 범법행위를 성인의 범법행위와 분리 취급하기 위하여 설정된 개념으로 넓은 의미로는 범죄소년, 촉법소년, 진범소년, 불량행위소년을 의미하나 좁은 의미에서는 범죄소년만을 의미한다. 소년범죄의 원인 내지 범인성 요인으로는 경제적 빈곤, 결손가정으로 인한 애정, 훈육의 결핍, 불량교우, 퇴폐풍조 등을 지적할 수 있는 바 이에 상응하는 적절한 조치가 바로 소년범에 대한 형사정책이며, 따라서 빈곤추방, 완전고용, 우범지역의 정화, 소년복지시설의 확충, 학교의 증설, 장학금 지급대상 및 금액의 확대, 가족결손의 예방, 도시의 인구분산, 청소년전용의 운동 및 오락시설의 증설, 퇴폐풍조의 근절, 사회기강의 확립과 모범청소년상의 정립 등은 전부 소년범의 예방을 위해 필요하고도 유익한 정책이라 할 것이다.

2187 소년범 02
소년범 환경조사서에서는 소년범의 인적사항, 가족, 성장과정, 교우 관계, 세평개전의정 유무 등을 조사기재하게 되어 있는데 성장과정의 성격, 소행의 변화라든가 세평 같은 것은 소년범의 피의자 심문 조사상으로는 잘 나타나지 않는 사항들이다. 경찰에서 사용하고 있는 피의자 환경조사서와 비슷하나, 피의자 환경조사서에 포함되어 있는 항목 중에서 사상관계, 노쇄자 또는 폐질자일 때 부양자의 주거, 성명과 성장과정 및 가족상황을 추가하여 작성된다.

2188 소년법원제도(juvenile court system)
일정연령 이하의 범죄소년과 우범소년, 촉법소년 등을 특별히 관할하는 법원제도를 가리키는 것으로 우리 법제상으로는 가정법원과 지방법원의 소년부에서 그 기능을 담당한다. 현재 전국적으로 소년부를 두고 있는 법원은 서울가정법원과 대구, 부산, 광주에는 소년부 지원이 별도로 설치되고 독립건물에서 소년사건의 심리를 담당하고 있다.

2189 소년보도활동
(activity for juvenile protection and guidance)
경찰이 문제소년을 조기에 발견하여 적절한 조치를 강구하는 활동으로 경찰에서의 보도활동은 예방적인 측면에서 비행성이 있는 소년을 조기에 발견·보도하는 한편, 소년 및 보호자에 대한 주의, 조언, 면접조사, 관계기관에의 송치(통고) 등 비행과 불량행위별로 적절한 조치를 하여 비행의 방지 또는 재범방지에 노력하는 동시에 소년들을 비행에 오염시키기 쉬운 유해환경 제거 및 정화사업에 역점을 두고 있다. 따라서 지역적인 활동을 위해 전국경찰서별로 청소년지도위원과 어머니 선도위원을 경찰서장이 위촉하여 밝고 명랑한 지역정화 활동과 건전청소년육성운동에 선구적 역할을 하도록 힘쓰고 있다. 주 내용은 가두보도와 소년상담, 가두직업소년의 보도활동, 요보호소년의 조치상황 등이 있다.

2190 소년보호(juvenile probation)
비행행위를 한 소년에 대해 국가의 형사정책상의 보호를 말한다. 오늘날 이들 요보호성이 있는 소년에 관해 가정재판소의 결정에 따라 보호관찰이나 소년원에 의한 교정교육, 교호원이나 양호시설에 의한 교육보호 및 환경조정 등의 보호처분으로 처리하고, 시험관찰 등의 처분권조치를 행해 소년의 건전한 육성을 도모하고자 한다.

2191 소년보호소

가출소년의 보호시설로 보호자가 인수할 때까지 장시간을 요하는 경우에 활용된다. 검찰청 소년 일과에서는 도내(서울역, 영등포역 등)에 가출인상담소를 개설해 가출소년의 발견보호활동에 주력하고 있다. 담당자로는 숙련된 소년계 경찰관과 케이스워커가 배치되어 있지만, 그 활동의 근거 법규는 존재하지 않는다. 소년경찰 활동요강에 기초해서 경시청내규에 규정되어 있지만 이런 종류의 활동은 어느 정도의 법적근거가 요구되어지기 쉽다. 시민활동이 일방적재량에 의해 제한되는 것은 바람직하지 않기 때문이다.

2192 소년부 송치

검사는 소년범을 수사한 결과 형사처분을 과하는 것보다는 보호처분에 부하는 것이 적당하다고 판단될 때는 소년사건을 가정법원소년부 또는 지방법원소년부에 송치하며 법관, 또는 예외적으로 촉법소년이나 우범소년을 경찰서장이 소년부에 송치하기도 한다. 사건을 접수한 소년부에서는 심리를 하여 보호처분, 불처분, 심리 불개시 검찰청송치, 기타의 처분을 하는 때 불처분이란 소년에 대한 보호처분이 필요 없다고 인정할 때에 내리는 결정이고, 심리 불개시는 송치서와 조사관의 조사보고에 의해 사건의 심리를 개시할 필요가 없다고 인정될 때에 하는 결정이다. 소년부 지원 소년법원제도이다.

2193 소년부 지원

→ 소년법원제도

2194 소년비행(juvenile delinquent)

→ 청소년비행

2195 소년사건

소년법 제1조에 본 법은 반사회성이 있는 소년에 대하여 그 환경의 조정과 성행의 교정에 관한 보호처분을 행하고 형사처분에 관한 특별 조치를 행함으로써 소년의 건전한 육성을 기함을 목적으로 한다고 규정하고 있다. 또 동법 제4조는 소년법원에서 관할하는 소년사건의 범위를 죄를 범한 소년(범법소년), 촉법소년, 우범소년의 3가지로 규정하였다. 이 중에서 소년법원의 관할이 되는 것은 검사 또는 법관에 의해 소년법원의 심리대상으로 송치된 사건인데, 대표적인 경우가 검사에 의하여 송치되는 것으로 우리나라의 법제상으로는 모든 소년 범죄사건은 일단 검찰청의 검사 앞으로 송치하게 되어 있다.

2196 소년심판(juvenile justice)

비행행위가 있는 소년에 대해 복지적·교육적 배려를 수반하여 국가적 처우를 결정하기 위한 비행심판이나 요보호상태의 여부 및 필요 한 처우방법을 결정하는 임무를 갖고 있으나 심판기구는 성인의 재판·심판과 다르다. 가정재판소에 의해 행해지며, 검찰관의 입회를 배격하고, 대심구조에 따른 소송형식을 받아들여 가정재판조사관 등의 과학적 조사·원조를 활용하여 행해진다.

2197 소년의 집(boy's house)

에드워드 J. 후라나강 신부가 1917년 미합중국 네브라스카주 오마하 시에 창설했다. 1921년 시 서쪽 11마일로 이동해 수백에이커의 토지, 관리사무소, 소년숙박시설, 식당, 직원관, 우체국, 학교가 있는 생활공동체 소년의 마을은 성인직원지도 아래 소년들 중에서 시장 등의 책임자를 선출하여 자치적으로 생활하며, 12~16세의 장애인 부모의 아이들 1,000명을 수용하고 있다. 경비는 기부에 의한다.

2198 소년원(institution for delinquent juveniles, juvenile training school)

1958년 법률 제493호로 제정된 소년원법에 따라 소년원은 법원소년부(서울 가정법원 및 지방법원 소년부)의 보호처분에 의하여 송치된 14세 이상 20세 미만의 촉법소년, 12세 이상 20세 미만의 우범소년 등 법원 소년부로부터 소년원 송치처분을 받은 비행소년을 수용하여 교정교육을 행하는 곳으로 법무부 소속의 특수교육시설 국가기관이다. 소년원은 사법적 기능보다 교육적 기능을 중시하며 비행에 대한 책임을 추구하는 것이 아니라 국가가 소년들의 보호자가 되어 엄격한 규율 밑에서 기초적인 교육훈련과 의료, 직업보도를 실시하는 기관으로서 소년원에서의 비행소년 수용은 형벌이 아니라 교육의 성질을 가진다. 이점에 의해 소년교도소와 엄격히 구별된다.

2199 소년전기(early adolescence)

사춘기 특유의 생물적 성숙과 성적성숙(제2차 성 특징)이 시작되어 그것이 완성되기까지의 시기를 말한다. 예컨대 소년은 발모, 성기의 발달, 변성 등 제2차 성 특징이 일반적으로는 12세에서 14세 사이에 확실해지나 성숙한 정자형성이 완성되어 생식능력이 확립되는 것은 15세에서 16세쯤 된다고 한다. 또한 소녀에게는 유방, 유두, 치모, 내외성기의 발육, 초경 등은 11세부터 14세 사이에 나타나지만 초경 시에는 아직 무배란의 상태로서 배란과 수태가 가능하려면 초경 후 평균 2~4년의 시기를 요한다는 것이다.

2200 소년중기(middle adolescence)

소년중기를 실험적인 생활단계라고도 하는데 부모로부터 분리·독립을 원하는 심리적 이유기로서 분리·독립을 원하면서 다른 한편으로는 부모 이외의 의존대상이나 이상상(지도자, 선배, 교사)을 희구한다. 이 시기의 성장과정에서 이성, 남자 또는 여자로서의 자기, 이성과의 애정관계 등 자신에게 알맞은 것을 탐구하고 모색한다. 이와 함께 사회인으로서의 자기에게 알맞은 사고방식, 가치관, 인생관, 직업관, 생활방법을 발견하려고 노력하는 시기이다.

2201 소년후기(late adolescence)

소년 후기는 실험의 모색으로부터 현실에의 선택으로 향하는 시기라 하겠다. 남녀교제는 훨씬 진지하고 책임있는 과정을 거쳐 마침내는 결혼으로 향한다. 직업이나 생활방법의 선택도 사회인으로서의 자기 능력과 환경에 알맞게 가지려 한다. 또한 어떠한 집단에 소속하며, 어떠한 역할을 하고, 어떠한 삶의 의의를 터득한 인간으로 될 것인가를 자기 스스로 결정하는 시기이다.

2202 소득공제

소득액에 대해 세율을 곱해서 세금을 매기기 전에 법정 금액을 공제하는 것을 말한다. 근로소득공제·특별공제·인적공제·조세특례제한법상 공제 등이 포함된다. 근로소득공제는 근로자들이 소득을 얻는 과정에서 필수적으로 들어가는 경비를 세금 부과대상에서 빼주는 것으로서 종전에는 소득액에 따라 연간 5백만~9백만 원이 한도로 설정되어 있었는데 이번에 5백1천2백만 원으로 공제 폭이 늘어났다. 특별공제는 근로소득공제 외에 예외적으로 생기거나 정책적으로 지원이 필요한 부분을 공제해 주는 것으로 보험료, 교육비, 의료비, 주택자금 대출금 원금상환액, 신용카드 사용액, 기부금 등을 소득에서 빼주는 방식이다. 인적공제는 근로자 개인과 가구 구성원에 대해 일정액을 과세소득에서 제하는 것으로 모든 납세자에게 적용되는 최저생계비적 공제로서 기본적으로 1인당 1백만 원을 공제해주고, 2인 가족은 50만 원을 추가로 빼준다. 개인연금저축이나 창업투자회사에 출자한 돈에 대해서는 조세특별제한법에 따라 일정비율을 소득에서 빼준다.

2203 소득보장 실업(income security)

질병, 재해에 의해 수입이 중단될 때, 또는 노령에 의한 퇴직이나 부양자의 사망 등에 의해 수입이 상실될 때, 또는 출생, 사망 등에 수반하는 지출이 발생할 때 일정한 생활수준을 유지할 수 있도록 소득을 보장하는 것을 말한다. 이것에는 저소득자에 대하여 보충성의 원리에 의하여 최저생활수준을 보장하는 공적부조, 정형적 급여를 행하는 사회수당(또는 사회부조), 기여원칙을 기초로 생활안정을 위해 보험사고 발생 시 일정한 급여를 행하는 사회보험 등 세 가지가 있다. 위에 말한 공적부조는 자산조사를 기준하여 보호·적용하는 선별주의를 취하는데 대하여 사회보험의 수급에서는 자산조사가 없고 이른바 보편주의 원칙에 입각하고 있다.

2204 소득분배(income distribution)

해마다 국민순생산물이 그 생산에 참가한 경제주체 간에 일정한 법칙에 따라 배분되는 것을 보통 소득분배라고 한다. 소득분배에 관해 기능적 분배론, 제도적 분배론 등이 있으나 근대에 와서는 소득의 인적 분배가 보다 더 중요한 문제로 되어 있다. 인적 분배란 개인 간의 소득분포 상태를 지칭하는 것으로 부자와 빈자와의 소득분할을 말한다. 소득분포의 통계적 연구는 재정지출, 사회보장 등의 정책입안을 위한 기초가 된다.

2205 소득분위계층

→ 십분위분배율

2206 소득분포(personal income distribution)

자본주의 국가에서는 소수의 부유층과 다수의 빈곤층이 있어 빈부의 차가 심하다. 이 소득의 불평등에 대해 근대경제학에서는 한편으로는 이것을 생산요소의 요소가격에 기인한다고 생각하여 노동전체와 자본전체를 일괄하여 그 상대적 분배분(이것을 기능적 분배라고 한다)을 설명하려는 분배론상의 한계생산력설과 다른 한편으로는 통계적으로 그 나라의 인구를 개인의 소득 순으로 배열한 후, 이 소득분포로서 인적 분배상태를 밝히려는 시도가 병존하고 있다.

2207 소득불평등(income inequality)

개인 또는 세대 간에 고소득에서 저소득까지 소득분포가 산재해 있어 균등화하지 못한 것이다. 불평등 또는 인구의 누적백분률을 횡축으로 소득의 누적백분률을 종축으로 하는 로렌츠곡선을 그려 대각선으로 표시되는 완전 평등선에서 멀거나 가까운가로 나타낼 수 있다. 이밖에 대각선과 로렌츠곡선으로 둘러싸인 면적과 대각선과 종축·횡축으로 둘러싸인 삼각형의 면적과의 비로 나타내는 지니계수 등이 있다.

2208 소득비례의 원칙(income related principle)

사회보험에서 급여 혹은 갹출 또는 그 양자를 피보험자의 소득수준에 비례시킨다는 원칙. 페라라칭의 균일갹출, 균일급여의 원칙과 좋은 대조를 이루고 있다. 이 원칙을 사회보험의 목적을 종전생활수준에 두고 부담능력에 상응하는 갹출은 공평한 부담이라고 하는데 기인한다. 이것이 성립되기 위해서는 최저생활수준의 보장이 전제가 된다.

2209 소득세(income tax) 01

소득을 직접과세대상으로 하는 인세로서 광의의 소득세는 개인소득세와 법인소득세를 총칭하지만 오늘날 소득세라 함은 개인소득만을 가리키는 협의의 소득세를 의미한다. 소득세는 기초공제, 부양가족공제 등 인적공제와 필요경비를 인정하고 있다. 소득세의 기본적인 특징은 개인에 귀속하는 소득(종합소득, 퇴직소득, 양도소득, 산림소득)을 결합하여 단일세율을 적용하는 종합과세제도, 자산소득 및 불로소득에 중과하는 차별과세제도, 소득규모가 늘어남에 따라 세 부담이 가중되는 초과누진세율제도 등이라고 할 수 있다.

2210 소득세 02

소득을 직접 과세대상으로 하는 인세로서 광의의 소득세는 개인소득세와 법인 소득세를 함께 말하지만 오늘날 소득세는 개인소득세만을 가리키는 협의의 소득세를 의미한다. 과세 되는 소득은 그 성격상 다음 10종류로 분류된다. ① 예금 국채 등의 이자소득 ② 주식출자의 배당소득 ③ 상공업이나 농업 등의 사업소득 ④ 토지 건물 등의 임대료인 부동산소득 ⑤ 급료 상여금 연금 등의 급여소득 ⑥ 퇴직수당 등 퇴직소득 ⑦ 토지 건물 자동차 등을 판 양도소득 ⑧ 산림의 나무를 판 산림소득 ⑨ 퀴즈의 상금 등 일시소득 ⑩ 영업이 아닌 대금의 이자나 작가 이외의 사람이 쓴 아르바이트의 원고료 등의 잡소득으로 분류한다. 소득세의 기본적 특징은 개인에 귀속하는 이러한 소득을 결합하여 단일세율을 적용하는 종합과세제도, 자산소득 및 불로소득에 중과하는 차별과세제도, 소득규모가 늘어남에 따라 세 부담이 가중되는 초과누진세율제도 등이다.

2211 소득인정액

→ 소득평가액 + 재산의 소득 환산액

2212 소득재분배(income redistribution)

자본주의 경제체제 하에서 상품교환을 매개로 하는 재화의 유통은 당사자의 자유로운 교환으로 이루어진다. 따라서 소득분배 면에서 항상 불평등이 생길수도 있기 때문에 국가는 정책으로 소득분배의 불평등을 시정하기 위하여 각종의 정책적 조치를 취한다. 예를 들면 사회 보장제도나 누진과세세제, 기타 공공적 공동소득 소비수단의 도입 등으로 가능한 한 개인이나 소득계층간의 격차를 시정하고 축소화하는 조치를 취하는데, 이러한 것을 소득재분배라고 한다.

2213 소득재분배효과

사회보장은 조세, 사회 보험료라는 형식으로 민간부문, 생산부문에서 형성된 소득의 일부를 흡수해 그것을 사회보장급여로 가계에 이전함으로서 소득의 재분배를 행한다. 사회보장급여는 주로 일시적, 항구적으로 취업에서 이탈한 사람들에게 공급하게 되는데 자본주의경제 체제 하에서는 이 같은 소득재분배가 없으면 미취업자의 생활은 유지 될 수 없다. 조세와 사회보장에 의한 소득재분배는 직접적으로는 개인소득이나 세대소득의 분포, 격차 즉 인적소득분배를 바꾸지만 소득계층격차를 축소하느냐, 또는 동일계층 내에서의 분배에 그치느냐에 따라 수직적 재분배와 수평적 재분배로 구별된다. 전자의 효과가 뚜렷한 것은 조세에서는 누진소득세, 사회보장에서는 공적부조이며 저축율이 높은 고소득층에서 소비율이 높은 저소득층으로 소득이 흘러가기 때문에 소비확대, 저축감소를 가져오는 형태로 국민경제에 영향을 준다 하겠다. 사회보험은 보험료와 소득보험 급여가 소득비례이기 때문에 수평적재분배라 한다.

2214 소득정책(income policy)

일반적으로 물가와 고용사이의 이율배반적인 관계를 전제하여, 물가 안정을 위하여 임금 및 이윤의 인상금을 직·간접적으로 규제하거나 유도하는 정책이다. 현실적으로는 임금상승률을 생산성 상승률로 받아들이는 것을 중요한 목적으로 하고 있다. 1950년대 이후 선진 자본주의국에서 인플레와 경기침체가 함께 나타나는 이른바 스태그플레이션(stagflation)이 계속되자 각국 정부는 그 원인이 노동생산성을 상회하는 임금인상으로 보고 물자와 임금상승의 악순환을 제거하려는 시도로서 소득정책을 제시하였다.

2215 소득제한
(the income limit over which one loses eligibility)

수급자 본인 또는 부양의무자의 소득이 일정한도를 넘는 경우에 급여의 정지 또는 제한을 행하는 것을 소득제한이라 부른다. 선진제국의 경우 무갹출제연금, 아동수당 등에는 생활보장의 어느 것도 소득제한이 있다. 이러한 소득제한을 하는 이유는 사회보장의 목적이 최저 생활수준의 보장에 있는 것 비용증대를 초래하여 욕구에 대한 사회 보장비의 효율적 배분을 도모하는 것, 생활보장에 있어서 자산조사에 비하여 제한의 정도가 완만하여 제한의 실질적 피해가 적은 것 등이다. 그러나 대부분의 기여제 사회보험에서는 소득제한을 두지 않고 급여가 행해지고 있는 소비자 운동이다. 이것은 소득조사에 많은 행정비용이 수반한다는 것, 모든 사람들이 평등하게 취급받는 것은 민주적이라는 사고방식에 의한 것이다.

2216 소득평등화 경향

노동, 자본, 토지 등의 생산요소를 제공하는 개인 또는 세대에 대해 이윤이 임금, 이자, 지대 등의 형식으로 분배될 때 소득의 개인 간, 세대 간의 분포가 점차 균등화하고 있는 경향을 말한다. 소득분포는 재산소유의 차, 교육·훈련기회의 차, 시장적응의 차, 천부의 자질의 차, 질병·사고 등의 우연적 요인의 차등에 의해 좌우되고 있다. 사회보장에 의한 재분배정책이나, 기능의 평등화를 확보하는 정책 등에 의해 선진국에서는 평등화가 진행되고 있다.

2217 소득5분위 배율

도시근로자가구를 소득별로 20%씩 5개 분위로 나눴을 때 가장 높은 5분위 소득을 가장 낮은 1분위로 나눈 배율을 말한다.

2218 소멸(extinction)

ㅅ

무조건 자극(강화)을 수반하지 않고 조건자극만 제시했을 때나(고전적 조건형성 과정에서), 조건반응에 대하여 강화가 주어지지 않았을 때(작동조건 형성과정에서) 조건반응의 강도가 점차적으로 약화되는 현상을 말한다.

2219 소비생활협동조합 (consumers cooperative association)

소비자 스스로 생활안정과 생활문화의 향상을 목표로 지역이나 직장을 단위로 하여 자발적으로 출자해 조직한 협동조합. 조합이 생활에 필요한 물품이나 서비스를 공동 구입함에 따라 저렴한 가격으로 입수하거나, 문화·교육의 활동을 행해, 생활의 충실화를 증진시키려는 것이다. 이것은 19세기 영국의 노동자 생활물자 공동구매에서 시작되었다.

2220 소비자물가지수(CPI : consumer price index) 01

전국 도시의 일반소비자 가구에서 소비목적을 위해 구입한 각종 상품과 서비스에 대해 그 전반적인 물가수준동향을 측정하는 것이며 이를 통해 일반소비자 가구의 소비생활에 필요한 비용이 물가변동에 의해 어떻게 영향 받는가를 나타내는 지수. 재정경제부에서 매월 작성, 발표하는 소비자물가지수는 1990년을 100으로 하여 일반소비자 가계지출 가운데 중요도가 크고 빈도가 높으며 역송성이 있는 상품, 서비스 중 470개 품목을 선정하여 서울을 포함한 전국 32개 도시에서 가격변동사항을 조사하여 작성한다. 조사대상은 농축수산품, 공산품, 공공요금, 석유류, 집세 등인데 각 품목이 소비지출에 주는 영향의 크기에 따라 가중치를 달리 매겨 물가지수를 산정한다.

2221 소비자물가지수 02

소비자 물가지수는 전국 도시의 일반소비자 가구에서 소비목적을 위하여 구입한 각종 상품과 서비스에 대해 그 전반적인 물가수준동향을 측정하는 것이며 이를 통해 일반 소비자 가구의 소비생활에서 필요한 비용이 물가변동에 어떻게 영향 받는가를 지수치로서 나타내게 된다. 경제기획원에서 매월 작성, 발표하는 소비자 물가지수는 1985년을 100으로 하여 일반소비자 가계지출 가운데 중요도가 크고 빈도수가 높으며 영속성있는 상품, 서비스 중 470개 품목을 선정하여 서울을 포함한 전국 주요도시의 가격변동사항을 조사, 서울 소비자물가지수와 전 도시소비자물가지수의 2가지로 나누어 작성되고 있다. 이 470개 품목은 식료품, 조거, 광열·수도, 가계집기·가사용품, 피복·신발, 보건·의료, 교육·교양·오락, 교통·통신, 기타 잡비의 9가지로 분류된다.

2222 소비자보호법

소비자의 이익옹호와 증진에 대해 중앙정부, 지방자치단체, 사업자의 책무와 소비자가 이룩해야 할 역할을 명확히 함과 동시에 그 기본이 되는 사항을 정하여 국민소비생활의 안정과 향상을 확보하기 위해서 1980. 1. 4. 법률 제3257호로 제정되었다. 구체적으로 상품·서비스에 대한 위해의 방지, 계량·규격표시의 적정화, 공정자유경제의 확보, 계몽 및 개발활동과 교육의 추진, 소비자의견의 시책에의 반영 등에 대해 규정하고 있다. 이 법은 1980. 1. 4. 공포되었다.

2223 소비자보호위원회

소비자보호법에 근거하여 소비자보호 및 국민소비생활의 향상에 관한 사항을 심의하기 위하여 경제기획원에 소비자보호위원회를 설치하고 있다. 위원회의 구성은 위원장 1인을 포함하여 20인의 위원으로 구성되어 있는데 위원장은 경제기획원장관이 되고, 위원은 관계부처의 장과 소비생활에 관해 전문지식이 있는 자, 소비자대표, 경제계대표 중에서 경제기획원 장관이 위촉하는 자로 구성한다. 위촉위원의 임기는 3년이며, 위원회의 기능은 안전에 관한 기준, 표시 및 광고에 관한 기준의 제정 및 변경 손해배상기구의 설치, 운영 시정명령, 부당한 거래의 시정명령 소비자보호법 시행에 관련되는 국가의 주요시책에 관한 사항 기타 소비자보호 및 소비자 생활에 관련 있는 사항으로서 위원장이 부의하는 사항 등으로 되어 있다.

2224 소비자 보호행정

생활의 소비자로서 국민의 소비생활을 직접적으로 보호해 향상시키기 위해 행해지는 행정. 소비자보호기본법, 소비자생활협동조합법 등을 기초로 실시되어 소비자의 일상생활에서 소비행동을 보호하고, 개인소비의 적정화를 도모함에 따라 국민생활전체를 안정·향상시킬 목적으로 행해진다. 이를 위해서 소비생활로부터의 위험방지, 소비행동을 합리적으로 행하도록 체제정비, 소비자의 소비행동을 유도할 것을 내용으로 전개되고 있다.

2225 소비자운동(consumers movement)

소비자의 권리를 수호하고 확장시켜나가며 부정·불량상품문제, 상품의 안전성과 서비스문제, 환경문제, 독과점문제 등 소비자문제를 해결하기 위한 시민운동을 말한다. 소비자운동은 일제 하의 조선물산 장려운동에서 기원을 찾을 수 있으며, 1950, 1960년대의 국산품애용과 물자절약, 일본상품 불매운동, 소비조합 1970년의 불량상품고발운동 등으로 점차 활성화되어 왔으나 아직도 광범위한 시민대중이 참여하는 대중운동으로 전개되지는 못했다. 그러나 1989년 초 백화점 사기 세일사건이 폭로되면서 소비자들의 권리의식이 고무되기 시작하고 소비자보호단체협의회를 중심으로, 보다 전문적이고 체계적인 활동을 전개함으로써 소비자운동의 내용과 영역이 활성화되고 있다. 특히 이전의 상품고발이나 피해보상의 차원을 뛰어넘어 소비자의식 개발을 위한 교육, 정부에 대한 정책건의, 소비자권리보호를 위한 법·제도개선운동 등으로 적극화되고 있다.

2226 소비조합

자본주의 사회에서 경제적 약자인 소비자들이 그들의 조직력을 배경으로 중간상인들을 배제하고 경제상의 불이익을 줄이기 위해 조직하는 협동조합의 한 형태를 말한다. 소비조합은 1844년 영국의 랭커셔주 로치데일에서 28명의 플라넬직공들이 각자 1파운드씩을 갹출하여 R. 오웬이 제창한 이윤 없는 협동조합을 실현하려는 이상 아래 설립한 로치데일 공평개척자조합을 효시로 각국으로 확산·보급되었다. 로치데일 조합원들은 정치적·종교적 중립, 구매액 기준 배당, 시가 현금거래, 1인 1표 주의를 내용으로 하는 로치데일 원칙을 확립하였는데 이는 각국 소비조합의 기본원칙이 되었다. 산업혁명 이래, 계급대립의 첨예화에 따른 노동자계급의 운동은 한편으로는 적극적인 노동조합운동으로, 다른 한편으로는 소극적인 소비생활의 합리화로서의 소비조합 운동으로 표현되었다.

2227 소셜 워커(social worker)

수용시설의 현장에서 시설운영자와 수용자 사이에 제도적으로 개입해 예산지원당국의 감독을 대신하고 수용자의 인권과 법적 불이익을 대변 옹호하는 자격인. 서구에 제도화되었는데 사회복지사, 혹은 사회사업가라 번역되었다.
→ 사회복지사, 사회사업가

2228 소수민족(racial minority)

민족국가를 형성하고, 인구비율에서 소수파의 민족. 민족국가 내부에 있어서 문화·언어·종교를 달리한 이민족집단인 경우가 많다. 이 경우는 소수민족문제가 발생해 정치를 초월한 문화문제로 된다.

2229 소수집단(minority group)

소수파의 인종집단이나 특정의 복지계층처럼 사회전체 속에서 인종적·계층적으로 소수이며 노력관계도 약하기 때문에 차별적인 대우를 받거나 사회적으로 착취당함으로서 여러 가지 생활 곤란을 받고 있는 집단을 말한다. 인종적인 소수집단의 대표적인 문제로 미국의 유색 인종문제가 있다. 흑인문제에서 보듯이 그들은 고용 등의 경제적 차별이나 교육, 주택, 정치적 생활과 결혼, 사회적 교제 등의 기회의 제한 같은 사회적 차별에 의해 여러 가지 생활 곤란에 빠지기 쉽고 또 그렇기 때문에 일정지역에의 집단거주를 할 수밖에 없는 경향도 있다. 또 합의전술을 중시한 종래의 지역복지활동에서 그들의 요구는 배제되거나 혹은 부차적 과제로 처리되어 왔으나 복지문제 등이 심각한 오늘날에는 그들에 대한 조직적 대응이 중요과제가 되고 있다.

2230 소수파보고(the minority report of the royal commission on the poor law)

영국의 왕립구빈법위원회(1909~1950년)는 두 개의 파로 나눠지는데, 1909년에 비어트리스 웨브(Beatrice Webb) 등 노동당 및 노동조합 관계의 4명의 위원의 서명을 받아 발표된 것이 소수파보고이다. 이미 시대에 뒤떨어지게 되었던 구빈법개혁을 위해 다수파보고 보다 철저한 방책을 주장했다. 즉 기존 구빈법을 해체하고 새로 예방적 원칙에 입각하여 빈곤의 원인별로 최저생활의 유지를 가능하게 하는 시책수립을 권고했다. 그 주장은 다수파보고처럼 바로 정부에 의해 받아들여지게 된 것은 아니었지만 구빈법의 해체는 당시 노동운동의 슬로건의 하나로 되는 등 그 간접적인 영향은 컸다.

2231 소숙사제도(cottage system)

아동의 입소시설(그중에서도 육아시설이나 교호원)에서 아동처우의 효과를 올리기 위해 가정적 분위기를 증대시키고 구성원간의 상호작용을 긴밀히 하기 위해 대개 8~12명 정도를 한 단위로 해서 단독건물에 거주시키는 제도를 말한다. 또 큰 건물이라도 이 규모의 소그룹(홈, 조)으로 분할해서 소수그룹이 함께 생활하는 경우를 요사제라고도 한다. 소숙사제도는 담당직원의 책임감이나 애정을 높여 자주적이며 유연한 활동을 하기 좋다는 이점이 있다. 우리나라에서는 SOS어린이 마을이 대표적인 시설이다. 정부도 수용시설을 대규모에서 소규모로 또 소숙사제도로 전환하기를 권장하고 있다.

2232 소시얼·세틀먼트운동 (social settlement movement)

1870년대 영국의 대도시는 슬럼문제의 해결에 고심했다. 경제문제로서 빈곤은 주민들의 빈곤에 대한 의식의 빈곤에 문제가 있음을 인식하여 일어난 운동으로서 교양 있는 사람이 슬럼에 정주해 빈민과의 인격적 접촉을 통해 복지향상을 도모한 사업이다. S. Barnett를 지도자로 1884년에 설립된 런던의 토인비 홀이 최초의 인보관이다. 인보사업이라고도 해서 대학인에 의해 시작되었기 때문에 대학 식민 사업으로도 불려졌다. 미국·프랑스·독일 등 각국으로 이 운동은 확대되었으며 관계자에 의해 국제세틀먼트 연맹이 조직되고 있다.

2233 소시얼인터그룹 워크(social intergroup work)

인터그룹 워크 지역사회 내의 각종집단에 소속하는 유지가 협력하여, 그러한 집단이 당면하는 사회적 목표를 공통적인 것으로 인식하고 그 공통목표의 달성에 집단 간의 현실문제를 조정하여 나가는 과정을 말한다. 전문 사회사업가의 역할은 각 집단 간에 목표달성을 위하여 결속을 강하게 하고, 각 유지가 소속집단을 대표하는 힘을 강화하고, 각 집단이 이 과정에 참가를 표명하는 것 등을 돕는 것이다. 이것은 지역사회조직의 중요한 측면이다.

2234 소시얼 그룹워어크(social group work)

→ 집단사회사업

2235 소시얼 니드(social needs)
→ 사회적 욕구

2236 소시얼 서비스(social service)
→ 사회서비스

2237 소시얼 스터디(social study)
→ 사례연구

2238 소시얼 케이스 워크(social case work)
→ 케이스워크

2239 소시오그램(sociogram)
→ 교우도식

2240 소시오메트리(sociometry)
→ 사회측정

2241 소여([라] datum [영] given data [독] Gegeben(heit))
여건(與件)이라고도 한다. 일반적으로는 인식활동에 있어서 사고(思考)의 전제가 되는 것이다. 사고, 의식의 작용을 돕지만, 그 작용으로부터는 도움을 받지 않는 것을 소여라고 한다. 예컨대, 칸트(Kant)는 우리들로부터 독립하여 객관적으로 존재하는 물자체를 인정하고, 그것이 우리의 감성을 촉발함으로써 대상이 우리에게 주어진다. 즉 소여가 되는 것이라고 생각하였다. 릭케르트(Rickert)는 소여 자체에 형식을 부여하고, 사실을 사실로서 판단하기 위하여 사실성 혹은 소여성의 범주를 인정했다. 현대 경험주의에서는 감각소여(send-datum)라는 말이 특별한 의미로 사용된다. 감각소여는 또 직접경험이라고 바꾸어 불러도 좋으며, 럿셀(Russell)은 물론 헴펠(Hempel, C.G), 카르납(Carnap) 등도 원리적으로는 모든 사물의 개념, 이론으로 쓰인 문(文)은 감각소여 언어(sense-datum language)로 바꾸어 놓을 수 있다는 환언주의의 입장을 취하거나 또는 한때 취한 때가 있었다. 현재에도 모든 인식의 기초에 감각소여를 상정하는 경험주의의 이론은 많은 분야에서 나타나고 있다.

2242 소외([영] alienation/estrangement) 01
인간이 만들어낸 산물 그 자체가 독자적인 힘을 갖는 존재가 되어 그것을 만들어낸 인간을 지배하기에 이르는 것을 말한다. 또한 인간 이 자기본래의 모습을 잃어버리고 다른 것으로 되어버리는 상태로 소외라는 사고방식은 헤겔에서 유래한다. 맑스는 자본주의적 생산관계에서 소외적 운동을 문제 삼았으나 현대사회에서는 관료제적 조직, 기술, 분업, 거대사회, 대중매체로부터의 소외 등을 포함해 유적존재인 의식적 생활행위로부터의 소외 인간의 인간에 대한 소외(맑스)가 진행되고 있다.

2243 소외([독] Entfremdung) 02
개인이 그가 속해 있는 사회와의 관계에서 통합되지 못하거나 거리가 있는 상태를 말한다. 소외 현상은 개인이 사회로부터 거의 완전한 감정적 단절(emotional severance)을 의미하는 것으로 무력(powerlessness)·무의미(meaninglessness)·고립(isolation)·자아소외(self-estrangement) 상태를 뜻하기도 한다. 또한 주변적 또는 사회와의 격리라는 뜻으로도 해석된다. 소외의 원인과 형태에 대해서는 여러 가지 학설과 주장이 있지만 일반적으로 소외 현상은 현재사회의 심각한 사회문제의 하나로 인식되고 있다. 급격하고 광범위하게 일어나는 사회변동, 사회구조의 복잡성, 과학과 기술의 발달, 조직화와 도시화 등에 따른 가치갈등 현상은 현대인의 현실에 대한 원만한 적응을 어렵게 만들기 때문에 인간들로 하여금 소외시키는 결과를 낳고 있다. 소외 현상에 빠지는 사회 구성원이 많아질수록 사회해체의 가능성은 높아진다. → 아노미

2244 소외 03
〈소원한〉, 〈별개의〉 것이 되는 것을 뜻하는 말. 이 말은 오랜 역사를 가지며, 이에 상당하는 라틴어인 alienatio는 중세의 신학에서도 사용되고, 또 근세의 법학 용어로서는 무엇인가를 〈양도〉하는 것을 의미한다. 중요한 철학 용어가 된 것은 헤겔 이후이다. ① 헤겔의 체계는, 이데([독] (Idee)가 자연이 되고, 다음에 자연을 지양하여 정신으로서의 자기에게 귀환하는 이데의 발전 서술인데, 이데가 자기를 외화(Entäußerung)하여, 자기와는 별개의 것인 자연으로 되는 것을 이데의 자기 소외라고 부른다(자기 소외와 그 지양은, 헤겔에 있어서는 가장 미세한 단계에서도 반복된다). ② 포이에르바하는 이 개념을 종교 비판에 적용했다. 그에 의하면 종교는 인간적 본질의 자기 소외이며, 현실의 세계에서 실현될 수 없는 인간적 본질을 이상화하고, 그것을 외부에 투사하여 만들어 낸 환상적·공상적 존재가 신인 것이다. ③ 맑스는 종교 비판은 지상의 현실의 비판으로 나아가지 않으면 안된다 하고, 현실의 세계에서의 비참한 상황을 소외의 문제로서 포착하고, 초기의 저작에서 이것을 논했다. 그는 아직 자본주의 사회의 경제법칙을 충분히 해명하지 않고 있었지만, 소외의 문제를 논하는 경우에는 자본주의의 상품생산 사회를 문제로 삼았던 것이다. 소외의 개념을 맑스의 초기에 한정시키는 주장도 있는데 용어의 문제는 별개로 치고, 소여에 대한 생각은 그의 일생을 통하여 일관해 있던 것으로 생각된다. 맑스는 소외를 두 가지 면에서 파악하고 있다. a) 인간이 그의 생산물로부터 소외되는 관계를 말한다. 생산물은 인간의 노동의 대상화(Vergegenständlichung)이며, 이 사정은 모든 시대를 통해 불변인데, 〈노동자가 보다 많이 생산하면 할수록, 그만큼 점점 빈곤하게 되는〉 자본주의적 상품 생산사회에서는 노동자의 생산물은 그에게는 소

원하고, 통제할 수 없는, 독립한, 더욱이 그에게 적대적인 힘이 된다. 이 같은 사실은 자본의 힘에서 명확하게 나타나 있다. b) 인간의 자기 소외. 인간이 그의 생산물로부터 소외되면, 생산 활동도 자기에게는 소원한 것이 되고, 단순한 생활유지의 수단이 된다. 그것은 고통스러운 강제된 노동이 되고 생산자는 거기에서 자기의 충족을 찾아낼 수 없다. 모든 노동자가 노동을 단시 생활수단으로 삼는 것과 같은 사정 하에서는, 노동자 상호 간의 관계도 서먹서먹한 것이 된다(인간의 인간으로부터의 소외). 생산 활동이 자기로부터 소외되는 것과, 인간 상호 간의 소외를 맑스는 인간의 〈자기소외〉라고 부르고, 유산자인 자본가도 이것을 면할 수 없다고 했다. 요컨대, 소외란, 인간이 자기가 만들어 낸 것(갖가지의 제도도 이것에 포함시킬 수 있다)에 의해 지배되는 동시에, 인간이 그의 생활상의 일에서 충족을 찾아내지 못하고, 인간 상호의 관계도 이해타산의 관계로 되어버리고, 인간이 인간성을 잃어가고 있는 상황을 가리킨다. 이 상황은 다시 인간관계의 물상화, 상물의 물신성을 낳는다. 맑스는 소외를 자본주의 사회에만 한정하고 있지는 않지만, 소외는 초역사적 현상은 아니고, 특히 자본주의 하에서 현저하게 나타나는 현상이며, 그 극복은 사회의 변혁을 필요로 한다. 사회주의에 있어서의 소외의 존재에 관해 여러 가지로 논의되고 있다. ④ 현대의 사회학에서도 이 문제가 연구되고 있는데, 그것의 심리적인 면만이 대상이 되고 있는 경우가 많다.

2245 소집단 수업(small group instruction)

2~6명의 학생으로 구성된 소집단을 활용한 자율적 수업운영 형태를 말한다. 70명의 학급을 예로 든다면, 5~6명의 학생으로 12~14개 소집단이 구성된다. 교사가 전체적인 수업을 통해 문제를 제시하면, 각 소집단별로 이 문제의 해결을 위한 수단과 해답을 찾는 토론을 전개하여 어떤 결론을 만들도록 하며 전체토론을 통해 각 소집단의 결론을 비교·검토하는 단계를 거쳐 전체적인 최선의 결론을 찾는 방식으로 수업이 운영된다. 소집단의 운영방식은 대상 학생의 특성, 교실의 구조 등에 따라 융통성 있게 계획될 수 있다. 이질적 학급에서 다양한 배경의 학생을 한 소집단으로 구성하여 갖자 이해하도록 한다는 이점을 살리자는 것이 대체적인 경향이다. → 버즈 학습

2246 소집단토의(small group discussion)

소집단의 사람들이 공통목적을 의식하고, 자신들의 상호관계, 방향결정, 문제해결 등을 위해 토의하는 것을 말한다. 지역조직모임이나 주부교실, 연구모임 등에서 볼 수 있다. 소집단토의는 상담, 토론의 기본적 형식으로 소수의 인원(20명 이내), 사회자, 서기를 둘 것, 온화한 분위기, 목적을 명확히 하고 자료를 준비하여 실시하는 것 등이 중요하다.

2247 속성(attribute) 01

일반적으로 사물의 성질, 혹은 특징을 일컫는 말. 보다 엄격한 철학적 의미로는 사물의 본질적인 성질, 곧 철학적 의미로는 사물의 본질적인 성질, 곧 그것 없이는 사물을 생각할 수 없는 성질을 가리킨다. 즉 사물의 존재의 근본적 규정을 의미하며, 우유성이나 양태와는 대립된 개념이다. 스콜라철학과 이를 받아들인 데카르트(R. Descarets)·스피노자(B. Spinoza) 등에서 특히 이런 의미로 사용되는데, 데카르트는 실체에 내재하는 본질을 속성이라 하여 정신의 속성의 사유이고 물체의 속성은 연장이라 하였으며, 스피노자는 이러한 이원론을 배격하여 사유와 연장은 유일의 실체인 신의 속성이라 하였다.

2248 속성([라] attribūtum [독] Attribut) 02

① 보통의 용법으로는 사물의 성질, 특징의 뜻. ② 엄격한 철학적 의미에서는, 실체의 본질적인 성질, 그것 없이는 실체를 생각할 수 없는 성질. 우유성, 양태에 대립하는 말. 스콜라학의 용어를 이어받아, 특히 데카르트, 스피노자가 이 의미로 사용했다. 데카르트는 연장과 의식을 각각 그의 두 개의 실체(물체와 정신)의 속성으로 생각했는데, 스피노자는 데카르트의 이원론을 배척하고 연장과 의식을 유일한 실체=신의 속성으로 보았다.

2249 손상(impairment)

상해나 결함 또는 기능의 감소를 나타내는 일반적 용어다. 정상에 못 미치는 상태를 말하며, 시력 손상·언어 손상·신체적 손상 등을 들 수 있다.

2250 송치적 기능

가정에서 양호를 받을 수가 없다든가, 기업에 취업되지 못하는 등의 요구 불충족 사태에 대하여 대상자가 가장 적합한 요구충족수단이나 상황을 찾아, 그가 그 사회자원을 활용하여 생활을 적극적으로 전개해 나가도록 촉진하는 활동이 사회복지의 목적을 달성하는 수단이라고 하는 의미이다. 이러한 기능을 가진 활동이 요청되는 근거는 생활자가 개별조건을 갖고 그가 영위하는 사회관계의 총체를 자기생활로서 의의를 부여하려는데 있다. 이 같은 기능을 가진 사회복지의 현실형태는 상담소 혹은 의료, 교육, 공적부조 등의 각종 전문기관에 속하는 상담부분이다.

2251 수급자격
(eligibility to receive social welfare benefits)

사회보험의 피보험자가 소정의 수급요건을 충족한 경우에 보험급여를 줄 자격이 생긴다. 의료보험의 경우에는 보험이 적용되는 산업장의 근로자는 입사한 날부터 퇴사하기까지 수급자격을 갖게 된다. 사용자도 마찬가지이다. 일용근로자의 경우에는 2개월을 계속하여 근무하는 경우에 2개월 이후

부터 조합원이 되어 수급자격을 갖게 되며 3개월 이내에 기간을 정하여 일하는 근로자의 경우는 그 기간을 넘어 계속 근무하는 경우에 그때부터 조합원이 되어 수급자격을 갖게 된다. 사망, 국적상실, 사용자와의 사용관계가 끝난 때, 조합이 해산된 때 등의 사유로 수급자격은 상실된다.

2252 수단

어떤 목표를 달성하기 위한 매개단위 또는 매개체.
→ 목적

2253 수단적 가치(instrumental value)

가치를 기능별로 분류할 때, 그 자체가 목적이기 때문이 아니라 어떤 목적을 실현하는 수단이기 때문에 가지게 되는 가치, 예컨대 돈을 모으는데서 만족을 느끼고 돈 자체를 목적으로서 추구하는 수전노가 아닐 경우에 우리는 다른 목적을 실현하기 위한 수단으로서 돈을 추구한다. 그러므로 우리가 돈에 부여하는 가치는 수단적 가치이다. 이때 참된 가치는 흔히 외재적 가치라고도 부른다. 한편 미술작품의 내재적 속성에 가치를 부여하지 않으면서도 상업수단으로 그것을 사 모으는 화상의 경우처럼, 내재적 가치를 가지는 대상에도 수단저기. 외재적 가치가 부여될 수 있다.

2254 수당(Allowances)

직무여건 및 생활 여건 등에 따라 지급되는 부가급여.

2255 수렴적 사고(convergent thinking)

지능검사에서 어떤 사실이나 진리에 맞는 구체적인 정답을 산출하는 것이다. → 확산적 사고

2256 수산사업(providing with work)

요보호자, 저소득자, 심신장애인, 가정 사정으로 취로시간에 제한을 받거나 취업능력에 한계가 있는 사람을 대상으로 취업의 기회를 제공하고 기능을 습득하게 하여 경제적 자립과 생활안정을 유지하도록 하는 사회복지사업의 하나이다. 수산시설은 작업장으로서 비교적 자유로운 취로시간과 취로가능한 일을 알선하고 지도함으로서 기능의 습득과 임금을 받을 수 있게 운영하는 것이다. 수산방법은 수산장 내에서 시설설비를 이용하여 작업을 행하는 장내 수산과 작업만을 거택에서 행하는 장외수산 그리고 재료의 지급이나 제품의 수집을 가정에서 행하는 가정수산이 있다. 일본의 경우 수산사업이 매우 발달되어 있고 제도적으로 뒷받침되고 있는데 우리나라에서도 생활보장법과 장애인복지법에 이러한 수산시설을 운영할 수 있도록 법 개정을 단행해서 저소득자와 장애인이 그 능력에 맞는 취업활동을 할 수 있도록 장려해야 할 것이다.

2257 수업(instruction)

학습이 일어날 수 있도록 학습자의 내적 및 외적 조건을 체계적으로 조정하는 과정. 이 정의에서 보듯이 수업은 목적성·의도성·계획성을 가진 활동이다. 학교 교육이라는 체계적 활동을 통해 이루어지는 수업은 교육과정과 밀접한 관련을 맺고 있다. 수업할 내용의 타당성을 교육과정에서 찾아야하는 것이다. 즉 좋은 수업은 목표로서의 교육과정에 적합한 것이어야 한다. 동시에 수업은 학생들로부터 학습이 일어나도록 기대하는 것이므로, 학생들이 학습한 것과 수업한 것과의 일치도를 판단해서 수업의 질을 평가할 수도 있다.

2258 수업모형(models of instruction)

복잡한 수업현상이나 수업상태를 그 특징적 사태를 중심으로 단순화시킨 형태를 말한다. 수업모형은 수업사태의 일반을 이해하는데 도움을 준다. 예컨대 인체의 구조를 이해하기 위해서 실제의 인체를 보기보다는 실제의 인체 해부도를 본다거나 태양계의 구조를 이해시키기 위해서는 태양계의 모형을 보이는 경우와 같이 복잡하게 전개되는 수업현상을 그 구성변인 간의 관계를 단순화시킨 모형으로 제시함으로써 이해를 촉진할 수 있다. 또한 학자들마다 다르게 설명하는 수업이론을 수업모형의 형식으로 정리하면 그 이론의 윤곽이 보다 명료하게 특징지어진다. 수업모형은 수업현상을 보는 관점에 따라 ① 수업절차 모형, ② 학습조건 모형, ③ 수업형태 모형의 세 종류로 구분할 수 있다. 수업절차 모형은 수업이 전개되는 절차 또는 단계의 특징을 중심으로 수업현상을 설명하는 것이며, 수업형태 모형은 학습조건의 차이에 따라 수업현상을 설명하는 것이며, 수업형태 모형은 교사와 학생의 상호 작용하는 관계 또는 모양에 따라 수업현상을 설명하는 것을 말한다. → 수업이론

2259 수업목표(instructional objectives)

일정한 시간 동안을 통해 학생이 성취해야 할 행동 또는 내용. 수업의 길이에 따라 진술되는 수업목표의 수준에 차이가 있겠으나 대체로 수업목표는 구체적인 용어로 진술해야 하는 원칙으로 되어 있다. 수업할 학습 과제가 심미적인 것인 경우에는 행동적인 용어로 진술하기 힘들기 때문에 상당히 일반적인 용어로 수업목표를 진술하기도 한다. 수업목표는 수업의 방향을 결정해 줌은 물론 수업내용의 선정과 조직에 구체적 시사를 제공하며 수업결과를 평가하는데 기준이 된다. 수업목표를 분명히 제시하게 되면 교사는 쓸데없는 시간낭비를 감소시킴으로써 수업밀도를 높일 수 있게 되며, 학생의 입장에서도 쓸데없는 문제에 관심을 적게 쏟아도 됨으로써 학습주의력을 높이게 되고 결과적으로 되고 결과적으로 학습밀도를 높이는데 공헌하게 된다.

2260 수업연구(class work study)

수업과정을 지배하는 일반원리를 수업목표의 달성 가능성과 관련시켜 행하는 모든 현장 실천적 연구를 말한다. 수업연구는 수업이 끝나는 시점에서 학생이 보이는 학습 성취도

의 관점에서 행할 수도 있고, 수업이 진행되는 과정의 분석을 통해 행할 수도 있다. 전자를 결과 지향적 수업연구라 한다면, 후자는 과정 중심적 수업연구가 된다. 후자는 교사와 학생의 상호작용 관계를 중심으로 수업연구를 할 수도 있으며, 교사와 학생 사이에 제기되는 언어의 논리적 분석을 통해 행할 수도 있다. 이들 연구는 여러 집단을 비교하거나 한 집단에 대한 계속적인 관찰을 통해 이루어진다. 또한 학생 측이 아닌 교사 측의 능률과 부담을 중심으로 한 연구도 계획될 수 있다.

2261 수업원리(instructional principles)
수업효과와 수업과정의 적정화 또는 효율성을 높이는데 관련된 여러 변인간의 관계를 진술한 원칙. 수업에 영향을 주는 학습자 변인, 교사의 수업변인·수업환경 변인간의 상호조정 또는 각 변인 내의 구체적 요인들 간의 관계를 진술한 것을 말한다. 예컨대, 학습자의 성공적인 학습에 강화나 보상을 제공하면 앞으로 그러한 학습이 일어날 확률이 높아진다는 것은 수업원리의 한 예이다.

2262 수업전략(instructional strategies)
→ 수업원리

2263 수업참관(inspection of an instruction)
일정한 목적이나 의도를 가지고 교사가 행하는 수업장면을 관찰하는 것이다. 수업참관의 형식에는 ① 장학사·교장·교감 등이 지도의 목적으로 하는 것 ② 전문적인 성장을 위하여 동료교사들끼리 하는 것 ③ 교사 지망자의 실습형식 ④ 학부형 또는 지역 사회인이 참고 자료를 얻기 위해 하는 형식 ⑤ 위의 조건을 종합한 일종의 수업연구의 형식이 있다. 수업 참관의 주된 목적은 수업실행자의 성장을 도울 뿐만 아니라 수업 관찰자 모두의 교육적 성장을 돕자는데 있다.

2264 수용(acceptance) 01
개인의 행동이나 태도를 반드시 용서하는 것과는 관계없이 인간으로서 개인의 가치를 긍정적으로 인식하는 것이다. 이러한 수용은 사회사업가에게 있어 클라이언트와의 관계성을 돕는 기본적인 요소 중의 하나로 간주되며 수용적 태도는 케이스워크에 있어 가장 중시되는 기본적 태도이다. 사회사업가는 클라이언트를 대할 때 클라이언트의 강점과 약점, 긍정적 감정과 부정적 감정 또는 건설적 감정, 혹은 파괴적 행동이나 태도를 포함해, 있는 그대로의 클라이언트를 이해하고 다루어 나감으로써 클라이언트는 안도감을 느끼면서 자신의 문제와 자기 자신을 저항이나 방어 없이 표면화하게 되어 문제 해결에 커다란 도움을 주게 된다. 따라서 사회사업가는 클라이언트의 선한 면만이 아닌 있는 그대로의 현실적인 면을 바라보고 또 받아들일 수 있어야 한다. 상담 과정에서 내담자를 있는 그대로의 한 인간으로 받아들여 그의 특성 모두를 그대로 인정하고 존중하는 태도이다. 따라서 내담자에 대해 평가하지 않으며, 내담자가 현재 그대로 느끼도록 행동할 권리가 있음을 인정한다.

2265 수용 02
케이스워커가 면접과정에서 지켜야 하는 기본원칙의 하나이다. 사회사업가는 인간존중의 입장에서 클라이언트의 행동과 태도를 감정, 도덕, 사회규범 등의 시각에서 일방적으로 비판, 심판, 시인, 승인 등을 하지 않고 클라이언트가 현재 있는 그대로를 받아들이는 것이다. 즉 다양한 생활배경을 갖는 클라이언트의 입장과 행동의 의미를 이해하고 개별적인 문제 상황을 충분히 파악하고 내관이나 사례의 명확한 진단을 위해서 필수불가결한 원칙으로 적극적이고 능동적이며 공감적인 전문직업인의 자세이며 태도이다.

2266 수용보호(indoor relief)
역사적으로 사회복지혜택의 중요한 방식으로 시설에서의 보호가 적합한 경우 수혜자가 시설에서 생활하도록 조치하여 보호하는 것이다. 구빈원(almshouse)이 수용보호의 대표적 형태라고 할 수 있다.

2267 수용시설
시설서비스를 필요로 하는 사람들을 수용(입소)시켜서 일상생활을 돌보아 줌과 동시에 필요한 원조서비스를 하는 시설이다.

2268 수월성(excellence)
생활의 모든 면에 있어서 최상의 표준에 도달하기 위한 노력. 수월성은 심리검사에 인성을 해석하기 위한 '잉크블로트'(ink blot)처럼 각기 다른 사람에게 각각 다른 것을 의미하는 다양한 개념을 가지고 있다. 모든 개인은 포부수준과 과업수업에 대한 표준 그리고 보다 좋은 세계에 대한 희망이 각기 다를 뿐 아니라 정치·음악·문학·교육 등의 각 특수영역에 있어서 최고수준의 성취를 위한 노력의 형태가 각각 다르기 때문에 수월성을 한 가지로 규정하기는 힘들다. 그러나 수월성에 대한 모든 광범한 개념은 민주사회의 특징인 ① 가치에 대한 다원적 접근 ② 개인의 자아실현이라는 두 가지의 기초 위에 구축되어야 한다. 어떤 종류의 수월성은 교육체제에 의해 조장될 수 있지만 어떤 것은 교육체제의 외부에서 조장되어야 한다. 어디서 어떻게 길러진 수월성이든 간에 수월성의 정도를 측정할 수 있는 방법에는 두 가지가 있는데, 첫째의 방법은 대인간의 비교로서 예를 들면 음악에서 우수한 사람과 그렇지 못한 사람과의 비교이고, 둘째의 방법은 최선에서의 자신과 최악에서의 자신을 비교하는 방법이다.

2269 수익용 기본재산(basic properties for profit)
학교법인이 설치·경영하는 사립학교의 경영에 필요한 재산 중 수익을 목적으로 하는 재산. 교육활동에 직접적으로 필요한 교육용 기본재산에 대비되는 재산. 학교법인은 연간 학교 운영비의 10배 이상에 해당하는 수익용 기본재산을 확보해야 한다. 수익용 기본재산에는 토지, 건물, 주식, 정기예금 또는 금전신탁, 국채공채, 기타 교육부 장관이 수익용 기본재산으로 인정하는 공시한 것 등이다. 학교법인은 수익용 기본재산에서 생긴 수익의 100분의 80 이상에 해당하는 액수를 그가 설치·경영하는 학교의 연간 운영비에 충당해야 한다. 기준에 미달되는 학교법인에 대해서는 학교의 설립이나 학부, 학과 및 학급의 증설 또는 학생 정원의 증원을 인가하지 아니한다. 다만, 학교의 평준화, 산업교육의 육성 등 기타 특히 필요하다고 인정될 경우에 학교설립을 제외하고는 예외로 할 수 있다.

2270 수익자 부담(benefit principle)
공공재를 생산하는 경우, 그 소요비용을 누가 부담하느냐 하는 문제가 제기된다. 이때 수익자부담원칙이란 사적인 재화의 소비에서처럼 공공재로부터 이익을 받거나 그것을 집약적으로 이용하는 사람에게 비용을 부담시킨다는 원칙이다.

2271 수익체감의 법칙
일정한 생산물의 생산(특히 농업 생산)에서 다른 생산요소, 즉 토지나 자본을 고정시켜 놓고, 한 가지 생산요소, 즉 노동력만을 증가시킬 때에 그 생산요소의 한계 생산력, 곧 수익이 상대적으로 점점 체감하는 현상을 말한다.

2272 수정적립방식
공공연금의 재원조달방식의 하나. 적립방식을 전제로 하면서 수정해 가는 방식. 의료보험, 국민연금과 함께 원칙적으로 5년마다 재정재계산을 행할 것을 의무화하고 있지만, 의료보험·국민연금이 재정재계산기간에 급여의 개선이 행해져 왔기 때문에 당초보다도 급여비가 증대한다. 그것을 후대의 피보험자 등의 부담으로 대응해 실질적으로 부과방식에 가깝다.

2273 수준균형방식
1984년부터 일본에서 격차축소방식에 대신해 도입된 생활보장기준 산정방식이다. 1983년 중앙사회복지심의회가 당시의 생활부조기준이 일반국민의 소비실태와 균형상 거의 타당한 수준에 달해야 한다는 인식과 함께 생활보장기준의 산정방식을 호전시키고자 실시하였다. 마켓 바스켓 방식처럼 최저생활비를 이론적으로 물량적립에 의해 산정하는 것과는 달리 국민의 소비수준과 비교하면서 결정해 나가는 것이다.

2274 수지균등의 원칙(principle of equivalence)
보험료란 보험경영이 보험금의 지급 및 사업비를 충당하기 위하여 보험가입자 전원으로부터 일정한 기준에 따라서 징수하는 금액으로서 보험사업의 원가라고 해야 할 만한 것이다. 개인보험에서는 총지급 보험금 + 총경비 = 총보험료수입이라는 수지균등의 원칙에 의하고 있으나, 사회보험 및 경제정책보험에서는 경비 또는 보험급여의 약간의 부분이 공공자금에서 지출된다.

2275 수질오염(water pollution)
공해대책기본법에 따라 공해로 규정된 7가지 공해 중하나. 사업 활동에 따라 배출된 유해유독물질로 하천이나 강, 바다 등의 수질이 유해화하고, 인간생활이나 건강에 영향을 미치는 현상. 역사적으로는 대기오염의 예와 같이 광산이나 공장이 원인인 경우가 압도적으로 많지만 오늘날에는 폐유나 빌딩의 폐수, 각 가정의 생활폐수도 심각한 문제다.

2276 수형자 분류심사제도
형법 제11조 제2항 규정에 의하여 수형자의 형기·죄질·범수·성별·연령 및 경력 등을 참작하여 거실과 작업장을 구별하는데 그쳤다. 이러한 종래의 분류수용을 수형자의 개성과 능력 및 범죄원인을 과학적으로 진단·분류하여 수형자의 개별처우의 교정을 기하기 위해 1964. 7. 14. 예규 교39 법무부장관 훈령으로 수형자 분류조사방안을 제정, 실시하여 오던 중 분류조사와 행상심사를 일원화한 교정누진처우규정을 1969. 5. 13. 법무부령 제111호로서 공포·시행하기에 이르렀다.

2277 수화법(sign language)
청각장애아에 대한 언어교수법의 하나다. 언어획득과 의사전달의 수단으로서의 수화(기호화한 손짓이나 몸짓)를 가르치는 방법이다. 수화는 대화가 적기 때문에 지문자 등에 의해 보완할 필요가 있다. 이처럼 수지를 사용한 기호는 수지언어(manual language)라 한다. 수지기호에는 음소, 문자, 의미레벨의 것이 있는데 문자레벨은 지문자에 해당하며 의미레벨의 것은 수화에 해당한다.

2278 순응(adaptation)
환경에 대응하여 일어나는 유기체 내의 변화. 이러한 변화들은 특정 환경과의 상호작용을 촉진시킨다고 가정된다. 피아제(J. Paget)의 이론에서 중심적인 역할을 한다. 순응에는 동화작용(assimilation)과 조절작용(accommodation)이 포함된다.

2279 순회교육(extension service)
필요한 정보의 입수가 용이치 않은 도서·벽지지역을 해당 분야의 전문가가 순회하면서 강연이나 시범을 통하여 새로운 지식이나 기술을 필요한 사람들에게 직접 전달해주는 비형식적인 교육제도. 예를 들면 농촌지도소의 지도요원이나 계몽반원이 벽지를 순회하면서 그 지역의 실정에 맞는 농사법이나 새로운 품종에 대한 정보를 강의와 시범을 통하여 주민들에게 알려주는 방법이 여기에 속한다.

2280 순회보육(mobil-nersery service)

보모가 일정한 날에 순회해서 광장 등을 이용해 인근에 사는 유아들을 모아 보육하는 것을 말한다. 현재 유치원, 보육소의 시설이 부족한 지역이나, 유치원에 들어가지 못한 저연령의 유아를 위하여 일정한 날에 관계기관에서 보모를 파견·순회시켜서 놀이의 지도 등을 하고 있다.

2281 순회입욕서비스

집안에만 누워있는 노인은 입욕이 어려워 수건으로 닦는데 그치는 경우가 많다. 일본에서의 노인홈에서는 누워만 있는 노인을 위해 특수욕조를 개발하여 보급하고 있고 이 욕조를 간편화해 차에 설치해서 입욕의 혜택을 받지 못하고 집안에 누워만 있는 노인을 방문해 욕조를 방에 들고가 목욕시키는 서비스가 행해지고 있다. 입욕차는 노인 홈에 배치된 경우가 많지만, 입욕서비스의 방법은 각 지역마다 다르다. 개호보조원 2~3명이 순회계획에 따라 가정방문을 해 입욕일체의 서비스를 행하고 있는 곳도 있다.

2282 순회진료(traveling clinic)

섬, 벽지 등에 진료반을 파견해 진료를 행하는 것이다. 오늘날 일본은 사회복지사업법에 의해 무료저액진료사업의 적용기준에 지구의 위생당국 등과 제휴하여 정기적으로 산간벽지나 의사가 없는 지역 등에 진료반을 파견하도록 하고 있다.

2283 숨은 비행(hidden delinquency) 01

실제로 발생했지만 경찰이나 검찰과 같은 관련기관에 의해 적발되지 않아서 공식적인 비행통계에 포함되지 않은 비행을 의미한다. 검찰이나 경찰에 의해서 인지 혹은 적발되어 기록된 비행이나 범죄사건 이외에도 드러나지 않은 비행이나 범죄행위가 적지 않을 것으로 추정하는 학자들이 많다.

2284 숨은 비행 02

겉으로 드러난 비행 이외의 알려지지 않은 비행을 가리키는 것으로 공식통계에 나타난 비행 보다는 이 숨은 비행이 훨씬 많다. 청소년 비행의 양, 유형, 원인, 통제 등의 특징을 알기 위해서는 그들의 숨은 비행을 연구해야 하는데, 분석결과에 따르면 숨은 비행의 유형에는 은둔비행(95%)이 가장 많고 의도적 반항, 폭력비행, 재산비행 등이 있다. 이러한 비행의 발생요인 중 가정의 분위기는 가장 핵심적인 매개인자가 되고 있다.

2285 슈트라스 부르그 시스템(Strass Burger system)

엘버펠트 시스템이 성공하자 많은 도시가 모방하게 되었는데 그 중에서 슈트라스 부르그시의 그것은 더욱 수정·발전을 보았다. 함부르그, 엘버펠트의 경우는 빈곤자 구제의 실무를 자원봉사자가 모두 했는데 대하여 여기서 보호의 적격여부조사는 유급사원에 의해 행해지고 그 후의 지도는 자원봉사자와 유급사원을 병용했다.

2286 슈퍼바이저(supervisor)

슈퍼바이저는 슈퍼비젼을 담당하는 전문가로서 시설 내의 직원을 지도 감독하고 상급 행정기관이나 경영 주체에 소속하여 현장기관, 시설의 직원을 지도, 감독하는 자이다. 사회복지 기관, 병원 등에서 슈퍼비젼을 담당하는 실무경험이 많고 훈련된 사회사업가를 말한다.

2287 슈퍼비젼(supervision) 01

구체적인 케이스에 관해 사회사업가가 원조내용을 보고하고 슈퍼바이저는 설명된 자료를 토대로 클라이언트나 가족의 상황을 이해하고 면접 등 원조방법에 관해 조언을 주거나 음미하도록 하는 교육훈련 방법이다. 사회사업가의 숙련도에 의해 케이스를 법적으로 처리하기 위해 행정적 관리적인 방법과 교실에서 습득한 전문적 개념을 구체적인 원조측면에 응용할 수 있도록 한다. 교육적인 측면과 케이스 처리에 필연적으로 나타나는 사회사업가의 버릇이나 행동경향 등을 자각시킨다. 자기 지각적인 측면이 있다. 의사 등 타전문가와 주의해서 조언을 얻을 경우는 자문(consultation)이라 한다. 슈퍼비젼은 개인과 집단(10인 정도)으로 나누어 지도하는 경우도 있으며 학생실습의 경우를 학생 슈퍼비젼(student supervision)이라 하기도 한다.

2288 슈퍼비젼 02

사찰지도를 말하며 기관시설 내에서 이미 전문교육을 받은 직원을 대상으로 기관, 시설의 운영 과정에 따른 개인의 가치, 판단, 업무를 상대의 입장에서 이해하려는 것으로 보다 나은 사회사업가가 되도록 지도, 감독하는 활동을 말한다.

2289 슈퍼비젼 03

사회사업 기관에서 광범위하게 사용되는 교육적이고 관리적인 절차로서 사회사업가가 그들의 기술을 더욱 새롭게 다듬고 개발해서 클라이언트에게 보다 양질의 서비스 기능을 제공하도 돕는 것이다. 행정적으로 슈퍼바이저는 종종 가장 적합한 사회사업가에게 사례를 할당해서 개입 계획과 문제 사정을 토론하고, 사회사업가의 클라이언트와의 접촉 과정을 재검토한다. 사회사업가가 사회사업의 철학과 기관의 정책을 좀 더 잘 이해하도록 돕는 것과 연관된다. 그리고 기관과 지역사회의 자원을 알고 자신에 대한 경각심을 더욱 고취시켜 활동적으로 솔선수범토록 격려하고 지식과 기술을 새롭게 하도록 돕는다. 슈퍼비젼의 또 다른 기능은 시스템을 유지하는 동안 스텝의 도덕성을 증진시키는 것이다.

2290 스몬병

기노호르몬제제가 원인으로 발병된 질환명의 subacute myelo

optico neropathy의 약자를 딴 약칭. 1950년대 일본에서 지역적, 집단적으로 발생해 1969년까지 급증. 1970년에 기노호르몬의 판매가 중지되고 사용발견자에 대한 조치를 해 새로운 환자발생은 중지되었다. 오랫동안 원인이 밝혀지지 않아 한 때는 전염성질환으로 발표돼 중독환자의 자살을 유발할 비극이 생겼었다. 중증에서는 시력이나 보행능력을 잃어버리는 비참한 약해 피해가 발생한다.

2291 스미스(Smith, Adam.)
스코틀랜드 출신으로 글래스고우대학 교수를 역임. 밧클후작의 스몬병 가정교사를 마친 뒤에는 저작에 전념하여 많은 저서를 남김. 도덕철학자로서 도덕감정론(1759)을 발표하여 학자로서의 지위를 확립하고, 국부론(1776)을 통해 고전경제학의 기초를 확립하였다. 그의 과제는 산업혁명의 선진적 요구에 입각하여 중상주의 정책의 모순을 타파하고, 자유방임주의를 경제학적으로 기초짓는 일이었기 때문에, 빈곤을 만들어 내는 자본주의의 모순은 아직 충분히 알지 못하고, 보이지 않는 손에 의한 사적인 이익과 공적인 이익의 일치를 역설하였다.

2292 스킨쉽(skinship)
피부접촉육아법. 미국에서 제창되고 있는 육아법은 유아의 심신안정에 필요한 어머니의 애정은 포옹, 수유 등 직접적인 피부접촉에 의해 전해져야 한다는 것이다. 우리나라에서는 예로부터 아이를 업어 주는 일이 많아 스킨쉽이 너무 지나친 것으로 생각되었으나 최근에는 스킨쉽이 부족한 어머니들이 늘고 있다. 그 때문에 어머니의 애정을 모르게 되어 비정상적인 행동을 하는 아이들도 늘어났다. 스킨쉽의 형태는 나이에 따라 다르지만 사춘기에 들어서기까지 필요하다.

2293 스테레오타이프(stereotype)
→ 상동증

2294 스텐포드 비네 법(Stanford Binet test)
1964년 L. M. 타만에 의해 비네 시몬지능검사법이 개정되어 미국에 보급되었다. 이 지능지수검사법이 실용화되어 지능을 단계화(140 이상을 천재, 90~100을 보통, 70 이하를 정신지체로 분류)하고 지능측정의 기준적 토대를 구축했다.

2295 스티그마티제이션(stigmatization)
→ 낙인화

2296 스핀햄랜드제도(speenhamland system)
1795년 잉그랜드남부 버크셔주의 치안판사들이 스핀햄랜드에서 구빈법의 원외구제를 목적으로 실시한 것이다. 빵의 가격과 가족의 수에 따라 최저생활기준(speenhamland bread scale)을 선정해 실업자 및 저임금노동자에게 구빈세에 의한 수당을 지급하는 과도적인 임금보조 제도이다. 영국에서는 당시 산업혁명과 농업혁명의 진행에 의해 농업노동자의 보조적 수입원이 끊겨 임금저하와 물가저하 등에 따라 곤궁상태가 악화되었고 프랑스혁명이 민중에게 영향을 미치기 시작했다. 이 같은 상황에서 산업예비군을 유지할 필요나 사회운동의 진전을 방지할 필요에서 지주의 이해를 중심으로 해 이 제도는 각지에 급속하게 파급되었다. 그러나 산업혁명기의 모순에 대한 대응이었기 때문에 그 뒤 대비전쟁의 종결, 불황의 심각화에 의해 소규모화 되고 지배계급의 폐해가 심해 1834년 구빈법위원회의 권고에 따라 폐지되었다. 길버드법에 이어지는 개혁이기에 양법을 합해 길버드·스핀햄랜드 체제라 칭하기도 한다.

2297 슬럼(slum)
도시빈곤계층의 과밀집 주거지역을 말하는 것으로 한때 빈민굴이라 했다. 슬럼은 도시전체에서 격리되어 있고 주민은 부정기적인 단순노동자이며 불량주택과 환경, 위생상태가 특징이다. 독신자 중심의 싸구려 여인숙이 아니고 가족단위이며 그 주거가 아무리 판자집이라고 해도 정착성이 강하다. 근대도시발달의 초기 슬럼은 도시로의 이주자에게 잠자리를 제공하는 사회적 여과역할을 했다.

2298 습관(habit)
반복시행을 통해서 쉽고 친숙해진, 따라서 심사숙고나 주저함이 없이 자동적으로 하게 되는 행위 또는 반응양식이다. 엄격히는 신체동작에만 적용되나 넓게는 어떤 조건이 일정하게 지속됨에 따라 갖게 되는 사고방식이나, 표현방식·태도 등에도 적용된다.

2299 습관형성(habit formation)
주위환경의 영향으로 같은 행동을 반복함으로써 어떤 자극만 제공되면 반사적으로 보이게 되는 상태를 말한다. 유아기가 습관형성 시기로서 가장 중요한 시기가 된다.

2300 승급(Salary Grade Raising)
일정한 재직기간의 경과, 기타 법령의 규정에 의해 같은 등급 내에서 현재의 호봉보다 높은 호봉을 부여하는 것.

2301 승급제한(Restriction on Salary Raising)
징계처분, 직위해제 또는 휴직에 있는 경우 승급을 제한하는 것.

2302 승수이론(theory of multiplier)
제 현상에 있어서 어느 경제량이 다른 경제량의 변화에 따라 바뀔 때 그 변화가 한 번에 끝나지 않고 연달아 일어나서 마지막에는 맨 처음의 변화량의 수배에 이르는 변화를 하는 수가 있다. 이러한 변화의 파급관계를 분석하고 최초 경제량의 변화에 따라 최종적으로 빚어낸 총효과의 크기가 어떻게 결정되는가를 규명하는 것이 승수이론이다. 최종적으로 산출된 총효과를 승수효과라고 하며 어느 독립변수의 변화에 대해 다른 모든 변수가 어떤 비율로 변화하는가를 나타내는 것을 승수하고 있다. 이 승수이론은 케인즈 체계의 기본을 이루는 것의 하나로서 케인즈는 이 이론에 의해 투자가 파급 효과를 통하여 결국은 같은 액수의 저축을 낳는다고 설명했다.

2303 승진(Promotion)
하위직급 내에서 직무의 책임도와 난이도가 높은 상위의 직위로 임용되는 것.

2304 승화(sublimation) 01
정신분석 이론에서 사용되는 개념으로서, 원시적이고 사회적으로 받아들여지기 어려운 동기나 욕구를 사회적으로 용납될 수 있는 동기나 욕구로 대치시키거나 발전시키는 일. 정신분석에서는 원시적인 욕구와 본능을 문화적인 동기로 대치함으로써 문화가 발달되는 것으로 설명하고 있다.

2305 승화 02
정신분석학에서 사용되는 용어로 방어기제(defence mechanism)의 한 가지이다. 그대로 표출될 경우에는 사회적으로 제재를 받을 수 있는 원초아(id)의 본능적 충동을 예술, 스포츠 및 문학 활동 등과 같이 사회적으로 수용될 수 있는 방향으로 바꾸어 표출하는 무의식적 과정 혹은 작용을 말한다.

2306 시각장애(visual disability)
물체를 식별하는 시력의 기능에 장애를 가진 것을 말하며 시력장애와 시야장애를 포함한다. 장애인복지법시행령 제2조에 규정한 시각장애인의 기준은 두 눈의 시력이 각각 0.1 이하인 자(만국식 시력표에 의한 교정시력) 한눈의 시력이 0.02이하, 다른 눈의 시력이 0.6 이상인 자 두 눈의 시야가 각각 10도 이내인 자 두 눈의 시야의 2분의 1 이상을 상실한 자로 되어 있다. 시각장애에 있어서 시력이 전혀 없는 상태를 전맹, 장애인의 눈에 광선을 조명했을 때 이를 인식할 수 있는 상태를 광각, 눈앞에서 손을 좌우로 움직일 때 이를 알아볼 수 있는 정도를 수동(면전 30), 자기 앞 전방의 손가락 수를 헤아릴 수 있는 상태를 지수로 표현한다. 그리고 일반 활자를 읽을 수 없으나 시력으로 일상생활을 할 수 있는 상태를 약시라고 하며 태어나면서 보지 못하는 선천맹(4세~7세 이하 실명 포함)과 중도에 시력을 잃은 후천맹이 있는데 선천맹은 평생토록 빛, 색, 윤곽 등을 잘 이해하지 못하나 후천맹은 기억 속에 시간잔상이 남아 있어서 여러 가지 모습을 떠올릴 수 있다.

2307 시각장애인
시각장애는 1~6급으로 나뉘지만, 크게는 전맹과 저시력으로 구분된다. 한국시각장애인연합회 회원은 14만 명이지만 미등록 장애인을 포함하면 모두 29만 여명으로 추산된다. 이중 직업을 가진 이는 30~40%에 불과한데, 안마, 지압사가 가장 많고 역술인, 사회복지사 등도 있다. 시각장애인을 부르는 다른 용어 중 '장님'은 눈이 먼 사람을 뜻하는 '소경', '봉사'를 높여 부르는 말인데, 대부분의 시각 장애인들이 어린 시절 놀림을 받을 때 듣던 말이어서 어감이 좋지 않게 변했다. '맹인'은 '봉사', '소경'의 한자어로 시각장애인들 스스로 쓰는 경우가 많다. 가능하면 사회적 존중과 배려가 담긴 시각장애인으로 부르는 게 바람직하다. 흰 지팡이는 시각장애인 전용이다. 따라서 1차 세계대전 당시 프랑스에서 공식 채택된 이후 전 세계적으로 일반 지체장애인이나 노인의 보행 때는 금지되어 있다.

2308 시각장애인 재활시설
지체장애인 재활시설에의 심리·사회적 재활에 기준하여 실시해야 하며 직업재활에 관해서는 시각장애인에게 적합한 과목의 직업훈련을 하도록 노력하고 다음의 준비훈련 및 기능훈련을 실시해야 한다. 입소자의 일상생활에 필요한 시각 및 동작에 숙달되도록 생활훈련을 실시 안전보행에 필요한 훈련실시 점자·타자 등 의사소통훈련을 실시해야 한다.

2309 시능훈련사
양쪽 눈에 장애가 있는 자에 대해 보조진료로서 양안시기능 회복을 위한 교정훈련 및 이에 필요한 검사를 행하는 것을 업무로 하는 전문직으로, 국가시험에 따른 보건복지부장관의 면허를 받아야 한다. 국가시험수험자격은 고졸이상으로 되어있으며 시능훈련사법에 따라 시능훈련사는 병원 또는 진료소에서 의사의 구체적 지시를 받지 못하면 보건복지부에서 정한 교정훈련이나 검사를 할 수 없다.

2310 시민사회
([영] civil society [독] bürgerliche Gesellschaft)
여러 의미로 사용되지만, 기본적으로는 근대 시민혁명을 계기로 자각된, 자유롭고 독립적인 인격으로서의 시민이 소유물을 교환하거나 의사를 소통하거나 하는 사회를 의미한다. 그러나 그 같은 사회는 실제적으로 완전한 형태로 실현되지 않았으므로, 근대 사회 그 자체인 자본주의 사회를 의미하는 경우도 많다. 홉즈의 경우, 시민사회는 로마 교황 = 카톨릭 교회로부터 독립한 사회이며, 이 사회의 존립의 필요에서 정치권력을 설정하는 것이었다. 그 후, 로크, 루소, 퍼거슨(A. Ferguson), 스미드 등은, 분업과 소유를 기초로 하는 시민사회를 파악하려고 노력했지만, 그 경우, 시민사회는 동시에 정치사회이기도 했다. 몽테스큐의 〈법의 정신〉이 처음으로 명확하게 시민사회(l'etat civil)와 정치사회(l'etat politique)와를 구별했는데, 이 시민사회를 국가와의 구별과 연관 속에서 위치 부여한 것은 헤겔이다. 거기에서는 〈욕구의 체계〉로서의 시민사회는 인륜적 이념이 분열한 과적 단계이며, 국가에로 지양되어야 한다는 것이었다. 맑스는 헤겔의 국가론의 관념성을 비판하고, 시민사회

ㅅ

야말로 현실의 인간의 생활의 장소라고 했는데, 동시에 근대 시민사회가 자본주의 사회로서 인간의 자기소외와 체제적 모순을 내포하는 것을 분명히 하고, 이 사회의 근본적 변혁을 목적으로 삼았다. 그 후, 시민사회 = 부르주아적 사회 = 자본주의 사회라는 인식이 보급되었는데, 시민사회의 본래의 의미를 재인식하고, 맑스가 목표로 한 것도 생산 수단의 사회적 소유에 바탕을 둔 새로운 시민사회였다고 하는 견해도 나타나고 있다.

2311 시민생활상담소(citizen's advice bureau)

1938년 영국의 전국사회복지협의회에 의해 개설되어 전 영국에 900개 소(1983년)로 발전해온 민간의 상담기관이다. 사회의 급격한 변동과 사회복지의 다양화·전문분화에 대응해 필요성이 증대되어 창설초기에는 자원봉사자에 의한 정보와 조언의 제공이었으나 제2차 대전 후에는 지방자치체에 의한 8할보조금교부의 길도 열어 유급전임사회사업가도 두고 있다. 보조를 받으면서도 전임기관의 지배와 통제에서 해방되어 민간의 독자성이 존중되고 있다는데 의의가 있다.

2312 시민운동(civic movement)

체제에 대해 '무엇인가 이상하다'라는 감수성을 출발점으로 해서 개인 문제와 사회문제를 총체로 파악하고 해결하려는 시민의 사상과 행동이다. 1960년대에 들어오면서 공해, 환경문제, 생활복지문제, 반전·평화문제 등을 쟁점으로 한 시민운동이 대도시를 중심으로 전개되고 있다. 운동의 공유체험으로 강자의 시민의식도 배타되고 있다. 특정의 지역사회이해에 관계되는 주민운동과는 구별되지만 상호배타적 관계에 있는 것은 아니다.

2313 시민의식(civic consciousness)

시민 없는 도시는 도시가 아닌 도시라고 말하듯 시민의식은 도시의 정신을 실현하는 구성요건으로서 서구도시에서는 전형으로 생각해왔다. 개인의 주체성과 합리성, 권리와 의무, 자치와 연대, 저항성 등의 제 특징이 있다.

2314 시민참가(civic participation)

시민으로 하여금 정치·행정과정에 대해 자발적·주체적으로 그 의지를 반영시키기 위한 운동 또는 제도이다. 오늘날 특히 자치단체의 행정과 정에 대한 직접적인 참가를 가르치는 경우가 많다. 시민참가와 주민 참가는 동의어로 사용된다.

2315 시봄보고서(Seebohm Report)

1968년 영국사회복지제도의 개혁을 지향한 지방자치체 및 관련 대인사회서비스 위원회의 보고. 위원장인 시봄경의 이름을 따라 명명 했다.이전에 지방자치제에서 아동부, 복지부, 보건부로 나누어져 있던 서비스의 대부분을 사회서비스부로 통합. 고령자이거나 핸디캡이 있는 사람들을 포함하는 거택보호 및 시설보호를 통합적으로 행한다는 개혁안이다. 인구고령화에 따라 노인복지와 노인보건을 통합할 필요성이 있는 나라들에게 시사하는 바가 크다.

2316 시빌 미니멈(civil minimum)

1968년 2월 일본의 도쿄도가 발표한 중기계획(1965~1971)에서 처음 사용된 용어를 말한다. 근대적인 대도시가 당연히 갖추어야 하는 조건의 최대한도 즉 주민의 안전·건강, 능률적이고 쾌적한 도시 생활을 영위하는데 필요한 최저조건이 정의되고 있다. 국민생활 환경기준개념을 도시에 응용한 것으로 볼 수 있다.

2317 시설병(hospitalism)

→ 호스피탈리즘

2318 시설보호(institutional care)

지역보호(community care)내지 재가보호(home care)에 대비되는 개념으로 복지욕구를 가진 사람을 수용시설에 보호·양호하는 것을 말한다. 역사적으로는 구빈법의 원내보호에서 발전해 가정이나 지역 사회에서 격리, 수용되는 것이 보통이었다. 지역보호(community care)가 강조됨에 따라 시설의 사회화가 논의되고 격리형태에 반성이 가해지고 있다. 현재 사회복지시설은 생활의 장, 이용의 장으로서 재가보호와 상호보완의 역할을 하고 있으며 종신수용은 피하고 일과성의 장으로 생각하는 것이 바람직하며 치료, 훈련, 재활 등의 전문적 기능의 강화가 필요하다.

2319 시설수용(admissions)

사회복지기관 시설에서 클라이언트나 요보호자를 시설의 보호 아래 두기 위해 요구되는 절차를 말한다.

2320 시설에의 적정배치
(appropriateness of establishing a facility)

사회복지시설의 공급이 이용자 측에서 볼 때 적정한가 어떠한가를 나타내는 용어를 말한다. 독립성이나 격리적 성격 또 시설이용의 용이성이 문제시 되는 바 다음 사항을 고려해야 한다. 시설이용의 수요에 따른 공급이 시설단위로 적정규모에 맞게 배치되어 있는가, 시설목적 에 맞게 입지가 시설내의 일상생활 속에서 주민관계를 배려한 것인가 또 지역특성과 시설목적이 관련되어져 있는가, 시설종류가 어떤 지역으로 편중되지 않고 전체시설이 인구와의 관계에서 거의 등간격으로 배치되도록 입지계획이 세워졌는가, 위탁시설이 주거에서 멀리 떨어지지 않도록 또 동원, 면회가 곤란하지 않도록 시설이용범위가 고려되어 적정하게 배치되었는가. 더구나 시설접근은 이용자만이 아닌 일반주민의 문제이기도 하다.

2321 시설운영에의 주민참가

시설은 본래 지역주민의 복지욕구에 근거해 설치·운영되는 것이 바람직하고 지역사회나 주민이 취한 하나의 사회적 자원이다. 또 시설이 지역주민에게 편견을 갖고 차별해온 과거를 고려해 지역 내에서 일정역할을 담당하는 공생관계를 형성해가는 것이 불가피하다. 이에 따른 시설전개의 방책으로는 시설운영에 주민의 참가가 적극적으로 고려되어져야 하는데 가령 후원회의 조직, 이사회 등에의 참가, 자원봉사의 참가 등이다. 주민참가가 앞서있는 시설에서 지역에로의 서비스제공과 지역주민의 원조, 이해가 증진되어 있다.

2322 시설의 사회화

시설의 사회화란 시설의 기능과 설비의 지역공개와 시설운영에 대한 지역주민의 참가와 시설처우의 사회화를 의미하는 것으로서 사회변천과 더불어 필연적으로 도래한 문제이다. 이러한 사회화에 대비하기 위해서는 먼저 시설 측에서는 노동조건, 직원의 전문성, 시설운영 의 폐쇄성, 사고발생시의 보장문제, 재원과 설비의 부족, 일반가정에 대한 시설의 저열성, 개척자로서의 마음가짐이 개선되어야 하며, 지역사회 측에선 시설에 대한 편견과 이해, 주민들의 공동체 의식이 진작되어야 하고 아울러 이러한 문제는 행정 측의 인적·물적 지원이 수행되어야 하며 시설이 지역사회의 복지센터로 활용되도록 노력해야 한다.

2323 시설의 적정규모 (the appropriate size of a facility)

시설의 이용범위나 지역과의 경계실정, 입지, 시설이용자의 심리적 영향 등에 따라 적정규모가 문제되지만, 법적규제 특히 상한선에 관한 규제가 아직 없다. 작은 규모의 시설이 좋다는 생각이 널리 퍼져 있지만 전문성, 직원배치, 효율성 등과의 관계에서 결국은 적정균형의 문제로 처리되어야 한다.

2324 시설의 폐쇄성

시설이 지역사회에 대해 닫혀져 있는 경우를 가리킨다. 역사적으로 시설은 입소자를 가족이나 지역사회에서 격리해 입소자보호를 목적으로 사회에서 독립된 존재로서 자기중심적 세계를 형성해 있다. 시설 측에서는 위탁비 제도에 따른 자급자족적 사회로 폐쇄성을 띄는 한편, 지역에서는 무이해와 회피적 태도가 보여진다. 이에 대해 오늘날 시설생활자는 지역주민의 하나라는 발상에서 시설사회화의 운동이 전개되고 있다.

2325 시설장(super intendant)

사회복지시설의 관리운영의 책임을 담당하는 동시에 처우직원의 지도·조언, 직원의 조직적인 파악 등 시설처우의 전체적인 조정을 행한다. 따라서 시설장은 이용자 처우관리, 인사관리, 문서관리, 건물설비보전, 경리 등에 대한 지식을 갖출 필요가 있고, 시설이 개개의 직원을 두고 시설목적을 확실히 달성하고 있는가를 검토해 그것을 촉진하기 위한 장애의 조건을 해결·완화해가는 능력이 요청된다. 또 민간사회복지시설에 있어서는 시설의 운영·관리에 관해 법인이사와의 긴밀한 연락조정을 진전시키는 것도 요구되어진다.

2326 시장바구니방식(market basket method)

→ 최저생계비 산정방식

2327 시청각 교구(audio visual aids)

교과서 등과 같이 언어로서 고도로 추상화된 것 및 실험·실습과 같이 직접 경험이 되는 것을 제외하고, 실제의 세계를 보다 구체적·감성적으로 제시할 수 있는 교수 매체. 학습자가 교재를 수용할 때에 필요로 하는 감각에 의해서 시청각 교구를 분류하면, 시각교구·청각교구·시청각 교구로 분류된다. 시청각 교구는 글자 그대로 시각과 청각의 다감각에 의해서 학습을 시키므로 다감각 교구라고도 하며, 단일 감각에 의한 학습보다 효과적이라고 본다. 시청각 교구에는 영사기·텔레비전 세트 등이 있고, 그 교재로는 각종 필름·루프필름(loop film)·비디오테이프 등이 있다. 이밖에도 넓은 뜻의 시청각 교구에 포함되지만, 교재와 교구의 관계를 나누기 어려운 시뮬레이터(simulater)·언어실습실·디칭머신 등이 있다. → 교구, 시각 교구, 청각교구, 시청각 교육

2328 시청각 교육(audio visual education) 01

종래 학교교육에서는 주로 칠판과 교과서 및 교재를 이용해서 학습 활동을 행해 왔지만 여러 가지 교육기기의 발달에 따라 시각·청각의 교재를 사용하게 되었다. 비디오·TV·슬라이드 등의 이용으로 학습을 더해주는 효과를 주고 있다. 시청각교육이 발달해 있는 곳은 미국이며 교재이용과 함께 아동자신에 따른 기록·제작활동을 포함하여 교육의 현대화의 한 방향을 이룩하고 있다.

2329 시청각 교육 02

시청각 자료를 교육과정에 통합시켜 적절하게 활용함으로써 학습과정을 효과 있게 해주는 교육. 즉 실물·지도·표본·모형·괘도·레코드·테이프·라디오·영화·TV 등을 사용하며, 전시·연극·견학 등에 의한 교육도 여기에 포함된다. 과거에는 시청각 교육의 이론적 근거를 구체성 및 추상성에 의해서 감각경험을 중심으로 하던 것이 그 관점을 돌려 교육을 중심으로 하던 것이 그 관점을 돌려 교육의 이론과 실천을 교육공학적인 입장에서 다루고 있다. 미국의 교육 통신공학협회(AECT : association for educational communication technology)에서는 시청각적 통신의 개념을 "학습자의 전 가능성을 발달시키기에 필요한 커뮤니케이션의 모든 방법과 미디어의 효율적 활용"을 목적으로 한다고 했다. 또한 ① 학습과정을 통어(通御)하는 각종 메시지의 구성과 이용에 관련되는 것. ② 언어 메시지와 비언어 메시지의 상대적인 장단점의 연구, ③ 인간과 기계에

의해 메시지를 구조화하고 조직화하는 일 등의 「인간-기계 시스템」 개념으로 보고 있다.

2330 시청각 라이브러리(audio visual library)

사회교육, 학교교재로서의 테이프, 비디오, 슬라이드 영화 등을 설치한 시설을 말한다. 제2차 대전 후 다양한 문화운동이 전개되었고 학교교육에서도 교육의 현대화가 진행되어 왔다. 그중에서 영화나 장애인을 위한 음악·비디오테이프 등이 만들어져 이용되어 왔다. 이것들을 자주 이용할 수 있도록 시·도·군의 도서관·학교 등에 기재를 설치해 대출이 가능하도록 하고 있다.

2331 시행규칙/시행세칙

법률의 시행세칙 또는 그 위임에 의거하는 규정을 내용으로 하는 명령을 어떠한 법시행령이라 한다. 또 그 시행세칙이나 위임에 의거하는 규정을 내용으로 하는 하급명령은 어떠한 법 시행규칙이라고 부르지만 반드시 일관되어 있지는 않다. 하지만 어떤 법을 구체적으로 어떻게 적용할 것인가를 명시한 것이 바로 시행규칙, 시행세칙이다. → 시행령

2332 시행착오(trial and error)

원래 동물의 학습 과정에 관해 하는 말(C. L. 모건, 손다이크 E. L. Thorndike). 동물이 어떤 문제 상황 속에서 여러 가지 맹목적인 운동을 행하고, 차츰 착오가 제거되어 우연히 해결에 도달하는 일. 이것이 인간의 지성적인 계획적 행동이나 가정 구성)의 과정에 적용되어, 장래에 대한 행동·계획이나 가정에 따라서 행동하거나 관측하고, 그 결과를 예기했던 결과와 비교하여 착오를 제거해 나가는 방법을 말한다.

2333 시행착오 이론(trial and error theory)

모든 학습은 원자적인 자극과 반응이 시행착오적 반복을 통하여 연결됨으로써 이루어진다고 주장하는 손다이크(E.L. Thorndike)의 S-R이론. 손다이크는 시행착오의 반복을 연습이라고 불렀고, 처음에는 S-R 연결로서의 학습은 이러한 연습만으로 이루어진다고 주장했으나 후에는 연습 이외에 굶은 동물에게 먹이를 주는 것과 같은 보상(reward)이 수반되어야만 학습이 이루어진다고 자기의 이론을 수정했다. → 시행착오 학습

2334 시행착오 학습(trial and error learning)

새로운 자극과 반응의 연결을 기계적인 반복을 통하여 획득하는 S-R이론에 있어서의 학습. 이러한 학습에는 목적이나 이해가 개재하지 않으며 외부적인 보상이나 강화에 의해 습관으로 고정되는 것이라고 주장되고 있다.

2335 시효(Extinctive Prescription)

사학연금법에 의한 급여를 받을 권리의 시효는 그 급여의 사유가 발생한 날로부터 직무상 요양비·직무상 요양 일시금·재해부조금·사망조위금 등 단기급여에 있어서는 1년이고, 퇴직급여·장해급여·유족급여·퇴직수당 등 장기급여에 있어서는 5년 동안 권리를 행사하지 아니한 때에는 시효로 인하여 급여를 받을 권리가 소멸된다.

2336 식물인간

질병이나 두부외상 등으로 의식에 장애가 와서 장기간 계속되는 환자를 말한다. 고무관을 써서 유동식을 주면 생명은 유지된다. 때로는 인공생명 유지장치가 필요할 경우도 있다. 현재의 치료기술로 수개월 이상 계속된 의식장애를 회복시키기는 곤란하다. 적절한 간호로 10년 이상 생존한 예도 있다. 필요한 설비·기술·비용도 일반 의료와 변함이 없다. 가족 등의 개호부담을 경감하는 조치가 필요하다.

2337 식품구입권(foodstamps)

공적부조 프로그램의 하나로서 충분한 식품을 구입할 수 없는 저소득 개인이나 가족에게 더 많은 식품을 구입토록 하여 저소득 가족의 영향개선과 농산물의 시장가격의 안정과 부가수입(supplement income)을 위하여 연방정부가 주에 위임한 프로그램이다. 이 프로그램은 1939년 뉴욕의 로체스터에서 농산물을 처리하기 위해 마련된 것으로 1964년에 식품구입법(foodstamp act)이 통과되어 점차 수혜자가 급증되고 있다. 급여량은 수혜자의 수입과 가족크기에 따라 정해지고 주가 공공부조기관(public assistance agency)을 통하여 운영하고 있으며 농무성(dept of agriculture)이 지정한 상점에서 식품을 구입하도록 하고 있다.

2338 식품오염(food pollution)

식품은 인간의 생명·건강을 유지·증진하기 위해 필요불가결한 것이며 그 안전성의 확보는 중요한 과제이나 현대에 있어서는 다음과 같은 식품오염문제가 있다. 환경오염에 유래하는 식품오염-어패류의 수은오염, 어패류·육류·유제품 등의 PCB 오염, 쌀의 카드뮴오염, 야채·과일 등의 BHC·DDT·파라치온 등 잔류농약오염, 핵실험·원자력발전소 사고에 의한 방사능오염 등이 있다. 식품첨가물-식품공업의 발달에 따른 방부·착색 등의 목적으로 식품첨가물이 많이 쓰이게 되어 만성족성시험, 최기형성실험·대사실험 등에 의해 안전성이 점검되고 있음에도 불구하고 가끔 유해성이 문제화되고 있다.

2339 식품위생법

식품으로 인한 위생상의 위해의 방지와 식품영양의 질적 향상을 도모함으로써 국민보건의 향상과 증진에 기여하기 위해 법률신경중 제1007호로 1962년에 제정되어 1991년 법률 4432호로 개정되었다.

2340 신경제학파(new economics)

융통성 있는 조세 조정과 정부 지출이 경제에 영향을 준다는

신 케이스(neo-Keynes)학파 이론에 바탕을 둔 정책을 말한다. 미국의 장기 호황을 설명하는 새로운 경제학이론이다.

2341 신경증(neurosis)

심리적인 차원에서 일어나는 신체각부의 기능장해. 많은 경우 자기의 상태를 어떤 신체적 병으로 의식한다. 정신병과는 틀리며 현실인식의 방법은 근본적으로는 흐트러져 있지 않다. 신경증의 주된 유형으로는 불안발작을 특징으로 하는 불안신경증, 심리적 요인이 신체증상에 전환되어 표현되는 히스테리, 각종의 공포증, 또 일정의 생각이나 행위에 얽매여 수정을 의식하면서도 탈각하지 못하는 강박신경증 또는 신체감각에 과도하게 구애받는 심기증, 기타 근기능성 신경증후군 등이 있다.

2342 신구빈법(new poor law)

1834년 신구빈법은 1832년에 발족된 왕실위원회(royal commission)의 조사를 토대로 하여 제정된 법이다. 전문 109조로 되어 있고 조직의 특색은 중앙에 3명의 위원, 지방에는 구빈위원을 두어 교구연합을 통괄했고, 중앙위원은 국왕에 의해 절대권을 가졌다. 공적구빈제도는 빈곤을 해결하지 못한다는 주장으로 빈곤의 자주 해결을 요구하고 원외구호를 최소화 내지 폐지, 재원은 구빈세로 하나 종전의 지방자치단체에서는 관리 못하고 중앙정부에 의한 전국 획일적인 구제를 기도하였다. 그러나 자본주의의 모순이 심화되고 사회문제의 심각화로 파탄되어 1948년 국민부조법의 성립으로 폐지되었다. 이 법은 다음과 같은 구빈행정체계의 원칙을 마련하는 계기를 주었는데 균일처우의 원칙, 열등처우의 원칙, 작업장활용의 원칙 등이다.

2343 신규임용신고(Notice of Employment)

사학연금법 적용을 받음에 있어 필요한 부담금 및 급여금 지급의 산정 기초가 되는 보수월액을 정하기 위한 절차로서 학교기관에서는 교직원이 임용되면 학력, 자격, 경력, 직위 등을 기재한 표준봉급월액 사정카드를 제출해서 이에 따라 보수월액을 정한다.

2344 신념(belief)

① 판단·주장·의견 따위를 진리라고 생각하는 마음의 상태를 말한다. 이 상태는 언어로 표현되지만, 언어적 표현 그 자체가 아니라 표현의 의미가 신념이다. 신념에는 참인 것과 거짓인 것이 있으며, 참 신념 중에서 특정 조건을 만족시키는 것을 지식이라고 부르지만 참 신념이라고 해서 다 지식은 아니다. 또 신념은 마음의 상태이지만, 그 상태는 언제나 의식되고 있는 것이 아니라, 주위를 기울일 때에만 의식된다. 예컨대 "어제 비가 왔다"는 신념은 성향의 일종으로 취급되기도 한다. ② 자기 생각을 굽히거나 의심하지 않으려는 의지 또는 정신적 태도. 여기에는 감정적 요인이 크게 작용하며, 확신(conviction)이라고도 한다. → 지식

2345 신뢰도(reliability)

한 검사의 신뢰도를 실제로 어떻게 추정하느냐에 따라 조작적인 견지에서 볼 때 여러 가지 다른 의미로 정의된다고 보겠으나, 측정하고자 하는 것을 그 검사가 얼마나 신뢰롭게 또는 정확하게 특정해 주고 있느냐 하는 정도. 한 검사점수가 일관성 없이 어제 측정한 결과와 오늘 특정한 결과가 예측할 수 없을 정도로 변화하여, 그 결과를 믿을 수 없다면 그 측정 결과는 아무런 소용이 없을 것이다. 따라서 한 검사가 어떤 목적으로 쓰이기 위해서는 우선 최소한의 신뢰도가 있어야 할 것이다. 결국 신뢰도란 여러 가지 오차의 근원, 즉 검사도구·피검사자 및 검사 실시 과정 등에서 오는 변산적 오차의 정도가 어느 정도 되는가를 나타내는 지수가 된다. 한 검사의 신뢰도 계수는 관찰변량에 대한 오차 변량의 비로 정의되지만 실제의 진점수와 오차의 정확한 양은 알 수 없으므로 단지 얻어진 자료를 근거로 하여 일종의 모수치에 대한 추정치를 구하는 수밖에 없다. 따라서 앞에서 정의된 신뢰도란 하나의 기본 가정인 것이며, 어떻게 이를 추정하느냐에 따라 한 검사에는 여러 가지 신뢰도계수가 있을 수 있다. 신뢰도계수를 추정하는 방법에는 검사-재검사 신뢰도, 동형검사 신뢰도, 반분신뢰도, 쿠더-리처드슨 신뢰도 방법이 주가되며, 이외에도 호이트(Hoyt)·룰론(Rulon) 및 크론바하(L. J. Cronbach)의 신뢰도에 대한 개념과 그 추정 방법이 있다.

2346 신맬더스주의

인구증가율 억제를 위해 영국에서는 19세기 후반에 맬더스주의 연맹이 만들어져 도덕적 억제(결혼의 연기) 대신에 조혼과 수태제한을 주장했다. 이것이 맬더스 주의로 가족계획정책과 근본적으로 다른 점은 그들이 인구감소 내지는 양식의 증가 이외에 노임의 실질적 향상은 있을 수 없다 해서 노동운동이나 사회주의 운동에 반대하는 입장을 취한 것이다.

2347 신분변동(Shift of Status)

사학연금의 경우, 교직원이 재직하는 동안 보수월액에 영향을 미치는 신분상의 모든 변동사항을 말한다. 가령 정기승급, 전직, 학력변동, 자격변동, 학위취득, 직위변동, 승진, 정직, 휴직, 복직, 징계 등이 있다.

2348 신산업도시(newly developed industrial city)

기성 대도시에로의 인구, 과도한 기업의 집중방지, 지역격차의 시정, 고용기회창출 등의 목적으로 지정되어진 신도시지역의 개발을 중심으로 기대되어져 각 부처 간, 각 자치단체 간에 극심한 경쟁이 발생되지만 고도성장노선에서의 경제 개발적 지향이 강해 사회자본 충실의 관점에서 비판을 불러 일으켰다.

2349 신생아 사망률(neonatal deaths rate)

생후 28일 미만인 신생아기의 사망을 신생아 사망이라 하며 출생 1,000명에 대한 비율을 신생아 사망률이라 한다. 임신 기간 중 산모의 영향이 결핍되면 대사성임신중독증, 태반조기발견, 각종 감염, 빈혈, 임신소모, 조기분만, 자연분만 또는 난산의 가능성이 많아지며, 신생아에게는 사산, 지체중아, 조산아, 각종 감염증, 저혈종증, 출산시 장애 등의 막대한 건강손실을 갖고 올 수 있다. 한국에서 1970년을 시점으로 할 때 신생아 사망률은 의술의 발달, 모자보건, 적은 자녀수, 환경의 개선, 의료보험, 경제적 안정 등의 이유로 많이 감소되고 있는 것으로 나타나 있다.

2350 신의 존재의 증명([영] proofs of existence of god [독] Gottesbe-weise)

신의 존재의 증명은, 그리스도교 신앙을 철학적으로 증명하려는 의도를 가진 교부의 스콜라학자들에 의해 시도되고, 그 이후도 갖가지 형태로 반복되고 있는데, 그것들은 다음과 같은 종류에 귀착된다. ① 존재론(본체론)적 증명(ontological argument) : 신의 개념으로부터 출발하여 그의 존재를 증명하려고 하는 것으로서, 안셀무스에 의해 처음으로 제시되었다. 신은 그 이상의 것이 생각될 수 없는 가장 완전한 자이며, 만일 신이 사고) 속에만 있을 뿐이고, 존재라는 속성을 갖지 않는다면, 가장 완전한 것이라고는 말할 수 없게 되므로, 신은 존재하지 않으면 안된다는 증명. ② 우주론적 증명(cosmological a.) : 아리스토텔레스가 세계에서 일어나는 운동의 원으로서 〈움직임을 받지 않고서 움직이는 것〉을 인정한 방식에 따라서, 자연계에서의 인과관계를 거슬러 올라가서 제1원인 내지 자기 원인으로서의 신의 존재를 추리하려고 하는 것. ③ 목적론적 증명(teleological a.) : 물리신학적 증명(physico-theological a.)이라고도 한다. 자연의 질서의 합목적성으로부터 그것의 설계자로서의 신의 존재를 인정하려는 것. ④ 도덕적 증명(moral a.) : 도덕법칙, 도덕적 세계 질서의 근원으로서 신의 존재를 인정하려는 것. 이밖에, 우리들 속에 있는 최고 완전자로서의 신의 관념으로부터 그 원인으로서의 신의 존재를 증명하려고 하는 데카르트의 증명(인간학적 증명)도 유명하다. 칸트는 신의 존재의 이론적 증명의 가능성을 부정하고, 인간의 도덕의식의 요청으로서 신의 존재를 인정하는 것으로 만족했다.

2351 신중간층(new middle class)

현대사회가 낳은 계층으로 노동자계급과 자본가계급의 중간에 위치해 있는 자들로 쁘띠부르주아 층. 상인, 농민, 관공서 종사자와 근대 산업이나 기술혁신, 생활양식의 변화 속에서 대량으로 창출된 샐러리맨 층을 포함한다. 신중간층은 이 중간층의 존재를 전제로 해서 스스로를 중류계급이라 생각한다. 또한 생활 형태나 소비성향에서도 독자적인 자율적 판단을 가지며, 상향지향에는 모자라는 중간층의 존재의식을 갖는다.

2352 신청보호의 원칙

생활보장 실시 상 원칙의 하나로서 생활보장법 제18조에 규정되어 있다. 우리나라는 생활보장을 실시함에 있어서 기본적으로 시장·군수가 매년 1회 관할구역내의 보호대상자를 도지사(서울특별시장 및 광역시장은 보건복지부장관)에게 보고하도록 하는 조사보고원칙을 채택하고 있는데 신청보호의 원칙은 조사보고의 기본원칙을 보완하는 원칙이라고 할 수 있다. 생활보장법에 의하면 시장·군수는 보호의 신청이 있는 때에는 지체 없이 보호여부를 결정하고, 그 결정 실버서비스의 취지·보호의 종류, 방법, 보호의 개시시기 등을 신청일로부터 14일 이내에 서면으로 보호대상자 또는 신청인에게 통지하도록 하고 있다.

2353 신청자(applicant)

일반적으로 케이스워크의 대상이 되는 사람을 총칭하여 클라이언트라고 부르는데, 원조를 신청하여 인테이크를 마치기까지의 단계에 있는 클라이언트를 가리키는 말이다.

2354 신체발달(physical development)

신체가 외형적으로 커지고 질적으로 성숙해 가는 것이다. 신체 발달에는 급속한 성장기, 완만한 성장기, 성장이 완숙되는 성숙기가 있다. 출생 후 6개월까지, 사춘기부터 15,6세까지 급속한 성장을 하며 그 사이에서는 완만하게 성장한다. 20세기 전·후부터는 성장이나 체중의 성장이 중지되고 노년기에 접어들면서 쇠퇴의 경향을 나타낸다. 신체 발달은 행동 면에서는 두부에서 각부로 몸의 중추부에서 말초부로, 기능면에서는 일반적인 것에서 특수한 것으로 발달한다. 신체 발달은 유전적 요인과 환경적 요인의 영향을 받으며 특수한 요인으로는 지리적 여건이나 기후·풍토·문화 등의 영향도 받는다. 신체 발달에는 개인차가 있지만 아동기에는 비교적 일반적인 규칙성을 갖고 있다.

2355 신체장애(physical disability)

시각, 청각, 사지 및 구간, 언어, 평형기능, 내장 등의 신체적 기능에 장애가 있는 상태의 총칭이고 정신지체, 정신지체, 정서장애 등의 정신결함과 정신병을 제외한 개념을 말한다. 특수교육진흥법에 규정한 특수교육대상자 중에 신체장애에 해당하는 범위는 시각장애인, 청각장애인, 지체부자유자, 언어장애인이다. 그리고 장애인복지법에서 규정한 심신장애인 정의에 나타난 범위는 신체장애는 지체부자유, 시각장애, 음성·언어기능장애이고 정신지체 등 정신결함은 제외된다.

2356 신체장애인(physical handicapped person)

지체부자유, 시각장애, 청각장애, 내부장애 등 신체에 장애를 가진 성인(18세 이상) 및 아동(0~18세 미만)의 총칭. 신체 장애인에 관한 1991년 인사부의 등록현황에 따르면 총수가 273천명으로 전체추정장애인 956천명의 28.5%이다. 성인의 장애원인은 질병, 사고 순이며, 뇌졸중이나 교통사고로 인한 증가가 현저하다. 신체장애아동의 발생 원인으로는 출생 시의 사고나 질병이 큰 문제로 뇌성마비 아에 있어서는 2/3정도가 정신지체나 언어장애를 동반한 중복장애로 되어 있다.

2357 신체장애인 복지공장

신체장애인 복지공장설치 운영 요강에 의해 설치되어 작업능력과 노동 의욕이 있는 자에게 직장의 구조·설비, 통근사정 등으로 인해 일반 기업에서 고용되는 것이 곤란한 중증 신체장애인이 작업하도록 직장과 생활환경을 배려한 공장이다. 종래의 신체장애인 수산시설과 다른 점은 기업적 색체가 강하고 장애인은 고용관계로 맺어져 임금보장이나 사회보험의 적용을 받고, 생활자립과 안정을 얻을 수 있다는 것이다.

2358 신체장애인수첩(identification booklet for the physical handicapped)

→ 장애인수첩

2359 신체장애인 요양시설 (nursing care home for the physically handicapped)

장애인복지법에 따라 설치되어진 신체장애인 갱생원호시설의 일종이다. 신체 장애인으로서 개호를 필요로 하는 자를 입소시켜 치료 및 요양을 행하는 시설, 설치운영요강에 따라 운영된다. 중증 신체장애인을 장기적으로 입소시켜 건전한 환경과 적절한 처우를 행할 것을 기본방침으로 한다. 수용자의 건강관리, 개호, 위생관리, 생활지도 및 의료가 주 임무이다.

2360 신체적 기능(physical ability)

민첩하고도 유연하게 일련의 숙련된 운동을 연속시켜 가는데 필요한 기초기능, 운동 기능적 영역에 속하는 교육 목표의 분류 체계를 제시한 헤로우(Harrow)는 운동 기능적 영역의 목표는 여섯 개의 유목으로 분류될 수 있다고 보았는데, 하나가 신체적 기능이다. 그것은 다시 지구력·체력·유연성·민첩성이란 네 개의 작은 유목으로 나누어진다.

2361 신체적 언어(body language)

비언어적 의사소통의 한 수단인 일종의 의사언어(paralanguage). 손짓, 몸짓, 눈 깜박이기 등을 말한다. 의사소통은 주로 언어에 의해서 이루어지거나 얼굴 표정이나 몸짓으로도 어느 정도의 의사전달은 가능하다. 일상 회화는 문장론적으로 불완전하고 애매한 경우가 많다. 이때 신체적 언어는 화자의 의도를 파악하거나 청자의 이해 정도 등을 파악하는데 도움을 줄 수 있으므로 일상 회화의 보조 수단으로서 큰 의미를 지닌다.

2362 신체형장애

신체형장애라는 말은 DSM-에서 최초로 분류된 항목인데, 신체질환을 시사하는 신체증상을 나타내지만 실제는 신체질환이 없고 오히려 심리적 갈등이나 요인에 의해 야기되었다고 판단되는 일련의 정신장애를 말한다. 이는 의도적으로 나타낸 것이 아니라 자신의 의식적인 의도와는 달리 무의식적 과정을 거쳐 신체증상을 나타내는 것이 특징이다. 따라서 본인은 그런 증상이 왜 생겼는지를 모르고 신체의 병인으로 알고 있다. 그 유형에는 신체화 장애, 전환 장애, 심인성 동통장애, 건강염려증, 비정형 신체형장애 등으로 나눈다.

2363 신칸트파([영] New-Kantians [독] Neukantianer)

19세기의 70년대 전후부터 제1차 대전 무렵까지, 독일 중심으로 유력했던 학파. 19세기 중간 경에 있어서의 헤겔·셸링류(流)의 사변철학의 쇠퇴 및 자연과학적·생리학적인 유물론의 등장에 따라, 다시 관념론의 〈과학적인〉 재편성이 필요하게 되고, 여러 방면으로부터 〈칸트에 돌아가라〉는 소리가 들리게 되었다. 이것의 대표적인 저작은, 리프만의 〈칸트와 아류〉(1865) 및 랑게의 〈유물론사〉(1866)이다. 이것의 일반적인 특색은 인식론을 기초로 하여 이상 또는 가치의 세계를 확보하는데 있는데, H. 코엔, 나토르프, 카시러 등에 의해 대표되는 〈마르부르트파〉는 자연과학을, 또 빈델반트, 릭케르트 등에 의해 대표되는 〈서남독일학파〉는 역사과학의 방법론을 주안으로 했다.

2364 신핵가족

본가나 처가 근처에 따로 집을 사거나 전셋집을 얻어 오순도순 정을 나누며 살아가는 가족주거의 새로운 형태를 말한다. 3세대가 가끔 만난다고 해서 2.5세대 가족으로도 불리며, 맞벌이 부부가 늘어나면서 급속히 확산되는 추세다.

2365 실버산업(silver industry)

주로 고령자를 대상으로 한 상품(서비스 포함)을 제조·판매하거나 제공할 것을 목적으로 하는 영리사업이다. 고령이라는 단어가 갖는 마이너스적인 이미지를 없애기 위해 고안된 이름으로 여기서 실버(silver)란 은발이란 뜻이 함축되어 있다. 협의의 실버산업이 우리나라 경제활동 전체에서 차지하는 비중은 극히 한정되어 있지만 구미 고령화 선진국의 사례를 참고하여 전망하면 유료노인 홈 등 고령자용 주거의 제조·판매 혹은 제공 시설용·가정용의 간호, 개호관련 기기의 제조·판매·대여 등의 사업 주택고령자를 위한 거택간호·개호·가사원조 등의 서비스 재산신탁 등의 금융서비스, 개호보험 등의 사적 서비스가 발전할 것이다. 미국의 경우, 전체 인구의 21%가 55세 이상의 고령자로 이들이 미국 전체 부의 56%를 차지하고 있다. 이러한 부유한 고령자의 증가에 따라 이들을 대상으로 건강식품·의료·휴양 및 관광 등을 판매하는 실버산업이 호황을 맞고 있다.

2366 실버서비스(silver service)
고령자를 대상으로 한 실버서비스는 60세 이상을 대상으로 자유계약에서 유료로 제공 되어지는 서비스나 상품을 말한다. 실버서비스는 아래와 같은 구체적 서비스를 가리킨다. 주거관련 재가보호 및 생활서비스 복지기기 보험·연금융자 및 금융상품, 레저 관련 상품, 일상생활 관련 상품 그리고 실버서비스 제공에는 여러 가지 형태가 존재하는데 즉 행정이 비용의 일부나 전부를 부담해 민간단체가 위탁을 받도록 하거나, 비용은 서비스의 수익자가 전부 지불하고, 서비스 제공을 민간단체가 행하는 것 등이다.

2367 실버시티(silver city) 01
→ 노인촌

2368 실버시티 02
시설 이용료의 일부를 국가에서 지원하여 이용자 본인부담 비용을 줄임으로써 저렴한 요금으로 급식·기타 일상생활에 필요한 편의를 제공함을 목적으로 하는 시설을 말한다.

2369 실버타운(silver town)
노인들만이 집단으로 생활하는 촌락. 외국의 경우 병원, 백화점, 레스토랑, 은행, 영화관, 레크리에이션센터(수영장·테니스코트·볼링장·헬스클럽) 등 노인들을 위한 편의시설이 구비되어 있으며, 입주자의 건강상태에 따라 노인전용 아파트, 유료 양로원, 유로 요양원, 노인 병원, 치매병원 등 다양한 형태의 주거시설이 있다.

2370 실버프로그램(silver program)
고령자복지계획. 장기근속 후의 정년 퇴직자들이 미지의 세계에 적용할 수 있도록 보살피거나 그 직계 자녀 또는 형제자매의 자녀에게 일자리를 보장해주는 등의 인생설계를 말한다. 최근 일부 기업에서 이러한 제도가 도입되어 주목을 끌고 있다.

2371 실비양로시설
노인을 입소시켜 저렴한 요금으로 급식, 치료 및 일상생활에 필요한 편의를 제공함을 목적으로 하는 시설로 그 규모는 입소정원이 50인 이상이어야 한다. 다만 다른 노인복지시설에 병설한 때에는 30인 이상이어야 한다.

2372 실비진료소
국민대중, 빈곤자 등에게 저렴한 요금으로 의료서비스를 행할 것을 목적으로 한 것이다. 동시에 진료의 사회화, 보급을 위해 자혜의료의 한계를 보충하도록 민간인에 의해 설립되었다. 특히 질병으로 인해 빈곤층으로 전락하는 위험을 의료기관에서 방지해 줄 필요성이 배경으로 있다.

2373 실습지도자(field instructor)
사회복지실습 지정시설에서 실습생의 교육·지도를 맡는 시설 측의 실습지도담당자를 말한다. 사회복지교육에 이해를 가지고 고도의 전문지식 및 기술과 지도능력이 요구되며 그 주된 역할은 실습 가이던스, 실습목표나 동기의 명확화, 프로그램의 작성, 실습지도, 평가 등을 들고 있다. 우리의 경우는 아직 실습시설의 선정 및 지정을 비롯하여 실습지도자제도가 확립되어 있지 아니하여 금후 발전시켜야할 과제의 하나라 하겠다.

2374 실어증(aphasia) 01
일단 정상적인 언어기능을 가진 후에 대뇌의 특정영역(언어중추)에 손상을 받아 언어에 의한 의사소통 기능이 장해된 상태를 말한다. 최대의 원인질환은 뇌졸중이다. 실어증의 중핵증상은 전달하려는 내용을 언어부호로 변환(부호화)해서 언어로 전해지는 내용을 이해(해독)하는 기능의 장해이며 음성언어와 문자언어의 이해면과 표출면(즉 듣고, 말하고, 읽고, 쓰고 하는 기능의 전부) 그리고 계산기능이 많든 적든 장해를 받는다. 장해의 정도, 유형, 경과는 뇌손상의 부위나 범위, 기타 요인에 따라 다양하다. 대다수의 실어증 환자는 적절한 언어치료에 의해 어느 정도의 언어기능을 회복하지만 발병 전과 같은 언어수준에 이르는 예는 드물다.

2375 실어증 02
발성기관이나 감각에 장애가 없는데도 말을 못하거나 알아들을 수 없는 말을 하는 병적 상태를 말한다. 뇌의 언어중추에 생기는 장애 때문에 일어난다. 때로는 실독증·실서증에도 영향을 준다.

2376 실업(unemployment)
이것은 일할 의지와 능력이 있으면서도 직업을 구하지 못하여 노동 소득을 얻을 수 없는 상태를 말한다. 그러나 그 파악은 쉽지 않을 뿐 아니라, 통계조사에 따라서 실업의 정의도 다양하다. 실업의 발생원인에 따라 경기 순환적 실업, 계절적 실업, 마찰적 실업, 자발적 실업, 비자발적인 구조적 실업 등으로 나누는 경우도 있다. 어떻든, 이러한 실업은 폭넓은 사회문제를 제기하는 만큼 그 대책도 아주 중요하다.

2377 실업급여 01
실직한 근로자의 생활안정과 재취직을 촉진하기 위하여 지급되는 급여로 구직급여와 취직촉진수당이 있으며 취직촉진수당에는 조기재취직수당, 광역구직활동비, 직업능력개발수당, 이주비로 구분된다.

2378 실업급여 02
실직 근로자를 지원하기 위해 1995년에 도입한 고용보험정책 중 하나로서, 구직급여와 취직촉진수당으로 나뉜다. 구직급여를 보통 실업급여라고 하며, 실업급여의 수급자격을 갖춘 실직자에게 생계유지와 재취업을 돕기 위해 일정액을 지원하는 제도이다. 취직촉진수당은 실업의 장기화를 막고 실직자들의 적극적인 구직활동을 촉진하기 위한 것으로, 구직급여 소정 급여일수의 1/2를 남기고 새 직장에 재취업한 경우 일정액을 일시금으로 지원해주는 제도이다. 여기에는 직업능력 개발수당, 광역 구직 활동비, 이주비 등이 있다.

2379 실업률(unemployment rate) 01
경제활동을 할 수 있는 국민 중에서 일자리가 없는 사람들이 차지하는 비중. 즉 경제활동인구에 대한 실업자 수의 비율이다. 경제활동인구는 만 15세 이상의 국민 중 일할 의사와 능력을 동시에 가진 사람을 가리킨다. 따라서 근로능력이 있더라도 일자리를 구하려는 의사가 없으면 경제활동인구에서 제외된다. 학생이나 주부는 원칙적으로 제외되지만 수입을 목적으로 취업하면 경제활동인구에 포함되며 군인이나 교도소수감자 등은 무조건 대상에서 빠진다. 실업과 취업 여부를 가리는 기준은 나라마다 조금씩 다르지만 우리나라를 포함해 대부분의 국가가 국제노동기구(ILO)의 방식을 채택하고 있다. 즉 1주일에 1시간 이상 일하면 취업자, 그렇지 않으면 실업자로 구분하는 것이다.

2380 실업률 02
실업자 수를 노동력인구로 나눈 수치로, 노동력인구 중의 실업자의 비율을 나타낸다. 통계조사상의 개념에 따른 실업률에는 완전 실업률과 고용실업률이 있다. 전자는 완전 실업자를 노동력인구로 나눈 비율이며, 후자는 노동력인구에서 자영업자 등을 제외한 고용자(취업자) 수에 완전실업자를 합하고, 그 합계로 완전실업자수를 나눈 비율이다. 완전 실업률과 고용실업률은 고도성장기와 같이 1차 산업 종사자의 노동력인구에서 차지하는 비율이 크게 변동할 때는 그 괴리가 심하지만, 저성장기에는 양자의 수치는 거의 병행해서 변동한다.

2381 실업문제(unemployment problem)
실업은 자본주의 사회에 전형적으로 생기는 현상이며, 실업자는 자본제적 축척의 법칙에 의해 생겨나는 상대적 과잉인구의 기본부분이다. 자본주의의 발전과 더불어 실업의 지배적 형태는 변화해 왔지만 산업혁명 후에 경기적 실업이 생겨나게 되어 실업문제는 현재화 하며, 특히 일반적 위기의 단계이후로 만성적 실업 내지 구조적 실업이 생겨나게 되었다. 실업문제의 본질은 이후 자본주의사회의 구조적 필연의 결과로서 명확히 의식되게 되었다.

2382 실업보험(unemployment insurance)
실업상태에 놓인 근로자의 생활안정을 목적으로 하는 보험으로 고용개발과 고용촉진사업 등을 추가하여 고용보험이라고 부르기도 한다. 그 재원은 사업장의 노사보험료 및 국가의 보조금에 의해 조달한다. 실업보험의 지급기간은 보통 1년 이내이며, 보험료의 수준은 기존의 임금 수준에 따라 일정한 비율을 지급하는 것이 원칙이다. 실업보험을 운영하는 기관은 보험금의 지급뿐만 아니라 직업소개업무를 연결하여 운영하기도 한다. 한편 실업보험은 임의가입보다는 대부분 강제가입을 원칙으로 하는데, 그 목표는 실업상태에 놓인 노동자를 돕고 경제의 효율성과 안정성을 증대시키는데 있다. 그러나 실업을 단기적인 현상으로 보고 노동력이 있는 사람만을 그 대상으로 한다는 점에서 사회보장제도로서의 한계를 갖고 있으며, 이에 따라 장기화되고 대량화된 만성적 실업이 발생할 경우에는 고용정책이나 경기진흥책 등보다 근본적인 정책이 필요하다. 또한 노동능력이 없는 사람을 위해서는 의료보험 및 넓은 의미에서의 사회보장제도가 요구된다. 한국에서는 1993년 12월에 고용보험법이 제정되어 1995년 7월 1일부터 고용보험이 시행되고 있으며, 실업을 예방하고 재취업의 촉진과 잠재인력의 고용촉진, 직업능력 및 인력수급의 원활화를 목적으로 하여 노동부 주관으로 고용안정사업과 직업능력개발사업, 실업급여 지급 등을 실시하고 있다. 또한 노동부에 고용안정센터와 시, 군, 구 지방노동관서에 취업정보센터를 운영하고 있다.
→ 고용보험

2383 실업자/실직자
적극적으로 일자리를 찾아다니고, 일이 있을 때 즉시 일할 수 있지만 지난 1주일 동안 돈 받고 일해보지 못한 15세 이상의 사람을 말한다. 국가마다 노동력에 대한 정의가 다르고 실업자에 대한 조건이 다르고 실업자에 대한 조건이 다르다. 한국은 국제노동기구의 정의를 기초로 세 가지 조건을 두고 있어 이를 모두 만족시켜야 실업자로 구분한다. ▲ 만 15세 이상으로 15일이 낀 한 주 동안 일해서 돈 번 경험이 없어야 하며 ▲ 조사기간 중에 적극적인 구직활동을 하고 있어야 하며 ▲ 일자리가 생기면 곧바로 취업이 가능해야 한다.

2384 실외 놀이(outdoor play)
실외에서 이루어지는 어린이의 놀이. 실외 놀이터에서 흥미에 따라 활동적 또는 조용한 놀이를 함으로써 큰 근육 훈련의 기회를 갖게 되고 풍부한 에너지를 발산할 기회를 가지며 인지적(認知的) 경험을 하게 된다. 실외 놀이로는 정글짐·그네·줄사닥다리·구름다리·미끄럼틀·시소·작은 배·자전거·두 바퀴 수레 차·할로우 블록(Hollow block)·매듭줄·나무통 등의 기구를 통한 큰 근육 활동 놀이와 물놀이·모래놀이·목공놀이 등을 들 수 있다.

2385 실용주의(pragmatism)
지식의 가치를 행동의 결과로 판단하는 입장. 19세기 말부터 20세기 전반까지 미국 철학의 주류가 된 사고방식이다. 영국 경험주의 철학의 전통 위에 진화론을 기반으로 구성되어 관념적이 아닌 실제생활과의 관련 속에서 사상을 생각하는 입장이다. 퍼스 윌리엄, 제임스 듀이가 그 대표적인 철학자이다. 미국 자본주의의 급격한 발전에 대응하는 사상이라고도 한다.

2386 실조(deprivation)
인간의 발달에 마땅히 있어야 할 자극이나 환경조건이 부족하거나 전혀 없어 인간의 정상적 발달이 저해되는 상태를 말한다. 실조에는 물리적 환경의 결핍만이 아니라 심리적 환경의 결핍도 포함되는데 이러한 실조현상의 대표적 예로는 문화실조·언어실조·모성실조·부성실조·감각실조·영양실조 등이 있다.

2387 실존([라] existentia [영] existence [독] Existenz)
현실적인 존재라는 의미. 보통은 시간·공간 안의 개체적인 존재를 의미하는데, 스콜라학 이래 이 말은 본질에 대립하는 말로서 사용되고 있다. 본질은 〈무엇이냐〉를 나타내는 것이다. 예를 들면 〈황금의 기둥〉이라는 본질을 생각할 수는 있지만, 그것이 현실적으로 꼭 존재한다고는 말할 수 없으므로, 본질은 가능적인 것에 지나지 않는다. 가능성이 실현되고 객체적인 존재로 되었을 때 실존이라고 불리어진다. 따라서 사물의 본질과 실존은 구별되지 않으면 안되는데, 다만 신에게 있어서는 본질이 실존을 포함하는 것으로 생각되었다(→ 존재론적 증명). 플라톤 이래, 본질이 실존에 앞서고, 본질을 원형으로 하여 실존이 만들어졌다는 생각이 지배되고 있었는데, 무신론적인 실존주의에서는, 인간이 우선 실존하고, 그의 자유로운 선택에 의해 자기를 형성하는 것이므로, 〈실존은 본질에 앞선다.〉(사르트르)고 주장했다.

2388 실존주의(existentialism) 01
인간의 본질, 이성이나 정신 등의 보편적 원리로 규정하고자 하는 철학적 입장과는 반대로 자기의 개별적이고 구체적인 현실존재를 다루며 그 문제성을 추구해가고자 하는 사상. 이 입장을 명확하게 주장하기 시작한 것은 19세기 중엽의 후기 쉐링과 키르케고르이며, 특히 1920년대 이후에 한편에서는 마르셀과 야스퍼스에 의해 종교적 배경 하에, 다른 한편에서는 하이데거와 사르트르에 의해 존재론적 분석형태로 이 입장이 일제히 전개되었다. 이 실존주의는 인간의 실존이 모든 것에 앞서서 존재한다고 주장하며 관념적 측면에서 맑스주의와 대립하지만 실존을 소외시키는 사회적 조건과의 투쟁 속에서 그냥 있을 수 없다는 정치 참여적 의식을 지닌다.

2389 실존주의 02
존재 혹은 실존(existence)의 의미와 기능을 밝히려는 철학적 입장. 19세기의 합리주의적 관념주의와 실증주의에 도전하면서 형성되고 발전된 철학사조로서 분석철학과 함께 현대철학의 2대 조류를 이루어 왔다. 실존주의의 유형과 관심은 매우 다양하여 일반적 특징을 추출하기는 어려우나, 대체적으로 존재의 특수성과 개별성을 강조하고 실존의 주체성과 자율성을 강조하고 있다. 사르트르(J. P. Sartre)는 '실존은 본질(essence)에 앞선다.'고 하면서 객관적으로 주어진 것으로 판단하던 본질에 대한 전통적 철학의 경향에 도전하였다. 본질은 주어진 것이 아니라, 실존하는 인간이 스스로 선택하거나 결정한 성질의 것이다. 그리고 실존은 단순한 객관적 존재가 아니라, 행동하는 주체적 존재, 즉 자기의 존재에 대하여 질문하고 지각하며 자유를 행사하고 그것에 책임을 지는 존재이다. 실존주의자들은 종교적·예술적·형이상학적·도덕적·정치적 관심을 포함하는 다양한 관심의 세계를 점하고 있다. 그것은 아우구스티누스(St. Augustinus)의 내심의 세계, 니체(F. W Nietzsche)의 디오니소스적인 낭만주의, 도스토예프스키(F. M. Dostoevskii)의 허무주의 등의 광범한 사상적 배경에 관련되어 있기 때문이다. 실존주의 철학자들로는 키에르케르고(S. Kierkegaard), 야스퍼스(K. Jaspers), 마르셀(G. Marcel), 사르트르(J. P. Sartre), 하이데거(M. Heidegger), 메를로-퐁티(M. Merleuae-Ponty) 등이 있다.

2390 실증적([영] positive [독] positiv)
원어는 다양한 의미를 가지며, 각 국어에 의한 용법의 차이도 있고, 긍정적·적극적·실정적(실정법 : p. law)·기성적(기성도덕 : p.morals) 등의 의미를 가지는데, 실증적이라고 번역하는 경우는 사변이나 추리·추측이나 공상과는 대조적으로, 경험적 사실로서 주어진, 누구라도 관찰에 의해 확인할 수 있는 것에 관해 말한다. 이 같은 사실과 객관적 실재와의 관계를 어떻게 생각하느냐는 철학과 입장에 따라 다르다.

2391 실증주의(positivism)
일반적으로는 관념적 이해의 전개, 추상적 사고와는 달리 현실적인 사실에 근거해서 검증하는 방법을 말한다. 근대적 과학의 기본적 사 고와 방법으로 19세기 이후 정착했다. 그 입장과 태도를 하나의 사상적 체계로 해야 한다고 주장한 사람이 A.콩트다. 그는 추상적·형이상학적 사고를 배제하고 사실에 입각한 지식을 요구하는 실증철학을 확립시켰다. 경험주의의 경향이 짙고 근대과학의 발달에 대응하는 사상으로 현재는 실험과 조사로 지원받아 기법의 정밀화와 그 방법도 깊이 있게 연구되고 있다.

2392 실질GNP(real gross national product)
시장가격으로 평가한 명목상의 GNP를 실질적인 가치로 고치기 위해 기준연도로부터의 물가상승을 참작한 디플레이터로 수정한 것이다. 국민경제의 성장률은 보통 이 실질 GNP의 증감률로 표시한다. 실질GNP의 규모나 성장률은 국민경제 전체의 양상을 표시함과 동시에 정부는 이러한 GNP 등의 경제전망을 토대로 하여 예산이나 경기정책, 재정금융정책을 결정한다.

2393 실질국민소득
→ 명목국민소득

2394 실질생계비(actual cost of living)
생계비에는 실제로 지출된 비용을 나타내는 실실생계비와 일정한 생활조건, 즉 거주 지역·연령·가족구성 등에 대응하는 소비유형을 가정하여 계산하는 표준생계비가 있다. 전자는 있는 그대로의 생계비이나 후자는 있어야 할 생계비로서의 요소를 포함하고 있어 임금수준(특히 최저임금제의 경우)이나 최저생활비수준을 결정하는데 이용된다. 그런데 이 경우의 표준은 실태를 전제로 하여 가정되는 것이므로 양자는 밀접한 관계를 가진다. 표준생계비의 계산방법에는 이론생계비방식과 실질생계비방식이 있다. 실질생계비방식은 일정한 생활조건 하에 있는 가계를 조사하여 얻은 실질생계비의 최빈치 또는 평균치를 기초로 계산하는 방식으로 객관적인 측정이 용이하다는 이점이 있으나 실태를 그대로 표준으로 본다는 데 방법론상의 문제점이 있다. 그래서 실제 생활보장행정에서는 이론생계비방식 등이 혼용되고 있다.

2395 실질성장률
→ 경제성장률

2396 실질소득
명목소득에서 물가 변동 분을 제외한 소득. 명목소득을 소비자물가지수로 나눈 뒤 100을 곱해 계산한다. 예컨대 물가가 전년도에 비해 10% 올라 소비자물가지수는 110인데 올해 월평균 소득은 지난해와 같은 220만원일 경우 실질소득은 181만 8000원이 된다. 물가상승으로 실제 구매력이 전년도보다 18만 2000원이 줄어든 것이다.

2397 실질임금(real wage)
노동자가 임금으로 받는 화폐량을 명목임금이라 부르는데 반해, 명목 임금으로 구입할 수 있는 재화 및 서비스의 양을 실질임금이라 한다. 실질임금은 보통 명목임금지수를 소비자물가지수로 나눈 형태로 표시되는데, 이들 지수는 정부통계에 의존하는 경우가 많다. 그러나 산정자료나 방법에 따라 결과가 상이할 뿐만 아니라 생활양식이나 소비유형의 차이를 반영하기 어렵기 때문에 실질임금이 임금의 실질을 정확히 표현할 수 있는 것은 아니다.

2398 실천([희] prãxis [영] pratice [독] Praxis)
인간이 행동을 통해 의식적으로 환경을 변화시키는 것을 말한다. 물질적 생산 활동이 그것의 기본적인 형태인데, 생산은 일정한 역사적인 사회관계(→ 생산관계)를 통해 행해지고, 인간은 자연적 환경에 작용한다. 따라서 생산뿐만 아니라, 계급투쟁, 과학 활동(특히 실험), 정치 활동 등 다양한 실천 형태가 있는데, 모든 실천은 사회에서, 역사적인 사회조건 하에서 행해지는 사회적 실천이다. 인간의 실천은 계획적으로 환경에 변화를 가하여 목적에 도움이 되게끔 하는 점에서 동물의 행동과 다르며, 또 실천은, 성공하기 위해서는 객관적 법칙성에 따르지 않으면 안되는데, 그것을 의식적으로 행동에 적용하는 점에서 꿀벌이 벌집을 만드는 것과 같은 본능적 행동과 구별된다. 그러나 의식적 적용이라고 하더라도, 어떤 객관적 법칙성이 있다는 것, 그것이 목적 실현에 도움이 된다는 것을 인간이 경험적으로 인정하면 좋은 것인지, 반드시 법칙의 과학적 인식을 전제로 한다는 의미는 아니다. 실천은 과학보다도 앞서며, 과학의 기원으로부터도 알 수 있듯이, 인식은 실천의 필요에서 생긴다. 인간은 실천에 있어서 외계의 사물에 접촉하고, 감성적 인식으로부터 이성적 인식으로 전진하고, 그것을 실천에 적용하여 그 성공·실패에 의해 인식의 진리성을 검증한다. 실천은 인식의 원천인 동시에, 그 진리성의 기준이다. 이같이 실천·인식·재실천·재인식이라는 과정이 반복됨으로써, 실천이 발전함과 동시에 인식도 발전하고 심화해 간다. 이론과 실천과의 통일은 동적인 변증법적 통일이다. — 실천의 개념은 이미 그리스 철학에서 찾아볼 수 있지만, 생산 활동이 멸시되었기 때문에, 그 내용은 좁은 것이었다. 아리스토텔레스는 실천([희] prãxis)을 이론 및 제작과 구별하고, 그것을 인간의 윤리적 행동(정치도 포함해서)의 영역에 국한시켰다. 이 같은 실천 개념은 오랫동안 지배되었고, 근세가 되어서 생산 활동에 대한 멸시가 점차 소멸되어 가고 있었음에도 불구하고, 칸트에 있어서도 실천은 주로 도덕적 행위로서 파악되고 있었다(기술적 실천의 의의를 인정하고는 있지만 중시하지 않았다). 포이에르바하와 같은 유물론자 마저도 생산적 실천의 의의를 이해하지 못했다. 생산적 실천, 혁명적 실천의 참다운 의미를 분명히 한 것은 맑스주의의 변증법적 유물론이다. 더욱이 현대에서는 다른 의미로 프래그머티즘도 실천을 중시한다.

2399 실체
([라] substantia [영] substance [독] Substanz)
갖가지로 변화해 가는 물(物)의 근저에 있는 지속적인 것, 또는 그 같은 변화에 의해 양태를 바꾸면서도 동일성을 유지하고, 잇달아 나타나는 여러 성질의 소유자로 생각되는 것이다. 실체에 관해 처음으로 상세하게 논한 사람은 아리스토텔레스이다. 그의 실체에 관한 규정은 다의적인 것인데, 그가 실체([희] usia)로 인정한 것은 주로 구체적인 개물(주어는 되지만 술어는 되지 않는 것)로서, 그는 이것을 갖가지의 성질과 그것을 짊어지는 기체와의 통일체로 간주했다. 그의 실체개념이 중세철학에서 여러 가지로 해석된 후, 데카르트는 실체를 〈그 자신에 의해 존재하는 것, 그 존재를 위해 다른 것을 필요로 하지 않는 것〉으로 정의했다. 따라서 엄밀한 의미에서는 신만이 실체인데, 그는 물체와 정신을 유한한 실체로 인정했다. 이들을 상호간 독립적인 것으로 생각했기 때문이다. 스피노자는 이 이원론을 배격하고 신(즉 자연)을 유일한 실체로 인정했다. 버클리는 주관적 관념론의 입장에서 물질적인 실체를 부정했는데, 흄은 버틀리가 인정한 심적 실체도 부정하고, 자아라는 것은 〈관념의 덩어리〉에 지나지 않는다고 했다. 칸트도 물자체의 인식은 불가능하다고 주장하고, 실체의 개념은 현상을 인식하기 위한 카테고리에 지나지 않는다고 했다. 유물론은 물질의 유일한 실체로 보는 입장이다. → 속성

2400 심리극(psychodrama)

원래는 루마니아 태생의 정신과의사 J. L. 모레노가 창시한 심리요법이었으나 억압된 감정과 갈등의 표출로 인해 연극에서도 원용되었다. 일정한 대본이 없이 등장인물인 환자에게 어떤 역과 상황을 주어 그가 생각나는 대로 연기를 하게하여 그의 억압된 감정을 드러냄으로써 적응장애를 고치는 방법이다. 극은 있어야 한다. 그리고 극이 문제의 핵심에서 벗어날 때는 즉시 시정해 주어야 한다. 사이코드라마에도 관객이 있는데 대개 연기자와 똑같은 문제를 가지고 있는 사람들로 구성되는 경우가 많다.

2401 심리·사회재활서비스(psycho-social rehabilitation)

의료, 교육, 직업재활 영역들에 비해 사회·심리적 재활에 있어서는 그 목표가 실질적으로 어느 특정한 한 두 가지 방법에 의해 이루어지기 어려우며 상당히 포괄적이고 다양한 방법들을 통합하고 조화시켜 총체적으로 접근하는 것을 필요로 한다. 이와 같은 영역 자체가 지니고 있는 모호성과 그로 인한 접근의 난이성에도 불구하고 사회·심리적 재활은 의료, 교육, 직업 등 각 전문 재활분야의 공통 분모적이며 핵심적인 요소로서 각 영역이 추구하고 지향하고 있는 궁극적인 가치나 목표가 되는 중요한 영역이다. 사회·심리적 재활의 목표는 장애인의 재활욕구를 향상시켜 적응을 저해하는 개인 내·외적인 요인들을 극복하고 새로운 가능성을 찾도록 도와줌으로써 궁극적으로 장애인의 완전참여와 평등의 이념에 입각하여 아무런 차별과 불편을 느끼지 않고 그가 속한 사회의 주류문화를 공유하면서 가정, 학교, 직장 등 사회생활을 충분히 영위하도록 하는데 있다.

2402 심리사회적 재활(psycho-social rehabilitation)

장애인을 의학적, 직업적, 교육적인 기준에서 보는 것이 아니라 사회의 한 구성원으로서의 역할을 지닌 전 인격적으로서 인식하고 장애인의 사회적 생존을 보장하는 것을 지향한다. 따라서 사회심리재활은 사회과학의 지식과 기술제 체계를 이용해서 장애를 가지면서도 사회에 참가하는 인간이 어떻게 해야 장애를 가진 사람들에게 적절한 물심양면의 생활조건을 확보하고 향상시킬 수 있는가 등을 생각하는 것이다. 따라서 협의의 사회재활은 사회복지실천, 사회재활사업 등으로 불릴 수 있다. 장애인의 재활욕구를 향상시켜 적응을 저해하는 개인내외적인 요인들을 극복하고 새로운 가능성을 찾도록 도와줌으로써 궁극적으로 장애인의 완전 참여와 평등의 이념에 입각하여 아무런 차별과 불편을 느끼지 않고 그가 속한 사회의 주류 문화를 공유하면서 가정, 학교, 직장 등 사회생활을 충분히 영위하도록 하는데 있다. 모든 재활서비스에 있어서 가장 바람직한 방향은 장애인으로 하여금 자신의 재활 과정에서 심리적으로 수동적 수혜자가 아니라 능동적 참여자로서 적극적으로 가능하도록 도우며 사회적으로는 비장애인과 동일한 환경에서 비장애인과 동일한 권리와 기회를 누릴 수 있도록 돕는 것이라고 하였다.

2403 심리요법(pshchotherapy)

→ 심리치료

2404 심리적 부적응(psychological maladjustment)

환경에 적절히 반응하지 못하고 문제 해결적인 행동 양식이 결여된 상태를 말하며, 이로 인하여 심리적인 불안을 느껴 정상적인 사회생활을 하는데 어려움이 나타난다.

2405 심리적 재활(psychological rehabilitation) 01

장애인은 자기 신체의 일부분에 장애가 있으므로 정신적인 장애 즉 사회적 열등감과 불안을 가지게 되는데 이러한 심리적 상황을 판정하고 지도하며 심리요법 등을 통하여 직업재활, 교육재할, 의료재활이 효과적으로 달성되어 사회적 기능을 최대한으로 수행하도록 하는 것이다. 장애인의 심리적 부적응은 사회의 비장애인들의 장애인에 대한 편견과 인식의 잘못에서 오는 이중의 장애라고 볼 수 있으며 사회복귀가 어렵고 심리적 재활에 문제되는 열등감, 의존심, 몰이해에 대한 공포, 장애를 숨기려는 욕구 등을 극복할 수 있도록 원조하는 것이 심리적 재활이다. 원래 이 심리적 재활이라고 하는 말은 뇌성마비장애를 재활하기 위해 심리학적 견지에서 그 기능개선을 모색할 때 사용하는 새로 개발된 용어이다. 심리적 재활의 전문종사자는 정신과의사, 심리 직능 판정원, 심신장애인 복지지도원, 사회사업가, 임상심리학자, 카운셀러 등이다. 심리적 재활의 방법은 사회보장, 사회복지정책 사회계획 등의 제 시책과 케이스워크적 기술 및 카운슬링으로 심리적 열등감과 기관열등감(organic inferiority)을 보상하고 희망과 의욕을 가지게 하는 것이다.

2406 심리적 재활 02

장애인은 자기신체의 일부분에 장애가 있으므로 정신적인 장애 즉 사회적 열등감과 불안을 가지게 되는데 이러한 심리적 상황을 판정하고 지도, 원조하며 심리요법 등을 통하여 직업재활, 교육재활, 의료재활을 효과적으로 달성하여 사회적 기능을 최대한으로 수행하도록 하는 것이 심리적 재활이다. 심리적 재활의 전문종사자는 정신과 의사, 심리 직

능 판정원, 심신장애인 복지 지도원, 사회사업가, 임상심리학자, 카운슬러 등이다. 심리적 재활의 방법은 사회보장, 사회복지정책, 사회 계획 등의 제 시책과 케이스워크적 기술 및 카운슬링으로 심리적 열등감과 기관열등감을 보상하고 희망과 의욕을 가지게 하는 것이다.

2407 심리적 적응(psychological adjustment)

장애를 극복하고 욕구를 만족시키기 위한 유기체의 활동 과정 및 변화를 말하며 신체적, 사회적 환경과 조화 있는 관계를 수립하는 것이다. 이 정의는 학습이 아닌 순응과 동조의 의미를 강조한 것이다.

2408 심리적 지지(psychological support)

사람들을 원조하는 모든 전문직에서 중요시되는 기법으로 클라이언트가 가지고 있는 힘을 지지함으로써 현상유지를 도모한다. 동시에 적극적인 성장을 촉진하도록 의도적으로 사용한다. 이것은 클라이언트가 가지고 있는 힘을 이해하고 존중하는 것을 전제로 보증, 교육, 연습, 조언, 모델링, 환기, 시간의 제한, 대결 등을 적절하게 조합해서 진행한다.

2409 심리적 평가(psychological assessment)

직업평가 수단으로서의 심리적 평가는 장애인의 정신적인 능력과 한계성을 규명하고, 직업의 선택에 영향을 미치는 태도, 관심, 동기, 성격 등의 변인을 판별하는 과정이다. 심리적 평가는 주로 표준화된 심리검사와 상담기법에 의존하며, 활용되는 검사로는 지능검사, 성격검사, 학습 성취도검사, 적성검사, 흥미검사, 지각검사 등이 있고 필요에 따라 선택적으로 실시된다.

2410 심리진단(psychological diagnosis)

정신과적 면담과 함께 진단을 내리기 위해 심리학적 검사를 통하여 이루어진다. 심리학적 이론과 평가 방법에 의해 개인의 성격 전반을 파악하고 정신장애 현상에 대한 객관적 자료를 얻어 개인 내 여러 특성들 간의 비교와 개인 간의 비교를 할 수 있다. 개인 또는 집단의 특징을 특수한 방법에 의해서 확인하는 것이다. 성격진단·지능측정·적성검사 등을 모두 포함한다.

2411 심리치료(psychotherapy)

심리적 기법을 사용하여 정신 상태나 행동의 부적응을 적응에로 촉진시키기 위한 방법으로 훈련을 받아 사회적으로 승인된 심리학자가 행하고 있으며 주로 의학영역에서 쓰이고 있는 정신요법과 동의어로 사용된다. 심리요법에는 암시에 의해 심리상태를 변화시키는 최면요법, 자기최면을 적용한 자율훈련법, 자유연상을 분석해 무의식적인 심리상태를 통찰시킴으로써 치료를 하는 정신분석요법, 자기분석을 근거로 한 교류분석요법 등이 있다. 이외에 조작적 조건부여를 기초로 한 행동요법이나 바이오 피드백요법(bio feed back) 등이 포함된다. 치료자에 의한 환자의 통제에서 환자자신이 자기통제의 방향으로 발전하는 것이 심리치료이다.

2412 심리판정

아동상담소 등의 전문 심리판정원, 의사, 치료사, 아동복지사 등의 협의에 따라 대상아(자)의 심리상의 장애유무나 그 종류를 밝히기 위함 이다. 주로 단순정신지체, 자폐증, 정서장애, 비행 등의 발달장애 구별이나 정도를 판정하지만 그 판정에는 면접, 자유 관찰, 심리테스트, 장애검사목록 등을 이용한다. 장애의 정도는 행정상의 요청에 따라 중증(重症), 중증(中症), 경증(輕症)으로 구별하고 있지만, 장애의 종류는 명쾌하게 구별짓기 어렵다.

2413 심리판정원(psychological evaluator)

아동상담소에 소속하여 아동복지법에 규정된 판정을 관장하는 일원으로서 정신과의 아동복지사 등의 직원과 협력하여 아동지도계획을 세우고 임상심리학의 지식을 겸비한 전문 직원, 아동의 지능발달정도, 정서 등의 심리측정, 대화면접에 의한 행동관찰, 친·보호자·교사와의 면접에 따라 아동의 욕구에 관한 자료를 제시하는 역할을 담당하고 있다. 심리판정원은 다른 직원과의 전문적 협의가 불가피하고 일상적 연구 활동도 요구된다.

2414 심부전(heart failure)

일반적으로 심장의 만성적인 순환부전을 말한다.

2415 심사청구(Request of Investigation)

사학연금의 경우, 급여에 관한 결정 또는 부담금의 징수 기타 이 법에 의한 처분 또는 급여에 관해 이의가 있는 자가 급여재심위원회에 그 심사를 청구할 수 있도록 한 제도이며, 심사의 청구는 처분이 있은 날로부터 180일, 그 사실을 안 날로부터 90일 이내에 해야 한다.

2416 심사청구(application for review)

행정청의 위법 또는 부당한 처분 및 공권력의 행사에 따른 행위에 관해 국민 측에서 행하는 행정쟁송의 일종으로 행정불복 심사법에 기인해 처분청 또는 부작위청이외의 행정청에 대해 행하는 것을 말한다. 처분청에 상급행정청이 있을 때 또는 법률이나 조례에 심사 청구할 수 있는 등의 규정이 있을 때로서 전자의 경우는 당해 법률에 정한 행정청에 대해 행하는 것으로 되어 있다. 이 제도의 활용과 민주화가 요망되고 있다.

2417 심상(image)

개인의 마음속에서 그리는(떠올리는) 사상들에 대한 정신적 또는 내적인 표상을 의미한다. 심상의 또 다른 의미를 알아보면, 개인이 특정 인물이나 대상 또는 현상에 대해 가지고 있는 인상을 지칭하기도 한다. 한편, 심상은 영어단어의 발음 그대로 '이미지'라고도 한다.

2418 심신장애(mental and physical disability)

인지·지능·언어·정서·행위 등의 심신기능면에 장애가 있는 상태의 총칭. 교육이나 복지의 관계에서는 지능장애(정신지체, 시각장애), 시각장애(맹·약시), 청각장애(농·난청), 언어장애, 지체부자유, 병약·신체허약, 정서장애와 이들 장애를 합병하고 있는 중복장애 등으로 분류하고 있다.

2419 심신장애인복지(Welfare for mentally and physically handicapped persons)

→ 장애인복지

2420 심신증(psychosomatic disease)

그 자체가 독립된 병은 아니고, 내과를 비롯한 각과에 걸친 여러 가지 병으로서, 심리적 인자가 발단이 되어 발증하거나 그 증상이 오래가는 것이다. 위궤양, 십이지장궤양, 관절류머티즘, 갑상선 기능항진증, 본태성 저혈압, 협심증, 기관지천식, 편두통, 원형탈모증 등이 대표적이다. 최근 미국에서 암의 발증과 그 경과에 대해서도 심리적 요인이 관여하고 있다는 보고가 있는데, 넓은 뜻으로는 거의 모든 병이 마음과 몸의 상관을 다루는 심신의학의 대상이 된다고 할 수 있다. 치료법으로는 신체적 질환으로서의 치료와 자율훈련법, 행동요법, 교류분석, 바이오피드백, 절식법 등이 있다.

2421 심인성(psychogenic)

질병, 상해나 기타 신체적 원인보다는 심리적 요인(정서적 갈등, 잘못된 습관과 같은)에 의해서 생기는 것으로 기질적이기보다는 기능적인 것에 영향을 끼친다.

2422 심층 케이스워크(intensive casework)

다문제가족 등 접근곤란한 가족에 대한 원조활동은 특히 집중적으로 깊게 관여해야 효과가 나타난다. 미국의 복지사무소에서는 일반의 공적부조 케이스워커와는 별도로 문제가족의 원조를 위해 심층 케이스워커를 두고 있는 곳도 있다. 그 지역사회조직들에게 다문제케이스를 담당시켜 빈도 높은 접촉에 의해 케이스워크를 효과적으로 진행토록 한다. 그 내용은 가족중심 케이스워크와 같다.

2423 심판

일반적으로 소송에 둔 심리 및 재판을 합해서 부를 때 사용한다. 특히 형사소송에서는 피고사건에 대한 심리·재판을 가리킨다. 그리고 가정재판소에서는 가사사건으로 가사심판관에 의한 사정청취와 결정을 말한다. 즉 갑류심판사 건에서는 개명(改名) 혹은 양자허가 결정이나 후견인 선임의 결정이 있고, 을류조정 사건에서는 유산분할, 동거 등의 사건으로 당사자 간에 동거에 대한 합의가 없는 경우는 그 가부에 대해 심판을 하지 않으면 안된다.

2424 심포지엄(symposium)

강단식 토의법이라 하여 학회 등에서 많이 쓰이며 사회자와 강사와 청중으로 구성된다. 하나의 테마에 관해 여러 가지 각도에서 강사(2~4인 정도)가 의견이나 문제제기를 하고 이것을 받아서 참가자 전체가 토론을 한다. 포럼과 다른 점은 강사 간에 반드시 대립된 의견제시가 요구되지 않는다는 점이다. 심포지엄에서는 각 강사의 발언내용이 중복되지 않도록 사전조정이 필요하다.

2425 심화학습 프로그램(enrichment program)

한 학습 내용을 다양한 수업모형과 매체를 활용하여 학습활동에 대한 제시 방식을 풍부하게 사용한 학습 프로그램 또는 학습 내용의 수준을 상향적으로 발전시킨 프로그램. 심화학습 프로그램은 한 단위 학습 과제에 대한 학습 과정을 마친 후 학습자의 학습을 강화 발전시키기 위한 목적으로 제공된다. 심화학습 프로그램은 학습 내용을 새로운 상황에서 적용해 보이는 방법, 학습 상황과 유사한 사례를 찾도록 하거나 제시하는 방법, 학습 수준을 상향적으로 조정하여 발전된 문제를 해결하도록 유도하는 프로그램 등 여러 가지 방법으로 개발될 수 있다. 심화학습 프로그램의 사례는 다양한 매체를 이용한 학습내용의 제시, 발전된 문제 해결을 촉진하는 프로그램, 수준이 높은 읽기 또는 연습자료 등으로서 학습내용의 성격에 따라 다르게 구성된다. 심화학습 프로그램은 일단 학습자가 주어진 학습과제에 대한 기본적 학습이 이루어진 것을 확인한 후에 실시하는 것이 바람직하다.

2426 십분위분배율(decimal distribution ratio)

소득액순서로 나열된 소득분포를 십분위로 구분하여 하위 40%의 소득계층이 점유하는 소득비율과 상위 20%의 소득계층이 점유하는 소득비율을 대비한 것이다. 일반적으로 소득통계경료는 개인단위로 이루어지나 그 집계·공표는 소득계층별로 구분되어 있어서 이 자료를 그대로 이용할 경우에는 계층별 소득인구가 다르기 때문에 소득인구를 10등분 또는 5등분으로 등분하면 소득불평등의 측정과 분석에 유용하다. 이때 10등분 또는 5등분된 하나하나의 계층을 10분위 또는 5분위라 하며 그 소득액의 순서에 따라 제1십분위에서 제10십분 위까지, 제1오분위에서 제5오분위까지로 구분된다. 소득의 분위별 분배 상태를 파악하는 것은, 단일 지표로 나타나는 지니계수가 고저소득계층간의 소득분포를 민감하게 반영하지 못하기 때문에 분석상 유용하다. 우리나라의 경우 전가구의 십분위분배율은 1965, 1970, 1976, 1982년에 각각 19.34/41.81, 19.63/41.62, 16.85/45.34, 18.80/42.99로 추계되었다.

2427 씨오(C.O : community organization)

→ 지역사회조직

[ㅇ]

2428 아(我)
→ 자아

2429 아가페([희] agape)
그리스도교적 사랑을 말한다. 신약성서에서 에로스에 대하여, 신의 사랑, 신에 대한 사랑, 그리스도의 사랑, 그리스도에 대한 사랑, 그리스도교도 사이의 사랑에 쓰인다. 보통 〈카리타스〉라고 라틴어로 번역된다. 복수형 agapai는 초대 그리스도 교도의 공동의 식사라는 뜻이다.

2430 아노미(anomie) 01
사회적인 무규범상태를 말한다. 프랑스의 사회학자 E. 뒤케임에 의해 정시화된 개념이며 그 뒤 내용이 풍부해졌다. 일반적으로는 산업구조의 변용에 따라 사회구조나 사회규범이 변화하고 일원적인 가치체계나 행동양식이 허물어진 혼란 상태를 지칭하고 있다. 19세기 후반부터 공업화의 진전이 사회집단이나 사회연대 그리고 사회관계에 끼친 영향과 그 결과를 해명하는 과정에서 생겨난 개념이지만 현재에는 사회변동일반의 사회적 상호설명에 사용된다.

2431 아노미 02
무법 무질서의 상태를 말한다. 신의와 법의 부재를 뜻하는 그리스어 아노미아(anomia)에서 유래한 말이다. 중세에는 폐어가 되었으나 에밀 뒤르껭(Emile Durkheim)이 〈사회분업론〉 (1893)과 〈자살론〉 (1897)에서 이 단어를 사회학적 개념으로 부활시켰다. 그는 이 말을 한 사회에 있어 그 구성원의 '행위를 규제하는 공통된 가치나 도덕적 규범이 상실된 혼돈상태'를 나타내는 개념으로 규정했다. 뒤르껭에 의하면 사회적 분업의 발달은 사회의 유기적 연대를 강화하지만 이상 상태에 빠지면 사회의 전체적 의존관계가 교란되어 통제받지 못하는 분업이 사회적 아노미 상황의 원인이 된다고 한다. 뒤르껭 이후에도 이 용어는 사회해체현상을 분석 기술하는 개념으로 쓰이고 있다.

2432 아동(child)
아동은 학자나 관계분야에 따라 다르게 정의하고 있다. 일반적으로 아동은 성인에 대비한 개념으로 심리학에서 6세~12, 13세의 초등학교 재학 중인 자로 보고 있으며, 아동복지법과 근로기준법에서 18세, 민법과 소년법에선 20세로서 다르게 규정하고 있다. 이들은 성인이나 노인 에 비해 심신이 미성숙 상태에 있고 인간의 전 생애과정 중에서 여러 발달단계를 거쳐서 성장 발달한다. 다른 어떤 포유동물보다도 장기간에 걸쳐 의존·보호를 받아야 하며, 생리적 욕구(physiological needs)와 인격적 욕구(personality needs)를 동시에 충족해야 하고, 가정을 시초로 점차 사회화되어 가며, 사회적 인간으로 성장하기 위한 사회 환경에 적응할 수 있는 능력을 학습해야 하는 특성을 지니고 있다.

2433 아동건전육성
아동헌장은 아동에 대한 올바른 관념을 확립해 전체 아동의 행복을 도모하기 위해 정의를 내리고 아동의 건강한 성장발달에 관해 기본 이념을 기술하고 있다. 또 아동복지법은 이 이념을 달성하기 위한 책임을 명확히 해 필요한 제도를 규정하고 있다. 아동건전육성은 아동헌장, 아동복지법을 기본으로 보건·교육도 포함하며 아동의 건전한 성장을 시도할 활동 및 그 이념의 총칭이라고 할 수 있다. 일반적으로는 불특정 다수인 아동의 건전한 활동의 보장과 그것과의 대응한 청소년의 비행화방지가 아동건전육성 활동으로 인식되어 있다.

2434 아동과(children's bureau)
1912년 창설된 미국 정부기구로서 현재는 미국 보건 및 인간봉사성(HHS)의 아동, 청소년 가정복지국(administration for children, youth and families)에 속해 있다. 이것은 아동을 위한 국가적 프로그램을 계획, 조정, 지지하는 역할을 한다.

2435 아동관
아동을 보는 관점은 시대와 학자에 따라 다양하다. 고대말기로부터 18세기까지는 어른의 작은 형태로서 보아왔으며, 19세기 초에 이르러서는 과학적인 아동연구에 의하여 아동도 비합리적인 충동에 의하여 좌우되는 작은 악마로 보았고 20세기에 이르러서는 자기변혁의 자유를 존중한 나머지 아동을 계속적인 보호와 지도가 필요한 자로서 지도의 대상으로 보았다. 이에 따라 아동은 교육의 대상으로서 건전육성되고 있으며 국가발전의 원동력이요, 국가부강의 기본이다, 국가안정의 바탕으로 인식되어 아동관이 점진적으로 고조되어 왔다.

2436 아동교육(childhood education)
초등학교에 입학한 후 초등학교를 졸업할 때까지의 아동을 위해 실시하는 교육. 만 5세 이전의 어린이들로부터 초등학교 저학년에 이르는 유아교육이라는 개념과 분리된다. 현재 우리나라에서는 유아교육과 혼돈되어 쓰이고 있으며 초등교육이라고 불리는 것이 보통이다. → 유아 교육

2437 아동구호연맹(save the children federation)
경제적인 어려움 또는 재난을 겪은 지역이나 빈곤 국가들의 어린이와 가족들, 지역사회에 사회서비스, 지역사회 개발, 재정적 원조를 제공하기 위해 1932년 설립된 자원봉사기관, 이들 프로그램은 미국 내의 애팔래치아 지역, 미국 인디언 보호구역(American Indian reservation), 도시의 빈민지역, 치카노(Chicano) 지역뿐만 아니라 많은 제3세계 국

가들에서 운영되고 있다.

2438 아동권리선언 (declaration on the rights of children)

제1차 세계대전 이후 전쟁이 아동에게 미친 참상의 깊은 반성에서 1924년 9월 유엔총회에서 세계최초로 아동권리선언을 채택했다. 이것은 제네바선언(5개조)으로 알려지고 있으며 아동의 발달보장, 요보호 아동의 보호, 아동구제의 우선성, 착취로부터의 보호, 아동육성의 목표달성에 노력해야 할 것을 강조하였다. 15년 뒤에 제2차 세계대전이 발발하여 제네바선언을 개정해 2개 조항을 추가하였으며, 1959년 11월 20일에는 전문과 10개조로 된 아동권리선언을 채택해 출생권, 생존권, 발달권, 행복추구권, 교육권, 레크레이션권을 선언하였다. 이후 제30주년이 되는 1989년 11월 20일에 아동권리선언을 투표없이 채택하였다. 인권위원회의 10년에 걸친 작업성과라고 할 수 있는 이 조약은 54개조로 이루어져 있는데 어린이가 자기 이름을 가질 권리, 착취로부터 보호받을 권리, 교육이나 생존 및 발전을 위한 권리 등을 들고 있으며 이제까지 많은 조약과 선언에 분산되어 있던 어린이의 권리를 하나로 묶었다.

2439 아동기(childhood)

인간 생활주기의 첫 단계인데 그 특징으로서 빠른 신체적 성장, 그리고 정규교육과 놀이를 통해 어른의 역할을 습득하기 위한 노력이 나타난다. 많은 발달심리학자들은 이 단계가 유아기 이후에서 사춘기 puberty(약 18~24개월부터 12~14세까지) 혹은 성인기 adulthood(18~21세) 까지라고 말한다. 이 단계는 때때로 초기아동기(유아기 말부터 6세)와 중기아동기(6세~청년기 이전), 후기아동기(청년기)로 분류되기도 한다.

2440 아동기 자폐증 평정척도 (CARS : childhood autism rating scale)

자폐아동을 다른 발달장애와 구별하여 규정하기 위해 North Carolina 대학의 Schopler 등이 개발한 행동 평정척도이다. 총 15개의 항목으로 이루어져 있으며 1점에서 4점까지 7점 척도화되어 있다. 평정은 검사 상황이나 교실에서의 관찰, 부모 보고, 과거력 등을 근거로 비정상적인 행동의 특성, 빈도, 심도를 고려하여 행해진다. 진단은 전체 점수와 3점 이상의 높은 점수를 얻은 항목 수에 근거해 결정된다.

2441 아동기 정신분열증(childhood schizophrenia)

사춘기 이전의 아동에게서 나타나는 사고, 인지, 정서, 행위 등의 분열을 포함한 만성적인 정신장애를 말한다. 이러한 정신분열적 아동은 지나치게 위축된 행동, 미성숙, 부모나 대리 부모로부터의 자율성 개발이나 자아확립의 실패 등을 나타낸다.

2442 아동단체협의회

"한국아동단체협의회"는 지난 1989년 11월 UN총회에서 만장일치로 채택된 UN의 아동의 권리에 관한 국제협약에 관련하여 국내 아동들의 생존, 보호, 발달을 위하여 1992년 6월에 설립된 단체이다. 한국아동단체협의회는 현재 25개의 회원단체로 구성되어 있으며 아동의 복지, 환경, 보건, 교육, 문화 등 사회 제부문에서의 문제 예방과 개선을 촉진함으로써 미래의 주역이 될 아동들의 건전한 발달을 도모하고 사회발달에 기여함을 목적으로 하고 있다. 매년 4월에 개최되는 어린이와 청소년의 생존, 보호, 발달을 위한 전국대회가 있다.

2443 아동문제(children's problems)

광의로는 아동기에 발생한 사회적문제의 총칭. 아동복지법에서는 전 국민은 아동이 심신과 함께 건전하게 성장하고 육성되도록 노력하지 않으면 안된다고 하고 여러 시책을 강구하고 있지만 현대사회는 새로운 문제를 계속해서 야기시키고 있다. 영아 유기, 신체장애아 문제, 등교거부, 비행의 저연령화, 폭력아동복지시설문제, 아동자살 등 현대아동문제는 현사회의 모순을 반영한 것들로 점차 심각한 양상을 띠고 있다.

2444 아동문화(child culture)

문화란 인간이 학습에 의해 사회에서 습득한 생활방법, 인간행동양식의 총칭이며, 아동문화란 아동을 대상으로 해서 아동의 성장발전에 영향을 주는 것으로 아동이 그것들에 접촉함으로써 인격형성이 이루어지는 것이라 할 수 있다. 광의로는 아동의 의식주를 포함한 일상생활전반까지 포함한다고 생각되나, 일반적으로는 아동의 성장발달에 영향을 주는 문화재(그림책, 완구, 라디오, TV 등)나 아동자신이 창조적, 집단적으로 생활할 수 있는 아동관, 도서관, 놀이터, 소년단 등의 시설이나 조직 혹은 이들을 이용해서 행해지는 아동자신의 활동을 총칭하여 말한다.

2445 아동문화재

아동의 성장발달을 위해 역사적으로 배양된 생활방법, 인간행동양식, 혹은 아동자신이 성장발달의 과정에서 만들어 낸 사상, 사물을 말한다. 광의로는 아동을 둘러싼 환경전체를 말하나 일반적으로는 그림책, 완구, 놀이, TV, 아동문학 등을 말한다. 아동의 성장발달은 의도적, 계획적인 교육생활에 의해서만 이루어지는 것이 아니다. 그날그날 아동이 접촉하는 문화재에 의해 크게 영향을 받기 때문에 아동에게 어떠한 문화재를 주느냐가 과제가 된다. 아동헌장은 좋은 문화재를 준비할 것을 요구하고 있다.

2446 아동방임(childhood neglect)

신체적, 정서적, 사회적으로 건전한 발달에 필요한 최소한의 보호 및 책임을 완수하지 못 하는 것, 예를 들어 불충분한 영양섭취, 부적절한 감독, 불충분한 건강보호, 불충분한 교육 등을 말한다.

2447 아동보호(child care)
아동의 건전한 성장발달과정을 조장하기 위해 사회나 성인측에서 아동에게 할 수 있는 모든 형태의 서비스 및 프로그램을 의미한다. 따라서 아동보호조치, 가정양육을 중심으로 한 사회적 보호프로그램을 보완적·대체적으로 활용하여 행해진다. 종래는 아동수용시설에서의 보호를 지칭해서 아동보호라고 한정적으로 좁게 사용했으나 현재는 가정양육, 시설(수용·통소)보호, 집단보육, 재가아동보호서비스 등 모두를 포함해서 아동보호조치라 이해해야 할 것이다.

2448 아동보호 사회사업가(child care worker)
함께 거주하면서 아동의 집단생활을 보살펴주고 일상적인 보호를 책임지는 전문가 및 준전문가(paraprofessional)이다. 이들은 때때로 사감(house parents), 시설사회사업가(residential workers) 혹은 집단생활 상담가로 불린다. 이들은 시설에서 아동보호(child care) 활동을 행하는데, 일차적으로 정서가 불안하고 의존적인 아동을 위한 시설, 정신지체아를 위한 시설, 교정시설, 신체적 장애아를 위한 시설, 미혼모 시설에 고용된다.

2449 아동보호기금(children's defense fund)
전국의 아동을 위해 지지 및 로비활동을 하는 조직으로, 아동에게 영향을 미치는 법률과 정부기관을 면밀히 조사하고, 오래된 프로그램을 바꾸고 새로운 프로그램을 제시하는 일을 수행한다. 또한 이 조직은 아동의 특수한 욕구를 만족시켜주는 기관을 지원해주고 아동복지법을 만들고 강화시키기 위해 노력하고 있다.

2450 아동보호서비스(child protective service)
보호제공자(care giver)에게서 자신의 요구를 충족시킬 수 없는 아동에게 제공되는 사회적, 의료적, 법률적, 주거적, 관습적 보호 등과 같은 인간서비스를 말한다. 정부기관의 아동보호서비스 분야에서 일하는 사회사업가들은 아동에게 이런 서비스가 필요한지를 결정하려는 사법당국의 조사활동을 도와주거나 그런 서비스 자체를 제공하기도 한다.

2451 아동복리법
1962년 법률 912호. 모든 국민은 아동이 다 같이 건전하게 태어나고 또 양육하도록 힘써야 하며, 아동의 생활을 보장하고 이를 애호하지 않으면 안된다는 아동 복리의 근본이념을 존중함과 함께 그 목적을 달성함에 필요한 여러 제도를 정한 법률을 말한다. 아동복지법 제정 이전시기의 아동복지에 관한 대표적인 법적함의이다. → 아동복지법

2452 아동복지(child welfare)
아동(18세 미만)의 권리보장을 위한 복지활동, 아동의 기본적인 인권을 존중하고 아동을 과학적으로 이해하여 그 환경에 대응하는 원조와 지도를 하여 모든 아동들에게 가장 적당한 제 조건, 곧 복지를 보장하여 인격형성의 기회를 줌으로써 아동을 심신 모두 건전하게 육성하려는 것이 목적이다. 1981년에 제정된 아동복지법에 의하면 그 책임을 아동의 보호자와 함께 국가와 지방자치단체가 책임지게 하고 있다. 아동상담소·보건소·아동복지단체가 각각 관계 사무를 맡고 있으며 특히 시·구·읍·면에는 아동위원을 두어 업무를 협력하게 되어 있다. 아동복지서비스는 대부분 그것을 희망하여 신청하고 이에 대한 필요가 인정될 때, 또는 사정에 의하여 제3자로부터 통고가 있는 경우, 관계기관의 판단에 의해 급여가 개시된다.

2453 아동복지백악관회의
(White House conference on children and youth)
1909년 미국의 변호사 웨스트지 시민의 열의에 동화된 T. 루즈벨트 대통령은 요부조 아동 보호에 관한 전미협의를 소집했다. 이후, 거의 10 년마다 아동복지 전국회의가 해당연도의 대통령에 의해 개최되고 있다. 복지·보건·교육·노동·사법·종교 등 전미 각지 각층의 전문가, 일반시민, 정치가의 참가와 해외초대출석자에 의해 아동복지의 기본 원리의 선언이나 대통령에의 권고 등 미국내외에 큰 영향을 미쳤다. 가령 제1회 회의의 가정은 문명의 최고의 창조물 선언은 20세기 육아사상의 기조가 되었고 또 그 권고에 따라 1912년 연방정부 아동국이 창설되었으며, 미국아동헌장이 1970년의 제3회 회의에서 결의 채택되었다.

2454 아동복지법
아동의 복지를 보장하기 위한 법률. 1961년 12월 '아동복리법'으로 제정·공포되었다가 1981년 4월 전문개정되면서 '아동복지법'으로 개칭되었다. 1981년 4월 13일 법률 제3438호로 개정되었고, 2000년 1월 12일 법률 제6151호로 전문개정되었다. 18세 미만의 아동이 건강하게 출생하여 행복하고 안전하게 자라나도록 그 복지를 보장함을 목적으로 한다. 아동은 자신 또는 부모의 성별과 연령, 종교, 사회적 신분, 재산, 장애유무, 출생지역 등에 따른 어떠한 종류의 차별도 받지 않고 자라나야 하며, 안정된 가정환경에서 행복하게 자라나야 한다. 또한 아동에 관한 모든 활동에서 아동의 이익이 최우선적으로 고려되어야 한다. 국가와 지방자치단체는 아동의 건강과 복지증진을 위하여 노력해야 하고, 그 시책을 시행해야 한다. 아동의 보호자는 아동을 성장시기에 맞추어 건강하고 안전하게 양육해야 한다. 모든 국민은 아동의 권익과 안전을 존중해야 한다. 매년 5월 5일을 어린이 날로 한다. 시·군·구에 아동위원을 두며, 특별시

·광역시·도 및 시·군·구에 사회복지전담공무원으로 아동복지지도원을 둔다. 국가는 아동복지시설과 아동용품에 대한 안전기준을 정하여야 한다. 시·도지사 또는 시장·군수·구청장은 보호를 필요로 하는 아동이 있을 경우 최상의 이익을 위하여 보호조치를 하여야 하며, 아동의 친권자가 친권을 남용하는 등의 사유가 있을 때에는 법원에 친권행사의 제한·상실의 선고를 청구하거나 후견인의 선임을 청구하여야 한다. 아동복지시설의 종류는 아동양육시설·아동일시보호시설·아동보호치료시설·아동직업훈련시설·자립지원시설·아동단기보호시설·아동상담소·아동전용시설·아동복지관 등으로 한다. 아동복지시설은 종합시설로 설치할 수 있으며, 각 시설의 고유업무 외에도 아동가정지원사업과 아동주간보호사업, 아동전문상담사업, 학대아동보호사업, 공동생활가정사업, 방과 후 아동지도사업을 할 수 있다. 아동복지시설에는 필요한 전문인력을 배치해야 한다. 국가와 지방자치단체는 아동학대에 대한 신고긴급전화를 설치하고, 아동보호전문기관을 설치해야 한다. 누구든지 아동학대를 알게 된 때에는 아동보호전문기관 또는 수사기관에 신고할 수 있다. 국가 및 지방자치단체는 아동복지단체를 지도·육성할 수 있다. 전문 43조와 부칙으로 되어 있다.

2455 아동복지시설(child welfare institution)

아동복지시설은 아동 및 임산부의 복지아동복지위원회를 위한 시설로서 아동상담소, 영아시설, 육아시설, 신체허약아시설, 아동일시보호시설, 아동직업보호시설, 조산시설, 모자보호시설, 아동전용시설, 교호시설, 아동입양위탁시설, 정서장애아시설, 자립지원시설을 말한다.

2456 아동복지위원회

보건복지부에 중앙아동복지위원회를 서울특별시, 광역시 및 도에는 지방아동 복지위원회를 두고 있다. 본 위원회는 아동복지에 관한 사항을 조사, 연구, 심의하여 아동복지에 관한 필요한 사항을 관계 기관에 건의할 수 있다.

2457 아동복지자문위원회 (advisory committee on child welfare)

미국에서 1935년에 제정된 사회보장법 제3장 제4조에서 요부조아동 원조와 제5조 아동복지제서비스에 대해 1939년 이후 5차에 걸친 개정이 있었다. 그 개정의 성과를 검토하고 그 검토결과 보고와 권고를 보건 교육복지소에서 행하기 위해 설치된 자문위원회다. 그 결과 1962년의 개정 법률로 경제적 원조뿐만 아니라 재활 및 기타 아동복지서비스의 강화와 그 뒷받침이 되는 연방정부의 재정적 지원규정이 확립되었다.

2458 아동복지지도원(child welfare guidance worker)

별정직 공무원으로서 아동복지에 관한 사항을 상담지도하기 위하여 도와 시·군·구 및 아동상담소에 아동복지지도원을 두고 있다. 그리고 이들 아동복지지도원의 임무는 아동상담소의 업무와 같으며 아동 복지지도원을 임명 또는 해임한 때에는 지체없이 보건복지부장관에게 보고하도록 하고 있다.

2459 아동부양수당

부모가 이혼한 아동, 부가 사망한 아동, 부가 일정의 질병상태에 있는 아동, 부의 생사가 불명확한 아동 등 부모와 생계를 같이 하고 있지 않은 아동에 대해, 그리고 모가 그 아동을 보호하고 있을 때 또는 모가 아닌 자가 아동을 양육하고 있을 때에 그 모 또는 양육자에 대해서 아동의 건전한 성장에 기여할 것을 취지로 국가가 지급하는 수당. 아동으로는 18세 미만의 자 외에 20세 미만의 일정의 장애상태에 있는 자가 포함된다.

2460 아동상담소(child guidance center)

아동 및 임산부의 복지를 위한 시설로 아동 또는 임산부에 관한 그 가족 및 관계인에 대한 상담 아동지도에 필요한 가정환경의 조사·입양·위탁보호 및 거택보호 아동 또는 임산부에 관해 전문적·기술적 지도를 필요로 할 경우의 개별지도·집단지도 및 알선 아동 복지시설 또는 요보호아동의 조사·지도 및 감독 아동을 위한 지역 사회자원의 활용 알선, 아동의 임시보호 기타 아동 및 임산부의 복지증진에 관한 업무를 담당하는 것을 규정하고 있다.

2461 아동 성적 학대(child sexual abuse)

어른들이나 흔히 가족구성원들의 성적 욕구 충족을 위해 폭력이나 조종에 의해 피부양아동이 당하는 아동학대(child abuse)의 한 형태를 말한다.

2462 아동수당(children's allowance)

가정생활의 안정에 기여하고, 다음 세대의 사회를 짊어질 아동의 건전한 육성 및 자질향상에 이바지함을 목적으로 지급되는 수당을 말한다. 의무 교육 종료 전의 아동을 포함한 2인 이상의 아동을 보호하기 위하여 이들과 생계를 같이하는 부 또는 모에게 지급된다. 지급대상은 원칙적으로 2명 이내의 의무교육 종료 전아동이다.

2463 아동심리 집단진단(children psychological diagnosis by different discipline)

아동상담소 등의 전문적인 심리 판정원, 아동정신과 의사 치료자의 협의에 의해 대상아동에 대한 심리상의 장애유무나 그 종류를 명백하게 하기 위해 쓰이는 판정. 주로 단순정신지체, 자폐증, 정서장애, 비행 등의 발달장애의 구별이나 정도를 판정하는 것으로 그 판정에는 면접, 자유 관찰, 심리테스트, 장애체크리스트, 뇌피도 등을 이용한다. 장애의 정도는 중도(severe), 경도(mild)로 구분되나 장애의 종류판별은 어렵다.

2464 아동심리학(child psychology)
태아기, 유아기, 아동기 등의 행동 특수성을 설명하는 발달심리학의 일부 분야이다. 감각, 운동능력, 인지, 사고, 정서, 사회성 등이 취급된다. 아동에 대한 견해에는 두 가지 입장이 있으며 아동은 발달하는 것이라는 생각과 아동은 발달시켜지는 것이라는 생각이 있다. 종래에는 전자의 견해가 강해서 아동중심주의가 교육의 이념이 되어 있었다. 현재는 야생아나 호스피탈리즘의 연구를 계기로 해서 일견 자유로이 발달하고 있는 듯이 보이는 아이에 대해서도 부모나 주위의 사회영향이 중요시 되었다. 피네, 슐텐, 홀 게젤, 피아지 등에 의해 통계적인 방법을 사용해서, 혹은 사건 연구적, 행동 관찰적으로 이론화가 진행되고 있다. 프로이드 또한 아동연구의 일단을 담당하고 있다.

2465 아동양육보호권(custody of children)
이혼하는 부모 중 누가 아동을 맡을 것인지 혹은 부모 외에 다른 보호자가 아동을 맡을 것인지를 지정하는 법적 결정을 말한다. 이 결정은 아동의 이익을 가장 잘 반영한다고 생각되는 것에 근거해야 한다. 어떤 경우에는 부모 양쪽이 모든 책임을 공유하는 공동보호양육권(joint custody) 결정이 내려진다. 공동양육보호가 결정되면 아동은 일정기간 동안은 어머니, 또 일정기간 동안은 아버지와 함께 살게 된다.

2466 아동옹호(child advocacy)
아동학대나 착취로부터 아동의 권리를 찾기 위한 것을 말한다. 이러한 활동이 시작된 후 사회사업가들은 아동노동법을 쟁취하기 위해 노력하게 되었다. 그래서 대중들로 하여금 불충분한 보호시설과 고아원에 대해 관심을 갖게 하였고, 소년재판 프로그램의 도입과 입양보호의 확대 그리고 아동유괴, 납치, 학대 등의 근절을 위해 활동하게 하였다.

2467 아동원조협회(Children's Aid Society)
1853년 뉴욕에서 브레이스(Charles Loring Brace)가 설립한 민간기구로서, 가정이 없거나 빈곤한 아이에게 가족을 소개해주고 주거시설, 교육, 보호를 제공한다. 이 기관의 방법론은 현대적인 아동복지 프로그램과 양육보호제도에 큰 영향을 주었다.

2468 아동위원(child welfare commissioner)
아동위원은 그 관할구역안의 아동에 대하여 항상 그 생활상태 및 가정환경을 상세히 파악하고 아동복지에 관해 필요한 원조와 지도를 행하며 아동복지지도원 및 관계 행정기관과 협력한다. 이러한 아동위원은 구·시·읍·면에 두고 있으며 그 직무에 관해 그 구역을 관할하는 당해 서울특별시장, 광역시장 또는 도지사의 감독을 받는다. 아동위원은 명예이며 수당을 지급할 수 있도록 규정되어 있다.

2469 아동위탁
요보호아동을 일반가정에 입양 또는 위탁하여 보육하게 하는 것을 말한다.

2470 아동유괴(child snatching)
피부양아동이 법적으로 인정된 부모나 보호자의 보호와 감독을 받지 못하게 하는 불법적인 행위를 설명하는 일반적인 용어로서, 흔히 아동의 친척에 의해서 발생한다. 이것은 이혼이나 입양 등의 가족해체나 과거의 보호자 중의 한 사람이 타인에 대한 법적인 양도조치를 받아들이지 않는 경우에 주로 발생한다. 자격을 인정받지 못한 사람은 아동을 데리고 다니며 숨김으로써 당국으로 하여금 아동에게 정당한 보호를 제공하기 어렵게 한다.

2471 아동일시보호시설
가출아동, 부랑아동 기타 요보호아동을 일시 입소시켜 보호하고 아동의 내력, 성정 및 희망 등을 조사, 감별하여 그 아동에 대한 장래의 양호대책 기타 보호조치를 하는 것을 목적으로 하는 시설이다.

2472 아동입양위탁시설
요보호아동을 일반가정에 입양 또는 위탁하여 보육하게 하거나 직장을 알선하는 것을 목적으로 하는 시설이다.

2473 아동 정신분석(child psychoanalysis)
아동의 건전한 발달에 악영향을 미치는 정신적 갈등과 정서적 분열을 극복할 수 있도록 도와주기 위해 정신분석 이론과 방법을 이용하는 것을 말한다. 아동분석으로 알려진 이 분야의 실천가들은 주로 정신분석학 교육을 받고 아동을 대상으로 실무 훈련을 쌓은 의사들이다.

2474 아동 정신치료(child psychotherapy)
훈련받은 전문가가 정신질병, 정서적 갈등, 손상된 정신발달, 부적응행동을 하는 아동에게 행하는 치료방법을 말한다. 아동 정신치료는 다른 정신치료에서 쓰이는 모든 이론과 방법을 포함하지만 특히 놀이치료(play therapy), 소집단치료, 지원적이고 재교육적인 치료를 강조한다. 아동 정신치료 서비스를 제공하는 전문가들로는 특별히 훈련받은 정신과의사, 사회사업가, 심리학자, 정신건강 간호사, 교육받은 전문가 그리고 기타 정신건강 전문가 등이 있다.

2475 아동전용시설
어린이공원, 어린이 놀이터, 아동회관, 체육, 연극, 영화, 과학실험전시시설, 아동휴양숙박시설, 야영장 등으로서 아동에게 건전한 놀이, 오락 기타 각종 편의를 제공하여 심신의 건강을 유지, 증진하고 정서를 조장시키는 것을 목적으로 하는 시설이다.

2476 아동중심교육(child-centered education) 01
20세기에 들어와 미국의 J.듀이(John Dewey)를 중심으로 아동은 교육의 객체가 아니고 주체라는 사조가 일어났다. 수업은 교과서에 얽매이지 않고 아동의 흥미와 관심에 중점을 두는 아동 중심적 교육이 강조되었다. 자유로운 과외 활동 면에서는 좋게 평가되나 교육과정의 계통성이라는 점에는 논쟁이 있다. 보호·양육의 아동보육직원과 요보호아동, 보육아동과의 관계에도 깊은 관련이 있다. 즉 시설보호나 보육소보육에서 성장·흥미·활동의 주체는 아동자신의 내발성·자발성에 있다는 데에서 아동보육직원은 조언·격려·지지자로서 되도록이면 배후로 물러나고, 전면의 주역은 아동이라는 그룹워크의 원리에도 밀접한 연관이 있기 때문이다.

2477 아동중심 교육(child-centered education) 02
사회중심·성인중심·교과중심·교사중심·서적중심 등 과거의 전통적 교육에 대해 아동중심을 주장하는 교육운동의 하나이다. 이러한 주장은 18세기의 루소(J. J. Rousseau) 이후 강조되어 왔는데 20세기의 초엽 근대사회의 성숙에 따른 휴머니즘(humanism), 케이(E. Key)의 「아동의 세기」, 나아가서 실험심리학과 실용주의 철학 등에서 이론적인 기초를 얻어 「교육은 어린이로부터」라는 표어 밑에 1920년대부터 세계적으로 널리 보급되었다. 1896년 듀이(J. Dewey)에 의한 시카고 대학의 실험학교는 아동의 흥미·활동에 중심을 둔 전형적인 아동중심 교육·생활교육의 선구를 이루었다. 아동중심 교육은 미국의 개인주의적 자유사회를 온상으로 가장 활발하게 발전하였는데 이는 전통적 학교교육에서의 서적중심의 형식적 획일주의에 대한 반대로 일어난 교육혁신 운동의 하나였다.

2478 아동지원국(Office of Child Support Enforcement)
→ 미국 아동지원국

2479 아동, 청소년, 가정복지국(ACYF : administration for children, youth and families)
미국 보건 및 인간봉사성(HHS : department of health and human service)의 인간개발서비스국(office of human development Service) 내에 있는 연방 조직이다. ACYF는 주간보호(day care), 입양(adoption), 아동양연보호(foster placement for children), 특히 특별한 욕구를 가진 가족들에게 사회서비스를 제공하는 프로그램을 지원한다.

2480 아동학대(child abuse) 01
신체적, 정신적, 성적인 측면에서 아동의 건강과 복지를 해치거나 정상적인 발달을 저해할 수 있는 성인(보호자 포함)의 폭력이나 가혹행위 및 유기와 방임(아동을 적절하게 보호하지 않는 행위)을 총칭한다. 이 경우 아동의 연령 기준을 어떻게 설정하는가 하는 것은 국가와 사회에 따라 다소 차이를 보이는데, 1975년에 미국 교육복지부에서 출간된 자료를 보면 미국 의회에서는 아동학대를 “18세 이하 아동의 건강 또는 복지가 해를 당하거나 위협받는다고 여겨지는 상황에서, 아동복지의 책임이 있는 사람에 의해 행해지는 신체 또는 정신적 손상, 성적(性的) 학대, 무관심한 대우”라고 규정한 바 있다.

2481 아동학대 02
고의적인 구타, 체벌과 조롱, 성적학대 등을 통해 미성년자에게 신체적, 정신적 고통을 가하는 것을 말한다. 주로 부모나 아동양육 담당자들에 의해 행해진다. 많은 주정부 법률에 따라 사회사업가나 다른 전문가들은 아동학대에 대한 사례들을 보고하고 있다.

2482 아동학대방지법
1933년 일본 법률 40호로 제정되어 전쟁 전의 한정적인 아동보호법의 하나이며 1947년 아동복지법의 제정에 따라 폐지되었다. 14세 미만의 아동을 보호하고 책임지고 있는 자가 아동학대나 방치에 기인한 형벌 법령에의 저촉 내지는 우려가 있는 경우에는 훈계, 조건부감호명령, 개인 또는 시설에 아동위탁을 할 수 있다. 아동학대와 연관된 업무나 행위를 제한금지하고 위반자에게는 징역이나 벌금을 부과하고 있다.

2483 아동학대방지협회 (society of the prevention of cruelty to children)
1874년 뉴욕에서 창설되어 비행소년의 규제를 가함과 동시에 아동의 방치나 구걸행위 등의 방지를 목적으로 하고 그를 위한 법규를 만드는 운동을 했다. 이 운동은 영국에서도 시작되어 1884년에는 전국아동 학대방지협회가 만들어졌고 1889년에 아동학대방지법이 국회를 통과하여 후일 아동법의 선구적인 역할을 했다.

2484 아동행동과다증후군(hyperactive child syndrome)
→ 주의력 결핍장애

2485 아동후견(child custody)
→ 아동양육보호권

2486 아름다운 재단
올바른 기부문화를 확산시키고, 이를 통해 도움이 필요한 소외계층 및 공익 활동을 지원하며 나아가 우리사회의 시민의식의 성장과 공동체 발전을 위해 기여하는 개인 및 단체를 지원하는 데 목적을 두고 1999년 5월 설립된 재단을 말한다.

2487 아베이론의 야생아(wild-boy of aveyron)
파리 맹농아 학원의 의사였던 이탈(Itard)은, 지식은 경험에 의해 학습된다는 생각에서 1800년 산속에서 데려온 야생아를 교육함으로써 이것을 실증했다. 그 기적이 아베이론의 아생아이며, 인간의 발달이 소질보다는 교육에 의한 것임을 주장했다. 이 이론은 세간에 의해 더욱 추진되어 당시 백치라 불리는 장애아들의 조직적인 교육에 크게 공헌하게 되었다.

2488 아산사회복지재단

1977년 7월 1일 "우리 사회의 가장 불우한 이웃을 돕는다"는 설립 취지에 따라 의료사업을 비롯한 다양한 복지사업을 전개하여 대규모 종합병원을 건립하고 양질의 의료혜택을 제공하고 있는 민간사회복지재단이다.

2489 아시아계 미국인(Asian Americans)

중국인, 일본인, 베트남인, 한국인, 필리핀인 등을 포함한 태평양 – 아시아지역 출신 미국인 혹은 시민을 말한다.

2490 아시아계 미국인 사회사업가협회 (AASW : Asian American social workers)

1968년 캘리포니아에서 태평양 – 아시아지역 출신 사회사업가들이 설립한 전국전문가협회를 말한다. 이 협회는 아시아계 미국인에게 도움이 되는 사회복지 프로그램을 개발하고 증대시키며, 성원들의 전문적인 능력을 발전시키고 그들의 권리를 보호하는데 목적이 있다.

2491 아시아맹인복지회의 (far east conference on work for the blind)

일본 라이트하우스의 창설자인 이와바시(岩橋武夫)의 제창에 의해 아시아지역의 맹인복지와 교육을 촉진하는 운동의 전개를 목적으로 1955년 동경에서 제1회 회의가 개최되었다. 1963년 제2회 이후는 5년마다 개최되고 있으며 각국 관민대표의 참가에 의해 맹인사정의 보고, 토의를 중심으로 복지 교육 직업 등 여러 가지 문제의 해결을 추진, 결의해오고 있다.

2492 아시아복지재단

1945년 8월 15일 설립된 이후, 반세기 이상 전쟁고아, 장애아동, 지역 빈민 등의 지치고 힘든 삶을 사는 어려운 이웃과 함께 하고자 노력하고 지역사회 내에 가장 도움이 필요한 장애인, 노인, 지역사회 결손가정과 소년소녀가장, 저소득가정, 결식아동 등의 재활과 자립을 위한 전문적 사회복지 서비스를 제공하는 재단을 말한다.

2493 아웃리치(outreach)

근린중심 기관에 근무하는 사회사업가들이 벌이는 활동으로서, 가정 혹은 평범한 환경에서 서비스를 제공하고 서비스 이용에 대한 정보를 제공하는 것을 말한다.

2494 아이에이에스에스더블유(IASSW : international association of schools of social work)

→ 국제사회사업대학협회

2495 아이에프에스더블유 (IFSW : international federation of social workers)

→ 국제사회사업가연맹

2496 아이큐(I.Q : intellegence quotient)

→ 지능지수

2497 아이큐테스트(IQ test)

→ 지능지수

2498 아이파(IPAs : Independent Practice Associations)

→ 개업사회사업가협회

2499 아편(opium)

의료약품(마취 및 진통제)으로도 사용되는 마약의 일종으로, 양귀비의 열매에서 추출한 즙액을 건조시켜 만든 물질이다. 아편이라는 말은 'opium'을 한자로 표현한 것이다.

2500 아 프리오리 / 아 포스테리오리 ([라] a priori / a posteriori)

선천적·후천적으로 번역된다. 중세철학에서는 원인에서 결과로, 원리에서 귀결로 나가는 추리를 선천적, 결과에서 원인으로, 귀결에서 원리로 나가는 추리를 후천적이라고 했으나, 근세 이후에는 다음과 같은 뜻으로 쓰인다. ① 심리적·발생적 의미. 생득적인 것(예컨대 생득관념)을 선천적이라 하고, 경험에서 얻어진 것을 후천적이라 한다. ② 인식론적 의미. 경험에 의존하지 않고 경험 이전의 인식을 선천적 인식이라 하고, 경험에 의한 것을 후천적 인식이라 한다. 선후는 발생적인 의미가 아니고 논리적인 선후이다. 따라서 선천적이라고 불리는 것은 경험적 인식의 근본적인 전제조건을 이루는 보편타당한 인식이다. 이 뜻은 칸트 및 많은 신칸트파 학자가 주장하는 바이다. 카테고리와 같은 인식형식을 선천적인 것이라 하고 경험적 내용을 후천적인 것이라 하였다. 이 파는 단지 인식뿐만 아니라 도덕, 예술 등에도 이런 뜻의 선천적인 요소가 있다는 것을 주장한다. ③ 일반적으로 비경험적인 것, 연역적인 추리 등도 선천적인 것이라고 본다. ①, ②의 뜻으로 선천적인 것을 인정하는 입장을 선천설(apriorism)이라 하고, 그러한 요소를 인정하지 않고 모든 경험에 의해서 설명하는 입장을 후천설(aposteriorism)이라 한다.

2501 안내상담역(guidance counselor)

대안을 세우고 목표를 분명히 하도록 돕고, 정보와 조언을 제공하고, 클라이언트의 자기 인식을 촉진시키는 것 등에 대하여 지식이 풍부하고 숙련된 전문적인 사람을 말한다. 안내상담역은 직업 알선, 업무와 연구의 습관 및 문제 해결 등에서 클라이언트를 지도하는 교육기관 및 경영조직의 인사부서에 자주 고용된다.

2502 안락사(euthanasia/mercy killing) 01
병이 중해서 죽음만을 기다리며 고통으로 고생하는 환자를 본인의 희망에 따라 약제를 사용해 고통이 적은 방법으로 인위적으로 죽게 하는 것을 말한다. 안락사는 환자의 생명을 부자연하게 단축시키는 일이며 살인 이외의 아무 것도 아니므로 인권상 또는 종교적으로 허용할 수 없다는 입장과, 인도주의의 관점에서 인정해야 한다는 입장이 대립하고 있다. 법률상 합법성의 문제와 함께 치료비에 관한 경제적 문제도 얽혀있어 사태는 한층 복잡하다.

2503 안락사 02
죽음을 고통 없이 맞도록 인위적 조치를 가하는 것으로 적극적인 경우와 소극적인 경우가 있다. 전자는 불치환자의 육체적 고통이 격심할 때 독물이나 기타 방법으로 빨리 죽을 수 있는 처치를 취하는 것, 후자는 불치병 치료를 중지하거나 의식불명인 사람(식물인간 등)의 인공연명처치(인공호흡장치 비강영양 등)를 중지하는 것을 말한다. 안락사에는 오래 전부터 찬반양론이 있어 왔지만, 소극적 안락사는 대체로 긍정하는 추세에 있다. 현장의 의사들도 70% 정도가 소극적 안락사의 필요성을 인정하고 있으며 70% 전후의 의사들이 실제로 소극적 안락사를 시킨 경험이 있는 것으로 알려져 있다. 뇌손상으로 식물인간이 된 여성의 아버지가 딸의 생명을 유지시키는 생명유지장치를 제거하기 위해 그녀의 후견인으로 자신을 임명토록 청원, 미 뉴저지주 최고재판소에서 인정받은(1976년) 유명한 켈렌양 재판도 이러한 사례에 해당한다. 미국에서는 1976년 캘리포니아주가 최초로 안락사를 입법화했다. 소극적 안락사는 일종의 자연사로 간주되어 반론이 줄어들었지만, 적극적 안락사는 mercy killing으로 표현되고 있듯이 살인이라는 강한 뉘앙스가 있어 여전히 반대가 거세다.

2504 안락사([독] Euthanasia) 03
빈사상태에서 격심한 고통에 괴로워하는 자의 고통을 없애주기 위하여 사기를 단축시키는 것을 말한다. 위법성을 조각하느냐 않느냐에 관해 이론이 있다. 고통을 완화시켜주는 마약의 사용이 부작용을 일으키어 사기를 단축시키는 경우 위법성을 조각하는데 관해서는 전혀 이론이 없으나 독살 등으로 살해함으로써 고통상태를 종결시키는 경우에 관해 위법성을 조각하는 경우도 있다고 해석해야 할 것이지만, 사회에 무용한 정신병자를 살해하는 것은 물론 안락사가 아니다.

2505 안전교육
산업재해를 방지하기 위하여 산업안전보건법은 근로자를 고용했을 때, 작업내용을 변경했을 때, 유해, 위험한 작업에 근로자를 사용했을 때에는 사업주의 책임 하에 노동부령이 정하는 바에 따라 당해 업무와 관계되는 안전, 보건에 관한 교육을 실시해야 한다고 의무화하고 있다.

2506 안전망(safety net)
만약 경제 삭감 정책에 의하여 몇몇의 사회서비스 프로그램이 제거된다면, 거기에는 개인이나 가족들이 자력으로 필요한 자원을 발견할 수 없을 경우에 대비하여 최후 수단의 혜택과 프로그램이 존재하게 될 것이라는 견해를 말한다. → 잔여적 복지시책, 사회적 안전망

2507 안전보건관리(safety and health control)
직장의 환경이 작업의 능률에 영향을 주는 것은 명백한 것이며 육체상에 미치는 각종 영향은 정신면에 커다란 영향을 주는 것이기 때문에 직장의 물리적 환경을 양호하게 할 필요가 있다. 이를 위해 안전보건에 대해서는 안전관리체제, 안전위생관리의 조직, 안전점검, 안전 작업순서, 안전교육, 재해조사, 안전관리규정, 보건관리규정, 안전관리자, 보건관리자 등에 대해 이해하도록 한다. 또 안전평가방식, 직장의 재해원인, 불안전상태, 불안전행동, 직장의 안전을 지키는 기능과 급소, 직장의 안전점검 추진방법과 지도방법, 신입종업원이나 문제점이 많은 부하에 대한 안전교육, 감독자로서의 안전보건지식 등에 대해 주의할 필요가 있을 것이다.

2508 안전장치(safety measures)
각 직종에 따라 특수한 환경·작업조건·작업방법 등 때문에 발생할 수 있는 각종 재해를 사전에 예방하고 안전한 작업조건을 유지하기 위해 마련하는 제반 조치사항 및 지침을 말한다.

2509 알래스카 원주민(Alaska natives)
미국 인종집단의 하나로서 대부분 에스키모와 알류트인으로 알려져 있고, 그들의 조상은 유럽인들이 서반구를 탐험하여 정착하기 이전부터 현재 알래스카라고 알려진 지역에 살았다.

2510 알모너(almoner)
원래는 중세말기 영국의 수도원 등에서 가난한 사람에게 자선을 베푼 사람들의 호칭이었다. 19세기 말 런던에 자선조직협회가 생기고 C. 롯크가 그 중심인물이 되자 왕립시료병원에 M. 스튜아트를 초청해 이 병원에 모이는 가난한 병자와 응대하면서 상담도 하고 정리도 시켰다. 그 후 이 같은 업무담당자를 알모너라 부르게 되었고 영국의 의료사회사업가를 지칭하게 되었다.

2511 알아논(Al-Anon)
상호원조를 제공하고 공통적인 문제해결에 도움을 주는 방법을 토론하기 위해 정기적으로 만나는 알코올중독자 가족들로 구성된 자조조직(self-help organization). 알아논은 미국 전역에 지회를 갖춘 전국조직이다.

2512 알츠하이머 병(Alzheimer's disease)
혼돈, 학습능력 결여, 방향감각 상실, 치매(dementia), 기억상실을 특징으로 하는 정신질환을 말한다. 이것은 두뇌의 발육부진(특히 이마 돌출부)으로 생긴다.

2513 알코올/약물남용/정신건강국(ADAMHA : alcohol/drug abuse and mental health administration)
약물남용이나 알코올로 야기되는 건강문제를 제거하고 감소시키며, 또한 국민의 정신건강을 향상시키기 위한 국가적인 노력을 조정하는 미국 공중보건서비스청(public health service) 내에 있는 연방조직을 말한다.

2514 알코올 남용(alcohol abuse)
사용자나 사용자가 접촉하는 사람의 안녕을 해치는 알코올 소비를 말한다. 알코올 남용자들은 사고를 일으키기도 하고 신체적으로 공격적이 되고, 덜 생산적이며, 신체적으로 약화된다. 알코올 남용은 국가뿐만 아니라 세계적으로도 가장 큰 약물문제이다.

2515 알코올 중독(alcoholism)
알코올 중독에는 급성과 만성이 있다. 전자를 낙정이라도 하는데 이것은 알코올 음료의 섭취에 의해 생체가 정신적 신체적 영향을 받아 일시적으로 장해를 일으키는 것을 말한다. 만성알코올 중독의 증상은 급성의 경우와 같으나 그 장해가 장기적이고 사회적 기능에도 영향을 받는 것을 말한다. 최근에는 중독이라 하지 않고 의존(dependence)이라 일컫기도 하는데 음주에서 헤어나지 못하는 상태를 의미하고 있다.

2516 알코올 중독대책
알코올 의존의 예방, 치료, 재활까지 포함하는 폭넓은 대책이며 주해 대책이라 하기도 한다. 주로 만성중독자에 대한 대책이며 정신보건센터나 보건소 또는 병원이나 진료소가 주체가 되어 만성중독 예방의 상담이나 지도, 치료계속 및 재활의 원조를 행한다. 환자나 단주 중인 사람 또는 환자가족이 참가하는 단주회(alcoholics anonymous) 활동 등에 의해 이들 원조를 효과적으로 돕고 있다.

2517 알코올중독자갱생회(AA : alcoholics anonymous)
알코올 소비와 관련된 문제를 경험한 사람들로 구성된 자발적인 자조조직(self-help organization). 1935년에 두 명의 알코올 환자가 설립한 이 조직은 1만7천개의 지방조직을 통해 활동한다. 어떠한 지방조직도 공식적 관료, 기관, 의무 등이 없으며 음주문제를 가진 모든 사람에게 개방되어 있다.

2518 알코올 환자(alcoholics patient)
중독환자 만성알코올중독증을 가진 환자를 말하며 과음 또는 평소 음주행동을 절제 못하는 환자이다. 음주의존의 결과 신체와 정신 양면에 걸쳐 장해가 발생해 간장 질환, 심장병, 암 등 외에 알코올성 정신병을 갖는 경우가 많다. 이들 환자는 단지 병을 가졌을 뿐 아니라 상시음주에 의한 이상한 행동, 대인관계의 이상, 실업, 이혼, 사고나 범죄 등 사회적 경제적 문제를 갖게 되며 사회복지대상이 되는 사람도 많다.

2519 암(cancer)
악성종양, 비정상적인 세포가 통제되지 않고 계속 성장하는 것을 말한다. 정상적인 신체세포와는 달리, 암세포는 다른 세포와 접촉했을 때 번식이 중단되지 않고 몸 전체로 퍼져 간다. 곧 이 세포는 주변 조직을 침투해 들어가거나 전이됨으로써 퍼져 나간다(혈액이나 림프액을 통하여 다른 조식으로 전파). 암세포는 영양물을 획득하기 위해 정상 세포와 경쟁하고 결국 영양분을 빼앗음으로써 정상적인 세포를 죽인다. 원인, 증상, 예후, 치료는 매우 다양하다.

2520 암스하우스(alms house)
→ 구빈원

2521 암시된 동의(implied consent)
동의로 해석되는 몸짓, 표시, 행동이나 진술, 또는 저항하지 않는 침묵이나 활동하지 않음으로써 나타나는 동의의 성질을 띤 표현을 의미한다. 이것은 종종 강간죄를 다루는 재판에서 변호의 근거로 이용되는데, 피고는 피해자가 동의했다고 믿고 행동했다고 배심원에게 주장한다.

2522 암웨이복지재단
금전적 기부를 비롯하여 비금전적 기부와 기술적이고 전문적인 지식 지원 등 다양한 종류의 사회공헌 서비스를 검증된 비영리 단체와 프로그램들에 제공하여 모든 사람들에게 보다 윤택한 삶을 위한 기회를 제공하고자 하는 2003년 1월 설립된 민간재단이다.

2523 암페타민(amphetamine)
대뇌피질을 자극하여 일시적으로 정신적 각성을 증가시키고 다행증(euphoria)과 안락감을 일으키고 피로를 줄이는 약물인데 때때로 아동들의 운동과다증(hyperkinesis) 치료와 체중조절에 이용된다. '중추신경자극제'(bennies), 각성제(speed, uppers)로 알려진 이 약물은 중독성을 지녔고, 내성(tolerance)이 커짐에 따라 양도 크게 증가한다. 이 약물에 중독(addiction)되면 과잉복용과 심장발작으로 인해 정신병이나 사망을 유발하기도 한다.

2524 압력단체(pressure group)
본래 특정이익이나 주의 등 실현시킬 목적을 지닌 이익단체를 말하며 그 목적을 위해 의회나 행정부에 정치적인 압력을 행사하여 목적을 달성하고자 하는 사회집단을 가리킨다. 전경련, 대한의약협회, 대한약사회, 대한변호사협회 등이나 한국노동조합총연맹 등과 같은 노동조합 등의 단체가 대표적인 이익단체들이다. 민주정치과정에서는 다양한 이익의 표명을 자연스러운 것으로 받아들여 정당정치에 수반되는 정치현상으로 용인받게 되며, 선진국일수록 압력단체의 활동이 활발하다.

2525 야간보육시설

저녁부터 밤 또는 아침까지 행해지는 보육시설을 의미한다. 모친의 직업이 간호사 등 야간근로를 해야 하는 경우 야간보육이 요구되어져 일본에서는 도시에서 그 수요에 부응하기 위해 베이비호텔 등이 개설되어 있다. 일본에서는 1955년 경도시(京都市)에 있는 사립보육원에서 오후 10시까지 야간보육을 행했는데 이것이 공인된 야간보육소 제1호이다.

2526 야경국가

18세기 후반부터 19세기에 걸쳐 당시의 영국은 자본주의의 성립발전기로서 A.스미스의 국부론(1776) 등 자유주의 경제학설의 영향 하에 정치상의 자유방임주의가 성행했다. 혁명에 의해 새로운 정권을 얻은 부르주아지는 국가에 대해 자신의 사유재산의 보호를 요구하고 자신의 기업에 대해 국가가 지도하거나 개입하는 것을 거부했다. 이러한 영국의 자유국가를 후에 독일의 사회주의자 F.라셀은 야경국가라 불렀다. → 경찰국가

2527 약시(partially sighted)

시력이 심한 손상을 입어서 20/200에서 20/70 사이의 교정 가능한 시력을 가지고 있는 상태를 말한다. 다양한 보조기구나 교육기술로 약시 아동들을 맹아와 같이 취급하지 않고 정상적 시력을 갖춘 아동과 같이 교육받을 수 있게 만들어 준다.

2528 약해환자

약품공해의 피해자를 의미한다. 약해는 특히 기업범죄 및 의료과오와 관련지어 생각하는 경우가 많다. 약품의 부작용에 의해 인체의 구조와 기능이 손상받는다. 새로운 약품의 붐이나 개발, 특히 의료현장에서의 약제의 대량 투여, 약효에 관한 심사체계의 문제, 국민의 약제에 관한 과도한 의존 등의 문제와도 연관된다.

2529 애착(attachment)

매력과 의존에 바탕을 둔 개인들 간의 정서적인 연대를 의미한다. 이것은 인생의 중요 시기에서 발전되었다가 한 사람이 다른 사람과 관계를 더 이상 갖지 못할 때 사라진다.

2530 액션(action)

평화봉사단(peace corps), 미국빈민지구봉사단(VISTA), 조부모 양연(foster grandparents) 프로그램, 자원봉사자 연락사무소(office of volunteer liaison) 등을 포함하며 1971년에 설립된 우산형 조직의 연방정부 프로그램을 의미한다.

2531 액션 리서치(action research)

→ 행동조사

2532 앤터뷰스(antabuse)

이 물질이 알코올을 섭취한 사람의 혈액에 있을 때는 구토를 일으키는 약이며 이것은 알코올중독(alcoholism)에 대한 혐오치료(aversion therapy)의 방법으로 이용된다.

2533 앨리지빌리티(eligibility)

사회복지서비스에서 처우상의 자격사정을 말한다. 1834년 영국의 구빈법개정(new poor law) 때 열등처우의 원칙(less eligibility)을 정립해 요보호자의 보호수준을 최하층인 독립노동자 이하의 수준으로 끌어내리도록 결정했다. 일반적으로는 각종 사회복지서비스 등을 요구에 따라 적용하는 자격요건의 경우를 말하며 특히 공적부조 상에서 수급자격조건의 충족에 관한 말이다.

2534 야뇨증(enuresis)

일반적으로 야간배뇨의 자립은 3세가 지나면서 완성되나 그 시기를 지나도 자립할 수 없는 경우에 문제가 된다. 야뇨증의 원인은 종래 심리적인 면이 중시되어 특히 부모의 태도가 문제되었으나 중추신경계나 방광의 기능성질환 등 생리적 기능의 미숙에 기인한다는 생각에 근거하여 배뇨의 간격 및 자율신경의 활동을 조절하는 등의 투약에 의한 치료가 개발되어 효과를 올리고 있다는 보고가 있다.

2535 야비스 클라이언트(YAVIS client)

“젊고(young), 매력적이고(attractive), 말을 잘하고(verbal), 지적이고(intelligent), 성적 매력이 있는(sexy)”이라는 각 단어의 머리글자로 만들어진 용어를 말한다. 이는 몇몇 심리치료가들이 클라이언트를 대할 때 더 큰 욕구를 가지고 있는 다른 요구호대상자(클라이언트)들 보다도 더 우선적으로 치료하고 싶어하는 것처럼 보이는 사람들의 유형을 말한다.

2536 약가기준(standard price of drugs)

의료보험법 규정에 따라 요양에 요하는 비용액 산정방법으로 투약 및 주사 등 사용한 약제의 구입가격에 관한 기준을 의미한다. 사회보험진료보수의 산정근거로 됨과 동시에 보험의 및 보험약제사가 환자에게 시술, 처방 조제하는 의약품은 원칙적으로 약가기준에 따르기 때문에 보험의 또는 보험약제사에 대한 사용의약품의 범위를 정하는 의미도 있다. 보건복지부고시에 따른 사용약제의 구입가격, 즉 약가기준으로 정해져 있다.

2537 약물남용(drug abuse) 01

육체적 또는 정신적 안녕에 해로운 화학물질의 부적절한 사용.

2538 약물남용(substance abuse) 02
알코올이나 약물을 불건전하게 사용함으로써 생기는 장애를 의미한다. 약물남용자로 간주되는 사람들은 한 달 이상 약물을 사용해 왔으며, 약물 사용의 결과로 사회적, 법적, 직업적 문제를 갖고 있으며, 병리적인 사용패턴이나 심리적 의존성(계속 사용하려는 욕망과 그 욕망을 억제할 수 있는 능력의 부재)을 발전시킨다.
→ 알코올 남용(alcohol abuse)과 약물남용(drug abuse)

2539 약물남용 적발(drug abuse detection)
대개 다른 사람들보다 권위를 지닌 사람들(예로 부모나 고용주)이 불법 또는 통제된 물질을 사용하지 못하도록 하려는 노력. 이런 노력에는 소변검사, 금단증상(withdrawal symptoms)의 조사를 위한 억류, 정밀조사, 기타 활동들이 포함된다. 전문가들은 다음의 여러 징후는 약물남용(substance abuse)의 단서가 될 수 있다고 제시하고 있는데 장단기의 망각, 침략성과 흥분성, 공부에 게으름 피우기, 무단결석 또는 떨어지는 성적, 집중력의 결핍, 쇠퇴한 정력, 감퇴된 자기 수양, 자기 방치, 실쭉한 생동, 가족과의 불화, 돈과 가치의 실종, 충혈된 눈을 비롯한 불건강한 모습, 우정의 변화와 회피, 당국과의 말썽 등이 그것이다.

2540 약물내성(drug tolerance)
→ 내성(tolerance)

2541 약물의존(substance dependence) 01
약물남용(substance abuse)뿐만 아니라 내성(tolerance) 또는 금단증상(withdrawal symptoms)을 포함하여 알코올이나 약물을 불건전하게 사용함으로써 생기는 장애를 의미한다.

2542 약물의존(drug dependence) 02
약물중독(drug addiction) 또는 약물탐닉(drug habituation)의 결과가 되는 화학물질의 오용과 의존을 의미한다.

2543 약물중독(drug addiction)
약물의 오용에 의해 일어나는 바람직하지 않은 작용을 의미하며. 정상적인 사용에 의한 부작용과 구별된다. 급성중독과 악성중독이 있는데, 만성중독에서 문제가 되는 것은 사회적 영향이 큰 약물 의존성이다. 이는 그 약을 계속해서 사용하고 싶다는 억제하기 힘든 욕구(정신적 의존) 사용량의 급속한 증대(내성) 사용중지에 의해 나타나는 금단증상(신체적 의료)등 세 가지 특징이 있다. 의존성 약물로서는 마약, 모르핀 등이 대표적이며 이외 최면제, 알코올, 일부의 프랭퀼라이저 등이 있다.

2544 약물탐닉(drug habituation)
심리적 의존을 초래하고 신체적 의존과는 무관하며, 결핍 시 금단증상(withdrawal symptoms)은 생기지 않으나 심리적 불안을 초래하는 약물을 병적으로 갈구하는 화학물질의 남용을 의미한다.

2545 약속(appointment)
사회사업가나 다른 전문가가 클라이언트와 만날 것에 동의한 특정 시간대에 관한 명칭을 의미한다. 임상사회사업가는 약속한 날짜를 달력에 써둔다. 이런 약속은 보통 개인이나 부부에게는 50~60분, 집단은 90~120분 정도이며 가정방문 시에는 더 길어진다.

2546 양가감정(ambivalence)
양면가치라고도 한다. 애정과 증오, 독립과 의존, 존경과 경멸 등 완전히 상반되는 감정을 동일대상에 대해 동시에 갖는 것을 말한다. 정신요법이나 케이스워크의 경우 클라이언트(client)가 치료자에 대해 갖는 감정이며 치료나 원조관계의 전개에 있어서 양가감정의 존재자체의 확인과 그 처리가 대단히 중요한 의미를 갖는다. 특히 치료에서는 서로 모순된 감정의 양면에 대한 클라이언트의 자기인식과 통합이 하나의 목적이 된다.

2547 양극성 정동장애/조울병(bipolar disorders)
순환성 정신병, 주기성 정신병이라고도 하며 때때로 우울감동 상태의 기간과 상쾌 중동 상태의 기간을 나타내며 중간기에는 완전히 정상이다. 이들의 기간은 각각 울병, 조병이라고 부르며 교대로 나타나는 경우와 한쪽만이 나타나는 경우도 있으며 발병의 기간과 중간기의 길이는 일정하지 않고 분열병보다 늦게 나타난다.

2548 양극장애(bipolar disorder)
부적응적인 감정이나 정동 상태를 보이는 정신병의 한 범주로, 이전에는 조울병(manic-depressive illness)으로 알려졌다. 이것은 조증(mania)의 형태(행동과다증 yperactivity, 다행증 euphoria, 주의산만증 distractibility, 언어촉박 pressured speech, 떠벌림 증상)와 울증의 형태(비애, 무관심, 불면증, 식욕부진, 자기비하, 사고장애), 그리고 조증과 울증이 혼합된 형태(빈번히 조증과 울증이 교차되는 유형)로 구분된다.

2549 양극화(polarization)
둘 이상의 물체나 사람 또는 집단이 서로 상반되는 경향으로 분리되는 현상을 말한다. 사회행동주의와 지역사회 조직(community organization)에서 이 용어는 조직의 구성원들이 한 가지 문제나 정책을 놓고 양 진영으로 대립하여 조직이 의사결정을 할 수 없는 상태에 이르는 과정을 지칭할 때 사용된다. 그러나 양극화는 조직에 활력을 줄 수도 있다. 숙련된 사회사업가는 더욱 열띤 경쟁과 보다 적극적인 참여 그리고 파벌 간의 강력한 협력을 이루도록 하기 위해 파벌간의 차이를 지적하거나 강조할 수 있다. 또한 각 경쟁 집단은 집단 내부의 협조와 충성을 더 잘 이루어낼 수 있어 집단의 목표를 달성하기에 더욱 유리하다. 그러나 이와 같은 양극화를 이용하기 위해서는 집중적인 노력과 매우 숙달된 전문가의 도움이 필요하다.

2550 양로시설(home for the aged)

노인을 입소시켜 무료로 급식 또는 일상생활에 필요한 편의를 제공함을 목적으로 하는 시설로 92년 현재 123개 시설에 7,239명이 수용되어 있다. 늙어서 독립된 일상생활을 영위할 수 없는 요보호자로서 연령은 원칙적으로 65세 이상으로 되어 있다. 양로시설 이전의 시설로는 구호시설의 하나인 양로원이 있었다.

2551 양로원

노인의 보호를 대상으로 하는 양로원이 처음에 생겼었으나 구호시설의 하나로 자리 잡았었다. 그 후 양로시설로 명칭이 변경되었고 노인 복지법에 따라 실비양로시설, 유료양로시설 등의 명칭이 생겨났다. → 노인복지시설

2552 양성 소유(androgyny)

한 사람의 행동범주에 남성과 여성, 양쪽으로 간주되고 있는 태도, 외모, 행동이 혼재되어 나타나는 성역할.

2553 양성애(bisexuality)

남성과 여성 모두에게 성적인 매력을 느끼는 것을 의미하며 한 개인에게 동성애와 이성애가 동시에 존재하는 것을 말한다.

2554 양수검사(amniocentesis)

양수를 추출해 조사하여, 자라고 있는 태아의 특정기형 여부를 살피는 조사를 말한다.
→ 융모막 추출(CVS : chorionic villi sampling)

2555 양심(conscience)

사람들이 갖고 있는 도덕적 가치체제, 행위 기준, 옳고 그름에 대한 감별을 의미한다. → 초자아(superego)

2556 양심의 자유
([영] freedom of conscience [독] Gewissenfreiheit)

자기의 양심에 반하는 신념이나 행동을 강제당하지 않는 개인의 권리를 말한다. 처음에는 종교상의 신앙의 자유로서 요구된 것으로 오늘날에도 그 같은 좁은 의미로 사용되는 경우도 있지만, 윤리가 반드시 종교와 결부되는 것이 아닌 것이 된 때부터는 가장 널리 자기가 확신하는 윤리관, 세계관을 품고, 그것에 따라 행동하는 자유의 의미로 해석되고 있다. 양심의 자유는 오늘날에는 각국의 헌법으로(적어도 형식적으로는) 보장되어 있고, 유엔(UN)의 세계인권선언에서도 강조되고 있다. 물론 양심의 자유가 인정되고 있는 나라에서도 법률에 위반하는 행위는 처벌되지만, 양심적 전쟁 반대자에 대해서는 직접 무기를 드는 군무를 강제하지 않는 나라도 있다.

2557 양연보호(foster care)

친부모와 살 수 없는 아동들에게 신체적 보호와 가정환경을 주는 것을 말한다. 양연보호는 전형적으로 군(郡) 사회복지부가 관리한다. 사회사업가는 법 당국자들이 유치 필요성을 결정하도록 돕기 위해서 아동과 가정을 평가하고, 특정 아동을 양연시키기 적합한지 잠재적 양연가정을 사정하며, 양연 후 양연가정을 지도·감독한다. 또한 사회사업가는 아동을 친가족에게 되돌려 보내는 것이 적합할 때 법 당국자와 가족성원이 결정하도록 돕는다. 미국에서 양연보호의 전례는 주로 집 없는 청소년들이 일하는 대신에 직업훈련과 숙식을 제공받기 위해서 상인이나 장인의 보호에 맡겨지는 도제계약(apprenticing indenture)이라고 알려진 절차에서 유래되었다. 또한 '양연보호'란 용어는 노인, 장애인, 혹은 정신질환 성인을 위한 전일제 재가보호에도 적용된다.

2558 양자(adopted child)

양자라 함은, 생리적 친생자관계가 없는데도 있는 것으로 의제된 법정친자를 말한다. 양자에는 혼인중의 자로서의 분신이 부여되고 혼인 외의 자로서의 신분을 가지는 양자는 있을 수 없다. 양자에 대해 의제된 부모로 된 자를 양부모(양부 양모)라고 한다. 양자는 입양 일로부터 양친의 혼인중의 출생자와 동일한 신분을 취득하며, 양자의 배우자 직계비속과 그 배우자는 양자의 양가에 대한 친계를 기준으로 하여 친족관계가 발생한다, 그러나 양자의 생가의 부모 그 밖의 혈족에 대한 친족관계는 여전히 유지되고, 양친자 관계는 입양이 취소되거나 파양한 경우에 소멸된다.

2559 양자결연

양친과 양자와의 사이에 친부모와 적출자와의 관계와 동등한 법률관계를 발생시키는 계약을 의미한다. 양자결연은 일반적으로 당사자 간에 합의가 있는 것을 첫째요건으로 하지만 양자가 미성년자인 경우에는 자(子)의 복지보호라는 관점에서 가정재판소의 허가를 필요로 한다.

2560 양자발생

빈도 분포에서 값이 가장 자주 발생하는 두 범주를 말한다. 예를 들면 범죄율이 6, 7월에 최고치를 보이는 도시에서 양자발생의 범죄분포를 취한다고 할 수 있다.

2561 양적 연구(quantitative research)

서술적 또는 추론적 통계분석을 포함하는 체계적 조사방법론을 의미한다. 예를 들면 실험, 조사연구(survey research), 수적비교(numerical comparisons)를 이용하는 조사(investigations) 등을 말한다.

2562 양친자 관계(foster parent)
부모 아닌 자가 부모가 되기를 원해 당사자의 의사에 의거하여 친자와 동일한 신분관계를 창설하도록 법률이 허용한 관계이다.

2563 양키시티조사(yankee city research)
양키시티조사는 1930년에서 1935년에 걸쳐 미국의 뉴잉글랜드주에 있는 뉴베리포트(new berry port)에서 스트라이크를 둘러싸고 행해 졌다. 전통적 지역사회에서 도시적 산업자본의 진입에 따른 기업경영과 지역사회의 마찰과 계층구조의 변화관계를 연구·조사한 것으로 와너(Warner W. L), 화이트(White, W. F) 등 시카고학파를 중심으로 이루어졌다. 이 조사연구는 호손실험을 보완하였고 미국의 산업사회에 미친 영향이 컸으며 산업복지의 기초이론으로서 큰 의의를 갖는다.

2564 어린이 날
어린이의 인격을 소중히 여기고, 어린이의 행복을 도모하기 위해 제정한 기념일. 미래 사회의 주역인 어린이들이 티없이 맑고 바르며, 슬기롭고 씩씩하게 자라날 수 있도록 어린이 사랑 정신을 함양하고, 어린이들에게 꿈과 희망을 심어주고자 제정한 기념일로, 매년 5월 5일이며, 법정 공휴일이다. 3·1운동 이후 소파(小波) 방정환(方定煥)을 중심으로 어린이들에게 민족의식을 불어넣고자 하는 운동이 활발하게 전개되기 시작해 1923년 5월 1일, 색동회를 중심으로 방정환 외 8명이 어린이날을 공포하고 기념행사를 치름으로써 비로소 어린이날의 역사가 시작되었다. 1927년부터 5월 첫째 일요일로 날짜를 바꾸어 계속 행사를 치르다가 1939년 일제의 억압으로 중단된 뒤 1946년 다시 5월 5일을 어린이날로 정하였다. 1957년 대한민국 어린이헌장을 선포하고, 1970년 '관공서의 공휴일에 관한 규정'(대통령령 5037호)에 따라 공휴일로 정해진 이래 오늘에 이른다. 기념행사는 크게 중앙행사와 지방·단체행사로 구분되는데, 중앙행사는 청와대 초청행사로 보건복지부가 주관하며, 모범 어린이, 낙도 오지 어린이, 소년소녀 가장, 시설보호 어린이 등을 초청해 위안하는 행사를 말한다. 지방 · 단체행사는 각급 행정기관 및 유관단체에서 주관하며, 모범 어린이 및 유공자에 대한 포상식이 거행된 뒤 각종 공개행사를 실시한다. 공개행사는 체육대회, 연극 공연, 기념잔치, 영화 상영, 글짓기 대회, 음악회, 미술대회 등이며, 도서·벽지 및 시설 보호아동, 소년소녀 가장세대 위문 및 위안 행사 등도 개최한다. 이 날 어린이들에게는 어린이공원·어린이회관·공연장 등이 무료로 개방되고, 고궁·기념관·운동장·체육관 등도 무료 개방 및 이용 편의를 제공한다.

2565 어린이집
영유아보육시설의 통칭으로 소지역을 대상으로 한 사립의 적은 규모를 가리킨다. 이외에 아동사회교육기관의 일반 명칭으로서도 사용되는 공·사립시설이 있다. 어느 것이나 이들 시설은 갱에이지로 불리는 학동기에 있어서 건전육성에 과하여진 역할은 크다. 또 몬테소리 교육법에 의한 보육시설을 어린이 집으로 명명해 우리나라에서도 이 명칭을 사용하고 있다.

2566 어음청력검사(speech audiometry)
인간의 귀는 음, 그 자체를 듣는 것도 중요하지만 말을 어느 정도 알아듣고 이해할 수 있는지가 중요하며 이것을 측정하는 것이 어음청력검사이다. 이 어음청력검사는 직접 말을 들려주어 복창을 하게 하거나 받아쓰기 등을 하여 측정하는 것인데 검사자의 음성 크기, 개인차에 따라 달라질 수 있다. 정상 귀는 40dB에서 90% 이상의 어음변별능력을 나타내며 일반적으로 변별능력이 80% 이상인 경우에 부자연스럽지 않으나 70% 미만에서는 귀로 듣는 것만으로는 회화가 불가능하다.

2567 억압(repression) 01
정신분석 이론에서, 만족시킬 수 없는 동기와 죄의식을 유발하는 충동, 혹은 기억을 의식에서 사라지게 함으로써 부인하는 방어기제를 의미한다. 이로 인해 불쾌하거나 죄의식을 느끼는 충동을 무의식의 영역에 계속하여 누적되게 하는 경향이 있으며 이러한 결과로 여러 가지의 이상심리가 발전된다. 이상심리의 다양한 유형은 억압된 무의식의 내용·강도 등에 따라서 제각기 다르게 된다.

2568 억압([독] Verdrangung) 02
정신역학(psychodynamic)이론에서 유래된 방어기제(defense mechanism)의 하나이다. 즉 한 개인이 도저히 받아들일 수 없거나 극도의 불안을 야기하는 어떤 기억을 의미한다. 생각 또는 욕구를 무의식적으로 의식의 세계 밖으로 밀어내는 것을 말한다. 이러한 생각이나 욕구가 일단 무의식 속에 억제되면, 직접적으로 표출되지 못한다. 그러나 이러한 것들은 한 개인에게서 가식적(disguised forms) 행동으로 나타나며, 이들의 영향은 말의 실수(착행증 parapraxis)나 꿈으로 가끔 나타난다. 억압은 정의에 따르면 무의식(unconscious)의 기제이기 때문에 한 개인의 마음속에서 불쾌한 생각들을 의식적 행동으로 표출하는 억제(suppression)와 혼동해서는 안된다.

2569 억제(suppression) 01
① 정신분석 이론(psychoanalytic theory)에서, 사람의 마음속으로부터 불쾌한 생각을 떨쳐내려는 의식적인 심적 기제를 말한다. 억제는 억압(repression)이 사람의 의식으로부터 위협적인 생각을 제거하기 위해 무의식적으로 작용하는 방어기제(defense mechanism)라는 점 외에는 억압과

ㅇ

유사하다. ② 사회갈등 이론(social conflict theories)에서, 억제는 다른 집단이나 개인들이 그들의 견해를 표현하거나, 모임을 갖거나, 정치력을 발전시키는 것을 막기 위해 한 집단이나 단체가 취하는 행동을 말한다.

2570 억제(oppression) 02
집단이나 시설에 엄격한 제한을 가하는 사회적 행위, 전형적으로 정부나 권력을 가진 정치적 조직은 공식적으로 혹은 비밀리에 억압당하고 있는 집단들에 제한을 가하여 그들을 이용하고, 다른 사회집단들과 경쟁하지 못하게 한다.

2571 억제(inhibition) 03
행동이나 행위에서 나타나는 망설임이나 억제를 의미한다. 정신분석 이론(psychoanalytic theory)에서 이 용어는 초자아(superego)에 의한 본능적인 충동억제를 나타낸다. 행동용어에서 그것은 반응이 억제되는 어떤 과제이다.

2572 억제(containment) 04
경계를 유지하거나 이탈하려는 운동을 감소시키려는 노력. 동료집단으로부터 이탈하려는 일련의 집단에 특별한 혜택을 주어 이탈 유인을 줄이는 사회통제 방법이다.

2573 언어발달(language development)
음성이나 기호를 수단으로 한 의사소통의 발달을 말한다. 인류 전체나, 어떤 특정의 언어가 발전된 과정에 관심을 두는 측면과 한 개인의 성장과정에서 언어가 습득되는 과정에 관심을 두는 두 영역으로 나누어지고 있다. 언어의 발달은 신체적 표현이나 단순한 소리에서 시작되어 복잡한 문장에 이르기까지 점차적으로 이루어진다. 이러한 언어습득의 과정은 모방과 조건화에 의한 습득 등으로 설명되고 있다.

2574 언어발달지체(retardation of speech disorders)
표현언어와 이해언어가 정상발달에 비해 상대적으로 늦어 있는 상태로 이의 원인은 지능장애, 청각장애, 발성기관의 기능장애, 정서장애, 환경부적응, 뇌수의 기질적 장애 등이 있으나 그밖에 원인불명의 것도 있다. 언어발달지체에 대해서는 청능 훈련이나 언어치료가 필요하며 유유아나 학동의 경우에는 유희요법이나 모친지도를 병행하면 효과가 있다. 광의의 특수교육이나 생활지도도 중요하다.

2575 언어심리학(psycholinguistics)
심리사회적 요인에 영향을 받는 것으로서의 언어, 의사소통, 초커뮤니케이션(meta communication)을 연구하는 학문을 의미한다. → 의사소통 이론(communication theory)

2576 언어장애(speech defect/disorder) 01
발성근의 이상, 뇌의 장애 등으로 인해 발음 불명료, 실어증 또는 말을 더듬는 등의 언어상의 장애. 언어를 소리로 내는데 있어서의 불완전성을 말하며, 잘못된 구음(faulty articulation), 좋지 않은 음성 혹은 기관의 결함 때문에 일어난다. 의사소통에 방해가 됨은 물론 주의를 끌게 되며, 상대방으로 하여금 불안감이나 부적응을 일으키게 한다. 의사표시와 의사소통을 위하여 언어를 적절하게 사용하지 못하는 것을 통틀어 말한다. 실어증, 발음장애, 발성장애로 대변(대별)할 수 있다. Van Riper에 따르면 언어장애는 듣는 사람의 주의가 무엇을 말하는가 하는 내용보다는 말 그 자체에 쏠리어 대화를 방해하여 말하는 사람이 일상생활에서 불안이나 부적절함을 느끼게 하거나 또는 대인 접촉을 피하려는 부적절한 행동을 유발하는 것이다.

2577 언어장애(language disorder) 02
언어를 이해하거나 표현하는데 어려움이 있는 일종의 발달장애(developmental disorder)를 말한다. '표현형'(expressive type) 언어장애란, 개인이 연령에 맞는 언어 이해력은 가지고 있지만, 어떤 면에서 정확하게 말로 나타내지 못한다. 예를 들면, 어린이는 어떤 음을 똑똑히 발음하거나 한 번에 몇 단어 이상을 기억하는데 어려움이 있을지도 모른다. '이해형'(receptive type) 언어장애란 개인이 언어 이해력을 발달시키지 못하는 것이다. 이 현상은 어떤 어린이의 경우에는 감각기관의 결함에 관련된 것이고 어떤 어린이는 재현(recall), 통합 또는 연속작용의 문제 때문일지도 모른다.

2578 언어장애인(speech disorders)
언어를 사용하는 커뮤니케이션 정도의 여러 가지 측면에 장애가 있는 자를 말한다. 이 커뮤니케이션 과정이란 전달하고자 하는 내용을 언어부호로 변환(부호화)해서 말하는 언어(또는 문자)로 실현하는 과정과 말을 듣고(또는 문자를 읽고) 그 의미를 이해(해독)하는 과정이다. 언어장애의 발생률은 인구의 약 5%라 하며 그 종류로서는 언어 발달지체, 실어증, 구음장애, 음성장애, 구개열에 따른 언어장애, 뇌성마비에 따른 언어장애, 청각장애, 흘음 등이 있다.

2579 언어지체(language delay)
아동의 정상적인 언어발달 단계에서 기대된 시기에 언어발달이 이루어지지 않고 언어의 이해와 표현에 어려움을 갖는 경우이다. 대부분 지능지체아에게서 나타나며 뇌성마비, 자폐, 행동과다, 청각장애 아동에게도 공통적으로 나타난다. 아주 드문 예이나 신체적, 지적, 정서적으로 비장애인데도 언어발달지체가 보이는 경우도 있다. 원인이 어떠하든지 이들이 공통적으로 나타내는 점은 언어발달이 정상 아동이 시작하는 연령보다 뚜렷하게 지체된다는 것이다. 3세가 되어도 언어를 전혀 사용하지 않거나 4세가 되었는데 한두 마디 정도로 사용한다면 언어발달이 지체되었다고 할 수 있다. 이때에는 전문적인 검사 진단을 통해 현재의 상태를 적절하게 진단받도록 하는 것이 중요하다. → 언어장애

2580 언어치료(speech language therapy) 01

지적인 수준, 기질적·기능적인 원인, 혹은 환경적이거나 정서적인 요인 등으로 조음이나 의사소통에 장애가 있는 사람들에게 장애적인 요소를 개선시키거나 능력을 최대한도로 발휘하여 의사소통을 원활히 할 수 있도록 돕는 것이 언어치료이다. 언어치료 및 언어교육을 목적으로 행하고 있는 곳이 언어치료실이며 언어치료 및 교육을 담당하는 사람이 언어치료사(언어치료 전문인)이다. 우리나라에서는 종합병원, 대학 내, 장애관련복지관, 재활원 등에 언어치료실이 설치되어 있으며 대상자는 보통 1회에 30분에서 40분씩, 일주일에 2회에서 4회 정도 개별 지도 또는 소집단 지도를 받게 된다. 병원 내의 언어치료실 경우는 의료보험의 혜택을 받지 못하므로 경제적 부담이 크다. 언어적 의사소통에 장애가 있거나 개인 회화적응에 장애가 있는 사람으로서 단지 정상적인 성숙에 의해서는 증진될 것으로 기대되지 않는 사람의 언어 증진 및 교정을 위하여 계획된 프로그램을 말한다.

2581 언어치료(speech therapy) 02

음성, 언어장애를 교정하여 일상생활 즉 가족생활, 학교교육, 직업생활에서 커뮤니케이션이 순조롭게 이루어지도록 한다.

2582 언어치료사(ST : speech therapist)

언어장애의 치료, 훈련을 하는 전문직이다. 근래 구개열수술, 후두적출수술 후의 발성지도, 언어지도나 뇌혈관장애에 따른 실어증, 구음장애 등의 언어치료에 대한 필요성이 높아짐에 따라 복지 의료 교육의 각 분야에 도입된 직종이다. 필요한 자격으로서 언어장애의 진단 치료 예방 등을 독자적으로 할 수 있는 전문지식과 기술 진단 치료의 개선을 위한 연구능력 관련분야와의 팀웍에 필요한 폭넓은 지식 등을 들고 있다. 미국에서는 이미 많은 대학에서 박사과정을 포함한 전문교육코스가 설치되었고 자격제도도 확립되어 있다.

2583 엉클 톰(Uncle Tom)

백인에 대한 행동이 상당히 굴종적이거나 흑인집단의 이익에 반대되는 행동을 하는 흑인을 지칭하는 것으로 스토우(Harriet Beecher Stowe)의 반노예 소설 『톰 아저씨의 오두막』(Uncle Tom's Cabin)의 등장인물에서 유래된 경멸의 언어이다.

2584 에고이즘([영] egoism [독] Egoismus)

→ 이기주의

2585 애도(mourning)

흔히 사랑하는 사람의 죽음에 따르는 슬픔의 표현을 말한다.

2586 애도증(bereavement)

이별한 사랑했던 사람과의 추억을 떠올리는 과정과 그 이별에 적응하는 과정을 의미한다.

2587 에리사(ERISA)

1974년 종업원퇴직소득보장법(P.L. 98~406). 사적 연금과 복지계획에 참여하는 노동자들의 이익을 보호하기 위한 것으로, 미국 노동성(department of labor)과 기타 기관이 운영하는 연방프로그램이다.

2588 에릭(ERIC)

educational resources information centers로서, 국가의 교육프로그램과 시설에 관한 자료를 제공하는 곳을 말한다. 미국 전역에 500개 이상의 교육성 센터가 있음. 정보는 특수아동, 장애인, 영어로 말할 수 없는 사람, 교사가 되기를 희망하는 사람을 위한 자원과 같은 주제들을 포괄한다.

2589 에스([영] Id [독] Es)

이드(id)라고도 한다. 프로이드가 만년에 자아 및 초자아와 함께 정신을 구성하는 것이라고 생각한 한 측면을 말한다. 자아의 심층을 이루는, 말하자면 원시적인 자아, 거기에는 여러 가지 본능적인 에너지가 혼동돼서 저장되는데 그것에 대해서 도덕이나 논리는 힘을 갖지 못한다. 억압된 관념을 포함해서 인류의 계통 발생적, 개체 발생적인 경험이 그 속에 침전되어 있는 것으로 믿어진다. 에스는 무의식적이며, 그것의 본능적·유동적 행동은 오로지 쾌(快)를 구하고 불쾌를 피하는데, 그것이 실현될 때에는 외계의 현실과 관계한다. 정신이 외계와 접하는 장치가 자아이며, 자아는 의식적이어서 외계를 지각할 뿐 아니라 논리와 도덕의 지배를 받고 본능적·충동적 행동을 통제하여 현실에 적응시킨다. 자아는 소아일 때 에스에서 분화하여 생긴 것이므로, 에스의 말하자면 표층이라고 생각된다. 에스의 개념은 프로이드 이후 여러 학자에 의해서 여러 가지로 해석되고 있다. → 정신분석

2590 에스아이디에스
(SIDS : sudden infant death syndrome)

→ 유아급사증후군

2591 에스에스아이(SSI : supplemental security income)

→ 보충적 소득보장

2592 에스에이에스지
(SASG : sexual assault survivor group)

→ 성범죄 피해자집단

2593 에이아이디
(AID : agency for international development)

→ 국제개발기구

2594 에이아이시피(AICP : association for improving the condition of the poor) → 미국 빈민개선협회

ㅇ

2595 에이에프디시(AFDC : aid to families with dependent children) → 요보호아동가족부조

2596 에이에프디시업(unemployed parent program of AFDC) → 요보호아동가족 실업부모 부조프로그램

2597 에이에프에스시엠이(AFSCME : American federation of state, county and municipal employees) → 미국지방공무원연맹

2598 에이에프엘-시아이오(American federation of labor-congress of industrial organizations)
→ 미국노동총연맹

2599 에이에프지이(AFGE : American federation of government employees)
→ 미국공무원연맹

2600 에이즈(AIDS)
후천성 면역 결핍증으로, 신체의 면역체계가 작용하지 못하도록 하여 죽음에 이르게 하는 치명적인 병이다. 에이즈 바이러스인 HTLV-Ⅲ(human T-cell ymphotrophic virus)은 감염된 혈액 같은 신체 유동액의 교환, 정액, 모유를 통해서 전달된다. 에이즈에 걸린 사람은 폐렴이나 혈관 벽의 암 등 여러 가지 병에 걸리기 쉽다. 비록 대부분의 희생자가 동성연애자이고, 다양한 성관계를 갖는 양성주의자이거나 마약복용자라고 하더라도, 에이즈 감염자와 성관계를 갖거나 주사기를 통해서 감염된 피를 수혈받은 사람도 위험하다. 에이즈가 에이즈 환자나 매우 위험한 집단의 사람과의 일반적인 접촉으로 감염된 경우는 아직 찾아볼 수 없다. 에이즈 바이러스에 감염되어 증상이 나타나기까지는 5년 이상이 잠복기를 거친다.

2601 에이치티엘브이(Ⅲ HTLV-Ⅲ(human T-cell lymphotropic virus))
에이즈 바이러스로서, 림프계의 면역반응에 관여하는 T세포를 공격하는 바이러스를 의미한다.

2602 에이피엠(APM)
연간 프로그램 모임을 의미한다. 사회사업 교육자들이 해마다 3월에 미국의 여러 도시에서 여는 회의를 후원하고 있는 사회사업교육협의회(CSWE : council on social work education)를 지칭하는 이름이다.

2603 에이피티디(aid to the permanently and social totally disabled)
→ 영구폐질자부조

2604 에이형 성격(type A personality)
성급하고 경쟁적이며, 시간에 대한 지나친 걱정으로 특징지을 수 있는 사고와 행동의 한 유형을 말한다. A형 성격을 지닌 사람들은 심장병과 다른 질병에 걸릴 위험이 상당히 높다고 알려져 있다. → B형 성격(type B personality)

2605 에콜로지운동(ecology movement)
→ 환경운동

2606 에포케([희] epochē [영] epoche [독] Epoche)
① 그리스의 회의론자의 용어이며 〈판단의 보류〉라는 의미, 어떠한 것에 대해서도 확실한 판단을 내릴 수 없으므로 판단을 보류하지 않으면 안된다는 태도를 가리킨다. ② 훗설의 현상학에 있어서도, 현상학의 대상이 되는 영역을 확대하는 방법으로서 자연적 관점에 기초를 둔 판단을 괄호 안에 묶어서 제거하는 작용을 현상학적 에포케([독] phänomenolo-gische Epoche)라고 부른다.

2607 엑스 염색체(X chromosome)
한 개인의 성을 결정하는 짝(여성은 XX, 남성은 XY)을 지닌 두개의 인간 성염색체들 중의 하나를 의미한다.
→ Y chromosome 와이 염색체

2608 엔시에스더블유
(NCSW : national conference on social welfare)
→ 전국사회복지협의회

2609 엔아이엠에이치
(NIMH : national institute of mental health)
→ 국립정신보건연구원

2610 엔에이에이시에스더블유(north American association of christian in social work)
→ 북미기독교인사회사업협회

2611 엔에이에이시피(national association for the advancement of colored people)
→ 전국유색인종지위향상협회

2612 엔카운터 집단(basic encounter group)
집중적 그룹 경험의 하나로 1960년 전후에 로저스(C. R. Rogers)가 명명했다. 인간관계기법의 훈련에 초점을 둔 전통적인 기법 그룹과 달리 개인의 성장, 개인 간의 커뮤니케이션, 대인관계의 향상과 개선을 일차적 목적으로 한다. 지도자는 페시리테이터(facilitator)라 불리며 공감적 이해와 수용적 태도를 기본으로 솔직함과 신뢰풍토를 조성해 성원들의 감정과 사고의 자유스러운 표현을 촉진한다.

2613 엔클로저운동(enclosure movement)
개방경지·공유지·황무지를 산울타리나 돌담으로 둘러놓고 사유지임을 명시하며 추진한 운동을 말한다. 중세 말부

터 19세기까지 유럽, 특히 영국에서 전형적으로 볼 수 있었다. 제1차 엔클로저운동은 15세기 말에서 17세기 중반까지 주로 지주들이 곡물생산보다 양모생산을 위한 경지확보 및 농지를 목장으로 전환시킨 운동으로 농민의 실업과 이농, 농가의 황폐, 빈곤의 증대 등을 야기시켰다. 제2차 엔클로저운동은 18세기 후반에서 19세기 전반에 걸쳐 인구증가에 따른 식량수요의 격증에 대해 합법적인 의회입법을 통해 정부 주도 하에 이루어졌는데 농민의 임금노동자화를 촉진시켰다. 그 결과 영국에서는 지주, 농업자본가, 농업노동자의 3분제를 기초로 하여 자본제적 대농 경영이 성립되었고 이른바 자본의 본원적 축적이 가능해졌다.

2614 엔트로피(entropy)

조직의 해산 또는 해제에 관한 체계이론(systems theories)에서 쓰이는 개념으로서 조직은 평형상태(equilibrium)를 향하기도, 벗어나기도 하는 운동과정을 거치는 것으로 가정된다.

2615 엔피브이 분석(NPV analysis)

시간에 대비해 측정되는 비용과 관련하여 이익 유무를 결정하는데 도움이 되는 계획과 회계프로그램에 사용되는 분석방법을 말한다. NPV는 효과의 현재가치와 그 효과를 얻기 위한 시간과 요구되는 효과 사이의 차이에 따라 프로그램을 평가한다. 비용 편익 분석(cost-benefit analysis)의 차선책이다.

2616 엘디에스(LDS : social services)

사회서비스(LDS : social services) 모르몬 교회(말일성도)가 창시한, 미국 전역에 걸친 주요 공동체의 지회와 관계가 있는 사회기구 조직으로서 이는 욕구가 있는 모든 가족과 개인들에게 가족서비스(family service), 아동복지사업, 노령인구를 위한 서비스 등을 제공한다.
→ 종교적 사회복지(sectarian services)

2617 엘렉트라 콤플렉스(electra complex)

특히 3세에서 7세 사이의 딸이 아버지에게 품고 있는 무의식적 성적 사모에 대하여 초기 프로이트 이론(Freudian theory)에서 쓰인 말이다. 이 말은 아들의 오이디푸스 콤플렉스(Oedipus complex)와 거의 비슷하다.

2618 엘리자베스 구빈법 (the elizabethan poor law of 1601) 01

영국의 엘리자베스왕조(1558~1603) 제43년 해당 년인 1601년에 빈민구제, 취로의 강제, 부랑자의 정리를 목적으로 한 1572년(빈민구제금 일반세 승인, 정부의 최종적인 책임구제)~1957년(치안판사 동의를 얻어 모든 교구의 부자에게 구빈자금 징수, 노동 무능자는 구빈원 수용)의 제 입법을 거쳐서 1601년 법으로 재편성, 정비되었다. 이 법의 배경으로는 당시 영국에서 14세기~15세기의 농업혁명으로 인한 엔크로져(enclosure) 운동과 농노제도의 붕괴로 농촌사회의 기본적 변화와 흉작으로 인한 궁핍의 증대에 대하여 사회질서의 유지, 통치자와 피통치자, 토지소유자인 귀족과 토지를 보유치 않은 농민과의 사이에 신분계층의 보전에 그 입법의 이유가 있다. 이 법의 빈민구제의 일차적 의무와 책임은 친척에 있고, 친척이 보호의 능력이 없을 때는 교구에서 책임지는 것을 기본 원칙으로 하고, 정주권이 있는 자에 대해서는 공적 구제를 받을 수 있게 하고 치안판사와 빈민감독관을 임명하고 구빈세를 과세하고 빈민을 구분 ① 노동능력이 있는 자는 작업장(Workhouse)에 일하게 되고 이들에게 시여를 금하고 타 교구에서 이주자는 거주지로 송환하고 노역자가 일을 거부하면 감옥에 보내도록 하여 부랑생활을 금지하고 ② 노동능력이 없는 빈민·병자·노령자·맹인·농아·정신이상자·어린 아이 등은 빈민 감독관이 원내구제(indoor relief)를 허락하고 의류, 음식 등의 현물급여를 하였고 ③ 요보호아동들에 대해서는 고아나 기아 등은 입양희망자에 대해 입양을 허락하고 연령에 따라 도제살이를 하게 하였다. 민생위원(overseer)을 두어 빈민구제행정업무를 관장케 하였는데, 즉 구제신청접수, 신청자의 적격여부 사정, 구빈원 지도감독, 구빈세 징수, 거주자의 10분의 1징수 등으로 구빈의 재원을 조달하였고 그 외는 개인적인 희사금, 유산, 벌과금 징수 등으로 더하였다. 현대적 의의는 ① 구빈책임이 국가에 있다는 점을 인식 ② 그러한 책임을 다하기 위한 법률을 제정했다는 점 ③ 그 실행을 위한 중앙정부로부터 지방의 치안판사, 교구의 빈민 감독관까지 통일적 구제행정기구를 설치했다. ④ 실질적 운영을 위해 국가의 재원을 충당했고, ⑤ 종래의 무차별 자선이나 처벌이 아니라 구분에 따라 처우했다는 점 등이다.
→ 구빈법

2619 엘리자베스 구빈법 02

엘리자베스 1세 통치 하에서의 식민 구제, 취로강제, 방랑자 정리를 목적으로 1572년~1576년 사이의 제 입법을 1601년이 법으로 재편성, 정비하였다. 이 입법의 배경은 당시 영국에서의 농업혁명, 엔클로져 운동과 구 농노제의 붕괴가 있자 정부는 농촌사회의 기본적 변화와 질서의 유지, 통치자와 피통치자, 토지소유자인 귀족과 토지를 갖지 못한 농민과의 신분계층의 보전을 강행할 필요를 갖게 되었다는 것이다. 1601년 이 법은 치안판사와 식민감독관을 임명해서 구빈세의 과세무능력빈민의 보호, 징치감, 구치원의 건설, 방랑자나 거지의 처벌 등의 제 규정을 성문화하고 지방자치의 말단조직인 교구에 대해서 전국적으로 통일된 구빈행정을 시행했다. 그러나 당시의 교구사업은 그 규모나 성격도 상이해 유력한 농촌지주가 자치·행정 권력을 갖고 있어 법률적 효과는 올릴 수 없었다.

ㅇ

2620 엘리자베스 I 세(Elizabethan I)

헨리8세와 앤 폴린 사이에 태어난 공주로서 1588년에 영국의 여왕이 되었다. 헨리8세 이래 로마교회와의 불화 속에서 영국을 근대적인 국가로 발전시켰고 영국의 국위를 드높였다. 또 해외에 식민지를 개척함으로써 대영제국의 기초를 세웠다. 국내에서는 사회변화 즉 봉건제의 쇠퇴에 따라 많은 부랑인과 빈민이 발생했는데 이에 대응하기 위해 그녀의 만년인 1601년에 구빈법을 제정하였다. 엘리자베스 구빈법은 구빈의 국가책임을 명시했다는 점에서 세계 최초의 근대적인 구민법이었다.

2621 엘버펠드제도(Elberfeld system)

독일의 함부르크 시스템을 수정, 발전시킨 전형적 구빈제도로 1852년 엘버펠드시에서 시 조례에 근거해 실시한 조직적 구제사업을 의미한다. 전 시(인구 14만)를 546구역으로 나누고 각 구에 1인의 보호위원을 둔다. 1구의 평균 인구는 300인이며 구내에 4인 이상의 빈곤자가 포함되지 않도록 했다. 14개의 지구로 한 개의 대 구로 조직하여 방면감독이 그것을 통제하고 그 위에 시민선출의 4인과 시의원 4인 그리고 시장을 합한 9인 중앙위원회를 설치해 병원구조, 원외구조에 관한 총괄심의를 했다. 이 제도의 특징은 위원 1인당 대상자수를 아주 적게 하고 케이스워크적 방법에 의해 철저한 구제를 도모했다. 그리고 위원의 인격, 경험, 수완을 중요시함과 동시에 장기간 담당하도록 하였다. 전 제도를 조직화하고 통일과 연락, 획일화와 균등성에 노력한 것 등이다. 영국의 자선조직화 운동에 심대한 영향을 주었다.

2622 엘시에스더블유(LCSW : licensed clinical social worker) → 임상사회사업가

2623 엘에스디(LSD)

단순히 '환각제'로 알려진 종합적 환각약물인 리세르그산 디에틸아미드(lysergic acid diethylamide)를 말한다. 이것은 감각과 지각에 변화를 일으켜 종종 환각(hallucination)이나, 사고과정의 변화와 우울증(depression)을 초래한다. 이 약물은 오랫동안 과다하게 사용하였을 경우 약을 끊은지 수주 또는 심지어 몇 달이 지난 후에도 이 약물의 효과가 재발할 수도 있다.

2624 엘지공익재단

나라의 미래를 이끌어갈 인재육성, 사회복지사업을 통한 행복한 사회 만들기, 깨끗한 환경을 위하여 노력하는 모습 전하기 등의 사회공익활동을 하는 여러 엘지재단의 활동을 소개하기 위해 민간기업이 주체인 사회복지재단이다.

2625 엠비오(MBO : management by objectives)
→ 목표에 의한 관리

2626 엠에스더블유(MSW)

공인된 사회사업학교의 과정을 마친 학생에게 수여되는 사회사업 석사학위를 의미한다. 이 학위는 2년 동안 현장실습 24시간을 포함하여 60시간의 수업일수를 이수해야 하고 논문과 연구 프로젝트를 끝내야 한다. 어떤 학교에서는 이 학위를 MSSW(master of science in social work, master of social service administration) 또는 사회사업(MA in social work)이라고도 한다. 하지만 교육과정이나 기준은 원칙적으로 같다.

2627 엠티피(MTP : management training program)
→ 관리자훈련계획

2628 엥겔(Engel, christan lorena ernest)

독일출신의 사회통계학자. 작센왕국의 통계 국장이었던 1857년에 논문 작센왕국의 생산과 소비를 발표했다. 이 논문에서 생산수준을 가계 지출총액에서 차지하는 음식물비의 비율로 표시하는 방법을 발표했는데 이를 엥겔의 법칙이라고 한다. 1895년의 논문 벨기에 노동자 가족의 생활비에서는 퀘트(quet)단위를 고안해 최저생활비 산정방식을 개발하는 등 사회통계의 종합적인 체계를 확립하는데 공헌하였다.

2629 엥겔계수(Engel's coefficient) 01

1857년 엥겔은 가계지출을 조사한 결과 지출 총액 중 저소득 가계일수록 식료품비가 차지하는 비율이 높고, 고소득 가계일수록 식료품비가 차지하는 비율이 낮음을 발견하였다. 이 통계적 법칙을 '엥겔의 법칙'이라고 하며, 총가계 지출액에서 식료품비가 차지하는 비율을 엥겔계수라고 한다. 식료품은 생활필수품으로 소득의 높고 낮음에 관계없이 반드시 일정한 정도는 소비해야 하지만 어느 수준 이상 소비할 필요는 없다는 특징을 갖는 재화이다. 따라서 저소득층이라도 반드시 일정한 금액의 식료품비는 우선적으로 지출해야 하고, 이로 인해 총지출 중 식료품비가 차지하는 비중이 크게 나타나는 것이다. 그러나 소득이 증가해도 식료품비의 증가는 상대적으로 작기 때문에 총지출 중 차지하는 비율이 작아지는 것이다.

2630 엥겔계수 02

엥겔법칙 중 소득증가에 따라 식비의 비율이 감소한다는 것으로 총지출에 대한 식비의 비율을 칭한다. 엥겔계수는 생활수준을 나타내는 지표가 되고 보통은 그 값이 50%인 경우 빈곤선의 기준을 삼는다.

2631 엥겔방식

음식물비의 지출비율은 생활정도와 관계가 있다는 엥겔의 법칙을 이용해서 일정한 생활수준을 산정하는 방식을 말한다. 구체적으로는 노동력을 유지하기 위해 필요한 음식물

비를 영양학 지식을 근거로 마켓 바스켓 방식 등에 의해 산출하고, 이것을 통계조사의 결과로 나오는 엥겔계수로 나누어 생활비 총액을 산출한다.

2632 엥겔스(Engels, Friedrich)

독일 섬유공장주의 장남으로 출생하여 문학, 종교, 철학을 독학하였으며 아버지 소유의 영국 맨체스터 소재 방직공장에 근무하면서 경제학을 연구하였다. 칼 맑스와 함께 과학적 사회주의 이론을 확립하고, 국제노동자협회를 결성·지도하였으며, 맑스를 경제적으로도 지원하였다. 저작은 다양하나 특히 영국에서의 노동자계급의 상태(1845)는 사회문제 연구의 고전이다. 맑스의 자본론 유고를 정리하여 완성시켰다. → 맑스

2633 엥겔의 법칙(Engel's law)

독일출신의 엥겔에 의해 제기된 법칙으로 전체 생활비 중에서 음식물비가 차지하는 비율이 50% 이상인 가정은 빈곤선에 있다는 설이다.

2634 여가(leisure) 01

근로자가 일을 떠나서 자유로이 행사할 수 있는 시간을 말한다.

2635 여가 02

레저를 시간의 면에서 보면 생활시간에서 근로시간과 생리적 필수 시간을 뺀 시간으로서 정의된다. 그 뺀 시간을 단순히 남는 틈, 즉 여가 시간으로서 포착하는 경우도 있지만 최근에는 보다 적극적으로 구석으로부터 해방된 자유로운 시간으로서 포착하여 가고 있다. 자유로운 시간에 행해지는 자유로운 활동으로서의 레저에는 통상 다음 네 가지의 기능이 인정된다. 피로에서의 회복, 스트레스의 해소, 인간적인 연대의 증진, 자주개발, 자기실현, 여기에서 피로에서의 회복과 스트레스의 해소는 레저가 갖는 소극적 기능이고, 인간적인 연대의 증진과 자기개발, 자기실현은 적극적 기능인데 최근에는 레저 활동이 갖는 적극적인 측면이 중요시 되게 되었다.

2636 여가교육(leisure education)

여가를 보다 효과적이고 생산적인 방향으로 선용할 수 있도록 지도하는 교육을 의미한다. 산업혁명이후 분업이 발달하고 노동을 기계가 대신함에 따라 여가시간이 많아지게 되었다. 이런 현상은 산업이 발달된 구미 각국에서 현저한 양상을 드러내고 있어 여가의 효율적 활용이 교육적 문제로 등장하게 되었다. 이런 의미에서 성인교육 운동이라든가 레크리에이션 운동 등은 정신적·신체적으로 여가를 선용하려는 사회운동으로 확대되고 있다. 그리고 여가시간의 방치는 사회적·개인적으로 해로운 현상을 흔히 유발시키고 있기 때문에 여가교육은 청소년은 물론 성인들을 위해서도 프로그램을 만들어 그들의 취미생활, 심신의 개발과 정신위생, 소질의 개발, 창의적 생활을 하도록 돕는다. 이 프로그램은 개인의 적성과 취미를 고려하여 선택적인 내용으로 구성된다. 학교에서는 특별활동을 통하여 효과적 지도를 꾀한다. → 특별활동

2637 여가관리(leisure time management)

기업에 있어서 근로자의 여가 계획과 그 대책, 여가의 활용방안 등에 유의해야 하는데 이를 여가관리 또는 레저 관리라고 한다.

2638 여가지도(recreational guidance)

공부나 노동과 같이 일에 보내는 시간과 수면이나 식사 또는 그 밖의 생명의 유지에 보내는 시간을 제외하고 개인이 마음대로 활용할 수 있는 시간이나 기회를 뜻있고 생산적으로 보낼 수 있도록 하기 위해서 수행하는 생활지도의 한 영역을 말한다. 여가를 활용하는 오락활동이나 취미활동은 정신건강의 증진을 위해서만이 아니라 공부나 일의 능률향상에도 도움이 되기 때문에 생활지도와 교육일반에서 점차로 그 중요성이 인식되고 있다.

2639 여권론(feminism)

여권론은 남녀평등권, 여성해방론, 여권신장운동 등을 말한다. 즉 여성의 사회적 권리가 남성과 차별되어 평등이 인정되지 않는 것을 고발하고, 개선의 정당성과 필요성을 주장하며, 실제로 계몽운동과 실천운동을 펼치는 것을 말한다. 법적지위, 경제활동, 교육, 정치활동, 조직활동, 문화활동 등 전체적인 사회구조와 사회활동에서 평등과 민주화를 실현하기 위한 연구와 활동은 1960년대 이후 여러 차원의 여성단체가 주축이 되어 지속되어 왔다. 한국에서는 최근에 여권신장운동이 활발하게 이루어지고 있으며, 1970년대 이후부터는 대학에 여성학과가 신설되기 시작하였고, 많은 대학교에서 교양과목으로 여성학을 강의하고 있다.

2640 여권주의 사회사업(feminist social work)

성차별에서 비롯된 경제적, 사회적 문제를 개인과 사회가 극복하도록 돕기 위해서 사회사업가의 가치, 기술 그리고 지식을 여권주의 시각과 통합한 것을 의미한다.

2641 여권주위 치료(feminist therapy)

주로 성차별과 성역할 고착화(sex role stereotyping)로 야기된 심리사회적 문제와 사회문제를 극복하기 위해서 전문가(흔히 여성)가 클라이언트(흔히 여성)를 개인적으로 혹은 집단적으로 돕는 심리사회적 치료를 의미한다. 여권주의 치료사들은 특히 의식고양(consciousness raising), 성역할 고착화의 종식, 모든 여성과 공감대를 형성하도록 하여 클라이언트의 잠재력을 최대한 키우도록 돕는다.

2642 여론(public opinion)
의견이 대립된 문제에 관해 합리적인 토론을 거쳐 도달된 다수자의 의견이라 정의된다. 여기에는 의견의 대립 합리적인 토론 다수의견이라는 세 가지 계기가 포함되어 있으나 현실적인 여론은 어느 계기인가가 부족하다. 따라서 여론은 민주주의의 정신을 현실화한 것이지만 일부 지도자와 기관에 의한 대중조작의 위험이 숨어있다. 여론측정의 통계적 수단으로 여론조사의 기법이 측정 발달하게 되었다.

2643 여론조사(public opinion poll/opinion research)
정치·외교·경제·도시·교육·사회보장 등 사회생활 전반에 걸쳐 사람들의 의견·지식·관심·평가·태도 등을 묻는 조사를 의미한다. 여론은 조사대상의 입장에 따라 차이가 나므로, 성별·연령·직업 등 대상자의 속성이 모집단과 현저한 편향성을 갖지 않도록 무작위추출을 하는 것이 원칙이며, 분석에 있어서도 사회계층별 분석과 같은 속성별 분석을 하는 것이 보통이다. 또한 사람들의 의식이나 태도라고 하는 것은 고정된 것이 아닌 까닭에, 엄밀한 표본추출을 하고도 조사의 실시 시기나 질문지의 구성에 따라 회답이 변하기 쉬운 성질을 가지고 있다. 그러나 의견이나 태도의 분포나 그 변화를 계량적으로 측정할 수 있다는 점에서 널리 실시되고 있다. 우리나라에서 현재 실시되고 있는 여론조사 가운데는 전 국민을 모집단으로 하는 한국갤럽조사연구소의 여론조사와 각 신문사가 주로 창간기념일을 전후해서 실시하는 여론조사 등이 대표적이다.

2644 여론지도자(opinion leader)
주민 중의 지식층으로 언제나 새로운 정보의 입수에 노력하며, 주위 사람들의 사고에 영향을 주는 사람을 말한다. 특정의 유력자도 아니고 어디서나 볼 수 있는 리더층이다. 매스컴이 대중에 영향을 주는 과정에서 여론지도자가 중개자의 역할을 갖는다는 가설이 있다. 홍보활동의 경우에도 대중에게 직접 홍보하는 것과는 별도로 지역에서의 여론지도자층에 작용하는 것이 중시되고 있다. 사회복지분야의 홍보와 민간자원의 동원을 위해서는 여론지도자의 역할이 중요시되고 있다.

2645 여성가족부
여성·가족정책 기획, 여성인력개발, 영유아 보육사업, 성폭력·가정폭력 및 성매매 방지 등 여성권익 증진 등의 여성정책의 기획·종합, 가족정책 및 영유아보육정책의 수립·지원하는 2005년 6월에 조직된 중앙행정기관으로 여성부에서 여성가족부로 개칭하였다.

2646 여성경제활동(women's economic activity)
최근 여성의 경제활동 유형을 보면 경제발전과 함께 여성의 가정 내에서의 노동은 점차 감소하는 반면, 노동시장에서의 활동은 증대하는 추세를 보이고 있다. 1980년대 한국의 산업구조변화와 함께 여성의 산업별, 직종별 취업분야도 상당히 변화하였다. 1990년을 기준으로 볼 때 사무직, 생산직 직종에 종사하는 여성비율은 증가하는 반면, 농림수산직 직종에 종사하는 여성비율이 급격히 감소하는 현상을 보이고 있다. 그리고 여성이 취업하고 있는 직종의 분포는 생산직, 농림수산직, 판매직, 사무직, 전문기술직의 순위이나, 전문기술직은 7% 정도일 뿐이다.

2647 여성고용할당제
여성의 공직진출을 확대하기 위해 채용시험에 앞서 여성공무원 채용비율을 미리 정해 놓고 시험성적에 관계없이 비율대로 합격시키는 제도를 의미한다. 이 제도에 따르면 여성합격자가 채용목표 비율에 미달할 경우 커트라인에서 3점(5등급)이나 5점(7급)까지 모자란 여성응시생 가운데 성적순으로 목표치만큼 추가 합격시킨다.

2648 여성근로 보호정책
(labor protection policy for women)
여성근로 보호정책은 근로여성의 평등권, 생존권, 노동권 등의 기본적인 권리를 구체적으로 보장하며, 특별히 고용, 임금, 근로조건에 있어서 부당한 차별을 받지 않도록 규정하는 국가의 법적·제도적 조치를 의미한다. 노동법 중에 여성의 지위와 특별히 관계있는 법률규정으로서 근로기준법, 남녀고용평등법, 직업안정 및 고용촉진에 관한 법률(구직업안정법), 직업훈련기본법, 노동조합법 등이 있다. 최저근로조건을 정하고 있는 근로기준법에 다음과 같은 여성보호 규정이 있다. 도덕상 또는 보건 상 유해 위험한 사업에는 여성사용금지, 여성의 갱내근로 금지, 야업 및 휴일근로의 원칙적 금지, 1일에 2시간, 1주일에 6시간, 1년에 150시간을 초과하는 시간외 근로의 금지, 월 1일의 생리휴가, 60일의 출산휴가, 임산부의 경미작업에로의 전환 배치 및 시간외 근로금지, 생후 만 1년의 유아를 가진 근로여성에 대해 1일 2회, 각 30분 이상의 유급 수유시간제공, 해고일로부터 14일 이내에 귀향하는 경우에 귀향여비제공 등이다.

2649 여성금주조직(women for sobriety)
성원들이 대부분 음주문제를 갖고 있는 여성들로 여러 지역에 지부가 있는 전국 자조조직을 의미한다. 여성 알코올중독자는 남성 알코올중독자보다 다양한 욕구와 문제들을 가지며, 따라서 문제를 극복하기 위해 여성들 간의 조직이 필요하다고 성원들 각자는 믿는다. 그들은 정기적으로 상호지지, 격려, 알코올중독의 특정 문제들을 처리하는데 관한 정보를 제공하기 위해 만난다.

2650 여성노동(women's labor)
여성의 임금노동을 가리킨다. 자본주의가 발전해 노동이

기계화함에 따라 여성의 임금노동자가 증가하고 있으며 여성노동의 내용이나 성격도 크게 변화하고 있다. 초기에는 방적공장을 시작으로 하여 경공업의 공장에 미혼의 청년층 여성이 고용되었었지만, 기계·화학공장이나 사무·판매서비스 등의 분야에 기혼의 장년층 여성이 대량으로 고용되어지게 되었다. 저임금의 보조적노동, 임시파트타임 고용 등의 차별문제가 있다.

2651 여성발전기본법

정치·경제·사회·문화의 모든 영역에서 남녀평등을 촉진하고 여성의 발전을 도모하기 위해 제정한 법(1995. 12. 30, 법률 제5136호). 1995년 제정된 뒤 2002년 12월 법률 제6836호까지 6차례 개정되었다. 국가와 지방자치단체는 남녀평등 촉진, 여성의 사회참여 확대와 복지증진을 위해 필요한 법적·제도적 장치를 마련하고 재원을 조달할 책무를 진다. 여성의 참여가 부진한 분야에 대해서는 실질적인 남녀평등이 이루어질 수 있도록 적극적인 조치를 취할 수 있다. 여성부 장관은 여성정책의 기본방향과 추진목표, 재원조달 방법이 포함된 기본계획을 5년마다 세우고, 중앙행정기관장과 시·도지사는 이에 따라 연도별 시행계획을 세워 시행해야 한다. 여성정책에 관한 주요사항을 심의·조정하기 위해 국무총리에 소속되는 여성정책조정회의를 둔다. 중앙행정기관장은 해당 기관의 여성정책을 효율적으로 수립·시행하기 위해 소속 공무원 가운데 여성정책 책임관을 지정해야 한다. 남녀평등 촉진 등에 관한 관심을 높이기 위해 1년 중 1주일을 여성주간으로 정한다. 국가와 지방자치단체는 정책결정 과정에 여성참여를 확대하는 방안을 강구하고, 여성의 정치참여 확대를 지원하기 위해 노력해야 한다. 공무원의 채용·승진 등에서 여성의 공직참여 확대여건을 조성하고, 근로자의 고용전반에 걸쳐 남녀평등이 이루어지도록 해야 한다. 성희롱 예방 등 직장 내의 평등한 근무환경 조성에 필요한 조치를 하고, 임신·출산 및 수유 기간에는 특별히 보호하며 이로 인해 불이익을 받지 않도록 해야 한다. 여성 근로자가 직장과 가정생활을 병행할 수 있도록 영유아 보육시설 확충, 방과 후 아동보육 활성화, 육아휴직제 정착 등에 관한 시책을 강구해야 한다. 성폭력 범죄와 가정 내 폭력을 예방하고 그 피해자를 보호해야 하며, 민주적이고 평화적인 가족관계를 확립하는 데 힘써야 한다. 저소득 모자가정·미혼모·가출여성 등 보호를 요하는 여성을 지원하는 데 필요한 조치를 취하고, 가사노동의 경제적 가치를 평가하여 법제도나 시책에 반영하도록 노력해야 한다. 대중매체의 성차별적 내용이 개선되도록 지원하고, 대중매체를 통해 남녀평등 의식을 확산하도록 해야 한다. 여성발전기금을 설치하여 여성권익 증진을 위한 사업, 여성단체의 사업, 여성 관련시설의 설치·운영, 여성의 국제협력사업 등을 지원한다. 6장으로 나누어진 전문 36조와 부칙으로 구성되어 있다. → 여성복지

2652 여성의 전화

학대받는 여성을 돕기 위해 83년 6월 발족한 여성단체이다. 지금까지 가정 내 문제로만 덮여 있던 매 맞는 아내들의 고민을 덜어 주고 스스로 문제를 해결하도록 돕는 등의 전화상담을 주로 한다.

2653 여성 자원봉사자(lady bountiful)

도움이 필요한 사람들에게 재화나 서비스를 제공해주는 사회사업가와 자원봉사자들에게 한때 자주 적용된 다소 조소적인 용어이다. 이 용어는 남북전쟁 때 상류계급 여성들이 가난한 사람들에게 음식과 의류와 조언을 기부하거나 개인적으로 전달하던 것에서 유래한다. 결과적으로 이런 여성들 중 많은 수가 우애방문자(friendly visitors)로서 전문적 사회사업가(social workers)들의 선구자 역할을 시작했던 것이다.

2654 여성문제(women's problems)

사회구조로 인해 여성에 대한 억압·차별·소외 등이 발생한 문제의 총칭이다. 구체적인 형태로는 교육에 의한 차별과 억압, 직업노동에 의한 차별, 저임금·건강파괴, 결혼이나 가족관계에 따른 차별과 억압, 농가주부의 무권리나 과중한 노동, 매춘부의 심신의 건강파괴 등 여러 가지 문제가 있고 이것들은 근본적으로 전체 남성이 지배하는 사회구조에서 발생하고 있다. 현대에는 법제적·형식적으로 남녀평등의 권리가 인정되지만, 직업노동에 따른 남녀차별이 재편성되어 그를 위한 교육·결혼이나 가족단계, 사회참여 등 여러 분야의 남녀차별이 존속하고 있다.

2655 여성운동(women's movement)

여성운동이란 여성 스스로가 목적을 이루기 위해 능동적으로 조직화하여 행동하는 현상을 말한다. 이러한 움직임이 대두되기 위해서는 여성 자신의 의식변화가 선행되어야 하며, 여성이 예속된 상태를 자각하고, 한 인간으로서 독립된 인격과 생활을 이루기 위해 집단적인 행동을 취하는 것이 필요하다. 지엽적이며 단편적인 문제에서부터 사회, 경제에 이르는 모든 분야로 확대되었다. 1830년대에 미국과 영국의 여성운동가들은 노예제 폐지운동에 주력하였으나 점차로 금주, 절제운동과 기타 여러 가지 사회개혁운동에 적극 참여하게 되었다. 반면 한국의 여성운동은 민족과 시대적 배경과 밀접한 관계가 있다. 한국의 여성들은 권리신장을 위한 투쟁에 앞서 민족을 구하고 독립을 하기 위한 운동에 동참하였다. 근래에 와서 여성지위에 대한 관심이 고조됨에 따라 여성운동에 대한 연구도 활발히 전개되고 있다.

2656 여성유권자연맹(league of woman voters)

정치과정에 관해 교육하고, 선거 과정과 국가, 주, 지역 차원에서 정부구조에 대한 연구 및 조사를 위해 1920년에

세워진 자발적 조직이다. 여성참정권협회(Woman Suffrage Association)의 자연적인 산물로, 이 연맹은 원래 새롭게 획득한 투표권을 합리적으로 사용하는 방법에 대해 여성들은 교육하고자 하였다. 1974년에 남성에게도 회원자격을 개방한 연맹은 미국 대부분의 도시에 지부를 가지고 있다.

2657 여성참정권(women's franchise)

여성참정권은 여성이 정치에 참가하는 권리를 의미한다. 광의로는 정치결사의 자유나 집합 등을 포함하나 협의로는 여성의 선거권, 피선거권을 의미한다. 여성참정권은 1890년 미국의 와이오밍주에서 인정된 것을 시작으로 제1차 세계대전 후에는 많은 국가에서 인정되어 왔다. 한국여성들의 참정권은 남녀 동등한 선거권, 피선거권, 공무담임권 및 정당 가입권을 부여하면서 남녀평등의 원칙을 선언한 1948년 7월 17일의 헌법에 기초를 두고 있다. 앞으로의 한국정치에 있어 여성정치의 활성화를 위해 중요한 것은 여성들의 정치의식을 변화시키기 위한 새로운 정치사회화 교육이다.

2658 여성해방운동(women's liberation movement)

문예부흥, 계몽주의, 프랑스혁명, 민주주의 발달을 통한 인간자유와 평등사상은 여성해방운동에 영향을 주었다. 여성해방운동은 인류의 반수를 점하는 여성에 대한 편견, 차별을 문제 삼아 남녀의 정치적, 경제적, 사회적, 교육적 불평등을 시정하고 또 모성보호 등의 여성특유의 권리보장을 목표로 삼아온 사회운동이며 인간해방 운동이다. 한국의 여성해방운동의 역사는 민족해방운동과 그 궤를 같이하고 있다. 나라와 민족의 위기는 여성의 사회참여를 필요로 하였고, 이를 계기로 여성들은 한 시민으로서, 그리고 한 인간으로서 적극적으로 해방운동에 참여하게 되었다.

2659 역과정(adversarial process)

제시된 반대의견을 듣고 평가함으로써 결정에 이르는 절차를 의미한다. 역과정은 흔히 반대입장의 변호사가 그들 각각의 관점 또는 클라이언트를 지지하기 위한 증거나 논쟁을 제시하는 법정에서 볼 수 있다.

2660 역기능(dysfunction) 01

적절한 실행을 방해하는 제도상 결한다. 기능장애(malfunction)와도 같은 말이다.

2661 역기능 02

어떤 제도가 작용함으로써 사회체제에 이바지하는 결과가 초래되는지의 여부를 가릴 때 쓰이는 개념으로 그것이 사회체제의 유지 존속에 해로울 때를 나타내는 말이며 순기능에 반대된다. 사회학자들은 이 역기능을 이른바 「관료적 병리현상」의 하나로 본다. 즉 어떤 제도가 본래 추구하던 목적과 그것의 수단이 전도되는 것을 의미하며, 제도의 문제점을 파악하는데 도움을 주는 개념이다. 이상적으로 관료조직체는 특정목표를 달성하기 위하여 형성되었고 형식적 규칙과 절차들도 그런 목표달성의 수단으로 세워진 것들이다. 실제로는 그러한 수단들 자체가 목적이 되어버림으로써 원래의 조직목표 달성에 지장을 가져오는 때가 많다. 이것을 수단-목적 전도현상이라 한다.

2662 역동성(dynamic)

성격이론에서 정신 내면의 영향, 의식 또는 무의식의 사고과정과 충동(drive), 갈등(conflict), 동기(motivation) 및 방어기제(defense mechanism)와 같은 관찰할 수 없는 정신적 현상을 강조하는 지향을 말한다. 장(場)이론(field theory)에서는 심리적 장에서 행동하는 힘을 뜻하고, 사회체계 이론에서는 항상적 안전성을 얻으려 애쓰고 유지하는 과정을 지칭한다.

2663 역동적 진단(dynamic diagnosis)

케이스워크의 진단과정에서 클라이언트를 이해하는 방법의 하나이다. 케이스워크가 다루는 과제는 인간 문제 상황의 복합된 상태 안에 존재하기 때문에 여기에서 상호작용하는 여러 가지 요소의 역동을 명확화하려는 진단개념이 역동적 진단이다. 따라서 클라이언트의 문제 가 그 사람의 생활에서 갖는 의미나 문제해결에 유용한 수단을 객관적 요인으로 명백히 하며 클라이언트의 문제해결능력도 평가하는 것이 필수적이다.

2664 역사관([영] a view of the history [독] Geschichtsauffassung)

자연에 관해 여러 가지 자연관(목적론적, 기계론적, 변증법적 등)이 있듯이, 인간 사회의 역사에 관해서도 여러 가지 역사관이 있다. 이것은 역사의 기존적인 구조, 동력, 법칙에 관한 견해이며, 크게 나누면, ① 어떤 관념적인 것(신의 섭리, 자유나 인간성의 이념, 민족정신, 개인의 욕망이나 관심)을 중심에 두는 사적 관념론, ② 자연적인 제 조건(기후, 풍토, 자질 등)을 강조하는 지리적 유물론. ③ 인간의 물질적 생산을 토대로 하는 사적 유물론(유물사관)으로 구분된다. 아우구스티누스, 볼테르, 흄, 칸트, 헤겔, 칼라일 등은 ① 보댕, 몽테스큐 등은 ②에 속하고, 맑스주의는 ③을 대표한다. 그러나 ②의 지리적 유물론은, 단순히 항구적인 자연 조건만을 가지고는 역사의 변화와 발전을 충분히 설명할 수 없으므로, 역시 ①의 견해를 참작하지 않을 수 없다. 또 인간의 역사의 어느 측면을 중시하느냐 하는 점에서 보면 일반적으로 사적 관념론은 정신사 및 문화사 또는 인간의 의식적인 행동 면에 속하는 정치사를 중심으로 하며, 이에 대해 사적 유물론은 경제사 및 계급 투쟁사에 기초를 둔다. 무릇 역사가 개개의 사실의 우발적인 병렬과 집합이 아닌 한, 역사의 토대는 무엇인가, 그의 주요한 추진력은 무엇인가, 그의 발전법칙은 무엇인가에 관한 기본적인 역사관이 없으면, 구체적인 역사 기술도 그 방법과 원리를 결여하는 것이 된다. 또 각각의 역사관은 미래를 향해 현재의 사회를 움직이기 위한 방향과 원동력을 제시함으로써, 각각의 실천적인 의의(보수적, 진보적, 전쟁 긍정적, 전쟁 부정적 등)를 갖지 않을 수 없다.

2665 역설적 지시(paradoxical directive)
가족치료(family therapy)의 한 형태로서, 사회사업가나 치료자가 가족구성원에게 자신들의 증상적 행동을 지속하라고, 혹은 때때로 '그 증상적 행위를 더 심하게'하라고 지시하는 접근을 말한다. 이는 가족구성원이 그러한 행위와 행동을 벗어남으로써 얻게 되는 이득을 좀 더 확실히 인식하도록 하여 마침내 그러한 행동을 더욱 잘 조절하도록 해준다.

2666 역소득세(negative income tax)
가난한 가정을 돕기 위한 절차를 규격화하기 위해 마련된 프로그램으로, 연방 소득세 체계를 이용하여 가계자산조사를 회피하기도 한다. 소득이 일정한 최소기준 아래로 내려가는 납세자는 연방 재무성에서 그 액수를 상환받게 된다. 저소득자 교부금의 형태는 미국에서 1975년에 소득세 신용대부(Earned Income Tax Credit)프로그램을 통해 형성되었다.

2667 역전관계(inverse relationship)
한 변수에서는 더 높은 빈도를 갖고 다른 변수에서는 더 낮은 빈도를 갖는 두 현상 사이의 관련을 의미한다. 때때로 사회연구에서, 이것은 부정적인 상관관계(negative correlation)로 일컬어진다.

2668 역전이(counter transference)
반대전이라고도 하며, 클라이어언트의 태도 및 외형적 행동에 대한 상담자 또는 치료자의 개인적인 정서적 반응과 투사를 말한다. 즉 클라이어언트에 의해 전이된 감정에 대해 치료자 자신이 전이를 일으키는 것이다.

2669 역진세(regressive tax)
가난한 사람이 부유한 사람보다 과표소득(taxable income)에서 세금을 더 많이 내거나 똑같이 내는 정부의 세입징수제도(revenue collecting system)를 말한다. 예를 들면 2만 달러의 과표소득이 있는 사람이 20%의 세금을 낼 때, 어떤 사람은 1만 달러 소득에 15%의 세금을 내는 경우이다.

2670 역진소득세
→ 부(負)의 소득세(所得稅)

2671 역차별(reverse discrimination)
때때로 다수 집단에 의해 불이익을 받은 이전의 소수집단 또는 사람들을 우대할 때 쓰는 용어이다. 일반적으로 백인 또는 남성들로부터 고용기회를 확보하여 흑인 또는 여성들을 위한 기회를 창출하는 방법을 예로 들 수 있다.
→ 차별수정계획(affirmative action)

2672 역학(epidemiology)
일정한 시기 안에 사람들 사이에서 발생하는 질병과 같은 특별한 현상의 빈도와 분포에 대한 연구를 말한다. 대개 이것은 발생률(incidence rate 일정시기 안의 새로운 사건 수)과 분포율(prevalence 일반적으로 특별한 문제점을 지닌 사람들의 총수)로 표현된다. 역학에서 일반적으로 쓰는 다른 용어로는 현시점 분포율(point prevalence 시간의 한 시점에서 측정된 사건 수), 기간 분포율(period prevalence 1년처럼 정해진 기간 사이에서 발생하는 모든 사건), 질병위험률(morbidity risk 특별한 병에 걸리는 개인의 평생 동안의 위험)이 있다. → 질병률(morbidity rate)

2673 역할(role) 01
일정한 지위의 점유자에게 의무 지워진 정형적·반복적·지속적 행위의 기대내용을 말한다. 그것은 타인과의 관계에서 구성되어지며 사회관계에 대응해 다양한 지위와 역할이 부여된다. 처에 대해서는 남편, 자녀에 대해서는 부모, 노인에 대해서는 손자라고 하는 것처럼 입장에 따라 역할도 또한 다르다.

2674 역할 02
사회질서 속에서 차지하게 되어 있는 개인의 자리 또는 지위에 따른 정상적인 행동양식. 개인의 역할에는 여러 가지 종류가 있을 수 있다. 연령과 성(sex)에 따른 역할은 물론 공적인 역할과 사적인 역할 등으로 나누어 생각할 수도 있고, 선천적인 생득적 역할과 후천적으로 획득된 역할로 구분할 수도 있다. 일반적으로 어떤 종족에 따른 역할과 성에 따른 역할 등으로 설명될 수 있는 것은 쉽게 역할변경이 이루어지지 않는 데 비해서 교사·사장·장관 등 후천적으로 얻어진 역할은 쉽게 변경될 수 있다. 인간은 누구나 어떤 역할을 갖게 되어 있는데, 한 가지 종류 이상을 가지게 되면 사람들은 대체로 정도의 차이는 있어도 역할 갈등을 느끼게 되는 경우가 많다. 특히 인간은 일생 동안에 수많은 역할에 직면하게 되어 있다. 여기서 그가 어떤 역할에 얼마만한 시간과 노력을 바쳐야 할지를 모르게 되면 역할 혼돈에 빠져 불행하게 된다. 역할혼돈에 빠지지 않으려면 가능한 한 역할종류를 줄이는 것도 한 가지 방법이지만 많은 역할 중에는 중요한 것과 덜 중요한 것이 있을 수 있으므로 중요한 역할에 가장 많은 노력과 시간을 바치도록 해야 한다. 특히 공적인 역할은 사적인 역할보다 중요한 것이라는 인식을 갖고 사회구성원들이 역할수행을 할 때 사회는 질서와 발전을 이룩할 수 있게 된다.

2675 역할갈등(role conflict) 01
둘 또는 그 이상의 사회적 지위(역할을 갖고 있는 사람이 상반된 기대 역할을 요구받을 때 경험하게 된다. 예를 들면, 사회사업가는 클라이언트에게 즉시로 위기를 해결해 주기를 요구받으면서 슈퍼바이져에게는 미리 짜인 스케줄에 의해 클라이언트의 문제를 해결해 나가도록 요구를 받는 경우 맡겨진 일에 대한 갈등을 경험하게 된다.

2676 역할갈등 02
역할 담당자가 자기내면에서 주체적으로 처리하기 어려운 상호 모순된 기대가 집단이나 사회의 객관적인 조직과 규범구조 내에 있기 때문에 그 담당역할수행에 따른 내적갈등을 일으키게 되는데 이러한 갈등을 역할갈등이라 한다. 그것은 역할취득이나 수행에서 담당자의 개인적인 지각과 행동의 오류 및 다양성에서 오는 개인적인 부적응현상과는 구별된다.

2677 역할강도(role vigor)
정해진 문화권의 테두리 안에서 일반적으로 기대될 수 있는 범위를 상대적으로 벗어난 역할의 정도를 말한다. 예를 들면, 다원화된 도시지역의 생활권에서는 소규모의 읍, 면 소재지보다 더 많은 역할강도가 여성들에게 용납된다.

2678 역할기대(role expectation) 02
집단이나 사회는 대내·외적인 각각의 상호행위로서 일정한 지위의 점유자에게 과하여진 전형적인 행동을 양식화하여 그것을 준수하도록 기대한다. 이것은 상호행위의 상황에서 질서를 확립하는 중요한 현상으로서 이 기대방식이나 구속력은 집단이나 사회가 어떠한 행동을 중요시하는가와 관계하며 집단의 규범체계 및 분야별 기구와 관련이 깊다.

2679 역할기대 02
집단이나 조직, 또는 다른 개인이 그에게 어떤 역할을 어떻게 수행해 줄 것을 기대하는 것을 의미한다. 개인은 집단이나 사회조직 속에서 다른 사람과의 관계를 맺는 과정에 필수적으로 사회적 역할 또는 구실을 갖게 되어 있다. 사람들은 역할기대가 충족되지 않으면 실망하거나 그 사람의 역할 수행 능력을 의심하게 된다. 일반적으로 현대인들은 여러 집단과 조직에 속하게 됨으로써 그에 따르는 역할기대를 충족시키기 어렵다. 교사는 학생들과 그가 속해 있는 학교조직·동료·아내·자녀·형제 및 부모들이 그에게 기대하는 역할이 다양하기 때문에 모든 기대되는 행동, 즉 역할기대를 충족시키기 어려운 나머지 역할 갈등에 빠질 가능성이 가장 높은 역할 자이기도 하다. 그러나 역할기대란 상대적인 개념이므로 요구되고 기대되는 역할능력 향상을 통해 역할기대에 따르는 갈등을 해소할 수도 있다.

2680 역할긴장(role strain)
역할갈등(role conflict) 또는 역할 비적임성(role discom-plementarity)의 다른 형태를 의미한다.

2681 역할놀이(role playing)
어떤 가상적인 역할을 수행하게 함으로써 문제시되는 태도나 행동을 변화시키려는 기법의 일종·정서적 역할 놀이라고도 한다. 예를 들면 재니스(Janis)와 만(Mann)은 여성 흡연자들을 대상으로 하여 실험을 하였는데, 그들에게 암환자의 역할을 수행하게 하여 흡연량을 줄이게 한 사례를 들 수 있다. 역할놀이의 모형에는 공포 - 욕구모형(fear-drive model)과 동형반응모형(parallel response model) 등이 있다.

2682 역할놀이 수업모형(role playing model)
학생들에게 특수한 상황이나 장면에 처해보도록 하거나 특정의 역할을 실행해보도록 함으로써 자신이나 타인이 지니고 있는 가치관 혹은 신념을 깊이 있고 명확하게 이해할 수 있도록 하는 실천적 교수방안을 의미한다. 이 모형은 파니 샤프텔(Fannie Shaftel)과 조지 샤프텔(George Shaftel) 부부에 의해 개발되었다. 그들은 20여년 동안 학생들에게 「인간의 존엄성」, 「정의감」, 「애정」 등의 민주적 관념들을 일상생활에서 어떻게 실천할 수 있는가를 가르치기 위하여 이 모형을 개발하고 적용하였다. 역할놀이는 자신이나 타인들이 현재와 같이 행동하는 이유에 대한 이해를 하는데 도움이 된다. 특히 자신과 다른 사람들의 역할을 실연하는 과정에서 학생들은 인간행동의 다양성과 유사성을 배우고 이것을 실제장면에 적용할 수 있게 된다. 이 수업모형을 성공적으로 활용하기 위하여 교사는 다음과 같은 것을 할 수 있어야만 한다. 첫째, 적절한 역할놀이 장면을 제시하거나 선정하는 일을 돕는다. 둘째, 학생들이 당황하지 않고 "마치 …인 것처럼" 행동하도록 하는 지원적인 분위기를 조성한다. 셋째, 자발성과 학습을 장려하는 역할놀이 장면을 꾸민다. 넷째, 학생들이 서로를 효과적으로 관찰하고 경험하며 그들이 보고들은 바를 예리하게 해석할 수 있도록 하기 위하여 관찰과 경청기술을 가르친다. 이 수업모형을 적절히 적용하게 되면, 학생들은 다음과 같은 것을 배우게 된다. 첫째, 자신의 견해를 자유로이 피력하고 다른 사람의 견해에 주의를 기울이게 된다. 둘째, 문제해결을 위하여 다양한 방법을 제안 또는 탐구한다. 셋째, 역할놀이 활동에 열성적으로 임하게 된다. 넷째, 역할놀이 장면에서 보고들은 바를 기술하고 해석하고 평가하고 또한 자신의 생활과 관련을 지어본다. 이 수업모형에서는 개인의 성장과 사회적 상호작용을 모두 강조하고 있다. 그리고 이 모형은 사회과나 문학에 적용하는 것이 바람직하고, 초등학교 3학년에서부터 중학교 2학년 학생들에게 적용하면 효과적이다. 역할놀이 수업모형에서는 교사는 결단이 필요한 대인상황을 제시할 필요가 있다. 물론 이러한 상황은 아동에게도 흥미가 있어야 하며 또한 아동의 경험세계에 속하는 것이어야 한다. 뿐만 아니라 수업모형을 선정함에 있어서 교사는 심리극(psychodrama)이나 드라마(drama)와는 다르다는 것을 알아야 한다. 따라서 교사는 개인치료요법보다는 오히려 대인문제 해결을 위한 논의나 활동에 집중해야 한다.

2683 역할 모호성(role ambiguity)

역할이 명확하거나 일관성 있는 기대없이 수행되는 상태 또는 현상을 의미한다. 예를 들면, 새로운 클라이언트가 처음으로 상담하게 될 경우 사회사업가가 어떠한 도움을 제공해야 하는지 잘 알지 못하기 때문에 모임으로부터 구체적으로 무엇을 기대해야 하는지 잘 모르는 경우이다.

2684 역할 보충성(role complementarity)

→ 보충성

2685 역할 비적임성(role discomplementarity)

한 개인의 다양한 역할들에 일관성이 없거나 관련된 사람들이 갖고 있는 기대감에 부응하지 못하는 경우에 나타나는 상황. 예를 들면, 클라이언트나 슈퍼바이저는 사회사업가에 대한 일정한 기대치를 가지고 있으나 이러한 기대치가 무엇인지 분명하게 알 수가 없었으므로 이러한 기대치는 이루어질 수 없다. 사회과학자들은 역할의 비적임성이 발생하는 다섯 가지의 상태(조건)를 지적하고 있다. ① 지적 간격(인지 불일치) : 적절한 기대가 무엇인지를 알지 못해 발생하는 것으로서, 예를 들면, 클라이언트나 사회사업가가 서로 상대방에게 무엇을 기대하고 있는지 알지 못하기 때문에 기대를 충족시켜줄 수 없는 경우 ② 신분적 간격(지위 불일치) : 한쪽이 상대방에게 적합하지 않은 기대를 요구함으로써 발생하는 것으로 예를 들면, 클라이언트가 사회사업가에게 의술 또는 의학에 관한 정보를 요구하는 경우 ③ 분배적 간격(분배 또는 할당 불일치) : 타인의 기대에 부응할 능력이 있는데도 이를 거부하는 것으로, 예를 들면 클라이언트는 사회사업가가 온 가족을 상대로 일해주기를 바라는 반면, 사회사업가는 개인만을 상대로 일하기를 바라는 경우 ④ 가치관의 차이(가치 지향의 불일치) : 상호간에 소유하고 있는 기대감은 있으나 그러한 기대가 서로 어긋나거나 부적합한 경우로 예를 들면, 클라이언트는 이혼하기를 원하나 사회사업가는 그 결혼을 지속시키려 시도할 때 ⑤ 국법의 부채(도구적 수단의 부재) : 상호간의 기대치는 부합하는 반면 그것들은 수행할 방법이 없는 상태로 예를 들면, 클라이언트나 사회사업가는 모두 가족에게 재정 지원을 늘리기를 희망하나 실질적으로 자원이 부족한 경우이다.

2686 역할수행(role performance)

사람이 기대된 역할을 일정의 상황에서 구체적으로 실현하는 것을 말한다. 물론 그것은 조작된 인형이나 로봇처럼 받아들여진 역할기대에 그대로 동조해 버리는 것을 의미하지는 않는다. 인간 독자의 동기나 욕구에 따라 어느 정도의 폭을 갖는 주체적인 행동으로 역할 실현이라고도 한다.

2687 역할수행 연습(role-playing)

심리치료나 지도자 훈련에서 내담자로 하여금 자발적인 역할 행동을 수행하게 함으로써 대인관계에서의 바람직한 태도나 행동을 습득하도록 지도하는 방법이다. 즉 문제가 되는 생활 장면을 상담 장면에 재현하여 관계 인물의 입장에서 바람직한 행동반응을 학습하게 하는 절차이다. 이러한 연습을 통해서 내담자는 자기 행동에 대한 교정을 스스로 또는 다른 역할자의 귀환 반응을 통해 교정할 수 있다. 역할수행 연습의 시행 절차를 보면, 먼저 역할 연습의 취지와 절차를 내담자에게 설명한 후 문제 장면의 주요 역할을 배정한다. 그리고 배정된 역할자의 전형적 행동양식과 최근에 실제로 있었던 대화 내용을 알아보고 그 과정을 분석하여 역할 연습에서 시도할 행동 및 대화 장면을 설정한다. 다음에 상담자와 내담자는 각자의 역할을 하면서 새로운 행동 반응을 가능한 한 실감나게 연습한다. 어느 정도 연습이 진행되면 서로 역할을 바꾸어 연습을 진행하기도 한다. 그리고 나서 내담자로 하여금 연습한 행동을 실제 생활 장면에 옮기도록 하고, 다음 상담에서 어느 정도 실천이 되었는지 검토하며 필요한 조정과 추가 연습을 한다.

2688 역할연기(role playing)

심리적인 갈등이나 심리적 문제의 탐구에 쓰여 왔으며 이것을 토의법에 도입한 것이다. 대본도 무대도 없이 즉석에서 연출되는 간단한 대화극을 공연한 다음 참가자가 토론을 통해서 문제해결의 실마리를 찾으려는 방식이다. 중요한 좋은 분위기를 만들 수 있어야 할 것, 실감 있게 몰두할 것, 새로운 의견을 발표하기 쉽도록 할 것 등이 요구된다. 다만 흥미본위가 되어서는 성공하지 못한다.

2689 역할이론(role theory)

인간의 행동을 어떤 내재적인 소질, 재능, 욕망 등의 표현으로서가 아니고 집단속에서 차지하는 역할을 통해서 설명하려는 이론이다. 역할이론은 인간행동을 사회구조와 관련시켜 설명할 수 있기에 개인과 환경과의 전체관련에 입각하여 전개되는 사회복지실천에서도 기초이론의 하나로 중시하게 되었다. 이것은 특히 최근 도입된 체계이론을 현실에 맞추어 이해하고 활용해가기 위해서는 불가결한 것이다.

2690 역할 재평형(role reequilibration)

서로의 기대를 명확히 함으로써 역할갈등(role conflict)이나 역할 비적임성(role discomplementarity)을 종결시키기 위해 두 사람 이상 사이에서 발생하는 과정을 의미한다.

ㅇ

2691 역할전환(role reversal)
한 개인이 행동을 완전히 전환하여 상대방이 기대하는 방식으로 행동하는 상태를 의미한다. 예를 들면, 아버지가 아들 앞에서 어린애처럼 행동하는 반면 아들은 아버지 앞에서 더욱 성숙한 행동을 보이는 경우이다

2692 역할학습(role learning)
일반적으로 사람들이 조직이나 집단의 사회관계에서 차지하는 계층적 위치를 지위라고 하고, 그 지위에 기대되는 기능적 측면을 역할이라고 할 때, 역할에 합당한 행동을 학습하는 것을 의미한다. 어린이는 어떤 역할에 적절한 행동을 함으로써 부모나 교사 등으로부터 보상을 받지만 부적절한 행동에는 상이 제거되거나 벌을 받는다. 또한 사회규범과 같은 일정한 기준에 의해 사회적으로 강화되거나 다른 사람의 행동을 관찰·모방하는 대리적 강화를 통하여 사회적으로 학습을 하게 된다. 성인의 경우도 이와 마찬가지로 자기 자신의 소속해 있는 사회, 집단, 문화 가운데서 자기의 지위에 적절한 행동유형, 역할을 수행한다. 사람은 역할수행을 통하여 그 사회에서 요구하는 동일성을 획득하고 다른 사람과의 사회적 관계와 지위에 관해 이해를 넓혀간다. 역할이론에서는 사회심리학적 현상을 기술 설명하고 예측하여 통제하는 기반을 부여한다.

2693 역효과 치료환경
사람들을 서로 갈라놓고 그들 간의 상호작용을 방해하는 사무실이나 시설, 물리적 장치 등을 의미하는 용어를 의미한다. 예를 들면 사회사업가의 역효과 사무실과 대기실은 의사소통하기 어렵게 너무 멀리 떨어진 벽 앞에 딱딱한 의자가 놓여 있고, 클라이언트가 사회사업가를 만나기 위해 기다리는 대기실은 아주 길고 어두운 복도이며, 철제책상이나 서류 캐비닛도 클라이언트를 사회사업가로부터 더욱 격리시키는 바리게이트 구실을 한다. → 효과적 치료환경

2694 연간보증소득(guaranteed annual income)
자산조사(means test 개인이 일정한 생활수준을 유지하기 위한 충분한 경제적 재원을 소유하고 있는가를 사례별로 결정하는 것)를 배제하기 위해 몇몇 사회정책 전문가들이 작성한 계획을 의미한다. 원조를 제공하기 위한 기초로서 개개인의 재원 및 욕구를 평가하기보다는 오히려 모든 개인 또는 가족이 욕구와 관련 없이 정부 관련기관으로부터 매년 금전 또는 서비스의 일정량을 지급받는다.

2695 연간지도계획
개개의 복지대상자와 그 집단에 대한 지도, 훈련의 연간계획이며 개인과 시설단위로 세워진다. 사회복지시설의 입소자는 거의 공통의 과제를 갖고 있으며 또 시설은 양호시설, 노인복지시설, 지체장애인시설, 정신지체시설 등 전문화되어 있어 시설단위로 도달할 목표에 따라 연간계획을 세워야 하지만 이들 계획은 연간행사계획으로 구체화되면서 실현 가능해진다. 복지대상자의 현상, 생육사, 재소기간 등을 감안해서 개별화할 필요가 있다.

2696 연간행사계획
당해 년도 초에 세워지는 행사의 계획이며 사회복지시설에서는 통상 시설단위로 세워진다. 가령 월례적 생일파티, 여름의 해수욕캠프, 가을의 운동회, 겨울의 크리스마스회 등이다. 치료계획이 이들 행사나 집단 활동을 통한 성과달성의 계획인데 반해 연간행사계획은 연간에 집행되는 행사의 계획이며 경비, 장소, 직장 수, 행사 순 등이 행사에 따라 계획된다.

2697 연계(linkage)
사회사업에서 다른 기관의 요원, 자발적 집단, 그리고 관련된 개인들과 같은 자원을 결합시키고, 클라이언트나 사회 목표를 위하여 그들의 노력을 중개하거나 조화시키는 기능을 의미한다. → 합동(collaboration)

2698 연구보조금 획득수완(grantsmanship)
사회행정에서 특수한 사업자금에 대한 계획을 개발하는 능력을 의미한다. 이 능력은 조사기획, 언어적 의사소통, 판매수완, 기록, 욕구 사정, 문제해결을 위한 새로운 기술의 혁신, 계획의 조정 및 사업자금의 적절한 재원에 관한 지식뿐만 아니라 정치적, 행정적 활동 등을 포함하고 있다.

2699 연금(pension)
일정 년 수, 수명 또는 영구기간에 걸쳐서 매년 또는 규칙적 간격을 두고 행하여지는 지급을 말한다. 결정된 연수에 계속되는 연금을 확정연금이라 하고, 지급기간이 개정되지 않은 연금을 불확정연금이라 한다. 연금은 타인을 위해서도 또 자기 자신을 위해서도 설정된다. 일반적으로 일괄적 보증 또는 유증 대신에 남을 위하여 설정되는 연금으로 일정기간에 걸쳐 부양의 계속을 보증하려는 것이 있다. 현재로는 자기 자신을 위하여 설정된 연금이 보다 일반적 형태이다. 가장 중요한 근대적 연금은 생명보험의 어떤 형태라고 할 수 있으며 보험 회사에 의해 행하여지는 그 밖의 연금계약 및 퇴직, 발병연금제도가 있다.

2700 연금기금(Pension Fund)
사학연금법에 의한 급여에 충당하기 위한 책임준비금을 말하며, 기금은 매 회계연도에 공단의 예산에 계상된 적립금 및 결산잉여금과 기금운용 수익금으로 조성된다.

2701 연금법 적용 대상
(School Personnel under Pension Act)
사학연금법 적용 대상 학교 및 학교 경영기관에 근무하는 교

직원으로서, 교원은 사립학교법 제54조의 규정에 의하여 관할청에 임용(임명) 보고된 자, 사무직원은 사립학교법 제70조의 2 규정에 의하여 학교기관의 정관상의 직급별 정원 범위 내에서 임명된 자를 말한다.

2702 연금법 적용대상 학교기관 (Schools or School Foundations under Pension Act)

사립학교법 제3조에 규정된 사립학교 및 이를 설치, 경영하는 학교경영기관과 초·중등교육법 제2조 제5호의 특수학교 중 사립학교 및 이를 설치, 운영하는 학교경영기관 또는 기타 사립학교 중 교육인적자원부장관이 지정하는 사립학교 및 연구기관.

2703 연금수급권(pensionable right)

연금급여의 수급이 법적으로 확정된 경우 그 자는 연금을 청구할 권리를 갖는다. 사회보험에서의 연금수급권의 피보험자(유족급여에 대해서도 그 자의 유족)가 소정의 수급요건을 충족시킬 때에 생긴다. 연금수급권의 확보를 위해 양도금지, 차압금지, 조세 기타 공과금지(노령연금 등은 예외) 등이 정해지며 또 권리구제를 위한 불복신립제도(사회보험심의회 등)가 설치되어 있다.

2704 연금수급자(An Annuitant)

20년 이상 재직한 가입자가 퇴직 후 연금공단으로부터 연금인 급여를 받는 자와 직무상 질병. 부상으로 인해 폐질상태가 되어 장해 연금을 받는 자.

2705 연금슬라이드제(sliding scheme of pension)

연금제도는 장기적·영구적 소득보장책이기 때문에, 물가상승에 의하여 그 실질가치가 하락한다는 것은 연금생활자의 생활보호에서 문제가 된다. 따라서 최근 선진 각국에서는 물가상승에 대한 대책으로서, 이 제도의 채용이 당연한 추세로 나타나고 있다. 그러나 물가상승의 정도에 따라 그것이 연금에 실질적으로 어느 정도 영향을 미치고 있으며, 어느 정도 반영되어야 할 것인가는 획일적으로 규정할 수 없으므로, 연금의 종류와 각국의 경제·물가 동향에 따라 그 대책이 달라져야 함은 당연하다. 인플레이션에 대한 대책으로 슬라이드제의 도입이 기본적으로 연금생활자의 생활에 대한 경제적 보장을 확실히 할 수 있다는 점에서, 누구나 그 필요성은 인정하고 있다. 그러나 먼저 수지(收支) 및 재정 문제에 대한 검토가 앞서야 하며, 한편으로는 이 제도에 대한 반대 의견도 있다. 그것은 임금이나 물가수준과의 대응·비례 관계로서 연금 슬라이드제를 실시한다면 그 자체가 하나의 인플레이션의 요인이 된다는 것이다. 뿐만 아니라 이 제도의 도입으로 연금재정을 적립방식으로부터 부과방식으로 조급하게 전환하여 적립금이 붕괴되는 결과를 가져오고, 공적(公的)연금의 슬라이드제 도입은 사적(私的)연금에도 자극을 주게 된다는 것이다. 또한 슬라이드제를 도입하게 되면 연금자금의 운용원칙이 고율운용으로 방향전환되어야 하는 문제가 발생한다. 연금 슬라이드의 방식으로는 ① 자동 슬라이드 ② 반자동 슬라이드 ③ 정책 슬라이드의 3가지가 있다. 반자동 슬라이드는 연금액의 개정 취지를 법률로 규정하고, 그 의무를 정부(공적연금의 경우)가 부담하는 것이다. 정책 슬라이드는 연금법률에는 특별한 규정을 두지 않고, 필요할 때마다 입법조치에 의하여 개정하는 방식이다.

2706 연금액의 이체(Transmission of Pension)

공무원 연금법, 군인연금법에 의한 퇴직연금, 퇴역연금 또는 조기퇴직연금 수급권자가 교직원으로 임용되어 재직기간의 합산을 받은 후 퇴직하거나 사망한 경우에는 공무원연금관리공단 또는 국방부장관은 그 퇴직한 자 또는 그 유족이 공무원연금법 또는 군인연금법에 의해 지급받을 수 있는 퇴직연금, 퇴역연금, 조기퇴직연금 또는 유족연금에 상당하는 금액을 공단에 이체하는 것.

2707 연금액의 조정(Adjustment of Pension)

연금인 급여는 통계청장이 매년 고시하는 전전년도와 대비한 전년도 소비자 물가 변동율에 해당하는 금액을 증액 또는 감액하여 당해연도 1월부터 12월까지 적용하며, 공무원 보수변동율과 전국소비자 물가 변동율 등이 2% 이상 차이가 발생하는 경우 행정자치부장관이 국방부장관, 교육인적자원부장관 및 기획예산처장관 등과 그 차이가 2%를 초과하지 않도록 사전에 협의하여 3년마다 조정하는 것.

2708 연금재원의 조달방식

공적연금제도에 따라 노령연금 그 외 연금수급자에 대한 연금재원을 어떻게 조달해야 하는가는 중요한 과제로 대별하면 장기적립방식과 부과방식으로 나뉜다. 국민연금은 전자의 방식으로 발족했지만 5년간의 재정을 재계산하기 때문에 수정적립방식이라 한다. 부과방식은 일정의 단기간에 지불해야할 급여비를 보험료수입 등에서 조달하는 방식으로 적립금은 보유하지 않는다. 선진국의 대부분이 부과방식을 채택하고 있다.

2709 연금정보통신서비스(Net Service)

사학연금공단은 정보화 시대를 맞이하여 교직원의 알 권리를 충족하고, 투명하고 신속한 연금업무 서비스를 제공하기 위하여 1999년도부터 인터넷을 기반으로 사학연금 제도 안내, 경영공시, 통계자료 등 일반적인 연금정보와 연금급여, 대여, 부담금 사항 등 개인의 연금정보 조회 및 온라인 상담, 증명서 온라인 발급 등의 서비스와 교직원의 각종 신분변동 신고 및 대여신청 등을 온라인으로 처리하고 부담금의 고지를 우편 대신 이메일로 고지하는 등 효율적인 업무처리를 위해 공단이 운영하는 연금정보 종합시스템을 말한다.

2710 연금제도(pensions scheme)

사회보장제도의 중요한 일부분으로 노령 질병 사망 등의 사고에 따른 연금이나 일시금을 지급해 생활보장을 행하도록 하는 제도이다. 연금제도에는 공적연금제도와 사적연금제도의 두 종류가 있다. 통상 법률에 의한 사회보험의 한 형태로 공적연금제도를 지칭하지만 그 외에 유사제도로서의 은급제도가 있고, 민간기업 등이 독자적으로 행하는 사적연금제도는 공적연금제도를 보충하는 것이다. 국민연금과 기본적으로는 같은 형태이지만 이들에는 거출제연금과 무거출제 복지연금이 있고, 노령연금 통산노령연금 장애연금 모자연금 과부연금 및 사망일시금 등의 급여가 이루어진다.

2711 연금지급일(Pay-day of Annuity)

사학연금의 경우, 연금인 급여의 지급은 매월 25일로 한다. 단 지급일이 토요일이거나 공휴일인 경우에는 그 전일에 지급하며, 연금수급권이 소멸되는 경우에는 그 지급일전에 이를 지급할 수 있다.

2712 연금지급정지대상 (Suspension of Annuity Payment)

연금수급권자가 사립학교교직원연금법, 공무원연금법 또는 군인연금법의 적용을 받는 교직원, 공무원 또는 군인으로 임용되어 보수 또는 이에 준하는 급여를 받게 된 경우(전액정지)와 선거에 의해 취임하는 공무원이 된 때, 행정자치부령에서 정하는 정부투자기관, 재투자기관, 출연보조 등의 재정지원을 받는 기관의 임직원이 된 경우(반액정지)임.

2713 연금청산지급(Clearing Off One's Annuity)

연금을 받을 권리가 있는 자가 외국에 이민하게 된 때, 그리고 국적을 상실한 때에는 수급방법상의 어려움 등으로 본인이 원하는 바에 따라 연금에 갈음하여 출국하는 달 또는 국적을 상실하는 달의 다음 달을 기준으로 한 4년분의 연금에 상당하는 금액을 일시에 청산하여 지급받는 것.

2714 연금투쟁

연금제도의 개선을 원하는 국민운동으로 사회보장투쟁의 하위개념이다. 고령화 사회와 연금문제는 밀접한 관계가 있기 때문에 연금 투쟁은 고령화 사회의 중요 이슈라고 할 수 있다. 연금의 슬라이드제(물가연동제), 국민의 개인연금문제, 부담률, 급여수준 등을 둘러싸고 연금투쟁이 일어나게 되는데 그 주도적인 역할은 역시 노동조합이 되는 경우가 많다.

2715 연기성 성격장애(histrionic personality disorder)

다음에 든 특성들을 모두 또는 많은 부분 지니고 있는 성격장애(personality disorders)의 유형을 의미한다. 즉 지나치게 극단적인 행동, 사소한 일에 대한 과민반응, 주의와 홍분에 대한 열망, 짜증, 피상적인 것과 진실성의 결여에 대한 표현, 명백한 무력감과 의존성, 교묘한 몸짓의 경향 및 자살위협 등을 말한다. 이러한 장애를 지닌 사람을 대개 히스테리적 성격 또는 히스테리 환자라고 한다.

2716 연대보증인(A Surety liable jointly and severally)

주 채무자가 채무를 이행하지 않을 경우에 그 채무를 연대하여 부담하는 사람.

2717 연령차별(ageism) 01

나이로 사람을 일반화하고 정형화하는 것을 말한다. 주로 나이가 더 많은 사람과 구별하는 방법이다.

2718 연령차별(age segregation) 02

나이에 따라 사람을 격리시키는 것을 의미한다. 이것은 연령차별(ageism), 개인적 선호, 사회적 편리의 결과로서 또는 다른 욕구나 생활주기를 가진 사람에게 다른 서비스를 제공할 필요성 때문에 발생할 수도 있다. 이것은 노인빈민촌(gray ghetto), 공립 초등학교, 강제퇴직 프로그램 등에서 볼 수 있다. 지역사회나 사회가 이런 차별을 없애려 할 때 강도 높은 연령통합을 추구해야 한다.

2719 연방긴급구조국(FERA)

루스벨트 행정부에서 사회사업가 홉킨스(Harry Hopkins)를 책임자로 하여 설립된 정부조직을 말한다. 이 사업은 긴급 실업구조와 1명 이상의 숙련된 사회사업가를 채용하는 지방행정을 위해서 연방예산을 주정부에 배분하는 것이었다. 연방긴급구조국과 다른 뉴딜(new deal) 사업은 제2차 세계대전의 발발로 종결되었다.

2720 연방범죄보험 프로그램 (federal crime insurance program)

사보험의 혜택을 받을 수 없는 범죄의 위험에 대하여 보험을 제공하는 것으로, 1971년에 수립되어 미국 주택 및 도시개발성(department of housing and urban development : HUD)이 운영하는 프로그램을 의미한다.

2721 연방보험기여법 (FICA : federal insurance contributions act)

사회보장세가 종업원의 임금에서 공제되도록 한 연방프로그램을 말한다.

2722 연방예금보험회사 (FDIC : federal deposit insurance corporation)

연방 준비금체제에 의해 연방은행과 일부 주립은행에서 예금자의 예금을 보증하는 정부투자기관을 말한다. 연방 예금보험회사의 기금은 은행이 망하거나 예탁금을 지불할 수 없을 때, 예금자들에게 예탁금을 줄 수 있도록 하여 예금자들을 보호한다.

2723 연방위기관리기관
(FEMA : federal emergency management agency)
국가적 위기에 대한 준비를 조직화하고 조정하기 위해서 설립된 미국 정부의 독립기관을 말한다. 이는 시민방위 프로그램, 도시폭동 대응, 긴급구조를 감독한다.

2724 연방저당협회
(GNMA : government national mortgage association)
관례적인 대부를 받기 어려운 지역에 저렴한 주택이나 주거를 구입할 자금을 지원하거나 보증하는 미국 주택 및 도시개발성(department of housing and urban development (HUD))의 기관을 의미한다. 이 협회에서 나오는 저당은 비공식적으로 지니 매(Ginnie Mae)로 알려져 있다.

2725 연방주택청(FHA : federal housing administration)
주택의 자가 소유를 촉진하기 위해서 1938년에 시행된 정부 프로그램을 의미한다. 이 사업의 가장 중요한 특징은 개인이 집을 마련하도록 자금을 빌려주고, 자기소유자에게 싼 이자(5%와 10%)를 부과하며, 장기간 동안(30~40년) 분할상환토록 한 것이다.

2726 연생보험(joint life insurance)
2인 이상의 피보험자(被保險者) 생명을 결합하여 그 생사(生死)에 관련된 일정한 조건을 정하고, 이를 보험금 지급사유로 하는 보험계약. 연생보험에는 피보험자인 2인 이상의 생명을 결합하여 생사에 관한 여러 종류의 보험금 지급조건이 고려되고 있는데, 주요한 몇 가지 형태를 보면 다음과 같다. ① 피보험자 중 적어도 1인이 사망한 경우에 보험금이 지급되는 연합생명보험이 있는데, 이는 사업보험(business assurance)의 형태로 미국에서 많이 판매되고 있다. ② 보험기간 내에 특정인이 먼저 사망하는 경우에 남은 생존자에게 보험금이 일시에 지급되는 생잔보험(生殘保險)으로, 생존자는 주로 사망자의 부양가족인 경우에 이용된다. ③ 부부연생의 경우 남편이 사망하면 그때부터 배우자에게 종신토록 연금을 지급하는 생잔연금(生殘年金)이 있다. 한국에서 판매되고 있는 연생보험의 형태로는 부부의 생존과 관련하여 생존연금이 지급되는 부부연금보험과, 어린이를 대상으로 하여 교육자금을 마련하는데 있어 부모의 생사와 결합하여 보험금이 지급되는 연생교육보험이 대표적이다.

2727 연소근로자(juvenile labor)
연소근로자라 함은 근로기준법상 13세 이상 18세 미만의 자로 만 14세 미만의 아동은 원칙적으로 노동이 금지되어 있다. 다만 일정한 법적보호 하에서 노동하는 것이 인정되어 있다. 근로기준법에서는 연소자에 대해서는 도덕상 보건상 유해위험사업장에 사용금지, 연소자증명서, 근로시간의 1일 7시간 1주 42시간, 야업금지, 시간외근로제한, 항내근로금지, 귀향여비, 교육시설 설치의무 등을 규정하고 있다.

2728 연속위기(crisis sequence)
위기에 처한 사람이 직면하게 되는 일련의 예측 가능한 변화를 의미하는데 다음과 같은 것들이 있다. ① 위험한 사건 : 한 번의 파국적인 재앙이 될 수도 있고, 누적적인 충격을 가져오는 연속적인 재앙이 될 수도 있는 스트레스를 주는 사건 ② 상처받기 쉬운 상태 : 위험한 사건으로 긴장과 불안이 높아지고, 이전에 사용하던 대처기술(coping techniques)이 새로운 상황에서는 쓸모가 없다는 것을 깨닫기 전에 모든 대처기술을 사용함으로써 긴장과 불안이 더욱 강화되는 상태 ③ 가속요인 : 긴장을 절정에 이르게 하는 현재의 문제나 사건, 즉 마지막으로 추가되어 견딜 수 없게 만드는 일 ④ 위기상태의 활성화 : 불균형상태가 시작되어 이것이 심리적, 신체적 혼란, 일관성 없는 행동, 정신과 지적 기능의 혼란으로 표출되며, 위기를 초래한 사건에 고통스럽게 집착하게 된다. ⑤ 재통합 : 새롭고 효과적인 대처 기술에 적응, 수용하거나 그 기술을 학습한다. 이 단계는 적응단계 혹은 부적응단계가 될 수도 있다.

2729 연속체(continuum)
명백하게 분리된 틈 혹은 분리된 부분은 없지만 변화를 나타내는 현상을 의미한다.

2730 연쇄(chaining)
행동수정(behavior modification)에 의하면, 강화요인을 전달함으로서 종결되는 자극 – 반응의 특수하고 복합적인 연속성을 말한다. 또한 행동기법을 사용하는 사회사업가들은 '후진성 연쇄'(backward chaining)를 사용하는데, 이것은 연쇄과정의 마지막 자극 – 반응을 시초로 하고 바람직한 연쇄반응이 이루어질 때까지 역순으로 다른 것들을 추가하는 것이다.

2731 연역(deduction)
한 개 이상의 명제로부터, 그것을 전제로 하여 경험에 의지하지 않고, 순전히 논리적 규칙에 따라, 필연적인 결론을 이끌어내는 사고의 방법이다. 삼단논법이 그 대표적인 것인데, 직접추리도 연역에 포함시킬 수 있다. 연역은 귀납에 대립하는 개념인데, 현실적인 사고에서는 이 양자는 결합되어 서로 보완하고 있는 것이다. → 귀납, 연역법

2732 연역법
① 형식적 추리와 같은 뜻으로 귀납법에 대립되는 것을 말한다. 형식논리학에서 삼단논법이 그 대표적인 것이다. ② 보편적 법칙이나 주장을 도출하는 사고의 방법이다. 형식논리학에서는 몇 개의 주어진 전제로부터 필연적으로 도출되는 결론을 성립시키는 과정을 뜻하고, 일반적인 의미로는 주어진 가정에서 어떤 명제 혹은 법칙을 결론으로 도출

하는 행위를 뜻한다. → 귀납법

2733 연역적 논증(deductive argument)
기존의 보편적 원리나 일반적 주장에 의거하여 논증을 전개하는 것이다. 귀납적 논증에 대립하는 개념이다. → 연역

2744 연역적 사고(deductive thinking)
확실한 근거가 있거나 가정된 일반적 지식, 법칙, 원리에서 특수한 사례, 원리, 결론 등을 이끌어 내는 사고과정을 의미한다. 연역적 사고는 귀납적 사고에 대립되는 것으로 삼단논법이 그 대표적인 형식이다. 대전제를 일반적 원리라 한다면 얻어지는 결론은 항상 대전제의 한 부분에 해당된다. 귀납법과 대립된다고는 하나 심리적인 과정에서 보면 연역적 사고와 귀납적 사고가 대립적 사고라기보다는 보완적이거나 상호관련적이라 할 수 있다. 교육활동에 있어서 연역적 사고의 과정이 두드러지게 나타난 수업을 연역적 수업이라 하며, 흔히 연역적 설명식 수업의 형태를 취하게 된다.
→ 설명식 수업, 연역적 수업, 귀납적 사고

2735 연역적 수업(deductive instruction)
연역적 수업계열에 의해 전개되는 수업을 의미한다. 연역적 수업은 대체로 학생들의 선행학습 수준이 부족한 경우, 연령수준이 낮은 경우에 적합하다고 평가되나 확정적 사실은 되지 못한다. → 연역적 수업계열, 귀납적 수업

2736 연역적 추론(deductive reasoning)
진리라고 믿는 일반적인 원칙으로부터 출발하여 특정한 결론에 이르는 과정을 의미한다. 예를 들어 사회사업가는 모든 강간희생자는 결국 어느 정도의 정서적 불안을 겪는다고 생각한다. 사회사업가는 강간당한 클라이언트를 보고 그 여자가 고통을 겪고 있다고 말하지 않아도 어느 정도의 불안을 갖고 있다고 추론한다.
→ 귀납적 추론(inductive reasoning)

2737 연장보호시설(ECT : extended care facilities)
연장기간 동안 최고 100일까지, 시설에 머무를 필요가 있는 환자를 위한 간호가정을 말한다. 연장 보호 지정을 받고 의료보험(Medicare)변상에 대한 자격을 갖기 위해서, 그 시설은 연방과 주의 특별자격 기준을 충족시켜야만 한다. 이 시설은 보통 한 사람의 의료책임자, RN 간호책임자, 수간호사, 숙련된 간호사, 영양사, 물리치료사, 작업치료사, 한 사람의 사회봉사 책임자를 채용해야 한다. 이 시설은 정부와 제3부문의 효용재고(utilization review) 대상이다.
→ 전문요양시설(skilled nursing facility)

2738 연차유급휴가(yearly paid-holiday)
연차유급휴가라 함은 쉬고서도 출근한 것으로 간주되어 임금이 지급되는 휴가를 말한다. 근로기준법상 1년간 개근한 자는 10일, 9할 이상 출근한 자는 8일이다. 또 2년 이상 계속 근무한 근로자는 1년을 경과하는 계속 근로 년수 1년에 대하여 1일씩을 위의 10일 또는 8일에 가산하여 받는다. 이 휴가는 원칙적으로 근로자가 청구하는 시기에 주어야 하며, 그 기간에는 취업규칙이나 기타로 정해져 있는 통상임금 또는 평균임금을 지급해야 한다. 그러나 근로자가 청구한 시기가 사업운영상 막대한 지장이 있을 경우에는 그 시기를 변경할 수 있다.

2739 연체금(Arrears)
개인부담금, 법인부담금, 재해보상부담금 및 합산반납금을 소정의 기일까지 납부하지 아니한 때에는 그 지연 납부한 부담금에 대해 대통령령이 정하는 연체이자를 가산하여 징수하는 금액.

2740 연합(coalition)
사회에서 하나의 목표를 달성하기 위하여 함께 모인 여러 당파 혹은 이데올로기 집단의 동맹을 의미한다. 지역사회조직(community organization)안에서 사회사업가들은 그들의 영향력을 확대하기 위해 영향력 있는 집단 또는 권력이 적은 집단들 중에서 이러한 동맹을 형성하려고 시도한다. 연합은 일시적일 수도 있고(특별한 목표나 한 가지 이슈를 위해 조직되었다가 그것이 성취되었을 때는 해산한다), 반영구적일 수도 있고(장기적이고 광범위한 목표를 위해 공식적으로 조직되는 경우), 영구적일 수도(정당) 있다.

2741 연합국부흥구제기관(UNRRA : the united nations relief and rehabilitation administration)
1943년 11월, 제2차 대전 중 미국 워싱톤 DC에서 전쟁으로 인한 국민의 생활파괴를 구제하기 위해 44개국의 연합국 측에 의해 결성되었다. 전쟁 종결 후 구제대상은 적국에도 확대되어 종전직후의 식량 등 생활물자와 의료의 긴급보급에 주력해 난민 고아를 포함한 수백만의 사람들을 기아와 질병에서 구했다. 1946년 12월 해산을 결정하고 세계보건기구(WHO), 국제난민기구(IRO), 국제연합아동기금(UNICEF), 식량농업기구(FAO) 등의 국제연합의 제 기구에 기능을 인계했다.

2742 연합모금(united fund)
지역의 사회복지기관을 위한 공동모금 외에 적십자사나 보건단체 등 전국기관을 위한 모금을 포함해서 합동으로 자금조달을 하려는 미국의 모금운동조직이다. 1949년 이후 디트로이트를 비롯해 많은 도시 지역에서 조직화되었다. 연합모금은 사회복지협의회와 밀접한 관계에 있으나 1970년부터 양자의 기능을 합친 조직 유나이티드 웨이(united way)로 이행되는 경향을 보이고 있다.

2743 연합재정
사회복지 관계기관 단체가 지역주민의 협력 하에 공동으로

사회복지사업에 필요한 경비를 계획적으로 조달하고 지출의 기준설정과 그의 합리적 집행을 도모하며 예산 결산을 공개해서 폭넓게 사회적인 이해를 구하는 등, 사회복지사업재정의 공동화 사회화를 지향하는 활동을 말한다. 원래 미국에서 발달한 것으로 지역사회조직의 주요기능의 하나가 되고 있다. 공동모금이나 연합모금은 그 구체화된 실천 형태이다.

2744 열등감(inferiority complex) 01
여러 가지 점에서 타인과 비교했을 때 자기가 못하다고 느끼는 기분으로 우월감의 반대감정이다. 신체적인 결함이나 환경 등에 의해 생기는 것이며 보통은 이 열등감을 보상하려는 여러 가지 심리적 경향을 수반하게 된다. 때로는 이것이 오히려 보통 이상의 일을 해낼 수도 있으나 신경증이 되는 경우도 있으며 청년기에 많이 나타난다.

2745 열등감(inferiority) 02
신체적·심리적·사회적 또는 그 밖의 상태나 조건이 다른 사람보다 약하거나 낮거나 부족하다고 느끼고 생각하는 심리적 상태. 사람은 이 열등감을 극복하기 위해 완전성·우월성 또는 전체성을 추구하려는 경향이 있다. 아들러(A.Aler)는 인간의 부적응 행동이나 이상 심리의 원인이 열등감에서 기인하는 것으로 보고 정신치료의 중점을 열등감의 극복에 두었다.

2746 열등처우의 원칙(the principle the less eligibility)
본래는 1834년 영국의 구빈법 조사위원회보고서에 수록된 신 구빈법의 운영원칙 중 하나이며 구제를 받는 빈민의 처우는 최하급의 독립노동자의 수준보다 낮아야 한다는 것이다. 비인간적인 워크하우스에 의한 구제 이외에는 어떠한 구제도 인정하지 않는, 소위 워크하우스 테스트 원칙과 함께 실질적으로는 구제의 부정이라고도 할 수 있는 사고였다.

2747 열성유전
유전학에서는 남녀 공히 열성의 유전자 A를 갖는 경우에 한해서 아이에게 A형질이 나타난다. 이것을 열성유전이라 한다. 그러나 성염색체상의 유전자위치나 조합에 의해 남녀 한쪽에 나타나는 반성유전도 있다. 상염색체성 열성유전에는 웨닐게톤뇨증 등의 선천성대사이상, 백자, 전색맹이, 반성열성에는 혈우병, 적·녹색맹 등이 있다. 근친혼에는 열성유전의 발현빈도가 높아질 위험이 많다.

2748 열쇠아이(key child)
부모가 직장인으로서 밖에서 일하는 경우 혼자 가정의 출입문을 열기 위하여 열쇠를 목에 걸고 다니는 아이를 말한다.

2749 염색체(chromosome)
세포핵에 있는 막대 모양의 가는 섬유질. 인간은 46개의 염색체를 지니고 있으며, 이 염색체에 유전인자가 선형으로 병렬되어 있다. 염색체는 핵산(DNA)으로 구성되어 있고, 이 핵산의 자기복제에 의해 유전적 특성을 전달하는 작용을 한다.

2750 염색체 이상(chromosomal normality)
염색체가 하나 많거나 적은 경우. 이 결과로 신체적·정신적 손상을 초래한다. 이 예로는 21번째 염색체 쌍에 하나가 첨가되어 47개의 비정상적인 염색체 수를 가진 자의 다운증상(Down syndrome), X염색체가 하나가 없는 터너 증상(Turner syndrome), X염색체가 하나 많은 여성적인 남자(Klinefelter syndrome), Y염색체가 하나 많아 사회적 행동의 장애가 유발되는 남성 등을 들 수 있다.

2751 영 가설(null hypothesis)
주어진 사실들로는 기대결과를 확정지을 수 없게 하는 연구자료의 관계를 부정적으로 진술한 것을 말한다. 이런 무익한 형태로 진술된 한 가지 가설이 바로 "A와 B의 결과 사이에는 아무런 차이가 없다"이다. 이 무익한 가설은 중요성의 통계적 시험을 허용하는 대신, 긍정적인 진술을 증명하려할 때보다도 더욱 엄격한 시험절차를 요구한다.

2752 영구폐질자부조
(APTD : aid to the permanently and totally disabled)
영구적인 신체적, 정신적 중증장애를 가진 사람들에게 재정원조를 제공하기 위하여 1950년 사회보장법(social security act) 개정안에 의해서 시작된 프로그램. 1972년에 연방 보충적 소득보장(SSI : supplemental security income) 프로그램이 통과되어, 이 프로그램은 노령부조(OAA : old age assistance)와 맹인부조(AB : aid to the blind) 프로그램과 통합되었다.

2753 영국청소년비행 프로그램(borstal system)
교육, 훈련, 재활을 강조하는, 폐쇄되거나 개방된 교도소(감옥)내의 청소년 범죄자(15~23세)를 위한 영국의 형사프로그램을 말한다. 이 제도는 많은 변화가 있었고 현재 성인, 청소년 범죄자를 위한 영국의 교정제도로 통합되고 있다. → 소년원(reformatory)

2754 영속적 기획(permanency planning)
아동복지에서 일시적 거택보호의 대안으로서 의존아동을 보호할 때 장기적 지속성을 제공하기 위한 체계적 노력을 의미한다. 이는 입양을 촉진함으로써, 거택보호를 유지하기 위한 명백한 지침을 세움으로써, 혹은 아동의 욕구를 해결할 수 있는 아동의 자연가족을 도움으로써 행해진다.

2755 영아사망(crib death)
→ 유아급사증후군(sudden infant death syndrome)

2756 영아시설(infant institute)
보호자가 없거나 이에 준하는 3세 미만의 아동을 입소시켜

보호 양육하는 것을 목적으로 하는 시설이다.

2757 영아원

아동복지법에 의한 아동복지시설의 일종으로서 보호자가 없거나 보호자의 사정상 가정에서 양육할 수 없는 유아를 입원시키는 시설이다. 입원조치는 시·도지사의 위임을 받은 아동상담소장이 행한다. 유아는 1세 미만을 말하지만 필요한 경우 2세 미만까지 연장할 수 있고, 그 후에도 시설양호가 필요한 경우는 양호시설에 조치된다.

2758 영양(nutrition)

생계유지, 에너지, 성장 등에 필요한 물질을 생명체가 합성하는 과정을 의미한다. 인간의 영양은 비타민, 미네랄, 물뿐만 아니라 단백질, 탄수화물, 지방의 적절한 균형을 위한 음식물의 섭취가 필요하다. 인간에게 적절한 영양은 지나치지 않은 적당한 양의 음식과 칼로리를 담은 균형 있는 식단을 필요로 한다. 이 균형을 이루지 못하면 갖가지 질병이나 역기능, 결핍증세난 죽음이라는 결과를 초래할 수도 있다. → 영양불량(malnutrition)

2759 영양불량(malnutrition)

반드시 쇠약하다는 증거가 있는 것은 아니나 필요한 음식의 영양소가 불충분한데서 기인하는 신체상태를 의미한다. 일차적 영양불량은 단백질, 비타민, 미네랄과 같은 필수 성분을 함유하고 있는 식품의 양이나 질이 부족한 데서 생긴다. 이는 식품의 부족, 식품을 구입하는 데 따른 개인의 경제적 무능력, 열악한 식생활습관으로부터 생긴다. 이차적 영양불량은 종종 췌장, 간, 갑상선, 신장, 위장 계통의 질환에서 발생하는 것처럼, 특정 영양소를 사용하거나 흡수하는 기능의 이상에서 생긴다. 몇 가지 영양불량으로 인해 생기는 질환으로는 구루병, 괴혈병, 각기병, 펠라그라병, 빈혈증 등을 들 수 있다.

2760 영양사(dietitian/nutritionist)

영양사법에 규정되어 있는 전문직으로서 영양지도에 종사하는 자를 말한다. 보건복지부장관이 지정한 영양사 육성시설에서 규정과목을 습득하고, 도지사의 면허를 취득하여 영양사가 될 수 있다. 사회복지시설의 최저기준에는 영양사 채용이 표시되어 있으며, 그 주요한 업무는 식단 작성, 영양가 산정, 식품보존이나 급식시설의 위생관리 등이다.

2761 영양소요량

국민이 건강을 유지증진하기 위해서 하루에 어떤 영양소를 어느 정도 섭취하면 좋은가를 제시하는 것을 말한다. 대부분의 국가에서는 매 5년마다 개정해서 개인이 이용할 수 있도록 생활 활동 강도별, 성별, 연령계층별, 신장별 영양소요량을 표시하는 경우가 많다. 영양소요량은 국민의 건강과 식생활개선책을 추진하는데 있어 가장 기본적인 자료로 쓰이며 국민일반의 영양지도나 집단급식에서 영양급여량을 결정하는 기준으로 쓰이는 등 다방면에 걸쳐 폭넓게 이용되고 있다.

2762 영양지도원(nutrition consultant)

영양개선법의 규정에 시·도 및 보건소를 설치한 시의 기술사원으로서 의사 또는 관리영양사의 자격을 가진 자에 대해 도지사 또는 시장이 임명하고 있다. 보건소를 중심으로 활동하고 그 업무는 식품영양상 합리적인 소비, 충분한 영양효과의 급식실시, 급식담당자의 영양에 관한 지식향상, 조리방법의 개선에 대해 필요한 원조 및 지도를 하여 지역주민 피급식자의 식생활 영양상태의 개선에 노력하는 것이다. 특히 영양사를 두지 않은 사회복지시설에 있어서는 식단의 내용, 영양가 산정과 조리 등에 관해 영양지도원의 지도를 받는 것이 필요하다.

2763 영유아보육법

보호자의 보호를 받기 어려운 영·유아의 보호·교육에 관해 규정한 법률(1991. 1. 14, 법률 4328호). 보호자가 근로·질병 기타 사정으로 인해 보호하기 어려운 영아 및 유아를 보호·교육하여 건강한 사회성원으로 육성함과 동시에 보호자의 경제적·사회적 활동을 원활하게 함으로써 가정복지를 증진하기 위하여 제정되었다. 특히 국가와 지방자치단체 뿐 아니라 모든 국민이 영·유아를 건전하게 보육할 책임이 있다고 규정함으로써 영·유아 보육의 중요성을 부각시키고 있다. 이처럼 영·유아의 보육에 관해 그 중요성을 강조하고, 국가가 이에 적극적으로 개입하여 국가정책으로 추진하는 것은 미래 세대인 영·유아가 건전하게 육성되어야만 국가의 장래가 보장되기 때문이다. 1997년 말 일부개정에서는 영·유아의 보육에 관한 사업의 기획·조사·실시 등에 관해 필요한 사항을 심의하는 기관으로 보건복지부에 중앙보육위원회를 두고, 특별시·광역시·도 및 시·군·구에 지방보육위원회를 두도록 규정하고 있다. 중앙보육위원회는 위원장 및 부위원장 각 1인을 포함한 위원 30인 이내로, 지방보육위원회는 위원장 및 부위원장 각 1인을 포함한 위원 20인 이내로 구성한다. 각 위원회의 위원장과 부위원장은 각각 당해 위원회의 위원 중에서 호선한다. 중앙보육위원회의 위원은 보건복지부장관이, 지방보육위원회의 위원은 당해 지방자치단체의 장이 임명 또는 위촉하며, 임기는 3년이다. 또, 영유아의 보육에 대한 제반 정보의 제공 및 상담을 위하여 시장·군수·구청장이 보육정보센타를 설치·운영하도록 하고 있다. 보육시설의 종류에 ① 국가와 지방자치단체가 설치·운영하는 국·공립보육시설, ② 법인·단체 또는 개인이 설치·운영하는 민간보육시설, ③ 사업주가 사업장의 근로자를 위해 설치·운영하는 직장보육시설, ④ 개인이 가정 또는 그에 준하는 곳에서 설치·운영하는 가정보육시설 등이 있다. 이밖에 보육시설이 갖추어야 할 시설기준 기타 필요한 사항과 보육교사 및 보육시설 종사자의 자격, 보육시설의 운영, 영·유아의 보육에 필요한 비용의 부담과 보조, 세제지원 등에 관해 규정하고 있다. 총칙, 보육시설의 설치, 보육시설의 운영, 비용, 보칙, 벌칙의 6장으로 나뉜 전문 32조와 부칙으로 이루어져 있다. 하위법령에 영유아보육법시행령과 시행규칙이 있다. 영점기준예산제(ZBB : zero-base budgeting)는 관리자가 전예산액을 0부터 시작하여 자세히 설명하고 정당화하며, 왜 그 예산액이 책정되었는가를 증명해야 하는 운영 계획 및 예산편성과정이다. 이 방법에 의하면 모든 활동이 의사결정자에 의해 설명되어져야 하며, 의사결정자는 체계적 분석에 의해 평가하고 활동의 중요성에 따라 서열이 매겨져야 한다.

2764 영합 지향(zero sum orientation)
사회기획, 예산편성, 관리(운영), 전망에서 유용한 자원은 상대적으로 고정되어 있으므로 한 부분에서 자금 혹은 자원의 지출 증가는 다른 부분의 자금 혹은 자원의 균형 잡힌 감소에 의해 수행되어야만 하는 것을 말한다.

2765 영향력 전술(tactics of influence)
다른 집단에 대해 어떤 정책의 채용을 촉진하기 위한 지역사회 조직가, 행동사회사업가, 기타 여러 가지 사회사업가들의 활동을 의미한다. 이러한 활동 중에는 욕구를 결정하고 욕구에 대한 대책을 수립하기 위하여 개인과 조직이 사례에 대해 토론하거나, 사실을 수집하며, 옹호입장을 취하기도 하며, 위원회를 소집하고 참여하기도 하며, 청원활동, 매체전략(media campaigning), 전문가의 증언 제공, 원외활동원 활동(lobbyist), 교섭(bargaining), 시위대 조직, 집단민원(class action suits)의 주도 또는 조정, 전략적 파괴행동(disruptive tactics)에 참여 등이 있다.

2766 영향분석(impact analysis)
사회정책 수립가가 관련 지역사회에 대한 새로운 법률이나 정책의 효과를 결정하는데 쓰는 평가를 의미한다.

2767 예방(prevention) 01
일반적으로 문제사태의 발생예방, 그 조기발견과 조기해결을 위한 원조활동을 의미한다. 보건에 관한 지식의 보급, 노인, 임산부와 유아의 건강진단, 양육의료, 육성의료 등을 예방으로 볼 수 있다.

2768 예방(prevention) 02
사회사업 관계자 및 다른 사람들이, 신체 및 정서적 결함 또는 사회경제적 문제를 야기한다고 알려진 사회적, 심리적 상태를 극소화하거나 제거하려고 취하는 조치를 의미한다. 여기서는 긍정적인 성과를 달성하고자 개인, 가족, 지역사회를 위한 기회 증진의 여건조성 등이 포함된다. 1차 예방(primary prevention), 2차 예방(secondary prevention), 3차 예방(teriary prevention) 참조

2769 예방건강 프로그램(preventive health programs)
건강유지 및 질병으로부터 보호를 목적으로 전개하는 공공 및 민간 부문활동을 의미한다. 공중보건서비스청(public health service), 주 및 지방정부의 보건국 등은 민간 보건복지기구 및 재단(foundation) 등과 함께 미국 내에서 이와 같은 프로그램을 주도하는 기관이다. 이들은 예방접종(vaccination), 위생교육, 위생 점검 그리고 질병의 원인 및 치료연구 등의 활동을 하고 있다.

2770 예방의학(preventive medicine)
질병의 발생이나 진행의 방지에 주안점을 두는 의학을 말한다. 질병은 병인, 환경요인, 체질요인의 삼자 상호관계에 의해 발생하므로 공중위생대책 등으로 가능한 한 요인을 제거한다. 예를 들면 소독에 의해 병인이 되는 병원균을 제거하거나 노동환경을 개선해서 직업병을 방지하거나 예방접종으로 면역성을 주는 식이다. 감염성질환에 비해 성인병의 요인은 복잡하고 불명확한 점이 많으나 식생활, 과로, 스트레스, 생활환경 등의 관여가 명백하며 이들을 개선할 보건지도가 중요하다. 질병의 발생을 방지할 수 없는 것도 건강관리에 의해 조기발견 조기 치료해 진행을 방지한다. 또 질병에 걸린 자가 합병증(가령 고혈압증이 심장병을 유발한다)이나 2차적 장애(가령 뇌졸중이 운동장애를 남긴다) 등이 일어나지 않도록 방지하거나 치유 후의 재발을 예방하는 것도 중요하다. 사회 의학적 대책이 주요방법이다.

2771 예방적 사회복지
보호적 사회복지는 경쟁사회의 탈락자에 대한 사후적 대책이었다. 그러나 경쟁과 분업사회에서의 많은 사람들은 탈락하기에 앞서 생활상 사회관계의 모순에 고민하고 있다. 그것은 생활상 사회관계를 아직 유지하고는 있으나 그것들이 상호갈등하고 있는 상황이다. 그리고 그것은 사소한 새로운 압력에 의해 많은 사회적 비용을 필요로 할 뿐 아니라 효과를 거두기 힘든 보호적 복지의 대상이 문제시 된다. 사회복지는 이 단계에서 제도에 작용하여 개인의 생활조건에 적합하도록 조정하고 사회관계를 유지시킴으로서 보호적 복지의 대상사태발생을 예방할 수 있는데 이것을 가리켜 예방적 사회복지라 한다.

2772 예방정신의학(preventive psychiatry)
예방정신의학은 과거의 극단적인 우생학자가 정신병자를 단종시키는 조치 따위에서 벗어나 보다 넓고 복잡한 사회문화적 여건과 관계한다. 무엇을 어떻게 예방하느냐에 따라 카프란(Caplan)은 제1, 2, 3차 예방의 개념을 정리 제창하였다. 1차 예방(primary prevention) – 정신 장애의 발병을 감소시키는 일로 전 주민에 대해 유해한 환경요인을 조작함으로써 위험도를 최소한 줄이는 방향으로 노력한다. 2차 예방(secondary prevention) – 정신장애인의 조기발견,

조기의 적절한 치료로서 만성화를 예방하는 것이 목적이다. 3차 예방(tertiary prevention)은 주로 병원치료를 받은 환자가 사회복귀를 하여 최대한으로 적응할 수 있도록 뒷받침함으로써 정신질환의 재발을 막고 정신장애로 인한 능력의 저하를 줄이고 환자의 재활에 힘쓰는 것이다.

2773 예비조사(pre-test)

조사표의 시안을 일부 조사대상에게 적용해서 테스트하고 그 결과를 검토해서 본 조사에 쓰이는 조사표를 완전하게 만들기 위한 사전조사를 말한다. 예비조사는 조사표의 용어법 문제, 질문의 배열, 회답의 형식 등이 주로 검토되며 조사표의 검토에 주안점을 둔다. 따라서 시험 조사나 준비조사와는 다른 성격을 갖는다. → 사전조사, 이전조사

2774 예산(budget)

사회기관 혹은 조직이 수령할 것으로 예상되는 모든 예산과 조직운영에 필요하다고 예상되는 총예산과 지출에 대해 항목별로 작성한 목록을 의미한다. 즉 특정기간 동안의 가능한 예산과 지출위대차표라 할 수 있다.

2775 예산관리국
(OMB : office of management and budget)

연방예산을 준비하고 국가의 재정프로그램을 계획하는데 대통령을 원조하는 미국정부의 집행부 내에 있는 부서이다. 이 부서는 대통령이 예산을 집행하고 배당된 재원이 목표를 성취할 수 있는지 여부를 결정하도록 도와준다. 그리고 여러 정부기관이 재원을 어떻게 지출하고 있는지에 대한 정보를 대통령에게 보고하고 국회에서 법률을 제안하도록 돕는다.

2776 예술치료(art therapy)

정서적인 문제를 지닌 사람들을 치료할 때 그림이나 조각 또는 다른 창조적인 표현을 이용하는 것을 말한다. 예술치료는 집단 사회사업(social group work)과 집단 심리치료(group psychotherapy)에서 사용한다. 이 치료법은 흔히 시설수용자나 입원환자에게 적용되지만, 또한 예술을 개인의 성장과 발전의 수단으로 생각하는 건강한 사람들에게도 효과적이다. 예술치료는 종종 클라이언트들이 자신의 작품을 만들고 그 결과를 치료자나 다른 성원들과 함께 토론하는 형식을 취한다. 또한 그 작품을 전시하고 그것이 자신의 감정과 이해에 어떠한 영향을 미쳤는가를 평가하는 형식을 취하기도 한다. → 독서치료(bibliotherapy)

2777 예언오차(error of prediction)

예언된 점수와 실제점수와의 차의 분포의 정도를 말한다. X를 알고 Y를 예언하는 두 변인 간의 관계나 또는 여러 개의 독립변인 X1 X2 .....XK를 알고 Y를 예언하는 중다상관관계에 있어서 희귀공식에 의해서 예언되는 점수를 Y'라고 하면 실제점수 Y와의 차(差), 즉 (Y-Y')를 예언하는 오차점수라고 하며 이 오차점수의 분포의 정도를 표준편차로 나타낼 때 이를 예언의 표준오차(standard error of prediction) 또는 추정의 표준오차라고 한다.

2778 예이츠보고서(Yates report)

1824년 예이츠(Yates, J)가 뉴욕 구빈법에 사용되어진 경비와 운영에 관한 보고로 당시 뉴욕의 인구문제, 빈곤문제에 대한 말사스류의 비판에 답한 것이다. 주의 빈곤자와 구빈사업의 상황을 기술하고 거택 구호에서 원내구호중심으로 할 것 구빈원을 구빈의 중추로 할 것 읍·면에 대신해서 군이 중요한 구빈행정기관이 될 것 등을 제안하고 있다. 1834년 영국의 개정 구빈법보다 10년 빠른 것이 주목된다.

2779 예측변수(predictor variable)

사회과학 연구에서 차후 목표의 달성 기능성을 예측하는데 사용할 수 있도록 체계적으로 측정된 성과, 등급 또는 점수를 말한다. 예를 들면 상당수의 사회사업학과에서는 응시생이 학과에 대한 적성검사를 받도록 요구하는데, 이 적성검사의 결과가 바로 학생이 학과의 교육과정을 성공적으로 이수할 가능성을 나타내는 예측변수가 된다.

2780 예행(behavioral rehearsal)

사회사업가들과 다른 원조전문가, 특히 행동주의자들이 사용하는 기술을 의미한다. 전문가들은 클라이언트에게 바람직한 행동을 제시해준 뒤 묘사, 역할극, 다른 설명을 통하여 비슷하게 행동하도록 고무한다. 사회사업가 사무실과 같은 상대적으로 '안전한' 환경에서 이뤄지는 행동의 반복과 환류는 클라이언트로 하여금 적절한 시기에 바람직한 행동을 하는데 성공할 가능성을 높여준다.

2781 예후(prognosis)

병세의 진행, 회복에 관한 예측을 의미하는 의학용어로 케이스워크 에서는 클라이언트가 느끼고 있는 문제의 내용과 성질, 사회자원, 그리고 클라이언트의 활동능력 등을 종합적으로 본 원조과정상의 전망 내지는 예비적 평가를 말한다. 케이스워크에서의 예후의 판정은 내적 외적요소와 이들 제요소의 역동적인 상호관련성을 다각적, 종합적으로 포착하는 것이 요구된다.

2782 오단계 교수설
([독] Formale stufe des unterrichts)

헤르바르트(J. F. Herbart)파의 칠러(T. ziller)의 제자인 라인(W. Rein)이 처음 주장한 형식적인 교수단계를 말한다. 그에 의하면 모든 단원은 다음과 같은 5단계에 의해 교수된다는 것이다. ① 예비단계로서, 새로운 것을 받아들이려는 학생의 마음을 준비시킨다. ② 제사단계로서, 새로운 것에 대한 여러 가지 사실을 가르친다. ③ 비교하는 단계로서, 새로운 관념을 이미 학생의 마음속에 있는 관념과 관련시킨

다. ④ 개괄단계로서, 구체적인 개개사실에서 일반적인 것을 추출해서 일반적인 원칙을 만들고 이것을 이미 알고 있는 지식에 연관시킨다. ⑤ 응용단계로서, 일반적인 원칙을 실제장면에 적응해서 이미 체득한 지식을 활용해 본다.

2783 오류(error/fallacy)

논리학에 있어서 바르지 못한 논리적 과정, 특히 외견상 바르게 보이면서 틀린 추리를 의미한다. 통속적 의미로는 참이 아닌 것으로 쓰이기도 하며, 착각·관측상의 오차 등으로 인한 지각상의 착오를 가리키기도 한다. 베이컨(F. Bacon)은, 사실을 바르게 파악하는 것을 방해하는 것은 네 가지 우상(종족·동굴·시장·극장의 우상)을 일반적 오류의 근원으로 지적하였는데, 이때의 오류는 진리의 대립개념이다. 논리학에 있어서의 오류는 크게 나누어 연역적 추리에 관한 것과 귀납적 추리에 관한 것이 있으며, 각각은 다시 여러 가지 형태의 오류로 나누어진다. 연역적 추리에 관한 오류는 세 가지 범주로 분류된다. 논리적 추리의 형식을 지키지 않음으로써 생기는 형식적 또는 순 논리적 오류, 언어의 부정확한 사용이나 의미의 애매성에 기인하는 언어적 또는 반 논리적 오류, 전제가 애매하다든가 증명해야 할 것을 가정한다든가 하는, 사고의 대상인 자료로부터 생기는 자료적 오류 등이 그것이다. 귀납적 추리에 관한 오류는 경험적 사실을 충분히 관찰하지 못한 상태에서 선입견이나 필요한 사실의 간과 등으로 인해 생기는 것으로 조급한 개괄의 오류, 인과관계에 관한 오류 등이 있다.

2784 오르가슴 장애(orgasmic impairment)

오르가슴에 도달하지 못하거나 도달하는데 어려움을 느끼는 여성들에게 나타나는 성기능 장애(sexual dysfunction)를 의미한다. 1차적인 오르가슴 장애는 지금까지 한 번도 오르가슴을 느껴보지 못한 경우이고, 2차적인 오르가슴 장애는 과거에는 오르가슴을 느껴본 경우이다. 이러한 장애의 원인은 정신병학적(psychogenic), 기질적(organic) 및 두 가지의 복합 형태로 보고 있으나 정신장애의 진단범주로는 사용하지 않는다. → 정신성적 장애(psychosexual disorder)

2785 오리엔테이션(orientation)

태도를 정한다는 뜻이며 회의, 행사, 학습 등을 시작할 때 사회자가 참가자와 상의해서 진행방향을 설정하고 참가자가 모두 공통의 견해를 갖도록 유도하는 것을 말한다. 집회의 주제에 대해 참가자의 주의를 모으기 위해서 그 목적이나 목표를 알려준다. 그렇게 함으로서 참가자는 자기 자신이 무엇을 할 수 있는가, 어떤 협력이 필요한지를 이해하게 된다. 또 사회자는 주제나 진행방침을 제시하는 것 외에 진행과정에서 참가자의 반응에 따라 설명을 보충하기도 한다.

2786 오브라(OBRA)

→ 총괄예산조정법(omnibus budget reconciliation act)

2787 오아시(OASI : 노인과 미망인 보험제도)

1935년 사회보장법(social security act)의 중요한 부분으로, 65세 이상 노인과 미망인들이 이 새로운 연방 보험제도의 혜택을 받는다. 사회보장법이 계속 바뀌면서 보험 범위는 병들거나 장애인이 된 노동자들에게까지 확대되었다.

2788 오에이에스디에이치아이(OASDHI)

사회보장법(social security act) 아래에 있는 연방정부의 사회보험(social insurance) 프로그램을 의미한다. 연방 보험 기여법(federal insurance contributions act)에 나온 대로, 정부는 대다수 미국 성인들의 봉급 총액과 고용주에게서 세금을 거두고 기금을 조성하여, 이것으로 퇴직자, 미망인, 장애인, 노인의료보험 수혜자들에게 주어지는 연금의 일부를 충당한다. → 노령, 유족, 장애 및 보건보험

2789 오웬(Owen, Robert)

영국의 공상적 사회주의자. 10세에 런던에 나와 점원이 된 이후, 29세에 뉴래너크 공장의 지배인이 되었다. 계몽적인 복지시설을 실험하였으며, 성격형성학원을 설립하는 등 보육원과 노동자 교육에 선구적인 역할을 하였다. 공장법 제정, 공동체사회인 뉴하모니의 건설, 협동조합운동 등 다양하고도 폭넓은 활동을 전개했으며, 만년에는 저술과 계몽 활동에 전념하였다. 주저로 신사회관, 사회변혁과 교육, 자서전이 있다.

2790 오이디푸스 콤플렉스(oedipus complex)

프로이트(S. Freud)의 성 심리 발달이론에 나오는 용어로서, 어린아이 때 (흔히 3~7살) 부모 가운데 이성인 쪽에게 성적인 관심이나 집착이 발달하고, 동성인 쪽에는 질투와 적대감이 동시에 발달하는 것을 말한다. 아이의 감정은 억압되고 무의식적이지만, 부모 중 한 쪽에게는 교태를 부리고, 다른 한 쪽에게는 적대행위를 하는데서 흔히 명백해진다.

2791 오컴의 면도날(Occam's razor/Ockham's razor)

이론체계는 간결할수록 좋다는 논리 혹은 원리. 오컴의 입장은 유명론으로서, 중세의 사변신학 붕괴기에 근세의 경험론적 사상을 준비하였다. 그에 따르면, 인식의 원천은 개체에 관한 직관표상(notitia intuitiva)으로, 개체가 실재이고, 보편자는 실재가 아니며, 또한 개체에 내재하는 실재물도 아니다. 보편자는 정신의 구성물이며, 정신 속에서의 개념으로서, 또는 말로서만 존재하고, 정신 속에서의 보편자의 존재는, 정신에 의하여 사고되는 것으로서의 존재이다. 보편자가 다수의 개(個)에 관하여 술어(述語)가 되는 것은, 보편자가 다수의 개의 기호로서 이들을 대표하는 것에 따른 것이라는 주장이었는데, 이와 같은 생각은 근세의 영국 경험론자가 답습하였다. '오컴의 면도칼'이라는 말은 그가 의론에 자주 사용한 '필요없이 많은 것을 정립해서는 안된다'고 하는 규칙을 말한다.

2792 오큐페이셔널 테라피(OT : occupational therapy)
→ 작업치료

2793 오피니온 리더(opinion leader)
→ 여론지도자

2794 온실효과(greenhouse effect)
화석연료(석탄과 석유 등)의 연소로 인한 환경의 온난화를 의미한다. 이들 연료의 연소는 대기 중에 탄산가스 분자를 증가시키는 결과를 가져온다. 대기 중의 과다한 탄산가스는 태양광선이 지구 표면에 도달하는 것을 막지 못하고 지면에서 발산되는 열의 방출을 막는다. 몇몇 과학자들은 화석연료의 사용을 철저하게 줄이지 못하면 지구의 날씨와 온도수준은 앞으로 30년에서 100년 안에 5도까지 높아질 것이며, 지구의 기후 형태를 현저하게 변화시키는 증가요인이 존재한다는 것을 믿고 있다.

2795 온정주의(paternalism)
노동자와 자본가의 관계(고용관계)를 가족적인 관계, 즉 부자의 은애의 정에 의해 해결되는 것으로 보는 설이다. 영국에서는 산업혁명 시대에 인도적 친권주의의 이름으로 이 온정주의가 제창되었다. 1874년에 성립한 공장법은 사회 개량가 애슐리경(Lord Ashler, 1801~1885)의 온정주의에 의한 것이다. 그러나 오늘날에는 신분적인 예속 아래 자본가가 노동자를 복종하게 만드는 봉건적 고용제도나 또는 그와 같은 고용정책으로 해석되고 있다. 즉 온정주의는 온정이라는 미명 아래 노동자를 현혹시켜 근로능률을 올리려고 하는 것에 불과하다는 것이다.

2796 옴부즈맨
일반적으로 보면 국민의 대변인으로 이익을 옹호하는 사람의 뜻이나, 보다 구체적으로는 부당·부정한 행정기관에 대한 감시 감찰, 또는 고충을 처리하는 제도로 이해된다. 1809년 스웨덴에서 이 제도가 발족되어 북구제국으로 파급되었고 1950년 이후 영불을 비롯하여 세계 각국에 넓게 확대되었다. 옴부즈맨의 임무는 국가에 따라 운영상의 차이는 있겠으나 일반적으로는 국민으로부터의 고충신청에 의해 일정의 권한 하에 조사해 그 결론을 국가기관에 통지하고 필요하면 개선에 대해서도 권고를 행한다. 또 국민의 고충처리 방법도 소송이나 불복 신고 제도처럼 법적구속력을 갖기보다 재량적 판단에 의한 권고나 조언 등으로 해결을 꾀하는 특색을 갖고 있다.

2797 옵타콘(optacon)
시각에서 촉각으로의 변환장치(optical-to-tactile converter)라고 하는 언어에서의 합성어로 맹인을 위해 만들어진 휴대용 문자해독기. 카메라부, 전자회로의 움직임에 따라 핀 배열에 전해져 문자형에 대응한 위치에 있는 핀의 부분이 미세하게 상하로 진동하여 진동하는 핀을 지두로서 감지함에 따라 맹인은 문자의 형을 판독한다.

2798 옹호(advocacy)
다른 사람을 직접적으로 보호하거나 대표하는 행위, 즉 사회사업에서 직접 개입이나 권한 부여를 통해 개인이나 지역사회의 권리를 옹호하는 것이다. NASW 윤리법전에 따르면 이것은 전문가의 기본적 의무이다.

2799 와론(Wallon, Henri)
프랑스의 심리학자, 정신의학자, 교육학자, 공산주의자이며 이상아의 결함은 개인의 자질만이 아닌 사회적 환경조건에 의해서도 생길 수 있다고 생각했다. 이 생각은 내부적 발달요인을 중시하는 피아제(Piaget, S)와는 대조적이나 발달을 외부환경과의 관계에서 포착하려는 자세는 높이 평가되고 있다. 이 입장은 유물 변증법적이며 아동만이 아닌 유아의 세계에서도 사회적 요인이 중요한 역할을 한다는 것이다. 특히 정서의 영향을 강력하게 주장하고 있다.

2800 와이 염색체(Y chromosome)
인간의 성별을 결정하는 짝(여성은 XX, 남성은 XY)을 지닌 두 개의 인간 성염색체 중의 하나이다.
→ 엑스 염색체(X chromosome)

2801 와이스 검사(WAIS test)
→ 지능지수(IQ : intelligence quotient)

2802 와이엇 대 시틱니 판례(Wyatt v. Stickney)
공공시설에 수용된 정신질환자들이 치료받거나 정신적인 상태를 향상시키는 실제적(현실적)인 기회를 가질 수 있듯이, 정신질환자들이 치료받을 헌법적 권리를 갖는다고 선언한 1971년 앨라배마의 법적 판결을 의미한다.

2803 완전고용(full employment) 01
취업의 의지와 능력을 갖추고 있는 자(노동인구)가 모두 고용되는 상태를 말한다. 이에 대해 불완전고용은 각종 이유로 근로자가 실업하고 있는 상태로, 케인즈는 이를 자발적 실업, 마찰적 실업 및 비자발적 실업의 셋으로 분류하였다. 앞의 두 실업을 현재는 자연실업으로 부르고 있는데, 최근에 와서는 비자발적 실업의 문제는 거의 거론되지 않고 자연실업률의 문제에 논의가 집중되고 있는 것 같다. 만약 자연실업의 경우 수요를 증대시켜 이를 구제하려 해도 그것은 단지 임금인상(따라서 물가상승)을 유발할 뿐, 기대한 만큼의 효과를 거둔다는 것은 불가능하다. 뿐만 아니라 자연실업자 중 과연 어느 만큼이 자발적인가를 확정하는 일은 매우 곤란하다.

2804 완전고용 02
노동의 의지와 능력을 갖추고 취업을 희망하는 모든 사람이 고용되는 상태를 말한다. 즉 현행 실질임금 수준에서 노동의 수요와 공급이 일치하는 상태를 말하며 이론적으로 노동의 수요곡선과 공급곡선이 일치하는 상태이다. 케인즈의 정의에 의하면 현행 화폐임금 수준 하에서 취업할 의사가 있어도 그 기회가 주어지지 않아서 발생하는 이른바 비자발적 실업이 존재하지 않는 상태를 가리킨다. 따라서 완전고용은 현행임금수준에 불만을 품고 취업을 거부하는 자발적 실업의 존재와 모순되지 않는다. 케인즈 이론에서는 공공사업 등의 국가투자로 완전고용을 실현할 수 있다고 주장한다. 구체적으로 실업자 수의 비율이 3~4%가 되면 완전고용으로 여긴다.

2805 완전사회(perfect society)

크게 두 개의 의미로 분류된다. 하나는 사회와 그 성원인 개인과의 관계가 가장 조화적으로 구성되어 있는 사회로서 최적 균형 상태라고도 말해지는 것으로서 짐멜(Simmel. G)이 포착한 방식이며, 다른 하나는 어떤 사회가 자립하여 여러 가지 종류의 사회적 공동 활동이 포함된 규모를 가진 통합적 사회로서 기딩스(Giddings. F. H)가 포착한 방식이다.

2806 완전실업

일할 의사와 능력이 있는 노동력 인구이나 일정기간(보통 1주일)동안 수입이 있는 일에 종사하지 못한 상태를 의미한다. 엄밀한 의미에서의 실업은 일하기보다는 여가를 선택하는 자발적 실업(voluntary unemployment)이 아닌 비자발적 실업(involuntary unemployment)을 뜻한다. 실업의 정의는 국제기관이나 각국마다 다소 상이하다.

2807 완전실업률

단순히 취업하고 있지 않은 사람이 아니라 취업을 바라고 직업을 찾아 돌아다니는데도 일자리를 찾아내지 못한 사람을 완전실업자라 하고, 노동인구(15세 이상의 취업자와 완전실업자의 합계)에서 차지하는 완전실업자의 비율이 완전실업률이다.

2808 왕립위원회(royal commission)

1832년에 구빈법(poor law in 1601)의 개정을 위해 구빈행정을 조사하는 위원회인데 이 위원회가 건의한 중요한 사항을 보면 다음과 같다. 스핀햄랜드법의 임금 보조 제도를 철폐할 것이다. 노동이 가능한 자는 작업장에 배치한다. 병자, 노인, 허약자, 아동을 거느린 과부에게만 원외구호를 준다. 교구단위의 구호행정을 구빈연합구로 통합한다. 구빈수혜자의 생활조건은 자활하는 최하급 노동자의 생활조건보다 높지 않아야 한다. 왕명에 의한 중앙통제위원회를 설립한다.

2809 외관(external sense)

우리의 눈·코·혀·피부 등의 감각기관을 통해서 외부의 세계를 지각하는 능력을 의미한다. → 내관

2810 외국인(alien)

한 나라에 거주하지만 그 국가의 국적이나 시민권이 없는 사람을 의미한다.

2811 외국인 혐오증(xenophobia)

이방인이나 외국인을 이유없이 몹시 두려워하는 것을 말한다.

2812 외국인 노동관리소 (alien labor certification division)

외국 출신 노동자에게 노동 욕구를 충족시켜주기 위해 일정기간 미국에 남아 있도록 권한을 부여하는 미국 노동성의 한 부서를 말한다. → 외국인입국허가증 green card

2813 외국인 입국허가증(green card)

다른 나라 국민이 영구적인 미국의 거주자인 것을 확인해주는 미국 정부의 등록카드를 통상적으로 부르는 명칭이다. 이 카드(이제는 녹색이 아님)는 공식적으로 '외국인 등록 수령자'로 불리는 미국 정부 서식 1-551이다.

2814 외래환자(outpatient)

지속적인 치료를 위하여 병원에 입원하지 않고 통원하면서 치료받는 사람을 의미한다.

2815 외면화(externalization)

환경의 어떤 측면에 대한 자기 자신의 사고나 가치의 투사, 또는 아동이 자신과 환경을 구별하는 것을 의미한다.

2816 외부평가(external evaluation)

평가의 목적을 효율적이며 효과적으로 달성평가의 목적을 달성하기 위해서 평가의 목적과 여건에 적합한 외부평가자에 의해서 이루어지는 평가의 방법을 의미한다. 외부평가는 프로그램과 관련된 인사로서 내부인사가 평가자로서 역할하게 되는 내부평가의 단점을 극복할 수 있는 장점을 가진다. 즉, 내부평가는 특정 프로그램의 존속과 관련된 이해관계로 인해 객관적이고 신뢰할 수 있는 평가활동을 전개하는데 애로를 겪을 가능성이 있는 반면, 외부평가는 다 객관적인 관점에서 프로그램의 설정과 관련된 상황과 프로그램을 최초로 실시할 상황에서의 투입되는 모든 관련 변인을 보다 타당하고 객관적인 준거와 기준으로 평가할 수 있다. 또한 동원되는 외부평가자는 그 명성과 능력 면에서 쉽게 인정받을 수 있어 프로그램 관련자와 평가 관련자들로부터 평가자에 대한 높은 신뢰감을 획득할 수 있는 장점을 지닌다. 그러나 외부평가는 그 기관이나 프로그램에 관하여 또는 그 전개과정에 관해 정확히 이해하기가 어렵고 예상프로그램이나 평가할 상황을 이해하는데 많은 시간이 소요되며 관련인사들과의 의사소통을 원활하게 하거나 그들로부터 필요한 정보를 획득하는데 애로를 느낄 수 있다는 단점을 지니고 있다.

ㅇ

2817 외부효과(external effect)
어떤 경제 활동과 관련하여 제3자에게 의도하지 않은 혜택이나 손해를 가져다주면서도 이에 대한 대가를 받지도 않고 비용을 지불하지도 않는 것을 말한다. 통조림사업이나 과수원 주인과 양봉업자와의 관계처럼 가격 지불 없이 서로에게 이익을 주는 경우를 외부경제 혹은 이로운 외부효과라고 한다. 반대로 환경오염과 같이 다른 개인에게 불리한 영향을 미치는 경우를 외부불경제 혹은 해로운 외부효과라고 한다.

2818 외삽법(extrapolation)
유용한 자료에 기초하되, 그 영역을 벗어나서 추론한 판단.

2819 외상(trauma)
개인이 어떤 충격적인 경험을 겪게 되었을 때에 갖는 심리적인 고통. 외상이 심한 경우에는 심리적으로 커다란 변화를 겪게 된다. 외상으로 인한 변화는 태도 및 가치관의 변화로까지 발전되는 경우가 있으며 이 변화는 지속적인 변화가 될 가능성이 있다. 외상으로 인한 심리적인 고통은 불안과 공격성을 자극시킨다. 외상은 공격적인 행동을 통하여 불만족 상태를 회복시키거나 내면적인 방어기제를 발달시키거나 욕구만족을 방법을 쇄신시킴으로써 치료할 수 있다. → 출산외상

2820 외재적 가치(extrinsic value)
→ 수단적 가치

2821 외적 타당도(external validity)
한 특수한 연구에서 얻어진 연구결과를 그것이 수행된 맥락과는 다른 상황이나 피험자에까지 일반화시킬 수 있나 없나를 구분하는 정도. 상황에 따른 일반화가 특히 관심의 초점이 되는 경우는 보다 특수한 용어로서 「생태적 타당도」(ecological validity)라는 말을 쓴다. 경험적 연구는 크게 내적 타당도(internal validity)와 외적 타당도를 검토하여 평가된다. 연구는 항상 특정한 상황에서 특정한 피험자를 대상으로 수행되지만 연구자는 그 연구 결과가 보다 광범위하게 적용될 수 있기를 바란다. 예컨대, 실험실에서 이루어진 연구결과가 일상적인 상황에까지 일반화될 수 있거나, 혹은 초등학생을 대상으로 얻은 기능과 학업성적과의 관계가 대학생에게까지 일반화 될 수 있다면 그것은 일상적인 유용도의 면에서 뿐만 아니라 과학적 지식의 발전이라는 면에서 바람직한 일일 것이다. 그러나 연구자는 자신의 소망이 객관적인 사실을 구분짓는 태도를 가져야 한다. 다시 말하면 외적 타당도는 연구자의 기대나 소망에 의해 보장되는 것이 아니라 사실에 의해서 검증되어야 할 성질의 것이다. → 내적 타당도

2822 외향성의 사람(extrovert)
다른 사람에게 개방적이고 직선적인 관심을 끄는 경향이 있는 사람을 말한다. 반대말은 내성적인 사람(introvert)이다.

2823 요교호아동
요보호아동 중 불량행위를 행한 아동을 교호원에 입소시켜 교육·보호하고 그 불량성을 제거할 필요성이 있는 아동을 말한다. 교호사업, 소년보호는 주로 비행을 일으키는 부당한 환경이나 비행에 빠질 위험성으로부터 아동을 보호하고 아동에게 문제 극복 능력을 길러주기 위하여 아동복지법에 근거를 둔 보호이지만, 한편에서는 아동이 나쁜 영향을 줄 수 있다는 위험성으로부터 사회를 보호한다는 사회방어측면을 지적하는 면도 있다.

2824 요구저지(frustration)
인격체의 생리적 사회적 요구가 갈등이나 결핍 등에 의해 충족할 수 없도록 저지되어 있는 상태를 의미한다. 좌절, 욕구저지와 동의어이며 욕구불만의 상태이다. 프로이드(Freud, S.)가 정신분석의 중요한 개념으로 전개한 뒤 로젠쓰바이크, 레빈(Lewin, K.)에 의해 이론적, 실험적으로 연구되었다. 사람은 행동에 장애를 받게 되면 긴장상태가 되나 욕구가 만족되거나 장애를 극복하면 사회인으로 인격이 발달, 성장한다는 것이다.

2825 요구평가(needs assesment)
개인이나 집단 또는 기관 및 사회의 요구를 확인하기 위해 정보를 수집하고 분석하는 과정을 말한다. 일반적으로 요구는 이루어지길 바라는 것 또는 당연히 이루어져야 할 것들과 현재 이루어진 것 간의 차이(discrepancy)로 정의된다. 요구란 현재의 상태(actual status)가 표적상태(targeted status)에 못 미칠 때 생기게 된다고 할 수 있다. 요구평가는 프로그램 참여자 집단의 요구를 사정하여 기존 프로그램을 개선하기 위한 목적으로 실시되거나 관련 집단의 요구를 바탕으로 새로운 프로그램을 개발하기 위한 목적으로 활용된다. 또한 요구평가는 단점이나 문제점들을 진단하거나 발견하기 위해서도 실시되며 필요에 따라 평가모형의 구성요소가 되어 요구평가에서 얻어진 결과가 평가 보고서의 한 부분을 차지하기도 한다. 교육적 요구에 대한 형식적 평가(formalized assessment)는 교육에서의 책무성(accountability)이 강조되고 교육적 계획 및 평가에 보다 정보에 입각한 모델이 적용됨에 따라 적극적으로 활용되고 있다. 요구평가에 적용되는 전략이나 절차는 다양하지만 그 일반적인 절차를 살펴보면 다음과 같다. 첫째, 요구평가가 사용된 목적과 관심을 두어야 할 분야, 관련 집단 등을 규정해야 한다. 둘째, 요구가 사정될 기준을 정한다. 요구사정의 기준이 되는 표적상태(targeted status)의 형태로는 목적(goal) 또는 이상(ideals), 규준(norms), 최저만족수준(minimum satisfactory level), 또는 바램 내지 기대(desire and expectation) 등을 들 수 있으며 연구목적에 따라 적당한 사정기준 형태가 선정되어

야 한다. 셋째, 자료수집 과정 및 분석과정과 결과보고과정을 고려해 연구 설계를 하고 실행한다. 넷째, 확인된 요구들의 우선순위를 정하여 그 연구 결과를 활용한다. 요구평가 연구는 항상 결과의 활용성(utility)을 중시한다. 어떤 목적으로 요구평가가 실시되었건 간에 마지막 단계는 항상 얻어진 결과의 적극적인 활용이다.

2826 요람에서 무덤까지
(from the cradle to the grave) 01
1942년 영국의 베버리지보고서에서 제창한 사회보장의 본연의 자세를 단적으로 나타내는 표현이다. 즉 출생에서 사망까지의 전 생애 중에 예측 가능한 사고는 국가가 최저한도의 사회보장책임을 진다는 것을 표시한 것이다. 그 뒤 사회복지의 자세를 나타내는 용어로 각국에서 사용하고 있으며 스웨덴에서는 이 말을 다시 수정해 태내에서 천국까지라고 표현하고 있다.

2827 요람에서 무덤까지 02
1944년 영국 노동당 정부가 본격적으로 실시한 사회보장제도의 이상을 표현하는 슬로건이다. 2차 대전이 파시즘에 대한 민주주의 국가들의 승리로 귀결되면서 각국의 민중 속에서 혁명적인 사회분위기가 조성되는 가운데 집권한 영국의 노동당 정권은 자본주의 체제가 안고 있는 모순과 질병이 부(富)의 재분배를 통하여 수정되고 치유될 수 있으리라는 낙관적인 신념을 가졌다. 그러나 오늘날 이러한 신념과 슬로건은 영국과 유럽사회에서 상당히 퇴색한 상태에 있다. 흔히 '영국병'이라 불리는 영국사회의 정체현상과 보수정책은 심각한 위기를 불러일으키고 있다.

2828 요보호가구(family in need of public assistance)
국가의 생활보장제도나 지방자치단체 등에 의해 공적인 보호를 필요로 하는 가구를 말하는 것으로 보통 생활보장을 받지 못하면 최저한도의 사회생활조차 영위할 수 없는 가구를 말한다. 자본주의경제의 고도화에 따라 친족이나 근린의 상호부조를 기대할 수 없게 되어 국가나 자치단체 등의 공적인 보호에 의존하지 않으면 일정의 소득을 얻을 수 없는 가구가 증가하고 있다. 현재 생활보장을 받고 있는 것을 피보호가구라 하며 요보호가구에는 보호를 받지 못하고 있는 가구도 포함된다.

2829 요보호세대(family in need of public assistance)
→ 요보호가구

2830 요보호아동(children in need of protective care)
협의로는 아동복지법에서 규정한 보호자가 없는 아동, 학대받고 있는 아동, 기타 환경상 요양을 요하는 아동을 가리키며, 광의로는 보호자가 있어도 보호자의 간호가 부적당하다고 인정되는 아동을 말한다.

2831 요보호아동가족부조
(AFDC : aid to families with dependent children)
1935년 사회보장법으로 시작된 공적부조(public assistance) 프로그램, 부모의 사망, 무능력, 부재 때문에 부모가 아동을 양육할 수 없는 경우, 이러한 아동을 위해 연방이나 주정부가 재정 원조를 한다. AFDC는 국가 또는 지방 수준으로, 일반적으로 공공복지(또는 인간서비스나 사회서비스)를 담당하는 국가부서가 집행한다. 국가 수준에서 AFDC는 미국 보건 및 인간봉사성(HHS : department of health and human services)의 미국 가족복지청(FSA : family services administration)이 운영한다. 자격은 재산(즉 자산조사 means test)과 비교되는 개별화된 욕구에 기초하여 결정된다. 많은 주에서는 아버지가 집에 있지만 실직했을 때 급여를 제공한다. → 요보호아동가족 실업부모 부조프로그램(AFDC-UP : unemployed parent program of AFDC)

2832 요보호여성(women in need of protective care)
요보호여성으로는 윤락행위 등 방지법에 의한 윤락행위의 상습이 있는 자와 환경 또는 성행으로 보아 윤락행위를 하게 될 현저한 우려가 있는 여자를 가리킨다. 보호지도소 등에서는 요보호여성을 현재 윤락행위를 하고 있는 여자만이 아닌 가출, 부랑 등으로 인해 윤락으로 전락할 우려가 있는 여자까지 폭넓게 포함하고 있다. 윤락행위 등 방지법에는 요보호여성에 대한 보도지도소와 직업보도시설이 강구되어 그 중추기관으로 부녀상담소, 부녀상담원, 부녀보호시설이 정해져 있다.

2833 요보호자(person in need of protective care)
요보호자를 일반적으로 클라이언트로 칭하고 있으나 광의로 보면 사회복지사업에 의한 원조를 필요로 하는 자의 전체를 지칭한다. 즉 사회적 경제적으로 또는 심신의 장애 및 생활 곤궁을 위한 원조, 보호, 재활, 육성 등의 사회적 조치를 필요로 하는 자를 말하고, 협의로는 생활보장법에서 말하는 보호개시 이전에 보호를 필요로 하는 상태에 있는 자를 지칭한다. 가끔 보호수급의 상태에 빠질 위험이 있는 자 등을 의미할 경우도 있다.

2834 요약기록(summary record)
케이스워크가 전개되는 과정의 상황을 개괄해서 기술하는 방식으로 가장 많이 쓰이고 있다. 이것은 조사요약, 진단요약, 치료요약, 결론요약 등과 같이 여러 가지의 종류로 나눌 수 있다. 어떠한 경우에서도 보다 정확하게 작성하기 위해서는 사전에 요점을 메모하고 정리한 뒤에 기록해가는 것이 중요하다. 또 내용이 복잡할 때에는 일정한 항목을 설정해 요약해 가면서 작성하는 것이 바람직하다.

2835 요양급여
근로자가 업무상의 재해로 부상당하거나 질병에 걸린 경우에 그 상병에 대하여 행해지는 산업재해보상보험법과 의료보험법에 기초한 급여의 일종이다. 우선 산재보험법 제9조의 3에 의하면 요양급여는 요양비의 전액으로 하되 노동부장관이 설치한 보험시설 또는 지정한 의료기관에서 요양을 하도록 되어 있다. 요양급여의 범위는 진찰 약제 또는 진료재료와 기타 보철구의 지급 처치, 수술 기타의 치료 의료시설에의 수용 개호, 이송 기타 노동부장관이 정하는 사항으로 되어 있다. 다음으로 의료보험법 제29조에 의하면 피보험자 및 피부 양자의 질병 또는 부상에 대해 진찰 약제 또는 치료재료의 지급 처치, 수술 기타의 치료 의료시설에의 수용, 간호, 이송 등의 요양 급여의 기간은 폐결핵을 제외하고는 동일상병에 대하여 180일 이내로 하도록 되어 있다.(동법 제30조)

2836 요양비(medical treatment expenses)
현물급여에 의해 행해지는 요양급여 또는 가족요양비의 지급에 있어서 현물급여를 하기 곤란한 경우에는 자비로 요양을 받고 차후에 현금으로 그에 요하는 비용의 급여를 받을 수가 있게 하는 것을 요양비라 하는데 우리나라에서도 이 방식을 채택하고 있다.(의료보험법 제36조) 요양비의 지급이 행해지는 것은 의료보험기관 등이 없는 지역에서 이병한 경우, 사고에 의해 보험 의료기관 이외의 병원에서 진료를 받는 등의 경우로 보험자가 필요하다고 인정된 경우에 한정하는 것이 일반적이다.

2837 요양비지불방식
(system for refunding medical treatment expenses)
의료보험에서 보험자가 요양에 관한 급여를 피보험자의 청구에 의해 현금으로 지불하는 방식으로 상환지불이라고도 한다. 법률에 의하면 보험 의료기관 및 보험의에 따른 현물급여방식을 원칙으로 하고 부득이한 사정이 있는 경우에 한해 의료비지불이 인정되고 있다. 요양비 지급액은 요양에 요하는 비용에서 일부부담금에 상당하는 금액을 공제한 뒤 그 금액을 표준으로 보험자가 정한다.

2838 요양원(nursing home)
질병이나 기능장애·심신쇠약으로 자립해서 살기가 힘들고 또한 개호나 간호를 받아야 하는 병약한 노인들을 수용하여 의료보호와 복지서비스를 제공하는 통합적 시설을 말한다. 미국의 너싱홈은 원조형홈(intermediate care facilities)과 간호형홈(skilled nursing facilities)의 두 종류로 구분되어 있다. 원조형홈은 건강이 조금 약한 노인에게 약간의 기본적인 서비스를 제공하는 양로원을 말하고, 간호형홈은 만성질환이나 중증심신장애가 있는 노인들에게 보다 전문적인 치료와 간호를 제공하는 요양원을 말한다.

2839 요양취급기관 01
의료보험에서의 요양급여는 보험자가 지정하는 의료기관 또는 약국, 보험자가 설치·운영하는 의료기관에서 받아야 한다고 되어 있는데 이들 의료기관을 요양취급기관이라고 한다. 요양취급기관의 지정은 보험자 또는 보험자단체가 지정하며 제1차 진료기관과 제2차 진료기관으로 구분하여 지정할 수 있는데, 제1차 진료기관은 통원에 의한 가료를 행하는 진료기관으로서 의원급, 의료기관, 보건소, 보건지소 또는 보건진료소 등이며 제2차 진료기관은 입원 또는 특수진찰에 의한 가료를 행하는 진료기관으로서 병원 또는 종합병원 의료기관 중에서 지정토록 하고 있다.

2840 요양취급기관(The Medical Institutions) 02
국민건강보험법 제40조의 규정에 의한 요양기관을 말하며, 의료법에 의해 개설된 의료기관과 약사법에 의하여 등록된 약국 또는 지역보건법에 의한 보건소, 보건의료원 및 보건지소와 농어촌 등 보건의료를 위한 특별조치법에 의하여 설립된 보건진료소 등이 있다.

2841 요육(education and care of disabled children)
보건소장은 신체에 장애가 있는 아동에게 진료를 행하고, 필요한 요육을 행하도록 하고 있다. 요육이란 말은 일찍부터 지체부자유아의 관계에서 사용되었지만, 치료와 의료를 보육이나 양육과 함께 의미하는 것으로도 해석된다. 법에 따른 요육지도의 목적은 장애의 조기 발견, 조기치료이다. 치료와 보호육성이 동시에 필요한 곳에 요육시설이 있지만, 실질적으로 의료를 필요로 하는 시설로는 허약아시설, 지체부자유아시설 및 맹아시설이 있다.

2842 요육수첩
정신지체아(자)가 각종 원호를 받기 위해 필요한 수첩으로서 시·도지사가 발행하고 있는 것으로 아동상담소 또는 정신지체자 갱생상담소에 의해 정신지체로 판정되어진 사람을 대상으로 급여된다. 장애는 중도의 경우 A, 그 외의 경우는 B로 판정하고, 수첩에 기입된다. 요육수첩의 목표는 정신지체아에 대해 일괄된 지도 상담이 행해지도록 하는 것이지만, 특별아동부양수당, 세제감면, 공영주택의 우선입주 등 원조를 주는 것도 중요하다.

2843 요인분석(factor analysis)
다변량해석의 대표적 수법 중의 하나이다. 예를 들어 여성에게 결혼상대자를 고를 때 무엇을 중시하겠는가? 라고 묻고 다수 항에 걸친 회답을 받았을 때, 이들의 저변에 잠재하는 공통요인을 찾아 다수의 변수를 소수의 공통요인으로 집약 해석한다. 우선 변수간 상관계수 행렬(상관행렬)에서 공통요인을 발견해낸 다음, 각 요인의 각 변수에 대한 영향의 크기인 요인적재계수(요인부하량)를 구하고 각 조사단위가 갖는 각 요인의 크기(요인점수)를 추정한다. 예에서 제1요인에 요인적재계수가 큰 항목이 경제적 사회적 지위 용모 학력 직업 재산, 제2요인에 순수성 정직 등이, 제3요인에 민주주의 의식 남녀평등의식 직업여성에 대한 이해 등이 주어졌다고 가정했을 때, 제1인자는 외면성, 제2인자는 내면성, 제3인자는 여성존중 등으로 해석할 수 있을 것이다. 또한 이 세 요인에서 각각 피조사자의 요인점수를 구하면, 개개인의 각 요인에 대한 점수와 연령별 경향을 알 수 있을 것이다. 요인분석은 기계적으로 계산된 요인이나 요인적재계수에 기초하여 그 의미를 추정하는 탐색적 용도가 주를 이루지만, 요인모형을 가설로 간주, 그 적합성을 검토하는 확증적 요인분석도 연구되고 있다.

2844 욕구(need) 01
인간이 사회생활을 영위함에 있어서 충족시켜야 할 기본적 욕구를 일반적으로 나타내는 말로 요구라고도 번역되지만 본래의 뜻과는 차이가 있어 욕구가 타당하다.

2845 욕구 02
유기체의 행동을 일으키게 하는 생활체 내부의 원인, 즉 물은 식물이나 동물에 절대적으로 필요하며 이것이 없을 때에는 이를 얻으려고 하는 긴장 상태가 생긴다. 이러한 긴장 또는 원인을 욕구라고 하며 동기요소가 된다. 인간의 욕구는 동물과는 다른 순수한 직접적인 형태로 행동에 나타나는 일은 드물다. 즉 유전적, 선천적으로 고정되어 있는 것이 아니고 그 기준이나 정도는 주관적, 상대적이며 경제, 사회, 문화의 조건에 의해 다르다. 욕구는 개체 보존의 욕구 : 개체의 생활을 중심으로 하는 것으로서 고통 회피, 배설, 휴식, 음식 등 종족보존의 욕구 : 성욕, 임신후의 여성의 모성적 욕구 등 사회활동의 욕구 : 개체와 개체가 연속되어 집단생활을 영위하고자 하는 것으로서 협력의 욕구, 집합의 욕구, 집단성의 욕구, 자아실현의 욕구, 경쟁과 공격의 욕구 등 세 가지로 나누어진다. 욕구가 직접 어떤 행동을 일으키는 원동력이 될 때를 동인(drive)이라고 한다. 또 개인이 다른 개인 내지 사회와의 관계를 통해서 충족하게 되는 욕구를 나타내는 경우, 정확히 이를 사회적 욕구라 하며, 사회적 욕구를 충족시키기 위한 유형, 무형의 수단이 사회자원(social resources)이다.

2846 욕구불만(frustration)
생활체의 욕구가 내적, 외적 방해에 의해서 저지될 때를 말한다. 그러나 단순히 욕구가 충족되지 않은 때가 아니라 정서적 긴장이 따르는 상태를 말한다. 욕구불만을 일으키는 장해가 객관적으로 타당한 것에 의한 것만이 아니고 개체가 존재한다고 믿는 것이나 이겨낼 수 없다고 느끼는 주관적인 것에 의해서도 충분히 욕구가 저지된다. 따라서 욕구가 저지되는 것은 개체의 능력뿐만 아니라 욕구수준, 욕구의 종류에 의해서 결정된다.

2847 욕구사정(NA : needs assessments)
사회사업가들이나 전문가들이 클라이언트들을 진단하면서 문제점, 기존의 자원, 잠재적 해결능력, 또는 문제 해결에 장애가 되는 것 등에 대해 체계적으로 평가하는 것을 말한다. 사회기관에서, 욕구 사정은 임상서비스를 받는 클라이언트를 위해 만들어진다. 일반적으로 모든 거주자를 위해서 만들기도 한다. 욕구사정의 목적을 욕구를 기록하여 서비스의 우선순위를 설정하는 것이다. 자료는 상담이나 연구를 통해서 뿐만 아니라 인구조사나 정부통계 같은 기존 자료를 통해서 뽑기도 한다.

2848 욕구의 위계(hierarchy of needs)
인간의 욕구가 상승적인 서열로 나타난다는 인본주의적 지향(humanistic orientation)을 지닌 마슬로우(Abraham Maslow)와 전문가들의 견해를 의미한다. 사람은 우선 생리적 욕구를 충족시키고, 다음으로 안전, 소속감 및 자존심의 욕구를 충족시키며, 마지막으로 자아실현 또는 자신의 충분한 잠재력을 실현한다는 것이다.
→ 동기(motivation) 및 자아실현(self-actualization)

2849 욕구자원조정설
레인위원회 보고에 의해 제기된 이 개념은 오늘날에도 지역사회조직에 있어서 유력한 개념의 하나다. 그 골자는 생활곤궁의 해소와 예방을 위해 지역사회의 욕구와 사회자원의 발견에 노력하여 양자를 항상 효과적으로 조정하는 활동을 강조하는 데 있다. 따라서 욕구와 자원의 종류, 구조 등의 동향을 파악하는 조사활동이나 양자의 조정을 위해 욕구를 갖고 있는 주민이 그 해결방법을 계획하고 자원을 동원, 창설하는 조직 활동 등이 특히 중시된다.

2850 욕구저지
→ 욕구불만

2851 욕구좌절(frustration)
목표 지향적 활동이 전체적으로 또한 부분적으로 차단되거나 방해를 당하고 있는 상황을 말한다. 물리적 장애, 보상의 감소나 철회, 반응 또는 행동의 연쇄를 차단하는 것 등이 욕구 좌절을 초래하는 상황이 될 수 있다. 또한 실망·패배·목표달성 과정의 방해 등으로 인해서 생기게 된 혼동·당혹·분노·비애 등의 상태를 가리키기도 한다. 그리고 목표달성의 좌절로 인해서 생기게 된 반작용을 가리키는 것으로, 흔히 공격성·퇴행·고착, 또는 반응강도의 상승이나 하강 등의 현상이 규명되어 있다.

2852 욕구집단(need group)
개인적인 경험을 통해서 어떤 문제를 알고 있는 사람들을 말한다. 사회정책 발전이나 공동체 조직에서 어떤 문제의 대표적 희생자들은, 흔히 문제를 안고 있는 사람들을 돕기 위한

ㅇ

방안을 의논하고 결정하는 기획위원회에 포함되기도 한다.

2853 욕구충족의 우선순위 (priority order of need satisfactory)

욕구충족에 필요한 자원이 부족할 경우 욕구사이에 우선순위를 정할 필요가 생기게 된다. 따라서 몇 개의 판정원칙을 설정함과 동시에 욕구를 몇 개의 유형으로 분류해 척도화한 뒤 개개의 욕구를 자리 잡게 하는 조작을 거쳐 우선순위를 결정하게 된다. 판정원칙에 대해서는 공평성, 효과성, 효율성, 긴급성, 종합성 등을 들 수 있으나, 이들 제 원칙 간에는 상호모순 되는 면도 포함되어 있기 때문에 적용하는 수준이나 상황을 명확하게 판단할 필요가 있다. 또 척도의 설정에 대해서도 모든 욕구를 포함하는 척도의 설정은 불가능하기도 하고 유용하지도 않기 때문에 목적을 명확히 한 다음 필요한 항목을 선택하는 것이 바람직하다. 또 판정원칙이나 척도가 만들어졌다 해도 적용에 있어서는 구체적 상황에 따라 유연한 대응이 필요할 것이다.

2854 욕구측정법(needs survey method)

사람이 사회생활을 영위하는데 있어 충족해야 할 욕구로서 욕구에 대한 발견, 측정, 평가 등을 행하는 것을 말한다. 대상자의 의식조사, 빈곤, 질병, 가족문제, 장애, 고령의 문제 영역에 따라 욕구를 파악하는 방법은 상이하다. 특히 지방자치단체 등의 행정에 대한 시민의 욕구, 소망에 대해 관심이 증가하고 있다. 욕구측정법에는 대상자의 의식조사, 여론조사방식, 지역의 각종 집단방법 등이 있다.

2855 욕망

무엇을 하고자 하거나 간절히 바라는데서 표현되는 심리현상을 의미한다. 사람은 자연과 사회를 자기에게 복종시키기 위하여 물질적 조건과 대상에 대한 요구를 가지게 된다. 이러한 요구가 구체적으로 체험되는 것이 욕망이다. 욕망은 충동, 희망, 의욕 등과 같은 여러 가지 체험형태를 가진다. 충동은 욕망의 시초적 형태로서 일정한 대상에 대한 필요가 초보적으로 체험되는 상태이다. 희망은 욕망의 대상이 뚜렷이 자각되어 무엇이 필요하며, 요구되는가를 자각하는 상태이다. 의욕은 지향의 대상과 방향이 뚜렷할 뿐 아니라 그것을 쟁취하기 위한 수단과 방도가 명백하고 정열적인 노력과 행동이 뒤따르는 행동적 지향이다. 충동으로부터 의욕에로의 지향의 발전은 자연과 사회에 대한 사람들의 욕망의 의식화 과정을 표현한다. 욕망이 보다 자각적이고 의식적일수록 사람들의 활동은 더욱 더 목적지향성을 띤다. 욕망에서도 가치가 있는 것이 있고, 없는 것이 있는데 그 가치를 규정하는 척도는 그 사회적 의의에 있다.

2856 융해(fusion)

가족체계 이론에서, 가족 성원간의 독립된 정체성의 모호화를 말한다. → 분화(differentiation)

2857 우리민족서로돕기운동본부

1996년 12월, 북한동포돕기를 범불교적으로 추진하고자 '우리민족 서로 돕기 불교운동본부'를 창립하고 불교의 동체대비 사상을 바탕으로 굶주리는 북한동포의 고통을 해결하고자 다양한 활동을 전개하여 1999년 5월, 통일부로부터 사단법인 승인을 받아 '좋은 벗들'로 명칭을 바꾸고 민족의 화해와 평화적 통일을 위한 선결과제인 북한식량난과 식량난민 문제 해결을 출발점으로 동남아시아를 비롯한 제3세계의 난민구호사업과 인류가 안고 있는 분쟁과 갈등의 문제를 근원적으로 해결하기 위한 평화운동, 그리고 인간의 권리가 침해되고 있는 현장을 찾아 인권운동을 전개해 나가는 민간기관을 말한다.

2858 우범소년

12세 이상 20세 미만의 소년으로서 보호자의 정당한 감독에 복종치 않는 성벽이 있거나 정당한 이유 없이 가정에서 이탈하거나 범죄성이 있거나 부도덕한 자와 교제하는 등 장래 범법할 우려가 있는 소년을 말한다. → 비행청소년

2859 우생학(eugenics)

유전학적으로 인간의 질을 '향상시키거나', 유전적 장애를 최소화하려는 이론과 실제를 의미한다. 실제는 소극적일 수 있고(생물적으로 결함이 있는 것으로 여겨진 사람들 가운데 부모 기질을 억제하거나 금지하는 것), 혹은 적극적일 수 있다(건강한 사람들 속에서 재생산을 북돋아주는 것).

2860 우애방문(friendly visiting)

영국과 미국에 있어서 19세기 말경부터 20세기 초에 이르기 까지 자선조직협회(charity organization society)의 활동은 빈곤자에 대한 개별방문지도로서 그것에 종사한 사람이 우애 방문원(friendly visitor)이다. 방문원은 그 당시 독지가들로 이루어져 무보수로 활동 했다가 그 후 유급의 사회사업가가 되었다. 이러한 활동 중에 여러 가지 과학의 지식을 도입하여 그것이 오늘날 케이스워크로 발전하였다. 우애방문의 단계에서는 과학적 치료보다도 우애의 정신에 기초를 둔 생활지도가 중시되었다.

2861 우애방문자(friendly visitors)

자선조직협회(COS : charity organization societies)의 자원봉사자 또는 뒤에 결국 사회사업가(social worker)가 된 자선조직협회의 고용인을 의미한다. 그들의 일차적인 일거리는 욕구가 있는 가정을 조사하고, 문제의 원인을 판정하고, 문제해결책을 안내하고, 그리고 최후의 수단으로 '가치 있는' 클라이언트에게 물적 도움을 제공하는 것이다. 우애방문은 개별사회사업으로 대체되고, 점점 더 전문화되었는데, 더욱 철저히 훈련받을수록 문제의 원인을 더 잘 이해할 것이라고 한다.

2862 우애조합(friendly society)
영국 노동자의 자주적인 상호부조운동(공제조합)을 의미한다. 노조 탄압 시에는 비합법적으로 그 조직을 지키는 기능도 담당했는데 19세기 중엽 이래 정부의 보호도 있어서 크게 발전되어 주로 상병사망수당을 지급했다.

2863 우연성(contingency)
사회조사와 통계학에서 쓰는 용어로, 분할표(contingency table)에서처럼 변수들 간의 연합 혹은 상관관계를 함축하는 용어이다. 행동주의 (behaviorism)에서는 행동 뒤에 일어날 것으로 기대되는 결과를 의미한다.

2864 우울신경증(depressive neurosis)
비애감·무가치감·죄책감·무력감 등은 물론 인간관계에서의 이탈, 수면이나 식사 또는 성(性) 등에 대한 욕망을 상실한 정서적 상태와 행동특징을 나타내는 신경증의 일종을 의미한다.

2865 우울장애(depressive disorder)
조직을 압박하는 압력이 모세혈관압보다 더 커서 이로 인하여 장시간 조직에 빈혈을 유발하여 생긴다. 대부분 골 돌출부위 위에서 여러 시간 과도한 압력이 가해지면 발생하나 이외에 영양 결핍, 부종, 빈혈 등이 또 다른 원인이 된다. 예방에는 ① 뼈 돌출 부위의 압박을 경감시킨다.(air mattress, 체위변경, water mattress) ② 압박 부위의 순환 증가시킴 ③ 적절한 식이 섭취 ④ 피부의 육아조직 보호 등이 있다.

2866 우울증(depression)
의기 상실한 기분으로 정신운동저하, 불면증, 체중감소를 수반한 정신적 증후군이다. 때로는 죄악감과 망상적 색채가 강한 신체증상이 수반된다.

2867 우울한 반응(depressive reaction)
실제적으로 발생했거나 감지된 심각한 손실로 인해 생기는 슬픔, 비관, 활동의 저하를 의미한다. 현재 이 용어는 양극장애(bipolar disorder), 주우울증(major depression), 비관우울증(dysthymic disorder), 순환적 장애(cyclothymic disorder) 등의 용어로 쓰인다.

2868 우회학습(detour learning)
자극-유형 학습이론의 하나이며 실험동물과 먹이의 사이에 철망이나 유리창 등의 장애물이 놓여지게 되면 실험동물은 먹이를 먹기 위하여 반대 방향으로 우회하는 것을 말한다. 이때 동물이 먹이를 먹기 위하여 장애물을 돌아간다는 것이 단순한 결합, 즉 시행착오에만 의존하는 것이 아니라 사태의 이해, 즉 통찰에 의한 행동이 많다는 것이다.

2869 운동과다증
지나친 신경운동으로 특징지어지는 아동기의 장애로 집중력이 떨어지고, 신중하게 배우고 지각하는 데 어려움이 따르는 것을 의미한다. 대체로 행동과다증(hyperactivity)과 동의어로, 현재 전문가들이 더 선호하는 용어는 행동과다증을 가진 주의력 결핍장애(attention deficit disorder)이다. 또한 이 증후군은 '아동운동과다증후군', '아동기 운동과다증반응', '극미한 두뇌 손상', '극미한 두뇌 역기능' 그리고 '극미한 대뇌 역기능'으로 알려져 있다.

2870 운동기능(motor skills)
비교적 단순한 운동(적) 반응계열이 보다 복잡한 운동으로 통합된 신체적 기능을 의미한다. 예컨대, 피아노를 치는 것, 글씨를 쓰는 것, 공을 차는 것과 같은 것이 운동기능의 예이다. 운동기능은 지각적 운동기능(perceptualmotor skills), 또는 심체적 기능(psychomotor skills)이라 불리어지기도 한다. 운동기능의 학습과 성취에는 감각·두뇌 및 근육의 작용이 요청된다. 이러한 운동기능은 학습된 신체적 운동능력으로 속도·정확성·힘·유연성에 따라 그 수준이 판별된다. 학교학습에서는 운동기능의 학습이 중요한 역할을 하여, 저학년에 이르면 이를수록 운동기능 학습이 중요하다. 교과영역에 따라서는 학년이 증가함에 따라 운동기능의 고도화와 통합화가 더욱 강조되는 것도 있다. 스포츠·기악·기술분야 등은 고도의 통정된 운동기능이 요구되는 대표적 분야이다.

2871 운동발달(motor development)
걷기, 기어다니기, 기어오르기, 물건을 손으로 잡기, 물건을 다루기 등, 대근육 및 소근육을 포함하는 신체적 능력이 발달하는 것을 말한다. 운동발달의 일반적인 원칙으로는, ① 성숙과 학습의 정도에 따라 발달이 이루어지며, ② 예언가능한 순서로 일어나며, ③ 발달의 단계는 예언할 수 있으며, ④ 운동 기술의 학습은 아동이 신경계통과 근육이 우선적으로 발달되어 학습할 수 있는 준비가 되어 있기 전에는 장기적 효과를 기대하기 어려우며, ⑤ 운동발달의 속도는 개인차가 있다는 것을 들 수 있다.

2872 운동지각능력(perceptual abilities)
블룸(B. S. Bloom)의 교육목표 분류에 있어서, 심체적 영역의 제 3단계 수준에 속하는 것으로 학습자의 지각적 유형의 전부를 가리키며 이로부터 자극이 학습자에게 접수되고 고등 뇌중추에 전달되어 해석되는 능력을 의미한다. 이 수준은 심체적 영역뿐만 아니라 인지적 행동을 통제해 주고 있지만 많은 연구자들은 심화된 운동경험은 보통 어린이가 당면하는 수많은 사태를 보다 효율적으로 구조화하고 지각하는 능력을 향상시켜 준다고 주장하기 때문에 신체적 영역에 포함시키고 있다. 한 개인의 효율적인 기능발휘를 위해서 이 운동지각 능력은 학습자의 지적·정의적 및 신체적 영역의 발달에 필수적이 된다. 이 능력은 학습자의 자극을 해석하는데 도움을 주어 환경에 필요한 적응을 하게 해준다. 이 능력의 발달을 위하여 학습자는 초기에 감각적 자극이 되는 활동에 참여할 수 있는 기회를 최대한도로 갖도록 하며, 이러한 능력의 발달을 촉진시킬 수 있는 각종 동작에 대해 탐구할 기회를 많이 주어야 한다. 이 능력수준은 운동지각능력(preceptual abilities), 시각변별(visual discrimination), 촉각변별(auditory discrimination), 청각변별(tactile discrimination), 협응능력(coordinated abilities)으로 분류된다.

2873 워커(worker)
→ 사회복지사, 사회사업가

2874 워커-내담자관계(worker-client relationship)
사회사업실천에서 사회사업가와 클라이언트의 관계를 말할 때 보통 두 사람 사이에 연결된 대인관계를 말한다. 사회사업가가 케이스워커로 기능하는 경우를 한정할 때는 케이스워크관계가 된다. 사회사업가와 클라이언트 관계의 특징은 개인적인 대인관계와는 달리 클라이언트의 과제해결을 원조하는 것을 목적으로 맺어진 전문직업적인 인간관계라는 점이다. 따라서 사회사업가에게는 전문직 종사자로서의 전문적 태도와 자기인식이 요구된다.

2875 워커빌리티(workability)
펄만(Perlman H. H)이 그녀의 케이스워크이론을 전개하는데 사용한 중요한 개념으로 케이스워커의 원조를 활용하는 클라이언트의 동기 부여와 능력을 포괄적으로 표명한 개념이다. 이전에는 치료가능성이라고 하였지만 펄만은 이것을 케이스워크의 기능을 활용하는 주체로서의 클라이언트 측면에서 본 것이다. 그녀는 이 능력을 케이스워크 관계를 통하여 제공되는 여러 가지 서비스를 자기의 문제해결에 활용하는 지적·정서적·신체적 능력의 세 가지 측면에서 설명하였다.

2876 워크샘플방법(work sample method)
현실적인 직업에서 보이는 주된 작업을 실제에 가까운 조건으로 행하게 하여 장애인의 직업능력을 평가하는 방법으로 타워법이 그 하나이다. 미국에서는 이 외에 각종 수법이 개발되고 있으며 재활시설을 중심으로 널리 활용되고 있다.

2877 워커와 성원관계
사회사업가와 성원간의 관계를 전문원조관계라 하며 사회사업가와 개인성원간에 성립되는 관계와 사회사업가와 집단전체사이에 성립되는 관계가 있다. 사회사업가는 기본적으로 원조자로 평가되며 집단성원에 의해 선출된 지도자와는 구별된다. 사회사업가는 집단 내에서 좋은 지도자를 키워 바람직한 활동을 전개해가도록 원조하는 역할을 할 때가 많다. 집단에서의 사회사업가는 통솔자, 의사, 조언자, 협력자, 참관자 등의 역할을 한다. 또 사회사업가와 성원들과의 사이에는 신뢰관계가 확립되는 것이 중요한데 그러기 위해서는 성원들 개개인을 인격체로 존중하고 있는 그대로 수용하여 그들의 감정이나 문제에 대해서도 공감을 갖고 이해하려는 태도가 필요하다.

2878 워크숍(workshop)
극작, 연출, 연기 및 디자인 등의 분야에 있어서 학습지식을 실제의 상황에 적용해보는 교육과정이다.

2879 워크하우스(work house)
→ 작업장

2880 원규(folkways)
어떤 문화에서 비공식적이고, 전통적이며 강요하지 않는 행동의 유형과 행위의 기준을 말한다.

2881 원내구호(indoor relief)
빈민을 거택에서 보호하는 원외보호에 대해 노역장에 수용해서 보호하는 것을 말한다. 1834년의 개정구빈법은 원내보호를 원칙으로 하고 있으며 특히 노동능력을 가진 빈민은 구제대상에서 제외하기 위해 열등처우의 원칙이 적용되었다. 구빈법적 원내구호를 원형으로 하는 수용보호는 전통적 처우방법의 하나로서 오래 동안 지속되어 왔으나 현재는 인권존중의 관점에서 재고되고 있으며 시설기능의 고도화, 시설의 사회화 등 새로운 대응이 절실하다.

2882 원리금균등분할상환(Repayment of Principal and Interest Equally Divided)
대여금액, 상환기간, 이자율을 감안하여 원리금을 산정하여 상환 시작월부터 만기월까지 매월 같은 금액을 상환하는 방법이다.

2883 원상복구(restitution)
이전에 빼앗긴 재산 및 권리를 반환(회복)받는 것이다. 도둑질하거나 재산을 파괴한 사람들은 때때로 피해를 받은 사람들에게 원상복구해줄 것을 강요받는다.
→ 피해자 보상(victim compensation)

2884 원심적 가족구조(centrifugal family structure)
가족체계 이론에 따른 가족원들이 응집력이나 애착이 별로 없고 가족 밖에서 정서적 지원을 찾으려는 가족관계 형태를 말한다. 또한 이 구조는 가족관계 이외의 사회관계에서도 발생할 수 있다.

2885 원외구호(outdoor relief)
원래 영국의 빈곤법에 의해 시정된 빈민구제방법의 하나이며 빈민을 구빈시설인 작업장(workhouse)에 수용 보호하는 원내보호에 대해 빈민을 그 거택에서 보호하는 것을 말한다. 거택보호는 금세기에 들어와 사회사업의 근대화, 민주화와 함께 재평가되어 대상자처 우의 기본원칙이 되기에 이르렀다. 또 근래에는 단순한 거주보호에서 대상자의 가정·지역사회를 보장하는 일환으로 지역사회보호 및 재가복지의 전개가 추구되고 있다.

2886 원인(cause)

변화, 운동 혹은 행위를 가능하게 한 힘을 의미한다. 아리스토텔레스(Aristoteles)는 원인을 네 가지로 분류하여 ① 사물의 발생을 본질적으로 결정하는 형식적(formal) 원인, ② 사물의 자료가 되는 질료적(material) 원인, ③ 결과를 야기하는 힘을 의미하는 효율적(efficient) 원인, ④ 목적을 의미하는 궁극적(final) 원인을 들고 있다. 그리고 여기에 더하여 신(神)을 의미하는 제일의(first) 원인을 들기도 한다. 르네상스의 시기에는 원인을 존재하는 실체적 대상(object)으로 생각했으나 오늘날에는 일반적으로 에너지나 행위의 형태로 이해한다. 뉴튼은 같은 결과에는 같은 한 결과에는 다양한 원인이 있다고 주장은 변화의 관계이며 논리적으로 독립된 두 개의 개념들로 표현될 때, 한 사건의 발생한 사건이 원인이 된다. → 결과, 인과론, 인과율

2887 원인 대 기능 논쟁(cause-versus-function issue)

사회사업에서 역사적으로 논쟁이 되어온 주제로서 여기에는 실천, 사회개혁 방향, 케이스 서비스 등이 포함되어 있다. 애덤스(Jane Addams)와 같은 초기의 사회사업가들은 정치적 행동 및 지역사회의 조직화를 통한 사회변화를 강조하는 원인지향을 지지했다. 반면에 리치몬드(Mary Richmond)와 같은 사람들은 사회사업가가 지닌 면접이나 상담 등의 기술을 통한 개인적 발전의 기능을 강조했다. 현재 대부분의 사회사업가들의 견해는 실무분야가 원인과 기능지향을 모두 포함해야 한다는 것이다.

2888 원인 지향적 조직(cause-oriented organization)

공통의 가치와 목적을 지니고 특정한 사회변화를 성취하거나 어떤 문제들을 해결하기 위해 참여한 개인들로 구성된 공식적 및 비공식적 집단을 의미한다.

2889 원인적 진단

문제발생원인과 그 뒤의 결과 그리고 이들 상호간의 인과관계를 시간적·계열적·역사적으로 파악하여 진단하는 개념으로 발생학적 진단학이라고도 한다. 이러한 대상이해의 방법은 언제나 문제발생의 메커니즘을 원인과 결과라는 인과관계의 추구에 두기 때문에 현실의 문제 상황이 곤란하거나 클라이언트의 잠재적인 가능성이나 건강한 측면이 소홀히 취급될 염려가 있다는 비판도 있다.

2890 원조법

사회사업의 급여에 관한 법의 한 분야로 주로 저소득자에 대해 자립 조장의 목적에서 대부형태로 보장활동이 행해지는 것을 내용으로 한 법을 총칭해 원조법이라 부른다. 이런 의미에서 원조법에 속한 현행 입법으로는 모자복지자금의 대부를 주 내용으로 한 모자복지법 등이 있다. 이상의 의미로 원조법의 특질은 질계약, 지금대부계약 등과 같이 사법상의 계약관계를 중심으로 해서 원조목적달성상 필요한 특례를 마련하는데 있다.

2891 원초적 집단(primary group)

→ 일차적 집단

2892 원호

→ 보훈

2893 원회활동원(lobbyist)

입법과 공공정책에 영향을 주기 위해서 직접적으로 (국회) 의원에게 접근하려는 특별한 이익집단과 개인을 의미한다. 이 용어는 입법자들(국회의원)을 만나기 위해 국회의 로비에 늘 출입하는 이들 중 몇 사람의 경향에서 비롯되었다.

2894 월간 지도계획

복지대상자나 집단에 대한 지도, 훈련을 위한 1개월 단위의 개입계획을 말하며 사회복지시설 등에서 입안·사정된다. 지도계획에 의해 달성해야 할 목표를 금월의 목표 등의 표어로 지침을 표현하는 것은 직원, 대상자의 전체적 참가가 중요하기 때문이다. 또 개별적으로 지능은 높으나 자발성이 결여된 정신지체아에 대해 화장실 청소 등 일정한 목표를 세워 청소라는 복잡한 행동을 물을 뿌린다, 걸레로 닦는다. 등의 구체적 행동으로 세분화해서 반복을 통해 학습시키는 등의 지도계획을 말한다.

2895 월드비전

1950년 한국전쟁 당시 고아와 미망인을 돕기 위해 설립된 국제구호 및 개발기구로 한국에서 첫 구호사업을 시작한 월드비전은 현재 세계 최대의 기독교 구호단체로서 전 세계 100여 개국에서 9천만 명을 대상으로 긴급구호사업, 지역개발사업, 옹호사업 등을 하는 국제단체이다. 한국의 본부는 여의도에 있다.

2896 웨크슬러(Wechsler, David)

루마니아출신의 미국 심리학자이다. 1939년 웨크슬러·벨뷰척도를 만들어 성인의 지능을 측정할 수 있도록 했다. 웨크슬러의 이 척도는 당시의 스탠포드·비네지능검사법을 능가하는 것으로서 뒤에 성인용 WAIS, 아동용WISC, 유아용PPSI로 발전해 갔다. 웨크슬러는 지능을 개인이 목적에 맞는 행동을 하고, 합리적으로 사고하고, 효과적으로 환경에 대처해 가는 제 능력의 총체라고 정의하고 있다. 또 지능에는 동기, 충동성 등의 인자도 포함되는 것으로 생각하고 있다. 성격진단에도 쓰인다.

2897 웩슬러 개인 지능검사(Wechsler intelligence scale)
뉴욕에 있는 벨로이베(Belleuve) 정신병원에서 웩슬러(D. Wechsler)가 만든 지능검사를 의미한다. 웩슬러-벨로이베 지능검사라고도 한다. 이 지능검사에는 성인용(WAIA)·아동용(WISC)·취학전기아동용(WPPSI)의 세 가지 검사는 각각 언어성과 동작성이라는 두 가지 검사는 하위검사로 구성되어 있고, 언어성 검사에서 받는 언어성 IQ, 동작성 검사에서 받는 동작성 IQ를 구하도록 되어 있다. 웩슬러 개인 지능검사는 임상 진단용으로 널리 사용되고 있으며 한국에도 한국판 웩슬러 지능검사인 성인용(KWIS)과 아동용(KWSI)이 각각 표준화되어 있다.

2898 웹부부/웹부처
(Webb, sydney & Webb, Porter Beatrice)
영국의 진보적인 지성인 시드니 웹은 1885년 페이비안협회에 가입하여 이론적인 지도자가 되었고, 1892년 베아트리스와 결혼하여 공동으로 여러 방면의 연구 활동을 전개하였다. 시드니 웹은 노동당 내에 페이비안 사회주의를 정착시키는데 노력하였고, 제 1, 2차 노동당 내각에 입각하기도 하였다. 웹 부부는 그들의 주저 산업 민주주의론에서 국민최저(national minimum)의 이념을 제창하였고, 1909년 빈민법과 실업자에 관한 왕립위원회에 참여, 이른바 소수파보고서를 통해 사회 보장에 관한 진보적인 견해를 주장하였다.

2899 위기(crisis)
인간의 일상생활 중 언제나 일어날 수 있는 위험한 상황을 의미하는 것으로 사회사업에 있어서는 정서적 요인이 중요시 되고 있다. 위기는 위험한 상황 그 자체가 아니라 그 상황에 대한 개인의 정서적 반응이며, 정서적 장애나 정신병의 발생을 촉진시키는 긴장이기도 하다.

2900 위기 긴급전화(crisis hot line)
→ 핫 라인(hot line)

2901 위기개입(crisis intervention)
→ 위기중재

2902 위기교섭(crisis bargaining)
불안하거나 위험을 당하고 있을 때 상황을 완화하고 갈등을 최소화하기 위해 취하는 제반 행동을 의미한다. 이 개념은 퀴블러로스 사망단계(Kubler-Ross death stages) 이론에서 가장 분명하게 설명되어 있다. 이 이론에서 교섭은 임박한 죽음에 대한 반응에서 나타나는 세 번째 위기단계이다. 개인은 거부(denial)와 분노(anger)기간을 거친 후에 약속 혹은 '거래'를 하거나 혹은 다른 기준에 동조함으로써 죽음을 회피하거나 연기하려고 시도한다.

2903 위기보호센터(crisis care centers)
단기간의 긴급 보호를 제공하거나 개인과 집단을 위기 이전의 상태로 돌아갈 수 있도록 도와주기 위해 설치된 대인 서비스 분야나 보건의료 분야의 시설을 의미한다. 이러한 센터에서는 재해 구호, 자살 예방, 비상식량과 임시거처 제공, 강간이나 다른 범죄 희생자에게 대한 상담, 혹은 학대받는 부인과 아동에게 임시거처 제공, 약물 남용자에 대한 치료와 여타의 많은 서비스를 제공한다.

2904 위기이론(crisis theory)
새롭고 익숙하지 못한 사건에 직면했을 때 나타나는 사람들의 반응과 연관된 제반 개념을 의미한다. 이러한 사건들은 자연적 재앙, 중요한 것의 상실, 사회적 지위의 변화, 생활주기의 변화와 같은 형태로부터 발생할 수 있다. → 연속위기(crisis sequence)와 위기개입(crisis intervention)

2905 위기중재(crisis intervention)
개인 또는 가족이 곤란한 사태에 직면해서 불균형 된 상태라는 위기를 맞을 때 전문가가 생활상황 속에 들어가 문제해결을 위한 원조를 제공해 나가는 과정을 말한다. 즉 위기상태에서 다시 균형을 회복시켜 나가는 과정으로 그 위기상황에 있는 개인 또는 가족을 적어도 위기 이전의 수준까지 회복하도록 원조해 가는 실천방법이다. 이것은 주로 지역정신보건의 영역을 중심으로 전개해 왔으나 현재에는 모든 원조 전문직에서 사용되고 있다.

2906 위대한 사회(great society)
존슨 대통령 행정부 때 빈곤과의 전쟁(war on poverty)에 의해서 제정된 사회복지 목표 및 프로그램의 명칭. 몇 가지 활동으로는 시범도시 프로그램(model cities program), 조기교육(head start) 프로그램, 경제 기회국(OEO : office of economic opportunity), 의료보호(medicaid) 및 의료보호(medicare) 등이 있다.

2907 위생교육
광의로는 건강에 관한 인간행동이나 관념에 관계하는 개인, 집단, 지역사회 등의 활동을 총칭한다. 건강교육, 보건교육과 동의어로 사용된다. 실제로 위생교육은 보건소활동 등에서 기획된 대책이 되고 있으며, 일반적인 위생지식의 보급과 향상, 모자보건이나 치과위생의 교육 등 대상과 목적 방법이 확립되어 있다.

2908 위약(placebo)
효능이 있는 약과 동일하게 보이도록 만들어졌거나 효능이 있는 약처럼 환자에게 제공되지만 효과가 없는 약을 의미한다. 이중맹검(double blind)조사에서 실험대상자의 절반에게는 이 위약을, 나머지 절반에게는 효능이 있는 진짜 약을 주어 약효를 시험한다. 관심을 가져주기를 바라는 환자나 약 사용에 따른 이차적 이득(secondary gain)을 얻으려는 환자에게 때때로 이 위약이 투여된다. 이렇게 효능이 없는 물질이 약효가 있다고 믿는데서 오는 물리적 효과를 '위약효과'(placebo)라고 한다.

2909 위임권(power of attorney)
대리인을 지명하여 그 사람에게 특정한 상황에서 자신을 대신하여 행동할 수 있는 권한을 부여하는 공문증서를 말한다. 위임권은 타인에게 대리인의 권한을 입증하기 위해 사용되며, 특히 재산을 매각할 때나 원칙적으로 불가능한 법률상의 문제를 다룰 때 가장 흔하게 쓰인다.

2910 위자료(alimony)
법적 구비요건에 따라서 전 배우자가 다른 배우자에게 이혼하기 위해 지불하는 돈을 의미한다. 전 아내가 전 남편에게 위자료를 지급하는 경우도 증가하고 있긴 하지만 대개 위자료는 남편이 전 아내에게 지급한다. 위자료는 자녀양육비와 구별된다.

2911 위장실업(disguised unemployment)
일할 의사와 능력에 맞는 취업의 기회가 현실적으로 주어지지 못하여 취업상태에 있으나 노동력으로 현재화되지 않은 채 실업통계에 나타나지 않는 실업이다. 로빈슨여사(Robinson, H.)에 의하면, 불경기 하에서 해고된 노동자가 원래의 직업보다는 생산성이 낮은 직업에 고용되어 있는 상태를 의미한다. 특히 농업이 주종을 이루는 후진적인 경제에 있어서는 구조적으로 한계생산성이 영(零)인 노동력이 존재하는 상태를 반영하여 농촌의 상대적 과잉인구로서 이른바 잠재적 실업을 이룬다.

2912 위탁(referral)
법률상으로는 보통 법률(행정)행위 또는 사실(사무)행위에 대해 해야 할 일을 타인에게 의뢰하는 것을 말한다. 법률관계에 따라 용어가 상이하며 사법에서는 위임, 준위임, 신탁 등 용어가 많으나 사회복지 행정에서는 조치의 실시기관이 민간기관 또는 개인에 대해 조치의 실시 계속을 의뢰하는 것에 한정해 사용하는 경우가 많다. 이 같은 일을 특히 조치위탁이라 한다. 그밖에 공적관계에 있어서의 위탁이 있는데 이것은 사무의 위탁 사무의 위임 등으로 부른다.

2913 위탁비
일반적으로 위탁조치를 받은 자가 위탁된 사무를 처리하는데 필요한 비용을 말하며, 민간시설 등에 지불되는 조치비를 말한다. 조치비에 관한 것으로 경영위탁비용의 의미는 포함되지 않는다. 소위 조치비나 위탁비는 행정상의 관용어이며 법적으로는 여러 가지 규정이 있다.

2914 위탁사업
공공단체의 사업 중에서 민간에 시키는 것이 효과적인 경우에 사업을 위탁하는 것을 말한다. 위탁사업은 계약에 의해 사업의 내용을 정하고 위탁의 대가로 위탁사업비가 지불된다. 노인복지센터의 운영, 시설봉사원 파견사업 등이 대표적인 것이다.

2915 위탁시설
조치의 실시기관이 그 이외의 자가 조치·경영하는 사회복지시설에 보호·육성 등의 복지서비스의 급여를 위탁할 때 그 복지의 조치위탁을 받는 시설을 위탁시설 또는 조치위탁시설이라 한다. 일반적으로 민간시설이 되겠으나 지방공공단체도 있을 수 있다. 위탁시설은 조치권자인 조치비의 지변의무자로부터 지급기준에 따라 조치비의 지급을 받는다. 그러나 지역위탁은 위임기관에 있어 언제나 사법적으로 대등한 것은 아니고 조치의 위탁을 받았을 때는 정당한 이유가 없는 한 이것을 거부할 수 없게 되어 있다.

2916 위탁행위(commitment)
법적 과정을 거치거나 서약 또는 채무관계를 맺은 뒤 개인을 병원이나 교도소에 보내는 행위. 예를 들면 사회사업과 학생들은 학자금을 마련하기 위해 '위탁 장학금'(commitment scholarship)을 받는데, 이것은 사회기관이나 단체가 졸업 후 예정된 기간 동안 자기 조직에서 일한다는 교환조건으로 학생에게 재정지원을 해주는 것이다.

2917 윅 프로그램(WIC program)
미국 농업성(U.S. department of agriculture)이 후원하는 부조서비스로 여성, 유아, 아동을 위한 식량보충 특별프로그램(special supplemental food program)을 말하며 불충분한 수입으로 영양결핍의 위험이 있다고 인정되는 여성, 유아, 아동을 보호하기 위해 계획되었다.

2918 유급자원봉사자
볼런티어활동의 원칙으로 무상성의 원칙이 있어 유상볼런티어의 표상은 제도에 어울리지 않지만 비용변상으로 교역비, 기재비, 식사비의 지급은 별도로 하고 있다. 그렇지만 볼런티어활동의 경우에는 유상의 문제가 전기된다. 관리볼런티어·기술볼런티어로서 일반의 임금·보수보다 저액의 보수를 지급하는 경우, 유료부담의 재가복지서비스(홈헬프사업이 많다.)의 담당자로서 복지협력자에 대한 보수를 각지 에서 볼 수 있다. 활동참가의 동기나 의식은 명백히 볼런티어이지만 이들의 활동을 볼런티어라 칭하느냐의 여부는 견해가 양분되어 있다.

2919 유급휴가(vacation with pay)
근로자의 적절한 휴양을 위해 설정된 것이 연차유급휴가제도이다. 근로기준법에 의하면 1년간 개근한 근로자에 대해서는 8일, 90% 이상 출근한 자에 대해서는 3일이며 그 뒤는 근속연수마다 1년에 대하여 1일을 가산한 유급휴가를 주도록 규정되어 있다. 휴가 총수가 20일을 초과할 때에는 초과 일수에 대한 통상임금을 지급하고 휴가를 주지 않을 수도 있다. 휴가 시기는 근로자가 원하는 시기를 원칙으로 하나 사업운영에 지장이 있을 경우에는 그 시기를 변경할 수 있다. 휴가기간 중에는 취업규칙 등에 의해 통상임금이나 평균임금이 지급된다.

2920 유기(desertion)
유기라 함은 요부조자 등의 생명·신체를 추상적인 위험상태에 두는 것을 말하며 여기에는 두 가지의 경우가 있다. 요부조자로 종래에 있던 장소로부터 생명·신체가 위험한 다른 장소로 이전하는 적극적 유기가 있다. 예컨대 유아를 길거리에 버리는 행위가 여기에 속한다. 요부조자와의 장소적 거리를 생기게 하거나 생존에 필요한 보호를 하지 않는 소극적 유기이다. 예컨대 요부조자를 멀리 떠나거나, 기거 불능의 노모에게 식사를 제공하지 않는 경우 등이다.

2921 유기아(neglected child)
유기아란 부모로부터 양육을 거부당하거나 방치되는 아동으로서 이것은 대개 부모가 아동을 양육하는 과정에서 구체적인 과업을 완수하지 못하는 경우나 부모의 책임을 다하지 못하는 경우에 나타나는 현상이다. 이러한 아동의 특징적인 행동과 문제를 보면 영양결핍이나 지적·신체적 발달의 지체현상이 드러나고 냉담하고 무관심한 태도를 가지며, 정서적 불안, 만성질환에 쉽게 걸리는 취약성을 지니고 있다. 한편 이러한 유기아가 발생하는 가정의 경우, 대개 주거조건이 불량하고 생활에 필요한 물적 수단이 결여되며, 가족 수가 많고, 가정관리가 소홀하다. 이런 유기아는 점차 감소되어 가는 경향을 보이고 있으며 대부분이 시설수용보호를 받고 있다.

2922 유기체([영] organism [독] organismus)
좁은 의미에서는 생물과 같다. 생물체는 그의 제 부분사이에 형태적으로나 기능적으로나 분화가 있으면서도, 그들 상호 및 전체와의 사이가 불가분의 관계에 있으며, 하나의 통일체를 이루고 있다. 여기서부터, 널리 이 같은 구조를 가진 것을 유기체라고 한다. 이 의미에서 예를 들면, 사회는 하나의 유기체이지만, 그러나 생물체가 갖고 있는 모든 성질을 사회에 귀속시키는 것은 잘못이다.

2923 유기체적 윤리(bioethics)
생물학과 관련된 법적, 도덕적, 사회적, 윤리적인 고려사항에 대한 분석과 연구. 특별히 관심을 갖는 쟁점은 유전공학, 산아제한(birth control), 안락사(euthanasia), 그리고 사람이나 동물의 신체 일부를 다른 사람 혹은 동물에게 이식하고, 미수정란의 핵을 체세포의 핵으로 바꿔놓아 유전적으로 똑같은 생물을 얻게 하는 기술 등이다.

2924 유나이티드 웨이(united way)
→ 공동모금

2925 유네스코(UNESCO)
1945년 파리에 본부를 두고 설립된 국제연합 교육과학문화기구(united nations educational, scientific and cultural organization)를 말한다. 기본 목적은 사상과 문화, 과학적 성과의 자유로운 교류와 모든 사람들을 위한 기초교육 촉진과 인류의 문화적 유산을 보존하는 것들을 포함한다.

2926 유뇨증(enuresis)
자신도 모르게 소변이 흘러나오는 증세를 의미한다.

2927 유능빈민(the able bodies poor)
1601년 집대성된 영국 빈민법은 빈민을 노동능력의 유무를 기준으로 넷으로 분류했다. 유능빈민은 그 중의 하나로 나머지는 무능빈민(the impotent poor) 유아(children)이다. 15세기말 이래의 엔클로우저에 의해 지역을 박탈당한 농민은 부랑빈민화해 16세기에는 중대한 사회적·정치적 문제가 되었다. 처음에는 그들에 대해 억압으로 대응했으나 효과가 없자 도구와 원재료를 준비해서 노동을 강제하여 정착시키려 했다.

2928 유니세프(UNICEF : united nations international children's emergency fund) 01
→ 유엔아동기금

2929 유니세프 02
국적과 인종, 이념, 종교, 성별 등과 상관없이 도움을 필요로 하는 어린이가 있는 곳이면 어디든지 달려가 도움의 손길을 전하는 '차별 없는 구호'의 정신에 따라 2차 대전의 패전국들과 중동, 중국의 어린이, 극동의 한국 어린이 등을 원조하는 1946년 12월 설립된 국제기구를 말한다.

2930 유대교청년회·여성회(YM-YWHA)
유대교청년회·여성회(young men's and young women's helbrew association)를 말하며, 젊은 사람들에게 교육, 오락 그리고 사회적, 정신적 기회들을 제공하기 위해 고안된, 중요한 유대 인구를 가진 지역사회에 있는 기구(조직)을 의미한다.

2931 유대인 사회기관(jewish social agencies)
원래는 유대인 가족과 개인의 독특한 사회복지 욕구에 도움이 되고자 대도시에 설립된 사설기관을 말한다. 이 조직에는 유대 가족사업기구(jewish family service agencies), 히브리 자선연합(helbrew benevolent), 유대교 복지회(jewish welfare societies) 등이 있다. 이들 대부분의 기구는 모든 종교와 민족 집단의 구성원에게 서비스를 제공한다.

2932 유독소
질병을 방어할 수 있는 백신을 만드는 데 사용되는, 질병을 유발하는 미생물의 유독성 노폐물을 말한다.

2933 유동적 과잉인구
상대적 과잉인구의 유동적 형태를 의미한다. 근대 산업부문에서는 자본축적에 따라 노동생산성이 급속하게 상승하며 생산의 확대에 따라 취업자 수는 증가한다. 그러나 이 부문에서도 경기변동이나 기타의 경제변동에 따라 노동자의 급수와 반발이 부단하게 생긴다. 이 과정에서 노동자의 일부가 일시적으로 실업한다. 실업자는 재고용되어 현역노동자로 복귀하거나 정체적 과잉인구나 피구열 빈민증가로 전락하는 등의 길을 걸어 장기간 실업자로 남아있는 일은 없다. 이것을 유동적 과잉인구라 한다.

2934 유랑생활
흔히 좀 더 나은 환경이나 경제기회를 찾아 개인이나 집단이 거주지를 옮겨 다니는 것을 의미한다.

2935 유랑여성(bag lady)
가난하고 집 없는 여성을 가리키며, 이러한 여성들은 정신질환을 앓고 있고 소지품을 시장 바구니에 넣어 다닌다.

2936 유료복지사업(entrepreneurial practice)
사회사업에서 이익추구를 목적으로 사람이나 서비스를 제공하는 것 등을 포함하는 활동을 의미한다. 이런 활동에는 요금을 받고 기관과 지역사회의 조직에 자문을 제공하는 사설 임상사회사업 기관, 장애아동을 위한 사립학교와 같은 이익추구의 사회사업 시설의 설치, 실직 사회사업가를 위한 고용기관, 기업체를 위한 훈련시설 그리고 노약자(frail elderly), 미혼모, 제자리를 찾지 못하는 양부모 슬하의 자식들과 같은 위기에 처한 사람들(risk population)을 위한 가정 등이 있다.

2937 유료사회봉사(proprietary social services)
영리추구를 목적으로 지식, 훈련, 기술, 가치관, 윤리 및 전문적인 사회활동의 방법을 사용하여 사회봉사를 하는 것을 의미한다. → 민영화(privatization)

2938 유료사회단체(proprietary)
통상 특정 사회의 사회봉사를 제공함으로써 영리를 추구하는 사회사업가 및 여타 전문가들이 소유 또는 운영하는 조직이나 시설을 의미한다. 이러한 영리기관은 다소 비싼 요금을 받는다는 점을 제외하고는 비영리단체와 동일한 봉사를 제공한다. 영리기관의 예로는 중간시설(halfway houses), 주거 및 교육시설, 캠프, 정신병원자 입원시설, 훈련소, 연구소, 상담기관, 그리고 지역사회 기구 프로그램 등이 있다.

2939 유료양로시설
노인을 입소시켜 급식 기타 일상생활에 필요한 편의를 제공하고, 이에 소요되는 일체의 비용을 입소한 자로부터 수납하여 운영하는 시설로서 입소대상자는 65세 이상의 자로 일상생활에 지장이 없는 자라야 한다. 입소정원은 50인 이상이어야 하나 다만 다른 노인복지시설에 병설할 때에는 30인 이상이어야 한다.

2940 유료행위(proprietary practice)
사회사업의 비임상분야에서 자영 전문인이 영리를 목적으로 사회봉사를 제공하는 행위를 말한다. 영리행위라는 용어는 개인업이 통상 임상분야에 적용한다는 점을 제외하고는 본질적으로 개업사회사업(private practice)과 같은 의미이다. 영리행위를 하는 사회사업가는 전형적으로 개인 상담역, 특별 이익단체의 조직책 및 특정 단체의 관리인 자격으로 자신의 시설과 전문기술을 제공한다. 이들 중 일부는 특별한 사회봉사와 함께 신체적 도움을 필요로 하는 사람들을 위해 영리목적의 사설기관을 개발하기도 한다(예를 들면 성인마약중독자를 위한 사립시설).

2941 유류분
유신자유의 원칙에 의해 인정되는 피상속인에게 있어 재산처분의 자유와 유류분 권리자에 대한 상속 기대이익의 보호·생활보장과의 조정을 도모할 목적으로 유류분 권리자에게 보장된 상속재산의 일정 비율을 말한다. 유류분 권리자는 유류분이 침해된 것을 알았을 때 유류분 보전을 위해 법적청구를 할 수 있다.

2942 유병률
상병의 존재량을 나타내는 상병통계의 지표이며 일정의 조사시점 또는 조사기간에서의 상병건수를 인구대비로 표시한다.

2943 유보금품의 비용충당
유보금품의 상속자는 없으나 유보금품이 있는 경우 장례비용 등의 비용충당문제에 대해서 많은 논의가 있을 수 있다. 일반적으로 일상 생활상의 친구에게 기념으로 배분을 하거나 채권비용에 충당되기도 한다. 그러나 유상금품으로 고가품이거나 거액이 남겨졌을 경우 지금까지 공적비용의 지급에 의해 생활해왔기 때문에 반환되어야 한다는 측면과 생활보장기준 생활비 내에서 생활해왔다고 인정될 때에는 본인의 죽음을 기념하고 기리기 위한 비용으로 써야 한다는 측면으로 양분되어 왔다.

2944 유보일원화
보건복지부와 교육부와의 다른 행정관할에 있는 보육소(아동복지법)와 유치원(학교교육법)과를 일원화하고자 하는 구상이다. 내용은 보육내용이나 시설 혹은 직원 등의 부분적인 면에서의 일원화가 아닌, 보육소·유치원에 둔 유아교육, 즉 보육의 일원화를 통합적으로 시도할 것을 기본적으

ㅇ

로 고려하지 않으면 안된다. 4세 이상의 아동이 어떤 시설을 이용하고 있는 상황에서 보육소와 유치원이 다른 두개 시설로 분립해 있는 점은 동등한 인격체로 아동보육을 받을 권리를 분담해 간다고 하는 입장에서 좋지 않다. 그러나 보육이라는 용어가 양쪽 부서에서 달리 사용되고 있다는 점과 보육자의 양성, 시설개정, 보육시간, 보육대상아동 등 일원화에 관한 문제점도 많다.

2945 유사빈곤층(near poor population)
고용되었기는 하나 공공원조나 사회보장의 혜택을 받는 사람들보다 겨우 조금 더 버는 정도밖에 되지 않는 사람들(개인이나 가족)을 말한다.

2946 유색소수인종(minorities of color)
피부색이 지역사회를 주도하는 집단과 달라서 소수의 지위에 있는 사람들. 미국에서 이 용어는 흑인, 동양인, 미국 인디언과 기타 집단들을 언급하는데 사용된다.

2947 유색인(nonwhite)
코카서스인이 아닌 흑인, 미국 인디언, 중국인, 일본인 등 유색인종을 포함하는 인구집단을 가리키는 미국 인구조사국의 용어이다.

2948 유아(preschool child)
아동복지법에 의하면 만1세부터 소학교 취학시기에 달할 때까지의 아동을 말하며, 인격 형성상 초기단계로 매우 중요한 시기이다. 요컨대 기본적인 생활습관으로서 자립, 운동기능이 거의 완성된 시기로 노는 것을 통해 사회생활의 학습이 행해진다.

2949 유아교육(preschool education)
취학전 교육으로 3세 이상 취학까지의 유아를 대상으로 하지만 의무제는 아니다. 근래에는 유아교육이 강조되어 조기능력 개발에 힘쓰고 있으나 초등학교 교육의 선취로서 또 위락적 경향은 반성을 요한다. 가능한 유아의 자발적 활동을 존중하고 조화적 발달을 조장하는 것이 유아교육의 기본이다. 유아교육은 유치원, 보육소에서 행해지고 있지만 보육소는 탁아소로서의 기능을 하고 현재는 아동복지시설의 하나로서 위치하고 있다. 유보일원화를 바라는 소리가 높아지고 있지만 구체화에 관한 논쟁이 많아 일치를 보지 못하고 있다.

2950 유아급사증후군
(SIDS : sudden infant death syndrome)
젖먹이가 원인불명으로 사망하는 것이다. 대부분 생후 2개월과 5개월 사이에 발생하며, '침대(유아용)사망'(crib death)이라고도 한다. 원인은 아직까지 잘 알려져 있지 않지만, 유아들이 호흡문제를 해결하는데 적합한 방어반응을 하지 못함으로써 발생하는 것으로 추측하고 있다. → 질식(apnea)

2951 유아기 반추장애(rumination disorder of infancy)
반복되는 구토로 특정지어지는 몇몇 유아들의 식이장애(eating disorder). 이것은 유아의 체중을 감소시키거나, 영양부족을 야기한다. 이 증세의 원인은 알 수 없지만 위장병 또는 구역질 때문에 발생하는 것은 아니다.

2952 유아사망(infant mortality rate)
유아사망이란 생후 1년 미만의 사망을 말하며 출생 1000에 대한 비율을 유아사망률이라 한다. 유아는 혼자서는 살아갈 수 없으며 저항력도 약해 상처받기 쉬운 존재로 양친 및 사회의 보호를 필요로 한다. 따라서 유아사망률은 모체의 건강상태, 지역일반의 포괄적 건강수준지표라 할 수도 있다.

2953 유아살해(infanticide)
유아를 살해하는 행위.

2954 유아원
→ 영아원

2955 유아자폐증(infantile autism)
아동 정신분열증과 구별되는 아동정신병의 일종을 말한다. 그 행동 특징을 보면 초기부터 극심한 고독에 빠져 있어 모든 사람과의 접촉을 회피하며, 언어발달이 전혀 이루어지지 않는 경우가 거의 대부분이고, 일상적 생활 습관이나 환경의 변화에 대한 저항이 심하다.

2956 유엔 아동기금(united nations children's fund)
UNICEF(유니세프)는 1946년 유엔총회의 결의에 따라 설립된 유엔국제아동긴급기금(united nations international children's emergency Fund)의 약칭으로 구제가 목적이었다. 1953년 유엔아동기금으로 명칭을 변경, 상설기관이 되었는데 약칭은 그대로 두었다. 유니세프는 주로 개발도상국의 아동에 대해 직접 원조를 주는 것을 목적으로 하여 유아·아동·임산부에 대한 급식, BCG주사에 의한 결핵예방대책 등의 건강위생활동과 교육, 직업훈련 등을 행하고 있다. 원조는 침략전쟁의 희생국에 대해 우선권이 주어진다. 본부는 뉴욕에 두고 있다.

2957 유엔 여성의 10년 후반기 행동 프로그램
덴마크의 코펜하겐에서 개최된 유엔여성의 10년은 1980년 세계회의에서 채택되었다. 이 프로그램은 세계행동계획의 전반기 5개년을 되돌아보고 여성의 지위향상, 차별철폐를 위한 구체적인 방침을 제창하고 80년 세계회의의 부제인 고용, 건강, 교육을 중심으로 국내적·지역적 수준에서 각국 정부, 유엔기관 및 기타 기관이 채택해야 할 권고를 행하고 있다. 제1부 정세분석, 제2부 국내수준의 행동프로그램, 제3부 국제·지역수준의 행동프로그램으로 나누어 전체적으로 287항목으로 성립되어 있다.

2958 유의도(significance level)

체계적인 데이터 수집을 통해 획득된 가치는 우연히 발생하지 않는다. 조사보고서 작성시 이것은 우연한 결과가 나올 특정 표본의 수를 제시해준다. 사회과학에서 유의도는 다른 숫자와 마찬가지로 사용될 수 있지만 .01, .05, 또는 .01로 흔히 사용된다. 예를 들면, .05란 유의도가 사용된다면, 100번의 표본추출에서 5번 정도의 결과가 우연히 나올 수 있다는 관찰이 가능하다.

2959 유인(incentive) 01

개인의 동기 획득을 유도할 수 있는 방법대로 행동하도록 유발하는 가치의 보상 또는 대상을 의미한다.

2960 유인 02

어떤 목표 활동을 성공적으로 성취하기 위해서 제공하는 자극으로서 실제적 목표가 될 수 있는 어떤 대상을 말한다. 넓은 의미로 사용될 때에는 목표와 같은 뜻을 지닌다.

2961 유인적 계약(incentive contracting)

상품이나 서비스의 출하와 질을 향상시키기 위해 공공조직에 종종 이용되는 체계적 수단을 말한다. 공급자(계약인)는 상품이나 서비스가 예정된 시간과 양질의 기준을 충족시킨다면 더 많은 보상을 보장받는다.

2962 유자격 개업 사회사업가(LICSW : licensed independent clinical social worker)

개업한 사회사업가가 독립적인 업무를 할 자격을 부여받았음을 나타내기 위해, 몇 주(州)의 전문 면허증 교부(licensing) 기구 또는 제3자 재정기관(third-party financing institutions)이 사용하는 명칭이다. 때때로 이 명칭은 독립적인 서비스 매각인(vendor)자격을 부여받은 사회사업가에게 사용되는데, 이들은 제3부문 지불(third-party payment)의 조건으로, 의사의 의뢰나 지도감독을 받을 필요가 전혀 없다.

2963 유전(heredity) 01

유전자를 지니고 있는 염색체를 통해 부모로부터 자녀로 특질이 유전되는 것을 말한다. 즉 그의 조상의 특성을 나타내는 개인의 경향을 의미한다.

2964 유전 02

어버이의 성격·체질·형상 등의 특성이 자손에게 전해지는 현상을 의미한다. 이 과정은 세포핵의 염색체 내에 있는 유전인자(DNA 혹은 RNA)에 의해 이루어지는 경우와 세포질에 의한 경우가 있는데, 인간을 비롯한 고등동물의 경우 대개가 DNA에 의해 유전이 된다. DNA는 자기와 동일한 개체를 복제하는 능력을 가짐으로써 어버이가 가진 형질을 그대로 자손에게 전달하게 된다. 이러한 과정에 이상이 생기게 되는 것을 돌연변이에 한다.

2965 유전병(genetic diseases)

겸상 적혈구성 빈혈(sickle-cell anemia), 태이색스병(Tay-Sachs disease), 헌팅턴 무도병 (Huntington's chorea) 등과 같은 유전되는 질병을 말한다.

2966 유전상담(genetic counseling) 01

유전적인 결함에 기인한 신체적 문제를 지녔거나 위험에 직면한 사람들을 돕는 의학의 전문직 및 관련 분야를 말한다. 이러한 문제들은 다운증후군(Down's syndrome), 낭포성 섬유증(cystic fibrosis), 당뇨병(diabetes), 겸상 적혈구성 빈혈(sickle-cell anemia), 혈우병(hemophilia) 및 헌팅턴 무도병(Huntington's chorea) 등이다. 상담은 문제의 재생이라는 위험과 대안에 관해 개인에게 조헌함으로서 새로운 문제를 방지하고자 한다.

2967 유전상담 02

유전상담의 목적은 ① 어떤 기형이나 유전성 질환이 발생하였을 때 다른 어린이에게 재발의 위험성을 결정하며, ② 유전성 질환을 가지고 태어날 위험성을 결정함으로써 진단과 치료를 신속히 시작할 수 있도록 하며, ③ 유전성으로 오기 쉬운 중한 장애를 가지고 태어날 수 있는 아기의 출생을 출산 전 진단을 통해서 예방하는 데에 있다. 주요한 진단법으로는 임신 14-16주에 양수천자를 시행하여 염색체 분석과 α-태아 단백 검출을 시행하는 방법과 융모막 채취(CVS)를 임신 9-11주에 시행하여 직접 DNA 분석이나 세포배양 검사를 할 수 있다. 그 외에 초음파검사, 경피적 제대혈 채취, fetoscopy 및 방사선 방법이 있다. 장애아동이 태어날 확률이 높은 부분들을 위해서 임신 전 혹은 임신 후에 유전학적 정보를 주고, 상담하는 것을 말한다. 유전상담가는 산전 진단 방법을 통한 정확한 진단 자료와 함께 장애에 관한 유전적 형태의 정보 수집은 물론 장애의 원인, 부모의 가계 조사에 이르기까지 가능한 정보를 수집하는 것이 필요하다. 또한 장애의 원인이 유전적 문제로 인한 것이라면 부모가 받게 될 심리적 충격에 대한 조언이 필요하며, 산아 제한, 입양 문제, 인위적인 산아 제한이나 낙태에 대한 종교적·도덕적 신념 등을 총망라해서 다뤄야 하기 때문에 단순한 유전학자 이상의 자질을 갖추고 있어야 한다. 이러한 모든 조언을 받고 난 후 부모는 태아가 장애아동으로 태어났을 때 치루어야 하는 고통, 아동을 평생 동안 돌보아야 할 경제적·정신적 부담, 부모들의 종교 혹은 가치관, 교육의 여건, 부모의 준비 태세, 그리고 그 밖의 가족 관계에서 일어날 수 있는 문제 등을 고려해서 임신을 준비하든가 출산 여부를 결정하게 된다.

2968 유족(Survivors)

사학연금의 경우, 유족은 교직원 또는 급여를 받을 권리를 가진 교직원이었던 자가 사망할 당시 그에 의해 부양되고 있던 배우자(사실상 혼인관계에 있던 자를 포함한다), 자녀, 부모, 손자녀 및 조부모를 말하며 태아는 이미 출생한 것으로 본다.(퇴직일 이후에 혼인한 배우자, 출생 또는 입양한 자녀, 손자녀, 부모, 조부모는 제외됨) 다만 자녀는 폐질 등급이 7등급 이상이거나 18세 미만인 자이며 손자녀는 그 부가 없거나 그 부의 폐질 등급이 7등급 이상인 경우로 손자녀의 폐질 등급이 7등급 이상이거나 18세 미만인 자를 말한다.

2969 유족급여(survivor allowance)
산업재해보상보험에서 근로자가 사망했을 경우 수급권자인 유족에게 지급하는 급여를 말한다. 유족보상연금과 유족보상일시금(평균임금의 1,000일 분)의 두 가지 형태가 있으며, 수급권자의 선택에 따라 이를 지급한다. 유족특별급여는 사용자의 고의 또는 중대한 과실로 재해가 발생하여 근로자가 사망하였을 경우에, 수급권자가 민법에 의한 손해배상청구에 대신하여 청구한 때에 유족급여 외에 평균임금의 1,000일분을 가산하여 지급한다.

2970 유족보상금(Survivors Compensation Benefit)
사학연금의 경우, 교직원이 직무상 질병 또는 부상으로 인하여 재직 중에 사망하거나, 퇴직 후 3년 내에 그 질병. 부상으로 인하여 사망한 때에 그 유족에게 지급하는 급여. 유족보상금은 교직원 또는 교직원이었던 자의 보수월액의 36배에 상당하는 금액.

2971 유족연금(survivor pension) 01
국민연금의 피보험자가 사망하였을 때는 자녀를 양육하고 있는 처 또는 자녀에게 유족기초연금이 지급된다.

2972 유족연금(Survivors' Annuity) 02
사학연금의 경우, 재직기간이 20년 이상인 교직원이 재직 중 사망하고 유족이 연금을 원할 때, 또는 퇴직연금, 조기퇴직연금, 장해연금수급자가 사망하였을 때 그 유족에게 지급하는 연금급여. 유족연금액 = 퇴직연금(또는 장애연금) × 70%

2973 유족연금부가금
(Additional Benefit to Survivors' Annuity)
사학연금의 경우, 재직기간 20년 이상인 교직원이 재직중에 사망하여 유족이 연금으로 청구한 때에는 연금에 부가하여 일시불로 지급하는 급여. 유족연금부가금 = 퇴직연금일시금액 × 1/4

2974 유족연금수급자
(Receivers of Survivors' Annuity)
사학연금의 경우, 재직기간이 20년 이상인 교직원이 재직중 사망하고 유족이 연금을 원할 때, 또는 퇴직연금, 조기퇴직연금, 장애연금수급자가 사망하였을 때 그 유족에 해당하는 자.

2975 유족연금일시금(Survivors' Lump-sum Benefit)
사학연금의 경우, 재직기간이 20년 이상인 교직원이 재직중 사망하여 그 유족이 유족연금과 유족연금부가금에 갈음하여 일시불로 지급하는 급여. 유족연금일시금액 = 퇴직연금일시금액과 동일.

2976 유족연금특별부가금
(Special Additional Benefit to Survivors' Annuity)
사학연금의 경우, 퇴직 후 연금수급연령에 도달하기 전에 사망하여 퇴직연금 또는 조기퇴직연금을 지급받지 못하였거나 퇴직연금 또는 조기퇴직연금 수급권자가 연금수급 후 3년 이내에 사망한 경우 지급하는 급여. 유족연금특별부가금 = 퇴직연금일시금액×1/4×(36-연금수급월수) × 1/36

2977 유족의 우선순위(Priority of the Survivors)
급여를 받을 유족의 우선순위는 민법상의 상속의 순위에 따른다. 민법 제1000조 내지 1003조에 의해 상속의 순위는 피상속인의 직계비속, 직계존속의 순위며, 동순위의 상속인이 2인 이상인 때에는 최근친을 선순위로 하고, 배우자는 다를 직계존·비속의 유족중 선순위의 유족과 동순위가 되며, 다른 유족이 없을 경우에는 단독 상속인이 된다.

2978 유족일시금(Survivors' Lump-sum Benefit)
사학연금의 경우, 재직기간이 20년 미만인 교직원이 재직중 사망한 때에 지급하는 급여. 유족일시금액 = 퇴직일시금액과 동일.

2979 유죄답변 거래(genetic counseling)
소송을 종결시키기 위해 검사와 형사피고인 또는 변호사 간의 소송협상을 의미한다. 통상 피고가 형량을 가볍게 받기 위해 유죄를 인정하는 것을 말하는데, 피고 쪽에서 볼 때 유죄를 인정하는 대신 소송을 조기에 종결시켜 무거운 형량을 받게 될 위험으로부터 피할 수 있는 이점이 있다. 일반대중에게 유리한 점으로는 재판에 계류 중인 소송 건수(court dockets)가 줄어들어 적은 비용으로 조기에 재판을 받을 수 있다는 것이다.

2980 유치함
공공연히 또는 은밀히 어떤 사람이 유아나 어린아이에게 더 어울리는 방법으로 행동하도록 고무하는 것을 말한다. 이러한 형태는 종종 과잉보호(overprotection)하는 부모에게서 보인다. 그 사람에게 유아의 말로 이야기하는 것 또는 그 사람이 적당히 성숙하게 행동하도록 요구하지 않는 것이 예가 된다. 이 용어는 행동퇴행을 가리키거나 어떤 사람의 행동이 좀 더 어린아이에게 적당한 것을 가리킬 때 쓰이곤 한다.

2981 유해환경(noxious environment)
가정과 학교 밖에 있는 사회일반의 환경 중에서 교육적으로 바람직하지 못한 비교육적인 환경이 유해환경이다. 크게 나누어서 학교나 근로청소년들의 직장 바로 앞에 형성되어 있는 유해환경과 그 이외의 사회·일반에 존재하는 비교육적인 환경으로 나누어서 살펴볼 수 있다. 청소년들은 감수성이 예민하고 감정이 풍부하여 감각적이거나 관능적인 면을 자극하는 놀이나 오락에 이끌리기 쉽다. 이러한 청소년의 심리를 이용하여 영리를 추구할 목적으로 교육적인 의미를 망각한 채 유흥음식점이나 각종 오락시설을 설치하는 것이 청소년들에게는 유해환경이 된다.

2982 유행병(pandemic)
방대한 지역(예를 들면 시, 국가, 대륙, 세계)에 걸쳐 폭넓게 나타나는 사회문제, 질병 혹은 정신장애를 일컫는 말이다.

2983 유행점(point prevalence)
→ 역학(epidemiology)

2984 유형학
면밀히 검사되고 있는 어떤 실체의 구성요소를 서술하기 위해서 사회사업가나 그 밖의 전문가들이 사용하는 분류체계를 말한다. 예를 들면, 많은 사회사업가는 사회사업 개입에 사용되는 다양한 활동을 분류하기 위해서, 홀리스(Florence Hollis)가 개발한 개별사회사업 치료의 유형학(typology of casework treatment)을 사용한다.

2985 유효수요(effective demand) 01
구매력이 있는 투자수요, 소비수요를 의미한다. 한 경제의 경제활동수준은 유효수요의 크기에 의하는데, 생산량을 소비하지 않는다면 양자 간의 괴리가 발생하여 비자발적 실업을 피할 수가 없고 생산과 소비간의 갭(gap)을 없애는 신투자가 필요하다. 따라서 금융·재정정책이 요구되는 논리인 유효수요이론이 케인즈에 의해 제시되고 있다. 대공황에서 유휴설비와 구조적 실업을 처방하는 이론으로서 오늘날에도 자본주의체제를 유지하고 있는 대부분의 국가에서 시행되고 있다.

2986 유효수요 02
실제로 물건을 살 수 있는 돈을 갖고 물건을 구매하려는 욕구를 의미한다. 확실한 구매력의 뒷받침이 있는 수요이다. 이에 대해 구매력에 관계없이 물건을 갖고자 하는 것을 절대적수요라고 한다. 또 돈이 있어도 물자통제 때문에 물건을 손에 넣을 수 없다거나 가격이 비싸서 손을 댈 수 없지만 가격이 싸지면 사겠다거나, 소득이 증가하면 사겠다는 등 어떤 사정으로 표면에 나타나지 않은 수요를 잠재수요라 한다.

2987 유희요법(play therapy)
→ 유희치료, 놀이치료

2988 유희치료
놀이가 아동의 자기표현의 자연적인 매개라는 점에 착안하여 아동의 정서 사회적 발달을 촉진시키고 나아가 치료적인 효과를 가져 오도록 놀이를 이용하는 치료방법을 의미한다. 아동은 유희요법의 기회를 통해 긴장상태·욕구좌절·불안정감·공포·갈등·혼돈·공격성 등의 일상생활에서 누적된 감정을 놀이로서 표현하는 것이다. 이 표현된 감정을 아동 스스로가 직면하게 되고 나아가 그 감정을 통제하는 것을 학습하거나 그 감정을 해소시키거나 하게 된다. 유희요법은 비지시적 상담과 마찬가지로 개인의 성장과 자기지도를 할 수 있는 능력을 근본적으로 인정하는 데에서 출발하므로 유희요법의 방법과 기술은 비지시적 상담의 원칙에 준거한다. 유희요법의 장소는 대체로 유희실에서 이루어지나 유희실 이외에서도 진행될 수 있다. 유희요법의 대상은 인성적인 문제를 가지고 있는 12세 이하의 어린이로 삼는 것이 보통이나 인성적인 문제를 가지고 있지 않은 비장애아동을 대상으로 할 수도 있다. 유희요법에서 사용되는 용구는 일반적으로 아동이 쉽게 놀이를 할 수 있는 놀이시설·각종 장난감·그림 도구·찰흙·인형집 등 유치원에서 흔히 볼 수 있는 것들을 이용한다.

2989 육성(nurturance)
사회복지 관계법률에서 원조활동은 원호, 육성, 갱생이라 표현된다. 이 같은 경우 원호는 빈곤자를, 육성은 아동을, 갱생은 심신 장애인을 대상자로 한 원조를 말한다. 각기 대상자에 대한 사회복지원조활동의 특징을 강조한 용어법이라 생각된다. 그 경우 육성은 아동이 충분한 생활능력을 가진 사회인으로 성장·발달하도록 원조하는 것에 중점을 둔다. 이에 반해 원호는 대상자의 생활능력에 주목해서 일정 생활수준의 유지에 중점을 둔다. 원조형태의 어느 경우나 사회인으로서의 기본적 욕구대상인 물질, 서비스, 상황의 제공 및 상담지도와 보도를 공통적으로 포함하고 있다. 사회 복지적 개념으로서의 육성은 심신기능과는 구별되는 생활능력에 대해 명확히 해야 할 것이다.

2990 육아노이로제
자식을 제대로 양육하려는 감정과 현실적으로 제대로 양육하지 못한다는 상반된 감정의 갈등에서 오는 신경증적인 불안감을 특색으로 하며, 모친자신의 성장배경에 유래한다. 특히 모친이 신생아에 대해 모성적 감정을 가질 수 없다는 육아부전감이 근저에 있다. 수유, 배설, 체중 등에 과도한 신경을 쓰며 부적절한 육아태도에서 아이에게도 발육상 문제가 생기지만 모친도 신경과민이 되어 때로는 아이를 죽이는 경우도 있다.

2991 육아시간(nursing time)
생후 1년 미만의 유아를 기르는 여자노동자가 그 아이를 키우기 위해 노동시간 중에 노동의무를 면제받는 시간을 말한다. 근로기준법 제61조는 생후 1년 미만의 유아를 가진 여자노동자의 청구가 있는 경우에는 1일 2회 각각 30분 이상의 유급수유시간을 주어야 한다고 규정하고 있으며, 남녀고용평등법 제12조에서는 사업주는 근로여성의 계속작업을 지원하기 위하여 수유·탁아 등 육아에 필요한 시설을 제공해야 한다고 규정하고 있다.

2992 육아시설

보호자가 없거나 이에 준하는 3세 이상 18세 미만의 아동을 입소시켜 보호·양육하는 것을 목적으로 하는 시설이다.

2993 육아휴직제도 01

모성보호를 위해 남녀고용평등법 제11조는 사업주는 생후 1년 미만의 영아를 가진 근로여성이 그 영아의 양육을 위하여 휴직을 신청하는 경우에 이를 허용해야 한다고 규정했으며, 이 같은 육아휴직기간은 근로기준법의 규정에 의한 산전·산후 유급휴가기간(60일)을 포함하여 1년 이내로 하며 이 기간은 근속기간에 포함한다고 하였다. 또 사업주는 근로여성에게 육아휴직을 이유로 불리한 처우를 하여서는 아니된다고 규정하고 있다.

2994 육아휴직제도 02

당해 사업장에서 1년 이상 근무한 노동자가 1세 미만의 영아를 가져 그 영아의 양육을 위하여 휴직을 신청하는 경우 사업주는 허용해야 하는데 이를 육아휴직제도라고 한다. 육아휴직 기간은 1년 이내로 당해 영아가 생후 1년이 되는 날을 경과할 수 없으며, 양육대상이 되는 영아는 법률상의 양자나 사실상 혼인관계에 의해 태어난 영아도 포함된다. 사업주는 남녀를 불문한 노동자가 소정요건을 갖추어 육아휴직을 신청하면 반드시 허용해야 하는데, 육아휴직 개시일 이전에 계속 근로기간이 1년 미만인 노동자, 동일 영아에 대해서 배우자가 육아휴직 중인 노동자, 동일 영아에 대해서 육아휴직을 한 적이 있는 노동자에 대해서는 허용하지 않을 수 있다. 육아휴직은 분할하여 사용할 수 없는데 배우자의 사망, 부상, 질병 및 정신적, 신체적인 장애 또는 이혼 등으로 인해 당해 영아의 양육이 곤란하게 된 경우에는 육아휴직을 한 적이 있었다고 하더라도 사업주는 육아휴직을 허용해주어야 한다. 육아휴직기간동안 고용보험에서 월 40만원의 육아휴직급여가 지급되는데, 이를 지급받으려면 회사로부터 육아휴직확인서를 받아 거주지를 관할하는 고용안정센터에 육아휴직급여신청서와 함께 제출해야 하고 육아휴직 개시 1개월 이후부터 육아휴직 종료일 이후 6개월 이내에 신청해야 한다. 또한 육아휴직을 30일 이상 부여하고 육아휴직 종료 후 30일 이상 계속 고용하는 사업주도 육아휴직 노동자 1인당 최소 월 20만원의 육아휴직 장려금을 지급받게 된다. 육아휴직제도 역시 산전후휴가와 마찬가지로 근로형태를 불문하고 1인 이상을 사용하는 전 사업장에 적용되므로 당해 사업장에서 1년 이상 근무한 비정규여성노동자가 생후 1년 미만의 영아를 가져 육아휴직을 신청하는 경우에도 육아휴직이 부여되어야 한다. 육아휴직기간은 근속기간에 포함되며 사업주는 육아휴직을 이유로 불이익한 처우를 할 수 없음은 물론 육아휴직기간에는 해고시킬 수 없고, 육아휴직 종료 후에는 휴직 전과 동일한 업무 또는 동등한 수준의 임금을 지급하는 직무에 복귀시켜야 한다.

2995 육영사업(scholarship program)

주로 빈곤 때문에 교육의 기회를 얻지 못하고 있으나 능력과 자질이 훌륭한 개인과 특정계층 자제에 대해 경제적·사회적 원조활동을 하는 것을 말한다. 이 사업은 당초에는 자혜적 목적으로 유산계급의 개인이나 집단이 해오다가 현재는 공적 또는 준 공적 기관에 의해 폭 넓게 청소년의 교육원조나 신체 장애인에 대한 원조활동으로 전개되어 가고 있다.

2996 윤락행위(prostitution)

불특정인으로부터 금전 기타 재산상의 이익을 수수하는 약속을 하거나 기타 영리의 목적으로 성행위를 하는 것을 말한다. 종전에는 인간의 본능과 사회제도와의 관계에서 필요악으로 인정하기도 하였으나 최근에는 윤리와 공공질서 및 건강 면에서의 해독으로 사회악으로 규정하여 법률로서 금지하고 있다.

2997 윤락행위 등 방지법

윤락행위를 방지하여 선량한 풍속을 도모하기 위해 제정한 법률(전문개정 1995. 1. 5 법률 제4911호). 선량한 풍속을 해치는 윤락행위를 방지하고, 윤락행위를 하거나 할 우려가 있는 자를 선도함을 목적으로 한다. 누구든지 윤락행위, 윤락행위의 상대자가 되는 행위, 윤락행위를 하도록 권유·유인·알선 또는 강요하거나 그 상대자가 되도록 권유·유인·알선 또는 강요하는 행위, 윤락행위의 장소를 제공하는 행위, 윤락행위를 한 자 또는 윤락행위의 상대자에게 금품 기타 재산상의 이익을 요구하거나 받거나 또는 받을 것을 약속하는 행위를 하여서는 안 된다. 국가 및 지방자치단체는 윤락행위의 방지와 요보호자의 건전한 사회복귀에 필요한 조치를 취해야 한다. 소년부판사는 윤락행위를 한 20세 미만의 자에 대하여 선도보호시설에 선도보호를 위탁하는 처분을 할 수 있다. 특별시장·광역시장 또는 도지사는 요보호자 중 희망하는 자에 대해서는 일시보호소 및 선도보호시설에 입소시켜 선도보호하는 조치를 취할 수 있다. 선도보호의 내용은 상담 및 치료, 개인의 정서안정과 인격향상을 위한 교육, 사회적응에 필요한 기술교육 및 취업안내, 의료보호·건강관리 및 생활지도 등으로 한다. 요보호자를 위한 복지시설은 일시보호소·선도보호시설·자립자활시설로 한다. 국가 또는 지방자치단체는 시설을 설치할 수 있다. 시설의 장은 요보호자의 입소 후 1월 이내에 건강진단을 실시해야 한다. 시설의 장은 요보호자의 건전한 가치관과 자립갱생의 능력을 함양시키고, 사회적응능력을 배양시킬 수 있는 상담·훈련 등을 해야 하며, 요보호자를 선도보호함에 있어 인권을 최대한 보장해야 한다. 시·도지사 또는 시장·군수·구청장은 여성복지상담소를 설치할 수 있다. 국가 또는 지방자치단체 외의 자가 시설 또는 상담소를 설치·운영하고자 하는 때에는 시장·군수·구청장에게 신고해야 한다. 시·도, 시·군·구 및 상담소에는 여성복지상담원을 배치해야 한다. 영리를 목적으로 윤락장소의 제공을 하는 자 등이 영업상 관계있는 윤락행위를 하는 자에 대해 가지는 채권은 무효로 한다. 여성부 장관은 시설 및 상담소를 설치·운영하는 자를 지도·감독할 수 있다. 5장으로 나누어진 전문 28조와 부칙으로 되어 있다. 2004년 9월 성매매처벌법 시행규칙이 의견수렴 과정을 거쳐 공포 및 시행됨에 따라 기존 윤락행위 등 방지법 시행규칙은 폐지되었다.

2998 윤리(ethics)

옳고 그름에 대한 도덕적 원리와 지각의 체계 그리고 개인, 집단, 전문가 혹은 문화에 의해서 실천되는 행위의 철학이다.

2999 윤리강령(code of ethics)

전문직 성립의 한 조건으로서 전문직 단체가 중심으로 하는 가치관을 명문화하고 스스로 나아가야 할 자아상, 자기책무, 최소한의 행동 준칙 등을 내걸어 자기규제를 행할 기준을 나타낸 것이다. 그 기능으로서는 가치 지향적 기능, 교육개발적 기능, 관리적 기능, 제재적 기능의 4가지가 고려된다.

3000 융모막 추출(CVS : chorionic villi sampling)

임신 중 태반조직의 일부를 떼어내어 검사함으로써 염색체 이상과 유전적인 신진대사 질병을 발견하기 위한 의학적 절차를 의미한다. → 양수검사(amniocentesis)

3001 은유(metaphor)

문자로 표현하기에는 적합하지 않은 어떤 것을 기술할 때 쓰이는 발언의 형태이자 유추의 한 형태이다. 은유는 사회사업가나 클라이언트가 객관적인 사실뿐만 아니라 감정이나 상상을 암시하는 데 사용된다. 예를 들어, 사회사업가는 클라이언트를 '허리케인'이라고 표현할 수 있는데, 이것은 클라이언트의 행동과 인성의 다양한 특성을 알려주게 된다.

3002 음성언어기능장애(voice-speech disorder)

선천적 혹은 후천적 원인으로 언어습득 및 발달에 지장을 초래하여 타인과의 의사소통 및 자기생각의 전달에 지장이 있는 것을 말한다. 주로 청력장애적인 것을 제외한 장애 즉 언어 진동기관인 치아, 혀, 입술, 턱, 인두, 후두에 장애가 있는 것과 신경계통의 장애 및 환경적, 정서적 요인으로 오는 장애 등을 의미한다.

3003 음악치료(music therapy) 01

음악치료자가 치료적인 상황에서 체계적으로 내담자에게 음악을 듣게 하거나 적절한 연주 행동을 하게 함으로써 개인의 신체적, 심리적, 정서적 통합과 바람직한 행동 변화를 가져오게 하는 등의 치료적 효과를 보게 하는 특수한 심리치료법이다. 그 효과는 내담자의 기분뿐만 아니라 신체적 기능에까지도 작용하는데, 음악을 통해서 심신의 건강이 심리적 원인에 의해서 영향 받는다는 것을 이해시키고 음악의 기능을 통해 건강을 회복, 증진시키기는 것이다. 음악치료 프로그램은 개인적인 표현과 정서적 욕구를 위하여 안전한 환경과 구조를 마련한 것이어서 내담자의 고통스러운 정서를 표현하게 하고 받아 주기 위한 그릇이라 할 수 있으므로 자신을 되돌아보는데 안정감을 가지게 하고 현실을 그대로 받아들이도록 도와준다. 장애아동들의 문제 가운데 하나는 언어적인 수준에서의 소통이 매우 곤란하다는 것인데, 이때 비언어적 전달 수단으로서의 음악이 치료자와 아동을 서로 결부시키는 유효한 매체로서 기능을 한다. 이것은 치료를 유효하게 추진하는데 필요하고, 특히, 자폐증 아동의 경우 아동과 다른 사람들과의 인간적인 접촉을 가능하게 하며 상호 간에 의사소통의 기회를 넓힐 수 있게 도와준다. 비음악적인 행동을 수정하고, 정신 건강, 사회성 발달, 사회 적응, 운동 협응을 위해 이뤄지는 모든 형태에서 음악을 사용하는 것을 말한다. 때로 음악요법은 재활에서 치료적 기구로 사용되며 레크리에이션이나 교육 목적을 위해서도 사용된다. 특수교육에 있어 음악의 가장 중요한 공헌은 활동을 통해 학습을 즐겁게 촉진시켰다는 것을 들 수 있다. 치료적으로 볼 때 음악은 장애아동의 성격에 심리적·생리학적인 면에 있어 중요한 영향을 미치는 것으로 알려져 왔고, 행동주의자들은 행동을 바꾸고자 할 때 음악을 사용한다고 한다. Freudians는 불안감을 감소시키고, 카타르시스, 승화 그리고 효과적인 상태로의 변화를 위해서는 음악사용이 효과적임을 제시하였다. 음악치료는 병원, 학교, 기관, 1 : 1로 치료·교육하는 임상센터 등에서도 다양하게 적용되고 있으며 이에는 음악, 음악 기구, 춤, 음악회 참석, 작곡, 노래 부르기, 노래 듣기 등이 포함된다. 특수교육에 있어 음악요법은 보상적인 목적으로 장애아동에게 논리적인 연속으로 운동하고, 발생하며, 음악에 대해 반응하고, 참여하기, 지시 따르기 등의 능력을 증가시키기 위해 사용된다. 따라서 모든 아동에게 심리적이고 즐겁고 풍부한 경험을 위해 지식과 기술을 가르치는 음악교육과는 구분된다.

3004 음악치료 02

심리치료법의 한 형태로, 심리적, 행동적 및 신체적 문제나 장애를 가진 사람을 치료하기 위해 음악을 이용하는 기법을 말한다. 구체적으로 치료대상자에게 음악을 들려주거나 악기를 연주하도록 하는 방법 등이 사용된다.

3005 응급의료
응급환자에게 언제나 의료를 공급하는 체제를 말한다. 구급 의료시스템의 요점은 휴일이나 야간 의료공급시스템의 정비 의료정보시스 템 환자운송시스템의 정비 의료종사자와 시민에 대한 구급의료에 관한 교육의 4항목이다. 의료공급시스템의 정비에는 개업의의 윤번제 실시, 휴일 야간진료소의 설치, 또한 제2차·제3차 의료기관의 계획적 배치가 필요하며 구급 센터 등의 전문시설도 필요하다.

3006 응급정신질환(psychiatric emergency)
정신의학자 또는 정신건강 팀의 일원이 즉시 행동을 취해야 할 정도의 정신질환 징후를 보이는 한 개인의 갑작스럽고 예기치 못한 행동을 말한다. 정신질환 긴급사태를 초래하는 가장 보편적인 행동은 자살기도 또는 자살위협, 위협적인 환각상태, 기억상실 상태, 약물 복용으로 인한 위태로운 행동, 정신적 능력의 급격한 악화 등이다. 때때로 이러한 악화는 처방된 향정신성 의약품의 오용 또는 중지와 관련이 있다.

3007 응능성/응익성
조세와 사회보장비의 부담에 있어서 각자의 지불능력에 상응하여 부담해야 한다는 응능설과 각자의 수익의 정도에 맞춰서 부담해야 한다는 응익설이 있다. 응능부담은 재분배효과가 크고 응익부담은 자원배분효과가 강하다. 우리나라 의료보험은 응능성과 응익성이 혼합되어 있다고 할 수 있다.

3008 응보(retribution)
나쁜 행동에 대해 처벌받는 것을 의미한다. 이 용어는 착한 행동에 대한 미래의 보상에도 또한 적용할 수 있다.

3009 응용과학/응용학문(applied science)
기초과학에 비교하여 사용되는 용어로, 기초과학(자연과학 분야일 수도 있고, 사회과학 분야일 수도 있음)에서 이룬 지식이나 이론 등의 성과를 인간의 실제적 및 현실적 문제를 해결하거나 인간생활에 도움을 줄 목적으로 진행되는 과학분야 또는 학문분야를 총칭한다. 공학 및 의학 등이 해당되며, 심리학분야의 경우에는 응용심리학 분야를 응용과학의 범주로 분류할 수 있다.사회복지학은 대표적인 응용과학, 응용학문이다. ↔ 종합학문

3010 응용심리학(applied psychology)
학습이론, 아이들의 발달이론, 지각이나 감상의 이론, 신경생리학적인 이론 등의 이론적 심리학을 산업, 정치, 범죄, 경영 등의 사회생활현상에 응용한 것을 응용심리학이라 한다. 그러나 이론심리학의 지식이 그대로 응용심리학에 유용하냐 하면 그렇지 않고 타 과학의 지식을 도입해서 독자의 체계를 확립해 가지 않으면 해명할 수 없는 문제가 많아 응용심리학이라기보다는 독자의 과학적 성격이 강하다.

3011 응용조사(applied research)
잠재적 결과들이 당면한 문제를 해결하는데 이용되는 체계적 연구를 의미한다.

3012 의도적인 감정표현 (purposeful expression of feelings)
사회사업가 – 클라이언트 간의 관계(relationship)에서 기본적인 요소 중의 하나인데 사회사업가는 클라이언트를 격려해주어야 한다는 것을 의미한다. 이러한 교류가 이루어지지 않을 경우 클라이언트의 정서(감정)가 약화될지도 모르므로, 사회사업가는 이들이 자신의 감정을 표현하도록 의도적으로 노력한다. 사회사업가는 클라이언트의 진술을 경청하고, 관련사항에 대해 질문하며, 주의 깊게 답변을 경청하고, 비관용적이거나 심판처럼 보이는 행동을 하지 않음으로서 의도적인 감정표현을 격려한다.

3013 의료(medical treatment)
의료란 인간의 질병의 예방, 조기발견, 치료, 사회복지 등을 목적으로 하는 의학의 실천이다. 그리고 의료는 일정의 지식과 기술을 가진 자가 개개의 불특정한 환자에게 작용하는 것이다. 병원이나 의원 등의 의료시설은 일정지역에 있어 각기 지역주민들의 건강을 지키는 역할을 하고 있는데, 이 같은 의료시설의 기능이 미치는 일정지역의 범위를 의료권이라 한다.

3014 의료·간호서비스
의료서비스 만성의 거택 병약노인에 대한 방문의료, 방문간호, 방문보건지도 등을 말한다. 병약노인의 건강증진과 기능회복을 통해서 신변자립생활을 충족할 수 있도록 노인과 그 가족을 교육·훈련하고, 노인의 보호에 지친 가족을 원조해 주는데 있다. 간호의 방법을 가족에게 교육하고 잔존기능의 회복에 희망을 갖게 하고, 일상생활이나 간호에 유효한 기구나 방법을 연구하고, 기구의 대여 등과 같은 여러 가지 서비스를 해주어 기능회복의 조건을 갖추어야 하는 것이다.

3015 의료개별사회사업(medical casework)
의료기관에서 행하는 개별사회사업을 의미한다. 환자나 가족이 의료·보건서비스를 유효하게 이용할 수 있도록 그것을 방해하고 있는 경제적, 사회적, 심리적 제 문제를 해결하도록 원조하는 기술 내지 그 과정을 말한다. 그 구체적 내용은 질병의 종류나 병상, 의료기관의 성격 등에 따라 상이하지만 기본적으로 사회사업가는 의료팀의 일원으로서 의사, 간호사 등 의료스텝과 협력관계를 갖고 환자와 좋은 인간관계를 맺고 사회자원을 유효하게 활용할 것 등에서 공통되고 있다. 그러나 그것들을 실행하기 위해서는 집단사회사업(social group work)이 지역사회조직(community organization)의

방법으로도 활용되고 더 나아가서는 의료사회사업으로 행해져야 한다. 여러 가지 문제를 안고 있는 의료제도의 개혁 등 사회적 행동의 원동력으로서도 의료사회 사업가가 해야 할 역할은 크다 하겠다.

3016 의료경보(medic alert)

민간기금으로 운영되는 국영조직으로 여기에 등록된 회원들에게 의료기록을 제공하며, 건강보호 실천가들에게 긴급 의료정보를 제공해주는 프로그램을 말한다. 의료경보는 등록자에게 특별한 팔찌나 다른 증명서를 제공함으로써 건강보호 실천가들이 위기에 처한 환자의 요구를 알 수 있도록 도와준다. 예를 들어, 어떤 회원은 특정 약물에 알레르기 반응을 보인다거나 충분히 밝혀지지 않은 신체적인 조건에 대해 이야기하지 못할 수도 있다. 24시간 전화서비스가 제공되며 요금 수신자부담 통화도 가능하다.

3017 의료공영방식

의료공급기관의 대부분을 국가 또는 지방자치단체의 직영으로 의료보장을 행하는 방식을 말한다. 러시아·중국 등의 사회주의제국은 의료기관 전부가 국유·국영이며 의료공영방식을 취하고 있다. 영국에서는 병원은 국영이나 일반의사는 독립한 개업의다. 단 보수 제도는 등록인두식으로 국가에서 지불되고 있으며 개업에는 일정한 제약이 가해지고 있기 때문에 의료공영방식이라 할 수 있다.

3018 의료과오

의료과오가 큰 사회문제로 등장하고 있으나 명확하게 개념규정을 하고 있지 않다. 다만 미숙한 의료기술에 의한 것, 의료행위에 있어서 과실에 의한 것들을 말한다. 이 경우 의료기술의 발전단계에서 부득이한 것이냐의 여부판정이 어려우며, 판정에 있어서는 전문가인 의사의 입증에 의한 부분이 크기 때문에 의료과오의 해명은 아직도 미흡하다.

3019 의료급여(medical benefit)

의료보험제도에 있어서 보험사고가 발생했을 경우 피보험자가 일정 약정 하에 받는 금전 또는 서비스를 말한다. 의료급여방법으로는 직접급여와 간접급여가 있다. 직접급여는 보험자가 직영하는 의료기관에서 피보험자에게 의료를 공급하는 방법이고, 간접급여는 현물급여와 상환제도(의료비의 지급)로 나뉜다. 전자는 피보험자가 의료를 받았을 경우 의료에 필요한 비용을 직접 의료기관에 지급하는 방법이며, 후자는 피보험자가 의료비를 의료기관에 지불한 뒤에 피보험자가 보험자로부터 의료비의 상환을 받는 방법이다.

3020 의료모델(medical model)

인간을 돕는데 있어서 의사들의 오리엔테이션에 영향을 받아 정형화된 사회사업 모델을 말한다. 이 모델은 클라이언트를 치료받아야 할 질병이 있는 개인으로 취급하며, 상대적으로 클라이언트의 환경적 요인들에 대해서는 관심을 적게 갖고, 특정한 낙인적 분류에 입각하여 조건을 진단하며, 일정한 임상적 약속으로 문제를 치료하려 한다.

3021 의료문제(medical problem)

일반적으로 의료 상에 관계되어 발생하는 사회문제를 지칭하는 것으로 질병의 원인에 관한 문제와 의료대책에 관한 문제를 말한다. 현대사회의 질병은 개인의 책임에 의한 것보다 과로, 공해, 노동재해, 약화 등 사회적 원인에 의해 생기는 경우가 많다. 따라서 의료문제는 질병원인을 추구함과 동시에 의료를 받을 체제나 조건에 대해서도 추구할 필요가 있다. 가령 무의촌의 존재, 여러 가지 차액징수로 환자·가족의 생계압박, 인력부족으로 인한 환자의 간호문제 등이다. 이 같은 문제를 포함해서 의료문제의 근원은 질병을 낳게 하는 사회체제문제, 의료기술을 왜곡하는 의료교육문제 또 의약품 산업이나 의료보장, 의료제도의 사회화 지연 등에 기인하는 것으로 생각된다.

3022 의료보장(medical security)

의료보장은 인간의 질병의 위험으로부터 구제하고 건강한 생명을 유지하기 위한 사회보장제도이다. 의료보장은 국민의 생존권을 보장한다는 사회복지정책의 근본이념에 기초되어 있는 것으로서 사회계층간의 소득분배와 사회공동체의식 형성, 건전한 국민 활동의 보전과 향상, 탈 빈곤과 지병추방으로 사회 안정과 균형적 발전에 이바지하려는 것으로 그 구성은 크게는 의료보험과 의료보호로 되어 있고, 의료는 현물로 급여되며 우리나라는 1977년부터 본격적으로 실시되었다.

3023 의료보장제도(medical social security)

국민이 빈부격차 없이 필요한 때에 필요한 의료를 받을 수 있는 제도를 말한다. 이 제도는 의료공영방식인 의료기관 자체를 사회화하는 방법이고 사회주의국가에서 볼 수 있다. 다른 하나는 의료비의 분담과 지불방법을 사회화하는 방법의 둘로 나뉜다.

3024 의료보험(medicare) 01

1965년에 수립된 노인을 위한 국민건강 보호프로그램을 말한다. 이것은 사회보장청(social security administration)과 미국 건강보호재정국(health care financing administration)에 의해 운영되며, 어떤 지방에서는 일정한 범주 안에서 상업적 혹은 비영리적인 건강보험회사들의 도움을 받기도 한다. 재정은 개별적인 사회보장(social security)의 한 부분으로 고용주와 피고용자의 기여금, 목적세(earn marked taxes), 그리고 연방의 일반 세입을 통해 충당된다. 수혜자격은 요구에 기초하지 않고 65세라는 연령의 자격기준이 필요하다.

3025 의료보험(medical insurance) 02
일상생활에서의 사고와 부상, 분만 또는 사망으로 인해 일시에 많이 발생하는 가계지출을 보험을 이용하여 분산시킴으로써 생활의 안정을 도모하는 사회보장제도의 일종을 말한다. 독일 등 유럽에서 1880년대부터 사회보험으로 처음 실시되었으며 우리나라에서는 1977년 500인 이상 사업장 근로자를 대상으로 한 직장의료보험제도로 처음 실시되었다. 이후 79년 공무원 및 사립학교 교직원과 300인 이상 사업장 근로자, 88년 농어촌지역의료보험, 89년 도시 자영업자를 대상으로 한 의료보험이 실시되면서 전 국민 의료보험시대를 맞았다. 그리고 87년 2월부터는 한방도 의료보험에 포함되어 한방 의료서비스가 제공되고 있고 89년 10월부터는 약국의료보험도 실시되고 있다.

3026 의료보험법
의료보험제도의 실시에 필요한 사항을 규정하기 위한 법률(전문개정 1994. 1. 7 법률 제4728호). 국민의 질병·부상·분만 또는 사망 등에 대하여 보험급여를 실시함으로써 국민보건을 향상시키고 사회보장의 증진을 도모함을 목적으로 한다. 의료보험사업은 보건복지부 장관이 관장한다. 의료보험의 피보험대상은 사업장의 근로자인 피보험자와 그 피부양자로 한다. 보건복지부에 의료보험심의위원회를 둔다. 피보험자의 자격의 득실은 보험자의 확인에 의해 자격을 득실한 시기에 소급하여 효력을 발생한다. 의료보험의 보험자는 조합으로 하며, 조합은 법인으로 한다. 당연적용피보험자를 사용하는 사업장의 사용자는 보건복지부 장관의 인가를 받아 조합을 설립해야 한다. 의료보험연합회는 보험재정안정사업을 실시해야 하며, 의료시설 또는 복지시설을 설립·운영할 수 있다. 보험급여는 요양급여, 분만급여, 요양비·분만비 지급으로 한다. 보험자 또는 보험자단체는 요양기관을 제1차 진료기관·제2차 진료기관·제3차 진료기관 또는 특수진료기관으로 구분하여 지정할 수 있다. 보험자는 피보험자에 대하여 건강진단을 실시한다. 보험자는 법정된 보험급여 외에 조합의 정관으로 정하는 장제비 기타의 급여를 실시할 수 있다. 보험자는 보험급여를 받을 자가 자신의 범죄행위에 기인하거나 고의로 사고를 발생시킨 때 등에는 보험급여를 금지·제한한다. 보험자의 대위가 인정된다. 보험급여를 받을 권리는 양도 또는 압류할 수 없다. 보험료액은 각 월에 대하여 피보험자의 표준보수월액에 1,000분의 20 내지 1,000분의 80의 범위 안에서 조합정관으로 정한 보험료율을 곱하여 얻은 액으로 한다. 보험료는 피보험자와 피보험자를 사용하는 사용자가 각각 보험료액의 100분의 50을 부담한다. 의료보험에 관한 처분에 불복이 있는 자는 의료보험심사위원회에 심사청구를 할 수 있으며, 심사위원회의 결정에 불복이 있는 자는 의료보험재심사위원회에 재심사청구를 할 수 있다. 심사위원회는 조합 또는 보험자단체에 두며, 재심사위원회는 보건복지부에 둔다. 의료보험에 관한 처분에 대한 불복의 소는 재심사위원회의 결정을 거친 후가 아니면 제기할 수 없다. 보험료, 보험급여 등에 대한 권리는 2년간 행사하지 않으면 소멸시효가 완성된다. 보건복지부 장관은 조합에 대하여 감독상 필요한 조치를 할 수 있다. 8장으로 나누어진 전문 90조와 부칙으로 되어 있다. 국민건강보험법(제정1999. 2. 8 법률 제5854호)에 의하여 폐지·대체되었다. → 국민건강보험법

3027 의료보호(medical aid)
의료보호는 의료를 필요로 하는 요보호자에 대해서 진료, 의학적 조치, 수술과 기타 치료, 시술, 약제 또는 치료재료의 급여, 병원 또는 진료소에의 수용, 간호, 이송, 운반 기타 진료목적의 달성을 위한 조치 등에 해당하는 보호를 행하는 것을 말한다. → 의료보험

3028 의료보호대상자
의료보호법에 의한 의료보호대상자는 주로 생활보장법에 의한 생활 보호대상자들이고 그 외에 사회복지 사업법에 의한 사회복지시설수용자, 재해구호법에 의한 이재자, 국가유공자 등 특별원호법 및 국가원호법의 적용대상자와 그의 가족 및 월남귀순용사 특별보상법에 의한 월남귀순용사와 그의 가족으로서 원호처장의 요구로 보건복지부장관이 의료보호가 필요하다고 인정한 자, 문화재보호법에 의하여 지정된 중요 무형문화재의 보유자 및 그의 가족으로서 의료보호가 필요하다고 인정된 자 및 기타 생활유지의 능력이 없거나 생활이 어려운자로서 대통령령이 정한 자 등이다. 의료보호대상자 연명부 생활보장법에 의한 보호의 개시로부터 폐지에 이르기까지 일련의 경과를 명시한 공문서철을 말하며 개인에게 보호신청서를 받아 생활보장조사표 및 상담일지를 작성하여 의료보호카드를 발급한다. 이의 작성은 양식에 따라 읍·면 동사무소의 사회복지전문요원이 담당하며 이를 구청에서 취합하여 시·도 관할지역에 분할한다.

3029 의료보호법
생활이 곤란한 자에 대하여 의료보호를 실시하기 위해 제정된 법률(전문개정 1991. 3. 8 법률 제4353호). 생활유지의 능력이 없거나 생활이 어려운 자에게 의료보호를 실시함으로써 국민보건의 향상과 사회복지의 증진에 이바지함을 목적으로 한다. 특별시·광역시·도와 시·군·구에 의료보호심의위원회를 둔다. 생활보호대상자·국민기초생활보장수급자 등 일정한 자를 보호대상자로 한다. 의료보호는 시장·군수·구청장이 행한다. 시장·군수·구청장은 보호대상자에 대하여 의료보장증을 발급해야 한다. 의료보호의 내용은 진찰, 처치·수술 기타의 치료, 약제 또는 치료재료의 지급, 의료시설에의 수용, 간호, 이송 기타 의료목적의 달성을 위한

조치, 분만으로 한다. 의료보호의 기간은 연간 210일 이상으로 하되, 65세 이상의 자, 장애인 등 일정한 자에 대해서는 보호기간을 제한하지 않는다. 의료보호의 제1차 진료기관은 시장·군수·구청장에게 개설신고를 한 의료기관, 보건소 및 보건지소, 보건진료소, 시장·군수·구청장에게 개설등록을 한 약국으로 하며, 제2차 진료기관은 의료법에 의하여 시·도지사가 개설허가를 한 의료기관, 보건의료원으로 하고, 제3차 진료기관은 제2차 진료기관 중에서 보건복지부장관이 지정한 기관으로 한다. 보호대상자가 고의로 인한 사고 등 일정한 사유에 해당하는 경우에는 의료보호를 행하지 않는다. 의료보호에 소요된 비용은 그 전부 또는 일부를 의료보호기금에서 부담한다. 보호비용의 일부를 의료보호기금에서 부담하는 경우에 그 나머지 보호비용에 대해서는 보호대상자의 신청에 의해 의료보호기금에서 대불할 수 있다. 대불금의 상환은 무이자로 한다. 대불금상환의무자가 대불금을 납부기한까지 상환하지 않은 때에는 시장·군수·구청장은 납부기한이 경과한 날부터 6월 이내의 기간을 정하여 독촉장을 발부해야 하며, 그 기간 내에 대불금을 상환하지 않은 자에 대해서는 의료보호를 정지할 수 있으며, 지방세체납처분의 예에 의하여 징수할 수 있다. 보호기관은 제3자의 행위로 인하여 의료보호를 한 때에는 보호비용의 범위 안에서 그 보호대상자의 제3자에 대한 손해배상청구권에 관해 보호대상자를 대위한다. 시·도에 의료보호기금을 설치하며, 기금은 국고보조금, 지방자치단체의 출연금, 당해 기금의 결산상 잉여금과 기타 수입금으로 조성한다. 의료보호급여를 받을 권리, 의료보호비용을 받을 권리 및 대불금에 관한 채권은 3년 간 행사하지 않으면 소멸시효가 완성된다. 전문 30조와 부칙으로 되어 있다.

3030 의료보호사업(medical care service)

생활곤궁자를 대상으로 한 의료보호는 구호법의 시작으로 확립되었지만 구호를 받는 조건이 엄격해 충분히 발휘되지 못했다. 이로 인해 일본에서는 종래의 법령에 따르지 않고 시국을 바로잡아 구제하는 의료나 제생회 등의 의료보호사업으로 대치되었다. 즉 빈곤자에의 조직적 구제의료를 목적으로 1941년 의료보호법이 제정·공포되어 조직적인 의료보호사업이 전개되었다. 그 내용은 사회보험에 준한 것이었지만, 비용측면에서는 공적책임의 사적책임으로의 전가가 보여졌다.

3031 의료복지(medical welfare)

의료복지는 의료사회사업에 대신해서 등장한 것으로 의료보장의 한 분야를 나타내는 말로도 쓰여지고 있다. 그 목적은 국민의 건강과 복지의 향상·증진을 도모하는 것이며 보건·의료서비스(제도·정책·기관·방법·기술)와 복지서비스(제도·정책·기관·방법·기술)를 종합적·포괄적으로 실현하는 제도와 활동의 체계이다. 또 광범위한 국민 층을 대상으로 의료사회문제를 찾아내어 그 해결을 도모하기도 한다.

3032 의료부조(medicaid)

미국의 사회보장법 제19항에 근거하여 빈곤자에 대해 연방의 원조를 받아 주가 실시하는 의료에 관한 공공부조제도를 말하며 일정소득액 이하의 자와 자산조사에 의해 대상이 정해진다. 노인, 맹인, 신체장애인, 모자가정 등이 많다. 특히 너싱홈 입주자 중 반수이상은 의료부조에서 지불을 받고 있으며 노인 장기보호에 대한 의료보장이 주이다. 어떤 주에서는 21세 이하의 아동(빈곤자의 제한 없음)도 대상으로 하고 있다.

3033 의료비의 감면

의료기관 독자의 방침과 책임에 따라 의료비 지불능력이 없는 환자에 대해 전액 또는 일부의 지불을 면제하는 것을 말한다. 사회복지법인설립의 의료시설에서는 총 의료비수입의 5% 이상을 감면이나 사회 복지사업 종사자의 인건비로 지출할 수가 있다. 공적·준공적 의료기관에서는 감면의 조건·정도 등을 정한 제도에 의해 조치가 이루어지고 있으나 의료보장제도에 따라 오늘날에는 적용되는 예가 적어지고 있다.

3034 의료비점수방식

조치비의 지변방식의 하나이며 아동 복지 시설 중 지체부자유시설, 중증심신 장애인시설에서는 시설이 병원기능을 가지고 있기 때문에 이들 시설의 운영은 사회보험에 의한 의료비점수와 특별조치비의 두 가지로 행해진다. 특별 조치비는 사회보험에 의한 의원비를 제외하고 생활지도·교육·직업지도 등의 기능을 충족시키는 지도원, 보모 등의 급여비 와 지도교재비 등을 정액으로 지불하는 방식이다.

3035 의료사회사업(medical social work)

환자, 가족의 정신적, 사회적, 경제적 문제해결을 위해 의료복지의 제 시책을 활용해서 행해지는 직접적·전문적인 원조와 대인서비스의 총칭이다. 의료사회사업의 정의를 둘러싸고 두 가지의 견해로 나뉜다. 소위 기술론적 견해와 정책론적 견해다. 전자는 미국의료사회사업가협회의 정의로 대표되며 후자는 이것을 직수입적·기술론적이라고 비판하는 일본학자들의 견해이다. 또한 전자는 이것을 케이스워크의 한 분야로 보고 의료팀의 일원으로서 MSW의 전문기술자체를 지칭하는데 반해 후자는 이것을 의료 상에 나타난 사회적 장애의 제거, 완화를 위한 공·사의 사회적 시책의 총체라 했다. 그러나 오늘날 거의 일치된 견해로는 근대적 사회사업에서 나타난 MSW를 발전시킨 의료사회사업가의 활동을 지칭한다고 생각해도 좋을 것이다.

3036 의료사회사업가(medical social worker)

보건·의료기관 시설 등에서 일하는 사회사업가를 말한다. 그 역할은 의료팀에 협력해서 질병이나 신체장애 등에 의해

ㅇ

일어나는 환자·가족의 심리사회적 문제나 직업, 가정생활 혹은 의료비, 생활비 등 생활상의 문제에 대해 사회적 원인을 밝히고 심리적으로 부축해주고 의료·복지기관 시설을 소개하며 각종 사회보장이나 사회복지제도를 소개·활용하면서 이런 문제들을 환자나 가족이 자립적으로 해결할 수 있도록 원조·협력하는데 있다.

3037 의료신용제(medi-credit)

건강보호제정 프로그램으로 민간 건강보험회사들에 지불된 보험료들이 개별소득세에 역행하여 보장되는 제도를 말한다.

3038 의료의 사회화(socialized medicine)

의료의 사회화란 국민모두가 필요로 하는 의료를 국가적으로나 사회적으로 제공하도록 강구하는 것을 말한다. 자본주의 사회에서는 의료의 수요와 공급의 결함은 수요측면에서는 개인경제력에 의존하지만 공급측은 의사로서의 유자격만이 공급자가 되므로 공급독점에 의한 공급가격이 형성된다. 오늘날 의료의 사회경제적 특성, 즉 의료의 공급독점, 대량생산의 불가능성, 의료서비스의 재고 불가능성, 의료의 긴급성, 비대체성, 비탄력성, 의료의 유통기구 한정성 그리고 개별적이고 주문생산이어서 원가절하가 되지 않아 의료의 사회화에 어려운 점이 많다.

3039 의료재활

신체장애에 대처하는 재활 의학적 전문영역으로 재활복지를 구성하는 부분이다. 그러나 단순한 신체적 장애치료에 그치지 아니하고 유기체로의 인간 특성과 사회적 존재로서의 인간 특성을 가지고 있는 장애인의 사회통합을 지향할 수 있는 재활복지의 구성 부분으로서의 개념을 가진다. 의료적 치료는 "외상이나 질병에 대한 병소 치료만으로 끝나는 것이 아니며, 환자가 장애를 갖게 되었을 때, 남아 있는 기능으로 일상생활은 물론 직장생활도 할 수 있도록 훈련시키는 것까지 포함한다."라고 뉴욕대학 러스크가 정의했다. 그러므로 의료재활은 의사를 비롯한 여러 전문요원이 팀을 이루어 시행하는 것으로 재활의학 전문의와 물리치료사, 언어치료사, 보장구 및 의지제작사, 사회복지사, 임상심리사 등이 의견을 종합하여 장애의 종류와 장애정도를 평가하고 치료계획과 치료목표를 설정하고 이에 따라 적절한 치료를 선택하여 실시한다.

3040 의료적 재활(medical rehabilitation)

질병이나 사고에 의한 후유증, 만성질환, 노인병 등 장기치료를 요하는 환자와 기능적 장애에 대해 내과적, 외과적 치료의 응용과 함께 모든 물리적, 심리적 수단을 통하여 개인의 기능적, 심리적 능력을 개발하고 회복시켜 필요에 따라 그 대상기구를 발달시키는 의료 과정이며 개인이 자립해서 적극적으로 생활하도록 하는 것을 목적으로 한다. 의료재활의 범위는 물리치료, 작업치료, 언어치료, 일상생활 동작훈련, 시능훈련, 보행훈련, 보조구에 의한 처치와 의료사회사업에 의한 보조를 포함한다.

3041 의료전달체계(medical delivery system)

의료서비스를 제공하는 병원과 의원의 배치, 기능 및 상호간의 관계를 체계화하여 병원과 의원에서 진료를 담당할 의료 인력의 개발 및 교육배출과 관련된 체계를 말한다. 따라서 그 범위는 우리나라 의료 제도 및 의학교육제도 등 전체를 망라하는 것이 되겠다. 모든 국민에게 필요할 때 양질의 의료를 지불능력범위 안에서 용이하게 제공해 주기 위해서는 거의 무한에 가까운 의료자원을 필요로 하나 의료 자원에는 한계가 있으므로 제한된 자원을 최대한 활용하기 위해 자원의 배치가 조직적, 체계적, 계획적이어야 하고 그 기능을 적정하게 분담시켜야 한다.

3042 의료케이스워커(medical caseworker)

의료기관에서 치료나 재활 등의 보건·의료가 적절하고 효과적으로 이루어질 수 있도록 환자와 그 가족에 대해 개별사회사업을 하는 전문가를 의미한다. 사회사업가는 의료팀의 일원으로서 환자와 밀접한 인간관계를 유지하고 의료를 방해하고 있는 경제적, 사회적, 심리적 제 문제를 제거하기도 하며 가족이나 직업상의 문제를 조정·해결하기 위해 환자와 함께 사회자원을 활용·조성해서 문제해결이 가능하도록 측면적 활동을 한다.

3043 의료팀(medical team)

현대의료는 환자를 진료하는데 있어서 의사 단독으로 행해지는 것이 아니라 주치의, 담당의, 삼교대의 간호사, 사회사업가 등에 의해 일상의 의료가 분담되고 협동적으로 행해지고 있다. 외래, 검사에서도 같은 그룹이 생겨나 이들을 넓은 의미에서 의료팀이라 한다. 팀의 구성자는 지역의료의 경우 더욱 넓어져 보건부나 위생 감시원, 약사, 건강교육 담당자를 포함하는 경우가 있다. 이는 질병에 따른 환자의 미묘한 감정과 정신상태는 물론 독특한 사회환경이나 성격까지도 파악 하는 전인적인 진료가 요청되어 의료적인 서비스와 동시에 심리사회 적인 서비스를 주기 위함이다.

3044 의무교육(compulsory education)

헌법 제31조 및 교육기본법에서 국민은 전 자녀에게 9년간(6세~15세)의 보통교육을 받도록 의무를 부과하고 있다. 의무교육에 따른 비용(수업료)은 무상이며, 취학 곤란한 아동 및 학생에게 교육을 받을 기회를 균등하게 보장하기 위한 교육보조제도도 있다. 학교교육법에서는 취학의무의 이행에 대해 규정하고 있지만, 장애아의 완전취학은 많은 문제를 낳고 있다.

3045 의붓가정(step family)
두 번째 또는 그 이상의 결혼의 결과로 합쳐진 사람들이 구성하는 일차적 친족집단를 말한다. 이러한 가정은 의붓아버지(어머니의 남편), 의붓어머니(아버지의 부인), 의붓자녀(이전의 결혼이나 관계에 의한 배우자의 자식), 그리고 의붓형제자매(의붓부모의 자녀들)를 포함한다. 이혼과 재혼률의 증가로 의붓가정들도 가족의 중요한 유형 중의 하나가 되었다. → 재결합가정(reconstituted family)

3046 의사거래(TA : transactional analysis)
마치 그렇게 하도록 미리 짜인 것처럼 클라이언트가 다른 사람들과 상호작용을 하고, 게임을 하고, 역할을 수행하고자 하는 방식을 조사하는 집단이나 개인 심리치료의 한 형태를 의미한다. 부모, 성인, 아동이라는 세 가지 정서 문화적 체계에 의해 영향을 받는다.

3047 의사결정의 이론(decision theory)
놀이극(gaming), 모델화(modeling), 시뮬레이션 기법 같은 것을 사용하여 의사결정에 수학적으로 접근하는 방법을 말한다.

3048 의사공개법(sunshine laws)
대부분의 연방기관들의 회합과 공청회 – 특히 사람들의 경제적, 법적 그리고 복지의 권리에 직접 영향을 미치는 – 는 공식적으로 이루어져야 함을 명시한, 1976년에 제정된 법률에 의거한 연방요건을 말한다. 이 용어는 사업을 수행하는 다른 조직들과 정부의 각 부처가 그들 사업에 영향을 받는 사람들에게 자세한 내용을 공개하도록 하는 요건을 적용하고 있다.

3049 의사성숙
가족, 집단 또는 조직의 구성원들이 실제로는 적대관계에 있으면서 외관상 회합을 이루고 있는 것처럼 보이는 관계를 말한다. 가족치료(family therapy) 접근방법에 따르면, 의사성숙 관계는 구성원 내부의 심각한 갈등을 유발시킬 수 있다고 한다.

3050 의사소통(communication)
정보의 교환을 말하는데, 지식을 전하고 받아들이는 모든 방법을 포함하고 있다.

3051 의사소통 이론(communication theory)
사람들이 정보를 교환하는 방법에 관한 개념체계. 커뮤니케이션 이론의 주요 요소로는 내용분석(content analysis), 인공두뇌학(cybernetics), 숨은 의도 해석(decoding), 환류(feedback), 동작학(kinesics), 메타메세지(metamessage), 주변언어학(paralinguistics), 인간공학(proxemics) 등이다.

3052 의수(artificial arm)
의수는 상지의 결손부에 장착해 구조나 기능을 인공적으로 보충하는 것이다. 그 사용목적에 의해 외관상 형태를 갖춘 장식의수와 작업상 효과를 올리기 위한 작업의수, 일상생활작업이나 경작업에 적합한 능동의수로 분류된다. 또 절단부위에서 보면 상완의수, 견의수, 주의수, 전완의수, 수의수, 수부의수, 수지의수 등으로 분류된다. 전동의수도 전개되고 있으나 실용화 단계는 아니다.

3053 의식(consciousness) 01
현실에서 체험하게 되는 모든 경험 또는 자각하고 있는 정신현상이다. 타인에게는 경험할 수 없는 그러나 체험자 자신은 직접적으로 파악할 수 있으며 현재 느끼고 있는 경험을 말한다.

3054 의식 02
① 가장 넓은 의미로는 물리적 또는 신체적 과정 등에 대립되는 심리적 정신적 과정. ② 철학적으로는 능동적 특징을 가진 의지와 수동적 특징을 가진 지각을 포함한 인식의 근본적 조건으로서의 심리적–정신적 과정을 통칭하는 말. ③ 좁은 의미로는 무의식과 대립되는 것으로 자신의 심리적–정신적 과정의 인식·무의식을 의식에 포함할 경우에 흔히 잠재의식이라고도 한다. 해밀턴(W. Hamilton)은 의식은 정의될 수 없다고 하였다. 그는 우리가 의식이 무엇인지에 관해 명백히 알고 있지만 그것을 명백히 타인에게 밝히기 어려운 것은, 의식이 바로 모든 인식의 근원이기 때문이라고 하였다. 의식의 분석은 일반적으로 의식의 행위(과정)와 의식의 내용(대상)으로 구분되며, 또 그 기능은 인지적·정서적·의지적인 것으로 분류된다.

3055 의식([독] Bewubtsein) 03
의식이란 무엇이냐 하는 것은 쉽게 정의할 수 없다. 왜냐하면, 그것은 우리들의 지식·감정·의지의 모든 활동을 포함함과 동시에 그것들의 모든 근저에 있기 때문이다. 어떤 사람은 〈우리들이 몽롱한 상태에 들어감에 따라 없어지는 것, 그리고 물건의 소리에 의해서 깨어남과 따라서 나타나는 것〉이라고 말했다. 의식은 강약이나 명암의 차이를 갖는 심적인 과정으로서, 한쪽에서는 〈자기의식〉(〈자의식〉 〈자각〉)이 있고, 다른 한쪽은 〈하의식〉(sub-conscious) 및 〈무의식〉의 상태에 연결된다. 발생적으로 보면, 원래 의식은 유기적으로 조직된 복잡한 물질(특히 뇌수)의 고유한 기능이며, 소박한 감각에 고도의 사고에 이르기까지 이 기능에 의해 객관적인 실재가 갖가지로 반영된다. 특히 인간에 있어서 그것은 비로소 명백한 모습을 취하고, 인간의 노동, 사회생활, 언어의 발달과 함께 발전한다(→ 사회적 의식). 의식과 물질의 관계에 대한 문제는 철학의 중심 문제이며, 관념론은 물질의 독립성을 부정하여 의식(사고, 정신)을 근원적인 것으로 보고, 유물론은 실증과학의 성과에 의거해서 물질(존재, 자연)을 근원적으로 믿는다. 그러나 관념론의 경우, 의식은 때때로 그 물질적인 기반으로부터 분리되어 〈순수사고〉의 활동으로 간주되어 추상적인 의식 일반, 절대적 정신이 상정된다.

3056 의식 고양(consciousness-raising)
개인 혹은 집단이 전에는 별 관심이 없었던 사회적 상황, 원인을 의미하며 이념을 깨달아 더욱 민감해지도록 돕는 과정을 말한다.

3057 의식의(conscious)
정신적인 인식, 즉 직접적인 상황과 감정, 사고를 인식하는 마음의 일부분이다.

3058 의식적 조정(conscious manipulation)
케이스워크에서 클라이언트와 그를 둘러싼 사회 환경과의 상호작용을 조정해 나갈 때 일정한 과정을 의식적인 계획에 따라 밟아가는 과정을 말한다. 그 과정의 진행방법은 케이스워크의 발달에 따라 변화 해오고 있으나 최근에는 클라이언트의 참가 속에 사전평가, 공통목표의 확인, 과제의 설정, 서비스 계약의 체결, 사후평가 등을 포함한다.

3059 의식화 01
교육학자 프레이리(Paolo Freire)가 만든 용어로서 클라이언트나 다른 사람들이 자신들의 문제, 목적, 가치를 깨닫고 관심을 가지도록 돕는 과정을 말한다.

3060 의식화 02
한 개인 혹은 집단이 그가 처한 상황에 복종하는 태도에서 자각을 통한 비판적 시각으로 현실적 제 모순에 대항해 그것을 극복하려는 태도로 변화하는 과정 또는 그러한 변화를 유도하는 작업을 말한다. 이 말은 브라질의 민중 교육가인 프레이리(P. Freire)로부터 비롯된 것으로 그는 이것을 "사회적·정치적·경제적 모순들을 인식하고, 현실의 억압적 요소들에 대항하여 행동을 취하게 되는 것"으로 정의하고 있다. 즉 역사적으로 지배만 당한 대다수 민중은 그들에게 불리한 현실의 사회구조를 숙명적으로 받아들이며, 감히 그것을 탈피하려는 생각을 갖지 못한다. 오히려 그들은 억압으로부터 벗어나는 것에 대한 일종의 두려움조차 가지고 있다. 그러나 현실적 사회모순들이 해결되기 위해서는 이러한 민중의 의식이 변화해야 하며, 이때 필요한 것이 민중의 의식화이다. 즉 현실은 주어진 것이 아니라 주체적으로 만드는 것이며, 자기에게 불리한 여건은 누군가의 조작에 의한 것으로 인간다운 삶을 위해서는 그러한 모순에 대항하여 권리를 쟁취해야 된다는 의식적 자각이 의식화의 내용이다. 이러한 자각은 지배자의 위치에 있는 사람에게도 요구되며, 포괄적으로 의식화는 보다 나은 사회를 위해 현실적 모순에 대항·극복하려는 모든 사람들의 의식적 자각이라 할 수도 있다. 이러한 의식의 자각을 위한 교육이 의식화교육이다.

3061 의안(false eye)
두 눈 또는 한 눈이 무안구나 전맹이 되어 외모의 정형상 필요가 있을 때 그 교정을 위해 플라스틱이나 유리 등으로 만들어진 의안을 부착한다. 의안은 보통의안, 특수의안, 콘택트의안이 있으며 의안의 제작은 의안사가 담당한다. 의안이 적합하면 외모가 교정되어 사회적응을 향상시키며 재활에도 도움이 된다.

3062 의약분업 01
의약의 합리화와 약품의 남용을 방지하기 위한 의약의 분업제도. 의사가 치료의 수단으로 환자로 하여금 약을 사용하게 하려고 할 때, 의사는 환자에게 처방전만을 교부하고, 약사는 처방전에 따라 약을 조제·투약하는 제도를 말한다. 즉 환자의 치료에 사용되는 의약품을, 전문 의료인인 의사가 환자의 증상을 진단해 가장 적합하게 처방한 후 약사 역시 처방전에 따라 전문적으로 의약품을 조제·판매하는 것으로, 질 높은 의료 서비스를 제공하기 위해 도입한 제도이다. 1240년 독일 황제 프리드리히 2세의 의약법이 의약분업의 효시이며, 독일·프랑스·미국 등 유럽을 비롯한 선진 각국에서 널리 시행하고 있다. 한국에서도 의약분업이 논의되기는 하였으나 의료수요자의 불편 및 의료업자와 약사의 지역적 분포의 불균형 등으로 인해 시행되지 못하다가 1993년 개정약사법에 1999년 7월 7일 이전에 의약분업을 실시하도록 한 규정에 따라 1998년부터 도입을 추진하였다. 보건복지부에서는 1998년 의료계·약계·언론계·학계 등으로 의약분업추진협의회를 구성하였으나, 그해 12월 의사협회·병원협회·약사회가 의약분업 실시 연기 청원을 국회에 제출함으로써 시행이 1년간 연기되었다. 1999년 5월, 다시 시행방안을 협의해 정부에 건의한 뒤 같은 해 9월, 시행방안을 최종 확정하고, 역시 같은 해 12월 7일 약사법 개정법률안이 국회에서 통과됨으로써 시행에 들어갔다. 의사·약사 사이에 환자 치료를 위한 역할을 분담해 처방 및 조제내용을 서로 점검·협력함으로써 불필요하거나 잘못된 투약을 방지하고, 무분별한 약의 오남용을 예방해 약으로 인한 피해를 줄이는데 목적이 있다. 주요 뼈대는 의료기관에서 진료받은 외래환자는 원내에서 조제·투약을 받을 수 없고, 반드시 원외에 있는 약국에서만 받아야 하며, 약국에서는 의사 또는 치과의사의 처방전에 따라 전문의약품과 일반의약품을 조제한다는 것이다. 의료기관에서 직접 조제받을 수 있는 예외 범위는 심한 정신질환자, 상이등급 1급 내지 3급 해당자, 고엽제 후유증 환자, 장애인 1급 및 2급, 파킨슨병 및 나병

환자, 결핵환자, 국가 안전보장에 관련된 정보 및 보안에 필요한 경우 등이다. 대상 의약품은 모든 전문의약품으로 하되 진단용약·예방접종약·희귀약품·방사성의약품·신장투석액·의료기관조제실 제제 등은 병·의원에서도 직접 조제·투약할 수 있다. 또 의사는 일반명 또는 상품명으로 처방하되, 약사는 상품명 처방도 필요한 경우 성분·함량·제형이 동일한 다른 의약품으로 대체 조제할 수 있는데, 약사는 이러한 사실을 환자에게 알리고 동의를 받아야 하며, 추후에 의사에게 통보해야 한다. 이 제도의 시행으로 그동안 약사의 임의 조제에 대해 적용하던 약국의료보험제도가 폐지되고, 의사의 처방전에 의해 조제받는 경우에만 건강보험을 적용받게 된다. 그러나 이 제도의 시행을 둘러싸고 의료계가 장기간 진료행위를 거부함으로써 국민 의료 서비스에 심각한 불편을 야기하였고, 약계 또한 자신들만의 이익을 지나치게 고집하는 등 의약계의 집단 이기주의로 인해 전 국민적인 문제로까지 불거지기도 하였다.

3063 의약분업 02

의료에서 진료 치료는 의사가, 약의 조제는 의사의 처방전으로 약제사가 담당하는 제도를 말한다. 분업의 장점은 ① 약을 필요로 하는 의료가 개선된다. ② 전문기술의 분리로 의료의 충실화를 기할 수 있다. ③ 처방내용이 밝혀지므로 환자의 치료에 대한 자각이 높아진다. ④ 조제하는 시간이 단축된다는 점 등을 들 수 있다. 그 반면 환자는 진료를 받은 다음 약국을 다시 찾아가야 된다는 불편이 따른다.

3064 의역(paraphrasing)

사업가가 클라이언트가 했던 말의 요지를 다시 표현하여 중요점들을 강조하는 것으로 사회사업 면접에서 사용되는 기법을 의미한다. 이는 클라이언트가 자신의 생각을 분명히 할 수 있도록 도와주고, 클라이언트가 전달하려는 내용을 사회사업가가 이해했다는 확신을 갖게 해준다.

3065 의욕(conation)

의지 혹은 결단력을 포함한 정신기능의 일부를 말한다.

3066 의원 재할당(reapportioment)

입법(선거)구역(legislative district)의 경계 또는 그 구역을 대표하는 대표자(의원)의 수를 변경하는 정치적 과정(political process).

→ 선거구 개정(gerrymandering – 부정적으로)

3067 의장

중국의 향당사회 내에서의 상호부조조직의 하나로 의전이라고도 한다. 10세기 이후 송대부터 나타났다. 동족조직에서 공유하고 있는 전답 에서 수납되는 소작료를 바탕으로 곤궁상태에 있는 동족인을 원조했다. 경우에 따라서는 양육, 생업, 제사 등 필요에 따라 쓸 수도 있다. 경제적 구제가 주이지만 동족 내의 결속을 도모한다는 의의를 갖고 있다. 송대의 범씨의장은 그 대표적인 예이다.

3068 의정

맹자는 "인은 사람의 마음이고, 의는 사람의 길이다."라고 말해 의라는 생각 속에 사회적인 상호부조의 실천성격을 주창했다. 의장, 의전 같은 빈민구제를 목적으로 한 전답과 비교되며 중국당대에서 만들었다. 이 같은 성격을 가진 사회시설로서의 공동우물을 의정이라 불렀다. 주로 여행자나 수리가 나쁜 지방 빈민이 이용했으나 노동제공에 의해 의정을 파는 것이 사회봉사의 한 형태로서 장려되었다.

3069 의제가정(cohabiting dyad)

결혼할 의사를 가진 남녀가 결혼신고를 했을 때 그것은 제정법상의 부부가 된다. 또 결혼식을 올리고 공동생활을 하고 있으나 신고를 하지 않았을 때 그것은 내연관계로 법상 사실혼 부부로 취급된다. 이와는 달리 결혼의 의사는 없고 서로의 편익을 위해 동거하고 있는 경우나 외견은 부부 같으나 부부 아닌 가정을 의제가정이라 한다.

3070 의족(artificial foot)

의족은 하지의 결손부에 부착해 다리를 보완하여 체중을 지탱하고 보행하도록 하는 것으로 의수에 비해 일상생활에나 직업생활에 실용성이 높다. 사용목적에 의해 훈련용 또는 일시적으로 쓰이는 가의족, 통상 쓰이는 상용의족, 특정작업을 위해 쓰이는 작업용 의족으로 분류된다. 절단부위에서 보면 대퇴의족, 고의족, 슬의족, 하퇴의족, 과의족, 족근중족의족, 족지의족으로 분류된다.

3071 의존성(dependency) 01

여러 가지 조력이나 신체적인 접촉, 승인을 구하고, 타인의 관심을 끄는 등 상호관계 지워지는 반응을 말한다. 의존에 의한 타자와의 관계나 그 반응은 각양각색이며 의존이 높은 자는 의존이 낮은 자에 비해 자기 판단을 타인의 판단에 일치시키기 쉽다던가, 자기가 할 수 있는 일이라도 타인의 지시·원조가 없으면 할 수 없는 등이 정신장애의 원인이 된다. 개인, 가족의 경제적·사회적인 자립을 방해하는 경우에도 이 의존성과 깊은 관련이 있다.

3072 의존성 02

한 개인이 존재하기 위해서 또는 사회의 한 구성원으로서의 위치를 유지하기 위해서 다른 개인이나 사회로부터 도움을 받고자 하는 성향을 의미한다. 아동의 의존성은 아동으로 하여금 부모나 교사를 모방하게 하고, 모방은 아동의 사회화의 기초가 된다. 그러나 의존성이 지나치게 높으면 의존하던 대상과 떨어졌을 때는 불안해지며 성격발달이나 사회성 발달이 늦어지게 된다.

3073 의존성 03
아기가 양육자에게 의존하는 것과 같은 의존형태에 관한 용어이며. 어린이들의 전형적인 특성인 의존성이 성인이 되어서도 지나칠 때는 병리증세를 의미한다. 이것은 보통 물심양면의 후원을 상실할 가능성을 두려워할 때 경험하는 우울증의 한 형태이다.

3074 의존성 성격장애(dependent personality disorder)
성격장애(personality disorder)의 한 가지 형태로서 이 장애를 갖고 있는 사람은 대부분의 대인관계에서 대체로 수동적이며, 타인에게 책임을 떠넘기려 하고, 자신감을 상실하며, 무력감을 느낀다. 그리고 다른 사람이 자신을 매도하는 것을 용인하는 경향이 있다.

3075 의존이론(dependency theory)
→ 종속이론

3076 의지(will)
직접적인 것이 아니고 연장되어서 이루어지는 의식적 반응에 관련되는 기능을 의미한다. 일정한 과정을 밟아서 활동을 전개하는 의식적 결심, 활동하고 있는 자아, 의도적 욕구의 실현을 위해 이루어지는 능동적 과정 등 여러 가지로 정의되나, 일반적으로 어떤 행동목표를 의식적으로 가지고 그 목표를 향해 도중의 장애나 곤란을 극복해서 목적에 도달하려는 심적 과정이라고 본다.

3077 의지(artificial limb)
의지는 수족의 결손부분에 부착해 형태 기능을 인공적으로 보완하는 것으로 하지절단에 쓰이는 의족과 상지절단에 쓰이는 의수로 나누어진다. 최근의 의지는 인간공학적 연구에 의한 고도의 기술로 급속하게 발달되었다. 의지는 재활의 효과에도 중요하며 개인특성에 적합한 선정과 부착훈련 등에 의한 숙련이 중요하다.

3078 의창
삼국, 고려, 조선조에 걸쳐 정부에서 빈민구제를 목적으로 설치되었던 구호기관을 말한다. 고구려의 진대법 등도 한 종류로 고려 태조 때 흑창이라는 이름으로 설치되었다. 986년까지 확대되었으나 무인정권기와 몽고전쟁 때 양광도 및 개경의 5부에 설치되면서 재정비되었다.

3079 의학모델(medical model)
의학적 질병모델(medical disease model)로도 표현되는 것처럼 의학에 있어서 질병을 진단·치료해가는 경우 환자 개인에만 한정하여 단일의 병인을 탐구해 직접적 인과관계의 견지에서 진행시키려는 것을 말한다. 이것은 전통적 케이스워크에 현저한 영향을 끼쳐왔으나 최근 반성·비판이 가해짐에 따라 새로운 모델로 대체되려는 경향이 있다.

3080 의학적 재활(medical rehabilitation)
→ 의료적 재활

3081 이기주의([영] egoism [독] Egoismus) 01
사물의 인식과 가치의 판단에 있어서 그 근거를 자신의 내적 요인에 두는 사고방식을 의미한다. 일반적으로 자기중심주의라고도 한다. 철학적으로는 자기의 마음 안에 있는 것만 인식된다고 하는 버클리(G. Berkeley)의 이론적 이기주의와 모든 것을 자기의 공리수단으로 보려는 홉즈(T. Hobbes)의 윤리적 아욕주의가 있다. 쇼펜하우어(A. Schopenhauer)는 이기주의가 더욱 강조되면 부덕을 결과하여 윤리 파괴설로 격하된다고 보았다.

3082 이기주의 02
원어 에고이즘은 옛날에는 독아론의 의미로 사용되고, 또 심리학적으로는 자기를 지키고, 자기를 보존하고, 발전시키려고 하는, 인간의 자연적 경향, 즉 자애심, 자리심도 의미하는데, 이기주의라고 번역되는 경우에는, 다음 두 가지 의미로 사용된다. ① 오로지 자기의 이익에 종속시키고, 만사를 이 관점에서 판단하는 태도. ② 개인의 이익에서 출발하여 도덕의 관념이나 원리를 설명하려는 윤리설. 플라톤의 〈국가〉편에 묘사되고 있는 트라쉬마코스(Trasymachos), 마키아벨리, 홉즈, 엘베시위스, 기타 쾌락주의, 공리주의의 윤리설은 반드시 ①의 의미의 이기주의를 주장하는 것은 아니다.

3083 이데아([영] idea [독] Idee)
이데, 이념이라고도 한다. 모습을 뜻하는 그리스어 idea(에이도스라고 하는 경우도 있다)에서 나온 말이며 플라톤 이래 오랜 역사를 갖고 있다. 플라톤의 대화편에서는, 예컨대 기하학의 대상으로서의 삼각형, 절대적으로 아름다운 것, 절대적으로 올바른 것 등은 경험의 세계에서는 찾아볼 수 없는 것이나, 그 뜻이 이해되고 사고의 대상의 되는 이상 절대적으로 실재하는 것이라 하고, 이와 같은 수학적 대상, 도덕적·미적 가치 등이 이데아라고 불린다. 이데아는 시공을 초월한 비물질적인 영원한 실재이며, 참다운 실재([희] ontōs on)라고도 불린다. 이데아는 학적인 이성적 인식(에피스테메)의 대상이지만, 감각적 세계는 불완전한 보다 낮은 존재이고, 감각적 세계의 개물은 이데아를 원형으로 하는 모상이며, 이데아에 의해서 참여하고 이데아를 나누어 갖는데 불과하다. 개물의 이데아에 대한 관계는 모방(미메시스) 내지 분유([희] methexis)이다. 이것이 플라톤의 이데아론(論)(theory of ideas)이라고 불리우는 것이며, 세계를 양분한 그의 사상은 오랫동안 영향을 주었다. 그 이후 신(新)플라톤파(派)에서는, 이데아는 우주적인 정신 속에 있는 모든 사물의 원형이라고 해석했다. 중세 철학에 있어서도(아우구스티누스, 토마스 아퀴나스 등) 신(神)은 그 정신 속에 있는 원형으로서의 이데아에 따라서 여러 가지 물(物)을 만들었다는 사상이 계속되고 있다. 근세에 이르러 데카르트와 그리스의 경험론 등에 의해서 이데아는 심리적인 관념의 의미로 전화되었다. 그러나 칸트는 세계, 영혼, 신 등 경험을 초월한 대상의 개념을 선험적 이데아(trauszendentale Idee) 또는 순수이성개념(reiner Vernunftbegriff)이라고 명명하고, 그것이 이론적 인식의 대상이 될 수 없다는 것을 보여줌과 동시에, 이론 인식의 한계를 정하거나 목표를 설정하는 규제적 원리(regulatives Prinzip)로서의 의의를 이들 이데에 인정했다. 그 후에 헤겔은 또 이데를 절대적 실재라고 하는 절대적 관념론을 전개했다. 그의 이데는 논리적인 이데, 자연, 정신의 3단계를 통해서 변증법적으로 자기 발전하는 것이다. 제1단계인 논리적 이데는 논리적인 카테고리 속에 있는 현실 세계의 원형으로서의 의미를 갖고 있다.

3084 이데올로그([독] Ideolog)

데스튀트 드 트라시는 〈idéologiste〉(관념학파)라는 용어를 썼지만, 〈idéologue〉라는 표현은 추상적인 의론에 골몰한다는 경멸적인 의미로 나폴레옹이 사용했다고 한다. 후에 맑스는 청년 헤겔파(派)(바우어, 슈티르너) 등을 위시해서 일반적으로 계급 사회의 이데올로기 활동의 담당자들(철학자·법률가·성직자 등)을 이 이름으로 불렀다.

3085 이데올로기(ideology) 01

원래는 프랑스의 데스튀트 드 트라시(Destutt de Tracy)의 용어인 〈idéologie〉(관념학)에서 나온 것인데 오늘날에 쓰이는 일반 용법은 맑스주의에 의해서 주어진 것으로서, 사회에 있어서 각 계급 또는 당파의 이해를 반영하는 일정한 관념, 견해, 이론의 체계를 뜻한다. 따라서 정치적 견해, 법률적 관념, 도덕, 종교, 철학 등은 모두 이데올로기의 여러 형태라고 불리어진다. 사회의 〈토대와 상부 구조〉에 관한 맑스주의의 이론에 의하면, 토대로서의 경제적 구조 위에 서는 상부 구조에는 정치적·법률적 기타의 제 제도와 함께 이데올로기의 제 형태가 이에 속한다. 사회의 상부 구조로서의 이데올로기는 그 물질적 토대에 의해서 제약되며, 따라서 계급사회의 모든 이데올로기는 계급적·당파적인 색채를 띠지 않을 수 없다. 맑스주의는 이러한 견지에서 영원한 이념, 절대의 정의, 불변의 질서 등의 이데올로기적인 성격을 비판하고 그것들의 사회적인 근원을 밝혔다. 혁명적인 계급의 이데올로기가 사회의 모순을 용서없이 파헤쳐 현실을 올바르게 반영하려는데 반하여, 보수적인 계급의 이데올로기는 이 모순을 숨김으로써, 현실을 왜곡된 모습으로 반영하고 있다. 이런 뜻에서 혁명 계급은 단지 경제적 및 정치적 투쟁뿐만 아니라 이데올로기적 투쟁도 하지 않을 수 없다고 한다.

3086 이데올로기([독] Ideologie) 02

개인의 가치, 경험, 정치적 신념, 도덕발달의 수준, 인류를 위한 열망 같은 관념체계(사고방식)를 의미한다. 예를 들어 사회사업가의 이데올로기는 모든 사람을 위한 평등권의 확보와 소외된 자들에게 더 많은 기회를 제공하는 것이라고 할 수 있다.

3087 이동보호(ambulatory care)

외래환자 병원, 진료소, 의사 사무실에서 이뤄지는 의료치료 및 보건을 말하며 또한 비시설 보건을 의미한다.

3088 이동성(mobility)

비교적 쉽고, 융통성 있게 이동할 수 있는 능력을 말한다.
→ 사회적 이동(social mobility)

3089 이동척도법(movement scale)

케이스워크의 효과를 객관적으로 평가하기 위해 미국지역서비스협회가 1945년부터 1957년에 걸쳐 적용한 측정방법이다. 이것은 케이스워크의 접수기부터 종결기 동안에 일어나는 클라이언트와 그 환경상황의 변화를 적응능률 무능의 습관과 상태 언어화된 태도와 이해 환경상황이라는 네 가지 범주를 기준으로 케이스 기록에서 얻어지는 증거에 의해 평가해가는 것으로서 케이스워크의 효과측정을 발전시키는데 많은 공헌을 했다.

3090 아동학대부모모임(PA : Parents Anonymous)

전국적인 자조조직(self-help organization)으로서 미국 지역사회에 지회가 설치되어 있다. 아동 학대 부모들의 모임으로 회원들은 자녀들을 학대하지 못하도록 서로 돕는다. 또한 긴급전화와 '친구체계'(buddy systems)를 갖고 있으며 정규 모임을 열어 부분적으로 알코올중독자갱생회(AA : Alcoholics Anonymous) 프로그램을 모방하고 있다.

3091 이드(id)

영어로는 이드, 독어로는 에스라 한다. 프로이드(Freud, S.)의 정신 분석학 용어이며 마음속 깊은 곳에 감추어져 있는 본능적 충동의 원천을 말한다. 그것은 쾌락을 구하고 불쾌를 피하는 쾌락원칙에 지배 되고 있으며 충동자신의 만족을 목적으로 하고 있다. 비도덕적, 비논리적이며 무의식적이다. 즉 이드는 의식적인 잠재자아로 끊임없이 개인의 행동을 방향 잡으려 하고 있으나, 현실의 규제나 초자아의 존재에 저지되어 그의 실현은 억압, 변용되는 것이 많다.
→ 에스

3092 이든(Eden, Frederic Morton)

영국의 경제학자. 사보험회사의 창립자이며 회장. 산업혁명기 빈곤의 심화 속에서 빈민법과 빈민의 실태를 조사해 1797년 빈민의 상태(전 3권)를 발표하였다. 이 책은 아직까지도 18세기 영국 연구 자료로 평가받고 있으며 이후 사회통계의 중요성을 인식시키는 데 크게 기여하였다. 그의 빈곤관은 자유방임주의적 입장인데, 빈민의 자조와 검약을 강조하고, 일하는 빈민의 상태를 개선하기 위해서는 최저임금제나 빈민법보다 우애조합(friendly society)에 의한 대비가 더 효과적이라고 보았다.

3093 이랜드복지재단

도움이 필요한 이웃들에게 인적 물적 자원과 전략적 지식, 현장경영과 네트워크를 통해 차별화 및 전문화된 서비스를 가장 효율적으로 제공하는 민간복지재단으로 1991년 설립되어 주로 사회복지시설/기관 지원, 긴급구호, 북한주민 돕기, 교육/문화 사업 등을 시행.

3094 이론([영] theory [독] Theorie) 01

고대 그리스에서는 근대어의 이론에 해당하는 말 theōria(관상)는 실천에서 유리된 태도로 진리를 바라보는 것을 의미하고, 실천보다 고상한 것으로 생각되었다. 근세에 이르러 이 말은 실천과 결부하게 되고, 오늘날에는 주로, ① 개개의 사실이나 인식을 통일적으로 설명하고, 장래의 실천의 지침이 될 수 있는, 상당히 고도의 보편성을 갖는 체계적인 지식을 의미한다. 이것은 실천에 의해 검증되는 것을 필요로 하는 점에서 단순한 가설이 아니고 또 실천에 근거하여 발전하는 점에서 고정된 교조와 구별된다. 그러나 ② 실천을 전적으로 무시한 순수한 지식의 의미로도 사용되고, 그 경우 한편으로는 고상한 것이라는 의미가 포함되어 있는데, 다른 한편으로는 오늘날 오히려 무익, 무가치한 것이라는 의미도 포함시켜서 사용되는 일이 많다. 이밖에 ③ 어떤 문제에 관한 어떤 학자의 견해, 학설을 이론이라고 부르는 경우도 있다.

3095 이론 02

사실과 관찰에 근거하여 특별한 현상을 설명하려고 시도하는 관련가설, 개념, 구성물들의 집합을 말한다.

3096 이론생계비방식(market basket method)

→ 최저생계비산정방식

3097 이론의존적 관찰

현재 미국의 과학 철학자(Hanson. N. R.)의 술어이다. 관찰에는 순수한 관찰은 있을 수 없고 대상의 관찰 경험은 부분적으로 관찰자 자신의 과거의 경험이나 지식, 기대에 의존한다는 것이 이론 의존적 관찰(theory-laden observation)이다. 따라서 모든 관찰은 앞서 관찰자가 지닌 이론의 영향을 받는다. 이처럼 관찰언명은 이론을 전제로 한다고 하는 관찰의 이론 의존성을 주장할 때 과학적 지식을 형성하는 불충분한 이론이 잘못된 관찰을 결과할 수 있으므로 문제 해결을 위해서는 이론의 개선과 확장이 요청된다고 주장한 이론의 우선성이 귀결된다. 또한 이 이론은 과학에 있어서 개념, 명사(term), 언명도 모두 특정한 이론에 의존한다는 이론·의존성(theory-laden)에도 적용될 수 있다. 예를 들어 〈집단적 무의식〉이란 술어 융(Jung)심리학의 문맥에서만 의미를 가질 수 있다.

3098 이민(immigration)

1924년 국제이민회의의 정의에 의하면 직업을 찾아서 자국을 떠나는 것 또는 그것에 따르는 가족 또는 타국에 이주한 가족이나 친족과 하나가 되기 위해 출국하는 것 또는 이미 타국에 이주한 것을 의미한다. 또한 일시적으로 귀국한 자가 다시 식민지로 돌아가기 위해 출국하는 것은 출국 준비를 시작한 때로부터 목적지에 도착할 때까지의 사이를 이출민이라고 부른다. 한편 직업을 구하려 항구적으로 정주할 의사를 갖고 입국하는 외국인은 모두 이입민이라고 부른다고 규정하고 있다.

3099 이민노동자(migrant laborer)

농업이나 건설 현장 같은 곳에서 단기간의 직업이나 계절적인 직업을 얻기 위해 이곳저곳으로 옮겨 다니는 노동자를 말한다. 종종 이 노동자들은 특히 가족들과 함께 집단을 이루어 이주하며, 고용주의 착취로 피해를 당하기 쉽다. 그들과 자녀들은 교육, 사교술, 건강보호를 받을 기회가 매우 제한되어 있다.

3100 이민자(immigrant)

영원히 다른 나라에서 살려고 이주했거나, 이주하려는 사람들을 의미한다. → 외국인입국허가증(green card)

3101 이방인 불안(낯가림)(stranger anxiety)

특히 아주 어린 아동들에게 나타나는 고통스러운 현상으로, 친숙하지 않은 사람 앞에서 나타내는 공포 또는 불안을 의미한다.

3102 이분법

→ 구분

3103 이분할 신뢰도검사(split-half reliability)

→ 신뢰도(reliability)

3104 이상심리학(abnormal psychology)

정신의학적 입장에서 정의되는 정신지체, 정신쇠약, 히스테리, 편집증, 조울증, 정신분열증, 유전성간질, 노인성치매, 알코올중독, 기타 갑상선 이상에 의한 정신병 등의 클라이언트의 심리를 연구대상으로 하는 심리학을 말한다. 이상심리학의 방법은 정신의학적 분야를 기초로 하는 것도 있으나 프로이드(Freud, S.)처럼 증상이 정신적으로 어떻게 이루어졌느냐 하는 것을 역동적인 입장에서 논하는 사람도 있다.

3105 이상적 자아(ego ideal)

개인의 목표, 긍정적 기준, 최고도의 포부를 말하거나 어떤 사람이 생활에서 모방하고 있는 한두 사람의 중요한 인물을 의미한다.

3106 이상적응기제(abnormal adjustment mechanism)
생리적, 사회적인 원인으로 생긴 인격체의 불균형 상태를 해소하려는 과정에서 사회적으로 바람직하지 못한 방법으로 해결하려는 경향이나 움직임으로 불량적응기제라고도 하며 공격, 폭발, 도피, 백일몽, 퇴행, 억압, 해소(자아의 통일성 결여) 등의 비이성적, 반사회적인 행동이나 반응에 의해 자기를 방어하려는 적응과정이다. 사회의 기준 이나 틀에서 벗어났느냐의 여부는 그때의 사회정세나 반응의 양적·질적인 문제에 따라 상이하다.

3107 이상출산(difficult delivery)
출산에 직접관계가 있는 모체의 질병이상과 태어나는 아기에 이상이 수반되는 경우의 출산을 말한다. 임신중독 혹은 곤란한 질병, 장시간노동이나 산모와 태아에게 유해한 노동환경과 노동조건, 외부자극에 의한 산모의 신체적 원인과 태아나 태반이상 등의 원인을 고려할 수 있다. 이상출산의 원인은 여러 가지가 있을 수 있으며, 이상분만 과정에서 신생아는 신체적 손상을 입을 수 있고, 신체적 손상으로 인해 뇌기능 장애 혹은 신체장애를 받을 수 있다.

3108 이상행동(abnormal behavior) 01
일상생활에서 행동이나 반응의 방식이 일반적인 기준(정상)에서 일탈한 행동을 말한다. 생활주체가 나타내는 부분적 전체적 행동의 모든 반응에 있어서 부적응(행동문제)이나, 특수한 심리상태, 결여, 저하, 과잉, 장애 등의 행동상태가 있다. 프로이드(Freud, S.)나 파블로프(Pavlov, I. P.) 등에 의해 연구되기 시작했다. 같은 행동이라도 시대나 연령, 사회적 입장이나 상황, 질적·양적으로 이상행동의 기준은 상이하며 통계적·가치적·병리적 기준이 있다.

3109 이상행동 02
적응하거나 정상적 기준에서 벗어난 행동을 말한다. 흔히 부적응행동·이상심리 등으로 불리기도 한다. 정상행동과 이상행동을 구별하는 규준이 무엇인가에 대해서는 일치된 견해를 찾기 힘들며, 흔히 다음과 같은 규준들이 논의되고 있다. 즉 통계적 규준에서 벗어나는 것, 사회적 규범에서 벗어나는 것, 이상적 인간행동유형에서 벗어나는 것, 환경적 요청의 기준에서 벗어나는 것, 개인의 심리적 요구에서 벗어나는 것, 즉 개인에게 심리적 갈등을 유발하는 정도에 따라서 규정하는 것 등으로 나누어 생각할 수 있다. 이상행동 또는 이상심리는 신경증(neuroses)·정신병(psychoses)·성격이상(personality disorders)·알콜과 약물중독(alcoholism and drug dependence) 등으로 크게 분류되고 있다. 이러한 이상행동은 대부분 치료적 과정을 통해서 정상행동으로 변화될 수 있다. 치료방법은 크게 정신 치료·생물학적 치료·환경적 치료로 구별할 수 있으며, 각각의 치료방법에는 독특한 이론체계와 구체적 치료의 절차가 발달되어 있다. 최근에 와서 이상행동의 치료보다 국민 정신건강의 증진을 통해서 예방하는 것이 더욱 중요하다는 입장에서 선진 국가에서는 국민의 정신건강을 증진시키기 위한 대대적인 사업을 전개하는 추세에 있다. → 이상심리, 부적응행동

3110 이상화(idealization)
다른 사람이나 또 다른 사람의 특질에 관한 과대평가를 의미한다.

3111 이성([영] reason [독] Vernunft)
① 인간을 다른 동물과 구별하는 인간 특유의 능력이라고 생각되는 것. 개념적 사고의 능력을 말한다. 실천적으로는 본능이나 충동이나 감성적 욕구에 좌우되지 않고 사려에 근거하여 행동하는 능력을 의미한다. ② 진위, 선악을 식별하여 바르게 판단하는 능력(데카르트 이래의 용법). ③ 초자연적인 제시에 대해 인간의 자연적인 인식(→자연의 빛). ④ 실재, 절대자를 직관적으로 인식하는 능력. 예부터 많은 철학자가 주장한 것. ⑤ 선천적(아프리오리) 원리의 총체. 이 용법은 이미 라이프니쯔에서 볼 수 있는데, 칸트의 순수 이성은 그것을 명확히 한 것으로서 그는 인식에 관계되는 이성을 이론 이성 또는 사변적 이성이라 부르고, 행위의 원리를 포함하는 것으로 생각할 때는 실천이성이라고 이름 붙였는데, 양자는 동일 본질의 것으로서 적용이 다를 뿐이라고 생각된다. 그러나 그의 경우, 이론 이성도, a) 넓은 의미에서는 아 프리오리한 인식 능력의 전체(감성, 오성, 좁은 의미에서는 이성도 포함)를 의미하고, b) 좁은 의미에서는 감성·오성과 구별되고, 이데에 관계하는 보다 높은 사고 능력을 의미한다. ⑥ 헤겔에 있어서도 이성은 오성과 구별되고, 이성적 사고는 변증법적 사고를 의미한다. ⑦ 칸트 이후의 독일관념론(피히테, 셸링, 헤겔)에서는 이성은 동시에 우주적 원리로서의 의미를 가지며, 세계 이성, 절대적 이성 등이라는 용법으로 쓰인다. 그리스에서는 누스가 거의 이성에 상당하는 말인데, 스콜라학에서는 감각보다 높은 인식 능력으로서 ratio와 intellectus(이 라틴어는 각각 근대어의 이성과 오성에 해당하는 말)가 인정되고 있다. ratio는 개념적·논증적인 인식 능력이고, intellectus는 신(神)의 직관도 포함하는 최고의 인식 능력을 의미하며, 누스의 역어로서도 사용되고, 칸트의 경우와는 용법이 달라지고 있다.

3112 이성애(heterosexuality)
반대의 성을 가진 사람들과의 교제 및 성행위의 지향하는 것을 의미한다.

3113 이송
공적부조나 사회복지서비스를 실시함에 있어서 그 목적을

달성하기 위해 수급자나 이용자의 신병을 일정기관 시설 장소에서 다른 곳으로 옮기는 것, 또 그것에 필요한 비용을 말한다. 가령 요보호아(자)를 인도할 곳까지 보내는 일, 의료를 위한 입·퇴원이나 통원, 피보호자 친족의 장례참석의 경우 등이며, 이 때 실시기관이 인정하는 최소한도의 교통비가 지급되며 원거리의 경우에는 숙박료나 음식물비도 포함된다.

3114 이송서비스

재가복지서비스의 중심이 되는 각종 통원·통소시설의 이용, 장애인·노인의 사회참가를 위한 수단, 병원에의 통원이나 환자의 수송 등, 복지이용자의 서비스이용 수단이 되는 수송·운반편의의 체계적 서비스를 말한다. 수송차량(환자수송차, 리프트·버스, 핸드캡, 마이크로버스 등), 운전자, 보조자, 통신·연락수단의 확보 등 과제가 많다. 유럽제국에서는 재가복지의 충실과 함께 이송서비스가 확립되어 있다.

3115 이스터 실 협회(Easter Seal Society)

미국의 지체부자유 어린이와 성인을 위한 기금을 조성하고 지출금을 조정하는 기관으로, 1919년에 설립되었다.

3116 이에이피(EAPs)

→ 고용인 원조계획(EAPs : employee assistance programs)

3117 이용시설

이용시설에는 두 가지 의미가 있다. 첫째, 시설의 이용형태에 따라 입소시설에 대비하는 통원시설이라는 것으로 통원시설이 전문적 프로그램을 갖고 재가의 요원호자가 치료·교육·훈련·갱생 등을 위해 통원, 통소하는 것이다. 이용시설은 지역주민이 선택적 혹은 주체적으로 매일 이용하는 시설이지만 한정적으로 사용하는 경우도 있다. 따라서 이 이용시설에 속하는 것으로는 노인복지센터, 노인휴양홈, 아동관, 인보관 그 밖에 지역복지센터 혹은 커뮤니티센터 등이 있다. 둘째, 조치시설에 대한 계약시설을 이용시설이라 하는 경우로 여기에서의 이용시설은 조치권과는 상관없이 본인의 자유의지에 따라 시설장과 계약해서 시설을 이용하는 것이다. 입소시설의 경우에도 지원시설인 특별양호노인홈이나 양호노인홈에 대한 실비노인홈이나 유료노인홈을 의미하는 경우도 있다.

3118 이용자자치회

사회복지시설은 이용자의 생활을 지키고 인간생활의 발전을 원조하는 생활의 장이며 시설의 주인공은 이용자다. 그러나 시설운영은 원조를 실천하는 경영자, 관리자, 직원의 입장에서 전개되어 이용자의 욕구를 존중한다고 하나 생활시설에서 보듯이 시설의 주체자는 아직은 이용자가 아니다. 시설의 운영은 직원과 이용자가 함께 만들어가야 하는데 그 조직적인 뒷받침이 이용자 자치회다. 그러나 자치회 등의 자주적 조직이 있는 시설은 아직 적고 그들의 입장을 시설운영에 반영하기에는 미흡하지만 급식, 입욕, 생활시간 등 처우의 개선이나 지역 활동에 힘을 발휘하는 자치회도 있다.

3119 이유([영] reason [독] Grund)

근거라고도 한다. 귀결([영] consequence [독] folge)에 대립하는 말. 이유와 귀결과의 관계는, ① 넓은 의미에서는 실재적 관계 및 논리적 관계의 양쪽의 의미로 사용된다. 실재적 관계로서는 형이상학적인 해석을 별개로 치면, 원인과 결과의 관계와 같으며(→인과관계), 논리적 관계로서는 전제와 결론과의 관계와 같다. 그러나 ② 통상은 이유와 귀결의 관계는 좁은 의미로 논리적인 관계로서 해석되고, 인과관계와 구별된다. – 인관관계와 논리관계를 혼동하지 않도록 하기 위해 논리적 이유를 인식이유(근거)([라] ratio cognoscendi [독] Erkenntnisgrund)라고 부르고, 실제적 원인을 실재이유(근거)([라] ratio essendi [독] Realgrund)라고 부르는 경우도 있다.

3120 이이오시(EEOC)

→ 평등고용기회위원회(equal employment opportunity commission)

3121 이익사회

독일의 사회학자 퇴니스(Tonnies, F)의 공동사회와 이익사회(1887)에서 쓰여진 개념으로서 공동사회와 쌍을 이루는 사회의 유형개념으로 분류의 기준을 인간의 의지에 구하고 이것을 본질의지와 선택의지로 나누고 전자에 근거한 결합을 공동사회, 후자에 근거한 결합을 이익사회라 명명했다. 선택의지란 개인이 자기의 목적을 달성하기 위해 특수적, 부분적, 공리적으로 결합하는 사회적 관계이며 흡사 상인의 상거래에서 보는 교환이나 매매, 계약이나 규칙의 관계에 비유된다. 여러 가지 결합에도 불구하고 본질적으로는 분리되어 있는 관계라 할 수 있다. 이익사회개념은 19세기의 산업문명의 급속한 개발에 영향을 받아 메인(Sir Henry Maine)의 신분과 계약을 비롯해서 스펜서, 듈케임 등의 유형개념과도 조응하고 있는 것에 주의해야 할 것이다.

3122 이익집단(interest group)

특정의 이해, 관심, 가치의 유지 내지 수행을 위해 조직화된 집단을 의미한다. 이익단체, 이해집단, 관심집단 등으로도 해석된다. 일반적으로는 어느 특정의 경제적 이익으로 결속된 집단을 말한다. 예를 들면 노동조합 농민단체, 동업조합, 기업가 단체 등을 지칭하는 경우가 많고 때로는 압력단체를 말하는 경우도 있다. 그러나 사회학에서는 반드시 그러한 일정의 경제적 또는 정치적 목적을 가진 집단으로 한정하는 경우가 아닌 제2차 집단에 포함되는 것까지 넓게 보고 있다. 이익집단의 생성도 현대사회의 기능분화를 배경으로 하지만 특히 오늘날의 다원적 민주주의에 따라 중요한 역할을 갖고 있는 것으로 보여진다.

3123 이인정신병

두 사람이 공유한 정신병을 의미한다. 예컨데 어떤 부부는 그들이 이웃사람들로부터 비밀리에 비웃음거리가 되고 있다고 믿고 서로의 믿음을 강화시킨다. 이것은 공유성 편집장애(shared paranoid disorder)라고도 한다.

3124 이인증(depersonalization)

가공 상황에 존재하고 있다는 느낌 혹은 자아나 신체가 현실과 분리되어 있다고 느끼는 상태를 말한다. 이 경험은 정신병(psychosis)이나 신경증(neurosis)같은 특수한 정신장애를 가진 사람뿐만 아니라 지나친 스트레스나 위기 상태에 있는 사람들에게서 흔히 발견된다.

3125 이전소득(transfer income) 01

생산 활동에 공헌한 대가로 지불된 소득이 아니라 정부 또는 기업이 반대급여 없이 무상으로 지불하는 소득을 말하며, 전체소득이라고도 한다. 생활보장, 사회보험, 아동수당 등의 사회보장급여, 해외원조 등의 증여가 이에 속한다. 그 중 특정범주에 속한 개인을 급여대상으로 하는 각종 사회보장급여 같은 이전지출을 정부로부터 개인으로의 이전이라 한다. 사회보험에서는 당초 생산에 기여한 보수로 받는 소득에서 보험료를 거출해 보험사고 발생시 급여를 받으므로 대가없이 무상으로 받는 소득이라고는 할 수 없다. 단, 보험료부분은 그 때마다 국민소득의 일부로 계산되기 때문에 사회보험급여가 이뤄질 때에 이중계산을 피하기 위해 대가없는 이전소득으로 취급한다. 이전소득, 특히 정부로부터 개인으로의 이전은 그 대부분이 사회보장급여이기 때문에 사회경제계획 등에서는 사회 보장비에 대신하는 것으로 이해되고 있다.

3126 이전소득 02

① 소득은 생산활동에 참가한 자가 그 대가로 받는 수입이다. 이에 대해 생산에 직접 기여하지 않고 개인이 정부 기업으로부터 받는 수입은 단지 정부나 기업의 소득이 개인의 소득으로 대체되었을 뿐이므로 일반소득과 구별할 필요가 있는데, 이를 이전소득이라 한다. 개인이 정부로부터 받는 연금, 유족원호금과 회사에서 받는 치료비 등이 이에 속한다. ② 국민소득 계정상 가계와 비영리단체계정의 이전소득은 법인기업으로부터 개인으로의 이전, 정부로부터의 이전, 해외로부터의 이전 등 3요소로 되어 있다.

3127 이전소득 03

이전지급에 의하여 생기는 소득을 말하며 대체소득이라고도 한다. 이전지급이란 정부기관에 의한 연금·유족원호금, 육영자금과 개인이 회사 등에서 받는 사회보장급여나 기업의 개인에 대한 증여, 기부 등과 같이 무상으로 행하여지는 지급을 말함. 이전소득은 그 기초를 생산활동에 두고 있지 않다는 의미에서, 즉 정부나 기업의 소득이 개인의 소득으로 대체되었을 뿐이므로, 국민소득에 포함시키지 않는다. 이전지급은 그 수령자에게 구매력을 부여하는 것이 되기 때문에 현재로서는 소득재분배를 위하여 빼놓을 수 없는 경제정책이다.

3128 이전지급(transfer payments)

이론적으로 한 인구집단이 기여하여 다른 인구집단에게 지급되는 현금 급여를 말한다. 전형적으로 이것은 한 집단으로부터 징수한 돈을 국고에 두었다가 특정한 다른 집단에 지출하는 것으로 간접적으로 행해진다. 예를 들면, 사회보장(social security)에서 젊은 인구집단으로부터 노령인구, 실업보상(unemployment compensation)에서 고용층으로부터 실업자들에게, 요보호아동가족부조 AFDC프로그램에서 부자로부터 빈곤가정으로 이전되는 돈이다. 1980년대 중반 미국에서 주요한 소득이전 프로그램은 정부연금(government pensions), 보충적 소득보장(SSI : supplemental security income), 의료보험(medicare), 의료보호(medicaid)이다.

3129 이중경제(dual economy)

이중경제라 함은 후진국가의 경제발전과정의 구조적 측면을 특징짓는 용어로 주로 다음과 같은 의미에서 사용된다. 생산부문의 이중구조를 말한다. 즉 전통적인 생존유지적인 농업부문과 근대화된(또는 상업화된) 비농업부문이 서로 접촉이 없이 병존하는 상태를 말한다. 기술상의 이중구조를 말한다. 특히 각 부문 내부에 있어서 전통적인 기술과 가장 최신의 첨단기술이 동시에 사용되는 상태로 중소기업과 대기업간의 기술수준의 격차에서도 나타난다. 소비의 이중구조를 들 수 있다. 전통적 부문에 종사하는 가구와 근대화된 부문에 종사하는 가구 사이의 소비패턴, 특히 소비품목의 격차까지도 포함한다. 결국 전통적 생활양식과 근대적 생활양식의 공존을 뜻한다.

ㅇ

3130 이중구속(double bind)

한 사람이 둘 이상의 모순되거나 서로 용납되지 않는 방법으로 해석될 수 있는 메시지를 전하고, 그 메시지를 받은 사람은 그 모순에 대한 결과나 응답을 할 수 없는 일종의 자가당착적 의사전달을 말한다.

3131 이중수혜자(Double Benefiter)

연금법의 적용대상자가 공무원연금법, 군인연금법, 국민연금법 등 타 연금법의 적용을 받고 있거나 받은 경우를 말한다.

3132 이중맹검(double blind)

연구에서 실험을 받는 사람도 실험자도 실제 변화가 사실상 이루어지고 있는지 모르게 하는 기술을 의미한다. 예를 들어 약의 효과를 연구할 때 실험자와 실험을 받는 사람이 위약이 투여되었는지 약효 있는 약이 투여되었는지 모르게 하는 경우를 말한다.

3133 이질의(heterogeneous)
다양한 특성의 소유를 말한다.

3134 이차 예방(secondary prevention)
어떤 문제를 해결하는 데 문제의 초기진단을 말하며 사례발견(case finding), 격리 등의 방법을 동원하여 그 문제가 다른 사람들 또는 환경에 미치는 영향을 최소화 또는 조기 치료하려는 노력을 의미한다. → 일차예방(primary prevention)과 삼차예방(tertiary prevention)

3135 이차적 강화(second order language)
→ 사회적 강화, 강화

3136 이차적 이득(secondary gain)
어떤 신체적 및 정신장애로부터 야기될 수 있는 이득 또는 장점을 의미한다. 예를 들면 관심의 대상이 된다거나, 어떤 책임과 의무로부터의 회피, 또는 장애인연금지급의 대상자가 될 수 있는 것 등이다. → 일차 예방(primary gain)

3137 이타드(Itard, Jean Mare Garpand)
프랑스의 의사로 아베이론의 야생아(1801)의 저자. 생득능력설에 대해 감각경험설이 옳다는 것을 입증하려고 발달불가능에 도전하여 그 실천 분석을 통해 인간발달의 해명에 위대한 획을 그었다. 발달연구의 방법으로는, 발달은 동년의 아이들과 비교·평가될 것이 아니고 과거의 자기 자신과만 비교되어야 한다는 입장을 취했다. 현대 발달이론의 기초라 할 수 있다.

3138 이타이이타이병(acheache disease)
일본의 도야마현 신쓰가와유역에서 발생한 공해병. 이 병에 걸린 환자마다 이타이 이타이(아프다 아프다)라고 호소한데서 붙여진 이름이다. 신체의 뼈가 비뚤어지거나, 금이 가거나, 경우에 따라서는 기침만 해도 늑골이 부러지는 등의 비참한 병이다. 결국 신쓰가와 상류에 있던 미쓰이금속광업의 가미오카광업소에서 유출된 광독이 상수와 농지를 오염시켜 만성의 카드뮴 중독을 일으킨 것으로 밝혀졌다.

3139 이타주의(altruism) 01
타인의 안녕을 위한 비이기적인 생각을 의미하며 돈, 재화, 서비스 또는 동려의식 등을 제공하려는 동기를 지닌다.

3140 이타주의([독] altruismus) 02
도덕의 기초를 인애와 동정이라 보며 타인의 행동·복리를 행위의 목적으로 삼는 주장, 이기주의에 반대되는 말로 애타주의라고도 하며 사회적 공리설로 불려지기도 한다. 콩트(A. Comte)에 의하면 사랑을 주의로 하며 질서를 기초로 하고 진보를 목적으로 하는 주의이다. 세네카(L.A.Seneca)의 사해동포관도 여기에 속한다. 라이프니쯔(G. E. Leivniz)나 볼프(C. Wolff) 등은 도덕상 자애의 정을 기독교적 교리로부터 도출하여 사회적 공리설을 주장하고 있으나 이러한 사상조류는 불교나 유교에서도 나타나고 있다. 특히 묵자의 겸애설은 그 논리가 이타주의의 윤리에 일치하고 있다. 그러나 완전한 이타를 주장할 수 없는 것이기 때문에 결국은 자기 행복과의 일치를 구하려고 한다. 교육학에 있어서 이타주의는 교육활동의 최후 목적으로서 봉사적 자아의 형성을 주장하고 있다. 개인의 최고 가치를 타인(他人)의 행복에 둔다면 이타주의는 곧 교육의 궁극 목적이 될 수밖에 없다. 페스탈로찌(J. H. Pestalozzi)의 교육 행위는 이의 대표적인 경우이며 많은 교육적 업적들이 이 주장을 이상으로 삼고 있다.

3141 이하선염(mumps)
특히 턱뼈 아래 침샘이 아프게 부어오르는 전염성 질병을 의미한다.

3142 이혼(divorce)
결혼을 통하여 형성된 부부관계는 법적으로 보호를 받으며, 동거, 동고, 동락하는 공동운명체의 인간관계로서 일반적으로 영구히 지속되는 관계를 의미한다. 그러나 이와 같은 부부관계가 해소되는 경우는 부부 중 한 배우자가 사망하거나 이혼하는 경우이다. 한국에서 이혼은 협의이혼과 재판상 이혼을 법률로 규정하고 있다. 협의이혼은 개인의 자유의사, 감정, 인간의 존엄성을 전제로 규정된 제도로서 당사자의 합의된 의사에 따라 결정하는 것이다. 재판상 이혼은 법률상 일정한 이혼원인을 규정하고 있으며, 배우자가 그 원인에 해당하는 규정을 위반하였을 경우 이혼소송을 제기하여 재판을 받아 이혼이 성립되는 경우이다.

3143 이혼문제(divorce problem)
이혼문제를 법적측면에서 살펴보면 재산분할, 위자료를 둘러싼 부부 간에 있어서 실질적 평등, 부부간 폭력과 효과적 구제수단의 제공 등을 둘러싸고 검토될 점이 많다. 부부에게 자녀가 있는 경우, 친권자, 감호자의 결정, 이혼 후 별거하는 친자의 면접교섭의 적부, 부모의 재혼과 친자 관계의 조정 등이 문제된다. 이혼 후 가족은 생활상 여러 가지 곤란한 상황에 직면하기 때문에 부양비, 아동수당 등 생활비 보조, 세제상의 우대, 주거, 입소시설의 정비, 가족문제 상담서비스 등의 충실이 필요하다. 또 당사자의 정신적 타격을 경감시키기 위해 가정재판소와 민간상담기관의 유기적 연계도 필요하다.

3144 이혼중재(divorce mediation)
→ 중재(mediation), 이혼(divorce)

3145 이혼치료(divorce therapy)
이혼하기로 결정한 부부를 돕기 위해서 마련된 일종의 임상적 개입형태를 의미한다. 이혼치료에는 부부가 이혼의 대안을 고려하는 것을 돕는 일, 조정문제를 최소한으로 줄이는 일, 이성적으로 가능한 가장 건전한 방법으로 이혼방법을 통의하는 것이 들어있다. 이 치료는 또한 가령 아동보육 및 재산권 결정과 같은 이혼의 실제적·법적 문제점을 다룬다. 이 치료는 또한 부부가 전 배우자의 관례를 조정하고 새 생활방식에 적응하는 것을 돕는다.

3146 이환율(morbidity)

상병의 발생빈도를 나타내는 상병통계 지표의 하나이며 조사기간 중에 새로이 발생한 상병건수를 인구에 대한 비율로 나타낸다. 따라서 조사기간 전부터 있어온 상병건수는 제외된다.

3147 인가(sanction)

관계부처가 공식적으로 용인한 프로그램이나 기획을 수행할 수 있도록 허락받는 행위를 말한다. 이것은 또한 행동에 대한 법 또는 준거집단(reference group)에 의한 처벌을 의미하기도 한다. 예를 들면, 만일 사회사업가가 전문 사회사업가의 윤리강령(code of ethics)을 위반했을 경우 협의회로부터 자격정지의 제재를 받거나 면허 취소를 받을 수 있다.

3148 인간개발(human development)

사람의 생활주기에 따라 나타나는 신체적, 정신적, 사회적, 경험적인 변화를 말한다. 이러한 변화는 지속적이고, 공정하게 일관된 결과를 발생시키며, 다른 변화들과 함께 누적된다. 이간개발은 예상할 수 있는 방법으로 발생한다. 그러나 변화율은 각 개인에 따라 독특하다.

3149 인간개발서비스국 (OHDS : office of human development services)

미국 보건 및 인간봉사성(HHS : department of health and human services)안에 있는 기구이다. 이 기구는 대인적 사회서비스(personal social services)를 수행하기 위해 연방이 후원한 프로그램을 감독한다. 이 기구에는 아동, 청소년, 가정복지국(administration for children, youth and families), 미국원주민관리국(administration for native americans), 노인복지국(administration on asing) 등이 있다.

3150 인간공학(proxemics) 01

공간행동학으로서, 공간사용을 통해 인간이 서로 어떻게 영향을 미치는지에 관해 연구하는 학문을 의미한다. 여기에는 의사소통을 원활하게 하기 위한 기구, 주택 및 도로의 배치와 이들 간의 거리, 여러 유형의 의사소통시 상대방과의 거리관계 등이 포함된다. → 의사소통 이론(communication theory), 역효과 치료환경(sociofugal arrangements), 효과적 치료환경(sociopetal arrangements)

3151 인간공학(ergonomics) 02

일거리에 사람을 맞추고 사람에게 일거리를 맞추기 위한 작업조건, 종업원 관계, 도구, 작업조건의 분석학을 말한다.

3152 인간관계(human relations)

구체적 생활환경에 있어서 사람과 사람과의 사이에 생기는 심리작용으로 언어의 작용을 기본적 조건으로 하는 의사소통에 의하여 대표된다. 우연적 요소에 의해 인간관계가 성립하는 경우가 많게 되어 옛날 지연사회에 존재하는 룰이 결여되기 때문에 당연히 인간관계의 원리나 법칙을 창출할 필요성이 생긴 것이다. 1924~1932년의 이른바 호오손실험의 결과는 생산의 상승이 물리적 환경이나 보수의 개선만 이 아니고 오히려 인간관계적 측면에 의해 크게 좌우된다는 것을 보여 주었다. 기타 학문에서는 레빈(Kert Lewin)의 집단역학이론(group dynamics)이나 소시오메트리, 가족관계나 치료적 인간관계의 실천, 연구 등 복잡한 현대사회에 있어서 대응방법이나 인격의 성장발달과정으로서 인간관계가 논해지고 있다. 인간관계의 3대 목표는 협동 생산 자신의 직업만족을 얻도록 하는 것이다. 결국 인간관계론이란 집단 내 공동목표의 수립과 동기(motivation)를 발전시키는 것이다.

3153 인간관계관리(human relation management)

1926년부터 시카고의 호손공장에서 하버드대학교수 메이요(Elton Mayo)를 중심으로 행해진 호손·엑스페리먼트에 의해 발견된 하나의 노무관리방식을 말한다. 이는 개개의 근로자에 대한 면접조사를 포함한 장기적이고 계통적인 조사를 토대로 생산성의 향상은 인간의 태도와 감정이 중요하다는 것을 얻어냈다. 또한 호손실험은 기술혁신, 관료제화의 진행 속에서 인간에게 근로의욕을 높이기 위한 새로운 관리기술을 개발함으로써 그 이전의 과학적 관리론을 보완하게 되었다.

3154 인간관계 기술(human relation skill)

조직의 일원으로서 효과적으로 일하고, 조직구성원의 활동을 조정하고, 목적달성을 위해 최선을 다하도록 자극하고 동기유발하는 기술, 학교행정가는 교육위원회, 학교의 비전문직원과 전문직원, 학생, 학부모, 지역사회, 교직전문단체, 일반인 등 관련집단 내 또는 그들 관련집단 간의 상충하는 기대의 한가운데 서있는 중간층이기 때문에 어느 조직의 행정가보다도 인간관계 기술이 더욱 중요하고 복잡성을 띠게 된다. 인간관계 기술을 발전시키려면 무엇보다도 자기 자신을 알과 자신의 장·단점을 알아야 하며, 새로운 아이디어를 받아 들여 조직과 조직 속에 있는 사람들에게 변화를 일으키도록 일할 수 있는 내적 평정을 지녀야 한다.

3155 인간발달단계(life stage)

에릭슨(Erikson, E.)은 8단계의 위기를 거쳐 자기동일성

(identity)을 획득한다 했다. 또 D.스퍼는 직업생활에 관해 연령별로 크게 5단계 로 나누어 고찰하고 있다. 또 하비가스트(Havighurst, R.)는 일생을 6가지 시기로 나누어 각각의 시기에 고유의 발달문제를 제시하고 달성을 위한 교육의 역할을 명백히 했다. 케이스워크에서 생활력의 중시뿐 아니라 생활주기 연구와 함께 발달단계의 파악은 실천 상 중요하다.

3156 인간봉사(human service)

인간의 사회적 장애와 심리적 곤란을 극복할 수 있도록 원조하기 위해 수행하는 모든 원조적 활동과 행동을 의미하며 여기에는 정신건강 운동참가자·카운슬러·심리학자·사회사업가·법원의 관리·성직자·의사·간호원·교육자 등이 인간의 전인적 발달과 환경과의 효과적인 적응을 이룰 수 있도록 돕기 위해서 수행하는 모든 활동을 포함한다.

3157 인간성(human service)

인간의 여러 가지 가능성의 범위, 문화적 특수성으로 인한 차이가 있지만 어느 사회에서 생활하든 지간에 인간이 공통적으로 행하는 행위의 경향성이나 가능성이 있다고 보고 그러한 인간특성의 범위를 인간 이외의 존재와 대조시켜 구별할 때 사용하는 말이다. 인간의 본질과 목적이 가장 보편적 수준에서 관심의 대상이 될 때, 인간성을 논하는 것이 된다.

3158 인간소외(alienation)

소외란 원래 인간이 자기들의 생활을 풍부하게 하기 위해 만들어 낸 물질이 인간으로부터 독립하여 거꾸로 인간을 지배하고 마는 현상을 가리키는 말이다. 즉 인간이 만들어낸 문화가 인간성과 유리되어 인간을 지배하게 되는 현상이다. 소외의 종류를 대별하면 이용적 문화로부터의 소외, 맑스(K. Marx)는 이를 노동생산물로부터의 소외라고 했다. 규범적 문화로부터의 소외, 웨버(M. Weber)는 고도로 공업화된 노동과정의 기계화·자동화 그리고 사회기구의 거대화에 따른 관료화로부터 역할을 단편화시키고 타율화시켜 몰인간적으로 만든다. 관념적 문화로부터의 소외는 프롬(E. Fromm)의 자유로부터의 도피과정에서 찾아볼 수 있다.

3159 인간행동과학(human behavioral science)

생활과학, 정보과학, 사회과학의 성과와 축적을 총동원해서 인간의 개인적 행동과 집단적 행동에 관한 일반적 이론을 수립하려는 학제적 과학을 의미한다. 행동과학은 인간행동에서도 계측 가능한 현상을 연구대상으로 하는 경향이 강하기 때문에 조작적, 실험적, 실증적 데이터 처리를 중시한다. 따라서 조작성이 낮은 데이터, 비반복적인 현상은 연구대상에서 제외되기 쉽다.

3160 인격(personality) 01

인간은 다양하고 특유한 행동방법 혹은 행동양식을 결정짓는 프로그램의 특수성을 갖는다. 이런 의미에서 성격과 의미를 같이하지만 성격은 정의적인 행동양식이 강조되는 것에 비해 인격은 개인의 통일성, 적응성을 강조한다. 심리학에서의 인격은 도덕적 의미를 포함하지 않는다. 개인이 보여주는 정서반응의 특질을 파악할 경우에는 그것은 기질이다. 즉 어느 개인이 어떠한 행동을 할 경우 어떠한 감정(기질)으로 어떠한 방법(인격)에 의해 어떠한 반응(성격)을 하느냐가 문제가 된다. 상냥하고 침착한 사람이라 할 때 상냥은 성격이고 침착은 인격이라 간주해도 좋다. 즉 행동양식의 특유함이 인격이다.

3161 인격(character) 02

개인의 지적·정적·의지적 특징 등을 포괄하는 정신적 특성을 나타내는 말이다. 흔히 성격 혹은 개성(personality)과 같은 뜻으로 사용되는 경우도 있으나, 성격은 천성적 특징과 우연적으로 형성된 특징까지를 포함한 보다 넓은 범주의 말임에 비하여 인격은 개체의 노력 혹은 수양에 의해서 형성된 특징에 한정하여 사용하는 말로서 이해되고 있다. 그러므로 성격은 도덕적 평가의 대상이 되지는 않으나 인격은 도덕적으로 평가를 받아 칭찬이나 비난에서 언급되는 대상이다. → 성격

3162 인격의 사회화

인간의 심리적 기능에서 인격은 적응개념으로 쓰여 지지만 인격의 사회화는 인격이 개체 발생적으로 유아기에서 노년기 사이에 사회적 상호작용을 통해서 발달해가는 과정을 말한다. 인격발달은 단지 성숙에만 의한 것이 아니고 양친, 형제자매, 친구, 교사, 사회사업가 등 타인과의 상호작용이나 이것을 매개로 하는 여러 가지 학습을 통해 달성된다.

3163 인격장애(personality disorder)

사회적 적응이 불능할 정도의 성격장애를 의미한다. 성격이 보통 사람과 다르다는 것만으로는 마음의 병이라고 할 수 없지만, 그 때문에 자신과 사회가 괴롭힘을 당하게 되면 사회적 반응을 할 수 없게 되므로 정신장애가 되는데, 이를 정신병질(psychopathic personality)이라고도 한다. 독일의 정신과의사 K.슈나이더는 이것을 발제, 억울, 약지, 냉정, 폭발, 기분역섭, 자기현시, 자신결핍, 광신, 무력의 열 가지 유형으로 나누었다. 최근에는 사회변동에 따라 생긴 새로운 형의 부적응을 일으키는 인격장애를 볼 수 있게 되었다. 미국정신학회에서는 이것을 망상성 인격장애, 분열병질 인격장애, 분열병형 인격장애, 연기성 인격장애, 자기애성 인격장애, 경계성 인격장애, 회피성 인격장애, 의존성 인격장애, 강박성 인격장애, 수동·공격성 인격장애, 비정형·혼합성 또는 기타의 인격장애로 분류하고 있다.

3164 인공두뇌학(cybernetics)

체계를 규제하고 통제하는, 특히 정보의 흐름을 규제하고 통제하는 과정에 관한 연구를 의미한다.

→ 의사소통 이론(communication theory)

3165 인과관계(cultual relation)

두 가지 이상의 과정, 사건, 변인들 간의 어떤 현상이 다른 현상을 일으키는 원인이 되는 관계를 의미한다. 예컨대 A가 B의 원인이 되는 B보다 시간적으로 앞서야 하며 B가 일어나는데 필요하고 충분한 조건이 되어야 한다. 즉 새로운 교수방법을 적용하여 다른 수준의 학업성취도를 얻게 되었다면 그 교수방법이 성적 변화의 원인이라고 해석할 수 있다. 그러나 두 가지 사건이 함께 변한다고 해서 그들 사이에 반드시 인과관계가 있다고 볼 수는 없다. 두 변인 간의 높은 상관계수는 그들 사이의 인과관계를 주장하는 충분조건이 되지 못한다. 예컨대, 교회 수와 범죄율 간에는 통계적으로 정적인 상관관계가 있지만 둘 중 어느 현상이 다른 현상의 원인이라는 결론은 성립되지 않는 다. 왜냐하면 그 상관계수는, 그 두 가지 사건이 모두 인구수라는 제3의 변인에 의해서 영향을 받고 있다는 우연적인 관계에서 비롯된 것에 불과하기 때문이다.

3166 인공수정(artificial insemination)

출산을 위해 성적 접촉이 아닌 다른 방법으로 정자와 난자를 결합하는 것을 말한다. 자연적으로 임신할 수 없었던 많은 여성들이 이 방법을 통해 임신하게 되었다. 의사는 외과용 기구를 이용하여 해당 여성의 남편이나 익명인한테 받아낸 정액을 나팔관이나 자궁에 주입한다.
→ 시험관 인공수정(in vitro fertilization)

3167 인공임신중절(artificial abortion)

태아가 모체 외에서 생육을 계속할 수가 없을 시기에 인공적으로 태아·태반 등을 자궁 외로 배출해내는 수술을 말한다. 대개 임신 24~28주 미만에 적용되며, 보다 짧게 할 것을 검토하고 있는 나라도 있다. 인공임 신중절은 현재 살인으로 간주하여 금지하고 있는 나라도 있고, 모친의 의사에 따라 자유롭게 중절수술을 받게 하는 나라도 있는 등 여러 가지이다. 그러나 1970년대 중반부터 일정한 조건 하에서만 중절을 인정하려는 나라가 늘어나고 있다.

3168 인구구조(population structure)

집단의 구성원은 성별, 연령, 배우자관계 등의 다양한 속성을 구비하고 있다. 집단을 이 같은 속성에 의해 분류한 결과를 인구구조라 한다. 가장 기본적인 인구구조는 성별구조와 연령별 구조이며 이것은 피라미드 도표로 자주 도식화된다. 이밖에 배우자 관계별 구조, 직업별 구조 등의 인구구조도 이용되고 있다.

3169 인구노령화

총인구 혹은 다른 연령층의 인구와의 대비에서 노년인구가 상대적으로 증가하는데 따른 직접적인 원인은 사망률과 출생율의 관계이며 특히 출생율의 저하에 있다. 인구노령화가 경제, 사회에 미치는 영향은 심각하다.

3170 인구동태(vital population)

인구의 크기는 출생, 사망, 유입, 유출의 요인이 관계되고 이들 요인에 의해 인구증감의 정도가 결정된다. 또 인구를 그 속성, 즉 성, 연령, 배우자 관계, 직업 등으로 분류한 것을 인구구조라 부른다. 이들 인구증가와 인구구조의 변동을 합해 인구변동이라 하며 인구변동의 양상을 인구동태라 한다. 또 이와는 별도로 출생, 사망, 결혼, 이혼의 연간 발생건수를 인구동태통계로 정리하고 있다.

3171 인구동태 통계(vital statistics)

결혼, 이혼, 출생, 사망, 건강상태, 질병, 사망원인 등과 관련 있는 공식적인 인구통계 자료를 의미한다.

3172 인구문제(population problem)

인구문제는 사회문제와 밀접한 관계를 갖는다. 일반적으로 인구문제는 양의 문제와 질의 문제로 나누어 생각할 수 있다. 전자에서는 인구의 가속도적 증가가 문제가 되고 후자에서는 연령, 취업, 사회계층 등의 구성이 논의된다. 인구문제는 시대에 따라 그 양상이 달라지지만 오늘날에는 개발도상국에서의 인구증가와 선진공업국에서의 출생력의 저하와 노령인구의 증가가 자원과 환경의 문제와 관련되어 주목되고 있다.

3173 인구의 제로성장(zero population growth)

출생률을 사망률에 일치시키기 위해서 인구 안정을 옹호하는 운동을 의미한다. 이것은 향상된 성교육, 피임, 가족계획 그리고 규정했던 것보다 더 많은 자녀를 가진 사람들에게 때때로 조세벌금(tax penalties)을 부과함으로써 성취할 수 있다고 옹호자들은 주장한다. 또한 인구의 제로성장으로 알려진 공식기구는 1968년에 설립되었고 이런 목표들을 지지하고 있다.

3174 인구이동(population mobility)

인구이동의 원인, 그 양태는 대단히 복잡하다. 일정의 지역단위 상호 간에 이루어지는 인구이동은 단위지역내의 인구의 증감에 영향을 주어 인구구성을 변화시키고, 인구의 재생산결과를 혼란시켜, 출생·사망에 의한 인구의 자연적 증감과는 본질적으로 상이하게 된다. 유출입이라는 인구의 사회적 증감은 특정지역의 생활구조에 큰 영향을 준다. 생활수준이 낮은 곳에서 높은 곳으로의 고용, 생활상의 편의, 교통, 주거 등의 요인도 작용한다. 인구이동은 국내의 지역간 뿐 아니라 국제이동도 포함하는 개념이다.

3175 인구정책(population policy)

인구정책이란 국가가 인구에 대해 바라는 상태를 실현하기 위해 행하는 노력을 말한다. 이 정책은 시대와 함께 변할 수 있으나 인구증강을 목적으로 하는 정책과 국민복지의 향상을 도모하는 정책의 두 가지로 나눌 수 있다. 그러나 인구에 관한 문제는 개인의 의지에 관계 되는 면이 많아 반드시 국가의 의지와 일치할 수는 없다. 따라서 국민에게 인구문제의 이해를 홍보해서 의지결정에 공통의식을 만드는 일이 중요하다.

3176 인구조사(population census)

인구 상황을 파악할 목적으로 하는 조사를 의미한다. 기원전 이집트나 중국에서 이미 실시되었으나 근대의 조사는 1790년 미국에서 가장 먼저 시작되었다. 현재는 전수조사이며 국세조사와 동의어로 쓰일 때가 많다. 그러나 인구에 관한 현상은 복잡화하고 있기 때문에 그밖에 국세조사, 이후조사, 인구동태조사, 주민대장인구이동보고, 등록외국인 통계조사, 이동 인구조사 등이 실시되고 있다.

3177 인구통계학(demography)

인구 변동과 그 특징을 체계적으로 연구하는 학문을 말한다.

3178 인구학(demography)

인구의 과학적 연구, 특히 크기·구조 및 발달을 대상으로 한 과학으로 인구지학이라고도 한다. 연구대상에 따라 다음과 같은 특별용어가 사용되고 있다. 기술인구학이라 불리고 있는 것으로 인구집단의 수, 지리적 분포 및 일반적인 속성을 기술한 것이다. 형식인구학 혹은 통계인구학이라 불리는 것으로 인구현상간의 양적관계를 연구대상으로 한다. 실체인구학으로 불리는 것으로 인구현상과 사회적·경제적 현상과의 관계, 출생·사망·이동이란 현상과 사회적·경제적 요인과의 상호관계를 연구대상으로 하고 있다. 이와 같이 인구학의 연구영역은 광범위하기 때문에 학제적 연구가 필요하다.

3179 인권(human rights)

사회적인 성취에서 인종, 성별, 언어, 종교에 차별을 두지 않고 모든 사람에게 동등한 특권과 책임이 주어지는 기회를 의미한다. 1948년 UN위원회가 정식으로 인권에 관해 이렇게 규정했다. 생존, 자유, 생명·신체의 안전과 같은 민주주의 헌법에서 승인된 기본적인 시민권(civil right), 즉 임의 구류·구속·유형으로부터의 자유, 공평한 재판에 의해 공정한 공판과 공청회를 받을 수 있는 권리, 사상·양심·종교의 자유, 평화적인 집회 또는 결사를 갖는 자유를 말한다. 또한 노동, 교육, 사회적 안전에 관한 권리 같은 경제적·사회적·문화적인 권리들, 즉 지역사회의 문화생활에 참가하는 것, 그리고 과학의 진보와 예술에서 이익을 공유하는 것을 포함한다.

3180 인권보장(safeguard for human rights)

인간이 인간으로 생존하고 생활하기 위해 고유하게 보유하고 있는 기초적·기본적인 권리의 보장을 말한다. 이 인권 중에는 개인적·자유권적인 자유주의적 권리와 국가가 적극적으로 구체적인 시책을 강구하는 사회주의적 권리가 있다. 전자에 속하는 권리로서 재산권이나 결사의 자유 등이 있고 이것들은 국가의 침해를 받지 않는다는 불가침의 인권이며 후자는 생존권 보장처럼 적극적으로 국가에 의해 조치되도록 요청하고 있다.

3181 인권옹호위원회(civil liberties commission)

인권옹호위원법에 의해 국민의 기본적 인권을 옹호하고 인권사상의 보급 및 고양에 노력할 것을 사명으로 설치되었다. 국가권력에 따른 인권침범사건만이 아닌 인종, 성별에 의한 취직차별 등 고용주와 종업원 간의 인권침범의 사례 구제, 예방적 차원도 취급한다.

3182 인내력(frustration tolerance)

어떤 목적이 훼방당하거나 연기되는 것을 참는 능력을 의미한다.

3183 인도주의(humanism) 01

인간의 자유와 존엄을 존중하고 이를 구속하는 일체의 것에 대해 반대하는 인간해방을 목표로 한 사상의 총칭이며 인문주의, 인간주의 등으로도 불린다. 다의적 개념으로 내용도 시대에 따라 다르다. 이념적으로는 그리스·로마시대로 거슬러 올라가지만, 역사상 정신운동으로서는 중세적, 봉건적 구조 속에서의 인간해방을 목표로 한 르네상스·휴머니즘으로 시작된다. 이 흐름은 18~19세기에 추상적 인간관이나 기계론적 사회관에 반대하고 인간적 개성의 존중을 목표로 한 Winckelnann, J. J., Goethe, J. W. 등의 신휴머니즘의 운동으로 계승되었다.

3184 인도주의 02

인간의 경험이나 복리를 일차적인 관심사로 생각하려는 사상을 의미한다. 현세에서의 복지와 행복을 존중하는 반내세주의적 특징을 가진 경향도 있고, 르네상스 운동에서와 같이 고전의 정신과 사상을 부활시켜 인간의 개성과 가치를 강조하면서 종교적 제약에 반기를 든 것도 있다. 그 외에 모든 형태의 초현실적·초자연적 세계에 대한 신념을 부정하는 20세기의 철학적·종교적 노선의 형태도 있다. 즉 그것은 현세의 모든 인류가 향유할 가치를 궁극적인 윤리적 목표로 삼고, 인간의 문제를 오직 이성과 과학과 민주주의적 방법에 의해서 해결하려는 경향으로, 「자연주의적 인도주의」라고 일컬어지고 있다. 콩트(A. Comte)의 실증주의, 영국의 공리주의 등의 영향을 받은 것으로, 미국의 「인도주의자협회」(american humanist association)가 있고, 국제적으로는 「국제인도주의윤리연맹」(international humanism and ethical union)이 있다. 또한 인도주의는 고전 연구를 강조하는 교육운동을 일컫는 것으로도 이해되고, 톨스토이(L. Tolstoy) 등의 도덕적 문학의 경향을 일컫는 말이기도 하다.

3185 인두세(payroll tax)

임금이나 봉급에 부과되어 고용주가 지불하는 세금으로 보통 실업보상(unemployment compentation)과 같은 프로그램을 말한다. 일부 경제학자는 이를 소득세(income tax)라고도 한다. → 목적세(an object tax)

3186 인디언 업무국(Bureau of Indian Affairs)

미국 인디언과 알래스카 원주민을 위한 사회서비스, 건강·교육 프로그램, 농업과 경제부조, 시민권 보호를 위하여 1824년에 창설된 미국 내무성 내에 있는 연방조직을 말한다.

3187 인력개발 및 훈련법 (manpower development and training act)

근로자가 직업기술을 습득하는 것을 돕는 직업훈련을 위해서 국가고용 기관과 사기업에 자금을 제공하도록 1962년에 제정된 연방입법(P.L. 87-415). 1973년에 이러한 프로그램은 세타 (CETA)로 통합되었다. → 경제기회법(economic opportunity act)과 직업단(job corps)

3188 인력기획(manpower planning)

사회기관과 같은 사회조직의 문제와 직원의 욕구를 규정하고 그러한 문제나 욕구와 관련된 목표체계를 수립하고 목표를 달성하는 데 필요한 행동을 결정하고 과제를 확인 및 분석하고 직업과 진급경로를 기획하고 현임훈련(in-service training)을 고안하는 체계적 과정을 말한다.

3189 인물화검사(DAP : draw-a-person test)

1926년 Goodenouhg에 의해 'measurement of intelligence by drawings'에 소개된 검사법이다. 사람 그림을 그리게 하여 지능을 평가하는 방법으로 사용되었으나 현재는 아동과 성인의 투사적 성격검사로서 특히 자아상(self image)이 투사되는 검사법으로 사용된다. 실시과정은 흰 종이와 연필을 주고 "사람을 그리시오"라고 지시한다. 만일 질문이 있을 경우에는 "원하는 대로 그리시오" 또는 "전체 모습을 그리시오"라고 응답할 뿐 자유롭게 피검사자의 선택에 맡긴다. 남자와 여자 두 사람의 인물을 그리게 한 다음 그려진 인물에 대해 어떤 생각을 가지고 있는지, 인물의 성격이나 배경, 인물의 신분에 대해 질문한다. 지능검사로 사용할 시는 채점 기준에 따라 두 그림을 채점한 점수를 합하고 그것을 둘로 나누어 규준에 따른 IQ를 산출한다.

3190 인보관(settlement house)

1886년 스탠튼 잇트에 의해 미국 최초의 세틀먼트로서 뉴욕에 설립되었다. 숙련노동자의 직능별조합에 대응해 미숙련노동자의 거리에 상호부조 조직의 지도를 목표로 길드라 이름지었다. 런던의 토인비 홀의 영향을 받은 이 시설이 단서가 되어 헐 하우스 외에 수많은 세틀먼트를 미국에 발달시키게 되었다.

3191 인보사업(settlement house work)

지식과 인격을 겸비한 사람이 슬럼에 들어가 함께 살면서 빈민과의 지적·인격적 접촉을 통해 복지향상을 도모하는 사업을 말한다. 역사적으로는 1884년 슬럼의 과제에 고뇌하고 있던 영국의 런던에서 사뮤엘·바넷트부부를 중심으로 아놀드 토인비를 기념해서 세운 토인비 홀이 최초의 세틀먼트이다. 1889년 미국에서 제인 아담스가 설립한 헐 하우스가 세틀먼트운동을 미국에 넓히는 단서가 되었다. 세틀먼트운동은 하향곡선을 그리고 있다. 그렇지만 역사적으로는 오늘날 지역복지로 발전하는 계기가 되었다.

3192 인보운동(neighbourhood movement)

스코틀랜드 장로파교회의 종교적 실천가인 찰미즈가 1819년, 그라스 고시의 교구에서 시작한 운동을 말한다. 찰머즈는 구빈법이 빈민을 나태·부도덕하게 한다면서 반대하고 주민의 근린관계를 중시한 독자의 지역이론을 토대로 자선의 지역조직화를 제창·실천했다. 그의 운동은 확대되지는 못했으나 후일 자선조직협회(COS)에 의해 높이 평가되고 큰 영향도 주었다.

3193 인보험

인체에 관한 보험 사고 발생이 있을 때 보험금을 지급할 것을 약속하는 보험으로 실제의 손해에 관계없이 가입할 때 정한 금액을 지급하는 것이 보통이므로 정액보험이라고 한다.

3194 인본주의(humanitarianism)

인간의 가치를 주된 관심사로 삼는 사상을 의미한다. 흔히 다음과 같이 세 가지로 나누어 생각하는 경향이 많다. ① 인간의 고통을 극소화하고 복지를 증진시키려는 모든 도덕적·사회적 운동을 통칭하는 것으로 이해되는 경우가 많다. ② 신이나 자연이 숭배의 대상이 아니라, 오직 인간성(humanity)만이 존귀하다고 믿는 실증주의적 인간성 숭배의 사상을 일컫는 경우도 있다. ③ 예수 그리스도의 신성을 부인하고 그 인격성만을 주장하는 신학사상을 일컫는 말로도 사용된다.

3195 인본주의적 지향(humanistic orientation)

사람들의 역기능보다는 그들의 잠재력을 강조하는 개념, 가치, 기술들의 집합을 의미한다. 이러한 생각을 가진 사회사업가나 치료사들은 치료 관계(relationship)를 개발하고 '현재와 미래'에 주의를 집중함으로써 클라이언트를 돕고자 한다. → 자아실현(self-actualization)

3196 인사관리(staffing)

사회복지 행정에서 직원의 효과성을 유지하고 증대하기 위해 고안된 조직의 활동을 의미한다. 유망한 피고용인이나 자원봉사자를 면접하고 채용하며, 현임훈련(inservice training)과 직원 개발을 한다.

3197 인사관리국
(OPM : office of personnel management)
전국의 고용체제의 대부분을 관장하는 기구로서 노동자의 선발, 훈련, 시험, 승진, 해고, 휴직에 대한 기준뿐만 아니라 고용기준, 봉급체계, 수당 등을 규정한다. 이 기구는 1978년에 시민서비스개혁법(civil service reform act)에 의해 설립되었으며, 인사 관리국에 대한 시민서비스위원회(civil service commission)와 능력본위 임명제도 보호청(merit systems protection board)의 기능이 바뀐 것이다.

3198 인성검사(personality test)
성격(character)의 특질, 기질(temperament) 등의 측정(assessment)을 위해 여러 가지 연구방법이 시도되고 있으나 질문지법, 작업법, 투영법이 그 주된 것이다. 인성검사는 인격(personality)의 구조나 유형에 주안을 둔 독일 성격학의 영향을 받은 것으로 생각되나 최근에는 역동적인 퍼스낼리티를 전체로 파악하려는 입장에서 인격검사로 불리는 일이 많다.

3199 인성적응훈련(personal adjustment training)
직업 분야에서의 적응에 관련된 습관이나 태도를 개발하는 것을 말한다. 예를 들면, 신뢰성, 타인에 대한 책임성, 인내력, 일관성, 시간관념 등이다(Bitter, 1968).

3200 인성학(ethology)
생물유기체의 유전학적, 생리학적, 진화적 발달과 환경에 대한 적응을 조사함으로써 인간의 성격형성과 동물의 행동을 과학적으로 연구하는 학문을 의미한다.

3201 인스티튜셔널리즘(institutionalism)
통상은 호스피탈리즘과 동의어로 취급된다. 역사적으로 엘리자베스 구빈법 이래의 수용시설형태는 격리·징벌적인 성격을 많이 가지고 있었으며, 군대의 막사식 건물과 명령·복종에 의한 일상생활의 획일적 규제의 문제가 있고 피수용자(아동, 성인 등) 심신의 건전한 발달을 해치는 문제를 가지고 있는 것을 의미한다. 20세기 전후의 민간사회개량자들은 시설입소자의 정상적 인간성 회복과 사회복귀를 강조해 시설수용주의의 개선에 노력했다. 이것은 그 뒤 호스피탈리즘 논쟁과 관련하게 된다.

3202 인식([영] cognition [독] Erkenntnis) 01
넓은 의미의 앎에 상당하는 말로서 지각이나 기억이나 내성에 의한 깨달음. 의욕·정의와 함께 의식의 기본적인 형태 혹은 기능을 이룬다. 스콜라(schola)철학에서는 인식이 직관적·포괄적·추상적·본질적인 것으로 구분된다. 직관적 인식은 대상 그 자체의 가장 명백한 형태나 영상을 직접적으로 접함으로써 깨닫는 것을 뜻하며, 대상 이외의 증거에 의해서 추리되거나 관찰된 것이 아닌 직접적 인식이다. 포괄적 인식은 대상전체를 완전히 아는 것으로, 대상 그 자체에 전적으로 상응하는 인식이다. 추상적 인식은 피조물을 통하여 창조주인 신을 알듯이, 어떤 대상을 직접적으로 아는 것이 아니라 다른 사물을 통하여 알거나, 대상 그 자체의 영상이나 특징이 주어지지 않아도 알게 되는 것이다. 본질적 인식은 대상의 정확한 영상에 의해서 안다는 점에서는 직관적 인식과 유사하나, 대상의 본질적이고 고유한 특성을 꿰뚫는 인식이다. → 지식, 인식론

3203 인식(knowledge) 02
지식과 대체로 같은 의미의 말. 지식이 작용보다도 주로 성과를 가리키는데 대해, 인식은 작용과 성과 양쪽을 가리키는 일이 많다. → 지식

3204 인식근거
→ 이유

3205 인식론(epistemology)
지식의 본질, 방법, 한계에 대한 연구.

3206 인신공격방지위원회
(anti-defamation league of b'nai b'rith)
1913년에 설립된 시민권(civil rights) 조직을 말한다. 인신공격방지위원회는 반유대인주의를 없애고 집단관계를 증대시키며 민주적 과정을 도모한다. 뉴욕시에 본부가 있다.

3207 인신보호영장
죄수 또는 다른 시설에 수용된 개인의 후견인이 그 사람을 판사 앞에 데려오도록 하는 법원의 요구를 의미한다. 이때 법원은 소송당사자가 정당한 절차에 대한 헌법의 권리를 위반하여 수용하고 있는지 여부를 결정한다.

3208 인에이블러(enabler)
→ 조장자

3209 인위적인 장애(factitious disorder)
비정상 또는 정신병의 징후처럼 보이지만 주체의 자발적인 통제 아래 이루어지는 행위를 의미한다. 그것은 인위적인 장애에서처럼 문제로부터 얻는 이익이 없다는 점만을 빼면 꾀병부리기(malingering)와 유사하다.

3210 인재은행
재취업을 원하는 중고령자에게 정보를 제공하고 재취직 상담·소개를 취급하는 사업단체를 의미한다. 실버 인재센터, 고령자 사업단 등의 명칭을 가지기도 한다. 정년으로 퇴직

한 후에도 일을 함으로써 자신의 노동 능력을 활용하고 추가적인 수입과 사는 보람을 느끼고 사회에 기여 하는 등의 목적으로 사회참가를 희망하는 고연령자에게 재취업을 알선해주는 사업이 주요업무가 된다. 보통 고연령자가 자주적으로 운영하는 공익법인일 경우가 많다.

3211 인적서비스(personal social services)

사회복지의 정책·제도를 통해 제공되는 서비스 중 대인관계를 기초로 해서 개인에게 제공되는 상담, 교육, 치료, 재활, 직업훈련 등 직접적서비스를 말한다. 그 기능은 사회복지 전문직으로서의 실천인 사회사업보다 광범위하다. 칸(kahn, A)은 사회화와 발달을 촉진시키거나, 치료를 실시하거나, 새로운 서비스를 이용시키거나, 또 그 정보를 알리는 것 등의 서비스가 포함된다고 보고 있다.

3212 인적 자본(human capital)

① 사람의 질을 향상시키기 위한 지출. 이러한 지출은 생산성을 높여준다. ② 한 국가의 시민들에게 공공교육, 보건프로그램, 직업교육을 통하여 투자하는 것으로 궁극적으로 경제적으로 더욱 건강한 사회를 만드는데 기여하려는 것이다. ③ 개인의 종합적인 기술, 능력, 교육경력, 지적인 잠재력으로, 이것들을 노동시장으로 유인된다.

3213 인적자원(human resources)

한 사회, 또는 국민경제가 필요로 하는 재화와 용역의 생산에 투입될 수 있는 인간의 노동력, 거시적 관점에서의 인적 자원은 그 나라의 경제활동 인구의 규모에 의해 결정되며, 미시적으로는 생산적인 재능, 기술, 지식을 갖춘 노동자의 수에 의해 그 양(量)이 결정된다. 이에 반대되는 개념은 물적 자원으로서 원자재, 기계, 설비, 건물, 토지 등을 일컫는다.

3214 인종차별(racial discrimination) 01

집단의 신체적 특성이 보다 우세하거나 보다 열세한 인종이라고 확인될 때에 심리적 특성도 그와 같은 식으로 연결지어 생각하려는 신념이다. 흔히 인종이나 민족 집단에 대한 그러한 부정적 감정을 가리킬 때 이 말을 사용한다. 인종은 일반적으로 피부색, 골격, 문화적 또는 종족적 특성과 같은 신체적 특성을 가리키는 의미이다. 인종차별을 나타내는 부정적 태도를 편견이라 부르고, 편견에 의해 야기되는 인종이나 민족에 대한 행위는 차별대우라 한다.

3215 인종차별(apartheid) 02

유색인 차별을 허용하고 인종집단을 분리시키는 남아프리카공화국의 공식 정책을 의미한다.

3216 인종차별주의(racism)

대개 인종을 이유로 인간에 대해 부정적으로 고정화하고 일반화하는 것을 말한다. 통상 인종적 소수집단의 구성원에 대한 식별(discrimination)에 기초하고 있다.

3217 인종차별철폐국제조약
(the international convention on the elimination of all forms of racial discrimination)

국제연합헌장(1945년), 세계인권선언(1948년)의 정신은 인종차별이라는 특정항목을 해결하려는 조약으로서 1965년의 국제연합총회에서 채택되어 1969년에 발효한 조약이다. 그 결과 인종차별철폐위원회가 설치되어 각국의 인종차별을 감시하고, 국제연합총회에 보고·권고 하게 되었다. 전문에 "인종차별에 기인한 우월의 원리는 어떠한 것이든 과학적으로 잘못이며, 도적적으로 비난받고, 사회적으로 부정·위험한 것이다."라는 말이 있다.

3218 인종평등위원회
(CORE : congress of racial equality)

모든 인종에게 공정한 법적용을 보장하고 소수민족에게 기회를 증진시켜주기 위해 1942년에 설립된 시민권 조직을 말한다.

3219 인지(cognition) 01

관련된 정보를 지각하고 이해하고 기억하며 평가하는 정신적 과정을 의미한다.

3220 인지 02

지각·상상·추리 및 판단 등 모든 형태의 지각 활동을 포괄하는 일반적인 개념을 말한다. 인간의 정신 활동은 지(知)·정(情)·의(意)로 분류할 때 지에 해당한다.

3221 인지구조(cognitive structure)

지각하는 현상을 믿음·태도 및 기대의 통합적이며 위계적인 형태로 조직한 것을 의미한다. S-R 이론이 학습을 시행착오의 반복을 통하여 고정되는 습관이라고 간주되는데 반대하여 형태심리학에서는 학습을 통찰에 의한 인지구조의 변화라고 주장했다. 이때의 인지구조는 부분들의 단순한 산술적 총합이 아니라 조작된 전체라는 뜻을 갖게 된다. 예컨대 어떠한 멜로디를 이조하면 낱말의 음은 모두 달라지지만 멜로디 전체는 변하지 않는다. 형태심리학은 지각을 먼저 원자적인 감각으로 분석하고 다시금 종합하려고 했던 연합주의적 심리학에 반대하여 지각은 처음부터 조직된 전체로 주어진다는 입장을 취했기 때문에 학습 역시 이러한 전체적인 인지구조의 변화라고 주장하게 되었다. → 형태 심리학

3222 인지도(cognitive map)

환경에 대한 개인의 이미지나 지각적 영상을 말한다.

3223 인지모델(cognitive models)

사람이 현상을 인식하고, 지각하거나 이해하게 되는 방법의 표현을 의미한다. 이러한 모형은 피아제 이론(Piagetian theory)에서처럼 인간 개개인이 자신들의 세계를 이해하고 지식을 형성하는 능력을 어떻게 개발하는지를 생각하고 기술하는데 사용될 수 있다. 또한 이 모형은 합리적·정서적 치료(rationalemotive therapy), 엘리스(Albert Ellis), 현실치료(reality therapy), 글래서(William Glasser), 개인심리학적 치료(individual psychology), 아들러(Alfred Adler), 합리적 개별사회사업(rational casework), 선리(Robert Sunley)와 워너(Harold D.Werner) 등과 같은 치료접근법을 설명하는데 사용된다.

3224 인지발달(cognitive development)
개인이 정보를 지각하고 평가하며 이해할 수 있는 지적인 능력을 습득하는 과정을 의미한다. 피아제(Jean Piaget)는 가장 완전한 인지이론을 형성하였다. 그는 인간 발달을 네 가지 전형적인 단계로 분류하였다. 즉 감각운동기(sensorimotor stage : 출생~2세), 전조작기(preoperational stage : 2~7세), 구체적 조작기(concrete operations stage : 7~11세), 형식적 조작기(formal operations stage : 11세~청년기).
→ 피아제 이론(Piagetian theory)

3225 인지 불일치(cognitive dissonance)
개인이 두 가지 혹은 그 이상의 모순된 신념과 인지를 동시에 경험하는 정신적 상태를 의미한다. 건강한 사람에게 이러한 상태는 흔히 정신적 불안정을 초래하며, 자신이 모순된 점을 찾을 때까지 겪는다.

3226 인지유형(cognitive style)
개인이 정보를 조직하고 처리하는 방식이다. 이것에 영향을 미치는 문제를 지각·기억·이해하고 해결하는 방법은 개인마다 다르다. 예를 들어 어떤 사람들은 환경에 대해 더욱 분석적일 수도 있지만 다른 사람들은 보다 전체적인 접근법을 취할 수도 있다는 것이다.

3227 인지이론(cognitive theory)
개인이 정보를 받아들이고, 처리하고, 반응하기 위한 지적인 능력을 개발시키는 방법에 관련된 일련의 개념들을 의미한다. 인지적 개념들은 행위가 일차적으로 본능적인 성향이나 무의식적인 동기보다는 오히려 사고와 목표에 의해 결정된다는 점을 강조한다.

3228 인지적 영역(cognitive do-mains)
→ 지적 영역

3229 인지치료(cognitive therapy)
어떤 행위에 대한 클라이언트의 의식적 사고과정, 동기, 행위의 원인에 초점을 맞추어 인지이론(cognitive theory) 개념을 이용한 임상적 개입을 의미한다. 이 인지치료의 주요 창시자는 아들러(Alfred Adler)이다. 현재 이 접근의 유형으로는 합리적·정서적 치료(rational-emotive therapy), 현실치료(reality therapy), 실존주의 치료(existential therapy), 합리적 개별사회사업(rational casework) 등이 있다. 초기의 심리사회적 경향을 지닌 '프로이트 이전의' 사회사업가들은 인지적 접근과 공통점이 많았다.

3230 인지행동수정(cognitive behavior modification)
사고와 인지를 행동적 절차에 의해 바꿀 수 있는 것으로 취급하는 행동치료의 확장된 영역을 의미한다. 인지행동수정은 엘리스(Ellis), 백(Beck)의 연구에 힘입어 발전되었는데 이는 여타의 행동치료들과는 달리 행동적, 인지적인 다양한 기법을 포함한다. 인지행동 치료의 기본 가정은 심리적 장애를 일으키는 것은 경험 그 자체가 아니라 그 경험에 대한 개인의 해석이라는 것이다. 치료는 비합리적인 사고를 바꾸기 위한 일련의 설득과 논쟁을 포함하여 구성된다. 주요한 생활사건에 대한 잘못된 시각과 해석을 수정하기 위한 구체적인 행동과제가 부여되기도 한다. 인지행동치료가 인지적 과정의 치료에 관심을 가지면서도 기본적으로 행동치료의 영역에 속하는 것은 인간의 행동에 대한 학습이론의 수용과 과학적 연구절차에의 의존 때문이다.

3231 인지행동치료(cognitive-behavioral therapies) 01
행동주의(behaviorism), 사회학습 이론(social learning theory), 행동치료(action therapy), 기능주의 사회사업(functional social work), 과업중심 치료(task-centered treatment) 등에서 채택한 개념과 기술 그리고 인지모델(cognitive models)에 근거한 치료로서 특수한 문제를 해결하는데 도움을 주는 접근법을 말한다. 이런 치료유형은 통찰치료(insight therapies)와는 반대되고 비교적 단기적이고 현재에 초점을 맞추며, 목표도 한정되고 특수하다. 인지-행동지향적 치료자들은 상당히 직접적인 경향을 지니며 클라이언트의 표출된 문제(presenting problem)에 초점을 맞춘다.

3232 인지행동치료 02
사고·신념·가치 등의 인지적 측면과 동시에 구체적으로 나타난 정신신체 행동(paychomotor behavior)의 측면에 관련된 개념·원리·이론을 체계적으로 통합하여 부적응행동을 치료하려는 정신치료의 경향을 의미한다. 일반적으로 조건화이론에 근거한 행동수정과, 펠리(Kelly)·엘리스(Ellis) 등의 인지적 접근을 하는 인지치료를 통합하려는 카운슬링과 정신치료의 시도를 가리키는 폭 넓은 개념이다.

3233 인터그룹워크(intergroup work)
→ 소셜 인터그룹워크

3234 인터뷰(interview)
→ 면접

3235 인턴사원제
→ 기업 인턴

3236 인테이크(intake) 01
어떤 사람이 문제 즉 욕구가 있어 그것을 해결하기 위해 원조에 대한 필요를 의식하고 어떤 사회사업기관 또는 시설에 찾아온다. 이 때 도움을 얻기 위해 찾아온 사람에게 그 기관에 속한 사회사업가가 처음으로 접촉하여 그의 욕구가 무엇이며 그것을 그 기관에서 충족할 수 있는 것인가를 결정하는 초기 과정으로 접수상담 또는 인테이크라고 한다. 이와 같이 인테이크는 사회사업 기관에서 클라이언트의 생산적이고 유용한 초기 접촉을 만들기 위해 사용되는 절차이다. 일반적으로 접수상담 절차는 클라이언트에게 기관에서 제공하는 서비스나 제공하지 못하는 서비스에 대해 정보를 알려주는 것을 포함하여 비용이나 약속시간 등과 같은 서비스의 조건에 대한 정보를 제공하며, 클라이언트에 대한 필요한 정보(신상 …)를 수집하게 된다. 한편, 문제의 본질에 대한 예비적인 인상을 얻기 위해 면접을 하게 되며, 기관의 서비스를 제공하기 위해 가장 적합한 사회사업가에게 할당하는 것이다. 인테이크의 방법에는 기관과 사회사업가에 따라 조금씩 방법의 차이는 있지만 일반적으로 사회사업가는 클라이언트가 처음 기관을 찾아왔을 때 갖게 되는 초기저항(예 : 말이 심하게 많음, 정보제공회피…)을 빨리 인식, 그것을 제거하는 방법을 알아야 한다. 이때 사회사업가는 클라이언트에 대해 우월감을 느끼는 듯한 태도나 위협적인 태도 및 감상적인 태도 등을 삼가고 클라이언트를 수용, 이해, 그리고 그 말에 대한 충분한 경청과 감정에 대한 변함없는 태도를 보이며 클라이언트로 하여금 편안하게 이야기할 수 있도록 격려를 해야 한다. 이와 더불어 사회사업가는 클라이언트가 하는 이야기에 대한 문제의 초점을 확실히 하여 그 문제가 복잡한 경우 이를 세분화할 수 있는 능력 또한 요구된다. 서울장애인종합복지관에서는 클라이언트 내담 시 인테이크와 사회 진단을 워커가 실시하게 되는데 그 내용을 보면 일반신원사항, 주호소 및 욕구진료사항, 생육사(출생전 – 출생시 – 출생후), 발달사항(신체발달 – 언어발달 – 신변처리), 현재 건강상태, 개인사항(강점, 약점 – 사회성), 가족사항(주양육자 – 양친자녀관계 – 장애수용도 – 유전적 요소), 가정환경(주택 – 수입 – 생활정도 – 동거), 교육사항(조기교육 – 학교적응), 요양, 소견 및 재활계획 등이다.

3237 인테이크 02
케이스워크 과정의 첫 단계로 원조를 구하려 방문하는 클라이언트의 욕구나 문제가 기관이나 사회사업가의 기능으로 해결·완화될 수 있는지의 여부를 묻는 단계이다. 인테이크의 주된 일은 클라이언트의 호소를 듣고 욕구를 정확하게 파악하는 일 소속기관의 기능을 클라이언트의 욕구와 관련시켜 설명하는 일 클라이언트에게 기관기능의 설명 내용을 구체적이고 현실적으로 검토시켜 그 기관에서 원조를 받으려는 의사를 확인하는 일이다.

3238 인텐시브(intensive caseworker)
케이스워커 미국의 복지사무소 등에서 특히 복잡하고 어려운 문제를 가진 클라이언트만을 담당하여 여러 차례 많은 접촉을 통해서 케이스워크를 실천해가는 사회사업가를 말한다.

3239 인티그레이션(integration)
→ 통합

3240 인포멀케어(informal care)
→ 비공식보호

3241 인플레이션(inflation)
경제에서 구매력 감소를 일으키는 생활비의 증가를 의미한다.

3242 일고(day labor)
→ 자유노동자

3243 일과표(daily schedule)
교육현장에서 일어날 수 있는 여러 가지 교육활동들을 체계적으로 상세하게 정리한 하루의 일 시간표를 말한다. 하루의 일과가 미리 계획되어 있더라도 아동들의 신체적 요구와 흥미에 따라서, 또는 교사의 지도계획에 따라 융통성 있게 진행할 수 있다.

3244 일관성의 원리(consistency principle)
고전적 조건형성 이론에서의 조건자극이 성립되기 위한 조건 중의 하나이며 강화과정에서 동일한 조건자극에 대해 일관성 있게 강화해야 한다는 원리이다. 이 원리는 자극의 일반화나 제지, 또는 탈제지 현상 등을 미루어 보아도 알 수 있는 원리이다. → 강도의 원리

3245 일군 연계분석(cohort sequential analysis)
선정된 연령집단을 서로 다른 시기에 걸쳐 체계적으로 평가하는 조사연구 방법이다. 이것은 종단적 연구(longitudinal study)가 지닌 고유의 선입견을 교정하는 데 도움을 준다.

3246 일반개념
([영] general concept [독] Allgemeinbegriff)
보편개념이라고도 한다. 많은 대상 중의 어느 것에도 그 뜻을 바꾸지 않고 적용할 수 있는 개념을 말한다. 예컨대 책·산·인간 등이 그것이며, 개념의 대부분은 이와 같은 종류의 것이다. 단독개념에 대립하는 말이다.

3247 일반개업자(generalist)
광범위한 지식과 기술을 지니고, 문제를 사정하고 그들을

ㅇ

포괄적으로 해결하는 사회사업 개업자를 의미한다. 일반개업자는 종종 전문가들 사이의 의사소통을 촉진하고 그것에 의해 보호지속성(continuity of care)을 조장함으로써 그들의 활동을 조정한다. → 전문가(specialist) 및 일반사회사업(generic social work)

3248 일반공무원제도 서열화(GS : civil service ranks)
'일반회기'에 따라 연방 공무원제도의 봉급 수준 및 등급을 지정하는 것이다. 일반공무원의 수준은 1부터 18까지 분류되어 있다. 대학 졸업자 및 숙련된 기술 인력은 보통 6에서 12사이의 등급을 유지하고 있다. 기관 관리인력은 12에서 15까지의 등급을 유지하고 있으며, 고위 기획 및 관리직 공무원은 16에서 18까지 '초특급'을 유지하고 있다. 인사관리국(OPM : Office of Personnel Management)

3249 일반급여
소득이나 고용상태에 구애됨이 없이 연령 등 인구론적 사유(demographic basis)에 의거, 일정사유에 해당하는 전 국민에게 정액 급여(flat payment)하는 제도로서 아동수당(children's allowance), 노령연금(old age pensions), 출산수당(maternity benifits) 등이 그 중요한 예이다. 이러한 일반급여는 사회보험과 더불어 제도적 개념(institutional conception)으로서 전 국민을 대상으로 한 보편성(universiality)의 원칙에 해당한다.

3250 일반능력(general ability)
어떤 일이나 활동을 수행할 수 있는 지식이나 기능 어떤 활동이나 일을 수행하기 위해서 필요한 모든 심리적 조건을 가리키기도 한다. 일반능력에는 지능·적성 등이 포함될 수 있다. 그러나 엄밀한 의미에서 일반능력은 지능이나 적성보다 더 포괄적이라고 할 수 있다. 적성은 학습할 수 있는 능력, 예를 들면 타자를 배우기 전에 지니고 있는 타자를 배울 수 있는 능력을 가리키며, 지능이란 비네(A. Binet)에 의하면 문제를 해결하기 위해 방향을 설정하고 목표도달을 위해 수단을 변경시켜 나가며 문제해결을 위한 시도와 방법을 비판적으로 생각할 수 있는 개인의 심리적 과정의 특징을 뜻한다. 그러나 조작적으로 보면 적성은 적성검사에 의해 측정된 결과를 가리키고, 지능은 지능검사에 의해 측정된 결과를 가리키고, 지능은 지능검사에 의해 측정된 결과를 뜻한다. 일반능력은 지능·적성·흥미·학업성취 등을 모두 포함하는 개념이다. → 지능, 적성, 흥미, 학업성취

3251 일반부조(general assistance)
노령, 유족, 장애 및 보건보험 OASDHI, 요보호아동가족부조(AFDC : aid to families with dependent children), 보충적 소득보장(SSI : supplemental security income) 등과 같은 몇몇 범주적 프로그램(categorical program)에 적합하지 않은 개인을 대상으로 자산조사(means test)를 통한 재정적 및 다른 원조를 제공하기 위해 주와 지방의 후원 하에 실행되는 보충 또는 긴급 복지프로그램을 말한다. 지방의 공공복지부(몇몇 군에서는 인간봉사부 또는 사회봉사부라고 부른다)가 적격성을 결정하고 이들 자금의 분배를 조정한다.

3252 일반 사회사업(generic social work)
일반이라는 개념은 밀포드회의 보고서(1929년)에서 최초로 사용된 후 주로 각 분야의 케이스워크에 공통되는 부분 혹은 측면을 의미하는 것으로 사용되어 왔으나 최근에는 사회사업 전체로 확대되었다. 즉 가정, 아동, 공적부조, 의료, 정신질환, 장애인 등 어떠한 분야의 케이스워크에도 공통되고 기본이 되는 원리, 가정, 기술을 나타내는 기본적인 사회사업실천의 방법을 의미한다.

3253 일반 사회사업가(generic social worker)
본래는 각 전문분야별로 발달한 케이스워크의 어떤 입장에서도 공통 되는 기본적인 기술과정을 나타내는 개념으로서 일반 케이스워크를 행하는 사람이라는 의미로 출발하였으나 현실적으로는 사회복지 전문요원 등이 업무를 종합적으로 다루는 사람이라는 의미로 전환되고 있다.

3254 일반 생활비
생활보장의 실시요령에 있어 최저생활비로서의 일반생활비의 내용으로는 기준생활비 가산 인공영양비 입원환자의 기준생활비가 있다.

3255 일반적-특수적 논쟁 (generic-specific controversy)
1920년대 이후 벌어진 사회사업가들 사이의 논쟁. 한 분파에서는 전문직에 대해 한 분야의 지식 및 상당한 훈련과 숙련된 실제를 요구하며 모든 분야의 사회복지 욕구 중 특수하고 상대적으로 좁은 분야에 적용하는 대단히 세련된 전문기술을 각각 지닌 다른 전문가 집단의 절충으로 간주한다. 다른 분파에서는 전문 사회사업을 거시적 지향(macro orientation)을 지니고 서비스를 개발하고 통합하며 그것과 사람들을 서비스 연결(channeling)하는 사람들인 일반개업자들로 구성된 것으로 간주한다. 일반개업자 분파에서는 또한 사회사업가가 다양한 환경 내에서 효율적이도록 사회사업 기술이 하나의 전공으로부터 또 다른 전공에 이르기까지 충분히 유사성을 지니고 있다고 믿고 있다. 1929년 밀포드 회의(Milford Conference)가 그 논쟁을 해결하려고 소집되었지만, 대부분의 사회사업가들은 이들 극단 사이의 어딘가에 속하여 그들의 입장을 취했다.

3256 일반체계이론(generic system theory)
→ 체계이론

3257 일반화(generalization) 01
① 한정적이거나 특수한 경험에 기초한 사람, 일 또는 사건의 분류에 관한 관념, 판단 또는 추상 등을 구성하는 과정 ② 개인이 보편적으로 개인의 문제들의 성격을 규정함으로써 그것들에 대해 토론하기를 회피하는 행위 또는 행동양식. 예를 들면, 어떤 클라이언트는 현재의 부부 간의 갈등을 숨기기 위하여 "모든 부부는 싸운다."고 말한다. 일반화는 또한 클라이언트의 경험과 다른 사람들의 경험을 연결짓거나 분명하게 하기 위해 사회사업 실제에서도 사용된다. 예를 들면, 사회사업가는 "모든 사람은 때때로 우울하게 느낀다."고 말한다.

3258 일반화 02
어떤 과제를 학습한 것을 학습한 상황과 다른 상황이나 다른 자극 및 과제 요구에서도 학습한 것을 적용하여 이용할 수 있는 것을 의미한다. 학습의 일반화는 자극의 일반화와 반응의 일반화로 나누어 볼 수 있다. 자극의 일반화는 학습을 한 장소, 학습을 가르친 교사나 부모, 학습에 쓰인 자료가 바뀌어도 그 학습 과제를 할 수 있는 것을 말한다. 즉 장소, 사람, 자료에 대해 모두 일반화가 일어나야 한다는 것이다. 반응의 일반화는 학습에서 습득한 목표 행동 이외에 이와 비슷한 다른 행동도 수행할 수 있는 것을 말하는데 예를 들면, 한 자리 수 + 한 자리 수 덧셈을 가르쳤다면, 두 자리 수 + 한 자리 덧셈 등을 할 수 있는 것을 말한다. 학습의 일반화를 촉진시키기 위해서는, 첫째, 학습시 사용되는 자료나 가르치는 사람은 가능한 일반 환경과 유사하게 해준다. 둘째, 학습 혹은 행동지도시 가능하면 다양한 환경에서 바꾸어 실시한다. 셋째, 아동의 학습을 부모나 교사의 강요에 의해 억지로 하게 하는 것보다는 아동 스스로 자발적으로 학습할 수 있는 방법을 모색하여 유도하는 것이 필요하다. 학습할 때 처음에는 강화를 자주 주다가 차츰 그 횟수를 줄이며 종류도 다양하게 해서 유도한다. 조건 형성에서 일단 조건 반응이 특정 자극에 대해서 확립하게 되면 비슷한 자극에 대해서도 동일한 반응을 일으킨다는 원리이다. 예를 들면, 자라보고 놀란 가슴 솥뚜껑보고 놀란다고 하듯이 한 번 불안을 유발했던 자극 조건과 비슷한 조건과 장면에서도 불안 반응을 일으키게 된다. 또 문제 해결 및 학습의 전이에서 학습자가 한 종류의 대상, 사상이나 문제에 공통적인 특징이나 원리를 알아내어 이와 유사한 것을 찾아낼 수 있는 것을 말한다. 예를 들면, 우리가 알고 있는 개들이 공유하는 공통적 특징을 알고 있어 새로운 종류의 개를 보고 정확하게 개라고 알 수 있는 것이다.

3259 일반화 03
→ 개괄

3260 일반회계국(GAO : general accounting office)
공금이 효율적이고 경제적으로 관리되고 쓰였는지를 사정하며, 현재의 미국 정부 프로그램과 활동의 결과를 평가하는 의회를 돕는, 정부의 입법부서 내에 있는 독립적인 연방기관을 의미한다. 이처럼 일반회계국은 의회가 자금을 배정한 연방부서나 기관의 기록을 입수해 조사할 수 있는 전반적인 권리를 지니고 있다.

3261 일부다처제/일처다부제(polygamy)
한 명 이상의 부인이나 남편을 갖는 것을 허용하는 사회관습을 말한다. 한 명의 남편과 한 명 이상의 부인으로 이루어진 결혼형태는 '일부다처'(polygamy)라고 하고, 한 명의 부인과 한 명 이상의 남편으로 이루어진 결혼형태는 '일처다부'(polyandry)라고 부른다. 일부다처제(일처다부제)는 중혼(bigamy)과 동의의가 아니다. 중혼이란 결혼한 배우자와 이혼을 하지 않은 채 또 다른 배우자와 결혼하는 불법행위를 말한다. 반면 일부다처제(일처다부제)는 일부 사회에서 합법적이다.

3262 일부일처제(monogamy)
한 사람하고만 결혼한 상태를 말한다.

3263 일상생활동작(ADL : activities of daily living)
먹기, 세수, 이 닦기, 대소변 보기, 면도, 손톱 깎기, 머리 빗기, 옷 입기 등 일상생활에 기본적으로 필요한 동작을 말한다.

3264 일상생활보장
일상생활 동작능력이 쇠퇴한 경우나 기능장애를 일으켰을 경우에 사람은 보장구, 보조구로 어느 정도의 자위성을 회복할 수 있다. 그러나 전면적으로 자위성을 회복할 수 없을 경우 타인에 의한 보호가 필요하게 된다. 이에 사회복지시설에 일상생활보장을 필요로 하는 사람을 수용하여 시설 등을 이용하게 하는 방법과 일상생활보장을 필요로 하는 사람이 있는 가구에 사회복지사 등이 방문해서 보호하는 두 가지 방법을 취하고 있다. 앞으로 시설과 지역사회를 결부한 일상생활보장이 활발할 것으로 생각된다.

3265 일상생활지도(routine daily-life guidance)
사회의 기초적 생활습관을 통해 자립심을 기르기 위해 행하는 지도이며 주로 아동복지시설 등에서 행해진다. 여기에는 개인지도와 집단 지도의 두 가지 방법이 있는데, 그 지도에는 개별화와 사회화의 균형이 유지되어야 한다. 그러기 위해서는 지도자가 대상이 되는 아이들의 특성을 잘 파악해두지 않으면 안된다. 이 지도를 담당하는 것은 주로 보모와 아동지도원이다.

3266 일시귀휴제
일거리의 부족으로 사업 활동의 일부를 축소하고, 후일 다시 불러들일 것을 전제로 종업원을 일시 휴식시키는 제도를 말한다. 일시귀휴의 기간 동안 고용관계는 지속되는 것이므로, 휴업수당이 지급된다. 외국의 경우는 일시귀휴제보다 잉여 노동력이 발생한 경우에 재고용을 약속하고 일시적으로 해고하는 레이오프(lay\off)가 일반적이다. 레이오프에서는 노사협정으로 미리 근무연한 등을 감안한 선임권순을 정해놓고, 이를 발동할 때는 순위가 낮은 자부터 해고해 나가고, 복직시킬 때에는 반대로 선임권순위가 높은 자부터 복직시킨다.

3267 일시보호(temporary care)

아동상담소나 부녀상담소에서 볼 수 있는 기능의 하나이며 원칙적으로 상담소에 부설된 시설인 일시보호소에서 실시된다. 일시보호는 가출아·기아 등 보호자가 없는 아동이나 보호가 필요한 여성에 대한 최종적인 조치가 결정될 때까지의 기간 동안 일시적으로 보호하는 일이라 할 수 있으나 그 밖에 지도방침을 정하는 데 필요한 아동의 대인관계나 능력에 관한 구체적 자료를 얻기 위한 행동관찰이 포함된다. 아동상담소의 경우에는 단기적인 수용이 유효하다고 판단되는 아동의 치료지도, 원격지 아동에 대한 검사의 실시나 치료지도를 목적으로 한 활용되기도 한다.

3268 일시보호소

→ 일시보호

3269 일시적 경기침체(recession)

저조한 경제활동, 높은 실업, 구매력 감소 등의 특징을 나타내는 사회경제적 상황을 말한다. 이는 경제 불황(depression)에 비해 덜 심각하고 단기적인 것이다.

→ 스태그플레이션(불황 : stagflation)

3270 일안(daily program)

복지대상자와 집단에 대한 매일의 과업계획이다. 일과가 시설 전체의 기상부터 취침까지의 일상생활행동의 예정표인데 반해 일안은 그 날 에 달성해야할 처우계획안이다. 처우에는 보통 두 가지 지식이 필요한데 하나는 처우기술에 대한 지식이며 또 하나는 이것이 구체적으로 적용되는 복지대상자 집단에 대한 지식이다. 따라서 처우개선을 세우는 데는 복지대상자와 집단의 참가가 불가결하게 된다.

3271 일용근로자(day laborer)

일 또는 30일 이내의 기간을 정하여 고용되는 근로자를 말한다.

3272 일제학습(learning in a body)

일정한 집단의 피교육자들을 동일한 방법, 동일한 내용으로 일시에 지도하는 학습형태를 말한다. 이 학습형태는 어떤 특정한 전문성을 지닌 학습형태라기보다는 개별학습에 반대되는 일반적인 성격을 지니고 있다. 그 기원은 18세기 말부터 19세기 초에 영국에서 시도한 조교제도(monitorial system)에 두고 있으며, 산업혁명 이후 다수의 근로자교육을 시행하는 과정에서 그 필요성이 인정되었다. 그 후 세계 각국에서 현대식 학교교육이 대중 교육화됨에 따라 일제학습은 그것 자체가 지니고 있는 약점에도 불구하고 학교교육의 기본적인 방법으로 등장하였다. 그러나 20세기에 들어와 학생들의 개성에 부합하고 창의성을 계발하는 새로운 피교육자 중심의 방법들이 강조되고 있으므로 이에 대한 비판의 소리가 높다.

3273 일차 예방(primary prevention)

질병이나 사회문제를 야기하는 조건 또는 상황이 발생하지 않도록 취하는 조치를 의미한다. 일차 예방의 예로 지역 내의 위생시설, 레크레이션 센터 및 공원 건립 등을 들 수 있는데, 이러한 조치가 스트레스성 장애나 질병 예방에 도움이 될 수 있다. → 예방(prevention), 이차 예방(secondary prevention), 삼차 예방(tertiary prevention)

3274 일차 이득(primary gain)

방어기제(defense mechanism)를 사용한 불안(anxiety)으로부터의 직접적인 해방을 의미한다.

→ 이차적 이득(secondary gain)

3275 일차 집단(primary group)

절친하여 빈번하게 긴밀한 개인적인 접촉을 갖는 사이로서 공통적인 규범을 보유하고, 상호 지속적으로 광범위한 영향력을 공유하는 사람들을 말한다.

3276 일차적 사고과정(primary process thinking)

외부세계에 대한 고려 없이 표현된 비조직적이며 비합리적인 생각을 의미한다. 심리분석 이론가들은 이러한 생각이 자아(ego)에 의해 걸러지지 않은 무의식적인 생각으로 정신의 깊은 곳으로부터 나온다고 믿고 있다. 이와 같은 현상은 정신병 환자나 잠꼬대하는 사람들에게서 볼 수 있다.

3277 일차적 치료(primal therapy)

격렬한 정화(catharsis)를 기본으로 한 심리치료의 한 형태이다. 치료의사는 환자가 오랫동안 크게 소리 지르도록 하는 것과 같은 극적인 수단을 통해 원초적인 감정을 나타낼 정도로 어린 시절의 경험에 초점을 맞춤으로써 환자의 회복(regression)을 조장하는 치료기법이다.

3278 일치(congruence)

사회심리학의 용어로서 자신에 대해 지니고 있는 견해, 그 견해에 따른 행동에 대한 자신의 해석, 자신의 견해와 해석에 대해 타인이 어떻게 반응 할 것인가에 대한 의견 등의 세 요소 사이에 합치가 이루어지기를 원하는 현상을 의미한다. 사람은 이 세 가지 요소의 균형을 유지하는데 도움을 주는 사람에게 매력을 느끼고 접촉을 계속하려는 경향이 있다. 상담과 정신치료에서는 카운슬러가 말하고 행동하는 것의 일치나 내면적 경험과 그 표현이 일치되는 것을 가리키는 개념으로 사용되고 있으며 로저스(C. Rogers)는 이것이 상담관계 형성에서 수용·공감과 함께 가장 중요한 요소라고 주장한다. 또한 내담자의 관심과 고통에 대한 카운슬러의 관심이 일치되는 것이 중요하다고 보기도 한다.

3279 일탈(deviance)

정상행위나 기존의 기준과 뚜렷이 구분되는 행위, 또는 수용되는 기준과 상반되는 행동, 규범, 가치의 기준을 유지하는 행위를 의미한다. 이 말은 전에는 성변태(perversion)를 나타내는데 사용되었다.

3280 일탈행동(deviant behavior) 01

일탈(deviation)은 용인된 규범으로부터의 탈선, 용인된 규범의 측면에서의 탈선, 용인된 규범에 부착된 무능력이라고 한다. 첫 번째의 경우는 사회의 정상적인 규범을 받아들이지 못했거나 정상적인 사회의식의 발달이 못된 것을 합리화하기 위해 일어나는 행동, 두 번째의 경우는 문화적 요인에 의해 정서적으로나 사회적으로 적응하지 못하는 탈선, 세 번째의 경우는 인간의 생물학, 정서적, 사회적 요소의 결합에 의하여 일반적으로 승인된 규범을 따르는데 무능력한 것을 말한다. 그러나 사회적 여건이나 상황에 따라 상대성이 있고, 사회규범의 변화에 따라 일탈을 규정하는 사회적 기준도 변화한다.

3281 일탈행동 02

사회적 규범에서 일탈한 행동. 그런데 사회적 규범은 극히 다양하여 문화에 따라서 다르고, 같은 문화라도 시대에 따라서 다르며 하위문화에 따라서 다를 수도 있다. 범죄·비행·마약·매춘·폭행, 속어·비어·은어의 사용, 신(神)에 대한 모독, 정치·경제에 대한 과격한 언동 등이 여기에 포함된다. 일탈행동은 사회적 규범의 규정방법에 따라서 상대적인 뜻을 갖는다. 일탈자란, 일탈행동약식을 취하고, 정도가 강한 일탈행동을 하거나, 또는 정도는 가볍지만 되풀이하여 사회적 허용한계를 넘음으로써 사회, 또는 집단으로부터 일탈자라는 낙인이 찍히게 된 사람을 말한다. 레머트(E. M. Lemert)는 일탈을 개인적 일탈·상황적 일탈·체계적(집단적) 일탈의 세 가지로 나누었고, 머튼(R. K. Merton)은 혁신형·의식형·반항형 등의 유형으로 나누었으며, 그밖에 파슨즈(T. Parsons) 및 듀빈(R. Dubin) 등의 연구가 있다.

3282 일화기록법(anecdotal records)

한 개인의 행동에 관해 제3자의 입장에서 관찰·기록하는 것을 의미한다. 이것은 한 학생의 특정한 행동을 그 행동이 있을 때마다 이를 상세히 종단적으로 관찰·기록하는 것이다. 이 방법은 주로 학생의 정의적 학습과 사회에 대한 평가에 사용되나 일반 지적 영역에 대한 평가를 위해서도 이용될 수 있다. 특히 이 방법은 특정한 학생의 문제행동을 연구하는데 도움이 된다. 하나의 문제행동을 해결하는 데는 그것이 어떠한 발달과 변화과정을 거쳐 왔는가에 관한 과거의 지식이 중요하기 때문이다. 교사 또는 제 3자의 의해서 기록되는 일화기록 방법에는 일정한 양식이 있는 것은 아니지만 일반적으로 다음과 같은 내용과 특징을 가지고 있다. ① 어떤 행동이 언제, 어떤 조건 하에서 발생되었는가의 사실적 기술이 있어야 한다. ② 이러한 행동에 대한 해석과 처리 방안이 각각 따로 분리되어 기록 제시되어야 한다. ③ 하나의 일화기록은 하나의 사건의 기록이 되어야 하며 여러 시기의 사건을 총괄하여 종합적으로 기록해서는 안된다. ④ 하나의 기록된 사건은 그 학생의 발달과 성장을 이해하는데 의의가 있는 것이 되어야 한다. 이 방법은 다른 관찰 방법보다 일반적으로 비공식적이며, 그 체계성이 적다. 또한 시기에 따른 체계적인 시간표집이 되는 것이 아니라 그때그때 사건이 생길 때마다 기록되므로 다른 관찰 방법보다 덜 신뢰될 가능성이 있다.

3283 일회성 집단(single-session group)

성원들이 단지 한 번만 만나는 집단치료(group therapy)나 집단사회사업(social group work)의 한 형태를 말한다. 대개 이러한 집단은 고도로 조직화되어 있고 한 가지의 문제에 초점을 두고 있다. 이런 형태의 집단을 대개 한 시간이나 두 시간 정도 지속하지만 마라톤 집단(marathon group)처럼 여러 시간 지속하기도 한다.

3284 임금 가이드라인

임금과 물가의 악순환을 방지하기 위해 국가가 바람직한 임금 상승률을 민간 노사에게 제시함으로써 절도 있는 임금 상승률을 실현하려는 정책을 말한다. 법률에 의하지 않는 완만한 소득정책의 일종을 의미한다. 따라서 강제력은 없지만 위반한 기업에게는 국가가 정부조달 물자의 수주를 막는 등의 제재를 가하는 경우도 있다. 미국을 비롯, 구미 선진국에서 채용하고 있는 예가 많다.

3285 임금부상률

임금교섭을 할 때 노사양측에 의해 결정되는 협약임금인상률 이외에 추가적으로 상승되는 임금인상분을 의미한다. 임금부상에는 근로자들의 평균 근속연수 증가에 따른 자연승급분이 포함된다. 이밖에 특별상여금이나 성과배분 등 특별급여의 증가분 등도 이에 포함된다. 따라서 각 기업 노사가 임금교섭을 통해 협약임금인상률을 결정할 때는 이 같은 임금부상률을 감안해야 한다.

3286 임금지수(wage index)

임금수준의 시간적(공간적) 변동을 나타내기 위해 사용하는 지수를 의미한다. 임금지수는 첫째, 노동력 가격으로서의 임금수준의 변동을 나타내는 지수와 둘째, 국민경제 전체로 본 노동자 1인당 수입수준의 변동을 나타내는 지수 셋째, 기업의 입장에서 본 비용으로서의 인건비 총액 등의 변화를 나타내는 임금의 지수 등이 있다. 첫째 것은 노동자의 연령별·성별·직종별·사업규모별 등의 웨이트(weight)의 변화를 고려하여 산출한다. 둘째 지수는 통계상의 평균임금을 그대로 지수화한다. 셋째, 지수는 국민소득통계에 의해 분석된다. 일반적으로 널리 사용되는 임금지수는 둘째 의미의 것이다. 임금지수는 기준시의 임금액을 100이라 하고 그 후의 임금액을 지수화한 명목임금지수와 다시 그것을 소비자 물가지수로 나누어 산출한 실질임금지수가 있다.

3287 임금통제(wage controls)
고용주가 근로자에게 지불할 수 있는 임금의 인상이나 인하액을 제한하는 정부 규제를 의미한다. 명시된 목적은 주로 물가 상승을 억제하고 고용을 증가시키는 것이다. 이러한 정책은 종종 가격통제(price controls)에 수반된다.

3288 임금채권
근로자가 정해진 노무를 제공함으로써 사용자에게 임금의 지불을 청구할 수 있는 권리를 말한다. 임금은 형식적으로는 사용자와 근로자간의 노동력 매매계약에 의해 성립하며 근로자가 약속한 노무가 종료된 때 채권으로서의 효력을 갖는다. 이 임금채권은 다른 일반채권보다 중시된다. 예컨대 민사소송법 제579조 4항에서는 '근로자의 노무로 인하여 받는 보수의 2분의 1을 초과하지 않는 금액 또는 그 유족의 보조료'를 압류금지 채권으로 규정해 놓았다.

3289 임금채권보장기금제
부도난 회사의 퇴직 전 3개월 치 체불 임금과 3년간 퇴직금을 사업주를 대신해 지급하는 제도를 말한다.

3290 임금 코스트(wage cost)
일반적으로 생산물 가격에서 점하는 임금비용을 말한다. 즉 임금을 생산성으로 나눈 것인데 임금이 상승해도 노동자 1인당 생산량이 증가하면 코스트는 상승하지 않는다. 그 때문에 임금 코스트는 상승하지 않는다. 그 때문에 임금 코스트의 변화를 보기 위해서는 임금수준의 변화와 노동생산성의 변동을 쌍방에서 볼 필요가 있다.

3291 임금 피크제(salary peak)
일정 연령이 되면 임금을 삭감하는 대신 정년은 보장하는 제도. 워크 셰어링(work sharing)의 한 형태로, 일정 연령에 된 근로자의 임금을 삭감하는 대신 정년까지 고용을 보장하는 제도를 말한다. 미국·유럽·일본 등 일부 국가에서 공무원과 일반 기업체 직원들을 대상으로 선택적으로 적용하고 있으며, 한국에서는 2001년부터 금융기관을 중심으로 이와 유사한 제도를 도입해 운용하고 있다. 그러나 공식적으로는 신용보증기금이 2003년 7월 1일부터 '일자리를 나눈다'는 뜻에서 워크 셰어링의 형태로 임금피크제를 적용한 것이 처음이다. 워크 셰어링은 노동자들의 임금을 삭감하지 않고 고용도 유지하는 대신 근무시간을 줄여 일자리를 창출하는 제도이다. 2~3년의 기간을 설정해 노동자들의 시간당 임금에도 변함이 없으며 고용도 그대로 유지되는 단기형, 기존의 고용환경과 제도를 개선할 목적으로 비교적 장기간에 걸쳐 행해지는 중장기형으로 나뉜다. 신용보증기금이 운용하는 임금피크제는 워크 셰어링을 응용한 것으로, 정년인 58세까지 고용을 보장하는 대신 만 55세가 되는 해부터 1년차에는 원래 받던 임금의 75%, 2년차에는 55%, 3년차에는 35%를 받도록 되어 있다. 이에 따라 만 55세가 되는 근로자는 퇴직금을 받은 뒤, 일반직에서 별정직 등 다른 직책으로 바꿔 근무하게 되는데, 개인의 능력에 따라 최대 60세까지 일할 수 있다. 국제통화기금(IMF) 외환위기 이후 기업 구조조정으로 인해 사회문제로 불거진 50대 이상 고령층의 실업을 어느 정도 완화할 수 있고, 기업 측에서도 인건비의 부담을 덜 수 있을 뿐 아니라, 한 직종에서 평생을 보낸 고령층의 풍부한 경험과 노하우를 살릴 수 있는 장점이 있다. 반면 각 기업의 특성을 무시한 채 일률적으로 임금피크제를 적용할 경우 임금수준을 하락시키는 편법으로 작용할 수 있고, 공기업의 경우 노령자 구제수단의 일환으로 악용될 수도 있다는 것이 단점으로 지적된다.

3292 임대료쟁의(rent strike)
지역사회 조직에서 종종 사용되는 전략으로서, 임대인에게 압력을 넣어 임차인의 주거조건(상태) 개선을 목적으로 임대료 지불을 보류하는 것이다.

3293 임대료통제(rent control)
임대인이 임차인에게 요구하는 임대료의 총액과 임차인을 강제로 퇴거시키는 상황(조건)에 대해 정부가 통제하고, 임대인과 임차인 간의 관계에 대해 종합적인 감독을 행하는 것을 말한다.

3294 임대주택
1984년 12월에 제정된 임대주택건설 촉진법상 임대를 목적으로 대한 주택공사, 지방자치단체 또는 주택건설업체 등이 건설하여 무주택 서민의 주거생활안정을 위해 저렴한 표준임대료로 임대하는 사회복지차원의 주택을 말한다. 1962년 서울 마포 아파트를 첫 시작으로, 소유개념보다는 주거개념의 주택이기 때문에 젊은 세대의 선호 경향이 강했다. 임대 주택은 입주형태에 따라 장기(10년~20년, 10평~15평)와 영구(7평~12평) 두 가지가 있다.

3295 임산부(maternal)
임신 중, 출산 시, 출산 후의 산욕기에 있는 부인을 임산부라 부른다. 의학적으로는 출산 후 6~8주까지의 기간이지만 행정적으로는 모자보건법에 따라 출산 후 1년 이내를 말하고 있다. 모성보호의 관점에 서 임산부를 대상으로 모자보건법에 의한 방문지도, 의료원조, 노동기 본법에 의한 산전·산후휴가나 무거운 물건이나 유해물 취급의 취업 제한 등의 모성보호조치 및 남녀고용기회균등법에 따른 건강관리에 관한 배려 등 여러 가지의 행정적 조치가 마련되어 있다.

3296 임산부 부가급여(additional allowance for an expectant or nursing mother)

생활보장에 둔 일반생활비 가산의 일종으로 임산부의 모자보건을 위해서 부양보조금을 지원해주는 것을 의미한다. 산부에 관해서는 출산일이 속한 달부터 행해 6개월 한도로 하고, 오로지 모유로 유아를 보육하는 산부는 6개월 또는 3개월간으로 가산되고 있다.

3297 임산부 사망률(maternal death rate)

임산부 사망은 임신기간 및 부위에 관계치 않고 임신 또는 관련증상이 악화됨에 따라 임신 또는 분만 후 42일내에 여성이 사망하는 경우를 말한다. 출생 1만 또는 10만에 대비한 비율로 나타낸다.

3298 임상가(clinician)

주로 사무실, 병원, 진료소 혹은 다른 통제된 환경에서 클라이언트와 직접 일하는 전문가. 임상가는 이 시설에서 문제를 연구하고 클라이언트의 상태를 평가하고 진단하며 클라이언트가 정해진 목표를 달성하도록 직접적인 처치와 도움을 주며, 사회사업 임상가는 일반적으로 자신의 사무실에서 클라이언트(개인, 가족 혹은 집단)에게 직접적인 원조서비스를 제공하는 사람이다.

3299 임상사회사업(clinical social work)

미국에서 1960년대에 사회행동이 강하게 대두되자 이에 대한 반발로 1970년대 이후 직접적 서비스 실천의 중요성을 주장하여 이의 발전을 도모하기 위해 임상사회사업이라 부르게 되었다. 이를 실천하는 사람들은 전국적 조직을 결성하였으며 전문학술지를 발행하고 있다. 이러한 동향은 무시할 수 없으나 직접적 서비스 실천을 구분할 필요가 있느냐는 점에서 의문이 제기되고 있다.

3300 임상사회사업가 (LCSW : licensed clinical social worker)

주정부가 그 주의 임상사회사업에 종사하도록 법적으로 인가한 전문적 사회사업가를 말한다. 전문가의 이름 뒤에 오는 LCSW란 머리글자는 면허증과 관련자격의 소유 사실을 가리킨다. 면허증을 위한 자격조건은 주마다 다양하다. 많은 주에서 민간대학원의 사회사업 석사 학위, 몇 년간의 슈퍼비젼 하의 전문적 경험과 그 주의 사회사업 자격증 시험통과를 요구한다. 이러한 요건에 대한 정보는 보통 관련 주의 전문 자격증 사무소나 정신보건국에서 얻을 수 있다.

3301 임상심리학(clinical psychology) 01

인간의 심리적 제 문제의 진단과 치료에 관한 심리학으로 이론적, 조사적 연구라는 리서치의 체계이기도 하다. 진단방법은 전통적으로 심리진단기술이며 각종의 임상테스트가 그 수단이다. 거기에는 지능이나 성격을 측정하는 심리검사가 있어 정신위생의 영역에서 의학과 중요한 역할을 하고 있다. 임상심리학의 실천을 심리임상이라고도 하는데 이 분야에서 테스트 이외의 방법인 치료적 접근은 눈부시게 진보했다. 특히 개인이나 소집단의 심리요법 내지 카운슬링을 비롯해 행동의 변용을 위한 T그룹이나 감수성훈련, 인카운터그룹 등 각종의 집단방법이 개발되고 있다.

3302 임상 심리학 02

심리학의 다른 모든 분야와 사회학 등의 인접 학문에서 연구된 이론이나 방법을 개인 또는 집단의 부적응 문제의 진단·치료에 적응시키는 심리학의 한 분야를 의미한다. 임상심리학은 실험연구와 측정에 근원을 둔 심리학의 학문적 연구분야로 출발하였다. 처음에는 정신이상의 분류, 개인차에 관심을 가졌으며 어린이가 주대상이었으나 차츰 진단 외에 심리치료까지 곁들이면서 대상도 성인으로까지 확대되었다. 최근에는 연구방법·진단기술 등이 발달함에 따라 관심영역이 확대되었고 정신질환의 사회·심리적 원인과 처치방안, 사회나 국가를 단위로 한 정신건강 예방 프로그램 등에도 역점을 두게 되었다. 또한 현재에는 심리적 건강을 개인적·문화적·사회적·윤리적 요인의 복합적인 현상으로 보고 다방면으로 접근하고 있다. 임상심리학이 다루는 문제는 정신병·청소년 범죄·범죄행동·약물중독·정신지체·가족갈등, 그 외의 부적응 행동들이다. 임상심리학에 대한 사회적 요구의 증대에 따라 임상심리학자들은 병원·학교 등에서 치료활동을 하는 것 외에도 소년법원·직업상담소·결혼상담소·가족상담소·노인학교 등 여러 기관에서 상담활동을 하고 있다.

3303 임상적 진단(clinical diagnosis)

케이스워크의 진단과정에서 클라이언트를 이해하는 방법의 하나이다. 한 사람의 인간을 병적 상태 또는 적응장애의 내용과 특질에 의해 평가하려는 시도이다. 아동상담업무에서 쓰이는 정신지체, 행동장애, 신경증 등의 진단분류가 그 예이다. 이들은 원칙적으로 정신과 의사가 판단할 일이며 케이스워크의 입장에서는 환경에 대한 부적응이기 때문에 구체적이고 직접적인 계획을 수립하고 치료에 임한다.

3304 임시투자세액공제제도

기업의 설비투자를 촉진하기 위해 정해진 기간 내에 이루어진 투자액의 일정비율을 세금에서 공제하는 제도. 정부가 필요할 때마다 6개월, 1년 단위로 투자세액공제제도를 시행하기 때문에 '임시투자세액공제제도'라고 불린다. 현행 조세감면규제법상 대상기업은 제조업(중소기업·대기업), 광업(중소기업)으로 한정되어 있으며 국산기계 구입 시에만 세액공제를 받을 수 있다. 세액공제율은 중소기업 10%, 대기업 7%로 납부해야 할 법인세(법인)나 소득세(자영기업)에서 감면해준다.

3305 임시휴직(layoff)

근로자에 대한 불만 때문이 아니라 고용주의 경제사정, 공급여족이나 시장쇠퇴에 의한 것으로 일시적이지만 기간이 정해지지 않은 해고상태를 말한다.

3306 임신(gestation) 01

착상에서 출생까지의 기간을 말하며, 인간의 임신기간은 평균 266일이다.

3307 임신(pregnancy) 02

체내에 태아가 생긴 생식상태, 즉 정자와 난자의 결합에서 출산 사이의 기간을 의미한다. 인간의 임신기간은 보통 280일이며 태아는 이 기간에 산모의 자궁 안에서 빠르게 성장한다. 임신 여부는 일정한 증상을 관찰하여 결정할 수 있는데, 의사들은 다음의 세 가지 증상으로 임신 여부를 판단하고 있다. 임신으로 추정할 수 있는 증상으로는 생리예정일에 생리가 없는 경우, 속이 울렁거리거나 토하는 경우(입덧 등), 피로하고 잠이 모자라는 경우, 목이 부드러워지는 경우, 소변이 자주 마려운 경우, 유두주위의 피부색이 변하는 경우 등이 있다. 이 밖에 거의 임신이 확실시되는 증상에는 호르몬이 일정한 수준을 넘는지 가리기 위한 소변검사 결과 양성반응이 나오는 경우, 배가 불러오는 경우, 자궁이 변형되는 경우 등이 있다. 완전한 임신의 표시로는 태아의 심장박동, 자궁 내 태아의 운동, X-레이검사시 태아의 골격 출현 등이 있다. 임신여부 및 태아의 건강상태는 조기에 확인하는 것이 중요하다. → 양수검사(amniocentesis)와 융모막 추출(CVS : chorionic villi sampling)

3308 임용일(Employment Date)

사학연금에서 교원은 사립학교법 제 54조의 규정에 의하여 관할청에 보고된 임용 일자를 말하며 사무직원은 사립학교법 제70조의 2의 규정에 의하여 정관상 직(등)급별 정원의 범위 내에서 임용된 임용일자를 말한다.

3309 임용전 복무기간 산입(Inclusion of the Military Service Periods before One's Employment)

사학연금에서 1948년 8월 15일 이후 현역병 및 지원에 의하지 아니하고 임용된 부사관의 실역 복무기간은 교직원의 신청에 의해 그 기간을 재직기간에 산입할 수 있다는 것을 말한다.

3310 임용전 복무기간 산입 제외 기간 (Exclusion from the Military Service Periods before One's Employment)

사학연금에서 복무 기간이 6월 미만인 실역 미필 보충역, 후보생 기간(장교 및 부사관), 복무기간 중 감축기간(형 집행일 수, 근무 이탈일 수, 영창일 수), 국토건설단 요원의 복무기간, RNTC 훈련기간, 특례 보충역의 실무 종사 기간을 말함.

3311 임의지정기관(Arbitrary or Optional Institutes Applied to the Pension Act and Designated by the Minister of Education & Human Resources)

사학연금의 경우, 당연 적용기관에 해당하지 않는 사립학교 및 학교경영기관 중 교육인적자원부 장관이 지정하는 사립학교와 이를 설치, 경영하는 학교경영기관과 연구기관을 말한다. 유치원, 각종학교, 공민학교, 고등기술학교 등

3312 임의가입(optional entry system)

사회보험은 강제가입방식을 원칙으로 취하고 있지만, 입·퇴원기준경우에 따라 임의가입이 인정되고 있다. 우리나라 사회보험제도에서는 종업원 5인 미만의 사업장에 대해 의료보험, 국민연금 등의 피용자 보험의 강제적용이 제외되어 이들 사업장의 종업원은 임의포괄피보험자에 대한 절차에 따라 임의 가입하도록 인정되고 있다. ↔ 의무가입

3313 임의성 자금(discretionary funds)

생활필수품의 구매 후 쓸 수 있는 돈, 가처분소득이라고 언급되는 돈을 의미한다. 회계상 이 용어는 또한 고정된 범주적 수당(categorical grant)외의 할당을 위해 배치된 재원을 가리킨다. 이 재원의 사용은 일반적으로 사용방법을 택하도록 권한을 위임받은 사람들이 결정한다.

3314 임종간호(terminal care)

임종에 가까운 노인을 위해 제공하는 간호를 말한다. 병약노인의 노쇠한 몸은 젊은 사람과 달라 신체기능이 약화되고 병균에 대한 저항력이 감퇴되어 숨이 차고, 배설장애가 오며, 세균에 쉽게 감염되고, 종창 등 고통스러운 증상이 심해진다. 이 고통을 제거하기 위해 산소호흡, 배설원조, 체위변경, 영양식 지급, 환경정리 등을 제공한다. 또한 환자의 심리적 불안을 제거하고 고립감을 방지하기 위해 가족이나 친지들이 환자를 찾아가 마음의 대화를 나누게 하는 것도 중요하다. 종말간호는 인간의 생명을 최후까지 존중하는 생(生)의 완성의 지원이다.

3315 임질(gonorrhea)

성적 접촉에 의해 주로 감염되는 전염성 질병을 말한다. 이것은 생식기에 염증을 일으키며 경우에 따라서는 불임의 원인이 되기도 한다. 임균은 대부분의 항생물질에 매우 약하

다. 이 질병은 감염된 어머니로부터 태어난 신생아들이 실명하는 주요 원인이 되기도 하지만 출생 시 아기의 눈에 질산은 용액을 상용하면 그 문제를 해결할 수 있다.

3316 입소 갱생(재활)시설

의학적 치료나 생활훈련을 필요로 하는 장애인을 대상으로 사회통합을 목표로 재활훈련 프로그램을 종합적으로 실시하는 시설이다. 재활훈련을 받으며, 훈련이 끝나면 퇴소하여 취업 또는 자영사업운영을 목표로 한다.

3317 입소명령

전염의 위험이 있는 환자 또는 보호자가 입소권유에 응하지 않을 때에 국립요양소에 환자의 입소를 명하며 전염병환자를 전염병원 및 격리병동으로 강제 수용시킨다. 또 전염의 위험이 있는 결핵환자 또는 보호자에게 결핵요양소나 결핵병동이 있는 병원에 입소할 것을 명하며, 외래전염병(4종)이 공항검역소에서 발견된 때에는 환자 및 승원을 강제격리 수용한다. 이들 모두 전염방지의 목적에서 행해진다.

3318 입소시설

사회복지시설은 이용형태에 맞게 입소시설, 통원시설로 크게 구별할 수 있다. 입소시설은 원래 수용시설로 되어 있지만 수용이라고 하는 단어가 진부하여 입소시설로 되었다. 입소시설은 시설서비스를 필요로 하는 사람들을 입소시켜 일상생활보장을 행함과 동시에 필요한 원조서비스를 행하는 시설이다. 입소시설은 이용자의 인격존중에 중대한 관계를 갖는다는 인식에서 제1종 사회복지사업에 속한 시설이다. 최근 입소시설의 설비, 기능을 입소자 이외에게 개방하는 시설도 증가하고 있다. 시설기능의 지역개방이나 사회화로 인한 경향에서 이들에 관한 입소시설의 일부 통원화 등의 움직임이 나타나고 있다.

3319 입소지도

사회복지시설 입소자가 맨 처음 받는 처우가 입소지도이다. 사회복지 시설에 처음으로 입소하는 사람은 거주지가 바뀌고 집단생활을 영위하게 되어 생활상의 문제 등을 책임져야 하는 등 새로운 생활에 불안을 느끼는 경우가 많다. 입소지도는 먼저 이들의 불만을 제거하는 것이 우선이다. 이를 위해 시설목적이나 기능을 잘 설명해 시설 내외의 물적 인적 자원 및 정보 활용 방법 등이 지도된다.

3320 입양(adoption) 01

법률에 따라 생물학적으로 혈연관계에 있는 부모-자녀관계가 아닌 사람들, 즉 양친과 양자가 서로 간에 부모-자녀 관계를 맺는 것 또한 그러한 행위과정을 지칭한다.

3321 입양 02

사람, 보통 유아나 어린이를 가정에 속하게 하고 그 가정에서 태어난 것처럼 취급하는 것, 아동복지(child welfare) 기능과 과정일 뿐만 아니라 합법적이다. 출생부모로부터 입양부모에게 법적으로 아동을 입양시켰다는 법정 기록의 변경을 포함한다. 입양된 어린이는 다른 어린이와 똑같은 상속권을 받고, 양부모는 다른 부모와 똑같은 책임과 통제권을 갖는다. → 입양보조금(subsidized adoption)

3322 입양보조금(subsidized adoption)

요보호아동을 입양하는 가정에 대한 공적인 재정 부조 시책(공급). 최근의 연방과 주의 법은 입양보조금에 대한 기준을 마련하였다. 가장 두드러진 두 가지 기준은 아동이 낳아준 부모에게 되돌려질 것 같지 않거나, 돌려보내서는 안 될 경우와 보조금 없는 입양단체와 관계당국이 여러 번 시도하였지만 아동의 신체 또는 정서 상태나 인종 또는 민족 배경 때문에 실패한 경우다.

3323 입양특례법

보호가 필요한 아동의 입양을 촉진하고 양자로 되는 자의 보호와 복지증진을 도모하기 위해 필요한 사항을 규정한 법(전문개정 1995. 1. 5, 법률 제4913호). 1976년 12월 입양특례법으로 제정되었고, 1995년 현재의 명칭으로 전문개정된 뒤 2004년 3월 법률 제7183호까지 6차례 개정되었다. 국가와 지방자치단체는 태어난 가정에서 양육이 곤란한 18세 미만의 아동에게 건전하게 양육될 수 있는 다른 가정을 제공하기 위해 필요한 조치와 지원을 할 책임이 있다. 양자가 될 자격은 부양의무자를 확인할 수 없어 보장시설에 보호의뢰한 아동, 부모 또는 후견인이 입양에 동의하여 입양기관에 보호의뢰한 아동, 친권상실을 선고받은 자의 자식으로서 보장시설에 보호의뢰된 아동 등으로 정한다. 양친이 될 자격은 양자를 부양할 충분한 재산이 있는 자, 양자에게 종교의 자유를 인정하고 양육과 교육을 할 수 있는 자, 가정이 화목하고 정신적·육체적으로 부양하기에 뚜렷한 장애가 없는 자, 외국인인 경우 본국법에 따라 양친이 될 수 있는 자격이 있는 자 등으로 정한다. 입양은 해당 아동의 부모 또는 직계존속이나 후견인의 동의를 얻어야 하며, 15세 이상인 경우에는 부모의 동의 외에 양자가 될 본인의 동의를 얻어야 한다. 입양은 호적법에 따라 신고함으로써 효력이 발생한다. 양자로 되는 자는 양친이 원하는 때에는 양친의 성과 본을 따르며, 입양취소 또는 파양된 경우에는 본래의 성과 본을 따른다. 입양기관을 운영하고자 하는 자는 보건복지부 장관의 허가를 받아야 한다. 외국인으로부터 의뢰받은 입양기관의 장이 국외입양을 알선할 때에는 보건복지부 장관에게 해당 아동의 해외이주에 관한 허가를 신청해야 한다. 국가와 지방자치단체는 입양아동의 양육수당 · 의료비 등의 양육보조금을 지급할 수 있다. 또 입양기관의 운영비와 가정위탁보호 비용 등을 보조할 수 있다. 총칙, 입양의 요건, 입양절차, 입양기관, 입양아동 등에 대한 복지시책, 보칙, 벌칙의 7장으로 나누어진 전문 28조와 부칙으로 구성되어 있다. 시행령과 시행규칙이 있다. 최근 입양자격기준을 완화하여 독신자와 같은 편부모가족에게도 허용할 예정으로 법적 검토가 진행 중이다.

3324 입퇴원기준(standard for admission to and discharge from hospitals)

생활보장실시요령에서 결핵과 정신병의 입퇴원결정은 담당의의 판단에 따랐었지만, 오늘날에는 시·도지사의 의료부조의 운영에 관한 자문에 답하기 위해 정규부속기관으로 조례에 따라 설치된 의료부 조심의회에서 판정되어진다. 일본에서는 더구나 일반 입퇴원에 대한 판정기준은 복지사무소장이 위탁의의 의견을 듣고 판정하지만 거택에서는 진정한 의료목적을 달성하기에 곤란하다고 인정되어진 경우에 한해 입원을 인정하고 있다.

3325 잉크 블롯 테스트(ink blot test)

→ 로르샤흐 검사

[ㅈ]

3326 자각
([영] self-consciousness [독] Selbstbewuβtsein)
자기의식이라고도 한다. 자기 자신에 관한 의식, 외계나 타인과 구별된 자아로서 가지를 의식하는 일. 막연히 자기를 의식하는 정도의 것도 포함된다. 또 이 말은, 자기의 능력이나 소질에 관해 그 한계를 올바르게 안다는 의미로도 사용되지만, 철학상, 독일 관념론에서는 자아가 형이상학으로 취급되는 동시에 자각도 개인적·심리적 의미로서가 아니라 이른바 우주적인 자아나 정신의 자기의식으로서 해석된다.

3327 자격변동(Qualification Change)
사학연금에서 초·중고교 교원은 자격이 변동되면 호봉산정 기준을 달리하므로 호봉 재획정을 해야 하는 것을 말한다.

3328 자격 제거(decertification)
자격이 입증된 개인 혹은 집단이 이전에 정해진 자격이나 기준에 동의하지 않거나 그 명칭을 원하지 않기 때문에 그들로부터 직함이나 그에 상응하는 책임과 특권을 제거하는 과정을 말한다.

3329 자격증(certification)
사람이나 사물이 일정한 특성을 지니고 있음을 공식적으로 보장하는 것이다. 전문직의 법적 자격증은 그 자격증을 지닌 사람이 특정한 수준의 지식과 기술을 보유하고 있음을 보증하는 것이다. 자격증은 대개 무자격자가 특정한 행위를 못하도록 제한하지는 않지만(면허(license)는 제한을 가함), '자격이 있다'는 타이틀을 사용하지 못하게 제한한다. 전문가의 자격은 전문협회가 보증한다. 자격증은 보통 등록(registration)보다는 통제가 강력하지만 면허보다는 약하다.

3330 자극(stimulus) 01
행동주의(behaviorism)에서, 환경에서 발생하는 모든 사건(event)을 말한다. 자극은 차별적, 유도적, 보강적, 처벌적, 중립적인 것이다. → 반응

3331 자극 02
① 기본 생리과정에 영향을 미치는 비교적 가공되지 않은 물리적 에너지의 형태를 말한다. 이러한 자극의 예로는 빛·음파·온도 등 생리적 반응을 유발할 수 있는 모든 물리적 자극을 들 수 있다. 생리학자들이 관심을 가지는 것으로서 감각 시스템이나 운동 시스템에 전해지는 단순한 물리적 에너지를 말한다. ② 자극 - 반응이론에서, 유기체가 반응하는 대상이 되는 것. 이러한 자극은 유기체의 행동을 통제하거나 촉진하는 기능이 강조된다는 점에서 물리적 자극과 구별된다. 이 자극은 그 성격에 따라 조건자극 -무조건자극, 혐오적 자극 - 강화적 자극 등으로 구분되며 특정한 자극은 특정한 행동과 일관된 양식으로 결합된다고 믿어지고 있다. ③ 한 연구의 독립변인 혹은 실험을 장치하는 방식이다.

3332 자극 - 반응학습
(S-Rlearning : stimulus-response learning)
특정 자극에 대해 학습자가 특정 반응을 함으로써 어떤 자극과 반응이 결합되는 학습을 말한다. 고전적 조건 형성, 도구적 조건 형성 등이 자극-반응 학습의 대표적인 유형이다. 이 유형의 학습은 기계적인 학습이며, 따라서 가장 기초적인 학습이다. → 조건 형성

3333 자극반응 이론(irritation response theory)
몇몇 경제학자와 사회계획가가 제기한 것으로, 사람들은 사회복지가 처벌적이고 최소화되면 그들의 환경을 개선하기 위해 더 열심히 노력할 것이라고 주장하는 관점이다.

3334 자극 일반화(stimulus generalization)
하나의 대상이 다른 또는 유사한 자극에 반응했던 것과 같은 방식으로 하나의 자극에 반응하는 능력을 말한다. 자극 차별화(stimulus discrimination)의 반대 개념이다.

3335 자기결정(Self-determination) 01
사회사업 윤리 중 한 가지로서 클라이언트의 권리와 요구를 인식하고 그들이 스스로 선택하고 결정할 수 있도록 하는 원칙이다. 이 원칙은 사회사업가의 도움이 클라이언트가 활용할 수 있는 자원이 무엇이고, 무엇을 선택할 수 있는지, 그들이 할 수 있는 선택의 범위가 어떤 것인지를 알게 하는 것이다. 즉 클라이언트가 지역사회와 자기의 퍼스낼리티에서 활용할 수 있는 적당한 자원을 발견·활용할 수 있도록 원조함으로써 자기 스스로 나갈 방향을 결정하려는 클라이언트의 자기결정 권리는 적극적, 건설적 결정을 내릴 수 있는 클라이언트의 능력 및 법률이나 도덕의 테두리 또는 사회 간의 기능의 테두리에 따라 제한을 받게 된다. 이와 같이 자기결정권은 사회사업가와 클라이언트의 관계성을 돕는데 있어 중요한 요소 중의 하나이다.

3336 자기결정 02
자기지향(self direction), 자기책임(self responsibility)이란 표현으로 사용되는 경우도 있다. 케이스워크 과정에 있어서 클라이언트가 주체적으로 스스로 생각하고 판단하여 자기의 책임을 선택하여 행하는 것을 말한다.

3337 자기결정(self-determination) 03
클라이언트로 하여금 스스로 선택과 결정을 할 수 있도록 클라이언트의 권리와 욕구를 인정해주는 사회사업의 윤리적인 원칙을 말한다. 물론 이와 같이 자기결정권을 인정해

주는 내면에는 클라이언트로 하여금 선택에 필요한 정보를 습득하게 하고, 한 선택에 따른 결과까지도 이해할 수 있도록 도와주는 사회사업가의 역할이 함축되어 있다. 대체로 이러한 자기결정권을 행사하도록 하는 데서 클라이언트가 결정한 사항을 실행에 옮기도록 도와주는 것도 포함되어 있다. 자기결정권은 사회사업의 관계에서 가장 중요한 요소 중 하나이다.

3338 자기결정의 원칙

클라이언트가 자기의 판단에서 결정하는 것을 의미하는 것으로 케이스워커가 클라이언트에게 지시하고 지배하는 관계는 아니다. 이처럼 사회사업가가 클라이언트 자신이 권리를 깨닫고 스스로 판단으로 스스로의 책임 하에 계획하고 결정할 수 있도록 측면적으로 원조하는 것이 케이스워크의 기본이다.

3339 자기모순(self-contradiction)

논리적으로 서로 모순의 관계에 있는 두 개의 주장이나 명제가 한 진술 속에 나타나는 현상이다. "X는 남자이다"와 "X는 어머니이다"는 논리적으로 서로 모순되는 관계에 있는 것인데, 이러한 두 개의 주장이 "X는 남자 어머니이다"와 같이 한 진술 속에 포함될 때, 이러한 진술은 자기모순의 진술이다. → 모순

3340 자기민족 중심주의(ethnocentrism)

자기 자신의 문화, 민족 혹은 국가가 다른 것보다 우월하다는 경향이나 믿음을 말한다.

3341 자기방어(ego defense)

→ 방어기제(defense mechanism)

3342 자기소외

→ 소외

3343 자기실현(self-actualization)

→ 자아실현

3344 자기이해(self-understanding)

'나는 이렇다.'라는 자기개념을 갖는 것은 자기를 이해하는 것이기도 하다. 무엇인가를 이해하거나, 인지하거나, 의식하거나 하는 것은 그 자체의 독자적인 행위일 수는 없다. 무의식적인 욕구의 영향을 받고 있거나 이해 그 자체가 자아의 방어에 의해 조작되고 있을 가능성도 있다. 자기구현 시의 충동이 있는 사람은 자기를 본질보다 좋게 이해하거나 역으로 자기를 비관적으로 이해하기도 한다.

3345 자기인식(self-awareness)

케이스워크의 기본원리로서 보통 인간은 타인을 볼 때 가치기준이나 감정에 영향 받기 쉽고 또 그와 같은 일을 스스로 느끼기 힘들다. 만일 사회사업가가 클라이언트와의 대인관계에서 자신이 선입견을 갖고 대하거나 자기 자신의 감정대로 상대방을 대한다면 사람을 쉽게 수용할 수도 없고 올바르게 이해할 수도 없다. 따라서 사회사업가는 평소부터 의식적으로 자신의 심리나 행동의 특이한 면을 보다 정확하게 파악할 필요가 있다. 이러한 면에서 슈퍼비젼(supervision)은 필수적이라고 할 수 있다.

3346 자기주장(assertiveness)

→ 공격(aggression)

3347 자기주장 훈련(assertiveness training)

사람들에게 자신의 감정, 욕구 및 요구를 직접적이면서도 효과적으로 표현할 수 있도록 가르치기 위해 고안된 프로그램을 말한다.

3348 자기중심주의(egocentrism)

자기에 대한 지나친 집착이나 자기 중요성에 대한 과장된 견해를 말한다. 또한 피아제 이론(Piaget theory)에서는 아직 다른 사람의 견해를 받아들이는 것을 배우지 못한 6세 이하 어린이의 정상적인 상태를 말한다.

3349 자기통제(self-control) 01

사람은 누구나 자기에 대한 개념을 가지고 있다. 행동은 이 개념을 유지하기 위해 이루어진다고 생각할 수도 있다. 돌연한 충동에 용이하게 사람이 따라가는 것은 이 자기개념의 유지에 관계된다. 이 같은 자기개념을 지키기 위해서는 행동의 통제 혹은 자아의식상태의 통제까지도 필요하게 된다. 그런 의미에서 자아의식은 그 자체가 내적인 행동이라 할 수도 있다. 자기통제는 인격을 지배하는 기본적이고도 보편적인 경향이다.

3350 자기통제 02

① 행동주의 심리학에서 외부로부터의 강화나 벌이 전혀 없는 상태에서 자기 스스로 내적 강화나 벌을 부가함으로써 특정의 행동을 하게 되는 확률을 증가시키거나 감소시키는 것.
② 조직은 상급자와 구성원이 서로 목표를 합의하여 이를 달성하기 위하여 스스로 중간점검을 하고 반성하며 시정하여 전체조직의 운영효과를 높이고 원래의 목표에 도달하려고 노력하는 활동. 이 자기통제의 개념은 조직의 구성원들이 서로 다른 분야에서 활동하더라도 그러한 공헌들이 모두 공동의 목표달성을 위해 기여토록 조직의 운영을 개선하여 능력주의적 실적 중심으로 하자는 목표관리(management by objectives)의 가장 핵심적인 개념 내지 기본적인 원리라 하겠다.

3351 자기통제기법(Self-control technique)

행동수정 이론에서 즉각적인 외부의 자극이 없는 상태에서

자기 스스로 유발한 자극에 의해 특정의 행동이 발생될 확률을 증가시키거나 감소시키는 기법이다. 자기평가, 선행자극의 통제, 후속결과의 통제, 자기강화 등의 기법이 활용되고 있다. 자발성(spontaneity)이란 사회적 의무나 책임으로 인한 속박감으로부터 자유로운 상태를 말한다. 즉 사회적 요구로부터 벗어났거나 그에 무관심한 상태이며, 자발적 행동은 일상적 제약과 현장의 제한적 요소로부터 완전히 해방된 경우에만 가능하다.

3352 자기파괴적 성격장애 (self-defeating personality disorder)

어떤 목표 달성에 전혀 도움이 되지 않는 행동을 집요하게 고수하는 성격장애(personality disorder)를 말한다.

3353 자기폭로(self-disclosure)

사회사업 면접을 하는 과정에서 사회사업가가 클라이언트에게 자신에 대한 정보, 개인의 가치관 또는 행동 등을 폭로하는 것이다. 전문직에서는 이와 같은 자기폭로에 대해서는 해야 한다 또는 해서는 안된다는 가치판단을 하지 않으나, 경우에 따라서는 자기폭로가 도움이 된다고 인정될 때도 있다. 그러나 일반적으로 자기폭로가 클라이언트를 도우려는 목적이나 치료적 효과에 도움이 되지 않는다면 자기폭로를 하지 않는 것이 바람직하다는데 약간의 합의가 이루어졌다.

3354 자기혐오(self-hate)

자기에 대해 부정적인 인지와 복합적 감정으로 청년기에 나타나기 쉽다. 이상적인 자기의 개념과 현실의 자기 사이에는 차이가 있으나 청년기에는 그의 이상형의 차원이 너무 높아 갈등을 일으키기 쉽다. 가끔 이 감정은 반항적인 태도나 공격성과 연결되나 이것은 과거의 자기가 부정됨으로 인해 새로운 자기로 변신할 때의 불안에 의해 생기는 것으로 볼 수 있다.

3355 자녀보호권이 박탈된 어머니회 (mother without custody)

많은 지역사회에 지부를 갖고 있는 전국적인 자조조직(self-help organization)으로서, 이 조직의 성원들은 법원의 결정이나 아동보호 기관의 개입, 남편의 아동유괴(child snatching) 등의 요인으로 아동들과 떨어져 사는 어머니들이다. 아동을 보호할 수 없는 어머니들은 정보를 교환하기 위해 정기적으로 만나며, 서로 지지와 격려를 해준다.

3356 자동안전장치(build in stabilizer)

재정정책에서 경기상황에 대변해 세입 면과 지출 면에 자동적인 변화가 생겨 경제기구를 안정화의 방향으로 이끌어가는 기능으로 기조적 신축성, 자동안정화 요인이라고도 말한다. 가령 개인소득세에서 누진세제를 취하면 호황 시에는 소득의 증가와 함께 세입이 증대되어 재정흑자의 요인이 되고 경기의 과열에 의한 인플레경향에의 작용을 제지한다. 또 불황 시에는 고용보험의 실업에 의한 급여, 또는 생활보장비 등의 지출증가로 경기침체 정도를 완화할 수 있다.

3357 자립생활(independent living)

자립에 대한 일반적 해석은 외부의 원조를 받지 않고 독립된 경제생활을 영위하는 것을 말한다. 신체에 장애가 있으면서도 타인의 원조없이 독립된 일상생활을 영위하는 것을 말한다. 그러나 영어 independent living이 번역어로 쓰이는 자립생활은 노동력으로서의 사회활동을 기대할 수 없는 중도장애인이 사회의 일원으로 의의 있는 자기실현과 사회참가를 위해 주체적으로 노력하는 것을 말하는 것으로 사회적으로 가치평가하려는 생활개념이다.

3358 자립조장(help the clients help themselves)

생활보장법 제1조는 생활보장제도의 목적으로서 생활능력이 없거나 생활이 어려운 자에게 필요한 보호를 하여 최저한도의 생활을 보장함과 더불어 자립의 조장을 도모하는 것으로 되어 있다. 여기서 필요한 보호는 건강을 회복하고, 아동의 발달저해 요인을 제거하고, 비위생적인 주거환경을 개선하며, 직업훈련 등 최저한의 생활기반을 보장하려고 하는 것으로서 자립조장의 전제조건이 되는 것이다. 이 법률은 생활능력이 없는 자와 생활이 어려운 자라고 하였는데 특히 노동능력이 있는 자의 경제적 자립을 위한 시책을 충실히 할 필요가 있다. 그러나 현실적으로는 이 자립조장시책이 제대로 구현되지 못하고 있는 실정이어서 앞으로의 과제라고 할 수 있다.

3359 자문(consultation)

특별한 전문성을 소유한 기관이나 개인(예를 들어 상담가)혹은 특수한 문제를 해결하기 위해 전문성을 필요로 하는 사람들 간의 상호 관계를 말한다. 카두신(Alfed Kadushin)은 사회사업 자문을 자문가들이 일과 관련된 문제에 직면한 개인, 집단, 조직, 지역사회에 상담과 기타 다른 원조활동을 제공하는 문제 해결과정으로 묘사했다. 상대적으로 연속적이고 많은 관심영역을 포함하는 지도감독(supervision)과는 달리, 자문은 임시적이거나 일시적인 기반에 근거해서 일어나며 특별한 목표나 상황초점(situation focus)을 갖는다. 감독관과는 달리 자문가는 충고를 받는 사람들에게 어떤 특별한 행정적 권한을 가지고 있지 않다.

3360 자문위원회(advisory board)

조직의 목표 달성 방법 또는 어떤 사전결정에 따른 방법에 필요한 정보나 전문적 의견, 건의를 제공하는 위원회이다. 자문위원회는 그들의 전문성을 위해 집단이나 개인의 자격으로 조언을 듣는다. 위원들은 선출 또는 고용되거나, 자원봉사자로 근무할 수 있으며, 조직의 기관장위원회(board of directors)와 같을 수도 있고 다를 수도 있다.

3361 자문제공(advice giving)
사회사업가가 클라이언트로 하여금 문제나 목표의 존재를 인식하고 이해하며 그것을 처리하는데 나타나는 여러 반응을 고려하도록 돕는 사회사업 개입의 한 방법으로 그때 사회사업가는 목표를 성취하기 위한 최선의 방법이라고 여겨지는 행동을 취한다.

3362 자발성 대 죄악감(initiative versus guilt)
에릭슨(Erikson)에 의한, 대략 3~6세 때 일어나는 심리사회발달 8단계 중 세 번째 단계이다. 아동은 활발히 무언가를 배우고 찾고 시험하는 것을 시도하도록 자극받는다. 반면, 아동은 잘못이나 '나쁜 것'에 대한 감정을 유발하는 거부, 처벌, 제한 때문에 수동적인 경향을 개발하기도 한다.

3363 자발적 실업(voluntary unemployment)
일할 의사와 능력이 있음에도 불구하고 한 사회의 지배적인 임금수준 하에서 취업을 원치 않기 때문에 발생되는 실업으로서 완전고용과 양립되는 개념이자 행위이다.

3364 자본론
맑스가 자본주의 경제를 분석함에 있어 핵심이 되는 가치론은 영국 경제학의 스미드(Smith, A)와 리카르도(Ricardo, D.)의 이론을 계승·발전시킨 것이다. 그리고 그의 철학, 역사, 경제이론을 집대성하여 자본주의체제에 대한 비판의 대안으로 체계화한 것이 자본론이다. 자본론 제1항 자본의 생활과정에서는 그 특유의 가치론에 의해 잉여가치의 원천과 잉여기준의 자본에로의 전화과정 및 자본이 잉여가치를 생산하는 과정을 분석하고 있다. 그리고 제2항 자본의 유통과정에서는 생산과정에서 생산된 잉여가치가 유통과정에서 화폐로 실현되는 과정을 논하고 있다. 제3항 자본제 생산의 총 과정에서는 생산과정에서 생산되고 유통과정에서 실현된 잉여가치의 분배, 즉 잉여가치의 현상으로서 이윤인 상업이윤, 이자, 기업소득, 지대 등에의 분화 내지 전화를 구명하고 평균이윤이론과 이윤율 저하의 법칙을 설명한다.

3365 자본의 전형운동(metamorphosis of capital)
자본은 그 증식과정에 있어서 여러 가지 다른 형태의 순환운동을 한다. 이것을 맑스는 다음과 같이 설명했다. 자본은 생산과정에서 기능하기에 앞서 먼저 유통과정에 있어 구매력의 원본, 즉 화폐자본으로서 기업에 의해 확보되지 않으면 안된다. 기업은 이어 이 화폐 자본을 가지고 생산에 필요한 생산재 및 노동력을 사들여 자본을 생산자본의 형태로 전형시킨다. 생산자본은 생산과정의 종국에 가서는 증식된 가치를 갖는 상품형태를 갖게 되어 상품자본의 모습으로 전형된다. 그리고 이 상품자본은 다시 유통과정에서 화폐와 교환되어 증식한 화폐자본의 형태로 재전환한다. 이와 같이 자본은 같은 소유자의 수중에서 그 존재형태를 변화해가는 것이지만, 일반적으로는 운동의 종점에 있어 그 시점과 같은 형태로 되돌아온다는 점에서 맑스는 이것을 자본의 순환이라고 불렀다. 같은 소유자에 속하는 자본이 위와 같은 3개의 형태 전부를 갖추어 순환하는 경우에는 그 자본을 산업자본이라고 부른다.

3366 자본주의(capitalism) 01
재화와 용역의 생산과 분배가 사적 소유자와 소비자에 대한 개방된 경쟁을 통하여 통제되는 경제체제를 말한다.

3367 자본주의 02
시장경제라고도 하는데, 봉건사회의 붕괴 후에 성립한 시민사회의 경제체제로서 사유재산제도를 기축으로 하고 영리 원칙과 자유 경쟁을 양륜으로 하는 경제조직으로서 산업혁명을 계기로 확립된 자본주의는 현대 국가의 지배적인 경제체제로 되어 있다. 그리고 자본주의 3대 원칙으로는 자유경쟁주의, 사유재산제도, 영리주의를 들 수 있다.

3368 자본주의적 생산관계(employer-employee relationship in a capitalistic society)
인간은 상호관계를 유지하면서 물질적 생산을 하는데, 이 관계를 생산관계라 한다. 이러한 관계는 생산수단의 소유형태에 따라 기본적으로 규정된다. 자본주의적 생산관계에서는 생산수단의 사적소유에 기인하는 전생산물이다. 노동력의 상품화가 이루어져 개개의 상품소유자는 교환을 통해서만 상호관계를 갖는다. 생산은 전면적인 상품관계 특히 자본과 노동과의 교환을 통해 잉여가치의 획득을 직접적인 목적으로 삼는다.

3369 자산(assets)
조달된 자본이 토지, 건물, 현금, 원재료 및 제품 등으로 운용되어 구체적인 형태를 취하게 되었을 때 이를 회계학상으로 자산이라 한다. 따라서 이는 자본이 기능형태 내지 운용형태로서 화폐가치적으로 표현된 것을 말한다. 이에 반해 자본은 자산의 귀속형태 내지 조달형태를 화폐가치로서 표현한 것이다.

3370 자산예탁
고령자 세대가 복지서비스의 이용료를 확보하기 위해 주거의 토지, 건물 등 자기자산을 담보로 복지자금의 대출을 받을 수 있는 제도. 복지서비스의 유료화에의 대응 등 사회복지시책의 변화와 복지이용자의 지역·가족환경의 변화를 먼저 받는 제도이다. 토지가격의 인상에 따른 자산가치의 증대, 가족부양의 한계와 상속재산방식 제도이다.

3371 자산조사(means test) 01
생활보장사업의 대상자 선정에서 필히 행하여지는 것으로

복지수혜자에게 수치욕을 조장시키는 등 명예훼손에 영향을 주고 있다. 이에 자산조사에 대한 비판과 더불어 찬성과 반대의 의견이 대립되고 있다. 먼저 찬성의견을 보면 공금을 절약할 수 있고 개인의 욕구를 규명할 수 있고 공적부조의 보완적 성격을 충족할 수 있다는 것이며, 반대의견을 보면 개인의 권리와 존엄성이 침해되고 클라이언트의 욕구정도를 결정하기가 어렵고 자산조사를 위해 막대한 행정비용이 소요된다는 것이다. 그러나 어느 국가든 자산조사는 행해지고 있다. 가능한 한 수혜자의 명예가 보장되는 범주 내에서 시행되도록 유도함이 바람직하다.

3372 자산조사 02

클라이언트의 재정을 평가하여 그 결과를 서비스 수혜자격의 결정시준으로 사용하는 것이다. 기존의 경제서비스, 사회서비스, 건강서비스를 받는 클라이언트도 그 서비스의 대가를 지불할 수 있는 '자산'이 있다고 조사자가 판단하면 서비스 수혜대상에서 탈락하게 된다. 클라이언트의 수혜자격을 결정하는 이러한 자산조사를 사용하는 프로그램으로는 의료보호(medicaid), 요보호아동가족부조(AFDC : aid to families with dependent children), 식품권 프로그램(food stamp program), 일반부조(general assistance) 등을 들 수 있다. 자산 조사평가를 하기 위해 사회사업가는 보통 클라이언트의 소득, 자산, 부채와 기타 채무, 부양 가족수, 건강 요인들을 조사한다.

3373 자산형성지원사업(IDA)

근로능력이 있는 저소득층이 매월 소액의 저축을 해나갈 경우 정부와 민간(기부금 등)이 추가로 돈을 보태 목돈을 만들어줌으로써, 저축을 통해 자활 의지가 확인된 저소득 근로소득자가 일정 규모의 자산을 형성, 자신의 힘으로 빈곤에서 탈출할 수 있도록 도와주는 제도이다.

3374 자살(suicide)

자기의지에 의해 죽음에 이르는 행위이다. 뒤르껭은 자살론(1897)에서 개인과 사회와의 연결을 기초로 이기적 자살, 이타적 자살, 아노미적 자살, 숙명적 자살의 네 가지 유형을 들고 있다. 청소년의 자살은 학업 문제를 비관하여 행해지는 예가 많고, 자살률이 높은 노인층에서는 질병, 가정불화 등을 주된 동기로 하고 있으며 또 실업률과 자살률이 밀접한 관련이 있는 것 등 자살이 사회문제의 하나임을 나타내고 있다.

3375 자살성 사고(suicidal ideation)

자살에 대해 심사숙고하거나 자신을 죽음으로 이끄는 사고유형이다. 전문가는 클라이언트가 자살하려고 하는 가능성을 판단하기 위해 특정한 실마리와 주변 환경을 기록한다. 그 중에서 가장 높은 가능성은 우울증(depression)이고, 현재나 과거에 다른 사람들과의 접촉을 기피하고 희망이 없다는 생각이 수반될 때 특히 그렇다. 수면행위에서의 큰 변화, 죽기를 바라거나 자살을 기도할 의지를 나타내는 명확하거나 암시적인 진술을 할 때, 약물남용(substance abuse), 돌이킬 수 없는 손해(손실)를 최근에 경험했을 때, 지지체계가 결여되었을 때, 치명적인 도구(무기, 약물 등)에 쉽게 접근할 수 있을 때, 이전에 자살경험이 있는 경우, 실패감과 거부당함을 느낄 때에도 자살가능성이 높다.

3376 자선(charity)

일반적으로 종교적, 윤리적 동기에 의해 불쌍히 여기거나 이웃애 또는 은혜 등을 총칭한다. 구제의 정치, 전략적 동지에 대해 주관적인 봉사나 윤리적인 선(善)에 중점을 둔 종교적 실천덕목으로서 중요한 의미를 갖고 있다. 이들 실천태도들을 비교하면 가톨릭은 신앙과 박애적 실천을 동시에 추구했고 기독교는 구제대상 중에 신의 형상을 표제하여 근대적 인격관을 형성했다. 그리고 남에게 베푸는 주체윤리로 강조하고 동기의 순수성을 중시했다. 또 불교에서는 베푸는 자와 받는 자와는 자타불이라고 하는 평등관계에 있다고 하고 유교에서는 개인의 수양이 가정과 국가를 다스리는 원리가 된다고 하였다.

3377 자선남비(charity pot)

구세군이 사회사업의 일환으로 연말 또는 계절적으로 불행한 사람들을 돕기 위하여 모금하고자 가두에 모금용 냄비를 설치하는 것이다. 이 운동은 제1차 대전 이전부터 행하여졌고 제2차 대전 이후부터 더욱 활발해졌으며 이 자금으로 많은 빈궁자가 구제되고 있다. 이 운동은 세계 각지에서 행하여지고 있으며 성탄절 때에는 특히 크리스마스 포트(Christmas pot) 혹은 크리스마스 케틀(Christmas kettle)이라는 냄비를 설치하고 모금운동을 전개한다.

3378 자선병원(charity hospital)

자선학교운동과 함께 영국의 18세기 박애정신의 주류를 형성한 것으로서 영혼의 휴양을 목표로 한 중세적인 하스피탈(hospital)과는 달리 의료자체를 목적으로 한 근대병원을 자선조직에 의해 건설되었고, 1719년 웨스트민스트 병원이 최초이다.

3379 자선사업(charity work)

일반적으로는 자선과 자선사업은 명확히 구별되지 않는다. 그러나 자선사업은 산업혁명 전후에 사용되어진 용어로 그 성격은 자선에 대해 보다 사회성도 가지고 있고 과학적 조직성을 기초로 한다는 점에서 양자를 구별짓는다. 또한 자선행위가 개인적 행위인데 대해 자선사업은 자선적 색채를 가진 사회적구제사업으로 보았다. 자선사업의 전개는 영국·미국에서 그의 전형이 보이지만 중세 기독교적 자선이 18

세기 계몽의 소산인 박애를 통해 산업혁명기에 자선사업으로 성립했다. 그것은 동시에 근대사회사업의 출발점으로도 되고 있다.

3380 자선조직협회(the charity organization society)
18세기 말엽 영국은 산업혁명으로 인해 공업 및 산업상의 대변혁과 함께 사회조직에 변혁이 일어나 여러 가지 사회문제가 발생하였다. 이것을 해결하기 위해 구빈법을 중심으로 한 빈민구제, 경제·교육·의료제도의 개선으로 빈궁방지의 방법을 사용했는데 전자를 보완하기 위한 기술방법으로 나타난 것이 자선조직협회이다. 이 협회는 당시의 복지사업과 기관간의 효과적인 조정을 기하며, 구호행정의 중복과 경쟁을 피하고 기구와 기술을 발전시키고자 하는데 있었다.

3381 자선조직화운동 (the charity organization movement)
임의성을 가진 여러 가지 자선활동의 연락조성을 자주적으로 행하여 무차별 구제의 중복성을 방지하고 자선과 구빈제도간의 기능적 분담을 명백히 하여 걸식을 방지하는 것을 목적으로 추진되었다. 이 운동은 19세기 말 영국의 여러 도시에서 만성적 구제불능 상태에 있었던 노동자 계급의 궁핍화와 피구휼층으로 전락하는 것이 증가되는 것을 배경으로 형성되어 근대 사회사업의 성립에 영향을 미쳤다.

3382 자신의 책임(filial responsibility)
→ 친족의무(relative's responsibility)

3383 자신의 사망처리에 관한 유서(living will)
자기 자신의 사망처리에 관한 개인의 희망을 구체화하는 공식적인 진술서로서 특히, 이 진술서는 생존능력과 인지기능이 손상되었을 때 다만 의학적인 생명유지 장치로 생명을 유지할 가능성과 관련하여 작성된다. 자신의 사망처리에 관한 유서(prototype living will)는 뉴욕에 본부를 둔 기구인 죽음에 대한 관심(concern for the dying)에 의해 마련되어 왔다.

3384 자아(ego/self) 01
프로이드(Freud, S.)는 마음의 기조를 이드, 자아, 초자아의 삼층으로 나누어 그들의 역동적인 상호작용으로 심리현상을 설명하려 했다. 일반적으로 지각, 감성, 사고, 행위의 주체를 자아라 해도 좋으나 그 지각, 감성 등이 자기의 내부세계의 다른 무엇인가에 영향 받는 것을 생각한다면 역시 거기에 이드나 초자아를 가정하는 것이 필요해진다. 이에 프로이드는 자아는 그 정상의 존재를 유지하기 위해서 10종류나 되는 방어기제를 갖는다고 생각했다.

3385 자아 02
(1) 인간이 자신의 동일성(identity) 또는 연속성(continuity)을 의식할 때 그러한 의식을 하는 주체. (2) 성격심리학의 핵심개념으로서 다음과 같은 뜻으로 쓰인다. ① 자아몰입(ego-involvement)과 같은 뜻으로 동기유발의 근원이나 목표로서 구체적 행동을 하도록 하는 개인의 동기를 가리킨다. ② 행동이나 경험을 조직하는 것으로서 환경에 대처하여 개인이 적응하도록 하는 기능을 지니고 있다. ③ 경험의 내용과 행동의 유형을 가리키는 것으로 행위·태도·정서 등의 경향을 뜻한다. (3) 정신분석이나 분석심리학에서는 의식된 성격의 부분을 가리키는 개념으로서 인간의 심리를 통일하고 조절하려는 기능을 말한다. 본능과 같이 원시적이고 조직되지 않은 충동을 조직화하고, 초자아의 충동을 조정하여 충동들을 현실적으로 만족시키도록 하고 있다. 본능이 쾌락을 추구하고 초자아가 도덕성을 추구하는 것에 반하여 현실에 근거한 판단과 조정의 기능을 하는 것을 말한다. (4) 개인이 자기 자신을 지각하는 것이다. 현실적 자아(ego self)·경험적 자아(empirical self)·이상적 자아(idealized self)·상징적 자아(symbolic self) 등과 같이 다양한 수식적 용어와 함께 쓰이는 경우가 많다.

3386 자아([독] Ich) 03
인식, 의욕, 행동의 주체가 자기를 외계나 타인과 구별하여 하는 말이다. 자아는 시간의 경과를 통하여 동일한 단일의 개체로서의 의식을 수반하고, 일상적으로는 신체도 포함해서 생각하는데, 신체를 배제하여 생각하는 경우도 있다(심리적 자아). 자아가 철학 상의 문제가 되는 것은 주로 근세가 되면서부터이며, 봉건적 속박으로부터의 개인의 해방이 그것의 사회적 배경이다. 근세 초 데카르트는 의심할 수 없는 자아의 존재로부터 출발했다. 그의 자아는 정신적인 실체였는데, 흄은 자아의 실체성을 부정하고, 자아는 〈관념의 다발〉에 불과하다고 말했다. 칸트는 일상의 경험적인 자아는 현상계에 속하는 것으로 믿고, 경험적인 자아의 내용을 모두 배제한 극한적인 자아라고도 할 수 있는 선험적 자아(→ 통각)를 상정하여, 이것을 실체적인 것은 아니었지만, 그도 도덕의 근거로써 본체로서의 자아를 인정했다. 피히테는 다시 이것을 형이상학화하고, 절대적 자아로부터 모든 것을 이끌어내려고 했다. 또 슈티르너는 자아를 만물의 유일한 척도로 생각하는 철저한 주아주의를 주장했다.

3387 자아개념검사(Self-Concept Test)
한 개인이 그가 처해 있는 생활의 장(場)에서 자기 자신 및 그의 주위 환경을 어떻게 느끼고 있는가를 알아보기 위해 정원식(1968)에 의해 개발된 검사이다. 중학생 이상의 연령에서 실시할 수 있으며, 자아 준거가 되는 진술로 이루어진 100개의 검사 문항으로 구성되어 있다. 피검자는 자기 자신과 관련된 정보를 5가지 척도에 따라 표시하게 되어 있다. 이로써 자기의 신체사항, 가족사항, 성격적인 면, 도덕적인 관념 그리고 대인 관계의 5가지 외적 측면에서 그 개인의 동일성, 자아수용 및 만족 그리고 외적 행동의 적극성과 소극성 등을 측정할 수 있다. 이를 통해 한 개인이 자기 자신을 어떻게 지각하고 있는가를 알게 됨으로써 그 개인을 이해하고 돕는데 유용한 정보를 얻을 수 있다.

3388 자아결정(self-determination)

인간의 행위는 인간 외적 요인에 의해 기계적으로 결정되는 것이 아니라, 자아의 본질과 특성에 의해 결정된다는 뜻으로 윤리학에서 결정론과 비결정론(혹은 자유론)의 대립을 극복하기 위하여 라쉬달(H. Rashdall) 등이 자아결정의 개념을 사용하였다. 엄격한 의미에서 그는 결정론자보다는 자유론자에 속한다. 이러한 의미의 자아결정론에 의하면, 인간의 도덕적 자유는 자아의 결정에 의존한다. → 결정론, 자유론

3389 자아기능(ego functioning)

자아가 사회적 요구를 처리하고 내적 심리적 갈등을 조절하는 방법을 말한다.

3390 자아도취(narcissism)

지나친 자기도취나 자기애, 자기중심주의의 극단적인 형태를 말한다.

3391 자아력(ego strengths)

정신역학 이론상 문제해결을 위해, 정신적 갈등해결을 위해, 정신적·환경적 어려움을 방어하기 위해서 개인이 이용할 수 있는 정신적 에너지의 정도, 또한 논리적 사고, 지성, 지각력 그리고 직접적 만족을 성취하려는 충동을 자제할 수 있는 개인의 능력을 말한다.

3392 자아성취 기대(self-fulfilling prophecy)

한 개인이 어떤 개인, 집단 또는 사회현상에 대해 어떤 기대감 또는 선입견을 가지고 있을 경우 바로 그러한 기대나 선입견대로 대상 집단을 인식하는 것이다. 예컨대, 한 사회사업가가 요보호아동가족부조(AFDC : aid to families with dependent children) 수혜자들은 모두 게을러서 취업할 의사가 전혀 없다는 선입견을 가지고 있을 경우, 막상 취업을 요구하는 AFDC의 수혜대상자인 클라이언트의 말을 들어주지 않고 이 요청을 기각해버릴 수 있다.

3393 자아수용(Self-acceptance)

자신의 능력이나 처해있는 상황을 잘 인식하여 자신의 요구나 결점·감정·충동 등을 받아들이는 것을 말한다. 이것은 정서적으로 성숙되고 안정된 사람의 특징으로 스스로를 학대하거나 거부하지 않으며 자기중심성에도 빠지지 않고, 자신에 대해 객관적으로 반응하는 태도이다.

3394 자아실현(self-realization) 01

자아의 실현이 궁극의 목적이며, 이 목표에 도달하는 행위가 올바른 행위라고 하는 그린, 브래들리 등의 윤리설. 이 경우의 자아는 경험적인 자아는 아니고 보편적·절대적인 의미를 가지는 자아이다.

3395 자아실현(self-actualization) 02

일반적으로 자신의 능력이나 기능을 충분히 발휘하여 이룩하려는 노력이나 그 이루어진 상태를 말한다. 학문적 입장에 따라 자아실현의 과정은 차이를 보여주고 있다. 카운슬링에서는 진정한 자기의 발견과 새로운 가치의 목적을 이루고자하는 행동의 시작을 의미하고, 정신분석에서는 자신의 허구에서 벗어나 갈등을 해결하고 진정한 자아상을 실현하는 것을 의미한다. 장애아 교육의 현장에서는 장애아 한 사람 한 사람의 독자성을 말할 때가 있다. 따라서 자아실현을 위한 노력에 동기를 부여하기 위해서는 교육적 원조와 치료적 원조를 제공할 필요가 있다.

3396 자아심리학(ego psychology)

인격에서 자아의 역할을 해명하는 심리학. 프로이드(Freud, S.)는 자아를 이드와 초자아와 현실과의 갈등을 해결하는 방어적인 존재로 규정했으나 이것은 아들러(Adler, A.) 등에 의해 비판의 대상이 되었다. 뒤에 프로이드학파의 에릭슨(Erikson, E.) 등은 자아의 역할을 보다 적극적인 것으로 평가하게 되었다. 즉 자아는 방어적인 것뿐만 아니라 자율적인 성숙과정도 가진 것이고 자아형성에서 그것들의 기능이 나타나는 것에 따라 개인의 전체적 통합성을 이해할 수 있다는 것이다.

3397 자아의식(self-consciousness)

자신에 의해 자신을 아는 것을 뜻한다. 우리의 마음은 직접적인 성찰에 의하여 의식의 과정과 내용을 알게 된다. 즉 신체적 특징, 신체를 구성하는 물질적 특징, 사회적 존재로서의 타인 혹은 타아와의 관계, 집단이나 공동체를 초월한 종교적 세계와의 관계 등에 의해 자신을 의식한다. 이러한 외적인 모든 것과의 관계를 끊고 순수하게 자신의 내면적 세계에 대해 아는 것, 이것을 순수한 자아의식이라고도 한다. 철학적으로는 흔히 순수한 자아의식, 즉 반성·자각과 같은 내면적 과정에 의해 자유와 책임들의 근거가 성립된다고 본다. → 의식

3398 자아정체(ego-identity)

자신을 시간의 흐름에 따라서 본질적으로 불변하는 실체로 인식하는 개인의 느낌을 말한다. 이는 개인의 이상과 행동 및 사회적 역할을 통합하는 자아의 기능에 의해 이루어진 결과이다. 유아기의 특정한 반응이나 거울에 비친 자신의 모습에 대한 인식 등에서 관찰될 수 있는 신체에 대한 지각, 유아기에서 나타나는 '나' 라는 대명사 사용과 도전적 태도 및 특정한 역할수행 등에서 자아의 최초 출현을 볼 수 있다. 이와 같은 자아발달의 최종단계를 에릭슨(E. H. Erikson)

은 자아정체감의 발견으로 표현하고 있다.

3399 자아정체감(self-identity)

자기 자신의 독특성에 대해 안정된 느낌을 갖는 것으로, 행동이나 사고, 느낌의 변화에도 불구하고 내가 누구인가를 일관되게 인식하는 것이다. 개인의 자아정체감은 4개의 기본 차원으로 구성되어 있다. 즉 ① 인간성 차원 : 각 개인은 인간이라는 느낌 ② 성별 차원 : 남성, 혹은 여성이라는 느낌 ③ 개별성 차원 : 각 개인은 독특하다는 느낌 ④ 계속성 차원 : 시간 경과에도 불구하고 동일한 사람이라는 인식 등이 그것이다. 안정된 정체감을 형성하기 위해서는 신체적·성적 성숙, 추상적 사고 능력의 발달, 정서적 안정이 선행되어야 하며 동시에 부모나 또래 집단의 영향으로부터 어느 정도 자유로울 수 있어야 한다.

3400 자아정체감 위기(identity crisis)

자아에 대한 동일감과 연속성이 상실되어 사회에 의해 기대된 역할을 받아들일 수 없는 상태로 격리, 위축, 저항, 부정 등으로 나타난다. 특히, 청년기에는 급격한 신체적 변화와 새로운 사회적 요구에 부딪히기 때문에 지금까지 회의 없이 받아들였던 자기 존재에 대해 정체감 혼미가 나타나게 된다.

3401 자아 지향적 사회사업(ego-oriented social work)

자아심리학(ego psychology)의 원리를 전문적 실천에 통합시키는 임상적 사회사업을 말한다.

3402 자아통합(ego integration)

통합체로서 개인성격의 여러 양상에 대한 내적 조화와 적합성을 달성하는 것이다.

3403 자애([영] self-love [독] selbstliebe)

자기 보존의 본능에 근거하여, 인간에게 갖추어져 있는 것으로 믿어지는 자기의 복리를 중요하게 여기는 성향, 이것이 타인의 복리를 자기의 복리에 종속시킨다는 의미에서의 이기주의되지 않는 한, 이 성향은 도덕적으로는 선(善)도 악(惡)도 아니다. 버틀러는 단순히 일시적인 쾌락을 구하는 것이 아니고, 자기의 영속적인 만족을 구하는 것을 합리적 자애(rational self-love) 또는 냉정한 자애라 부르고, 이것은 양심과 조화하는 것이라고 주장했다. → 이기주의

3404 자연발생적 집단(spontaneous group)

일반적으로 자발적 집단으로 불린다. 목적의식적 집단에 상대된 집단으로 자연발생적으로 구성된 집단을 말하며 원래는 회사운동의 전개과정에 나타나는 단계적 차이를 표명하기 위해 사용되나 집단유형을 구별하는데 쓰이기도 한다. 일상적 요구나, 상황변화, 개개인의 취향 등에 의해 생기는 집단으로서 형성과정이 의도적이 아니기 때문에 집단통제 및 응집력도 전반적으로 약하다. 그러나 현실적 필요나 개인들의 자발성에 의해 형성된 경우에는 쉽게 목적지향적이고 방향을 설정하는 집단으로 전환할 가능성을 내포하고 있다.

3405 자연법사상(the principle of natural law)

16~17세기부터 전개된 사회사상의 하나로 근대사회의 형성에 있어 중요한 사상적 역할을 했다. 그로티우스, 홉스, 로크, 루소 등 차이는 있으나 자연법사상을 주장했다. 자연법에서는 인간이 가지는 본능, 본성을 중시해 경제적 제 사실, 관습, 작위적인 실정법과 대립시킨다. 즉 근대 이전의 왕권, 교회권에 대해서, 개개인의 인간이성을 강조하는데에 중점이 있었다. 이 자연법사상은 고대그리스, 중세로마에서도 존재했었다.

3406 자연사([영] natural history [독] Naturgeschichte)

원어는 박물학의 의미도 되지만, 이 용법은 오늘날에는 사용되지 않고 있다. 관념론에서는 인간을 자연의 목적으로 보고, 인간과의 관계에서 자연에 역사적 의미를 부여하는데, 맑스주의는 이 같은 목적론을 배격하고, 자연과학의 성과에 근거하여, 자연을 변증법적으로 발전하는 것으로써 역사적으로 파악할 뿐만 아니라, 사회의 발전도 개개의 인간의 의지나 의식과는 독립된 법칙에 따라 발전하는 자연사적 과정으로서 파악한다.

3407 자연성장성과 목적의식성 (spontaneity and consciousness)

레닌이 명백히 한 맑스주의의 근본 사상으로, 19세기의 90년대 말부터 20세기 초에 걸쳐서 〈경제주의자〉라고 불리는 계량주의자들은 노동자 계급은 자연히 사회주의 의식에 도달하므로, 별도로 혁명적 노동당을 만들어서, 이 의식을 외부로부터 심어줄 필요는 없다고 말했다. 이에 대해 레닌은, 그의 저서 〈무엇을 할 것이냐〉(1902)에서, 노동자 계급이 자기의 계급적 지위와 사명을 인식하고, 근본적인 계급 이해(階級利害)에 눈뜨기 위해서는 과학적 이론이 필요하며, 자연 성장성만을 말하는 것은 노동자 계급을 부르조아 사상의 영향 하에 두는 결과가 되어 버리는 것이라고 했다.

3408 자연연상(free association)

어떤 자극어를 주었을 때 마음에 떠오른 생각을 자유롭게 나타내게 하는 것, 자유연상법에는 자극어를 하나씩 읽어 주고 피험자의 마음에 떠오른 표상을 반응하게 하는 것으로서 어떤 연상을 어떠한 방법으로 하느냐를 밝히는 것과, 처음에 주어진 자극어에서 시작해서 머리에 차례로 떠오르는 생각을 연상시키는 방법으로 정신분석에서 정신의 심층을 분석하는데 사용된다. 자유연상에 대해 첫 번째 연상되는 말, 반대어 또는 동의어를 답하게 하는 것을 제한 연상(controlled association)이라 한다.

3409 자연원조망(natural helping network)

어려움을 겪고 있는 사람들을 기꺼이 돕고 봉사하는 비전문가들과 그 봉사를 받는 사람들 사이의 비공식적이고 유동적인 결연관계를 말한다. 대체로 자연원조망은 도움이 필요한 사람들의 가족이나 이웃, 직장동료, 교회에 나오는 사람들 또는 그 사람이 속해 있는 협회나 사회계급의 구성원들 혹은 지역사회 안에 있는 이타적인 사람들 사이에서 발전한다.

3410 자연주의([영] naturalism [독] naturalismus)

① 자연 이외의 실재를 인정하지 않고, 자연만을 일체의 존재와 가치의 원천으로 하는 갖가지 입장의 총칭이다. 이 입장에서 자연은 그 자체가 자기 완결적인 상호 관련된 체계를 이루고 있고 초자연적인 설명 원리를 필요로 하지 않는 것이라고 한다. 자연을 어떤 것이라고 보느냐의 입장에 따라 다르다. 예컨대, 고대의 스토아파의 범신론적 유물론에서는 보편적인 세계 이성(로고스)이 자연에 내재하여 자연을 합목적적으로 지배하고 있다고 생각하였지만, 18세기의 유물론은 자연을 시공적으로 무한한 기계적 인과율의 지배하는 체계로 본다. 또 맑스주의의 변증법적 유물론은 자연을 상하의 계층을 이루어 서로 연관하는 물질의 갖가지 운동 형태로서 파악하고 있는데 이것도 자연주의에 포함시킬 수 있다. ② (윤리학상의) 〈좋다〉〈옳다〉 등의 윤리적 가치 개념을 〈쾌락을 가져온다〉든가 개인이나 집단의 〈자기 보존에 도움이 된다〉든가 하는 것과 같은 자연적 사실에 의해 정의하는 윤리학설. 쾌락주의·진화론적 윤리설 등이 대표적인 것인데, 오늘날에는 일반적으로 사실로부터 가치나 당위를 이끌어내려는 윤리학 상의 입장을 말한다. → 자연주의. ③ (문학상의) 실증주의나 진화론의 영향 아래 19세기 후반에 나타난 문학상의 조류. 대표자는 졸라(É. Zola). 현실의 이상화를 배격하고, 있는 그대로의 인간의 생활을 묘사하는 것을 목표로 했는데, 인간의 동물적인 측면이나 인간이 환경에 의해 결정되는 면을 강조했다. 따라서 인간이 환경에 작용하고, 그것을 변혁하는 면이나 인간이 환경에 작용하고, 그것을 변혁하는 면이나 인간이 이상을 향해 노력하는 면을 무시하고, 일면적인 인간 파악에 빠진다.

3411 자연집단(natural group, informal group)

→ 자연발생적 집단

3412 자영 사회복지기관(private social agencies)

특정 지역의 주민이나 특정한 종교신자의 집단, 민족집단, 연령집단, 이익집단 등 주로 목표대상 집단의 구성원에게 대인적 사회서비스(personal social)를 제공하며, 자발적인 자선기부금 및 정부 보조금으로 운영되는 비영리기구(Nonprofit organization)이다. 이러한 기관은 법인체로 구성되어 있으며, 지역사회를 대표하고 정책을 수립하는 원우회가 있다. 영리를 목적으로 하는 기관을 영리기관(proprietary agencies)이라고 한다.

3413 자영업자

종업상의 지위에서 보아 개인 경영사업을 실제로 주관해 경영하는 자를 가리킨다. 상점주, 공장주는 물론 농민, 의사, 변호사를 포함한다. 각종 통계조사에서는 보통 고용자가 있는 업주와 고용자가 없는(가족종업원은 제외) 업주로 나누고 있다.

3414 자원(resources)

욕구 충족에 쓰일 수 있는 필요한 기존의 서비스 또는 물질(상품)을 통칭하는 자원이라 한다. 사회사업가의 일차적인 기술(primary skill)은 클라이언트를 돕는데 필요한, 현존하고 있는 지역사회의 자원에 대한 지식과 그것을 활용하는 능력이다. 사회사업가가 전형적으로 활용하는 자원들은 관련된 다른 사회기관, 정부의 프로그램, 자원봉사자 및 자조집단(self-help groups), 자발적인 원조자(natural helpers), 그리고 클라이언트를 도울 수 있는 자질과 동기를 갖고 있는 지역사회에 살고 있는 개인들이다.

3415 자원봉사계획(volunteer plan)

일본에서 자원봉사활동의 발전을 도모하고자 1985년도에 국고보조의 모델사업으로 시작된 복지 볼런티어이다. 마을형성사업의 통칭이다. 각 도부현, 지정도시 1개소를 원칙으로 시구정촌 복지협의회가 실시주체가 되어 연 600만엔(인구수에 따라 셋으로 구분, 2년, 국가, 현, 시정촌이 3분의 1씩 부담)의 보조를 한다. 이 계획의 목표는 주민참가에 의한 복지마을형성의 운동이 계속 진전되도록 활동기반을 구축하고자 함이다. 사업내용으로는 자원봉사활동 추진협의회 형성과 운영 복지욕구파악과 지역복지활동의 추진, 재가복지욕구에 대응한 자원봉사활동 원조팀의 개발과 보급, 원조체제 확립 복지풍토형성, 복지교육추진 자원봉사센터의 인력, 설비기금 등의 기반형성 등이다.

3416 자원봉사국(volunteer bureau)

지역사회의 자원봉사활동을 추진하기 위한 기관으로서 볼런티어와 대상자간에 제3자적 입장에서 상담 및 조언, 활동의 수요와 공급의 균형을 목표로 하고 있다. 사회복지협의회, 기타 민간단체와 조직, 지방자치단체 등이 설치주체가 되어 운영, 조직은 각각 독자성을 이루고 있다. 또한 설치과정이나 기능은 지역성이 발휘되어 활동경험자나 지역의 유력자, 학식 또는 경험자 등 지역 내 볼런티어(주민)의 참가를 요구하면서 위원회 조직을 다지고 있다. 지역 내 관계기관 등과 연락조정을 도모하고 구체적인 정보에 의해 볼런티어 발굴, 조직화, 계몽, 욕구의 수급조정을 주요활동을 하고 지역복지활동의 기점으로 있는 기관이다.

3417 자원봉사 보상보험
보험에 가입한 자원봉사자가 활동 중에 사고를 당한 경우, 〈상해급여〉, 자원봉사자가 활동 중에 제3자의 신체, 또는 재물에 손실을 줄 경우, 〈배상책임급여〉, 그리고 자원봉사자가 자신의 지병 등 신체적인 요인으로 사망한 경우, 〈위로금〉으로 나뉜다.

3418 자원봉사 상해보험
자원봉사자가 봉사활동 중 발생할 수 있는 만약의 사고에 대비, 보험에 가입하여 보장하는 것으로 다양한 봉사단체에서 가입·시행 중이다. 2001년부터 사회복지봉사활동 인증관리 사업을 시작한 보건복지부·한국사회복지협의회는 국내 봉사활동의 대부분을 차지하는 사회복지분야에서 봉사활동을 하는 자원봉사자들이 마음 놓고 안전하게 봉사활동을 할 수 있도록 하기 위하여 우수봉사자들을 대상으로 2003년부터 자원봉사상해보험에 무료로 가입해주고 있다. 2003년에는 5,000명, 2004년 30,000명, 그리고 2005년에는 40,000명의 우수봉사자를 보험에 가입하여 복지현장에서 봉사하는 분들의 안전을 우선시하고 있다.

3419 자원봉사센터(volunteer center)
제도나 행정만으로는 충족할 수 없는 세부적인 복지서비스의 실현을 위해 생활 및 살기 좋은 지역사회 구현을 만들고자 자원봉사활동 진흥을 시도하는 기관이다. 주로 사회복지협의회, 자원봉사단체 등에 설치되어 있다. 자원봉사센터는 자원봉사활동의 발굴과 원조를 위한 조사, 연구, 홍보, 연락조정, 복지교육, 자원봉사국의 설치·운영, 또는 자원봉사활동의 사고에 대한 보험운영, 자원봉사활동기금의 조성 등 사업이나 활동을 행할 것으로 기대되고 있다. 더불어 자원봉사활동 담당자에게 학습 및 연수사업도 필요에 맞게 진전시켜야 한다. 센터의 역할은 소지역의 자원봉사국이 보다 기능하기 쉽도록 원조하는 기관으로서 전문가에 의한 사업운영이 원칙으로 되고 있다.

3420 자원봉사자(volunteer)
개인의 자유의사로 보통 재정적인 보상 없이 봉사를 제공하는 사람을 말한다. → 자원봉사주의(volunteerism)

3421 자원봉사주의(voluntarism) 01
19세기 영국에서 민간사회복지에 한계가 보이자 자선조직화운동 및 세틀먼트사업과 더불어 자원봉사활동이 시작되었다. 20세기 전반에는 사회복지정책화의 시대, 복지국가 성립의 시기였으나 자원봉사활동은 구주, 구미에 폭넓게 행해졌다. 후반에서는 자원봉사활동 이념, 역할이 명확해져서 그 필요성이 더욱 강하게 나타나게 되었는데 이것을 볼런터리즘이라고 한다.

3422 자원봉사주의 02
정부기관이 원조 밖의 인간서비스를 제공하기 위해 무보수로 일하는 개인과 집단을 동원하여 이들을 이용하는 것으로 이 용어는 자조집단(self-help groups), 상호원조집단(mutual aid groups), 자조조직(self-help organization), 박애(philanthropy)의 이념과 관계가 있다. 미국 정부는 정부의 액션(ACTION) 프로그램에서, 전국을 통해 이러한 노력들을 조정하도록 돕기 위해 자원봉사연결사무소(office of volunteer liaison)를 유지하고 있다. 동일한 목적을 위해 봉사하는 다른 조직들로는 전국자조정보센터(national self-help clearing house), 전국자조자원센터(national self-help resource center), 지방의 자원봉사활동센터(VAC : voluntary action centers)의 전국 연결망을 촉진하는 전국자원봉사활동센터(national center for voluntary action)가 있다.

3423 자원봉사활동(volunteer activity) 01
자원봉사활동은 자유의사에 의하여 자발적으로 하는 실천행위 그 자체이며 복지사회를 만드는데 적극적으로 참여하는 의도적, 계획적인 일상 활동이라 할 수 있다. 즉 시민의식을 기초로 지역사회를 위해 보다 살기 좋고 밝은 생활로, 상호연대하면서 구축해가는 끊임없는 활동이다. 자원봉사활동의 기점은 17세기 유럽제국의 부인들이 생활을 지키는 활동을 토대로 해서 발전해오고 있다. 가령 독일의 자선자매단, 프랑스의 애선부인협회 등은 빈곤자에게 의식을 주기위한 직접행위를 통해 연대의식을 고양하여 제도화를 촉진시킨 예도 있다.

3424 자원봉사활동 02
개인이나 집단의 이용 또는 동원으로 정부기관 외의 휴먼서비스를 제공하기 위한 것으로서 사회의 제 문제의 예방이나 그 해결을 위해 개인이 자신의 자유의지에 따라 조직체와 관계하여 무보수로 자신의 시간과 정력을 바치는 자발적인 활동을 말한다. 자원봉사활동은 어떠한 선의적 요소가 있다 하더라도 차별의식에서가 아니라 타인의 문제, 사회의 문제를 자신의 문제로 파악하여 그 문제해결에 함께 참여한다는 동기에서 행해지는 활동을 말한다.

3425 자원봉사활동국(office of voluntary action)
→ 액션(ACTION)

3426 자원봉사활동센터(VAC : voluntary action centers)
→ 자원봉사주의(volunteerism)

3427 자원체계(resource systems)
사람들이 역할의 수행, 욕구의 충족, 문제의 해결을 도모하기 위하여 유용하게 동원, 이용할 수 있는 자원의 전체 연관성을 체계적으로 포착하기 위한 개념이다. Pincus, A.

와 Minahan, A.는 그러한 자원을 가족, 친구 등의 비공식적 또는 자연자원체계, 어떤 목적을 위해 형성된 집단·조직 등의 공식적 자원체계, 학교·병원·복지시설 등의 사회적 자원체계로 분류하고 있다.

3428 자원할당(resource allocation)
체계적인 의사결정과 사전에 결정된 기준에 근거하여 재화와 서비스를 분배하는 것을 말한다.

3429 자위행위(masturbation)
스스로 성기를 자극함으로써 성적인 쾌감을 느끼는 행위를 말한다. 청소년기에 호르몬 분비의 변화에 따른 긴장, 성적 욕구의 증가에 따라 나타나는 행위인데, 이는 정신적인 장애나 병적인 증상은 아니다. 문화적인 맥락에서 하나의 금기가 되면 개인의 심리적인 적응을 방해할 수 있는 죄의식이나 불안을 동반할 수 있다.

3430 자유([영] freedom, liberty [독] Freiheit)
자유는 여러 뜻을 가진 개념이지만, 일반적으로는 무엇을 하는 데에, 자애·구속·강제 등의 방해 조건이 없는 것을 말한다. 자유는 〈……로부터의 자유〉이다. 이에 대해 〈……할 자유〉는 그 무엇(예컨대 결혼)을 명시하고, 그것에 대한 방해 조건이 없는 것을 가리킨다. 〈……로부터의 자유〉와 〈……할 자유〉는 불가분의 양면을 이루고 있다. 행위의 목적과 조건에 의해 자유는 다양한 의미를 가진다. 그것들을 명시하지 않는 한 자유라는 개념은 공허하다. ① 엥겔스는 〈자유란 자연의 필연성의 인식에 근거하여, 우리들 자신 및 외적 자연을 지배하는 일이다〉라고 규정하고 있는데, 여기서 말하는 필연성에서는 사회법칙의 필연성도 포함되는 것으로서, 이것은 자연적·사회적 환경에서 생활하는 인간이 그들을 지배하는 법칙을 인식하고, 생활상의 목적을 위해 그것을 계획적으로 이용하는 것을 가리키며, 생활상의 장애가 되어 있는 조건을 제거하거나 완화시키거나 하는 일이다. 인간의 역사는 과학·기술의 발전에 의해 이 의미에서의 자유가 확대되어 온 역사이다. ② 사회적 자유. 개인이 사회생활에서 다른 개인이나 집단, 사회 제도에 의해 방해되지 않고 행동할 수 있는 것을 말하는 것인데, 사회생활에서 개인의 자유가 어느 정도 인정되고 있느냐, 또 개인이 어떤 행동의 욕구를 갖고 있느냐는 역사적으로 변화하고 있다. 봉건사회는 개인의 행동을 몇 겹으로 속박한 사회였는데, 그것으로부터의 해방으로서 출현한 자본주의 사회와 함께 시민적 자유(civil liberty) 또는 정치적 자유(political liberty)가 성립했다. 전자는 기업의 자유, 계약의 자유, 재산·신체의 자유, 사상·양심의 자유, 언론·집회·결사의 자유 등을 가리키며, 후자는 참정권을 위시하여 정치적 목적을 위해 행동하는 자유이며, 다 같이 그것들이 국가 권력에 의해 간섭되지 않는 것을 의미한다. 자본주의 사회는 개인의 사회적 자유를 확대시켰지만, 노동자는 어느 자본가에게 고용되지 않는 한 살아나갈 수 없으므로, 그 점에서 제도적인 강제가 있으며, 생존의 자유가 충분하게 보장되지는 않는다. 사회주의 사회에서는 생존의 자유가 국가에 의해 보장되지만, 이것은 노동자의 착취를 토대로 하는 자본주의 제도를 없앰으로써 가능하게 된다. 사회주의에 보장하는 갖가지 생활상의 권리는 〈착취로부터의 해방〉에 의해 가능하게 되는 것이다. 그러나 국가가 존재하는 한, 자본주의와 불가분이 아닌 시민적 자유나 정치적 자유는 계승된다. 자본주의도 사회주의도 다같이 그것에 앞서는 사회의 법칙 의식에 근거하여 자유를 속박하고 있던 조건을 제거함으로써 성립되므로, ①의 의미에서의 자유의 확대가 토대로 되어 있는데, 그들의 사회에서의 자유는 각각 주로 〈권력으로부터의 자유〉, 〈착취로부터의 자유〉라는 의미를 가진다. ③ 자기실현의 자유. 맑스는 생산력이 크게 발전하고, 노동시간이 단축될 수 있게 된 공산주의 사회를 〈참다운 자유의 나라〉라고 말하고 있는데, 이 경우의 자유는 생활을 위해 노동에 시달리는 일이 없이 인간의 능력을 전면적으로 발전시키는 자유이다. 이 경우에는 〈노동으로부터의 자유 – 노동 시간의 단축〉이라는 것이 조건이다. ④ 의지의 자유. 인간의 의지 결정이 인과의 필연성으로부터 자유인가 아닌가의 문제이다. ⑤ 윤리적 자유. 의지가 감성적인 욕망에 구속되지 않고 이성적인 도덕 법칙의 명령에 복종하는 것을 가리킨다. 칸트는 이 의미에서의 자유로운 의지를 자율적 의지라고 불렀는데, 이것은 선(善)한 의지와 같은 의미가 된다. → 자율. ⑥ 실존주의에서는 자유는 인간의 존재론적 구조를 이루는 것으로서, 인간의 근원적인 존재 방식을 말한다. 사르트르에 의하면 인간은 안에서도 밖에서도 의지할 것이 없고, 끊임없이 어떤 선택을 강요당하고 있고, 〈자유임을 강제당하고 있다〉(condamné à être libre)고 말한다. ⑦ 자유와 가치. 자유의 개념 자체는 가치와 무관계이지만, 일정한 조건 아래에서의 특수한 자유에 관해서는 선악이 문제가 된다.

3431 자유권
국가권력에 의해 침해받지 아니하는 천부불가결의 권리 또는 자유를 말하며 근대제국의 헌법 또는 권리선언에 의해 보장되는 자유를 의미한다. 자유권적 기본권이라고도 불린다. 이 같은 자유권의 구체적 내용으로는 신체의 자유, 거주·이전의 자유, 직업선택의 자유, 주거의 자유, 사생활의 자유, 통신의 자유, 양심의 자유, 종교의 자유, 언론·출판·집회·결사의 자유, 학문·예술의 자유 등이 인정되고 있다.

3432 자유기업제도(free enterprise system)
경제에 대한 국가 규제와 개입을 최소화하고, 소비자를 위한 개방적인 경쟁을 허용하는 국가와 지역사회의 경제적 지향을 말한다. 이것은 상대적 개념인데, 왜냐하면 무정부주의 제외한 어느 사회체계에서든 어떤 공공규제나 통제들이 존재하기 때문이다.

3433 자유노동자(a person irregularly employed under the public employment system)
경제활동 인구조사 상 임금 및 보수를 받고 고용되어 있으나 고용계약기간이 1개월 미만인 자, 또는 일정한 사업장이 없이 사업을 경영하는 자를 말한다.

3434 자유방임(laissez-faire)
영국 19세기 중엽의 지배적 사상으로 인간은 모두 이성을 가지고 있어 그 이성에 따르는 것이 자유이며 언론, 종교, 출판, 사생활에 대한 국가의 간섭을 거부한 사상이다. 특히 경제에 대한 국가의 개입을 거부하는 것으로 자유주의 경제가 성립했다. 자유방임주의 국가는 야경국가로 불리었다.

3435 자유방임주의
① 교육사상의 하나로서, 인간이 타고난 자연성을 자유롭게 무제한으로 발전시키는 것을 교육의 목적이라고 주장하는 교육관. 이 교육사상은 자연적 성장에 어떤 인위적 통제가 가해지는 것을 배격하며, 오히려 자연적 성장을 방해하는 장애요인을 제거하는 것이 교육원리의 중요한 특징이라고 한다. 루소(J. J. Rousseau)의 자연주의 교육관이 이를 대표한다. ② 경제사상의 하나로서 인간의 이기심과 자연적 욕구를 바탕으로 개인의 경제적 활동을 자유롭게 하고자 하는 입장. 재화의 생산과 분배에 대한 국가의 간섭을 최소한으로 줄이는 것을 특색으로 하며, 중상주의(mercantilism)에 대한 반동에서 비롯된 것이다. 아담 스미스(A. Smith) 등의 고전 경제학자에 의해 이론적 체계가 형성되었다. → 자연주의

3436 자유연상(free association) 01
생각이나 기억이 아무 목적이나 의도 없이 자연스럽게 표현되는 것을 말한다. 꿈·백일몽·공상 등, 정신치료나 정신분석에서 흔히 볼 수 있는 현상이며 자유스러운 연상에서 표현되는 내용이나 감정 등을 통해서 무의식적으로 지니고 있는 동기나 욕망을 가려낼 수 있다.

3437 자유연상 02
정신분석과 다른 통찰 – 지향적인 치료에서 가장 널리 사용되는 치료 절차인데, 전문가는 클라이언트가 떠오르는 생각이나 감정을 무엇이나 표현하도록 부추긴다. 치료자에 의해 클라이언트는 오랫동안 말하고, 치료자는 제시된 이야기 거리에 영향을 줄 수 있는 외적지시는 하지 않는다.

3438 자유의지(free will)
자유로운 선택을 행사하는 행동에 작용하는 의지. 자유의지는 대체로 다음의 의미에서 성립된다. 즉 행위자의 성격·동기·상황 등의 심리적 – 물리적 요인에 의해 영향을 받지 않을 때의 자유를 의미하는 비결정성(indeterminacy), 행위의 선택가능성이 있을 때의 선택능력을 의미하는 선택의 자유, 자신의 내적 동기나 이상에 따라 외적 구속없이 행사할 수 있는 자유론을 의미하는 자기결정 등이다.
→ 자유, 자유론

3439 자유주의
자유주의라 함은, 개인의 자유보장을 최고의 이념으로 하는 주의를 말한다. 자유주의가 정치원리로 확립되기까지 오랜 기간이 필요했다. 자유주의는 중세의 극복에서 출산된 것으로 자율성을 보유하려는, 환언하면 자신의 인격을 타인의 명령에 의해서가 아니라 독자적으로 발전시키려는 인간정신의 본연의 발로 속에 뿌리박은 것이며, 오랜 역사를 가진 생성과 정의 소산인 것이다. 로크과 몽떼스큐를 통해 칸트에 이르러서는 자유주의는 법치국가, 권력분립의 사상을 형성하게 되었고 경제면으로는 자유방임주의(laissez faire)를 낳았다.

3440 자율([영] autonomy [독] autonomic) 01
타율(heteronomy)의 반대어로서 정치학에서는 자치를 의미하지만 ① 칸트윤리학에서는 의지가 의지의 본질인 이성의 명령에 복종하는 것을 말하며, 칸트는 자율적 의지를 자유로운 의지로 생각했다. 이에 대해 의지가 감성의 자연적 욕망에 의해 규정되는 것을 타율이라고 불렀다. 칸트의 이 같은 사고에서는, 도덕원리가 별개의 사실의 수단이 아니고 그 자체로서 독립적인 의미를 가진다는 주장과 인격의 자기 결정이라는 주장이 통일시 되고 있지만, N. 하르트만은 책임에 기초를 두는 것으로서의 의지의 자유는 선(善)도 악(惡)도 행할 수 있는 자유라고 하여, 이 의미에서의 〈인격적 자율〉과 도덕의 〈원리적 자율〉을 구별했다. ② 일반적으로 어떤 문화 영역이 어떤 다른 것의 수단으로서가 아니고 그 자체 속에 독립적인 의의와 가치를 가지는 것을 말한다.

3441 자율 02
행동을 자기 스스로 의도하고, 계획하고, 규제하고, 장벽을 극복하고, 실행하는 것을 자율적이다.라고 한다. 자기 힘으로 하는 것을 자립이라 한다면, 자기가 결정한 일에 자기의 사가 포함되어 있을 때 이를 자율이라 한다. 사회복지적 원조는 장애인의 자립 자율 모두를 목적으로 하고 있다. 지체부자유자는 자율적으로 자기가 결정할 수는 있으나 신체적으로 자립할 수 없는 경우도 있다. 정신병이나 신경증, 혹은 정신지체 등에서는 자기가 할 수는 있어도 자기가 결정할 수 없는 사람도 있다. 사회복지는 인간이 스스로 일어서며 스스로 다스려야(律) 한다는 생각에 근거를 두고 행해지는 원조이며 이를 위한 지도나 훈련을 하려는 것이다. 각종 수용시설, 요양학교 등은 이를 위해 있는 것이며 장애인을 사회적으로 격리시키려는 것은 아니다.

3442 자율사회사업(autonomous practice)
사회기관의 보호, 감독, 조직의 요구에 대해 상대적으로 독립적으로 행해지는 전문적인 활동과 의사 결정. 실무자들은

달성목표를 설정해 좋고 행한 일을 스스로 검토한다. 모든 전문성과 전문적인 활동이 어느 정도 사회적, 윤리적, 법률적, 정치적, 경제적인 힘에 규제되고 영향 받는다는 점에서 이것은 상대적인 개념이다. 어떤 사회 사람들은 개업사회사업(private practice)을 가리키는데 이 용어를 사용한다.

3443 자율성(autonomy) 01

독립적인 행동을 할 수 있는 개인의 감각. 즉 자신의 욕구를 충족시킬 수 있는 능력, 또는 다른 사람의 통제로부터의 독립을 말한다.

3444 자율성 02

외부의 어떤 권위나 제재의 개입 없이 자기결정에 의해 생각하거나 행동하는 것이다. 칸트(I. Kant)는 의지의 자율성은 의지 그 자체 법칙을 의미하는 「정언적 명령」(categorical imperative)에 따르는 것이며, 이성적 의지 밖에 있는 권위나 목적에 따르는 것을 타율성(heteronomy)이라고 하였다. 말하자면, 자신의 행위를 지배하는 원리·규범·규칙을 자신이 선택·결정하여 그것을 실행하는 자유가 곧 자율성이다.

3445 자율성 대 수치심과 의심 (autonomy versus shame and doubt)

에릭슨(Erik Ericson)에 따르면 대략 2살에서 4살 사이에서 발생하며 인간의 심리사회적 발달의 두 번째 단계에서 발견되는 기본적인 갈등을 말한다. 이 단계에서 아이들을 환경의 통제를 더욱 느끼게 되고 독립된 행동을 발달시키지 못한다. 혹은 다른 사람들이 아동의 독자적인 행동을 가끔씩 용인해준다면 죄책감이 없어질 수 있다.

3446 자조조직(self-help organization)

체계를 갖춘 공식화된 단체로서 문제를 지닌 성원을 이미 성공적으로 문제의 해결을 경험한 성원들과 만나게 함으로써 상호부조의 서비스를 제공하는 조직을 말한다. 미국 전역에 지부를 갖고 있는 이러한 유형의 조직들은 다음과 같다. 알코올중독자갱생회(AA : alcoholics anonymous), 알아논(Al-Anon), 습관성구타자갱생회(batterers anonymous), 우울증환자모임(depressives anonymous), 도박금지단체(gamblers anonymous), 약물중독자 모임(narcotics anonymous), 신경증 환자모임(neurotics anonymous), 과식자 모임(overeaters anonymous), 조산아 및 질환이 많은 유아부모들의 모임(parents of permature and high risk infants), 편부모모임(PWP : parents without partners), 갱생협회(recovery, inc.), 국제스트로크클럽(stroke club international), 여성금주조직(women for sobriety) 등이다.

3447 자조집단(self-help group)

자신들의 공통된 문제를 서로 이야기하고, 서로 격려하며 서로 도움을 주고받는 집단을 말한다. 대표적인 단체로는 단주회, 정신장애인 가족회 등이 있다. 이 집단의 특징은 같은 문제를 갖고 있는 당사자들이나 가족들 공통된 목표, 대등한 관계, 자발성 등을 들 수 있다.

3448 자존심(self-esteem)

자신에 대한 존엄성이 타인들의 외적인 인정이나 칭찬에 의한 것이 아니라 자신 내부의 성숙된 사고와 가치에 의해 얻어지는 개인의 의식을 말한다.

3449 자폐아(autistic child)

자폐증이 있는 어린이를 말한다. 주위 사람들이나 상황에 대해 관심을 가지지 않는다는 것이 문제점이며, 같은 연령의 어린이는 물론 부모에 게조차 대응하지 않을 경우도 있다. 그 반면에 자기가 흥미를 가진 대상에는 무엇이든지 무조건 고집하거나 열중한다. 그러므로 종종 길들이기나 교육이 어려워진다. 남자아이에게 많으며, 남아 대 여아의 비는 71 또는 101이다. 원인은 아직도 불명이지만, 선천적이라는 것은 어느 정도 인정되고 있다. 우선 주위 사람들과 상황에 대한 관심을 강화하기 위해 스킨십(skin ship)을 비롯한 적극적인 대처가 필요하며, 주위 사람과 상황에 관심을 나타내기 시작할 때 바로 잡는다. 또 흥미를 나타내는 대상을 전문화하는 한편, 흥미를 넓히기 위해 새로운 교육방법을 개발할 필요가 있다.

3450 자폐증(autistic disorder) 01

P. E가 붙인 명칭으로 원망이나 고뇌 등을 안으로 갖고 있으면서 자기 자신의 허물(껍데기)에 틀어박혀 대인관계의 교류를 곤란하게 하는 심적 상황이다. 특성으로는 망상이라고 하는 자폐세계의 방면이 실존의 세계보다도 현실성을 가질 수도 있다.

3451 자폐증 02

정신 지체나 뇌손상아가 아니면서 사회성 발달, 언어발달, 인지발달 등에 심각한 장애가 있어서 정상적 발달을 이루지 못하여 일상생활에 적응을 하지 못하는 아동이다. 인구 1만 명당 4~5명의 발생이며 남아가 여아보다 3~4배 많다. 대인관계 형성의 장애로서 출생 후 수개월부터 사람과의 눈맞춤, 신체접촉을 피하고 낯가림도 안보이며 혼자서 지내기를 좋아하고 어머니와의 애착이 형성되지 않으며 의사표시는 말보다 손을 잡아끌어 표현하며 불러도 대답이 없고 다른 사람의 존재를 인식하지 않는 듯이 행동한다. 언어장애로서 언어 발달이 전혀 안되거나 괴성을 지르며 옹알거림, 모방 언어도 없고 언어가 시작되어도 무의미한 되풀이나 선전 문구, 노래를 하지만 대인관계에는 사용되지 않는다. 한두 마디 하다가 잊어버리는 듯하고 반향어가 있으며 발음과 음의 고저가 특이하며 언어가 발달되어도 이해력과 연상이 비정상적이다. 변화에 대한 저항과 반복적 행동으로서 한 가지 물건에 집착하거나 한 가지 행동을 되풀이하거나 조그마한 변화도 싫어하여 편식이 심하고 고집이 세다. 특정한 상동행위(손놀림, 앞꿈치로 걷기 등)가 많다. 기타 과잉행동, 자해행위가 있고 대변가리기의 지연 등이 있으며 지능 발달도 3/4에서는 정상보다 낮으며 전반적으로 낮다기보다 불규칙한 지능발달을 보이며 50% 이상에서 뇌파와 CT 촬영에 이상이 보이고 상당수에서 경련을 수반한다(사춘기까지 1/4에서 나타남). 원인은 불확실하나 최근에는 기질적 뇌기능상의 이상, 특히 감각의 통합과 인지 발달의 이상이 주원인이라 생각하고 다만, 이러한 행동을 다루는 부모의 능력과 태도에 따라 그 증상과 예후가 크게 다른 것 같으며 일부 아동기 발병 발달장애아는 환경적 심인성 원인이 관여할 가능성도 있다. 치료는 특수교육, 부모 상담과 교육, 필요에 따라 소량의 진정제나 항경련제 등이 도움이 될 수 있다. 예후는 1/3~1/5 정도에서 비교적 독자적 생활을 할 수 있고 상당수의 아동들은 자폐적 증상은 없어져도 정신지체 때문에 계속 특수시설에 머무는 경우가 많다.

3452 자해행동(self-injurious behavior)

자기 자극 행동이 자신에게 실제적인 신체의 해를 입힐 수 있을 때 자해행동으로 본다. 따라서 자해행동이란 손가락을 물어뜯어 피가 나는 것처럼 자기가 자신에게 신체적 손상을 입히는 행동을 말한다. 일반적으로 흔히 일어나고 있는 자해행동의 형태로는 자신의 몸 즉 얼굴이나 머리 등을 때리는 행동, 머리를 바닥이나 벽에 부딪치는 행동, 입으로 자신의 손이나 입술 등을 무는 행동, 자신의 몸을 할퀴거나 꼬집는 행동, 반복적으로 음식물을 토하는 행동, 자신의 눈을 찌르거나 머리카락을 잡아 뜯는 행동, 먹지 못하는 담배·벌레·종이·배설물 등 이물질을 먹는 행동 등을 들 수 있다. 이러한 자해행동은 그 행동이 반복적이고 만성적이며 직접적으로 신체적 손상을 유발시키는 것이 특징이다.

3453 자활공동체

2인 이상의 수급자 또는 저소득층이 상호·협력하여, 조합 또는 공동사업자의 형태로 탈빈곤을 위한 자활사업을 운영하는 업체를 말한다.

3454 자활기업

시근로자의 일정비율을 수급자로 채용하는 기업으로서 보장기관으로부터 인정받은 기업이다.

3455 자활보호(occupational aid)

자활보호는 보호대상자의 자활을 조성하기 위하여 자활에 필요한 금품의 지급 또는 대여, 기능습득의 지원, 취업의 알선, 기타 대통령령이 정하는 자활조성을 위한 각종 지원으로서 그 내용을 보면 아래와 같다. 취로구호로서 영세민에게 고용과 소득의 기회를 제공하여 그들에게 근로의욕을 진작시키고, 생활안정을 도모하도록 하며 지역사회개발에 참여케 함으로서 애향심을 갖게 하고 있다. 그러므로 당해 취로사업장은 언제나 그 대상자가 거주하는 지역 내의 환경개선 및 지역사회개발이어야 한다. 응급구호로서 걸식 및 천막기거자와 같이 응급구호가 필요한 영세민에게 현물급여를 원칙으로 하여 영세민의 항구적 생활 대책의 밑바탕을 만들어 줌과 함께 건전사회 내지 명랑사회 건설의 기틀을 다지기 위한 조치로서 읍, 면, 동장의 재량사업으로 실시하고 있다. 기능교육으로서 영세민과 그 자녀에 대한 기술교육은 점차 국가에서 많은 관심을 갖고 추진하고 있다. 남자인 경우는 금속, 기계공작, 목공 등이며, 여자인 경우는 미싱자수, 양재, 기계편물, 미용 등의 과목을 소정기간 동안 교육시키게 되는데 대체로 수료자 거의가 국가 2급 기능공 자격을 취득하고 있다. 자녀 수업료지원으로서 영세민자녀들 중에서 중학생에 한하여 수업료 전액을 보조해주고 있는데 이는 개별적으로 지급을 하는 것이 아니고 일괄적으로 해당 교육위원회나 해당 학교로 납부하고 있다.

3456 자활소득공제제도

보충급여를 기본원리로 하고 있는 국민기초생활보장제도가 야기할 수 있는 수급자의 근로의욕 감퇴를 예방하는 차원에서 근로소득의 일정비율을 공제함으로써 추가로 지급되는 생계급여를 '자활장려금'의 형태로 구분, 지원하는 제도이다.

3457 자활후견기관

수급자와 차상위 계층의 자활촉진을 위한 사업을 실시하기 위하여 보장기관으로부터 지정을 받은 기관으로서, 자활의욕 고취를 위한 교육, 자영창업지원 및 기술, 경영지도 등을 수행한다.

3458 작업단원(unit of work)

학습자의 생활 장면에 기초를 두고 있으면서 실제 학습활동을 협동적으로 수행해 가는데 적당하며, 학습자 자신들이 문제를 발견, 해결할 수 있게 일련의 학습경험을 유기적으로 조직해 놓은 학습단원이다. 이 단원은 일상생활 가운데서 학습자들에게 매우 절실한 문제에 대한 경험이 학습을 계속케 하는 단서 또는 중핵을 이루고 있기 때문에 학습자의 학습동기를 유발시키기가 쉬우며 공동 작업을 통해서 학습과제를 해결해가기 때문에 협동성·책임감·집단의식·집단 내의 성원의 역할인식 등이 보다 잘 체득된다. 그러나 작업화 할 수 없는 내용의 학습, 기초기능의 연마 등에 어려움이 있다.

3459 작업동기(work incentives)

적당한 직업을 구하고 유지하려는 사람을 격려하고, 사람들이 직업을 유지하도록 한다. 그리고 고용자 조직들에 고용을 장려하는 혜택, 요구 혹은 특별한 원조를 말한다. 개인들을 위한 작업동기는 주간보호(day care), 높은 임금(정부보조금으로 가능해지는), 작업을 거부하는 사람들에게 복지수당을 축소하거나 폐지시키는 것, 작업환경의 개선을 포함한다. 사용자 조직들을 위한 작업동기들은 특정한 사람들의 수와 범주(경험요율(experience rating)에서와 같이)를 고용하거나 채용하는 것에 대한 조세, 지불임금(wages paid)을 보조하기 위한 직접지불(direct payment) 그리고 조직이 더 많은 노동자들을 고용시킬 수 있도록 하는 일반 경제의 자극을 포함한다.

3460 작업장(work house/workplace) 01

17세기말 영국에서 구빈법에 의한 구빈사업의 지출이 증가하자 그 대책으로 1697년 브리스톨에서 보수를 주는 작업장이 설립되었다. 이 작업장은 영국 전역에 세워졌으나 1722년 워크하우스 테스트에 의해 본보기의 장소로 이용되게 되어 1834년의 개정구빈법(신 구빈법)에서는 이 방향이 강조되었다.

3461 작업장 02

사람의 고용 혹은 다른 작업 활동이 발생하는 환경(장소)을 말한다.

3462 작업장법(the workhouse act of 1696)

영국 경제학자들이 네덜란드의 거리에 거지가 없다는 점과 구빈원 입주자들이 수출제품을 만드는 생산적인 일을 하는 것을 보고 감동되어 원료, 양모, 철 등을 확보하여 산업을 위해서 영국의 빈민을 훈련시켜, 수출완제품을 생산코자하는 의욕을 갖고 만든 것이다. 이 법은 노동 가능한 빈민들에게 기술을 가르쳐 국가의 부의 증대에 기여하는 한편 빈민에게 수입을 줄 수 있는 기회를 마련하는데 있었다. 그 결과 거리의 상습적인 걸인이나 난폭한 부랑자가 사라졌지만 작업장 제품은 타 기업의 질과 경쟁할 수 없어 경영난을 겪게 되었고 재료의 낭비 등으로 교구민의 세 부담이 늘었다. 한편 빈민의 혹사, 노동력의 착취가 문제시 되었다. 그러나 이 법의 의의는 빈민의 작업 보전적 성격을 띤 원초적인 프로그램이라는 점에 있다.

3463 작업장 테스트법(workhouse test act of 1722)

17세기 후반 이후 번성한 작업장(workhouse)이 빈민을 고용하는 사기업체와 경쟁이 되어 작업장 내재자는 누구나 일할 수 있게 하는게 아니라 선발 제한을 하기에 이르렀다. 이를 위해 탄생한 법이 노역장 테스트법인데 그 결과 고용인 수를 줄이고, 의식을 최대한 절약하게 되었다. 그러나 과로, 작업환경문제, 위생시설, 과밀한 숙사 등의 문제가 야기되어 빈민자는 비인간적인 혹사를 당하게 되었다.

3464 작업치료(occupational therapy)

재활의 중요한 일부분으로서 각종의 작업 활동(유희, 게임, 운동을 포함)을 매개로 지체운동 장애인에게는 응용적인 기능회복을 꾀하고 정신 장애인에게는 장애의 경감과 적응력의 증강을 도모함과 아울러 환자의 자립성을 높이는 것을 목적으로 한다. 기능적 작업요법(운동 요법적인 작업요법), 일상생활 동작훈련, 심리적 작업요법, 직업적 작업요법(직업훈련과 다름) 등으로 분류된다. 최근에는 실행증, 실인증 등의 치료도 작업요법을 통하여 그 성과가 인정되고 있으며 정신과 병원에서도 작업요법의 활용이 점차 확대되어 가고 있는 실정이다.

3465 작업치료사(OT : occupational therapist)

의학적 재활에 필요한 전문직으로서 그 직무의 성격은 장애인에 대해 행하는 일시적 혹은 영속적인 의료의 한 형태이며 의사의 처방에 근거하여 적절한 작업 활동을 통하여 장애인으로 하여금 응용동작능력이나 사회적응능력의 회복을 가지게 하는 것이다. 작업치료사는 임상병리사, 방사선사, 물리치료사, 치과기공사, 치과위생사와 같이 의료기사의 일종이다.

3466 작업평가(work evaluation)

평가 대상인이 보다 실제적인 직무와 작업환경을 직접 또는 간접으로 경험하도록 함으로서 기대하고 있는 직업분야를 스스로 이해할 수 있는 기회를 제공한다. 이 단계에서는 실제 직무 또는 작업과 유사한 과제를 이용하여 수행 능력과 작업행동, 수행하고 있는 작업에 대한 흥미와 관심, 신체적인 한계점 등을 정밀하게 측정한다. 일반적인 작업평가의 방법으로는 표본작업평가(work sample evaluation), 상황설정평가(situational assessment), 현직평가(job site evaluation) 등이 있다.

3467 작화증(confabulation)

이야기나 세부적인 사항들을 꾸며내어 기억의 틈을 메우는 행위를 말한다.

3468 잔여적 모델 대 제도적 모델 (residual versus institutional model)

윌렌스키(H. L. Wilensky)와 르보(C. N. Lebeaux)가 기술한 사회복지에 대한 두 개의 개념으로 구성된 이분법을 말한다. 잔여적 모델은 사회복지를 개인 및 제도의 실패에 대한 임시적인 프로그램으로서 일차적으로 안전망(safety net) 기능을 하는 존재로 보는 입장이다. 제도적 모델은 사회복지 프로그램을 영구적인 것이어야 하며 인류(인간)에 대한 전반적인 보장(안정)과 정서적 지원을 제공하는 것으로서 '주류적'(main line) 기능(다른 사회제도, 즉 가정, 종교, 경제 및 정치와 동등한)으로 보는 입장이다.

3469 잔여적 복지시책(residual welfare provision)

정부의 사회적 서비스나 공적부조는 가정이나 정상적인 사회구조 및 시장을 통해 필요한 원조를 비통상적인 상황으로 인해 받을 능력이 없는 사람에게만 제공되어야 한다는 입장의 복지시책을 말한다. → 안전망(safety net)

3470 잠복기(latency/latent stage)
정신분석 이론에서 6세에 12세 사이의 발달단계를 말한다. 이 시기에는 본능이 행동의 동기 유발에서 극히 미미한 역할 밖에 하지 못한다고 한다.

3471 잠재국민총생산
노동과 자본 등 생산요소를 완전 가동하여 달성할 수 있는 최대 GNP 또는 인플레이션을 가속시키지 않고 지속적으로 달성할 수 있는 최대 GNP를 의미한다. 실제 GNP가 잠재 GNP보다 낮을 때는 경제가 최대로 생산할 수 있는 수준 이하에 있기 때문에 물가상승을 가속화하지 않으면서 공급을 늘려 실업률을 낮출 수 있다. 반대로 실제 GNP가 잠재 GNP를 초과하면 경기가 과열되어 인플레가 가속화할 우려가 있어 총수요를 억제할 필요가 있다.

3472 잠재기(latency stage)
정신성적 발달은 다루는 프로이트 이론에서 남근기(phallic stage) (오이디푸스 콤플렉스에 기초한)와 생식기(genital stage)에 존재하는 아동의 성격(personality)발달 단계. 프로이트는 이 시기를 아동이 새로운 갈등을 전혀 출현시키지는 않지만 이전의 진행을 강화하는 시기로 보았다. 설리번(Harry Stack Sullivan)과 에릭슨(Erik Erikson) 등의 다른 분석이론가들은 이 단계를 아동이 사회 기술과 성적 자기인식을 발달시키는데 중요한 단계로 보았다.

3473 잠재성장력
한 나라 경제의 최대성장능력으로 노동이나 자본 등의 자원을 최대로 활용했을 때 유지되는 실질 GNP(국민총생산)의 신장률을 말한다. 근년에는 노동력과 자본 이외에 에너지 입지 환경문제도 성장능력의 제약요인으로 등장한다.

3474 잠재성장률
→ 잠재성장력

3475 잠재수요
→ 유효수요

3476 잠재적 실업(latent unemployment)
보이지 않는 실업이라고도 하며 실업통계에 나타나지 않는 실업을 말한다. 따라서 광의의 실업자 중 통계에 나타나는 완전실업자 이외의 모두가 포함되며 그 구체적인 수는 어디까지를 실업으로 하느냐에 따라 상이하다. 일례로서 취업구조 기본조사에서는 무업자의 취업 희망자중의 비 구직자수, 내직자수, 단시간 취업자수를 가산한 숫자를 잡고 있다. 또 논자에 따라서는 농업의 잠재적 과잉인구만을 잠재실업으로 하고 있다. → 자발적 실업

3477 잠재연령기(latency-age child)
대략 6세는 지났지만 아직 사춘기에 접어들지 않은 아이를 말한다. 보통 사회사업 분야에서 사용될 때는 정신성적(psychosexual) 발달에 관한 프로이트 이론(Freudian theory)에서는 잠재기(latency stage)를 언급한다. 이 용어는 원래 개인의 성욕은 잠재적이며, 잠복해 있다는 것을 의미하기 위해 사용된다. 하지만 이러한 전제는 지금 논의의 여지가 남아 있다.

3478 잠재의식(subconscious)
어떤 경험을 의식적으로 한 후, 그 경험과 관련된 사물·사건·사람·동기 등과 같은 것이 일시적으로 기억·감지되지 못하고 있으나 그것이 필요하면 다시 기억을 재생할 수 있는 상태를 말한다. 흔히 전의식(preconscious)이라고도 하며 무의식과 의식의 중간과정으로 간주한다. → 무의식

3479 잠재적 과잉인구(latent overpopulation)
상대적 과잉인구의 잠재적 형태로서 농업부분에서는 자본축적에 따라 노동생산성이 상승되지만 생산물 수요는 그만큼 증가하지 않아 취업자 수는 절대적으로 감소된다. 그러나 첫째, 비농업부문장애인에 충분한 고용흡수력이 있다고 할 수 없다. 둘째, 노동력의 지역적 가동성에 한계가 있다. 셋째, 노동수요의 계절적 변동이 크다는 등의 이유로 과잉화한 인구의 일부는 저소득, 반실업상태로 농촌에 체류한다. 이렇게 해서 조건이 허락하면 보다 좋은 기회를 구해서 비농업부문에 유출하는 자세를 갖는 잠재적 과잉인구가 형성된다.

3480 잠재적 동성애(homosexuality, latent)
정신역학 이론 중, 개인의 인식지각 외부에서 한 명 또는 그 이상의 동성에 대한 성적충동에 직면하는 것이다. 개인은 이러한 이끌림에 대한 행동의 단서를 주었을지도 모르지만 명백한 동성애적인 행동을 시작하지는 않는다.

3481 잠재적 동성애자(latent homosexual)
남자 또는 여자 자신이 이성애 지향을 가지고 있다고 믿지만, 동성간의 성애적 경향의 만족감에 대한 무의식적 욕구를 가지고 있는 개인에게 사용되는 용어를 말한다. 잠재적 동성애자는 성적 지향(sexual orientation)에 관한 깊은 갈등에 빠져 있을 수 있고, 그러한 갈등이 있음을 그들 자신이나 타인에게 부인하는데 많은 정신적 에너지를 소모한다. 그러한 부정은 동성애자들에게 공공연한 적의를 보인다든가, 그들을 회피하거나 이성에게 적절할 것 같은 행동을 회피하는 것으로 나타난다. →잠재적 동성애

3482 잠재적 욕구(latent needs)
어떤 사회적인 요원호상황이 객관적으로 존재하고 있고 그

사회적 해결이 필요하다고 인정되고 있음에도 불구하고 요원호상황에 있는 개인, 가족이나 집단, 지역주민이 그것을 자각하지 못하고 있는 상태 또는 자각하고 있어도 주위의 편견, 견제 등에 의해 억압, 매몰되어 그 욕구가 사회적으로 표면화되지 않는 상태를 말한다. 잠재적 욕구에 대응하는 기존서비스의 이용을 종용해서 이를 현재화시켜 자각된 요구를 높여갈 필요가 있다.

3483 잠재적 정신분열증 환자(latent schizophrenic)

몇 가지 정신분열증(schizophrenia) (때때로 무감각 : flat affect), 약간의 편집형 사고(paranoid ideation)와 사고장애를 포함한)의 징후를 가진 것 같지만 뚜렷한 정신병의 에피소드나, 현실과의 엄청난 분열은 전혀 없는 사람을 말한다. DSM-Ⅱ(1968)에서 정신병학자들은 그런 증상을 나타내는 개인들을 '경계선'(borderline) 또는 '정신병 전증'(prepsychotic)이 있는 사람이나 정신병의 '전조'(incipient)를 가진 것으로 언급했지만, DSM-Ⅲ(1980)에서는 그러한 조건에 대한 진단적 분류(diagnostic label)를 '정신분열성 성격장애'라고 하였다.

3484 잠재적 충성(invisible loyalties)

가족 구성원 간에 의식적인 인식영역의 외부에서 생기는 동맹으로 가족치료(family therapy)나 또는 다른 구성원을 지지하기 위해 필요한 무의식적인 수행과 관련되어 가장 흔히 언급된다.

3485 잠재적 학습(latent learning)

행동으로 드러나지 않는 학습이다. 예컨대 먹이를 충분하게 섭취한 쥐를 미로 속에 넣고 10일간 탐색활동을 하게 하였다. 11째 되는 날에는 먹이를 주지 않고 미로의 종점을 바로 찾아가야만 먹이를 제공하였다(즉 먹이를 강화하였다). 하루 내지 이틀 사이에 이 쥐는 10일간 강화를 계속했던 통제집단의 쥐와 마찬가지로 정확하게 미로의 종점을 찾아가는 행동을 하였다. 쥐는 강화되지 않은 10일간 행동으로 드러나지 않았지만 잠재적 학습을 하고 있었던 것이다.
→ 기호학습설

**3486 장기결석아동
(long term absentee from primary school)**

1년 중 50일 이상 병이나 경제적, 가정적 이유로 계속 또는 단속적으로 학교를 결석하고 있는 아동을 말한다. 과거에는 농림어업 종사에 따른 연소노동이 원인이었으나 최근에는 비행(반사회적 행위), 가정 내 폭력, 등교거부(비사회적 행위) 등이라는 경향으로 장기결석 사유가 변화해오고 있다. 이들 배경을 분석해 교육위원회, PTA, 지역사회가 연계활동을 펼쳐 노력하는 수협제도가 필요하며, 핵가족화 및 그 기능의 변화에 대응해 친자를 위시한 대인관계 과정상의 문제를 풀어볼 필요가 있다.

3487 장기급여(Long-term Benefit)

사학연금에서 교직원이 퇴직, 폐질 또는 사망으로 급여의 사유가 퇴직 후에 발생한 급여. 퇴직급여, 장해급여, 유족급여

3488 장기기획(long-range planning)

긴 시간이 소요되는 계획의 우선순위를 설정하기 위해 목표를 사정하고, 제안된 프로그램과 서비스 및 자원을 검토하는 노력을 말한다. 장기기획가는 5년이나 10년이 넘어 달성될 수 있는 목표들과 그 목표들을 달성하는데 필요한 수단들을 고찰하는데 매년 정기적으로 추가적인 의사결정과정을 개최한다.

3489 장기이식(organ transplantation)

기능하지 않게 된 장기와 정상기능을 하는 타인의 장기를 수술을 통하여 대체함으로써 기능회복을 꾀하는 일을 말한다. 장기이식은 현재 임상에서 많이 행해지고 있는데, 특히 각막이식과 신장이식은 이미 치료법으로서 확립되어 있다. 세계 전체의 신장이식은 연간 약 1만 5,000건에 달하며 1년 생존율은 90% 정도이다. 이식장기로는 그밖에 심장, 간장, 췌장, 장, 뼈, 연골, 골수 등이 있다. 그러나 장기이식에는 의학적으로 개체간의 조직적 합성의 차이, 거부반응에 대한 면역억제제의 개발, 수술기술의 향상 등의 과제가 남아 있을 뿐만 아니라, 사회적으로는 장기적출의 법률적, 종교적 문제를 안고 있다.

ㅈ

3490 장기치료(long-term care)

어떤 기능적 능력을 상실한 사람에게 일정한 기간 동안 전달되는 일련의 건강서비스, 대인서비스, 사회서비스. 케인(Rosalie A. Kane)에 의하면 이러한 유형의 치료는 기관이나 유급직원, 또는 친구나 이웃들이 요양원이나 지역사회에서 제공할 수 있다고 한다. 이 장기치료를 필요로 하는 주된 대상은 노인들이며, 발달상의 장애를 지닌 자, 정신질환을 지닌 자, 만성적인 신체적 손상을 입은 자, 그리고 최근에 에이즈로 인한 희생자 등도 이 서비스의 대상이 된다.

3491 장물아비(fence)

도둑질한 재물을 사고, 파는 사람.

3492 장애(handicap/disability) 01

세계보건기구(WHO)의 장애 분류 안에 의하면 장애는 세 개의 차원으로 분류된다. 제1차 장애는 impairment로 신체의 생리학적 결손 내지 손상이다. 제2차 장애는 disability로 제1차 장애(impairment)가 직접, 간접적인 원인이 되어 심리적 문제가 직접 간접적 발생할 경우의 인간적 능력(주체적 행동개념)이 약화 또는 손실된 상태이다. 제3차 장애는 handicap

으로 제1차 장애와 제2차 장애가 통합된 형태에 다시 사회 환경적 장애(물리적 장애, 문화적 장애, 사회 심리적 장애)가 통합된 형태로 사회적 불리이다. 즉 모든 장애요인이 중층적으로 통합되어 사회적으로 정상적인 생활을 할 수 없는 불리한 입장에 처한 상태이다.

3493 장애(impairment) 02

생활의 질을 떨어뜨리는 신체적 또는 정신적인 이상을 말하며 즉 기능과 형태 면(organic)의 장애를 말한다.
→ disability : 능력(personal)의 장애, handicap : 사회적(social) 장애.

3494 장애구역 분석(FFA : force field analysis)

제안된 변화에 대한 저항이나 수용의 정도를 사정하기 위해서 사회복지 계획, 행정 그리고 지역 사회조직에서 흔히 사용되는 문제 해결 도구를 말한다. 이 분석은 변화를 요구하는 사회적 힘(현 프로그램이나 구조의 높은 비용, 혹은 목적 달성에서 비효과성과 같은 것)을 열거하고, 다음에 변화에 장애가 될 것으로 보이는 힘(일자리의 보장이나 권위를 상실할까 두려워하는 현재 직원의 공포 같은 것)을 열거하는 것 등을 포함한다. 그 다음 장애구역 분석은 바람직한 목적을 향한 운동을 촉진하기 위해서 어떤 힘을 증가 또는 감소시킬 수 있는 행동을 구사한다.

3495 장애급여(disability benefit)

신체적, 정신적 상태 때문에 어떤 활동을 할 수 없는 사람에 대한 현금, 현물, 서비스의 급여. 장애에 기초한 일종의 범주적 부조(categorical assistance)를 의미한다. 미국의 지체부자유자에 대한 보충적 소득보장(SSI : supplemental security income) 계획은 근래 이 형태의 프로그램 중 가장 대표적인 실례이다.

3496 장애등급 구분(degree of disability)

심신장애의 정도를 평가하기 위한 기준이다. 일본에서 공적시책 법률로 이것을 규정하고 있는 것은 공무재해에 대해 보상을 위한 노동자 재해보상보험법(14단계), 소득능력회실을 보상하기 위한 국민연금 법(2단계) 및 후생연금보험법(3단계), 사회복지의 관점에서 하는 신체 장애인복지법(6단계)의 4가지 입장에 따른 등급구분이 대표적인 것이다. 제도의 목적, 내용, 성립과정이 서로 달라 각 법에서 규정된 장애범위 및 등급구분이 불일치한다.

3497 장애보상급여(disability compensation)

산업재해보상급여에 기인한 급여의 일종으로 업무상의 부상을 치료한 후에도 신체에 장애가 남아있는 경우에 정도에 따라 지급되는 금전 급여로 피 재해노동자의 소득능력 손실의 보완을 목적으로 한다. 여기에서 말한 치료된 때 또는 증상이 고정되어 그 이상의 치료효과를 기대할 수 없는 경우를 말한다. 장애정도의 판정은 노동부령에 의해 정해진 장애등급표(신체장애등급표)에 따른다.

3498 장애아동교육법
(education for all handicapped children act)

학습지진아를 포함하여 모든 장애 어린이에게 교육의 기회균등과 무상 특별 서비스를 할 수 있도록 공립학교에 기금을 위임 분배하는 법으로, 1975년에 제정된 미국 연방법(P. L. 94-142)이다. 이 서비스는 특별테스트, 교정수업, 상담 및 개인교수 등을 포함할 수 있다.

3499 장애아동법(handicapped children act of 1975)

→ 장애아동교육법(education for all handicapped children act)

3500 장애우(the disabled)

→ 장애인

3501 장애우권익문제연구소

장애우에 관한 제반 문제를 연구 조사하여 장애우 복지 증진과 권익옹호에 이바지하고, 나아가 장애우의 보다 나은 인간다운 삶을 이룩하는데 기여함을 목적으로 하는 1987년 12월에 설립된 연구소이다.

3502 장애인/장애우(the disabled) 01

지체장애, 시각장애, 청각장애, 언어장애 또는 정신지체 등 정신적 결함으로 인해 장기간에 걸쳐 일상생활 또는 사회생활에 상당한 제약을 받는 자를 말한다. 장애우라고도 한다.

3503 장애인 02

특별한 신체적·정신적 조건이나 약점 때문에 분명한 책임이나 기능을 수행하는 것이 불가능한 사람들을 말한다. 그러한 조건이 일시적이거나 영구적일 수 있으며 신체적 일부 또는 전체에 결함이 있을 수 있다. 국제노동기구(ILO)에서는 장애인을 "신체 또는 정신상의 결함으로 인해 적절한 직업을 확보, 유지해 나갈 전망이 없을 정도의 실제적인 손상을 입은 개인"으로 규정하고 있다. 우리나라에서는 장애인복지법에 "장애인이라 함은 지체부자유, 시각장애, 청각장애, 음성·언어기능장애, 또는 정신지체 등 정신적 결함으로 인해 장기간에 걸쳐 일상생활 또는 사회생활에 상당한 제약을 받는 자로서 대통령령으로 정하는 기준에 의하는 자를 말한다."라고 한다.

3504 장애인 고용촉진 및 직업재활법

장애인의 고용촉진 및 직업재활을 도모하기 위해 제정한 법(전문개정 2000. 1. 12, 법률 제6166호). 1990년 1월 '장애인 고용촉진 등에 관한 법률'로 제정된 뒤 4차례의 개정을 거쳐 2000년 1월 현재의 명칭으로 전문 개정되었다. 국가와 지방자치단체는 장애인의 고용촉진과 직업재활에 관한 교육·홍보 및 고용촉진운동을 지속적으로 추진해야 한다. 사업주는 정부의 시책에 협조하고, 근로자가 장애인이라는 이유로 채용·승진 등 인사관리상의 차별대우를 해서는 안 된다. 노동부에 장애인고용촉진위원회를 둔다. 특수교육기관 등 장애인 직업재활 실시기관은 직업재활사업을 다양하게 개발하여 장애인에게 직접 제공해야 한다. 장애인이 능력에 맞는 직업에 취업할 수 있도록 직업지도와 직업적응훈련, 직업능력개발훈련을 실시한다. 중증장애인에 대해서는 지원고용을 실시해야 한다. 자영업을 영위하고자 하는 장애인에게는 창업자금을 융자할 수 있다. 장애인 고용 우수 사업주를 지정하여 우대할 수 있고, 고용현황에 대한 실태조사를 실시할 수 있다. 국가와 지방자치단체장은 장애인을 소속 공무원 정원의 2% 이상 고용해야 한다. 상시 근로자 50인 이상을 고용하는 사업주는 근로자 총수의 5% 범위 안에서 대통령령이 정하는 의무고용률 이상의 장애인을 고용해야 한다. 이를 이행하는 사업주에게는 고용장려금을 지급하고, 미달하는 사업주는 매년 장애인고용부담금을 납부해야 한다. 부담기초액은 해당 연도의 최저임금액의 60% 이상으로 정한다. 한국장애인고용촉진공단을 설립하여 장애인이 직업생활을 통해 자립할 수 있도록 지원하고, 고용촉진 및 직업재활 업무를 수행하게 한다. 공단의 운영, 고용장려금의 지급 등을 위해 '장애인고용촉진 및 직업재활기금'을 설치한다. 장애인직업생활상담원 등의 전문요원을 양성해야 한다. 6장으로 나누어진 전문 74조와 부칙으로 구성되어 있다.

3505 장애인공동생활가정(Group Home)

장애인공동생활가정이란 지역사회 내 소수의 장애인들이 일정한 경제적 부담을 지면서 일반가정과 같은 가정을 이루어 공동 생활하는 유사가정 시설로, 보다 정상적인 가정환경 속에서 자립적인 생활기술을 키우는데 목적을 둔다. 미국과 같은 선진국에서는 정신지체인이나 중증장애인을 위해 설립된 거주지(시설) 중에서 가장 인기 있고 보편화되어 있으며, 우리나라에서도 1992년 10월부터 실시하기 시작하였으나, 거주지 마련이 우선적으로 전제되어야 하는 경제적인 문제로 인해, 소수의 기관에서만 이 프로그램을 실시하고 있다. 하지만 민간 장애인지원 단체, 장애인 부모모임 등에서 본 프로그램의 확대를 위한 모금활동 등 적극적인 활동을 전개하고 있으며, 97년부터는 정부가 지원하고 각 지방공공단체 및 사회복지법인, 종교법인이 설립 주체가 되는 형태의 장애인 공동생활 가정을 서울을 제외한 지방 5곳에 설치하고자 계획하고 있어 점차 확대될 전망이다. 대체로 가족적인 환경에서 독립적인 생활을 할 수 있도록 생활지도원이나 지도교사, 간호사가 상주하거나 회진하며 보호·관리하는 방식으로 운영되나, 장애인의 특징과 상태에 따라 다양한 형태로 운영될 수 있고, 보통 4~5명의 장애인이 한 가정을 이루게 되는데 독립생활이 가능하고 취업하여 일정한 소득이 있으며 가정이나 시설에서의 보호보다는 장애인공동생활가정에서 생활하는 것이 자립, 발달에 더 유익하다고 판단되는 장애인을 대상으로 한다.

3506 장애인복지(handicapped welfare) 01

장애인들이 가지고 있는 개인적 또는 사회적 욕구를 충족시켜 줄 수 있는 가능한 자원을 연결하는 제 활동(프로그램 등)과 그들이 사회에 통합되는데 장애가 되는 제반 환경들을 개선시켜 나가는 일로 장애인에게는 장애의 수용과 강한 재활동기를 조성해주고 전인재활을 위한 치료, 교육, 훈련의 기회를 제공하며, 그 부모에게는 장애인자녀를 수용하고 지원하며 장애인을 위한 다양한 복지활동에 적극 참여하게 한다.

3507 장애인복지 02

신체장애인, 정신발달지체자, 정신장애인 등이 그 장애로 말미암아 가족생활, 사회생활에 곤란을 가지게 되는 것을 국가나 민간사회복지기관이 그들을 모든 생활에서 곤란을 느끼지 않도록 교육적, 직업적, 의료적, 심리적, 사회적 제 문제에 걸쳐 원조하는 제도적 정책적서비스의 조직적 활동과 노력을 말한다. 장애인복지라고 하는 용어는 앞에 심신이라고 하는 말을 생략하고 장애인라고 하는 것인데 UN에서도 여러 가지 종류의 장애인을 포함하여 [disabled persons=장애인]라고 칭하는 것이다. 장애는 의학적 생리학적 현상이며 본인의 인격이나 선택과는 무관계한 것임에도 불구하고 현실적으로는 장애인에게 책임을 돌리고 교육이나 취직의 기회를 너무 좁게 하는 사회적 불리(handicap)를 주고 있다. 장애인복지는 생리학상의 문제를 개인의 불행으로 돌리는 일반사회인의 편견이나 약한 자를 더욱 불리하게 하는 경쟁사회의 구조에 대해 장애인이 생활의 위기를 대처해 나가도록 예방적, 사회 치료적으로 개입하는 시책과 실천행동이다. 장애인복지가 과학적인 사회복지의 한 분야로서 성립되기 위해서는 3가지 영역을 이론적으로나 실증적으로 확립할 필요가 있다. ① 사회적 노력을 결집하여 장애인의 생명과 권리에 대한 외경적 인간관과 인권에 기초한 전문 종사자의 윤리관 확립 ② 심신장애상황을 해명하는 의학, 심리학, 사회학, 직업, 공업 등에 기초한 지식체계의 성숙 ③ 문제해결 또는 사회적 불이익을 불러일으키는 사회구조에 도전하는 개인, 집단, 사회조직에 개입책의 구체적인 방법론의 확립과 응용성의 입증을 하는 것이다. 장애인복지에서 고려해야 할 내용은 ① 장애인문제의 복잡성이다. 신체적 부분의 장애나 언어기능과 정신적 결함은 의학적 생리학적 장애상황에 고통을 당하는 것이 아니라 학교입학, 가족결혼에 악영향 등 부차적 문제로 고통을 당하는 것이다. ② 장애인복지의 종합성이다. 장애인복지는 사회복지의 방법론적 영역을 벗어난 의학, 교육학, 심리학, 사회학, 공학, 건축학, 노동문제, 사회보장, 재활사업 등의 종합적인 과제이다. ③ 장애인복지의 운동성이다. 장애인위치를 구제대상에서 권리주체로 높이고 정부종사자 전문가중심의 장애인복지정책 및 제도 수립에서 장애인 자신의 권리 의식을 높이고 참여하며 인식의 개선 등을 위한 운동이다. ④ 발달 보장의 권리이다. 장애의 유무에 관계없이 모든 인간의 발달은 기본적으로 공통적인 기제를 갖게 된다. 따라서 장애를 가진 아동에 있어서 부모나 중간집단, 교사, 지역사회 등의 풍부한 교육적, 사회적 관계가 보장되어야 한다. 우리나라는 1981년에 장애인복지법을 제정하여 심신장애인의 예방과 재활 및 보호에 관한 복지사업을 수행토록 하고 있는데 국가와 지방자치단체는 의료적 재활과 보장구의 교부, 부양수당의 지급, 장애별 복지시설의 설치와 그 재활에 관한 상담과 훈련을 실시하고, 요양시설, 근로시설을 통하여 직업재활을 도모하고 점자도서관과 점자출판시설을 두도록 하고 있다. 그리고 1977년에 특수교육진흥법이 제정되어 교육의 기회가 증대되고 있으며 1981년의 세계장애인의 해를 계기로 장애인의 완전 참가를 중심으로 하는 국민의 이해 증진에 효과가 있었다. 앞으로 심신장애인 기본대책법과 장애인고용촉진법의 제정으로 직업을 통한 장애인복지가 확산되어야 할 것이다.

3508 장애인복지 그룹워크

장애인이 신체적인 기능을 회복하고 동시에 사회생활능력을 회복, 강화해 가도록 그룹워크 활동을 이용하는 것이다. 최근에 통원시설, 거주시설, 지역센터 등에서 장애인과 그 가족을 위한 그룹 워크가 시도되고 있으며 그룹 활동, 가족회, 데이 캠프(day camp), 합숙, 사회참가활동 등이 성행되고 있다. 그리고 각 연령층에 걸쳐서 장애인과 비장애인과의 교류프로그램이 활발히 전개되고 있으며 많은 참가와 확대가 바람직하다.

3509 장애인복지위원회

장애인복지의 관한 사항을 심의, 건의하기 위하여 보건복지부에 중앙위원회를, 서울특별시, 광역시, 도에 지방위원회를 둔다. 위원회의 기능은 장애인 복지에 관한 장·단기계획 및 정책건의 장애인 복지증진을 위한 각종 제도의 개선, 장애인에 대한 인식전환, 이해 증진과 장애인의 사회참여 확대를 위한 유관기관과의 협조, 기타 장애인복지에 관한 사항을 심의한다. 중앙위원회는 20인 이내, 지방위원회는 10인 이내의 위원으로 하되 위원 중 1/3 이상은 장애인으로 하며, 임기는 3년으로 한다.

3510 장애인복지법

장애인의 복지에 관한 사항을 종합적으로 추진하기 위한 법률(전문개정 1999. 2. 8 법률 제5931호). 장애인의 인간다운 삶과 권리의 보장을 위한 국가와 지방자치단체 등의 책임을 명백히 하며, 장애발생의 예방과 장애인의 의료·교육·직업재활·생활환경개선 등에 관한 사업을 정함으로써 장애인복지대책의 종합적 추진을 도모하며, 장애인의 자립, 보호 및 수당의 지급 등에 관해 필요한 사항을 정함으로써 장애인의 생활안정에 기여하는 등 장애인의 복지증진 및 사회활동 참여증진에 기여함을 목적으로 한다. 장애인복지의 기본이념은 장애인의 완전한 사회참여와 평등을 통한 사회통합을 이루는데 있다. 장애인은 인간으로서의 존엄과 가치를 존중받는다. 누구든지 장애를 이유로 정치·경제·사회·문화생활의 모든 영역에 있어 차별을 받지 않는다. 장애인은 가지고 있는 능력을 최대한으로 활용하여 사회·경제 활동에 참여하도록 노력해야 하며, 장애인의 가족은 장애인의 자립 촉진을 위하여 노력해야 한다. 국가와 지방자치단체는 장애의 발생을 예방하고, 장애의 조기발견에 대한 국민의 관심을 높이고 자립을 지원하며 필요한 보호를 실시하여 장애인의 복지를 증진할 책임을 진다. 모든 국민은 장애인의 인격을 존중하고 장애인복지증진에 협력해야 한다. 국무총리 소속 하에 장애인복지조정위원회를 둔다. 매년 4월 20일을 장애인의 날로 하고 장애인의 날부터 1주간을 장애인주간으로 한다. 국가와 지방자치단체는 장애발생예방, 의료·재활치료, 교육, 문화환경의 정비 등을 위한 시책과 제도를 강구하고 실시해야 한다. 재단법인으로 한국장애인복지진흥회를 설립한다. 장애인은 시장·군수·구청장에게 등록해야 한다. 시·군·구에 장애인복지상담원을 둔다. 국가와 지방자치단체는 장애인복지시설을 설치할 수 있다. 사회복지법인으로 장애인복지단체협의회를 설립할 수 있다. 보건복지부 장관은 재활보조기구의 품목과 기준·규격을 정하여 고시할 수 있다. 국가와 지방자치단체 기타 공공단체는 장애인복지전문인력의 양성 및 훈련에 노력해야 한다. 장애인은 복지조치에 대해 이의가 있을 때에는 장애인복지실시기관에 심사를 청구할 수 있다. 기본시책의 강구, 복지조치, 복지시설 및 단체, 재활보조기구, 장애인복지전문인력, 벌칙에 대해서는 각각 별개의 장으로 자세한 규정을 두고 있다. 8장으로 나누어진 전문 80조와 부칙으로 되어 있다.

3511 장애인복지의 법제

우리나라 장애인복지를 위한 제도적 마련은 미국이나 일본에 비해 매우 늦다고 할 수 있다. 장애인에 관한 법률이 제정되기 전에는 1961년 12월에 법률 제913호로 공포된 생활보장법에 의하여 장애인에 대한 보호조치를 강구하였으며 요보호장애아동에 대해서는 아동복지법 1961. 12. 30 법률 제912호에 근거하여 일반요보호아동과 같은 조건으로 보호했다. 그 후 1977년 12월에 법률 제3053호로 특수교육진흥법이 제정되어 장애아동의 장애영역별 교육과 생활기능회복을 위한 교육, 직업보도 등을 아울러 실시하였다. 1981년 심신장애인의 복지를 종합적으로 다루기 위해 신체장애인과 정신지체자 등 정신결함자를 포함한 장애인복지법이 법률 제3452호로 제정되었고, 1989년 동법을 전문개정하면서 법명도 장애인 복지법(1989. 12. 31. 개정 법률 제4179호)으로 개칭하였다. 또한 1990년 장애인의 고용촉진과 직업재활 및 직업안정을 도모하기 위해 장애인고용촉진법(1990. 9. 1. 법률 제4219호)이 제정되었다. 이후 이 법이 4차례의 개정을 거쳐 2000년 1월 전문 개정되어 '장애인 고용촉진 및 직업재활법'으로 새로이 제정되었다.

3512 장애인 수첩(identification booklet for the physically handicapped)

시장, 군수 또는 구청장은 검진의뢰를 받은 의료기관에서 결과를 통보받은 때에는 장애등급에 해당하는지의 여부를 확인하여 장애인 수첩을 교부해야 한다. 또한 교부받은 수첩은 분실하였거나 헐어 못쓰게 된 때에는 관할 읍, 면, 동장을 거쳐 시장, 군수, 구청장에게 재교부를 신청해야 하고, 수첩은 양도하거나 대여할 수 없다.

3513 장애인올림픽(olympic for the disabled)

신체장애인의 스포츠 경기대회를 말하며 1948년 런던 교외 소톡만데벌의 척추상해센터에서 재활을 위해 시행한 하지마비자(paraplegia)의 경기대회(paralympics)가 국제적인 신체장애인의 스포츠 경기대회로 발전한 것이다. 1960년 17회 로마올림픽대회 이후부터 장애인올림픽은 올림픽 개최지에서 행해지게 되었다. 이 같은 경위에서 이전에는 패럴림픽(paralympics)이라 불렀으나 오늘날에는 장애인올림픽(olympic for the disabled)이라 부르고 있다. 우리나라에서도 해마다 장애인 체전이 열리고 있으며 1988년 서울올림픽 때 개최되었다.

3514 장애인의 권리선언 (declaration on the right of disabled persons)

1975년 12월 9일 제30회 국제연합총회에서 총회결의로 채택하였으며 장애인의 존엄성과 자유와 평등권을 기초로 하는 권익옹호와 장애인의 재활증진 및 장애의 예방을 도모하고 모든 활동분야에서 능력을 최대한 발휘하도록 원조하고 보호하기 위한 기초와 지침이 되고 있다. 본 권리선언은 13조로 구성되어 있는데 그 중요한 조항을 몇 가지 보면, 제3조 장애인은 인간으로서의 존엄이 존중되는 권리를 출생하면서부터 갖고 있다. 장애인은 그 장애의 원인 특질 또는 정도에 관계없이 동년배의 시민과 동등한 기본적 권리를 갖는다. 제6조 장애인은 보장구를 포함한 의학적, 심리학적 및 기능적 치료 또는 의학적, 사회적 재활교육, 직업교육, 훈련재활, 원조, 고정상담, 직업알선 및 기타 장애인의 능력과 기능을 최대한으로 개발하며 사회통합 또는 재통합하는 과정을 촉진하는 서비스를 받을 권리가 있다.

3515 장애인의 참이웃 모임 (people-to-people committee for the handicapped)

장애인 가족에게 유용한 서비스와 자조활동에 대한 정보를 제공하는 자원봉사 조직으로 이 모임은 『장애인 원조조직 목록』(directory of organizations interested in the handicapped)이란 책을 발간하는데, 이 책은 장애인을 위한 치료, 훈련, 장비 및 기법에 대한 정보를 알려주는 조직의 목록을 폭넓게 담고 있다.

3516 장제보호(funeral care)

생활보장법 제14조에 의한 보호의 일종으로 보호대상자가 사망한 경우 사체의 검안, 운구, 화장 또는 매장 기타 장제조치를 행하도록 하고 있다. 장제보호는 실제로 장제를 행하는 자에게 장제에 필요한 비용을 금전급여로 함을 원칙으로 하며 예외로서 물품지급을 행할 수 있도록 하는 것을 말한다. 장제보호는 사망자의 유류금품으로 장제를 행할 수 없는 경우 또는 부족한 경우에 지급된다.

3517 장제비(Funeral Expenses)

장례와 제사를 치르는 비용.

3518 장티푸스(typhoid fever)

오염된 물과 음식을 통해 주로 감염되는 병으로 고열, 설사 또는 변비, 신체의 붉은 반점, 비장 확장 및 인체의 여러 기관에 해를 주는 증상을 나타내는 전염성 질병. 예방접종과 음식물 취급자를 비롯한 위생법안 및 환경 청결 및 보호를 촉진시키는 법안에 의해 장티푸스의 발병률이 현저히 줄어들었다.

3519 장학대부

종업원 자녀의 입학금이나 재학 중의 수업료의 저리대부로 고등학교 전문대학, 대학 등을 적용범위로 하는 것이 많다. 고학력 사회가 됨에 따라 수요는 증가일로에 있으나 몇몇 기업을 제외하고는 시행되고 있지 못한 실정이다. 따라서 대부분의 학생들은 국민은행이나 농업협동조합에서 실시하는 장학대부를 받는 경우가 많다. 앞으로 기업 측에서 이 제도를 보다 적극적으로 개발해야 할 영역이라고 할 수 있다. → 학자금 대부, 대출

3520 장해보상금 (Compensation Benefit for One's Disability)

사학연금에서 장해연금과 동일한 요건이나 교직원이 원하는 경우 장해연금에 갈음하여 장해연금액의 5년분이 일시금으로 지급되는 급여.

3521 장해연금(Disability Annuity)

사학연금의 경우, 교직원이 직무상 질병 또는 부상으로 인해 폐질 상태가 되어 퇴직하거나 퇴직 후 3년 이내에 그 질병 또는 부상으로 폐질 상태가 된 경우 연금으로 지급되는 급여. 장해연금액 = 보수월액 × 지급율(폐질 등급에 따라

80~15%임)

3522 재가노인복지대책

병약노인이 가정이나 지역사회에서 적절한 부양을 받지 못하고 양로원, 요양원 같은 노인복지시설에 수용되어 살면 시설노인이라 하고 가족이나 지역사회의 도움으로 일반 가정에서 살아가는 노인은 재가노인이라고 부른다. 시설중심의 노인복지는 시설운영의 과다한 경비, 수용인원제한, 그리고 시설 서비스에 대한 불만 등으로 비판을 많이 받고 있다. 따라서 가정에 살고 있는 노인들을 위한 각종 서비스를 개발하여 재가노인복지사업을 발전시켜야 한다는 주장이 높아가고 있다. 가사서비스(home help service), 간병서비스(home health care)나 주간보호서비스(adult day care service) 등은 재가노인을 위한 유용한 서비스들이다.

3523 재가보호

거택보호가 시설수용보호에 대한 개념인데 대해 재가보호는 가족관계 안에서 충족할 수 없는 복지욕구에 대해 사회적으로 대체, 보완하는 복지서비스를 말하며 가정에서 생활을 가능하게 하는 방법이다. 사회변동에 의한 새로운 복지욕구의 해결을 위해 홈헬프, 서비스 등 주로 대인복지서비스에 중점을 두고 있으며 간호, 재활 등의 전문적 원조와 함께 자원봉사자, 주민의 협력, 참가가 중요하다.

3524 재가보호서비스(home care service)

가정에서 누워만 있거나 허약한 고령자, 혹은 장애인 등을 개호하는 경우 개호자의 부담을 경감하기 위해 재가복지위해 전문가에 의한 재가보호서비스를 받을 수 있다. 가정에서의 서비스에는 청소 등의 가사원조와 몸의 청결, 욕창의 예방과 처리, 입욕개호 등의 개호서비스가 있으나 재가보호는 후자를 지칭하는 경우가 많다. 병원의 방문 간호사, 보건부 등이 중심적 역할을 담당하고 있으나 앞으로는 개호복지사의 제도화에 의해 기업서비스로의 확대도 기대된다.

3525 재가복지(domiciliary care)

카두신(Alfred Kadushin)은 가족의 약화된 부분을 보완하는 보충적 서비스라고 정의하고 있고, 보건복지부 지침에서는 지역사회 내에서 일정한 시설과 전문인력을 갖추고 필요한 재가복지서비스를 제공하는 것이라고 정의하고 있다. 따라서 여러 가지로 도움이 필요한 노인, 장애인, 아동들을 시설에 수용하지 않고 집에 거주하게 하면서 지역사회의 가정봉사원을 가정으로 파견하거나 또는 재가복지센터로 통원을 하게하여 일상생활을 위한 서비스와 자립할 수 있는 프로그램을 제공하는 것이라고 정의할 수 있다. 재가복지서비스는 시대적인 변천과 국민들의 사회복지 욕구의 변화에 따라 새로운 프로그램으로 대두되기 시작하였는데 그 이유는 산업화와 핵가족화로 인해 가족부양에 한계가 왔기 때문이며, 종래의 시설복지서비스보다 비용이 적게 들고 많은 사람에게 혜택을 줄 수 있기 때문이다.

3526 재가복지봉사센터

센터에서는 적극적으로 서비스 요구를 발굴하여 이에 대응하는 자원을 효율적으로 운영해야 하며, 관련기관과 수시연계체계를 갖추고 알선, 의뢰, 자원봉사 등을 수행해 자립 및 자활을 행하는데 중점을 둔다. 센터는 대상자 및 가정의 욕구조사와 문제를 진단하여 직·간접 서비스를 제공하고 지역사회자원을 동원, 활용하여 그 효과에 대한 사업평가를 행해 자원봉사자 및 지역주민에게 교육제공의 역할을 함으로써 지역사회내의 연대의식을 고취시키는 기능을 행한다.

3527 재결합가정(reconstituted family)

'재혼가정'으로 알려져 있으며, 그 단위가 법적으로 결혼한 남편과 아내, 그리고 이전의 결혼이나 관계에서 생겨난 하나 혹은 그 이상의 자녀로 구성되어 있는 가정을 말한다. → 의붓가정(step-family)

3528 재교육증명

경험 있는 전문가들이 양질의 서비스를 제공하기 위하여 자신들의 능력을 유지하고 있다는 것을 증명하는데 필요한 품질보증(quality assurance) 척도이다. 이는 전문가가 능력을 보유하고 있다는 점을 보여주고 자격이 충분하다는 점을 보여주고 자격이 충분하다는 것을 공식적으로 선언하는데 사용된다. 이 재교육증명은 전문가들이 재임(career)기간 동안 지정된 시기에 시험을 통과해야 하고, 여러 차례의 전문적이고 자격 있는 훈련(qualified training) 및 재훈련 프로그램 또는 일련의 계속되는 교육을 받아야 할 것과, 동료들에게 지속적으로 자신의 실무능력을 보여줄 것을 강요하고 있다.

3529 재구성(reframing)

각기 상이한 배경(상황)에서 나타나는 증상이나 행동패턴을 가족들이 이해할 수 있도록 돕고자 하는 가족치료자들이 사용하는 한 기술을 말한다. 예컨대, 우울증으로 진단이 내려진 아동은 가족들에게 무의미한 존재로 비쳐져 가족들로부터 분리될 수도 있다. 이것은 개인의 질병이 가족의 문제가 되어 문제에 대한 이해가 변화된 것이다.

3530 재낙인(relabeling)

가족치료에 있어 치료자가 가족 문제의 증상에 대한 정의를 내림으로써 보다 더 적절한 치료를 하도록 하기 위해 사용되는 기술이다. 가족 구성원들로 하여금 스스로 증상이나 행동에 대한 이해하는 방법을 변화시키고, 그것을 좀 더 적극적인 방법으로 점차 반응하도록 하는 것이다.

3531 재난(disaster)

천연적이든 인위적이든 간에 시간적·공간적으로 집중되어

재산, 인명 및 건강에 피해를 주는 결과를 가져오는 이상 사건을 말한다. 이것은 또 필수기능을 지속시켜야 할 사회 제도의 능력을 파괴하기도 한다.

3532 재단(기금)(foundations)
사적 기부금이 교육, 국제관계, 보건, 복지, 연구, 자선, 종교와 같은 목적을 위해서 분배되도록 한 기관. 사회복지 연구와 서비스 제공에 기부된 이러한 기금은 러셀 세이지재단(Russell Sage foundation), 켈로그재단(Kellogg foundation), 로버트 우드 존슨재단(Robert Wood Johnson foundation), 카네기재단(Carnegie Endowment), 포드재단(Ford Foundation), 록펠러재단(Rockefeller Foundation), 연방재단(Commonwealth Fund) 등이 포함된다.

3533 재단법인(foundation)
하나의 재산(그것이 여러 사람으로부터 기증되었거나 한 개인에 의해 기증된 경우를 막론하고)을 운영하는 것을 목적으로 하는 단체를 재단법인이라 한다. 재단법인은 사원이 없는 관계로 사원총회가 없고 이사가 그 조직을 운영하고 있다.

3534 재명명(relabeling)
가족문제를 치료할 때 그 증상을 정의하여 좀 더 개선(치료) 가능한 것으로 만들기 위하여 가족치료자들이 사용하는 기술로서 가족성원들은 그들의 증상이나 행동을 이해하는 방법을 변화시키고 더욱 건강한 방법으로 이러한 증상이나 행동에 달리 반응하기 시작한다.

3535 재무관리(financial management)
어떤 사람의 소득과 지출의 계획, 통제, 감독. 이것은 적절한 기록과 부기, 구매결정을 위한 우선순위와 시기를 계획하고 집행하는 것, 낭비의 최소화 그리고 예산을 포함한다. 사회사업 행정가는 그들의 관리책임상 통합적 한 부분으로서 재무관리에 관심을 갖게 된다. 일선에서 일하는 사회사업가는 흔히 그들의 일부 클라이언트에게 재정을 계획하고 관리하는 방법을 가르치거나 도와준다.

3536 재범/재발률/상습적 범행률(recidivism rate)
특정 기간 동안 교도소(시설) 수용인구와 비례(비교)하여 다시 교도소(시설)(institution)에 재수감(수용)되는 사람의 비율을 말한다. 예컨대, 정신병원의 경우 연간 50%의 재발률이라 함은 1년 안에 퇴원한 환자 중 절반이 다시 정신병원에 재수용되는 것을 말한다.

3537 재범자/상습자(recidivist)
종전의 상황이나 경향으로 되돌아가는 사람을 말한다. 또한 최초로 수감(수용)으로 이끌었던 행동이나 상황을 다시 범(행)함으로써 교도소(시설)로 재수감(수용)되는 사람을 말한다.

3538 재보증(reassurance)
사회사업실천에서 클라이언트가 가지고 있는 능력, 감정, 욕구 혹은 클라이언트가 노력해서 달성한 업적 등을 솔직하게 인정하고 평가하며 격려해줌으로써 클라이언트를 지지해주는 기법이다. 이것은 사회사업가와 클라이언트 간에 적극적인 따뜻한 관계를 이루고 클라이언트가 사회사업가의 권위를 받아들이게 되는 것을 전제로 한다. 너무 빠른 시기에 과도한 재보증이 되지 않도록 유의하는 것이 중요하다.

3539 재분류(reclassification)
현행 및 잠재적 피고용자에 대한 업무지침(job descriptions), 교육요건(educational requirements), 인사기준(personnel standards)을 고용자 조직(employer organization)이 공식적으로 변경하는 것으로 공공기관에 근무하는 사회사업가는 이들 기관이 수습수준업무에 대해 교육요건을 완화하고, 정규교육과 경험을 동등시하고, 비사회사업 전공 학사 및 석사 출신자에게도 사회사업의 과업을 부여하는 등 이러한 변화에 특별히 영향을 받아왔다. 조직의 지도자는 조직운영을 합리화하고 경비를 절감하기 위하여 가끔씩 이러한 재분류를 실시한다고 밝히고 있다. → 비밀해제

3540 재분배효과(redistributive effect)
재정의 국민소득에 대한 작용은 국민소득의 규모의 증감에만 그치지 않고 분배관계까지도 미치는 것이다. 즉 재정은 지출과 수입 두 경우에 있어서 모두 소득의 재분배효과를 가지고 있다. 재정 지출에 있어서 사회보장적 경비지출은 그것이 저소득층에 대한 소득의 추가로 나타날 것이므로 그만큼 소득균등분배로 접근하게 될 것이다. 재정수입에 있어서는 조세의 기능에 의한 재분배효과가 위주가 된다. 누진도가 높은 누진과세일수록 소득분배의 균등도를 높일 수 있다. 이러한 누진과세는 직접세 특히 소득세에 대해 적용하는 것이 과세 기술상 편리하며 조세원칙인 능력원칙에 대해서도 가장 잘 부합되는 것이라 할 수 있다. 재산에 대한 누진과세도 직접적으로 재산의 재분배효과가 있고 더욱이 소득불균등의 원인이 재산불균등에 있는 경우에는 재분배효과가 매우 큰 것이라 하겠다.

3541 재사회화(resocialization)
사회학적 용어로서, 태어나서 청년기에 이르기까지 가족과 이웃 학교 등을 중심으로 하는 자아의 형성과 사회적 가치의 인지과정을 원초적 사회화라고 한다면, 성인이 되어 새로운 상황에 적응해 가는 것과 관련된 것을 재사회화라고 한다. 일반적으로 재사회화는 짧은 시간 안에 하나의 역할을 버리고 다른 역할을 취할 때 나타나는 사회화를 말한다. 소규모의 재사회화는 생활배경이 다른 남녀가 결혼하였을 때, 사무원을 하다가 노무자가 되었을 때 등 급격한 상황변동이 있을 때 나타나게 마련이다. 완전한 재사회화가 발생

하는 극단적인 경우로는 세뇌를 들 수 있다.

3542 재사회화 집단(resocialization group)
사람들이 익숙하지 않은 역할과 지위에 적응하도록 돕는 집단치료 또는 자조집단의 한 유형으로 이런 집단들은 기능상실 주부, 최근에 남편을 잃거나 이혼한 사람들, 신체적으로 장애가 발생한 사람들, 그리고 노부모를 부양해야 하는 성인들과 같은 사람들을 위해 존재한다.

3543 재심사청구
행정불복심사법에 기초하여 심사청구의 결정에 대해 불복함을 주장하는 것을 말한다. 생활보장법에 한하면 지방자치단체장이 행하는 보호결정 및 실시에 관한 처분에 대해 불복이 있는 경우, 먼저 시·도지사에게 50일 이내에 재결하도록 심사청구를 하지만 그의 결정에도 불복이 있는 경우, 보건복지부장관에 70일 이내에 재결을 하도록 재심사청구가 가능하다. 이를 재심사청구라 한다. 우선 이들의 결정, 재결에 불복이 있는 자는 행정사건소송법에 따라 재판소에 소송을 제기할 수 있다.

3544 재임용신고(Notice of Re-employment)
사학연금의 경우, 교직원이 퇴직하여 퇴직급여 및 퇴직수당을 수령하지 아니하고 퇴직일 또는 익일자에 임용되었거나, 일정기간이 경과된 후 퇴직수당만 수령하고 학교기관에 임용되는 경우를 말함.

3545 재정위기
경제성장에 따라 재정규모가 팽창된 석유위기후의 불황으로 세입이 수준에 달하지 못해 항상 세입부족에 빠져있는 상태를 말한다. 세입부족을 보충하기 위해 발행된 적자공채가 눈덩이처럼 불어나 재정은 더욱 더 악화한다. 오늘날의 재정위기는 선진자본주의제국과 같은 현상이지만 예산에 따른 국채의존도의 높이가 재정 경직화의 제1의 원인이 되고 있다.

3546 재정중재기구(fiscal intermediaries)
급여의 수혜자와 제공자 사이에서 제3부문, 제4부문 재정서비스를 제공하는 조직들이다. 예컨대 청십자 - 청방패(제4부문)와 같은 사보험회사는 관련된 행정지원을 제공하는 반면에 정부조직(제3부문)은 의료보호(medicaid) 의료제공자를 위해서 기금을 제공한다.

3547 재정착(resettlement)
다른 지역으로 이동하여 새롭고 영구적인 주거지를 건설하는 것을 말한다.

3548 재정투융자(treasury investment and loan)
재정자금지출에 있어서 투자적 항목(공공사업·정부기업에의 투자)에 지출된 것을 재정투자라 하고 금융적 항목(금융기관을 통하여 민간 중요사업에 투자)에 지출된 것을 재정융자라 하여 이 두 개 항목을 합친 지출을 말한다. 이러한 재정자금의 원천은 조세, 공채, 해외저축 등에 의해 조달되며 이의 방향과 조건은 민간투융자와는 달리 재정적 견지에서, 즉 정부의 적극적 재정정책적 입장에서 결정된다. 따라서 재정투융자는 특히 한국경제에 있어서 자본부족상태에서 생산력 확대와 인플레이션 억제에 커다란 비중을 차지하고 있다.

3549 재정평형교부금
(general exchequer contribution, shared taxes)
자본주의경제는 일반적으로 그 발전과정에 있어서 농업과 공업부문, 도시와 지방간의 경제발전의 파행성을 가져온다. 이와 같은 불균등한 경제발전은 지역 간의 재정력의 불균형을 초래한다. 이렇게 되면 국민경제 각 구성단위간의 균형적 발전을 위해 지방공공단체의 지방 재정은 지방세 수입에만 의존할 수 없게 된다. 이러한 경우에 재정력이 상대적으로 약한 단체의 수요충족에 연결시 중앙정부의 조정, 즉 재정조정이 필요하게 된다. 동교부금은 이상과 같은 경우가 발생할 때에 지방자치단체의 재정수요와 세수를 비교하고 부족재원을 충족시키기 위하여 국가가 지방자치단체에게 교부하는 재원으로서 그 교부재원은 지방세와 같이 지방 자치단체의 일반재원으로 사용되는 것으로 이에 따라서 지방자치단체는 일정수준의 교육, 토목, 사회사업 등을 시행함으로써 재정수요의 초과수요와 불균형적인 발전에서 오는 지역 간 격차를 완화할 수 있는 것이다.

3550 재조직화(reorganization)
사회변동에 의해 개인, 집단, 지역사회의 형태나 기능의 붕괴가 진행되나 이 같은 현상에 대해서, 일정의 개별적, 집단적, 조직적인 작용을 해서 사회의 병리적 이상을 경감하고 그들 기능의 정상적인 회복이나 개발을 도모하는 과정을 말한다. 지역사회의 재조직화를 위해서는 지역주민의 개별적 생활이해의 공동해결을 위한 주민조직행동이나 근린적인 인간적 접촉의 회복을 위한 집단활동의 육성, 새로운 지역 공동체 의식개발 등의 접근이 필요하다.

3551 재직기간
(One's Service Period or Life-long Career)
사학연금법의 적용을 받은 기간을 말하며, 부담금(반납금) 납부기간과 일치하는 것이 원칙으로 재직기간은 급여 산정액의 기초로서 재직기간이 길면 길수록 더 많은 급여를 받게 되고 재직기간이 20년 이상이 될 경우에는 연급 수급이 가능하게 되는 등 연금법상 여러 가지 수혜의 기준이 된다.

3552 재직기간 소급 통산
(Calculation of One's Retroactive Service Period)
사학연금법이 시행되기 전에 사립학교기관에 근무한 기간

을 연금법상의 재직기간으로 인정하여 재직기간을 신장시키는 제도. 동일법인과 타 법인 소급이 여기에 해당된다.

3553 재직기간의 계산 (Calculation of One's Service Period)
사학연금의 경우, 교직원으로 임용된 날이 속하는 달부터 퇴직한 날의 전날이 속하는 달까지, 또는 사망한 날이 속하는 달까지의 연·월수로 이 기간에 임용전 복무기간, 재직기간 합산, 재직기간 소급통산 등에 의한 가산기간을 합하여 산출하며 연금법상 총 재직기간은 33년을 초과하지 못한다.

3554 재직기간 합산(Linking of One's Service Period)
공무원·군인·사립학교교직원연금법의 적용을 받았던 과거의 재직기간을 현재의 재직기간에 연결하여 재직기간을 늘리는 제도로 교직원의 신청에 의해 공단이 승인한 다음에 반납금을 납부하고 재직기간으로 인정받는 것을 말함.

3555 재직기간 합산 승인의 제외 (Exclusion from One's Life-long Career)
합산 승인된 재직기간의 전부 또는 일부를 합산에서 제외해 줄 것을 신청하거나, 반납금을 6개월 이상 체납한 경우 합산 제외를 신청한 기간 또는 합산 승인된 재직기간에서 납부한 반납금에 상당하는 재직기간을 공제한 기간을 합산 제외 받을 수 있다. 단, 합산 제외를 받은 자는 이미 제외된 기간을 다시 합산을 신청할 수 없다.

3556 재택근무(telecommuting)
사무실에 출근하지 않고 자택에서 통신수단 등을 이용해 회사 일을 하는 것을 말한다. 통근에 따르는 피로감이나 시간이 절약되어 실질근무시간을 늘릴 수 있고, 회사에선 사무실의 공간절약과 출근할 수 없는 주부들의 잠재적 능력을 이용할 수 있다. 반면 고기능 워크스테이션 등의 설비 비용이나 통신비용의 증대, 재택근무자의 소외감 발생 등의 문제점도 있다.

3557 재해과학(disaster science)
광의로는 재해에 관한 자연과학도 포함하는 것인데 사회과학에서는 지진, 분화, 폭발 등과 각종 재해 시에 있어서 사람들의 반응 행동이나 사회적 영향에 초점이 맞춰진 연구를 재해과학이라고 부른다. 현재 아직 학문이라고 말할 수는 없지만 정보의 전달, 피난행동, 방재조직의 활동, 식량이나 운송수단의 확보 등 취급해야 할 주제의 다양성으로 볼 때 행정학, 경제학, 사회학, 심리학, 공학 등의 제 과학에 의한 학제적 연구가 필요하게 된다.

3558 재해구제로 인한 의사상자 보호법
타인의 위해(危害)를 구제하다가 신체의 부상을 입은 자나 그 가족 및 사망한 자의 유족에 대해 필요한 보상 및 보호를 실시함으로써 사회정의 구현에 이바지함을 목적으로 1970년 8월 4일에 제정되었다. "재해구제로 인한 의사상자구호법"은 1990년 12월 31일에 "의사상자보호법"으로 전면 개정되었고, 1996년 현재의 명칭으로 다시 개정되었다. 이후 2001년 5월 법률 제6474호까지 3차례 개정되었다. 지금 현재 "의사상자예우에 관한 법률"이라 한다. 이 법의 적용범위는 ① 타인의 생명, 신체 또는 재산을 보호하기 위해 강도·절도·폭행·납치 등의 범죄행위를 제지 또는 그 범인을 체포하다가 의상자(義傷者) 또는 의사자(義死者)가 된 때, ② 자동차·열차 등의 사고로 위해에 처한 타인을 구하다가 의사상자가 된 때, ③ 천재지변 등의 재해로 위해에 처한 타인을 구하거나 불특정 다수인의 위해를 막기 위해 긴급한 조치를 취하다가 의사상자가 된 때, ④ 야생동물 또는 광견 등의 공격으로 위해에 처한 타인을 구하다가 의사상자가 된 때로 정한다. 의사상자의 가족 및 유족에 대한 보상 등을 심사·결정하기 위해 보건복지부에 의사상자심사위원회를 둔다. 이 법의 적용을 받으려는 의사상자의 가족 및 유족은 관할 시장·군수·구청장에게 신청해야 한다. 시장 등은 지체없이 보건복지부 장관과 시·도지사에게 보고하고, 보건복지부 장관은 5일 안에 심사위원회에 회부하여 심사·결정해야 한다. 보상금은 의사자 유족의 경우는 사망 당시의 '국가유공자 등 예우 및 지원에 관한 법률'에 따른 기본연금월 급여액에 240을 곱한 금액을, 의상자의 경우는 부상 정도에 따라 의사자 보상금의 100~40%를 지급한다. 의료급여는 부상을 입거나 사망한 때부터 실시한다. 의사상자의 자녀에 대해서는 국민기초생활보장법이 정하는 교육급여를 실시한다. 그 가족 및 유족의 생활안정을 위해 취업보호를 실시한다. 이 법에 따른 보상금 및 보호는 사유가 발생한 날부터 3년이 지나면 신청할 수 없다. 전문 15조와 부칙으로 구성되어 있으며, 시행령과 시행규칙이 있다.

3559 재해구호법
비상재해의 복구와 이재민의 보호에 관한 사항을 규정하기 위한 법률(1962. 3. 20 법률 제1034호). 비상재해가 발생하였을 때에 응급적인 구호를 행함으로써 재해의 복구, 이재민의 보호와 사회질서의 유지를 기함을 목적으로 한다. 구호는 한해, 풍해, 수해, 화재 기타의 재해로 인해 동일한 지역 내에서 다수의 이재자가 발생하여 응급적인 구호의 필요가 있을 때에 행한다. 구호는 이재자의 현재지를 관할하는 특별시·광역시·도가 행한다. 시·도는 구호의 만전을 기하기 위하여 필요한 계획의 수립과 구호조직을 확립하여 상시 재해예방조치를 취하는 동시에 재해가 발생하였을 때에는 신속히 구호해야 한다. 보건복지부와 시·도에 각각 재해구호대책위원회를 둔다. 구호의 종류는 수용시설의 제공, 급식 또는 식품·의류·침구·학용품 기타 생활필수품의 급여, 의료 및 조산, 이재자의 구출, 이재주택의 응급수리, 생업에 필요한 자금·기구 또는 자재의 급여나 대여, 생업알선, 장사, 기타 사항으로 하되, 시·도는 이재자에게 현금을 지급하여 구호할 수 있다. 대한적십자사 및 구호관계단체는 시·도가 행하는 구호에 협조해야 한다. 보건복지부 장관은 대한적십자사로 하여금 시·도가 행하는 구호에 관해 지방자치단체 이외의 단체 또는 개인이 행하는 협조를 연락·조정하게 한다. 시·도는 구호를 실시하기 위하여 타인의 소유에 속하는 토지 또는 건물 등을 사용할 수 있으며, 의료·토목·건축 또는 운송을 업으로 하는 자에게 구호에 관한 협력을 요구할 수 있다. 이재자와 그 인근거주자는 구호에 관한 업무에 협력해야 한다. 시·도는 구호업무의 일부를 시·군·구에 위임하거나 대한적십자사에 위탁할 수 있다. 시·도는 구호경비의 지변재원에 충당하기 위하여 매년 재해구호기금을 적립해야 하며, 재해구호기금에서 생기는 수입은 그 전액을 재해구호기금에 편입해야 한다. 전문 19조와 부칙으로 되어 있다.

3560 재해보상(workmen's compensation)
일반적으로 근로자의 업무상의 재해를 보상하는 것을 말하며, 업무상의 재해라 함은, 업무상의 사유에 의한 근로자의 부상, 질병, 신체장해 또는 사망을 말한다. 근대산업의 발달은 위험한 기계설비의 채택·노동밀도의 강화 및 기타의 사정으로 사업장에서 근로자의 재해가 빈발하기에 이르렀다. 종래에는 사용자에게 고의과실이 없는 한 사용자의 손해배상책임은 없고, 단지 건물 기타 공작물의 설치·보존에 하자가 있는 경우에 한하여, 책임을 질 정도에 지나지 않았다. 따라서 일정한 범위 내에서 사용자의 과실이 없어도 보상책임을 지도록 하는 규정이 바로 근로기준법에서 규정하고 있는 재해보상제도이다. 재해보상에는 요양보상·휴업보상·장해보상·유족보상·장사비 및 일시보상의 6종이 있으며, 각각 그에 따른 지급요건 및 지급금액의 기준이 정해져 있다. 뿐만 아니라 재해보상을 보험의 방식으로 해결하는 제도로서 산업재해보상보험이 있다(산업재해보상보험법 제1조).

3561 재해보상 급여(Casualty Compensation Benefit)
사학연금의 경우, 교직원이 직무로 인해 질병, 부상, 폐질 또는 사망하였을 경우 공단이 학교기관을 대신하여 재해교직원이나 그 유족에게 재해로 인한 손실을 보전해 줌으로써 학교기관의 재정 안정을 도모하고 교직원 및 그 유족의 생활 보호와 복리증진에 기여하기 위한 사회보험적 급여. 직무상 요양비, 직무상 요양 일시금, 장해연금 및 장해보상금, 유족보상금.

3562 재해보상 부담금(Contribution for Compensating One's Accidental Damages)
사학연금에서 교직원의 직무상 질병, 부상, 폐질 사망에 대하여 지급하는 재해보상급여와 화재, 홍수 등 기타 재해로 인하여 재산에 손해를 입은 때, 교직원이 사망하거나 교직원의 배우자 또는 직계존속이 사망한 때 지급하는 재해부조급여에 소요되는 비용으로 학교경영기관이 부담하는 금액. 부담률 = 개인부담금 합계액 × 2.5/55

3563 재해복구
위기계획 동안 시민들을 참여시키기 위해 지역사회조직자나 재난구호 계획자들이 사용하는 기술이다. 전문가와 지역사회 구성원(특히 위험의 영향을 가장 많이 받을 것 같은 사람)들은 그 상황에 대처할 수단을 찾기 위해 긴밀하게 협조한다.

3564 재해복구시스템 (BRS : Business Recovery System)
재해복구시스템은 천재지변이나 테러 같은 참사에도 데이터를 보존하고 자동 복구하는 장치로, 회사 외부의 공간에 데이터보관을 위한 공간을 마련해 두는 방식이 대표적이다. 원격지에 별도의 전산센터를 세워 시스템, 데이터 등 정보자산을 보호하고 재해가 발생하면 즉각 주(主)전산센터를 대체, 기업의 경영활동이 계속될 수 있도록 하는 체제다.

3565 재해부조금 (Benefit for the House Damaged by Disasters)
사학연금의 경우, 교직원과 그 배우자 소유의 주택 및 교직원이 상시 거주하는 교직원 또는 그 배우자의 직계존비속 소유의 주택이 화재, 홍수, 호우, 폭설, 폭풍, 해일 등의 자연적 또는 인위적 재해로 인해 1/3 이상 유실, 소실, 파괴되었을 때 보수월액의 2~6배를 지급하는 급여.

3566 재해부조급여 (Property Damage Benefit and Death Benefit)
사학연금의 경우, 교직원이 화재, 홍수 등 기타 재해로 인하여 재산에 손해를 입었을 때와 교직원이 사망하거나 교직원의 배우자 또는 직계 존속이 사망한 때에 지급하는 비용에 소요되는 급여. 재해부조금, 사망조위금.

3567 재해상부상조
→ 재해의연금모금

3568 재해위로금
국가공무원 및 지방공무원 등 공제조합법, 공공기업체 직원등 공제조합법, 사립학교교직원 공제조합법에 의해 비상재해를 보험사고로서 지급해 주는 재해급여의 일종으로 조합원이 재해·수해·지진 기타 비상재해로 인해 주거 또는 가계재정에 손해를 받은 때에 그 손해 정도를 경중에 따라 4가지로 구분하고 위로금액을 각 구분의 0.5, 1, 2, 3의 각 월수를 봉급에 가산해서 금액이 지급되어진다.

3569 재해의연금모금

화재·수해(풍수해) 기타 비상재해가 발생하고, 발생한 재해에 대해 재해원호법이 발동된 경우, TV나 라디오, 신문 기타 매스컴에 의해 보도되고 널리 국민의 관심과 동정을 갖는 정도가 되었을 때 임시적으로 행해지는 모금활동을 말한다. 재해규모와 정도에 따라 전국적으로 실시되는 경우와 지역적으로 실시되는 경우가 있다. 이 모금운동의 선도적인 역할은 TV와 신문이 담당하고 있다.

3570 재해증후군(disaster syndrome)

대표적으로 위기나 재난의 희생자들이 경험한 전형적인 심리적 사회관계의 문제들을 말한다. 재해구제를 전공하는 사회사업가들은 여러 단계의 증후군을 입증한다. 그 단계는 전충격(위협이나 경고를 수반하는 근심과 걱정), 충격(위험이 돌발하면 지역사회가 구제노력을 조직화한다), 후충격(재난대처 또는 상호 협동을 위한 고도 역량의 '밀월' 단계로 특징지어지는) 및 환멸감(사람들이 재해에 의해 초래된 장기간의 재해와 접했을 때 생기는)이다.

3571 재향군인원호청(VA : veterans administration)

전직 군 봉사인력들의 건강, 교육, 복지욕구를 제공하기 위해 1920년에 설립된 연방조직(1930년에 U. S. Veterans Bureau로 명칭이 바뀜). VA는 신체적, 정신적으로 질병이 있는 사람들을 위해 병원을 관리하고, 재정적 원조와 대인적 사회서비스 프로그램들을 운영하고, 대출과 보험 서비스를 도입하며, 훈련과 재활프로그램 및 그 밖의 많은 서비스들을 제공한다.

3572 재혼가정(remarried family)

→ 재결합가정(reconstituted family)

3573 재활(rehabilitation) 01

어원은 라틴어의 'habilitare' 적합시키다는 의미이며 여기에 re(재차)라는 접두사가 붙어 생긴 말이다. 따라서 재적합이라는 의미가 본래의 것이며 신체장애를 사회에 재적합시키다는 염원이 담겨진 말이다. 재활의 정의는 신체장애인에 대해 신체만이 아닌 정신적, 사회적, 경제적, 직업적으로 가능한 한 회복을 도모하는 과정이라는 것이 가장 보편적이다. 또 재활은 의학적 재활, 직업적 재활, 사회적 재활, 교육적 재활로 나눌 수 있다. 의학적 재활에서는 신체장애의 치료, 제거에 노력하지만 만약 이것이 영속적인 장애가 되었을 경우에는 신체에 남아있는 다른 건전한 기능, 잔존기능을 재개발해서 잃어버린 기능을 대상시켜 의지·장구·휠체어·지팡이·보조구 등을 사용함으로서 장애인 개체로서의 기능저하를 개선시킨다. 이들이 목표한 바에 도달하면 직업적 재활 내지는 사회적 재활을 유도한다. 아동에 대해서는 의학적 재활과 병행해서 교육적 재활(특수교육)이 행해진다.

3574 재활([독] wiedereinsetzung) 02

장애인의 신체적, 정신적, 사회적, 직업적, 경제적 가용능력을 최대한 회복시키는 것이다. 즉 신적, 정신적, 정서적 혹은 사회적으로 장애가 있는 사람들이 스스로 독립된 생활을 영위하면서 직업을 가진 생산적인 시민으로 살아갈 수 있도록 하는 것이다. 재활은 장애발생의 여지를 예방하는 차원의 제1차적 수준과 장애발생으로 인해 손상된 부분 이외에 남아있는 제한된 기능을 최대한 사용가능하도록 재활하는 차원의 제2차적 수준 그리고 장애로 인해 제한된 기능에 제약이 되는 모든 사회 환경을 개선하는 노력에 대해서 개입하는 차원으로, 예컨대, 생활환경의 변화, 편의시설의 설치 등 사회적인 환경변화에 초점을 맞춰 환경개선의 노력을 뜻하는 제3차적 수준으로 설명할 수 있다. 장애인의 사회통합을 위한 종합적이고 총체적인 개념으로 의료, 교육, 직업, 심리, 사회적응, 환경 등의 문제해결을 위한 프로그램 개발, 운영을 포함하는 활동의 총체로 인식된다. 재활이란 장애의 대응전략을 최상의 수준에 도달하거나 유지할 수 있도록 하는 제 과정을 의미한다. 영어의 rehabilitation의 어원은 접두어 re(다시, 재차)와 어간을 형성하는 라틴어의 명사 habilis(알맞다, 적합하다, fit)와 접미어 -ation(...하게 하는 것)으로 구성되어 다시 알맞게, 적합하게 하는 것(to make fit again) 을 의미한다. 이때의 habilis 또는 fit라 함은 인간답게 어울린다는 것이어서 rehabilitation이라 함은 인간답게 알맞은 권리, 자격, 존엄이 어떤 원인으로 상처받은 사람에 대해 그 권리, 자격, 존엄 등을 회복하게 하는 것으로 우리나라에서는 재활, 갱생이라는 말로 번역되고 있다. 중세 유럽에서는 파문의 취소라는 종교적 의미로 사용되었으나 근대에 들어서는 비종교적 의미로 사용되어지기 시작하여 명예의 회복 특히 근거 없는 죄목으로 벌 받은 사람의 무실한 죄의 취소를 가리키게 되었다. 이것은 19세기 교육형사상과 더불어 범죄자의 사회복귀 즉 갱생을 의미하게 되었다. 이 말이 장애인에 대해 사용된 것은 의외로 근년으로 1910년대의 영미에서 일부 선구적인 사람들이 장애인을 위한 의료, 복지활동을 종합적으로 리해빌리테이션이라고 부를 것을 제창했다. 이것이 점차 지지를 얻어 1940년대에 들어서서 제2차 대전이 한창인 때에 영미에서 법률의 명칭이나 국가적 심의회의 명칭으로 사용하면서 비로소 용어의 시민권을 얻게 되었다. 이와 같은 용어의 정착을 달리 표현한다면 장애인을 위한 각종 사업이 통합의 필요성을 의식하고 그것을 찾게 되었으며 또 통일에 대한 적절한 이념을 필요로 했기 때문이라고 할 수 있다. 오늘날 리해빌리테이션은 단순한 치료나 훈련을 넘어서 전체적 인간으로서 장애인의 생존권의 회복 즉 전인적 복권이라는 기본이념에 입각하고 있다.

3575 재활사회사업가(rehabilitation worker)

광의로는 재활의 기관·시설에서 일하는 종사자 즉 의학료법사나 작업료법사를 비롯해 의료사회사업가, 생활지도원,

재활복지사 등의 총칭이며 협의로는 직접 재활업무에 종사하는 의학료법사, 작업료법사, 훈련사 등을 말한다. 주된 업무는 장애인 개인의 자립을 위한 동기부여, 장애인이 사회의 일원으로 생활하는데 대한 역할수행의 원조, 그를 위한 조건정비와 관련기관과의 연락조정, 장애의 예방과 회복에 필요한 사회자원의 개선·창출, 장애인 대책에 관한 정책입안 등이다. 이때 중시되어야할 것은 장애인을 권리주체, 발달 주체로 보는 장애인관과 장애인의 잔존능력을 최대한으로 개발시킨다는 사명감을 갖는 것이다.

3576 재활서비스(rehabilitation service) 01
노인에게 신체적, 심리적, 사회적 생활능력을 회복시켜 개인적, 사회적 독립생활을 하게 하는 것을 목적으로 하는 서비스이다. 이는 기능장애의 회복만이 아니고 그 기능장애 때문에 일어나고 있는 여러 가지 생활상의 장애도 제거하는 것이다. 노인의 신체적 측면을 위주 로 한 의학적 재활, 직업적 능력개발에 중점을 둔 직업재활, 병약노인이 갖게 되는 소극적인 생활태도나 심리(의존성, 도피적 경향, 장애부정 등의 심리경향)에 관한 심리적 재활, 노인의 가족이나 사회와의 관계에 관련된 사회적 재활 서비스가 종합적으로 이루어져야 한다. 그리고 신체 장애인이 필요로 하는 물리요법(P.T.), 작업요법(O.T.), 오락요법(recreation), 식이요법, 심리요법, 사회요법, 생활훈련법 등의 서비스도 필요하다. 북구제국의 경우에 재활 서비스를 위한 기관으로는 노인병원, 노인센터, 중간시설(day facilities) 등이 있다.

3577 재활서비스 02
재활서비스로는 상담(생활, 의료, 훈련, 직업, 주택, 결혼 등에 관한 상담), 평가 및 판정(심리, 적성, 신체기능 등에 대한 평가 및 판정), 의료재활(물리치료, 작업치료, 심리치료, 장애진단 등), 직업재활(적응훈련, 기능훈련 등의 직업훈련, 취업알선, 사후지도 등), 사회생활적응(보장구사용, 기능회복훈련, 일상생활적응훈련), 학습지도(정신교육, 도서관 운영, 특수교육 등), 스포츠 및 레크리에이션 등이 있다.

3578 재활시설(rehabilitation institution)
재활은 그 기능에 따라 의학적 재활, 직업적 재활, 교육적 재활 그리고 사회적 재활 등으로 나눌 수 있다. 그리고 그에 따라 의료, 교육, 직업 훈련 등의 분야에서 이들 재활을 전문적으로 행하는 시설이 만들어져 있다. 특히 사회복지분야에서도 대상에 따라 재활, 원호, 기능회복 등의 이름으로 시설이 있으나 상기의 의학·직업·교육 등의 재활과 연계하면서 사회적 재활이 실시되는 일이 많다.

3579 재훈련(retraining)
이미 직업훈련이나 산업훈련을 받는 사람, 또는 이러한 훈련을 받고 현직에 종사하는 사람이 그가 지닌 직업지식과 기술이 이미 낡고 오래된 것이어서 이를 새롭게 하고자 할 때, 혹은 직업구조의 변화로 직종이 없어져서 새로운 직종에 취업하고자 할 때, 그리고 현재 가진 직업을 다른 직업으로 바꾸고자 할 때 다시 받는 훈련. 이와 같은 재훈련은 개인적·기업적, 그리고 국가 사회적 요구와 필요에 의해 계획·설계되고 또한 실시된다. → 추가훈련, 향상훈련

3580 쟁의권(right to strike)
헌법 제31조에는 근로자의 단결권, 단체교섭권과 단체행동권 즉 노동3권을 보장하고 있는데 단체행동을 하는 권리가 바로 쟁의권이다. 조합의 시위운동은 집단의 힘에 의해 사용자에게 압력을 가하는 것인데 행위의 정당성의 범위에서 헌법상 인정되어 있으며 법외조합에게도 적용된다. 스트라이크권은 쟁의권의 일종이다. 쟁의권은 노동쟁의조정법에 권리의 행사방법과 절차가 규정되어 있다.

3581 저능(imbecile)
지능지수 IQ 25 이상 50 이하를 보이는 정신적으로 뒤처진 사람과 관련된 용어이다.

3582 저능자(moron)
시대에 뒤떨어진 용어로, 지능지수가 50에서 70정도이며, 정신적으로 약간 뒤처진 사람을 지칭하는 용어이다.

3583 저당보험([독] hypothekenversicherung)
저당 권리자가 그 담보물의 감실·훼손으로 인해 저당권자로서 입어야 할 손해의 전보를 목적으로 하는 손해보험을 말한다. 저당물이 감실해도 채권자가 채권을 보유하는 이상 당연히 저당물만의 손해가 있다고 하기 어려우므로 그 법률구성에 대해 의견이 분열되어 있으나 저당물의 감실·훼손으로 인해 입는 채권손실(변제수령 가능성의 감퇴)에 관한 일종의 신용보험이라고 보아야 한다. 실제에는 저당보험이 아니고 채권자 자신으로 하여금 저당 물건을 보험에 붙이게 함과 동시에 저당권자의 이익을 지키기 위하여 채무자가 자유로이 보험금의 지급을 받음을 제약하는 특약을 하는 일이 많다.

3584 저소득가정 에너지 지원프로그램 (low income home energy assistance program)
미국 보건 및 인간 봉사성(HHS : department of human and health services)의 가족복지청(FSA : family services administration) 내에 있는 연방프로그램이다. 빈곤가족의 난방비 지불을 도와준다.

3585 저소득자대책
가구소득이 낮은 상태에 있는 사람들을 대상으로 생활향상과 안정을 증진하기 위해 행해지는 소득증가 및 지출감소 기능을 갖게 하는 공사 사회복지활동의 총칭이다. 저소득

자대책의 전개는 생활보장법이 실시되면서 생활보장기준액에 가까운 가구인 저소득계층의 존재가 두드러져 그에 대응한 사회적 시책을 편 것으로 소비생활협동조합, 임대 주택, 보훈사업, 자금융자 등을 저소득계승대책을 체계화시켰다. 여기에 각종 복지연금, 복지수당, 사회복지시설이용요금과 과세감면 등과 같은 소득제한에 관련한 시책을 첨가하여 저소득자 대책으로 하는 견해도 있다.

3586 저소득자세대(borderline family)
소액의 소득밖에 얻을 수 없는 빈곤세대로 피보험세대는 아니지만 그 소득이 생활보장기준 이하이거나 겨우 상회할 정도의 생활수준에 있는 세대를 말한다. 한때는 보더라인층(borderline class)이라 불렀다. 소비수준이 낮을 뿐만 아니라 상병, 노령, 실업, 가정 붕괴 등을 가져오기 쉬워 생활이 불안정한 세대이다.

3587 저임금노동자
한 사회의 평균적인 생활비 이하의 임금을 받는 노동자이다. 일고노동자, 가내노동자, 영세기업노동자, 임시노동자 등의 불안정, 불규칙한 고용 형태의 노동자로서 잠재적 과잉인구와 혼재되어 있다.

3588 저항(resistance)
사회사업가의 영향력에 대해 방어하려는 클라이언트들이 사용하는 회피(avoidance) 행동이다. 또한 정신분석 이론(psychoanalytic theory)에서 한 개인이 무의식(unconscious) 생각을 의식의 세계로 끄집어내는 것을 막는 정신적 과정이다.

3589 저혈당증(hypoglycemia)
혈액 속의 낮은 당도를 말한다. 치료되지 않으면, 정서적 장애에 대해 부적절한 치료를 가져오는 정신병학적(psychogenic) 증후의 원인이 될 수도 있다. 저혈당증의 가능성 때문에 신중한 사회사업가들은 환자에게 정신치료를 시작할 때, 먼저 신체검사를 받도록 권한다.

3590 적격성(eligibility)
어떤 혜택을 받기 위한 특별한 자격의 충족을 말한다. 복지제도에서 어떤 사람들이 원조를 받아야 할지를 결정하는 기준이다. 예컨대 식품권(food stamps)을 받을 자격이 되려면 일정한 소득요건을 충족시켜야 한다. 의료보험혜택(Medicare) 해택을 받으려면 일정한 나이 이상이 되어야 한다.

3591 적극적 개별사회사업(reaching out casework)
사무실에 찾아오는 클라이언트를 대상으로 케이스워크를 행하는 것이 아닌 사무실 밖으로 나가 클라이언트를 찾아내는 적극적인 행동을 취하는 것으로서 적극적 케이스워크라고도 한다. 즉 객관적으로 보아 원조가 필요하다고 판단되는 문제를 안고 있고 사회적 부적응의 상태에 있으면서도 자발적으로 사회복지기관의 원조를 받으려 하지 않는 클라이언트나 그 가족에 대해 기관(사회사업가)측에서 적극적으로 활동하여 전문기관의 원조를 받아 문제해결하도록 동기부여(원조의 필요성의 감지)를 제공하려는 케이스워크이다.

3592 적립금(accumulation)
법인이 액면 이하의 가격으로 취득한 채권을 보유하고 있는 경우 상환차익(상환가격과 구입가격의 차)을 상환까지의 잔존연한으로 균등하게 배분하여 매 결산마다 취득가격에 더해 장부가격을 인상해 가는 것으로 반대로 액면 이상으로 취득한 채권의 장부가격을 상환차손(상환 가액과 구입액의 차)이라 한다. 이것을 균등 배분해서 장부가격을 인하해가는 것을 분할상환(amortization)이라 한다. 그러나 채권상환 전에 상환차익을 이익으로 계산하게 되어 일반법인은 적립금을 거의 행하지 않는다.

3593 적립방식(accumulative method)
공적연금의 재원조달방식의 하나로 장래 지급될 노령연금의 연금원가가 그 제도에 가입하고 있는 사이에 보험료 등에 의해 적립되도록 계획하는 방식이다. 제도발급 당시는 급여비보다도 보험료 수입의 방식이 크기 때문에 적립금이 증대, 거액화 한다. 그러나 연금수급자가 늘어나고 급여비가 보험료 수입을 상회하게 되면 적립금을 여기에 사용한다. 적립방식의 장점은 보험료(율)가 낮아 서서히 인상하는 것이며, 결점은 인플레이션 화폐가치의 변동에 약하다는 것이다.

3594 적모서자 관계
부가 처 이외의 다른 여성과의 사이에서 낳은 자, 즉 혼인외에 출생자를 자기의 자녀라고 인지하는 경우에 그의 처와 혼인 외의 출생자와의 관계이다. 이때 처는 혼인 외의 출생자의 적모가 되고 그 자녀는 처의 자가되는데 법적으로는 생모자간과 같은 관계가 생긴다.(민 774) 이것을 반혈연가족 혹은 법정혈족이라도 한다. 따라서 상호간에 부양의무·상속권이 생기며 적모는 혼인 외의 출생자에 대해 친권을 행사할 수 있다. 그러나 중요한 행위에 대해 대리하거나 동의를 하고자 하는 경우에는 친족회의 동의를 요한다(민 912). 적모서자 관계는 혼인 외의 출생자의 부와 적모 간에 혼인이 해소되거나 부가 사망 후 적모가 친가에 복적하거나 재혼함으로써 당연히 소멸한다(민 775).

3595 적법 증거(competent evidence)
법률제도에서, 확신할 수 있고 믿을 만하며 정당할 뿐만 아니라 법정에서 인정될 수 있는 케이스에 관한 사실들로서 이러한 정보들은 여론이나 추측 혹은 전문가들이 제공한 간접자료들과는 다르다. 예를 들어 아동의 타박상이 과거에도 그 가족 가운데 유사한 경우가 있었기 때문에 아마도 아동학대의 결과일 것이라는 사회사업가의 판단은 합법적인 증거로 간주될 수 있다.

3596 적색지대(redlining)

특정 금융기관들(financial institutions)이 한 도시의 어떤 지역을 표시하는 것으로 이러한 지역에서 재기하고자 하는 사람들에게 돈을 빌려주는 것은 매우 위험하거나 이익이 없다고 여겨진다. 이 용어는 여러 기관들이 자본이 형성될 수 없는 지역으로 확인된 빈민가 ghetto(주로 유대인 지역) 주변을 지도에 표시한 것에서 유래했다. → 녹색지대

3597 적성(aptitude)

일정한 훈련에 의해 숙달될 수 있는 개인의 능력, 즉 어떤 특정 활동이나 작업을 수행하는데 필요한 능력이 어느 정도 있으며, 그러한 능력의 발현 가능성의 정도를 문제시한다. 지능 또는 일반 능력이 일반적이고 포괄적인 능력의 가능성을 지칭하는데 반해 적성은 구체적인 특정 활동이나 작업에 대한 미래의 성공 가능성을 예언하는데 주안을 둔다. 따라서 학력이나 성취도까지도 넓은 의미의 적성에 포함된다. 또 적성이란 일반적인 또는 특수한 지식·기술을 숙달할 수 있는 개인의 잠재력을 지시하는 것으로 전자를 일반적성, 후자를 특수적성으로 부르기도 한다. 적성은 예언하고자 하는 구체적 활동, 작업의 성질과 내용에 비추어 여러 가지로 구분되는데, 학업 성취에 관련된 적성을 직업적성이라 부른다. 또 특수 적성은 사무적성·기계적성·음악적성·미술적성·언어적성·수공적성·수리적성 등으로 세분된다. 그리고 개인의 적성을 밝히고 개인차를 밝히는데 사용되는 검사를 적성검사라 하는데 각 적성 요인을 총괄적으로 측정하여 어떤 직무에 적합한가를 알아보는 일반 적성검사와 각 적성 요인을 분리해서 개인이 어떤 특정 직무를 수행하는데 필요한 소요능력을 갖추고 있는지의 여부를 측정하는 특수 적성검사로 나뉜다.

3598 적성검사(aptitude test)

교육이나 훈련을 받기 전에 잠재적으로 소유하고 있는 능력의 일종으로서, 특정 분야의 교육·훈련 또는 직업과 관계되는 활동을 성공적으로 수행하는데 필요한 특수능력의 소유 정도를 측정하기 위하여 만들어진 검사이다. 적성검사에는 학업적성검사(GATB)가 있고 미술·음악·기계 등에 관한 재능을 독립적으로 측정하는 특수 적성검사가 있다.

3599 적십자사(red cross)

인간의 고통을 덜어주고, 공중보건 및 시민권을 증진시켜주는데 관여하는 100여 개가 넘는 자치적인 국공립단체들(autonomous national societies)로 구성된 국제기구 내지는 연합체. 뒤낭(Jean Henri Dunant)에 의해 1863년 스위스에서 설립된 이 기구의 상징(휘장)은 스위스 국기를 바탕으로 제작되었다. 국제적십자사는 국가 간의 전쟁이나 분쟁에서 중립적인 중개자로서 활동하며, 전쟁 포로자에 대하여 인도적인 대우(치료, 취급)를 보장하고자 일한다. 1881년 바턴(Clara Barton)이 설립한 미국적십자사는 재해구호, 군인 및 재향 군인들에 대한 사회봉사, 보건 및 안전 프로그램, 병원에 혈액 및 인체기관의 기증 등을 조정하는데 역점을 두고 있다. → 대한적십자사

3600 적응(adjustment) 01

개인의 필요와 사회가 지니고 있는 요청이 모두 충족되고 있거나 개인과 객관적인 환경과의 조화가 이루어진 상태를 말한다. 환경과 개인 사이의 조화된 관계를 형성하는 과정을 가리키기도 하며 현실적으로 개인의 필요의 적절한 충족이 환경과 갈등 관계를 유발하지 않는 것을 가리킨다. 따라서 적응은 유기체의 필요의 다양성과 환경적 특징의 다양성 때문에 제각기 다른 상태와 과정이 될 수 있다. → 부적응

3601 적응(adaptation) 02

생존, 발달, 충분한 재생산 기능을 위해 환경에 잘 적응(goodness of fit)해 나가려는 개인과 종족의 활동적 노력을 말한다. 저메인(Carel B. Germain)에 따르면, 적응은 개인과 환경 사이의 상호과정인데 개인이 환경을 변화시키고, 환경에 의해 변화되는 것을 포함한다. 체계이론(systems theories)을 지향하는 사회사업가는, 적응능력을 지지하고 강화시킴으로서 스트레스가 많은 삶을 전환시키도록 도와주는 일은 개입전략의 중요한 부분이라고 생각한다.

3602 적응·부적응(adjustment·maladjustment)

외부의 환경에 대해 알맞은 행동을 하는 것을 적응이라 하고 그것이 안되는 것을 부적응이라 한다. 온도의 변화에 따라 의복을 벗고 입고하는 적응을 특히 조절(accommodation)이라 하고, 발병 등과 같은 적극적인 적응을 순응(adaptation)이라 부르는 경우도 있다. 또 인간과 환경의 조화·평행상태에서의 인격의 상태를 적응상태라 할 때도 있다. 욕구불만은 이 경우 부적응이며 그것을 토대로 해서 재적응이 되어 적응상태에 이른다고 생각된다.

3603 적응기제(adjustment mechanism)

자아의 방어기제와 개인의 환경에 대한 적응방법이 중심적인 문제가 되고 있다. 따라서 가정적인 자아의 붕괴를 방어하는 프로이드(Freud, S)의 방어기제의 이론과는 다른 점도 있다. 이들 기제는 결과적인 행동의 환경에 대한 적응방법에서 추측된 것으로 자아라는 개념설명을 사용하지 않아도 된다는데 특징이 있다고 하겠다.

3604 적응성(adaptedness)
개인, 집단, 사회체계가 체계와 환경의 변화에 적응할 수 있는 정도를 말한다.

3605 적응성 진단테스트(adjustment diagnosis test)
적응(adjustment)이란 인간을 둘러싸고 있는 외적, 내적인 환경조건에 대해 행동이상(behavior disorders)없이 자신을 조절, 유지하는 것을 말한다. 이 적응의 정도를 진단하기 위해서는 개인의 문제성, 가족 내 부적응, 성격 부적응, 인격테스트 등을 적절히 조합해서 시행한다. 적응성이 낮은 사람은 일반적으로 자아강도, 성숙도, 정서적인 안정성이 낮다.

3606 적응장애(adjustment disorder)
어떤 사회심리적인 스트레스를 경험한 개인에게 약 석 달 동안 일어난 무질서한 행동형태를 말한다. 불안은 스트레스원에 대한 정상적 또는 기대반응보다 더욱 심각하다. 그리고 사회적 기능의 수행을 악화하는 결과를 낳을 수도 있다. 결국 이 증세는 일반적으로 스트레스 원인이 제거되거나 개인이 새로운 단계에 적응할 때 없어지거나 약화된다.

3607 적응적 수업(adaptive instruction)
학습자의 학습 사에 따라서 일련의 수업활동의 계열 또는 수업프로그램을 처방하는 것이다. 적응적 수업에서는 학습자의 다양한 학습양식을 충족시켜 줄 수 있도록 다양한 학습환경을 제공해 줌으로써 학습자들의 학습초기 또는 시발점 능력수준의 발달을 촉진시켜 주려는데 관심을 둔다. 즉 수업의 최종 목표를 보다 수월하게 달성하는데 필요한 최적의 교수 자료들을 개별적 학습자에게 제공하기 위하여, 학습자들이 갖고 있는 요구 수준에 있어서의 개인차를 진단하는 일련의 총체적 과정이라고 볼 수 있다. 특히 란다(Landa)는 학습과 관련된 학습자의 독특한 심리적 특성이나 요구에 맞추어서 기본적으로 재조정하여 보고자 실시하는 진단적 과정과 처방적 과정이 통틀어서 적응적 수업의 관심 분야임을 제시하고 있다. 이때 진단적 과정에서는 ① 학습자 관련변인(예 : 일반 학업성적, 생리학적 요인 등), ② 학습과제의 특성(예, 곤란도 수준, 내용의 구조화 정도, 학습개념의 속성 등), ③ 수업전달체제의 속성(예 : 청각매체, 그래픽, 도식화, 컴퓨터의 상호작용 기능 등) 등을 파악해서 적응적 수업의 기초로 삼는다. 적응적 수업을 위하여 고려해야 하는 교수심리학적 변인들로는 학습도, 학습능력, 정보처리 및 반응의 속도, 학습내용의 난이도 수준, 학습시간, 학습속도의 학습자 통제방식과 프로그램 통제방식 등을 들 수 있다. 적응적 수업을 전개하기 위해서는 개별학생의 인지-정보처리 특성에 이상적으로 부합될 수 있는 수업 처방을 해 주어야 하며, 그렇게 하기 위해서는 학습량의 적정화, 학습계열의 최적화, 학습시간의 효율화, 피드백의 강화, 그리고 학습동기화를 위한 충고정보의 제공 등을 동시에 고려해야 한다. 이와 같은 다섯 가지의 적응적 교수처방 변인들을 동시에 고려하면서도 학습에 소요되는 시간을 약 50% 정도 단축시킬 수 있는 것으로 밝혀졌다.

3608 적응행동(adaptive behavior)
개인이 주어진 사회적 환경에 효율적으로 대처할 수 있는 능력을 말하며, 특히 중증의 발달장애인이나 신체 장애인들이 소속된 사회적 집단 속에서 어느 정도 독립적으로 일상생활을 유지하며 주위 환경에서 요구하고 있는 기대에 어느 정도 부응할 수 있는지를 나타낸다. 적응행동은 발달 단계에 따라 다음의 영역으로 세분화될 수 있다. 즉 유아기와 아동 초기에는 감각 - 운동기술, 의사전달기술, 자조기술, 사회화 등의 영역으로 나타나며, 아동기와 청년초기에는 기본적인 학문을 일상생활에 적용하는 기술, 적절한 추리력과 판단력을 적용하여 환경에 대처하는 기술, 사회적 기술 등의 영역으로 나타나고, 청년후기와 성인기에는 직업생활과 사회적 책임의 수행으로 나타난다. 동일 연령이나 문화를 가진 집단에서 기대되는 사회적 책임감, 개인적 독립, 학습과 성숙의 적정 수준에 효과적으로 대처하는 개인의 능력을 말한다. 이것은 표준화된 검사법과 임상적 판단에 의해 평가되며 사회지수(SQ)로 표시되기도 한다.

3609 적자(deficit)
일정한 회계연도 안에 소득과 재산에서 과도한 지출과 부채가 있는 상태를 말한다.

3610 적자생존(the survival of the fittest)
생존경쟁·사회도태에 의해 심신이 우수한 능력을 가진 자만이 살아남는다는 의미이다. 다윈(Darwin, C.)의 생물진화론의 영향을 받아 그것을 사회현상에도 적용하려는 사회진화론 내지는 사회다윈주의의 용어로서 인종간의 투쟁, 종복의 논리, 자유방임경제에 의한 이윤추구 등을 정당화하려는 이론이나 이데올로기로서 가끔 반동적인 역할을 하기도 했으나 대내적으로는 계급대립의 왜곡화, 차별의식의 정당화와도 결부되어 나타나는 일도 있다.

3611 전공학습(concentrations)
사회사업 전공학생들에게 전문가적 관심영역에 속하는, 깊이 있고 상세한 지식 및 기술을 제공하는 과정들, 또는 공식적인 학습경험을 가리킬 때 사회사업의 기초지식에 관한 공식적인 교육을 받은 뒤 교육의 일부로서 자신의 관심 및 진로를 고려해야 하거나 그 이상의 전공을 선택하게 된다. 여러 사회사업 대학들이 서로 다른 전공들을 갖고 있으며 각자의 전공을 규정하는 방법도 다르다. 대부분의 사회사업 대학에서 전공은 특수한 방법(method), 실무분야(fields), 특정한 인구, 특수한 문제들에 따라 결정된다. 방법 전공에는 개별사회사업, 집단사회사업, 지역사회조직(community

organization), 조사·평가, 직접적인 임상실천, 행정·정책·계획 결합, 가족·부부 치료, 거시 및 미시적 지향을 결합한 일반사회사업(generic social work) 실천 등이 있다. 실무분야 전공은 아동복지(child welfare), 정신건강, 보건, 학교사회사업(school social work), 교정, 노년학, 농촌사회사업, 산업사회사업(industrial social work), 가족 및 아동서비스, 그리고 이들의 다양한 조합들을 포함한다. 특수문제 전공은 약물남용(substance abuse)과 빈곤(poverty), 특정인구 전공은 소수민족(minority)과 여성을 포함한다.

3612 전국교육협회(NEA : national council on aging)

노인들을 위해 봉사하는 개인이나 단체들로 이루어진 전국조직으로 이 협회는 회의를 주관하여 기관들끼리 정보를 교환하게 하고, 연구원들이나 학자, 보건담당자들, 노인이 있는 가족들, 노인들에게 봉사하는 일에 관심이 있는 사람들에게 정보를 보급하며, 산하기관인 전국노령근로 및 퇴직복지기관(NIAWR : national institute on aging, work and retirement)을 통해서 중년이나 노인들이 일자리를 얻거나 퇴직 준비하는 것을 돕기도 한다.

3613 전국노인협의회
(NCSC : national council of senior citizens)

미국 전역에 약 4,000개 이상 되는 노인클럽연합회로서 1961년에 설립되어 대중교육, 로비활동, 봉사프로그램 개발 등에 대한 노인들의 활동을 협의한다.

3614 전국도시연맹(urban league, national)

미국사회의 인종차별을 종식하고, 사회적으로 불이익을 받는 사람들을 돕기 위해 1910년에 설립된 지역사회 서비스 및 시민권 조직(community service and civil rights organization)이다. 대개, 관련분야의 사회사업가와 전문가들로 구성되어 있으며 실업, 주택, 교육, 사회복지, 가정상담과 계획, 법률문제, 소수민족사업 개발과 같은 분야에서 직접적인 서비스를 제공한다.

3615 전국민주노동조합총연맹

약칭 민주노총이라 한다. 사회개혁과 노동자의 정치세력화를 목표로 95년 11월 11일 출범한 진보적 노동운동계의 대표적 단체로서 이 단체의 모체는 93년 6월 만들어진 전국노동조합대표자회의(전노대)로 94년 11월 열린 전국 노동자대회에서 한계를 극복하고 보다 결집력을 갖춘 단체로 발돋움하기 위해 민주노총준비위가 결성되면서 탄생했다.

3616 전국복지권리기구
(NWRO : national welfare rights organization)

1966년에 형성된 미국의 공적 구제대상자 연합회이다. 이 기구의 목적은 사회사업가들에게 의존하지 않고 관료적 정책들과 싸우는 사람들을 도와 복지에 관한 프로그램이나 입법을 향상시키고자 하는 것이다.

3617 전국사회복지협의회
(NCSW : national conference on social welfare)

미국인의 사회복지에 관심을 갖고 있는 개인뿐만 아니라 종교적·비종교적 기관을 포함한 공·사립 사회복지기관의 연맹으로 자선협회로서 1879년에 설립되어 1884년에 전국자선 및 교정대회(National Conference on Charities and Corrections)로, 1917년에 전국사회사업협의회(national conference on social work)로 이름이 바뀌었다가 1957년에 현재의 이름으로 변경되었다.

3618 전국사회사업가협회
(NASW : national association of social workers)

미국사회사업가협회(AASW : American association of social workers), 미국정신의료사회사업가협회(AAPSW : American association of psychiatric social workers), 미국집단사회사업가협회(AAGW : American association of group workers), 미국 지역사회조직 연구협회(ASCO : association for the study of community organization), 미국의료사회사업가협회(AAMSW : American association of medical social workers), 전국학교사회사업가협회(NASSW :national association of school social workers), 미국사회사업연구집단(SWRG : social work research group) 등이 결집해 1955년에 설립된 사회사업가 조직이다. 55개 지회에 약 10만여 명의 회원을 가진 NASW의 기본활동은 회원들의 전문성을 개발하고, 전문적인 훈련기준을 마련하고 유지하며, 건전한 사회정책들을 발전시키고, 회원들을 보호하고 전문가적인 지위를 향상시키는 사업들을 벌인다. 이 조직은 NASW 윤리강령을 채택하지만 그 밖의 종합적이거나 세부적인 훈련기준들을 개발하였다. 면허와 자격증은 공인사회사업가학회(ACSW : academy of certified social workers)를 나와야 얻는데, NASW 임상사회사업가명부(NASW : register of clinical social workers), 임상사회사업가 학위(diplomate in clinical social workers) 등이 있다. NASW의 정치적인 활동프로그램으로 페이스(PACE)와 엘란(ELAN)이 있다. NASW는 또한 교육프로그램을 꾸준히 개발하면서 전문적인 집회들도 후원하고 잡지나 전문서적을 출판하는데, 『사회사업 백과사전』 (the encyclopedia of social work)이나 주요 참고서적들도 발간한다.
→ 전국사회사업정책 및 실무센터

3619 전국사회사업가협회 윤리강령
(NASW code of ethics)

national association of social workers의 회원이 되는 모든 사람들에게 적용되는 윤리적인 행위의 원칙과 가치 규정들을 해설한 것이다. 원래 사회사업가의 윤리강령은 1951

년의 미국사회사업가협회(AASW : american association of social workers) 시행규칙 기준에 잘 나타나 있다. 전국사회사업가협회는 1960년에 윤리강령의 형식적인 면을 좀 더 발전시키고 뒤이어 계속되는 개정을 하였다. 현재의 윤리강령은 1979년 대표자 총회에서 채택되어 1980년 이후 적용하고 있다.

3620 전국 소비자 물가변동율(The Fluctuation Rate of Nation-wide Consumer Price Index)

전전년도에 대비한 전년도의 전국 소비자 물가변동율을 기준으로 통계청장이 매년 고시하며, 이를 기준으로 조정된 연금은 연도 1월부터 12월까지 변동 없이 적용하며, 전전년도 대비 전년도의 물가변동율을 구함에 있어서는 어느 특정 월 기준의 물가지수를 구하는 것이 아니라 해당 년도의 1년 동안 평균 물가지수를 비교하는 것.
※ 소비자 물가변동율 = (전년도 평균전국소비자물가지수 - 전전년도 평균전국소비자물가 지수) / 전전년도 연평균 전국소비자물가지수 × 100)

3621 전국소비자연맹
(NCL : national consumer's league)

생산자와 소비자를 보호하기 위해 1899년에 설립된 의식 고양 및 교육을 하는 기관이다. 초기에는 사회사업가이자 변호사인 켈리(Florence Kelley)가 주도했는데, 노동조건 향상, 아동노동법, 최저임금, 최소노동시간, 안전하고 효과적인 소비재 생산 등을 위해 성공적으로 투쟁했다.

3622 전국소비자연맹(consumer's league, national)

→ 전국소비자연맹

3623 전국여성단체
(NOW : national organization for women)

1966년에 설립되어 미국 전역에 지회를 가진 민간단체로서, 여성을 위한 경제·사회적 기회를 확대하기 위해서 대중교육을 돕고, 분리주의 절차에 반대하는 입법촉진 운동을 하고나 NOW의 목적에 협조적인 후보들의 당선을 돕기도 한다.

3624 전국여성사회사업가협회
(AWSW : association of woman in social work)

여성 사회사업가들에 대한 동등한 기회, 권리, 급여를 주장하는 전문협회로서 이 협회는 사회사업가들이 여성 사회사업가와 그들의 클라이언트들의 특별한 욕구와 관심을 고려하도록 하였다.

3625 전국유색인종지위향상협회(NAACP : national association for the advancement of colored people)

미국의 시민권리기간 중에서 가장 규모가 크고 오래된 것으로, 오빙턴, 모스코비츠 등 사회사업가들이 유색인종에 대한 일련의 린치행위에 분노한 흑인과 백인들을 조직하여 1909년에 설립하였다. NAACP는 50개 주에 1,500개가 넘는 지회를 가지고 있으며 기본적으로 흑인의 시민권을 보호하기 위한 법률행위, 시민의 권리법률을 제정하기 위한 초당적인 정치행위, 교육 등을 실천하고 있다.

3626 전국인디언사회사업가협회
(NISWA : national indian social workers association)

미국 인디언이나 알래스카계의 사회사업가들을 위해 1970년에 설립된 전국적인 전문가협회. 이 협회의 목적은 미국 인디언들의 복지를 증진시키기 위하여 입법에 영향을 미치고, 미국 인디언의 빈곤문제 해결을 위해 일하는 사회사업가들과 사회사업 교육자들을 교육하고 인디언 인구문제에 대해서도 연구한다.

3627 전국임상사회사업협회총연맹(NFSCSW : national conference of charities and corrections)

→ 전국사회복지협의회

3628 전국재해구호협회

정부와 역할을 분담해 불시에 발생하는 재해의 복구와 이재민 구호가 그 목적으로 재해를 당한 이웃들의 아픔을 나누고자 전국 언론사대표들을 비롯하여 사회각계인사들이 한 뜻을 모아 1961년 설립한 단체이다. 그 후 협회는 40여년 동안 7700여억원 이상의 구호비와 총 3000여만 점의(4000억원 상당)의 물품을 지원하였다.

3629 전국재해대책협의회

재해복구 및 구호를 위한 국민의 금품 모집사업, 재해이재민 구호사업 등을 하기 위하여 각종 모금사업을 하는 단체로서 1961년 7월 전국수해대책위원회로 조직되어 1964년 10월에 전국재해대책협의회로 개칭되어 오늘에 이르고 있다.

3630 전국지역사회조직연구회(ASCO : association for the study of community organization)

1946년 지역사회 조직을 전문적으로 다루거나 관심이 있는 사회사업가들이 설립한 조직으로, 1955년 이 조직은 새로 설립된 전국사회사업가협회(NASW : national association of social workers)에 통합되었다.

3631 전국청소년교육지원프로그램
(NYA : national youth administration)

뉴딜 정책의 한 프로그램으로 고등학생이나 대학생들에게 시간제 일자리를 제공하여 학업을 마칠 수 있게 하는 것을 말한다.

3632 전국카톨릭자선단체대회
(national conference on catholic charities)

→ 미국카톨릭자선단체

3633 전국흑인사회사업가협회(NABSW : national association of black social workers)
1968년에 형성된 전문협회로서 흑인 사회사업가나 이 기관의 목적에 관심이 있는 사회사업가들로 구성되어 있다. 이 기관의 목적은 클라이언트를 상대하는 일, 흑인 사회사업가들을 돕는 일, 흑인에게 도움을 주는 프로그램을 개발하는 일 등을 포함하여 흑인 사회에 관계되는 모든 차원의 문제들을 처리하는 것이다. 매년 집회를 열고 연구나 교육활동을 하기도 하며『흑인 간부회』(black caucus)라는 잡지를 펴내고 있다.

3634 전기충격치료(EST : electroshock therapy)
내과의 특히, 신경과 전문의와 정신과 의사들이 사용하는 치료로서, 소량의 전류를 뇌에 흐르게 함으로써 환자에게 경련이 일어나게 하는 것이다. 비록 이 치료는 정신병의 약물치료(psychotropic mediation)의 더 많은 사용과 발달로 엄청나게 줄었지만, EST(또는 전기경련 요법을 위한 ECT)는 특히 정서장애(affective disorders)가 있는 환자에게 효과가 있다고 전해진다.

3635 전략적 가족치료(strategic family therapy)
가족과 그 성원의 병적인 행동패턴을 반복함으로써, 서로 상호작용을 할 수 없는 상태를 돕기 위해 가족치료자가 이용하는 방침과 절차이다. 치료자는 가족체계의 내의 모든 다른 상호작용들을 수정함으로써 해결될 수 있는 특정 문제를 해결하기 위해 개입활동을 설계한다.

3636 전략적 개입(strategic intervention)
행동을 변화시키기 위하여 구체적 명령이나 지시, 혹은 최면적 암시를 사용하여 개인의 행동 및 가족관계의 변화를 도모하는 치료적 접근법, 역설과 같은 특수한 전략을 사용하는 것이 한 예이다.

3637 전략적 계획(strategic planning)
과업성취를 위하여 장기목표와 대안적 방법들을 함축적으로, 공식적으로 명백히 하는 과정이다. 목표는 개입활동의 대상, 후원자, 가치적용, 실행 가능성, 사회체계의 다양한 구성요소 간의 상호관계 등을 명백히 함으로써 정해진다. 따라서 설립된 목표를 달성하기 위한 대안적 방법을 찾아내는 지침을 마련하며, 시행 중인 프로그램이나 서비스에 중요한 수정을 가할 수 있다.

3638 전략적 마케팅(strategic marketing)
특정 대중의 기호를 충족시키는 상품 또는 서비스의 개발을 말한다. 로퍼(Armand Lauffer) 에 따르면, 여기서 대중은 ① 투입 input(자원공급자, 기금조성자) ② 산출 output(클라이언트와 기타 수혜자) ③ 생산대중(throughput publics)(자원, 기금, 관념을 상품이나 서비스로 전환시키는 것을 책임지는 유급직원과 자원봉사자)이다. 전략적 마케팅은 한 기관이나 프로그램의 '적소'(niche) 또는 시장을 명확히 하기 위해 지리적·인구학적·기능적·심리학적으로 대중을 분리하는 기술적 도구를 사용한다. 또한 특정 상품이나 서비스에 대한 수요를 조정하기 위해 가격과 순위를 정하고 선전을 하는 것을 포함한다.

3639 전략적 파괴행동(disruptive tactics)
법, 규범 또는 사회구조의 변화를 초래하기 위해서 사회제도의 정상적 운영을 방해하는 행동이다. 특히 사회행동가(social activist) 또는 지역사회 조직가(community organization)들은 문제나 불의에 대해 이런 활동을 벌이게 된다. 그 예로는 법인집행부 사무실 내에서 벌이는 연좌파업 시위, 원자로를 향한 도로에서 항의 피켓행진 하기, 연설 중 선거 입후보자에 대한 조직적인 야유 퍼붓기, 그린라이닝(green-lining) (지역차별화 철폐운동) 등이 있다.

3640 전면발달(holistic-faceted development)
현재 전면발달이란 용어는 명확한 개념규정을 가진 숙어로 사용되고 있다고는 말할 수 없지만 이 용어의 보급은 장애아의 교육문제와 깊은 관련이 있다 하겠다. 즉 종래의 능력중심의 교육관을 배제하고 개인의 발달을 다면적으로 촉진하기 위한 교육적 접근을 중시하려는 이념에 뒷받침되어 있으며 인권존중에 근거한 바람직한 발달 상태를 지향해서 쓰이는 경우가 많다. 그것은 발달의 가능성을 최대한으로 발현할 것을 의미하고 있다 할 것이다.

3641 전문가(specialist)
가치 지향이나 지식의 특정한 목표가 문제에 집중되어 있고, 특정 활동에 대한 기술적인 전문성과 기법이 고도로 발달되고 세련된 사회사업 실천가를 말한다. → 일반주의자

3642 전문가 증언(expert witness)
의사결정자가 논쟁의 증거나 특성을 잘 사정할 수 있도록 의문시되는 주제에 대한 전문적 지식에 기초하여 입법부나 법정에서 증언하는 사람을 말한다. 사회사업가는 흔히 공공복지를 강화하기 위한 법의 초안을 만드는 입법부에서 전문가 증언을 한다. 또한 사회사업가는 법정 청문회에서 전문가 증인으로 증언하도록 요청되는데, 특히 아동양육보호권(custody of children), 아동방임(child neglect), 복지권(welfare rights), 결혼해체(marital dissolution)에 대한 논란과 집주인-세입자의 분쟁, 정신장애인과 신체장애인을 위한 보호에 대해 증언한다. → 법정사회사업(forensic social work)

3643 전문가법인(PC : professional corporation)
전문직에 종사하기 위해 결성된 법인, 즉 법률적 연합체를 말한다. 전문직 또는 하나로 통합된 전문직 그룹은 명칭 다음에 PC 또는 PA라는 글자가 있다. 이 법인은 주식 보유자들로 구성되어 있으며, 이들은 모두 이 직종에 종사하는 사

람들이다. 전문인들은 전문법인을 설립함으로써 일반인들에게는 허용되지 않는 세제 혜택을 받을 수 있으며, 다른 전문인의 행위에 대한 개인적인 책임부담 없이 같은 직업에 함께 참여할 수 있다.

3644 전문가 협의회(PA : professional association)
전문적 서비스를 제공하는 몇몇 개인 또는 집단이 자신들의 법률적 위치를 법인으로 나타내기 위하여 이름을 따서 사용하는 명칭(예컨대 "Jane Doe, MSW, PA")이다.
→ 전문가법인

3645 전문간호사(nurse practitioner)
석사학위 과정 같은 교육을 마치고 기술을 습득하여 일반적인 물리검사를 포함한 완전한 의료 경력을 갖추고, 독자적인 심리요법을 제공하며, 보건·사회봉사자원을 조정하는 등 전통적으로 내과 의사들만이 하던 임무를 수행하는 전문간호사를 말한다.

3646 전문개별사회사업(specific casework)
가정아동·공공부조·의료·정신의료·장애인 등 각각의 특정분야에서 행해지는 케이스워크이다. 어떠한 분야의 케이스워크에도 공통적 기본이 되는 케이스워크의 원리, 과정, 기술을 일반 케이스워크를 기반으로 해서 각 분야의 특수성에 따라 전개되는 특수전문분야로 아동, 의료케이스워크 등으로 불린다. 일반 케이스워크 외에 실제로 행해지는 케이스워크 모두를 전문 케이스워크라 할 수 있다.

3647 전문기준심의기구
(professional standards review organizations)
→ 피에스알오(PSROs)

3648 전문사회사업(specific social work)
전문이라는 개념은 일반에 비해서 전문분화되어 전개되고 있는 각 분야의 사회사업 특유의 부문을 의미하고 있다. 실천에 있어서는 직접적으로 이 부분이 중요시되지만 일반부분을 경시해 버리면 전문적 근시안이 되기 때문에 두 가지를 잘 조합하여 생각하는 것이 중요하다.

3649 전문요양시설(skilled nursing facility)
특정 유형의 건강보호 분야에서 전문 간호사(nurse practitioner)와 고도의 훈련과 경험을 가진 전문 간호사들로 편성되어 비교적 강도 높고 장기간의 보호가 필요한 환자들을 위한 건강보호 구조와 프로그램이다. 이들 시설은 종종 요양원(nursing homes)과 병원의 혼합형(hybrids)으로 기술된다. 전문요양원(skilled nursing home)의 명칭은 연방법, 특히 사회보장법의 타이틀19(title XIX) (의료보호 medicaid)에서 사용되었다. 이것은 요양원 보호(nursing home care)가 필요한 의료부조 환자들이(non-waivered practical nurse)가 지휘하는 전문요양원에 수용될 수 있도록 하였다. 의료부조를 전문요양원으로 부르는 시설은 적극적 치료와 재활 프로그램부터 수용보호(custodial care)의 역할까지 다양하게 운영된다. → 연장보호시설(extended care facilities)

3650 전문적 태도(professional attitude)
사회복지사가 전문가로서 역할을 할 때 익혀두어야 할 기본적 자세이자 전문직업적 태도를 말한다. 전문직업인으로서 클라이언트와의 신뢰 관계를 형성하고 그 정도에 따라 원조효과를 높이게 된다. 따라서 공공적이고 사회적인 책임과 사명(대상자의 권리와 이익의 옹호, 사회적 가치의 실천)의 촉진과 향상을 위해 전문가는 평소 개인적 자기를 지각하고 통찰하도록 노력해야 한다. 또한 자기통제에 의한 전문직업적 자기의 개발에 노력해야 한다. 전문직으로서의 과학적인 이론체계, 방법과 기술, 전문직업적 권위와 윤리를 바탕으로 형성해야 한다.

3651 전문직(profession) 01
전문직은 Richard N. Hall이 지적한 바와 같이 전문조직을 활용하고 공중에 대한 신념, 자기규제(self regulation) 신념, 소명의식(sense of calling), 전문적 자율성(professional autonomy)을 지녀야 하고 Walter A. Friedlander와 R. Z. Apte가 지적한 특수한 능력(special competence)과 기술(techniques), 실천가(practitioners), 서비스 개발에 대한 관심, 개인적인 책임을 지녀야 한다. 이러한 전문직의 장점은 신분(status)이 보장되고 전문적 자기규제와 전문적 보상이 이뤄지는 것이며 단점으로서는 공식관료조직과의 마찰이 일어난다는 점이다.

3652 전문직 02
한 집단의 구성원들이 공유하면서 특정한 사회적 필요를 충족시키기 위해 사용하는 가치, 기술, 기능, 지식 및 신념의 체계. 일반대중은 이러한 전문직에 종사하는 사람들이 특정한 사회적 필요를 충족시키는데 필요 불가결하다고 생각하여, 관련된 서비스를 제공하는 법적 근거로 인·허가 등을 통해 공적 또는 법적인 인정을 하고 있다. 전문직업인들은 일반대중의 신뢰를 더 높이기 위하여 지식의 범위를 확대하고 같은 직종에 종사하는 다른 사람들이 이 지식에 접근할 수 있도록 하는 한편, 기술과 가치를 갈고 닦으며 이들이 기존의 기준체계를 준수할 수 있도록 하면서, 이러한 목적을 달성하기 위해 취하는 조치를 대외에 공표한다.

3653 전문화(specialization) 01
특정 유형의 문제, 목표대상(표적) 인구, 목표에 지식과 기술을 전문적으로 적용하는 것을 말한다.

3654 전문화(professionalization) 02
관료제화에 따라 조직의 분화과정에서 세분화한 직무를 최적기법을 가진 고용종업원으로 하여금 전문적으로 담당시키는 것을 말한다. 또한 직무의 완전수행을 위해 관료제화의 기능합리성이 관철되도록 시도한다. 따라서 전문화는 직무의 기능적 독립성을 보증하기 위해 담당자 에게 권한과 책임을 부여하는 동시에 직무의 상호의존성을 증진시키고 담당자간에 밀접한 커뮤니케이션이 확보되도록 한다. 전문화의 진행은 노동의 전문적 직업화를 일으킨다.

3655 전미사회사업가협회 (national association of social worker)

미국에서 유일한 사회복지 전문직단체이며 1955년에 미국사회사업가협회(AASW)를 중심으로 다섯 개의 분야별·기능별 전문직단체와 두 개의 연구회가 통합함으로써 결성되었다. 1988년 현재 약 10만 인이 등록되어 있으며 기관지 소시얼워크(격월간)를 간행하며 공인사회 사업가(ACSW)의 자격을 부여하고 있다. 1974년에 학부졸업사회사업가(BSW)를 회원으로 인정한 이래 오늘날에도 자격문제에 몰두하여 현재 각주 공인사회사업가의 모델자격법운동을 추진하고 있다.

3656 전성기기(pregenital)

심리분석 개념에서 성격발달의 구강기 및 항문기에 해당하는 기간 및 그 후 그와 같은 단계가 되풀이되는 기간이다.

3657 전수조사(complete enumeration)

부분조사 또는 표본조사와 상대되는 말로 통계조사에서 조사대상범위가 된 모든 조사단위를 조사하는 방법이다. 역사적으로 보면 독일 사회통계학파는 대량관찰법에 의한 전수조사를 통계조사의 본질적 조건으로 했으며 20세기 전반 이후에는 표본추출법의 발달에 따라 표본조사가 일반적이 되었다. 현재 전수조사는 행정적 목적상에 행해지는 센서스나 사회학자가 행하는 농촌조사처럼 대상범위가 적은 특별한 경우에 쓰여진다.

3658 전언통신문 (Notice of One's retirement by Phone)

사학연금의 경우, 퇴직사유가 발생한 교직원의 퇴직사실을 학교기관에서 전화상으로 통보하는 업무처리의 한 방법.

3659 전염성 단핵증(mononucleosis)

성인과 청소년들이 걸리는 바이러스 감염질환으로, 인후통, 열, 오한, 무력감과 피곤감, 림프선 종양의 확대 등의 증세가 나타난다.

3660 전의식(preconsciousness)

개인이 어떤 순간에 의식하지 못하지만 쉽게 의식화 될 수 있는 사고를 의미한다. 즉 의식과 무의식의 중간지대로 보고 있다.

3661 전의식의(preconscious)

즉시 깨닫지는 못하나 비교적 쉽게 회상되는 생각, 이미지 및 인식에 관계된 용어이다.

3662 전이(transference) 01

정신분석 이론에서 나온 개념으로 종종 해결되지 않은 무의식적인 경험이 초기에 기인되었으나 현재 관계에 따른 정서적 반응과 관련된 것이다. 예컨대, 부모에게 심한 적대감을 가졌던 아동 클라이언트인 경우 그가 그 감정을 해결하지 않고 명백한 이유가 없음에도 불구하고 사회사업가를 향해 심한 적대감을 발전시킬 수 있다. 전이는 사회사업가 또는 다른 치료자가 과거의 갈등을 통해 활동하는 것과 이해하는 필요한 하나의 도구로 기인되어 정신 역동적으로 사용된다. 클라이언트가 사회사업가와의 관계에서 사회사업가에게 친밀감을 갖는 것은 긍정적 전이라 하고 적대감을 갖는 것을 부정적 전이라 한다. 정신분석에서 내담자가 무의식적으로 치료자를 정서 반응의 대상으로 삼아서, 치료자에게 내담자의 생활사에서 중요한 다른 사람들에게 느꼈던 감정을 옮기는 것을 말한다. 치료자는 내담자에 대해 중립적이고 객관적인 자세를 취함으로써 내담자의 전이를 유도한다. 전이감정은 내담자로 하여금 중요한 타인에게 가졌던 감정을 표현할 수 있도록 하기 때문에 전이에 대한 해석은 어렸을 때의 정서적 갈등까지 해결하는 계기가 될 수 있다.

3663 전이(transference) 02

정신분석 이론(psychoanalytic theory)에서 비롯된 개념으로, 초기에 발생한 미해결되고 무의식적인 경험이 현재의 관계성에 부가된 감정적(정서적)반응을 말한다. 예컨대, 부모에게 극단적인 적의를 느꼈고, 그러한 감정이 전혀 해소되지 않은 클라이언트의 과거 감정이 뚜렷한 이유 없이 사회사업가에게 극단적인 적의로 발전하게 된다. 심리역동적인 치료를 꾀하는 사회사업가나 기타 치료자는 이 전이를 과거 갈등을 해소(working through)하고 이해하는 도구로 사용한다. 사회사업가에게 우호적인 감정 전이를 긍정적 전이(positive transference), 적의의 감정 전이는 부정적 전이(negative transference)라고 한다.

→ 역전이(counter transference)

3664 전이·역전이 (transference·counter-transference)

부모나 형제, 기타 사람이나 사물에 대해 느낀 애정, 증오 등의 감정이 치료자에게 향하는 것을 전이라 한다. 클라이언트는 치료자로부터 비판이나 상벌을 받을 것을 기대하고 또 치료자의 태도를 왜곡해서 지각한다. 치료자의 과제는 이 왜곡된 지각을 클라이언트에게 설명하고 이해시키는데 있다. 왜곡된 지각의 원인이 클라이언트의 성장과정에 있고 그것이 문제를 구성한다고 생각되기 때문이다. 분석자의 비이성적인 감정이나 인지가 클라이언트에게 향하게 되는 것을 역전이라 한다. 이 역전이를 치료에 잘 이용하는 것이 중요하다.

3665 전쟁보험

전쟁에 따르는 피해를 보상해주는 보험. 손해보험회사가 취급하는 전쟁보험은 위험도에 따라 보험료를 올리도록 되어 있다. 1984년 5월 8일 이라크군에 의한 사우디의 탱커폭격으로 로이드 보험협회의 페르시아만(灣) 방면의 전쟁보험료율은 화물이 0.75%에서 1.5%로, 선박이 1%에서 2%로 한꺼번에 2배로 뛰어 올랐다. 82년 1월부터 영국에서 채용된 새로운 '전재위험담보약관(institute war clause)'에 의하면 이 보험에서 담보되어 있는 것은 전쟁, 내란, 혁명, 반란 또는 이로부터 생기는 국내분쟁 및 교전국에 의한(또는 대한) 적대행위, 유기된 기뢰·폭탄 등에 의한 화물의 손실 및 손상이며 원자력관계는 제외되었다.

3666 전조작기(pre-operational stage) 01

피아제(Piaget) 이론에서 제2의 발달단계로 2~ 7세의 어린이가 여기에 해당한다. 이 기간에 아이들은 상징(symbol) 및 추론 능력을 사용하기 시작하나, 물체에 대한 분별능력이 없어 각각의 물체를 별개의 것으로 다룬다.

3667 전조작기(pre-operational period) 02

피아제(J. Piaget) 이론에서의 제 2단계. 대략 만 2세부터 7세 사이의 아동의 사고특징을 말한다. 이 단계는 전개념기와 직관기로 나눈다. 일반적인 특징은 자기중심적 사고이다. 논리적 조작이 나타나지 않으며 지각적인 사고, 즉 겉으로 보이는 모양에 사고가 좌우되는 것을 말한다. 보존 개념도 형성되어 있지 않으며, 관계·분류 등 논리의 가장 단순한 것도 나타나지 않고 있다. → 전개념기, 직관기

3668 전직(Job-switching)

사학연금의 경우, 교원이 사무직으로, 사무직이 교원으로 신분이 바뀌었을 경우를 말함.

3669 전체론적 연구(holistic)

전반적인 사람 또는 현상에 대한 이해와 치료를 지향하는 것으로 이러한 관점에서 개인은 분리된 부분들의 총합 이상으로 간주되며, 문제들은 특수한 증상으로서보다는 전반적인 맥락에서 파악된다. 전체론적 연구의 철학을 옹호하는 사람은 개인에 대한 사회적, 문화적, 심리학적 및 물리적인 모든 영향을 통합하려고 한다.

3670 전체주의
([영] totallitarianism [독] totalitarianismus)

파시즘의 정치 원리. 전체(민족이나 국가)의 이익은 개인의 이익에 우선한다는 사고방식을 말한다. 따라서 개인주의, 자유주의, 민주주의에 반대하고, 계급투쟁이나 사회주의, 송산주의 적대시한다. 사상면에서는 지성을 경멸하고, 〈민족정신〉〈피와 흙〉 따위의 비합리적·신비적 관념이 강조되고, 또 전통적인 관념이 부활되는 많다. 전체주의는 계급투쟁을 가혹한 수단과 방법으로 탄압하고, 시민적 가혹한 수단과 방법으로 탄압하고, 시민적 자유를 말살하는 파시즘의 독재를 은폐하는 말이었지만, 제2차 대전 후에는 이 말은 비난의 뜻을 포함시켜서 사용되었고, 미국 등에서는 사회주의 제국의 정치체제에 대해서도 적용되는 경우가 많다.

3671 전치(displacement)

어떤 사상, 감정 또는 소망을 더 바람직하고 수용 가능한 다른 사상, 감정 또는 소망을 바꾸어 놓음으로써 거기에 따르는 걱정을 줄이기 위해 사용하는 일종의 방어기제(defense mechanism)이다.

3672 전형성적 문화(prefigurative culture)

기성세대가 젊은 세대의 적절한 역할소형이 될 수 없을 뿐만 아니라 오히려 젊은 세대가 기성세대에게 새로운 것을 전달해 주어야 하는 격변하는 사회의 문화를 말한다. 성인들은 그들이 어렸을 때 습득한 행동규범을 젊은이들에게 그대로 뒤집어씌우는 낡은 후 형성적 사고방식 때문에 세대 간의 갈등이 야기된다고 미드(Mead, Margaret)는 주장했다.

3673 전형조사

조사대상결정에 있어 조사지선정 등에서 조사목적에 비춰 전형적인 범위를 선정해서 행하는 사례연구를 중심으로 하는 조사를 말한다. 대가족에 관한 조사에서 특정마을을 선정하는 경우처럼 부분조사의 표본추출법과도 상이하며 또 전형은 단순한 평균을 의미하는 것도 아니고 오히려 특정사상의 집약적 표현을 조사대상범위로 선택하는 것을 의미한다. 농촌조사 등에서 상세한 모델조사를 필요로 할 때 특히 유효하다.

3674 전화상담센터

일본의 예로 현행 복지전화의 전신인데 고독한 생활을 보내고 있는 독신노인들을 위한 대책으로 1971년도에 도요하시니와 후쿠오카시에서 시범적으로 개시한 사업이다. 이것은 혼자 살아가는 노인의 안부확인이나 지역 노인의 상담에 응하는 것으로 센터에서 노인이 희망하는 일정 시간에 전화연락을 하며 필요에 따라서는 노인클럽, 부인회 등 지역단체의 협력을 얻어 그 회원이 방문 확인한다. 센터직원 외에 지역단체가 상담원이 되며 필요에 따라 의사, 보건부, 가정봉사원(home helper) 등을 파견하는 제도도 취해지고 있다.

3675 전환(conversion)

불안이나 정서적 갈등이 고통, 감정 상실, 신체 마비와 같은 뚜렷한 신체적 증상으로 전환되는 방어기제(defense mechanism)이다.

3676 전환고용(transitional employment)

경쟁 고용을 장기적인 목표로 하여 보호 작업장에 일시적으로 고용하는 비교적 중증 장애인을 위한 고용 방법이다. 전환고용의 단계에서는 일반적으로 확대 평가(extended evaluation), 직업 적응(work adjustment), 특정 직업기술의 훈련(specific vocational training), 기술의 숙련(refinement of skills) 등을 위한 프로그램이 계획적으로 제공된다.

3677 전환성 히스테리 신경증 (hysterical neurosis, conversion type)

불안에 의해 야기되고, 아무런 신체적 원인이 없지만 어떤 신체적 역기능 현상을 유발하는 장애를 말한다. 이런 증상을 보이는 개인은 바라지 않는 활동을 피하려고, 또는 그렇게 행동하지 않으면 타인에게서 얻기 힘든 지지를 얻어내려고 무의식적으로 그런 증후를 사용한다고 한다. 전환장애(conversion disorder)와 동의어이다.

3678 전환자 역할(distracter role)

회피, 주의를 다른 곳으로 돌리기, 부적당한 진술을 초래하기, 주제를 바꾸고, 주의집중이 여러 방식으로 변하는 것 등으로 특정 지워지며, 특별히 가족성원 간 의사소통의 회귀형태를 의미한다. 이 역할에 대해 사티어(Virginia Satir)는 전환자를 친밀한 관계의 위협을 두려워하고 친밀관계를 주의를 딴 데로 돌리는 전략으로 방해하는 사람으로 묘사하였다. 다른 역할에는 비난자 역할, 숙고자 역할, 화해자 역할이 있다.

3679 전환장애(conversion disorder)

신체적 장애중 하나로서 생체조직의 이상은 발견되지 않으나 신체적 증상을 보이는 것을 포함한다. 일반적으로 신체적 증상을 보이는 것을 포함한다. 일반적으로 신체적 이상으로는 신체마비, 근육장애, 감각마비, 시각장애, 발작과 같은 신경계통 질병의 증상이 포함된다. 이 장애가 발생하는 심리학적 이유는 두 가지로 볼 수 있는데, 첫째는 일차이익(primary gain)(외상을 일으키는 사건을 목격했을 때 '시각장애'를 일으키는 경우처럼 인지로부터 오는 근원적 갈등을 회피하는 것)을 성취하기 위해서, 둘째는 이차적 이득(secondary gain)(동정심을 이끌어 내거나 달갑지 않은 의무를 회피하기 위한 구실)을 얻으려는데 있다.

3680 전환증상(conversion symptoms)

정신병학적(psychogenic) 신체 질병으로 무의식적으로 참기 힘든 생각이나 충동이 신경계통을 포함하여 신체적 증상(예를 들어 신체마비나 시각장애 등)으로 전환된다고 가정하는 정신역동 이론에서 나온 용어이다.

3681 절대기준 평가(criterion referenced evaluation)

집단의 평균점을 기준으로 하여 개개 학생의 득점의 상대적 순위를 정하는 규준지향 평가와는 달리, 학생들이 알아야 할 지식과 기술을 알고 있느냐, 또는 모르고 있느냐를 따지는 데 주안을 두는 평가 방법이다. 주어진 교육목표에의 달성 정도를 기준으로 하여 각 학생의 성취도를 평가하는 방법이므로 준거지향 평가라고도 한다. 교육목적 이외의 다른 내용도 성취도의 평가기준으로 사용될 수 있으나, 준거지향 평가에서는 교육 또는 수업목표를 평가준거로 하고 있기 때문에 준거지향 평가를 흔히 목표지향 평가라고도 한다.

3682 절대부조(categorical assistance)

절대부조는 일반부조(general assistance)와 구별되는 공적부조로서 학자에 따라 범주적 부조로 해석하는 경우도 있다. 절대부조는 노령 부조(old age assistance), 맹인부조(aid to the blind), 장애인부조(aid to the disabled), 종속아동부조(aid to dependent children)로서 65세 이상의 노인, 교정시력이 10/200인 맹인, 18세 이상 65세 미만의 심신 장애인, 고아, 기아, 미아 등의 요보호아동에게 미국연방정부의 일반회계예산으로 부조하고 있다. 이상의 절대부조프로그램이 1972년 10월(PL92-603)에 이르러 노령부조, 맹인부조, 장애인부조가 부가수입보장제(Supplementary Security Income)로 종족아동부조가 부양아동가족부조(Aid to Family with Dependent Children)로 운영되게 되었다.

3683 절대적 빈곤(absolute poverty)

건강·체력을 유지하기도 곤란한 최저생활수준 이하의 생활상태를 말한다. 상대적 빈곤과 대치되어 사용되어지는 경우에는 아래에 서술한 2가지 사항이 포함되고 있다. 현대의 풍요한 사회에서는 고전적 의미로서의 빈곤은 감소하고 현대적 빈곤을 파악하는 새로운 개념이 필요하다. 그를 위해서는 종래의 빈곤기준의 고정적 성격을 제거해 계층이나 집단의 다양화에 따른 추이가 변동하도록 상대적 기준을 갖지 않으면 안된다. 또 절대수준 뿐만이 아닌 제 계층·제 집단 간의 상대 비교가 중요하다.

3684 절대적 진리와 상대적 진리 (absolute truth and relative truth)

인간의 인식은 끊임없이 발전하는 것이며, 어떤 역사적 단계에서의 인식은 역사적 제 조건에 의해 제약되므로, 그곳에서 도달된 진리는 종국적인 것이 아니고 상대적인 것에 지나지 않는다. 상대주의는 이러한 사실로부터 객관적인 진리의 존재를 부정하는 결론을 이끌어낸다. 이에 대해 변증법적 유물론은 객관적 실재를 인정하고 그것이 인식 가능하다는 것을 주장하는 것이므로, 진리의 상대성을 인정하지만 객관적 진리에 접근해가는 정도가 역사적으로 조건지어 진다고 하는 의미에서 그것을 인정한다. 따라서 상대적 진리는 객관적 진리의 인식에 접근하는 한 단계이며, 상대적 진리의 총화가 절대적 진리를 구성하는 것으로서, 과학의 각 발전 단계는 이 총화에 새로운 일면을 보태주는 것이다. 변증법적 유물론의 입장에서는 상대적 진리와의 절대적 진리와의 사이에 넘기 힘든 경계선은 존재하지 않는다. 상대적 진리와 절대적 진리와의 변증법적인 관계는 레닌에 의해 명확하게 되었다고 한다.

3685 절제(abstinence)
먹는 것, 음주, 약물복용, 성행위와 같은 육체적 행동을 자발적으로 기피하는 것을 말한다.

3686 절대주의([영] absolutism [독] Absolutismus)
원래는 군주가 무제한의 지배권을 가지는 상태를 가리키는 정치학 용어이다. ① 철학에서는 헤겔 및 그의 흐름을 따르는 브래들리, 로이스 등의 절대적 관념론의 형이상학. ② 절대적인 진리의 가능성을 인정하는 인식론 학설. ③ 절대적인 가치의 기준을 인정하는 견해를 가리킨다.

3687 절충(mediation)
쌍방이 논쟁을 할 경우에 그들 간의 차이점을 무마하고, 타협점을 찾게 하며, 양자가 서로 만족할 만한 수준에서 동의하도록 하는 개입방법이다. 사회사업가들은 그들의 독특한 기술들과 가치지향을 사용하여 갈등하는 집단들(예를 들어, 집주인과 세입자 조직, 지역사회 거주자들과 중간의 집직원, 노동관리 대표자들이나 이혼하려는 부부들) 사이를 다양하게 중재한다. → 화해와 중재, 이혼

3688 절충적(eclectic)
현재의 욕구에 가장 유용하게 보이는 다양한 이론이나 실행방법의 여러 측면으로 구성된 것을 말한다.

3689 점역봉사자(volunteer braille translation)
소정의 연수를 받고 점역기술을 습득해 시각장애인을 위해 점자서적을 작성하는 사람을 말한다. 기술을 습득하면 가정에서도 가능한 활동으로서 비교적 주부층에 활동영역이 확대되어 있다. 많게는 각 시·도 점자도서관, 사회복지협의회에 거점을 둔 점역봉사자의 조직도 있다. 시간이나 노력을 제공하는 봉사자와 달리 점역기술을 습득하고 있지 않으면 안되기 때문에 봉사자수는 수요에 따르지 못하고 있는 실정이다. 점자도서관을 시초로 관계기관에서 연수 등의 점역봉사원 양성사업으로서 국고조성이 이루어지고 있다.

3690 점자(braille)
시각장애인의 부호문자로서 1829년 프랑스의 루이·브라이유에 의해 고안되었다. 점자는 촉각으로 식별되는 철자를 조합해서 구성한 기호 체계이며 하나의 문자는 하나의 마스로 표시되며 6개의 점으로 구성되어 한 단위를 이루고 있다. 점자는 좌에서 우로 읽어간다. 점자를 치는 데는 일반적으로 점자기라 불리우는 기구를 사용한다.

3691 점자도서관(braille library)
시각장애인을 위한 점자책 및 녹음 도서를 수장하고 열람케 하며 대출하는 도서관을 말한다. 그 취급하는 도서의 특수성과 수행하는 역할이 복지적 성격을 가지고 있으므로 도서관법에 의 하지 아니하고 특수교육법과 장애인복지법에 의하여 설치하도록 규정하고 있다. 우리나라는 1958년 4월 1일에 한국맹인도서관이 서울 용산구 한강로에 설치 1969년 12월 10일에 한국점자도서관이 설립되어 의료서적, 교양서적 등 점자도서를 출판하고 있으며 1979년 2월 21일자로 교육인적자원부 인가를 얻었다. 대구대학교부설 점자도서관이 1974년에 설립되어 전국맹학교 초·중·고 전 과목에 걸친 교과서를 출판해 왔으며 각종 도서의 점역대출, 녹음도서테이프의 제작 보급을 하고 있다. 이외 한국맹인녹음도서관(서울 중구 회현동)과 각 맹학교 도서실이 운영되고 있으며 우리나라의 점자도서는 약 500종에 달하고 있으나 일본의 1백만 권, 2백만 개의 녹음테이프, 영국왕립맹인도서관(royal national institution for the blind)의 30만권에 비해 빈약한 실정이다.

3692 점자출판물
시각장애인을 위해 점자로 인쇄되어진 각종 출판물로, 정보가 적지만 시각장애인에게는 귀중하다. 현재 일본에서 점자출판소라고 불리는 곳은 10개소로 그 중에서도 유일하게 점자에 의한 신문 점자매일은 유명하고, 그 외 월간잡지 등의 정기간행물, 의학, 문학, 악보 등 각종 점자도서도 발행되고 있다.

3693 점자출판시설(facility for braille publication)
무료로 또는 저렴한 가격으로 시각장애인에게 점자간행물을 제공하기 위하여 이를 출판하는 시설로 한국 시각장애인복지회관이 이에 해당된다.

3694 점진적 사회변화(incremental social change)
사람들의 가치, 요구 그리고 우선사항들의 변화들을 반영하기 위해 사회기관들이 행하는 점진적인 적응과 조정, 기관들은 그들의 존재와 기본특성을 유지하지만 받아들여진 요구에 맞게 그들의 목표와 방법들을 수정한다. 이것은 구조적 사회변동(structural social change)과는 상대적인 것이다.

3695 점진주의(incrementalism)
사회계획에서 가능한 한 가장 이성적인 결정뿐만 아니라 타협과 상호 동의로부터 생기는 받아들이기에 가장 알맞은 절차를 위해 다양한 정치적·다원적인 영향을 고려하는 노력. 그러므로 계획수립가는 다양한 경로를 탐구하고 교섭, 타협, 그리고 만족(satisficing)(일부 관여자들의 관점에서 반드시 가장 좋은 것이 아니라 과정을 수립하기에 충분히 좋은) 단계를 취함으로써 원하는 목표를 향한 과정을 수립해

ㅈ

야 한다. ↔ 급진주의

3696 접근하기 어려운 클라이언트 (hard-to-reach clients)
전문적인 원조 및 사회사업 개입이 꼭 필요하지만 제공되는 서비스를 알지 못하거나, 받으려는 의욕이 없거나 또는 두려워하는 개인, 가족 및 지역사회를 말한다.

3697 접수단계(intake)
클라이언트와의 최초 접촉이 생산적이고 유용하도록 하기 위해 사회사업기관이 이용하는 절차들이다. 일반적으로 이 절차는 클라이언트에게 기관이 제공할 수 있고 제공하지 못하는 서비스에 관해 알리는 것, 요금과 예약시간과 같이 서비스의 조건에 대한 적절한 정보를 얻는 것, 클라이언트에 대한 적절한 정보를 얻는 것, 기관의 서비스를 기꺼이 수락하도록 클라이언트와 합의에 도달하는 것, 클라이언트에게 필요한 서비스를 가장 적절히 제공할 수 있는 사회사업가를 배정하는 것 등을 포함한다. → 인테이크

3698 접수면접(intake interview)
인테이크(intake) 단계에서 행하는 면접으로 수부면접이라고도 한다. 일반적으로 대상자가 사회적 기관과 접촉하는 최초의 단계가 되는 것으로 대상자와 기관과의 좋은 관계가 맺어지도록 특별한 배려가 요구된다. 대상자에 대해 수용과 이해로 시작하는 경청면접이 필요하다.

3699 접수면접원(intake worker)
→ 접수상담원

3700 접수상담원
접수 면접원이라고도 한다. 인테이크·사회사업가로 있는 일반 수부계와는 다르다. 사회복지기관에서 원조를 구하는 사람에게 최초로 면접하여 케이스워크 과정의 최초의 단계를 담당하는 직원이다.

3701 접수절차(admissions procedures)
조직, 사회기관 또는 보건시설의 보호를 받고 있는 개인을 데리고 오는 명백한 규칙과 행동양식. 접수절차는 흔히 적절한 보호를 제공하기 위해 클라이언트의 동의를 얻고, 다양한 자원으로부터 클라이언트와 직접 관련된 정보를 얻고(클라이언트나 클라이언트 가족과의 인터뷰, 의료기록, 개인의 사회사, 의학적·심리학적 테스트), 보호에 대한 재정적 지원을 위해 클라이언트 또는 제3자와 계약을 하고, 언제 적절한 장소로 찾아갈 것인지에 대해 클라이언트에게 조언하고, 클라이언트와 관련된 사람들과 클라이언트들 사이의 정보교환을 조정하는 것을 포함한다. 접수절차는 보통 서비스를 신청하는 사람을 받아들일 것인지 말 것인지에 대한 기준까지 포함한다.

3702 접수처(admissions)
사회기관이나 보건시설에서 조직체계의 보호 하에 클라이언트나 환자를 데리고 오는 절차를 이행하는 부서 혹은 행정단위를 말한다.

3703 정관(constitution)
사회복지법인에 대해 그 사업의 수행을 위해서 재산의 증여 또는 적용을 받는 양도소득세를 면제받게 하기 위해 국세청장관의 상기면세 승인기준을 충족시키는 사회복지법인 정간준칙이 제정되었다.

3704 정규간호사(RN : registered nurse)
질병을 앓고 있는 사람들에게 지속적인 간호를 제공하는 과학을 실천하고 있는 전문가로 간호사는 간호전문학교에서 광범위한 훈련을 성공적으로 마쳤으며, 특정한 건강보호서비스를 수행하는 기술을 보유한 사람으로 등록된 사람이다. 많은 간호사들은 정신병환자·신생아·임산부들을 위해 일하며, 응급실에서 전문적인 기술을 발휘하며, 또는 외과의사의 숙련된 조수로 일하는 전문가(specialists)가 된다. 정규간호사가 될 수 있는 과정은 여러 가지가 있다. ① 대학에서 4년의 학사과정 프로그램(baccalaureate program) ② 지역사회 대학에서(community college) 2년 과정의 단기 프로그램(associate degree program) ③ 병원에서 실시하는 2~3년 과정의 자격부여 프로그램(degree-granting hospital program) 이수 등이 있다. 그러나 점차 보다 광범위한 지식과 기술에 대한 요구가 기본이 되고 있어, 정규간호사는 4년의 학사과정에서 더 많이 배출되고 있다.
→ 간호보조사

3705 정근수당(Allowance for One's Good Attendance)
공무원에게 업무수행의 노고에 대한 보상과 권장을 위한 취지에서 지급되는 것으로 예산의 범위 안에서 근무연수에 따라 매년 1월과 7월의 보수 지급일에 지급하는 수당. 보수월액 산정에 포함되는 수당.

3706 정근수당 가산금(The Additional Allowance for One's Good Attendance)
공무원에게 예산의 범위 안에서 근무연수에 따라 보수지급일에 지급하는 가산금을 말함. 과거 장기 근속수당. 보수월액 산정에 포함되는 수당.

3707 정기승급(The Periodical Raise of Salary Grade)
공무원의 호봉간 승급에 필요한 기간은 1년으로 하며, 매년 1월, 4월, 7월 및 10월의 초일자로 승급한다.

3708 정년제(mandatory retirement)
정부나 기업이 일정 연령에 달한 공무원이나 근로자를 자동적으로 퇴직시키는 제도. 남녀별 정년제, 특히 여성에 대한

조기정년제는 합리적이 못 된다는 주장이 점차 정착되어, 최근에는 남녀고용기회의 균등과 정년의 남녀차별의 철폐가 실현단계로 들어서고 있다. 선진 외국의 경우는 법에 의해 정년의 남녀차별이 금지되고, 은퇴하고 연금을 받을 은퇴연령이 사회적으로 성립되어 있을 뿐만 아니라, 심지어는 보통의 정년연령보다 낮은 연령에서 퇴직하면 퇴직금을 증액하는 형태의 조기퇴직자 우대제도 또는 선택정년제를 도입하고 있는 기업도 많다.

3709 정당화(legitimation)
구체적으로 기술된 기능을 수행하거나, 구체적 목표를 추구하기 위한 권리나 권한의 획득을 말한다.

3710 정동(affect)
분위기, 성미, 느낌에 대한 개인적 표현. 즉 개인이 표현하는 감정적 상태를 말한다.

3711 정리해고제
사용자가 계속되는 경영악화 방지, 생산성 향상을 위한 구조조정과 기술혁신, 사업부문의 일부 폐지 및 기업인수합병(M&A) 등 긴박한 경영상의 이유가 있는 경우 종업원을 해고할 수 있도록 합법화한 제도로서, 기업주는 정리해고에 앞서 근로자 보호를 위해 해고 회피노력을 다하고, 합리적이고 공정한 기준에 따라 대상자를 선정한다. 또 해고 60일 전에 해당자에게 통보하고 노동부에 신고해야 한다. 이 제도의 도입으로 연공서열식 고용구조가 파괴되고, 평생직장 개념이 사라지게 됐다.

3712 정보 및 의뢰서비스 (information and referral service)
사람들에게 현존 급여프로그램과 그들을 획득하거나 이용하는 절차에 대한 정보를 제공하고, 사람들이 다른 적당한 자원과 원조의 근원을 찾도록 돕는 기관 내에 세워진 사회사업기관이나 사무소를 말한다.

3713 정보이론(information theory)
→ 의사소통이론(communication theory)

3714 정보자유법(freedom of information act)
정부와 일부 다른 조직이 국민에 대해 어떤 정보를 가지고 있는지를 알고자 하는(특별한 예를 제외하고) 시민의 권리를 확보하기 위해서 1966년에 입법된 연방 법률(P. L. 89-554). 예컨대, 어떤 여건 하에서 이 법은 연방적으로 관리되는 보건과 복지 기관의 클라이언트가 자신의 사례기록부를 열람하는 권리를 준다.

3715 정보화사회(information oriented society) 01
물질·에너지뿐만 아니라 그 이상으로 정보의 역할이 중시되는 사회를 정보화 사회라 하며 그곳에 도달하는 과정을 정보화라 한다. 이러한 발상은 D. 벨의 탈공업화 사회(Post Industrial Society), A. 토플러의 제3의 물결(The Third Wave)에서 찾아볼 수 있다. 이에 대해 고도정보화사회라는 용어가 정보화 사회와 구별되어 사용되고 있다. 제1차 정보화라는 개념이 1960년대에 제3세대의 스텐드앨론형 컴퓨터를 염두에 둔 문제제기적 관념론이었는데 대해, 제2차 정보화(고도정보화)는 1980년대의 분산처리·네트워크화를 전제로 한 문제해결적 실체론이라는 점이 극히 대조적이다. 또 제1차 정보화의 과정에서는 산업내부의 컴퓨터화(산업의 정보화)와 정보관련 산업의 탄생(정보의 산업화)이 두드러진데 대해, 제2차 정보화의 단계에서는 퍼스널 컴퓨터나 워드프로세서가 가정으로 보급되고(생활의 정보화), 현금카드 등의 보급으로 사회전체가 정보에 대한 의존도를 높여갈(사회의 정보화) 것으로 예측되고 있다.

3716 정보화사회(information society) 02
이전의 산업 및 공업화시대에 비하여 정보의 가치가 가장 중요시되는 사회를 말한다. 중심적인 경제 및 사회활동은 정보의 생산과 전달을 통해 이루어지며, 그 과정에서 컴퓨터 및 인터넷이 가장 중요한 수단으로 이용된다. '정보사회'라고도 한다.

3717 정부지출금(appropriation)
특정한 목적을 달성하기 위해 정부에서 인가한 기관이나 프로그램에 대해 의회가 할당한 재원을 말한다.

3718 정상(normal)
일반적이고 평균적인 기대치와 크게 다르지 않은 행위나 현상을 문화적으로 규정한 개념을 지칭하는 용어이다.

3719 정상둔자(dull-normal)
지능지수가 70에서 90까지의 사람을 지칭할 때 교육자나 교육심리학자들이 때때로 쓰는 용어로서 약간 한정된 지적 능력을 지니고 있지만 광범한 보호나 후원을 필요로 할 만한 결함이 없는 사람을 말한다.

3720 정상분포(normal distribution)
어떤 기록이나 사례가 발생하는 한도 내에서 기대되는 빈도분포로서 이 정상분포를 보여주는 연구발표를 표현할 때 결과는 종 모양의 대칭형 도표로 기록한다. 대부분의 기록은 종 모양의 가장 높은 지점을 형성하는 중간점 근처에서 떨어진다. 중간점에서 거리가 넓어짐에 따라 경사면의 양쪽에 자리 잡는 경우는 드물다.

3721 정상적응기제(normal adjustment mechanism)
인격체가 좌절상태에 빠져 항상성 유지나 긴장해소하려 하는 적응 노력으로, 주위환경에 순응하려고 자아의 붕괴를 방지하려는 작용으로 적정적응을 기제라고도 한다. 사람에 따라 그 반응경향은 몇 가지로 나누어지며 보상, 대상 동일화, 합리화, 지성화, 책임전가, 투신 등을 들 수 있다. 인생은 모두가 적응기제의 과정이며 학습에 의해 합리적 해결을 얻고 내성을 기른다.

3722 정상행동(normal behavior)
개인이 속해 있는 집단에서 규정하고 있는 기준에서 벗어나지 않는 일상적인 행동. 개인적인 차원에서 집단성원으로서 다른 사람들의 행동과 비슷하게 집단규범을 지키는 일종의 습관적인 것이지만 사회적으로는 전체의 한 부분으로서 전체의 질서와 체계를 유지하는데 공헌하는 행동을 의미한다. 정상적인 행동을 하는 사람들이란 비슷한 문화를 가지고 공동생활을 하는 다수의 행동과 동 떨어지는 행동을 하지 않는 사람을 말한다. 집단이나 사회는 구성원들의 정상행동을 바탕으로 유지되는 것이므로 사회화 과정에서 정상행동의 학습을 무엇보다도 강조하게 된 것이다. 만일 사람들이 무엇이 정상행동인가를 알지 못하게 되면 사회는 혼란에 빠지게 된다. 그러나 정상행동의 기준은 근본적으로 문화에 의해 결정되기 때문에 상대적인 개념이기도 하다.

3723 정상화(normalization)
어떠한 아동, 장애인이라도 특별시 하지 않고 보통의 인간으로 처우해 가는 것을 말한다. 장애인도 장애라는 외피적 속성을 제외하면 기본적으로는 대등한 인격주체다. 장애인을 아무리 소중하게 보호하고 있다 해도 그것이 격리나 배제사상에서 이뤄진 것이라면 진정 장애인의 인격이 존중되고 있는 것이 아니다. 정상화란 장애인의 과보호나 특별대우와는 다르다. 장애인이 당당한 인격자로서 일반사회 속에 참가할 수 있는 기회를 확대시키고 장애의 유무에 불구하고 인간으로서 평등하게 권리와 의무를 분수에 맞게 담당하며 살아가는 대등의 생활원리다. 정상화사상은 완전참가와 평등을 목표로 한 국제장애인의 해의 철학이다.

3724 정상화의 원리(principle of normalization)
장애인에 대한 70년대 이후에 나타난 서비스 경향의 원칙으로서 Nirje(1969)는 정상화 원리를 '정신지체인의 삶의 형태와 일상생활 조건을 가능한 한 일반적인 상황과 사회 속에서 살아가는 방법들과 가깝게 해주는 것'이라고 정의하였고, Wolfensberger는 '가능한 한 사람들에게 가치 있는 수단을 이용하는 것'이라고 정의하였다. 이 정의에서처럼 정상화란 가능한 한 장애인의 생활도 일반인들이 경험하는 생활과 가깝게 만들려고 노력하는 서비스 정신을 뜻한다고 볼 수 있다. 이 정상화 원리에 대한 개념을 역사적으로 보면 1960년대 후반 북미 지역에서 인간 복지 개념의 하나로 대두된 개념이며, 1960년대 말에는 스칸디나비아의 정신지체인을 위한 복지 문제로부터 유래되었고, 그 후 북미 지역에서 정교화, 일반화, 체계화되었으며, Wolfensberger에 의해 확고하게 정립된 개념이다. 이 원리는 사회에서 가치 이하로 평가된 사람들을 위한 복지에 적용되었을 때 적절하고 설득력 있는 원리이다. 특수교육 분야에서는 불행하게도 정신 지체 관련분야 외에는 잘 알려지지 않은 개념이다. 정상화 원리의 가장 중요한 목적은 사람들이 그 사회 안에서 사회적으로 가치있는 역할을 수행할 수 있도록 하거나 지원해 주는데 있다. 이를 위한 방법으로는 첫째, 가치 이하로 평가된 사람의 '사회적-이미지'를 증진시키는 것이며, 둘째, 이들의 '능력'을 증진시키는 것이 있다.

3725 정서(emotion) 01
외적 자극이나 내적 상념에 관련되어 느껴지는 쾌·불쾌의 상태를 감정이라 부르는데, 일반적으로 이 감정의 분화된 상태를 말한다. 정서는 비교적 심한 생리적 반응을 수반하며, 흔히 나타나는 생리적 반응으로는 급격한 심장고동의 증진, 근육긴장 등이 있다. 정서의 예로는 공포·환희·분노 등을 들 수 있다. 한편 정서는 감정의 격하 정도와 관계없이 정적인 의식을 수반하는 모든 행동을 의미하기도 한다.

3726 정서 02
감정, 기분 또는 정동(affect)을 의미한다. 생리적, 행동적 변화를 동시에 수반하며 어떤 내적 또는 외적 대상에 대한 인식에 토대를 둔 마음의 상태를 말한다.

3727 정서발달(emotional development) 01
심리적, 신체적인 자극을 받았을 때 심리적·생리적인 긴장 반응이 일어나는 상태를 말하며, 이때 일어난 긴장해소의 방법이 발달에 의 해 변화하는 것을 정서발달이라 한다. 프릿제스는 2세까지의 정서발달을 4단계로 나누어 2세 때에는 공포·혐오·분노·질투 등 10종류에 이르는 기본적 정서의 분화가 완성된다고 하였다. 정서발달에는 성숙과 환경자극에 의한 경험이 복잡하게 관계하고 있으며 특히 인간관계의 영향이 크다.

3728 정서발달 02
주로 아동기에서 쾌·불쾌 차원의 미분화된 감정상태로부터 분노·공포·환희와 같이 보다 분화된 정서상태로 발달, 안정되어 가는 과정으로 정서발달은 생리적으로는 뇌의 시상하부와 관련되어 있고 정서행동은 대뇌피질과 관련된다. 정서발달은 아동 기초기에 급속히 진전된다. 정서는 아동의 출생 초기에 미분화상태인 흥분으로부터 시작해서 발달단계가 진행됨에 따라 점차 분화된 정서를 보여주게 된다. 아동의 정서는 청년과 성인에 비해서 일시적이고 강렬하다. 정서의 발달은 에너지 체제의 분화와 확대의 과정이며 이 체제가 불안정한 것으로부터 안정화되어 가는 과정이라고 할 수 있다. 따라서 정서적 안정은 개체의 생리적 기제뿐만 아니라 환경적 조건에도 의존하고 있다.

3729 정서불안정(emotional insecurity)
사소한 자극에 의해 심신이 과도의 긴장이나 불안상태에 빠지기 쉬운 경향을 말한다. 그로 인해 행동의 안정성을 결하고 폭발적 분노나 집중력의 결여, 기분의 역변성이 생기는 것 등이 특징이다. 이것을 신경증적 경향으로 파악하는 경우도 있으나 정서적 미성숙과의 관련도 무시할 수 없다. 원인은 질환 등에 의한 신체조건, 자율신경계의 과민성, 부모의 육아태도의 편향(과보호, 거부) 등을 들고 있으며 상태에 따라 환경조정이나 카운슬링을 필요로 한다.

3730 정서일치(affective congruency)
같은 일에 대해 대부분의 다른 사람이 갖는 감정과 일치하는 감정으로, 예를 들어 아동학대를 보고 괴로워하는 사회사업가는 대부분의 다른 사람과 정서적 일치를 갖는다.

3731 정서장애(emotional disturbance) 01
인간관계에서 가지게 되는 감정상태가 어떤 좌절이나 갈등으로 왜곡된 상태가 생겨나 그 결과 일어난 행동장애를 말한다. 신체질환이나 뇌장애 등 일차적인 원인에 따른 행동장애는 이 범주에서 제외된다. 구체적 증상은 식욕부진, 식사거부, 식욕도착, 야뇨, 야경, 자위, 말더듬이, 침묵, 각종 신경성습벽, 신경성변비 또는 설사, 신경성두통, 강박증, 등교거부, 신경증, 파괴행동, 고립, 거절증, 학대 등이다. 이들 정서장애에는 심리요법, 행동요법이 유효하다.

3732 정서장애 02
다른 사람들이 수용할 수 있는 정도의 행동을 유지할 수 있을 만큼 자신의 감정을 충분히 통제 할 수 없는 상태를 말한다. 이는 연령에 적합한 정서반응을 보이지 못하거나 정서의 표출이 안정되지 못한 경우, 혹은 가까운 사람과의 정서적 교류를 갖지 못하는 경우 등을 포함하는데, 그 증상으로는 아동의 경우 주의 산만, 과잉활동, 발열, 잦은 용변, 손가락 빨기 등으로 나타날 수 있다. 행동장애(behavior disordered)라고도 하며 장애의 정도가 약한 아동은 방문 순회교사나 위기교사(crisis teacher)의 도움을 받으면서 정규학급에서 공부할 수 있다.

3733 정서장애(affective disorders) 03
우울증(depression), 다행증(euphoria), 조증(mania) 같은 기분의 만성적 또는 일시적 변화를 특징으로 하는 정서적 장애. DSM-Ⅲ에서 이와 같은 장애는 주요 정서장애(major affective disorder)에 해당하며, 주우울증(major depression), 양극장애(bipolar disorder), 순환적 장애(cyclothymic disorder) 등이 포함된다.

3734 정서장애아(emotionally disturbed children)
주로 신경증 증상을 나타내는 아이들을 지칭하나 호스피탈리즘 증후로서의 비행아까지를 포함하는 일도 있어 여러 가지 의미로 쓰여지고 있다. 광의로는 자폐증, 뇌장애 등의 증후도 포함되나 협의로는 후천적인 인간관계 장애로 생각해도 좋다. 정서장애아는 정서적으로 기복이 심하고 교우관계가 원만하게 이루어지지 않는 것이 하나의 특징 이며 친구교제가 안되므로 사회적으로 고집된다.

3735 정서장애아시설
정서장애의 보호자로부터 위탁받아 통원시켜 치료하는 것을 목적으로 하는 시설을 말한다.

3736 정서적 단절(emotional divorce)
보통 결혼한 한 쌍(dyad) 사이의 거리감을 말한다. 이것은 그들이 상당한 고통, 걱정, 분노를 겪었거나 전에 만났을 때 다른 비슷한 반응을 겪었기 때문에 발생한다. 결과적인 행동으로는 상대방과 함께 있는 것을 꺼리고, 정서적으로 부담 있는 사건에 대한 토의를 기피하고, 필요한 정서적 지지, 제공 등을 거부하는 것 등이 있다.

3737 정서적 불안정
기분상태를 빨리 자주 바꾸는 경향을 의미한다. 이는 흔히 발생하는 정서장애(effective disorders)와 미숙의 증후로 나타난다.

3738 정서테스트(emotional test)
인격의 상면(modality)을 지, 정, 의로 분할하는 생각은 옛부터 존재했다. 지적측면을 측정하는 지능테스트에 대해 정서테스트는 감정 측면과 의지, 기질의 측면을 측정하고자 한 것이다. 다우니(Downey)의 의지·기질테스트나 풀치크의 EPI(emotions profile index) 등이 그 예이다. 최근에 정서테스트는 성격테스트 안에 포괄되어 정서테스트라는 말은 거의 사용되지 않는다.

3739 정서학습(emotional learning)
정서적 지식을 이해시키며 품성을 배양하는 학습. 아동의 정서발달은 성숙과 학습에 의해 이루어진다. 이 중 학습이 정서발달에 미치는 영향은 특히 중요하다. 아동기에 있어서 정서발달에 미치는 학습의 종류는 시행착오·학습·모방 및 조건화가 있다.

3740 정신([희] nus [영] mind [독] Geist)
① 물질이나 육체에 대합하는 것으로서의 마음, 영혼과 같은 의미로도 사용되지만, 정신이라고 하는 경우는 대개는 고차의 심적 능력(과학적 및 예술적 인식 등)을 가리킨다. ② 또 정신은 시대정신, 민족정신 등이라고 말하는 경우와 같이 초개인적인 의미를 가질 뿐만 아니라, ③ 많은 철학자에 있어서는 세계적인 원리로 믿어지고 있다. 그것의 현저한 예는 헤겔이며, 그는 세계의 처음에 초세계적인 이데아

ㅈ

를 두고, 정신은 이 이념이 자연이라는 이념의 외화로부터 벗어나서 자기에게 돌아온 것이라고 하였다.

3741 정신건강(mental health)
갈등하지 않고 합리적인 결정을 하며, 환경적 스트레스와 내적인 압력에 대응할 능력을 만들 수 있고 수행할 수 있는 지속적인 능력을 지님으로써 갖게 되는 상대적으로 좋은 정서 상태를 말한다.

3742 정신건강 사회사업가(mental health workers)
정신병자 정신병을 앓을 수 있는 사람들의 요구를 충족시키기 위해 관계하고 있는 시설이나 조직체에서 일하는 정신건강 전문가, 준전문가, 자원봉사자와 보조원들을 말한다. 정신건강 사회사업가들은 그들의 노력이 전문화되고 초점화된 목표를 성취하려는 다른 사회사업가들과 적절하게 협조가 이루어지지 않을 경우에만 정신건강팀과 구분된다.

3743 정신건강 전문가(mental health professional)
정신질환을 치료하기 위한 전문화된 훈련과 기술을 지닌 사람을 말한다. 이들은 전문화된 기술을 사용하여 정신적인 어려움을 겪고 있거나 겪기 쉬운 사람들에게 임상적이고 예방적이며 사회적인 서비스를 제공하는 사람들이다. 정신건강 전문가들에는 정신병 의사, 심리학자, 정신과 간호사, 사회사업가 그리고 정서적으로 어려움을 가진 사람들을 전문화된 숙련기술로서 도와주는 다른 분야의 전문가들이 포함된다.

3744 정신건강 팀(mental health team)
정신이상에 영향을 받는 클라이언트(클라이언트의 가족)를 위해 광범위한 서비스를 제공하려고 함께 일하는 다양한 영역의 전문가들과 보조자들로 구성된 팀이다. 이 팀의 성원들에는 정신과 의사(주로 팀을 이끌어 간다), 사회사업가, 심리학자, 간호사들이 포함된다. 어떤 정신시설에서 팀의 성원으로는 물리치료사, 작업치료사, 레크레이션 전문가, 교육자, 상담자, 정신과 보조원, 자원봉사자, 토착인 사회사업가(indigenous worker) 등이 포함된다.

3745 정신건강협회(mental health association)
1909년에 비어즈(Clifford Beers)와 몇몇 사람들이 세운 미국의 민간 시민조직이다. 그 목표는 건전한 정신 건강의 가능성을 증진시키도록 사회조건을 개신하고 정신병리를 치료하기 위한 시설과 방법들을 개선하려는 것이다.

3746 정신과학([독] Geisteswissenschaften)
자연과학에 대립하는 말로서 분트는 정신 과정의 학(學)(심리학 기타), 정신적 소산의 학(법률학·경제학 등의 특수 과학) 및 역사학을 이 이름으로 부르고 그 기초를 심리학에서 구했다. 딜타이는 역사적·사회적 현실을 대상으로 하는 과학을 이 말로 나타냈고, 일반 역사학, 언어·종교·예술·사회에 관한 제 과학 및 그것들의 역사를 이에 포함시켰다. 정신과학의 방법은 그에 의하면 인과적 설명이 아니고, 정신생활을 추체험하고 이해하는 일이다.

3747 정신 내면의(intrapsychic)
인성(personality)이나 정신 내에서 일어나는 것을 말한다.
→ 정신

3748 정신발달과정
인간은 태어남과 동시에 육체기능과 같이 정신기능도 끊임없이 변화, 발전한다. 전자는 성인이 되어 완성되는데 반해 후자는 일생동안 성숙을 향해 성장하며 발전하는 것이다. 발달이론은 여러 가지 정신증상에 대해 그것을 단순히 정신병리적인 해명에 그치지 않고, 발달과정을 종합 검토하여 그 특성을 보다 명확하게 파악함으로써 적극적인 예방차원의 방향제시를 하고 있다.

3749 정신발달지체아(the mentally retarded)
정신적인 장애를 가지고 지능이 뒤쳐지는 아동은 모두 정신발달지체아라고 해도 좋다. 협의로는 병리적인 원인을 갖는 정신지체아 이외의 정신발달상 지체를 나타내는 아이를 지칭하며 유전적·환경적 조건으로 발현된다고 생각한다. 정신발달장애아의 정신활동은 완만하며 정확성의 결여도 많고 활동수준도 일반적으로 낮지만 제대로 교육받고 경험을 누적하면 어느 정도 정신적 발달을 기할 수 있다.

3750 정신병(psychosis) 01
기질적(organic) 또는 심리학적 원인에 근거해서 다음 증상을 나타내는 심각한 정신장애를 말한다. 그 증상들로는 손상된 사고 및 사유능력, 인지장애, 부적절한 감정반응, 부적절한 정서, 퇴행 행동, 감소된 충동통제, 손상된 현실 판단, 관계사고(ideas of reference), 환각(hallucination), 망상(delusion) 등이다. → 정신분열증과 기질적 정신장애

3751 정신병 02
신경증과는 현저하게 다른 인격의 병으로 특징은 인격의 해체이다. 가령 뇌에 기질적인 변화가 있어서 기억력장애라는 증상이 있어도 즉시 정신병이라 할 수는 없다. 통상적으로 받아들여지고 있는 분류로는 다음과 같은 것이 있다. 신체적기반이 있는 정신병으로는 뇌에 장애가 있는 기질성정신병, 급성전염병과 내분비장애에 수반하는 증상정신병, 알코올중독이나 각성제중독 등에 의한 중독성정신병이 있다. 또한 현재에는 그 신체적 근거에 의한 원인론이 밝혀지지 않고 내인성 정신병이라 불리는 정신분열증, 조급증이라 불리는 비정형내인성 정신병이 있다. 정환성정신병을 여기에 포함시키는 사람도 있다. 이밖에 경악과 구급반응 등 강도의 심인반응을 표시하는 것을 반응성 정신병이라 한다.

3752 정신병 및 건강공동위원회 (joint commission on mental illness and health)

1961년에 정신보건사업을 위한 국가의 필요성에 대해 5년간의 연구를 완성시킨 기구로 보건과 복지기관으로 이루어짐. 그 연구결과로 지역사회 정신건강센터(community mental health center)를 위한 연방 기금을 마련하였으며, 주정부 정신병원계획(state mental hospital program)의 개선이 이뤄지게 되었다.

3753 정신병 약(psychoactive drugs)

사용자의 기분, 인식력, 인지도에 변화를 야기시키는 약물로서 이런 약물로는 향정신의약품(psychotropic drugs) (환자의 심리적, 정서적 변화를 돕기 위하여 의사가 처방해주는 약물)과 불법약물(illicit drugs) 혹은 규제약물(controlled substances) (인식을 혼란시키고, 분위기나 활동수준을 변화시키고, 도취감 그리고 유사한 정신적 경험을 하기 위해 불법적으로 남용되는 약물)이 있다.

3754 정신병리학(psychopathology)

역기능이 방생하는 심리사회적 환경과 사물의 원인, 증상, 결과 등을 포함하여 정신적, 인지적, 행동적 장애의 본질에 대해 연구하는 것으로 이 용어는 또한 개인이나 개인과 접촉하는 사람들에게 문제나, 지능지수 이하의 결과를 야기하는 성격이나 행동특성을 설명할 때 사용된다. 사실 정신의학자가 진단할 수 있는 모든 정신적, 신체적 장애 혹은 개인들의 행복을 위해 잠재력을 발휘하는데 방해가 되는 모든 사회적 문제는 병리학적으로 고려될 수 있다.

3755 정신병원(mental hospitals)

정신병으로 고통을 받는 사람들을 전문적으로 보호하고 치료하는 시설이다. 이 시설들은 공공재정이나 민간재정으로 충당될 수 있고, 제공되는 서비스의 분야는 전반적인 건강보호가 될 수도 있고, 한정된 보호에만 그칠 수도 있다. 미국에 존재하는 다수의 공립 정신병원은 사회개혁자인 딕스(Dorothea Dix)의 영향으로 세워졌다.

3756 정신병원(mental hospital)

정신장애인의 의료보호를 목적으로 하는 병원이다. 정신병원은 종래에는 폐쇄적인 격리수용이었지만 근래는 약물요법, 정신치료, 작업요법, 사회치료를 사용한 개방적이고 치료적인 시설로 변화해가고 있다. 즉 근래의 정신병원은 장애인의 주체적인 생활을 중시하는 한편 지역사회의 정신건강 활동으로 병원 내 자원을 활용하여 입원환자의 재활은 물론 퇴원환자를 병원프로그램에 함께 참여시켜서 다양한 방법으로 지역사회와 밀접한 활동을 전개해 간다.

3757 정신병적(psychotic)

정신병의 특성을 말한다.

3758 정신병질적(psychopath)

정신질환을 가진 사람에 대한 부정확한 언어로서, 이 용어는 심리학적 병리나 질병을 연구하는 정신 병리학에서 유래하였고, 정신건강 전문의가 반사회적 성격(antisocial personality) 장애의 진단을 받은 사람을 일컬을 때 사용되기도 하였다.

3759 정신병질적 인격(psychopathic personality)

→ 반사회적 성격(antisocial personality)

3760 정신병학적(psychogenic)

신체의 생리적 구조보다는 오히려 개인의 정신이나 마음에서 일어난 장애나 상황에 관련된 용어다. 이 용어는 일반적으로 기질적(organic)의 반대말도 쓰인다.

3761 정신보건센터(mental health center)

보건소와 지역정신보건활동의 거점으로서 시·도에 정신보건센터의 설치가 가능하다. 업무는 정신보건에 관한 지식의 보급·조사연구, 복잡 또는 곤란한 상담과 지도 그리고 보건소에 대한 기술지도나 연수이다. 과제로는 수가 적어 빈약한 구성을 이루고 있어 지역의 진료기관이나 병원과의 네트워크 부족 등 진료체제를 갖지 못한 점이 있다.

3762 정신보건행정(mental health administration)

국가와 지방자치제의 정신장애인 등에 대한 의료·보호, 사회복귀, 발생예방 및 국민의 정신적 건강의 유지·증진을 도모하는 시책·수행을 말한다. 정신장애인에 대한 시책을 살펴보면, 정신병자의 불법감금, 감호의 비판에서 보호·치료를 목적으로 한 정신병원법이 생겨났으나 실효를 거두지 못하였다. 그 후 사택감호의 폐지, 적극적 병원 입원치료, 공안적 배려 등을 목적으로 한 정신위생법이 제정되어 민 간병원에의 의료 확대와 강제적인 조치입원 환자수의 증대가 있었다. 오늘날에는 조치입원비의 급상 등, 치료법의 변화, 인권문제 등에서 사회복귀의 촉진과 정신장애인 등의 복지증진, 그리고 적극적인 국민의 정신적 건강 보유·증진으로 전환해가고 있다.

3763 정신분석 ([영] psychoanalysis [독] psychoanalyse)

프로이드가 창시한 신경증의 정신 요법과 그것에 사용된 정신의 심층을 탐구하는 방법, 그리고 거기서 발전한 그의 심리학설 및 그의 흐름을 따르는 제 학설을 말한다. 프로이드에 의하면 정신 과정은 ① 의식, ② 전의식 즉 의지적으로 회상할 수 있는 기억, ③ 무의식의 3층으로 되어 있으며, 심층인 무의식의 과정은 의지적으로는 재생할 수 없는 것이다. 원망이나 생각이나 표상이 우리들이나 주의 사람들의 평가와 충돌하는 것은 억압을 받아서 무의식의 층에 쌓이게 되지만, 그것들은 작용을 중지하는 것은 아니고, 행위의 착오 또는 꿈이 되어 나타나거나, 정신 장애를 초래하는 일도 있다. 이와 같이 억압되어 있는 힘 즉 콤플렉스는 생물적 본능, 주로 성적 충동에 근거하는 것으로 간주되고 더욱이 어릴 때의 성적 체험에 귀착된다. 신경증의 치료는 환자의 마음에 떠오르는 대로의 이야기, 착오 행위, 꿈 등을 요해적 방법으로 해석하고, 억압되어 있는 것을 분명히 하고, 그것을 의식시켜서 콤플렉스를 해소시키는데 있다. 그는 다른 한편으로 예술이나 종교 등의 문화도 성적 충동의 에너지가 사회적으로 가치있는 일로 대치되어 승화된 것으로서 설명했다. 프로이드는 만년에 의식, 전의식, 무의식이라고 하는 정신 과정의 종별만으로는 불충분하다고 생각하고, 그의 저서 〈자아와 에스〉(das ich und das es, 1923)에서, 에스, 자아, 초자아라는 3개의 측면으로 되어 있다고 하는 정신 구조의 도식([영] mental topography)을 상정하였다. 그의 성욕 중심의 사고방식은, 그의 제자 아들러나 융에 의해 수정되었다. 정신분석은 예술에 영향을 미쳤을 뿐만 아니라, 문화 인류학·사회학·교육학 등의 인간의 과학에도 침투했는데, 그와 함께 그것들로부터도 영향을 받고, 또 프로이드가 생물학적 본능을 중시하고, 사회적·문화적 조건을 문제로 삼지 않은 점을 비판하고, 콤플렉스의 형성 등에 있어서의 사회적·문화적 요인을 중시하는 신(新) 프로이드파가 등장하게 되었다.

3764 정신분석 이론(psychoanalytic theory)

프로이트(S. Freud)가 발표하고 융(Carl Jung), 아들러(Alfred Adler), 랭크(Otto Rank), 스태클(Wilhelm Stekl), 클레인(Melanie Klein), 존스(Ernest Jones) 등과 같은 많은 이론가나 분석가들이 수정하고 정교화한, 인간의 성격과 성격발달에 대한 가정과 치료방법으로 현재 정신분석에 대해 알려진 대부분의 개념들은 프로이트 이론(즉 쾌락원칙(pleasure principle), 현실원리(reality principle), 리비도(libido), 무의식(unconscious), 이드(id), 자아(ego), 초자아(superego), 정신성적 발달이론(psychosexual development theory)에서 유래하였다. 다른 분석가들이 강조한 개념으로는 방어기제(defense mechanism) (안나 프로이트 Anna Freud), 대립관계(object relations) (딕스 H. V. Dicks), 열등감(inferiority complex) (아들러), 집합적 무의식 원형(Jung), 의지론(랭크), 심리사회 발달(에릭슨), 분리된 개인(말러 Mahler), 정신분석 이론(설리번 Harry Stack sullivan) 등이 있다. 정신분석 이론, 특히 그것의 아류인 자아심리학과 신프로이트학파는 1940~1965년에 사회사업의 진단학파에서는 임상사회사업(clinical social work)과 개별사회사업(social casework) 이론에 많은 영향을 끼쳤다.

3765 정신분석가(psychoanalyst)

용어풀이 정신분석가(psychoanalyst) 프로이트(S. Freud)와 그의 추종자들이 만든 특수한 정신치료기법 뿐만 아니라 정신성적 발달(psychosexual development)과 성격구조 이론을 적용하는 전문가를 말한다. 미국에 있는 대부분의 정신분석가들은 정신의학자들이지만, 전문가에는 인정받은 정신분석 훈련이나 개인적 정신분석을 통하여 자격을 부여받은 사회사업가 및 정신건강 전문가들도 포함된다. 일반적으로 정신분석학자들은 특정 기간 동안에 때때로 무기한으로 주당 4~5회, 40~50분 정도 환자를 진찰한다. 클라이언트는 보통 침상에 누워서 자유연상(free association)을 통하여 말하게 된다. 정신분석가들은 환자들의 꿈과 감정 표현을 추진력, 무의식적 동기, 방어기제의 부적절한 사용 등과 연관지여 해석한다. → 정신분석가(psychoanalyst)

3766 정신분석요법(psychoanalytic therapy)

프로이드(Freud, S)에 의해 창시된 정신요법으로 히스테리의 치료를 계기로 개척되었다. 그는 정신현상을 변화하는 동적과정으로 규정하고 생물학적으로 규정된 본능충동(리비도)의 발달과 환경과의 관계를 중시해 발달과정을 구강기, 항문기, 남근기, 에디프스기라 명명했다. 무의식, 유아체험을 중시하고 억압되어 있어 문제를 파헤쳐 자아를 강화한다. 이 요법은 국제정신분석학회의 훈련을 받은 유자격회원이 행하고 치료하는 기간도 수년간 걸리지만 단기치료법도 있다.

3767 정신분석을 받는 환자(analysand)

정신분석을 받고 있는 사람(환자)을 말한다.

3768 정신분석학(psycho-analysis)

프로이드(Freud, S)에 의해 제창된 인간의 무의식과 정신병리와의 관련에 관한 심리학. 인간의 생활사 특히 유아기에서의 친자관계를 중시한 발달론. 인간의 방어기제라든가 동기부여 등에 관한 역동론과 본능(id), 초자아(super ego), 자아(ego)로 되는 인격구조론에 의해 정신의학에 큰 공헌을 했다. 이들 이론에 근거한 정신요법에 정신분석요법이 있다. 자유연상이나 꿈의 분석에 나타나는 소재의 해석을 통해서, 또 환자와 치료자 관계에서의 저항과 전이(치료자를 부모의 이미지와 겹쳐서 인지하는 정서적·무의식적 현상)를 해석함으로써 환자에게 대인관계의 장애나 증상의 의미를 동찰시킨다. 정신분석은 미국에서 제1차 대전 후에 일어난 진단주의 케이스워크를 형성하는 동인이 되었다.

3769 정신분열병(schizophrenia)

대개 청년기에 아무런 이유 없이 나타나며 대부분이 특이한 인격결함 상태에 빠지게 된다. 이 병의 주축을 이루는 것은 감정과 의지의 장해이며 여러 가지 심적 기능 사이의 연관과 통일을 잃는 것이다.

3770 정신분열성(schizoid)

집중력 결여, 사회적 퇴행 또는 타인의 감정에 무관심함 등의 특성을 보이는 성격을 일컫는 용어다. 만일 이러한 특성이 만연하고 비교적 지속적일 경우에는 정신분열성 성격장애(schizoid personality disorder)의 소유자라고 진단받을 수 있다. 18세 이하의 사람이 이러한 성격장애를 지닐 때는 '아동기 또는 청소년기의 정신분열성 성격장애'라고 진단할 수 있다.

3771 정신분열성 성격장애 (schizoid personality disorders)

→ 정신분열성(schizoid)

3772 정신분열증(schizophrenia) 01

정신장애의 하나로 주로 청년기에 발병하며 사고·의리·감정 등에 이상을 보여 조울증과 함께 내인성 정신병으로 분석된다. 정신병원 입원자의 7~8할을 차지하며, 경과가 길어 입원이 장기화되고 환각(환청), 망상 등의 이상체험 때문에 주위에서 편견으로 보여지는 까닭에 정상적인 사회생활이 곤란하다. 1950년대 이후의 약물요법의 진보에 의해 외래통원이나 데이케어(day care), 기타에 의한 재가치료가 여러 형태로 추진되게 되었다.

3773 정신분열증 02

기질적 정신장애(organic mental disorders) 또는 정서장애(affective disorders)와는 무관한 45세 이전에 본격적으로 발작을 일으켜 6개월 이상 지속되는 정신병의 한 형태를 말한다. 전형적인 증상으로서는 사고의 장애(예컨대, 현실에 대한 잘못된 해석, 모호연상(loose association), 망상(delusion), 환각(hallucination), 분산된 사고), 감정의 변화(비적절한 정서적 반응, 메마른 정서, 감정이입 능력의 부재, 양가감정), 의사소통의 문제(조리에 맞지 않는 진술, 대화 화제의 부족), 퇴행적이거나 괴이한 행동 등이 있다. 정신분열증은 특수한 증상에 따라 여러 형태의 하부적인 증상(disorganized) (파괴적 긴장성 : hebephrenic catatonic), 편집증(paranoia), 미분화(undifferentiated)를 동반한다. 그러나 최근에 개발된 향정신의약품(psychotropic drugs)과 심리치료(psychotherapy)의 덕택으로 많은 환자들이 원만한 기능을 수행하며, 정신병원 등의 시설에 의존하지 않고 생활에 적응해가고 있지만 완치될 전망은 거의 없다고 여겨진다. 이 방면의 연구가들은 정신분열증이 한 가지 증상이 아닌 각기 다른 복합적인 요인들 때문에 나타난다는 관점에 동의한다. 비전문가들(laypersons)은 종종 다중성격(multiple personality)으로 알려진 전혀 관계없는 분열장애(dissociative disorder)와 정신분열증을 혼동한다.

3774 정신분열증 유발형 부모

가족치료가 또는 정신 분석가들이 자녀들에게 정신분열증(schizophrenia)을 유발시키는 횡포하고 일관성 없는 어머니 또는 순종적이고 일관성 없는 아버지를 설명하는데 쓰는 개념이다. 그러나 이 이론을 실증할 만한 과학적 증거는 거의 없다.

3775 정신분열증 장애

지속기간이 2주~6개월인 것을 빼면 정신분열증(schizophrenia)과 똑같은 증세를 보이는 장애를 말한다.

3776 정신상태 검사(mental status exam)

환자의 심리사회적, 인지적, 정서적 기능과 시간과 장소에 대한 적응성을 결정하기 위해, 정신의학자나 다른 의사들이 일차적으로 만든 체계적인 평가기준. 면접을 통해 의사는 환자의 정서, 사고 내용, 지각 기능, 인지 기능, 치료를 위한 요구와 동기 등을 관찰한다. 환자들에게 "오늘이 며칠입니까?", "지금 당신은 어디에 있습니까?" 등을 질문함으로써, 이러한 평가 작업이 이루어진다. 환자는 또한 숫자를 앞뒤로 반복할 것을 요구받을 수 있으며, "유리집에 사는 사람은 돌을 던져서는 안된다"와 같은 여러 경구들을 해석하도록 요구받을 것이다.

3777 정신성적 발달이론 (psychosexual development theory)

인간의 성격이 형성되는 과정을 기술한 정신분석 이론(psychoanalytic theory)과 프로이트 이론(Freudian theory)에서 유래한 개념으로 이 이론에 따르면 인간은 기쁨과 즉각적인 만족을 위해 타고난 추진력과 본능으로 동기를 부여받는다. 인간은 성숙해지면서 여러 가지 발전단계를 통해 변화하는데, 이러한 단계에는 구순기(oral phase) (2세까지), 항문기(anal phase) (2~3세), 남근기(phallic phase) (3~7세), 잠재기(latency phase) (7세부터 사춘기), 생식기(genital phase)가 있다. 만약 인간이 각 단계에서 내재적인 갈등을 해결한다면 성인이 되었을 때 어느 정도 정신병리에서 벗어나게 되지만, 만일 그렇지 못하다면 정신 내면의(intrapsychic) 갈등, 고착(fixation), 잠재적으로 심각한 정서문제를 겪을 수 있다.

3778 정신성적 역기능(psychosexual dysfunction)

정신성적 장애(psychosexual disorder)의 한 유형으로 가장 큰 특징은 정상적인 성적 반응을 한 가지 이상의 부분에서 억제하는 것을 말한다. 구체적인 정신성적 역기능에는 성욕과 성적 흥분 그리고 오르가슴을 억제하는 것, 조루, 기능적 성교 장애(dyspareunia), 기능적 질경(functional vaginismus), 비친화적 자아(ego dystonic), 동성애 등이 있다.

3779 정신성적 장애(psychosexual disorder)

부분적 혹은 전체적으로 정신병학적(psychogenic)인데서 기인하는 인간의 성적 장애이다. 이 장애의 구체적인 형태는 성정체감(gender identity) (성전환주의 : transsexualism

ㅈ

포함), 성도착(paraphilia) (소아기호증 : pedophilia), 노출증(exhibitionism), 정신성적 역기능(psychosexual dys-function)이다. 이런 장애가 심인성(psychogenic)인지 생물학적(biogenic organic) 원인으로 나타나는 것인지는 여전히 논란의 대상이다. → 성적장애(sexual disorder)

3780 정신신체의학(psychosomatic medicine)

신체의 질병도 감정에 의해 영향을 받는다는 것에 입각하여 질병치료에 심리학의 원리와 방법을 적용한 것으로 심신의학이라고도 한다. 정신신체의학의 대상이 되는 병환은 다양하여 모든 기관계통에 나타나지만 유아, 아동은 복통, 설사, 빈뇨증세 등을 들 수 있다. 전형적인 병환으로는 천식, 십이지장궤양, 위통, 원형탈모증 등이 있다. 치료법에는 여러 가지 심리요법, 정신요법이 있다.

3781 정신신체증(psychosomatic)

정신과 신체의 상호연관 관계와 관련된 것으로서 대개 신체적 요인인 것처럼 보이지만 부분적 또는 전적으로 심리적 요인들과 결과인 개인의 증상을 말한다.

3782 정신약리학(psychopharmacology)

행동이나 성격에 변화를 일으키기 위한 약물 사용이나 연구를 말한다. → 향정신의약품(psychotropic drugs)

3783 정신역동학(psycho-dynamics)

인간의 심리현상 또는 행동을 역학적인 인과관계의 가정에 의해 이해하려는 입장을 말하며, 프로이드의 정신분석 특히 무의식 심리학의 역동적 입장에서 유래한다. 즉 이것은 인간 심리현상의 배후에 본인 자신이 의식하지 못하는 무의식적 동기나 의도가 관여하고 이 무의식적 동기나 의도는 서로 갈등함으로써 역학적인 항쟁을 야기하는데, 인간행동은 이 갈등의 타협형성으로서 이해할 수 있다는 것이다.

3784 정신역학(psychodynamic)

의식적 혹은 무의식적으로 사람의 행동을 자극하는 인지적, 감정적 정신과정과 관련된 용어다. 이런 과정은 인간의 유전적·생물학적 유산, 사회적 환경, 과거와 현실, 인지능력과 왜곡 그리고 인간의 독특한 경험과 기억들 간의 상호작용 결과이다.

3785 정신연령(mental age)

지능의 정도, 또는 수준을 역연령에 비추어 지적 연령으로 환산한 것으로 이것은 생활연령에 대한 정신연령이 백분율로 표시되는 비율 지능지수의 산출에 사용된다. 일정 연령의 표집집단이 65~75%가 통과한 5~6개의 문항을 모두 맞추게 되면 그 집단의 연령을 피검사자가 정신연령으로 간주한다. 또한 피검사자가 일련의 문항에서 일정한 연령이 표집집단이 얻은 평균과 동일한 점수를 받게 되면 그것을 피검사자의 정신연령으로 삼는 방법도 사용되고 있다.

3786 정신요법(psychotherapy)

전문적 훈련을 받은 정신치료사가 심리적 영향을 주는 각종 매개를 써서 적응이상을 재적응할 수 있도록 치료하는 방법이다. 그 대상은 신경증, 알콜중독, 약물중독이 중심이었으나 최근에는 내인성정신장애, 소아의 적응장애가 시도되고 있다. 정신분석요법, 유희요법, 실존분석, 현존재분석, 행동요법, 집단요법이나 작업, 레크리에이션, 회화, 극, 최면 등의 학습이론을 매개로 한 것 등 여러 가지 치료방법들이 있다.

3787 정신위생(mental health)

정신건강에 관한 과학과 실천의 체계이다. 정신적 건강이란 정신질환에 걸리지 않은 상태를 말하는 것과 개인의 자질을 개발하여 삶을 영위케 한다는 것이다. 정신위생의 대응목적을 한마디로 말하면 사람이 그 생활에서 직면하는 위기에 대한 예방과 대처방법이다. 인간 생활의 위기는 때로는 정신질환이나 정서불안의 상태로 나타나고 때로는 인간발달의 각 단계에서 여러 가지 형태로 나타난다. 또 빈곤이나 사별, 친자분리나 이혼, 기타 비행, 자살 등의 형태를 취한다. 이 같은 문제의 해결에는 종래의 진료나 상담활동에서 한 걸음 더 나아가 지역사회에 뿌리를 둔 정신위생활동으로 전개하는 것이 요청되어진다. 미국에서의 지역정신위생활동의 실천이 보여준 바에 의하면 집중적으로 기한을 정해서 행해지는 단기개입, 소위 위기개입이라 할 수 있는 케어가 당사자를 장기적·보호적 케어를 필요로 하는 상태까지 가지 않게 할 수 있으며, 또한 어느 정도의 회복을 가능케 한 것이다.

3788 정신위생운동(mental hygiene movement)

정신질환의 원인은 사회환경적·문화적 요인이 보다 더 영향을 준다는 것에 근거한 지역사회 정신의학이 태동하게 되었다. 1908년 자신이 정신병원에 입원한 경험을 가진 Clifford W. Beers가 정신병원에서의 좋지 않은 대우를 근거로 "마음의 실체(A Mind That Found Itself)"라는 저서를 발간하게 되었다. 이를 계기로 하여 정신과의, 일반의, 법률가, 종교인 및 교육자들이 한데 모여 1909년 Connecticut Society for Mental Hygiene이 창립되고, 다음 해 전국정신위생위원회로 발전함으로써 정신질환자에 대한 치료보호에 범세계적인 새로운 선풍을 일으키게 된바 Beers의 공로가 컸다. 정신위생운동은 병든 개인에 대한 관심보다도 지역사회 전체의 정신 건강문제에 더욱 관심을 두게 되었다. 따라서 지역사회에 좋지 않은 영향을 조속히 발견하고 시정함으로써 정신적인 부적응을 방지하기 위한 방향으로 법률을 제정하고 지역사회가 할 수 있는 모든 면에서의 봉사활동을 촉진하고 대중에 대한 계몽교육에 목표를 두게 되었다.

3789 정신의료사회사업(psychiatric social work)

정신의학과 깊게 연결된 사회사업을 이렇게 부른 시기도 있었지만, 현재는 일반적으로 정신과 의료의 영역이다. 구체적으로는 정신과의사가 근무하는 병원, 보건소, 각종 상담기관 등에 있어서의 사회사업을 말한다. 신경증, 정신병 등의 정신장애인 및 그의 가족을 대상으로 하는 특수한 문제를 취급한다는 점에서 의료사회사업과 구별된다. 정신과의사와의 팀의 일원으로서 환자나 그의 가족의 감정적·환경적 제 문제의 해결을 도와 의료 효과를 촉진한다. 케이스워크가 중심이 되지만 그룹워크도 사용되고 있다.

3790 정신의료 사회사업가(psychiatric social worker)
의료사회사업가의 전문화한 일종으로 정신의료의 분야로서 구체적으로는 정신병원, 정신위생센터, 보건소, 공동작업소, 공동주거 등 공리의 정신의료, 정신보건의 영역에서 정신의료와 관계되어 일하는 사회사업가를 지칭한다. 현재의 정신의료사회사업가는 사회복지의 전문기술로 정신장애인이나 그 가족을 둘러싼 사회생활상의 제 문제에 대응하기 위해서 개개의 대상자가 안고 있는 문제에 관해 대상자의 자기결정 권을 존중하면서 함께 문제해결을 꾀하고, 또한 지역사회 안에서 관련기관이나 사회자원에 접촉하거나, 지역의 요원(key person)을 동원하여 지역전반의 정신보건문제를 해결할 수 있도록 지역에서의 조직화활동을 원조하는 등 다면적인 역할이 기대되고 있다.

3791 정신의학(psychiatry)
정신질환의 진단과 치료에 관한 의학의 한 분야로 전통적으로 기술 정신의학의 강한 영향을 받아 왔으나 제2차 대전 후 미국의 역동정신의 학이 도입되어 임상심리학이나 사회학 내지 사회복지학과의 학술연구나 팀 임상이 전개되게 되었다. 또 임상의 근간을 이루는 정신병리학 외에 개체와 환경과의 관련성 속에서 대상을 파악하려는 방향도 중시되고 있다.

3792 정신의학자(head shrinker) 01
클라이언트로 하여금 통찰력의 발달과 행동의 변화를 가져오도록 노력하는 정신의학자, 심리학자 및 임상사회사업가 등에 적용되는 표현이다.

3793 정신의학자(psychiatrist) 02
정신적 질병을 전문으로 치료하는 의사로서 정신의학자들은 정신적 질병에 대해 특수한 진단과 처방을 하며, 감독하고, 필요한 치료를 직접 해준다. 치료에는 심리치료(psychotherapy), 향정신의약품(psychotropic drugs), 환경치료(milieu therapy), 기타 의학적 치료가 있다. 정신의학자가 되는 자격요건은 4년간 의과대학에서 공부하고 정신병원이나 병원 정신과 병동에서 4년 이상 인정된 레지던트 과정을 이수해야 한다.

3794 정신의학적 개별사회사업(psychiatric casework)
협의로는 정신의학적 관점, 즉 정신요법적 접근을 지향하는 개별사회사업이나 광의로는 정신과 영역에서 정신의학사회사업의 일환으로 행해지는 개별사회사업을 의미한다. 광의로 이해할 때는 정신요법적 접근뿐만 아니라 정신장애인의 진료·치료·사회복귀에 이르기까지 여러 가지 원조활동이 포함되어 있다. 또 의료문제, 가족조정, 사회자원의 활용 등 유효·효율적 활동을 전개해 나가기 위한 기술이다.

3795 정신의학적 집단사회사업(psychiatric group work)
정신과 영역에서 정신의학적 사회사업의 일환으로 행해지는 집단사회 사업이다. 집단의 활동을 통해서 대인접촉의 개선을 기도하는 것으로 레크리에이션활동에서 생활요법(approach)까지 폭은 넓다. 오늘날 데이케어(day care)나 회복자의 집단 활동을 통해 집단사회사업의 필요성이나 유효성이 인정되고 있다. 정신병원에서도 생활요법이 비판되고 그 반성 속에서 소그룹활동이 지향되고 있다.

3796 정신장애(mental disorder)
→ 정신질환(mental illness)

3797 정신장애(mental disorder)
정신장애는 정신결함과 정신질환으로 대별된다. 정신결함은 정신지체와 간질을, 정신질환은 정신의학에서 다루는 정신병, 즉 정신분열증, 편집증, 신경증, 조울증 등과 정신병질적인 것을 의미한다. 정신장애 중 정신지체와 정서장애는 특수교육의 대상이 됨과 동시에 직업적, 사회적 재활인 사회복지의 영역에 포함된다. 정신질환은 의료적 치료와 재활의 대상이 되면서 사회적·심리적 재활과 직업적·보호적 재활도 되므로 역시 사회복지의 범주에 포함된다. 우리나라 장애인복지법에서 정신지체는 복지의 대상으로 하나, 정신병류에 속하는 질환은 대상으로 하지 않고 있다. 정신장애 진단·통계편람(diagnostic and statistical manual of mental disorders) → 디에스엠 Ⅲ(DSM-Ⅲ)

3798 정신적 학대(mental cruelty)
한 배우자의 행위가 다른 배우자의 정신건강을 해쳐 부부관계를 지속시킬 수 없다고 판단되어 재판되어 이혼사유가 되는 법적 근거를 말한다.

3799 정신지체(mental retardation) 01
지적 능력이 평균 이하의 조건에 있거나 지적 발달이 늦은 것으로 이것은 유전적 요인, 정신적인 충격, 기관의 손상, 사회적인 손상 등이 그 원인이 된다.

3800 정신지체 02
정신지체의 정의는 나라나 학자에 따라 다소 차이가 있어 확립된 개념은 없다. WHO에서는 정신능력의 전반적 발달이 불완전하거나 또는 불충분한 상태로 규정하고 있다. 또 미국정신지체협회에서는 발육기 중에 시작되어 사회적응의 장애를 수반하고 있는 전반적 지능의 수준 이하의 자로 규정하고 있다. 이 같은 개념에서 밝혀진 것처럼 정신지체는 질병이 아닌 상태상인 것이다. 지적능력의 증후는 나라에 따라 다소의 차이는 있으나 지능지수(IQ)에 의해 경도(75~50), 중도(中度)(50~25), 중도(重度)(25 이하)로 분류된다.

3801 정신지체 03

정신지체란 현재의 기능면에 있어서 실질적인 한계가 있음을 의미하는 것으로서 이는 지적기능이 유의하게 평균 이하이면서 동시에 다음의 적응기술 영역 주 2가지 이상 영역에서 한계를 갖고 있는 것으로 특징 지워진다. 의사소통, 자조기술, 가정생활, 사회성기술, 지역사회 시설물 이용, 자기지시, 건강과 안전, 기능적인 학습, 여가, 일 등이다. 정신지체는 18세 이전에 명백하게 드러난다.(1992, AAMD) 발생률은 인구의 3% 정도(미국)로서 성인이나 아동에서 모두 장애를 가져오는 가장 큰 단일인자로서 남 : 여=1 : 1이다. 원인으로는 산전 원인이 3/4으로 유전적(염색체 이상, 그 외 우성·열성, 반성유전되는 여러 질환들), 비유전적(모체감염, 임신 중 출혈, 임신중독증, 자궁 내 발육지연 및 영양실조, 약물) 원인으로 나누이며 주산기 원인으로 난산, 산후원인으로 뇌염, 독성, 외상, 두 개 조기봉합, 반복성 저혈당증, 간질중첩증, 납중독, 영아 경축 등이 있다. 치료로는 정신지체의 정도에 따라 교육, 수용, 직업재활 등을 한다.

3802 정신지체아교육
(education for mentally retarded children)

광의의 심신장애인 중에서 지적능력이 뒤진다고 불려지는 정신지체자에 대한 특별교육을 말한다. 정신지체아 중에서도 중도와 경도는 차이가 있기 때문에 일률적으로 대응하는 것은 불가능하다는 데에 정신지체아교육의 특질이 있다. 주로 양호학교에서 교육이 행해진다. 경도의 것 등도 보통학급이나 특수학급에서 건강한 아이와 함께 교육받도록 하고 있지만 교사와 특별훈련을 받도록 되어야 한다는 취지와 맞서고 있다.

3803 정신질환(mental illness) 01

정신적인 질병. 이상심리나 정신병리 등과 같은 뜻으로 쓰이기도 한다. 정신병이 현실과의 접촉에 실패한 이상심리를 가리키는 것임에 반해서 정신질환은 신경증·성격장애·정신병 등을 포함하는 포괄적인 개념이다.

3804 정신질환 02

생물학적, 화학적, 생리학적, 유전학적, 심리학적, 사회적, 환경적 기제들은 작용들 가운데서 하나 또는 그 이상의 것들이 문제를 일으킴에 따라 일어나는 심리사회적, 인지적 기능의 손상을 말한다. 정신질환은 그 주기나 정도, 예후가 극단적으로 다양하고 특정 형태에는 다음의 것들이 포함된다. 정신병(psychosis), 신경증(neurosis), 정서장애(affective disorders), 성격장애(personality disorders), 기질적 정신장애(organic mental disorders), 정신성적 장애(psychosexual disorder) 등이 있다.

3805 정신질환(psychopathic personality) 03

슈나이더(Schneider, K)는 성격이상에서 특히 그 일로 인해 스스로가 고민하거나 또는 사회가 고민하는 이상인격을 정신질병이라 정의했다. 이것이 일반적인 정의이지만 이처럼 가치개념을 포함하는 것을 진단분류 속에 넣는 것에는 논의가 많다. 원인으로서는 유전적 형질을 중시하는 견해도 있지만 정서적 체험의 빈곤에 의한 자아이상 형성의 실패로 생각하는 것이 타당할 것이다. 반사회적 경향이 강한 정신질병인격은 애정결핍과 유아기 부모의 자학적인 처우의 소산이라 생각되고 있다.

3806 정신질환명(psychiatric labels)

정신과 의사, 일반 의사 또는 정신건강 전문가들이 한 개인의 정신병 진행과정을 묘사하거나 진단하는 용어다. 이 용어는 DSM-Ⅲ(양극장애(bipolar disorder) 또는 전환장애(conversion disorder)와 같이)에서 사용되는 공식적인 진단상의 것일 수도 있으며, 또는 약간 비공식적인 특성짓기(병적 흥분(hysteric), 공포증(phobic) 또는 약물중독(drug addiction) 등)일 수도 있다. 정신질환 분류를 비판하는 이들은 이런 분류가 부정확하고, 인간성을 박탈하며, 개인주의의 전조가 되는 한편, 문제를 지나치게 단순화해 이런 문제가 발생하는 심리사회적 그리고 환경체제의 영향을 최소화한다고 말하고 있다. 정신질환 분류를 옹호하는 쪽은 이러한 분류에는 전문인들을 돕는 사람들 간의 효율적인 의사소통이 필요하며, 조사에 중요하다고 본다.

3807 정신치료(psychotherapy)

정신치료란 적절한 수련을 받은 사람이 전문직업적인 관계에 입각 하여 상대방이 지닌 성격상의 문제와 감정상의 문제를 심리적인 방법을 통하여 치료하는 것이다. 환자가 가진 정신증상을 제거·개선·지연시키고 그 행동양상 가운데 고통스럽게 느끼는 점을 조정하여 그의 인격이 긍정적인 방향으로 발전하고 성장하도록 하여 그가 자기 자신 및 주위 사람, 세상과 평화롭게 정을 나누며 균형·조화된 삶을 영위할 태세를 갖추게 함에 그 목적을 둔다.

3808 정신후유증/외상후유증

사람들이 보통 경험하는 범위를 넘어선 사건을 경험한 뒤에 나타나는 심리적 반작용이다. 이러한 사건의 유형에는 사고, 천재지변, 전투, 강간 및 피습 등이 있다. 결혼생활의 문제, 사별, 질병 등과 같이 사람들에게 흔한 스트레스는 이에 해당하지 않는다. 이러한 사건을 체험한 사람들은 정신집중에 어려움을 겪거나 감정이 무디어지고, 극도로 긴장하거나 신경질적이 되며, 고통스러운 기억, 악몽, 불면 등에 시달리기 쉽다.

3809 정액교부금(block grant)
수혜자조직이 자금을 가장 훌륭하게 배분하는 방법을 결정하도록 하면서 지방의 보건, 교육, 사회복지 욕구를 충족시키기 위하여 자금을 지불하는 제도로서 이 제도는 연방정부가 주로 사용하고 주정부도 가끔씩 사용하는데, 예산을 항목별로 분류하고 모든 개별 프로그램과 범주적 프로그램(categorical program)을 위하여 미리 획득하여 표시하는 자금의 필요성을 제거하기 위해 고안된다. 이 제도는 1981년의 총괄예산조정법(omnibus budget reconciliation act (P.L. 97-35))의 주요 항목이었다. 지지자들은 이러한 제도가 효율성을 높이고 지방에 대한 통제를 수월하게 해준다고 하지만 사회복지 욕구를 충족시키기 위한 비용을 감소시키는 변화된 방법이라고 말한다.

3810 정액요금(flat-rate fee)
어떤 서비스를 제공한 대가로 사회사업가나 다른 전문가들이 부과하는 정해진 돈의 액수. 그 액수는 클라이언트의 경제적 여건보다는 서비스 자체와 관련해 사정된다.
→ 비용연동제(sliding fee scale)

3811 정액제(flat rate scheme)
사회보장 특히 사회보험에 있어서 급여와 갹출 이 양자를 피보험자의 소득에 관계없이 균일액으로 갹출하는 것을 말한다. 베버리지의 사회보장계획은 균일갹출·균일급여의 원칙에 의하여 설계되었다. 균일제는 모든 사람들에게 최저 생활수준을 보장하는 것이며, 모든 시민에의 평등주의를 근원으로 하고 있다. 각국의 사회보험은 점차로 균일제에서 소득비례제로 옮겨가는 추세에 있다.

3812 정원지불방식
일반적으로 보조금 등을 지급하는 방식의 하나로서 현원불방식과 구별된다. 일본의 경우를 보면 아동복지시설에 대해 사무비의 보호단위로 정원(T.O)에 따라 지불하는 방식으로 주로 수용시설에 적용하고 있다. 이것은 아동의 생명에 관한 긴급입소에 대응하여 아동복지시설 최저기준에 대해 정원배치가 규정되며, 항시 조건이 충족되어 져야 한다는 것이다. 우리나라에서도 이 방식의 도입이 바람직하다고 하겠다.

3813 정의([영] definition [독] definition) 01
일반적으로 개념의 의미를 결정하는 일로서 철학에서는 개념의 애매성과 모호성을 제거하기 위하여 그 개념의 내포와 외연을 분명히 하는 것을 정의라 한다. 그러나 보다 엄밀하게는, 개념의 내포를 분명히 하는 것을 정의라 하고 개념의 외연을 분명히 하는 것을 구분이라 하기도 한다. 정의는 약정(convention)을 공식화한 것이기 때문에 약정의 목적에 따라 여러 가지로 구분될 수 있다. 즉 개념의 일상적 의미를 명확하게 하기 위하여 사용되는 사전적정의, 내포와 외연의 모호성을 인위적 약속에 의하여 제거하기 위한 약정적 정의, 이론적으로 개념을 명확하게 하기 위한 이론적 정의, 남을 설득하기 위한 설득적 정의 등이 있다. 그러나 논리학에서는 주로 내포적 정의와 외연적 정의로 구분한다. 내포적 정의는 유(類)와 종차에 의해 종개념을 정의하는 것을 말하며, 외연적 정의는 그 개념의 외연에 속하는 개체들을 열거하여 정의하는 것이다. → 정의항, 피정의항, 설득적 정의, 강령적 정의

3814 정의 02
개념의 내포를 결정하는 것이다. 사전에서 볼 수 있는 개념의 설명도 정의인데, 이것은 개념을 다른 말로 바꾸어 놓은 것에 지나지 않는 경우가 많다. 〈맑스주의〉를 〈맑스 학설의 총체〉라고 설명해도 개념의 내포는 분명해지지 않는다. 정의는 그 개념이 나타내는 대상의 가장 본질적인 속성을 표현하지 않으면 안된다. 〈삼각형은 3개의 직선으로 둘러싸인 평면 도형이다〉라는 정의는 이 요구를 충족시키고 있다. 이 경우 〈평면 도형〉은 삼각형에 대해서는 유개념이고 〈3개의 직선으로 둘러싸인〉은 삼각형을 다른 평면 도형과 구별하는 종차이다. 따라서 정의는 가장 가까운 유(類 [라] genus proximum)에 종차를 보탬으로써 성립한다. 이것이 보통의 정의의 형식인데, 대상의 본질적인 속성을 파악하고 있으면, 이 형식에 의하지 않아도 된다. 또 가장 보편적인 것, 단순한 직관적인 성질, 개체 등은 위에서 설명한 형식으로 정의할 수는 없다. 정의를 위해 지켜야 할 규칙으로서는 상기 외에 다음과 같은 것이 있다. a) 정의에 사용되는 개념과 정의되는 개념과의 외연(外延)은 일치하지 않으면 안된다. 그렇지 않으면 정의는 너무 넓든가 너무 좁든가 하게 된다. b) 정의되는 개념을 정의 속에 포함시켜서는 안된다. 이 규칙을 어기면 순환적 정의가 된다. 정의는 우리들이 사용하는 개념의 내용을 고정하는 것으로서, 연구의 출발점이지만, 또한 연구 성과의 총괄이기도 하다. 그러나 정의는 언제나 근사적·상대적으로서 대상을 완전히 고려할 수 있는 것은 아니다. 연구의 진보에 따라, 대상 자체의 발전에 의해 정의는 보다 깊고 풍부해지고 있다.

3815 정의적 의미(affective(emotive) meaning)
정서를 유발시키는 기능을 하는 말이나 문장의 의미다. 「인지적」 「과학적」 「사실적」 의미와 대립된다. 이 말은 주로 비엔나 학파를 중심으로 한 논리실증주의자들이 유의미성의 기준을 검증 가능성으로 확립하기 위하여 쓴 개념이다. 즉 논리실증주의자들에 의하면, 가치 언어가 들어 있는 문장은 진위를 판별할 수 없는, 단지 감정을 유발하고 표현하는 문장에 지나지 않기 때문에 인지적 의미는 없고, 정의적

의미만을 가진다. → 인지적 의미

3816 정적강화(positive reinforcement)
아동이 어떤 바람직한 행동을 했을 때 아동이 좋아하는 것들로 보상해 주어서 바람직한 행동을 증가시키는 것을 말한다. 예컨대, 아동이 엄마 심부름을 했을 때 칭찬해 주고 과자를 주면 아동은 다음에도 엄마의 심부름을 잘하게 된다. 심부름을 한 후 받게 되는 칭찬과 과자 때문이다. 이렇게 칭찬해 주고 과자를 주는 것처럼 어떤 바람직한 행동 뒤에 제공하는 보상들을 정적강화라 한다. 칭찬, 사탕이나 과자, 스티커 붙이기, 어떤 자유놀이, 텔레비전 보기와 같이 아동이 좋아하는 활동 등을 강화제라고 한다.

3817 정족수(quorum)
그 인원만으로도 공식적 업무를 수행할 수 있는 한 회합에서 요구되는 최소한의 인원수를 말한다.

3818 정주법(the settlement act)
찰스2세 때에 제정된 법으로 각 교구는 자기 교구 내에서 출생한 법적거주권 소지자에 한하여 구빈을 책임진다는 법. 그러나 빈민들은 일자리를 찾아 부유한 교구로 이동해 다녔기 때문에 이로 인하여 많은 부랑자 군이 생겨났고 구빈비용은 계속 증가하게 되었다. 그리하여 빈민의 자유로운 이동을 금지하는 법을 제정하기에 이른 것이다. 새로운 이주자에게는 40일 이내 조사하여 치안판사로 하여금 귀환조치 내지 축출시켰고, 새 이주자 중 년 10파운드 세를 낼 수 있는 자는 제외시켰다. 그러나 이 법령은 빈민의 자유로운 이동을 금지하여 선의의 빈민의 거주선택의 자유와 정의에 대한 뚜렷한 침해라는 비판을 받게 되었다.

3819 정주법과 이주법(law of settlement and removal)
1662년에 시행된 역사적으로 중요한 영국 법으로서, 공적부조의 적격성을 결정하는 데에 주거제한법이 광범위하게 쓰이도록 유도했다. 이 법으로 시의 공무원은 단지 가난한 시민만을 돕고, 그 밖의 원조에 의존하게 될 수 있는 관할구역 밖의 사람을 추방할 권한을 부여받았다.

3820 정직(Suspension of One's Duty)
징계처분의 한 종류로 1개월 이상 3개월 이하의 기간으로 하고, 정직처분을 받은 자는 그 기간 중 신분은 유지하나 직무에 종사하지 못하며 보수의 2/3를 감한다. 징계처분의 집행이 종료된 날로부터 18개월 동안 승급이 제한되며, 징계처분이 종료된 날로부터 7년이 경과하게 되면 승급기간의 특례에 의하여 징계처분기간을 제외하고 승급의 제한을 받은 기간은 재산입한다.

3821 정책(policy)
어떤 기관이나 정부가 결정을 내릴 때 준거로 삼는 명시적 또는 묵시적인 계획. 이 계획은 기관과 그 기관 구성원의 가치관, 입장, 법규, 정강, 사회규범 및 지침의 총체이다. → 사회정책(social policy)

3822 정책결정론(policy decision-making theories)
특정한 정책과 법으로 옮겨지는 사회정치적 영향과 고려해야할 사항에 대한 설명이다. 맨(L. D. Man) 등의 학자들은 어떻게 정책이 결정되는지를 설명하기 위하여 5가지 모델을 규정하였다. 이 5가지 모델은 ① 일반 대중을 위하는 사람들이 모여 기획집단을 이루고 정책입안자를 고용하여 합리적인 결정을 내리며 적절한 계획을 제한하는 '전통 모델' ② 소수의 기업인들이 정치인들에게 영향력을 행사하여 사회 하부구조에 결정을 강요하는 '권력피라미드 모델' ③ 각기 다른 이슈가 다른 리더십 형태를 갖게 되는 '예일 Yale 식과 두 권력형 모델' ④ 시간에 따라 규모와 중요성이 바뀌는 여러 이익집단이 영향력을 갖고 있는 '영향력 분산 모델' ⑤ 의사결정은 이해관계가 얽힌 여러 체계들이 상호작용한 결과의 흐름이라고 설명하는 '의사결정 과정 모델'이다.

3823 정책분석(policy analysis)
정책 및 정책이 형성되는 과정에 대해 체계적인 평가를 하는 것이다. 정책을 분석하는 사람들은 장·단기적인 측면에서 정책형성 과정과 그 결과가 합리적이었는가, 명확했는가, 형평에는 어긋나지 않았는가, 합법적이었는가, 정치적으로 실현 가능한 것이었는가, 사회적인 가치규범에 부합되는가, 투입된 비용이 효과적으로 쓰였는가, 그리고 더 좋은 대안은 없는가 등에 관해 검토한다.

3824 정책성명서(policy statement)
조직의 지침이 되는 정책의 공식적이며 공개적인 입장.

3825 정체(identity)
심리학에서 개성의 한 특징을 가리키는 말. 즉 인간의 여러 가지 생리적·심리적인 변화에도 불구하고 개성이 일정한 특징을 가지고 존재할 때 그것을 정체라고 한다. → 정체성

3826 정체성(identity)
다양한 상황에서 유지되는 가치관, 행위, 사고의 기본적인 통합과 지속성뿐만 아니라 개인의 자의식과 독특성.

3827 정체성 대 역할혼란 (identity versus role confusion)
대략 12~18세 때 일어나는, 에릭슨(Erikson)의 인간 심리발달의 다섯 번째 단계이다. 청소년들이 직면하는 갈등은 가치관, 직업목표, 인생에서의 위치 등에 대해 분명한 이상을 수립하려는 것이거나, 사회 환경에 어떻게 적응할 것인가에 대한 확신이 부족한 것일 수 있다. 이 시기에는 정체성 위기(identity crisis)가 나타날 가능성이 가장 큰 시기이다.

3828 정체성 위기(identity crisis)
생활에서 자신들의 역할에 대해 혼란을 느끼는 상태를 말한다. 개인은 다른 사람의 기대에 부응하여 살 수 있는가, 의심해보는 시기가 있으며, 만일 그러한 기대가 충족되지 않는다면, 어떤 사람이 될 것인가에 대해 불확실하게 생각한다.

3829 정체이형(heterostasis)
체계 또는 유기체가 불안정하게 되는 경향을 말한다.

3830 정체적 과잉인구
상대적 과잉인구의 정체적 형태를 말한다. 기계공업이 발전되어도 수공업이나 가내공업은 소멸되지 않고 근대산업의 외곽에서 재편성된다. 이 때 부문 내의 자체축적과정에서 재출된 과잉인구 외에 대공업부문이나 농업부문에서 과잉인구가 유입하고 저자금·과도노동의 불규칙 취업자군이 발생한다. 가내노동자가 그 전형으로, 미숙련노동자이나 초보자라도 할 수 있는 단순노동이 많고 노동시간의 규제가 곤란하다는 등의 문제가 있다.

3831 정치적 행위(political action)
입법, 선거 및 사회여론 등에 영향을 주기 위한 행위. 사회사업가들은 선거에 출마하거나, 다른 후보자나 이슈를 지지하는 선거운동을 하거나, 유권자와 여론을 동원하는 등 여러 방법을 통해 정치행위에 참여한다. 매허페이(Maryann Mahaffey)와 행크스(John W. hanks)에 의하면 정치적 행위에는 그 밖에도 로비, 의회위원회에서의 증언, 공직자 및 공무원들의 업무 감시 등이 있다. 또한 사회사업가들은 직장연합회의 정치행위 조직인 페이스(PACE : 후보자 선출을 위한 정치적 활동)와 엘란(ELAN) 등을 통해 정치행위에 참여할 수도 있다.

3832 정치적 활동(political activism)
선거직 공무원, 임명직 공무원, 일반 공무원 및 유권자들의 결정과 견해에 영향을 미치는 활동에 참여하는 것이다. 이러한 활동에는 유권자 등록운동, 사회적 자각운동, 국회의원 선거운동을 위한 선거자금 모금활동, 로비활동, 입후보, 언론을 활용한 선거운동, 공정선거 감시활동 등이 있다.

3833 정화(catharsis)
인간의 정신내면에 억제되어 있던 관념이나 감정을 표출시킴으로써 불안이나 긴장을 해소시키는 일을 말한다. 불로이어는 히스테리 환자 중에 억제되어 있던 기억이 최면상태에서 감정을 동반하여 재생되거나 제거되는 것을 발견했다. 케이스워크의 면접장면에서도 클라이언트의 감정을 모두 표출시키고 정화시켜 이것을 수용하고 경청함으로서 자기이해를 깊게 하고 원조활동을 원활히 전개시킬 수 있다.

3834 제1단계 변화(first-order change)
체계이론에서, 한 체계 내에서 일어나는 일시적·피상적 변화, 또는 체계가 기능하는 방식이다.
→ 제2단계 변화(sccond-order change)

3835 제1종 사회복지사업
사회복지사업은 제1종과 제2종으로 분류된다. 다만 그 분류는 형식주의적·열거주의적 정의에 기초한 것이기 때문에 그 구별의 법적기준도 불분명하나 일반적으로 제1종 사회복지사업은 공공성이 특히 높은 사업이어서 인격존중과 중대한 관계를 갖는 사업, 혹은 부당한 착취를 미치게 해서는 안되는 사업으로 대상자의 전 생활을 보장하는 수용시설, 수산시설, 공익전당포 등의 경제보호사업 및 공동모금사업이 이것에 해당한다. 제1종 사회복지사업은 상기와 같이 공공성이 높아 경영주체는 국가·지방공공단체 및 본법에 의한 사회복지법인이 경영하는 것을 원칙으로 하고 그 외의 자가 경영하도록 하는 경우는 시·도지사의 허가를 받지 않으면 안된다. 이처럼 경영주체가 제한되어 있는 점을 들어 제1종 사회복지사업을 허가 사회복지사업으로 부르고 있다.

3836 제2단계 변화(second-order change)
체계이론(systems theories)에서, 체계 구조상의 근본적 또는 상대적으로 영속적인 변화와 그것이 기능하는 방식이다. → 제1단계 변화(first-order change)

3837 제1차 진료기관
의료보호법에 의해 서울특별시장, 부산·대구·인천광역시장 및 도지사는 진료지역을 설정하고 제1차 진료기관과 제2차 진료기관을 지정·실시하고 있다. 제1차 진료기관은 보건소와 의원, 치과의원 및 한의원, 병원선으로서 간단한 외과적 처치 등 개인병원을 의미한다. 제2차 진료기관은 장기치료가 필요한 환자, 긴급 입원수술이 필요한 환자가 치료받는 종합병원을 의미한다.

3838 제2축 장애(axis Ⅱ disorder)
DSM-Ⅲ(정신장애 진단·통계편람 : diagnostic and statistical manual of mental disorders)에서 말하는 정신장애의 한 분류. 이러한 장애는 개인의 정신구조에 깊이 스며있고, 기본적인 성격이 형성될 때 생겨난다. 제2축 장애는 너무 깊이 스며있어서 다른 정신적인 장애의 증상이 있는 사람을 평가할 때 그냥 지나칠 수도 있는 분리된 층 혹은 행동 축에 속하는 것으로 여겨진다. 성인과 청소년기의 성격장애에는 경계선(borderline), 회피(avoidance), 편집증(paranoia), 정신분열성(schizoid), 연기성(histrioic), 반사회적(antisocial), 의존(dependency), 강박적(compulsive), 수동-공격적(passive-aggressive), 정신분열성(schizotypal), 자아도취적(narcissistic)인 것을 포함한 12가지 특

ㅈ

정 성격장애(personality disorders)와 부정형적인 성격장애가 있다. 아동의 제2축 장애로는 독서, 언어, 발음, 수리의 발달장애가 있다.

3839 제3부문(the third sector) 01

국가나 지방공공단체가 공공적 목적으로 행하는 사업(공공부분)과 민간 기업이 영리목적으로 행하는 사업(민간부분)의 중간에 위치하는 부분을 말한다. 지역개발이나 도시경영 등을 위하여 국가 내지 지방 공공단체와 민간 기업이 공동출자하여 사업체를 설립하고 그것에 의해 민간의 자금과 능력을 공공적 목적의 사업에 동원하려고 하는 것이다.

3840 제3부문(third-party payment) 02

보험회사나 정부자금기관이 사회사업가, 사회기관 또는 기타 클라이언트에게 서비스를 제공하는 관련자에게 지불하는 재정 상환을 말한다. → 재정중재기구(fiscal intermediaries)와 제4부문(fourth party)

3841 제3세계(third world)

기술적으로 저개발 상태에 있으며 빈곤률, 문맹률, 영양결핍률이 높은 나라들은 말한다. 서부 유럽과 소비에트권에서 제3세계와 선진국들을 구별하는데 이 용어를 사용하고 있다.

3842 제3의 공간

산업화, 도시화에 따른 생산과 소비의 장이 분화하여 가정과 직장 즉 제1의 공간과 제2의 공간이 분리됐는데 동시에 그 사이에 제3의 공간이 생겨났다. 그것은 번화가를 전형으로 하는 여가의 공간이며 자유의 공간이다. 도시사회학에서는 이것을 가장 도시적인 공간으로 간주하고 있는데 그 확대와 더불어 다시 한 번 그 의미를 캐묻게 되었다.

3843 제3의 인생(the third age)

직업이나 일에서 은퇴하여 유유자적한 생활을 보낼 시기를 적극적으로 재검토하자는 생각에서 붙여진 용어를 말한다. 만숙기(later maturity), 프로덕티브 에이징(productive aging), 웰에이징(well-aging) 등도 같은 맥락의 용어이다. 한 사람이 태어나서 사회에 나설 때까지를 인생의 제1기, 사회인으로서 일하며 자녀를 키우는 시기를 인생의 제2기로 보고, 그 다음에는 제3의 인생이라는 뜻에서 붙여진 말이다. 예전에는 이 시기를 '여생'이라고 불렀지만, 이제는 이러한 소극적인 삶이 아닌 적극적인 생활태도로 노령기를 보내자는 뜻이 담겨 있다. 이를 실현하기 위하여 세계 각국에서는 고령자의 자기개발, 자기실현을 목적으로 하는 각종의 공적·사적인 프로그램이 실시되고 있다.

3844 제4부문(fourth party)

건강보호나 사회봉사의 제공자, 그 서비스의 수혜자, 그리고 서비스에 대한 지불을 하는 조직 사이에서의 재정중재기구(fiscal intermediaries)를 말한다. 제4부문은 비용을 갚기 위해서 현금을 주는 것은 아니고, 현금지급자(제3부문)에게 행정적 서비스를 제공한다. 예컨대 미국 정부는 군인 피부양자의 치료에 대해 건강보호 제공자에게 지불하는 챔푸스(CHAMPUS) 프로그램에 대한 제3부문임. 그러나 대부분의 지방에서 챔푸스 프로그램은 청십자-청방패(제4부문)와 같은 개인보험 회사와 계약을 맺어 행정적인 사무를 처리하도록 한다.

3845 제대군인원호법(GI bill)

미국의 퇴역군인들에게 교육, 주택, 보험, 의료 및 직업훈련의 기회를 제공하는 1944년에 개시한 제반 법률과 프로그램 등에 대한 통칭. 이들 프로그램은 제2차 세계대전이 끝난 뒤 돌아온 퇴역군인들을 사회에 통합시키고 미국의 노동인구(work force)를 증가시키기 위해 시작되었다.

3846 제도(institution)

결혼, 재판, 복지, 종교와 같은 문화의 기본적인 관습이나 행동유형. 또한 조직은 몇몇 공공목적과 조직의 사업을 위한 물리적 시설, 예컨대 감옥과 같은 것을 말한다.

3847 제도망(institutional network)

서비스 조직을 구성하는 지역사회 안에 있는 사회복지기관들의 모임.

3848 제도적 개념(institutional concept)

→ 보충적 개념

3849 제도적 복지급여(institutional welfare provision)

전체적 사회보장(social security)과 사회성원들의 복지를 위해 제공하는 사회의 영구한 프로그램. 이것은 주로 공공교육, 노인들을 위한 의료보호, 사회보험(social insurance)과 같은 사회의 보편적 프로그램(universal program)인 것이다. 그러나 자산조사(mean test) 프로그램이나 특별한 상황을 다루어 일시적으로 효과를 보는 프로그램 등은 여기서 제외된다.

3850 제로베이스 예산편성(zero-based budgeting)

사회행정에서 과거 지출과 관계없이 조직의 재정 운영에 대한 전체적인 미래 계획을 평가하는 과정. 각각의 새로운 재정계획은 0에서 시작된다. 그러므로 조직은 각각의 단위를 위한 자금이 늘어나는지 혹은 줄어드는지를 간단히 고려할 수 없지만, 조직의 목적과 그들을 성취하는 수단(방법)을 고려할 수 있다.

3851 제로섬 사회(zero sum society)

레스터 C. 더로 교수(메사추세츠 공과대학)의 저서 제목에서 따온 용어를 말한다. 제로섬이란 통상 스포츠나 게임에서 승패를 모두 합하면 제로가 되는 것을 말한다. 미국사회는 제로성장에 빠진 결과 에너지·환경·인플레 등의 난제를 해결하려고 하면 반드시 어느 계층의 이해와 충돌하여 반대에 부딪혀 문제해결이 곤란해진다. 그 때문에 제로 섬 상황을 타파하기 위해서는 저축을 투자에 결부시켜 경제성장률을 플러스로 할 필요가 있다. 그렇게 하기 위해서는 소비를 억제하는 세제의 도입이 필요하다고 더로 교수는 주장한다.

3852 제2차적 집단(secondary group)

관청·회사·학교 등의 거대하고 형식적인 근대적 조직으로서의 사회집단. 쿨리(C. H. Cooley)가 말한 제1차적 집단에 상대되는 말이지만 쿨리 자신은 사용하지 않았다. 그의 뒤에 나온 영(K. Young)이나 스미드(W. R. Smith)에 의해 만들어진 개념이다. 그 특징으로는 간접적(문자·전보·전화·전신 등) 접촉에 의한 결합이며, 특수한 이해관계가 결합요인이라는 점이다. 또 심리적 자극에 대한 반응이 이시적(異時的)이고 자연적인 것이 아니라, 크거나 작건 간에 의식적으로 조직되는 것도 특징이다. 때로는 파생적 집단(derivative group) 또는 특수 이해관계 집단(special interested group)이라고도 한다. 여기에 해당되는 집단의 대표적인 것은 국가사회·국제사회이다. 학교·학회·조합·정당 등은 스미드가 말한 중간적 집단에 속한다. 이들은 1차적 집단과 2차적 집단의 중간적 성격을 갖기 때문이다. → 원초집단, 이익사회

3853 제한진료(limited medical care)

의료보험의 진료급여인 보험급여에 대해 그 내용 및 범위에 일정한 제한을 두는 것을 말한다. 본래 질병의 개인차로부터 보험급여의 내용의 차이가 생기는 것인데 보험경제의 재정적 고려 때문에 보험 급여를 일정한 내용, 범위로 한정하는 것이다. 이 경우 의료의 개별성, 의사의 주체적 판단을 저해하는 문제를 발생시킨다. 일반적으로 의료급여의 내용 및 범위에 일정한 제한이 있는 것을 지칭하는 경우에 규격진료라고도 부른다. 의료적으로 필요하다고 인정되는 경우에도 제한을 하며, 그 이외의 진료를 인정하지 않는 것을 지칭하는 경우에 제한진료라고 불릴 때가 많다.

3854 젠더(gender)

종전 성(性)에 대한 영문표기 섹스(sex) 대신 새로 쓰기로 한 용어를 말한다. 95년 9월 5일 북경 제4차 여성대회 GO(정부기구)회의에서 결정했다. 젠더와 섹스는 우리말로 '성'이라는 같은 뜻이지만 원어인 영어로는 미묘한 어감차이가 있다. 젠더는 사회적인 의미의 성이고 섹스는 생물학적인 의미의 성을 뜻한다. EU와 미국 등 다수 국가가 주장하는 젠더는 남녀차별적인 섹스보다 대등한 남녀 간의 관계를 내포하며 평등에 있어서도 모든 사회적인 동등함을 실현시켜야 한다는 의미가 함축되어 있다.

3855 젠더리스(genderless)

성과 나이의 파괴를 주특성으로 하는 패션의 새로운 경향을 말한다. 예컨대 군화를 신은 여성, 귀고리를 한 남성 등과 같이 남녀 모두 성의 구분이나 연령을 예측하기 어려운 옷을 입는 것이다. 젠더리스 패션은 70년대에 유행, 여성들이 무조건 남성복 스타일의 옷을 입었던 유니섹스 패션과는 성격이 다르다. X세대에 의해 태어난 젠더리스 패션의 두드러진 특징은 '보이쉬'인데, 이들은 성인 남성의 패션을 공유하려는 것이 아니라 어리고 순수해 보이는 소년풍의 옷을 선호한다.

3856 조각기법(sculpting)

집단 또는 가족치료가들에 의해 실험적으로 사용되는 기법. 이 기법은 집단이나 가족의 한 구성원에게 다른 가족구성원들과의 관계를 어느 정도 이해하는가를 서술하도록 요구하는 것이다. 이것은 치료대상자를 특정한 장소로 움직이게 한 뒤 특정한 동작을 취하게 함으로써 이루어진다.

3857 조건반사([영] conditioned reflex) 01

파블로프(Pavlov, I. P.)는 개가 사육사의 신발소리에 침을 흘리는 것에 착안하여 침을 흘리게한 먹이를 무조건자극, 신발소리를 조건자극으로 할 때 이 양자를 몇 번이고 반복하면 끝내는 조건자극만으로 침을 흘리는 무조건반응을 일으킬 수가 있다고 한다. 조건반사는 눈꺼풀, 무릎의 굴신반응, 심장의 고동 등 여러 곳의 신체부위에 대해 성립 시킬 수 있다. 파블로프는 이 개념만으로 인간의 무의식적 행동을 설명하려 했으나 성공하지 못했다.

3858 조건반사([독] bedingter Reflex) 02

인간을 포함하는 고등 동물이 태어났을 때는 갖지 않고, 살아가는 도중에 획득하는 반사. 환언하면 일정한 조건 하에 형성되는 반사를 말하며, 이에 대해 태어나면서부터 갖고 있는 반사를 무조건 반사라고 한다. 예컨대 개에 일정한 소리와 빛을 신호(조건 자극)로서 주고, 그 후에 먹이를 주는 것을 반복하면, 곧 개는 그들 신호만으로 타액을 분비하게 된다. 이것은 무조건 반사의 경로와 지각의 경로가 결합함으로써 가능하게 되는데, 여기에 다시 대뇌피질의 기능이 개입한다. 조건반사는 신호만을 보내고 무조건 자극(위의 예에서는 먹이를 주는 일)을 주지 않고 내버려 두면 소거가 일어난다던가, 비슷한 신호에 대해 분화시킬 수 있다던가, 그 밖에 이에 관해 많은 법칙성이 연구되고 있다. 이 현상은 금세기 초에 파블로프에 의해 발견되었고, 동물의 심리 현상 또는 보다 일반적으로 고차적인 신경 활동을 객관적·생리학적으로 연구하는 길을 제시하였다는 점에서 그 의의가 크다. 조건반사는 동물로 하여금 개체마다 다른 생후의 다양한 생활조건에

적응시킨다는 의의를 지니며, 일반적으로 완전히 본능적인 것으로 간주되고 있는 젖먹이 현상 등에도 많은 조건반사가 가해지고 있다. 인간에게는, 감각으로서 직접 받아들여지는 제1신호계의 역할은 부차적인 것이 되고, 이에 대신하여 언어, 즉 제2신호계가 주요한 것이 된다. 또 조건 자극에 의해 형성되는 것을 개개의 반사로서 해석하지 않고, 보다 복합적인 반응으로서 보는 경우에는, 이것을 조건반응이라고 한다.

3859 조건반응(conditioned reponses)

고전적 조건화에서 조건자극에 의해 유발될 수 있도록 학습 또는 습득된 반응.

3860 조건부 계약(contingency contracting)

행동치료 behavior therapy에서 뒤따라 올 어떤 결과를 위하여 수행해야 하는 행동을 자세히 설명하면서 합의를 이루는 기술. 특히 이 기술은 가족원들이 '요구되는 행동을 따르면 어떤 결과가 나올 것이라는 진술'(if-then statement)을 수행하도록 돕는 행동주의 가족치료가들이 사용한다.

3861 조건부과제외자

근로능력이 있음에도 불구하고 개별가구·개인 여건 등으로 인해 자활사업에 참여할 것을 조건으로 (생계)급여를 지급하는 것이 곤란하다고 인정되는 자로서 조건부수급자 선정에서 제외되는 자를 말한다.

3862 조건부 금지(conditioned inhibition)

행동수정(behavior modification)에서 주체가 전에 반응을 나타낸 자극에 반응하지 않는 법을 배우는 양식을 말한다.

3863 조건부수급자

근로능력이 있는 수급자 중 자활사업 참여를 조건으로 (생계)급여를 지급받는 자

3864 조건화(conditioning)

행동이 학습되는 과정. 조건화는 두 가지 주요한 형태가 있는데 하나는 반응적(respondent)이고 다른 하나는 자발적(operant)인 것으로, 이 구분은 자극이 주어지는 연속선상에 의한 것이다. 반응적 조건화(respondent conditioning)에서는 행동이나 반응을 유도해내기 위해 자극이 먼저 주어진다. 조작적 조건화(operant conditioning)에서는 주체의 행동이 먼저 나타나고 다음에 보상이 주어진다. 조건화된 자극(conditioned stimulus), 무조건 자극(unconditioned stimulus), 조작적 조건화, 반사행동(respondent behavior) 참조

3865 조건화된 자극(CS : conditioned stimulus)

무조건 자극(unconditioned stimulus)과 짝을 이루어 학습된 반사나 조건반사(conditioned response)를 유도해내는 상황에서 이전에 일어난 중립적인 사건을 말한다. 예를 들어 개는 사람들을 두려워하지 않지만 사람들은 개에게 물리는 것을 연상하면 개를 보고 두려움을 나타낼 수 있다는 것이다.

3866 조기교육(head start)

가정환경이 어려운 소수민족 가정의 미취학 아동들에게 그들의 사회적 박탈의 영향을 어느 정도 상쇄시키기 위한 보충교육을 제공하기 위해 1965년 창설된 위대한 사회(great society)의 연방 프로그램이다. 연속사업(project follow through)으로 알려진 관련 프로그램은 저소득 가정의 아동들에게 국민 학교 시절을 통해 부가적인 보충교육을 받을 수 있도록 원조하기 위하여 1967년 창설되었다.

3867 조기발견(early finding)

→ 조기발견, 조기치료

3868 조기발견/조기치료(early finding early treatment)

조기발견·조기치료라고 하는 말은 결핵을 치료하는데 있어서 가장 적절한 시기를 결정하는 것으로 부터 유래되었다. 오늘날에는 암의 조기발견에 따라 치료율이 높게 나타내고 있기 때문에 보건상 주요용어로 사용된다. 보건복지부와 보건소를 중심으로 건강진단 등에 힘써 질병의 조기발견체제가 성과를 거두고 있다. 그러나 어느 정도 조기에 질병이 발견되고 그것에 대응한 의학기술이 진전되어도 치료를 받는 조건 예컨대 의료보장제도가 가능하지 않으면 그것은 문구에 그치고 만다. 특히 사회문제시 되고 있는 의료기관의 여러 차액 징수의 확대는 조기발견·조기치료에 지장을 주고 있다. 조기발견·조기치료의 효과적 추진 역시 의료보장이나 의료제도의 정비에 있다 해도 과언이 아니다.

3869 조기예측

형사정책의 목적은 범죄의 진압보다는 범죄의 예방에 있다는 입장이다. 즉 범죄에 이르기 이전에 그 가능성을 예측하고 이에 대한 예방조치를 강구하는 것을 말하며, 또 이것이 최선의 형사정책이라고 생각하는 것이다. 또 대상자 개인의 입장에서도 사전에 치료교육을 받고 교정된다면 복지적 혜택을 받은 결과가 된다고 할 것이다.

3870 조기퇴직연금(Early-retirement Annuity)

사학연금의 경우, 교직원이 20년 이상 재직하고 60세 미만, 정년 또는 근무상한연령에 도달하지 못하여 퇴직한 때에 본인이 원하는 경우 해당연령에 미달하는 연수에 따라 일정율을 감액한 후 조기에 지급받을 수 있도록 한 연금. 조기퇴직연금은 연금지급개시연령에 미달하는 연수가 5년 이내로 매 1년 당 5%씩 감액된다.

3871 조기퇴직제

기업들이 인사적체를 해소하고 퇴직금 부담을 줄이기 위한

방안으로 정년보다 앞서 퇴직할 경우 잔여임금의 일부를 일시에 지급하는 제도. 명예퇴직제라 부르기도 한다.

3872 조세부담률
(ratio of amount of taxes(to national income))
세금이 무겁다 가볍다고 말할 때 자주 등장하는 숫자로서 보통 국민소득에 대한 조세수입(국세와 지방세)의 비율. 법인을 포함한 국민이 평균적으로 얼마만큼의 세금을 지불하고 있는가를 나타내는 지표.

3873 조례(regulations)
헌법에 의거하여 지방자치 단체가 법령의 범위 내에서 그 지방의회의 의결에 의해 제정하는 주민의 권리·의무에 관한 일반규칙을 말한다. 다만, 주민의 권리·의무에 관한 사항·벌칙을 규정할 때에는 법률의 위임이 있어야 한다.

3874 조부 조항(grandfather clause)
'조부모 조항'이라고도 알려졌으며, 어떤 시간적 요구 이전에 이미 적절한 활동에 종사한 사람들에게 새로운 요건을 충족시키지 않아도 새로운 협정·규정 또는 요건을 면제하는 것이다. 예컨대, 전국사회사업가협회(NASW : national association of social workers)의 회원이며 1973년 이전에 일정한 실천과 지도감독의 요건을 충족시킨 사회사업가들은 나중에 적용되는 자격시험의 합격에 관계없이 공인사회사업가학회(ACSW : academy of certified social workers)의 회원이 될 수 있다.

3875 조부모 양연(foster grandparents)
가난한 사람, 지체자 혹은 방치된 아동들을 보호하고 정서적으로 지지하기 위해서 저소득 노인을 고용하는 것으로 액션(ACTION)이 관리하는 연방 프로그램.

3876 조사(study) 01
케이스워크의 과정에 있어서 사회진단을 위한 기초자료를 수집하는 것을 말하며, 이때 클라이언트 자신을 제1의 자료원으로서 존중하게 된다. 만약 클라이언트 이외의 곳으로부터 자료를 수집할 때는 클라이언트의 양해를 받는다. 사회조사라고 하는 경우도 있지만 지역의 사회조사와 혼동되어 조사라고 사용하는 경우가 많다.

3877 조사(research) 02
사실(요인)(facts)이나 원리(원칙)(principles)를 찾는데 사용되는 체계적 절차(systematic procedures)를 말한다.

3878 조사(survey) 03
연구대상 집단을 대표하는 표본에 대해, 서면이나 구두로 일련의 특정 질문을 하여 체계적으로 사실을 수집하는 절차를 말한다.

3879 조사기록
면접이나 관찰결과를 기록한 것을 조사기록이라 한다. 어떠한 사회조사에서도 조사기록은 중요한 분석 자료이지만 특히 분석자가 면접자나 관찰자가 아닐 경우에는 더욱 중요하다. 면접자나 관찰자에 의해 많은 것이 얻어졌다 해도 남겨진 조사기록만이 유일한 분석 자료가 되기 때문이다. 따라서 면접이나 관찰결과는 충실하게 기록되지 않으면 안된다. 가령 자유회답의 경우 회답을 가능한 말 그대로 기록하도록 유의해야 한다.

3880 조사-재조사 신뢰도(test-retest reliability)
사회조사에서, 검사 또는 조사절차가 첫째 집단에서 시행되었을 때 두 번째 조사가 첫 번째 조사와 유사한 결과를 얻는 정도. 예를 들어, 사회사업 학생집단에게 적성검사를 실시하였을 때, 만약 두 번째 점수가 첫 번째와 매우 다르다면 신뢰도는 낮은 것으로 간주된다.

3881 조사대상(research subjects)
사회조사에서 목적, 주체, 방법 등과 함께 조사의 테두리로 규정하는 기본조건의 하나이다. 조사대상의 확정은 조사목적과 함께 조사비용 등의 실제조건에 의해 결정되는 일도 적지 않다. 기본적으로 우선 조사지역의 선정이나 모집단의 결정을 포함하는 조사대상범위를 결정하고 다음으로 이 대상범위 안에서 조사목적에 합당한 적절한 단위를 조사대상으로 선정하게 된다. 이러한 경우 사건조사에는 전형성, 대표성을 갖는 사례를 선정하고 통계조사에서는 전수조사나 표본조사처럼 일정한 부분을 조사대상으로 선정해야 한다.

3882 조사방법
조사방법은 일반적으로 자료수집과 처리의 관점에서 통계적조사법과 사례적조사법으로 대별된다. 통계적조사법은 전수조사와 표본조사로 나눌 수 있으나 모두가 대량관찰에 의해 객관적으로 문제를 파악하려는 양적방법이며 사회적 사실을 평균이나 도수분석, 상관계수 등에 의해 통계적으로 해석한다. 사례조사법은 소수사례를 인과관계나 사회정황의 상호관계 속에서 깊이 있게 파악하려는 방법으로 생활사법이나 요인관련법 등이 있다.

3883 조사수단
현지조사로 자료 수집을 하는 수단에는 조사표법, 관찰법, 자유면접법, 테스트법 등이 있으나 가장 폭넓게 이용되는 것이 조사표법이다. 조사표법은 그 사용하는 방법에 따라 개별면접조사법, 배표조사법, 집합조사법, 우송조사법, 전화조사법 등으로 분류되어진다. 이 같은 조사수단에는 각기 장점과 단점이 있어 조사주체는 조사목적이나 조사 대상에 맞춰 어떠한 수단을 써야할지를 결정할 필요가 있다.

3884 조사의 작업가설

조사는 상대적으로 실태파악에 중심이 되는 사실 발견적·현상기술적 조사, 사실 간의 관련성이나 인과관계에 대한 가설 검증에 비중이 주어진 조사로 분류된다. 그러나 전자에 있어서도 사실이나 문제의 예측에 관한 가설은 필요하다. 구드나 핫드는 조사의 작업가설을 구성하는 기준으로 명석한 개념에 근거할 것, 경험적인 통일성, 한정적일 것, 유사한 기술과의 관련, 전체적인 이념과의 관련 다섯 가지를 들고 있다.

3885 조사주체

조사가 유효하게 행해지기 위해서는 조사주체가 조사의 목적이나 가설을 명확하게 해서 이에 근거한 조사대상을 선정하고 가장 적합한 조사방법과 수단을 결정하는 일이 대단히 중요하다. 또한 정확한 자료를 수집하기 위해서는 조사대상자의 이해를 얻는 것은 물론 사전에 조사원들에게 명확하게 지침을 시달하는 것이 특히 중요하다. 조사기구, 조직의 운영과 경비의 합리적배분도 조사주체의 중요한 임무의 하나이다.

3886 조사집계

조사결과의 집계는 조사표의 내용을 점검하는 편집(editing) 과정, 조사항목마다 회답을 분류해 부호화하는 코딩(coding) 과정, 조사표를 집계해서 통계표에 취합하는 집계제표작업 과정으로 이루어진다. 이들 과정이 정확하게 행해져야만 비로소 조사표법, 테스트법, 통제적 관찰법 등에 의해 얻어진 자료가 집계되어 통계적 분석이 가능하게 된다.

3887 조산(premature birth)

정상적인 임신기간이 만료되기 훨씬 전의 조기 출산 또는 체중이 비정상적으로 가벼운 아기(통상 2kg 미만의 아기)를 출산하는 것이다.

3888 조산시설(maternity home)

요보호임산부를 입소시켜 조산을 받게 하는 것을 목적으로 하는 시설이다.

3889 조산원(midwife)

아기를 낳는 동안 산모를 도와주는 비의료인(nonphysician).

3890 조세(tax)

정부를 운영하는데 드는 비용을 충당하기 위해 정부가 강제로 징수하는 세금.

3891 조세특별조치법

소득세나 법인세, 상속세, 주세 등을 대상으로 그에 대한 경합, 면제 또는 환부 등의 조세특례조치를 설정함에 따라 특정정책목적을 실현하기 위해 정해졌다. 이러한 특별조치는 개별적 또는 사회적인 스텝의 충실이나 기술진흥을 위한 조치, 해외 상행위 보전을 위한 조치 및 사회보험진료보수의 소득계산 특례조치를 시작으로 각종 정책목적을 달성하고 있다. → 경제회복조세법

3892 조울병(manic-depressive illness)

깊고, 오랜 우울증(depression)으로부터 흥분, 도취, 동요하는 행동에 걸친 심각한 기분 동요로 특정 지어지는 정서장애. 정신의학자들은 이 증세를 양극장애(bipolar disorder)라는 진단명으로 부른다.

3893 조음장애(articulation disorders) 01

발음의 오류로서 받침을 빠뜨리거나 단어를 틀리게 발음하는 것을 말한다. 아동의 발달과정, 성장과정에서 일어나는 조음장애에는 중기질적인 요인이 아닌 기능적 조음장애와 발성발음기관의 형태상의 이상에 의한 조음장애, 발성발어운동에 따른 신경근질환에 기인하는 마비성조음장애 등이 있다. 일반적으로 발음의 종류로 발음의 오류를 분류하는데, 어떤 음소나 형태소가 잘못 발음되는가에 따라 생략형, 대치형, 왜곡형, 첨가형 등으로 구분된다.

3894 조음장애/발음장애 02

말에 사용되는 자음이나 모음 등 말소리를 잘못 발음하는 것을 말한다. 말에 사용되는 자음이나 모음을 잘못 발음해서 의사소통에 어려움이 있는 경우 아동들은 언어발달 과정에서 대부분 발음 문제를 나타낸다. 7세 정도 되면 모든 음을 정확하게 발음하게 된다. 그러나 아동이 학교에 들어가기 전까지 발음에 문제가 있으면 언어 치료를 받아야 한다. 학령 전 아동에게 발음 이상이 나타나는 원인으로는 언어발달의 지체, 청각장애, 발음기관의 기능이상, 정신 지체, 뇌성마비, 적절한 발음습관을 가질 수 있는 모델이 없는 경우 등이다. 이와 같은 장애로 언어 발달을 중심으로 하는 교육이 우선 이루어져야 한다. 발음이상에 관한 기초적인 훈련으로는 바른 음과 잘못된 음을 듣고 분별할 수 있도록 듣기 훈련을 시킨다. 그리고 특정한 음을 바르게 발음하도록 하는 것은 단시간에 가능하나 일상생활에서까지 일반화하여 정확하게 발음하도록 하는 데는 장기간이 필요하다. 조음장애 유형은 다음과 같다. ① 기능적 조음(발음)장애(functional articulation disorders) - 발음기관의 장애, 운동마비 등의 원인 없이 발음에 이상이 나타나는 것. ② 기질적 조음장애(organic articulation disorders) - 해부학적(구개, 혀, 입술, 턱 등), 생리학적, 신경학적 원인에 의해 발음에 이상이 나타나는 것이다. 음오류의 유형은 다음과 같다. ① 생략(omission) - 필요한 위치에 있는 음소를 적절하게 발음하지 못하여 표준음이 생략되는 것(예 : "신문"-"시무") ② 대치(substitution) - 표준음을 다른 음으로 대치하는 경우 우리말에서 흔히 나타나는 대치현상은 '?'은 '耆'이나 '?'으로 '?'은 '耆'으로 발음하는 것이다.(예 : "사과"-"다과") ③ 첨가(addition) - 불필요한 음을 첨가하는 것(예 : "고래"-"골래") ④ 왜곡(distortion) -

표준음을 잘못 발음하는 것인데 오류음을 정상적으로 사용되는 음소로 표기하기 어렵다. 왜곡된 발음은 변이기호(diacritic marks)를 사용하여 표기할 수 있다.

3895 조작적 개념(operational definition)
조사연구에서 연구할 현상을 어떻게 측정해야 할 것인지에 대한 구체적 진술.

3896 조작적 정의(operational definition)
어떤 술어를 정의하고자 할 때, 그 술어가 포함되는 명제의 진위를 판별할 수 있는 조건을 지시하여 정의하는 것이다. 조작적 정의는 성향(disposition)을 나타내는 말에 적용된다. 예컨대, 소금의 「용해성」이라는 말을 정의하고자 할 때, 그 말이 적용되는 "소금은 용해성을 가진다."라는 문장의 진위를 판별하기 위해서 조작이 가해진다면, 그것은 소금을 물속에 넣는 일이다. 소금의 「용해성」이라는 말은 "소금을 물속에 넣으면, 그것은 녹는다."는 뜻이다. 조작적 정의는 "~한 조건 하에서" 식으로 조작의 사태를 제시하고 "~한다"는 식으로 관찰 가능한 사실을 표현한다. 통상적으로 하나의 성향개념은 조작방식에 따라서 여러 개의 조작적 정의를 갖는다. → 조작주의

3897 조작적 조건화(operant conditioning)
스키너(B. F. Skinner)가 말한 학습의 한 형태로서 행동에 뒤따르는 보상을 변화시킴으로써 행동을 강화하거나 약하게 하는 것이다. 조작적 조건화는, 즉 결과조건보다는 선행된 조절조건의 효과를 갖는 파블로프(Pavlov) 학파 혹은 반응적 조건화(respondent conditioning)와 다르다.

3898 조작적 치료(operant therapy)
조작적 조건화(operant conditioning)를 활용하는 치료의 한 형태를 말한다.

3899 조장자(enabler)
조력자, 힘을 보태주는 사람 등으로 생각할 수 있다. 케이스워커와 지역사회조직가 등의 전문가가 지역주민 스스로 지역 내의 문제를 해결하도록 원조하는 역할을 말한다. 이 역할은 사회복지 전문가의 독특한 과정의 업무를 제시하고 있으며, 1960년대부터 다양하게 중계자(broker), 대변자(advocator), 기획자(planner) 등의 역할이 나타나고 있다.

3900 조장자 역할(enable role)
클라이언트가 상황적 또는 변이적 스크레스를 잘 극복할 능력을 갖도록 도와주는 사회사업가의 책임을 의미한다. 이 목적을 달성하는데 쓰이는 특별기술들은 희망부여(conveying hope), 저항과 양가감정 줄이기(reducing resistance and ambivalence), 감정의 인식과 유지(recognizing and managing feeling), 개인의 힘과 사회적 권리를 규명하고 지지하는 것(identifying and supporting personal strengths and social assets), 모든 문제를 더 쉽게 풀 수 있도록 여러 부분으로 분석하는 것, 목표상의 초점과 목표달성 방법의 유지 등이 있다. 다른 중요한 사회사업가의 역할에는 촉진자 역할(facilitator role), 교육자 역할(educator role), 동원자 역할(mobilizer role)이 있다.

3901 조절(accommodation)
이 용어는 사회사업가에게 세 가지 다른 의미를 지닌다. ① 지역사회 조직(community organization)에서, 다른 집단과 더 좋은 관계를 맺기 위해 문화적 측면 또는 환경적 측면을 수정하는 집단의 능력 ② 노인보건사업에서, 관찰자로부터 다른 거리에 놓인 대상에 초점을 맞추기 위해서 눈의 렌즈 모양을 변화시킬 수 있는 시각적 성질 ③ 발달이론과 피아제 이론(Piagetian theory)에서, 새로운 또는 새롭게 인지된 환경상태를 다룰 수 있도록 현재의 사고구조를 수정하는 개인의 성장된 능력.

3902 조정(mediation) 01
노동위원회의 중계에 의한 노동쟁의 해결의 한 방법으로 노동쟁의조정법의 규정에 근거한다. 노동위원회가 정식으로 조정안을 작성하고, 그 수락을 권고하는 점이 알선과 다르다. 물론 수락의 여부는 당사자의 자유이며 조정안이 수락된 경우, 관계당사자와 조정위원 전원이 서명날인한 조정서는 단체협약과 동일한 효력을 갖는다.

3903 조정(coordination) 02
조직의 공동목적을 달성하기 위하여 행동통일을 이룩하도록 집단적 노력을 질서정연하게 배열하여 가는 행정과정. 정책이 결정되고 그 소요경비가 마련된 다음에 요구에 부합되는 조직이 이루어지고, 인원이 배정되어 지시를 내리고, 권한과 책임의 위임이 결정되어 감독문제까지 해결되면 이러한 모든 요인이 서로 연결관계를 맺게 하는 수단을 필요로 하는데 이 단계가 조정이다. 조정의 성과를 올리려면 조직 구성원들이 뚜렷한 목표의식을 가져야 하며, 기본적인 행동방식에 관해 어떠한 원칙적 합의가 있어야 한다. 따라서 조직책임자는 자기의 조정 노력이 조직구성원들에게 침투되도록 하며, 규율과 공정한 징계제도 등에 의해 이탈자를 방지하거나 시정하게 된다.

3904 조정간격 계획표(fixed-interval schedule)
반응이 일어난 뒤 일정 기간이 경과한 후에 강화(reinforcement)가 전달되는 것으로 행동수정(behavior modification)에서 사용되는 한 절차를 말한다. 예컨대 할당된 숙제를 다한 후 10분이 지나서 아동에게 보상이 주어진다.

3905 조정자(coordinator)
사회사업가의 역할 중 하나로 문제선정을 위한 원조활동이

다. 사회복지의 전문직뿐만 아니라, 의사, 간호사, 보건부, OT, PT 등의 전문인, 지도자, 기타 많은 사람들과의 협동이 필수적으로 되어 사회사업가는 이들 관계자 사이에서 조정적 기능을 수행해야 한다. 이들 조정적 기능의 수행은 각종 복지시설이나 기관의 사회사업가에게 기대되어질 뿐만 아니라 지역사회분야에서도 점점 중요성이 증대되고 있다. 즉 지역복지 증진을 위해서는 지역 내에서의 각종 전문인, 주민조직, 자원봉사조직, 기타 수많은 복지차원의 광범위한 조직화와 함께 이들에 대한 조정적기능이 필요하게 된다. 지역복지에 있어서 조정자의 역할을 담당하는 사회복지협의회의 활동이 점점 더 중요하다 하겠다.

3906 조정적 기능(coordinative function)

원래 전체적이며 주체적인 주민의 생활요구에 대해 사회제도가 대립 하거나 불리하지 않도록 주민(집단과 개인)과 사회제도 전반에 작용해 그 관계를 조정하는 사회복지의 기능을 말한다. 이는 지역사회의 생활관련 시책이나 사회복지의 공사서비스가 별로 분리되어 계획·운영되는데서 생겨나는 폐해에 대응하는 것이다. 이 기능은 사회복지협의회의 활동으로 수행된다. 또 구체적인 개인 상담에 의해 클라이언트가 생활조건의 모순을 발견하고 그것을 사회기관에 주장 해가는 것을 원조하거나 혹은 대변해가는 개별적인 조정의 원조도 있다.

3907 조증(mania)

특별한 정신적이고 행동적인 상태를 묘사하는 데에 사용되는 세 가지 방식의 상이한 용어를 말한다. ① 도벽(kleptomania : 도둑질), 여성의 색정광(nymphomania : 성교에 대한 비정상적이고 지나친 욕구) 그리고 방화광(pyromania : 방화에 대한 몰두)처럼 일부 생각이나 행위에 강하게 몰두하는 것이다. ② 동요, 급한 생각, 과다활동, 지나친 의기양양의 상태(조울병 : manic-depressive illness)의 조증 에피소드(manic episode)와 같은)는 일부 주요 정서장애(major affective disorder)와 특정한 조직적인 정신장애에서 발견된다. ③ 개인이 폭력적이고 매우 동요된 듯이 모이는 '정신이상'이나 '정신적 붕괴'를 묘사하는데 사용되는 일반적인 용어를 뜻한다.

3908 조증 에피소드(manic episode)

어떤 사람이 동요하고, 흥분하고, 성급하고, 초조한 태도로 행동하며 도취되고, 단언하고, 수다를 떨고, 과다활동을 보이는 시기를 지칭하는 용어를 말한다. 이 단계에 개인의 판단력과 주의력은 최소화하고 종종 다른 사람들과 갈등을 일으킨다.

3909 조직(organization)

사회사업과 지역사회 개발에서 개인이나 집단이 그들의 노력과 의사소통체계, 구조를 잘 정비하여 상호이익이 되는 방향으로 하나의 목표를 성취하기 위해 함께 일할 수 있도록 도와주는 과정.

3910 조직개발(OD : organization development)

인간관계와 체계이론에서 유래된 행정기법으로 기술을 혁신하고 기능을 조정하여 문제해결, 효과적인 의사소통, 생산의 효율성 신장을 위해 집단성원들의 능력을 향상시키기 위한 것이다. 이는 장기적인 과정이며 하나의 경영스타일이다. 또한 이것은 감수성 훈련집단(sensitivity group), 집단생활지도집단(T-group), 환류(feedback) 체계, 과정 자문, 팀 형성 등과 같은 다양한 기법을 사용한다.

3911 조직인(organization man)

화이트(Whyte, W. H.)가 조직인(organization man, 1596)이라는 저서 속에서 그린 현대 조직인에 대한 인간유형을 말한다. 조직에 대해 전인적으로 개입하는 자로서 독특한 이데올로기를 갖는다. 즉 과학주의에의 신앙, 집단귀속에의 소망, 조직의 우월성이나 창조성에의 신앙이 그것이다. 주로 중간계급을 배경으로 하는 기업중견층, 조직된 과학자 등의 전문적인 사람들에게 전형적이다. 프로테스탄트적 개인주의가 쇠퇴하자 그것에 대체하여 등장한 헌신적 조직인의 새로운 유형이다. 이 책은 1950년대를 풍미한 대표적 저서의 하나이다.

3912 조직화(organizing)

행정관리의 기능 중 가장 핵심적인 요인 중의 하나로서 정적 구조만을 뜻하는 것이 아니라 각 조직 구성요소 간의 상호관계를 설정하는 일련의 동태적 과정. 조직화의 기본적 과제는 영속적인 과제로서 고위층의 행정관리들이 과업수행에 관련된 행정조직 전체와 기술적 방법을 적용시키는 데 있다. 따라서 조직화가 잘 이루어지기 위해서는 인간적 요인·기술적 요인·정치적 요인의 조화가 잘 이루어져야 한다. 일반적으로 조직화에서는 세 가지 영역이 고려되고 있다. 즉 ① 일반적인 조직 내지 구조의 영역으로 통상적인 조직 편성의 수준에 따라 부서간의 권한을 배분하게 되므로 직무수행을 위한 공식적 조직구조 내지는 조직화가 이루어지는 것이다. ② 직무수행의 절차에 관한 문제영역으로서 결재절차·예산절차·구매절차·수용절차 등의 문제가 고려되어야 한다. ③ 행정직무 수행 수단에 대한 문제영역으로 일상적인 행정업무 수행활동이 원활히 이루어지도록 고려되어야 한다.

3913 조치권

사회복지서비스의 급여를 법에 따라 결정한 권한. 광의의 복지조치에는 행정기관의 작용에 한계가 없는 수익적인 성격의 것도 있지만, 담당범위와 행정행위의 책임의 주체를 명확히 하기 위한 것도 있다. 조치내용에 맞게 권한을 자세히 명기한 것이 특징이다. 시설입소 조치권은 시·도지사가 행사하는 것이 전형이다. 아동복지법에 따른 보육소의 입소조치 등은 구청장이 관여하는 것도 있지만 읍·면·동에 대한 위임사무로 되어가는 추세에 있다.

3914 조치권자

지불방식 조치비지불방식의 한 형태로 복지조치에 따른 비용을 지불하는 주체가 조치권자인 방식을 말한다. 법에 정한 부담구분에 따라 최종적인 부담을 의미하는 것은 아니지만 대체지불에 영향을 주는 것으로 모두 이 원칙을 따른다. 그러나 시설에의 입소조치가 국·시립시설에 대해 행해지는 경우 설치자 지불방식을 취하는 경우가 있다.

3915 조치기관 / 조치권자(administering authority)

조치기관은 특정의 복지조치에서의 권한청 내지는 처분청으로 행정 행위의 주체를 말하며 실시기관이라고도 한다. 조치권자는 대개 시·도지사이나 아동복지관계의 일부 보육소 등의 문제를 다룰 때는 구청장이 이를 대신한다. 조치권자는 자치회 내부에 전문행정기관을 설치하기 때문에 법에 의해 그 권한을 전문행정기관(예컨대 복지사무소, 아동상담소)의 장에게 위임할 수 있다. 조치권자는 지방행정체의 장으로 복지입법에 따른 복지조치는 전후 오랫동안 기관위임사무방식을 중심으로 해왔지만 현재는 생활보장법에 의한 보호시설을 나타내 복지조치는 모두 모체위임사무소로 되었다. 또 조치권자는 조치비를 지불하는 의무를 지고 있기 때문에 조치비 지불 의무자라고도 한다.

3916 조치기준

복지조치의 결정에 즈음하여 서비스의 필요성을 확인하기 위한 척도로서 사용되는 기준. 주로 사회복지시설의 입소기준으로 사용되지만, 시설수요의 충족선을 결정하는 것을 의미하며, 이용자에 따른 시설이용 권리를 실체화하기 위한 표준이다. 따라서 이 기준은 시설이용의 권리억제로도 운용되기 쉬워 기준의 명확한 설정이 불가피하다. 시설의 입소조치기준은 개개의 시설에 대해 기준이 세밀히 정해져 있는 경우(보육소·노인홈 등)에 법으로 정해진 목적규정만으로 그 것에 대신하는 경우가 있지만, 실제시설이용은 수요와 공급의 관계에서 결정되기 때문에 기준에 관계없이 조치판정을 할 때 우선순위 결정의 행정재량이 따른다. 조치기준의 내용은 시설과 완전히 다르지만 보육에 부족한 환경요건과 신체장애 등의 속인적 요건으로 대별 해 속인적인 요건에 따른 조치에는 행정조치에 앞선 충분한 조사와 판정이 필요하다.

3917 조치비

각 실정법에 따른 시·도 및 지방이 취해야할 복지조치에 요구되는 경비를 가리킨다. 일반적으로 성인시설은 조치에 요하는 경비라는 표현을 사용하고, 아동시설은 최저기준을 유지하는데 요하는 경비라고 한다. 조치비의 내역은 시설운영을 위한 직원급여비 및 시설관리비를 사무비로 호칭하고, 입소자의 생활비나 교육비 등을 사업비로 하고 있다. 조치비는 매년 국가예산계획에 따라 보건복지부 담당 하에 국고부담금 교부기준으로 나타낸다.

3918 조치판정

행정청(조치기관)이 시설입소 등의 조치권한을 사용하는 이용자에게 의사표시를 하려고 할 때 이용할 내부적인 의사결정을 말한다. 조치판정으로는 각종 평생 상담소나 아동상담소의 상담 부문이 행하도록 의학적, 심리학적인 순수한 임상적 판정에 의한다는 것과 조치권자의 사실상 의사결정을 의미하는 경우로 분리된다. 생활보장의 경우를 제외한 어느 판정도 조치기준의 획일화가 곤란하기 때문에 판정회의라고 하는 형태의 합의제를 취하고 있는 것이 많다.

3919 조합복지(corporate welfare)

조직체의 생존을 돕고 이윤을 확보할 수 있도록 조직체에 서비스, 재정원조, 보조금, 기타 다른 혜택을 제공하는 것이다. 예를 들어 연방정부는 노동집약적인 산업이 시민에게 많은 일자리를 제공하기 때문에 그 산업의 세율을 인하하거나 비용의 일부를 보조할 수도 있다. 지방정부는 지역 경제를 활성화시키기 위해 그 지역에 재배치되는 회사들에 토지를 저렴한 비용으로 혹은 전혀 비용 없이 토지를 제공할 수도 있다. 개인들에 대한 국가사회복지를 강하게 반대하는 일부 사람들은 기업을 위한 조합복지 프로그램을 선호한다.

3920 조합주의(corporatism)

국민의료보험제도의 실시방법을 둘러싼 주장. 조합주의란 소득원·소득 파악률·의료이용률 등을 유사한 집단별로 묶어 독립채산 방식에 의해 자치 운영하자는 주장이다. 우리나라는 현재 조합주의방식에 의해 직장근로자조합·공무원 및 교직원조합·농촌지역조합·도시 지역조합 등 4개 유형의 조합으로 나눠 운영되고 있다. 조합주의의 장점은 조합의식에 의한 알뜰한 보험재정관리로 조합의 흑자재정을 가능케 해 결국 조합비를 인하하는 등 조합원에게 이익을 되돌려줄 수 있고 피보험자의 의료낭비를 막을 수 있다는 점이다. → 보편주의

3921 조형(shaping)

행동수정(behavior modification)에서 바람직스럽고, 치료사가 목적한 형태의 행동변화를 점차 보이도록 (특히 다른 방법(행동)을 강화하지 않고서) 하는 치료절차를 말한다.

3922 존재([영] being [독] sein)

유(有)라고도 한다. 〈있다〉는 것 및 〈있는 것〉을 의미하는데, 〈있다〉는 가장 보편적이고 단순한 개념이며, 따라서 보

다 보편적인 개념을 사용하여 그것을 정의하는 것은 불가능하므로, 여기서는 그것의 여러 용법을 지적함에 그친다. ① 〈…이다〉에서의 〈이다〉. 이것은 〈S는 P이다〉라는 판단에서의 〈이다〉로서, 주어와 술어의 결합관계를 나타내는 것. ② 〈…이 있다〉에서의 〈있다〉의 의미로서 〈있는 것〉. a) 시간 공간 속에 있는 지각의 대상이 될 수 있는 객관적 존재. b) 표상, 욕구, 감정 등 심리학의 대상이 되는 심적 존재. c) 형이상학적인 실재. d) 수학의 대상 등을 위시한 본질로서의 존재. e) 가능적인 존재로서의 본질적 존재에 대하는 것으로서의 현실적 존재, 특히 인간의 주체적 존재(→ 실존). 이들 여러 가지 존재의 어느 것을 본원적으로 보느냐는 각각의 철학적 입장에 따라 다르다. ③ 상기의 갖가지 존재는 여러 가지로 한정되고는 있지만, 어느 것이나 모두 존재하는 것이며, 그것들을 존재하게 하는 것으로 나타내는 〈존재〉다.

3923 종결단계(termination phase)
사회사업가－클라이언트 개입과정의 종결, 곧 업무관계(relationship)를 끝내기 위한 체계적인 절차를 말한다. 이러한 단계는 목표가 이루어졌을 때, 특정한 업무기간이 끝났을 때, 또는 클라이언트가 업무관계를 지속하는 것에 더 이상 관심이 없을 때 발생한다. 여기에는 목표 성취와 탐색과정(working through), 저항(resistance), 거부(denial), 그리고 질병편력(flight into illness)에 대한 진전사항을 평가하는 것이 종종 포함된다. 또한 종결단계에는 장래 문제를 어떻게 예상하고 해결할 것인지 그리고 장래에 욕구가 생겼을 때 요청할 더 필요한 자원을 어떻게 찾을 것인지에 관한 논의가 행해진다.

3924 종교법인
종교법인의 규정에 따라 법인으로 되어있는 종교단체를 말한다. 종교단체로는 예배시설이 있는 절, 사원, 교회, 수도원 그 외 이들과 비슷한 단체 및 이들 단체를 포괄하는 교파, 종파, 교회, 수도회 등 종교의 교리를 포교하는 의식행사를 행하는 신자를 교화 육성하는 것을 주목적으로 하는 단체를 말한다. 종교법인은 설립자가 일정의 규칙을 작성해 주무관청의 허가를 받아 설립 등기하는 것으로 성립된다.

3925 종교사회사업(religious social work)
사회복지실천은 경험적사실의 확립과 가치관에 기인하는 사회적 평가와의 통일을 장으로 해서 전개된다. 가치적 선택을 수반하지 않는 사회사업은 인간의 주체적 행동으로서는 무의미하다. 신앙을 갖는 사람에게는 종교인로서 버리지 못할 가치관이 행동의 동기가 되어 사회 복지실천의 방향을 좌우한다. 그 공통의 특질은 인간생명에 대한 존엄성과 이웃에 대한 전인적 인간재재에의 경배정신에 있다. 인간존엄의 강렬함이 오랜 역사를 통해 종교사회사업의 높이·넓이·깊이를 나타내고 있다.

3926 종교적 사회복지(sectarian services)
종교단체(sectarian services) 또는 교단의 재정적인 후원으로 발달하게 된 전반적인 사회사업 프로그램을 통칭하거나, 특정한 교단이 성원들만을 대상으로 후원해주는 프로그램이다. 예를 들어서 미국카톨릭자선단체(Catholic Charties USA), 유대인 사회기관(Jewish social agencies), 엘디에스 사회서비스(LDS Social Service), 루터 교단의 사회서비스(Lutheran social Services), 구세군(Salvation Army) 등이 있다.

3927 종교적 자선사업
사회복지의 역사는 사회낙오자의 구제로부터 비롯되었지만 그 대상자에 대한 동일성이 없으면 안된다. 하나는 동료 또는 친구라는 의식이 고 다른 하나는 인간으로서의 의식이다. 인간으로서의 의식은 옛 부터 종교에 뿌리를 두고 있다. 가령 기독교에서는 신에 의해 인간은 만들어졌고 신 앞에서는 형제라는 동일감이 사회복지의 실천으로 연결된다. 이와 같은 발상은 현대 민간사회복지사 등에 중요한 측면이 되고 있다.

3928 종단적 연구(longitudinal study)
의미 있는 시기에 걸쳐 동일한 현상이나 대상 집단을 반복적으로 조사, 연구하는 것이다.

3929 종속변수(dependent variable)
조사에서 새로운 자극이나 조건을 줌으로써 측정하거나 시험하는 현상이나 반응.

3930 종속변인(dependent variable)
독립변인의 조작결과(操作結果)에 의존하며 이의 효과를 판단하는 준거가 되는 변인. 실험의 기본적인 형태는 어떤 변인이 다른 어떤 변인에 어떠한 영향, 즉 효과를 미치는지를 알아보고자 한다. 예컨대 X변인을 교수방법, Y변인을 학생의 학업성적이라고 한다면, 실험자는 X변인을 다른 요인들과는 독립하여 체계적으로 조작시켜 보고 이러한 조작에 의존하고 종속되어서 Y변인이 어떻게 변화하는지를 확인하고자 할 것이다. 이때 X를 독립변인, Y를 종속변인이라고 한다. 이 변인은 독립변인의 조작결과에 의존하며, 거기에서 투출된 것이고, 거기에 반응된 것이며, 그리고 독립변인의 효과여부를 판단하는 준거가 되기 때문에 투출변인·반응변인·준거변인이라고도 한다. 성취도·태도 등이 예이지만 무엇이 종속변인인가는 물론 실험에 따라 다를 수 있으며, 또한 대개 실업에서는 하나를 취하지만 하나 이상의 종속변인을 취할 수도 있다. → 독립변인, 변인, 변수

3931 종속이론(dependency theory)
제3세계 국가의 저발전은 한 국가 내의 재화나 용역 등의 부족에 기인하는 것이 아니라 세계체제 속에서 중심부와 주변부의 세계적 수준의 분업에 기인하며, 주변부의 국가

는 중심부의 국가에 의해 정치, 경제, 사회, 문화적으로 종속상태에 있다는 이론. 종속이론은 근대화이론과 발전이론에 대한 대안적 패러다임으로 등장했다. 제3세계 국가의 저발전 현상을 서구세계의 발전과 분리시커 설명할 수 없으며, 오히려 제3세계의 저발전은 유럽을 중심으로 한 서구세계의 국제적 팽창과정 속에서 제3세계 국가가 식민지로 자본주의 세계체제의 발전을 중추-의성관계(metropolis-satellite)로 파악하는 프랭크(A. G. Frank)와 중심부-주변부(center-periphery)로 구조화한 아민(S. Amin), 핵심부-주변부-반주변부(semi-periphery)로 파악한 윌러슈타인(I. Wallerstein)에 의해 제기되었다. 교육에서 종속이론은 주로 문화적 측면에서 제기된다. 세계체제 속의 한 국가라는 상황은 교육의 발전과 저발전에 대한 세계적 수준의 경제, 정치, 사회문화적 요인을 조건지으며, 이는 주변부에 대한 지배력을 계속적으로 유지한다. 특히 카노이(M, Carnoy)는 제3세계 국가의 교육팽창이 성공하지 못한 이유로 서구 자본주의국가의 문화적 지배를 들고 있다.

3932 종신고용제도(life employment system)

일본의 대기업에서 보여지는 것으로 직장에 들어가 연륜이 더해짐에 따라 누적적으로 경험을 쌓는 노사관계 하에서 신규학교졸업자가 직장에 들어간 후 동일기업 내에서 연공서열에 따라 승진하면서 정년까지 고용관계가 계속되어가는 것이다. 점차 퇴색해진 제도이다.

3933 종양학(oncology)

암과 종양을 연구하고 치료하는 의학의 한 분야.

3934 종업원대표제도(employee representation)

미국에서 제1차 대전 이후 각 기업에 설치한 일종의 노사협의제도이다. 본래의 취지는 회사의 경영자와 선발된 종업원의 대표가 근로 조건에 대해 협의하려는 것이다. 이 제도는 근로자집단의 자주적 조직이라기보다는 오히려 기업 내지 경영자가 그것을 육성한 것이어서 그 이름이 나타내는 바와 같이 노무자만으로 구성되어 있다. 종업원 대표선출에는 경영자의 의향이 강하게 작용하였으며 종업원대표의 활동에는 기업으로부터 경제원조가 행해졌다는 점에서 본래의 노동조합 활동과는 그 성격이 다르다. 때문에 일반 노동조합에서는 회사조합(company union)이라고 하여 자주적인 노동조합과 구분하여 불렀다.

3935 종업원지주제도
(employee stock ownership plan) 01

기업이 자사 종업원에게 특별한 조건과 방법으로 자사 주식을 분양·소유하게 하는 제도. 제1차 세계대전 후 산업민주화의 풍조 속에서 생긴 제도로, 종업원 주식매입제도·우리사주제라고도 한다. 특별한 조건·방법으로는 저가격·배당우선·공로주·의결권 제한·양도 제한 등이 있다. 종업원이 증권시장을 통하여 임의로 자사 주식을 취득하는 것은 종업원지주제라고 하지 않는다. 이 제도의 목적은 종업원에 대한 근검저축의 장려, 공로에 대한 보수, 자사에의 귀속의식(歸屬意識) 고취, 자사에의 일체감 조성, 자본조달의 새로운 원천(源泉)개발 등에 있다. 그러나 자본조달의 원천개발은 부차적인 목적이고, 주목적은 소유참여(所有參與)나 성과참여로써 근로의욕을 높이고, 노사관계의 안정을 꾀하는 데 있다.

3936 종업원지주제도 02

회사가 종업원에게 자사주의 보유를 권장하는 제도로서 회사로서는 안정주주를 늘리게 되고 종업원의 저축을 회사의 자금원으로 할 수 있다. 종업원도 매월의 급여 등 일정액을 자금화하여 소액으로 자사주를 보유할 수 있고 회사의 실적과 경영 전반에 대한 의식이 높아지게 된다. 우리나라는 1968년 11월 제정, 공포된 '자본시장 육성에 관한 법률'에서 종업원에 대한 신주의 10% 우선배정에 관한 특례 조항을 두어 제도적으로 보급시키고 있다.

3937 종업원퇴직소득보증법
(ERISA : employee retirement income security act)

1974년에 제정된 종업원 퇴직소득보증법(P. L. 93-496). 사적 연금과 복지계획에 참여하는 노동자들의 이익을 보호하기 위한 것이다. 이는 미국 노동성(department of labor)과 기타 기관이 운영하는 연방 프로그램이다.

→ 에리사(ERISA)

3938 종업원표창제도(employee commendation system)

종업원의 기업에 대한 공로를 표창하고 종업원의 이동방지와 노동능률증진을 위해 기여하게 하는 노무관리상의 한 수단이다. 표창제도는 일반적으로 규정화되어 있는 것이 많고 평생근속 이외의 것은 통상 판정성의 것이 많아 표창위원회 등에 의해 신중히 심사되며 표창 된 경우에는 모든 기업이 종업원의 인사 관리상 이력등재사항으로 하고 있다. 표창의 주체는 기업이지만 내용에 따라 사장명, 공장장명, 사업소장명, 관리자명 등으로 되어 있는데 어느 것도 은혜적인 구시대의 유물은 아니다. 칭찬할 만한 가치가 있을 때에는 솔선하여 기업전체를 들어 그에 보답한다는 태도를 나타내는데 표창의 주안점이 있다.

3939 종전보수월액 적용(Application of One's Former Original Monthly Salary)

교직원이 강임·전직 또는 재임용 등의 사유로 보수월액이 감액되었을 때 본인이 희망하고 학교경영기관의 장이 동의하면 종전의 보수월액 적용신청을 하여 승인을 얻는 것을 말한다. 보수월액이 감액되기 전의 신분으로 1년 이상 재직한 경우에만 신청 가능.

3940 종파(예식)(cult)
한 지도자의 교시에 대해 강한 믿음을 갖는 집단. 대개 종교적이고 신비한, 마술 같은 힘이 지도자에게서 나온다고 믿는 집단이 행하는 의식과 신념체계.

3941 종합건강관리기구 (HMO : health maintenance organization)
일정한 연회비로 서비스를 제공하는 종합적인 건강보호 프로그램 및 의료집단. 진료별 요금선물제의 대안으로, 육체적·정신적 질병의 치료와 예방을 포함하여 등록자들이 그들의 의료 및 건강보호를 위해 자발적으로 선불한다. 종합건강관리기구는 사회사업가와 다른 건강보호 제공자뿐만 아니라 모든 전문의를 두고 있는 의료보호 시설을 갖추고 있다.

3942 종합고용 및 직업훈련법 (comprehensive employment and training act)
→ 세타(CETA)

3943 종합기획(comprehensive planning)
정책수립가가 종합적인 목적을 달성하기 위해 대규모로 지식·영향·자원을 조정하는 조력. 이것은 문제의 증후들보다는 숨겨진 원인들을 찾아내며, 문제 해결뿐만 아니라 인간의 잠재성을 실현하는 것도 추구한다. 이를 위해서 종합계획은 기존의 기관들 및 전문가들의 특수한 기능을 기반으로 하기보다는 조직의 라인들을 종합하여 프로그램 자원들을 조정하려고 한다.

3944 종합보험
손해보험의 종합보험에는 주택종합보험, 점포종합보험, 장기종합보험 등이 있다. 종래의 화재보험은 화재의 위험만을 보험대상으로 삼았지만 최근에는 주택이나 점포의 화재위험만 있는 것이 아니므로 비행기의 추락, 자동차 사고, 낙뢰, 가재의 도난 등 종합적인 위험에 대해 그 손해를 커버하려는 것이 종합보험의 목적이다.

3945 종합소득세 (taxation on aggregate income, global income tax)
개인에게 귀속되는 각종 소득을 종합하여 과세하는 소득세. 그 특징은 개인의 담세력에 적합한 공평과세를 할 수 있고 수입의 신축성이 풍부하여 재정수요의 증감에 적응하는 일이 쉽다는 것이다. 장점은 ① 누진세율을 적용할 수 있다. ② 최저생활비에 대해 면세할 수 있다. ③ 국가의 공동수요를 충족하기 우한 과세의 신축성을 기할 수 있다는 것이다. 단점은 ① 개인소득의 정확한 파악이 어렵다 ② 세원 조사로 인하여 영업비밀이나 사생활을 침해할 우려가 있다는 점이다.

3946 종합적 판단(synthetic judgement)
"S는 P이다"처럼 두 개념을 연결하는 사고에 의한 판단에서 S의 개념 속에 P가 전혀 내포되지 않은 것이다. 분석적 판단에 대립되는 것이다. 예컨대 "복돌이는 키가 크다" 따위의 판단에서 이 S가 그것과 전혀 논리적 관련 없는 P와 결합함으로써 인간에게 새로운 인식을 제공하지만 논리적 확실성은 가지지 못한다. 확장판단(eweiterunges urteil)이라고도 한다. → 종합적 명제

3947 종합평정법(method of summated ratings)
어떤 심리적 특성이나 태도를 나타내는 한 변인의 연속성을 가정할 수 있고 이러한 연속선상에서 한 심리적 특성을 나타내는 여러 개의 진술문이나 문항이 있는 경우에 이 심리적 연속변인상에서 진술문의 척도치를 구하는 방법의 하나. 이 척도제작법을 흔히 리커르트(Likert) 척도제작법이라고 불러왔다. 그러나 각 진술문에 대한 반응을 일종의 평정으로 볼 수 있고, 이 평정점수를 모든 진술문에 대해 합하여 총범을 내게 되므로 버드(Bird)는 이 방법을 종합평정법이라고 명명하였다. 척도제작은 한 심리적 특성을 여러 가지 수준에서 대표하고 있는 진술문들을 작성한 다음 피검사자 집단에 주어진 각 진술문에 대해 찬성과 불찬성을 표시하도록 한다. 각 진술문에 대한 찬반의 정도를 ① 대단히 찬성한다. ② 찬성한다. ③ 잘 모르겠다. ④ 반대한다. ⑤ 대단히 반대한다의 5개의 유목으로 나누는 것이 보통이다. 그러나 경우에 따라서는 3개 또는 4개의 유목으로 나눌 수 있다. 이러한 유목의 수는 진술문의 특성에 따라서 적절히 결정해야 할 것이다. 진술문의 각 유목에 대한 비중치는 각 유목에 대한 피험자의 반응비율을 정상분포 편차에 따라 주는 것이 원칙이나 각 유목의 긍정-부정의 정도에 따라서 4, 3, 2, 1, 0의 단순한 점수의 배정에 의한 비중치 결과는 상당히 상관이 높으므로 전자의 복잡한 비중치 방법을 피하고, 보통 후자의 단순 비중치 배정을 하고 있다. 이렇게 각 진술문의 유목에 비중치가 주어져서 한 심리적 특성을 측정하는 척도가 된다. 이 척도를 사용하여 한 개인의 척도치를 구하는 방법은 각 진술문의 유목에 대한 반응점수(비중치)를 종합한 것이 그 개인의 최종 척도점수가 된다.

3948 좌절(frustration) 01
목표의 성취나 욕구의 충족이 이루어지지 못하고 꺾이는 것이다. 물리적 장애, 보상의 제거나 감소 등은 좌절의 상황이 되며, 좌절의 정도는 사람의 생리적 반응을 중심으로 측정될 수 있다. 좌절에 대한 반응으로 공격(좌절-공격가설)·퇴행(좌절-퇴행가설)·고착(고착-고착가설)·우울(좌절-우울가설) 등이 흔히 관찰된다.

3949 좌절 02
어떤 목적 지향적 행동이 훼방당하거나 연기될 때 일어나는

긴장상태를 말한다.

3950 좌절 03

욕구의 만족이 내부의 원인 또는 외부의 원인에 의해 방해되어 그것에 의해 신체 또는 자아에 대해 중대한 영향이 생기는 경우에 높아지는 정서적인 긴장을 말한다. 이 개념은 프로이드(Freud, S.)에 의해 처음으로 쓰인 것이지만 최근의 행동이론에서는 이것을 조작적으로 정의된 매개변수의 하나로 사용하는 경우도 있다. 좌절에는 노여움, 공격반응 또는 별도의 목표를 설정해서 대상적인 만족을 구하는 경우도 있으며 이를 이겨내는 힘을 용기, 극복이라 한다. 조작적 정의의 경우 좌절은 절식시간이나 급식량의 함수로서 양적으로 정의된다.

3951 좌파(leftist)

진보적이거나 급진적인 정치관을 갖고 동맹을 맺은 사람이다. 그 명칭은 유럽의 입법기관들이 더 진보적인 당의 의원들을 복도나 의장의 왼쪽에 앉히려 했던 경향에서 비롯되었다.

3952 죄의식(guilt)

어떤 나쁜 일을 행하거나, 어떤 일에서 실패하거나, 또는 중요한 사회규범을 위반한 사실을 인식한 뒤에 갖게 되는 감정적인 반응. 이는 때때로 자존심의 상실 및 회복하려는 욕망으로 나타난다. 정신역학(psychodynamic) 이론에서 이 반응은 무의식적(unconscious)일 수 있으며, 어떤 현실적인 비행에 기초하지 않고 초자아(superego)에 의해 설정된 금지와 모순되는 숨겨진 충동 및 동기에 기초할 수 있다.

3953 죄책감(guilt feeling)

정서적 태도의 하나로서 자기의 행위나 사고에 잘못이 있다고 느끼는 심리상태를 말한다. 일반적으로 도덕적 규범이나 사회의 가치관에 실제로 혹은 허구적으로 위배된다는 생각에서 정서적 갈등을 동반한다. 적정한 수준의 죄책감은 아동의 건전한 정서발달에 필요하지만 엄격한 가정분위기, 부모의 지나친 지배적 성향 등에 의한 과도한 허구적 죄책감은 아동의 건전한 정서발달을 저해하기도 한다.

3954 죄형법정주의

어떤 행위를 범죄로 처벌하는 데는 행위시점에서 성문의 법률이 존재하고 또 그 행위에 형벌을 과한다고 규정하는 것을 필요로 하는 형사 사법상의 원칙이다. 국가의 형벌권의 자의적인 행사로부터 국민의 인권을 지키기 위해 제창되어 불란서혁명의 인권선언이나 미국독립 선언에도 강조되었고 세계인권선언에도 채택되었다. 형법상 성문법 주의, 형벌불소급, 유추해석의 금지, 적대적부정기형의 금지 등이 원칙의 근거가 되었다.

3955 주간병동(day hospital)

영국, 미국 등에서 정신장애인의 사후보호 혹은 재활을 행하는 시설로서 정신병원과는 별도로 주간병동이 있으나 노인의원의 분야에서도 의학적 감독 하에 특별간호, 재활 등을 행하는 의학적인 중간시설로서 주간병동이 세워지고 있다. 그리고 일반적으로 노인 병원과 긴밀한 유대를 가지고 설치·운영되고 있다.

3956 주간보호(보육)(day care)

부모 또는 보호자가 아동이나 다른 피부양자를 보호할 수 없을 때 그들을 보호하기 위한 시설과 프로그램. 이 용어는 저녁에는 집으로 돌아가는 모든 연령층을 위한 건강과 신체 보호프로그램(health and physical care programs)을 지칭하기도 한다.

3957 주간보호사업(day care service)

주간보호사업이란 가족으로부터 적절한 보호를 받지 못하거나 가족에게 항시 개호의 부담을 주는, 혹은 가족의 질병, 출산, 관혼상제, 사고, 출장, 휴가 등 부득이한 사유로 일시적으로 가족의 보호를 받을 수 없는 재가중증장애인에게, 낮 동안 복지관내에서 보호 및 각종 서비스를 제공하여 가족의 일상 보호 부담을 해소시키고, 건전한 가정 조성과 사회적·경제적 활동에 도움을 주기 위한 프로그램이다. 주요서비스내용은 일상동작훈련, 취미생활, 여행 및 견학 등으로 구성되어 있는데, 일상동작훈련은 질환이나 손상, 결손 등으로 기본적인 일상생활을 하는데 문제가 있는 장애인들을 위해 신변처리, 의복 착탈, 식생활, 위생, 침상자세, 보행, 물건사용법 등을 훈련시키며, 취미생활은 폭넓은 대인관계 형성 및 자신의 특기와 취미를 살릴 수 있도록 음악, 영화감상, 레크리에이션, 서예, 수예, 바둑, 장기, 운동 등을 실시하며, 새로운 환경과 정보를 접하게 하여, 심신의 기능을 향상시키기 위한 고궁, 박물관, 민속촌, 한강선착장 등지의 견학이나 야유회 등을 실시한다. 본 프로그램은 사회사업가, 물리치료사 등으로 구성된 팀에 의해 운영되며, 중증장애인을 대상으로 하기 때문에 셔틀버스운행이 필수적이다.

3958 주간보호소(adult day care)

심신이 쇠약한 노인이 주로 낮 시간에 이용하는 보호시설을 말한다. 평소 집에서 돌보아주는 가족(care giver)이 직장에 나가 일하는 동안 노인은 주간보호소에 가서 필요에 따라 급식, 상담, 투약, 여가활동, 재활치료, 건강교육 등의 서비스를 이용한다. 서구에서는 병원이나 양로원 또는 노인복지관에 주간보호소를 설치하여 고령노인의 일상생활에 필요한 수발이나 신변개호를 제공하는 서비스가 증가하고 있다.

3959 주거제한법(residency laws)

한 개인이 사법상의 특권과 의무에 대한 자격요건을 얻기

ㅈ

위하여 충족해야 할 자격을 구체화한 법률. 예컨대, 한 사람이 저렴한 공립대학 수업료의 수혜자가 되기 위하여, 또는 그 주에서 이혼할 자격을 얻기 위해서는 특정 기간 동안 그 주에서 살아야 한다. 특정 유형의 사회적 서비스에 대한 자격을 제한한 주거제한법은 최근에 완화되고 있다. 예컨대, 1969년 미국 대법원 판결(in Shapiro v. Thompson)은 통상의 상황에서 공적부조를 제한하는 주거제한법은 위헌이라고 판시하였다.

3960 주관적 욕구(subjective needs)
어떠한 사회적인 요구호상황이 객관적으로 존재하고 있는 것을 기초로 해서 사회적 해결에의 필요성을 자각적으로 받아들이고 있는 상태를 말한다. 현재적 욕구를 의식수준에서 규정한 용어로 의식적 욕구라고도 한다. 객관적 사실과 반드시 일치하지 않는 표현 형태를 취하는 경우도 있으나 당사자의 의식적 사실로 받아들일 필요가 있다.

3961 주기적 실업(cyclical unemployment)
경기순환주기에서 주기적인 경기 하향추세로 인해 발생하는 직업 상실. 일반적으로 이러한 형태의 실업은 다른 형태의 실업(마찰 : fictional, 계절적 : seasonal, 기술적 : technological 실업)보다 오랫동안 많은 노동자에게 영향을 미친다.

3962 주류화(main streaming)
예외적 특징을 갖고 있는 일부 사람들을 일반 사람들의 생활, 근로, 교육환경에 끌어들이는 것이다. 예를 들어 교육에서 특정한 학습 장애나 신체장애가 있는 아동을 '정상적'인 아동들의 수업이나 활동에 참가시키는 것이다. 주류화는 개인에게 사회화나 통합을 위해 더 많은 기회를 준다. 그러나 이것은 또한 그들이 사회적으로 거부되고, 특수한 보호를 상대적으로 적게 받는 커다란 위험에 처하게 할 수도 있다.

3963 주민(inhabitant)
주민이라 함은 지방자치단체의 구역 내에 주소를 가진 자를 말한다. 국적·성·연령·행위능력의 여하를 불문하며, 어떤 행정행위나 등록 등 공증행위를 요하지 않는다. 주민은 법령이 정하는 바에 의하여 소속 자치단체의 재산과 공공시설을 공용하는 권리가 있고, 그 자치단체의 비용을 분담하는 의무를 진다. 또한 주민은 일정한 요건 하에 당해 지방자치단체에의 참정권을 가진다. 주민등록법은 30일 이상 거주할 목적으로 일정한 장소에 주소 또는 거소를 가진 자를 주민으로 하여 주민등록의 대상으로 하고 있다.

3964 주민리더(citizen leader)
주민주체·주민참가의 지역복지활동에서 지도적 역할을 담당하는 주민의 활동가. 주민리더는 주민에게 신뢰와 영향력이 있는 사람으로서 지역복지문제를 자신들의 문제로 인식하고 조직자의 자질과 역량을 갖추어서 활동을 해가는 것이 필요하다. 주민리더는 독재 및 전제형과 주민요구 청부형이어서는 안되고 주민의 힘을 이끌어 내면서 주민과 함께 활동을 전개해 나가는 민주형이 바람직하다. 또 활동 중에 후계리더층의 양성이 필요하다

3965 주민민권운동
→ 주민운동

3966 주민운동(citizen's movement)
일정지역의 주민상호간에 민주성이 얽힌 문제 상황의 쟁점을 공동적 노력으로 해결하고자 하는 집합적 행동. 형태적으로는 주(住) 즉 생활환경조건, 복지 등의 충실을 구하는 작위요구형과 대형공공사업(간선도로건설 외) 등에 따른 지역파괴, 생활파괴 저지의 작위저지형으로 분류된다.

3967 주민자치(citizen autonomy)
중앙집권적이며 관료적인 지방자치를 배제하고 주민만이 지방자치의 주권자가 되어 문제해결의 주체가 되어야 한다는 것이다. 시민자치와 동의어로 표현되는 경우도 있는데 이는 여가와 교양, 자립과 자율의 정신을 지닌 보편적인 시민개념을 포함해 사용된 것이다. 주민자치는 정치적 의미와 자치행정이며 주민의 자치능력을 중요시한 민주적·지방분권적인 지방제도이다. 주민자치의 이념은 본래 영국에서 형성되었으며 그 구체적인 제도는 단체자치보다 뒤떨어지지만 영국에서는 법제화되었고 미국에도 도입되었다.

3968 주민주체의 원칙
주민주체의 헌법원리는 주민자치와 주권재민을 전제로 한 민주사회의 원리이다. 이것이 지방자치를 살리는 길이지만 고도경제성장정책이 지역주민의 생활환경파괴를 일으켜 주민운동이 활발해졌고 몇몇의 지역정책이 두드러지게 됐다는 경위에서 주민주체의 원칙이 강조되어 행정 및 운동의 개념으로 일반화했다. 지역복지의 분야로는 사회복지 협의회 기본요항에 사회복지협의회의 민주화원리를 나타냈다. 그러나 주민주체원칙의 규정이 반드시 충분한 것이 아니어 그 후 복지활동지도원의 실정 등에 따른 지역사회복지협의회의 육성이 궤도에 올라 지역사회복지협의회의 활동 강화요항이 책정되었다. 또한 복지 과제를 해결하기 위한 운동의 주체자로서 스스로 활동을 전개하는 일이라고 정의했다. 지향도 고도성장정책의 전개에 따른 지역모순의 격화, 생활·군리연계운동을 높여 사협 활동에 투영해 지역복지의 기본개념으로 되었다.

3969 주민참가(citizen participation)
지역사회의 다양한 욕구가 효과적으로 충족되게 하기 위해서는 공사의 여러 가지 복지자원의 개발과 동원, 광범위한 대상주민의 참가가 필요하다. 주민의 참가형태는 첫째, 주

민의 의사를 공적시책에 반영하고 복지의 권리성을 확보하는 운동형 참가 둘째, 지역참가서비스의 계획 입안과 운영을 위하여 공적기관, 시설 단체 및 주민과 대상자의 협력단계를 만들어 내는 공사협동형 참가의 형태가 있다. 셋째, 공적 서비스의 한계를 보충하기 위해 주민간의 자발적인 상호원조의 제공이나 대상주민의 사회참가를 촉진하는 자동형 참가가 있다.

3970 주변언어학(paralinguistics)
의사소통에 부가적인 의미를 부여하고, 말하는 사람의 정서와 문화적 입장을 표현한 발언에 동반되는 비언어적 발성. 여기에는 목소리, 속도, 쉼, 크기, 탄식소리, 웃음 들이 포함된다. → 의사소통 이론(communication theory)

3971 주변인(marginal man)
둘 또는 그 이상의 갈등적·사회·문화적 체계들 속에서 다양한 가치를 내면화시킴으로써 어느 한 가치에도 만족하지 못하는 사람. 주변성(marginality)이란 개념에서 파생된 주변인은 팍(R. E. Park)이 처음으로 발전시킨 용어이다. 팍은 주변인을 문화적 잡종(cultural hybrid)으로서 현재의 당면문화와 전통 속의 어느 하나에도 통합하지 않는 사람이라고 했다. 위 개념에 대해 쿠버(J. R. Cuber)·쉬부타니(T. Shibutani)·로즈(A. Rose) 등 여러 사회학자들의 정의가 있다. 주변인은 때로는 복잡한 성격구조를 갖고 있거나, 지속적이고 일관성 있는 행동을 하지 못하는 경우가 많은 것으로 알려져 있다. 특히 주변인은 모든 사회·문화적 체계로부터 소외되는 것이 일반적이므로 주어진 상황에서 옳고 틀린 것을 판단하지 못하게 되기도 한다.

3972 주 보충 프로그램(state supplemental program)
주 보충프로그램(SSP)으로 종전의 OAAAB, AD program의 감소된 수입을 1973년 12월을 기준으로 부가보충(additional supplement program)해주는 주의 고유사업(optional program). Taxas주를 제외한 모든 주에서 실시되고 있으며 SSP는 주에 의해 직접 급여되므로 SSI의 계산은 고려하지 않고 항상 사회보장청(social security administration)과 접촉하여 행한다. 따라서 미국에서는 SSI/SSP로 통용되고 있다.

3973 주안(weekly schedule)
클라이언트와 집단에 관한 처우계획을 1주 단위로 작성하는 것을 말한다. 주간행사 계획과 불가분의 관계에 있으며 행사를 수단으로 클라이언트로 하여금 시설생활에 적응하도록 하거나 식사과정을 도와주면서 서로의 신용관계를 돈독히 한다. 그리고 소극적인 클라이언트는 집단 내에서 좀 더 수동적이고 쉬운 역할을 배정하여 집단체험을 습득시키는 등 개인의 상황에 맞게 수립된 개인과 집단에 대한 1주간의 훈련 및 지도를 계획하는 것이다. 목표가 분명히 있고 현재의 상태를 조금이라도 향상시키기 위한 수단으로 사용된다.

3974 주요 정서장애(major affective disorder)
기분 변화의 기복이 심하고, 그것을 감당할 수 없는 경향을 보이는 정서장애(affective disorder)의 한 유형. 중요한 정서장애로는 주우울증(major depression)과 양극장애(bipolar)가 있다. 순환적 장애(cyclothymic disorder)와 비관우울증(dysthymic disorder)과 같은 덜 극단적인 정서장애는 DSM-Ⅲ에 '주요 정서장애'가 아닌 '기타 특수 정서장애'로 명기되어 있다.

3975 주우울증(major depression)
일상 활동에서 관심의 상실, 초조, 식욕부진, 불면이나 과도한 수면, 성적 충동의 감퇴, 피로, 정신운동 동요, 절망감, 집중불능, 자살성 사고(suicidal ideation)와 같은 증상을 보이는 주요 정서장애(major affective disorder)들 중의 한 유형. 주우울증은 '단독 에피소드(single episode)'(최소한 네 가지 증상이 2주 이상 동안 거의 매일 나타난다)와, 증상이 나타났다 사라지는 '반복 에피소드(recurrent episode)'로 나뉠 수 있다. 주우울증을 겪는 사람은 조증 에피소드(manic episode)를 갖지 않는다는 점에서 양극장애(bipolar disorder)를 보이는 사람과 구별된다. 비록 개인이 동시에 양쪽 장애로 고통을 받는다고 진단할 수 있으나, 주우울증은 지속성과 심각성에 따라 비관우울증(dysthymic disorder) (우울증적 신경증)과 구분할 수 있다.

3976 주의력 결핍장애(attention deficit disorder)
충동적인 행동, 부주의, 지나친 활동을 특징으로 하는 유아기, 아동기, 청소년기에 발생하는 장애. '주의력 결핍장애'라는 용어는 '아동 과행동증후군', '최소뇌기능 장애' 그리고 '아동의 행동반응'을 포함한 덜 정확하고 덜 신중한 용어를 대신하여 쓰인다. 주의력 결핍장애는 '행동과다증(hyperactivity)을 동반하는 주의력 집중장애' '과행동이 없는 주의력 집중장애' 그리고 '주의력 결핍장애의 나머지 유형'으로 구성된다.

3977 주제집단(theme group)
토의의 범위를 모든 참가자들이 관심을 가지고 있는 하나의 주제에 국한시키는 집단치료(group therapy) 또는 집단사회사업(social group work)의 한 형태를 말한다.

3978 주치의등록제
환자가 매년 일정액의 등록료를 의사에게 지불하고 감기 등 가벼운 질환에 대해서는 1차적으로 해당의사의 진단과 치료를 받는 제도. 환자나 그 가족은 주치의로부터 질병치료는 물론 의사 또는 간호사의 방문서비스나 전화를 통해 정기적으로 건강문제를 상담받을 수 있으며 의사는 의사대로

ㅈ

안정적인 환자수를 확보함으로써 운영난을 덜 수 있다. 주치의의 범위는 보편적인 질환을 다루는 가정의학, 내과, 소아과 등이 주 대상이다.

3979 주택 프로그램(housing programs)
공공이 자금을 지원하고 감시하며, 특별히 주택을 얻거나 구입할 수 없는 사람들에게 적당한 주택을 제공하도록 고안된 프로그램. 미국에서 이 프로그램은 미국 주택 및 도시개발성(HUD : department of housing and urban development)이 관리한다. 이런 프로그램은 임대료가 싼 공공주택(law-rent public housing), 임대료 보조(rent-subsidy program), 저소득자 주택 지원(lower-income housing assistance), 저소득가구를 위한 주택소유권 지원(home ownership assistance for low-income families), 농촌 주택대부(rural rental housing loans), 농장노동주택 대부(farm labor housing loans), 인디언 주택향상 프로그램(indian housing improvement programs), 저소득가구 주택수리(housing repair assistance for low-income families) 등을 포함한다. 그 밖에 정부는 퇴역군인들에게 담보설정 대부 프로그램과 주택부조를 후원한다.

3980 주택관리(housing management)
ILO의 근로자주택에 관한 권고의 일반원칙에서는 모든 근로자 및 그 가족에게 충분하고도 적절한 주택 그리고 적당한 생활환경을 제공하기 위해 일반적인 주택정책의 범위 내에서 주택 및 관계 공동시설을 촉진하는 것을 국가정책의 목적으로 두고 주택에 관한 기본방침의 책임자를 국가 또는 지방자치단체로 하고 있다.

3981 주택보수자금(house repair allowance)
일본에 있어서 세대갱생자금대부제도, 모자복지자금대부제도, 과부복지자금대부제도의 각 대부제도에 따른 대부금의 하나로 각 대상세대의 주택 증·개축, 확장, 보전, 보수 등에 필요한 경비를 대부하는 자금이지만, 현재는 주택자금으로 통합되어 그 내용으로 나타나고 있다. 모자복지자금에서는 주택보수자금으로서 발족한 후에 주택자금으로 개칭되었다. 대부는 상술한 바 있지만 세대갱생자금은 공영주택법 규정의 주택을 양도받는데 필요한 경비를 포함한다.

3982 주택부조(housing aid)
생활보장에 따른 보호의 일종. 곤궁하여 건강하고 문화적인 주생활이 불가능한 것을 대상으로 주거(집세), 가옥보수 그 외 주거유지에 필요한 사항을 원칙으로 금전급여가 행해진다. 금전급여 이외의 것으로 숙소제공시설의 이용 및 자산보유의 최저기준이 확립되어 있지 않아 요보호자의 생활기반으로서 충분한 주생활이 보장되어 있지 않는 면도 있다.

3983 주택임대차보호법
주거용 건물의 임대차에 관해 민법에 대한 특례를 규정한 법률(1981.3.5. 법률 3379호). 국민의 주거생활의 안정을 보장할 목적으로 1981년 처음 제정된 이후, 1983년, 1989년, 1997년, 1999년, 2001년, 2002년 6차례에 걸쳐 일부 개정이 있었다. 민법의 전세권이나 임대차계약의 규정들이 현실과 유리된 면이 있으므로 경제적 약자인 임차권자의 권리를 현행 민법으로써 보호하기 어려운 면을 보완하기 위한 취지에서 제정된 특별법이다. 임대차는 그 등기가 없는 경우에도 임차인이 주택의 인도와 주민등록을 마친 때에는 그 다음날부터 제3자에 대해서도 효력이 생긴다(3조 2항). 임대주택의 양수인은 임대인의 지위를 승계한 것으로 본다(3조 3항). 임차인이 주택의 인도와 주민등록을 마치고 임대차계약증서상의 확정일자를 갖춘 임차인은 민사소송법에 의한 경매 또는 국세징수법에 의한 공매시 임차주택(대지를 포함)의 환가대금에서 후순위권리자, 기타 채권자보다 우선하여 보증금을 변제받을 권리가 있다. 이 경우 우선변제의 순위와 보증금에 대해 이의가 있는 이해관계인은 경매법원 또는 체납처분청에 이의를 신청할 수 있다(3조의 2). 임대차가 종료하였으나 보증금을 반환받지 못한 임차인은 임대인의 협력없이 임차주택을 관할하는 법원에 단독으로 임차권등기명령을 신청할 수 있다. 임차권등기명령이 결정되어 임차권등기를 한 임차인은 이사를 하거나 주민등록을 옮기더라도 기존에 보유하고 있던 대항력과 우선변제권이 유지된다. 임차인은 임차권등기명령의 신청 및 그에 따른 임차권등기와 관련하여 소요된 비용을 임대인에게 청구할 수 있다. 이 법의 규정에 위반된 임대차 약정으로서 임차인에게 불리한 것은 그 효력이 없다(10조). 본문 13조와 부칙으로 구성되었으며, 하위법령으로 주택임대차보호법시행령이 있다.

3984 주택자금(housing allowance)
세대갱생자금대부제도, 모자복지자금대부제도, 과부복지자금대부제도의 각 제도에 둔 대부금의 하나로서 각 대상세대의 주택 증·개축, 확장, 보전, 수리 등에 필요한 경비를 저리로 대부하는 자금. 이외에 세대갱생자금은 공영주택법에 규정한 주택을 양도받는데 필요한 경비를 포함해 모자복지자금, 과부복지자금은 주택을 이전할 때 필요한 주택의 임차경비를 포함하고 있다.

3985 주택조합
무주택 서민들이 내 집 마련을 위해 구성하는 조합으로 크게 직장주택조합, 지역주택조합, 재건축조합의 세 가지로 나눌 수 있다. 직장주택 조합은 직장동료들끼리 돈을 적립, 주택건설업자를 통해 직접 아파트 등을 짓는 사업조합과, 주택공사 등 공공기관이 지은 아파트를 분양받을 수 있는 분양조합으로 나뉜다. 직장주택조합과 지역주택조합의 구성인원은 20인 이상, 가입자격은 3년 이상의 무주택세대주로 부양가족이 있는 사람이어야 하되, 직장주택조합의 경우 같은 직장에서 2년 이상 근무한 사람으로, 지역주택조합은 서울시의 경우 서울시내 1년 이상의 거주자로 각각 제한되어 있다. 또 1988. 6. 16부터 재개발 지구 이외의 지역에서도 결성이 허용된 재건축조합의 설립요건은 노후, 불량주택의 밀집지역으로서 건물들이 훼손·노후하여 안전사고의 우려가 있거나 지은 지 20년 이상 된 것으로 주민 당사자의 80% 이상의 찬성이 있으면 재건축이 가능하다.

3986 주택지구 상류화(gentrification)

더 잘사는 가족들이 자신들의 개인적인 주거 또는 투자를 위하여 이전에는 가난하고 과밀한 빈민지역을 구입하고 사적으로 복원시키는 사회적 현상. 이것은 재산가치, 임대료 및 인근 지역 모든 가정들의 재산세율을 상승시키고, 거기에서 살 여유가 있는 사람들이 덜 유복한 사람들의 잔존과 복귀가 이뤄지지 못하도록 강요하는 효과를 지닌다. 상류화된 근린지역은 바람직해 보이지만, 거주지를 옮긴 사람들은 다른 근린지역에 몰리게 되고, 인구증대에 따른 압력 결과 그 근린지역이 쇠퇴하게 된다.

3987 주휴제

근로자보호 중에서 가장 기본적인 노동시간 규제의 한 형태이다. 주휴1일제, 주휴2일제 등의 형태로 매주 1회 휴일을 보장하는 제도이다. 우리나라에서는 근로기준법 제42조의 규정에 의해 원칙적으로 주 44시간 이상 노동, 주휴1일제를 행하고 있다. 구미의 고도공업국에 있어서는 이미 1960년대에 주 40시간 노동 완전주휴 2일제를 실시하고 있다. 국제수준으로 보아 가장 지체되어 있는 분야의 하나이다.

3988 주휴2일제(two-days weekly system)

주노동시간이 48시간에서 40시간으로 변화됨에 따라 주1일의 휴일이 주2일의 휴일로 되게 된다. 하루의 노동시간을 적게 하기 보다는 휴일을 더 얻는 것을 택하게 된다. 오늘날 기계설비의 근대화에 의해 노동력이 인력으로부터 기계력으로 이행해가서 기계설비의 합리화가 진행됨에 따라 노동시간 단축의 경향이 나타나 격주 주휴2일제나 완전주휴2일제의 경향으로 되게 되었다.

3989 죽음에 대한 관심(concern for the dying)

→ 자신의 사망처리에 관한 유서(living will)

3990 준거(criterion)

어떤 사물의 특성을 판단하는 논리적 근거. 즉 어떤 사물이 어떤 준거를 만족시키지 못하면 그것은 그 특성을 가지지 않는다고 말할 수 있다. 만약 X가 Y의 준거라면 X는 논리적으로 Y의 준거가 된다. 이와 같이 준거는 정의(definition)에 기초를 두는 결정적인 증거(decisive evidence)인데 비하여 징후(symptom)는 경험을 통해서 알게 되는 비본질적인 증거이다.

3991 준거집단(reference group) 01

일반적으로 가족, 또래집단과 같이 어떤 사람이 태도, 판단, 행동을 결정할 때에 그 선택기준이 되는 집단이다. 따라서 이 집단은 사람의 목표 혹은 동일화의 대상이 되거나 자기 자신이나 타인을 평가하는 척도로 사용된다. 대체로 지역적 유대에 의하여 형성되고 있는 마을 내의 모임이나 그 하부조직 등의 지역집단은 준거집단의 역할을 맡고 있다. 그러나 가치관의 다양화, 생활권의 확대 등과 더불어 준거집단의 지역화가 탈피되어가고 있는 것이 현실이다.

3992 준거집단 02

개인이 자기 자신의 의견과 행동을 비교, 판단 및 결정하는데 기준이 되어주는 어떤 집단을 말한다. 개인이 속한 집단의 규범은 태도 변화를 일으키게 하는 설득적 압력으로서 작용하거나, 개인의 입장이 공격받게 될 때에 그 입장을 지원해 줌으로써 변화를 막아준다.

3993 준거타당도(criterion-related validity)

한 검사가 주어진 기준변인과의 관계 또는 기준변인을 예언하는 정도. 준거타당도는 예언타당도와 공인타당도로 나누어 볼 수 있다. 둘 다 준거변인과의 관계라는 점에서는 공통이지만 예언타당도에서는 기준변인이 미래에 있는 반면에 공인타당도에서는 현재에 있다. 즉 예언타당도의 경우에는 검사를 실시한 후 얼마간 기간이 지난 후에 기준변인에 관한 자료를 수집하여 이와의 관계를 알아보는 반면에 공인타당도에서는 검사실시와 동시에 기준변인에 관한 자료를 수집하여 이와의 관계를 따지게 된다. 따라서 예언타당도에 있어서는 검사와 기준변인 간의 시간적 간격이 있는 반면에 공인타당도에는 이것이 없다. 예언타당도는 성공적인 직업을 예언하기 위하여 흥미검사를 사용한다든가 또는 자동차 사고를 낼 가능성이 많은 사람을 미리 예언한다든가와 같이 미래의 어떤 행동을 예언하는 데 관심이 집중된다. 반면에 공인 타당도에 있어서는 많은 비용과 노력이 드는 개인용 지능검사와 간단한 집단용 지능검사와의 관계를 알아서 기준변인인 개인용 지능검사 대신에 집단용 지능검사를 사용하는데 목적이 있다. 이와 같이 예언타당도는 검사로서 미래의 기준변인을 예언하는데 관심이 있는 반면에 공인타당도는 현재의 기준변인을 한 검사로서 대신하는데 관심이 집중된다. → 예언타당도, 공인타당도

3994 준비도(readiness)

① 학습에 관련된 특성이 갖추어진 정도. ② 해당과제 또는 과업에 관련된 행동이 갖추어진 정도. 준비도는 어떤 학습과제를 적당한 곤란감 및 도전감을 가지고 공부할 만한 지적

·정의적·사회적·신체적, 기타 여러 측면의 특성을 갖추고 있는 정도를 가리키기 위해 사용된다. 학습자에게 일정한 학습에 알맞은 준비가 되어 있는지의 여부와 함께 가장 적합한 시기에 학습시켜야 한다는 「적시성」이 되어, 이 같은 준비성 개념에 따라서 일정한 수업을 연기하는 등의 중대한 교육적 처치가 취해져 왔던 것이다. 그러나 성숙을 준비성 개념에 주요 내용으로 삼은 과거의 준비성 개념에 대해 브르너(J. S. Bruner)는 성숙이 이룩될 때까지 기다릴 것이 아니라 준비도 그 자체를 육성할 것을 제안한다. 근래에는 준비도라는 용어보다는, 출발점행동 또는 투입행동, 선행경향성, 적성, 선행 필수요건의 능력(prerequisite capability) 등의 용어를 보다 빈번하게 사용하는 추세이다.
→ 출발점 행동, 학습위계

3995 준비성(readiness)
발달과정에는 학습하기에 적당한 시기가 있다. 정신기능이 활동하는 데는 그에 부합하는 일정한 신체적인 성숙단계에서 가능한 이것을 준비성이라 한다.

3996 준실업(semi-unemployment)
취업중이지만 취업이 불안정하거나 수준이하의 상태에 있는 사실상 의 실업상태를 말한다. 반실업이라고도 한다. 불안전취업과 같은 의미인 바 이 용어는 우리나라에서 1974년 특별고용통계조사를 실시할 때에 불완전취업자수를 파악하기 위하여 사용되었다. 준실업은 노동력이라는 관점에서는 취업자이지만 이들은 추가취업을 희망하는 사람들이고 도시의 영세 상공업종사자, 영세 농업종사자, 일고, 가내노동자 등에 해당되어 과잉노동인구의 주류를 이룬다.

3997 준예산(provisional budget)
국가의 예산이 법정기간 내에 국회에서 의결되지 못한 경우에 정부가 일정한 범위 내에서 전 회계연도의 예산에 준하여 집행하는 잠정적인 예산. 국회는 정부가 제출한 새 회계연도 예산을 법정기한까지 의결해야 하는데 만약 새 회계연도가 개시될 때까지 의결하지 못한 때에는 정부가 예산안이 의결될 때가지 ① 헌법이나 법률에 의해 설치된 기관 또는 시설의 유지 운영비 ② 법률상 지출의무의 이행을 위한 경비 ③ 이미 예산으로 승인된 사업의 계속비 등은 전년도 예산에 준하여 집행할 수 있다. 집행된 준예산은 당해 연도의 예산이 국회에서 의결되어 결정되면 그것에 의해 집행된 것으로 간주된다.

3998 준의료직원(paramedical staff)
의사 이외의 보건의료종사자의 총칭. 파라케디칼 종사자라 할 때도 있다. 그 안에는 의료기사, 보조자, 병력관리사, 영양사, 치과위생사, 의사보조 등이 포함된다. 의사보다 낮은 종사자로 받아들여질 우려가 있기 때문에 세계보건기구(WHO)에서는 이 표현을 쓰지 않기로 했다. 이와 유사한 용어로 관련종사자(allied health personnel)가 있으며 면허와 인정을 받은 종사자를 의미한다.

3999 준전문가(paraprofessional)
전문지식을 가지고 있으며 기술훈련을 받는 사람으로서 전문가와 함께 일하고, 전문가의 지도와 감독을 받기도 하며, 공식적으로는 전문가가 맡고 있는 업무를 수행하기도 한다. 예컨대 법률보조원, 의사보조원, 사회사업 보조원(social work associates) 등이 있다.

4000 준조세
세금은 아니지만 세금과 같이 피할 수 없이 내게 되는 부담금. 중소기업의 경우 소속업종별 조합비, 상공회의소 회비, 적십자 회비, 기금납부액 등 각종 준조세가 불필요한 자금부담을 주고 원가상승요인으로 작용, 국제경쟁력 강화에 걸림돌이 되고 있다. 감사원 등 정부기관에서는 때때로 제도상 문제점이나 비리개입 소지 등 준조세 실태에 대한 감사를 실시한다.

4001 준칙
준거할 기준이 되는 규칙이나 법칙. 철학에서는 격률이라고 한다.

4002 줄기세포(stem cell)
신체 내에 있는 모든 세포나 조직을 만들어 내는 기본적인 세포를 말한다. 줄기세포는 자체는 아직 분화가 결정되지 않은 미분화 세포다. 즉 난자와 정자가 수정돼 처음 생긴 수정란은 분열을 거듭하고 세포수가 많아지게 되는데 이 과정에서 어떤 세포가 다리가 되는지, 뇌는 어떤 세포인지 등이 정해지지 않은 시기를 말한다. 이것이 결정돼 특정한 세포로 진행될 때 이를 분화라고 한다. 우리 몸의 근육·뼈·내장·뇌·피부 등 신체 각 기관조직으로 전환될 수 있는 분화능력을 가진 줄기세포는 사람의 배아를 이용해 만들 수 있는 '배아줄기세포(복수기능 줄기세포)'와 혈구세포를 끊임없이 만드는 골수세포와 같은 '성체줄기세포(다기능 줄기세포)'로 나뉜다.(본 용어는 생명공학용어이지만 많은 관심을 가지고 찾아 등록한 용어임)

4003 중간값(median)
점수의 분포에서 높고 낮은 수 가운데 가장 중간에 위치한 수로 중심경향측정(measure of central tendency)을 말한다. 통계자료를 처리하는 데서 이 중간값의 이점은 평균(mean)값에 비해 극단적인 몇몇 점수에 의해 영향을 받지 않는다는 점이다.

4004 중간관리층(middle management)
한 조직이 작은 여러 계층 중에 상부관리층(top management)

과 하부관리층(supervisory management) 사이에 존재하는 계층. 조직에서 중간관리층의 역할이 대단히 중요한 것은 조직의 하의상달과 상의하달에서 교량적 역할을 하며 조직에 방법을 불어넣기 때문이다. 조직에서 중간관리층에 있는 사람을 통솔해야 하기 때문에 통솔범위(a span of control)에 문제가 생겨 조직의 효율성이 저하되기 쉽다. 학교조직에도 기업경영의 조직이론이 적용되어 경영층과 작업층으로 나누려는 경향이 있는데 이때 중간관리층은 관리층에 해당된다.

4005 중간시설(intermediate facility)

원래는 병원에서의 집중적인 치료는 필요 없으나 그렇다고 가정에 복귀시킬 정도로는 쾌유되지 않는 환자를 입소시켜 간호, 치료 등의 보호를 행하는 시설이다. 요양시설(extented care facilites 현재의 skilled nursing home), 혹은 하프웨이 하우스(halfway house), 회복자홈(convalescence home) 등 여러 가지가 있다. 사회복지의 분야에서는 수용시설과 가택(재가)의 중간에 있는 시설로 단기보호시설(short stay), 데이케어센터 등을 중간시설로 불러왔다.

4006 중간시설(halfway houses)

어떤 전문적인 지도감독, 지지, 보호를 필요로 하지만 전시간 시설수용이 필요하지 않은 개인을 위한 과도적인 주거시설, 그런 시설은 대부분 전에 입원하였던 정신병 환자, 가석방자, 알코올 및 약물의존(drug dependence)자들이 활용하고 있다(욕구에 따라 서비스를 많이 또는 적게 제공하는 4반분 및 4분의 3반분 시설로 불리는 다른 과도적인 주거시설로 불리는 다른 과도적인 주거시설들도 있다).

4007 중간집단(intermediate group)

상위집단의 중간에 위치하는 사회집단. 사회집단을 크게 상위집단·중간집단·하위집단으로 나눌 때 중간집단은 다른 두 집단을 연결하는 집단적 성격을 갖고 있다. 일반적으로 중간집단이 안정되어 있어야 사회 안정을 기대할 수 있는 것으로 알려져 있으며 중간집단의 성원들은 상호간에 매우 활발한 상호작용을 하는 것으로 이해되고 있다. 중간집단을 흔히 중류계층의 사람들로 구성되는 집단이라고 한다.

4008 중개념

→ 매개념, 대개념

4009 중개자 역할(broke role)

클라이언트(개인, 집단, 조직, 지역사회)가 이용 가능한 지역사회 자원을 찾고, 연결될 수 있게끔 도와주며 지역사회의 여러 부분의 상호이익을 증진시키기 위해 서로 접촉할 수 있도록 하는 사회사업가와 지역사회 조직가의 한 기능.중고년 근로자의 노동과 퇴직에 관한 ILO의 권고 1990년 제66회 연차총회에서 채택한 것으로 앞으로 노동인구의 고령화에 따라 세계적으로 중시되고 있는 중고연령자의 보호에 대한 국제적인 기준을 나타낸 것이다. 주요내용은 ① 연령의 진행에 따른 차별을 받지 않고 균등한 기회. 대우를 받도록 해야 한다. ② 직업소개나 재훈련에서 차별하지 않는다. ③ 노화를 빠르게 하는 근로조건, 작업 환경을 될 수 있는 한 개선하고 초과근무 등을 제한한다. ④ 가능하면 퇴직을 임의적인 것으로 하며, 연금수급연령을 보다 탄력적인 것으로 한다.

4010 중년위기(midlife crisis)

중년의 개인들에게 일어나는 내면적인 갈등이자 변화된 행동패턴을 말한다. 이러한 위기에 처한 개인들은 인생의 의미와 방향에 대해 재평가하게 되고, 미래의 목표에 대해 질문하게 되며, 목표를 성취하는데 관련되는 과정을 조사하며, 그들에게 부과되는 다양한 사회적 요구에 대처한다.

4011 중도실천(mezzo practice)

일차적으로 가족과 소집단을 대상으로 하는 사회사업 실천(social work practice). 이 실천에서 중요한 활동은 의사소통, 절충(mediation), 협의, 교육, 사람들을 모으는 것이다. 이는 거시적 실천(macro practice) 및 미시적 실천(micro practice)과 함께 사회사업 실천의 세 가지 방법 가운데 하나이다. 모든 사회사업가들은 비록 그들이 한두 가지의 방법에 주된 관심을 갖는다고 하더라도 어느 정도는 이 세 가지 수준의 방법에 관여하게 된다.

4012 중도 정신지체(severly retarded)

훈련 가능급 정신지체보다 지적인 기능수준이 낮은 상태를 말한다. 이 상태의 아동은 집단이나 다른 형태의 삶의 체제 속에서 살 수 있으나 평생 동안 광범위한 감독과 지도가 요청된다.

ㅈ

4013 중독(addiction) 01

약품을 이용할 수 없을 때 내성(tolerance)과 금단증상(withdrawal symptoms)을 일으키는 화학약품에 대한 생리적 의존. 이러한 물질에는 알코올, 담배, 마취제, 다량의 진정제가 포함된다. 대부분의 전문가들은 근래에 들어 약물의존(substance dependence)이라는 용어를 사용한다.

4014 중독(intoxication) 02

외부로부터 물질을 섭취한 결과로서 도취된 상태를 말한다. 이러한 물질에는 알코올, 약물이 있으며 결과적으로 나타나는 행동은 일시적인 황홀감, 불분명한 발음과 운동기능의 손상부터 비효율적인 작업 수행, 판단불능, 사회적 기능저하 등 부적응행동이다.

4015 중독 03

약물 혹은 기타의 물질에 대해 심리적 신체적 내성이 형성되도록 계속적으로 약물을 사용하는 상태를 말한다. 중독의 발생에 대해 보면, 극히 적은 비율의 사람들만이 의학적 목적으로 약을 복용하다가 약물에 중독된다. 대부분의 약물중독은 부적응적 성격의 개인에 의한 지속적인 약물복용의 결과로 생긴 내성 형성으로 보인다. 청소년의 경우 자극을 얻기 위한 수단으로 약물을 복용하는 경우가 많은데 비해 어른들은 고통의 회피, 혹은 실망, 좌절, 스트레스로부터 도피하기 위한 동기로 약물을 사용한다. 중독은 인종이나 성, 사회경제적 주위를 막론하고 거의 모든 곳에서 나타나는데 만성적 약물의 사용은 비극적인 결과로 이어진다는 데에 더욱 큰 문제가 있다. 만성적 약물의 중독은 여러 가지 비도덕적 혹은 범죄적 행위와 관련되어 있다. 만성적 약물의 중독은 여러 가지 비도덕적 혹은 범죄적 행위와 관련되어 있다. 즉 부적응적 인성과 약물효과의 결합으로 중독의 상태에서는 많은 반사회적 행동에의 참 유혹으로부터 무력해져 비도덕적, 범죄적 행위에 쉽게 빠지게 된다. 또 중독은 약물을 얻기 위한 필사적인 노력을 요구하게 되는데 대개의 경우 남자는 도둑질과 같은 행위로 여자는 매춘의 방법으로 약물을 구하기 위한 비용을 마련한다고 한다. 중독성을 가진 약물로는, 진정제로서 바비튜레이트류(barbiturates), 흥분제로서 암페타민(amphetamine), 코카인(cocain), 마취제로서 아편(opium), 모르핀(morphine), 헤로인(heroin), 메타돈(methadone) 그리고 환각제 카나비스(cannabis), 대마초(marijuana), 메스칼린(mescaline), 신경안정제로 리브리움(librium) 등이 있다.

4016 중범위이론(middle range theory)
사회학에서 머튼에 의해 주장된 이론으로 구체적인 수준의 작업가설과 추상화된 수준의 일반적 개념도식의 중간에서 이를 연결하고 활성화시키는 특수이론(가령 역할이론 등)을 표명하기 위해 사용되었다. 사회복지실천에서는 이 같은 기초이론이 불가결한 것으로 생각되어 중요시되고 있다. 또 사회복지실천이론자체도 이와 같은 성격을 띤 이론을 구축. 발전시켜 나갈 필요가 있다.

4017 중상주의(mercantilism)
봉건사회가 해체되고 근대자본주의 사회가 성립되는 동안에 취해진 경제정책. 주로 15세기부터 18세기에 걸쳐 유럽에서 지배적이었다. 중상주의는 자본축적을 위한 정책으로 산업의 보호장려를 위해 보호 관세, 항해조례, 곡물법을 적용하고 금·은의 획득보유를 위해 외환관리 등 상공업을 장려하였다. 노동자를 희생으로 한 지주. 상인. 제조업자의 이익우선이론으로 화폐=부, 일국의 이득=타국의 손실, 노동자는 가난할수록 일을 잘한다 라고 하는 것은 중상주의의 독특한 특징이다. 미국의 독립 등에 의해 그 효과성을 잃었지만 현대에도 새로운 중상주의적 사고는 계속 존재하고 있다.

4018 중세부활론
중세는 생활보장적 초합리성을 갖는데 대해 근대는 경제적 합리성에 기초하고 있으며 현대는 중세적 요인과 근대적 요인의 통합에 의해 복지사회를 지향한다는 논리이다. 근대에서는 브렌타노(Brentano, Lujo) 등이 노동조합의 이론적 배경을 중세 길드의 부활에서 찾고 있으며, 현대에서는 미국 기업연금(private pension)의 대가인 하브랙트 (Harbrecht Paul. P.)가 '연금기금과 경제력' 속에서 중세부활설을 주장하고 있다.

4019 중심경향 측정(measure of central tendency)
통계와 조사의 백분율 분포에서 데이터를 요약하는 한 방법이다. 그 세 유형은 평균(mean), 중간값(median), 중위수(mode)이다.

4020 중앙집권(centralization)
행정조직에 있어서 권한을 중앙에 집중시키고 지방에 대해 강력한 지휘 명령권을 인정하는 것이다. 이러한 중앙집권의 장점으로서는 ① 강력하고도 신속한 행정의 집행 가능, ② 상부의 권한을 하부에 철저하게 반영하여 행정기능의 통일 확보, ③ 행정기능의 전문화를 기함으로서 행정능률 향상, ④ 전국적인 관저에서 지역 간의 불균등방지 등을 들 수 있다. 이러한 중앙집권의 개념은 상대적인 것이며, 안보상의 위기나 또는 기타 중대한 역경에 처하게 되거나 전국 규모의 강력한 계획·정책의 추진, 그리고 지역 간의 제 조건의 격차를 균등화할 필요가 있을 경우에 집권화의 필요성을 평가받고 있다. 이를 교육행정은 특히 교육행정을 담당하는 부문을 두어 일체의 교육행정 활동을 국가적으로 총괄하는 행정형태이며, 전체주의 국가나 급속한 국가교육 체제를 정비할 필요가 있는 국가에서 채택하고 있다. 이러한 중앙집권적 행정 유형을 가진 국가에서는 중앙정부가 대부분의 주요 교육정책을 결정하고 모든 교육기관을 직접 또는 간접으로 관장하고, 지방정부는 중앙 정부의 정책을 집행하고 중앙정부의 지시에 따라 각급 학교를 운영·관장한다. 현재 교육행정에서 중앙집권제를 실시하고 있는 나라는 프랑스·필리핀·한국 등이며 미국·영국·브라질 등은 지방분권적 조직형태를 취하고 있다. → 지방분권

4021 중앙집중화(centralization)
한 집단이나 기관 또는 정치조직 내에서 행정력이 집중되는 것이다. 예를 들어 공적부조 프로그램(주로 주나 지방정부에서 관리함)은 사회보장법(Social Security Act) 및 최근의 보충적 소득보장 SSI 프로그램으로 더욱 중앙집중화되었다.

4022 중요한 타자(significant others)
일생에서 가장 의미 있는 사람이라는 뜻.

4023 중위수(mode)
통계나 조사에서 중심경향 측정을 나타내는 수치로, 일련의 수치 가운데서 가장 많이 나타나는 수치를 말한다. 예로서 어

떤 기관에서 하루에 대부분의 사회사업가들이 몇 명의 클라이언트를 보기를 원하는지 알려는 경우를 들어보자. 20개 기관의 사회사업가 중 일부가 하루에 12명의 클라이언트를 만나고, 또 소수의 다른 사회사업가들은 하루에 5명의 클라이언트들만을 만난다. 그러나 대부분의 사회사업가들은 하루에 8명의 클라이언트들을 만날 경우에, 이것이 중위수가 된다.

4024 중재(mediation)
둘 이상의 적대적인 파벌이 의견일치를 볼 수 없거나 목표를 달성하기 위해 계속 의견조정을 할 수 없을 때 요구되는 의사결정 기제. 각 파벌은 중립적인 사람을 지명하고 그 사람의 결정에 다르다는 것에 동의한다.

4025 중재 역할(go-between role)
사회사업가나 다른 전문가가 분쟁당사자들(남편과 아내, 부모와 자녀, 소비자와 판매인, 집주인과 세입자 또는 2명의 치료집단 성원 등) 사이를 조정하며, 상호이해를 증진시키고 긴장을 완화시키기 위해 노력하는 중재과정을 말한다.

4026 중재·이혼(mediation·divorce)
법률 적용을 피한 합의이혼 과정을 통해 이혼하려는 부부간의 논쟁을 해결하는 것을 도와주는 사회사업가, 법률가, 기타 전문가들이 행하는 한 절차를 말한다. 몇몇 주에서 이러한 중재는 법원의 후원 아래 이루어지나 지역에 따라서는 중재가 민간서비스를 통해 이루어지기도 한다. 중재는 부부가 서로 받아들일 수 있는 타협을 이끌어내고, 부부문제의 성격을 이해하게 하며, 재산을 적절하게 분배하는데 합의하게 하고, 아동의 양육권을 결정하고, 건강하지 못한 관계를 정서적으로 청산하도록 돕는 것을 목표로 한다.

4027 중재자 역할(mediator role)
가족성원들 간에 명확하고 바른 위사소통을 하도록 중재해주는 가족치료자의 활동. 이것은 이혼 중재에서 하는 역할과는 다르다. →화해(conciliation)

4028 중죄(felonies)
경범죄(misdemeanors)보다 심한 범죄. 중죄에는 강도(burglary), 절도(larceny)의 일부 유형, 살인(homicide), 강간(rape), 폭행(assault) 등이 속한다.

4029 중증심신장애아
(child with severe mental and psysical handicaps)
중증심신장애의 명칭은 의학적 용어가 따로 없어 의학적 정의도 없다. 각 국가만의 장애분류에 따른 것이기 때문에 외국에는 통용되지 않는 독자의 것이다. 아동복지법의 개정으로 중증심신장애아 시설의항이 첨가되어 공식적으로 등장했다. 생략해서 중장이라고 하지만 간단하게는 중도지체부자유와 중동정신지체를 중복하고 있는 것으로도 규정된다. 이 규정은 제도상 사회적으로 발생한 것으로 사회조건에 따라 변화할 가능성이 있다. 현재 중증아시설수용아에는 중증심신장애주변아가 많다. 즉 걷지 못하는 중도지체부자유와 I.Q 35 이하의 중도정신지체의 중복장애를 갖는 아동이다.

4030 중증심신장애아시설(facility for adults and children with severe mental and physical handicaps)
아동복지법에 따른 아동복지시설의 하나로서 중도정신지체와 중도지 체부자유를 둘 다 갖추고 있는 아동(18세 이상의 성인도 포함)을 입소시켜 보호함과 동시에 의학적 보호와 일상생활지도를 행하는 것을 목적으로 한 시설이다.

4031 중혼(bigamy)
동시에 한 명 이상의 아내 혹은 남편을 취하는 불법적인 행위. 중혼은 미국 내 어떤 주에서도 법적인 타당성을 갖지 못한다.

4032 증상(symptom)
내면화된 심리적, 신체적 장애 또는 심리사회적인 문제가 생길 가능성을 나타내는 지표를 의미한다. 예컨대, 무감각(flat affect)은 정신분열증(schizophrenia) 또는 우울증(depression)의 증상이고, 관계사고(ideas of reference)는 편집증(paranoia)의 증상이며, 열이 비정상적으로 높은 것은 전염병의 증상이고, 갑작스런 체중감소(몸무게의 25%)는 식욕상실증(anorexia nervosa)의 증상이며, 인플레이션(inflation)은 수요와 공급의 불균형상태이다.

4033 증상 설명(prescribing the symptom)
가족 치료에 쓰이는 기술의 하나로, 의사는 가족 중 한두 명에게 일정한 환경에서 증상이 나타나는 행동을 계속하도록 역설적인 지시를 한다. 예를 들어 의사는 가족 중 한 사람에게 화요일마다 토라진 얼굴을 하라고 지시할 수 있는데, 그러면 나머지 가족이 증상을 깨닫고 이를 자발적으로 통제할 수 있다.

4034 증서제도(voucher system)
개인이 사회서비스, 건강보호 및 개방시장에서 나타날 수 있는 요구에 대해 보조금을 지급하는 방식이다. 전형적으로 이 제도 아래서 빈곤한 사람은 흔히 구제할 수 있는 증지(redeemable stamps)나 쿠폰 형태로 증표를 받으며, 이것은 특정한 서비스나 생산물에 사용하면 일정 금액의 가치가 있다. 이러한 제도 중 가장 보편적인 것으로는 식품권(food stamps), 수업료 보조금(tuition grants), 주택 보조금 증명서(housing subsidy checks)가 있다.

4035 증후군(syndrome)
특정 질병이나 어떤 상태를 만들기 위해 발생하는 행동 유형, 성격 특성 또는 신체적 증상을 총칭하는 용어를 말한다.

4036 증후학(semiotics)
의사소통이 되는 내용을 명백히 하거나 모호하게 만들기 위한, 언어 신호 또는 몸짓과 관련된 의사소통 이론(communication theory)의 한 측면.

4037 지(知)
① 지식, 지성. ② 중국에서는 일반적으로 인생을 영위하기 위한 지적 능력의 의미. 맹자는 지를 인간에게 본래부터 갖추어져 있는 도덕적 판별력으로 보았는데, 장자는 사람의 자연(天)은 무지로서, 지는 허망이요, 인간의 자기 상실이라고 보았다. 명가의 지식론이 행해진 후, 순자는 허심을 주관으로 하고 천지의 도(道)를 그 대상으로 함으로써 장자를 극복하고 지를 정당화했다. 주자학에서는 장자가 부정한 지는 대상적인 전문의 지라고 하고 순자의 설을 관념론화하여 심(心)과 물(物)의 이(理)와의 일치를 주장하여 덕성의 지라고 불렀다. 주자의 설은 왕양명의 지행합일론을 철저화 한 것이다(→ 격물치지). 청조에서는 고거학을 배경으로 한 유물론적인 지식론이 싹텄다.

4038 지각([영] reception [독] Wahrnehmung)
고대철학에서 지각과 감각과는 거의 구별되어 있지 않았다. 그러나 단순한 감각과 지각 사이에는, 뇌수의 제1차 시각영역이 침범되면 시력 자체가 쇠약해지고, 제2차 시각영역의 전체상이 잘 파악되지 않게 되는 것을 보아도 차이가 있다는 것을 알 수 있다. 지각은 기억이나 상상과는 달리 직접 감각 기관에 작용하는 사물을 눈앞에 갖고 있고, 감각 기관을 통해 얻어지는 재료에 근거하고 있는데, 그것에는 어느 정도의 기억이나 사고의 작용이 첨가되고 있다.

4039 지각(preception)
오감(시각, 청각, 후각, 미각, 촉각)에 의해 만들어지는 정신적인 인상과 자신의 생활경험을 토대로 하여 인지적으로 정서적으로 이러한 인상을 해석하는 방법이다.

4040 지각 왜곡(perceptual distortion)
신체적 현실과 개인이 지각하고 이해하며 해석하는 방법 간의 불일치를 말한다.

4041 지각중추(감각)(sensorium)
두뇌, 정신, 마음 등을 포괄하는 의식(consciousness)의 세계이다. 이것은 여러 감각기관으로부터 입력되는 모든 정보를 재정리하여 처해 있는 환경에 대한 체계적이고 의미있는 이해를 가능하게 한다. 정신과 진단서에 "자각기관에 이상이 없음"이라고 쓰여 있다면 해당 환자가 시간, 장소, 대인관계, 기억력 등에 이상이 없음을 뜻한다.

4042 지구진단(community diagnosis)
지역사회문제의 해결을 위해 공동계획의 책정에 앞서 행해지는 지역 사회진단이다. 주민의 자립적 조직화를 중시하는 지역사회조직에 있어서의 진단과정으로 ① 대상지역의 주요한 주민조직과 전체적인 지역의 개요를 파악하는 과정 ② 지역사회문제의 종류와 그 발생을 촉진하는 사회적 조건을 파악하는 과정 ③ 문제에의 주민의식도와 문제에 내포된 여러 사실 등 문제해결에 직접적으로 유용한 요인을 파악하는 과정의 3가지가 있다.

4043 지급불능(insolvency)
개인이나 사업체가 비록 충분한 자산은 사지고 있지만 접근하기 어려우므로 응당히 갚아야 할 때 빚을 갚을 능력이 없는 상태를 말한다.

4044 지노트(Jinott, Haim. G. : 1922~1973)
미국의 심리학자. 홉스의 사상을 이어받아 치료자에 의해 이행되고 수용되는 아동집단심리요법을 주장하였다. 치료는 환자의 내적심리의 균형 상태에 변화를 주는 것으로서, 그것을 위해서는 관계의 통합, 카타르시스, 통찰, 현실검증, 승화 등이 치료과정에서 실현되어야 한다는 점을 강조하였다. 그는 이를 통해 환자가 자아의 강화, 초자아의 수정·개정된 자아상을 가지게 된다고 보았다.

4045 지능(intelligence) 01
기능적으로 규정된 개념으로는 ① 경험에 의해 변화할 수 있는 능력 즉 학습능력 ② 환경의 다양한 사태에 적응하는 능력 ③ 기호와 개념에 추상적 사고능력이라 하는 것이 일반적이다. 인자분석의 결과로서 구호적으로는 생득적 요인에 규정된 유동성 지능(새로운 상황, 사태 적응에 관한)과 문화적, 경험적 요인에 규정된 결정적 지능(학습으로 획득된 지식에 근거한 판단과 습관에 의한)인자로 하는 것이 유력설로 되어 있다.

4046 지능 02
실제로 존재하거나 구체적으로 설명될 수 있는 단일 개체가 아니라 일종의 가설적 개념으로 인간의 정신 능력을 설명하기 위해 학자들이 추리해 낸 구조이다. 따라서 인간의 행동을 어느 측면에서 연구하느냐에 따라 지능의 개념도 달라진다. Spearman은 지능의 2요인설(two Factor theory)을 통하여 지능은 일반 지능 G(general intelligence factor), 특수지능 S(specific factors)로 구성된다고 설명하였다. G요인은 일반적 능력으로서 경험을 인식하고 경험 간의 관계를 파악하고 상호간의 상관관계를 추출하는 능력이며, 전반적인 지능척도와 높은 상관을 보이는 어휘력(vocabulary), 수학문제 해결이나 도형의 관계파악, 문장의 이해 속도 등이 포함된다. S요인은 특수한 능력과 관계가 있으며, 수개념, 수학적 추리, 언어적 추리, 기억과 같은 지능들이 포함된다. 또한 특수요인들 사이에 공통요인이 있음이 인정되어 군요인(group factors)으로 분류하여 설명하였다. Wechsler는 지능을 개인이 환경과의 관계에서 목적으로 행동하고 합리적으로 사고하며 효과적으로 대응할 수 있는 집합적이고 전체적인 능력으로 정의하고, 순수한 지적인 요소뿐 아니라 정서적 요소, 인격적 요소가 포함되는 일반 지능으로 설명하였다. 문제해결 및 인지적 반응을 나타내는 개체의 총체적 능력, 지능이란 용어는 일상생활에서 빈번하게 사용되나, 지능을 연구하는 학자들 간에도 지능의 의미와 구조에 대해 완전히 견해의 일치를 보지 못하고 있다. 지능을 조작적으로 "지능검사에 의해 측정된 특점"으로 정의하는 학자도 있으나, 지능의 정의방법이나 입장과 측정 내용과 방법은 실로 다양하다. 지능에 대한 정의는 다양하나 이를 대별하면 대체로 다음과 같다. ① 개인의 생활 내지 전체 환경에 대한 일반적인 정신적 적응 능력으로서의 지능의 적응적 성격을 강조하는 입장 ② 개인의 학습능력으로서 추상적 사고력을 강조하는 입장 ③ 지능이란 추상을 학습하여 구체적 사실과 관련시키는 능력이라는 입장 ④ 이들을 종합적으로 포괄해서 지능은 목적을 향해 행동하고, 합리적으로 사고하며, 환경을 효과적으로 다루는 개인의 총체적 능력이라고 보는 입장이다. 따라서 지능은 단일의 순수능력으로 생각되기 쉬우나 실제는 다양한 능력의 복합체로 생각되며, 지능검사가 측정하는 능력의 내용도 다양하다. 이와 같이 지능의 구성요소와 조직과 구조를 밝히려는 입장과는 달리 근자에는 적응과정이나 정보처리 과정과 같이 지적인 과정 그 자체의 본질로서 지능을 정의하고 접근하려는 시도도 활발히 이루어지고 있다.

4047 지능검사(intelligence test) 01

훈련이나 학습 등의 영향을 받지 않고 성숙에 따라 일반적 경험의 소산으로 형성되는 소질적인 지적 능력을 측정하기 위하여 만들어진 검사. 지능검사로 측정된 지능은 정신연령 지능지수나 또는 편차치로 산출되는 편차 지능지수로 표시된다. 지능 검사의 종류는 스피어만(C. E. Spearman)의 2인자 설에 입각하여 공통인자만을 측정하는 일반 지능검사와 써스톤(L. L. Thurstone)의 다인자설(多刃自說)에 입각하여 지능의 구조적 특성을 분석적으로 측정하는 지단검사로 구분되고, 또한 문자사용 지능검사와 도형사용 지능검사, 언어성 지능검사와 동작성 지능검사, 개별 지능검사와 집단 지능검사로 구분되기도 한다.

4048 지능검사 02

개인차로서의 지능을 표준화한 측정수. 즉 검사와 기준을 수량화하는 방법이다. 지능검사는 정신지체아의 판별, 교육을 위한 프랑스의 비네(Binet, A.)가 시몬(Simon, E.)의 능력으로 개발(1905년)한 것이 시초이다. 미국에서 스탠포드. 비네 테스트로 표준화되어 제1차 대전 중, 인체검사의 개발로 일반화되었다. 또 진단검사 웨크슬러·벨뷰 테스트가 고찰되어 임상운동에 크게 공헌하고 있다. 결과는 지능연령(MA), 지능지수(IQ) 등으로 표시된다.

4049 지능계발(intelligence development)

지능의 발달을 일깨우는 것이다. 지능발달에 있어서 유전적 소질과 환경적 경험의 상대적 중요성에 대해 여러 주장이 있다. 젠센(A. R. Jensen)은 지능이란 고도의 생득적 특성이기 때문에 교육과 같은 환경의 힘에 의해 지능발달에 영향을 미칠 수 있는 소지는 거의 없다고 한다. 그러나 볼륨(B. S. Bloom) 등에 의하면 지능의 상당한 부분은 환경의 힘에 변화될 수 있으며 이러한 변화가능성은 어릴 때일수록 크다고 한다. 즉 17세기를 기준으로 볼 때, 지능의 50%는 출생 후 4년 동안에 발달하며, 어릴 때의 문화결손이 성장 후의 결손보다 더 큰 영향을 미친다는 것이다. 지능의 발달 또는 개발. 육성이란 관점에서 그는 ① 언어의 효율적 사용과 언어능력을 신장하는 환경 ② 직접. 간접의 다양한 문화적 체험 ③ 자발적 사고 및 문제해결을 자극하는 분위기 ④ 부모와의 상호작용 등이 중요하다고 한다. 이러한 주장은 부모의 직업이나 사회경제적 지위 등 상태변인보다 부모와의 상호교섭에서 나타나는 성취와 언어발달에 대한 압력 같은 작용변인이 지능 발달에 더 큰 영향을 준다는 일련의 연구결과와 일치한다. 근자에는 환경적 요인에 대한 측정과 연구뿐만 아니라, 지각 기능의 개발, 인지요법, 문제해결력의 신장, 영양상태 및 환경적 경험이 개체의 지적 기능의 발달이나 뇌의 생화학적인 변화에 미치는 영향을 밝히려는 연구가 이루어지고 있다.

4050 지능구조(intelligence structure)

인간의 지능을 이루고 있다고 생각되는 가설적인 구조 또는 영역. 인간의 지능을 올바로 이해하기 위하여 길포드(J. P. Guilford)는 지능구조의 가설적 모형을 제시했는데 이를 SI(structure of intellect) 모델이라 한다. 그는 인간의 지능을 조작(operations)·내용(contents)·소산(products, 결과) 등의 3차원의 입방체로 생각했다. 조작의 차원은 지적 기능의 양상을 분류한 것으로 평가·수렴적사고·확산적사고·기억·인지의 5종으로, 내용차원은 지능측정을 위한 검사내용을 구분한 것으로 도형·기호·언어·행동 등의 4종으로, 그리고 소산차원은 지적 작용의 소산을 분류한 것으로 단위·유목·관계·체계화·전환·함의의 6종으로 구분하고 있다. 따라서 길포드에 의하면 지능이란 5개의 조작차원 ×4개의 내용차원×6개의 소산차원 = 120개의 영역으로 구성되어 있는 것이라 하며, 이 중 80여 개의 영역을 측정하는 검사는 이미 개발되었고, 그 밖의 영역에 대해서는 연구개발이 진행되고 있다.

4051 지능발달(intelligence development)

연령의 증가에 따른 지능의 변화. 지능은 개체의 성장에 따른 생득적(生得的)소질과 환경적 경험의 상호작용에 의해

ㅈ

변화하며. 지능에 대한 견해는 학자에 따라 다르다. 지능에의 크게 양적 접근과 질적 접근으로 구분된다. 심리측정학적 입장에서 살펴본 지능의 양적 변화는 연령증가에 따라 개인의 지능은 일정한 정점에 달하며 그 후 점차 하강곡선을 그리고 정점도달시기나 발달속도는 측정되는 능력에 따라 다르다. 블룸(B. S. Bloom)에 의하면, ① 지능은 생후 1세부터 10세까지는 거의 직선적인 성장을 하고 그 후 발달속도가 느려지다가 20세를 전후해서 정체 및 하강현상을 보이며, ② 연령의 증가에 따라 지능의 변산도, 즉 개인차는 커진다. 또 웩슬러(D. Wechsler)에 따르면 지능의 발달속도나 반응경향성은 측정하는 능력에 따라 달라, 동작성 지능은 비교적 일찍 (20대 초반)정점에 도달하나 언어성 지능은 30대 초반까지 계속 발달하며 전자가 후자보다 더 급속한 내림세를 보인다고 한다. 지적기능의 변모에 관심을 주는 질적 접근의 입장은 지능이란 방향·이해·창조·비판의 네 가지 주요기능이 연령증가에 따라 계속적 적응과정으로 각 연령단계별로 특정한 인지양식이 나타난다고 한다.
→ 피아제의 인지 발달이론

4052 지능요인(factors of intelligence)
정신능력의 구성요소 또는 지능을 구성하고 있는 기본요인. 스피어만(C. E. Spearman)은 지능을 일반요인(G요인)과 특수요인(S요인)으로 구분하고 일반요인을 일반적인 능력 내지 지능을 지칭하는 개념으로 간주했으나 요인분석 이론과 기술의 발달로 이러한 일반 요인론은 배격되고 인간을 능력을 일반적인 것과 특수한 것을 연속선상에 놓여 있는 어떤 속성으로 생각하게 되었다. 써스톤(L. L. T Hurstone)은 군집요인설에서 지능은 언어요인·수요인·기억력·공간관계·지각속도·언어유창성·추리력의 7개 요인으로 구성된다고 보았으며 이들 능력 요인을 기본 정신능력이라 불렀다. 길포드(J. P. Guilford)는 지능은 조직차원(5), 내용차원(4), 소산차원(6)의 3차원적 구조를 가진 120개(4×5×6)의 영역으로 구성되어 있다는 지능구조의 가설적 모형(SI 모델)을 제시했다. 케델(R. B. Cattell)은 경험이나 교육과는 다소 무관한 개인의 잠재력을 나타내는 유동성 지능과, 문화적 경험이 내포된 지식, 기능을 포함하는 결정성 지능으로, 젠센(A. R. Jensen)은 기계적 학습이나 연상능력 같은 획득 가능한 제1수준의 능력과, 개념형성·분석·종합·문제해결 같이 비교적 복잡한 정신과정의 제2수준의 능력으로 각각 구분했다. 이와 같이 지능의 요소화 본질에 대한 견해는 학자에 따라 상이하며 근자에는 지적 과정·인지 과정 자체를 이해하려는 노력이 대두되고 있다.
→ 지능, 지능구조

4053 지능장애(intelligence disorder)
지능이란 어떤 과제에 반응해서 추상적 사고나 상징의 이해에 의해 순응하고 학습하는 능력인데 지능장애는 정신발육의 지체나 치매, 혹은 간질후유증 등에 의해 일어나는 상태를 말한다. 이중 정신지체는 유전적인 것, 배종손상, 태내성, 출산시 유유아기의 외인적 원인에 의한 손상의 후유증에서 기인한다. 또 정신지체는 지능의 발달지체뿐만 아니라 운동기능의 장애도 수반한다. 여기에 대해 치매는 뇌신경세포의 소실, 위축이라는 기질적 변화에 의한 세포결함상태이다.

4054 지능지수(IQ : intelligence quotient) 01
지능의 발달정도를 나타내는 지수. 정신연령 척도, 비율 지능지수 및 편차지능지수로 대별된다, 비네(A. Binet)가 처음으로 지능검사를 제작하였을 때 단순히 연령척도로 정신연령을 사용하였다. 그러나 이것은 한 개인의 지적 발달을 충분히 나타내주지 못하였다. 즉 정신연령이 10세인 아동이 그의 생육연령이 8세냐 또는 15세냐에 따라 그 의미가 전혀 달라지므로 생육연령이라는 기준에 의한 정신연령의 표현이 필요하게 되었다. 이것을 처음제시한 사람은 1912년 독일심리학자 시테른(W. Stern)으로 그는 정신연령(MA)을 생육연령(CA)으로 나눈 비율에 100을 곱하여 지능지수, 즉 IQ로 사용할 것을 제안하였다. 이것이 흔히 말하는 IQ로서 엄격히 말하면 비율지능지수는 각 연령단계에서 표준편차가 같지 않다는 점과 지적발달은 연령의 증가와 직선적인 관계를 갖고 있지 않다는 이유에서 현재는 거의 사용되지 않고 있으며 역사적인 전례로서 취급되고 있다. 이러한 비율 지능지수의 문제점을 보완해주는 것이 소위 편차지능지수(deviation IQ)로 흔히 DIQ라고도 부른다. 이것은 각 연령집단의 대표적인 표집을 중심으로 각 연령의 평균이 100이고 표준편차가 15 또는 16인 표준점수의 하나로 나타내고 있다.

4055 지능지수 02
지능검사를 통하여 산출한 결과를 통계 처리하여 지능의 정도를 숫자로 표시한 것이다.

4056 지능지수 03
지능의 발달정도를 표시하는 것이다. 지능연령(MA)을 생활연령(CA)으로 제해서(MA/CAX 100) 얻은 지수. 심리학에서는 90-100은 보통, 70 이하를 정신지체급의 지수로 쓰는 것이 일반적이다. 성인까지의 지능수준을 예측하는 지표(IQ의 항상성)로서 절대시하는 폐해가 생겼다. 그러나 성인은 연령의 기준적 의의가 낮고 연령분포에 차가 있기 때문에 지능연령(MA)의 재검토, 편차치에 의한 합리적 표시 등의 반성이 가해지고 있다.

4057 지능진단(intelligence diagnosis)
지능테스트를 지능수준 측정에서 인격의 임상적 진단에 적용하는 시도. 웩슬러(Wechsler, D.)의 WAIS(wechsler adult intelligence scale)나 WISC(wechsler intelligence scale

for children) 등의 지능 진단검사가 발표되어 많은 나라에서 표준화되고 있다. 언어성검사와 동작성검사의 편차치로 지능지수를 산출하여 양자의 관계에 의해 지적행동의 배경에 있는 인격을 진단한다.

4058 지능편차치(intelligence standard score)

각 연령단계의 평균, 표준편차를 기준분표(평균 50, 표준편차 10)로 환산(T-특점)한 스케일을 써서 계산한다.(개인의 득점-집단의 평균 /1 /10 집단의 표준편차) + 50 연령집단의 상대적 위치에서 지능수준을 표시하는 것이다. 5단계 평가로서 5(65이상), 4(55-64), 3(45-54), 2(35 -44), 1(34 이하)이 쓰여진다. 지능지수에는 같은 IQ라도 연령에 따라 상대적 위치가 달라지는(연령이 높아지면 표준편차가 커진다). 불합리가 있기 때문에 개발된 것이다.

4059 지니 매(Ginnie Mae)

→ 연방저당협회(government national mortgage association)

4060 지니계수(Gini's coefficient)

〈요약〉인구분포와 소득분포와의 관계를 나타내는 수치로서, 「0」은 완전평등, 「1」은 완전불평등한 상태이며 수치가 클수록 불평등이 심화〈상세〉 주) 이탈리아의 통계학자 C. 지니가 제시한다. 이탈리아의 통계학자 C. 지니가 제시한 지니계수는 소득분배의 불평등도를 나타내는 수치이다.(수치가 높을수록 불평등이 심함) 일반적으로 분포의 불균형도를 의미하지만 특히 소득이 어느 정도 균등하게 분배되어 있는가를 평가하는데 주로 이용되며 이는 횡축에 인원의 저소득층부터 누적 백분율을 취하고 종축에 소득의 저액층부터 누적백분율을 취하면 로렌츠 곡선이 그려진다. 이 경우 대각(45도)선은 균등분배가 행해진 것을 나타내는 선(균등선)이 된다. 불평등도는 균등도와 로렌츠곡선으로 둘러싸인 면적(λ)으로 나타난다. 그리고 균등선과 횡축, 종축으로 둘러싸여진 삼각형의 면적을 S라 할 때, λ /S를 지니계수라고 부른다. 0에서 1까지 숫자로 표시하는 지니계수는 가계간의 소득분포가 완전히 평등한 상태를 0으로 상정해 산출하는 지수로 1에 가까울수록 불평등 정도가 높아 '부익부 빈익빈' 현상이 심화됨을 의미한다. 0.4를 넘으면 상당히 불평등한 소득 분배의 상태에 있다고 할 수 있다. 지니계수를 통해 근로소득이나 사업 소득 등 소득분배상황은 물론 부동산과 금융자산 등 자산분배상황도 살펴볼 수 있다.

4061 지대 설정(zoning)

토지의 사용과 그것에 대해 허용된 구조물의 형태에 관한 시의 규칙이다.

4062 지도감독(supervision)

사회사업가들의 기술을 좀 더 개발하고, 정교화하는 것을 돕고, 클라이언트에게 품질보증(quality assurance)을 제공하는 행정적·교육적 과정. 행정적으로 감독자는 가장 적합한 사회사업가에게 업무를 맡기고, 사정과 개입계획을 토의하고, 사회사업가가 현재 접촉 중인 클라이언트에 대하여 재고한다. 교육적으로 감독은 사회사업가가 사회사업 철학과 기관의 정책을 좀 더 잘 이해하고, 더 자신에 대해 깨닫고, 기관과 지역사회의 자원을 알고, 활동의 우선순위를 설정하고, 지식과 기술을 세련되게 하도록 돕고자 이뤄진다. 카두신(Alfred Kadushin)에 따르면, 감독의 또 하나의 기능은 체계를 유지하는 동안 직원들의 사기를 강화하는 것이다. 경험이 적은 사회사업가는 개인지도 모델에 의해 따로 감독을 받는데 여기서는 좀 더 경험있는 사회사업가와 함께 사례에 대한 의논, 동년배 집단의 상호작용, 직원개발 프로그램, 사회사업 팀(social work team)을 통해 유사한 목적을 달성한다. 메이어 Carol H. Meyer는 교육적 감독(educational supervision) (전문적 관심 지향적이고 특정 사례와 관련된)을 행정적인 감독(administration supervision) (기관정책과 공적 책임 지향적인)과 구분하고 있다.

4063 지도감독 대상자
(PINS : persons in needs of supervision)

일부 주에서 법적 조치를 해야 하는 부모가 적절하게 관리하지 못하는 가출아동, 무단결석자 혹은 비행청소년과 같은 지위위반자(status offender)를 말한다. 일부 지역에서는 이와 똑같은 사람을 친스(CHINS : 지도감독이 필요한 아동 children in needs of supervision) 혹은 진스 (JINS : 지도감독이 요구되는 비행 청소년 : juveniles in needs of supervision)라고 부르기도 한다.

4064 지도감독자

→ 슈퍼바이저(supervisor)

4065 지도성 유형(Leadership style)

다른 사람의 행동에 영향을 주기 위해 일어나는 행동 특성을 분류한 것이다. 행동과학적 연구의 결과에 근거한 지도성 유형의 효시는 레빈(Kurt Levin), 리피트(Ronald Lippitt) 그리고 화이트(ralph K. White) 등에 의해 마련되었다. 이들은 지도성을 전제적 지도성, 방임적 지도성 그리고 민주적 지도성을 분류하였다. 민주적 지도성은 전제적 지도성이나 방임적 지도성보다 훨씬 영향력이 큼을 밝혔다. 미시간 대학 사회학연구소의 리커트(Rensis Likert)는 지도자의 유형을 과업중심 지도자와 종업원 중심 지도자로 분류하였다. 헴필(John K. Hemphill)과 쿤스(Alvin E. Coons)가 중심이 된 오하이오 주립대학의 연구팀들은 다양한 집단을 대상으로 하여 지도성에 관한 광범위한 연구를 수행하였다. 그 결과 이들은 지도성을 과업 지향적 차원과 인간 지향적 차원으로 분류하였다. 과업 지향적 차원의 지도성은 리커트의 과업 중심 지도자가 보이는 행동과 비슷한 것으로 조직의 구체적 목표달성에 중점을 둔 것이다. 한편 인간 지향적 차원의 지도성 행동은 리커트의 종업원 중심지도자의 행동과 같은 것으로 조직 구성원의 인화 유지를 강조하는 것이다. 양쪽 차원에서 동시에 높은 수준을 보이는 지도성 유형이 가장 효율성이 높은 것으로 보고된다. 리커트와 헴필 및 쿤스 등의 지도성 이론은 2차원적 지도성 이론의 전형으로서 이후의 지도성 연구에 커다란 영향을 주었다. 한편 블레이크(Robert R. Blake)와 머튼(James S. Mouton)은 지도성에 영향을 주는 요인을 생산에 대한 관심과 인간에 대한 관심으로 구분하였다. 이들 각각의 요인의 높고 낮음의 조합으로 지도성의 유형을 무기력형, 과업형, 중도형, 크럽형, 팀형 등 5개로 분류했다. 이 중에서 인간에 대한 관심과 생산에 대한 관심 모두 높은 팀형 지도성을 가장 이상적인 것으로 보았다. 허시(Paul Hersey)와 블랜차드(Kenneth H. Blanchard)는 상황적 지도성이론을 제시한 학자들이다. 이들은 지도성을 지도자의 과업 지향적 행동, 인화 지향적 행동, 그리고 조직 구성원들의 과업 수행능력 및 심리 상태의 성숙도와의 상호 작용에 의해 나타나는 것으로 보았다. 조직 구성원들의 성숙도에 따라 지시적 지도성, 조성적 지도성, 참여적 지도성, 혹은 위임적 지도성 유형을 적절하게 선택해야 이들에 대한 영향력을 높일 수 있다고 주장했다.

4066 지도성 행동기술 질문지(LBDQ : leadership behavior description questionnaire)

조직 지도자의 지도유형을 진단해 낼 수 있는 질문지. 헴필(Hemphill)과 핼핀(A. W. Halpin)은 구성원들의 지각 및 지도자 자신의 반응을 통해서 지도자의 지도성 유형을 인화중심적 요인(배려성 : consideration leadership behavior)과 과업중심적 요인(구조성 : initiating structure leadership behavior)의 두 차원으로 지도자가 집단활동을 조직·결정하거나 또는 지도자와 집단과의 관계를 명백히 하는 것을 뜻한다. 따라서 지도자는 각 구성원이 각자에게 기대되는 역할을 분명히 해주고 임무를 배정하고, 미래계획을 세우며, 일을 처리하는 방법과 절차를 세우며, 결실을 보기 위하여 일을 처리하는 것을 주로 하는 유형이다. 인화중심적 차원은 지도자와 집단 사이의 상호신뢰·상호존경·화합과 친화·라포(rapport) 등을 나타나게 하는 행동을 포함하는 것으로서 구성원의 욕구에 깊은 관심을 가지며, 아랫사람으로 하여금 의사결정 과정에 적극적으로 참여하게 하고, 의사소통을 활발히 하도록 장려하는 행위를 포함하는 것으로서 지도자와 구성원간의 따스한 인간적 교류를 주축으로 하는 지도행위이다. 지도자의 광범위한 행위를 LBDQ 척도로 진단하여 나타난 결과에 따라 지도자의 지도유형은 효율적 행정유형·과업중심적 행정유형·비효율적 행정유형·인화중심적 행정유형 등 네 가지로 분류된다.

4067 지발성 디스키네지아(tardive dyskinesia)

특히 입, 입술, 혀 등의 비정적이고 통제할 수 없는 신체증상으로, 때때로 머리, 손, 발의 반복성 운동은 보인다. 이것은 오랫동안 항정신병 약물을 복용해온 클라이언트에게서 많이 나타난다.

4068 지방노동위원회

서울특별시, 광역시 또는 도에 설치되나 다만 부산광역시를 제외한 광역시의 경우에는 따로 지방노동위원회를 설치하지 아니하고 인근 도에 설치된 지방노동위원회로 하여금 사건을 통합. 관장하게 할 수 있다. 특히 중재와 부당노동행위의 판정. 구제에 대해서는 초심의 절차를 담당한다.

4069 지방분권화(decentralization)

중앙정부에 과도하게 집중되어 있는 행정기능과 권한을 지방정부에 이양하여 지방자립=자율화를 도모하는 것을 말한다. 현재의 서구형 민주주의의 발전을 지방분권화의 실현을 위한 중요한 밑거름으로 삼고 있으나 중앙집권적 성향이 높은 우리나라의 경우, 하급기관의 불신이 크고 우리 실정에 맞는 분권화의 계획·조직·통제·조정 등의 업무가 아직 마련되어 있지 못해 이론적 수준과 여론의 수준에서만 논의되고 있는 실정이다. 분권화는 의사결정의 권한을 위임 또는 전결의 방식으로 분산하는 것이 효과적이다.

4070 지방자치(local autonomy)

지방자치라 함은, 지방행정사무를 지방주민 자신의 책임에서 자기의 기관으로 처리케 하는 것을 말하며 주민자치와 단체자치의 두 유형이 있다. 전자는 주로 영국에서 발달한 제도로 주민 스스로의 의사에 의하여 자신의 책임 하에서 행하여지는 행정이며, 후자는 주로 독일 기타 유럽대륙에서 발달한 제도로 국가로부터 독립한 자치단체의 존립을 인정하고 될 수 있는 한, 국가행정기관의 관여를 물리치고 단체자신의 손에 의해 행하여지는 행정이다. 양자는 행정조직의 민주화에 중요한 일환으로 기능하는 것이므로, 진정한 자치행정이 되기 위해서는 단체자치의 요소뿐만 아니라 주민자치의 요소도 갖추지 않으면 안된다.

4071 지방자치단체

국가 아래서 국가 영토의 일부를 구성요소로 하고 그 구역내의 주민을 법률이 정한 범위 안에서 지배할 수 있는 권한을 가진 단체. 자치 행정의 주체로서 국가로부터 행정권의 일부를 부여받은 공공단체의 전형적 존재이며 공법이다. 지방자치단체의 종류는 보통 지방자치단체와 특별지방자치단체(지방자치단체조합)로 대별할 수 있고 보통지방자치단체는 상급자치단체(도·서울특별시·광역시)와 하급지방자치단체(시·군)로 나뉜다. 지방자치단체는 헌법 117조에 따라 자치에 관한 규정을 제정할 수 있고 헌법 118조는 지방자치단체의 의회를 두도록 하고 있다.

4072 지방재정교부금

국가가 지방자치단체의 행정운영에 필요한 재정을 지원하기 위해 지급하는 교부금. 지방교부금과 지방교육 재정교부금으로 나누어지는데 지방교부금은 내국세의 13.27%, 교육재정교부금은 내국세의 1.8%에 해당하는 금액을 지원한다. 지방교부금은 매년 기준재정수입이 기준재정수요에 미달하는 지방자치단체에 그 미달액을 기초로 지원되는 보통교부금과 특별한 재정수요가 있거나 재정수입의 감소가 있을 때 교부하는 특별교부금으로 구분된다. 교육재정교부금은 지방자치단체가 교육기관을 설치·운영하는데 필요한 재원을 국가가 지원하여 지역 간 교육의 균형발전을 도모하기 위한 것이다.

4073 지방정부대표자협의회 (COG : council on governments)

보통 지리적으로 가까이 있는 대여섯 개의 지방정부(여러 시와 군 단위) 대표자로 구성되는 포괄적인 계획조직으로, 이 협의회 회원들은 정기적으로 만나서 해당 지역 사람들의 상호 욕구와 이 욕구들은 충족시키기 위한 자원을 결합하는 방법을 논의한다. 그들의 목적은 계획, 조정, 개별 노력의 통합뿐만 아니라, 개별적 노력으로 성취되는 주정부와 연방정부 수준보다 더 많은 영향력을 행사하려는 목적을 포함한다. 전형적인 서비스 계획 활동은 교통, 상하수도 처리, 노인에 대한 서비스를 포함한다.

4074 지방청소년협의회

청소년의 지도, 육성, 보호 및 교정에 관한 통합적 시책의 수립에 필요한 중요사항을 조사·심의하고 그 시책의 적절한 실시를 기하기 위해 필요한 관계행정기관 상호의 연락·조정을 도모하고자 시·도·지방에 부속기관으로서 설치된 협의회·지방공공단체의 장 및 그 구역 내에 있는 관계행정기관에 대해 의견을 기술할 수 있다. 회장은 지방공공단체의 장이고 위원은 의회의 의원, 관계행정기관의 직원 및 학급경험자 중에서 임명된다.

4075 지불능력(solvency)

빚을 갚을 수 있는 개인 또는 조직의 능력.

4076 지성([영] intellect) 01

고차적인 추상적 개념적 수준의 조작 능력, 아리스토텔레스(Aristoteles)의 철학에서는 인간의 영혼을 동물의 영혼과 구별하는 특징으로서 "지성"을 들고 있다. 그는 수동적 지성과 능동적 지성을 구별하고, 전자는 개념을 획득하거나 소유하는 능력을 뜻하고, 후자는 개념을 판단의 과정에서 조합(組合) 혹은 연결하는 능력을 뜻한다고 하였다. 또 그는 능동적 지성은 영원불변하는 것이라고 하였다. 흔히 지성은 지적 능력이 교육이나 훈련에 의해 연마된 상태를 일컫는 말로도 사용된다. "지성인"이라고 할 때의 "지성"이 바로 그것이다.

4077 지성([라] intellectus [독] intellekt) 02

넓은 의미에서는, 감정, 의지 등에 대해 아는 능력을 뜻한다. 이 경우 대상과의 직접적인 접촉에서 생기는 감각은, 지성의 가장 기초적인 것을 나타내지만, 안다는 것은 완전한 형태로는 사고에까지 진전하지 않으면 안 되므로 감성에 주어진 재료를 가공하는 능력, 즉 사고력을 특히 지성이라고 부르는 일이 많다. 이것은 좁은 의미에서의 지성이며, 감성에 대립하는 개념이고, 넓은 의미에서의 이성과 거의 같은 의미이지만, 오성의 의미로 사용되는 경우도 있다.

4078 지성화(intellectualization)

개인이 느낌이나 감정을 무시하고, 될 수 있는 한 객관적으로 문제와 갈등을 분석하게 하는 방어기제(defense mechanism)와 성격 경향을 말한다. 때때로 형식적이거나 지나치게 이성적인 태도를 보일 수 있다.

4079 지속적 강화(continuous reinforcement)

행동수정(behavior modification)에서(자주 일어나지 않는 간헐적 강화(intermittent reinforcement)와 비교하여) 목표행동이 발생할 때마다 매번 강화되는 강화계획(schedule of reinforcement)을 말한다.

4080 지속적 지지수속(sustaining procedures)

홀리스(Hollis, F)에 의해 유형화된 케이스활동 수속의 하나이다. 이것은 모든 케이스워크 활동에서 기본적이며 불가피한 것으로 경청, 수용의 전달, 재보증, 격려 등의 기법을 적절하게 사용함으로써 진행된다. 그러나 그 같은 기법이 필요한 경우는 케이스에 따라 상당한 차이가 있으며 동일 케이스에서도 변하기 때문에 신중하게 판단하고 선택할 필요가 있다.

4081 지수(index)

경험적 관찰을 바탕으로 하여 개념적으로 표시하거나 측정한 수치, 지수는 숫자(배율 또는 가중된 평균치와 같이)로 표시되는 것이 보통이다. 하나의 항목을 중심으로 한 것을 단순지수(sample index)라고 하고 전자를 지표(indicator), 후자만을 지수라고 하는 경우도 있다. 또 일정한 기준시기를 100으로 하여 나타내는 지수(index number, 물가지수와 임금지수)를 의미하기도 한다.

4082 지시적 상담(directive counseling)

카운슬러가 상담의 진행에서 일어나는 성장·발달·변화를 통제하고 내담자에게 최선의 것이 무엇인가를 결정하는 책임을 지는 상담의 원리와 이론 또는 그런 원리와 이론에 의해 이루어지고 있는 실제적인 상담. 이 상담에서는 환자의 이야기를 소극적으로 듣고 해석하는 것보다는 적극적으로 어떤 행동이나 상황에 개입하는 것이 특징이다. 공포증 환자에게 공포를 유발하게 하는 장면에 직면하도록 하거나, 마약 중독자에게 마약을 끊도록 하거나, 진로문제를 지니고 있는 사람에게 진로문제를 직접적으로 해결해 주는 것과 같이 문제를 직접적으로 직면하여 해결하게 하는 것이 특징이다. 이러한 지시적 상담은 윌리암슨(E.G. Williamson)의 상담이론에서 잘 정립되어 왔으며 정신치료의 영역에서는 단기치료·위기 개입·행동치료 등이 발전되어 왔다. 지시적 상담은 명백하고 객관적인 정보·지식·행동을 강조하며 문제의 분석·종합·진단·처방·해결을 외현된 사고·감정·행위 등에 중점을 두면서 하게 되기 때문에 상담과 정신치료의 과학화와 구체적 기법의 발전에 큰 기여를 하여 왔다. 특히 윌리암슨의 지시적 상담이론은 진로지도의 발전에 크나큰 기여를 하였고 행동수정과 단기 치료는 신경증을 포함한 여러 가지 부적응 행동의 치료에 객관적이고 효과적인 실제적 절차와 이론의 발전을 촉진하였다. → 비지시적 상담

4083 지시적 치료(directive therapy)

사회사업가 또는 기타 정신건강 보호의 제공자가 더 효과적인 행위를 위한 방법과 처방에 관한 충고, 제안, 정보를 제공하는 상담의 한 접근방법이다.

4084 지식([영] knowledge [독] wissen) 01

올바른 근거에 입각한 참 신념, 즉 감각경험이나 타당한 추리를 통하여 대상을 명확하게 인식하고 있어서 의문에 의하여 혼란되지 않는 마음의 상태를 말한다. 통속적으로는 이 상태를 언어로 표현한 진술을 뜻하기도 한다. 지식은 일종의 신념이므로, 역시 단속적인 의식상태이며, 따라서 성향의 일종으로 취급되기도 한다. 예컨대 "지구는 둥글다"는 것을 「안다」는 것은 그것을 끊임없이 의식하고 있다는 뜻이 아니라, 의식하려고 하면 언제나 동일하게 의식할 수 있다는 뜻이다. 지식에는 과학의 경우처럼 물질적 대상에 관한 지식(knowledge of things)과 논리나 수학의 경우처럼 비물질적 대상인 진리에 관한 지식(knowledge of truths)이 있다. 물질적 대상에 관한 지식은 감각경험을 통해 직접 경험함으로써 얻기도 하고, 그렇게 얻어진 것을 전제로 추리하여 얻기도 한다. 전자를 지각적 지식(knowledge by acquaintance), 후자를 서술적 지식(knowledge by description)이라고 한다. 직접 경험을 통하여 대상을 아는 경우를 인식이라고 하며, 추리를 통하여 간접적으로 대상을 아는 경우를 이해라고 한다. → 신념, 진술.

4085 지식 02

넓은 의미에서는 사물에 관한 명확한 의식을 가지는 것이다. 엄밀하게는 사물의 성질, 다른 것과의 관계 등에 관해 참된 판단을 가지는 것을 말한다. 지식을 인식과 구별하는 경우에는, 전자는 작용보다도 성과를 나타내고, 후자는 양쪽을 포함한다. 지식은 억견으로부터 구별되는 동시에, 단순한 감각이나 기억상 이상의 의미를 가지고 있으며, 이미 사고가 가해져 있는 것이다. → 진리

4086 지식기초(knowledge base)

사회사업에서 집적된 정보와 과학적 발견, 가치와 기술의 총계 그리고 알려진 것을 습득하고 사용하고 평가하기 위한 방법론. 사회사업의 지식기초는 사회사업가 자신의 조사연구, 이론구축과 관련한 구조적 연구와 다른 사회사업 실습자들의 직접적이거나 보고된 경험으로부터 얻어진다. 또한 상담자와 다른 훈련이나 직업 종사자들로부터 얻으며 대체로 사회의 일반적 지식으로부터 얻는다.

4087 지식체계(knowledge system)

여러 개별적 지식들이 일관된 논리에 따라 조직됨으로써, 각 부분이 전체 또는 다른 부분과 관련하여 이해될 수 있도록 통일적 전체를 이루고 있는 것이다. 여기에서 임의적 기준에 따라 분류된 지식들의 단순 집합체는 제외된다. 학문 중에는 일관된 논리로 구성됨으로써 하나의 지식체계를 이루는 것도 있지만, 여러 지식체계들의 단순 집합체에 불과한 것도 있다.

4088 지에이디이(GADE)

→ 사회사업박사교육진흥단체(GADE : group for the advancement of doctoral education in social work)

4089 지역개발(community development)

지역의 가능성, 즉 잠재해 있는 가능성을 개척한다고 하는 의미가 있다. 국가수준인 경제개발중심의 대규모개발의 경험을 갖고 있지 않은 국가에서는 지역개발이 외부로부터 투입해 부채의 의미를 갖고 있었다. 개발은 지역사정에 따라 다르지만 산업, 문화, 생활복지의 어느 것을 취함에 있어서도 다른 것과 연관해 총체적관점에서 구해지고 있다. 지역격차(differences related to geographic location) 일국 내부의 지역 간에 보여지는 소득수준, 소비수준, 생활수준, 경제 발전율, 지방재정력, 복지수준 등의 각종 격차를 가리킨다. 자본주의적 경제발전에 내재하는 농·공간 격차, 자본의 집적, 집중 등이 지역적인 현상으로 파악된다.

4090 지역공동사회개발 (community social development)

종래의 지역개발이 국가정책적인 경제개발지향성을 강하게 나타낸 것에 대해 이것은 지역수준에서 보건위생, 주택, 노동 또는 고용문제와 교육, 사회보장 등에 관한 사회적 서비스의 전개를 도모하여 균형적 발전을 이룩하고자 함이다. 지역공동사회개발은 유엔 등의 후진국 원조에 따른 경제개발과 균형이 맞는 사회개발 및 경제개발의 기반정비로서의

사회개발이라는 함축된 의미가 있다.

4091 지역보건의료계획

보건 및 의료를 지역과 밀착시켜 인적자원과 물적 자원을 유기적으로 결부함으로써 보건과 의료의 유기적 연계를 실현하고, 지역에서의 인식의 구체화를 도모하고자 지역보건의료계획이 실시되게 되었다. 그것은 보건의료자원을 어떤 방법으로 배분하는가를 포함하는 포괄의료이기 때문에 보건소, 병원은 물론 의사회, 지자체의 관계자나 주민 조직이 일체로 하여 책정. 실시해 가는 것이다. 지역보건의료계획을 수립함에 따라 의료시설의 난립이나 의료시설에 둔 의료기구의 중복투자를 피하는 것도 기대할 수 있다.

4092 지역보험(insurance covering a total community, community based insurance)

사회보험 중 고용관계에 있는 피용자 이외의 지역에 있는 일반주민을 대상으로 한 보험. 직장보험 및 피용자보험과 달리 가구주 또는 직업 활동에 종사하는 자만을 피보험자로 하는 것만이 아닌 가구원 전부를 피보험자로 하는 것을 말한다.

4093 지역보호(community care)

지역보호의 기원은 영국에서 전문기능을 갖는 병원과 환자가 발생하자 환자와 그가 복귀하는 지역사회와의 관계 및 환자들 상호관계를 보호하고 원조한다는 기본자세를 추구한 것이었다. 이로 인해 1950년대부터 정신병자 및 정신지체자에 대한 시설수용보호로 부터 지역에의 보호와 정신위생서비스의 정책전환이 도모되었다. 이것이 '지역에 근거한 가족본위의 서비스'를 강조한 1968년의 See-bohm 보고에 의해 널리 복지정책의 개념으로서 확대되어 나갔다. 지역보호를 지역사회에 있어서 거택의 대상자에 대해 그 지역에 있는 사회복지기관과 시설이 사회복지에 관심을 가지는 지역주민의 참가를 얻어서 서비스를 제공하는 사회복지의 방법이라고 정의한 것 외에도 '사회복지대상을 수용시설에의 보호만이 아니라 지역사회, 즉 거택에서 보호를 하고 그 대상자의 능력을 보다 더 유리하게 발전시키는 것을 도모하려는 것이다'라고 정의하기도 한다.

4094 지역복지(community welfare)

용어는 1950년대부터 쓰였으나 지역사회를 구조적으로 파악하고 지역사회사업, 지역사회서비스, 지역사회보호 등과 관련된 포괄적 개념으로서 의식적으로 사용된 것은 1970년대 후반부터이다. 오늘날 지역복지는 사회변동에 의해 생겨난 지역주민의 생활상의 고난의 해 결에 대해 행정서비스에만 의존하지 않고 주민운동 등을 벌림으로서 주민이 주체적으로 욕구를 해결한다는 개념으로 등장한 용어이다. 그 거점이 되는 기관은 사회복지협의회, 공동모금회, 사회복지시설 등이다. 지역복지는 이것을 거점으로 한 다양한 활동과 지역주민의 자주 활동을 배경으로 각각의 기관 등의 역할분담을 명확히 하고 복지 네트워크를 조직화하여 지역의 복지를 높이는 공사협동의 실천체계라 생각된다.

4095 지역복지계획(community welfare planning)

지역사회의 욕구파악에 근거해 사회복지문제가 지역사회에 제시되어 지역사회수준에서 사회복지욕구의 충족을 도모하는 것을 목적으로 한다. 이 경우 지역복지의 특성에 비추어 행정기관만이 아닌 지역주민, 볼런티어, 지역의 사회복지시설, 사회복지협의회 당사자단체 등 공사의 제 단체가 계획화에 관여하는 것이 지역복지계획의 요건이 된다. 해당 자치제는 지역사회의 복지수준을 유지·향상시키는 것을 목적으로 시설과 재가서비스의 실시계획을 추진함과 동시에 복지공급의 다양성을 위해 민간을 포함한 서비스제공조직의 활동을 원활화하기 위한 자원의 조달, 정비를 포함한 행정계획으로서 지역복지계획을 수립할 필요가 있다.

4096 지역사회(community)

거대도시화의 현 단계에서 도시와 농촌을 포함한 전체사회의 체계로 규정한 매크로(macro)규정과 주민의 생활과정에 착안해 지역성과 공동성을 계기로 생활관련 시스템으로 규정하는 마이크로(micro)개념이 있다. 사회복지분야에서는 마이크로 상정이 유력하다. 생활관련체계를 지역사회의 용어로 대치하는 경우도 있으나 여기서의 지역사회는 인간이 일정한 지역에서 출생하여 지역사람들과 일상생활을 영위해 나가며 지역적 통일을 이루고 있는 사회를 말한다. 그 구성요소는 개인 또는 가족의 생활구조, 생활전면의 향상을 기하려는 원리이며, 지역사회의 특징은 성원들의 모든 생활이 자족성을 가지고 일상적인 면에 상호 긴밀한 관계를 맺어 협력한 결과 공통의 관습, 전통, 가치관이 생겨 성원각자의 공동감정을 가짐으로서 타 집단과 지역적, 문화적, 사회적으로 구별되는 공동생활의 한 영역이라는 것이다.

4097 지역사회개발(community development)

지역사회의 인적·물적 자원을 발굴·파악·개발하여 그 주민 개개인 또는 전체집단이 골고루 보다 높은 수준에서 행복한 생활을 누리고, 그 지역사회가 그 주민들의 경제·사회·문화활동의 공동체적 기본단위가 되도록 만드는 과정. 이는 농업과 생활개선에 역점을 두고 농민들의 학습과정을 제시하는 농촌지도보다 종합적이며, 각종 개발활동 간의 협동, 조정의 과정을 강조한다. 또 미국과 같은 개발된 국가에서는 지역의 통합과 재편성을 강조하여 지역사회 조직이란 용어를 많이 쓰고, 이와 구분하여 지역사회의 개발은 보다 후진된 지역의 개발을 강조하는 의미로 쓰인다. 따라서 세계적으로 후진된 지역으로서의 농촌에 많은 비중을 두는 것이 사실이며 일정한 지역단위에서 정부나 다른 외부의 지원이 있든 없든 간에 그 지역주민들의 공동 및 협동적 노력이

ㅈ

주축이 된다. → 농촌지도소, 지역사회

4098 지역사회교육(community education)

일정한 지역 내에서 지역의 제반 자원을 최대한으로 활용하여 실시하는 지역주민에 대한 집단적인 사회교육, 즉 지역사회의 생활, 문화, 자원, 요구, 활동 등 지역사회의 제 자원에 기초를 두고 이에 적용하는 지역사회 주민의 집단적인 사회교육과정이다. 교육과정은 지역사회 생활의 중요한 문제나 과정을 중핵으로 하여 이를 계획 운영하고, 학습활동 있어서는 지역사회의 인적, 물적 자원을 최대한으로 이용한다. 미국에서 지역사회교육은 지역사회학교보다는 뒤늦게 활성화되었는데, 1942년 메사추세츠(Massachusettes) 법에서 그 유래를 찾을 수 있다. 그 주 내용은 지역사회학교와 내용이 지역사회나 지역사회의 전통을 뒷받침하도록 계획되어야 한다는 것이다. 지역사회교육의 목적은 첫째, 지역사회의 프로그램을 개발하는 것, 둘째, 학교와 지역사회와의 관계를 증진시키는 것, 셋째, 지역사회의 자원을 조사하고 자원을 조화롭게 이용하는 것, 넷째, 사회와 정부기관사이의 보다 나은 관계를 유발시키는 것, 다섯째, 지역사회 문제를 정의하고 지역사회의 요구를 찾아내는 것, 여섯째, 지역사회가 스스로 추진력을 가질 수 있도록 과정을 개발하는 것 등이다. 지역사회교육의 과정에는 교육은 교육아 존재하는 지역의 지역적 특성에 영향을 줄 것이라는 전제가 들어 있다. 성공적인 지역사회교육 프로그램이 되려면 지역사회의 독특한 특성을 반영해야 하고 대부분의 지역사회주민의 요구에 부응해야 한다. 이것은 지역사회학교와 지역사회학교의 프로그램에 영향을 주는 의사결정과정에 지역사회주민이 포함되어야 한다는 것을 의미한다. 지역사회교육의 교육관에 의하면 학습은 지속적이며, 평생에 걸친 경험과 평생에 걸친 필요이다. 이것은 지역사회교육과정이 태어나자마자 가정에서 시작하고 지역사회학교에서 계속되며, 교육적 지역사회(educative community)에서 이루어진다는 의미이다. 교육적 지역사회 또는 학습사회에서는 전체 지역사회가 교사로서 지역사회주민의 계속적인 교육에 영향을 미친다. 즉 지역사회가 하나의 학교로서 지역사회주민에게 작용한다는 것이다. 우리나라에서는 아직 지역사회교육이 학문적으로 자리잡지 못하고 있으나 부분적으로 실시되고 있고 지방자치시대를 맞이하여 그 필요성도 점차로 인정되어 가는 추세이다.

4099 지역사회복지

전문 혹은 비전문인력이 지역사회 수준에 개입하여 지역사회조직에 존재하는 각종 제도에 영향을 주고 지역사회의 문제를 예방하고 해결하고자 하는 일체의 사회적 노력을 의미. 지역사회복지는 개인적인 복지나 가정복지보다 넓은 차원의 개념이며 아동복지, 청소년복지, 장애인복지, 노인복지 등과 같은 대상층 중심의 복지활동보다는 지역성이 뚜렷하다는데 지역사회 조직과는 차이가 있다

4100 지역사회 의사결정 조직망 (community decision network)

지역사회가 취할 행동을 결정할 수 있는 공식적·비공식적 권력을 지닌 주요 기관과 개인들의 결합체. 의사결정 조직망에는 정치지도자, 법적기관, 산업지도자, 종교집단, 시민단체 등이 있다. 이것의 구성은 특별한 이슈나 지역사회에 따라 다양하다.

4101 지역사회의학

의료인과 주민의 공동노력으로서 지역사회 주민의 건강을 효율적·체계적으로 증진시키고자 하는 의료실천의 방법론. 근대의학은 인간의 생물학적 측면만을 편중적으로 취급해 왔다. 또 의학의 세분화·초(超)전문화가 진행됨에 따라 인간을 포괄적으로 파악할 능력을 잃고 있을 뿐만 아니라 급속한 의료수가의 앙등을 초래, 의료자원 배분의 극심한 불균등현상을 가져왔다. 이러한 근대의학에 대한 비판의식에서 '모든 사람에게 의료를(healthcare for all)'이라는 목표를 내걸고 1950~60년대에 '지역사회의학'이 태동했다.

4102 지역사회 자조(community self-help)

지역사회의 의사결정, 서비스계획, 전문가 및 기관책임자와의 업무조정에 자원봉사자 및 일반시민들을 참여시키는 과정. 이것은 연방, 주, 지방기관으로부터 책임과 통제를 개인 및 지역사회집단으로 분산시킨다.

4103 지역사회 정신건강센터 (community mental health center)

부분적으로 연방정부의 재정지원과 통제를 받는 지방조직으로, 그 지역에 살고 있는 주민들에게 정신치료와 사회서비스를 제공한다. 여기에는 입원, 외리진료, 가입원(partial hospitalization), 응급치료, 이송서비스(transitional service), 노인과 아동을 위한 프로그램, 식별과 추수보호(screening and follow-up care), 알코올과 약물남용(substance abuse) 프로그램 등이 포함된다.

4104 지역사회 조직(community organization)

공통된 관심을 갖고 있거나 같은 지역에 살고 있는 개인과 집단이 사회문제를 처리하거나 계획된 집단행위로서 사회적 안녕을 향상시키려 할 때 사회사업가들이나 다른 전문가들이 사용하는 개입과정. 이를 위한 방법에는 문제 지역 확인, 원인분석, 계획 공식화, 전략 개발, 필요한 자원 동원, 지역사회 지도자의 선발, 이들의 상호관계를 격려하는 것 등이 포함된다.

4054 지역사회개발(community development)

이것은 원래 1942년에 영국의 신흥독립국 원조의 방법으로

시작되어, 제2차 대전 후에 국제연합의 저개발국 혹은 개발도상국의 국제원조활동의 한 방법으로 발전했다. 그 뒤 이 방법은 선진제국에서도 적용될 수 있다 해서 일부에서는 지역사회조직에 대신해서 쓰이기도 한다. 지역사회개발의 시도는 비교적 새롭기도 해서 국제연합 기타의 국제적 기관에서도 여러 번 국제회의를 갖고 개념 및 방법에 관한 정립화에 노력하고 있으나 아직까지 통일된 개념을 내리지 못하고 있다. 일반적으로는 지역주민의 주도에 따라 지역사회의 경제적, 사회적, 문화적 상태의 개선을 시도하는 것이며 특히 주민의 자각과 노력에 의해 지역사회에의 의도적 개혁을 도모하는 것이라 하겠다.

4106 지역사회계획(community planning)

지역사회에 존재하는 욕구를 발견하여 그 해결을 목적으로 계획을 수립하는 것을 말한다. 계획의 내용은 목표설정의 전제가 되는 사회적 욕구의 파악, 목표의 설정, 그것이 요하는 기간, 각종 사회자원의 활용방법, 구체적인 실시계획과 재정계획의 입안 등이다. 계획단계에서는 각종 관계기관 대표자, 주민 대표자가 참가하여 합동계획방식에 의한 종합계획의 책정이 바람직하다. 계획의 효과적 실현을 도모하기 위해서는 주민의 소리를 반영하는 체계로서 심의회, 의회 등이 필요하다. 또 계획 작성으로부터 실시, 평가의 전 과정에 이르기까지 욕구의 변화에 따라 계획의 변경이 가능한 유연성을 가지는 것이 요구된다.

4107 지역사회관계(community relations)

지역사회의 접근방법 중 하나이며 지역사회 내에서는 단체, 기관 등이 그 지역사회에 참가, 협력하는 활동을 말한다. M. 로스(Ross)에 의하면 그 형태에는 ① 기관의 활동에 대한 이해를 구하는 홍보 ② 기관의 서비스를 지역주민에 제공하는 지역사회서비스 ③ 지역사회의 제 활동에 대표를 파견하는 지역참가 등이 있다. 가령 시설의 사회화를 예로 들면, 시설입소자의 지역사회관계를 유지하는 활동, 시설운영에 대한 주민참가의 활동 등이 그것이다.

4108 지역사회보호(community care)

영국에서는 전문기능이 있는 병원과, 환자가 발생해 복귀하는 지역 사회와의 관계, 그리고 환자상호간의 관계와, 그 보호의 자세에 대한 문제제기로부터 시작되어, 1950년대부터 정신질환자와 정신지체자에 대한 시설수용보호에서 지역사회내의 보호로 정신위생서비스의 정책 전환이 시도되었다. 이것은 또 '지역에 뿌리를 둔 가족본위의 서비스'를 강조한 1968년의 시범보고에 의해 넓게 복지정책의 개념으로 퍼져나갔다. 그러나 개념으로서의 지역사회보호는 통일되지 못하였고 다음의 세 가지 주장으로 나뉘어져 있었다. ① 주민의 연대성과 공동성에 뒷받침된 지역사회를 형성하고 사회복지추진의 주요한 역할을 수행하게 할 것이다. ② 복지욕구의 다양화에 대응하려는 새로운 의미에서의 재가복지서비스를 지칭한다. ③ 지역사회에서 관련 제 기관, 시설의 유기적 연계를 도모하여 유효적절한 복지서비스를 확보한다. 이 세 가지 주장은 모두 지역사회의 복지기능, 주민참가, 행정의 책임과 한계, 시설의 역할변화, 공사의 책임분담의 중요성 등에 착안해 지역복지의 전개에 길을 열었다.

4109 지역사회사업(community work)

1960년대부터 영국에서 급속하게 대두된 활동으로 사회운동의 한 형태라고 주장하는 설도 있으나 일반적으로는 사회사업의 영역에 속하는 방법으로 생각되고 있다. 영국에서의 지역사회조직의 개념과 동의어라기보다는 1950년대부터 전개되어 지역사회조직을 계승, 발전시켜온 개념이다. 1968년에 결성된 지역사회사업가협회가 편집한 지역 사회사업과 영국 전국사회복지협의회가 출판한 동명의 책이 간행된 이래 지역사회사업에 관한 논의가 활발해졌다. 그 개념을 규정하면 지역사회의 자기결정을 촉구하고, 그 실현에 따른 자치의 달성을 원조하기 위해 지역사회사업가의 전문적 참가를 얻어 욕구와 제자원의 조정을 도모함과 동시에 행정에 대한 주민참가를 강화하고 지역사회의 민주화를 조직하는 방법이라 하겠다. 지역사회행동의 입장에서 보면 지역사회사업은 기존의 권력구조 속에 들어와 복지정책을 실시하여 지역사회를 규제하는 역할을 하기 때문에 자기결정에는 한계가 있다고 비판받고 있다.

4110 지역사회사업가(community worker)

지역사회조직의 과정에서 실질적인 추진력이 되는 것은 주민의 자주 적인 노력이지만 그 자주성을 측면에서 원조하는 전문적인 원조자를 지역사회사업가라 한다. 미국의 이론가 M. 로스는 ① 안내자로서의 역할 ② 지원자(지지자)로서의 역할 ③ 기술전문가로서의 역할 ④ 치료전문가로서의 역할을 제시하고 있다. 특히 ①과 ③의 역할이 비교적 중시되며 지역사회사업가가 안내자가 되기 위해서는 반드시 전문가가 되어야 하므로 '지역사회가 자신이 변화되어 가려는 방향으로 효과적으로 갈 수 있도록 원조하는 전문직업인'이라고도 말한다.

4111 지역사회서비스 정액교부금 프로그램 (community service block gran program)

미국 보건 및 인간봉사성(HHS : US. department of health and human services)의 프로그램으로, 처음에는 경제기회국 OEO에서 시작되었다. 1969년에 경제기회국의 많은 프로그램들이 축소되거나 다른 정부기관으로 이관되었으며, 계속 유지된 프로그램들의 강조점은 지방의 지역사회 행동기관(community action agencies)에 대한 재정지원, 감독, 계획 및 연구에 따라 변화되었다. 이것은 1986년에 미국 가족복지청(family services administration)으로 이관되었다.

4112 지역사회센터(community center)
광의로는 지역사회에서 주민의 복지를 높이는 시설을 말하며 인보관, 공민관, 복지센터 등을 총칭한다. 전문용어로서는 1910년대에 미국의 그룹워크를 중심으로 한 시설과 전후 영국의 지역주민조직의 지역 활동을 의미한다. 역사적으로는 세틀먼트의 흐름을 따라 전문적인 기능과 주민참가를 요소로 하는 지역시설로 발전했다.

4113 지역사회접근방법(community approach)
보건위생이나 사회복지의 문제해결을 위해 지역사회에 작용하는 과정의 총칭이다. 환언하면 지역사회수준의 문제해결방안이며 지역사회조직을 포함한 넓은 사고에 입각하고 있다. 이 작용에는 문제발견, 지구논단, 대책수립, 실시, 평가의 다섯 단계를 포함하나 문제해결에 있어서는 주민이 중심이 되어야 한다. 지역사회수준의 문제해결에는 한계가 있으며 한편에서는 보다 넓은 대중접근을 요한다.

4114 지역사회정신의학(community psychiatry)
지역사회정신의학은 종래의 병원정신의학에서 탈피하여 지역사회와 밀접한 유기적 관계를 가진 일체의 진료, 예방, 교육 등을 강조하는 것이기 때문에 다분히 사회적 성격을 띠고 있다. 즉 ① 지역사회를 기초로 하는 정신병원 ② 단기입원 ③ 만성적인 입원환자를 재활시켜 지역사회로 돌려보내고 ④ 지역사회의 여러 보건기구의 통합 ⑤ 학교, 경찰, 기업 등에 카운슬링 및 서비스 ⑥ 정신 장애인을 지역사회에 적응시키기 위한 대책의 개발 ⑦ 지역사회정신 위생대책의 재조직과 운영 ⑧ 외래진료소, 주간병원(day hospital), 야간병원, 가족방문 등 지역사회정신병원에 대한 보조적 서비스의 개발과 치료계획의 보조적 직원의 참가와 활동을 망라한 것이다. 이것은 폐쇄적이고 격리적 방향에서(입원치료중심) 지역사회 중심의 개방적 치료체제로 전환을 의미한다.

4115 지역사회조직(CO : community organization)
CO는 케이스워크나 그룹워크와 함께 기본적인 사회사업방법의 하나이다. CO는 지역사회를 단위로 해서 발생하는 사회적 제 문제=지역 사회에서 주민들의 공통적인 생활요소, 생활고 난을 지역사회 스스로가 조직적으로 해결하게끔 전문가인 지역사회사업가가 측면적으로 원조하는 기술과정이며 거기서 중심적인 기술적 요소는 조직적인 문제해결을 위해 그들의 요구와 제 자원의 효과적인 조정이나, 주민과 집단 간의 자주적인 협력, 협동의 태세를 확립하는 것 등에 있다. 미국의 CO의 역사를 보면 자선조직협회나 사회복지시설협의회의 활동에서 보듯이 자선구제사업이나 시설의 연락조정의 기술로 출발했다. CO는 1939년의 레인위원회보고에 의해 처음으로 전문적 체계를 정비하고 지역사회의 욕구에 대상을 확대함과 동시에 제2차 대전 후의 도시화에 의한 전통적 지역사회의 급속한 붕괴에 대응해서 인터 그룹워크 이론이나 조직화의 과정 .합의기술을 중시해 지역사회의 전체적 조화. 민주적 재조직화를 지향하는 M.로스의 이론으로 일반적 지역사회의 조직화기술로 체계를 확립했다.

4116 지역사회조직 및 개발사무소 (community planning and development office)
미국 주택 및 도시개발성(HUD : department of housing and urban development) 내의 연방조직으로 이 기구는 도시지역 특히 경제적으로 뒤처진 지역의 성장, 재개발, 개발을 책임지고 있다. 특히 저임금층에 적절한 주택과 쾌적한 환경을 제공하려고 한다. 주정부 기관을 통해 양여금(grants)과 대부금(loans)이 제공된다.

4117 지역사회조직가(community organizer)
사회복지의 전문방법의 하나인 지역사회조직을 구사 전개하는 전문가이다. 지역복지추진에의 열의, 지역주민에 대한 깊은 신뢰를 기본으로 해서 지역복지에 관한 과학적지식과 그 조직적 전개를 원조하는 기술을 필요로 한다. 후자에서는 특히 조사, 홍보, 집단검토, 연락조정, 자원의 동원개발, 집중적 운동방법 등이 중요시 된다.

4118 지역사회조직의 실천모델 (community organization model)
사회제도의 발전과 변화에 관심을 기울이며, 문제확인, 원인진단, 해결책 수립 등과 주민의 조직 및 행동을 끌어내는데 필요한 전략의 고안 등 조직을 꾀하는 활동으로서, 미국에서나 다른 나라에서도 도시나 농촌을 막론하고 의도적이며 목적적인 지역사회의 변화에 최소한 세 가지 접근법이 있다고 본다. 지역사회조직의 세 가지 모델은 지역사회개발(local development), 사회계획(social planning), 사회행동(social action) 등이다.

4119 지역사회중심 재활사업(CBR)
CBR은 community based rehabilitation의 약자로 지역사회중심 재활사업을 의미한다1960년대 말 아일랜드의 재활계획 회의에서 처음 거론된 CBR 사업은 1970년 WHO에서 본 사업을 권장하게 되었고, 우리나라는 전국의 장애인종합복지관에서 1992년부터 동시에 실시되었다

4120 지역사회진단(community diagnosis)
지역사회문제의 해결을 위한 공동계획의 책정에 앞서서 행해지는 지역의 사회진단이다. 주민의 자립적 조직화를 중시하는 지역사회조직에서는 진단의 과정에 ① 대상지역의 주요한 주민조직과 전체적인 지역의 개요를 파악하는 과정 ② 지역사회문제의 종류와 그 발생을 촉진하는 사회적 조건을 파악하는 과정 ③ 문제에 대한 주민의식의 정도, 문제에

내포된 여러 가지 사실 등 문제해결에 직접 유용한 요인을 파악하는 과정이 포함된다.

4121 지역사회포럼(community forum)

지역복지의 전개과정에서 지역전체활동을 촉진하기 위해서는 주민집회를 의식적·계속적으로 개최하는 것이 필요하다. 지역사회. 포럼은 지역조직활동을 활성화하기 위한 주민집회에서의 토의활동을 의미한다. 이에 의해 문제발견, 계획화, 실천, 평가의 단계가 주체적으로 진행된다. 토의는 지역조직활동의 중심이므로 조직화의 진전에 따라 단계적으로 실시된다.

4122 지역사회해체(community disorganization)

공업화. 도시화 등의 진행으로 지역사회의 통합(지역성과 공동성)이 붕괴함으로써 지역주민의 지역복지 공통목표에 대한 무관심, 지역활 동에의 참가결여 등을 초래해 각종 병리현상을 일으키는 사태를 가리킨다. 버제스는 도시성장을 나타내는 동심원지대이론에서 중심원에 잇따른 제2의 원 외측부분을 천이지대라고 부르고, 그 지역에 병리적인 해체가 집중된다고 했다.

4123 지역사회행동 프로그램 (CAP : community action program)

1965년 경제기회국(OEO : office of economic opportunity) 산하에 설립된 조직으로, 프로그램 및 이것을 실행하는 기관의 목적은 빈곤한 지역사회에서 사회적·경제적 자원을 개발하고, 빈곤을 지속시키는 요인을 해소하는 방법을 찾는 데 도움을 주는 것이다. 이것은 조기교육(head start) 프로그램, 법류서비스법인(legal services corporation), 다른 정부기구로 이전되었거나 폐지된 그 밖의 다른 프로그램들을 실행할 책임을 진다. 다양한 개혁사업들을 개발하기 위해 각 지역사회행동기구(community action agency)는 지방과 연방정부의 통제를 매우 적게 받았다. 따라서 이 기구는 소수의 빈민지도자들과 선출된 관료들에 의해 운영되었다. 이 프로그램은 빈민지역에 3,000개의 근린서비스 센터를 세워 상담, 고용, 법률상담, 보건시설 및 아동 편의시설을 제공하였다.

4124 지역실습 배치(block placement)

사회사업 교육에서 현장실습(field placement)을 위한 전통적인 양식에 대한 대안. 전통적인 모델에서 학생들은 매우 정해진 요일에 교실경험(수업)을 대신하여 사회기관의 업무를 본다. 지역실습에 배치된 학생들은 단지 몇 달 동안만 학교에 가고 나머지 기간에는 전문가의 감독 하에 사업기관에서 실제적인 전임업무를 본다. 지역실습 배치를 받는 동안 기관에서 소비하는 시간의 양은 전통적인 접근에서와 같다.

4125 지역의료(community health care)

일반적으로 특정 지역에서 주민의 건강상태의 향상과 회복을 위한 제 활동이나 대책을 지역의료라 한다. 이 경우 의료는 건강증진이나 예방도 포함하는 넓은 개념이며 치료만을 중심으로 하는 의료와는 다르다. 그러나 실제로는 광의의 공중위생과 같은 의미로 사용하거나 보건위생의 유사개념으로 쓰이는 경우도 있어 이 용어의 사용이나 정의에는 주의하지 않으면 안된다. 미국에서는 일반적인 의미 외에도 입원의료 및 보건의료 전반을 의미하는 경우도 있고 유럽 등에 서는 그 지역의 자원에 의한 지역을 위한 보건사업을 말하는 경우도 있다.

4126 지역의료계획(regional medical plan)

일반적으로 일정지역의 보건의료상의 목표나 정책을 합목적적으로 달성하기 위해 책정되는 계획을 말한다. 오늘날 지역의료계획에 대한 관심이 높아졌는데 이는 의료법의 개정에 따라 지방의 책정이 의무화되었기 때문이다. 이 계획의 골자는 시·도 내의 광역지방단위의 집단의료권으로 분류해, 권내의 인구나 연령구성, 환자의 발생상황, 교통사정 등으로부터 「필요병상수」를 책정해, 지역병원의 신규개설이나 침재, 증설에 대해 지사가 지도나 권고로 규제하고 있다는 것이다.

4127 지역정보 보건활동 (community mental health service)

넓은 의미로는 지역을 중심으로 한 일반주민의 정신적 건강의 보유, 증진을 말하며 좁은 의미로는 정신장애인의 예방, 의료, 보호, 재활활동을 말한다. 후자, 특히 재가 정신장애인에 대해 정신보건법이 여러 차례 개정됨에 따라 정신위생 상담원, 정신위생센터의 활동이나 통원공비부담제도, 정신장애인의 생활훈련이나 일자리를 부여하는 사회복귀시설 등이 있다. 이와 동시에 전국정신장애인 가족연합회나 지역정신의학 사회사업가의 활동도 전개되고 있지만 아직 체계화 부족으로 미흡하다.

4128 지역정보지

지역발행의 지역생활정보지를 말한다. 오늘날에는 각지에서 많이 간행되고 있다. 매스컴 등 기존 문화로부터 경시되고 있지만 젊은이가 만들고 젊은이가 참여하는 유니크한 것이 많다. 그밖에 지역상점가를 스폰서로 한 것도 점차 증가되고 있다. 과거의 일들을 취급하기보다 앞으로의 행사나 예고를 취급하는 경향이 보여 미래성 정보지로 자리를 잡아가고 있다.

4129 지역조사(community study)

사회문제의 해결이라는 실천적 접근의 특색을 가진 사회조사는 노동자의 생활내용에 주목한 가계조사, 빈곤자(층)의

ㅈ

생활실태를 지역사회의 넓은 범위에서 파악하려는 지역조사의 두 개 분류로 나뉜다. 과학적인 지역빈곤조사의 선구가 된 19세기말 C. 부스의 런던조사나 B. S 라운트리의 요크조사는 정책적으로 큰 영향을 주었다. 조사방법 상에서도 이 같은 지역조사의 계보는 오늘날에도 중요한 의의를 가지고 있다.

4130 지역청소년단(neighborhood youth corps)

직장이 없는 10대 청소년들에게 지방의 일자리를 알선해주려고 1964년 경제기회법의 일부로 설립된 연방 프로그램. 1974년 세타(CETA) 프로그램의 일부로 편입되었다.

4131 지연성(community bond)

지역사회 주민이 같은 지역적 범위 안에서 그들의 생활이 하나의 생활공동체에 속한 상태에서 연대의식을 생기게 하고 주민간의 상호관계가 빈번하여 공통된 생활경험을 갖게 하며 공동가치와 제도로 형성케 하는 기초로서 지역사회 형성에 기초적 요소인 지역적 범위를 말한다.

4132 지원고용(supported employment)

미국의 1984년 발달장애법(developmental disabilities act of 1984)에 의해 채택된 정신 지체, 학습장애, 자폐증, 뇌성마비 등 발달장애인들을 위한 고용제도로 정상화(normal-action)의 정신을 바탕으로 하고 있다. 지원 고용의 필요성은 발달장애인들을 위한 최선의 직업재활 서비스로 인식되어 왔던 기존의 보호작업장은 장애인들이 비장애인과 분리된 특정의 장소에서 극히 단순한 작업에 종사하도록 되어 있기 때문에, 그러한 차별적이고 분리된 환경은 장애인들에게 문화적으로 정상적인 기회를 제공하지 못할 뿐만 아니라 일탈된 행동도 관대히 넘어가고, 따라서 그들이 지역사회의 직업 환경에 수용될 수 있는 수준으로 기능할 수 있는 가능성이 점차로 감소되는 문제점이 지적되면서 부각되었다. 지원 고용의 전제 조건은 다음과 같다. ① 실제의 작업(real work)에 고용되어야 한다. ② 그러한 고용은 정규적이고 통합된 작업환경(regular and integrated work setting)에서 이루어져야 한다. ③ 지속적인 지원이 있어야 하며 그러한 지원을 지속시키는데 필수적인 것이어야 한다. ④ 고용의 상태를 유지하기 위해서는 지속적인 지원을 필요로 하는 중증의 장애인을 대상으로 한다. 지원 고용의 대표적인 유형으로는, 직업코치(job coach)가 장애인과 1 : 1로 한 조를 이루어 직무를 수행하게 하는 개별화 배치모델(individual placement model), 4명에서 5명의 장애인을 집단으로 동일 직무에 배치하고 해당 업체의 직원에 의해 특별한 지도를 받게 하는 기업 내 집단고용모델(the enclave model), 4명에서 5명의 장애인과 직업 코치가 한 조를 이루어 요청이 있는 업체로 이동하면서 작업을 수행하는 이동 작업자 모델(mobile crew model), 먼저 일정 기간 동안 현장 외의 장소에서 특정의 작업에 관해 집단으로 훈련을 받고, 다음 단계로 개별화 배치 모델과 같이 직업현장에 직업 코치에 의해 지원을 받는 고용 훈련 모델(employment training model) 등이 있다.

4133 지원집단(support group)

→ 지원체계

4134 지원체계(support system)

개인들에게 정서적·정보적·물질적·애정적 지지를 제공하는 사람들, 자원들 그리고 단체들의 상호관련 집단을 말한다. 지원체계의 성원들에는 욕구가 있을 때 원조를 요청할 수 있는 개인들의 친구, 가족성원, 동료집단의 주요 성원들, 동료 직원들, 회원 조직과 기관 등이 포함될 수 있다. 정식으로 직접 계약을 맺은 소수의 개인들로 구성된 지원체계는 지원집단(support groups)이라 불리기도 한다.

4135 지위(status)

문화적으로 정의된 기대 또는 역할 role을 수행하는 사회적 위치. 지위는 '성취자(achieved)' (사회사업가, AFDC 수혜자, 정부관료)처럼 되기도 하고, '귀속자'(ascribed) (여성, 스페인 사람, 아동)처럼 되기도 한다. 문외한(layman)들은 이 용어를 '위세(명성) (prestige)'와 동의어로 사용한다.

4136 지위 불일치(status inconsistency)

개인이 동시에 몇 가지의 지위를 갖고 있을 때 지위들이 동등하게 평가되지 못하여 지위 간의 균형을 유지할 수 없는 상태를 말한다. 지위 불균형이라고도 한다. 개인이 갖고 있는 어떤 지위는 높은 평가와 특전을 누릴 수 있는 데 비해서 (예 : 벼락부자가 된 사장) 어떤 지위(예 : 부랑인 시절의 동료)는 그렇지 못할 때 사람들은 보다 높은 평가로 특권을 누리는 지위만을 내세우려 하는 경향을 띤다.

4137 지위위반자(status offender)

기본적으로 범죄는 아니지만 특정법에 저촉되는 행동을 하는 사람을 말한다. 예컨대, 그들의 부모가 다루기 힘들거나 가출을 하고, 무단결석을 하는 아동이 바로 지위위반자에 해당된다.

4138 지적기능(intellectual skill)

상징적 기호 활용을 통한 지적 조작능력. 가녜(R. M. Gagne)가 분류한 목표별 수업영역에서 인지영역에 속하는 하나의 학습된 능력을 말한다. 지적 기능은 무엇 무엇을 안다는 것과는 달리 무엇 무엇을 할 수 있는 능력이다. 즉 지적 기능을 소유하게 되면 학생은 주위환경을 자기 나름으로 개념화해서 반응할 수 있게 된다. 예컨대 자연의 묘사를 위해 은유법을 쓴다든가, 미지항이 있는 이차방정식에서 해답을 제시할 수 있다든가, 주어진 여러 개의 도형을 서로 식별할 수 있다든가 하는 것이 지적 기능에 해당된다. 지적 기능의 학습을 위해서는 내재적 조건과 외재적 조건을 고려해야 한다. 내재적 조건은 새로운 기능의 구성요소가 되는 선수학습기능과 그리고 선수학습기능을 회상하여 새로운 형태의 기능으로 통합하는 과정으로 구성된다. 즉 어떤 기능의 학습에 전제되는 선행기능의 학습이 우선적으로 이루어져야 한다. 이를테면 복합원리의 학습을 위해서는 구체적 원리의 선수학습이 요청되고, 원리의 학습을 위해서는 개념의 학습이 선행되어야 하고, 개념의 학습이 이루어지기 위해서는 사물의 식별과 같은 학습력의 소유가 선행학습으로 요청된다. 뿐만 아니라, 몇 가지의 구별되는 학습사태는 외재적 조건을 형성한다. 외재적 조건으로서의 학습사태에는 ① 하위연계 기능의 재생을 자극시켜 주는 일, ② 학습자들에게 수행목표를 알려주는 일, ③ 진술문, 질문, 힌트 등을 이용하여 새로운 학습과제를 안내해 주는 일, ④ 방금 학습한 기능을 새로운 장면에서 수행에 볼 수 있는 기회를 제공해 주는 일 등이 있다. 지적 기능의 하위범주들로는 변별, 개념, 고차적 규칙들, 절차들 등으로 구성된다. 「변별」은 어떤 특수한 대상물의 속성들에 있어서 변이성들간의 차이점을 말하며, 대상물의 속성들은 그들 자체가 구체적 개념이라고 부르는 기본적 개념이다. 「개념」은 규칙의 하나의 구성 요소이면서 규칙의 하위 구성요소이다. 「고차적 규칙들」은 일반성을 지니고 있는 더욱 복잡한 규칙들을 말한다. 「절차들」은 여러 부분으로 구성된 규칙 또는 단순한 규칙들의 연쇄를 말하며 특히 절차적 규칙이라고도 말한다. 지적 기능의 학습에 있어서 기본적 형태는 「연합」과 「연쇄」이며, 연합과 연쇄는 「변별학습」의 선수학습요소이고, 개념은 「규칙학습」의 선수학습요소이고 규칙은 「고차적 규칙학습」의 선수학습요소이다.

4139 지적 직관([영] intellectual intuition [독] intellectuelle anschauung

감성적인 직관도 논증적인 인식도 아닌, 초감성적인 것의 직접적인 파악, 플라톤이나 아리스토텔레스는 이성은 존재의 궁극적인 근거나 원리를 직접적으로(관상에 의해) 파악한다고 주장하고 이 생각은 그 인식론의 중요한 기초를 이루고 있다. 경험론, 유물론, 칸트의 비판철학 등은 이것을 부정하지만 피히테, 셸링, 헤겔 등은 각각 일종의 지적 직관을 철학의 원천으로 삼고 있다고 말할 수 있다.

4140 지정기부금(designated donation)

법인세법에 따른 국가, 지방공공단체, 민법규정에 의해 설립된 법인 또는 단체에 대한 기부금의 일종. 더욱이 내국법인은 각 사업 년도에서 지정기부금을 지출한 경우에는 그 법인의 그해 소득금액계산상 손해 본 금액으로 계산해 법인세의 과세대상에서 제외할 수 있다.

4141 지정시혜기구 (PPOs : preferred provider organizations)

환자에게서 직접 서비스에 대한 대가를 받는 것이 아니라 제3부문 지불(third-party payment)을 받겠다고 계약한 전문가협회로서 주로 개인적으로 개업한 경우가 많다. 지정시혜기구에 가입한 기관은 지정된 집단의 사람들에게 다른 사람보다 저렴한 가격으로 전문적인 서비스를 해주는 대신에 제3부문은 그 집단의 사람들이 지정시혜기구에 가도록 알선한다. → 아이파(IPAs)

4142 지정의료기관(designated medical facility)

아동복지법, 장애인복지법, 모자복지법, 결핵예방법 등 각 법에 규정된 의료급여를 담당하기 위해 보건복지부장관 또는 시·도지사가 지정하는 의료기관을 말한다. 지정권자는 생활보장법과 결핵예방법에 따라 국립의료기관은 보건복지부장관이, 그 외는 시·도지사로 되어 있다. 지정된 의료기관은 각 법에 따라 「보건복지부장관이 정하는데 구석구석까지 미칠 수 있도록 의료를 담당해야 할 것」 등의 의무를 부과하고 이 의무에 반하거나 지정의료기관으로 부적당한 경우에는 지정이 취소된다. 지정의료기관은 예외조치가 설정되어 있다고는 하나 환자에게 공비의료를 제공하는 파이프 역할을 했다.

4143 지지(support)

심리적 지지(psychological support)라고도 한다. 정신요법, 카운슬링, 케이스워크에 있어서 사용되는 치료기술이다. 환자 혹은 클라이언트가 자유롭게 이야기 하도록 격려, 경청, 수용하고 사회사업가가 이해와 관심을 나타내는 것에 의하여 긴장이나 죄책감을 경감시켜 그들이 자신을 가지고 현재의 현실적 문제에 대처하도록 원조해 나간다는 점에 특색을 두고 있다. 케이스워크에 있어서는 공통된 기본적인 것이 지만 특히 이것을 중심으로 하고 있는 경우를 지지적 케이스워크(supportive casework)라고 부른다.

4144 지지적 과정(sustaining procedures)

클라이언트가 자신감을 갖고 사회사업가의 능력과 호의를 신뢰할 수 있도록 돕기 위해 사회사업가가 사용하는 관계형성 활동. 그러한 활동들에는 클라이언트에게 우월감보다는 진지한 관심과 이해심을 갖고 클라이언트의 말을 경청하며, 상호존경심을 전달하는 것을 포함하고 있다. 수용(acceptance), 재보증(reassurance), 격려, 출향(적극적) 원조(reaching out)는 홀리스(Florence Hollis)와 우즈(Mary E. Woods)가 규명한 또 다른 지지적 과정이다.

4145 지지적 치료(supportive treatment)

사회사업가와 다른 전문가들이 사용하며, 주로 개인들이 적응양식을 유지하도록 원조하려고 계획한 원조 개입. 이것은

ㅈ

재보증(reassurance), 충고와 정보 제공, 클라이언트의 장점과 자원을 지적해주는 면접에서 제공된다. 지지적 치료는 무의식적 요소를 다루거나 변화시키려고 하지 않는다. 그러나 지지적 치료(supportive treatment)와 '더욱 심오한' 통찰치료(insight therapy)와의 경계는 불명확하고 중복되어 있다.

4146 지지적 케이스워크(supportive casework)
→ 지지

4147 지체(retardation)
개인의 신체적·정신적 발달이나 사회적 진전이 늦는 것이다. 또한 지적 기능이 평균능력보다 현저하게 낮은 경우(정신지체 : mental retardation) 또는 신체적·정서적 반응이 늦는 경우(정신운동 지체 : psychomotor retardation)도 포함된다.

4148 지체부자유(physical handicapped)
신체적인 결함을 통틀어 가리킴. 학습이나 적응에 방해를 받는 상태를 말하며 일반적으로 불구나 만성적인 건강 문제를 지칭한다. 맹(盲)이나 농(聾)과 같은 단순 감각장애는 여기에 포함되지 않는다.

4149 지체장애인(crippled people)
상지, 하지 또는 신체구조에 영속적인 장애가 있는 사람을 말한다. 법률적인 정의는 장애의 범위나 정도의 인정에 대해 제도간의 차이는 있으나 기능장애로 일상생활에 현저한 제한을 받는 상태에 있다고 인정되는 자가 시책의 대상이 된다. 지체부자유자는 단일증상은 아니고 그 원인, 종류, 정도는 다양하다. 최근에는 질병강조의 변화로 뇌혈관장애, 척추손상, 뇌성마비 등의 마비를 갖는 장애인문제가 제시되고 있다.

4150 지체장애인시설
(rehabilitation institution for the physically disabled)
장애인복지법에 의하여 설치되는 상지, 하지 또는 신체의 기능에 장애가 있는 자를 입소 또는 통원하여 그 재활에 필요한 상담. 치료 또는 훈련을 행하는 시설이다. 이 시설에서는 다른 장애인재활시설 즉 시각장애인재활시설 등과 마찬가지로 복지시설임과 동시에 의료적 재활, 교육기회의 제공, 직업지도, 생활 지도, 기능훈련 등이 실시되고 있다. 이러한 시설은 보건위생, 급수. 안전 및 교통편의 등을 고려하여 쾌적한 환경의 부지에 설치해야 하고 입소정원은 30명 이상으로 하며 시설의 구조와 설비는 성별, 연령별 특서에 맞도록 해야 한다.

4151 지출(expenditure)
상품이나 서비스에 대해 지불, 혹은 지불할 의무를 말한다. 예컨대 특별히 예정된 운영비에 대한 한 사회기관의 예산이다. 자본 지출은 사회기관이 업무용 건물처럼 비교적 영구적인 자산을 얻거나 개선할 때 쓰는 지출이다. 수익지출은 기관이 소모용품과 같은 것에 대해 운영예산에서 쓰는 지출을 말한다.

4152 지표(index./ndicator)
① 퍼어스(C. S. Peirce)의 논리학과 기호학(symbiotics)에서 사용되는 말(index). A라는 사상이 발생하면 반드시 B라는 사상이 따를 때 B는 A의 「지표」라고 한다. 이 경우에 지표는 또 하나의 기호로서 기능을 한다. 날씨가 더우면 온도계의 수온주가 올라가는 두 사상에서, 수은주의 높이는 그 날의 기온을 가리키는 기호로서의 기능을 한다. ② 경제학에서, 발전의 정도를 나타내는 준거 또는 척도(indicator). 경제 발전이 척도가 되는 경제 지표로서는 취학률·진학률·중도탈락률·취업률·교사 대 학생 비율 등이 있다. 교육지표는 양적인 것과 질적인 것(예 : 진학률)과 교육외적인 것(예 : 교육 투자액 대 GMP비율) 등이 있으며 교육발전을 계획하거나 평가함에 있어서 필수 불가결한 준거를 제시해 준다.

4153 지하경제(underground economy)
세금을 비롯하여 갖가지 정부의 규제를 회피, 보고되지 않는 숨은 경제로서 범죄, 마약, 매춘 등 비합법적인 것과 합법적인 경제활동인데도 세무서 등 정부기관에 포착되지 않는 각종 경제활동을 말한다. 지하경제는 보통 현금으로 거래되므로 캐시 이코노미(cash economy) 또는 위법성 때문에 블랙 이코노미(black economy)로 불리기도 한다. 지하경제로 축적된 자금은 결국 비생산적인 지하 자금의 형성되풀이해서 쓰이거나 사치성 과소비의 원천이 된다. 우리나라 지하 경제를 형성하고 있는 것 가운데 두드러지는 부동산투기, 사채, 입주권의 프리미엄 등은 사회악의 원천이 되고 있다.

4154 지휘(direction)
조직 구성원들에게 각자의 일을 시키는 행동. 지시(commanding) 또는 영향(influencing)이라는 용어로도 쓰인다. 즉 지휘란 권한을 이용해서 영향력을 행사하는 하나의 방법으로서 권위의 행사뿐만 아니라 교육과 설득 및 협의와 참여를 토대로 하는 협동적 방법이 강조되고 있는 바 집단의 노력을 유도하는 설득과 협력의 과정이다.

4155 직계가족(stem family)
조부모, 부모, 자녀, 자손처럼 어떤 가족원을 중심으로 세대가 상하 직선적으로 연결되고, 상하 가족원의 연결이 강한 가족을 직계가족이라 한다. 확대가족의 일반 형태이며 대가족, 3대가족이라 할 때 거의 같은 의미로 쓰여진다. 직계가족은 부와 자의 수직적인 계승선을 중요시 한다. 직계가족의 가족형태는 가계의 계승에 중점을 두는 것으로 우리나라를 포함하여 일본 등지에서 볼 수 있다. 직계가족은 핵가족과 비교할 때에 부부관계보다 친자관계를 중요시한다.

4156 직관([영] intuition [독] Anschuung)
일반적으로 대상을 다른 인식 방법의 매개 없이 직접 파악하는 것이다. 그러나 그것으로 파악되는 것이 무엇으로 생각되느냐에 따라, 직관의 의미와 의의에 큰 차이가 생긴다. 감성적 지각이 무매개적이라는 의미에서 직관적이라는 것은 누구도 인정하지만 그 이외의 비감성적인 직관에 특별히 큰 의의를 인정하는 철학자도 있는데, 이것에는 두 종을 구별할 수 있다. 하나는 플라톤이나 아리스토텔레스와 같이, 사고만을 참다운 인식 능력으로 보면서, 존재와 사고의 최고의 원리는 논증에 의해가 아니고 직접 파악된다고 생각하는 입장이다. 또 하나는, 사고를 참다운 연식 능력으로 보지 않고, 진실재는 다만 특별한 직관에 의해만 파악된다는 입장으로서, 각각 서로 다르기는 하지만 야코비나 셸링이나 베르그송 등은 이것을 대표한다. → 지적 직관

4157 직관적 사고(intuitive thinking)
엄밀한 논리적 추리과정을 거치지 않고 문제의 해답을 생각해 내는 추리작용. 직관적 사고에는 여러 층이 있다. 예컨대 피아제(J. Piaget)의 지적 발달이론에서 「조작」을 할 수 없는 단계의 아동이 하는 사고도 직관적 사고요, 오랫동안 학문을 연구한 학자들이 세밀한 논증 이전에 해답을 생각해내는 것도 직관적 사고이다. 그러므로 직관적 사고는 옳을 수도 있고 그릇될 수도 있다. 그것이 옳은 것으로 입증되기 위해서는 다시 엄밀한 논리적 추리나 경험적 검증에 의하여 확인되어야 한다.

4158 직계비속(Lineal descendants)
본인의 자손 및 그들과 동등이하의 항렬에 속하는 혈족.

4159 직계존속(Lineal Ascendants)
본인의 부모 또는 부모와 동등이상의 항렬에 속하는 혈족.

4160 직관주의([영] intuitionism [독] intuitionismus)
직각주의라고도 한다. ① 일반적으로 인식에 관해 분별적인 사고보다도 직관에 우위를 주는 설. 특히 실재는 직관에 의해만 파악된다고 하는 설(예컨대, 베르그송). ② 윤리학상으로는 선악의 구별은 직관적으로 알 수 있다고 하는 설. ③ 수학적 기초론에서의 직관주의는 동항을 참조

4161 직권보호주의
행정작용으로서 당사자주의, 신청주의에 대비된 개념으로, 행정기관의 재량에 의해 일정처분으로 보호를 행하는 것을 말한다. 예컨대 생활보장법은 신청주의를 취하고 있지만, 요보호자가 급박한 상황에 있음이 판명될 때에 신청을 안해도 보호실시기관에서 직권으로 보호를 개시하지 않으면 안된다.

4162 직권주의
행정기관과 사법기관이 행정의 객체나 소송 등의 당사자 청구. 주장 등의 신청이나 신립을 우선으로 하지 않고, 자신이 자발적으로 행정 행위나 사법행위를 하여 행정상이 아닌 사법상의 목적을 달성하는 것을 말한다. 예컨대 생활보장이 신청보호의 원칙을 위하고 있는데 대해, 노인복지법 등 복지제법에는 신청보호의 원칙에 관한 명확한 규정은 존재하지 않아 직원주의에 의한 조치결정을 원칙으로 하고 있다.

4163 직급(Levels of Position)
직무의 종류와 책임의 정도에 따라 구분한 계급.

4164 직능판정원(vocational aptitude assessor)
직업재활(vocational rehabilitation)에 있어서 빠질 수 없는 일원으로서 직업적 능력을 평가하는 직종이다. 구체적으로 작업표본테스트나 질문지법에 의한 표준테스트, 면접 등을 통하여 직업능력을 평가한다. 우리나라에서는 아직 전문적으로 확립되어 있지 못하며 갱생보호소의 심리직이나 보훈청의 보훈업무담당자, 산업재활원의 사회사업가 등이 담당하고 있다. 앞으로 장애인이나 노인의 고용촉진과 직업 재활을 위해 개척되어야 할 영역의 하나이다.

4165 직렬(Series)
유사한 직무의 종류를 책임과 곤란성의 차이에 따라 분류한 구분.

4166 직무명세서(job specification)
직무분석을 통해서 얻어진 구체적인 직무내용을 밝혀둔 문서. 예컨대 ① 직무내용, ② 노동부담, ③ 노동환경, ④ 위험도, ⑤ 직무조건, ⑥ 결과책임, ⑦ 지도책임, ⑧ 감독책임, ⑨ 권한, ⑩ 용구(用具) 및 재료 등을 밝혀 둔 것이다. 경우에 따라서는 직무담당자의 ① 자격, ② 교육정도, ③ 경력, ④ 기능수준, ⑤ 환경 등도 포함된다.

4167 직무분석(job analysis) 01
시간연구나 동작연구 등으로 종업원의 작업을 공평하게 분석하여 기준을 작성하고 이 기준에 따라 각자의 작업내용, 책임, 일의 난이도, 그 일을 하는데 필요한 경비, 능률 등을 밝히는 일. 직무분석은 수천 명씩이나 되는 종업원의 작업을 하나하나씩 분해하는 번잡한 작업이 기는 하나 직무급을 채택하는데 필요한 직무평가를 하려면 반드시 시행해야 되는 절차이다.

4168 직무분석 02
개인의 특성과 능력에 따라 적합한 직업을 선택할 수 있도록 계획을 수립하기 이하여 특정 직무의 구성 요소들을 분석하는 기법을 말한다. 직무 분석은 작업내용(작업의 개괄, 작업공정 등), 작업수행에 필요한 요건(적성, 흥미, 지적수준, 작

업태도, 신체적 기능 등), 작업환경(작업설비, 작업도구, 물리적 환경 등)을 중심으로 행해진다. 구조화된 직무분석을 위해서는 명확한 목적의 설정, 문헌과 훈련교재 또는 기타 정보를 통한 예비조사, 조사업체의 선정과 연락, 조사에 필요한 준비물의 확보, 현장방문, 담당자와의 면담, 작업현장의 관찰, 관리자와의 면담, 작업담당자에 조사된 내용의 재검토 의뢰, 필요한 요인의 분석 및 정리, 평가해야 할 요인의 결정, 평가기준의 설정 등의 순서를 따르는 것이 중요하다.

4169 직무분석 03

직무의 종류·곤란도·책임의 정도를 달리하는 각종 직무의 내용을 분석·검토함으로써 그 직무의 성공적인 수행에 필요한 담당자의 자격요건을 밝혀내는 과정. 이 과정은 먼저 직무별로 직무의 내용을 구체적으로 기술하되 그 방법은 담당자가 스스로 자기 일에 대해 기술하거나 분석자가 관찰과 면접을 통해 얻은 자료를 기술하게 하고 다음으로 직무명세서를 작성하게 한다. 이렇게 해서 분석된 결과는 직무평가·인사고과·인사관리, 그리고 직무상담의 기본 자료로 이용된다. 또 직무분석의 결과에 의해 직무가 계통적으로 분류되고 숙련의 정도에 따르는 직업으로 구분되어 임금책정에 이용되기도 한다.

4170 직무상 질병/부상(The Disease or Injury caused while Performing One's Duties)

직무수행이 직접 또는 간접적인 원인이 되어 발생한 질병·부상.

4171 직무상 요양비(Medical Treatment Benefit)

사학연금의 경우, 직무상 질병 또는 부상으로 인하여 직무상 요양을 받은 경우 요양에 소요되는 비용을 지급 받을 수 있는 급여. 실제 요양기간 2년에 해당하는 요양비가 지급.

4172 직무상요양 일시금 (Lump-sum Medical Treatment Benefit)

사학연금의 경우, 교직원이 직무상 질병 또는 부상으로 인하여 직무상 요양 승인을 받아 2년간 치료한 후 완쾌되지 않았을 경우 추가로 소요될 예상 비용을 일시금으로 지급 받을 수 있는 급여. 추가 요양기간 1년 범위 내에서 지급.

4173 직무정년제

기업에 있어서 관리직에 있는 자는 정년전의 일정한 연령에 달하면 그 직무로부터 물러나도록 하는 제도이다. 평균수명의 신장, 고령화 사회에의 이행에 따라 정년연장은 앞으로 우리나라에 있어서 중요한 과제로 부각되고 있는데, 이 경우 포스트수가 일정한 관리직에의 승진이 문제가 된다. 이 때문에 인재의 유효활용, 기업조직의 활성화를 위해 직무정년제가 요청되는 것이다. 예컨대 일본의 한 기업에서는 관리직은 제1차 정년(55세)에 은퇴하고 그 후 제2차 정년(60세)까지 일정한 권한과 책임을 가진 전문직(job title)에서 일하도록 구상하고 있다. 직무정년제는 정년연장에 따르는 과제의 하나로서 쟁점화 되어가고 있다.

4174 직무조정(job accommodation)

장애인들이 수행할 수 있는 직무의 가능성을 확대시키기 위하여 직무를 재구성하거나 작업환경을 수정하는 것을 말한다. 직무 재구성(job restructure)은 어떤 직무를 수행하는데 요구되는 과제(task)들을 여러 요소로 나누어 그것을 재결합시키거나 또는 어떤 요소를 제거하거나 추가시키는 과정을 말한다. 환경의 수정(environmental modification)은 작업자에게 직무를 수행하는데 필요한 보조적 수단을 제공하거나 물리적 또는 사회적 환경을 변화시키는 것이다. 특히, 중증의 장애인은 이러한 과정을 통하여 이전에는 불가능했던 직무의 수행이나 생산성의 향상 또는 적응성의 증진을 기대할 수 있다.

4175 직업(vocation, occupation, Job)

생계를 세우기 위하여 보수를 받으면서 일정 기간 동안 계속하여 종사하는 일의 종류. 영어 개념으로는 버케이션(vocation), 오큐페이션(occupation), 잡(job)으로 나누어 진다.

4176 직업개발(job development)

고용주와의 직접적인 접촉이나 여러 형태의 구인광고를 통하여 장애인에게 가능한 직업을 찾아내는 일을 말한다. 장애인의 성공적인 직업 재활에 가장 기여할 수 있는 요인은 그들에게 적합한 직업을 찾아내고 그 직업이 어느 정도 유용한가에 대한 보다 현실적이고 구체적인 정보를 찾는 일이 매우 중요하다.

4177 직업교육(on the job training) 01

기업이 행하는 종업원 교육의 하나로 직장 내에서 업무를 통해 행해지는 교육을 말한다. 지식·기능에 맞춰 직장인으로서의 행동양식을 습득시키기 위한 교육도 중시된다. 직장을 둘러싼 훈련은 가장 새로운 형식으로 주어진다.

4178 직업교육([영] vocational education [독] berufs buildung) 02

직업생활과 관련되어 행해지는 모든 교육. 넓은 의미로 일반교육의 직업적 측변을 가리키는 말이다. 즉, 개인이 일의 세계를 탐색하여 자기의 적성·흥미·능력에 알맞은 일을 선택하고, 그 일에서 필요로 하는 지식·기능·태도·이해 및 판단력과 습관들을 개발하는 교육을 말한다. 좁은 의미로는 특정 직업에 종사하기 위하여 필요로 한 지식, 기능을 습득시킬 목적으로 이루어지는 실업교육, 기능교육, 직업훈련을 지시한다. 지금까지 실업교육, 기술교육, 산업교육, 실업기술교육 등의 용어가 구별 없이 사용되어 왔으나 점차 직업교육으로 통일되어 사용되고 있다. 따라서 직업교육은 직업훈련, 실업교육, 산업교육, 기술교육 등 각 직업과 관련된 수단적 측면에 대한 상위의 개념으로서 그 자체가 하나의 목적이 되며, 개인이 자율적으로 직업을 이해하고 실천 방안을 터득하게 하는 보다 광의의 개념으로 해석하는 것이 옳다. 우리나라에서는 직업교육을 인문교육과 구분되는 실과교육이나 사회적 지위가 낮은 사람들에게 적합한 기능교육을 시키는 것으로 인식되어 왔다. 특히, 인문숭상의 유교적 전통은 직업교육을 부정적으로 인식하게 하였으며, 그 결과 직업교육은 일반교양교육과 대비되는 특수교육으로, 계속교육과 대비되는 종국교육(terminal education)으로 이해되어 왔다. 그러나 현대사회에서 직업의 중요성이 더욱 커지고 과학기술의 발달이나 사회변화로 인해 노동의 성격이 변화됨으로써 새로운 관점에서의 직업교육에 대한 이해와 필요성이 제기 되고 있다. 현대적인 해석에서 보는 직업교육은 평생교육의 이념을 받아들이면서 인간존중의 사상을 바탕으로 하며, 각 개인의 직업 생활에 공헌하는 모든 사람을 위한 교육을 뜻한다. 현재 우리나라에서의 직업교육은 크게 학교를 중심으로 하는 직업교육과 학교 밖에서 사회교육형태로 실시되는 직업교육의 2가지 종류가 있다. 학교에서의 직업교육과 학교 밖에서 사회교육형태로 실시되고 있으며 기간학제로는 중등학교의 실업가정 교육, 전문대학의 중견직업인 양성을 위한 직업교육들이 있으며, 방계학제로는 고등공민학교, 기술학교, 고등기술학교 등에서 행해지는 직업교육은 직업훈련이 대표적인 형태이다. 최근에는 산업체 학교 연구소가 협동하여 교육을 수행해야 한다는 중론이 크다. 한 가지 문제점이 있다면, 헌법상에서는 단선형 학제가 보장되어 있지만, 현실적으로는 직업교육에 대한 인식이 구태에서 벗어나지 못하고 있다는 점이다.

4179 직업군(occupational cluster)

산업체별 혹은 동일계열별 직업을 종(綜)으로 묶어놓은 것이다. 각 기업의 직업세계에서의 위치와 다른 직업과의 관계도 나타낼 수가 있다. 종전의 직업교육은 특정 직종을 목표로 실시되어 왔으나 직업군 개념의 도입으로 직업군과 직업군과의 관계, 직업과 직업과의 관계가 이해하기 쉬워졌으며, 특정 직종을 위한 교육에서 직업군에 관한 일반적인 교육을 실시함에 따라 교육과정도 그 체제가 통합되었다. 따라서 직업의 선택기회가 많아지고, 능력에 따라서 직업군 내의 직종 선택의 기회도 또한 많아졌으며, 기초교육도 특정직종을 위한 것이 아니기 때문에 진로수정도 수월하게 할 수 있게 되었고, 기술의 발달에 의한 직업적인 여건의 변화에도 빨리 적응할 수 있게 되었다. → 진로 수정

4180 직업능력개발촉진법

1985년 법률 56호로 일본에서 제정된 이 법은 고용대책법과 더불어 직업훈련 등을 통합적·계획적으로 실시함으로서 직업에 필요한 노동자의 능력개발, 향상을 촉진하고 좀더 직업안정과 노동자의 지위향상을 도모하는 것을 목적으로 종래의 직업훈련법을 전면 개정해 제정되었다. 이 법은 종래의 나라, 군도부계 등이 행하는 공공직업훈련과 더불어 사업주가 행하는 다양한 직업능력개발촉진의 배치에 중점을 두고 국가가 그것을 적극적으로 원조한다는데 있다.

4181 직업능력평가

직업능력평가란 직업재활대상자의 직업 능력을 평가하는 과정으로, 장애인의 신체적, 정신적, 직업적 잠재력 및 직업적 행동에 대한 평가를 통해 현실적인 목표를 설정해 주고, 그에 따른 최적의 서비스를 제공토록 하기 위한 근거 자료를 제시해 준다. 직업능력평가 방법은 장애의 유형이나 정도에 따라 다르지만 보편적인 방법으로 초기평가, 표본작업평가, 현직 평가 등을 들 수 있는데, 초기평가는 구직신청을 한 장애인에 대한 현재까지의 자료 수집과 과정에 대한 기초적인 사정을 의미하는 것으로, 구직 신청 시 제출한 서류에 대한 심사와 면접, 기초검사과정이 포함된다. 서류심사에서는 이력서, 구직 신청서, 타기관의 자료 등에 대한 심사가 이루어지며, 면접에서는 획득한 정보의 확인이나 직업적 발달조사, 취업희망직종의 확인 등을 행한다. 기초검사는 주로 인지적, 정서적 기질을 측정하기 위한 지필검사를 많이 사용하며, 이 중 대표적인 것이 지능 및 적성검사, 성격검사, 성취도검사, 직업능력흥미검사, 직업능력검사 등이다. 작업표본평가는 실제 직업이나 직업군에서 사용되거나 이와 유사한 과제, 재료, 도구를 사용하여 작업적 능력을 사정하는 것으로, 실제 작업과 유사하고 대부분의 작업이 구체적이며, 장애인의 작업 수행에 대한 피드백이 이루어지고, 장애인에게 다양한 직업 및 직업과제 탐색의 기회를 부여하는 장점이 있다. 평가 종류로는 TOWER시스템, 필라델피아 JEVS작업표본종합검사, Singer직업평가시스템, VALPAR 부분별 작업표본 시리즈, MVE평가시스템 등이 있다. 현직평가는 장애인의 직업적 행동을 관찰하고 사정하기 위해 실제 사업장에 투입시켜 실무를 수행시켜 봄으로써 직업인으로서의 여러 가지 자질을 평가하는 방법으로, 평가된 결과는 실제적인 장애인의 잠재능력 또는 발전에 관한 정보를 줄 수 있다는 장점이 있다. 주로 보호 작업장에서 많이 이루어지는데 최근에는 지원고용에 의해 일반 사업장에서도 상당수 이루어지고 있다. 사용되는 평가방법으로는 관찰, MDC행동파악법, 직업적응평가법, 목표달성평가법 등이 있다.

4182 직업단(job corps)

학교 탈락자에게 고용과 직업기술을 제공하기 위한 경제기회법(economic opportunity act)의 한 부분으로서 1964년에 수립된 연방프로그램. 16~21세의 실업청소년들은 훈련

원이나 보호수용소(conservation camps)에서 일하고 공부한다. 직업단은 미국의 경우 노동성(department of labor)이 운영하는데, 지역당국과 사설 기구가 계약하여 훈련원을 설립한다. 이 프로그램은 부분적으로 시민보호청년단(CCC : civilian conservation corps)과 이와 유사한 뉴딜(new deal)을 모델로 삼았다.

4183 직업만족도(job satisfaction)
주어진 직업이 얼마만큼 개인의 자아를 충족시켜 주는가의 척도. 직업만족도의 주요 요소는 직업에 대한 개인의 관심도이다. 일반적으로 볼 때 각 개인에게 흥미 있고 자아표현의 기회가 풍부하며, 창조성을 충분히 발휘할 수 있는 직업이 만족도가 높다고 할 수 있다.

4184 직업발달(vocational development)
개인의 직업적 소양·가치·지식·기술 등의 습득을 통하여 궁극적으로 직업적 적성에 부합되는 행동 판단력을 배양하며 직업적 성숙의 결과를 낳는 과정. 직업발달에는 실리적·사회적·문화적·경제적 요인들이 장시간에 걸쳐 개인에게 미친 영향력이 많이 적용된다. 직업발달은 직업선택의 가능성 개발이라는 두 가지 측면에서 분석할 수 있으며 이러한 과정의 반복과 경험을 통하여 직업발달 단계는 크게 소양-준비-확정으로 구분할 수 있다. 개념적으로 진로발달과 매우 유사하면 때로는 동일어로도 쓰인다.

4185 직업배치(job placement)
직무의 분석 및 개인의 직업 욕구와 작업 환경에 관계된 모든 정보들의 연구와 평가를 통해 자애인의 능력과 흥미에 부합되도록 직업을 찾아 주는 과정을 말한다. 이 과정에서 직업상 담자는 작업의 특성, 작업의 조건, 고용 전망, 구인업체의 유무, 위치, 임금, 편의 시설 등 고용 업체의 특성과 개인의 신체적 정신적 상태, 교육 및 훈련의 내용, 직업적성, 성격, 행동 특징 그리고 주변 환경과 교통 및 기타 편의 시설 등을 모두 고려하여 적절한 직업에 배치해야 한다.

4186 직업병(occupational diseases)
일정한 직업에 종사하고 직업상의 유해인자에 노출됨으로써 야기되는 질병. 직업병으로 인정받기 위해서는 업무수행성, 작업환경의 열악성, 업무기인성 등의 요건을 갖추어야만 한다. 직업병의 실태로는 특수검진 대상자의 3% 내외가 이환되어 있으며 1971년 10만 명당 117명에서 1982년 267명으로 급증하고 있다. 뿐만 아니라 검진대상이 5인 이상의 사업체에 국한되어 있고 검진시설, 기술부족, 실적위주의 형식적 진단, 기업주의 비협조, 퇴직 후 발병한 경우나 부당해고가 두려워 본인이 숨긴 경우, 직업병으로 간주되어야 함에도 법적으로 인정받지 못한 직업병의 경우, 병 자체가 새로운 것이어서 아직 의학적으로 규명되지 못한 것 등 통계에서 누락된 것을 감안하면 직업병으로 인한 근로대중의 고통은 훨씬 심각하다. 현재 진폐증, 소음성 난청, 유기용제 중독 등은 그 피해가 특히 심각하며 유해환경에서의 야간작업, 교대근무, 불규칙노동, 장시간 노동은 질병에의 이환가능성을 더욱 높인다.

4187 직업보도
노동능력을 갖고 있는 실업자 또는 신체장애인에 대해 재취직 또는 직업전환 등의 취업을 용이하게 하기 위하여 이에 필요한 특별지식 및 기능을 쌓게 하기 위한 지도를 말한다. 종래의 직업보도시설로서는 공공직업보도소가 직업안정법에 의해 설치되어 있었지만, 직업훈련법의 제정에 따라 공공직업훈련소에서 행하도록 개정되었다.

4188 직업상담(vocational counseling) 01
직업에 문제를 가진 개인에게 전문적이고 효율적인 서비스를 제공하여 개인이 사회의 일원으로서 직업 세계에서 활동할 수 있도록 하는 과정이다. 직업 상담의 궁극적인 목적은 직업을 선택하는데 직접적으로 영향을 미칠 수 있는 장애상태와 주변 환경 및 작업환경 등 제반 문제점들을 스스로 찾아 해결하고 자신이 처한 상황과 능력에 적합한 직업을 선택함으로서 주어진 역할을 성공적으로 수행할 수 있도록 제반 도움을 제공하는데 있다.

4189 직업상담(career counseling) 02
미래의 직업을 결정해야 하는 사람과 현재의 고용상황을 개선시키려 하는 노동자에게 자원을 연계해주고 정보, 조언, 지원을 제공하기 위해 사회사업가, 지도교사, 교육전문가, 다른 전문가들이 사용하는 절차. 직업상담은 보통 고등학생이나 대학생에게 기회를 찾도록 도와주고, 그들로 하여금 자신의 능력과 한계를 알 수 있도록 도와주기 위해 흔히 제공된다. 또한 이러한 상담은 노동조직에서 노동자로 하여금 그들의 직업상의 잠재력을 극대화하기 위해 제공된다.

4190 직업설명(회)(job description)
취직을 조건으로, 피고용인에게 요구되는 분명한 책임과 구체적인 임무. 어떤 직무내용 설명서에는 재직자에게 기대되는 교육적 요건, 경험적 요건, 기술적 요건이 언급된다.

4191 직업안전 및 보건관리청(OSHA : occupational safety and health administration)
직장환경의 안전을 확보하려는 미국 노동성(U.S. department of labor) 산하의 기관. 이는 직업안전과 보건기준에 관한 교육프로그램을 관리하고, 검열하며, 불응하는 고용주들을 소환하기도 한다.

4192 직업의식(professionalism)
한 개인이 클라이언트에게 서비스를 제공할 때 자신이 가지고 있는 전문 직업에 대한 지식, 기술 및 자격을 활용하며, 그 가치와 윤리에 충실하는 것이다.

4193 직업인성(work personality)
능력과 욕구 외에 개인을 특징지우는 태도, 행동들을 포함한다. 직업인성은 개인이 직업생활에 반응하는 행동 특성으로 직업태도, 가치체계, 동기, 능력, 태도를 포함하는 것으로 개인의 직업적응은 직업과 개인의 적합성 정도에 의거하여 이루어진다는 특성요인 이론에 그 개념적 바탕을 두고 있다. 개별 심리학과 성격이론에 기초를 두고 있는 특성요인 이론에 따르면, 직업인성은 개인의 신체적 성숙과 더불어 빌달하고, 능력과 욕구 및 개인을 특정지우는 태도와 행동을 포함하며, 출생 직후 형성되기 시작하여 그 개인이 유전적 소인과 가정 및 지역사회 환경 속에서 경험하는 내용에 따라 달라진다고도 본다.

4194 직업적 성숙도(vocational maturity)
직업선택과 이에 관련된 제반 문제를 풀어나갈 수 있는 능력의 성숙정도·직업발달 과정에서 탐색기에서 쇠퇴기에 걸쳐 나타난다. 흔히 성숙도 I과 성숙도 II로 구분하며, 성숙도 I은 각 개인의 나이의 성숙을 기준으로, 성숙도 II는 각 개인의 직업적 행동의 성숙을 기준으로 하여 나타낸다.
→ 직업선택, 직업발달

4195 직업적 아이덴티티(occupational identity)
직업에의 일체감을 의미한다. 현대에서는 이것을 곤란하게 하는 조건이 다량으로 존재한다. 직업이 갖는 의의에 공감되지 않는다는 일반적 배경 외에 자신의 직업에 대해 가치를 인정하기 어려운 경우에 직업적 아이덴티티의 위기가 발생한다. 직업관과 직업의식을 뒷받침할 수 있는 기업 측의 교육 등 유인이 있어야만 직업적 아이덴티티는 고도화될 수 있다.

4196 직업적 재활(vocational rehabilitation)
신체장애인 등이 적합한 직업을 발견하고 될 수 있는 한 빨리 직업 생활에 복귀할 수 있도록 행해지는 원조수단을 말한다. ILO(국제노동기관)의 정의에 의하면 그것은 직업상담, 직업훈련, 직능평가, 직업 기능훈련, 보호고용에의 취로 알선, 고용정보의 제공, 일반고용에의 취업지도, 정착지도, 사후보호 등을 포함한 일련의 원조체계이며 다양한 고용기회의 창출을 위한 방책도 포함된다.

4197 직업적응훈련
직업적응훈련이란 모든 직업 영역에서 공통적으로 필요한 직업인으로서의 기초 능력과 태도를 형성시켜 주는 프로그램으로, 장애인이 직업적 역할을 성공적으로 수행함에 있어 문제시되는 요소를 해결하거나 수정, 보완시키기 위해 개인이나 환경을 변화시키는 과정이며, 작업습관훈련, 직업준비훈련, 직업강화 또는 직업전 훈련으로 지칭되기도 한다. 이 훈련 과정은 모든 직업 영역에서 공통적으로 필요한 직업인으로서의 기초 능력과 태도를 길러 특정 직종의 훈련에 들어갔을 때 토대가 되는 경험을 얻게 하는데, 여기에는 직업인으로서의 자격, 즉 체격, 내구성, 노동습관, 기초지식과 직업인으로서의 차림새 등 장애인의 일반적인 특성뿐만 아니라 경제상황, 고용주의 가치관, 기술적 진보, 물리적인 작업환경 혹은 사회적인 편견과 직장에서의 인간관계와 역할 인식, 개인의 내적인 문제 등과 같은 상황을 해결하기 위한 적절한 프로그램과 방법을 가지고 있어야 한다. 일반적으로 기관에서 실시하고 있는 직업적응훈련의 기간은 3~6개월이며, 약 8~10명을 대상으로 하고, 2~3급의 정신지체인과 정서 및 행동장애인을 대상으로 한다.

4198 직업적 적응(vocational adjustment)
개인이 직업세계에 동화되어 취미·적성 등이 직업과 좋은 조화를 이루는 상태, 직업적 적응의 중요한 요소로는 ① 개인의 경제·사회적 측면에서 직업의 개념, ② 개인의 직업의 수행 능력도, ③ 개인의 직업 만족도, ④ 개인의 생의 적응도와 직업이 허용하는 생활방식과의 관계 등을 들 수 있다.
→ 직업만족도

4199 직업전 훈련(prevocational training)
직업 기술 개발의 선택과 준비에 필요한 배경과 지식을 말하고 있다. 직업전 훈련은 직업 기술 훈련을 위한 준비 단계이다. 프로그램의 예를 들자면, 견학, 작업장의 교대, 독서 등을 통하여 직업에 익숙하게 하는 것이다. 그리고 취업신청서 작성법 습득, 대중교통 이용, 소득관리 등도 포함된다. 대다수의 직업적응 프로그램은 인성적응훈련과 직업전 훈련을 결합한 것이다.

4200 직업지도(vacational guidance) 01
새로운 직업을 선정하고 그에 대한 취업을 준비하고 그 직업에 대한 적응력을 크게 하기 위한 원조과정을 말한다. 특히 신체장애인에 대한 직업지도에서는 잔존능력의 개발과 직업정보제공에 의한 개인의 가능성발견, 직업전 훈련 등을 포함한 자기이해와 적성탐색 그리고 개인이 갖는 직업성능과 직업이 요청하는 직업성능과의 비교검토가 필요하다. 거기에는 직업의 기술적 측면 뿐 아니라 장애인의 전인격적 훈련이 중요하다.

4201 직업지도 02
학생들이 지니고 있는 직업상의 문제를 현실적이고 합리적으로 해결하고 직업적 발달을 촉진하기 위해 수행하는 생활지도의 대상이 되는 문제는 다음과 같다. ① 직업적 준비과정에 관한 문제. ② 직업의 선택과 결정에 관한 문제, ③ 직업의 세계에 대한 정보와 자료의 수집, 보관, 제공에 관한 문제 ④ 학생 자신의 직업적 적합성을 이해하는 것에 관련된 문제, ⑤ 직업적 능력을 발달시키는 것에 관련된 문제 등이다. 직업지도가 성공하기 위해서는 ① 학생개인에 대한 중요한 이해, ② 직업자체에 대한 정확한 이해, ③ 양자의 상호관련성에 대한 합리적이고 현실적인 판단이 이루어져야 된다. 직업지도는 국가의 경제적 발달과 밀접하게 관련되어 있기 때문에 20세기 초반 이래 선진국에서는 활발한 활동과 연구가 이루어지고 있다. 이를 위해 직업명사전의 출간, 직업정도의 수집·개발·보급이 이루어져 오고 있으며 다양한 지도 방법을 개발하고 있다. 현장견학, 직업정보의 전시, [생업의 날] 행사, 현장실습, 자유 토론회, 직업상담 등이 직업지도에 활용되고 있다.

4202 직업지도원(vocational counsellor)

신체장애인의 갱생보호시설과 원호시설 등에 배치된 직종의 사람으로 작업지도원으로도 부른다. 시설이용자의 취직준비 또는 자활에 필요한 직업상의 기능을 신체에 연결시켜 주는 것이 주 임무이다. 특별한 자격제도는 없고 실제의 취로경험을 하고 있어 한 가지 이상의 기능을 취득하고 있는 것이 요망되어지는 것에 불과하다. 미국에서는 이상의 조건에서 1년 이상의 수직경험을 주거나 일정의 재활과정을 수료하고 있는 등의 조건을 첨가하고 있다.

4203 직업카운슬링(vocational counseling)

직업심리학의 주요한 응용영역의 하나로서 개인의 직업상의 결정과 적응을 원조하는 과정이다. 인사선발이나 인사배치가 통상 직업의 관점에서 이루어지는 과정인데 대해 직업카운슬링(직업상담)은 스스로의 캐리어선택을 위해 의사결정을 행하는 개인이 관점에서부터 이루어지는 과정이다. 직업카운슬링은 스스로 취로하고 싶은 직업을 선택하는 자유가 거의 없던 고대 및 중세에는 볼 수 없고 직업선택의 상대적 자유가 인정된 근대산업사회에서 탄생하게 되었다. 직업 카운슬링에 있어서는 직업에 관한 정보를 수집하고 체계를 부여하는 직업연구가 필요하다.

4204 직업코치(job coach)

지원고용(supported employment)에 있어서 장애인들이 고용 상태를 유지할 수 있도록 직업 배치에서 사후 지도까지 지속적인 도움을 주는 전문인을 말하며, 고용 전문가(employment specialist)라고도 한다. 직업 코치의 역할로는 작업 수행 방법의 습득과 작업장에서 동료들과의 적응을 돕는 일, 작업장의 물리적 사회적 환경의 평가 및 조정, 고용주와의 임금협상 등 구체적으로 장애인의 직업재활을 돕는 일을 수행한다.

4205 직업평가(vocational evaluation)

장애인의 직업재활 과정에서 가장 기본이 되는 단계로 직업적성, 직업흥미, 신체기능, 작업행동 및 성격 등 개인의 잠재적 직업능력을 파악하고, 각종 직업의 내용과 현장에 관한 폭넓은 정보를 제공함으로서 그들이 자신에게 적합한 직업진로를 스스로 설정하고 이를 실현하는데 필요한 서비스를 받을 수 있도록 지원하는 과정으로, 그 주요 목적은 ① 피 평가자의 잠재적 직업능력과 한계 및 가능성을 측정하고, ② 직업 재활에 도움이 되는 주변의 인적, 물적 자원 및 저해가 되는 요소들을 찾아내며, ③ 직업적 한계와 저해 요소들을 개선할 수 있는 방법과 정도를 예측하고, ④ 직업진로를 정하고 그것이 현실적으로 실현될 수 있도록 실행 계획을 작성하는데 있다.

4206 직업 프로그램(jobs program)

경제기회법(economic opportunity act)의 부분이며 1964년에 수립된 연방정부의 원조를 받는 고용 프로그램의 하나로서, 산업분야의 직업기회를 말한다. 이 프로그램은 건전하지만 장기간 실직상태에 있는 개인을 겨냥한 것으로서, 조세 감면(tax incentives)과 직접적인 임금보조금을 통해서 민간분야 고용주를 고무시켜 비숙련 노동자를 고용하도록 한다. 정부 자금을 받는 주정부나 지방자치단체가 실업자의 종합고용 및 직업훈련법 CETA을 1973년에 민간 직업알선기관 프로그램으로 대체했다.

4207 직업훈련(vocational training) 01

직업인으로서 일정한 직무를 수행하는데 필수적으로 요구되는 직업적 지식(knowledge)과 기술(skill)을 제공해 주는 훈련의 조직적인 형태를 말한다. 특히 장애인의 직업훈련이 갖는 중요한 의미는 다음의 3가지로 생각해 볼 수 있다. 첫째, 경제적인 측면으로 장애인들이 경제적으로 자립할 수 있도록 함으로서 사회적인 부담을 경감시키는 한편 더 나아가서 납세자로서 사회에 기여할 수 있는 기회를 제공하며, 둘째, 인도적인 측면으로 장애를 갖고 있다는 이유로 해서 이들의 직업능력이 개발되지 않고 사장되는 일이 없도록 균등한 능력개발의 기회를 제공하고, 셋째, 치료적인 측면으로 직업훈련을 통해서 자신감과 정서적 안정을 도모하며 신체기능을 향상시킬 수 있는 기회를 제공한다.

4208 직업훈련 02

근로자 또는 근로자가 되려는 사람들에게 직업에 필요한 기능과 지식을 습득시키기 위하여 조직적으로 실시된다. 근로자의 직업에 필요한 능력을 개발·향상시킴으로써 근로자의 직업안정과 사회적 경제적 지위 향상을 도모하고 나아가 사회발전에 기여하는데 그 목적이 있다. 우리나라의 직업훈련은 직업훈련기본법을 근간으로 운용되고 있다. 실시 주체에 따라 한국직업훈련관리공단을 중심으로 하는 공공직업훈련, 각 기업체에서 실시하는 사내직업훈련 및 노동부장관의 인가를 받아 실시하는 인정직업훈련이 있다. 훈련과정으로서는 기능사를 비롯하여 사무. 서비스직 종사자, 감독자, 관리자 및 직업훈련교사를 양성하는 과정 등이 있다.

4209 직업훈련수당(vocational training allowance)

공공직업훈련시설에서 행하는 직업훈련을 받는 탄광이직자에 대해 지급되는 수당. 더구나 고용대책법은 「구직자의 지식 및 기능습득을 용이하게 하기 위한 급여금」으로서 훈련수당의 지급을 정하고 있다. 훈련수당은 구직자로서 중고연령 실업자 등 구직수첩의 발급을 받고 있는 자. 실업대책사업의 실업자 등이 공공직업안정소의 지시에 따라 직업훈련을 받는 경우에 기본수당, 기능습득수당, 기숙수당이 지급된다.

4210 직업훈련시설(vocational training institution)

직업훈련기본법(1981년 법률 제3507호)에 의한 직업훈련 시설에는 공공직업훈련원, 사업 내 직업훈련원, 인정직업훈련원의 세 종류가 있으며, 이 외에 근로복지공사 산하에 산업재활원을 두고 장애인 등에 대한 양성훈련 등을 행하고 있다. 직업훈련원에서 기능개발센터를 중심으로 향상훈련, 능력개발훈련을 맡아 실시하고 있다. 단 공공직업훈련은 한국직업훈련 관리공원의 설립(1983. 3. 18)과 직업훈련기본법 시행령의 개정으로 국가, 지방자치단체 그리고 한국직업훈련관리공단이 실시할 수 있도록 되어있다.

4211 직업훈련협력법(job training partnership act)

세타 CETA 프로그램의 몇 가지 기능을 대신하여 고용훈련 프로그램에서 더 많은 민간분야, 지방정부와 주정부가 관계하는 것을 장려하기 위해서 입안된 1982년 연방법(P. L. 97-300, P. L. 97-404). → 직업훈련법

4212 직원개발(staff development)

직업상 현존하고 변화하는 요구를 충족시키기 위해 직원의 능력을 높일 수 있도록 고안된 조직 내의 활동과 프로그램. 이런 활동은 단기현임 교육반(short-term in-service training classes), 관련정부의 배포, 집단회합, 외부 고문이나 강사의 초빙, 조직 외부의 회합과 훈련 프로그램에 특정 피고용인들을 참여시키기 위해 투자하는 것 등이다. 직원개발은 보통 고용조직의 직업 특성상 요구와 관계가 깊지만 역시 광범위한 기능을 하며, 직원의 경력과 기회를 증진시키고자 한다. 메이어(Carol H. Mayer)에 따르면 직원개발의 잠재적 기능은 조직이 유능한 직원을 끌어들이고 유치하며, 조직을 명확히 하고, '인간화(humanize)'하려는 것이라고 본다. 직원개발은 학문적인 신용장(신용증서)을 수여하지 않는다는 점에서 전문교육과는 구분되며, 참여자는 각기 다른 정도의 수준을 갖고 있다.

4213 직원회의(staff conference)

직원회의는 직무를 기본으로 한 직장조직으로서 상호연락 조정을 도모하고, 직원전체의 협의, 의사결정기관으로서 시설운영기구보다 좀 더 중요한 부분이다. 직원회의는 기본적으로 전 직원의 참가가 있어야 하나 직원규모의 비대와 변칙근무로 전원참가가 곤란한 경우에는 대표제로서 실시하고 있다. 공통된 정보를 전하고, 계획·실시·평가·조건 정비에 관해 협의하고 방침을 결정하여 협동의 합의를 행하는 역할을 갖는다.

4214 직위변동(Shift of Position)

가령 초·중등학교 교원이 교장 또는 교감으로 임용되었을 경우와 대학의 교원이 전임강사에서 조교수로 조교수에서 부교수 등으로 직명의 변동.

4215 직위해제(Discharge from One's Position)

본안에게 부여한 직무와 책임을 면함.

4216 직장보건(occupational health)

직장에서 위생적이고 안전한 시설과 환경을 유지함으로써 육체적, 정신적 안정을 보존하는 것이다.

4217 직장사회사업(occupational social work)

고용인 원조계획(EAPs : employee assistance programs)이나 직장의 알코올중독 프로그램처럼 고용주가 기금은 낸 프로그램을 통해서 직장에서 벌이는 전문봉사. 고용인에게 여러 가지 봉사(결혼이나 가족문제까지 포함)를 하고, 정서적인 문제, 사회관계의 갈등이나 개인적인 문제들을 도와줌으로써 그들의 인간적, 사회적 욕구를 충족시켜주는 것을 목표로 삼고 있다. 직장사회사업은 개인적인 임상활동뿐 아니라, 거시적 실천(macro practice) (예를 들어, 고용인 집단을 대신한 조직의 중재 등)에 속할 수 있다. 사회사업가들은 이 용어를 산업사회사업(industrial social work)과 비슷하게 쓰고 있다.

4218 직장폐쇄

사용자가 노사협상에서 자신의 주장을 관철시키기 위해 일정기간 동안 직장 문을 닫아 버리는 것을 말한다. 직장폐쇄 기간 중에 근로자들은 작업장 내 출입이 일체 금지되며 임금도 받지 못한다. 이 조치는 노사 간에 분쟁이 있을 때에만 가능하며 사용자가 휴업수당 등을 지급하지 않으려고 직장폐쇄를 할 경우에는 인정되지 않는다. 노조 측에서 사용자측에 맞서 싸울 수 있는 가장 강력한 행위가 파업이라고 한다면 직장폐쇄는 노사 간 분쟁이 있을 때 사용자측이 행사할 수 있는 최대한의 무기라고 할 수 있다. 그러나 일부 학자들은 현행 헌법에서 근로자의 단체행동권만을 인정하고 있으므로 사용자의 직장폐쇄는 당연히 폐지되어야 할 독소조항이며 만일 직장폐쇄를 하더라도 그 기간 동안 임금은 지급되어야 한다는 주장을 한다. → 공장폐쇄

4219 직접보호

갱생보호의 한 방법으로 수용보호와 귀주보호의 두 가지 방

법이 있으며, 갱생보호의 대상자 중 주거가 불분명하거나 친족, 연고자들로부터 원조를 얻을 수 없는 경우에 자활촉진을 위한 ① 취업알선 ② 직업보도 ③ 생활도구의 대여 ④ 신원보증 ⑤ 구호단체 또는 독지가의 의탁·알선 ⑥ 귀주알선 ⑦ 부설사업장에의 취업 ⑧ 단기의 숙박 또는 식사제공 등을 수행한다. 시설에 수용할 때에는 성년, 미성년과 남녀를 구분해야 한다. 피보호자에 대한 숙박 또는 식사부 숙박의 제공은 6개월을 초과할 수 없다. 단, 필요하다고 인정할 때에는 3개월을 초과하지 아니하는 기관에 한하여 1차 연장할 수 있다.

4220 직접비용(direct cost)
어떤 재화나 서비스를 받는 사람이 지불하는 액수. 오직 어떤 재화나 서비스를 생산하는 비용의 일부분을 충당하는 총액을 말한다. ↔ 간접비(indirect cost)

4221 직접실천(direct practice)
클라이언트를 대신해 전문적 활동을 지시하기 위해서 사회사업가가 사용하는 용어를 말한다. 여기에서는 개인적인 접촉과 사회서비스를 구하는 사람들에 대한 즉각적 영향을 통해서 목표가 달성한다. 이것은 간접활동(indirect practice)(사회목표를 달성하거나 인간의 기회 발전을 목표로 삼는 활동)과 구분되어야 한다.

4222 직접영향(direct influence)
클라이언트에게 특별한 형태의 행위를 촉진하고자 시도하는 개별사회사업(social casework) 또는 임상사회사업(clinical social work)의 치료절차를 의미한다. 조직적으로 주의 깊게 행하여지며, 특히 클라이언트 자신의 목표에 가장 잘 도달할 수 있는 방법에 대해 제안이나 충고를 한다.

4223 직접질문(questions, direct)
어떤 주제(topic)에 대해 언급을 강요하는 질문(questioning)이다. 때로는 클라이언트가 그 답을 회피하거나 최소화하기를 바랄 때 그 답을 얻기 위하여 이러한 질문을 하기도 한다. 직접질문은 폐쇄적일("당신은 이번 주에 술을 마셨습니까?") 수도 있고, 개방적일("얼마나 술을 마시면 취합니까?") 수도 있다.

4224 직접처우(direct treatment)
케이스워크에서 간접처우와 대치되는 용어로서 사회사업가 대 클라이언트 관계를 통해서 직접적으로 제공되는 서비스 전체를 말하는 것이다. 그러나 수용시설의 관리규정에 직접처우직원이라는 표현이 있듯이 시설처우에서도 자주 쓰이고 있다. 이 경우의 직접처우란 수용보호자의 문제에 따라 다르기는 하지만 기본적 생활습관의 지도, 생활문제에 대한 상담, 조언 등 서비스제공자가 대상자에게 직접 행하는 생활원조를 말한다. 이것은 시설처우의 기초를 이루는 것이다. 이 서비스는 보통 보모, 사감, 지도원, 간호사 등에 의해 이루어진다.

4225 직종변경(Clerical Personnel's Job-switching)
사무직원이 재직 중 일반직, 기술직, 기능직으로 서로 직종을 변경하는 것.

4226 직종지정(designated employment)
일정의 직종을 지정하는 것을 말한다. 고용보험법에서 노동부장관이 정한 주조, 판금, 제관, 금속, 용접, 도금, 전기공사, 건축, 배관, 건설기계운전, 도장 직종에 관련된 공공직업훈련을 받는 수강자에 대해 특정직종 수강수당이 지급된다. 또 노동부장관은 신체장애인의 능력에 적합하다고 인정되는 직종을 선정하도록 하고 있다.

4227 직책에 의한 성원(ex office member)
어떤 신분이나 지위에 속하기 때문에 또 다른 집단이나 위원회에 속하는 사람을 말한다. 예컨대, 어떤 종교적 사회기관(sectarian social agency)의 직책에 의한 성원은 그 종교에서 그 지역의 가장 높은 서열의 성직자일 것이다.

4228 진단(diagnosis) 01
한 질환을 다른 질환으로부터 가려내는 기술 혹은 어떤 질환의 성질을 확정하는 것이다. 의료적 측면뿐 아니라 사회적 및 심리적인 문제를 규정하고 원인을 강조하며 해결을 명확히 하도록 하는 일련의 과정을 일컫는다. 사회사업초기에는 진단이 치료와 조사에 이어서 3대 주요과정 중의 하나로 인식되어져 왔다. 진단이라는 용어가 의료적 의미를 내포하고 있기 때문에 사회사업에서는 이를 문제사정(problem assessment)으로 부르기도 하는데, 진단은 '원인을 강조하고 발견하는 과정'으로 문제사정은 관련된 정보를 진단에 더 첨가하는 것으로 볼 수 있다. 진단의 과정은 크게 역동적 진단과 원인론적 진단 및 임상적 진단으로 나눌 수 있다. 역동적 진단은 클라이언트 성격의 여러 측면이 어떻게 상호작용하는가 하는 점을 검토하게 된다. 또한 클라이언트와 타인과의 상호작용을 보며, 하나의 체계 중 일부분의 변화가 어떻게 다른 부분에 영향을 미치는가를 이해하기 위해서 체계 내의 상호작용을 살펴보게 된다(가족 내 상호작용의 역동성은 가족진단의 대부분을 차지하므로 특히 중요하다). 원인론적 진단은 문제의 요인이 상호작용 내에 있는지, 현재까지 영향을 미치는 과거의 사건에 있는지, 혹은 클라이언트 딜레마의 원인에 있는지를 찾아내고자 하는 것이다. 임상적 진단은 클라이언트의 여러 가지 기능하는 측면들을 분류하려는 노력이다. 한편, 현재 서울장애인종합복지관에서 진단에 참여하는 전문가로서는 재활의학전문의, 사회사업가, 임상심리사, 특수교사, 언어치료사, 직능평가사 등이 있다.

4229 진단 02
(의학적일 뿐만 아니라 사회적, 정신적인)어떤 문제와 그 근본적인 원인을 증명하고 해결책을 공식화하는 과정. 초기의 개별사회사업에서 이 말은 조사, 치료와 함께 세 가지 중요한 과정의 하나였다. 근래에는 흔히 '진단'이라는 용어에 수반되는 의학적으로 함축된 의미 때문에 이 과정을 사정(assessment)이라고 부르기를 좋아하는 사회사업가들이 많다. 다른 사회사업가들은 진단을 기초적 원인을 탐구하는 것으로, 사정을 적절한 정보수집과 더 관계가 많은 것으로 여긴다.

4230 진단 관련집단(diagnostic related groups)
→ 집단 관련집단(DRGs)

4231 진단범주(diagnostic category)
진단은 어떤 상태를 전부 안다는 의미를 내포하고 있지만 원래 진단의 목적은 치료나 원조를 보다 적절히 하고 효과를 높이기 위한 과정의 하나이다. 따라서 개별적 존재인 케이스에 관해 공통되는 부분이나 법칙을 일정한 틀로 분류할 필요가 있다. 펄만은 케이스워크를 인간, 문제, 상황의 형태로 보아 ① 임상적 진단 ② 원인론적 진단 ③ 역동적 진단의 방법으로 유형화하고 있다.

4232 진단적 평가(diagnostic evaluation)
일련의 교육활동을 시작하기에 앞서, 그 교육활동에서의 성공적인 학습을 위해 요구되는 학생들의 적성과 선수학습에 있어서의 학습결손·경험배경·성격특성 등을 체계적으로 조사함으로써 그 교육활동에서의 학습 성취율을 증진시키려고 하는 평가활동. 이 평가방법은 다음과 같은 세 가지 형태로 분류될 수 있다. ① 어떤 교과나 단원의 학습을 위하여 선수되어야 할 것으로 판단되는 특정 출발점 행동을 학생들이 제대로 갖추고 있는지를 확인하는 것을 목적으로 하는 형태를 말한다. ② 어떤 교과나 단원의 수업목표군의 상당한 부분을 이미 충분히 습득했는지를 밝힘으로써 학습의 중복을 피하게 하기 위한 형태, ③ 교과나 단원의 특수성 및 예상되는 수업방법 등에 비추어, 학생들의 흥미·성격 특성·신체적-정서적 특성·경험배경·적성·과거의 학력 등을 밝힘으로써 효과적인 학생 배치, 예상되는 학습장애나 학습곤란에 대한 사전대책의 수립 등을 목적으로 하는 형태를 들 수 있다.

4233 진단주의 사회사업학파 (diagnostic school in social work)
정신역학적, 사회변동 이론과 통찰지향적 치료과정을 강조한 사회사업 지향자들에게 붙여진 명칭. 처음에 이 용어는 이러한 사회사업가 진단을 기능주의 사회사업학파(functional school in social work)와 관련된 전문가들과 구별하기 위해서 사용되었다.

4234 진단주의 케이스워크(diagnosis casework)
케이스워크 이론의 하나이다. 사회사업가 입장에서의 처우를 중요시하며 케이스워크의 원조과정을 이들의 과정으로 체계화한다. 특성은 1920~30년대 프로이드(Sigmund F.)의 심층심리학, 정통정신분석학 개념을 적극적으로 받아들여 의존하는데 있다. 케이스워크 이론의 주류를 차지하고 있다.

4235 진로지도(guidance for career direction)
사회복지시설에서 처우의 일환으로 취급되는 진로지도에는 진학지도에는 진학지도나 취업지도가 포함된다. 진학지도에는 보다 고도의 교육단계로 나아가려는 개인에게 적절한 방향성을 제시하고 또 취업 지도에는 적성에 합당한 직업에 취업할 수 있도록 지도·조언하는 것이다. 이것들은 모두 가이던스의 일종이며 적성과 능력의 진단, 진학 이전의 학교에 관한 정보수집 등을 전제로 상담·지도, 의지결정 등의 국면이 포함된다.

4236 진료과정
의료보험에 있어서 진료하는 과정으로서 진찰에서부터 퇴원하기까지의 전 과정에 걸친 것을 말한다. 여기에는 진찰과 검사, 투약, 주사, 진료재료의 공급, 입원 등이 포함되며 그 외에 심야진료와 야간 응급 구호센터, 치과진료의 과정을 새로이 생각해 볼 수 있다.

4237 진료보수지불방식
의료보험에서 보험진료의 대가로 보험자로부터 보험의료기관에 지불되는 보수의 지불방법이다.

4238 진료지역권
의료자원의 효율적 활용을 도모하고 지역 및 의료기관간의 적정·균형적인 발전을 도모하기 위해 지역권을 나누어 진료지역권 내에 있는 요양기관을 이용하게 하는 것을 말한다. 현행 우리나라의 진료지역권은 경인, 강원, 충남, 충북, 전남, 전북, 경남, 경북 등 8개의 대진료권과 140개의 중진료권으로 구분하고 있다. 근무지와 거주지가 다른 피보험자는 조합의 인정에 의해 피보험자 중에 2개의 진료지역이 표기되며, 피부양자와 함께 2개의 진료지역에서 진료받을 수 있다. 구급환자나 당해지역내의 의료시설에서는 치료가 불가능한 경우, 해당진료권 내에 있는 병·의원에서 인정하면 타지역진료가 승인된다. 기타 조합으로부터 사전승인을 얻은 때도 가능하다. 타 진료지역승인은 조합에서 '타 진료지역사전승인서'를 발급받아야 한다.

4239 진리([영] truth [독] wahrheit)
사태를 있는 그대로 파악한 인식, 판단, 명제가 갖는 특질. 그 반대는 〈위(僞)〉 또는 〈오류〉이다. 그것은 〈관념(사고)과 사물(존재)과의 일치〉라고 일컬어지는데, 그 경우에 이것을 〈사물에 대한 관념의 일치〉로 보는 반영론과 그와는

ㅈ

반대로 〈관념에 대한 사물의 일치〉로 보는 구성론이 있다. 일반적으로는 전자는 의식으로부터 독립해 있는 객관적 실재를 인정하는 입장에서 출발하는 유물론의 진리 개념이며, 후자는 사물의 세계를 의식 또는 정신에 의해 구성 또는 창조된 것으로 보는 관념론의 진리 개념이다.(중세의 스콜라학파, 예컨대 토마스 아퀴나스 등에서도 경험적인 지식을 외계의 모사로 보는 일종의 반영론을 볼 수 있는데, 그러나 이 외계 자체가 사실은 신의 창조이며 이데아의 반영이므로 이것도 근본적으로는 관념론에 귀착된다). 이러한 진리 개념 외에 관념과 관념의 내적인 정합성 속에서 진리를 구하는 견지도 있다. 이 경우에 이 합성을 보증하는 것으로는 형식논리학의 여러 법칙이 있는데, 이것만으로는 진리를 위한 불가결한 조건이 되는 것에 그치고 결코 충분한 조건이 될 수는 없다. → 절대적 진리와 상대적 진리

4240 진보주의적 시대(progressive era)

역사학자들이 명명한 미국 역사상의 기간(대략 1890~1915년)으로서, 이 기간에 일부 개혁가들은 사회개혁 및 사회경제 정의를 주장하며 효과적인 변화를 요구하였다. 개혁가들과 부정적발자(mackrakers)들은 지방 또는 전국 차원에서 부패한 정치관행의 변화를 추구하며 목표를 달성했으며, 빈민지역에 많은 인보관(settlement house)을 건설하는 한편, 직장 내의 안전과 소비자의 안전을 위한 법률을 제정하는 등 사회복지 관계법 및 아동·부녀자·장애인을 위한 프로그램 제정에 많은 영향을 끼쳤다.

4241 진정(petition)

국가 또는 지방공공단체의 기관에 대해 특정사항에 관해 적절한 조치를 받고자 그 실정을 호소하는 것을 말하지만 실질적으로는 청원과 같다. 그러나 청원에 관해서는 헌법 제26조에서 국민의 청원권을 보장하고 국회에 대한 청원은 국회법, 지방의회에 대한 것은 지방자치법에 규정되어 있다. 그 밖의 일반법으로는 청원법이 있다.

4242 진정제(sedatives) 01

걱정이나 행동을 감소시키는데 사용되는 절차 또는 약물 관련 용어를 말한다.

4243 진정제(downers) 02

깊은 이완상태를 유도하기 위하여 어떤 약의 남용자가 흔히 사용하는 신경안정제(barbiturates) 또는 중추신견 진정제를 일컫는 속어 또는 은어. 진정제에 너무 의존하는 남용자는 가끔 내성(tolerance)을 높이기도 한다.

4244 진지(genuineness)

성실과 정직, 즉 효과적인 치료적 관계의 발달에서 하나의 중요한 성실, 진지함이란 클라이언트에게 겸손하고, 효과만을 의식하기보다는 오히려 정직하게 말하며, 개인의 한계를 인식하고, 오직 성실한 확신을 제공하는 것 등을 말한다.

4245 진폐증 보상프로그램(black lung program)

지하 갱에서 일하다 걸리는 결핵 계통의 질병으로 불구가 된 광부를 위해 연방정부가 규제하는 노동자 보상프로그램. 이 프로그램의 재원은 주로 탄광업주들이 내는 세금으로 조달된다.

4246 질(質 [영] quality [독] qualität)

성질이라고도 한다. 양(量)과 반대는 말. ① 기본적인 카테고리의 하나. 〈어떠한〉이라는 물음에 대응하는 사물의 존재 양태. 질은 양적 규정을 가질 수 있는 것이지만, 양적 규정이 변화해도, 어떤 한도 안에서는 질은 변하지 않는다. 질은, a) 감각적(색·맛·향기 등과 같은), 비감각적(교양이 있는, 현명한 등과 같은)인 대상의 개개의 측면을 가리키는 경우와, b) 이 같은 몇 개의 질이 모여서 전체로서 어떤 대상을 다른 대상과 구별하는 규정성이 있는 것을 가리키는 경우가 있다. 자본주의의 질, 사회주의의 질 등과 같이 말해지는 것은 후자의 경우이다. 기계적 유물론은 질적 차별을 양적 차별로 환원시키는 경향이 있는데, 변증법적 유물론은 물질의 각 발전 단계에 고유한 질이 있다는 것을 주장하는 동시에 또 다른 한편으로는 질을 단지 주관적인 것으로 보는 관념론에 반대해, 질적 차별의 객관성을 인정한다. 또 ② 사물의 가치적 차별을 질적 차별이라고 말하는 경우도 있고, ③ 논리학에서는 판단이 긍정판단이냐 부정판단이냐의 차별을 판단의 질이라고 한다.

4247 질문(questioning)

사회사업 면접에서 가장 기초적인 도구. 사회사업가는 이러한 질문을 체계적으로 진행하여 클라이언트에게서 정보, 환류, 정서적 표현 등을 알아낸다. 사회사업가의 질문과정은 클라이언트에게 초점을 맞추고 작업관계(업무관계) (working relationship)를 지향하고 있으며, 클라이언트로서는 자기이해를 발전시키고 새로운 기술과 통찰력을 배우는 매개수단이 되기도 한다. 질문은 면접의 장단기 목적에 따라 여러 형태가 있다.

4248 질문지법(questionnaire method) 01

질문지를 피조사자에게 배포해 피조사자 자신이 읽어서 자신이 회답을 기입하는 자계식 조사법으로 여기에는 우송조사, 집합조사나 배포 조사 등이 활용된다. 조사법의 장점은 질문지를 배포하고 회수하는 방식이어서 면접을 생략해 그것에 소요되는 시간, 노력, 비용을 절약할 수 있고 또 면접조사법의 경우에 일어날 수 있는 면접원의 편견을 피할 수 있다는 점 등이다.

4249 질문지법 02

연구 및 평가에 있어서의 자료수집의 방법으로 어떤 문제에

대해 계획적으로 작성된 일련의 기술된 질문에 대해 필답으로 응답하게 하는 방법이다. 처음 질문지를 사용한 것은 1880년 갈턴(F. Galton)이었으며 그 후 홀(G.S. Hall)이 연구 및 평가의 도구로 발전시키고 보급시켰다. 질문지의 용도는 크게 두 가지로 분류할 수 있다. 그 하나는 사실발견에 관한 질문으로서 예컨대, 연령·가족수·직업·출생지와 같은 것을 알아보는 질문이고 다른 하나는 의견·판단·태도·감정과 같은 자아관여에 관한 질문으로, 예컨대 교사에 대한 태도, 한글전용에 대한 의견, 학교에 대한 감정에 관한 것 등을 알아보는 질문이다. 질문지는 응답형식에 따라 구조적 질문지(structured questionnaire)와 비구조적 질문지(unstructured questionnaire)로 나누고 있다. 전자는 선택지를 주고 이 선택지 중에서 선택을 하게 하는 방법, 또는 선택지에 기호나 서열을 붙이게 하는 방법이며, 후자는 자유반응적 질문(free response)의 형식을 말한다.

4250 질병(morbid)
병에 걸리거나 장애가 있는 것이다.

4251 질병관리본부
각종 질병의 원인 규명을 위한 연구와 보건 · 복지분야 종사자의 교육훈련을 실시하는 국립기관. 각종 질병의 원인을 규명하기 위한 연구와 보건·복지 분야 종사자를 훈련교육하는데 역점을 두고 있다. 조직은 본부장 아래 전염병관리부(방역과·예방접종과·에이즈, 결핵관리과·생물테러대응과), 질병조사감시부(검역관리과·역학조사과·질병감시과·만성병조사과), 국립보건 연구원(기획연구과·세균부·바이러스부·생명의학부·유전체연구부), 국립검역소(인천공항·기타 12개 검역소) 등으로 구성되어 있다. 보건·복지요원의 훈련, 전염병 및 특수질환에 관한 조사·연구·평가 업무를 관장하는데, 전염병에 관한 조사연구 업무는 전염병의 전파방지·효과적인 예방 진단 치료법의 개발·신종 전염병 발생에 대비하는 것이고, 고혈압·당뇨병 등 비전염성 질환에 대한 업무는 간편한 진단방법의 개발, 효율적 치료법의 연구개발, 효과적 예방방법의 모색 등이다. 이밖에 유전자원은행 설치 및 운영·질병유전자 분석 기술 개발 등의 일을 하는 인간유전체 실용화 사업을 하고 있다.

4252 질병률(morbidity rate)
어떤 기간에 특정한 질병이나 장애를 지닌 것으로 알려진 특정한 인구층의 비율.

4253 질병보험
질병을 사고로 하는 보험을 말하며, 의료보험과 같은 의미로 사용된다. 급여의 주된 것은 질병으로 출산의 경우 의료급여와 노무불능에 따른 상병수당금이다. 사회보험의 경우 그 비용도 노동자, 사업주, 국가 또는 지방공공단체가 분담하는 것이 보통이다. 사보험으로서의 질병보험도 있다. 이 경우 보험자는 민간 기업이고 가입은 임의이며 급여도 보험료에 따른 계약에 의해 결정된다.

4254 질병분류학(nosology)
질병을 분류하는 학문.

4255 질병통제센터(centers for disease control)
미국 보건 및 인간봉사성(HHS)의 산하기구로서 이 기구는 애틀랜타와 조지아에 있으며, 질병이 전국적으로 전염되는 것을 최소화하고 예방하는 일을 한다. 또한 이 기구는 질병의 범위, 원인, 진전, 치료에 대해 조사·분석하고 그 자료를 홍보하는 것을 목적으로 한다.

4256 질병편력(flight into illness)
치료가 거의 끝난 클라이언트가 갑자기 표출된 문제(presenting problem)의 새로운 징후를 보이는 것으로, 임상사회사업과 다른 심리치료 부문에서 흔히 보이는 현상. 이것은 사회사업가에 대한 클라이언트의 의존성(dependency)이나 전이(transference) 경험의 표현이라고 여겨진다.

4257 질식(apnea)
호흡기의 비정상 상태로, 보통 일시적인 호흡정지를 일으킨다. 유아에게 나타나는 이러한 비정상은 죽음을 부르기도 한다. → 유아급사증후군(SIDS : sudden infant death syndrome)

4258 질염(vaginitis)
과다하지 않은 미생물이 과도하게 발생함으로써 발병되는 질의 염증.

4259 질적 연구(qualitative research)
개인, 집단, 조직 또는 지역사회에 대해 귀납적이고, 면밀한 비수량적인(nonquantitative) 조사를 하는 체계적 조사 방법론이다.

4260 집계분석(tabulation)
현지조사에서 얻어진 자료를 통계적 또는 사례적으로 분석하기 위해 행해지는 작업 내지 과정을 말한다. 통계적 분석을 위한 집계의 과정은 조사표의 기입내용을 점검하는 에디팅, 회답을 분류해 부호화하는 코딩 그리고 집계제표의 3개 과정으로 된다. 통계표에는 하나의 표식에 관해 도수를 나타내는 도수분포표, 둘 이상의 표식의 조합에 관해 도수를 나타내는 상관표가 있다. 이 같은 집계분석은 제표, 작도, 그래프화 된다.

4261 집계제표기술
조사표를 집계해서 통계표의 형태로 완성시키는 작업을 말한다. 통계표에는 하나의 지표에 관해 도수를 표시한 도수

ㅈ

분포표와 2개 이상의 표식조합에 관해 도수를 표시하는 상관표가 있다. 전자를 만드는 것을 단순집계, 후자를 만드는 것을 크로스집계라 한다. 집계제표 의 방법은 획선법, 카드법, 펀치카드법, 전기법 등에 의한 수집계에 의한 것과, 컴퓨터 등을 쓰는 기계집계에 의한 것으로 크게 나누어진다.

4262 집단(group) 01

동일한 관심을 갖고 모여 일관되고 획일적인 활동을 할 수 있는 사람들의 집합. 집단의 주요 유형에는 회원들이 친밀한 관계를 유지하고 광범위한 특징과 상호작용을 공유하는 일차 집단(primary group) 및 회원들이 대면적인 접촉을 드물게 하거나 결코 하지 않으며 비개인적으로 제휴되어 있고 단지 하나 또는 약간의 특징과 공통관심사를 공유하는 이차 집단(secondary group)이 있다. 집단의 다른 유형으로는 일회성 집단(single-session group), 주제집단(theme group) 및 마라톤 집단(marathon group) 등이 있다.

4263 집단 02

우리나라는 성원의식을 갖고 실질적인 상호작용이나 정신적 소속감을 유지하는 사람들의 집합체, 단순한 사람들의 모임과는 근본적으로 다르다. 집단이란 반드시 성원들의 실질적인 상호작용을 수반하는 것은 아니지만 공동관심·공동목표를 갖고 의사소통을 하는 사람들로 구성된다. 특히 의사소통과 상호관계의 정도, 성원간의 유사성, 집단의 크기, 성원의 통제방식 여하에 따라 집단의 성격이 결정된다. 집단은 사회조직의 단위이기도 한다.

4264 집단 03

사회심리학적으로는 상호의존적 관계에 있는 복수개체의 모임을 말하며 단순한 개체의 모임인 집합(aggregate)과는 구별된다. 집단으로서의 조건은 ① 성원들 간의 목표의 공통성 ② 목적달성을 위한 상호 의존성의 인지 ③ 상호작용의 지속성 ④ 역할분화에 따른 분업과 협력 체계 성립 ⑤ 규범의 성립 ⑥ 동료의식의 성립 등을 들 수 있으나 실제로는 이들 조건의 충족정도에 따라 여러 형태의 집단이 있다. 집단에는 상호작용이 직접적이고 심리적 일체감이 있는 1차적 집단과 특정한 목적을 위해 형성된 비교적 상호작용이 간접적인 2차적 집단, 집단의 목표·구조·규칙 등이 사전에 설정되어 성원을 구속하는 공식집단과 성원간의 심리적 관계를 바탕으로 자연발생적으로 만들어지는 비공식집단, 또 성원이 실제로 소속되어 있는 성원집단과 소속유무에 관계없이 스스로를 관련시켜 그 규범의 영향을 크게 받는 준거집단 등이 있다.

4265 집단간의 집단지도(intergroup work)

지역사회 조직에 있어서 주요기술의 하나이며 W. I. 뉴스릿터의 연구 그룹에 의해 체계화되었다. 그에 의하면 지역사회란 그 내부집단의 상호작용체계로 긍정적 협력관계를 만들어내는 것이 지역문제의 조직적 해결을 위한 유효한 수단이 된다. 구체적으로는 ① 지역사회를 대표하는 하위집단의 각 대표자로 구성되는 조직체를 구성해 협력관계의 원활화를 도모한다. ② 하위집단의 대표력을 강화해서 조직체와 각 하위집단의 결합을 다진다. ③ 각 하위집단의 기능강화를 도모한다. ④ 조직체가 결정한 공동계획에 따라 하위집단간의 협동실천 활동을 원활하게 전개하는 일이다. 따라서 구성 집단 간의 평등성과 자주성의 존중과 함께 특히 ②를 강화하는 기술이 중요하게 된다.

4266 집단검진(group medical examination)

학교나 사업소 등의 건강자 집단에 대한 조기발견의 방법으로서 행해지는 검진. 결핵, 성인병, 암처럼 만성 및 잠재성으로 자각증상이 적은 병이나 특수한 유해환경업무종사자에 유효하다. 보통 스크린 방식에 의해 1차에서 질병이 발견된 자는 2차에서 질병의 확정이나 중도가 판정된다. 필요하다면 3차 정밀검사도 있다. 그 결과를 토대로 건강관리구분에서 요주의 요휴양, 요의료 등의 사후조치가 취해진다.

4267 집단경험(encounter group)

참여자의 개인적 발전을 기도하는 게슈탈트 치료, 집단심리치료, 인본주의적 지향의 원리와 기술을 사용하는 일종의 강력한 단기 집단경험. 장애를 고치는 것을 강조하기보다는 오히려 정서적, 감각적 모순을 늘리고 개방된 의사소통과 자기인식을 늘리는데 목적이 있다.

4268 집단경험(group experiences)

집단사회사업에 있어서 중심이 되는 개념의 하나로 집단과정을 회원의 성장 발달의 관점에서 취하는 것이다. 집단경험은 집단 내의 인간관계, 사회적 가치나 행도의 학습, 집단활동에의 참가를 통한 깊은 자기인식 등의 종합으로서 회원에게 체험시키는 것이며, 또한 자주적인 집단참가의 기반이라고 생각된다. 이런 의미에서 희망하는 집단경험을 회원에게 주는 것이 집단사회사업의 목표라고 하겠다.

4269 집단과정(group process)

집단은 그 목표를 달성하기 위해 성원이나 하위집단 사이에서 여러 형태의 상호작용을 갖는다. 이 같은 상호작용이 지속되고 진전됨에 따라 집단 내 성원 간에 공통된 약속사항이나 규칙 즉 규범이 생기게 된다. 일단규범이 생기면 이 규범은 각 성원의 행동에 일정한 방법으로 영향을 미치게 된다. 집단과정은 이 같은 복수의 인간들이 공통의 목표를 가지고, 공통의 규범을 기반으로 하는 상호작용과정이다.

4270 집단관계(intergroup relations)

다양한 인구집단 특히 민족적, 인종적, 종교적, 지리학적, 사회·경제학적 기타 종류의 집단 간에 다양하게 확인될 수 있는 부분의 협력을 증진시키고 상호존중을 강화하려는 사회적 제도와 활동. 이러한 활동은 또한 '인종관계', '이종교간의 관계', '다른 문화 간의 교육'으로 알려졌다. 사회사업 전문가는 집단 간의 관계 활동에 종사하여 집단들 사이에 존재하는 장벽, 여러 우선순위, 오해를 없애거나 축소하려 한다. 집단 간 관계에 관여하는 전국 조직에는 전국기독교유대인회의(national conference of christians and jews), 미국친선협회(american friends service committee), 남부기독교지도자회의(SCLC : southern christian leadership conference) 등이 있다.

4271 집단 관련집단(DRGs)
의료(건강)보험 환자에 대한 의료 및 병원치료의 비용을 통제하기 위한 연방위임 지출기구를 일컫는 용어를 말한다. 이 제도는 건강보호재정국이 관리한다. 노인의료보호 환자의 병원치료에 대한 지불은 467개의 분리된 장애종류에 기초하거나 혹은 진단관련 집단에 근거하여 환자의 입원 허락, 수술필요 여부에 따라 선불이 결정된다. 그리고 어떤 경우에는 말썽이 생기기도 한다. 적절한 부가적 요인을 지닌 간 범주의 병은 균일가격으로 균등해진다. 만일 치료비가 선결가격을 넘으면, 병원 쪽이 초과분을 감당할 것이며, 만일 선결가격보다 낮으면 병원 쪽이 그 차액을 가질 것이다. 이것은 기간이 짧은 병원가료, 입원가료에 대해 덜 광범위한 서비스를 독려할 것이며 또 재입원가료의 가능성을 줄였다.

4272 집단구조(group structure)
집단의 성원 간에서 볼 수 있는 심리적 관계의 배열상태를 말하며 그 관계의 종류(구조 차원)에 따라 몇 가지의 집단구조를 추출할 수 있다. 주된 것으로는 성원간의 견인반발이라는 감정 관계에 따른 소시 오메트릭구조, 성원들 사이의 영향력이나 그 가능성에 따른 세력구조, 커뮤니케이션 경로의 수나 분포에 따른 커뮤니케이션구조, 집단 내에서의 지위나 역할의 분화와 통합에 따른 역할구조 등이 있다.

4273 집단기능(group function)
집단 내에서의 여러 가지 성원활동이나 집단자체가 성원에 대해 가지고 있는 심리적작용 등을 말한다. 이 기능은 집단목표의 설정, 규범의 형성과 그에 수반되어 일어나는 성원에 대한 동조에의 사회적 압력 등 집단으로서의 과제수행과 관련된 목표달성기능과 집단매력이나 응집성 등 집단자체의 유지·강화와 관련된 집단유대기능으로 대별된다. 이들 기능을 중심적으로 담당하는 사람이 지도자이며 이 기능이 조화 있게 운영될 때 집단의 지지가 높아진다.

4274 집단민원(class action suit)
집단이나 그 성원들을 해치는 가해자에 맞서 집단, 지역사회, 사회구성원들이 벌이는 시민의 법적 행위.

4275 집단발달(group development)
형성된 집단이 성원들의 지속적인 상호작용을 통해서 상호의존적관계라는 집단의 특징을 강화하고 집단으로 성장해가는 과정을 집단발달이라 한다. 구체적으로는 집단목표의 명확화, 규범의 출현, 「우리들」이라는 소속감정의 성립과 집단응집성의 견고화, 또는 심리적인 대인관계의 분화, 지위-역할관계의 분화와 통합, 의사소통 경로의 성립 등 집단발달에 따라 집단의 기능과 구조면에서 많은 변화가 나타난다.

4276 집단보육(collective child care)
보육소, 유치원 등의 사회적 보육시설에서 가정과는 달리, 비슷한 연령 또는 비슷한 연령에 가까운 아이들 집단을 기초로 조직적인 보육이 행해진다. 이것을 집단보육이라 부르고 있다. 이곳에서는 전문적인 보육자에 의해 다양한 분야에서 계획적인 보육이 행해지지만, 특히 아이들은 집단생활의 즐거움이 체험되어질 수 있으며, 모두가 협력해 공동목표가 실현되는 것을 배울 수 있다. 이러한 것을 토대로 자립된 사회적 인격으로서 기초가 배양된다.

4277 집단비행(group delinquency)
집단적으로 행해지는 소년의 범죄행위 또는 우범행위를 말한다. 비행을 행하는 집단은 여러 가지의 경제적, 사회적, 심리적인 이유로 정당한 사회적 생활에의 적응력이 결여된 또래집단일 때가 많다. 그들은 사회에 대한 불만이나 열등감에서 공격적이고 반항적인 태도를 취하기 쉽다. 또 반사회적인 비행의 길을 걷기 쉽다. 그러나 집단비행의 특성으로 동기의 유희성, 과격행위, 범죄의 유치성이 지적되고 있으며 처음부터 형벌의 대상으로만 생각하기는 곤란하다.

4278 집단사회사업(social group work) 01
유사한 관심과 공동의 문제를 가진 소수인들이 정기적으로 모여서 공동 목적을 달성하기 위하여 고안한 활동에 참여하는 사회사업 개입의 한 방법 또는 방향. 집단심리치료(group psychotherapy)와는 달리, 집단사회사업의 목적은 반드시 정서적 문제의 치료에만 있는 것은 아니다. 이것의 목적은 정보를 교환하고, 사회적 기술과 손재주(manual skill)의 개발, 가치지향의 변화, 반사회적 행동을 생산적인 방향으로 전환시키는 것 등을 포함한다. 개입기술은 또한 제한된 것은 아니지만 통제된 상태에서 치료를 목적으로 한 토론을 포함하며, 어떤 집단은 교육과 교육방법, 운동, 예술, 공예, 오락활동과 정치, 종교, 성별(sexuality), 가치, 목표와 같은 주제에 대한 토론을 하기도 한다.

4279 집단사회사업(group work) 02
집단지도, 집단사업, 집단처우법이라고도 하는 것으로 사회사업실천의 한 가지 방법을 말한다. 세틀멘트(settlement) 및 청소년 단체의 집단활동을 사상적 실천적 기반으로 하여

1930년대 미국에 있어서 집단 과정을 활용하는 교육적 과정의 하나로서 서서히 체계화된 것으로 사회사업 분야에 널리 의식적으로 사용되기 시작한 것은 제2차 세계대전 이후이다. 코노프카는 사회사업의 한 가지 방법으로 의도적인 집단경험을 통하여 개인의 사회적 기능을 높이고, 개인, 집단. 지역사회의 문제에 보다 효과적으로 대처하도록 개인을 돕는 것이라 정의하고 있다. 집단사회사업은 집단의 특성, 즉 집단회원에게 심리적, 사회적 안정감과 사회적 행동의 학습기회, 현실과의 폭넓은 접촉의 기회를 부여하고, 또 개인으로서는 불가능한 것을 협력하여 달성하는 경험과 민주적인 행동의 학습의 기회를 제공하는 힘에 의거하여 사회복지의 각 영역에서 여러 가지 직면하는 문제에 적합한 집단을 만들어 어떤 기존의 집단이나 회원을 원조하고, 고립된 사람을 원조하는 것이다. 집단사회사업가는 집단 및 회원과 집단사회사업가와의 관계, 집단 내의 상호관계, 토론 및 그 외 프로그램 활동을 통하여 집단과정에 영향을 주어 집단과 회원의 요구(목표)를 명백히 하여 문제해결과정을 원조한다.

4280 집단사회사업 03

집단지도, 집단사회사업, 집단서비스라고도 사용되며 사회사업실천의 한 가지 방법을 말한다. 세틀먼트(settlement) 및 청소년 단체의 집단 활동을 사상적 실천적 기반으로 하여 1930년대 미국의 집단과정을 활용하는 교육적 과정의 하나로서 서서히 체계화된 것으로 사회사업 분야에 널리 의식적으로 사용되기 시작한 것은 제2차 세계대전 이후이다. 집단사회사업은 집단의 특성, 즉 집단회원에게 심리적, 사회적 안정감과 사회적 행동의 학습기회, 현실과의 폭넓은 접촉의 기회를 부여하고, 또 개인으로서는 불가능한 것을 협력하여 달성하는 경험과 민주적인 행동의 학습의 기회를 제공하는 힘에 의거하여 사회복지의 각 영역에서 여러 가지 직면하는 문제에 적합한 집단을 만들어 어떤 기존의 집단이나 회원을 원조하고, 고립된 사람을 원조하는 것이다.

4281 집단사회사업 발전위원회(committee for the advancement of social work with group)

더욱 효과적인 집단사회사업 실천을 개발하기 위한 사회사업 교육자 및 실무자들의 국제 조직으로, 이 위원회는 사회사업학교의 교과과정과 전문기관의 프로그램에서 집단사회사업의 위치를 더욱 확고히 하고자 한다. 그래서 해마다 심포지움을 열어 집단사회사업에 관한 논문발표를 후원한다.

4282 집단사회사업가(group worker)

사회복지단체나 시설 및 의료사회사업 등의 분야에서 조직된 그룹활동에 있어서, 그룹에 배속된 구성원과 같이 활동하며 원조자로서 기능하는 사람 또는 그 입장을 말한다. 집단의 조직, 활동의 기획, 실시, 평가의 전 과정을 통해서 구성원과 집단의 요구를 명확하게 원조하기 위해 일반사회복지에 첨가해 집단교육, 프로그램 활동 등에 대한 지식과 기술, 또 자기 자신이 좋은 집단체험을 쌓는 것이 필요하다.

4283 집단사회사업의 사회자원

사회자원은 사회복지사업 실천에 있어서 활용할 수 있는 인적, 물적, 제도적 자원의 총칭이다. 구체적으로는 각종 법률, 시설. 기관. 단체, 설비, 자금, 전문가, 자원봉사자, 시민들의 이해 등 유형, 무형의 자원이 포함된다. 집단방법에서는 그 활동내용을 풍부히 하고, 원조를 효과적으로 하기 위해 당해 기관, 시설 내외에 있는 사회자원이 활용된다. 기관 및 시설 안에는 직원, 시설, 설비 외에 그 사업지침도 자원이며 활용가능하다. 기관, 시설 밖의 사회자원으로는 집단을 원조하고 협력해주는 전문적지식과 기술을 갖는 사람, 자원봉사자, 활동의 장소와 시설 그리고 활동을 뒷받침하는 자금 등이 있다. 사회자원을 최대한으로 활용하기 위해서 사회사업가는 사회자원에 관해 광범위한 지식을 갖추어야 함은 물론, 언제나 필요한 사회자원을 활용하고 새로운 사회자원의 개발에 힘쓰는 것이 필요하다.

4284 집단사회사업의 실천분야

집단사회사업은 오늘날 사회복지사업의 주요한 방법의 하나로 모든 사회복지 관련분야에서 활용되고 있다. 종래에는 주로 지역사회 복지관활동, 청소년육성사업의 레크리에이션, 캠프, 클럽활동 등에 집단사업방법이 활용되어 왔다. 그러나 1970년대부터 심신장애인, 비행·범죄자, 노인들이 재사회화 내지는 사회적 재활을 필요로 하는 사람들에 대한 집단사업이 점차 행해지게 되었다. 프로그램도 지금까지의 레크리에이션 외에 역할수행 등 인간관계훈련, 작업, 자원봉사자 등의 사회참가활동, 사회적 행동 등으로까지 광범위하게 확대되었다. 의료, 보건, 교육, 사업분야에서의 집단방법은 다직종간의 팀웍 체제에서 진행되기 때문에 집단방법개념의 보급과 원조기술의 발달이 점점 더 큰 과제가 되고 있다.

4285 집단상담(group counseling) 01

한 사람의 상담자가 동시에 1~10명의 내담자들로 구성된 집단구성원 간의 역동적 관계를 바탕으로 내담자 개인의 관심사, 대인관계, 사고 및 행동양식의 변화를 가져오는 노력을 말한다. 집단상담은 병리적 문제보다는 주로 발달의 문제를 다루거나 구성원의 생활과정의 문제를 취급하여 개인으로 하여금 자기이해와 대인관계의 능력을 향상시키고 보다 건강하게 적응할 수 있도록 환경을 조성시켜 주는 것을 일차적 목표로 하고 있다. 이것은 본질적으로 예방적 기능을 가지고 있으나 가끔 개인이 대처해 나가야 할 특별한 문제를 다루기도 한다.

4286 집단상담 02

집단구성원간의 상호작용적 관계(역동적 관계)를 바탕으로 내담자 개개인의 문제해결 및 변화가 이루어지는 집단적 접근 방법이다. 상담의 일차적 목표는 개인으로 하여금 자기이해와 대인관계의 능력을 향상시키고 생활환경에 보다 건전하게 적응할 수 있도록 하는 것이다. 이 목표를 달성하기 위하여 전문적인 훈련을 받은 한 명의 상담자가 동시에 4~10명의 내담자들과 상담관계를 이루게 되며, 각 내담자들은 상담자의 인도 아래 개인 문제를 토의한다. 이때 병리적 문제보다는 대인관계에 관련된 태도, 정서, 의사결정과 가치문제 등에 초점이 맞추어진다. 상담집단의 특성에 따라 개인사례 중심, 공통 관심사 중심 그리고 집단중심의 세 가지 유형의 접근모형을 생각할 수 있다. 개인사례 중심의 접근모형은 한 내담자의 문제를 중점적으로 다룬 후 다른 내담자의 사례를 다루는 것이다. 주로 개인적 문제를 가진 내담자들의 집단에서 많이 사용된다. 타인의 문제가 어떻게 해결되었는가를 들음으로써 정화 및 모방학습의 효과가 있다. 공제를 동시에 다루는 것으로 새로운 환경에 대한 적응 및 능력개발 등의 공동목표를 가진 집단에서 주로 사용된다. 집단중심의 접근은 비구조적 접근 방법으로서 개인 문제든 공동 관심사이든 순서 없이 내담자들에 의해 자유롭게 진행되도록 하는 방식이다.

4287 집단상담 03

개인이 지니고 있는 여러 가지 문제를 소집단의 경험을 통하여 해결하는 상담의 한 형태, 흔히 개인상담과 대비되어 사용된다. 집단상담에는 내담자에게 정보나 지식을 제공하는 것보다는 개인의 감정·태도·동기·가치·행동의 구체화와 이들의 변화를 촉진함에 중점을 둔다.
→ 상담, 개인상담, 집단심리치료

4288 집단상호작용(group interaction)

집단에 변화를 가져오는 중요한 요소로 인간관계의 측면을 말한다. 여기에는 2개의 측면이 있는데, 하나는 집단사회사업가가 전문가로 서의 입장에서 자기를 집단에 관계시켜 그와 집단회원간의 관계를 말하며, 다른 하나는 집단내의 회원들 간의 인간관계의 측면이다. 집단사회사업에 있어서 이루어지는 원조는 이러한 상호작용을 통하여 행해지게 된다.

4289 집단생활지도집단(T-group)

종종 한 조직에서 함께 일하는 사람들로 구성된 훈련 집단을 말한다. 이러한 집단은 의사소통, 자기 개발과 협동적인 문제해결을 위해 결성된다. 집단생활지도 집단은 고도로 구조화되어 있는 반면에, 다른 집단들은 성원들이 인간 상호관계에서 더욱 효과적으로 관계를 형성하는 방법을 경험을 통해 배우도록 고도로 비 구조화되어 있다.

4290 집단시설보호(group institutional care)

호스피탈리즘 논쟁을 계기로 시설보호에 대해 가정적 양호냐 집단적 양호냐의 상대적 개념의 실천활동. 이론적으로 논쟁의 쟁점이 되고 있다. 시설의 물적 설비나 인간관계에 가정적 건물환경이나 가족 간의 인간관계를 도입해 보아도 결국 의사가정 인간단체의 틀을 벗어날 수 없다는 한계를 갖고 있다면 이 인위적 인간단체라는 사실을 기본으로 하여 집단역할을 적극적, 과학적으로 활용해 시설아동의 건전한 인간형성을 도모해야 한다는 것이 집단양호의 입장이라 하겠다. 그 하나인 집단주의 양호이론에서는 아동은 다른 아이들과 직원들과의 집단생활 속에서 생활경험을 서로 교환하고 함께 살아간다는 생각을 의식적으로 높여감으로서 사회의 담당자로서 보다 적극적인 인간성장을 이룰 수 있도록 함과 동시에 시설생활전반에서 아동자신들의 자활적 운영을 강조한다.

4291 집단심리요법(group psychotherapy)

집단심리요법은 집단을 활용하여 행하는 심리요법이다. 개인을 대상으로 한 심리요법의 원리를 응용해 집단에 그 효과를 기대하는 방법과 집단의 구성자체를 치료의 의의와 기능의 출발점으로 두는 방법이 있다. 전자는 주로 집단상담으로 쓰여지며 로저스의 환자중심요법이 대표될 수 있다. 아동들을 대상으로 하는 집단유희요법이 있다. 후자로는 모래노의 심리극 등을 들 수 있다.

4292 집단역학(group dynamics)

인간은 집단 내에서는 혼자 있을 때와는 다른 반응을 나타낸다. 성원들 간의 힘의 관계가 복잡하게 작용하여 지도자가 생겨나고 하위지도 자가 출현한다. 성원상호간의 결합도 복잡하다. 집단은 인간을 수용 하는 힘이나 배척하는 힘도 갖는다. 이같이 집단속에서 인간이 어떠한 심리상태가 되며 어떠한 행동을 하게 되는 것인지를 연구하는 것이 집단역학이다. 이 같은 연구는 역동적심리학(K. Lewin)에서 출발하고 있다.

4293 집단요법

→ 집단치료

4294 집단응집성(group cohesiveness)

집단회원의 모든 사람에게 그 집단 내에 머물게 작용하는 힘의 총체를 말한다. 집단 내의 각 회원의 매력, 집단자체의 목표에 걸려있는 기대, 그 집단의 회원이 됨으로써 획득되는 위신 등이 집단응집성의 구성내용이다.

4295 집단 적격성(group eligibility)

어떤 협의회 회원자격 또는 규정된 사회적 지위에 종사한 결과로 급여 또는 규정된 사회적 지위에 종사한 결과로 급여 또는 의무에 대한 자격을 얻는 것이다. 예컨대, 일정한 연령에 이른 모든 사람은 사회보험(social insurance) 급여의 자격을 갖는다.

4296 집단정신치료(group psychotherapy)

집단정신치료란 집단상호작용을 통해 증상 또는 행동을 증진시킬 수 있도록 만들어진 공식적으로 조직된 집단에서 일어나는 정신치료적 과정을 말한다. 이는 1905년 프라트(Pratt, Joseph)가 결핵병동의 환자들에게 적용소개 했다. 보통 4~12명의 환자가 한 집단을 구성하고, 1~2명의 전문가가 참여하여 보통 주 1~2회에 걸쳐 45분~1시간 반까지 지속할 수 있다. 치료의 주요방법은 ① 과거보다 현재경험에 중점 ② 생각보다 감정 에 중점 ③ 질문보다는 이야기에 중점 ④ "-해야 한다"는 것보다 경험에 중점을 둔다. 중요 원칙은 지지, 자극, 언어화, 실천할 수 있는 기회를 갖게 하는 것 등이다.

4297 집단 정체성(group identity)

개인이 사회집단에 가입하고, 그 일부라고 인식하며, 그 특성을 본받는 정로를 말한다.

4298 집단지도(group guidance) 01

생활지도의 한 형태로서 개인이 지니고 있는 여러 가지 문제를 해결하거나, 성장과 발달을 촉진하고 사회적 적응을 돕기 위해서 집단경험을 통한 학습기회를 제공하는 활동. 정규 교과교육을 제외한 방법으로는 홈룸(home room) 프로그램·현장견학·클럽 활동·학생자치회·지역사회 조사·집단상담·오리엔테이션 등이 활용된다. 상담과 밀접하게 관련되어 있는 집단지도로서 교육이나 직업에 관한 정보를 집단적으로 제공하기도 하고 심리검사에 관한 정보제공·실시·결과 해석 등을 집단적으로 실시하기도 한다. 최근에는 사회적 기능의 발달, 인간관계의 개선, 성격적 적응이나 정신건강의 향상을 위한 집단적 토의와 경험을 통한 집단적 토의와 경험을 통한 지도가 강조되고 있다.

4299 집단지도(group work) 02

→ 집단사회사업

4300 집단지도기록

집단사회사업의 원조과정을 묘사하는 기록이다. 모임의 기록에는 통계자료, 대처과정, 담당사회복지사의 평가 등 세부적 사항을 포함하는 것이 통상적이다. 통계자료로서 필요한 항목은, 기록용지에 인쇄해 두면 좋다. 가령 집단명, 담당자 이름, 모임의 일시, 장소, 일기, 출(결)석자, 지가(조퇴)자, 방문자, 중요한 프로그램 활동 등이다. 대처과정에서는 회원이나 집단의 상태를 시간의 경과에 따라 이야기식으로 기술하는 것이 기본적이다. 기록의 중요 점은 회원 상호간에, 또 지도 자에 대해 어떻게 반응했느냐, 지도자 자신이 어떠한 판단에 근거해서 회원에게 어떻게 행동했느냐도 써야 한다. 집단전체의 동향이나 개인의 변화를 체크리스트나 기록하는 방법도 있다. 또 평가 부분에는 모임에 대한 사회사업가의 평가, 특정회원의 행동에 대한 관찰이나, 의견을 기록해 두는 것이 보통이다.

4301 집단지도의 기술

집단지도의 기술을 둘로 대별하면 하나는 원조가 순서에 따라 전개 되는 과정 속에서 필요한 절차상의 기술이며 또 하나는 이들 수적의 기감을 일관해서 필요한 사회사업가의 커뮤니케이션기술이다. 집단지도의 각 단계에서 사회사업가는 항상 원초적 목적을 의식해 다양한 지식과 기법을 쓰지 않으면 안된다. 그 중에서도 그룹편성과 형성을 촉진하고 프로그램 활동을 전개해가는 원조기술은 집단방법이 갖는 독특한 특징 이다. 프로그램 활동에는 레크리에이션, 역할수행, 심리극, 대화, 사회 참여 등 여러 가지 활동들이 있다. 커뮤니케이션기술은 사회사업가와 집단 성원 사회사업가와 집단전체, 사회사업가와 집단성원의 관계자들, 사회사업가와 직장의 다른 직원들, 사회사업가와 지역사회의 여러 사람들과의 관계와 상호작용에 필요하다.

4302 집단지도자(group leader)

집단의 지도자, 조직적 대표자 또는 실제적으로 성원의 요구를 찾아내어 분위기를 만들며 활동을 조직하여 공통된 목표로 향하는 영향력을 가진 사람을 말한다. 또한 집단사회사업에 있어서 집단사회사업가(group worker)와 비교하여 사용되는 경우는, 특히 회원 중에서 나온, 혹은 선출된 지도자를 말한다. 이 경우 집단사회사업가는 집단 지도자와 경쟁적 관계에 있는 것이 아니라 지도자가 그의 역할을 충분히 발휘하도록 원조자로서 일하는 것이 중요하다.

4303 집단책임(collective responsibility)

하나 이상의 사람이나 조직이 책임, 신뢰, 비난 등을 나눠 갖는 것이다. 예를 들어, 한 지역의 모든 '굴뚝 있는 공장들'은 산성비에 대한 책임이 있다고 생각되며, 따라서 이 문제를 해결하기 위해 그들에게 특별세를 부과할 수 있다.

4304 집단치료(group therapy)

집단요법이라고도 하는 것으로 이것은 한 사람의 치료자가 동시에 4, 5명 이상의 내담자들을 상대로 심리적 갈등을 명료화하며 문제행동을 수정해가는 일련의 집단면접을 말한다. 이것은 집단상담보다 더 심한 장애를 가진 사람을 대상으로 하며 보다 깊은 성격의 문제를 다루는 것이 특징이다. 보다 나은 자기 이해를 통해 심리적 긴장 을 감소시켜 치료적 목표를 달성하는 것으로 비적응적 태도의 변화 및 심리적 문제의 해결에 직접적 관심을 두고 있다.

4305 집단학살(genocide)

대개 그들이 속한 국가의 정부에 의해 대량 몰살되는 것으로, 인종적, 종교적, 민족적 또는 문화적인 집단들의 체계적인 제거.

4306 집단행동요법

행동이론 또는 학습이론에 근거한 집단기법을 의미하며 성원 개개인에 대한 행동변화의 필요에 따라 설정된 목표의 달성, 즉 건설적인 행동변화를 집단을 매체로 하여 이루는 기법이다. 진단도 치료목표도 관찰이 가능한 구체적인 행동을 중심으로 이루어진다. 행동변화는 학습에 의해 생긴다고 가정하며 강화, 소거, 토큰 등의 기술이 쓰여진다. 집단은 목표달성을 위한 배경이며 수단으로 파악된다.

4307 집단활동

사회교육, 사회복지의 단체나 시설에 있어서 참가자의 성장 발달을 목적으로 하여 조직적으로 전개되는 집단프로그램을 총칭하는 것이다. 활동을 집단으로 행할 때 나오는 효과에 착안하여 수행할 때 사용된다. 구체적으로 클럽(club), 흥미집단, 학습회, 팀(team), 위원회 활동, 레크리에이션, 파티, 캠프(camp), 하이킹 등 다양한 형태를 포함한다.

4308 집합조사

조사대상자를 한곳에 모아 질문지를 배포하고 그 자리에서 기입시키고 회수하는 방법이다. 장점으로는 ① 회수율이 높고 ② 조사의 설명이나 조건설정이 모든 피조사자에 대해 평등하게 행해지며 ③ 비용과 조사원의 수가 적고 조사가 간편하다는 점이다. 반면, 단점으로는 ① 피조사자를 동일 장소에 모으기가 곤란하며, ② 회답에 있어서 내심의 의견보다는 표현적인 대답이 되기 쉽다는 점이다.

4309 집행유예

단기자유형의 폐해를 방지하고 범죄자의 개과천선을 도모하려는 형사정책 목적으로 19세기 말에 유럽(벨기에·프랑스·독일)에서 영미의 선고유예제도(19세기 중엽 발생)의 영향을 받아 비롯된 제도이다. 형의 선고를 할 경우에 정상에 의하여 일정한 기간(1년 이상 5년 이하의 범위 내에서 법원이 정하는 기간) 그 집행을 유예하여, 유예가 취소됨이 없이 무사히 그 기간을 경과한 때에는 형의 선고는 그 효력을 상실하는 제도이다. 집행유예를 받은 자가 그 기간 내에 다시 범죄를 저지르면 집행유예는 취소되고 다시 실형을 받아야 한다(제63조).

4310 집행유예자 보호관찰(probationer system)

형의 집행유예가 허용된 자에 대해 보호관찰을 행하는 것으로 이는 반드시 행해야 한다. 이는 범인을 교도소 기타의 시설에 수용하지 아니하고 자유로운 사회에서 일정한 준수사항을 명하여 이를 지키도록 지도하고 필요한 때에는 원호하여 그의 개선·갱생을 도모하는 처분이다.

[ㅊ]

4311 차별(discrimination)
특정의 개인이나 집단에 대해 그들이 고유한 특징을 고려하지 않고 그들을 이질자로 취급하며 그들이 바라고 있는 평등대우를 거부하는 행동이다. 즉 차별은 자연적인 의사와 사회적 카테고리에 근거를 두어 구별을 전제로 하여진 일체의 행위이다. 차별에는 공식적 모욕(법률에서의 불평등 승인 등)과 사적개인에 의해 행해진 모욕적 행위의 형태가 있다. 예컨대 흑인에 대한 주거지역, 교통기관 등에서의 격리는 차별형태의 전형이다.

4312 차별대우 폐지(desegregation)
불법적(de facto)이든 합법적(de jure)이든 특정 소수집단에 가해지는 차별대우(segregation)를 폐지하려는 활동을 의미이다.

4313 차별수정계획(affirmative action)
소수의 취업, 승진, 기타 기회의 불일치를 해소하기 위해서 조직이 취하는 적극적 조치를 말한다. 또는 조직에서 다수의 직원에 대한 소수의 비율을 변화시키기 위해 고안된 조치를 의미한다.

4314 차별적 반응(differential response)
행동주의(behaviorism)와 사회학습 이론(social learning theory)에서 가능한 한 많은 여러 자극 중에서 특별한 자극(stimulus)에 의해 일어나는 반응이다. 예로 어린이는 부모가 웃을 때 웃는 것을 배울 수 있다.

4315 차상위계층
기초생활보장 수급자(최하위계층)의 바로 위의 저소득층을 말한다. 가구소득이 최저생계비의 100% 이상, 120% 이하인 '잠재 빈곤층' 으로 정부의 기초생활보장수급 대상에 들어가지 못하거나 소득이 최저생계비 이하라도 일정 기준의 재산이 있거나 자신을 부양할 만한 연령대의 가구원이 있어 기초생활보장 대상자에서 제외된 '비수급 빈곤층'을 합쳐서 이르는 말이다.

4316 차압(foreclosure)
보통 의무의 불이행으로 말미암아 이뤄지는 특정 재산물에 대한 권리의 합법적 종결을 의미한다.

4317 차액징수(collection to make up a difference)
일반적으로 보험급여의 틀로서는 '의료보험 시행규칙' 및 '요양급여 기준' 등에 입각하여 환자의 진료가 이루어지며, 의료비(진료보수)가 청구된다. 차액징수라 함은 이러한 보험급여로 되어 있지 않은 치료나 약제의 비용을 환자로부터 징수하는 것이다. 즉 제도상의 보험지료보수와 보험의료기관이 정한 요금의 차액을 말한다.

4318 차의자(wheel chair)
→ 휠체어

4319 차티스트운동(the chartist movement)
영국에서 1837년부터 1848년에 걸쳐 행해진 급진정치운동을 의미한다. 성인 남녀의 참정권을 말한다. 무기명투표 등을 중심으로 한 인민헌장(People's Charter)의 국회통과를 요구했다. 이 운동은 점차 전국적인 규모가 되어 과격화됨에 따라 무력적인 탄압을 받고 소멸했다. 운동은 성공하지 못했으나 후에 영국의 노동운동이나 정치에 큰 영향을 주었다.

4320 착각
어떤 대상물을 지각할 때 실제와 다르게 느끼거나 감각하는 것을 의미한다. 환각(hallucination)이 실제로 존재하지 않는 것을 마치 있는 것처럼 지각한 것임에 비해서, 착각은 지각 대상이 있을 때 그 대상이 지니고 있는 어떤 조건이나, 그 밖의 이유로 실제로 있는 그대로 지각하지 못하는 것이다.

4321 착행증(parapraxis)
비공식적으로 '프로이트의 실수'(Freudian slip)라고 알려진 것으로서, 말하는 사람이 무의식(unconscious) 속에 있던 것을 드러내어 실수하는 것을 뜻한다. 예컨대 사회사업조사자가 복지급여를 줄일 것을 두려워하는 클라이언트가 자신을 '쓸데없이 걱정하는 사람'(social worrier)이라고 부르는 경우이다.

4322 찰머즈(Chalmers, Thomas : 1780–1847)
스코틀랜드의 신학자, 경제학자. 1819년 글래스고우 세인트존 교구의 목사가 되어 인보운동(neighborhood movement)을 전개하였다. 영국 빈민법의 구제방식에 비판적이었으며, 빈민의 자조와 상부상조를 중시하는 구제방법을 채택하여 교구를 소교구로 나누고 집사를 배치해 조직화하였다. 이는 자선조직운동(COM)의 선구가 되었다. 1823년에는 모교인 세이트앤드류스의 도덕철학교수가 되었고 1828년에는 에딘버러대학의 신학교수로 취임하였다.

4323 참여관리(participative management)
원하는 조직적 변화에 의해 영향 받기 쉬운 모든 사람들을 포함하는 사회기관 행정가가 사용하는 의사결정 전략으로서, 조직의 목표를 성취하기 위해 조직의 직원, 클라이언트, 후원자 및 이해집단들 사이에 자발적 합의(consensus)를 형성하는 것이다.

4324 참여관찰(participant observation)
관찰자가 피 관찰자가 속하는 사회나 집단에 들어가 같은 사회생활을 체험하면서 내면에서 관찰하는 사회조사법의 하나이다. 린데만 (Lindeman, E. C)에 의해 명명되었다. 린도부처의 '미들타운'(1929년)이 유명하다. 피조사자의 상태가 자연 그대로 관찰되는 이점이 있으며 폐쇄적인 범죄집단 등의 조사에 유효하나 피조사자의 생활에 너무 밀착해 객관성을 잃을 우려가 있고 또 조사자의 신분에 따라서는 인권옹호상 허가되지 않는 경우도 있다.

4325 참여모델(participant modeling)
행동치료(behavior therapy)와 행동수정(behavior modification)에서 사용되는 기법으로, 클라이언트가 사회사업가나 다른 사람들이 아무런 해로움 없이 두려운 자극과 상호작용하는 것을 관찰하도록 하는 것이다. 그러면 클라이언트는 점차 해로움에 대한 두려움 없이 동일한 자극과 상호작용할 수 있는 용기를 갖게 된다.

4326 창의성(creativity)
새로운 관계를 지각하거나, 비범한 아이디어를 산출하거나 또는 전통적 사고유형에서 벗어나 새로운 유형으로 사고하는 능력, 토랜스(E. P. Torrance)는 창의성의 과정을 ① 어떤 문제·결핍·격차 등에 민감한 것, ② 문제나 곤란을 추측하고 형성하는 것, 그리고 가설을 검증하고 재검증하는 것, ③ 결과를 전달하는 것으로 생각하고 있다. 이것은 여러 가지 검사들에 의해 측정될 수 있으며, 교육과 정신건강의 목표로서 중시되고 있다. 따라서 창의성을 향상시키기 위한 교육프로그램이 연구 개발되어 활용되고 있다. → 확산적 사고

4327 창의적 사고 수업모형(creative thinking model)
학생들이 사물, 사상, 개념, 감정을 다루는데 있어서 유창성, 융통성, 독창성을 높여주기 위한 교수방안. 이모형은 학생들이 스스로 자신의 창의력을 길러 가는 방법을 배워야만 한다는 가정에 기초를 두고 있다. 그러므로 학급 분위기는 다양한 반응이 존중되고 보상받는 분위기이어야 한다. 창의적인 기법을 배운 학생들은 이를 활용하여 주어진 교과에서 직면하게 되는 문제를 효과적으로 해결해 나갈 수 있다. 창의적 사고 수업의 기법은 무수히 많겠지만 그 중에서 여섯 가지만 지적하면 다음과 같다. 첫째, 눈에 띄지 않는 특성 대상 및 관계에 초점을 맞춘다. 둘째, 문제에 대해 가지고 있는 가정을 다시 생각해 본다. 셋째, 아이디어 계통도를 만들어 본다. 넷째, 기존의 방식에서 어느 부분을 빼거나 뒤바꾸어 봄으로써 새로운 사고를 탐색한다. 다섯째, 이상한 것을 친밀한 것으로 유추한다. 여섯째, 친밀한 것을 이상한 것으로 유추한다. 교사가 이모형을 성공적으로 활용하려면, 다음과 같은 것들을 할 수 있어야만 한다. 첫째, 직접 활용할 수 있거나 독창적이거나 또는 새로운 아이디어는 모두 수용되는 분위기를 조성한다. 둘째, 일반적으로 통용되는 설명이나 신념의 부적절성 그리고 괴리를 이해하도록 돕는다. 셋째, 환경에 보다 개방적이고 민감하도록 돕는다. 넷째, 학생의 창의와 독창적 사고를 방해하는 형식적이며 시험적인 분위기를 확인해 둔다. 다섯째, 분명한 사고를 실천할 수 있는 자극을 제시한다. 이러한 수업모형을 적절히 활용한다면, 학생들은 다음과 같은 것을 배우게 된다. 첫째, 창의적 사고에 요구되는 태도를 기른다. 둘째, 새로운 아이디어를 창출하기 위하여 문제를 재설정하는 기법을 사용한다. 셋째, 아이디어들의 차이를 이해하여 새로운 아이디어를 창출한다. 넷째, 새로운 아이디어를 창출해 내기 위하여 비유방법을 활용한다. 이 수업모형은 과학과, 사회과, 언어학습에 가장 적합하며 특히 초등학교 3학년에서부터 중학교 3학년 학생들에게 적용하는 것이 바람직하다. 이 수업모형에서는 창의적 사고를 자극할 수 있는 특수한 자료나 상황이 있어야만 한다. 이들 자료나 상황은 다양한 반응을 가져오게 할 이상함, 난처함, 괴리, 신비함과 같은 특성을 지니고 있어야만 한다. 이 수업모형의 적용에 있어서 중요한 점은 다양한 반응의 가치를 찾고, 단일의 정답이 있다는 생각을 버리고, 학생들이 자신의 아이디어를 생각할 수 있을 만큼 충분한 시간을 주는 것이다.

4328 채권압류 통고(garnishment)
다른 사람이 소유하거나 관리하고 있는 채무자의 금전 또는 다른 재산(임금, 봉급 또는 저축 등)을 제3자에게 갚아야 할 부채에 충당하는 법적 과정. 지불과정에서 채무자에게 통고와 법원에서 평결될 기회가 제공되며, 법원은 채무가 이행될 때가지 법원의 대리인 또는 금전을 지불받을 사람에게 그러한 자금이 지불되도록 사용자, 은행 또는 재산의 다른 소유자에게 명령한다. 예컨대, 사용자는 종업원 봉급의 일정 비율을 보류하며, 종업원이 자녀부양 의무를 이행할 수 있도록 그것을 법원에 보낸다.

4329 책임([영] responsibility [독] verantwortlichkeit)
① 도덕적 책임. 사람이 자기의 행위에 관해, 자타의 평가를 받아들이고, 그것에 근거하여 자책이라든가 다른 사람들로부터의 비난이라든가 하는 갖가지 형태의 도덕상의 제재를 받지 않으면 안되는 사정에 있는 것. 책임이 성립하기 위해서는, 행위자가 사회의 윤리적 규범을 받아들이고 있다는 것. 행위가 자유로운 의지 결정에 근거를 두고 있다는 것. 행위의 결과가 당연히 예측되는 것 등이 필요하다. 이것이 윤리학상의 책임의 의미이지만, 현대 사회와 같이 사회가 많은 모순을 내포하고, 인간이 복잡하고 거대한 조직이나 기구의 톱니바퀴와 비슷한 것이 되고, 또 기술의 놀라운 발달 때문에, 자주적 행동의 범위가 좁혀지고, 행위의 결과의 전망이 불가능하게 된다든가, 또는 결과가 직접 체험되지 않는 경우가 많아지기 때문에, 도덕적 책임을 정하는 데에 있어서는 어려운 문제가 일어나고 있다. ② 법률적 책임. 타인에게 준 손해에 대해 법률에 따라 배상한다든가, 범죄 때

ㅊ

문에 형벌을 받지 않으면 안되는 처지에 있는 것. 도덕적 책임과 다른 것은 법적 강제력으로 책임을 지우는 점에 있다. ③ 일반적으로 업무상 맡고 있는 임무 및 그것을 게을리 하는 경우 어떤 제재를 받지 않으면 안되는 사정에 놓여 있는 것. 이 경우에는, 동시에 도덕적 책임과 법률적 책임을 지지 않으면 안되는 경우와 그렇지 않은 경우가 있다.

4330 책임성(accountability)

지역사회, 생산물 또는 서비스의 소비자, 기관장위원회(board of direction)와 같은 감독기관에 대해 책임이 있는 상태를 말한다. 또한 그 기능과 방법이 무엇인지를 명백히 밝히고, 클라이언트에게 실행자들의 능력이 분명한 기준을 충족시킨다는 확신을 주는 전문가의 의무이다.

4331 책임보험

자동차보험의 일종으로 자동차 운행으로 사람이 사망하거나 부상한 경우에 손해배상을 보장하는 제도를 확립함으로써 피해자를 보호하기 위해 마련됐다. 자동차손해배상법에 따라 자동차를 가지고 있는 사람은 누구나 강제적으로 들도록 되어 있다. 자동차를 운행하면서 사람을 다치게 할 때 그 손해에 대한 책임을 개인에게 맡김으로써 보상이 되지 않을 수도 있는 위험을 없애려는 사회보장적 성격을 지니고 있다.

4332 책임윤리([독] verantwortungsethik)

베버가 심정윤리에 대치하여 사용한 개념으로서, 그 자신의 윤리적 입장을 나타낸 것이다. 심정윤리에서는 행위의 결과가 아니고 선(善)한 의지만이 문제가 되는 데 반해, 책임윤리는 심정을 무시하는 것은 아니지만, 예견할 수 있는 행위의 결과에 엄격한 책임을 지우는 것을 의미하며, 따라서 목적과 수단의 관계, 직접으로는 의도하지 않은 부수적인 결과 등을 충분히 인식하고, 그것들을 서로 비교 측정한 후에 행위하는 것을 의미한다. 그리고 정치가에게는 특히 이 윤리가 요구된다.

4333 책임준비금
(Policy Reserve Fund for Pension Benefit)

연금제도의 운영주체가 장래 지출될 급여액으로서 현재기금에서 적립해 두어야 하는 금액. 책임준비금액 = 장래급여지출 현가총액 - 장래부담금수입 현가총액.

4334 챔버린(Chamberiain, Joseph : 1836~1914)

영국의 정치인. 런던의 제조업자의 아들로 출생. 1869년 자유당 버밍검시 의회의원, 1873년 동 시장. 슬럼 재개발 등 도시개량에 선구적인 업적을 남겼다. 지방자치청 장관을 거쳐, 1886년에는 '자유통일당'을 창당하고, 1895년에 식민상으로 입각하였다. 지방자치청 장관 재직 시 제국주의와 사회개량을 결부시켜 실업자 대책으로서 빈민법의 한계를 인정하고 도시의 공공사업을 통한 구제를 장려하였다.

4335 챔푸스(CHAMPUS)

현역군인의 부양가족 및 퇴역군인을 위해 연방정부가 재정지원을 하는 의료보험 프로그램을 의미한다. 이것은 이들이 군 의료시설에서 적절히 보호받지 못해 민간 의료서비스 기관을 이용할 때 그 비용 중 일정액을 지불해 준다. 어떤 경우에는 전문 사회사업가들이 정신질환자들에게 전문적인 서비스를 제공하고 챔푸스로부터 직접 보상을 받기도 한다.

4336 처방(prescription, medical)

의사가 약사에게 약이나 다른 치료제의 종류와 양, 사용기간 및 기타 필요한 사항을 적어 그대로 조제하도록 한 지시서를 의미한다. 의사들은 처방전을 작성할 때 종종 아래와 같은 약어를 쓴다. ad lib.(필요한 만큼 as needed), a.c.(식사 전 before meals), b.i.d.(하루 두 번 twice a day), deib.alt.(이틀에 한번 every other day), o.d.(매일 every day), p.c.(식사 후 after meals), q.h.(1시간마다 every hour), q.2h(2시간마다 every two hours), q.3h(3시간마다 every three hours), t.i.d.(하루에 세 번씩 three times a day), q.i.d.(하루에 네 번씩 four times a day), q.s.(필요한 만큼 as much as needed), stat.(즉시 immediately), p.r.n.(필요시 when needed)

4337 처벌(punishment)

① 나쁜 행실이나 불법행위(예컨대, 전자의 경우 아동에 대한 부모의 매질 또는 학대, 고립이나 격리, 아동의 특권박탈 등이며, 후자의 경우 구금 등)에 벌칙을 가하거나 ② 행동수정(behavior modification)에서 어떤 행동을 한 뒤 불쾌하거나 원하지 않는 사건(event)을 제공하며, 그러한 행동을 반복하게 될 가능성을 줄이는 것이다.

4338 처우계획(treatment plan)

일반적으로 보호시설, 노인복지시설 등 수용시설에서 클라이언트 혹은 그 집단에 대한 훈련, 지도, 단체 활동 등을 통해서 시설설립의 목표를 실현하기 위한 계획이다. 또 처우계획은 사회복지정책에서 구체화된 시설단위의 정책이기도 하다. 입소자는 수시로 입소할 뿐만 아니라 연소자라도 재소력이 오래된 아이도 있고 또 가지고 있는 문제도 다양하기 때문에 처우 상 고도의 전문능력이 필요하다. 각 시설의 특색에 따라 입소자는 공통의 과제를 가지고 있으나 이들 과제는 ① 입소의 준비단계와 인테이크, ② 초기의 적응관찰, ③ 집단생활을 통한 개인과 집단의 이해, ④ 가족관계의 진단과 가족단체에의 재적응의 원조, ⑤ 퇴소의 준비와 사후보호 등의 처우과정을 거쳐 실현된다.

4339 처우기록(case record)

일반적으로 수용시설에서의 클라이언트 또는 집단에 대한 지도, 훈련 등의 처우를 기재한 문서이며 케이스워크에서의 사례기록에 대응하는 것이다. 특히 시설에서는 한사람의 사회사업가가 클라이언트나 집단에 유일하게 관여하고 있지 않고 야근 등 근무교대가 있으며, 클라이언트에 따라 목공 등 집단 활동의 장이 다르다. 따라서 사회사업가 상호간에 정보교환의 자료로서 중요할 뿐만 아니라 클라이언트나 집단의 개별적인 처우목표의 도달정도를 아는데 있어서도 필요한 자료다. 그러므로 처우계획을 세워 실시하고 있는 바를 관찰, 기록함으로서 다음의 처우계획을 세우는 데에 중요자료로 삼을 필요가 있다. 수용시설에서는 집단처우가 주가 되며 이 집단 안에서의 개개의 클라이언트의 동정도 기록할 필요가 있다.

4340 처우목표

복지서비스에 대한 이용자 처우는 여러 형태의 기관, 시설에서 행해지지만 그 궁극적 목표는 모두 '인간의 잠재가능성을 최대한으로 실현시키는 원조'라는 가치에서 비롯된다. 그러나 실제는 개인의 기능에 한정하여 대상자의 문제와 시설의 필요성에 따라 구체적으로 개별적 목표, 소집단단위의 목표, 또는 시설전체로서의 목표가 설정된다. 기본적으로 그것은 대상자와의 면접에 근거해서 결정되어야 하며, 또 성취 가능한 것이어야 한다.

4341 처우방침(policy of treatment)

사회복지기관, 시설에서 대상자처우의 방향으로 제시되는 것이다. 이것은 기관, 시설의 설치주체, 사회복지법인의 집행기관, 이사회 등에서 그 설치목적은 물론 관계직원의 자질, 대상자의 특성, 그 시대 및 지사회의 기대 등을 감안해서 책정된다. 물론 그것이 처우의 원리원칙과 모순되는 것이어서는 안된다. 처우방침이 갖는 의미는 시설의 집단처우에서 특히 크지만 개별처우에 있어서도 가령 사회적 회복훈련의 중시라는 방침은 그 처우목표, 처우계획의 책정에 큰 영향을 미치게 된다.

4342 처우수준의 평가척도

시설처우는 입소하는 개인의 복지요구에 대응해서 그 해결, 유지 향상 또는 발전을 기하지 않으면 안된다. 그러기 위해서는 처우목표를 척도화해서 구체화하지 않으면 안된다. 물론 개개의 상황은 틀린다 해도 일정척도의 평가는 직원집단이 처우 상 일관성을 갖기 위해, 또 시설간의 처우수준의 평가 화를 도모하기 위해 중요한 요건이다. 그 내용으로는 입소에 있어서 입소사유, 교육관계, 생활습관, 작업 장면, 자기주장, 가족대응 등 처우대응 유형을 유형화할 필요가 있다. 그러나 평가척도는 어디까지나 참고로서 사용하고 인간 신뢰와 본질에 대한 평가가 되어서는 안된다.

4343 처우의 운영관리

복지서비스를 제공하는 기관, 시설은 처우의 적절성을 확보하기 위해 처우의 내용, 수속. 방법, 조건 등을 점검해서 문제가 있으면 개선해야 한다. 이 기능을 처우의 운영관리라 한다. 이것은 보통 처우의 관리자 등에 의해 행해지며 크게 처우과정에서의 처우내용, 수속, 방법의 관리와 처우조건의 관리로 나눌 수 있다.

4344 처우의 이념

클라이언트 즉 복지서비스의 이용자처우를 향상시킬 때 그 근거로 하는 원리를 처우의 이념으로 이해한다면, 그 기본적인 것은 헌법 제34조의 생존권보장의 이념과 서비스이용자의 인격에 대한 발달보장의 관념이다. 이것을 사회복지 대상자인 클라이언트의 개별적 요구에 대응해 여러 형태의 처우에 대한 장애를 극복하고 사회적으로 독립하는 것을 목적으로 하고 있다. 따라서 사회복지에서의 일련의 처우과정은 물질적, 신체적, 정신적인 면에서도 클라이언트가 건강하게 문화적 생활을 영위하도록 인격의 전면적인 발달을 보장할 것을 기본이념으로 전개되어야 한다.

4345 처우제한의 원칙(principle of less eligibility)

열등처우의 원칙과 같다. 원래는 영국 구빈법이 개정된 1834년에 확인된 원칙의 하나로 구민법에 의해 구제받는 빈민의 생활수준을 임금노동자의 층보다 낮게 책정하는 것이 당연하다는 이론이다. 이에 기인하여 복지서비스의 이용자에 대한 처우는 엄격하게 제한하는 것이 당연하며 그렇지 않을 때 그들의 의존심을 조장시킨다는 것을 나타내는 말로 오늘날에도 쓰여진다.

4346 척도화(scaling)

측정대상 혹은 피험자의 반응에 대해 수치를 배정하는 절차를 말한다.

4347 척추 측만증(scoliosis)

관상면에서 환자의 척추를 보았을 때(검사자가 환자의 뒷모습을 보았을 때), 척추가 일직선 상에 있지 않고 어느 한 방향으로 휘어 한쪽은 볼록하게 튀어나오고 반대쪽은 오목하게 들어간 형태의 기형을 의미한다.

4348 척추파열(spina bifida)

초기 태아 발달기 동안 척추가 완전히 밀착하는데 실패한 경우를 말한다. 이러한 장애는 정신지체, 뇌수종과 그 복합증세 같은 다른 문제들과 병행되곤 한다. 이런 장애를 가진 사람은 일생 동안 정형외과, 신경외과, 병원, 기타 의료보호나 사회적 서비스를 받아야 한다.

4349 척추 후만증(kyphosis)

환자의 옆모습을 보았을 때 흉곽부에서 척추의 커브가 뒤쪽으로 볼록한 경우를 말한다.

4350 천식(asthma)

기관지벽의 근육 수축으로 인한 호흡장애를 말한다. 이로 인해 사람들은 숨 쉬는데 어려움을 겪게 된다.

4351 철거신축임대주택
노후불량주택을 매입하여 철거 후 다가구주택을 신축한 후 임대하는 주택을 의미한다.

4352 첨도
통계학에서, 빈도 곡선의 양상에 나타나는 평평함이나 뾰족한 정도를 말한다. 예컨대, 사회연구기관은 새 클라이언트들에게 주어진 1년이라는 기간 동안의 그래프를 연구해서 대부분의 상담자가 여름에 왔다는 것을 알게 된다. 빈도 곡선은 그 기간의 절정을 알려준다.

4353 청각·언어기능 장애인재활시설
청각장애인 또는 음성언어기능 장애인을 입소 또는 통원하게 하여 그 재활에 필요한 상담·치료·훈련을 행하는 시설로 아동복지법에 의한 성인농아인 양호시설 중 농아를 수용보호하고 있는 시설과 사회복지사업법에 의해 성인 농아인을 수용보호하고 있는 사회복지시설이 이에 속한다.

4354 청각장애(hearing impairment)
소리와 말을 듣는 귀 즉 외이, 중이, 내이로 연결되어지는 청신경의 기능에 이상이 생겨 말과 음을 잘 듣지 못하는 상태를 말한다. 청각 장애의 용어적 구별은 ① 일반적으로 소리를 거의 들을 수 없다든가 말의 판별이 어렵다든가 하는 일체의 정상이 아닌 청각상태를 '청각 장애'(hearing impairment)라 하고 ② 아주 큰 소리로 말을 해야 알아듣고 일상생활에 현저한 장애가 있는 것을 난청(hard of hearing)이 라 하며 ③ 청각장애가 어느 정도인가를 표현할 때 흔히 몇 데시벨(db : decibel) 청력손실이라 하고 ④ 일상생활에서 청력을 활용할 수 없는 상태를 농(deaf)이라고 하는데 이농은 청각의 이용목적에 따라 몇 가지로 구분된다.

4355 청각장애인
장애인복지법시행령 제2조에 청각장애인의 기준을 규정하고 있는데 ① 두 귀의 청력손실이 각각 60db이상인 자(비장애인은 1~24db임), ② 한 귀의 청력손실이 80db 이상이고 다른 귀의 청력손실이 40db 이상인 자, ③ 두 귀에 들리는 보통 말소리의 명료도가 50% 이하인 자로 되어 있다. 청각장애 중 발생률이 가장 높고 또 문제가 많은 증상은 청력의 저하 즉 난청이다. 난청인의 특징은 난청의 정도나 유형 또는 장애를 받은 연령에 따라 다르다. 가령 언어학습 면에서 보면 언어습득 이전의 고도난청아는 특별한 지도를 받지 않는 한 언어를 획득하는 일은 곤란하며 언어습득 후의 고도난청아와는 문제의 성질에 현저한 차이가 있다.

4356 청교도 윤리(protestant ethic)
일반적으로 근면, 절제하는 노력이 경제적 부, 사회적 신분상승 및 자유 등 보상을 가져다주고 긍정적으로는 천국에 갈 수 있다는 믿음과 연관된 가치와 혹은 행동경향, 청교도 윤리는 칼뱅, 루터, 웨슬리와 같은 청교도 지도자들의 도덕적 가르침에서 그 이름이 유래하며, 식민지 시대 이례 많은 중산층 미국 가정의 행동규범을 이끌어왔다.

4357 청년기(youth adolescent)
어린이에서 성인으로의 이행기에 있는 사람들을 지칭한다. 이 시기에 사회에서 성인자격으로 볼 수 있는 제 조건이 준비된다. 그 주요한 조건으로 다음의 세 가지를 들 수 있다. ① 성적성숙을 중심으로 한 신체적 발달 ② 지적·지능적 능력의 신장을 중심으로 한 노동력의 준비 ③ 정조의 발달, 자아확립을 중심으로 한 사회집단에의 적응력 증진이 그것이다. 그러나 현재 ① 조숙화 경향 ② 고학력화에 반해 직업자립의 지연 ③ 관리사회화와 가치의 다원화에 의한 자아확립의 곤란이라고 하는 문제 상황의 사이에서 청년기는 갈등과 긴장으로 차있는 시기이다.

4358 청년문화(youth culture)
어린이에서 성인으로의 이행기에 있는 청년기 특유의 역할, 가치관, 행동양식을 가진 하위문화를 지칭한다. 특히 청년문화의 개방화를 보는 배경으로서는 소득수준의 향상에 의한 청년문화의 성립이라고 하는 경제적 조건과 독자적 자기실현에의 강한 욕구라고 하는 정신적 조건을 들 수 있다. 또한 청년문화의 다양한 양상을 굳이 유형화 하면, 그것은 기성질서와의 관계로부터 동조→일탈→반항이라고 하는 행동양식과 정신구조특성을 축으로 설정할 수 있다. 오늘날 청년 문화가 결국에는 지배적인 가치의 사회화(주도문화)에 묻히는 일시적인 것인지 그렇지 않으면 새로운 문화창조에 일익을 담당하는 것인지가 주목되어진다.

4359 청능언어치료전문직원
언어치료사(ST), 청능언어사 등으로 불린다. 언어치료사란 언어장애인의 재활을 목적으로 해서 장애의 진단, 치료, 지도, 예방에 종사하는 전문가를 말한다. 언어치료사가 실제로 활동하고 있는 기관으로는 병원, 학교, 재활센터, 사회복지시설 등이다.

4360 청능훈련사(audiologist)
청각장애의 치료나 재활과정에서 이비인후과의사 등과 팀을 짜서 청력검사, 보청기의 선택, 보청기에 의한 청능훈련을 행하는 전문직이다. 의학이나 음향의 기초지식은 물론 복잡한 장애 평가나 훈련프로 그램의 입안시설 등 고도의 능력이 요구된다. 미국에서는 청능사의 양성, 자격은 대학원수준의 교육체제로서 확립되어 있다.

4361 청력측정기(audiometer)
청각적 감수성과 예민성을 재는 기구. 청력 상실의 측정은 청력을 재는 한 단위인 데시벨(decibel)로 기록된다. 때로는 정상적인 청각적 감수성의 백분율로 기록되기도 한다.

4362 청묘법
북송의 정치가인 왕안석(1021-1086)에 의해 행해진 정책을 말한다. 당대 5대의 뒤를 이어 광범한 시주층이 일어나고 상업이 발달했으나 시대가 지남에 따라 토지와 자본의 겸병이 심해져 농민이나 중소상인은 몰락했다. 이들 농민을 구제하는 방법이 청묘법이다. 농민에게 자금을 저리로 빌려주고 수확기가 되면 곡물로 반환하도록 했다. 이자는 2할 미만으로 했으며 또 소상인에 대해서는 시장법에 의해 대상인의 독점적 이익을 억제했다. 이들에 대한 반대도 많았으나 그 실천에 노력했다.

4363 청색의료보호수첩(blue medical care card)
청색의 의료보호대상자에게 발급되는 진료권으로서 수첩의 표지가 청색(blue)으로 되어 있다. 따라서 blue card로 칭하고 있다. 이 청색 의료보호수첩은 1981년도부터 실시된 것으로 진료비의 50%는 무료이고, 나머지 50% 중 20%는 본인이 부담하고 30%는 분할징수로 되어 있다. 수혜대상은 영세민이다. 그러나 1984년도부터는 실시되지 않고 있다.

4364 청소년(juvenile) 01
형법상 성인으로 취급될 나이는 아직 되지 않은 젊은 사람을 의미한다. 이 용어는 법률상 능력을 언급하는 데 사용되는 '미성년(minor)'과 구분된다. 1974년 청소년사법과 비행방지법(juvenile Justice and Delinquency Prevention Act)이 연소자를 18세가 되지 않은 사람으로 정의했지만, 그 연령은 주마다 다르다.

4365 청소년(adolescence youth) 02
청소년의 개념을 민법에서는 미성년자로서 20세 미만으로 보며, 아동 복지법에서는 18세 미만을 요보호대상으로, 근로기준법에서는 소년근로자를 18세 미만으로, 소년법에서는 14~19세까지는 범죄소년으로 12~13세까지는 촉법소년으로 본다. 흔히 청소년은 중고교학생의 연령으로 보며 심리학적으로 청년은 14.5~22.3세, 소년은 12, 13세까지로 본다. 청소년기는 청년기와 소년기를 통틀어 부르는 말로 볼 수 있으나 근래의 일반적 용법에서는 양자를 구별하는 일이 거의 없이 청소년기를 하나의 시기로 다루고 있다. 즉 청소년은 자립할 수 있도록 준비하는 기간이며, 중학생에서 대학생까지 13·14~ 23·24세로 본다.

4366 청소년교정위원회제도(youth correction authority)
유죄가 결정된 6세~21세의 청소년 범죄아의 처우를 통괄하는 행정기관을 의미한다. 미국법률협회(American law institute)가 모델법안의 형식으로 결정한 구조이다. 동 법안에 의하면 사형, 종신형, 벌금에 처해진 경우 이외에는 재판소는 사건을 동위원회에 송치하고 3명의 합의제인 동위원회는 그의 보좌인 전문가의 진단에 따라 필요한 처우계획을 책정, 실시한다는 것이다. 행정권남용이라는 비판도 있어 일부를 수정하여 캘리포니아주 등에서 활용하고 있다.

4367 청소년기본법
청소년의 권리 및 책임과 가정·사회·국가와 지방자치단체의 청소년에 대한 책임을 정하고, 청소년육성정책에 관한 기본적 사항을 규정하기 위해 제정한 법(1991. 12. 31, 법률 제4477호). 1991년 청소년육성법을 대체하여 제정된 뒤 2004년 2월 법률 제7162호로 14차례 개정되었다. 9세 이상 24세 이하를 청소년으로 규정하고, 이들이 사회 구성원으로서 정당한 대우와 권익을 보장받고 건전한 민주시민으로 자랄 수 있도록 장기적·종합적 육성정책을 추진하는 것을 기본이념으로 한다. 청소년 육성정책은 문화관광부 장관이 총괄·조정하고, 청소년 육성에 관한 주요시책을 심의하기 위해 청소년육성위원회를 둔다. 국가는 범정부적 차원에서 청소년 육성정책 과제를 설정·추진·점검하기 위해 청소년 분야의 전문가와 청소년이 참여하는 청소년특별회의를 해마다 개최해야 한다. 또 5년마다 청소년육성에 관한 기본계획을 세우고, 매년 5월을 청소년의 달로 정한다. 국가와 지방자치단체는 청소년 시설을 설치·운영해야 하고 청소년지도사 및 청소년상담사 자격검정시험을 실시한다. 또 특별시·광역시·도 및 시·군·구에 청소년육성전담기구를 설치하고 전담공무원을 둘 수 있다. 가출 및 비행을 예방하고 건전한 사회복귀를 돕기 위해 필요한 복지적 지원을 제공해야 하고, 유익한 환경을 조성해야 한다. 청소년에게 유해한 매체물과 약물 등이 유통되지 않도록 하고, 청소년이 유해한 업소에 출입하거나 고용되지 않도록 하며, 폭력·학대·성매매 등 유해한 행위로부터 구제해야 한다. 한국청소년진흥센터를 설립하여 청소년활동·청소년복지·청소년보호에 관한 종합적 안내 및 서비스 제공 등 청소년육성사업을 수행하도록 한다. 또 한국청소년상담원을 설립하여 청소년의 올바른 인격형성과 조화로운 성장을 위한 상담관련 정책을 연구개발하는 사업 등을 수행하도록 한다. 총칙, 청소년 육성정책의 총괄·조정, 청소년시설, 청소년지도자, 청소년단체, 청소년활동 및 복지 등, 청소년육성기금, 보칙, 벌칙의 9장으로 나누어진 전문 66조와 부칙으로 구성되어 있다. 시행령과 시행규칙이 있다. → 청소년복지지원법

4368 청소년단체(youth organization)
청소년단체는 약화된 가정교육과 학교기능을 보충, 연장하고 청소년들이 자기 자신의 발전은 물론 국가와 사회의 발전에 공헌할 수 있는 사람이 되도록 도와주는 사회적 역할을 수행하도록 기대되고 있다. 그러나 가정과 학교에서 지나치게 지식 중심의 교육을 강조하고 있기 때문에 청소년들이 과중한 수업으로 인해서 단체에 가입하여 활동할 시간적 여유를 가지지 못하고 있다. 청소년 단체의 사명이 인적·물적 후원이 필요한 사업에도 불구하고 사회의 뒷받침이 이에

따르지 못하고 있다. 중요한 것은 민간 청소년 단체의 활동에 대한 정부의 지원이 적극적으로 실시되어 이들 청소년 단체가 유용한 프로그램을 많이 개발하고 실질적으로 청소년 지도의 일익을 담당해야 한다는 점이다.

4369 청소년대책사업(youth programs)
청소년이 자신의 자질을 개발하고, 민주시민으로서의 자율성을 기르며, 국가 사회발전에 기여할 수 있도록 지원함을 그 목표로 하고 있다. 1983도 '청소년 백서'에는 대책사업의 기본방향을 다음과 같이 서술하고 있다. 첫째, 청소년으로 하여금 국가관과 윤리관을 확립하도록 한다. 둘째, 청소년으로 하여금 민주시민으로서의 자율성을 함양하도록 한다. 셋째, 청소년 개개인의 능력을 최대한으로 개발하고 심신단련을 강화한다. 넷째, 청소년 선도에 대한 국민의 관심을 제고하고 청소년 건전육성을 위한 사회기풍을 조성한다. 이에 근거하여 정부는 학생, 근로청소년, 농·어촌 청소년, 불우청소년, 비행청소년으로 시책대상을 분류하며 주로 정신개발 건전지도, 직업훈련, 복지후생, 선도교정의 5개 부분에 걸쳐 사업을 진행해 왔다.

4370 청소년대책위원회
1964년 9월 대통령령 제1938호에 의거, 내무부장관을 위원장으로 하여 설치, 운영되었으나, 각 부처별로 추진하여 왔던 여러 청소년대책 사업들을 종합적으로 조정, 통제하기에는 미흡한 점이 없지 않았다. 그리하여 1983년 4월에는 대통령령 제11092호에 의해, 종래 국무총리 행정조정관리실에서 담당하던 업무를 교육인적자원부 사회직업교육국으로 이관하여 청소년대책사업을 보다 조직적 포괄적으로 수행하고 있다. 이러한 청소년대책위원회의 기능은 청소년의 지도, 육성 보호에 관한 기본계획과 종합정책의 수립에 관한 사항과 청소년행정에 관한 관계 행정기관의 대책의 종합조정에 관한 사항과 청소년의 보호 및 복지시설의 설치와 관리에 관한 사항, 청소년의 인격도야 및 심신단련과 민간청소년 단체의 종합지도와 육성에 관한 사항, 청소년 활동의 국제교류에 관한 사항, 기타 청소년의 선도 및 보호에 관한 사항 등이다.

4371 청소년대책지방위원회
청소년대책지방위원회는 각 지역의 청소년지도 및 보호육성에 관한 기본계획을 수립하고 문제청소년에 대한 가정방문, 우범지역에 대한 야간순찰활동, 불우청소년 직장알선, 일반가정과 불우청소년간의 자매결연 등 선도사업을 추진한다. 구성은 읍·면·동 청소년대책지방위원회를 15명 이내로 하고 읍·면·동장이 위원장을, 파출소 소장과 교육계 인사 1명이 부위원장을 맡도록 했다.

4372 청소년범죄(juvenile crime/offence)
미성년자의 범죄를 말한다. 인생의 일대도약기로서 성장발달과정에 있는 청년기의 좌절 자립 모색의 실패적 성격으로 형벌에 의한 대처가 아닌 비행으로 취급해 주로 국가적 보호·육성조치의 대상으로 하는 것이 일반적이다.

4373 청소년범죄자(juvenile offenders)
중죄, 경범죄와 다른 형태의 비행(delinquency)을 포함하여 법 위반으로 유죄 판결을 받은, 보통 법적 책임이 있는 연령(대부분의 주에서는 18세) 미만의 연소자들.

4374 청소년보호대책위원회
→ 청소년대책위원회

4375 청소년보호육성운동(national movement to promote the development of youth)
1949년 일본의 중앙 및 지방청소년 문제협의회의 제창에 의해 년 2회 강조구간을 설정하는 것으로 시작되었지만 5월을 강조 월간으로 해 1965년까지 지속되었다. 운동초기에는 장기결석아동대책, 아동헌장의 보급철저, 인신매매의 단속 등 때때로 관계 기관의 과제가 협의회의 전국의회장에서 활동목표로 채택되었다. 1966년 청소년육성국민회의 설치에 따라 운동은 동 회의를 중심으로 하여 새로운 운동으로 흡수되었다.

4376 청소년보호육성조례(regulations on delinquency prevention and youth development)
청소년의 보호육성에 관한 사항을 정한 조례로 시·도에 제정되어져 있다. 조례의 명칭은 일정하지 않고 규정한 사항도 동일하지 않지만, 유해광고물의 부착금지, 유해흥행 등의 관람제한, 유해문서 등의 판매제한, 사행심유발행위의 제한, 심야외출제한, 유흥업소설치제한 등을 정한 것이 많다.

4377 청소년복지지원법
청소년기본법 49조 4항의 규정에 따라 청소년복지 증진에 관한 사항을 정하기 위해 제정한 법(2004. 2. 9, 법률 제7164호). 청소년복지란 청소년이 정상적인 삶을 영위할 수 있는 기본적인 여건을 조성하고 조화롭게 성장·발달할 수 있도록 제공되는 사회적·경제적 지원을 말한다(청소년기본법 3조 4호). 청소년은 이 법의 규정을 적용함에 있어 인종·종교·성·연령·학력·신체조건 등의 조건에 의해 차별을 받아서는 안된다. 청소년은 사회의 정당한 구성원으로서 본인과 관련된 의사결정에 참여할 권리를 가진다. 국가와 지방자치단체는 청소년이 원활하게 정보에 접근하고 그 의사를 표명할 수 있도록 청소년 관련정책의 자문·심의 등의 절차에 청소년 대표를 참여시키거나 그 의견을 수렴해야 한다. 청소년에 대해 국가나 지방자치단체가 운영하는 수송시설과 궁·능·박물관·공원·공연장 등의 시설 이용료를 면제 또는 할인해줄 수 있다. 시장·군수·구청장은 9세 이상 18세 이하의 청소년에게 청소년증을 발급할 수 있다. 국가와 지방자치단체는 청소년의 체력검사와 건강진단을 실시하고, 그 결과를 분석하여 필요한 대책을 수립·시행해야 한다. 청소년의 건강증진 사업을 수행하기 위해 불가피한 경우를 제외하고는 진단결과를 공개해서는 안된다. 조화로운 성장과 정상적인 생활에 필요한 기초적인 여건이 미비하여 사회적·경제적 지원이 필요한 청소년을 특별지원 청소년으로 선정하고, 기초적인 생활·학업·의료·직업훈련·청소년활동 등을 지원한다. 가출 청소년의 일시적인 생활지원과 선도, 가정과 사회로의 복귀를 지원하기 위해 청소년 쉼터를 설치·운영할 수 있다. 국가와 지방자치단체는 청소년 본인이나 보호자 또는 학교장의 신청에 따라 6개월 이내의 교육적 선도를 실시할 수 있다. 단, 보호자나 학교장의 신청에 의한 경우 반드시 청소년 본인의 동의를 얻어야 한다. 6장으로 나누어진 전문 21조와 부칙으로 구성되어 있다. → 청소년기본법

4378 청소년 봉사기구(youth service organization)

젊은 사람들이 발전적인 잠재력을 성취하도록 돕는 것으로, 기금이 사적으로 마련되고 관리되며, 미국 대부분의 지역사회에 지부 혹은 휴양시설을 가지고 있는 연방기구, 청소년봉사기구들은 청소년들이 사회적 기술, 실제적 대응전략, 도덕적 행동을 배우는 동안 청소년들은 신체적으로 적당하고, 정서적으로 건전하도록 돕기 위해 고안된 교육지향적인 오락, 수공예, 스포츠 활동들을 운영한다. 이런 종류의 많은 집단들 가운데 미국보이스카우트(Boy Scouts of America), 미국소년단(Boys Clubs of America), 미국소녀단(Girls Clubs of America), 미국걸스카우트(Girl Scouts of the U. S. A), 기독교청년회(YMCA), 기독교여성청년회(YWCA), 유대교청년회여성회(YM/YWHA), 캠프파이어 걸즈(Campfire Girls) 등 많은 단체들이 있다.

4379 청소년보호(juvenile protection)

청소년이 아직 미완성된 인격이기 때문에 청소년의 건전한 성장을 위해서는 그것을 저해하는 요인의 배제는 중요한 과제이다. 청소년의 생활환경의 보호와 건전육성을 도모하기 위해 근로기준법에 의한 연소근로자의 취로제한 등 유해환경의 정화대책이 행해지고 있다. 즉 청소년에 대한 성충동을 조장하는 출판물, 영화, 광고 등의 규제를 위해 관련업계의 자주규제의 촉진, 주민의 지역활동촉진, 청소년보호 육성조례의 제정, 시행 등의 대책이 강구되어지고 있다.

4380 청소년비행(juvenile delinquency) 01

소년비행이라 함은 범죄소년, 촉법소년, 우범소년으로 형법법령에 저촉된 행위를 하였거나 특별법 또는 환경에 비추어 장래 형법법령에 저촉되는 행위를 할 우려가 있는 12세 이상 20세미만인 자의 비행을 말하며 소년경찰의 보도대상에는 불량행위소년도 포함하고 있다. 따라서 소년비행을 구분하는 법률상의 용어는 다음과 같다. ① 범죄소년-14세 이상 20세 미만의 자로서 형법법령에 저촉되는 행위를 한 자(형사책임을 진다) ② 촉법소년-12세 이상 14세 미만의 소년으로서 소년법에 저촉되는 행위를 한 자(형사책임은 없다) ③ 우범소년-12세 이상 20세 미만의 소년으로서, 보호자의 정당한 감독에 복종치 않는 성벽이 있거나 정당한 이유 없이 가정으로부터 이탈하거나, 범죄성이 있거나 부도덕한 자와 교제하는 등의 사유로 장래 범법할 우려가 있는 자(소년법 제4조) ④ 불량행위소년-20세 미만의 소년으로서 음주, 끽연, 흉기소지, 싸움, 부녀희롱 등으로 자기 또는 타인의 덕성을 해치는 풍기문란 행위자. 그런데 우범소년과 불량행위소년은 행위자체로는 구별되지 않고 장래 범죄를 범할 우려성의 여부에 따라 구체적으로 결정해야 한다. 특히 소년경찰직무요강에 의하면 소년의 성행, 환경, 기타 비행의 원인을 정확히 규명하기 위하여 비행소년의 사안 중 특이하고 중요한 사안은 간부가 이를 전담 처리해야 한다고 명시되어 있다.

4381 청소년 비행/소년 비행 02

사회적, 법률적, 도덕적 그리고 교육적 측면에서 청소년에 의해 행해지는 위반행동 혹은 그릇된 행동을 말한다. 그 적용범위는 청소년들이 행하는 음주, 흡연과 같은 비교적 가벼운 문제행동(흔히 지위비행으로 지칭됨)에서부터 강도, 강간 및 살인과 같은 심각한 범죄행동(혹은 범죄적 비행이라고도 함)에 이르기까지 그 정도와 범위가 넓다.

4382 청소년 비행 03

특별한 재판권에서, 성인이 저질렀다면 범죄자로 간주될, 미성년에 의한 반사회적 행동양식을 의미한다.

4383 청소년사법과 비행방지법
(juvenile Justice and delinquency prevention act)

연소자들을 공공시설에 수용하는 것을 억제할 목적을 가진 1974년 연방법(P. L. 93-415). 이 법은 소년원(reformatory)이나 소년교정 공공시설을 대신할, 지역사회가 주축이 된 대안을 성취하기 위해서 주에 정액교부금(block grant)을 준다.

4384 청소년 사법정책(juvenile justice policy)

미성년자의 불법행위에 대처하는 방법을 결정지을 때, 고려하기 위한 사회지침과 확립된 절차를 포함하는 형사 사법정책(criminal justice policy)의 구성요소를 말한다. 미국의 현행 청소년 형사정책의 요소에는, 미성년자에게도 성인에게 주어지는 재판과 변호인에 대한 같은 법적 권리를 주고, 성인용 공공시설과 분리된 시설에 감금시키며, 더 짧은 형기, 지정한 기간 동안 선행을 하면 기록을 깨끗이 지우는 것, 징벌보다는 보다 더 치료적인 방법이 되는 방침 등이 있다. → 골트(Gault)

4385 청소년 사법제도(juvenile justice system)
어떤 재판권 내에서는 22세 미만이고 다른 재판권에서 16~18세 미만인 나이 어린 사람들이 불법행위를 저지르지 못하도록 하고, 그런 행동에 관여한 미성년자의 치료를 지향하는 형사 사법제도(criminal justice system)의 한 부분을 말한다. → 영국청소년비행 프로그램(borstal system)

4386 청소년상담사(youth counselor)
청소년상담사는 청소년 상담관련 분야의 상담 실무경력 및 기타 자격을 갖춘 자로서 검정에 합격하고, 연수 100시간을 이수한 자에게 문화관광부장관이 부여하는 국가자격으로 1급, 2급, 3급으로 나누어진다. 1급 청소년상담사 : 상담관련분야 박사학위 취득자 및 석사학위를 취득한 후 상담 실무경력이 4년 이상인 자 또는 이와 동등한 자격이 있는 자. 2급 청소년상담사 : 상담관련분야 석사학위 취득자 및 학사학위를 취득한 후 상담 실무경력이 3년 이상인 자 또는 이와 동등한 자격이 있는 자. 3급 청소년상담사 : 상담관련 분야 학사학위 취득자 및 상담관련분야가 아닌 학과의 학사학위를 취득한 후 상담 실무경력이 2년 이상인 자 또는 이와 동등한 자격이 있는 자. → 청소년지도사

4387 청소년육성 집단지도
청소년의 건전육성에 있어서는 제 집단이 참가하여 상호협력하며 책임을 가지고 스스로의 역할을 다해가는 사회적 체험이 불가결하다. 따라서 아동후생시설인 아동관, 각종 사회교육관계시설 또 YMCA 등 민간 집단과 다양한 활동을 추진하고 있다. 이들 시설, 단체에서는 전문지도자나 지원지도자에 의한 체계적인 청소년 지도방법으로 집단지도방법이 중요시되고 있다.

4388 청소년의 위한 이동사업(mobilization for youth)
1960년대 초에 뉴욕시에 설립된 다면적인 사회서비스 시범 프로그램(demonstration programs)으로, 도시빈민 청소년들이 기회를 차단하는 사회적 장벽이 제거되면 사회에 적응하게 될 것이라는 이론을 검증하기 위한 사업을 말한다. 처음에는 포드 재단의 기금으로 운영되었으나 후에는 연방정부의 기부금으로 운영되기 시작했으며, 프로그램의 일부는 직접적인 상담서비스를 제공하는 것이고, 보다 중점적으로 신경을 쓴 서비스는 훈련·의사소통을 원활하게 하는 것, 법과 정치 그리고 소비에 대한 교육, 의도적이고 긍정적인 집단경험을 발전시키는 것, 이웃의 사회구조를 변화시키는 것이다. 이 프로그램의 성공적인 결과는 국가 차원에서 이루어진 존슨 행정부의 빈곤과의 전쟁(war on poverty) 프로그램과 연계되면서 나타났다.

4389 청십자사(blue cross association)
1948년에 설립된 미국의 의료보험 관계기관. 미국, 캐나다, 자메이카 각 지역의 청십자계획(blue cross plans)을 통괄하고 조사, 조언 등 정보제공을 해서 청십자계획의 확대와 침투를 도모하고 있다. 청십자계획이란 1939년경 병원협회가 시작한 비영리의 보험조합으로 구성원의 입원시 서비스 급여를 받을 수 있다. 기준을 상향하는 소득이 있는 자는 입원비의 일부를 자부담한다. 평균적으로는 75% 이상이 보험으로 처리되고 있다.

4390 청원(petition)
청원이라 함은, 국가기관에 대해 희망을 진술하는 것을 말한다. 국민의 청원권은 현대의 각국 헌법에서 거의 빠짐없이 보장하고 있고, 우리나라 헌법에서도 이를 보장하고 있다(헌법 제26조). 수익권의 일종으로 청원사항은 단지 소극적으로 불평의 구제에 그칠 것이 아니라, 적극적으로 국가에 대해 희망을 진술하는 것도 포함된다. 청원의 대상이 되는 국가기관도 원칙적으로 제한이 있을 수 없고 행정기관, 입법기관은 물론, 법원에 대해도 할 수 있지만, 헌법상 인정된 국가기관의 권한을 침해하는 청원은 허용될 수 없다.

4391 체계(system)
각 구성요소가 일정의 상호연관관계를 갖고 공통의 전체목적에 공헌하고 있는 경우를 말한다. 즉 다른 실체와의 상호작용과는 다른 방식으로 상호작용하는 성분들의 조직화된 하나의 전체를 말하는데, 이것은 어떤 기간 동안 지속된다.

4392 체계이론(system theory)
갖가지 학문영역에서 취급되는 대상을 체계 즉 '상호작용하는 요소의 복합체'라 보고 그 체계 일반에 적용되는 모델, 원리를 말한다. 법칙을 확정 또는 적용해 가려는 의도에서 개발된 새로운 이론이다. 이것은 1947년 생물학자 벨타란휘에 의해 제창된 이래 특히 사이버네틱스나 정보이해의 성과를 흡수, 통합하면서 급속도로 진전되어 현재 모든 학문영역에서 기초이론으로 받아들여지기에 이르렀다. 사회복지의 영역에서 주목을 받게 된 것은 최근의 일이지만 일반체계이론으로 확정된 개념, 예컨대 조직화 되어 있는 복잡성, 체계의 계층적질서, 개방체계, 결과성 등은 사회복지실천에 있어서 꼭 필요한 것으로 생각되고 있다. 그러나 그 적용을 위해서는 검토되어야 할 많은 과제가 남아 있다. → 시스템이론

4393 체계적 탈감각화(systematic desensitization)
어떤 대상이나 사건과 관련된 공포와 근심을 점차 완화하는, 울프(Joseph Wolpe)가 고안해낸 행동수정(behavior modification) 기법을 말한다. 이완운동과 유도된 이미지(guided imagery)를 사용하면, 클라이언트는 근심을 유발하는 상황에 대해 자극(stimulus)을 드러내놓는다. 예컨대, 만약 클라이언트 6피트 이상의 높이를 무서워한다면, 사회

사업가는 클라이언트가 사다리의 가장 낮은 단에서 서 있도록 하고, 그 동안에 걱정이 그 수준에서 종결될 수 있도록 충분히 오랫동안 즐거운 경험을 생각하게 한다. 이 과정은 클라이언트가 6피트보다 더 높은 곳에서 편안해질 때까지 천천히 반복하는 것이다.

4394 체계적 필수조건(systemic requisites)
지역사회 조직과 사회정책 개발에서, 잠재적 자원이나 프로그램뿐만 아니라 기존의 자원과 프로그램을 확인하여 이들 자원을 연결시키고 조정하는 협동적인 노력을 말한다. 이렇게 함으로써 중복과 경쟁을 피할 수 있으며 서비스의 범위와 질을 확대할 수 있다. → 기능적 필요조건

4395 체계적 추출법(systematic sampling)
등간격 추출법이라고도 말하고 있는 것처럼 모집단에 포함되는 모든 개체를 임의의 순서로 늘어놓고 난수표를 사용해서 출발점을 무작위로 정한 뒤에 일정의 추출간격(추출률이 1/a이라면 a개의 간격)으로 개체를 뽑아내며 그것들은 표본으로 하는 표본추출법이다. 단순무작위 추출법의 경우에 비해서 추출 틀의 추출단위에 일련번호를 붙이지 않아도 실제 추출작업이 가능하며 추출조작 자체도 간단하여 노력도 적게 들고 또 추출미스도 적다는 장점이 있다.

4396 체납처분(The Compulsive Collection)
사학연금의 경우, 교직원 또는 학교기관이 공단에 대하여 부담하고 있는 의무를 이행하지 아니하는 경우 공단이 강제적으로 의무가 이행된 것과 같은 상태를 실현하는 처분 및 그 집행을 말한다.

4397 체드위크(Chadwick Edwin : 1800~1890)
신문투고를 위해 취재차 슬럼을 탐방한 것을 계기로 빈곤과 위생에 관심을 갖게 되었다. 공리주의 철학자 벤덤의 영향을 받아 행정개혁 에 많은 업적을 쌓았다. 1832년 '왕립빈민법 조사위원회'의 위원보가 되어 낫소 시니어와 공동으로 보고서를 기초하였다. 1834년에는 동 위원회의 사무국장으로 취임하여 신빈민법의 제정에 기여하였다. 1842년에는 "영국 노동자의 위생 상태에 관한 보고서"를 상원에 제출 하였고, 1848년에는 '공중위생법'의 제정에 공헌하였다. 1854년까지 중앙위생국의 위원이었으며, 그 뒤 연구와 평론에 전념하였다.

4398 체벌(corporal punishment)
훈육의 한 방법으로서 특정의 행동을 중단하도록 하기 위해 신체적 고통을 가하는 것을 의미한다. 체벌은 신체적 고통을 가할 뿐만 아니라 심리적 좌절감이나 갈등을 유발하고, 동료 학생에게도 영향을 미치게 되기 때문에 이의 사용을 둘러싸고 논란이 있어 왔다. 특히 이는 부정적 자아개념을 유발하는 경향이 있으며, 그 효과도 의문시되기 때문에 사용하지 못하도록 권장하거나, 또는 법령이나 행정지시를 통해서 금지하는 것이 세계적인 추세이다. 그러나 일선의 교사나 부모의 대부분이 체벌을 훈육의 방법으로 사용해야 한다는 입장을 취하고 있기 때문에 체벌은 아직도 널리 사용되고 있다.

4399 체제(system)
어떤 정해진 목적, 또는 목표를 달성하기 위하여 각 구성요소, 혹은 부분이 전체와 유기적으로 관련되어 조화롭게 기능하는 관계의 집합 내지 단위를 의미한다. 다시 말해, 투입(input) – 전환(process) – 산출(output) 과정에서의 사물과 이들 사이의 관계라 할 수 있으며, 조직의 업무수행과 그 성취를 이해하기 위한 분석적인 틀로서 흔히 다음과 같이 제시되고 있다. 이러한 체제의 일반적인 특성 내지 속성을 다음 몇 가지로 종합할 수가 있겠다. ① 목표 지향적이다. 즉 뚜렷하게 설정된(nahrvy), 곧 성취해야 할 「무엇」이 있다. ② 부분과 부분, 또는 부분과 전체의 상호 관련성을 가지고 전체로서 기능을 발휘한다. 즉 문제를 종합적으로 본다. ③ 투입에 대한 산출, 또는 효과에 강조를 둔다. ④ 결과의 평가가 다시 재투입되는 환류(feedback) 기능을 가진다. 이렇듯 체제는 모든 현상을 분석하고 설명하는데 적용할 수 있는 논의기준이며 사고양식이라고 볼 수 있으며 모든 사회현상이나 교육문제들을 개념화하도록 그 기초를 제공한다.

4400 체제분석(systems analysis)
과학적인 문제해결 방식의 한 형태를 말한다. 정책결정자 또는 의사결정자가 목표를 설정하고 이 목표를 달성하기 위하여 여러 가지 대안들을 상황과의 관련 하에 내세우고, 각 대안을 이에 소용되는 비용과 이익의 대비에 의해 비교하여 가장 좋은, 또는 최적의 대안을 택하도록 하는 체계적인 분석 절차를 말한다. 뱅하트(F.W. Banghart)는 이러한 체제분석에서 사용되는 주요 활동내용은 상황분석·체제접근·체제평가·체제설계, 그리고 체제운영 등의 다섯 단계의 과정을 포함한다고 주장하였다. 그런데 최근에는 체제 접근과 체제분석의 과정을 유사하게 혼용하여 그 구분을 정확하게 하기 힘들다. → 체제접근

4401 초감각적 지각(ESP : extrasensory perception)
감각기관에 의존하지 않고 물체나 사건을 지각하는 현상을 의미한다. 천리안이나 텔레파시 등의 현상이 해당되며, 초심리학 혹은 심령학의 연구대상이 된다. '초감각지각'이라고도 한다.

4402 초경(menarche)
젊은 여성이 처음 월경할 때 나타나는 생리적 과정을 의미한다.

4403 초과부담
정부가 정한 국고보조금의 과소에 대해 일정한 행정수준을

실현, 유지하기 위하여 지방자치제가 자금을 보충하는 것을 말한다. 그 배경으로는 재정효율주의와 중앙집권적인 재정구조의 메커니즘이 작용한다. 구체적으로는 ① 단가 차(사업설정단계에서 오른 단가의 실태와 보조기준과의 차) ② 수량 차(보조금의 산정수량 규모가 실태보다 낮은 것) ③ 대상 차(건실용지의 취급과 시설설비 등이 보조대상에서 제외되어지고 있는 점) 등에 의해 발생한다.

4404 초기경험(early experience)
유기체가 단세포의 접합자로부터 성숙한 어른이 될 때까지의 경험이 그 뒤의 행동 또는 기능과 어떤 관계를 갖고 있는가를 밝히려는 연구영역을 말한다. 동물의 실험에서 인간에 이르기까지 수많은 연구가 이루어져 왔다. 동물의 경우 로렌츠(K. Lorenz)의 각인(imprinting) 학습이 모자관계에 주는 영향에 관한 연구로부터 생후 초기에서의 감각결핍이 뒤에 오는 행동에 주는 영향이라든지, 하로우(H. F. Harlow)의 유명한 실험인 피부접촉에서 오는 따뜻한 느낌이 신체적·지적 사회성 발달에 미치는 영향 등이 그 대표적 예이다. 모성결핍에 관한 연구나 초기의 문화실조 현상이 뒤에 오는 학습활동에 미치는 영향에 관한 연구, 임부의 건강상태·정서상태, 또는 약물이 태아에 미치는 영향 등이 이 영역에 속한다. 정신분석학에서는 만 5세 이전의 모자관계를 초기경험으로 생각하며 성격형성의 중요한 시기라 한다.

4405 초자아(super ego)
프로이드가 규정한 개념이다. 이것은 사회적인 틀 특히 친자관계에서 습득되는 것으로 개인의 본능적인 충동의 발현에 대해 양심으로서 제지적인 작용을 하는 것이다. 성장의 과정에서 이것이 특히 강하게 되면 자아는 끊임없이 충동의 압력에 대해 방어적이 되지 않을 수 없고 방어과속인 인격이 만들어지게 된다. 이것이 약하면 충동은 비교적 자유롭게 발현해 버리기 때문에 현실에 부적응이 생기기 쉽다. → 에고(Ego), 이드(Id)

4406 촉매자 역할(catalyst role)
사회사업가나 지역사회 조직가가 클라이언트나 지역사회로 하여금 자기 평가와 반성의 분위기를 형성하고 의사소통을 촉진시키며, 문제 파악을 자극하고, 변화 가능성에 대한 신념을 고무하는 기능을 의미한다.

4407 촉법소년
형벌법령에서 저촉되는 행위를 한 12세 이상 14세 미만의 소년으로서(소년법 제4조 1항) 경찰서장은 직접 관할소년부에 송치해야 하며, 또한 이러한 소년을 발견한 보호자 또는 학교와 사회복지시설의 장은 이를 관할소년부에 통고할 수 있다. 이들 소년들을 책임무능력자로 규정하여 형사책임능력이 없다고 보고 있으므로 형사처벌의 대상은 되지 않으나(형사책임 없음) 보호사건으로 처리되어 보호처분을 받게 된다.

4408 촉진(facilitation)
사회사업가가 클라이언트 체계들 사이의 연계 (linkage)를 자극하고 중개하며, 새로운 체계를 개발하도록 돕고, 혹은 현재 있는 체계를 강화하도록 돕는 사회사업 개입의 한 접근방법이다. 사회사업가는 클라이언트가 바람직한 목표에 도달하도록 길을 놓으며, 클라이언트를 위한 조장자, 지원자, 중재자, 중개자로서 일한다. 핀커스(Allen Pincus)와 미나한(Anne minahan)에 따르면, 촉진활동은 정보와 의견의 도출, 감정표현의 촉진, 행동의 해석, 행동의 대안에 대한 논의, 상황 명료화, 용기 부여, 논리적 사고의 실천, 성원의 충원을 포함하는데, 흔히 협조관계나 협상관계에서 이루어진다.

4409 촉진원인(precipitating cause)
사람에게 장애나 문제를 일으키는 것처럼 보이는 사건이나 변화로, 사회사업가에게 도움을 청하도록 만드는, 사소하지만 결정적인 원인(last straw)이다.

4410 촉진자 역할(facilitator role)
사회사업에서 사람들을 끌어 모으고 의사 전달의 길을 터주며, 그들의 활동과 자원을 연결하고(channeling), 전문가에게 접근할 수 있도록 함으로써 변화노력을 촉진시키는 책임을 의미한다. 다른 일차적 사회사업 역할은 조장자 역할(enabler role), 교육자 역할(educator role), 동원자 역할(mobilizer role) 등이다.

4411 촌놈(redneck)
농촌이나 소도시 출신으로 순박하고, 우직하고, 인종적인 편견을 받으며, 가끔 호전적인 사람을 낮춰 묘사하는 용어이다.

4412 총체적 평가(holistic evaluation)
타일러식의 전통적인 평가모형의 대안으로 맥도날드(Barry Mac Donald) 등이 주창한 평가의 방법을 말한다. 타일러식의 평가모형이 실험적이거나 심리측정적인 방법들을 사용하며, 프로그램을 하나의 전체로 보는 관점이 부족하다는 비판을 근거로, 의도한 교육적 산물의 측정은 프로그램을 하나의 총체로서 보는 관점 – 측정의 이론적 배경, 전개과정, 조작 방법, 성취도, 난이도 등 – 을 견지해야 한다는 주장이다. 맥도날드는 평가는 특정자료(학생들의 반응결과)만이 관심의 영역이 되는 것이 아니라 프로그램과 그것의 맥락과 관련된 모든 자료들을 수용해야 한다는 입장을 취한다. 또한 평가의 총체적인 접근에서는 한 프로그램의 새로운 혁신은 일련의 단절된 효과들에 의해 이루어지는 것이 아니라 프로그램의 작용과 결과가 유기적으로 관련된 것이며, 따라서 어떤 단일한 작용은 전체적인 상황 안에서 기능적으로 위치해 있다는 사실을 함축하고 있다.

4413 총평(assessment)

머레이(Murray)가 〈인성의 탐구〉 (1938)라는 저서에서 처음 사용했다. 전인격평가 혹은 총 인격평가라고도 한다. 그 이후 O.S.S.총평 (1948)에서 사용했던 것이 이 용어가 널리 알려지게 된 계기이며 전인격 평가와 같은 개념이다. 즉 개인의 행동특성을 특별한 환경, 특별한 과업, 특별한 준거상황에 관련시켜 의사결정을 하려는 것을 말한다. 따라서 총평의 분석방법은 개인이 달성해야 할 어떤 준거의 분석과 이 개인이 생활하고 학습하고, 작업해야 할 환경의 분석에서 출발한다. 총평에서는 환경이 강요하는 심리적 압력, 요구하는 역할이 무엇인지를 결정해야 하며, 그 사이에 존재하는 단계적 순서, 일관성 및 갈등을 분석 결정하는 일이 중요한 목표가 된다. 그런 다음, 이 환경 속에서 생활하고 학습해야 할 개인에 관한 증거, 예컨대 취약점과 장점, 욕구, 인성특성, 능력 등을 결정하게 된다. 따라서 분석의 순서로 보면 환경이 요구하는 압력이나 역할을 분석하는 과정이 먼저 오고, 다음에 개인의 특성이 이에 적합한지 어떤지를 분석, 결정하게 된다. 총평의 관점은 임상에 임하는 의사의 임상적 평가방법(clinical evaluation)과 유사하며, 측정방법에 있어서는 계량적인 측정방법 이외에 전체적이며 때로는 직관적인 판단, 질적인 평가방법, 과거 – 현재 – 미래를 통합한 판단이 이용된다. 총평에서 사용하는 개인에 관한 정보의 수집은 구조화된 객관식 검사형태, 비구조화된 투사적 방법, 자유연상법 등의 다양한 형태를 통해 이루어진다.

4414 최고범죄연령(the age of maximum criminality)

청소년들의 비행발생이 가장 높은 구성 비율(범죄수)을 차지하는 연령을 '최고범죄연령'이라고 한다. 최고범죄연령은 범죄의 종류에 따라 크게 변화하는데, 우선 재산범과 강력범으로 크게 나누어 살펴보면 다음과 같다. 재산범에는 17~18세의 소년범에서 가장 높이 솟아 있으나, 강력범에 있어서는 19세에서 가장 높은 수치로 올라가다가 20세 이후에서 높은 곡선을 계속적으로 유지하지만 24~25세에서 가장 높이 솟았다. 강도 19세, 강간 18세, 공갈 18세 그리고 절도범은 17세가 가장 높은 구성 비율을 차지하고 있다.

4415 최면상태(hypnosis)

대상의 인지 외에는 모든 것이 무시될 정도로 집중력이 강해지는 정신적인 상태를 의미한다. 최면상태는 영화나 책에 완전히 몰입하는 것과 거의 흡사하다. 모든 최면상태는 자기 최면이며 최면술사의 역할은 단지 집중의 수준을 깊게 할 수 있는 암시를 주는데 있다. 일반적으로 최면대상자들은 도덕적, 윤리적 덕목과 상반되는 무엇도 하려 하지 않으며 최면상태로부터 자신의 의지대로 벗어날 수 있다. 최면상태의 유형들은 최면치료와 같은 치료적 개입에서 성공적으로 사용된다. 최면대상자들은 체중 감량, 금연, 고통 구제, 공포증(phobia) 극복과 같은 특정한 목표달성을 이루기 위해 자기최면을 할 수 있도록 지도받을 수 있다.

4416 최면요법(hypnotherapy)

최면을 사용한 심리요법으로 인위적으로 최면상태와 흡사한 정신상황을 만들어 의식화되어 있지 않은 심리적 기능이나 생리적 기능을 불러일으켜 장애가 되고 있는 부적응행동이나 증상을 제거한다. 최면시에 문제의 증상, 행동을 감퇴시키는 암시에 의해 문제극복의 자신을 갖게 하고 최면이 깬 뒤에도 최면시에 되찾은 자신은 지속시킨다. 최면요법은 타자에 의한 것 외에 자기가 최면상태를 만드는 자기최면, 자기훈련법이 있는데 모두가 고도의 지식을 필요로 한다.

4417 최면치료(hypnotherapy)

최면 또는 최면술의 특성을 이용하여 진행되는 심리치료 또는 심리치료법을 말한다. 최면 자체의 효과를 기대하고 최면치료를 사용하는 경우와 최면을 통해 다른 심리치료법의 효과를 높일 목적으로 최면치료를 사용하는 경우가 있다. 최면요법이라고도 한다.

4418 최소두뇌장애(minimal brain dysfunction)

→ 주의력 결핍장애(attention deficit disorder)

4419 최저국민수준(national minimum)

국가가 사회보장, 기타의 공공정책에 의해 모든 국민에게 보장하는 최저생활수준을 말한다. 영국의 시드니 부처에 의해 처음으로 제창되어 1942년의 베버리지 사회보장계획에서 구체적인 정책목표로 설정되었다. 이것은 규범적 개념으로 사용되는 경우도 있고 베버리지 계획처럼 구체적인 정책개념으로 쓰이는 경우도 있다. 후자의 경우에는 필요 최저생활비를 계측해서 결정하지만 그 수준은 시대에 따라 변화한다.

4420 최저생계비(minimum cost of living)

최저생계비라 함은 무엇인가 기준으로 되어 있어야 할 '최저'를 말하는 것으로 그것은 ① 동물적으로 살아가는 것 만이라는 기준(최저생존) ② 문화적, 사회적 동물로서 최저산도(최저생활)라는 기준으로 나누어진다. 말할 필요도 없이 인간은 후자에 의해 노동력 재생산을 도모하면서 생활하지 않으면 안된다. 역사적, 지역적으로 다양하고 곤란한 이 비용의 산출에 대해서는 라운트리, 피터 타운센트 등이 연구를 시도한 바 있다.

4421 최저생계비산정방식(market basket method)

최저생계비란 노동 재생산에 필요한 최저한도의 생활비용을 말하나 그 경우의 비용은 단순한 육체적 재생산비용이 아닌 건강하고 문화적인 최저한도의 생활비용이다. 이 비용은 사회적, 경제적, 자연적 제 조건에 의해 상이하며 국제 비교는 별 의미가 없다. 최저생계비의 산정방법을 집약하면 일정의 생활수준을 유지하기 위해 필요한 생활물자나 서비스의 양을 생활과학상의 지식에 근거해 계산하고 이것을 금전 환산하여 그 합계액을 최저생활비로 하는 이론 생계비 방식과 현실적으로 영위되고 있는 가계내용의 분석을 통해서 그 속에서 최저생활비를 산출하는 실태생계비방식의 둘로 대별된다. 그러나 양방식 모두 장, 단점이 있어 어느 한 방식이 옳다고는 할 수 없다.

4422 최저생존수준(minimum subsistence level)
동물적으로 살아갈 수 있을 뿐인 최저한도의 수준을 의미한다. 라운트리는 빈곤을 제1차와 제2차로 나누어 각각 '총수입이 육체적 능률을 유지하는 데 불충분한 것', '충분하나 음주나 도박 등 다른 소비에 쓰면 불충분 한 것'으로 규정했다. 그 어느 것도 노동력재생산을 가능하게 할 수 있다고는 할 수 없다. 그런데도 그의 1899년 제1회 조사에서 제1차 빈곤은 노동계급인구의 15.5%(일반인구의 9.9%)나 되었다.

4423 최저생활가계부(minimum market basket)
생존하는 데 필요한 최소한의 음식 양을 규정하기 위해 경제학자들과 사회복지 기획자들이 사용하는 개념이다. 최저요구 측정(minimum needs estimation)을 하는 하나의 형식이다.

4424 최저생활보장
(guarantee of the minimum standard of living)
사회보장에서는 전 국민 모두를 대상으로 최저생활을 보장한다. 베버리지는 사회보험을 주로하고 공공부조를 보조로 한 최저생활의 보장을 의도했다. 그러나 현실은 부조의 수준이 높아 부조가 빈곤자에게는 최후의 안전 대피망이 되고 있다. 영국의 보족급여에서는 현재 그 수준은 일반생활에 참가할 수 있는 높이, 의식주를 상응하게 충족하고 사회 적으로 공무원, 교사 등과 차별 없는 대우를 받는 것으로 하고 있다.

4425 최저생활수준
인간은 문화적, 사회적 동물이므로 이러한 면에서 최저한도의 것을 포함한 생활수준이라는 생각이다. 이 수준을 확보하질 못하면 노동 의욕을 상실한 뿐만 아니라 일에서의 창의능력이나 사회적 활동능력을 잃는다. 사회보장에서 최저생활보장이 유의할 점이다. 라운트리의 최저생존수준을 비판하고 최저생활수준을 다시 생각하자는 것이 에벨 스미스, 피터 다운젠트 등의 빈곤의 재발견(rediscovery of poverty)이다.

4426 최저요구 측정(minimum needs estimation)
사회복지 기획자들이 인간이 생존하는데 최소한으로 요구되는 음식, 의복, 주택, 재화 등을 규정하는 것을 말한다. 이 개념은 소득빈곤선을 책정하는 기초로 사용된다.

4427 최저임금(minimum wage) 01
법이나 계약을 통해 피고용자에게 지급되는 임금으로, 고용주가 특정 업무에 대한 대가로 지불하는 데 허용될 수 있는 최소의 금액을 말한다. 미국의 노동정책은 고용주들이 정부가 법으로 규정한 최소한의 임금을 지급하지 않고서는 노동자를 고용하지 못하도록 하고 있다.

4428 최저임금 02
영세·저소득 근로자를 보호하기 위해 사업주가 근로자에게 의무적으로 주도록 한 최소한의 임금을 의미한다. 시간급, 일급, 월급으로 정해져 종업원 10인 이상 사업장에 적용된다. 최저임금 이하로 임금을 지급할 때는 사업주를 형사처벌할 수 있다. 1987년 7월 최저임금법이 시행되면서부터 적용되고 있다. 최저임금은 노동자대표 사용자대표 공익대표 등 모두 27명으로 구성된 최저임금심의위원회가 노동부의 심의 요청을 받아 의결하는데 전국 영세사업장 근로자의 생계비를 기준으로 산출한다.

4429 최저임금법
근로자에 대해 임금의 최저수준을 보장하여 근로자의 생활안정과 노동력의 질적 향상을 기하기 위하여 제정된 법률(1986. 12. 31. 법률 제3927호). 최저임금은 노동자의 생계비, 유사노동자의 임금 및 노동생산성을 고려, 사업의 종류별로 구분하여 최저임금심의위원회의 심의를 거쳐 노동부장관이 정하도록 규정하고 있다. 심의위원회는 근로자·사용자·공익을 대표하는 근로자위원·사용자위원·공익위원 등 각 9인으로 구성된다. 특히, 사용자가 이 법에 의한 최저임금을 이유로 종전의 임금 수준을 저하시킬 수 없도록 규정하고, 이를 위반한 자는 3년 이하의 징역 또는 1,000만원 이하의 벌금에 처하거나 이를 병과할 수 있도록 하였다. 또, 최저임금의 적용을 받는 근로자와 사용자 사이에 최저임금액에 미달하는 임금을 정한 근로계약은 그 부분에 한하여 무효가 됨을 규정하고 있다. 그러나 신체의 장애 등으로 근로능력이 현저히 낮은 자에 대한 최저임금의 적용은 제외하고 있다. 총칙, 최저임금, 최저임금의 결정, 최저임금심의위원회, 보칙, 벌칙 등 6장으로 나뉜 전문 30조와 부칙으로 되어 있다.

4430 최저임금액
최저임금액은 시간, 일, 주 또는 월을 단위로 하여 정한다. 이 경우 일, 주 또는 월을 단위로 하여 최저임금액을 정하는 때에는 시간급으로도 이를 표시해야 한다. 취업기간이 6월을 경과하지 아니한 18세 미만의 근로자에 대해 대통령령이 정하는 바에 의하여 제1항의 규정에 의한 최저 임금액과 다른 금액으로 최저임금액을 정할 수 있다. 임금이 통상적으로 도급제 기타 이와 유사한 형태로 정하여져 있는 경우에 있어서

제1항의 규정에 의하여 최저임금액을 정하는 것이 적당하지 아니하다고 인정될 때에는 대통령령이 정하는 바에 의하여 최저임금액을 따로 정할 수 있다. 2007년도 최저임금액은 업종 구분 없이 시간 당 3,480원이다. 이는 2006년도 3,100원에서 12% 인상된 금액이다.

4431 최저임금제도(minimum wage system)

영세, 저소득 근로자를 보호하기 위해 사업주가 근로자에게 의무적으로 주도록 한 최소한의 임금을 말한다. 시간급 및 일급, 월급으로 정한 후 종업원 10인 이상 사업장이 이 금액 이하로 임금을 줄 때는 사업주를 형사처벌하도록 되어 있다. 근거법령은 1987년 7월 제정된 최저임금법을 의미한다. 최저임금 산출은 전국 영세사업장 근로자의 실태생계비를 기준하는 것으로 되어 있으나 실제는 근로자위원을 파견하는 한국노총과 사용자위원을 파견하는 한국경총의 협상아래 이루어지고 있다. 최저임금의 적용시기는 매년 1월 1일부터 12월 31일까지다. 일본, 미국 등이 산업별로 차등 적용하는 것과는 달리 우리나라는 전 산업에 일률적으로 적용하고 있다.

4432 추가질문(probing)

면접자가 응답자와 만나서 면접을 진행할 때 응답자의 대답이 불확실하거나 불충분하여 알고자 하는 질문의 대답을 파악하지 못할 때 알고자하는 조사내용을 바로 알아내도록 계속 응답자에게 캐어묻는 질문이다. 이러한 추가질문은 응답자가 질문에 대해 피해의식을 갖고서 자기보호를 하기 위하여 응답하지 않거나 열등감, 공포심, 표현력 부족 등에 의하여 자신 있게 응답을 하지 않을 때에 면접자가 사용하는 질문이다.

4433 추론

→ 추리

4434 추리([영] reasoning, inference [독] Schluß)

하나 이상의 진(眞)인, 또는 진이라고 가정된 판단(전제)으로부터 다른 판단(결론)이 진이라는 것을 분명히 하는 사고 작용. 연역적 추리와 귀납적 추리의 구별이 있고, 전자는 또 직접추리의 간접추리로 구별된다. 대부분의 추리는 전제로부터 참된 결론을 이끌어낼 수 있지만, 대당관계처럼 어떤 판단의 진(眞)에 의해 다른 판단의 위(僞)를, 또 어떤 판단이 위라는 사실에 의해 다른 판단의 진을 증명할 수 있는 경우도 있다. 추리에는 하나의 삼단논법이나 직접 추리에 지나지 않는 간단한 것도 있는가 하면, 많은 삼단논법을 조합한 연결추리(복합적 삼단논법)도 있다. 구체적인 인식과정에 있어서는 연역과 귀납이 조합되어 복잡한 추리가 행해지고 있다.

4435 추수과정(follow-up process)

케이스워크의 과정에서 클라이언트를 혹은 대상자에게 제공된 지원 서비스나 처치가 어떠한 효과나 결과를 가져왔느냐에 대해 추적평가 하는 것을 의미한다. 따라서 단순한 효과측정에 의해 수단이나 수준의 타당성을 검증하는 것에 그치지 않고 케이스워크 과정의 종결 후에도 필요하다면 클라이언트의 상태에 관해 언제라도 대응하는 사후보호 활동을 포함하는 것이다.

4436 추수지도(follow-up) 01

사후지도라고도 한다. 케이스워크나 상담에 있어서 도움을 주어 클라이언트의 문제가 일단 해결되고 원조관계가 종결되어도 클라이언트의 사회적 적응에 관심을 가지고 일정기간 계속해서 관찰 지도하여 적응생활을 도모하는 것으로 사회사업 일반에도 사용된다.

4437 추수지도 02

사후지도라고도 한다. 케이스워크나 상담에 있어서 도움을 주어 클라이언트의 문제가 일단 해결되어 원조관계가 종결되어도 그 후 그 사람의 사회적 적응에 관심을 가지고 일정기간 계속해서 관찰 지도하여 적응생활을 도모하는 것으로 사회사업 일반에도 사용된다.

4438 추수지도(follow-up service) 03

상담이나 그 밖의 생활지도를 일단 실시한 뒤에 그런 지도를 받는 사람이 어느 정도 건전하게 적응하고 있는가를 확인한 다음, 경우에 따라서는 필요한 상담이나 그 밖의 교육적 조력(助力)을 더해 주는 것을 말한다. 이는 마치 어떤 의사가 환자에게 주사를 놓거나 약을 복용하도록 한 뒤에 그 결과가 어떻게 되어 있는지를 체크해 보는 것과 유사하다. 진로문제, 교육상의 문제, 또는 그 밖의 여러 가지 문제를 심리검사·상담·정보제공 등을 통해서 지도를 한 뒤에 일정한 시간이 경과되면 그 지도의 결과가 어떻게 되었으며, 또 어떤 후속조치나 조력이 필요한가를 확인하여 지도하는 것은 개인에게 필요한 교육적 원조를 효과적으로 하는 일이며, 동시에 생활지도의 제반활동을 계속적으로 개선하는 데에 큰 기여를 하게 된다.

4439 추출조사(sampling survey)

표본조사라고도 한다. 모집단의 일부를 무작위추출 등의 기술을 써서 표본으로 추출해 그것을 밀접조사대상으로 조사를 해서 통계량을 추정 또는 검정하려는 조사를 말한다. 이 추정 또는 검정이라는 사고과정이 명확하게 평가되지 않으면 안된다. 이 조사방법은 통계적 추출법, 층화추출법, 부차추출법 등의 무작위추출법의 발전에 의해 전수조사를 대신해서 일반적으로 넓게 쓰여지게 되었다.

4440 축소주의(reductionism)

보다 복잡한 국면을 덜 복잡한 국면으로 축소시키는 이론, 방법론, 또는 자료를 설명하는 방법을 말한다. 이러한 방법을 사용하게 될 때 나타나는 효과 가운데 종종 어떤 현상을 지나치게 단순화하거나 부정확한 해석을 낳기도 한다.

4441 출발점 행동(entering behavior)
수업이 시작될 때까지 이룩되어 있는 학생의 수준을 의미한다. 여기에서 학생의 수준이란 선행학습이 무엇이냐를 비롯하여, 그의 지적 능력과 발달 정도·동기상태·학습능력에 영향을 주는 여러 사회적·문화적 요인을 가리킨다. 일반적으로 출발점 행동은 인간능력의 개인차·학습준비성 등에 비하여 더 적확한 용어이며, 이 같은 행동을 시발행동·투입행동·학습에 대한 선행경향성·적성 등으로 부르는 사람도 있다. 출발점 행동의 진단은 한 수업단위의 시작에 즈음하여 학생이 지니고 있어야 하고 그 수업에 적합한 지식·기능·태도를 밝히는 작업이다. 효과적인 수업과 수업자료를 개발하여 수업과정에서 성공적인 경험을 얻고 학습자와 수업 프로그램간의 유대를 굳게 하려는 노력의 일환이다. 출발점 기능 내지 행동을 확인함으로써 교정학습이 필요한 학습 결손자를 가려낼 수 있다. → 준비도, 투입행동, 교정학습

4442 출산가족(family of procreation)
한 성인 부부에 의해 시작된 가족을 말한다.

4443 출산급여
의료보험에서의 출산에 관한 현금 급여의 총칭이다. 피보험자. 조합원에 대한 휴업 보장적 급여로서의 출산수당금과 피보험자, 조합자 및 배우자에 대한 실비 보장적 급여의 분만비, 출산비, 조산비가 있다.

4444 출산력(fertility)
재생산을 할 수 있는 생물학적 능력을 말한다.

4445 출산부조(maternity aid)
일본에서 실시되고 있는 생활보장법에 의한 보호의 일종이다. 출산 시에 경제적 이유로 당연히 받아야 할 최저의 출산 보호를 받을 수 없는 자를 대상으로 한다. 부조의 범위로서는 ① 병원알선 ② 분만전후의 처치 ③ 탈지면, 가제 기타 위생재료 등의 지급이다. 동 입법 당시는 거택출산을 원칙으로 금전급여를 주로 했지만, 현재는 시설분만, 거택조산 외에 예정되어 있던 시설에서 분만할 수 없는 경우 등 각각의 사정에 특별기준설정을 인정하고 있다.

4446 출산수당금(child birth allowance)
일본에서 실시하고 있는 것으로 피보험자 또는 각종 공제조합원이 분만한 경우, 분만전후의 일정기간 내에 노무에 종사하지 않는데 대한 소득의 손실 또는 감소를 보충하기 위해 지급되어진다. 국민건강보험법에는 임의급여로 되어 있지만 건강보험, 선원보험 및 공제조합에서는 법정급여이다. 분만 전 42일분 및 분만 후 56일분이 지급되며 그 액수는 각기 법률규정에 의한다.

4447 출산순위(birth order)
한 가족에서 아동이 차지하는 출생의 순서. 1896년에 갈톤(F. Galton)에 의해 처음으로 출산 순위의 영향이 언급된 바 있다. 그 이래로 출산 순위에 관해 연구 발표된 바에 의하면 아동이 한 가족에서 차지하는 출산 순위는 아동의 학업성취·사회적 관계·성격 등에 영향을 미친다고 결론짓고 있다.

4448 출산외상(birth trauma)
인간이 모태로부터 태어남으로써 경험하게 되는 불안과 고통을 말한다. 온도·양분, 산소 등이 아무런 장애 없이 충족될 수 있던 모태에서부터, 기온이 낮거나 변화되고, 소음이나 그 밖의 위험이 있고, 배고픔을 느껴야 하는 환경적 조건으로 태어나는 것에 불가피하게 경험하는 최초의 심리적 상처라고 할 수 있다.

4449 출산휴가(maternity leave)
출산 전의 건강이나 출산 후의 발육을 안전하게 보장하기 위해 산모나 임산부에게 제공되는 휴직기간을 말한다. 다양한 고용조직들은 출산휴가에 대해 매우 다양한 정책들을 실시하고 있다. 일부는 출산 전후의 몇 달 동안 휴직할 경우에 정상적인 봉급을 주고, 휴가 후의 복직을 인정한다. 반면에 일부는 휴직에 대한 급료의 지불을 인정하지 않거나 단지 며칠간의 '병가'만을 인정한다. 대부분의 사회사업가들은 출산휴가를 인정하지 않는 것은 여성을 차별하는 것이며, 이것은 국가의 미래 복리가 건강한 재생산을 격려하는 데 달려 있음을 인정하지 않는 것이라고 하면서 오랫동안 출산휴가 정책의 보편화를 주장해왔다.

4450 출생서열 이론(birth-order theories)
형제자매 간에 나타나는 분명한 차이점들을 맏이인지, 막내인지, 둘째인지에 따라 설명하는 가설. 몇몇 학자들은 장남의 성격은 그들에게 많은 것을 기대한다는 것에 영향을 받으므로, 그들은 성취자가 되기도 하지만 또한 더욱 불안감과 실패감을 느낄 경향이 많다고 설명한다. 반면에 차남은 가끔 장남에게 열등감을 느끼고, 따라서 그들은 다른 사람들과의 접촉에서 더 화를 내거나 부적절한 기분을 보이려고 한다. 이 이론가들에 따르면 막내는 남들의 관심을 끌려고 하고 자아도취적인 특성을 보인다. 이 가설에 대한 연구는 여전히 신뢰성이 부족하고 다소 모순적이다.

4451 출생율(fertility rate) 01
일정 기간 동안에 한 인구집단에 내에서 출생한 신생아 수를 나타내는 인구학적 지표를 말한다.

4452 출생율(birth rate) 02
인구 1,000명 혹은 10만 명당 출생하는 수로 표현되며, 일정한 인구와 일정한 시기 동안 총인구 중 출생자 수의 비율을 말한다.

4453 출생율 03
출생의 빈도를 나타내는 통계비례수. 통상 1년간의 출생수를 그 해의 연앙(年央)인구(대개 7월 1일의 인구) 1,000에 대한 비율로 나타내며, 이것을 보통출생률 또는 조출생률(粗出生率)이라고 한다. 보통출생률의 분모가 되는 인구 중에는 출생에 관계가 없는 어린이나 노인, 미혼의 연령층 인구가 포함되어 있으므로, 출생의 실질적인 정도를 파악하기 위해서는 임신가능연령(15~49세)의 여자인구와 배우자가 있는 여자인구에 대한 출생수의 비율을 산정한다. 여기에는 여자(또는 유부녀)의 연령별 인구에 대한 출생비율도 쓰인다. 구미 대부분의 나라에서는 1870년대부터 출생률이 저하하기 시작했는데, 제1차 세계대전 후에는 더욱 급속도로 저하하여 1930년대에는 뚜렷하게 낮아졌으나, 제2차 세계대전 후에는 한동안 베이비붐이 일어났다. 유럽 여러 나라에서는 다시 저율이 되었으나 미국·캐나다·호주에서는 약간 높은 수준을 나타내고 있다. 한편, 개발도상국들에서는 사망률은 저하하기 시작하였는데 출생률은 아직도 인구 1,000명당에 대해 1930~1935의 높은 비율을 보이고 있으며, 인구증가율도 뚜렷하다. 한국에서의 출생률은 1925~1944년에 45, 즉 인구 1,000명당 연간 출생아수가 45명에 이르는 매우 높은 출산수준을 보였으나, 1944년부터 낮아져 6·25 전쟁까지 지속되었다. 그러다가 1957년부터 출생률이 급증하기 시작하여, 1960년 42.1을 기록한 후 점차 감소 추세를 보였다. 1960년 이후 나타나기 시작한 출산력의 저하현상에 기여한 직접적인 요인으로는, 결혼연령의 연장, 1962년 정부의 가족계획 실시에 의한 다양한 피임법의 보급, 그리고 출산억제방법으로 성행된 인공유산, 교육수준의 향상, 가족에 관한 가치관의 변화, 도시화 및 경제성장과 같은 사회 경제적 여건의 변화 등을 들 수 있다.

4454 출세이야기(Horatio Alger story)
개인이 근면, 검소, 정직한 성격 때문에 필경 빈곤에서 풍요로 발전한다는 것을 일컫는 표현으로 알거(Rev. Horatio Alger,jr)의 19세기 소설 〈가난뱅이에서 부자로〉 (rangs to riches)에 기초하고 있다.

4455 출소교육
출소에 앞서서 사회진출을 위한 준비교육으로서 출소 후의 생활에 필요한 유의사항과 제반신고 등 절차와 사회사정을 교육하는 것이다.

4456 출향/적극적 원조(reaching out)
공포감이 있거나 동기화되지 않은, 또는 접근하기 어려운 클라이언트로부터 신뢰와 동기를 얻기 위한 사회사업가의 활동을 말한다. 이러한 활동은 실질적인 선물(커피 한 잔 또는 과자 한 조각), 확실한(구체적) 서비스(다른 시간과 함께 관료적 형식주의 red tape의 타파) 또는 특별한 호의(강좌 session의 시간을 연장하거나, 회합사이에 전화를 걸어주는 것 등) 등이 있다.

4457 출현율(prevalence)
특정한 시기에 특정한 장소에서 어떤 집단 내에 존재하는 장애인의 전체 수를 말한다. 빈도(incidence)와 달리 출현율은 현재 존재하고 있는 장애인을 일컬으므로 새로운 사례 수를 고려하지 않기 때문에 인과관계를 결정하는 데에는 유용하지 않다. 그러나 출현율은 특별한 시기에 서비스를 필요로 하는 지역을 결정할 때 빈도보다 더 유용하게 사용할 수 있다. 출현율과 빈도는 준거(criteria), 방법, 성별, 나이, 집단, 종족, 사회 정치적 요인들로 인해서 영향을 받을 수 있다.

4458 충격(shock)
피해자의 혈액순환에 장애가 오며, 심신에 충격적인 상해가 따르는 신체적 현상. 증상으로는 희미한 맥박, 현기증, 오한, 불규칙적인 호흡, 구역질, 허약함 등이다. '충격'(shock)이라는 용어는 일반적으로 놀라움, 무서움과 신체의 기능이 일시적으로 정지하는 느낌을 뜻하기도 한다.

4459 충격치료(shock therapy)
→ 전기충격치료(electroshock therapy)

4460 충동(drive)
정신분석 이론(psychoanalytic theory)에 따르면, 명백한 행동을 유도하는 기본적 충동 또는 자극을 말한다.

4461 충동성(impulsiveness)
생각 없이 그리고 행위의 결과를 거의 고려하지 않고, 내적 충동에 대해 갑작스럽게 행동하려는 성향을 의미한다.

4462 취소(undoing)
이전에 취해졌고 그것이 수용될 수 없다는 것을 알게 된 행동의 결과들을 소멸시키기 위해 반복되는 습관에 전념하는 사람의 방어기제(defense mechanism)를 말한다. 예컨대, 부주의한 운전으로 한 아이에게 상해를 입힌 사람은 그 사고가 일어난 곳을 지나갈 때는 천천히 주의 깊게 운전하게 된다.

4463 취업구조
이것은 노동력인구의 취업상황, 즉 성별, 연령별, 산업·업종별, 기업 규모별, 종사자 지위별 또는 그 모두를 지역별로 본 취업자의 분포 또는 구성상태를 말한다. 그런데 자본주의가 발달함에 따라 제1차 산업보다는 제2차, 제3차 산업에서 취업자가 구성비와 고용노동자의 비율이 높아지는 경향이 있는데, 보통 이것을 취업구조의 근대화라 한다.

4464 취업구조 기본조사
취업, 미취업의 실태 및 그것에 영향을 미치는 요인을 여러 측면에서 밝혀 각종 시책의 기초자료로 하는 것을 목적으로 한다. 조사실시기 관은 통계청이며 3년마다 조사가 실시되고 있다. 조사대상은 약 34만 가구 및 65세 이상의 가구원이다. 조사사항은 산업, 직업, 취업일수, 시간 등으로 취업에 관한 기본적인 항목 외에 취업, 미취업자의 취업에 관한 희망의식이나 취업이동 등도 포함하고 있다.

4465 취업규칙(working rule)

사용주가 그 사업장에서 적용되는 근로조건이나 복무규정을 획일적으로 정한 규칙을 말한다. 영세기업을 제외한 모든 사업장에서는 취업규칙이 제정되고, 또한 잘 보이는 곳에 항상 게시 또는 비치해야 한다. 이 취업규칙은 법령이나 근로협약에 반해서는 안된다. 일단 정한 취업 규칙의 기준을 밑도는 근로조건을 정한 근로계약은 무효가 되며, 무효부분은 취업규칙과 같은 내용으로 환원된다. 취업규칙의 내용은 사실상 근로계약의 내용, 즉 근로조건과 연결된다. 그러므로 이 취업규칙을 성문화하여 근로조건을 명확히 명시해두고 이를 행정청의 감독 하에 두어 근로기준법이 정하는 기준의 충족 및 수준확보를 위한 제도이다.

4466 취업인구(working population)

노동력(고용)통계의 정의에 의하면 취업인구 또는 노동력인구에서 완전실업자를 제외한 인구를 말한다. 노동력인구 또한 14세 이상의 생산연령인구의 집, 가사종사, 통학 중의 비노동력인구를 제외한 인구이다. 생산연령인구에 대한 노동력인구의 비율은 노동력률이라고 한다.

4467 취업인증제

실무수행능력을 인증해주는 제도를 의미한다. 경영사무·영어·컴퓨터 등 일정 프로그램의 실무교육을 실시한 후 이 과정을 수료, 심사를 통과한 사람에게 자격증을 주는 것으로 국내 대학 중에서는 95년부터 이화여대가 처음 실시하고 있다.

4468 취업준비금

국가가 직업훈련자에게 취업 훈련전후 기간동안 일정한 현금을 지원할 때의 지급경비를 지칭. 취업준비금의 취지는 저소득층을 빈곤에서 벗어나게 하는 가장 확실한 방법은 안정적인 수입원인 직업을 가지도록 하는 것이라는 판단 때문이다.

4469 취업지도(job placement guidance)

사회에 있어서 개인이 자립하여 생활이 될 수 있을지 없을지를 규정하는 커다란 요인의 하나로서 직업을 그가 선택하게 하는 지도이다. 이 같은 관점에서 학교나 직업안정소, 아동복지시설이나 장애인 재활시설에는 취직지도 혹은 취로지도가 이루어지고 있다. 개인적인 취직지도와 집단적인 취직지도의 방법이 있다. 취직지도에 해당하는 것은 클라이언트의 성격이나 지향, 심신의 제 조건을 정확히 포착하고 노동시장의 정보를 정확히 수집 축적하여 그의 상담에 적절하게 맞추지 않으면 안된다.

4470 취원율

초등학교 1학년 아동총수에 대한 유치원수료자의 비율을 표시한 것으로서 취학전 교육의 보급도를 나타내는 지표를 의미한다.

4471 취학면제(exemption from school attendance)

일본에서는 학교교육법에서 국민의 취학의무가 정하여져 있지만, 병약 등에 의한 취학의무의 면제 및 유예가 규정되어 있다. 즉 '보호자가 취학시킬 수 없는 자녀로서 병약·발육불완전, 그 기타의 이유로 취학곤란으로 인정되어진 자의 보호자에 대해 지방교육위원회가 취학의무를 유예 또는 면제할 수 있다'고 되어 있고, 초등학교 맹아, 농아, 장애인학교의 소학부에서 수학 받지 않는 6세 이상의 아동에 적용된다.

4472 취학전 교육(pre-school education)

아이들의 발달을 보장함에 있어서도 초등학교 취학 전의 교육이 유치 원 및 어린이집에서 행해지고 있다. 현재 5세아 인구의 90%가 유치원, 보육소에서 취원하고 있다. 그런데 유치원은 학교교육법에 의한 교육인적자원부 소관, 어린이집은 아동복지법에 의한 보건복지부소관으로 되어있어 비용부담 등에 차이가 있다. 그러므로 발달보장과 교육의 기회균등면에서 취학전 교육으로서의 유보일원화가 요구되어진다.

4473 측정(measurement)

조사에서 명목측정(nominal measurement), 서열측정(ordinal measurement), 등간측정(interval measurement)의 속성(properties)을 포함하는 측정의 수준(level of measurement)을 말하는데 물론 순수 영(true zero)의 속성도 갖는다.

4474 측정도구(measuring instrument)

어떤 물체의 무게를 잴 때에는 「저울」을 사용하는 것처럼, 인간의 심리적 또는 사회적 능력인 특징을 측정하기 위하여 동원되는 모든 형태의 수단과 방법을 말한다. 예컨대, 각종 학력검사는 학생들의 학업 성취도를 재는 측정도구이고, 학부형들의 학교에 대한 태도를 조사하기 위하여 만든 설문지는 태도를 측정하는 도구라고 할 수 있다. 그러나 교육측정이나 심리측정은 일종의 간접측정에 불과할 뿐만 아니라 측정단위도 애매하기 때문에, 자연과학에서 사용되는 측정도구와는 달리, 그 측정도구의 타당도와 신뢰도에 많은 문제점이 있다.

4475 측정오차(measurement error)

주어진 측정목적에 적합하지 않은 다른 요인의 측정정도. 어떤 물체의 길이를 잰다든가 또는 어떤 아동의 지능을 측정하는 경우에 바로 측정하고자 하는 그 물체의 길이 또는 아동의 지능 이외에 여러 가지 다른 불필요한 요인이 작용함으로써 측정결과에는 그 측정하고자 하는 것 이외에 여러 가지 다른 요인의 측정 결과가 오차로서 포함되어 있다. 측정과정에서 오는 오차뿐만 아니라 측정결과의 해석이나 또는 관찰자에 기인하는 오차 등, 오차의 종류는 해석적 오차, 개인적 오차, 변산적 오차 및 고정적 오차로 나누어 볼 수 있다. → 변산적 오차, 고정적 오차

4476 측정치(measures)

어떤 규정이나 법칙에 따라 물체의 어떤 속성을 수량화한 것을 의미한다. 일반적으로 어떤 규정이나 법칙에 따라 만들어진 측정도구나 측정방법을 통하여 얻어진 수치로 국어점수, 달리기에서 걸린 시간, 또는 키를 cm로 나타낸 값이 측정치가 된다. 이러한 측정치는 그 측정치가 갖는 측정수준의 정보에 따라 단순한 분류나 명명에 지나지 않는 명명척도, 숫자의 크기가 서열 정도의 정보를 주는 서열척도, 숫자의 크기가 그 속성이 얼마만큼 많으냐의 정보를 주는 동간척도 및 주어진 측정치가 「0」일 때는 그 속성이 없다는 것과 일치되는 척도, 즉 자연적인 「0」 점을 가진 비율척도로 나누어진다. 또 측정치는 자동차의 수 또는 사람의 수와 같이 비연속적일 수도 있고 키·몸무게 또는 지능측정과 같이 그 측정하고자 하는 속성이 연속적일 수도 있다.

4477 층화추출법(stratified sampling)

표본의 크기를 더하지 않고 표본오차를 적게 하기 위해 추정하려는 표식과 관련 깊은 표식을 골라 모집단을 층내에서는 되도록 동질적으로, 층과 층 사이에서는 이질적이 되도록 몇 개 층으로 나누어 각 층에서 무작위로 추출하는 방법을 말한다. 표본을 각층으로 할당하는 방법으로는 최적할당법, 비례할당법이 있으며 표본오차의 계산에서는 각 층마다 표식에 관련 있는 총계적 카테고리를 설정해 평균가, 도수를 계산하는 것이다.

4478 치료(treatment)

처치, 처우, 치료 등을 의미하는 말이며 비교적 폭넓게 사용되고 있다. 사회사업에서는 케이스워크를 사회진단(social diagnosis)에서 사회치료(social treatment)로의 과정으로 표시하는 방법이 오래전부터 유력한 입장으로 존재해 이 말이 일반화된 것으로 보인다. 오늘날에는 사회복지실천에서의 전문적방법의 전체를 사회적 치료로 표현하는 입장도 있으나 일반적으로 승인되지 않고 있다. 사회복지의 처우라 할 때의 처우를 치료로 해석한 것으로 봐도 좋을 것이다.

4479 치료(therapy)

어떤 질병, 장애, 또는 문제를 치료, 치유, 완화하기 위해 계획된 체계적 과정과 활동을 의미한다. 사회사업가들은 종종 이 용어를 심리치료 (psychotherapy), 심리사회 치료(psychosocial therapy), 집단치료(group therapy)와 동의어로 사용한다. 사회사업가들은 작업치료, 물리치료, 오락치료, 약물치료, 화학치료(chemotherapy)와 같은 다른 치료형태를 논할 때 이것들을 더욱 특정한 용어로 사용한다.

4480 치료거부권(right to refuse treatment)

많은 판결사회를 통해 지지되었거나 여러 주에서 명확한 법령으로 확립된 법적 원리로서 개인은 생명을 위협하는 긴급사태, 또는 심각하게 파괴적인 행동을 하는 경우를 제외하고는 사회사업 개입을 포함한 어떤 형태의 치료도 강제로 받지 않는다는 권리를 말한다. 이 원리는 정신병원, 감옥 등 시설에 본의 아니게 수용되어 있는 사람들에게 적용되어왔다. 그것은 또한 사회사업 서비스가 공적부조(public assistance) 프로그램 내의 소득유지(income maintenance) 프로그램과 통합되는 방식에 영향을 끼쳐왔다. 따라서 공적부조의 수예자는 재정원조를 얻기 위해 상담서비스를 받는 것을 거절할 수 있다.

4481 치료공동체(therapeutic community)

→ 환경치료(milieu therapy)

4482 치료관계

사회사업가-클라이언트의 원조관계를 말한다. 비행자의 치료의 경우, 비행자는 자발적으로 치료하기 위해 찾아오지 않기 때문에 처벌, 강제 등 권위를 이용함으로서 형식적, 권위적인 관계를 만들어 그것을 토대로 실질적, 전문적인 치료관계를 전용한다. 비행자는 일견 순종한 듯 하고 죄를 후회하는 등 잠재성의 음성감정에 있기 때문에 치료관계의 수립은 곤란하며 사회사업가는 보통 세 가지 역할 즉 부모, 교육자, 치료자의 역할을 해야 한다.

4483 치료교육(therapeutic education)

치료교육의 발생은 유럽이며 의학적인 진단을 말한다. 치료와 병행해서 교육적 지도를 행했던 것이다. 특히 학습장애와 정신발달장애의 쌍방에 의해 시도되었다. 지체부자유자아에 대해서는 치육이라는 말이 쓰이고 있으나 오늘날에는 중복된 사용도 보이고 있다. 또 교육적 방법에 의한 아이들의 정신, 신경적 장애를 치료한다는 새로운 생각이 오스트리아 소아과의사인 아스페르거(Asperger, H)에 의해 제창되어 넓게 퍼졌다.

4484 치료교육캠프

조직캠프가 갖는 교육적 의의는 일직부터 인정되어 대전 전부터 YMCA나 YWCA 등의 청소년단체에서 행해져 왔다. 그러나 자연환경 속에서 전개되는 24시간의 집단생활이 치료력을 갖는 것에 착안하여 치료교육을 목적으로 캠프를 하게 된 것은 전쟁 후의 일이다. 지체부자유아, 비만아, 자폐질아, 비행소년, 정신지체아(자), 정신장애아 등의 수영캠프, 친자합숙 등이 그 예이다.

ㅊ

4485 치료권(right to treatment)
와이엇 대스틱니 판례에서 결정된 바와 같이 시설에 수용된 개인은 독자적인 기능을 수행할 수 있도록, 또는 시설로부터 퇴원할 수 있도록 적절한 치료를 받을 권리가 있다는 법적 원리를 의미한다. 이러한 권리가 적용됨으로써 적절한 치료 또는 서비스 재원을 갖추지 못한 시설에서 많은 클라이언트들이 퇴원하는 결과를 야기했다.
→ 탈시설화(deinstitutionalization)

4486 치료기법(thrapeutic technique)
프로베이션(probation)이라는 비행치료의 개별적인 기법은 주로 케이스워크를 사용한다. 직접요법으로는 지속적 지지, 직접적 지지, 정화법, 이성적인 대화, 해석 등이 있고 간접요법으로는 환경조정이 있다. 비행의 기법으로 특히 중요한 것은 클라이언트에게 치료동기가 없기 때문에 동기형성을 위한 권위이용 혹은 행동화(acting out)의 처리, 준수사항 등 행동규제의 방법을 치료적으로 사용하는 방법 등이다.

4487 치료의학
질병치료를 목적으로 하는 의학, 문진, 진찰, 임상검사 등으로 병태를 명확화하는 진료와 질병의 원인이나 증상 등을 제거하는 치료가 두 기둥을 이룬다. 후자는 수술 등에 의한 외과적 치료와 약물, 방사선, 심리작용 등을 쓰는 내용적 치료로 대별된다. 최근 의료전자공학 등의 발달로 기술의 혁신이 이루어져 치료효과도 높아졌으나 약물피해 등의 의원성 질환이나 치료에 따르는 사회적, 심리적 문제도 증대하고 있다. 이에 대응하는 의료사회사업의 역할은 점점 더 중요해졌다.

4488 치료자(therapist)
작업치료사, 언어치료사, 혹은 운동치료사, 유희치료사처럼 특정분야에서 치료를 담당하는 전문가를 말한다. 또 심리학이나 정신의학의 방법을 도입한 카운슬러가 심리적, 정신적인 문제를 갖고 있는 클라이언트의 심리적, 정신적 치료 등의 역할을 할 경우에도 치료자라 할 때가 많다.

4489 치료적 지역사회(therapeutic community)
영국의 정신지체자, 정신병자에 대한 대책 중에서 전후 주장된 개념이다. 정신병자의 치료는 입원치료만으로는 불충분하며 외래진료와 가족협력의 필요성과 함께 작업요법 등을 통한 사회복귀가 생각되게 되었다. 이에 지역사회를 치료의 장으로 보고 사회생활에 순응시켜 거기에 따라 치료·간호체계를 생각해서 낮병원, 밤병원 등을 발전시키게 되었다.

4490 치매(dementia)
정신지체와는 상이하여 지능의 발달지체는 아니다. 이것은 한번 획득되었던 지능이 불가역하게 변화해 결함을 가져온 상태로 후천적인 뇌의 기질적장애가 원인이다. 기질적 변화에 의한 치매는 진행마비, 노년치매, 초로기치매, 뇌동맥경화, 기타 두부외상이나 간질, 만성 알코올중독 등에 의한 것이다. 특히 노년치매는 뇌신경세포의 위축, 쇠퇴의 변화에 의한다. 증상은 새로이 생긴 일을 알지 못하는 기억력장애다. 그리고 빈발하는 증상은 자기가 누구이며, 어디에 있는지를 알지 못할 뿐만 아니라 시간감각이 전혀 없다는 것이다. 정동면의 장애도 현저하게 일어나 식욕이나 성욕 등의 억제가 풀려 강해지는 일도 적지 않다.

4491 치매성 노인
노년기에 지적기능이 현저하게 저하된 노인을 말한다. 의학적으로 볼 때 치매증(alzheimer's disease)으로 진단된 치매성 노인은 일상생활을 계속하지 못할 정도의 지능저하나 정신기능의 퇴화는 아니므로 적절한 지원이나 환경개선으로 생활적응을 해나가는 경우가 많으나 치매자는 뇌의 기질적 변화로 1~2년 사이에 급속한 지능저하와 생활기능의 상실을 가져오는 수가 많다. 치매증이 심해지면 대인관계가 악화되기 쉽고 무단히 배회하는 등 문제행동이 나타난다. 현재까지는 근본적인 치료책은 없고 적절한 영양, 운동, 심리치료, 약물 투여, 생활관리 등의 지원을 통해 문제행동을 감소시킬 수 있다. → 알츠하이머병

4492 치카노(chicano)
멕시코계 미국인.

4493 치환(substitution)
정신역학(psychodynamic theory) 이론에서, 달성할 수 없고 수용될 수 없는 목표를 달성 가능하고 수용 가능한 목표로 대치시키는 방어기제(defense mechanism)를 말한다.

4494 친권(parental authority)
부 또는 모가 미성년의 자녀를 보호, 교육하고 그 재산을 관리하는 것을 내용으로 하는 권리·의무의 총칭이다. 근대법은 미성년인 자를 보호·교양하는 사람을 위해 친권 개념을 형성했다. 친권자는 ① 자녀의 보호, 교육, 거주지지정, 징계, 영업허락 등 자녀의 신분에 관한 권리 의무 ② 재산관리 및 재산상 법률행위의 동의·대리 등 자녀의 재산에 관한 권리의무를 가진다. 친권은 친권자 또는 자녀의 사망, 자녀의 성년도달로 소멸하고 분가, 혼인, 이혼, 입양, 파양, 인지 또는 인지취소 등의 원인으로 되어 종래의 친권자와 자녀의 집, 즉 호적이 다르게 될 때에도 소멸한다. 이 밖에도 소멸원인으로는 친권상실선고와 친권의 일부 사퇴가 있다.

4495 친권상실선고
법원이 일정한 사유가 있는 경우에 친권자에게 친권을 박탈할 것을 내용으로 하는 선고로 전부박탈과 일부박탈이 있다. 친권자에게 친권남용 또는 현저한 비행 기타 친권을 행사시킬 수 없는 중대한 사유가 있을 때에는 자녀의 친족 또는 검사의 청구에 의하여 친권의 전부를 박탈할 수 있다.(민 924) 친권

자가 부적당한 관리로 인해 자녀의 재산을 위태롭게 한 때에는 자녀의 친족의 청구에 의하여 친권 중 법률행위의 대리권과 재산관리권만을 박탈할 수 있다(민 925). 그러나 이러한 모든 경우에 그 선고 원인이 소멸한 때에는 본인 또는 친족의 청구에 의하여 법원은 다시 실권의 회복을 선고할 수 있다.

4496 친밀감 대 고립감(intimacy versus isolation)

에릭슨에 따르면, 대개 18~24세에 일어나는 사회심리학적 발달의 8단계 중에 6번째로서, 개인은 한 가지 이상의 가깝고 따뜻한 관계를 발전시켜야 하는 도전에 직면하거나 외로운 삶에 부닥친다.

4497 친사회행동(pro-social behavior)

개인, 조직 또는 사회가 외부의 보상을 기대하지 않고 사회를 이롭게 하기 위하여 취하는 행위를 말한다. 무엇이 사회의 이익인가 하는 문제는 상대적인 것이어서 각각의 문화적 가치관에 따라 다르다.

4498 친스(chins)

→ 지도감독 대상자

(PINS : persons in need of supervision)

4499 친자관계(parent and child relationship)

친자관계는 단순한 자연적 관계가 아니고 사회적인 관계이다. 이러 한 것은 일반적으로 사회에서 사생자(혼인 외의 출생자)에 대해서는 당연히 부(父)와 친자관계가 일어나지 않는 반면에, 양자와 같은 혈연이 없는 사람에 대해서는 의제적으로 친자관계를 인정하는 것에서 볼 수 있다. 일반적으로 친자관계라고 할 때에는 혼인한 부모와 그 사이에 출생한 자녀와의 관계를 말하지만 제도로서 친자관계를 볼 때에는 여러 종류의 친자관계도 고려할 수 있다. 민법상의 친자관계에는 친생친자관계와 법정친자관계가 있으며, 친생친자관계는 혼인 중의 출생자와 혼인 외의 출생자를 포함한다. 그리고 법정친자관계는 양친자관계, 계모자관계, 적모서자관계를 말한다.

4500 친자동반자살

부모가 자녀와 함께 자살하는 것으로 때로는 병고에 의해 성인인 자녀가 어버이를 죽이고 자신도 자살하는 경우를 말한다. 가족전원이 동시에 자살하는 경우는 일가동반자살이라 한다. 보통은 도산, 가정불화, 병고, 장애에 의한 비관 등이 원인이 되어 발생하게 된다. 사회보장제도의 불비도 한 원인이지만 자식은 어버이의 것이라는 의식도 문제가 된다. 서구제국에서는 극히 드문 일이지만 사후의 세계 등 종교적, 문화적인 가치가 독특한 동양사회 특유의 현상이다.

4501 친족(kinship)

친족이라 함은, 자기의 배우자, 혈족 및 인척을 말한다(민법 제767조). 친족이라고 하면 '전체' 개념 같으나 '관계' 개념이라는 것에 주의해야 한다.(자기자신은 친족가운데 들이가지 아니한다.) 민법상 친족이라고 말하는 때에는 다음과 같이 일반적으로 그 범위가 한정되어 있다(민법 제777조). ① 8촌 이내의 혈족 ② 4촌 이내의 인척 ③ 배우자. 여기에서 배우자란 자기의 결혼상대자를 말하며, 혼인신고가 되어 있지 않으면 배우자가 아니다. 배우자를 친족에 포함시키는 입법 예는 구미에는 없다.

4502 친족법(law of domestic relations)

민법의 일부로서 친족 또는 가족 등의 신분관계 및 그 신분관계에 따르는 권리 의무를 규정한 법규이다. 친족법은 모두가 부부, 친자, 호주, 가족 및 친족 등의 인간본연의 결합관계에 관한 법이므로 타산적, 우발적, 결합관계에 관한 재산법에 비하여 많은 특색이 있는바 특히 민족적, 지방적 습속 또는 관습이 존중되고 비합리적 연혁적인 것이 가장 큰 특색이다. 민법상의 친족편과 상속편을 합하여 가족법(신분법)이라고 할 때 친족법은 가족법 중의 일부라고 할 수 있다. 친족법은 모두가 부부·친자·호주·가족 및 친족 등의 인간본연의 결합관계에 관한 법이므로, 타산적·우발적 결합관계에 관한 재산법에 비하여 많은 특색을 가지고 있다. 특히 민족적·지방적 풍속 또는 습관이 존중되고 비합리적·연혁적인 것이 가장 큰 특색이다. 한국의 친족법은 민법전의 제4편에 규정되어 있는데, 친족의 종류와 범위 및 친족관계의 변동을 규정한 총칙을 비롯하여 호주와 가족, 혼인, 부모와 자(子), 후견(後見), 친족회, 부양(扶養), 호주승계 등 8장으로 되어 있다.

4503 친족의무(relative's responsibility)

특정 가족원이 도움이 필요한 다른 가족원을 보호 내지 원조하도록 명시하는 법률 및 도덕강령(moral codes)과 관련된 용어를 의미한다. 이러한 의무영역에서 법적 필요조건은 주마다 매우 다양하다. 미국의 모든 주에서는 미성년 아동(minor children)보호에 대한 법률을 갖고 있다. 대부분의 주들은 한 개인이 부모, 형제자매, 또는 먼 친척을 돌보도록 하는 법률을 없애거나 완화하고 있다.

4504 친족회

친족회라 함은 어떤 사람의 친족과 그 밖에 연고 있는 자로서 구성되어 무능력자의 보호와 거주권에 관한 사항을 의결하는 합의체의 기관을 말한다. 친족회는 상설기관이 아니며, 법률상에 의하여 구성되어 있다. 소집되고 그 사항의 의결과 동시에 삭감하는 것이 원칙이나, 무능력자를 위하여 설치된 친족회는 그 무능력이 해소될 때까지 존속한다. 또 친족회는 법인이 아니므로 권리의무의 주체가 되지 못한다. 친족 회의 권한은 무능력자보호에 관한 것과, 거주권대행자의 선임에 관한 것으로 대별할 수 있다.

[ㅋ]

4505 카리스마([독] Charisma)

초인적 또는 초자연적 능력과 자질을 가진 것처럼 보이게 만드는 성격상의 신비로운 특질을 말한다. 신비적 지도성으로 번역되며, 성직자들에게서 볼 수 있는 특별한 능력을 의미하는 기독교의 개념을, 독일의 사회학자 베버(M. Weber)가 차용한 것으로 「은총의 선물」이라는 뜻이다. 이러한 성격의 지도자를 카리스마적 지도자라 부른다.
→ 신비적 지도성

4506 카드뮴 중독

카드뮴(cadmium)과 그 화합물이 인체에 접촉, 흡수됨으로써 일어나는 장애이다. 예전에는 직업성 중독으로 금속카드뮴이 용해될 때 발생 하는 산화카드뮴, 증기나 비닐제조 공정에서 생기는 카드뮴에 의한 식품오염, 특히 쌀의 오염이 밝혀져서 공해문제로 되었다. 2차 세계 대전 말기부터 전후에 걸쳐 일본에서 발생했던 '이타이이타이병'도 광산의 폐수에 함유된 카드뮴에 중독된 것이다. 카드뮴 증기를 흡입하면 코, 목구멍, 폐, 위장, 신장에 장애가 나타나며 호흡기능이 떨어지고 오줌에서 단백질이나 당이 검출된다. 이타이이타이병에서는 카드뮴이 장기간에 걸쳐 입을 통해 섭취된 것으로 짐작되며 특히 임산부에게 많이 발생하는데, 그 증상은 뼈가 연화하여 변형, 골절되고 단백뇨 등의 장애를 일으킨다.

4507 카리타스(caritas)

카톨릭교회의 사랑의 행위를 의미하며, 교회적 협동체사상을 근원 및 동기로 하여 인격적 원조활동을 목표로 하며 인인애를 지도 원리로 하는 봉사조직이다. 옛날의 자선사상에 그치는 것이 아니고 민간 복지 활동의 원동력으로 된 것으로서 보호활동의 범위를 넘어선 보건, 교육, 노동의 넓은 분야에서 세계의 전 가톨릭 교회가 연맹활동을 추진하고 있다.

4508 카바(KAVA)

자선단체한국총연합회의 약칭. 한국정쟁이후 외국의 원조, 구호물자에 대한 배분과 관리를 했던 당대 최고의 복지협회였다. → 외원단체

4509 카운셀러(counsellor)

개인이 적응하는 과정에서 보여 지는 문제에 대해 상담, 조언, 지도하는 상담전문가이며 상담원이라고도 한다. 상담은 클라이언트와 상담자 사이에 전개되는 상호적인 심리작용을 통해서 원조를 하지만 정보제공이나 조언에서부터 심리치료에 이르기까지 다양한 내용을 포함한다. 대상영역에 의해 가족카운슬러, 결혼카운슬러 등이 있고 방법에 의해 지시적, 비지시적, 절충적, 행동 요법적 상담자 등이 있다.

4510 카운슬링(counselling) 01

다양한 상담 사업에서 심리적으로 적응하기 어려운 문제에 대응하여 이루어지는 원조과정이다. 이 과정은 상담자가 클라이언트와 면담을 통하여 주로 언어를 매개수단으로 하면서 신뢰감을 확립시키고 자유스런 감정을 표현시켜 자기통찰을 높이도록 전개해가는 것이다. 상담도 기초이론에 의해 다양한 접근이 이루어진다. 상담과 케이스워크는 유사하지만 케이스워크는 상담의 범주 이외에 구체적 서비스의 제공, 사회자원의 활용, 사회 환경의 개선과 변혁을 도모하는 측면을 포함하고 있다.

4511 카운슬링 02

일상생활에서 혼자 해결할 수 없는 문제에 당면한 사람의 상담에 응하여 그 해결에 조언하는 것을 말한다. 산업계의 인사관리 면에서 이용되고 있는 경우가 많다. 이것은 종업원의 업무, 신상에 관한 생각이나 감정을 밝히고 직장에서 고민 있는 사람의 상담에 응하여 그 해결을 지도한다. 학교교육 직업지도 등의 분야에서도 활용되고 있다.

4512 카타르시스(catharsis)

정화작용이라고도 한다. 인간의 정신내면에 억압되어진 관념이나 감정을 표출시킴에 따라 불안이나 긴장 등을 해소시키는 것을 말한다. J. 브로이아는 히스테리환자 중에서 억압되어 있던 기억을 감정을 동반한 최면상태에서 재생시켜 토로케 함으로써 이것이 제거되는 것을 발견했다. 개별사회사업의 면접장면에서도 클라이언트의 내재된 감정을 표출, 정화해 그것을 수용하고 경청함에 따라 자기이해를 깊게 하고 원조활동을 전개시켜 간다.

4513 카테고리
([희] kategoria [영] category [독] Kategorie)

보통 근본적 개념, 최고 유개념(類槪念)의 뜻으로 사용되며, 일상어로는 부문(部門)의 뜻인 철학용어. 원래 그리스어 'kategorein'에서 유래하였고, 한자어의 범주는 〈서경(書經)〉의 〈홍범구주(洪範九疇)〉에서 유래한다. 아리스토텔레스의 〈오르가논〉에서는 술어의 형식으로서 실체(實體)·양·질·관계·장소·시간·위치·상태·능동·수동 등 10개의 범주를 들었다. 스콜라 철학에서는 존재·질·양·운동·관계·천성[習性] 등 6개의 범주를, R.데카르트와 J.로크는 실체·상태·관계 등 3개의 범주를 든다. I. 칸트는 아리스토텔레스의 범주가 경험적으로 모아놓은 불완전한 것이라고 하여 판단의 모든 기능을 들어 판단표(判斷表)와 대응시켜서 4강(綱) 12목(目)의 범주를 도출(導出)하고, 또다시 그 선험적(先驗的) 연역(演繹)을 하였다. J. G. 피히테로부터 G. W. F. 헤겔에 이르는 독일 관념론 철학에서는 범주는 사유(思惟)의 형식일 뿐만 아니라, 절대자의 범주로서 실재(實在)의 논리형식으로서 전개시켰다. 현대에는 R.라일이

나 L. 비트겐슈타인과 같이 범주 문제를 분석철학(分析哲學)의 방향으로 전개하는 경향이나 A.화이트헤드와 같이 47개의 형이상학적 범주를 드는 입장 등이 있다.

4514 카톨리시즘(catholicism)

로마교황을 최고의 수장으로 받드는 크리스트교의 하나이다. 카톨리시즘에 반대한 종파로 중세유럽의 조직인 프로테스탄티즘이 있다. 신은 유일 절대로 로마교황도 한사람이고, 로마교회도 하나이며 로마라는 국가도 하나라는 것이다. 세계적으로 거대한 조직을 갖고 사회복지에도 큰 공헌을 하고 있다.

4515 칸나비스(cannabis)

→ 마리화나(marijuana)

4516 칼비니즘(Calvinism)

불란서의 종교개혁자 칼빈(Calvin, Lean 1509~1563)에 의해 창시된 프로테스탄티즘의 유파로 모든 것은 신의 의지에 의해 결정된다는 사상이다. 칼빈은 제네바를 중심으로 활동했으며 그의 사상은 영국, 미국에 전해져 장로파(presbyterian)라 불리었고 오랫동안 큰 힘을 가졌다. 그의 노동원리는 자본주의의 사상적 배경이 되었고 시민사회 성립에 큰 영향을 주어 사회복지발전에도 공헌했다.

4517 캐나다사회사업가협회 (CASW : Canadian association of social workers)

교육프로그램, 회화, 출판을 통한 성원의 전문성 개발과 윤리 기준의 개발과 강화를 목적으로 하는 캐나다에 있는 공인된 사회사업가의 전문 조직을 말한다.

4518 캐나다사회사업대학협회(CASSW : Canadian association of school of social work)

캐나다에 있는 사회사업대학으로 구성되어 있고 대학 간 의사소통을 촉진하고 공신력 있는 조사를 통하여 수준을 유지하는 것을 목적으로 하는 조직이다.

4519 캐넌(Canon, Ida M. : 1877~1960)

미국 최초의 의료사회사업가 중 한사람이다. 간호사로서 사회사업교육을 받은 후 사회사업가가 되어 매사츄세츠 종합병원에 사회사업부가 설치된 다음 해인 1906년부터 부장으로 취임하여 40년간 근무하면서 의료사회사업의 개척과 발전에 공헌하였다. '미국병원사회사업가협회'(the American association of medical social workers)의 창립과 의과대학 사회사업 교육을 위한 위원회의 설치 등을 위해 헌신하였으며 병원에서의 팀 접근이나 사회사업가의 필요성을 역설하였다.

4520 캐보트(Cabot, R. C : 1868~1939)

하버드대학 임상의학 및 사회윤리학 교수. '보스턴 아동원조협회' 회장 시절 사회사업가와의 케이스 회의나 케이스 기록을 통해 가정상황과 사회환경에 관한 조사가 환자의 질병이해에 도움이 된다는 것을 인식하고, 매사츄세츠 종합병원으로 옮긴 뒤부터 사회사업가를 채용하여 1905년 미국 최초의 의료 사회 사업부를 설치하였으며, 그 활동을 이듬해 "병원연보"에 소개하였다. 그것은 다른 병원에서 의료사회 사업부를 설치하는데 모델이 되었다.

4521 캠페인(campaign, press campaign)

어떤 특정한 여론을 환기시키기 위하여 신문지면이나 매스미디어를 일정기간 동원함으로써 계속적, 집중적으로 하는 언론, 보도활동이다. 캠페인이란 일정한 장에 있어서의 행동, 특별한 목적을 가진 조직적 활동이란 의미인데 원래는 평원이란 뜻으로, 그곳에서 전개되는 전투가 변화되어 지금과 같은 의미를 가지게 되었다.

4522 캣 스캔(CAT scan)

컴퓨터 단층 X선 촬영으로서 환자의 머리나 신체 내부를 촬영하기 위한 의학적 진단도구를 말한다.

4523 커너위원회(Kerner commission)

1967년 존슨 대통령이 임명한 사실 발견을 위한 집단이며, 시민의 저항에 대한 국가자문위원회(national advisory commission)로서, 일리노이 주지사 커너(Otto Kerner)가 그 당시 시민의 권리에 대한 저항과 폭동의 원인을 결정하고 그 해결점을 권고하기 위해 주창했다. 1968년에 발표된 위원회의 보고서는 빈민지역에 사는 흑인에 대한 백인(우선)주의와 제한된 기회들을 비난했다. 그 제한은 거의 이행되지 않았다.

4524 커러퀴(colloquy)

대표식 토의(panel discussion)에 있어서 대표참가자의 원탁토의에 전문적 조언자를 참가시키는 토의법의 한 형태이다. 전문가는 토의를 지도하기 위해서가 아니라 필요에 따라 전문적 지식을 제공하기 위하여 참가하게 된다. 따라서 심포지움의 경우와 같이 참가자를 향하여 강의를 하는 것이 아니다.

4525 커뮤니케이션(communication)

몸짓, 기호, 언어 등을 매체로 의사를 전달하는 행위를 말한다. 커뮤니케이션은 개인들 간에 이루어지는 직접적인 개인적 커뮤니케이션과 대중매체(TV, 신문, 영화, 잡지 등)를 매개로 한 매스 커뮤니케이션으로 크게 나누어 볼 수 있다. 현대사회에는 특히 후자의 정보전달매개가 양적으로 확대증가되고 다원화됨으로서 사회적 영향이 지대해지고 있으며 사회적 인식과 변화에 긍정적, 부정적으로 크게 기여하고 있다.

4526 커뮤니케이션이론(communication theory)
커뮤니케이션은 각종 기호를 매개로 정보, 사고, 감정 등을 전달하는 인간의 상호작용과정이다. 사회사업실천에 있어서도 커뮤니케이션은 필수적인 요소이다. 커뮤니케이션이론에서는 언어적 그리고 비언어적(특히 신체적) 커뮤니케이션의 특성과 기능, 커뮤니케이션의 왜곡과 영향, 효과적인 커뮤니케이션을 방해하는 요인 등에 관해 많이 연구되었으며 그 연구결과는 사회사업실천분야에 중요한 의미를 지니고 있다.

4527 커뮤니티 오가니제이션 워커 (community organization worker)
지역사회를 조직화하는 과정을 촉진하는데 종사하는 전문가를 말한다. 지역사회를 조직하여, 인간관계를 개선하고, 공동목표를 강조하며, 그 달성에 전문기술을 제공하는 것이 그의 역할이다.

4528 커뮤니티센터(community center)
1915년경부터 미국에서 인보관에 지역사회의 개념이 결합해 시작되었다. 학교를 이용하여 성인교육과 레크리에이션을 실시하였으며, 집단사회사업을 중심으로 한 사회사업전문시설로 발전했다. 영국에서는 제1차 세계대전 후에 이것을 여가활동의 활용을 위주로 시작하였지만 제2차 세계대전 후 주민자치에 의한 지역사회연계와 주민을 위한 지역활동의 거점으로 활용하고 있다.

4529 커뮤니티체스트(community chest)
→ 공동모금

4530 커뮤니티케어(community care)
→ 지역사회보호

4531 커뮤니티 형성
지역사회를 어떻게 파악하느냐는 여러 가지 논의가 있을 수 있으나 일반적으로 지역사회 구성원의 공동성과, 그 연대 혹은 동지의식이 기본이 된다. 커뮤니티형성을 위해서는 사람들의 공동 혹은 상호교류를 어떻게 높이느냐는 것과 그 공동의 활동이나 생활을 통해 또는, 그것과는 별도로 주민의 지역사회의식의 함양과 조성의 노력이 필요하다.

4532 케어(care) 01
케어는 시중, 수발, 보호, 감독, 개호 등의 의미를 갖고 있다. 케어라는 말 자체는 특별한 뜻이 담긴 사회복지의 전문용어는 아니지만 어디서 행해지느냐에 따라 시설보호(institutional care), 재가보호(home care), 지역사회보호(community care) 등의 중요한 의미를 가지며 또 어떻게 제공되느냐에 따라 양로원에서 제공하는 원조형 보호(intermediate care) 혹은 요양원에서 제공하는 간호형 보호(skilled nursing care) 등으로 구분될 수 있다.

4533 케어 02
미국 원조물자 발송협회로서 원조물품을 미국으로부터 다른 나라의 빈민들에게 보내준다. 1945년에 설립된 자발적인 조직이며, 원래의 이름은 미국원조물자 유럽발송협회(cooperative for American Remittances to Europe)였다.

4534 케어 03
시중, 보호, 감독 등의 의미를 지닌 말로서 그 자체는 특별히 사회복지의 전문용어는 아니지만, 사회복지의 실천, 활용에는 서비스 이용자의 케어, 즉 신변의 보살핌, 일상 생활상의 시중 등 당연히 포함되는 것이므로, 사회복지에서 케어의 본연의 자세가 문제되는 것이다. 케어 자체에 전문성의 요구 여부는 중요한 검토문제로 되었다. 양호시설, 양호 노인홈 등이 경우에 양호의 개념은 케어에 상당하는 것으로 보아도 좋을 것이다. 또한 케어가 어디에서 행해지는가에 따라 시설케어, 재택케어, 코뮤니티 케어 등으로 분류된다.

4535 케어 워커(care worker)
중도신체장애인, 중도심신장애인, 중증심신장애아, 치매노인, 연소아동 등의 일상생활동작(ADL)을 원조하기 위해 의복의 착용, 입욕, 식사, 배설 등의 개호를 하는 사회복지종사자를 말한다. 구미에서는 이전에 child care worker라는 표현도 있었다. 구미의 케어 워커는 소셜 워커에 비해 전문성이 저하되어 있고 특히 미국에서는 소셜 워커의 고도한 자격에 대해 자격권도 없다. 일본에서의 대표적인 직종은 가정봉사원이나 노인홈의 보조원으로 되어왔지만, 오늘날에는 장애인이나 아동의 개호를 하는 지원으로까지 확대되고 있다.

4536 케어주택(care home)
신체장애인과 노인을 위해 생활의 합리화와 편의를 주안점으로 하여 구조적으로 설계된 주택이다. 심신장애인과 노인의 주거생활 중 필요·긴급한 경우에 의사와 간호원, 사회사업가 등의 서비스를 즉시 받을 수 있도록 마련되었다. 지역케어의 전형적인 주택군으로 형성되어 있으며, 지역봉사자의 협력을 얻을 수 있고 긴급용 전화벨의 설치, 목욕서비스, 급식서비스, 청소서비스 등도 마련되어 있다. 레크리에이션과 의료기관, 개호서비스 등도 필요에 따라 제공되도록 배려되어 있다.

4537 케이스(case) 01
이 용어를 정확하게 말하면 social case이다. 이것은 케이스워크에서 클라이언트의 문제를 해결하기 위하여 원조해 가는 과정에 관여하며 상황전체가 개별성을 갖고 있는 것을 나타내기 위해 쓰이고 있다. 그 범주와 특질을 포함하는 방법은 케이스워크의 발달에 따라 현저하게 변화해오고 있지만 최근에는 체계이론에 의거하는 시점에서 파악하려는 경향이 높아지고 있다.

4538 케이스 02

사례, 사건 등으로 번역되는 말로서 정확하게는social case라고 한다. 이것은 클라이언트의 문제해결을 원조하는 과정에 관계되는 상황 전체가 개별성을 가지고 있는 것을 나타내기 위해 사용되는 것으로 개별사회사업(case work)에 있어서 원조의 대상이 되는 사람의 상황 혹은 문제를 말한다. 그 범위와 특질을 포착하는 방법은 케이스워크의 발달에 수반하여 현저히 변화해 왔지만 최근에는 체계이론(system theory)에 의거하여 포착하려는 경향이 뚜렷해지고 있다. 대상이 되는 사람은 케이스라 하지 않고 클라이언트라고 한다.

4539 케이스 기록(case record) 01

→ 사례기록

4540 케이스 기록 02

케이스워크에 있어서 사용되고 있는 중요한 수단의 하나로 케이스워크 과정을 케이스워크가 기술하는 것, 케이스워크의 클라이언트에 대한 책임 및 워크가 소속한 기관의 사회적 책임을 명백히 하기 위한 문서이다. 케이스 기록을 넓은 의미로 사용할 때는 케이스 화일(case file) 즉 케이스에 관한 일건 서류철 중에 집어넣어 두는 서류 전체를 가리키며, 좁은 의미로는 주로 페이스쉬이트(face sheet)와 경과 기록을 합한 것을 가리킨다. 기록을 하는 목적은 정확한 사회진단과 치료를 하기 위한 기초 자료로서 사용하는 것, 그 기관의 서비스의 수급 자격의 증거로 사용하는 문서로 삼는 것, 그 기관의 서비스로 삼는 것, 슈퍼비젼이나 교육 훈련을 위한 자료로서 활용하는 것 등이다. 경과 기록에는 항목기록, 연월일순식기록, 요약기록, 과정기록 등 목적에 따라 여러 가지가 있다.

4541 케이스 담당량(caseload)

사회사업가가 책임져야 하는 모든 클라이언트를 의미한다.

4542 케이스 로드(case load)

케이스워크에서 한 사람의 케이스워커가 담당하는 케이스의 분량을 말한다. 이것은 기관의 방침, 케이스의 특질, 케이스워커의 조건 등을 고려해 신중하게 탄력적으로 결정해야 되지만 현재의 실정은 케이스워커의 수가 부족하기 때문에 케이스 로드가 과중한 실정이다.

4543 케이스 메니지먼트(case management)

→ 사례관리

4544 케이스 슈퍼바이저(case supervisor)

케이스워크의 상급자로서 보다 나은 지식과 기술 및 경험을 가지고 평소의 업무에 관해 지도감독하고 사회사업가가 보다 성장할 수 있도록 원조하는 전문가이다. 케이스워크 등 사회사업기술(방법)에는 특히 중요한 존재이다.

4545 케이스 슈퍼비젼(case supervision)

상급의 케이스워커가 하급의 사회사업가에 대해 담당케이스를 소재로 원조, 지도해가는 과정을 말하며, 개인슈퍼비전과 집단슈퍼비전으로 대별된다. 슈퍼비전은 계획을 갖고 진행해야 하며 내용은 케이스워커의 수준에 따라 관리적, 교육적, 지지적 기능을 적절하게 조합하는 것이 중요하다.

4546 케이스 에이드(case aide)

미국에 있어서 사회사업전문교육을 받은 전임 사회사업가를 돕기 위하여 채용되고 있는 직원을 말한다. 현재는 그 업무가 확대된 것도 있고 social service aide 혹은 social work assistant 등으로 표현되고 있다. 과거에는 비전문가로서 잡무를 처리하며 임시적으로 직원을 대신하는 사람으로 보았지만, 1960년대 이후에는 중요한 역할을 담당하는 자로서 재평가되고 직원 구성 중에 위치하게 되었다.

4547 케이스 사회사업가(case worker)

→ 개별사회사업가

4548 케이스워크(case work)

→ 개별사회사업

4549 케이스워크 과정(casework process)

케이스워크는 개별적이고 구체적인 문제에 대해 해결하려고 의도한 과정이지만 그 과정은 케이스워크가 의거하는 이론에 따라 다소 상이하다. 전통적으로 진단주의파와 기능주의파 두 가지 분류방법이 있다. 진단주의파는 ① 사회조사(social study) ② 사회진단(social diagnosis) ③ 사회치료(social treatment)로 나눈다. 실제로는 확실히 구별되는 것이 아니고 서로 뒤얽히며 전개된다. 한편 기능주의파에 의하면 클라이언트의 욕구와 시설 기관의 기능이 일치하는 경우에 그 과정을 전개하기 위해 케이스워크 관계 그 자체가 클라이언트의 창조적 자아를 어떻게 발전시키는가를 과제로 한다. 여기에는 조사 – 진단 – 치료의 이론적인 개념은 쓰지 않고 원조과정(helping process)이라는 용어를 쓰며 초기의 국면, 중간의 국면, 그리고 종결의 국면이라는 과정으로 진행한다.

4550 케이스워크 관계(casework relationship)

케이스워크의 원조는 정신치료나 카운슬링과 같아서 원조자와 클라이언트와의 전문직업적인 인간관계를 기준으로 전개된다. 이와 같은 사회사업가와 클라이언트와의 원조적 인간관계를 케이스워크 관계라고 한다. 이 관계의 특색은 명확한 목적을 갖는 의도적 관계이며 문제해결을 위해 조작적으로 전개되는 관계이고 목적달성과 함께 종결되는 일시적 성격을 가진 것이다.

4551 케이스워크에 있어서 진단주의와 기능주의
미국에 있어서 케이스워크의 2대 주류로서 1950년 이후부터 현재에 이르기까지 통합 혹은 절충적 노력이 이루어지고 있다. 진단주의는 프로이드의 정신분석이론을 기초로 문제의 진단과 치료의 과정으로서 사회사업가가 클라이언트에 지지적으로 원조하는 입장을 취하는데 대해 기능주의는 프로이드의 제자 Rank의 이론을 기초로 인간이 태어날 때부터 가지게 되는 자아의 힘을 자주적으로 가장 잘 기능할 수 있도록 원조하는 것으로 양 입장은 서로 경쟁적으로 케이스워크의 발전에 공헌하였다.

4552 케이스워크 진단(casework diagnosis)
케이스워크에서는 전통적으로 클라이언트와 그 상황을 이해하기 위해 필요한 사실을 수집해서 전문적 판단을 내리는 과정을 의학적 진단의 모형에 따라 케이스워크 진단(혹은 사회진단, 심리사회진단이라고도 한다)이라 부르고 그 체계화를 시도해 왔다. 최근에는 의학모델에 의거하는데 대한 반성비판에서 진단 대신 평가(assessment)라는 표현을 쓰려는 방법이 검토되고 있다.

4553 케이스 컨퍼런스(case conference) 01
케이스워크에 의한 원조활동이 정확하고 효과적으로 발전될 수 있도록 검토하고 협의하는 회의이다. 이것은 케이스과정 중 어느 단계에 초점을 두느냐에 따라 인테이크회의, 진단회의 등으로 구분된다.

4554 케이스 컨퍼런스 02
사회사업 기관과 다른 조직에서 클라이언트의 문제, 목표, 개입 계획 및 예후에 대해 전문가들이 함께 모여 토의하는 과정이다. 회의 참가자는 클라이언트에게 직접 서비스를 제공하는 사회사업가를 포함하여 클라이언트에게 직접 서비스를 제공하는 사회사업가를 포함하여 클라이언트 체계와 이러한 사회사업가들의 전문적인 슈퍼바이져가 포함된다. 여기에 첨가되어 참가하는 사람은 특수한 전문가나 비슷한 문제에 경험이 있는 다른 기관의 사회사업가들과 정보와 추천을 덧붙여 해 줄 수 있는 다른 전문가 또는 집단의 전문가가 포함된다. 또한 클라이언트와 개인적인 관계를 갖고 있어서 도움이 되는 자원이나 정보를 제공할 수 있는 사람들이 포함된다.

4555 케이스 파일(case file)
케이스기록을 보관하기 위한 서류철이다. 그 모양은 각각의 기관에서 연구하겠지만 튼튼하고 사용에 편리한 것이 요구된다. 거기에 철 해두는 케이스 기록의 종류가 많아지거나 분량이 늘어날 경우를 대비하여 이용하기 편리하도록 또 산만하지 않도록 배려하는 것이 필요하다. 보관은 안전한 장소를 택하고 비밀이 유지되도록 하며 필요한 때 즉시 찾아볼 수 있도록 배려에 유의해야 한다.

4556 케이스 할당문제(turf issues)
일반적으로 조직 내 구성원 간 또는 각기 다른 전문집단 사이에 일어나는, 책임과 급여(혜택을)의 분배에 관한 갈등을 말한다. 예컨대, 심리치료를 제공하는 권한을 결정할 때 사회사업가는 때때로 심리학자, 정신의학자, 목회상담가와 갈등을 겪는다.

4557 케이스 히스토리(case history)
→사례사

4558 케인즈(Keynes, John Maynard : 1883~1946) 01
영국의 경제학자. 인도성 관리를 거쳐 1908년 캠브리지대학의 특별 연구원이된 후 종신토록 금융론을 담당하였다. 많은 저서가 있으나, 특히 "고용·이자 및 화폐의 일반이론"(1936)에서 케인즈혁명이라 불리운 새로운 경제학을 확립하였다. 대량 실업과 만성불황의 원인, 유효수요의 부족을 거시경제학적으로 규명함으로써 재정정책의 필요성과 경제에의 국가개입의 길을 열었다. 미국의 뉴딜정책 외에도 전후 각국의 경제정책과 사회보장이론에 많은 영향을 주었다.

4559 케인즈 02
영국의 경제학자, 특히 케인즈주의 경제학을 제창한 것으로 알려진 그의 대표작 〈고용·이자 및 화폐의 일반 이론〉에서 완전고용을 위한 획기적인 이론을 전개하였다. 적극적인 투자에 의한 비자발적 실업의 극복을 제시한 그 독창적인 이론은 미국의 뉴딜 정책, 현재의 각국 공공투자 정책에도 반영되어 '케인스 혁명'이라 할 정도로 커다란 영향을 미치고 있다.

4560 케인즈 경제학(Keynesian economics)
케인즈와 그의 후계자에 의하여 전개된 경제사상체계를 말한다. 케인즈 경제학의 중심이 되는 테마는 총지출과 총소득의 변동원인과 결과에 관한 분석으로 총소득은 총소비+총투자와 같다. 그는 경제이론에서 처음으로 과소고용균형의 가능성을 제기하였다. 경기순환의 불황과정에 있어서 대량실업을 방지하기 위하여 적자재정의 방법으로 지출을 자극하고 투자승수의 작용에 의해 소득을 완전고용수준에 올리는 투자를 형성함으로써 중앙정부는 총수요의 부족을 보충해야 한다고 그는 주장하고 있는 것이다. 케인즈학파 경제이론의 기본적인 원리는 1936년 케인즈의 저서 "고용·이자 및 화폐의 일반이론"에 포함되어 있다. 그리고 미국의 한센(Hansen, A.H)과 같은 그의 제자들에 의하여 더욱 발전된 것이다.

4561 케인즈 혁명(Keynesian revolution)

영국 경제학자 케인즈(J. M. Keynes)의 '고용 이자 및 화폐의 일반 이론'이 경제학계에 미친 광범위한 영향을 말하는 것으로 이 용어는 제2차 대전 후인 1947년 미국의 경제학회에서 클라인(L. R. Klein)이 사용함으로써 일반화되었다. 케인스 혁명이 이론적 핵심에 대해서는 여러 가지 견해가 있으나 일반적으로 케인스의 유효 수요의 원리, 투자 승수 이론, 유동성 선호설 등을 그 중심으로 보는 학자가 많다.

4562 코데인(codeine)

처방용 의약품 또는 기침용 시럽 등과 같이 처방전이 필요 없는 의약품에 쓰이는 마취성(narcotic) 진통제를 말한다. 모든 마취제와 마찬가지로 코데인은 어느 정도 반복적으로 사용하면 습관성이 될 수 있다.

4563 코디네이터(coordinator)

→ 조정자

4564 코카인(cocaine)

코카나무의 잎에서 추출한 불법적인 약으로, 복용자에게 도취감, 힘, 기민성, 자신감, 높은 감수성을 느끼게 해준다. 코크(coke) 또는 스노(snow)로 알려진 이 약은 흔히 콧구멍을 통해 흡수하고(코로 들이킴), 헤로인(코카인과 헤로인 또는 대마초의 혼합주사) 등과 같은 다른 약물과 섞어 주사하기도 하며, 화학적으로 처리하면 흡연하기도 한다. 많은 연구자들은 이것이 육체적으로도 중독되는 것은 아니며 육체가 내성(tolerance)을 키우지 못할 뿐이지만 심리적으로 습관성이 된다고 주장하였다. 반복된 복용은 신경체계의 치명적인 손상과 신체적 손상, 점막 파괴, 편집증, 우울증, 환각상태를 낳는다. → 크랙(crack)

4565 코호트(cohort)

조사연구와 인구학적 연구에서, 특별한 기간 내에 출생하거나 조사하는 주제와 관련된 특성을 공유하는 대상의 집단을 말한다. 예를 들어 평균여명(life expectancies)을 계산할 때 같은 달에 태어난 십만 명의 사람이 한 코호트가 될 수 있다.

4566 콜라(COLA)

생계비의 조정을 말한다. 화폐의 상대적인 구매력의 변화(인플레이션 inflation이나 디플레이션 deflation)에 따른 급여의 증가나 감소를 의미한다.

4567 콜로니(colony)

심신장애인을 위한 종합사회복지시설에서 장기입소(경우에 따라서는 종신보호)를 가능케해 광대한 부지 내에 병원이나 훈련시설 등의 제 서비스기능을 갖추고 종합적인 생활공동체를 이루고 있는 시설군을 말한다. 이 같은 대콜로니가 일반적이지만 소콜로니라는 생각과 실천 도 있다. 대상자별로는 지체인이나 결핵회복자 등의 시설이 전형적인 것이다.

4568 콜버그의 도덕발달 이론 (Kohlberg moral development theory)

콜버그(Lawrence Kohlberg)가 제안한 일련의 관련개념으로 나이에 따라 변하는 '옳고 그름'에 대한 개인의 도덕적 생각과 사고를 설명하는 방식이다. 발전단계는 6단계로 설명된다. ① 벌을 받지 않으려고 규칙을 지킨다. ② 상을 받기 위해 규칙을 지킨다. ③ 다른 사람들한테서 미움을 받지 않으려고 또는 '착한 사람'으로 보이기 위해 규칙을 지킨다. ④ 개인이 규칙에 대한 사회의 필요와 잘못된 행위에 대한 양심 가책이나 죄의식을 인식하는 단계. ⑤ 서로 경쟁하는 가치와 모순되는 가치가 있다는 것과 어떤 공정한 판단이 필요하다는 것을 이해하는 단계. ⑥ 보편적인 도덕적 원칙들의 정당성을 인식하고 그들에 대해 언급하는 단계. 대부분의 사람들에게 첫 번째 두 단계(도덕적 발전의 보통 이하 수준)는 9세까지는 완성된다. 대부분의 사람들은 20세 이후가 되어야 비로소 마지막 두 단계(후기관례화 수준 : postconventional level)에 도달하며, 콜버그는 많은 사람들이 결코 이 수준까지 도달하지 못한다고 말한다.

4569 콤플렉스(complex)

관념복합체 등으로 번역되는 심리학의 개념이다. 가령 열등감이라는 것은 열등콤플렉스이며 우월감이라는 것은 우월콤플렉스라고 생각할 수 있다. 어떻든 타자와 비교하는 것을 지나치게 문제삼는 점에서 비교한 인지는 아니고 복합관념이다. 정신분석학에서는 남자아이의 어머니에 대한 과도한 애정이 아버지의 존재에 의해 억압되지 않고 그대로 정착되고 마는 경우의 의식형태를 오이디푸스 콤플렉스라고 했다. 여아가 부친에게 애정을 갖고 모친에게 유감을 나타내는 경향은 엘렉트라 콤플렉스라 불린다.

4570 쾌락원칙(pleasure principle)

인간은 오직 희열과 쾌락을 추구하며 고통이나 불편을 회피하는 삶을 시작한다는 프로이트 이론(Freudian theory)의 하나이다. 결과적으로 어린이는 자라면서 눈앞의 희열을 때때로 억제해야만 한다는 것을 배우게 되는데, 이때 현실원리(reality principle)가 모습을 나타내기 시작한다. 이후 인간은 평생 양자 사이에서 갈등을 겪는데, 건전한 자아(ego)는 쾌락원리의 여지를 다소 남겨놓은 채 현실원리에 집착하려 노력한다고 한다.

4571 쿠츠네츠 역(U)가설

경제성장과 불평등의 관계를 설명하는 이론을 말한다. 이 가설의 논지는 경제성장 초기단계에는 불평등이 악화하지만 성숙단계에 들어가면 소득분배가 개선된다는 것이다. 그동안 이 주장은 한때 거의 정설로 받아들여져 '선성장－후분배' 정책의 이론적 근거가 되기도 했다. 그러나 최근에는 쿠츠네츠(Simon Kuznets) 역(U)가설을 뒤엎는 실증연구들이 많이 나오고 있다. 경제성장이 소득분배에 미치는 영향은 정부의 사회경제 정책과 시대적 조건에 따라 얼마든지 달라질 수 있다. 따라서 쿠츠네츠 가설은 보편적 이론으로 볼 수 없다는 것이 최근 이 분야 전문가들의 일반적 견해이다.

4572 퀴블러로스 사망단계(Kubler-Ross death stages)

죽음을 앞둔 사람들과 인터뷰하여, 퀴블러로스(Elisabeth Kubler-Ross)가 묘사한 임박한 죽음에 대한 심리학적 반응을 말한다. 이는 다음의 5단계로 나누어진다. ① 부정과 고립 ② 분노 ③ 타협 ④ 침체(절망) ⑤ 수용. 어떤 환자들은 이 단계들을 순서가 다르게 겪는데, 어떤 이는 몇 단계, 또는 모든 단계를 왔다 갔다 하며 겪기도 한고, 어떤 환자들은 그 단계들 중 어느 것도 겪지 않기도 한다.

4573 큐분류법(q-sort technique)

사회조사의 척도구성법을 말한다. 서스턴 척도의 변형으로, 조사하려는 특정 주제에 대해 일련의 진술이나 문장을 제시한 뒤 이를 9~11개의 무더기(piles)로 분류하도록 하고, 평가자의 문장분류 유형에 따라 그 사람의 태도 또는 속성의 척도상 위치를 나타내는 분석방법이다.

4574 크랙(crack)

소량의 코카인(cocaine)을 소다와 물에 섞어 건조시켜 만든 매우 중독성이 강한 코카인의 한 종류를 말한다. 말릴 때 결정체가 부서지거나 작게 쪼개지기 때문에 보통 특수 담배 파이프에 담아 피운다. 크랙은 상대적으로 값이 싸고 매우 효능이 강하며 치명적일 수 있다.

4575 크리밍(creaming)

기름친다는 뜻으로, 일정한 개입 프로그램의 도움으로 가장 성공 가능성이 높은 사람들이 사회서비스와 프로그램을 이용하는 것을 말한다. 이 용어는 사회서비스 프로그램들이 지식이 많고, 세련되고, 덜 가난한 사람들에게 자주 이용됨으로써 다른 사람들의 접근을 제약하는 과정을 묘사하기도 한다.

4576 크리티니즘(cretinism)

신장이 1m 이하이며 피레네 산중이나 히말라야산중 등 바다와 접촉하지 않은 산악지방에 많이 일으키는 풍토병으로서 정신지체의 일종이다. 그 주된 원인은 요오드결핍으로 알려지고 있다. 일명 난쟁이병으로 일컬어지고 있다.

4577 크산틴 (xanthines)

암페타민(amphetamine : 중추신경을 자극하는 각성제)과 코카인(cocaine)에 관련된 약물군을 말한다. 이것은 중추신경체계 자극제로서 작용하며, 카페인이 흔한 예이다.

4578 큰 운동발달(gross motor development)

대근의 활동에 관여되는 기술과 각성(覺醒) 큰 운동기술을 사용하는 예로는 구르기·기어 다니기·걷기·뛰기·던지기·뛰어넘기 등의 활동을 들 수 있다. 손가락의 움직임이나 손의 움직임을 사용하는 세세한 운동발달(fine motor development)과 대조되는 용어이다.

4579 클라이언트(client)

케이스워크 등의 원조를 요청해 찾아오는 내담자를 일반적으로 원어 그대로 부른다. 원래 고객이라는 의미에서 점차 변호사나 사회사업가 등의 전문가의 원조를 청해 상담을 의뢰하는 사람의 뜻으로 쓰이게 되었다. 엄밀하게는 원조가 필요하여 신청한 단계에서는 아직 신청자(applicant)이지만 사회복지시설이나 기관에서는 일정한 수속절차에 따라 동의하여 계약이 이루어진 사회사업가와의 접촉이 개시된 시점부터 클라이언트라고 부른다.

4580 클라이언트 중심기록방법 (person-oriented record)

몇몇 사회사업가나 사회복지기관이 사용하는 기록형식으로, 각 클라이언트에게 개입한 과정을 구체적이고 책임감 있게 목표 지향적으로 기록하는 것을 말한다. 의사의 문제중심 기록(POR : problem-record)처럼 개별지향적인 기록에는 초기의 기본자료, 치료계획, 사정, 진행노트 및 진행검토(6주 혹은 12주마다 구체적 기간에 따른 클라이언트의 진행을 평가하는 것) 등의 내용을 담는다.

4581 클라이언트 중심주의 사회사업 (client-centered social work)

케이스워크는 사회사업가가 일방적으로 클라이언트 '-에 대해(to)' 혹은 '- 를 위해서(for)'가 아니고 '-와 함께(with)' 이루어지는 것이다. 사회사업가는 클라이언트를 케이스워크과정에 적극적으로 참가시켜 함께 과정을 이끌어 가는 것이다. '-와 함께'란 상대와 감정을 함께하고 함께 생각하며 함께 걸어가는 것이다. 그러나 사회사업가도 인간이기에 '함께'하려는 것이 사회사업가 중심이 되어 클라이언트 '-에 대해' 또는 '-를 위해'가 되기 쉽다. 본질적인 '함께'가 되기 위해서는 언제나 클라이언트 중심으로 이루어져야 한다. 대상중심으로 상대의 필요한 욕구를 풀어 나가는 것이다. 대상중심을 상대가 하자는 대로 하거나 상대의 원망이나 욕구를 그대로 충족시키는 것은 아니다. 클라이언트 중심주의에 철저하려면 사회사업가의 자기지각이 필수적 요건이다.

4582 클라이언트 중심치료(client-centered therapy)
심리학자 로저스(Carl Rogers)가 시작한 심리치료(psychotherapy)의 한 형태를 말한다. 고객은 자신의 능력을 최대한 개발하려는 동기는 지니고 있고, 치료자가 잘 보살펴주고, 따뜻하게 대해 주고, 감정이입적이고 허용적이며 비심판적인(nonjudgmental) 위기를 제공해줌으로써 자신의 문제를 해결할 수 있다는 것이 이 치료의 중심 가설이다.

4583 클라이언트 참가(client participation)
케이스워크의 기본원리의 하나인 자기결정원칙을 다른 측면에서 보면 참가의 원칙이 된다. 케이스워크의 원조과정을 전개해 나갈 때 사회사업가가 주도권을 갖고 조작하는 것이 아니라 클라이언트를 중심으로 두고 사회사업가는 클라이언트와 함께 걸어가는 것이 중요하다. 즉 클라이언트가 케이스워크 과정에서 주체적으로 참가해 클라이언트 자기의 의사표명과 결정이 충분히 이루어지도록 원조해야 한다고 생각한다.

4584 클라이언트 체계(client system)
클라이언트와 그 문제 해결에 잠재적 영향을 주는 환경에 있는 사람들을 의미하는데 예를 들어 사회사업가는 핵가족(nuclear family)을 클라이언트로 보고 확대가족(extended family), 이웃, 교사, 고용주를 클라이언트 체계의 한 부분으로 본다.

4585 클럽활동(club activity)
학교, 사회단체 또는 사회기관에서 주로 청소년들의 자발적 참여에 의하여 행해지는 각종 활동을 말한다. 그 내용은 학예, 운동, 취미, 교양, 오락, 사회봉사, 사교 등 여러 분야이다. 클럽이 참가자들의 손으로 자치적으로 운영해 나가는 데에서 민주시민의 자질을 함양시키고 그들의 의욕을 고취시켜 자발적 활동을 하도록 하는 데에 그 가치가 있다.

4586 클로르프로마진(chlorpromazine)
→ 항정신병 치료제(antipsychotic medication)

4587 클리닉(clinic)
도움을 필요로 하는 내담자 또는 환자(개인이나 집단)에게 정신(심리)적 및 의료적 상담이나 치료서비스를 제공하는 장소를 총칭한다. '상담소' 또는 '진료소'라고 번역되기도 하지만 흔히 클리닉이라는 표현이 범용되고 있다.

4588 키브츠(Kibbutz)
이스라엘 농촌에 있는 지역사회의 한 형태이며 재산, 노동, 생산, 소비, 교육 등 생활의 모든 면이 집단주의적 기초 하에 이루어진다. 모셔프라 불리우는 지역사회 다음으로 많은 것이 키브츠이며 그 거주 인구는 농촌인구의 약 4분의 1을 점한다. 키브츠에서의 아이는 출생과 동시에 모친과 떨어져 같은 또래의 아이들과 함께 집단적으로 양육된다.

4589 킹슬리 홀(kingsley Hall)
1893년 미국 피츠버그시에서 조오지 홉제스에 의해 설치된 흑인이나 이탈리아 노동자를 위한 인보관을 말한다. 영국의 기독교 사회주의자 찰스 킹슬리의 이름을 따 킹슬리 홀이라고 명명했다.

ㅋ

[ㅌ]

4590 타당([영] valid [독] Gültig)

진리를 인식했을 경우, 우리들이 그것을 생각하든 생각하지 않든 진리라는 확신을 수반하는데, 이와 같이 언제 어디서나 승인되어야 한다는, 진리 및 기타의 가치(윤리적이거나 미적인 가치 등)에 갖추어져 있는 성질을 말한다. 보편적으로 승인되어야 한다는 의미를 명시하기 위해, 보편타당성([독] allgemeingültigkeit)이라고 하는 경우도 있다. 타당이라는 말은 로체에서 시작되는데, 신(新)칸트파에서 널리 사용되고, 가치의 영역이 시공적인 사실의 세계와 다르다는 것이 아니고 〈타당하다〉([독] gelten)라고 일컬어진다.

4591 타당도(validity)

평가도구가 측정하려고 하는 대상의 내용 그 자체를 재고있는 충실성. 그 평가에서 재고있는 것이 무엇(what)이냐 라는 개념과 관련되어 있다. 예컨대 추리력을 측정하려면 추리력을 측정해야지 기억력을 측정해서는 안되며 지능을 측정한다고 하면서 학력을 측정해서도 안된다. 이와 같은 타당도는 다음과 같은 방법으로 그 정도를 따진다. ① 안면타당도 검사의 구성내용으로 보아 그 검사가 무엇을 재고 있는 지를 피검사자의 주관적 인상에 따라 기술하게 하는 방법, ② 내용 타당도(content validity) : 전문가가 그 검사와 관련된 정의·전제·가설 등을 기초로 하여 그 검사내용의 타당성을 이론적으로 설명하는 방법, ③ 구인 타당도(construct validity) : 측정대상의 속성에 따라 이론적 가설의 검증을 통하여 밝혀진 검사내용 및 득점에 관한 타당도, ④ 예언 타당도(predictive validity) : 검사종료 후 상당한 기간이 경과한 후에 검사 득점과 그 검사에서 목적으로 하였던 행동특징과의 상관도를 보아 그 검사의 타당성을 문제삼는 방법 등이다.

4592 타당성(validity)

사회조사에서 절차가 측정하고자 하는 질(quality)을 측정할 수 있는 정도와 관련된 개념을 말한다.

4593 타당성 구축(construct validity)

사회조사에서 도구 혹은 척도의 타당성을 평가하는 하나의 방법이다. 척도나 도구는 이미 서로 다르다고 알려진 두 집단에 적용된다. 만약 도구가 타당하다면 상이한 결과가 나와야 한다.

4594 타당성 연구(feasibility study)

어떤 목표를 달성하는데 필요한 자원과, 이러한 자원을 제공하기 위해서 조직의 현재와 미래의 능력을 현실적으로 평가하는 체계적인 사정.

4595 타라소프(Tarasoff)

특정 상황에서 클라이언트가 어떤 사람에게 해를 끼치려고 한다는 사실을 클라이언트의 심리치료사들은 그 대상자에게 알릴 의무가 있다고 1976년 캘리포니아 대법원인 판결하였다(캘리포니아 대학의 타라소프 대 리전트 Tarasoff v. Regents의 사례에서). 그 후 이 판결은 많은 다른 주에서 지지받았다. 판결 결과는 치료자가 클라이언트들의 비밀을 보장하고, 클라이언트가 치료자에게 어떤 적대감을 표현하는 것을 더 어렵게 만들었다.

4596 타민론

빈곤자 시책의 대상자에 관한 견해의 하나로 생활이 곤궁해서 원조를 받는 사람들은 근본적으로 나태한 마음을 갖고 있다는 견해다. 더 나아가 생활곤궁자가 원조를 받으면 그것에 의존해 나태함이 증가하는 경향을 갖는 견해도 타민론이다. 이것은 빈곤의 원인을 빈곤자의 노력정도나 나태심에서 찾는 사고이다. 자유주의경제가 발전하는 과정에서 발생한 빈곤문제에 대한 대응으로 나온 이 견해는 자유주의 사상을 반영하고 공적부조 시책의 실시나 강화를 저지하여 소극화시키는 요인이 된다. 또 빈곤자에 대한 억압적인 대응이나 냉엄한 처우방법의 추진력이 되기도 했다. 현대사회에서의 공적인 빈곤자 시책은 이 같은 견해를 극복하고 출현했다고 이해된다.

4597 타운센드(townsend plan)

1930년대 초에 타운센드(Francis Townsend)가 만든 것으로, 퇴직에 동의한 60세 이상의 모든 빈곤노인들에게 연방정부가 매달 200달러를 지급하도록 주장한 계획. 이 계획은 특히 미국 노인들이 강력한 사회운동(social movement)을 하도록 만들었고, 사회보장법(social security act)의 발전에 부분적으로 기여하였다.

4598 타워법(TOWER system)

장애인을 능력에 맞는 직업에 취업시키기 위해 목공, 선반, 렌즈연마 등 수십 종의 작업표본을 소수를 한 팀으로 하여 2~3주 동안 장애인에게 시행훈련을 받게 해 직능적성이나 직업상의 인격평가를 종합적으로 행하는 것이다. 그것을 직업지도의 지침으로 하기 위해 뉴욕의 ICD재활센터가 개발해 표준화한 제2차 산업지향의 직능평가양식이다. 타워법의 정식명칭은 testing and orientation through work evaluation for rehabilitation(재활을 위하여 작업평가를 통한 검사와 진로지도)이며 그 기능을 토대로 우리나라에서 작업 표본식 장애인 직무능력평가방법 등으로 불린다.

4599 타이틀 20(Title XX)

대인적 사회서비스(personal social service) 프로그램에서 소득이전 프로그램을 분리하고 이 프로그램들을 발전시키기 위해 주들이 기금조성에 참여하도록 권장하는 사회보장법(Social Security Act)에 첨가된 1975년 규정(P.L. 93-647)이다. 재원은 연방정부가 정액교부금(block grant)을 통하여 주정부에 지급하며, 이에 따라 주는 이 기금을 사용하는데 더 큰 재량을 갖게 된다. 궁극적인 목적은 저소득 가정이 자립할 수 있도록 도와주고, 가난한 사람들에게 경제적인 수단을 제공해주려는 것이다. 타이틀 20은 평균 소득을 얻는 취업모에게 최저 수준을 보장하기 위한 보육서비스와 피학대 아동들과 거동 불능 노인을 위한 서비스와 같은 프로그램을 활성화한다. 이것은 대인적 사회서비스를 위한 전국 규모의 유일한 대규모 자금원이다.

4600 타인종 입양(transracial adoption)

인종이 다른 아동을 입양(adoption)하는 것(예컨대, 흑인 아동과 백인 입양부모). 동족입양(inracial adoption)과 반대된다.

4601 탁아보호(day care)

탁아보호란 낮 동안 다른 사람의 보호를 받아야 할 아동들에게 주어지는 보호이다. 이러한 탁아보호는 어린이에게는 안전한 보호를 받게 하고 활동능력을 키워주고 개인과 협동할 수 있는 집단생활의 훈련을 받게 하고 규칙적인 생활로서 자주성과 독립성을 키워주는 장점을 지니고 있으며, 어머니에게는 안심하고 직장에서 근무할 수 있게 하고 가정의 경제를 돕고 사회활동에 참여토록 하며 객관적으로 어린이를 평가할 수 있는 기회를 제공해주는 장점을 지니고 있다.

4602 탄력근무제

→ 플렉스타임제

4603 탄력성(elasticity)

어떠한 두 변수가 일정한 함수관계를 갖고 변화할 때, 그 중 한 변수의 변화 정도가 다른 변수의 변화 정도에 어느 정도 민감한 반응을 보이느냐 하는 것을 나타낸 수치. 예컨대, A와 B가 함수관계를 갖고 변화할 때, A의 변화율(%)을 B의 변화율(%)로 나눈 값이 B에 대한 A의 탄력성이다. 이 값이 크면 클수록 탄력성이 크다는 것을 의미하며, 이는 곧 B의 변화율에 따른 A의 변화율이 민감하다는 것을 말해 준다. 이를 가격과 수요량의 변화에 적용하면, 수요의 탄력성, 즉 가격 변화율에 대한 수요량 변화율의 반응도를 얻을 수 있다.

4604 탄원(appeal)

사법제도에서 상소된 사건이지만, 가능하면 사법적 결정을 재고시키거나 변경시키기 위하여 고등법원이나 대법원에 호소하는 것이다.

4605 탈감각화(desensitization)

자극에 대한 신체적 또는 심리적 반응을 제거하거나 최소화하는 것이다. 행동 지향적 사회사업가가 체계적 탈감각화(systematic desensitization)라고 알려진 이것을 이용하며, 특히 클라이언트가 공포나 비효율적인 행동양식을 극복하도록 돕는데 이용한다.

4606 탈리도마이드(thalidomide)

1960년대 전반에 진정제 및 최면제로 유럽에서 상용하였으나, 임신 초기의 여성에 사용하면 태아의 중증선천기형, 특히 무지증 및 단지증을 일으키는 원인이 된다는 것이 발견되었다.

4607 탈선행위

→ 이탈행동, 이탈행위

4608 탈수용화(deinstitutionalization)

탈수용화는 수용시설에 장애인을 수용하는 것에서 탈피하여 지역 사회에 거주하게 하고 필요한 서비스를 제공하고자 하는 것이다. 수용시설은 원래 장애인들에게보다 전문적이고 질적으로 우수한 서비스를 위해 설립되었고, 수용시설에서 적절한 훈련과 교육을 시켜 지역 사회로 복귀하는 것이 기본 취지였으나 수용시설의 대부분이 지역사회인과의 접촉이 거의 없는 외곽지역에 접해 있고, 사회적으로 폐쇄적이어서 물리적·사회적인 환경이 장애인들의 재활에 부적절하였다. 또한 미국의 경우 수용시설 거주 장애인이 지역 사회에서 일하고 생활할 준비가 되지 않았으며 부적절한 서비스와 비인간적인 대우로 1960년대 후반부터 많은 비난을 받게 되었다. 장애아동과 성인들에게도 일반인들에게 제공하는 것과 같은 삶의 기회와 양식이 제공되어야 하며 일반인들의 생활양식, 생활조건에 가깝게 생활하게 해야 한다는 정상화의 원리가 강조되면서 탈수용화 운동이 전개되어서 장애인들의 가족과 그들의 지역사회에 가까운 곳에서 생활하게 하는 지역사회 공동체, 그룹 홈(공동가정 혹은 집단가정) 등의 배치로 대치하게 되었다. 우리나라에서는 몇몇 그룹 홈이 생기고 있으나 탈수용화 운동이 아직은 활발히 전개되지 못하고 있다.

4609 탈시설화(deinstitutionalization)

관리적·격리적인 사회복지시설의 본연의 자세를 배제하고 지역주민의 일상생활을 시설입소자에게도 유지시켜 주려는 시설변혁의 이념과 운동을 말한다. 탈시설화는 결코 시설부정론·시설해체론을 의미하는 것이 아니라 '탈·거대시설화', '탈관리화'라 해야 할 것이다. 탈시설화의 대표적인 연구자인 R. C. 시렌버거에 의하면 시설입소자는 가장 제약이 적은 생활을 할 권리를 가지며, 그러기 위해서는 다음 6 항목의 이동, 변화가 사회복지관계자에 의해 꼭 이루어져야 한다고 했다. ① 규제 많은 생활에서 규제적은 생활로 ② 큰 시설에서 작은 시설로 ③ 큰 생활단위에서 작은 생활단위로

E

④ 집단생활에서 개인생활로 ⑤ 지역사회 내에서의 격리된 생활에서 통합된 생활로 ⑥ 의존적인 생활에서 자립생활로 탈시설화의 배경에는 정상화의 이념이 존재하고 있다.

4610 탐색과정(working through)
사회사업가 – 클라이언트 관계(relationship)에서, 문제의 해결책에 대한 동의와 그것을 성취하는 수단(방법)이 있을 때까지 상호간에 문제를 탐색하는 과정. 정신분석 이론에서 이 용어는 유아기의 억압된 무의식적인 구성요소를 치료의 방법으로 분석될 수 있는 의식적인 구성요소로 만드는 과정을 말한다.

4611 태내환경(prenatal environment)
출생 이전의 태아가 아직 모체에 있을 때의 환경. 태내환경의 차이 때문에 태아의 건강이나 적응에 여러 가지 차이가 생긴다는 것은 잘 알려진 사실이다. 수태 후의 모체이상은 태아에게 많은 영향을 준다. 다음의 몇 가지 요인을 생각해 볼 수 있다. ① 모체의 영양실조 : 특히 단백질·지방질·탄수화물 등의 충분한 공급이 태아에게 절대로 필요하다. ② 비타민 결핍 : 비타민 C, B6, B12, D, E 및 K는 태아의 정상 발육에 영향을 준다. ③ 모체의 건강 : 태아의 전염성 질환·호르몬 이상 등의 문제를 초래할 가능성이 커진다. ④ Rh 요인 : 태아의 신체적·정신적 성장 장애뿐만 아니라 사망 또는 출생 후의 영구적 장애를 초래할 수도 있다. ⑤ 약물·알코올·흡연 : 태아의 신체·정신적 성장·발달에 영향을 준다. ⑥ 임신부의 정서상태 : 임신부가 긴장상태에 있으면 태아의 활동과 심장의 뛰는 속도가 증가하게 되며 태아의 발달에 영향을 미친다. 이외에도 많은 요인들이 있다.

4612 태도(attitude)
특정한 사물이나 인물에 대한 개인의 반응에 영향을 미치는 학습된 내재적 상태를 말한다. 학자에 따라 여러 가지로 정의되나, ① 행위 그 자체가 아니라 행위의도이며, ② 다양한 상황에서 태도 대상에 대한 개인적 반응(행위선택)의 일관성을 통해 추리될 수 있으며, ③ 경험을 통해 학습된다는 것이다. 일반적으로 인지적·정의적·행동적 속성들로 구성된다. 인지적 속성이란 어떤 태도 대상에 대한 생각(아이디어, 또는 범주), 정의적 속성은 그 대상에 대한 생각에 수반되는 감정(좋다 또는 싫다), 그리고 행동적 속성은 그 대상에 대해 어떤 행위를 하려는 의도(준비성)를 의미한다. 예컨대, 사람들은 처음 어떤 식물을 접할 때, 비타민 C가 많다든가, 또는 몸에 해로운 색소가 들어 있어 위생적이지 못된다든가 하는 식으로 그 식품에 대한 생각을 갖는다(인지적 속성). 이 생각은 그 식품 좋아하거나 꺼려하는 감정을 쉽게 수반하게 된다(정의적 속성). 이러한 그 식품에 대한 생각과 감정은 그것을 사거나 먹지 않는 행위에 직접적으로 영향을 미칠 행위의도와 연결된다(행동적 속성).

4613 태도교육(attitude education)
인간의 태도를 계획적으로 변화시키는 활동. 태도의 계획적 변화 과정은 세 단계로 구분된다. 첫째는, 무슨 태도를 가르칠 것인가 하는 태도 교육 목표의 설정 단계이다. 이 단계에서는 내재적 상태로서의 태도를 그 학습지도 및 평가에 구체적인 시사를 줄 수 있도록 정의·분류·진술한다. 둘째는, 설정된 태도를 가르치는 학습지도의 단계이다. 여기서는 태도 학습의 내적 과정을 밝히고, 이 과정을 지원하고 촉진시킬 외적 조건을 설정하는 교수설계 및 활동이 전개된다. 태도교수에 관한 이론은 사회과학에서 주로 다루는 태도변화이론에서 도입될 수 있다. 대표적 이론으로 균형이론·불협화이론·기능이론·행동이론·모델링(modeling) 이론 등을 들 수 있다. 셋째는, 학습된 태도를 의미 있고 타당하게 확인하는 평가의 단계이다. 여기서는 교수과정을 통해서 학습자의 태도가 목표에 비추어 얼마나 학습되었는가를 신뢰 있고 타당하게 평가한다. 학습 성과로서의 태도가 영향을 줄 구체적 행위의 진술과, 이 행위가 나타날 다양한 상황을 확인하여 정리한 이원분류표의 작성은 효과적인 태도 평가의 설계도 구실을 할 수 있다.

4614 태도척도(attitude scale)
어떤 사물이나 현상에 대한 개인의 태도를 측정하여, 그 결과를 수량화시킬 수 있도록 만들어진 설문지. 한 가지 사물, 또는 현상에 대해 여러 개의 동질적인 내용의 설문을 주어 그것들에 대한 개인의 반응을 점수화시켜, 하나의 단일 점수로 그 대상에 대한 그의 태도를 측정할 수 있도록 만들어진다. 이 점에서, 주어진 설문에 대한 피조사자들의 반응을 선택지별로 수합하여, 그들의 태도를 집단적으로 측정하는 태도 조사와 구분된다. 제작하는 방법에는 상대적 비교판단법·유사동간법·연속정동간법·종합평정법(리커트 척도 제작법)·가트만 척도 제작법 등이 있다.

4615 태도측정(attitude measurement)
부모·학교·놀이·청소 등과 같은 특정한 사물이나 현상에 대해 비교적 일관성 있는 반응을 일으키게 하는 내적 경향성을 재는 것이다. 태도조사와 태도척도라는 두 가지 방법이 널리 사용되고 있으며, 표출된 반응 또는 행동을 측정하는 것이 아니고, 정서적인 기호와 인지적인 판단을 재고 있다는 점에 있어서 문제점을 내포하고 있지만, 정의적 영역의 교육목표의 달성 여부를 확인하고 평가하는데 유용한 도구로 사용될 수 있다.

4616 태도학습(attitude learning)
인간의 태도가 형성 또는 수정되는 내적 과정. 이론적 설명은 대략 세 입장으로 분류된다. ① 태도는 생각의 변화를 통해 학습된다는 인지적 입장, ② 태도는 감정이 변함으로써 학습된다는 정의적 입장, ③ 태도 학습은 행위에 수반되

는 결과, 즉 강화에 영향을 받는다는 행동적 입장이 그것이다. → 태도, 태도 교육

4617 태만(negligence)
합당한 보호나 주의를 기울이지 못해서 그것이 다른 사람들에게 피해를 주거나 피해를 볼 위험에 처하는 결과를 초래하는 경우, 또는 다른 사람을 보호하고 도와줄 의무를 수행하지 못하는 경우를 말한다. 방조적인 태만은 어떤 사람이 신중한 주의를 하지 못하고 그것이 상대방의 부주의와 관련되어 제3자에게 피해를 주는 결과를 낳았을 때 발생한다. 예를 들어, 어떤 사람이 소홀히 해서 어린이가 피해를 입게 된 경우를 어떤 사회사업가가 알고도 보고하지 않는다면, 그 사회사업가는 방조적 태만이라는 이유로 입건될 수 있다. 형사적인 태만죄는 어떤 사람이 다른 사람의 안전에 대해 무자비할 정도로 아주 무관심하고 부주의해 상해나 사망의 결과를 초래했을 때 발생한다.

4618 태아(fetus)
태어나기 전의 아기로, 흔히 임신 3개월 후부터 출산 때까지를 말한다. 임신 9주부터의 발달은 일차적으로 유기체의 정교화와 크기의 성장이다.

4619 태아기(prenatal)
출산 전의 기간.

4620 태아기 알코올증후군(fetal alcohol syndrome)
임산부의 심한 알코올 섭취로 인해 태아에게 생기는 다양한 해를 말한다. 잠재적인 문제로는 성장지체, 정신지체, 때때로 얼굴과 손발의 비정상 등이 있다.

4621 태아학(fetology)
태아기의 태아(fetus)의 보호와 치료를 다루는 전문 의학.

4622 태평양 섬주민(pacific islanders)
폴리네시아, 멜라네시아 및 미크로네시아 등을 포함한 태평양의 크고 작은 섬 출신의 이주민과 이곳의 토착민을 말하는데, 미국에서는 통상 괌과 사모아 출신 미국인과 미국의 신탁통치를 받는 지역의 주민들을 일컫는다.

4623 테라토마(Teratoma)
테라토마는 비정상적으로 분화된 세포를 말하는데 종양학에서는 '기형종'이란 의미를 가지고 있다. 보통 암의 경우는 외형상 혹처럼 보이지만 테라토마는 손톱이 나기도 하고, 털이 생기기도 하는 등 기형적 형태로 관찰된다. 줄기세포의 경우 무한정 증식하는 암과 같은 특성을 갖고 있기 때문에 이를 면역결핍증상을 유발한 쥐(스키드마우스)에 주입하면 테라토마가 만들어져야 정상이다. 보통 실험에서는 스키드마우스에 줄기세포를 주입한 뒤 약 100일 정도를 관찰하면 된다.

4624 테이블 놀이(table-toy activity)
소형의 놀잇감을 가지고 테이블에서 하는 놀이. 테이블 놀잇감으로는, 작은 나무나 플라스틱으로 된 동물들, 소형의 배, 자동차, 기차, 소형 가구들, 자석, 문고리 장식틀, 융판과 융도형틀 등과 같이 손으로 조작하는 놀잇감을 들 수 있다. 작은 근육 훈련, 눈과 손의 협응작용, 물체의 색이나 형태의 인지 등을 포함하는 활동으로 정서적 만족감을 주며 인지적 학습에 도움이 되는 조용한 놀이 형태이다.

4625 테이색스 병(Tay-Sachs disease)
치명적 뇌손상을 일으키는 유전적 신진대사병. 대개 동유럽의 유대계 유아들에게서 발생한다.

4626 테프라(TEFRA)
1982년에 통과된 미국 법령으로 조세평등과 재정의무법(tax equity and fiscal responsibility act) (P. L. 97-248)이라고도 한다. 이 법은 보충적 소득보장(SSI : supplemental security income), 요보호아동가족부조(AFDC : aid the families with dependent children), 의료보험(medicare), 의료보호(medicaid), 그리고 아동지원 강화와 같은 프로그램의 서비스에서 재정투자의 변화와 삭감을 초래하였다.

4627 템퍼러리 워커(temporary worker)
본래는 임시고용인의 뜻이었는데 현재에는 직무경험이나 기능을 가진 여성이 자신의 형편에 따른 시간에만 일을 청부맡는 현대의 직무 조직에서의 근로자를 말한다. 템퍼러리 워킹 서비스(TWS : temporary working service) 조직은 미국에 발달되어 있다. 여기에서 취급되고 있는 업종으로는 일반사무, 경리, 무역사무번역, 통역, 면접 인터뷰, 카탈로그 판매, 정서 등 여러 가지가 있다. 각자가 스스로의 능력과 형편에 맞춰서 일에 종사하며 임금도 일반 파트타임보다는 약간 높은 이점이 있다.

4628 토레트 병(Tourette's disorder)
안면 경련, 사지의 갑작스런 경련, 과도한 행동 폭발적인 기질, 음란한 말에 의한 희생으로 나타나는 증상. 비록, 이 병이 오랫동안 발병하고 통제하기 힘든 것이지만, 그 증상은 2~3세의 유아기에 발생하는 경향이 있으며 아동기 동안 악화되고 아동기 말기에는 약화된다. 성인기에는 증상이 자연스럽게 완화되거나 소멸되고 약으로 억제되기도 한다. 이 병은 또한 질레트 드라토레트 병(Gilles de la Tourette's disease)과 '복합틱장애'(multiple tic disorder)로 잘 알려져 있다.

4629 토론(debate)
공론식 토의법이라 불리우며 디베이트·포럼이라고도 한다. 한 과제에 대해 대립적 의견을 사람들에 의해 행해진다. 우선 갑과 을이 단상에서 대립적 의견을 서로 개진하고 이

에 대해 청중이 질문이나 추가토의를 하는 형식이다. 이 방법은 토의진행에 생기를 불어넣고 관심을 높일 수 있다. 또 일방적 견해에 편중하지 않고 넓게 문제점을 이해하는데 도움이 된다.

4630 토론법(discussion method)

학생들이 각자의 생각이나 경험을 발표하거나, 남의 생각이나 경험을 받아들임으로써, 다면적으로 사물을 보고 심층적으로 본질을 추구하는 역동적인 수업상황 또는 수업방법이다. 교사가 주도하여 학급 단위로 전개될 수도 있고, 한 학급을 몇 개의 분단으로 나누어 토론을 하게 한 결과를, 그 분단을 대표하는 학생이 학급 전체에 보고하게 하는 것이 될 수도 있다. 토론법은 강의법과 대비되는 것이기도 하다.

4631 토론회(debate forum)

특정 문제에 관해 찬성론자와 반대론자를 정하거나 혹은 발언자를 두 편으로 나누어 많은 논의를 한 후에 청중과의 질의응답에 의하여 다시 논의를 심화시키며 최후에 좌장이 의견을 총괄하여 이야기하는 집단토의의 한 방법을 의미한다. 이것은 명확한 상위점이 있고 토론을 위한 공통적 기초가 있으며 참가자들의 생활주변에 가까운 문제를 토론하는 경우에 적절한 방법이다. 교육적 목적으로 사용되는 것이 많으며, 때로는 역할수행과 관련시켜 이용된다.

4632 토인비(Toynbee, Arnold : 1852~1883)

런던에서 출생하여 옥스퍼드 대학에서 수학하고 모교의 강사가 되어 경제학을 강의하였다. 사후에 출판된 '산업혁명사'(1884)는 산업혁명 논쟁의 발단이 되었다. 바네트의 권유로 인보운동에 투신하여 노동자의 교육과 사회개량을 위해 헌신하였다. 자원봉사 대학생들의 힘으로 건립된 세계 최초의 인보관인 토인비 홀은 그가 요절한 후 그를 기리기 위한 것이었다.

4633 토인비 홀(Toynbee hall)

세틀먼트의 발상지인 동시에 운동의 상징으로 역사적으로 유명하다. 1884년 런던의 빈민·노동자가에 사뮤엘. 바네트 부부의 지도에 따라 대학인의 손으로 세워진 세계최초의 세틀먼트하우스의 이름이다. 세틀먼트 운동에 투신하여 젊어서 사망한 아놀드 토인비를 기념해서 토인비 홀로 명명되었다. 오늘날에도 활동의 터전으로 존재하고 있다.

4634 토착인 사회사업가(indigenous worker)

전문가가 지역사회를 위한 서비스의 목표를 달성할 수 있도록 돕는 그 지역사회의 구성원. 토착인 사회사업가들은 자원봉사자일 수도 있고 보수를 받을 수도 있다. 그들의 역할은 주로 문제의 근원을 밝히고, 제공되는 서비스에 대해 거주민에게 교육하며, 전문적인 서비스 제공자와 클라이언트를 연결하고 상담(counseling)하는 것 등이 있다.

4635 통각(apperception)

예술작품의 관조자가 작품의 아름다움을 여러 각도에서 음미하고, 이해하며 즐기는 것이다. 예술감을 위해서는 미적 체험이 있어야 하고, 체험은 특별한 심적 과정과 작용, 능력을 요구한다. 즉 미적 태도를 원초적 계기로 하여, 직관작용과 정감작용의 상호 융합작용을 통해서 미적 체험형식으로 이루어진다. → 예술비평

4636 통계(statistics)

조사에서 변수들과 변수들 간의 관계, 표본이나 전체 대상 집단의 부분집합(subset)의 특징을 설명하고 분석하는데 이용되어온 기술적(descriptive) 또는 추론적(inferential) 양화 절차(quantitative procedures)이다.

4637 통계적 유의도(statistical significance)

→ 유의도(significance level)

4638 통계조사(statistic survey)

복수의 조사대상으로 해야 할 사회사상에 대해 대량관찰을 행하고, 그 수량적 성격을 밝히기 위한 조사이다. 조사방법으로서는 표본조사와 전수조사가 있어 해당 사회 상태에 대해 수량적. 객관적 분석의 기초자료를 제공한다.

4639 통과의식(rite of passage)

한 집단의 성원을 하나의 단계에서 다음 단계로 이전시킴으로써 새로운 역할을 담당하게 하거나 일련의 기대를 인식시키려는 공식적 또는 비공식적인 활동, 의식 또는 행동. 예컨대 졸업행사, 성인식, 퇴직연회, 어머니가 처음으로 딸의 화장을 도와주는 것 등을 들 수 있다.

→ 사춘기 의식(puberty rites)

4640 통산노령연금(aggregate old age pension)

일본의 통산연금통칙법(1961년 소화 36년 법률 181호)에 의한 통산 연금의 중심을 이루는 것이다. 국민계연금 지향 아래 8가지의 공적 연금제도 중에서 각 제도에 일정의 수급요건을 충족시켜 염주처럼 죽 늘어 묶는 방식에 따라 통산한 연금을 지급하는 제도이다. 그러나 구통산노령(퇴직)연금은 원칙적으로 기초연금에 연동해 지급되도록 하기 위해 종래의 기간통산제도가 불필요하다. 그리하여 통산연금통칙법은 1985(소화60)년 개정법의 부칙에 따라 통산퇴직연금을 제외하고 소화 61년 4월 1일부터 폐지시켰다.

4641 통정(integration)

요소들을 통합된 전체로 모으는 과정. 심리학적으로 개인의 가치관, 생각, 이상, 지식, 운동반응(motor responses), 관련 사회규범들의 내적인 연결을 말하며, 사회학적으로는 다양한 사회 혹은 인종집단을 모아서 조화로운 관계를 이루려는 과정을 말한다.

4642 통제(control) 01

규제하는 것, 즉 어떤 것에 대해 지시를 내리거나 구속하는 것으로, 사회조사에서는 비교의 기준을 의미한다. 사회복지 관리에서는 정보나 활동의 흐름을 규제함으로써 목표 달성을 위한 노력을 조정하는 절차를 뜻한다.

4643 통제 02

성문화된, 또는 지시된 규격에 따라 모든 일을 성립하게 하는 행위. 다시 말하면 어떤 일이 일어나도록 또는 일어나지 못하도록 억제하거나 지휘하거나 결정하는 권력의 행사이며, 경영의 과정(management cycle)의 하나로서, 어떤 일의 이점 내지 결과를 평가하고 시정하며 조정하는 활동을 포함한다.

4644 통제변수(control variable)

연구자들이 독립변수와 종속변수 사이의 명백한 관계를 조사하기 위하여 도입한 변수.

→ 개입변수, 매개변수, 매개변인, 환경변수

4645 통제적 관찰법(controlled observation method)

통제적 관찰법은 참여관찰법의 결함을 보완한 것으로서 관찰의 방식이 관찰자의 자유에 맡겨지는 것이 아니고 자연과학의 실험처럼 엄밀히 통제되어 있는 관찰을 말한다. Elton Mayo와 Roethlisberger 그리고 Whitehead의 호오손 공장 실험(Hawthorne works experiment)이 그 중요한 실례이다. 통제적 관찰법의 장점으로는 ① 통계적 처리가 가능하고 ② 객관성을 지니고 있으며 ③ 일반화가 가능하다는 점이다. 제한점으로는 ① 소집단에서만 사용될 수 있고 ② 전문적 보조기구가 있어야만 하며 ③ 집단역학에서 사용된다는 점이다.

4646 통제집단(control group) 01

조사에서, 실험되는 변수 외에는 드러나지 않는 경우를 제외한 모든 가능한 면에서 실험집단(experimental group)과 비교가 되는 대상 집단.

4647 통제집단 02

실험 연구에서 실험의 효과를 비교하기 위해서 선정된 집단. 실험의 목적은 실험자가 선택한 임의의 독립변인이 종속변인에 주는 영향을 관찰하려는데 있다. 그러나 실험장면에서 종속변인에 영향을 주는 변인은 실험자가 선택한 독립변인 이외에도 무수히 많기 때문에 그것의 고유한 효과를 알아보기는 매우 어렵다. 따라서 이 문제를 해결하기 위해서 연구자는 실험적 처치를 받은 실험집단과, 실험적 처치는 받지 않았지만 모든 점에서 그 실험집단과 동등한 통제집단을 선택하고, 양 집단 간의 반응을 비교하는 종속변인의 차이가 발견된다면 그것은 오직 실험변인의 효과 때문인 것으로 간주한다.

4648 통찰(insight)

개인의 감정, 자극, 문제들에 대한 자기 이해와 인식. 심리치료와 임상사회사업에서, 그것은 이전에는 잘 이해되지 않았던 영역, 즉 클라이언트의 내부영역과 그들의 본성에 관해 의식을 고양하는 것, 조명해보는 것 등과 관련해서 언급된다.

4649 통찰요법(insight therapy)

사회사업, 카운슬링, 정신치료 등의 전문적인 원조기술에서 쓰이는 통찰은 보통 클라이언트가 정신내부의 상당히 깊은 수준에서 행동양식의 기제를 터득하여 인식하는 것이다. 의식적으로 행동의 방법을 변경하는 단계까지의 자기이해를 의미한다. 그리고 이 수준까지의 통찰을 목표로 행하는 치료법이 통찰요법이다.

4650 통합

무차별 대우 등으로도 번역되는 이 말은 오늘날 다양한 장에서 고유의 의미가 부여되어 사용되고 있다. 특수교육에서는 장애아에게 그 장애를 보완할 배려를 하면서 일반아동과 함께 교육하는 것이 통합교육의 의미라 하겠다. 한편 지역복지에서는 불리한 입장의 시민, 노인이나 장애인이 지역주민의 생활 활동이나 수준에서 소외되지 않도록 지역의 물리적, 법·행정적, 정신적 장애를 제거하는 노력을 기울여 대등한 시민생활을 할 수 있도록 원조하는 행동원리이다. 사회 복지실천의 개념에서는 다양한 욕구를 갖고 있는 개인 또는 가족의 문제해결에 필요한 것들 중 한 가지 이상의 전문적 원조기법을 통합·조정하는 사례관리가 선호된다. 한편 사회사업 통합이론에서의 통합이란 전통적인 여러 방법을 개별적으로 이론화하고 실천하는 것이 아니고 제 방법과 그 과정에 내재하는 공통과제를 문제 중심으로 정비해서 체계의 역동관계를 변수로서 정착시키는 의미로 쓰여진다.

4651 통합교육과정
(integrated curriculum, unrefined curriculum)

교과영역에 구애됨이 없이 이들을 횡단하여 일정한 기준에 따라 학습내용 및 경험을 선정, 조직하려는 교육과정, 경험형 교육과정은 거의 이런 형태를 취하고 있으며, 중핵 교육과정은 이의 대표적인 예이다. 교육내용이 통합되면 개개인의 인격도 통합될 것이며, 나아가서 사회도 구심점을 중심으로 통합될 것이라는 가정에 그 이론적 근거를 두고 있다. 그런데 학습내용 및 경험을 어떻게 통합시킬 것이냐에 따라 여러 종류의 교육과정이 나타나게 된다. 주제를 중심으로 한 광역(broad-field)형, 과정을 이원화한 중핵(core)형, 학습자의 현재 욕구를 중심으로 한 생성형 등은 통합교육과정의 형태를 취한 것들이다.

→ 중핵교육과정, 광역교육과정, 생성교육과정

4652 통합성(integrity)

① 어떤 신념이나 이론의 체계에 있어서 구성요소들이 모순, 갈등, 충돌이 없을 뿐만 아니라 그 응집력을 가진 상태, 구성요소들 간에 서로 모순, 갈등, 충돌이 없는 소극적 특징만을 가리키는 것이 아니라 그들이 의미 있게 서로 연결되어 상호 보조적인 정도가 높은 것을 통합성이 높다고 한다. 문화체제의 경우에 사회의 구성원들이 문화적으로 집단별 특수성으로 인한 갈등이나 대립이 없을 뿐만 아니라, 서로 공통의 요인에 의해 높은 연대감을 가질 때 통합성이 높다고 할 수 있다. 신념체제의 경우에 신념의 요소들이 논리적 일관성을 가질 뿐만 아니라 서로 의미 있게 상호기반을 제공하고 있을 때 통합성이 높다고 할 수 있다. 반대로, 예컨대 상관에게는 인격의 존중을 주장하고 부하에게는 자신이 인격적 멸시를 일삼는 것은 통합된 신념체제의 소유자가 아니다. ② 교육과정 구성에 있어서 선정된 학습내용 또는 학습경험을 조직하는 단계에서 지켜야 할 내용 또는 경험의 횡적 연계성, 예컨대 중학교 수준의 교육과정을 구성함에 있어서 같은 학년에 나타나는 국어, 수학, 과학, 영어 등의 교과에서 다루어지는 목표나 내용의 수준 또는 종류가 횡적으로 일정하게 연결되어 있어야 한다는 원칙이다. 다른 교과 특히 도구교과 등에서 다루어지지 않은 개념이나 법칙을 학습된 것으로 전제하고 경험이나 내용을 조직하게 되면 교육과정 운영의 효과를 감소시킨다는 근거에서 강조되는 원칙이다. 이 원칙은 교육과정 내용조직에서 계속성, 계열성과 더불어 세 기본원칙 중의 하나가 된다.

4653 통합적 방법

방법론 통합화라고도 한다. 사회사업실제의 방법인 개별사회사업, 집단사회사업, 지역사회조직이 발달하여 가는 과정에서 교육과 실제의 수준에서 분화되고 배타적으로 되어 전문적 근시안이라는 좁은 틀 속에서 폐쇄되어온 상태에 대한 반성과 비판 속에서 특히 1960년 이후 현저히 전개되게 되었다. 이에 관련하여 여러 가지 동향이 있는 중에서 사회사업실제를 포괄적·통일적으로 취급하기 위한 공통기반을 확인하여 전체로서 방법의 의의, 관점, 준거틀을 확정하여 지금까지 방법의 재편성을 도모하려는 시도가 주목적이다. 그 중에서 바트래트(Bartlett, H. M.)나 핀커스(Pincus, A.)와 미나한(Minahan, A.)의 업적이 높이 평가되고 있고, 일본에서는 오까무라에 의해 체계화가 시도되었다.

4654 통화침투 이론(trickle-down theory)

연방정부의 기금을 실업자나 빈곤층에게 직접 지원하는 것보다 기업이나 사경제 분야에 투입하는 편이 고용기회나 경제성장을 훨씬 잘 촉진시킨다는 관점.

4655 퇴거(eviction)

보통 법적 절차에 의하여, 개인, 가족 혹은 사업장이 주택, 대지 등 부동산을 계속 점유하지 못하도록 강제하는 것이다.

4656 퇴보형 아동(withdrawn child)

신경병적 아동유형 중의 하나로서 새로운 경험이 과거의 상처를 건드릴까봐 새로운 상황에 처하는 것을 꺼려하는 아동으로서 진취성이 결여된다. 반면에 공격적 아동은 모든 것을 지배하려 하고 행동이 파괴적이며 잔인한 성격을 지니고 있다. 이러한 퇴보형 아동과 공격적 아동은 아동자신의 기본적인 욕구불충족과 주위환경이 자신의 능력 이상의 어떤 것을 요구할 때 발생된다고 보고 있다. 따라서 이러한 아동을 위해서는 훌륭한 부모 즉 사랑과 인정, 안정성을 심어줄 수 있는 자로서 공포증을 줄여주고 자아실현을 위한 기회를 주어 자아세력을 발달시켜가야 한다.

4657 퇴역연금(Veteran's Retirement Pension)

군인연금법에서 지급되는 급여로 사립학교교직원연금법에서의 퇴직연금에 해당되는 급여.

4658 퇴원

소년원장은 소년원법 제6조에 의거하여 원생이 23세에 달할 때까지 수용할 수 있으나 원생들의 자발성에 의한 교정목표 달성을 촉진하고자 수용기간을 단기(6월 이내), 중기(6월~12월), 장기(12월 이상)로 나누어 해당기간 중 소정의 성적을 취득하면 성적에 따라 퇴원을 허가하는데 소년원법 제7조의 규정에 의하여 소년원장은 원생이 개전의 정이 현저하여 충분히 교정되었다고 인정할 때 법무부장관의 허가를 얻어 시행한다.

4659 퇴원계획(discharge planning)

환자나 클라이언트가 서비스에 대한 필요성이 사라졌을 때, 보호의 대안이나 자기 보호를 용이하게 하고, 적시에 건강한 적응을 하도록 고안된 병원 등 시설에서 이뤄지는 사회봉사를 말한다. 능숙한 사회사업가가 행하는 퇴원계획은 클라이언트와 직접 관련된 다른 사람들이 그 문제와 영향의 복진을 이해하는 것을 돕고, 그들의 새로운 역할에 대한 적응을 수월하게 해주고 퇴원 후의 보호를 준비하는 것을 돕는다.

4660 퇴직(retirement) 01

정규적인 고용이나 어떤 특정한 직업 활동 형태로부터 물러난 상태를 말한다. 어떤 고용주들은 노령이거나 장애를 가진 피고용인들에게 연금이나 일시불퇴직보상금(lump-sum retirement compensation)을 지급하여 어느 일정 시간까지 이들의 퇴직을 조장한다. 근로자들이 퇴직을 원한다 할지라도 부적절한 퇴직급여로 인해 퇴직할 수 없는 경우도 많으며, 만약 퇴직을 하도록 요구받는다면, 그들은 재정적 부조(financial assistance)가 필요하다는 것을 알고 있다.
→ 사회보장(social security)

4661 퇴직(Retirement) 02

면직, 사직 기타 사망 외의 모든 해직. 단 사학연금의 경우, 교직원의 신분이 소멸된 날 또는 그 다음날에 다시 교직원으로 임명되고 연금법에 의한 퇴직급여 및 퇴직수당을 수령하지 아니한 경우에는 예외로 한다.

4662 퇴직공제연금

국가공무원등 공제조합법, 지방공무원등공제조합법 등의 각 공제조합법에 따른 장기급여의 하나이다. 조합원 기간이 20년 이상인 자가 퇴직했을 때 그자가 사망할 때까지 지급되는 연금으로 국민연금에서는 노령을 보험사유로 하고 있는데 대해 퇴직이 수급요건으로 되고 있다.

4663 퇴직급여(Retirement Benefit)

사학연금의 경우, 교직원이 퇴직시 지급되는 장기급여로 퇴직연금, 퇴직연금일시금, 퇴직연금공제일시금, 퇴직일시금, 조기퇴직연금 등 5종을 말한다. 퇴직연금일시금은 재직기간 20년 이상인 교직원이 퇴직하면서 연금이 아닌 일시금으로 지급받기를 원할 때 지급하며, 이러한 급여의 선택은 퇴직당시에 교직원의 선택에 의하며 급여가 지급된 이후에는 퇴직연금 등 다른 급여로 바꿀 수 없게 된다.

4664 퇴직수당(Retirement Allowance)

교직원이 1년 이상 재직하고 퇴직 또는 사망한 때에 지급되는 급여. 퇴직수당 금액은 재직기간 매 1년에 대해 보수월액에 재직기간별 지급비율을 곱한 금액(10%~60%).

4665 퇴직수당 부담금 (Contribution for Retirement Allowance)

국가 또는 공단에서 부담하는 퇴직수당 지급에 소요되는 비용.

4666 퇴직연금(retirement pension) 01

공무원연금법 등에 의한 장기급여의 하나로 공무원 연금법 제46조에 의하면 공무원이 20년 이상 재직하고 퇴직한 때에는 사망할 때까지 퇴직연금을 지급하도록 되어 있다. 다만 본인이 원하는 경우에는 퇴직일시금을 지급하거나 20년을 초과하는 재직기간 중 본인이 원하는 기간에 대해서는 그 기간에 해당하는 퇴직연금에 갈음하여 퇴직연금 공제일시금을 지급할 수 있다. 재직기간 20년에 대한 퇴직연금의 금액은 보수연액의 100분의 50에 상당하는 금액을 급여하고 재직기간이 20년을 초과할 때는 그 초과하는 매 1년에 대해 보수년액의 100분의 2에 상당하는 금액을 가산한 금액으로 한다. 이 경우 퇴직 연금의 금액은 보수연액의 100분의 76을 초과하지 못하도록 되어 있다.

4667 퇴직연금(Retirement Annuity) 02

사학연금의 경우, 재직기간 20년 이상인 교직원이 퇴직 후 연금으로 지급되는 급여로 재직기간 20년을 기준으로 매월 보수월액의 50%가 지급되며, 20년 이상 기간 매 1년당 2%가 추가되고 최고 76%까지 받을 수 있는 급여. 퇴직연금액 = (평균보수월액 × 50%) + (평균보수월액 × 20년 초과 재직년수 × 2%).

4668 퇴직연금공제일시금 (Partial Lump-sum of Retirement Benefit)

사학연금의 경우, 재직기간 20년 이상인 교직원이 퇴직 후 20년 이상 일정기간은 연금으로 지급받고, 잔여기간은 일시금으로 지급받는 급여. 퇴직연금 공제 일시금 = (보수월액 × 공제재직연수 × 1.5) + (보수월액 × 공제재직연수 × 공제재직연수 × 0.01)

4669 퇴직연금일시금(Lump-sum Retirement Annuity)

사학연금의 경우, 재직기간 20년 이상인 교직원이 퇴직 후 연금에 갈음하여 일시금으로 지급받는 급여. 퇴직연금 일시금액 = (보수월액 × 재직연수 1.5) + (보수월액 × 재직연수 × 5년 초과 재직연수 × 0.01)

4670 퇴직일시금(Lump-sum Retirement Grant)

사학연금의 경우, 재직기간 20년 미만인 교직원이 퇴직 후 일시금으로 지급받는 급여. 1년 내지 5년 미만의 퇴직 일시금액 = 보수월액 × 재직연수 × 1.2, 5년 이상 20년 미만의 퇴직 일시금액 = 퇴직연금 일시금과 같은 방식으로 산정.

4671 퇴직연금 지급 개시연령 (The Initial Age for Retirement Annuity)

사학연금의 경우, 2000년 12월 31일 현재 재직 중인 교직원(1995년 12월 31일 이전 임용자, 1995년 12월 31일 이전의 합산 재직기간이 있는 교직원에 한함)으로서 재직기간이 20년 미만인 교직원이 2001년 1월 1일 이후 재직기간 20년 이상이 되어 퇴직한 경우 퇴직연도별 해당연령인 50세부터 연금을 지급하되, 2년에 1세씩 올려 단계적으로 60세로 제도화하는 경과규정을 말함. 즉 퇴직연도가 2001년과 2002년인 교직원은 50세, 2003년과 2004년인 교직원은 51세, 2005년과 2006년인 교직원은 52세부터 연금을 지급하는 방식으로 조정하여 2021년 이후 퇴직자부터 60세가 되도록 하였다. 정년 또는 근무상한연령에 먼저 도달할 경우에는 연도별 퇴직연금 지급 개시 연령과 상관없이 해당연령부터 지급한다.

4672 퇴직예고제

생산직 근로자의 잦은 이직이 생산성을 떨어드리고 조업의 안정성을 해친다는 이유로 퇴직하기 일정 기간 전에 퇴직사실을 반드시 회사에 통고하도록 하는 제도이다. 92년 9월초 중소기협 대구경부지회가 중앙회에 입법화 추진을 건의한 것을 계기로 논란이 가열되었다. 중소기협측은 현행 근로기준법이 해고예고만 의무화하는 등 상응한 의무를 근로

E

자에게는 부과하지 않아 형평에 어긋나며 부당한 스카우트나 집단사표 같은 불건전한 관행을 막기 위해서도 퇴직예고제 도입이 필요하다고 주장. 반면 노총측은 근로기준법의 입법취지가 사회경제적 약자인 근로자의 보호에 있는 만큼 퇴직예고제 도입은 부당하며 퇴직금정산 때 불리하게 만드는 등 악용의 소지가 많다고 주장했다. 또 직업선택의 자유를 제약하기 때문에 위헌이라는 지적도 있다.

4673 퇴직일시금

공무원연금법, 사립학교교원연금법 등에 있어서 20년 미만으로 재직하고 퇴직한 때에는 퇴직일시금을 지급하도록 되어 있다. 퇴직일시금의 금액은 재직기간이 1월 이상 5년 미만인 자에 대해서는 퇴직한 날이 속하는 달의 기여금에 재직월수를 곱한 금액에 대통령령이 정하는 이자를 가산한 금액으로 하고 5년 이상 20년 미만인 자에 대해서는 퇴직한 날이 속하는 달의 보수월액에 재직 년수를 곱한 금액의 100분의 150에 상당하는 금액에다 재직 년수에서 5년을 공제한 년수의 매 1월에 대해 퇴직한 날이 속하는 달의 보수월액에 재직 년수를 곱한 금액의 100분의 1에 상당하는 금액을 가산한 금액으로 한 다. 이 경우 그 재직 년수는 33년을 초과하지 않는 것으로 하도록 되어 있다.

4674 퇴행(regression) 01

정신적으로 곤란한 상황에 직면했을 때 정신발달의 미숙한 단계로 역행하는 심리기제를 퇴행이라 한다. 즉 곤란한 상태에서의 도피로 정신분석학에서는 리비도의 발달단계에 따라 무의식적으로 초기의 단계로 되돌아가는 것을 말한다. 퇴행현상으로는 응석이나 노여움의 폭발, 방뇨나 손톱 물어뜯기 등을 들고 있다. 한편 레빈은 좌절에 의한 미분화한 원시적 행동특성으로 설명하고 있다.

4675 퇴행 02

욕구를 현실적으로 충족시킬 수 없을 때 발달이나 진화상의 초기단계로 되돌아가는 현상. 발달의 전 단계에서 유효했던 옛날의 사고·감정·행동양식으로 되돌아가 그것이 현재에도 유효하리라는 것을 말한다. 퇴행이 심하면 유치증에 빠질 수도 있다. 또한 퇴행은 문제해결의 합리적인 방법이 아니며, 갈등이나 곤란한 상태에서 도피하는 일종의 방어기제이다.

4676 퇴화(atrophy)

신체조직의 쇠약.

4677 퇴화성 기억상실증(retrograde amnesia)

→ 기억상실증(amnesia)

4678 투사(projection)

인간은 보고, 듣고, 인지하는 모든 것에 어떤 의미를 부여하려는 경향을 갖는다. 이는 인간이 정보를 형태로서 처리하려는 생리적인 기능을 가지고 있기 때문이다. 그 의미 분석은 확연히 그 사람의 심리적 상황을 반영한다. 많은 경우 그 심리상태가 불안하여 자아를 자위하는 수단의 하나인 방어의 일종으로 투사를 사용한다. 즉 환각이나 망상이 환자의 사고나 감정의 투사에 의해 이루어지는 것도 있고 인색한 사람이 타인을 인색하다고 하는 것은 동일시의 일종으로서 투사이다. 또한 그림을 그리면 그 속에 그 사람의 심리상태가 표현되는데 이것도 투사로 생각할 수 있다.

4679 투사 동일시(projective identification)

한 갱인 투사(projection)를 이용해 자신의 가족, 소속 그룹 또는 조직의 다른 멤버들로 하여금 투사된 태도에 일치되는 행동을 하도록 유도하는 과정.

4680 투석(dialysis)

신장병(kidney disease)의 치료법으로, 혈액투석(hemodialysis), 복막투석 및 만성보행 복막투석이 있다. 투석은 병원, 특별 외래 환자센터, 또는 환자의 가정에서 시행할 수 있다. 투석은 치료적 가치는 없으나 신장의 기능을 대신한다.

4681 투시검사법(projective test)

대상자의 세상을 인식하고 이해하는 양태를 유출하기 위해 고안된, 유기적이지만 통일되지 않은 자극(stimulus) 또는 상황을 이용하는 절차를 말한다. 이 절차의 가설은 대상자가 자극물에 무의식적인 생각을 쏟아내고 있음직한 정신병리 현상을 드러낼 것이라는 점이다. 주요 투사검사법으로 '로르샤흐 검사'(Rorschach test)와 '주제 통각 검사법'(thematic apperception Test) (이 시험들에서 대상자는 일련의 모호한 그림들을 보고 각각에 대해 설명한다) 등이 있다. 놀이치료(play therapy)의 일부 형태도 투사검사법의 형태로 간주된다.

4682 투옥(incarceration)

감옥이나 정신병원 같은 시설에 수용하는 것이다. 주로 이것은 처벌의 목적이나 개인으로부터 사회를 보호할 목적으로, 또는 개인에게 치료를 강제하거나 개인을 보호하기 위해 행해진다.

4683 투입(introjection) 01

정신분석 이론(psychoanalytic theory)에서 개인이 어떤 사람이나 사물로부터 받은 인상을 딴 곳으로 돌려 내적으로 그 사람이나 사물의 가상 형태로 향하게 하는 정신기제. 예컨대 개인이 부모의 비판을 자기 것으로 받아들여 일종의 자아비판의 형태로 전환하는 것이다.

4684 투입(input) 02

어떤 체제 안에 들어가는 자료나 정보의 총칭. 다시 말하면 어떤 질문·인간·에너지·재정 등 어떤 체제 안에 들어가는 자원을 말하며, 이것은 체제 자체에 의해 여과와 전환과정을 거치게 된다. 예컨대 학교 체제에 들어가게 되는 투입변인으로는 학생·교원·교육과정·재정·시설 그리고 지역사회 등을 들 수 있다. 여기서 교원의 경우 연령·학력·경력 등이 포함될 것이다.

4685 투입-산출분석(input-output analysis) 01

경제학자나 계획가들이 기관들 사이의 연결을 도표화하기 위해 사용하는 수단. 사회복지에서 그 도표는 세로줄에 모든 사회복지기관들의 목록을 담고, 맨 윗단의 가로줄에 같은 순서로 그것들을 목록으로 만들어 구성된다. 총수는 몇몇 기준들에 의해 연결된 어떤 두 기관들의 빈도를 나타내기 위해 끝단에 기록된다. 이 방법은 조직이 독자적인지, 책임과 자원을 공유하고 있는지 등을 도표로 나타낸다.

4686 투입-산출분석 02

투입변인과 산출변인간의 관계를 분석하는 것이다. 다시 말하면, 어떤 투입변인이 산출변인에 어느 정도의 영향을 미치고 있는가를 분석하는 일이며, 특히 교육활동의 결과에서 나온 산출에 어떤 투입변인이 어느 정도의 영향을 미치고 있는가 하는 관계를 밝혀낸 것이다. 교육의 생산은 학생들이 교육받는 결과로 얻은 체제의 산출이다. 교육 생산의 산출이 투입에 비하여 오른다면 교육의 생산성은 증가하게 된다. 교육의 생산을 올리기 위하여 자원의 효율적 활용을 강조한다 할지라도 사실 자원은 어느 사회나 부족하기 때문에 자원의 합리적 배합의 방법을 안다는 것이 중요하다. 교육의 투입변인 중에는 학교가 직접 통재할 수 있는 내재적 변인으로서 질 좋은 교사나 좋은 도서관, 새로운 실험실 등이 있는가 하면, 학교가 통재할 수 없는 외생적 변인요인으로써, 학생 자체 변인, 사회경제적 변인, 지역사회 환경, 교육재정의 변인 등이 있다. 교육의 산출변인 중에는 경제적 소득과 비경제적 소득이 있을 수 있는데, 쉽게 측정할 수 있는 것으로 전자에는 임금이, 후자에는 학업 성취도가 있다.

4687 투입행동(entry behavior)

→ 출발점 행동

4688 투자 대 소비 개념 (investment-versus-consumption concept)

종종 사회계획에서 직면하는 사회서비스의 궁극적인 목적에 관한 논쟁. 한 가지 관점은 사회프로그램은 불우한 사람들에게 재화나 서비스를 제공해 그들의 생활조건을 향상시켜야 하며, 이는 그 자체로 가치 있는 목표라는 주장이다. 다른 관점은 사회프로그램은 수혜자가 경제적으로 더 생산적이 되도록 경제적인 투자로서 존재해야 하며 사회서비스의 우선순위는 이런 목적에 부합하는 프로그램이어야 한다는 것이다.

4689 트리트먼트(treatment)

→ 치료

4690 특별공제(special exemption)

생활보장의 수입인정에 있어서는 노동에 따른 필요경비는 수입에서 공제되고 있지만, 그것에는 기초공제 외에 특별공제제도가 있다. 생활보장의 실시요령에 있어서 일본에서는 1957(소화 32)년에 '수입년액의 1할을 초과하지 않는' 년액 1500엔을 공제액으로 하고, 추석과 연말에 1대2의 비율로 보너스 수급자 자신에게 적용된다. 그 후 보너스가 없어도 가능하다고 해석되어 1965(소화 40)년 특별공제의 연간공제액은 수입년액의 1할을 한도로 하지만 그 한도액을 넘는 피보호자로서 취로의 상태가 양호한 자는 한도액에 1.3을 곱한 액수까지 인정한다고는 하지만 지장이 없지는 않다.

4691 특별기준(special standard)

생활보장제도에서는 생활보장법의 필요즉응의 원칙의 이념에서 요보호자에게 특별사유가 있어 일반기준으로 할 때에는 '보건복지부장관이 특별기준'을 정할 수 있다고 되어 있다. 생활보조나 주택부조 등의 일반기준 이외에 특별기준의 설정에 따른 비용을 계산해 넣어 생활보장행정의 개선과 처우를 위한 것이 목적이지만, 그 활용은 충분하지 않다. 그것은 '해당 피보호 세대에게 불가피하게 특별수요가 있다고 인정되어지는 경우에 한해 특별기준의 설정에 따른 비용을 인정한다'고 하는 수속 때문이다. 그 수요액의 인정에 대해서는 '필요최소한도'를 인정하기 때문에 '특별기준이 설정되었다는 것'으로 실시기관에서 인정이 가능한 것과 시·도지사가 인정할 수 있는 것이 있다. 그리고 이전에 '특별기준이 결정된 것' 이외의 신청에 대해서도 보건복지부장관에 따른 인정이 가능하다.

4692 특별양호 노인홈

일본의 노인복지법 제14조에 의하여 설치된 노인복지시설의 하나이다. 입소대상은 심신의 결함이 있기 때문에 항상 원조를 요하는 노인으로서 거택에서 양호가 곤란한 노인이다. 여기서는 심신의 장애나 결함에 따른 서비스를 제공하여 노인의 생명과 생활을 지키고 자립을 촉구하는 원호를 행하고 있다. 이 시설은 원래 간호시설로서 구상되어졌으며 의학적으로 보호를 필요로 하는 노인이 많으며 의료적 보호방법은 긴박한 과제가 된다.

4693 특별임시위원회(adhocracy)

이론적으로 프로그램을 더욱 융통성 있게 운영하기 위한 취소화된 인력조직을 특징으로 하는 행정조직의 한 형태를 말한다. 사회기관에서 관료제(bureaucracy)의 대안책이다.

4694 특별활동(extra-curricular activity)

학교교육의 목표를 달성하기 위해서 마련된 교과(教科) 학습활동 이외의 학교교육활동 학생의 개성신장 건전한 취미와 특수기능의 육성 및 민주적 생활을 활동을 육성하기 위하여 학생회·봉사활동·운동경기·토론회·독서회·클럽활동 등을 통해서 행해지는 교육활동을 말한다. 어떤 특수한 학교교육의 목표를 달성하기 위해서 어떤 교과가 필요하듯이, 같은 이유에서 여러 교육목표를 달성하기 위해서 교육과정의 일부로서 특별활동이 요청된다.

4695 특수교육(special education)

심신 장애인에게 초·중등 과정에 준하는 교육과 실생활에 필요한 지식, 기능을 가르치는 것을 목적으로 하는 교육활동. 각자의 '능력에 알맞은 균등한 교육'을 보장하기 위한 조치로서 인간이 기본권의 하나인 교육권의 보장이란 차원에서 다루어지고 있다. 1760년에 드레페가 파리에 농아학교를 창립한 것을 시초로 미국 및 유럽각지에 퍼져 갔다. 우리나라에서는 1894년 미국 감리교 선교사 부인인 R. S. 홀이 평양에 여자 맹아학교를 설립하여 맹아교육을 시작한 것이 시초가 되었으며, 1977년 12월 31일 특수교육을 법적으로 뒷받침할 수 있는 특수교육진흥법을 제정·공포하여 1979년 1월 1일부터 시행함으로써 우리나라의 특수교육은 새로운 전기를 맞이하게 되었다.

4696 특수교육진흥법

특수교육의 기회를 제공하고 여건을 개선하기 위한 법률(전문개정 1994. 1. 7 법률 제4716호). 특수교육을 필요로 하는 사람에게 국가 및 지방자치단체가 적절하고 고른 교육기회를 제공하고, 교육방법 및 여건을 개선하여 자주적인 생활능력을 기르게 함으로써 그들의 생활안정과 사회참여에 기여함을 목적으로 한다. 국가 및 지방자치단체는 특수교육의 발전을 위한 업무를 수행해야 한다. 교육인적자원부 장관 소속 하에 중앙특수교육운영위원회를, 교육감 소속 하에 시·도 특수교육운영위원회를, 교육장 소속 하에 시·군·구 특수교육운영위원회를 둔다. 특수교육대상자에 대한 초등학교 및 중학교 과정의 교육은 의무교육으로 하고, 유치원 및 고등학교 과정의 교육은 무상으로 한다. 국가 및 지방자치단체는 장애를 지닌 유아에 대한 조기특수교육에 필요한 시책을 강구해야 한다. 정부는 특수교육의 주요시책에 관한 보고서를 매년 정기국회 개회 전까지 국회에 제출해야 한다. 시각장애·청각장애·정신지체·지체부자유·정서장애·언어장애·학습장애 등의 장애가 있는 사람 중 특수교육대상자를 선정한다. 특수교육대상자는 교육감 또는 교육장에게 학교를 지정·배치하여 줄 것을 요구할 수 있으며, 교육감 또는 교육장은 당해 운영위원회의 심사를 거쳐 적절한 학교를 지정·배치해야 한다. 각급 학교의 장은 특수교육대상자가 당해 학교에 입학하고자 하는 경우에는 장애를 이유로 불이익한 처분을 하여서는 안된다. 각급 학교의 장은 특수교육대상자의 입학전형 및 수학 등에 있어서 특수교육대상자의 장애의 종별 및 정도에 적합한 편의를 제공해야 하며, 특수교육대상자로 하여금 그의 능력을 최대한 계발하도록 해야 한다. 특수교육기관의 장은 특수교육대상자에 대한 건강진단 및 생활기능의 회복정도의 판정을 정기적으로 실시해야 한다. 특수교육기관에는 치료교육을 담당하는 교원을 두어야 한다. 특수교육기관의 장은 특수교육대상자의 특수교육대상자에 대해 직업교육과 진로교육을 실시해야 한다. 특수교육기관의 교육과정은 장애의 종별과 정도를 고려하여 교육인적자원부 장관이 정한다. 특수교육대상자의 교육을 위한 교과용 도서는 무상으로 지급한다. 5장으로 나누어진 전문 28조와 부칙으로 되어 있다.

4697 특수기회 내지 우선권부여 (opportunity and extra-chances power)

현대적 급여물 형태의 하나로서 ① 조세저항이나 재정압박이 없고 ② 당사자의 재활을 돕고 명예를 훼손하지 않으며 ③ 물질로서 해결할 수 없는 분야 즉 교육이나 직업분야의 복지실현에 적합하다. 우리나라의 현행제도를 보면 특정 사회복지실현으로서 산업진흥을 위한 산업체 근로자에 대한 대학입학상의 특전과 직업분야에서 공무원임용상의 공개경쟁시험합격자 우선임용이 있다. 사회정의실현(보상)으로서는 교육 분야에는 군사원호대상자 자녀교육을 위한 취학상의 특전이 있다. 배분실현(진단)으로서 교육 분야에서의 심신장애인에 대한 입학상의 불이익처분금지와 직업분야에 있어서의 원호대상자직업재활법에 의한 직업보도와 윤락행위 등 방지법에 의한 직업보도가 있다.

4698 특수법인(special juridical person)

'특별법률에 따라 특별설립행위를 갖고 설립된 법인'을 말한다. 소위 공사, 공단, 기금, 주택사업자금을 대부하는 공공기관, 사업단 등을 가리키다. 업무의 목적이 공공성을 띠어 행정기관이 업무를 행해 적절한 운영을 기대할 수 있고 재무인사 관리 면에서도 능률적 운영을 도모할 수 있다.

4699 특수아동(exceptional children)

특별한 정신적, 신체적, 사회적 능력이나 한계 때문에 특수한 형태의 교육, 사회적 경험, 또는 처우를 필요로 하는 의존적인 아동들을 지칭한다. 이러한 아동에는 그들의 잠재력을 키우도록 고안된 교육훈련 시설에서 혜택을 받을 수 있는 정신지체 아동이 포함된다. 또한 재능아, 천재아 또는 특별한 신체능력을 가진 아동 등도 포함된다.

4700 특수연합(ad hoc coalition)

관심 또는 문제를 공유하는 사람들이 일시적으로 연합을 형성하여 만든 집단. 이 집단은 목표를 달성하거나 성원들이 더 이상 공통된 관심을 갖지 않으면 해산한다.

4701 특수 요양비(Special Medical Treatment Benefit)

현행 일반적인 요양으로는 정상적인 치료가 곤란하거나, 치료 후 정상적인 사회활동이 곤란하여 별도의 요양이 필요한 경우에 국민건강보험법령 및 산업재해보상보험법령에 의해 산정한 일반 요양비를 초과하거나 그 범위 외의 특수 요양에 소요되는 비용.

4702 특수이익집단(special interest group)
→ 이익집단(interest group)

4703 특수자격(exceptional eligibility)
어떤 특수집단이 독특하거나 특수한 요구를 지니지 않는다 할지라도, 그리고 그 집단 밖에 있는 다른 사람들이 동일한 욕구를 가지거나 동일한 여건에 있을지라도, 그 특수집단을 구성하는 사람만을 위해 설립된 서비스나 급여가 포함된 사회서비스 정책. 이러한 프로그램은 흔히 그 집단의 강한 정치적 압력이나 그 집단에 대한 공공의 동정 때문에 개발된다. 퇴역군인 프로그램들이 좋은 사례이다.

4704 특수진료병원
특수진료병원이란 문자 그대로 특수방사선진료나 동위원소 치료를 위한 병원, 또는 정신병원 등 특수진료 또는 질환을 위한 진료기관을 말하는데 이러한 진료를 요하는 환자는 1차 진료기관이나 2차 진료기관에서 직접 의뢰할 수 있고 때로는 3차 진료기관과 상호 의뢰할 수도 있다. 특수진료를 위한 병원은 필요에 따라 있게 되는데 국공립인 경우가 보통이다.

4705 특수집단(task force)
어떤 조직에서 계층적 조직구조에 의해 수행하기 어려운 문제를 효율적으로 해결하기 위하여 그 문제와 관련이 있는 능력있는 사람을 선발하여 조직한 특수한 작업집단. 이 집단의 조직은 일시적이며, 특별한(ad hoc) 임무를 수행할 때에 활용된다. 이 특수집단은 많은 목적을 위하여 활용될 수 있지만, 그 중에서도 중요한 것은 하나의 조직에서 의사결정의 질을 향상시킬 수 있다는 것이다. 한편, 건설적 생각·의견·건의·충고·제안 등에 활용되며, 다른 한편 사태나 조건의 해결을 지연시키거나 회피할 때 활용되기도 한다. 그들은 의사결정에 특수한 책임을 지며, 또한 그 결정을 하기 위한 표적일자(target date)가 주어진다. 이 집단에 특수한 임무와 최종시한(deadline)이 주어짐으로써, 조직은 일을 능률적으로 처리할 수 있으며 어떤 손해를 방지하거나 최소로 줄이는 조치를 취할 수 있다.

4706 특이한(idiosyncratic)
관찰되고 있는 대상이나 현상의 독특한 특성이나 특질에 적용되는 용어, 또는 같은 종류의 다른 것들을 대표하지 않는 특성이나 특질에 관련한 용어를 말한다.

4707 특정질환
'난병대책요강'의 대상으로 정해져 있는 질환. 1967년에서 1972년에 걸쳐 일본에서 전국적인 규모로 다발한 스몬병에의 관심이 계기가 되어 1972년 7월에 후생성내 공중위생국에 '특정질환 대책실'을 만들어 ① 원인불명으로 치료법이 확립되어 있지 않고 ② 경제적, 정신적으로도 환자의 걱정이나 가족의 부담이 큰 환자를 난병으로 지정했다. 대상으로 1972년도는 다발성 경화증, 스몬, 중증근무력증, 베체트병(Bechet's), 전신성 오리테마도데스, 재생불량성빈혈, 세르코이도지스, 나치성의 간염의 8가지로 출발했지만, 1975년도에는 40가지 질환으로 증가했다.

4708 티켓제도(ticket system)
일반적으로 기업 내 구매시설을 이용할 경우에 현금을 사용하지 않고 전표 또는 계산서를 이용하여 구입하는 제도이다. 매월마다 급료에서 공제하며 또 특약상점에서 구입할 경우는 회사에서 일괄하여 종업원의 구입액을 지불함과 동시에 종업원은 기업에 월부로 변제하여가는 제도도 활용된다. 티켓제도는 우리나라에서도 상당히 확대되고 있다. 일명 쿠폰(coupon) 제도라고도 한다.

4709 티트머스(Titmuss, Richard Morris : 1907~1973)
영국의 사회정책학자. 제2차 세계대전 후 사회보장과 사회복지 분야에서 영국뿐만 아니라 국제적으로도 많은 영향을 미쳤다. 그가 활약한 시기를 '티트머스시대'라고까지 부르고 있다. 철저한 경험적 자료에 근거하여 그때그때의 문제에 대해 정확한 방침을 제시한 점에서 정평이 나있다. 정치적으로는 노동당에 속해 정책입안에 크게 공헌하였으며, 학문적으로는 사회복지행정학(social administration : 영국에서는 사회복지학을 이렇게 부른다)을 확립한 것으로 유명하다. 주요 저서로는 '복지국가의 이상과 현실'(1958), '사회복지와 사회보장'(1968) 등이 있다.

4710 팀워크(team work)
조직적 집단이 공통의 목표를 달성하기 위해 협력하는 것으로 모든 영역에서 중요시되고 있으나 사회복지실천에서도 불가결하다. 팀워크는 시설(기관)내 팀워크와 시설(기관)간 팀워크로 대별되지만 그 어느 경우에도 공통목표를 확립하고 구성원의 역할을 명확히 함과 동시에 각자의 공헌을 존중하고 협동적으로 의사결정을 평가하는 것이 기본이다.

4711 팀 티칭(team teaching)
교수–학습조직을 개선하려는 수업조직 형태의 하나. 교사의 협력수업 체제, 학생의 융통성 있는 편성 및 교육공학 발전의 체계적 적용이라는 특징을 가진 수업조직 방법이다. 팀 티칭의 방식은 몇 사람의 교사가 팀을 만들고, 몇 학급의 학생들을 하나의 집단으로 편성한 후, 그 집단을 대집단·중집단·소집단·개인별 등으로 융통성 있게 편성하고, 새로운 교육공학을 적절하게 도입하여 학생들의 학습과 생활을 지도하려는 방법이다. 팀을 이룬 교사는 각기 그 팀에 특이하게 공헌할 수 있는 역할을 가지고 있는 것이 보통이며, 그들은 공동으로 계획을 세워 실천에 옮기고 있다.

[ㅍ]

4712 파괴성 정신분열증(hebephrenic schizophrenia)
난폭한 흥분상태, 킬킬거리는 웃음, 엉뚱한 행동, 급속한 기분의 변화 등의 특징을 보이는 정신병(psychosis)의 한 유형. 이 장애는 무질서한 유형의 정신분열증으로 알려져 있다.

4713 파괴행위(vandalism)
공공 또는 사적 재산의 고의적이고 불법적인 파괴.

4714 파라다이스복지재단
장애아동과 관련된 전반적인 교육, 치료, 복지 향상을 목표로 특성화된 지원 사업 외에도 장애인의 이동 및 정보 접근권 확보를 위한 장애인 편의시설 지원 사업, 중증의 지체 및 중복 장애아동에 대한 구체적인 지원을 하는 1994년 설립된 공익재단.

4715 파라메디컬 스태프(paramedical staff)
→ 준의료직원

4716 파면(Dismissal)
사학연금의 경우, 징계처분의 한 종류로 교직원 관계를 청산하는 것을 말하며, 퇴직 급여의 1/2을 감하여 지급.

4717 파블로프(Pavlov Ivan Petaovich : 1849~1936)
러시아의 생리학자. 군의학교 교수를 거쳐 실험의학연구 교수가 되어 생리학 부문의 연구를 지도. 1904년 소화선 연구로 노벨상을 수상. 그 뒤 고차신경활동의 연구에 전념하고 조건반사는 대뇌피질에 일시적 결합이 형성되기 때문에 일으키는 것임을 해명, 피질의 흥분과 제지에 의해 설명했다. 그는 전통적 심리학의 주관성과 심신이원론을 거부하고 넓게 학습에 관한 실험심리학, 정신장애의 연구, 인격심리학에 기여했고 과학적 인간관의 기초를 제공했다.

4718 파슨즈(Parsons, Talcott : 1902~1979)
미국의 구조기능주의 사회학자. 유럽 사회과학의 지적 전통을 종합하여 사회학의 일반이론을 구축함으로써 현대 사회학의 발전에 크게 공헌하였다. 금세기 사회학의 제일인자로 평가받고 있다. 주의주의적 행위에 일반이론, 구조기능주의에 입각한 사회체계의 일반이론, 나아가 체계의 기능적 요건에 관한 소위 AGIL식 즉 A(적응), G(목표달성), I(통합), L(잠재적 유형의 유지)을 제시한 것으로 유명하다. 아동의 사회화, 의료사회학, 전문직의 분야에서도 업적을 남겼다. 주저에 '사회적 행위의 구조'(1937), '사회체계론'(1951) 등이 있다.

4719 파이로트 캠페인(pilot campaign)
미국의 공동모금운동에서 채용되고 있는 모금의 일종으로 운동기간 전에 우량기부가 예견되는 수십 개 사의 기업을 대상으로 하는 법인모금과 직장모금을 말한다. 이들 기업들에서의 높은 모금실정을 바탕으로 본 운동 때에 이것을 호소의 기준으로 삼는다. 원래는 법인모금의 기부목표를 만드는 것을 목적으로 고안된 모금방법이었으나 그 뒤 직장모금에도 이 방법이 쓰이게 되었다. 이 방법은 본 운동을 원활하게 치루기 위한 분위기 조성의 역할도 하고 있다.

4720 파이의 논리(logic of pie)
파이(pie)는 분배의 원천을 의미하는데 파이의 논리라고 하면 배분방법은 일정하지만 분배의 원천(pie) 자체를 키우는 것, 즉 생산성 향상을 통하여 임금인상도 가능하게 된다는 사고방식을 말한다. 이 파이의 논리는 1848년 밀(Mill. J. S)이 경제학원리에서 주장한 것으로 현대경제학에서도 적용되고 있다. 우리나라에서는 1956년 한국생산성 본부(KPC : Korean Productivity Center)에 의해 기술혁신에 의한 고용의 증대 노사협조, 성과의 공정배분을 위한 생산성 향상의 운동을 전개해 왔다. 이것은 사고방식을 바꾸면 생산성의 틀 속에서 임금인상이라는 생산성기준원리 혹은 생산성 임금제와 맥을 같이 한다고 하여 선진국의 일부 노동조합의 반발을 사고 있다.

4721 파일로트 스터디(pilot study)
기초조사 혹은 탐색적조사로 사용되고 있다. pilot study는 설문지작성의 이전단계로서 실시되며 그 조사내용도 주로 연구의 문제파악 및 가설의 의미파악조사의 기초자료의 수집을 목적으로 구성된다. 예비조사는 설문지의 초안이 만들어진 후에 설문지의 언어구성, 내용, 반응형성, 문제의 배열 등에 있어서의 오류를 찾아내고 설문지의 적용시 단위 면접시간, 응답자간의 분산정도, 재방문율, 응답거부 등 설문지적용상의 제 사항을 알아보는 조사로서 목적이나 절차에서 탐색적조사와는 상호 구별되고 있다.

4722 파킨슨병(Parkinsons disease)
영국의사 파킨슨이 1817년에 처음 보고한 질환으로 특징은 진전마비, 주로 50세 전후에 발병. 손발이 떨리고 근육이 경직되는 것이 특징이다. 떨리는 것은 대개 손발부터 시작되어 점차 전신의 수의운동이 불가능해진다. 이 때문에 종종걸음을 하게 되고 몸이 앞으로 구부러지며 얼굴표정이 없고 대화나 눈을 깜박이는 것도 어려워진다.

4723 파트타임(part time)
파트타임고용에 대해서는 아직 확립된 정의가 없지만 ILO 제48회 총회보고에서는 '일반 정규 노동시간보다도 짧은 시간수를 1일 또는 1주간 단위로 취업하는 것, 그러면서도 이 취업은 규칙적, 자율적인 것'이라고 정의하고 있다. 그렇지만 우리나라에서는 풀타이머(full timer)와 같거나 또는 그 이상 시간 노동을 하면서 신분상 파트 타이머라고 불리고 있는 경우도 있다. 증가하는 중·고령 여성 파트타임 노동자를 위해 다음과 같은 대책의 정비가 과제로 되이 있다. ① 파트타임 근로자 정의의 명확화 ② 파트타임 근로자에 대한 근로조건의 정비, 즉 취업규칙의 정비, 근로시간 관리의 적정화(근로시간, 연차유급휴가, 반복 경신된 기간의 정함이 있는 근로계약의 종료, 건강진단에 대한 적절한 조치, 임금기준의 설정 등) ③ 고용관리의 적정화(모집·채용에서 퇴직·해고에 이르기까지 적정한 고용관리, 고령자고용촉진, 우선적 응모기회부여 노력) ④ 기타 근로기준법, 최저임금법, 산업안전보건법 등 노동관계법회의 개정과 적용.

4724 판결(vandalism)

법적 심리나 재판을 통하여 결정하는 과정과 법원의 판결.

4725 판단([영] judgment [독] urteil)

개념과 함께 사고의 근본 형식. 판단을 문장으로 나타낸 것이 명제인데, 양자는 실제상 거의 같은 뜻으로 사용되고 있다. 판단은 물음에 대한 답으로서의 의미를 가진다. 예컨대, 어떤 것이 흰 것이라는 사실만을 알고 있고, 그 밖의 점에 관해서는 명확하지 않는 경우, 물음이 생기는데(→ 문제), 그것을 관찰하거나, 핥아보거나 함으로써, 〈그것은 설탕이다〉라는 단정을 내리는 것이 판단이다. 이 경우의 〈흰 것〉이 판단의 주어, 〈설탕〉이 술어, 〈이다〉가 연어라고 불리어진다. 그러나 판단의 언어적 표현은 반드시 이런 것만을 표현하는 것은 아니다. 〈덥다〉 〈불이다〉 〈꽃이 붉다〉와 같은 문장도 판단이다. 또 연어를 표현하지 않는 언어도 있다. 판단은 위와 같은 개개의 사실에 관한 것뿐만 아니라, 사실의 법칙적 관계를 확인하는 것, 수학적·논리적 관계를 나타내는 것도 있다. 따라서 판단은 보통 몇 개의 개념 또는 표상 사이의 관계를 긍정하거나 부정하는 작용으로서 정의된다. 판단은 개념을 전제로 하지만 개념은 또 몇 개의 판단을 통해 이루어지는 것으로서 양자의 관계는 상호적이다. 판단에 있어서 문제가 되고 있는 사태를 명확히 하기 위해 그것을 분석함과 동시에, 또 분석된 요소를 종합하기도 한다. 물음(질문)은 진(眞)도 위(僞)도 아니지만, 판단에는 진위의 구별이 있으며, 판단이 실재적 관계를 그대로 반영하는 경우에는 참(眞)이며, 그렇지 않는 경우는 거짓(僞)이다. 형식논리학에서는 형성된 판단의 형식적인 측면을 취급한다. 형식상, 판단은 정언적 판단, 선언적 판단으로 나누어진다.

4726 판단력([영] judgment [독] Urteilskraft)

일반적으로는 판단의 능력을 의미하며, 판단이 어떻게 해석되느냐에 따라, 판단력에 관해서도 철학사상 많은 견해가 있다. 또 판단이라는 말은 인식적인 의미 외에 평가라는 의미를 가지고 있으므로, 스콜라학의 vis aestimativa, 즉 사물을 평가하는 능력도 판단력이라고 해석되는 경우도 있다. 칸트는 판단력이라고 〈특수를 보편 아래에 포괄시키는 것으로서 사고하는 능력〉이라고 말하였다. 여기에는 두 가지 종류가 있다. 인식 능력으로서의 오성으로 해서 주어지는 법칙(예컨대 인과율) 밑에 특수가 포섭될 때에는 〈규정적〉(bestimmend)이라고 불리어지고, 반대로 특수가 주어져 있고 그것에 대해 보편·통일이 요구될 때에는, 〈반성적〉(reflektierend)이라고 불리어진다. 칸트의 〈판단력 비판〉이 다루는 것은 이 반성적 판단력인데, 여기에서 그는 미적·반성적 판단력과 목적론적·반성적 판단력을 고찰한다. 전자가 그의 미학인데, 그는 미(美)의 독자성을 문제로 삼으면서도, 그것을 주로 형식적으로 해석하고 있다. 후자는 〈자연의 합목적성〉을 다루고, 비속한 목적론 및 기계론을 비판하여 생명현상의 독자성을 이해하려고 했는데, 이 합목적성은 목적론적 판단력의 선험적인 원리로 되고 있다. → 목적론

4727 판단중지

→ 에포케

4728 판명

→ 명석·판명

4729 판별·상담 서비스

노인의 생활능력에 관한 판별이나 각종 지역보호서비스(수용시설, 중간보호, 거택보호, 사후보호)를 비롯해서 연금, 부조, 의료, 주택, 가족 복지, 심신장애인복지 등의 일반적인 서비스 이용의 필요성과 그 이용에 대한 자격조건을 진단하여 필요한 자원을 소개하는 것을 주기능으로 하는 서비스로서 모든 지역보호에서는 필요불가결한 서비스 기능이다. 노인의 지역복지를 위한 판별·상담기관은 병원을 중심으로 하는 것, 보건소를 중심으로 하는 것, 또는 독립적으로 설치하는 것이 있는데 이는 그 지역사회가 놓여있는 실정에 따라 다르나 어떤 형태의 서비스가 되더라도 의사, 간호사, 심리학자, 가정에 대한 전문가, 사회사업가 기타 관련전문가들을 중심으로 하는 협동체제로 구성하는 것이 기본원칙이 되고 있다.

4730 판정(judgement)

상담기관에서 아동이나 장애아의 문제에 대해 그 원인과 배경을 조명함과 동시에 문제의 해결에 가장 적절한 지도와 치료의 방침을 세우는 과정이다. 아동과 장애아도 생물학적 존재인 동시에 사회문화적 존재이다. 따라서 가족이나 지역사회의 일원으로 생활을 영위하고 있는 아동이나 장애인의 문제를 이해하고 적절한 지도방침을 찾아내기 위해서 의학적 심리학적 재검사, 생육사의 조명, 가족, 학교, 지역사회 등에 관한 사회조사를 근거로 하여 다면적이고 종합적으로 진단하는 것이다.

4731 판정회의(judgement conference)
아동상담소의 판정부문에서 아동의 문제를 조명하여 가장 타당하고 적절한 지도 혹은 치료의 방침을 세우는 것을 목적으로 정기적으로 실시되는 회의이다. 일반적으로 판정부분의 장을 사회자로 하고 사례담당자를 중심으로 정신과의사, 심리판정원, 상담원 등이 참가해서 각기 전문영역에서 아동과 환경의 양면에 걸친 검사나 조사의 결과에 관해 다면적이고 종합적인 검토를 행한다. 단 그 결론과 지도방침의 최종적인 결정은 조치회의에 넘긴다.

4732 패거리(gang)
사회학적인 용어로서, 원래 자발적으로 형성된 구성원들이 어떤 속성을 공유함에 따라 관계를 유지하는 집단을 말한다. 이들의 속성은 나이, 인종, 근린 거주 또는 상호유대에 의한 공통의 가치 등이다. 사회사업가와 법률기관은 종종 이 용어를 다양한 반사회적인 추구에 의해 서로를 지지하는 응집력 강한 젊은이들의 집단을 언급하는데 사용한다.

4733 패널 토의(panel discussion)
참가자 대표 또는 강사를 3~5명 정도 선정하여 사회자의 진행에 의해 특정문제를 중심으로 좌담회형식의 토론을 한 후 전체 참가자와 질문이나 의견을 교환하는 토의법이다. 또 전체토의 한 뒤에 다시 패널에서 토의해 최후에 사회자가 논점을 취합하는 방식도 있다. 패널 토의를 조직할 경우 발신에 공평성이 있어야 하고 참가자의 발언시간을 충분하게 할당하는 것이 중요하다.

4734 패러다임(paradigm)
사물의 특징을 설명하고자 할 때, 어떤 개념적 구조나 원리에 의해 그것을 파악하는 인식의 틀. 형태·예시모형과 비슷한 말이다. → 모형

4735 패럴림픽(paralympic)
→ 장애인올림픽

4736 페미니즘(feminism)
이 단어는 여성 혹은 여성적인 것을 의미하는 female에 어원을 두고 있는 용어로, 여성 중심적 및 여성성 지향 등의 의미를 내포하는 여성존중의식을 나타낸다. 인류의 역사 이래로 남성 중심적으로 조명되어 온 인간 삶에 대한 관점을 넘어 여성의 활동과 삶을 우선적으로 부각시키고, 궁극적으로는 남녀 평등한 사회를 지향하기 위한 관점, 활동 및 운동 경향을 말한다. 자유주의에 기반을 두고 있으며 19세기 중반에 시작된 여성들의 참정권 운동이 그 출발점이 된다.

4737 패밀리 그룹홈(family group home)
→ 소숙사 제도

4738 퍼블리시티(publicity)
매스컴 보도기관에 정보나 기사를 제공하는 활동이다. 광의로는 홍보와 동의어로 쓰일 때도 있다. 관공서·기업체나 단체가 자기에게 유리한 정보를 매스컴·정보기관에 제공, 기사로서 보도하게 하는 것은 다른 사람의 비용과 이름으로 하기 때문에 유리하다. 따라서 제공하는 내용에 공공성이 있고 또 진실할 필요가 있다. 방법으로는 기자 회견, 자료배포, 랙쳐, 수시연결, 행사통지 등이 있다.

4739 퍼스낼리티(personality)
인격, 성격으로도 번역될 때가 있으나 성격은 엄격한 의미에서는 퍼스낼리티에서 지능, 기질을 뺀 의지적인 면만을 뜻한다. 이것은 일반적으로 인격으로 통용되고 있으나 성격과 동의어로 사용되고 있다. 퍼스낼리티의 정의는 학자에 따라 강조하는 것이 각기 다르지만, 최근에는 퍼스낼리티를 여러 특성이 서로 역동적 관계를 맺고 있는 구조로서 이것을 환경의 장에서 이해하려고 하고 있다. 즉 퍼스낼리티란 생활공간 내에서 개체가 존재하는 양식, 행동양식을 뜻하며 타인과는 다른 특징적인 것을 말한다. 그리고 퍼스낼리티의 형성은 유아기의 경험이 대단히 중요한 것으로 강조되고 있다.

4740 퍼터널리즘(paternalism)
→ 온정주의

4741 퍼트(PERT : 프로그램 평가·검토기법)
목표와 관련하여 조직관리에서 보통 사용되는 합리적이고 체계적인 절차로서 프로그램 평가 및 검토기법(program evaluation and review technique)을 말한다. 이것은 프로그램의 목적에 따라 수행되어야 할 필요가 있는 모든 활동, 각각의 활동이 요구하는 시간, 활동이 실시되는 절차, 필요한 자원 등을 지시해주며 전 직원이 알도록 하기 위해 도표화되어 게시되기도 한다.

4742 펄만(Perman, Harris : 1905~1998)
미국의 사회학자, 전공은 개별사회사업. 시카고와 뉴욕에서 가족복지 사업의 실무 경험을 쌓은 뒤 1940~1945년까지 뉴욕사회사업학교(콜럼비아대학 사회사업대학원)의 강사로 근무했으며 1945년 시카고대학 사회사업행정대학원으로 옮겨 1971년까지 교수로 재직하였다. 그 동안 개별사회사업에 관한 많은 저서와 논문을 발표하였고, 특히 역할이론 등의 사회과학이론을 도입하여 문제해결적 접근방법을 체계화시켰다. 주저로 'social casework : a problem solving process (1957)'가 있다.

4743 페스탈로찌 (Pestalozzi, Johann Heinrich : 1746~1827)
스위스의 교육가. 루소의 영향을 받았으며 생애를 노이호

후, 슈탄츠 등에서 가난한 아이들의 교육과 구제에 바쳤다. 빈민구제나 사회개혁의 기초는 정신의 자율과 순화이며 교육은 순수한 인간성의 각성과 도야를 목적으로 한다. 도야되어야 할 아동의 능력은 머리·마음·손이다. 마음의(도덕적·종교적) 도야에서는 모자관계를 중시하고 손의 노동작업 교육을 인간 도야의 근본원칙으로 삼았다. 주저에는 'abendstunde eines einsiedlers(1780)', 'wie gertrud ihre kinder lehrt(1801)', 'schwanengesang(1826)'이 있다.

4744 페어·쉐어 플랜(fair share plan)
각 개인의 소득상응에 따라 기부를 구하는 모금방법으로 미국이나 캐나다 등의 공동모금운동에서 주로 법인모금, 직역모금에서 쓰고 있는 형태를 말한다. 개인은 연간소득수준에 따라 또는 법인은 업종, 자본금, 종업원 수, 수익률 등을 감안해서 기부액의 기준표를 작성한다. 거기에 따라 개개의 법인, 직장에 절충해서 기부자와 공동모금 사이의 기부계약을 성립시키는 방식을 취하고 있다. 또 미국이나 캐나다에서는 이 계약이 성립되면 개인적인 기부자의 경우에는 급여에서 자동적으로 기부금액이 지불된다.

4745 페이비언주의(Fabianism)
1884년 영국에서 결성된 페이비언협회(Fabian society)의 주장을 말한다. 페이비언협회는 1883년에 만들어진 윤리적 이상주의적 단체인 신생활우애협회를 계승해서 시드니·웹, 버나드·쇼 등의 지도로 발전되었다. 페이비언주의는 토지와 산업자본을 개인이나 계급적 소유에서 해방해 공유화함으로서 사회를 재조직할 것을 목표로 개량주의적 입장에 서서 의회제 민주주의, 민주국가에 의한 산업관리, 운영에 근거한 점진적인 사회주의로의 이행을 주장했다. 영국 사회주의 운동 뿐 아니라 영국사회전체, 또 사회복지, 복지국가의 성립에도 큰 영향을 주었으며 영국노동당의 정책형성에도 기여했다.

4746 페이스 시트(face sheet)
케이스 기록의 제1회에 해당하는 부분으로 케이스를 일목요연하게 정리하여 한 번에 파악할 수 있도록 항목으로 구성되어 있다. 그 항목은 기관에 따라 다르지만 공통적으로 ① 클라이언트의 속성과 가족 상황 ② 업무에 필요한 사항 ③ 케이스에 관해 반영구적으로 불변하는 객관적 사실 등이다. 이들을 기재하는 데는 정확하게 기입하고 변경하는 경우에는 변경일시를 확실하게 기록하는 것이 중요하다.

4747 페이스(PACE : 후보자 선출을 위한 정치적 활동)
후보자 선출을 위한 정치적 활동, 즉 전국사회사업가협회(NASW : national association of social workers)의 정치적 행동위원회를 말한다. 이 조직은 정치가 선출을 위한 후보자들을 돕고 관련된 구성원들을 재정적으로 원조한다. → 엘란(ELAN)

4748 펠라그라(pellagra)
니아신의 결핍으로 인한 질환으로서 피부와 점막의 염증과 위장장애와 같은 증상이 나타난다.

4749 편견(bias) 01
개인이 특정 집단, 개인, 사상 등에 관해 긍정적이거나 부정적인 입장을 갖는 것으로 감정에 영향을 미칠 수 있는 태도. 또한 조사에서 편견은 부적절한 표집(sampling), 통계도구 혹은 조사도구의 오용, 혹은 다른 부적절한 방법 때문에 어느 한쪽 방향으로 기우는 결과를 초래하는 경향이 있다.

4750 편견(prejudice) 02
어떤 인종적 또는 민족적인 집단의 구성원(개인)에 대해 그 개인의 개성이나 특성과 관계없이 그 집단의 구성원이라는 사실만을 기초로 하여 나타내는 부정적 혹은 긍정적 평가나 태도를 말한다. 특히 부정적인 편견은 특정 집단의 구성원들에 대해 부적절한 예단 혹은 행동을 하게 만들 가능성을 증가시킴.

4751 편견 02
어떤 집단의 대부분의 성원이 공통으로 가지고 있는 견고한 집단태도로서 논리적·객관적인 근거가 없는 의견판단 및 태도를 말한다. 이것은 논리적인 비판이나 설득에 의해도 쉽사리 바뀌지 않는다. 선입관(bias)은 소문이나 타인의 의견에 의해 형성되며, 논리적인 설득이나 비판에 의해 변용 혹은 타파된다. 편견은 이러한 선입관이 어려서부터 형성되어 굳어버린 것이다.

4752 편부모 모임(PWP : parents without partners)
전국적 자조조직(self-help organization)으로 대부분의 미국 지역사회에 지회가 설치되어 있다. 회원의 대부분은 이혼이나 사별로 인해 자녀를 양육하야 하는 편부모들이다. 이 모임은 자녀양육과 건강한 사회관계를 유지하는데 대한 서로의 관심을 공유할 기회를 회원들에게 제공하며, 부모와 자녀를 위해서 편안하고 유용한 토의집단(discussion group)과 교육적·사회적 활동을 후원한다.

4753 편부모 세대(single parent family)
모친 혹은 부친의 어느 한쪽과 아이들로 구성된 세대를 말한다. → 결손가족

4754 편집(editing)
편집은 자료정리의 첫 단계로서 조사원 자신에 의한 편집과 편집자에 의한 편집이 있다. 편집의 내용으로는 ① 지정한 조사대상에 관한 조사표가 확보되었는지 여부를 검토하고 ② 조사표 중에 누락된 항목의 유·무를 색출하고 ③ 기입이 불완전한 문자를 정정하고 ④ 회답기 입법을 통일하고 ⑤ 계산의 착오를 검출하고 ⑥ 오기나 부정기입을 검

출하고 ⑦ 계산치나 추정회답을 기입하고 ⑧ 특정된 표본대상과 실제의 조사대상을 대조하여 확인하고 ⑨ 조사결과를 검토하여 기입이 빠져있거나 불비된 점을 곧 보충하고 ⑩ 변수의 명칭, 정의, 측정단위 등을 검토하고 ⑪ 각 사례를 비교·검토하고 ⑫ 비교대상이 될 수 있는 다른 관계자료와 각 변수의 자료를 비교·검토하고 ⑬ 수집된 자료에 있어 누락 자료를 확인하는 것이다.

4755 편집장애(paranoid disorders)
지속적인 피해망상 혹은 망상적 질투로 특징지어지는 정신장애의 하나로 정신분열증(schizophrenia : 편집형), 기질적 정신장애(organic mental disorders), 성격장애(personality disorders) 등에서 비롯되는 것은 아니다. DSM-Ⅲ에 따르면, 편집장애의 유형에는 편집증(paranoid), 공유성 편집장애(shared paranoid disorder : 유사한 망상을 지닌 다른 사람과의 관계를 통해서 발전된 망상), 급성 인격장애(acute personality disorder : 6개월 이내에 발생하는 피해망상), 비정형 편집장애(atypical paranoid disorder)가 있다.

4756 편집증(paranoid)
정신장애의 하나로서 가장 현저한 특성은 지속적이고 완고하게 의심하고 피해망상(delusion)을 갖는 것이지만 사고체계는 분명하다. 이 장애는 편집장애(paranoid disorders)로 분류되며, 정신분열증(schizophrenia(편집형))이나 편집형 성격장애(paranoid personality disorders)와는 다르다.

4757 편집형 사고(paranoid ideation)
감시나 미행을 당하고 있고, 누군가가 나에 대해 이야기하고 있으며 피해받고 있다고 끊임없이 의심하는 것이다. 이런 행동은 정신분열증(schizophrenia : 편집형), 편집장애(paranoid disorders) 및 편집형 성격장애(personality disorder) 등의 정신장애에서도 나타날 수 있지만 반드시 나타나는 증상은 아니다.

4758 편집형 성격장애(paranoid personality disorder)
→ 성격장애(personality disorders)

4759 편집형 정신분열증(paranoid schizophrenia)
→ 정신분열증(schizophrenia)

4760 편파적 중재(side-taking)
가족치료자들이 자주 사용하는 방법으로 역기능적인 체계의 균형을 깨뜨리거나, 양쪽의 교착상태를 깨뜨리기 위해 의도적으로 한쪽 편을 들어주거나 두둔하는 것이다.

4761 평가([영] evaluation [독] bewertung)
어떤 대상의 가치를 정하는 것이다. 특히 다른 것과 비교하여 가치의 크기를 정하는 것이다.

4762 평가자 간의 신뢰도(inter-rater reliability)
체계적 연구에서, 다른 사람들이 동일한 관찰에 비슷한 점수를 주는 정도. 예컨대 한 연구원이 기관의 모든 사회사업가들에게 클라이언트의 문제에 대한 일관된 목록을 주고서, 그 문제들 중 가장 먼저 다루어야 하는 것을 꼽으라고 요구한다. 사회사업가들이 즉시 같은 문제점을 지적한다면 이 문제는 '평가자의 높은 신뢰도'(high Inter-rater reliability)를 가진 것으로 묘사될 것이다.

4763 평가적 기능
평가란 일정의 실천적 입장에서의 현실의 판단으로 과학의 추상과는 구별되는 것이다. 사회적 현실에 대해 사회복지의 대상자와 사회사업가가 협력해서 일정의 판단을 하는 일 자체가 사회복지의 목표를 달성하는 수단이라는 의미다. 케이스워크의 사회진단이나 단체 활동 등에서 사회진단을 하는 것과는 구별되어야 할 것이다. 사회제도나 사회적 시책의 계획·운영에 대한 생활자로서의 다양한 주민의 요구는 그들에 대한 평가의 결과이기 때문에 주민요구를 사회적 시책에 현실화시키려는 예방적 사회복지, 개발적 사회복지를 성립시키는 것이 이 평가적 기능이라 할 수 있다. 이 기능을 다하는 수단은 민주의 생활자로서 자각을 촉구해 주민이 그 입장에서 지역사회를 판단하는 과정을 원조하는 일이다. 이 사회복지평가의 내용·방법을 어떻게 할 것이냐는 이론상 중대한 과정이다.

4764 평가조사(evaluation research)
어떤 특정 프로그램의 성공 여부를 결정하기 위한 체계적인 연구. 예컨대, 한 사회사업 연구자는 시민들이 반빈곤 프로그램을 받기 전과 후에 해당 시의 영양실조 발생률을 연구할 수 있다.

4765 평균(mean)
중심경향 측정(measure of central tendency)으로 산술평균을 나타내며, 해당 점수를 더한 합을 그 점수들의 개수로 나눈 값이다. 예를 들어 기관에서 1주일 동안 클라이언트에게 할당된 시간을 알고자 한다면, 사회사업가들이 1주일 동안 클라이언트를 상담한 시간을 모두 더한 값을 일주일 동안 상담한 클라이언트의 수로 나누는 것이다.

4766 평균보수월액(The Average Monthly Salary)
사학연금의 경우, 퇴직한 날의 전날 또는 재직 중 사망시에 사망일이 속하는 달부터 소급하여 3년간(2001년 1월 1일 이후의 재직기간 또는 2001년 1월 1일 이후에 합산된 재직기간에 한하며 해당 재직기간이 3년 미만인 경우는 그 재직기간에 한함)의 보수월액을 현재가치로 환산한 후 이를 합산하여 해당월수로 나눈 금액.

4767 평균보수월액의 현재가치 환산
(Recalculation of One's Average Monthly Salary)
보수월액 또는 평균보수월액에 연도별로 공무원평균보수 인상율(행자부장관 고시, 2001년 이전 기간 매년 6%)을 순차적으로 곱하여 급여의 사유가 발생한 연도 또는 연금의 지급이 시작되는 연도의 현재가치로 환산함.

4768 평균수명(longevity)
어떤 연령의 사람이 평균하여 앞으로 몇 년 살 수 있는가를 그 시점에서의 사망상황을 바탕으로 통계적으로 추계되는 평균여명을 말한다. 평균수명은 사회학적, 예방의학, 치료의학을 비롯하여 생활환경수준 등의 하나의 평가척도로 쓰여진다.

4769 평균치(mean or average)
집중경향지의 하나로서 한 집단에 속하는 모든 점수의 합(合)을 이 집단의 사례수 N으로 나누어 준 값. 일반적으로 평균이라고 하면 집중경향치 중의 어느 하나, 또는 대표치를 말하는 수가 있으므로 이를 엄격히 구별하기 위하여 산술평균이라고 부른다. 예를 들어 한 집단 내에 5개의 사례가 다음과 같이 3, 5, 8, 10, 14의 값을 가질 때, 이 집단의 점수 합은 40이므로 산술평균은 8이 된다. 일반적으로 한 집단의 사례가 N이라고 하고, 각 사례의 점수를 $X1, X2, X3, \ldots X\eta$ 이라고 하면 산술 평균 X는 다음과 같이 나타낼 수 있다. 추리통계에서 전집의 평균과 표집에서 얻어진 평균과의 구별은 중요하므로 표집에서의 평균은 X(또는, M)로 표시하고, 전집의 평균은 μ (무유)로 흔히 표시한다. 산술평균은 다른 집중경향치 중에 가장 대표적인 것으로 다음과 같은 특징을 가지고 있다. ① 평균치로부터 모든 점수차의 합은 0이 된다. ② 평균을 중심으로 얻어진 편차점수의 곱의 합은 다른 어떤 값을 기준으로 얻은 편차점수의 제곱의 합보다 항상 적다. ③ 평균은 점수분포의 균형을 이루는 점이 된다.

4770 평균편차(average deviation)
변산도지수의 하나로서 한 집단의 산술 평균으로부터 모든 점수까지의 거리의 평균, 평균차를 AD라고 하면 다음과 같이 나타낼 수 있다. 평균으로부터 편차점수의 합은 0이므로 이를 방지하기 위하여 절대기호를 사용하고 있다. 이 변산도지수는 이해하기 쉽고 계산이 편리한 장점을 갖고 있어서 매력적인 지수로 보이지만 수리적인 조작에 한계가 있고, 다른 통계치와의 관련성이 적으므로 현재에는 별로 활용되지 않고 있다.

4771 평등([영] equality [독] Gleichheit) 01
신분·성별·재산·종족 등에 관계없이 인간의 기본적인 가치는 모두 동등하다는 뜻. 동일성과 공정성으로 구분, 해석될 수 있으며, 동일성과 같은 의미로 해석할 때, 이것은 인간을 대우하는 기본적인 양식을 지칭한다. 즉 인간은 빈·부·귀·천의 차이 없이 누구나 동일하게 태어났으며, 따라서 그들의 대우에 있어서 차별이 있을 수 없다. 동일성에 따르면, 평등이란 동질적인 면을 고려하여 동일하게 대우하는 것이다. 그러나 동질성은 범주(category)에 의해 달리 규정될 수 있으며, 궁극적으로 어떤 인간도 타인과 완전히 동일할 수 없으므로 동일성에 의한 정의는 평등의 준거를 소극적으로 제시할 뿐이다. 평등을 공정성으로 파악할 때는, ① 평등을 전제한 규정과 실천은 정당한 규칙에 따른 것이어야 하며, ② 그 규칙은 대상의 특성을 정확히 파악하여 그것의 적절성에 비추어 적용되어야 한다. 즉 공정성은 어떤 결과가 평등하냐의 문제에 관한 것이 아니고, 어떤 과정이 평등을 만족시키느냐에 관한 것이다.

4772 평등 02
사회적 차별의 반대 개념을 말한다. 원시공산주의 사회에서는 성원간의 형식적·실질적 평등이 보장되어 있었다. 그러나 노예제 사회나 봉건 사회에서는 상이한 계급·신분에 속하는 인간 사이의 평등은 형식적으로도 실질적으로도 존재하지 않는다. 다만 같은 계급사회라고 하더라도, 봉건적 신분제도를 타파하여 등장하는 근대 자본주의 사회에서는, 이 사회의 구조적 특질을 반영하여, 개개인은 〈사인〉으로서도, 〈공민〉으로서도, 형식적으로는 평등하다고 생각된(〈본래의 권리에 있어서의 평등〉과 〈법 앞에서의 평등〉). 그러나 생산수단의 소유자인 자본가와 무소유자인 임금 노동자와의 사이에는, 생산 과정에서도 분배 관계에서도 실질적인 불평등이 관찰되고 있다. 공산주의의 저차의 단계에서는 계급적 불평등은 소멸해 가지만, 〈각자의 노동에 따라서 각자에게로〉라는 분배 원칙이 적용되기 때문에, 분배의 실질적 불평등은 없어지지 않는다. 사회 성원간의 완전한 실질적 평등을 위해서는 정신노동과 육체노동, 도시와 농촌의 차이의 해소를 포함한 고차적 단계의 공산주의의 도래가 필요하다(맑스).

4773 평등 03
기본적인 사회사업 가치의 하나. 개인들은 서비스, 자원 그리고 기회에 평등하게 접근해야만 하고, 모든 사회제도, 교육제도 그리고 복지제도에 의해 동일하게 처우 받아야 한다는 원리이다.

4774 평등고용기회위원회
(EEOC : equal employment opportunity commission)
고용주, 노조, 고용기관에 의한 차별을 금하고, 작업장에서 공정한 실천을 촉진시키기 위하여, 1964년 시민권법(Civil Rights Act of 1964)의 제7장(Title Ⅶ)을 다루는 5인 위원으로 구성된 위원회.

4775 평등권(equal rights)

평등권이라 함은, 모든 사람은 법 앞에 평등하다는 것이 내용으로 되어 있는 권리를 말한다. 모든 인간은 어떠한 사회적 환경에 있어서 인간으로서의 가치는 똑같고 평등한 존재라는 것이 민주주의 사상의 가장 본질적인 내용을 이루는 것이다. 그래서 근대헌법은 예외 없이 평등권을 인정한다. 대한민국헌법도 '모든 국민은 법 앞에 평등하다. 누구든지 성별·종교 또는 사회적 신분에 의하여 정치적·경제적·사회적·문화적 생활의 모든 영역에 있어서 차별을 받지 아니한다'(헌법 제11조1항)고 규정하고 있다.

4776 평등신용대부기회법
(ECOA : equal credit opportunity act)

신용대부의 부여여부를 결정할 때 소매상과 대부기관이 성별은 결혼상태 혹은 소수민족이나 인종에 관계없이 동일한 기준을 적용하도록 요구한 1974년 제정된 연방법률(P. L. 93-495). 여성의 경제권을 보호하기 위해서 이 법은 부인에게도 남편처럼 스스로의 이름으로 신용기록부를 가질 권리를 주었다.

4777 평등주의(equalitarianism)

모든 인간은 그 본질적 가치에 있어 동등하고, 사회에서 권리나 위세를 획득할 균등한 기회를 갖는다는 신념. 인간은 모두 다르기 때문에 모든 인간이 평등하다는 생각은 특별한 방식의 정당화를 필요로 한다. 평등주의 이념을 최초로 전개한 스토아학파(Stoicism)는, 모든 인간은 덕(德)에 대한 동등한 능력을 갖춘 이성적 존재로서 천성적으로 평등하다고 보았다. 중세에는 인간은 평등하지 않다는 생각이 널리 퍼져 있었으나, 17세기의 로크(J. Locke)·홉즈(T. Hobbes) 등의 평등사상을 거쳐, 18세기의 콩디야크(E.D. de Condillac), 헬베시우스(C.A. Helvetius) 등에 의해 인간은 무한한 잠재력을 가지고 태어난다는 점에서는 모두 동등하나, 환경과 경험의 차이가 불평등을 야기시킨다고 주장되었다. 루소(J. J. Rousseau)는 문명과 이에 따른 인위성이 사회적 불평등을 낳는다고 보고, 계약에 의한 불평등의 시정을 주장하였다. 근대 사회에서 경제적·사회적·정치적 불평등은 사회적 기회의 참여에 있어서 동등한 자격을 부여해야 한다는 기회균등의 이념을 고조시켰고, 특히 교육의 기회균등을 통해 이러한 불평등을 해소할 수 있다는 신념을 낳게 되었다. 그러나 오늘날 급진적 교육학자들은 평등주의가 갖고 있는 신념을 환상 혹은 순진한(naive) 생각일 뿐이라고 비판하고 있다.

4778 평생교육(life-long education) 01

유아기에서 시작하여 노년에 이르기까지 평생에 걸친 교육. 학교교육과 사회교육을 동시에 포괄하는 개념으로, 오늘날 대부분의 국가가 평생교육 이념 하에 교육체제를 재정립하는 과정에 있다. 평생교육이 세계적인 관점에서 논의되기 시작한 것은 제2차 세계대전 이후 유네스코를 중심으로 한 활동에서 연유되었다. 평생교육의 교육이념이 정식으로 유네스코에서 채택된 것은 제3차 성인교육국제회의(1972년, 동경에서 개최)에서였다. 이 대회에서 33개 항목으로 구성된 건의서가 받아들여졌는데, 그 중에는 "성인교육은 평생교육에 통합된 분야로 보아야 한다." 항목이 포함되어 있다. 우리나라에서는 1973년 8월에 유네스코 한국위원회가 주최한 세미나에서 평생교육의 기본이념과 전략이 토의되고 건의서가 채택되었다. 평생교육의 어원은 프랑스어 education permanente에서 연유되었으며, 그 용어는 본래 의미가 충분히 표현되기 위해서는 통합의 의미를 고려하여 life-long integrated education으로 번역되어야 할 것이다. 평생교육의 기본철학은 전통적 학교교육에 대한 의문에서 제기되었고, 그 이론적 틀은 사회변동, 생의 주기와 그 질적 내용 및 계속 통합교육의 세 측면으로 구성되어 있다. 평생교육의 목적은 개인의 신체적·인격적인 성숙과 사회적·경제적·문화적인 성장 발달을 전 생애를 통하여 계속시키는데 있으며, 이러한 평생학습의 기회는 삶의 현장에서 언제, 어디서, 어떤 방법으로든지 이루어질 수 있다는 신념에 근거하고 있다. 교육이 학교교육뿐만 아니라 가정교육 사회교육 등을 망라하여 연령에 한정을 두지 않고 전 생애에 걸친 교육으로 조직화되어야 한다는 교육관으로 1967년의 유네스코 성인교육회의에서 제창된 교육론이다. 우리 헌법은 이를 받아들여 '국가는 평생교육을 진흥해야 한다.'고 규정, 그 제도와 운영 및 재정 등에 관한 사항은 법률로 정하도록 하고 있다.

4779 평생교육 02

교육이 가정교육·학교교육·성인교육 등을 망라하여 학령기뿐만 아니라 전 생애에 걸친 교육으로 조직화되어야 한다는 교육관. 기술혁신에 따른 생활양식의 변화, 산업계의 요청에 의한 노동력의 재활용, 여가의 증가 등을 배경으로 1965년 파리에서 개최된 유네스코 성인 교육추진위원회에서 P. 랑그랑이 제창하였고, 이어 1970년 유네스코가 제정한 '세계교육의 해'의 기본이념으로 채택된 후 전 세계에 보급되기 시작하였다. 우리나라에서는 1960년 10월 23일 헌법 29호 5·6항에 국가의 평생교육진흥의무를 규정, 평생교육제도를 수립하기 위한 법적근거를 마련하였다.

4780 평생교육(continuing education) 03

실무분야에 필요한 공식 교육자격을 이수한 사회사업가와 기타 다른 전문가들이 받는 훈련. 대부분의 전문직은 그들의 성원이 어떤 일정한 기간 안에 특수한 추가훈련에 참여함으로써 최근 지식에 따라갈 것을 요구하고 있다. 예를 들어 사회사업가들을 위한 국가면허위원회는 사회사업가들에게 자격을 갖춘 학문적 혹은 전문과정을 성공적으로 이

수함으로써 일정 정도의 CEUs(평생교육단위 : continuing education units)를 획득하도록 요구하고 있다.

4781 평생교육원

일반여성들의 사회교육을 담당하고자 개설된 학교. 이화여대가 처음으로 1984년 봄 학기부터 개설하여 주부, 사무직·생산직 근로여성들을 위해 교양교육, 사무직교육, 야간강좌, 유학영어 총정리 등의 강의를 개설하여 현직 이대교수와 정년퇴직교수, 전문가들이 강좌를 맡는데 중년여성들의 자기계발을 위한 기회, 기존 취업여성들의 재교육에 기여하고 있다. 이화여대 외에 덕성여대, 숙명여대, 명지대학교 등에 평생교육원이 개설되어 있다.

4782 평정척도(rating scale)

평정자가 타인(또는 자신)에 대한 판단을 척도에 의해 정의된 특성들 상에 기록할 수 있도록 만든 도구이다.

4783 평준화방식

공적연금의 재원조달방식의 한 형태로 국가의 경우는 각종 공제조합의 장기연금으로 채택되어 있다. 보험료(율)의 방식에 여러 가지가 있지만 공제조합연금의 경우에는 재정방식으로서 가입연령방식을 채택했기 때문에 정상비용에 맞는 보험료를 가리키고 있다. 또 연금급여는 제도발족시에는 소액이었지만 시간의 경과로 증대해 일정수준에 달한다. 이 일정수준을 갖도록 산정된 보험료(율)이 평준보험료(율)이다. 이상을 통합해 평준화방식이라고 한다.

4784 평행봉이론(the parallel bars theory)

영국의 벤자민 그레이(Benjamin Gray)에 의해 제창된 이론으로 국가나 민간이 행하는 원조는 각각 다른 범주에 속하는 케이스를 담당하고 있다고 하더라도 두 가닥이 평행한 봉으로 밝게 되어질 의무와 역할을 맡고 있다고 주장한다. 공적 구제를 주로 하는 민간사회사업 간의 기능평행관의 입장이다. Webb부처의 계속투입 사다리이론과 더불어 공·사 사회복지사업의 대표적 이론이다.

4785 평형상태(equilibrium)

힘을 부과하여 요소들이 균형을 찾도록 할 때 체계이론(systems theories)에서 사용되는 개념을 말한다. 또한 각 변수가, 다른 변수에서 어떤 상쇄나 동등한 변화를 요구하기에, 곧 끊임없이 변화하기 때문에 진정으로 이룰 수 없는 상태나 조건이다.

4786 평화봉사단(Peace Corps) 01

1961년에 케네디 대통령이 창설한 연방 프로그램으로서, 미국의 자원봉사자들을 2년간 개발도상국에 보내서 300가지 이상의 기술 특히 농업, 천연자원 개발, 과학 및 공공행정 등에 관한 훈련을 받도록 하거나, 훈련시켜 개발도상국에 2년 동안 보내는 것을 말한다. 1971년 평화봉사단은 미국빈민지구봉사단 VISTA, 조부모 양연(foster grandparents) 및 자원봉사활동국(office of voluntary action)과 함께 이 모두를 포함하는 액션(ACTION)이란 기관의 산하로 들어갔다.

4787 평화봉사단 02

저개발국 원조정책의 일환으로 미국 케네디 대통령이 1961년 창설한 단체. 학교 교육, 말라리아 퇴치 및 보건위생사업, 농촌의 생활개선, 산업계획과 건설공사, 행정사무 등의 사업을 목적으로 설치했다.

4788 평화와 통일을 위한 남북나눔운동

1994년 1월 설립되어 남북이 경건과 절제의 신앙적 기초 위에 영적, 물질적 자산을 나누고 공유하며 민족의 화해와 평화통일에 기여함을 목적으로 여러 지원 활동 외에 다양한 학문 연구를 통해 북한에 대한 왜곡된 시각과 정보를 바로잡고 균형잡힌 통일논의를 전달하는 교육서비스도 함께 제공하는 단체.

4789 평화은행

노총이 주체가 되어 자본금 3000억원 규모에 전국을 영업권으로 하여 92년 9월에 설립한 시중은행. 정부는 92년 3월 19일 금융통화위원회를 열어 노동금융주식회사(대표 박종근 노총위원장)가 신청한 노동은행이 설립을 내인가했다. 노동은행의 지분은 근로자 및 근로자단체가 70%, 사용자 및 사용자단체가 10%이며 나머지 20%는 정부가 국책은행을 통한 재출자방식으로 갖게 된다. 92년 11월 2일 평화은행이라는 이름으로 정식 출범되었다. 그러나 1997년 IMF 위기를 맞아 통폐합되어 지금현재는 존재하지 않는다.

4790 폐경(menopause)

중년 여인이 더 이상 월경을 하지 않음으로써 나타나는 생리적 과정으로, 어떤 여성에게는 호르몬의 변화가 생리적, 심리적 증상을 유발하기도 한다.

4791 폐기관장애(pulmonary disorders)

허파로 산소를 흡입하고 이산화탄소를 배출하는 능력이 감퇴하는 것과 관련된 일단의 질병. 이러한 질병에는 기관지 천식, 기종, 폐렴, 만성폐색성폐질환(COPD : chronic obstructive pulmonary disease), 급성 호흡장애 증후군(acute respiratory distress syndrome) 등이 포함된다. 이러한 증세들은 그 원인이 매우 다양하며, 흡연, 호흡기계통의 부상과 기도 폐색증(obstructions of the airways) 등으로 나타난다.

4792 폐쇄(closed system)

체계이론(systems theories)에 따르면, 현상태를 유지하고 변화를 억제하는 자기 유지 체계. 예를 들어 폐쇄가족 체계는 가족구성원이 아닌 사람들과는 비교적 관계를 맺지 않고 가족신화(family myths)와 어긋나는 관념들은 거의 용납하지 못하며 외부와는 최소한의 상호관계만을 유지한다. ↔ 개방체계(open system)

4793 폐쇄가족(closed family)

가족성원들 사이의 관계는 매우 상호의존적이지만 가족성원이 아닌 사람과는 관계를 맺을 기회가 거의 없는 가족구조.

4794 폐쇄집단(closed group)

집단이나 단체의 구성과 관련하여 가입 및 참여의 기회가 없거나 닫혀 있어서 외부인들이 마음대로 가입하거나 참여할 수 없는 집단을 말한다. '폐쇄된 집단'이라고도 한다. 한편, 폐쇄집단과는 달리, 가입 및 참여의 기회가 열려 있어서 외부인들이라도 본인이 원하는 경우에는 언제든지 가입하거나 참여할 수 있는 집단을 개방집단(開放集團)이라고 한다.

4795 폐쇄형 질문(closed-ended question) 01

질문지 또는 설문지를 문항구성방식에 따라 구분하면, 크게 폐쇄형 질문과 개방형 질문(open-ended question)으로 구분할 수 있는데, 그 가운데서 폐쇄형 질문은 미리 준비된 선택지들 또는 항목들 가운데서 답을 선택하도록 하거나 또는 제한된 수만큼의 단어로 답하도록 구성된 질문을 말한다. '폐쇄적 질문'이라고도 한다. 한편, 폐쇄형 질문과는 달리, 개방형 질문은 선택지나 항목들을 미리 준비하거나 답을 일정한 양으로 제한하지 않고 응답자가 자신의 견해나 태도를 자유롭게 표현할 수 있도록 구성된 질문을 말한다. 개방형 질문은 '개방적 질문'이라고도 한다.

4796 폐쇄형 질문 02

클라이언트가 자신의 의견이나, 장식적이고 세부적인 설명이 없이 간명하고 사실적으로 특정한 정보를 밝히도록 돕고자 고안된 질문(questioning) 방식이다. 이러한 질문은 면접시간이 제한되어 있을 때 클라이언트가 주제에서 벗어나거나, 질문을 회피하거나 또는 엉뚱한 정보를 제공하는 것 등을 방지하기 위하여 사회사업가가 사용한다. 이러한 질문은 주로 예, 아니오 또는 한 단어 응답(단답)을 요구하는 질문이다. 예컨대 "당신은 이번 주 학교에 매일 나갔습니까?", "당신은 언제 실직하셨습니까?"와 같은 질문이 폐쇄적 질문에 해당한다.

4797 폐질(total disability) 01

산업재해 보상(workers' compensation)과 보험계약에 사용되는 용어로, 업무를 수행하는데 필요한 능력이 없는 상태를 말한다. 대개 업무 수행 중 입은 부상이나 건강문제 때문에 생긴다.

4798 폐질(Disability) 02

사학연금의 경우, 교직원이 직무상 질병·부상으로 인해 신체에 정신적 또는 육체적 훼손 상태가 지속적으로 남게 된 경우를 말한다. 폐질의 정도 구분은 1급부터 14급까지의 14 등급으로 구분한다.

4799 포괄수가제

환자의 연령과 질병의 종류별로 진료비를 책정, 의료서비스의 종류와 횟수에 상관없이 동일한 진료비를 책정, 의료서비스의 종류와 횟수에 상관없이 동일한 진료비를 청구하는 제도. 수술, 감사, 입원, 투약횟수 등 개별 의료행위에 대해 진료비를 청구하는 행위별 수가제보다 환자의 진료비 부담이 적고, 과잉진료 및 의약품 오·남용을 방비할 수 있다. ↔ 행위별 수가제

4800 포괄의료(comprehensive medicine)

예방에서 재활, 그 위에 건강유지·증진까지를 포함하는 광의의 의료체계를 나타내는 개념을 말한다. 근대의학의 진보에 따라 전문화, 세분화되어 고도로 발달하게 되었으나 의학의 대상인 인간을 세분화해서 인간의 전체상을 잃어버리는 경향도 생겨나 병든 장기만을 대상으로 취급하는 현대의학의 결함이 지적되게 되었다. 병든 장기만을 대상으로 하는 치유중심의 사고에 대해 인간의 전체상 또는 그 배후에 있는 사회까지 시야에 넣는 의료의 필요성이 강조되어 이 같은 의료 개념을 나타내는 것으로 포괄의료의 사고가 제창되기에 이르렀다.

4801 포럼(forum)

토의방법의 하나로 ① 소수의 발표자가 의견을 제시하고 청중이 토론에 참가해 의견을 종합하는 형식 ② 공론식 토의법처럼 대립된 의견의 발표를 듣고 청중이 토의에 참가하는 방법 ③ 강의포럼, 영사포럼처럼 어떤 매체를 사용해 화제를 전개한 뒤 청중을 포함한 참가자들 이 추가토론을 하고 방향을 잡아가는 형식 등이 있다. 지역 조직 활동에 있어서 세 번째 형식이 많이 활용되어 청중의 적극적인 발언과 참여가 성과를 높인다.

4802 포섭

반대자를 집단 성원으로 흡수하거나 포함시킴으로써 예상되는 반대를 최소화하는 지역사회 조직가의 전략. 일단 집단의 성원이 되면 반대자는 공공 프로그램을 비판할 수 있는 힘이 약화된다. 조직 내의 반대는 그 반대자가 소수파가 되기 때문에 종종 덜 효과적이다. 이 용어는 한 사람 혹은 집단이 다른 집단의 성원으로 선임된 것을 가리키는 데도 사용된다.

4803 포진(herpes)

물집 같은 발진이 일어나는 바이러스성 전염병. 단순포진은 투명한 액체로 가득찬 물집의 재발로 나타나며, 그것이 입

술 주위에 나타날 때 냉종이라 하고 입 안에 나타날 때 구강 궤양이라 한다. 음부포진은 생식기 주위에 나타나는 바이러스성 전염병이다. 대상포진은 신경에 나타나는 아픈 바이러스성 전염병이며, 대개 복부에 나타나서 때때로 다른 신경계로 이어진다.

4804 폭력([영] violence, [독] Gewalt) 01
대개 상해나 파괴를 초래하는 심하고 격렬한 힘과 권력의 행사. '폭력범죄'라는 용어는 살인, 강간이나 구타와 같이 신체적인 상해를 입히거나 위협을 주는 범죄들과 관련이 있다.

4805 폭력 02
일반적으로 사람이 타인에 대해 부당하거나 불법한 방법으로 물리적 강제력을 행사하는 것을 말한다. 법에 따른 힘의 행사(시행의 집행, 범죄인의 체포 등)나 법이 허용한 힘의 행사(정당방위 등)는 폭력이라고 하지 않는다. 폭력이라는 개념은 일정한 법질서의 가치관점에서 부당하다고 간주되는 성격을 내포한다. 따라서 또 폭력은 사회질서를 담당하는 정치적인 권력과 구별된다. 후자는 실정법의 질서에 있어서 어떤 정통성과 조직적 통일성을 가지며, 당해 법질서에 위반하는 폭력의 억압에 힘쓴다. 봉건적 폭력 단체(깡패 혹은 정치적 파격단체 등)의 단속에 관해서는 법적으로도 사회적으로도 아무런 이론이 없으나 노동쟁의에 있어서의 폭력 행사의 한계 등에 관해서는 비상한 문제를 내포하고 있다. 그리고 초 실정법적 견지에서 권력의 폭력화가 논의되고, 그 반한 수단으로서의 폭력을 시인 또는 긍정하는 입장이 있다면 이에는 법률문제를 초월한 정치적 사회적인 근본 문제가 내재하고 있다고 할 수 밖에 없다.

4806 폭로자
국민들을 속이고 위험에 빠뜨리게 하는 어떤 폐해, 즉 비윤리적 관행, 타락한 기업활동이나 정치활동을 파헤쳐 대중에게 알리는 언론인, 연설가, 대중선동가, 사회활동가들을 가리키는 용어로 미국 시어도어 루스벨트 대통령이 처음 사용했다. 이 폭로운동은 1900년에서 1915년까지 미국에서 한창이었는데, 개혁시대(Progressive Era)라고 불리는 이 때에 많은 개혁을 낳았다. 현 시대상을 반영하고 있는 남용과 타락에 주목하는 사회사업가, 작가, 조사원이나 개혁의지를 가진 사람들이 이 용어를 이용하고 적용한다.

4807 폰베(Ponpe, Van Meerdervoor)
1857년 네덜란드의 해군군의로서 일본에 건너와 막부의 요구에 응해 여러 영지에서 선발된 의학생을 대상으로 네덜란드 의학을 교육했다. 또 시료활동에도 종사해 침체되어 있던 공중위생사상의 보급 및 전염병에도 선구적 업적을 남겼다. 특히 콜레라 예방활동은 주목된다. 전문병원에서 장기 양생소의 교두로서 빈민치료에 노력했지만 태도는 너무 휴머니즘에 의한 것이었다.

4808 폴로우업(follow-up)
→ 추수지도

4809 표면적 타당성(face validity)
어떤 도구나 척도의 타당성(validity)을 사정하기 위한 간단한 방법이다. 연구자에게 도구가 타당한 것처럼 보이거나 그렇게 생각되면, 연구자의 전문적 판단만으로 도구가 타당한 것으로 여긴다.

4810 표본(sample)
조사에서 대표로 선발된 모집단(universe)의 한 부분.
→ 모집단(population)

4811 표본조사(sampling survey)
모집단의 특정치(모수)를 추정 또는 검정하기 위해 모집단의 일부를 표본으로 추출해 그것을 조사대상으로 조사해서 추론하는 조사방법이다. 전수조사에 비해 부분조사인 표본조사는 현실적으로 조사의 비용, 일수, 인원 등이 절감될 뿐만 아니라 무작위추출법, 층화다단추출법, 부차추출법, 집락추출법, 체계적 추출법 등 기술적방법이 발달하여 전수조사에 비해 손색이 없는 일반적인 조사방법이 되고 있다.

4812 표본추출(sampling)
표본조사에 의해 모집단에서 추출될 부분인 표본을 결정하는 수속을 표본추출이라 한다. 표본이 모집단을 객관적으로 대표하는 보증은 일반적으로 모집단을 구성하는 각 단위가 선정될 가능성을 함께 부여받는 방법 즉 무작위추출법의 원리에 의해 달성할 수 있다고 설명되고 있다.

4813 표적체계(target system) 01
사회사업의 목표를 성취하기 위하여 변화되거나 영향을 미쳐야 할 개인, 집단, 지역사회를 말한다. 핀커스(Allen Pincus)와 미나한(Anne Minahan)에 의하면, 이것은 사회사업 실천에서 네 가지 기본 체계 중의 하나이다(다른 것들은 변화매개 체계(change agent system), 클라이언트 체계(client system)와 행동체계(action system)이다. 표적체계와 클라이언트 체계는 때때로 일치하지만 언제나 일치하는 것은 아니다. 이러한 불일치는 클라이언트가 변화되어야 할 대상이 아닐 때 서로 다르게 나타난다. 예컨대, 클라이언트가 전셋집에서 쫓겨난 가난한 가족일 경우, 사회사업가의 표적체계는 집주인일 수도 있다. 표적체계와 클라이언트 체계는 클라이언트가 정서적 고통에서 벗어나는 것과 같은 어떤 자기 변화를 이루려고 할 때 동일할 수도 있다. → 개입초점(unit of attention)

4814 표적체계 02
사회사업 목표를 달성하기 위해 영향을 주거나 변화시킬 필요가 있는 개인, 그룹, 혹은 지역사회를 표적체계라 부른다. Allen Pincus에 따르면 표적체계는 사회사업 실천에서 4개의 기본적인 시스템(변화매개체계, 클라이언트체계 및 행동체계 포함) 중의 하나로서 클라이언트체계와 동일할 수도 있고 동일하지 않을 수도 있다. 예컨대, 클라이언트가 심리적인 우울 등의 증세에서 벗어나 자신이 변화되기를 원할 때는 표적체계와 클라이언트체계가 동일한 경우로 볼 수 있다. 한편 클라이언트가 영세민으로서 현재 살고 있는 셋집에서 쫓겨나게 된 경우, 사회사업가의 표적체계는 집주인이 되게 한다. 표적체계와 클라이언트체계는 흔히 부분적으로 중복된다. 예컨대, 알코올중독에 걸린 남편(표적)의 부인(클라이언트)이 남편을 위해 도움을 요청할 때 사회사업가는 그 부인의 행동이 남편의 음주 문제에 나쁜 영향을 주고 있음을 발견한다. 사회사업가는 남편과 일하는 동시에 부인의 행동이 수정되도록 시도함으로서 그 부인이 표적이 되는 것이다.

4815 표적행동(target behavior)
행동수정(behavior attention)에서, 분석이나 수정을 위해서 선택된 행동을 말한다. 표적행동을 확인하는 것은 치료자가 행동사정(behavior assessment)을 하는데서 첫 단계이다. 이것은 특정 행동과 시간 그리고 그러한 행동을 유발시키는 상황을 기술하는 것을 포함한다. 예컨대, 사회사업가는 종종 학교를 결석하는 청소년을 위한 표적행동을 다음과 같이 기록한다. "학생은 지난 두 달 동안 일주일에 평균 두 번 결석하였다." → 개입초점(unit of attention)

4816 표준가구(standard household)
하나의 모델로서 특정목적을 위해 이론적으로 표준화된 가구. 통계적 처리나 일정의 정책효과의 지표화, 가구구조의 속성 검토에 유용하다. 표준 4인의 가구(37세 남, 33세 여, 8세 여, 5세 남)를 모델로 최저생활의 기준액을 산정한다. 이전에는 5인가구를 표준가구로 채택되었지만 가구구조의 변화에 따라 4인가구로 하고 있다. 핵가족화의 진행과 표준가구의 모델은 상관관계가 있다.

4817 표준검사(standardized tests)
사회조사자, 교사, 의료인들이 이용하는 측정도구. 이 검사는 타당성(validity)과 신뢰도(reliability)에서 높은 신뢰를 인정받으며, 많은 대상에 이용되어 왔다. 표준검사는 사회의 많은 부분들과 표본집단을 비교할 수 있도록 지침, 규범, 통계적 자료를 제공한다.

4818 표준보수제(standard pay system)
사회보험의 보험료나 급여를 산정하는 기초로 피보험자의 일정기간의 정기보수를 취하는 방식을 표준보수제라 한다. 이는 사업운영을 신속하고 원활하게 추진할 수 있는 장점을 가지고 있다. 우리나라에서는 의료보험, 국민연금제 등에서 표준보수제를 채택하고 있으며 일정방식에 따라 개별적인 양태를 집약하여 급별로 하고 일정기간 고정시키는 방법을 취하고 있다. 매년 한 번의 정시결정과 큰 변화가 있는 경우의 수시개정 등에 의해 각 피보험자마다 해당 급이 결정된다.

4819 표준봉급월액(The Standard Monthly Salary)
사학연금의 경우, 교원의 표준봉급월액은 당해 교원의 직위와 자격 등에 따라 공무원보수규정 중 교육공무원에게 적용되는 규정에 의하여 산정되는 봉급월액이며, 사무직원의 표준봉급월액은 당해 사무직원의 급류와 기간에 따라 공무원보수규정 중 일반직 공무원 및 기능직 공무원에게 적용되는 규정에 의하여 산정되는 봉급월액.

4820 표준생계비(standard cost of living)
일정한 생활조건 즉 거주지역, 연령, 가족구성 등에 대응하는 표준적인 소비유형을 가정하여 계산하는 것으로 '있어야 할' 생계비로서의 요소를 포함하고 있어 임금수준(특히 최저임금제의 경우)이나 최저생활비 수준을 결정하는데 이용된다.

4821 표준소득률
연간 총매출액에서 총비용을 뺀 순소득이 차지하는 비율. 영업장부를 기재하지 않거나 불성실하게 작성한 사업자에게 종합소득세를 과세하기 위한 기준이 된다. 총매출액에 해당업종의 표준소득률을 곱하면 과세표준액의 토대인 소득액이 나온다. 납세자의 세금액수와 직결되기 때문에 '제2의 세율'로 불린다. 국세청은 업종별, 지역별 경기상태 등을 감안해 매년 표준소득률을 조정한다.

4822 표준편차(standard deviation) 01
분포의 평균치와 편차 정도를 나타내기 위한 통계적 수치. 표준편차는 분포에서 개인점수와 중간점수 간의 평균차이이다. 이는 편차를 제곱하여 이를 모두 더하여 점수보다 작은 1 이하의 숫자로 나누어 결과의 제곱근을 취하여 구한다. 정상분포(대칭형 또는 종형)일 때, 사례 중 68.2%가 중간값 mean으로부터 +1 또는 −1 표준편차 사이에 위치할 것이고, 사례 중 95.4%는 +2, −2 표준편차 사이에 위치하며, 99.7%는 +3, −3 표준편차 사이에 위치할 것이다.

4823 표준편차 02
변산도지수의 하나로서 각 점수와 산술평균과의 차, 즉 편차점수를 제곱한 다음 모든 사례에 대해 합한 것의 제곱근. 표준편차를 S라고 하면 다음과 같이 계산된다. 표준편차는 여러 집단 간의 분포의 정도를 비교하기 위한 변산도지수로서도 가장 많이 활용되며, 또한 한 측정방법이나 척도의 신뢰도 지수로서, 원점수를 보다 비교가 가능한 표준 점수화하는 방법으로, 정상분포와 관련하여, 그리고 표집오차의 분포의 정도를 나타내는 통계치 등으로 널리 사용되고 있다. 표준편차의 특징으로서는 ① 분포상의 모든 점수의 영향을 받는다. ② 표집에 따른 변화, 즉 표집오차가 다른 변산도지수보다 가장 적다. ③ 모든 점수에 일정한 점수를 더하거나 빼도 그 값은 변화하지 않는다. 다만 일정한 점수를 곱하거나 나누는 경우에는 그만큼 증가, 또는 감소한다. ④ 표준편차 계산에 있어서 산술평균으로부터의 자승화보다 최소가 된다. ⑤ 정상분포와 일정한 체계적인 관계를 가지고 있다.
→ 변산도, 표준점수

4824 표준화 검사(standardized test)
어떤 사람이 사용해도, 검사의 실시·채점·해석이 동일하도록 모든 형식과 절차가 기술적으로 엄격하게 통제된 검사. 교사들이 만든 시험이나, 행동발달 상황을 조사하기 위하여 잠정적으로 개발한 설문지 등과 같은 비형식적 검사와 달리, 표준화 검사는 검사의 구성과 문항의 표집이 엄격한 예비조사를 통해 되었을 뿐만 아니라, 상당한 수준의 타당도와 신뢰도가 보장되고 있고, 상대적 비교가 가능한 규준을 갖추고 있다.

4825 표지(face sheet)
보통 클라이언트의 사례기록부의 앞에 있거나, 질문지의 앞에 있는 면. 이 면은 대상에 대한 자료를 확인하기 위한 것으로 나이, 성별, 소득, 가족 수, 기관과의 사전 접촉 여부 등을 기록하도록 되어 있다.

4826 표집방법(sampling method)
전집으로부터 일정한 사례를 추출하는 방법이다. 추리통계의 기초가 되며, 표집의 오차의 크기를 결정지어주는 역할을 한다. 표집방법은 크게 확률적 표집방법과 비확률적 표집으로 대별할 수 있다. 확률적 표집방법에는 그 기본 형태로 무선표집·유층표집 및 군집표집으로 나눌 수 있다. 이에 반하여 비확률적 표집방법이란 유목적적 표집(pufposive sampling) 또는 판단표집(judgement sampling)과 같은 전문가의 입장에서 전집에 대한 대표적 표집을 얻기 위해, 또는 편의상 임의적으로 행하는 표집방법이며 이 표집방법은 그 표집오차를 객관적으로 결정할 수 없는 문제가 있다. 이상적인 표집방법은 전집의 모든 특성을 골고루 포함하여, 마치 얻어진 표집이 전집의 축소형과 같아서 표집에서 얻은 통계치가 바로 전집치가 되는 것이다. 그러나 실제에 있어서는 특수한 경우를 제외하고 이러한 표집은 거의 불가능하므로 확률적 표집방법에 의하여 표집오차를 추정하게 된다. 일반적으로 추리통계에 있어서는 단순 무선표집을 가정하고 있으나 기타의 확률적 표집방법을 혼용한 경우에는 이에 대한 표집오차를 새로이 추정해야 한다. 유층표집은 편파적 표집에 영향을 줄 수 있는 요인을 사정에 고려하므로 표집오차가 단순 무선표집보다 적어지는 반면에 군집표집은 표집의 단위가 크므로 표집오차의 범위가 더 커지게 된다.
→ 확률적 표집, 비확률적 표집

4827 표찰(labeling)
사회학에서 유래한 용어로 개인에게 부과하는 특정한 위치를 말하며 대중의 의사를 포함하기 때문에 낙인(stigma)과 같은 의미를 지니는 것을 말한다. 특수교육 분야에서는 특수교육의 대상 아동에게 정신 지체, 정서장애, 청각장애, 언어장애, 뇌성마비, 지체부자유, 특정학습장애, 시각장애 등과 같이 일반화된 명칭을 부여하는 것을 말한다. 또한 특수교육 분야에서의 표찰은 임상적 관점(clinical perspective)과 사회체제적 관점 양면에서 살펴볼 수 있다. 임상적 관점은 본래 의학에서 병리적 모델을 빌려 온 것으로 이 관점에서는 질병과 생물학적 손상 상태를 치료하고 연구하는 일에 치중하기 때문에 정확한 진단을 중시하고 병의 원인을 찾기 때문에 특수아동에게 붙이는 표찰은 개인이 가지고 있는 어떤 특수한 상태를 지칭하게 된다. 한편 사회체제적 관점에서는 각 특수아동을 개인이 지니고 있는 병인이라기보다는 특별한 사회체제 내에서 개인이 가지고 있는 지위로 간주한다. 그렇기 때문에 사회 구성원들은 특수아동들에게서 그 지위를 점유하는 자로서의 새로운 역할을 기대한다. 이렇게 볼 때 특수아동의 각 표찰은 획득된 지위이기 때문에 정상행동(normal behavior)에 대한 다른 규준을 가진 다른 사회체제 내에서는 특수아동으로 분류되지 않을 수도 있게 되는 것이다. 특수아동들에게 표찰하는 것은 개개인에게 필요한 특수서비스를 제공하기 위해서, 행정적 지원의 편의나 의사소통을 위해 붙이는 것이다. 그러나 아무리 필요하고 적절한 표찰이라 하더라도 '장애'로 판별된 아동은 그에게 평생 지속되고 개인에게 지울 수 없는 낙인이 될 수 있으며, 종종 희생양이 되게 할 가능성이 있다. 또한 표찰을 가짐으로써 장애아 본인에게는 자아개념 형성에 부정적인 영향을 미치고, 자기 비하, 포부 수준의 저하, 성취, 졸업 후 사회적응에도 영향을 미칠 수 있다. 그리고 장애인으로 표찰된 사람은 확산효과(spread effect)에 의해 장애만이 아닌 다른 여러 측면마저 불완전하다고 인식되어 그들의 말이나 행동의 가치가 평가절하되는 위험이 있다.

4828 표출된 문제(presenting problem)
환자가 문제라고 생각하여 도움을 구하는 자각증상, 노출된 문제 또는 어려움. 사회사업 관계자들은 노출된 증상이 보다 근본적인 이유 때문이거나 환자가 느끼는 증상이 정확하지 않을 수 있다고 생각하므로 증상설명에 대한 고려는 단지 판단의 초기단계에 불과하다고 말한다.

4829 표현적 언어(expressive language)
의사소통에 사용되는 말이나 문자·기호를 뜻한다. 표현적 언어의 장애인은 언어를 받아들이고 이해하는 측면에는 전혀 장애가 없을 수 있으며, 언어학적으로 볼 때 언어적 능력(language competence)은 갖추고 있으나 산출(production)에 장애가 있는 사람이다.

4830 푸르메재단
가족이 믿을 수 있는 환자 중심의 재활전문병원을 설립하고 환자들의 홀로서기와 사회 복귀를 위한 선진국형 재활 시스템을 구축하여 새로운 형태의 재활전문병원을 설립해 각종 장애로 고통 받고 있는 환자들에게 사회로 복귀할 수 있는 재활 기회를 주는 것을 목표로 하는 2004년에 설립된 민간 재단이다.

4831 푸시(PUSH)
1976년에 잭슨 Jesse Jackson 목사가 설립한 자발적인 사회행동가와 시민권(civil rights) 조직으로서 인간성 회복을 위한 국민연합체(people united to save humanity)를 말한다. 이 단체의 목표는 그 나라 학생들의 학문적 성취에 대한 동기를 유발시키고, 약물사용 및 비생산적인 행동을 못하도록 도와주는 것 등이 있다.

4832 풀뿌리 민주주의(grass roots democracy)
미국에서 볼 수 있는 민주주의의 형태, 상황을 지칭한다. 미국에서는 건국이념과 관련해서 근린집단 지역사회 내에 민주주의 규칙과 정신이 정착되어 있다. 현대사회에서 볼 수 있는 관료제화, 중앙집권화에 의한 병리적 현상의 출현에 대해 그것을 환류시켜 민주주의를 활성화하는 힘을 갖는 것으로 중시되고 있다.

4833 품목별 예산(line item budgeting)
종종 전년도의 경비와 각 품목별(품목명) 경비를 비교하여, 각 대상마다 당해연도의 예상 경비에 대한 목록을 작성하는 재정 진술(financial statement).

4834 품질관리(quality control)
→ 품질보증(quality assurance)

4835 품질보증(quality assurance)
한 기업체가 자신들의 생산품이나 서비스가 이미 설정되어 있는 기준과 부합되는가를 측정하는데 사용하는 척도. 이러한 일은 슈퍼바이저, 회사 직원, 소비자단체, 또는 법적으로 작업을 감독하고, 작업생산과정 체계를 평가하는 감독관들이 행한다. 이러한 기준에 못 미치는 생산품이나 서비스는 허가를 받지 못하고 이들 작업의 절차는 수정되며, 생산자에게 제재가 가해질 수 있다. 사회사업가에게 적용되는 품질보증 기준은 다음과 같다. 공인된 사회사업대학에서 충분한 교육을 받아야 하고, 유자격자의 지도 하에서 현장의 전 분야에 걸친 실무경험을 해야 하며, 면허증과 자격증을 가져야 하며, 능력시험을 거치고 계속적으로 재교육을 받아야 한다. 이 재교육은 공인받은 직업윤리강령, 동료검토, 유용성 검토, 프로그램 평가, 전문가 인가, 대인업무에 대한 배임행위, 형사상 과실행위 등에 대해 재교육을 필요로 한다. 이 용어는 '품질관리'와 동의어이다.

4836 품행(conduct)
인간의 도덕적 행위의 특징을 평가할 때 사용되는 말. 개별적인 행위를 평가하지 않는다는 점에서는 행위와 다르며, 행위자의 신념이나 가치관의 평가를 포함하지 않는다는 점에서는 인격과 다르다. 행동의 외형적 형태를 사회의 일반적 도덕관념에 비추어서 평가하는 것이 품행의 일반적인 평가이다. 품행은 많은 행위들을 포괄하며, 인격의 객관적인 평가를 위한 자료를 제공한다.

4837 풍요사회(affluent society)
Galbraith에 의해 문제의식적으로 사용되어진 말로 결핍과 투쟁해 온 종래사회에 대해 생산력은 향상됐지만 이질의 문제성을 갖게 된 사회를 말한다. 이와 같은 사회에서는 빈곤이 소멸된 것이 아니라 섬에 흩어져 있게 되어 종래와는 다른 대책이 요구된다. 또 풍요사회의 기본문제는 사물보다 인간에게 이전해 '인간에의 투자'라는 교육이 중시되지 않으면 안된다.

4838 풍진(rubella)
독일식 풍진 또는 3일 홍역이라고도 알려진 단기적이고 가벼운 홍역의 형태를 말한다. 아동 및 성인에게는 치명적인 것은 아니나, 임산부가 풍진을 앓게 되면 유산하거나 기형아를 낳은 수도 있다.

4839 풍토병(endemic)
일정한 인구집단, 문화 또는 지역에 특수한 현상 혹은 사회적 문제 또는 병을 지칭한다.

4840 퓨리터니즘/청교도주의(puritanism)
교리를 따르지 않는 행동에 대해 가혹한 처벌, 엄격한 훈련, 그리고 비도덕적이라고 여겨지는 것에 대한 통제 등으로 특징지어지며, 17세기에 두드러졌던 가치와 신념의 한 체계. 청교도 철학의 많은 부분은 영국의 구빈법(poor laws)에 강하게 포함되어 있으며, 식민지 미국에도 수입되었다.

4841 프라이(Fry, Elizabeth : 1780~1845)
부친과 남편 모두 퀘이커교도 자본가였다. 19세기 전반에 감옥개량을 위해 노력하였다. 런던의 감옥을 견학하고 그 비참함에 놀라, 감옥을 재소자를 위한 교육의 장으로 만들기 위해 감옥 내에 작업장과 교실을 개설하였다. 60세 때에는 간호학교를 창설하여 전문직으로서의 간호사를 양성하였다. 여기서 교육받은 간호사들이 크리미아전쟁 시 나이팅게일 밑에서 일했으며, 적십자 운동에도 연결되었다.

4842 프라이버시(privacy)
→ 사생활

4843 프래그머티즘(pragmatism)
→ 실용주의

4844 프렌드 봉사단 (american friends service committee)

1917년 프렌드종교회원들(퀘이커 교도)에 의해 창설되어 구제를 목적으로 한 사회복지활동단체. 민족, 인종을 불문하고 무상의 봉사활동을 한다. 현재는 오스트리아나 홍콩 망명자에 대한 서비스, 미국의 인보관, 알제리의 지역사회 서비스 등 폭넓은 활동을 하고 있다.

4845 프로그램

활동 사회사업가가 속한 시설이나 기관의 원조목표를 달성하고 성원들의 성장과 변화를 촉진하기 위해 사회사업가가 활용하는 원조매체로 집단 활동의 계획 및 실시, 평가에 이르는 전 과정을 의미한다. 그룹워크에서 특징적인 것은 사회사업가와 성원 관계, 성원들 간의 상호관계를 포함한 집단과정이 프로그램 활동 매체를 통해서 전개되는 것이다. 구체적인 활동내용이 되는 프로그램 행사는 성원들의 관심과 능력, 집단의 목적에 따라 이루어지며, 성원들은 언어적(대화, 독서회 등), 비언어적(놀이, 수예 등) 활동으로 집단경험을 하게 된다. 사회사업가는 집단성원들의 성장과 변화에 기여하는 활동을 선택하고 그 실천계획이나 평가에 성원들이 최대한의 참가를 할 수 있도록 측면에서 원조해야 한다.

4846 프로그램 기획 및 예산제도 (program planning and budgeting system)

→ 피피비에스(PPBS)

4847 프로그램평가(program Evaluation)

사회사업(복지)기관에서 프로그램에 대한 평가는 조직체가 서비스를 받아야 할 사람들을 대상으로 하고 있는가, 요청된 서비스를 제공하는가, 서비스는 효과적으로 하는가, 또는 효율적인 서비스를 제공하고 있는가를 파악하는 중요한 행정·관리수단이다. 프로그램 평가의 기준은 노력(effort), 수행(performance), 충분성(adequancy), 효율성(efficiency) 및 과정(pro cess)을 들 수 있다. 프로그램 평가의 목적은 ① 프로그램 계획이나 운영과정에 필요한 정보를 제공하여 이 과정이 바람직하게 추진되도록 하는 것으로서 프로그램 과정상의 환류기능을 제공한다. 즉 프로그램 계획, 집행과정에서 필요한 정보를 제공한다. ② 프로그램 담당자가 프로그램 과정에서 행하는 활동에 대해 사회적 책임을 지도록 하는 것으로서 책임성 확보의 기능으로 볼 수 있다. 한편 프로그램 평가는 시간, 주체 그리고 그 방법에 따라 크게 총괄평가와 과정평가, 형성평가, 내부평가, 외부평가 및 과학적·주관적 평가로 분류할 수 있다. 평가의 절차로는 ① 평가의 목적을 확인 결정 ② 프로그램 목표, 운영방법 및 프로그램 구조를 파악하고 평가의 대상을 구체적으로 확정 ③ 평가 방법을 결정 ④ 자료수집과 분석 ⑤ 평가결과보고로 볼 수 있다.

4848 프로그램평가검토기법 (PERT : program evaluation & review technique)

명확한 목표를 가진 프로그램을 조직화하고 진행 시간표를 작성하고, 예상을 세우고 프로그램 진행 상황을 추적하는데 유용한 관리 도구이다. 다시 말하면 특정한 프로그램 활동들 간의 관계, 행사와 세부 행사와의 관계의 논리적, 시간적 순서를 눈에 보이도록 표현해 놓은 것이다. 모든 활동과 행사들이 PERT 도표에 나타나기 때문에 프로그램 계획자는 시간, 자원 및 기술을 예정된 일자에 맞추어 조정할 수 있다. PERT는 통제를 가할 수 있다는 장점을 지니고 있다.

4849 프로드로말 현상(prodromal phase)

→ 정신분열증(schizophrenia)

4850 프로이드(Sigmund Freud : 1856~1939)

오스트리아의 신경학자·정신의학자로, 정신분석학의 창시자임. 20세기 이후 지금에 이르기까지 학자이면서 동시에 사상가로서 심리학 및 정신의학뿐만 아니라 인류학, 교육학, 범죄학, 사회학 및 문화계 각 분야에 이르기까지 지대한 영향을 미친 인물임. 오늘날 체코의 프라이베르트 지역에서 출생하였고 빈대학 의학부를 졸업한 후, 1885년 파리에서 샤르코(Jean Martin Charcot : 1825~1893)의 지도 하에 히스테리 환자를 관찰하면서 연구하였고, 이후 최면술, 카타르시스 및 자유연상법 등에 관한 연구과정을 거치면서 정신분석이론을 체계화한다. 그의 저서로는 '꿈의 해석(1900)'과 '정신분석입문(1917)' 이외에도 후세의 많은 사람들에게 큰 영향을 미친 다수의 저술이 있음.

4851 프로이드 과실(Freudian slip)

→ 착행증(parapraxis)

4852 프로이드 이론(Freudian theory)

신경학자인 프로이드(Sigmund Freud)와 그 추종자들이 제시한, 인간행동과 성격장애의 치료에 대한 일단의 통합된 원리. 성격발달에 관한 주된 개념들은 성장과 충동의 조직화(본능 : instincts, 리비도 : libido, 쾌락원칙 : pleasure principle)와 현실원리(reality principle), 성격구조(무의식 : unconscious, 전의식 : preconscious, 의식 : conscious), 성격역동(이드 : id, 자아 : ego, 초자아 : superego), 정신성적 발달단계(구순기 : oral phase, 항문기 : anal phase, 남근기 : phaliic phase)를 포함한다. 치료개념에는 자유연상(free association), 정화(catharsis), 전이(transference), 역전이(counter transference)가 있다.

→ 정신분석 이론(psychonanlytic theory)

4853 프로젝트(project)

어느 특정의 목표를 효과적으로 달성하기 위한 사업 내지는 과정계획을 말한다. 여기에는 대소 각양의 것이 포함되지만 보통 사회개발 프로젝트라 하는 것처럼 개발적·창조적이며 복잡·광범하고 장기간을 요하는 기획을 말한다. 따라서 이 과정에서의 불확정요인의 취급, 사회·경제적 변화에 대한 대처 등이 문제가 되며 많은 경우, 학제적 연구, 또는 부문 간의 협력·조정을 필요로 하며 프로젝트팀을 편성하는 것이 일반적이다.

4854 프로테스탄티즘(protestantism)

16세기의 종교 개혁기에 성립한 기독교의 종파. 로마·카톨릭 교회의 전승과 교의에 반대해 개인의 양심에 호소하는 신앙을 주장했다. 그리스도의 복음을 배우고 종교의 내면성과 개인주의가 강조되었다. 교직과 속인과의 구별이 없어지고 내면적인 종교적 자각과 그리스도와 구원의 경험을 기준으로 하고 있다. 구주 근대화 원동력이며 사회복지의 근대화의 중심이 되고 있다. 특히 퀘이커나 감리교인의 민간사회복지는 현대사회복지에 큰 공헌을 하고 있다.

4855 프로텍티브 서비스(protective service)

→ 보호 서비스

4856 프롬(Fromm, Erich : 1900~1980)

미국의 정신분석학자, 사회심리학자, 신프로이드파의 한 사람이다. 독일에서 사회학, 심리학을 공부하고 미국으로 와 콜롬비아대학의 교수 가 되면서 귀화하였다. 멕시코로 이주했으나 미국을 중심으로 국제적으로 활동하였다. 정신분석의 생각을 일반화해서 인간과 사회와의 관계 분석에 응용. 인간의 사랑과 성숙, 혹은 독자적인 성격이론의 수립에 몰두하는 한편 저널리즘을 타고 화려하게 활동하였다.

4857 프뢰벨
(Frobel Friedrich Wilhelm August : 1782~1852)

독일의 교육가이며 유치원의 창시자. 페스탈로치의 영향을 받아 유아교육을 중시하고, 아이들은 자기활동인 놀이를 통해 인간의 본성을 신장시키는 것이며, 놀이도구는 그 중요한 매체라고 주장하였다. 1840년 유아용 놀이도구, 작업구의 제조시설, 놀이도구, 작업도구를 사용해서 놀 수 있는 보육시설 보육자 양성시설을 통합해서 일반 독일유치원(Del Allgenmeine Kindergarten)이라 했다. 이 보육시설이 유치원의 원류이다. 주요 저서에는 '인간의 교육'(Menshenerziehung, 1826)이 있다.

4858 프리드먼 사무소(Freedmen's bureau)

이 기관은 1865년에 설립되었고, 국가 차원의 최초의 연방복지기관이었다. 주된 목적은 노예에서 자유인으로 신분이 변한 사람들에게 먹을 것을 나누어주고, 일자리를 찾아주며, 교육시설과 의료시설을 개방하고, 법적 원조를 제공하는 것이었다. 이 사무소는 1872년에 문을 닫았다.

4859 프리테스트(pre-test)

→ 예비조사, 사전조사, 이전조사

4860 플래토(plateau)

두 개의 용법이 있다. 하나는 심리학 용어로서 학습과정에서 일시적인 정체를 말한다. 학습 또는 연습시간을 횡축으로, 학습정도를 종축으로 하여 학습곡선을 그래프로 표시하고 정체시기가 수평의 높은 상태를 나타내는데서 높은 상태를 의미하는 플래토가 사용되게 되었다. 다만 높은 상태를 나타내는 방법에는 개인차가 있다. 또 하나의 용법은 최저생활비의 산정방식에 관해 사용된 것으로 1950년 중반, 노동과학연구소가 행한 연구방식으로 불려지는 산정방법 중에서 등본식으로 사용했던 개념이다. 소비단위 따위의 생활비를 횡축으로 하고 심신상황을 나타내는 생활지표를 종축으로 하여 심신상태의 개선곡선을 그래프로 표시해 어떤 점에 달했을 때 개선율이 완만하게 되는 것을 플래토라 한다. 이 경우 전환점이 두 단계로 되기 때문에 등본은 낮은 쪽을 최저생존비, 높은 쪽은 최저생활비라고 했다.

4861 플레시 대 퍼거슨 판례

1896년 미국의 대법원이 대중 교통수단 이용에서 인종분리를 허용한 한 주의 법을 지지한 판결. 이 판결로 인해 인종분리가 미국 내의 다른 공공장소까지 확대되었고, 비록 장소가 다르다할지라도 같은 정도의 시설일 경우에 인종을 분리하여 이용하게 하는 것은 합법적인 일이 되었다. 이 판결은 1954년 대법원의 브라운대 교육위원회 판례(Brown v. Board of Education)에서 파기되었다.

4862 플렉스 타임제
(flexible working hours system) 01

근로자가 정해진 시간대 안에서 취업의 시작과 끝을 자유로이 정할 수 있는 근무시간제. 자유근무시간제 또는 변동근무시간제라고도 한다. 여러 종류의 형태가 있으나 코아타임을 10~17시간까지의 중식시간을 제외한 6시간으로 하고, 근로자는 8시~10시 사이에 출근, 12~13시를 중식시간으로 하고, 17시~19시 사이에 퇴근할 수 있는 것이 가장 일반적이다. 플렉스 타임제의 효과로서, 건강에 미치는 영향, 자기결정에 따르는 책임감, 목적의식의 명확화를 들고 있으며, 능률향상이나 결근율 감소 등 기업채산성의 장점도 있어 서독을 위시한 유럽 제국에서 채택되고 있다. 특히 서독에서는 1년을 통한 근무시간을 종업원이 자유롭게 정할 수 있는 플렉스 이어즈도 도입되고 있다.

4863 플렉스 타임제(flextime) 02

출퇴근 시간을 융통성 있게 운용하는 제도. 기업 내에서 특히 해외 지점이나 거래선과의 연락이 빈번한 부서 및 외환, 원유부문 등 시차와 싸움을 해야 하는 부서에서 주로 이용되고 있다. 이 제도는 회사측으로서는 불필요한 근무시간을 삭감해 인건비를 축소시킬 수 있고 사원들은 업무에 맞춰 유연하게 자기 시간을 관리함으로써 개인생활에 융통성이 생긴다는 점에서 양측이 모두 환영할 만한 요소를 지니고 있다. 그러나 기준근로시간을 초과해 근무함으로써 발생하는 시간외 근무 수당을 줄이려는 제도로 악용될 소지가 있다.

4864 플렉스너 보고서(Flexner report)

사회사업은 독특한 기술, 전문적인 교육 프로그램, 전문적인 문헌, 실무기술이 결여되었기 때문에 아직은 전문 영역이 아니라고 주장한 플렉스너(Abraham Flexner) 박사가 1915년에 사회사업가들에게 전달한 영향력 있는 보고서. 이 보고서는 많은 논란에도 불구하고, 사회사업이 변화하도록 자극을 주었고, 결국 사회사업은 플렉스너 박사가 말한 전문주의의 기준에 부합하게 되었다.

4865 피구(Pigou, Alfred Cecil : 1877~1959)

영국의 경제학자. 1908년 은사인 알프레드 마셜의 후임으로 캠브리지대학 경제학교수가 되어 1943년 정년까지 재직하면서 캠브리지학파 경제학을 계승·발전시켰다. 주저 "복지경제학" (1920)은 경제적 복지의 확대조건을 이론화함으로써 이 분야의 기초를 세웠다. 분배의 평등화가 복지를 증대시키는 것을 명백히 했으나, 실업이론에서는 케인즈로부터 고전파의 대표로서 비판받았다.

4866 피난민/망명자/도피자(refugee)

종교, 민족, 또는 정치적 박해로부터 탈출하여 미국으로 이민 온 사람들처럼, 이전에 경험한 위험으로부터 안전과 보호를 찾고자 하는 사람을 말한다. 이러한 사람들은 종종 사회사업가의 클라이언트가 되기도 하며, 사회사업가들은 이들의 보호를 돕기 위한 자원발굴을 종종 요청받기도 한다.

4867 피난처(sanctuary)

체포 또는 위험으로부터 면제나 보호를 제공하는 장소. 사회사업가는 중남미 국가들의 피난민들이 미국에서 새로운 생활을 할 수 있도록 돕기 위해 고안된 피난처 운동(sanctuary movement)에서 개별 시민(private citizens)으로 참여해왔다.

4868 피드백(feedback) 01

커뮤니케이션. 즉 교신에 있어서 송신자가 메시지를 보내고 수신자가 이를 받은 다음에 수신자가 받은 영향·인상 등을 토대로 송신자에게 다시 보내는 메시지의 환류. 또한 체제 모형에서 투입-과정-산출의 과정을 거친 다음 환경에서 산출의 결과를 평가하여 반영하는 형식으로 재투입되는 과정을 역시 피드백이라 한다. 피드백을 평가와 재투입의 과정이며, 개방된 커뮤니케이션의 흐름이나 개방된 체제(교육체제 포함)로 하여금 환경과의 끊임없는 상호작용을 유지·발전시킬 수 있게 하는 필수적인 과정이다. 교사는 학생으로부터의 피드백을 통하여 그의 학습지도 방법에 수정을 가해야 하며, 교육정책 수립자는 교육정책의 영향을 직접 간접으로 받는 교원·학생·학부모들로부터의 피드백을 통하여 정책의 적합성과 효율성을 높일 수 있도록 노력해야 한다.

4869 피드백 02

'되먹임', '귀환' 혹은 '귀환반응' 등으로 번역되며, 적용 영역에 따라 다소 다른 의미로 사용된다. 공학 분야에서 먼저 사용되기 시작한 것으로 알려져 있으며, 정보가 송출된 최초의 지점으로 그 정보에 대한 반응이 되돌아오는(혹은 되보내지는) 것을 의미한다. 심리학 관련 분야에서는 제공된 어떤 자극, 정보, 활동 및 서비스 등에 대해 이를 받은 측에서 나타내는(보이는) 반응을 의미하는 것으로 사용되는 경우가 많음.

4870 피드백 03

귀환반응, 환류 또는 후광효과라고도 한다. 하나의 체계가 자체의 행동에 대해 내부나 환경의 반응들을 수신해서 적응하는 것, 또는 의사소통 등에 있어서 체계 스스로가 정보 또는 에너지에 순응하는 과정을 말한다. 즉 목표와 실제와의 관계에서 늘 반성적 작용이 이루어져 산출되는 정보는 수시로 투입되는 정보에 전달되어 산출이 조절되도록 하는 일련의 과정이다. 인간의 행동도 하나의 순간마다 행동의 결과에 따라 스스로 그 행동을 통제해 나간다. 피드백은 자기 자신의 행동결과에 대해 자료를 제공해 주는 특수한 정보이다. 행동에 대한 보상이나 처벌도 그 일종이며 이것은 반응자의 자각내용에 따라 옳거나 틀릴 수 있다.

4871 피드백시스템(feedback system)

어떤 행동의 결과가 다음 번 그 행동에 영향을 미치는 체계를 지칭한다. 흔히 긍정적인 피드백시스템에서는 행동의 결과가 다음 번 행동을 강화시키는 기능을 하는 반면에, 부정적 피드백시스템에서는 행동의 결과가 다음 번 행동을 감소 혹은 중지시키는 기능을 한다. '피드백체계'라고도 한다.

4872 피로연구(fatigue study)

정신적 또는 육체적인 원인에 의하여 작업의 지속을 곤란하게 하는 징후를 피로라고 하며 정신적 피로, 육체적 피로로 나누어진다. 일시적인 피로는 노동에 따라 당연히 나타나는 것으로 이것이 바뀌어 노동의 가치를 알게 하고 수면을 충분하게 취하여 내일에의 노동의 원천으로 되어 가는데 피로가 만성화하여 가는 경향은 바람직하다고 할 수 없다. 피로에 의해 작업의 양과 질이 저하하고, 주관적으로 피로관이 많아져 필요이상의 에너지를 요하며, 작업의욕이 저하하여 휴식시간이 많아지거나 병적 피로를 낳아 끝내 질병으로 되고 만다. 피로를 적게 하기 위해서는 최적 작업량을 부과하고 휴식을 알맞게 주어 노동의 유쾌감을 항상 맛보게 하는 것이 좋은 방법이라고 할 수 있다.

4873 피면제권
사회보장급여에서는 과세하지 않는다는 원칙이 있는데 이것을 수급자의 측면에서 보아 공과를 면제받을 권리를 피면제권이라고 한다. 우리나라의 소득세법 제5조 4항에서는 근로의 제공으로 인한 부상, 질병 또는 사망과 관련하여 근로자나 그 유가족이 받는 연금과 위로의 성질이 있는 급여, 국민복지(연금법)에 의해 지급받는 노령연금, 장해연금, 유족연금과 반환일시금, 공무원연금법, 군인연금법, 사립학교교원연금법 등에 의해 퇴직자, 퇴역자 또는 사망자의 유족이 받는 급여, 국가유공자예우 등에 관한 법률에 의해 받는 급여, 대통령령이 정하는 근로소득자가 받는 복지후생적인 성질의 급여 등은 비과세소득으로 규정하고 있다.

4874 피보험자(the insured person)
보험에 가입한 개인을 말한다. 피보험자에게는 피보험자증 즉 가령 건강보험증이 교부되며 보험사고(급여사고)가 발생하면 급여의 수급자로 된다. 사회보험의 가족보호적 성격에 의해 본인이 부양하는 자에게도 급여가 미치는 것이기 때문에 수익자는 이 양자이다. 일원적인 사회보장의 국가에서는 '각출의무가 없는 피보험자'라는 개념도 존재한다.

4875 피보호자(public assistance recipient)
과거 생활보장법에 의한 보호를 현실적으로 수급하고 있는 자를 말한다. 생활보장법 제5조 3항은 생활보장을 세대단위의 원칙에 따라 행하도록 하고 있으나 아울러 동항에서는 '특히 필요하다고 인정하는 경우에는 개인을 단위로 하여 행할 수 있다'고 하여 세대분리를 하여 개인단위의 원칙을 보장하고 있다. 생활보장을 세대단위로 행하는 경우, 세대원 한사람의 부조만을 수급할지라도 세대원 전원이 피보호자로 간주된다. 따라서 우리나라는 현실적으로는 개인단위의 원칙이 보다 실효성있게 작용하고 있다. 보호의 종류별로는 생계부조와 의료부조가 지배적이며 피보호자의 부조는 장기적 추이로 보아 감소하고 있다.

4876 피부양자(dependent)
피보험자가 부양하는 가족, 급여의 수익자이며 그 부양가족을 '피부양자'라고 한다. 법적으로는 민법상의 신분관계보다도 주로 피보험자에 의하여 생계유지되는 동일세대에 속하는 것 등의 생활관계가 중시된다. 이 경우에 약간의 수입이 있을지라도 관계없다.

4877 피부양자의 범위
통상 피부양자의 범위는 직계존속, 직계비속, 처로 되어 있으며 형제자매는 제외된다. 또 일정한 수입을 갖고 독자적인 생계능력이 있으면 피부양자가 될 수 없다. 차남이 부모를 모시는 경우도 피부양자가 될 수 있으며, 딸인 경우도 아들 대신 실제 부모를 부양하면 가능하다.

4878 피시(PC : 전문가법인)
→ 전문가법인(professional corporation)

4879 피아제(Piaget, Jean : 1896~1980)
스위스의 심리학자. 아동심리학 분야에서 탁월한 업적을 남겼다. 아이들의 자기중심성을 명백하게 하고 지능발달의 연구에서는 수 개념의 성립, 상징의 형성, 시간관념의 발달, 운동속도와 관념, 공간에 관한 표상관념의 발달 등을 명백하게 하고 있다. 피아제는 도식(인지 구조)의 개념을 중요시 하여 인지발달의 진보를 동화, 조절에 의한 발전과정으로 설명하려 하였다.

4880 피아제 이론(Piaget theory)
스위스 심리학자 피아제(Jean Piaget : 1896~1980)가 주장한 인지발달(cognitive development) 이론으로, 인간이 인지하고, 지식을 동원하여 문제를 해결하고, 세계를 이해하게 되는 과정을 설명한다. 이 이론에 따르면 인간의 인지발달은 환경과의 상호작용을 통한 지속적이고 확실한 방식 혹은 계획(scheme)의 산물이다. 계획이란 어떤 사람이 의도한 결과를 성취할 수 있도록 도와주는 목표 지향적인 전략(goal-oriented strategies)이다. 이 계획은 반사작용 (reflex)과 반사운동(motor responses)이 지배하는 유아기 및 유년기 초기의 감각운동적(sensorimotor) 성격과, 경험과 정신적 심상(mental image)에 기초하여 추상적인 추론과 상징(부호체계)의 사용을 발전시키는 사람의 능력을 반영하는 인지적(cognitive) 성격을 지니고 있다. 인지발달에는 새로운 정보, 사건 및 문제 해결 방법이 기존 체계(계획)(existing scheme)에 통합되는 동화(assimilation)와 주위환경과의 상호 작용 및 경험으로부터의 학습을 통하여 기존 체계에서 변화가 일어나는 조절(accommodation)의 두 가지가 있다. 피아제는 인지발달을 감각운동기(sensorimotor stage), 전조작기(preoperational stage), 구체적 조작기(concrete operations stage), 형식적 조작기(formal operations stage) 등 4단계로 구분하였다.

4881 피알(PR : public relations)
→ 홍보활동

4882 피알오(PRO)
→ 동료검토 조직(peer review organization)

4883 피어슨의 알상관(Pearson's r correlation)
피어슨의 결과 요인 상관계수로도 알려졌으며 등간척도로

측정한 두 변인(예를 들어 무게와 키)간의 상관 정도를 통계적으로 측정하는 것이다.

4884 피에스알오(PSROs)
전문기준심의기구(professional standards review organizations)의 약어. 연방정부와 주정부 예산에서 지출되는 제3부문 지불(third-party payment)을 수락하는 병원, 양로원 및 수용시설 등 전문기관의 업무를 객관적인 감독기관이 평가하는 미 연방정부의 프로그램. 이 프로그램은 상세한 연방정부의 방침을 준수한다면, 조합이나 전문인집단의 지방 심의기구설립을 허용한다. 이 기구들은 관련절차가 낭비요인 없이 효율적으로 이행되고 있는지를 결정하기 위해 사례기록(case record), 진료기록(medical charts) 및 관련문서를 점검한다.

4885 피에이(PA)
→ 전문가협의회(professional association)

4886 피엠에스(PMS)
→ 생리전 증후군(premenstrual syndrome)

4887 피오알(POR)
→ 문제중심 기록(problem-oriented record)

4888 피용자보험(employee insurance)
지역주민에게 적용되는 지역사회보험에 대해 회사, 공장 등 사업장의 직원, 노동자에게 적용되는 사회보험을 피용자보험이라고 한다. 우리나라의 의료보험에 있어서는 제1종 의료보험조합에 의해 운영되는 것이 이에 해당한다. 국민복지연금법에서도 마찬가지이다.

4889 피임법(contraception)
→ 산아제한(birth control)

4890 피카(FICA)
→ 연방보험기여법

4891 피터팬 증후군(Peter Pan syndrome)
연령상으로 성인이 되었음에도 성인으로서의 책임과 역할에 맞는 사고 및 그에 따르는 행동을 적절히 수행하지 못하고, 오히려 아동기적인 사고와 행동을 나타냄으로써 성인들의 사회 혹은 세계에 적절히 적응하지 못하는 '아이같은 어른' 혹은 '어른 아이'를 지칭하는 말임. 1970년대 후반 미국 사회에서는 이러한 경향을 보이는 성인들이 다수 발생하게 되었는데, 이들에 대해 한 임상심리학자가 영국의 극작가인 배리(James Matthew Barrie : 1860~1937)의 작품 속 주인공인 피터팬에 비유하여 '피터팬 증후군(Peter Pan syndrome)'이라고 명명한 것이 그 유래임. '피터팬 신드롬'이라고도 한다.

4892 피티피(PTP)
정신과 의사들이 사용하는 절차상의 용어(procedural terminology for psychiatrists)로서 정신과 의사가 환자들을 위해 수행하는 절차 및 서비스를 체계적으로 목록을 만들어 부호화하는 것이다. 피티피는 의사들의 진행절차 용어(current procedural terminology)의 하나다. 의사가 아닌 사람들의 서비스는 피티피 코드에 포함되지 않으며, 이들의 서비스를 기록하는 데 사용되어서도 안된다.

4893 피피비에스(PPBS)
planning programming budgeting system의 약칭으로 장기적인 기획과 단기적인 예산을 세부 프로그램계획에 대해 유기적으로 연결하며 예산배분에 관한 결정을 합리적 계량적인 방법으로 달성하려는 예산제도이다. 이 제도는 1954년 미공군에 의해 개발되어 연방정부 예산의 편성수단으로 쓰였으나 1973년부터는 쓰이지 않았다. 정책목표를 달성하기 위해 책정된 몇 개의 대체안에 대해 그것을 실용·효과면에서 분석하는 것을 말한다.

4894 피티피에스(PPBS)
프로그램 기획 및 예산제도(program planning and budgeting system)의 약어로 미연방 정부기관을 비롯한 대규모 기관에서 사용되는 행정 분석 절차를 말한다. 이 제도는 투입비용(노동, 자본 및 부채에 대한 이자 등)보다는 산출비용(상품, 서비스 및 기타 생산품 등)과 관련이 있다. 이 절차는 먼저 목표를 명확히 한 후, 비용의 총액과 분배 등 최종결과를 달성하는 과정을 측정하는 것이다.

4895 피피오(PPOs)
→ 지정시혜기구

4896 피학성(masochism)
신체적으로나 정신적으로 고통 받을 기회를 추구하는 의식적 또는 무의식적인 경향을 말한다. 또한 성도착(paraphilia) 계층에서 어떤 사람은 상처입고, 위협받거나, 굴욕당하는 것을 통해 성적으로 흥분하게 된다. → 가학피학성애

4897 피해자 보상(victim compensation)
타인의 과실이나 범죄행동의 결과로 피해를 입었다고 판결된 사람에 대한 현금이나 서비스의 공적 보상(지불).

4898 피해자 연구(학) (victimology)
주로 피해가 발생하는 조건(상황)과 사회문화적 현상에 의해 피해를 겪은 사람에 대한 연구.

4899 피해자 책임전가(victim blaming)
어떤 사회현상에 의해 피해를 입은 사람을 공범으로 간주하는 주의나 경향을 말한다. 예를 들어, 강간당하거나 성적으

로 괴롭힘을 당한 여성이 가해자를 유혹했다는 비난을 받고, 학대받은 배우자가 피학성(masochism)이고 학대행위를 부추겼다고 비난을 받거나, 빈곤한 사람이 너무 게을러 일을 하지 않는다고 비난받는 경우이다.

4900 핀스(PINS)
→ 지도감독 대상자

4901 필림 · 포럼(film · forum)
집단토의방식의 하나로 영화·슬라이드를 보고 거기에서 제기하는 문제를 중심으로 참가자 전체가 토의하는 방식을 말한다. 문제해결 방법의 결정이나, 문제해결에 대한 협력태세를 높이려는 경우에 적합하다. 이 토의방식을 행할 때에는 단순한 영사회로 끝내지 않을 것, 참가자가 토의에 대한 마음가짐이나 준비를 하도록 사전에 설명해 둘 것, 토의가 주제에서 빗나가지 않도록 회의할 것 등이 요구된다.

4902 필연성([영] necessity [독] Notwendigkeit)
일반적으로는 어떤 것이 〈그 이외일 수 없다〉는 것을 의미하며, 논리적·형이상학적·사실적(객관적)·도덕적 필연성을 구별할 수 있다. 또 necessary 등의 외국어에는 필연뿐만 아니라, 〈필요〉라는 의미도 있다. 이 경우에는 어떤 목적이나 사항에 대해, 없어서는 안되는 수단이나 조건에 관해 하는 말이다. ① (논리적) a) 어떤 명제에 관해, 그것과 모순되는 명제가 모순을 포함하든가, 또는 분명히 성립할 수 없는 경우, 그 명제는 필연적이다. 라이프니쯔는 이 의미에서의 〈필연적 진리〉([프] vérité nécessaire)의 존재를 주장했다. b) 전제가 된 하나 이상의 명제로부터 논리의 법칙에 따라 이끌어지는 결론과 그 전제와의 의존 관계는 필연적이다. ② (형이상학적) 어떤 것의 존재가, 그것 이외의 다른 어떠한 원인 내지 조건에도 의존하지 않는 경우, 그것은 필연적 존재라고 불리어진다. 데카르트의 신(神), 스피노자의 실제는 필연적 존재이다. ③ 사실상의) a) 자연 및 사회의 사실의 세계에 객관적으로 성립하는 필연성. 사실의 세계에서의 필연성은 기본적으로는 인과관계에 의거하는 것인데, 예컨대 생체나 사회 등에서는, 생체의 구조나 사회의 구조에 의해, 여러 가지의 인과계열 방식이 규정되므로, 이들 현상에서 볼 수 있는 필연성은 인과관계를 토대로 하는 구조적 필연성이라고 말할 수 있다. 필연성은 주로 반복이 가능한 법칙적 필연성이지만, 인과계열의 특수한 결합에 의하여 생기는 1회만의 결과는 필연적인 것이기는 하지만 그 결합이 반복될 수 없는 것이라면, 개별적인 필연성이다. b) 필연성과 유연성. 물체의 운동과 같은 비교적 단순한 현상에 있어서도 그것을 지배하는 운동의 법칙은 우연적인 제 요인의 작용을 받지만, 필연성이 우연성을 통해 관철되는 것을 분명히 한 헤겔을 비판적으로 계승하는 변증법적 유물론에서는, 양자의 관계를 변증법적으로 파악한다. 자연 현상의 경우에도, 현상을 비교적 순수한 형태로 관찰할 수 있는 실험 등의 경우 이외에는 언제나 우연적 요인이 부수하는데, 인간의 행동으로 구성되는 사회 현상에서의 필연성은 우연성을 통해서만 관철된다. 예컨대 상품의 가치법칙은 우연적인 가격의 변동을 통해 관철된다. 맑스주의가 주장하는 역사의 필연성도 마찬가지이다. 예컨대, 자본주의 사회에서의 혁명의 필연성은, 이 사회의 근본적인 모순에 기인하는 계급투쟁에서 혁명의 주체적 세력인 노동자 계급이 승리함으로써 관철되는 것인데, 계급투쟁의 과정에는 우연적 사정이 끊임없이 부수하므로, 혁명적 위기는 반복해서 나타나며, 그것들을 통해서 주체적 세력이 강화되어 가고, 승리를 차지하는 필연성이 있다고 생각한다. ④ (도덕적) 도덕 법칙이 개인에 대해 의무라는 것을 가리킨다. ↔ 우연성

4903 필요조건(necessary condition)
두 개의 명제, 혹은 두 개 이상의 사건들에 관해 어느 하나를 옳다고 주장하지 않으면 다른 하나를 주장할 수 없을 때, 후자에 대한 조건으로 전자를 일컫는 말. 다시 말하면, 명제 p가 참 [眞]이 아니면 q도 일어나지 않을 때, p는 q의의 필요조건이다. 전자를 논리적 필요조건이라고 후자를 인과론적 필요조건이라고 한다. 예를 들어, "김씨는 남자이다."는 "김씨는 아버지이다."의 논리적 필요조건이고, "물기가 있다."는 "소금이 녹는다."의 인과론적 필요조건이다.

4904 핌피현상(PIMFY syndrome)
'please in my front yard'의 이니셜을 딴 것이다. 수익성 있는 사업을 내 지방에 유치하겠다는 지역이기주의 일종이다. 원자력 발전소, 쓰레기 소작장 등 혐오시설을 내 이웃에 둘 수 없다는 님비(NIMBY, not in my back yard)와는 반대 현상이지만 지역이기주의라는 점에서는 같은 입장이다. 우리나라에서도 지방자치시대가 열리면서 핌피현상이 고개를 들고 있다. 호남고속철도 노선을 놓고 대전광역시와 충청남도가 대립한 것이나 태권도 박물관 유치를 놓고 여러 지역이 경합하는 경우 등도 대표적인 핌피현상이다.
↔ 님비현상

[ㅎ]

4905 하드웨어(hardware)
컴퓨터에서 컴퓨터, 자판, 모니터, 변복조장치 등과 같이 자료를 저장하고, 처리하며, 분석하고, 전달하도록 설계된 물리적인 기계를 말한다.

4906 하류계층(lower class)
사회학자들에 의하면 이 사회경제적 계급에 속한 사람들은 최소한의 소득과 재정 보장, 보잘 것이 없는 직업, 낮은 교육, 무감각하고 절망하기 쉬운 경향을 갖는다고 말한다.

4907 하반신마비(paraplegic)
신체 하반신의 운동 혹은 감각이 마비되는 증세를 의미한다.

4908 하부구조(infrastructure)
고속도로, 공원, 공공장소, 철도, 다리, 전화선, 발전소, 상하수도와 같은 기초설비, 건물 그리고 사회조직을 말한다.

4909 하부체계(subsystem)
그 자체가 상호작용하고 서로 영향을 주는 요소들로 구성된 체계의 한 부분을 말한다. 예컨대, 가족체계에서도 부모, 자녀들, 여성들, 남성들, 핵가족(nuclear family)체계, 확대가족(extended family)체계 등의 하부체계가 존재한다

4910 하워드(Howard, John : 1726~1790)
영국 상인의 아들로 출생. 부친의 유산으로 영불전쟁 리스본 대지진의 구원에 나섰으나 프랑스에 억류되어 비참한 감옥생활을 체험하였다. 귀국 후 빈민구제에 전력하였고, 1773년 주정부 장관이 된 것을 계기로 감옥개량운동에 착수하였다. 국내는 물론 유럽 각국의 감옥을 시찰한 다음 그것을 바탕으로 "잉글랜드와 웨일즈의 감옥상태"(1777)를 집필하여 국내외의 감옥개량에 큰 영향을 미쳤다. 크리미아 시찰 중 병사하였다.

4911 하위개념(subordinate concept)
같은 부류의 대상이 공통적으로 소유하고 있는 속성의 추상화가 개념(concept)이라 할 때, 이 개념의 범주에 속하면서 이 범주 내의 다른 대상과 구별되는 속성을 가진 개념을 말한다. 예컨대, 세 변이 세 각을 이루고 있으면서 이 세 내각의 합이 180° 인 도형을 「삼각형」이라고 개념화한다면, 이러한 속성을 같이 공유하면서도 정삼각형 · 직각삼각형 · 이등변삼각형 · 예각삼각형 · 둔각삼각형 등은 서로 다른 특성(속성)을 보이고 있다. 이때 이들 각 삼각형은 삼각형의 하위개념이 된다. 또한 참새 · 비둘기 · 꿩은 「새」에 대한 하위개념이 된다. → 상위개념

4912 하위검사(sub-test)
하나의 검사가 측정하고자 하는 내용이 적어도 두 개 이상의 독립된 요인, 또는 영역으로 구성되어 있고, 그것을 측정하기 위하여 만들어진 검사가 있고, 또는 영역별로 분할하여 독립적으로 측정하고 있을 때, 그 개개의 인자 또는 영역을 측정하고 있는 검사를 의미한다.

4913 하위집단(subgroup) 01
전체집단을 구성하고 있는 소집단을 말한다. 대체로 하위집단은 제1차 집단의 성격을 가지고 있다. 예컨대 학교집단을 구성하고 있는 학급 집단, 교사집단, 과외활동반 등은 하위집단에 속한다. 이와 같이 하위집단은 집단의 규모가 작으므로 집단구성원 상호관계가 직접적이며 따라서 친밀도가 높다.

4914 하위집단 02
한 사회집단을 구성하고 있는 작은 집단을 말한다. 일반적으로 사회과학이나 행동과학 분야의 연구에서 대상 집단을 구분할 때 쓰이는 용어로서, 보다 구체적인 집단특성을 중심으로 주된 집단을 세부적으로 설정하는 것을 뜻한다. 규범적 연구나 실험처치에 관한 연구를 막론하고 설정했던 집단을, 예컨대 지역특성 · 성별 · 생활수준 · 자녀수 · 성장지 등과 같이 어떤 유형별로 구분하거나 실험처치의 연구를 위하여 그 처치대상 집단을 보다 세부적으로 나누어 계획된 처치를 하게 될 때, 이 잘게 나누어진 예속집단을 전체 대상 집단에 대한 하위집단이라고 한다. 사회 문화적 차원에서의 하위집단은 수평적 · 수직적 사회문화 구조에서의 집단 구분을 의미할 수도 있다. 예컨대 수평적 구조에서의 국가 · 도시 · 지역, 그리고 가정집단의 문화는 전 세계 문화구조의 하위집단 문화이고, 수직적 구조에서의 경제 · 정치의 위계적 집단 구조인 상 · 중 · 하의 체제는 전체 사회경제 · 정치문화의 하위집단 구조에 속한다.

4915 하위체제(subsystem)
체제를 구성하고 있는 부분 또는 체제 속에 속해 있는 하위의 체계를 의미한다. 어떤 체제 내부를 분석적으로 파악하면 대개의 체제는 몇 개의 하위체제를 포함하는 경우가 많다. 예컨대 학교제도는 복잡하고 역동적인 사회 환경 안에서 존재하고 운영되므로 사회체제의 하위체제라고 할 수 있다. → 상위체제

4916 하의식(subconscious)
정신분석학에서 정신구조의 설명을 위하여 사용한 개념으로 잠재의식, 무의식, 전의식이라고도 한다. 프로이드는 하의식을 의식적 행동의 원안으로 생각했다. 즉 사람들은 평상시에 이것을 의식하지 아니하나 현실적인 외계에 대한 의식적인 자아(ego)는 우리들 자아의 일부에 지나지 않으며 이에 뒷받침되는 하의식이 있다는 것이다.

4917 하인리히 법칙(Heinrich's law)
사고에는 화재, 사망 등의 대사고 뿐만 아니라 기계, 화재의

손해나 상해 일보전의 상태로 끝나서 재해로 되지 않는 경우도 많다. 1930년대 초 미국 한 보험회사의 관리자였던 하인리히(Heinrich H. W)가 사망 또는 중경상재해 1에 대해, 경상재해 29, 무상해사고 300이라는 수치를 밝히고 중상이 1명 일어난 경우에는 경상이 29회, 다행하게도 사고도 되지 않는 기회가 300회라는 것을 밝혀내어 이를 하인리히 법칙이라고 한다.

4918 하층계급(underclass)

오랜 기간 동안 가난이나 실직상태에 있고 장래에 그러한 상태를 개선할 자원이나 기회가 부족한 사람과 가족들을 언론인과 경제학자들이 지칭하는 용어이다.

→ 빈곤문화(culture of poverty)

4919 하층사회
(lower social stratum, a lower sector of society)

일반적으로 사회저변에서 생활을 영위하는 빈곤계층의 사회를 의미한다. 이 같은 하층사회는 어느 시대에도 존재했었다고 할 수 있으나 근대자본주의적 생산관계의 발전에 따라 상대적 과잉인구와 수혜빈민의 무리가 하층사회를 형성함에 이르러 폭넓게 사회문제로서도 인식되기 시작했다. 또 하층사회는 가끔 사회병리현상의 생성집단이라는 점에서 문제될 때가 많으나 전체사회의 구호적인 현상이라는 시각을 잊어서는 안된다.

4920 하프웨이하우스(halfway house)

→ 중간시설

4921 학교경영기관(School Foundation or the President of Private School)

사학연금의 경우, 당연적용기관 및 임의적용기관의 사립학교를 설치, 경영하는 학교법인 또는 사립학교 경영자.

4922 학교공포증(school phobia)

이유가 불합리한 학교에 대한 공포증을 의미한다. 몇몇 정신역학 분석가들은 유아시절의 의존에 대한 욕구가 해결되지 않았거나 분리불안(separation anxiety)에 그 이유를 두고 있다.

4923 학교급식 프로그램(School Lunch program)

미국 교육성과 미국 보건 및 인간봉사성(HHS : U.S. depapartment of education and department of health and human services)의 공조를 받아 미국 농무성(U.S. department of agriculture)이 운영하는 국가 급식프로그램(national food program)을 말한다. 이 프로그램은 요보호 빈곤가정 자녀에 대한 무료급식(free lunches)과 학교 어린이들에게 영양식단(nutritious lunches)을 제공하기 위하여 연방기금과 농업용품들을 주와 지방 행정부에 지급한다.

4924 학교법인

사립학교법에 따라 사립학교의 설치주체에서 인정된 법인이다. 민법의 재단법인과 유사하지만 그 공공성을 보장하는데 대해 조직 면에서 차이점이 있다. 학교법인에 대해 국가 및 지방공공단체가 재정상의 원조를 하는 것이 인정되어져 있고 그것은 사회복지사업법 그 외 같은 종류의 입법선례를 이루고 있다. 그리고 학교법인이 아님에도 불구하고 유사명칭을 사용하는 것도 금지되고 있다.

4925 학교보건

학교보건법에 의해 국민이 건강하고 문화적인 생활을 유지하기 위해 초등학교부터 대학교에까지 학교교과목인 위생·보건대책·체육과목 내에 보건위생을 포함한 제반내용이 편성되어 있다. 이것과 맞춰 각 학교에서는 아동, 청소년 학생의 보건·건강관리를 목표로 정기적 진단을 행하고 보건·간호시설을 정비하고 있다. 그러나 학교보건에 맞는 교직원의 배치는 미비한 실정이다.

4926 학교비행(school misbehavior)

학교생활 중 퇴학, 절도, 주의환기를 위한 꾸준한 기도, 불복종, 완고, 거짓말, 흡연, 성적비행 등을 자행하는 것을 말한다. 비행소년들의 경우 때때로 또는 지속적으로 학교비행을 하는 예가 극히 높게 나타나고 있다. 이러한 학교비행이 나타나기 시작하는 연령은 9세에서 12세이며 학교비행이 조기에 시작되면 사회적 비행으로 이어질 가능성도 커진다. 성인범죄들의 대다수가 재학시절에 퇴학의 기록을 갖는 경우가 많음은 이를 증명하고 있다.

4927 학교사회사업(school social work)

학교생활에서 부적응상태에 있는 초·중·고등학교의 학생들을 주 대상으로 그들 스스로가 문제를 극복할 수 있도록 가족이나 사회 환경과의 조정을 도모하는 등, 케이스워크를 중심으로 원조해가는 사회사업이다. 그 기원은 미국에서 무단결석아의 출석 장려를 위한 교사의 가정방문에서부터 비롯됐다.

4928 학교상담(school counselling)

학교에서 학생의 학습에 관계되는 부적응문제에 대응해 행해지는 상담의 한 분야이다. 학급담임교사에 의해 행해지는 것과 전문적인 학교상담원에 의해 행해지는 것으로 분류된다. 후자를 발달시키는 것이 최대의 과제가 되고 있다. 사회복지의 입장에서는 학교사회사업(school social work)으로서 시도되고 있다.

4929 학대아(abused child)

학대란 협의로는 신체적인 것으로서 보호자가 아동에게 완력을 사용하여 가해하는 모든 형태의 신체적 공격행위를 말하며, 광의로는 비신체적인 정서적·심리적·성적 및 사회적인 위협과 방임의 모든 것을 말한다. 즉 애정결핍에 의한 거부와 방임, 저조한 영양상태, 불충분한 의료적 보호조처, 위협적 인사, 조소와 적대감을 나타내는 말의 사용, 아동에게 필요한 오락 및 교육의 기회나 정서적 활동에 대한 부당한 금지 및 성적이용 등 다양한 양상이 포함되며, 사회적 학대의 형태로는 유해한 오락이나 유흥업소의 번성 등과 같은 사회적 병리현상과 아동의 건전한 성장을 저해하는 병폐적 문화 및 매스컴의 영향 등을 들 수 있다. 우리나라는 이러한 학대 아동을 위한 조치가 없다. 그러나 선진외국의 경우는 프로텍티브 서비스를 통해서 강력한 대응책을 마련하고 있다.

4930 학도의용군(Volunteering Students' Corps)
6.25 한국전쟁 발발 후 구국비상학도대 설치일(1950년 6월 29일)부터 해제일(1951년 2월 28일)까지의 종군기간에 복무한 자.

4931 학동(elementary school children)
의무교육기간인 초등학교에 다니는 아동의 총칭이며 대략 6세~12세 시기의 아동이다. 특히 그 후기의 시기는 갱 애이지(gang age)라 불리우는 것처럼 집단 상호관계 상조의 시기로 교우관계의 영향을 받기 쉽다. 가족집단에서 사회집단으로의 이행기라고 할 수 있는 시기이며 비판적 시각도 싹트기 시작하여 사회적 인지욕구도 높아진다.

4932 학력변동(Change of Educational Background)
사학연금의 경우, 교원이 재직 중 학력이 변동된 경우를 말한다.

4933 학문중심 교육과정(discipline-centered curriculum)
1950년대 말 미국에서 대두된 교육과정의 사조이다. 종래의 경험중심 교육과정이 지나치게 생활의 문제해결을 강조한 것에 비하여 여기서는 학문의 기본개념을 중요시한다. 1960년 브루너(J. S. Bruner)가 쓴 〈교육의 과정〉은 학문중심 교육과정의 입장을 체계적으로 천명한 책으로 알려져 있다. 이 책에 의하면, 미국에서 학문중심 교육과정이 대두된 데는 당시의 경험중심 교육과정에 대한 불만 이외에도 1957년 소련에서 처음으로 쏘아올린 인공위성 스푸트니크에 대한 쇼크와 현대사회에 있어서의 지식의 팽창이 중요한 배경이 되었다. 학문중심 교육과정에서는 학문에는 각각 그 특징적인 개념과 탐구방법이 있다는 것을 전제로 하여 교육의 초보적 단계에서 고등 수준에 이르기까지 그러한 개념과 탐구방법을 가르쳐야 한다고 주장한다. 그러나 이 사조는 경험중심 교육과정에서 강조한 「학생의 자발적 탐구」를 강조한다는 점에서 경험중심 교육과정과 일맥상통한다고 볼 수 있다. → 학문, 지식의 구조, 나선형 교육과정

4934 학보제대자(Student Soldiers)
학적보유 현역병 제도에 의거 대다수가 1년 6월 재영 후 귀휴한 자. 귀휴기간 6월 소지자(1956~1962년 사이에 시행)

4935 학생보조 프로그램(student aid programs)
대출이나 보조금 형식으로 단과대학이나 기타 교육시설에 다니고 있는 사람에게 주는 재정적 지원을 의미한다. 기금(재정)의 원천은 사적으로 기금을 조성한 장학금, 장학회 기금(재단 보조금), 그리고 가장 중요한 주와 연방정부의 보조금과 대출프로그램이다. 주요 연방프로그램은 학생의 요구와 원하는 가족의 기여의 원칙에 근거(Pell Grants), 빈곤한 학생들에게 낮은 이자로 융자(national direct student loans), 요구에 근거(supplemental educational opportunity grants), 학생에게 돈을 빌려주는 은행에 정부가 지불보증(guaranteed student loans), 대학 내에 학생을 고용하여 대학의 기금을 연결시켜 주는 프로그램(college work study program) 등이 있다.

4936 학습(Learning)
다양한 정의가 있지만, 그 가운데 일반적으로 가장 많이 적용되고 있는 정의를 보면, 학습이란 "경험을 통해서 일어나는 비교적 지속적인 행동 혹은 행동잠재력의 변화"라고 정의된다. 그러나 일반적으로 성숙에 의한 행동변화나 피로, 질병, 약물사용 등에 의한 행동변화는 학습에 포함시키지 않는다. 학습의 주체로는 인간 및 동물이 모두 포함된다.

4937 학습경험(learning experience)
생활환경에서의 특정경험에서 영속적인 행동의 변용을 받았을 때 그것을 학습경험이라 한다. 경험이 활동에 주는 지속적인 영향을 학습이라 하며 발달초기의 일정기간(임계기)에 발생하는 각인 찍는(접하는 대상에서 특유의 행동양식을 습득하는 비가역적인 효과) 문제나, 감각차단에 의한 학습능력의 영속적 저하 등의 초기학습의 문제가 제기되고 있다. 여기에서 성숙과 학습의 관련성에 관해 혹은 성격 형성과 임계기 등에 관해 학습이론에 의한 성숙중시의 발달관은 수정되어 가고 있다.

4938 학습된 무기력(learned haplessness)
→ 학습 무기력(haplessness)

4939 학습무기력(haplessness, learned)
배우자 및 아동학대의 희생자에게 자주 나타나는 것으로, 개인이 상해의 위험에 수동적으로 반응하는 행동양식을 말한다. 이런 사람들은 모든 일에서 아무 것도 할 수 없고 어떠한 효과적인 도움도 활용할 수 없다고 믿으며 뚜렷한 증상 없이 행동한다.

4940 학습불능(learning disability)
정상적인 지적 능력을 가지고 있으며 특정한 학습영역에서 학업성취나 능력의 결함을 나타내는 상태를 말한다. 언어

(구두어나 글)의 사용이나, 이해를 요하는 심리적 과정에 있어서 나타나는 기본적 장애를 가리킨다.

4941 학습불능자(learning disabled)

난독증(읽기 어려움 : dyslexia), 쓰기 어려움(dysgraphia) 또는 셈장애(dyscalculia)와 같은 구체적인 장애를 학교에서 경험한, 정상적이며 평균 이상의 지능지수를 가진 어린이를 설명하는 것이다.

4942 학습사회(learning society)

미국의 교육사회학자 허친스(Hutchins, R. M)는 사람들이 각자의 필요성과 동기부여에 따라서 언제라도 학습의 기회가 주어지도록 제도적으로 보장된 사회를 학습사회라고 불렀다. 현대와 같이 의무가 선행하는 사회에서는 본의 아닌 취학이나 진학이 증가하며 교육효과를 저하시킬 위험도 발생하지 않을 수 없으므로 인간이 노동이나 사회 활동을 경험한 후에 필요성을 느낄 때에는 언제라도 교육을 받고 학습할 기회가 주어지는 제도가 필요하다고 주장하고 있다. 그렇게 되면 의무보다도 권리로서의 학습이 우선되게 된다.

4943 학습성취도(academic achievement)

평가대상인이 소유하고 있는 읽기, 쓰기, 철자법, 산술능력 등의 수준을 말한다. 평가자는 학습성취도를 평가기간의 초기에 파악함으로써 평가대상인의 읽기 수준에 적절한 평가계획을 수립할 수 있다. 예를 들어, 읽기 능력이 떨어지는 평가대상인에게는 읽기를 요하지 않는 흥미검사나 적성검사를 사용할 수 있다. 그 외에 학습성취도를 측정하는 중요한 두 가지 이유가 있다. 첫째, 읽기, 쓰기, 산술능력은 거의 모든 훈련과정에서 반드시 요구된다. 둘째, 읽기, 쓰기, 산술능력이 부족한 평가대상인은 그러한 능력이 요구되지 않는 직업 중에서만 적직을 선택해야 하기 때문에 그만큼 선택 가능한 직업이 제한을 받게 된다. 학습 성취도는 표준화된 검사를 사용하는 것이 가장 효과적이나 사무적인 표본작업을 이용하거나 이력서 또는 지원서를 작성하도록 하는 방법이 활용될 수 있다.

4944 학습이론(learning theory) 01

행동치료(behavior therapy)와 행동수정(behavior modification)을 강조하는 개념인 행동주의(behaviorism)와 사회학습이론(social learning theory). 즉 인간의 행동은 다양한 환경의 자극에 대한 어떤 반응들의 성공과 실패의 결과로서 생긴다는 개념을 말한다.

4945 학습이론 02

학습의 결과, 현상, 사실 및 원리를 설명하는 이론을 의미한다. 흔히 학습이란 '경험에서 비롯되는 비교적 지속적인 행동 혹은 행동잠재력의 변화'라고 정의한다. 이처럼 학습을 통해 나타난 행동의 변화를 일으키게 한 과정 혹은 기제가 무엇인지를 설명하고 해석하는 이론 체계를 일컬어 학습이론이라고 한다. 학습이론은 행동치료의 기초지식 또는 이론이 된다.

4946 학습자중심 교육(learner-center education)

교수자중심 교육(instructor-centered education)과 대조가 되는 것으로, 학습자가 자신의 교육욕구에 따라 학습활동을 기획·실천하는 일련의 교육활동을 말한다. 성인교육의 핵심적 특징은 교육이 학습자의 자발성에 바탕을 둔다는 것이다. 이것은 타율성에 기초한 아동·청소년교육과 대조가 된다. 자발성을 기초로 하는 성인교육은 자신의 학습욕구를 누구보다 잘 아는 학습자 스스로가 타인의 간섭을 최소화하고 자신의 학습동기 내지 욕구에 따라 자신의 교육을 주도하는 소위 자기 주도적 학습(self-directed learning)을 기본으로 한다. 이러한 의미에서 학습자 중심교육을 일명 개인학습(individual learning)이라고도 하며, 독학이나 컴퓨터보조학습(CAI) 등이 이러한 학습형태에 속한다. 이러한 형태의 교육활동을 교수자가 없는 것이 일반적이지만, 만일 교수자가 있을 경우 그가 학습의 주도권을 갖는 대신, 학습자가 원활한 학습을 할 수 있도록 도와주는 원조자(helper)내지 촉진자(facilitator)의 역할을 수행해야 한다.

4947 학습장애(learning disability)

정신지체, 정서장애, 환경 및 문화적 결핍과는 관계없이 듣기, 말하기, 쓰기, 읽기 및 산수능력을 습득하거나 활용하는 데 심한 어려움을 한 분야 이상에서 보이는 장애를 의미한다. 이러한 장애는 개인이 내재하는 지각장애, 지각-운동 장애, 신경체계의 역기능 및 뇌손상과 같은 기본적인 정보처리 과정의 장애로 인해 나타난다. 일반적으로 학습장애는 개인내 차 즉 개인의 능력 발달에서 분야별 불균형이 나타나는 특징이 있다. 학습장애는 발달적 학습장애와 학업적 학습장애로 나누기도 한다. 전자는 학생이 교과를 학습하기 전에 갖추어야 하는 신체적 기능(주의 집중력, 기억력, 인지기능, 사고기능, 구어기능)을 포함하고, 후자는 학교에서 습득하는 학습기능(읽기, 셈하기, 쓰기, 작문)을 포함한다. 학습장애의 출현율은 약 4% 정도이다.

4948 학습지도안(lesson plan)

학생의 학습 활동을 구상한 교사의 계획 또는 수업 계획안을 의미한다. 학습지도라는 말은 교수-학습 또는 수업에 해당하는 말로서 우리나라의 교육현장에서 주로 사용되는 용어이다. 학습지도안의 대표적인 예는 교과서별 교사용 지도서이며, 학교 현장에서 교사들이 교과수업 또는 특별활동 계획에서 일상적으로 작성하고 있다. 학습지도안은 차시별 계획으로 구체화될 수 있으나 그 계획수립의 중심단위는 학습단원이다. 학습지도안 작성법에 대해서는 학자들 사이에 합의된 형식이 있지는 않다. 그것은 교과의 특성,

학습 목표, 가능한 학생 조직 및 교수 조직의 융통성, 지원 받을 수 있는 학습 자료와 매체환경, 교사의 선호하는 독특한 수업 모형 등의 차이에 따라 학습지도안은 매우 다르게 작성될 수 있기 때문이다. 학습지도안의 중심은, 지도할 내용이 학생들의 학습활동으로 실현될 수 있도록 하기 위한 계획으로서 구체적인 학습 목표와 내용을 분석하여 이를 학습으로 실현시킬 시간과 공간의 확보, 관련 교재 및 매체의 선택과 확보 및 구체적 활동 진행 순서를 마련하는 일이다. 학습지도안 작성에 영향을 미치는 요인들은 ① 교과의 특성, ② 학생들의 특성(학생들의 교과에 대한 학습정도, 흥미, 관련 기능의 숙달 정도, 발달수준, 교과에 대한 흥미 등), ③ 가치(학교 당국의 일반적 교육목표, 교사의 교육학적 원리에 대한 이해 등), ④ 현실적 제한점, ⑤ 수업의 구조에 대한 기본 가정, ⑥ 학습활동의 선택과 배열, ⑦ 학습활동의 계열화 방식 등이다. 수업의 구조에 대해서는 전통적으로 도입(opening stage), 전개(development stage), 종합(synthesis stage)의 3단계가 널리 인정되고 있다. 학습활동 계열화에 관해서는 힐다 타바(Hilda Taba)가, 간단한 것에서 어려운 과제로의 순서, 선수 과제에서 사후 학습과제로의 순서, 전체에서 부분의 순서, 시대적 순서의 네 개 전략을 제안한 바 있다. 학습지도안에서 전체 계획을 수립할 때에는 대체로 다음의 5가지 단계를 고려하는 것이 제안되고 있다. ① 지도 내용의 분석 (학습시킬 개념이나 발달시킬 기능 또는 능력이 무엇인지를 분명히 함), ② 학습자의 능력과 흥미를 고려함 (학습자에 대한 진단 검사 또는 상의), ③ 이상의 내용을 바탕으로 한 일반계획 수립(학습목표, 학습의 범위와 계열설정), ④ 학습활동 계획 수립(수업방법 또는 수업 모형의 선택, 교과의 내용에 적합한 절차적 원리 탐색), ⑤ 수업활동의 수정 보완 및 계열화(수업활동의 균형 고려, 수업의 진행 단계 명시). 학습지도안의 구성 형태는 ① 단원 이름, ② 단원의 학습 목표, ③ 단원의 중요성, ④ 단원의 학습 요소 위계와 다른 단원 또는 교과와의 관련성, ⑤ 차시별 수업 진행계획(여기에는 시간, 장소, 교재 활용계획이 포함됨), ⑥ 평가 계획, ⑦ 후속 조치 계획의 순으로 제시될 수 있다. 단원별 학습지도안 작성에 원용할 수 있는 국내 모형으로는 한국교육개발원의 계획-지단-지도-형성-평가의 5단계 수업과정 모형이 있다.

4949 학업적성검사(scholastic aptitude test)
장래의 학업 성공을 예측하기 위하여 이와 관련 깊은 능력을 측정하는 검사를 의미한다. 넓은 의미에서 보면 이는 일반 지능검사와 내용도 비슷하고 주목적도 같다. 그리고 학업성취 검사는 그 순간까지 이룩한 것을 재는데 대해 적성검사는 예측을 목적으로 한다는 의미에서 목적성 그리고 정의 상은 서로 다르지만 내용이 반드시 다른 것은 아니다. 왜냐하면 두 가지 모두 학생이 학습한 것을 재며 비슷한 과정과 내용을 가지기 때문이다. 학생의 학업적성이 어디에 있는지를 진단하거나, 현재의 수준을 평가함으로써 학습지도·진학지도 등에 쓰일 뿐만 아니라 교육기관의 설정목표에의 달성도 등을 밝혀 프로그램이나 교수법 등을 결정하는 데도 쓸 수 있다. 검사의 구성은 어문적 능력과 수리 능력으로 나누는 것이 보통이고, 미국의 CEEB(college entrance examination board test)의 SAT도 마찬가지로 되어 있다. 검사구성뿐만 아니라 실시방법도 다를 수 있지만 집단검사가 일반적이다. → 적성검사

4950 학제 간 활동(interdisciplinary activity)
특정한 클라이언트(client)나 클라이언트 체계(client system)를 위하여 다른 직업이나 전문영역을 가진 사람들을 포함시키는 팀의 개입(intervention) 즉 합동(collaboration)을 말한다. 예컨대, 한 사회기관이 복합문제 가족(multiproblem family)을 돕기 위해서 사회사업가, 심리학자, 성직자, 간호사, 의사에게 부탁하여 그들 각각의 전문성을 조화시킬 수 있다. → 사회사업 팀(social work team), 관련전문가 팀(interprofessional team)

4951 학제적 연구(interdisciplinary approach)
다학문 영역간 접근(연구) 혹은 종학적 연구라고도 불린다. 오늘날 기존의 개별학문 영역만의 접근으로서는 복잡한 연구대상이 가진 성격과 속성을 충분히 해명할 수 없고 나아가서 정책적 대응에도 지장을 초래하는 상황이 많이 발견되고 있는 실정이다. 학제적 연구는 바로 이러한 곤란을 극복하기 위하여 여러 학문분야의 이론과 기법을 동원하여 문제를 다면적 혹은 체계적으로 파악하려고 하는 것이다. 환경문제를 비롯해 각종의 사회경제개발계획 등에서 그 전형을 볼 수 있다. 사회복지학도 학제적 연구가 필요한 영역이다.

4952 한계효용(marginal utility)
어떤 재화의 마지막 한계 단위가 갖는 효용으로 욕망의 강도에 정비례하며 존재량에 반비례한다. 그리고 한계 효용은 재화와 가치가 그 재화에 의해 충족되는 욕망 중 가장 작은 욕망에 의해 결정된다.

4953 한계효용가치설
두 재화의 교환 비율은 각 재화의 한계효용을 비교함으로써 결정된다는 설로서 이는 또한 한계효용에 결정되는 재화의 가치가 사용가치이므로 사용가치설이라고도 한다. 오스트리아학파 멩거(C. Menger), 로잔느학파 왈라스(L. Walras) 등의 세 사람에 의해 동시에 주장된 학설이다.

4954 한계효용 균등의 법칙
일정한 소득을 가지고 있는 소비자가 여러 가지 재화를 소비하려고 하는 경우, 소비자는 여러 가지 재화의 소비에 의하여 얻어지는 주관적인 만족의 정도, 즉 효용이 극대화되도

록 하려 하는데, 효용이 극대화되게 하기 위해서는 각 재화의 한계효용이 균등하게 되도록 재화의 소비를 배분하는 것이 가장 유리하다는 것을 말한다. 이는 고센(H. H. Gossen)의 제2법칙 또는 극대화 만족의 법칙이라고도 한다.

4955 한계효용 체감의 법칙 (law of diminishing marginal utility)
재화의 소비를 한 단위씩 증가하는 경우에 전체 효용은 증가하나 한계 효용은 감소한다는 것으로서 이는 고센(H. H. Gossen)의 제1법칙 또는 욕망 포화의 법칙이라 한다.

4956 한국국제기아대책기구
육적·영적 굶주림을 온 세상에 알리고, 예수 그리스도의 사랑을 전하기 위해 사역자를 파송하며 긴급 구호활동과 지속적인 개발사역에 목적을 두고 2003년 설립된 국제기아대책기구의 협력구호단체를 말한다.

4957 한국기독교사회복지학회
복음에 기초한 사회복지의 과학적 연구와 실천을 촉진함으로써, 국민복지 향상과 발전에 공헌함을 목적으로 하여 1981년 7월 14일에 창립되었다. 교육연구, 교회사회복지, 홍보·출판, 재정, 국제, 회우위원회 등 6개 위원회를 두고 있다. 학회지로는 '기독교사회복지'를 발간하고 있다.

4958 한국노동연구원
합리적인 노동정책 개발과 노동문제에 관한 국민의 인식 제고를 위해 노동관계 문제에 관한 조사·연구와 정책대안의 개발 등 노동문제를 연구하는 1999년 5월 설립된 공공연구기관을 말한다.

4959 한국노동조합총연맹
1961년 8월 결성된 전국적 조직의 노동자단체이다. 전신은 1946년 3월 당시 전평(조선노동조합전국평의회)을 타도하기 위해 한민당과 미군정의 후원 아래 조직되었던 대한노총(대한독립촉성노동총연맹). 1954년 4월 '대한노동조합총연맹회'로 개칭되었으나 파벌싸움으로 분열을 거듭한 끝에 1960년 11월 '한국노총'으로 통합되었다. 그러나 5·16 후 해산의 운명을 겪고 1961년 다시 결성되기에 이르렀다. 그 후 한국노총은 1960~70년대 노동운동을 실질적으로 금압하는 정부의 배제적 조합주의 행정 밑에서 온건한 의견개진에 안주해 왔으며 지도부에 대한 밑으로부터의 비판이 차츰 거세어지자 1980년 '서울의 봄' 때는 노총 지도부 내에서도 어용성을 탈피하려는 움직임이 일어나기도 했다. 현재 한국에서 민주노총과 함께 양대 노총으로 자리 잡았다.

4960 한국노인복지시설협회(Korea association of the welfare institutions for the aged)
전국의 노인복지시설 및 성인불구 시설간의 연락·협의조정과 회원 시설의 발전·향상 등을 목적으로 지난 1958년 5월 14일에 사단법인으로 설립된 한국양로사업협회는 1984년 7월 23일 임시총회에서 정관을 개정하여 협회명칭을 한국노인복지시설협회로 개칭하였다. 전국 노인복지시설의 합리적인 운영관리를 위하여 제반 사항을 지원하고 법인과 시설간의 유대를 강화하며 노인복지시설의 발전을 기함으로써 사회복지 증진에 기여함을 목적으로 설립된 동 협회는 양로시설, 노인요양시설, 노인이용시설 등 142개 회원시설로 구성되어 있다. 주요사업으로는 시설수용자의 안전 및 보호사업, 회원자질의 향상을 위한 교육훈련사업, 결연 및 후원사업, 노인복지 연구사업, 노인복지시설 및 제도개선에 관한 협의조정사업 등이다.

4961 한국농아복지회
농아자의 직업재활과 의료재활을 비롯한 복지증진을 위하여 1980년 8월에 '사단법인 한국농아복지회'의 설립인가를 보건복지부로부터 받았다. 1935년 이미 '대한농아협회'가 조직된 바 있는 이 조직은 '농아복지위원회', '농아협회' 등으로 명칭을 바꾸어 활동해 오다가 1970년대 초에 해산된 바 있다. 동 복지회에서는 '장애화보'와 '농아복지보'를 발간하여 홍보활동을 하고 있으며 1980년 10월에는 청각장애인 부모회를 조직하여 청각장애인 발생예방과 장래 대책을 수립하여 복지향상을 도모하고 있다. 1981년 6월 3일에 농아자를 위한 복지관(건평 60평)을 개관하여 휴게실, 도서실, 복지관, 매점 등을 두고 있으며 무료진료와 교양강좌, 신앙강좌, 농아체육대회, 취업알선, 법률상담, 결혼상담 등을 수행하고 있다.

4962 한국뇌성마비복지회 01
뇌성마비장애인의 건전한 육성과 재활, 복지와 권익증진을 도모하여 뇌성마비장애인들의 자립의욕과 능력을 제고시키고 이들에 대한 가족과 사회의 올바른 인식을 정립하기 위하여 1978년 설립된 단체이다.

4963 한국뇌성마비복지회 02
뇌성마비아의 발생예방사업, 조기치료와 교육, 직업훈련, 재활사업 및 뇌성마비아의 권익옹호를 목적으로 1978년 3월 28일에 삼육아동재활원에서 창립총회를 열어 동 복지회를 조직하고 같은 해 10월 16일에 '사단법인 한국뇌성마비복지회'로 보건복지부에 등록하였다. 주요사업은 ① 매월 '뇌성마비복지소식' 발간 ② 뇌성마비 치료교육에 관한 책자발행 ③ 뇌성마비복지대회 개최 ④ 뇌성마비아 재활심포지움 개최 ⑤ 무료 지방순회진료 및 부모교육 ⑥ 뇌성마비아 치료교육 전문요원 훈련 ⑦ 뇌성마비아 어머니 교육 ⑧ 뇌성마비아 여름캠프 실시 및 지원 ⑨ 뇌성마비아 치료기구 지원 ⑩ 뇌성마비아 자원봉사자 연수교육 ⑪ 뇌성마비아 가정방문지도 ⑫ 뇌성마비아 사생대회 개최 등이다.

4964 한국맹인재활센터

맹인의 권익보호와 그들의 고통을 덜어주고 인간다운 생활을 할 수 있도록 하기 위하여 1972년 3월 안과의사 공병우가 설립하였다. 이는 한국 최초의 맹인재활시설로 1960년에 서울맹인부흥원이 1970년 서울 맹인지도원으로 개칭되었는데 이것이 본 재활센터의 전신이다. 본 센터의 주요사업은 ① 맹인의 재활을 위한 직접적인 서비스 ② 의료적재활로 정기적인 안과검진, 안과치료 및 수술, 의안 및 안경착용 ③ 교육적 재활로 일상생활훈련, 보행훈련, 감각훈련, 문자, 점자, 타자를 이용한 의사소통훈련, 교양교육 ④ 직업재활로 직업적성검사, 직업적응훈련, 현장훈련, 취업사후지도 ⑤ 사회심리적 재활로 사회적 응훈련, 상담심리적 재활로 사회적응훈련이나 상담심리치료 ⑥ 홍보 활동 ⑦ 교육재료 및 용구의 연구개발 ⑧ 맹교육 및 재활 전문가 연수 ⑨ 국제관계 기관과의 상호협력사업 등이다.

4965 한국보건사회연구원

국민보건의료·사회복지·사회보장 및 이와 관련된 각 부문의 정책과제를 현실적·체계적으로 연구·분석하고, 주요정책 과제에 대한 국민의 의견 수렴과 이해증진을 위한 활동을 수행함으로써 국가의 장·단기 보건·의료·복지 정책 수립에 이바지하고자 1981년 7월 설립된 정부연구기관이다.
→ 한국인구보건연구원

4966 한국복지재단

인류의 복지증진을 위해 사회복지관, 노인종합복지관, 재가복지 봉사센터, 청소년 수련시설 운영, 미아 찾아주기, 아동학대 예방, 중증장애아 보육 등의 활동을 하는 1948년 설립된 재단이다.

4967 한국부녀복지연합회(Korea national association of women's welfare service)

1955년 11월에 부녀보호사업 전국연합회 창립총회를 통해 설립된 동 연합회는 1957년 7월 주무관청으로부터 사단법인 인가를 얻었으며 그 후 1961. 6. 25 법률 제621호에 의거 한국사회복지사업연합회로 병합되어 부녀복지사업위원회로 그 기능을 발휘하였다가 1962년 2월에 총회 결의로 부녀복지사업전국연합회를 재조직하였고, 1988년 4월 19일에 사단법인 한국부녀자복지연합회로 개칭하였다. 전국의 부녀복지시설의 연합체로서 부녀복지사업을 조장하고 부녀복지의 증진과 회원시설 상호간의 친목도모를 목적으로 설립된 동 연합회에 가입된 시설은 37개의 모자원과 19개의 부녀직업보도소이다. 부녀복지사업에 관한 종합계획과 연락조정, 부녀복지시설의 육성지도와 시범시설 운영, 부녀복지사업에 관한 조사연구 및 계몽 등의 사업을 수행하고 있다.

4968 한국부랑인(아)복지시설연합회(Korea association of welfare institutes for vagabond)

부랑인복지시설 상호간의 조직적인 활동과 협조로 능률적인 시설운영을 도모하고 부랑인(아)의 건전한 사회참여를 유도함으로써 사회복지 증진에 기여함을 목적으로 설립된 사단법인 한국부랑인(아)복지시설연합회는 지난 1983년 11월 21일 주무관청으로부터 법인설립허가를 받았다. 부랑인복지시설간의 정보교환, 시설운영에 관한 조사연구 및 세미나 개최, 시설퇴소자의 사회복귀 및 적응에 관한 지원, 시설운영자 및 종사자의 교육훈련 및 복리증진, 부랑인복지증진을 위한 계몽홍보, 회원시설 지원을 위한 기금조성 및 지원운영 등 정관에 명시된 사업을 수행하고 있으며 현재 가입회원시설은 아동시설이 9개소, 성인시설이 30개소이다.

4969 한국 B.B.S연맹

사단법인으로서 ① 불우청소년 선도사업 ② 불우청소년 결연사업을 목적으로 결성되어 서울에 중앙연맹과 서울연맹을 비롯하여 부산, 경기, 충북, 충남, 전북, 전남, 대구, 경북, 경남, 제주연맹을 두고 있고, 대구, 경북 연맹에서는 전화상담사업 등도 하고 있다.

4970 한국사회복지관협회 (Korea association of social welfare centers)

국민복지 증진의 일환과 전국사회복지관의 육성 및 균형발전을 위한 제반 사업을 수행하여 사회복지관 운영의 내실을 기함으로써 저소득층과 지역사회주민의 복지증진에 기여함을 목적으로 설립된 사회복지법인 한국사회복지관협회는 지난 1989년 12월 29일에 보건복지부로부터 법인설립 허가를 받았다. 사회복지관 상호간의 운영경험 및 정보교류, 지역사회복지에 관한 조사연구 및 세미나 개최, 복지서비스 프로그램 개발 및 보급, 사회복지관 임직원 등의 교육훈련, 사회복지에 관한 계몽홍보 및 간행물 발간, 시범 사회복지관 설치운영, 국가 및 지방자치단체로부터 위탁받은 사업 등을 수행하고 있는 동 협회에 전국의 143개 사회복지관이 회원으로 가입되어 있다.

4971 한국사회복지사협회 (Korea association of social workers)

1965년 7월 개별 사회사업가들을 중심으로 한 한국(Case Worker)협회가 임의단체로 발족되었으며, 1967년 3월 8일에 전국의 사회사업가들이 모여 한국사회사업가협회를 설립하게 되었다. 1977년 사단법인으로 보건복지부의 허가를 받았고, 1985년에 사회복지사 자격제도가 생김에 따라 법인명칭도 한국사회복지사협회로 변경하였다. 이 회는 사회복지에 관한 전문지식과 기술을 개발 보급하여 사회복지사업의 발전과 향상을 촉진하고 사회복지사의 자질향상과 권익증진을 도모함으로써 사회복지건설에 기여함을 목적으로 하고 있다. 시도별 사회복지사협회를 두고 있으며, 주요 사업으로는 사회복지분야와 지역사회개발 실행, 사회적 제반문제 해결을 위한 기술적 계몽 및 봉사, 전문사회사업의 제도 확립을 위한 사업연구, 국내 사회사업 및 유사직종의 실무자에 대한 교육훈련 및 연구발표 등이다. 현재 가입한 회원 수는 약 1만 여명이다.

4972 한국사회복지학회
(Korean academy of social welfare)

한국사회복지학회는 사회복지 분야를 대표하는 학술단체로서 사회복지(사회사업)학을 과학적으로 연구하고, 체계화함은 물론, 회원의 자질향상 및 전문성 제고를 통하여 한국의 사회복지 발전에 기여할 것을 목적으로 1957년 3년 27일에 창립되었다. 주요 활동은 정기학술대회 개최, 학회지 발간, 국제세미나 개최, 학술 및 연구 관련정보 교환사업 등이다.

4973 한국사회복지협의회
(Korea national council on social welfare) 01

사회복지사업법에 의거하여 사회복지를 목적으로 하는 각종 사업과 활동을 돕고, 이를 위한 국민의 참여를 촉진하여 한국사회복지의 향상과 발전에 기여하기 위하여 1952년 2월 한국사회사업연합회로 최초 설립.

4974 한국사회복지협의회 02

1952년 2월 15일, 부산에서 한국사회사업연합회 창립총회를 통해 초대회장에 오긍선(당시 사회부장관)씨가 취임하였고, 1954년 12월 17일 사단법인(사회부 허 70호)허가를 취득한 후, 1961년 6월 25일 법률 제621호에 의거 16개 사회복지단체를 병합하여 사단법인 한국사회복지사업연합회로 변경하였고, 병합된 단체를 기능별분과위원회로 조직 개편하였다. 1970년 4월 4일 제21차 총회에서 정관을 개정하여 종래의 시설장 중심의 협의체 조직형태에서 사회복지단체와 관계 인사를 망라한 사회복지협의기구로 개편하고 1970년 5월 22일에 사회복지법인 한국사회복지협의회로 법인격을 변경하여 보건복지부의 허가를 받았다. 1983년 5월 21일 개정된 사회 복지사업법에 의거 한국사회복지협의회는 법정단체로 됨과 아울러 회원을 확대하고, 지방사회복지협의회를 조직하였다. 현재 정회원, 별정회원, 특별회원 등 865회원을 가진 우리나라 민간 사회복지 총괄협의기구체로 국제사회복지협의회(international council on social welfare)에 가입하여 회원국과 교류를 가지며, 주요사업인 사회복지에 관한 협의조정, 조사연구, 교육훈련, 출판/홍보, 전국사회복지대회 개최 등을 통하여 우리나라 사회복지증진에 이바지하고 있다.

4975 한국사회사업(복지)대학협의회(Korean association of schools of social work)

우리나라 대학에서의 사회사업(복지)교육을 발전시키고 국내외의 사회사업(복지)교육 관계기관과의 연락과 협조를 유지하며, 회원 상호간의 친목을 도모함을 목적으로 지난 1965년 6월에 보건복지부가 주최한 사회복지교육연찬회에서 대학협의회 구성을 위한 발기회를 갖고, 1966년도에 중앙신학교(현 강남대학교) 사회사업학과, 서울대학교 사회사업학과, 중앙대학교 사회사업학과, 성심여대 사회사업학과, 한국사회사업대학(현 대구대학교) 사회사업학과 등이 발기취지에 찬동하여 한국사회사업대학협의회를 설립하였다. 그 후 전국의 대학에서 사회사업학과 또는 사회복지학과가 계속 설치되어 협의회 명칭도 한국사회사업(복지)대학협의회로 변경하고 회원구성도 단체회원(학과별), 개별회원(학과에 소속한 교수 개개인)을 두었으며, 1968년도 국제사회사업대학협의회에 가입하였다. 주요사업으로는 교과과정에 대한 정보교환, 조사연구 및 개발, 실습지도자 및 기관장과의 간담회, 교육 및 전문직 개발에 관련된 세미나 개최, 국제회의 참가 등이다. 현재 45개 대학의 사회사업학과 및 사회복지학과가 단체회원으로 가입하고 있으면 개인회원은 약 180여명이 되고 있다

4976 한국사회사업시설연합회

→ 한국아동복지시설협회

4977 한국사회사업정책 및 실무센터(national center on social work policy and practice)

미국 사회복지 수요에 대한 정보를 수집, 분석, 보급하기 위하여 1986년 NASW가 설립한 사회사업기관. 이러한 정보는 사회사업가들의 직접적인 경험에서 나오는데, 사회문제에 대해 정책입안자들이나 대중에게 알려 해결책을 구하기도 한다. 이 정보는 사회사업교육 효과를 진작시키는 데도 쓰인다. 이 기관은 기금을 조성하여 정책수립이나 연구, 사회사업교육에 쓰기도 한다.

4978 한국성인복지시설협회

→ 한국노인복지시설협회

4979 한국소아마비협회

소아마비청소년들이 장애를 극복하고 잠재능력을 개발하여 건전한 가치관과 사회관을 가진 생산적인 국민이 되도록 돕기 위해서 1965년 10월 1일 각계의 전문직에 있는 소아마비 성인들이 '삼애회'를 조직하고 1966년에 사단법인 '한국소아마비아동 특수교육협회' 설립허가를 받았으며 1975년 10월에 정립회관을 건립하였다. 1977년 6월에 그 명칭이 '사회복지법인 한국소아마비협회'로 개칭되어 오늘에 이르고 있다. 주요사업은 직업교육, 수련교육, 사회교육, 통신교육, 체육교육, 의료재활, 권익옹호, 조사연구, 계몽홍보, 개별성장지도, 국제교류 등이다. 직업교육은 예능교육과 기능교육이 중심이며 수련교육은 수영, 양궁, 구슬물리치료, 매트운동

등이고 그 외 클럽활동, 예능과 기능경진대회, 세미나·통신 강의록 보급을 실시하며 의료재활로는 진료, 보조기제작, 보장구 지급 등이 추진되고 있으며 그 외에 국제회의 참석, 정보 및 인력교류 등의 사업을 추진하고 있다.

4980 한국시각장애인연합회

시각장애인을 위한 종합적인 복지서비스를 제공하고 장애에 대한 사회적 인식개선을 위한 계몽, 홍보 및 조사연구 등을 통해 시각장애인의 자활자립과 복지증진을 도모하고 시각장애인의 완전한 사회참여와 평등의 이념 실현을 위해 1991년 5월 설립된 단체를 말한다.

4981 한국시각장애인복지회

시각장애인복지단체로서 그 주요사업은 시각장애인에 관한 조사연구, 점자도서, 녹음도서, 점자신문발간, 맹인생활용구의 개발과 제작 보급, 실명예방 및 시력보존사업, 국제맹인기관과의 연락제휴, 맹인 복지사업기관지원, 시각장애인에 대한 상담, 직업재활시설운영, 전문직지도자 양성사업 등이다. 본 기관은 과거 1940년 반도맹인연합회, 1957년 사단법인 한국맹인복지협회, 1973년 사회복지법인 한국시각장애인복지회로 개칭된 역사가 있다.

4982 한국아동복지시설협회 (Korea association of children's welfare institutions)

1952년 2월 15일에 한국사회사업연합회로 설립된 동 연합회는 1954년 12월 17일에 사단법인 인가를 취득하였다. 1961. 6. 25 법률 제621호에 의거 한국 사회복지사업연합회로 운영되다가 1962년 4월 4일에 영유아등 아동복지시설을 중심으로 사단법인 한국사회복지시설연합회로 재조직하여 1973년 11월 1일에 주무관청으로 부터 법인허가를 받았고, 1987년 2월에 총회결의로 사단법인 한국아동복지시설협회로 개칭되었다. 전국 아동복지시설의 발전과 합리적인 운영관리와 지원, 법인 및 시설간의 연락협조와 조직적인 활동을 촉진시킴으로서 우리나라 아동복지증진에 기여하고 있는 동 협회는 영아시설 29개소, 육아시설 218개소, 직업보도시설 8개소, 교호시설 7개소, 자립지원시설 7개소, 일시보호시설 9개소 등 278개 시설이 회원으로 가입되어 있다. 15개 시도지회를 조직하고 아동복지에 관한 조사연구사업, 아동복지시설 현안문제에 관한 대책모색, 아동복지사업에 관한 대국민 계몽 및 홍보, 아동복지증진을 위한 관련기관과의 연락·협의, 아동복지에 관한 대정부 건의, 회원 자질향상을 위한 세미나 개최 등을 실시하고 있다.

4983 한국약시재활협회

약시아의 부모와 약시청년이 매월 1회씩 모여 약시아 교육문제를 논의하는 형태로 출발하여 1969년 6월 10일에 한국약시재활협회를 보건복지부에 등록하고 약시아 재활을 위한 사업을 전개하기 시작하였다. 주요사업은 무의촌의 안과 무료진료, 약시아를 돕기 위한 바자회 및 음악회 개최, 서울월계초등학교·서울맹학교·여의도 중학교 등에 약시학급을 설치할 수 있도록 노력하였고, 홍보활동으로 '약시재활'이라는 계몽지를 발간하였다. 해마다 약시아 재활을 위한 세미나를 개최하고 여름캠프를 실시하고 있다.

4984 한국어린이재단(Korea children's foundation)

주요사업내용으로는 ① 아동복지시설지원사업 ② 청소년복지(지하철 신문판매) ③ 시설종사자 교육훈련 ④ 불우아동 결연사업 ⑤ 극빈가정 자녀지원 ⑥ 지역사회개발 ⑦ 사회사업가현임훈련 등이 있다. 본 재단은 사회복지법인으로 서울, 부산, 경남, 대구, 경북, 인천, 경기, 강원, 충북, 충남, 전남, 제주 등에 지부를 두고 있다.

4985 한국어린이집협회

→ 한국영유아보육시설연합회

4986 한국여성개발원 (Korean women's development institute)

여성과 관련한 제반 문제에 관한 조사연구, 여성의 능력개발을 위한 교육훈련, 합리적인 여성자원 활용을 위한 방안강구 및 이와 관련된 각종 자료의 수집 활용 등의 업무를 효율적으로 수행함으로써 여성의 사회참여와 복지증진에 기여함을 목적으로 1982년 12월 31일에 법률 3632호로 제정된 한국여성개발원법에 의해 설립되었다. 조직은 이사장, 원장과 조사연구실, 교육 연수실, 자원개발실, 정보자료실 사무국이 있다.

4987 한국여성단체협의회 (Korea national council of women) 01

여성단체간의 협력과 친선을 도모하고 여성단체의 발전과 복지사회를 이룩하는 일에 여성이 적극 참여하도록 권장하며, 여성단체의 의견을 정부와 사회에 반영함을 목적으로 지난 1959년 12월 16일에 발족된 한국여성단체협의회는 1960년 4월 2일에 주무관청으로부터 사단법인 인가를 받았다. 회원단체간의 사업협회 및 자료·정보교환, 세계여성단체협의회를 통한 국제친선과 교류, 여성권익 및 복지를 위한 대정부 건의 등 목적사업을 수행하고 있으며 현재 24개 여성관련단체가 회원으로 가입하고 있다. 1960년 8월 27일 세계여성단체협의회에 가입하여 회원국과의 여성복지 증진에 관한 정보 및 자료교환과 매 3년마다 개최되는 세계여성대회에 한국대표를 파견하고 있다. 여성지위향상과 국제협력관계, 출판공보, 소비자보호운동을 전개하기 위하여 조직관리 위원회, 제정위원회, 출판공보위원회, 기획연구위원회, 국제관계위원회 등 상임위원회와 사업별 특별위원회로는 ICW특별위원회, 근로여성문제연구위원회, 소비자보호연구위원회를 두고 있다.

4988 한국여성단체협의회 02

여성단체의 발전과 여성의 지위향상 촉진, 여성의 의견 수렴 등 여성단체 간의 상호협력과 친선을 목적으로 1956년 12월에 설립된 단체를 의미한다.

4989 한국여성민우회

여성으로서 받는 모든 억압과 무권리 상태에서 벗어나 정당한 자신의 권리를 주장하고, 하나의 주체로서 보다 나은 인간다운 삶을 살아가려 하는 여성들의 자발적인 참여공간으로 1987년 9월 발족하였다. 주부들의 경우는 공해추방운동 및 소비자운동, 생활협동운동, 여성인권보호를 위한 활동, 교육강좌 등이 있고, 사무직여성들을 대상으로 한 여성노동상담실 운영, 계간 〈사무직여성〉 발간, 남녀고용평등법 개정운동, 여성의 평생평등노동권 확보를 위한 다양한 선전활동, 교육활동 등을 펼치고 있다.

4990 한국영유아보육시설연합회 (Korea association of day nurseries)

탁아사업의 협의·조정 및 연락을 목적으로 하여 지난 1969년 7월 10일에 창립된 한국 어린이집협회는 1970년 2월 19일 보건복지부로부터 사단법인 설립허가를 받았으며, 1982년 12월 31일에 제정된 유아교육진흥법에 의거 보건복지부산하에 있던 어린이집시설이 내무부 산하의 비공식단체인 전국새마을유아원협의회로 흡수·병합됨에 따라 탁아시설 기능이 소멸하게 되었다. 그 후 보건복지부훈령 제586호(1990. 1. 15자)에 의거 탁아시설 설치운영규정을 마련하고 아동을 건전하게 보육하고 맞벌이부부가정의 자립·자활지원을 도모함을 목적으로 1990년 10월 8일 한국 어린이집협회를 재조직하였으며 1992월 2월 13일에 가진 총회에서 영유아보육법 제14조에 의한 법인으로서 영유아의 보육사업을 원활하게 추진하도록 한국영유아보육시설연합회로 그 명칭을 변경하였다. 동 연합회 가입회원시설은 1,300개소다.

4991 한국인구보건연구원

1975. 12. 31 한국보건개발원법 공포(법률 제2857호), 1976. 4. 1 동법 시행령공포(대통령령 제8061호), 1978. 4. 19 한국보건개발연구원으로 설립되었으나 한국인구보건연구원으로 개칭하였다. 그 목적은 국민보건 전반에 관한 제도의 발전 및 이와 관련된 제 부문의 과제를 현실적이고 체계적으로 연구하여 국가의 보건정치 및 보건정책의 수립에 기여하고자 하는데 목적을 둔 특수법인이다. 현재는 한국보건사회연구원으로 확대 개칭되었다.

4992 한국장애인복지관협회

장애인복지시설 운영의 전문화·선진화를 위한 시설 종사자 전문교육, 우수 운영 프로그램의 개발·보급과 함께 정부에 대한 정책 건의, 사회민간기금 유치를 통한 시설의 현대화를 추진하는 활동을 하는 1982년 11월에 설립된 단체를 의미한다.

4993 한국장애인복지시설협회 (Korea association of the institutes for the disabled)

심신장애복지시설의 육성과 발전을 통하여 건전한 사회참여를 유도하고 심신장애인복지 증진에 기여함을 목적으로 지난 1983년 5월 30일 사단법인 한국장애인복지시설협회로 설립되기 이전에는 한국사회사업시설연합회에 소속되어 있다가 심신장애인복지시설들만이 따로 분리되어 동 협회를 구성한 것이다. 현재 가입시설은 지체 33개소, 시각 11개소, 청각 13개소, 정박 44개소, 이용(종합, 종별, 국립 포함) 34개소, 요양 39개소 등 174개소의 심신장애인복지시설이 회원으로 되어 있다. 본 협회의 주요사업은 심신장애인 복지시설 운영의 전문화 및 다양화 유도, 시설 육성발전을 위한 지식과 경험 및 정보교환, 회원시설 상호간 친목도모, 심신장애인 복지시설사업에 관한 대정부건의 시설종사자의 전문지식 배양을 위한 교육훈련, 시설퇴소자의 사회적응지원 등이다.

4994 한국장애인복지진흥회

체육·문화예술 진흥사업을 강화하고 장애인 생활환경 개선과 재활 전문 인력 양성, 재활 프로그램 개발, 중증 장애인의 직업재활 등 연구 기능을 강화, 경쟁력과 전문성을 높이고 업무 효율을 극대화시키려는 노력을 하는 1989년 4월에 설립된 단체이다.

4995 한국장애인재활협회 (Korean society for rehabilitation of the disabled)

6·25 전쟁이 끝난 직후 1954년 9월에 사단법인 한국불구자복지협회라는 명칭으로 설립되었고 동년 12월 국제재활협회에 가입하였다. 그 후 한국사회복지사업연합회에 통합되었다가 1970년 12월에 한국 신체장애인 재활협회로 개칭하여 의료재활에 치중하였다. 1981년 세계장애인의 해를 계기로 현 명칭으로 개칭되었다. 설립 목적은 심신장애인의 재활에 관해 국제단체와 유대를 강화하고, 우리나라 심신장애인의 재활에 이바지하는데 있다. 주요사업내용으로는 ① 장애인에 대한 올바른 이해촉진을 위한 계몽 ② 장애인의 재활사업을 발전시키기 위한 기술적 협력 ③ 장애인의 재활에 관한 새로운 지식과 경험의 교환 및 조사연구 ④ 전국재활회의, 연구회, 세미나, 강연회 및 각종행사의 개최 ⑤ 국제재활협회 및 외국재활사업단체와의 연락과 협력 ⑥ 심신장애인 고용촉진을 위한 직업훈련 및 취업알선사업 ⑦ 기타 본회 목적달성에 중요한 사업 등으로 되어 있다.

4996 한국정신요양협회(Korea association of mental recuperation welfare institutions)

전국의 성인불구시설과 노인시설의 발전과 향상을 도모하

기 위하여 지난 1958년 5월 14일에 사단법인으로 설립된 동 협회는 1961. 6. 25 법률 제621호에 의거 한국사회복지사업 연합회로 병합, 기능별 분과위원회로 운영되어 오다가 1962년 2월 총회에서 성인불구시설과 양로시설을 중심으로 한국양로사업협회로 재조직하였고, 1984년도 정기총회에서 정신요양복지시설과 노인복지시설로 나누어 각각의 협회를 조직하도록 결의되어 정신요양시설들만 따로 임시총회를 가지고 한국정신요양복지시설협회를 설립하게 되었다. 동 협회는 전문적인 복지단체로 운영하고 회원시설간의 친목도모 및 정보교환, 협회의 활성화를 통한 회원시설 발전에 중추적인 역할수행, 능률적이며 생산적인 협회를 운영함을 목적으로 하고 있으며 전국의 74개 시설이 회원으로 가입되어 있다. 주요사업은 회원시설간의 연락협조, 시설의 보호 수준 향상을 위한 조사연구사업, 시설운영관리자 및 종사자들의 자질향상을 위한 교육훈련사업, 정신요양복지에 관한 계몽·홍보 및 간행물 발간사업, 외국 관련단체와의 제휴 및 정보교환 등이다.

4997 한국정신지체인애호협회

정신지체인의 권익을 옹호하고 교육 · 지도함으로써 이들이 사회의 일원으로 자립할 수 있도록 돕는 한편, 사회 일반의 인식과 관심을 높여 궁극적으로 정신지체인의 복지를 증진하는 데 목적을 가지고 1989년 4월에 설립된 단체.

4998 한국직업훈련관리공단 (Korea vocational training & management)

국립으로서 소관부처는 노동부이다. 주요사업내용은 ① 기술검정(공업기사, 사무관리) ② 직업훈련 교사양성 ③ 직업훈련 ④ 기능경기대회 등으로 되어있다. 서울에 본부와 서울사무소를 두고 각 시·도에 지역사무소 및 직업훈련원을 두고 있다.

4999 한국청소년단체협의회(NCYOK : the national council of youth organizations in Korea)

청소년 육성발전을 위하여 국내외 청소년 단체 상호간의 협력과 자원육성에 기여함을 목적으로 설립된 한국청소년단체협의회는 1965년 12월 8일에 주무관청으로부터 사회단체로 설립허가를 획득하였다. 31개 청소년 관련단체가 회원으로 가입되어 있으며 450만 명의 회원을 가진 우리나라 청소년복지를 대변하는 협의기구체이다. 동 협의회는 회원단체간의 상호연락과 협의 및 제휴, 회원단체가 행하는 사업과 활동에 대한 협조지원, 청소년지도자의 양성 및 연수, 청소년 관련 국제단체와의 교류 및 정보교환, 청소년문제와 활동에 관한 조사 연구 및 자료수집, 청소년복지에 관한 계몽홍보 및 간행물 발간, 모범 청소년단체와 청소년지도자 및 모범 청소년의 포상, 회원단체의 이익이 되는 국가기관 또는 지방자치단체 등으로부터의 위탁사업을 수행하고 있다. 1987년도에 제정된 청소년육성법에 명시된 공익법인체로서 그 조직과 기능을 재정비하였다.

5000 한국청소년연맹(Korea Youth Association)

민족의 통일·번영과 국제사회에 이바지할 수 있는 건전한 미래 세대 육성을 위해 설립된 청소년단체. 한국청소년연맹 육성에 관한 법률에 따라 1981년 3월 19일 설립되었다. 심신의 단련을 통해 청소년들에게 올바른 국가관과 윤리관을 심어주고, 우리의 전통문화를 계승·발전시키며, 세계로 뻗어가는 진취적 기상을 함양케 함으로써 민족의 통일·번영과 국제사회에 이바지할 수 있는 건전한 미래 세대를 육성하는 데 목적이 있다. 조직은 이사회·총재·사무총장, 기획관리국(2부)·지도국(2부), 서울·부산·대구·인천·광주·대전·울산·경기북부·경기남부·강원·충북·충남·전남·전북·경북·경남·제주 등 14개 지역연맹, 지역협의회, 가맹단(아람단·누리단·한별단·한울회·보람단)으로 이루어져 있다. 그 밖에 근로청소년복지관, 강동청소년회관, 중랑청소년수련관, 한강청소년활동장, 청소년상담실, 구로청소년쉼터 등 10개의 부설기관이 있다. 표훈은 우리의 뿌리를 찾아 가꾸고 세계로 뻗어가는 청소년이다. 표어는 ① 할 일을 다하자 ② 더불어 생활하자 ③ 진취적으로 행동하자 ④ 우리의 뿌리를 찾아 가꾸자 ⑤ 자랑스런 세계 속의 한국인이 되자 이다. 이를 위해 자율·책임·창조·협동·봉사·애국을 실천덕목으로 삼고 있다. 활동목표는 ① 튼튼한 몸과 건전한 마음을 갖는다 ② 전통을 계승하고 새로움을 창조한다 ③ 책임과 의무를 다하는 자율인이 된다 ④ 조국 통일의 주도적 역군이 된다 ⑤ 올바른 국가관과 윤리관을 갖는다 ⑥ 활기차고 진취적인 기상을 기른다 이다. 주요 활동은 다음과 같다. ① 정보화 심포지엄과 컴퓨터 경진대회 같은 과학정보 활동 ② 문화유적지 순례, 백일장, 사생대회 등 문화감성 활동 ③ 애국정신과 호국의지를 키우는 나라사랑 활동 ④ 미아 찾기, 식목행사, 장애인 자매결연사업 등 사회봉사 활동 ⑤ 국제친선 문화활동이나 해외연수 같은 국제교류 활동 ⑥ 민속놀이 경연대회, 전통문화교실 등과 관련된 전통문화 활동 ⑦ 바람직한 품성과 자질 함양을 위한 자기 계발활동 ⑧ 체육대회·등반대회·해양훈련 같은 모험 개척활동 등이다. 본부는 서울특별시 동작구 신대방동 보라매공원 안에 있다.

5001 한국치매협회

치매를 예방하고 퇴치하여 우리나라 치매 문제 해결에 이바지하기 위해 치매와 관련된 의료·간호·노인복지·심리·법률·경영·영양·건축 등 8개 분야의 전문가와 치매 환자 가족 그리고 치매에 지대한 관심을 가진 사람들이 모여 1994년 12월 설립한 단체이다.

5002 한국특수교육협회

특수교육의 발전과 특수학교간의 교류, 정보교환, 특수교사의 자질향상 등을 목적으로 1962년 3월에 교육인적자원부와 중앙교육연구소 공동주관 하에 특수교육연구협의회를 조직하였다. 동 협의회는 동년 9월에 '대한교육연합회' 산하단체로 '한국특수교육연구협회'의 명칭을 갖고 정식 가입하였다. 이 명칭은 1977년 2월 '한국특수교육협회'로 변경되어 오늘에 이르고 있다.

5003 한민족복지재단
전 세계에 흩어져 있는 한민족이 상호 협력하여, 민족의 삶을 향상시키고 함께 발전하며 세계 평화와 인류복지에 기여하려는 취지로 1991년 설립되어 운영되는 국제 NGO이다. 주로 인도적 차원의 대북 지원사업을 한다.

5004 한센씨병(Hansen's disease)
최초 병원균발견자의 이름을 따서 한센씨병이라 불린다. 종래 한센씨병은 가족 내 전염이 많다 해서 유전병으로 오해되어 왔다. 특히 얼굴이나 손에 회복하기 힘든 후유증이 남기 때문에 사회일반이 한센씨병 환자를 겁내왔으나 실제로는 순수배양도 성공하지 못할 정도로 전양력은 약하고 가족 접촉전양 이외에는 결핵보다도 훨씬 전양력이 약해 격리도 필요없는 완치가능한 병이다.

5005 한 쌍/한 단위(dyad)
관계 또는 상호작용 체계에 있는 두 사람 또는 사물을 말한다.

5006 한정치산자
심신이 박약하거나 재산의 낭비로 자기나 가족의 생활을 궁박하게 할 염려가 있는 자로서 법원은 본인·배우자·4촌 이내의 친족·호주·후견인 또는 검사의 청구에 의하여 한정치산 선고를 해야 한다(民 9). 한정치산자는 무능력자의 하나인데 그 법률행위를 함에는 법정대리인의 동의를 얻어야 하며, 그의 단독적인 법률행위는 취소할 수 있다(10·31). 또한 한정치산의 원인이 소멸한 때에는 법원은 후견인의 청구에 의하여 그 선고를 취소해야 한다(11).

5007 할당(고용)제도(quota system)
동일한(또는 특정한) 지위(identified status)에 있는 사람들 중 얼마나 많이, 또는 어느 정도의 비율이 동일한(또는 특정) 집단(identified group)에 포함되는가를 상술하는 하나의 조직상 계획(organizational plan), 사회정책(social policy), 또는 법적 원리(legal doctrine)를 말한다. 이 제도는 사람들을 배제하거나(과거 몇몇 미국 이민법은 미국에 이민 오는 사람들에게 더 높은 점수를 준 것처럼), 포함시키기 위하여(차별수정계획 affirmative action과 같은) 계획되었다. 예컨대, 한 시가 인구비를 반영하여 경찰직의 절반을 흑인으로 하여 차별정책을 해소해야 한다고 결정할 수 있으며, 그래서 이러한 노력이 50 대 50의 지분에 도달하게 될 것을 명령하는 것이다.

5008 할당고용제도(quota employment system)
장애인에게 고용기회를 보장하기 위해 입법에 의한 고용규제 제 조치의 한 형태인데, 장애인고용촉진법 등에 기인해 전종사원 중 일정비율을 장애인으로 고용할 것을 고용주에게 의무지우는 제도이다. 고용율 미달성기업 등에 대해 과징금 또는 벌금을 부과하는 국가도 있다.

5009 함구증(mutism)
이야기하는 것을 거부하거나 이야기할 능력이 없는 것을 의미한다. → 무언증

5010 함부르크 제도(Hamburg system)
1710년 독일 함부르크 시가 페스트에 대한 대책으로 위생협회를 설립해 효과를 거두자, 1711년 빈곤문제의 해결에 이 경험을 살릴 것을 목표로 협회 내에 일부분을 만들었다. 이 사업은 시를 분해해서 담당구역에 책임자를 두고 빈곤자에 대한 조사를 행해 구제할 것을 목적으로 했다. 1788년 중앙위원을 설치하여 또 다시 지역을 세분화해 빈곤자, 노동자에게 적정한 원조를 하고 독립자조정신의 양성에 노력했다. 앨버펠트시스템(Elberfeld System)을 수정·발전시킨 것으로 함부르크-엘버펠트 시스템이라 일관해서 부르기도 한다.

5011 합동(collaboration)
두 명 이상의 전문가가 함께 클라이언트(client)에게 어떤 서비스를 제공하는 절차를 의미한다. 클라이언트는 개인, 가족, 지역사회, 혹은 인구 전체가 될 수 없다. 전문가들은 비교적 독자적으로 일하지만 서비스의 중복을 피하기 위해 그들 각자의 노력을 조정하고 의사소통을 하거나 단일한 원조 팀의 일원으로 일한다. 이것은 또한 다양한 사업을 행하는 기관들 사이에서 이루어진다.
→ 학제 간 활동, 전문가 제휴팀, 연계

5012 합동가족치료(conjoint family therapy)
가족면접을 중심으로 하는 가족치료의 한 형태로서 전 가족성원을 동시에 합동으로 면접을 실시하면서 치료하는 방식이다. 여기에는 모든 가족성원 즉 중요한 친족과 때로는 반드시 혈연이 아니라도 관계의 긴밀한 사이로서 친족 이외의 중요한 인물도 포함된다. 합동치료는 가족 상호작용이나 기능, 역할 균형상태, 커뮤니케이션과 가족권위 등을 가장 빨리 이해할 수 있고 즉시 전체를 파악할 수 있는 장점을 지닌다. 클라이언트의 문제는 가족원과의 역동적인 관계에 있기 때문에 그 원조과정에 가족원 전원을 참가시켜 상호의 커뮤니케이션을 촉진시키고 상호이해를 깊게 하고 상호의 협력을 강화하는데 의의가 있다.

5013 합동모금(united fund)
지역의 사회복지기관을 위한 공동모금만이 아니라 적십자사나 보건 단체 등 전국기관을 위한 모금을 포함하여 합동

으로 자금조달을 하려고 하는 미국에 있어서의 모금운동조직을 말한다. 1949년 이후의 디트로이트시를 시작으로 많은 도시지역에서 조직화되었다. 합동모금은 사회복지협의회와 밀접한 관계가 있지만 최근 양자의 기능을 합친 조직 즉 합동방법(unity way)으로 이행하는 경향이 있다.

5014 합동치료(collaborative therapy)
둘 이상의 사회사업가 혹은 다른 전문가들이 각각 가족의 한 성원을 담당하면서 각자의 노력을 조정하는 치료형태를 말한다. 예를 들어 어떤 사회사업가는 남편을, 다른 사회사업가는 부인을, 아동심리분석학자는 신경증 증세의 아동을 관찰할 수 있으며, 한 명의 사회사업가가 부모를 함께 치료할 수도 있다.

5015 합류(joining)
미누친(Salvador Minuchin)을 비롯한 사람들이 설명한 가족치료(family therapy)과정으로, 이 속에서 치료자(therapist)는 역기능을 하고 있는 가족 간의 상호작용 체계를 변화시키는데 도움을 줄 수 있도록 그 체계의 한 부분이 된다.

5016 합리적 개별사회사업(rational casework)
인지이론(cognitive theory)의 개념에 근거하고, 특히 워너(harold D. Werner)가 기술한 임상사회사업(clinical social work)개입의 한 형태를 말한다. 이 접근방법은 클라이언트의 합리적 사고과정에 초점을 두고 있다.

5017 합리적·정서적 치료(rational-emotive therapy)
인지이론(cognitive therapy)과 심리학자 엘리스(Albert Ellis)의 아이디어에 근거에 심리치료의 한 방법을 말한다. 이 치료법은 클라이언트가 환경에서 자신이 바로 목적적인 실체(objective fact)라는 점과, 부정확하고 부정적이고 자기 제한적(self-limiting)인 해석은 자신의 행위와 생활에서 생겨난다는 점을 구분하도록 격려하는 것이다.

5018 합리화(rationalization) 01
어떤 행동이나 사전에 대해 논리적인 용어로 묘사하거나 그 이유를 설명하는 것을 말한다. 즉 한 사람이 자신의 행위나 생각을 심오한 심리학적인 수준에서 용납할 수 없을 때, 이를 받아들이게 하기 위하여 설명하거나 정당화시키고자 하는 방어기제(defense mechanism)의 하나이다.

5019 합리화 02
정신분석이론의 방어기제 가운데 하나로, 수용하기 어려운 자신의 충동이나 행동에 대해 그럴듯한 이유나 설명으로 변명함으로써 자신의 행동을 정당화하고 자존심을 지키는 방법을 말한다.

5020 합법성 01
→ 합법칙성, 도덕성

5021 합법성([영] de jure) 02
법적 정당성. 예를 들어 '합법적 분리'(de jure segregation)는 인종, 성, 연령 등을 기준으로 인구집단을 법적으로 강제로 분리시키는 것을 말한다. 이 상황은 1954년 대법원 판결(브라운 대 교육위원회 판례(Brown v. board of education) 이전에 미국의 공립학교에 존재하였고 남아프리카공화국의 인종차별(apartheid)에도 존재한다. → 실제성(de facto)

5022 합법칙성([독] Gesetzmäßigke=it)
법칙성·합법성·합칙성이라고도 한다. 법칙에 따르는 것을 말한다. 이 경우의 법칙은 객관적인 현실을 지배하는 법칙을 가리킨다. 도덕·법률 등의 규범적 법칙에 합치하고 있는 것을 의미하는 경우에는 적법성([독] Legalität : 합법성)이라고 한다. → 도덕성

5023 합산반납금(Money Restored for Summing up One's Service Periods)
재직기간 합산을 위해 퇴직당시에 수령한 퇴직 급여액에 일정율의 이자를 가산하여 반납하는 금액. 반납 대상 급여는 퇴직일시금, 퇴직연금일시금 및 퇴직연금공제일시금이며, 퇴직(퇴역)연금 및 퇴직수당은 반납 대상이 아니다.

5024 합의(consensus)
개인과 집단이 공동이익의 목표와 이것들을 성취하기 위한 수단에 대해 일반적인 동의를 얻는 과정을 말한다. 합의는 처음에는 목표와 높은 수용성에 초점을 맞춰 공통적인 가치를 강조하고 갈등을 조정하고 회피함으로써 지역사회 조직가들에게 도움을 준다.

5025 합의범죄(consensus crime)
사회구성원들이 행위의 범죄성에 대해 별다른 이의 없이 합의가 이루어진 범죄 유형을 말한다. 예컨대, 절도, 강도, 강간 및 살인 등이 해당된다.

5026 합의적 입증(consensual validation)
하나의 현상에 대한 진실성 혹은 현실성의 기준으로서 상호동의를 사용하는 것을 말한다. 종종 지역사회 조직(community organization)과 임상사회사업(clinical social work)의 목적 혹은 목표로 사용되며 또한 그 목표를 향한 과정을 보여주는 것으로도 사용된다.

5027 핫 라인(hot line)
비상시에 즉시 직접 전화 연락을 할 수 있도록 만들어놓은 의사소통 체계를 말한다. 많은 지역사회에서는 대기하고 있는 훈련된 수신자가 정서적이고 사회적인 문제를 경험한 사람들에게서 걸려오는 전화를 받도록 하는 체계를 확립해 왔다. 도망자, 밀고자, 자살예방, 가족폭력, 그 밖의 다른 문제들을 위한 특별한 목적의 핫라인도 있다.

5028 항목기록(item record)
기록방법의 하나로서 일정한 항목에 따라 면접내용을 요약하여 기술하는 양식을 말한다. 여기에 포함되는 항목은 조사표처럼 이미 설정되어 있는 경우와 그때그때 정확하게 기록해가는 경우가 있다. 전자의 경우 해당 항목의 의도를 충분히 파악해야 하며 후자의 경우 목적이나 내용에 따라 신중하게 선택해야 한다. 또한 중요한 것은 항목에 작성하는 사실이 누구 혹은 어디서 얻은 것인지를 알 수 있는 정보제공자를 명백히 하는 것이다.

5029 항문기(anal phase) 01
2~3세에 해당하는 정신성적 발달이론(psychosexual development theory)의 두 번째 단계를 의미한다. 성격발달 중 항문기 단계의 어린이는 항문의 기능에 관심을 가지며, 배설물과 배설물 배출을 통해 환경에 대한 더 큰 조절력을 배운다.

5030 항문기(anal stage) 02
프로이드(S. Freud)의 정신분석 이론에서 주장하는 성격발달의 두 번째 단계. 생후 약 8개월부터 4세까지의 시기로서 항문은 성적쾌감의 원천이 되며 항문의 폐쇄와 배설의 기능에서 심리적 쾌감을 경험하게 된다고 한다.

5031 항문기 성격(anal personality)
싫증을 자주 느끼고, 인색하고, 고집이 세며, 질서에 대해 강박관념을 가진 개인을 설명할 때 쓰이는 정신분석 이론(psychoanalytic) 용어이다. 항문기 성격(anal character)으로도 알려져 있다.

5032 항상성(constancy)
동일한 원격자극 – 우리가 지각하는 물리적 사물 – 이 여러가지 서로 다른 근접자극 – 심리적 반응을 일으키는 생리적 속성, 즉 신경흥분 또는 감각기관의 흥분 – 을 형성하더라고 지각은 동일한 원격자극에서 동일한 지각체를 구성한다는 사실을 의미한다. 예컨대 먼 곳에 있는 자동차는 가까운데 있는 것보다 망막감수성 세포를 적게 흥분시키지만 먼 자동차가 작다고 지각하지는 않는다. 이것이 크기 지각의 항상성이며, 모양이나 명암·색채 등의 실험에서도 이러한 현상이 나타나고 있다.

5033 항상성 유지기능(homeostasis)
생물의 생리적 조건으로 예컨대 포유류의 혈액조성이나 체온은 신체내외조건의 변화에도 불구하고 일정 표준상태를 유지하는 경향이 있다. 미국의 생리학자 캐논(Cannon, W. B)은 이 경향을 항상성 유지기능이라고 명명했다. T. Parsons는 이 개념을 사회체계에 도입해 체제균형유지에 영향을 항상성 유지기능에 비유하고 있다. 사회체제에서는 사회통제와 사회화가 항상성 유지기능을 하는 메커니즘이다.

5034 항우울제(antidepressant medication)
우울증(depression) 증상을 보이는 환자를 안정시켜주기 위해 정신과 의사 등이 사용하는 정신병리 약제(psychotropic drugs)이다. 이중의 일부는 엘라빌(Elavil), 노르프라민(Norpramin), 페르토프레인(Pertofrane), 아다핀(Adapin)이라는 상표로 알려져 있다. 항우울제(antidepressant medication)를 통한 안정은 보통 조제에 따라 정규적으로 복용한 이후 며칠이 지나야 나타난다고 한다.

5035 항정신병 치료제(antipsychotic medication)
정신분열증 및 기타 다른 정신병에서 보이는 어떤 징후를 통제하기 위해 사용하는 정신병 치료제를 말한다. 이러한 종류에는 콤파진(Compazine), 할돌(haldol), 멜라릴(Mellaril), 프롤릭신(prolixin), 스텔라진(Stelazine), 토라진(Thorazine)이 있다.

5036 해독(detoxification)
적절한 생리적·심리적 기능이 재생되도록 충분한 기간 동안 신체로부터 독약이나 유해물질을 제거하는 과정을 말한다. 이는 휴식, 적절한 식사, 간호, 적절한 약물치료와 사회서비스가 제공되는 동시에 개인에게서 오용된 물질을 제거함으로써 이루어진다.

5037 해독력(literacy)
읽고 쓰는 방법을 아는 것.

5038 해밀턴(Hamilton, Gordon : 1892~1867)
미국의 사회사업학자이고 전공은 개별사회사업이었다. 개별사회사업가로서 현장 경험을 한 뒤 1923년부터 뉴욕사회사업학교(후에 콜럼비아대학 사회사업대학원)에서 교수, 부교장을 거쳐 1957년 퇴직하였다. 그동안 개별사회사업을 중심으로 많은 저서와 논문을 저술하여 진단주의 개별사회사업의 이론적 체계화에 크게 공헌하였다. 그 중에서 'theory and practice of social casework'가 대표적이다.

5039 해방(emancipation)
개인 또는 사회집단 성원들이 다른 사람으로부터 벗어나는 것을 의미한다. 예로 자녀는 결혼하면 부모의 통제(그리고 부모의 부양을 받을 권리)로부터 해방될 수 있다.

5040 해빌리테이션(habilitation)
어원은 라틴어의(habilitat)로 자격을 획득한다는 의미다. 또 리해빌테이션은 re-(再次)의 접두어를 붙여서 사회적 권리나 심신의 기능을 되찾는 원조과정이라는 의미로 쓰인다. 한편 해빌리테이션은 되찾아야 할 정상발달의 과업도 없이 태어난 장애아가 현재의 상태를 출발점으로 해서 최대한 발전을 할 수 있다는 가능성을 믿고 원조하고 그 발달을 보장하는 등 교육, 의학, 사회복지 등의 인간발달원조체계에 대한 실천의 총체를 지칭하는 것이다. 또 이학요법, 작업요법, 청능언어치료 등 재활기술의 실천자의 입장에서 본다면 이들 기술은 중도장애인 뿐만 아니라 선천성 장애아에게도 응용되는 것이기 때문에 해빌리테이션의 케이스도 광의의 리해빌리테이션의 개념에 포함해서 쓰고 있다.

5041 해산보호

생활보장법에 의한 여섯 가지 보호의 하나로서 해산할 때 사람으로서 당연히 받아야 할 최저해산보호를 경제적 이유에서 받을 수 없게 된 자를 대상으로 한다. 보호의 범위로서는 ① 조산 ② 분만 전과 분만 후의 필요한 조치와 보호 등이 있다.(동법 제13조) 또 이는 보호기관이 지정하는 의료기관에서 행하며 해산보호에 필요한 보호금품은 피보호자나 그 세대주 또는 세대주에 준하는 자에게 지급한다.

5042 해석(interpretation)

정신분석요법에서 자연연상법에서 얻은 환자의 표현을 무의식적인 욕구와 충동의 반영이라고 생각하고 여기에 적합한 의미를 부여하여 설명해 나가는 작업을 말한다. 또한 그림이나 꿈, 실수, 자유스러운 놀이 등에 수반하는 감정의 변화에도 적용된다. 해석은 환자의 감정과 행동에서 보여지는 상충성과 역할에 의해 이루어지는 것이지 해석자의 자의에 따라 이루어지는 것은 아니다.

5043 해시시(hashish)

해시시(대마수지)는 대마의 상부에서 얻어지는 진한 갈색의 수지로서, 마리화나의 유효성분인 테트라하이드로칸나비놀(THC : TetraHydroCannabinol)을 가장 높은 농도로 함유하고 있어 약용효과도 훨씬 강하다.

5044 해외대학 국고학자금 대여(Loan of School Expenses for Student Studying Abroad)

해외의 정규대학 과정에 재(입)학중인 교직원의 자녀에게 연간 6000$ 이내로 국내대학의 대여조건과 동일하게 대여하는 경우.

5045 해외주둔 미국서비스 기관 (USO : united service organizations)

미국 군복자에게 제공되는 6개의 자발적 민간기관(YMCA, YWCA, 여행자원조협회(travelers aid), 구세군(salvation army), 카톨릭지역사회서비스(catholic community service), 유대계 복지위원회(jewish welfare board)의 오락, 사회 및 복지 서비스를 조정하기 위하여 1941년에 설립된 프로그램을 말한다.

5046 해임(Releasement from Duty)

징계처분의 한가지로 파면 다음으로 무거운 징계이며. 사학연금의 경우, 교직원 신분은 박탈되나 퇴직급여는 정상적으로 지급.

5047 핵가족(nuclear family)

부부중심의 2세대가족을 의미하며, 부부만의 가족, 부부와 자녀, 편부모와 미혼의 자녀로만 구성되는 가족을 말한다. 조부모 등의 직계 가족이나 타의 방계가족의 포함하는 확대가족과 구별된다. 현재 핵가족은 지역을 초월하여 가장 흔한 가족형태이다.

5048 핸디캡(handicap)

→ 장애

5049 행동(behavior)

신체에 일어나는 반응 혹은 변화 전반에 관한 용어, 근육의 움직임이나 선분비 등의 부분적인 생리적 반응을 미시적 행동이라 하고, 전체적으로 구조화되어진 반응을 거시적 행동이라고 한다. 또한 외부로부터 직접관찰이 가능한 행동을 '표출된 행동' 그러한 관찰을 단서로 해서 추측되어진 행동을 '숨은 행동'이라고 한다. 사고나 감정 등은 숨은 행동의 일부분이다. 행동이 학습결과에 의한 것이라고 하는 점에서 '생득적인 행동'과 '습득적인 행동'으로 구별하는 경우도 있다. 행동 중에서 행동자의 의도가 관계 갖는 면을 행위로 구별한다.

5050 행동과다증(hyperactivity)

보통 빠른 운동이나 끊임없는 활동, 부단한 움직임 등을 수반하는 심한 근육운동을 말한다. 그 원인은 근심, 신경증, 두뇌조직 손상이나 생리상 또는 신경상의 장애가 될 수 있다. 이 용어는 아직까지 비공식적으로 사용되지만, 진단에서는 행동과다증을 가진 주의력 결핍장애(attention deficit disorder)로 대신해왔다.

5051 행동과학(behavioral science)

인간의 행동과 인간사회의 정치, 경제 등의 제 현상에 대해 심리학, 사회학, 경제학, 인류학, 생물학 등을 원용해 그것들을 수리적, 합계적으로 해석해 나감으로써 제 현상이 생기는 과정을 설명하려는 과학이다. 인간의 행동은 자극-반응적의 결합이라는 학습의 개념에 의해 설명되며 인지, 사고, 판단 등은 정보처리라는 개념으로 수학적으로 설명되고 있다. 행위의 선택은 이득과 확률계산에 기초한 최적수단과 실제선택과의 차이가 주목되며 연구대상이 되고 있다.

5052 행동사정(behavioral assessment)

행동수정(behavior modification)과 사회학습 이론(social learning theory)에서 바람직하지 못한 행동유형과 그러한 것들을 통제하는 조건에 대한 묘사를 의미한다. 이러한 유형에 대한 설명은 외관상의 실마리에 기초한 기초병리학에 관한 추론에 기초한다기 보다는 직접적인 관찰에 기초한다.

심리사회적 사정(psychosocial assessment)과 비교해볼 것이다.

5053 행동수정(behavior modification) 01
행동분석방법, 즉 조작적 조건화(operant conditioning), 고전적 조건화(classical conditioning), 사회학습 이론(social learning theory) (예를 들어 긍정적 강화(positive reinforcement), 소거(extinction), 모델화(modeling))의 원칙에 기초하여 행동을 평가하고 변화시키는 방법을 의미한다.

5054 행동수정 02
① 체계적인 실험을 토대로 한 일련의 행동변화 기법의 한 부류. 정상행동과 이상행동을 포함하는 유기체의 모든 행동은 학습에 그 근원이 있다고 전제한다. 주로 신경성 이상행동에 적용되는 상호제지법을 포함하는 고전적 조건 형성 계열과, 학습과정을 통하여 획득된 정신병적 행동의 수정을 목표로 하는 작동조건 형성 계열로 나누어진다. 아동과 성인 모든 부적응행동의 수정에 특히 유효한 방법으로 가정·학교·시설·기업체 등에서 효과적으로 활용되고 있다. ② 스키너(B.F. Skinner)의 강화이론을 근거로 하여 궁극적으로 바라는 행동을 학습시키기 위하여 강화를 조절함으로써 행동을 형성하는 기법. 가상적인 정서적 요인을 행동으로 규정하여 수정한다. 따라서 이상행동은 학습 결손 또는 외래의 강화에 의해 형성된 부적절한 행동으로 간주된다. ③ 행동요법과 동의어로서 학습이론의 원리를 사용하여 주로 신경성 이상행동을 치료하는 기법· 신경성 행동의 치료는 부당하게 처벌되었을 때 그와 유사한 상황에서 불안을 야기시킨 후 불안 해소를 위하여 소멸과 역조건형성의 절차를 활용한다. 월페(J. Wolpe)에 의해 개발되었다.

5055 행동시연(behavioral rehearsal)
심리치료에서 피치료자로 하여금 치료실 내에서 어떤 역할을 시험적으로 해보도록 함으로써 인간관계의 형성과 유지에 필요한 태도나 행동 특징을 습득할 수 있도록 하는 행동수정의 기법을 말한다. 흔히 치료자가 시범을 보이고 피치료자가 이를 모방한다. 역할놀이와 같은 뜻으로 쓰이기도 한다.

5056 행동심리학(behavioral psychology)
손다이크(E. L. Thorndike), 파블로프(I. P. Pavlpv), 와트슨(J. B. Watson)을 포함하는 초기 행동주의심리학과, 거스리(E. R. Guthrie), 헐(C. L. Hull), 스키너(B. F. Skinner), 톨맨(E. C. Tolman) 등이 대표하는 심리학의 일파를 말한다. 객관적 방법과 관찰 가능한 행동의 연구를 주요 특징으로 한다. 유기체의 행동에 관한 일반적 이론을 확립하기 위하여 과학적·실험적 방법을 주로 사용하며 행동수정·행동요법 등의 응용행동 분석의 발전에 큰 영향을 미쳤다.
→ 행동주의, 신행동주의, 행동수정

5057 행동양식(behavior pattern)
일반적으로 개인이나 집단에서의 행동은 특정상황 하에서 목표달성적으로 이루어지나 일단 성공하면 비슷한 상황에서는 반복, 유형화하는 경향이 있다. 이같이 유형화한 행동의 총체를 행동양식이라 한다. 각 성원이 공통의 행동양식을 공유하는 것은 사회의 존속유지를 위해 필요하다. 개인이 사회의 행동양식을 학습하고 내면화하는 과정은 사회화의 측면이라 할 수 있다. 그러나 사회의 행동양식이 규범화되고 제도화가 강할 때 개인의 행동양식과 괴리감이 생긴다. 문화적 목표(cultural goals)와 제도적 규범(institutionalized norms)의 관점에서 개인의 행동양식 유형을 도출한 사회학자로는 머튼 (Merton, R. K)이 유명하다. 동조적 행동을 비롯해서 쇄신적 행동, 의식적 행동, 반역적 행동의 네 가지 유형을 들고 있다. 후자의 유형이 일탈적 행동(deviant behavior) 유형에 들어 있으나 개정화된 사회의 혁신화는 오히려 일반적 행동유형에 의해 변화를 가져올 수도 있다.

5058 행동연구(action research)
사회계획(social planning)과 지역사회 조직(community organization)에서, 확인된 문제를 완화시키기 위한 프로그램의 개발과 자료수집과정의 연결고리를 의미한다. 그 한 예는 청소년을 위한 이동사업(mobilization for youth)이다.

5059 행동요법(behavioral therapy)
학습이론이나 행동원리에 의해 행동변용을 행하는 치료법이다. 스키너(Skinner, B. F)가 창시하고 아이젠크에 의해 발전되어 신경증, 정신병자에 적용되었다. 인간의 행동에 의도적으로 자극을 주어 변화를 일으킴으로서 부적응 행동을 감소 또는 소멸시킨다. 문제행동에 초점을 두어 그 행동 자체의 소멸을 의도한다는 점에서 그 행동이 왜 생겼는가 하는 역동적 측면에의 접근이 약하다는 문제점을 안고 있으나 이것이 또한 특성이기도 하다.

5060 행도의 일반화(generalization, behavioral)
행동주의(behaviorism) 또는 사회학습 이론(social learning theory)에서, 반응이 학습되었을 때 존재하는 것과 유사한 자극(stimulus)에 직면하여 발생하는 반응(response)의 경향을 말한다.

5061 행동이론(behavioral theory)
인간의 행동을 대상으로 실증적인 이론구축을 추구한다는 것이다. 1950년대 미국의 실용주의적 견지에 입각한 경험적 논법, 연구법이며 자연과학이나 사회과학의 결합이 요청된다. 그 목적은 행동예측과 행동제어에 있다. 그 생물학적인 측면에서의 연구에서는 유명한 파블로프(Pavlov, I. P)의 조건반사나 스키너(Skinner, B. F)의 학습이론이 있다. 학습이론은 와트슨(Watson, J. B) 등에 의해 1910년대에 전개되어 역시 미국에서 발전을 본 정신분석학에 버금가는 심리학의 주류를 이루고 있다. 그 방법은 행동하는 사의 의식을 분석하는 것이 아니고 객관적으로 행동을 기술하는 일과 그 개체가 작용하는 환경까지를 구호적으로 포착하는 것이 필요하다.

5062 행동장애(conduct disorder) 01
유년기나 청년시절에 분명하게 나타나며, 타인의 권리에 대한 계속적이고 반복된 침해, 혹은 연령에 걸맞은 규범(norms)과 사회적 규율의 위반으로 특징지어지는 부적합한 행동유형. 행동장애의 네 가지 하위유형은 ① 사회화되지 못한 것 undersocialized(빈약한 교우관계, 애정이나 유대감 결핍, 다른 사람의 감정에 대한 무관심, 자기중심주의) ② 사회화된 것 socialization(특정인에게는 애정이 있지만 외부인에게는 냉담한 것) ③ 공격적인 것(타인에 대한 신체적 공격과 범죄행위) ④ 비공격적인 것(지속적인 거짓말, 무단결석 truancy, 가출, 약물남용 substance abuse)이 있다.

5063 행동장애/품행장애 02
남의 것을 몰래 훔치거나 가출, 거짓말, 방화, 잦은 결석, 타인의 집이나 차에 몰래 들어가거나 타인의 물건을 부수거나 동물을 괴롭히거나 싸우면서 무기를 사용하거나 싸움을 걸고 폭력을 쓰는 등의 행동들이 3개 이상 6개월 이상 지속되는 경우이다. 유전적 소인, 심리적 요인(초자아의 발달미숙), 환경적 요인(부모의 통제 결여, 결손가정, 비행청소년과의 어울림, 원칙 없이 양육되는 등)이 원인이 되며 치료는 입원 치료가 원칙이며, 정신치료, 가족치료, 학교지도 방침에 대한 상담, 약물치료 등이 고려된다.

5064 행동조사(action research)
사회심리학자 K. 래빈이 제창한 연구조사의 방법이다. 법칙 정립적 연구와는 달리 구체적 사회생활의 제 측면에서 관계개선을 촉진시키기 위한 실천 활동과 그 효과의 객관적인 분석을 주목적으로 연구·조사한 것에 그 특징이 있다. 이 방법은 실험실내에서 조작이 곤란한 요인에 관계함으로써 집단행동의 역동성 유효하며 사회복지분야에서도 진단이나 효과측정 등의 경우에 이용되고 있다.

5065 행동주의(activism) 01
의식 고양(consciousness raising), 연합(coalition)의 개발, 선거인 등록제도(voter registration drives)와 정치적 캠페인을 이끄는 일, 선전과 공공성의 중대 그리고 사회변화에 영향을 미치는 행동들을 취하는 것과 같은 행동을 위해 계획된 행동을 의미한다.

5066 행동주의(behaviorism) 02
와트슨(J. B. Watson)이 제창한 심리학의 일파이다. 외형적 행동을 심리학의 연구 주제로 하는 초기의 행동주의 심리학은 반사적 행동과 조건반사를 연구의 기본단위로 간주했다. 와트슨의 행동주의 심리학은 1913년에 발표된 〈행동주의자가 본 심리학〉이라는 논문에서 비롯된다. 이 논문에서 와트슨은 심리학이 자연과학의 객관적·실험적 분과이며, 그 목적은 행동의 예언과 통제에 있다고 주장하고 유기체가 유전적 습관 기제로서 환경에 적응하는 관찰 가능한 사실을 대상으로 연구하며, 유기체는 자극에 따라 반응한다는 점을 주장하였다. 1913년 이후 와트슨의 이론은 ① 감각과정의 연구에 있어서 조건반사라는 객관적 방법의 발견, ② 행동의 개체발생적 접근이 중요성의 강조, ③ 인간 행동에 대한 유전적 영향력의 감소 등의 측면에서 수정되었다. 1930년경에, 와트슨은 인간 행동의 연구에 있어서 본능의 무용성을 주장하고, 그 대신 학습의 중요성을 강조하였다. 초기의 와트슨류의 행동주의는 관찰 가능한 행동의 연구, 행동의 예언과 통제를 그 주요 내용으로 한다. 현대의 행동주의 심리학은 와트슨의 행동주의를 그 출발점으로 하였으나, 크게 변모되었다.
→ 행동심리학, 신행동주의

5067 행동주의 03
파블로프(Ivan Pavlov), 왓슨(J. B. Watson), 스키너(B. Fskinner) 등이 창안한 심리학파의 이론이다. 행동주의는 관찰과 측정이 가능한 반응의 측면에서 행위를 설명하려고 한다. 이 학파의 기본 입장은 부적합한 행동 유형은 학습되지 않을 수 있으며 자기반성, 인지, 무의식(unconscious)은 비과학적인 가설이라는 것이다. 행동주의는 행동수정(behavior modification)과 사회학습 이론(social learning theory)과 같은 치료방법과 이론적인 개념을 동반한다.

5068 행동주의 가족치료(BFT : behavior family therapy)
어떤 가족이 특정 목표를 달성할 수 있도록 돕기 위하여 행동수정(behavior modification)의 치료기술과 사회학습 이론(social learning theory)을 사용하는 치료, 행동주의적 입장을 취하는 가족치료가들은 클라이언트 가족 성원들이 자신들의 문제를 명백한 활동의 측면에서 분명하게 규정하고 모두가 동의하는 문제해결 행동을 개발할 수 있도록 돕는다. 가사분담, 특정행동의 양 결정, 어떤 의사소통 행위를 유지하는 것 등은 이러한 개입형태의 한 부분이다.

5069 행동주의자 역할(activist role)
사회사업에서 클라이언트 체계(client system)의 이익을 위해 특정 행동을 위하는 것을 지지하면서, 이른바 객관적·중립적·수동적인 태도를 거부하는 것을 의미한다. 이러한 행동에는 클라이언트를 위한 명확한 권고안을 만들거나, 사회기관을 변화시키기 위한 캠페인을 이끌거나 클라이언트의 가치지향에 영향력을 가하는 분명한 편파적 중재(side-taking)가 포함된다.

5070 행동체계(action system)
사회사업가가 요구되는 변화를 성취하기 위해서 취급하는 지역사회의 자원과 인력을 말한다. 예를 들어 퇴거 조치된 클라이언트에 대한 행동체계는 아파트 건물 내의 다른 거주자와 지방도시 주택공무원, 그리고 주택소유 정책을 변화시키려는 과정에서 사회사업가가 알게 된 신문기자 등이다.

5071 행동치료(action therapy) 01
행동 또는 변화에 대한 방해물을 직접 변화시키려는 치료절차와 개입전략을 의미한다. 이러한 요법에는 행동수정(behavior modification), 인지치료(cognitive therapy), 경험치료(experiential therapy) 등이 있다. '행동치료'라는 용어는 '정보치료'와는 다른데, 정보치료는 클라이언트가 간접적으로 변화를 조장하는 자의식의 다른 형태와 통찰력을 얻을 수 있도록.하기 위한 것이다.

5072 행동치료(behavior therapy) 02
행동주의적 학습이론에 근거하여 발전시킨 심리치료의 이론과 기법을 의미한다. 좁은 의미의 행동 치료는 고전적 조건화 이론과 상호제지 이론에 의한 행동변화의 이론과 실제를 가리킨다. 넓은 의미의 행동 치료는 행동수정(behavior modification)과 같은 뜻으로 고전적 조건화 이론·작동조건화 이론·사회모방이론 등과 같은 실험적인 학습이론에 근거한 행동변화의 이론과 기법을 모두 가리킨다.

5073 행동치료 03
임상분야에서 경험조사를 바탕으로 한 기술을 사용하여 두려움, 불안, 우울, 성비행 등의 문제와 바람직하지 않은 행동들을 평가하고 변화시키는 행동수정(behavior modification) 원칙을 적용시키는 치료를 말한다.

5074 행동화(acting out) 01
말보다는 행동을 통해 강한 감정을 표현하는 것을 말한다. 개인이 내면감정에 대한 반응을 즉각 나타낼 수 없는 경우 행동은 종종 파괴적이거나 부적절하게 된다.

5075 행동화 02
정신분석 이론에서 자아에게 용납될 수 없는 무의식적 욕망이나 동기를 지니고 있을 때, 이것이 의식화되는 것이 허용되지 않으며 반면에 그 동기나 욕망을 즉각적이거나 환상적인, 또는 현실적으로 활용할 수 있는 출구를 통해서 만족시킴으로써 원래의 욕망이나 동기를 대치시키는 것을 의미한다.

5076 행불자(missing person)
행방불명된 사람의 주변에 있는 중요한 타자(significant others)들이 행방을 모르는 사람을 가리키는 용어를 의미한다. 만일 행불자가 미성년자이면, 이에 대한 적절한 용어는 보통 가출자(runaway)가 된다.

5077 행사계획
연간 행사계획에 의거 어떤 계획을 실시할 경우 ① 행사의 목적 ② 일시와 장소 ③ 참가시상자 ④ 직원의 역할분담 ⑤ 일정 ⑥ 경비 등을 구체화한 계획이다. 행사개시 일의 수주 전에 작성되는 것이 바람직하다. 행사계획표는 행사주최자만이 알고 있어서는 안되며 직원과 참가자도 행사의 개요는 알고 있는 것이 주체적 참가를 기하는데 도움이 된다. 사회복지 분야에 있어서 행사계획은 사회복지기관, 시설 등지에서 수시로 요구되는 계획이다.

5078 행정(administration)
사회사업에서의 시설관리를 의미한다. 구체적인 사회사업 서비스로 정책을 바꾸는 과정과 그 과정에서 얻어진 의견을 정책에 반영하여 수정·변경하는 과정으로 두 가지 측면을 포함한다. 사회사업의 이론과 방법을 당초 기업이윤과 생산성향상에 주안한 과학적 관리법이나 인간관계로 대표되어 인원이나 물자의 최소지출에 의한 효율적 사업 관념에 보강시켜 오늘날 시설관리를 사회사업의 이념과 목적으로부터 독립된 시술과정으로 파악하는 경향이 있다. 그러나 현대복지국가, 행정국가의 단계에서 완전고용과 사회복지를 이념으로 둔 계획정책이 공행정의 주도 하에 입안·시행되어져야 하고, 그 영향력과 내용이 복지·노동·보건 등의 분야까지 파급되어 시설관리방식과 공행정의 가치이념의 관계에서 근본적인 재검토가 추구되어지고 있다.

5079 행정감사
행정감사상의 입장에서 상급행정기관이 하급행정기관에 대해 사무 또는 업무의 집행상황을 검사해 옳고 그릇됨을 조사하고 필요에 따라 지시, 명령 등을 하는 것을 말한다. 통상 지휘감사와 동의어로 쓰이는 경우가 많다. 사회복지 분야에서도 행정감사가 실시된다.

5080 행정경찰
경찰행정을 분류하면 ① 사회공공의 안전과 자율유지를 위한 집합·결사·풍속 등에 관한 보안경찰 ② 선박·항공기·도로운송차량의 규율 등을 행하는 교통경찰 ③ 전염병예방·마약취체 등의 위생경찰 ④ 은행, 보험 등의 영업규제나 화약의 취체·광산보안 등의 산업경찰이 있다. 이들은 범죄의 수사, 피의자의 체포 등을 목적으로 하는 형사사법권에 종속하는 소위 사법경찰에 대해 넓은 의미에서 행정경찰이라 한다.

5081 행정권고
행정기관이 조직상 지휘명령 할 수 없는 관계행정기관이나 대상자에 대해 소관사항에 관한 전문적 입장에서 판단 내지는 의사를 제공해 일정의 행위를 할 것, 또는 하지 말 것을 권유하는 행위를 말한다. 권고는 요구에 의해 할 수도 있고 요구가 없어도 할 수 있으나, 법적 해석의 근거에 의한 것이 보통이다. 그러나 권고를 받은 자는 법률상 그것에 구속될 수는 없지만 법률에 근거한 권고는 존중되어야 한다.

5082 행정기구

일반적으로 행정은 복잡 다양하여 기획·조정·통합의 기능이 중요하다. 종래의 조직론에서는 전문화원칙에 따른 능률증진의 방향이 강조되어 왔다. 그러나 인간 대상의 행정기구는 단지 전문화에 따른 특수성의 존중이 아닌 전인적 인간을 통일적으로 처우하는 입장에서 보편성 존중의 조직원칙을 갖고 통합할 필요가 인식되었다. 따라서 관청의 상하관계 행정에서의 진정한 반성이 행해지고 있다.

5083 행정사건소송법

행정사건에 대해 재판수속을 정한 것으로 항고소송·당사자소송·민중소송·기관소송의 4가지 유형을 규정하지만 그중에서도 사회복지 서비스를 받을 권리를 실현하는데 중요한 소송유형이 행정청의 처분에 대해 불복하는 자가 그 처분의 취소를 구하는 항고소송이다. 시설에의 입소조치결정에 관한 소송도 이 수속에 의한다.

5084 행정사무

행정사무는 주민의 권리를 제한하고 자유를 규제하도록 권력행사를 동반한 사무를 말하는 것으로 구체적으로 벌칙, 기타 규제규정이 있다. 즉 미성년자, 정신병자의 보호·양호를 위한 규제사무, 각종 생산물, 가축 등의 검사, 규제사무, 폭력행위의 처리 등 경찰적 처리사무 등이다. 행정사무를 처리하는 데에는 주민의 권리의무에 영향을 미치기 때문에 반드시 조례를 정해야 하지만 개개의 법률에 근거하지 않고 행할 수도 있다.

5085 행정자치부

민생치안, 재해재난 관리, 지방자치제도 개선, 선거·국민투표, 공무원의 인사 및 복지, 행정조직의 관리 등에 관한 사무를 관장하며, 정부혁신의 지속적 추진, 지방자치 후원, 국민안전 보장 등의 역할을 수행하는 중앙행정기관을 의미한다.

5086 행정조직

행정조직이라 함은 행정기관의 조직 및 권한에 관한 사항의 총칭이다. 행정조직은 중앙행정조직과 지방행정조직으로 구별된다. 중앙행정조직이라 함은, 권한이 전 국토에 미치는 행정기관의 조직을 말한다. 현대국가는 사회생활의 전반을 육성·통제하는 능률국가이며, 양적으로 확대되어 가는 행정활동을 유감없이 해야 하기 때문에 행정조직을 통일·강화하고 그 운영에 있어서 기술을 극도로 이용하지 않을 수 없다. 이리하여 현대의 행정조직은 자유주의시대에서 볼 수 있었던 분권제 합의제·분립제·엽관제를 서서히 극복하면서 집권제·단독제·통합제·관료제에로 이행하는 경향이 있다.

5087 행정지도(administrative guidance)

행정기관이 그 권한에 속하는 사항에 대해 반드시 법령에 의하지 않고서도 관련업계나 하급행정기관에 대해 지도, 조언, 권고 등의 수단으로 일정한 정책목적을 달성하고자 하는 것을 의미한다. 현대 국가에서는 행정의 비대화에 대한 전면적인 통제경제가 불가능하기 때문에 이 같은 방법으로 산업계 내로 행정이 개입하는 현상이 두드러지고 있다. 지방자치단체에도 환경보전을 위한 택지조성 및 건축에 관한 지도 요령이 있다. 행정의 확대현상에 따른 국민의 불편과 손해를 없애고 국민의 기대에 부응하며 행정을 원활하게 수행해야 한다.

5088 행정책임

행정책임은 일반적으로 행정권의 행사에 따라 행정주체가 책임을 갖고 맞서지 않으면 안 되는 영역의 과제를 말한다. 사회복지에 관한 행정책임은 사회복지 각 법 및 지방자치법에 있는 바와 같이 정부만이 아닌 지방자치제의 행정기관 간에 분담한다. 최근에는 지역복지욕구에 맞는 복지행정이 기대되어 지방자치단체에 분담하는 행정실무가 증가되는 경향이다.

5089 행정처분

법률에 근거하여 국가나 지방자치단체가 단독의사에 의하여 구체적으로 권리를 설정하고 의무를 명하며, 기타 법률상의 효과를 발생시키는 공법적 행위를 말한다. 구체적으로는 허가, 인가, 면제, 개선명령, 금지, 정지, 취소 등을 들 수 있다. 행정처분은 공권력의 행사를 내용으로 하며 상대방의 동의를 요하지 않는 일방적 행위이기 때문에 부당한 행정처분이나 위법한 행정처분에는 이의신청의 길이 열려 있고 또 행정처분 취소 청구소송도 가능하다.

5090 행정행위

행정의 주체인 중앙부처, 지방자치단체 등이 통치·관리를 목적으로 행하는 행위를 말한다. 근대 정치학의 전개와 함께 행정주체가 행하는 제시책의 효과나 주민요구와 행정행위와의 통합성측정이 문제되면서 각각의 행정목적에 합당한 행정행위의 체계화가 요구되었다. 따라서 행정주체가 통치적 관점에서만 기능하는 것이 아니라 주민의 복지·경제향상을 위해 해야 할 역할이 확대되기에 이르렀다.

5091 행태주의(behavioralism)

경험에 의한 체계적인 관찰을 통하여 획득되는 객관적 증거를 중시하는 사회과학의 방법론. 이러한 방법론에 의한 과학을 흔히 행동과학(behavioral science)이라고도 한다. 사회학·인류학·심리학·정치학·경제학·언어학 등 인간의 행위를 주제로 하는 사회과학이 전통적으로 철학적-사변적인 것을 특징으로 하였으나, 경험에 의한 실증적 근거의 객관성을 내세우는 행동과학(behavioral science)을 종래의 사회과학과 구별지으려는 학자들도 있다. → 행동과학

5092 향성검사(introversion extroversion test)
→ 성반응검사

5093 향약
조선 왕조 때 권선징악을 취지로 한 향촌의 자치규약을 말한다. 본시 중국 송나라 때의 여씨향약을 본뜬 것으로, 덕업상권·과실상규·예속상교· 환난상휼의 네 강목을 주정신으로 하였다. 중종 14년(1519)에 실시되었다가 곧 파했으나 명종 11년(1556) 이황의 예안향약, 선조 4년(1571) 이이의 해주향약을 비롯하여 이후 지방에 따라 여러 가지 향약이 있어 왔다. 보통 각 읍의 향교 또는 향묘를 중심으로 약정·부약정·직월 또는 유사 등 여러 임원을 두었다.

5094 향정신성의약품
계속 사용하면 대상기능이 생기고 약효가 점차 줄어서 용량을 늘려야 하며, 중독되기 쉽고 습관작용이 있는 의약품을 의미한다. LSD와 같이 환각작용이 있는 물질과 암페타민·히로뽕과 같은 각성제, 바르비탈 같은 습관성 약품 따위가 있으며 그 취급은 행정관서의 규제를 받는다. 구용어로는 습관성 의약품이라 한다.

5095 향정신의약(psychotropic drugs)
정신기능, 행동, 경험에 작용하는 약물의 총칭. 정신치료약에는 강력정신안정제(항정신병약), 완화정신안정제, 항사제(감정조정제, 감정흥분제, 정신자극제), 최면진정제 등이 있으나 억제 또는 자극상의 효과를 주로 한 것이며 치료상의 효과는 명확하지 않다. 그 위에 정신변조제(정신이상전발현제)도 있으나 그 어느 것이던 남용이나 부작용에 주의를 요한다.

5096 허가제도
법률에 따른 일정의 행위가 일반적으로 금지되어 있는 경우, 공기관이 특정의 경우에 특정의 것으로 이를 해소해 적법하게 그의 행위를 행할 수 있도록 하는 제도를 말한다. 즉 풍속영업의 허가, 여관업의 허가 등이 있다. 사회복지사업법에서는 국가·지방공공단체 및 사회 복지법인 이외의 자가 제1종 사회복지사업을 경영하도록 하는 경우나 기부금의 모집을 행하는 경우에는 각각 시·도지사의 허가를 받지 않으면 안되는 것으로 되어 있다.

5097 허드(HUD : U.S. department of)
→ 미국 주택 및 도시개발성

5098 허세
과대망상(delusion of grandeur)과 같은 극단적인 형태의 과장된 자존심을 말한다.

5099 허위반응(faking response)
검사의 과정에 수검자가 자기 모습과는 달리 표현하려는 반응경향을 의미한다. 자기보고법을 이용하여 성격·흥미·가치·태도 등과 같은 성향을 측정할 때에 수검자들은 실제의 자기 모습, 또는 특징과는 달리 자기 자신을 표준적인 사람으로 보이려고 억지로 꾸미어 반응하는 경우도 있고, 반대로 자기 자신을 비정상적인 사람으로 묘사하려고 꾸며 반응하는 경향이 있는데 그와 같은 경향에서 나온 반응을 말한다. 흔히 성격검사에서 그와 같은 허위반응을 가려내기 위한 특별한 조처가 강구되어 있다.

5100 헌법 제11조
대한민국헌법 제11조는 국민평등의 원리를 규정한 것으로 "모든 국민은 법 앞에 평등하다. 누구든지 성별·종교 또는 사회적 신분에 의하여 정치적·경제적·사회적·문화적 생활의 모든 영역에 있어서 차별을 받지 아니한다"고 하여 인간의 평등을 명시하고 있다.

5101 헌법 제34조
대한민국헌법 제34조는 사회보장을 규정한 것으로 "모든 국민은 인간다운 생활을 할 권리를 가진다. 국가는 사회보장·사회복지 증진에 노력할 의무를 가진다. 생활능력이 없는 국민은 법률이 정하는 바에 의하여 국가의 보호를 받는다" 고 하여 인간의 존엄성을 명시하고 있다. 이 조항에 의거하여 대한민국의 사회복지관계 입법이 제정, 실시되고 있다.

5102 헌팅턴 무도병(Huntington's chorea)
헌팅턴의 질병으로 알려진 유전병을 말한다. 이 병은 우성유전자에 의해 유전되며, 유전자를 물려받은 자손에 절반의 영향을 준다. 그 증상은 환각(hallucination), 심각한 정서변화, 치매, 무도병 동작(경직되고 변덕스러우며, 무의식적인 몸짓)과 같은 정신의 퇴보 등으로서 대개 30세 이전에는 나타나지 않는다. 이 병을 가진 사람이나 자손들을 위해서는 유전상담 (genetic counseling)이 중요한 역할을 한다.

5103 헐 하우스(hull house)
1889년 아담스(Addams, J.)에 의하여 시카고에 설립된 미국의 대표적인 인보관(Settlement House)을 말한다. 토인비 홀(Toynbee Hall)의 영향을 받은 아담스가 이민자의 생활향상을 위하여 앨랜 스타(Ellen Starr)와 협력하여 부흥시켰다. 노동조합운동, 평화운동, 아동 복지운동과 결부되어 활동한 것에 사회적 의의가 있고 사회사업뿐만 아니라 사회개량의 근대화에 커다란 터전이 되고 있다.

5104 헤게모니([영] hegemony [독] Hegemonie)
군(軍)의 장수의 지위를 뜻하는 그리스어(hēgemonia에서 나온 말. ① 19세기 이래, 특정국가가 다른 국가에 대해 우

월한 지도적 지위, 패권의 의미로 사용되었다. ② 맑스주의에서는 부르조아 민주주의 혁명·사회주의 혁명·민족해방운동에서, 프롤레타리아트가 도시와 농촌의 근로 대중에 대해 가지는 지도적 역할을 프롤레타리아트의 헤게모니라고 한다. 이 사상은 맑스나 엥겔스의 사상에 근거하여, 레닌이 발전시켰다. 그람시는 레닌이 당(黨)이나 프롤레타리아트의 지도적 역할을 대중의 의식의 변혁이라는 것에 둔 점을 발전시켜서 독자적인 헤게모니론(論)을 전개시켰다. 그에 의하면, 지배 계급은 단순히 정치·경제적인 지배권을 가질 뿐만 아니라, 그 계급이 갖는 도덕·정치·문화 등에 관한 가치관, 자연이나 사회에 관한 견해를 피지배 계급에 주입시킴으로써, 그의 지배에 있어서의 헤게모니를 확립하는 것이다. 그러므로 혁명도 단순히 정치·경제적 권력의 탈취뿐만 아니라, 이 의미에서 지배 계급의 그것에 대신하는 새로운 헤게모니의 확립을 필요로 한다. 이 점에서 그람시는 지식인이 갖는 역할을 중시했다.

5105 헤로인(heroin)

양귀비의 주성분인 모르핀에서 합성한 강력한 마약으로, 코로 흡입하거나, 피부에 주사하거나, 정맥에 주입시켜(마약 정맥주사 : mainlining) 복용한다. 사용자에게 미치는 영향은 도취감 또는 무감각 및 격발, 즉 어느 정도 온몸에 격렬한 흥분을 일으키는 것 같은 감각 등이다. 일단 탐닉하게 되면, 사용자는 금단증상(withdrawal symptoms)인 매우 불쾌한 경험을 회피하기 위해 더 많은 양을 추구한다. 헤로인은 중독성이 높으며 어느 정도 높은 가격과 품질관리의 부재로 인해 사망률 증가와 높은 조직적 거리 범죄율에 기여하고 있다. 헤로인의 사용은 미국에서 불법이다.

5106 헨리 구빈법(Henrician poor law)

1536년 헨리8세의 치세에 제정된 영국의 법률로서, 주요 목적은 국가가 신체 건강한 빈민을 다루는 방법을 조직화하려는 것이었다. 공식적인 명칭은 '건장한 부랑인과 거지의 처벌을 위한 법률'이며, 그러한 목적의 세금을 징수할 수 있는 지방관리에게 빈민을 보호할 책임을 맡겼다. 그 관리는 실업자들에게 일자리를 마련해주고 장애인들의 구걸을 제한하였다. 노동능력이 있는 사람들의 구걸에 대한 처벌은 낙인을 찍고 노예로 삼고, 그들의 자녀를 떼어놓으며, 반복적인 위반 시에는 사형에 처하였다.

5107 헨리 8세 칙령(the statute of Henry Ⅷ)

1531년 구빈을 위한 영국왕실의 최초의 건설적인 법령을 의미한다. 이 법령은 시장이나 치안판사로 하여금 교구에 머물러 노동 불능의 노인이나 빈민의 구호신청을 조사하도록 규정하고 있으며, 걸인을 등록하게 하여 지정된 지역에서만 구걸하도록 하는 빈민을 위한 공적책임의 인식을 수립하였다. 그러나 걸인이나 부랑자에게는 잔인한 처벌을 주는 결과가 되었다. 또한 1536년 헨리8세는 법령(The Statute of 1536)을 제정하여 교구단위로 노동 불능의 빈민을 구제하도록 하고 노동가능한 자에게는 취업하게 하여 무차별 시여를 금지하고 걸인이나 부랑자에게는 처벌을 규정했다.

5108 현대병

산업화·도시화·관료제화·합리화·스피드화·과다경쟁화 등 현대적 상황의 진전으로 발생하게 된 일련의 특징적인 질병이상이나 사회 병리적 현상을 말한다. 만하임의 시대진단학에 의하면 현대사회의 질환을 의미하지만 구체적·개별적으로는 생활환경의 파괴와 이질화에 의한 공해병, 성인병, 직업병이나 고혈압, 심장병, 소화기질환, 불면증, 육체적·정신적 이상을 비롯하여 약물중독·비행·범죄 등 광범위한 것을 포함하고 나타나고 있다.

5109 현대자본주의(contemporary capitalism)

자본주의경제의 현 단계를 지칭하는 용어이다. 종래 자본주의 경제의 발전 단계는 ① 자본의 본원적 축적단계(중상주의기) ② 산업자본주의단계(자유주의기) ③ 제국주의단계의 셋으로 규정해왔다. 위의 ①에서는 자본과 임금노동관계의 창출이, ②에서는 자유경쟁과 고전적 산업순환이, ③에서는 독점적 지배와 제국주의 전쟁이 각 단계의 구조와 그 변화를 특징짓는 요인으로 지적되어 왔다. 그 같은 의미에서는 현대 자본주의도 제국주의단계의 구조를 규정하는 국가독점자본주의의 또 하나의 표현형식이라 할 수 있다. 그러나 이 말에는 국가독점자본주의 단계 특히 제2차 대전 후에 현저하게 나타난 특징들, 가령 기술혁신을 지렛대로 한 생산력의 발전과 유효수요창출정책을 핵으로 한 경제순환 통제, 완전고용정책을 기둥으로 한 복지국가의 형성 시에서 자본주의 경제의 변형을 강조하는 시점이 암암리에 포함되어 있다. 그러나 그것은 엄밀한 규정이 부여된 개념이라 하기에는 미흡하다.

5110 현대적 빈곤

빈곤문제의 역사적 추이에서 특히 고전적 빈곤과 대비되어 현대 상황에서 생기는 빈곤문제를 말한다. 현대자본주의의 구조적 변화 특히 복지국가체제, 사회보장정책 등의 전개에 의해 고전적빈곤의 양상이 크게 변동했다. 생활제요소의 다양화, 복합화에 의해 단순한 의식주 수준뿐만 아니라 일반적으로 생활불안이라 불리우는 생활의 약화나 기반의 안정성의 상실 등이 출현한다. 특히 현대의 도시적 생활, 지역변동, 환경파괴, 문화의 요구와 사회자본의 부족·결여에 의한 생활의 뒤틀림, 범죄, 비행 등도 현대빈곤을 생각하는 지표이다. → 신빈곤

5111 현금급여(cash benefits)

→ 급여(benefits)

5112 현물급여(in-kind benefits)
→ 급여(benefits)

5113 현상([희] phainomenon [영] Phenomenon [독] Phänomen)
눈앞에 나타나 있는 것을 의미한다. 그것은 무엇의 나타난 모습(appearance)의 의미로도, 단순한 가장(→ 가상)의 의미로도 사용되며, 철학 용어로서 여러 가지 의미를 가진다. ① 관찰되고 확인된 모든 사실로서 과학 연구의 대상이 되는 것. 자연 현상, 사회 현상 등이라고 말하는 경우가 이것이다. ② 의식에 현존해 있는 것, 그 스스로를 눈앞에 보여주고 있는 것. 훗설의 현상학에서 말하는 현상은 이 의미이며, 그 배후에 무엇이 있느냐 없느냐는 전혀 문제로 삼지 않는다. ③ 본체 또는 본질에 대립하는 말. 그리스 철학에서는 플라톤 등에서 전형적으로 나타나 있듯이, 감성적 인식의 대상이 현상이며, 이성적 인식에 의해 포착되는 것(예컨대 이데아)은 본체라고 했다. 이 경우에는 본체도 현상도 다 같이 객관적인 것이었지만, 후에는 현상은 본체가 의식에 나타난 모습, 주관적인 의식 내용을 의미하게 되었다. 칸트에 있어서는 시간·공간·카테고리 등의 인식 형식에 의해 감각 내용에 질서를 부여한 것이 현상이며, 우리의 인식은 현상에 한정되고, 그 배후의 본체로서의 물자체는 인식할 수 없는 것이라고 하였다. 헤겔은 현상과 본질과의 분열에 반대하고, 본질은 현상의 저편에 있는 것이 아니고, 현상 속에 현존하여 그 본질적인 내용을 이루는 것으로 생각하고, 현상은 비본질적인 것, 우연적인 계기를 포함하지만 현상을 떠나서 본질은 있을 수 없다고 했다. 변증법적 유물론은 이 견해를 비판적으로 계승하고 있다. 헤겔에 있어서나 맑스주의에 있어서나 현상은 주관적인 것은 아니다.

5114 현성행동(over behaviors)
다른 사람들이 관찰 가능한 개인의 행위. 행동주의자들이 이러한 행동 앞에 '현성'(overt)이라는 용어를 붙이는 이유는 관찰할 수는 없지만 여러 도구(뇌파기, 혈압수치, 거짓말 탐지기 등)를 써서 기록하고 측정할 수 있는 행동과 구별하기 위해서이다.

5115 현실검증(reality testing)
외부세계를 판단하고 평가하는 개인의 상대적 능력(relative ability). 또한 외부세계와 개인의 마음속에 존재하고 있는 생각(관념 : ideas) 및 가치(values) 간의 차이를 구별하는 능력을 말한다.

5116 현실도피경향(tendency to escape from reality)
현실을 직시하고 인식해 보아서 자아의 정체감을 가지고 어렵게 될 때 강한 좌절이나 갈등이 개제된 자기개념과 현실과의 부적합한 상황에서 생기는 도피경향이다. 등교거부나 자폐적 행동 혹은 공상에의 몰입, 백일몽, 망상에의 도피 등이 여기에 속한다. 이처럼 극단적인 경우 외에 취미나 도박에 빠지거나, 권위적·복종적이 되는 경향은 다분히 현실의 인식을 성립시키지 않겠다는 동기가 작용한 것이라고 할 수 있다.

5117 현실원리(reality principle)
어린아이는 즉흥적인 충동이 이따금씩 상충하는 환경의 요구(demands of the environment)와 타협해야만 한다는 것을 쉽게 배운다는 프로이트 이론(Freudian theory)의 한 원리를 의미한다. 따라서 자아(ego)는 이러한 환경의 요구와 쾌락원칙(pleasure principle)과 관련된 내적 욕구(internal drives) 간의 조화방법을 모색한다는 것이다.

5118 현실치료(reality therapy)
글래서(William Glasser)가 개발한 심리사회적 및 행동개입의 한 형태를 말한다. 이 치료법은 클라이언트가 사랑과 인격에 근거하여 성공적 자아정체감(자신을 긍정적으로 인정하는)을 발전시키는 데 도움을 주는 치료방법이다. 현실치료자들은 클라이언트의 감정보다는 행동에, 과거보다는 현재와 미래에 초점을 둔다. 이들은 문제에 대해 책임있는 행동과 대안적 해결책을 강구하도록 격려한다. 이들은 클라이언트의 변명(excuses)을 용납하지 않으며, 동정도 하지 않으며, '왜'라는 질문도 거의 하지 않는다. 이 현실치료는 특히 수용시설(institutional settings)에서 쓰일 때 긍정적 결과(positive results)를 낳는다고 보고되며, 또한 만성적 정신분열증 환자나 비행자로 낙인이 찍힌 사람들을 치료하는데 개별 및 진단 사회사업에서 광범위하게 사용되어 왔다.

5119 현원지불방식
조치비의 지불방식의 하나이다. 보호단가를 이용자의 현재 인원에 따라 지불하는 방식으로 정원불방식에 대응해 사용된다. 성인시설이나 보육소의 조치비는 현재인원을 기준으로 정원을 초과하거나 모자라도 항상 현재인원에게 지불된다. 필요한 직원배치는 정원에 따라 정해져 있기 때문에 이 방식에서는 현재인원이 정원을 초과하면 운영에의 여유가 가능하지만 미달하면 경비가 부족하게 되는 현상이 일어난다. 최근에는 성인시설과 아동복지시설에서 정원불방식을 요구하는 소리가 있다.

5120 현임훈련(in-service training)
고용인들이 특별한 과업이나 전체 조직의 목표를 달성하는데 좀 더 생산적이고 효과적이도록 돕기 위해, 고용주가 제공하고 지도자가 전문가들이 수행하는 교육 프로그램을 말한다. 흔히 이런 훈련은 항상 존재하는 것이 아니라 특정 업무에 대해 짧은 기간 동안 행해진다.

5121 현장실습(field placement)
사회사업 학생의 공식적 교육의 일부로서, 관련 지역사회사업기관에서 진행되는 업무로 구성된다. 사회사업 석사(MSW) 과정 학생은 전형적으로 훈련 첫해에 한 기관에서 작업할당(매주 16~20시간)을 받고, 다음해에는 다른 기관에서 비슷한 작업할당이 주어진다. 학생은 기관의 직원에게서 치밀한 지도감독을 받고, 학교에서 배운 것과 현장경험을 통합하고 활용하며 응용할 기회를 갖게 된다. 또한 현장실습은 학부(사회사업 학사 BSW) 사회사업 훈련에도 있고, 어떤 경우에는 박사과정에도 있다.

5122 현장연구(field study) 01

도서관이나 사무실 대신 자연스런 환경에 있는 대상을 연구하는 사회조사 방법을 말한다. 예컨대 빈민가를 연구하는 사회가업가는 체계적인 관찰을 위해서 상당 기간 동안 그 빈민가에 머무를 것이다.

5123 현장연구(action research) 02

교육실천상에서 나타나는 현장의 문제를 중심으로 현장의 실천 개선을 위하여 현장 교사가 추진하는 연구·실천연구·실행연구·현장실천연구라고도 한다. 그 특징은 ① 연구주제를 교육 현장에서 찾는다. ② 교육실천 개선을 그 목적으로 하고 있다. ③ 현장 교사가 추진한다. ④ 조건통제를 거의 하지 않는다. ⑤ 주어진 사태에 그 기초를 두고 있다. ⑥ 연구 결과는 사태와 조건이 비슷한 학교에만 일반화할 수 있다. ⑦ 연구추진 과정에서 연구계획의 일부를 변경할 수 있다. ⑧ 교사들에게 현직 교육적 가치를 제공한다. 등이다. 이와 같은 현장 연구는 기본적인 연구나 학교의 계획활동과 여러모로 구분된다. 기본적 연구는 이론의 형성을 위하여 엄격한 과학적 절차에 따라 연구 전문가들이 하는 연구이며, 학교의 계획 활동은 좋은 경영활동에 불과하다. 이렇게 보면 현장 연구는 기본적 연구와 학교의 계획 활동의 중간에 있는 형태의 연구방법이며, 연구의 윤리성을 지극히 존중하고 연구의 시초부터 실천을 강조하는 점이 특이하다고 할 수 있다.

5124 현장 외 훈련(off-the-job training)

산업훈련 및 직업훈련에 있어서 산업체 실무현장 이외의 시설, 즉 훈련전용시설 또는 학교 등의 교육훈련 시설에서 이루어지는 훈련을 의미한다. 현장훈련에 반대되는 개념이다. 산업훈련 및 직업훈련에 있어서 훈련초기단계의 기초훈련은 일반적으로 현장 외 훈련, 즉 형식화된 학교식 훈련방법으로 실시되고 후반기 훈련은 산업체 내에서의 현장훈련으로 실시되는 것이 통례이다. → 현장훈련

5125 현장학습(study trip)

학습의 장(場)을 학습 자료가 있는 현장으로 옮겨서 학습의 목표를 효율적으로 달성하려는 수업방법의 하나이다. 현장학습을 위한 현장은 학교의 교실환경과는 여러 가지 다른 점들이 많기 때문에 현장수업을 실시하기 위해서는 특별한 계획과 준비가 필요하며, 교실수업과 다른 특별한 방법과 수업절차가 필요하다. 그러나 조직적이고 체계적인 수업이 실시되는 점에서는 어느 수업장면과도 다름이 없다. → 현장견학

5126 현장훈련(on-the-job training)

산업현장에서 실제의 생산 활동에 종사하면서 필요한 직무지식과 기능을 습득하도록 하는 훈련의 형태로, 실습식 현장훈련과 혼합식 현장훈련의 두 가지로 구분된다. 현장훈련의 특징으로는 첫째, 생산과정에 참여하면서 필요한 기능과 지식의 습득이 이루어지므로 별도의 훈련시설이나 장비가 필요치 않아 비용이 적게 들고, 둘째, 비조직적 비공개적 비공식적인 훈련의 형태이며, 셋째, 한꺼번에 많은 인원을 훈련 할 수 있다는 점을 들 수 있다.

5127 현재적 욕구(the manifested needs)

어떤 사회적인 요구호상황이 객관적으로 존재하고 있으며 또 그것이 개인·가족이나 집단·지역주민에 의해 명확히 자각됨과 동시에 사회적으로 표면화되어서 일정의 사회적 해결이 요구되는 상태를 말한다. 요구호상황이 넓어지고 깊어지는 사이에 이것을 사회문제로 취급하여 사회적 해결을 촉구하는 운동을 통해 욕구는 권리요구로서 크게 문제화되어 간다 하겠다.

5128 현지조사(field research)

현지조사는 사회조사에서의 중심적인 과정으로 현지의 자료수집과 기록과정을 말한다. 현지적 자료의 원천은 일반적으로 아직 문자로 표현되지 않은 지역사회·집단·개인의 생생한 관습, 행동, 태도, 의견, 속성 등이다. 현지조사에서는 이 같은 제1차 자료를 면접법, 관찰법, 테스트법 등에 의해 문자화 한다. 현지조사의 방법에는 조사표를 사용하는 면접조사법을 중심으로 배포, 집합, 우송, 전화조사법 등이 있다.

5129 현직교육(in-service teacher training)

현직교원의 전문적 자질 향상을 위하여 실시되는 교육활동 또는 교원 자신의 자기 연수 활동을 말한다. 교원양성이 훌륭하게 이루어 졌다고 하여도 현대사회와 같이 급격히 변천하고, 지식량이 폭증하는 사회에는 직전교육만으로 충분하지 못하다. 그러므로 교원은 특히 교원으로써 자기 직업에 대한 지식과 기능의 향상을 위하여 부단한 수양을 쌓기 위하여 현직교육을 받을 필요가 있다. 이러한 필요에 따라서 국가에서는 교원에 대해 재교육과 연수를 실시하고 있으며, 재교육과 연수의 실적은 교원인사관리에 반영되고 있다. 교원의 연수는 일반 연수와 자격연수로 배분되는데, 일반연수는 변천하는 시대에 적응하고 교사의 자질을 높이기 위한 것인데 반해, 자격연수는 교장, 교감 등의 자격을 획득할

때 필요한 지식과 기술을 연마시키는데 그 목적이 있다.

5130 현직훈련(in-service training)

현업에 종사하고 있는 사람이 그 직무 수행상 필요한 지식·기술을 기초로 직무능력의 향상, 발전을 위해 참가하는 연구·훈련을 말한다. 신입자를 위한 것부터 중견직원의 현직훈련까지 다양하다. 국가, 지방, 자치단체, 민간 등 여러 가지 수준의 현직훈련이 시행되고 있다.

5131 혈액투석(hemodialysis) 01

신장이 쇠약한 환자의 혈액을 정제하는 의료과정을 의미한다. 이 과정은 다른 한 쪽에 특수한 투석(diaysis)액을 두고 혈액을 반투성 얇은 막의 한쪽으로 순환시키는 기계장치를 갖추고 있다. 혈액 노폐물은 얇은 막을 통해서 퍼지며 투석액과 함께 버리게 된다.

5132 혈액투석 02

특수하게 가공 처리된 셀로판 같은 투석막을 통해 혈액 속에 들어 있는 질소성 노폐물과 과다한 전해질, 과다한 체액을 혈액에서 제거하는 신부전의 치료방법이다.

5133 혈연가족(consanguinity family)

혈연 혹은 자연혈족이라고도 하며 혼인관계에 있는 부와 모의 생리적 소산인 친자관계가 있는 가족을 말한다. 이러한 친자관계를 친생 친자관계라고 말하며 가장 일반적인 친자관계이다. 자녀는 생물학적 부와 모로부터 반분된 피를 이어받아 쌍방의 개인적 특징을 반영하고 있다. 양친의 결합의욕은 그 사이에 생긴 자녀에 의하여 구상화되어 여기에서 자신들의 분신을 보게 되고 따라서 친근감이나 애정이 깊게 되는 것이다. 우리 민법에서는 자연혈족과 법률상 규정된 법정 혈족(양친자관계, 적모서자관계, 계모자관계)을 다 같이 포함하여 혈족이라고 한다.

5134 혈전증(thrombosis)

응혈 때문에 혈관이 막히는 현상을 의미한다. 관상동맥혈전증은 심장에 피를 공급하는 관상동맥이 심장 근육의 손상으로 막힌 것이다.

5135 혐오자극(aversion stimulus)

행동수정(behavior modification)에서, 주체가 고통스럽거나 불유쾌한 것으로 간주해서 되도록 회피하려는 객체나 상황을 말한다. → 사회학습 이론(social learning theory)

5136 혐오치료(aversion therapy)

행동치료(behavior therapy)에서 일반적으로 사용되는 하나의 절차로 행동을 혐오자극(aversion stimulus : 현실적인 것이거나 상상적인 것)과 관련시킴으로써 과식, 약물남용, 알코올중독과 같은 부적응적인 행동을 제거하기 위해서 고안된 것이다.

5137 협동교수제(team teaching)

교수(teaching)의 효과를 높이기 위해 교사의 직능이나 역할을 분화시켜서 하나의 팀을 구성하여 학생들을 지도하는 조직을 의미한다. 이 팀은 주임교사·교사·조교 등으로 구성하는 경우도 있고, 교사의 지도능력을 중심으로 몇 교사가 상호협동에서 조직하는 경우도 있다. 이것은 학급담임제로서는 학생들의 능력을 최대로 신장시키기가 어렵다는 이유에서 출발하였으며, 우수교사나 특기 있는 교사들의 소질과 능력을 충분히 발휘할 수 있다는 점에서 그 장점이 인정되고 있다. 따라서 학생들의 개인차를 고려할 수 있고 교사들의 능력을 효율적으로 활용할 수 있고, 학교의 시설과 시간을 효과적으로 이용할 수 있게 된다. 특히 이 방법은 교육공학의 활용을 통하여 교사의 인력부족을 보완할 수 있고, 교사의 직능분화로 인한 교직의 전문성을 높일 수 있는 점도 있다.

5138 협동 놀이(cooperative play)

한 가지 목표를 위해 여러 명의 어린이가 일하는 사회적 놀이 형태를 말한다. 각 어린이는 다른 어린이들의 견해나 욕구를 고려해 가면서 놀이에 참여한다. 예컨대 두 세 명의 어린이가 함께 건물을 만드는 놀이를 한다면 이때 아이들 상호간에 어떤 종류의 건물을 지을지, 각자 무엇을 만들지에 대한 상호 의견교환이 있어야 하며 함께 놀이 기구를 나누어 쓸 수 있어야 한다.

5139 협동조합(cooperative association)

소비자나 중소기업자와 같이 경제적으로 불리한 입장에 있는 자가 서로 협력하여 그들의 경제적 지위를 유지·향상시키기 위해 협동 출자하여 사업을 운영하는 것으로서 출자자가 곧 급여이용자가 되는 특수한 기업형태이다. 이는 다른 사기업과 달리 영리원칙이 목적이 아니라 참가한 조합원의 상호부조가 목적이다. 그러나 자본주의 사회에 있어서는 이것도 일반 사기업과 경쟁하여 생존·유지되지 않으면 안되므로, 비록 상호부조를 목적으로 한다 해도 영리원칙을 무시할 수는 없으며 오히려 이 점을 활용하지 않으면 안된다. 최근 협동조합의 공동사업은 자재의 공동구입, 제품의 공동판매, 공동창고는 물론이고 제조공법에서 슈퍼마켓에 이르기까지 다양화해지고 있다.

5140 협동치료(collaborative therapy)

가족요법형태의 하나로서 가족을 진단할 때 가족전원이 참석하여 면접을 받지만 치료할 때는 가족구성전원이 각각의 케이스워커에게 개별적인 면접을 받고 사회사업가는 정기적인 회의를 열어 각각의 가족구성원에 대한 면접과정에서 얻은 정보를 교환하면서 공동으로 치료한다. 합동요법과 비교해서 보다 개인치료에 가까운 방법이며 가족 구성원과 개별적으로 깊은 면접이 가능하다.

5141 협동학습(cooperative learning)
한 학급 전체 또는 5, 6명으로 구성된 분단이 공동의 목적을 성취하기 위하여 협력적으로 하는 학습을 의미하며 공동학습이라고도 한다. 탐구학습의 과정에서 개별적인 탐구를 지양하여 분단원끼리 공동적인 사고과정을 통해 문제를 해결하도록 지도함으로써 학생들 간의 협력심을 높이는데 공헌할 수 있는 것이다. 협력학습의 효과를 높이기 위해서는 분단원을 이질적으로 편성하는 것이 좋다고 한다. 협력학습의 형태는 특수한 학습형태라고 하기보다는 수업과정에서 필요에 따라 수시로 도입할 수 있는 방법으로서 협동작업·토의보고·관찰 등의 학습형태가 이에 포함될 수 있을 것이다.

5142 협력형지도
K. 레빈의 연구결과로 분류된 지도유형으로 집단의 방침이나 작업순서는 집단토의와 집단적 결정으로 행해지고 지도자는 그 과정을 촉진하고 협조하는 역할을 하여 작업분담이나 작업대상선택도 집단에 맡겨진다. 지도자는 성원들의 작업수행에 대한 보상과 비판을 객관적으로 하고 지도자 자신도 집단이 하는 작업에 참가한다. 이렇게 함으로써 성원들의 의식은 집단중심적이 되며 우호적이고 불평불만도 적고 일관된 작업 목표를 갖게 된다. 성원들은 목표달성에 있어서 상호의존적 관계에 있으며 동기가 부여되고 사기가 높아진다.

5143 협상(negotiation)
지역사회 조직과 사회사업의 여러 형태에서, 몇 가지 문제에 반대하는 사람들과 함께 명확하고 공정한 의사소통을 통하여, 거래와 타협을 하고 상호 수용할 수 있는 결정에 도달하도록 조정하는 과정을 말한다.

5144 협심증(angina pectoris) 01
심장근육이 피를 충분하게 공급받지 못할 때 심장에 생기는 예리한 고통을 말한다. 관상동맥이 갑자기 막힘으로써 일어나거나, 때때로 흥분 또는 정신적 피로에 의해 발생하는 협심증은 혈관을 수축시키는 약으로 치료된다.

5145 협심증 02
흉골 하부 내지는 심장부에 일어나는 동통발작을 주 증상으로 하는 질병이다.

5146 협응력(coordination)
근육·신경기관·운동기관 등의 움직임의 상호조정 능력을 의미한다. 즉 머리·어깨·입·팔·손가락 등을 시각적 탐사와 연결하여 움직이는 신체적 조절능력을 말한다. 아동은 어떤 조작적 일을 완수하기 위하여 시각과 움직임을 조정하는 훈련과 신체적 성숙을 통하여 움직임을 어떤 형태로 조절하는 것을 학습하며 그 결과 조절능력이 형성된다. 지각적 학습과 밀접한 연결을 가지고 있으며, 협응력이 없이는 아동이 감각적으로 받아들이는 정보는 아주 제한되게 된다. 협응력은 머리, 팔, 손, 손가락의 순으로 발달된다. 물건 주기, 물건 운반하기, 도형을 손가락으로 만지기, 가위질하기, 끈매기, 그림 그리기, 걸레질하기, 선(線) 따라 걷기 등이 모두 협응력을 길러주는 데 도움이 되는 활동이며 또 협응력이 이루어져야 이러한 활동이 원활히 이루어지며 후의 쓰기·읽기 학습도 가능해진다.

5147 협회(association)
특정의 제한된 기능 수행을 목적으로 의식적으로 형성된 집단이다. 이것은 지역성을 결합요소로 해서 형성되는 지리적 지역사회와는 구별된다. 학교·노인정·사고방지위원회 같은 기능별·문제별 집단이다. 지역사회의 공동생활을 가능하게 하기 위해 조직되면서 사회변동과 함께 다양화·탈지역화가 진행된다. 지역사회조직에 있어서는 이 같은 기능집단의 자주적, 민주적 활동의 육성, 집단 간의 협동관계 등이 과제가 되고 있다.

5148 형벌학(penology)
교도소 감화원 관리, 범죄예방 및 범죄와 비행자(delinquent)의 사회복귀에 관한 학문을 의미한다.

5149 형법범
경찰청·법무성이 각각의 행정목적에 따라 다르게 정의하고 있다. 경찰청에서는 원칙적으로 교통사고의 경우 업무상 중과실치사상죄를 제외한 형법상의 범죄에 도둑방지 및 처리에 관한 법률, 폭력행위 등 처벌에 관한 법률, 결투에 관한 건, 폭발물 취급벌칙, 항공기 탈취 등의 처벌에 관한 법률, 화염병사용 등의 처벌에 관한 법률, 위반을 첨가시킨 경우를 말한다. 법무성에서는 교통사고를 포함하지만 상기의 항공기·화염병 관계범죄는 제외하고 있다.

5150 형사 사법정책(criminal justice policy)
비합법적인 행위에 대처하기 위한 방법을 결정할 때 적용되는 한 사회의 지침 혹은 기존의 절차를 의미한다. 현행 미국 형사정책의 기본 요소로는 배심원이 재판할 권리, 충분한 변론을 얻을 권리, 상소와 인신보호영장을 청구할 권리, 한정판결, 전과가 없는 사람의 사소한 범죄에 대해 구속보다는 집행유예 그리고 구속기간의 행형 성적에 따른 가석방 등이 있다.

5151 형사 사법제도(criminal justice system)
범죄를 예방하거나 통제하고 불법행위자를 심판, 투옥하고 복귀시키기 위해 고안된 프로그램, 정책, 사회정치, 법적 제도와 물리적 하부구조를 말한다.

5152 형사처분
소년법에 있어서 보호처분에 대한 것으로 인정되어 있는 형벌처분을 의미한다. '사형·징역 또는 금고에 따른 죄의 사건에 대해 조사결과, 죄의 정도 및 정상에 비추어 형사처분에 해당한다고 인정될 때'에 가정재판소는 검찰관에게 형사소추를 하게하고 있다. 형벌은 성인보다 완화되어 상대적 부정기형을 도입시키고 있지만 범죄시 18세 이상의 소년에게는 형벌도 행한다. 다만 결정시 16세 미만의 소년은 형사처분으로 처리할 수 없다.

5153 형상([영] form [독] Form)

눈으로 볼 수 있는 모양을 의미하는 그리스어의 「에이도소」(eidos)라는 말의 번역어로서, 어떤 사물을 다른 것과 구별짓는 본질적 특징을 의미한다. 아리스토텔레스(Aristoteles)는 실체(substance)는 형상과 질료(matter)로 구성되어 있다고 하였다. 집을 짓는데 사용되는 목재가 질료라면 형상은 집의 개념에 상응하는 구조상의 형태를 가리킨다.

5154 형성집단(formed group)

인위적 집단이라고도 하는 것으로 특정목적이나 계획을 위하여 인위적으로 조직한 집단을 말하는 것으로 시설·병원의 재활을 목적으로 하는 치료적 집단이 그 전형적인 예이다.

5155 형식·내용([영] form/content [독] form/inhalt)

물체의 공간적인 형태와 그 물체의 실질과의 대립이 형식·내용의 대립의 가까운 예인데, 이 대립은 그것과 유사한 여러 가지 관계에 적용된다. 형식 논리학에서 말하는 사고 형식은, 의미를 도외시하고 단순한 기호로 보는 명사 사이의 논리적 관계이다. 칸트의 인식론에서는 질료로서 감각적으로 주어진 요소를 종합 통일하여 인식을 성립시키는 아 프리오리(a priori)한 요소(→ 카테고리)가 인식의 형식이 된다. 예술작품에서는 표현 방식이 형식이고, 표현되는 것이 내용이다. 형식과 내용 또는 질료라는 대립 개념은 아리스토텔레스에까지 거슬러 올라갈 수 있는데, 이것을 논리의 카테고리로서 명확히 논한 자는 헤겔이며, 유물 변증법에서도 그 기본적 카테고리의 하나로 되어 있다. 일반적으로, 형식이란 다양한 요소를 통일적인 연관·구조에 연결시키는 것을 말하며, 내용은 형식에 의해 연결되는 요소의 총체를 말한다. 형식과 내용은 모순되고 대립하는 동시에 불가분이며, 다만 추상적으로 구별될 뿐이다. 따라서 엄밀하게는, 내용은 예컨대 어떠한 형으로도 주어질 수 있는 조각의 재료와 같은 것으로서 생각되는 소재·질료와는 구별되고, 형식도 책이 종이 표지냐 가죽 표지냐 하는 것과 같은, 내용과 무관계한 외적 형식과는 구별된다. 형식과 내용은 서로 모순되고 대립하는 동시에 서로 규정하고 작용한다. 유물 변증법에서는 이 상호관계에서 내용을 결정적인 것으로 생각한다. 발전하는 사물(예컨대, 생산력 = 내용과 생산관계 = 형식과의 통일로서의 생산양식)의 경우는 내용이 형식을 결정하는 동시에, 형식은 내용에 반작용한다. 형식의 발전은 내용의 발전에 뒤떨어지며, 양자의 모순이 발전하지만 그 발전의 방식과 그 해결의 방식은 구체적인 조건에 따라 다르다. 예컨대, 자본주의 사회에서의 양자의 모순은 새로운 내용과 낡은 형식이 격렬히 충돌하여 발전하지만 사회주의 사회에서는 양자의 모순이 충돌로까지 발전하지 않고 해결될 수 있다.

5156 형식적 조작(formal operation)

피아제(J. Piaget)의 지적 발달이론에서 구체적 조작 다음으로, 약 13세를 전후하여 나타나는 조작을 가리킨다. 형식적 조작은 명제의 논리적 성격에 관한 사고이며, 이 단계에서 아동은 명제가 표현하고 있는 구체적인 내용과는 관계없이, 접합·이접·부정 등, 명제 사이의 논리적 관련을 이해하고 활용할 수 있다. 구체적 조작이 구체적인 사물에서 시작하는 것과는 달리 형식적 조작은 「보이지 않은 가능성」을 먼저 상상하는 조작이다. 소위 「가설 연역적 사고」는 형식적 조작기에서 비로소 가능하다. → 구체적 조작

5157 형식적 조작기(formal operations stage) 01

피아제 이론 Piaget theory에서, 청소년기에 일어나는 발달단계를 의미한다. 이 단계는 좀 더 큰 사고의 유연성, 논리적·연역적 사고능력의 향상, 복잡한 쟁점을 다양한 시각에서 볼 수 있는 능력, 자기중심주의(egocentrism)의 감소 등이 특징이다.

5158 형식적 조작기(formal operational period) 02

피아제(J. Piaget)가 주장한 인지발달의 연속적 체제 중 가장 상위에 속하는 네 번째의 인지발달 단계를 의미한다. 형식적 조작기는 11~12세경에 발달하기 시작하며 약 14~15세까지 발달이 계속된다. 이는 인지발달에 관련된 것이므로 신체적 발달과는 무관하다. 형식적 조작기의 특징은 아동이 논리적 사고 과정을 사용할 수 있는 능력이 증가하는 것으로서, 이 단계의 아동은 추상적 개념을 이해하고, 사고하고, 문제를 해결하는 데에 구체적인 사물이나 사상이 없이도 이 추상적 개념을 활용할 수 있다. 가능한 모든 논리적 형식을 조작할 수 있다는 뜻에서 이 이름이 붙여졌다.

5159 형태발생(morphogenesis)

체계이론(systems theories)에서 사용되는 개념으로, 살아있는 체계가 그 구조를 바꾸고, 상이한 구조를 가진 체계로 진화하는 것을 묘사하는 용어이다. 형태발생을 지향하는 체계의 성향은 형태안정을 지향하는 체계의 경향과 동일한 힘으로 작용할 때 균형을 이루게 된다.

5160 형태소(morpheme)

의사소통 이론(communication theory)에서 의미 있는 언어의 기본단위를 말한다. 형태소에는 단어, 접두사, 접미사 등이 포함된다.

5161 형태안정
체계이론(system theory)에서 사용되는 개념으로, 기존의 구조를 유지하고 변화에 대해 저항하는 살아있는 체계의 성향을 묘사하는 것을 의미한다. 형태안정을 지향하는 체계의 성향은 형태발생(morphogenesis)을 지향하는 체계의 성향과 동일한 힘으로 작용할 때 균형이 이루어진다.

5162 형평(equity)
어떤 사람이 권리와 주장이 어떻게 실현될 것인지를 결정하는 어떤 체계(예컨대, 형사 사법제도(criminal justice system)와 사회복지(social welfare)체계를 포함하고 있는 공정하거나 공평한 상태를 말한다.

5163 혜민국
고려 때 백성의 질병을 고쳐주기 위하여 설치한 의료기관이다. 예종 7년(1112년)에 두었으며 충선왕 때 사의서의 관할로 되었다가 공양왕 3년(1391년) 혜민전약국으로 개칭하였다. 혜민국에는 판관 4명을 두었는데 본업(의관)과 산직을 교대로 보내어 일을 담당하게 하였다.

5164 혜민서
조선시대 때 구차한 백성에게 시료하는 일을 맡은 관아로 태조 원년 (1392)에 베풀었던 혜민국을 세조 12년(1466)에 서로 올렸고, 고종 19년(1892)에 폐하였음.

5165 호봉 재획정(Re-settlement of Salary Grade)
사학연금의 경우, 교직원이 재직 중 새로운 경력을 합산할 사유(자격, 학력변동 포함)와 승급 제한기간을 산입하는 경우 또는 호봉 재획정 방법이 변경되는 경우에 호봉을 재획정함을 말한다.

5166 호손 실험(Hawthorne experiment)
미국 시카고시 근교에 있는 전선전화계통의 서부전기회사 호오손 공장에서 1924~32년에 행해진 일련의 연구를 말한다. 작업능률·생산성은 물리적 환경조건이나 작업방법에만 결부된 것이 아니라 인간관계, 감독방식, 작업자 개개인의 노동의욕 등과 밀접한 관계가 있음을 밝히고 있다. 고정청취에 의한 의사소통의 개발, 비공식집단, 비공식 감독자의 존재에 대한 중요성을 밝힌 것에 본 실험의 의의가 있다.

5167 호손효과(Hawthrone effect)
사회조사에서 종종 나타나는 것으로, 실험대상자들이 지켜보고 있다는 사실을 의식함으로써 그들의 전형적인 것과 다르게 행동하는 현상을 의미한다. 예컨대, 정신병원에서 보호를 받고 있는 사람들의 상호작용을 관찰하는 사회사업가는 보호받는 자가 지켜보고 있지 않을 때 나타나는 것과 동일한 행동을 관찰하지 못할 것이다.

5168 호스피스(hospice)
임종기에 있는 노인이나 죽음이 임박한 환자를 입원시켜 수명을 연장시키기 위한 치료보다 병고를 덜어주기 위한 보호로 가족과의 면회기회나 자유로운 종교 활동 등을 도입한 시설을 말한다. 영국 등에서는 이 같은 전문병원이 세워져 있다. 호스피스의 어원은 종교단체 등이 운영하는 여행자 숙박소, 빈민·행려병자들을 위한 수용소를 말한다.

5169 호스피스 보호(hospice care)
말기환자들을 위해 병원이 아닌 가정과 같은 시설에서 건강, 가정조성자, 사회봉사를 제공하는 것을 의미한다.

5170 호스피탈리즘(hospitalism)
아동이 수용시설이나 병원 등에서 가정으로 부터 장기간 떨어져 양호를 받을 때 생기는 심신의 발달장애를 총칭하는 용어로서 구미의 임상심리학자, 정신질환자의 연구에 의해 밝혀졌다. 주된 증후로서는 ① 신체·지능·사회성·자아의 발달장애 ② 손가락 빨기·야뇨 등의 신경증적 경향 ③ 마음이 여리고 공격적 또는 도피적 경향·시설 외 생활적응 곤란 등, 대인관계 장애의 세 가지 측면이 지적되고 있다. 그러나 양호조건의 개선에 따라 신체적 발달장애는 거의 기반되고 심리, 정서적 발달장애의 해결에 관심을 쏟고 있다.

5171 호적상태(goodness of fit)
어떤 체계 내의 사람 또는 다른 요소가 상호 안정을 추구하도록 환경에 적응하거나 환경을 조절할 수 있는 정도를 말한다. → 적응, 생태학적 관점, 생활모델

5172 호주
호주는 일가의 계통을 계승한 자(호주승계인), 분가한 자, 기타 사유로 일가를 창립하거나 부흥한 자가 된다. 호주승계의 순위는 ① 피승계인의 직계비속남자, ② 피승계인의 가족인 직계비속여자, ③ 피승계인의 처, ④ 피승계인의 가족인 직계존속여자, ⑤ 피승계인의 가족인 직계비속의 처의 순이다(984조). 따라서 여자도 호주가 될 수 있고, 승계순위가 동일한 자가 수인인 때에는 최근친, 연장자를 선순위로 한다. 직계비속의 처가 수인인 때에는 그 남편의 순위에 의하고 같은 촌수의 직계비속 중에서는 혼인중의 출생자를 선순위로 하며, 양자는 입양한 때에 출생한 것으로 본다(985조). 이러한 호주 승계권은 포기할 수 있다(991조). 그리고 ① 고의로 직계존속, 피승계인, 그 배우자 또는 호주승계의 선순위자를 살해하거나 살해하려 한 자, ② 고의로 직계존속, 피승계인과 그 배우자에게 상해를 가하여 사망에 이르게 한 자는 호주승계인이 되지 못한다(992조). 호주승계개시의 원인은 ① 호주가 사망하거나 국적을 상실한 때, ② 양자인 호주가 입양의 무효 또는 취소로 인해 이적된 때, ③ 여호주가 친가에 복적하거나 혼인으로 인해 타가에 입적

한 때이다. 호주는 동양에 있어서 전통적인 가(家)의 제도에 의하여 인정되는 지위이며, 전근대적인 제도이므로 일본에서는 폐기되었다. 한국에서는 아직 유지되고 있으나 1989년의 민법의 일부 개정으로, 옛날의 가부장적인 강대한 권한은 모두 삭제되어, 가족의 대표자로서 상징적인 존재에 지나지 않게 되었다. 민법상 호주가 가지는 권리는 친족회에 대한 여러 권리(966 968 969 972조)와 타가의 가족으로 입적하기 위하여 거가하는 직계비속에 대한 거가동의권(784조 2항)밖에 없다. 호주는 가족에 대해 아무런 의무를 부담하지 않는다. 분묘에 속한 1정보 이내의 금양임야와 600평 이내의 묘토인 농지, 족보와 제구의 소유권은 제사를 주재하는 자가 이를 승계하며(1008조의 3), 호주가 당연히 승계하는 것이 아니다. 일가창립 또는 분가로 인해 호주된 자는 타가에 입양하기 위하여 폐가할 수 있으나, 일가를 계승한 호주는 폐가할 수 없다(793조). 그러나 여호주는 혼인하기 위하여 폐가할 수 있다(794조).

5173 호주제
호주제란 관리, 공시제도의 한 가지 종류를 말한다. 호주제는 곧 호적제도를 말하는 것이고, 한 가족을 단위로 그 가족을 하나의 공적부에 기록을 하는 것을 말한다. 그 가족의 관계를 설명하기 위해서는 기준자가 필요한데 그것이 지금의 호주이다. 즉 현행 호주는 곧 기준자를 말한다. 요약하면, 국민을 따로따로 관리, 공시하지 않고 가족단위로 묶어서 하나의 공적부에 기록한 것이 곧 호적이고, 이 제도가 호주제도이다. 과거에는 가계승계라는 의미가 있었지만, 법률개정에 의해 이제는 사라졌다.

5174 호프만식 산정법([독] Hoffmannsche Methode)
무이자 기한부 채권의 기한이 아직 도래하지 않을 때에 그 현재가액을 산정하는 방법의 하나이다. 소요의 현재가액에 대해 현재(예 : 파산선고 때) 이후 변제기에 이르기까지의 법정이자(단리법에 의한다)를 더한 것을 채권의 명의액과 평등하게 하여 산출한다. 채권의 명의액을 S, 변제기간까지의 연수를 n, 법정이율을 I로 한다면 현재의 채권의 가액 P는 P = 1 + ni/s 로 표시된다. 손해배상액의 산정 그 밖의 경우에도 이 방법이 사용되는 일이 많다. 칼풋쵸웨식 산정법에 비하여 정확하고, 또 라이프닛츠식 산정법에 비하여 간명하기 때문이다. → 중간이자

4175 혼인([영] marriage [독] Ehe) 01
사회제도로서 보장된 남녀의 성적 결합관계 또는 그 관계에 들어가는 법률 행위. 역사적으로는 난혼·군혼·개인혼·일부제(일부다처제·일부일처제)라는 변천을 거쳤다고 추측되고 있다. 민법이 인정하는 혼인은 일남 일녀의 합의에 바탕을 둔 일부일처제이다. 혼인은 호적법에 의한 신고가 없으면 성립되지 못한다. 이 요건을 갖추지 않은 것은 이른바 내연의 부부이다. 신고가 수리되기 위해서는 일정한 실질적 요건이 갖추어져야 한다. 즉 당사자에게 혼인할 의사가 있어야 하는 외는 양자가 혼인의 적령(남자 18세, 여자 16세)에 이르고, 또 여자의 재혼의 경우는 대혼기간중이 아님을 요한다. 이들 요건이 흠결한 혼인은 무효가 되거나 취소할 수 있다. 사기·강박에 의한 혼인도 취소할 수 있다. 혼인의 취소는 반드시 소송에 의하지만 거기에는 소급효가 없으며, 취소판결이 확정된 때부터 혼인을 소멸시킴에 불과하다. 혼인의 효과는 재산법적 효과와 인격법적 효과로 나눈다. 전자는 부부재산제의 문제이다. 후자는 (가) 부부는 동거하면서 서로 부조하고 협조할 의무를 지는 것, (나) 부부는 가사의 대리권을 서로 가지는 것, (다) 부부간의 계약을 혼인 중 언제든지 부부의 일방이 취소할 수 있는 것, (라) 서로 정조의무를 지는 것 등이다. 그리고 혼인관계는 이혼 또는 당사자의 일방의 사망에 의해 소멸된다.

5176 혼인 02
혼인이라 함은, 결혼 즉 부부가 되는 것을 말한다. 혼인은 호적법이 정하는 바에 따라 신고함으로써 성립한다. 친족법상의 혼인(제약은)은 우선적·도덕적 견지에서 다음과 같은 제한(수리요건)이 있다. ① 결혼적령(남자 만 18세, 여자 만 16세)에 도달해 있어야 한다. ② 미성년자와 금치산자는 부모·후견인 또는 친족회의 동의를 얻어야 한다. ③ 동성혼인 등은 금지된다. ④ 배우자가 있는 자는 중혼이 금지된다. ⑤ 여자는 이혼한 후 바로 재혼하지 못한다. 혼인신고는 당사자 쌍방과 성년자인 증인 2인이 연서한 서면으로 해야 하며 이에 위반함이 있을 때에는 수리되지 않는다.

5177 혼자 놀이(solitary play)
2, 3세 어린이에게 흔히 볼 수 있는 놀이의 형태로, 그림 맞추기·그림책 보기·인형 놀이·적목 쌓기·기차놀이·자동차 놀이·악기 다루기 등의 놀이를 주위에서 일어나는 사실과 무관하게 혼자 노는 것을 의미한다.

5178 혼전합의(prenuptial agreement)
결혼을 앞둔 남녀가 이혼, 혼인무효 또는 사망 등의 경우에 대비하여 각각의 의무를 규정해놓은 계약을 말한다.

5179 혼합가족
분리된 가족이 결혼이나 다른 상황으로 결합됨으로써 형성되는 가족을 말한다. 이는 또한 성원들이 함께 거주하고 전통적인 가족의 역할을 취하는 여러 혈연 또는 혹은 비혈연적인 집단을 말한다. 몇몇 가족치료자들은 이 용어를 가족관계에서 자주적인 역할을 수행하지 못하거나 그들 자신을 명확히 하지 못하는 가족집단에 적용한다.

5180 혼합경제(mixed economy) 01
자본주의 체제에서도 민간부문(서로 자유 경쟁하는 개인, 가

계, 사적 기업으로 이루어짐) 이외에 국가 또는 다른 공공단체가 일정한 경제적 기능을 영위하는 경우가 있는데, 이처럼 산업국유화나 정부지출을 통해 공공부문이 국민경제 가운데서 커다란 역할을 하게 되는 경제적 편성을 혼합경제라 한다. 이러한 혼합경제의 출현은 역사적으로 제1차 세계대전 이후의 특수한 상황을 배경으로 하고 있으며, 이론적으로는 1930년대 이후의 케인즈 경제학을 기초로 하고 있다.

5181 혼합경제 02

자유 경제 체제를 원칙으로서 하면서 강력한 계획성을 가미한 경제 체제이다. 수정자본주의와 비슷한 것으로 주로 후진국에서 취해지고 있다. 민간인의 자유와 창의를 최대한으로 존중하는 가운데 중요 산업에 대해서만 정부의 통제권을 확대해 국민 경제가 균형적인 성장을 이룩할 수 있도록 정부의 지도적인 역할을 인정하는 경제체제이다.

5182 혼합보험([영] cndowment insurance [독] gemischte Versichte)

피보험자가 일정한 연령에 이르기 전에 사망한 때 또는 일정한 연령에 이른 때에 보험금이 지급되는 생명보험, 사망보험과 생존보험의 결합으로서 이른바 양로보험이 그 적례이다.

5183 혼합사례 상환(case-mix reimbursement)

정부나 제3자의 조직이 특정 기간에 대상 집단에게 서비스를 제공하기 위하여 요양원이나 병원과 같은 기관에 예산을 투여하는 체계를 의미한다. 보통 기관에 지급되는 양은 개인의 특수한 보건 요구에 달려 있는 것이 아니라, 도움을 제공하는 집단이 요구하는(보호대상 집단에 필요한) 서비스의 다양성에 달려 있다. 진단 관련 집단(DRGs : diagnostic related groups)의 제도는 혼합사례 상환의 한 형태이다.

5184 혼합수용

대상을 불문하고 동일시설에 함께 수용하는 시설수용의 낡은 형태이다. 지금은 그 대상의 종류, 문제종류별로 구별하여 각기 고유의 시설이 제공되는 분류수용이 행해지고 있다. 혼합수용은 과거 구빈원이 그 전형이며 고아원이나 전후의 유랑아수용시설도 하나의 혼합수용이라 할 수 있다. 한편 분류수용은 현대합리주의에 의한 전개로 특정의 능률을 올리는데 유효하지만 동일수준의 자로만 한정시키는 것은 인간상호의 전면적 발달을 방해한다는 문제점을 남기고 있다. 따라서 계획적인 혼합의 새로운 가치가 요구될 필요가 있을 것이다.

5185 홀로사는 노인

→ 독거노인

5186 홀론(holon)

A. Koestler가 사용한 용어로 하나의 체계는 보다 큰 상위체계의 부문임과 동시에 하위체계에 대해 그 자체가 상위체계가 되는 것을 말한다.

5187 홀리스-테일러 보고서(Hollis-Taylor report)

전문직의 점진적인 특수화와 세분화를 입증하고 문제의 사례별 치료에 대한 지도를 강화하기 위해서, 홀리스(Ernest Hollis)와 테일러(Alice Taylor)가 수행한 사회사업 교육에 관한 1951년의 연구를 말한다. 이 보고서는 사회사업 교육이 더욱 포괄적으로 지도되고 사회문제와 사회행동에 더 많은 관심을 가져야 한다고 주장한다. 이들 주장의 대부분이 전문직에 수용되었으며 현행 사회사업교육의 목표에 기초가 되었다.

5188 홀트아동복지회

한국과 세계 각국의 기관·독지가 및 양부모들의 후원을 받아 운영되는 사회복지법인으로, 1955년 10월에 미국인 H. 홀트가 6·25전쟁으로 인한 혼혈전쟁고아 8명을 입양하고, 다음 해 내한하여 구세군 대한본영 내에 사무실을 개설하고 입양업무를 시작한 것이 첫 출발이었다.

5189 홈스테드 법(Homestead act)

서부에 있는 광활한 토지에 인구를 정착시킬 것을 목적으로 1862년에 제정된 연방 법령을 의미한다. 이 법은 어떤 미국시민이든지 그 땅에 5년 동안 살기로 동의하면 임자 없는 정부 토지 160에이커를 무상으로 받을 수 있는 권한을 부여했다.

5190 홈케어서비스(home care service)

일본에서 실시되고 있는 서비스로서 가정에 누워있거나 허약한 고령자, 혹은 장애인 등을 개호할 경우 개호자의 부담을 경감하기 위해 전문가에 의해 홈케어서비스를 받을 수 있다. 가정에서의 서비스로는 청소 등의 가사원조와 환자의 몸을 물수건으로 닦아주는 일, 욕창예방, 입욕개호 등의 개호서비스가 있지만 홈케어는 후자를 가리킬 때가 많다. 지자체나 병원의 방문간호부, 보건부 등이 중심적 역할을 담당하고 있지만 오늘날에는 개호복지사의 제도화에 따라 기업서비스의 확대도 기대되고 있다.

5191 홈헬퍼(home helper)

→ 가정봉사원

5192 홈헬프 코디네이터(home helper coordinator)

주거서비스를 제공하는 경우 이용자와 일하는 사람과의 관계를 조정 하는 자로 파견자결정의 적부의 판결, 이용자와의 갈등해소, 봉사원 교육 등을 조정하며 이용자의 가정 사정, 파견자의 능력이나 이용자와의 성격분석 등을 고려한다. 또 서비스를 효과적으로 수행하기 위해 최근에는 복지시책, 의료기관 등 관련기관과의 조정도 중요하다.

5193 홉킨즈(Hopkins, Harry : 1890~1945)
미국 뉴딜시기에 활약한 사회사업의 공적인 책임자를 말한다. 1931년 '뉴욕 결핵예방 공중위생협회'의 사회사업가였을 때 당시 뉴욕 주지사였던 프랭클린 루즈벨트의 눈에 띄어 임시 긴급 구제국(TERA)의 사무국장으로 발탁되었다. 루즈벨트대통령 취임과 함께 그의 오른팔로 연방 긴급 구제국(FERA)의 국장이 되었으며, 1934년에는 '경제보장위원회'의 위원으로 '사회보장법'의 기초에 관여하였다.

5194 홍등가(red-light district)
매춘, 성애물 전문상점(sexually oriented shops) 및 클럽, 마약관련 범죄 등이 집중되어 있는 지역을 의미한다.

5195 홍보(public relations)
공공기관, 조직, 단체가 사업을 실시하려 할 때 공적 또는 사회적으로 관계있는 사람들에게 그 사업의 취지 및 내용을 전달하고 주민이 사업을 지지하고 참가·협조하도록 만드는 조직적 활동으로 주민의 입장을 중시해야 한다. 홍보를 PR이라고도 하나 PR은 공청을 포함한 개념으로 주민과 조직 사이에 바람직한 관계를 형성한다는 원리가 내포되어 있다.

5196 홍보교육(public relations education)
홍보는 발신자의 의도를 수신자에게 확실히 전달하려는 활동이지만 일방적 발신이 아닌 상호교류가 필요하다. 또한 상대방의 이해를 얻었다 하더라도 그것을 실천과 결부시키는 것은 곤란하다. 특히 사회 복지활동에서는 서로 의견교환을 하거나 실천과 학습을 결부시키는 등의 교육적 요소를 가하는 것이 요건이 된다. 홍보교육은 앞으로의 홍보활동 방향을 제시하는 말이기도 하다.

5197 홍수(법)(flooding)
불안 유발 자극이 제시되는 행동 치료 상의 한 절차를 의미한다. 현실에서나 상상 속에서 절차를 규칙화하거나 강화시킴으로써, 결국 환자는 불안에 대해 반응하는 것을 그친다. → 내파치료(implosive therapy)

5198 화이트칼라(white collar)
정신적·지적 노동을 주체로 하는 근로자의 속칭으로 전문직·기술직·관리직·사무직 종사자가 여기에 해당한다. 육체적 노동을 주로 하는 블루칼라(blue collar)와 대치되는 개념이다. 이들은 자본가와 노동자의 중간에 위치해 학력·수입·승진의 기회 등에서 스스로를 노동자로부터 구별하는 차별의식을 갖고 있으며 소시민적 성격이 강하다. 오늘날 기술혁신의 진전은 양자의 구분을 불분명하게 하고 있으며 사실상 블루칼라화한 사무근로자 혹은 서비스산업 종업원(시간제근무 종업원 포함)을 그레이칼라(grey collar)라고 부른다.

5199 화이트칼라 02
정신적·지적 노동을 주로 하는 노동자의 속칭을 의미한다. 사무노동자나 기술자 등이 이에 해당된다. 육체노동을 주로 하는 블루칼라에 대응하는 호칭이며 직원과 공원을 구분하는 경우 전자가 대개 화이트칼라에 속한다. 이 말의 유래는, 일을 할 때 전자가 신사복과 넥타이, 후자가 청색 작업복을 착용한데서 비롯되었다. 후자는 일급제의 임금을 받는데 대해 전자는 월급제의 봉급을 받는 경우가 많아 샐러리맨으로도 불린다. 오늘날에 와서는 양자의 구분은 불분명해지고 있으며, 생산 공정에서 관리직 업종에 종사하는 자 등 중간층을 그레이칼라로 부르기도 한다. 최근에 와서 생산부문의 물적 생산성이 높아져 블루칼라 노동자수가 상대적으로 감소하는 반면 화이트칼라 노동자수의 상대적·절대적 증가를 엿볼 수 있다.

5200 화이트칼라 03
사무직 노동자, 지적·정신적 노동을 수행하는 고용되어진 자를 말한다. 자본주의의 발달과 경제 성장을 통해 등장한 새로운 중간계급으로, 관리 업무나 전문화된 각종 사무 분야에 종사하는 사람이다. 흔히 육체노동자를 블루칼라(blue collar)로 말하는 것에 대비되는 표현이다.

5201 화이트칼라 범죄(white-collar crime) 01
전형적으로 사업가, 공무원, 사회의 부유한 구성원들이 저지르는 비폭력적 불법행위. 이러한 범죄는 횡령, 사기, 문서위조, 탈세, 신용카드의 부정 이용, 증권 조작, 뇌물수수, 컴퓨터 범죄를 포함한다. 사회에 미치는 화이트칼라 범죄의 피해는 노상범죄(street crime)의 피해보다 몇 배나 크다.

5202 화이트칼라 범죄 02
화이트칼라 계층이 자신의 직업적 지위에 내재한 권력을 직무와 관련시켜 남용함으로써 저지르는 범죄를 의미한다. 넓은 뜻으로는 유가증권 위조 및 횡령, 컴퓨터 스파이 등의 경제범죄, 기업범죄, 법인범죄 개념과 중복된다. 화이트칼라 범죄는 현대에 올수록 발생빈도가 높아지고 지능적인 양상을 나타내고 있다. 뇌물증여, 탈세와 외화밀반출, 주식·기업 합병, 그린벨트 해체에 관한 정보의 누설, 가격담합, 공무원의 부패현상, 나아가 공정거래법과 근로기준법 위반 사안까지 포함시킨다면 넓은 뜻의 화이트칼라 범죄는 자본주의 사회의 일상적 현상으로 구조화되어 있다. 그럼에도 불구하고 화이트칼라 범죄는 중벌을 받는 일이 적다. 이 범죄로 인한 국민경제의 피해 정도와 범위는 형사범과는 비교가 안될 정도로 크지만 대부분 민법으로 처리된다. 비판 범죄론에서는 이와 같은 가벼운 처벌방침은 이러한 불법행위를 범죄화하지 않으려는 체제의 욕구에 기인한다고 분석한다.

5203 화폐적 욕구(monetary needs)
사회복지욕구의 충족은 금전급여와 현물급여로 대별할 수 있지만 화폐적 욕구라 함은 금전급여에 의해 충족 가능한 욕구를 의미하는 것으로 조작적으로 사용되는 말이다.

5204 화학치료(chemotherapy)
화학작용을 이용하여 암과 같은 질병을 치료하는 것을 의미한다.

5205 화해(rapprochement) 01
말러(Margaret Mahler)가 제안한 용어로 생후 18개월에서 2살까지 계속되는 인간발달의 분리개성화(separation-individuation) 과정에서 제4위 하위 국면(sub phase)을 말한다. 말러에 의하면 만약 이 기간에 고착(fixation)이나 일탈이 일어나면 노후에 혼란(borderline)이나 자기도취적(narcissistic) 장애를 가져올 가능성이 있다.

5206 화해(conciliation) 02
둘 또는 그 이상의 단체가 서로의 차이점을 최소화하거나 없애려는 중재과정을 의미한다. 여기에서 사회사업가의 역할은 대개 자문 및 중재이다. → 중재자 역할(mediator role) 및 중재, 이혼(mediation, divorce)

5207 화해자 역할(placater role)
다른 사람에게 전하는 의사전달의 반복 형태로서, 특징은 이야기 할 때 상대방의 비위를 맞추고 사과하며 의견 충돌을 피하면서 관련된 다른 사람의 동의를 얻으려 하는 것이다. 이 역할을 구분한 사티어(Virginia Satier)는 이러한 유형의 사람을 타인의 동의 없이는 못 견디는 '예스 맨'(yes-man)으로 묘사하였다. 이와 다른 역할로는 비난자 역할(blamer role), 숙고자 역할(computer role), 전환자 역할(distracter role) 등이 있다.

5208 확대가족(extended family)
부부, 자녀 이외에 조부모 또는 형제 등 방계친족이 동거하는 가족이며, 대가족·확장가족 또는 3세대가족이라고도 한다. 우리나라의 가족제도에서는 가장을 중심으로 하는 3세대 확대가족이 점차 감소하고, 핵가족은 증가하고 있다. G. P. 머독이 핵가족에 대비하여 사용한 'extended family'의 역어로, 대가족보다 개념이 명확하다.

5209 확률(probability)
어느 시행의 결과, 혹은 자연적인 현상에서 어느 특정한 사건의 발생 여부를 확실히 알 수 없을 때, 그 사건을 「우연적 사건」이라고 하고 그 우연적 사건이 일어날 수 있는 가능성의 정도를 그 시행 횟수나 자연현상에의 비율을 0과 1 사이의 수치로서 나타낸 것을 의미한다. 어떤 특정한 사건이 발생할 수 있는 가능성이 모든 다른 사건의 각각이 발생할 수 있는 가능성과 같을 때, 모든 사건의 발생 가능성 중에서 문제의 사건이 발생할 가능성을 전체와의 비율로서 나타내는 확률을 「선험적」(a priori) 확률이라고 하고, 실제로 시행해 본 전체의 횟수와 그 문제의 사건이 발생한 횟수와의 비율로서 나타내는 것을 「경험적」(empirical 혹은 a posteriori) 확률이라고 한다.

5210 확률표본 추출(probability sampling)
사회과학 연구 시 발생 가능성, 즉 주어진 사례가 모집단에서 선택될 수 있는 개연성의 수준을 계산할 수 있도록 체계적으로 사례를 추출하는 것을 말한다. 이 방법으로 표본이 모집단을 대표할 수 있는 경향의 정도를 산정할 수 있다. → 무작위 표본

5211 확인된 환자/클라이언트(identified patient/client)
치료와 원조 또는 사회 서비스에서 외관상으로 확인된 가족이나 사회집단의 성원을 의미한다. 비록 이 환자와 관련된 사람들이 이 환자와 비슷하거나 더 많은 문제를 가지고 있거나, 치료자와 사회사업가로부터 유사한 도움을 필요로 하며 그런 도움을 받고 있다 할지라도, 이 환자는 전형적으로 그와 관계가 있는 사람들에 의해 '병든'(sick) 혹은 '미친'(crazy) 사람으로 간주된다.

5212 환각(hallucination)
마약에 의한 환상이 널리 알려지고 있으나 환각은 약물 없이도 생길 수 있으며 외부의 자극이 없는데도 불구하고 마치 자극이 있는 것으로 지각하는 현상이다. 이것은 병적인 상태에서만이 아닌 정상적인 경험으로 나타날 수 있고 뇌의 장애가 있는 경우나 정신병, 신경병에서도 일어날 수 있다. 정신병 환자에게 나타나는 환각의 대부분은 감각장애라기보다도 인격의 심각한 장애가 원인으로 보여지고 있으며 망상과 밀접하게 결부되어 있다. 즉, 환각은 망상을 일으키는 등의 정신상태에 있을 때 나타나는 경우가 많다.

5213 환각제(hallucinogen) 01
복용했을 때 환각(hallucination)을 일으키는 약물 또는 화약약품을 의미한다. 실례로서 엘에스디(LSD)와 메스칼린(medcaline) 등이 있다.

5214 환각제 02
뇌로 전달되는 정상적인 화학반응을 방해하여 뇌의 화학상태를 바뀌게 하여 실재하지 않는 것을 느끼거나 실재하고 있는 것을 무시하거나 하는 환각(hallucination)을 일으키게 하는 물질이다. 환각제로는 먼저 식물 중에 환각을 일으키는 화학물질을 가지고 있는 것으로 멕시코 산(産) 아마니타 무즈카리아(Amanita Muscaria)라는 버섯과 대마가 있다. 또 합성된 리세르긴산(lysergic acid) 유도체로 대표적

인 LSD가 있다. 그 외 DMT(Dimethyltryptamine) 마리화나(marihuana)가 있다. 비장애인이 환각제를 복용하면 대체로 시력장애, 혈압상승, 빈뇨 등 자율신경계에 영향이 있고 쾌감, 과대망상 등의 감정변화, 집중력장애, 엉뚱한 생각 같은 사고과정 변화가 일어나며 심하면 환각을 일으키는 감각이상이 있다.

5215 환경([영] environment [독] umwelt) 01
개체의 발달에 영향을 미치는 외적 조건과 요인의 총체, 환경은 개체의 주위에 존재하는 것으로, 크게는 물리적 환경과 사회적 환경으로 구분된다. 물리적 환경은 지리적 환경 또는 생태적 환경으로 유형적이다. 이에 비해 사회적 환경은 심리적 환경 또는 행동적 환경으로 무형적 환경이다. 교육에 있어서 환경의 중요과제는 학력·지능·인성에 미치는 환경적 변인을 찾아 가정·학교·사회의 영역을 통해서 어떻게 적절히 구성하여 줄 것인가에 있다.

5216 환경 02
일반적으로 자연적·물리적 환경 즉 물이나 공기, 토양, 동식물, 건축물, 구조물 등과 사회문화적 환경 즉 제도, 관습, 기술, 생활양식 등의 두 요소로 구분된다. 그 밖에 객관적 환경과 인지적 환경, 직접적 환경과 간접적 환경, 현실 환경과 의사환경 등과 같은 대비적 분류도 있다. 인간은 자신을 둘러싼 환경에 적응하고 또 환경을 변화시키면서 생존하고 있는데, 건강하고 쾌적한 환경이 생존의 유지에 가장 중요하다.

5217 환경 속의 인간관점 (person-in-environment perspective)
사회사업가와 다른 전문가들 가운데서 클라이언트를 환경체계의 일부로 간주하는 관점을 의미한다. 이 관점은 개개인, 관련된 타인, 물리적 환경 및 사회적 환경 간의 호혜적 관계와 기타의 영향들을 포함한다.

5218 환경개선(environmental reform)
영국정부가 1950년에 밝힌 바에 의하면, 사회복지는 ① 개인적 서비스 ② 환경개선 서비스로 나누어지며, 환경개선사업에는 공중위생, 주택 정책, 도시 및 농촌계획 등이 포함된다. 종래의 사회사업은 환경을 주어진 것으로 보고 사회적 부적응상태에 있는 사람을 환경에 적응토록 조정하는 것을 중시하였다. 그 후 인간과 환경과의 관계를 새롭게 인식하게 되어 환경에 작용함으로써 문제해결에 조력하는 방법이 사회사업에 도입되었다. 그리고 사회변동에 의한 다양한 환경파괴가 복지욕구와 깊은 연관이 있다는 인식이 깊어지면서 주로 지역사회조직의 분야에서 환경 그 자체의 개선에 주력해야 한다는 주장이 대두되었으며, 이를 계기로 환경개선이 사회복지의 영역에 포함되었다.

5219 환경결정론(environmental determinism)
인간이나 동물의 행동과 성격은 유전적 요인에 의해 결정되는 면이 적지 않지만, 그 이상으로 환경적인 요인이 중요하다는 관념을 말한다. 대단히 뛰어난 유전적 특질도 환경조건이 좋지 못하면 잠재적 가능성을 발현할 수 없다. 또 출산직후 인지가 기억 속에 남아있게 되므로 뇌에 특별한 장애가 있는 경우를 제외하고는 지능까지도 환경에 의해 결정된다는 것은 늑대소년의 예에서도 증명되고 있다.

5220 환경권(environmental right)
건강하고 쾌적한 환경에서 생활할 권리를 말한다. 환경의 침해를 거부할 수 있는 배타적 권리로서 생존권적 기본권의 하나이다. 환경권의 법리는 우선 환경오염의 배제를 청구할 수 있고 그 위험이 예상될 경우 예방청구권을 행사할 수 있어야 한다. 1972년 스웨덴의 스톡홀름에서 '유엔 인간환경선언'이 채택된 이후, 환경권의 이념이 세계 각국의 법체계에 흡수되었고 종래의 사후 피해방지나 단순한 위생법적·공해법적인 성격을 넘어 보다 적극적인 적정관리체제로의 변화를 모색하게 되었다.

5221 환경보전(environmental protection)
공해를 방지하고 환경을 보호하는 것을 의미한다. 공해피해가 심할 때 또는 공해문제에 대한 인식이 낮을 때 관계자의 관심은 피해구제나 사후처리에 집중된다. 피해의 정도가 약화되고 이미 발생한 피해에 대한 대응이 일단락되면 사람들의 관심은 적극적으로 환경을 지키는 일에 집중된다. 1970년대 말부터 보다 좋은 환경 만들기를 포함한 환경보전에 관심이 높아진 후 1980년대에 들어와 국민신뢰(national trust) 운동 등과도 연계되었다.

5222 환경성격
평가척도 환경의 질을 판단하기 위한 평가기준의 하나이다. 실험적 척도와는 다르며 환경상태의 평가를 위한 비중을 임의로 정하는 척도로서 1인 이상 평가자의 임의적 평가에 근거한다. 평가척도 그 자체는 사회적 지위를 측정할 때 크게 유효하다고 하지만 이는 곧 인간의 건강이나 생명에 관계되는 것인 만큼 평가자의 입장에 따라 평가결과가 달라질 수 있다는 점에 유의해야 한다.

5223 환경수정(environmental modification)
→ 환경치료

5224 환경오염(environmental pollution)
공해와 동의어로 사용되는 경우가 많지만, 공해는 가해-피해관계를 포함하는 개념인데 반해 환경오염은 이 같은 관계가 명확치 않다는 점에서 본질적으로 상이하다. 통상 오염원을 알지 못하는 가운데, 단지 유해유독물질이 환경에 배출되어 자연환경이나 생활환경이 악화되는 현상을 지칭한다. 유사어에 환경파괴(environmental disruption)와 환경파탄(environmental destruction) 등이 있다.

5225 환경요법(environmental treatment)

클라이언트의 사회환경 조건을 개선 또는 변혁함으로서 문제해결을 진행하는 개별사회사업의 한 형태로 간접적 치유법이다. 이 환경요법은 다방면에 걸쳐있지만 클라이언트의 친족, 친구, 이웃사람, 직장 동료 등의 사회적 네트워크(network)와 학교, 병원, 사회기관이나 시설 등의 조직체와의 관계를 개선·변혁하려고 작용하는 것이 중심이다. 최근 이를 진행시키는데 매개적 기능, 계몽적 기능, 대변적 기능 등이 중시되고 있다.

5226 환경운동(ecology movement)

생태학(ecology)은 오늘날 문명에 의한 자연의 오염이나 파괴가 일어나고 있고 인간을 포함한 생태계의 위기가 조성되고 있어 주목을 받고 있다. 에콜로지운동은 이러한 위기의 인식에 기초하여 자연보호나 환경보전을 둘러싼 전문가나 볼런티어 운동을 말한다. 이 운동은 경제성장이 공해나 환경파괴를 야기하고 있는 선진제국에 공통적으로 보여지는 현상이라고 할 수 있는데 나라에 따라서는 원자력발전소 건설이나 핵무장 문제에 대한 투쟁을 통하여 이 운동이 정치적 성격을 띠고 있는 경우도 있다.

5227 환경음악(BGM : back ground music)

1950년대 초에 영·미에서 발달하여 연구개발된 것으로 우리나라에서도 공장, 상점, 서비스업, 사무소 등에서 음악을 틀어 주어 피로회복, 작업능률의 향상, 직장의욕향상, 단순노동의 불만방지, 작업환경의 쾌적화, 잡념타파 등 커다란 역할을 맡고 있다. BGM은 단순한 노래가 아니고 음성학, 미학, 심리학, 음향학적 인간공학 등의 각 방면에서 분석, 검토하여 환경심리학적, 음향심리학, 노동과학적으로 멜로디, 템포, 하모니 등이 조합된 것이다.

5228 환경적응능력
(ability of environmental adaptation)

개체가 환경에 적응해가는 능력을 의미한다. 생물의 일생은 환경에 적응해가는 과정이며 환경에의 적합여부가 곧 생사를 좌우한다고 할 수 있다. 인간의 환경적응 능력은 화학적·물리적 환경과 사회적·문화적 환경 양자 모두를 포함한다. 오염과 환경문제와 관련해서, 생물의 환경 적응능력의 개념은 때로 환경오염이나 환경파괴가 발생해도 생물은 이에 적응하여 생존을 유지할 수 있다는 것을 합리화시켜 주기도 한다.

5229 환경조정(environmental coordination)

개별사회사업에서는 일반적으로 환경조작(environmental manipulation)이나 환경수정(environmental modification) 등으로 표현하고 있다. 클라이언트의 문제해결을 원조하기 위해 사회 환경을 개선하고 개혁한다는 것을 의미한다. 최근에는 특히 생태학적 관점에서 그 중요성이 재인식되어 이에 관한 연구가 확대, 강화되고 있는 추세에 있다.

5230 환경치료(environmental treatment)

개인 외부의 힘의 영향력을 인식하고 특별한 자원을 제공하거나 배치하는 것, 다른 사람에게 클라이언트의 욕구를 알리는 것, 옹호 및 중재의 기술을 통하여 이러한 영향력을 수정하려는 노력인 개별사회사업(social casework)의 개념이다. 일부 사회사업가는 이러한 활동을 간접치료(indirect treatment) 혹은 '환경수정'이라고 부른다.

5231 환경치료(milieu therapy)

보통 시설에서 생활하는 사회적·정신적 부적응자들을 위한 치료와 재활의 한 형태를 의미한다. 치료는 전문적인 치료자와 함께하는 개별적인 시간에만 국한되는 것이 아니라 시설과 같은 폐쇄된 장소에서도 이루어지는데, 이것을 '치료적 공동체'라고 부른다. 시설에서 집단면담에 참석하여 치료를 받는 사람들은 그들의 지도자를 뽑아야 하며, 하루 종일 서로에게 사회적·정서적 지지를 제공해야 한다. 모든 환경은 치료과정에서 중요한 것으로 인식된다.

5232 환과고독(old widower/old widow/orphan, and the aged without children)

환은 노령에 처가 없는 남자, 과는 노령에 남편이 없는 여자, 고는 부모가 없는 아동, 독은 자녀가 없는 남자 또는 여자를 말한다. 환과 고독 개념은 중국에서 오랫동안 관용되어 왔고 우리도 옛부터 구제 대상의 분류를 표시하는 것으로 사용되어 왔다. 환과고독 분류와 구제는 촌락공동체에 의한 상호부조 혹은 가족구조 기능이 자력으로 구제하기 힘든 사람에게 공적구제를 실시한데에 기인한다.

5233 환기법(ventilation)

정화법(catharsis)이라고도 한다. 감정의 자유로운 표현을 촉진하는 기술로서 직·간접적인 표현을 통해 충동 및 고조된 정서 상태를 감소시키는 것을 의미한다. 과거에 우연히 고통을 체험하고 그 고통을 표현하여 정화하거나 동화하는 경우에 그 사전은 의식에서 제거되지만 그것에 따른 감정은 억압 억제되어 그것이 증상으로 되거나 행동이나 사고에 결정적인 영향을 미친다. 감정의 표출에는 저항이 따르지만 무의식에 억압된 감정의 해방을 해제반응(abreaction), 전의식에 억제된 감정의 표출은 감정발산(emotional release)이라고 한다.

5234 환류(feedback)

행동을 취한 당사자에게 행동의 결과에 대한 정보를 주는 것을 말한다. 이것은 행위의 효과에 대한 보다 객관적인 평가를 하게 해준다. 또한 이것은 성공률을 높이기 위해서 진행되고 있는 행동을 수정하게 한다. 사회사업 행정에서 환류는 흔히 지도감독, 인사평가, 클라이언트 보고서, 그리고 사회사업가가 좋은 일을 할 때 대상자가 바람직한 것을 성취하도록 돕거나 그들에게 긍정적인 지표를 주는 객관적인 산출 측정 속에서 사용된다. → 피드백

5235 환자(patients)

의사와 보건진료 요원의 보호와 치료를 받는 사람들을 말한다. 사회사업가는 그들이 돌보고 있는 사람들을 일컬을 때 클라이언트(client)라는 용어를 사용한다. 그러나 보건진료기관에 고용된 사회사업가(예를 들어 의료사회 사업가)들은 '환자'라는 용어를 더 흔하게 사용한다.

5236 환자의 권리(patients's rights)

환자가 법적, 도덕적, 윤리적으로 당연히 보호와 치료를 받아야 한다는 것을 의미한다. 이러한 권리 중에는 치료방법이 무엇이고, 누가 전문적 서비스를 제공하며, 관련된 조사는 어떤 것이 있으며, 누가 방문해도 되며, 병원 외부와 연락할 수 있는가 등이 있다. 미국자유시민연맹(ACLU : American civil liberties union)은 환자의 법적 권리를 다음과 같이 선언했다. ① 자신의 건강과 관련된 모든 결정에 대한 통보와 참여를 의미. ② 치료와 보호를 위한 치료비 지원에 대한 비밀유지. ③ 세심한 배려(특히 응급상황에서). ④ 계획된 모든 절차를 납득할 수 있도록 분명하고 자세한 설명 등으로, 여기에는 심한 부작용이나 사망의 위험도 포함되며 자발적이고 정당하며 이해할 수 있는 의견일치 없이는 어떤 절차도 수행할 수 없다. ⑤ 어떠한 검사나 절차에 때한 동의를 묻기 전에 자신의 상태와 진척도에 대한 분명하고 완전하며 정확하게 평가. ⑥ 병원시설에서 자신의 의무기록에 포함된 모든 정보의 열람과 검토. ⑦ 어떤 특별한 약물, 검사, 절차 혹은 치료에 대한 거부. ⑧ 환자가 의사의 의료적 판단에 거부하여 퇴원결정을 요청할 수 있지만 신체적 조건이나 재정상태에 상관없이 의료기관을 퇴원한다.

5237 환청(auditory hallucination)

외적 자극이 없는 잘못된 감각지각이나 현실에 존재하지 않는 감각지각인 환각 중에 소리로 들리는 것을 환청이라고 한다.

5238 활동분석법(activity-analysis procedure)

성인의 생활을 조사·분석하여 교육과정을 구성하는 방법, 이 구성법은 1918년에 보비트(F. Bobbitt)가 제창한 이래, 1920년에서는 보비트의 생활활동 분석, 차터스(W. W. Charters)의 직업활동 분석, 하랍(H. Harap)의 소비자활동 분석 등으로 크게 발전, 보급되었다. 이것은 주로 성인의 일반 생활활동을 조사하여 생활활동 영역을 설정하고 각 영역에 속하는 활동을 구체적인 활동에 이르기까지 분석하여 그것을 중심으로 구체적인 목표를 설정한다. 구체적 목표들은 교과별로 분류되어 주요 항목 순으로 배열되고 이런 목표를 달성하는데 필요한 내용들이 선정·조직되는 방법이다. 이 방법은 교육목표의 구체화, 영역(scope)의 설정에 기여한 바 크나 교과 영역을 탈피하지 못한 점, 현실 및 성인 생활에 치중한 점, 인위적인 분석에서 오는 결점 등이 비판의 대상이 되고 있다.

5239 활동중심 교육과정(activity-oriented curriculum)

협동적인 집단 활동을 하게 함으로써 학생들의 학습을 북돋워 주려고 하는 교수형태를 의미한다. 이 교육과정에서는 학생들이 협동적으로 계획하고, 조사하고, 평가하는 데 요구되는 태도와 기능을 집단에서의 상호작용을 통하여 기르는 동시에, 사회적으로 효율적인 시민이 되게 하는 것을 중요하게 생각한다. 이러한 교육과정에서 교사의 역할은 민주적인 생활의 기본원칙을 설정하고 실천하기 위하여 학생들이 학습활동을 계획하고 전개하는 데에 참여하는 일이다. 활동중심 교육과정은 한 마디로 말해 아동중심 교육을 뜻하는 것이다. 그리하여 전통적인 교과를 초월하여 경험을 통한 어린이의 성장을 목적으로 하고 있다.

5240 활동 집단(activity group)

특별히 치료 목적으로 계획된 것일 수도 있고, 그렇지 않을 수도 있지만, 참가자들이 상호 관심을 갖고 있는 프로그램에 참여하는 집단참여 형태를 말한다. 회원들은 민요 부르기, 요리 만들기, 목수일 또는 수공업일 등 다양한 활동에 참여한다. 역사적으로 활동 집단은 초기의 사회집단기관(social group center), 특히 인보관(settlement house)과 청소년 서비스센터(youth service centers)에 널리 퍼져 있었다. 활동 집단은 원래 치료를 위한 것이 아니었지만, 사회적 기술(social skill)을 배우고, 민주적 결정을 내리고, 효과적인 상호관계 능력을 발전시키기 위한 수단으로 사용되었다. 최근에는 요양원, 정신병원, 레크레이션 센터에서 활동 집단을 찾아볼 수 있다.

5241 활용부족(underutilization)

→ 효용재고

5242 활인서

조선시대 때 의료보호를 맡았던 기관으로 태조 1년(1392년)에 제정되어 서울의 병자를 무료로 치료해 주었다. 태종 14년에 활인원으로 개칭되었다가 세조 13년(1467년)에 다시 활인서라 하였다. 이는 고려 때의 동서대비원과 혜민국제도를 계승한 것이다.

5243 황색의료보호수첩(yellow medical care card)

황색의료보호수첩은 제1종 의료보호수혜자에게 발급되는 무료진료권으로 수첩의 표지가 노란색(yellow card)로 칭

하고 있다. 수혜대상은 ① 65세 이상의 노쇠자 ② 18세 미만의 아동 ③ 임산부 ④ 폐질 또는 심신장애인으로 근로능력이 없는 자이다.

5244 회귀분석(regression analysis)

사회조사에서 다른 변수와 짝을 이루고 있는 한 변수의 결과(outcome)를 예측하는 통계적 기술을 의미한다.

5245 회복(remission)

신체적 또는 정신적 질병의 증상이 중지 또는 경감되는 것을 말한다.

5246 회원의 동료관계

집단지도에서는 회원들의 동료관계를 의도적인 원조매체의 하나로 활용하지만 관계에 따라 거부, 공격, 소외 등의 방향으로도 작용할 수 있다. 태도나 가치관의 형성에는 친근한 동료관계에 있는 집단이 큰 영향력을 가지며 또한 어떤 작업에는 이러한 집단이 더 능률적·효과적·지속성을 띤다. 성원이 집단에 대한 소속감을 갖고 동료집단에 의해 욕구나 문제를 해결하고 또 집단 안에서의 각자의 지위나 역할을 확립하도록 지도자집단의 힘이 성원들에게 적절하게 작용되도록 원조한다.

5247 회피(avoidance)

① 행동수정(behavior modification)절차에서, 혐오스런 사건의 발생을 연기하거나 회피하려는 개인의 반응 ② 정신역학(psychodynamic)이론에서, 거부(denial)와 방어기제(defense mechanism)를 말하는 것으로 어떤 상황을 피하려는 것을 말한다.

5248 회피성 성격장애(avoid personality disorder)

성격장애(personality disorders)의 하나로, 이러한 장애를 가진 사람들은 잠재적 거부에 과민 반응하고 자기 자신을 비하하며, 사회적으로 퇴보하고, 무비판적인 수용에 대한 확신 없이는 일반적으로 사회적 관계를 가지려고 하지 않는다. 이것은 제2축 장애(axis Ⅱ disorder)이다.

5249 회화통각검사(TAT : thematic apperception test)

일반적으로 주제통각검사로 불린다. 이것은 다의적으로 해석될 수 있는 불명확한 상황과 인물로 이루어진 한 조의 그림을 통해 내부의 욕구, 원망, 갈등을 파악하는 투영법(애매한 자극에 성격체제를 투사시키는 방법) 검사이다. 이 검사는 다의적인 자극상태에 놓여진 주인공의 과거, 현재, 미래를 주제와 행동에 따라 욕구·압력이론에 의해 분석한다. 아동용에는 CAT가 있다. 로르샤타·테스트와 함께 임상진단에 큰 역할을 하고 있다.

5250 횡단적 조사(cross-sectional research)

일회조사(one-time survey)처럼 특정 시기에 일회조사를 통하여 현상에 대한 자료를 수집하는 조사 설계. 또한 '상층', '중간층', '하층'과 같이 한 가지 변수의 상이한 측면을 나타내는 대상들을 비교하는 것을 말한다.

5251 횡령(embezzlement) 01

자기 수중에 있으나 타인의 소유인 돈 또는 재산을 의도적으로 사사로이 사용하는 범죄를 의미한다. 횡령자는 소유자와의 사업관계, 사무실, 고용 또는 신용관계로 그 재산을 소유한다. 예로 만일 어떤 사회기관의 출납원이 그 기관에 희사된 기금을 개인비용으로 지불하려고 사용한다면, 그 사람은 횡령죄를 범하는 것이다.

5252 횡령(graft) 02

한 명 또는 그 이상의 공무원에 의한 공금의 착복을 의미한다.

5253 효과(efficacy) 01

요구된 목표나 계획된 결과가 성취되는 정도를 말한다. 사회사업에서 합리적 기간 내에 클라이언트가 부여된 개입 목표를 달성하도록 돕는 효력이다.

5254 효과(effectiveness) 02

일정한 인적·물적·기술적 자원, 기타 정보 등을 투입하여 정해진 목표를 달성한 정도를 말한다. 다시 말하면 투입에 비하여 나타난 산출 내지 결과가 금전가치 또는 비금전적 가치로 나타난 결과를 말한다. 일반적으로 투입과 산출 간의 최적 관계(optimum relationship)를 의미하는 효율과는 구별하여 사용하는 경향이 많다. → 효율

5255 효과적 치료환경

사람들 간의 접촉과 상호작용을 촉진할 목적으로 고안되고 설계된 사무실이나 시설, 물리적인 장치 등을 의미하는 용어를 의미한다. 예컨대, 사회사업가들의 효과적인 치료사무실은 안락한 의자가 서로 가깝게 놓여 있고, 대기실에는 편안한 조명과 음악이 흐르고, 서류 캐비넷도 대화를 위한 피난처(은신처)로 이용된다. → 역효과 치료환경

5256 효과측정법 (method of effectiveness measurement)

사회복지정책의 실천효과를 과학적으로 측정하는 방법을 말한다. 종래 통제집단을 두고 비교하는 대상군법이나 실험적 변수를 도입하는 전후비교법 등의 방법이 원리적으로 활용되어 왔다. 그러나 작용 인자를 통제하는데는 복잡하여 서비스나 정책 등의 효과나 영향을 엄밀히 특정하기는 어렵다. 사회복지분야에서도 상기의 방법이나 행동조사의 원리들을 응용하려는 시도는 아직 연구단계이다.

5257 효용이론(utility theory)

경제학에서 한 사람이 상품의 소비를 통해 만족(효용)을 얻는다는 개념을 말한다. 한 개인이 상품을 소비해 가능한 한

최고로 만족스러운 수준을 얻기 위해서 소비의 우선 상황들을 설정하는데 노력한다는 것이다. 이 이론은 주어진 비용과 시간단위에 대한 만족의 수준이 높을수록 그 특정 항목을 더욱 원하게 된다고 주장한다.

5258 효용재고(utilization review)

서비스들이 정당한가를 결정하기 위하여 조직들에 제공되거나 전달된 서비스의 유형과 양을 평가하는 공식적인 과정을 말한다. 정부기관 또는 제3자 집단(third-party group)으로부터 기금을 제공받은 조직은 자금 제공자들이 지출한 비용에 대한 적당한 가치를 얻었는지를 알고 싶어 함에 따라 대부분 그런 평가를 시행할 것이다. 재검토는 과인활용(over-utilization : 너무 많은 서비스가 전달되었거나 유효한 서비스에 대해 너무 많은 수요가 생겼을 경우) 또는 활용부족(underutilization : 서비스에 소비된 비용을 정당화하기에는 수요나 제공이 부족한 경우)의 여부를 결정할 것이다.

5259 후견인([영] guardian [독] vormund) 01

친권에 의하여 보호를 받을 수 없는 미성년자와 금치산자·한정치산자를 보호하기 위해 마련한 민법상의 직무를 말한다. 후견인은 정당한 사유가 있을 경우에는 가정법원의 허가를 얻어 사퇴할 수 있다. 또 후견인에게 현저한 비행이 있거나 그 임무에 관해 부정행위 등이 있을 때에는 가정법원은 친족의 청구에 의하여 후견인을 해임할 수 있다.

5260 후견인([라] tutor [불] tuteur) 02

후견의 사무 그 자체를 행하는 자를 말한다. 미년성년자에게 친권을 행사할 자가 없는 경우 및 금치산 선고가 있는 경우에 두는 바 1인에 한한다(民 930). 미성년자의 후견에 있어서는 친권자가 유언으로서 지정한 자가 후견인(지정 후견인)이 되며(931), 금치산자에 있어서는 배우자가 후견인(법정 후견인)이 되는바 이들이 없을 때에는 법원이 피후견인, 친족 그밖에 이해관계인의 청구에 의하여 선임한다(선정 후견인) (936). 위의 순서로 후견인에 취임할 자는 이를 인수할 의무가 있으나 정당한 사유가 있는 자(후견 결격자)는 후견인이 되지 못한다(937). 미성년자의 후견인 친권자와 동일한 감호 교육의 권리 의무를 가지며(945), 금치산자의 후견인은 요양 간호의 의무를 지는(947) 외에 후견인은 일반적으로 피후견인의 재산을 관리하고 재산상의 행위에 대해 피후견인을 대리하며(949 I), 또한 친권을 대행하는(948) 따위의 직무 권능을 가진다. 그리고 후견인이 피후견인에 갈음하여 일정한 행위를 함에 있어서는 친족회의 동의를 요한다(950). 법원은 피후견인의 재산 중에서 상당한 보수를 후견인에게 수여할 수 있다(955). → 후견, 멘토

5261 후견적 보호조치

보호조치는 요보호아동의 보호 및 아동이 요보호상태에 처한 것을 미연에 방지할 목적으로 아동복지법에 의한 아동복지시설에의 입소 조치이다. 아동보호에는 사회의 적극개입이 필요하다고 하는 관점에서 직권적 조치가 취해져 수용시설은 아동의 건전한 발육·발달요구를 실현하기 위한 아동의 양육, 감호 및 취학보장을 목적으로 한 조치를 행할 수 있다.

5262 후견제도

무능력자의 보호제도로서 그 목적은 다른 친족제도와 같이 변천하고 있다. 옛날에는 후견은 유약자의 보호가 아니라 유약한 가장의 보호에 한정되어 있었으며, 봉건사회에 있어서는 특수한 후견이 행해졌는데 피후견인의 이익이 고려되었기 때문이다. 무능력자 그 자신의 보호를 위한 후견제도가 발달한 것은 개인주의적 사조가 강조된 근대의 일이다. 우리나라에서는 미성년자 또는 정신병자에게 「뒤를 돌보아 주는 사람」으로서 보호인을 붙여주는 일이 있었다. 구민법은 감독기관으로서 제1차로 후견 감독인, 제2차로 친족회를 두었고 법원은 최후적인 감독을 하는데 지나지 않았으나 현행법은 후견 감독인제도를 폐지하고 감독기관으로서의 친족회만을 두어 무능력자 보호를 위한 국가의 적극적 관여를 인정하는 입장에서 법원에 적극적 감독권을 주었다. → 후견인

5263 후광효과(halo effect)

어떤 사람에 대해 판단할 때, 그 사람이 가진 하나의 혹은 일부의 긍정적이거나 부정적 특성을 가지고 이와는 아무런 논리적 관계가 없는 그 사람의 다른 부분들은 혹은 나머지 전부에 대해 긍정적 또는 부정적으로 일반화시키는 경향 혹은 현상을 지칭한다. 일종의 사회적 지각의 오류라고 할 수 있는 현상으로, 후광효과가 자주 발생하는 경우로는 타인에 대한 첫인상 형성과정에서 볼 수 있다. 즉 상대방의 신체적 매력 혹은 외모가 후광효과를 발휘하여 그 사람에 대한 첫인상 형성과정에 긍정적으로 작용하는 경우라고 할 수 있다. 처음 접한 상대방의 외모가 좋거나 신체적 매력이 있는 사람이라면 그렇지 못한 사람들에 비하여 그 상대방을 사회적으로 지위가 더 높고 관대하고 경제력이 많으며 더 지적일 것으로 지각 혹은 생각하는 경향이 있다. 이와는 반대로 외모가 떨어지거나 신체적 매력이 적은 사람들에 대해서는 위에서 예로 든 후광효과와 반대되는 부정적 후광효과가 작용하는 경향이 있다.

5264 후기고령자

근대사회에서 평균수명이 길어지고 고령노인수가 증가함에 따라 노인인구를 2단계 또는 3단계로 구분하기도 한다. 고령노인의 2단계 구분은 65세 이상을 고령자로 했을 경우 65세에서 74세까지를 전기고령자라 하고 75세 이상을 후기고령자라고 칭한다. 2단계 구분에서 79세까지 전기고령자

로 보고 80세 이상을 후기고령자로 분류하는 경우도 있다. 3단계 구분은 65세에서 74세까지를 전기고령자, 75세에서 84세 까지를 중기고령사, 85세 이상을 후기고령자라고 부르는데 주로 미국에서 많이 사용되고 있다.

5265 후생경제학(welfare economics) 01

경제이론 중에서 정책적 판단의 기초를 구하려는 피구의 후생경제학은 경제적 후생의 수준을 높이기 위해 국민소득의 증대, 균형, 안정을 가져다 줄 구제방법을 구명해야 한다고 말하고 있다. 그는 화폐로 측정할 수 있는 후생(국민 분배분)을 경제적 후생이라고 하고 물질적 행복과 정신적 행복은 서로 일치되는 평행관계에 있다고 하였다. 또한 개인과 사회, 자본가계급과 노동자계급 사이의 대립관계를 인정하고 경제 진보보다 안정을, 생산력 증대보다도 분배의 공정을 경제정책의 목표하는데 주요한 의의를 갖는다.

5266 후생경제학(welfare economics) 02

영국 경제학자 벤담(J. Bentham)의 '최대 다수의 최대 행복' 개념에서 시작되어 사회의 소득 분배와 후생 복지에 대한 이론을 주로 설명하는 학문이다. 이 분야의 저명한 학자는 피구(A. C. Pigou)를 비롯하여, 힉스(J. R. Hicks), 사뮤엘슨(P. A. Samuelson), 애로우(K. Arrow) 교수 등이 있다.

5267 후성설(epigenesis)

어떤 형상이 최초의 출현이라고 지각된 것을 의미한다.

5268 휴업급여

산업재해보상보험법에 의한 여섯 가지의 급여(요양, 휴업, 장애, 유족, 상병보상급여, 장례비)의 일종으로 요양으로 인해 취업하지 못한 기간 중 1일에 대해 평균임금의 100분의 70에 상당하는 금액을 급여하도록 하고 있다. 다만 취업하지 못한 기간이 3일 이내인 때에는 이를 급여하지 아니한다.

5269 후유증(sequela)

병 또는 상해에 의한 초기의 급성병상이 치유된 후에 만성적 혹은 고정적으로 잔존하는 기능장애를 말한다. 가령 뇌출혈 후의 수족마비, 일산화탄소중독 뇌 회복 후의 정신신경장애 등이 그것이다. 특히 교통사고 등에서 의사가 치유로 진단해 합의가 성립된 후에 시간이 경과되어 국부 등에 통증이 생길 경우 후유증에 대한 배상문제가 대두되고 있다.

5270 후임자 우선해고원칙(last hired–first fired)

고용기준으로서 선임자 특권(seniority)을 말한다. 이 원칙은 특히 여성, 유색소수인종(minorities of color)들로부터 차별적인 것이라 비판받는다. 왜냐하면, 이것은 보다 최근에 노동력(labor force)으로 투입된 사람들에게 불리하게 작용하기 때문이다.

5271 후천적

→ 아 프리오리·아 포스테리오리

5272 훈련가능급 정신지체 (TMR : trainable mentally retarded)

정상학습이나 정신지체 아동을 위한 특수학급에서 적절히 혜택(도움)을 받을 수 없는 아동을 정의하기 위하여 도입된 용어를 의미한다. 평가 기준은 지적인 수준이 개인 지능검사로 측정해서 IQ 20~50이며 사회적인 적응, 자기 몸 가꾸기, 통제된 작업조건에서 도움을 받도록 고안한 프로그램에서는 혜택을 받을 수 있는 능력이 있다고 규정한다. 개인적으로 실시한 지능검사에서 평균으로부터 3표준편차 점수 이하를 받는 아동이며 일반적으로 동등한 생활연령의 평균 아동의 지적인 능력의 3분의 1 내지 2분의 1의 능력을 가지고 있는 아동을 가리킨다.

5273 훈련지도단계

훈련지도 단계는 인성적응훈련, 보상기능훈련, 직업 전 훈련, 직업훈련 네 단계로 진행되어야 한다. 인성적응훈련은 직업 분야에서 적응에 관련된 습관이나 태도를 개발하는 것으로 신뢰성, 타인에 대한 책임성, 인내력, 일관성, 시간관념 등이다. 직업 전 훈련은 직업기술, 개발의 선택과 직업준비에 필요한 배경과 지식으로 견학, 작업장의 교대, 독서 등을 통하여 직업에 익숙하게 하는 것, 취업신청서 작성법 습득, 대중교통의 이용, 소득관리 등이 포함될 수 있다. 직업 전 훈련의 내용영역은 자립기능(의복의 착탈, 용의 단정), 개인·대인관계 행동(정서, 타인지향행동, 동기유발, 사회지향행동), 정보처리(시각, 청각, 촉각, 언어이해), 학습·대안전략(단기기억, 교수기법, 반응의 일반화와 대안행동), 직업 전 기능(시간, 운동 협응, 변별과 분류, 수기능, 조립기능) 등이다.

5274 휠체어(wheel chair)

신체상의 기능장애로 보행이 곤란한 장애인이 사용하여 그 행동범위를 확대하기 위한 보장구로서 좌석과 큰 차바퀴와 작은 차바퀴로 되어 있다. 손으로 차바퀴를 움직이는 수동식 휠체어와 손의 근육이 약해 수동식 휠체어를 조작할 수 없는 자가 사용하는 배터리로 움직이는 전동식 휠체어가 있다.

5275 휴머니즘(humanism)

중세의 스콜라적인 교회중심의 세계관에 반대해 15~16세기에 일어난 사상을 의미한다. 에라스무스, 모아에 의해 대표되며 18세기 후반에 괴테, 훔볼트 등을 중심으로 독일고전주의가 이를 이어 받았다. 모두 자유와 해방을 목적으로 하고 있으며 프랑스혁명의 사상과 자본주의 발전의 기반이 되기도 했다. 19세기 영국의 민간사회복지, 구빈법의 개정 등은 이 휴머니즘 표현의 하나이다.

5276 휴먼 서비스(human services)

사람들의 발전과 복지를 향상시키기 위해 고안된 프로그램과 활동을 말한다. 이것은 자신들의 욕구를 충족시킬 수 없는 사람들에게 경제적, 사회적 원조를 제공하는 것을 말한다. '휴먼 서비스'라는 용어는 대개 '사회봉사'(social services)나 '복지서비스'(welfare services)와 동의어로 사용되며, 사람들을 위한 프로그램을 계획, 조직, 개발, 관리하는 것과 사람들에게 직접적인 사회봉사를 제공하는 것을 뜻한다. 이 용어는 미국 보건 및 인간봉사성(HHS : U. S. department of health and human services)이 미국 보건교육복지성(U. S. department of health, education, and welfare)을 대신하여 수립된 1979년에 더 광범위하게 사용되었다. 그것은 '복지'라는 용어가 부정적인 의미를 함축한다는 것과 그 조직이 새로운 명칭을 가짐으로써 더 많은 영향력을 갖게 될 것임을 말해주었다. '사회복지서비스'(social welfare services)라는 용어 대신에 '휴먼서비스'(human resources)라는 용어를 사용하는 것은 서비스 활동의 장에서 적절한 사회사업가에 다른 전문가들을 추가하려는 하나의 추세이기도 하다.

5277 휴양설비(rest equipment)

근로자가 유용하게 이용할 수 있는 휴게설비를 말한다. 서열, 한냉 또는 위험한 작업장, 유해한 가스, 증기 또는 분진을 발산하는 작업장 기타 유해한 작업장에서는 작업장 밖에 휴게의 설비를 해야 한다. 지속적으로 서서 일하는 작업에 종사하는 근로자에게는 휴업 중 앉을 수 있는 기회가 있도록 하는 설비를 해야 할 것이며, 야간근로자의 수면 때는 선잠을 위한 장소를 남녀별로 두어야 할 것이다. 또 일정 수 이상의 남녀를 고용하는 곳에서는 휴양실을 남녀별로 설치해야 할 것이다. 우리나라의 근로안전 관리규정, 근로보건 관리규정에는 이 부분이 규정화되어 있지 않다.

5278 휴업(shutdown)

휴업은 사용자 측의 귀책사유로 조업을 할 수 없거나 사용자 측의 귀책사유가 아닌 부득이한 사유로 조업이 불가능한 경우 회사측이 내릴 수 있는 조치이다. 이 때문에 노조가 적법한 절차에 따라 합법적으로 파업을 벌였을 때 내리는 직장폐쇄와는 구별된다. 회사 측은 휴업 조치를 내릴 경우 노동위원회에 신고하고 회사 측은 휴업 기간 중 사업장을 출입하는 근로자들을 통제할 수 있다.

5279 휴업보상

재해보상의 일종, 근로기준법에 의하면 근로자의 업무상 부상, 질병에 대해 사용자가 요양비를 부담할 의무가 있고, 요양 중에도 근로자의 평균 임금의 60%에 해당하는 금액을 지급하도록 되어 있다. 보상금액은 임금수준의 변동에 따라 일정방식으로 지급되는데, 사용자는 상병이 근로자의 과실로 발생하고 노동위원회로부터 그 과실을 인정받았을 때에는 보상금을 지급하지 않아도 무방하다.

5280 휴직(Temporary Lay-off)

교직원 신분과 자격을 유지하면서 일정 기간 쉬는 것을 말하며, 일반휴직, 입대휴직, 병가휴직 및 육아휴직 등이 있다.

5281 흑인 민권운동(black power)

경제적, 정치적, 사회적 영향력에서 인종 간의 형평성 추구를 목표로 하는 사회운동을 의미한다. 이 운동의 기본 전제는 더 많은 흑인들이 선출직, 정부, 기업에서 높은 지위를 차지하고, 법적 권리와 교육기회를 누리기 위한 충분한 돈을 갖게 되면 흑인의 영향력이 커지리라는 점이다. 이 운동은 근본적으로 흑인 민권운동이 서로 다른 방향에서 추진됨으로서 이 운동을 약화시키기보다는 오히려 이러한 목표를 위하여 함께 일할 수 있는 입장을 지닌 흑인들을 모으기 위해 노력한다.

5282 흑인 소수민족(blacks)

중·남부 아프리카에서 건너온 유색소수인종(minorities of color)을 가리키는 용어이다.

5283 흥미(interest)

어떤 대상·활동·경험 등에 대해 계속적으로 그것에 몰두하거나 아니면 그것을 그만두려고 하는 행동경향을 말한다. 이는 그 강도가 사람마다 제각기 다른 것이 특징이다. 학습이나 작업 등은 그에 대한 개인의 흥미가 있을 때에 자발적 동기에 의해 이루어질 수 있으나 흥미가 없을 때에는 학습이나 작업의 효과를 증진시킬 수 없기 때문에 많은 연구의 관심의 대상이 되었다. 흥미는 그 대상에 따라서 음악·미술·정치·경제·기술·자연과학·종교 등으로 나누어질 수 있으며 흥미를 측정할 수 있는 여러 가지 심리검사가 발달되어 있다.

5284 흥미검사(interest inventories)

일, 사물이나 활동에 대해 개인이 느끼고 있는 주관적이고 지속적인 쾌감의 정도와 관련지위, 그가 그 사물 또는 활동을 선택적으로 좋아하거나 싫어하는 정도를 측정하기 위하여 만들어진 검사를 말한다. 흥미검사에는 학생들이 가지고 있는 여러 가지 교과에 대한 흥미의 상대적 수준을 비교하기 위하여 만들어진 학습흥미 검사, 각종 직업 활동에 필요한 흥미의 소유정도를 대는 직업흥미 검사 그리고 일상생활의 제반대상이나 활동에 대한 흥미를 적당한 유목으로 분류해서 재는 일반흥미 검사 등이 있다.

5285 희생양(scapegoat)

불공정한 비판이나 갈등의 대상(목표)이 되는 가족이나 집단의 성원을 의미한다.

5286 히스테리(hysteria)

성적 억압과 오이디푸스 콤플렉스 갈등의 결과라고 믿는 증후를 가진 환자를 묘사하기 위해 프로이트가 처음으로 사용한 용어이다. → 전환 장애(conversion disorder), 불안히스테리(anxiety hysteria)

5287 히스테리궁(Hysterie 弓)

심한 정신적 스트레스로 인한 질병을 의미한다. 이성으로부터 육체의 이탈현상을 보이는 이 병은 척추가 화살(弓)처럼 휘며 언어장애, 실어증, 시력상실 등의 증세를 일으키는 불가사의한 괴질로 알려져 있다.

5288 히스테리적인(hysteric)

다음과 같은 특징을 일부 또는 전부 가진 사람들을 묘사하기 위해서 사회사업가나 다른 전문가들이 여전히 비공식적으로 사용하고 있는 역사적인 용어이다. 지나치게 극적인 행동, 사소한 일에 매우 예민한 반응, 주의력과 흥분에 대한 열망, 불끈 화를 내는 것, 다른 사람에게 피상적으로 표현하고 진실성이 없는 것, 명백하게 무기력하고 의존적인 것, 교묘한 몸짓을 하는 경향, 자살 위협 등. 그런 사람들은 통상 연기성 성격장애를 갖는 것으로 진단된다.

남북한 의학용어 : 북한보건의료네트워크 참조

북 한	남 한	한 자	영 어
가라앉힘약	진정제		
가슴막	늑막		
가슴벽	흉벽		pleura
가슴선	흉선		chest wall
가슴안보개	흉강 내시경		thymus
가슴힘살	흉근		thoracoscope
가정약	가정 상비약		
거미줄막하출혈	지주막하 출혈		
거짓막	위막		
검병	진찰		
겉질	피질		
게걸증	다식증		
게우기	구토		vomiting
게움멎이약	진토제		
겹보이기	복시	復視	
경막외피고임	경뇌악 혈종		
고려약	한약		
고려의학	한의학		
고름가슴	농흉		empyema
곧은밸	직장		rectum
곧은밸막히기	항문폐쇄		
교갑약	캡슐		capsule
교질종	신경교종		
구개편도비대	편도선 비대		
굵은밸	대장		colon
귀밑선염	이하선염		
귀쏘기	이통		
귀울이	이명		tinnitis
균먹이	식작용		
균알	포자		
균약	살균제		
균잡이세포	식세포		
균죽이기	살균		
기쁨슬픔병	조울증		
긴골	연수		
긴날병	만성병		chronic disease
깊은숨쉬기	심호흡		
꺾쇠뼈	쇄골		clavicle
넓적다리살	대퇴근		
노뼈	요골		
누렁얼룩	황반		
누렁체호르몬	황체 호르몬		
눈까풀경련증	안검 경련		
눈까풀기슭염	안검연염		

북 한	남 한	한 자	영 어
눈놀림신경	동안 신경		
눈알두드러지기	안구돌출		
눈알문지르기	안구 마사지		
눈알뽑기	안구적출		
눈앓이	눈병		
눈바닥검사	안저 검사		
다리이	가공의치		
단물약	시럽		syrup
달거리아픔	생리통		
달못찬아이	미숙아		premature baby
달임약	탕약		
덧대	부목		
덧물집헌데	천포창		
독막이	방독		
독풀이약	해독약		
돌림눈	돌림눈병		
된고약	파스		
두드려보기	타진		purcussion
뒤머리뼈	후두골		
뒤하느라지	연구개		
듣는신경	청신경		
들어보기	청진		auscultation
들을힘 청력			
따라난병	합병증		complication
딴눈	의안		
땀많음증	다한증		
땀멎이약	지한제		
땀없기증	무한증		
뜨리	수두		
륵막찌르기	늑막 천자		thoracentesis
마른 구역질	헛구역질		
마른돋이	건선		psoriasis
막대균	간균		
막살혹	악성종양		
막힌밸	맹장		appendix
만져보기	촉진		
말잃기증	실어증		
말중추	언어 중추		
맑은막염	각막염		
맞물기	교합		
맥보기	진맥		
맥빠지기	허탈		
머리아픔	두통		headache
먼지폐증	진폐증		pneumoconiosis
모래집막	양막		
모래집물많기증	양수 과다증	羊水過多症	

북 한	남 한	한 자	영 어
목구멍농양	인후농양	咽喉膿瘍	
목동맥토리	경동맥체	頸動脈體	
목신경덤불	경신경총	頸神景叢	
목안염	인두염	咽頭炎	pharyngitis
무른고약	연고	軟膏	ointment
무른입천장	연구개	軟口蓋	
무음조직	결체 조직	結締組織	
무지개막	홍채	虹彩	
물들체	염색체	染色體	chromosome
물어보기	문진	問珍	
미끌액	활액	滑液	
미친개성비루스	광견독	狂犬毒	
바깥돌림살	외전근	外轉筋	
바깥돌림신경	외전신경	外轉神經	
바람이	풍치	風齒	
박죽뼈	견갑골	肩胛骨	scapular
밤눈증	야맹증	夜盲症	
밤오줌증	야뇨증	也尿症	
배곧은 살	복직근	腹直筋	
배내기미	모반	母班	
배막	복막	腹膜	
배물	복수	腹水	ascites
배힘	복압	腹壓	
밸결핵	장결핵	腸結核	
밸뼈	장골	腸骨	
밸사이막	장간막	腸間膜	
벌집염	봉와직염	峰窩織炎	cellulitis
병걸린율	이환율	罹患率	
보는신경	시신경	視神經	
보통백반	심상성 백반	尋常性白班	
불룩밸	결장	結腸	
붉어지기	발적	發赤	
붉은꽃	홍반	紅班	
붉은피알	적혈구	籍血球	RBC
뼈마디아픔	관절통	關節痛	arthralgia
뼈막염	골막염	骨膜炎	
뼈부러지기	골절	骨折	fracture
뼈속염	골수염	骨髓炎	osteomyelitis
뼈어김	탈골	脫骨	
뼈혹	골종	骨腫	
뾰족발	첨족	尖足	
뿔질	각질	角質	
삘눈	사시	斜視	
사슬알균	연쇄상구균	連鎖狀求菌	streptococcus
사이막	횡경막	橫隔膜	diaphragm
사탕알약	당의정	糖衣錠	

북한	남한	한자	영어
사뼈	연골	軟骨	cartilage
살가죽밑주사	피하 주사	皮下主射	
살가죽샘	피부선	皮膚腺	
살펴보기	시진	視珍	
삼각살	삼각근	三角筋	
성달라지기	성전환	性轉換	
성대매듭	성대 결절	聲帶結節	
성따름유전	반성 유전	伴性遺傳	
성물들체	성염색체	性染色體	
세로벽	종격	縱隔	mediastinum
손발가락끝커	지단 비대증	脂端肥大症	
지기	송과선	松果腺	
솔방울체	호흡 곤란	呼吸困難	dyspnea
숨가쁨	기도	氣道	airway
숨길	호흡근	呼吸筋	
숨살	폐	肺	lung
숨주머니	수포음	水泡音	rale
습성라음	염좌	捻挫	sprain
시그러지기	자율신경 실조증	自律神經失調症	
식물신경실조증	심근	心筋	myocardium
심장살	과립제	顆粒劑	granule
싸락약	저작근	咀嚼筋	
씹기살			
씻음약	세척제	洗滌劑	
아래가지	하지	下肢	
아래코조가비	하비갑개	河鼻甲介	
안쪽굽은발	내반족	內反足	
알균	구균	區菌	indication
알맞음증	적응증	適應症	
앓은병조사	병력	病歷	
앞세기	풍진	風疹	
애기방	신생아실	新生兒室	
애기집가르기	제왕절개	帝王切開	
애기집터지기	조기 파수	早期破水	
애지기	유산	流産	
애지우기	임신 중절	妊娠中絶	abortion
약내는곳	투약구	投藥口	
약짓기	조제	調劑	
어깨마디주위염	견갑골염	肩胛骨炎	
어깨뼈힘줄	견갑근	肩胛筋	
어둠점	맹점	盲點	
언상처	동창	凍瘡	
얼죽음 반죽음.	빈사 상태	瀕死狀態	
엇서기살	길항근	拮抗筋	
엉긴피	응혈	凝血	
엉덩신경덤불	천골 신경총	薦骨神經叢	

북 한	남 한	한 자	영 어
엉덩자리	둔위	臀位	
여러아이임신	다태 임신	多胎妊娠	
열내림약	해열제	解熱劑	
열돌증	담석증	膽石症	
열물관	담관	膽管	GB stone
열물내기약	이담제	利膽劑	biliary duct
열주머니	담낭	膽囊	
열주머니염	담낭염	膽囊炎	gall bladder
오무림살	괄약근	括約筋	cholecystitis
오줌길염	요도염	尿道炎	
오줌깨	방광	傍胱	urethritis
오줌깨돌증	방광 결석	傍胱結石	bladder
오줌내기약	이뇨제	利尿劑	
오줌못누기	무뇨증	無尿症	
오줌새기	요실금	尿失禁	
오줌잦기	빈뇨증	頻尿症	
온열물관	총담관	總膽管	
올리결장	상행결장	上行結腸	CBD
웃입술파렬	언청이		
웃팔살	상박근	上膊筋	
웃팔세머리살	삼두박근	三頭膊筋	
위뚫어지기	위천공	胃穿孔	
위산누름약	제산제	制酸劑	antacid
위생솜	탈지면	脫脂綿	
위생차	구급차	救急車	
위아픔	위통	胃痛	
이거울	구강경	口腔鏡	
이돌	치석	齒石	
이몸곪기	치주염	齒周炎	
이발때	치태	齒苔	plaque
이뿌리막염	치근막염	齒根膜炎	
이쏘기	치통	齒痛	toothache
이음줄	인대	靭帶	
입뇌리	구순 포진	口脣疱疹	
입쓰리	입덧		
입안염	구내염	口內炎	stomatitis
입천장터지기	구개파열	口蓋破裂	
잊음증	건망증	健忘症	
자리헐미	욕창		pressure sore
잠약	수면제	睡眠劑	
장불통증	장폐색증	腸閉塞症	
재색질	회백질	灰白質	
접촉안경	콘택트렌즈		contact lens
정맥불루기	정맥류	靜脈瘤	varicose
정서둔마	정서장애		
젖모양만들기	유방 성형술	乳房成形術	

북 한	남 한	한 자	영 어
젖암	유방암	乳房癌	
주검얼룩	시반	屍斑	
주머니혹	낭종	囊腫	
죽는량	치사량	致死量	
죽는률	사망률	死亡率	
죽임량	최소치사량	最小致死量	
쪽머리아픔	편두통	偏頭痛	migraine
취장암	췌장암	膵腸癌	pancreatitis
침놓이	침술 치료	鍼術治療	
코결굴	부비강	副鼻腔	sinusitis
코사이벽	비중격	鼻中隔	
코염	비염	鼻炎	rhinitis
콩팥잔관	세뇨관	細尿管	
큰 가슴살	대흉근	大胸筋	
털많음증	다모증	多毛症	
털빠짐증	탈모증	脫毛症	alopecia
털주머니염	모낭염	毛囊炎	
토법(土法)	민간요법	民間療法	
판굽마디	주관절		
팔두머리살	이두박근	二頭膊筋	
펴기살	신근	伸筋	
포도알균	포도상구균	葡萄狀球菌	staphylococcus
피게	딸꾹질		
피게우기	토혈	吐血	hematemesis
피고임	혈종	血腫	hematoma
피나기병	혈우병	血友病	
피넣기	수혈	輸血	transfusion
피돌기	혈액순환	血液循環	
피만들기약	조혈제	造血劑	
피멎이약	지혈제	止血劑	
피물	혈청	血淸	serum
피뽑기	채혈	採血	
피알	혈구	血球	
피알풀림	용혈	溶血	hemolysis
피진	혈장	血漿	plasma
피형	혈액형	血液形	blood type
하느라지	입천장		
허리아픔	요통	腰痛	lumbar pain
허리증	허리디스크		
혀이끼	설태	舌苔	
홍문막힘	항문 폐쇄	肛門閉鎖	
회음째기	회음 절개	會陰切開	
흰무늬증	백반증	白斑症	
흰버짐	백선	白癬	
흰입증	아구창	牙口瘡	
흰피알	백혈구	白血球	WBC

참고문헌

〈인터넷 자료〉

- 건강보험관리공단 http://www.nhic.or.kr
- 공무원연금관리공단 http://www.gepco.or.kr
- 국민연금관리공단 http://www.nps4u.or.kr
- 굿네이버스 http://www.goodneighbors.org
- 그린닥터스 http://www.greendoctor.org
- 근로복지공단 http://www.welco.or.kr
- 남북어린이어깨동무 http://www.okedongmu.or.kr
- 네이버 http://www.naver.com
- 노동부 http://www.molab.go.kr
- 노사정위원회 http://www.lmg.go.kr
- 대한노인회 http://koreapeople.co.kr
- 대한사회복지회 http://www.alovenest.com
- 대한약사회 http://www.kpanet.or.kr
- 대한의사협회 http://www.kma.org
- 대한적십자사 http://www.redcross.or.kr
- 동방사회복지회 http://www.eastern.or.kr
- 보건복지위원회 http://health.assembly.go.kr
- 보건복지부 http://www.mohw.go.kr
- 보훈복지의료공단 http://www.e-bohun.or.kr
- 복지넷 http://www.bokji.net
- 북한보건의료네트워크 http://www.nkhealth.net
- 빈부격차시정위원회 http://www.pcsi.go.kr
- 사랑의 전화 http://www.counsel.or.kr
- 사학연금관리공단 http://www.ktpf.or.kr
- 사회복지공동모금회 http://www.chest.or.kr
- 삼성복지재단 http://www.samsungwelfare.org
- 서울복지재단 http://www.welfare.seoul.kr
- 세이브더칠드런 http://www.sc.or.kr
- 아름다운 재단 http://www.beautifulfund.org
- 아산사회복지재단 http://www.asanfoundation.or.kr
- 아시아복지재단 http://www.asia1945.org
- 암웨이복지재단 http://www.amwaykorea.co.kr
- 엘지공익재단 http://1004.lg.or.kr
- 여성가족부 http://www.mogef.go.kr

- 우리민족서로돕기운동본부 http://www.jungto.org
- 월드비젼 http://www.worldvision.or.kr
- 유니세프 http://www.unicef.or.kr
- 이랜드복지재단 http://www.elandwelfare.or.kr
- 장애우권익문제연구소 http://www.cowalk.or.kr
- 전국재해구호협회 http://www.relief.or.kr
- 파라다이스복지재단 http://www.paradise.or.kr
- 평화와 통일을 위한 남북나눔운동 http://sharing.net
- 푸르메재단 http://www.purme.org
- 한국국제기아대책기구 http://www.kfhi.or.kr
- 한국노동연구원 http://www.kli.re.kr
- 한국노동조합총연맹 http://www.fktu.or.kr
- 한국뇌성마비복지회 http://www.kscp.net
- 한국보건사회연구원 http://www.kihasa.re.kr
- 한국복지재단 http://www.kwf.or.kr
- 한국사회복지사협회 http://www.welfare.net
- 한국사회복지협의회 http://kncsw.bokji.net
- 한국시각장애인연합회 http://www.kbuwel.or.kr
- 한국여성단체협의회 http://www.iwomen.or.kr
- 한국장애인복지관(시설)협회 http://www.hinet.or.kr
- 한국장애인복지진흥회 http://www.kowpad.or.kr
- 한국장애인재활협회 http://www.rikorea.or.kr
- 한국정신지체인애호협회 http://www.kamr.net
- 한국치매협회 http://www.silverweb.or.kr
- 한민족복지재단 http://www.kwfw.or.kr
- 행정자치부 http://www.mogaha.go.kr
- 홀트아동복지회 http://www.holt.or.kr

〈문헌 자료〉

- 강성위 역, 『철학소사전』, (서울 : 이문출판사, 2004)
- 강영호 외, 『법률용어사전』, (서울 : 청림, 2005)
- 고영복 편, 『사회학사전』, (서울 : 사회문화연구소, 2000)
- 김영애, 『방어기제를 다루는 상담기법』, (서울 : 김영애가족치료연구소, 2005)
- 김정구, 『경제용어사전』, (서울 : 신원문화사, 2003)
- 김진희 외 편, 『교육학용어사전』, (서울 : 지구문화사, 2001)
- 김태성, 『사회복지정책입문』, (서울 : 청목, 2003)
- 김태성 외, 『현대복지국가의 변화와 대응』, (서울 : 나남, 2005)
- 김진수 외, 『산업복지론』, (서울 : 나남, 2001)
- 김태성·김진수, 『사회보장론』, (서울 : 청목, 2005)

- 남덕우 외, 『경제학대사전』, (서울 : 박영사, 1999)
- 대구대학교 출판부, 『사회복지사전』, (대구 : 대구대학교출판부, 1992)
- 대학특수교육학회 편, 『특수교육용어사전』, (대구 : 대구대학교출판부, 2000)
- 동아일보, 『현대 시사용어사전』, (서울 : 동아일보사, 2006)
- 매일경제신문사, 『경제신어사전 2005』, (서울 : 매일경제신문사, 2005)
- 미국정신의학회, 『정신장애의 진단 및 통계편람 제4판 DSM-Ⅳ』, (서울 : 하나, 1995)
- 박숙종, 『경제용어사전』, (서울 : 문학과 경계사, 2004)
- 박은태 편, 『경제학사전』, (서울 : 경영사, 2001)
- 박해용 외, 『철학용어용례사전』, (서울 : 돌기둥, 2004)
- 서경원, 『정치경제용어사전』, (서울 : 신원문화사, 2002)
- 서울대학교 교육연구소, 『교육학대백과사전』, (서울 : 하우동설, 2002)
- 서울대학교 사범대학 교육연구소, 『교육학용어사전』, (서울 : 하우기획출판사, 2000)
- 양금순, 『재활용어사전』, (서울 : 서울장애인복지관, 1995)
- 양동규, 『심리학소사전』, (서울 : 학지사, 2003)
- 엄세천, 『사회복지학 한영·영한 단어숙어집』, (서울 : 양서원)
- 오세경, 『법률용어사전』, (서울 : 법전출판사, 2005)
- 유아교육학회, 『유아심리사전』, (서울 : 국문사, 2004)
- 윤면선 외, 『비교법률용어사전』, (서울 : 청림출판, 2000)
- 이문국 외, 『사회복지대백과사전』, (서울 : 나눔의 집, 1999)
- 이준상 편, 『의료법학사전』, (서울 : 송학문화사, 1998)
- 이청무 역, 『신경제용어사전 2005』, (서울 : 더난, 2004)
- 조상원, 『법률용어사전』, (서울 : 현암사, 2005)
- 청사 편집부, 『철학사전』, (서울 : 청사, 1998)
- 전호성·김영미, 『한·일 사회복지관련 용어사전』, (서울 : 브레이크미디어, 2005)
- 지은구, 『사회복지 경제학 연구 : 복지경제 비판』, (서울 : 청목, 2003)
- 표윤경, 『경제용어사전』, (서울 : 문학과 경계사, 2004)
- 한국교육심리학회 편, 『교육심리학용어사전』, (서울 : 학지사, 2000)
- 한국사회복지협의회, 『사회복지사전』, (서울 : 한국사회복지협의회, 1993)

저자소개

■ **이철수.** e-mail : cslee1028@hanmail.net

한국외국어대학교 대학원 졸업
고려대학교 연구교수 역임
연세대학교 사회복지대학원 박사후 연수과정(post-doc) 이수
한국싸이버대학교(KCU) 사회복지학부 겸임교수 역임
숙명여대, 단국대, 강남대, 광운대, 경기대, 삼육대 등 강의
현재 한북대학교 사회복지학과 교수

사회복지학소사전

■ 발행일 / 2006년 8월 20일 초판 1쇄
■ 기획 / 높이깊이
■ 저자 / 이철수
■ 교정 / 높이깊이
■ 편집디자인 / 편집부
■ 표지디자인 / 조성준

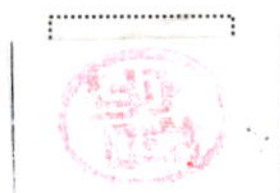

■ 발행처 : 높이깊이
■ 발행인 : 김 덕 중
■ 출판등록 : 제4-183호
■ 주소 : 서울 성동구 성수1가동 22-6
■ 전화 : (02)463-2023(대), 2024
■ 팩스 : (02)2285-6244
■ E-mail : nopikipi@shinbiro.com
■ 정가 : 29,000원

ISBN 89-7588-071-0